Ottmar Ette
Von den historischen Avantgarden bis nach der Postmoderne

Aula

Herausgegeben von
Ottmar Ette

Ottmar Ette

Von den historischen Avantgarden bis nach der Postmoderne

Potsdamer Vorlesungen zu den Hauptwerken der
Romanischen Literaturen des 20. und 21. Jahrhunderts

DE GRUYTER

ISBN 978-3-11-070333-7
e-ISBN (PDF) 978-3-11-070345-0
e-ISBN (EPUB) 978-3-11-070351-1
DOI https://doi.org/10.1515/9783110703450

Library of Congress Control Number: 2020948129

Bibliografische Information der Deutschen Nationalbibliothek
Die Deutsche Nationalbibliothek verzeichnet diese Publikation in der Deutschen Nationalbibliografie; detaillierte bibliografische Daten sind im Internet über http://dnb.dnb.de abrufbar.

© 2021 Ottmar Ette, publiziert von Walter de Gruyter GmbH, Berlin/Boston
Coverabbildung: Véritable portrait de Monsieur Ubu. Holzschnitt nach einer Zeichnung von Alfred Jarry. Abgedruckt in Alfred Jarry: Ubu roi. Drame en cinq actes en prose, restitué en son intégrité tel qu'il a été représenté par les marionnettes du Théâtre des Phynances en 1888. Paris: Édition du Mercure de France 1896. Bibliothèque nationale de France – Paris.
Satz: Dörlemann Satz, Lemförde
Druck und Bindung: CPI books GmbH, Leck

www.degruyter.com

Vorwort

Nach den Bänden *ReiseSchreiben: Potsdamer Vorlesungen zur Reiseliteratur* und *LiebeLesen: Potsdamer Vorlesungen zu einem großen Gefühl und dessen Aneignung* lege ich den dritten Band der Reihe „Aula" im Verlag Walter de Gruyter vor. In dieser Reihe ist er der erste mit Vorlesungen zu einem literaturgeschichtlichen Thema, ohne dass diese Seiten doch eine Literaturgeschichte sein möchten. Denn ihr Fokus geht weit über eine solche ‚Geschichte' im nationalliterarischen Sinne hinaus: Längst bewegen wir uns in einem zeithistorischen und ästhetischen Kontext, der nicht länger zwischen „Nationalliteratur" und „Weltliteratur" pendelt, sondern sich im viellogischen System der Literaturen der Welt bewegt. Dafür galt es eine adäquate Form zu finden. Dem vorliegenden Versuch, der von seinem Gegenstand her bis an die Gegenwartsliteratur des „extrême contemporain" heranreicht, werden in den nächsten Jahren weitere literarhistorische Vorlesungsbände folgen, welche die ‚Vorgeschichte' dieser aktuellen Entwicklungen verfolgen und anschaulich machen sollen.

Der Band *Von den historischen Avantgarden bis nach der Postmoderne* versammelt Vorlesungen zu den Romanischen Literaturen der Welt, die in den Corona-Semestern zwischen April 2020 und Februar 2021 gehalten wurden. Sie basieren ihrerseits auf einer Reihe unterschiedlicher Lehrveranstaltungen, die ich an der Universität Potsdam im Verlauf der zurückliegenden Jahre unter anderem den historischen Avantgarden in Europa, den historischen Avantgarden in Lateinamerika, den Literaturen im Zeichen der Postmoderne sowie globalen Literaturentwicklungen im 20. und 21. Jahrhundert gewidmet habe. Die in der Regel frei gehaltenen Vorlesungen dieses Bandes reflektieren auch in gedrucktem Format die mündliche Form der Präsentation, wie sie für mich stets Grundlage der Performance in der Aula war. Vorlesungen boten mir immer eine Möglichkeit, in mündlicher Form auf aktuelle Entwicklungen in Literatur, Kultur, Gesellschaft oder Politik zu reagieren sowie zugleich Dimensionen des Künftigen, die von der Literatur stets angesprochen werden, aufzugreifen und gemeinsam mit den Studierenden zu durchdenken. Auch hiervon soll der vorliegende Band trotz – oder gerade aufgrund – seiner literarhistorischen Ausrichtung künden. Vorlesungen sind ein wunderbares Experimentierfeld für neue Ideen!

Im Band konnten Lesungen von Autorinnen und Autoren der Romania, welche bisweilen meine Gäste waren, naturgemäß nicht wiedergegeben werden. Einige dieser Autor*innen wurden freilich mit ihren besprochenen Texten und Werken in den hier vorgestellten Text-Reigen aufgenommen, so dass Grundriss und Gegenstandsbereich der jeweiligen Vorlesung erhalten blieben.

Auch in diesem Band musste vieles den Grenzen einer Buchveröffentlichung geopfert werden, so dass mitunter schmerzliche Kürzungen notwendig waren.

Doch so großen Spaß mir die Performance der Vorlesungen machte, so große Freude hatte ich bei deren Überarbeitung, Gestaltung und Niederschrift. Ich hoffe, dass auf den vorliegenden Seiten von dieser Freude an Themen und Stoffen noch immer viel zu spüren ist.

Markus Alexander Lenz gilt mein inniger und herzlicher Dank für die stets umsichtige und zielführende redaktionelle Bearbeitung, für kluge Ideen und viele anregende Gespräche, die wir am Rande der Vorlesungen und ihrer Betreuung geführt haben. In bewährter Manier hat Pauline Barral dankenswerter Weise für Vorlesung und Band die richtigen Illustrationen ausgewählt und besorgt. Mein Dank gilt des weiteren Ulrike Krauß, die sich von Beginn an beim Verlag Walter de Gruyter für die einzelnen Bände und die Gesamtidee der Reihe „Aula" eingesetzt hat, sowie Gabrielle Cornefert, die auch diesen Band verlagsseitig bestens betreute. Meiner Frau Doris gebührt mein Dank für den initialen Anstoß, die Manuskripte meiner Vorlesungen in Buchform zu veröffentlichen, und für die liebevollen Ermutigungen, das Vorhaben der Reihe weiterzuführen.

Ottmar Ette

Potsdam, 14. Dezember 2020

Inhalt

Zur Einführung

Unsere Vorlesung präsentiert im Überblick die Romanischen Literaturen der Welt auf ihrem Weg von den historischen Avantgarden zu Beginn des 20. Jahrhunderts bis zu den Literaturen *nach* der Postmoderne zu Beginn unseres Jahrhunderts. Sie erfasst damit einen historischen Zeit-Raum, der etwas mehr als ein gesamtes Jahrhundert einschließt, zugleich eine territorialisierbare Raum-Zeit, welche eine ungeheure Mannigfaltigkeit an literarischen Entwicklungen nicht allein in den romanischen Literaturen Europas, sondern auch weiter Gebiete der außereuropäischen Welt miteinschließt. Dies ist von der Materialfülle her, welche uns ebenso die zeitlichen wie räumlichen Grenzziehungen offerieren, ein recht ambitioniertes Unternehmen, dem sich diese Vorlesung mit großem Enthusiasmus, aber auch im Bewusstsein der Unabschließbarkeit eines derartigen Unterfangens widmen will. Gehen wir unsere Aufgabe folglich mit viel Schwung und lustvoll an!

Unser erster Ausgangspunkt für diesen gewiss riskanten Ritt bis hinein in die Gegenwartsliteraturen der Romania oder das, was man in Frankreich als „l'extrême contemporain" zu bezeichnen pflegt, werden die Literaturen im Zeichen der historischen Avantgarden sein. Eine Epoche unserer Geschichte und Literaturgeschichte, welche einerseits längst historisch geworden ist – und die literarhistorische Bezeichnung lässt daran keinerlei Zweifel aufkommen –, die uns aber zugleich als eine Zeit unmittelbar *nach* einer Phase beschleunigter Globalisierung auf eine geradezu intime Art und Weise familiär und vertraut erscheint. Auch wir befinden uns heute am Ausgang einer Phase beschleunigter Globalisierung, die sich zwischen der Mitte der achtziger Jahre des 20. und der Mitte der zweiten Dekade des 21. Jahrhunderts erstreckte. Die starken Ausläufer dieser Beschleunigungsepoche betreffen unsere Gegenwart sehr stark und zeigen uns, dass Erfahrung und mehr noch Erleben unserer Zeit gar nicht so weit von den Anfängen der historischen Avantgarden entfernt sind. Auf ein Aufzeigen gerade manch politischer Parallele verzichte ich einstweilen. Doch so viel schon einmal zur Rechtfertigung des literaturgeschichtlichen Zuschnitts unserer Vorlesung: Er ist gegenwartsbezogen und zugleich prospektiv, ohne die historischen Kontexte zu vernachlässigen.

Wenn wir die Zeit und den Raum unserer Vorlesung betonen, so steht für mich deren Kombination noch weit mehr im Fokus. Denn entscheidend ist die literaturgeschichtlich weithin vernachlässigte *Bewegung*,[1] welche die Grundlage für das literarische Leben und die Lebendigkeit der Romanischen Literaturen der

---

1 Vgl. Ette, Ottmar: *Literatur in Bewegung. Raum und Dynamik grenzüberschreitenden Schreibens in Europa und Amerika.* Weilerswist: Velbrück Wissenschaft 2001.

Welt darstellt. Eben diesem Leben – und nicht etwa den statischen Klischees oder Schablonen von Literatur und Literaturgeschichtsschreibung – wollen wir uns zuwenden. Wir werden uns darüber noch ausführlicher unterhalten, denn das Leben der Literaturen der Welt ist mit unserem Leben in den Realitäten dieser textexternen Welt weder gleichzusetzen noch von diesem grundlegend getrennt – beide Bereiche sind auf intensive Weise miteinander vermittelt. Doch vorausgeschickt sei bereits an dieser Stelle, dass ohne die Bewegungen der Literaturen der Welt, dass ohne ihre Intertextualität, welche die eigentlich treibende Kraft im literarischen Bereich ist, und ohne die Zirkulation von Literatur in einem transarealen Bewegungs-Raum die literarischen Phänomene nicht adäquat zu beurteilen sind und daher nicht in ihrer ganzen Komplexität verstanden werden können.

So werden wir bei unserer Annäherung an die historischen Avantgarden etwa sehr wohl fragen: Inwiefern stellen beispielsweise die surrealistischen Schreib- und Bildwelten einen radikalen Bruch dar – mit der bürgerlichen Gesellschaft, mit einer überkommenen Wertewelt, mit der Institution Kunst, mit traditionellen literarischen Genres und Produktionsformen? Aber darüber hinaus müssen wir erkunden, wie die Relationen zwischen unterschiedlichen europäischen wie außereuropäischen Literaturen beschaffen waren und welche Zirkulationen von Literatur in welchem Kontext refunktionalisiert, also mit neuen Funktionen versehen wurden und daher auch gänzlich anders zu beurteilen sind. Im Bereich der *TransArea Studies*[2] liegt einer der Schwerpunkte dieser Vorlesung, denn die Beleuchtung transarealer Relationalitäten wird eines ihrer Hauptanliegen sein. Was als Bruch in der einen Gesellschaft verstanden werden kann, muss dies in einer anderen Gesellschaft, innerhalb eines anderen Kultur- und Wertesystems keineswegs sein! Die Beziehungen zwischen einzelnen Texten unterschiedlicher Autorinnen und Autoren sind folglich zwischen verschiedenartigen kulturellen Areas überaus perspektivenreich zu beleuchten.

Schon an dieser frühen Stelle unserer Vorlesung seien diese Überlegungen folglich in einem hoffentlich anschaulichen, plastischen Bild festgehalten: Die Literaturen der Welt bilden ein hochkreatives, vielgestaltiges Mobile, bei dem nicht nur die einzelnen Bestandteile dieses künstlerischen Artefakts, sondern auch dessen Betrachterinnen und Betrachter – mithin: wir selbst – in ständiger Bewegung sind. Auf alle hier genannten Begriffe werde ich im Verlauf unserer Vorlesung wiederholt zurückkommen.

Unsere Beschäftigung mit den europäischen wie den außereuropäischen Literaturen der Romania wird uns in einem zweiten Schritt von den historischen

---

2 Vgl. Ette, Ottmar: *TransArea. Eine literarische Globalisierungsgeschichte.* Berlin – Boston: Walter de Gruyter 2012.

Avantgarden zu den (Neo-)Avantgarden und zugleich von der Moderne in die Postmoderne führen. Die Vorlesung setzt sich zum Ziel, das Zusammenwirken verschiedenster, nationalliterarische wie mediale Grenzen überwindender Literaturen und Kunstauffassungen aufzuzeigen sowie die dynamischen Beziehungen zwischen Literatur und anderen künstlerischen Ausdrucksformen (insbesondere Malerei und Film) aus komparatistischer und transmedialer Perspektive herauszuarbeiten.

Dabei geht es nicht allein um transareale, sondern zugleich um transkulturelle Beziehungsgeflechte. Denn ebenso, wie in neuester Zeit – und es war wahrlich an der Zeit! – die territorialen und bewusstseinsmäßigen Grenzen der deutschen Nationalliteratur gesprengt werden konnten und eine ‚Weltgeschichte der deutschsprachigen Literatur' in Umrissen erkennbar wird,[3] so lassen sich gerade auch die Romanischen Literaturen der Welt nicht auf nationale Grenzziehungen reduzieren. Vielmehr bestechen sie durch ihre Vielverflochtenheit und ihre ständig weiter wachsenden Relationalitäten quer zu den unterschiedlichsten Kulturen, quer zu den verschiedensten Literaturen der – um nur diese zu nennen – frankophonen, lusophonen und hispanophonen Welt.[4] Nicht mehr allein die interkulturellen Beziehungen, sondern weit mehr noch die verschiedenartigsten Kulturen querenden transkulturellen Relationen prägen – freilich schon seit Jahrzehnten – das Bild unserer heutigen Gegenwartsliteraturen.

Schließlich wird die Erkundung der Literaturen zu Beginn und während der ersten Dekaden des 21. Jahrhunderts die gesamte spannungsvolle Komplexität, aber auch die Vitalität des Literarischen in der engen Verschmelzung von Literatur und Kunst, Lesen und Leben in einem ebenso transarealen wie transkulturellen Zusammenhang aufleuchten lassen. Längst ist an die Stelle der von Weimar aus zentrisch gedachten Goethe'schen Weltliteratur das viellogische System der Literaturen der Welt getreten, das schon die Literaturen der Postmoderne, aber auch und gerade die literarischen Traditionsstränge *nach* der Postmoderne kennzeichnet. Wenn in dieser Vorlesung also von ‚Hauptwerken' die Rede ist, dann stets in einem offenen, dynamischen, bewegungsgeschichtlichen Sinne von Texten und (ihre Rezeptions- und Wirkungsgeschichten miteinschließenden) Werken, welche sich innerhalb eines potenziell globalen und zugleich (von bestimmten Punkten

---

3 Richter, Sandra: *Eine Weltgeschichte der deutschsprachigen Literatur.* 2., verbesserte Auflage. München: Bertelsmann Verlag 2017.
4 Vgl. hierzu Ette, Ottmar: Die Literaturen der Welt. Transkulturelle Bedingungen und polylogische Herausforderungen eines prospektiven Konzepts. In: Lamping, Dieter / Tihanov, Galin (Hg.): *Vergleichende Weltliteraturen / Comparative World Literatures. DFG-Symposion 2018.* Unter Mitwirkung von Mathias Bormuth. Stuttgart: J.B. Metzler – Springer 2019, S. 115–130.

aus) globalisierten Literaturhorizontes ansiedeln und sich nach immer wieder neuen Koordinaten bestimmen. Nein, es geht hier keinesfalls um die Erstellung eines wie auch immer gearteten literarischen Kanons!

Doch ich möchte Sie nicht gleich zu Beginn unserer Vorlesung mit allerlei Theorien und Hypothesen überfluten, sondern Sie zum Einstieg mit einem konkreten Stück Literatur konfrontieren: Nähern wir uns diesem guten Jahrhundert, das vor uns steht, mit Hilfe eines Textes, der weite Teile dieser Zeitspanne in sich aufgenommen hat sowie lebendig diskutiert, und vertrauen wir uns einem erfahrenen Schriftsteller an! Lassen Sie mich folglich an dieser Stelle einen literarischen Text einblenden, der nur schwer klassifizierbar ist und den wir in seiner Bedeutung erst später – nach dem Durchlauf von etwa zwei Dritteln dieser Vorlesung – wirklich verstehen und in seiner Hintergründigkeit ausleuchten können!

Es handelt sich um einen Text, der mit einem hintergründigen Humor verfasst wurde, für den sein Autor in der spanischen Literatur beispielhaft steht. Ich gebe zu: Das Werk dieses spanischen Schriftstellers ist nicht ganz einfach zu lesen. Denn es handelt sich um einen Text, der sozusagen auf der Lektüre zahlreicher weiterer Texte anderer Autor*innen beruht, was auf der intertextuellen Ebene wahrlich kein Alleinstellungsmerkmal ist. Er setzt allerdings bei seiner Leserschaft die Lektüre vieler anderer Texte voraus, insofern er sich auf höchst selbstreflexive und ironische Weise mit diesen Bezugstexten auseinandersetzen kann und daraus sein eigenes Textgewebe entspinnt.

So kommen wir bereits bei unserer ersten literarischen Sondierung auf einen schon kurz eingeführten Begriff des „Intertextuellen", der in den Neoavantgarden eine große Rolle spielte und sowohl auf der Ebene literarischer Textualität wie literaturtheoretischer Intertextualität bis heute spielt. Aber von welchem Text im Zeichen dieses Zentralbegriffs spreche ich eigentlich? Es ist eine Schrift des im Jahre 1948 in Barcelona geborenen spanischen Schriftstellers Enrique Vila-Matas, der 2015 – ich gebe zu: Ich war in der Jury – mit dem mit 150.000 Dollar ausgestatteten Premio FIL der internationalen Buchmesse oder Feria Internacional del Libro im mexikanischen Guadalajara ausgezeichnet wurde. Nach dem Premio Cervantes ist dies der zweitwichtigste Preis der spanischsprachigen Literaturwelt. Vila-Matas' Text stammt aus dem Jahr 1985 und trägt den Titel *Historia abreviada de la literatura portátil*. Worum geht es in dieser *Gekürzten Geschichte einer tragbaren Literatur*?

Enrique Vila-Matas oder vom Leben der Zitate

Um uns Enrique Vila-Matas anzunähern, müssen wir ein klein wenig ausholen. Denn in seinem erstmals 1959 erschienenen und für die Deutung der Literaturen des 20. Jahrhunderts eine so wichtige Scharnierstellung einnehmenden Band *Le livre à venir* hat der französische Literatur- und Kulturtheoretiker Maurice Blanchot versucht, die künftigen literarischen Entwicklungen, folglich die von der Mitte seines Jahrhunderts aus absehbare Entfaltung des Buches der Zukunft zu beschreiben und zur Diskussion zu stellen. Es verwundert bei dieser Literaturkritik des Künftigen aus heutiger Perspektive nicht, dass Blanchot diese prospektive Dimension seines wegweisenden Bandes nicht zuletzt auf den argentinischen Schriftsteller Jorge Luis Borges stützt, von dessen Lektüre her das nachfolgend angeführte erste Zitat des vorliegenden Textes konzipiert und formuliert wurde:

> Aber wenn die Welt ein Buch ist, dann ist jedes Buch die Welt, und aus dieser unschuldigen Tautologie ergeben sich Konsequenzen, die einem das Fürchten lehren.
>
> Diejenige zunächst, dass es keine Grenzen mehr für Referenzen gibt. Die Welt und das Buch schicken sich ewig und unendlich ihre gespiegelten Bilder hin und her. Diese unbegrenzte Macht der Spiegelungen, diese sprühende und unbeschränkte Vervielfachung – welche das Labyrinth des Lichtes und im Übrigen keineswegs nichts ist – wird also alles sein, was wir, schwindelig geworden, vorfinden werden am Grunde unseres Begehrens, zu verstehen.
>
> Dann noch diese andere, dass wenn das Buch die Möglichkeit der Welt ist, wir daraus schließen müssen, dass folglich nicht allein die Macht zu tun am Werke ist, sondern zugleich auch diese große Macht, so zu tun, mithin zu tricksen und zu täuschen, wobei jedes Werk der Fiktion ein umso deutlicheres Erzeugnis davon ist, je besser diese Macht darin verschleiert wird.[1]

Abb. 1: Maurice Blanchot (Devrouze im Burgund, 1907 – Le Mesnil-Saint-Denis bei Paris, 2003).

---

1 Blanchot, Maurice: *Le livre à venir*. Paris: Gallimard 1959, S. 131 f. Soweit nicht anders angegeben, stammen alle Übersetzungen ins Deutsche vom Verfasser. Die originalsprachigen Zitate finden die Leserin und der Leser im Anhang.

Damit benennt Maurice Blanchot in gedrängter Form zentrale Begriffe und Metaphernfelder, in denen sich Jorge Luis Borges' *Ficciones* und *El Aleph*, insbesondere aber auch aus der erstgenannten Sammlung der kleine und so folgenreiche Text *Pierre Menard, autor del Quijote* (der es Blanchot wie vielen nach ihm in ganz besonderer Weise angetan hatte) bewegen. Wir treffen auf die topische Metapher der Welt als Buch, mit deren komplexer Geschichte im Abendland sich Ernst Robert Curtius oder Hans Blumenberg eingehend beschäftigt haben.[2] Wir treffen aber auch auf das Labyrinth, auf die Spiegelungen der Spiegel und die Fälschungen der Fälscher, welche freilich die Differenz zwischen Original und Fälschung, zwischen Urbild und Abbild, zwischen Vorbild und Nachbild zum Verblassen und schließlich zum Verschwinden bringen. Wir bewegen uns ohne Frage im Spannungsfeld zwischen Buch-Welt und Welt-Buch!

Maurice Blanchot lässt die erheblichen, ja ‚furchterregenden' Folgen der von Borges gewählten Kombinatorik erkennen und im obigen Zitat ein erhellendes Licht ins dunkle Labyrinth des Welt-Buches wie der Buch-Welt fallen. Nicht umsonst erregt der Wille, all dies zu verstehen und zu begreifen, bei ihm jenen Schwindel, der auch für das Werk des spanischen Schriftstellers Enrique Vila-Matas[3] bereits wiederholt konstatiert worden ist: *Vertigo* als Formel und Funktion einer Literatur der Zukunft, die zwischen Original und Fälschung ebenso wenig einen kategorischen Unterschied macht wie zwischen Leben und Lesen. Jenen Schwindel erzeugend, der wie bei Winfried Georg Sebald als Grundgefühl[4] beim Lesen vom Leben nicht zu trennen ist. Ein Schwindel, der folglich zum Leben (und Lesen) der Literatur notwendig mit dazugehört.

Dem „faire", dem Tun, tritt damit das „feindre", das So-tun-als-ob an die Seite, ein „truquer" und „tromper", das seine Macht umso wirkungsvoller entfalte, je ausgefeilter die Verfahren sind, die in einem Text aufgeboten werden, um derlei Fälschungen zu tarnen, zu überdecken, zu dis-simulieren. Damit ist weit mehr und anderes gemeint als der im Übrigen – wie sich noch zeigen wird – obsolete Gegensatz zwischen ‚Fiktion' und ‚Realität' oder auch zwischen ‚Dichtung' und ‚Wahrheit', wie schon Goethe ironisch formulierte. So signalisiert und markiert Maurice Blanchot auf präzise Weise, in welche Richtung sich eine Ästhetik der

---

2 Vgl. Curtius, Ernst Robert: *Europäische Literatur und lateinisches Mittelalter*. Zehnte Auflage. Bern – München: Francke Verlag 1984, S. 323–329; sowie insbes. Blumenberg, Hans: *Die Lesbarkeit der Welt*. Frankfurt am Main: Suhrkamp 1986.
3 Vgl. hierzu die schöne Studie von Sánchez, Yvette: Contratiempos y mareos: el ir y venir de personajes, espacios y ficciones de Vila-Matas. In: Badia, Alain / Blanc, Anne-Lise / Garcia, Mar (Hg.): *Géographies du vertige dans l'œuvre d' Enrique Vila-Matas*. Avec un texte inédit de l'auteur. Perpignan: Presses Universitaires de Perpignan 2013, S. 245–258.
4 Vgl. Sebald, W.G.: *Schwindel. Gefühle*. Frankfurt am Main: Fischer 1990.

Täuschung und Fälschung in der zweiten Hälfte des 20. Jahrhunderts – und bis in unsere Gegenwart hinein – entwickeln sollte. Aus heutiger Perspektive wird man nicht umhin können, in diesen Umbesetzungen eine der großen Entwicklungslinien der Literaturen der Welt in der zweiten Hälfte des ‚Jahrhunderts von Jorge Luis Borges' zu erkennen. Denn der Argentinier, der zu Beginn seiner literarischen Entwicklung selbst zu den historischen Avantgarden zählte und damit eine Brücke zwischen den beiden so ungleichen Jahrhunderthälften bildete, hat der zweiten Hälfte des 20. Jahrhunderts zweifellos seinen Stempel unauslöschlich aufgedrückt.

Maurice Blanchot hat es in *Le livre à venir* aber auch nicht versäumt, eine Reihe von Herausforderungen zu formulieren, die nicht allein die Literatur, sondern auch die Literaturtheorie im weiteren Verlauf des 20. Jahrhunderts in der Tat erwarten sollten. So versuchte er recht erfolgreich, auf schwierige und bisweilen seltsame Fragen kryptische Antworten zu finden, die ihm gleichsam die Wirkung eines Orakels künftiger literaturtheoretischer ‚Wege' (und dies heißt etymologisch: Methoden) verschafften:

> Nun geschieht es, dass man sich seltsame Fragen stellen hört, beispielsweise diese: „Welches sind die Tendenzen der gegenwärtigen Literatur?", oder auch: „Wohin geht die Literatur?" Eine erstaunliche Frage, fürwahr, aber das Erstaunlichste daran ist, dass es darauf eine einfache Antwort gibt: Die Literatur geht sich selbst, ihrem Wesen, entgegen, dem Verschwinden.[5]

Man sollte aus dieser ‚einfachen' Antwort des französischen Theoretikers nicht auf ein von ihm prognostiziertes Verschwinden der Literatur im Sinne jener Rede vom ‚Ende' der Literatur schließen, das in späteren Jahrzehnten des 20. Jahrhunderts salonfähig wurde und zeitweilig – zum Teil bis heute, und dies vor allem an US-amerikanischen Literatur-Departments – an der Tagesordnung war. Allenthalben hörte man noch vor nicht allzu langer Zeit vom Ende dieser kulturellen Praxis sprechen und die selbstsichere Feststellung treffen, dass die Literatur unter dem Feuer der neuen Medien im Kontext einer global verbreiteten Massen- und Unterhaltungskultur ihre letzte Schlacht schlage, die aber längst zu einer „lost battle" geworden sei. Ich selbst bin bei Literaturvorträgen in den USA des Öfteren mit dieser so einfachen, vielleicht verstörenden, vor allem aber dummen Frage konfrontiert worden, die weit mehr über die Departments und deren Vertreterinnen und Vertreter als über die Literatur – und gerade auch in einem weltweiten Maßstab – aussagt.

---

5 Blanchot, Maurice: *Le livre à venir*, S. 265.

Angesichts der vieltausendjährigen Geschichte der Literaturen der Welt, die sich nicht aus einer einzigen ‚Quelle' speisen, sondern verschiedensten Traditionen entstammen und unterschiedlichste Kulturen, Sprachen, Zeitalter, Herrschafts- und Regierungssysteme, Machtverhältnisse und Marktverhältnisse querten und damit quer zu den verschiedenartigsten Faktoren, welche auf das Schreiben einwirken, jenes feine und auf den ersten Blick so fragile Netz an komplexen Beziehungsgeflechten entwickelten, die in ihren weltweiten Ausprägungen[6] nicht nur Armeen und Arsenale, Mächte und Märkte, Paläste und Produkte, sondern selbst jene Kulturen und Sprachen zu überdauern wussten, aus denen sie einst erdacht und in denen sie vor langen Zeiten abgefasst worden waren, darf eine in diesem simplen Sinne verstandene Rede vom ‚Ende' der Literatur als ebenso armselig wie lächerlich erscheinen. Denn es ist fürwahr ein höchst reduzierter Blick, der hier auf eine bestimmte Praxis von Literatur in einer bestimmten Gesellschaft und Kultur geworfen wird – und wohl nicht einmal für diese auch nur annäherungsweise seine Berechtigung besitzt!

Vor einem derartigen Hintergrund mutet es bisweilen skurril an, dass noch vor wenigen Jahren an einigen Universitäten vom Ende einer Literatur die Rede war, die über eben diese nach Jahrtausenden zählende lange und vielfach verzweigte Geschichte verfügt, welche sich keineswegs in ihren abendländischen Traditionen erschöpft. Die Literaturen der Welt sind höchst lebendig[7] und entwickeln sich viellogisch weiter – auch und gerade jenseits jenes Horizonts, den diese Literaturtheoretiker*innen mehr oder minder überschauen oder vielleicht besser noch übersehen.

Wenn also bei Maurice Blanchot vom Verschwinden der Literatur als ihrem Wesen, von ihrer „essence" die Rede ist, dann ist nicht das Ende einer in unterschiedlichsten Geographien entwickelten kulturellen Praxis gemeint, sondern eine der Literatur zugesprochene Essenz der Verwandlung und ständigen Umbesetzung. Ganz so, wie Roland Barthes 1967 mit seinem berühmt-berüchtigten Theorem vom *Tod des Autors*[8] nicht das physische Verschwinden, den körperlichen Tod des Schriftstellers anvisierte oder gar avisierte, sondern vielmehr eine spezifische Umbesetzung innerhalb eines Verständnisses von Literatur, in

---

6 Vgl. hierzu Ette, Ottmar: Worldwide: Living in Transarchipelagic Worlds. In: Ette, Ottmar / Müller, Gesine (Hg.): *Worldwide. Archipels de la mondialisation. Archipiélagos de la globalización. A TransArea Symposium*. Madrid – Frankfurt am Main: Iberoamericana – Vervuert 2012, S. 21–59.
7 Vgl. Ette, Ottmar: Vom Leben der Literaturen der Welt. In: Müller, Gesine (Hg.): *Verlag Macht Weltliteratur. Lateinamerikanisch-deutsche Kulturtransfers zwischen internationalem Literaturbetrieb und Übersetzungspolitik*. Berlin: Verlag Walter Frey – edition tranvía 2014, S. 289–310.
8 Barthes, Roland: La mort de l'auteur. In (ders.): *Œuvres complètes*. Edition établie et présentée par Eric Marty. 3 Bde. Paris: Seuil 1993–1995, hier Bd. 2, S. 491–495.

welcher dem Subjekt und der Subjekthaftigkeit des Autors nicht länger die entscheidende und alles zentrierende Funktion zukommen sollte.[9] In jenem Sinne, in dem auch das am Meeresufer im Sand verschwimmende und verschwindende Gesicht des Menschen am Ausgang von *Les mots et les choses*[10] im Jahr 1966 nicht die Auslöschung der Spezies Mensch thematisierte. Vielmehr bezeichnet dieses Bild eine fundamentale Umbesetzung innerhalb jener Erfindung des Menschen, die in der Frühen Neuzeit unter ganz spezifischen Bedingungen im Abendland stattgefunden hatte und sich nun tiefgreifenden Veränderungen ausgesetzt sah. Es geht also weder um eine Auslöschung der Spezies Mensch (obwohl diese im Anthropozän möglich geworden ist) noch um ein Verschwinden der Literatur (obwohl dies von einigen Kulturwissenschaftlern prognostiziert wird)!

Maurice Blanchots Entwurf des „künftigen Buches", einer Literatur der Zukunft, projektiert vielmehr eine Vielzahl an literatur- und kulturtheoretischen Umbesetzungen, die in der Tat das Angesicht der Literatur grundlegend, wenn vielleicht auch nicht dauerhaft, dominant und in dem von Michel Foucault, Roland Barthes, Julia Kristeva oder Jacques Derrida erdachten Sinne verändern sollten. Schon die konzeptionelle Metapher des *livre à venir* macht deutlich, dass es hier um eine – sehr häufig im Zeichen der Memoria-Dominanz in den Hintergrund geratene – *prospektive* Dimension literaturtheoretischen Arbeitens und Analysierens geht, die keineswegs notwendig hinter der Literatur herhinken muss, ohne doch je mit ihr Schritt halten zu können. Das Spannungsfeld zwischen Welt-Buch und Buch der Welt ist aufgespannt und wird sich auch auf die Relation zwischen Lebens-Buch und Buch des Lebens beziehen. Denn es geht nicht zuletzt um das Leben der Literaturen der Welt!

In der Studie des berühmten französischen Kultur- und Literaturtheoretikers Maurice Blanchot werden künftige Wege des Schreibens sondiert, wobei zumindest *einer* der wohl wichtigsten abgesteckt wird, der von den historischen Avantgarden[11] der ersten Hälfte des 20. Jahrhunderts in jene literarischen Entwicklungen hinein führen sollte, welche die zweite Hälfte des 20. Jahrhunderts, ja selbst viele der Optionen der aktuellen Gegenwartsliteraturen bestimmen. Damit entstand eine neue Konstellation zwischen Buch-Welt und Welt-Buch, die auf einer keineswegs allein literaturtheoretischen, sondern vor allem literaturprakti-

---

9 Vgl. hierzu das zweite Kapitel in Ette, Ottmar: *LebensZeichen. Roland Barthes zur Einführung.* Zweite, unveränderte Auflage. Hamburg: Junius Verlag 2013.
10 Vgl. Foucault, Michel: *Les mots et les choses.* Paris: Gallimard 1966.
11 Zur Geschichte und den einzelnen Manifesten der historischen Avantgarden vgl. das Standardwerk von Asholt, Wolfgang / Fähnders, Walter (Hg.): *Manifeste und Proklamationen der europäischen Avantgarde (1909–1938).* Stuttgart – Weimar: Metzler 1995.

schen Ebene von großer Rückwirkung auf die Schreibformen etwa eines Enrique Vila-Matas sein sollte. Nicht allein Jorge Luis Borges, sondern gerade auch die Experimente der historischen Avantgarden in Kunst und Literatur bildeten die anspielungsreichen Horizonte von höchst innovativen Formen (und bisweilen auch Normen) eines Schreibens, das den Anspruch auf die topische Metapher der Lesbarkeit (und Schreibbarkeit) der Welt keineswegs aufgegeben hatte. Die Literaturen der Welt verändern ständig ihre Traditionen, aber sie geben sie nicht einfach auf.

Maurice Blanchot dürfte sehr wohl bekannt und gewiss auch bewusst gewesen sein, dass Jorge Luis Borges als Autor von *Pierre Menard, autor del Quijote* in seinen vom argentinischen Schriftsteller selbst so häufig ausgeblendeten oder umgedeuteten Anfängen ein Avantgardist gewesen war, der sein Schreiben etwa im Umfeld des spanischen Creacionismo aus den Positionen der historischen Avantgarden heraus entfaltet hatte. Jorge Luis Borges hat später nicht ohne Erfolg versucht, diese avantgardistische Prägung wie eine Schlangenhaut abzustreifen und zu verleugnen: Er wollte nachträglich nichts mehr mit den historischen Avantgarden zu tun gehabt haben.

Ohne eine kritische Reflexion seiner Verankerung in den historischen Avantgarden[12] wäre die literarische wie literaturtheoretische Entwicklung von Jorge Luis Borges und der Aufstieg des Argentiniers zur Ikone eines Schreibens in der Postmoderne nur schwerlich zu begreifen. Borges' Kritik reiht sich ein in den erfolgreichen Versuch einer ganzen Reihe herausragender Schriftsteller*innen, aus den Fehlern der historischen Avantgarden die Lehren zu ziehen, um von einer – verkürzt gesagt – Ästhetik des Bruches und der Zerstörung[13] abzuweichen. Denn letztere konnte – wie das Beispiel weiter Teile des französischen Surrealismus zeigte – leicht marktgerecht aufbereitet und geschmackvoll zubereitet sowie sogar kulturpolitisch als Exportschlager französischer Kultur vermarktet werden. Doch genauer werden wir uns dem Weg des argentinischen Alpha-Autors etwas später

---

12 Vgl. zu deren Geschichte und Gegenwart u. a. Asholt, Wolfgang / Fähnders, Walter (Hg.): *Der Blick vom Wolkenkratzer. Avantgarde – Avantgardekritik – Avantgardeforschung*. Amsterdam – Atlanta: Rodopi 2000.

13 Vgl. hierzu das Standardwerk von Bürger, Peter: *Theorie der Avantgarde*. Frankfurt am Main: Suhrkamp 1974. Die seit langem anhaltende Kritik an der Reduktion der historischen Avantgarden auf die Welt Europas und die Einschränkung der europäischen Avantgarden im Kern auf die französische, italienische oder deutsche Avantgarde muss hier nicht gesondert ausgeführt werden. Verwiesen sei hier u. a. auf die Beiträge in Wentzlaff-Eggebert, Harald (Hg.): *Europäische Avantgarde im lateinamerikanischen Kontext. La Vanguardia en el Contexto Latinoamericano. Actas del Coloquio Internacional de Berlín 1989*. Frankfurt am Main: Vervuert Verlag 1991.

zuwenden: an dieser Stelle mag ein Hinweis auf seine große literaturgeschichtliche Bedeutung erst einmal genügen.

Vergessen wir dabei nicht jene kluge Anmerkung, die Roland Barthes 1973
seinem nanophilologisch verdichteten Band *Le Plaisir du texte* mitgab, als er die
Kunst der Avantgarde gleich doppelt mit dem Begriff der stets möglichen „récupération" zu charakterisieren versuchte:

> Das Unglück besteht darin, dass eine solche Zerstörung immer unangemessen ist; entweder
> bleibt sie außerhalb der Kunst, womit sie fortan impertinent ist, oder sie willigt ein, inner-
> halb der Kunstpraxis zu bleiben, wodurch sie sich sehr schnell der Vereinnahmung andient
> (die Avantgarde ist jene widerspenstige Sprache, die wieder vereinnahmt werden wird).[14]

Wie aber ließ sich künftig dieses Zusammenspiel von Zerstörung und Bruch einerseits und Wiedereingliederung nebst kommerzieller Vereinnahmung andererseits
unterbinden und kreativ wenden? Wie ließ sich aus der hier von Roland Barthes
klar umrissenen Problematik jeder Avantgarde eine neue Ästhetik entwickeln,
ohne in die später konstatierten Fehler der Avantgarden zurückzufallen? Dies
waren Grundfragen einer Literaturentwicklung, welche fast das gesamte 20. Jahrhundert umtrieben und die wir noch en détail kennenlernen werden.

Abb. 2: Roland Barthes (Cherbourg, 1915 – Paris, 1980).

Mit guten Gründen könnte man das gesamte literarische und literaturkritische
Schaffen von Enrique Vila-Matas in das Zeichen all jener Projektionen und mitunter Prophezeiungen stellen, die Maurice Blanchot seinem Buch aus dem Jahr 1959
mitgab. Das mit zahlreichen Literaturpreisen im In- und Ausland ausgezeichnete
und hochrenommierte Werk des Verfassers von *Bartleby y compañía* darf gewiss
zu den avanciertesten Positionen jener Literaturentwicklung gezählt werden, die
von den Gegenwartsliteraturen der ersten beiden Jahrzehnte des 21. Jahrhunderts
zurück bis in die ersten Jahrzehnte des 20. Jahrhunderts reicht. Es bietet damit ein

---

14 Barthes, Roland: Le Plaisir du texte. In (ders.): *Œuvres complètes*, Bd. 2, S. 1522.

ebenso komplettes wie komplexes Bild der literarischen Entwicklung über einen Zeitraum von mehr als einhundert Jahren; ein Panorama, das ziemlich genau dem Fokus und Zuschnitt unserer eigenen Vorlesung entspricht. Kein Wunder also, dass ich genau diesen Text gewählt habe, um in unsere Vorlesung einzuführen! Die von ihm ausgespannte literarhistorische Dimension, aber auch Reflexion ist dem literarischen Schaffen des spanischen Autors zutiefst eingeschrieben und vermittelt seinen Texten ihre so charakteristische anspielungsreiche Spiegelungstechnik. Es handelt sich um genau jene Technik wechselseitiger Spiegelungen, auf welche uns Maurice Blanchot mit Blick auf die damals künftigen Literaturentwicklungen hatte aufmerksam machen wollen.

Abb. 3: Enrique Vila-Matas (Barcelona, 1948).

Es ist folglich keineswegs erstaunlich, dass man im umfangreich gewordenen Werk des spanischen Romanciers und Essayisten[15] überall auf die Spuren des Schaffens der historischen Avantgarden stößt, die mit ihrer auf den ersten Blick überraschenden Allgegenwart manchen zeitgenössischen Leser durchaus etwas zu verstören vermögen. So lauten bereits die ersten Zeilen des sogenannten „Prólogo", dem Prolog aus Vila-Matas' erstmals 1985 erschienener *Historia abreviada de la literatura portátil*, seiner *Gekürzten Geschichte der tragbaren Literatur*:

> Am Ausgang des Winters von 1924 erlitt auf eben jenem Felsen, auf dem Nietzsche die Intuition der ewigen Wiederkehr hatte, der russische Schriftsteller Andrei Biely einen Nervenzusammenbruch, als er den unaufhaltsamen Aufstieg der Laven des Überbewusstseins durchlebte. An eben jenem Tag, zu jener gleichen Stunde, fiel nicht weit von dort entfernt der Musiker Edgar Varese urplötzlich von seinem Pferd, als er, Apollinaire parodierend, so tat, als würde er in den Krieg ziehen.
>
> Mir scheint, dass diese Szenen just die beiden Pfeiler bildeten, auf denen sich die Geschichte der tragbaren Literatur erhob: eine in ihren Ursprüngen europäische Geschichte und so leicht wie der Koffer-Schreibtisch, mit welchem Paul Morand in Luxuszügen das nächtlich erleuch-

---

15 Vgl. zu dem oft vernachlässigten Bereich der zahlreichen Essays und Artikel im Schaffen des spanischen Autors u.a. Pozuelo Yvancos, José María: Creación y ensayo sobre la creación. Los artículos de Enrique Vila-Matas. In: *Pensamiento literario español del siglo XX* (Zaragoza) 2 (2006), S. 125–135.

tete Europa durchfuhr: mit einem mobilen Schreibtisch, der Marcel Duchamp zu seiner *boîte-en-valise* inspirierte, was zweifellos den genialsten Versuch darstellte, das Tragbare in der Kunst herauszustellen. Der Kassen-Koffer von Duchamp, der miniaturisierte Reproduktionen seiner Kunstwerke enthielt und sich schon sehr bald in das Anagramm der tragbaren Literatur und in das Symbol verwandelte, in welchem sich die ersten Shandys erkannten.[16]

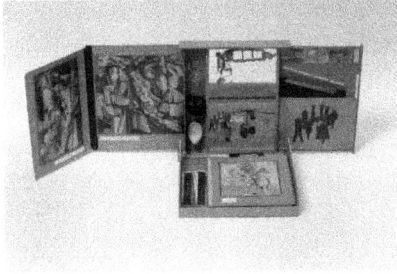

Abb. 4: Marcel Duchamp: *La Boîte-en-valise*, 1936–1941, Serie C, 1958.

Im Incipit dieser *Gekürzten Geschichte der tragbaren Literatur* hat Enrique Vila-Matas eine derartige Dichte an expliziten wie impliziten Verweisen aufgebaut, dass die Leserschaft bereits von Beginn an in einen buchstäblich schwindelerregenden Textwirbel alludierter Autoren, Philosophen, Künstler, Texte und Kunstwerke hineingezogen wird, die selbstverständlich auch den damaligen Verlag der *Historia abreviada* selbst, die in Barcelona angesiedelte Editorial Anagrama, miteinbezogen. Diese Dimension der Verdichtung erzeugt textintern einen literarischen und künstlerischen Raum, der nicht ohne Grund vom Epochenjahr 1924 eröffnet wird. In dieses Jahr fallen die ‚eigentliche' Gründung der Gruppe der französischen Surrealisten rund um die Zentralfigur André Breton sowie das erstmalige Erscheinen von Bretons programmatischer Zeitschrift *La Révolution surréaliste*, die nach Futurismus und vor allem Dadaismus eine (weitere und wohl entscheidende) revolutionäre Epoche im Zeichen der Avantgarden ausrief.[17] Von Beginn an haben wir es – neben vielen anderen Aspekten – mit einer Geschichte der Literatur im 20. Jahrhundert zu tun, einer Geschichte freilich, die ohne den Schwindel, aber auch das Schwindeln nicht auskommt. Dieser Schwindel, dieser *Vertigo*, ist – wie bereits betont – ein Effekt der höchsten Verdichtung an intertextuellen Anspielungen und Verweisen.

---

16 Vila-Matas, Enrique: *Historia abreviada de la literatura portátil*. Barcelona: Editorial Anagrama 1985, S. 9 f.

17 Vgl. Asholt, Wolfgang: De la „mythologie moderne" et du „mythe personnel" au „mythe collectif": fonctions du mythe chez Breton. In: *Romanistische Zeitschrift für Literaturgeschichte* (Heidelberg) XLI, 1–2 (2017), S. 163–177.

Abb. 5: Die Gruppe der französischen Surrealisten, fotografiert von Man Ray im Jahr 1924.

Dabei war es kein Zufall, dass der erste Name, der in dieser *Historia abreviada de la literatura portátil* fällt, kein anderer als der des Philologen und Philosophen Friedrich Nietzsche ist, des Autors der berühmten Frage nach dem „Wer spricht?"[18] und damit nach dem Autor selbst, der den Ausgang des 19. mit jenem des 20. Jahrhunderts perfekt verbindet und im Rückblick auf das 20. Jahrhundert mit seinem zwischen Philosophie und Literatur pendelnden und überdies die kleinen, kurzen Formen bevorzugenden Schreiben die Literaturen keineswegs nur Europas am stärksten zu prägen wusste. Friedrich Nietzsche ist, verkürzt gesagt, mit Blick auf seine Wirkungsgeschichte der wohl wichtigste Philosoph für das 20. Jahrhundert.

Mit Nietzsche sind viele Textelemente bei Vila-Matas verknüpft, nicht zuletzt auch das Pferd, von dem Varese fiel. Blendet es nicht jene von Enrique Vila-Matas wiederholt auch in manch anderen seiner Texte angeführte Szene ein, die mit der Umarmung einer geschundenen und geschlagenen Mähre in den Straßen von Turin im Leben des Autors von *Also sprach Zarathustra* die Phase des Wahnsinns eröffnete? Nietzsche ist nicht nur der große Philosoph des Fin de siècle am Ende des 19., sondern auch am Ende des 20. Jahrhunderts und als solcher eine feste Bezugsgröße im literarisch-philosophischen Raum, den Enrique Vila-Matas' Texte eröffnen.

Die hochgradig verdichtete und anspielungsreiche Auftaktpassage der *Historia abreviada* deutet bereits an, dass wir es hier mit einer Geschichte von Literatur und Kunst im Taschenformat zu tun haben, die sich in ihrem miniaturisierten Verweisungssystem freilich an literatur- wie kunstgeschichtlich vorgebildete Leserinnen und Leser wendet. Oder besser noch: Es ist die Geschichte einer Lite-

---

18 Vgl. zur Beziehung zwischen dem „Wer spricht?" Nietzsches und den Theorie-Avantgarden Frankreichs in der zweiten Hälfte des 20. Jahrhunderts ausführlich Ette, Ottmar: Kommentar. In: Barthes, Roland: *Die Lust am Text*. Aus dem Französischen von Ottmar Ette. Kommentar von Ottmar Ette. Berlin: Suhrkamp Verlag 2010, S. 301–309.

ratur- und Kunstgeschichte, die am Beispiel einer Geheimgesellschaft vor Augen geführt werden soll, welche es in diesem Sinne ‚in Wirklichkeit' niemals gegeben hat. Denken wir noch einmal an Maurice Blanchots „feindre", an sein So-tun-als-ob! Gerade als Geschichte einer Geschichte, die in Form unterschiedlicher kurzer Geschichten erzählt wird, sind Strukturen des Fraktalen, einer immer wieder vorgeführten Mise en abyme, geradezu vorprogrammiert und strukturell unabdingbar. Im spanischsprachigen Bereich spricht man oft von den „cajas chinas", wir im deutschsprachigen Raum zitieren oft die russischen die Matrjoschka-Puppen herbei, die ineinander gesteckt werden können.

Schließlich noch innerhalb der schier unendlichen Anspielungen und Verweise des Zitats, denen wir hier nicht andeutungsweise nachgehen können, zu den sogenannten „Shandys"! Diese Gesellschaft, deren Bezeichnung eine halb alkoholische und halb literarische, in jedem Falle aber auf Laurence Sternes berühmten *Tristam Shandy* zurückrechende Genealogie aufweist, ist selbstverständlich nichts anderes als eine Erfindung des textexternen Autors Vila-Matas, der freilich eine Erzählerfigur in der ersten Person Singular modellierte, aus deren Perspektive die Geschichte dieser Geheimgesellschaft rekonstruiert wird.

Wie aber kann anhaltendes Interesse der Leserschaft an einer Geschichte erzeugt werden, die auf den ersten Blick bestenfalls den Unterhaltungswert einer Literaturgeschichte – und dann auch noch der einer „tragbaren Literatur" – zu besitzen scheint? Glaubwürdig wird diese Erzählung zunächst einmal durch die Generierung eines gewissen „effet de réel",[19] der wie in einem klassischen historischen Roman von der ersten Zeile an durch eine bestimmte Kombinatorik bekannter Namen erzielt wird. Denn die Geheimgesellschaft, von der im „Prolog" die Rede ist, setzt sich aus Figuren zusammen, welche in ihrer Mehrzahl zumindest bei einem gebildeten Lesepublikum als bekannt vorausgesetzt werden können. Dies erst ermöglicht jenes „feindre", ermöglicht jene Fälschung, als die der gesamte Band, in dem von Fälschungen und „imposturas"[20] auf der Handlungsebene immer wieder die Rede ist, angesehen werden darf. Philologische Diskurselemente und Beglaubigungsstrategien einerseits und literarische Verfahren der Täuschung, der Fälschung, andererseits gehen Hand in Hand. All dies hat nicht zuletzt dazu geführt, dass es im spanischsprachigen Raum, ebenso in Spanien wie in den Ländern Lateinamerikas, eine Vielzahl eingefleischter Vila-Matas-Fans gibt, die sich nicht scheuen, auch noch den geringfügigsten Verweisen ihres

---

19 Vgl. Barthes, Roland: L'effet de réel. In (ders.): *Œuvres complètes*, Bd. 2, S. 479–484.
20 Vgl. hierzu Simion, Sorina Dora: Impostura y literatura en la novela vila-matiana „Exploradores del abismo". In: *Studii si cercetari filologice. Seria limbi romanice* (Pitesti, Rumänien) 8 (2010), S. 84–90.

literarischen ‚Meisters' nachzugehen. Gerade auch die Intertextualität vermittelt eine wahre Lust am Text!

Namhafte Autoren und Künstler, die an der Schwelle zu den großen europäischen Avantgarden stehen oder Teil von ihnen sind, werden von der Erzählerfigur, die wir selbstverständlich nicht mit dem textexternen Autor Enrique Vila-Matas verwechseln dürfen, in eine doppelte Koinzidenz gebracht. Damit sind sie auf das Theorem des „hasard objectif" bezogen, der das Ungleichzeitige im Gleichzeitigen, das Zusammengehörende im voneinander Getrennten zum Aufscheinen bringt. Der Krieg, der für die italienischen Futuristen wie für die in Zürich versammelten Dadaisten aus so gegensätzlicher Perspektive zu einem entscheidenden Faktor der Weltdeutung und des Weltverständnisses wurde, wird hier in Verbindung mit einer dissimulierenden Simulation jenes Apollinaire gebracht, auf den sich die Avantgardisten immer wieder bezogen. Eine Geschichte von Literatur und Kunst wird in diesen Passagen vergleichzeitigt, verdichtet und verfügbar gemacht, Geschichte förmlich herbeizitiert. Das hat literarische Folgen!

Selbstverständlich handelt es sich hierbei keineswegs ‚nur' um eine Literatur-Geschichte. Denn zugleich wird mit Marcel Duchamp die in vielen Texten von Enrique Vila-Matas vorherrschende Künstlerfigur der Avantgarde beschworen, die überdies auch das Thema der Miniaturisierung in den zu analysierenden Text einbringt. Wir haben es nicht mit einer Geschichte der Literatur tout court zu tun, sondern mit einer, die sich auf das Tragbare, das nicht zu Gewichtige und vor allem: auf das Verkleinerte, Miniaturisierte bezieht. Das Schwergewichtige, das Schwerfällige, „lo pesado", also soll draußen bleiben, außerhalb dieser Geschichte.

Die Miniaturisierung verweist auf jene Verdichtung und Verkleinerung, welche im Incipit dieses Bandes bereits zum Ausdruck kommt, lässt aber zugleich auch in der Miniaturisierung jenes Modellhafte, jene Modellbildung entstehen, wie wir sie im gesamten Bereich der Nanophilologie[21] kennen, etwa im Zeichen der literarischen „mise en abyme" (André Gide) oder des „modèle réduit" (Claude Lévi-Strauss). Dabei scheint in den literarischen Klein- und Kleinstformen eine Grundtendenz zur Darstellung von Totalität auf, wie sie auch in dieser *Historia abreviada* in jener Geheimgesellschaft, die ihre eigene Welt geschaffen und über einen begrenzten Zeitraum erfolgreich verteidigt hat, unmittelbar einging. Die „literatura portátil" erhebt ganz selbstverständlich Anspruch auf Totalität!

---

21 Vgl. hierzu Ette, Ottmar: *Nanophilologie. Literarische Kurz- und Kürzestformen in der Romania.* Tübingen: Max Niemeyer Verlag 2008; sowie Ette, Ottmar / Ingenschay, Dieter / Schmidt-Welle, Friedhelm / Valls, Fernando (Hg.): *MicroBerlín. De minificciones y microrrelatos.* Madrid – Frankfurt am Main: Iberoamericana – Vervuert 2015.

Die gattungsgemäß mit einem Vorwort sowie einer auf zwei Seiten zusammengedrängten „Bibliografía esencial" ausgestattete Literaturgeschichte entwickelt über zehn kurze Kapitel, die im Schnitt kaum mehr als zehn Seiten umfassen, die Geschichte dieser Geheimgesellschaft als literarische Entwicklungsgeschichte von der ersten bis in die zweite Hälfte des 20. Jahrhunderts. Anhand einer Vielzahl literarischer Verweise und Beispiele wird dabei zugleich eine immanente Poetik und Poetologie des Textes selbst vor Augen geführt. Enrique Vila-Matas spielt mit beiden Ebenen: jener der Literatur und jener anderen der Metaliteratur. Und oftmals fällt es schwer, zwischen beiden noch zu unterscheiden!

Die von Vila-Matas konzipierte und so bemerkenswerte Literaturgeschichte weist dabei jene signifikante Impfung auf, die es stark von der Avantgarde geprägten Autoren wie Jorge Luis Borges – der selbstverständlich als junger Schriftsteller in der *Historia abreviada de la literatura portátil* seinen Auftritt hat[22] – oder Max Aub bereits erlaubte, sich vor jedwedem Rückfall in die historischen Avantgarden zu schützen.[23] Auf dieses Verfahren greift auch Enrique Vila-Matas zurück, insofern seine theoriegeladene Auseinandersetzung mit der Geschichte der Avantgarde jene Kraft entfaltet, die es ihm gestattet, sich aus dem Orbit der Avantgarde mit Blick auf andere Schreibformen zu verabschieden, ohne doch den Avantgarden den Rücken zuzuwenden oder gar mit ihnen zu brechen. Denn mit einer avantgardistischen Ästhetik des Bruches haben weder Poetik noch Poetologie des Autors von *Bartleby y compañía* etwas zu tun. Diese Ästhetik des Bruches wird aber herbeizitiert, um sich in ihr vieldeutig spiegeln zu können. Der Text wird zu einem Reflex von Spiegelungen, die sich wechselseitig beleuchten.

Blicken wir auf die der *Historia abreviada de la literatura portátil* beigefügte Auswahlbibliographie, so können wir hier wie in einer Mise en abyme die Verfertigung des gesamten Bandes modellhaft erkennen. Denn wir haben es ebenso mit bibliographisch korrekten und damit vorgefundenen wie mit vollständig erfundenen Einträgen, mit leicht oder auch mit stark veränderten bibliographischen Angaben zu tun, die uns als Pars pro toto eine ganze Literaturgeschichte gleichsam *fraktal* erzählen.[24] Im Rückgriff auf bekannte wissenschaftlich-diktio-

---

22 Vila-Matas, Enrique: *Historia abreviada de la literatura portátil*, S. 43: „(Savinio, Littbarski, Gómez de la Serna, Stephan Zenith y un jovencísimo Borges fueron, entre otros, descubiertos por él e invitados a entrar en la sociedad secreta)."

23 Vgl. zu dieser Vorstellung Ette, Ottmar: Avantgarde – Postavantgarde – Postmoderne. Die avantgardistische Impfung. In: Asholt, Wolfgang / Fähnders, Walter (Hg.): *Der Blick vom Wolkenkratzer. Avantgarde – Avantgardekritik – Avantgardeforschung*, S. 671–718.

24 Vgl. etwa Vila-Matas, Enrique: *Historia abreviada de la literatura portátil*, S. 123: „ANT(H)ONY TYP(H)ON, *Eulogy of Discomposure* (Elogio del desconcierto), Klimt editions, prólogo de Jorge Luis Borges y María Kodama, notas y epílogo de virgilia Klimt, Nudeva Orleasn, 1983."

nale Schreibformen wird ein friktionales Oszillieren zwischen Diktion und Fiktion erzeugt, wie es bereits Jorge Luis Borges in seinen *Ficciones*, oder Max Aub in seiner wunderbar gelungenen wissenschaftlichen Biographie eines nicht existierenden avantgardistischen Künstlers namens *Jusep Torres Campalans* vor Augen führten.[25] Borges wie Aub schlugen einen Weg ein, der sie von den historischen Avantgarden in einen Bereich führte, den wir aus heutiger Sicht dem Orbit einer in Entstehung begriffenen Postmoderne zurechnen dürfen.

Gekonnte, da gelehrte Fälschungen sind hier längst an der Tagesordnung und zu jenem literarischen Verfahren geworden, das bereits Maurice Blanchot mit großer Weitsicht in seinen künftigen Auswirkungen zu untersuchen begonnen hatte. Blanchot hatte die ganze Relevanz des „feindre" für die weitere literarische Entwicklung der Literaturen in der zweiten Hälfte des 20. Jahrhunderts erkannt. So versteht es sich von selbst, dass als kleine Hommage des Autors auch ein bibliographischer Eintrag von Enrique Vila-Matas zu Maurice Blanchot am Ende des Bandes nicht fehlen durfte: ein selbstverständlich bibliographisch korrekter Hinweis auf den 1943 bei Gallimard erschienenen Band *Faux pas*, dessen literaturkritische und -theoretische Miniaturen auch und gerade Vila-Matas selbst Modell gestanden haben dürften. Wie bei Borges oder Aub steht die Philologie dort an der Seite der Literatur, wo sich das Vorgefundene und das Erfundene miteinander verbinden und sich auf ein Drittes hin öffnen, welches im Zeichen jenes polylogischen Lebenswissens anzusiedeln ist, das in den Literaturen der Welt entsteht und entfaltet wird.

In dieser Miniaturgeschichte einer Avantgardeliteratur ist der Anspruch des Buches darauf, die Totalität einer Welt abzubilden, folglich keineswegs aufgegeben; vielmehr wird gerade die Funktionsweise der Literatur, eine Gesamtheit von Welt zu erfassen, „en miniature" und damit überschaubar und modellhaft vor Augen geführt. So heißt es wenige Zeilen vor dem Ende der *Historia abreviada*: „Noch der letzte Shandy weiß, dass man die Geschichte nur verstehen kann, weil sie in physischen Objekten fetischisiert ist. Nur weil es eine Welt ist, kann einer in ein Buch eintreten."[26]

Das Buch ist eine Welt und die Welt ist ein Buch: Buch-Welt und Welt-Buch reflektieren einander in einer unablässigen wechselseitigen Spiegelung, ohne

---

25 Die fiktive, von Max Aub erfundene Biographie dieses ursprünglich aus Katalonien stammenden und später in Mexiko gestorbenen Malers zeichnet Entwicklungsprozess und komplexe Übergänge zwischen Avantgarde und Postavantgarde, Moderne und Postmoderne sehr präzise nach; vgl. Aub, Max: *Jusep Torres Campalans*. México: Tezontle 1958.
26 Vila-Matas, Enrique: *Historia abreviada de la literatura portátil*, S. 121 f: „El último shandy sabe que sólo porque está fetichizada en objetos físicos puede uno entender la historia. Sólo porque es un mundo puede uno entrar en un libro."

dass die Welt ohne das Buch und das Buch ohne die Welt zu denken wären. Friktionalität ist hier nicht bloßes literarisches Verfahren, sondern literarische Epistemologie als Grundlage des Imaginierens und Handelns, des Denkens und Schreibens. Sie ist ein ständiges Pendeln zwischen Welt und Buch, zwischen Vorfinden und Erfinden, zwischen Diktion und Fiktion: Man weiß nie, wann der Text und mit ihm sein Autor sich an welchem Extrempunkt ihrer Pendelbewegung befinden.

Das Spiel der Spiegel, die sich spiegeln, ist gewiss keine Erfindung von Jorge Luis Borges. So treffen wir am ,Ausgang' einer langen abendländischen Literatur- und Darstellungsgeschichte des Spiegels[27] als Ort von Erkenntnis und Verdoppelung bei André Breton in seinem Roman *Nadja* auf eine überaus aussagekräftige Passage, in der die Erzeugung der Traumbilder im Sinne eines derartigen Spiegel-Spiels erläutert wird. Die Zentralfigur der französischen Surrealisten schrieb:

> Da die Produktion von Traumbildern stets zumindest von diesem *doppelten Spiegelspiel* abhängt, stößt man dort auf die Angabe der sehr speziellen Rolle, die enthüllend und im höchsten Grade „überdeterminiert" im Freud'schen Sinne ist, welche bestimmte mächtige Eindrücke spielen, die in keiner Weise moralisch kontaminiert sind, insoweit sie nämlich jeweils „jenseits von Gut und Böse" im Traum und in der Folge in dem gefühlt werden, was dem Traum höchst oberflächlich unter dem Namen Realität entgegengestellt wird.[28]

Nicht allein die Grenzen zwischen den sich wechselseitig spiegelnden Spiegeln, sondern auch jene zwischen ,Traum' und ,Realität' werden undeutlich und verschwimmen. Nicht nur die Realität ist eine Dimension des Traumes, sondern auch der Traum wird zu einer Dimension unserer *gelebten* Realität. Längst haben sich die Erkenntnisse der Freud'schen Traumdeutung und der Psychoanalyse in die Praxis der Literatur eingemischt, sind vom literarischen, aber auch künstlerischen Spiel des französischen Surrealismus nicht mehr zu trennen. Wir werden dies in unserer Vorlesung noch genauer analysieren.

Doch der französische Surrealist André Breton hatte nicht allein Sigmund Freud, den Schöpfer der Psychoanalyse, im Blick. Er brachte in der obigen Passage – wie könnte es anders sein? – auch Friedrich Nietzsche ins Spiel. Nicht allein die Freud'sche, sondern auch die nietzscheanische Volte mit Blick auf *Jenseits von Gut und Böse* verdeutlicht jene „surdétermination", die im Surrealis-

---

27 Vgl. aus der reichen Literatur zum Thema Peez, Erik: *Die Macht der Spiegel. Das Spiegelmotiv in Literatur und Ästhetik des Zeitalters von Klassik und Romantik.* Frankfurt am Main – New York – Paris: Peter Lang Verlag 1990.
28 Breton, André: *Nadja.* Paris: Editions Gallimard 1964, S. 59.

mus von so zentraler Bedeutung gerade für das (künstlerische) Wirklichkeitsverhältnis ist.

Machen wir uns einen zentralen Unterschied zwischen Realismus und Surrealismus am Beispiel der Spiegel klar, auf welche im Übrigen beide ästhetischen Bewegungen zurückgreifen! Denn hier wird kein Stendhal'scher Spiegel[29] im Sinne der Zentralmetapher des französischen Realismus in der Kutsche über Land gefahren, der bisweilen den blauen Himmel, bisweilen den Straßenschmutz abspiegelt, sondern der Blick auf das, was traditionellerweise als Realität gilt, von Spiegeln verstellt und vielperspektivisch erhellt. Nicht eine klar definierte ‚Realität' wird wie im Realismus also abgespiegelt oder widergespiegelt, sondern die Realität selbst – oder das, was man jeweils darunter verstehen will – wird von Spiegeln gebildet. Das ist wahrlich ein gewaltiger Unterschied!

Denn auf diese Weise werden die Übergänge zwischen Imagination, Traum und Realität, zwischen Buch und Wirklichkeit überdeterminiert und eben dadurch fließend. Daher kann für Breton auch und gerade der Traum zu einer Realität werden, welche dieselben Ansprüche wie die konventionell betrachtete, photographisch festhaltbare Realität geltend zu machen vermag. Es geht in den Breton'schen Spiegeln gerade nicht um die ‚Abspiegelung' und schon gar nicht um die ‚Widerspiegelung' von Wirklichkeit, aber ebenso wenig um ein ‚Jenseits' der Realität: Moral im herkömmlichen Sinne hat hier nichts zu suchen! Wir sind, mit Nietzsche gesprochen, jenseits von Gut und Böse.

Ohne an dieser Stelle untersuchen zu können, welche Bedeutung all dies für die Deutung eines Erfolgstextes wie *Nadja* besitzt, soll mit Blick auf das Schaffen von Vila-Matas betont werden, dass sein Verhältnis zu derartigen Theoremen der historischen Avantgarden keines von Bruch und Zerstörung, sondern von Flexur und Transformation ist. In seinem Rückgriff auf die historischen Avantgarden bedient sich der spanische Schriftsteller also gerade *nicht* der Verfahren der europäischen Avantgarden, folglich keiner Ästhetik des Bruchs und der Zerstörung. Überdies stehen sich bei ihm Fiktion und Realität, aber auch „Fiction" und „Non-Fiction" nicht einfach unvermittelt und leicht voneinander trennbar gegenüber, sondern werden durch die Kategorie des Lebens miteinander vermittelt. Nicht umsonst ist sein gesamtes literarisches Schaffen von einer außerordentlich hohen Frequenz des Lebens-Lexems („vida", „vivir", „vivo", „sobrevivir", etc.) durchzogen. Die Konsequenzen dieser Lexem-Rekurrenz werden wir gleich sehen ...

---

29 Vgl. hierzu Lotz, Hans-Joachim: Komödie und Roman als Spiegel des alltäglichen Lebens. Zur Vorgeschichte von Stendhals „Miroir"-Metapher. In: Armbruster, Claudius / Hopfe, Karin (Hg.): *Horizont-Verschiebungen. Interkulturelles Verstehen und Heterogenität in der Romania*. Festschrift für Karsten Garscha zum 60. Geburtstag. Tübingen: Gunter Narr Verlag 1998, S. 35–62.

Mithin durchlaufen die unterschiedlichsten Varianten dieses Lebens-Lexems auch den gesamten Text von *Historia abreviada de la literatura portátil* wie ein roter Faden, der vom Zusammenleben innerhalb der Geheimgesellschaft der Shandys bis zur intimen Konvivenz mit dem Double reicht. Er erfasst die Frage des Erlebens und Überlebens eines Selbstmordes ebenso wie die von vorneherein verlorene Schlacht des Lebens: Denn waren diese Schriftsteller nicht die „héroes de esa batalla perdida que es la vida",[30] jener von vornherein verlorenen Schlacht, die nicht die Literatur, wohl aber jedes Leben ist, das stets seinem Ende, dem Tode, entgegengeht? Im gelebten Leben selbst ist nur ein Überleben, nicht aber ein Weiterleben möglich. Anders in der Literatur, wie der Text selbst in seiner Beschäftigung mit dieser einst so lebensfrohen Geheimgesellschaft der Avantgardisten immer wieder vorführt. Zugleich wird nicht die Literatur, wohl aber der Akt des Schreibens, der „escritura", selbst zur „unterhaltsamsten und zugleich radikalsten Erfahrung":[31] Schreiben wird zum Mittelpunkt des Lebens und ist in einer solchen Lebens-Kunst nicht mehr von diesem Leben trennbar. Buch und Welt sind unauflöslich miteinander verwoben.

Doch liegen die Dinge in Enrique Vila-Matas' Texten noch deutlich komplexer: Zwischen dem Vorgefundenen einer (scheinbar) außersprachlichen Wirklichkeit und dem Erfundenen einer künstlerisch-literarischen Imagination gibt es in dieser kurzgefassten Geschichte einer Literatur, die auf lange, schwere Texte verzichtet, keinen Wesensunterschied, insofern das Erfundene wie das Vorgefundene erlebt und gelebt werden können. Dies ist ein fundamentaler Aspekt! Denn Vorgefundenes und Erfundenes sind im Erleben nicht voneinander getrennt, ja müssen noch nicht einmal als komplementäre Elemente angesehen werden, sondern sind auf dieselbe Art und Weise lebbar und erlebbar. Sie können auf der Ebene des Lebens folglich mit gleicher Intensität erlebt und gelebt werden. Für sie gilt im Grunde das, was André Breton für Traum und Realität behauptete, nur dass das Erfundene nun die Stelle des Traumes einnimmt.

So wird bei Vila-Matas selbstverständlich auch der Doppelgänger, der Odradek,[32] mit derselben Intensität erlebt und im Dilthey'schen Sinne „durcherlebt"[33]

---

30 Vila-Matas, Enrique: *Historia abreviada de la literatura portátil*, S. 15: „Nicht die Helden dieser verlorenen Schlacht, die das Leben ist."

31 Ebda.: „la experiencia más divertida y también la más radical."

32 Vgl. hierzu Padró, Mariola Rosario: „Domicilio desconocido": Odradek como frontera entre la intertextualidad y la parodia en „Historia abreviada cde la literatura portátil" de Enrique Vila-Matas. In: *Gaceta Hispánica de Madrid* (New York) VIII (2012), Online, s.p.

33 Vgl. zu diesem Begriff Dilthey, Wilhelm: Goethe und die dichterische Phantasie. In (ders.): *Das Erlebnis und die Dichtung. Lessing – Goethe – Novalis – Hölderlin*. Göttingen: Vandenhoeck & Ruprecht ¹⁶1985, S. 139.

wie sein ‚Original‘, wie seine andere Seite. Wer lebt wen und wer lebt was in diesen Spiegeln, die sich selbst ständig und selbständig spiegeln? Der Odradek, das Double, besitzt keinen geringeren Status, keine mindere Realität, sondern wird mit derselben Stärke wie das Ich erlebt und gelebt. Ähnlich dem Labyrinth der Bücher und dem der Spiegel gibt es auch ein Labyrinth der Doppelgänger: ein „Laberinto de odradeks“,[34] wie es der Titel des vierten Kapitels verkündet. Wer vermag die Spiegelungen in Form von Urbild und Abbild voneinander noch zu trennen?

Zu den Charakterzügen der Shandys und damit zu ihren distinktiven Merkmalen zählen die folgenden, die im Text stichpunktartig benannt werden: „innovatorischer Geist, extreme Sexualität, das Fehlen großer Vorhaben, unermüdliches Nomadentum, spannungsreiches Zusammenleben mit der Figur des Double, Sympathie für die Schwarzen, ein Kultivieren der Kunst der Unverschämtheit.“[35] Aus dieser schon im „Prólogo“ aufgelisteten Mischung von Eigenschaften kristallisieren sich all jene Mikroerzählungen heraus, welche die kurzgefasste *Historia abreviada* bilden, die ihrerseits offenkundig Teil der darin beschriebenen *literatura portátil* ist.

Daraus ergeben sich ebenso die Dimensionen eines Lebens wie eines Hervorbringens ohne festen Wohnsitz, wobei es sich bei den Shandys nicht um Fremdlinge handelt, die überall fremd bleiben, sondern um Nomaden, die überall zuhause sind. Sie demonstrieren eine ebenso gespannte wie intensive Konvivenz mit den Lebensformen der Verdoppelung, ein Zusammenleben, bei welchem das Erleben des Anderen, der ganz im Sinne von Borges „el otro“ und zugleich „el mismo“ ist, bestenfalls vorübergehend eine klare Trennung zwischen dem ‚Eigenen‘ und dem ‚Fremden‘ zulässt.

Man könnte hier mit dem so gelungenen Auftakt von Julia Kristevas *Etrangers à nous-mêmes* sagen: „Befremdlich bewohnt uns der Fremde. Er ist das verborgene Gesicht unserer Identität, der Raum, der unseren Wohnsitz ruiniert, die Zeit, in der sich das Verstehen und die Sympathie abnutzen. Indem wir ihn in uns erkennen, ersparen wir uns, ihn in sich selbst zu verabscheuen.“[36]

Der oder das Double ist – wie in den doppelten Spiegeln von André Breton – eine Zentralmetapher von Enrique Vila-Matas. Doch im weiteren Verlauf des

---

34 Vila-Matas, Enrique: *Historia abreviada de la literatura portátil*, S. 54.

35 Ebda., S. 13: „espíritu innovador, sexualidad extrema, ausencia de grandes propósitos, nomadismo infatigable, tensa convivencia con la figura del doble, simpatía por la negritud, cultivar el arte de la insolencia.“

36 Kristeva, Julia: *Etrangers à nous-mêmes*. Paris: Librairie Arthème Fayard 1988, S. 7: „Etrangement, l'étranger nous habite: Il est la face cachée de notre identité, l'espace qui ruine notre demeure, le temps où s'abîment l'entente et la sympathie. De le reconnaître en nous, nous nous épargnons de le détester en lui-même.“

Schaffens des spanischen Schriftstellers steigert sich die Nähe, ja bisweilen die Austauschbarkeit von ‚Ich' und ‚Doppelgänger' immer weiter: So hat etwa der Andere in *Kassel no invita a la lógica* aufgehört, ein Fremder zu sein, sondern ist vielmehr zu einer Figur und vielleicht mehr noch zu einer Figuration und figuralen[37] Repräsentation des Ich geworden. Aus dieser entwickelt sich eine Wechselbeziehung, die nicht trennscharf in ‚Eigenes' und ‚Fremdes' zerfällt. Das Double, der Doppelgänger, ist Teil von uns selbst, ist – um mit Julia Kristeva zu sprechen – das (bisweilen) „verborgene Gesicht unserer Identität".

Der 2014 erschienene Text *Kassel no invita a la lógica* entwirft die Annäherung eines spanischen, aus Barcelona stammenden Schriftstellers an die Kunst und die Künste der Avantgarde auf der Grundlage einer Einladung, aktiv als Autor, als Schriftsteller, an der dortigen Documenta 13 teilzunehmen. Zu den Vertragsvereinbarungen zwischen den (wie stets eingeladenen) Kuratorinnen dieser international vielbeachteten ‚Leistungsschau' avantgardistischer Kunst in Kassel und der auf Spanisch schreibenden Ich-Figur gehört es, in einem am Stadtrand gelegenen China-Restaurant namens „Dschingis Khan" wie andere Schriftsteller vor ihm als lebendige Installation zu schreiben und für die Besucher der Documenta unmittelbar ansprechbar zu sein. Im Vorfeld des Aufenthalts in Kassel scheitern alle Versuche der Ich-Figur, sich aus dieser Verpflichtung wieder herauszuwinden: Der Schriftsteller aus Barcelona wird auf der Documenta zwar charmant betreut, aber zugleich auch aufmerksam begleitet und überwacht. Es bleibt ihm nichts anderes übrig, als stundenweise Ausstellungsobjekt zu sein und für ihn beäugende Kunsttouristen zur Verfügung zu stehen.

Abb. 6a und b: *Writers residency* im Restaurant Dschingis Khan, Installation auf der Documenta 13, 2012.

---

37 Zu den Begriffen „Figur", „figural" und „Figuration" vgl. die noch immer anregende Studie von Auerbach, Erich: Figura. In (ders.): *Gesammelte Aufsätze zur romanischen Philologie.* Herausgegeben von Fritz Schalk und Gustav Konrad. Bern – München: Francke Verlag 1967, S. 55–93.

Rasch wird das eher ausdruckslose und schmuddelige Restaurant, von dem ausgehend sich eine durchgängige chinesische Isotopie über den gesamten, in siebzig kurze Kapitel untergliederten Roman ausbreitet, zum meistgehassten Ort des Schriftstellers, der viel lieber die Installationen und Kunstwerke der Documenta besuchen und sein Verhältnis zu den künstlerischen Avantgarden reflektieren möchte. Doch nicht als Writer in Residence, sondern – wie man formulieren könnte – als veritabler ‚Writer in Restaurant' ist er engagiert und an seine Zusagen gebunden: Avantgarde à la carte, auf Bestellung.

So beginnt ein gelangweiltes Warten im „Dschingis Khan" auf irgendetwas, ein Warten auf Godot und ein Ereignis, das sich nicht einstellen will und gerade deshalb stattfindet:

> Während ich wartete, wusste ich nicht recht, was ich tun sollte, und ich vergnügte mich, indem ich eine autobiographische Notiz über den armen Autre schrieb, wobei ich ihm einige Daten meines eigenen Lebens auslieh, damit Autre nicht zu einem Typen geriete, der allzu radikal von mir entfernt war. Die Notiz fokussierte ich auf seine ersten Beziehungen zur Kunst, und ich zeigte auf, dass in ihm von jeher das Kino gewesen war, lange vor der Literatur.[38]

Die Leser wohnen mithin der Erfindung einer anderen Figur, eines Doppelgängers bei, der mit dem Namen „Autre" und mit einer Reihe von autobiographischen Elementen ausgestattet wird, um ganz bewusst eine Ähnlichkeit bezüglich des ‚eigentlichen' Ich herzustellen. Dieses Schriftsteller-Ich, das wir selbstverständlich nicht mit dem textexternen Enrique Vila-Matas verwechseln dürfen, aber sehr wohl verwechseln sollen, erschafft sich damit einen ‚Anderen', der wie das Ich selbst mit zahlreichen Biographemen des textexternen Autors, aber auch vielen weiteren Accessoires ausgestattet wird, so dass sich eine komplexe Gemengelage von Vorgefundenem, Erfundenem und Gelebtem ergibt. Nichts vermag uns hier mit Sicherheit zu sagen, was in diesem Spiel der Verdoppelungen ‚Eigenes' und ‚Fremdes', was ‚Original' und was ‚Fälschung' ist: Diese vermeintlichen Gegensätze spielen keine Rolle mehr!

Dabei wird im unmittelbaren Anschluss an das obige Zitat die Autre zugeordnete Passage abgedruckt und eingerückt, als handelte es sich hierbei um ein Zitat – und eben mit dieser Form des Zitats werden wir uns später noch auseinanderzusetzen haben. Auf diese Weise wird die Figur des Autre von der Ich-Erzählerfigur geschaffen, mit eigenen Biographemen ausgestattet und zugleich

---

38 Vila-Matas, Enrique: *Kassel no invita a la lógica*. Barcelona: Seix Barral 2014, S. 121; auf die Fortsetzung dieses Zitats komme ich noch zurück.

herbeizitiert: eine Konvivenz mit einem Doppelgänger, die sich hier und an vielen anderen Stellen in Form des Zitats, des Herbeizitierens also, entfaltet.

Damit ergibt sich eine Textgenerierungskette, die ungeheuer stark ist: Der ‚Andere' schreibt, folglich kann er zitiert werden; er kann herbeizitiert werden, folglich existiert er; er existiert, folglich kann er ‚eigene' Formulierungen finden oder erfinden, die ein Leben nahelegen, das gelebt worden ist wie jenes, das die textinterne Erzählerfigur, aber vielleicht auch die textexterne Autorfigur gelebt haben könnten und alleine aufgrund dieser Möglichkeit, die sich in einem Zitat niederschlägt, auch gelebt haben. Denn gelebt wird nicht nur das ‚Reale', das Vorgefundene, sondern gerade auch das Erfundene. Oder, um es mit André Breton zu sagen: Gelebt werden kann auch der Traum. Aber wäre dann das ‚wahre Leben' nicht auch eine Fälschung?

Halten wir zunächst fest: Wir sehen in der zitierten Passage der Schöpfung einer literarischen Figur durch eine andere literarische Figur mit den Mitteln eines Schreibens zu, das im Geschriebenen selbst wiederum als Zitat erscheint. Die Ausstattung mit Elementen aus dem Leben des Ich ist dabei ein ebenso bewusster wie kreativer Akt mit weitreichenden Folgen: Eine ganze literarische Schöpfungskette, gleichsam eine Urformel ständiger Textgenerierung, entsteht. Dies mag uns am besten ein Zitat verdeutlichen, mit dem wir den französischen Literatur-, Kultur- und Medientheoretiker Roland Barthes ins Spiel mit dem (‚eigenen') Leben bringen wollen:

> Wäre ich Schriftsteller und tot, wie sehr würde ich mich freuen, wenn mein Leben sich dank eines freundschaftlichen und unbekümmerten Biographen auf ein paar Details, einige Vorlieben und Neigungen, sagen wir: auf „Biographeme", reduzieren würde, deren Besonderheit und Mobilität außerhalb jeden Schicksals stünden und wie die epikureischen Atome irgendeinen zukünftigen und der gleichen Auflösung bestimmten Körper berührten; ein durchlöchertes Leben, so wie Proust das seine in seinem Werk zu schreiben verstand [...]. [39]

In diesem von Roland Barthes auf Juni 1971 datierten Vorwort zu seinem Band über das Dreigestirn der „Logotheten" *Sade, Fourier, Loyola* entfaltet der französische Schriftsteller ein Szenario künftigen Schreibens, von dem aus sich vielfältige Bezüge zum angeführten Zitat aus *Kassel no invita a la lógica* herstellen lassen. Dabei geht es auch hier nicht um eine den historischen Avantgarden gemäße Ästhetik des Bruches, wohl aber um eine Ästhetik ständiger Diskontinuitäten, die sich in ihren wechselseitigen Beziehungen stets mobil und dynamisch verhalten: eine Biographie, konstruiert wie ein Mobile.

---

39 Barthes, Roland: Sade, Fourier, Loyola. In (ders.): *Œuvres complètes*, Bd. 2, S. 1045.

Die Herauslösung einzelner Biographeme aus einem gelebten Leben erfolgt bei Vila-Matas freilich im Vergleich zu Barthes in inverser Darstellung. Denn der Schriftsteller ist keineswegs tot, sondern quicklebendig; und nicht ein anderer, nachträglicher Schreiber führt die Biographeme zusammen, sondern er als Schriftsteller und Leser seiner selbst. Diese Anordnung der einzelnen, voneinander gleichsam wie in einem Archipel auf unterschiedliche Inseln isoliert verteilten, aber miteinander zusammenhängenden Lebens-Elemente sind folglich nicht allograph, sondern autograph, mithin in *Kassel no invita a la lógica* vom textexternen Autor Enrique Vila-Matas selbst verfasst, wenn auch der Niederschrift durch eine von ihm geschaffene Erzählerfigur in der ersten Person Singular anvertraut. Im Grunde ist das Generalprinzip von Vila-Matas' Schreiben ebenso einfach wie schlüssig und dazu noch ungeheuer produktiv.

Einer von Roland Barthes' vielleicht gelungensten und ergreifendsten Texte, die seinen Schrei im *Schrei*ben, seinen „cri" in der „écriture", am eindrucksvollsten zu Gehör gebracht haben,[40] ist wohl „*Longtemps, je me suis couché de bonne heure*". Dort hat Barthes mit Blick auf seinen französischen Lieblingsschriftsteller Marcel Proust festgehalten, schon bei letzterem gehe es längst nicht mehr um den Entwurf eines Lebens auf der Grundlage eines „*curriculum vitae*", sondern um ein „*étoilement de circonstances et de figures*",[41] eine Art Versprühen von Umständen und Figuren. Bei Barthes handelt es sich dabei um Lebensfiguren, um „figurae vitae" – und auch in Enrique Vila-Matas' *Kassel no invita a la lógica* haben wir es mit derartigen Figuren und Figurationen des Lebens zu tun. In ihrem „étoilement" bilden sie ein untereinander zusammenhängendes und dynamisches Mobile.

Entscheidend für das Schreiben des spanischen Autors im Text von 2014 ist, dass sie auf unterschiedliche Figuren und Doppelgänger verteilt werden und sich innerhalb einer relationalen Logik bewegen, in welcher alles mit allem verbunden werden kann. Es geht gerade nicht um einen mehr oder minder linear angelegten Lebenslauf, um ein Curriculum Vitae im herkömmlichen, klassischen Sinne, sondern um „figurae vitae", die über komplexe und – wie sich zeigen wird – viellogische Beziehungen miteinander interagieren und im Austausch stehen. Was aber ist eine Biographie, deren einzelne Biographeme sich über verschiedene Leben verteilen? Und was ist ein Leben, dessen Biographeme sich nicht auf *ein* ‚Ich' begrenzen? Wie lässt sich ein Leben leben, das nicht im Modus eines Subjekts, eines Individuums mit einer scheinbar festen Identität gedacht und gelebt

---

40 Vgl. hierzu Ette, Ottmar: *LebensZeichen. Roland Barthes zur Einführung*, S. 17–24.
41 Barthes, Roland. „Longtemps, je me suis couché de bonne heure". In (ders.): *Œuvres complètes*, Bd. 3, S. 831.

werden kann, folglich auch nicht auf eine einzige Logik reduzierbar ist und daher auch nicht zu ‚der' Logik, „la lógica", einlädt?

Was auch immer der Name „Autre" evozieren mag: Die Doubles des Schriftstellers in *Kassel no invita a la lógica* sind nicht so sehr Figuren des Anderen und damit einer literarischen, philosophischen oder kulturtheoretischen Alterität als vielmehr Figuren und Figurationen eines *Weiteren*, insofern sie die Möglichkeiten des Ich beständig erweitern. Sie lassen sich nicht auf eine wie auch immer deutbare „Otherness" reduzieren, in welcher jedweder Doppelgänger zum Gegenspieler des Ich avancieren würde und das Ich sich in seiner Identität nur aus einer Logik der Alterität heraus denken und konstituieren könnte. Sie sind Figuren einer Weitung und Erweiterung des Ich, die nicht als Gegenmodelle einer klar umrissenen und stabilen Identitätsbestimmung herangezogen werden können. Es geht folglich nicht um ein Anderes, nicht um eine wie auch immer geformte Alterität. An dieser Stelle zeigt sich in *Kassel no invita a la lógica* gegenüber der *Historia abreviada de la literatura portátil* unübersehbar eine deutlich andere Konzeption der „tensa convivencia con la figura del doble".[42]

Lassen Sie es mich ganz einfach formulieren! Enrique Vila-Matas entwirft mit Hilfe seiner Figuren und Figurationen in *Kassel no invita a la lógica* mit literarischen Mitteln nicht etwa eine Epistemologie der Alterität, sondern vielmehr eine Epistemologie der Erweiterung,[43] die aus einer der fruchtbarsten und folgenreichsten Sackgassen abendländischen Denkens und abendländischer Philosophie wieder heraushelfen könnte. Denn ist es nicht das beständige „Othering", die Alterisierung des Anderen, die Alterisierung zum Anderen, welche die unterschiedlichsten Positionen in immer neue Gegenpositionen, in immer neue Gegenspieler verwandelt und auf einer epistemologischen Ebene gleichsam zu einer zweiten Natur des (abendländischen) Menschen geworden ist? Diese gefährdet aber eine anzustrebende Form und Norm der Konvivenz, die auf der Achtung und dem Respekt vor Differenz beruht. Wie aber ließe sich ein Weg aus der Sackgasse der Alterität denken, der jenseits der tödlichen Identitätskonstruktionen[44] nicht immer von neuem in die Alterisierung des Anderen umschlagen müsste, welche – wie Tzvetan Todorov anhand der Entdeckungs- und Kolonialgeschichte Europas

---

42 Vila-Matas, Enrique: *Historia abreviada de la literatura portátil*, S. 13.
43 Vgl. hierzu ausführlich Ette, Ottmar: Weiter denken. Viellogisches denken / viellogisches Denken und die Wege zu einer Epistemologie der Erweiterung. In: *Romanistische Zeitschrift für Literaturgeschichte / Cahiers d'Histoire des Littératures Romanes* (Heidelberg) XL, 1–4 (2016), S. 331–355.
44 Vgl. hierzu Maalouf, Amin: *Les Identités meurtrières*. Paris: Editions Grasset & Fasquelle 1998.

in Amerika zeigte[45] – geradezu notwendig in die Inferiorisierung des ‚Anderen‘ oder die meist gewaltsame Auslöschung jedweder Differenz zu führen pflegt?

Vor dem Hintergrund unserer Überlegungen zum Begriff der Biographeme im Sinne von Roland Barthes haben wir in *Kassel no invita a la lógica* gesehen, dass die Figur des Autre folglich mit Biographemen der Erzählerfigur ausgestattet ist, welche ihrerseits nicht zuletzt mit solchen der Autorfigur versehen wurde. So wird über die Verteilung der Biographeme über unterschiedliche Figurae Vitae ein Curriculum Vitae in einer nicht-linearen, zutiefst relationalen Form als jene „vie trouée"[46] entfaltet, von der sich Roland Barthes – wenn auch in einem postmortalen Setting – so angezogen fühlte. Es handelt sich um ein durchlöchertes, von unzähligen Diskontinuitäten geprägtes, archipelhaftes Leben, dessen Zerstreuung über unterschiedliche Figuren ein Leben schafft, das sich als *wahrhaftige Fälschung* nicht wieder einfach in ein unilineares Curriculum zurückführen lässt.

Es geht hier, wie Sie sehen, nicht um theoretische Spitzfindigkeiten einer sehr komplexen Epistemologie, sondern um Grundfragen von Identität und Alterität, deren Bedeutung man in Zeiten eines „mouvement identitaire" mittlerweile auch auf konkret politischer Ebene weit besser einschätzen kann. Schon im philosophischen Begriff der Identität, so meine Vermutung, ist die Abtrennung von Alterität, also die Scheidung und Unterscheidung eines ‚Anderen‘, eines ‚Fremden‘, eines ‚Nichtdazugehörigen‘, immer schon angelegt. Von dort ist es nur ein kleiner Schritt zur Ausbildung jener „mörderischen Identitäten", von denen Amin Maalouf sprach.

Denn die Alteritätsphilosophie des 20. Jahrhunderts ist mit einem Grundproblem abendländischen Philosophierens behaftet: Zur Bestimmung eigener Identität produziert sie immer wieder Alteritäten, denen die so gebildeten ‚Anderen‘ unterworfen werden müssen und auch unterworfen worden sind. Die Herausbildung einer ‚europäischen Identität‘ ging einher mit der Unterscheidung und Ausscheidung eines kolonialen ‚Anderen‘. Sind wir auf diesem Gebiet wirklich weiter gekommen, weiter geworden? Die Abtrennung eines Anderen, einer Alterität in unterschiedlichster Form, scheint mir eine tragische Konsequenz abendländischer Philosophie zu sein, die aus ihrem Denken nicht wirklich herausfinden kann oder will. All die Bestrebungen des Aufbaus einer interkulturellen Philosophie, die aus dieser Sackgasse abendländischen Denkens vielleicht hätten herausführen können, werden aber derzeit mit dem Abbau von Instituten und Professuren für interkulturelle Philosophie zunichte gemacht. Ich halte das

---

45 Todorov, Tzvetan: *Die Eroberung Amerikas. Das Problem des Anderen.* Aus dem Französischen von Wilfried Böhringer. Frankfurt am Main: Suhrkamp 1985, S. 56 f.
46 Barthes, Roland: Sade, Fourier, Loyola, S. 1045.

schlicht für eine Bankrotterklärung der abendländischen Philosophie unserer Zeit: Die Philosophie im Abendland zieht sich in ihr Schneckenhaus zurück – und beschäftigt sich mit ‚universalen' Themen. Aber wir haben zu unserem Glück ja noch die Literatur, die nicht an die engen Logiken der (Schul-)Philosophie in Deutschland oder im Abendland gebunden ist ...

Nun schnell zurück zu Enrique Vila-Matas! Zu diesem durchlöcherten, diskontinuierlichen Leben und dem „étoilement" der unterschiedlichen Biographeme gehören auch immer wieder Elemente einer immanenten Poetik und Poetologie des eigenen Schreibens, die sich wie in vielen anderen Texten aus der Feder des Schriftstellers auch in *Kassel no invita a la lógica* finden lassen. Als sich der von Beginn an im Verwirrspiel der Identitäten zwischen der Documenta-Koordinatorin Chus Martínez und ihrer Assistentin María Boston etwas verlorene Ich-Erzähler etwas hinters Licht geführt fühlt und simuliert, alles bestens zu begreifen, vergewissert er sich selbst seiner ‚eigenen' Position. Er tut dies, indem er „das, was meine Literatur am meisten verteidigt", hervorhebt: „das Spiel, die Transplantation von Identitäten, die Freude, ein anderer zu sein ..."[47]

Dieses der ‚eigenen' Literaturauffassung der Autorfigur zugewiesene Spiel mit unterschiedlichen Identitäten und mit verschiedenartigen Anderen erstreckt sich aber gerade auch auf all jene Figuren, die als Doppelgänger im Romanverlauf immer häufiger und nachhaltiger die Erzählerfigur weiten und erweitern. Sie bilden keine Alteritäten, sondern zusätzliche Lebens-Figuren und Lebens-Möglichkeiten aus. Die ‚eigentliche' Ich-Identität des Erzählers aber wird immer unklarer, schemenhafter und letztlich angesichts all dieser Erweiterungen immer weniger wichtig.

Die Komplexität dieser Wechselbeziehungen zwischen den einzelnen Figurationen des Ich wird bei einer langen Busfahrt in Kapitel 36 deutlich, die das Ich unternimmt, um nicht im „Dschingis Khan" wieder zum weitgehend unbeachteten ‚Writer in Restaurant' zu verkommen. Alles beginnt mit einem harmlosen Wechsel des Sitzplatzes im Bus:

> Ich saß vorne im Bus, als ich mich entschloss, mich in den hinteren Teil zu begeben in der Überzeugung, die Fenster seien dort größer, so dass ich die Landschaft besser sehen könnte. Wer schließlich die regnerische Straße betrachtete, war Autre.
> Und Autre, nicht faul, stellte sich kurzerhand eine Person vor, die mir ähnelte und die vorgegebenermaßen der Avantgarde angehörte, weswegen sie auch vorne im Bus saß.[48]

---

47 Vila-Matas, Enrique: *Kassel no invita a la lógica*, S. 52: „lo que más defendía mi literatura"; „el juego, el trasvase de identidades, la alegría de ser otro ..."
48 Ebda., S. 164.

Der Ich-Erzähler, der am Ende dieser Passage auf ironische Weise mit der Raummetaphorik der Avantgarde in Verbindung gebracht wird und sozusagen die avancierte ‚Vorhut' im Bus bildet, schreibt nicht nur die Doppelgänger-Figur des Autre,
sondern wird von dieser auch selbst geschrieben und beschrieben. Eine Relationalität des reziproken Schreibens entsteht, wie sie die sich selbst wechselseitig
Zeichnenden Hände von Maurits Cornelis Escher[49] entfalten, wobei im Schreiben
von Autre aber zugleich die Figur eines Weiteren entsteht, der vorne im Bus sitzen-
geblieben wäre, weil er sich selbst ganz selbstverständlich zur Avantgarde zählt
und daher vor dem Haupttross des Heeres positioniert sein muss. Der Ich-Erzähler
schreibt und beschreibt nicht nur, er wird geschrieben und beschrieben, da sein
Double keineswegs müßig ist. Aber spielt es noch eine Rolle, ‚wirklich' zu wissen,
ob das Ich nun ‚eigentlich' vorne oder hinten im Bus sitzt?

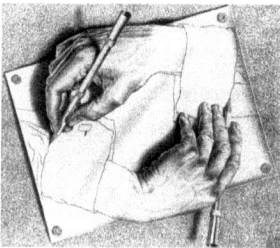

Abb. 7: Maurits Cornelis Escher: *Zeichnende Hände*,
Lithografie, 1948.

Die Erzählerfigur als Ausfluss der Autorfigur hat die Figur eines Autre geschaffen,
die wiederum die Figur eines Ich-Erzählers schafft, die aber ihrerseits nicht mit
der Ich-Erzählerfigur identifiziert werden darf: Denn diese hat sich ja gerade in
den hinteren Teil des Busses und damit weg aus der Avantgarde-Position bewegt.
Wir wohnen einer Vervielfachung von Erzählerpositionen bei. Denn bereits an
dieser Stelle setzt bei genauerer Betrachtung eine Proliferation der schreibenden
„figurae vitae" ein, die immer neue Aspekte eines Curriculum Vitae – hier in der
Kreisstruktur der Busfahrt – aus sich ausweitenden Figurenkonstellationen, die
nicht mehr auf einen ‚Anderen' reduziert werden können, entwickeln. „Je est un
autre"?[50] – Nein, das Ich unterläuft eine Weitung und Erweiterung jenseits eines
Denkens der Alterität!

---

49 „Zeichnende Hände" von M.C. Escher; vgl. hierzu Escher, M.C.: *Graphik und Zeichnungen.*
Berlin: Verlag Benedikt Taschen 1991.
50 Rimbaud, Arthur: Lettre d'Arthur Rimbaud à Paul Demeny, dite Lettre du „voyant", Charle-
ville, 15 mai 1871. In (ders.): *Les lettres manuscrites de Rimbaud: Commentaires, transcriptions et*
cheminements des manuscrits. Bd. 4. Hg. von Claude Jeancolas. Paris: Textuel 1997, S. 386.

In den fortgesetzten Schleifen und Kreisfahrten, die der Bus ein ums andere Mal auf seiner Rundstrecke vorbei am „Dschingis Khan" nimmt, entstehen so immer weitere Figuren, immer weitere Personen. Da das Gefühl der Einsamkeit im Ich-Erzähler stetig zunimmt, fühlt er die Notwendigkeit, sich selbst von außen, „desde fuera",[51] zu sehen, um auf diese Weise in Begleitung zu sein: „zumindest von der Person, die sich vorstellte, mich gerade zu sehen."[52] Das Ich erlebt hier das Zusammensein, die Konvivenz mit der von ihm selbst erfundenen Person oder „persona" auf dieselbe Weise wie das Zusammensein mit einer nicht erfundenen, sondern im Bus vorgefundenen Person. Dabei ist das Spiel mit der Avantgarde verräterisch: Alles kreist um diese künstlerische Vorhut, mit welcher der Ich-Erzähler nicht nur sympathisiert, sondern der er in einigen Aspekten zweifellos auch angehört. *Kassel no invita a la lógica* ist nicht allein ein Roman über die künstlerischen Avantgarden, sondern auch ein Versuch, avantgardistisches Schreiben in der Gegenwartsliteratur zu praktizieren. Bereits im nächsten Satz wird der Ich-Erzähler zum Protagonisten in der Szene eines Films von Wim Wenders, in einem jener Filme, in denen die Figuren unablässig in öffentlichen Verkehrsmitteln reisen und auf die „kalten deutschen Städte mit unendlicher Fremdheit"[53] blicken. Die verschiedenen Ich-Figuren existieren nicht allein in der Literatur, sondern auch in den bewegten Bildern des Films.

So fließt auch das Leben der Anderen in immer weitere Figuren ein, die – seien sie vorgefunden, vom Erzähler erfunden, sich selbst erfindend und schreibend oder von anderen textexternen Künstlern erdacht – den Bus in seinen vielfach wiederholten Schleifen bevölkern. Das Erfundene kann wie das Vorgefundene mit derselben Intensität gelebt werden und geht eine Verbindung mit den unterschiedlichsten Biographemen eines Curriculum Vitae ein, das selbstverständlich kein CV des Autors Vila-Matas bildet oder abbildet, sondern die lebendige Streuung aller vorstellbaren Lebens-Elemente über alle Figurenkonstellationen hinweg repräsentiert. Der ‚Writer in Restaurant' ist zu einem mobilen Nomaden geworden, der sich in den Spiegelungen seines Ich längst vervielfacht hat.

Den sternförmigen Bewegungen des Ich-Erzählers durch Kassel entspricht so eine sternförmige Verteilung der Biographeme über die Figuren, jenes „étoilement de circonstances et de figures",[54] von dem Roland Barthes sprach. Der Schriftsteller will kein Writer in Residence, schon gar kein ‚Writer in Restaurant', wohl aber ein ‚Writer on the Move' sein – ganz so, wie alle diese „figurae vitae" sich in

---

51 Vila-Matas, Enrique: *Kassel no invita a la lógica*, S. 165.
52 Ebda.: „al menos por la persona que imaginara que me estaba viendo."
53 Ebda.: „frías ciudades alemanas con infinita extrañeza."
54 Barthes, Roland: „Longtemps, je me suis couché de bonne heure", S. 831.

scheinbar ziellosen, letztlich aber sternförmig an ihren jeweiligen Ausgangsort zurückkehrenden[55] hermeneutischen Bewegungsmustern fortbewegen. Das „Ich ist ein Anderer" war gestern; das „Ich sind wir Weiteren" ist heute. Nach einer personalen Identität zu fragen, wird spätestens an dieser Stelle obsolet!

Immer wieder versucht das Ich, inmitten all dieser von ihm mitgeschaffenen, aber ihre eigene Autonomie sehr rasch erkämpfenden Figuren das Gesetz des Handelns wieder an sich zu ziehen und damit eine genealogische, hierarchische Abhängigkeit aller verschiedenen Figuren zu restituieren. Es ist ein aussichtsloser Kampf. Autre scheint dem Erzähler an einer bestimmten Stelle den eigenen, fortschrittlichen Visionen nicht mehr entsprechen zu können; dies hat Folgen: „Es ist klar, dass man von Autre, diesem konservativen Schriftsteller, etwas anderes nicht verlangen konnte. All dies bedenkend, gelangte ich schließlich zu dem Schluss, Autre zu ersetzen und mir selbst wieder Gewicht zu geben."[56] Doch längst hat das Ich, ohne es bemerkt zu haben, die Kontrolle verloren.

Das Ich übernimmt, doch nimmt damit die Proliferation an Schriftsteller-Figuren, die allesamt Biographeme des Ich in immer neuen Kombinatoriken tragen, keineswegs ein Ende. Gerade aus dem Bewusstsein „einer Welt, die kopfüber absoff und sich aufgelöst hatte",[57] entsteht das klare Bedürfnis, eine weitere Figur und Figuration des Ich dem lebendigen figuralen Rhizom einzuverleiben:

> Ich wusste, dass die Welt zum Teufel gegangen war, aber auch, dass die Kunst Leben schuf, und dass dieser Weg entgegen aller unkenden Stimmen noch keineswegs zu Ende war. So entschloss ich mich, meinen Namen zu wechseln und fortan Piniowsky zu heißen. Und dass Autre seinen vorläufigen Namen aufgeben sollte und ebenfalls Piniowsky war. Ich würde keinerlei Meinung über die Welt haben (die mich so sehr enttäuscht hatte), aber sehr wohl über die Kunst.[58]

Namensgebung ist das Recht eines Schöpfergottes! In diesem Zitat stilisiert sich der Ich-Erzähler zum Demiurgen, der in der Welt seiner Schöpfung wohl das Sagen hat und seine Geschöpfe zeugen, erzeugen und bezeugen, aber auch transferieren, transformieren und miteinander vermischen kann. Er vermag sich und seinen Geschöpfen Namen zu geben und zu nehmen, ganz nach Belieben. Das Leben freilich ist auf der Seite der Kunst, wird von der Kunst hervorgebracht,

---

55 Ich danke Yvette Sánchez für den Hinweis auf die sternförmige Anlage dieser Bewegungsmuster in *Kassel no invita a la lógica*.
56 Ebda., S. 173: „Claro está que a Autre, escritor conservador, tampoco podía pedírsele otra cosa. Pensar en todo esto me llevaba finalmente a sustituir a Autre y volver a ponerme yo mismo."
57 Ebda., S. 221: „mundo que se había ido a pique y que se hallaba ya desintegrado."
58 Ebda.

während die Welt nichts als Enttäuschungen zu bieten hat und längst desintegriert auseinandergefallen ist. Alle „figurae vitae" sind nicht im Zeichen der Alterität, sondern in jenem der unendlichen Differenzen angelegt und stehen in einem relationalen und zugleich lebendigen Verhältnis zueinander, auch wenn die Ich-Erzählerfigur immer wieder versucht, die anderen Figuren herbeizuzitieren und als von sich abhängig erscheinen zu lassen. Sie bilden in ihrer Gesamtheit ein pulsierendes Rhizom ständiger Weitungen und Erweiterungen. Die Welt um uns her ist längst zum Teufel gegangen und abgesoffen: Was zählt ist allein die Kunst und ihr gehört das Leben! Die Zitate und Anklänge an die historischen Avantgarden sind evident.

Wiederholt blendet das Erzähler-Ich die über lange Zeiten tradierte und seit Calderón de la Barcas *La vida es sueño* nachhaltig inszenierte Formel ein, der zufolge „das wahre Leben nicht das ist, das wir führen, sondern jenes, welches wir mit unserer Einbildungskraft erfinden".[59] Zweifellos dürfte Enrique Vila-Matas einer wichtigen ‚Variante' dieser Anschauung näherstehen, wie sie Marcel Proust in seinen Überlegungen zum Lesen formuliert hat, das keineswegs an die Stelle des Lebens tritt und das ‚wahre' Leben sozusagen in Klammern setzt, sondern eben dieses Leben durch das Lesen intensiviert. So heißt es in Prousts Bemerkungen über das Lesen in *Sur la lecture*:

Es gibt vielleicht keine Tage unserer Kindheit, die wir so vollständig erlebt haben wie jene, die wir glaubten verstreichen zu lassen, ohne sie zu erleben, jene nämlich, die wir mit einem Lieblingsbuch verbracht haben. Alles, was sie, wie es schien, für die anderen erfüllte und was wir wie eine vulgäre Unterbrechung eines göttlichen Vergnügens beiseite schoben: das Spiel, zu dem uns ein Freund bei der interessantesten Stelle abholen wollte; die störende Biene oder der lästige Sonnenstrahl, die uns zwangen, den Blick von der Seite zu heben oder den Platz zu wechseln; die für die Nachmittagsmahlzeit mitgegebenen Vorräte, die wir unberührt neben uns auf der Bank liegen ließen, während über unserem Haupt die Sonne am blauen Himmel unaufhaltsam schwächer wurde; das Abendessen, zu dem wir zurück ins Haus mussten und währenddessen wir nur daran dachten, sogleich danach in unser Zimmer hinaufzugehen, um das unterbrochene Kapitel zu beenden, all das, worin unser Lesen uns nur Belästigung hätte sehen lassen müssen, grub im Gegenteil eine so sanfte Erinnerung in uns ein (die nach unserem heutigen Urteil um so vieles kostbarer ist als das, was wir damals mit Hingabe lasen), dass, wenn wir heute manchmal in diesen Büchern von einst blättern, sie nur noch wie die einzigen aufbewahrten Kalender der entflohenen Tage sind, und es mit der Hoffnung geschieht, auf ihren Seiten die nicht mehr existierenden Wohnstätten und Teiche sich widerspiegeln zu sehen.[60]

---

59 Ebda., S. 175: „la verdadera vida no es la que llevamos, sino la que inventamos con nuestra imaginación."
60 Proust, Marcel: Sur la lecture. In: Ruskin, John / Proust, Marcel: *Sésame et les lys. Précédé de „Sur la lecture"*. Introduction d'Antoine Compagnon. Paris: Editions Complexe 1987, S. 39.

Marcel Prousts ästhetisch so überzeugendes hypotaktisches Anlaufen gegen eine vermeintlich einfache, auf dem sogenannten gesunden Menschenverstand basierende Trennung von Leben und Lesen, Realität und Fiktion, Erfahrung und Imagination entfaltet jene Vorstellung, der zufolge wir das Imaginierte, das Erfundene mit zumindest derselben, ja bisweilen mit einer höheren Intensität zu leben vermögen als all das, was uns in der ‚realen Welt‘ umgibt.[61] Im Spiel von Finden, Erfinden und Erleben eröffnet sich ein weiterer, geweiteter Begriff von einem Leben, dessen biologische Prozesshaftigkeit für das Individuum zwar stets als ausweglos und als von Beginn an verlorene Schlacht, als „batalla perdida",[62] erscheinen muss, zugleich aber in dieser existenziellen Ausweglosigkeit einen ins Unendliche spielenden Bewegungsraum nicht nur der Erfahrung, sondern mehr noch des Erlebens schafft. Dies geschieht, sobald wir diesen Raum dynamischer Expansion im Zeichen der Literatur, im Zeichen der Kunst als ständig weiter aus-zudehnende Erweiterung begreifen. Aus dieser Perspektive ließe sich etwa die Intertextualität als das schlagende, pochende Herz einer lebendigen Literatur ver-stehen, deren Beziehungsgeflechte sich tendenziell ins Unendliche erstrecken. Und genau diese Unendlichkeit peilt der mit Anspielungen und expliziten oder impliziten Zitaten angereicherte Text des spanischen Schriftstellers an.

In der Intertextualität, im unabschließbaren Verweis auf immer weitere Texte unterschiedlichster Autorinnen und Autoren, verschiedenartigste Literaturen in lebendigen wie in längst vergangenen Sprachen wird dieses unermessliche (und zugleich auch maßlose) Konstrukt eines Lebens der Literatur und zugleich eines Lebens in der Literatur anschaulich. In der Tat: Die intertextuellen Beziehungs-geflechte, wie sie uns in hoher Dichte in allen Texten von Enrique Vila-Matas ins Auge springen, stehen wie schon in Marcel Prousts *Sur la lecture* für keiner-lei Flucht aus der Welt oder Evasion aus der Realität, sondern bedeuten eine Intensivierung des (Er-)Lebens und der Auseinandersetzung mit der Wirklich-keit, den Wirklichkeiten, die wir – vorgefunden oder erfunden – lesen und leben können. Wir sind längst nicht mehr auf eine vorgeblich ‚reale‘ Welt beschränkt, sondern leben zugleich in einer Welt der Kunst, in Welten der Kunst, ohne doch aufzuhören, den realen Wirklichkeiten mit aller notwendigen Klarheit ins Auge zu blicken.

So bildet das Laboratorium der Literatur die Möglichkeit, die Welt nicht nur weiterzudenken, sondern weit mehr noch immer weiter zu denken und dieses

---

61 Vgl. hierzu auch den Schlussteil von Ette, Ottmar: *LiebeLesen. Potsdamer Vorlesungen über ein großes Gefühl und dessen Aneignung.* Berlin – Boston: Verlag Walter de Gruyter 2020.
62 Vila-Matas, Enrique: *Historia abreviada de la literatura portátil,* S. 15.

Weltweiterdenken auch im Feld der Literatur, gleichsam im Akt des Lesens[63] – wenn auch nicht aus rezeptionsästhetischer Perspektive –, selbst zu erproben. Von Beginn unseres einführenden Kapitels an hatten wir gesehen, in welch verdichteter Form das Schreiben von Enrique Vila-Matas in hoher Konsistenz und Stringenz vielfältigste intertextuelle Beziehungen zu den unterschiedlichsten Texten herstellt und damit eine Ausweitung des eigenen Reflexionsraumes betreibt, die sich zumindest tendenziell ins Unermessliche auszuweiten vermag. Ja, das unendliche Kunstwerk – auch so ein Traum, den gewiss nicht nur die historischen Avantgarden träumten – ist vorstellbar und mehr noch machbar: Es entsteht in den Labyrinthen der Pfade, die sich immer weiter verzweigen.

In Enrique Vila-Matas' *Historia abreviada de la literatura portátil* liegt der Schwerpunkt nicht allein auf der Kürze der Texte, sondern auf deren fraktaler Ausweitung, insofern die nanophilologisch untersuchbare Miniaturisierung geradezu notwendig auf eine ständige Entfaltung abzielt. Und stellt nicht die von Vila-Matas so klug und hintergründig konzipierte Anlage von *Bartleby y compañía*[64] geradezu das Modell einer derartigen Epistemologie der Erweiterung dar? Dürfen wir hierin nicht das Fraktal und zugleich das Modell seines gesamten literarischen Schaffens erblicken?

Denn ausgehend von der erstmals 1853 erschienenen Erzählung Herman Melvilles, *Bartleby the Scrivener,* entfaltet dieser im Jahre 2000 erschienene Band, der sich chronologisch in der Mitte zwischen der *Historia abreviada* und *Kassel no invita a la lógica* anordnet, in immer neuen Beispielen, mit Hilfe immer neuer Zitate ein Grundmodell, das erst dann als eigentliches „modèle réduit" und literarisches Fraktal verstanden werden kann, wenn wir es aus unablässig veränderten Blickpunkten und Perspektiven betrachten. Es geht in *Bartleby y compañía* nicht um die Konstruktion einer wie auch immer gearteten Alterität, sondern um beständige Erweiterungen des Denkens und Schreibens im Kontext einer sich in 86 Fußnoten ohne ‚Haupttext' rhizomatisch verästelnden „Literatur des Nein", einer „literatura del No".[65]

Bartleby wird damit nicht zum Anderen des Schreibens, sondern zeigt in seiner Fülle an Beispielen vielbuchstäblich auf, wie das Verstummen des Sprechens, das Austrocknen der Tinte selbst wieder zum Ausgangspunkt für ein

---

63 Vgl. Iser, Wolfgang: Der Lesevorgang. Eine phänomenologische Perspektive. In: Warning, Rainer (Hg.): *Rezeptionsästhetik. Theorie und Praxis.* München: W. Fink Verlag – UTB 1975, S. 253–276.
64 Vila-Matas, Enrique: *Bartleby y compañía.* Barcelona: Editorial Anagrama 2000. Vgl. zu diesem Text die Studie von Sánchez, Yvette: Enrique Vila-Matas: „Bartleby y compañía" (2000). In: Bodenmüller, Thomas / Scheerer, Thomas M. / Schönberger, Axel (Hg.): *Romane in Spanien.* Bd. 1: 1975–2000. Frankfurt am Main: Valentia 2004, S. 315–328.
65 Vila-Matas, Enrique: *Bartleby y compañía,* S. 146.

neuerliches Schreiben werden kann, das in unablässigen Proliferationen die eigenen Texte intertextuell erweitert. Nein, dieser Text kennt kein Ende! Konnte Alexander von Humboldt in seinen *Ansichten der Natur* in der ersten Hälfte des 19. Jahrhunderts ein Schreibmodell entwickeln, bei welchem die Fußnoten in ihrer Verselbständigung den ‚eigentlichen' Haupttext um ein Fünf- bis Zehnfaches übertrafen und mithin überwucherten,[66] so kommt Vila-Matas, der wie Humboldt vom polygraphen Schreiben nicht lassen kann, in seinem *Bartleby* ohne wirklichen Haupttext aus. Dies deshalb, weil sich die intertextuelle Amplifikation allein schon auf paratextueller Ebene in den Fußnoten bewerkstelligen lässt. So sind Bartleby *und* Vila-Matas folglich in allerbester Gesellschaft und künstlerisch herausragende Zeichen einer Zeit, in welcher das Leben im Zentrum der Literatur steht und das Leben der Zitate ein Eigen-Leben entfaltet, das kein Ende, keinen Endpunkt kennt.

Der aus Kurz- und Kürzesttexten gebildete und mit dem neuen Jahrtausend erschienene Band *Bartleby y compañía*[67] ist in all seinen durchnummerierten Fußnoten von Beginn an von unterschiedlichsten Zitaten durchzogen. Nicht umsonst bezeichnet der Begriff des „citar" in der spanischen Stierkampfkunst den präzise beschreibbaren und von einer Vielzahl an Normen geprägten Akt eines ‚Herbeizitierens' des Stieres, der sozusagen innerhalb der Arena für den weiteren Fortgang des (blutigen) Spieles im Sinne des Stierkämpfers positioniert und ‚präpariert' wird. Zitieren und Zitiert-Werden ist alles andere als harmlos.

Das „citar" ist ein kunstvolles Spiel, welches die Tauromachien spanischer Künstler von Francisco de Goya bis Pablo Picasso immer wieder in seinen Bezügen zu Leben und Tod ausgeleuchtet haben. Zugleich ist es aber auch ein Kampf, der auf einer Vielzahl von Asymmetrien beruht, da das Herbeizitieren stets das Agieren einer asymmetrisch verteilten Macht beinhaltet: einer Macht, welche der Herbeizitierende über den Herbeizitierten ausübt. Wie sehr auch der Stierkämpfer, der Herbeizitierende, selbst einer Vielzahl von im Dunkeln, im Unbewussten wirkenden Kräften ausgesetzt sein und diesen letztlich auch unterliegen kann, hat ein Georges Bataille in der vielleicht zentralen Passage seiner *Histoire de l'œil*[68] – die hier zwar angeführt, aber nicht zitiert werden soll – eindrucksvoll

---

66 Vgl. hierzu Ette, Ottmar: Eine „Gemütsverfassung moralischer Unruhe" – „Humboldtian Writing": Alexander von Humboldt und das Schreiben in der Moderne. In: Ette, Ottmar / Hermanns, Ute / Scherer, Bernd M. / Suckow, Christian (Hg.): *Alexander von Humboldt – Aufbruch in die Moderne.* Berlin: Akademie Verlag 2001, S. 33–55.

67 Vgl. hierzu Wentzlaff-Eggebert, Christian: El microrrelato como fragmento de un amplio conjunto narrativo en Bartleby y compañía de Enrique Vila-Matas. In: *Olivar* (La Plata) VIII, 9 (2007), S. 105–123.

68 Bataille, Georges: *Histoire de l'œil.* Paris: Gallimard 1995.

vor Augen geführt. Eros und Thanatos ruft herbei, wer den Stier bei den Hörnern packen will und herbeizitiert.

In *Bartleby y compañía* geht es beim Zitieren jedoch nicht sogleich um Leben und Tod! Wie bereits in der ebenfalls aus Kurztexten bestehenden *Historia abreviada de la literatura portátil* wird eine beeindruckende Zahl an Schriftsteller*innen und teilweise auch Künstler*innen in Szene gesetzt, deren Schaffen wie etwa bei Juan Rulfo oder Robert Walser aus den unterschiedlichsten Gründen in ein zumeist definitives Schweigen mündete. Wie in der *Historia abreviada* ergibt sich durch das Herbeizitieren eine gewisse Gemeinschaft, jene einer „literatura del No", auch wenn es sich in diesem Falle nicht um eine Geheimgesellschaft von Avantgardisten handelt. Doch die Literatur von Vila-Matas übt zweifellos eine Macht aus über jene, die gemeinschaftlich herbeizitiert werden und hier zu einer „compañía" versammelt werden, seien sie nun wie Arthur Rimbaud illustre Tote oder aber quicklebendig. Hier konnte Vila-Matas sehr wohl auch an philosophisch-literarische Vorläufer anknüpfen.

Denn wenn Melvilles Figur zuvor bereits aus einer philosophischen Perspektive von Gilles Deleuze[69] oder Giorgio Agamben[70] befragt worden ist, so eröffnet Vila-Matas wiederum aus der Perspektive eines Ich-Erzählers, der selbst einem jahrzehntelangen literarischen Verstummen anheimgefallen ist, einen spannenden und spannungsgeladenen, da mit einer Vielzahl an Zitaten gespickten Parcours quer durch die Literaturen der wie Rimbaud so jäh Verstummten. Gehorchen diese Zitate aber den fein säuberlich im *MLA Style Manual* festgehaltenen Normen und Formeln der wissenschaftlich korrekten Zitierweise?

Bei den von Vila-Matas in die literarische Arena geführten Zitaten handelt es sich in *Bartleby y compañía* (2000), aber auch zuvor schon in *Historia abreviada de la literatura portátil* (1985) oder später in *Kassel no invita a la lógica* (2014) ebenso um nachweisbare, also ‚korrekte' Textentnahmen, wie um leicht verfälschte oder im eigentlichen Sinne gefälschte, bisweilen um vollständig erfundene Zitate. Sie werden in den unterschiedlichsten Kontexten eingesetzt und erfüllen spezifische sinngebende Funktionen. Diese Kunst, diese „Art", aber auch diese Arten des Zitierens sind für das Schreiben von Enrique Vila-Matas von grundlegender Bedeutung und queren all seine Texte aus den verschiedensten Phasen seiner schriftstellerischen Arbeit. Vila-Matas ist ein Meister des Zitierens. Die Zitate und das Zitieren haben längst in seinem Schaffen eine Eigen-Logik entwickelt und prägen seine Literaturpraxis.

---

69 Vgl. Deleuze, Gilles: *Bartleby oder die Formel.* Berlin: Merve Verlag 1994; vgl. hierzu auch den Essay von Sánchez, Yvette: Enrique Vila-Matas: „Bartleby y compañía" (2000).
70 Vgl. Agamben, Giorgio: *Bartleby oder die Kontingenz.* Berlin: Merve Verlag 1998.

Vor diesem Hintergrund tut sich auf Ebene des Anführens mit oder ohne Anführungszeichen eine weite Spanne an unterschiedlichen Praktiken und Verfahren auf, die nicht weniger verschiedenartig sind als die bereits benannten Pole von Vorgefundenem, Erfundenem und Erlebtem. Ganz so, wie Vorgefundenes und Erfundenes gleichermaßen erlebt und gelebt werden können, so markiert der Text auch keine wesensmäßige Differenz zwischen vom Verfasser aufgefundenen oder aber selbst erfundenen Zitaten. Es sind Spiegel, die sich wechselseitig reflektieren, Textfragmente, die auf vergleichbare Weise in den gesamten Textkörper eingebaut oder eingeschmuggelt werden.

Hatte nicht der Fall von Blaise Cendrars' ‚afrikanischer' Anthologie, seiner *Anthologie Nègre*,[71] in der *Historia abreviada de la literatura portátil*[72] sehr deutlich vor Augen geführt, dass jede „antología" nicht nur eine „antojolía", sondern (ganz wie bei keinem Geringeren als Max Aub) eine Sammlung von eigenhändig gefälschten Texten sein kann? Dies insofern, als die von Blaise Cendrars herausgegebenen Erzählungen keineswegs von verschiedenen afrikanischen Stämmen stammten, sondern direkt aus der Feder des seinerseits gefälschten Franzosen, der – wie man weiß – ‚eigentlich' ein Schweizer war. Wie uns die *Historia abreviada* zeigt, können letztlich komplette Texte nichts anderes als Zitate sein, die eigenhändig und komplett gefälscht wurden.

Dabei versteht es sich von selbst, dass Enrique Vila-Matas diese Fälschungen seinerseits eigenhändig fälschen und der Geheimgesellschaft zuschreiben musste:

> Nichts weniger als eine apokryphe Anthologie, denn das Projekt von Cendrars ging der Vorstellung nach, ein Buch zu erarbeiten, das versteckt hinter der Simulation, aus einer Sammlung volkstümlicher afrikanischer Geschichten entstanden zu sein, Legenden präsentierte, die in Wirklichkeit eine sehr persönliche Interpretation von Geschichten waren, welche ihm die Shandys bei ihrem erneuten Treffen in Prag erzählt hatten.[73]

Die Fälschungen des gefälschten Schweizers Blaise Cendrars hatten schon die Zeitgenossen verwirrt. Kein Wunder, dass gerade er von Enrique Vila-Matas als Stammvater aufgerufen wurde, hatte er doch auf Techniken zurückgegriffen, welche den Gegensatz zwischen Original und Fälschung ad absurdum führten

---

71 Cendrars, Blaise: *Anthologie Nègre*. Paris: La Sirène 1921.
72 Vgl. das Kapitel „Nuevas impresiones de Praga" in Vila-Matas, Enrique: *Historia abreviada de la literatura portátil*, S. 65–75; sowie Leroy, Claude: *Dans l'atelier de Cendrars*. Paris: Honoré Champion Editeur 2011.
73 Vila-Matas, Enrique: *Historia abreviada de la literatura portátil*, S. 67.

und zugleich die Frage nach dem ‚wahren‘ Autor dringlich werden ließen. Machte die Unterscheidung zwischen Original und Fälschung überhaupt noch Sinn?

Um vor diesem Hintergrund von ‚echten‘, ‚verfälschten‘, ‚gefälschten‘ und ‚mehrfach gefälschten‘ Zitaten ein möglicherweise naheliegendes Missverständnis sogleich auszuräumen: Es soll in den vorliegenden Überlegungen nicht die Behauptung erhoben werden, dass es aus philologischer und texthermeneutischer Sicht keinen Unterschied macht, ob wir es mit einem echten oder einem gefälschten Zitat zu tun haben oder nicht! Doch ihre jeweils spezifische Funktionalität innerhalb ihrer jeweiligen Kotexte und Kontexte ist sehr wohl auf gleichartige Weise textkonstitutiv. Die Zitate entwickeln unabhängig von ihrem jeweiligen Status als ‚korrekt‘ oder ‚inkorrekt‘ angeführte Passagen ihre jeweilige spezifische Eigenlogik, ihre Eigendynamik in Texten, die sie herbeizitieren, die sie zugleich aber auch verändern – aller Asymmetrie der Machtverhältnisse zum Trotz. Mit anderen Worten: Zitate entwickeln ihr Eigen-Leben und sind von jenen, die sie verwenden, längst nicht mehr kontrollierbar.

Als Zitate sind sie herausgerissen aus einem bestimmten Text, sei er nun in Bibliotheken auffindbar oder gänzlich erfunden, und konstituieren einen fragmenthaften und in der Regel (und keine Regel ohne Ausnahme!) sehr kurzen Textteil, der in gewisser Weise die Funktion eines Pars pro toto für den gesamten, aber freilich nicht in seiner Gänze zitierbaren Text übernimmt. Diese synekdochische Struktur ist von großer Bedeutung für ein Verständnis der verschiedenartigen Funktionsweisen derartig fragmenthaft bleibender Texte, die – wie umfangreich auch immer ihr jeweiliger auffindbarer oder erfundener Bezugstext sein mag – zweifellos der Kategorie der tragbaren Literatur, der „literatura portátil“, angehören oder zuzurechnen sind. Zitate sind letztlich Miniaturen und gehorchen deren Spielregeln.

Auf welch intensive Weise sich das Eigen-Leben derartiger Zitate zu entfalten vermag, soll das Beispiel der Fortsetzung jener bereits angeführten Passage zeigen, welche in *Kassel no invita a la lógica* den gelangweilten Schriftsteller im Restaurant bei der Arbeit zeigt und seinem Doppelgänger Autre das folgende als Zitat gekennzeichnete Notat in die Feder diktiert:

> Vom Fenster des Hauptsalons meines Geburtshauses aus sah man das Metropol, und ich verfolgte von dort aus die Wechsel im Programm anhand der jeweils aufgehängten großen Wandplakate, welche etwa Bilder von Bogart zeigten. Im Alter von fünf Jahren sah ich Bogart vielleicht hundert Mal am Tag. Meinen ersten Film sah ich im Sommer in Llavaneres nördlich von Barcelona, einen Kilometer vom Strand entfernt. In diesem Dorf hatte sich die Familie meiner Mutter vor vier Jahrhunderten niedergelassen. Mein erster Film war *Magnolia*, mit Ava Gardner. Ich war erst drei Jahre alt und erinnere mich, dass ich beim Verlassen des Kinos damit anfing, William Warfield zu imitieren, einen schwarzen Sänger, der am Ende des Films mit einer sehr tiefen Stimme (die ich vermutlich selbst haben wollte:

einer Männerstimme) *Old Man River* anstimmte. Dieses Ereignis wurde in der Familie sehr gefeiert. Mehr noch, weil alle dachten, dass ich als Erwachsener ein schwarzer Sänger sein wollte.[74]

Es ist nicht zu übersehen: Das soeben angeführte Zitat erfüllt alle gattungsspezifischen Voraussetzungen und Bedingungen eines „microrrelato", einer Kürzesterzählung, in der sich überdies eine Vielzahl an Biographemen eines Autor-Ich findet. Diese Passage erfüllt damit – und dies scheint mir ihre wichtigste Funktion zu sein – eine polyseme, vieldeutige Aufgabe innerhalb des gesamten Romans, in welchem dieser Text als Zitat ausgegeben wird. Der unmittelbare Kontext attribuiert es dem Doppelgänger namens Autre, doch ließen sich nicht weniger überzeugende Gründe dafür ins Feld führen, den Text entweder dem textinternen Ich-Erzähler, der textinternen Autorfigur (die bisweilen mit ersterem zusammengeführt wird) oder dem textexternen Autor Enrique Vila-Matas zuzuordnen. Wer also zitiert hier wen herbei?

Das als solches gekennzeichnete Zitat entwickelt folglich ein Eigen-Leben, weil seine Biographeme in einer direkten Relation zu all jenen stehen, die über mehrere andere „figurae vitae" sternförmig ausgestreut („étoilé") sind. Zugleich aber zeigt sich deutlich, dass es selbst wiederum voller Verweise steckt, die wie Zitate funktionieren: die Namen von Humphrey Bogart und Ava Gardner, das Zitat des Filmtitels *Magnolia* oder des Songs *Old Man River* und seines Sängers William Warfield. Eine Vielzahl von Pisten wird hier ausgelegt, denen nachgegangen werden kann, ja nachgegangen werden muss, um etwa Rückschlüsse auf den genauen Zeitpunkt, den historischen oder den künstlerischen Kontext oder die Entstehung transmedialer Beziehungen – um nur diese Punkte zu benennen – ziehen zu können. Das hier leider nur kurz zu diskutierende Zitat erfüllt damit Bedingungen, die sich in grundlegender Weise von jenen unterscheiden, welche Zitate beispielsweise in wissenschaftlichen Texten – etwa als Belege oder als Analysegrundlage – zu erfüllen haben. Doch auch wenn in der Wissenschaft Zitate bisweilen sehr wohl ihr Eigen-Leben entwickeln können, im Biotop von Vila-Matas' Texten sind die Bedingungen für die Entfaltung vieldeutiger Sinnzusammenhänge durch die bereits analysierten literarischen Verfahren hochpotenziert.

Nachdem wir nun einen kurzen Blick auf das Leben der Zitate geworfen haben, sollten wir uns mit der Frage auseinandersetzen, wie und in welcher Weise die Zitate (in den Texten von Vila-Matas) ihrerseits gelebt werden oder gelebt werden können. Denn wenn Vorgefundenes und Erfundenes auf dieselbe

---

74 Vila-Matas, Enrique: *Kassel no invita a la lógica*, S. 121 f.

Weise und mit derselben Intensität lebbar und erlebbar ist, so gilt dies auch für das Leben beziehungsweise Gelebt-Werden der Zitate. Die Frage ist auf den ersten Blick überraschend: Denn sind Zitate überhaupt lebbar?

Bei einer Antwort gilt es an erster Stelle zu berücksichtigen, dass Zitate in ihren unterschiedlichsten Formen genau jenem Ideal einer „literatura portátil" entsprechen, das Enrique Vila-Matas in seiner *Historia abreviada* entwickelte. Denn sie stehen als Pars pro toto synekdochisch für ein Ganzes ein, bilden in ihrer Miniaturisierung so etwas wie ein „modèle réduit" ihres Bezugstextes, den sie modellhaft repräsentieren. Dabei funktionieren sie wie ein literarisches Fraktal, bei welchem die Selbstähnlichkeit und zugleich Unendlichkeit der Textbezüge von entscheidender Bedeutung ist. Ein Fraktal verkörpert so in seiner Textualität nicht etwas literarisch Abgeschlossenes, sondern führt in seiner textuellen Gestalt vor Augen, dass die scheinbare Selbständigkeit in erster Linie auf eine relationale Logik der Vielverbundenheit deutet. Diese ist der Selbstähnlichkeit des Fraktals und seiner Modellhaftigkeit eigen.

Zugleich entsteht aufgrund der Textlänge bei den Zitaten in Vila-Matas' Bänden – wie wir sahen – eine deutliche Beziehung zu literarischen Kurz- und Kürzestformen, die wie der „microrrelato" sehr häufig an einer Beziehung zwischen Mikrokosmos und Makrokosmos ausgerichtet sind.[75] Dieser Totalitätsanspruch, auf den wir gleich zu Beginn unserer Ausführungen gestoßen waren, trägt dazu bei, dass diese Texte ihr polysemes Eigen-Leben entwickeln können, zugleich aber auch in vielfacher Weise tragbar („portátil") sind, da sie nicht nur über einen geringen Umfang verfügen, sondern auch von einem Text in einen weiteren getragen und übertragen werden können. So entstehen zwischen Zitaten und Verweisen, die wiederholt in unterschiedlichen Texten des spanischen Autors erscheinen, relationale Beziehungen, die eine hohe Komplexität aufweisen.

Bereits in der *Historia abreviada de la literatura portátil* zeigte sich deutlich, dass die unterschiedlichen Figuren der Shandys gleichsam ihre eigenen Zitate leben, also jene Zitate mit Leben erfüllen, für die sie selbst im Text als verantwortlich bezeichnet werden. Sie leben gleichsam im Zitat und durch das Zitat. In *Bartleby y compañía* lässt sich nicht nur beim Ich-Erzähler ein wahres Durcherleben von Zitaten beobachten, indem wie auch immer geartete Zitate anderer Schriftstellerfiguren in das Lebensmuster des Ich-Erzählers oder weiterer Figuren eingewoben werden können. Auf seinen Parcours durch die immer labyrin-

---

75 Vgl. hierzu Ette, Ottmar: *Del macrocosmos al microrrelato. Literatura y creación – nuevas perspectivas transareales*. Traducción del alemán de Rosa María S. de Maihold. Ciudad de Guatemala: F&G Editores 2009.

thischer werdende „literatura del No"[76] verleibt sich die Erzählerfigur ständig weitere Zitate ein, welche die Situation des eigenen literarischen Verstummens betreffen und sich in gelebte Zitate, gleichsam ein herbeizitiertes Verstummen, verwandeln. Am Beispiel der „Literatur des Nein" wird plastisch die Engführung von Literatur und Lebenspraxis vorgeführt.

Bei derartigen Beispielen belässt es Enrique Vila-Matas aber nicht! Diese Einverleibung, ja Kannibalisierung lässt sich auch in *Kassel no invita a la lógica* ausmachen, fühlt sich doch auch hier die Ich-Erzählerfigur aufs Engste mit den unterschiedlichsten Zitaten verbunden, ja mehr noch: Diese Zitate werden zu wichtigen Bestandteilen des eigenen Lebens. So wird aus dem Eigen-Leben der Zitate rasch ein Leben der Zitate, ja ein Leben der eigenen, der autographen, wie auch der allographen, von anderen Autoren stammenden Entlehnungen. Literatur und Leben sind in keiner Weise voneinander isoliert!

In diesem Band zeigt sich sehr schön, wie die Zitate anderer zur Avantgarde wortwörtlich von den Figurationen des Ich wie des Autre angeeignet, einverleibt oder ‚kannibalisiert' und gelebt werden können. In aller Deutlichkeit erweist sich dies zum Beispiel in Kapitel 48 von *Kassel no invita a la lógica*, als sich gegen Ende der Documenta eine Zufallsbegegnung mit der alten Freundin Nené ergibt, die sich gerade von der Kunst – oder genauer: von ihrem Lebenspartner, einem deutschen Künstler – losgesagt und getrennt hat. Sie fragt den ihr seit langer Zeit vertrauten Ich-Erzähler:

> „Kannst Du nicht ohne die Kunst leben?" sagte sie. „Ich hatte von meinem deutschen Ehemann, von meinem Künstler-Ehemann, wirklich die Nase gestrichen voll. Die Deutschen gehen einem auf die Nerven. Und die Künstler erst. Und auch die Kunst, schau was ich Dir sage: Die Kunst ist total langweilig und ein großer Kartoffelbrei."
> Glücklicherweise hielt sie mich bei Laune, was mir einzuschätzen erlaubte, dass sie all das überleben würde.
> Dann sagte ich ihr, dass im allgemeinen das Kunstwerk – wie es in der Dunkelkammer von Sehgal der Fall war – wie das Leben vorübergehe, ja, dass das Leben wie die Kunst vorübergehe.
> Ihre Reaktion war seltsam, um ein Haar hätte sie mich geohrfeigt.[77]

Auffällig in diesem Zitat ist – wie in vielen anderen Passagen – die hohe Rekurrenz des Lebenslexems, das hier in verschiedenen Variationen auftaucht. Zugleich ist dieses Lebenslexem mit einem dem deutsch-britischen Künstler Tino Sehgal zugeordneten Motto verbunden, steht also nicht für sich allein, sondern verbirgt

---

76 Vila-Matas, Enrique: *Bartleby y compañía*, S. 146.
77 Vila-Matas, Enrique: *Kassel no invita a la lógica*, S. 211.

wiederum ein intertextuelles Spiel: „„Cuando el arte pasa como la vida.'"[78] Dieses Motto, das den gesamten Text, bisweilen in leichten Abänderungen, durchzieht, wird mit dem täglich wiederholten Besuch der Installation Sehgals *This Variation* verbunden und in der Verbindung zwischen Leben und Kunst zu einer der Leitlinien des in Kassel gesammelten und hervorgebrachten Lebenswissens und Überlebenswissens des Erzählers. Denn um ein solches Wissen vom Leben – und auch vom Überleben und Zusammenleben – geht es.

Ganz im Sinne Sehgals hat das Ich auf der Documenta 13 die Installation in eine eigene Performance und das Zitat in etwas verwandelt, das in immer neuen, immer weiteren Variationen gelebt und durcherlebt werden kann. Zitate entwickeln also nicht allein ihr Eigen-Leben: Sie können auch gelebt und in das eigene Leben(swissen) verwandelt werden. Das Leben der Zitate ist daher ein in zweifacher Richtung denkbarer und praktizierter Prozess: Leben und Kunst sind nicht voneinander ablösbar oder trennbar.

Kassel no invita a la lógica verbindet sich mit dem Gesamtwerk des spanischen Schriftstellers und in besonderer Weise mit den in der vorliegenden Studie analysierten Texten auf sehr unterschiedlichen Ebenen. Dazu gehört – neben der Weiterentwicklung der Konvivenz mit dem Doppelgänger, einer immer wieder neu entfachten erotischen Dimension, der Häufigkeit des Lexems Leben oder der Thematik der Avantgarde – die immer wieder aus anderen Blickwinkeln befragte Beziehung zwischen Literatur beziehungsweise Kunst einerseits, und dem Leben in all seinen ‚Variations' andererseits. Dies ist das eigentliche Leitmotiv dieses mit der (historischen) Avantgarde ringenden Bandes.

Betrachten wir dieses Ringen mit der Avantgarde noch etwas genauer und kommen wir dabei auf einen zentralen Aspekt historischer Avantgarde zu sprechen! Denn das Durchbrechen der weitgehenden Scheidung zwischen Kunst und Leben, das sich im Laufe eines langen und im 19. Jahrhundert insbesondere in Europa beschleunigten Autonomisierungsprozesses von Kunst und Literatur entwickelt hatte, zählt bekanntermaßen zu den konstitutiven Beweggründen und Forderungen der historischen Avantgarden gerade auf dem Alten Kontinent. Leben und Kunst sollten nicht länger sorgsam voneinander getrennt und isoliert bleiben. Vielmehr sollte das Leben auf die Kunst, vor allem aber die Kunst auf das Leben einwirken, so dass der militärischen Metapher der Avantgarde von Beginn an eine kämpferische, ja deutlich revolutionäre Stoßrichtung zukam. Es galt, die Trennung zwischen Kunst und Leben, die sich historisch herausgebildet hatte, wieder zu überwinden.

---

78 Ebda., S. 54.

Wenn in *Kassel no invita a la lógica*, folglich im Rahmen einer der international meistbeachteten Großveranstaltungen künstlerischer Avantgarde, das Motto eines avantgardistischen Künstlers immer wieder als Zitat in den Mittelpunkt gerückt und sogar mit dem Leben des Erzähler-Ichs verbunden wird, dann haben wir es hierbei ohne jeden Zweifel mit einem Anknüpfen an die historischen Traditionen der Avantgarden zu tun; Traditionen vor und nach der Bekämpfung avantgardistischer Kunst durch Nationalsozialisten, Franquisten, Faschisten, Stalinisten oder Totalitaristen jedweder Couleur. Der Text wird nicht müde, diese historisch verbürgte politische Stoßrichtung der Avantgarde-Schau in Kassel ein ums andere Mal hervorzuheben. Kassels Documenta repräsentiert in der Tat eine Art ‚Wiedergutmachungspolitik' der jungen Bundesrepublik Deutschland gegenüber einer Kunst, die von den Nationalsozialisten als ‚entartet' gebrandmarkt (und zugleich zu Geld gemacht) worden war. Die Problematik einer lebendigen Beziehung zwischen Leben und Kunst stellt sich folglich keineswegs nur auf der individuellen Ebene: Sie ist in *Kassel no invita a la lógica* auch auf einer kollektiven Isotopie von größter Bedeutung!

Enrique Vila-Matas legt seine Ich-Erzählerfigur(en) entsprechend an: Das Interesse, ja die große Begeisterung und Euphorie des Ich für die Erfahrungswelt der Avantgarden wie der Neoavantgarden bieten immer wieder die Grundlage für generelle Auseinandersetzungen mit avantgardistischer Kunstpraxis und Kunsttheorie. Und diese ist bei dem spanischen Schriftsteller stets mit viel Humor gewürzt! Es zeigt sich auch hier, dass die Intensität seiner Beschäftigung keineswegs eine Identifizierung des Ich mit der Avantgarde oder ihren Positionen beinhaltet, wäre das doch ein allzu einfaches Strickmuster gewesen. Dies erkennt man ebenso anhand der bereits angeführten Passage, in der sich Autre als Avantgardist vorne in den Bus zu setzen hat, um wirklich ‚vornedran' zu sein, wie auch im obigen Motto des Avantgardisten Tino Sehgal, das dem Ich-Erzähler, der sich das ‚fremde' Zitat einverleibt, um ein Haar eine Backpfeife einbringt. Doch die Auseinandersetzung gerade mit den Forderungen der historischen Avantgarden bleibt dennoch intensiv.

Dabei ist für das Schreiben von Enrique Vila-Matas im Allgemeinen wie für *Kassel no invita a la lógica* im Besonderen vom Titel des Textes an die Ironie ein fundamentales sprachlich-literarisches Ausdrucksmittel. Diese immer wieder anders in Szene gesetzte Ironie macht deutlich, dass es hier ein fruchtbares, aber gebrochenes Spannungsverhältnis, keineswegs also eine Übernahme rundweg avantgardistischer Positionen im Roman gibt. An all diesen Passagen und Beispielen lässt sich deutlich die bereits besprochene avantgardistische Impfung erkennen, eine Impfung mit dem Serum der Avantgarde also, das dazu dient, gerade nicht avantgardistischen Positionen anheim- oder in diese zurückzufallen. Ziel ist es, über die Mittel und Verfahren der historischen Avantgarden zu verfügen, sich aber nicht von diesen vereinnahmen zu lassen.

So ist die Avantgarde in *Kassel no invita a la lógica* zwar allgegenwärtig; doch wäre es vor dem Hintergrund des Verfahrens einer derartigen Impfung sicherlich verfehlt, diesen Text als einen avantgardistischen zu bezeichnen. Die Avantgarde wird zweifellos herbeizitiert und entwickelt als Zitat ihr höchst kreatives Eigen-Leben. Dieses Leben der Zitate führt gewiss dazu, dass diese ‚geborgten' Passagen mit Leben erfüllt und vom Ich oder anderen „figurae vitae" nicht nur erlebt, sondern auch gelebt und durcherlebt werden können. Dennoch handelt es sich letztlich um Zitate, die wie in der *Historia abreviada de la literatura portátil* einer anderen Gemeinschaft, einer anderen Geheimgesellschaft zugeordnet werden. Finden und Erfinden stehen sich in einem relationalen Verhältnis wie Spiegel einander gegenüber, die sich ihre Reflexe wechselseitig zusenden und reflektieren. Diese Spiegelungen sind allesamt lebbar, gehen aber nicht in einer kohärenten Biographie, in einem linearen und stabilen Curriculum Vitae auf.

Längst haben wir bemerkt, dass sich die komplexen Wechselbeziehungen zwischen unterschiedlichen Figuren und Figurationen nicht nur auf einen jeweiligen Text beziehen, sondern dass sich eine die Einzeltexte übergreifende Intratextualität entwickelt, welche die verschiedensten Texte von Enrique Vila-Matas miteinander verbindet. So verschiedenartig diese Texte auch immer sein mögen: Sie leben nicht nur von ihren intertextuellen, sondern auch von ihren intratextuellen Vernetzungen, die Enrique Vila-Matas' Schaffen in die Arbeit an einem einzigen Buch, an ‚seinem' Lebens-Buch verwandeln. Aber nicht in seine Autobiographie, sondern in einen unendlich zusammenhängenden und mit all seinen Publikationen verwobenen Band.

Dies gilt auch und gerade für das „étoilement", die sternförmige Zerstäubung und Verstreuung unterschiedlichster Biographeme, die über die „figurae vitae" der verschiedenartigsten Texte des Schriftstellers aus Barcelona ausgestreut sind. Diese Biographeme erzeugen eine große Zahl miteinander zu verbindender weiterer Biographeme, die im – wie wir sahen – auf zweifache Weise zu verstehenden Leben der Zitate zu einer wahren und ständig in Bewegung befindlichen Fälschung zusammenfinden. Dieses gefälschte Leben, so könnte man vielleicht am Ende unserer Einführung in diese Vorlesung folgern, ist das wahre Leben! Das wahre Leben im Verständnis einer Literatur, die wie in Prousts *Sur la lecture* nicht zwischen Lesen und Leben trennt, sondern die Intensivierung des Lebens durch das Lesen konstatiert; die nicht zwischen Finden und Erfinden als Elementen eines Lebens kategorisch unterscheidet, da sich dieses Leben in seiner Intensität aus beiden generiert; die nicht die Fiktion von der Diktion abspaltet, sondern das unabschließbare friktionale Oszillieren als Bewegung in das lebendige Gewebe des Textes integriert. Eben dies macht die Lebendigkeit der Texte von Enrique Vila-Matas aus.

Wir hätten schon zu Beginn von *Kassel no invita a la lógica* gewarnt sein können, ist dort doch im Verwirrspiel zwischen Chus Martínez und ihrer hübschen Assistentin Boston die Rede davon, dass die Kuratorinnen dieser Documenta 13 keineswegs eine „actitud poscolonial"[79] verträten, sondern dass es ihnen um „una pura voluntad polilógica"[80] gehe. Das Ich notiert sogleich im Kopf, was als Zitat in den Text eingehen, vor allem aber durcherlebt werden wird: „Ich notierte mir sogleich mental dieses Adjektiv, das ich noch nie zuvor gehört hatte (,poly-logisch') und ich glaubte kurz danach eine gewisse Hoffnung in meiner obskuren Zukunft eines Mannes zu erblicken, der in seinem polylogischen Chinesisch ein-gekerkert ist ...“[81]

Gewiss: Dieses Wort taucht im Munde der zwar attraktiven und zumindest zu Beginn die erotischen Imaginationen des Ich-Erzählers befeuernden, aber keines-wegs durchgängig sympathisch gezeichneten Boston auf und wird zudem auf den Ort der Qualen, auf das China-Restaurant „Dschingis Khan" in Kassel bezogen. Der Kontext dieses als solches gekennzeichneten Wort-Zitats ist demnach eher problematisch eingefärbt. Doch dank dieser doppelten ironischen Distanzierung hätten wir es von allem Anfang an wissen müssen: *Kassel no invita a la lógica* ist – wie das gesamte literarische Schaffen von Enrique Vila-Matas – eine perfekt tragbare, unverdrossene, eine nachhaltige, kurzum: eine ästhetische Arbeit am Viellogischen, am Polylogischen des Lesens, des Lebens und der Literatur, eines Lebens dank der Literatur. Und genau darin erfüllt dieses Schreiben eine Haupt-forderung der historischen Avantgarden: die Kunst und auch die Literatur nicht länger vom Leben zu trennen.

Will man wirklich verstehen, was den Weg oder besser die Wege der Litera-turen ins 21. Jahrhundert ausmachte und noch immer ausmacht, so wird man schlechterdings nicht auf die historischen Avantgarden verzichten können. Denn ihr Schreiben, ihr Malen, ihr Filmen, ihr Schreien durchdringen noch heute die Entwicklung unserer Literaturen auf eine ebenso geheimnisvolle wie rätselhafte Weise. Wir müssen sie daher in ihrem historischen Geworden-Sein erfassen, nicht aber als längst historisch gewordene Bewegungen! Enrique Vila-Matas sollte uns in ein derartiges Verständnis der im Folgenden untersuchten Zeitspanne einfüh-ren.

---

79 Ebda., S. 23.
80 Ebda.
81 Ebda.: „Anoté mentalmente ese adjetivo que no había oído nunca (,polilógica') y creí ver, poco después, cierta esperanza en mi oscuro futuro de hombre recluido en un chino poliló-gico [...].“

Teil 1: **Die historischen Avantgarden**

Wer eine Geschichte erzählen will – und auch eine Vorlesung über die literarischen Entwicklungen vom Anfang des 20. bis zum Beginn des 21. Jahrhunderts beruht selbstverständlich auf einem Narrativ und präsentiert eine Geschichte –, sollte sich gut überlegen, womit er einsetzt und welche Färbung er diesem Ausgangspunkt der Narration verleiht. Wenn wir folglich mit den historischen Avantgarden beginnen wollen, dann müssen wir zunächst einmal mehr oder minder präzise bestimmen, mit welchen Phänomenen, Aspekten und Praktiken wir es zu tun haben und von welchem Punkt aus wir unsere Geschichte erzählen und in die Zukunft entwickeln können. Lassen Sie uns also in einem ersten Schritt einkreisen, was wir im Folgenden unter dem Begriff „Avantgarde" oder besser „Avantgarden" verstehen wollen![1]

In diesem Teil unserer Vorlesung geht es um den Begriff der sogenannten „historischen Avantgarden", die es abzusetzen gilt von den späteren Avantgarden oder „Neoavantgarden", von denen das zurückliegende 20. Jahrhundert in seiner zweiten Hälfte in den verschiedensten Bereichen – und keineswegs nur dem der Literatur – ein ums andere Mal überrollt und wesentlich mitgeprägt wurde. Mit anderen Worten: Es geht im ersten Teil dieser Vorlesung also nicht um die künstlerischen, literarischen oder theoretischen Avantgarden, die sich nach Ende des Zweiten Weltkriegs in den verschiedensten Staaten und Nationen entwickelt haben und die zeitweise den historischen Augenblick der Kunst und Literatur ganz wesentlich gekennzeichnet haben. Wir hatten in unserer Einführung diese neueren Avantgarden in Gestalt des spanischen Schriftstellers Enrique Vila-Matas und seiner experimentellen Schriften bereits ein erstes Mal gestreift.

Es geht zunächst vielmehr um all jene Avantgarden, die – und damit ist bereits eine zeitliche Eingrenzung vollzogen – das Ende des Zweiten Weltkriegs nicht mehr überlebt haben. Symbolhaft trifft dies gerade für den Begründer der ersten historischen Avantgarde zu, verstarb der im Dezember 1876 im ägyptischen Alexandria geborene Filippo Tommaso Marinetti doch als Gründer des italienischen Futurismus noch im Dezember 1944. Damit haben wir nicht nur eine zeitliche Grenze – die vom Ende des Zweiten Weltkrieges beziehungsweise von 1945 – gezogen, sondern zugleich auch das Phänomen der historischen Avantgarde mit dem Phänomen des Krieges in Verbindung gebracht. Darauf werde ich im Verlauf unserer heutigen Vorlesung noch zurückkommen. Doch bleiben wir noch einen Augenblick bei der Frage der zeitlichen Abgrenzung!

Zumindest auf den ersten Blick sind die historischen Avantgarden auch vom Zeitpunkt ihrer Entstehung her recht leicht eingrenzbar. Sie besitzen nämlich das,

---

1 Vgl. Van den Berg, Hubert / Fähnders, Walter (Hg.): *Metzler Lexikon Avantgarde*. Stuttgart – Weimar: Metzler 2009.

was man ohne Übertreibung bislang in der einschlägigen Forschung als eine Art Geburtsurkunde bezeichnet hat. Sie verfügen also über etwas, das wir als eine Art Eröffnungszeichen werten können, das ihre Geburt und ihr Dasein bezeugt, ins Bewusstsein hebt oder – wie wir auch sagen könnten – *manifest* werden lässt. Dabei handelt es sich in der Tat um ein Manifest, um die erste Manifestation des Avantgardismus in der Spielart des italienischen Futurismus.[2]

Der italienische Schriftsteller Filippo Tommaso Marinetti ließ nämlich am 20. Februar des Jahres 1909 im Pariser *Figaro* das erste, spektakuläre Manifest des Futurismus erscheinen.[3] Und dieser bei den Zeitgenossen Aufsehen erregende Akt erscheint nicht allein als Gründungsakte, sondern verweist zugleich auch auf eine wichtige Tatsache, der sich einige der Grundkonzeptionen dieser Vorlesung verdanken: dass die historischen Avantgarden von Beginn an eine alle nationalen Grenzziehungen überschreitende Veranstaltung darstellen, dass es also nicht oder kaum möglich ist, sie aus der Perspektive einer Nationalliteratur adäquat zu erfassen. Wir werden sehen, dass die historischen Avantgarden nicht allein ein transnationales, sondern weit mehr noch ein transareales Phänomen sind.

Es handelt sich um künstlerische Entwicklungen und Propositionen, die ganz bewusst auf einen hohen Grad an Internationalität und vielleicht mehr noch an Internationalisierung setzen, der in der Tat zum Grundbestand avantgardistischen Tuns gehört. Noch auf einer im Juli 1999 veranstalteten Avantgarde-Tagung in Osnabrück, organisiert von Walter Fähnders und Wolfgang Asholt, wurde ganz zurecht die Tatsache beklagt, dass der internationale Charakter der Avantgarden allzu lange aus dem Blickfeld geraten sei; dass man sich also allzu sehr um die einzelnen nationalliterarischen Entwicklungen bemüht und dabei übersehen habe, wie schon von der Programmatik her die avantgardistischen Bewegungen auf einem bewussten Zusammenspiel über die Grenzen Europas und selbstverständlich der außereuropäischen Welt hinweg sich in Bewegung setzten und funktionierten. Gewiss hat sich in den beiden Jahrzehnten seit dieser Feststellung einiges in der internationalen Forschung getan, doch scheinen mir noch immer nicht mit aller notwendigen Radikalität die Folgerungen aus dieser jahrzehntelangen Fehleinschätzung gezogen zu sein. Mit dieser Vorlesung möchte ich auf diesem Gebiet ein wenig gegensteuern.

---

2 Vgl. auch Calle-Gruber, Mireille: Voyages à l'inconnu: une avant-garde sans manifeste? Maurice Blanchot, Roger Laporte et l'écriture au secret. In: Klein, Wolfgang / Fähnders, Walter / Grewe, Andrea (Hg.): *Dazwischen. Reisen – Metropolen – Avantgarden. Festschrift für Wolfgang Asholt.* Bielefeld: Aisthesis Verlag 2009, S. 465–477.
3 Zur zentralen Rolle von Paris im Kontext der historischen Avantgarden vgl. Bung, Stephanie / Zepp, Susanne (Hg.): *Migration und Avantgarde. Paris 1917–1962.* Berlin – Boston: Walter de Gruyter 2020.

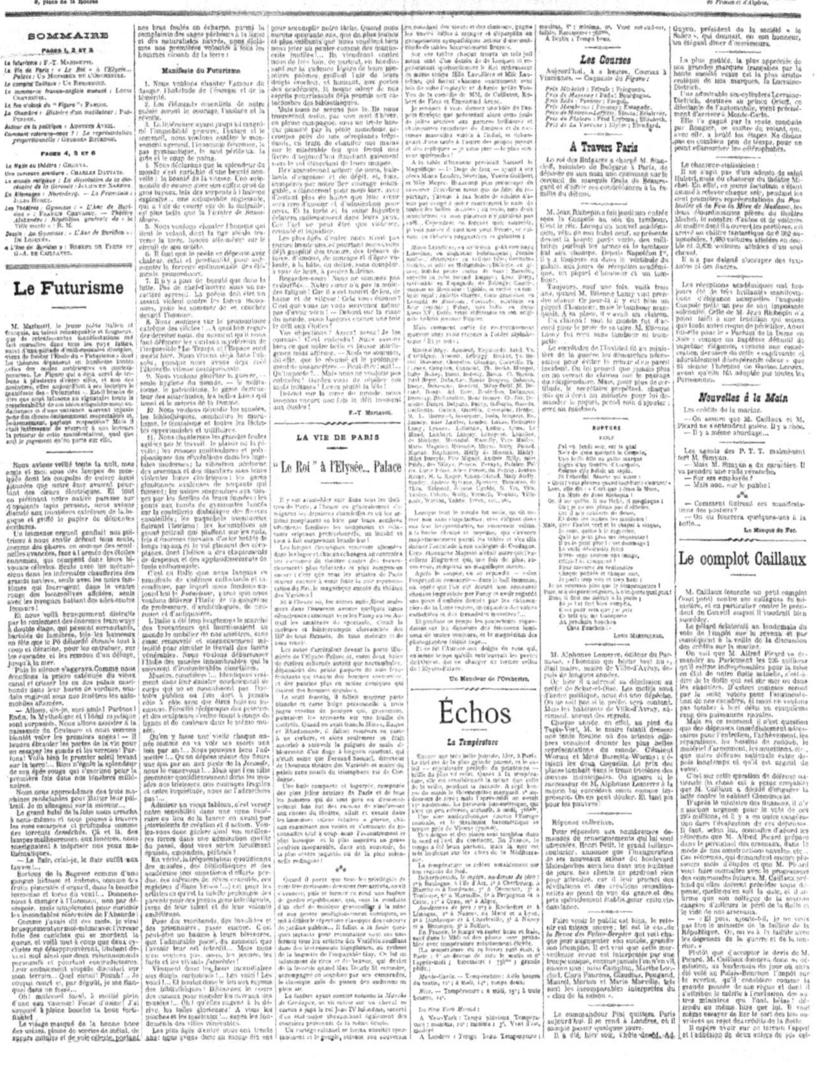

55e Année — 3e Série — N° 51 · Le Numéro avec le Supplément = SEINE & SEINE-ET-OISE : 15 centimes = DÉPARTEMENTS : 20 centimes · Samedi 20 Février 1909

Gaston CALMETTE
Directeur-Gérant

RÉDACTION – ADMINISTRATION
26, rue Drouot, Paris (9e Arr)

LE FIGARO

H. DE VILLEMESSANT
Fondateur

RÉDACTION – ADMINISTRATION
26, rue Drouot, Paris (9e Arr)

SOMMAIRE

Le Futurisme

Manifeste du Futurisme

LA VIE DE PARIS

« Le Roi » à l'Elysée... Palace

Échos

Les Courses

A Travers Paris

Nouvelles à la Main

Le complot Caillaux

Abb. 8: Marinettis Manifest des Futurismus, *Le Figaro*, 1909.

Zugleich hat die Aufteilung in verschiedene Disziplinen diese historischen Bewegungen gleichsam nachträglich diszipliniert und damit in den Hintergrund treten lassen, dass eine komparatistische, eine vergleichende Zusammenschau gerade im Bereich der Avantgarden ein erster Schritt ist hin zu einer Entfaltung der historischen Avantgarden auf dem reichen Feld der TransArea Studies. Die Einführung neuer komparatistischer Studiengänge an der Universität Potsdam scheint mir aus diesem Blickwinkel folglich eine positive Voraussetzung auf der Ebene curricularer Entwicklung transarealer Fragestellungen zu sein.

Es ist aus unserem Blickwinkel wahrlich symptomatisch, dass Marinettis Gründungsmanifest des italienischen Futurismus in französischer Sprache und im Pariser *Figaro* – und nicht etwa in Italien und auf Italienisch – zuerst erschien. Es machte somit programmatisch auf einen internationalen und internationalisierten Kulturhorizont aufmerksam, der freilich an der zentrierenden Existenz von Paris orientiert war, eben jener Stadt, die – nach dem berühmten Diktum von Walter Benjamin – die Hauptstadt des 19. Jahrhunderts[4] gewesen war. Wir halten also deutlich fest: Die historischen Avantgarden sind von Beginn an ein internationales Phänomen, das wir nationalliterarisch ganz bestimmt nicht in den Griff bekommen können!

Eine vergleichende und mehr noch transareale Betrachtungsweise ermöglicht uns aber gerade, die jeweiligen nationalen Eigenheiten – etwa auch den ‚deutschen Sonderweg' – gerade vor dem Hintergrund anderer internationaler Entwicklungen herauszuarbeiten. Von besonderer Bedeutung erscheint mir in diesem Zusammenhang aber auch, gerade jene Literaturen miteinzubeziehen, die – zumindest angesichts dominanter Theoriebildungen und nicht zuletzt auch Peter Bürgers *Theorie der Avantgarde* – als marginal und letztlich bedeutungslos erschienen. Auf Bürgers Positionen werde ich in Kürze zurückkommen.

Dabei waren und sind es weite Bereiche der Literaturen der Welt, deren Bedeutung geringgeschätzt oder die ganz aus der Betrachtung avantgardistischer Theoriebildung ausgeschlossen wurden. Ich spreche von den spanischen Avantgarden und vielleicht mehr noch von den Avantgarden in Lateinamerika, und zwar ebenso im frankophonen wie im lusophonen oder hispanophonen Raum der Literaturen der Welt. Denn es ist aufschlussreich, dass Marinettis erstes Manifest des Futurismus bereits wenige Wochen nach seinem Erscheinen durch die Vermittlung von Rubén Darío in Buenos Aires von *La Nación* abgedruckt wurde; eine Tatsache, die ganz nebenbei darauf verweist, wie kurz im Umfeld der letzten Jahrhundertwende bereits die Informationswege geworden und wie stark vernetzt

---

4 Vgl. Benjamin, Walter: Paris, die Hauptstadt des XIX. Jahrhunderts. In (ders.): *Das Passagen-Werk*. Bd. 1. Frankfurt am Main: Suhrkamp 1983, S. 45–59.

die Entwicklungen nun auch transkontinental geworden waren. Die dritte Phase beschleunigter Globalisierung hatte ein globales Beziehungsnetz entstehen lassen, das in einem vergleichbaren Ausmaße erst wieder nach den Weltkriegen in den sechziger Jahren entstanden war. Die Avantgarden waren folglich auch schon in historischer Zeit ein hochgradig internationalisiertes und nicht mehr nur europäisches Phänomen; und so scheint es mir notwendig und unumgänglich zu sein, sie auch in unserer Vorlesung aus dieser vielschichtigen und weltumspannenden Perspektive heraus zu betrachten.

Bevor wir uns nun mit diesem ersten Manifest der historischen Avantgarden beschäftigen, sollten wir festhalten, dass wir damit in beide Richtungen die zeitlichen Begrenzungen des Phänomens der Avantgarden in Hinblick auf unsere Vorlesung schon einmal abgesteckt haben: Unter den historischen Avantgarden wollen wir Entwicklungen und kulturelle Ausdrucksformen verstehen, die sich zeitlich zwischen Februar 1909 und dem Jahr 1945, also dem Ende des Zweiten Weltkriegs, ansiedeln. Dies heißt freilich nicht, dass wir retrospektive wie prospektive Seitenblicke ausblenden würden.

Nun ist dies für die historischen Avantgarden ein recht langer Zeitraum, der ein gut Teil der ersten Jahrhunderthälfte umfasst, zugleich aber auch zerrissen wird durch zumindest jene beiden großen Kriege, die dem vergangenen Jahrhundert nicht nur in Europa seinen grausamen Grundzug gaben. Die beiden Weltkriege von 1914 bis 1918 und von 1939 bis 1945 verwandelten im Grunde die Zeit vor 1914 nachträglich (aber wir werden sehen: nicht nur nachträglich, sondern auch in Bezug auf programmatische künstlerische und gesellschaftspolitische Akzente) in eine Vorkriegszeit, die Zeit zwischen den beiden Kriegen post factum in eine Zwischenkriegszeit und schließlich die Zeit nach 1945 in eine Nachkriegszeit. Letztere ging – zumindest auf rein politischer Ebene – erst mit der Überwindung der deutschen Teilung zu Ende. Mit diesen Sätzen soll jedoch nicht gesagt werden, dass damit die Folgen dieser beiden Kriege überwunden wären: Gerade die Zeit des Nationalsozialismus wird mit ihrer unmenschlichen Banalität des Bösen noch lange Politik und Gesellschaft in Deutschland beschäftigen. Und ich sage dies ganz bewusst in Zeiten von rechtem Terror und brandstiftenden Parteien, die in ganz Deutschland, aber in besonderem Maße in den sogenannten ,neuen' Bundesländern ihr gefährliches Unwesen treiben!

In der Tat könnte im Rückblick das 20. Jahrhundert als das Jahrhundert der großen, der gewaltigen und alles mit sich reißenden Kriege bezeichnet werden. Es wurde auch als „Jahrhundert der Migrationen" bezeichnet, doch fürchte ich, dass unser 21. Jahrhundert alle Dimensionen massiver Migration vergangener Zeiten sprengen wird. Auch hierzu sollen im weiteren Verlauf der Vorlesung noch Überlegungen angestellt werden, gerade mit Blick auf die Kriege und deren unglücklicherweise konstatierbare ästhetische Faszinationskraft. Bitte lassen Sie mich an dieser Stelle nur einfügen, dass die Beschränkung auf den Zeitraum zwischen 1909 und 1945 nicht bedeutet, dass wir uns nicht etwa mit bestimmten Vorläufern der Avantgarde beschäftigen würden! In der Tat sollen gerade zu Beginn unserer Vorlesung einige Vertreter der Literatur ins Rampenlicht gerückt werden, welche auf sehr produktive Weise wesentliche Elemente der historischen Avantgarden vorformuliert und ihre Inszenierungsformen gleichsam ‚ausgeheckt' haben. Darauf komme ich sogleich zurück.

Ich möchte zunächst aber betonen, dass die historischen Avantgarden mit dem Krieg und allen damit verwobenen Aspekten in vielfältiger Weise verbunden sind. Die Avantgarden sind nicht nur in künstlerischer, literarischer, gesellschafts-politischer, phänomenologischer, gattungsspezifischer und vielerlei anderer Weise ein Bruch – und vielleicht mehr noch: die Inszenierung eines Bruches. Sie sind vor allem auch mit jenem großen Schnitt auf besondere Weise verbunden, der auf einem Abbruch vorher bestehender diplomatischer Beziehungen beruht: mit der Erklärung des Krieges. Diese Beziehung ist keineswegs kontingent oder erst nachträglich hergestellt, sozusagen aus einem Rückblick auf die Kriege erdacht, sondern stellt sich bereits prospektiv und programmatisch her seit den ersten Manifesten gerade auch des italienischen Futurismus, mit denen wir uns in den nächsten Sitzungen eingehend beschäftigen werden.

Der Begriff der Avantgarde selbst verweist ja schon per se auf die militärische Bedeutungsebene oder Isotopie, stellt also das eigene Tun und die eigene Existenz als ‚Vorhut' im Sinne einer militärischen Aktivität des Vorrückens dar. Die Vorhut eines Heeres versteht sich in einem militärischen Sinne als eine Avantgarde, die sich militärstrategisch auf Feindesgebiet wagt, das Terrain sondiert und für die endgültige Okkupation des Feindeslandes durch das eigentliche Gros der eigenen Armee vorbereiten soll.

Bevor wir uns freilich dieser Terminologie, ihren künstlerischen, literari-schen und gesellschaftlichen Implikationen widmen, kann ich der Versuchung nicht widerstehen, an dieser Stelle ein Zitat einzufügen, das unseren Blick auf die Verlockungen des Krieges und die Diskurse, welche diesen verherrlichen, schärften soll: Es ist ein Zitat zum Krieg. Nun, man könnte sagen, dass es zwei künstlerische Königswege in den Ersten Weltkrieg gibt, und dass beide von großen italienischen Künstlern zuerst und am nachhaltigsten begangen wurden. Auf eigentümliche Weise hat Italien die Entwicklungen in Europa vorweggenom-men.

Da ist zum einen jener Lyriker, Romancier und Theatermann, aber auch Politiker, Flieger und präfaschistische Denker und Vitalist Gabriele d'Annunzio, der in keiner Vorlesung über das Fin de siècle fehlen darf. Er wird zu einer der großen Symbolgestalten des italienischen Nationalismus und sicherlich auch – wenn auch nicht darunter subsumierbar – des italienischen Faschismus; er wird zum berühmten Kriegsflieger, zum Helden jener Flugblattaktion, die ihn als Führer einer Flugzeugstaffel über das feindliche Wien führt, zum Anführer der italienischen Besetzung Fiumes oder Rijekas, zum heldenhaften Draufgänger, der letztlich dann zwar in guten Beziehungen zu Mussolini leben wird, von diesem aber doch letztlich politisch kaltgestellt wurde. Das ästhetische und vor allem politische Erbe von Gabriele d'Annunzio ist in Italien noch immer präsent.

Abb. 9: Gabriele D'Annunzio (Pescara, Italien, 1863 – Gardone Riviera, Italien, 1938).

Auf der anderen Seite stoßen wir unweigerlich auf jenen bereits erwähnten Filippo Tommaso Marinetti, der zum Erzfeind und Erzrivalen von Gabriele d'Annunzio wurde. Er war zweifellos nicht weniger kriegstreiberisch als jener, plädierte euphorisch wie jener für den Eintritt Italiens in den Ersten Weltkrieg und warb unermüdlich für die Schönheit des Krieges. Auch dieser Marinetti wird, wenn auch aus gänzlich anderen künstlerischen Gründen, den Weg des italienischen Faschismus bereiten, wird sich am „Duce" Mussolini orientieren, der ihn benutzte und ebenso abservierte.

   Da haben wir also auf der einen Seite den Vitalisten und Romancier einer überreizten Sinnlichkeit Gabriele d'Annunzio, der im Krieg die gerechte Sache erblickt und zugleich die Sache der starken Männlichkeit, welche gleichsam die erotische Seite des Krieges aufblitzen lässt. Sie ist verbunden mit der Zufriedenheit, einer guten und großen Sache und einem gerechten Krieg zu dienen und mit Hilfe der eigenen männlichen Kraft der Dekadenz des Jahrhundertendes zu entgehen, um auf neue Eroberungen und koloniale Ergänzungsräume hinzusteuern. Und dann haben wir auf der anderen Seite jenen Marinetti, der im Krieg nun die einzig mögliche Hygiene erkennt, welche dieser aus ihren Fugen geratenen Welt noch zur Verfügung steht. Im Krieg erblickt Marinetti die große Chance nicht nur für die Größe Italiens, sondern auch für die Durchführung eines einzigen gewaltigen Spektakels, einer Art künstlerischen Simultanspektakels, in welchem die Menschheit die Brücken zum Alten und zur Vergangenheit, zum „passatismo" auch eines D'Annunzio, abbricht und entschlossen die Tore zur Zukunft, zum Künftigen und Futuristischen, weit öffnet.

Beide geraten sie in den Bannkreis von Mussolini, der ihre Visionen in der Tat in vielfältiger Weise insbesondere ästhetisch zu nutzen versteht und beiden doch als Machtpolitiker weit überlegen ist und folglich ihre Ambitionen Schritt für Schritt zurückzudrängen weiß. So unterschiedlich auch die beiden italienischen Künstler voneinander sein mochten und so gegensätzlich die von ihnen vertretenen ästhetisch-literarischen Traditionsstränge: Sie stimmten doch überein in einer gleichsam kulturellen Bewertung des Krieges, in der Betonung gerade nicht der mörderischen Dimension aller Kriegshandlungen, sondern in deren Funktion einer Bestätigung der kulturellen Größe und Tragweite überlegener menschlicher Kollektive auf dem Weg ins 20. Jahrhundert. Damit freilich standen sie keineswegs allein ...

Ich möchte Ihnen daher an dieser Stelle das Zitat eines Ihnen vielleicht aus anderen Kontexten bekannten Kulturphilosophen und Schriftstellers vorstellen, denn es steckt aus freilich anderer nationalkultureller Perspektive einen kulturellen Erwartungshorizont gegenüber dem Krieg ab. Dieses Zitat vermag wohl zu verdeutlichen, dass die Zeitgenossen unter Krieg nicht das verstanden, was wir nach dem Ende der großen Kriege der ersten Jahrhunderthälfte und den noch weiter technisierten sowie zivilisierten, und gerade darum nicht weniger barbarischen Formen der Kriegsführung der zweiten Jahrhunderthälfte sowie den tödlichen Bildschirmspielen eines hochtechnisierten Drohnenkrieges heute unter Krieg verstehen. Hören wir also eine weitere Stimme zum Krieg, diesmal aber aus pangermani(sti)scher Sicht!

Wir beschäftigen uns also kurz mit Egon Friedell, der 1878 in Wien geboren wurde und dort 1938 durch Selbstmord nach dem Einmarsch der nationalsozialistischen deutschen Truppen starb. Er war nach dem Studium der Philosophie Kabarettleiter, Theaterkritiker sowie Schauspieler geworden und verfasste zunächst Schwänke und Parodien sowie zahlreiche Essays. Sie kennen ihn vielleicht als seriösen Verfasser einer gewichtigen *Kulturgeschichte der Neuzeit: Die Krisis der europäischen Seele von der schwarzen Pest bis zum Weltkrieg*, welche in drei Bänden zwischen 1927 und 1931 erschien, sowie einer *Kulturgeschichte des Altertums*, die vielbändig zwischen 1936 und 1949 veröffentlicht wurde. Doch Egon Friedell hatte auch anderes publiziert, wie wir gleich sehen werden.

Abb. 10: Egon Friedell (Wien, 1878 – ebda., 1938).

Wenden wir uns einem Bändchen zu, das den arglosen Titel *Von Dante zu d'Annunzio* trug und im Jahre 1915 in Wien und Leipzig erschien! Gleich im ersten Abschnitt unter dem Titel „Westbarbaren" stoßen wir auf folgende denkwürdige Sätze, die uns innerlich gewiss erschauern lassen. Vielleicht interessieren uns diese Aussagen eines österreichischen Kulturphilosophen zum Krieg in der aktuellen weltpolitischen Situation ganz besonders:

> Kriege sind immer geführt worden; und aus allen möglichen und unmöglichen Gründen: um Worte, um Flaggenfelder, um Pfeffer, um Frauen; bisweilen nur, um überhaupt Krieg zu führen. Aber die großen Kriege, die, in denen bedeutsame und geheimnisvolle Kräfte der Vergangenheit und Zukunft sich ausgewirkt haben, sind immer nur aus einem einzigen Grunde geführt worden: sie waren allemal Kulturkämpfe. Kein Krieg jedoch ist jemals so bewußt und deutlich um Kultur geführt worden und nur um Kultur wie dieser jetzige, in dem alle moralischen intellektuellen und physischen Kräfte, die der Mensch besitzt, gesammelt ins Treffen geworfen werden: Millionen Herzen, Millionen Hirne, Millionen Menschengedanken, körperlich geworden in Luft und Feuer, Gold und Erde, Eisen und Licht; und all das einzig und allein, um festzustellen, ob der helle deutsche Gedanke auch fernerhin in Europa siegreich bleiben soll oder nicht.
> Der Zweibund kämpft vorläufig gegen sieben Staaten und Völker. Es ist jedoch ziemlich klar, dass einige von diesen kulturell überhaupt nicht in Betracht kommen. Japan ist eine Mottenplage. Menagerievölker wie die Serben und Montenegriner sind vollends indiskutabel. Was jedoch den Rest angeht, so hat sich schon in den ersten Wochen des Krieges das in gewisser Beziehung überraschende Resultat ergeben, dass die Barbarei sozusagen von

Osten nach Westen gerutscht ist. Während die Engländer sich als fähig erwiesen, jede Art von Unritterlichkeit, Brutalität und Unehrlichkeit, alle niedrigen und kleinen Kniffe eines unsauberen Geschäftsmannes zur Anwendung zu bringen, während die Franzosen und Belgier eine geradezu bestialische Kriegsführung annahmen, die derjenigen des Balkans in nichts nachsteht, wurden derartige Dinge von den Russen weit seltener gemeldet, und wir haben Grund, anzunehmen, dass es sich auch in den berichteten Fällen um Kosaken und wilde Stämme handelt, die im eigenen Lande nicht wesentlich anders verfahren und bei denen das Brennen und Plündern gewissermaßen noch eine allgemein übliche Verkehrs-form ist [...]

Russland ist ein formloses, schwerfälliges, viel zu großes Untier. Ein gefährlicher, bisweilen aber auch rührender Koloss, der an unheilbarer Fettsucht und Gefräßigkeit leidet, in dessen Augen aber doch bisweilen eine Ahnung aufblitzt von der Rätselhaftigkeit alles Geschaffe-nen und der Güte dessen, der alles geschaffen hat. [...]

Hingegen Frankreich kann nicht mehr gerettet werden. Ein Volk, das niemals, nicht eine Stunde lang, ernst war, das niemals, nicht eine Stunde lang, bescheiden war, ein Volk, das niemals an etwas Höheres geglaubt hat als an Geschlechtsliebe, Lebensgenuss, leere Kunst-spielerei und eine billige aufdrapierte Theatergloire, das nicht eine Stunde lang versucht hat, sich selbst ins Antlitz zu blicken, ein Volk, das unfähig ist, weise zu werden, unfähig, gerecht zu sein, unfähig, zu bereuen, das noch auf jede seiner Sünden den Trotz oder das Leugnen gehäuft hat, ein Volk, das an der ärgsten Nationalkrankheit leidet, die es gibt: nämlich an einer geradezu endemischen Verlogenheit, ein solches Volk ist unrettbar verloren.[5]

Ich habe Ihnen diesen schönen Auszug, der bei einem so weltgewandten und belesenen Kulturforscher wie Egon Friedell etwas überrascht und mir in seinem zweifelsohne chauvinistischen Duktus bei der Vorbereitung einer Vorlesung über das Fin de siècle eher zufällig in die Hand fiel – der Titel des Buches *Von Dante zu d'Annunzio* hatte mich verleitet –, deswegen vorgeführt, weil in ihm noch vieles jener germanischen und zugleich finisekulären Spiritualität atmet, die sicherlich nicht ganz in den Wirren des Ersten Weltkrieges verloren ging. Er macht uns aber deutlich, dass die Untergangsstimmung nicht notwendig überall und für alle Völker gelten musste, dass gerade aber im germanischen Bereich die Ansicht ver-breitet war, dass es mit den Romanen – und allen voran den Franzosen – nicht mehr lange so dekadent weitergehen könne. In seiner Kriegseuphorie, die Friedell mit vielen seiner Zeitgenossen teilte, sah er aus pangermanischer Perspektive bereits ein Zeitalter heraufdämmern, das ganz im Zeichen des hellen germa-nischen Geistes stehen würde.

Es sei nicht vergessen, dass Egon Friedell, der als Sohn eines jüdischen Seidentuchfabrikanten namens Friedmann auf die Welt gekommen war und seinen Namen wie auch seine Religionszugehörigkeit hatte ändern lassen, sich als Kriegsfreiwilliger gemeldet hatte, aufgrund seiner körperlichen Untüchtigkeit

---

5 Friedell, Egon: *Von Dante zu d'Annunzio*. Wien – Leipzig: L. Rosner & Carl Wilhelm 1915, S. 11 f.

für den Waffendienst aber abgewiesen worden war. Nach seiner Promotion im Bereich Philosophie hatte er als Schauspieler, Kabarettist und Essayist sehr enge Beziehungen zu den literarischen Zirkeln Wiens, in denen er sich wie ein Fisch im Wasser bewegte. Wir haben es also mit einem Mann zu tun, der geistig wie künstlerisch sehr wohl auf der Höhe seiner Zeit war und als promovierter Philosoph wie als erprobter Schriftsteller zu den führenden Intellektuellen seines Landes zählte.

Mir scheint dieses Zitat deswegen so bedeutsam, weil im Verständnis jenes Krieges, den man erst später den Ersten Weltkrieg nennen sollte, noch so viel von jener Kulturbesessenheit mitschwingt, welche die Diskussionen der Jahrhundertwende so obsessiv charakterisiert hatte. Es war die Zeit der Auseinandersetzungen zwischen Pangermanismus, Panlatinismus und Panslawismus, für die jeweils eine bestimmte Nation – also Russland, Frankreich oder Deutschland – die Vormachtstellung einnahm. Wir haben es hierbei mit der Deutung einer Kulturgeschichte der Menschheit – die Egon Friedell später durchaus noch schreiben sollte – gleichsam aus Sicht eines Kampfs der Kulturen zu tun, ganz im sozialdarwinistischen Sinne.

Dass bei dieser Auseinandersetzung zwischen jeweils zugespitzten Kulturkonzeptionen – wie beim Kampf im Urwald – eben auch Späne fallen, wo gehobelt wird, trug nicht unwesentlich dazu bei, eine Endzeitstimmung zu schaffen, aus der man sich nach der Jahrhundertwende wieder zu befreien suchte. Schauen wir uns den auf Mai 1915 datierten Schlussteil des Bandes noch einmal an, um uns vor Augen zu führen, wie sehr sozialdarwinistische Vorstellungen mit Überlegenheitsgefühlen pangermanischen Zuschnitts hier eine Einheit eingehen, der dann auf italienischer (und anderer) Seite durchaus Ebenbürtiges entgegengestellt wurde:

> Italien, das seit einem Jahrtausend vom Verrat gelebt hat – so gut man eben von einer Lüge leben kann –, das immer und überall Verrat geübt hat, Verrat an allen Menschen und Völkern, an Deutschen und Franzosen, an Päpsten und Kaisern, an Gott und Teufel, Verrat um des Verrats willen, Verrat aus Verräterei, Verrat aus Irrsinn –: Italien ist dazu verdammt, keine Seele zu haben. Der „Geist" Italiens ist heute verkörpert in einem verkommenen Friseurgehilfen, für den das deutsche Wort „Laffe" beinahe wie eigens erfunden scheint, und der nun, durch entsprechende Trinkgelder angefeuert, fingerfertig mit seinen ranzigen Pommadentöpfen hantiert.
> Italien hat sein Schicksal erfüllt. Es hat seinen historischen Weg vollendet: den unendlich weiten Weg von Dante zu d'Annunzio.[6]

Mir schien es wichtig, Sie an derlei Passagen heranzuführen, damit Sie nicht etwa auf den – bisweilen auch in der Sekundärliteratur zu findenden – Gedanken verfallen, die italienischen Futuristen seien die eigentlichen Kriegstreiber gewesen.

---

6 Friedell, Egon: *Von Dante zu d'Annunzio*, S. 60.

Der Kriegstreiber und Kriegsbejubler gab es viele: Ihre Gründe waren sehr verschieden. Aber die kulturellen und geistigen Rechtfertigungen des Krieges waren in der Tat auf beiden Seiten dominant und nicht etwa – wie in unserer Zeit – die Rechtfertigung des Kriegs durch den Verweis auf die Rettung von Menschenleben, die Eindämmung des Machtstrebens kriegslüsterner Diktatoren und Tyrannen, die Einführung und Befestigung einer Demokratie und was der vielen Kriegsgründe noch mehr sind. Gibt es wirklich gute Gründe für einen Krieg? Ich überlasse die Antwort Ihnen! Meine Generation hat keinen Krieg hautnah erlebt. Für Ihre Generation gibt es gute Gründe, an einem derartigen historischen Glück zu zweifeln.

Im Vorfeld des Ersten Weltkrieges werden jedenfalls Begründungen für den Krieg geliefert, die sozialdarwinistisch auf den ungeheuer und hemmungslos entfesselten Nationalismus zurückgreifen und letztlich auf die Durchsetzung eines eigenen Kulturbegriffes hinweisen, wobei dieser freilich nationalistisch und mehr noch panslavisch, pangermanisch oder panlatinisch ausformuliert und essentialisiert wurde. Da bedeutet – wie wir noch sehen werden – die Kriegstheorie und Kriegsmetaphorik Marinettis durchaus einen neuen, freilich fürchterlich wegweisenden Schritt hin auf eine originelle, totalere und totalitärere Dimension des Kriegs, mit der wir uns noch in Hinblick auf ihre künstlerischen und ästhetischen Konsequenzen auseinandersetzen werden. Halten wir also zunächst einmal fest, dass einerseits die historische Avantgarde in ihren Anfängen mit dem Krieg aufs Engste verbunden ist, keineswegs aber als einzige Bewegung Kriegstreiberei begeht!

Der Begriff der Avantgarde selbst ist also in vielfältigster Weise metaphorisch vorbelastet und an das Militärische und Kriegerische, mithin an gewalttätige Konfliktlösung rückgebunden. Übrigens ist die Idee und Begrifflichkeit der Avantgarde durchaus nicht immer mit Kunst verflochten. So gibt es durchaus schon sehr früh auch die Metaphorik der Avantgarde im rein politischen Bereich. Bereits im *Kommunistischen Manifest* von 1848 war die Idee der Avantgarde – ohne das Wort zu gebrauchen – implizit insoweit klar, als es für die Kommunisten nur eine einzige Vorhut und Avantgarde geben konnte, nämlich die Kommunisten selbst, die die Marschrichtung des Proletariats vorgeben mussten. Kein Zufall war es dabei, dass man sich früh schon der Form des politischen Manifests bediente.

Manfred Hardt betonte in seiner Darstellung einer Geschichte der Avantgarde, dass es etwa seit 1880 unter Kommunisten üblich geworden sei, den Begriff nur noch in diesem konkreten politischen Sinne zu gebrauchen.[7] 1902 wurde er dann

---

7 Vgl. Hardt, Manfred: Zu Begriff, Geschichte und Theorie der literarischen Avantgarde (1983). In (ders., Hg.): *Literarische Avantgarden.* Darmstadt: Wissenschaftliche Buchgesellschaft 1989,

durch Lenins „Was tun?" buchstäblich sanktioniert. Ab 1917 hieß Avantgarde nur noch Kommunistische Partei, und zwar nicht nur in Russland, sondern bei den orthodoxen Marxisten in aller Welt. Avantgarde war in diesem spezifischen Kontext also gleichbedeutend mit der politischen Führung durch eine Vorhut, die sich auf Feindesgebiet vorwagt, also den Bereich des ‚Eigenen' verlässt und den des Klassenfeindes betritt. Dort leitet sie jene Auseinandersetzungen ein, die schließlich – unter Führung der Avantgarde der Kommunistischen Partei – die endgültige Besetzung des Feindeslandes unter Beseitigung und Vernichtung des Gegners in diesem Krieg der Klassen durchzusetzen vermögen.

Klar ist auch, dass die spätere Entwicklung der sozialistischen Kunst nicht ohne diese Vorstellung von Avantgarde gedacht werden konnte, wobei dann dieser Begriff selbst freilich keine wesentliche Rolle mehr spielen durfte. Schon bei Georg Lukács ist ‚Avantgarde' mit bürgerlichem Dekadentismus eng verknüpft; und auch später sollte noch für lange Zeit selbst eine wissenschaftliche Auseinandersetzung mit dem Phänomen der Avantgarde in den sozialistischen Ländern über lange Zeit tabuisiert bleiben. Erst seit Ende der siebziger Jahre des vergangenen Jahrhunderts etwa lässt sich in der damaligen Deutschen Demokratischen Republik eine erhöhte Bereitschaft erkennen, sich eingehender mit der Avantgarde auseinanderzusetzen und auch eine diesbezügliche wissenschaftliche Forschung zuzulassen.

Man könnte folglich sagen, dass die politische Verwendung des Avantgarde-Begriffs eine Situation umschreibt, in welcher eine Avantgarde, eine kleine entschlossene Gruppe der Vorhut also, an die Macht gekommen ist und in der Tat das Feindesland unter seine Kontrolle bekommen hat.[8] Dann aber schlägt die Macht zurück und in totalitäre Machtausübung um. Mit Roland Barthes könnten wir sagen, dass dann ein *akratischer* Diskurs in einen *enkratischen* Diskurs umschlägt, also ein Diskurs aus der Position der „contestation", des Angriffs gegen die Macht selbst zum Diskurs jener Kräfte avanciert, die sich an der Macht befinden und diese Macht auch ausüben. Mit anderen Worten: Ein Diskurs des Angriffs auf die Macht verwandelt sich in einen Diskurs an der Macht, wird damit zu einem Diskurs, der aus der Position der Macht heraus machtvoll geäußert wird. Dann aber wird die Metaphorik der Avantgarde gerne vergessen, ist doch zu diesem Zeitpunkt gerade nicht mehr die militärische Auseinandersetzung, sondern die

---

S. 145–171; sowie ders.: Futurismus und Faschismus. Vorarbeiten für eine ideologiekritische Studie ihrer Wechselbeziehungen (1982). In (ders., Hg.): *Literarische Avantgarden*, S. 251–269.

8 Vgl. hierzu auch Asholt, Wolfgang: Können (sollen) Literaturen der Welt (auch) avantgardistisch sein? In: Gwozdz, Patricia / Lenz, Markus (Hg.): *Literaturen der Welt. Zugänge, Modelle, Analysen eines Konzepts im Übergang.* Heidelberg: Universitätsverlag Winter 2018, S. 53–64.

Ruhe, die befriedete soziale, politische und gesellschaftliche Ordnung, Herrschaft und Gewalt von entscheidender Bedeutung. Es wäre an dieser Stelle sicherlich möglich, einige Beispiele aus dem Bereich des politischen Avantgardismus der Kommunistischen Partei anzuführen, aus Zeitgründen wollen wir aber hierauf verzichten. Mir ging es vor allem um den Mechanismus akratisch/enkratisch.

Nicht übergehen möchte ich Äußerungen, die uns in der Tat zum Beginn der Verwendung des Avantgarde-Begriffs in Bezug auf künstlerische Entwicklungen hinführen und für die Entstehung der Kunstavantgarde und deren Verbindung zur Gesamtgesellschaft stehen. Der erste bisher bekannte Beleg für das Wort in der Bedeutung einer „künstlerischen Vorhut" findet sich laut Manfred Hardt in dem 1825 publizierten Dialog des Saint-Simonisten Olinde Rodrigues mit dem Titel *L'artiste, le savant et l'industriel*. Schauen wir uns die vielleicht bekannteste Passage dieses im Todesjahr Saint-Simons erstmals publizierten Textes an:

> Wir Künstler sind es, die Euch als Avantgarde dienten; die Macht der Kunst ist in der Tat die unmittelbarste und schnellste. Wir verfügen über Waffen jeglicher Art: Wenn wir neue Ideen unter den Menschen verbreiten wollen, dann schreiben wir sie auf Marmor oder Leinwand; wir popularisieren sie durch die Poesie und den Gesang; wir verwenden Zug um Zug die Lyra oder die Hirtenflöte, die Ode oder das Lied, die Geschichte oder den Roman; die Bühne des Dramas steht uns offen, und vor allem dort üben wir einen elektrischen und siegreichen Einfluss aus. Wir wenden uns an die Einbildungskraft und an die Gefühle des Menschen: wir müssten folglich die lebendigste und entscheidenste Handlung auslösen; und wenn heute unsere Rolle nichtig oder zumindest sehr sekundär erscheint, dann deshalb, weil den Künsten etwas fehlte, was essentiell ist für ihre Energie und ihren Erfolg, ein gemeinsamer Antrieb und eine allgemeine Idee.[9]

Abb. 11: Olinde Rodrigues (Bordeaux, 1795 – Paris, 1851).

---

9 Rodrigues, Olinde: *L'artiste, le savant et l'industriel* (1825). Dialogue. In: *Œuvres de Saint-Simon et d'Enfantin*. Réimpression photomécanique de l'édition 1865–1878, Bd. 39, Aalen: Otto Zeller 1964, S. 201–258, hier: S. 201 f.

In diesem Gespräch zwischen einem Künstler und einem Wissenschaftler wird sozusagen der Vorrang des Künstlers vor dem Wissenschaftler begründet, insoweit der erstere dem letzteren als Vorhut der Erkenntnis dienen werde – eine Vorstellung, die uns allen vielfach vertraut ist, die man freilich aber immer wieder einmal auch vonseiten der Wissenschaft her hinterfragen sollte. Oft weist die Kunst der Wissenschaft den Weg, doch bisweilen kann es auch umgekehrt sein und die Wissenschaft ist es, welche der Kunst entscheidende Impulse gibt. In dieser Passage des Saint-Simonisten Rodrigues wird der Kunst die Funktion einer Vorhut und damit Avantgarde insoweit zugewiesen, als sie als Kunst den stärksten Einfluss durch ihre Unmittelbarkeit und ihre Einwirkung auf die Einbildungskraft des Publikums auszuüben vermag.

Wir befinden uns hier durchaus in einiger Nähe zu geradezu ,klassischen' Vorstellungen, wie sie etwa Friedrich Schiller in seinen ästhetischen Schriften und insbesondere in seinen Überlegungen zum *Theater als moralische Anstalt* geäußert hat. Dabei ist die Nähe zwischen Schiller und Rodrigues nicht unmittelbar, sondern gleichsam durch den Rückbezug auf Vorstellungen Jean-Jacques Rousseaus gegeben. Die Herstellung einer (utopisch) die gesamte Gesellschaft umfassenden Öffentlichkeit, die Schaffung eines öffentlichen Raumes (wie par excellence etwa im Raum des Theaters) führt zur machtvollen Vorführung der Waffen – so die absichtsvoll verwendete Metaphorik – dieser künstlerischen Vorhut, welche gleichsam die Einbildungskraft ihrer Zuhörerschaft gefangen nimmt.

Dabei wird in diesen Überlegungen die Kunst in ihren rezeptionsästhetischen Möglichkeiten nicht von ungefähr an Metaphern der Energie, der Stärke, ja der Elektrizität angebunden, so dass eine gleichsam körperliche Überzeugung und mehr noch Überwältigung von dieser Kunst auszugehen scheint. Ihr wird die Rolle einer Beherrschung und eines leitenden Einflusses zugeschrieben und damit eine gesellschaftliche Funktion anerkannt, ohne dass sie dabei als künstlerische Avantgarde außer Funktion gesetzt würde: Sie erfüllt ihre Aufgabe ja gerade als Kunst und nicht etwa, weil sie darüber hinausginge und zur politischen Avantgarde würde! Zugleich macht diese Passage auch auf die Notwendigkeit eines gemeinsamen künstlerischen Vorgehens aufmerksam, beinhaltet also bereits die Vorstellung eines gemeinschaftlichen, kollektiven Agierens und einer Gruppenbildung, die für eine größere direkte Wirkung der künstlerischen Vorhut auf die Gesamtgesellschaft als unabdingbar erscheint. Nicht umsonst sind die historischen Avantgarden künstlerische Gruppen und Gemeinschaften, die gemeinsam agieren, wenn sie sich zumeist auch um eine anerkannte Führungspersönlichkeit versammeln. Dies ist zweifellos bereits beim italienischen Futurismus der Fall.

Die angeführten Überlegungen fügen sich in den Kontext der saint-simonistischen Vorstellungen eines utopischen Sozialismus ein und überschreiben der Kunst hier eine Schrittmacherfunktion in Hinblick auf die Verwirklichung des obersten Ziels gesellschaftlichen Fortschritts und der größtmöglichen Prosperität des angestrebten Gemeinwesens. Das Vertrauen in die gemeinschaftlichen Möglichkeiten gründet sich hierbei auf ästhetische Mittel und Verfahren, welche die Massen gleichsam elektrisieren. Auch bei Saint-Simon selbst kommt bereits den Künstlern als „hommes d'imagination" die gesellschaftliche und damit auch politische Führung zu. Denn sie sind in der Lage, den Massen ihre eigenen Visionen plastisch vor Augen zu führen und sie mit Hilfe dieser ‚Waffen' grundlegend zu beeinflussen oder – wie man auch sagen könnte – zu manipulieren.

Wie Manfred Hardt in seinen Überlegungen zum Avantgarde-Begriff betonte, schälen sich hier bereits einige Elemente einer antibürgerlichen Kunstauffassung heraus, sei doch der Künstler erstens der Seher und Visionär, der in die Zukunft schaut. Zweitens sei er der Mann der Einbildungskraft, der real bislang nicht bestehende Dinge kreativ konzipieren und in unsere Wirklichkeit umsetzen könne. Drittens sei der Künstler der große Propagator von Ideen gerade auch gegenüber den Massen, wirkt also nicht nur als Schöpfer, sondern auch als Verbreiter. Und viertens spornt der Künstler die Massen zum aktiven Kampf für den Fortschritt an, den er selbst anführt.

Man könnte mithin in der Tat von einem didaktisch-utilitaristischen Engagement für die Gesellschaft sprechen, das der Kunst und dem großen Künstler nun zukommt. Zugleich werden auch missionarische Aspekte des Saint-Simonismus augenfällig, erhält der Künstler doch eine geradezu priesterliche Stellung bei der Verwirklichung dieser Vorstellungen. Nicht umsonst steht diese Künstlerfigur in der langen Tradition einer Sakralisierung des „Auctors" und poetisch-künstlerischen Schöpfers im 19. Jahrhundert. Daran knüpfen sich in der Folge Vorstellungen an, dass die Kunst ihre technischen Möglichkeiten vervollkommnen und einen immer größeren Machteinfluss auf die Massen erhalten werde: Immer stärker lasse sich dann auch – ähnlich wie in Mathematik oder Chemie – die Wirkung der Kunst auf die Massen vorausberechnen. Ohne die Berücksichtigung derartiger Vorstellungen aus dem 19. Jahrhundert lässt sich die Entstehung der historischen Avantgarden zu Beginn des 20. Jahrhunderts nicht adäquat verstehen.

Auch der Fourierismus war einem solchen Denken überaus zugetan: In seinem Umfeld findet sich der zweite Beleg für eine Verwendung des Begriffes Avantgarde im Sinne einer künstlerischen Vorhut. Ein Schüler Fouriers, der weitgehend unbekannte Gabriel Désiré Laverdant, veröffentlichte 1845 eine Abhandlung mit dem Titel *De la mission de l'art et du rôle des artistes*. Dort lesen wir:

> Die Kunst drückt als Ausdruck der Gesellschaft in ihrem Aufschwung das Höchste und die avanciertesten gesellschaftlichen Tendenzen aus; sie ist Vorläuferin und Enthüllerin. Um nun zu wissen, ob die Kunst ihre initialisierende Rolle würdig erfüllt und ob der Künstler sich sehr wohl in der Avantgarde befindet, braucht es ein Wissen darüber, wohin die Menschheit geht und welches die Bestimmung unserer Spezies ist.[10]

Drei Jahre später schon wurde in der sich als Avantgarde verstehenden Bewegung der Revolution von 1848 eine neue Morgenröte der Kunst propagiert. Doch die Zertrümmerung der revolutionären Hoffnungen, denen sich auch ein Charles Baudelaire angeschlossen hatte, sollte nicht lange auf sich warten lassen. Freilich blieben die Träume und Vorstellungen bestehen und lebten weiter. Mit ihnen fallen der Kunst und dem Künstler wahrlich umfassende Aufgaben und Verantwortlichkeiten in der Gesellschaft zu. Kunst ist hier in keiner Weise auf sich selbst beschränkt und als abgeschlossener Bereich konstituiert, sondern jenseits aller Autonomisierungsbestrebungen gerade als Motor gesamtgesellschaftlicher Entwicklungen konzipiert. Die bewusst gewählte Metaphorik ist nicht nur die des Antriebs und der Bewegung, sondern des Vormarschs und der Zerstörung, die zur Errichtung neuer Strukturen überleite. Hierin dürfen wir getrost das utopische Reisegepäck der künstlerischen Avantgarde zu Beginn des 20. Jahrhunderts erblicken. Denn die gesellschaftsverändernde, auf die gesamte menschliche Gemeinschaft der „Humanité" zielende Utopie einer Umstürzung alles Bestehenden ist ein Erbe, das die historischen Avantgarden (und teilweise auch noch die Neo-Avantgarden) teilen.

Man könnte sehr wohl die These vertreten, dass durch eine derartige Perspektivierung bei Betonung des utopischen Charakters der (avantgardistischen) Revolution das Scheitern der späteren Avantgarden verständlich werde. Auch wenn man dies nicht als eine deterministische und in allen Teilen stringente These übernehmen sollte, ist an einer solchen Argumentation doch manches Wahre. Diesen Überlegungen ließe sich hinzufügen, dass die saint-simonistischen und fourieristischen Vorstellungen letztlich einem umfassenderen Moderne-Konzept verpflichtet waren, und dass in dieser Hinsicht die Avantgarde sehr wohl ihrerseits in ihrer Ausprägung als historische Avantgarde noch immer dem Moderne-Konzept europäischer Provenienz verpflichtet war und blieb. Die Avantgarde ist in diesem Zusammenhang ein Zeugnis der Moderne, ein Zeugnis-Ablegen und Bezeugen der Moderne; und vielleicht könnten wir auch hierin ihr Historisch-Werden und ihr Historisch-Gewordensein erkennen.

---

10 Laverdant, Gabriel Désiré: *De la mission de l'art et du rôle des artistes*, in : La Phalange (Paris) I (1845), S. 253–272, hier S. 254.

Es ist keine Frage, dass uns von den von Peter Bürger so genannten historischen Avantgarden jene literarischen und künstlerischen Erfahrungen trennen, die wir als Literaturen und Künste im Zeichen der Postmoderne bezeichnen dürfen. Insofern können wir aus heutiger Perspektive durchaus von einem Historisch-Gewordensein der Avantgarden sprechen. Zugleich sind sie uns aber noch immer, nicht zuletzt durch die Vermittlung der Neo-Avantgarden, sehr nahe in unseren künstlerisch-literarischen Erfahrungen und Praktiken. Darüber hinaus müssen wir auch in Rechnung stellen, dass diese Avantgarden über den Kunstund Literaturmarkt derart kommerzialisiert wurden, dass sie für uns gleichsam eine bisweilen altbekannte Hintergrundfolie darstellen mögen. Ich werde mich in unserer Vorlesung bemühen, nicht nur die Problematik der Moderne in Hinblick auf diese Fragestellung immer wieder zu untersuchen, sondern auch die Kontinuitäten und nicht nur die Brüche herauszuarbeiten, die sich mit dem Fin de siècle ergeben. Zum anderen hoffe ich, jene Entwicklungslinien herauspräparieren zu können, die sich mehr oder minder ungebrochen, wenn auch rekontextualisiert und resemantisiert im Umfeld des Schreibens, Malens oder Installierens im Zeichen der Postmoderne ergeben. Die Frage Moderne/Postmoderne (und was *nach* der Postmoderne kommt) wird unsere Vorlesung zweifellos begleiten!

Immerhin wissen wir nun schon, dass die Kunstavantgarde in ihren Ursprüngen bereits jene von Manfred Hardt so genannte Gleichschaltung von künstlerischem und gesellschaftlichem Fortschritt beinhaltete, welche auch die historischen Avantgarden zumindest in ihrer jeweiligen Blütezeit beflügelte. Tatsächlich haben freilich die jeweiligen Avantgarden ihren Tribut an die realen Herrschaftsverhältnisse – wie etwa im Falle Mussolinis der Futurismus – oder an die dominanten politischen Gegenbewegungen – wie etwa die französischen Surrealisten gegenüber der französischen Kommunistischen Partei – entrichten müssen. Doch scheint mir hier vor allem wichtig, nochmals die militärische Dimension der Avantgarde-Metaphorik zu betonen. Denn damit lässt sich zugleich auch ein unbedingter Gewalt- und Herrschaftsanspruch der Avantgarden in Verbindung bringen, ein Anspruch, der sich nicht nur auf der Ebene des Habitus manifestierte.

Denn die Avantgarden huldigten keineswegs einer Kunstauffassung, die etwa im engeren Sinne dem Dialog, dem Polylog oder gar dem Archiv verpflichtet gewesen wäre. Es geht ihnen nicht um die Bewahrung und mehr noch Aufhäufung möglichst vieler Traditionen, um die spielerische Einbeziehung möglichst breiter Traditionsstränge und Wissensbestände, sondern vielmehr um deren Vernichtung, Verbrennung, Beseitigung – wenn es sich hierbei auch vor allem um einen Traditionsbruch handelt, dem eine Menge an Inszeniertheit eigen ist. Wir werden dies im weiteren Verlauf der Vorlesung noch mehrfach sehen. Festgehalten sei aber bereits jetzt: Die Literaturen der historischen Avantgarden stehen insgesamt im Zeichen des Bruches, folgen wir Peter Bürgers *Theorie der Avantgarde*. Die

Literaturen im Zeichen einer postmodernen Ästhetik hingegen stehen im Zeichen einer unauflöslichen Verbindung, einer beeindruckenden Kontinuität der Textualitäten, greifen also nicht aus dem Bewusstsein eines harten Schnitts gegenüber dem Vorherigen auf diese Literaturen zurück, wie es diesen in gewisser Weise angemessen wäre, sondern stellen Kontinuitätsbeziehungen her, insofern sie die Vergleichzeitigung des Ungleichzeitigen als Grundstruktur nutzen. So sehen wir bereits an diesem kleinen Beispiel die ganze Entwicklungsbreite im ästhetischen Bereich, welche diese Literaturen im 20. Jahrhundert auszeichnet und eine literarische Entwicklung vor Augen führt, ohne die wir die literarästhetischen Wege ins 21. Jahrhundert schlicht nicht verstehen könnten.

Abb. 12: Peter Bürger (Hamburg, 1936 – Berlin, 2017).

Doch blenden wir nochmals kurz zurück! Der Herrschaftsanspruch der Avantgarden ist sozusagen von den saint-simonistischen und fourieristischen Vorläufern her auf eine Entdifferenzierung von Kunst und Leben ausgerichtet. Mit anderen Worten: Die historischen Avantgarden geben sich vermittels ihrer historischen Herkunft nicht mit der Herrschaft über den Bereich der Kunst zufrieden, sondern erheben Anspruch auf den gesamten Bereich des Lebens, dessen vorangeschrittenster Ausdruck sie zu sein vorgeben oder angeben. Das ist eine grundlegende Tendenz, die von Peter Bürger zu einem zentralen Aspekt seiner überaus einflussreichen *Theorie der Avantgarde* erhoben werden sollte.

Der Versuch, die Distanz zwischen Kunst und Leben aufzugeben und aufzuheben, ist in der Tat zu einer der Konstanten der Avantgarden erklärt worden – auch wenn wir im weiteren Verlauf unserer Vorlesung noch sehen werden, dass wir auch dieses Axiom keineswegs uneingeschränkt über die unterschiedlichen Avantgarden beider Welten herrschen lassen dürfen. Gleichwohl ist es wichtig, diese Fragestellung stets mit zu bedenken, auch wenn sie nicht für alle Avantgarden Gültigkeit beanspruchen darf. Ich möchte daher von Beginn an das Theorem des Bruchs in Bürgers *Theorie der Avantgarde* in unsere Diskussion der Avantgarden einblenden, und zwar in einer zweifach durch Peter Bürger selbst relativierten Weise.

Zum einen wird uns von Bürger schon im ersten, gleich zu besprechenden Zitat nicht nur der Bruch der Avantgarden, sondern schon der Bruch des Ästhetizismus vor Augen geführt. Die Avantgarde hebt sich somit keineswegs durch ihre Dominanz des Bruches hervor, sondern nur durch eine besondere Art des Bruches – vielleicht könnte man auch sagen: einen tieferreichenden Bruch gerade auch mit Blick auf einen Bruch mit gesellschaftlichen Normen und Konventionen. Und zum anderen lässt sich auch an Bürgers *Theorie der Avantgarde* zeigen, dass diese sich selbst vom ersten Satz an als Bruch versteht mit einer traditionellen Literaturwissenschaft, die ihm im Übrigen auch zu Zeiten seiner Habilitation das Leben schwer machte. Doch schauen wir uns diese beiden Zitate, die uns als Einführung in Bürgers Theorie, mehr aber noch als erster theoretischer Input dienen mögen, einmal näher an:

> Solange die Kunst Wirklichkeitsdeutung gibt oder residuale Bedürfnisse ideell befriedigt, solange ist sie, wenngleich von der Lebenspraxis abgehoben, noch auf diese bezogen. Erst im Ästhetizismus wird die bis dahin immer noch vorhandene Bindung an die Gesellschaft gekündigt. Der Bruch mit der Gesellschaft (es ist die des Imperialismus) macht das Zentrum der Werke des Ästhetizismus aus. Hier liegt der Grund für den von Adorno wiederholt unternommenen Versuch einer Rettung des Ästhetizismus. Die Intention der Avantgardisten läßt sich bestimmen als Versuch, die ästhetische (der Lebenspraxis opponierende) Erfahrung, die der Ästhetizismus herausgebildet hat, ins Praktische zu wenden. Das, was der zweckrationalen Ordnung der bürgerlichen Gesellschaft am meisten widerstreitet, soll zum Organisationsprinzip des Daseins gemacht werden.[11]

Damit erklärt Peter Bürger den Ästhetizismus auf den Spuren von Theodor Wiesengrund Adorno pauschal zum ästhetischen Bruch mit der zeitgenössischen Gesellschaft. An dieser Stelle ließe sich kritisch anmerken, dass etwa bei Joris-Karl Huysmans in *A rebours* oder in D'Annunzios *Il fuoco* – aber auch Marcel Proust böte genügend Beispiele dafür – keineswegs der Bruch mit der Gesellschaft insgesamt vollzogen wird, sondern ein Bruch mit ganz bestimmten gesellschaftlichen Entwicklungen, die durchaus selbstreflexiv einer Kritik unterzogen werden. Denn Huysmans Interieurs sind gesellschaftlich aufgeladen und mimetisch semantisiert, so dass sie selbst wiederum als Inszenierungen lesbar werden, eben als Inszenierungen, die sich wiederum mit jenen der Avantgardisten in Verbindung bringen ließen.

Doch es gibt noch eine zweite Dimension des Bruches, die wir kritisch kommentieren sollten. Denn dieser Bruch ist gerade bei den hier dem Ästhetizismus zugerechneten Autoren in keiner Weise auf die andere Dimension der Mimesis, also die Darstellung vorgängiger Kunst und früherer Werke, bezogen. Vielmehr wird diese vorgängige Kunst und Literatur, werden diese früheren Kunst- und

---

11 Bürger, Peter: *Theorie der Avantgarde*, S. 43 f.

Literaturformen in Werken des Ästhetizismus – denken wir etwa an *A rebours* – geradezu aufgestaut, in ihren Traditionen vergleichzeitigt und in eine Kontinuität mit aktuellen Formen von Literatur und Kunst gebracht. Gewiss kommt es zu signifikanten Veränderungen bezüglich des Kanons und gewiss ist auch und gerade eine „Umwertung aller Werte" mit im Spiel; aber die Tradition wird in die eigene Kunst- und Literaturpraxis eingewoben und ästhetisch zelebriert.

Das theatralische Element und gerade auch die Inszenierung und Performance werden ebenso in der finisekulären wie in der avantgardistischen Literatur- und Kunstauffassung eine ganz zentrale Rolle spielen. Von daher ist Peter Bürgers Aussage weniger signifikant für den Gegenstandsbereich des Ästhetizismus selbst als für seine eigene Art der literarhistorischen Einteilung, die sich bei ihm gleichsam in Brüchen vollziehen muss. Dazu später noch mehr. Aber lassen Sie mich dies auch in Verbindung bringen mit seiner eigenen Wissenschaftskonzeption, wie sie vom ersten Satz an sein so einflussreiches Buch bestimmt und etwas aussagt über die bereits historisch gewordene Epoche, in welcher Peter Bürger sein Verständnis von Literaturwissenschaft entwickelte:

> Kritische Wissenschaft unterscheidet sich von traditioneller Wissenschaft dadurch, dass sie die gesellschaftliche Bedeutung ihres eigenen Tuns reflektiert. [...] Kritische Wissenschaft versteht sich – wie immer vermittelt – als Teil gesellschaftlicher Praxis. Sie ist nicht „interesselos", sondern interessegeleitet. Das Interesse wäre in erster Annäherung zu bestimmen als Interesse an vernünftigen Zuständen, an einer Welt ohne Ausbeutung und unnötige Repression.[12]

In dieser entschlossen formulierten Passage wird deutlich, dass sich Bürger gegenüber allem Vorherigen absetzt, das er als traditionelle Wissenschaft brandmarkt und abtut. Das Traditionelle wird über die Kategorie des „Interesselosen" mit der Anspielung auf Immanuel Kant unmittelbar mit dem (deutschen) Idealismus, letztlich einer sich hieraus ergebenden Tradition gleichgesetzt und einer interessegeleiteten Wissenschaft gegenübergestellt, die sich ihrerseits als Lebenspraxis versteht. Genau hier ist also die Grenze zwischen Wissenschaft und Lebenspraxis überschritten: Wissenschaft wird als Lebenspraxis just so begriffen, wie dann die Kunst der Avantgardisten als Lebenspraxis interpretiert wird. Es fällt nicht schwer zu bemerken, dass Bürgers *Theorie der Avantgarde* sich sehr wohl selbst als Avantgarde der Theorie versteht und auch entsprechend in Szene setzt – durchaus dem Selbstverständnis der 68er-Generation entsprechend.

---

12 Ebda., S. 8.

All dies ist nicht allein aus fachgeschichtlicher Perspektive ungeheuer interessant und bedeutet aus meiner Sicht keineswegs, dass das Durchpausen des eigenen Literaturwissenschaftsbegriffes auf den Gegenstandsbereich dessen Analyse wiederum unbrauchbar machte. Allerdings relativiert dieses Durchpausen ebenso wie die Bruchmetaphorik auf die pauschalisierte Ästhetizismus-Diskussion bezogen sehr wohl die Absolutheit, mit der Bürger die Kategorie des Bruches handhabt und an seinen Gegenstand heranträgt. Freilich erscheint mir Peter Bürgers *Theorie der Avantgarde* – mit einem Wort aus Karin Hopfes Dissertation[13] über Vicente Huidobro – zwar nicht als unumstritten, wohl aber als unumgänglich. Wir wollen sie daher auch nicht umgehen, auch wenn diese *Theorie der Avantgarde* doch aus einer Reihe von Gründen, die nicht zuletzt mit der Ausweitung des Gegenstandsbereiches der Avantgarde(n) zu tun haben, fraglos in die Jahre gekommen ist und als eine *generelle* Einführung in die historischen Avantgarden nicht mehr dienen kann.

Peter Bürger hat seine Theorie klug thesenartig zugespitzt, so dass diese Thesen auch didaktisch gut verwendbar sind. Ich möchte Sie gerne kurz mit seiner zweiten These konfrontieren:

> Mit den historischen Avantgardebewegungen tritt das gesellschaftliche Teilsystem Kunst in das Stadium der Selbstkritik ein. Der Dadaismus, die radikalste Bewegung innerhalb der europäischen Avantgarde, übt nicht mehr Kritik an den ihm vorausgegangenen Kunstrichtungen, sondern an der *Institution Kunst*, wie sie sich in der bürgerlichen Gesellschaft herausgebildet hat. Mit dem Begriff Institution Kunst sollen hier sowohl der kunstproduzierende und -distribuierende Apparat als auch die zu einer gegebenen Epoche herrschenden Vorstellungen über Kunst bezeichnet werden, die die Rezeption von Werken wesentlich bestimmen. Die Avantgarde wendet sich gegen beides [...]. Erst nachdem im Ästhetizismus die Kunst sich gänzlich aus allen lebenspraktischen Bezügen gelöst hat, kann einerseits das Ästhetische sich „rein" entfalten, wird aber andererseits die Kehrseite der Autonomie, die gesellschaftliche Folgenlosigkeit, erkennbar. Der avantgardistische Protest, dessen Ziel es ist, Kunst in Lebenspraxis zurückzuführen, enthüllt den Zusammenhang von Autonomie und Folgenlosigkeit.[14]

Damit sind die aus Peter Bürgers Sichtweise der Avantgarde(n) zentralen Überlegungen und Theoreme bereits genannt. Zum einen der Begriff der „historischen Avantgarde" (den ich von Peter Bürger übernommen habe), der diese von anderen Avantgarden abgrenzt. Zweitens der Begriff der „Lebenspraxis", der aus meiner Sicht in einem wesentlich stärkeren Maße in den Avantgardetheorien entwickelt

---

13 Vgl. Hopfe, Karin: *Vicente Huidobro, der Creacionismo und das Problem der Mimesis.* Tübingen: Gunter Narr Verlag 1996.
14 Bürger, Peter: *Theorie der Avantgarde*, S. 28 f.

werden muss und im Übrigen auch andere Formen von Avantgarde mit diesen historischen Avantgarden verbindet. Und drittens der Begriff der „Institution Kunst", um den es später viele Auseinandersetzungen gab, vor allem auch mit den feldsoziologischen Arbeiten des französischen Soziologen Pierre Bourdieu, der durch seine „théorie des champs", die wesentlich differenzierter und gesamtgesellschaftlich argumentierender vorgeht als Bürger, das Feuer auf den Institutionsbegriff von Bürger mit einigem Recht und sehr geschickt eröffnete. Heute spricht von der Institution Kunst im Grunde nur noch, wer auch auf die *Theorie der Avantgarde* von Peter Bürger rekurriert. Pierre Bourdieus Konzepte haben sich nach meinem Dafürhalten längst durchgesetzt!

Vor dem Hintergrund dieser Auseinandersetzungen rund um den Begriff der Institution Kunst, um den wahre Schlachten geschlagen wurden, sei noch einmal eine andere Stelle aus der *Theorie der Avantgarde* angeführt, um die Bestimmung der historischen Avantgarde im Singular und mit Blick auf Europa genauer zu fassen:

> Die europäischen Avantgardebewegungen lassen sich bestimmen als Angriff auf den Status der Kunst in der bürgerlichen Gesellschaft. Negiert wird nicht eine voraufgegangene Ausprägung der Kunst (ein Stil), sondern die Institution Kunst als eine von der Lebenspraxis des Menschen abgehobene. Wenn die Avantgardisten die Forderung aufstellen, die Kunst solle wieder praktisch werden, so besagt diese Forderung nicht, der Gehalt der Kunstwerke solle gesellschaftlich bedeutsam sein. Die Forderung bewegt sich auf einer anderen Ebene als der Gehalt der Einzelwerke; sie richtet sich auf den Funktionsmodus von Kunst innerhalb der Gesellschaft, der die Wirkung der Werke ebenso bestimmt, wie der besondere Gehalt es tut.[15]

Einer der großen Vorzüge von Peter Bürgers Theorie besteht zweifellos darin, dass ihr Augenmerk weniger dem konkreten, individuellen Kunstwerk als einer Gesamtheit an Kunstäußerungen gilt. Sie werden sagen, dass dies das Wesen von Theorie ist, und da würde ich Ihnen Recht geben! Das Besondere bei Bürger aber ist, dass diese Gesamtheit an Kunstäußerungen auf eine gesamtgesellschaftliche Situation bezogen wird und dabei nicht auf die Stellung der Kunst oder ihre Ideen zur Fortentwicklung der Gesellschaft beschränkt bleibt. Sie beleuchtet vielmehr das Verhältnis zwischen Kunst und Gesellschaft oder ihren „Sitz im Leben".

Und genau hier sind Bürgers Thesen durchaus überzeugend, werfen sie doch ein (damals neues) Licht auf das grundlegende Verhältnis von Kunst beziehungsweise Literatur zum Leben, gewiss aus einer marxistischen bis marxisierenden Perspektive. Nicht umsonst forderte Peter Bürger von seinen Studierenden, dass

---

15 Ebda., S. 66 f.

sie vor dem Besuch eines seiner Seminare zunächst ein Hegel-Propädeutikum absolvieren müssten. Was Bürger also letztlich im Schilde führte, das war die Stellung von Kunst und Literatur in der Gesellschaft selbst nicht nur in Frage zu stellen, sondern im Grunde selbst zu revolutionieren. Es geht bei ihm folglich nicht um den besonderen Gehalt von Einzelwerken, sondern um eine Reflexion des gesamten Wirkungszusammenhanges von Gesellschaft und Kunst, ja mehr noch: von Kunst und Leben. Wir müssen – hierin durchaus über Bürger hinausgehend – die Kategorie des Lebens extensiv verstehen, denn ein Leben ist nicht auf ein bestimmtes gesellschaftliches Leben oder eine gesellschaftliche Lebenspraxis begrenzt. Unser Leben ist vielmehr in all seinen Aspekten und Dimensionen zu erfassen – und zugleich auch durch Kunst und Literatur zum Ausdruck zu bringen und zu gestalten. Aber genau hierin können wir von den historischen Avantgardisten lernen!

Ich möchte Sie daher im Vorgriff mit einer avantgardistischen Kunstpraxis konfrontieren, welche genau auf jenes Organ zielt, mit dem wir insbesondere in der Gegenwart unserer visuellen Welt ein gut Teil unserer Wirklichkeit insgesamt erfassen: auf das Auge. Dazu blende ich kurz einen der großen Filmklassiker der historischen Avantgarden mit seiner Auftaktszene ein. Es handelt sich um einen Film von Luis Buñuel und Salvador Dalí, der erstmals im Jahre 1929 vorgeführt worden ist – und zwar in Paris, das noch immer die „ville lumière" jener Zeit war. Er trägt den zunächst eher verwirrenden Titel – aber auch dies war ja so intendiert – *Un chien andalou.*

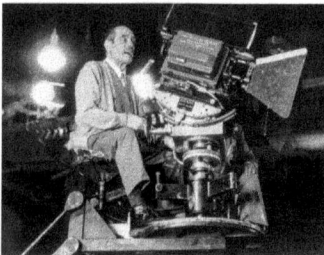

Abb. 13: Luis Buñuel (Calanda, Spanien, 1900 – Mexiko-Stadt, 1983).

Abb. 14: Salvador Dalí (Figueres, Katalonien, 1904 – ebda., 1989).

Der Auftakt dieses Filmklassikers ist eine Szene, die man, hat man sie erst einmal erfasst, nie mehr vergisst. Wir sehen zunächst einen Mann, der ein Rasiermesser schärft, dann auf den Balkon tritt und den Mond sieht, durch den eine Wolke zieht. Danach nimmt der Mann das Rasiermesser und zieht es einer Frau durch das Auge. Entscheidend dabei ist, dass im weiteren Verlauf des Filmes die Verbindungen zwischen den einzelnen Szenen, die immer wieder dieselben beiden Personen zeigen, durch keine logischen Beziehungen miteinander verknüpft werden. Es handelt sich im Grunde um recht absurde Szenen, die wie in einem Traum miteinander verbunden sind, so wie etwa der Mond und das Auge unmittelbar erkennbar durch eine visuelle, aber keine logische Verbindung oder Überlagerung aufeinander verweisen. Berühmt geworden ist auch eine andere Szene, in welcher der Mann der Frau an die Brüste greift, die sich im Filmschnitt entblößen, dabei aber ihre Pobacken zeigen, die am Ende, in der Todesszene nach einer Erschießung, ebenfalls wieder im Film auftauchen. Das Prinzip sind die ständigen Überblendungen, die uns von einem Bild ins nächste führen und scheinbar alogische Sequenzen darstellen.

Wichtig ist mir hier zunächst einmal die Tatsache, dass es in der Eingangsszene um das Auge geht. Wir werden uns später in unserer Vorlesung erneut mit dem Auge beschäftigen in der sogenannten *Histoire de l'œil* von Georges Bataille, einem ebenso berühmten wie berüchtigten Erzähltext. Dort werden wir auch auf die erotische Dimension des Auges beziehungsweise des Augapfels zu sprechen kommen, eine Dimension, die ich an dieser Stelle nur erwähnen will. Jetzt aber ist es mir wichtiger, auf jene der Körperlichkeit, zugleich aber auch des Visuellen zu verweisen, da es sich ja hier just um das Sinnesorgan des Menschen handelt, mit dem wir alle diesen Film sehen und das zugleich auch als Teil des menschlichen Gehirns angesehen werden kann. Das Auge wird hier darüber hinaus aufgeschnitten, gleichsam auseinandergenommen, folglich einer Analyse unterzogen – und zwar gerade von jenem Regisseur, und jenem Maler, die beide mit Sinnestäuschungen und speziell optischen „leurres" arbeiten. Die analytische Seite dieser Arbeiten ist folglich keineswegs ausgeblendet, sondern nimmt eine zentrale Stellung ein.

Folgen wir der Mythologie dieses Kultfilms, so haben sich Luis Buñuel und Salvador Dalí wechselseitig Träume erzählt; und es wurde später behauptet, dass Buñuel den Mond sah, der von einer Wolke durchschnitten wurde wie ein Auge von einer Rasierklinge. Dalí dagegen träumte von einer Hand, die voller Ameisen war, eine Szenerie, die später ebenfalls im Film umgesetzt wurde. Binnen kürzester Frist schrieb man mit Hilfe der „écriture automatique" ein Drehbuch für den Film, einer Technik, auf die wir noch kommen werden, einem automatischen Schreiben, das versucht, jegliche rationale, logische Kontrolle des Geschriebenen möglichst auszuschalten, um sozusagen direkten Zugang zum Unbewussten des

Menschen zu finden, so wie dies im Freud'schen Sinne ja auch durch den Traum gelingt. In kurzer Zeit, innerhalb von nur zwei Wochen, wurde der Film dann von Luis Buñuel gedreht, geschnitten und fertiggestellt. Man Ray und Louis Aragon waren begeistert: Eine lange und kreative Rezeptionsgeschichte dieses Streifens begann.

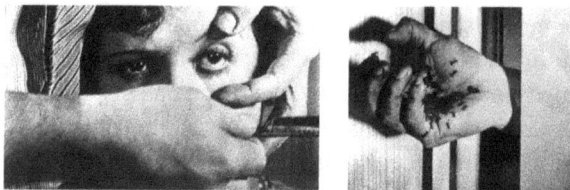

Abb. 15a und b: Szenen aus *Un chien andalou* (*Ein andalusischer Hund*).

Nichts scheint in *Un chien andalou* in direktem, logischem Zusammenhang zu stehen. Auch der Titel, *Ein andalusischer Hund*, hat eigentlich nichts mit dem zu tun, was wir auf der Leinwand sehen. Ebenso das, was wir hören! Denn hinter der Filmleinwand scheint Buñuel abwechselnd Grammophonplatten aufgelegt zu haben von argentinischen Tangos und von Richard Wagners *Tristan und Isolde*. Dabei zeigt sich allerdings schon, dass die kleinste gemeinsame Schnittmenge zwischen beiden Musikvarianten durchaus die Paarbeziehung ist, insbesondere auch in der Variante der tragischen heterosexuellen Beziehung, welche – folgen wir Denis de Rougemont – den Kern der Liebe im Abendland ausmacht.[16] Damit schreibt sich der Film durchaus ein in die lange Tradition abendländischer Repräsentation von Liebe. Die öffentliche Uraufführung erfolgte in Paris im April des Jahres 1929. Der Rest ist Filmgeschichte …

Un chien andalou, gerade einmal sechzehn Minuten lang, sollte sein Publikum provozieren. Hierzu hatte sich Luis Buñuel für eine Saalschlacht verproviantiert und ordentlich Steine als Wurfgeschosse mitgenommen. Doch zur Überraschung der beiden Künstler kam es zu positiven Reaktionen: Der Saal soll mit dreihundert bis vierhundert Künstlern und Aristokraten gefüllt gewesen sein, wie Buñuel später behauptete, und diese seien nach der Aufführung aufgestanden und hätten applaudiert! Die eingeplante Saalschlacht blieb aus. Buñuel und Dalí aber hatten mit ihrem Film die künstlerischen Grundlagen jenes Surrealismus mehr als erfüllt, den André Breton fünf Jahre zuvor ausgerufen hatte. Die filmische Arbeit

---

16 Vgl. Rougemont, Denis de: *Die Liebe und das Abendland*. Mit einem Post-Scriptum des Autors. Aus dem Französischen von Friedrich Scholz und Irene Kuhn. Zürich: Diogenes 1987.

an den (eigenen) Traumsequenzen hatte sich in ein Kunstwerk verwandelt, das Weltruhm erlangte und gleichsam stellvertretend für den Surrealismus, aber auch die historischen Avantgarden insgesamt stehen kann.

Auch institutionell, sozusagen in Peter Bürgers „Institution Kunst", war der Film sehr erfolgreich, denn er setzte die von André Breton propagierten Maßstäbe aus dem *Manifest des Surrealismus* – wie wir noch sehen werden – lupenrein um. Luis Buñuel und Salvador Dalí wurden sofort in die Gruppe der Surrealisten aufgenommen und von diesem Zeitpunkt an zu deren vielleicht bekanntesten Vertretern beziehungsweise zu jenen der historischen Avantgarden in Europa.[17] Doch ist es mir an dieser Stelle wichtig zu betonen, dass es hier nicht nur um absurde Aneinanderreihung, sondern auch um Analyse in unterschiedlichsten Formen ging. Denn selbstverständlich arbeitet der Film fundamental mit Urängsten aller Menschen, wie sie etwa im Zerschneiden des Auges buchstäblich sichtbar werden und zugleich zum künstlerischen Ausdruck kommen. Insofern leistet er auch Forschungsarbeit. Und eben diese analytische Arbeit inmitten des avantgardistischen Getöses und der prächtigen Selbstinszenierungen möchte ich Ihnen im Verlauf der Vorlesung nahebringen. Zugleich soll bei Ihnen auch die Einsicht gefördert werden, dass wir in vielerlei Hinsicht noch immer die Erben der historischen Avantgarden sind. Denn viele der Techniken und Verfahren, die wir in unserer gegenwärtigen Werbung ganz selbstverständlich wahrnehmen, stammen aus der Filmküche der historischen Avantgarden. Sie zielen auf unser Unbewusstes, nicht auf unsere Ratio. So hat sich etwa die Hand voller kribbelnder Ameisen in einen Fuß voller Ameisen verwandelt, mit dem derzeit in der Fernsehwerbung für ein die Nervenstränge stärkendes Mittel geworben wird. Die Avantgarde ist heute überall!

Nach unserer Beschäftigung mit Luis Buñuels und Salvador Dalís schockartig konzipiertem und durch die „écriture automatique" auf Ebene des Drehbuchs gleichsam aus dem Unbewussten entwickeltem Film *Un chien andalou* will ich nun selbst aber die Filmtechnik des harten Schnittes auf unsere Vorlesung anwenden. Wir haben unter anderem auch bei den beiden Surrealisten Buñuel und Dalí gesehen, dass die Frage der Gewalt in den historischen Avantgarden zentral ist. Wir stoßen so wieder auf die für die Avantgarden grundlegende Problematik des Krieges, die selbstverständlich auf intime Weise mit der Frage nach Macht verknüpft ist: Macht über Menschen, Macht über Körper, Macht über Köpfe! Wie aber sollen wir mit dieser Frage der Macht umgehen?

---

17 Zur zentralen Rolle von Paris vgl. Meineke, Eva-Tabea: „Il nostro destino splendido di viaggianti". Die Rezeption der italienischen Avantgarde im Paris des Surrealismus. In: Bung, Stephanie / Zepp, Susanne (Hg.): *Migration und Avantgarde. Paris 1917–1962*, S. 27–50; sowie den gesamten Sammelband.

Es gibt gute Gründe dafür, sie nietzscheanisch zu wenden und vom Willen zur Macht zu sprechen. In der Tat scheint es mir aufschlussreich, dass wir als gemeinsamen Bezugspunkt ebenso für das Fin de siècle von Gabriele d'Annunzio wie für den Futurismus Marinettis bestimmte Theoreme oder mehr noch Philosopheme Friedrich Nietzsches zugrunde legen dürfen. Wenn wir darüber hinausgehend berücksichtigen, dass Nietzsche nicht nur für Richard Wagner und den Symbolismus, nicht nur für Gabriele d'Annunzio und einen finisekulären Vitalismus, nicht nur für José Enrique Rodó und den hispanoamerikanischen Modernismus und nicht nur für Filippo Tommaso Marinetti und den italienischen Futurismus ein wichtiger Bezugspunkt war, sondern auch und gerade für all jene, die sich mit der Moderne kritisch auseinandersetzten und im weiteren Verlauf des 20. Jahrhunderts Positionen erarbeiteten, die in gewisser Weise mit der Postmoderne in Beziehung gesetzt werden dürfen, dann fällt es nicht schwer, in Friedrich Nietzsche zumindest aus heutiger Sicht den einflussreichsten Philosophen für das 20. Jahrhundert zu erblicken.

Friedrich Nietzsche war freilich ein Philosoph, der nicht nur in der Akademie, sondern auch außerhalb die unterschiedlichsten Schriftsteller*innen, Denker*innen und Bewegungen mit seinen zwischen Philosophie, Literatur und Philologie schwankenden Texten und Ausdrucksformen befruchtete. Mir scheint es daher zielführend, an dieser Stelle unserer Vorlesung gerade auch Nietzsches Sichtweise des Krieges einzublenden, um ein Licht zu werfen auf jene so angeblich voraussetzungslosen Überlegungen Marinettis. Letzterer griff freilich trotz aller Inszenierung des Bruches sehr wohl auf Traditionen zurück, wie ihm schon seine damaligen Gegner – nicht zuletzt auch die politischen Gegner innerhalb der Sache des italienischen Faschismus – unter die Nase zu reiben nicht müde wurden. Wenden wir uns also kurz Nietzsche zu!

Abb. 16: Friedrich Nietzsche (Röcken, 1844 – Weimar, 1900).

Denn auch Nietzsche – vergessen wir dies nicht – war daran interessiert, die Philosophie wieder ins Leben zu führen, sie sozusagen aus und von der Akademie zu befreien und eine philosophische Bewegung jenseits der deutschen Schulphilosophie zu befeuern. Interesselos war gewiss seine „fröhliche Wissenschaft" keineswegs: Sie zielte auf Parteigänger. So gab Nietzsche zu bedenken:

> Jede Philosophie, welche den Frieden höher stellt als den Krieg, jede Ethik mit einer negativen Fassung des Begriffs Glück, jede Metaphysik und Physik, welche ein Finale kennt, einen Endzustand irgendwelcher Art, jedes vorwiegend ästhetische oder religiöse Verlangen nach einem Abseits, Jenseits, Außerhalb, Oberhalb erlaubt zu fragen, ob nicht die Krankheit das gewesen ist, was den Philosophen inspiriert hat.[18]

Auf diese Weise werden der Frieden und die Suche nach ihm in den Generalverdacht der Schwäche und Krankheit gestellt. Es sind solche Formulierungen, welche Faschisten aller Herren Länder von jeher für Nietzsche begeisterten. Gleich zu Beginn von *Die fröhliche Wissenschaft* wird das Thema des Krieges eingeführt. Auch wenn es in Nietzsches Schriften wahrlich enthusiastischere Lobpreisungen gibt, so scheint mir hier doch eine besonders wichtige Bezüglichkeit hergestellt zu sein zwischen einer bestimmten Philosophie und der körperlichen Befindlichkeit, der Leiblichkeit des Philosophen einerseits und der Problematik des Krieges sowie der Überwindung von Vorstellungen eines End- oder Ruhezustands andererseits.

Die Leiblichkeit des Philosophen wird somit auch verknüpft mit der Fragestellung der Ethik und Philosophie des Krieges, der offenkundig geeignet ist, die Menschheitsgeschichte voranzutreiben, eine Vorstellung, welche Nietzsche durchaus sehr vertraut war und sich oft in seinen Schriften findet. Es ist die uralte Vorstellung vom Krieg als dem Vater aller Dinge! Eine Philosophie des Friedens steht damit keineswegs höher als eine Philosophie des Krieges: Der Krieg ist vielmehr ein Mittel, die Geschichte der Menschheit vehement voranzutreiben, auch wenn er hier zugleich mit Krankheit in einen schillernden Bezug gesetzt wird. Dabei wird das Leiden im weiteren Verlauf von *Die fröhliche Wissenschaft* zu einem höchst wichtigen Erkenntnismittel – auch das Leiden an der eigenen Körperlichkeit und mehr noch an der eigenen Krankheit. Nietzsche wird nämlich im weiteren Verlauf seines Werkes behaupten, dass sich die Menschen durch nichts anderes so sehr voneinander unterscheiden lassen als durch die Erfahrung von Not, die sie in ihrem Leben gemacht haben.

Wenn Sie all dem eine positivere, optimistischere, gewiss naivere und zukunftsfreudigere Färbung geben und ein wenig die Fin de siècle-Stimmung dämpfen,

---

18 Nietzsche, Friedrich: *Die fröhliche Wissenschaft.* In: Schlechta, Karl (Hg.): *Friedrich Nietzsche. Werke in drei Bänden.* München: Hanser 1954, Bd. II, S. 7–260, hier: S. 10.

die über diesem 1886 abgeschlossenen Text schwebt, dann finden Sie durchaus einen zweiten Zugang zu Vorstellungen des Futurismus und stoßen dabei immer wieder auf das unbedingte Verlangen, Erfahrungen intensivster Art zu machen. Dieses Begehren nach Intensität und vehementem Leben kann durchaus auch als kollektives Spektakel in Form des Krieges organisiert sein. Wie gesagt: Vor der historischen Erfahrung der beiden Weltkriege und vor der gesteigerten Technologisierung und Digitalisierung des Krieges in unseren Tagen konnte der Krieg noch anders gedacht werden. Oder nein, vielleicht täusche ich mich hier und es sind längst aus unterschiedlichen Ecken die immer selben Kriegstreiber unterwegs, die mit der schrecklich schönen Ästhetik von Kriegsbildern für ihre heiligen, gerechten, sauberen oder wie auch immer camouflierten Kriege erfolgreich werben! Der immerwährende Weltfriede, so fürchte ich, wird auf immer ein Traum meiner Jugend bleiben. Aber gerade darum auch als immerwährender Antrieb, als vielleicht doch noch erreichbare Utopie unauslöschlich weiterwirken ...

Noch einmal zurück zur Metaphorik des Krieges in der Avantgarde! Denn sie verweist noch auf eine weitere Dimension, welche den eigentlichen Grundwiderspruch und die Grundproblematik der Avantgarde aufscheinen lässt. Wenn denn diese Vorhut, diese Avantgarde, erfolgreich ist und in der Tat im Feindesland geschickt operiert, so wird dies dazu führen, dass das nachrückende Gros des (bürgerlichen) Heeres dieses Feindesland in Besitz nehmen kann. Ob dieses Heer nun den Vorstellungen der Avantgarde folgt oder nicht, ob es selbst die Avantgarde übernimmt oder nicht: Die Funktion der Avantgarde wird damit zumindest in Bezug auf dieses dem Feind abgetrotzte Neuland erfüllt sein. Entscheidend dabei ist: Die Vorhut, die Avantgarde wird vereinnahmt werden durch das große Heer!

Das erfolgreiche Agieren der Avantgarde hat freilich Konsequenzen. Bleibt sie an der Macht, so wird ihr akratischer Diskurs in einen enkratischen Diskurs umschlagen, wird also zu einem Diskurs der Herrschaft, der wiederum von anderen Bewegungen angegriffen und letztlich beseitigt werden muss. Die militärische Metaphorik der Avantgarde ist zugleich auch eine Bewegungsmetaphorik; und ist die Bewegung der Avantgarde erst einmal zu einem Stillstand gelangt, wird die Vorstellung dieser Avantgarde in der Tat hinfällig und überflüssig.

Dies sind übrigens Szenarien, welche die Avantgarde selber schon zu ihrem historischen Zeitpunkt beschäftigten, vielleicht mehr noch aber jene Neo-Avantgarden, die sich in den späten fünfziger und den sechziger Jahren etwa in Frankreich herausbildeten. Ich werde darauf zurückkommen. Vergessen wir nicht, dass die Avantgarde ein auf bestimmten Voraussetzungen und ideellen Übereinstimmungen fußender kollektiver Verband ist, eine bewegliche Vorhut, die sich zwar aus Individuen zusammensetzt, aber doch eine gewisse Geschlossenheit besitzen muss, um wirken und sich durchsetzen zu können!

Doch blieb die neue Gleichsetzung von künstlerischem und politisch-gesellschaftlichem Fortschritt nicht lange unangetastet. Gerade in Hinblick auf die Verbindung oder Nicht-Verbindung von sozialrevolutionärem Ansatz und künstlerischer Zielsetzung können verschiedene Strömungen, aber auch literatur- und kulturwissenschaftliche Auffassungen von Avantgarde voneinander unterschieden werden. Oftmals ist es auf dem Feld der Literatur – das ich hier einmal aus der Kriegsmetaphorik deuten will – gar nicht mehr klar, wo denn überhaupt die Avantgarde auszumachen sei und wer sie bildet. Der Begriff der Avantgarde kann rasch zur Formel verkommen: Jedermann kann die Rede von ihr leicht im Munde führen und für sich lauthals avantgardistische Positionen reklamieren. So besteht nicht allein die Gefahr, dass die Avantgarde nach ihrem Erfolg leicht vereinnahmt (und ins kapitalistische Warensystem als x-beliebige Ware integriert) wird; nicht weniger gering ist die Problematik, dass es zu einer Art ‚Ausverkauf der Avantgarden' kommt.

Vor diesem Hintergrund stellt sich die Frage nach dem Ende der Avantgarde oder – mehr noch – jene nach dem Scheitern der Avantgarde. Denn gerade in ihrem Erfolg liegt das Versinken der Avantgarden begründet: sie werden buchstäblich aufgesogen und verschwinden. Wenn wir von einem Sieg der Avantgarde auf der ganzen Linie ausgehen, dann sprechen wir nach aller Wahrscheinlichkeit bereits vom Verschwinden und Verlöschen der Avantgarden. Wir erkennen dann plötzlich, dass sich unsere ganze Umwelt längst nach avantgardistischen Vorstellungen ausgerichtet hat. Ist das ein Sieg oder ist es das Scheitern der Avantgarde?

Wir sind heute von futuristischen Bauten umgeben, verfügen über die schnellsten Fahrzeuge und Infrastrukturen, die unsere Wahrnehmung der Stadt und der Landschaft revolutioniert haben, sehen die nach avantgardistischen Verfahren operierende Werbung im Fernsehen und in den elektronischen Medien. Wir haben uns längst an die unser Unbewusstes ansprechenden Formen der Avantgarde so sehr gewöhnt, dass wir sie fast schon entautomatisieren müssten, um sie überhaupt noch bewusst wahrzunehmen. Wir könnten also im selben Atemzug vom Scheitern und vom Sieg der Avantgarde sprechen: Beides würde unsere aktuelle Situation gleichermaßen gut pauschal umschreiben. Und beides – so scheint mir – lässt sich bereits auf die Problematik der militärischen Metaphorik in der Rede von einer Vorhut beziehen, die sozusagen ihre Aufgabe erfüllt und abgeschlossen hat.

Damit aber berühren wir zugleich ein anderes Thema: Das Aufgehen der Avantgarde in der aktuellen Konsumgesellschaft. Dabei steht das Überführen künstlerischer Praxis in Lebenspraxis unter kommerziellen Vorzeichen innerhalb eines Literatur- und Kunstmarktes, der weltumspannend organisiert ist. So könnte auch erklärlich werden, warum die Spannung der Avantgarde auch als rein innerbürgerliche Auseinandersetzung – in diesem Falle: eine Auseinandersetzung zwischen Konsumenten – verstanden werden kann, hatte das Bürgertum doch letztlich seit dem 19. Jahrhundert die Variante einer antibürgerlichen Bewegung und Kunst beständig produziert und propagiert. Die bürgerliche Öffentlichkeit aber ist stets gegenüber allen bürgerlichen Häretikern und Anti-Bürgerlichen offen und empfänglich gewesen. Diese Widersprüche müssen wir mitbedenken, wenn wir uns in der Folge mit einzelnen Figuren der historischen Avantgarden auseinandersetzen!

Filippo Tommaso Marinetti, Valentine de Saint-Point oder die Anfänge der historischen Avantgarde

Kommen wir nun zur ersten großen Figur der historischen Avantgarden und damit zu jenem Mann, ohne den keine Geschichte der historischen Avantgarden auskommen kann: dem Italiener Marinetti, dem legendären Begründer des italienischen und bald auch über Italien hinausreichenden Futurismus!

Der 1876 in Alexandria (Ägypten) geborene Marinetti wurde französisch erzogen, flog wegen religionskritischer Machenschaften von der lokalen Jesuitenschule, holte sein Abitur in Paris nach und studierte als Sohn eines wohlhabenden Rechtsanwalts in Pavia Rechtswissenschaften, bevor er sich der Literatur zuwandte und in Paris sein Domizil aufschlug. Er arbeitete als freier Mitarbeiter bei verschiedenen Zeitungen in der französischen Hauptstadt: für *Le Figaro*, *La Plume* sowie *La Vogue*. Marinetti unternahm auch Rezitationsreisen durch Frankreich, auf denen er neben eigenen Gedichten Werke von Mallarmé, Baudelaire, Rimbaud, Verlaine und Gustave Kahn vortrug.

Abb. 17: Filippo Tommaso Marinetti (Alexandria, Ägypten, 1876 – Bellagio, 1944).

Zur Durchsetzung der Symbolisten und des französischen „vers libre" in Italien gründete der zeitweise nach Mailand übergesiedelte Marinetti zusammen mit dem Schriftsteller Gian Pietro Lucini die Literaturzeitschrift *Poesia*, deren erste Ausgabe auch Werke von Gabriele d'Annunzio enthielt. Die Zeitschrift plädierte für einen radikalen literarischen Neuanfang. Seine ersten schriftstellerischen Werke siedeln sich im großbürgerlichen Milieu des Fin de siècle an und sind von einem starken Kulturpessimismus geprägt. Der junge Marinetti war fasziniert von den damaligen Gewalttaten der Anarchisten, mit denen er sympathisierte, erblickte er doch in den anarchistischen Attentaten den Versuch, alle normierten Lebensverhältnisse aufzusprengen. Ein Manifest von Georges Sorel, einem Theoretiker der Anarchie, aus dem Jahr 1907 prägte den noch jungen Italiener stark.

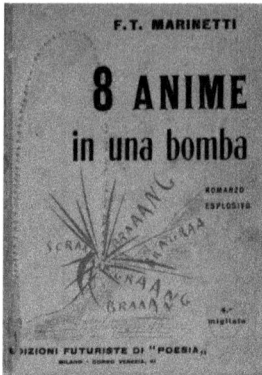

Abb. 18: Filippo Tommaso Marinetti (Hg.): *8 anime in una bomba. Romanzo esplosivo.* Mailand: Edizioni futuriste di „Poesia" 1919.

Am 20. Februar 1909 begründete Marinetti den Futurismus mit dem in *Le Figaro* auf der Titelseite selbstverständlich in französischer Sprache erschienenen *Manifest des Futurismus*, mit dem wir uns gleich beschäftigen werden. Kurze Zeit später veröffentlichte er seinen ersten futuristischen Roman, *Mafarka le futuriste*, der ihm eine Anklage wegen Verstoßes gegen die Sittlichkeit einbrachte. Das war durchaus intendiert: Der aus großbürgerlichem Hause stammende Marinetti war auf Revolte gebürstet und stand – wie auch später in seinem Leben – ebenso faschistischen wie sozialistischen und anarchistischen Ideen offen gegenüber.

1912 ging Marinetti als Kriegsberichterstatter nach Libyen. Um den Futurismus zu propagieren, reiste er von Italien aus nach Paris, London, Berlin, Amsterdam, Moskau und St. Petersburg. Das väterliche Erbe half, die vielfältigen Aktivitäten von Marinetti und seiner futuristischen Künstlergruppe, deren Schwerpunkte in den Bereichen Literatur und Malerei lagen, aber auch die anderen Künste nicht vernachlässigten, zu unterstützen. Seit Marinetti 1910 unter italienischen Künstlern Mitstreiter für seine Bewegung gefunden hatte, lebte er hauptsächlich in Mailand und agitierte entschlossen für den Krieg. So trommelten die Futuristen für den Großen Krieg, in dem viele ihr Leben ließen. Marinetti selbst wurde zu einem glühenden nationalistischen Verfechter des Interventionismus. 1916 meldete er sich zum Radfahrerbataillon und nahm am Ersten Weltkrieg teil.

Abb. 19: Die futuristische Künstlergruppe um Tommaso Marinetti, vor dem Gebäude der Zeitschrift *Le Figaro* im Februar 1912.

1918 verfasste er das *Manifest der futuristischen Partei* und verlagerte seine Aktivitäten stärker in den Bereich der Politik. 1919 trat Marinetti den Faschisten-bünden Mussolinis bei und reihte sich in der gewaltbereiten Rechten ein. Seine Futuristische Partei ging bald schon in der Bewegung Mussolinis auf, der vieles von den Futuristen übernahm. Marinetti selbst aber zog sich immer mehr vom italienischen Faschistenführer zurück und widmete sich allen Bereichen der futu-ristischen Künste, vor allem dem Theater.

Entwickelte sich Marinetti auch zeitweise hin zum Anarchismus, so näherte er sich doch ab 1924 wieder den Faschisten Mussolinis an, die seit 1922 in Italien an der Macht waren. 1929 wurde er zum Mitglied der Accademia d'Italia berufen, die er lange Zeit geschmäht hatte: Er war nun definitiv ein arrivierter Künstler. Marinetti und der Futurismus avancierten zu den künstlerischen Ikonen und Vor-bildern des europäischen Faschismus und wurden auch ab 1933 von den deut-schen Nationalsozialisten begrüßt. Der Begründer des Futurismus wandte sich zwar gegen alle Rassegesetze und gegen die Verstoßung sogenannter ‚entarteter' Kunst, feierte aber bis zu seinem Tod die Schönheit des Krieges in kühnen Bildern. 1944 starb er in Bellagio (Como).

Nun aber zum ersten Manifest des Futurismus! Wir kommen später auf die Bedeutung jener Gattung zu sprechen, die wie keine andere die der historischen Avantgarde ist: das Manifest. Ich möchte Ihnen gerne das Gründungsmanifest des Futurismus in deutscher Übersetzung sowie im Anhang in Marinettis eigener ita-lienischer Übersetzung präsentieren, die überaus erfolgreich und verbreitet war. Unterzeichnet wurde es von Marinetti allein, und doch ist der kollektive Charakter vom ersten Augenblick an spürbar – ganz im Sinne des Begründers, der seine Bewegung damals erst noch schaffen musste. Es setzt mit seinen beiden ersten Abschnitten wie folgt ein:

> Wir haben die ganze Nacht gewacht – meine Freunde und ich – unter den Moscheeampeln mit ihren durchbrochenen Kupferschalen, sternenübersät wie unsere Seelen und wie diese bestrahlt vom eingefangenen Glanz eines elektrischen Herzens. Lang haben wir auf weichen Orientteppichen unsere atavistische Trägheit hin und her getragen, bis zu den äußersten Grenzen der Logik diskutiert und viel Papier mit irren Schreibereien geschwärzt.
>
> Ein ungeheurer Stolz schwellte unsere Brust, denn wir fühlten, in dieser Stunde die einzigen Wachen und Aufrechten zu sein, wie stolze Leuchttürme oder vorgeschobene Wachposten vor dem Heer der feindlichen Sterne, die aus ihren himmlischen Feldlagern herunterbli-cken. Allein mit den Heizern, die vor den höllischen Kesseln der großen Schiffe arbeiten, allein mit den schwarzen Gespenstern, die in den Bäuchen der der wie wild dahinrasenden Lokomotiven wühlen, allein mit den Betrunkenen, die mit unsicherem Flügelschlag an den Stadtmauern entlang torkeln.[1]

---

1 Marinetti, Filippo Tommaso: Gründung und Manifest des Futurismus. In: Asholt, Wolfgang /

Von Beginn an haben wir es mit einer Gruppe zu tun, die sich in diesen Passagen selbst in Szene setzt. Der kollektive Charakter wird – trotz der singulären, individuellen Unterzeichnung, die in der Folge eher zur Ausnahme werden sollte, durch den von Beginn an eingefügten Hinweis auf die Mitstreiter, die Freunde, erzeugt. Dies ist übrigens ein literarisches Verfahren, das Sie in vielen Texten aus der Feder Friedrich Nietzsches finden können, wo sich der Philosoph stets aus der Position des Lehrmeisters und Vordenkers anspornend und auffordernd an seine Brüder im Geiste richtet und damit eine Gemeinsamkeit im Kampf beschwört, die sich oft genug gegen die Herden-Menschen und den Herden-Instinkt wendete. Ein nietzscheanischer Ton ist im Gründungsmanifest des Futurismus nicht zu überhören, das nietzscheanische Erbe allgegenwärtig!

Das zweite Element, das in diesem Gründungsmanifest ins Auge springt, ist die Tatsache, dass die vorwiegend diskursive Textsorte des Manifests hier von Beginn an mit dominant narrativen Zügen ausgestattet wird, was natürlich nicht heißt, dass das diskursive Element etwa verschwände. Es kommt vielmehr im zweiten Teil des Manifests, mit dem wir uns gleich beschäftigen werden, in umso konzentrierterer Form zum Tragen: als Programm. Zunächst aber wird eine Geschichte erzählt, eine Geschichte übrigens, die im Zeichen von Geschwindigkeit, Gefahr, Gewalt und Unfall, aber auch Überleben und einem gestärkt aus der Prüfung Hervorgehen besteht. Denn der Ich-Erzähler fährt in diesem ersten Teil des Manifests Auto, und zwar sehr schnell, so dass er letztlich mit seinem geliebten „Haifisch" im Straßengraben landet, woraus man ihn und sein Gefährt wieder ziehen muss. Zuvor freilich trinkt er noch den Industrieschlamm des Straßengrabens, saugt ihn gierig in sich auf wie einst die Milch einer schwarzen Amme, und kann sich solchermaßen industriell gestärkt an die Abfassung des programmatischen Teils seines Manifests machen.

Bevor wir zu diesem Teil kommen, seien aber noch einige kurze Bemerkungen erlaubt: Die Eingangsszene einer durchwachten Nacht, die in ein gewisses religiöses Licht getaucht ist, wird vom elektrischen Licht und der Metapher des Elektrischen überhaupt erhellt. Es ist zunächst der Blick zurück auf die Orientteppiche des Fin de siècle und den Atavismus, auf Trägheit und Bewegungslosigkeit, die hier ganz offensichtlich mit dem Orientalismus des Jahrhundertendes und der Dekadenz in Verbindung gebracht und zugleich überwunden werden sollen. Die erste Szenerie vermittelt damit den Augenblick von Stillstand und vor allem Aufbruch, den Marinetti, der als Direktor der Zeitschrift *Poesia* firmiert, in der auch noch Gedichte des späteren Rivalen Gabriele d'Annunzio veröffentlicht wurden,

---

Fähnders, Walter (Hg.): *Manifeste und Proklamationen der europäischen Avantgarde (1909–1938)*. Stuttgart – Weimar: Verlag J.B. Metzler 1995, S. 3.

ganz bewusst akzentuiert. Das Gründungsmanifest des Futurismus eröffnet seine Zukunftsvision folglich nicht aus dem Nichts, sondern konturiert einen soziokulturellen Kontext, der radikal verlassen wird.

Von Beginn an sind die Vertreter des Ich – das kollektive Wir – die einzig Wachen in einer verschlafenen Zeit, die Leuchttürme und Wachposten, womit zwei metaphorische Ebenen eingeblendet werden, die für den gesamten Text von Bedeutung sind. Zum einen wird damit die Welt der technischen Artefakte aufgerufen und – damit verbunden – andererseits die bereits erwähnte Metaphorik von Krieg und Vorhut. Als Wachposten vor dem Heer der feindlichen Sterne wird diese kriegerische Dimension sozusagen intergalaktisch ausgedehnt. In der Tat gibt es eine Vielzahl von Bezügen futuristischer Texte zu Science-Fiction-artigen Elementen, zur Eroberung intergalaktischer Räume und zur Ausweitung des Krieges nicht nur in den Bereich der Luft – die Bezeichnung Luftkrieg wird unwesentlich später geprägt werden –, sondern auch in den Bereich der aktuellen *Star Wars* hinein. Längst haben die Futuristen die Luft und den Weltraum für sich erobert: Der Luftkrieg sollte eine ‚Errungenschaft‘ des Ersten Weltkrieges werden[2] und die Eroberung des Weltraums unmittelbar an das Ende des Zweiten Weltkriegs anschließen! Man kann den Futuristen einen gewissen Realitätsbezug nicht absprechen.

Futuristisch ist auch die Dimension von Moderne, Mensch und Maschine eingefärbt. Der Dimension des Maschinenhaften kommt dann eine große Bedeutung zu, wenn sie zugleich mit äußerster Anspannung und mehr noch mit wilder Bewegung gekoppelt ist. Es ist diese Bewegung, die das Ich des Textes – aber natürlich auch Marinetti selbst – aufs Äußerste anzieht und ästhetisch verführerisch wirkt. Die Lokomotive wird hier zu einem Emblem der *Motion*, wenn sie auch längst zum Emblem der Moderne und Modernisierung im 19. Jahrhundert geworden war. An dieser Stelle freilich interessiert sie auch als Verkörperung einer nicht mehr nur kontrollierten Bewegung, sondern auch eines wilden Dahinrasens, eines Aspekts, der auch schon in Emile Zolas *La bête humaine* sehr plastisch in der Unkontrollierbarkeit von Technik hervorgetreten war. Wir sollten diesen Aspekt nicht vergessen: Es ist keineswegs, wie oft behauptet wird, allein die Verfügbarmachung von Natur und die Lobpreisung der Maschine, sondern gerade auch das Außer-Kontrolle-Geraten, das die Futuristen und allen voran Filippo Tommaso Marinetti interessiert und fasziniert.

---

2 Vgl. Ingold, Felix Philipp: *Literatur und Aviatik. Europäische Flugdichtung 1909–1927. Mit einem Exkurs über die Flugidee in der modernen Malerei und Architektur.* Frankfurt am Main: Suhrkamp 1978.

Bleiben wir noch einen Augenblick bei der Frage der Narrativität dieses ersten Teils des Gründungsmanifests des italienischen Futurismus! Denn hier zeigt sich, dass der Einbau der Erzählung und des erzählerischen Elements das Manifest nicht nur als metaliterarischen und metakünstlerischen Text erscheinen lässt, wie dies im Allgemeinen zuvor der Fall gewesen war (und wie es der zweite Teil des Manifests auch praktizieren sollte). Vielmehr stellt dieser Teil einen im engeren Sinne literarischen Text dar, der seinen eigenen Artefakt-Charakter auch zu inszenieren und herauszustreichen versteht. Das Gründungsmanifest des Futurismus ist daher nicht nur als ein theoretischer, diskursiver, selbstreflexiver und metasprachlicher Text zu verstehen, sondern selbst wiederum als Ausübung einer künstlerischen Praxis zu begreifen, welche auch das Manifest selbst umfasst. Ich werde auf diese Fragestellung nochmals zurückkommen, doch sei schon jetzt gesagt, dass diese narrative und zugleich polyseme Dimension viel zum internationalen Erfolg des Manifests beitrug.

Der abrupte Übergang dieses narrativen Texts zum diskursiven, programmatischen Teil wird zugleich betont und in seiner Verschiedenartigkeit herausgestrichen. Dies ist nicht zuletzt durch die Beendigung des Narrativen signalisiert, die als eine Art ‚Geburtsvorgang' bezeichnet wird, indem nämlich kollektiv ein erster Wille diktiert wird, welcher sich direkt an alle lebendigen Menschen richtet. Schauen wir uns diesen ersten Willen, das Gegenteil eines Testaments oder *letzten* Willens also, einmal näher an! Denn es handelt sich dabei um den Ausdruck eben eines Willens, eines Kunstwollens und Gestalten-Wollens, und mehr noch: um ein ästhetisches Wollen, das sich an die Stelle anderer Ästhetiken setzt. Dies beinhaltet auch einen gewissen diktatorischen Zug, der zugleich ein Licht auf die weitere Entwicklung des italienischen Futurismus wirft. Wir erinnern uns, der kühne Automobilist ist gerade seinem „Haifisch" im Straßengraben entstiegen:

> Da, das Antlitz vom guten Fabrikschlamm bedeckt – diesem Gemisch aus Metallschlacke, nutzlosem Schweiß und himmlischem Ruß – zerbeult und mit verbundenen Armen, aber unerschrocken, diktieren wir unseren ersten Willen allen *lebendigen* Menschen dieser Erde:

Manifest des Futurismus
1. Wir wollen die Liebe zur Gefahr besingen, die Vertrautheit mit Energie und Verwegenheit.
2. Mut, Kühnheit und Auflehnung werden die Wesenselemente unserer Dichtung sein.
3. Bis heute hat die Literatur die gedankenschwere Unbeweglichkeit, die Ekstase und den Schlaf gepriesen. Wir wollen preisen die angriffslustige Bewegung, die fiebrige Schlaflosigkeit, den Laufschritt, den Salto mortale, die Ohrfeige und den Faustschlag.
4. Wir erklären, dass sich die Herrlichkeit der Welt um eine neue Schönheit bereichert hat: die Schönheit der Geschwindigkeit. Ein Rennwagen, dessen Karosserie große Rohre schmücken, die Schlangen mit explosivem Atem gleichen ..., ein auf-

heulendes Auto, das auf Kartätschen zu laufen scheint, ist schöner als die *Nike von Samothrake*.

5. Wir wollen den Mann besingen, der das Steuer hält, dessen Idealachse die Erde durchquert, die selbst auf ihrer Bahn dahinjagt. [...]

9. Wir wollen den Krieg verherrlichen – diese einzige Hygiene der Welt – den Militarismus, den Patriotismus, die Vernichtungstat der Anarchisten, die schönen Ideen, für die man stirbt, und die Verachtung des Weibes.

10. Wir wollen die Museen, die Bibliotheken und die Akademien jeder Art zerstören und gegen den Moralismus, den Feminismus und gegen jede Feigheit kämpfen, die auf Zweckmäßigkeit und Eigennutz beruht.

11. Wir werden die großen Menschenmengen besingen, die die Arbeit, das Vergnügen oder der Aufruhr erregt; besingen werden wir die vielfarbige vielstimmige Flut der Revolutionen in den modernen Hauptstädten [...]. [3]

Es ist an dieser Stelle der Vorlesung leider nicht möglich, alle Dimensionen (und Thesen) des hier nur ausschnitthaft zitierten zweiten Teiles des Manifests zu erfassen, müssten wir im Grunde doch mehr als eine ganze Sitzung auf diese Problematik verwenden, wollten wir den einzelnen Punkten und ihrer späteren Entwicklung wirklich gerecht werden. Doch sei an dieser Stelle zunächst einmal darauf verwiesen, dass das Besingen der Liebe zur Gefahr, wie es im ersten Punkt des Manifests betont wird, deutlich eine Anleihe an Friedrich Nietzsche darstellt, eine Anleihe an den nicht genannten Vorläufer, dessen Denk- und Schreibstil aber zweifellos überall präsent ist. Denn Nietzsche besingt gerade diese Liebe zur Gefahr, die sich nicht zuletzt auch im Wagemut der Philosophie und sicherlich nicht weniger im Wegwerfen des eigenen Lebens im Krieg – im Zeichen des Heroismus – sonnt. Auch die entschlossene Misogynie, auf die wir noch zu sprechen kommen werden und die auch in den europäischen Faschismus einging, ist ein Erbe von Nietzsche, selbst wenn der deutsche Philosoph sicherlich nicht der einzige Frauenfeind in der europäischen Kulturgeschichte war.

Es überrascht nicht, dass die charakteristischen Gesten, die in diesem Manifest genannt werden, im Grunde Gesten der Aggressivität und Verachtung sind, einer oftmals körperlichen Aggressivität, die von den Avantgardisten auch in den folgenden Jahren in der Tat mehrfach, ja vielfach, im öffentlichen Raum benutzt wurden. Sind wir heute, was diese Dimension alltäglicher Gewalt und das Aufkommen nationaler Faschismen nach dem Ende unserer vierten Phase beschleunigter Globalisierung angeht, wirklich so weit von den Ausdrucksformen dieser Zeit entfernt? Ist etwa die Lobpreisung der Gewalt in einer Zeit nicht angesagt,

---

3 Marinetti, Filippo Tommaso: Gründung und Manifest des Futurismus. In: Asholt, Wolfgang / Fähnders, Walter (Hg.): *Manifeste und Proklamationen der europäischen Avantgarde (1909–1938)*, S. 4 f.

in welcher der Präsident des wichtigsten Landes der sogenannten westlichen Wertegemeinschaft mit seiner Frauenfeindlichkeit prahlt und er für seine misogynen Bemerkungen (unter anderem auch von Frauen) gewählt wird? Damit will ich freilich nicht sagen, dass dieser Präsident ein Avantgardist wäre! Es geht mir aber sehr wohl um ein allgemeines gesellschaftliches Klima, in welchem Gewalt und faschistoides Verhalten Konjunktur haben. Doch verzeihen Sie bitte diesen kurzen Seitenblick!

Die Geste der Ohrfeige findet sich in vielen futuristischen Happenings, nicht zuletzt auch in Russland, wo der Futurismus eine eigene Entwicklung nahm und dabei auch gegenüber dem italienischen Futurismus – wohl aufgrund von Fälschungen – eine Vorreiterschaft, ja eine auch zeitliche Priorität für sich reklamieren konnte. In vielen Ländern ist die Ohrfeige das spektakuläre Mittel, um mit dem Traditionellen, dem Bewährten, dem Selbstverständlichen und dem Konventionell-Selbstzufriedenen Schluss zu machen und einen Bruch anzudeuten. Denken Sie etwa an die Wirkung der berühmten Ohrfeige von Beate Klarsfeld für den Ministerpräsidenten Filbinger, der sich über seine Nazi-Vergangenheit ausschwieg. Es sind Gesten der Polemik, des Kampfes, des Sich-an-die-Stelle-des-Bisherigen-setzen-Wollens, einer totalen Abrechnung mit der Vergangenheit, die hier von entscheidender Bedeutung sind. Umgesetzt in den Bereich des Ästhetischen und der Kunst werden diese Elemente als Kühnheit und Auflehnung erscheinen: auch hier als Geste des Bruches, eines bewussten Ausbrechens aus der bisherigen Tradition und Geschichte.

Bleiben wir im Bereich des Ästhetischen! Denn, so Marinetti in seiner recht charakteristischen Großspurigkeit, die Welt habe sich durch eine neue Schönheit bereichert, eine Schönheit, die er von nun an zu preisen nicht mehr aufhören konnte und die in der Tat die weitere Entwicklung aus vielfältiger Perspektive verändern sollte. Diese neue Schönheit ist die der Geschwindigkeit, ja des Rausches der Geschwindigkeit. Geschwindigkeit ist dabei sowohl ein Wahrnehmungsphänomen, insoweit nun alle Objekte aus der Perspektive des Fahrens, Fliegens oder des Sich-wie-auch-immer-Bewegens wahrgenommen werden, also eine grundlegende Wahrnehmungsveränderung mit sich bringen.

Ein gutes Beispiel für diese Wahrnehmungsveränderungen sind die photographischen Aufnahmen von sich rasch bewegenden Objekten im medialen Bereich wie auch etwa – auf dem Gebiet der Dichtkunst – Oliverio Girondos *Veinte poemas para ser leídos en el tranvía*, wobei sich bei diesen kurzen Gedichten die Wahrnehmung der Geschwindigkeit und Bewegung mit jener der Dichtkunst koppelt. Darüber hinaus ist es aber auch die Ikone der Geschwindigkeit, also der Rennwagen, der hier mit all seinen Farben und Formen vorgestellt wird als Verkörperung dieses neuen Gefühls für die hohe Geschwindigkeit. Denken Sie hier in Berlin etwa an die nur wenige Jahre nach unserem Manifest beginnende

Konstruktion der AVUS, der Automobil-Verkehrs- und Übungsstraße, und an die Hochgeschwindigkeitsrekorde, die bald politisch vereinnahmt wurden! An spektakulären Unfällen, die im Straßengraben endeten, sollte es nicht mangeln ...

Abb. 20: Umberto Boccioni: *Dynamik eines Radfahrers*, Öl auf Leinwand, 1913.

Wir hatten gesehen, dass diese Geschwindigkeit sich bereits im narrativen Teil in einer rasenden, stets kippenden Wahrnehmung gezeigt hatte, die den Protagonisten mitsamt seinem Automobil schließlich in die Tiefe eines Schlammgrabens am Rande der Straße schleudern sollte. Diese Gefährlichkeit ist aber gerade das positive Element, gleichsam der „Thrill" der Avantgardisten. Des Weiteren zeigt sich hierin auch eine Ästhetisierung und Verherrlichung der Maschine, die gleichsam zur Prothese des Männlichen wird. Dabei ist freilich das Weibliche – entgegen der Werbung, die heute mit schnellen Automobilen und Frauen betrieben wird – keineswegs angelockt und fasziniert von der Männlichkeit der Maschine, wird diese auch mit all ihren Rohren zur Schau gestellt. Die Frau wird bei den Futuristen folglich nicht zum verführten Objekt und umgekehrt zum Subjekt erotischer Verführung, sondern aus dem Bereich nicht nur der Verführung, sondern der Ästhetik überhaupt ausgeschlossen. Im Gründungsmanifest der Futuristen hat sich die Männlichkeit der blitzenden Rohre, die Schlangen gleichen und leicht explodieren, an die Stelle des Weiblichen gesetzt, Kraft und Härte an die Stelle des Flexiblen und Runden.

Selbst der Schrei wird der Schönen aus dem Mund genommen; denn an seine Stelle tritt das Aufheulen des Autos, der Maschine – wie das Auto ja auch im Italienischen heißt –, die gleichsam auch den erotischen, den sexuell-körperlichen Bereich der Männlichkeit befriedigt. Wir werden auf diese Dimension im weiteren Verlauf der Avantgarde noch mehrfach zurückkommen. Und doch scheint es mir an dieser Stelle notwendig, einen kleinen Verweis einzubauen, war diese Problematik doch schon einer frühen Avantgardistin sehr gegenwärtig und bewusst. Sie setzte sich in der Folge dann auch tatsächlich in eigenen Manifesten unter anderem auch mit dieser Fragestellung auseinander. Ihre künstlerische Arbeit bildet gleichsam das geschlechterspezifische Gegengewicht zum unbestrittenen Männlichkeitskult der italienischen und europäischen Futuristen.

Noch vor wenigen Jahren ergab ein kurzer Test, dass die französische Futuristin, von der ich spreche, nämlich Valentine de Saint-Point, in den mir zur Verfügung stehenden einschlägigen Nachschlagewerken und Literaturgeschichten ganz und gar nicht verzeichnet war. Sie findet sich weder in der neuen französischen Literaturgeschichte bei Metzler noch im neuen Kindler, weder in Harenbergs Lexikon noch in Englers Nachschlagewerk, weder in der Sozialgeschichte der französischen Literatur des 20. Jahrhunderts noch in anderen Nachschlagewerken, um nur einige Beispiele herauszugreifen. Es hat sich freilich in jüngster Zeit etwas geändert, denn immerhin wird sie auf weniger als zehn Zeilen in *Wikipedia* erwähnt und kurz konturiert.

Was ich Ihnen gemäß meiner eher dürftigen Informationslage von Valentine de Saint-Point sagen kann ist, dass sie als Anne Jeanne Valentine Marianne Desglans de Cessiat-Vercell 1875 in Lyon geboren wurde und 1953 in Kairo verstarb – genauere Daten habe ich nicht. Sie trat aus futuristischer Sicht vehement für ein neues Frauenbild ein, verwahrte sich aber gegenüber feministischen Positionen. Aufschlussreich ist, dass sie laut *Wikipedia* 1924 nach Ägypten zog, den Namen Rawhiya Nour-ed-Dine (gleich „Fanatikerin des Lichts des Glaubens") annahm und den muslimischen Kampf gegen den europäischen Imperialismus unterstützte. Sie stand damit auch politisch wie militärisch auf der ,anderen Seite', agierten die meisten männlichen Futuristen doch im Sinne eben dieser imperialistischen Mächte und verteidigten etwa das imperiale Vordringen Italiens auf dem afrikanischen Kontinent. Sie war als Dichterin wie auch als futuristische Agitatorin zweifellos eine Außenseiterin, doch eben dies macht sie so interessant.

Abb. 21: Valentine de Saint-Point (Lyon, 1875 – Kairo, 1953)

Wichtig für unsere Vorlesung ist, dass sie am 25. März 1912 von Paris aus ein kämpferisches Manifest aus futuristischer Perspektive gegen Marinettis Geschlechtersicht veröffentlichte, aus dem ich Ihnen in der Folge zwei Passagen gerne vorstellen möchte. Es hatte bei weitem nicht die breite internationale Wirkung, wie sie die Manifeste Marinettis besaßen; doch gibt es etwas von jenem Kampf wieder, der nicht zuletzt auch gegen den faschistoiden Männlichkeitswahn von Frauen geführt wurde, die aus der Literaturgeschichte rasch wieder verdrängt und getilgt wurden. Eine wirkliche Geschichte der Frauen in den Anfängen der historischen Avantgarden und speziell des Futurismus wird erst noch zu schreiben sein. Mir scheint in jedem Falle, dass die Positionen von Valentine de Saint-Point sehr präzise die patriarchalischen Positionen des Futurismus beleuchten:

> ES IST ABSURD, DIE MENSCHHEIT IN FRAUEN UND MÄNNER EINZUTEILEN. Sie besteht nur aus WEIBHEIT und MANNHEIT. Jeder Übermensch, jeder Held, sei er noch so episch, jedes Genie, sei es noch so mächtig, ist nur der verschwenderische Ausdruck einer Rasse und einer Epoche, weil es eben aus weiblichen und männlichen Elementen besteht, aus Weibheit und Mannheit: weil es ein vollkommenes Wesen ist.
> Ein nur-männliches Individuum ist ein Vieh, ein nur-weibliches Individuum ein Weibchen.
> [...]
> Die Zeiten, die nur heldenlose Kriege hatten, weil der epische Hauch alle gleichmachte, waren ausschließlich Epochen der Männer; die Zeiten, die den heroischen Instinkt verleugneten und die, der Vergangenheit zugewandt, sich in Friedensträumen verzehrten, waren Epochen der Frauen.
> Wir leben am Ende einer dieser Zeitläufte. WAS DEN FRAUEN EBENSO WIE DEN MÄNNERN AM MEISTEN FEHLT, IST MANNHEIT.[4]

In dieser ersten hier angeführten Passage wendet sich Valentine de Saint-Point, die zuvor eine Passage aus Marinettis Manifest zitiert hatte, in dem die Frauenfeindlichkeit des Manifests deutlich hervorgetreten war, der Problematik der Geschlechterdifferenz zu, wobei sie zunächst eine Aufteilung der Menschheit in Männer und Frauen kategorisch ablehnt. Was sie in einem zweiten Schritt freilich akzeptiert, ist eine Unterscheidung zwischen „Mannheit" und „Weibheit", also sozusagen ontologischen und essentiellen, im Sein des Menschen selbst verankerten Wesenheiten, die aber sowohl auf die Männer als auch auf die Frauen verteilt sind. Jeder Frau kommen damit auch männliche, jedem Mann auch weibliche Elemente zu. So weit, so gut!

An diesem Punkt aber reklamiert Valentine de Saint-Point für die Frauen Anteil an der Mannheit, wobei sie gerade auch sie in Bezug zum Krieg setzt, der 1912 – noch ganz in der Ferne eines solchen argumentierend – als eine Art futuristisches Spektakel in ihrem Manifest erscheint. Der Krieg ist also keineswegs allein Sache der Männer! Er erscheint vielmehr als eine Art Durchgang zu einer besseren Zeit, in der sich die Zukunftsträume der Menschheit erfüllen werden. Diese Zukunfts-

---

4 Saint-Point, Valentine de: Manifest der futuristischen Frau. In: Asholt, Wolfgang / Fähnders, Walter (Hg.): *Manifeste und Proklamationen der europäischen Avantgarde (1909–1938)*, S. 22.

träume sind, wie wir unschwer erkennen, keineswegs mit den Friedensträumen der Frauen identisch, sondern auf Konflikt, Auseinandersetzung und mehr noch gewalttätige Durchsetzung hin angelegt. Die Frauen wollen dabei nicht länger ihrer althergebrachten Geschlechterrolle entsprechen, sie wollen mehr Mannheit in sich aufnehmen und ihre Lage verändern. Damit aber greift Valentine de Saint-Point auf einer anderen Ebene auf die althergebrachten Geschlechterstereotype zurück, die sie in ihrem Manifest keineswegs in Frage stellt. Es geht ihr dennoch im Wesentlichen darum, die Frau nicht nur als Frau und den Mann nicht nur als Mann zu verstehen, sondern sie in dynamische Austauschbeziehungen zu versetzen. Das ist eine klare Abkehr von Marinettis misogynem Männlichkeitswahn, dem wir durchaus faschistoide Züge bescheinigen dürfen.

Wie aber steht es jenseits von Mannheit und Weibheit mit den Frauen selbst? Welche Rolle kommt ihnen in der künftigen Gesellschaft zu? Wir finden in diesem *Manifest der futuristischen Frau* von 1912 hierauf erste Antworten:

> Die Wollust ist eine Kraft, weil sie die Schwachen zermalmt, die Starken zur Hingabe von Kräften, also zu ihrer Erneuerung erregt. Jedes heroische Volk ist sinnlich. Die Frau ist der verlockendste Preis.
> Die Frau muß Mutter oder Geliebte sein. Wahre Mütter sind immer mäßige Geliebte, und Geliebte mäßige Mütter. Im Leben ergänzen sich beide. Die gebärende Mutter bringt mit der Vergangenheit die Zukunft, die Geliebte verkündet die Sehnsucht nach der Zukunft.
> Schluß: die Frau, die durch ihre Tränen und durch ihre Sentimentalität den Mann zu ihren Füßen zurückhält, ist verächtlicher als das Mädchen, das aus Prahlerei ihren Liebhaber dazu treibt, mit dem Revolver in der Hand seine prahlerische Herrschaft über die Niederungen der Stadt zu behaupten; es zeigt wenigstens eine einer besseren Sache würdige Energie. Frauen, ihr wart zu lange in Moral und Vorurteilen irrgläubig; kehrt zu eurem erhabenen Instinkt zurück, zur Wildheit, zur Grausamkeit.
> Während die Männer sich bekriegen und kämpfen, schafft ihr Kinder als blutigen Tribut für den Krieg und den Heroismus, denkt an die Forderung des Schicksals. Laßt sie wachsen, nicht für euch, für eure Vergnügen, sondern in schrankenloser Freiheit zur Blüte.
> Statt die Männer unter das Joch der erbärmlichen sentimentalen Bedürfnisse zu bringen, treibt eure Söhne, eure Männer, sich selbst zu übertreffen.
> Ihr schafft sie. Ihr könnt alles über sie. Ihr schuldet der Menschheit Helden. Gebt sie ihr![5]

Es sind erstaunliche Sätze, welche die französische Futuristin hier den Frauen ihrer Generation entgegenschleudert und sie zum Handeln auffordert. An die Stelle weiblicher Zivilisiertheit und Sanftmut treten Wildheit und Grausamkeit, Attribute, die traditionell eher männlich besetzt waren. Und doch erscheint die Frau in ihrer Wollust entweder als Mutter oder als Geliebte, Rollen also, die sehr wohl traditionell den Frauen aus männlicher Perspektive auf den Leib geschrie-

---

5 Saint-Point, Valentine de: Manifest der futuristischen Frau, S. 22 f.

ben wurden. Es ist eine Revolte, in der sich alles miteinander vermischt – genauso wie die Vorstellungen von Mannheit und Weibheit im Menschenbild von Valentine de Saint-Point.

Diese Aufforderung der Futuristin liegt seltsam quer zu dem doch bisweilen so einheitlichen Bild der Einforderung gleicher Rechte für die Frauen, einem Anliegen zeitgenössischer Feministinnen, gegen die sich Valentine de Saint-Point direkt und vehement richtet. Auch bei ihr ist der Diskurs auf eine Isotopie der Stärke, der Kraft und Energie, aber auch der Wildheit, der Grausamkeit und Brutalität gegründet. Dieser Diskurs unterscheidet sich freilich von dem Marinettis dadurch, dass er der Frau ebenfalls ihren Platz zuweist und ihre Wildheit eben nicht als zivilisatorische Bremserin des brutalen Mannes, sondern vielmehr als ‚Anstachlerin' versteht, verbunden mit einer Betonung der Wollust, die sie in Freiheit ausleben kann. Jedenfalls dürften die Frauen die Männer nicht unter das Joch einer erbärmlichen Sentimentalität zwingen, so Valentine de Saint-Point am Ende ihres Manifests. Die Frauen sollten der Menschheit vielmehr Helden gebären: Helden, aus der Wollust geboren, für den kommenden Krieg gezeugt!

Man müsste in der Tat dem Denken und Schaffen von Valentine de Saint-Point näher nachgehen, ein Vorhaben, das ich im Rahmen dieser Vorlesung leider nicht bewerkstelligen kann. Gerade auch ihr antiimperialistischer Kampf gegen die europäischen Mächte ihrer Zeit weist sie als eine Denkerin und Intellektuelle aus, die ihre futuristische Perspektive später auf die außereuropäische Welt ausdehnte und der allgemeinen Begeisterung für eine Expansion Europas widerstand.

Ich möchte Ihnen gerne zumindest aus einem zweiten, auf den 11. Januar 1913 in Paris datierten Manifest von Valentine de Saint-Point eine Passage zitieren, welche wiederum in die Metaphorik von Stärke und Kraft eingebaut ist. Eine Passage, die alles nicht vor Gesundheit Strotzende gleichsam sozialdarwinistisch ausschaltet und den Leitgedanken der Wollust, also der sexuellen Dimension einer Revolution, einer Umwertung aller Werte, im nietzscheanischen Sinne vorführt, wie er später – vor allem dann bei den Surrealisten – von Gewicht sein sollte. Später wird uns Georges Bataille mit seiner *Histoire de l'œil* zu einem Statthalter derartiger Gedanken werden, nicht zuletzt auch in Hinblick auf das Frauenbild, das er vertreten wird. Aber wenden wir uns nun Valentine de Saint-Points *Futuristischem Manifest der Wollust* zu:

> Die Wollust ist der Ausdruck eines Wesens, das über sich selbst hinaus geworfen wird; sie ist die leidvolle Lust der Vollendung des Fleisches, das freudige Leid eines Aufblühens; sie ist die fleischliche Vereinigung, gleich welche Geheimnisse die Wesen vereinen; sie ist die sensorische und sinnliche Synthese eines Wesens bei der größtmöglichen Befreiung seines Geistes; sie ist die Kommunion einer Parzelle der Menschheit mit dem gesamten Gefühlsempfinden der Erde; sie ist das panische Erschauern einer Parzelle der Erde.

Die Wollust ist die fleischliche Suche des Unbekannten, so wie die Vergeistigung dessen spirituelle Suche bildet. Die Wollust ist die Geste des Schaffens, sie ist die Schöpfung. [...] *Die Kunst und der Krieg sind die beiden großen Manifestationen der Sensualität; die Wollust ist ihre Blume.* [...] *Angesichts der Wollust gilt es, bewußt zu agieren.* Man muß aus der Wollust das machen, was ein intelligentes und raffiniertes Wesen aus sich selbst und seinem Leben macht; *man muß aus der Wollust ein Kunstwerk machen.*[6]

Die Wollust wird in diesem Manifest als Dimension einer fundamentalen Befreiung und zugleich als Dimension einer Steigerung des Lebensgefühls gesehen, wobei sie – wie die Liebe[7] – mit einem unstillbaren Erkenntnisdrang gekoppelt ist, der sich auf die gesamte Schöpfung richtet. Dabei erscheint die Wollust gerade nicht als die irrationale Gegenseite einer rational durchgearbeiteten Existenz, sondern wird ihrerseits zu einer raffinierten Erfahrung, einem lebendigen Erleben und schließlich zu einem Kunstwerk, in welchem der ganze Mensch und mehr noch die gesamte Schöpfung zum Ausdruck kommen. Vergessen wir hierbei aber nicht, dass in diesem Manifest einer Futuristin und Frau das Erleben der Wollust für die Frauen offen eingefordert und damit ein sexuelles Tabu jener Zeit gebrochen wird!

Die Sinne und die Sinnlichkeit überlagern alles – und warum nicht auch den Sinn? Kunst und Krieg als herausragende Manifestationen der Sinnlichkeit sind in dieser Sicht auf Körperlichkeit, die in der Tat vieles von Nietzsche einzuholen scheint, nun nicht im Ibsen'schen Sinne von Geschlechterkrieg geleitet, sondern vielmehr in einer wechselseitigen Anstachelung, einer immer größeren Freisetzung von Energie verankert. Potenziert katapultiert diese sich und die Körper (wie die Menschen) in eine neue Phase der Zukunft, eine offenere, freiere Zukunft. Die Wollust wird zu jener Kraft, der entscheidende Bedeutung zukommt; und sie ist keineswegs mehr nur das Privileg männlicher Erfahrung, sondern wird unverkennbar in einem weiblichen Erleben verankert. Lust und Wollust erscheinen nicht als Nebenprodukte eines zeitweisen Verlusts der Ratio, sondern bezeichnen einen kreativen, schöpferischen Mittelpunkt menschlichen Erlebens. Kunst und Literatur werden so zu fundamentalen Ausdrucksformen eines Lebenswissens und Erlebenswissens, die im Zusammenspiel von Kunst und Krieg zugleich zu einem Überlebenswissen werden. Wir sind hier weit entfernt von männlicher Vorherrschaft und Beherrschung weiblicher Lust und Wollust.

Nicht allein die Intensität der Erfahrung und die Wildheit allen Lebens sind gemeinsame Nenner mit Marinettis Futurismus, sondern auch – wie wir sahen –

---

6 Saint-Point, Valentine de: Futuristisches Manifest der Wollust. In: Asholt, Wolfgang / Fähnders, Walter (Hg.): *Manifeste und Proklamationen der europäischen Avantgarde (1909–1938)*, S. 29.
7 Vgl. hierzu Ette, Ottmar: *LiebeLesen. Potsdamer Vorlesungen über ein großes Gefühl und seine kreative Aneignung* (2020).

der Heroismus und nicht zuletzt der unbedingte Krieg. Kehren wir also an dieser Stelle wieder zum Gründungsmanifest des Futurismus zurück, einem Text, der in der Tat auch im weiteren Verlauf der Entwicklung des Futurismus einerseits und der historischen Avantgarden andererseits eine wichtige Rolle spielen sollte: ebenso mit Blick auf die Inhalte wie die künstlerisch-literarischen Formen! Natürlich waren auch andere Manifeste des Futurismus, insbesondere jene des italienischen Malers Boccioni, für dessen Entfaltung von großer Bedeutung. Doch Boccioni, der bei der Führung der Futuristen mit Marinetti zu rivalisieren versuchte, fiel im Krieg ohne Feindeinwirkung von seinem Pferd und fand damit einen Tod, den wir bereits in der postmodernen Spiegelung der historischen Avantgarden bei Enrique Vila-Matas liebevoll ausgemalt vorgefunden hatten. Auch für die Futuristen galt: Nicht immer ist der Tod im Krieg heroisch ...

Erinnern wir uns noch einmal an die Passagen aus dem Gründungsmanifest der Futuristen! Darin zieht die Erzählerfigur das Automobil und dessen Formgebung der als klassisch schön angesehenen Statue der Nike von Samothrake vor, jener Siegesgöttin also, deren Statue im Louvre steht und die Marinetti wohl in Paris gesehen haben dürfte. Eben hier aber setzt er sozusagen auf der obersten Ebene kanonisierter Schönheit sein künstlerisches Tun zugunsten einer Entfaltung und Durchsetzung einer neuen Schönheit ein, wobei nicht nur die Einführung des Neuen an sich, sondern die Zerstörung des Alten insgesamt als zwei Seiten ein und derselben Medaille des Bruchs mit dem Herkömmlichen, mit dem Traditionellen erscheinen. Weibliche Schönheit ist für Marinetti *out*, eine Tatsache, die auch bei ihm die Tradition der Misogynie auf den Spuren Nietzsches nahelegt. Nicht umsonst ist sein Schönheitsbegriff – wie übrigens auch der von Valentine de Saint-Point – an einer Körperlichkeit orientiert, die vor Kraft, Stärke und Energie nur so strotzt, die also an einer Gesundheit ausgerichtet ist, angesichts derer das Schwache, Kranke und auch Behinderte letztlich verschwinden müssen. Wiederum lassen sich leicht Parallelen zum nicht nur italienischen Faschismus aufzeigen.

Abb. 22: *Nike von Samothrake*, um 220–185 v. Chr.

Abb. 23: Umberto Boccioni: *Einzigartige Formen der Kontinuität im Raum*, 1913.

Vor diesem Hintergrund wird auch deutlich, warum Marinetti nun in der folgenden These seines „Ersten Willens" den Mann besingt, der das Steuer in der Hand hat, eine Art Übertragung des Bildes vom Steuermann aus dem marinen Bereich, wo es schon bei Gabriele d'Annunzio von größter Bedeutung war, auf den Bereich der Geschwindigkeit an Land. Dabei war es nur eine Frage der Zeit, bis ein solches Ideal auch in die Lüfte projiziert werden konnte, wo es in der Aviatik rasche Verbreitung fand – gepaart mit ungehemmter Heldenverehrung. Denn die sagenumwobenen Luftkämpfe der tollkühnen Piloten des Ersten Weltkriegs lagen nur noch wenige Jahre entfernt. Noch heute ist das Besucherrestaurant am Flughafen Tegel nach dem „Roten Baron" benannt.

Abb. 24: Gabriele D'Annunzio (links) und Kapitän Natalio Palli während ihres Fluges über Wien, 1918.

Kommen wir zur neunten These, der uns ja bereits bekannten Verherrlichung des Krieges! Sie steht in Zusammenhang mit dem Lobpreis von Stärke und Gesundheit, womit sich auch die Bezeichnung des Krieges als einzige Hygiene der Welt erklärt, als „Guerra sola igiene del mondo", wie es auch an anderer Stelle mehrfach in Marinettis Texten heißt. Von hier aus führt die Spur sicherlich direkt zur Rassengesetzgebung, wie wir sie später in den dreißiger Jahren im nationalsozialistischen Deutschland sehen werden, eine Problematik, die ich an dieser Stelle kaum zu erläutern brauche. Unsere offene Nachkriegsgesellschaft hat derartige Vorstellungen geächtet; und doch tauchen sie unvermittelt wieder in der neuen Rechten auf, so als hätte es keine Millionen von Ermordeten gegeben.

An dieser Stelle möchte ich zumindest kurz auf einen der möglichen Bezugstexte und zugleich Vorläufer Marinettis hinweisen, auf Friedrich Nietzsche, der
in seinen Überlegungen zur „gaya scienza" ebenfalls auf diese Problematik zu
sprechen kam. So heißt es in *Die fröhliche Wissenschaft* prophetisch:

> *Unser Glaube an eine Vermännlichung Europas:* Napoleon verdankt man's (und ganz und
> gar nicht der Französischen Revolution, welche auf „Brüderlichkeit" von Volk zu Volk und
> allgemeinen blumichten Herzens-Austausch ausgewesen ist), dass sich jetzt ein paar krie-
> gerische Jahrhunderte aufeinanderfolgen dürfen, die in der Geschichte nicht ihresgleichen
> haben, kurz, dass wir ins *klassische Zeitalter des Kriegs* getreten sind, des gelehrten und
> zugleich volkstümlichen Kriegs im größten Maßstabe (der Mittel, der Begabungen, der Dis-
> ziplin), auf den alle kommenden Jahrtausende als auf ein Stück Vollkommenheit mit Neid
> und Ehrfurcht zurückblicken werden: – denn die nationale Bewegung, aus der diese Kriegs-
> glorie herauswächst, ist nur der Gegenschock gegen Napoleon und wäre ohne Napoleon
> nicht vorhanden. Ihm also wird man einmal es zurechnen dürfen, dass der *Mann* in Europa
> wieder Herr über den Kaufmann und Philister geworden ist, vielleicht sogar über „das
> Weib", das durch das Christentum und den schwärmerischen Geist des 18. Jahrhunderts,
> noch mehr durch die „modernen Ideen" verhätschelt worden ist.[8]

In dieser eindrucksvollen Passage findet sich im Grunde schon ein gut Teil jenes
Arsenals, das später dann von den Futuristen – und nicht nur von diesen – in
Bezug auf eine Verherrlichung des Krieges und der Männlichkeit entfaltet werden
sollte. Wir erleben eine ungeheure Zelebration des Krieges, für dessen Verbreitung
am Ausgang des 19. Jahrhundert historisch nicht gänzlich unzutreffend Napoleon
verantwortlich gemacht wird. Denn ohne die napoleonischen Expansionskriege
wäre das „nationale Erwachen" vieler Länder Europas sicherlich anders verlaufen – eine Tatsache, die freilich nichts am in Frankreich nach wie vor vorhandenen Napoleon-Kult geändert hat.

Mit der Lobpreisung des Krieges ist bei Nietzsche durchaus auch eine Kritik
des Nationalismus und einer überzogenen Deutschtümelei verbunden, was man
später geflissentlich übersehen oder überlesen hat. Doch ist in dieser wie auch
in vielen anderen Passagen in der Tat ein Bild vom Mann, ein Männerbild und
mehr noch ein Männlichkeitsbild entfaltet, von dem sich später die unterschiedlichsten Maskenbildner der Diktatoren Europas – und auch außerhalb Europas –
die entscheidenden Inspirationen besorgen konnten. Es ist ganz unzweifelhaft,
dass in unserer Gesellschaft noch immer Elemente dieses Bildes fortexistieren
und politisch wirksam sind. So wurde ein neues Menschenbild entwickelt, das
im eigentlichen Sinne ein neues Männerbild war, welches freilich herkömmliche
Züge des Patriarchalischen nur fortschrieb. Wir finden hierin keinen Bruch mit

---

8 Nietzsche, Friedrich: *Die fröhliche Wissenschaft*, S. 236.

den, sondern bestenfalls ein Update der bisherigen historischen Ausprägungen vor.

Allein auf die Entwicklung und Weiterentwicklung dieses Männerbildes ließe sich ein ganzes Semester verwenden, worauf wir aber – wohl zu unser aller Entlastung – verzichten wollen! Der Krieg erweist sich in seiner gefeierten Herrlichkeit aber auch hier – in seiner internen Ankopplung an eine ganz bestimmte Körperlichkeit – als Dreh- und Angelpunkt der in die Zukunft projizierten Wünsche und Erwartungen, welche im 20. Jahrhundert blutig und zusammen mit millionenfachem Mord in Erfüllung gehen sollten. Für letzteren freilich den Philosophen verantwortlich zu erklären, schiene mir eine ahistorische Verkürzung. Friedrich Nietzsche gehörte jedoch zu den Entwicklern und Lieferanten jener Textbausteine, welche die Welt in die schlimmste Jahrhunderthälfte ihrer Geschichte stürzte.

Ein weiteres, im Futurismus immer wiederkehrendes Textelement ist die rücksichtslose Zerstörung der Museen und Bibliotheken wie auch – in der entsprechenden Erweiterung – aller Bildungsinstitutionen überhaupt. Alles, was an Bildungstraditionen anknüpft, besonders wenn diese akademischen Zuschnitts sind, wird einer vorsätzlichen, programmatischen Zerstörungswut preisgegeben. Buchstäblich auf der Abschussliste stehen für die Futuristen insbesondere auch die Professoren, die sozusagen als lebendige Museen und mehr noch Bibliotheken fungieren und die Hüter einer Tradition sind, die es ein für alle Mal zu vernichten gilt. Im Grunde alles, was die Vergangenheit bewahrt, was also ein wenig nur nach Tradition und Traditionssicherung riecht, wird unbarmherzig all jenen Dingen zugerechnet, die ausgerottet werden sollen. Und das Vernichten und Verbrennen wird zu einem Spektakel eigener Schönheit, eigener ästhetischer Faszination ...

Alles der Vergangenheit, dem „passato" zugeordnete Traditionelle und Archivarische wird von den italienischen Futuristen der Kategorie „passatismo" zugeordnet und für grundsätzlich unwürdig befunden, in die futuristische Zukunft miteinzugehen. Gerade die Museen als Produkte des 19. Jahrhunderts, die an der Jahrhundertwende eine erhebliche substanzielle Ausweitung erfahren hatten, werden von den Futuristen mit Verachtung gestraft und der Zerstörung überantwortet. Daneben aber sind es auch Moralismus und Feminismus, also auf bestimmte Zwecke gerichtete Bewegungen und Weltanschauungen, die eine klare Hierarchie und Wertewelt etabliert hatten. Sie sollen ebenso vernichtet werden wie der Utilitarismus, der mit seiner angelsächsisch geprägten buchhalterischen Zweckrationalität ja bereits auf der Negativliste des Fin de siècle gestanden hatte.

Es handelt sich bei alledem um gesellschaftliche Elemente und Bewegungen, die bereits für Friedrich Nietzsche einer überkommenen Zeitepoche anzugehören schienen. Ihre Zeit war nun für die Futuristen abgelaufen. Unter Feminismus verstehen sie ganz wie Marinetti keineswegs nur eine bestimmte gesellschaftliche Bewegung, die sich für die Rechte und die Gleichstellung der Frauen in den europäischen Gesellschaften einsetzt, sondern ebenso alle Überlegungen, die in irgendeiner Weise den Frauen zugutekommen. Misogynie ist an der Tagesordnung und wird gesellschaftsfähig: Frauenfeindlichkeit ist als zentrales Element in die Entwürfe futuristischen Lebens eingegangen. Dass es auch Gegenentwürfe gab, haben wir bei unserer Beschäftigung mit der futuristischen französischen Dichterin Valentine de Saint-Point gesehen.

Doch noch ein letztes Mal zurück zu Marinettis Gründungsmanifest! Der elfte und letzte Punkt des Manifests betrifft die großen Menschenmengen, ein Thema, das wir ja bereits beim Auftauchen der Kunstavantgarde am Horizont erscheinen sahen, war der Künstler doch eben jener Vermittler und Transmitter, dem es gelingen sollte, die gesellschaftlichen Massen auf seine Seite zu bringen und für eine weitere, futuristisch verstandene Gestaltung der künftigen Gesellschaft zu gewinnen. Schon für Gabriele d'Annunzio war die Problematik der Masse und deren Prägung und Leitung – unter Einschluss des Entwurfs von Führerfiguren – eine ganz zentrale Thematik. Ihre politischen Konsequenzen lagen auf der Hand! Zugleich wird die urbane Dimension derartiger Aufrufe und Proklamationen deutlich, ist doch der Anspielungshorizont mit Blick auf die zu bewerkstelligende und ins Auge gefasste Revolution und den angezielten Adressatenkreis unmittelbar auf ein städtisches Publikum eingeengt. Hier gilt es also, von Beginn an den Futurismus als eine vorrangig urbane Bewegung zu begreifen.

Filippo Tommaso Marinetti ließ es nicht bei diesem ersten Manifest bewenden: Er legte sofort mehrere Texte nach, darunter insbesondere seinen Debütroman. Er erschien noch im selben Jahr 1909 in französischer Sprache unter dem Titel *Mafarka le futuriste* in Paris. Kurze Zeit später wurde er in italienischer Übersetzung von Marinettis Sekretär publiziert. Es handelte sich in der Tat um jenen ersten futuristischen Roman, den er – so Marinetti kommentierend – seinen futuristischen Brüdern versprochen hatte.

Es kann uns wahrlich nicht überraschen, dass die zentralen Figuren dieses Romans allesamt Männer sind. Wenig überrascht uns auch die Tatsache, dass es im Grunde vor allem um kriegerische Auseinandersetzungen und kriegerisch-kämpferische Entschlossenheit geht. In einer Ansprache des Romanhelden Mafarka dreht sich folglich alles auch um eben jene Dimensionen, welche wir bereits als Orientierung an der Maschine, an der körperlichen Kraft und männlichen Energie, aber auch als Ablehnung und Verachtung der Frau in Marinettis Manifest kennengelernt hatten. Es verwundert uns daher auch nicht, dass Mafarka ohne Zutun einer Frau gleichsam in einer Produktionsanstalt einen Sohn hervorbringt, ein wichtiger Gebärvorgang und Herstellungsprozess, sind doch auf diese Weise die Frauen gleichsam ihrer ‚naturgegebenen' Mutterschaft und damit produktiven Funktion innerhalb der menschlichen Gemeinschaft verlustig gegangen.

Mafarkas Sohn ist konsequenterweise eine Art Kombination aus Mensch und Maschine: ein Flugzeug-Mensch, der von nun an die Perspektive aus der Luft in die Literatur einbringt.[9] An dieser Stelle darauf verwiesen, dass Max Aub in seinem Roman über einen Avantgardisten namens *Jusep Torres Campalans* – flunkernd wie so oft – darauf aufmerksam machte, dass der Kubismus sich deswegen Kubismus nenne, weil auf Grund der Wahrnehmung aus der Luft die kleinen Häuschen am Boden, aus verschiedenen Perspektiven betrachtet, fast wie Würfelchen, eben „cubos", aussahen. Dieses Element der Wahrnehmung aus der Luft ist also – soweit dürfen wir Max Aub sehr wohl folgen – ein überaus wichtiges und wahrnehmungsveränderndes Element der reichen Beziehung zwischen Literatur und Aviatik – mit Folgen weit über beide Gebiete hinaus.

Die Transposition von *Mafarka le futuriste* in eine Vorzeit und nach Nordafrika sollte uns an die Tatsache erinnern, dass Marinetti als Kriegsberichterstatter 1912 in Nordafrika, genauer in Libyen, tätig war. In seinem Erzähltext entfaltet er Phantasien einer ungeheuren kriegerischen Szenerie mit Massenmorden und brutalsten Vergeltungsmaßnahmen, welche in der Realität nur noch – wenn überhaupt – durch die folgenden beiden Weltkriege übertroffen werden sollten. Wir wohnen einem hemmungslosen Morden, einer durch nichts gebremsten Gewaltverherrlichung bei. Der entfesselten Soldateska werden im Übrigen in diesem Roman Dutzende, ja Hunderte von jungen Frauen zum Opfer gebracht; auch dies ein futuristischer Zug, der sich nicht nur in den Manifesten angekündigt, sondern in Marinettis späteren Texten künstlerisch beziehungsweise literarisch umgesetzt wurde.

Die Apotheose der Gewalt und deren ästhetischer Genuss mögen Ihnen zutiefst zuwider sein und ich gestehe gerne, dass diese Ästhetik der Zerfleischung mich zutiefst abstößt: Aber ferne ist sie uns nicht! Ich meine damit nicht die schauerliche Ästhetik und Bilderwelt unserer fernen und doch so nahen Drohnenkriege, sondern zum Beispiel die Reaktion von Karlheinz Stockhausen in einer Pressekonferenz auf die kurz zuvor erfolgten Angriffe auf das World Trade Center in New York. Dort gab der vielleicht berühmteste Komponist des 20. Jahrhunderts und avantgardistische Musiktheoretiker vor laufenden Aufnahmegeräten der Journalisten unter anderem zu Protokoll: „Also, was da geschehen ist, ist natürlich – und jetzt müssen Sie alle Ihr Gehirn umstellen – das größte Kunstwerk, was

---

9 Vgl. Ingold, Felix Philipp: *Literatur und Aviatik.*

es je gegeben hat."[10] Sie sehen: Die brutalen Terroranschläge von New York, die Tausenden von Menschen das Leben kosteten, können von einem Künstler und Theoretiker unserer Tage ‚einfach so mal eben' zum größten Kunstwerk um-deklariert und damit ästhetisch zugänglich gemacht werden! Karlheinz Stockhausen stand darin – ob er sich dessen bewusst war oder nicht – ganz in der Tradition der europäischen Futuristen.

Der heroische Sohn von Marinettis Mafarka ist also eine Art Mischung aus einem Automaten und einem anthropomorphen Wesen, eine Art menschliche Flugmaschine, die konstruiert und zusammengesetzt wird wie andere Maschinen auch. Während ich dies schreibe, höre ich gerade im Rundfunk, dass es im Bereich der Sportmedizin längst zu einem Thema nicht zuletzt auch wissenschaftlicher Veröffentlichungen geworden ist, gentechnisch bereits die Koordinaten noch ungeborenen Lebens so zu verändern, dass sich hieraus geradezu notwendig Spitzensportler entwickeln müssen. Die futuristischen Ideen werden somit Stück für Stück Wirklichkeit, ganz gleich, wie wir derartige Phantasien und die futuristische Imagination auch immer ethisch und moralisch bewerten mögen.

Über diese Dimensionen hätte schon ein Friedrich Nietzsche nur gespottet; und ebenso erginge es uns auch beim Italiener Marinetti. Mafarka ist schon den berühmten Schritt weiter: Er hat die Moral – wie von Nietzsche gewünscht – bereits hinter sich gelassen. Daher gibt Mafarka seinem Sohn eine Reihe von Orientierungen mit, hinter denen wir zum Teil simple Umkehrungen der christlichen Moral – etwa die Verkehrung der Nächstenliebe in die absolute Selbstliebe – erkennen können. Die nietzscheanische „Umwertung aller Werte" findet in den Programmen des Futurismus ihren ästhetischen Ausfluss.

Felix Philipp Ingold hat in seinem schönen Buch *Literatur und Aviatik* Marinettis Roman einige Seiten gewidmet und zurecht darauf hingewiesen, dass mit „diesem scheinbar trivialen Konglomerat aus lyrischen Versatzstücken und dramatisch verdichteten Traumbildern, aus Heldenepos und Abenteuerroman" exemplarisch vorgeführt werden sollte, wie die literarische Umsetzung der Thesen seines ersten Manifests zu erfolgen hätte.[11] Der propagandistische Unterton des Romans ist nicht zu überhören, mehr noch: Marinettis Text setzt Programmatik in Propaganda um! Politik und Kunst stehen Seite an Seite. Gewiss können wir in Mafarka und seinem Sohn eine wichtige Traditionslinie des Übermenschen erkennen, die sich rückwärts zweifellos hin zu Nietzsches „Übermensch" und nicht weniger zu Alfred Jarrys „Supermâle" erstreckt – einen Roman, den wir in

---

10 Vgl. den Mitschnitt in *BR Klassik* (16.9.2001).
11 Ingold, Felix Philipp: *Literatur und Aviatik*, S. 75.

unserer Vorlesung nicht besprechen können, dem aber eine große Bedeutung für Marinettis Entwürfe zukommt. Doch dies ist längst nicht alles!

Denn andererseits besteht bis heute eine Nachfrage nach, aber auch Nachfolge von *Mafarka*, die sich bis zu den Filmen der Monsterklasse, den Comics und BDs fortschreiben lässt. Auch ein Tarzan und weit mehr noch Batman oder Superman gehören in die Genealogie futuristischer Phantasien. Das Erbe des Futurismus ist beeindruckend, auch wenn sich die genetischen und genealogischen Linien nicht immer direkt rekonstruieren lassen. Doch Omnipräsenz und Fortleben futuristischen Gedankenguts – wenn auch in veränderten Konstellationen und anderen soziokulturellen Kontexten – sind nicht zu übersehen!

Vor diesem Hintergrund konnte es Marinetti nur gefallen, dass die italienische Justiz ihn und seinen Roman anklagte wegen Verletzung der Schicklichkeit, letztlich aber freisprechen musste, was dem Roman, von Marinetti kräftig unterstützt, eine ungeheure Publicity verschaffte. Schon die Immoralismus-Prozesse gegen französische Literaten des 19. Jahrhunderts hatten vor allem gezeigt, dass sie die Verkaufserfolge von Texten im Allgemeinen sicherstellten.[12] Zweifellos dürfen wir in *Mafarka le futuriste* zugleich die Konzipierung einer faschistischen Literatur erkennen: eine Verbindung, die übrigens Marinetti während der Mussolini-Zeit mehrfach selbst betont hatte.

Ich möchte mich diesem Roman, der an Szenen der Grausamkeiten und Zerstörungswut unglaublich dicht ist und dies mit einer an Klischees überreichen Sprache vorführt, nicht ausführlich widmen. Jedoch will ich beispielhaft eine Passage herausgreifen, die wiederum mit der Wichtigkeit von Wahrnehmung aus der Luft und Aviatik insgesamt zu tun hat und sich auf den Flug bezieht, mit dem der Sohn Mafarkas, Gazourmah, den Planeten Erde verlässt und sich dem Mars zuwendet. Es handelt sich dabei um einen Raum-Flug, der zugleich mit der galaktischen Sphärenmusik in Verbindung gebracht wird und somit in gewisser Weise dem irdischen Chaos eine kosmische Ordnung, einen Kosmos jenseits des Planeten Erde entgegenstellt. Sie bemerken, dass dies Handlungs- und Kontextelemente sind, welche Ihnen aus Science-Fiction-Romanen wohlvertraut sind – und dass ich Ihnen die Grausamkeiten dieses Romans wirklich nicht zumuten will:

> Plötzlich, als sich seine Flugweise änderte, bezauberte eine sanfte und seltsame Melodie seine Ohren. Er begriff sogleich, dass sie aus seinen Flügeln kam, die lebendiger und klangvoller waren als zwei Harfen, und er vergnügte sich, trunken vor Begeisterung, damit, diese

---

12 Vgl. Heitmann, Klaus: *Der Immoralismus-Prozeß gegen die französische Literatur im 19. Jahrhundert.* Bad Homburg – Berlin – Zürich: Verlag Gehlen 1970.

harmonischen Kadenzen zu modulieren, indem er die Schwingungen Mal für Mal sehnsüchtig in die Länge zog und ihre exaltierte Wiederkehr immer höher schraubte.
Dergestalt verwirklichte sich in Gazourmahs Flug endlich die große Hoffnung der Welt, der große Traum einer totalen Musik ... Der Aufschwung aller Gesänge der *Erde* vollendete sich in seinen großen inspirierten Flügelschlägen! ... Hehre Hoffnung der *Poesie*! Wunsch nach Verflüchtigung! Edle Ratschläge des Qualms und der Flammen![13]

Es geht hier um die Vision einer absoluten Welt, erfüllt von einer absoluten Musik, in welcher der totale Künstler eine totale Kunst hervorbringt, die das gesamte Universum erfasst: Es sind immer wieder diese Träume, welche all jene Futuristen begeistern, die sich um Marinetti scharen. Wir wohnen der künstlerischen Entstehung einer Welt bei, in welcher Leben und Kunst, Mensch und Maschine, Natur und Kultur miteinander eng verwoben sind und Harmonien entstehen lassen, wie sie bereits in der Antike erträumt wurden. Die Harfen mögen uns daran erinnern, dass wir es hier sehr wohl mit langanhaltenden Traditionen in der Kunst zu tun haben, auf die Marinetti durchaus zurückgriff, was ihn aber nicht daran hinderte, verbal mit aller vorhandenen Kunst zu brechen.

Lassen Sie uns aber jetzt diesem futuristischen und vom Faschismus gar nicht weit entfernten Roman schnell wieder Adieu sagen, dem Barbara Vinken vor einiger Zeit einen Aufsatz im Hinblick auf dessen Pulp-Ästhetik gewidmet hat, womit eine Art Ästhetik der ‚Zermantschung‘, der Zerstörung, des Ausquetschens gemeint ist, in welcher die Arbeit auch schwelgt![14] Diese Zerstörung und ‚Zermantschung‘ ist übrigens eine Dimension, die wir bereits bei Alfred Jarry, etwa in seinem *Ubu Roi* und seiner „Chanson du décervelage“, später auch noch bei Boris Vian ausfindig machen können.

Widmen wir uns nun aber jener Dimension der Glorifizierung, die Sie auch am Ende dieses etwas hohl klingenden Auszugs aus *Mafarka le futuriste* zweifellos wahrnehmen konnten, und versuchen wir, die Marinetti'sche Schreibweise nun im Bereich der Lyrik etwas genauer unter die Lupe zu nehmen! Als Beispiel für die Dichtkunst Marinettis soll uns nun ein Text dienen, der sich irgendwo auf der Grenze zwischen Lyrik und Prosa bewegt und eben jene Thematik des Krieges, die wir nun sattsam kennen, mit einer neuen, zukunftsweisenden ästhetischen Dimension in Verbindung bringt – der Dimension der Simultaneität:

---

13 Marinetti, Filippo Tommaso: *Mafarka le fututriste. Roman africain.* Paris: E. Sansot 1909, S. 305 f.
14 Vgl. Vinken, Barbara: MAKE WAR NOT LOVE: Pulp Fiction oder Marinettis Mafarka. In: Asholt, Wolfgang / Fähnders, Walter (Hg.): *Der Blick vom Wolkenkratzer: Avantgarde, Avantgardekritik, Avantgardeforschung.* Amsterdam – Atlanta: Rodopi 2000, S. 183–206.

Ruhm der Poesie neuer Kriegs-Technizismen
Obgleich Experte für echte oder gefälschte Schlachten, genoss und genieße ich noch zahlreiche Momente staunender Freude am Tag des Feuers, den der Duce in Furbara und Santa Marinella dem Hitler auf elegante Weise darbot
Vom Morgengrauen an alles und jeder unter dem Kommando des Großen Neu-Italien, das auch technisch den imperialen Blitzkrieg gewann und nun als beharrliche Alchimistin der Zukunft günstige Verhältnisse vorbereitet
Wir befinden uns in einem riesigen chemischen Labor hochfliegender Gleichungen auf einem blau-flugzeuglichen Sonnen-Fresko [...]
Inzwischen erwachen die Bomber-Trimotoren mit wilder Freude und graben und wühlen im weiten dröhnenden Busen der Erde, wutentbrannt über so viele explodierende Tonnen – so viele [...]
Ruhm jenen gewitzten Fläschchen voll explosiver italienischer Ideale ...[15]

Dieses Prosagedicht aus den Zeiten der Achse zwischen Rom und Berlin sowie der unverbrüchlichen Freundschaft zwischen Hitler und Mussolini, vor der ein Gabriele d'Annunzio den Duce durchaus gewarnt hatte, zeigt, dass auch nach der Erfahrung des Ersten Weltkriegs die Kriegstrunkenheit Marinettis nicht nachgelassen hatte. Die Simultaneität der Einschläge, der Bomberstaffeln, der Granaten usw. – und ich habe zu unser aller Freude vieles davon weggelassen! – zeigt, dass der Krieg für den italienischen Futuristen Marinetti – und er hatte unermüdlich für den Kriegseintritt Italiens geworben und Propaganda gemacht – für ihn noch immer das große ästhetische Spektakel war, das er sich zur radikalen Transformation der gesamten Welt ersehnte.

Marinetti „le futuriste" erging sich in Lobpreisungen aller Art für dieses technisch-maschinenhafte Spektakel, da es eine große Simultaneität mit immer neuem Kriegsspielzeug herzustellen in der Lage war. Dichtkunst und die Literatur insgesamt stehen hier im Dienste einer politischen Propaganda, zugleich aber auch einer lebenspraktischen Umsetzung, die – wie wir sahen – für Peter Bürger oberstes Kriterium für die Avantgarde ist. Es geht um die Vorstellung einer Verschmelzung von Kunst und Lebenspraxis, um die Aufhebung der Grenze zwischen Leben und Kunst, ganz so, wie auch im auf den ersten Blick vom Krieg so verschiedenen Bereich der Wollust, der „volupté", von Valentine de Saint-Point die Umsetzung des Körperlichen und der Erotik in Kunst eine Aufhebung dieser Grenzziehungen beabsichtigte. Die futuristische Kunst will gelebt, will ausgelebt werden!

Die großen und starken Verbindungen zwischen Futurismus und Faschismus sind keineswegs die einzigen politischen Optionen, wenn wir den Futurismus in seiner gesamten europäischen Spannbreite analysieren. Es wäre auch möglich

---

15 Marinetti, Filippo Tommaso: Poesia simultanea di una finta battaglia. In Ders.: *Il poema non umano dei tecnicismi*. Mailand: Mondadori 1940, S. 117 f. [Übers. Markus A. Lenz]

gewesen, ein Bündnis am anderen Ende der politischen Skala zu nennen, wenn dieses auch weit weniger dauerhaft war. So könnten wir durchaus die Entwicklung des russischen Futurismus untersuchen, insofern sich diese Variante zeitweilig an der Oktoberrevolution und den verschiedenen Programmen der künstlerischen revolutionären Bewegungen im zusammengebrochenen Zarenreich orientierte. Denn auch dort lässt sich der Drang einer autonom gewordenen Kunst nach dem Leben absehen: mit dem Versuch dieser Seitenlinie des Futurismus, auf die Gesellschaft und die Lebenspraxis in Russland in direkter Weise einzuwirken und dabei auch eine führende, wegweisende, eben avantgardistische Stellung einzunehmen.

Zum Zeitpunkt des zuletzt analysierten Gedichts freilich hatten die politischen Akteure in den unterschiedlichen Ländern längst die Dinge so sehr in den Griff bekommen, dass es hier um einen wie auch immer geäußerten gesellschaftlichen Führungsanspruch futuristischer Künstler nicht mehr gehen konnte. Die futuristische Kunst orientierte sich vielmehr zunehmend an einer bereits veränderten gesellschaftlichen Lebenspraxis, zu deren Gehilfin sie wird. Gleichwohl – und auch dies sollten wir nicht vergessen – hat der Faschismus in seinen unterschiedlichen Ausprägungen eine Vielzahl futuristischer Ideen in die Tat umgesetzt, so dass die erste historische Avantgardebewegung in der Tat eine Sprengkraft entwickelte, die nicht nur die eigene Gesellschaft, sondern die gesamte Welt in Brand setzte.

Wir wollen an dieser Stelle zu einem weiteren, für die Entwicklung des Futurismus wie der historischen Avantgarden grundlegenden Manifest Marinettis kommen! Manifeste waren seine eigentliche Spezialität, sieht man einmal davon ab, dass er eben vor allem auch der große Macher, der große Propagator, der große Organisator war, der es verstand, werbetechnisch geschickt die Aufmerksamkeit auf eine anfangs sehr minoritäre Gruppe zu lenken und ihre künstlerischen Bemühungen gebührend ins Rampenlicht zu rücken. Die Auswahl zwischen den zahlreichen Manifesten Marinettis fällt uns nicht leicht!

Es wäre durchaus möglich, uns dem nach seinem Gründungsmanifest wohl bekanntesten Dokument des italienischen Futuristen zuzuwenden, dessen Titel bereits wieder auf Mord und Totschlag verweist: *Uccidiamo il Chiaro di Luna* (datiert auf April 1909) oder *Tod dem Mondschein*, wie der deutsche Titel lautet. Darin geht es in der Tat ständig um Morde, ja Massenmorde, die nunmehr aus der Perspektive der Luft ausgeführt werden, ist doch die futuristische Kampftruppe mit Aeroplanen bewaffnet, die Bomben abwerfen und aus kleinen Maschinengewehren auf die Menschen feuern. Diese können sie ja nicht mehr unterscheiden, sondern nur mehr noch als undifferenzierte Gruppen und vor allem als kollektive feindliche Horden wahrnehmen. Ihnen fallen dazu nur jene Bilder ein, die dank Julian Assange und *WikiLeaks* an die Öffentlichkeit kamen und diese völlig asymmetrische, mörderische Kriegsführung zeigen? Dann liegen Sie nicht falsch, denn genau dies ist es: Massenmord! Ausgeführt freilich nicht von italienischen Futuristen, sondern der Führungsmacht der westlichen Wertegemeinschaft. Willkürliche Hinrichtungen verübt nicht mit Hilfe von Mitrailleusen aus tollkühnen Doppeldeckern, sondern von US-Kampftruppen, die aus Hubschraubern operierten und sich laut Übertragung tierisch über ihr gutes Zielwasser freuten.

Sehen Sie es mir bitte nach, dass ich noch einen kurzen Augenblick lang bei diesem futuristischen Text verweile, der auf unsere Zukunft ein so unbarmherziges Licht wirft! Die Befehle, auf diese Horden zu feuern, strukturieren den letzten Teil dieses Manifests, das wiederum eine Reihe narrativer Grundstrukturen enthält, so dass es eine Geschichte erzählt, die freilich in mehr als einem Sinne programmatisch ist. Wenn ich Ihnen das berühmte Video der US-Kampftruppen, das von *WikiLeaks* zugänglich gemacht wurde, einspielen würde, wären Sie Zuschauer eines von den Futuristen vorgedachten, imaginierten und von anderen in die Tat umgesetzten Happenings, für das die Worte ‚unmenschlich‘ oder ‚menschenverachtend‘ harmlose Euphemismen wären. Und doch: Die USA stürzen sich nicht auf jene, die in ihrem Namen diese unsäglichen Verbrechen begingen, sondern auf denjenigen, der die Bilder allgemein zugänglich machte.

Ich möchte auf dieses Manifest aus Zeitgründen aber nicht näher eingehen, sondern Ihnen gleichsam parallel hierzu etwas anderes vorführen, nämlich die veränderte Wahrnehmung aus der Luft, die sich in eben jener Zeit in Kunst wie Photographie reflektiert und analysiert sieht. Dazu möchte ich Ihnen zum einen die Originalphotographie vorlegen, die den Überflug von Wien durch die von Gabriele d'Annunzio geleitete Flugzeugstaffel am 9. August 1918 zeigt, und auf der Sie Abertausende von Flugblättern erkennen können, welche die italienischen Männer über der österreichischen Hauptstadt niederrieseln ließen. Die angegebene Flughöhe der Flugzeugstaffel Serenissima und damit auch die Höhe, aus der dieses Foto geschossen wurde, betrug wohl etwa 700 Meter.[16]

Abb. 25: Gabriele D'Annunzio: Flug über Wien und Abwurf tausender Flugblätter, 1918.

---

16 Vgl. Ingold, Felix Philipp: *Literatur und Aviatik*, S. 437.

Ein zweites Bildelement[17] verweist auf die Tatsache, dass durch den Blick auf die Welt aus der Vogelperspektive – die in der Literatur keineswegs neu war, wie etwa ein Blättern in Victor Hugos *Notre-Dame de Paris* und das Eröffnungskapitel „Paris à voile d'oiseau" zeigt – eine Art Geometrisierung und Dynamisierung der Wahrnehmung und der Wahrnehmungsobjekte einsetzt, die sich in vielfältiger Weise auch künstlerisch bricht. Das Flugzeug wird zum zentralen Erfahrungsmittel, wobei das Element des Fliegens auch eine erotische Komponente besitzt. Dies erbrachten die psychoanalytischen Untersuchungen eines Sigmund Freud; aber schon zeitgenössische Plakatentwürfe zeigen uns dies in aller wünschenswerten Deutlichkeit.[18] Dort sehen Sie den nach oben gereckten Frauenkörper einer in den Himmel zu den Flugmaschinen hinaufweisenden, ekstatisch gekrümmten jungen Frau; und auf einem zweiten Plakat die unserer heutigen Autowerbung nicht sehr fremde Drapierung einer akzentuierten Frau auf dem Flügel eines von einem Mann gesteuerten Aeroplans. Die Untersuchung der geschlechterspezifischen Rollenverteilung überlasse ich ebenso Ihrer Analyse wie die Parallelen zur heutigen Werbung!

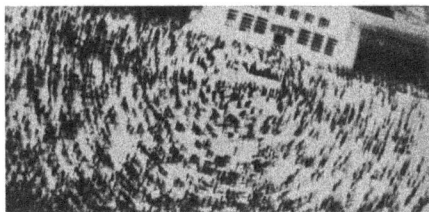

Abb. 26: Aviatorische Weltschau: Geometrisierung und Dynamisierung der Optik.

Ich möchte Ihnen gerne mit Hilfe dieser Photographien und Bilder aufzeigen, welche Bedeutung das Auftauchen des Flugzeugs am Himmel auch für die Alltags- und Kunst-Imagination der Zeitgenossen besaß: Der Mensch konnte nun fliegen, war bald schon Herr der Lüfte, machte sich auch dieses Element unseres Planeten untertan! Aus all diesen Aspekten erklärt sich einerseits die Besessenheit der Futuristen gerade auch vom Bewegungsmittel Flugzeug und andererseits die Tatsache, dass sich hieraus in der Tat eine andere Wahrnehmung von Landschaft und Stadt ergaben, in welcher der einzelne Mensch nicht mehr in Erscheinung tritt. Die Verbindung zum Krieg weist uns erneut auf unsere eigene Gegenwart, wo die aktuellen Flugzeugkanzeln vielleicht noch weniger – da über Bordgeräte gesteuert und mediatisiert – die Wahrnehmung des computergelenkt anzugrei-

---

17 Ebda., S. 476.
18 Ebda., S. 417.

Abb. 27a und b: Zwei Flugplakate, 1909–1912.

fenden Individuums ermöglicht und zugleich wiederum verhindert. Ermöglicht, um möglichst zielgenau treffen zu können, verhindert aber, weil es sich nie um einen eigentlichen Menschen handelt, sondern bestenfalls um dessen Silhouette, um ein distantes Bild auf dem Bildschirm.

Eine Individualisierung erfolgte allerhöchstens in Form der berühmten tollkühnen Männer in ihren fliegenden Kisten und den vielen Legenden, die sich um die großen Kriegsflieger wie etwa den „Roten Baron" von Richthofen gebildet haben. Ich hoffe, Ihnen vor diesem Hintergrund deutlicher vor Augen geführt zu haben, dass sich die Futuristen nur an die programmatische Spitze einer Bewegung setzten, die ausgelöst durch den technischen Entwicklungsschub die ganze Gesellschaft erfasste und die gesamte Wahrnehmungsstruktur menschlicher Sinne grundlegend veränderte.

Wir verfügen nun über die Voraussetzungen, die Problematik der Aeroplan-Metaphorik insgesamt zu erfassen und deren Umsetzung im künstlerischen und literarischen Bereich adäquat zu verstehen. Die enormen revolutionären und ästhetischen Veränderungen, welche von den Futuristen ausgehen, erfassen die gesamten Avantgarden wie auch weit darüber hinaus die Künste und Literaturen der ersten Jahrhunderthälfte. Sie sind von einer solch grundlegenden Veränderung gekennzeichnet, dass es nicht statthaft wäre, diese nur aus rein innerliterarischen oder rein politischen Gründen und Aspekten abzuleiten, ohne die technischen Transformationen und den dadurch ausgelösten Wandel in der Perzeption und Imagination miteinzubeziehen. Ganz so, wie die Futuristen Kunst und Leben nicht länger voneinander trennen wollten, so gilt es auch, die futuristische Kunst nicht von ihren sozioökonomischen, technologischen und politischen Kontexten abzulösen: Wir müssen alles als eine komplexe Einheit behandeln!

Der Futurismus, der Fortschritt und ein Vorläufer

Betrachten wir also den Beginn des von Marinetti auf den 11. Mai 1912 datierten *Technischen Manifests der futuristischen Literatur*, wobei dieser Einstieg – charakteristisch für die Manifeste Marinettis – erneut narrativ gewählt ist, bevor hernach eine diskursive strukturierte thesenartige Präsentationsform die Oberhand gewinnt! Zwischen den dominant narrativen und diskursiven Teilen entsteht eine vieldeutige Reibung, eine Friktion, welche der gesamten Prosa zu ihrer explosiven Wirkung verhilft:

> Ich saß im Flugzeug auf dem Benzintank und wärmte meinen Bauch am Kopf des Fliegers, da fühlte ich die lächerliche Leere der alten, von *Homer* ererbten Syntax. Stürmisches Bedürfnis, die Worte zu befreien, sie aus dem Gefängnis des lateinischen Satzbaus zu ziehen! Dieser hat natürlich, wie alle Dummköpfe, einen vorausschauenden Kopf, einen Bauch, zwei Beine und zwei Plattfüße, aber er wird niemals zwei Flügel haben. Es reicht gerade, um zu gehen, einen Augenblick zu laufen und fast sofort wieder keuchend anzuhalten!
>
> Das hat mir der surrende Propeller gesagt, während ich in einer Höhe von zweihundert Metern über die mächtigen Schlote von Mailand flog. Und er fügte hinzu:
>
> 1.   MAN MUSS DIE SYNTAX DADURCH ZERSTÖREN, DASS MAN DIE SUBSTANTIVE AUFS GERADEWOHL ANORDNET, SO WIE SIE ENTSTEHEN.
> 2.   MAN MUSS DAS VERB IM INFINITIV GEBRAUCHEN, damit es sich elastisch dem Substantiv anpaßt, und es nicht dem *Ich* des Schriftstellers unterordnet, der beobachtet oder erfindet. Nur das Verb im Infinitiv kann das Gefühl für die Fortdauer des Lebens und die Elastizität der Intuition, durch die sie wahrgenommen wird, vermitteln.
> 3.   MAN MUSS DAS ADJEKTIV ABSCHAFFEN, damit das bloße Substantiv seine wesenhafte Färbung beibehält. Da das Adjektiv seinem Wesen nach nuancierend ist, ist es mit unserer dynamischen Vision unvereinbar, denn es setzt einen Stillstand, eine Überlegung voraus.
> 4.   MAN MUSS DAS ADVERB ABSCHAFFEN, diese alte Schnalle, die ein Wort an das andere bindet. Das Adverb gibt dem Satz einen lästigen, einheitlichen Ton.
> 5.   JEDES SUBSTANTIV MUSS SEIN DOPPEL HABEN, d.h. jedem Substantiv muß ohne Bindewort das Substantiv folgen, dem es durch Analogie verbunden ist. Beispiel: Mann – Torpedoboot, Frau – Meerbusen, Menge – Brandung, Platz – Trichter, Tür – Wasserhahn.
>
> Da die Fluggeschwindigkeit unsere Kenntnis der Welt vervielfacht hat, wird die Wahrnehmung durch Analogien immer natürlicher für den Menschen. Man muß folglich die Redewendungen *wie, gleich, so wie, ähnlich* unterdrücken. Besser noch sollte man direkt den Gegenstand mit dem von ihm heraufbeschworenen Bild verschmelzen und so das Bild mit einem einzigen, essentiellen Wort in Verkürzung wiedergeben.
>
> 6.   AUCH DIE ZEICHENSETZUNG MUSS ABGESCHAFFT WERDEN. Sind Adjektive, Adverbien und Konjunktionen erst beseitigt, dann ist die Zeichensetzung natürlich aufgehoben in der wechselnden Dauer eines *lebendigen*, durch sich selbst geschaffenen

Stils, ohne die absurden Unterbrechungen durch Kommata und Punkte. Um gewisse Bewegungen hervorzuheben und ihre Richtungen anzugeben, wird man die mathematischen Zeichen: + − x : = > < und die musikalischen Zeichen verwenden.

7. Die Schriftsteller haben sich bisher der unmittelbaren Analogie hingegeben. Sie haben zum Beispiel ein Tier mit einem Menschen oder mit einem anderen Tier verglichen, was ungefähr der Photographie gleichkommt. (Sie haben zum Beispiel einen Foxterrier mit einem ganz kleinen Vollblut verglichen. Andere, Fortgeschrittenere, könnten denselben zitternden Foxterrier mit einer kleinen Morsemaschine vergleichen. Ich hingegen vergleiche ihn mit aufkochendem Wasser. Es ist dies eine ABSTUFUNG VON IMMER AUSGEDEHNTEREN ANALOGIEN, und es bestehen immer tiefere und festere, wenn auch sehr fernliegende Beziehungen.)

Analogie ist nur die tiefe Liebe, die fernstehende, scheinbar verschiedene und feindliche Dinge verbindet. Nur durch sehr ausgedehnte Analogien kann ein orchestraler Stil, der gleichzeitig polychrom, polyphon und polymorph ist, das Leben der Materie umfassen.

Wenn ich meiner „Schlacht von Tripolis" einen von Bajonetten strotzenden Schützengraben einem Orchester und eine Mitrailleuse einer verhängnisvollen Frau vergleiche, so habe ich intuitiv einen großen Teil des Weltalls in die kurze Episode einer afrikanischen Schlacht eingeführt.

Die Bilder sind nicht Blumen, die man mit Sparsamkeit auswählen und pflücken muß, wie *Voltaire* sagte. Sie bilden das Blut der Dichtung. Dichtung muß eine ununterbrochene Folge neuer Bilder sein, ohne die sie blutarm und bleichsüchtig ist [...].

8. ES GIBT KEINE BILDKATEGORIEN, die vornehm, grob oder vulgär, übertrieben oder natürlich sind [...]

9. Um die aufeinanderfolgenden Bewegungen eines Gegenstandes darzustellen, muß man die Kette der Analogien, die er hervorruft, wiedergeben, und jede Analogie muß verdichtet, in einem essentiellen Wort zusammengefaßt werden. [...]

10. Da jede Art von Ordnung notwendig das Produkt eines vorsichtigen und behutsamen Verstandes ist, muß man die Bilder orchestrieren und sie nach der GRÖSSTMÖGLICHEN UNORDNUNG verteilen.

11. MAN MUSS DAS „ICH" IN DER LITERATUR ZERSTÖREN, das heißt die ganze Psychologie. [...]

Außerdem müssen drei Elemente in die Literatur eingeführt werden, die bisher vernachlässigt wurden:

1. DER LÄRM (Manifestation des Dynamismus der Gegenstände);

2. DAS GEWICHT (Flugvermögen der Gegenstände);

3. DER GERUCH (Streuvermögen der Gegenstände). [...]

Zusammen werden wir erfinden, was ich DRAHTLOSE PHANTASIE nenne.[1]

Bei diesem hier ungewöhnlich lange, wenn auch in Auszügen zitierten Manifest wird zunächst einmal der narrative Einstieg und ein Ort des Sprechens skizziert,

---

1 Marinetti, Filippo Tommaso: Technisches Manifest der futuristischen Literatur. In: Asholt, Wolfgang / Fähnders, Walter (Hg.): *Manifeste und Proklamationen*, S. 24–26.

der nicht nur überaus originell, sondern auch im Kontext unserer Fragestellungen signifikant und epistemologisch relevant ist. Denn der Ich-Erzähler sitzt auf dem Benzintank in einem Flugzeug, mit dem er gerade die mächtigen Schlote der Fabrikstadt Mailand überfliegt. Es ist daher eine Industrielandschaft in Italiens hochentwickeltem Norden, welche aus der Vogelperspektive wahrgenommen wird. Und es ist dabei selbstverständlich, dass der Ich-Erzähler gleichsam auf einem Pulverfass sitzt, das in seinem fliegenden technischen Apparat jederzeit explodieren kann, zugleich aber auch als Benzintank für jene Energie und jenen Treibstoff steht, die alles vorantreiben.

Von dieser mobilen und erhöhten Position aus – es ist gleichsam die erhabene Position einer modernisierten Ästhetik – wird eine Überflieger-Perspektive eingenommen, von der aus die literarische Tradition sich als jene Homers erweist, die bis vor kurzem noch im Schwange gewesen sei. Doch was kann eine solche, selbstredend überkommene Syntax angesichts der aktuellen Wahrnehmung unserer Welt den heutigen Menschen noch sagen? Die herkömmliche literarische Tradition und deren Syntax erscheinen uns so als etwas angesichts des technischen Fortschritts und der veränderten Bedingungen der Kunstproduktion völlig Leeres und Überholtes. Sie können nicht länger Schritt halten mit dem Fortschritt und einem Futur, das im Zeichen schneller Bewegungen steht, welchen sie mit ihren Plattfüßen nur mehr hinterher zu hecheln vermögen.

Es existiert also eine Inkongruenz zwischen der Position der Moderne und der Geschwindigkeit des Neuen einerseits und der Behäbigkeit und Leere einer veralteten, dem Ursprung der abendländischen Literatur entsprungenen Syntax andererseits, die dieser aktuellen Welt nicht mehr gerecht zu werden versteht. Homer? Das war gestern! Die Glieder seines geordneten Satzbaues? Die gilt es zu zerstreuen und zu zerlegen, ja zu zerstören!

Die Position des Ichs ist also die einer beschleunigten Moderne, für die das Flugzeug und der an Bord befindliche Dichter höchstselbst stehen, vor deren Geschwindigkeit aber die bisherige Literatur gleichsam einen Quantensprung machen muss. Aus alledem ergibt sich der heroische Gestus einer Befreiung der Worte, einer Befreiung, die im Übrigen auch zu den „parole in libertà" führen wird, jenen Worten in Freiheit, zu einer Radikalisierung des vom Lyriker Marinetti zunächst benutzten „vers libre" und letztlich zu zu für die Lyrik des 20. Jahrhunderts insgesamt bahnbrechenden Umwälzungen. Der Futurismus hat diese Entwicklungen bei weitem nicht alle erdacht und implementiert, aber er spielte eine wichtige Rolle dabei, sie konkret auf den Weg zu bringen und zu Beginn des 20. Jahrhunderts eine Umwertung aller Werte voranzutreiben.

Die Inkongruenz zwischen technologischem Fortschritt und literarischer Sprache, Transformation der Gesellschaft und Stillstand von Kunst und Literatur, zwischen veränderter Wahrnehmung der Welt und gleichbleibender literarischkünstlerischem Ausdruck impliziert in Marinettis *Technischem Manifest der futuristischen Literatur* mithin die Legitimation einer Befreiungstat, eben jener des Ich-Erzählers. Eine Ästhetik des Bruchs zieht nun auch für die Sprache der Literatur herauf: Das Gefängnis des lateinischen Satzbaus müsse zerstört werden, womit Homer und das Griechentum nun um Rom und die lateinischen Traditionen der Antike erweitert werden, die noch immer alles beherrschten. Mit dieser totalen Dominanz müsse nun aber endgültig Schluss gemacht werden! Hübsch ist, dass dieser lateinische Satzbau mit etwas Organischem, Figürlichem in Beziehung gebracht wird: einem menschlichen Körper mit zwei Armen und Plattfüßen, denen aber ausgerechnet zwei Flügel fehlen, also just jene technischen Artefakte, deren sich der Ich-Erzähler in seinem Flugzeug sitzend selbst bedient. Damit wird jegliche schlichte Reparatur des lateinischen Satzbaus und Versbaus über Bord geworfen: Etwas völlig Neues müsse her!

Vor diesem Hintergrund ist es alles andere als überraschend, dass es ein technisches Artefakt ist, der surrende Propeller des Flugzeugs nämlich, der dem Ich das ebenfalls technische Manifest einflüstert, das wir glücklicherweise in Buchstabenschrift lesen können. Alle Vorschläge und Proklamationen sind wie stets bei Marinetti fein säuberlich und buchhalterisch, aber natürlich auch recht effektiv in einzelne Punkte aufgeteilt. Aus didaktischen Gründen ist dabei das Schriftbild verändert, eine nicht unwichtige Tatsache, welche in diesem Manifest freilich noch ganz traditionell die zentralen Forderungen des Futurismus zu unterstreichen bemüht ist.

Nicht ganz unbedeutend erscheint mir aber auch, dass es gerade der Propeller der Flugmaschine ist, welcher zum Ich-Erzähler spricht. Denn dieser Propeller ist nicht nur ein Artefakt, das die Bewegung des Motors in Geschwindigkeit und Vorwärtsbewegung umsetzt. Er ist zugleich Vorbild für die Entwicklung jenes anderen Propellers, der mit dem Kinematographen just jene Bewegung zauberte, die sich aus hintereinander geschalteten Einzelbildabläufen zusammensetzt. Sie wissen ja: Die statischen Bilder werden nur kinotechnisch mobilisiert durch die ständige, unseren Augen nicht mehr bewusste Unterbrechung der Bildprojektion durch eine durchlaufende Flügelschraube, die ganz dem Propeller des Flugzeugs verwandt ist. Mit Hilfe dieser Flügelschraube oder dieses Propellers haben die Bilder laufen gelernt.

In diesem Zusammenhang ist es ebenso wenig zufällig, dass es genau dieses ‚Durchschießen' von Lichtstrahlen durch den Propeller ist, was auch das Durchschießen von Maschinengewehrsalven durch den Propeller eines Militärflugzeugs erlaubt. Technisch gesprochen ist das absolut identisch! Ich möchte an dieser Stelle auf die grundlegende Studie von Friedrich Kittler verweisen, die unter dem Titel *Grammophon Film Typewriter* als eine der umstrittensten Habilitationsschriften in die Geschichte der Freiburger wie der deutschen Habilitationen eingegangen ist. Sie erschien 1986 in Buchform[2] und belegte auf eindrückliche Weise, dass grundlegende Neuansätze mit allerlei Brüchen innerhalb herkömmlicher wissenschaftlicher Disziplinen einherzugehen pflegen. Glücklicherweise gelang es nicht, Friedrich Kittler und seine Schrift zu disziplinieren! Kittler arbeitete auf kulturwissenschaftlich-medienanalytische Weise die grundlegenden Zusammenhänge zwischen den neuen Medien Typewriter oder Schreibmaschine, Film oder Kinematograph und Grammophon mit all jenen grundlegenden Technologien heraus, welche für die Entwicklung moderner und modernster Waffen im Übergang zum 20. Jahrhundert maßgeblich waren. Dieser Band, der in Duktus und Habitus durchaus aufhorchen ließ, verweist uns zusätzlich auf die enorme Wichtigkeit des Krieges für die Fortschritte und Entwicklungen gerade auch in Kunst und Literatur. Auch wenn man nicht der These zustimmen muss, der zufolge der Krieg der Vater aller Dinge sei, so bietet dieser Band doch mancherlei Einsichten, auf die ich im Folgenden auch zurückgreifen möchte.

Ohne hier auf die technische Problematik des Kinematographen vertieft eingehen zu können, will ich an dieser Stelle doch auf die Illusion der Bewegung hinweisen, wie sie gegen Ende des 19. Jahrhunderts auf verschiedenste Weise erzeugt wurde. Führen wir uns dabei kurz einmal das sogenannte Daumenkino oder Abblätterbuch vor Augen, das ebenfalls durch das Vorbeirauschen der Seiten – jeweils unterbrochen durch die durchlaufende Seite der Buchseiten – unserem Auge Bewegung vorgaukelt: Wie Statik scheinbar in Dynamik und Bewegung umgewandelt werden kann, zeigt dieses Ihnen allen sicherlich vertraute Beispiel recht deutlich.

Weiter möchte ich Ihnen nur kurz die oftmals diskutierte Problematik vorführen, die sich für die Zeitgenossen des 19. Jahrhunderts mit der Frage verband, ob ein galoppierendes Pferd tatsächlich – wie es in der Malerei oftmals dargestellt wurde, zu einem bestimmten Zeitpunkt keines seiner Hufe auf dem Boden hat; oder – wie es einmal ein ungeschickter Kollege formulierte, der sich damit dem Lachen seiner Zuhörer preisgab – ob ein Pferd (oder auch ein Dackel) tatsächlich alle vier Beine unter dem Bauch hat. Die Frage wurde spätestens durch die seriellen Aufnahmen von Muybridge in der zweiten Hälfte der 1880er Jahre beantwortet: Vereinfacht gesagt, waren die Konventionen der europäischen Malerei schlichtweg falsch. Die sehr unterschiedliche Darstellung des Pferdes, des galoppierenden Pferdes und von Bewegung überhaupt mag nach Ende des 19. Jahrhunderts ein Licht darauf werfen, wie der technische Fortschritt die Darstellungsmodi der Kunst auf Grund veränderter Wahrnehmungsbedingungen buchstäblich revolutionierte.

---

2 Kittler, Friedrich: *Grammophon Film Typewriter*. Berlin: Brinkmann & Bose 1986.

Abb. 28: Théodore Géricault: *Das Derby in Epsom*, Öl auf Leinwand, 1821.

Hohe Geschwindigkeiten wurden nun nicht nur anders wahrgenommen, sie wurden auch anders speicherbar: Literatur und Malerei verloren auf diesem Gebiet ihre Monopolstellungen. Damit veränderten sich fast schlagartig unsere Wahrnehmungsgewohnheiten – und selbstverständlich auch deren künstlerisch-literarische Darstellungsweisen. Muybridge gelang der photographische Beweis, dass es Abschnitte im Bewegungsablauf von Pferden gibt, zu denen in der Tat kein einziges der vielen Hufe auf dem Boden ist. Dieser für die Zeitgenossen zunächst verblüffende Bewegungsablauf sah gänzlich anders aus, als sich die Zeitgenossen, die doch viel Erfahrung mit Pferden hatten, dies gewöhnlich vorstellten. Ich darf Ihnen dies bewegungsphotographisch anschaulich vor Augen führen![3] Diese Bilder finden Sie in allen klassischen Darstellungen zur Geschichte von Photographie, Kinematograph und Bewegung:

Abb. 29: Eadweard Muybridge: *Horse and Rider Galloping*, Chronofotografie, 1883–1887.

Wir sind noch nicht einmal richtig bis zur ersten These von Marinettis *Technischem Manifest* vorgedrungen. Doch sollte Ihnen unsere Beschäftigung mit der Aufnahme und künstlerischen Potenzierung aller Aspekte rund um Bewegung zeigen, dass sich aus all diesen Fragestellungen technisch-künstlerische Apparaturen entwickeln ließen, die unsere heutige Wahrnehmung ganz selbst-

---

3 Vgl. Chronophotographie, Muybridge 1887; Chronophotographie, Muybridge 1884–1887; sowie Cinematograph und Dreiflügelblende.

verständlich prägen. Sie sind uns also buchstäblich in Fleisch und Blut übergegangen …

Aus dem Zerschneiden bestimmter durchgängiger, kontinuierlicher Bewegungsabläufe ergibt sich geradezu zwangsläufig die Technik der künstlerischen Schnitte oder der Montage, die ja gerade auf dem Prinzip des Diskontinuierlichen, also des gegen das Kontinuierliche Gerichteten, beruht. Sie verstehen nun besser, warum bei Marinetti die Bewegung des lateinischen Satzes die eines mehr oder minder gemächlichen Gehens sein musste und nicht etwa die einer sprunghaften Fortbewegung. Denn jetzt ist eine neue künstlerische Erfahrung hinzugetreten, die sich als ungeheuer fruchtbar erweisen sollte. Dass übrigens auch die Chronophotographie eine direkte Beziehung zum militärischen Bereich, insbesondere zum Schießgewehr, hat, mag Ihnen eine Abbildung aus Friedrich Kittlers Band zeigen, die Ihnen Mareys damals berühmte chronophotographische Flinte vor Augen führt.[4] Sie kann uns daran erinnern, dass auch wir in unserem Alltagsleben noch ‚Bilder schießen‘:

Abb. 30: Étienne-Jules Marey: *Chronophotographische Flinte*, 1882.

Bleiben wir noch einen Augenblick scheinbar abseits von Marinettis *Technischem Manifest*, mit dem wir uns gleich wieder näher auseinander setzen wollen, und beschäftigen wir mit jenen Fragen, die uns die technischen Medien der Zeit als solche stellen! In seinem schönen, wenn auch bisweilen etwas selbstverliebten Buch hat Friedrich Adolf Kittler zurecht darauf aufmerksam gemacht, dass in der zweiten Hälfte des 19. Jahrhunderts bestimmte Sinneswahrnehmungen zum ersten Male speicherbar gemacht werden konnten. Dazu gehört auch der Bereich

---

4 Vgl. Kittler, Friedrich: *Grammophon Film Typewriter*, S. 189.

des Hörens: 1877 bereits hatte Edison seinen Phonographen stolz der Welt präsentiert. Seit dieser Epochenschwelle gibt es Speichermedien, die akustische und optische Daten in ihrem Zeitfluss selber festhalten und wiedergeben können.[5] Die ethnologischen Museen Berlins und damit auch das aktuelle Humboldt-Forum besitzen eine Vielzahl von alten Tonwalzen, auf denen etwa die Gesänge amerikanischer oder ozeanischer indigener Gruppen aufgenommen und für die Nachwelt aufbewahrt wurden – eine nicht nur individuell spannende, sondern für die Forschung kostbare Quelle für weitergehende Untersuchungen, die uns das ‚Bild‘ einer weitgehend verlorenen Klanglandschaft zu geben vermögen. Dieses neue Speichermedium wurde also rasch gerade auch für wissenschaftliche Zwecke eingesetzt.

Aber auch die Entwicklungen im Bereich der Kunst waren immens und folgenreich: Denken Sie nur etwa an die Entwicklung der Filmindustrie, der eigentlichen kulturellen Schwerindustrie, im Vergleich zu der sich die Bereiche der Literatur mit ihren Verlagen und Akademien bestenfalls als eine Leichtindustrie bezeichnen lassen! Es war ein entscheidender Durchbruch, die unterschiedlichsten Wahrnehmungsbereiche des Menschen auf sinnlich nachvollziehbare Weise nunmehr speichern und verfügbar halten zu können. Dass wir dies mittlerweile nicht mehr nur analog, sondern vollständig digitalisiert können, ist aus dieser Perspektive zwar ein gewaltiger, aber eigentlich kein so beeindruckender Fortschritt. Gewiss vermögen wir nun Schrift, Bild, Film, Ton und viele Kombinatoriken digital ineinander überführen; aber entscheidend war es doch, überhaupt erst die Speichermöglichkeiten für das Hören, für Bewegung und eine automatisierte Buchstabenschrift gefunden zu haben! Damit möchte ich die wunderbaren Möglichkeiten einer vernetzten Digitalisierung nicht kleinreden, aber doch Ihr Bewusstsein dafür schärfen, dass am Ausgang des 19. und zu Beginn des 20. Jahrhunderts entscheidende mediale Veränderungen und Fortschritte eintraten, welche auf allen Gebieten von Kunst und Literatur enorme Folgen zeitigten. Dies in die Entfaltungen der literarischen Geschichte im 20. Jahrhundert nicht miteinzubauen, wäre eine sträfliche Reduktion!

Aber halten wir fest: Nicht umsonst haben Phonograph und Kinematograph sowie die zuvor erfundene Licht-Schrift der Photographie in ihren Bezeichnungen das ‚Schreiben‘ im Zentrum. Denn was sie speicherten, war letztlich die Zeit. Es ging folglich um ein Schreiben, das im Grunde eine Kunst in der Zeit ist, im Gegensatz zur Malerei, welche eine Kunst im Raum ist. Gewiss ist dies angesichts aller medialen Übergänge etwas vereinfacht ausgedrückt; aber Sie sollen sich diesen

---

5 Vgl. Ebda., S. 10.

grundlegenden Gegensatz zwischen einer Zeit-Kunst (der Literatur) und einer Raum-Kunst (der Malerei) plastisch vorstellen können.

Durch Speicherung der Zeit wird diese künstlerisch in anderer Weise – und nicht mehr nur literarisch – verfügbar gemacht. Was die Literatur mit ihren sechsundzwanzig Buchstaben aneinanderreiht, kann nun ebenso gespeichert werden wie das, vor dem traditionellerweise die Literatur kapitulieren musste: das Geräusch, das nicht mehr re-alphabetisiert werden konnte. Damit taten sich nun ganze Medienwelten oder, anders ausgedrückt, menschliche Wahrnehmungswelten auf. Friedrich Adolf Kittlers These nun lief darauf hinaus, dass mit Thomas Alva Edisons großen Erfindungen, dem Kinematographen und dem Phonographen, unsere Gegenwart beginnt und wir zur Vervollständigung noch ein drittes Element aufnehmen mussten. Dieses dritte Element war nichts anderes als die Schreibmaschine, die – mittlerweile ebenfalls in digitalisierter Form – für unsere alltägliche Gegenwart unentbehrlich geworden ist. Das aber ist so ganz selbstverständlich nicht – und schon gar nicht folgenlos …

Bis 1865 ist die Schrift, wie Friedrich A. Kittler formulierte,[6] eine Tinten- oder Bleistiftspur eines Körpers auf einer Schreibunterlage. Fortan aber nutzte dieser Körper nicht mehr nur seitens der Distribution von Schrift die Maschine (also auf Ebene der Druckerpresse, der zentralen Erfindung der Gutenberg-Galaxis), sondern nun auch auf Ebene der Produktion in Gestalt der Schreibmaschine. Auch hier möchte ich Ihnen zur Verdeutlichung eine Abbildung mit auf den Weg geben, nämlich die berühmte Schreibkugel Friedrich Nietzsches. Es war wohl kein Zufall, dass es ausgerechnet dieser Philosoph war, der wohl als erster Philosoph eine Art Schreibmaschine benutzte. Aber er verwendete sie nicht nur, er kämpfte förmlich mit ihr und beobachtete sie sehr tiefsinnig in ihren medialen und nicht zuletzt künstlerischen sowie gedanklichen Auswirkungen. Denn wie er in einem Brief einmal formulierte: „Unser Schreibzeug arbeitet mit an unseren Gedanken."[7]

Abb. 31: Friedrich Nietzsches restaurierte Schreibkugel.

6 Ebda., S. 25.
7 Zitiert nach ebda., S. 288/9. Dort auch das Bild der Schreibkugel Nietzsches.

Bitte bedenken Sie dabei, dass dies grundsätzliche Veränderungen für den Bereich des Zusammenhanges zwischen Körper und Schrift mit sich bringt: Denn in unserer Handschrift drückt sich unser gesamter Körper aus. Wir geben jedem Buchstaben eine spezifische Gestalt, legen einen persönlichen Druck in das Schreiben eines jeden einzelnen, wobei Form und Intensität jeder persönlichen Handschrift hochgradig individualisiert sind. Der Handschrift können wir darüber hinaus Stimmungen entnehmen, in denen wir uns gerade befinden, von der tiefen Depression bis zum euphorischen Höhenflug unseres Geistes oder zumindest unserer Laune. All dies verschwindet aber, wenn in der Beziehung zwischen Körper und Schrift eine Maschine ins Spiel kommt.

Denn mit der Schreibmaschine verblasst der individuelle Körper zum größten Teil, der in der Handschrift noch vollständig erkennbar war. Ich sage zum größten Teil, weil in der Tat Restbestände bleiben: Jede Schreiberin und jeder Schreiber drückt bei einer Schreibmaschine auf andere Weise etwa auf den in der deutschen Sprache häufigsten Buchstaben, das „E". Hier lassen sich deutliche Unterschiede festmachen, so dass es früher Spezialisten dafür gab, einen bestimmten Schreibmaschinentypus mit einer körperlichen Individualität kriminalistisch zu erfassen und zu analysieren. Und deshalb schnitten gewitzte Verbrecher lieber fertige Buchstaben aus einer Zeitung aus, um ihre Drohbriefe auszuformulieren. Der Körper war also in der Schreibmaschine noch nicht gänzlich verschwunden.

Eben dies aber ist beim Computer der Fall: Es ist unverkennbar, dass beim Computer der Körper des Schreibenden oder der Schreibenden vollständig ausgeschaltet wird – sicherlich zur Freude der Korrektoren von Referaten und Hausarbeiten etwa, die sich nicht länger mit unterschiedlichsten Entzifferungen aufhalten müssen. Zum einen ist folglich der individuelle Körper aus der Computertastatur verschwunden, da es keinen Unterschied macht, ob wir eine Taste nur leicht berühren oder unseren vollen Fingerdruck darauf abladen. Zum anderen reihen sich Sätze und Worte nunmehr in Buchstabenreihen an, die förmlich dazu einladen, diese Ketten zu unterbrechen, anders zu reihen, völlig neu zu ordnen, zu zerstückeln und wieder neu zusammenzusetzen. Glauben Sie es einem Menschen, der in seiner akademischen Laufbahn noch mit Handschrift und Schreibmaschine begann, dann auf elektrische Schreibmaschinen umstieg, danach auf eine komfortable Speicherschreibmaschine, bevor schließlich die ersten noch nicht IBM-tauglichen Computergenerationen und endlich die PCs, die Personal Computer, auftauchten – mitten in der Niederschrift meiner Dissertation, die ich noch auf einer Speicherschreibmaschine begann, um sie dann auf einem Computer fertig zu schreiben! Es ist ein völlig anderes Schreiben, wenn man ständig die Buchstabenreihungen anders anordnen kann, so wie ich es jetzt zum Beispiel tue ...

Sie merken vielleicht schon, worauf ich an dieser Stelle hinauswill: auf jene dadaistische und später surrealistische Methode, Buchstaben auseinanderzuschneiden und später nach bestimmten Prinzipien – etwa dem des Zufalls – wieder aneinanderzufügen. Die Montage war im Grunde eine Art Vorwegnahme jener Möglichkeiten, die wir heute auf Ebene unserer Desktops, Notebooks oder iPads ganz selbstverständlich haben – allerdings, um mit Marinetti zu sprechen, noch immer in der Syntax Homers. Zu dieser künstlerischen Methode, die erstmals Tristan Tzara, der große Dadaist, in Umlauf gesetzt hat, möchte ich aber erst später Stellung nehmen, sobald wir uns mit dem Dadaismus und den nachfolgenden historischen Avantgarden beschäftigen.

Halten wir aber an dieser Stelle mit Friedrich A. Kittler fest, dass mit der technischen Ausdifferenzierung von Optik, Akustik und Schrift, wie sie um 1880 Gutenbergs Speichermonopol sprengte, der sogenannte Mensch *machbar* geworden war.[8] Sein Wesen, folgen wir Kittler, läuft über zu Apparaturen, Maschinen übernehmen nun Funktionen des Zentralnervensystems und nicht mehr bloß, wie noch zuvor, die schiere Muskulatur. Dies bedeutet, dass in der Konsequenz erstens der Entwicklung all dieser Speichermedien und zweitens im Verbund mit den Möglichkeiten vernetzter Digitalisierung eine Künstliche Intelligenz (KI) entwickelt werden kann, die im Verlauf der Jahrzehnte nach Erscheinen von Kittlers Studie weitreichende Formen angenommen hat. Dies bedeutet wiederum ganz ohne Zweifel, dass futuristische Ideen und Vorstellungen zum Teil längst in Alltagserfahrungen übergegangen sind! Zugleich enthalten viele der künstlerischen Zielsetzungen in den futuristischen Manifesten – jenseits der verabscheuenswürdigen Verstrickungen mit faschistischer Ideologie – noch immer eine Vielzahl an wegweisenden Herausforderungen, die auch für unsere Zeit künstlerisch produktiv sind.

Wir stehen in diesem historischen Kontext am Beginn der Erschaffung künstlicher Intelligenz und zugleich vor jener Trennung zwischen Materie und Information, welche unsere heutige Gegenwart noch immer prägt. Natürlich ist es ebenso aufschlussreich wie zukunftsweisend, dass die von Friedrich Kittler erläuterten drei Ebenen in unserer Zeit, ein gutes Jahrhundert später, zusammengeführt und miteinander verschaltet werden können. Aktuelle Entwicklungen paraphrasierend ließe sich sagen: Die Compact Disc (CD) digitalisiert das Grammophon, die Digitalkamera ebenso Kino wie Video. Alle Datenströme münden in Zustände von Turings Universaler Maschine, Zahlen und Figuren werden (der Romantik zum Trotz) Schlüssel aller Kreaturen. Dies ist, kurz zusammengefasst, der jetzige

---

8 Vgl. Kittler, Friedrich: *Grammophon Film Typewriter*, S. 29.

Zustand, an den sich noch immer manche der futuristischen Bestrebungen und Zielsetzungen anschließen ließen.

Wir wollten uns mit diesem kurzen Exkurs einige Grundlagen dafür erarbeiten, dass sich ebenso die Wahrnehmung und die Wahrnehmungsweisen wie die Darstellung und die Darstellungsweisen innerhalb dieser künstlerischen und literarhistorischen Entwicklung neu konfigurierten. Auf diese Weise wurden Techniken wie Montage und Collage,[9] beispielsweise im Kubismus oder in der avantgardistischen Literatur, geradezu selbstverständlich, wie dies etwa die Präsentation der Objekte im Kubismus zeigt: Gegenstände, die wir aus mehreren Blickwinkeln *zugleich* erfassen und die uns daher ein polylogisches, mehreren Logiken und Perspektiven gleichermaßen verpflichtetes Bild gewähren. Schnitte, Montagen und Collagen wurden aber auch zur Grundlage einer neuen Kunst, nämlich der kinematographischen Kunst der Bilderkombination, die uns in Fleisch und Blut übergegangen ist. Und dennoch gibt es auch hier schon längst wieder generationelle Unterschiede: Ihre Generation etwa ,verträgt' und verarbeitet eine wesentlich höhere Geschwindigkeit und Anzahl an Schnitten als die meinige, die noch etwas näher dran ist an der Syntax Homers und der damit verbundenen scheinbaren Gemächlichkeit.

Kehren wir nun an dieser Stelle, mit zahlreichen Einblicken in grundlegende technische Veränderungen und Transformationen ausgestattet, zu Filippo Tommaso Marinettis Manifest zurück! Dieses wurde ja – wie wir wissen – aus der Perspektive eines Ich-Erzählers verfasst, der an den Benzintank seiner fliegenden Maschine gepresst ist und dem der Propeller eines Flugzeugs diktierte, was die künftige Entwicklung der Kunst sein werde oder zu sein habe. Sehen wir uns jetzt erst einmal an, was er dem avantgardistischen Künstler alles geflüstert hat!

Die erste Regel, ganz in Großbruchstaben aufbereitet, besagt, dass die Syntax zerstört werden soll, und zwar dadurch, dass man die Substantive nun aufeinander folgen lässt aufs Geratewohl, so dass ein Zufallsprinzip hier ebenso eingeführt wird wie die Kontingenz der entsprechenden Abfolge im Satzgefüge. Dies bedeutet letztlich immer auch die Möglichkeit einer Umkehrbarkeit der Abfolge, was natürlich bei einer funktionierenden, wohlgeordneten Syntax nicht leicht zu erreichen ist. Innerhalb letzterer herrscht ein festgelegter Ablauf vor, welcher in jeder Sprache zwar verschieden, aber eben deshalb in ihr auch mehr oder minder fix ist. Die Zerstörung der Syntax aber setzt erst die verschiedenen Befreiungsmechanismen ins Werk, die nun im Folgenden beschrieben und besprochen werden.

---

9 Vgl. u. a. Vogel, Juliane: Anti-Greffologie. Schneiden und Kleben in der Avantgarde. In: Wirth, Uwe (Hg.): *Impfen, Pfropfen, Transplantieren*. Berlin: Kulturverlag Kadmos 2011, S. 159–172.

Der Gebrauch des Verbs im Infinitiv macht dieses Verbum seinerseits multifunktional: Es ist vielseitig verwendbar, nicht mehr in Hierarchien oder Bewegungsabläufe eingebunden, alles wird in seiner Ordnung umkehrbar, wird gleichsam in eine grundlegende Simultaneität überführt – auf diesen Begriff werden wir etwas später nochmals zurückkommen. Des Weiteren zielt auch das, was Marinetti als die Abschaffung des Adjektivs bezeichnet, auf eine größere Offenheit des Textes, auf eine Indetermination oder – wenn Sie lieber wollen – auf eine Erhöhung der Unbestimmtheitsstellen im Text im Sinne des Konstanzer Literaturtheoretikers Wolfgang Iser. So ist die Leserschaft gezwungen, diese vielen Stellen selbstständig in einen Sinnzusammenhang – in den *je eigenen* Sinnzusammenhang – zu bringen. Dass hierbei auch das Adverb nicht übrigbleiben kann, da es ja ebenfalls Modalitäten und Eigenschaften definiert und festlegt, kann nicht überraschen. Marinettis Proklamationen zielen auf eine völlige ‚Umkrempelung‘ abendländischer Syntax.

Ein weiterer wichtiger Punkt in seinem futuristischen Zukunftsprogramm ist in dieser Hinsicht zweifellos die Abschaffung der Zeichensetzung. Sie führt gleichsam zur freien Verfügbarkeit der Zeichen auf der Seite, zu einer erhöhten Fähigkeit der Gramma-Textualität, da nun Entwicklungen, Abläufe, Chronologien und Kausalitäten, kurzum: alle logischen Verknüpfungen unterbunden werden, die einzelnen Elemente folgerichtig frei flottieren können. Dass hierbei nun auf die Formelsprache der Mathematik beziehungsweise der Naturwissenschaften zurückgegriffen wird, ist aus dieser Sicht höchstens konsequent, wenn auch nicht in der Radikalität gedacht, in der sich die eigentliche ästhetische Stoßrichtung zu verwirklichen trachtet. Die Betonung der Analogie auf den verschiedensten Textebenen, wie sie in den weiteren Punkten des Manifests vorgeführt wird, ist eine Fortführung insoweit, als nun die einzelnen Elemente im Grunde ohne ein Tertium comparationis miteinander in direkten Kontakt treten können, sozusagen miteinander kurzgeschlossen werden. Dass es hierbei zu syntaktischen, semantischen und anderen Kurzschlüssen kommen kann, ist aus futuristischer Sicht durchaus erwünscht. Denn jede stringente Logik soll außer Kraft gesetzt werden.

Hieraus ergibt sich die Möglichkeit, alles mit allem zu verbinden, ja Analogien letztlich sogar zum Träger vor allem überraschender, nicht zuletzt auch schockartiger Beziehungen und Effekte zu machen, so dass es im Grunde gar nicht um bloße Analogien geht. Die Beispiele, die Marinetti hierfür angibt, sind übrigens ähnlich schwächlich und zum Teil abgeschmackt wie manche Passsagen seiner sonstigen Texte. Mir scheint es evident zu sein, dass er als Theoretiker ein hellerer Kopf denn als Schriftsteller war! Dass all dies auf eine größtmögliche Umordnung und mehr noch Unordnung zielt, dürfte uns schon von Beginn an klargeworden sein, auch wenn – dies gilt es kritisch einzuwenden – diese Unordnung gerade nicht für die Technikeuphorie des Fliegeramateurs Marinetti gelten kann. Denn letztere ist das von diesem Flugbegeisterten auf dem Gebiet von Technik und Technologie ja gerade gefeierte Reich der Ordnung, eine Ebene, auf der sozusagen jedes Schräubchen und Rädchen sitzen muss. Sonst fliegen die tollen Kisten einfach nicht …

Die Verwendung dieser Technik wird von Marinetti aber gerade in jener Art genauester Ordnung gepredigt, die eben durch ihre Strenge zur größten Unordnung führen kann und in aller Regel auch führt. Durch die militärische, kriegerische Nutzung von Technik wird ein zerstörerisches Element entbunden, dessen destruktive und menschenverachtende Energie der Erste Weltkrieg mit aller wünschenswerten Deutlichkeit und Brutalität unter Beweis stellen sollte.

Von großer Wichtigkeit für unsere Vorlesung ist die Tatsache, dass Marinetti im *Technischen Manifest* vor allem eine Zerstörung, eine Destruktion des Ich einfordert. Dieses ich, so könnten wir formulieren, war das eigentliche Zentrum, das eigentliche Herzstück der Literatur des 19. Jahrhunderts, das erkaltete Herzblut der Romantik. Kein Zweifel: Das Ich bildete das Zentrum des Impressionismus als Impression im Subjekt, die Potenzierung des Ichs in der Vielfältigkeit und Gleichzeitigkeit der Erfahrungen das Zentrum im Fin de siècle, so dass diese Wendung Marinettis hier auf einen Kernbestand abendländischer Literaturtradition zielt und diese Tradition in der Tat auch zu zerstören sucht. Auch auf dieser Ebene präsentiert Marinetti den eigenen Ansatz mit der Geste einer Befreiung des Menschen von der Verderbnis durch Archive, Bibliotheken und Museen, von der Beeinflussung durch die Psychologie, wobei der italienische Futurist wohl nicht zuletzt auch an die Vertreter des französischen psychologischen Romans gedacht haben mag, die innerhalb des Literaturfeldes Frankreichs eine starke Position einnehmen.

An die Stelle des Ichs muss laut Marinetti nunmehr die Materie treten, die Stofflichkeit, die damit ins Zentrum, in den Mittelpunkt des Kunstwerks rückt. Diese Materie wird der Kunst gleichsam schlagartig und durch Intuition zugänglich, eröffnet sich damit dem Künstler in einer Weise, die von den exakten Naturwissenschaften an Intensität nicht erreicht werden kann. Was Marinetti die lyrische Besessenheit der Materie nennt, wird in der abstrakten Kunst etwa zur unmittelbaren Erfahrbarkeit von Materialien, Stoffen und ihrer Konsistenz: einschließlich aller Federn und Fette eines Joseph Beuys (um einmal einen namhaften Neo-Avantgardisten in dieser Tradition zu nennen). An dieser Stelle wird von Marinetti etwas vorgedacht, was sicherlich die gesamte Kunst und deren Entwicklung betreffen wird, was freilich aber auch die Literatur selbst angeht, deren Bestandteile, Materie und Träger nun ins Zentrum künstlerischer und literarischer Aufmerksamkeit rücken. Insoweit lässt sich Marinettis gewiss noch schemenhaftes Vorhaben durchaus auch als wegweisendes, in die Zukunft gerichtetes futuristisches Programm für die Künste verstehen.

Abb. 32: Joseph Beuys: *Unschlitt / Tallow*, Installation, 1977.

Bemerkenswert ist freilich, dass Marinetti sein *Technisches Manifest* wie schon sein *Gründungsmanifest* allein unterzeichnet und damit nicht kollektiv untermauert hat – im Gegensatz zu vielen anderen seiner manifestartigen Verlautbarungen und auch zu vielen der mehr als zweihundert futuristischen Manifeste, von denen wir heute wissen. Dies mag uns zu der Frage führen, was es denn mit Manifesten insgesamt auf sich hat, eine Frage, der ich in der gebotenen Kürze nachgehen möchte, ist es uns doch (glücklicherweise) nicht möglich, die allein schon für den Futurismus nachweisbaren und eben erwähnten gut zweihundert Manifeste für unsere Vorlesung aufzuarbeiten.

Die historischen Avantgarden waren eine Bewegung der Manifeste, wie Wolfgang Asholt und Walter Fähnders in der Einleitung zu ihrem bereits mehrfach angeführten Band betonten.[10] Die verschiedenen *Ismen* der einzelnen avantgardistischen Bewegungen (wie Futurismus, Dadaismus, Surrealismus etc.) konstituieren sich dabei mit Hilfe von Dokumenten, die zu wahren Geburtsurkunden ihrer jeweiligen Bewegungen werden: Manifeste erst bezeugen die ‚Geburt' einer neuen Avantgardebewegung! Nicht immer habe es ein großes ästhetisches Werk gebraucht, um eine Bewegung zu kreieren, immer aber ein Manifest, das werbewirksam entworfen sein musste und stets auf unmittelbare Wirkung abzielte.

Im Manifest beweisen die Avantgardistin oder der Avantgardist, in Wirklichkeit eine Vorhut darzustellen – bis hin zur Provokation, zur Geste des Bruchs und öffentlichen Konfrontation. Es gibt die unterschiedlichsten Formen von Manifesten von sogenannten Gründungsmanifesten bis etwa hin zum Anti-Manifest oder auch zu jener Art von Manifest, die wie das Dada-Manifest von 1918 die eigenen Forderungen annulliert. Trotz der Vielgestaltigkeit der Manifeste lässt sich freilich, wie etwa Wolfgang Asholt betonte, in ihnen die Einheit der jeweiligen Avantgarde erkennen, so unterschiedlich auch die Inhalte der je einzelnen Deklamationen und Proklamationen sein mochten. Zumeist spielte die Einlösung der Forderungen des Manifests nicht die entscheidende Rolle, ein durchaus krea-

---

10 Asholt, Wolfgang / Fähnders, Walter: Einleitung. In (dies., Hg.): *Manifeste und Proklamationen der europäischen Avantgarde (1909–1938)*, S. xv-xxx.

tives und produktives Problem, das wir im Übrigen schon bei Marinetti hatten durchscheinen sehen: Das Manifest selbst ist bereits ein künstlerischer und revolutionärer Akt an sich und in sich.

Manifeste, so ließe sich mit Wolfgang Asholt und Walter Fähnders behaupten, werden geschrieben, wenn das künstlerische Werk als solches nicht mehr auszureichen scheint. Doch das Manifest selbst ist zugleich bereits Kunstwerk und nicht bloßer Metadiskurs. Die Manifeste des 19. Jahrhunderts, so etwa jene des Symbolismus, hätten zur Kunstautonomie noch beigetragen, indem sie die hermetische Dimension einer bestimmten Kunstauffassung noch betont hätten. Eben dies sei zum Ansatzpunkt für den Bruch der avantgardistischen Manifeste geworden. Denn in der Tat gingen sie einen anderen Weg, der nicht länger jener eines mehr oder minder hermetischen Metadiskurses war.

Ich wäre freilich nicht einverstanden, würde man – wie dies immer wieder geschieht – behaupten, dass man weiter als im Ästhetizismus die Trennung zwischen Kunst und Leben nicht hätte treiben können. Denn dieser Ästhetizismus des Fin de siécle ging durchaus mit der Lebenspraxis eine eigenartig intensive Verbindung ein, denken wir etwa nur an die Figuren des Dandy oder des Bohemien, welche wahrlich zum Inbegriff einer Umsetzung ästhetischer Vorstellungen und Prinzipien in ganz konkretes Leben wurden. Die Manifeste der historischen Avantgarden siedeln sich an der Grenze zwischen Kunstwerk und außerkünstlerischer Wirklichkeit an: Wir könnten sie daher auch als Schwellentexte bezeichnen, wofür auch ihr Grundzug als Mischgattung spricht, also die Verwendung heterogener narrativer und diskursiver Bestandteile, wie wir sie schon im Gründungsmanifest des Futurismus vorfinden konnten. Gerade Marinetti erwies sich als Meister dieser Vermengung unterschiedlichster Textelemente in seinen Manifesten.

Wolfgang Asholt und Walter Fähnders unterscheiden in den von ihnen untersuchten Manifesten zwei unterschiedliche Traditionslinien: Es gebe erstens eine wenig originelle und eher traditionelle Fortführung bestimmter Gepflogenheiten des ‚Manifestantismus' im Sinne eines Proklamierens und Postulierens, wie wir dies schon gesehen hatten. Die von Marinetti jeweils präsentierten Punkte fallen durch ihre Radikalität oder gar Brutalität auf, nicht aber durch ihren Stil, ihre Sprache oder ihre künstlerische Gestaltung. So bleibe das Verhältnis zwischen Postulat und Form traditionell, eine Tatsache, die sogar für viele Dada-Manifeste gilt. Auch das erste surrealistische Manifest bewegt sich trotz der Phantasie, der hier auf die Sprünge geholfen werden soll, in recht konventionellen Bahnen.

Gleichwohl komme es gegenüber früheren Beispielen in den avantgardistischen Manifesten insoweit zu einem Bruch, als nun auch narrative Elemente eingebunden würden, die gemäß der beiden Herausgeber dem Genre gänzlich fremd seien. Die Konventionen sprengte auch die Gestaltung vieler avantgardistischer Manifeste durch ihr spezifisches Layout, die Verteilung der Wörter auf der Seite oder etwa deren Hervorhebung durch graphische Mittel, so dass man durchaus behaupten dürfe, dass hier eine neue Form literarischer Kommunikation erprobt werden sollte.

Als ein Beispiel nochmals aus dem Bereich des italienischen Futurismus darf ich Ihnen das nicht wenig kriegerische Manifest *Sintesi futurista della guerra* vom September 1914 einmal vorführen. Ein Manifest, das die kriegerische Ausrichtung und zugleich die avantgardistische Position innerhalb der Kriegsereignisse just jener Gruppe inszenierte, welche auch dieses futuristische Manifest signiert hatte und als eine Art Stoßtruppe aufgefasst werden konnte:

Abb. 33: Filippo Tommaso Marinetti, Umberto Boccioni, Carlo Carrà, Luigi Russolo, Ugo Piatti: *Sintesi futurista della guerra*, 1914.

Im Kern dieses Manifests, das sich zum Plakatieren bestens eignete, standen die Gegensatzbegriffe „Futurismo" versus „Passatismo": Intendiert war mithin eine Wendung gegen alles, was die Vergangenheit repräsentierte. Parallel zu diesem Hauptgegensatz finden sich darunter sogleich „8 Popoli-Poeti", die gegen ihre „Critici Pedanti" aufgefahren werden. Auch auf der rein graphischen Ebene stehen die Futuristen in einer vorwärtsstrebenden Avantgarde-Position, welche alles, was die Vergangenheit repräsentiert, gleichsam aus dem Bildausschnitt drängt. Auf der Seite dieses aus dem Bild Gedrängten stehen Deutschland und Österreich mitsamt der sie repräsentierenden herabwürdigenden Attribute. Nein, es war nicht die Zeit für Zwischentöne: Harte Gegensätze mussten aufeinander prallen!

Dieses Manifest wurde von den militanten Schocktruppen um Marinetti, genauer von Marinetti, Boccioni, Carrà, Russolo und Piatti unterzeichnet, die sich schon durch ihre graphische Anordnung einen besonderen Platz bei der Bekämpfung des Vergangenen und des „Passatismo" einräumten, all jener Werte also, für die stellvertretend Deutschland und Österreich und die völlig zurückgebliebene Türkei aufgeführt werden. Auf wessen Seite das Kriegspendel ausschlägt, lässt sich unschwer erkennen! So besitzt dieses Manifest auch unverkennbar den Charakter einer politischen Propagandaschrift, die sich in der Nähe zum politischen Agitprop und zur Plakatkunst befindet.

Doch kommen wir nun zur zweiten Traditionslinie: Denn auf der anderen Seite lässt sich eine Art experimentelle Dimension beobachten, insoweit Manifeste der Avantgarde nicht nur auf inhaltlicher, sondern auch formaler Ebene revolutionäre Traditionsbrüche umzusetzen versuchen, so dass man bisweilen von wahren Experimentalmanifesten sprechen könne. Beide Linien des Avantgarde-Manifestantismus beanspruchen für sich Kunstcharakter; und beide versuchen im Übrigen, diesen nicht aus einer Autonomie der Kunst heraus begründet zu sehen. Bisweilen regte sich aber auch ein Unbehagen der Avantgarde an ihren einsträngig und kohärent formulierten Forderungen, die vorgebracht, aber nicht eingelöst wurden: Viele Autorinnen und Autoren waren sich durchaus der Tatsache bewusst, dass sich hieraus ein gewisser Widerspruch ergab, welcher vielen Manifesten zu Grunde liegt.

Gleichwohl bleibt festzuhalten, dass der Manifestantismus während dreier Jahrzehnte nicht nur Italien und Frankreich, sondern ganz Europa und Lateinamerika sowie viele Länder weit darüber hinaus erfasste.[11] Die Manifeste der unterschiedlichsten Ismen gingen hin und her, wurden zu einer bevorzugten Kommunikationsform im nationalen wie internationalen Literatur- und Kulturbetrieb. Manifeste sind vor allem performative Texte und Performanz ist folglich eine der vorrangigen Bedeutungsebenen eines Manifests. Aus diesem Grunde kommt gerade den Aufführungen und Inszenierungen von Manifesten eine hohe Bedeutung zu.

Dabei zeigt sich zugleich eine auffällige Verschiebung bei der Manifest-Produktion vom einzelnen Individuum zum Kollektiv. Letztlich, so stellten Asholt und Fähnders in ihrer Einführung in die avantgardistische Produktion von Manifesten und Proklamationen fest, sind individuelle Manifeste ebenfalls Ausdruck von Gruppenprozessen oder beheimaten zumindest die Absicht, solche in Gang zu setzen. Insgesamt bleibt festzuhalten, dass es sich bei Manifesten fast immer

---

11 Vgl. hierzu die Bemerkungen zur Lyrik in Videla de Rivero, Gloria: *Direcciones del vanguardismo hispanoamericano. Estudios sobre poesía de vanguardia: 1920–1930. Documentos.* Mendoza: Universidad Nacional de Cuyo 2011.

um Texte als Ausdrucksformen von Bewegungen handelt, für die das Kollektive, die überindividuelle Vereinigung, einen hohen Stellenwert besitzt. Dabei gilt es zu berücksichtigen, dass diese avantgardistischen Kollektive überwiegend männlich waren und man sich ausnahmslos um eine männliche Führungsfigur scharte, welche der Bewegung sozusagen ein Gesicht gab und die Direktiven für die gesamte Gruppe beschloss. Doch auch hier gab es, wie wir noch sehen werden, bemerkenswerte Ausnahmen.

Das Kollektiv ist zugleich die Definitionsinstanz, eine überindividuelle Dimension, die dann vor allem mit dem französischen Surrealismus weiter an Boden und Bedeutung unter der leitenden Hand André Bretons gewinnen wird. Er verstand es auf meisterhafte Weise, die Spannungen zwischen herausragendem Individuum und künstlerisch-literarischer Gruppe immer wieder zu lösen und zugleich fruchtbar zu machen. Die kollektiven Unterschriftenlisten sind von enormer Bedeutung nicht zuletzt auch für die jeweilige Situation im literarischen und künstlerischen Feld, dessen aktuelle Problematik gleichsam nominell, auf Ebene von Namen, gespiegelt wird. Auf derartige Fragen der Gruppenbildung werde ich zu einem späteren Zeitpunkt erneut zurückkommen, kommt hier doch das Umschlagen des Latenten ins Manifeste überdeutlich zum Ausdruck.

Lassen Sie mich als letztes futuristisches Manifest einmal keines aus der Feder Marinettis vorführen, sondern eines aus der Hand eines berühmten futuristischen Malers. Dieser bemühte sich nicht nur um die Frage der Simultaneität – die im Grunde für jede Art von Malerei eine grundlegende Fragestellung ist –, sondern versuchte darüber hinaus, andere Formen sinnlicher Wahrnehmung in seine Malerei, aber auch in seine Manifestationskunst einzubauen. Uns bleibt keine Zeit, das relativ umfangreiche Manifest vom 11. August 1913 in all seinen Details zu untersuchen; ein Manifest, das übrigens in streng marinettistischer Tradition die einzelnen Punkte hübsch ordentlich aufeinanderfolgen ließ und alles brav durchnummerierte. Aufschlussreich ist vor allem der Schlussabschnitt dieses Dokuments eines der Mitbegründer des Futurismus, den ich Ihnen nicht vorenthalten möchte:

> Wir futuristischen Maler erklären, dass die Töne, Geräusche und Gerüche im Ausdruck der Linien, der Volumen und der Farben Gestalt annehmen, genauso wie Linien, Volumen und Farben in der Architektur eines Musikwerkes Gestalt annehmen. Unsere Bilder werden also auch die bildnerischen Äquivalente der Töne, Geräusche und Gerüche des Theaters, der Music-Hall, des Kinos, des Bordells, der Bahnhöfe, der Häfen, der Garagen, der Kliniken, der Fabriken usw. zum Ausdruck bringen.[12]

---

12 Carrà, Carlo Dalmazzo: *Die Malerei der Töne, Geräusche und Gerüche.* In: Asholt, Wolfgang / Fähnders, Walter (Hg.): *Manifeste und Proklamationen*, S. 58.

Abb. 34: Carlo Carrà (Quargnento, Provinz Alessandria, 1881 – Mailand, 1966).

Was in dieser Schlusspassage des Manifests von Carlo Dalmazzo Carrà auffällt, ist zum einen dessen explizit kollektiver Charakter, selbst wenn es nur von einem einzigen Maler unterzeichnet wurde. Doch dieser wusste sich an diesem Punkte durchaus eins mit einer Vielzahl italienischer Malerkollegen, die unter dem Banner des Futurismus längst in die nationalen und internationalen Diskussionen eingegriffen hatten und oftmals auch bei den futuristischen „serate" teilnahmen. Diese netten Abende konnten nicht selten in wilde Happenings mit wüsten Beschimpfungen des Publikums – das aber auch einmal mitgebrachtes Obst und Gemüse in Mailand auf die anwesenden Künstler warf – ausarten. Gerade diese häufig in Gruppen auftretende Schar, die von Marinetti gut gesteuert und organisiert an die Öffentlichkeit trat, dürfte für die weitreichende Wirkung der futuristischen Kunstauffassung wesentlich mitverantwortlich gewesen sein. Die Futuristen schufen beim Publikum und in der Öffentlichkeit eine nicht selten brodelnde Atmosphäre, die nichts mehr mit einem introspektiven Kunsterleben zu tun haben wollte.

Auf inhaltlicher Ebene ist von großer Bedeutung, dass sich der italienische Maler Carrà hier explizit auf das Zusammenwirken der unterschiedlichsten Künste, Sinneswahrnehmungen und Lebensbereiche bezieht. Diese werden gleichsam in ein Gesamtkunstwerk überführt und gebündelt, in welchem der Synästhesie eine entscheidende Relevanz zukommt. Die inter- und transmediale Verbindung der Töne, Geräusche und Gerüche spricht unmittelbar die musikalische und allgemeiner noch die akustische Sinneswahrnehmung doppelt an, verbindet sie mit dem Olfaktischen und natürlich auch mit der Malerei selbst, der Domäne dieses futuristischen Künstlers, und ihren ausdrucksstarken Farben.

Der Literatur kommt in diesem Sinnenspektakel eine sicherlich transmedial verbindende, keineswegs aber mehr zentrierende Stellung im Konzert der Künste zu. Von hoher Bedeutung sind die phonotextuellen Elemente, die gerade auch bei der Beziehung zur Lautkunst und Lautpoesie eine bis heute überraschende Funktion ausüben. Denn Literatur als Klang ist in unserer Gegenwart leider in den

Hintergrund ihrer Betrachtung gerückt: Sie ist durch die akustische Ausblendung über das stille Lesen[13] und die ‚Entklanglichung' von Literatur nahezu unbewusst geworden. Es ist aber zweifellos ein großes Verdienst der Futuristen im Besonderen und der Avantgarden im Allgemeinen, diesen phonotextuellen Aspekt wieder in den Vordergrund gerückt oder zumindest wieder bewusst gemacht zu haben. Die Literatur also klingt! Gerade die Lyrik ist – schon von ihrer etymologischen Wortgeschichte her – eine klingende, schwingende, vibrierende Kunstpraxis und nicht nur die Verteilung von Buchstaben in mehr oder minder geordneter Weise auf einer weißen Seite. Dies ist ein Aspekt von Literatur und Lyrik, der übrigens durch die historischen Avantgarden ganz wesentlich wieder befördert und ins allgemeine Bewusstsein gehoben wurde.

Was haben wir uns unter einer solchen Art von Klangkunst vorzustellen? Da mir keine historischen Aufnahmen der italienischen Futuristen zur Verfügung stehen, möchte ich an dieser Stelle auf einen großen deutschen Vertreter der historischen Avantgarden zurückgreifen, auf Kurt Schwitters. Einige wenige biographische Daten zu ihm mögen uns an dieser Stelle unserer Vorlesung freilich genügen!

Der deutsche Schriftsteller und Bildende Künstler Kurt Schwitters wurde in Hannover am 20. Juni 1887 geboren und starb im englischen Kendal am 8. Januar 1948. Man darf in diesem Tausendsassa durchaus einen der einflussreichsten Künstler des 20. Jahrhunderts erkennen. Nach dem Abitur studierte Schwitters Kunst, später auch Architektur in Hannover, Berlin und an der Dresdener Kunstakademie. Nach seiner Heirat im Jahr 1915 wurde er 1917 kurzzeitig zum Militärdienst eingezogen, aber aufgrund seines labilen Gesundheitszustands und epileptischer Anfälle bald schon wieder freigestellt. Er lebte während der zwanziger und dreißiger Jahre abwechselnd in Hannover und Norwegen, wohin er 1937 endgültig emigrierte, nachdem er in Deutschland als „entartet" verfemter Künstler angesehen wurde. Schwitters interessierte sich für die zeitgenössischen Entwicklungen in Kunst und Literatur, beschäftigte sich etwa mit Kubismus oder später Dadaismus, trat aber selbst niemals der dadaistischen Bewegung bei. 1940 floh er vor dem deutschen Einmarsch nach England, wo er bis zu seinem Tode lebte.

---

13 Zur Geschichte des stillen Lesens vgl. Ette, Ottmar: *LiebeLesen*. Berlin – Boston: De Gruyter 2020, wo in verschiedenen Kapiteln die Geschichte und Geschichten der Leserevolutionen besprochen werden, vgl. insbes. S. 93–103.

Abb. 35: Kurt Schwitters (Hannover, 1887 – Kendal, Cumbria, England, 1948).

Ohne jemals in eine feste Gruppe integriert gewesen zu sein, war Kurt Schwitters zweifellos einer der vielseitigsten Künstler der historischen Avantgarden, der vor allem durch Collagen in allen Bereichen der Künste, von Literatur und Theater über Musik und Bildende Kunst bis hin zu Design und Werbung, experimentierte. In Abgrenzung zu anderen Richtungen der Moderne prägte er für sein künstlerisches Vorgehen das Kennwort „Merz", ein ‚zufälliges' Schnipsel aus „Commerzbank", das er 1918 als Vereinigung von Kunst- und Nichtkunst als „Gesamtweltbild" definierte und als sein Erkennungszeichen nutzte. Er blieb in seinen Aktivitäten vielen Dadaisten verbunden, ging zugleich aber sehr eigene Wege.

Im Gegensatz zu ihnen verstand er sein eigenes Tun durchaus als Kunst; Schwitters Bemühungen galten zeit seines Lebens der Schaffung eines großen Gesamtkunstwerks. Im Zeichen von „Merz" operierte er namentlich mit literarischen Collagen, Unsinnpoesie, Zahlen- und Lautgedichten, surreal grotesken Dialogen und arbeitete immer wieder experimentell mit unterschiedlichsten typographischen Gestaltungen, die ihm einen festen Platz in der Kunstwelt seiner Zeit sicherten. Er experimentierte mit verschiedensten „objets trouvés" und fügte die unterschiedlichsten alogischen Objektstrukturen literatur- und bildtechnisch zusammen. Von 1923 bis 1932 gab Schwitters die Zeitschrift *MERZ* unregelmäßig heraus, an der Hans Arp, Theo von Doesburg und andere Avantgardisten mitarbeiteten und in der erstmals 1932 Schwitters *Ursonate* erschien, ein Beispiel absoluter Dichtung als Einheit von Klang, Text und Bild, ganz jenen Prämissen folgend, wie sie Carlo D. Carrà in seinem futuristischen Manifest formuliert hatte. Berühmt machte ihn das Anti-Liebesgedicht *An Anna Blume* von 1919, das er auf Litfaßsäulen plakatierte.

Ich möchte Ihnen am Beispiel zweier Selbstaufsprachen von Kurt Schwitters einmal vorführen, wie Gedichte im Mund ihres Autors und in unseren Ohren klingen. Dabei handelt es sich zunächst um das erwähnte, wohl bekannteste Gedicht Schwitters', *Anna Blume*, das gleichsam eine Liebeserklärung an die Sprache und an das Spiel mit ihr darstellt. In einer zweiten Aufsprache wird

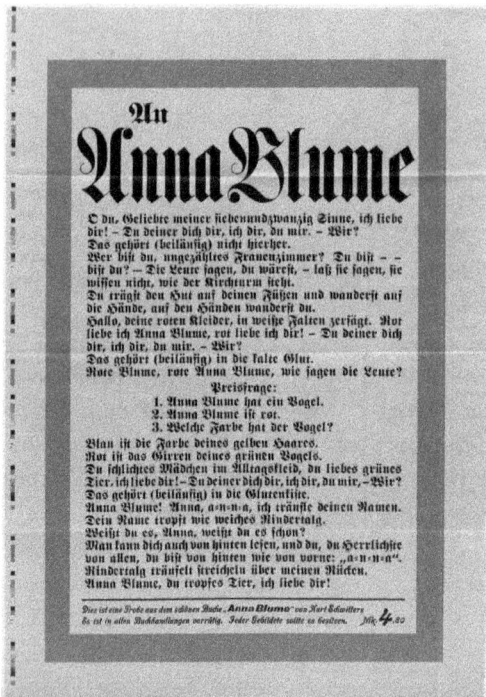

Abb. 36: *An Anna Blume*, Plakat, um 1920.

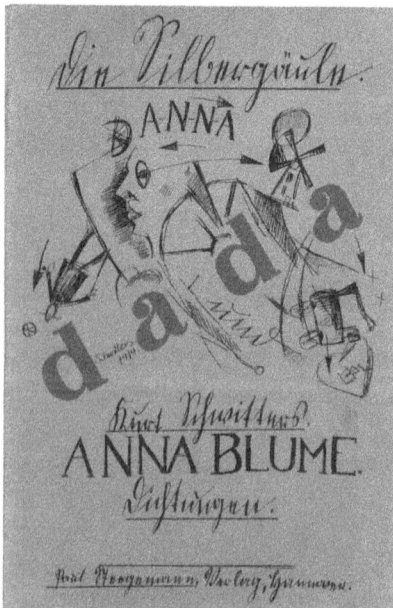

Abb. 37: Cover der Erstausgabe von Kurts Schwitters' *Anna Blume. Dichtungen*, 1919.

der Übergang zum ‚reinen' Lautgedicht ohrenfällig, zumal die hier eingespielte, angespielte Kunst nicht mehr vor allem die Literatur (in Form des Gedichts), sondern die Musik ist, wodurch die dionysische Kraft im Sinne Nietzsches direkt im Lautgedicht in relativ strenger, geschlossener Form, jener der Sonate, verwendet und adaptiert wird. Ich wünsche Ihnen viel Spaß bei diesem Hörvergnügen, das ich Ihnen zunächst einmal ohne jede schrifttextliche Unterstützung gönnen will! Die Aufnahme entstand im Mai 1932, zu einem Zeitpunkt also, der es Schwitters vor der Machtergreifung der Nationalsozialistischen deutschen Arbeiterpartei noch letztmalig ermöglichte, in Deutschland künstlerisch tätig zu sein.[14] Danach wurde von den Nationalsozialisten die gesamte künstlerische Avantgarde entweder ausgeschaltet, gleichgeschaltet oder – wie Schwitters – ins Exil getrieben.

Doch wenden wir uns nun auch dem Text zu:

An Anna Blume

Oh Du, Geliebte meiner 27 Sinne, ich liebe Dir!
Du, Deiner, Dich Dir, ich Dir, Du mir --- wir?
Das gehört beiläufig nicht hierher!
Wer bist Du, ungezähltes Frauenzimmer, Du bist, bist Du?
Die Leute sagen, Du wärest.
Laß sie sagen, sie wissen nicht, wie der Kirchturm steht.
Du trägst den Hut auf Deinen Füßen und wanderst auf die Hände,
Auf den Händen wanderst Du.
Halloh, Deine roten Kleider, in weiße Falten zersägt,
Rot liebe ich Anna Blume, rot liebe ich Dir.
Du, Deiner, Dich Dir, ich Dir, Du mir, --- wir?
Das gehört beiläufig in die kalte Glut!
Anna Blume, rote Anna Blume, wie sagen die Leute?
Preisfrage:
1. Anna Blume hat ein Vogel,
2. Anna Blume ist rot.
3. Welche Farbe hat der Vogel?
Blau ist die Farbe Deines gelben Haares,
Rot ist die Farbe Deines grünen Vogels.
Du schlichtes Mädchen im Alltagskleid,
Du liebes grünes Tier, ich liebe Dir!
Du Deiner Dich Dir, ich Dir, Du mir, --- wir!
Das gehört beiläufig in die --- Glutenkiste.
Anna Blume, Anna, A---N---N---A!

---

14 Tonaufnahme online noch abrufbar unter https://www.youtube.com/watch?v=U2TIVTHzFT0 (letzter Zugriff 07.06.2020).

Ich träufle Deinen Namen.
Dein Name tropft wie weiches Rindertalg.
Weißt Du es Anna, weißt Du es schon,
Man kann Dich auch von hinten lesen.
Und Du, Du Herrlichste von allen,
Du bist von hinten, wie von vorne:
A-----N-----N-----A.
Rindertalg träufelt STREICHELN über meinen Rücken.
Anna Blume,
Du tropfes Tier,
Ich------liebe------Dir![15]

Was für ein wunderbares Liebesgedicht! Es versammelt viele der Diskurselemente
der Liebe, die Roland Barthes in seinen *Fragments d'un discours amoureux* versammelte und welche den Liebesdiskurs im Abendland wesentlich strukturieren.[16] Und zugleich führt es diesen Liebesdiskurs an seine absurden Grenzen,
macht sein Umkippen in eine Welt des Absurden deutlich – um gerade daraus
wieder sein Potenzial als Liebeserklärung, als Vorbringen der Formel des „Ich
liebe Dich" verballhornt zu beziehen. Denn das Formelhafte, das laut Roland
Barthes Erzwungene der Liebesformel des „Je t'aime" wird geschickt umgangen,
indem sich ein scheinbar umgangssprachlicher Fehler in den Liebesschwur ein-
geschlichen hat und ihn gerade dadurch individualisiert. So ist die Liebe auch
und gerade im „Anti-Liebesgedicht" tierisch überwältigend!

Auch Schwitters *Sonate mit Urlauten* aus dem Jahr 1932, die ich Ihnen hier in
einer Aufnahme von Mai 1932 präsentieren darf,[17] steht für die ganze sinnliche
Laut- und Klangkunst der Avantgarden beispielhaft ein. Nach diesem Ohren- und
Augenschmaus fällt es leichter zu begreifen, in welch vielfältiger medialer und
intermedialer Weise die historischen Avantgarden – und die italienischen Futuristen als erste unter ihnen – versuchten, die Grenzen zwischen den einzelnen
künstlerischen Disziplinen aufzulösen und das Gefängnis der Worte der Literatur
aufzubrechen. Und dies erfolgte gleichzeitig in die unterschiedlichsten Richtungen. Genau auf diesem weiten Feld künstlerischer Erneuerung – und gerade nicht
im politischen Bereich der Affinität zum Faschismus – ist die eigentlich eman-
zipatorisch relevante Kraft der italienischen Futuristen und dieser frühen avant-

---

15 Schwitters, Kurt: Anna Blume (1919). In: Boer, Klaus (Hg.): Kurt Schwitters: Anna Blume.
Texte zu Anna Blume und Merz. Grafrath: Boer 2019, S. 11 f.
16 Vgl. Barthes, Roland: *Fragments d'un discours amoureux*. Paris: Seuil 1977; vgl. hierzu auch
Ette, Ottmar: *LiebeLesen*, S. 60–92.
17 Tonaufnahme online abrufbar unter https://www.youtube.com/watch?v=6X7E2i0KMqM
(letzter Zugriff 07.06.2020)

gardistischen Bewegung zu sehen. Ich kann Ihnen natürlich an dieser Stelle in einem Buch die Beziehung zur Sinneswahrnehmung des Geruchs nicht bieten, es wäre denn, sie nähmen jetzt den Band ganz dicht an ihre Nase und atmeten in der Falz noch die Spuren des Klebstoffes ein, der beim Binden des Buches verwendet wurde. Es handelt sich aber zweifellos um ein Sensorium, das nicht zuletzt auch im Theater oder bei den öffentlichen „serenate" aufgerufen und performativ in Szene gesetzt werden kann. Derartige gemeinschaftliche Happenings waren ja eine der bevorzugten künstlerischen Ausdrucksweisen der Futuristen.

Damit aber möchte ich zur Betrachtung einer weiteren Gattung übergehen, die für die italienischen Futuristen von großer Bedeutung war, gerade weil sie sich hier ebenfalls nicht an die tradierten engen Grenzen hielten. Denn in sehr grundlegender Weise wird bei ihnen das Theater zum Gesamtkunstwerk, zu einem intermedialen Ereignis und mehr noch Spektakel. Wie gesagt, ein solches waren insbesondere die futuristischen Abende, die „serenate futuriste", die häufig von der Polizei geschlichtet und beendet werden mussten, da sie allzu häufig in wilden Handgemengen und Schlägereien endeten. Marinetti mietete dazu meist die Bühnen von Theatern großer Städte an, wo dann die unterschied-lichsten Künste und Künstler zu Wort kamen und wo insbesondere der Rezitationskunst – vergessen wir nicht: Filippo Tommaso Marinetti war Rezitationskünstler, lange bevor er den Futurismus begründete! – eine besondere Rolle zukam.

In einem solchen Rahmen wurde nicht nur das *Gründungsmanifest* des Futurismus rezitiert, sondern auch eine Vielzahl anderer experimenteller Texte ausprobiert. Die Futuristen wurden zunehmend zu theatralischen Performance-Künstlern und erfüllten damit jene Dimensionen künstlerischen Ausdrucks, wie wir sie etwa in der postmodernen Performance-Kunst und nicht zuletzt auch in kulturellen Praktiken außereuropäischer Kulturen finden können. Ziel war bei den „serenate" nicht zuletzt die Aktivierung der Zuhörerschaft, des Publikums – und zwar nicht in einem vorwiegend rezeptiven Sinne, sondern als aktivem Publikum mit all seinen Sinnen und in gewisser Weise bar jeder abendländischen Vernunft.

Diese Zuhörerschaft reagierte bisweilen auf die gezielten Publikumsbeschimpfungen so gehaltvoll, dass der soeben zitierte futuristische Maler Carlo D. Carrà einmal angesichts der ihm entgegenfliegenden Auswahl preiswerter Gemüsesorten seinem Publikum entgegenschrie, man möge sie doch nicht mit Tomaten, sondern mit Ideen bewerfen, „ihr Idioten"! Das Theatralische ist folg-lich eine Praxis, die im Umfeld des Futurismus und der Avantgarden weit über das im herkömmlichen Sinne verstandene Theater oder gar das „Theater als mora-lische Anstalt" hinausging. Es zielt vor allem auf die Überwindung der vierten Wand, also der Rampe zwischen Bühne und Publikum oder – wie wir nun gewitzter sagen können – zwischen Kunst und Leben. Die Aktivierung des Publikums war ein zentraler Programmpunkt des Futurismus wie auch der historischen Avantgarden insgesamt insoweit, als hier die Grenze zwischen Kunst und Lebenspraxis vielleicht nicht immer überwunden, aber doch begehbar und subvertierbar gemacht werden konnte. Im Theater, in den „serenate", war die Kunst im Leben handgreiflich zu spüren.

Aber das Theater war bereits zu einem früheren Zeitpunkt Bestandteil futuristischer Praxis. Marinetti selbst hatte 1905 ein Stück in französischer Sprache mit dem Titel *Roi Bombance* geschaffen, ein Theaterstück, in dem die Anleihen an Alfred Jarrys *Ubu Roi* überdeutlich sind. Dieser Rückgriff auf Jarry zeigt sich im avantgardistischen futuristischen Theater Marinettis auch später noch; doch wird schon an dieser Stelle einer der Urväter des futuristischen Theaters sichtbar, eben der Begründer der Pataphysik Alfred Jarry. Nicht umsonst kommen seine Theatergebilde aus der Schule der Marionetten; und nicht umsonst werden die futuristischen Bühnendichter, die ihrerseits Manifeste verfassten, in der Entwicklung ihrer Theaterkunst zunehmend Elemente der Automatisierung und des Maschinellen wie Seriellen miteinbauen. Die künstlerischen Umsetzungsformen waren dabei sehr unterschiedlich: So wählte man etwa die ästhetische Form sich marionettenhaft bewegender Schauspieler, den Einsatz von Marionetten, aber auch von Spielpuppen und Automaten oder die hochtechnisierten Formen eines Theaters, das die futuristische Ausrichtung an der Maschine eindrucksvoll in Szene setzte.

Viel wäre an dieser Stelle dazu zu sagen, doch können wir uns hier einiges sparen, da wir im unmittelbaren Anschluss diesen Vorläufer der historischen Avantgarden namens Alfred Jarry mitsamt seiner Theaterkonzeption kurz besprechen werden. Für den Augenblick mag es genügen, dass wir uns vom futuristischen Theater an dieser Stelle einen Gesamteindruck verschaffen, zumindest was die schrifttextliche Seite angeht. Die Macht der Performance, die Gewalt der Inszenierung müssen Sie sich unmittelbar vorstellen!

Entscheidend ist, dass das futuristische Theater – und allen voran Marinetti – eine neue Theaterform entwickelte, die durch ihre besondere Kürze hervorsticht: die futuristische „sintesi". Unter diesen kurzen Theatersynthesen, von denen Marinetti selbst wohl die einflussreichsten verfasste, dürfen wir verdichtete Theaterformen verstehen. Diese entwickeln und präsentieren die Themen der Simultaneität, der Gleichzeitigkeit des eigentlich Ungleichzeitigen, der „compenetrazione", also des wechselseitigen Ineinanderwirkens und Sich-Durchdringens in bestimmten verdichteten Augenblicken, des „dinamismo", also einer erhöhten Dynamik und Geschwindigkeit, aber auch des Gemütszustandes in ganz futuristischer Tradition (wenn dieser Ausdruck erlaubt ist). Spannend sind diese „Theatersynthesen" nicht zuletzt auch deshalb, weil sie uns eine nanophilologische Praxis[18] vor Augen führen, das Verfassen von Kurz- und Kürzesttexten, die in sich als Fraktale, als miniaturisierte Modelle, von ungeheurer künstlerischer Durchschlagskraft sind. Zugleich weisen sie auch auf künstlerische Praktiken der „Erfindung" neuer ästhetisch-literarischer Kurz- und Kürzestformen[19] im Verlauf der sich anschließenden hundert Jahre voraus.

In diesen „Theatersynthesen" oder Kürzeststücken geht es vorzüglich um die schnelle Bewegung, die Geste, das Evozieren alogischer Zustände, mithin um Entwicklungen und Bewegungen, die nicht durch eine Ursache-Wirkung-Konnexion miteinander verbunden werden. Man könnte bisweilen auch von fast traumartigen Sequenzen sprechen, die gleichsam unser Imaginäres direkt ‚anzapfen' oder doch zumindest ansprechen. Hierbei kommt den literarischen Unbestimmtheitsstellen eine hohe Bedeutung zu, lassen sie doch der Interpretation durch bestimmte futuristische Schauspielgruppen, die Italien seit etwa 1914 unsicher machen, und vor allem auch dem Publikum fast alle Wege einer Deutung offen. In ihrer Kürze sind sie radikal polysem.

Diese Form des Theaters verlangte bisweilen der Maschinerie des Bühnenbetriebes vieles ab, was kleinere Theatergruppen kaum bieten konnten, zielte gar auf eine grundlegende Mechanisierung der Welt der Schauspieler, so dass letztere gänzlich überflüssig gemacht werden konnten und durch Automaten ersetzt wurden. Doch gerade auch das Ineinanderwirken verschiedener Künste war entscheidend: Die Bühnenbildner, Beleuchter, Maskenbildner und viele mehr hatten bei den Futuristen eine wirklich hohe Kunst zu entwickeln, um die Synästhesien und das Ineinanderwirken von Literatur, gesprochenem Wort, Farbe, Plastizität, Körperlichkeit und dynamischer Bewegung, aber auch von Geruch und Geräusch voranzutreiben. Neu war die Idee des Gesamtkunstwerks keineswegs, finden wir sie doch in voller Blüte bei einem Richard Wagner. Aber die Radikalität futuristischer Synästhesien beeindruckt doch bis heute!

Ich möchte Ihnen an dieser Stelle einmal ein derartiges Stück – und zwar aus der Feder von Filippo Tommaso Marinetti – vorführen, ein Stück, das programmatisch den Titel *Simultaneità* trägt. Auch hierbei kommen wieder Akzente wie schon im vorhergehenden Manifest zum Tragen, die der hohen Kultur der Literatur eine Massenkultur und Alltagskultur an die Seite stellen, welche von

---

18 Vgl. zu Theorie und Praxis der Nanophilologie Ette, Ottmar: *Nanophilologie. Literarische Kurz- und Kürzestformen in der Romania.* Tübingen: Max Niemeyer Verlag 2008.
19 Vgl. Ette, Ottmar / Sánchez, Yvette (Hg.): *Vivir lo breve. Nanofilología y microformatos en las letras y culturas hispánicas contemporáneas.* Madrid – Frankfurt am Main: Iberoamericana 2020.

den automatisierten Gesten des Vaudevilles bis hin zur Bordellkultur oder Industriekultur des beginnenden 20. Jahrhunderts reicht. Gleichzeitig bekommt dieses Stück natürlich auch eine zusätzliche ästhetische Dimension als Lesedrama, das mit der Lyrik den Vorteil des raschen Einschlagens, der unmittelbaren Wirkung durch die Einheit der Wahrnehmung teilt:

Salon. – Die rechte Wand besteht aus einem großen Bücherregal. – Zur Linken ein großer Tisch. – an der linken Wand einfache Möbel und eine Tür. – An der hinteren Wand ein Fenster, durch das man es draußen schneien sieht, und eine andere Tür, die sich zur Treppe hin öffnet.

Um den Tisch herum, unter einer Lampe mit Lampenschirm in dämmrigem, leicht grünlichem Licht, sitzt die Familie des Angestellten: DIE MUTTER näht, DER VATER liest Zeitung, DER SECHZEHNJÄHRIGE SOHN macht Schularbeiten, DER SOHN VON 10 JAHREN macht auch Schularbeiten, DIE FÜNFZEHNJÄHRIGE TOCHTER näht.

Ganz nah an der Bibliothek ein prächtiger Schminktisch, hell erleuchtet mit Spiegeln und Kandelabern, voller Fläschchen und Tiegel und sämtlicher Utensilien, die eine äußerst feine Dame braucht. Ein besonders intensiver Scheinwerfer leuchtet den Schminktisch aus; an ihm sitzt eine junge KOKOTTE, sehr schön, blond, in einem luxuriösen Morgenmantel. Sie hat aufgehört, sich zu kämmen und beginnt, Gesicht, Armen und Händen die letzten Tupfer zu geben, aufmerksam assistiert von einer strengen KAMMERZOFE in aufrechter Haltung.

Die Familie sieht diese Szene nicht.

DIE MUTTER zum VATER: Willst du die Rechnungen überprüfen?

DER VATER: Das schau ich mir später an. Er liest weiter.

Stille. – Alle gehen mit Selbstverständlichkeit ihren Beschäftigungen nach. DIE KOKOTTE macht sich weiter zurecht, unsichtbar für die Familie.

DIE KAMMERZOFE geht zur hinteren Tür, als hätte sie es klingeln gehört, und öffnet einem BOTEN, der der KOKOTTE einen Blumenstrauß und einen Brief überreicht. DIE KOKOTTE riecht an den Blumen und liest den Brief. – DER BOTE geht respektvoll grüßend ab.

DER SECHZEHNJÄHRIGE unterbricht seine Arbeit und schaut zum Fenster hinaus: Es schneit immer noch ... Was für eine Stille!

DER VATER: Dieses Haus liegt wirklich sehr einsam. Wir ziehen nächstes Jahr um ...

DIE KAMMERZOFE geht wieder zur hinteren Tür, als hätte es nochmals geklingelt, und läßt eine junge MODISTIN herein, die auf sie zugeht und so tut, als trüge sie in ihrem leeren Karton einen wunderschönen Hut. DIE KOKOTTE tut so, als probiere sie den Hut vor dem Spiegel auf, wird ärgerlich, weil er ihr nicht gefällt, und legt ihn beiseite. Dann gibt sie dem Mädchen Trinkgeld und fordert es mit einem Wink auf, zu gehen. Das Mädchen geht grüßend ab.

DIE MUTTER scheint etwas auf dem Tisch zu suchen, steht plötzlich auf und geht zur linken Tür hinaus, als wollte sie etwas holen.

DER VATER erhebt sich und geht zum Fenster. Er bleibt vor dem Fenster stehen und schaut hinaus.

Nach und nach schlafen die drei Kinder am Tisch ein.

DIE KOKOTTE verläßt ihren Schminktisch und nähert sich langsam, mit vorsichtigen Schritten, dem Tisch. Sie nimmt die Rechnungen, die Hefte und Handarbeiten und wirft alles achtlos unter den Tisch.

DIE KOKOTTE: SCHLAFT!
Sie geht langsam zum Schminktisch zurück und lackiert sich weiter ihre Fingernägel.[20]

Nach Lektüre dieses gesamten Theaterstückes reibt man sich in einem ersten Augenblick verwundert die Augen. Denn Marinettis „Synthese" ist zunächst einmal kaum an Banalität zu übertreffen. Wir haben es mit in der Tat geradezu klischeehaften Bildern zu tun: eine gutbürgerliche Familie, im trauten Heim versammelt, vielleicht auch ein wenig kleinbürgerlich, selbst wenn die Existenz eines Dienstmädchens oder das Bücherregal dagegen spricht, kontrastiert mit einer schönen und herausgeputzten jungen Frau, die von Beginn an als Kokotte bezeichnet wird und für käufliche Liebe steht. Die Familie ist rund um ihren Patriarchen bei ihren verschiedenen Verrichtungen geradezu rollengemäß versammelt in einem Haus wohl am Rande einer Stadt. Der Ehemann liest Zeitung, die Kinder machen ihre Schulaufgaben, beziehungsweise das Mädchen ihre Nadelaufgaben, während die Mutter sich um alles kümmert. Gutbürgerlicher und zugleich klischeehafter geht es nicht!

Doch in dieses Bild hineinprojiziert sehen wir als Zuschauer dieser Guckkastenbühne ein anderes Geschehen, welches die einzelnen Figuren aber selbst nicht sehen können. Der Titel *Simultaneität* erläutert gleichsam didaktisch dieses Geschehen, das man nun auf die unterschiedlichsten Arten – und genau hierin liegt der Traditionsbruch) mit der erstgenannten Szenerie in Beziehung setzen kann. Denn die nicht weniger klischeehafte Vertreterin eines horizontalen Gewerbes der Luxusklasse macht sich fertig für ihre Aufgaben: sie bereitet sich also vor auf die nächtlichen Unternehmungen ihres anti-bürgerlichen Lebens, welches freilich in der Antibürgerlichkeit eben dieses bürgerliche Leben wiederum bedient und stützt. Die Kokotte richtet sich hübsch her für die Männer, die sich offenkundig bei ihr melden.

Die Intention dieser „Theatersynthese" ist ganz offensichtlich. Denn natürlich muss man sich fragen, in welchem Zusammenhang beide Szenen miteinander stehen. Dass sie nicht völlig voneinander getrennt sind, sondern sich in irgend einer Weise aufeinander beziehen, wird schon daran deutlich, dass sie in der Einheit von Raum, Zeit und Handlung re-präsentiert werden. Gingen wir aber von zwei verschiedenen, sich im Grunde nicht überlagernden Diegesen aus, die nur ineinandergeblendet wären, dann wird diese Trennung am Ende durch die Aufforderung der Kokotte über die Grenze hinweg zerbrochen. Das Publikum mag rätseln, ob der Ehemann und die Kokotte miteinander zu tun haben, eine

---

20 Marinetti, Filippo Tommaso: Simultaneità. In Schnapp, Jeffrey T. (Hg.): *Teatro*. Bd. 2. Mailand: Mondadori 2004, S. 543.

in der Zeit selbstverständlich naheliegende heterosexuelle Beziehung, wäre für die Zeitgenossen doch eine Relation zwischen Kokotte und Ehefrau eher nicht vorgesehen. Freilich könnten wir aus heutiger Sicht eben diese Beziehung bei einer Neuinterpretation dieses Theaterstückes beispielsweise in den Vordergrund rücken. Dies stünde uns frei! Sie sehen, man könnte mit den von diesem verdichteten Stück dargebotenen Konstellationen wunderbar spielen, um jeweils verschiedenartige Beziehungsmuster hervortreten zu lassen.

Zugleich sollten wir uns gerade bei Marinetti vor Augen halten: Selbst das hochgradig Konventionelle ist letztlich aus einer Sicht freier Bezüglichkeit ein Bruch! Denn gezeigt wird genau dies: Dass eigentlich vom Sujet her keine teure Theateraufführung erforderlich ist. Dieses miniaturisierte Theaterstück bildet in seinem Verhältnis zu den damaligen Konventionen des bürgerlichen Theaters der Zeit einen Bruch, der jenen Bruch vorwegnimmt, welchen das spätere Theater des Absurden mit dem Rückgriff auf ähnlich banale Themen – wie etwa jenes des endlosen Wartens in Samuel Becketts *Waiting for Godot* oder eines enger werdenden Raumes in Eugène Ionescos *Les Chaises* vorwegnimmt. Die gespenstische Atmosphäre auf der Theaterbühne ergibt sich auch und vor allem aus der Banalität des Dargestellten, das ‚eigentlich' doch nicht die Hauptsache sein dürfte, hier aber nun in der Tat in den Mittelpunkt des Theaterstückes gestellt wird. Für die Zeitgenossen war es durchaus eine Provokation – oder hatte zumindest das Zeug dazu.

Marinetti sagte über sein Stück, er habe hier „die gleichzeitige Durchdringung des Lebens einer bürgerlichen Familie mit einer Kokotten inszeniert", wobei die Kokotte hier kein „Symbol, sondern eine Synthese (sei) aus Gefühlen von Luxus, von Unordnung, von Abenteuer und Verschwendung, die als quälende Sehnsucht oder Schmerz in den Nerven aller Personen, die um den Tisch herum sitzen, existieren".[21] Damit zielte er gleichsam auf ein Essentielles im Menschen, das gegen die Einordnung in eine bürgerliche Gesellschaft und die Unterordnung unter hierarchische Strukturen rebelliert. Es handle sich laut Marinetti um eine „absolut autonome theatralische Synthese", welche „weder dem bürgerlichen Leben noch der Halbwelt ähnlich" sei.[22] Dabei meint diese Art ästhetischer Synthese keineswegs eine Form gesellschaftlicher Symbiose: Beide Welten sind noch immer strikt voneinander getrennt. Es wird lediglich eine simultane Ko-Präsenz erzeugt.

Eine solche Synthese wolle nur sich selber ähnlich sein. Damit berührte Marinetti den Aspekt einer Selbstähnlichkeit, der für jegliches fraktale Modell von entscheidender konzeptioneller Bedeutung ist. Die Fraktalität seiner Theatersyn-

---

21 Ebda., S. 545.
22 Ebda.

these kann daher im Sinne eines miniaturisierten Modells verstanden werden, das keineswegs nur eine spezifische Familie oder eine bestimmte gesellschaftliche Klasse in einem konkreten Land repräsentiert, sondern insgesamt die Gesellschaft und vielleicht mehr noch die gesamte Menschheit bedeutet. Denn ein fraktales Modell zielt gerade auf Grund seiner Miniaturisierung stets auf Totalität, einen Makrokosmos an Elementen ab.

Zugleich handle es sich um eine absolut dynamische theatralische Synthese, so Marinetti weiter, der stets seine Stücke als Ausfluss seiner Theorien beschreibt und letztlich damit auf diese theoretische Dimension reduziert. Auch an dieser Stelle bestätigt sich, dass der italienische Futurist wohl ein besserer, weitsichtigerer Theoretiker als ein durch seine literarischen Ausdrucksmittel faszinierender Schriftsteller war. Im Sinne des ersteren wird die absolute Bewegung von Raum und Zeit erzielt, eine simultane Durchdringung von zwei Räumen und verschiedenen Zeiten, wie wir sie in diesem Kürzeststück gespiegelt sehen. Denken wir dabei immer wieder auch an das im Eingangsbereich unserer Vorlesung mehrfach genannte Bild von Spiegeln, die sich in ihren Bewegungen wechselseitig spiegeln ...

Wir können in *Simultaneität* also die ganzen zentralen Kategorien erkennen, die Marinetti für seine Theaterkunst futuristischer Synthesen reklamiert. Die vielleicht wichtigste von allen ist die Behauptung, eben nicht mehr von der außersprachlichen Wirklichkeit abzukupfern, sondern gleichsam die Mimesis selbst absolut zu setzen, ähnele eine Synthese doch nur der Synthese selbst oder der von Synthesen erzeugten und hervorgebrachten Kunstwelt. Verdichtung, so scheint mir, ist hier im Verbund mit Miniaturisierung ein weiteres Gebot dieser Art nanophilologischen Schreibens. Marinetti war mit seinen Kürzesttexten auf dem Gebiet des Theaters zweifellos ein Pionier, auch wenn wir gleich noch sehen werden, dass er für seine Vorstellungen und Ideen sehr wohl Modelle besaß, die von großer Wirkkraft und von starkem Einfluss auf die nachfolgenden Avantgarden waren.

Wir können uns anhand dieser theatralischen Synthese sehr gut vorstellen, dass die einzelnen Schauspieler auch durch Sprechpuppen oder Marionetten zu ersetzen waren. Denn den Theaterfiguren haftet im Grunde keine psychologische Tiefe an, sie sind nicht wirklich individuiert; vielmehr entsprechen sie einer Verdichtung von Attributen, die bestimmten Repräsentanten und Repräsentantinnen der europäischen Gesellschaften vorbehalten waren. Dass sich hier wiederum Beziehungen gerade auch zum symbolistischen Theater herstellen lassen, steht außer Frage!

Auf das symbolistische Theater bezog sich in kritischer Distanzierung aber auch ein anderer Künstler, der im Frankreich der Jahrhundertwende einen entscheidenden Schritt vorwärts gegangen war und den wir in unserer Vorlesung über das Fin de siécle zwar ungern, aber aus didaktischen Gründen wohlüberlegt nicht berücksichtigt hatten: Alfred Jarry. Ich glaube nicht, dass man auf diese große Figur der Literatur und Bühne verzichten kann, will man die ästhetische Entwicklung im Verlauf des 20. Jahrhunderts auch in ihren Tiefenströmungen begreifen. Gehen wir daher kurz einen zeitlichen Schritt zurück, um einen ästhetischen Schritt vorwärts zu tun!

Bevor wir uns in der gebotenen Kürze mit diesem mir sehr ans Herz gewachsenen französischen Schriftsteller und seinem Werk beschäftigen, in welchem man eine Vorläuferschaft für die historischen Avantgarden sowie das Theater des Absurden, für das Theater der Grausamkeit und selbst noch für *Oulipo*, das *Ouvroir de littérature Potentielle*, erkennen kann, möchte ich Ihnen zunächst einige biographische Daten zum Werk des verehrten Begründers der Pataphysik mit an die Hand geben.

Alfred Henri Jarry wurde am 8. September 1873 als Sohn eines wohlhabenden Kaufmanns in Laval (Frankreich) geboren. Während seiner Schulzeit komponierte der junge Jarry bereits seine später berühmten *Comédies en vers et en prose*, die erhalten blieben. Am Lycée de Rennes arbeitete damals ein Physiklehrer namens Hébert, den man als „Père Heb" oder „Père Ebé" titulierte, der für die Schüler zum Inbegriff des Grotesken und Gegenstand erster Szenen und Theaterstücke wurde. Eine Fassung eines solchen Stücks seines Schulfreundes Charles Morin wurde von Alfred Jarry umgearbeitet und als Marionettenstück am Jahreswechsel 1888/89 auf dem Speicher der Familie zur Aufführung gebracht. 1890 erfolgte eine Inszenierung mit den Marionetten des Théatre des Phynances in der Privatwohnung Jarrys: Es handelt sich um die erste Fassung des späteren Stückes *Ubu Roi*. Weitere Kompositionen und Stücke entstehen: Es sind Handschriften, die später etwa unter den Surrealisten zirkulieren sollten. Immer wieder werden diese ‚Urszenen' aufgeführt und von Jarry akribisch verändert. Die beruflichen Träume des jungen Mannes verwirklichen sich währenddessen nicht: Mehrfach scheitert er an der Aufnahme in die prestigeträchtige Ecole Normale Supérieure. Und auch ein Philologiestudium an der Sorbonne wird er niemals abschließen.

Abb. 38: Alfred Jarry (Laval, Département Mayenne, 1873 – Paris, 1907).

Doch die Pariser Literaturszene wird erstmals auf Jarry aufmerksam und literarische Freundschaften bilden sich. 1894 erscheint Jarrys erstes Buch. Dann markiert das Jahr 1896 eine für Alfred Jarrys Werk wichtige Epoche: die Zusammenarbeit mit Lugné-Poe, dem Direktor des Théâtre de l'Œuvre. Eine erste schriftliche Fassung von *Ubu Roi* erscheint in einer literarischen Monatsschrift und wenig später im *Mercure de France*. Am 10. Dezember wird *Ubu Roi* dann im Théâtre de l'Œuvre mit der Musik von Claude Terrasse uraufgeführt. Die Folge ist einer der berühmtesten Theaterskandale der französischen Literatur: An die berühmte Auftaktszene mit dem Ausruf „Merdre", verballhornt für das französische „Scheiße", schließen sich tumultartige Szenen und ein längeres Handgemenge an: Die bürgerliche Kritik reagiert pikiert, Jarry muss sich erklären. Doch fortan ist er weit über die Theaterzirkel hinaus ein bekannter Autor. Jarry beginnt mit der Ausarbeitung verschiedener *Ubu*-Zyklen, die freilich bis auf seine Schulzeit zurückgehen. Mit seinen *Heldentaten und Ansichten des Doktor Faustroll* gelingt ihm der Gründungstext dessen, was Jarry als die „Pataphysik" bezeichnet, jener urkomischen Wissenschaft von den erfundenen, imaginären Lösungen. Die Tumulte bei der Uraufführung und die Konzeption eines „Collège de Pataphysique" lassen Jarry für die Nachwelt wie einen Avantgardisten avant la lettre erscheinen.

Véritable portrait de Monfieur Ubu.

Abb. 39: Alfred Jarry: Porträt „König Ubu".

Zum Markenzeichen Jarrys wurde sein berühmtes Fahrrad,[23] mit dem er überall unerwartet auftauchte: Ungezählte Photographien zeigen ihn auf diesem Gefährt, das zugleich ein Zeichen unbedingter Modernität war. In sein Leben flossen

---

23 Vgl. hierzu Siepe, Hans T.: Metropolis, Cyclopolis und Tour de France. Kleine Bemerkungen zum Motiv von Stadt und Fahrrad in der Avantgarde. In: Klein, Wolfgang / Fähnders, Walter /

Abb. 40: Plakat der Uraufführung von *Ubu Roi* am Théâtre de l'Œuvre, 10. Dezember 1896.

zunehmend sprachliche Ticks und Redensarten seiner literarischen Hauptfiguren ein: Schon für ihn war die gesamte künstlerische Tätigkeit darauf abgestellt, Kunst und Leben miteinander zu verschmelzen und das eigene Leben in ein Kunstwerk zu verwandeln.

Abb. 41: Alfred Jarry auf seinem Fahrrad.

Dieses Kunstwerk hatte nur ein kurzes Leben: Alfred Jarry erkrankte schwer, machte aber weiter seine Scherze ebenso über die Krankheit wie über die „merdecins", die ihn behandelten. Doch sein Humor konnte ihn nicht mehr retten: An Tuberkulose erkrankt, starb Jarry im Alter von vierunddreißig Jahren am 1. November 1907 im Hôpital de la Charité zu Paris. Zeit seines Lebens war er ein literarischer Außenseiter gewesen; doch seine Wirkung und sein Nachruhm machten ihn zu einer einflussreichen Kunstfigur, die bis heute mit dem berühmten Fahrrad als Bürgerschreck durch die Straßen von Paris radelt und für den lustvoll-radikalen Aufbruch in Richtung Avantgarde steht.

Grewe, Andrea (Hg.): *Dazwischen. Reisen – Metropolen – Avantgarden. Festschrift für Wolfgang Asholt*. Bielefeld: Aisthesis Verlag 2009, S. 443–451.

Ohne auf Jarry und seine Theaterästhetik allzu detailliert eingehen zu können und ohne seinen bereits erwähnten Roman *Le supermâle* zu berücksichtigen, der insbesondere auf Marinettis ersten Roman *Mafarka le futuriste* großen Einfluss ausübte, möchte ich Ihnen doch eine Reihe von Facetten seines Werks vorstellen. Diese sind für die Fragestellung unserer Vorlesung, also die Traditionslinie zu den historischen Avantgarden und zunächst zum italienischen Futurismus, von Relevanz. Von zentraler Bedeutung in Jarrys gesamtem Schaffen ist sein erwähntes Drama in fünf Akten, *Ubu Roi*, das in Paris – wie bereits erwähnt – am 10. Dezember 1896 im Théâtre de l'Œuvre von Lugné-Poe uraufgeführt wurde.

Aurélien-Marie Lugné-Poe dürfen wir uns als die vielleicht schillerndste Figur der Pariser Theaterwelt vorstellen, die gleichsam das Off-Theater der damaligen Zeit in der französischen Hauptstadt entscheidend prägte und immer wieder neue Stücke auch nicht-französischer Autoren – allen voran etwa Ibsen – präsentierte. *Ubu Roi* ist es durchaus noch anzumerken, dass das Stück ursprünglich auf einen Schülerstreich zurückging, der freilich weitreichende theaterästhetische Folgen hatte und das Leben von Jarry entscheidend prägen sollte. Ubu alias Hébert war zu Beginn nicht viel mehr als eine Ulk-Figur; doch diese sollte monumentale Züge gewinnen, die ausgehend vom ursprünglichen Stück *Les Polonais* transhistorische Ausmaße annahmen. Denn König Ubu geriet immer mehr zu einem Diktator, Populisten und Feigling, der seine Macht unbeschränkt zur Anwendung bringt, solange er keinen empfindlichen Widerstand spürt. Er ist eine Figur, welche die Zeiten und Kulturen durchläuft und für das bevorstehende 20. Jahrhundert, aber auch für unsere Zeit geradezu prophetischen Charakter besitzt. Denn auch jetzt mangelt es an Populisten nicht!

In seiner grotesken Komödie, die ursprünglich für Marionetten ohne jede psychologische Tiefe ausgelegt war, verwandelte sich *König Ubu* mit Hilfe unendlich vieler Eingriffe und Veränderungen langsam in eine geradezu mythische Gestalt, die zugleich etwas Absurdes und Archetypisches besitzt. Der ruhmreiche Begründer der Pataphysik, die Jarry gerade auch in sein Leben zu implementieren nicht müde wurde, schuf ein Theaterstück, das zwar seiner Entstehungsgeschichte nach noch immer in Polen verortet war, wo es auch heute nicht an Rechtspopulisten mangelt, doch betonte sein Schöpfer mit Recht, dass dieses Stück im Grunde überall und nirgends spiele.

Lassen wir daher zunächst einmal den Autor des Stückes zu Wort kommen! Denn schon am 10. Dezember 1896 hatte Alfred Jarry unmittelbar, bevor sich der Vorhang im Théâtre de l'Œuvre hob, klar gemacht, dass die Handlung eben in Polen spiele, das heiße also nirgendwo! In einer weiteren Präsentation heißt es dann:

Abb. 42: Marionetten der Uraufführung von *Ubu Roi.*

Nach dem Vorspiel einer Musik mit allzu viel Blech, um weniger zu sein als eine Fanfare, einer Musik, die just das darstellt, was die Deutschen eine „Militärkapelle" nennen, enthüllt der Vorhang ein Bühnenbild, das gerne ein Nirgendwo repräsentierte, mit Bäumen zu Füßen der Betten, mit weißem Schnee unter einem schönen blauen Himmel, wobei die Handlung also in Polen vonstatten geht, einem ausreichend legendären und auseinander genommenen Land, um dieses Nirgendwo gut darstellen zu können, zumindest nach einer wahrscheinlichen franko-griechischen Etymologie, weit entfernt, ein fragliches Irgendwo. [...] Nirgendwo ist überall, und ganz besonders das Land, in dem man sich befindet. Aus eben diesem Grunde spricht Ubu Französisch. Aber seine unterschiedlichen Fehler sind keine französischen Laster bloß, denen Kapitän Bordure zuneigt, der Englisch spricht, oder die Königin Rosamunde, die in einem Dialekt aus dem Cantal kauderwelscht, oder die Masse der Polen, die alle kopfnäseln und grau in grau gekleidet sind. Sieht man darin unterschiedliche Satiren, dann macht der Ort der Bühne daraus die verantwortungslosen Interpreten.
Herr Ubu ist ein abstoßendes Wesen, darin ähnelt er uns allen (von unten).[24]

Wir ersehen aus dieser Passage bereits zum einen, dass *Ubu Roi* überall angesiedelt sein könnte und tatsächlich auch ubiquitär ist. Eine Beschränkung und Reduktion auf bestimmte nationale Grenzen gibt es nicht. Zum anderen ist *Ubu Roi* aber auch jedermann, wir alle, jeder einzelne, jede einzelne von uns. Ubu ist abscheulich, und eben darum uns so ähnlich, wie Jarry es formuliert. Im Grunde ist in diesen Wendungen schon ein Element vorhanden, das in der Internationalität der historischen Avantgarden und insbesondere im Manifestantismus der Züri-

---

24 Jarry, Alfred: *Ubu Roi.* Notes et dossier de Laurent Tiesset. Paris: Editions Chemins de tr@ verse 2011, S. 10: Autre présentation d'*Ubu Roi.*

cher Dada-Bewegung voll zur Geltung kommen wird: Ubu kennt keine Grenzen; gerade das Ubiquitäre von Ubu ist abscheulich und damit grenzenlos!

Drittens wird aber auch deutlich, dass dem Bühnenbild und der Musik eine wichtige Rolle zukommen: Sie sind keineswegs bloße ‚Beilagen'. In der Tat ist *Ubu Roi* trotz aller Wichtigkeit des Sprechens und der Jarry'schen Wortkreativität ein Theaterstück, das nicht auf ein reines Worttheater reduzierbar ist, sondern alle möglichen Sinneswahrnehmungen und Ausdrucksformen mit einschließt. *Ubu Roi* ist ein Schritt weg vom spezifisch literarischen Theater und hin zu dem, was man später und bis in unsere Zeit als das „totale Theater" bezeichnet hat, das mit allen Sinnen und Wahrnehmungsformen des Menschen spielt. Die Banalität und Absurdität der Handlung ist dabei ein Element, das in der Folge – beispielsweise von Marinetti und den Futuristen – sehr stark wiederaufgenommen und modifiziert werden wird, wobei die Satire gegen das Bürgertum, gegen Anpassung und Konvention, gegen Normalität und Moral, die durchgängige Angriffslinie bilden wird. *König Ubu* ist von seinem ersten Bild, von seinem ersten Wort an ein heftiger Angriff auf alles Überkommene.

Zu Beginn des Stücks ist Ubu, der Ex-König von Aragon, noch nicht König von Polen, sondern ein hochdekorierter Vertrauensoffizier des polnischen Königs. Bei seinem ersten Erscheinen auf der Bühne löste er jenen bereits erwähnten Theaterskandal aus, und zwar ebenso durch sein äußeres Erscheinungsbild wie durch die berühmten zwei Silben, die als erstes über seine Lippen kommen: „Merdre" oder auf Deutsch vielleicht „Schreiße". Alfred Jarry stellt in wenigen Worten klar, wie sich die Geschichte ausgehend von der Eingangsszene, von der ersten Szene des Theaterstückes, entwickeln wird. Denn König Ubu wird sich durch die Welt massakrieren, rücksichtslos, bestialisch und zugleich feige, an bürgerlichen Normen und der Normalität immer orientiert: stets auf seinen Wanst und dessen Wohlbefinden wie auch auf die Befriedigung der unteren Teile des Körpers, wie es Jarry formulierte, aufmerksam achtend. Doch sehen wir uns zunächst einmal die erste Szene des Fünfakters an:

VATER UBU: Schreiße.
MUTTER UBU.: Oh! Das ist ja was Hübsches, Vater Ubu, Ihr seid ein reichlich großer Schlingel.
VATER UBU: Dass ich Euch nicht erschlag', Mutter Ubu.
MUTTER UBU: Nicht ich bin es, Vater Ubu, ein andrer ist's, den Ihr ermorden müsstet.
VATER UBU: Bei meiner grünen Kerze, ich verstehe nicht.
MUTTER UBU: Wie denn, Vater Ubu, seid Ihr's zufrieden mit Eurem Schicksal?
VATER UBU: Bei meiner grünen Kerze, Schreiße, Madame, gewiss doch, ich bin zufrieden. Man wär's mit weniger: Kapitän der Dragoner, Vertrauensoffizier des Königs Venceslav, ausgezeichnet mit dem Orden des Roten Adlers von Polen und ehemaliger König von Aragon, was wollt Ihr mehr? [...]

> MUTTER UBU: Was hindert Dich daran, die gesamte Familie zu massakrieren und Dich an ihre Stelle zu setzen? [...]
> VATER UBU: Ja, wahrlich! Und hernach was? Habe ich nicht einen Arsch wie alle anderen?
> MUTTER UBU: An Deiner Stelle würde ich diesen Arsch auf einem Thron installieren. Du könntest Deine Reichtümer unendlich vergrößern, sehr häufig Bratwürste essen und durch die Straßen auf Karossen fahren. [...]
> VATER UBU: Ah! Ich gebe der Versuchung nach. Du Schreißluder, Du Luderschreiße, treff' ich ihn jemals am Rande eines Waldes, dann wird er ein übles Viertelstündchen erleben.[25]

Auch wenn König Ubu oder Vater Ubu noch mehrfach Angst (seine berühmte „trouille") bekommt und später auch Mutter Ubu für alles verantwortlich zu machen sucht, bedarf es doch nur einiger weniger Worte und Verlockungen seiner Frau, um den Scheißkerl Vater Ubu vom Königstreuen zum Königsmörder mutieren zu lassen. Vater Ubu ist unendlich feige, aber unendlich ist auch seine Grausamkeit, solange er nicht selbst bedroht ist und seine sadistische Mordlust ungestraft an anderen vollziehen und ausleben kann. Denn dank dieser Habsucht und Grausamkeit kann er trotz seiner Feigheit über mehr Geld und über größere Würste verfügen, seine Instinkte und Gelüste befriedigen und die ganze Menschheit um sich herum dem Schicksal, der Katastrophe und dem Untergang ausliefern. All dies ficht ihn nicht an! Ist dies nicht eine wunderbare Vorwegnahme all der monströsen Diktatorenfiguren, die das 20. Jahrhundert hervorgebracht hat; und dies nur der Herrschsucht und des Größenwahns wegen? Alfred Jarry hat mit den Mitteln seiner provozierenden Kunst den Tyrannen ein Denkmal gesetzt.

Denn die Mordgelüste eines Bürgers in der Rolle des Diktators sind schnell geweckt: Der dünne Firniss der Zivilisation über den Urinstinkten der Spezies ist rasch ab und die moralische Dimension des Menschen erscheint als Draperie und Dekor. Menschen erscheinen überhaupt als bloße Marionetten bestimmter Instinkte, die ihr gesamtes Handeln regeln: Schnell scharen sie sich hinter einem beliebigen Diktator und begehen ungesühnte Verbrechen. Sie sind letztlich Maschinen, die keine größere psychologische Tiefe kennen, sondern nur die abgrundtief absurde Präsenz ihrer Gelüste und Triebe leben. Hinter der Komik und der unstillbaren Lust auf Schalk und Verulkung lauert in Alfred Jarrys Theaterfigur etwas zutiefst Dunkles, Abgründiges, für die gesamte Menschheit Fatales, das sich auf diesem Planeten überall ereignen kann und de facto überall ereignet hat. Vor König Ubu ist niemand sicher, er ist ganz einfach ubiquitär!

Nun, die Handlung im Theaterstück schreitet erwartungsgemäß voran: Nichts kann Ubu aufhalten. Nachdem Monsieur Ubu die polnische Königsfamilie massakriert und fast vollständig ausgerottet hat, bricht eine kurzfristige Epoche der

---

25 Jarry, Alfred: *Ubu Roi*, Acte premier, Scène première, S. 18 ff.

Glückseligkeit mit dem polnischen Volke an, das jedoch schon bald aus denselben Beweggründen zunehmend brutaler angefasst und rücksichtslos massakriert wird. Ubus Günstling Bordure überredet den russischen Zaren zum Krieg gegen den aragonesischen Usurpator: Ubu muss gegen seinen Willen in den Krieg ziehen. Der Thronaspirant Bougrelas stürzt als einziger lebendig gebliebener Angehöriger der polnischen Königsfamilie die Ubus vom Thron. Doch die Feigheit rettet Ubu im Krieg das Leben: Zusammen mit seiner Frau gelingt ihm die Flucht in sein Heimatland Frankreich. Auch schon in *Ubu Roi* spielt der Krieg die entscheidende Rolle als Vernichtungsmaschinerie; doch ein Lob des Krieges – wie später bei den italienischen Futuristen – kann man bei Alfred Jarry nicht erkennen. Er lässt keinen Zweifel daran, dass die Kriegsmaschine von den größten Feiglingen betätigt wird, die an ihrer Stelle andere zur Aufopferung in den Krieg schicken.

Schon früh verstanden die Zeitgenossen, wie sehr sich Alfred Jarrys *Ubu Roi* gegen die Normen und Konventionen der im Grunde brutalen bürgerlichen Gesellschaft richtete, wie sehr hier die Selbstzufriedenheit, Geilheit und Gewissenlosigkeit einer nur scheinbar stabilen Gesellschaft gegeißelt wurde, der nur etwas am eigenen Wohlbefinden lag, gleichsam am Fressen möglichst vieler Würste. Psychische wie physische Vorgänge werden direkt auf die Bühne übertragen, freilich neben den psychologischen Aspekten vor allem auch die schiere Körperlichkeit der Figuren Jarrys. Es ist der groteske Körper, der immer wieder im Rampenlicht steht. Nicht umsonst beginnt alles mit einer Fäkalszene. Und hatte König Ubu letztlich nicht einen Arsch wie jeder andere?

Diese groteske, letztlich aber alltägliche Körperlichkeit spielt von der ersten Szene, von der Exkrementierung des Inneren an, eine ganz entscheidende Rolle. Es gab Aufführungen, in denen dem ersten Wort „merdre" mehrere Minuten des Schweigens folgten, in denen die einzelnen Figuren in ihrem Dekor und durch ihre schiere Körperlichkeit wirkten. Dabei ist das Stück, ganz in der Tradition des symbolistischen Theaters, durchsetzt von intertextuellen Zitaten und Anspielungen auf andere Theaterstücke und Autoren, wobei hier Shakespeare und Rabelais zweifellos eine besonders wichtige Rolle zukommt. Dies ist keineswegs zufällig, spielt doch nicht nur bei Rabelais' Pantagruel, sondern auch bei William Shakespeare die Körperlichkeit der Theaterfiguren eine bedeutungsvolle und nie gänzlich ausleuchtbare Rolle.

So hat man etwa in der Forschungsliteratur zu *Ubu Roi* mehrfach festgestellt, dass König Ubu eine Travestie von König Lear, Mutter Ubu von Lady Macbeth ist oder doch so aufgefasst werden kann. Das große Stück Jarrys, an dem der Künstler seit seiner Schulzeit immer wieder arbeitete und das er in verschiedenen Zyklen ebenso lustvoll wie aufopferungsvoll erweiterte, ist ein mit allen Wassern der Literatur gewaschenes und zugleich gewitztes Stück Theatergeschichte, das wie in einer Synthese, einem miniaturisierten Modell, nicht zuletzt auch europäische

Theater- und Literaturgeschichte bietet. Insofern bietet es nanophilologische Bezüge, die sehr wohl auf die Theatersynthesen Marinettis vorausweisen.

Stellen Sie sich die erste Szene des ersten Aktes von *Ubu Roi* einmal plastisch vor in einem wirklichen Theaterablauf, vielleicht sogar in einer Inszenierung, die Sie selbst in die Theaterwirklichkeit umsetzen müssten! Bedenken Sie dann, welch geringer Wert schon in dieser Eingangsszene, die doch die Exposition darstellt und daher das Theaterpublikum über die vergangenen Ereignisse und die aktuellen Vorgänge aufklären muss, noch irgendwelchen Erläuterungen oder didaktischen Hinführungen zukommt! An dieser Stelle bleibt nur der Hinweis darauf, dass sich mehrere intratextuelle „continuations" bei Jarry selbst anschließen, der seinem Stoff etwa schon in *Ubu enchaîné* oder *Ubu in Ketten* 1899 – die Uraufführung erfolgte im Jahre 1900 – wiederum neue Perspektiven gab. Rund um die literarisch hochverdichtete Figur Ubu, in welcher doch noch immer der Schülerstreich lebendig blieb, ließ sich in der Tat eine ganze literarische Welt, ja die Totalität von Welt entfalten.

Wie sehr auch immer die Rollen Ubus wechseln, stets ist die Brutalität, Grausamkeit und Absurdität dieser grotesken Figur das leitmotivisch wiederkehrende zentrale Element eines faszinierenden Theaterspektakels. In *Ubu cocu*, also *Ubu als Hahnrei*, tritt die Titelfigur als Doktor der Pataphysik auf, der sein Gewissen stets in einem Koffer mit sich schleppt. Was für ein wunderbares Bild, das vorausweist auf die gewissenlosen Mörder im 20. (und 21.) Jahrhundert, die ihr Gewissen an der Uniform-Garderobe abgegeben hatten und frei davon handeln und töten. In diesem Stück wird das „Enthirnungslied" gesungen, das bereits vorausweist auf die Ästhetik eines Marinetti, eine Metaphorik der Zermantschung und grausamen Zerstörung also, die wir nicht nur bei den Futuristen, sondern später auch bei Boris Vian wiederfinden werden. Alfred Jarrys Ideen begeisterten gerade nach den Grausamkeiten zweier Weltkriege eine europäische Leserschaft, die versuchte, die Spuren des Kommenden in den Literaturen der Jahrhundertwende aufzufinden, die also den Versuch unternahm, die vergangene Zukunft für sich zu entdecken. Und da stand Alfred Jarry mit seiner grotesken Figur an allen Wegkreuzungen.

Jarrys Theaterkonzeption zielte auf eine unmittelbare Konfrontation mit dem zeitgenössischen Publikum, lebte von ihm und dessen Reaktionen auf die schockierenden und provozierenden Elemente der Stücke. Es ist ein Publikum, das zugleich in seinen Erwartungen ent-täuscht und angeklagt wird, hält man ihm doch einen Zerrspiegel vors Gesicht, der durchaus mit dem Verfahren eines anderen Autors des Fin de siècle in Verbindung zu bringen wäre: Ramón del Valle-Inclán und seiner Ästhetik der „esperpentos", der verzerrenden und absurden Spiegelungen. Mir scheint, dass gerade diese Beziehung zu einem wegweisenden spanischen Autor viel von der Problematik aufzeigt, welche die Kontinuitätslinien von Fin de siècle und Avantgarde hervortreten lassen und die Ästhetik des

Bruches im Sinne von Peter Bürger nicht zuletzt als eine bewusste, vorsätzliche Inszenierung erscheinen lassen.

Alfred Jarrys Theaterstück, das mit den vielsagenden Worten Vater Ubus „Gäbe es kein Polen, dann gäbe es auch keine Polen" und damit einer kalauernden „vérité de Lapalisse" endet, wurde vom Autor in einigen Szenen auch zeichnerisch begleitet und gestaltet. Zeichnungen, die zeigen, wie genau sich Jarry eine groteske Gestalt vorstellte, die höchste Anforderungen an Bühnenbildner und Dekorateure, vor allem aber auch an Maskenbildner stellte. Es handelt sich kaum noch um Menschen: Père Ubu erscheint vielmehr als ein „fantoche", eine gespensterhafte Puppe, die mehr von ihren Instinkten gehandelt wird, als dass dieses Wesen selber handeln könnte. Die Zentralfigur von *Ubu Roi* ist im Grunde eine Marionette, die andere Figuren wie Marionetten für sich agieren lässt.

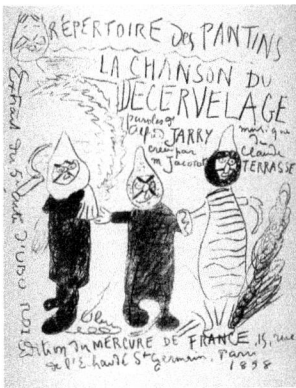

Abb. 43: Album-Cover *La Chanson du décervelage*. Zeichnung von Alfred Jarry.

Um Ihnen noch ein letztes Mal einen direkten Einblick in dieses prä-avantgardistische Spektakel zu geben, in die ganze Wucht dieses Schauspiels, seine Komik und Derbheit, möchte ich Ihnen eine weitere Passage aus *Ubu Roi* vorstellen, diesmal aus der ersten Szene des fünften und letzten Aktes. Es handelt sich um eine Abfolge von Auseinandersetzungen zunächst zwischen Vater und Mutter Ubu, die sich wie gewöhnlich wieder zusammenraufen, mit ihren Feinden, dem legitimen Thronanwärter und dessen polnischen Soldaten:

> VATER UBU: Oh, aber jetzt doch, komm hierher, Du Aas! Auf die Knie mit Dir vor Deinem Herren (*er stößt sie und wirft sie auf die Knie*), Jetzt erwarte Deine letzten Qualen.
> MUTTER UBU: Ho, Ho, Herr Ubu!
> VATER UBU: Oh! Oh! Oh! Bist Du jetzt endlich fertig? Jetzt beginne ich: Verdrehung der Nase, Ausreißen der Haare, Hineinstechen des kleinen Holzstückchens in die Ohrlen, Extraktion des Gehirns durch die Fersen, Zerfetzen des Hinterns, teilweises oder totales Zerquetschen des Rückenmarks (wenn ihr das zumindest ihre charakterlichen Gräten zerstören würde),

dabei Öffnung der Schwimmblase nicht zu vergessen und schließlich und endlich die wiederholte große Enthauptung von Johannes dem Täufer, dies alles herausgezogen aus der Heiligen Schrift, ebenso des Alten wie des Neuen Testaments, neu geordnet, verbessert und vervollkommnet durch den hier anwesenden Herren der Finanzen! Passt Dir das, Du Wurst? (*Er zerreißt sie.*)

MUTTER UBU: Gnade, Herr Ubu!

(*Lauter Lärm am Eingang der Höhle.*)

(*Bougrelas, der sich mit seinen Soldaten in die Höhle stürzt.*)

BOUGRELAS: Vorwärts, meine Freunde! Es lebe Polen!

VATER UBU: Oh! Oh! Warten Sie einen Augenblick, Herr Pololone. Warten Sie, bis ich mit Madame meiner besseren Hälfte fertig bin!

BOUGRELAS (*schlägt ihn*): Hier hast Du, Du Feigling, du Krücke, du Nichtsnutz, Du Häretiker, Du Muselmann!

VATER UBU (*zurückschlagend*): Hier nimm, Du Pololone, Du Trunkenbold, Du Bastard, Du Husar, Du Tartar, Du Kommisarde, Du Mansarde, Du Verpfeifarde, Du Savoyarde und Kommunarde!

MUTTER UBU: (*sie schlägt ihn auch*): Hier hast Du, Du Schrein, Du Schwein, Du Frollein, Du Hysterlein, Du Dieblein, Du Drecklein, Du Pololein![26]

Welch ein Spektakel ist hier auf die Bühne zu bringen! Kein Wunder, dass derlei Kaskaden der Gewalt rasch auf die Zuschauerinnen und Zuschauer übersprangen. Die Sprachspiele, welche Alfred Jarry in derlei Momenten in seinen Text einführt, unterstützen lediglich das Theatralische, Szenische und Parodistische einer Handlung, die von Beginn an eigentlich an Dürftigkeit kaum zu überbieten war. Alles liegt hier in der Performance, liegt im Ausagieren von Trieben und Instinkten, die tief im Unbewussten des Menschen schlummern und auf diese Weise zumindest ans Licht kommen. Diese Prügelszenen mit ihren wüsten und zugleich kindlich-lyrischen Beschimpfungen erinnern an die Prügeleien auf dem Schulhof, ja an die Grausamkeiten von Kindern, die sich im Sandkasten mit der Schaufel auf den Kopf schlagen, bevor ihre Eltern einschreiten können. All dies ist auf der Bühne, und all dies ist vom Autor intendiert! Denn Vater Ubu und seine Frau sind nicht besser und nicht schlechter als wir alle: Sie repräsentieren den Menschen gerade in seiner uferlosen Unmenschlichkeit.

Die Wirkung dieses so ungeheuer verdichteten Stücks war fürwahr ungeheuerlich, hatte Alfred Jarry doch mit seinem *Ubu*-Zyklus ein Fresko des Bürgertums geschaffen, für das im Übrigen der Ausdruck „Kommunarde" oder „communard", der auf die Pariser Kommune verweist, in der Tat zu einem Schimpfwort geworden war. Gerade auch die „communards" hatte man gnadenlos gejagt und massakriert, um wieder Ordnung und Ruhe im Staate Frankreich herzustellen.

---

26 Jarry, Alfred: *Ubu Roi*, Acte V, Scène I/II, S. 83 ff.

Die extreme Brutalität und Grausamkeit, die sich im Verlauf des Stücks immer wieder zeigt, sobald Vater und Mutter Ubu dazu Gelegenheit finden, wirkte insbesondere auf Antonin Artaud und Roger Vitrac, die das avantgardistische Theater in späteren Jahrzehnten mit ihren dramaturgischen Schöpfungen beleben sollten. Der erstgenannte übersetzte diese Problematik in die Ästhetik seines eigenen „Théâtre de la cruaute", mit dem wir uns im Verlauf unserer Vorlesung noch beschäftigen wollen. Nun aber gilt es, die weiteren Entwicklungen der Avantgarde *nach* den Futuristen zu untersuchen und uns dabei der Bewegung des Dadaismus zuzuwenden, mit welcher wir etwa bei unserer Beschäftigung mit Kurt Schwitters bereits Kontakt aufgenommen hatten.

Dada, Tzara und die sinnhafte Macht des Nonsens

Die Problematik des Nonsens spielt in Alfred Jarrys Stücken eine nicht minder wichtige Rolle als jene konkrete Theatralität, mithin Körperlichkeit und Vergänglichkeit des Dargestellten, die gleichsam den eigentlichen Text überwuchern und eine Tendenz zur reinen Performanz aufweisen. Sie wird uns nicht nur bei Jarry und der Entwicklung hin zum absurden Theater, sondern auch in einer ganz entscheidenden künstlerischen und avantgardistischen Bewegung bewusst werden, deren verbindende Funktion aus heutiger Perspektive evident ist. Denn sie stellt gleichsam die Brücke dar zwischen dem frühen Avantgardismus – zum Teil auch avant la lettre – des italienischen wie europäischen Futurismus und des futuristischen Theaters in der Traditionslinie von *Ubu Roi* einerseits und der entwickelten Avantgarde, man könnte fast sagen ‚Hoch-Avantgarde', des französischen Surrealismus andererseits. Ich spreche selbstverständlich vom Dadaismus und den Dadaisten!

Während der Futurismus zunächst eine Vorkriegserscheinung war, die in den Krieg hineinwuchs und ihn als Spektakel herbei sehnte, ist Dada in gewisser Weise eine Kriegserscheinung, die freilich eine gänzlich andere Position gegenüber Krieg und organisierter Gewalt einnahm. Während der Futurismus sich für den Krieg engagierte und Italien erfolgreich mit hinein reißen sollte, entwickelte Dada von Zürich aus eine klar gegen alle kriegerische Gewalt propagandistisch vorgehende Position, die zu Beginn des Ersten Weltkrieges angesichts der allgemeinen Begeisterung noch die Position politischer Außenseiter war. Dada und der sich herausbildende Dadaismus agierten und agitierten von einem Territorium aus, das nicht in den Ersten Weltkrieg, in die „Grande Guerre", hineingezogen worden, sondern neutral geblieben war: So bildete die Schweiz den idealen Nährboden für die Entwicklung dieser künstlerisch-literarischen Bewegung gegen den Krieg, gegen alle Kriege.

Wir hatten bereits bei Kurt Schwitters im Anti-Liebesgedicht *An Anna Blume* bemerkt, dass in ganz entscheidender Weise die Erfahrungen der Futuristen mit den sogenannten „befreiten Worten" genutzt und umgesetzt wurden bei dem Versuch, die Sprache zunehmend aus der traditionellen Logik herauszulösen, die Syntax zu unterlaufen, die Hierarchien im Satzbau abzubauen und die Semantik zu entstellen. Klar ist dabei, dass Konventionen und Traditionen nicht allein im literarischen Kontext, sondern im Bereich der allgemeinen und alltäglichen Sprache selbst angegriffen und überwunden werden sollten. Die logisch fundierte Sprache war also ein Feind, vielleicht sogar *der* Feind schlechthin: Wer mit der bürgerlichen Gesellschaft ein für alle Mal brechen wollte, der musste ran an die Sprache und sie verstellen, der musste zu einem Sprachendieb werden und sein Beutegut beherzt gegen alle Wiedereingliederungsversuche verteidigen!

Betrachten wir den Dadaismus als eine viellogische und nicht zentrierte Gemeinschaft und Bewegung, die ihre unterschiedlichen Filialen und sehr verschiedenartige Spielarten besaß, so galt für ihn doch insgesamt: Angriffsgegenstand des Dadaismus war nicht nur die Kunst, sondern die gesamte Gesellschaft überhaupt. Mit ihr galt es zu brechen, sie war zu zerstören, koste es, was es wolle!

Schon 1944, also noch während des Zweiten Weltkrieges, hat Maurice Nadeau in seinem frühen und klugen Buch über die Geschichte des (französischen) Surrealismus auf die Tatsache aufmerksam gemacht, dass die Erfahrung des Krieges von grundlegender Bedeutung für die Veränderungen des surrealistischen Weltbildes war. Ein ungeheuer blutiger, sinnloser Krieg war geführt worden um die Verschiebung kleinster Grenzziehungen in Europa, um einander bestimmte Kolonien etwa in Afrika abzujagen und um schließlich einen Zustand zu erreichen, in dem die Sieger über kaum bessere wirtschaftliche und soziale Verhältnisse verfügten als die von ihnen Besiegten. Die ganze Absurdität und Sinnlosigkeit dieses Krieges, den die Faschisten und die Futuristen, aber auch alle Nationalisten und Chauvinisten Europas so sehr herbeigesehnt hatten, war 1916 bereit offenkundig. Es war die Stunde von Dada! Aber worum ging es? Sollte einfach ein logischer Gegen-Diskurs gegen den kriegsbegründenden Diskurs, sollte einfach eine strukturell vergleichbare akratische Position gegen die enkratischen Mächte ins Feld geführt werden? War es überhaupt noch möglich, der absoluten Sinnlosigkeit sinnvolle Sätze entgegenzustellen und auf argumentative Fortschritte zu hoffen? War all das nicht längst versucht worden?

Glauben Sie mir: Das sind grundlegende Fragen und sie sind grundlegend bis in unsere Zeit! Denn unsere offenen Gesellschaften sind heute wieder oder erneut gefährlich vereinfachenden Diskursen ausgesetzt, die von cleveren Menschen ersonnen werden, damit die Dummen diese einfachen Angebote übernehmen. „Bei meiner grünen Kerze: Jawoll", hätte König Ubu gesagt. Verkürzt gesagt stellt sich eine grundlegende Frage: Wie kann man Dummköpfe überzeugen? Wie lassen sich die Anhänger von Populismen jeder Couleur noch erreichen und von ihrer Begeisterung für die so simplen Anliegen ihrer Führer, für die so einfachen Lösungen ihrer Heilsbringer abhalten? Viele Künstler Europas begriffen, dass ein anderer Weg gesucht werden musste, der nicht argumentativen Zuschnitts sein konnte. Denn die meisten Faschisten, Chauvinisten oder Nationalisten jeglicher Ausrichtung lassen sich nicht einfach argumentativ überzeugen: Ihnen muss etwas Anderes, Weiteres entgegengesetzt werden.

Im Bereich der Politik, der Philosophie, der Wissenschaft und vielen anderen wissenschaftlichen und nicht-wissenschaftlichen Feldern verwandelte sich zunehmend die Einsicht in die Absurdität des anhaltenden Stellungskrieges auch in Gegenvorschläge reformierender oder revolutionärer Art, die sich jeweils ganz spezifischen Aspekten der Gesellschaft zuwandten. Dagegen war es für die Künstler als Spezialisten der Farbe, der Formen, der Bühne oder – im Bereich der Literatur – der Sprache lange schon evident, dass die Sprache selbst angegriffen werden musste. Denn es war eben jene Sprache, in welcher die ganze Kriegsrhetorik dröhnte, jene Sprache also, die all das Unheil verschuldet hatte, in der die unterschiedlichsten Verbrechen, mithin der Kolonialismus, der Imperialismus, die Zerstörung einer ganzen Generation, die Ausbeutung ganzer Völkerschaften ausgeführt worden waren. Doch wie war all dies zu stoppen, um der Vernichtung immer größerer Menschenmassen wirkungsvoll und nachhaltig Einhalt zu gebieten?

Die Lösung sahen einige der Künstler in dem breit angelegten Versuch, eben jenes Vehikel zu beseitigen, um auf seinen Ruinen eine neue Sprache zu errichten. So sollte jener Kanal der menschlichen Kommunikation ausgemerzt und radikal transformiert werden, der das ganze Übel der Massenvernichtung überhaupt erst möglich gemacht hatte. Auf diese Weise lässt sich die von den Futuristen teilweise übernommene, unzweifelhaft aber nun radikalisierte und mit einer anderen, ja umgekehrten Zielsetzung versehene Entstellung der Sprache begreifen, die in ihrer Wucht sehr wohl mit dem Krieg selbst verglichen werden kann, mit einem wahren Krieg gegen die Sprache der Vernichtung, die nun selbst der Vernichtung preisgegeben werden sollte. Es galt, eine radikale, eine revolutionäre Veränderung der bürgerlichen Gesellschaft entschlossen voranzutreiben und mit den Kriegstreibern Schluss zu machen.

Prägnante Beispiele für diese konstruktive, zielgerichtete Zerstörungsarbeit sind die Gedichte und Arbeiten von Kurt Schwitters, die bis hin zur Auflösung in reiner Phonetik gehen und höchstens noch Restbestände traditioneller Semantik bestehen lassen. Es ist eine Zerstörung der Sprache, gewiss, aber zugleich handelt es sich um eine Zerstörungsarbeit, die auch – wie wir sahen – eine Arbeit konstruktiver Art ist, macht sie doch Dinge hörbar, denkbar und sagbar, die zuvor nicht hätten realisiert beziehungsweise ausgesprochen werden können. Denn bis heute, und die Reaktionen der Zuhörerschaft zeigen dies, scheint das pure Lautgedicht nicht nur in der Form der *Ur-Sonate* eine provozierende und vielleicht mehr noch schockierende Wirkung auf sein Publikum zu haben, entzieht es sich doch dem, was alle Zuhörerinnen und Zuhörer vom Künstler im Grunde einfordern: Sinn zu machen.

Wir beginnen aus dieser Perspektive bereits zu verstehen, welcher Sinn hinter dem Nicht-Sinn, dem Un-sinn, dem „Nonsense" steckt, wie der Nonsens folglich selbst wiederum Sinn machen, Sinn erzeugen kann. Mehr noch: Wir begreifen, wie in einer sinnentleerten, sinnlos gewordenen Welt des Weltkriegs der Nonsense die künstlerisch vielleicht überzeugendste Art und Weise ist, dem Unsinnigen und Sinnlosen massiver Vernichtung von Leben etwas entgegenzuhalten, was dieser Unsinnigkeit trotzen kann. Denn eine regelrechte und regelgerechte Sinnverweigerung kann sehr wohl Sinn hervorbringen – gerade auch durch die Negierung jeder traditionellen Semantik.

Die Radikalität der Gegenpositionen gegenüber dem noch immer vorherrschenden gesellschaftspolitischen und ökonomischen, aber auch künstlerischen und literarischen System wird im Dadaismus schon von Beginn an deutlich, zeigt sich aber auch noch bei Vertretern des Dadaismus, die sich der von der Schweiz ausgehenden Bewegung etwas später anschlossen. Dies war etwa in Frankreich der Fall, wo sich erst mit einer gewissen Verspätung der Dadaismus konstituieren, festsetzen und entwickeln konnte, zumal man von Dada in Zürich zunächst wenig wusste.

Ich möchte Ihnen daher eine Passage aus einem Manifest von Louis Aragon vorlegen, jenem großen französischen Lyriker, Romancier und Intellektuellen, der in seiner persönlichen Entwicklung im Grunde zentrale Entwicklungsmomente des Surrealismus markierte. Louis Aragons Weg führte von der frühen Orientierung an Dada über die künstlerische Entfaltung des Surrealismus bis hin zur politischen Ausrichtung an der Kommunistischen Partei Frankreichs, an der Louis Aragon freilich selbst dann noch festhielt, als alle anderen Surrealisten längst dem einst machtvollen PCF die Gefolgschaft aufgekündigt hatten. Aragon folgte seiner Partei selbst dann noch, als die berüchtigten Schauprozesse Stalins wahre Austrittswellen linker westeuropäischer Intellektueller provozierten.

Abb. 44: Louis Aragon (Paris, 1897 – ebda., 1982).

Aragons Ablehnung des Bestehenden war in seinen frühen Jahren total. Daher versteht man seine spätere Hoffnung vielleicht etwas besser, eine Hoffnung, die er auf das kurze Zeit zuvor entstandene und damals noch immer in Entstehung begriffene neue Reich der Sowjetunion unverbrüchlich setzte. Die Geste der Zerstörung war bei dem jungen Intellektuellen im Jahr 1919 unverkennbar; an einem jener Dada-Abende, die als Bürgerschreck-Spektakel aufgezogen wurden und oftmals in handgreiflichen Tumulten endeten. Wir verstehen, dass sich in diesem Fall die Dadaisten durchaus einer Tradition anschlossen und bedienten, welche in den Zirkeln der Futuristen üblich war und die zweifellos über lange Jahre ein Markenzeichen der historischen Avantgarden darstellte. Doch wir hatten auch gesehen, dass diese tumultartigen Szenen bereits bei der Uraufführung von Alfred Jarrys *Ubu Roi* an der Tagesordnung waren – denn nicht umsonst begehrte die Zuschauerschaft im Theater gegen eine verbreitete Publikumsbeschimpfung und die Zurschaustellung schockierender Bühnenereignisse auf.

An jenem lauschigen Abend des Jahres 1919 also hatte man das Publikum insoweit getäuscht und angelockt, als man vorgab, Charlie Chaplin in Paris zu präsentieren. Aber nix war's mit Charlie Chaplin! Stattdessen wurden die zahlreich herbeigeströmten Zuschauerinnen und Zuschauer mit Dutzenden von Manifesten und Proklamationen konfrontiert und förmlich beworfen, worauf sich das Publikum seinerseits von seinem Schock erholte und insofern rächte, als man die auftretenden Literaten fleißig beschimpfte und mit allem, was man zur Verfügung hatte, bewarf. Doch sehen wir uns einen Ausschnitt aus diesem Manifest des Lyriker Louis Aragon einmal näher an:

> Keine Gemälde mehr, keine Literaten mehr, keine Musiker mehr, keine Bildhauer mehr, keine Religionen mehr, keine Republikaner mehr, keine Königstreuen mehr, keine Imperialisten mehr, keine Anarchisten mehr, keine Sozialisten mehr, keine Bolschewiken mehr, keine Politiker mehr, keine Proletarier mehr, keine Demokraten mehr, keine Armeen mehr, keine Polizei mehr, keine Vaterländer mehr, es ist jetzt Schluss mit all diesen Dummheiten, nichts mehr, nichts mehr, nichts, NICHTS, NICHTS, NICHTS.
>
> Auf diese Weise hoffen wir, dass sich die Neuheit, welche dieselbe Sache ist wie all das, was wir nicht mehr wollen, weniger verdorben durchsetzen wird, weniger unmittelbar GROTESK.[1]

Diese Passage aus Louis Aragons Manifest zeigt nicht nur, wie weit der junge Schriftsteller damals noch von der Hoffnung auf den Bolschewismus entfernt und wie nahe er an deutlich nihilistischen Positionen war, sondern sie führt auch die ganze Wut auf die bestehenden Strukturen innerhalb wie außerhalb der Kunst vor. Gewürzt ist sie natürlich mit jenem Geist performativer, wir könnten auch sagen: ostentativer Zerstörungswut, welche die Dadaisten von Beginn an auszeichnete. Zugleich sehen wir und hören wir natürlich auch, dass diese Verdammungsorgie selber wieder rhythmisiert ist, fast die Struktur eines Gedichts in freien Versen

---

1 Aragon, Louis: Manifeste du mouvement Dada. In: *Littérature* (Paris) 2ᵉ année, No 13 (Mai 1920): Vingt-trois manifestes du mouvement Dada, S. 1.

besitzt, mit einer Vielzahl von Reimen, Alliterationen, semantisch konsequenten Abfolgen und einer zu Grunde liegenden Argumentation. Aragons Text nimmt folglich selbst literarische Strukturen an, ohne freilich in bestehende Traditionen zu verfallen – auch wenn der Dadaismus wider Willen selbst rasch eigene Traditionen schuf, die wiederum Modellcharakter besaßen. Denn der Dadaismus tat dies sehr wohl, trotz der ständigen Zerstörungswut seiner Hauptfigur Tristan Tzara, der sein Hauptaugenmerk nicht nur auf die Destruktion des Bestehenden, sondern auch auf jene des Angriffs selbst richtete.

Damit ging Tristan Tzara durchaus einen Schritt weiter als Louis Aragon in der angeführten Passage. Doch in Frankreich hatten sich längst unabhängig vom Dadaismus eigenständige Entwicklungslinien herausgebildet, welche – gerade auch mit Blick auf die spätere Entfaltung des französischen Surrealismus – unverkennbare Affinitäten zu Dada Zürich aufwiesen, das doch einige Jahre früher aufgeblüht war. In dieser Zeit der großen Ismen gab es überall Sonderentwicklungen und sehr eigenständige Interpretationen avantgardistischer Verfahren, welche zugleich die Vielfalt und unbestreitbare Einheit der historischen Avantgarden belegten.

So schrieb etwa Jacques Vaché, ein Autor, der für den jungen André Breton von großer Wichtigkeit war, in seinen 1919 publizierten *Lettres de Guerre* eine totale anklage der Kunst und Literatur nieder, eine Anklage, die im Grunde die Kunst ähnlich wie die Gesellschaft in den Orkus des Absurden und zu Zerstörenden verwies. Vaché vertrat damit eine zerstörerische, den Bruch mit allem Vorhandenen akzentuierende Position, welche er übrigens nur in Hinblick auf einen einzigen Künstler nuancierte. Und dieser Künstler war kein anderer als der Theatermann und Romancier Alfred Jarry, der mit seinen künstlerischen Praktiken und Verfahren ja gerade die herrschende Kunst- und Literaturauffassung zu unterspülen gesucht hatte. Schauen wir uns eine kurze Passage von Jacques Vaché einmal an:

> Wir lieben weder die Kunst noch die Künstler (nieder mit Apollinaire) ... wir ignorieren Mallarmé ganz ohne jeden Hass, aber tot ist er. Wir kennen keinen Apollinaire mehr – DENN – wir verdächtigen ihn, allzu wissentlich Kunst zu machen, Romantik mit Telefondraht zusammenzufummeln und dabei nicht zu wissen, was ein Dynamo ist. DIE STERNE wieder herunterzuholen! – wie langweilig das ist – und dann sprechen sie dabei doch bisweilen ernsthaft! Ein Mann, der glaubt, ist seltsam. ABER DA EINIGE NUN MAL ALS SCHMIEREN-SCHAUSTELLER AUF DIE WELT GEKOMMEN SIND ...[2]

---

2 Vaché, Jacques: *Lettres de Guerre*. Zit. nach Nadeau, Maurice: *Histoire du surréalisme* (1945). Paris: Seuil 1964, S. 24.

Abb. 45: Jacques Vaché (Lorient, 1895 – Nantes, 1919).

Wir konstatieren nicht ohne eine gewisse Verblüffung, dass hier sogar mit Apollinaire gebrochen wird, der doch innerhalb der französischen Traditionslinie der Avantgardisten und insbesondere der Surrealisten um André Breton eine Art Fixstern darstellte, an dem man sich orientieren konnte. Apollinaire, der eine Scharnierfunktion übernommen hatte zwischen der literarischen Tradition des 19. Jahrhunderts in ihren wegweisenden Aspekten und der von den Surrealisten intendierten neuen Verfasstheit und des neuen Ortes der Kunst innerhalb der Gesellschaft. Auch Stéphane Mallarmé wird dem Tod und dem Vergessen anheim gegeben, der doch gerade für die neo-avantgardistischen Strömungen der zweiten Hälfte des 20. Jahrhunderts eine so fundamentale Funktion übernehmen sollte. Mit alledem soll gebrochen werden: All dies soll nunmehr zu Ende sein, um Platz für einen Neuanfang zu schaffen.

Entscheidend an dieser Schelte von Jacques Vaché ist, dass der Kunst wie den Künstlern, der Literatur wie den Literaten das Daseinsrecht entzogen wird, um ein für alle Mal die Tradition zu kappen – in einer Radikalität, wie sie die Neo-Avantgarden in der Tat nicht mehr zu fordern in der Lage waren. Denn die neo-avantgardistischen Strömungen konnten längst nicht mehr mit derselben Vehemenz einen Neuanfang einfordern, schon allein aus dem Grund, dass diese Forderung vor ihnen bereits erhoben worden und dadurch gleichsam historisch geworden war. An diesem Punkte mag deutlich werden, dass die historischen Avantgarden all ihrer Zerstörungswut zum Trotz sehr wohl eine literar- und kunstästhetische Tradition schufen, mit welcher die Literat*innen und Künstler*innen ab der zweiten Hälfte des 20. Jahrhunderts leben mussten. Diese Tradition des Traditionsbruches ließ sich nicht so einfach ignorieren oder wegdiskutieren. Wir haben es hier mit eben jenem Phänomen zu tun, welches wir im Eingangsteil unserer Vorlesung am Beispiel des spanischen Schriftstellers Enrique Vila-Matas in aller Deutlichkeit an seinem Umgang mit der historischen wie der Neo-Avantgarde aufgezeigt und gesehen hatten.

Diese beiden Zitate, die ich Ihnen kurz vorlegen wollte, um Ihnen zu zeigen, dass es auch außerhalb des eigentlichen Dadaismus parallele Entwicklungen gab, welche zu ähnlichen Konsequenzen gerade aus der Erfahrung der Absurdität des Kriegs gekommen waren, sollten uns lediglich als erste atmosphärische Annäherungen an den Dadaismus oder – wie wir vielleicht besser sagen könnten – an Dada dienen. Denn die Bezeichnung „Dada" steht für eine Bewegung, die gleichsam aus dem Nichts sich zu entwickeln schien, aus jener neutralen (und noch marginalen) Schweiz, um deren Grenzen herum der Erste Weltkrieg tobte. Es wäre nicht leicht vorauszusagen gewesen, dass eine große internationale Künstlerbewegung just in jener Schweiz entstehen würde, die sich klug aus den zerstörerischen Kriegswirren heraushielt und wo sich nun Menschen aus aller Herren Länder trafen, die aus den verschiedensten Gründen hier Zuflucht suchten beziehungsweise gestrandet waren.

Für die Eidgenossenschaft waren dies wichtige Jahre. Denn schon wenige Jahre später trafen sich in Genf die unterschiedlichsten Vertreter fast aller damaligen Nationen, um nach den schrecklichen Erfahrungen des Ersten Weltkriegs jenen Völkerbund oder auf Französisch jene „Société des Nations" zu gründen, die den Zweiten Weltkrieg zwar nicht aufhalten konnte, aber doch zu einem Vorbild für die aktuellen Vereinten Nationen wurde. Gewiss, auch die Vereinten Nationen sind mit weiter gehenden Vollmachten ausgestattet, aber ähnlich wie der Völkerbund leider noch immer nicht in der Lage, im Sinne Immanuel Kants sich weltweit zu vereinigen und den „ewigen Weltfrieden" herzustellen. Wir werden dieses Genf der Nachkriegszeit des Ersten Weltkriegs noch im nächtlichen Licht eines avantgardistischen Textes von Albert Cohen näher kennenlernen. Innerhalb dieses historischen Kontexts sei jedoch auf die Entstehung von Dada im nahegelegenen Zürich hingewiesen und damit auf jenes Ur-Dada, von dem aus sich die Bewegung in verschiedenste Winde zerstreute, um sich dann wieder an einigen wenigen Orten – insbesondere in Berlin, New York oder Paris – in verschiedenartiger und zum Teil gegensätzlicher Weise zu konzentrieren.

In Zürich begannen die Dinge zunächst ganz regionalistisch, auch wenn die einzelnen Mitglieder der neuen Bewegung aus allen Himmelsstrichen Europas zusammenkamen. Dem Eröffnungs-Manifest des in die Schweiz emigrierten deutschen Schriftstellers Hugo Ball ist die regionale Verankerung und der tiefe Abscheu vor der blutig ablaufenden Weltgeschichte überdeutlich anzumerken. Beschäftigen wir uns kurz und exemplarisch mit einigen Biographemen aus dem Leben von Hugo Ball!

Der als Sohn eines Schuhfabrikanten in Pirmasens am 22. Februar 1886 geborene Hugo Ball wurde streng katholisch erzogen und studierte nach dem

Abitur von 1906 bis 1910 Germanistik, Geschichte und Philosophie an den Universitäten von München und Heidelberg. Wieder stoßen wir auf Friedrich Nietzsche; doch Balls Dissertation über den deutschen Philosophen wurde nicht eingereicht, sondern erschien postum. Ball arbeitete als Regisseur in Dresden und an den Münchner Kammerspielen. Sein enger Kontakt zur Avantgarde in Theater und Kunst führte ihn 1913 in das Zentrum des literarischen Expressionismus nach Berlin. Nach der Besichtigung belgischer Kriegsschauplätze wurde Hugo Ball entschiedener Pazifist und emigrierte 1915 mit seiner späteren Ehefrau, der Schauspielerin Emmy Hennings, in die neutrale Schweiz, wo er als freier Künstler zum Teil unter schwierigen Verhältnissen arbeitete.

Abb. 46: Hugo Ball (Pirmasens, 1886 – Sant'Abbondio in der Schweiz, 1927).

In Zürich war Ball Mitbegründer des Künstlerlokals Cabaret Voltaire, das am 5. Februar 1916 eröffnete und Ende Juni/Juli 1916 bereits wieder geschlossen wurde. Trotz dieser nur kurzen Zeitdauer wurde das Voltaire zum Hotspot der dadaistischen Bewegung: Hier kam es zur Aufführung berühmter Lautgedichte und kleiner Vorstellungen, in denen Hugo Ball brillierte. Sie wollen eine kleine Kostprobe? Hier sein Lautgedicht *KARAWANE*:

jolifanto bambla ô falli bambla
grossiga m'pfa habla horem
égiga goramen
higo bloiko russula huju
hollaka hollala
anlogo dung
blago bung
blago bung

bosso fataka
ü üü ü
schampa wulla wussa ólobo
hej tatta gôrem
eschige zunbada
wulubu ssubudu uluw ssubudu
tumba ba- umf
kusagauma
ba-umf[3]

So, das mag als Kostprobe genügen: Bitte stellen Sie sich dieses Gedicht in unterschiedlichen Schrifttypen, Kursivschriften und Fettdrucken vor; und machen Sie sich ihren eigenen Reim darauf! Sie verstehen jetzt vielleicht nochmals besser, was ich mit dem Begriff „Nonsense" ungleich Un-Sinn in Kunst und Literatur gemeint habe: Das Gedicht ist eine offene Kampfansage an jegliche eindeutige Sinnzuweisung. Doch zurück zu unserer Kurzbiographie!

Neben Tristan Tzara, Richard Huelsenbeck, Marcel Janco und Hans Arp avancierte Hugo Ball zum Hauptvertreter der dadaistischen Bewegung. Nach seiner Mitgestaltung der Galerie Dada in Zürich arbeitete er ab September 1917 in Bern für *Die freie Zeitung* bis zu deren Einstellung im Jahr 1920. Seitdem lebte er, meist unter schwierigen ökonomischen Bedingungen, im Tessin, zeitweilig zu Studienaufenthalten auch in Italien.

Hugo Ball wurde wegen seiner Rückwendung zum Katholizismus im Sommer 1920 und seiner radikalen Kritik an der preußisch-protestantischen Tradition der deutschen Geistesgeschichte zu Lebzeiten angegriffen und über lange Zeit kaum gewürdigt. Sein vielschichtiges Werk umfasste Gedichte und mehrere Romane, aber auch eine Biographie Hermann Hesses, zahlreiche Essays sowie autobiographische Aufzeichnungen. Seinen Ruhm als Schriftsteller begründeten aber vor allem seine dadaistischen Gedichte, die ihn nicht zuletzt als einen Pionier des Lautgedichts präsentierten. Er verstarb am 14. September 1927 in Sant'Abbondio in der Schweiz.

In seinem Manifest am ersten Dada-Abend in Zürich, der programmatisch am 14. Juli 1916 stattfand, also am Tag der Französischen Revolution und damit im damaligen Bewusstsein der ‚Mutter aller Revolutionen', verweist Hugo Ball zunächst auf die Herkunft des Wortes „Dada". Es sei gleichsam ein Zufallsprodukt, das in einer einschlägigen Enzyklopädie durch Zufallssuche gefunden wurde und in den unterschiedlichsten Sprachen jeweils etwas anderes bedeute.

---

3 Ball, Hugo: Karawane (1917). In Huelsenbeck, Richard: *Dada Almanach*. Berlin: Erich Reiss Verlag 1920. S. 53.

Hugo Ball zog daraus die künstlerischen Konsequenzen. Auch die Gastfreundschaft der Schweiz ließ Ball im Übrigen nicht unerwähnt, eine wichtige Verortung dieses international entstandenen Züricher Manifests des Cabaret Voltaire:

> Ein internationales Wort. Nur ein Wort und das Wort als Bewegung. Es ist einfach furchtbar. Wenn man eine Kunstrichtung daraus macht, muß das bedeuten, man will Komplikationen wegnehmen. Dada Psychologie, Dada Literatur, Dada Bourgeoisie und ihr, verehrteste Dichter, die ihr immer mit Worten, nie aber das Wort selber gedichtet habt. Dada Weltkrieg und kein Ende, Dada Revolution und kein Anfang. [...]
> Ich lese Verse, die nichts weniger vorhaben als: auf die Sprache zu verzichten. Dada Johann Fuchsgang Goethe. Dada Stendhal. Dada Buddha, Dalai Lama, Dada m'dada, dada m'dada, Dada mhm'dada. Auf die Verbindung kommt es an, und dass sie vorher ein bißchen unterbrochen wird. Ich will keine Worte, die andere erfunden haben. Alle Worte haben andere erfunden. Ich will meinen eigenen Unfug, und Vokale und Konsonanten dazu, die ihm entsprechen. [...]
> Da kann man nun so recht sehen, wie die artikulierte Sprache entsteht. Ich lasse die Laute ganz einfach fallen. Worte tauchen auf, Schultern von Worten; Beine, Arme, Hände von Worten. Ay, oi, u. Man soll nicht zuviel Worte aufkommen lassen. Ein Vers ist die Gelegenheit, möglichst ohne Worte und ohne die Sprache auszukommen. Diese vermaledeite Sprache, an der Schmutz klebt wie von Maklerhänden, die die Münzen abgegriffen haben. Das Wort will ich haben, wo es aufhört und wo es anfängt. [...]
> Warum kann der Baum nicht Pluplusch heißen, und Pluplubasch, wenn es geregnet hat? Und warum muß er überhaupt etwas heißen? Müssen wir denn überall unseren Mund dran hängen? Das Wort, das Wort, das Weh gerade an diesem Ort, das Wort, meine Herren, ist eine öffentliche Angelegenheit ersten Ranges.[4]

In diesem ersten, zweifellos gemäßigten Dada-Manifest vom ersten Dada-Abend in Zürich – die futuristischen „serate futuriste" lassen grüßen – zeigt bereits, wohin die Post abgeht. Die gesellschaftskritische Stoßrichtung ist unübersehbar und die fundamentale Kritik am Vehikel der bürgerlichen Gesellschaft, an der Sprache also, ist ein von den Futuristen ererbtes, aber dadaistisch zugespitztes Ingredienz. Man könnte sagen, dass dieser Kriege führenden Gesellschaft die Sprache entzogen werden soll, jene Sprache, die stets die anderen erfunden haben und die – um ein Wort Nietzsches zu gebrauchen – in uns spricht, die uns spricht (und nicht wir sie). Denn der deutsche Philosoph hatte bereits die Frage gestellt – und Heidegger wie Lacan und Derrida nach ihm: Wer spricht? Wer spricht, wenn ich spreche? Was spricht mich?

Hugo Ball, der seine Doktorarbeit über Nietzsche in Basel nicht eingereicht hatte, aber ganz offenkundig ein Nietzsche-Experte war, gibt hierauf eine zer-

---

4 Ball, Hugo: Eröffnungs-Manifest. In: Asholt, Wolfgang / Fähnders, Walter (Hg.): *Manifeste und Proklamationen*, S. 121.

störerische und schöpferische Antwort zugleich, insofern die Worte der anderen zerstört werden sollen, an ihre Stelle eigene Worte treten können, die Worte aber auch ganz ausradiert werden müssten. Denn an den Worten klebt der Schmutz, der ganze Dreck dieser Gesellschaft, wobei Hugo Ball nicht einmal explizit auf den Krieg, der in dieser historischen Situation von 1916 allgegenwärtig ist, aufmerksam zu machen braucht. Es genügt, auf die Schweiz zu verweisen, auf die Dimension des Geldes und schließlich auch auf den Weltkrieg, der nicht enden und die Revolution, die nicht beginnen will. Der Bruch mit der alten Macht, mit den alten Mächten muss kommen; aber wo ist eine Revolution in Sicht? Wo ist sie möglich? Und warum nicht hier und jetzt?

Es ist eines der signifikantesten Zeichen der Zeit, dass die ‚wahre‘ Revolution der Politik schon auf dem Wege war, und zwar just von Zürich aus. Sie wird ihr erstes gigantisches Fanal kaum ein Jahr später eben nicht in den westeuropäischen Gesellschaften – wie noch Karl Marx prognostiziert hatte – errichten, sondern in Russland, in der Sowjetunion, mit der Oktoberrevolution des Jahres 1917. Lenin und Tzara sind in der Tat grundverschieden orientiert, und doch ist der Wille zum Bruch, der Wille eines Bruchs mit dieser besudelten Gesellschaft und Zivilisation, bei beiden Männern mit demselben Hass, derselben Leidenschaft, derselben Ausdauer gepaart. „We want it all and we want it now!" Der Weltkrieg sollte enden und die Revolution endlich beginnen!

Doch für die beiden Anführer einer sich als künstlerisch und einer sich als politisch verstehenden Avantgarde sollte bei aller Konzentration auf ein Land noch längst nicht die Weltrevolution aus den Augen verloren werden. So verwundert es auch nicht, dass bei der ersten Manifestation von Dada überhaupt, in der Erklärung von Richard Huelsenbeck, vorgetragen im Cabaret Voltaire im Zürich des Frühjahrs 1916, der dadaistische Diskurs einsetzt mit einer provokativen Formel, deren parodierten Bezugspunkt wir alle kennen: „Edle und respektierte Bürger Zürichs, Studenten, Handwerker, Arbeiter, Vagabunden, Ziellose aller Länder, vereinigt euch."[5]

In derlei Formulierungen spielt die künstlerische Avantgarde mit der politischen Avantgarde, mit dem Manifest des Kommunismus und der Kommunistischen Internationale. In der Fortführung dieser Beziehung wird der junge André Breton einige Jahre später nach dadaistischem Vorbild eine Surrealistische Internationale nach Paris einberufen. So gab es stets den Versuch, die künstlerische mit der politischen Avantgarde zu verschmelzen. Dada war zweifellos eminent politisch, und dies von Beginn an – auch wenn die verschiedenen Teile

---

5 Huelsenbeck, Richard: Erklärung. In: Asholt, Wolfgang / Fähnders, Walter (Hg.): *Manifeste und Proklamationen*, S. 117.

der Bewegung sich in Europa relativ rasch auseinanderdividierten. Dabei war diese politische Ausrichtung aber weitgehend jener des italienischen Futurismus entgegengestellt – und dies zu einem Zeitpunkt, als die italienischen Futuristen noch immer, wenn auch nun wieder stärker auf Italien zurückgeworfen, an ihren Manifesten und Proklamationen schrieben. Doch Dada richtete sich ebenso gegen jede Form von Kriegstreiberei wie gegen alle Formen eines Faschismus, dessen Bedrohung für Europa sich von Italien ausgehend langsam abzuzeichnen begann. War der Beginn der historischen Avantgarden im Zeichen des Futurismus deutlich faschistoid, so wandte sich Dada ganz entschieden gegen derlei rechtsorientierte politische Ausrichtungen und schuf eine Plattform für Avantgardisten, die nicht für, sondern gegen die verschiedensten Faschismen zu agitieren suchten.

Die politische Dimension des futuristischen Treibens war vielen Avantgardisten sehr bewusst. Eben deshalb spaltete sich nun die historische Avantgarde in verschiedene Lager, wobei sich sagen ließe, dass in all diesen Lagern eine spezifisch politische Stoßrichtung vorhanden war, selbst wenn sie sich nicht immer deutlich artikulierte. Gegen die Kriegseuphorie des italienischen Futurismus regte sich in anderen nicht nur europäischen Ländern selbst bei verschiedenen Futuristen Widerstand. So schrieb bereits im Herbst 1914 Viktor Chovin:

> Ich fürchte, naiv zu wirken, aber ihm, Marinetti, dem Herold des italienischen Futurismus, bin ich bereit, eine verhängnisvolle Rolle im Weltkrieg zuzuschreiben, der Europa mit dem Rauch niedergebrannter „ehrwürdiger" Städte und „ehrwürdiger" Museen einhüllte.
> Ich fürchte, naiv zu wirken, aber mich dünkt, dass dieser Marinetti, oder wenn nicht er selbst, so der Marinettist preußischen Sinnes mit der Pickelhaube des deutschen Leutnants den Haufen Vandalen führte, der Löwen in Brand setzte. Bombardierte nicht er die Kathedrale von Reims und warf nicht er, der Spezialist der Flugzeugbranche, Bomben auf die Kathedrale Notre Dame von Paris?[6]

Diese Einschätzungen haben sicherlich eine Vielzahl von guten Gründen für sich, wenn man Marinetti auch zweifellos nicht für den Krieg selbst verantwortlich machen kann. Aber die Bombardierung von Kathedralen, wie sie auch die deutsche Armee im Ersten Weltkrieg vornehmen ließ, deutet etwas an von der willentlichen Zerstörung aller Archive, Bibliotheken, Museen und auch Kathedralen, welche die Futuristen in ihren Manifesten so euphorisch und kriegsblind feierten – und die in veränderter Form, wie wir sahen, noch immer in Stockhausens Feier des Einsturzes des World Trade Centers in New York aufloderte. Doch die zum Teil sehr gegensätzlichen Positionen gegenüber dem Krieg schlagen in dem

---

6 Chovin, Viktor: Futurismus und Krieg. In: Asholt, Wolfgang / Fähnders, Walter (Hg.): *Manifeste und Proklamationen*, S. 87.

bunten Emigrantenhäufchen, das sich in Zürich zusammengefunden hat, dann in Dada unmittelbar um: Eine den Krieg verabscheuende, ihn als menschenverachtendes Massaker charakterisierende und letztlich entschlossen pazifistische Generallinie setzt sich zumindest in diesen Auftaktjahren durch. Man kommt nicht umhin, an die nicht weniger menschenverachtenden Massaker und Folterungen zu denken, welche Alfred Jarrys *Ubu Roi* an seinen Feinden oder ihm missliebigen Personen verüben ließ.

Auch Dada kämpft gegen das Traditionelle und Ehrwürdige. Aber die Dadaisten tun dies nicht mit dem Ziel einer Führerschaft gleich welcher Art, die damit zu inaugurieren wäre, und auch nicht mit jener Technik-Euphorie, welche den italienischen Futurismus so stark geprägt hatte. Dada ist ganz zweifellos eine avantgardistische Bewegung, welche der anderen, der futuristischen avantgardistischen Bewegung die Luft nehmen möchte, ganz so, wie sich in der Folge oftmals die einzelnen Avantgardisten und avantgardistischen Bewegungen bis aufs Messer bekämpfen sollten und bisweilen mehr untereinander als mit ihren Widersachern in Konflikt gerieten. Gerade der französische Surrealismus sollte aus diesem Blickwinkel nicht nur eine hochgradig kreative, sondern auch eine hochgradig direktive, ja dirigistische Kollektivität darstellen. Diese begann übrigens – wie Maurice Nadeau bereits 1944 darstellte – selbst mit einer Art Gerichtsprozess und Tribunal gegenüber Tzara sowie Dada und musste in der Folge oftmals zum Mittel der Exkommunizierung bestimmter missliebiger Mitglieder greifen. Die avantgardistischen Bewegungen selbst sind Pole der Macht, auch wenn sie sich vor allem als Gegen-Mächte etablieren. Denn in jeglicher akratischer Bewegung ist auch ein enkratischer Kern vorhanden, der bei einer Machtübernahme oftmals alle Strukturen des einstmals Akratischen beherrscht.

Doch lassen wir nun endlich an dieser Stelle Tristan Tzara, die große Führungsfigur des internationalen Dadaismus, jenen Mann, ohne den sich Dada international wohl nie durchgesetzt hätte, zu Wort kommen und stellen zunächst, wie es in unserer Vorlesung guter Brauch ist, einige Biographeme voran!

Tristan Tzara hieß eigentlich Sami oder Samuel Rosenstock und kam am 4. April 1896 im rumänischen Moinestir auf die Welt; er starb in Paris am 25. Dezember 1963. Bevor Tzara 1915 nach Zürich kam, um dort das in Bukarest begonnene Studium der Mathematik und Philosophie fortzusetzen, hatte er vom Symbolismus geprägte Gedichte in rumänischer Sprache verfasst und eine symbolistische Zeitschrift herausgegeben. Aus der Begegnung mit den in die Schweiz geflüchteten Pazifisten Hans Arp, Hugo Ball und Richard Huelsenbeck und dem rumänischen Maler Marcel Janco (den er bereits aus Rumänien kannte) ging die Gründung von Dada Zürich im Cabaret Voltaire hervor. Tzara organisierte die provokatorischen Veranstaltungen im Voltaire, auf deren erster er am 14. Juli 1916 das *Manifest des Herrn Antipyrine* vortrug, dessen Titel auf seinen im gleichen Jahr erschienenen Gedichtband *La première aventure céleste de Monsieur Antipyrine* anspielt. Im Rahmen der oftmals turbulenten Abende im Voltaire erfand Tzara das dadaistische Simultangedicht.

Abb. 47: Tristan Tzara (Moineşti, Rumänien, 1896 – Paris, 1963).

Tristan Tzara war auch der Herausgeber der Zeitschrift *Dada*, in der die künstlerische wie politische Subversion selbst im typographischen Schriftbild durch eine chaotisch anmutende Seitengestaltung zum Ausdruck kam. Ähnlich wirkungsvoll waren seine *Vingt-cinq poèmes* aus dem Jahre 1918, die seinen Ruf als Dichter begründeten. Er weitete rasch sein Betätigungsfeld räumlich aus und arbeitete zu diesem Zeitpunkt bereits weltweit an nahezu allen Dada-Publikationen mit. So stand er in Paris mit Louis Aragon, André Breton, Paul Eluard, Georges Ribemont-Dessaignes oder Philippe Soupault in Kontakt – und wir hatten ja bereits gesehen, wie Louis Aragon sich als Avantgardist literarisch profiliert hatte. Als er im Januar 1920 nach Paris kam, war seine Ankunft gleichbedeutend mit dem Anfang von Dada Paris. Auch in der französischen Hauptstadt waren die Aktivitäten Tzaras prägend und sorgten dafür, dass die Veranstaltungen der Dadaisten regelmäßig in Happenings ausarteten.

Doch bald schon kam es zu Auseinandersetzungen und Streit. Die Veröffentlichung von André Bretons erstem *Manifeste du Surréalisme* im Jahr 1924, auf die Tzara mit der Veröffentlichung der *Sept manifestes dada* noch im selben Jahr antwortete, bedeutete den Anfang vom Ende der dadaistischen Bewegung und zugleich der turbulentesten Phase in Tristan Tzaras Leben. In den dreißiger Jahren engagierte er sich als militanter Schriftsteller, nahm auf Seiten der „Roten" im Spanischen Bürgerkrieg teil und schloss sich während des Zweiten Weltkriegs der Résistance gegen die Naziherrschaft an. Er engagierte sich auch in der Folge politisch, arbeitete weiterhin als Künstler und Dichter, erlebte aber nicht mehr die großen Höhepunkte seiner Dada-Zeit. Auf der Documenta 8 1987 in Kassel – und

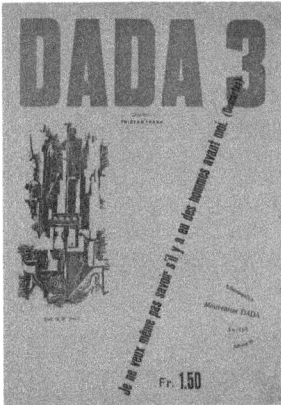

Abb. 48: Cover der Zeitschrift *Dada*, dritte Ausgabe.

auch hier lässt sich eine Beziehung zu *Kassel no invita a la lógica* von Enrique Vila-Matas herstellen – wurden Tonaufnahmen Tzaras als offizieller Ausstellungsbeitrag präsentiert. Heute ist die überragende Bedeutung Tristan Tzaras für den Dadaismus unstrittig.

Lassen wir Tristan Tzara uns deshalb erklären, was eigentlich „Dada" ist! So schrieb er in seinem *Manifeste de Monsieur Antipyrine*:

> DADA ist unsere Intensität: es richtet die Bajonette ohne Konsequenz der Sumatrakopf des deutschen Babys; DADA ist das Leben ohne Pantoffeln und Parallelen; das für und gegen die Einheit ist und entschieden gegen die Zukunft; wir wissen aus Weisheit, dass unsere Gehirne bequeme Kopfkissen werden, dass unser Antidogmatismus genauso ausschließend wie der Beamte ist und dass wir nicht frei sind und Freiheit schreien; strenge Notwendigkeit ohne Disziplin und Moral und spucken auf die Menschheit.
>
> DADA bleibt im europäischen Rahmen der Schwächen, es ist aber trotzdem Scheiße, aber von nun an wollen wir verschiedenfarbig scheißen, um den zoologischen Garten der Kunst mit allen Konsulatsfahnen zu zieren.
>
> Wir sind Zirkusdirektoren und pfeifen mitten in den Winden der Jahrmärkte, mitten in den Klöstern, Prostitutionen, Theatern, Realitäten, Gefühlen, Restaurants, ohi, hoho, bang, bang.[7]

In dieser Passage des am Abend des französischen Nationalfeiertages in Zürich vorgetragenen Manifests zeigt sich Tristan Tzaras Abrechnung mit der Kunst und der eigenen Arbeit, die sozusagen exkrementiert wird. Radikale Selbstkritik und die Zerstörung der eigenen Fundamente nach der Zerstörung der Fundamente des konventionellen Denkens sind Grundbestandteile des dadaistischen Manifestan-

---

[7] Tzara, Tristan: Manifest des Herrn Antipyrine. In: Asholt, Wolfgang / Fähnders, Walter (Hg.): *Manifeste und Proklamationen*, S. 122.

tismus im Sinne von Tristan Tzara. Agrammatikalität und Alogik sind zusammen mit allerlei Verstößen gegen die Regeln von Syntax, Grammatik, Logik und Semantik weitere Merkmale, die eine gewichtige Rolle in seinen Texten spielen, da somit die Manifeste des Dadaismus stets auch ihre eigenen Inhalte in die entsprechende Form umzugießen versuchen. Dadaismus ist mehr als ein Aufbegehren: Es ist eine dauerhafte Revolte der Kunst gegen die Kunst, der Menschheit gegen die Menschheit.

Zum Arsenal dadaistischer Verfahren gehören auch Publikumsbeschimpfungen, Provokationen verbaler und nicht-verbaler Art, die Einbeziehung der Zuschauer*innen und Zuhörer*innen – denen Tzara am Ende dieses Manifests etwa seine Liebe erklärt – und viele andere Kennzeichen, die wir schon aus den futuristischen Manifesten kennen. Insbesondere ist es jedoch die Hervorhebung des jeweils kollektiven Charakters des Manifests als Sprachrohr einer Gruppe, welche uns bereits aus dem futuristischen Kontext bekannt ist.

Seit sich im Frühjahr 1916 ein paar Künstler über dem Enzyklopädie-Stichwort „Dada" einig über die Namensgebung der Bewegung wurden, hatte es Tristan Tzara zusammen mit den beiden Deutschen Hugo Ball und Richard Huelsenbeck – auf den ich gleich noch zurückkommen werde –, aber auch mit Hans Arp und vielen anderen verstanden, eine schlagkräftige Gruppe zusammenzustellen. Diese sollte etwa über ein Jahrfünft ihre große Blütezeit erleben, bis dann 1922 insbesondere unter der scharfen Kritik André Bretons und all jener späteren französischen Surrealisten, die Tristan Tzara vorübergehend für seine Sache begeistern konnte, der Dadaismus an internationaler Ausstrahlungskraft verlor. Rasch schon sollte er unter der großen Zahl sich bildender und wieder verschwindender *Ismen* immer mehr an eigenem Profil verlieren, bis sich Dada in viele andere künstlerische Bewegungen auflöste.

Von seiner Geburtsstunde an war Dada als in der Schweiz entstandene Bewegung eines rumänischen, auf Französisch schreibenden Dichters im Verein mit deutschen und deutsch-französischen Literaten und Künstlern stark international geprägt und eine einzelne Nationen übergreifende Gruppierung. Eine Tendenz, die sich im weiteren Fortbestehen von Dada noch wesentlich verstärken sollte. Diese Internationalisierung war ohne jede Frage eine der wesentlichen Grundlagen des Versuchs, die Trennung von Leben und Kunst aufzubrechen, wie dies zumindest verbal etwa im letzten oben zitierten Abschnitt intendiert ist. Das Leben sollte mit all seinem Lebenswissen und Überlebenswissen künstlerisch sein, die Kunst wiederum an Lebensprozessen nicht nur beteiligt werden, sondern schlicht das Leben in Kunst, einen Habitus in ein Kunstwerk verwandeln. Zentral ist die von Anfang an in den Raum gestellte Begrifflichkeit der Intensität: Es ist diese Intensität, die als herausragende Kategorie auch die späteren Aktivitäten der dadaistischen Gruppe prägen sollte. Nicht die Länge eines Lebens, sondern dessen Intensität zählte! Zweifellos ein Konzept, dessen Modernität nicht zu übersehen war und den Zeitgeist demonstrierte.

Wie ließen sich die spezifisch ästhetischen Konzepte der Dadaisten zusammenfassen, die doch von gewaltigen Unterschieden von Individuum zu Individuum, von Kunstwerk zu Kunstwerk geprägt waren? Es fällt nicht leicht, an dieser Stelle generalisierende Einschätzungen zu formulieren. ‚Die' Ästhetik des Dadaismus könnte man nicht nur als Ästhetik der Zerstörung, sondern weit mehr noch als Ästhetik der Enttäuschung verstehen, insbesondere der Enttäuschung des jeweiligen Erwartungshorizontes auf Seiten des Publikums. Ich kann vor diesem Hintergrund der Versuchung nicht widerstehen, Ihnen ein typisches dadaistisches Verfahren vorzuführen, das am 18. Februar 1918 unweit von hier, auf dem Ku'damm in Berlin, von bereits erwähntem Richard Huelsenbeck angewandt wurde. Aber wer ist dieser Herr?

Der deutsche Schriftsteller, Essayist, Chronist und Psychiater Richard Huelsenbeck wurde am 23. April 1892 in Frankenau (Hessen) geboren. Der Sohn eines Apothekers wuchs in Dortmund und Bochum auf, studierte Medizin, Kunstgeschichte und Literatur in München, Paris, Zürich, Berlin und Greifswald. Nach Beendigung seines Studiums arbeitete Huelsenbeck neben anderen Tätigkeiten als Schiffsarzt, wobei ihn seine Reisen nach Asien, Afrika und Amerika führten und es ihm ermöglichten, Essays und journalistische Reiseberichte zu veröffentlichen. Nach seinem Aufenthalt als Korrespondent der *Berliner Illustrierten Zeitung* in China und der Mandschurei publizierte er 1930 den Roman *China frisst Menschen*. 1936 emigrierte Huelsenbeck aus dem zunehmend im Bann der aufstrebenden Nationalsozialisten stehenden Europa in die USA, wo er eine angesehene psychiatrische Praxis führte und die US-amerikanische Staatsbürgerschaft erhielt. Nach Vortragsreisen zu verschiedenen Themen durch Europa ließ sich Huelsenbeck in seinem letzten Lebensabschnitt 1969 in der Schweiz nieder, wo er auch am 20. April 1974 in Muralto im schweizerischen Tessin verstarb.

Abb. 49: Richard Huelsenbeck (Frankenau, 1892 – Muralto in der Schweiz, 1974).

Richard Huelsenbeck schrieb zunächst expressionistische Gedichte, schloss sich jedoch im April 1916 den Züricher Dadaisten um Tristan Tzara an. 1917 verließ er Zürich wieder, ging nach Berlin und proklamierte als „Ur-Dadaist" unter anderem mit George Grosz und Raoul Hausmann den Dadaismus in Berlin. Er veröffentlichte mehrere Dada-Schriften, die ihn als herausgehobene Figur von Dada Berlin profilierten. Seine scharfe Polemik mit Kurt Schwitters zeigte ihn als engagierten linken Intellektuellen, der sich wiederholt in die Politik seiner Zeit einschaltete. Richard Huelsenbeck war zweifellos einer der ersten Chronisten der Dada-Bewegung, seine Veröffentlichungen zeigen ihn als einen intimen Kenner der Bewegung: So erschien 1964 sein *Dada – eine literarische Dokumentation.* Auch wenn er später zahlreiche andere Berufe erfolgreich ausübte, ging er doch mit seinen Dada-Aktivitäten in die Geschichte ein: Auch Tonaufnahmen von Huelsenbeck waren auf der erwähnten Documenta 8 in Kassel zu hören.

Nun aber zur Dada-Rede Huelsenbecks in einer Berliner Galerie im Februar 1918 – wir befinden uns also noch im Zeitraum des Ersten Weltkriegs:

> Meine Damen und Herren,
> ich muß Sie heute enttäuschen, ich hoffe, dass Sie es mir nicht allzu übel nehmen. Aber wenn Sie es mir übel nehmen, ist es mir auch egal. Wir sind hier für eine Dichterlesung zusammengekommen. Sie wollen einige Dichter hören, wie sie sich präsentieren und wie sie ihre Verse vortragen. Die Dichter sind Träger der Kultur und Sie wollen die Kultur absorbieren. Sie haben Geld gezahlt, um die Kultur absorbieren zu können. Aber ich muß Sie, wie gesagt, enttäuschen. Ich habe mich entschlossen, diese Vorlesung dem Dadaismus zu widmen. Der Dadaismus ist etwas, was Sie nicht kennen, aber Sie brauchen ihn auch gar nicht zu kennen. Dadaismus war weder eine Kunstrichtung noch eine Richtung in der Poesie; noch hatte er etwas mit der Kultur zu tun. Er wurde während des Krieges in Zürich im Cabaret Voltaire von Hugo Ball, von mir, von Tristan Tzara, Janco, Hans Arp und Emmy Hennings gegründet. Dada wollte mehr sein als Kultur und es wollte weniger sein, es wußte nicht recht, was es sein wollte. Deswegen, wenn Sie mich fragen, was Dada ist, würde ich sagen, es war nichts und wollte nichts. Ich widme deshalb diesen Vortrag der respektierten Dichter dem Nichts. Bitte bleiben Sie ruhig, man wird Ihnen keine körperlichen Schmerzen bereiten. Das einzige, was Ihnen passieren könnte, ist dies: dass Sie Ihr Geld umsonst ausgegeben haben. In diesem Sinne, meine Damen und Herren. Es lebe die dadaistische Revolution.[8]

Deutlicher kann man Konventionen und Erwartungshaltungen ebenso im Bereich des Kultur- wie des Wissenschaftsbetriebs nicht ent-täuschen. Denn Huelsenbeck blieb in seiner kurzen Rede umgänglich und elegant, ohne abrupt und brutal zum

---

8 Huelsenbeck, Richard: Dadarede, gehalten in der Galerie Neumann, Berlin, Kurfürstendamm, am 18. Februar 1918. In: Asholt, Wolfgang / Fähnders, Walter (Hg.): *Manifeste und Proklamationen*, S. 139 f.

Publikum zu werden. Zugleich war die Bezeichnung von Dada als „Nichts" eine Provokation für alle, die eine Bewegung mit Inhalten, Zielen und Absichten verbinden. Sollte es wirklich wahr sein, dass Dada all dies negierte, dass es gar keine Intention gab und schon gar keine künstlerische? Stand Dada einfach für das Nichts, für eine komplette Verweigerung – oder, um mit Enrique Vila-Matas zu sprechen, für eine „Literatur des Nein"?

Diese Regeln von Kunst und deren Vermittlung werden ebenso vorgeführt wie das Geld, das den gesamten Kunstbetrieb, selbst noch in Kriegszeiten, in Gang zu halten pflegt. Wie sehr er von diesem Geld abhängig ist, können Sie sehr anschaulich am Beispiel der Coronavirus-Krise studieren: Ohne die ständige Einspeisung von Geldern sowie verschiedensten privaten und öffentlichen Zuwendungen bräche der gesamte Kunst- und Literaturbetrieb zusammen. Erstaunlich und bemerkenswert ist bei dem späteren Dada-Chronisten Huelsenbeck die frühe Historisierung des Dadaismus, der schon fast wie eine Bewegung der Vergangenheit erscheint. Und doch teilt auch diese Dadarede mit den anderen Manifesten, Manifestationen und Proklamationen immer das Spiel mit dem Unsinn, dem Nonsens, dem ausbrechen aus einer gegebenen Logik, einer gegebenen Wortwahl, die zugleich markiert und transgrediert wird.

Damit wird deutlich, dass hinter Dada – mehr wohl als hinter dem italienischen Futurismus – ein raffiniertes künstlerisch-literarisches Spiel steckt, ja vielleicht mehr noch: das Spiel einer Kunst, die keine Kunst mehr sein will (und eben deshalb Kunst ist). Vielleicht lässt sich gerade auch unter diesem Aspekt jene Ästhetik der Negation erkennen, die begrifflich schon früh wohl von Walter Pabst[9] ins Feld geführt wurde und in der Tat viele, wenn auch beileibe nicht alle avantgardistischen Bewegungen und Kunsthaltungen prägt. Auch hier zeigt sich, wie Winfried Wehle[10] einmal formulierte, die Fähigkeit der Avantgarde, Kunst noch aus der Zerstörung der Kunst zu machen und eine „ganz neue Ästhetik" hervorzubringen. So lässt sich selbst eine Dadarede aus der Historisierung und dem Spiel zwischen Diskurs und Metadiskurs noch in Kunst, in Dada-Kunst, verwandeln.

Zweifellos war der Druck der enormen Beschleunigung künstlerischer Verfahren und Kommunikationsformen, die mit dem Aufkommen der historischen Avantgarden einhergingen, besonders hoch auf die zeitgenössischen Dichtungs-

---

9 Vgl. Pabst, Walter: Dichtung als Experiment und Spiel. In (ders.): *Französische Lyrik des 20. Jahrhunderts*. Berlin: Erich Schmidt Verlag 1983, S. 210 ff.

10 Vgl. Warning, Rainer / Wehle, Winfried (Hg.): *Lyrik und Malerei der Avantgarde*. München: UTB 1982; sowie Wehle, Winfried: Lyrik im Zeitalter der Avantgarde. Die Entstehung einer ganz neuen Ästhetik zu Jahrhundertbeginn. In: Janik, Dieter (Hg.): *Die französische Lyrik*. Darmstadt: Wissenschaftliche Buchgesellschaft 1987, S. 408–480.

formen, die im Grunde bereits seit Baudelaires *Poèmes en prose* in einen erheblichen Wandlungsprozess eingetreten waren.[11] Das lyrische Ich konnte sich zuvor nur in hochgradig kodierter, versifizierter Sprache darstellen; seit Charles Baudelaire aber lösen sich diese Konventionen mit zunehmender Geschwindigkeit auf. Hugo Friedrich hat in seinem Buch *Die Struktur der modernen Lyrik* diese Entwicklung nachgezeichnet, sie zugleich aber auch exorzistisch als einen Irrweg gedeutet, der von Baudelaire ausgehend über Verlaine zu Rimbaud und über diesen ins 20. Jahrhundert und zur von Friedrich negativ beurteilten Auflösung lyrischer Formen geführt habe.

Diese literarhistorische Entwicklungslinie ist, unter Einschluss von Stéphane Mallarmé, ganz ohne jeden Zweifel von zentraler Bedeutung. Nicht umsonst hatte im Übergang zur Entstehung der historischen Avantgarden noch ein Marinetti in seinen Rezitationsabenden Lyrik von Baudelaire bis Mallarmé vorgetragen. In dieser sich rasch wandelnden Traditionslinie gründet ein guter Teil der von den Avantgardisten und insbesondere auch den italienischen Futuristen verfolgte ostentative Traditionsbruch. Der unaufhaltsame Hang zum „vers libre" machte sich etwa bei Verlaine, aber selbstverständlich auch bei vielen anderen Lyrikern des Fin de siècle bemerkbar. Von dort zu den „befreiten Versen" war es nur noch ein kleiner Schritt. Die Grenze zur rhythmisierten Prosa wurde an dieser Stelle fließend, die Grenzziehungen zwischen den traditionellen Genres waren nicht länger fix.

Der Verslibrismus bildet seit Gustave Kahn, wie etwa Winfried Wehle betonte, eine feste Größe innerhalb der Sprache und den Konventionen der Lyrik. Jede formale Bindung der Sprache, ebenso im Vers wie in der Prosa, wurde nun zunehmend in Frage gestellt und abgeworfen; jede grammatikalische Bindung wurde erschüttert und der Weg freigemacht zu Marinettis *Parole in libertà*, zu seinen *Befreiten Wörtern*. Schon um 1912 hatte der Schweizer Blaise Cendrars,[12] eine der schillerndsten Figuren quer zu den verschiedenen Ismen seiner Epoche, die Abschaffung der Interpunktion durchgeführt. Die Zeilenanordnung hatte spätestens seit den Futuristen keinen Bestand mehr. Das lyrische Ich war ebenfalls längst schon aus dem Zentrum der lyrischen Schreib- und Sprechweise verdrängt. Alles in Kunst und Literatur schien sich mit einer ungeheuren Vehemenz und

---

11 Vgl. hierzu die erstmals 1956 klassische Studie von Friedrich, Hugo: *Struktur der modernen Lyrik. Von der Mitte des neunzehnten bis zur Mitte des zwanzigsten Jahrhunderts.* 9. Auflage der erweiterten Neuausgabe. Reinbek bei Hamburg: Rowohlt 1979.

12 Vgl. Chudak, Henrik (Hg.): *L'imaginaire poétique de Blaise Cendrars.* Warschau: Presses Universitaires 2009; sowie Leroy, Claude: *Eros géographe.* Lille: Presses du Septentrion 2010; sowie (ders., Hg.): *Cendrars à l'établi: 1917–1931.* Paris: Editions Non-Lieu 2009.

Beschleunigung zu verändern. Spätestens mit dem Beginn des Ersten Weltkriegs war zwar die dritte Phase beschleunigter Globalisierung vorüber und Geschichte; doch die relative Autonomie von Literatur und Kunst garantierte noch immer eine rasante Beschleunigung, die mit den politischen Veränderungen in Europa einherging. Die Speerspitze dieser radikalen Veränderungen bildeten die historischen Avantgarden – und die militärische Metaphorik hätte vielen der Avantgardisten gefallen.

Denken Sie in diesem Zusammenhang zurück an die futuristischen Manifeste, die wir in unserer Vorlesung analysiert haben, und an die Verdrängung des Ich! Man könnte mit Blick auf das literarische Teil-Feld und die Veränderungen der literarischen Verfahren sehr wohl davon sprechen, dass Lyrik durch die Avantgarden in eine produktive Vielstimmigkeit geführt wurde. Um 1912 schien auch hier das Machbare vielleicht noch nicht getan, aber zumindest doch schon entworfen: Gerade eine Figur wie Blaise Cendrars lotete in seinen Gedichten, Prosaschriften und Erzähltexten die Machbarkeit möglicher Veränderungen immer wieder aus.[13] Diese Behauptung wäre freilich zu relativieren, nicht zuletzt von einer die außereuropäischen Literaturen – etwa der Romania – einbeziehenden Position aus. Doch dies wollen wir im sich anschließenden Kapitel, das sich mit den Literaturen in Lateinamerika beschäftigen wird, angehen.[14] Halten wir jedoch fest: Simultaneität und Ubiquität sind innerhalb dieser Entwicklungen im Übrigen auch in der Lyrik wichtige Theoreme und Bedingungen künstlerischer Reflexion! Sie sind dies umso mehr, als die kurze lyrische Form es ja erlaubt, der Leserschaft beziehungsweise den Zuhörerinnen und Zuhörern einen quasi-simultanen Zugang zur neuen, innovativen Wortkunst zu gewähren.

Genau als Wortkunst aber, als Sprachkunst also, musste auch die Lyrik – wie wir bereits sahen – auf jenes Vehikel, jene Konvention zurückgreifen, mit Hilfe derer wir den Alltag bewältigen und mit Hilfe derer die europäischen Großmächte ihren eigenen Untergang im Ersten Weltkrieg betrieben. Inwieweit sich die dadaistische Kunst ihrerseits im Kontext der historischen und sozialen Entwicklungen und Probleme ihrer Zeit sah, mag aus jenem Manifest von Tristan Tzara hervorgehen, das ich Ihnen in der Folge gerne vorführe. Auch dieser Text wurde auf einer Dada-Soirée in Berlin, am 12. April 1918, vorgetragen und kam als Faltblatt ebenfalls in dieser Stadt heraus. Richard Huelsenbeck ließ es 1920 im Auftrag der Dada-Bewegung abdrucken und versah es mit dem Hinweis, dass es sich hierbei um das erste Dada-Manifest in deutscher Sprache handele und

---

13 Vgl. hierzu das Kapitel „Simulationen" in Ette, Ottmar: *ZwischenWeltenSchreiben. Literaturen ohne festen Wohnsitz (ÜberLebenswissen II)*. Berlin: Kulturverlag Kadmos 2005, S. 61–101.
14 Vgl. Landa Goyogana, Josu: *Ensayos*. México: La Saeta del Centauro 2013.

dass es von Richard Huelsenbeck verfasst worden sei. In diesem Zitat wird zum einen der internationalistische Charakter der Bewegung, zum anderen aber auch die mit der Verbindung von Kunst und Leben einhergehende gesellschafts- und kunstkritische Stoßrichtung unmissverständlich klar. Unter der durcheinander wirbelnden Typographie der Überschrift „Dadaistisches Manifest" lesen wir:

> Die Kunst ist in ihrer Ausführung und Richtung von der Zeit abhängig, in der sie lebt, und die Künstler sind Kreaturen ihrer Epoche. Die höchste Kunst wird diejenige sein, die in ihren Bewußtseinsinhalten die tausendfachen Probleme der Zeit präsentiert, der man anmerkt, dass sie sich von den Explosionen der letzten Woche werfen ließ, die ihre Glieder immer wieder unter dem Stoß des letzten Tages zusammensucht. Die besten und unerhörtesten Künstler werden diejenigen sein, die stündlich die Fetzen ihres Leibes aus dem Wirrsal der Lebenskatarakte zusammenreißen, verbissen in den Intellekt der Zeit, blutend an Händen und Herzen.
>
> Hat der Expressionismus unsere Erwartungen auf eine solche Kunst erfüllt, die eine Ballotage unserer vitalsten Angelegenheiten ist?
>
> **Nein! Nein! Nein!**
>
> Haben die Expressionisten unsere Erwartungen auf eine Kunst erfüllt, die uns die Essenz des Lebens ins Fleisch brennt?
>
> **Nein! Nein! Nein!**[15]

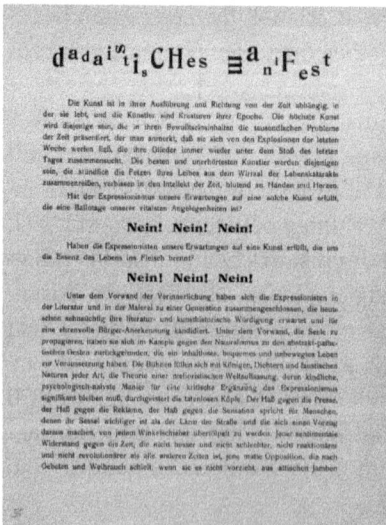

Abb. 50: Tristan Tzara, Franz Jung, George Grosz, u. a.: *Dadaistisches Manifest*, 1920.

---

15 Tzara, Tristan / Jung, Franz / Grosz, George u. a.: Dadaistisches Manifest (Faksimile). In: Asholt, Wolfgang / Fähnders, Walter (Hg.): *Manifeste und Proklamationen*, S. 145.

Was zunächst wie eine Abrechnung mit dem Expressionismus aussieht, ist wesentlich mehr: eine Abrechnung mit der Kunst und ihrer Gesellschaft! Der Intellektuelle Duktus unterscheidet sich von Beginn an von den Manifesten, die wir bislang zur Kenntnis genommen haben. Die Berliner Dadaisten rund um Huelsenbeck erzählen uns zu Beginn ihres Manifests auch keine Geschichte, fahren mit ihrem Rennwagen nicht in den Straßengraben, überfliegen keine Fabrikschlote, fordern keinen Krieg. Vielmehr reagieren sie auf die grauenhaften Zerstörungen, welche der Erste Weltkrieg mit sich gebracht hat – und all die politischen Versuche von Revolutionen oder eines Neuanfangs, welche in Deutschland die Geburtswehen der Weimarer Republik begleiten sollten. Dada Berlin schreibt sich ein in eine revolutionäre Situation, in welcher klar ist, dass das Alte zu Ende geht, aber unklar bleibt, wie das Neue sich gestalten wird.

Entscheidend ist bereits zu Beginn dieses Manifests, dass dem Bisherigen nicht nur ein klares Nein entgegengeschleudert wird, sondern dass dem Leben – die Rekurrenz dieses Lexems im Manifest ist bemerkenswert – eine Orientierungsfunktion zukommt. Kunst und Leben müssen eins sein! Denn diesem Leben müsse die Kunst – ebenso auf einer individuellen wie auf einer kollektiven Ebene – gewachsen sein und die Erwartungen einer in Aufruhr befindlichen Gesellschaft erfüllen. Dabei macht der Dadaismus aus der Ablehnung des Dadaismus eine Kunst. So lautet der letzte Satz: „Gegen dies Manifest sein, heißt Dadaist sein!"[16]

Im Verlauf dieses Dadaistischen Manifests, aber auch im weiteren Verlauf der Dada-Bewegung versuchte man an den verschiedensten Orten, sich von all dem zu trennen, mit all dem zu brechen, was für die negativen Entwicklungen der vergangenen Jahre und Jahrzehnte verantwortlich gemacht werden konnte. Das revolutionäre Potential des Dadaismus ist nicht ‚nur' künstlerischer, sondern auch eminent politischer Natur: und eben dies ist gerade bei Dada Berlin der Fall.

Bereits der Beginn des Manifests vermittelt einen klaren Eindruck: Der Dadaismus beschritt rational eine Abkehr vom Rationalen, versuchte den Sündenfall des Menschen durch eine Zerstörung dieser Logik, die in den Abgrund geführt hatte, zu überwinden. Anakoluthe, Katachresen und Paradoxa standen daher bei den Dadaisten hoch im Kurs: Es ging um die rational fundierte Einbeziehung des Irrationalen. Den Weg in diese rational begründete Aufwertung des Irrationalen, des Instinkts und seiner Darstellung hatte bereits Alfred Jarry mit dem Konzept seiner „Pataphysik" gewiesen. Aus dieser Tendenz erklärt sich auch der Versuch der Dadaisten und anderer avantgardistischer Bewegungen,

---

16 Tzara, Tristan et al: Dadaistisches Manifest. In: Asholt, Wolfgang / Fähnders, Walter (Hg.): *Manifeste und Proklamationen*, S. 147.

die Sprache von jeder vorherigen Bedeutung abzuziehen und damit abstrakt zu machen: Die Sprache bot den Zugang zu (fast) Allem und damit den ersehnten Hebel zu grundlegender Veränderung von Kunst, Politik, Gesellschaft und Leben.

Auch dies lässt sich als eine Art Befreiung der Worte verstehen: und zwar gerade von jenen Bedeutungen, jener Semantik, welche die bürgerliche Gesellschaft eben diesen Wörtern gab, wodurch sie sie fixierte. Die Dinge aber sollten wieder in Bewegung gesetzt werden, auch und zuallererst auf Ebene der Sprache. In der Bildenden Kunst verliefen diese Entwicklungen im Übrigen weithin analog. Überhaupt gilt es zu betonen, dass sich in kaum einer anderen kunst- und literarhistorischen Epoche in so tiefgreifender Weise von einer „wechselseitigen Erhellung der Künste", wie man mit Oskar Walzels Formulierung aus dem Jahre 1917[17] sagen könnte – oder von einer zutiefst inter- und transmedialen Verzweigtheit der avantgardistischen Kunstformen sprechen lässt. Das „mouvement perpétuel", um mit Louis Aragon zu sprechen, also die ständige Bewegung, der alle Kunst und alle Wirklichkeitserfassung unterworfen wird,[18] sollte im Übrigen auch ganz wesentlich den Rezipienten, den Kunstrezipienten erfassen, der gleichsam zwanghaft zum Kunstproduzenten, zum Kunstschaffenden werden solle.

Avantgardistische Kunst ist – wie schon mehrfach betont – eine Kunst, welche die Grenze zum Publikum, zur Zuhörerschaft oder den Zuschauerinnen und Zuschauern, niederreißen möchte. Der Dadaismus ist hierbei die vielleicht radikalste Form einer solchen Kunstauffassung, stellt sie doch die Grenze zwischen den Produzenten und den Rezipienten von Kunst wie auch die Institution Kunst selbst in Frage. Bei den Dadaisten lässt sich im Allgemeinen deutlich eine klare Verabsolutierung des Spielcharakters von Kunst nachweisen, der wiederum die Kunst mit dem Leben verbindet. Nicht von ungefähr sollte dann auch das Spiel eine wichtige Rolle bei André Breton, der ja durch die ‚Schule' des Dadaismus gegangen war, in seinem erstem *Surrealistischen Manifest* spielen. Der dadaistische Künstler ist ein Spieler, der testet und ausprobiert, was geht. Inwieweit sich hier eine Beziehung zu den Ästhetiken der Postmoderne herstellen lässt, wird freilich zu einem späteren Zeitpunkt in unserer Vorlesung zu erörtern sein.

Mit dem Spielcharakter, der Aufwertung des Zufälligen und Aleatorischen sowie der Stärkung des Irrationalen und Unbewussten verbindet sich zunehmend eine Poetik, die auf die surrealistische „écriture automatique" hinauslaufen und im Rahmen surrealistischer Kunst- und Literaturproduktion im Mittelpunkt

---

17 Vgl. Walzel, Oskar: Wechselseitige Erhellung der Künste (1917). In (ders.): *Gehalt und Gestalt im Kunstwerk des Dichters*. Berlin: Athenaion-Verlag 1923, S. 265–281.
18 Vgl. Millares, Selena (Hg.): *Diálogo de las artes en las vanguardias hispánicas*. Madrid – Frankfurt am Main: Iberoamericana – Vervuert 2017.

stehen wird. Überhaupt lässt sich beobachten, dass die verschiedensten historischen Avantgarden, unabhängig von ihrer jeweiligen politischen Ausrichtung,
bestimmte Verfahren und Methoden teilen und entsprechend weiterentwickeln.

Tristan Tzara hat die neuartige Selbstdefinition des Dichters als jener Instanz,
die im Gedicht selbst die Zerstörung des traditionellen Gedichts ankündigt und
die Leserschaft mobilisiert, nicht nur verbal angekündigt, sondern auch schon
zum Teil verwirklicht und eingelöst. Tzaras Verfahren war dabei sehr einfach: Es
ist eine Technik, die Sie alle zuhause einmal ausprobieren könnten. Das Rezept,
Wie man ein dadaistisches Gedicht fabriziert, findet sich im folgenden Zitat:

> Nehmen Sie eine Zeitung.
> Nehmen Sie eine Schere.
> Wählen Sie in dieser Zeitung einen Artikel aus, der die Länge
> besitzt, die Sie Ihrem Gedicht geben wollen.
> Schneiden Sie den Artikel aus.
> Schneiden Sie sodann jedes der Worte aus, welche diesen Artikel bilden,
> und tun Sie diese in einen Sack.
> Rühren Sie vorsichtig um.
> Ziehen Sie sodann jedes Schnipsel eines nach dem anderen heraus.
> Schreiben Sie sorgfältig
> die Ordnung ab, in der sie den Sack verlassen haben.
> Das Gedicht wird Ihnen ähneln.
> Und schon sind Sie ein unendlich origineller Schriftsteller von einer
> liebenswerten, wenn auch von den Vulgären noch nicht verstandenen Sensibilität.[19]

Tristan Tzara hat mit diesen Sätzen eine Anleitung zur Fabrikation eines Gedichts
für Jedermann verfasst, was zugleich bedeutet, dass jede Zeitungsleserin und jeder
Zeitungsleser im Handumdrehen zu einem Dichter, einer Dichterin werden kann.
Die Lyrik ist folglich nicht länger von einer Aura des Quasi-Sakralen umhüllt, ist
nicht länger die Sache weniger Eingeweihter, die allein der Lyrik teilhaftig sind.
Dieses Gedicht ist zum einen eine im Duktus der Anleitung, des Rezepts daher-
kommende Form einer literarischen Aktivierung des Publikums, das aus seiner
passiven Leserrolle herausgerissen werden und selbst zur Produktion von Gedichten, genauer: von dadaistischen Gedichten, angeregt werden soll. Wir haben es
folglich mit einem Akt der Demokratisierung von Literatur zu tun.

Tzaras Gedicht ist zum zweiten eine gewisse Antwort darauf, dass sich jede
Literatur immer auf andere Texte bezieht, dass die Intertextualität also stets eine
zentrale Dimension des Kunstwerks ist. Denn Intertextualität, die Bezüglich-

---

19 Tzara, Tristan: Pour faire un poème dadaïste (1918). In Béhar Henri (Hg.): Tristan Tzara. *Œuvres complètes*. 6 Bde. Paris : Flammarion 1975, Bd. I, S. 382.

keit eines Textes auf Texte anderer Autorinnen und Autoren, ist in der Tat das pochende Herz von Literatur überhaupt. Diese Einsicht macht uns Tzara in seiner Anleitung sehr bewusst.

Zum dritten ist der Bezugstext im Falle dieses Gedichtes eine Zeitung, die Tageszeitung, welche von ihrer Definition her eine Mimesis, eine Darstellung der Wirklichkeit, bildet und abbildet, so dass sich unser Gedicht hierauf aufbauend durchaus noch als sekundäre, abgeleitete Repräsentation von Mimesis begreifen lässt. Es wird folglich keine eigene oder gar ‚heilige' Sphäre des Gedichts aufgebaut, sondern vielmehr das Alltägliche aufgegriffen und in einer klar definierten Produktion in ein Gedicht transformiert.

Viertens ist diese Dimension mimetischer Kunstauffassung aber in den Modus der Ironie und wohl mehr noch Parodie überführt, so dass sich die Tätigkeit des Dichters hinsichtlich der Darstellung von Wirklichkeit auf die mechanische und materielle Tätigkeit des Zerschneidens kapriziert und beschränkt. Mit dieser Aktivität ist eine Arbeit an der Sprache mitbedeutet, welche letztere gleichsam in ihre Einzelteile zerlegt und so ebenso die syntaktische wie grammatikalische, die semantische wie logische Verbundenheit auflöst und ein Werk hervorbringt, das aus einer vorhandenen Sprache ohne Neologismen geschaffen ist, aber zugleich diese vorhandene Sprache der bürgerlichen Gesellschaft atomisiert. Es ist, als ob die vorhandenen Sprachstrukturen gleichsam implodierten. Man könnte an dieser Stelle sehr wohl von einer Destruktion sprechen, die wieder in eine Konstruktion übergeht und damit eine Dekonstruktion vor Augen führt, mit der wir uns im Zusammenhang mit den Ästhetiken der Postmoderne noch beschäftigen müssen. Auch aus dieser Perspektive kommt der Parodie eine sehr wichtige textuelle Funktion zu.

Wir müssen fünftens aber zu bedenken geben, dass die Tätigkeit der Schere, welche ansonsten im öffentlichen Bewusstsein eher mit der Zensur gekoppelt wäre, die Grenzen des Wortes erstaunlicherweise sehr wohl respektiert. Die Tätigkeit des dadaistischen Wortkünstlers oder Dichters greift mithin nicht dahinter zurück: Die zerschneidende Tätigkeit löst nicht die Wortgrenzen auf, indem sie etwa nur noch die einzelnen Buchstaben autonom gelten ließe, sondern produziert nach wie vor Worte, welche freilich aus ihrem Zusammenhang gerissen wurden. Wir haben es in diesem Gedicht über die Verfertigung eines Gedichts durchaus mit einer Ästhetik zu tun, die sich in Verbindung mit Marinettis „Parolibrismus" bringen ließe, die folglich die Worte aus ihrer syntaktischen wie semantischen Umklammerung ‚befreit'.

Zum sechsten erfasst die Parodie den Status des Schriftstellers selbst, der sozusagen in seiner (simplen) Produktivität zum einen bloßgestellt wird, zum anderen in seiner gesellschaftlichen Funktion als jener Agent, der das Gedicht wie das Kunstwerk überhaupt in etwas ihm Ähnelndes überführt, vorgeführt wird.

Auch hiermit ist, wie schon oben bemerkt, eine gewisse Demokratisierung von Literatur und Kunst verbunden: Der Schriftsteller erscheint nicht mehr als rätselhafter und unnahbarer „grand écrivain", sondern als ein Alltagsgenosse wie ich und Du. In den Gedichten dieses Schriftstellers gibt es nichts Esoterisches, nichts Unnahbares, nichts Sakrales, sondern lediglich Verfahren, die so einfach sind wie Kochrezepte: „les recettes faciles" für den Hausgebrauch. Das Gedicht, so heißt es hier, ähnelt Ihnen, ähnelt also diesem Allerwelts-Subjekt. Mag sein, dass es darum auch ein Allerwelts-Gedicht ist.

Siebtens – und vorerst letztens – wird die Parodie der Gedichtherstellung auch noch mit dem Pathos des Unverstandenen ausgestattet, damit zugleich also in eine avantgardistische, noch unbegriffene Vorreiterrolle befördert, womit diese Position der Avantgarde aber zugleich subvertiert wird. Das Unverstandensein von der Menge, der Masse, vom „vulgo", wird als Sprachgeste zugleich gezeigt und unterspült, wird damit vor allem der Lächerlichkeit preisgegeben. So erfüllt diese einfache Anleitung, „Um ein dadaistisches Gedicht zu machen", schließlich auch die Funktion, dieses dadaistische Poem seinerseits wieder zu hinterfragen, Das Gedicht kommt semantisch nicht zur Ruhe. Es überschreitet die Grenze zwischen Produktion und Rezeption, zwischen Kunst und Leben, zwischen der Poetik und der *Legetik* gerade in jenem Punkt, in dem es sich zumindest vom Titel her und auch bezüglich seiner Verfasstheit fast zurückgezogen hätte. Es erlaubt aber gerade nicht die Stabilität, die statische Erstarrung als Kunstwerk.

Denn es handelt sich deutlich um ein dadaistisches Gedicht, das die Provokation der Grenzen zwischen dem scheinbar so leicht zu Trennenden und die Überwindung dieser Grenzen der Leserschaft vor Augen führt. Doch auch hier gilt: Probieren geht über Studieren ... Bewaffnen Sie sich also mit einer Schere und versuchen Sie, einmal die Berichterstattung über – sagen wir – den Coronavirus in ein dadaistisches Poem zu verwandeln! Falls diese Berichterstattung nicht ihrerseits längst wieder ebenso aufgeregte wie weiter aufregende Züge einer Action Art aufweist.

Vergessen wir aber über all diesen Aspekten nicht die „découpage" und damit die Montage-Ästhetik eines solchen Gedichts, dessen Verfertigung uns hier anempfohlen wird! Denn dieses graphische Element führt uns just zur Ästhetik der Collage, des absichtsvoll Heterogenen, das in einen gemeinsamen Rahmen gestellt wird. Es handelt sich um eine Ästhetik der Montage, welche sich im Übrigen schon aus den veränderten Wahrnehmungsgewohnheiten ergibt, mit denen wir uns bereits beschäftigt haben. Denken Sie dabei an die Buchstaben und Wortfragmente der Kubisten, die gerade diese graphische Dimension der Schrift ins Bewusstsein gehoben haben, wie auch schon die Futuristen und nach ihnen die Dadaisten unterschiedliche graphische Umsetzungen von Wörtern mit verschiedenartigen Schriftarten, Schriftgrößen und Farben kombinierten! In diesen graphischen Gestaltungen ist bereits eine Vorform der surrealistischen „Papiers collés" zu erkennen.

Ein vorrangiges Ziel war es bei diesem Verfahren, zum einen das Rationale gerade durch eine sehr rational bestimmte Vorgehensweise auszuklammern. Zum zweiten war intendiert, die Subjektivität aus dem Gedicht selbst herauszukatapultieren, um das Gedicht nicht mehr länger mit dem Ich verschmolzen zu sehen. Darüber hinaus wird das Gedicht dadurch vielstimmig und polyphon, ganz im Sinne eines Michail Bachtin.[20] Schließlich ergibt sich aus alledem eine grundlegende Herausarbeitung der graphischen Dimension von Lyrik, wie sie zuvor in Frankreich etwa von Apollinaire in seinen berühmten *Calligrammes* – auf die wir an späterer Stelle noch zurückkommen werden – vorgeführt worden war. In jedem Falle wird die Wahrnehmung der Materialität des Kunstwerks, die Wahrnehmung seines Artefakt-Charakters, auf allen Ebenen gestärkt und gesteigert.

Dabei ist das Visuelle nur die eine Seite dieser Bewusstmachung: Das Akustische ist eine keineswegs von den Avantgardisten und vor allem den Dadaisten geringer eingeschätzte künstlerische Dimension. Ja, man könnte sagen, dass gerade die Dadaisten es waren, die den Hörsinn für ihr Verständnis von Kunst und Literatur zu nutzen wussten. Die sinnliche Erfahrung sowie die Aktivierung und Mobilisierung des Publikums bilden stets Grundpfeiler dieser avantgardistischen Ästhetik, für die eine phonotextuelle Relationalität, mithin die Beziehung zwischen Text und Klang, eine wichtige Bedeutung besitzt.

Das künstlerische und literarische Interesse gerade der Dadaisten an der akustischen Dimension von Sprache war enorm. Dies erklärt sich zusätzlich zu den bereits genannten Gründen mit dem Hinweis auf die Performativität der dadaistischen Verfahren, Vorführungen und Artefakte. Wir können vom Dadaismus ausgehend eine sehr kreative Weiterentwicklung des Lautgedichts verfolgen, wobei den französischen Autoren im Umfeld der Avantgarde durch das weite Auseinanderklaffen von Schrift und Stimme, Orthographie und Phonetik, im Französischen eine Vielzahl von Möglichkeiten offenstand, diese Differenz zwischen Stimme und Schrift auch visuell vor Augen zu führen.

Besonders eindrucksvoll aber scheint mir eine Performance der frühen Dadaisten in Zürich an einem der frühen „soirées" in der Schweiz, die am 31. März 1916, also mitten im Krieg, stattfand. Dabei ging es im wahrsten Sinne um eine Inszenierung und mehr noch Aufführung, wobei die Druckfassung im Grunde nur eine Art Partitur (oder sogar nur eine Vorstufe dafür) bildete. Das dadaistische Gedicht war für drei Stimmen ausgelegt, die eine als Gesang, die zweite als

---

20 Vgl. hierzu Bachtin, Michail M.: *Die Ästhetik des Wortes.* Herausgegeben von Rainer Grübel. Frankfurt am Main: Suhrkamp 1979.

Rezitativ, unterbrochen von einem rhythmischen Intermezzo. Die Gesangsstimme übernahm Marcel Janco, die beiden anderen Stimmen übernahmen in der Form des Rezitativs dann Huelsenbeck und Tzara selbst. So wurde auf subversive Weise eine dreistimmige Kantate ausgeführt.

Das Entscheidende aber nun war, dass diese drei Stimmen drei verschiedene Texte in drei verschiedenen Sprachen intonierten. Sie finden leicht im Internet eine Aufnahme dieser historischen Aufführung; auch finden Sie dort eine Darstellung der Partitur dieser Performance, die unter dem Titel *L'amiral cherche une maison à louer* in die Theatergeschichte ebenso eingegangen ist wie in die Literaturgeschichte. Hören und schauen wir uns also beides einmal an, es lohnt sich außerordentlich!

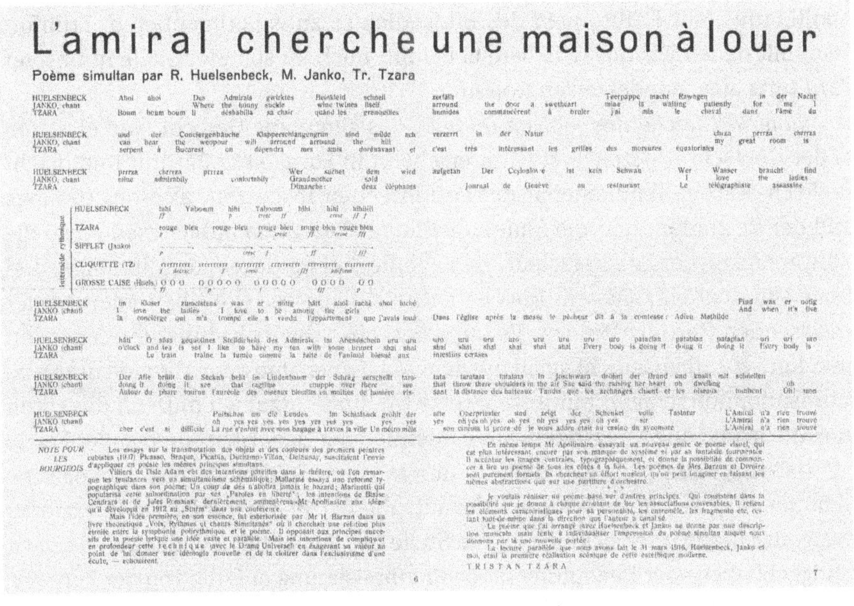

L'amiral cherche une maison à louer

Poème simultan par R. Huelsenbeck, M. Janko, Tr. Tzara

[Partitur des dreistimmigen Simultangedichts, Text in drei Spalten für HUELSENBECK, JANKO und TZARA, mit rhythmischen Instrumentalstimmen und NOTE POUR LES BOURGEOIS von Tristan Tzara.]

Abb. 51: Marcel Janco, Richard Huelsenbeck, Tristan Tzara: *L'amiral cherche une maison à louer*, dreistimmiges Simultangedicht.[21]

In einer kurzen Anmerkung für Bourgeois hat Tristan Tzara in dieser schriftlichen, mit abgedruckten Fassung auf die verschiedenen Traditionslinien und den Neuansatz des vielsprachigen Simultangedichts zugleich aufmerksam gemacht.

---

21 Tonaufnahme online noch abrufbar unter https://www.youtube.com/watch?v=Zrxa6Q3V_rQ (lezter Zugriff 07.06.2020).

Tzara war also nicht wie Marinetti daran gelegen, eine – im Übrigen nicht haltbare – These von der absoluten, radikalen Neuheit der eigenen Versuche aufzustellen, sondern fokussierte die Aufmerksamkeit seines Lesepublikums auch auf die intertextuelle Verfasstheit allen Schreibens. So verwies die gewiss zentrale Figur des Dadaismus auf den wichtigen Anstoß durch die zeitgenössische Malerei ab 1907: insbesondere durch den Kubismus und die Maler und Künstler Picasso, Picabia, Delaunay, Duchamp und viele mehr. Einmal mehr wird die intensive Beziehung zwischen den verschiedenen Künsten, folglich die „wechselseitige Erhellung der Künste" gemäß Oskar Walzel, thematisiert. In der Lyrik wird Stéphane Mallarmés Gedicht *Un coup de dés*, das im 20. Jahrhundert fast zum berühmtesten Gedicht aus jener Zeit mit Kultstatus bei den neo-avantgardistischen Theoretikern avancierte, erwähnt. Ebenso wie die Versuche Guillaume Apollinaires, mit Frühformen des Bildgedichtes zu experimentieren; Frühformen, mit denen wir uns, wie bereits betont, noch an späterer Stelle in unserer Vorlesung auseinandersetzen wollen.

L'amiral cherche une maison à louer, das simultane Gedicht, wie es schon in der Überschrift bezeichnet wird, erscheint in Form einer Partitur und macht zugleich auf die Simultaneität der aufführenden Instanzen, also des Gesangs und der Rezitation, und die Simultaneität der Rezeption aufmerksam, also die Notwendigkeit der Zuhörerschaft, sich auf die drei Sprachen, drei Stimmen, drei Texte simultan einzulassen. Dies ist natürlich eine gezielte Überforderung der anwesenden Rezipient*innen. Es impliziert eine Überbelastung der Codes hin zum Nonsens: Das Gedicht spielt mit dem Abbrechen und dem Abgrund der Kommunikation, ohne auch nur ansatzweise Un-Sinn darzubieten. Denn die gegen alle Kriege und alle Krieger gerichtete Intention der Dadaisten stand außer Frage.

Dabei scheint sich das Gedicht durch seine vieldeutige und viellogische Simultaneität gleichsam selbst wieder aufzuheben. Im rhythmischen Intermezzo dringt der Klang offensichtlich an die Stelle der Semantik, löst das gerade noch Übriggebliebene der Bedeutung in die Rhythmisierung auf, die von der Zuhörerschaft aufgenommen werden kann. Die Worte selbst werden in diesem Intermezzo zu rhythmisch wiederholten Elementen und doch ist die semantische Dimension nicht völlig verschwunden: Huelsenbecks „Hihihi" steht in einem eigenartigen Kontrast zu Tzaras wiederholtem „rouge bien rouge". Jenem Rot, das in Kriegszeiten wohl weniger auf die Fahne der Kommunisten und der herannahenden Revolution, als vielmehr auf das auf den Schlachtfeldern vergossene Blut aufmerksam macht.

Denn nicht umsonst haben wir es bei diesem Admiral mit einen der Anführer offensiver Kriegshandlungen zu tun, eine Tatsache, die freilich schon in des Admirals Wunsch, ein Haus zu mieten, und in der schlussendlichen Verneinung dieses Wunsches – der Admiral fand eben nichts – zum Ausdruck kommt. Es ist immerhin ein Admiral, der im Simultangedicht mit einem süßen Stelldichein im Abendschein in Verbindung gebracht wird, folglich mit einem intimen romantischen Abenteuer, das in den Jahren des Ersten Weltkrieges als hochgradig unmoralisch erscheinen muss: angesichts der Ströme von Blut, die überall – von Trommeln Tzaras untermalt – vergossen werden. Die Kriegsgeräusche im Gedicht sind unüberhörbar.

Umso schadenfroher klingt da die von allen drei Stimmen dann in derselben Sprache simultan vorgetragene Abschlusssequenz: „L'Amiral n'a rien trouvé." Der Admiral hat also kein Haus, kein „pied-à-terre", für seine Wünsche gefunden: Wie sollte er auch, da er doch als ‚fliegender Holländer' für die Kriegsaktivitäten nicht an Land, sondern auf hoher See zuständig ist. Er findet zugleich aber auch kein Asyl, keinen Unterschlupf, wie die Kriegsgegner und Pazifisten in der Schweiz. So ist dieses Gedicht in dadaistischer Manier nicht einfach nur ein sinnloser Ulk, ein aufwendig inszenierter Un-Sinn, sondern ein veritables Anti-Kriegsgedicht, das zugleich die Grenzen des Sagbaren, des Verstehbaren, der literarischen Kommunikation erprobt.

Ist die Avantgarde insgesamt ein Grenzphänomen, so ist dieses Gedicht auch und vor allem durch seine Simultaneität eine Grenzerfarung für jedes Publikum, auch das zeitgenössische Publikum im Cabaret Voltaire. Nicht umsonst sprach Hugo Ball vom Untergang der menschlichen Stimme im Lärm: Rund um die Schweiz tobte der Kriegslärm. Wie nahe waren da die Assoziationen zum Untergang des Menschen im Lärm und Geschrei des Krieges und seiner zahllosen Opfer! Das Gedicht gibt in seiner Aufführung diese kakophone Lautstärke an die Zuhörerschaft weiter. Der Lärm ist ein Krieg der Stimmen, in welchem das Französische, das Englische und das Deutsche die Stimmen der miteinander im Krieg befindlichen Vaterländer repräsentieren.

Gegen diese interlinguale kriegerische Auseinandersetzung der Vaterländer wurde ganz bewusst der Internationalismus oder auch Kosmopolitismus der Kunst und der Gründungs-Dadaisten in Zürich gesetzt. Dass all dies als eine Posse auf höchste staatliche Autorität in Kriegszeiten vom Boden der neutralen Schweiz aus gedeutet werden musste, ist sonnenklar. Die Mehrsprachigkeit des Lautgedichts ist daher programmatischer Natur: Sie zeigt durch den bewussten Nonsens den Un-Sinn dieses ganzen Krieges sprachlich eindrucksvoll auf.

Ist die Lyrik der damaligen Zeit verstehbar? Wie kann literarische Kommunikation verlaufen, wie kann sie hergestellt werden und wie kann sie wieder verloren gehen? Wie ist die Vielsprachigkeit und Vielstimmigkeit in ein Gedicht integrierbar und vor allem: Ist es dann auch noch aufführbar? Was bedeutet das Theorem der Simultaneität, wenn wir es – ähnlich wie im Marinetti'schen Bombenhagel – in einem hochkontrollierten Stimmenhagel aufgehen lassen? Wo liegen die Grenzen der Verstehbarkeit und wie können wir Kunst auf diesen

Grenzen machen? Diese und viele andere Fragen beantwortet das Gedicht auf seine eigene Weise. Es ist vor allem aber dies: künstlerisch vieldeutiger Ausfluss einer theoretischen Beschäftigung in der praktischen Umsetzung ausgeklügelter Performanz.

Die Grenzen konventioneller Kommunikation und Lyrik wurden in der Folge weiter ausgetestet. So trug Hugo Ball am 14. Juli 1916, jenem großen dadaistischen Abend in Zürich, sein legendär gewordenes Lautgedicht *O Gadji Beri Bimba* vor, womit die Semantik im reinen Lautgedicht scheinbar gegen Null gefahren wurde. Hier waren nicht mehr nur die Wörter ‚befreit‘. Die dadaistische Lyrik wurde zu einer Grenzerfahrung: Sie verstand sich als Lyrik über alle Grenzen und als Lyrik der Grenze insgesamt. Genau an diesem Punkte erreichen wir die absolute Nähe zu kultischen Beschwörungsformeln, zum Rituellen, zum Irrationalen und Mythischen, das den Menschen auf neue, auf eine weiter gespannte Weise wieder in den Kosmos integriert. Die Nähe zur Psychoanalyse Sigmund Freuds ist immer wieder mit Händen greifbar, so etwa auch, wenn wenig später André Breton hieraus die Konsequenzen zieht und fordert, man müsse das Murmeln des Unbewussten hörbar machen. Roland Barthes wird in den ausgehenden sechziger Jahren vom „Rauschen der Sprache" sprechen, ganz einer deterministischen Semantik einer Sprache entwunden, die er übrigens des Faschismus bezichtigte. Die Beziehungen zwischen den historischen Avantgarden und den Theorie-Avantgarden der zweiten Hälfte des 20. Jahrhunderts sind Legion.

Die Dadaisten hatten freilich nicht nur das Murmeln des Unbewussten, sondern auch eine Veränderung ihres zeitgeschichtlichen und politischen wie kulturellen Kontexts im Sinn. Ihre Sinnverweigerung hat nicht nur Methode, sondern macht auch noch Sinn. Sie ist die bis an ihre Grenzen getriebene Dichte des Gedichts, Anklage des Menschen gegenüber einer sinnlos gewordenen Welt, in welcher sich nicht im Umgang mit einer zu häufig in der bürgerlichen Gesellschaft missbrauchten Sprache Sinn herstellen lässt. Die Sprache selbst musste radikal verändert werden, revolutionär umgestaltet werden: Sie musste, in einem Wort, explodieren!

Das Schwinden des Sinns und das Schwinden der Worte ist im Übrigen nicht nur ein Phänomen der Avantgarde. Während die Graffiti meiner Studentenzeit konkrete Forderungen formulierten, zu Aktionen aufriefen oder einfach mit Worten spielten, – gerne erinnere ich mich etwa an ein Graffiti an der Universität Freiburg: „Ich hatte schlechte Lehrer, das war eine gute Schule!" – fehlen den Graffiti unserer Tage seit langen Jahren die Worte. Es sind Spiele mit Buchstaben, die graphisiert werden, in reine Zeichen verwandelt, die ihrer eigenen Bedeutsamkeit im Kontext verlustig gegangen sind und darauf hinweisen. Es sind bisweilen auch Buchstaben in Freiheit, nicht mehr nur Worte, und sie verweigern sich auf einer unmittelbaren Ebene direkter Kommunikation und Sinnzuweisung.

Keineswegs möchte ich damit alle Schmierereien in den Rang eines (avant-gardistischen) Kunstwerks heben! Aber auch hier zeigt sich, dass bestimmte Verfahren und Logiken der Avantgarde nicht einfach ausgestorben sind oder kurzerhand in die Werbung emigrierten. Sie sind präsent, in den unterschiedlichsten Formen, und ein gewisses provokatorisches Potenzial ist ihnen noch immer eigen, auch wenn sich manche Epigonen kreativer Versprüher dieses Erbes mit Sicherheit nicht mehr bewusst sind. So wie die dadaistischen Gedichte bisweilen Verse ohne Worte waren, so sind die Graffiti unserer Tage Inschriften ohne Worte, Forderungen ohne Thesen, die auf die Grenzen des Kommunizierbaren hinweisen. Sie bilden eine Ausdrucksform, welche auf Restbestände oder Residua von Inhalten aufmerksam macht, die in unserer Gesellschaft nicht mehr kommunizierbar zu sein scheinen.

So lassen sie sich keineswegs nur auf einen Kampf zwischen Sprühern oder Sprayern und Malern im Sinne von Anstreichern reduzieren, die Hauswände wieder übertünchen. Sie sind gesellschaftliche Symptome, denen eine gewisse künstlerische Intention innewohnt, die freilich von einer Lebenspraxis und mehr noch von einem Imitationskult überlagert wird. Auch sie sind Ausdrucksformen von Lebenswissen. Dadaistisch sind sie nicht, wenn auch vom Dadaismus mitgeprägt. Sprachlosigkeit äußert sich entweder in der Lautlosigkeit oder im Schrei. Die Schriftlosigkeit scheint sich des Graffitis bedienen zu können. Auch ihnen wohnt eine Ästhetik der Negation – um mit Theodor W. Adorno zu sprechen – inne.

Ich möchte an dieser Stelle die bereits geknüpften Verbindungsstellen zwischen Dadaismus und Surrealismus nicht weiter entwickeln und die Entfaltung der historischen Avantgarden in ihrer zentralen Linie nicht weiterverfolgen, sondern jetzt – wie bereits zu Beginn der Vorlesung angekündigt – eine Europa übersteigende Dimension in unsere Reflexionen zu den historischen Avantgarden einbinden. Diese veränderte Perspektive wird Rückwirkungen haben auf unseren Blick auf die unterschiedlichsten Phänomene des Surrealismus weltweit. So werden wir besser verstehen können, inwieweit die historischen Avantgarden eine gemeinsame Dimension besaßen und zugleich eine Heterogenität aufwiesen, die es – entgegen vieler Handbücher zur Avantgarde – im Grunde nicht länger ermöglicht, von der Existenz einer einzigen Entwicklungslinie der Avantgarden zu sprechen.

Die historischen Avantgarden in Lateinamerika

Vor einiger Zeit fand in Berlin eine von Harald Wentzlaff-Eggebert veranstaltete internationale Tagung mit dem Titel *Europäische Avantgarde im lateinamerikanischen Kontext* statt.[1] Ihr Veranstalter, der auch in der Folge mehrere Workshops und Sektionen zu diesem Thema organisierte und zum damaligen Zeitpunkt als der in Deutschland wohl beste Kenner der Materie bezeichnet werden darf, hatte zweifellos gute Gründe dafür, von „europäischer Avantgarde" zu sprechen. Dennoch stellen sich mit Bezug auf den Titel der Veranstaltung Fragen. Zweifellos kann man für weite Strecken noch des 19. Jahrhunderts behaupten, dass innerhalb einer zunehmend globalen Literaturentwicklung die Impulse aus Europa kamen und dann etwa in Lateinamerika aufgenommen, abgewandelt und transformiert wurden. Aber spätestens mit dem hispanoamerikanischen Modernismo war dies nicht mehr der Fall, ging dieser doch – verkürzt gesagt – von Spanisch-Amerika und nicht länger von Spanien aus und entwickelte sich dieser Modernismus[2] doch zunehmend zu einer literarisch-ästhetischen Bewegung, welche keineswegs nur in Spanien, sondern weltweit ihre Impulse aus Lateinamerika erhielt.

Dies haben in den vergangenen Jahrzehnten die Forschungen längst aufgezeigt, die ich an gegebener Stelle in unserer Vorlesung zu den Romanischen Literaturen der Welt im 19. Jahrhundert auch bespreche. An dieser Stelle nur so viel: Der geokulturelle Dominantenwechsel, der sich mit der politischen Unabhängigkeit, der „Independencia", in Hispanoamerika im literarischen Feld einstellte und über lange Zeiten die Romantik zwischen zwei Welten in ihrer Entwicklung bestimmte, veränderte sich mit dem hispanoamerikanischen Modernismus. Dies insoweit, als es zwar keinesfalls zu einer Independencia dieser Literaturen der spanischsprachigen Welt Amerikas gekommen wäre, wohl aber zur Neubestimmung einer Asymmetrie der Beziehungen,[3] welche in diesem Falle zum ersten Mal den literarischen Ausgangsimpuls einer Bewegung in Lateinamerika verortete. Sollte nun all dies mit den historischen Avantgarden Lateinamerikas

---

1 Vgl. die Akten dieser Tagung in Wentzlaff-Eggebert, Harald: *Europäische Avantgarde im lateinamerikanischen Kontext. La Vanguardia europea en el contexto latinoamericano.* Actas del Coloquio Internacional de Berlín 1989. Frankfurt am Main: Vervuert 1991.

2 Vgl. auch Asholt, Wolfgang (Hg.): *Avantgarde und Modernismus. Dezentrierung, Subversion und Transformation im literarisch-künstlerischen Feld.* Berlin – Boston: Walter de Gryuter 2014.

3 Vgl. hierzu Ette, Ottmar: Asymmetrie der Beziehungen. Zehn Thesen zum Dialog der Literaturen Lateinamerikas und Europas. In: Scharlau, Birgit (Hg.): *Lateinamerika denken. Kulturtheoretische Grenzgänge zwischen Moderne und Postmoderne.* Tübingen: Gunter Narr Verlag 1994, S. 297–326; sowie Janik, Dieter: *Hispanoamerikanische Literaturen. von der Unabhängigkeit bis zu den Avantgarden (1810–1930).* Tübingen – Basel: Francke 2008.

in den status quo ante zurückgefallen sein? Oder pointierter: Empfing man in Lateinamerika wieder – wie über lange Jahrhunderte zuvor – alle künstlerischen und literarischen Impulse aus Europa und betätigte sich ‚nur‘ in deren Variation und Weiterentwicklung? Saßen also in Lateinamerika lediglich die Rezipienten der historischen Avantgarde in Europa und konnten bestenfalls halbwegs kreativ darauf reagieren?

Lassen Sie uns nochmals anders fragen: War die Avantgarde in Lateinamerika lediglich ein Abklatsch jener ‚europäischen Avantgarde‘, deren literarhistorische Entwicklung seit dem italienischen Futurismus wir verfolgt haben und die wir in Abgrenzung zu den späteren Neo-Avantgarden des 20. Jahrhunderts als die „historischen" bezeichneten? Um auf all diese Fragen eine einfache Antwort zu geben, die zugleich auch das Movens unserer eigenen Untersuchung im Zeichen der TransArea Studies berührt: keineswegs! Denn die künstlerische Kreativität wie die spezifisch literarischen Eigenentwicklungen in Lateinamerika waren auf dem Gebiet der Ausbildung historischer Avantgarden immens.

Der zum damaligen Zeitpunkt am Lateinamerika-Institut der Freien Universität Berlin tätige Kolumbianer Carlos Rincón hat in seinem Beitrag zu der genannten Tagung[4] zunächst auf die schwierige Gleichzeitigkeit von politischer und ästhetischer Avantgarde auch und gerade in Lateinamerika aufmerksam gemacht. Oftmals waren es ja die politischen Avantgarden, die auf ästhetisch-literarischem Gebiet eben nicht zur Vorhut zählten, sondern allenfalls die Nachhut bildeten und dabei keinesfalls das Versprechen des Wagnisses und des unbedingten Fortschrittswillens einlösten, das sie auf politischem Gebiet gegeben hatten. Rincón wandte sich im Übrigen auch strikt gegen alle nachträglichen Versuche von politisch interessierter Seite, die Positionen eines José Carlos Mariátegui, die von redlichen orthodoxen Kommunisten noch in den fünfziger Jahren als populistisch beschimpft worden waren, post festum als Versöhnung von politischer und ästhetisch-intellektueller Avantgarde zu beweihräuchern. Man könnte an dieser Position aus heutiger Sicht der Mariátegui-Forschung durchaus ein Fragezeichen anbringen und für eine versöhnlichere Haltung des Peruaners in seinen *Siete ensayos* optieren.

Die immer wieder angestrebte Verknüpfung von politischer mit literarischer Avantgarde hält freilich in Lateinamerika bis in die achtziger Jahre an und ist letztlich bis heute nicht völlig verschwunden. Die Metaphorik der Avantgarde selbst legt dies freilich nahe, versteht sie sich doch als Vorhut, die in ein in Feindeshand befindliches Territorium eindringt, dessen Eroberung sie vorbereitet.

---

4 Vgl. Rincón, Carlos: la vanguardia en Latinoamérica: posiciones y problemas. In: Wentzlaff-Eggebert, Harald (Hg.): *Europäische Avantgarde im lateinamerikanischen Kontext*, S. 51–75.

Metaphorisch ist die Avantgarde also an scharfer Opposition, an Gegnerschaft, an Kampf, Schlacht und tödlichen Begegnungen, aber auch an einer Vorwärtsmetaphorik ausgerichtet, welche auch die zeitliche Dimension in diesen Begriff einbringt. Denn es sind die Avantgardisten, die zu den ersten Kündern des Neuen gerade dort werden, wo derlei Neuerungen noch militant das Alte im Wege steht. Ziel aber ist zweifellos die Beherrschung des Feindeslandes und jene Ästhetik des Bruchs mit dem Alten, mit dem Feind, die in Peter Bürgers *Theorie der Avantgarde* – wie wir sahen – vorherrscht. Damit ist bekanntlich eine völlig andersgeartete Definition der Institution Kunst verbunden.

Der Frage, ob auch in Latein- beziehungsweise Hispanoamerika die Avantgarde für eine Ästhetik des Bruchs einsteht, werden wir uns noch stellen müssen, galt es doch auch in Bezug auf die Amerikas lange Zeit als ausgemacht, dass auch diese Avantgarden letztlich derselben, am europäischen Modell ausgerichteten Theorie gehorchen würden. Noch die chilenische Kulturtheoretikerin Ana Pizarro verstand in ihrem Projekt einer Sozialgeschichte der lateinamerikanischen Literatur die Avantgarde als Bruch mit der Tradition und im Sinne Bürgers als Infragestellung der Institution Kunst. Wir werden im Verlauf dieses Kapitels sehen, ob sich diese Theorie aufrecht erhalten lässt angesichts der von uns ins Auge gefassten spezifischen Bedingungen des Schreibens in Lateinamerika. Denn die Asymmetrie der Beziehungen zwischen Europa und Amerika ist erhalten geblieben, nur hat sie sich spätestens seit dem Modernismo grundlegend verändert.

In einem thesenartigen Aufriss hat Harald Wentzlaff-Eggebert versucht, einige Charakteristika der hispanoamerikanischen Avantgarde, die in Europa bislang nur ungenügend aufgearbeitet worden sei, zu präsentieren und darzustellen.[5] Dabei betonte er, dass die Avantgarde nicht nur ein Phänomen der Literatur, sondern der verschiedenen Künste, insbesondere auch Film und Malerei, in Lateinamerika wie in Europa gewesen sei. Wir dürfen unsererseits daraus die Notwendigkeit einer inter- und transmedialen Sichtweise, welche die Verbindung zwischen den verschiedenen Künsten betont, hervorheben. Innerhalb der Literatur sah Wentzlaff-Eggebert die Schwerpunkte avantgardistischer Tätigkeit im Bereich der Lyrik, aber auch des lateinamerikanischen Avantgarde-Theaters. Wir wollen versuchen, durch unsere vorgeschaltete Untersuchung eines Versdramas des Mexikaners Alfonso Reyes beide Bereiche, Lyrik und Theater, in unserer Analyse miteinander zu verbinden.

Die Avantgardebewegungen kommen in Lateinamerika unverkennbar aus den großen Metropolen des Kontinents und werden von den gebildeten wohl-

---

5 Vgl. Wentzlaff-Eggebert, Harald: Sieben Fragen und sieben vorläufige Antworten zur Avantgarde in Lateinamerika. In: *Iberoromania* (Tübingen) 33 (1991), S. 15–139.

habenden Schichten und insbesondere deren Sprösslingen getragen. Ihre großen Zeitschriften versuchen, nicht nur die regionalen Sonderentwicklungen, sondern ganz Lateinamerika in ihre Berichte und Texte miteinzubeziehen: Erinnert sei hier nur an die *Revista de Avance* in Kuba, deren fünfzig Nummern zwischen 1927 und 1930 erschienen, oder an die peruanische *Revista Amauta*, die keineswegs bloß regionale Phänomene darstellten.[6] Die Neigung zu Manifesten, die die historischen Avantgarden insgesamt auszeichnen, schlug sich auch in diesen Zeitschriften nieder.

Zweifellos waren diese Avantgarden, wie sich etwa anhand der kubanischen Minoristen zeigen ließe, sehr stark an Europa und insbesondere an Phänomenen wie dem italienischen Futurismus, dem spanischen Ultraísmus oder dem französischen Surrealismus orientiert.[7] Deren Entwicklungen vollzogen sie stets begierig und rasch nach innerhalb einer Welt, die sich nicht nur im wirtschaftlichen, sondern auch im kulturellen Bereich immer stärker vernetzte. Die Avantgarden in Lateinamerika zeichnet dabei ein deutlich politischer Charakter aus, wurde doch jeder Inkonformismus sogleich in diesem Sinne gedeutet. Angriffsziele bildeten im spezifisch literarischen Bereich bestimmte Schreibweisen und elegante Preziosismen des Modernismo, im politischen Bereich aber auch die pathetisch politische Rede, wie sie selbst die Modernisten – denken wir nur an den Kubaner José Martí oder den Uruguayer José Enrique Rodó – gepflegt hatten.

So etablieren sich die verschiedenen avantgardistischen Diskurse laut Harald Wentzlaff-Eggebert als Anti-Diskurse, eine Aussage, an der ich freilich gerade bezüglich jener Kontinuitäten, die ich im Folgenden aufzeigen möchte, gewisse Zweifel hege. Wir werden im Verlauf unserer Vorlesung derlei Fragen gehörig auf den Leib rücken und sie diskutieren.

Eines jedoch ist sicher: Die Avantgarde lässt sich zweifellos auch in Lateinamerika nicht als bloßer Epochenstil abtun, unternimmt sie doch erfolgreich den Versuch, ganze Diskurssysteme in Frage zu stellen oder zu überwinden und zugleich die Grenzen der Literatur selbst in den Bereich des Alltags hinauszuschieben. In dieser Hinsicht ist die Entwicklung in Lateinamerika durchaus vergleichbar mit den verschiedenen avantgardistischen Bewegungen in Europa. Die mexikanische wie die russische Revolution prägten vom zweiten Jahrzehnt des

6 Vgl. González, Alexandra Pita: *La Unión Latinoamericana y el Boletín Renovación. Redes intrnacionales y revistas culturales de la década de 1920*. México – Colima: El Colegio de México – Universidad de Colima 2009.
7 Zu den Besonderheiten der spanischen Avantgarde und deren Transzendierung vgl. Buschmann, Albrecht: *Max Aub und die spanische Literatur zwischen Avantgarde und Exil*. Berlin – Boston: Walter de Gruyter 2012.

zwanzigsten Jahrhunderts an die grundlegend politisch wirkenden avantgardistischen Überlegungen, Manifeste und Manifestationen in Lateinamerika. Doch ließe sich dies auch von den Avantgarden Europas sagen.

Was also sind die Spezifika avantgardistischen Schreibens in der Neuen Welt? Gewiss, da ist die unzweifelhaft deutlichere Politisierung, ja Einbindung in politische Revolutionen zu beachten, was zweifellos mit der erst beginnenden relativen Autonomisierung des literarischen Feldes in den verschiedenen lateinamerikanischen Ländern zu tun hat. Doch die Beantwortung der Frage macht einen Rekurs auf die grundsätzlich verschiedenen gesellschaftlichen, sozioökonomischen, literarhistorischen und ästhetischen Bedingungen der Avantgarde in Lateinamerika unausweichlich. Wir wollen die Beantwortung dieser so komplexen Thematik folglich in verschiedenen Etappen unternehmen.

Ohne jede Frage ist es so, dass eine Avantgarde in Lateinamerika ohne die Entwicklung der europäischen Avantgarden nicht denkbar war. Der italienische Futurismus ab 1909, mit seiner Technikeuphorie noch vor dem Ersten Weltkrieg, war ein Fanal, das nur wenige Wochen nach dem Erscheinen des Gründungsmanifests in *Le Figaro* von keinem Geringeren als dem Modernisten Rubén Darío im damaligen Buenos Aires aufgenommen und verbreitet wurde. Dies war zweifellos eine Initialzündung aus Europa, die fast sofort auf Grundlage der schnellen transozeanischen Kommunikationsmittel aufgenommen wurde und künstlerisch-literarisch wirkte. Dabei ist es eine ebenso schöne wie aussagekräftige Anekdote, dass es der damals führende Kopf der „Modernistas", der nikaraguanische Dichterfürst und Essayist war, der die Gedanken Marinettis als erster in Lateinamerika verbreitete und damit einer Avantgarde auf die Sprünge half, von der bis heute behauptet wird, dass sie die unerbittliche Gegnerin der Modernisten gewesen sei. Es ist einfach, mittels derlei simpler Behauptungen eine bloße Übertragung europäischer Vorstellungen nach Lateinamerika zu erblicken.

Aber auch die sich anschließenden Bewegungen fanden rasch fruchtbare Aufnahme. So etwa der Dadaismus während des Ersten Weltkriegs ab 1916 mit seiner klar a-mimetischen Haltung, gerichtet gegen bürgerlich-nationale Konstrukte, die Europa ja gerade in den Krieg gezogen hatten – unvergesslich die Aufführungen im Züricher Kreis der Dadaisten, die rasch auch in den Metropolen Lateinamerikas bekannt wurden. Schließlich wurde auch – und zwar gerade aus Paris, das für die Lateinamerikaner noch immer das Zentrum des Fortschritts und aller Sehnsüchte war – der französische Surrealismus rezipiert. Er wirkte mit seiner Aufwertung der dem Bereich des Bewussten entzogenen Strukturen, mit seiner Experimentierfreudigkeit bezüglich neuer Schreibformen – denken wir nur an die „écriture automatique" – oder auch mit der Grundüberzeugung, dass sich nicht die Kunst am Leben, sondern das Leben an der Kunst zu orientieren habe.

All dies waren Erfahrungen, welche die Künstler und Schriftsteller in Lateinamerika in grundlegender Weise prägten. So wie das Gründungsmanifest Marinettis wenige Wochen später schon in Bonaerenser Blättern nachzulesen war,
fiel auch das erste Manifest des französischen Surrealismus von 1924 in Übersee
auf höchst fruchtbaren Boden. An dieser Stelle sei noch eine zweite Anekdote
erwähnt, die ein bezeichnendes Licht auf den transatlantischen Dialog und die
literarisch-politische Entwicklung der Avantgarden in Lateinamerika wirft. Als die
Forderungen nach einer grundlegenden „Reforma universitaria" in Lateinamerika
mit ihrer den gesamten Subkontinent erfassenden Studentenbewegung einsetzten, da waren es sehr wohl avantgardistische Vorstellungen, welche den Studenten auch politischen Rückhalt gaben. Das Grundgerüst ihrer Forderungen aber
bildete die Rezeption des berühmtesten Werkes des uruguayischen Modernisten
José Enrique Rodó und dessen Wirkung im „Arielismo". Man könnte von einem
Links-Arielismus sprechen, der die Studenten gerade in ihrer Haltung gegenüber
den expandierenden USA sehr zustatten kam. Auch bei dieser aufschlussreichen
Anekdote deutet sich eine substanzielle Verbindung zwischen Modernisten und
Surrealisten an, die keineswegs die These vom Bruch der Avantgardisten mit dem
Modernismo und einem Kampf gegen die dominante literarische Tradition zu
erhärten in der Lage wäre. In den Ländern Lateinamerikas positionieren sich die
historischen Avantgarden anders als in Europa mit Blick auf ihre Beziehung zur
literarisch-künstlerischen Tradition.

Frontale Gegenüberstellungen, wie sie in der einschlägigen, auf Lateinamerika bezogenen Avantgarde-Forschungsliteratur über lange Zeit üblich waren,
sind bis heute nicht verschwunden, ließen sich aber leicht durch bruchlose intertextuelle Relationen sowie durch Kontinuitäten wie die soeben angesprochenen
entkräften. Gleichwohl gilt auch, dass sich die Diskurse und Schreibweisen
der Avantgardisten auch in Lateinamerika gegen das Althergebrachte wenden:
dominant gewordene Diskursuniversen, denen mit neuen, provozierenden literarischen und lebensweltlichen Adaptationsformen der Garaus gemacht werden
soll. Jedoch waren es mehr die offiziellen Diskurse der Macht als die spezifisch
literarischen Ausdrucksformen, die im Zielfeuer der avantgardistischen Autoren
Lateinamerikas standen.

Harald Wentzlaff-Eggeberts richtige Anmerkung, dass am Ende der Avantgardeforschung in Lateinamerika vielleicht die Einsicht stehen könnte, dass die
Avantgardisten die spezifische Suche nach einer eigenen Identität[8] des Subkontinents vorangetrieben hätten, mag trotz aller Gegenüberstellungen in diese Rich-

---

8 Vgl. Vives, Ana: *Identidad en tiempos de vanguardia. Narcismo, genio y violencia en la obra de
Saslvador Dalí y Federico García Lorca.* Oxford – Bern: Peter Lang 2015.

tung einer Kontinuität deuten, waren es doch gerade die Modernisten, die mit aller Dringlichkeit eben diese Frage nach der Identität in den Mittelpunkt rückten. Die ‚Identitätsfrage' – dies wird auch unsere Beschäftigung mit Alfonso Reyes' *Ifigenia cruel* zeigen – ist den Avantgardisten so lieb wie sie den Modernisten teuer war. Vielleicht ist gerade hierin der Kern jener Kontinuität zu erblicken, der sich jenseits veränderter literarischer Formen und Techniken durch die lateinamerikanischen Literaturen zieht und so den Modernismus gleichsam an die grundlegenden Entwicklungen des 20. Jahrhunderts anbindet. Die Bürger'sche These von einer Ästhetik des Bruches kann als Theorie der Avantgarde in Lateinamerika in jedem Falle keine generelle Geltung beanspruchen.

Wann genau begann die Avantgarde in Lateinamerika? Die Antwort auf diese Frage ist gar nicht so leicht! Natürlich lassen sich bereits 1909 die frühe Verbreitung von Filippo Tommaso Marinettis Gründungsmanifest des Futurismus in Buenos Aires und erste literarische Reaktionen hierauf feststellen. Aber es gab einen gewissen zeitlichen Verzug bis zur Herausbildung eigener avantgardistischer Gruppen in der Neuen Welt. Belegen wir dies an einigen Beispielen: Die Minoristen-Gruppe in Kuba formierte sich 1923, vorher schon hatte Borges 1919 bei seiner Rückkehr aus Spanien den spanischen „Ultraísmo" im Gepäck mitgebracht. Der argentinische Lyriker Oliverio Girondo war nicht weit; und auch der „Creacionismo" eines Vicente Huidobro siedelte sich schon sehr früh in einem avantgardistischen Kontext an. Vergessen wir nicht 1921 den „Estridentismo" José Juan Tabladas in Mexiko sowie die Zeitschrift *Contemporáneos* ebendort, die zwischen 1928 und 1931 – also recht parallel zur kubanischen *Revista de Avance*, erschien! Viele verschiedene Gruppen, viele Organe, viele Zeitschriften, viele Manifeste, viele Texte wären hier im Grunde zu besprechen.

Wie sollen Schriftstellerinnen und Schriftsteller, Künstlerinnen und Künstler eingeordnet werden, deren Laufbahn sich zeitweise den Avantgarden annäherte, sie danach aber wieder verließ? Besonders spannend ist der Fall des Argentiniers Jorge Luis Borges, der in Spanien in Berührung mit den historischen Avantgarden kam und dessen erste Gedichtbände unverkennbar im Zeichen dieser Avantgarden standen. Als er aber im Begriff stand, nach grundlegenden ästhetischen Veränderungen und Neuausrichtungen zum späteren ‚Vater' der Postmoderne nicht nur in Lateinamerika, sondern weltweit zu werden, fühlte er sich bemüßigt, all seine frühen Bände wieder – sogar eigenhändig – aus den Bibliotheken zu entfernen, also mit seinen Anfängen und mit der historischen Avantgarde zu brechen. Erst in seinen späteren Jahren baute er ein konzilianteres Verhältnis zu seinem Frühwerk auf.

Nahezu in allen lateinamerikanischen Ländern bildeten sich avantgardistische Bewegungen heraus. Allein in Peru lassen sich so verschiedene avantgardistische Entwicklungen aufzeigen wie 1922 César Vallejos *Trilce* oder Mariáteguis *Amauta*. Es fällt schwer – und doch ist es notwendig –, all dies dem Label „Avantgarde" zuzuordnen, handelt es sich doch um so verschiedenartige regionale Ausprägungen und Gedankenwelten, dass bisweilen der innere Zusammenhalt verlorenzugehen drohte. Und doch: Die lateinamerikanischen Avantgardisten sind allesamt bemüht, den europäischen Impulsen nachzugehen, neue, innovative Wege einzuschlagen und so eine Literatur sowie mehr noch öffentlich wirksame Diskurse in ihren Heimatländern modernisierend anzustoßen. Kein Zweifel: Die lateinamerikanischen Avantgardisten sind literarische, ästhetische, künstlerische, politische Neuerer! Aber sind sie auch Umstürzler im literarischen Bereich?

Versuchen wir, die Frage anhand der Analyse konkreter Texte zu beantworten! Dazu eignet sich hervorragend die Behandlung traditioneller Stoffe, klassischer Themen und mehr noch antiker Mythen als Nagelprobe auf die Konsistenz und Provokationslust der lateinamerikanischen Avantgardisten. Fragen wir also nach der Arbeit am Mythos, wie Hans Blumenberg dies ausdrückte![9] Auf die literarische Verarbeitung eines anderen Mythos, der Mexikanischen Revolution nämlich, werde ich in unserer Vorlesung später zurückkommen. Dieser Umsturz stellte zwar eine wichtige Epochenerfahrung der Zeitgenossen – und nicht zuletzt der Avantgardisten – dar, doch reicht seine literarische Verarbeitung insbesondere im Roman in wesentlich später zu besprechende Themenstellungen und Bereiche hinein, die freilich nicht vergessen werden sollen.

---

9 Vgl. Blumenberg, Hans: *Arbeit am Mythos*. Frankfurt am Main: Suhrkamp 1979.

Alfonso Reyes oder die Arbeit am Mythos

Was ist die „Arbeit am Mythos"? Welche theoretischen Implikationen birgt sie? Und wie kann ihr Verhältnis zu den zeithistorischen wie literarisch-künstlerischen Kontexten gedacht werden? Die literarische Verarbeitung und Umformung eines antiken Mythos lässt sich begreifen als ein Polylog, der sich zwischen dem (normativen) Vorbild, der späteren Bearbeiter*in dieses Modells und dem Mythos selbst entspinnt. Etwas präziser noch könnte man diese Beziehungen beschreiben als intertextuelle Auseinandersetzung mit und zwischen den einzelnen literarischen Konkretisationen des Mythos sowie den jeweiligen historischen, kulturellen, biographischen und literarästhetischen Kontexten dieser Werke.

Der Rückgriff auf und die Arbeit am Mythos setzt somit eine Vielzahl unterschiedlicher Texte und Kontexte zueinander in Bewegung, deren Wegen und Konfrontationen von der literaturwissenschaftlichen Analyse behutsam nachgegangen, und ohne Reduktion ihres Sinnpotentials nachgezeichnet werden muss. Daraus ergibt sich die Komplexität, aber auch Fruchtbarkeit derartiger Analysen für eine literatur- und kulturgeschichtliche Vorlesung. Zumal in Rechnung zu stellen ist, dass dieses Sinnpotential durch die Beziehung zum zeitgeschichtlichen Kontext der Autor*innen wie gerade auch der Leser*innen historisch immer neu entfaltet werden kann und muss.

Die Komplexität sowohl der literarischen Gestaltung des mythologischen Paradigmas als auch der nachfolgenden Spurensicherung und Auslegung wird noch wesentlich erhöht, wenn sich die intertextuellen Beziehungen nicht mehr nur innerhalb der europäischen Literaturen, sondern im Raum eines interkulturellen Polylogs bewegen. Dann lässt sich nämlich der Charakter eines asymmetrischen Gesprächs nicht nur hinsichtlich der Relation zwischen dem präsenten Text und seinen miteinbezogenen, aber nicht selbst gegenwärtigen Intertexten (dem Mythos und seinen späteren Bearbeitungen) konstatieren. Vielmehr prägt die Asymmetrie einen interkulturellen Polylog zwischen einem außereuropäischen Text und seinen europäischen Bezugstexten überhaupt, wenn diese Asymmetrie sich auch im Laufe der geschichtlichen und literarischen Entwicklungen in ihren Auswirkungen verändert hat und weiterhin verändert.[1]

In der gegenwärtigen literaturwissenschaftlichen Diskussion trägt man etwa im Zeichen transarealer Forschungen der Situation Rechnung, dass seit langer Zeit schon das literarische Erbe Europas nicht mehr ausschließlich Sache der

---

[1] Vgl. Ette, Ottmar: Asymmetrie der Beziehungen. Zehn Thesen zum Dialog der Literaturen Lateinamerikas und Europas. In: Scharlau, Birgit (Hg.): *Lateinamerika denken. Kunsttheoretische Grenzgänge zwischen Moderne und Postmoderne.* Tübingen: Narr 1994, S. 297–326.

europäischer Autorinnen und Autoren ist. Sicherlich bietet am Ausgang des 20. Jahrhunderts der Übergang von einem System der Weltliteratur (noch im Sinne Goethes) zu einem System der Literaturen der Welt[2] eine Vielzahl von Chancen und Möglichkeiten, die jahrhundertelange Asymmetrie der Beziehungen zu überwinden und in einer Phase viellogischer literarischer Systeme einzutreten. Doch wäre es selbst für unsere Gegenwartsliteraturen deutlich verfrüht, von einem weltliterarischen Paradigmenwechsel hinsichtlich einer Situation zu sprechen, innerhalb derer gleichberechtigte kulturelle und literarische Areas miteinander in einen Polylog auf Augenhöhe eintreten könnten.

Selbstverständlich war dies ein Jahrhundert früher auch für die damalige Produktion von Literatur etwa in Lateinamerika nicht der Fall. Aber das Versdrama des mexikanischen Autors Alfonso Reyes markiert doch eine Entwicklung auf dem Weg zu einem solchen (vielleicht utopischen) Zustand absolut gleichberechtigter Literaturen der Welt.

Denn im Bereich der lateinamerikanischen Literaturen lassen sich derartige Veränderungen spätestens seit dem letzten Drittel des 19. Jahrhunderts – also mit dem hispanoamerikanischen Modernismo – beobachten. Gerade die Untersuchung der literarischen Umsetzung von Mythen aus der griechisch-römischen Antike in Lateinamerika kann Aufschluss über Richtung und Problematik dieser Entwicklung geben, da die Mythen zu einem gewichtigen Teil des Fundaments der europäischen Literaturen ausmachen, zum anderen aber in ihrer Eigenschaft als soziale Gebilde eine Modellfunktion innehaben. Denn Mythen wohnt ein miniaturisierter Modellcharakter von Vorstellungen inne, die auf eine allgemeine, ja totale Weltdeutung hin ausgerichtet sind. Wer sich also mit dem Mythos einlässt, der muss sich – wie auch immer – mit dieser paradigmatischen Funktion von Weltdeutung auseinandersetzen.

Zweifellos hat im 19. und 20. Jahrhundert das Exil zahlreicher lateinamerikanischer Schriftsteller den Prozess eines Abbaus von Asymmetrien im literarischen System begünstig. Insofern kann die individuell oft tragische Bedeutung des Exils auf einer (literatur-)soziologischen Ebene durchaus Veränderungen im literarischen System bewirken und die Wichtigkeit der erzwungenen oder freiwilligen Entfernung als Beschleunigungsfaktor von Ausgleichprozessen unterstreichen. Auch das in freien Versen geschriebene dramatische Gedicht *Ifigenia cruel* des mexikanischen Schriftstellers, Literaturtheoretikers und Diplomaten Alfonso Reyes war ein Produkt des Exils. Im August und September 1923 in Deva und Madrid geschrieben, 1924 in der spanischen Hauptstadt erstveröffentlicht, fällt

---

2 Vgl. Ette, Ottmar: *WeltFraktale. Wege durch die Literaturen der Welt.* Stuttgart: J.B. Metzler Verlag 2017.

es in eine Zeit, in der sich (etwa seit 1920) die prekäre Situation von Reyes im Exil wieder zu stabilisieren und normalisieren begann: Der junge Mexikaner hatte wieder Boden unter den Füßen.

Abb. 52: Alfonso Reyes (Monterrey, 1889 – Mexiko-Stadt, 1959).

Der Aufenthalt des Mexikaners in Europa hatte mit dem fast fluchtartigen Verlassen Mexikos im August 1913 begonnen, als er sich nach dem gewaltsamen Tod seines Vaters, des Generals Reyes, zum zweiten Sekretär der mexikanischen Gesandtschaft in Paris ernennen ließ und, „con su poquillo de destierro honorable",[3] folglich „mit einem Wenigen an ehrenhaftem Exil", mit Frau und Kind nach Frankreich aufbrach. Schnell war durch die Auflösung des diplomatischen Corps im Gefolge der Mexikanischen Revolution nach der Machtergreifung Carranzas die unsichere Lage in der Tat zum Exil geworden, schnell aber auch war Reyes zuerst in Frankreich, dann in Spanien mit französischen und spanischen, vor allem aber auch mit lateinamerikanischen Intellektuellen in enge Verbindung getreten. In Paris und später Madrid waren es nicht zuletzt diese Kontakte mit Schriftstellern und Forschern wie Lugones, Alcides Arguedas, Larreta, mit Valery Larbaud, Menéndez Pidal, Américo Castro, Federico de Onís und vielen anderen, die seine Sichtweise Amerikas veränderten. Auch auf der Ebene dieser Exilgemeinschaften lässt sich die Geschichte der lateinamerikanischen Diaspora vor allem auch in Europa als recht fruchtbar ansehen.

Ein solchermaßen internationalisierter Kulturhorizont, den das Exil in Reaktion auf politische Konjunkturen ebenso rhythmisch wie fatal verstärkte, diente

---

3 Alfonso Reyes: *Historia documental de mis libros.* Universidad de México 1955), IX, no. 7; hier zitiert nach Iduarte, Andrés: Alfonso Reyes: vida y obra. In: *Alfonso Reyes: vida y obra – bibliografia – antologia.* New York: Hispanic Institute 1956, S. 26.

Reyes als literarischer Lebensraum und Orientierung. Von Anfang an nahm er eine wichtige Vermittlerposition und Brückenfunktion zwischen Europa und Lateinamerika und damit zwischen unterschiedlichen kulturellen Areas ein. Aus dem Jahr 1914 bereits stammen die ersten Artikel für mexikanische und kubanische Zeitschriften. Diese Vermittlertätigkeit wird der Diplomat und Schriftsteller später in Buenos Aires und Rio de Janeiro fortsetzen und noch intensivieren. Er berichtete zunächst von neueren Entwicklungen des literarischen Lebens in Europa, wurde aber auch nicht müde, den Europäern wiederum Geschichte und Kultur der lateinamerikanischen Länder zu vermitteln, so dass man ihn bald in Paris den „Docteur des Amériques latines" nannte. Alfonso Reyes hatte seine neue Funktion in einem transarealen Kontext gefunden.

Sein intellektuelles Hauptanliegen kreiste um die Frage, wie die lateinamerikanische Kultur und Literatur aus einer noch eher marginalen Rolle in den kulturellen Horizont Europas, ja einer weltumspannenden Kultur insgesamt, integriert und weitaus positiver ihrem Wert gemäß eingeschätzt werden könne. Mit dem Modernismus und der in Europa alle anderen weit überragenden Figur des nikaraguanischen Dichters Rubén Darío war man sich in der Alten Welt zum ersten Mal der Existenz einer lateinamerikanischen Literatur bewusst geworden. Mit steigendem Selbstbewusstsein verwies Alfonso Reyes auf das stetig wachsende Gewicht der spanischsprachigen Literaturen innerhalb eines weltliterarischen Systems. So schrieb er in einem Text aus dem Jahre 1941 dann bereits:

> Die spanischsprachigen Literaturen Europas und Amerikas stellen keine bloße Kuriosität dar, sondern bilden einen essentiellen Bestandteil in der Überlieferung der menschlichen Kultur. Wer sie nicht kennt, ignoriert zumindest so viel, dass er die Möglichkeiten des Geistes nicht in ihrer Fülle verstehen kann, so viel, dass sein Bild von der Welt eine schreckliche Verstümmelung darstellt.[4]

Diese durchaus stolzen, aber legitimen Überlegungen von Alfonso Reyes waren der Ausdruck eines wachsenden Selbstvertrauens der lateinamerikanischen Literaturen in der ersten Hälfte des 20. Jahrhunderts, noch vor dem sogenannten ‚Boom' der lateinamerikanischen Literatur weltweit. Die Entstehung des „poema dramático" mit dem Titel *Ifigenia cruel* muss im Kontext einer literarischen Entwicklung angesiedelt werden, die Carlos Solórzano als „Theater universeller Tendenz" bezeichnet hat:[5] die Suche nach allgemeinen, universalen, die ganze Menschheit betreffenden Themenstellungen. Denn ab etwa 1920 machte sich ver-

---

4 Reyes, Alfonso: *Obras Completas*. Bd. XI. México: Fondo de Cultura Económica 1959, S. 130.
5 Solórzano, Carlos: EI teatro de tendencias universales. In (ders.): *Teatro latinoamericano en el siglo XX*. México: Editorial Pormaca 1964, S. 53 ff.

stärkt eine Rückbesinnung auf den Mythos, auf die Themen des antiken Theaters bemerkbar. Eine Bewegung, die sich zunächst mit den Namen wie Miguel de Unamuno, Jean Giraudoux, Eugene O'Neill oder Jean Cocteau verband, von Europa aber schnell nach Lateinamerika übersprang, wo bereits im Modernismo ebenso in der Lyrik wie in der Prosa antike Themen griechisch-römischer Provenienz Konjunktur gehabt hatten.

Alfonso Reyes war freilich mit Blick auf das antike Theater und die Beschäftigung mit der abendländischen Mythologie kein Anfänger mehr. Seine Auseinandersetzung mit der griechischen Antike reichte in die Zeit ersten literarischen Engagements zurück, als er sich ab 1906 im Umkreis der Zeitschrift *Savia Moderna* und danach in der Gruppe des *Ateneo de la Juventud* zusammen mit Antonio Caso, José Vasconcelos und vor allem Pedro Henríquez Ureña förmlich auf die griechische Antike stürzte. Dies bedeutete freilich nicht, dass er in seinem Einsatz für die mexikanische Literatur erlahmt wäre! Aus dem Jahre 1908 stammt denn auch die erste Beschäftigung mit der Figur Iphigenies in der kenntnisreichen Studie des noch nicht Zwanzigjährigen mit dem Titel *Las tres Electras del teatro ateniense*.

Abb. 53: Titelseite der Zeitschrift *Savia Moderna*, erste Ausgabe, 1906.

Die Entstehung von *Ifigenia cruel*, im Übrigen das einzige Theaterstücks des Mexikaners, reichte also über einen Zeitraum von anderthalb Jahrzehnten zurück und beruhte auf einem langjährigen Studium der griechischen Antike. Ich möchte Ihnen gerne an dieser Stelle bereits eine Passage aus der *Breve noticia a Ifigenia* einspielen, die der junge Alfonso Reyes seinem Stück voranstellte und der älter gewordene Reyes in einer schönen Aufnahme selbst rezitierte. Dieses Tondokument verdiente, wie auch andere dieses Mexikaners, eigentlich eine gesonderte Beschäftigung mit der phonotextuellen Klang-Text-Relation, die freilich im Rahmen der schriftlichen Fassung dieser Vorlesung entfallen muss:

> Im Unterschied zu allen, welche dieses Thema seit Griechenland bis in unsere Tage bearbeitet haben, nehme ich hier an, dass die von der Göttin Artemis aus den Händen des Opfernden in Aulis entrissene Iphigenie ihr erstes Leben vergessen hat und nicht weiß, wie sie auf Tauris zur Priesterin des barbarischen und grausamen Kultes ihrer Schutzgöttin geworden ist. Der tragische Konflikt, den keiner der vorherigen Dichter so deutete, besteht für mich eben darin, dass Iphigenie ihr Erbe an menschlichen Erinnerungen einfordert und Angst davor hat, sich als Waisenkind ihrer Vergangenheit und als von den anderen Geschöpfen abweichend zu fühlen; als später aber ihre Erinnerung wieder zu ihr kommt und sie versteht, dass sie einer blutbefleckten und vom Fluch der Götter verfolgten Rasse angehört, empfindet sie Ekel vor sich selbst. Schließlich vor die Alternative gestellt, sich entweder von neuem in die Tradition ihres Hauses zu stellen und die *Vendetta* von Mykene anzunehmen, oder weiterhin unter Barbaren zu leben und ein Leben als Zerfleischerin und Schlächterin heiliger Menschenopfer zu führen, zieht sie dieses letzte Extrem vor, so grässlich und hart es auch immer erscheinen mag, da es das einzig sichere und praktikable Mittel ist, jene Ketten zu vermeiden und zu brechen, welche sie an die Fatalität ihrer Rasse schmieden.
>
> Die erste Zeit dieses Gedichts, welche ich bevorzuge und die mir besser geglückt scheint, stellt den Seelenzustand von Iphigenie vor, die ihre Vergangenheit vergessen hat, terrorisiert und überrascht davon, sich gegenüber den Frauen von Tauris anders zu fühlen, die sie ihrerseits mit einem gewissen religiösen Schrecken betrachten und vergebens zu lieben suchen. Das genetische Thema der griechischen Tragödie – der Chor, der in einem Kreistanz den Gott oder Heros hervorbringt oder durch viele Anrufungen erscheinen lässt – erhält plötzlich einen neuen Sinn; Iphigenie fordert vom Chor von Frauen, die allesamt und in der Hitze ihrer vereinigten Seelen wie ihrer Erinnerungen für sie eine menschliche Vergangenheit erschaffen, die natürliche Substanz ein, die ihr fehlt. Das Wunder geschieht allein durch Stellvertreterschaft: ihren Bruder Orest, der an die Küste von Tauris gelangt.[6]

Die „reescritura" des griechischen Mythos und seiner früheren Bearbeitungen durch Alfonso Reyes war wohlüberlegt und klug durchdacht: Er akzentuierte nicht den Bruch mit den früheren Traditionssträngen, ließ aber keinen Zweifel daran, völliges Neuland betreten und damit eine nachvollziehbar avantgardistische Position eingenommen zu haben. Ein solches Verständnis von Avantgarde

---

6 Reyes, Alfonso: *Breve noticia a Ifigenia cruel*. In (ders.): *Obras Completas*, Bd. X, S. 313 f.

bezog sich freilich auf die Uminterpretation des Mythos und auf dessen inhaltliche Umakzentuierung, nicht aber auf die literarische Form seines Versdramas. Auch ist dieser ostentative Bruch mit der Tradition keineswegs das Hauptanliegen des mexikanischen Schriftstellers.

Abb. 54a und b: Juan Soriano: Zeichnungen für *Ifigenia Cruel*, 1961.

Die Beschäftigung mit Griechenland war, wie Alfonso Reyes später in seinem Kommentar zur *Ifigenia cruel* schrieb, für ihn geradezu lebensrettend.[7] Es ging Reyes, der als Autodidakt zu einem der einflussreichsten Hellenisten Lateinamerikas wurde, auch keinesfalls um ein museales, akademisches Wissen, sondern vielmehr um eines, das sich im direkten Dialog mit dem Leben weiß: Nicht um wissenschaftliche Fußnoten, sondern um die großen Zusammenhänge, nicht um Dokumentarisches, sondern um Lebendiges war es ihm bei seiner Vermittlung der griechischen Antike zu tun. Ingemar Dürings Einschätzung ist insgesamt zuzustimmen, dass Reyes' Studien weniger durch ihre Originalität als durch ihre

---

7 Vgl. Reyes, Alfonso: *Obras Completas*, Bd. X, S. 351.

Ausdrucksschärfe und brillante Anschaulichkeit herausragend seien.[8] Als entscheidend für die Konzeption dieses theatralischen Gedichts erwies sich eines: Es war Alfonso Reyes um eine möglichst hochgradige Aufladung mit seinem persönlichen, individuellen Lebenswissen und Überlebenswissen zu tun.

Der Umgang mit der Antike als etwas Lebensnahem, ja Alltäglichem gibt den Arbeiten von Reyes eine Geschmeidigkeit und Freiheit, die sich in seiner kreativen Bearbeitung des Iphigenie-Stoffes wiederfinden. Dabei unterstrich er in seinem Selbstkommentar auch nachdrücklich sein Recht auf einen freien Umgang mit den antiken Stoffen: „Einmal im Besitz eines Moduls, auf welchem Wege auch immer, haben wir das Recht, es nach unserem Gutdünken zu manipulieren."[9] Durch einen geradezu familiären Umgang mit dem abendländischen Kulturerbe soll „ein winziges Griechenland zu unserem Gebrauch: mehr oder minder dem Paradigma treu, aber immer Griechenland und immer unser" entstehen.[10]

So fällt auch bei Alfonso Reyes jener Begriff „nuestra Grecia", der im hispanoamerikanischen Modernismo und insbesondere bei José Martí eine wichtige Rolle spielte, was der Martí-Kenner Reyes sehr wohl wusste. Doch bei Reyes wird dabei weniger der Bezug auf die eigenen, präkolumbischen Kulturen Amerikas gesucht, weniger also eine Beziehung zu den Kulturen der Tolteken oder der Azteken hergestellt, sondern vielmehr auf eine individuell und schöpferisch anverwandelte griechische Antike angespielt, um diese für die lateinamerikanischen Literaturen verfügbar, ja manipulierbar zu machen.

Zu dieser Beziehung des antiken Mythos auf die zeitgenössische lebensweltliche Aktualität – und damit auf jene von den Avantgardisten eingeforderte Lebenspraxis – hören wir noch einmal die Stimme des mexikanischen Essayisten, Dichters und Dramaturgen:

> Zum einen der Kampf Iphigenies zwischen der brüderlichen Zärtlichkeit und der Süße jugendlicher Erinnerungen, Affekten und familiären Beunruhigungen aus anderen Tagen – was meiner hochfahrenden und grausamen Persönlichkeit eine momentane Sanftmut vermittelt – und zum anderen der Furcht, sich als Spross dieses verfluchten Zweiges zu fühlen. Wenn es zu Beginn, wie man bemerkt, Orest ist, der erzählt, so wird es danach sie sein, die seine Erzählung vervollständigt.
> Man merke auf, dass es meine Anagnorisis oder Bewusstwerdung (mithin das Wiedererkennen beider Helden) ist, das einen tiefen Sinn erhält. In den Versionen der Athener Tragödie

---

8 Vgl. Düring, Ingmar: Alfonso Reyes helenista. In: *Instituto Ibero-Americano de Gotemburgo.* Madrid: Insula 1955, S. 9 ff.

9 Vgl. Reyes, Alfonso: *Obras Completas*, Bd. X, S. 351: „Tenemos derecho – una vez que por cualquier camino alcanzamos la posesión de un módulo – para manejarlo a nuestra guisa."

10 Ebda., S. 352: „una minúscula Grecia para nuestro uso: más o menos fiel al paradigma, pero Grecia siempre y siempre nuestra."

wissen Orest und Iphigenie sehr wohl, wer sie sind, und sie erkennen sich wechselseitig wieder. In meiner Interpretation hingegen kennt Iphigenie sich nicht, und sie identifiziert sich selbst erst in dem Augenblick, als sie Orest wiedererkennt. Die Anagnorisis greift auf eine andere innere Ebene hinunter, wenn bei Sophokles Ödipus entdeckt, dass er der Mörder seines Vaters ist und der Ehemann seiner eigenen Mutter, Zusammenhänge also, von denen er zuvor nichts ahnte.

Wenn Iphigenie sich für die Freiheit entscheidet und, sagen wir es so, sich dazu durchringt, ihr Leben in Bescheidenheit wiederaufzubauen, wobei sie den Verfolgungen und politischen Hasstiraden ihres Landes ein „Bis hierher!" entgegenschleudert, so fädelt sie in gewisser Weise damit die Erlösung ihrer Rasse ein, wobei sie Verfahren zur Anwendung bringt, die aus philologischer Sicht hellenisch fragwürdig sind – obwohl es auch in der griechischen Lyrik Momente gibt, in welchen das intime Ich sich gegen die ethnisch-religiösen Symbole auflehnt und diese gar im Namen persönlicher Freiheit herausfordert –, doch sind dies Verfahren, welche in einfacher, direkter Form und in einem kurzen, präzisen Willensakt sehr wohl, so glaube ich, vielen Abergläubischen unserer Tage Erleichterung verschaffen könnten.[11]

Dieser schöpferische Umgang mit dem antiken Modell wird von Anfang an anhand einiger wesentlicher Eingriffe in den Mythos deutlich – und zugleich auch in den Kommentaren des mexikanischen Autors reflektiert: Reyes' Iphigenie hat, als sich der Vorhang hebt und den Blick auf Tauris freigibt, ihr Gedächtnis verloren. Wie in einem „zweiten Leben" – so Reyes' Formulierung von 1908 –, ihrer Herkunft unbewusst und nur von einer dunklen Ahnung überschattet, verdankt sie sich allein der Göttin Artemis, der sie als Priesterin dient und alle Fremdlinge von eigener Hand opfert. Artemis ist Iphigeniens Schutz und ihre Zuflucht, zugleich aber auch jene Macht, die sie von ihrer Vergangenheit trennt.

Als ein solcher Fremdling kommt Orest, begleitet von seinem Freund Pylades, nach Tauris, wird sogleich gefangen genommen und soll – so will es das Gesetz – von Iphigenie alsbald geopfert werden. Orests Auftauchen aber, seine wortreiche und frei gestaltete Theogonie, bricht mit ihrer Namenskette in Iphigenies Gedächtnis förmlich ein: „Die Namen, die Du aussprichst, brechen ein in meine Stirn."[12] Die sich anschließende Anagnorisis, das Wiedererkennen der beiden Geschwister, konfrontieren die „Geopferte und Opfernde"[13] mit ihrem ersten Leben, dessen Blutspur zuvor im Dunkel lag: „Ich erkenne mich in Deiner blutigen Geschichte wieder."[14]

---

11 Ebda., S. 315 f.
12 Reyes, Alfonso: *Obras Completas*, Bd. X, S. 339: „Los nombres que pronuncias irrumpen por mi frente."
13 Ebda., Bd. X, S. 34: „sacrificada y sacrificadora."
14 Ebda., Bd. X, S. 339: „me reconozco en tu historia de sangre."

In der Herrschaft des Bruders (und damit des Mannes) über die Schwester (und damit die Frau), in der nach Bachofens Interpretation der Orestie die Ablösung des Mutterrechts durch das Vaterrecht mitschwingt, spiegelt sich die Herrschaft des alten Lebens, der griechischen Herkunft, über die Gegenwart im Barbarenlande. Doch sie ist nur von kurzer Dauer – und eben darin liegt der eigentliche Clou von Reyes' „Arbeit am Mythos"! In einer unerwarteten Wendung weist lphigenie ihre Heimführung nach Griechenland, die Reduzierung ihres Lebens auf die Aufgaben einer Frau im Hause, in der blutigen Geschichte der Atriden entschlossen zurück. Sie entbindet sich von dieser Geschichte, indem sie sich ein letztes Mal an Orest wendet, der sich seiner Sache schon sicher glaubte.

> OREST: Und was wirst du tun, Torin,
> um die Silben jenes Namens, den du erleidest, zu brechen?
>
> IPHIGENIE: Gering meine Tugend, gering mein Wille!
> Ein Vögelchen bin ich, zwischen Worten gefangen!
> Wenn die Einbildungskraft, von Phantasmen gebläht,
> nicht mehr vom Schiffe umzukehren weiß, das dich wegführt,
> wird mich meines Körpers Treue zu Füßen der
> Artemis zurückhalten, wo ich als Sklavin wiedergeboren werde.
>
> Du wirst eine Stimme rauben, du wirst ein Echo retten;
> ein Bedauern, kein Begehren.
> Nimm mit in deinen Händen, von deinem klugen Geiste genommen,
> diese beiden leeren Muscheln meiner Worte: *Ich bleibe!*[15]

Iphigenie, kaum der Erinnerung an ihre Geschichte innegeworden, befreit sich von letzterer gerade nicht durch Verdrängung und Vergessen – was nur ein Aufschub vor der Freud'schen „Wiederkehr des Verdrängten" wäre –, sondern in einem Akt, für den es in der langen Geschichte der Behandlung des Iphigenie-Stoffes keine Referenzpunkte und keine Vorbilder gibt. Sie flüchtet sich in den Tempel, kehrt nicht mit ihrem Bruder Orest in die alte Heimat zurück, sondern verbleibt im Taurerland, im Barbarenland.

Damit ist die zyklische Bewegungsstruktur, auf der die Stoffgeschichte der taurischen Iphigenie, aber letztlich auch ein Gutteil des kulturellen Fundaments der lateinamerikanischen Literaturen bis hin zum Modernismo beruhte, durchbrochen: Der Kreis ist zerstört, die Linie ist an seine Stelle getreten, eine Rückkehr in die alte Geschichte, in die Alte Welt, wird, aller Verlockungen und Drohungen zum Trotz, rundweg abgelehnt. Es kommt zu keiner Rückkehr Iphigeniens in ihre

---

15 Ebda., Bd. X, S. 348 (Der letzte Ausruf lautet „No quiero", eigentlich „Ich will nicht").

‚Alte Welt', die griechische Zivilisation, deren Geschichte freilich so blutig ist. Wo stehen hier die ‚Zivilisierten' und wo die ‚Wilden'?[16] Die Bewegung des Verstehens wird anhand der Bewegung im Raum konkretisiert: Das „No quiero" steht hier für den Bruch mit einer Geschichte, aus deren Herrschaft und Gewalt kein Weg herauszuführen schien. Iphigenies Entschluss ist frei gefasst, folgt ihrem freien Ermessen, einem für die Generation des *Ateneo de la Juventud* zentralen Konzept.[17]

Abb. 55: Gruppe des *Ateneo de la Juventud Mexicana*, 1923.

Der scheinbar überzeugenden (und letztlich phallogozentrischen) Argumentation Orests setzt die ihm ‚natürlich' untergeordnete Schwester nicht nur ein Gegenargument, sondern vor allem ihren Körper entgegen, der sie zum Bleiben und damit zum Bruch mit der eigenen blutigen Geschichte veranlasst. Dabei schließt ihre Weigerung sehr wohl die Einsicht mit ein, dass sie als Sklavin ihrer Göttin nur ihren Weg aus der blutigen Geschichte ihrer Vorväter finden wird, als Sklavin und „sacerdotisa", als Opfernde. Sie schlägt sich damit zugleich auf die Seite der Frauen und deren Schutzgöttin Artemis, ein fundamentaler rebellischer Akt, welcher in der Orestie nicht nur unerhört ist, sondern ihr eine gänzlich andere Richtung gibt. Das „no quiero" verweist auf den großen Willen dieser Grausamen: sie bleibt nicht einfach, sie will nicht zurück, sie treibt kein solches Begehren („deseo"), sich wieder in diese alte Geschichte ein- und in dieser Tradition als Frau unterzuordnen. Iphigenie vertraut sich nicht der Macht der Männer, sondern der Sphäre des Göttlichen und, mehr noch, einer Göttin, ihrer Schutzgöttin, an: Artemis! Damit scheint eine fundamental emanzipatorische Bedeutung auf, welche in diesem Stück zumindest impliziert ist und über ein enormes Potenzial verfügt. Dem Autor muss diese im politischen Sinne avantgardistische Position

---

16 Zu dieser Opposition vgl. die klassische Studie von Bitterli, Urs: *Die „Wilden" und die „Zivilisierten". Die europäisch-überseeische Begegnung.* München: Deutscher Taschenbuch Verlag 1982.
17 Vgl. Sefchovich, Sara: *México: país de ideas, país de novelas. Una sociología de la literatura mexicana.* México – Barcelona – Buenos Aires: Grijalbo 1987, S. 80 f.

nicht in allen Konsequenzen bewusst gewesen sein, um doch in jeglicher Hinsicht künstlerisch vollendet gestaltet zu werden: Ein Kunstwerk geht stets über die Absichten, über die Intentionen seiner Urheberinnen und Urheber hinaus und entbindet seine Möglichkeiten im Verlaufe einer langen Wirkungsgeschichte.

Ramón Xirau hat in einer einflussreichen Deutung versucht, die Gesamtentwicklung des Stückes pointiert auf einen Nenner zu bringen: „*Ifigenia cruel*: vom Vergessen der Ursprünge zum Gedächtnis, vom Gedächtnis zur willentlichen und hellsichtigen Entscheidung; von der Entscheidung und der Hellsichtigkeit zur Freiheit."[18] Der Weg zur Freiheit führt über Erinnerung, Bewusstwerdung und Entschluss: So einleuchtend diese bündige Zusammenfassung auch sein mag, eine solche Interpretation verdeckt das Stück mit den Schleiern des Individualpsychologischen und Ontologischen, so dass die *Grausame Iphigenie* vorrangig auf die Dimensionen eines Seelendramas reduziert und als solches auch rezipiert wurde. Dies ist eine durchaus mögliche Deutung von Reyes' *Ifigenia cruel*, reduziert die literarisch-künstlerischen Ausdrucks- und Deutungsmöglichkeiten aber doch in einem erheblichen Maße.

Gewiss sind Alfonso Reyes' eigene Kommentare und Auslegungen, die eine wichtige paratextuelle, das Lesepublikum orientierende Funktion ausüben, nicht ganz unschuldig an dieser Lesart! Wir haben selbst anhand zweier Zitate oben gesehen, wie sorgfältig der mexikanische Schriftsteller gerade diese Dimensionen seines Stückes offengelegt hat. Absichtsvoll hatte Reyes einer ersten Lesung bereits einen „Kurzen Kommentar" vorausgehen lassen, der später zusammen mit einem ausführlichen „Kommentar zu *Ifigenia cruel*" die Ausgabe letzter Hand in seinen *Obras Completas* förmlich rahmt. Doch sollten wir uns in unserer Auslegung von Reyes' Versdrama nicht an die engen Grenzen dieser eigenen Deutung durch den Literaten halten, sondern zusätzliche Bedeutungsebenen (oder Isotopien) entfalten. Denn auch hier gilt, dass die Künstlerintentionen wichtige Kontexte für die Deutung eines literarischen Textes oder Kunstwerks vorgeben, aber keineswegs gleichbedeutend sind mit den geradezu unerschöpflichen Möglichkeiten, die der literarische Text selbst für zahlreiche Deutungsvariationen in der Zukunft offeriert.

In seinen Kommentaren hatte Reyes unmissverständlich auf den zweifellos wichtigen autobiographischen Hintergrund des Stückes aufmerksam gemacht,[19] auf sein freiwilliges Exil, durch das er der fast zwangsläufigen Rache für seinen ermordeten Vater und damit einer Fortsetzung der blutigen Familiengeschichte

---

18 Xirau, Ramón: Cinco vías a „Ifigenia cruel". In: *Presencia de Alfonso Reyes. Homenaje en el X aniversario de su muerte (1959–1969)*. México: Fondo de Cultura Económica 1969, S. 164.

19 Reyes, Alfonso: *Obras Completas*, Bd. X, S. 354.

ausgewichen war. Eine ganze Reihe autobiographischer Anspielungen im Text verweist unzweifelhaft auf diese Bedeutungsebene,[20] die von der Literaturwissenschaft gerne aufgegriffen und belegt worden ist. So findet sich eine Vielzahl von Äußerungen Reyes' zu dieser autobiographischen Dimension des Stückes etwa bei Melia Sánchez,[21] aber auch in anderen, gerade die autobiographischen Aspekte betonenden Deutungsansätzen. Wir sollten uns freilich damit nicht zufrieden geben!

Eine andere Deutungslinie von *Ifigenia cruel* sah hinter diesem Autobiographischen das allgemein Menschliche aufscheinen, ganz im Sinne Alfonso Reyes', der nicht müde wurde, sein Verständnis der griechischen Tragödie in Konkordanz mit dem Zeitgeist in Europa als universales, sozusagen archetypisches Grundmuster zu erläutern. Der Iphigenie-Mythos löste so die Aufgabe jeglicher Arbeit am Mythos ein, fundamentale Modelle des Menschseins vor Augen zu führen und sinnlich-ästhetisch dem Publikum als solche zu präsentieren. So betonte der mexikanische Dichter und Essayist stets, die antike Tragödie sei nach seinem Verständnis „menschlich, aber weltweit menschlich (‚universalmente humana'), insoweit sie den Menschen in den Rahmen der sein Wesen übersteigenden Energien eintaucht".[22] Es kann kein Zweifel daran bestehen, dass diese Isotopie in *Ifigenia cruel* von großer Bedeutung ist.

Auf dieser Ebene ließen sich grundlegende Parallelen zur zeitgenössischen Philosophie in Europa herstellen, Parallelen, die Alfonso Reyes durchaus bewusst waren und mit denen er wie schon die Modernisten vor ihm künstlerisch-literarisch spielte. In weitem Maße folgte Reyes der Sichtweise Friedrich Nietzsches, der schon für die Deutung der Antike durch den uruguayischen Modernisten José Enrique Rodó zu einem wichtigen Bezugspunkt geworden war.[23] Die griechische Tragödie hatte letzterer von ihrem angenommenen Ursprung her als Ausfluss des Dionysischen in eine apollinische Bilderwelt interpretiert. Und auch Alfonso Reyes verwies schon früh darauf, dass für ihn die griechische Tragödie eine „vollständige Repräsentation der Seele in ihrer Dynamik der Leidenschaften (‚dinamismo pasional')" darstelle.[24]

Beim Rückgriff auf die abendländische Antike lässt sich unbestreitbar eine erstaunliche Kontinuität zwischen dem hispanoamerikanischen Modernismo

---

20 Vgl. Patout, Paulette: *Alfonso Reyes*, S. 220.

21 Vgl. Melia Sánchez, Ernesto: Estudio preliminar. In: Reyes, Alfonso: *Obras Completas*, Bd. XX, S. 7–31.

22 Reyes, Alfonso: *Obras Completas*, Bd. X, S. 353.

23 Vgl. Ette, Ottmar: „Así habló Próspero". Nietzsche, Rodó y la modernidad filosófica de „Ariel". In: *Cuadernos Hispanoamericanos* (Madrid) 528 (junio 1994), D. 48–62.

24 Reyes, Alfonso: *Obras Completas*, Bd. I, S. 30.

und den „Vanguardias" im spanischsprachigen Amerika feststellen. Den vielgestaltigen Proteus in José Enrique Rodós *Motivos de Proteo* etwa,[25] verbindet aus uruguayischer Perspektive mit der grausamen Iphigenie in Mexiko keine direkte intertextuelle Verknüpfung, wohl aber eine grundlegende Gemeinsamkeit bezüglich einer Sichtweise der griechisch-römischen Antike, die noch immer als vorbildgebendes kulturelles Modell erscheint. Für Alfonso Reyes wie schon für José Enrique Rodó stellt diese Antike Stoffe und Modelle bereit, die universal gültig oder doch zumindest universal übertragbar, übersetzbar scheinen und ebenso in Europa wie auch in Amerika Aussagekraft für sich beanspruchen können. Beide Autoren gelangten dadurch zu Texten, die bis heute eine spannungsgeladene Dynamik entfalten, was diese Werke des Modernismo beziehungsweise der „Vanguardia" als (bislang in Europa übrigens wenig ‚entdeckte') literarische Perlen der lateinamerikanischen Literaturen auszeichnet.

Die universale (und aus unserer Sicht transareale) Übertragbarkeit hatte Reyes schon in frühen Gedichten, etwa in *Elegía de Itaca* von 1909, in dem sich ebenfalls das Autobiographische mit der griechischen Antike verbindet, literarisch erfolgreich erprobt. Und selbst noch in der argentinischen Pampa begegnete der Homer-Übersetzer Reyes der Gestalt des Achill, wobei er, sich an den Leser wendend, eher beschwichtigend vorausschickte: „Nur keine Angst vor der Belesenheit. Man muss die Antike mit lebendigen Augen und einer männlichen Seele betrachten, wenn wir den Nutzen der Poesie erhalten wollen."[26]

Diese Belesenheit, diese literarische „erudición", wurde Alfonso Reyes von Beginn an freilich gerade von der lateinamerikanischen Kritik – nicht anders als zuvor bei José Enrique Rodó und später bei Jorge Luis Borges oder Julio Cortázar – zum Vorwurf gemacht. Reyes' „Erudition" führte in seinen literarischen Texten stets zu komplexen intertextuellen Verweissystemen und einer vielfältigen Vernetzung seiner Texte mit anderen Bezugstexten ebenso in Europa wie in den Amerikas. Schon in den zwanziger und dreißiger Jahren[27] hielt man ihm unverblümt vor, sich mit Dingen zu beschäftigen, die von der mexikanischen Wirklich-

---

25 Vgl. Ette, Ottmar: Archipelisches Schreiben und Konvivenz. José Enrique Rodó und seine „Motivos de Proteo". In: *Romanistische Zeitschrift für Literaturgeschichte / Cahiers d'Histoire des Littératures Romanes* (Heidelberg) XLII, 1–2 (2018), S. 173–201.

26 Reyes, Alfonso: *Obras Completas*, Bd. XVII, S. 254.

27 In einem Brief vom 3. April 1925 schrieb der gerade nach Paris umgezogene Reyes an seinen Freund Daniel Cosío Villegas verärgert, aber unbeirrt: „Ich glaubte […], mir unter den Jüngsten einen liebevollen Umgang verschaffen zu können. Nun aber sieht es so aus, dass einige Junge mich für einen Nestflüchtling (*descastado*), einen von allerlei müßiggängerischer Belesenheit Besessenen, für einen Aristokraten und ich weiß nicht was halten, und dass sie mich aufspießen und mir andere Grässlichkeiten antun werden." In: Enríquez Perea, Alberto (Hg.): *Testimonios*

keit meilenweit entfernt seien.[28] Selbst sein Landsmann Octavio Paz merkte in einer kurz nach Reyes' Tod erschienenen Studie kritisch an, dass sich dieser nicht immer von den „Täuschungen jener Belesenheit" habe schützen können, „die uns im Neuen von heute die Verrücktheit von gestern sehen lassen".[29] Hatte sich der weitgereiste Alfonso Reyes, dessen Freundes- und Bekanntenkreis sich wie das Who's Who der internationalen Kultur- und Literaturszene liest, zu weit von der Realität seines Heimatlandes entfernt? War es denn wirklich so, dass nichts die Heimat der Azteken mit dem fernen Taurerland verband? Wir werden gleich sehen, dass die mexikanische Bedeutungsebene in *Ifigenia cruel* eine entscheidende Rolle spielte und zu Unrecht Reyes der Vorwurf gemacht wurde, sich mit allzu zahlreichen Bezügen zu anderen Literaturen abgegeben zu haben.

In der Tat wird *Ifigenia cruel* vom selben Paz, aber heute auch von einer Reihe von Schriftstellern und Kritikern, als einer der Höhepunkte nicht nur des Schaffens Alfonso Reyes', sondern der lateinamerikanischen Literatur insgesamt gefeiert. Sie steht im Schnittpunkt so vieler und so breit gestreuter Texte, dass man angesichts eines solchen intertextuellen Brennspiegels nicht umhin kann, mit der Bewunderung auch die Frage nach dem von diesem lyrischen Theaterstück geforderten Leser zu verbinden. Denn zweifelsohne forderte dieses Versdrama viel von seiner Leserschaft, was die Bezüge zu anderen Mythenbearbeitungen, literarischen Prä-Texten oder Bezugswerken angeht. Zugleich dürfte Alfonso Reyes sicherlich nicht von einer Leserschaft ausgegangen sein, die alle seine intertextuellen Hinweise und Winks hätte einordnen können.

Alfonso Reyes selbst trat dem Vorwurf allzu großer Belesenheit bereits im Mai 1932 in Rio de Janeiro entschieden entgegen, indem er ausführlich seine Überzeugung von einer dialektischen Beziehung zwischen ‚dem Mexikanischen' und ‚dem Universalen' Ausdruck verlieh: „Zu glauben, dass allein das mexikanisch sei, was seinen äußeren Anblick und Mexikanismus ausdrückt und systematisch hervorhebt, ist eine wahrhaft kindische Ansicht."[30] Dies erinnert durchaus an Borges' witzige Bemerkung, ein Fälscher des Koran würde jede Menge Kamele

---

de una amistad. Correspondencia Alfonso Reyes / Daniel Cosío Villegas (1922–1958). México, D.F.: El Colegio de México 1999, S. 40.

28 Vgl. etwa Repilado, Ricardo: Contorno de Alfonso Reyes. In: Reyes, Alfonso: *Páginas escogidas*. Selección y prólogo de Ricardo Repilado. La Habana: Casa de las Américas 1978, S. XV; oder Méndez Plancarte, Gabriel: Resurrección de Ifigenia. In: *Páginas sobre Alfonso Reyes (1911–1945)*. Bd. I. Monterrey: Universidad de Nuevo León 1955, S. 572.

29 Paz, Octavio: El jinete del aire 1889–1959. In: *Lectura. Revista crítica de ideas y libros* 134 (abril 1960), S. 120.

30 Reyes, Alfonso: *Obras Completas*, S. 438 f. Ähnliche Zitate ließen sich auch von anderen lateinamerikanischen Autoren beibringen, die sich – wie etwa Jorge Luis Borges – mit ähnlichen

in den Koran tun, um mögliche Leser glauben zu lassen, dass es sich bei diesem Buch um etwas authentisch Arabisches handele. Reyes machte sich über die von seinen Kritikern vorgebrachte Art ‚nationalistischer' Kritik lustig und rief aus: „Die Hellenisten, von der Renaissance bis heute, sind alle Vaterlandsverräter. Die Komparatisten, so etwas wie Doppelagenten, verdienten es, an die Wand gestellt zu werden."[31] Und er fügte hinzu: „Für uns ist die Nation noch etwas Pathetisches, und deshalb verdanken wir uns ihr alle. Im weiten Feld menschlicher Pflicht ist uns ein Teil zugefallen, der uns noch viel zu tun aufgibt."[32]

Die in der Folge vorgeschlagene Lesart und Deutung der *Grausamen Iphigenie* soll versuchen, nicht allein die Bedeutsamkeit dieses Werkes gerade für die mexikanische Realität, sondern auch für die Problematik einer kulturellen Identität in Lateinamerika unter avantgardistischen Vorzeichen aufzuzeigen. Hierbei wird es nicht nur um das (im Sinne von Alfonso Reyes) dialektische Verhältnis zwischen dem Mexikanischen und dem Universalen, sondern mehr noch um die Positionierung dieses avantgardistischen Theaterstückes innerhalb des literarischen und kulturellen Raumes eines transatlantischen Gefüges gehen.

Reyes' impliziter Leser ist gewiss mit der griechischen Antike und den verschiedenen Modellierungen der Orestie aufs Engste vertraut. Die *Grausame Iphigenie* verlangt aber nicht nur eine genaue Kenntnis der antiken Behandlung des Orest- und Iphigenie-Stoffes, sondern bezieht auch moderne Bearbeitungen, darunter neben Bachofens bereits erwähntem Deutungsmuster vor allem Goethes *Iphigenie auf Tauris* mit ihrer „heiligen Iphigenie der Humanität", in ihren äußerst komplexen literarischen Raum mit ein. Reyes selbst hat auf die Mythenkontamination,[33] aber auch auf die Bezüge des ‚Quasi-Sonetts' des Orest zum spanischen Barocktheater hingewiesen. Mythenkontamination bedeutet letztlich nichts anderes als eine Arbeit am Mythos, wie sie seit Urzeiten bereits in der präklassischen Zeit des Griechentums mündlich und mit der von Paul Zumthor so genannten „mouvance" geleistet wurde, als man sich die Geschichten erzählte und immer wieder im Gefallen an anderen Geschichten abänderte und verschiedenartig entwickelte. Bisherige literaturwissenschaftliche Analysen konnten die Beziehungen zu Texten von Ramón María del Valle-Inclán oder Stéphane Mallarmé, zu Gustave Flauberts *Salammbô* und vor allem zu Paul Valérys *La Jeune Parque* belegen, das nicht von ungefähr zunächst den Titel *Gedicht des Gedächt-*

Vorwürfen mangelnder ‚Argentinität' konfrontiert sahen. Heute freilich sind derlei Vorwürfe gegen den Autor von „El escritor argentino y la tradición" längst verstummt.

31 Ebda.
32 Ebda.
33 Ebda., Bd. X, S. 315.

nisses (Poème de la mémoire) tragen sollte.[34] Dies sind allesamt Autoren, welche die schreibenden Zeitgenossen von Reyes faszinierten und zum Anspielungshorizont der Avantgarden zählten.

All dies sollte uns freilich nicht dazu verleiten, *Ifigenia cruel* als ein in geokultureller Hinsicht dezentriertes Theaterstück zu lesen, das sich aufgrund überwiegend nicht-amerikanischer Quellen in eine extreme Schieflage mit Blick auf amerikanische Identitätskonstruktionen begeben hätte. Die hier erwähnten intertextuellen Beziehungen sind gewiss für ein umfassendes Verständnis dieses bis in die frühen Lektüren Alfonso Reyes' zurückreichenden Textes von größter Wichtigkeit, doch sollten diese Bezüge nicht nur auf die neu entstandenen und vom Werk angebotenen Kontexte bezogen werden, sondern auch auf die paratextuellen und intratextuellen Beziehungsgeflechte, mithin auch auf andere Texte aus der Feder des mexikanischen Polygraphen. Denn wer Intertext sagt, muss auch die Intratexte der jeweiligen Autorin oder des jeweiligen Autors mitbedenken.

Gewiss kann es in unserer Vorlesung nicht darum gehen, allen Spuren dieses intertextuellen wie intratextuellen Spiels mit mehrfachem Boden zu folgen und die Komplexität dieses wahrlich verschachtelten literarischen Raumes bis in die letzten Details und Winkel zu durchleuchten! Daher können nur einige wenige, für unsere Frage nach der spezifischen Dynamik einer transarealen, also kulturell verschiedenartige Areas miteinander verbindenden Literatur, besonders wertvolle Fäden und Bezugsnetze aufgegriffen werden. Nicht zuletzt aber soll eine Antwort auf die schon seit der Entstehung des Stückes im Raum stehende und oftmals polemisch wiederholte Frage gefunden werden, was die *Grausame Iphigenie* denn überhaupt mit Mexiko zu tun habe und inwiefern man in dieser Stoffgeschichte und dieser Arbeit am Mythos, die zuvor fast ausschließlich an Europa gebunden war, erstmals eine mexikanische Isotopie entdecken kann.

Mit Blick auf eine mexikanische Isotopie gäbe es verschiedene Annäherungsmöglichkeiten an die Bearbeitung des Stoffes oder die Transposition seiner Handlung. Ausgehen aber möchte ich von jenem Element, auf das Leserin und Leser bei ihrer Beschäftigung mit diesem Höhepunkt der mexikanischen Theaterliteratur zuerst stoßen: Der Titel spricht bereits von der Grausamkeit Iphigeniens und rückt diesen Aspekt ins Rampenlicht. In erster Linie besteht diese „crueldad" in Iphigenies Tätigkeit als Schlächterin („carnicera") – so die Formulierung des Autors – im

---

34 Vgl. neben den bereits genannten Arbeiten insbesondere Patout, Paulette: Réminiscences valéryennes dans „Ifigenia cruel" d'Alfonso Reyes. In: *Hommage à Marcel Bataillon*. Paris: Didier-Erudition 1979, S. 416–437.

Dienste der Göttin Artemis. Wir nähern uns an dieser Stelle bereits einem amerikanischen Sinnstiftungshorizont an, der gleich von großer Bedeutung sein wird.

Doch noch einmal zurück zu den antiken Modellen, die Alfonso Reyes vorlagen! Hatte Euripides in seiner *Iphigenie im Taurerland* betont, dass Iphigenie als Griechin selbstverständlich nicht an der Opferung der Fremdlinge beteiligt sei, so legte Reyes, der Euripides in manchen Passagen, etwa im Botenbericht, sehr nahe folgte, gerade auf diesen Aspekt ein erhöhtes Gewicht. Er vermerkte in einem Brief an José María Chacón y Calvo vom Dezember 1922: „Sie heißt *Ifigenia cruel* [...] und ist mit Axthieben nicht aus dem Holz, sondern aus dem Felsen gehauen. Ich will nicht, dass sie zärtlich ist, nein: Ich selbst bin infolge des Umgangs mit ihr voller Schrammen und Kratzer [...]".[35]

Die Grausamkeit ist auf den ersten Blick ein Zivilisationsanzeiger, indiziert also den Grad an zivilisatorischer Entwicklung in einer gegebenen Kultur. Die Grausamkeit der Protagonistin wie des Artemis-Kultes verweist auf den 1915 ebenfalls im spanischen Exil geschriebenen Text *Visión de Anáhuac*, in dem Reyes schildert, wie sich dem europäischen Blick auf das Andere nicht nur das Wunderbare, sondern auch das Grausame der aztekischen Kultur darbot.[36] Dies hatte den Konquistadoren wiederum als vordergründiger Anlass und Rechtfertigung der brutalen Durchsetzung ihrer Kultur und ihres Glaubens mit Feuer und Schwert gedient, so dass die vorgebliche ‚Grausamkeit' der Azteken nicht nur negativ belegt, sondern auch jahrhundertelang für europäische Machtansprüche funktionalisiert wurde. Denn eben diese ‚Grausamkeit' – und damit mangelnde zivilisatorische Entfaltung der amerikanischen Kulte – sollte die vermeintlich ‚sanfte' Kultur des Christentums heilen, ein Ideologem, das sich etwa sehr stark in Chateaubriands *Le Génie du christianisme* finden lässt.

Der Mexikaner wies in einem späteren Text darauf hin, dass bereits Montaigne in seinem berühmten Essay *Des cannibales* angemahnt hatte, dass die im Namen von Religion und Gerechtigkeit begangenen Gräueltaten der Christen gewiss nicht geringer gewesen seien.[37] Diese These belegt etwa auch die Gegenüberstellung zwischen der taurischen und der griechischen Kultur: Galten die Taurer den Griechen als ‚Barbaren', so zeigte im Umkehrschluss die blutige Geschichte des Geschlechts der Atriden die Brüchigkeit solcher Vorstellungen und eine

---

35 Zit. nach Patout, Paulette: *Réminiscences valéryennes*, S. 421. Im Übrigen führte Reyes später auch die Verbindung zwischen der Artemis Tauropolos und den ‚männerhassenden' Amazonen an; vgl. Reyes, Alfonso: *Obras Completas*, Bd. XVI, S. 294. Diese Bedeutungsebene ließe sich für eine aktuelle Inszenierung wunderbar hervorheben.
36 Reyes, Alfonso: *Obras Completas*, Bd. II, S. 15 und 20.
37 Ebda., Bd. XI, S. 59.

unbedingte Ausrichtung am jeweils *eigenen* Zivilisationsideal auf. Innerhalb der abendländischen Kultur aber durchschaute bereits ein Montaigne die Ideologie-besetzung der verbreiteten Rede von (der eigenen) ‚Zivilisation' und (der fremden) ‚Barbarei'. In seinem für die Selbstkritik europäischer Expansion ebenso auf territorialem wie auf intellektuellem Gebiet so wichtigen Essay hatte es geheißen:

> Wir können sie also sehr wohl Barbaren heißen, wenn wir sie zu den Regeln des Verstandes in Beziehung setzen, aber nicht, wenn wir sie mit uns vergleichen, da wir sie in jeglicher Art von Barbarei noch übertreffen. Ihr Krieg ist gänzlich edel und großzügig und besitzt so viel Ausrede und Schönheit, wie diese menschliche Krankheit überhaupt besitzen kann. Er findet bei ihnen keine andere Begründung als allein die Eifersucht der Tugend.[38]

Alfonso Reyes nutzte diesen kanonischen, für die Wahrnehmung nicht nur von kultureller Alterität und mehr noch Alterisierung, sondern auch für die des Fremden im Eigenen aufschlussreichen Text für seinen Versuch, gerade das Element der Grausamkeit in einem anderen, nicht mehr vom europäischen Diskurs gelenkten Lichte zeigen zu können. Die Menschenopfer der Iphigenie von Reyes haben – worauf der Autor selbst hinwies,[39] doch folgte man diesem Hinweis bislang wenig – viel mit aztekischen Opferriten gemein. So fragt der Chor zu Beginn des Stücks, in deutlicher Anspielung auf das ‚Herz auf dem Opferstein' der Azteken, die neue Priesterin: „Wer zeigte dir die Seite, wo der Fremde, / der Schiffbrüchige, sein Herz versteckt hält?"[40] Und selbst in die Statue der Göttin ist diese autochthone, indigene Vergangenheit deutlich eingemeißelt, zeigt ihre Haltung doch „das X / deiner geschmückten und gesalbten Arme".[41] Das X aber ist jenes Zeichen, das für Reyes immer das Symbol MeXikos und der Wegkreuzung der Kulturen und Schicksale gewesen war.[42] In ihm kristallisiert sich eine kulturelle Markierung, die weniger an einer Essentialität als an transkulturellen Bewegungen – wie etwa den unterschiedlichen Wegen, die zusammenfinden – ausgerichtet war.

Leicht ließen sich die Beispiele für Elemente dieser ‚aztekischen' Bedeutungs-ebene oder Isotopie in Reyes' *Ifigenia cruel* mehren. Sie erlauben es, von einer

---

38 Montaigne: *Essais*. Bd. I. Paris: Garnier-Flammarion 1969, S. 259.
39 Vgl. Reyes, Alfonso: *Obras Completas*, Bd. X, S. 357 f: „Eines Tages stoßen die Taurer zu Füßen ihrer Göttin auf die neue Opferpriesterin, wie sie das Himmlische des Menschenopfers so besingt, wie dies ein Priester der aztekischen Heiligtümer hätte tun können."
40 Ebda., Bd. X, S. 319.
41 Ebda., S. 325.
42 Vgl. hierzu auch Robb, James W.: Alfonso Reyes al Cruce de los Caminos. In (ders.): *Por los caminos de Alfonso Reyes (estudios 2a. serie)*. México: Centro de Investigación científica y tecnológica de la Universidad del Valle de México 1981, S. 13 ff.

bislang vernachlässigten[43] Perspektive aus das Stück neu zu lesen und ihm eine neue Deutung zu geben. Iphigenie ist Griechin – und nicht etwa Taurerin. Sie ist in diesem Sinne – auf göttlichen Ratschluss hin – in einen anderen kulturellen Kontext hineingeworfen, gleichsam deplatziert und deterritorialisiert, gehört folglich zu jenen „Displaced Persons", zu denen sich Reyes während der Zeit seines Exils selbst rechnen konnte. Sicherlich mag darin ein gutes Stück Autobiographie liegen, kommt in dieser Position doch Reyes' eigener Standort und sein höchst persönliches Lebenswissen und Überlebenswissen zum Ausdruck und zur Geltung.

Reyes hat für seinen poetischen Entwurf die Perspektive der kulturell Verpflanzten und nicht etwa der ‚Eingeborenen', der indigenen Kulturen, gewählt und damit seinen intertextuellen Bezugstexten ein Modell entnommen, dessen interkultureller Dimension er nun eine neue transareale Dynamik gab. Reyes nutzte die eigene Deterritorialisierung, um für seine Sicht auf die Amerikas die Perspektive zu wechseln und zugleich die Kopräsenz verschiedener Kulturen in seinem eigenen Land zu begreifen. Mit dem Iphigenie-Stoff wird auch die aus der Antike bekannte Scheidung von Zivilisation und Barbarei übernommen, um sie danach in einen neuen geokulturellen Kontext zu verpflanzen und in Bewegung zu setzen, ja brüchig zu machen. In die Bewegung von Zivilisation und Barbarei ist, wie gleich gezeigt werden soll, jene von Deterritorialisierung und Reterritorialisierung eingeschrieben. Tauris erscheint im Gewand von Mexiko als Land unterschiedlichster Kulturen, die sich in ihrem transkulturellen Entwicklungsprozess wechselseitig befruchten.

Faszinierend ist Reyes' Auseinandersetzung mit der schillernden Titelfigur seines Stückes. Das ‚Vergessen' ihres ersten Lebens hat Iphigenie zu einer willenlosen Sklavin des Opferkultes der Artemis gemacht. Mit der Rückgewinnung ihres Gedächtnisses findet sie einen erneuerten Zugang zu ihrer griechischen Vergangenheit, der ihre dumpfe Entfremdung und Bewusstseinsspaltung – „ich bin ich und bin die Andere"[44] – zu überwinden hilft. Sie versteht sich zunehmend nicht mehr als einer einzigen kulturellen Identität zugehörig, sondern verschiedenen; sie ist nicht mehr die eine, sondern zugleich auch die andere: Gerade darin besteht ihr Reichtum.

---

43 Eine Ausnahme bildet Roger Bastide, der zwar Reyes' Stück nicht interpretierte, dessen Grundmuster jedoch als ‚Archetyp' der Problematik kultureller Abhängigkeit begriff; vgl. Bastide, Roger: Iphigénie en Tauride ou Agar dans le désert? (Essai d'analyse critique des mécanismes de pénétration culturelle au Brésil). In: *Idéologies, littérature et société en Amérique latine*. Bruxelles: Université de Bruxelles 1975, S. 11–30.
44 Reyes, Alfonso: *Obras Completas*, Bd. X, S. 320.

Iphigenie ist solange nur willenlose Sklavin der Artemis, im Grunde also einer griechischen Göttin, wie sie nicht mit ihrer eigenen griechischen Herkunft konfrontiert wird. Doch die Anagnorisis der beiden Atriden-Geschwister verändert alles. Die von außen, durch das Auftauchen und die Machtansprüche Orests angestoßene Erinnerung verleiht ihr Macht über die eigene Geschichte, innerhalb derer sie nun Entscheidungen treffen kann. Gleichzeitig läuft sie jedoch Gefahr, erneut in völlige Abhängigkeit zu geraten: diesmal von der Familiengeschichte und der ihr darin zugewiesenen Rolle. Dies wäre die Möglichkeit, wieder zu der zu werden, die sie war, gleichzeitig aber ihre Fähigkeit zu verlieren, die eine zu sein und *zugleich* die andere. Durch die Rückkehr würde eine Kreisstruktur vollendet, die die Ausweglosigkeit ihres passiven Gehandelt-Werdens verräumlichte. Zugleich würde die Falle ihrer ursprünglichen Kultur zuschnappen: Sie wäre wieder in ihrer eigenen, ursprünglichen Geschichte angelangt, aber auch wieder eine Gehandelte, nicht länger eine Handelnde.

Denn Iphigenie müsste wieder in eine Rolle schlüpfen, in der sie ohne ihr Zutun aus Gründen der Staatsräson zum Opfertod (in der ‚Zivilisation') geführt worden war, bevor die Göttin Artemis sie errettete und nach Tauris (und damit in die ‚Barbarei') entrückte. Sie würde wieder zu einem weithin gehandelten Teil ihrer blutigen Familiengeschichte. Die junge Iphigenie war in ihrem ersten Leben Objekt, nicht Subjekt einer langen und blutigen Geschichte gewesen, in die sie nun die Reise des Orest mit ihrer Kreisbewegung zurückzuholen sucht. Doch sie will nicht zurück in diese Geschichte, die ihr nur den Opfertod brachte und keine eigenen Handlungsräume ließ.

Im Ausbrechen aus diesem Kreis, in der Abwendung von dieser Geschichte durchbricht *sie* – und nicht wie bei Euripides ihr Bruder Orest – den Fluch, der auf ihrer Familie, auf ihrer ‚Rasse' lastet. Sie wird damit zur Agierenden und zur Ausbrecherin aus ihrer „raza": Mit Bedacht sprach Reyes in seinem Kommentar von „raza", einem im Spanischen weitaus weniger biologisch als kulturell semantisierten Begriff, der in Hispanoamerika für die Angehörigen der hispanischen Welt verwendet werden kann. Als Handelnde, als Entscheiderin wird sie, wie Goethes Iphigenie, zur eigentlichen Erlöserfigur. Die mexikanische Iphigenie wird allerdings zu einer Erlöserin, die trotz aller Bezüge zu Goethes Entwurf nur wenig mit der Verkörperung jener Humanität der Weimarer Klassik gemein hat. Denn sie ist und bleibt die Grausame, kehrt in ihren Artemistempel – und damit, so dürfen wir annehmen, zu den Opferriten der Göttin Artemis wie der Taurer – zurück. Ihre Reterritorialisierung findet nicht im Griechenland der ‚Zivilisation', sondern im Taurerland der ‚Barbarei', fernab der blutigen Geschichte der Atriden, statt. Doch wer sind hier die ‚Zivilisierten' und wer die ‚Barbaren', ein etymologisch im Übrigen griechischer Begriff, der im „Ba-Ba" die barbarischen Laute einer nicht (den Griechen) verständlichen Sprache nachahmt?

Genau an diesem Punkt, in ihrem Bekenntnis zum Taurerland, wird sie erneut zur Grausamen, zu einer Iphigenie auf Tauris, die sich für Tauris, für ihre zweite Heimat, und damit scheinbar für das Barbarenland entscheidet. Dem Griechen Orest ist die Entscheidung seiner Schwester unbegreiflich, da sie nach seiner Meinung gegen die ‚Zivilisation' und für das ‚Barbarentum' optiert. Iphigenie aber wird zur „Hohen Herrin, grausam und rein",[45] wie der Chor sie aus gutem Grunde nennt. Ihr Bekenntnis zu dem, was aus griechischer Sicht nur als Barbarei zu bezeichnen wäre, beinhaltet die Abkehr von jener anderen Grausamkeit der soge-nannten Zivilisation, von der Montaigne sprach und die uns in der Geschichte der Atriden – und selbstverständlich in der Geschichte unserer abendländischen Zivi-lisation – ein ums andere Mal entgegentrat. Der Erste Weltkrieg stand mit seinen barbarischen Schlachten in Europa noch immer allen Menschen vor Augen. So befreit die Entscheidung zugunsten der taurischen Barbarei jene Frau, die zuvor nur Objekt, niemals aber Subjekt der Geschichte gewesen war, aus der ununter-brochenen Kette von Mordtaten, welche die Geschichte ihres Hauses, ihrer Her-kunft, aber auch der vom antiken Griechenland ausgehenden Zivilisation ist. Aus *dieser* Geschichte der abendländischen Zivilisation bricht Reyes' Iphigenie aus und wählt ihren eigenen, taurischen, mexikanischen Weg.

Es ist der Ausbruch aus dem Kreis des Griechentums. Orests und Pylades' kreisförmige Reise löst die Verstehens-Bewegung von Iphigenie aus, die sich ihrer eigenen Bewegungslosigkeit als Gehandelte, als Deplazierte in einem plötzlichen Erkenntnisakt innewird. Das, was Orest als ‚alternativlos' erscheint, ist nicht ohne Alternativen. Erst jetzt kann die Bewegung der Gehandelten zur Bewegung der Handelnden werden: Iphigenie bleibt im Tempel der Artemis und bestätigt dadurch die aus dem vermeintlichen Zentrum der Zivilisation herausführende Linie – denn Iphigenies Bewegung ist nicht zentripetal, sondern zentrifugal. Damit durchkreuzt sie geometrisch die Rückholungspläne ihres Bruders, die sie in den Teufelskreis der Abhängigkeit, der Dependenz zurückführen würden. In dieser Bewegung ent-larvt sie die Selbstverständlichkeit des Blickes Orests, der ‚Zivilisierten' auf die ‚Barbaren', mit Hilfe einer anderen, gegenläufigen Lektüre der Theogonie als Bar-barei. Die heroische Geschichte einer zunehmenden Zivilisierung des Abendlan-des wird in diesem avantgardistischen Theaterstück dekonstruiert.

Iphigenie entscheidet sich damit auch gegen das völlige Aufgesaugt-Werden ihrer gerade erst wiedergewonnen individuellen Identität durch die kollektive, übermächtige Identität des Griechentums, das sie aus der Distanz, aus der Ent-fernung des Exils auf Tauris plötzlich neu zu sehen gelernt hat. Es ist der Per-spektivenwechsel der Deterritorialisierung, der sich als fruchtbar erweist.

---

45 Ebda., S. 349.

Es gehört zu den bewusst eingesetzten Anachronismen des Stückes, dass Iphigenie in der Auseinandersetzung mit Orest, der Konfrontation zwischen ‚Zivilisation' und ‚Barbarei', die immer schon ein Grundmotiv des Stoffes der taurischen Iphigenie bildete, ein Geschichtsmodell entwirft, an dessen Anfang die Griechen stehen. So wendet sich Iphigenie in für unsere mexikanische Isotopie recht aufschlussreicher Weise an die „Hellenen":

> Hellenen!
> Von woher bringt Ihr Fracht an Schicksalen,
> um an Stränden zu landen, wo die Menschen sterben?
> Welch aufgeregte Geister habt Ihr Durstigen
> nach Salz und Öl, die Hunger nach Himmel stillen?
>
> Hellenen: Das Glück besteht darin, es nicht zu suchen,
> und Ihr habt alle Schliche des Meeres versucht.
> Genügt Euch nicht mehr die Stadt, ausgemessen mit menschlichen Sohlen
> und, brechend die Grenzen des Himmels,
> überrascht es Euch jetzt, auf den Stern ohne Gnade zu fallen?
>
> Hellenen: Notzüchtiger der Jungfrau der Seele:
> Die Völker saßen noch, bevor ihr zu gehen begannt.
> Hier begann die *Geschichte* und das Erinnern der Übel,
> bei dem zu konjugieren man vergaß
> einen einzigen Horizont mit einem einzigen Tal.[46]

Dieses Modell geschichtlicher Entwicklung, metaphorisch in das Bild einer fortschreitenden Bewegung gekleidet, entspricht dem Geschichtsdenken des Autors, wie dieser es beispielsweise in *Die Weissagung Amerikas*[47] oder *Die Kritik in der Epoche Athens*[48] dargestellt hat. Es liefert letztlich den Beweg-Grund für die Übertragung des griechischen Mythos, des abendländischen Paradigmas, auf die aktuelle Situation in Mexiko, dessen „valle", dessen Hochtal von Anáhuac, hier deutlich eingeblendet wird. Denn auch die mexikanische Geschichte mündet schließlich ein in eine geschichtliche Progression, eine Fort-Bewegung, die Alfonso Reyes zufolge mit der Humanisierung des Menschen im östlichen Mittelmeerraum begonnen hatte. Aber dabei blieb dieses Fortschreiten nicht stehen: Vielmehr entfaltete es sich von Europa aus in alle Himmelsrichtungen.

---

[46] Ebda., S. 330 (Der Begriff „Historia" erscheint im Original im Sinne eines Kollektivsingulars mit großem Anfangsbuchstaben und wird in der Übersetzung kursiv gesetzt).
[47] Ebda., Bd. XI, S. 141 f.
[48] Ebda., Bd. XIII, S. 46 f.

Man merkt dieser Geschichtskonzeption wie diesen Versen an, wie tief Alfonso Reyes, ein begeisterter und engagierter Kenner der Schriften Alexander von Humboldts, von Vorstellungen durchdrungen war, welche die Expansion Europas im Sinne einer stetigen Entwicklung hin zu einer die ganze Menschheit sukzessiv erfassenden Weltgeschichte deuteten. Deutlich klingen in dieser Stelle Vorstellungen einer „Translatio Imperii" mit, einer Westwanderung der Reiche: die frühneuzeitliche Vorstellung also, dass ein Weltreich das andere ablöst und die generelle Bewegung der Reiche nach Westen führt.

Kaum ein Text brachte diese Bewegung und die mit ihr verknüpfte Hoffnung deutlicher zum Ausdruck als jene Passage in Alexander von Humboldts zweitem Band des *Kosmos*, die – fraglos mit größerer historischer Tiefenschärfe – unter dem Titel „Hauptmomente einer Geschichte der physischen Weltanschauung" einen Prozess von beeindruckender Linearität entwarf:

> Die Form des dreimal verengten Mittelmeeres hat einen großen Einfluß auf die früheste Beschränkung und spätere Erweiterung phönicischer und griechischer Entdeckungsreisen gehabt. Die letzteren blieben lange auf das ägäische und auf das Syrtenmeer beschränkt. Zu der homerischen Zeit war das continentale Italien noch ein „unbekanntes Land". [...] Was aber, wie schon oft bemerkt worden, die geographische Lage des Mittelmeeres vor allem wohlthätig in ihrem Einfluß auf den Völkerverkehr und die fortschreitende Erweiterung des Weltbewußtseins gemacht hat, ist die Nähe des in der kleinasiatischen Halbinsel vortretenden östlichen Continents; die Fülle der Inseln des ägäischen Meeres, welche eine Brücke für die übergehende Cultur gewesen sind [...]. Durch alle diese räumlichen Verhältnisse offenbarte sich in der anwachsenden Macht der Phönicier und später in der der Hellenen, in der schnellen Erweiterung des Ideenkreises der Völker der Einfluß des Meeres als des verbindenden Elementes.[49]

Die Humboldt'sche Darstellung entwickelt so jene fortschreitende Bewegung der europäisch-abendländischen Expansion, die dann im 15. Jahrhundert „die unabänderliche Bewegung nach einem vorgesteckten Ziele offenbaren" sollte. Auf Grund des Übergreifens dieser alles erfassenden Bewegung von Europa nach Amerika konnte der Übergang vom 15. zum 16. Jahrhundert für den Verfasser des *Kosmos* zur entscheidenden „Uebergangsepoche" werden, „welche beiden, dem Mittelalter und dem Anfang der neueren Zeit, angehört".[50] Der passionierte Humboldt-Leser Reyes konnte einer solchen Vision der Geschichte mit ihrer geradezu zwangsläufigen Konsequenz im Ablauf vieles abgewinnen.

Der östliche Mittelmeerraum ist – in dieser gleichsam im Zeitraffer beobachteten Vision der Menschheitsgeschichte – nach Amerika übergesprungen, die

---

49 Humboldt, Alexander von: *Kosmos*, Bd. II, S. 152 und 154.
50 Ebda., S. 266.

Präsenz des griechischen Mythos in der amerikanischen Welt damit gleichsam geschichtsphilosophisch fundiert. Zudem geben die Karavellen des Kolumbus, die stets einer Kreisbewegung mit der notwendigen Rückkehr nach Europa zu folgen versuchten, jene Bewegungsfigur vor, der auch das Schiff von Orest und Pylades, den Gesandten der Zivilisation im barbarischen Taurerland, wo Menschenopfer an der Tagesordnung waren, gehorcht. Die territoriale, politische und kulturelle Expansion des Okzidents liefert die geschichtliche Grundlage dafür, dass noch an seiner westlichsten Grenze die Figuren der griechischen Antike gegenwärtig werden konnten. So entfaltet sich in Alfonso Reyes' Schriften eine Vision abendländischer Expansion, der es an Stringenz und Konsequenz nicht mangelt.

Freilich: Die mexikanische Geschichte und die mexikanische Kultur gehen nicht restlos in dieser Bewegung, in dieser vorgeblichen, im Übrigen bisweilen schon von Humboldt recht skeptisch betrachteten Entfaltung von Humanität und Weltbewusstsein auf. Denn es handelte sich dabei ohne jeden Zweifel um eine Analyse aus europäischem Blickwinkel, der es nicht an Logik fehlte, die zugleich aber auch andere Perspektiven ausschloss. Diese anderen Blicke, diese anderen Logiken verschwinden nicht in diesem expansiven Wirbel, der vom östlichen Mittelmeer, von Mesopotamien ausgeht!

All dies bildet den Hintergrund eines Verständnisses der Entscheidung Iphigenies, sich aus dieser Geschichte von Fortschritt und Expansion griechischer (und damit abendländischer) Zivilisation zu verabschieden und sich einer anderen Logik anzuvertrauen. Die Findung der individuellen Identitätskonstruktion Iphigenies vollzieht sich erst in der Auseinandersetzung mit dem Anderen, das auch das Eigene ist: Orest, die griechische Zivilisation, aber auch die Welt der Taurer, welche für die Griechen vom ersten Augenblick an im Zeichen der Grausamkeit steht. Erst aus der Kenntnis der eigenen Geschichte wird diese andere Geschichte ihrerseits steuerbar, verliert ihre blinde Allgewalt: Aus der Zugehörigkeit zu zumindest zwei kulturellen Welten, zwei kulturellen Areas entfaltet sich die transkulturelle Komplexität einer Persönlichkeit, für welche Iphigenie die Chiffre darstellt.

Es sei zumindest am Rande vermerkt, welch starke existentialistische Aufladung in der Entscheidung, der bewussten *Wahl* der Iphigenie, philosophisch wie literaturgeschichtlich verborgen liegt. Jean-Paul Sartres *Die Fliegen* schwirren unverkennbar in der Luft und lassen Reyes' Iphigenie im Bannkreis von Bearbeitungen griechischer Mythen erscheinen, welche gerade auch die zentralen Jahrzehnte des 20. Jahrhunderts in den Literaturen der Welt bestimmen sollten. Die Beherrschung des eigenen Schicksals setzt die Rememorierung voraus, und diese erfolgt im Exil, im fernen Tauris, aus ex-zentrischer Perspektive.

Es ist das Meer, das in Humboldts Sinne verbindende Element,[51] das die Botschaft überbrachte: „Oh Meer, dein war die Botschaft."[52] Es ist das Meer, das am Ende des Stückes zweimal angerufen wird und für die Erinnerung und damit das Leben steht. Und es ist das Meer, das Orest nach Tauris brachte, ihn aber auch wieder nach Griechenland in ‚seine' Welt zurückführen wird. Die Entscheidung Iphigenies, mit der der auf allen lastende Fluch und die Kette der Greueltaten gebrochen werden wird, ruht auf der Kenntnis der eigenen Herkunft und verwandelt das Exil in Heimat. Aus der blind ihrem Schicksal und der vorgegebenen Bewegung Folgenden ist die ihr Schicksal Gestaltende, eigene Bewegungen Bestimmende geworden, die sich zugleich auch der übermächtigen Präsenz der Männer erwehrt und ihren eigenen Raum schafft. Iphigenie entflieht der phallogozentrischen Welt der Griechen und wählt aus dem Bewusstsein ihres Griechentums eine differierende Logik, welche letztlich eine Logik von größerer Weite ist.

Auf der im Text durchgängig vorhandenen ‚mexikanischen' oder ‚lateinamerikanischen' Bedeutungsebene gelesen bedeutet dies, dass die Verwandlung des Exils in Heimat, das volle Bekenntnis zur eigenen Situation, auf einer vollen Kenntnis der eigenen Kultur und Geschichte beruhen muss. Es geht gerade nicht um ein Vergessen des Eigenen, schon gar nicht um ein Verdrängen der eigenen Prägung, welche sich nur wieder in der Freud'schen ‚Wiederkehr des Verdrängten' Luft schaffen und mit verstärkter Gewalt zurückschlagen würde. Ein Prozess der Deterritorialisierung geht so in einen weiteren der Reterritorialisierung über, der in Iphigenies Ausruf „¡No quiero!" – „Ich will nicht!" – gipfelt. Die ersehnte Reterritorialisierung vollzieht sich nicht als Rückkehr zum alten Eigenen, sondern als Hinwendung zum Fremden, das zum Eigenen geworden ist, ohne das Fremde doch gänzlich abzustreifen. Eine kulturelle Identitätskonstruktion zeichnet sich jenseits einer scheinbaren Homogenität ab, eine transkulturelle Logik, die zugleich in einem viellogischen Verständnis von Kultur wurzelt.

Eine umfassende Identitätsfindung kollektiver Art setzt, so dürfen wir Alfonso Reyes' Position deuten, sowohl die Beschäftigung mit der autochthonen Geschichte als auch mit der Geschichte der Kolonialisierung voraus. Sie kann sich weder allein auf das indigene noch allein auf das europäische Element beschränken. Gerade hierin erblickte Reyes das Spezifische der mexikanischen Kultur als Kreuzung verschiedener kultureller Wege: als Wegekreuz der Kulturen. Im Pariser Exil hatte der Mexikaner den Unterschied zwischen dem quasi geschichtslosen Charakter ‚neuer' Länder wie Argentinien (wo die indigene Bevölkerung im 19. Jahrhundert überwiegend ausgerottet oder ver-

---

51 Vgl. hierzu auch Kapitel 4.
52 Reyes, Alfonso: *Obras Completas*, Bd. X, S. 349.

drängt worden war) und der Bedeutung der indigenen Geschichte für Länder wie Mexiko (oder etwa die Andenländer) erkannt.[53] Im Exil wurde er sich des komplexen, viellogischen und transkulturellen Charakters seines Heimatlandes zunehmend bewusst. Er knüpfte an diese Einsicht die Hoffnung, dass die europäische Kultur in der Auseinandersetzung mit dem autochthonen Amerikanischen neu befruchtet werden könne.[54] Es ging ihm folglich um eine offene, weite und zugleich viellogische Konzeption ebenso der individuellen wie der kollektiven Suche nach adäquaten Identitätskonstruktionen. Eben dies sollte die weitere Entwicklung im Lateinamerika des 20. und frühen 21. Jahrhunderts vorgeben und vorstrukturieren.

Andererseits war es gerade die koloniale Geschichte, die es laut Reyes den Ländern von *Nuestra América* – er griff hier sehr bewusst den Martí'schen Begriff auf – ermöglichte, nicht nur im Bereich der Literatur, sondern der Kultur insgesamt eine übergreifende Synthese herzustellen: „Wir sind eine Rasse menschlicher Synthese. Wir sind der wahre historische Saldo."[55] Derartige Konzepte fanden im Nachklang zu José Martí bei einigen der herausragenden Intellektuellen Mexikos ein ähnlich begeistertes Echo – selbst die Vorstellung einer „raza cósmica", einer „Kosmischen Rasse", in der alle Kulturen des gesamten Planeten zusammenfließen, war eine der zentralen Vorstellungen, welche etwa der Mexikaner José Vasconcelos für seine Landsleute in jenen Jahren umschrieb. Mexiko schien ein Ort globaler Zusammenführung, universaler Synthese, aber auch einer Symbiose, eines Zusammenlebens, einer weltweiten Konvivenz zu sein.

Auf Grund der historischen Erfahrung des Weltkrieges sowie später des Spanischen Bürgerkrieges vertrat Alfonso Reyes, wie damals eine Vielzahl lateinamerikanischer Intellektueller wie die erwähnten José Enrique Rodó, Pedro Henríquez Ureña oder José Vasconcelos, die Auffassung, dass der Geschichtsverlauf den amerikanischen Kontinent zum Ort einer (im Bloch'schen Sinne) konkreten Utopie gemacht habe. Einer Utopie, die den Lateinamerikanern moralische Verpflichtung sein müsse:

> Zum gegenwärtigen Zeitpunkt lässt sich der Kontinent von einer Hoffnung umfassen, und er bietet sich Europa als ein Reservoir an Humanität an. Entweder ist dies der Sinn der Geschichte, oder es gibt keinen Sinn in der Geschichte. Ist dem nicht so, dann muss dem künftig so sein, und wir Amerikaner, wir alle wissen dies. [...] Amerika ist eine Utopie.[56]

---

53 Vgl. hierzu Patout, Paulette: *Alfonso Reyes*, S. 82.
54 Reyes, Alfonso: *Obras Completas*, Bd. XI, S. 104.
55 Ebda., Bd. XI, S. 134.
56 Ebda., Bd. XI, S. 60.

Derlei Aussagen von Alfonso Reyes waren von einem breiten Selbstvertrauen, aber auch von einer Überzeugung getragen, dass Lateinamerika in Zeiten, in denen Europa im Krieg zu versinken drohte, künftig eine wunderbare Zukunft offen-stehen werde. Der Raum als Objekt europäischer Expansion ist zum Raum einer Hoffnung planetarischen Ausmaßes geworden: als Reservoir einer Humanität, die man in der vermeintlichen Wiege der Humanität, in Europa, vergebens suchen würde. Das Tor zur Zukunft stand für die lateinamerikanischen Staaten weit offen, ihr weiterer Fortschritt – auch im Sinne einer konkreten Utopie – schien sicher und ganz gewiss! Dies war ein Futurismus gänzlich anderer Art als der, den wir bei den italienischen Futuristen beobachten konnten: Er ging einher mit einem ungeheuren kulturellen Optimismus, mit einem Vertrauen in die in Lateinamerika zusammenfließenden Kulturen der Welt.

Amerika erschien in diesem Zusammenhang – gewiss in einer langen Tra-ditionslinie, die von Christoph Kolumbus und Thomas Morus bis zu Jean Bau-drillard reicht, seit der zweiten Hälfte des 18. Jahrhunderts aber vorwiegend in den Norden der Hemisphäre verlagert wurde – als Kontinent der Zukunft. Alfonso Reyes rückte vor allem den lateinamerikanischen Teil des Kontinents in die starke Position einer Hoffnung auf Menschlichkeit, Menschenwürde und Humanität, die andernorts in Barbarei zu versinken drohte oder längst schon versunken war. Das Taurerland ist zum Hort einer Kultur der Menschheit geworden, zum Sitz einer ‚kosmischen Rasse‘, die den ‚historischen Saldo‘ aller Zeiten und Epochen, aller Geschichten und Kulturen, die in ihr gleichzeitig präsent würden, repräsentiert. Die Bürde der langen kolonialen Vergangenheit schien für immer getilgt.

Doch wie bei der Verwandlung der Erinnyen in Eumeniden in Aischylos' *Orestie* das Alte nicht ausgemerzt und verdrängt, sondern integriert wird und seinen Platz in der neuen Gesellschaft erhält, so darf auch hier das Vergangene, und vor allem die Kolonialgeschichte, nicht aus dem kollektiven Bewusstsein ver-drängt werden. In einer Zeit, in der das Studium der spanischen Geschichte und Kultur in Mexiko nur noch nachgeordnet betrieben wurde, forderte Alfonso Reyes in einem Artikel aus dem Jahre 1921, also kurze Zeit vor der Niederschrift seiner *Ifigenia cruel* im spanischen Exil, zu intensiverer Beschäftigung, zur Verstärkung der Bande mit Spanien nach einem Jahrhundert des beiderseitigen Vergessens auf. Eine Rückbesinnung mit Zukunftsperspektive, die für beide Seiten von gleich großer Bedeutung sei:

> Wie Amerika nie den Sinn seines Lebens völlig entdecken wird, solange es nicht Stück für Stück sein „spanisches Bewusstsein" wiederherstellt, so gibt es für Spanien keine bessere Aufgabe in der Welt, als seine Rolle als große Schwester der Amerikas wieder anzunehmen.[57]

---

57 Reyes, Alfonso: *Obras Completas*, Bd. IV, S. 572.

In Alfonso Reyes' *Ifigenia cruel* spielt die zweifellos entscheidende Rolle das menschliche Gedächtnis. Mit der Funktion dieses Gedächtnisses steht und fällt der gesamte Prozess der Neuorientierung Iphigenies. Wie auf individueller, so ist auch auf kollektiver Ebene das Gedächtnis für Lebens- und Identitätsfindung von entscheidender Bedeutung: „Vielleicht besteht das unmittelbare Ziel des Lebens darin, einen Brunnen von Erinnerungen zu schaffen."[58] Hieran schließt sich auch unmittelbar die Aufgabe der Literatur an: Denn ist nicht sie es, die mit Hilfe zahlreicher intertextueller Verweise einen wirklichen Brunnen der Erinnerung schafft und vielleicht mehr noch ein Netzwerk an Erinnerungen, zwischen dessen Knoten sich der Mensch bewegt? Ist es nicht die Literatur, die damit von essentieller Bedeutung für das Menschsein in einem vollständigen Sinne steht? Schafft nicht die Literatur eine Welt, die uns immer wieder vor neue Entscheidungsmöglichkeiten stellt und uns als ganze Menschen fordert?

Die entscheidende Rolle des (literarischen) Gedächtnisses, der Erinnerung, für die freie Selbstbestimmung sowohl auf individueller wie auf kollektiver Ebene wollte Alfonso Reyes durch seine Gestaltung des Iphigenie-Mythos unterstreichen, übrigens sehr wohl im Sinne einer „moralischen Allegorie".[59] Jenseits seiner Allegorese besaß Reyes eine klare Vorstellung von der besonderen Position und Rolle des lateinamerikanischen Schriftstellers, der auf Grund der politischen und sozialen Verhältnisse seines Heimatlandes die Spezialisierung und Beschränkung auf einen rein literarischen Bereich im Gegensatz zum europäischen Schriftsteller in jenen Jahren noch nicht kannte, denn:

> Alles trägt dazu bei, den Schriftsteller in der ersten Reihe zu verorten. Adel verpflichtet. Es darf keine Elfenbeintürme geben. Der Literat geht über sich selbst hinaus und engagiert sich einmal mehr, einmal weniger in den Bestrebungen im öffentlichen Dienste, die ihn anziehen und fordern.[60]

Dieser besonderen Verantwortung des lateinamerikanischen Schriftstellers, der nicht allein im literarischen, sondern auch im intellektuellen und politischen Feld aktiv werden sollte, war sich Alfonso Reyes sehr bewusst. Vorgaben, die ganz wesentlich die kommenden Generationen lateinamerikanischer Schriftsteller beschreiben sollten, insbesondere die Autorinnen und Autoren des sogenannten ‚Boom' der lateinamerikanischen Literaturen. Die *Grausame Iphigenie* entscheidet sich für die scheinbare Barbarei des Taurerlandes und rettet gerade

---

58 Zitiert nach Iduarte, André: *Alfonso Reyes*, S. 18.
59 Reyes, Alfonso: *Obras Completas*, Bd. X, S. 354.
60 Reyes, Alfonso: Páginas escogidas, Bd. XXII, S. 649.

dadurch, so gibt uns Reyes zu verstehen, diesen Raum als Reservoir einer Humanität, die sich hinter ihrer Grausamkeit verbirgt. Der Schriftsteller mischte sich damit in eine kulturelle Grundsatzentscheidung ein, die im politischen Bereich mit dem Triumph der Mexikanischen Revolution ein neues Kapitel mexikanischer Geschichte eröffnen sollte.

Die unabdingbare Voraussetzung für die Schaffung einer historischen und kulturellen Wahl zwischen verschiedenen Alternativen ist wie in *Ifigenia cruel* immer das eigene Geschichtsbewusstsein, so wie es der junge Alfonso Reyes, das Mitglied des *Ateneo de la Juventud*, in seinem frühen Essay *Visión de Anáhuac* bereits entdeckt hatte. Lassen wir ein letztes Mal den mexikanischen Autor selbst zu Wort kommen! Reyes griff in diesem Text sowohl auf die Náhuatl-Kultur, auf die Kultur der Mexica, als auch auf die Geschichte der europäischen Expansion zurück. Mit letzterer beginnt auch sein Essay über das mexikanische Epochenjahr 1519, in dem die siegreichen spanischen Konquistadoren auftachten:

> *Reisender: Du bist zur durchsichtigsten Region der Luft gekommen.*
> In der Epoche der Entdeckungen erschienen Bücher voller außergewöhnlicher Nachrichten und gefälliger geographischer Erzählungen. Die Geschichte, die nunmehr gezwungen war, neue Welten zu entdecken, tritt über ihr klassisches Flussbett hinaus, und so überlässt das politische Faktum seinen Posten den ethnographischen Diskursen und dem Gemälde der Zivilisationen. Die Geschichtsschreiber des 16. Jahrhunderts bestimmen den Charakter der jüngst aufgefundenen Länder, so wie sie in den Augen Europas erschienen: von der Überraschung beeinflusst und bisweilen übertrieben. Der umsichtige Giovanni Battista Ramusio veröffentlicht seine umschweifige Zusammenstellung *Delle Navigationi et Viaggi* in Venedig im Jahre 1550. Das Werk besteht aus drei In-folio-Bänden, die später getrennt wieder abgedruckt und ebenso üppig wie zauberhaft illustriert wurden.[61]

Der Rückgriff von Alfonso Reyes auf die europäischen Chronisten des sechzehnten Jahrhunderts ist ebenso evident wie zukunftsträchtig, wird es doch nicht zuletzt dieser historische Gestus sein, der – verbunden mit der eruditen Art des mexikanischen Poeta doctus – wenige Jahrzehnte später einen Alejo Carpentier zu seinem großen romanesken Oeuvre führen wird. Die Generation des *Ateneo de la Juventud* stellt die Frage nach Identität, sie stellt sie aber vor allem aus der Verbindung verschiedener Kulturen und vor einem Hintergrund profunder Kenntnisse abendländischer Traditionen, die mit indigenen Kulturelementen verknüpft werden. Die historische Avantgarde in Hispanoamerika zeigt stets die Absicht, verschiedene kulturelle Pole, vor allem aber die abendländischen und die spezifisch amerika-

---

61 Reyes, Alfonso: Visión de Anáhuac. In (ders.): *Ensayos*. La Habana: Casa de las Américas 1972, S. 3.

nischen, aufeinander zu beziehen, miteinander zu verschmelzen und daraus eine neue Identität der Völker wie auch des Schreibens beziehungsweise der Künste selbst zu gewinnen. Wir werden dies im weiteren Verlauf unserer Vorlesung noch bei höchst verschiedenartigen Autorinnen und Autoren feststellen können. Dabei betonte diese Avantgarde immer wieder den indigenen kulturellen Pol, was der hispanoamerikanische Modernismo – sicherlich mit Ausnahme des Kubaners José Martí und eingeschränkt auch des Nikaraguaners Rubén Darío – eher ausgespart hatte. Die historischen Avantgarden in Lateinamerika setzen bezüglich dieser transkulturellen Komponenten – wie wir schon in *Ifigenia cruel* begriffen hatten – verstärkt eigene Akzente.

Wir sehen hier also einen deutlichen Aspekt avantgardistischer Kunstauffassung. Dies war auch der Grund, warum wir uns mit Alfonso Reyes' Versdrama so ausführlich auseinandergesetzt hatten: Es ist in Reyes' *Ifigenia cruel* die Arbeit am kulturellen Erbe, am kulturellen Gedächtnis des Abendlandes, das selbstbewusst als das eigene Erbe reklamiert, gleichzeitig aber auch verändert und auf die lateinamerikanischen Bedürfnisse bezogen wird. So darf es heute auch als bedeutungsvolles Detail erscheinen, dass 1925 bei einer ersten Lesung des Stückes im Hause des ecuadorianischen Gesandten in Paris bolivianische Quena-Flöten an die Stelle griechischer Panflöten traten.[62] Denn in den Andenländern stellte sich die Frage nach der Integration der indigenen Kulturen in eine wie auch immer geartete ‚Nationalkultur' ähnlich dringlich wie in Mexiko. Dass ganze hundert Jahre später diese Frage zwar weiter fortgeschritten, aber letztlich noch immer ungelöst ist, hätte sich wohl keiner der bei dieser Aufführung Anwesenden träumen lassen. Bisweilen fällt es schwer, dauerhafte (und nicht nur ephemere) Fortschritte auf diesem Gebiet überhaupt zu konstatieren …

Freilich stößt der Rückgriff auf und die Arbeit am antiken abendländischen Mythos aus lateinamerikanischer Perspektive auch an seine Grenzen! Die für die Zuhörerschaft sicherlich überraschende Schlusswendung mit der Weigerung Iphigenies, an der Seite Orests nach Griechenland zurückzukehren, ist von Reyes erst spät und autobiographisch teilmotiviert hinzugefügt worden. Sie macht, wie gezeigt werden sollte, die eigentliche Bedeutung des Stückes aus, führt aber gleichzeitig eine Reihe fruchtbarer Widersprüche herauf, die die Begrenzung des Reyes'schen Entwurfes aufzeigen.

Denn die Entscheidung Iphigenies ist, diskursiv betrachtet, eine reine Verweigerung. Die „conchas huecas" des „no quiero" am Ende lassen die Zukunft des Taurerlandes offen: Der durch die freie Entscheidung Iphigenies eröffnete Raum wird nicht mehr konstruktiv ausgefüllt. So bleibt beispielsweise unklar, ob

---

62 Vgl. hierzu Reyes, Alfonso: *Obras Completas*, Bd. X, S. 12.

die Flucht in den Tempel, wie es Reyes auch im Selbstkommentar nahelegte, mit der Beibehaltung der Menschenopfer im Taurerland gleichbedeutend ist. Oder ob – wie eigentlich zu erwarten bei dem mexikanischen Humanisten – von Iphigenie wie in Goethes Bearbeitung ein humanisierender Einfluss ausgeht, der sich gewiss am Ende des Stückes in der Milde und Großherzigkeit des Toas gegenüber den Griechen ein wenig zu erkennen gibt.

Entscheidend war zwar für Reyes das willentliche Ausbrechen der Protagonistin aus einer Kette der Fatalität wie des Gehandelt-Werdens und weniger der weitere Entwicklungsgang und Lebensweg, doch zeigt sich anhand der Negativität der Neubestimmung die Grenze der Tragfähigkeit des antiken Mythos für einen Identitätsentwurf Mexikos wie Lateinamerikas insgesamt. Der Rückgriff auf das antike abendländische Paradigma lässt nicht zuletzt offen, wie sich die weitere Entwicklung zwischen Griechenland und Tauris, zwischen alter und neuer Heimat, alter und im Entwurf neuer Kultur gestalten wird. Orests Segel, soviel steht fest, sind am Horizont verschwunden.

Iphigenie auf Tauris als Paradigma kultureller Abhängigkeit und deren möglicher Überwindung – eine Interpretation des antiken Mythos, wie sie nur aus der spezifischen Situation einer sich aus ihrer Dependenz befreienden Literatur geleistet werden konnte. Die Asymmetrie der literarischen Beziehungen innerhalb des widersprüchlichen transatlantischen Raumes der europäischen und lateinamerikanischen Literaturen zeigt sich am Rückgriff, vor allem aber an der Gestaltung des abendländischen Mythos. Unbestreitbar und zugleich höchst beeindruckend ist der Wille, vitalen und nicht musealen Anteil zu nehmen an der abendländischen Kulturtradition und sich auf diese Weise einzuklinken in ein sich abzeichnendes System der Literaturen der Welt, das sich ab der zweiten Hälfte des 20. Jahrhunderts mit seinen unterschiedlichen Logiken ausprägen sollte. Alfonso Reyes darf auf diesem Gebiet zweifellos als ein Pionier gelten!

In Reyes' kreativer Arbeit am (abendländischen) Mythos, in der Vielschichtigkeit und Widersprüchlichkeit seiner taurischen Iphigenie, wird aus der Fragwürdigkeit der literarischen Transposition eine der faszinierendsten und aufschlussreichsten Bearbeitungen des Iphigenie-Stoffes in der Moderne. Sie gerät zu einem wahren Gegenentwurf, zu einer lateinamerikanischen Iphigenie, die dem Mythos der europäischen Antike neue und brennende Fragen aus einer mexikanischen und gewiss amerikanischen Perspektive stellt. In Europa allerdings hat man diese Arbeit der außereuropäischen Literaturen am literarischen Erbe der Alten Welt und dessen kreative Anverwandlung noch immer kaum zur Kenntnis genommen. Was freilich nicht so sehr ein Problem der lateinamerikanischen Literaturen, wohl aber der Literaturen – und des mit ihnen verbundenen Weltbewusstseins – Europas ist.

Leitlinien zu den historischen Avantgarden Lateinamerikas

Es gibt gute Gründe dafür, erst mit den hispanoamerikanischen „Modernistas" die Entstehung eines Bewusstseins für ein gemeinsames Schreiben in der spanischsprachigen Welt der Amerikas anzusetzen. Gegen Ende des 19. Jahrhunderts war durch vielfältige Reisen und persönliche Begegnungen die wechselseitige Kenntnis zwischen den Autorinnen und Autoren der spanischsprachigen Welt gestärkt und durch die gehäufte Herausgabe literarischer Zeitschriften kontinentalen (oder subkontinentalen) Zuschnitts intensiviert worden, so dass der Austausch zwischen den verschiedenen Teilregionen der lateinamerikanischen Welt sich rasch entfalten konnte.

Mit den historischen Avantgarden in Lateinamerika setzt sich dieser Prozess beschleunigt fort. Die Verbindungen zwischen ästhetischer und politischer Avantgarde lassen sich nicht zuletzt am Beispiel verschiedener Zeitschriften wie der *Revista Amauta* in Peru oder der *Revista de Avance* in Kuba aufzeigen. Sie machen deutlich, dass grundlegende Diskussionen im politischen wie im ästhetischen Feld längst nicht mehr nur lokal, sondern gesamtlateinamerikanisch geführt wurden, schrieben doch verschiedenste Intellektuelle nun in den überregional konzipierten (wenn auch natürlich lokal verorteten) Zeitschriften der gesamten lateinamerikanischen Welt von Mexiko bis Chile.

Diese Entwicklungen konsolidierten sich im Übrigen auch im weiteren Verlauf des 20. Jahrhunderts oder nahmen an Bedeutung noch zu: Politische und ästhetisch-literarische Avantgarden betrieben einen intellektuellen Schulterschluss, der ebenso für das literarische Teilfeld wie auch vor allem für das politische Feld fruchtbare Folgen zeitigte. Dies lässt sich ebenso für die kubanischen Zeitschriften der dreißiger, vierziger und fünfziger Jahre (wie etwa *Verbum*, *Espuela de Plata* oder *Orígenes* wie auch für Zeitschriften des südamerikanischen Subkontinents zeigen, bei denen der *Revista Sur* – wie wir noch sehen werden – in Argentinien eine besondere Bedeutung gerade auch hinsichtlich der europäisch-lateinamerikanischen Beziehungen zukam.

In der Folge möchte ich auf einige herausragende Vertreter der historischen Avantgarden in Hispanoamerika, nämlich Vicente Huidobro und César Vallejo, aber auch auf den Spanier Ramón Gómez de la Serna näher eingehen. Danach werde ich eine Gruppe von Lyrikerinnen behandeln, die freilich nicht mehr unmittelbar den Avantgarden zuzurechnen sind, sondern uns auf spezifische Bedingungen und Ausdrucksformen weiblichen Schreibens aufmerksam machen sollen. Doch zuvor will ich noch einige generelle Leitlinien – in insgesamt acht Thesen zusammengefasst – in Hinblick auf die Vorlesung formulieren, um diese

Überlegungen für unsere Beschäftigung mit den Avantgarden fruchtbar machen zu können

Erstens setzen die historischen Avantgarden in Hispanoamerika gegenüber jenen in Europa mit einer gewissen Zeitverzögerung ein, obwohl die Übermittlungen der ersten Manifeste binnen weniger Wochen bewerkstelligt wurden und die neuen europäischen Entwicklungen in Lateinamerika rasch in den großen Städten des Subkontinents bekannt geworden waren. Betrachten wir allerdings die ersten Manifeste des Chilenen Vicente Huidobro, dann relativiert sich diese scheinbare Verzögerung gewaltig! Die historischen Avantgarden prägen sich in den unterschiedlichen literarischen Teilregionen wie etwa der Karibik, Brasilien, den Andenländern, Mexiko und Mittelamerika sowie dem Cono Sur sehr unterschiedlich aus und bilden eine überaus charakteristische Heterogenität, die es sehr wohl erlaubt, mit Blick auf Lateinamerika von unterschiedlichen Literaturen zu sprechen.[1]

Zugleich ist jedoch, wie oben ausgeführt, die interne Vernetzung zwischen den einzelnen Teilregionen gerade durch die Wirksamkeit bestimmter Periodika und Zeitschriften überregionalen Zuschnitts gewährleistet. Wir werden die Chronologie dieser an verschiedensten Orten und Regionen in Lateinamerika auftauchenden Avantgarden am Beispiel des Chilenen Vicente Huidobro überprüfen, ohne dabei zu vergessen, dass es kaum weniger frühe starke avantgardistische Bewegungen nicht nur in Chile, sondern auch in Peru, Argentinien, Uruguay, Brasilien, Kolumbien, Venezuela, Nikaragua, Mexiko, Kuba sowie – mit relativ großer Verspätung – auch in der Dominikanischen Republik gab. Die jeweiligen Einzelentwicklungen können im Rahmen dieser Vorlesung selbstverständlich nicht vorgestellt werden, sollten uns aber bei unseren Analysen bewusst bleiben.

Zweitens hat die unbestreitbare Tatsache, dass man diese zum Teil gegenläufigen literarischen Phänomene unter dem in den Plural gestellten Etikett der ‚Avantgarden' subsumieren kann, wesentlich mit der seit den hispanoamerikanischen Modernisten beobachtbaren Erscheinung direkter kontinentaler Verbindungen und eines Zusammengehörigkeitsgefühls zu tun. Letzteres lässt sich unter anderem auch mit einer intensiven Kommunikation nicht allein vermittels

---

1 Vgl. hierzu die Arbeiten von Klaus Müller-Bergh und Gilberto Mendonça Teles: (Hg.): *Vanguardia latinoamericana. Historia, crítica y documentos. Tomo I: México y América Central. Tomo II: Caribe, Antillas Mayores y Menores.* Frankfurt am Main – Madrid: Vervuert – Iberoamericana 2000–2002; dies. (Hg.): *Tomo III: Sudamérica. Area Andina Norte: Colombia – Venezuela.* Madrid – Frankfurt am Main: Iberoamericana – Vervuert 2004; dies. (Hg.): *Tomo IV: Sudamérica: Area Andina Centro: Ecuador – Peru – Bolivia.* Madrid – Frankfurt am Main: Iberoamericana – Vervuert 2005; dies. (Hg.): *Tomo V: Sudamérica. Chile y países del Plata: Argentina – Paraguay – Uruguay.* Frankfurt am Main – Madrid: Vervuert – Iberoamericana 2009.

literarischer Zeitschriften, sondern auch mit längeren persönlichen Aufenthalten, aber auch Exilerfahrungen in jeweils anderen Ländern Lateinamerikas in Verbindung bringen. Es ist diese Gemengelage von literarischen Zeitschriften und persönlichen Kontakten, welche für einen gemeinsamen Problemhorizont und kulturellen Austausch zwischen den Avantgarden der verschiedenen literarischen Regionen verantwortlich zeichnet. Dabei ist die ehemalige Frontstellung gegenüber der einstigen Kolonialmacht Spanien, die ihren letzten Kolonialkrieg im spanisch-kubanisch-US-amerikanischen Konflikt und Waffengang 1898 verlor, längst in den Hintergrund gerückt und macht einer zunehmenden Abwehrhaltung gegenüber den weiter vordringenden Vereinigten Staaten und ihrer Vielzahl an Interventionen sowie ihrer Kanonenboot-Politik Platz.

Zugleich zeigen aber auch einige Lebensläufe führender hispanoamerikanischer Avantgardisten, dass die Außensicht ebenfalls von größter Wichtigkeit für die historischen Avantgarden wurde. Hielten sich doch Dichter und Schriftsteller wie der Chilene Vicente Huidobro, der Peruaner César Vallejo, der Mexikaner Alfonso Reyes, der Kubaner Alejo Carpentier, der Guatemalteke Miguel Angel Asturias, der Argentinier Oliverio Girondo und viele andere mehr in Paris auf, wo es nicht nur ausgedehnte lateinamerikanische Zirkel, sondern auch Zeitschriften gab, in welchen diese Autoren publizieren konnten. Die Rolle der „ville-lumière" für die lateinamerikanischen Avantgarden ist folglich nicht zu unterschätzen, bildete Paris doch stets einen Brückenkopf, innerhalb dessen intensive Vermittlungsprozesse zwischen den europäischen wie den lateinamerikanischen Avantgarden stattfinden konnten. Von herausragender Bedeutung scheint mir dabei die Erfahrung zu sein, welche die Begegnungen und Erlebnisse des Exils der sechziger und siebziger Jahre in Europa vorwegnimmt und zugleich vorbereitet: Das Bewusstsein, dass nicht mehr nur die eigene Nation und deren Entwicklung, sondern aus der Distanz diejenige der Literaturen der gesamten spanisch- und auch der portugiesisch-sprachigen Welt Amerikas sichtbar und intensiv rezipiert wurde. Das lateinamerikanische Exil dieser Jahre in Europa verstärkte somit all jene Entwicklungen, welche dazu führten, dass die lateinamerikanischen Länder immer weniger einem verstreuten Archipel glichen, dessen einzelne Inseln durch immense Festlandsflächen voneinander getrennt waren. Gleichwohl ist eine archipelische Situation der lateinamerikanischen Welt bis heute unbestreitbar und auch nachprüfbar.[2]

Drittens lässt sich innerhalb bestimmter literarischer Teilregionen eine prononciertere Verknüpfung von literarischer und politischer Avantgarde beob-

---

2 Vgl. Ribeiro, Darcy: Gibt es Lateinamerika? In (ders.): *Unterentwicklung, Kultur und Zivilisation. Ungewöhnliche Versuche*. Frankfurt am Main: Suhrkamp 1980, S. 315–328.

achten, die eng verbunden ist mit jenen politisch-ideologischen Frontstellungen, welche das gesamte 20. Jahrhundert prägen sollten. Dabei ist auffällig, dass diese politische Dimension avantgardistischen Schreibens und avantgardistischen Selbstverständnisses gerade in jenen literarischen Regionen stark ist, in denen es größere ethnische Gruppen wie etwa eine indigene oder eine schwarze Bevölkerung gibt. Diese Gruppen nahmen und nehmen zumeist weiterhin innerhalb der Gesamtgesellschaft – oder genauer: innerhalb des politischen Konstrukts und Gebildes des Nation-Staats (des „estado-nación") – eine relativ isolierte und marginalisierte Position ein.

In so verschiedenen Ländern wie Mexiko, Kuba oder Peru spielte für die politisch-ästhetischen Avantgarden jeweils die Integration dieser Bevölkerungsgruppen in die Gesamtgesellschaft eine überragende Rolle. Ganz so, wie Alfonso Reyes in *Ifigenia cruel* die indigene Position zu integrieren und mit dem Schicksal einer gesamten Gemeinschaft zu versöhnen suchte, so entwickelte in Kuba beispielsweise der junge Alejo Carpentier in seinem *¡Ecué-Yamba-Ó!* Narrationen, die ebenso drastisch auf das Schicksal der Schwarzen aufmerksam machten wie Nicolás Guillén in vielen seiner avantgardistischen Klanggedichte wie etwa *Sóngoro cosongo*.[3]

Viertens ist insbesondere in jenen Regionen, die über einen hohen Anteil an marginalisierter indigener oder schwarzer Bevölkerung verfügen, die politische Avantgarde mit der Herausforderung einer Identitätsfindung und dabei vor allem der Problematik einer angemessenen sozialen und politischen, vor allem aber auch kulturellen Partizipation dieser Bevölkerungsgruppen verbunden und beschäftigt. Die vorgeschlagenen Lösungsansätze reichen von „mestizaje" und „transculturación" bis hin zu einer Umkehrung der kulturellen Dominanzen im Kontext einer grundlegenden Veränderung des Bildungssystems in den Ländern Lateinamerikas.[4] Gerade die Theorie der Transkulturation des kubanischen Anthropologen Fernando Ortiz ist aufs Engste mit avantgardistischen Vorstellungen und soziopolitischen Bewegungen verknüpft und kündet von der Symbiose literarisch-wissenschaftlicher Studien und politisch-avantgardistischer Überzeugungen.

---

3 Vgl. Ette, Ottmar: Nicolás Guillén: Stimme der Lyrik – Lyrik der Stimme. In: *Romanistische Zeitschrift für Literaturgeschichte / Cahiers d'Histoire des Littératures Romanes* (Heidelberg) XXVII, 1–2 (2003), S. 209–238.
4 Vgl. zu diesen Theoriekonzepten Ette, Ottmar: Transatlantische Transplantationen: Von Pfropfung und „mestizaje" zum transarchipelischen Zusammenleben in den Amerikas. In (ders. / Wirth, Uwe, Hg.): *Kulturwissenschaftliche Konzepte der Transplantation.* Unter Mitarbeit von Carolin Haupt. Berlin – Boston: Walter de Gruyter 2019, S. 29–65.

Die historischen Avantgarden in Lateinamerika erweisen sich mithin keineswegs als mehr oder minder esoterische, artifizielle Gebilde, sondern setzen die von den Modernisten begonnene Diskussion um die Identität Lateinamerikas nun unter anderen, noch dringlicher gewordenen politisch-sozialen Vorzeichen fort. Die fast obsessiv verfolgte Problematik der Identitätsbildung und -suche scheint mir hierbei ein distinktives Merkmal der hispanoamerikanischen Avantgarden zu sein, wie kritisch man auch immer gegenüber dem problembehafteten und gesellschaftlich gefährlichen Begriff der ‚Identität' sein muss. Zudem macht diese Situation darauf aufmerksam, dass neben die von den historischen Avantgarden bevorzugten Gattungen Lyrik und Theater nun auch verstärkt der Essay tritt, für den sich leicht Beispiele aus Peru, Argentinien, Chile oder Mexiko beibringen ließen. Dazu treten weitere Formen politisch-literarischer Prosa wie etwa die Manifeste der Studentenbewegung, eine durchaus verbreitete Gattung, auf die wir im spezifisch literarischen Bereich zurückkommen werden.

Fünftens unterscheiden sich die historischen Avantgarden in Hispanoamerika hinsichtlich der Problematik des Bruchs, wie sie Peter Bürger in seiner *Theorie der Avantgarde* postuliert hat, sehr deutlich von den europäischen Spielarten avantgardistischen Schreibens und künstlerischer Gestaltung. Dies verwundert uns nicht, hatten wir doch festgestellt, dass die allgemeinen Theoriebildungen Bürgers (und vieler anderer) ausschließlich an europäischen Modellen orientiert waren. Obwohl sie selbst in Europa kaum einmal über den französisch-, italienisch-, englisch- oder deutschsprachigen Bereich hinausgriffen und dabei nur in den seltensten Fällen den spannenden Bereich spanischer, russischer oder ungarischer Avantgardebewegungen miteinbezogen, glaubten sie dennoch, die Ergebnisse ihrer theoretischen Forschungen ungeprüft verallgemeinern zu können. *Eine* Theorie *der* Avantgarde im Sinne Peter Bürgers bleibt eine literaturwissenschaftliche Chimäre.

In den verschiedenen Ländern Lateinamerikas lässt sich insgesamt eine große Kontinuität der kulturellen Traditionen in allen literarischen Teilregionen beobachten, während sich die Problematik des Bruchs in verschiedener Weise vor allem auf den politisch-ideologischen Bereich, die gesellschaftlich-kulturelle Zusammenstellung und die Konvivenz zwischen den verschiedenen ethnischen Gruppen sowie auf die Institutionalisierung von Literatur und Kunst bezieht. Den historischen Avantgarden ist der ausgeprägte Wunsch gemeinsam, größere Teile der Bevölkerung an Kultur im Allgemeinen und Literatur im Besonderen partizipieren zu lassen. Diese kulturkritische und zum Teil gegen die Institutionen Literatur und Kunst orientierte Stoßrichtung ist freilich unterschiedlich stark ausgeprägt. Sie steht zudem angesichts der soziopolitischen und kulturellen Prämissen trotz steigender Alphabetisierungsraten bei insgesamt deutlich kleineren Leserschichten in Lateinamerika innerhalb anderer gesellschaftlicher Kontexte und ist logischerweise anders zu bewerten. Die literarische Sozialisierung dieser Autoren erfolgte zumeist noch im hispanoamerikanischen Modernismo und dessen unterschiedlichen Spielarten wie etwa dem auf Rodós *Ariel* zurückgehenden „Arielismo". Es fällt angesichts dieser Kontinuitäten – wie wir sahen – nicht immer leicht, eine klare Trennlinie zwischen Modernismo und „Vanguardia" zu ziehen, insofern eine scharfe Separation, wie sie uns vor allem aus dem Umgang mit den europäischen Literaturen vertraut ist, fehl am Platz ist. Bei derartigen Versuchen handelt es sich zumeist um eine unreflektierte Übertragung europäischer Kategorisierungen.

Sechstens äußert sich das Ziel einer stärkeren politischen wie kulturellen Partizipation breiter Bevölkerungsschichten sehr unterschiedlich und strebt entweder nach einer stärkeren Distribution von Literatur, wie sie etwa die frühe Lyrik Oliverio Girondos mit spezifischen Lektürevorgaben in seinen *Veinte poemas para ser leídos en el tranvía (Zwanzig Gedichte, in der Straßenbahn zu lesen)* anstrebte, oder kommt vor allem in dem Versuch zum Ausdruck, durch den Rückgriff auf volkskulturelle Ausdrucksformen, welche einen wichtigen kulturellen Pol in Lateinamerika bilden, breite Bevölkerungskreise in eine zumeist national definierte Kultur zu integrieren.

Dies ist jeweils in Zusammenhang mit den Bemühungen zu sehen, den Pol der europäisch-abendländischen Kulturen und Literaturen mit den verschiedenen indigenen Kulturen oder mit den nicht weniger komplexen Kulturen afrikanischen Ursprungs zu verknüpfen. Daraus entstehen avantgardistische Kunst- und Literaturformen, welche – wie etwa bei Alfonso Reyes – auf eine symbiotischere oder – wie etwa beim frühen Carpentier – auf eine etwas radikalere Art und Weise die angestrebte Konvivenz der Kulturen ins Auge fassen. Dies ist zweifellos ein Spezifikum der historischen Avantgarden in Lateinamerika, auch wenn das in Europa erwachte Interesse an den sogenannten ‚primitiven' Kulturen – vorzugsweise in Afrika – wesentliche Einflüsse vermittelte. In dieser Hinsicht wäre es durchaus einmal lohnenswert, einen Fernando Ortiz mit dem Franzosen Michel Leiris zu vergleichen. Wir sehen gerade in diesem Bereich auch die Anknüpfungspunkte zur Studentenbewegung im ersten Drittel des 20. Jahrhunderts, die ähnliche Forderungen – insbesondere die grundlegende Veränderung des auf eine gesellschaftliche Elite zielenden Bildungssystems – auf ihre Fahnen geschrieben hatten.

Siebtens ist für die historischen Avantgarden in Lateinamerika der kulturelle Pol internationaler Massenkommunikation von wachsender Bedeutung, da er nicht allein die Problematik der überregionalen und internationalen Zeitschriften, sondern vor allem auch eine breite Palette an volkskulturellen Praktiken und Ausdrucksformen betrifft, die nun in diesen kulturellen Pol integriert und international distribuiert werden. Als Beispiele für eine derartige Internationalisierung mögen die verschiedenen Spielarten des argentinischen Tango oder des kubanischen Son gelten, welche über Frankreich und die USA weltweit verbreitet wurden. Daran schließen sich in Lateinamerika wiederum literarische Praktiken von Liedtexten bis hin zu großen Erzählformen an.

Die Internationalisierung lateinamerikanischer Kultur und Literatur ist damit ein wesentliches Faktum der entsprechenden historischen Avantgarden, blieb selbstverständlich aber nicht auf diese beschränkt, wie wir am Beispiel der uruguayischen Dichterin Juana de Ibarbourou erkennen werden. Doch zeigt sich die große Relevanz dieses kulturellen Pols erstmals massiv bei den Generationen der während der zwanziger und dreißiger Jahre schreibenden Schriftsteller, also zur Blütezeit der historischen Avantgarden. Letztlich zielen auch diese Entwicklungen auf eine größere und intensivere Partizipation und damit auf eine stärkere Konvivenz der Kulturen, die als Zielstellung eindeutig mit den historischen Avantgarden in Lateinamerika zu verbinden ist.

Achtens und vorerst letztens scheint sich innerhalb der avantgardistischen literarischen Schreibformen vor allem im Bereich der Lyrik eine eigene Traditionslinie schreibender Frauen herausgebildet zu haben, die sich – zumindest gemäß der Argumentation eines José Carlos Mariátegui – deutlich von Formen der von Männern geschriebenen Lyrik emanzipiert. Beispiele hierfür sind unter anderem Alfonsina Storni, Juana de Ibarbourou und Gabriela Mistral, die als erste lateinamerikanische Autorin und lange vor allen männlichen Schriftstellern ihres Kontinents 1945 mit dem Nobelpreis für Literatur ausgezeichnet wurde.

Wir werden uns im übernächsten Schritt mit diesen Dichterinnen näher auseinandersetzen, da die Entfaltung ihres Schreibens in gewisser Weise quer zur Entwicklung der historischen Avantgarden verlief. Dass es gerade den Lyrikerinnen (und weniger ihren männlichen Kollegen) beschieden war, auf eine breite nationale wie internationale Aufnahme zu stoßen und internationale Preise bis hinauf zum Literaturnobelpreis einzuheimsen, ist ein interessantes Paradoxon der hispanoamerikanischen Literaturgeschichte, das zugleich den dann sinkenden Stern der historischen Avantgarden signalisierte. Doch werden wir zugleich auch sehen, dass es aus den historischen Avantgarden viele Wege nicht allein in die Neo-Avantgarden, sondern vor allem auch in Formen postmoderner Ästhetiken gibt. Nun aber soll unsere Vorlesung zunächst einmal große Figuren der lateinamerikanischen Avantgarden präsentieren und deren Werke anschaulich nachvollziehbar machen.

Vicente Huidobro oder ein avantgardistisches Schreiben in französischer und spanischer Sprache

Beschäftigen wir uns an dieser Stelle zunächst mit Vicente Huidobro, zweifellos einer der spannendsten Protagonisten innerhalb der lateinamerikanischen Avantgarden und beginnen mit einem kleinen biographischen Ausblick!

Der Lyriker und Intellektuelle wurde am 10. Januar 1893 in Santiago de Chile geboren und verstarb am 2. Januar 1948 im chilenischen Cartagena. Seine wichtigsten Biographeme lassen sich vielleicht so am besten zusammenfassen: Er entstammte einer alten chilenischen Großgrundbesitzerfamilie, besuchte ein exzellentes Jesuitenkolleg, heiratete 1911 standesgemäß, gründete 1912 die Literaturzeitschrift *Musa Joven* und brach 1916 nach Europa auf, genauer: nach Paris. Er lebte einige Jahre in der französischen, dann in der spanischen Hauptstadt und knüpfte wichtige literarische Freundschaften. Zusammen mit dem mit ihm befreundeten Guillaume Apollinaire und Pierre Reverdy gab er in Paris 1917 die Zeitschrift *Nord-Sud* heraus.

Abb. 56: Vicente Huidobro (Santiago de Chile, 1893 – Cartagena, Region Valparaíso, 1948).

Sein wohl erster Besuch in Madrid im Jahr 1918 gilt als Auslöser der bald nach Argentinien verpflanzten avantgardistischen Bewegung des „Ultraísmo". Er verfasste seine Gedichte nun in spanischer wie in französischer Sprache. Huidobro setzte sein Studium in Berlin und Fribourg fort, ging 1920 aber wieder nach Paris zurück, wo er Mitglied von Dada Paris und damit der europäischen Avantgarde wurde. 1925 trat er die Rückreise nach Chile an und stellte sich in seinem Heimatland als Präsidentschaftskandidat vor. Ein auf ihn verübtes Attentat und der

Skandal wegen seiner Liebschaft mit einer minderjährigen Schülerin beendeten die politische Karriere und seinen Aufenthalt in Chile. 1928 entführte er seine Geliebte nach Paris. Den Spanischen Bürgerkrieg erlebte er auf Seiten der Republik als Pressekorrespondent. 1945 kehrte er endgültig nach Chile zurück, wo er wenige Jahre später verstarb.

Vicente Huidobro hat als Dichter ein vielbändiges lyrisches Werk, aber auch mehrere Romane und zahlreiche Prosaschriften verfasst. Er verstrickte sich in zum Teil beißende Polemiken, insbesondere mit seinem Landsmann, dem Lyriker Pablo Neruda,[1] machte sich vor allem aber als Begründer des avantgardistischen Creacionismo einen Namen. Er selbst datierte die Entstehung seiner „Allgemeinen ästhetischen Theorie" auf das Jahr 1912, was mit Blick auf die Entstehung avantgardistischer Bewegungen insbesondere in Lateinamerika als sehr früh eingeschätzt werden muss. Ohne jeden Zweifel war diese Theorie bereits vor seinem ersten Europaaufenthalt noch in Chile entstanden. Huidobro hatte sie bereits zum Teil ausformuliert und erstmals in frühen Gedichten seines Debütbandes *Canciones en la noche* 1913 erprobt:

> Der Grundgedanke des Creacionismo, den er in zahlreichen Manifesten und Polemiken formuliert hat, ist die Gleichsetzung von Poesie und absoluter Schöpfung: „Der Dichter lässt die Dinge der Natur das Leben wechseln; mit seinem Netz holt er all das hervor, was sich im Chaos des Namenlosen bewegt, spannt elektrische Drähte zwischen den Worten und beleuchtet auf einmal unbekannte Winkel, so dass diese ganze Welt in unerwartete Phantasmen explodiert."[2]

Huidobro verstand es, seine ästhetische Theorie pointiert auf den Punkt zu bringen und deren vier Grundprinzipien aufzulisten: Der Dichter müsse erstens die Dinge vermenschlichen, er müsse zweitens das Undeutliche präzisieren, er müsse drittens das Abstrakte konkret und das Konkrete abstrakt machen und schließlich viertens das, was an sich allzu poetisch ist, um vom Dichter geschaffen zu werden, durch Veränderung seines üblichen Wertes in etwas Geschaffenes verwandeln. Dies sind sehr allgemeine Prinzipien, gewiss, aber sie bilden doch die Leitlinien einer Schöpfung, die im Creacionismo ihren künstlerischen Ausdruck fand.[3]

---

1 Vgl. die Abrechnung Nerudas mit Huidobro in seinen Memoiren; Neruda, Pablo: Vicente Huidobro. In (ders.): *Confieso que he vivido. Memorias.* Barcelona – Caracas – México: Editorial Seix Barral 1974, S. 392–395.

2 Reichardt, Dieter: *Lateinamerikanische Autoren. Literaturlexikon und Bibliographie der deutschen Übersetzungen.* Tübingen: Erdmann 1972, S. 311.

3 Vgl. ausführlicher hierzu die Frankfurter Dissertation von Hopfe, Karin: *Vicente Huidobro, der Creacionismo und das Problem der Mimesis.* Tübingen: Narr 1996.

Nach der Veröffentlichung seines ersten Gedichtbandes darf als ästhetisch frühe Einlösung von Huidobros Prinzipien wohl seine Dichtung *Adán* (1916) gelten, nach der Huidobro in seinen folgenden Werken noch weit mehr wagte und dazu seine Lyrik von nun an in spanischer, aber auch in französischer Sprache vorlegte, wie etwa *Horizon carré* von 1917 oder *Tour Eiffel* von 1918. Im selben Jahr erschienen auch die spanischsprachigen Gedichtbände *Ecuatorial* oder seine *Poemas árticos*. Huidobro experimentierte mit verschiedenen graphischen Elementen, ließ Zeilen verrutschen, sich verbiegen, kaskadenartig abfallen: Der chilenische Dichter beabsichtigte, nach dem Vorbild des Kubismus seine Dichtung mit den verschiedensten Künsten von Auge und Ohr in Verbindung zu setzen.

1931 erschien dann sein lyrisches Hauptwerk *Altazor o el viaje en paracaídas* („Altazor oder die Reise im Fallschirm"), dessen Entstehung bis in das Jahr 1919 zurückreicht. Ein lyrisches Werk in sieben Gesängen – wie Dieter Reichardt betonte, ein „faszinierendes Kompendium von Möglichkeiten, Grenzen und Widersprüchen der avantgardistischen Lyrik".[4] Es ist eine Dichtung von außerordentlicher Sprachkraft, großem Erfindungsreichtum und radikalen Experimenten mit neuartigen, zum Teil von Huidobro selbst erdachten Wortschöpfungen und originellen Sprachspielen. Deutlich ist in diesem bis an die Grenzen des Verstehbaren gehenden Text das Erbe des Dadaismus, eine radikale Sprachgewalt, eingebettet in die Erfahrungen des französischen Surrealismus, den wir in unserer Vorlesung noch zu besprechen haben.

Auch die Prosaschriften Vicente Huidobros verdienten eine nähere Beschäftigung, ebenso sein Pamphlet *Finis Brittania* (1923) gegen den englischen Kolonialismus und seine Romane, die zum Teil mit graphischen Versatzstücken arbeiten und die Grenzen der Prosa in Arbeiten aufzeigen, die sich in Richtung der späteren Graphic Novel bewegen. Bereits 1934 schilderte er in seinem Roman *La próxima* die Schrecken und Zerstörungen eines totalen Krieges, so dass auch das für die historischen Avantgarden, für die Futuristen wie die Dadaisten, zentrale Thema des Krieges bei ihm nicht fehlte. Schon wenige Jahre später sollte der Krieg dann in einem barbarisch entfesselten Nazi-Deutschland ein totaler werden. Bis zu seinem Lebensende schrieb Huidobro unermüdlich und veröffentlichte noch in seinem letzten Lebensjahr 1948 seine *Ultimos poemas*.

Versuchen wir in der Folge, diesen Giganten der lateinamerikanischen Avantgarde in unserer Vorlesung zumindest exemplarisch darzustellen! Es sollen einige der für unsere Fragestellungen besonders repräsentativen Teile seines Gesamtwerks vorgestellt und nicht so sehr nach dessen innerer ästhetischer Entwicklung gefragt werden. Wir können daher auch nicht detailliert Huidobros Opus

---

4 Reichardt, Dieter: *Lateinamerikanische Autoren*, S. 312.

magnum, seinen Dichtungsband *Altazor* von 1931, untersuchen, sondern wollen vor allem die Beziehungen zwischen hispanoamerikanischer und europäischer Avantgarde mit Blick auf die jeweils spezifischen Schreibformen beobachten.

Wir konnten in unserer kurzen Aufstellung der Lebensdaten bereits sehen, dass bestimmte Schaffensbereiche bei Vicente Huidobro schon vor dem direkten Kontakt mit den europäischen, speziell den französischen Avantgarden noch in seiner Zeit in Santiago de Chile entwickelt wurden. Bei alledem sollten wir nicht in die Falle tappen – wie dies meines Erachtens etwa Dieter Janik tat –, Huidobro in seiner ästhetischen Entfaltung ausschließlich vor dem Hintergrund der europäischen Avantgarden zu verstehen und zu beleuchten. Wie zuvor bei Alfonso Reyes wollen wir bei Vicente Huidobro die Eigenentwicklung spezifischer Avantgarden in Lateinamerika respektieren und nicht nach irgendwelchen ‚Abweichungen‘ oder ‚Besonderheiten‘ bezüglich der europäischen Avantgarden fragen. Denn diese sind keineswegs das Maß aller Dinge und schon gar keine Grundlage für eine einzige Theorie der Avantgarde, welche von Europa aus der Welt übergestülpt würde.

Harald Wentzlaff-Eggebert – der wohl als der beste deutschsprachige Kenner der Avantgarde-Literatur Hispanoamerikas in der zurückliegenden Epoche bezeichnet werden darf – hat mit guten Gründen darauf aufmerksam gemacht, dass eine auf den ersten Blick so europäisch scheinende Ausrichtung wie die der Konkreten Poesie durchaus über ‚Wurzeln‘ verfügt, die nach Lateinamerika gerichtet sind. Letztlich verweisen sie nicht nur auf brasilianische Avantgardisten der dreißiger und vierziger Jahre, sondern weiter zurück auf den Chilenen Vicente Huidobro, dessen avantgardistische Anfänge auf die Zeit der Futuristen zurückgehen. Vor allem die Arbeiten von Klaus Müller-Bergh haben im Verbund mit Gilberto Mendonça Teles eine weite und zugleich detaillierte Landkarte der Avantgarden in den verschiedenen Teilregionen Lateinamerikas entfaltet; diese gut dokumentierten Studien sollen als Grundlage für die nachfolgenden Untersuchungen immer wieder herangezogen werden.[5]

---

5 Vgl. die allgemeinen Überlegungen von Müller-Bergh, Klaus / Mendonça Teles, Gilberto: Los puntos cardinales de las vanguardias latinoamericanas. In: Gunia, Inke / Niemeyer, Katharina / Schlickers, Sabein / Paschen, Hans (Hg.): *La modernidad revis(it)ada. Literatura y cultura latinoamericanas de los siglos XIX y XX. Estudios en homenaje a Klaus Meyer-Minnemann.* Berlin: Edition tranvia – Verlag Walter Frey 2000, S. 241–251; dies. (Hg.): *Vanguardia latinoamericana. Historia, crítica y documentos. Tomo I: México y América Central. Tomo II: Caribe, Antillas Mayores y Menores.* Frankfurt am Main – Madrid: Vervuert – Iberoamericana 2000–2002; dies. (Hg.): *Tomo III: Sudamérica. Area Andina Norte: Colombia – Venezuela.* Madrid – Frankfurt am Main: Iberoamericana – Vervuert 2004; dies. (Hg.): *Tomo IV: Sudamérica: Area Andina Centro: Ecuador – Peru – Bolivia.* Madrid – Frankfurt am Main: Iberoamericana – Vervuert 2005; dies.

Vicente Huidobro hat sich in der Tat schon früh mit der Problematik beschäftigt, dass die modernistischen Gedichtkonzeptionen noch immer der logischen, insbesondere kausalen Verknüpfung bei der Übermittlung von Inhalten anvertrauten, und damit einer Logik der Sprache und deren Ausdrucksfähigkeit. Ein quasi ‚natürliches' Vertrauen, das der chilenische Dichter selbst nicht mehr aufzubringen vermochte. Vor dem Hintergrund zeitgenössischer Entwicklungen im Bereich der Malerei, insbesondere dem Kubismus mit seiner Collagetechnik, und der Lyrik, also der Formenentwicklung von Mallarmé bis Apollinaire, stellte sich Huidobro, der als Modernist begonnen hatte und gleichsam als „Modernista" sozialisiert worden war, zunehmend der Frage, welche Ausdrucksmöglichkeiten über das herkömmliche Maß hinaus aktiviert werden könnten, um der Logik der gewöhnlichen Sprache zu entfliehen. Wir verstehen, dass sich Huidobro so mit Problemen herumschlug, wie sie gleichzeitig die italienischen Futuristen bearbeiteten, welche unter der Führung Marinettis bewusst in die Struktur gebundener Sprache eingriffen und bis zur Zerstörung von Alltagssprache avantgardistisch vorrückten.

Wir könnten aus der Beschäftigung mit den literarhistorischen Entwicklungen in den lateinamerikanischen Literaturen sagen, dass Vicente Huidobro schon früh aus chilenischer Perspektive den Versuch unternahm, dem abendländisch zentrierten europäischen Bewusstsein eine Dezentrierung dieser Konzeptionen des Okzidents entgegenzustellen. Die künstlerischen Möglichkeiten, die Huidobro auf seinem Arbeitsgebiet, der Dichtung, vorfand und Stück für Stück entwickelte, beziehen sich vor allem auf die graphische wie auch bildliche, ikonische Seite des poetischen Schreibens.

Man kann bei diesen frühen Kompositionen sehr wohl – wie dies Harald Wentzlaff-Eggebert tat – von Textbildern beziehungsweise Klangbildern sprechen, insoweit die lineare Abfolge sprachlicher Einheiten durchbrochen und andere Wahrnehmungsformen und Dechiffrierungstechniken auf den Plan gerufen wurden. Man darf derartige Verschränkungen von bildlicher und textueller Struktur gemäß der heutigen Literaturtheorie seit gut zwei Jahrzehnten als „Ikonotexte" bezeichnen;[6] und Sie werden sogleich vor Augen geführt bekommen, was es mit derartigen Ikonotexten auf sich hat. Wenn Sie übrigens weiterhin beim Ausdruck ‚Textbilder' oder ähnlichen Wortfügungen bleiben möchten, dann

---

(Hg.): *Tomo V: Sudamérica. Chile y países del Plata: Argentina – Paraguay – Uruguay.* Frankfurt am Main – Madrid: Vervuert – Iberoamericana 2009.

6 Vgl. u. a. Wagner, Peter: *Reading Iconotexts. From Swift to the French Revolution.* London: Reaktion Books 1995; sowie ders. (Hg.): *Icons – Texts – Iconotexts. Essays on Ekphrasis and Intermediality.* Berlin – New York: Walter de Gruyter 1996.

tun Sie dies ruhig: Mir kommt es in diesem Zusammenhang vor allem darauf an, dass Sie wissen, um was es sich handelt und welche Lektüreformen und Aneignungsweisen derartige Textbilder oder Ikonotexte voraussetzen. Denn es ist hochspannend, diese Wechselbeziehungen zwischen Bild- und Wortfügungen in ihrer Funktionsweise näher zu untersuchen.

Vicente Huidobros Technik ist dabei – avantgardistisch gesprochen – ganz in europäischer Avantgardetradition die des Schocks, eine Technik, die im Übrigen keineswegs avantgardistischen Ursprungs ist, sondern bereits von den Romantikern häufig verwendet wurde und sich unter dem Slogan „épater le bourgeois" der Praxis des Bürgerschrecks zuordnen lässt. Wir könnten dies mit den russischen Formalisten wenden und davon sprechen, dass derartige Verfahren und künstlerisch-literarische Ausdrucksformen darauf abzielen, automatisierte Wahrnehmungsgewohnheiten und Lese- oder Sehweisen zu überraschen und außer Kraft zu setzen. Unsere Gewohnheiten werden mit den Mitteln der Kunst entautomatisiert, also bewusst gemacht oder in unser Bewusstsein gehoben, wodurch sie als Konventionen entlarvt werden. Mit anderen Worten: Was natürlich schien, erweist sich plötzlich als künstlich. Es handelt sich um ein Verfahren, wie es die Avantgarde der russischen Formalisten zeitgleich mit den europäischen Avantgardekünstlern mehrfach sehr überzeugend unter dem Stichwort der künstlerischen Verfahren („priem") abgehandelt hat. Auch das Verfahren der Entautomatisierung ist eines, das die historischen Avantgarden künstlerisch erstmals durchdacht haben, das aber im weiteren Verlauf der Literatur- und Kunstgeschichte auch weit jenseits der Avantgarden und Neo-Avantgarden Anwendung fand.

Was für literarische Folgen zeitigt ein derartiges Verfahren bei Vicente Huidobro? Ich möchte Ihnen gerne ein erstes Beispiel vor Augen führen, das freilich bereits aus seiner französischen Zeit, also nach seiner Übersiedelung nach Europa, stammt. Denn Huidobro war nicht nur als lateinamerikanischer Literat und Künstler in Paris, er war auch ein Französisch schreibender Pariser Künstler, wenn Sie so wollen. Sehen wir uns also einen ersten Ikonotext des Künstlers Vicente Huidobro aus dem Pariser Jahr 1921/2 mit dem Titel *Moulin* einmal genauer an!

Sie sehen schon auf den ersten Blick, dass wir hier nicht mehr mit unserer normalen Textanordnung auf dem weißen Blatt Papier auskommen, sondern eine andere Wiedergabeform wählen müssen. Dies hat übrigens dazu geführt, dass manche Ausgaben auf ein solches Gedicht wie *Moulin* ganz verzichten zu können glaubten. Sie können daran erkennen, wie sehr auch nach den avantgardistischen Klang- und Bildexperimenten unsere Gutenberg-Galaxis (wie Marshall McLuhan sagen würde) doch recht unverändert, jedenfalls an traditionellen Schrifttexten orientiert geblieben ist. Wenden wir uns nun aber diesem zweifellos herausragenden Ikonotext der historischen Avantgarden zu!

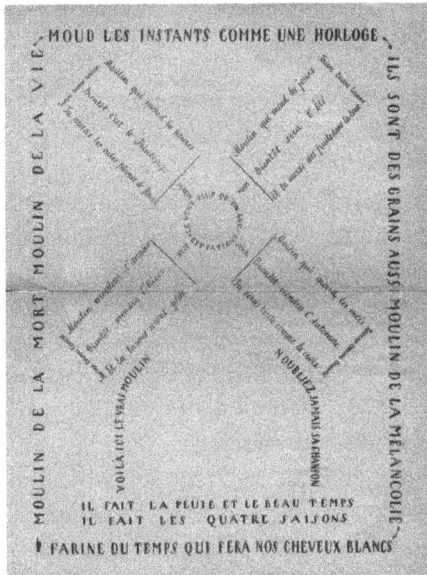

Abb. 57: Vicente Huidobro: *Moulin*, 1921–1922.

,Eigentlich' handelt es sich um ein Gedicht in klassischer Strophenform, die in ihrer Verteilung auf dem weißen Blatt Papier im Grunde nicht ins Bewusstsein dringen würde, wenn dieser gleichsam ,natürlichen' Form nicht eine andere graphische Lösung gegenübergestellt sein würde: die Anordnung in Form einer Windmühle, welche übrigens von Robert Delaunay entworfen wurde. Wir haben es bei diesem Gedicht in seiner Anordnung ohne Zweifel mit dem Verfahren der Entautomatisierung zu tun, eine Tatsache, die freilich übersehen wird, konzentriert sich doch in den meisten Untersuchungen das Hauptaugenmerk auf die faszinierendere, in gewisser Weise attraktivere Form des Ikonotexts. Es ist aber gerade die Differenz, die als solche schon thematisiert und inszeniert wird, ohne dass es einen Bruch zwischen der traditionellen und der avantgardistischen Form geben müsste. Auf dieser Ebene können wir also keinen Bruch konstatieren, durch den der Dichter mit der ,alten', traditionellen Form gebrochen hätte.

Lassen wir die Frage der Sprache, also die Verwendung des Französischen, außen vor! Vicente Huidobro griff auf das Französische zurück, weil er sich – seit 1916 in Paris lebend – an ein französisches Publikum wandte und daher die Sprache der Besucher einer Ausstellung in einem Pariser Theater, dem Théâtre Edouard VII, wählte, die seine „poèmes peints", seine „gemalten Gedichte", sehen sollten. Doch auch hier stand die Wirkung des Schocks im Vordergrund. Vicente Huidobro musste dies mit der Tatsache bezahlen, dass die Ausstellung aufgrund des Protests zahlreicher Besucher nach wenigen Tagen schon wieder geschlossen werden musste und leider auch einige Gedichte Huidobros gänzlich verloren gingen. Es handelte sich wahrlich um ein engagiertes Publikum, das aktiv gegen diese Art von Kunst vorging – bis hin zu jenem Schauspieler in einem Theaterstück von Oliverio Girondo, der sich weigerte, das Publikum als ‚dumm‘ zu beschimpfen – aus Angst vor den Konsequenzen.

Denn bei den europäischen Avantgarden gehörte es zu den zentralen Verfahren, das Publikum zu schockieren, folglich als ‚Bürgerschreck‘ aufzutreten und aufzutrumpfen. Das „épater le bourgeois" der Romantiker und Spätromantiker ist den Avantgardisten also geläufig, ja sie brauchen es bisweilen notwendig, um einen Gegenkanon künstlerischer Ausdrucksformen abzugrenzen. Dass diese Abgrenzung von ‚traditionellen‘ Kunst- und Literaturformen innerhalb des eigenen Werkes nicht ganz so radikal wie oftmals inszeniert vonstattenging, zeigt – wie wir gleich sehen werden – ein Blick hinter die Kulissen des Gedichts, also in seine intratextuelle literarisch-künstlerische Vorgeschichte.

Huidobros Gedicht *Moulin* ist im Programm der Ausstellung, behandelt jedoch einen Gegenstand – die Windmühle –, der sich leitmotivisch im gesamten Werk Vicente Huidobros finden lässt: ein Bild, das den Dichter verfolgt und immer wieder beschäftigt zu haben scheint. Das Gedicht besteht aus einer Eingangszeile und 6 regelmäßigen, partiell reimenden vierzeiligen Strophen. Die Eingangszeile finden Sie wieder als Drehachse im Zentrum des Ikonotexts oder, wenn Sie so wollen, im Zentrum der Achse der Windmühlenflügel. Ein zusätzliches optisches Element war bereits den traditionell angeordneten Strophen insoweit zugeordnet worden, als für vier der sechs Strophen sich die Bezeichnungen „Matin", „Midi", „Soir" und „Nuit" (also Morgen, Mittag, Abend und Nacht) finden lassen. Sie bilden gleichsam den Tageszyklus, einen Kreis, der die zentrale Achse des Ikonotexts mit den einzelnen Windmühlenflügeln verbindet. Diese Flügel sind durch die jeweiligen Strophen gebildet und zu einem Kreis angeordnet, welcher die zyklische Wiederholung andeutet.

Die Kreisstruktur, welche in der Linearität des Strophengedichts nur auf einer höheren Abstraktionsebene eingefangen werden könnte, wird im Ikonotext visualisiert, keineswegs aber illustriert. Bei einem Ikonotext im engeren Sinne handelt es sich nicht um Text-Bild-Beziehungen, die wir in irgendeiner Weise als wechselseitige Illustrationen verstehen könnten. Das Bild illustriert nicht den Text, so wie der Text auch nicht das Bild illustriert oder erläutert. Ein Ikonotext im engeren Sinne ist vielmehr ein nicht mehr aufteilbares Ganzes, in welchem sich Text und Bild so sehr durchdringen, dass eine Zerstörung des gesamten Kunstwerks erfolgen müsste, würden wir einen Teil davon, sei es nun Bild oder Text, verschwinden lassen. Dass es sich in diesem Gedicht um eine Doppelstruktur handelt, was bei den anderen Beispielen der Ausstellung offensichtlich nicht der Fall war, spricht nicht dagegen, sondern macht nur auf den Sinnverlust aufmerksam und mehr noch auf den ästhetischen Verlust, den das Weglassen der visuellen Dimension verursachen würde. Ikonotexte sind symbiotische Gesamtkunstwerke: Text und Bild leben zusammen.

Die Kreisstruktur des Gedichts ist als Raumfigur selbstverständlich in die Zeitstruktur eingebunden. Wir können in unserer Kultur die Zeit nicht vom Raum trennen: Nicht umsonst sprechen wir von Zeit-Raum und Raum-Zeit. Dabei ist die Kreisstruktur als Zeitkonzeption der Wiederkehr eines Zeitablaufs zugeordnet, ganz so wie bei der zyklischen Abfolge der verschiedenen Teile eines Tages und einer Nacht. Insgesamt handelt es sich, von der Eingangzeile abgesehen, um vierundzwanzig Verse, was der Struktur der vierundzwanzig Stunden entspricht. Um sie drehen zu lassen, ist konstruktiv eine zusätzliche Zentralachse eingefügt, eben der Eingangsvers.

Die Mühle mahlt auch bereits im ersten Vers die Stunden, so dass dieses Element gleichsam visualisiert wird im Textbild oder, wie wir besser sagen sollten, im Bildtext oder ikonotextuellen Bildgedicht. Die vier hervorgehobenen Strophen sind parallel aufgebaut und drehen sich im wörtlichen Sinne um die Stunden, die Tage, die Monate und die Jahre, während zugleich Frühling, Sommer, Herbst und Winter die Kreisstruktur unterstreichen. Es ist der Zyklus der Zeit, der Natur und des Lebens.

Wir haben somit im Grunde zwei Zeitstrukturen, die miteinander verbunden sind. Sie haben prinzipiell bereits die beiden Anordnungsmechanismen des Gedichts im Raum kennengelernt: zum einen die Kreisstruktur des sich Wiederholens (der Tageszeiten oder der Jahreszeiten), zum anderen aber auch die Linearität bei den Stunden, den Tagen, den Jahren und – vergessen wir dies nicht – bei der sequentiellen Abfolge der Strophen selbst. Unsere Lektüre, unser Lesen ist prinzipiell linear. Die Resemantisierung der Windmühlenflügel folgt diesem Schema, insoweit es sich zum einen um eine zirkuläre Struktur handelt, zum anderen aber in der dritten Strophe, dem Abend oder auch dem Herbst, um ein Kreuz dreht, das als Sonnensymbol zwar gedeutet werden kann (und in der baskischen Svastika oder dem germanischen Hakenkreuz ja in der Tat auch zyklische Bedeutung als Sonnensymbol gewinnt), hier aber zweifellos als die Verbindung und Überkreuzung zweier linearer Gebilde, zweier Linien verstanden werden kann. Das Bild semantisiert den Text auf ebenso starke Weise wie umgekehrt: Es ist unmöglich, Bild und Text in diesem Ikonotext voneinander zu trennen.

Die wahre Mühle, so lernen wir zu Beginn der fünften Strophe, ist diese zeitliche Bewegung, die hier fixiert wird. Nicht umsonst bildet die fünfte Strophe das Mühlenhaus und vielleicht zwei Treppenstufen, die zu ihm führen, bildlich ab. Ganz traditionell und konventionell führen diese zeitlichen Allegorisierungen zur Vergegenwärtigung der vorübereilenden Zeit, die uns zum Tode führt, die folglich – mit Heidegger gesprochen – eine Zeit zum Tode ist. Dies konkretisiert sich in der sechsten Strophe, welche gleichsam den philosophischen (und reichlich konventionellen) Rahmen des Gedichts bildet und daher ganz zutreffend den Rahmen auch des Ikonotexts bestimmen muss. In diesem Rund der Schlussstrophe wird die Grundopposition Leben versus Tod evoziert und zugleich in eine kreisende Bewegung überführt, welche im Ikonotext an drei Seiten durch Pfeile signalisiert wird, an der vierten Seite jedoch zum Stehen kommt. Auf diese Weise blendet der *Moulin* die Dimension des Todes ein, das Zu-einem-Stillstand-Kommen der Zeit, des Lebens und Lebenswissens des Individuums wie der Gruppe: „Unsere Haare werden weiß", auch dies erneut eine letzte Beziehung zum Mehl, das in der Windmühle gemahlen wird und uns einerseits Lebensmittel und damit Mittel zum Leben, andererseits aber das Zeichen des kommenden Todes ist. Innerhalb dieser semantischen Opposition von Leben und Tod, aber auch in dieser semantischen (und existenziellen) Ambivalenz bewegt sich das faszinierende Bildgedicht Vicente Huidobros.

All dies mag uns heute nicht sonderlich revolutionär vorkommen; und doch war es dies sehr wohl für die damaligen Zeitgenossen. Der chilenische Avantgardist hantiert in diesem Gedicht wie auch in anderen seiner Texte mit wirklichen Experimenten, die versuchen, sprachliche Ausdrucksformen an der Grenze des Sagbaren, des Semantischen, aufzuzeigen und künstlerisch-literarisch auszuprobieren. Führen wir uns nochmals vor Augen: Das Problem der Avantgarde – und zwar jeder Avantgarde – besteht darin, wie ihr Name schon sagt, dass sie die künstlerische oder politische und ästhetische Vorhut dieser Bewegung sein muss, also niemals zum Stillstand kommen darf. Immer wieder erweitert sie die Grenzen des Eigenen auf Kosten des Fremden (oder des Gegners, der feindlichen Tradition und bürgerlichen Konvention). Der vektorielle Bewegungspfeil ist der Avantgarde eingeschrieben.

Auch ein Vicente Huidobro musste immer weitergehen, um die avantgardistische Spannung seines Schaffens aufrechtzuerhalten – denken wir nur an den siebten Gesang in seinem Gedicht *Altazor*, das sich an der Grenze des Klanglichen, befreit vom Semantischen, vom Sinn-Machenden, von jeglicher stringenter Logik bewegt. Noch sind es zehn Jahre bis zur Veröffentlichung von *Altazor* und seines apokalyptischen siebten Gesangs, in welchem das Phonetische die Textualität nicht nur beherrscht, sondern schon – wenn auch nur ,fast' – ausfüllt. Dies ist der avantgardistische Weg zum A-Logischen, zum A-Kausalen, zum A-Semantischen, den Huidobro in seinem dezentrierenden Schreiben noch vor sich hat. In seinem lyrischen Ikonotext *Moulin* dreht sich noch alles um eine mehr oder minder feste existenzielle Achse.

Und doch war der Weg weit vom hispanoamerikanischen Modernismo zu avantgardistischen Experimenten, die wie in diesem Gedicht die Beziehung zwischen einem lebensweltlichen Gegenstand (einer Mühle) und dessen übertragener Bedeutung wahrhaftig ins Bild (und einen Bildtext) setzen. Es ist ein sprachlich geformtes Sinn-Bild und komplexes Symbol, das – gerade weil es mit den Formen experimentiert – nicht allzu weit gehen darf im Bereich der schieren Inhalte, um überhaupt noch verständlich zu sein. Ist aber erst einmal die Technik, das künstlerische Verfahren, von der Leserschaft erfasst, so bedürfen diese Leserinnen und Leser nun anderer künstlerischer Kitzel, um zum Nachdenken angeregt und über Grenzen gebracht zu werden.

Sie sehen es unmittelbar ein: Eben dies ist die ‚Mühle' der Avantgarde und der Avantgardisten, die letztlich unter einem unerhört verschärften Originalitätsgebot stehen. Zugleich greifen sie aber auf das Lebensweltliche zurück, um dies – wie die Readymades eines Marcel Duchamp, die noch in Enrique Vila-Matas' Erzähltexten eine wichtige Rolle spielen – auf die Institution Kunst oder Literatur zu beziehen und letztlich die Wahrnehmung dieser Institution selbst zu thematisieren, zu problematisieren, zu öffnen und zumindest utopisch auch zu überwinden. Gewiss, wir wissen es heute besser: Die Institution Kunst oder Literatur wird so mitnichten aus der Welt geschafft, sondern nur um eine neue Schraubenumdrehung fester gedreht. Denn die Kunst vereinnahmt ihre Infragestellung als Kunst und macht sie eben dadurch wieder marktgängig: Dies ist die Lehre der historischen Avantgarden, welche die Neo-Avantgarden in ihr Kalkül miteinbeziehen und theoretisch wie künstlerisch berücksichtigen mussten. Doch mit dem Gedicht Huidobros haben wir ein wichtiges Verfahren („priem" für die russischen Formalisten) entdeckt, wie es beispielsweise in der Konkreten Poesie vorherrscht: die Visualisierung des Bedeutungsgehalts eines Wortes. Genau dahin führte der bereits erwähnte lange Weg Huidobros vom Modernisten zum entschlossenen Avantgardisten: Es war ein mühseliger Weg, und doch scheint er Huidobro als Künstler-Literat Flügel verliehen zu haben.

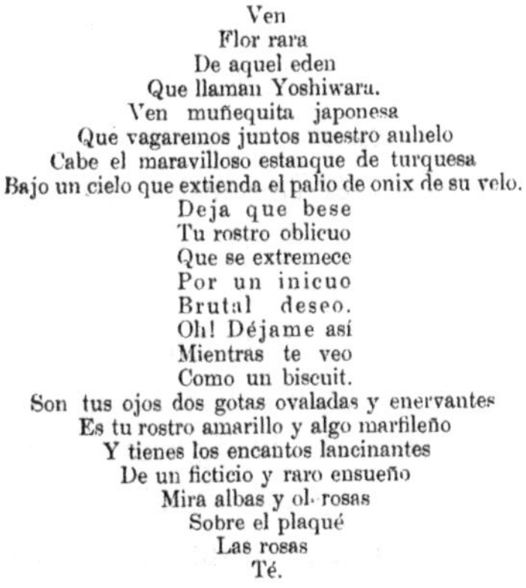

```
                    Ven
                 Flor rara
              De aquel eden
           Que llaman Yoshiwara.
         Ven muñequita japonesa
      Que vagaremos juntos nuestro anhelo
    Cabe el maravilloso estanque de turquesa
 Bajo un cielo que extienda el palio de onix de su velo.
            Deja que bese
            Tu rostro oblicuo
           Que se extremece
           Por un inicuo
          Brutal    deseo.
          Oh! Déjame así
          Mientras te veo
          Como un biscuit.
    Son tus ojos dos gotas ovaladas y enervantes
       Es tu rostro amarillo y algo marfileño
         Y tienes los encantos lancinantes
        De un ficticio y raro ensueño
         Mira albas y ol· rosas
            Sobre el plaqué
              Las rosas
                Té.
```

Abb. 58: Vicente Huidobro: *Nipona*, 1913.

Den Übergang vom Modernismo zur „Vanguardia" zeigen – oder visualisieren – sehr überzeugend jene frühen Textbilder oder Ikonotexte, die noch vor Huidobros Paris-Aufenthalt entstanden und in spanischer Sprache verfasst wurden. In seinen 1913 erschienenen *Canciones en la noche* finden sich vier Ikonotexte, von denen ich Ihnen zwei Beispiele kurz vorführen möchte.

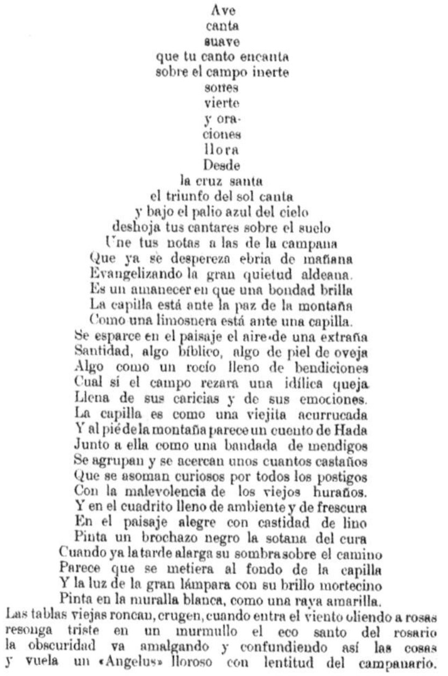

```
                            Ave
                           canta
                           suave
                  que tu canto encanta
                 sobre el campo inerte
                         sottes
                         vierte
                          y ora-
                         ciones
                          llora
                          Desde
                      la cruz santa
                 el triunfo del sol canta
              y bajo el palio azul del cielo
            deshoja tus cantares sobre el suelo
          Une tus notas a las de la campana
          Que ya se despereza ebria de mañana
          Evangelizando la gran quietud aldeana.
          Es un amanecer en que una bondad brilla
          La capilla está ante la paz de la montaña
          Como una limosnera está ante una capilla.
       Se esparce en el paisaje el aire de una extraña
       Santidad, algo bíblico, algo de piel de oveja
       Algo como un rocío lleno de bendiciones
       Cual si el campo rezara una idílica queja
       Llena de sus caricias y de sus emociones.
       La capilla es como una viejita acurrucada
       Y al pié de la montaña parece un cuento de Hada
       Junto a ella como una bandada de mendigos
       Se agrupan y se acercan unos cuantos castaños
       Que se asoman curiosos por todos los postigos
       Con la malevolencia de los viejos huraños.
       Y en el cuadrito lleno de ambiente y de frescura
       En el paisaje alegre con castidad de lino
       Pinta un brochazo negro la sotana del cura
       Cuando ya la tarde alarga su sombra sobre el camino
       Parece que se metiera al fondo de la capilla
       Y la luz de la gran lámpara con su brillo mortecino
       Pinta en la muralla blanca, como una raya amarilla.
   Las tablas viejas roncan, crugen, cuando entra el viento oliendo a rosas
   resonga triste en un murmullo el eco santo del rosario
   la obscuridad va amalgando y confundiendo así las cosas
   y vuela un «Angelus» lloroso con lentitud del campanario.
```

Abb. 59: Vicente Huidobro: *La Capilla Aldeana*, 1913.

Die beiden Gedichte weisen unterschiedliche Charakteristika auf. Das Gedicht *Nipona* ist ein Ideogramm, bei dem der poetische Text eine geometrische, aus einfachen Formen zusammengesetzte komplexere Form ausfüllt. Die einzelnen Zeilen oder Verse sind untereinander durch Kreuzreime verbunden, und dies unabhängig von der Silbenzahl, die zwischen einer Silbe und sechzehn Silben variiert. Die Lexeme dieser „japonerías" erinnern – vor allem in der ersten Strophe oder dem oberen Dreieck – unverkennbar nicht nur von der Thematik, sondern auch von ihrer Topik an die Sprache des Modernismo mit ihrer Farben- und Symbolwelt sowie der Freude am Ausgesuchten, Exquisiten, Exotischen.

Die Abwendung vom Modernistischen jedoch findet sich in der Anordnung der Gedichtzeilen zu ungewöhnlichen Formen. Eine gewisse Brüskierung des Modernismo bedeutet aber vor allem die semantische Überschreitung, wenn etwa plötzlich von „Brutal deseo" oder auch vom „biscuit" die Rede ist, wobei sich auf dem Gebiet des Körperlichen und Sexuellen Vergleichbares mitunter schon bei

Rubén Darío – in seinem Gedicht *Leda* beispielsweise – finden lässt. Sie bemerken, dass es gar nicht so einfach ist, eine trennscharfe Grenze zum Modernismo anzugeben.

In *Nipona* beobachten wir ein poetisches Zusammenwirken des Optischen mit Rhythmus und Reim. Durchaus modernistisch ist die Orientalisierung des Gegenstandes in Verbindung mit der Projektion männlicher Phantasien auf eine orientalische Frau, die zum gehandelten Objekt in dieser lyrischen Inszenierung wird. Vergessen wir dabei nicht, dass in der zeitgenössischen Kunst immer stärker die Perfektion japanischer Haikus hervorgehoben wurde, die in ihrer fest gefügten Form bei gleichzeitig scheinbarer logischer Sprunghaftigkeit die westlichen Dichterinnen und Dichter gerade zu Beginn des 20. Jahrhunderts – und natürlich auch bis heute – in ihren Bann zogen.

Gleichviel, ob Chinoiserie oder Japonerie: Thematisch ist dieses Gedicht *Nipona* noch durchaus im Orbit des Modernismo oder wäre in gewisser – allerdings nicht kanonischer – Weise noch nach hispanoamerikanischer Terminologie als postmodernistisch zu bezeichnen. Im Vordergrund steht noch immer das Sprachmaterial selbst, eine Tatsache, die – wie wir sahen – in *Moulin* bereits nachhaltig relativiert ist und einem Ineinanderwirken der verschiedenen künstlerischen Ausdrucksformen Platz gemacht hat.

Betrachten wir Huidobros Ikonotext *La Capilla Aldeana*, dann sehen wir auf den ersten Blick, dass – ähnlich wie in *Moulin* der im Titel angekündigte Gegenstand in ein Schrift-Bild verwandelt und als Kontur gezeichnet ist: Es handelt sich also um ein Piktogramm. Auch in diesem Gedicht sind die sprachlichen Signifikanzen und differentiellen Momente der traditionellen Gedichtform beibehalten, ist beispielsweise der Reim doch auch hier vorhanden. Diese Beibehaltung des Reims bei verschiedenster Silbenzahl erlaubt eine Stärkung der Bewusstmachung der künstlerischen Form, die mehrfach selbstreferentiell ist. Denn nicht nur ist der Titel in die Konturen einer Dorfkapelle gefasst, auch das ‚heilige Kreuz‘ selbst ist durch den Vers „la cruz santa" am Fuße des Piktogramms des Kreuzes gleich mehrfach ästhetisch zum Ausdruck gebracht. Das Spiel mit dem „Ave", das vom „suave" echoartig wiederaufgenommen wird, führt die Dimension des Akustischen ein, macht den Ikonotext damit auch zu einem Phonotext. Die Vieldeutigkeit des verwendeten sprachlichen Materials wird artistisch in den Mittelpunkt gerückt, wobei bemerkenswert ist, dass der durch „Ave" mitbedeutete Vogel nicht graphisch repräsentiert wird. Ist er (etwa bei der Annäherung des Priesters mit seiner schwarzen Soutane) schon wieder weggeflogen?

Die traditionelle Gedichtform erweist sich ebenfalls daran, dass das experimentelle Element gegenüber dem späteren *Moulin* noch deutlich zurückgenommen erscheint und zugleich die Linearität der Wahrnehmung des Gedichts in keiner Weise eingeschränkt ist: Wir lesen das Gedicht von Anfang bis Ende, von oben bis unten, lückenlos durch. Die narrativen Handlungselemente treten deutlich hervor, ihre Logik und Kausalität ist im Grunde ungebrochen. In der Tat ist die Übereinstimmung von Titel, Konturen und Inhalt im Sinne einer klaren Referentialisierbarkeit gegeben, so dass das eigentlich Artistische allein darin zu liegen scheint, wie es dem Künstler gelang, sein Sprachmaterial so anzupassen, dass es der vorgegebenen Form einer Kapelle gerecht werden konnte. Dies freilich ist ein eher handwerklicher denn künstlerischer Aspekt. Die sprachliche Aussage dominiert noch immer, ähnlich wie in den bekannten barocken Bildgedichten, in deren lange Traditionslinie sich dieser Ikonotext fraglos einschreibt.

Huidobros Kunst zeigt sich in diesen Gedichten jener Guillaume Apollinaires verwandt, der 1914 mit *Moi aussi je suis peintre* ähnliche Versuche der Visualisierung lyrischer Texte unternahm. Apollinaire war zweifellos ein wichtiges Bindeglied hinüber zur literarischen Avantgarde, ein Dichter, der für viele als Orientierungspunkt diente und gerade deshalb von bestimmten Avantgardisten – wie wir sahen – vehement angegriffen wurde. Vicente Huidobros eigentliche literarästhetische Leistung freilich wird sich erst im Umfeld seiner Auseinandersetzung mit den französischen Lyrikern und Künstlern mit ihren breiten Ausdrucksmöglichkeiten entwickeln und dabei zu jener Formel des Creacionismo finden, die er – unabhängig *und* zusammen mit seinem früheren Freund und späteren Feind Pierre Reverdy – entwickeln sollte. Dabei wandte er sich gegen einen simplen Mimetismus, gegen ein einfaches Abspiegeln der Dinge und stellte einer so verstandenen Mimesis den schöpferischen Akt, das Erschaffen der Dinge durch den Dichter-Demiurgen, durch den Poeten dieser „Visuellen Poesie", entgegen. Dass dies keineswegs im Sinne eines A-Mimetismus der Fall sein musste, hat Karin Hopfe in einer 1996 erschienenen Dissertation über die Lyrik Vicente Huidobros gezeigt.[7]

Lassen Sie mich an dieser Stelle eine kleine europäische Rückblende einbauen! Denn die Entwicklung des Bildgedichtes ist ein für die historischen Avantgarden insgesamt so wichtiger Schritt, der dann auch die Entfaltung der Konkreten Poesie anregen sollte, dass wir noch einmal auf die Dimension des Graphischen anhand erster Experimentalversuche zu Beginn unseres Jahrhunderts zurückkommen sollten. Als jene Figur, die dem Experimentellen gerade in Hinblick auf die visuelle, die graphische Dimension des Gedichts zu einem frühen Zeitpunkt die vielleicht entscheidenden Erkenntnisse abringen konnte, darf wohl – auch wenn uns Vicente Huidobro in dieser Frage bestimmt nicht Recht geben würde – Guillaume Apollinaire gelten. Er war, wie wir sahen, nicht nur

---

7 Vgl. zur Bedeutung der Mimesis Hopfe, Karin: *Vicente Huidobro, der Creacionismo und das Problem der Mimesis*. Tübingen: Gunter Narr Verlag 1996.

Bezugspunkt für die Futuristen, sondern viel mehr noch für die Dadaisten; und auch den französischen Surrealisten gab er entscheidende Impulse mit.

Guillaume Apollinaire, der eigentlich Wilhelm Apollinaris de Kostrowitzky hieß, wurde in Rom am 26. August 1880 als unehelicher Sohn einer polnischen Mutter und eines italienischen Vaters geboren. Er lebte vor allem in Paris, wo er sich früh mit Vorläufern der Avantgarde wie Alfred Jarry anfreundete und nach einem intensiven Leben als Dichter und Künstler am 9. November 1918 verstarb. Er erlitt 1915 an der Front im Ersten Weltkrieg eine Kopfverletzung und wurde wenige Tage vor Kriegsende, noch geschwächt, zu einem der zahlreichen Opfer der Spanischen Grippe, jener Pandemie, die zusammen mit dem Weltkrieg der vorangehenden Phase beschleunigter Globalisierung ein Ende setzte. Doch sein Schaffen ist bis heute nicht nur in Frankreich sehr lebendig geblieben.

Abb. 60: Guillaume Apollinaire (Rom, 1880 – Paris, 1918).

Seine zu Lebzeiten bedeutendste Gedichtsammlung *Alcools* erschien 1913, doch seine kurz nach seinem Tod veröffentlichten *Calligrammes* waren Texte, deren Bedeutung in der typographischen Anlage lag und in denen Apollinaire mit der visuellen Kraft der graphischen Anordnung des Sprachmaterials experimentierte. Neben dieser semantischen Intensivierung des Wortmaterials arbeitete Apollinaire auch verstärkt mit Collagen und erneuerte die künstlerischen Ausdrucksmöglichkeiten seiner Zeit. Als Freund Jarrys wirkte er nachdrücklich auf die Entwicklung eines surrealistischen Theaters ein. Dass er zu seinem Broterwerb auch pornographische Romane verfasste, gehört zu dieser schillernden Persönlichkeit eines Dichters, den man in vielerlei Hinsicht Huidobros Creacionismo hätte zuordnen können, hätte er nicht in Paris gelebt und sich ausschließlich für das Französische entschieden.

Die visuelle Gestaltung von Gedichten geht zunächst von der simplen Tatsache aus, dass sich jedes Gedicht, in welcher Sprache es auch immer verfasst sein mag, in schriftlicher Form schon durch seine typographische Gestalt, durch seine „mise en page", zu erkennen gibt. Daraus entspringt die Vorstellung, diesen Bereich experimentell auszutesten. Das lyrische Textbild erzeugt schon per se eine Simultaneität der Wahrnehmung, wie sie den Avantgardisten ins Auge stach oder stechen musste. Es ging nur darum, diese gleichsam ‚natürliche' Wahrnehmung der typographischen Gestaltung eines Gedichts radikal zu entautomatisieren.

Ein verändertes Textbild provoziert eine Art Unmittelbarkeit, erschwert aber zugleich auch die Wahrnehmung durch eine an Konventionen gewöhnte Leserschaft. Würde man die verschiedenen literarischen Gattungen nicht nach ihrem Umfang, nach inhaltlichen Kriterien oder anderen Aspekten, sondern nach der jeweils erforderlichen oder praktizierten Lesegeschwindigkeit unterteilen, so wären Gedichte ganz zweifellos jene literarische Form, bei der die Lesegeschwindigkeit am niedrigsten liegen dürfte. Das Bildgedicht nun reduziert diese Geschwindigkeit noch einmal sehr, da der Unmittelbarkeit einer ersten, quasi-simultanen Wahrnehmung eine hernach durchaus erschwerte schriftsprachliche Wahrnehmung folgt. Die inter- und transmediale Verschränkung von Text und Bild im Ikonotext verlangsamt die Wahrnehmungs- und Lesegeschwindigkeit zusätzlich: Dies gilt es zu berücksichtigen, wenn man sich poetischen Ikonotexten annähert.

Guillaume Apollinaire experimentierte seit 1911 mit verschiedenen Formen der Verschränkung von Text und Bild, also mit unterschiedlichen Formen poetischer Ikonotextualität. In der Tat haben wir es in diesen Fällen mit einer inter- beziehungsweise transmedialen Verstärkung sinnbildender und sinnmultiplizierender, sich wechselseitig verstärkender semantischer Prozesse zu tun: intermedial, wenn sich ein Dialog zwischen zwei medialen Ebenen – etwa Bild und Schrift – ergibt; transmedial, wenn die Querung unterschiedlicher Ebenen etwa zwischen Sprache, Klang und Bild hin- und herläuft.

Der erschwerte Übergang vom Schauen zum Lesen betrifft bei dem nun folgenden Gedicht Apollinaires, mit dem wir uns nur kurz beschäftigen können, vor allem die Anordnung der Leserichtung, wenn auch nicht die vorherrschende, von links nach rechts horizontal verlaufende Leserichtung insgesamt. Denn wir müssen nach der ersten Betrachtung in der Tat notwendig das Gedicht drehen, um es lesen zu können. Dann aber sehen wir die folgenden Verse des Gedichts *Il pleut* aus Apollinaires *Calligrammes* in seiner überzeugenden graphischen Gestalt und verstehen vielleicht besser, warum der Dichter seine Texte ursprünglich als „idéogrammes lyriques" bezeichnete. Das frühe Interesse Apollinaires für verschiedene Schriftarten und insbesondere für die chinesische Schrift ist noch erahnbar. Das Gedicht *Il pleut* aus dem Jahre 1914 besteht aus insgesamt fünf Versen, wobei die Worte dieser Verse nach futuristischer Manier gleichsam ‚frei' oder ‚befreit' sind:

IL PLEUT

Il pleut des voix de femmes comme si elles étaient mortes même dans le souvenir

C'est vous aussi qui pleut merveilleuses rencontres de ma vie ô gouttelettes

Et ces nuages cabrés se prennent à hennir tout un univers de villes auriculaires

Ecoute s'il pleut tandis que le regret et le dédain pleurent une ancienne musique

Ecoute tomber les liens qui te retiennent en haut et en bas

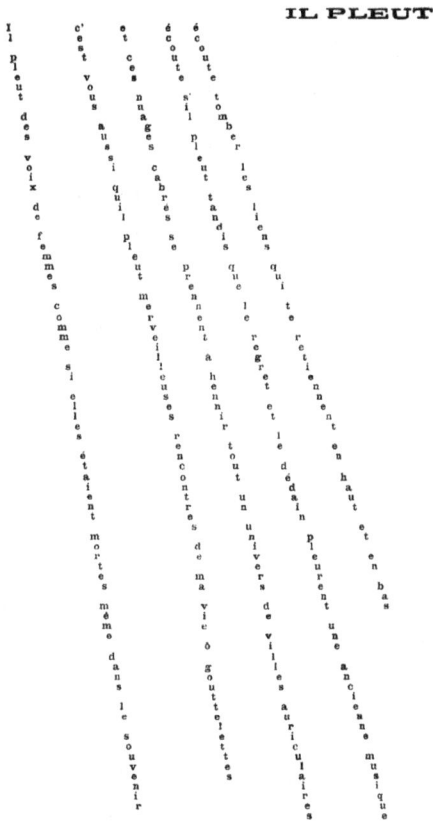

Abb. 61: Guillaume Apollinaire: *Il pleut*, Kalligramm, 1911.

Il pleut des voix de femmes comme si elles étaient mortes même dans le souvenir
C'est vous aussi qui pleut merveilleuses rencontres de ma vie ô gouttelettes
Et ces nuages cabrés se prennent à hennir tout un univers de villes auriculaires
Ecoute s'il pleut tandis que le regret et le dédain pleurent une ancienne musique
Ecoute tomber les liens qui te retiennent en haut et en bas.

Das ikonotextuelle Bildgedicht ist vertikal und nicht horizontal angeordnet. Es bildet gleichsam Wortschnüre, die ohne Interpunktion die Worte aneinanderreihen und auch manche für das Französische so wichtige Apostrophes unterdrücken. Die Verse folgen keinem Reimschema und stellen daher „vers libres" dar. Die verlangsamte Geschwindigkeit der Wahrnehmung des Gedichts erhöht ganz zweifellos die Semantizität der zu entziffernden Regenschnüre, von denen der letzte, der im Übrigen genau das ‚Unten' thematisiert, das Unten des Textes, gleichsam das Auftreffen der Regenschnüre auf den Boden, nicht mehr erreicht. So gibt es eine Art schwebenden Abschluss.

Apollinaires lyrische Kreation besitzt eine einfache Grundstruktur: Die beiden ersten Verse des Gedichts evozieren das Gedächtnis des Dichters und die Vergangenheit, sind also ganz der Erinnerung gewidmet. Im dritten Vers, der eine zentrale Stellung einnimmt, beobachten wir einen Übergang, der in die Kontemplation des Himmels eingebettet ist. In den beiden abschließenden Versen konzentriert sich das Gedicht auf die Wahrnehmung, auf das Hören und die Musik. Es ist ganz zweifellos so, dass sich die vertikale Anordnung auch als ein Absteigen, ein Hinuntersteigen in die Vergangenheit deuten lässt, wobei das Schweben des letzten Verses über dem Boden eine eigentümliche Spannung erzeugt. Die Vertikalität der Regenschnüre versinnbildlichen eine „descente" in die Bereiche der Unterwelt, des Unbewussten.

Beim Hinabsteigen in die Vergangenheit sind die Frauenstimmen, erst einmal ganz unten angekommen, im „souvenir" platziert, in der Erinnerung des Endes der ersten Regenwortschnur. Mag sein, dass damit autobiographisch das Ende einer Liebesbeziehung Apollinaires mitgemeint ist. Das Thema der Begegnung, ja der wunderbaren Zufallsbegegnung, ist im zweiten Vers thematisiert, so wie auch die Begegnung mit ganz bestimmten Regenschnüren selbstverständlich eine der zufälligen Art ist. Der Zusammenklang, die Musik der Regentropfen, kurz: die Phonotextualität spielt eine wichtige Rolle: Die Synästhesie bildet eine zentrale Dimension dieses mit einer Stadtlandschaft verknüpften Gedichts, in welchem Bild, Schrift und Klang in den Regentropfen zusammenkommen. Auch das taktile Element ist vom ersten Vers an präsent.

Es regnet offenkundig auf eine Fläche in einer urbanen Landschaft, wobei die unterschiedlich langen Regenschnüre auch eine Art Dreidimensionalität der Wahrnehmung erzeugen. Wichtig scheint mir bei diesem Bildgedicht die Tatsache, dass auf der inhaltlichen Ebene weniger das Visuelle als vielmehr das Akustische thematisiert wird. Dies beginnt mit den Stimmen der Frauen und setzt sich dann fort mit verschiedenen Geräuschen, auch dem Geräusch des Regens selbst, bis hin zum menschlich organisierten Klang, der Musik und damit der akustischen Kunst. So bestimmt das Hören in diesem Bildgedicht die eigentliche Fokalisierung der Wahrnehmungsprozesse, die gerade auch in der direkten Anrede der Leserschaft eingefordert werden. Die Aufforderung des Zuhörens ergeht im Medium des schriftlichen Textes, der auf die lautliche Sprache und Anrede des Dichters verweist.

Wir sollten an dieser Stelle nicht weiter in das Gedicht *Il pleut* eindringen, da wir für unsere Vorlesung bereits wichtige Erkenntnisse sammeln konnten. Die Lyrik von Guillaume Apollinaire aktiviert alle Sinne, spricht alle Sinne an und bringt sie miteinander in Verbindung. Sinn wird zu einer Dimension sinnlicher Erfahrung und nicht zu einer Folge logisch aufeinander aufbauender Syntagmen. Apollinaires *Il pleut*, das letzte seiner zweiten Sammlung *Calligrammes*, lotet auf herausragende Weise viele Möglichkeiten eines Bildgedichts aus, die in der Folge nicht zuletzt von den französischen Surrealisten und den Vertreter*innen der Konkreten Poesie, aber auch schon von Vicente Huidobro sehr kreativ umgesetzt worden sind. Lassen Sie uns nach diesem kurzen Abstecher wieder zurück zu diesem wichtigen Vorläufer und frühen Vertreter der Avantgarden in Lateinamerika zurückkehren, wenn auch sicherlich zu einem Vertreter, der gerade mit den Entwicklungen in Europa und insbesondere in Frankreich aufs Engste vertraut war.

Im Rahmen dieser Vorlesung ist es uns leider nicht möglich, der Theorie und vor allem der Praxis des Creacionismo in all ihren Einzelheiten nachzugehen und die zahlreichen Widersprüche und kreativen Missverständnisse im Schaffen des chilenischen Dichters aufzudecken. Es handelt sich bei Huidobros Creacionismo keineswegs nur um einen mehr der zahlreichen „Ismos", welche die Jahrzehnte bis zur Mitte des Jahrhunderts bevölkern sollten, sondern um eine der einflussreichsten künstlerischen Strömungen eines der sicherlich herausragenden Dichter der Avantgarde in Lateinamerika. Der Creacionismo, der als Begriff möglicherweise als Schimpfwort nach einem Vortrag Huidobros entstand, hat dabei im engeren Sinne nie schulbildend, stets aber befruchtend auf die zeitgenössische Lyrik Hispanoamerikas und bis hinein in unsere Zeit impulsgebend gewirkt. Dass der Creacionismo aber nicht – wie häufiger zu lesen – auf eine Creatio ex nihilo setzte, sondern sich sehr wohl in existierende literarische und künstlerische Traditionen und Filiationen einschrieb und mit zahlreichen Modellen anderer Poetiken spielte, dürften unsere Überlegungen und die Beispiele von Ikonotexten in aller wünschenswerten Deutlichkeit gezeigt haben. Auch in diesem Sinne bildet diese Strömung nicht die Ausnahme, sondern vielmehr die Regel der Avantgarden in Lateinamerika.

Vicente Huidobro ist keineswegs nur von europäischen Koordinaten der Avantgarden her zu bestimmen, weist auch seine Lyrik und vielleicht mehr noch seine Strategie innerhalb des literarischen und intellektuellen Feldes auf die äußerst engen Beziehungen zur europäischen und insbesondere französischen Avantgarde hin. Von Beginn an standen in Lateinamerika andere Konzepte und Zielsetzungen der Avantgarden im Vordergrund; und es wäre sträflich sowie wissenschaftlich verantwortungslos, würde man sie in ihren Entwicklungen lediglich als ‚Abweichung' von einem europäischen Vorbild oder Modell behandeln und abtun.

Zum freien Umgang mit den europäischen Ideen, Vorstellungen und Praktiken gehört insbesondere die gezielte Verwendung der in den Avantgarden so beliebten Textsorte des Manifests, dessen erstes Huidobro im Jahr 1914 verfasst hatte. Diesem ersten Manifest sollte noch eine lange Reihe weiterer folgen, die Huidobro später gesammelt (wenn auch nicht in vollständiger Reihung) herausgab. Gegenüber den ersten Manifesten der europäischen Avantgarden ist bei Huidobros avantgardistischen Aktivitäten mithin eine nur wenige Jahre umfassende ‚Verspätung' zu beobachten, die aber nicht als rein zeitliche Verspätung zu begreifen ist, sondern mit dem Zeit-Raum und der spezifischen Situation Hispanoamerikas in Verbindung gebracht werden muss.

Vicente Huidobros erstes Manifest erschien kaum später als das Gründungsmanifest des italienischen Futurismus von 1909: Diese Publikation liegt durchaus noch im Bereich einer relativen Simultaneität. Vergleichen wir kurz mit der Situation in Europa: In Deutschland etwa datiert das erste futuristische Manifest in Form eines offenen Briefes von Alfred Döblin an Filippo Tommaso Marinetti auf das Jahr 1913; die ersten Manifeste in Frankreich stammen von 1912; das *Intersektionistische Manifest* von Fernando Pessoa erschien in Portugal 1915; Tristáns *Futuristische Proklamation an die Spanier* datiert auf 1910; die ersten russische Manifeste erschienen 1912. Wir können also wohlfundiert von einer relativen Gleichzeitigkeit und nicht länger von einer bedeutsamen ‚Verspätung' sprechen.

Was aber beinhalteten diese Manifeste? Wir haben uns ja bereits zweimal in unserer Vorlesung ausführlicher mit der Textsorte des Manifests auseinandergesetzt. Wir sind dabei in guter Gesellschaft, beschäftigte sich doch Vicente Huidobro selbst mit dieser Art von Literatur recht intensiv. Er tat dies ebenso reflexiv wie selbstreflexiv, ebenso kritisch wie selbstkritisch: Er führte seine literarischen Untersuchungen beispielsweise in seinem *Manifestes Manifeste* durch, das ich Ihnen hier in deutscher Übersetzung vorlege und nicht in der 1925 ursprünglich auf Französisch publizierten Fassung eines gewissen Vincent Huidobro:

> Nach den letzten, auf die Dichtung geschleuderten Manifesten habe ich meine eigenen neu gelesen und finde mich, mehr als zuvor, in meinen alten Theorien wieder.
>
> Die Manifeste Tristan Tzaras liegen vor mir sowie drei surrealistische Manifeste und meine eigenen Aufsätze und Manifeste. Was ich zuerst feststelle, sind gewisse Dinge, die uns allen gemeinsam sind, eine logische Überschätzung der Dichtung und eine ebenso logische Geringschätzung des Realismus. Der Realismus in der gewöhnlichen Bedeutung des Wortes, d. h. der mehr oder weniger geschickten Beschreibung von Wahrheiten, die schon zuvor existieren, interessiert uns nicht und wir diskutieren diese nicht einmal, denn die Wahrheit der Kunst beginnt dort, wo jene des Lebens endet. Der Realismus hat in unserem Land kein Bürgerrecht.
>
> Die dadaistischen Manifeste Tzaras sind zu seiner Zeit heftig diskutiert worden, dass es nicht der Mühe wert ist, darauf zurückzukommen. [...]
>
> Nun aber entzieht diese Form des Schreibens, das die Feder unter dem Einfluss eines automatischen, dem Traum entsprungenen Diktats führt, dem Dichter und der Dichtung die ganze Kraft seines natürlichen Rauschs (natürlich bei Dichtern). D.h. sie entzieht ihm das tief verwurzelte Geheimnis von Ursprung und Ausführung, das gesamte Spiel der Wörterzusammenführung, ein bewusstes Spiel, selbst im Fieber des größten lyrischen Rausches, also die einzige Angelegenheit, die den Dichter begeistert. Wenn man mich des Augenblicks der Produktion, des wunderbaren Augenblicks des so übermäßig offenen Blickes,

der das Universum füllt und wie eine Pumpe aufsaugt, berauben würde, des begeisternden Moments dieses Zusammenführungsspiels auf dem Papier, dieses Schachspiels gegen das Unendliche, des einzigen Augenblicks, der mich die Alltagsrealität vergessen lässt, dann würde ich Selbstmord begehen. [...]
Die Dichtung ist etwas viel Schwerwiegenderes, weit Großartigeres, sie entspringt unserem Überbewusstsein.
So wie ich es bei meinen Vorträgen in Buenos Aires, Madrid, Berlin, Stockholm und Paris, im Theater am Square Rapp im Januar 1922, gesagt habe: „Das kreationistische Gedicht entsteht allein aus einem Zustand des Überbewusstseins oder des dichterischen Rausches."[8]

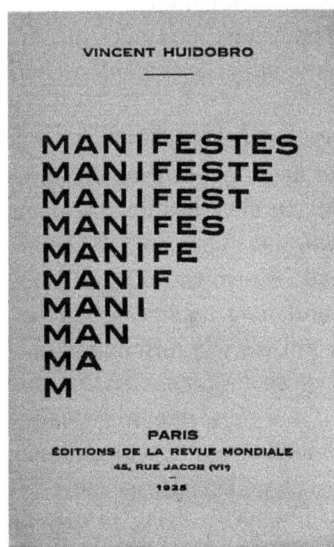

Abb. 62: Cover der Erstausgabe von Vicente Huidobros *Manifestes Manifeste ...*, 1925.

Wie Sie sehen, geht die selbstbewusst behauptete Kontinuität der eigenen schöpferischen Theoriebildung und der eigenen dichterischen Praxis von einer Lektüre anderer, gleichsam konkurrierender Manifeste, aber auch von den eigenen Proklamationen, Vorträgen und Reden aus, versucht jedoch zugleich, die Theorie des Creacionismo angesichts der zeitgenössisch dominant gewordenen Theoriebildungen und insbesondere der surrealistischen Praxis der „écriture automatique" konsequent zu behaupten. Vicente Huidobro versteckt sich mit seinen Manifesten nicht gerade hinter den großen Manifesten der Futuristen oder der Dadaisten Europas. Er verweist auf seinen eigenen kreationistischen Ansatz.

---

8 Huidobro, Vicente: Manifeste Manifestes (1925). In: Asholt, Wolfgang / Fähnders, Walter (Hg.): *Manifeste und Proklamationen*, S. 354 ff.

Dabei spricht er gegenläufig zu den Theorien Sigmund Freuds, auf welche die Surrealisten stark rekurrierten, von einem Überbewusstsein und hebt im Gegensatz zu Tendenzen, die zentrale Position des Subjekts im automatischen Schreiben aufzulösen, die Rolle des schöpferischen Poeten hervor. Dichtung und Rausch lassen uns nicht nur an die Surrealisten und ihre Aufwertung des Unbewussten denken, sondern zugleich auch erkennen, dass sich Vicente Huidobro sehr früh schon intensiv mit dem Vater der Psychoanalyse literarästhetisch auseinandersetzte und sehr persönliche künstlerische Konsequenzen aus dieser Beschäftigung zog. In seinen Überlegungen blieb er freilich Funktion und Rolle des großen Poeten verpflichtet, wobei für ihn das Produzieren von Lyrik – die verwendete Metaphorik zeigt es an – nach wie vor im Mittelpunkt des schöpferischen Prozesses steht.

Huidobro lehnt in seinem Manifest eine ganz bestimmte Form des Realismus ab, jene nämlich, welche die Dinge der Realität in die Kunst transponiert und mimetisch direkt anzueignen bestrebt ist. Sein Augen-Blick des übermäßigen Blickes, der das Universum füllt und danach alles wie eine Pumpe in sich hineinsaugt, ist auf einer zweifachen Bewegung aufgebaut: Jenem gewalt gen Füllen des Universums durch den Dichter und Schöpfer und danach jenem Einatmen, Einsaugen der so gefüllten Welt – ein organischer Prozess von Ausatmung und Einatmung. Dies ist weit von einer kompletten Absage an die äußere Realität entfernt, sondern eine Abkehr von einer bestimmten Art und Weise ihrer Anverwandlung. Huidobros Verhältnis zur Mimesis bleibt spannend und geht keineswegs in Richtung eines dichterischen Hermetismus, wie dies bisweilen zu lesen ist.

Kreationistisch meint im Sinne des chilenischen Dichters also keine Creatio ex nihilo, wie sich auch hier zeigt, sondern vielmehr eine dialogale und mehr noch polylogische Form von Anverwandlung, in welcher der Dichter *zugleich* über den Rauschzustand und die Fähigkeit höchster kognitiver Wahrnehmung, zugleich über dunklen Traum und rationales Schachspiel verfügt und gebietet. Wir haben es nicht mit einer Auflösung des künstlerischen Subjekts, sondern eher mit dessen Überhöhung zu tun, was gewiss auch autobiographische beziehungsweise in der starken Persönlichkeit Huidobros verankerte Gründe besitzen kann.

Es sind folglich – um mit dem Begriff des Manifests etwas zu spielen – das Manifeste *und* das Latente, der Trauminhalt und eine bestimmte Schicht der Realität, welche Eingang in den Höhepunkt schöpferischen Tuns finden. Dass wir in diesem auf Französisch verfassten Manifest wie auch in den meisten anderen Manifesten Huidobros nichts zur spezifisch lateinamerikanischen Situation erfahren, sollte uns nicht beunruhigen, handelt es sich bei diesem Text doch um eine sehr gezielte Auseinandersetzung mit der französischen Avantgarde. Die Integration in die spezifisch lateinamerikanischen Kontexte und Filiationen blieben Huidobro sehr bewusst, hätten an dieser Stelle aber – angesichts eines noch bis in unsere Tage spürbaren Eurozentrismus in der Theoriebildung der Avantgarde – den Effekt, die Wirkung auf eine europäische Leserschaft gestört. Im Übrigen wäre es, um erneut mit Jorge Luis Borges zu sprechen, gerade kein Zeichen einer wie auch immer deutbaren ‚Lateinamerikanizität‘, wenn das Manifest nur so von vermeintlichen Lateinamerikanismen gefüllt gewesen wäre. Vicente Huidobro ging es nicht darum, Kamele in den Koran zu tragen.

Im Übrigen war der chilenische Dichter und Theoretiker innerhalb des europäischen Kontexts keineswegs der einzige, der sich Gedanken über die eigenen, vor allem aber die anderen Manifeste machte und diese publizierte. Auch der Dadaist Tristan Tzara, der in Huidobros Manifest Erwähnung fand, verfasste nicht nur Manifeste, sondern Meta-Manifeste: Manifeste über Manifeste also. Ein solches Meta-Manifest ist auch Huidobros *Manifestes Manifeste* und damit keineswegs ein Solitär. Es inszeniert den Dichter in seiner Produktion, zeigt eine Visualisierung des schöpferischen Aktes: Nicht umsonst dominiert gerade hier der offene Blick ins Universum, der Augenblick höchster optischer Wahr-Nehmung, wie sie – so Huidobro – allein dem Dichter und somit dem herausragenden Individuum in seinem Kreationsprozess zukomme. Dass hiermit nicht bloß ein bestimmtes Lebensgefühl, sondern vor allem eine Hierarchie innerhalb der künstlerischen Tätigkeiten gemeint ist und durchgesetzt werden soll, versteht sich von selbst.

Auffällig ist bei diesem Manifest Huidobros sehr wohl, dass es – ganz im Gegensatz beispielsweise zu jenen der französischen Surrealisten – die Rezeptionsseite nahezu vollständig ausblendet, die Aneignung bestimmter Techniken noch nicht einmal erwähnt oder höchstens – wie im Falle der „écriture automatique" – mit Abfälligkeiten bedenkt, um allein dem schöpferischen, dem kreationistischen Gestus, dem Furor divinus des Dichter-Demiurgen, die volle Aufmerksamkeit zu schenken. Wie bei Rubén Darío, der in einem berühmten Gedicht von den Dichtern als „Torres de Dios", als „Türmen Gottes" sprach, wie im hispanoamerikanischen Modernismo bleibt die Rolle des Dichters als Weltenschöpfer unangetastet.

Diese einseitige Ausrichtung am herausragenden Dichter-Subjekt ist bewusst und gewollt. Nicht nur auf Grund der zum Teil klaren, eindeutigen Frontstellung gegenüber den europäischen Surrealisten, nicht nur auf Grund von Huidobros nietzscheanischen Überzeugungen, auf welche letztlich seine Stärkung der Rolle der Imagination und seine Konzeption des „superconsciente", des „Überbewusstseins", zurückgehen. Diese Position ist das Ergebnis einer sich im zweiten Jahrzehnt des zurückliegenden Jahrhunderts vollziehenden Bewusstwerdung Huidobros, die Konzepte der hispanoamerikanischen Modernisten als normgebende Vorgänger zu kritisieren, zu negieren und schließlich zu bekämpfen, auch wenn noch sehr viel Modernistisches in seinen Gedankengängen fortlebt. Dies war geradezu notwendig der Fall, muss man sich doch immer vergegenwärtigen, dass es Rubén Darío und damit der damals führende Modernist war, der bereits 1909 im Bonaerenser Periodikum *La Nación* die Argentinier und Lateinamerikaner insgesamt mit den neuen, beunruhigenden futuristischen Ideen aus dem Europa vor dem Ersten Weltkrieg bekanntmachte.

Im oben angeführten Manifest Huidobros ist des Weiteren die Kombinatorik wichtig, also das Schachspiel mit bereits vorhandenen Elementen: Die spezifische Fähigkeit des Dichters erscheint so als eine des Kombinierens, des Zusammenfügens, des Verbindens schon vorhandener Bausteine. Der Schöpfungsakt ist folglich nicht notwendig ein Akt des Erfindens. Der Creacionismo impliziert eine Ästhetik, die keineswegs den vollständigen Bruch mit dem Vorherigen so radikal vollzieht, wie dies in manch einschlägiger Studie dargestellt wird. Es sind vielmehr die Anknüpfungen, die Fortentwicklungen, die Rückgriffe und das „invenire", das (Vor-) Finden und weniger das (Er-) Finden, das den kreationistischen Dichter ausmacht.

Huidobros eigene Poetik basiert auf Dekomposition und Rekomposition, wenn auch nicht in jenem Sinne, den Huidobro ebenfalls in seinem *Manifestes Manifeste* angriff: Sie erinnern sich an die Gebrauchsanweisung Tristan Tzaras zur Verfertigung eines dadaistischen Gedichts? Es ging darum, die Schnipsel eines Zeitungsartikels auszuschneiden, zu mischen und sorgfältig in eine neue, zufällig durch das Schütteln erzeugte Ordnung zu bringen. Nichts aber hätte Huidobro ferner gelegen. Für ihn war der Kreator kein Schüttler, sondern im Grunde ein Demiurg in seinem Reich, in seinem weiten Universum.

So erscheint der Künstler und Dichter als ein kleiner Gott – eine Vorstellung, die wir freilich auch hier nicht als etwas völlig Neuartiges verstehen, sondern in ihren Bezügen zur romantischen Ästhetik beleuchten sollten. Denn im 19. Jahrhundert war der Sakralbegriff des ‚Schöpfers' desakralisiert und für andere ‚Schöpfungsprozesse' geöffnet worden, während umgekehrt die profane Figur des Dichters als Schöpfer neuer Welten sakralisiert wurde – ein „chassécroisé", welches das 19. Jahrhundert in seiner Gesamtheit charakterisiert. Schütteln allein aber, dies war Huidobro klar, konnte den Dichter und die Dichtkunst nicht tragen und nicht weiterbringen.

Damit wandte sich Vicente Huidobro aber nicht nur gegen Tristan Tzara oder die französischen Surrealisten, sondern zugleich auch gegen eine Auflösung der Grenze zwischen Literatur und Lebensalltag, die den europäischen Avantgardisten so am Herzen lag. Genau an diesem Punkt scheint mir der grundlegende Unterschied zu den europäischen Avantgardebewegungen zu liegen. Denn Huidobro hielt fest am Konzept des großen Dichters, an Bild und Metaphysik des kleinen Gottes, der seine eigene, lyrische Welt zu schaffen in der Lage war. Er knüpfte damit nicht allein an Rubén Darío und dessen Rede von den „Torres de Dios", sondern auch an José Enrique Rodó an, der in seinem nietzscheanisch geprägten *El que vendrá* auf die kommenden Philosophen oder Dichter anspielte, auf welche sich seine messianistischen Hoffnungen konzentrierten. Die Modernisten behielten dabei die Grenzen zwischen dem großen Poeten, dem großen Seher und der allgemeinen Masse des Volkes bei, wie dies etwa in der Schlussszene von Rodós *Ariel* zum Ausdruck kam. Vicente Huidobro veränderte an dieser Grundeinstellung nur wenige Elemente.

Kaum ein größerer Abstand ist hier denkbar zwischen der Position Huidobros und jener der Surrealisten. Dem Dichter kommt eine Vorreiterrolle, eine Avantgardeposition bezüglich der Versöhnung von Mensch und Welt im Sinne Huidobros zu. Auf der Ebene der Rolle des Dichters situiert sich auch die Verbindung zur „poésie pure", die in allen kreationistischen Äußerungen und Konzeptionen Huidobros mitschwingt. Eine Öffnung oder gar Demokratisierung der Kunst ist von dieser Position nicht zu erwarten.

Auch das 1931 erstmals veröffentlichte Manifest *Total* legt, trotz derartiger Interpretationsversuche, keineswegs eine Wende in Richtung auf (gesamtgesellschaftlich fällige) Demokratisierungsbestrebungen nahe, wie sie im Übrigen sehr wohl innerhalb des Modernismo Martí'scher Prägung zu beobachten waren. Im Gegenteil: Dieses zweifellos stärker politische Engagement ist durchaus für eine soziopolitische Totalisierung offen. Auch wenn dies über die Dichtkunst Huidobros wenig aussagen mag: von der Sakralisierung des Dichters ist es nur ein kleiner Schritt zu dessen totaler oder totalitärer Inthronisierung. Dies wirft zweifellos einen Schatten auf die Konzeptionen des Chilenen.

An dieser Stelle muss man abschließend aber unbedingt hinzufügen, dass das zuvor erörterte Vor-Finden, die Kombinatorik von Dekomposition und Rekomposition, die Bezugnahme und Transformation von bereits vorhandenen Textmaterialien, die – wie Huidobro selbst sagte – Verwandlung des Abstrakten in Konkretes (wie im Falle seines Gedichts *Moulin*) und des Konkreten in Abstraktes (wie im Falle des *Manifestes Manifeste*) sich nicht nur auf den hispanoamerikanischen, sondern ganz selbstverständlich auch auf den europäischen Raum bezieht. Daraus eine literarische oder kulturelle Dependenz, eine Abhängigkeit Lateinamerikas von Europa in Sachen Avantgarde, abzuleiten, scheint mir ebenso überzogen wie die schlichte Behauptung, all dies sei – wie es ebenfalls in einschlägigen Studien vorgetragen wird – ‚típicamente latinoamericano'. Die lateinamerikanischen Literaturen sind in der ersten Hälfte des 20. Jahrhunderts sehr wohl auf dem Weg, die Asymmetrie der literarischen Beziehungen im Zeichen der Avantgarden zu ihren Gunsten zu verändern, auch wenn dies die Zeitgenossen in Europa bestenfalls allmählich zur Kenntnis nahmen. Auch auf dieser Ebene der internationalen und mehr noch transarealen Beziehungen stellten die lateinamerikanischen Avantgarden keinen Bruch dar: Sie brachen nicht mit den Literaturen Europas, sondern verleibten sich diese – wie etwa der brasilianische Modernismo, den man nicht mit dem hispanoamerikanischen verwechseln darf – bisweilen kannibalistisch ein. Bis heute ist das Konzept der Anthropophagie, das von der avantgardistischen Bewegung des brasilianischen Modernismo ins Spiel gebracht wurde, ebenso im Bereich der Kunst (wie eine der Anthropophagie gewidmete Biennale von São Paulo zeigt) wie im Feld der Literatur von größter Relevanz.

Mit pauschalen Behauptungen von einer mutmaßlichen Dependenz oder Annahmen, das sei eben ‚typisch lateinamerikanisch‘, kommen wir nicht weiter. Vielmehr sehen wir, dass innerhalb unserer durchaus weit gefassten Anschauung und Definition von Avantgarde Vicente Huidobro zumindest in dieser Phase vor allem jener avantgardistischen Tendenz angehörte, die sich – wie in Mexiko Alfonso Reyes oder in Argentinien auch Oliverio Girondo – vor allem auf die Orientierung am Traditionsstrang der abendländischen Literaturen konzentrierte. Dabei nahm sie die Einbeziehung anderer kultureller Pole nicht vor oder verschob sie auf später. Zugleich aber eröffnete Vicente Huidobro – und hierin ist das Entscheidende seiner Kunst zu sehen – den lyrischen Ausdrucksformen der hispanoamerikanischen Literatur völlig neue Bereiche, schuf durch seine Experimente Zonen neuer Kreativität und führte in gewisser Weise die hispanoamerikanische Dichtkunst nicht nur auf der theoretischen, sondern vor allem auch auf der dichtungspraktischen Ebene an die Diskussionen der europäischen historischen Avantgarden heran. Er tat dies, ohne – wie man ihm fälschlich vorwarf – eine selbstreflexive Eigenposition vergessen und die spezifischen Bedingungen der Literatur in Lateinamerika übersehen zu haben. Mit Vicente Huidobro bestätigten die Literaturen Lateinamerikas, dass sie in einem weltweiten Zusammenhang auf der Höhe ihrer Zeit agierten.

César Vallejo oder die Verschmelzung von Leben, Lyrik und Politik

Nähern wir uns nun einer weiteren der großen Figuren lateinamerikanischer Avantgarde an, die in ihrem Leben und Werk gemeinsam mit Vicente Huidobro die enorme Breite, aber auch herausragende Qualität der amerikanischen Avantgarden belegt: César Vallejo! Er wurde am 16. März 1892 in Santiago de Chuco in den peruanischen Anden geboren und starb am 15. April 1938 in Paris. Der große peruanische Dichter kam als elftes Kind eines kleinen Verwaltungsbeamten auf die Welt. Seine Großväter waren spanische Priester, die Großmütter Indianerinnen: Vallejo sollte sich dieser Herkunft stets sehr bewusst bleiben und die indigene gemeinsam mit der sozialen Dimension in seinem Schreiben stark machen.

Abb. 63: César Vallejo (Santiago de Chuco, Peru, 1892 – Paris, 1938).

Sein ganzes Leben stand im Zeichen finanzieller Schwierigkeiten und Nöte. In seiner Jugend lernte er die rücksichtslose Ausbeutung des indigenen Proletariats in aller Schärfe kennen. Nach Abschluss der Grund- und Oberschule schrieb er sich für ein Medizinstudium in Lima ein, das er aus finanziellen Gründen jedoch niemals wirklich aufnehmen konnte. Ab 1913 erlaubt ihm eine Anstellung als Lehrer die Aufnahme eines Philologie-Studiums an der Universität von Trujillo, das er mit einer Arbeit über die spanische Romantik beendete; 1915 schloss sich ein Studium der Rechtswissenschaften an. Ab 1918 finden wir ihn in der peruanischen Hauptstadt Lima, wo er vorübergehend an einer Privatschule Arbeit fand. Es sind Jahre harter Schicksalsschläge, denn mehrfach erschütterte ihn der Tod ihm nahestehender Personen: 1915 starb sein jüngster Bruder Manuel, 1918 seine Mutter, 1919 der mit ihm befreundete Schriftsteller Abraham Valdelomar. Mitte 1920 ist er in einen obskuren Aufstand verwickelt, in dessen Folge er vier Monate

ohne jeden Grund inhaftiert wurde. Aus Furcht vor weiteren Verfolgungen entschloss er sich, zusammen mit einem Freund 1923 nach Europa zu reisen. Es war
eine gegenüber Vicente Huidobro ganz andere Parisreise: Denn in der französischen Hauptstadt lebte er kümmerlich von wenigen Artikeln und journalistischen
Arbeiten für peruanische Periodika sowie von Übersetzungen.

Einen ebenso biographischen wie ideologischen Einschnitt bedeuteten drei
Reisen in die damalige Sowjetunion in den Jahren 1928, 1929 und 1931, teilweise
finanziert von seiner späteren Frau Georgette. Ende 1930 aber musste er wegen
seiner kommunistischen Kontakte Frankreich verlassen und zusammen mit Georgette nach Madrid überwechseln, wo sich seine prekäre finanzielle Lage kaum
verbesserte. Anfang 1932 kehrte er heimlich nach Paris zurück, wurde im Sommer
aber schon von der Polizei aufgegriffen und verhaftet: Allein seine Zusage, sich
aller politischen Aktivitäten zu enthalten, bewahrte ihn vor der Abschiebung. Vergeblich versuchte er, von seinem Schreiben in Paris zu leben; auch seine Theater-
versuche fielen durch. Der Spanische Bürgerkrieg elektrisierte ihn; er nahm an
der antifaschistischen Solidaritätsbewegung teil, gründete zusammen mit Pablo
Neruda 1937 das „Comité Ibero-Americano para la defensa de la República Española" und figurierte ebenfalls beim Internationalen Kongress von Schriftstellern
und Intellektuellen gegen den spanischen Faschismus in Valencia und Madrid.
Seine politischen Überzeugungen hatten sich längst gefestigt.

Erst nach seinem frühen Tod im Jahr 1938 – er ist auf dem *Cimetière de
Montparnasse* beerdigt – fand sein gewaltiges dichterisches Schaffen zunehmend Anerkennung. Seine lyrischen Anfänge standen noch im Schatten des
Modernismo, insbesondere Rubén Daríos, doch wies sein erster Gedichtband *Los
heraldos negros* von 1919 bereits eine höchst individuelle Ausrichtung auf: Seine
lyrische Intensität und Vehemenz, seine bisweilen chaotische Anhäufung von
Lexemen und die Überschreitung, ja Sprengung aller Grenzen von Konvention
und traditioneller Rhetorik zeichneten bereits seinen ersten Band aus. Dichtung
war für Vallejo die Möglichkeit, alle Bereiche des Lebens zu erfassen, Leben in
seiner intimsten Form zugänglich zu machen und zugleich in seiner Schönheit
und obskuren Unergründlichkeit verwundert und bewundernd zu präsentieren.
Vallejos Themen ergaben sich geradezu organisch aus seinem intensiven Erleben
aller Dimensionen menschlicher Erfahrung, die assoziativ und a-logisch miteinander verknüpft werden. Wir werden uns gleich mit dem Titelgedicht von *Los
heraldos negros* von César Vallejo beschäftigen.

Bereits 1922, also noch vor seiner Parisreise, legte er mit dem Gedichtband
Trilce einen faszinierenden poetisch verdichteten Bruch mit allen Regeln herkömmlicher Sprache vor, der bis über die Grenzen des Unverständlichen und nur
mehr Erahnbaren hinausging. Schon der Titel gab Rätsel auf, wurde als Steige-
rungsform von „dulce", aber auch als Zusammenschluss von „triste" und „dulce"

gedeutet. Vallejo überforderte bewusst sein zeitgenössisches Publikum mit einer Dichtung, welche der Sprache alles abverlangte und Gewalt antat: Er versuchte, ins Unbewusste der Sprache und zugleich des Lebens vorzudringen und seiner Leserschaft keinerlei Strapazen auf dieser Reise zu ersparen.

Vallejos letzter, 1938 erstmals veröffentlichter Gedichtband *España, aparta de mí este cáliz* konnte erst postum ediert in den *Poemas humanos* in Paris am Vorabend des Zweiten Weltkriegs erscheinen und drückte die ganze Erschütterung aus, welche der Spanische Bürgerkrieg in Vallejo ausgelöst hatte. In den Kompositionen dieses Bandes drang Vallejo in einer gegenüber *Trilce* weniger radikalen Sprachdekonstruktion zum menschlichen Gehalt des Sterbens und des Weiterlebens, zum Kreatürlichen wie Schöpferischen im Menschen vor. An Intensität des Humanen in seiner Zerrüttetheit, Zärtlichkeit und Zerbrechlichkeit sind diese Gedichte schwerlich zu übertreffen.[1]

Mit den *Poemas humanos*, die kurz vor seinem Tod entstanden, hinterließ César Vallejo ein lyrisches Vermächtnis, das zugleich Ausdruck der Avantgarde und deren Überwindung war. Diese Gedichte berühren in besonderem Maße, da sie am Abgrund des Spanischen Bürgerkrieges, aber auch des bevorstehenden Zweiten Weltkrieges im Zeichen der Leiden alles Menschlichen verfasst wurden. Doch im Angesicht von Sterben und Tod glimmt noch immer eine letzte Hoffnung auf Erlösung des Menschen von all seinen Qualen auf. Den Visionen des Dichters vom eigenen Tod haftet indes etwas Ruhiges, bisweilen fast Heiteres an, so dass der Blick auf das Überindividuelle durch das Individuum selbst stets von neuem geschärft wird.

César Vallejo hat auch Prosa, Kurzromane und unter anderem den Roman *Tungsteno* 1931 verfasst, in welchem er aus seiner politischen Perspektivik das Elend der Arbeiter und die Knechtschaft der indigenen Bewohner Perus in scharfen Schnitten zum Ausdruck brachte. Seine kommunistischen Überzeugungen waren auch in diesem, auf realen Ereignissen beruhenden Erzähltext in einer tiefen Anschauung des Humanen fundiert. Daneben erfreuen sich seine Erfahrungen in der Sowjetunion (*Rusia en 1931*) heute eines verstärkten Interesses,[2] da sie ein entscheidendes Licht auf die Annäherungen zwischen künstlerisch-literarischer und politisch-ideologischer Avantgarde in der ersten Hälfte des 20. Jahr-

---

1 Vgl. auch Bosshard, Marco Thomas: Die Reterritorialisierung des Menschlichen in den historischen Avantgarden Lateinamerikas. Für ein multipolares Theoriemodell. In: Asholt, Wolfgang (Hg.): *Avantgarde und Modernismus. Dezentrierung, Subversion und Transformation im literarisch-künstlerischen Feld.* Berlin – Boston: Walter de Gruyter 2014, S. 147–168.

2 Vgl. u. a. das César Vallejo gewidmete Kapitel in García Bonillas, Rodrigo: *Escritores iberoamericanos en tierra soviética (1917–1957).* Phil. Diss. Universität Potsdam 2021.

hunderts warfen. Doch auch für César Vallejo war nicht nur die schmerzlich aus der Distanz vermisste Heimat Peru, sondern das weltoffene Paris, noch immer die „ville-lumière" der Lateinamerikaner, der künstlerische Bezugspunkt und zugleich sein Lebenszentrum, obwohl Vallejo im Gegensatz zu Huidobro nicht aus führenden Gesellschaftsschichten, sondern dem einfachen Volk seiner peruanischen Heimat stammte.

Schon der Physiognomie César Vallejos war die indigene Abkunft und die Herkunft aus einem kleinen Dorf in den peruanischen Anden stets zu entnehmen. Er blieb sich dieser Wurzeln seiner Existenz stets bewusst – ein wenig so wie Rubén Darío, der auch als Dichterfürst keineswegs seine indianische Abkunft verschwieg, sondern in manchen Gedichten explizit an diese anknüpfte und sich auf indianische lyrische Traditionen bezog. Schon aus den hier versammelten Biographemen wird jedoch ersichtlich, dass César Vallejo im Gegensatz zu Rubén Darío und Vicente Huidobro weniger auf der Sonnenseite des Lebens stand. Als Dichter genoss er zu Lebzeiten nur bescheidenen Erfolg und machte schließlich auch in seinem politischen Engagement eher traumatische Erfahrungen, die er in *España, aparta de mí este cáliz* zu höchstem lyrischem Ausdruck erhob.

In einem César Vallejo gewidmeten Abschnitt seiner berühmten *Siete ensayos* ließ José Carlos Mariátegui nicht ohne Grund mit *Los heraldos negros* (1918 laut Impressum, eigentlich 1919 erschienen) die neue peruanische Lyrik beginnen, ordnete diesem Gedichtband folglich eine Gründerfunktion innerhalb eines neuen literarischen Peru zu. Bleiben wir einen Augenblick bei Mariáteguis Sichtweise des großen peruanischen Dichters, da sie zeigt, dass Vallejo bei einer kulturellen Elite in Peru durchaus ein wichtiger Orientierungspunkt war, obwohl er – wie Mariátegui betonte – unerkannt durch Limas Straßen gegangen sei! Vallejo, der für Mariátegui der „poeta de una estirpe, de una raza" ist, bringe zum ersten Mal in der peruanischen Literatur ein „sentimiento indígena virginalmente expresado", ein geradezu jungfräulich ausgedrücktes indigenes Gefühl zum Ausdruck.

César Vallejo wird zum absoluten Schöpfer, zum Kreator stilisiert, wofür das Titelgedicht von *Los heraldos negros*, das uns jetzt beschäftigen wird, beispielhaft steht. Für Mariátegui vereinte Vallejo Elemente des Symbolismus, des Expressionismus, des Dadaismus und des „Suprarrealismo", also des Surrealismus, in seiner verdichteten lyrischen Sprache. Charakteristisch aber sei die „nota india" in seinem dichterischen Werk, ohne jede Folklore und ohne jede Nostalgie. José Carlos Mariátegui sieht die Lyrik Vallejos sehr wohl als einen Bruch mit der höfischen Lyrik der ‚Lakaien', die zuvor in seinem Heimatland dominiert habe. Vallejo sei letztlich ein „místico de la pobreza", ein Mystiker der Armut gewesen: ein wirklicher Schöpfer und authentischer Auctor. Und eben hierin liege seine Einzigartigkeit und seine Größe in der Literatur.

Wie kein anderer, so Américo Ferrari, habe César Vallejo in den zwanziger und dreißiger Jahren die Freiheit der dichterischen Sprache verkörpert.[3] Im Bereich der Lyrik tauchte Vallejo ja nur wenige Jahre nach Vicente Huidobro auf und signalisierte zusammen mit diesem eine grundsätzliche Neuorientierung der hispanoamerikanischen Lyrik am Experimentellen, am Radikalen, stand für eine Tendenz zum Überschreiten bislang eingehaltener Grenzen des Logischen, des Kausalen. Dabei schrieb César Vallejo eine im Gegensatz zu Vicente Huidobro weitaus stärker im andinen Raum verwurzelte und auf dessen kulturelle Traditionen aus der Distanz bezogene Lyrik, die überdies eine klare ideologische Leitlinie besaß, welche ihn mit der politischen Avantgarde seiner Zeit verband.

Vallejos erster, im Juli 1919 ausgelieferter Gedichtband *Los heraldos negros* ist ein in mehrfacher Weise hybrides Werk, zeigen die verschiedenen hier vereinigten Tendenzen doch unverkennbar – wie schon angedeutet – zum Teil noch auf den Modernismo eines Rubén Darío oder eines Julio Herrera y Reissig sowie auf den Symbolismus europäischer Provenienz. Auf der anderen Seite findet sich in ihnen ein neuer, am Abrupten, am Suchenden, am Fragenden und am Radikalen orientierter Ton, der die absolute Neuheit dieses Bandes ausmacht. Diese Töne, die eine bisweilen eher noch konventionelle Lyrik durchschlagen, sind deutlich vernehmbar in Vallejos Titelgedicht, das ich Ihnen in der mitunter zwar nicht unproblematischen, aber kongenialen Übersetzung von Hans Magnus Enzensberger präsentieren möchte:

Es gibt Schläge im Leben, so hart ... Ich begreife es nicht!
Als schlüge Gott zu in seinem Hass; als trieben sie
der Seele die Brandung alles Erlittenen zu
und stauten sie auf in ihr ... Ich begreife es nicht!

Sie kommen nicht oft, doch sie kommen ... Und reißen finstere Gräben
ins wildeste Antlitz und in die kräftigsten Lenden.
Wie die Hengste barbarischer Hunnenfürsten
oder die schwarzen Boten, die der Tod nach uns ausschickt.

Die tiefen Abstürze der Gekreuzigten unserer Seele,
eines göttlichen Glaubens den das Verhängnis lästert.
Blutige Schläge: ein anderes Brot platzt auf
unter ihnen, ein Brot das uns verbrennt an der Ofentür.

---

3 Vgl. Ferrari, Américo: César Vallejo entre la angustia y la esperanza. In: Vallejo, César: *Obra poética completa*. Madrid: Alianza Editorial ²1983, S. 9–55.

Und der Mensch ist elend ... elend! Er wendet die Augen,
es trifft ihn wie ein Handschlag auf den Rücken;
Er wendet die irren Augen, und alles Erlebte staut sich,
wie eine Pfütze von Schuld, in seinem Blick.

Es gibt Schläge im Leben, so hart ... Ich begreife es nicht![4]

Wir erkennen auf den ersten Blick, dass wir es in diesem Titelgedicht mit einer völlig anderen Lyrik zu tun haben, der das spielerische Element weitgehend abhandengekommen ist. Es geht ganz allgemein in der Lyrik Vallejos um die Conditio humana, um das Existenzielle, ja mehr noch: um das Elend des Menschen. Natürlich war uns das Spiel mit Leben und Tod, mit dem ständigen Vergehen, dem Weißwerden der Haare, dem Leben und Sterben durch die allegorische Veranschaulichung der Windmühlenflügel in Vicente Huidobros Bildgedicht *Moulin* symbolhaft vor Augen geführt worden. Und doch lag etwas Spielerisches, Leichtes und um die ästhetischen Ausdrucksformen Kreisendes in diesem Gedicht gewesen, das gerade einmal zwei Jahre nach dem uns hier interessierenden Gedicht César Vallejos veröffentlicht wurde.

In *Los heraldos negros* jedoch trifft uns die existentielle Dimension mit aller Wucht. Ich habe bereits betont, dass Vallejo durch den Verlust von Freunden und Familienangehörigen, vor allem aber seiner Mutter tief getroffen wurde: Es waren starke Schläge, denen der junge Dichter allein seine Lyrik entgegenzusetzen vermochte. Freilich nicht im Sinne einer erklärenden oder gar verklärenden Antwort, sondern als ein verzweifeltes „Yo no sé", als ein obsessives „Ich-weiß-nicht", das seine Lyrik und sein Leben ständig miteinander verbinden und durchziehen sollte. Der Mensch erscheint in diesem Gedicht als „pobre ... pobre" im Fadenkreuz ihn übersteigender Gewalten, als Opfer göttlichen Hasses, Gegenstand und Gehandelter der schwarzen Boten des Todes, als vom Schicksal im negativen Sinne Auserkorener, auf Du und Du mit dem Tod, dem göttlichen Hass, jenen Boten, die ihm gleichsam von hinten, unerwartet, auf die Schulter klopfen.

Bei César Vallejo hat die Lyrik einen anderen ,Sitz im Leben': Sie wird stets zum Experimentellen, zur absoluten Grenze des Denkens und mehr noch des Sprechens vorwärtsgestoßen und doch stets rückgekoppelt bleiben an die existentielle Grunderfahrung des Ausgeliefertseins menschlichen Daseins. Lyrik wird zur verdichtetsten Form menschlichen Lebenswissens und menschlichen Erle-

---

4 Vallejo, César: Die schwarzen Boten [Übersetzt von Hans Magnus Enzensberger]. In: Köhler, Hartmut (Hg.): *Poesie der Welt: Lateinamerika*. Berlin: Edition Stichnote im Propyläen Verlag 1986, S. 151.

benswissens, zeichnet das auf, was sich – „Yo no sé!" – jeglicher Rationalität entzieht und doch immer noch in Sprache ausgedrückt werden kann. Denn gerade weil der Mensch dem unergründlichen und harten Schicksal nichts Machtvolles entgegensetzen kann, verfügt er doch noch immer über die Sprache, die seinem Elend, seiner Conditio humana, zumindest Ausdruck verleihen mag. War das „Je ne sais quoi" während langer Jahrhunderte die literarische Formel für das nicht mehr sprachlich Erfassbare, für das Irrationale etwa in der Schönheit,[5] so werden die Hammerschläge des „Yo no sé" nun zum fast geschrienen Ausdruck menschlichen Elends.

Die literarische, poetische Übersetzung durch den deutschen Dichter und Essayisten Hans Magnus Enzensberger, einen der großen Vermittler lateinamerikanischer Literatur im deutschsprachigen Raum, zeigt uns nicht nur, dass literarische Übersetzungen von großem Wert gerade auch für die Untersuchung semantischer Aufladungen und Polyvalenzen sein können. Darüber hinaus findet sie Äquivalente für die ausdrucksstarke Dichtkunst dieses jungen Peruaners, der sich zum damaligen Zeitpunkt noch in Peru, weitab von der literarischen Szene Europas, aufhielt.

Bei Durchsicht der Verse Enzensbergers erkennen wir sofort, dass die Akzente seiner Übersetzung bereits im Ausgangs- und Endvers des Gedichts anders gesetzt sind. Die erste und letzte Gedichtzeile sind identisch beziehungsweise unterscheiden sich nur darin, dass beim ersten Auftauchen der erste Vers in eine Strophe integriert, beim letzten Vers aber dann als Solitär dasteht, was von größter Bedeutung für die Semantik des gesamten Gedichts ist. Denn es deutet sich keine Lösung, keine Entwicklung an: Der Mensch ist gefangen, abhängig, ausgeliefert allen Gewalten und dem göttlichen Hass. Reicht da das von Enzensberger vielleicht auch aus rhythmischen Gründen gewählte Lexem „begreifen"?

Meine Antwort auf diese Frage lautet: Ich weiß nicht! Mir scheint, dass die logische Konnotation des Begreifens zu stark ist, um das A-Logische und die existentielle Betroffenheit in ihrem breiten Bedeutungsfächer auszudrücken, eine Betroffenheit, die keineswegs nur logisch-rationaler Natur ist, sondern ganz existenziell alle auch irrationalen Bereiche des Menschen erfasst. Das rationale Wissen in all seiner Breite ist hier nicht mehr fähig, dem Tod, dem blind zuschlagenden Hass, ja der unverschuldet erworbenen Schuld auf die Spur zu kommen und Ausdruck zu geben. So kommt denn Wahnsinn auf in den Augen des betroffenen, des getroffenen Menschen. Der „hombre" ist „pobre", ein Echo, das die

---

5 Zur Bedeutung des „Je ne sais quoi" vgl. die erhellende Studie von Köhler, Erich: „Je ne sais quoi". Ein Kapitel aus der Begriffsgeschichte des Unbegreiflichen. In (ders.): *Esprit und arkadische Freiheit. Aufsätze aus der Welt der Romania.* Frankfurt am Main: Klostermann 1966, S. 230 ff.

Silben des Wortes „Mensch" widerhallen lässt: Vallejo spielt mit dem Echo des Lexems „Mensch" im Armen, im Elenden.

An dieser Stelle scheint mir die Übersetzung von Enzensberger auch gut gewählt, denn der Mensch ist eben elend, elend: Auch hier ist der Vokal „e" beibehalten. Die Pluralbildung „Cristos", die im Deutschen nicht als „Christen" und schon gar nicht als „Christusse" übersetzbar wäre, zeigt uns die existentielle Dimension der religiösen Symbolik des Gedichts auf, die keineswegs sakral, sondern stark desakralisiert anklagend verwendet wird. Der biblische Vergleich des Menschen mit dem Brot, das gegen Ende des Gedichts nahe der Ofentür verbrennt, ist eine weitere Symbolik christlicher Provenienz, die zudem die ganze Absurdität zum Ausdruck bringt, der zufolge ein Lebens-Mittel zum Aufplatzen und zum Verbrennen, so nahe an seiner Vollendung und Erlösung, gebracht wird.

Wir könnten in diesem Vergleich nicht nur eine Reminiszenz an die Bibel, sondern auch und gerade an indigene Mythen und Vorstellungen sehen, denen César Vallejo immer, auch in seinem späteren Leben in Europa, sehr nahe war. Wusste der in den peruanischen Anden geborene Dichter um den indianischen Mythos vom gebackenen Brot, dem Schöpfungsmythos des Menschen, bei dem Gott drei Brote in den Ofen stellt? Das erste nimmt er zu früh heraus, es bleibt ein wenig weiß noch, das zweite ist gerade rechtzeitig dem Ofen entnommen, es ist knusprig braun, doch über dieser Freude vergisst Gott das letzte Brot, das er zu spät aus dem Ofen herausholt, ist es nun doch schwarz geworden. Die Präsenz der mythischen Verbindung von Brot und Mensch – hier im Triptychon der Genesis der weißen, der indigenen und der schwarzen Menschen – ist allgegenwärtig und in dieses Gedicht eingewoben. So lassen sich selbst in *Los heraldos negros* die Spuren indigener Mythen und Mythologien finden, mit denen César Vallejo stets sehr kreativ arbeitete und damit eine Traditionslinie der lateinamerikanischen Avantgarden schuf, in die sich in Mexiko auch ein Alfonso Reyes einschreiben konnte.

In einem christlichen Traditionszusammenhang bewegt sich wiederum die Rede von der Seele, in welcher sich das Erlittene, das menschliche Leiden, anstaut und nur durch die Augen, einem alten Topos europäischer und speziell spanischer Mystik zufolge die Fenster der Seele, nach außen dringt: als Wahnsinn, der vom Menschen im Menschen nur mühsam zurückgehalten werden kann. Die Conditio humana ist unverkennbar die des Leidens, für die Christus als Gekreuzigter, nicht aber als Erlöser steht. Denn eine Erlösung ist nicht in Sicht, Überall schwärmen die schwarzen Herolde, die *Heraldos negros*, aus und bedrohen ein günstiges, gnädiges Schicksal des Menschen.

Ist ihr Ruf der des Todes, des Hasses oder der eines Gottes? Oder ist es genau die Verknüpfung dieser Ruf des göttlichen Hasses, von der im Gedicht so dunkel die Rede ist?

Der Dichter, das lyrische Ich, findet hierauf keine Antwort. Die groß geschriebenen Lexeme der einzelnen Strophen zeigen dies bereits an: in der ersten Strophe „Dios", in der zweiten ganz am Ende „Muerte", in der dritten schließlich „Cristos" und vor allem „Destino", das erneut in einer Art Echowirkung zu „Cristos" steht. Nach Gott, dem Tod, „Cristos" und dem Schicksal aber steht in der vierten Strophe der Mensch allein – und zwar nicht als groß geschriebener „Hombre", sondern gerade als Armer, als Elender. Er ist den Schlägen schutzlos ausgeliefert, die ein Mächtigerer ihm versetzt, als es selbst der stärkste und stolzeste (und nicht so sehr der „wildeste", wie Hans Magnus Enzensberger übersetzt) Mensch sein könnte. Was kann hier selbst noch von der „fe adorable", vom bewundernswertesten Glauben, übrigbleiben?

Nicht nur die logisch-kausale, sondern auch die mythisch-religiöse Tröstung bleibt dem Menschen verwehrt: Das kausale Prinzip ist völlig außer Kraft gesetzt, denn die Schuld ist bereits in der bloßen Existenz des Menschen zu finden. Daher sollte man „fiero" nicht mit „wild", sondern eher mit „stolz" übersetzen: Nicht ein Wilder wird hier gezähmt, sondern ein selbstbewusster, stolzer Mensch gedemütigt. Zugleich erinnern die tiefen Gräben, welche hier in das Antlitz dieses Menschen gerissen werden, exakt an die Metaphorik Shakespeares in einem seiner berühmtesten Sonette, *When forty winters*. Dort sind es freilich die vierzig Winter, also das unvermeidliche Altern, die die Risse und Gräben in ein ehedem schönes Antlitz gezogen haben, und nicht die Schläge der schwarzen Boten.

Es wäre sehr wohl möglich, die „pobreza" des Menschen, die Armseligkeit, seine Armut, sozial zu lesen und mit der Solidarität César Vallejos mit den Armen, den Entrechteten und seiner politischen Parteinahme für sozialistische und kommunistische Ideen in Verbindung zu bringen. Es ist die Verteidigung, des Kreatürlichen, der Benachteiligten, der den Schlägen von oben Ausgesetzten, die über keine Möglichkeit verfügen, den „heraldos negros", den schwarzen Boten gleich welcher barbarischen Macht, etwas entgegenzusetzen. Wir konstatieren, dass sich auch in diesem Gedicht die Polysemie nicht als ein freies Spiel des Signifikanten mit der „signifiance" und damit als ein beliebiges Spiel der Signifikanten untereinander zu erkennen gibt. Dies gilt es angesichts aller Experimentierfreudigkeit mit dem Wortmaterial, wie sie nicht zuletzt die späteren Gedichte Vallejos in verstärktem Maße aufweist, nicht aus den Augen zu verlieren. Die unterschiedlichen Isotopien oder Bedeutungsebenen Vallejos sind immer an die existentielle Dimension des Menschen rückgebunden und verweigern sich jeglichem reinen Spielcharakter.

Vor diesem Hintergrund darf man Américo Ferrari Recht geben, wenn dieser betont, die Lyrik in César Vallejos 1922 erschienenem Band *Trilce* sei in diesem Sinne nicht experimental, sondern „experiencial". Sie verfügt damit noch immer über eine Grundlage an Erfahrungen und an Lebenswissen, was im Übrigen auch durch Briefe Vallejos aus jenen Jahren bestätigt wird. Vallejos Lyrik ist in diesem Gedichtband radikal, eine Absage an modernistische Traditionen und ein konventionelles Gedichtverständnis, eine nach den Wurzeln des Lyrischen im Eigenen suchende Haltung, die – so könnten wir vielleicht am besten formulieren – das Experimentelle mit dem Existentiellen und Erfahrenen in einem poetisch verdichteten Lebenswissen zu verbinden sucht.

Bereits der Titel ist Programm: *Trilce* suchen Sie vergeblich in einem Wörterbuch der spanischen Sprache. Es ist – wie schon betont – möglicherweise eine Vermischung von „triste" und „dulce", vielleicht aber auch eine Bildung wie „triple" am Gegenstand des „dulce". Vallejo lässt dies offen. Wie dem auch sei: Hier nimmt sich der peruanische Dichter in radikaler Weise seine dichterische Freiheit und provoziert sein Lesepublikum.

Abb. 64: Cover der Erstausgabe von César Vallejos *Trilce*, 1922.

Ich wiederhole es gerne: Vallejos Lyrik ist kein freies Spiel der Kunst und auch kein Glasperlenspiel! Den existentiellen Hintergrund dieses Gedichtbandes bilden die Verarbeitung des Todes der Mutter, die unschuldige Inhaftierung für mehr als vier Monate, ein Gefühl der radikalen Einsamkeit und Verwaisung, wie es sich in diesen Gedichten wiederfinden lässt. Zugleich und vor allem aber ist es eine konsequente Suche nach Freiheit, welche der Band offeriert. Wenn er es jetzt nicht versuche, so schrieb Vallejo damals an einen Freund, werde er nie frei sein: Das Ergebnis ist *Trilce*.

Glücklicherweise wählte César Vallejo für seinen Gedichtband nicht den ursprünglich geplanten Titel *Cráneos de bronce* und – mehr noch – brachten ihn gutmeinende Freunde in letzter Minute davon ab, seine Gedichte unter dem etwas anmaßenden Pseudonym César Perú zu veröffentlichen. Dieses Pseudonym zeigt andererseits aber sehr wohl, in welchem Kontext sich die Lyrik des peruanischen

Dichters situierte und welche nationale Repräsentativität er sich selbst zuschrieb. Denn aufgewachsen in einem kleinen Andendorf in mehr als dreitausend Meter Höhe verstand er sich als leidender Ausdruck seines gequälten und ausgebeuteten Heimatlandes Peru.

Die insgesamt siebenundsiebzig Gedichte, die keine Titel tragen, sondern römisch durchnummeriert sind, entstanden teilweise aus vorangehenden Gedichten, sind also auf eine intensive intratextuelle Arbeit und einen starken Umprägungswillen, einen Stil-Willen zur Veränderung, geprägt. Wie bei César Vallejos Lyrik üblich, finden sich auch in diesem Band autobiographische Reminiszenzen, Erinnerungen an die Kindheit, an gescheiterte Liebesbeziehungen und das Leiden der indigenen Bevölkerung, so dass trotz aller provokativen äußeren Gestalt eine existentielle Linie aufrechterhalten bleibt. Dies hindert César Vallejo nicht daran, Gedichte an die Grenze zum Nicht-Sagbaren, ja zum Nicht-mehr-Verstehbaren vorzuschicken, ja die Grenze zur Inkohärenz zu überschreiten. Nehmen wir als Beispiel *Gedicht XII*:

> Ich entkomme einer Finte, Flaum um Flaum,
> Ein Projektil, von dem ich nicht weiß, wo es einschlagen wird.
> Ungewissheit. Gebirgswind. Genickkonjunktur.
>
> Knarren einer Schmeißfliege die stirbt
> auf der Hälfte ihres Fluges und zu Boden fällt.
> Was sagt Newton jetzt?
> Aber natürlich, ihr seid die Söhne.
>
> Ungewissheit. Fersen die nicht drehen.
> Maske in nackt, fabride
> Fünf Dornen auf der einen Seite
> und fünf auf der anderen: Psssch! Jetzt kommt's.[6]

Das Gedicht erinnert einen an die bisweilen unbeholfenen Deutschstunden und an die klassische Frage: Was will der Dichter uns hiermit sagen? Auf den ersten Blick scheinen die Inkohärenz des Gedichts vollständig und der Sinn obskur. Doch versuchen wir es einmal mit dieser lyrischen Struktur, die sich – ganz im Sinne der negativen Ästhetik eines Theodor W. Adorno – der leichten Konsumierbarkeit durch breite Leserschichten entzieht! Dieses Gedicht setzt die eigene Lesegeschwindigkeit radikal herab und zwingt einen, jeden Vers und jedes Lexem ganz genau durchzusehen und Relationen innerhalb der Gedichtstruktur herzustellen.

---

6 Vallejo, César: *Trilce*. Lima: Ediciones Laberintos / Centro Peruano de Estudios Culturales 2008, S. 19.

Immerhin gibt es bestimmte Merkmale und Besonderheiten, auf die wir achten sollten. Da sind zum einen die Lexemrekurrenzen wie etwa „caer" oder vor allem „incertidumbre", das gleich zweimal alleine steht und damit in eine besonders wichtige Position einrückt. Die „incertidumbre", die Ungewissheit, lässt sich in der Tat auch auf zwei Ebenen verankern: Zum einen erfolgt dies auf der Ebene einer Selbstreferentialität des Gedichts in Bezug auf die Aneignung durch die Leserschaft, die mit einem höchsten Gefühl an Unsicherheit in diesem Gedicht konfrontiert wird. Die Ungewissheit bezieht sich somit auf den Kodierungs- und Dekodierungsprozess, insofern eine hohe Ungewissheit besteht, wie die Lexeme des Gedichts und dessen gesamte Struktur zu deuten sind und wie die – um mit Wolfgang Iser zu sprechen – Unbestimmtheitsstellen des Gedichts semantisch aufgefüllt werden können. Es geht also darum, diese Unbestimmtheiten mit verschiedenen Deutungsansätzen zu füllen und damit für eine grundlegende Polysemie des Gedichts zu optieren.

Zum anderen sollten wir unseren Blick aber auch auf die referentielle Ebene richten, denn die Situation der Ungewissheit und Unsicherheit charakterisiert auch die semantischen, rhythmischen oder klanglichen Vorgänge und Verfahren innerhalb des Gedichts selbst. Was geschieht hier? Wir haben es mit einer dreizeiligen und zwei vierzeiligen Strukturen zu tun, was nach Adam Riese 11 Verse macht. Bei einer ungeraden Vers-Zahl schauen wir uns immer am besten gleich mal die Zentralachse an, in diesem Falle also den sechsten Vers! Und der ist eine Frage: „¿Qué dice ahora Newton?"

Isaac Newton steht innerhalb der abendländischen Tradition gleichsam als Emblem für die Wissenschaftlichkeit, für die Verknüpfung von Ursache und Wirkung, für eine naturwissenschaftlich begründete Logik, die wir mit Jacques Derrida als logozentrisch charakterisieren könnten. Das Zur-Erde-Fallen der im Fluge verstorbenen Fliege spielt an auf die berühmte Episode, in welcher Newton die Erleuchtung hinsichtlich der Schwerkraft durch einen auf den Boden fallenden Apfel kam. Fragt sich nur noch, was Newton hier sagen würde oder gesagt hätte. Denn gewiss entspricht das „caer", das Zu-Boden-Fallen der Fliege allen Gesetzen und Berechnungen der Gravitationskraft durch den Briten.

Im nachfolgenden Vers wird „natürlich" („naturalmente") eine Linie gezogen zu einem „vosotros", wobei die angesprochenen Personen dieser zweiten Person Plural „natürlich" Söhne oder Kinder („hijos") seien. Söhne Newtons vielleicht, also Newtonianer? Und damit Anhänger einer Rationalität, die auf Logik, Ableitbarkeit und Kausalität setzt. Oder sind es Söhne einer Mutter, die Vallejo gerade zu jener Zeit verloren hatte? Die Antwort gleich zu Beginn des letzten Verses: „Incertidumbre". Die in der Schwebe gehaltene Unsicherheit und Ungewissheit erschien bereits im zweiten Vers, als es um den fraglichen Einschlagsort des Projektils ging, von dem das lyrische Ich nicht zu berechnen vermochte, wohin es fallen („caer"), wo es also einschlagen werde. Aber wäre der Flug dieses Projektils nicht auch wie der Flug und Fall der Fliege leicht schon vorab zu berechnen? Mag sein, aber nur für die Anhänger Newtons, für Menschen also, die an die (naturwissenschaftliche) Logik glauben. Trifft das Projektil ins Genick? Werden wir Zeugen einer Hinrichtung? Und am Ende des Gedichts: Bezieht sich das „Ya sale" nicht auf das Projektil? Alles ist ungewiss, aber alles ist zugleich bedrohlich in dieser Finte, aus der das Ich wohl noch einmal entfliehen kann.

Die „incertidumbre" findet vielleicht ihren Ausgang am Ende des Gedichts, signalisiert bereits durch die Interpunktion, die konventionsgemäß eine Zusammenfassung oder logische Folge anzeigen müßte: „Chit! Ya sale." Ein Geräusch und dann ein Herauskommen. Aber wer oder was kommt hier heraus? Ist es das Geräusch einer sich öffnenden Tür, der Laut eines sich bewegenden Rocks oder eben doch das Projektil? Am Ende dieser „Cervical coyuntura" steht ein Erscheinen: Vielleicht ist es das Erscheinen der Geliebten des männlichen Ich, das noch mit Blick auf den Flaum sehr jung ist? Ein Rendez-vous mit dem lyrischen Ich, das sich aus Unsicherheit auf seinen Fersen nicht umdreht? Es ist nicht mit Bestimmtheit zu sagen.

Die Ungewissheit ist im Übrigen – auf der Ebene des Protagonisten beziehungsweise des lyrischen Ich – mit konkreter Bedrohung verbunden: Nicht allein der plötzlich abbrechende Flug der Schmeißfliege, sondern mehr noch das Projektil, von dem wir weder wissen, woher es kommt noch was es treffen wird, verheißen nichts Gutes. Auch die Dornen in der letzten Strophe dieses Gedichts aus *Trilce* verweisen auf ein Leiden, das in einen christlichen, biblischen Zusammenhang gebracht wird, erinnern die Dornen doch an die Dornenkrone Christi. Unklar bleibt, welcher Finte das lyrische Ich entgangen ist. Die Präsenz des Todes zieht sich quer durch das Gedicht und manifestiert sich erstmals in jener Fliege, die zu Boden fällt, einfach so: ohne jeden Grund, ohne jede Kausalität. Was würde Newton dazu sagen?

Es ist augenfällig, dass im naturwissenschaftlichen Bereich gerade in jenen Jahren die Gültigkeit der Gesetze Newtons deutlich beschränkt und andere Logiken in die Naturwissenschaften eingeführt wurden, die mit Einstein und Heisenberg sich neue Denkräume und Logiken eröffneten, welche mit den Anschauungen Newtons nicht mehr zu erschließen waren. Newton wurde damit nicht aus der Welt geschafft, aber doch die Gültigkeit seiner Gesetzmäßigkeiten erheblich begrenzt. Mit anderen Worten: Deutet die verdoppelte „incertidumbre" bereits jene wenige Jahre später gefundene Heisenberg'sche Unschärferelation oder Unbestimmtheitsrelation an, welche gemeinsam mit den Erkenntnissen Einsteins die Tür zu den Entwicklungen des 20. Jahrhunderts weit aufstoßen sollten? In jedem Falle verweist das Gedicht auf einen weiten Bereich, der nicht länger den Gesetzen Isaac Newtons und damit einer einfachen rationalen Logik unterworfen ist.

Zugleich umgeben die einzelnen Elemente der Angst, der Bedrohung und des Todes das Warten und die mögliche Begegnung, die sehr wohl Begegnung mit einer Frau, einer Geliebten sein könnte. Wir finden die Rekurrenz bestimmter verknüpfter Isotopien häufig bei Vallejo, wobei die Verknüpfung von Sexualität und Tod beziehungsweise Bedrohung eine der dauerhaftesten in seinem lyrischen Schaffen ist. Angst und Bedrohung erscheinen nicht als logisch verortet: Wir wissen nicht, ja ahnen nicht einmal wirklich, wovon und von wem die Bedrohung ausgeht! Wir wissen nur, dass es ein Leiden gibt, wissen nur, dass es den plötzlichen Tod gibt, wissen nur, dass es Projektile gibt, die dem Ich als unberechenbar erscheinen.

Die Grundlosigkeit dieser Bedrohung, das schuldlose Verstrickt-Sein in Schuld, ist spätestens seit seiner mehrmonatigen grundlosen Inhaftierung ein Grundthema Vallejos, wie wir schon bei seinen *Schwarzen Boten* deutlich sehen konnten. Was kann der Mensch, der elend ist, all dem entgegensetzen? Höchstens seinen Schrei, sein Wort, seinen poetisch verdichteten Text. Die A-Kausalität der Bedrohung und der stets vektoriell auf die Zukunft gerichteten Angst[7] unterstreichen aber nur umso mehr deren Allpräsenz, die dem Gedicht die innere Spannung vermittelt. Hier wird die „incertidumbre" produktiv: Denn dem Gedicht wohnt eine unbestimmbare Angst vor etwas noch Unbekannten und Ungenannten inne, das sich schon in naher Zukunft ereignen könnte. Es ist die Angst im Angesicht des Todes.

Vielleicht sollten wir das Gedicht zusätzlich im Kontext oder besser noch in seinem *Kotext* innerhalb von *Trilce* lesen. Dafür empfiehlt sich zum Beispiel das dreizehnte, also das direkt nachfolgende Gedicht:

> Ich denke an Dein Geschlecht.
> Einfacher das Herz, denke ich an Dein Geschlecht,
> angesichts des reifen Söhnens des Tages.
> Ich betaste die Knospe des Glückes, rechtzeitig gereift.
> Und es stirbt ein altes Gefühl,
> degeneriert zu Gehirn.
>
> Ich denke an Dein Geschlecht, fruchtbarere Furche
> und harmonischer als der Bauch des *Schattens*,
> obwohl der *Tod* empfängt und gebiert
> von Gott selbst.

---

7 Vgl. zur Ökonomie und Vektorizität der Angst Ette, Ottmar: Angst und Katastrophe / Angst vor Katastrophen. Zur Ökonomie der Angst im Angesicht des Todes. In: Ette, Ottmar / Kasper, Judith (Hg.): *Unfälle der Sprache. Literarische und philologische Erkundungen der Katastrophe.* Wien – Berlin: Verlag Turia + Kant 2014, S. 233–270.

Oh *Bewusstsein*,
denke ich, ja, im freien Vieh,
das Lust empfindet wo es will, wo es kann.

Oh, Skandal voller Honig der Dämmerungen.
Oh stummer Donner.

Orennodremmuts![8]

So finden wir im unmittelbaren Anschluss an die „incertidumbre" des zwölften Gedichts von *Trilce* jene Mischung aus „triste" und „dulce", welche die Liebeslyrik César Vallejos charakterisiert und vielleicht auch auf den Titel des gesamten Bandes bezogen werden darf. Dem Gedicht liegt eine eindeutige Entwicklung zugrunde, die im dreimaligen Schluss-„Oh" kulminiert, nachdem in der zweiten Strophe („Oh Conciencia") das Gewissen oder – wie wir sagen könnten – das Freud'sche Über-Ich verabschiedet wurde. Das Denken ist in diesem Gedicht keine rationale Tätigkeit. Denn alles Rationale degeneriert, so wie das Geschlecht zum Gehirn, der „sexo" zum „seso" degeneriert. Die Minimaldifferenz zwischen diesen beiden Lexemen ist eine, in der die Schärfe und Kraft des „x" zu einem wesentlich schwächeren „s" verkommen ist. So bilden Geschlecht und Gehirn die beiden Pole, zwischen denen sich die entscheidenden Bedeutungsebenen in ihren Transformationen entfalten.

Zweifellos ist das „sexo" in diesem Gedicht zugleich Sex und Gender, biologisch-physisches Geschlecht und kulturelle Geschlechteridentität oder -zuschreibung, letzteres sicherlich vor allem zu Beginn der zweiten Strophe. Doch die orgiastische Grundstruktur des Gedichts deutet darauf hin, dass wir es hier vor allem mit den primären Geschlechtsmerkmalen zu tun haben, welche in ausreichender Klarheit apostrophiert werden. Das Gedicht bleibt diesbezüglich in keiner Weise obskur. Nicht umsonst war der Verabschiedung des Bewusstseins die Verabschiedung des Intellekts und der Ratio vorausgegangen, jenes Lexems nämlich, das hier in gewisser Weise als Degenerierung von „sexo" erscheint. Der männliche Blick auf das weibliche Geschlecht assoziiert dieses mit der Ackerfurche und der Fruchtbarkeit, ist in diesem Sinne also topisch, wobei die Harmonie der gesamten irdischen und kosmischen Ordnung beschworen wird. Doch selbst hier, beim Vorgang der Empfängnis und der Geburt, ist der Tod im Zeichen des Göttlichen allgegenwärtig. Es ist eine Lust, die stets im Angesicht des eigenen Todes steht.[9]

---

8 Vallejo, César: *Trilce*, S. 20.
9 Auf diesen Zusammenhang hat ausführlich unsere Vorlesung *LiebeLesen* aufmerksam gemacht; vgl. Ette, Ottmar: *LiebeLesen. Potsdamer Vorlesungen über ein großes Gefühl und dessen Aneignung.* Berlin – Boston: Verlag Walter de Gruyter 2020.

Nur die Tierwelt scheint „libre", scheint frei zu sein von den Einschränkungen des Menschen durch Gewissen und Gehirn, durch Bewusstsein und Bewusstwerdung: Allein die Tiere finden und empfinden die Lust dort, wo sie sie finden, ohne Reue.

Für die Menschen freilich ist die freie geschlechtliche, körperliche Liebe noch immer ein Skandal, der bitteren Anstoß provoziert, obwohl er süßen Honig transportiert. In der Unverblümtheit der Sprache besteht das Skandalon des Gedichts selbst: der avantgardistische Bruch mit den Konventionen der bürgerlich geglätteten Darstellung der Frau. Allerdings bricht dieses avantgardistische Poem nicht mit der Sichtweise des männlichen Blickes auf den nackten weiblichen Körper, der hier in seiner vermeintlichen Freiheit zwar zelebriert wird, zugleich aber sehr wohl den gängigen Konventionen männlicher Objektivierung des Frauenkörpers gehorcht.

Diese Vergegenständlichung der Frau und weiblicher Nacktheit ist ebenso patriarchalisch geprägt wie die Assoziierung des weiblichen Geschlechts mit der fruchtbaren Ackerfurche, die sich für den Samen öffnet. Wir finden diesen männlichen Blick der Avantgardisten auf den nackten weiblichen Körper ebenso in Ramón Gómez de la Sernas Band *Senos*[10] aus dem Jahr 1918 wie in Louis Aragons Band *Le con d'Irène* von 1928: Der avantgardistische Bruch der damaligen bürgerlichen Konvention besteht allein in der direkten, unverblümten sprachlichen Adressierung primärer weiblicher Geschlechtsmerkmale. Keinesfalls aber mündet er in eine gegenüber traditionellen Vorstellungen veränderten Rolle und Funktion des weiblichen Gegenübers.

Die Geschlechtlichkeit der Frau wird zugleich aber auch mit „sombra" und „muerte", mit jenem Schattenreich assoziiert, das hier fast unübersetzbar weiblichen Geschlechts ist: es ist ‚die' Schatten und ‚die' Tod, eine ins Weibliche gesetzte Welt. Gegen den Tod, gegen den Schatten wird das „gozar" gesetzt, das von der Ratio, vom Bewusstsein nicht kontrolliert sein will. Diese Formulierung ist ähnlich und doch zugleich freier als das „brutal deseo" des Mannes im zuvor untersuchten Gedicht Vicente Huidobros, womit wir erneut daran erinnert werden, wie stark dieses erotische Thema bei den historischen Avantgarden ebenso in Europa wie in Lateinamerika ist. Und wie stark auch dessen patriarchalische Deutung alles überlagert.

Das lyrische Ich in César Vallejos Gedicht will jedenfalls seine Lust nicht länger vom Bewusstsein kontrolliert, sondern vielmehr sofort erfüllt sehen. „We

---

10 Vgl. hierzu Ette, Ottmar: Mit Haut und Haar? Körperliches und Leibhaftiges bei Ramón Gómez de la Serna, Luisa Futoransky und Juan Manuel de Prada. In: *Romanistische Zeitschrift für Literaturgeschichte / Cahiers d'Histoire des Littératures Romanes* (Heidelberg) XXV, 3–4 (2001), S. 429–465.

want it all and we want it now!" – so ließe sich dies wohl spätachtundsechzigerhaft mit *The Doors* kommentieren. In jedem Falle handelt es sich keineswegs um eine krepuskuläre Lyrik, wie die zweimalige Erwähnung der Dämmerung und auch der Übergang zum Schattenreich der Nacht glauben machen könnte. Es ist vielmehr der poetische Aufbruch in eine radikal behauptete Freiheit lyrischen Ausdrucks, welche die eigene Körperlichkeit zum Schauplatz einer singulär dezentrierten Subjektivität macht. In César Vallejos *Gedicht XIII* in *Trilce* ist es eine den Menschen transzendierende Gewalt, die Gewalt auch und gerade über Körper und Körperlichkeit erhält.

Dieses Gedicht besitzt zweifellos eine narrative Grundstruktur, die nicht zuletzt anhand der Verben sichtbar wird, dann aber zunehmend durch Interjektionen vorangetrieben zu sein scheint. Es führt auf sehr sorgfältige Weise die langsame und stetige Verabschiedung von Intellekt und Bewusstsein vor: zunächst durch das „simplificar", dann durch das Absterben eines alten Gefühls, schließlich die Verabschiedung der „conciencia" und das Aufgehen in der alles mit sich fortreißenden Lust. Der Schrei, der mit dem letzten Lexem dieses Gedicht enden lässt, gehört nicht mehr der spanischen Sprache an. Dafür aber einer anderen?

Die deutsche Sprache hätte für die letzte Gedichtzeile einige Lexeme anzubieten. Versuchen wir es einmal auf spielerische Weise. Das „Odu" ließe sich leicht als romantischer Ausruf des liebenden Subjekts identifizieren, tausendfach verbürgt in einschlägigen Gedichten der Romantik. Wenn wir die Lexemgrenze so setzen, dann beträfe die nächste das „mod", was auf ungeklärte Weise die Moderne, das Moderne oder vielleicht auch das Modische oder die Mode in das Gedicht hineinblendet. Denken wir an Charles Baudelaires Wort „Il faut être absolument moderne", das vom Dichter eine absolute Modernität all seines Tuns und Denkens einfordert. Auf derselben Ebene siedelt sich das nachfolgende Lexem an, das gleichsam die Wirkung von „mod" verstärkt: „neu" oder vielleicht auch „neur", also neuer. Es scheint um Innovation bis zur Grenze des noch Sagbaren zu gehen: „tse". Sie merken, welche Spielmöglichkeiten auch dieser letzte Ausruf in *Trilce* offenlässt und wie diese Gedichte nicht ohne eine aktive, kreative, intervenierende Leserschaft auskommen können. Oh du moderne neue Welt der Lyrik, des Unsagbaren!

Aber Sie haben, vielleicht auch durch meine deutsche Übersetzung, längst bemerkt, worum es hier geht: Denn César Vallejo hat an dieser Schlussstelle seines Gedichts ein Palindrom eingesetzt, um die orgiastische Pointe gleichsam im Unverständlichen auf die Spitze, auf einen dem Akt im Gedicht entsprechenden Höhepunkt zu treiben. Im Palindrom wird der vorausgehende Vers Buchstabe für Buchstabe umgedreht und in einer wiederum linearen Sequenz angeordnet. Sie können sich bei meinem Nachnamen sehr gut vorstellen, dass mir Palindrome sehr lieb sind und ich deren Verwendung in der barocken wie der zeitgenössischen Lyrik sehr schätze.

Wir könnten das Bild der Frau, das bei Vallejo in Bezug auf die Vagina stets mit der Vorstellung von Vergehen, Grab und Tod besetzt ist, vergleichen mit dem Bild des weiblichen Körpers bei Lyrikerinnen Hispanoamerikas im selben Zeitraum, bei Autorinnen wie Gabriela Mistral, Juana de Ibarbourou oder Alfonsina Storni. Wir werden dies zu einem späteren Zeitpunkt in unserer Vorlesung auch tun und den männlichen Blick mit weiblichen Blicken nicht zuletzt auch auf männliche Körper konfrontieren. Doch möchte ich an dieser Stelle – um unser Bild der Sprachgewalt César Vallejos abzurunden – noch einige weitere Überlegungen zu diesem großen peruanischen Avantgardisten nachschieben, der zu allen Zeiten – und nicht nur in den Zeiten der historischen Avantgarde – sicherlich ein Avantgardist gewesen wäre!

Nach *Trilce* im Jahre 1922 veröffentlichte César Vallejo, von wenigen lyrischen Texten in Zeitschriften abgesehen, so gut wie keine Gedichte mehr. Vallejo ist freilich kein Fall für die von Enrique Vila-Matas so bezeichnete „Literatura del No": Er beschloss nicht wie ein Arthur Rimbaud, von einem Tage auf den anderen zu verstummen. Aber es wurde doch deutlich stiller um ihn. Zwar scheint er noch vor seinem Tod wieder daran gedacht zu haben, einen oder mehrere Gedichtbände zu veröffentlichen; doch überraschte ihn der Tod 1938 in Paris, noch bevor er derartige Pläne oder Vorhaben umsetzen konnte.

So fand man 1938 neben vielen anderen Gedichten, welche später unter dem Titel *Poemas humanos* erscheinen sollten, einen Gedichtband mit dem Titel *España, aparta de mí este cáliz*, der die Erfahrungen Vallejos im Spanischen Bürgerkrieg reflektierte und besang. Schon früher hatte Vallejo bemerkt, dass er mit *Trilce* an eine Grenze des Sagens vorgestoßen war, die nicht leicht hätte weiter ausgedehnt oder avantgardistisch vorgeschoben werden können. Dies bedeutet nicht, dass Vallejo etwa in eine avantgardistische oder allgemein schöpferische Sackgasse gelangt wäre, nein! Aber nun standen andere Dinge im Vordergrund, die ihrerseits wiederum sein lyrisches Schreiben prägen sollten.

Seine avantgardistischen Aktivitäten widmeten sich in diesen Jahren dem Kampf um Spanien, dem Kampf um die Spanische Republik, der die Menschen und insbesondere die Intellektuellen der Zwischenkriegszeit bewegen und polarisieren sollte. César Vallejo ergriff in diesem Kampf Partei, selbstverständlich auf Seiten der Unterdrückten, der Arbeiter, der republikanischen Institutionen und Strukturen, die er trotz aller Fehler im Lager der Republik mit allem, was er hatte, verteidigte. Ich habe seine Teilnahme an den großen antifaschistischen Kongressen und Zusammenkünften bereits erwähnt; und als Dichter besang er die Mutter Spanien, die nicht untergehen dürfe: „Niños del mundo, / si cae España" – „Kinder der Welt, / Wenn Spanien fällt".

Der Peruaner Vallejo projizierte seine ganzen Ängste, aber auch all seine Kraft und seine politischen Hoffnungen auf das republikanische Spanien, das er aus militanter kommunistischer beziehungsweise sozialistischer Perspektive repräsentierte und darstellte. Er schilderte Spaniens Leiden, die „pobres" der Spanischen Republik, Spaniens Milizionäre, den Kampf der Republikaner gegen die Kräfte des Faschismus, den immer verzweifelter werdenden Bürgerkrieg. Vor allem aber besang er Spaniens einfache Menschen, das spanische Volk, das dem Vorrücken des europäischen Faschismus immer schutzloser preisgegeben war.

Ich möchte Ihnen zum Abschluss unserer Beschäftigung mit César Vallejo ein Beispiel für diese Lyrik des peruanischen Dichters zeigen, diesmal freilich nicht das Titelgedicht dieses Bandes, sondern vielmehr das Gedicht Nummer XII, das zugleich den Titel *Masa* trägt:

Am Ende der Schlacht,
und der Kämpfer schon tot, kam zu ihm ein Mensch
und sagte ihm: „Stirb nicht, ich liebe Dich so sehr!"
Doch der Kadaver, ach!, starb weiter.

Es kamen zweie zu ihm und wiederholten:
„Verlass uns nicht! Nur Mut! Zurück ins Leben!"
Doch der Kadaver, ach!, starb weiter.

Es kamen zwanzig, hundert, tausend, fünfhunderttausend
und riefen: „Soviel Liebe, und nichts auszurichten gegen den Tod!"
Doch der Kadaver, ach!, starb weiter.

Es umstanden ihn Millionen von Individuen
mit einem gemeinsamen Flehen: „Bleib, Bruder!"
Doch der Kadaver, ach!, starb weiter.

Sodann umstanden ihn alle Menschen auf
der Erde; es sah sie der Kadaver, traurig, tief bewegt;
er erhob sich langsam,
umarmte den ersten Menschen; und begann zu gehen ...[11]

In diesem Gedicht César Vallejos, das den Menschen ins Zentrum rückt, scheint eine utopische Hoffnung auf, die immer das gesamte lyrische Werk des Dichters durchzog: die Vereinigung mit allen Menschen zu einem Einzigen, zu einer Einheit, zu einem Ganzen. So kann das Oxymoron des sterbenden Leichnams, des

---

11 Vallejo, César: Masa (aus España, aparta de mí este cáliz). In ders.: *Obra poética completa.* Introducción de Américo Ferrari. Madrid: Allianza Editorial 1983, S. 300.

toten und doch nicht toten Kadavers, auch nicht gerettet werden, solange es nur Teile der Menschheit sind, wie groß sie auch immer sein mögen, die den Toten wieder zum Leben erwecken wollen.

Vergessen wir nicht, Es handelt sich um die Szenerie einer Schlacht, also der prototypischen Ausformung des bewaffneten Kampfes unter den Menschen, für den der Spanische Bürgerkrieg geradezu ein traumatisches Grundmuster lieferte, das nicht nur die Symbolik der „Dos Españas", sondern auch zweier gegeneinander kämpfender Teile der Menschheit heraufbeschwor! Vallejo konnte noch nicht ahnen, dass dieser blutige Krieg um die Spanische Republik nur das Vorspiel war für einen weiteren Weltkrieg, der die Schrecken des Ersten Weltkriegs noch weit übertreffen sollte.

Doch gerade in dieser Situation eines politischen und militärischen, aber auch ideologischen Bürgerkrieges sowie einer klaren radikalen Parteinahme Vallejos beschwört das Gedicht die Einheit der Menschen, da nur so die Liebe gegen den Tod eine Chance haben könne. Der „primer hombre", also „le premier homme" (mit Albert Camus zu sprechen), umarmt den wieder in die Gemeinschaft zurückgekehrten Leichnam und begrüßt ihn liebevoll in der neuen Gemeinschaft aller Menschen auf der Erde. Dies ist die wahre Vereinigung, für die exemplarisch zunächst die Mutter mit ihrem Kind und später die körperliche Vereinigung der Liebenden gestanden hatten, für die nun aber die „Madre Patria" Spanien, die neue kollektive Mutter, einstand. Sie alleine genügte jedoch nicht, da nur die universale Umarmung aller Menschen eine Überwindung jener existentiellen Zerrissenheit ermöglichen könnte, unter welcher Vallejo ein Leben lang litt und aus welcher seine Gedichte, seine zutiefst menschlichen Gedichte, entstanden.

Wir sollten uns hüten, diese Entwicklung, die sehr wohl widersprüchlich war und keineswegs im Sozialismus oder Kommunismus aufging, ideologisch auszuschlachten, wie dies so oft in den Debatten um den peruanischen Dichter geschehen ist. Wir sollten jedoch zur Kenntnis nehmen, dass César Vallejo wie vielleicht kein anderer Lyriker seiner Zeit die tragische Verknüpfung literarischer und politischer Avantgarde in seinem Schaffen wie in seinem Werk vorführte und somit eine existentielle Verankerung seiner avantgardistischen Dichtkunst schuf, wie sie wohl keinem anderen hispanoamerikanischen Poeten jener Epoche gelang. Vielleicht liegt hierin die tiefe Bedeutung von Vallejos Schaffen.

Exkurs: César Vallejo und die Intellektuellen

Erlauben Sie mir an dieser Stelle unserer Vorlesung ein Wort zu einer allgemeinen Problematik, die weit über César Vallejos spezifische Situation in Peru und im damaligen Europa hinausgeht! Es ist Zeit für einen kleinen Exkurs zu Rolle und Funktion des Intellektuellen in unseren westlichen Gesellschaften im 20. und auch noch im 21. Jahrhundert.

Diese gesellschaftliche und politische Rolle wird in César Vallejos späten Gedichten, insbesondere jenen, die unter dem Eindruck der Verhältnisse und Auseinandersetzungen in Spanien standen, überaus deutlich. Vallejo hat wie viele andere Partei ergriffen im Spanischen Bürgerkrieg. Doch ist diese Parteinahme keineswegs eine parteipolitische beziehungsweise zugunsten einer bestimmten politischen Partei, sondern eine Parteinahme für die Partei des Menschen schlechthin. Dies sollte, jenseits aller politischen Optionen, auch das obige Gedicht aus *España, aparta de mi este cáliz* gezeigt haben. Selbstverständlich besaß Vallejo genauer bestimmbare politische Ansichten und Absichten, die ihn zweifellos spätestens seit seinen Reisen in die Sowjetunion mit den politischen Überzeugungen der Linken und speziell der Kommunisten sympathisieren ließen. Zweifellos zeigte er auch ein politisches Engagement gegen den Faschismus und machte sich von daher für ganz präzise politische Gegen-Optionen und Gegen-Entwürfe stark. Doch sollten wir seine Rolle – wie auch die Rolle vieler anderer Intellektueller und Künstler seiner Zeit – nicht bloß als parteipolitisch im engeren Sinne oder gar als von einer bestimmten Partei gelenkt deuten.

Wir sollten daher die politische Dimension seines Schreibens wie seines Handelns weiter fassen. Dazu müssen wir freilich innerhalb des damaligen zeithistorischen Kontextes begreifen, dass sich jene Intellektuellen und Künstler verschiedenster Länder Europas und Amerikas, die sich in Spanien zusammenfanden und um die bedrohte Spanische Republik scharten, in eine Tradition einschrieben, die mit einer das gesamte 20. Jahrhundert prägenden politisch-militärischen Urerfahrung begann. Es ist nur wenig übertrieben, wenn wir behaupten, dass diese fundamentale Erfahrung im Grunde bis heute ein dauerhafter Bezugspunkt politischen Handelns intellektueller Gruppen und Individuen geblieben ist. Leitsprüche der spanischen Republikaner – der „rojos", der „Roten", wie sie genannt wurden – oder der internationalen Brigaden wie „¡No pasarán!" sind bis heute geradezu sprichwörtlich geblieben.

Zweifellos kann man von einer Sonderrolle Frankreichs innerhalb dieser langfristigen Entwicklung sprechen. Denn es gibt gleichsam eine spezifisch französische Vorgeschichte der Intellektuellen Frankreichs und allgemeiner des Westens, welche zumindest bis zu Voltaire zurückführt, der sich wiederholt für seine wie auch die Überzeugungen anderer vehement einsetzte – im Übrigen auch dann, wenn er diese Überzeugungen selbst nicht gänzlich teilte. Es war Voltaire, der wohl erstmals mit beträchtlicher Breitenwirkung innerhalb der damaligen Gesellschaften die Rolle eines Intellektuellen avant la lettre einnahm. Gewiss: Der Autor des *Candide* wäre kaum auf die Idee gekommen, sich selbst als einen ‚Intellektuellen‘ zu bezeichnen, denn noch stand der Begriff in diesem uns gebräuchlichen modernen Sinne nicht zur Verfügung. Aber der Sache eines ‚Intellektuellen‘ selbst kam er im Verlauf seiner Karriere als Schriftsteller und Philosoph mit wachsendem Renommee mehrfach sehr nahe.

Voltaires Anliegen war dabei die Absicherung und Stützung universaler Prinzipien und Werte oder, um genauer zu sein, von den französischen „philosophes" für universalgültig gehaltener Prinzipien, wie sie gegen Ende des 18. Jahrhunderts dann einfließen sollten in die französische und US-amerikanische Verfassung, aber auch in die Erklärung der Menschenrechte, der „Droits de l'homme". Es ging also nicht um eine Parteinahme für bestimmte Interessengruppen oder Parteien, sondern für die Menschheit insgesamt, verkörpert und repräsentiert in ganz bestimmten Individuen und Gruppen, denen man ihre Rechte vorenthielt. Diese ihrer Rechte, Prinzipien oder Bürgerrechte Beraubten verfügten über keinen Diskurs, hatten keine Stimme, fanden kein Gehör: Sie zählten schlichtweg nicht! Voltaire gab ihnen eine Stimme. Er baute in diesem Zusammenhang, bisweilen gepaart mit seinen geradezu propagandistischen Feldzügen, klare Positionen auf hinsichtlich der Verantwortung von – wie wir heute sagen könnten – Kulturschaffenden, von Menschen also, die in ihrem Bereich, in den Künsten, den Literaturen oder den Wissenschaften, über berufliches Prestige, aber keinerlei politische Macht und Einfluss verfügten. Die Aufgabe dieser Gruppe von Menschen, die sich erstmals mit der europäischen und (hemisphärisch verstanden) amerikanischen Aufklärung abzeichnete, bestand darin, Position nicht für Parteien, sondern für allgemeingültige Prinzipien zu ergreifen und letztere gegen alle Ungerechtigkeit, ja gegen alle Unterdrückung und Gewaltherrschaft, mittels ihres Wortes zu verteidigen.

Der Begriff des „intellectuel", des Intellektuellen, taucht in Frankreich noch nicht zu Zeiten Voltaires auf, findet sich jedoch erstmals bereits in der ersten Hälfte des 19. Jahrhunderts etwa bei Saint-Simon. Aber beschäftigen wir uns nicht gleich mit der Begriffsgeschichte, sondern fragen einmal aktualistisch, wer oder was denn ein Intellektueller sei und für welche Haltungen und Handlungen er einsteht.

Wenn Sie sich in diesem Saal umgucken, dann sitzen hier – nach landläufiger aktueller Begriffsbestimmung – lauter Intellektuelle. Denn Sie sind alle – und das lässt sich begriffsgeschichtlich in Deutschland bis vor das Dritte Reich zurückverfolgen – Geistesarbeiter, Arbeiter und Arbeiterinnen der Stirne. Ja, so hieß das einmal! Die Abgrenzung scheint also auf den ersten Blick so vollzogen werden zu können, dass alle, die sich vorwiegend mit geistigen Dingen beschäftigen, als Intellektuelle bezeichnet werden dürfen. So einfach ist das aber nicht: Denn es gab immer wieder Äußerungen, denen zufolge letztlich alle Menschen Intellektuelle seien, da alle Menschen bestimmte kulturelle und politische Vorstellungen besitzen, Ansichten haben und äußern, politische Ziele verfolgen oder diese wie auch immer unterstützen. Aber macht ein Begriff Sinn, in den alle Menschen eingeschlossen sind?

Nach einer solchen ‚Definition' wären alle, unabhängig von ihrem jeweiligen Beruf, als Intellektuelle anzusehen. Damit wären die eigentlichen beruflichen Tätigkeiten sekundär, die meinetwegen dominant handwerklich beziehungsweise an körperlicher Arbeit ausgerichtet sein könnten: Auch diese Menschen wären aber keineswegs als Nicht-Intellektuelle auszuschließen. Mit dieser Tatsache ließe sich gut leben, doch hilft sie uns herzlich wenig weiter: Denn wenn alle Intellektuelle sind, dann ist es keiner. Wir müssen uns also auf bestimmte historische Traditionen, Prägungen und Entstehungskontexte bei dieser begrifflichen Frage einlassen, welche sich natürlich auch die Herausgeber eines vor einigen Jahren erschienenen (und selbstverständlich sofort umstrittenen) Handbuchs der französischen Intellektuellen stellen mussten, die Herren Julliard und Winock.[1]

In ihrem Vorwort zu diesem recht gefahrvollen Unterfangen weisen die beiden französischen Herausgeber auf Jean-Paul Sartres Unterscheidung hin, dass ein Wissenschaftler, der an einer – sagen wir – Atombombe bastelt, noch kein Intellektueller ist. Wohl aber wird er zum Intellektuellen, wenn er ein Manifest verfasst und verteilt, in dem er seine Kollegen wie auch einen breiteren Personenkreis mit den Gefahren und Folgen einer Atombombe konfrontiert und vertraut zu machen versucht. Nicht jeder, der sich in diesem Bereich im Sinne Sartres *engagiert*, wird aber dadurch schon zum Intellektuellen. Er wird es nur, wenn er über einen gewissen Bekanntheitsgrad verfügt, der zumeist auf einem ganz bestimmten Gebiet erworben wurde, in unserem Falle also bei der Lösung spezifischer physikalischer, mathematischer und nuklearwissenschaftlicher Probleme, die sich beim Bau einer Bombe stellen. Der Intellektuelle oder die Intellektuelle muss daher, das ist eine Vorbedingung, über ein bestimmtes fachspezifisches Prestige oder Renommee verfügen, das auf einem ganz bestimmten Gebiet des Wissens, der Künste oder der Öffentlichkeit erworben wurde.

Diese Notorietät oder Bekanntheit könnten wir mit dem Feldsoziologen Pierre Bourdieu sehr wohl als ein symbolisches Kapital begreifen, das in einem ganz bestimmten Tätigkeitsbereich aufgehäuft wurde, um dann in einem anderen

---

1 Vgl. Julliard, Jacques / Winock, Michel (Hg.): *Dictionnaire des intellectuels français. Les personnes, les lieux, les moments.* Paris: Editions du Seuil 1996.

gesellschaftlichen Bereich – etwa im intellektuellen oder im politischen Feld – von der oder dem Intellektuellen investiert zu werden. So nutzt etwa der Wissenschaftler oder die Wissenschaftlerin die wissenschaftliche Reputation als Legitimation des eigenen Auftretens in einem anderen Feld, insbesondere dem der Öffentlichkeit, um dergestalt auf politische Meinungen und Entscheidungen (entscheidenden) Einfluss zu nehmen. Sie können dies in diesen Monaten sehr schön auf einem kleinen, aber gesamtgesellschaftlich nicht unbedeutenden Teil-Feld, dem der Virologie, klar erkennen, insofern Virologen in Zeiten der Corona-Krise mittlerweile nicht mehr nur zu ihren Spezialkenntnissen Stellung beziehen.

Aber die Dinge sind nicht immer einfach zu entscheiden, eine genaue Beurteilung fällt oft schwer. Wie wäre etwa eine vor Jahren veröffentlichte Stellungnahme von dreißig Angehörigen dieser Fakultät zu werten, die gegen Stellenabbaupläne der Regierung protestierten? Von den ursprünglich dreißig Unterzeichnern wurden nur einige Namen in der lokalen Zeitung abgedruckt und das auch wohl nach einem Schlüssel, der gewiss ein wenig seltsam anmuten darf; soweit – seien wir ehrlich – ist es also mit der Bekanntheit zum einen nicht her, sie scheint die engsten Fachkreise im Raum Brandenburg-Berlin nicht zu übersteigen!

Zum zweiten beschäftigt sich dieser offene Brief der dreißig Professorinnen und Professoren im Grunde und im Wesentlichen bloß mit der eigenen Situation. Er beklagt – um nur einige Beispiele zu nennen – natürlich völlig zu Recht, dass die Streichung von Lehrstühlen oder die geplante ‚Rückführung' der Mittelbaustellen auf knapp zwei Drittel oder auch die weiterhin prekäre Situation der Kunstgeschichte an dieser Fakultät schlicht ein Unding sei und diese Universität dadurch Gefahr laufe, im Zustand eines Torsos zu verharren. Das ist alles richtig; eine im breiten Sinne gesellschaftliche Reperkussion aber bedeutet dies nicht und ist zugleich argumentativ völlig auf den eigenen Arbeits- und Tätigkeitsbereich abgestellt. Das ist wohlgemerkt legitim und gewiss auch notwendig; doch zu einem Intellektuellen wird man dadurch nicht: zumindest nicht im Sinne von Julliard und Winock (und selbstverständlich auch nicht in meinem Sinne). Selbst wenn man sich eines Mittels und eines Mediums bedient, dass für die Intellektuellen geradezu klassisch geworden ist: eines Offenen Briefes in der Zeitung. Sie sehen, wir beginnen, uns der Frage des Manifests, die im Kontext der Avantgarden ja eine so große Rolle spielt, von einer ganz anderen Seite zu nähern. Womit ich freilich nicht sagen will, dass alle Unterzeichner von Manifesten automatisch Intellektuelle wären: weit gefehlt.

Fahren wir also in unserer Bestimmung der Rolle der Intellektuellen fort! Intellektuelle in einem engeren Wortsinn sind jene Vertreter*innen bestimmter literarischer, wissenschaftlicher, künstlerischer oder publizistischer Bereiche, die sich auf ihrem Gebiet eine Kompetenz und ein Prestige angeeignet haben, welche sie dazu berechtigen, ihre Analyse der gesamten Gesellschaft vorzutragen. Diese

Intellektuellen im engeren Wortsinne werden so im öffentlichen Leben anderen Bedingungen der Kommunikation und der Öffentlichkeit ausgesetzt, als sie dies in ihrem ursprünglichen oder eigentlichen Feld gewohnt waren. Sie setzen sich somit anderen Normen und Formen der Kommunikation und des Verstanden-Werdens aus.

Damit ist zugleich gesagt, dass Politiker dank einer solchen Definition aus dem Bereich der Intellektuellen ausscheiden, da sie sich mit öffentlichen und im engeren Sinne politischen Fragestellungen berufsmäßig, also professionell, auseinandersetzen. Daher sind gemäß unserer Definition etwa der Kultursenator von Berlin, die Beauftragte der Bundesrepublik Deutschland für Kultur und Medien oder auch der Oberbürgermeister von Potsdam keine Intellektuellen, auch wenn man ihnen allen sicherlich intellektuelle Fähigkeiten und Tätigkeiten nicht absprechen kann und sie sich darüber hinaus auch in Bereiche des öffentlichen intellektuellen Lebens gestaltend einbringen. Aber sie mischen sich sozusagen nicht ein, da sie schon von Beginn an mit dabei sind und dafür letztlich auch bezahlt werden. Die Intellektuellen aber mischen sich ein in das, wofür sie eigentlich nicht bezahlt werden, transgredieren also die Grenzen ihrer Tätigkeit, während Politiker*innen dafür da sind, sich um öffentliche Belange professionell zu kümmern.

Die oder der Intellektuelle ist, so paradox dies klingen mag, gemäß einer nachvollziehbaren historischen Entwicklung zur Spezialistin oder zum Spezialisten nicht nur eines jeweiligen Fachgebietes oder Arbeitsfeldes, sondern eben und gerade für das Allgemeine geworden, das nach bestimmten Prinzipien und allgemeinen Normen beurteilt und verteidigt werden muss – und zwar gerade nicht nach parteipolitischem Dafürhalten. Sie sind es, die als Intellektuelle wie Joker plötzlich in allen möglichen Zusammenhängen auftauchen, dabei aber Partei ergreifen nicht etwa für bestimmte politische Parteien, sondern für die Partei der universalgültigen menschlichen Werte. Dies zumindest ist jene Klausel, die schon Julien Benda[2] den Intellektuellen nachdrücklich ins Stammbuch schrieb.

Dieser Ansicht könnte man eine ganze Menge an Argumenten entgegenhalten: Treiben wir nun an dieser Stelle kurz etwas Begriffs-Geschichte! Historisch unter der Bezeichnung aufgetreten sind die Intellektuellen ja erstmals in Frankreich am Ende des 19. Jahrhunderts, vor mehr als hundert Jahren, als dort der Streit um Schuld oder Unschuld des jüdischen Militärangehörigen, des „Capitaine" Alfred Dreyfus, entbrannt war. Letzterem hatte man – wie sich nach langen Jahren zähen Ringens herausstellte – die Schuld für militärische Schlamperei und Spionage

---

2 Vgl. die deutschsprachige Ausgabe von Benda, Julien: *Der Verrat der Intellektuellen (La trahison des clercs)*. Mit einem Vorwort von Jean Améry. Aus dem Französischen von Arthur Merin. Frankfurt am Main – Berlin: Ullstein 1983.

ganz bewusst aus antisemitischen Gründen in die Schuhe geschoben hatte. Die sogenannte Dreyfus-Affäre[3] spaltete Frankreich in zwei Lager, die sich unversöhnlich gegenüberstanden. Die Spitzen des französischen Staates bis hinauf zum Präsidenten waren involviert, und die Staatsräson schien ebenso unerbittlich wie unerschütterlich zu verlangen, dass man den unehrenhaft entlassenen Dreyfus weit weg von Frankreich auf die Ile du Diable, auf die Teufelsinsel vor Cayenne, verbringen musste. Das antisemitische Staatskomplott war, so schien es lange, unentwirrbar.

Bis Emile Zola kam! Denn erst Zola, der sich mit seinem fast ausschließlich nur auf Indizien aufruhenden Manifest *J'accuse* am 13. Januar 1898 an die breite Öffentlichkeit wandte und geschickt die Massenmedien beziehungsweise Printmedien für seine Sache nutzte, brachte die ganze Angelegenheit wieder ins Rollen. Frankreich zerfiel nun endgültig in zwei Lager. Bald schon stellte man den erfolgreichen Romancier vor Gericht, was dieser hatte provozieren wollen; und es dauerte nicht lange, bis man auch gegen den französischen Staatspräsidenten zu ermitteln begann.

Abb. 65: Titelseite der Zeitung *L'Aurore* vom 13. Januar 1898 mit Emile Zolas Manifest *J'accuse …!*

---

3 Vgl. u. a. Jurt, Joseph: Die Tradition der europäischen Intellektuellen in Frankreich. Von der Dreyfus-Affaire bis heute. In ders. (Hg.): *Intellektuelle – Elite – Führungskräfte. Bildungswege in Deutschland und Frankreich.* Freiburg: Frankreich-Zentrum 2004, S. 33–58; ders.: Au nom de la vérité et de la justice. Les valeurs littéraires dans le champ politique au moment de l'Affaire Dreyfus. In: Baudelle, Yves / Deguy, Jacques / Morzevski, Christian (Hg.): *A la recherche d'un sens. Littérature et vérité. Mélanges offerts à Monique Gosselin-Noat.* Lille: Presses Universitaires du Septentrion 2014, S. 347–359.

In einem Offenen Brief, dem sogenannten „Protest der Intellektuellen" – und da haben wir das Wort –, wandten sich viele Schriftsteller, Künstler, Publizisten und Hochschullehrer an die breite französische Öffentlichkeit und forderten mit Emile Zola eine Aufklärung der gegen Alfred Dreyfus erhobenen Vorwürfe, welche zu dessen harter Verurteilung und Verbannung auf die Teufelsinsel geführt hatten. Genauere Analysen der „Affaire Dreyfus" betonten die Tatsache, dass in diesem öffentlichen Manifest die Unterzeichner häufig ihre Ämter und Funktionen nannten und auch die akademischen Titel mitabgedruckt wurden. Auf diese Weise manifestierte sich jene Funktionsweise, welche gleichsam normbilden innerhalb der französischen Gesellschaft wirkte.

Diese Funktionsweise haben wir bereits erkannt: Die auf einem anderen beruflichen Gebiet erworbene Notorietät oder öffentliche Bekanntheit wurde von den Unterzeichnern umgemünzt in eine bestimmte Legitimität, im öffentlichen Raum für abstrakte Ideen – in diesem Falle für Wahrheit, Gerechtigkeit, Antirassismus und gegen den in Frankreich grassierenden Antisemitismus – eintreten zu können. Oft wurde freilich gerne übersehen, dass auch die Gegenseite bald mobil machte und Gegenerklärungen veröffentlichte, an denen sich wiederum andere Intellektuelle beteiligten, welche ihrerseits für die Werte des Nationalstaats und der höheren Staatsräson Frankreichs eintraten, die über den individuellen Rechten zu stehen habe. Doch lassen Sie uns an dieser Stelle nicht zu sehr in unnütze Details verwickeln!

Der Ausgang der Dreyfus-Affäre ist bekannt: Sie verhalf zwar dem Individuum Alfred Dreyfus kaum mehr zurück in ein wohlgeordnetes bürgerliches Leben, aus dem ihn die Affäre gerissen hatte, sorgte aber dafür, dass antisemitische Tendenzen innerhalb staatlicher Organe und Institutionen breit bekämpft und öffentlich gemacht sowie angeprangert werden konnten. Dies dämmte zwar den in Frankreich bis heute existierenden Antisemitismus nur notdürftig ein, bildete aber einen großen Unterschied zur Situation im Deutschen Reich, welche später, unter den Nationalsozialisten, noch furchtbare Folgen zeitigen sollte. Gewiss: Der Erfolg Zolas und der Intellektuellen in der Dreyfus-Affäre verhinderte nicht, dass zum damaligen Zeitpunkt eine breite Welle des Antisemitismus das Land durchlief und erstmals in neuerer Zeit den Gegensatz zwischen französischer Nation und einer bestimmten Minderheit aufbrechen ließ. Damit wurde zugleich die französische Definition des Nationenbegriffs für längere Zeit in Frage gestellt – die Folgen der Affäre waren folglich nicht nur positiv.

Doch insgesamt überwiegen unverkennbar die Durchsetzung rechtsstaatlicher Prinzipien, die Bekräftigung von Wahrheit und Anstand sowie eine ethische Überprüfung staatlicher Grundlagen, wie man sie sich heute etwa für die USA unter Donald Trump – freilich ohne Hoffnung auf jeglichen Erfolg – nur wünschen würde. Doch in den USA – und dies macht durchaus einen grundlegenden

Unterschied aus – hat es eine mit Frankreich vergleichbare Tradition der Intellektuellen im Sinne einer kritischen, unabhängigen Überprüfung staatlichen Handelns nie gegeben. Vergleichbar mit Diktaturen und autoritären Systemen werden dort, in der sogenannten Führungsmacht der westlichen Wertegemeinschaft, Whistleblowers und andere missliebige Personen wie Julian Assange oder Edward Snowdon, die unbestreitbar grässliche Verbrechen US-amerikanischer Institutionen und Organe aufdecken, im Sinne einer dominanten Staatsräson zu langjährigen Haftstrafen verurteilt. Wahrheit, Justiz, Recht und Anstand zählen angesichts der „raison d'état" in den Vereinigten Staaten nicht viel. Die Staatsgewalt setzt sich auf eben jene Weise durch, wie sich in Frankreich die antisemitischen Parteigänger der Staatsinteressen durchgesetzt hätten, wäre nicht ein Zola und wären in der Folge nicht zahlreiche „intellectuels" auf den Plan getreten und hätten die öffentliche Meinung grundlegend verändert.

Wir könnten an dieser Stelle unserer Überlegungen ausführlich über die Analyse von Julliard und Winock in ihrem *Dictionnaire des intellectuels français* sprechen. Ihr zufolge sei mit der Politisierung der Intellektuellen durch Stellungnahmen für die Sowjetunion in den dreißiger Jahren eine Pervertierung der Rolle und Funktion der Intellektuellen eingetreten, welche Jean-Paul Sartre dann auf die Spitze getrieben habe und die erst dann von einer parteipolitischen Orientierung der Intellektuellen erlöst worden sei, als es mit dem Kommunismus bergab ging. Gerade hier wäre auch die Rolle von César Vallejo mit Blick auf die Sowjetunion zu evaluieren oder auch die Funktion etwa ostdeutscher Intellektueller zu diskutieren, eine spannende Problematik, welche uns freilich von unserem Thema sehr weit wegführen würde. Mein Ziel war es nur, sie alle ausgehend von unserer Beschäftigung mit den Aktivitäten des späten César Vallejo für derlei Fragestellungen zu sensibilisieren, welche im Grunde die modernen Staatswesen im 20. sowie im 21. Jahrhundert auf ganz grundlegende Weise betreffen. Die „Affaire Dreyfus" ist daher noch immer ein wesentliches Erbstück unserer Zeit.

Noch ein letztes Wort zu den Intellektuellen: Denn wir müssen andererseits miteinbeziehen, dass etwa im Sinne Antonio Gramscis der organische Intellektuelle sich direkt aus seiner Klasse rekrutiert und zum Teil auch im Gegensatz steht zu den traditionellen Intellektuellen wie den Angehörigen von Wissenschaft und Literatur, von Klerus, Justiz oder auch (frei nach dem Italiener Gramsci) Lehrerschaft. Damit wäre natürlich ein übergeordneter, überparteilicher Standpunkt wieder aufgegeben und gruppenspezifische Interessen und Erfordernisse in den Mittelpunkt des Handelns eines „organischen Intellektuellen" gerückt.

Doch wie dem auch sei: Mir scheint an dieser Stelle unserer Überlegungen entscheidend, dass das Eingreifen des Intellektuellen in die gesellschaftliche Öffentlichkeit und die Entwicklung des Gemeinwesens ausgehend von den Erfahrungen der „Affaire Dreyfus" zu einem Handlungsmodell gerade im Bereich von Künstlern, Schriftstellern und Publizisten wurde. Dieses führte im Kontext der Bedrohung der Spanischen Republik durch den franquistischen Faschismus zu einer breiten Welle internationaler Unterstützung keineswegs nur aus parteipolitischen Erwägungen heraus. Intellektuelle vieler Länder sahen – das zeigten auch die Antifaschistischen Künstlerkongresse von Valencia und Madrid – im Angriff auf die Spanische Republik Grundfragen und Grundrechte innerhalb eines Europa tangiert, in welchem totalitäre Systeme scheinbar unaufhaltsam auf dem Vormarsch waren. Gegen diesen Vormarsch sollte im Namen von Freiheit und Gerechtigkeit der Widerstand möglichst vieler Individuen organisiert werden. Das traurige Ende dieser Geschichte ist bekannt ...

Wenn wir aus dieser Perspektive das Gedicht *Masa* von César Vallejo lesen, dann wird deutlich, welche Grundwerte der Solidarität, der Menschlichkeit jenseits parteipolitischer Überzeugungen und Handlungsmuster den peruanischen Intellektuellen César Vallejo bewogen haben dürften, sich vehement für die dort utopisch-konkret skizzierte Einheit des Menschengeschlechts gerade in der Stunde seiner höchsten Entzweiung einzusetzen. Vallejo nahm eine historisch möglich und fast notwendig gewordene Rolle ein, wobei sein ganzes symbolisches Kapital, das er einbringen konnte, seine schriftstellerische Tätigkeit war. Und diese zählte, war Vallejos Prestige als Dichter auch zu Lebzeiten noch recht gering.

César Vallejo kann für uns daher – jenseits aller Ästhetik des Bruchs – als jene Verkörperung einer politisch-künstlerisch-ästhetischen Avantgarde gelten, die außerhalb literarischer Trends, Moden und Bewegungen in unglaublicher Radikalität neue Ausdrucksmöglichkeiten menschlichen Schreibens im Kontext sinnentleerter, absurder Welten suchte und versuchte. Lassen Sie uns nun aber zu einer weiteren Figur der Avantgarde kommen, die neben Vicente Huidobro und César Vallejo für eine dritte mögliche Variante nicht nur in der spanischsprachigen Welt stand!

Ramón Gómez de la Serna oder die Avantgarde im Café

Mit dem späten César Vallejo haben wir bereits biographisch wie thematisch wieder den europäischen Kontinent und zugleich jene Ereignisse berührt, welche die Intellektuellen Europas wie Amerikas in ungeheure Erregung versetzen sollten. Ich meine natürlich den Putsch gegen die Zweite Spanische Republik, der nach dem Bürgerkrieg zur Machtergreifung des „Generalísimo" Franco führte und ein Vorspiel der faschistischen Kriege wie des Weltkriegs bot.

Auch jene literarische Figur, mit der wir uns im Folgenden in der gebotenen Kürze beschäftigen wollen, konnte jenen historischen Ereignissen nicht fremd bleiben, zählte aber nicht zu den politischen Akteuren, sondern lediglich zu den vielen, welche die Ereignisse erlitten und vom „Franquismo" ins Exil getrieben wurden. Ramón Gómez de la Serna kehrte, wie sehr er auch in Spanien und insbesondere in Madrid verwurzelt war, seinem Heimatland gleich zu Beginn der Kriegshandlungen den Rücken und suchte sich die argentinische Hauptstadt als künftigen und – wie sich zeigen sollte – endgültigen Mittelpunkt seines literarischen Lebens aus. Auch dies mag neben vielen anderen Indizien belegen, wie sehr in der ersten Hälfte des 20. Jahrhunderts, nachdem Spanien im Jahr 1898 im Spanisch-Kubanisch-US-Amerikanischen Krieg seine letzten Kolonien in Amerika verloren hatte, die ehemalige „Madre Patria" und die amerikanische Hispanität geokulturell einander wieder nähergekommen waren.

Freilich hatte die Entscheidung Ramóns – wie er sich stets liebevoll nennen ließ und wie er bis heute auch in der Forschungsliteratur genannt wird – vor allem biographische Gründe. Allem ungeachtet war und blieb Ramón Gómez de la Serna schlicht und ergreifend „madrilenissimo", also ein Madrilene von altem Schrot und Korn. Wir sollten uns daher auch mit den Anfängen der Avantgarde in Madrid und in jenen Zirkeln kurz beschäftigen, die sich einerseits in die europäische Tradition der Kaffeehausliteratur und andererseits in jene der spanischen „Tertulia" einschreiben. An dieser Stelle seien nur einige wenige Biographeme des spanischen Schriftstellers genannt, die uns ein wenig mit dem zeitgeschichtlichen Kontext Don Ramóns vertraut machen sollen.

Ramón Gómez de la Serna wurde am 3. Juli 1888 in Madrid geboren und verstarb am 12. Januar 1963 in Buenos Aires, also in seinem argentinischen Exil. Sein Vater war Generaldirektor der Katasterämter, Jurist und selbst Schriftsteller, seine Mutter die Nichte der spanischen Dichterin Carolina Coronado: Ramón war also erblich vorbelastet. Gómez de la Serna studierte Jura, wurde Anwalt und schrieb als Journalist zahlreiche Artikel, in denen er als Verteidiger der neuen Avantgarden auftrat. Er zeigte schon früh eine starke literarische Begabung und versuchte sich in seinem schriftstellerischen Leben in nahezu allen Gattungen, vom Roman über den Essay bis hin zu Mikrofiktionen, die er als *Greguerías* bezeichnete und von denen er unendlich viele verfasste.

Abb. 66: Ramón Gómez de la Serna (Madrid, 1888 – Buenos Aires, 1963).

Don Ramón gründete einen berühmten madrilenischen Literatenzirkel im Café Pombo, eine Tertulia, wie sie charakteristisch war für die spanische Kultur- und Geistesgeschichte.[1] Neben seiner Arbeit als Journalist war er als Organisator von Happenings überaus aktiv: Er veranstaltete Abende, die durchaus an die futuristischen „serate" wie an die dadaistischen Auftritte im Zürcher Voltaire erinnerten. Ramón wurde zum Inbegriff der avantgardistischen Literaten- und Künstlerszene, reiste 1933 nach Buenos Aires und kehrte wegen des ausgebrochenen Spanischen Bürgerkrieges nicht mehr in sein Heimatland zurück.

Gómez de la Serna war eine der vielseitigsten Begabungen der spanischen Avantgarde: Er machte sich als Romancier, Novellist, Essayist, Biograph, Verfasser von Dramen und Gedichten, als Autor von Kunstbüchern und Herausgeber von Anthologien einen Namen und veröffentlichte über hundert Bände. Seine von einem starken Humor geprägten „Greguerías" machten ihn berühmt: Bis zu seinem Tod gab er sie mehrfach in Sammlungen heraus, die seinen literarischen Ruhm sowohl diesseits wie jenseits des Atlantik begründeten und festigten. Diese Greguerías finden sich aber auch in nahezu allen seiner Werke, sowohl in seinen Biographien – u. a. von Goya (1917), El Greco (1935), Ramón del Valle-Inclán (1944) oder Quevedo (1953) – als auch in seinen autobiographischen Schriften wie *Automoribundia* von 1948 oder *Nuevas páginas de mi vida* von 1957.[2]

---

1 Vgl. hierzu die Habilitationsschrift von Gelz, Andreas: *Tertulia. Literatur und Soziabilität im Spanien des 18. und 19. Jahrhunderts*. Frankfurt am Main: Vervuert 2006.
2 Vgl. Scarano, Laura: *Automoribundia de Ramón Gómez de la Serna: heterodoxia autobiográfica de un vanguardista insólito*. In: *Iberoamericana* (Madrid – Frankfurt am Main) IX, 36 (diciembre 2009), S. 47–56.

Abb. 67: Ramón Gómez de la Serna in seinem Atelier in der Calle de Villanueva, Madrid, Anfang der 1930er Jahre.

Wir haben es bei Ramón Gómez de la Serna mit einem Vielschreiber und Allroundschriftsteller zu tun, in dessen Werk gleichwohl die kurzen Formen, welche Roland Barthes einmal als „écriture courte" bezeichnete, einen ganz besonderen Stellenwert einnehmen. Sie bilden so etwas wie das verdichtete Herzstück des gesamten Schaffens dieses spanischen Avantgardisten. Ich möchte daher auch diesen kürzeren Formen ein besonderes Gewicht in Hinblick auf unsere Vorlesung geben und zugleich eine weitere Dimension, jene von Körperlichkeit und Sexualität, aber auch Brechung sexueller Tabus, in unsere Vorlesung einblenden beziehungsweise thematisch weiterführen. Es ist bereits jetzt unschwer zu ersehen, wie breit und vielfältig die literarischen Arbeiten der historischen Avantgarden ebenso in Europa wie in Übersee waren.

Schon früh war Ramón Gómez de la Serna mit der Literatur hautnah in Berührung gekommen; und sein wohlsituierter Vater ermöglichte es ihm ökonomisch, mit Hilfe der von ihm finanziell wohl ausgestatteten Zeitschrift *Prometeo*, einen Ausgangs- und zugleich Kristallisationspunkt der literarischen und künstlerischen Kreativität für den talentierten Sohn zu schaffen. Doch es blieb nicht bei dieser literarischen Gemeinschaft und Kollektivität, welche ein Zeitschriftenprojekt immer darstellt: Die Aktivitäten Don Ramóns umfassten bald auch eine spezifische Form spanischer Geselligkeit, die – wie bereits kurz angedeutet – auf eine jahrhundertealte Tradition zurückblicken konnte. Sie spielte in den Zirkeln der spanischen Aufklärung eine wesentliche Rolle, sollte aber gerade an der Jahrhundertwende und zur Entstehungszeit der spanischen Avantgarden eine ganz besondere Bedeutung erlangen: die „Tertulia". Was für Frankreich über Jahrhunderte hinweg die Salons waren, das waren für Spanien die Tertulias mit ihren so spezifischen Formen von Sozialität. Und wie es in Frankreich auch heute noch literarische Salons gibt, so bestehen auch die Tertulias in Spanien fort.

Wir können unter einer Tertulia zunächst einmal eine freie und offene, aber regelmäßige Versammlung von Menschen unterschiedlicher Herkunft zumeist an einem öffentlichen oder halböffentlichen Ort verstehen, wobei sich jede einzelne Tertulia spezifische Formen der Leitung und des Beisammenseins gibt. Eine Tertulia kann, eher angelehnt an französische Modelle, in den vier Wänden eines an bestimmten Tagen geöffneten Privathauses stattfinden, oder aber – was wesentlich häufiger ist – in jener öffentlichen Atmosphäre angesiedelt sein, welche die Kaffeehäuser größerer und großer Städte bieten. Berühmt sind noch heute die Tertulias etwa im Café Gijòn, die über ein hohes Sozialprestige verfügen, zumal das Gijón in Madrid auch einen eigenen Literaturpreis vergibt. Zu meiner Studentenzeit in Madrid machte es großen Spaß, sich mit den literarisch gebildeten und oft über Insider-Kenntnisse verfügenden Kellnern des Café Gijón zu unterhalten. Einer Tertulia anzugehören und sich regelmäßig jede Woche in einem Café zu treffen, um in wechselnden Zusammensetzungen über Literatur zu diskutieren, gehörte für Studierende der „Letras" an der Complutense zu Madrid einfach dazu.

Sicherlich ist das Kaffeehaus eine geradezu gesamteuropäische Institution, die bisweilen in gesellschaftlichen und politischen Auseinandersetzungen je nach Land eine wichtige Rolle spielte. Doch kommt wohl in keinem Land Europas der öffentlichen Versammlung im Café eine so bedeutsame, für die literarische und gesellschaftliche Kommunikation insgesamt so entscheidende Rolle zu wie der Tertulia in Spanien. Wir sollten dabei nicht vergessen, dass wir es im Verlauf unserer Vorlesung schon einmal mit einem Café zu tun hatten, dem Café Voltaire nämlich, in dem sich im Zürich des Ersten Weltkriegs eine internationale Gruppe zumeist emigrierter Literaten und Künstler traf, um den Dadaismus aus der Taufe zu heben. Unterschätzen wir also nicht die Bedeutung der Kaffeehäuser für Literatur und Kunst.

Derart radikal wie im dadaistischen Café Voltaire ging es in den madrilenischen Cafés nicht zu; doch war auch hier deren Öffentlichkeit Ausgangspunkt für eine Literatur- und Kunstpraxis, die Privates und Öffentliches, Produktion und Rezeption, vor allem aber Kunst und Leben zusammendenken sollte und wollte. Die Kunst sollte wie die Literatur nicht länger autonomisiert für sich sein; vielmehr sollten Leben und Literatur, Leben und Kunst eine Einheit und Ganzheit bilden, welche nicht auseinandergetrieben werden konnte. Das Bild des einsamen Schriftstellers am Schreibtisch in seiner Bibliothek, das auch in den Portraits des Fin de siècle wie des „Fin de siglo" so stark vertreten war, galt nicht länger. Literatur und Kunst sollten an die Öffentlichkeit und gelebt werden: Das Leben sollte Kunst, die Kunst sollte Leben werden!

Nicht umsonst war für Ramón Gómez de la Serna das Café jener Ort, wo man – ihm wie auch vielen Avantgardisten dieser Epoche zufolge – am besten schreiben konnte: für jeden sichtbar, für jeden ansprechbar, für jeden berührbar. Erinnern Sie sich noch an den „Writer in Restaurant" bei Enrique Vila-Matas gleich zu Beginn unserer Vorlesung? Das war eine avantgardistische Reminiszenz wie so vieles, was sich in den Werken dieses spanischen Schriftstellers oft sehr humorvoll und mit einem kräftigen Schuss Ironie versehen tummelt.

Nun werden Sie sicherlich einwenden, dass sich das alles nach französischen Existentialisten-Zirkeln anhört, also ein wenig nach Boris Vian oder Jean-Paul Sartre, der in den Deux magots viele seiner Texte unter den Augen des Publikums schrieb. Auch das Café Flore verdankt jenen Zeiten seinen bei Touristen heute ungebrochenen Ruhm. Aber so hatte ich es gerade nicht gemeint! Vielmehr versammelte man sich in der begrenzten Öffentlichkeit des Cafés, um die verschiedensten aktuellen Dinge, vor allem aber die neuesten Entwicklungen in der Literatur, Kunstentwicklung und Ästhetik zu diskutieren. Oft lud man in die Tertulia zusätzlich Literaten und Künstler ein, integrierte gerade in Madrid durchreisende Literatinnen und Literaten, um deren Vorstellungen zu hören und zu erfahren, wie man in Montevideo, Berlin, London oder Paris dachte. Eine Tertulia ist niemals ein abgeschlossener Kreis, sondern eine stets für Gäste und Reisende offene Versammlung, in der man gerne neue Autor*innen und neue Ansichten persönlich kennenlernte – ein Ort, an dem man auch Literatur und Kunst zu betreiben pflegte: eine Kunst, die vor allem auf das mündliche Wort und auf die flüchtige Skizze abzielte. Denn es waren das Vorübergehende und Flüchtige, das Hingeworfene und Spontane, die einen ganz besonderen Stellenwert in einer Tertulia erlangten: Gerade das schnell entstandene, das schnell geäußerte Wort, die unwiederholbare Kombinatorik von Inszenierungen, Diskussionen, Konflikten und Debatten – die Schnelligkeit in der Hervorbringung von Kunst, die Schlagfertigkeit in der Reaktion auf Literatur waren gefragt. In alledem galt Ramón Gómez de la Serna als der unbestrittene Meister.

Diese für Spanien so charakteristische Soziabilität und Geselligkeit liebte außerdem den spezifisch spanischen Witz, von der „broma" bis zum „chiste". So verwundert es nicht, dass Ramón Gómez de la Sernas schriftstellerisches Werk sich auch in seiner schriftlichen Form durch den grundlegenden und sehr eigenen Humor des Verfassers auszeichnete. Auch in anderen Teilen der spanischsprachigen Welt bildete diese Dimension von Humor und Witz eine wichtige Grundlage für Entwicklungen gerade in der Avantgarde. Denken wir nur an die Insel Kuba mit ihrem auf Grund der kolonialen Erfahrung so hintergründigen Humor, an ihren sehr spezifischen „choteo",[3] in welchem hinter den vordergründig geäußerten Worten – wie in einer Kolonialgesellschaft häufig – andere gemeinte, aber nicht geäußerte Worte zum Vorschein kommen!

---

3 Vgl. Campa, Román de la: Caribbean Post-Modernity, Cuban choteo, and „The Repeating Island". In: *Apuntes Postmodernos / Postmodern Notes* (Miami) VI–VII, 1–2 (Spring – Fall 1996), S. 2–15; Rodríguez Gutiérrez, Milena: El choteo de la cubanidad. In: *Encuentro de la cultura cubana* (Madrid) 47 (2008), S. 12–17; sowie Bennett, Andrew: Una nación burlona: Virgilio Piñera y el „choteo" cubano. In: *Cuadernos Americanos* (México) XXIX, 153 (Julio – Septiembre 2015), S. 49–66.

Don Ramón Gómez de la Serna gründete seine Tertulia, seinen bald schon berühmten Zirkel von Literat*innen und Künstler*innen, im Madrider Café Pombo, unweit der Puerta del sol, in einem sehr madrilenischen und damals auch schon angestaubten Café, in dem sich auf eigenartige Weise das Alte und das Moderne miteinander verbanden. In diesem Ambiente entwickelte sich das, was Don Ramón selbst einmal als die „pombianische Ästhetik" bezeichnete. Mechthild Albert[4] hat dieser Ästhetik einmal einen eigenen Artikel gewidmet und mit guten Gründen von der Tertulia als dem Laboratorium der spanischen Avantgarde gesprochen. In der Tat lassen sich viele Belege dafür finden, in dieser spezifischen Art von Soziabilität die Keimzelle der besonderen Avantgardeentwicklung in Spanien zu erblicken. Doch sehen wir uns zunächst einmal die Texte von Gómez de la Serna selbst näher an! Denn das Café wird bei ihm zu einem geradezu mythisch verklärten Ort, an dem einfach alles möglich ist. Im folgenden Zitat wendet sich Ramón in einer seiner zahlreichen Reden aus Anlass irgendeines Banketts an seine Tischgenossen:

> Liebe Kameraden im Pombo,
> Es scheint so langsam, dass wir eine literarische Gruppe mit einer bestimmten Ästhetik repräsentieren, der Pombianischen Ästhetik, und es ist nicht wahr, damit kann man uns nicht belangen. Wie sehr wünschten sie, dass wir eine sichtbare Ästhetik hätten mit einem Kopf, um den man uns kürzer machen könnte! [...]
> Unsere Ästhetik kann bestenfalls, kann ihren Ausgang finden bestenfalls von einer Konzeption dieses Lokals, und das ist nicht wenig! [...]
> Das Barocke ist etwas alarmierend, obgleich dies eine sympathischere Klassifizierung ist als die anderen. Das Barocke nimmt recht gut das Zerzauste, das Zerstörte, das Konfuse, das Blasphemische, das Intensive auf.
> Unsere Ästhetik ist eine „Pombianische". Wir sind die „Pombianer". Und damit Schluss.[5]

Wir können feststellen: Ramón Gómez de la Serna war sich in diesem Zitat bewusst, dass der von ihm im Jahre 1909 geschaffene Zirkel, der bis zu seinem Verlassen von Madrid fortbestehen sollte, eine tiefe Wirkung auf die zeitgenös-

---

4 Vgl. Albert, Mechthild: Para una estética pombiana: la tertulia, laboratorio de la vanguardia española. In: Martín, Hernández, Evelyne (Hg.): *Ramón Gómez de la Serna*. Clermont-Ferrand: CLRMC 1999, S. 103–120; sowie des Weiteren dies.: Imaginiertes Amerika, erinnertes Spanien, erlebtes Argentinien: Ramón Gómez de la Serna in Buenos Aires. In: Lang, Sabine / Blaser, Jutta / Lustig, Wolf (Hg.): *„Miradas entrecruzadas" – Diskurse interkultureller Erfahrung und deren literarische Inszenierung. Beiträge eines hispanoamerikanischen Forschungskolloquiums zu Ehren von Dieter Janik*. Frankfurt am Main: Vervuert 2002, S. 299–313.
5 Gómez de la Serna, Ramón: Discurso (1919). In (ders.): *Pombo. La sagrada cripta del Pombo*. Madrid – Triest: Ed. De Andrés Trapiello 1986, S. 232.

Abb. 68: Tertulia des Café Pombo im Jahr 1932.

sische Literaturszene ausgeübt hatte und dass die Mitglieder dieses Zirkels, dieser Tertulia, sehr wohl als eigenständige literarische Gruppe wahrgenommen wurden. Er unterstellte all jenen, die von dieser Gruppe sprachen und ihr eine griffige Ästhetik unterstellten, die Absicht, diesen Zirkel zu zerschlagen. Gleichzeitig aber verband er nicht ohne Ironie die avantgardistische Ästhetik mit der jener Lokalität, die man für die öffentlichen Auftritte und Inszenierungen nutzte. Insofern lässt sich die These, die Tertulia sei das Laboratorium der spanischen Avantgarde gewesen, mit Blick auf Ramón Gómez de la Serna sicherlich halten. Für eine pombianische Ästhetik aber brauchte es mehr!

Die Tertulia – soviel können wir an dieser Stelle festhalten – ist im spanischen Literaturbetrieb auch noch im 20. und 21. Jahrhundert ein wichtiges, wenn auch heute vielleicht etwas verblassendes Faktum, eigentlich eine soziale und literarische Institution von größter Tragweite, welche sich übrigens selbst auch als Institution begreift. Vergessen wir nicht, dass beispielsweise das Café Gijón auch heute noch einen eigenen renommierten Literaturpreis vergibt! Was bedeutet aber eine solche Institution? Ist sie etwa mit Bürgers „Institution Kunst" in Beziehung zu setzen? Was ist die Ästhetik eines Café namens Pombo? Und was ist unter einer „Pombianischen Ästhetik" zu verstehen?

Ramón Gómez de la Serna hat sich selbst mit den verschiedensten Orten in Madrid, aber auch mehrfach mit dem Café Pombo selbst sehr intensiv literarisch beschäftigt und letzterem zwei umfangreichere Texte – neben vielen kürzeren – gewidmet. Das obige Zitat zeigt uns, wie sehr diese Ästhetik an einen Ort und an eine Zeit gebunden ist, also – vergleichbar mit den italienischen Futuristen – keine übergreifenden Normen und Werte schaffen will, sondern am Ephemeren, Spontanen und Raschen, übrigens auch am Simultanen, interessiert ist. Die spanische Avantgarde geht sehr eigene Wege und entwickelt eigene literarische und soziale Strategien.

Vor allem geht sie ins Café zur Tertulia, um sich wechselseitig zu befruchten und um einen Teil ihrer eigenen Kunst zu erleben und zu leben. Die Gespräche und kleinen Aufführungen bei derartigen Tertulias bilden bei den Avantgardisten ein häufiges literarisches Sujet; und noch bei den spanischen Autoren nach den historischen Avantgarden finden sich zahllose Beispiele für derartige in die Literatur eingegangene Gesprächsrunden. Übrigens wurde in den zwanziger Jahren einmal eine solche Sitzung im Café Pombo für den spanischen Rundfunk teilweise mitgeschnitten, und es soll eine recht unterhaltsame, kurzweilige und witzige Veranstaltung gewesen sein.

Es ist gerade diese Dimension der Mündlichkeit und der unmittelbaren schlagfertigen Reaktion in dem, was Gómez de la Serna mehrfach die Stunde der Wahrheit nannte, die für diese Ästhetik der Schnelligkeit und des Ephemeren von grundlegender Bedeutung sind. Zugleich kamen anderen Elementen wie dem Zufall, der Kontingenz und dem Spielerischen, aber auch dem Anzapfen des „Unterbewussten", wie man das noch vorfreudianisch nannte, eine wichtige Funktion zu. Denn es sind ja gerade die Schnelligkeit und die Signifikanz des Zufalls, die dem Schreiben wie der Kunst insgesamt jene artistischen Kontingenzen bescheren, in welchen ihnen das Unbewusste gleichsam – wie bei den französischen Surrealisten – zufällt.

Des Weiteren kommt dabei besonders den Zeichnungen eine wichtige Rolle zu und allerlei ludischen Einbettungen von Skizzen und Grafiken, wobei ich auf die verschiedenen Formen des Spiels nicht eingehen kann, sondern nur erwähnen möchte, dass auch hier Gómez de la Serna, der gerne vieles kategorisierte, um sich dann darüber hinwegzusetzen, unter anderem die Form der „Kleksografía" erfand. All diese künstlerischen Ausdrucksformen sind gleichsam typische Formen des Lebens im Café, bis hin zu jenen sogenannten Mosaiken, die die Dichter in Form einzelner Worte oder Reime auf die Kaffeetische schrieben, um damit gegen die von den Kellnern stets von neuem aufgemalten Zahlen und Rechnungen aufzubegehren.

Abb. 69: Pombianische Skizzen.

Abb. 70a, b, c und d: Ramón Gómez de la Serna: *Greguerías*.

Bei allen Parallelen, die bislang zum italienischen Futurismus, zum internationalen Dadaismus oder auch zum französischen Surrealismus – mit dem wir uns gleich im weiteren Fortgang beschäftigen werden – in der neueren Forschungsliteratur hergestellt wurden, ist doch unverkennbar, dass den spanischen Avantgarden eine weitaus geringere Stoßrichtung mit Blick auf den Traditionsbruch eigen war. Und mehr noch: ein wesentlich geringerer Wille, mit den bisherigen literarischen, künstlerischen oder soziopolitischen Traditionen radikal zu brechen. Die Institution der Tertulia selbst, aber auch die Orte der Öffentlichkeit, an denen sich diese neue Kunst manifestierte, waren letztlich traditionalistisch geprägte Lokalitäten, denen nur eine neue Wendung, ein etwas fremdes und überraschendes Aussehen gegeben wurde, ohne doch deren Traditionslinien erschüttern zu wollen. So überrascht es auch nicht, dass wir im Café Pombo keineswegs bloß ausgemachte Avantgardisten, sondern auch Vertreter der Generación del 98 wie Ramiro de Maeztu oder des Modernismus wie Ramón del Valle-Inclán antreffen können, die ebenfalls – wie viele spanische Literaten – die Öffentlichkeit der Cafés als Diskussionsforen liebten. Wir stoßen in Spanien folglich auf Kontinuitäten, die wir bereits in Lateinamerika vorgefunden hatten und die belegen, dass es sehr eigene avantgardistische Ausdrucksformen in der spanischsprachigen Welt gibt, welche wir keinesfalls auf die mitteleuropäischen Avantgardevorstellungen reduzieren dürfen.

So ist auch eine der Hauptformen der avantgardistischen Literatur von Ramón Gómez de la Serna, die „Greguería", eine literarische Form des Aphorismus, die uns durchaus aus der Barockzeit bereits vertraut ist. Nicht umsonst hatte Don Ramón eine gewisse Sympathie im obigen Zitat für die Zurechnung seiner Ästhetik zum Barock bekundet. Wir konnten konstatieren, dass für den spanischen Avantgardisten diese Zurechnung keineswegs eine Beleidigung darstellte, sondern ihm als durchaus „sympathisch" erschien. So war die Bezugnahme auf das Barock gleichsam eine Bezugnahme auf die literarhistorische Tradition eines gewissen Bruches, auf das Blasphemische und vor allem das Seherisch-Mystische, wie es sich vor allem in den großen spanischen Mystikern ausgedrückt hatte. In erster Linie evozierte sie aber jene Intensität, in welcher wie wir sahen auch Marinetti einen zentralen Bestandteil seiner und – par extension – aller futuristischen Kunst erblickte. Doch wo die Futuristen auf den Bruch setzten, da betonten die spanischen Avantgardisten bei aller Innovation die Kontinuitäten innerhalb einer *pombianischen* Ästhetik.

Intensität, Überraschung, Verdichtung, Geschwindigkeit, Simultaneität: All dies sind Begriffe, die nach kurzen und kürzesten literarischen Ausdrucksformen verlangten und Kurzschreibweisen notwendig machten. Ramón versuchte, diesen Notwendigkeiten durch die spezielle Entwicklung einer literarischen Kleinform zu entsprechen, die er schon mit zwanzig Jahren zu kultivieren begann und die er sein ganzes Leben über hegte und pflegte: die „Greguería". Was aber ist darunter zu verstehen?

Ramón Gómez de la Serna hat selbst einmal diese literarische Kürzestform auf die griffige Formel „Greguería gleich Metapher plus Humor" gebracht. Das hilft uns – wie oft bei Ramóns Theorien – so schrecklich nicht weiter, da nicht alle Greguerías dieser Vorstellung oder Definition wirklich entsprechen. Doch zeigt uns die Formel sehr wohl die Blickrichtung und einige Ingredienzien dieser nanophilologischen Kleinform an. Denn der Metapher, also einer Bewegung des Übertragens, kommt eine zentrale Bedeutung genauso zu wie dem Humor und damit auch dem Spielerischen, dem Ludischen, das in der Tat für Gómez de la Serna ebenfalls durchgängig von herausragender Bedeutung war.

Um wirklich zu verstehen, was Greguerías eigentlich sind und wie sie gelesen werden können, möchte ich Ihnen einige erste Beispiele vor Augen führen. Literarische Beispiele einer Kürzestschreibweise, die aus den Jahren 1911 und 1912 stammen:

*

Welch hübsche kleine Eidechse erwartet mein Schweigen in meinen Bauchnabel, um sich zu sonnen!

*

Ein Vogelauge, ein Vogelauge, ein Vogelauge über der Stadt macht alles eindruckslos und zeigt die Naivität der Augen des Heiligen Geistes, welche voll sind mit einer dem Vogelauge identischen Theorie.

*

Warum lassen die Uhren wie im Einverständnis ihr Tick-Tack mit anderen Uhren erschallen, die doch die Stunde früher oder später angeben?

*

Denken wir doch mit den Lungen, die eine alles andere übertreffende Nachgiebigkeit und Intuition besitzen.

*

Schaut man die Straßenlaternen an, so erklärt sich die ganze groteske Künstlichkeit der Stadt.

*

Die Frauen mit langen nackten Beinen sind voller Melancholie und *schuldiger* an Menschlichkeit.[6]

Konzentrieren wir uns fürs Erste auf diese wenigen hier zusammengestellten
frühen Greguerías von Don Ramón: Sie zeigen die Struktur von Augenblicks-
aufnahmen, die zumeist syntaktisch, in der Zahl der Sätze sehr knapp gehalten
sind und die Satzgrenze in der Regel nicht überschreiten. Äußerste syntaktische
Verknappung der sprachlichen Form ist mithin ein erstes wesentliches Element
dieser nanophilologischen Strukturen. Ein zweites Element ist unzweifelhaft die
Rückführung auf die Position eines Ich, im Übrigen eines männlichen Ich, so dass
ein gewisser autobiographischer Grundzug nicht zu übersehen ist, welcher freilich immer mit der Aura genereller Erkenntnis umgeben ist. Ein drittes Element ist
die distanzierte Kontemplation, die beispielsweise schon in der ersten Greguería
beim eigenen Körper mit der Eidechse beginnt, die sich in der Nabelschau des
Ichs und in ihrer Schönheit sonnt.

Ein damit unmittelbar verbundenes viertes Textelement ist die auffällige Körperlichkeit, wobei ebenso die männliche Körperlichkeit des Ich erscheinen kann
wie auch die Körperhaftigkeit eines (zumeist intensiv betrachteten) Gegenübers.
Dieses Gegenüber ist in aller Regel weiblich modelliert und figuriert: Es tritt oft in
seiner Nacktheit auf, wofür wir auch später noch Beispiele sehen werden. Doch
es gibt auch von jeder Geschlechtlichkeit abgezogene oder abstrahierende Überlegungen wie etwa zu jenem Denken der Lungen, die dem Erzähler zufolge viel
fähiger, verformbarer und intuitiver sind als alles, was wir sonst zum Denken
nutzen könnten. In diesen frühen Greguerías von Don Ramón beobachten wir
eine sehr körperliche und augenblickshafte Fundierung der kurzen Momentaufnahmen, die in der Regel – und dies ist ein fünftes Element – präsentisch gehalten
sind.

Ein weiteres, sechstes Element ist ohne Zweifel die Stadt und ihr urbanes
Ambiente. Sie taucht bereits in ihrer Allgegenwart und mit ihren Besonderheiten
in diesen frühen Greguerías auf. Die Straßenlaternen erscheinen als die grotesken Repräsentantīnnen des Städtischen, des Urbanen, wenn auch offengelas-
sen wird, ob es sich noch um die schönen madrilenischen Gaslaternen handelt
oder bereits um eine elektrische Umrüstung, welche emblematisch für die
Moderne steht. Es könnte sich durchaus bereits um elektrische Straßenlaternen
handeln, da die Elektrifizierung im Kontext der Modernisierung der Städte auch
in Spanien rasch voranschritt und Don Ramón bereits wenige Jahre später den

6 Gómez de la Serna, Ramón: Greguerías 1911/1912. In (ders.): *Greguerías*. Hg. von Rodolfo Cardona. Madrid: Cátedra 1979, S. 219 f.

gelben Birnen der Stadtbeleuchtung in der Provinz eine andere schöne Greguería widmete.

dabei ist die Beleuchtung, also auch gerade die nächtliche Szenerie, für die Stadt nicht weniger wichtig als die Erfassung ihrer Grundstrukturen aus der Luft, aus der Vogelperspektive, die in diesen Kürzesttexten viermal angeführt und mit einer quasi-göttlichen Perspektive verglichen wird. Doch ist diese göttliche Perspektive – wie wir ja bei den Futuristen sahen – zu jenem Zeitpunkt bereits vom Menschen erobert worden in Form jener Flugzeuge, welche sie nun ihrerseits okkupieren. Doch anders als in den futuristischen Manifesten eines Marinetti wird bei Ramón Gómez de la Serna nichts narrativiert: Seine frühen Greguerías bleiben – und dies ist ein siebtes Textelement – Mikrotexte (wie etwa auch Aphorismen), ohne sich in Mikroerzählungen oder gar „Microrrelatos" zu verwandeln. Diese narrative Entwicklung stand ihm freilich offen, und er sollte sie für sich entdecken und nutzen.

Häufig tritt zur Dimension des Raumes die Dimension der Zeit hinzu, die beständig fortschreitet und alles in ihren Ablauf, in ihre ständig sich beschleunigende Bewegung mitreißt. Dass gerade diese immer wieder auftauchende Erfahrung der Zeit in der hier zitierten Greguería in die Frageform gekleidet ist, mag wiederum diese ständige Beschleunigung noch vergrößern. Denn alle Uhren gehen anders – und doch rückt die Zeit unerbittlich voran: Diese lineare Zeit bringt als ein achtes Textelement in diese Kürzesttexte einen Hauch von „memento mori", was der aphoristischen Kurzschreibweise der Greguerías gut zu Gesicht steht.

Die Gleichzeitigkeit des Ungleichzeitigen wird überdies in ein sehr treffendes, unmittelbares Bild und mehr noch in eine Metapher gepackt, wobei den in diesen Greguerías verwendeten Metaphern ein nicht allzu großes Maß an Humor – der gleichwohl nicht völlig fehlt – beigegeben ist. Ich würde sogar von einer gewissen Melancholie sprechen, die nicht nur die Frauen mit den langen nackten Beinen, sondern diese Texte Ramóns insgesamt erfasst. Nicht umsonst ist es gerade diese Melancholie, für welche die nackten Frauenbeine als Beschuldigte oder Angeklagte der Menschlichkeit stehen, folglich diese Menschlichkeit in ihrer Melancholie gleichsam verkörpern. Ich komme auf die Visionen des weiblichen Körpers, welche nicht allein die Greguerías, sondern das gesamte Schreiben von Ramón durchziehen und prägen, noch ausführlich zurück. Festzuhalten aber gilt es, dass es diese Körperlichkeit ist, die das aphoristische, scheinbar unmittelbare Schreiben auszeichnet, ebenso wie sie es ist, welche auch in den Zeichnungen zum Ausdruck kommt, die im Café Pombo zu Madrid angefertigt wurden.

Wir könnten mit den verschiedenen Interpretationen und Deutungen der bereits zitierten Greguerías noch fortfahren; doch möchte ich Ihnen lieber weitere Beispiele vorführen, um zusätzliche Aspekte in dieser literarischen Kleinstform – bisweilen können die Greguerías die Seitengrenze aber auch überschreiten – aufzudecken. Dabei sollten wir uns vor Augen halten, dass diese Mikrotexte vor allem auch darauf beruhen, dass sie einzeln wirken. Zugleich erschließen sich ganz andere Bedeutungsebenen, wenn sie im Verbund miteinander und damit *ko*textuell gelesen werden, insofern ihre Leserschaft die Möglichkeit hat, zwischen ihnen immer wieder hin- und herzuspringen, somit gleichsam eine Art gleichzeitiger, simultaner Betrachtung selbst zu inszenieren und das Gesamtbild immer wieder neu zu verändern.

Dabei ist klar, dass die Lesegeschwindigkeit dieser Greguerías zweifellos niedrig liegt, dass die kurzen Texte folglich sehr aufmerksam und wiederholt gelesen werden müssen. Dies gilt selbstverständlich auch für jene Texte, welche aus den Jahren 1920 bis 1927 stammen und die veränderte Charakteristika aufweisen:

*

Der klügste Apparat der Welt ist der Wasserfall auf der Toilette, mit dessen Kette in der Hand wir alle der wunderwirkende Moses sind.

*

Ein Arbeiter mit Brille ist beklagenswert. Mit Hilfe seiner Brille entdeckt er genauer die Ungerechtigkeiten seines Schicksals, sieht dieses besser, sieht es wie ein Herr, wie ein Mann der Wissenschaft, wie ein Intellektueller. Diese Arbeiter mit Blaumann und Brille machen die Sklaverei ihrer Genossen noch trauriger, und sie scheinen eine andere Behandlung zu verdienen, insofern sie sich auf anderes verstehen und sich nur aus Fatalität auf die harte Arbeit einlassen mussten. Ihre Brillen rufen nach Barmherzigkeit und machen keine Genossen, ihr Blick ist gefürchtet.

*

Es gibt eine frühe Morgenwolke, die wie das Biskuit oder der Blätterteig ist, den der Himmel frühstückt. Sie verschwindet in einem einzigen Augenblick, ohne zu wissen wie, vom hungrigen Blau verschluckt.
Es gibt Wolken, die wie Wollflocken sind, die dem Himmelskissen entkamen, an irgendeiner Ecke aufgetrennt.

*

Der Lärm der Straßenbahn ritzt das Glasfenster der Nacht.

*

Dem Sommer in Kastilien fehlen bloß noch einige frei herumstreichende Löwen.[7]

*

Diese „Microtextos" von Ramón Gómez de la Serna zeigen zum einen deutlicher die Funktionsweise des ramonianischen Humors, der etwa in der ersten Greguería sich ein Emblem der Moderne, nämlich das *Water Closet* herauspickt, jenes WC, das schon in der avantgardistischen Form des Readymade und als Fontäne

---

7 Gómez de la Serna, Ramón: Greguerías 1920/1927, S. 227 ff.

bezeichnet bei Marcel Duchamp Karriere machte. Es wird von Don Ramón mit der christlich-jüdisch-abendländischen Tradition verbunden, insofern in kühner Metaphorik der rauschende Sturzbach eines Wasserspülungsklosetts mit jenem Wasserfall in Verbindung gebracht wird, den einst Moses durch sein Anschlagen eines Stockes an den Felsen zur Verwunderung und Freude aller mit göttlicher Hilfe hervorzauberte. Das Alltägliche wird damit zum Göttlichen, das Göttliche zugleich auch auf die Dimensionen des Alltäglichen zurückgestuft. Wir waren bereits auf dieses „chassé-croisé" der Sakralisierung des Profanen und der Profanisierung des Sakralen gestoßen.

Die Berührungsfläche zwischen beiden Isotopien ist freilich begrenzt und punktuell, denn andere Bedeutungsebenen schneiden sich nicht hier, sondern verlaufen quasi parallel zu dieser Berührung. Damit hängt der beabsichtigte humoristische Effekt zusammen, insofern man rasch merkt, dass dies eigentlich gar nicht zusammen passen will: Was hat die Toilette mit Moses gemein? Durchaus im Sinne von Sigmund Freuds *Der Witz und seine Beziehung zum Unbewussten* ist es eine spielerische Inkongruenz, welche das Lachen oder doch zumindest das Lächeln erzeugt, einmal abgesehen davon, dass die Notwendigkeit der Israeliten, zum Lebensmittel des Wassers zu kommen, in krassem Gegensatz zur Notdurft des modernen Menschen steht, sein Wasser irgendwo abschlagen zu müssen. Der hieraus entstehende Kontrast bildet die Grundlage für die Wirkungsweise dieses Mikrotextes, der freilich noch auf die Neuheit der damaligen Erfindung spekuliert oder vielleicht sogar angewiesen ist. Wir ziehen heute zumeist an keiner Kette mehr. Aber immer, wenn ich im Ausland an eine solche Kette gerate, muss ich an Don Ramón denken ...

Der zweite Text innerhalb der obigen Auswahl ist länger und braucht etwas Anlauf. Im Übrigen wird die Satzgrenze ganz selbstverständlich überschritten, erste narrative Ansätze bilden sich heraus. Auch in diesem Mikrotext spielt eine Inkongruenz die Hauptrolle, nämlich die zwischen der Funktion eines Arbeiters und dem Tragen einer Brille, das als Habitus anderen Berufsgruppen und insbesondere den Intellektuellen – und sehen Sie, so rasch schon stoßen wir auf diesen Begriff – zugerechnet wird. Zugleich werden in krassen Ausdrucksformen die ökonomische Ausplünderung der Arbeiterschaft in der Metaphorik der Sklaverei und die ihr zugeschriebene Dummheit in der Metaphorik des Nicht-Genau-Sehen-Könnens ausgedrückt. Die soziale Problematik einer historisch entstandenen Arbeiterschaft wird in dieser Greguería überdeutlich, auch wenn nicht weniger erkennbar ist, dass sie von außen gesehen und auf der Grundlage einer Gesellschaft beurteilt wird, welche eigentlich auf die Menschen außerhalb dieser Sklavenkaste beschränkt zu sein scheint. Die Erzählerfigur trägt jedenfalls keinen Blaumann. Die Brille ist bei einem Arbeitersklaven aber gleichsam das verstellte Objekt, steht zeichenhaft für jenen Gegenstand ein, welcher nicht an dem eigentlich für ihn bestimmten Ort ist, sondern in den Augen eines nicht der Arbeiterklasse Angehörenden deplatziert wirken muss.

Auch die dritte Greguería baut auf einer Inkongruenz auf, und zwar erneut zwischen der Ebene des Alltags (dem Bereich des täglichen Frühstücks) und dem Bereich des Himmlischen, des Kosmischen, ja des Göttlichen. In diesem Mikrotext verschluckt der Himmel die Biskuits der Wolken, eine Metapher, die in der Tat mit einem Humor versetzt ist, der sich aus der Inkongruenz der Ebenen ergibt. Auch hier lassen sich Ansätze des Narrativen erkennen, so dass der Mikrotext Anzeichen einer Mikroerzählung besitzt, die freilich im letzten Satz zurückgenommen wird. Die Anthropomorphisierung des Himmels führt unzweifelhaft in diese Metaphorik eine surrealistische Note ein, die die Bildhaftigkeit des sprachlichen Ausdrucks geradezu überreizt. Man könnte sich leicht ein Bild, am besten ein Gemälde Salvador Dalís vorstellen, ein Gemälde, in dem die Farbe Blau etwas geradezu Bedrohliches besitzen würde.

Die nachfolgende Greguería könnte den Vers eines Gedichts darstellen, das uns allein in diesem Fragment überliefert wurde. Die Sprünge der Metaphorik sind fast konventionell: Sie gehen zunächst von einem Geräusch einer fahrenden Straßenbahn, also erneut eines urbanen und modernen Elements aus und treffen auf das, was eben keinen oder kaum einen akustischen Schall durchlässt, dafür aber Licht, das freilich nicht erscheint, da es Nacht ist. In gewisser Weise bremsen sich die einzelnen Sinneswahrnehmungen gegenseitig aus, so dass dieser Mikrotext an seinem Ende wirklich an ein Ende kommt. Doch wird er beständig durch die Spiegelungen und Echowirkungen zurückgeworfen, welche sich aus der Tatsache ergeben, dass die im Text aufgebaute Spannung als solche nicht aufgelöst wird. Natürlich verstehen wir, dass die Geräusche einer des Nachts fahrenden Straßenbahn störend sein können; aber dies wäre als städtisches Alltagsphänomen ja eher banal. Die Greguería enthält sehr wohl diese Banalität, funktioniert aber auf der Ebene der Sinneswahrnehmungen recht komplex: Denn das Aufeinandertreffen von Geräusch und Optik, von Hörsinn und Gesichtssinn kulminiert in dem kleinen Wörtchen „raya", ein Ritzen, das eben Geräusch produziert und das Fenster tendenziell unbrauchbar macht. Dieser Mikrotext ist auf Grund seiner verbalen Narrativstruktur sehr wohl als eine Mikroerzählung, als ein „Microrelato" zu bezeichnen. Don Ramón nähert sich damit einer literarischen Gattung an, welche ab der zweiten Hälfte des 20. Jahrhunderts besonders in der spanischsprachigen Welt Amerikas einen fulminanten Aufstieg erleben sollte.[8]

---

8 Vgl. hierzu u. a. die Tagungsbände von Ette, Ottmar / Ingenschay, Dieter / Schmidt-Welle, Friedhelm / Valls, Fernando (Hg.): *MicroBerlín. De minificciones y microrrelatos.* Madrid – Frankfurt am Main: Iberoamericana – Vervuert 2015; und Ette, Ottmar / Sánchez, Yvette (Hg.): *Vivir lo breve.*

Ramón Gómez de la Serna war für die Herausbildung dieses Genre ein wichtiger Vorläufer.

Sie sehen: Man kann diese Mikrotexte durchaus kommentieren, analysieren, interpretieren und mit literarhistorischen Entwicklungen in Verbindung bringen. Rodolfo Cardona hat dies einmal bestritten und gemeint, man könne die Greguerías ebenso wenig erklären wie Witze, die zerfallen, nähme man sich ihrer auf analytische Weise an. Ich glaube als überzeugter Literaturwissenschaftler und Nanophilologe jedoch daran, dass man den Genuss eines Textes noch dadurch erhöhen kann, dass man bestimmte Dimensionen von Texten oder Mikrotexten analysiert und schärfer herausarbeitet. Denn Literaturwissenschaft ist im Sinne von Hugo Friedrich eine genießende Wissenschaft und Analyse bekommt dem Genuss – entgegen aller Unkenrufe – sehr wohl!

In jedem Falle scheint es mir wichtig zu verstehen, wie sehr die Polysemie diese kurzen Texte auszeichnet, die wie der Witz von der Schnelligkeit, von der Geschwindigkeit leben. Die Liebe der historischen Avantgarden zu diesen kurzen Texten könnte im Übrigen mit jener der Neo-Avantgarden zu anderen kurzen Texten in Verbindung gebracht werden, die in der Form des Haiku als Erbe japanischer Provenienz durch die abendländischen Literaturen des 20. sowie des 21. Jahrhunderts geistern. Es ist bei Haikus das blitzartige Erkennen, das Aufleuchten einer eigentlich unsagbaren Wahrheit, das in den gegen einander laufenden Versen dieser strengen kurzen Gedichtform zum Vorschein oder besser noch zum Aufscheinen gebracht wird. Freilich ist die Form des Haiku wesentlich stärker reglementiert und streng geordnet. Ramóns Greguerías hingegen sind außer ihrer Verknappung – die auch nicht überall zum Äußersten getrieben wird – eine literarische Kleinform mit hohem Gestaltungsspielraum.

Wenn wir von der Liebe der Neo-Avantgarden zu den Kurz- und Kürzesttexten sprechen, so sollten wir darüber auch nicht vergessen, die Tendenz mancher Theoretiker dieser Neo-Avantgarden zur verkürzten, zur verdichteten Form anzusprechen. Für diese Gruppe ist sicherlich Roland Barthes ein ausgezeichnetes Beispiel, insofern sich Barthes sehr häufig einer Kurzschreibweise, der – wie er selbst es nannte – „écriture courte" widmete, die er in seinem wunderbaren Buch *Le Plaisir du texte*, seiner *Lust am Text*,[9] ebenso auf den theoretischen wie auf den ästhetischen Punkt gebracht hat.

Nanofilología y microformatos en las letras y culturas hispánicas contemporáneas. Madrid – Frankfurt am Main: Iberoamericana 2020.
9 Vgl. hierzu Barthes, Roland: *Die Lust am Text.* Aus dem Französischen von Ottmar Ette. Kommentar von Ottmar Ette. Berlin: Suhrkamp Verlag 2010.

Die Greguerías basieren oftmals auf dem Alltäglichen und Banalen, das freilich in andere Zusammenhänge und Ebenen eingerückt wird, durch welche semantische oder kategoriale Inkongruenzen entstehen. So ist die letzte von mir als Beispiel aufgenommene Greguería eigentlich die Umsetzung eines doppelten, Spanien spätestens seit dem 18. Jahrhundert verfolgenden Spruches, demzufolge das Land der Iberer nicht mehr zu Europa, sondern vielmehr zu Afrika gehöre. Außerdem wird die Meseta Kastiliens, zum Teil nicht einmal zu Unrecht, als Wüste bezeichnet; da wäre es nicht schwierig, sich in einer solchen afrikanischen Wüstenlandschaft unter der gleißenden kastilischen Sonne frei herumstreichende Löwen vorzustellen. Dabei dekonstruiert sich der ursprünglich von Franzosen abfällig auf Spanier gemünzte Satz selbst, denn in der Tat fehlen die Löwen, einmal ganz abgesehen von der Tatsache, dass der ganze Satz nur für den Sommer Kastiliens, nicht aber für die anderen Jahreszeiten etwas Geltung beanspruchen darf. Nicht umsonst heißt es ja von Kastilien: „Nueve meses de invierno, tres meses de infierno." Alle anderen Ingredienzien freilich wären da, scheint die Greguería zu suggerieren; und doch kommt zu den Löwen noch ein weiteres Element hinzu: Sie befinden sich in Freiheit. Dieses Element der Freiheit aber ist ambivalent und ließe sich auf verschiedene Kontexte beziehen: ebenso auf Spanien selbst, das in seinem Wappen sowohl die Burg (Kastilien) als auch den Löwen (von León) trägt wie auf die Spanier, die sich zum damaligen Zeitpunkt, in den zwanziger Jahren, in sehr ungewissen politischen Verhältnissen befanden.

Sie sehen: Raum zum Nachdenken gibt es bei diesen literarischen Kürzestformen genügend! Dies hat nicht zuletzt damit zu tun, dass die Greguerías vergleichbar mit Gedichten mehr Platz auf der Seite als durchschnittliche Prosatexte beanspruchen, was bedeutet, dass sie umgekehrt proportional hierzu auch eine deutlich langsamere Lesegeschwindigkeit verlangen. Die Mikrotexte von Ramón Gómez de la Serna müssen wie Gedichte mehrfach gelesen werden, sonst entfesseln sie das vieldeutige Spiel mit verschiedenen Versatzstücken aus banaler Alltagswelt, scheinbar unmittelbarer Spontaneität und einer oft beeindruckenden Polysemie nicht. Ihre Schnelligkeit auf der Textebene, die vergleichbar mit der des Witzes ist, steht in einem krassen Gegensatz zur langsamen Lesegeschwindigkeit dieser verdichteten Texte.

Ich möchte mich an dieser Stelle von diesen Mikro- und Simultantexten ab- und einem Bereich zuwenden, der in der ersten Serie der Greguerías bereits kurz zur Sprache kam: dem Bereich des Körperlichen, der menschlichen Körperlichkeit. Ich meine damit genauer den menschlichen Körper in seiner Nacktheit, wobei der Körper im literarischen Schreiben dieses männlichen Autors in aller Regel ein weiblicher ist. Wir hatten dieses literarische Thema eher ausgespart, waren kurz bei César Vallejo darauf eingegangen und bislang nur in den Zitaten von Valentine de Saint-Point darauf aufmerksam geworden, dass die historischen Avantgarden selbstverständlich auch eine genderspezifische Seite besitzen.

In der Tat wäre kritisch zu reflektieren, warum die historischen Avantgarden bislang fast durchgängig als männlich gelten und erscheinen. Die allermeisten avantgardistischen Autoren sind Männer; die Frauen rückten fast immer ins zweite Glied oder nahmen die Rolle der Musen ein. Erst spät scheinen sie sich langsam aus dem Schatten der Männer herauszulösen. Sie tun dies entweder als Frauen, die nun nicht mehr in ihrer Abhängigkeit von Männern, sondern in ihrem eigenen künstlerischen Beitrag erscheinen (wie etwa Frieda Kahlo, die ihren früheren Herrn und Meister Diego Rivera in der Rezeption heute deutlich überragt) oder als Frauen, die sich explizit gegen die Vorherrschaft der Männer wenden (wie etwa Valentine de Saint-Point). Zuvor waren den Frauen nur ganz spezifische Rollen möglich gewesen: in Form von Gegenständen männlichen Schreibens oder männlicher Kunst, folglich verwandelt in Kunstobjekte avantgardistisch orientierter Künstler (und oftmals Lebenspartner), oder – wie etwa bei Marinetti – in deutlich negativer, bisweilen misogyner Einfärbung. Oder aber sie galten als Autorinnen und Künstlerinnen, die sich gerade den avantgardistischen Tendenzen und Entwicklungen ihrer Zeit entziehen und andere, eigene Wege jenseits der Avantgarden einschlagen. Dies war etwa bei der ersten lateinamerikanischen Literaturnobelpreisträgerin Gabriela Mistral der Fall, wobei wir uns mit ihr sowie mit Dichterinnen wie Alfonsina Storni oder Juana de Ibarbourou in Lateinamerika noch einmal ausführlich und gesondert auseinandersetzen werden. Festzuhalten bleibt, dass die Spielräume für Frauen in den historischen Avantgarden nicht nur in Lateinamerika, sondern auch in Europa sehr begrenzt waren.

Die Geschlechterdifferenz und Geschlechtlichkeit insgesamt spielen also durchaus eine Rolle in der strukturellen Fundierung der historischen Avantgarden auf beiden Seiten des Atlantiks. Frauen erscheinen allzu oft als Musen und Inspirationsquellen und damit als subalterne Figuren, da sie aus einer machistischen Optik der Natur und ihren Zyklen näher geblieben sind. Zugleich eröffnet diese Dimension des Geschlechtlichen im Verbund mit dem Körperlichen eine weite erogene Zone von Enttabuisierungen, mithin eine Zone, in welcher der avantgardistische Wille, mit überkommenen Normen, Konventionen und Traditionen zu brechen, wahrlich ausagiert werden kann. Wir hatten dies bereits in César Vallejos Gedicht *Pienso en tu sexo* gesehen.

Dieser Aspekt des Traditionsbruchs als Tabubruchs erscheint nun in unterschiedlicher Stärke und Heftigkeit in verschiedenen Bewegungen und Ismen der historischen Avantgarden. Die spanischen Avantgarden bieten im Vergleich zur späteren Entwicklung im französischen Surrealismus Formen sexueller Enttabuisierung, die dem spanischen Gesellschafts- und Kultursystem stärker angepasst erscheinen. Dort inszeniert man keine so radikalen Brüche wie etwa in Frankreich, wo ein Georges Bataille mit seiner *Histoire de l'œil*, auf die wir im Rahmen unserer Vorlesung später zurückkommen werden, eine so radikale Entrümpelung von Ausdrucksformen der Körperlichkeit und Sexualität vornahm, dass er aus guten Gründen seinen Text nur unter einem Pseudonym gegen Ende der zwanziger Jahre veröffentlichen konnte.

Ein gutes Jahrzehnt zuvor aber hatte Ramón Gómez de la Serna erstmals einen Band veröffentlicht, der sich schon im Titel explizit einer erogenen Zone des weiblichen Körpers enttabuisierend annäherte und annahm. Mit seiner aus dem Jahr 1917 stammenden Sammlung *Senos*, in denen wir die „écriture courte", wenn auch nicht so verdichtet wie in der Form der Greguería, mit Ausdrucksformen der Körperlichkeit, genauer noch: des Frauenkörpers, sich überschneiden sehen. Dieses Buch ist heutzutage, lange Jahrzehnte nach dem Ende des Franquismus und der Liberalisierung beziehungsweise Enttabuisierung bestimmter moralisch zuvor unter Verschluss gehaltener Teile der spanischen Gesellschaft zu einer Art Kultbuch geworden ist und hat in der Folge eine Art „continuation" gefunden hat: den Band *Coños* von Juan Manuel de Prada nämlich.[10] Dies mag uns hier nur am Rande interessieren und dabei vor allem unter dem Gesichtspunkt, dass die Avantgarde auch noch im aktuellen Kulturleben präsent ist und wichtige Impulse für derzeitige literarische und künstlerische Projekte liefert. Aufschlussreicher für uns ist es, mit einer gewissen philologischen Detailfreude zu untersuchen, inwieweit sich in Don Ramóns *Senos* avantgardistische Elemente ausfindig machen lassen und welche spezifische Form von Geschlechtlichkeit und Körperlichkeit denn in diesem Buch über die Brüste thematisiert und vorgeführt wird.

Beschäftigen wir uns zunächst mit dem Paratext jenseits des provokativen Titels *Senos*, der etwas krude auf den Inhalt des Buches aufmerksam macht! Die Titelgebung war gewiss aber auch eine Strategie ebenso der antibürgerlichen Provokation wie der avantgardistischen Aufmerksamkeitserregung. Das Vorwort von Gómez de la Serna, der damals zweiundzwanzig Jahre alt und damit noch ein junger Mann war, zur ersten Ausgabe seiner *Senos* zielte hingegen darauf ab, die Provokation wo irgend möglich abzumildern und selbst nicht in den Verdacht zu kommen, ein pornographisches Buch geschrieben zu haben. So lesen wir im Vorwort die eher beschwichtigenden, aber zugleich ironischen Worte Don Ramóns:

---

10 Vgl. hierzu Ette, Ottmar: Mit Haut und Haar? Körperliches und Leibhaftiges bei Ramón Gómez de la Serna, Luisa Futoransky und Juan Manuel de Prada. In: *Romanistische Zeitschrift für Literaturgeschichte / Cahiers d'Histoire des Littératures Romanes* (Heidelberg) XXV, 3–4 (2001), S. 429–465.

Dieses Buch ist kein pornographisches Buch. In ihm gibt es keine Dreistigkeiten, sondern eine Heiterkeit, eine empfindsame Heiterkeit sowie eine ruhige und lächelnde Wertschätzung bezüglich des Spektakels der zahlreichen Brüste, die man in den Gärten des Lebens erblickt. In ihm finden sich die reinsten Verdorbenheiten, distinguierte Verdorbenheiten, in welchen die Verdorbenheit selbst geheilt ist, insofern sie lediglich als Weg zur Klärung diente. An seinem Ende wird sogar die Sünde einer übergroßen Delektation gebüßt, so dass der Geist, dramatisch und problematisch, gereinigt wird.

Die Brüste sind das Plastischste im Geheimnis des Mannes, und dies ist es, was ich hier verbreite und mit aller Erbitterung zum Ausdruck bringe. Vielleicht haben sich die Männer immer außerhalb des Moments bewegt, in dem sich alles in den Brüsten synthetisierte, und dabei auf diese Brüste gewartet; und selbst wenn sie sie vergessen hätten, so haben sie sich doch wie Schlafwandler in ihren Brüsteferien betragen. In den beiden hemisphärischen Sphären, welches die Brüste sind, ist doch die eitle irdische Sphäre noch immer enthalten. Verflucht sei die Mutter derer, die scheinheilig das Nackte verabscheuen, die Mutter, die sich vor dem Vater dieser Männer auszog und deren Nacktheit Anreiz dafür war, dass sie geboren.[11]

In dieser Passage des Vorworts beobachten wir eine zunächst eindeutige, sodann aber auch ironische Verteidigungsstellung gegenüber dem erwartbaren Vorwurf der Pornographie. Ramón Gómez de la Serna benutzt dabei dieselbe Verteidigung, welche die französischen Schriftsteller bereits im 19. Jahrhundert im sogenannten Immoralismus-Prozess gegen die französische Literatur anwandten:[12] eine Mischung aus Behauptung der eigenen Sittenkonformität und einer ironisch unterlegten Aufforderung, gerade die heiklen Stellen als heilende zu lesen.

Eine derartige Doppelstrategie erstaunt nicht in einem Land, in dem wie in kaum einem zweiten in Europa die katholische Kirche in ihrer ambivalenten Haltung gegenüber allem Geschlechtlichen und insbesondere dem weiblichen Körper die Augen und Ohren weiterhin zu verdecken und zu verstopfen versucht im Lichte einer Moral, von der wir seit langen Jahrzehnten wissen, dass sie eine Doppelmoral ist. Ich brauche an dieser Stelle nicht auf die allenthalben dort üblichen Missbrauchsfälle verweisen, welche lange Zeit ungesühnt blieben und stets vertuscht wurden. Ein von der katholischen Presse vorgebrachter Vorwurf der Pornographie jedenfalls lag zweifellos in der Luft – und Don Ramón tat gut daran, ihn sogleich paratextuell, also in seinem Vorwort, aufzugreifen.

Doch der spanische Avantgardist wechselt sogleich die Tonlage: Die Heiterkeit, mit der bereits im Paratext die weiblichen Brüste angekündigt, beschrieben, untersucht, befragt werden, hat gleichsam etwas Ungeschlechtliches, Engelhaf

---

11 Gómez de la Serna, Ramón.: *Senos* [1917]. Segovia: El Adelantado 1923, S. 8.
12 Vgl. hierzu Heitmann, Klaus: *Der Immoralismus-Prozeß gegen die französische Literatur im 19. Jahrhundert*. Bad Homburg – Berlin – Zürich: Gehlen 1970.

tes. Dies zumal die hemisphärische Metaphorik nicht allein ein wissenschaftliches Beschreibungselement einführt, sondern dieses auch auf eine halbe Welt, die spanischsprachige Welt in der Südhemisphäre, bezieht. Die primären weiblichen Geschlechtsmerkmale werden so zu einem nicht allein körperlich-biologischen, sondern auch zu einem kulturellen Element, das der Verfasser des Bandes gleich zu Beginn des Buches ausspielt.

So ist auch die Metaphorik vom Garten eine, die nicht allein den Garten Eden aufruft mit der dort vor dem Sündenfall ‚natürlichen' Nacktheit von Mann und Frau, sondern auch jenen *Garten der Lüste*, wie ihn einst Hieronymus Bosch entwarf und in die abendländische Tradition projizierte. Ramón setzt davon freilich eine geradezu abstrakte, losgelöste Position der Brüste ab, die man mit Jacques Lacan als Teile eines „corps morcelé", eines zerstückelten Körpers, auffassen könnte, wie diese beispielsweise auch in der zeitgenössischen Malerei der Avantgarden projiziert wurden. Die Brüste werden von der Frau gleichsam losgelöst und damit ‚abgezogen', folglich abstrakt gemacht – wohlgemerkt: im männlichen Blick auf die weiblichen Brüste!

Abb. 71: Hieronymus Bosch: *Der Garten der Lüste*, Öl auf Eichenholz, zwischen 1490 und 1500.

So ist es eher ein Garten männlicher Freuden und männlicher Erbauung als ein Garten Eden oder ein Garten des Teufels, der Verführung und Verderbtheit, der „depravación", welche der spanische Schriftsteller weit von sich weist. Ganz konsequent argumentiert das Vorwort dann auch in Hinblick auf seine eigene therapeutische Wirkung, die sich gerade der Depravation entgegenstelle, um auf diese Weise besser und wirksamer dem Sittenverfall und der Verderbnis entgegenwirken zu können. Dies war noch von jeher die Argumentationslinie erotischer Literatur – und mit einer solchen haben wir es hier zu tun. Sie stand immer in der Not, ihr eigenes Vorhandensein durch allerlei moralisierende Kunstgriffe rechtfertigen zu müssen, um als die bessere Austreibung des Ungeistes, als die wirksamere Austreibung des Teufels mit dem Beelzebub, zu gelten. Diese Rechtfertigung musste letztlich immer am Erhalt der guten Sitten und Bräuche ausgerichtet sein.

Doch gibt es auch ein zweites Element, das freilich darin aufscheint, dass es nicht nur eine quasi-wissenschaftliche Selbstbezogenheit der weiblichen Brüste gibt, sondern dass sie auch und gerade ihre eigentliche Funktion in Bezug auf den Mann – ja vielleicht erst durch den Mann – erhalten. Denn die Plastizität ist eindeutig erst mit der Bezogenheit auf die Virilität durch den männlichen Betrachter gegeben und eröffnet ein weites Feld nicht nur für den Fern-Sinn des Auges, sondern auch für die Nah-Sinne des Menschen (und Mannes). Gewiss wird dies insoweit relativiert, als in beiden Hemisphären auch das Irdische enthalten ist, womit hier unzweideutig die Geschlechtlichkeit und deren Pragmatik gemeint sind.

An eben dieser Stelle wird das Vorwort angriffslustig, greift jene Scheinheiligen an, die doch ihrerseits eine Mutter besaßen, welche sich vor ihrem Vater nackt zeigte – und zwar nicht mehr in jener unschuldigen Nacktheit, in der Adam und Eva im Garten Eden zusammengelebt hatten. Denn längst befinden wir uns *nach* dieser Unschuld im Paradies,[13] nach der Geburt des erotischen Blicks auf den jeweils anderen Körper: Und sie sahen, dass sie nackt waren. So seien die Scheinheiligen selbst, die jegliche Nacktheit verurteilen, Kinder dieses Blickes und Kinder jener Zeugung, die ohne den erotischen Blick auf das andere Geschlecht niemals entstanden wäre.

Schön und gut, so dürfen wir hier wohl sagen! Aber was nun? Aufschlussreicher als die Argumentationsstrategie Don Ramóns ist nicht nur die Tatsache, dass es ein Bezogen-Sein der Brüste auf den männlichen Betrachter zu geben scheint, ja dass diese weiblichen Brüste erst im männlichen Blick entstehen würden; wir erkennen vielmehr vor allem das Faktum, dass die Nacktheit in unmittelbarem Verhältnis hierzu ein Privileg der Frauen zu sein scheint. Wird doch die Szene vom Erzähler so modelliert, als habe sich der Vater selbst nicht ausgezogen. Aber ist dies die Perspektive des Erzählers oder nicht vielmehr jener Scheinheiligen, welche die Fortpflanzung der menschlichen Spezies allein der heuchlerischen Verbohrtheit dieser Söhne einer fleischlichen Mutter anvertraut? Die Argumenta-

---

13 Vgl. hierzu Ette, Ottmar: *Konvivenz. Literatur und Leben nach dem Paradies.* Berlin: Kulturverlag Kadmos 2012.

tion von Ramón Gómez de la Serna ist hier, so scheint mir, durchtriebener, als es auf den ersten Blick scheinen mag.

Der Prolog macht letztlich klar, dass die Enttabuisierung, die Preisgabe des weiblichen Körpers mit der sexuellen Tabuisierung des männlichen Körpers einhergeht. Er erscheint stets so, als stünde er mit dem Rücken zur Kamera, als wäre er nur eine Art Hilfsingredienz, um die Schönheit der Frau ins rechte Licht zu rücken: eine Positionierung, die bis heute allen heterosexuellen pornographischen Darstellungen eignet. Der männliche Blick auf den weiblichen Körper ist aus diesem Blickwinkel folglich ein sehr stark tabuisierender, welcher den männlichen Körper als Körper der Lust in Wahrheit eskamotiert.

Eben hierin scheint mir die Problematik dieses Buches zu liegen: Nicht etwa in seiner pornographischen Dimension (die dieses Buch in der Tat nicht hat) besteht sie, sondern in seiner unausweichlichen Zweidimensionalität von Geschlechtlichkeit, in seiner überdeutlichen Zuweisung von Geschlechterrollen, und seien diese noch so gut auf die verschiedenen weiblichen Repräsentantinnen übertragen und verteilt. So wird der Mann letztlich zu einem Sammler, der die unterschiedlichsten Brüste in seinem Buch sortiert, stets aber Brüste, die eigentlich nicht mehr ihren Frauen gehören, sondern Brüste, die nur an den Körpern der Frauen gleichsam aufgehängt sind. Sie erfüllen ihren eigentlichen Zweck im Da-Sein, im Zur-Verfügung-Stehen für den Mann. Auf die Problematik des zerstückelten Körpers im Sinne Lacans, die damit zusammenhängt, komme ich gleich zurück.

Ramón Gómez de la Serna war in der Tat ein großer Sammler: gewiss ein Sammler der eigenen Greguerías, aber nicht zuletzt auch einer von Brüsten. So überrascht es nicht, dass es in diesem Buch mit seinen unzähligen kurzen Texten, die jeweils über eine eigene Überschrift verfügen, auch einen kurzen Text mit dem Titel *El coleccionista* gibt. Selbstverständlich entspricht letzterem auch ein „Brüste-Verkäufer", der uns jedoch nicht weiter interessieren soll; denn unser Herz schlägt für den Sammler, weil sich an dieser Figur eine Vielzahl von Aspekten verdeutlichen lässt.

Dabei nähert sich in der nachfolgend geschilderten Szene eine junge schöne Frau dem Sammler und bietet ihm ihre beiden Brüste zur Begutachtung dar. Diese Szene will ich Ihnen vor Augen führen:

> Die ihre Brüste anbot, knüpfte ihr Kleid auf wie die Amme, welche dem Doktor die Güte ihrer Milch beweisen will.
> Der Brüstesammler war vertraut mit derlei Demonstrationen und betastete wie ein Juwelier die ihm angebotenen Brüste, er lächelte verzaubert.
> Welch schöne Brüste für meine Sammlung! Sie bringen mir hier großartige und unvergessliche Brüste ... Sie wissen ja ... Ich werde sie sehen müssen, sobald ich Lust darauf habe, sobald ich mich an sie erinnere ... Ich werde sie nicht in einem Album ablegen können, aber

werde Ihnen Bescheid geben, wenn ich diese beiden schönen Exemplare meiner Sammlung benötige ...

Täuschen Sie mich auch nicht?, fragte sie kokett.

Nein ... Sie zählen zu den besten in meiner Sammlung ... Ich werde ihnen die Nummer 10 in einem Zertifikat geben, das Sie dann überall vorzeigen können ... Passen Sie auf sie auf, passen Sie gut auf sie auf ... Die besten aus meiner Sammlung gingen verloren und waren über Nacht beschädigt.

Ich werde auf sie aufpassen, damit ich sie Ihnen von neuem anbieten kann ... [...]

Der Sammler vermerkte in einem Buch: „Soledad R ... in der Calle de las Palmas Nummer 84. Opulente und zugleich empfindliche Brüste ... [...] So rein und schön, wie sie sind, empfindet man nicht das Bedürfnis, sie zu berühren."[14]

Anhand dieser Passage aus dem „Brüste-Sammler" werden eine ganze Reihe literarischer und textueller Elemente deutlich. Zum einen zeigt sich anhand dieses Auszuges, dass die Brüste zwar von der Frau getragen und auch gepflegt werden, letztlich auch zu ihrem Stolz und Selbstwertgefühl beitragen, ihre wahre Erfüllung aber nur in Bezug auf den männlichen Betrachter finden. Kein Zweifel: Das ist eine geschlechterspezifische Asymmetrie, welche die Frau und ihre verschiedenen Körperteile zu einem Objekt des Mannes macht! Die Exteriorität der Brüste in Bezug auf ihre Trägerin findet dabei ihre Entsprechung in der Exteriorität bezüglich ihres männlichen Betrachters, der sie zu untersuchen, zu bewerten und zu klassifizieren berechtigt ist.

Dies ist, ohne jede Frage, ein absolut machistischer Standpunkt. Denn der Brüste-Sammler allein befindet über ihren Zustand, ihre Schönheit, ihre Reinheit und stellt ihrer Trägerin ein entsprechendes Zertifikat aus. Die letztere aber macht die Brüste abstrakt, zieht sie von der direkten Körperlichkeit ab und verwandelt sie in optische Objekte, folglich in ein Phänomen der Netzhaut und damit des Fernsinnes des Auges. Sie entzieht sie damit anderen Sinneswahrnehmungen durch Nah-Sinne wie etwa dem taktilen oder haptischen, was direkt vom Sammler in seinem Buch vermerkt wird. Die Ansichten oder Veduten der Brüste gehen auf Seiten des Brüste-Sammlers also unmittelbar in einen Akt des Schreibens über.

Derselbe visuelle Abstraktionsgrad ist im Übrigen auch in einer anderen ‚Geschichte' der *Senos* vorhanden, wo eine Frau auf die Frage, was sie denn in ihren Brüsten bei einer Berührung fühle, unumwunden zugibt, dass sie eigentlich nichts dabei empfinde. Die Brüste sind ihr offensichtlich außerhalbbefindlich, sind als reine Objekte, deren Trägerin sie ist, nicht an die Sinneswahrnehmungen des eigenen Körpers angeschlossen. Eben dies aber ist die Voraussetzung für die Objektivierung der Brüste, für die Verwandlung dieser primären weiblichen

---

14 Gómez de la serna, Ramón: *Senos*, S. 29 f.

Geschlechtsmerkmale in Artefakte oder objektivierbare Sammelgegenstände, welche unabhängig von jenen Frauen, die sie jeweils tragen, gesammelt werden können.

Sie mögen all dies für reine machistische Spielerei oder schlimmer noch für eine männliche Pathologie, für ein behandlungsfähiges Männerleiden, im besten Falle noch für eine pure literarische Erfindung eines durchgeknallten spanischen Autors halten. Dies gestehe ich Ihnen gerne zu! Doch – und dies sei nur nebenbei erwähnt – ist dies alles gar nicht so realitätsfremd, wie es auf den ersten Blick erscheinen mag. Denn ein derartiges Sammeln fand sich in der Tat Anfang dieses Jahrhunderts – um nur ein Beispiel herauszugreifen – bei einem angesehenen Gymnasiallehrer in Basel; und seine Sammlung, die seiner eigenen Familie lange Zeit und bis über seinen Tod hinaus verborgen blieb, landete schließlich vor einigen Jahren sogar in einer Basler Ausstellung.[15] Er sammelte freilich keine Brüste, sondern Haare, und zwar der Scham seiner Schülerinnen. Die argentinische Schriftstellerin Luisa Futoransky nahm diese Geschichte in ihr Buch *Pelos*[16] auf, das in gewisser Weise vergleichbar auf bestimmte Objektivierungsformen von Körperteilen oder Körperbestandteilen reagiert und diese Anekdote in eine literarische Form bringt: „Honni soit qui mal y pense!"

Wir sehen also, dass das, was wir hier im Kontext der historischen Avantgarden diskutieren, längst Gegenstand einer ernstzunehmenden Habilitationsschrift in der Schweiz – übrigens ein gutes Pflaster für Sammler aller Art – geworden ist. Darin stoßen wir auf die Geschichte von jenem honorigen Gymnasiallehrer, der all seine Schülerinnen zu einem bestimmten Zeitpunkt jeweils einzeln zu sich auf eine Tasse Kakao nach Hause einlud, um sie in einem günstigen Augenblick zu bitten, ihm doch als Erinnerung ein Stückchen von ihren Schamhaaren zu schenken. Fast alle benutzten die Schere, die ihnen der freundliche Mann hinhielt; und so gibt es noch heute eine ungeheuer große Sammlung, in welcher der Sammler genau die Namen, das Alter und den Zeitpunkt vermerkte, an dem er diese Zeichen der Scham überreicht bekam. Er trug alles freilich nicht in ein Buch ein wie unser Sammler in der Geschichte von Gómez de la Serna, sondern schrieb auf kleine Zettelchen, die er zusammen mit den Haaren in kleine Gläschen steckte. Die Geschichte ist fast zu gut, um wahr zu sein, aber sie ist wahr, insofern sie nicht

---

15 Derartige Beispiele finden sich in einer der Sammelleidenschaft auf den Grund gehenden Schweizer Habilitationsschrift von Sánchez, Yvette: *Coleccionismo y literatura*. Madrid: Ediciones Cátedra 1999.

16 Vgl. Futoransky, Luisa: *Pelos*. Madrid: Ediciones Temas de Hoy 1990; vgl. hierzu auch Ette, Ottmar: Mit Haut und Haar? Körperliches und Leibhaftiges bei Ramón Gómez de la Serna, Luisa Futoransky und Juan Manuel de Prada, S. 429–465.

erfunden, sondern buchstäblich nach dem Tod des Lehrers aufgefunden wurde. Diese Anekdote verleiht auch unserem harmlosen und inoffensiven Sammler von Brüsten etwas Wahrhaftigeres, als sich viele seiner Leserinnen und Leser hätten denken können oder träumen lassen.

Es gibt jedoch noch einen weiteren Aspekt, der sich im Grunde zum Gesamtprojekt von Ramón Gómez de la Serna wie eine Mise en abîme verhält. Denn der Sammler betrachtet nicht nur die Brüste der Frau und taxiert sie, er schreibt auch den Namen der schönen Trägerin sowie ihre Adresse auf und beschreibt dann die beiden Sammelobjekte und sein Verhältnis zu ihnen. So geht also das Betrachten in ein Sammeln und das Sammeln in eine Inventarisierung und letztlich in einen Schreibprozess über, der auch das Verhältnis des Sammlers zu den von ihm gesammelten Brüsten umschreibt. Als das Ergebnis dieses Schreibens lässt sich das gesamte Buch auffassen, das uns vorliegt.

Vergessen wir dabei nicht, dass das Sammeln („colligere") sich vom selben Etymon herleitet wie Lesen („legere"), und dass das Lesen stets immer auch ein Sammeln und das Sammeln in gleicher Weise immer ein Lesen ist. Im Deutschen macht der Begriff „Weinlese" auf diesen etymologischen Umstand aufmerksam. Ebenso wenig sollten wir aber vergessen, dass diese Seite der Rezeption zugleich auch eine Produktion beinhaltet, insoweit Sammeln wiederum zu Schreiben und damit zur Aktivität einer kreativen Auseinandersetzung mit dem zu Beschreibenden und zu Kategorisierenden führt. Genau dies tut Gómez de la Serna in seinem in unzählige Kapitelchen gegliederten oder klassifizierenden Buch, das – wie sollten wir es dem Autor unzähliger Greguerías verdenken – aus literarischen Mikrotexten besteht.

Hierbei ist die Sammelleidenschaft das einzig Leidenschaftliche, das bei dem spanischen Avantgardisten durchbricht – ähnlich wie bei unserem Brüste-Sammler. In der Tat sind für ihn die Gegenstände, mit denen er sich sammelnd beschäftigt, so schön und auch so rein, dass er sie nicht mehr mit seinen Händen berühren zu müssen glaubt. Die Dinge sind abstrakt und er selbst ist zu einem Literaten geworden, der die Objekte nur noch vor dem inneren Auge seiner Leserschaft vorbeiführt. Das taktile Element, die olfaktische oder gustative Wahrnehmung wie auch andere Sinneswahrnehmungen sind weitgehend ausgeblendet oder doch in distanzierende literarische Ausdrucksformen verwandelt. Der Schriftsteller ist zu einem Sammler geworden, dessen Sammelleidenschaft wiederum das Schreiben erzeugt. Wir stoßen an dieser Stelle auf die Grundlagen der Schreibökonomie dieses spanischen Polygraphen.

Die Problematik des Zeigens und Verbergens, das Intervall zwischen „Fort" und „Da", das – wie Sigmund Freud anhand des Spielens mit seinem Enkel schon wusste – Lust erzeugt, mit anderen Worten das Demonstrative einerseits, das Exhibitionistische andererseits, das Sich-Zeigen auf der einen, das Sehen oder

Durch-den-Blick-in-sich-Aufnehmen auf der anderen Seite, zeigt sich bereits im ersten Text, der in die *Senos* einging. Er eröffnet die Serie der unterschiedlichen ‚Enthüllungen'. Es ist einer der eher längeren Texte, der zugleich die Problematik von Mann und Frau, von Nacktheit und Bekleidung und von jenem Zwischenraum, jenem „interstice" erkennen lässt, der den erotischen Blick erlaubt.

Es handelt sich um die Geschichte eines Jungen und eines Mädchens, die sich beide recht gerne sehen – wie man so schön sagt – und die auf seinen Wunsch hin vereinbaren, dass sie sich ihm nackt durch das Fenster hindurch zeigt – zumindest das nicht so obskure Objekt der Begierde, also ihre Brüste. Beide Partner sind voneinander mehrfach getrennt: durch den geschlechtlichen Unterschied, durch die einander gegenüberliegenden Häuser, durch die Distanz und die akustische Trennung aufgrund der Glasscheiben sowie vor allem auch durch ihre jeweiligen geschlechterspezifischen Rollen. Unter diesen Umständen bleibt nur noch der Fern-Sinn des Augenscheins.

Beide nehmen ihre jeweiligen, vorgegebenen Positionen ein, und das erotische Spiel fängt an. Just in diesem Augen-Blick schalten wir uns zu und verfolgen den weiteren Fortgang bis zum Ende. Selbstverständlich beginnt alles mit der Sprache der Blicke, wie sich dies bei einem voyeuristischen Drehbuch geziemt:

> Schließlich schaute sie dorthin, wo ich mich befand, wobei sie an die Stelle, wo sie mich vermutete, keinen ihrer wie stets langen Blicke warf, sondern vielmehr einen kurzen und despektierlichen Blick, so als ob sie mich nicht liebte, und dann öffnete sie ihre Bluse, ließ gleichzeitig ihren Umhang herunter und zeigte mir ihre Brüste, ganz wie die Frau, die in der Tragödie sich so die Brust öffnet und sagt: „Töte mich! Stoß mir das Messer, das mir droht, hierhin!"
> Sie wartete, dass ich die verbotene Photographie machte. Sie kalkulierte die Belichtungszeit, aber machte zu schnell wieder dunkel. Zu schnell? Nein. Meine arme Kleine, es wäre immer zu schnell gewesen. Um dieser Brüste ansichtig zu werden, um sie wiederzuerkennen, um sie zu erinnern, muss man viele Nächte über ihnen zugebracht haben, wie ein Bakteriologe über seinem Mikroskop.
> Ich sah nichts, und ich sah dennoch eine Brust, die weder groß noch klein da hing und würdig war, die Brüste in einer Liebesbeziehung für ein ganzes Lebens zu verkörpern.
> Am nächsten Morgen trat sie weinend auf den Balkon, und man sah gleich, dass sie die ganze Nacht geweint hatte. Mutig, heiter, waghalsig kam sie bis zu jenem Augenblick; aber als sie wieder in die Dunkelheit trat, fühlte sie sich beraubt, schikaniert, unnütz gemacht. Wie hatte ich nur die ganze Nacht nicht den Regen ihres Weinens an meinem Fenster hören können? ...[17]

Das Lust erzeugende Spiel von „Fort" und „Da", von Verbergen und Zeigen bleibt in dieser Mikroerzählung nicht folgenlos. Es zeigt dem Sehenden das Objekt der Begierde, das dieser im Grunde gar nicht sieht und wahrnimmt, aber doch

---

[17] Gómez de la Serna, Ramón: *Senos*, S. 13.

zu erkennen und sogar photographisch festzuhalten glaubt. Das Objekt wird dabei völlig fetischisiert, durch die es umgebende Kleidung isoliert und in der Tat in einen Gegenstand verwandelt, der gerade durch seine Isolierung verfügbar gemacht wird. Der erotische Körper ist der „corps morcelé", ist nicht einfach der gänzlich unbekleidete, nackte Körper, sondern einzelne „zerstückelte" Teile davon, die umgeben von Kleidung in ihrer inszenierten Nacktheit erscheinen. Eben dies leistet die junge Frau, indem sie aus der Entfernung, von Haus zu Haus, durch die Glasscheiben hindurch Teile ihres Körpers kurz sehen lässt, bevor diese wieder in der Kleidung wie in der Dunkelheit des Innenraumes verschwinden. Selbst die Belichtungszeit für eine im Grunde tabuisierte, den erotischen Augen-Blick auf eine unbegrenzte Dauer hin verlängernde Photographie wird einkalkuliert, um das in Raum und Zeit herausgestellte Objekt des Begehrens im Zeichen von Eros semantisch aufzuladen. Die Brüste sind „da" – und sogleich wieder „fort".

Wir können mit Roland Barthes den jeder Photographie innewohnenden Tod betonen, der in jedes Foto, das wir machen, eingeschrieben ist. Es ist das berüchtigte „ça a été", jenes „Das ist gewesen", das durch die Belichtungszeit auf der photographischen Platte wie auf unseren heutigen Smartphones jenen Augen-Blick festhält, um ihm Dauer zu verleihen, ihm zugleich aber auch – wie Barthes in *La Chambre claire: Note sur la photographie*[18] feststellte – das Momentum des Todes mitzugeben. Denn „Das ist gewesen" sagt uns jede Photographie, indem sie uns zeigt, was einmal war und was nie wieder sein wird: was im Augenblick der Photographie bestand und längst schon nicht mehr besteht, weil die Zeit alles in ihrem Lauf mitnimmt, in ihrem Lauf zum Tode.

« Il est mort et il va mourir. »

Abb. 72: Die Fotografie und der Tod, Abbildung in Roland Barthes' *La Chambre Claire*.

---

18 Vgl. Barthes, Roland: *La Chambre claire. Note sur la photographie.* Paris: Seuil 1980.

So erscheint mitten im Eros des Zeigens Thanatos, der Tod in der Photographie und der Tod durch die Photographie. Mit dem Zurücktreten der jungen Frau in die Dunkelheit ihres Zimmers, in die Dunkelkammer ihres Da- und Fort-Seins, fällt der Schatten des Todes über die Szenerie, deren strahlendes und begehrtes Objekt sie so wagemutig in jenem Moment war. Nun können wir ihr Weinen viel besser verstehen, muss sie doch gespürt haben, wie sehr die libidinöse Energie von Verbergen und Zeigen auf sie selbst zurückfällt und sie mit ins Dunkel reißt. Denn der gemeinsam ersehnte erotische Augenblick wird vom Tod überschattet, der in ihn eingeschrieben ist.

Das erneute Verstecken durch Kleidung und Zimmer kann diesen Tatbestand nicht mehr aufheben: Der Körper der jungen Frau hat unmittelbar seine Einheit, seine Ganzheit unwiederbringlich verloren. Der weibliche Körper ist zum Spielball der Männer oder doch zumindest eines von ihr erwählten Mannes geworden: Der aktive Akt des Zeigens wird überstrahlt und überwältigt vom aktiven Akt des Sehens. Das Zeigen kippt in ein Gesehen-Werden und damit in eine Passivität um, die ihre Leideform zu spät erkennt. So erfolgt auf metaphorischer Ebene ein Raub und zugleich ein Unnütz-Machen, das die junge Frau nicht mehr aufhalten kann: Es ist bereits geschehen, hat sein an ihr vollzogen ...

Der Mann bleibt seinerseits isoliert in seinem eigenen Raum, hinter seinen eigenen Glasscheiben; und doch hat er sich weder entblößt noch ein Stück seines Körpers freigegeben und damit aufgegeben, aus der Hand gegeben – feilgeboten jenem Blick, der letztlich ein kannibalischer Blick ist und sich das andere, die Andere einverleibt. Ein Teil des weiblichen Körper-Leibes wird über den Blick als Objekt verfügbar gemacht und dem männlichen Ich einverleibt. Damit aber ist die Zerstörung einer Leibhaftigkeit verbunden, die den Körper-Leib der Frau nun in einzelne erogene Zonen einteilt und so die Einheit in Stücke reißt. Das Weinen, die Verflüssigung des Körpers, der sich von etwas Festem in etwas Flüssiges verwandelt, belegt diesen schmerzhaften Übergang, welcher der jungen Frau freilich erst nach dem visuellen Akt, photographisch festgehalten, zu Bewusstsein kommt. Das männliche Ich nimmt noch nicht einmal die Liquidierung, die Verflüssigung des weiblichen Körper-Leibes im Regen der Nacht an den eigenen Fensterscheiben wahr.

An dieser Stelle möchte ich meine Deutung einer ausgewählten Passagen aus Ramón Gómez de la Sernas durchaus einflussreichem Buch abbrechen oder beenden. Unverkennbar ist zum einen, dass sein Schreiben sich des erotischen (und nicht pornographischen) Themas annimmt, um damit ein literarisches Darstellungstabu zu brechen, ein mimetisches Verbot zu übertreten, das längst hinfällig geworden ist. Ein Blick in die Literaturgeschichten freilich zeigt uns, dass die erotische Literatur – vom *Gilgamesch*-Epos angefangen – so alt ist wie die Literatur selbst. Don Ramón war hier nicht mehr als ein Fortführer jener

Immoralismus-Prozesse, welche die Literaturen des 19. Jahrhunderts mitgeprägt haben.

Es sollte nicht lange dauern, bis gerade auch unter dem Druck der französischen Surrealisten, für die ein Marquis de Sade in der Tat der „göttliche Marquis" war, andere Teile des weiblichen Körpers auf literarische Weise kannibalisch einverleibt und zum Gegenstand und Motor avantgardistischen Schreibens wurden. Für den männlichen Körper erfolgte dies zeitversetzt später. Der Körper des oder der begehrten Anderen wird nicht erst mit den Avantgarden zum Antrieb eines wie auch immer gearteten heterosexuellen oder homosexuellen Schreibens. Wir könnten dies parallel zu Don Ramóns *Senos* anhand von Louis Aragon und seinem durch den Titel brüskierenden Buch *Le con d'Irène* überprüfen, dem ich mich hier leider nicht zuwenden kann.

Doch bleiben wir noch für einen Augenblick bei den Avantgardisten jener Stunde! Die Verfügbarmachung des weiblichen Körpers durch den männlichen Blick ist auf der einen Seite tabuzerstörend. Auf der anderen Seite aber errichtet dieser Blick wiederum neue Tabus gegenüber dem männlichen Körper und dessen literarischer Darstellung wie auch zum anderen gegenüber dem weiblichen Blick auf die Nacktheit eines weiblichen, eines männlichen oder eines andersgeschlechtlichen Körpers einschließlich der Hermaphroditen, die eine lange Literaturgeschichte besitzen. Diese Problematik wird auf der weiblichen Seite, wenn ich recht sehe, in radikaler Weise erst durch Anaïs Nin in ihren Tagebüchern und nicht zuletzt in ihrem Band *Delta of Venus* subvertiert und in Frage gestellt. War dies ein Weg hin zu einer pornographischen Literatur?

Nein, eher zu einer Form erotischer Literatur, die einen kannibalischen Grundzug besitzt. Denn das Spielen mit dem Körper des Anderen[19] erzeugt zwar auch den Körper des Anderen, bringt ihn aber letztlich wieder zum Verschwinden und sogar zu einer Auflösung im Ich, das sich dieses Prozesses selbst gar nicht bewusst sein muss. Avantgardistisches Schreiben wird an dieser Stelle bei Ramón Gómez de la Serna zu einer Inbesitznahme des Territoriums Frau, um von einer auf diese Weise besessenen Frau die Welt ebenso wieder neu nach ihrer willentlichen Zerstörung zusammenzusetzen wie auch den Körper der Frau selbst. Die Grenzen der historischen Avantgarden sind an dieser Stelle offenkundig. Die Frau wird zum Puzzle, dessen Zusammensetzung zur einstmals verlorenen Einheit allein dem Manne möglich zu sein scheint. Dies ist aus der heutigen Sicht *nach* der Postmoderne mehr als nur politisch unkorrekt. Die historische Avantgarde ist die Vorhut des männlichen Blickes, dessen Dominanz erst später durch neue

---

19 Vgl. hierzu Krechel, Ursula: *Spielen mit dem Körper des Vaters. Essay.* Frankfurt am Main: Suhrkamp 1992.

Avantgarden wenn nicht gebrochen, so doch nachhaltig hinterfragt und aufgebrochen wird. Auf diesem Weg wie auf vielen anderen Wegen ist eine eingehendere Beschäftigung mit dem Surrealismus unverzichtbar. Doch lassen Sie uns zuvor noch kurz mit einem anderen europäischen Autor beschäftigen, der gemeinhin nicht unter avantgardistischen Gesichtspunkten betrachtet wird!

Albert Cohen und seine avantgardistischen Erzählversuche

Bevor wir uns André Breton und der in gewisser Weise die vorherigen Entwicklungen krönenden avantgardistischen Bewegung des Surrealismus zuwenden, möchte ich Ihnen gerne – sozusagen als Geheimtipp – den Namen und auch einige wenige Textpassagen eines Autors mit auf den Weg geben, der hierzulande noch immer viel zu wenig bekannt ist. An dieser geringen Notorietät hat sich in den vergangenen Jahrzehnten leider nichts verändert, auch wenn sich in Deutschland einzelne Dissertationen um dieses große literarische Werk glänzend bemühten.[1]

Dies mag erstaunen, denn dieser Albert Cohen war immerhin ein Schriftsteller, dem zu Lebzeiten höchste literarische Ehren zuteilwurden und der zudem Kandidat für den Literaturnobelpreis war, eine Kandidatur, die übrigens vom damaligen französischen Staatspräsidenten François Mitterrand tatkräftig, aber letztlich erfolglos unterstützt worden war. Cohens Werke liegen bei Gallimard in den Editions de la Pléiade vor, welche die großen französischen Klassiker veröffentlichen und in gewisser Weise die „pierre tombale", den Grabstein und zugleich die Konsekration eines literarischen Autors bedeuten. Dies war bei Albert Cohen im Übrigen bereits zu Lebzeiten der Fall, eine Tatsache, die nicht eben häufig im Hause Gallimard vorkommt. Sein Werk ist in viele Sprachen weltweit übersetzt, die großen Romane liegen selbstverständlich auch auf Deutsch vor. Ich bin überzeugt davon, dass die große Zeit eines Albert Cohen noch in der Zukunft liegt.

Ein Grund für die derzeit mangelnde Bekanntheit Albert Cohens könnte freilich darin liegen, dass man diesen auf Korfu geborenen jüdischen Schriftsteller eben nicht so einfach klassifizieren kann. Man weiß also nicht, ob man ihn als Korfioten nationalliterarisch verorten muss, ob man ihn als Französisch schreibenden Autor in Frankreich oder der Frankophonie unterzubringen hat, ob man ihn als einen lange Jahre in der Schweiz lebenden Schriftsteller als einen Eidgenossen behandeln sollte. Oder ob man ihn, der niemals im Staate Israel lebte, gleichwohl aber viel für die Entstehung und Existenz dieses Landes tat, in erster Linie als jüdischen Autor rubrizieren muss. Und darf man ihn, dessen Werk sich über mehr als sechzig Jahre des 20. Jahrhunderts erstreckt, eher als ein Autor der ersten Jahrhunderthälfte oder aber – dank seiner großen Romanerfolge insbesondere um das Jahr 1968 – doch als einen Schriftsteller der zweiten Jahrhunderthälfte begreifen? Sie sehen: Da gibt es vieles, was den Literarhistorikern

---

1 Fröhlich, Melanie: *Liebe und Judentum im Werk Albert Cohens. Facetten eines Zwiegesprächs.* Berlin – Boston: Walter de Gruyter 2017.

Kopfzerbrechen bedeutet, aber uns nicht von der begeisterten Lektüre dieses großen Meisters der Schreibfeder abhalten sollte!

Albert Cohen saß im Grunde zwischen allen Stühlen. Dies kann negative Folgen für das Renommee eines Autors haben, völlig unabhängig von den literarischen Meriten eines großen romanesken Werkes, das es wahrlich in sich hat, das wir uns hier aber nur in einem winzigen Auszug anschauen können. Deshalb möchte ich im Folgenden auch nur einige wenige Biographeme oder Elemente aus seiner Biographie voranstellen.

Der kleine Albert Cohen wurde im Jahr 1895 auf der Insel Korfu in eine jüdische Familie geboren, die sich damals aufgrund der griechischen Schreibweise noch nicht mit „h" schrieb – eine Graphie, die sich Albert erst später in der Schweiz zulegen sollte. Auf Grund der die Insel bedrohenden Pogrome gegen die jüdische Bevölkerung – und nur der Einsatz der aus Malta herbeieilenden britischen Kriegsmarine konnte Schlimmeres verhindern – wanderte die Familie Coen mit Vater, Mutter und dem kleinen Albert im Jahr 1900 nach Frankreich und ausgerechnet nach Marseille aus. Dort spaltete die uns bekannte „Affaire Dreyfus" gerade das Land und hatte die südfranzösische Hafenstadt in einen Hotspot antisemitischer Kampagnen verwandelt. So war eine scharfe, unerbittliche und hochemotionale Judenfeindlichkeit entstanden, die auch die Familie Albert Cohens und der kleine Junge selbst traumatisierend zu spüren bekommen sollte. Unter anderem bei einer transmediterranen Tagung in Marseille bekam ich ein Gefühl dafür, dass diese antisemitische Vergangenheit in der schönen Stadt um den Vieux-Port durchaus lebendig geblieben ist ...

Abb. 73: Albert Cohen (Korfu, 1895 – Genf, 1981).

Doch aller Traumata am Tage seines zehnten Geburtstages – über den es wunderbare Texte von ihm gibt – zum Trotz: Albert Cohen sollte darüber den für ihn so typischen Humor nicht verlieren. So mag es kein Zufall sein, dass der Schüler Albert im französischen „Lycée" bald schon Freundschaft schloss mit einem später nicht weniger für seinen südfranzösischen Humor berühmten Schriftsteller: Marcel Pagnol. Eine Freundschaft, die aller Wirren und der großen Geschichte zum Trotz ein Leben lang hielt. Die Ereignisse im antisemitischen Marseille sollte Cohen übrigens später mehrfach in immer wieder neuen Varianten schildern; doch können wir an dieser Stelle unserer Vorlesung hierauf nicht weiter eingehen.[2]

Im Jahr des Kriegsausbruchs, also 1914, übersiedelte Albert Cohen klugerweise von Marseille nach Genf und nahm dort – gerade erst neunzehn Jahre alt – ein Rechtsstudium auf, das ihm im Übrigen auch eine juristische Ausbildung bot, auf die Cohen später noch mehrfach beruflich wie außerberuflich zurückgreifen konnte. Er gewann der Stadt Genf nicht nur viele sehr positive Seiten ab, sondern auch ihren hübschen Bewohnerinnen, und vor allem den nicht-jüdischen Genferinnen, was seine Eltern und insbesondere seine Mutter immer wieder – wie später auch seine Romangestalten – in pure Verzweiflung stürzen sollte. Denn wie konnte sich ein so hübscher jüdischer Junge nur mit diesen Calvinistinnen einlassen? Wie dem auch sei, dieser Tatsache verdanken wir zum einen, dass Albert Cohen einen ersten Lyrikband – *Paroles juives* – verfasste, um seiner jungen Schweizer Frau (auch Albert wird damit zum Schweizer Bürger) das ihn so sehr prägende Judentum näher zu bringen. War Cohen durch seine Geburt in Korfu noch immer ottomanischer Staatsbürger gewesen, so wurde er nun im Jahre 1919 zum Schweizer, was ihm in der Folge vielfach auch Hilfe und Schutz bieten sollte. Bis zum Ende seines Lebens blieb Cohen ein überzeugter jüdischer Bürger der Stadt Genf.

Nach dem Erscheinen der *Paroles juives* 1921 veröffentlichte der frischgebackene Schriftsteller im Oktober 1922 durch mehrere glückliche Umstände in der prestigeträchtigen *Nouvelle Revue Française* einen seiner ersten narrativen Texte, mit dem wir uns in der Folge beschäftigen wollen. Es handelt sich um einen Text, der ihn in den literarischen Milieus in Paris bekannt machen und ihm dank der Vermittlung Jacques Rivières auch den Weg zu einem überaus hilfreichen Vertrag ebnen sollte, mit dem sich das große Verlagshaus Gallimard den Autor Albert Cohen und dessen noch ungeschriebene Romane sichern wollte. Der Aufsehen erregende Text, mit dem wir uns gleich beschäftigen werden, heißt *Projections ou Après-minuit à Genève*. Es handelte sich dabei neben vielen anderen Dingen auch um ein Zeugnis jener Stadt am gleichnamigen See, die eine tiefgreifende Wandlung von der Heimatstadt Jean-Jacques Rousseaus zur internationalisierten

---

2 Vgl. Ette, Ottmar: Albert Cohen: „Jour de mes dix ans": Räume und Bewegungen interkultureller Begegnung. In: Große, Sybille / Schönberger, Axel (Hg.): *Dulce et decorum est philologiam colere*. Festschrift für Dietrich Briesemeister zu seinem 65. Geburtstag. Bd. 2. Berlin: Domus Editoria Europaea 1999, S. 1295–1322.

Weltstadt durchmachen und schließlich zum Sitz des Völkerbundes oder, wie es auf Französisch hieß, der „Société des Nations", werden sollte.

Begleiten wir vor unserer Analyse dieses Textes aber Albert Cohen noch kurz auf einigen wenigen Stationen seines weiteren Lebens![3] Dieses Leben war von ‚seinen' Frauen geprägt: An erster Stelle von seiner schon früh verstorbenen jungen Genfer Gattin, für die er seine *Paroles juives* schrieb, eine Tochter auf die Welt brachte und just in jenen für Cohen wichtigen Augenblicken verstarb, als der junge Korfiote und Neu-Schweizer in Paris die *Revue Juive* auf die Beine stellte. Diese internationale Zeitschrift sollte den künftigen Autor von *Belle du Seigneur* mit wichtigen jüdischen Intellektuellen wie Sigmund Freud oder Albert Einstein, aber auch mit großen Politikern des künftigen Staates Israel in Kontakt bringen.

Hatte Albert Cohen nach eigenem Eingeständnis seine *Jüdischen Worte* für seine erste Frau Elisabeth Brocher geschrieben, so verfasste er seinen großen literarischen Durchbruch, seinen Debütroman mit dem Titel *Solal*, der 1930 erschien, für seine zweite Frau Yvonne Imer, die wenige Wochen vor dem wohl geplanten Hochzeitstermin urplötzlich verstarb. Sein zweiter Roman erschien noch vor dem Zweiten Weltkrieg inmitten eines faschistischen und antisemitischen Klimas in Europa 1938 unter dem Titel *Mangeclous* (und in Deutschland später unter dem Titel *Eisenbeißer*). Er hatte ihn zu Papier gebracht, weil er seine Tochter Myriam, mit der er zusammen mit seiner dritten Frau nun größtenteils in der Schweiz und in Paris lebte, nach eigenem Bekunden zum Lachen bringen wollte. Es scheint gelungen zu sein, wie Myriam versicherte, die sich um die Pflege des literarischen Werks ihres Vaters verdient machte. In jedem Falle bringt uns das Buch auch heute noch sehr zum Lachen und zu einem nachdenklichen, bisweilen auch bitteren Schmunzeln, wie dies die Romanfiguren Albert Cohens häufig zu tun pflegen.

Die Flucht vor den in Frankreich einmarschierenden Nationalsozialisten in letzter Minute aus Paris zusammen mit Frau, Tochter und Katze nach London rettete der Familie zweifellos das Leben. Albert Cohen hatte bereits in den 20er Jahren beim Völkerbund eine Anstellung im Bureau International du Travail (das es heute noch als UN-Organisation gibt) gefunden, eine Tatsache, die ihm den Ruf verschaffte, als Diplomat in Genf tätig gewesen zu sein. Er kannte sich sehr wohl in den Gängen des Völkerbundes zu Genf aus; und auch bei der Vorbereitung zur Gründung eines jüdischen Staates konnte er seine Erfahrungen einbringen, womit er schon zu Kriegszeiten von England aus begann. Wir können freilich auf eine nähere Betrachtung dieser Zeit, die Cohen mit einigem Glück überstand,

---

3 Zum Gesamtwerk Albert Cohens vgl. das neunte Kapitel „Die Welt im Kopf" in Ette, Ottmar: *Literatur in Bewegung. Raum und Dynamik grenzüberschreitenden Schreibens in Europa und Amerika.* Weilerswist: Velbrück Wissenschaft 2001, S. 405–438.

ebenso verzichten wie auf eine Darstellung der Phase seiner Rückkehr nach Genf sowie den Entschluss, sich nunmehr ausschließlich dem Schriftstellerdasein zu widmen. Für Cohen begann erst danach eine Phase intensiver literarischer Arbeit.

Sein preisgekrönter Roman *Belle du Seigneur*, der 1968 erschien, sicherte ihm endgültig literarischen Weltruhm, der ihm zuvor durch die Wirren der Zeit und die bereits angeführten Gründe versagt geblieben war. Im Grunde schrieb Albert Cohen zeit seines Lebens an einem einzigen Buch, bildete sich alles stets um zu einer einzigen jüdischen Saga, deren Abschluss in gewisser Weise die autobiographischen Texte des *Carnet 1978* bildeten. Er war gegen Ende seines Lebens durch eine Vielzahl von Interviews, die wahrlich beeindruckend waren, zu einer in der Literaturszene trotz jahrzehntelanget Abgeschlossenheit und Abgeschiedenheit wichtigen und bekannten Figur geworden. Doch zum ersehnten Nobelpreis für Literatur sollte es dann doch nicht reichen.

Interessant an der Literatur Albert Cohens ist in erster Linie seine Schreibweise. Denn die Tatsache, dass ich Cohen stets in Bezug zu ‚seinen‘ Frauen positionierte, hatte durchaus etwas mit der Besonderheit seiner „écriture" zu tun. Denn die Frauen, von Elisabeth Brocher bis zu Bella Cohen, seine vierte und letzte Lebensgefährtin, waren allesamt an seinem Schreiben aktiv beteiligt. Albert Cohen diktierte zumeist seine Texte, liebte also die Kopräsenz einer direkten, unmittelbar mündlichen Kommunikation, die in die Schrift dadurch überging, dass die weibliche Partnerin seine Texte in die Maschine tippte. Cohen gehört somit zu jenen Schriftstellern, welche diktieren, war folglich gleichsam ein Diktator, in jedem Falle ein Herrscher in seinem literarischen Reich, in welchem auch die (abwesende) Mutter eine wichtige Rolle spielte.

Albert Cohen korrigierte diese von weiblichen Händen in die Maschine getippten Schreibmaschinenskripte dann ein ums andere Mal, was zu einer oftmals vieltausendseitigen Korrekturarbeit auf Seiten der Frauen, auf der des jüdischen Autors aber zu sehr intensiver Schreibarbeit führte, in deren Verlauf sich Mündlichkeit und Schriftlichkeit, das gesprochene Wort und der maschinenschriftliche Text, intensiv miteinander verbanden. Man kommt bei näherer Untersuchung dieser Konstellation nur schwer an dem Gedanken vorbei, dass er zugleich ein Diktierender und ein Diktator war, also das Diktieren in des Wortes doppelter Bedeutung liebte, und dass ihm die Frauen lediglich eine anregende, inspirierende Stütze bei seiner literarischen Aktivität waren.

Ich würde keinesfalls so weit gehen, in diesen Konstellationen den Ansatzpunkt für eine bei Cohen bisweilen beklagte Misogynie – die von seiner letzten Frau Bella Cohen vehement zurückgewiesen wurde – zu erblicken. Aber es gab in seinen Interviews in der Tat eine Reihe von Äußerungen, welche deutlich werden lassen, dass Albert Cohen die schöpferische Potenz zweifellos fast ausschließlich auf der Seite des Mannes sah. Die Frauen waren Adressatinnen oder inspirierenden Musen gleich, die Schöpfer jedoch waren auch in seiner weiten literarischen Erzählwelt stets Männer. Es kann für mich kein Zweifel an der Tatsache bestehen, dass dieser hochtalentierte jüdische Autor eine patriarchalische Weltsicht pflegte, in welcher den Frauen vor allem die Rolle als Mutter, Geliebte und geschätzte Hilfe zukam.

Auf den ersten Blick scheint Albert Cohen mit dem französischen Surrealismus und den historischen Avantgarden im Grunde wenig zu tun gehabt zu haben; und oberflächlich betrachtet ist dies auch so. Gleichwohl gibt es zwei Aspekte, die uns im Rahmen unserer Vorlesung interessieren müssen: Da ist zum einen die Tatsache, dass ein junger Autor, der mit den Avantgarden gar nichts im Sinn zu haben scheint, auf in der Tat avantgardistische Verfahren zurückgreift. Cohen tat dies bereits zu einem Zeitpunkt, als sich etwa im französischsprachigen Bereich allerhöchstens im Umfeld von Dada zwar viel bewegt hatte, das aber stets auf kleine Zirkel beschränkt geblieben war.

Der zweite Aspekt betrifft die Tatsache, dass wir es ähnlich wie bei der Entstehung von Dada wiederum mit zwei Faktoren zu tun haben, die offenkundig befruchtend wirkten. Erstens war dies die Situation der „Insel Schweiz", die Schutz bot inmitten sich überschlagender politischer Ereignisse; und zweitens die rapide Internationalisierung, welche gerade eine Stadt wie Genf erfasste, in der sich bereits vor Ausbruch des Ersten Weltkriegs viele Emigranten insbesondere auch aus dem Judentum Russlands und der Ukraine drängten. Hinzu kamen zahlreiche Flüchtlinge aus dem Russland der Oktoberrevolution und schließlich auch viele Weltkriegsflüchtlinge, die vor dem Krieg in die neutrale Schweiz geflohen waren. Nach Ende des Ersten Weltkriegs ergab sich schließlich die Situation einer europäischen Nachkriegsgesellschaft, welche die Voraussetzungen dafür schaffen wollte, dass derart blutige Schlachten nicht noch einmal über Europa und der Welt entfesselt werden konnten. Dies waren Hoffnungen, die – wie Albert Cohen freilich schon früh begriff – sehr bald schon an den inneren Widersprüchen der Völkerbundkonzeption und ihrer Politik der nationalen Gegensätze scheitern sollten. Das Aufkommen vehementer und rücksichtsloser Nationalismen, das Erstarken europäischer Faschismen und den revanchistischen Wahlsieg der Nationalsozialisten konnte all dies ebenso wenig verhindern wie die ohnmächtige internationale Politik im Angesicht der auf den Krieg zusteuernden Deutschen.

Die beiden oben genannten Faktoren waren in der Tat von größter Bedeutung für den kurzen, für Albert Cohen so wichtigen, innerhalb der Literaturwissenschaft aber längst in Vergessenheit geratenen Text *Projections ou Après-minuit à Genève*, der aus dem Jahr 1922 stammt. Dies war just jenes Jahr, in dessen Verlauf sich in Paris die surrealistische Bewegung um André Breton und Louis Aragon zu formieren und Tristan Tzaras Dada den Rang abzulaufen begann. Albert Cohen muss gespürt haben, welche Kräfte die literarische Szene bereits markierten und künftig in erheblichem Maße mitbestimmen würden. Widmen wir uns daher nun jenem Text, der auf eine irritierende Weise die damaligen Entwicklungslinien aufnahm und auf eine sehr eigene Weise in das eigene Schreiben kreativ integrierte!

In einer Stadt ohne Mutter, also nach seinem Umzug vom französischen Marseille ins Westschweizer Genf, bewegte sich der Ich-Erzähler eines Textes von 1922 in einer Welt der Vergnügungen der „Gentils" und „Païens", in einer nicht länger jüdisch geprägten Außenwelt einer internationalen Metropole. In seinem prestigeträchtig in der *Nouvelle Revue Française* veröffentlichten Text entwirft der angehende Schriftsteller freilich eine (Außen-) Welt, die ausschließlich von den Innenräumen geprägt wird. Nicht zufällig akzentuiert schon der erste Satz dieses Textes den Übergang in eine Welt der geschlossenen urbanen Räume: „Die Scheinwerfer vergewaltigen mit kalter Wut den Saal und brüllen immens gegen die Tür an, die ich öffne."[4] Nach diesem Incipit kann das literarische Spiel beginnen.

Die nachfolgenden dreiunddreißig Seiten entfalten in einer vielfach in einzelne Textbruchstücke fragmentierten Textur eine Abfolge von mikrotextuell gestalteten Szenen, in welchen die unterschiedlichsten Gestalten grell und schlaglichtartig wie von Projektoren be- und ausgeleuchtet werden. Diese scharf konturierten Gestalten kommen hier und da zu Wort, um schließlich wieder in der Dunkelheit der „vie nocturne" spurlos zu verschwinden. Von Beginn an skizziert der Ich-Erzähler das Bild einer Welt, die einer unaufhaltsamen Dekadenz unterworfen ist: Nichts, was Halt gewährte, nichts, woran man sich festhalten könnte.

In wenigen literarischen Pinselstrichen wird schon im zweiten Fragment oder Kürzesttext das Leben einer der Hauptfiguren hingeworfen. Ich präsentiere Ihnen dieses gelungene Incipit in voller Länge:

> Die Scheinwerfer vergewaltigen mit kalter Wut den Saal und brüllen immens gegen die Tür an, die ich öffne.
> Das Orchester bläst über die wogenden Tänzer, die durch tausend Papierschlangen miteinander verbunden sind.
>
> *
>
> Die Tochter meines Gärtners ist Hure geworden, und über ihr altes Gesicht von zwanzig Jahren schließt sich der Adel des Feierlebens.

---

4 Cohen, Albert: Projections ou Après-Minuit à Genève. In: *Nouvelle Revue Française* (Paris) 19 (octobre 1922), S. 414: „Les phares violent de froides colères la salle hurlant immensément contre la porte que je pousse."

Pauline mit ihrem Seitenscheitel diskutiert und zeigt stolz die agilen Rubine ihrer Zunge. Sie schnippt die Asche weg und lacht der schimmligen Nase des Kokainsüchtigen ins Gesicht. Sie stößt den Rauch Richtung Mund, der sich mit mechanischem Charme verzieht.
Das gelbe Wasser, das Pauline trinkt, erzählt mir vom stinkenden Ende ihrer Liebschaften.

*

Ein zu langes und zu williges Lid hebt sich in einem Kraftakt. Augen voller Schlamm, in denen eine Nacktschnecke gleitet, fixieren erschrocken die Eingangstüre. Die verblichene und wie eine gepresste Traube durchscheinende Tasche fällt zurück auf die Backenknochen, wo zwei Tränen, von der Schminke getrocknet, laufen.
Dieser arme Alte malträtiert seinen Gehstock zwischen allzu regelmäßigen Zähnen.
Endlich beruhigen sich seine Augen wieder. Es nähert sich im gewölbten Überzieher sein athletischer Sekretär, der von bewundernswerter Bleichheit ist, mit seinem Grenadinemund lächelnd.

*

Schwitzend und schmachtend schickt mir bei vollem Bewusstsein die erste Geige ein komplizenhaftes Lächeln herüber.
Doch mein Favorit ist Prospero, der die Geräusche macht.
Er trägt den Cowboyanzug, den ich ihm bezahlt habe.
Auf ein Brettchen schlägt er sieben klare Schläge. Ich denke an die Nüsse, die ich mit Pauline aß. Sie war zwölf Jahre alt, hatte zwei Honigzöpfe, Sonne im großen Strohhut und Kirschen an ihren Ohren.[5]

Es sind kurze, knappe, aber grell ausgeleuchtete Szenen, die hier rasch hintereinander in Kurzschreibweise aufgestellt werden, welche Innenräume erhellen, in die kein Tageslicht und keine Klarheit dringt. Wir kennen bereits von Ramón Gómez de la Serna die nanotextuelle Schreibweise, wobei diese Mikrotexte freilich in verschiedene Fragmente aufgeteilt sind und insgesamt ein narratives Muster bilden: Sie erzählen uns eine Geschichte.

Die dichte Konzentration der Rauschmittel von Alkohol bis Kokain, die nur bruchstückhaft und schlaglichtartig beleuchtet ins Bild rückenden Körperteile der handelnden Figuren, die Momentaufnahmen bestimmter klischeehafter Handlungen und Bewegungen lassen auf eine Bilderwelt schließen, die aus subjektiver Perspektive rudimentär wahrgenommen wird und in dieser Passage trotz ihrer Farbigkeit an die Projektion eines Stummfilms mit zwischengeschalteten Pausen denken lässt. Rasche Bildwechsel und brutale Schnitte, aber auch explizite Verweise auf das Kino verknüpfen diese Innenwelt der Nachtclubs mit einer in dunkle Säle geworfenen Bilderwelt, zu der damals ebenfalls die Musik eines Orchesters erklang. Die wechselseitige Beeinflussung der Künste liegt offen auf

---

5 Cohen, Albert: Projections ou Après-minuit à Genève. In: *Nouvelle Revue Française* 109 (1er octobre 1922), S. 414–446, hier S. 414.

der Hand. Eine solche Szenerie, so scheint es auf den ersten Blick, könnte überall, in jedweder Metropole des Okzidents, angesiedelt sein.

Die nachmitternächtlichen Projektionen werden bereits durch den Titel in Genf, wo Albert Cohen seit 1914 wohnte, paratextuell situiert. Wie geschieht dies im Verlauf dieses deutlich von avantgardistischen Schreibverfahren geprägten Cohen'schen Experimentaltextes selbst? Gegen Ende der *Projections* kehrt der Ich-Erzähler frühmorgens wieder in sein Luxushotel zurück, dessen Name nicht nur dem Taxifahrer wohlbekannt ist; aus dem Auto selbst werden zudem die Lichter des Savoyener Ufers auf der französischen Seite sichtbar.[6] Alles ist präzise situiert und nachvollziehbar kontextualisiert.

Diese wenigen Textelemente – und insbesondere die Einblendung unverwechselbarer Gebäude wie etwa des Genfer Beau Rivage – bilden jene für Cohens Schreiben fundamentalen Verfahren, um einen bestimmten Text in einer ganz bestimmten Stadt zu verorten. Die Stadt Genf wird nur durch wenige Identitätsmarkierungen namhaft gemacht, selbst aber erscheint sie fast ausschließlich aus der Perspektive des Innenraumes. Auch die damaligen Völkerbunds- und heutigen UN-Gebäude werden nur kurz gestreift. Denn als der Ich-Erzähler den Tanzsaal verlässt, begibt er sich unmittelbar zu einem Taxi, aus dessen geschütztem Innenraum die Markierungen kurz erscheinen, bevor erneut die Innenwelt des luxuriösen und an die Capricen seiner Gäste gewöhnten Hotels erreicht wird, wo ein müder Portier den wiederum akzentuierten Übergang erleichtert. Cohen belässt seine Szenerie bewusst in der Perspektivik des Innenraums: es ist ein nachmitternächtliches Genf, auf dessen Straßen sich bestenfalls Taxen bewegen.

Abb. 74: Ansichtskarte des Genfer *Grand Hôtel Beau Rivage.*

Das Genfer ‚Lokalkolorit' wird freilich in diese Innenräume hereingeholt. Wir befinden uns im Genf der gerade erst dort angesiedelten Société des Nations, die explizit im Text erwähnt wird, in einer Stadt der multikulturellen Gesellschaft, die ihre interkulturellen, die Völker eigentlich verbindenden Beziehungen außer

---

6 Ebda., S. 441.

Acht lässt. Im berührungslosen multikulturellen Nebeneinander gibt es kaum Gelegenheiten für ein wirklich interkulturelles Miteinander: Man trifft sich und geht wieder auseinander. Letztlich bleibt jeder in seinem bisweilen luxuriösen Ambiente für sich und träumt von Erinnerungen an eine frühere, aber längst verloren gegangene Natürlichkeit.

Die Frauen und Männer des Nachtclubs sind aus der ganzen Welt hierhergekommen, ohne dass zwischen den verschiedenen Kulturen, Ethnien und Geschlechtern ein wirklicher Polylog, ein wirklich vielstimmiges Gespräch entstünde. Es ist die nanoliterarische Skizze einer Stadt, deren Portrait in epischer Breite dann in dem in den dreißiger Jahren begonnenen und 1968 abgeschlossenen Roman *Belle du Seigneur* ausgerollt wird: Cohens Hommage an jene Stadt am See, die ihm ein sicheres und sinnvolles Leben ermöglichte. Man sieht sich, geht die eine oder andere flüchtige und meist körperliche Beziehung ein, kümmert sich aber nicht weiter um die jeweils Anderen in ihrer Differenz: Heterosexuelle wie homosexuelle Beziehungen leuchten kurz auf, auch käufliche Liebe wird erwähnt, doch im Grunde ist alles auf Abruf gestellt. Genf ist zu einer Stadt mit internationalem Flair geworden, mehr aber auch nicht: Die Spielregeln bleiben ganz selbstverständlich – wie schon die Fragmente des frühen Prosatextes zeigen – die einer okzidentalen Stadt, in der sich Herren aus allen Ländern die Klinke in die Hand geben.

In Cohens *Projections* entfaltet sich eine Abfolge inkohärenter Bewegungen im Raum, deren Beweggründe sich den Betrachtern nicht offenbaren. So erstaunt nicht, dass der mit dem Ich-Erzähler befreundete Jazzmusiker Prospero früher mit allerlei Umzügen sein Geld verdiente, also just mit jenen Bewegungen, bei denen bewegliche Güter von einem Innenraum zu einem anderen transportiert werden. Diese Innenräume und Bewegungen geben freilich Blicke auf die Geschichte frei, erzählt uns Prospero doch von seinen Umzügen mit russischen Studenten, wobei auch der Name Trotzki fällt. Die Schweizer Vorgeschichte der Russischen Oktoberrevolution – mit der sich historisch präziser der Name Lenins in Zürich verbindet – wird damit ebenso in den Innenraum eingeblendet wie manch anderer Verweis auf zeitgenössische Vorgänge, die das Dekor einer Epoche bilden, von der man später erst wusste, dass es eine Zwischenkriegszeit war. Bei Albert Cohen ist freilich von Beginn des Textes an deutlich, dass sich diese ganze Welt in Auflösung und Dekadenz befindet und zum Sterben verurteilt ist.

Auf diese kunstvolle Weise erscheint in den nachmitternächtlichen Genfer Projektionen eine internationalisierte Stadt, die in der Dunkelkammer des Innenraums nur bruchstückhaft beleuchtet wird, von der Leserschaft also jene Ergänzungen und Vervollständigungen verlangt, die daraus das Bild der Stadt Genf in der Völkerbundzeit entstehen lassen. Gewiss ist selbst heute noch bei einem Besuch etwas von diesem Ambiente der Société des Nations spürbar. Dies erlaubt

Rückschlüsse auf die implizite, von Cohen ins Auge gefasste Leserschaft, lässt aber auch erahnen, dass an die Stelle Genfs im Grunde jedwede andere europäische Stadt treten könnte.

Genf scheint keinerlei spezifische Fähigkeit oder Fertigkeit für diese historische Rolle zu besitzen. Betuchte Argentinier und versnobte Amerikaner, steinreiche Russen und verschlossene Japaner, britische Lords und Genfer Bedienstete entfalten das Portrait einer hochgradig internationalen Stadt, ohne dass sich ihr Schriftsteller oder Leser systematisch annähern müssten: Die Stadt ist ganz einfach da, erscheint teilweise noch in ihrer kleinstädtischen Provinzialität und wird von ihrem Namen und den Bezeichnungen unverwechselbarer Identitätsmarkierungen aufgerufen.

Diese Markierungen wären leicht auszutauschen; und in der Tat hat Albert Cohen in seinem Romanzyklus bisweilen durch leichte Veränderungen die Spielorte bestimmter Szenen nachträglich verändert. Die konkrete Stadt, das urbane Setting ist für Cohen im Grunde nur sekundär. Ihr Bild wird als bekannt vorausgesetzt. Die fast kinematographischen Projektionen rufen beim Lesepublikum bereits vorhandene und im Gehirn gespeicherte (literarische oder ursprünglich durch äußere Impulse erzeugte) Bilder auf, welche als Nachbilder die textuellen Lücken des Cohen'schen Stadtbildes ausfüllen. Diese Nachbilder sind als Nachtbilder in den dunklen, aber punktuell ausgeleuchteten Innenräumen immer wieder gegenwärtig.[7]

Die dadurch ausgelöste Bewegung ist eine doppelte: Einerseits erscheint die Stadt als Innenraum, in diesem Falle als immenser abgedunkelter, von Scheinwerferlicht künstlich und geradezu kinematographisch erhellter Tanzsaal, in dem sich die Herren aller Länder die Zeit mit ihren oder anderen Damen vertreiben. Andererseits wird der Innenraum zu einer Stadt, insoweit sich in ihm jene Menschen konzentrieren, die diesem urbanen Raum ihr Gepräge geben. Auch hier ist der differenziert ausgestaltete Innenraum im Cohen'schen Sinne „cirque du monde".

Auf diese filmtechnische Weise wird der Projektionsraum der Bildsequenzen, die durch ständige Überblendungen und Überlagerungen von Einzelbildern entstehen, metonymisch zur Stadt; die Stadt aber wird ihrerseits metaphorisch zu einem Innenraum, auf dessen (Tanz-) Fläche die Pärchen wie die Einsamen ihre Bewegungen ausführen. Menschliche Verbundenheit entsteht hierbei nicht. Das Gefühl der Einsamkeit dominiert ähnlich wie in Cohens autobiographischen

---

7 Vgl. hierzu Ette, Ottmar: The World in Our Head: Images and After-Images of the City in the Works of Albert Cohen. In: Resina, Joan Ramon / Ingenschay, Dieter (Hg.): *After-Images of the City.* Ithaca – London: Cornell University Press 2003, S. 139–158 und 234–237.

Erzählungen freilich auch diese doch so viel belebteren Innenräume, die nichts anderes als Szenarien der Zurückgeworfenheit der Menschen auf sich selbst sind.

Bereits der Beginn von *Projections ou Après-minuit à Genève* hatte uns gezeigt, wie die Körperwahrnehmung isoliert und die Körper, unterschiedlich in Szene und in Licht gesetzt, jeweils in isolierte Fragmente zerfallen und „corps morcelés" bilden. Diese „zerstückelten Körper" mit ihren Mündern und Zungen und Zähnen und Beinen sind letztlich in ihrer abstrakten Fragmentarität nicht mehr einer grundlegenden vereinheitlichenden Identitätskonstruktion zuzuführen. Das Bild von Pauline, das Bild des zwölfjährigen Mädchens, das einer idyllischen Idealvorstellung ländlichen Typs entsprach, hat einer Frau der Stadtlandschaften, einer radikalen Urbanität Platz gemacht, in welcher die romantisierte Natur ausgeschlossen ist. Die lieblich-ländliche Idylle hat der käuflich-urbanen Liebe Platz gemacht.

Das Bild dieser jungen und offenkundig bereits ‚verdorbenen' Frau steht ganz ohne Zweifel in negativer Verbindung mit Cohens Frauenbild, das sich immer wieder in seinen Texten durchpaust und bisweilen – wie etwa hier – einen kleinen Akzent von Misogynie beinhaltet oder doch zu beinhalten scheint. Dies gilt es kritisch anzumerken, auch wenn Cohen wohl seine Texte stets mit ‚seinen' Frauen durchging.

Die Urbanität ist der Platz von Projektionen, die das neue Medium Film auch in der Literatur nachvollziehbar machen – ganz so, wie die französischen Surrealisten in ihren Texten, aber auch in ihren Zeitschriften, die Stummfilmhelden der Epoche, Buster Keaton und vor allem Charly Chaplin, bisweilen in den höchsten Tönen priesen. Vor allem Charlie Chaplin wurde durch seine Lebensführung und mehr noch durch seine politischen Positionen und Meinungen für die Surrealisten zu einer großen Bezugsfigur; doch auch ein Albert Cohen widmete ihm einen wichtigen und bewundernden Text. Seine *Projections* sind, wenn man etwas zugespitzt formuliert, literarisches Stummfilmkino.

Denn Cohens literarische Verfahren sind in diesem Prosatext – wie auch in vielen späteren Publikationen – deutlich kinematographisch geprägt: von den Montage- und Collagetechniken mit ständigem Umschneiden bis hin zur Zertrennung der einzelnen Körperteile, wie sie einige Jahre später etwa in Luis Buñuels *Le chien andalou* spektakulär vorgeführt werden sollte. Lassen Sie mich ganz kurz einen „Flash forward" machen! Buñuels surrealistischer Spielfilm, den er gemeinsam mit Salvador Dalí entwickelte, erschien just in jenem Jahr 1928, in dem Maurice Nadeau nicht umsonst das Jahr der „réalisations" erblickt hatte. Bretons *Nadja* und Aragons *Traité du style* erschienen damals, und für uns besonders wichtig: Georges Batailles veröffentlichte unter einem Pseudonym seine lange Zeit vergessene *Histoire de l'œil*, auf die wir noch zurückkommen werden.

Doch zurück zu den nachmitternächtlichen Genfer *Projections*! Denn zugleich ergeben sich dank dieser literarischen Verfahren Traumbilder oder bisweilen auch Albtraumbilder, die in ihrer radikalen Fragmentierung eine neue Kombinatorik, neue Möglichkeiten der beweglichen Konfigurierung eröffnen. Allerdings kommt bei Albert Cohen eine unübersehbare moralisierende Note hinzu, die von seinen *Paroles juives* an den Grundzug seines Schreibens darstellte und den jüdischen Autor auch grundlegend von der in radikaler Veränderung befindlichen Wertewelt der Avantgardisten und insbesondere auch der französischen Surrealisten trennt. Die Dimension des Judentums ist grundlegend für das Schaffen dieses Schriftstellers, und sie vermittelt seinem Gesamtwerk durchweg eine ethisch-moralische Fundierung. Doch gleichzeitig sind die Schreibverfahren der historischen Avantgarden nun verfügbar geworden: Dies belegt Albert Cohens früher Text ganz ohne Zweifel. Man muss nicht länger Avantgardist sein und radikal an der bestehenden Wertewelt rütteln, um sich avantgardistischer Schreibtechniken zu bedienen, welche sich überdies transmedial mit den Entwicklungen des Stummfilms kombinieren lassen.

Neben dem zeitgenössischen Kino gibt es im Übrigen noch eine zweite Dimension des urbanen Lebens, die von großer Bedeutung als neue künstlerische Ausdrucksform für die Literaten ist: die Musik des Jazz und die damit zum Teil verbundenen neuen Formen des Tanzens. In der Tat spielt auch bei den französischen Surrealisten der Jazz bereits eine nicht zu vernachlässigende Rolle, auch wenn das Konvergieren von surrealistischer Schreib- und Jazz-Musikpraxis erst während des Zweiten Weltkriegs und kurz danach in der großartigen Figur Boris Vians ihren auch in Verbindung mit dem literarischen Existenzialismus nicht mehr übertroffenen Höhepunkt erreichen sollte.

Gerne möchte ich Ihnen abschließend eine zweite Passage aus den Genfer *Projections* vorstellen, welche die in diesem Text entwickelte dichte, überdichte Atmosphäre einer verfallenden, dekadenten Internationalität ästhetisch eindrucksvoll vor Augen und Ohren führt:

> Eine Kameradin Carmen streckt den Teller dorthin, wo die Serviette es verheimlicht. „Seien Sie großzügig, Herr Bankier!"
> Diese Wollust mit ungarischen Wangen lächelt mich lange an. Diese Zunge, die sich reckt, diese Augen, die sich zügeln, machen mir Angst.
>
> *
>
> Der Japaner schließt seine Augen. Er versichert sich gravitätisch, mit einer Höflichkeit, welche raffinierte und hassenswerte Praktiken ankündigt, der Kruppe von Thézou, die stets mit viel Poesie lächelt. Mitten beim Tanzen betastet er die Innentasche seiner Weste.
>
> *
>
> Eine Argentinierin von dreizehn Jahren folgt ihrer Mutter, würdiger Panzerkreuzer, der die Masse seines anmaßenden Bugs spaltet. Das Töchterchen setzt mit geneigtem Kopfe die

Musik ihrer Blaubeerstimme fort. Ihre dank der Seide poetisierten Beine skizzieren einen Foxtrott.

Die Mutter spricht mit dem geschminkten Alten:

„Ein Schmuckstück ist sie: Schreibmaschine von erster Güte kann sie. Sie hat Virtuosität in ihren Fingern, wie ihr Lehrer sagt, ein überaus ernsthafter Mann. Ich würde für sie eine passende und seriöse Stelle als kleine Sekretärin annehmen."

*

Hinter mir betrachten zwei Deutsche düster ihre Torpedotanzschuhe. Sie sprechen leise, mit dem Fehler der Reichen, die ihre Zunge an die oberen Schneidezähne pressen.

Ihre Hände ringen im gepflegten Weiß des sanften Hemdes.

Ihre jungen Hände nehmen tragisch voneinander Besitz, versuchen vergeblich die völlige Vereinigung. Schweigend und weinend küssen sie sich, violette Wange an schlüpfriger Wange.

Das ist der Abschied, nehme ich an.

Der Größere trägt das Ehrenband der militärischen Tugenden.

Heroisches, reines Europa.[8]

In diesen kurzen Fragmenten treten uns in gewisser Weise Vertreterinnen und Vertreter einer internationalisierten Menschheit, einer „Gesellschaft der Nationen", entgegen, die in ihrer nationalen Identität noch erkennbar gemacht sind und sich doch innerhalb einer multikulturellen Atmosphäre zu bewegen gelernt haben. Die erotische Aufladung all dieser Menschen, die oftmals zu kurz nur sich bildenden Paaren zusammentreten, ist in den ebenso heterosexuellen wie homosexuellen Paarungen mit Händen greifbar. Nicht umsonst verspricht sich an anderer Stelle der Ich-Erzähler durch die Begegnung mit Pauline nach dieser Nacht noch „étranges joies", noch seltsame Freuden und Lüste.

Es sind diese Lüste, diese „vices", diese Laster, die mit den zur Schau gestellten Tugenden – etwa den militärischen natürlich des Deutschen, aber auch der raffinierten Erziehung des Japaners – einen seltsamen Kontrast bilden, in dem das Heroische und Reine von Europa nur noch deutlich ironisiert benannt werden kann. Die Zufallsbegegnung steht im Mittelpunkt einer Welt nach Mitternacht, in der die Menschen kaum wirkliche Kontakte zueinander herzustellen vermögen, einer Menschheitsgesellschaft, in welcher der Ich-Erzähler wenig später bekennt: „Ich bin ein Waisenkind in einer zu stark erhellten inhumanen Welt."[9]

Eine Welt authentischer Beziehungen hat einer Welt der Projektionen und der Künstlichkeit Platz gemacht, die freilich Raum bietet für Erfahrungen, welche ebenso seltsam und neuartig wie herausfordernd und dekadent sind. Diese Erfahrungen der Dekadenz, des allgemeinen Verfalls treten letztlich in einen Gegensatz

---

8 Cohen, Albert: Projections ou Après-minuit à Genève, S. 420 f.

9 Ebda., S. 424: „Je suis orphelin dans un monde inhumain trop éclairé."

zu den immer wieder sich abzeichnenden Werten eines traditionellen christlichen Abendlandes und mehr noch eines tiefen Judentums, welches ebenfalls auf vielfache Weise in diesen nachmitternächtlichen Projektionen – und auch in seiner Bedrohung durch den überall aufkeimenden und sich erneuernden Antisemitismus – vertreten ist.

In Albert Cohens *Projections ou Après-minuit à Genéve* entsteht in avantgardistischer, zersplitternder Kurzschreibweise das Bild einer internationalen Gesellschaft, die im Grunde ihrem Ende entgegentreibt, einer Zwischenkriegs-Gesellschaft, welche bloß noch ihre letzten Rücklagen verhökert in der fehlgeleiteten Hoffnung, zumindest die eigenen Leidenschaften und Interessen noch befriedigen zu können. Es ist das Bild einer spätbürgerlichen Gesellschaft, die das zu vernichtende Ziel aller historischen Avantgarden war. Albert Cohen befand sich da in bester Gesellschaft.

André Breton, der französische Surrealismus und die Folgen

Nach schwierigem und umkämpftem Beginn konnte einer jener Autoren, deren Werk sich wie das Albert Cohens oder Ernst Jüngers auf einen Großteil des 20. Jahrhunderts erstreckte und von denen man nie recht weiß, in welche Jahrhunderthälfte man sie stecken soll, 1950 in einem Vortrag über den Surrealismus sagen, dieser sei als literarische und künstlerische Bewegung längst kanonisiert. Er habe einen festen Platz innerhalb der Literatur und Kunst des 20. Jahrhunderts eingenommen. Dieser Autor, der dem Surrealismus huldigte, ohne jemals dieser Gruppe angehört zu haben, hieß Julien Gracq, den wir in der Folge kurz aus jenem Vortrag mit dem Titel *Le surréalisme et la littérature contemporaine* zitieren wollen. Wie Albert Cohen gehört auch Julien Gracq zu jenen Schriftstellern, die einen großen Namen besitzen, aber ein weit größeres Lesepublikum verdienen:

> Diese Bewegung, welche die Redakteure der *Nouvelles littéraires* und der *Action française* durch ihren blasphemischen und spitzbübischen Anstrich beeindruckte, diese Bewegung, welche sich als eine ständige Ohrfeige für all das verstand, was in der Literatur Karriere macht und seriöse Professionalität ausstrahlt, erhielt am Ende eine Art Konsekration; sie verwandelte sich in ein nationales Gut und wurde fast offiziell, und mehr noch: Sie wurde zu einem angesehenen Exportartikel, der besonders in Amerika mit Genuss konsumiert wird und den die französischen Kulturdienste mittlerweile mit aller Ernsthaftigkeit verbreiten. Breton selbst, der geglaubt hatte, mehr als jeder andere dafür getan zu haben, sich der Literatur als unwürdig zu erweisen, ist heute ein berühmter Dichter, und sogar mehr noch: so etwas wie der Patriarch der französischen Dichtkunst. Diese Art von Kanonisierung, welche die Wendung des letzten Krieges auf eine ironische Weise unterstrich, hat der Surrealismus gewiss nicht gesucht, doch war sie in den Dingen eingeschrieben: Sie bedeutet nur, dass die Masse des Publikums – oder zumindest ein großer Teil davon – endlich seinen Rückstand gegenüber einer Vorläuferbewegung aufgeholt hat und dass dieses Publikum mittlerweile ganz selbstverständlich Sichtweisen akzeptiert, welche ihm vor fünfundzwanzig Jahren höchstens ein Lächeln entlockten.[1]

Die Passage entwirft meisterhaft und mit großer Kenntnis das Portrait einer avantgardistischen Bewegung, die auf Angriff gebürstet war, möglichst keinen Stein auf dem anderen stehen lassen wollte, alle Formen von literarischem Prestige und künstlerischer Konsekration angriff, um schließlich festzustellen (oder feststellen zu müssen), dass man sie selbst mittlerweile vereinnahmt hatte und als hohes Kulturgut konsumierte. Ja mehr noch: dass man sie auf allen offiziellen Kanälen

---

1 Gracq, Julien: Le surréalisme et la littérature contemporaine. In (ders.): *Œuvres complètes*. Édition de Bernhild Boie. Paris: Gallimard, „Bibliothèque de la Pléiade", 1989, Bd. I, S. 1015.

Abb. 75: Julien Gracq (Saint-Florent-le-Vieil bei Angers, 1910 – Angers, 2007).

gerade auch im Ausland propagierte und als Teil der maßgeblichen französischen Literatur anpries. Julien Gracq macht hier auf einen spannenden und letztlich entscheidenden Punkt aufmerksam, der für unsere Vorlesung von zentraler Bedeutung ist: auf die Art und Weise nämlich, wie eine radikale, revolutionäre Bewegung, die alles angreift, was in der Kulturwelt eines Landes groß und teuer und geschätzt ist, selbst auf eine höchst offizielle Weise vereinnahmt und angeeignet wird. Letztlich findet sie sich mehr oder minder verwundert selbst in der Rolle des hohen Kulturgutes wieder, ausgestattet mit allen Ehrenbezeugungen der Konsekration.

In der Tat war der französische Surrealismus, der sich zu Beginn keineswegs als Literatur verstand und schlicht auf eine literarische Bewegung reduziert werden wollte, zu einer fast nationalen Institution, ja einem Exportschlager geworden, nach dem man sich im In- und Ausland die Finger leckte. Wie keine andere avantgardistische Bewegung vor ihm sah sich der Surrealismus einer wahren Welle des Kulturkonsums ausgesetzt, welche die Infragestellung der Kunst als die höchste Kunst, die Hinterfragung der Literatur als höchsten Ausdruck der Literatur ansah und massenwirksam propagierte. Die historischen Avantgarden erhielten großen Zulauf und hatten immer größeren Erfolg. Aber wurde das nicht zu ihrem Verderben? Stand ihnen und speziell dem Surrealismus nicht das Schicksal bevor, zu nichts anderem als einer weiteren künstlerischen oder literarischen Bewegung zu werden, zu einem weiteren Ismus, den man wunderbar kunst- und literarhistorisch bearbeiten und vereinnahmen konnte?

Nun, der französische Surrealismus besaß sogar schon eine eigene Geschichte, die von mir bereits erwähnte *Histoire du surréalisme*, die von Maurice Nadeau im November 1944 abgeschlossen worden war und in dessen „Avertissement" man gleich zu Beginn lesen konnte:

> Eine Geschichte des Surrealismus! Ist der Surrealismus also tot! Dies entspricht nicht unserer Vorstellung. Der surrealistische Geisteszustand, vielleicht müsste man besser sagen: die surrealistische Verhaltensweise ist ewig. Verstanden als eine gewisse Bereit-

schaft, nicht das Reale zu transzendieren, sondern es zu vertiefen, ein „immer klareres und zugleich immer leidenschaftlicheres Bewusstsein für die sinnliche Welt" (André Breton), was das Ziel aller Philosophien ist, welche als Gegenstand nicht nur die Bewahrung der Welt haben, so wie sie ist, einen ewig ungestillten Durst im Herzen des Menschen.[2]

Man merkt diesem Vorwort und dem ganzen Vorhaben, eine Geschichte des Surrealismus zu verfassen, deutlich noch die Unsicherheit und zeitliche Nähe zur Bewegung selbst an, die aus jeder Zeile von Maurice Nadeau spricht. Aber die Absicht des Verfassers war es keineswegs, den Surrealismus für tot zu erklären, ausgehend von der Überlegung, dass man eine Geschichte nur dann schreiben könne, wenn sie abgeschlossen vor einem liegt und damit eben tot und passé ist. Ziel war es vielmehr, diese *Histoire du surréalisme* zu schreiben, während die Geschichte noch in Bewegung und unabgeschlossen ist. Maurice Nadeau wurde damit gleichzeitig zu einem Vorläufer zeitgenössischer Literaturwissenschaft, die schon längst nicht mehr zwischen sich und ihre Forschungsobjekte einen Sicherheitsabstand von mindestens hundert Jahren stellt. Als ich mein Studium der Romanistik in den siebziger Jahren des vergangenen Jahrhunderts begann, war es schon etwas ungeheuer Aktuelles, wenn man in einer Vorlesung von Marcel Proust hörte und etwa *A la recherche du temps perdu* besprochen wurde – nicht selten versehen mit dem Hinweis, dass man sich dabei aus Gründen mangelnder zeitlicher Distanz gewiss auf unsicherem Terrain bewege.

Damit haben wir jetzt zwei Zeugnisse aus der Endzeit des Zweiten Weltkriegs beziehungsweise der unmittelbaren Nachkriegszeit und zugleich zwei wichtige Belege für die außergewöhnliche Rezeption des (französischen) Surrealismus, die auf sehr unterschiedliche Weise nicht allein in Frankreich um sich greifen konnte. Zum einen haben wir es zu tun mit dem Exportartikel Surrealismus, der wie jede andere literarische und kulturelle Bewegung, Strömung oder Tendenz untersucht, klassifiziert, vermarktet, instrumentalisiert, exportiert und literarhistorisch entschärft werden konnte, ja zum Objekt einer Kulturbürokratie französischer Provenienz avancierte. Zum anderen handelt es sich um ein Zeugnis, welches das Fortleben des Surrealismus behauptet und zugleich die These aufstellt, dass der Surrealismus nicht nur eine literarische oder künstlerische Bewegung oder eine bestimmte Weltsicht, sondern zugleich eine Haltung, Verhaltens- und Seinsweise gegenüber dem Leben und damit auch ewig und unvergänglich sei. Wir sollten diese beiden Blitzlichtaufnahmen des Surrealismus im Kopf behalten, wenn wir uns nun mit der Entstehung dieser herausragenden künstlerisch-literarischen Bewegung auseinandersetzen.

---

2 Naudeau, Maurice: *Histoire du surréalisme* (1945). Paris: Seuil 1964, S. 4.

Denn wir dürfen eines konstatieren: Der Surrealismus verbreitete und setzte sich zunächst in Frankreich, dann in anderen Teilen Europas und der Welt durch; er strahlte auf Lateinamerika, die Karibik und – über die „Négritude"-Bewegung von Aimé Césaire und Léopold Sédar Senghor – auch auf Afrika aus. In Hinblick auf Dauer und Beständigkeit findet sich innerhalb der Avantgarden insgesamt nichts oder doch wenig Vergleichbares. Der Surrealismus ist ganz ohne jeden Zweifel die herausragende literarische, künstlerische, politische und existentielle Bewegung innerhalb der historischen Avantgarden; und er eröffnet zugleich auch das letzte Kapitel innerhalb jener historischen Avantgardebewegung, der wir uns in unserer Vorlesung so aufmerksam und eingehend widmen.

Werfen wir nochmals einen Blick auf die spezifisch literarhistorischen Prozesse und deren Einteilung. Denn angesichts des Erörterten überrascht es nicht, dass Wolfgang Asholt und Walter Fähnders ihre Anthologie von Manifesten und Proklamationen der europäischen Avantgarde in insgesamt vier Kapitel einteilten. Sie gruppierten sie wie: erstens „Der futuristische Aufbruch der Avantgarde (1909 bis 1916)"; zweitens „Zwischen Dada und Revolution (1916 bis 1920)"; drittens „Die Zeit der Ismen (1920 bis 1924)"; und schließlich viertens „Im Zeichen des Surrealismus (1924 bis 1938)". Dabei wird schon an der Zeitspanne des letzten Teils die besondere Bedeutung des Surrealismus ablesbar, freilich werden aber auch jene spezifischen historischen und politischen Verhältnisse deutlich, welche dieses letzte Kapitel der historischen Avantgarden bestimmten. Vergessen wir bei diesen literarhistorischen Einteilungen auch nicht, dass es sich lediglich um Periodisierungen der *europäischen* Avantgarden handelt!

Die Tatsache, dass der französische Surrealismus – und in seinem Gefolge der Surrealismus überhaupt – zur beherrschenden Kraft innerhalb der Avantgardebewegungen werden konnte, ist vor allem einem Mann geschuldet, der zu so etwas wie einem Papst des Surrealismus – wie er auch von Abtrünnigen oder Häretikern der Bewegung genannt wurde – geworden war: André Breton. Beschäftigen wir uns also zumindest kurz mit einigen für uns wichtigen Biographemen seines Lebens!

André Breton wurde am 18. Dezember 1896 in Tinchebray (im Département Orne in der Normandie) geboren und starb in Paris am 28. September 1966. Der junge Mann aus der Provinz, der mit seinen Eltern freilich schon früh in die Pariser Region umgezogen war, studierte als Sohn eines Kaufmanns (nach anderen Quellen eines Polizisten) ab 1914 Medizin, mit besonderem Interesse an Psychiatrie, und wurde zum Sanitätsdienst eingezogen. Er las früh die Schriften Sigmund Freuds, die ihn faszinierten und vielfältig poetisch inspirierten. Bald schon brach er sein Medizinstudium ab und machte sich als Schriftsteller selbständig; 1919 gründete er zusammen mit Louis Aragon und Philippe Soupault die dadaistische oder dem Dadaismus doch nahestehende Zeitschrift *Littérature*.

Durch den Besuch Freuds 1921 in Wien lernte er unter anderem dessen Traumdeutung anschaulich kennen, was seine eigene Kunst und Lebenslehre maßgeblich
beeinflusste: Spuren, Bilder und Begriffe der Psychoanalyse finden sich in allen
großen Schriften des französischen Dichters und Theoretikers. Mit Tristan Tzara,
der – wie wir schon sahen – von Zürich nach Paris kam, aber vor allem Robert
Desnos, Max Ernst oder Benjamin Péret war er dem Unbewussten auf der Spur
und machte literarische Experimente mit der „écriture automatique", dem automatischen Schreiben, das an Versuche Tzaras, mit denen wir uns beschäftigt
haben, anschloss und eine zentrale surrealistische Arbeitstechnik darstellte.

Abb. 76: André Breton (Tinchebray in der Normandie, 1896 –
Paris, 1966).

Doch die große Zeit André Bretons stand noch bevor: Im Epochenjahr 1924
formulierte er sein Manifest des Surrealismus, mit dem er sich endgültig vom
Dadaismus und Tristan Tzara abwandte, um seine eigene ‚Lehre' zu begründen.
Im selben Jahr wurde dieser Begründer einer Theorie des Surrealismus zum
Sprecher einer Gruppe von Autoren, zu denen Louis Aragon, Paul Eluard und
viele andere zählten, die sich um die charismatische Gestalt scharten. Mit seinen
Freunden und Weggefährten gab er 1924 die neue Zeitschrift *La Révolution sur-
réaliste* heraus, die zum Organ des französischen Surrealismus wurde. Von 1927
bis 1935 gehörte er der Kommunistischen Partei Frankreichs an, zu der sich ab
Mitte der zwanziger Jahre die meisten Surrealisten bekannten, allen voran Louis
Aragon. In seinem Zweiten Manifest des Surrealismus unternahm er 1930 den
Versuch, den Surrealismus als sozialrevolutionäre Bewegung zu definieren; doch
Friktionen mit der Kommunistischen Partei waren von Beginn an sichtbar und
verstärkten sich bald.

André Breton tat sich literarisch nicht nur als Dichter, sondern 1928 auch
mit seinem Roman *Nadja* erfolgreich als Romancier hervor und veröffentlichte
Schriften zu den Beziehungen zwischen Literatur und Malerei im Zeichen des
Surrealismus. Mitte der dreißiger Jahre kam es zum Bruch mit dem Dogmatis-
mus der Kommunistischen Partei Frankreichs wie auch mit dem Stalinismus. Mit
Georges Bataille gründete er 1936 die linksrevolutionäre Gruppe „Contre-Atta-

que", die jedoch von nur kurzer Dauer war. Breton veranstaltete eine ganze Reihe surrealistischer Ausstellungen und verfasste 1938 zusammen mit Leo Trotzki in Mexiko das Manifest *Pour un art révolutionnaire indépendant*, das sich für eine internationalistische Revolution in der Kunst stark machte. 1941 flüchtete er aus Frankreich und emigrierte über die Karibik in die USA, wo er erneut fruchtbar mit Marcel Duchamp und Max Ernst zusammenarbeitete und eine Zeitschrift herausgab.

Nach Ende des Zweiten Weltkriegs organisierte er in Paris die offiziell Zweite Internationale Surrealismus-Ausstellung. Der Neuanfang nach der Zeit im Exil erwies sich als schwierig. André Breton war gleichwohl der unbestrittene Haupttheoretiker und Wortführer des Surrealismus, über dessen Orthodoxie er eifersüchtig wachte; er wirkte durch seine Manifeste und Essays, die hier aufzuzählen keinen Sinn macht, unverändert stark auf die Entwicklung von Kunst und Literatur ein. Die Vielzahl an Schriften theoretischen wie dichterischen Zuschnitts bestätigte die bei Breton besonders wirkungsvollen Verbindungen von Theorie, Dichtung und Literatur, die ihn – mit den Worten von Julien Gracq – bald zu einem Patriarchen der französischen Dichtkunst machten. Doch immer wieder suchte er die dichterische Zusammenarbeit in lyrischen Schöpfungen, die er gemeinsam mit Philippe Soupault, Paul Eluard oder René Char unternahm. Bis zu seinem Tode veranstaltete er weitere Ausstellungen surrealistischer Kunst und darf ohne Übertreibung als eigentlicher *Papst* des Surrealismus bezeichnet werden.

Wir hatten bereits besprochen, dass Tristan Tzara bei seiner Ankunft in Paris auf ein breites Echo stieß und als Zentralfigur des Dadaismus in der französischen Hauptstadt mit offenen Armen aufgenommen wurde. Dada etablierte sich in der Folge in der Kunst- und Literaturszene und wurde zu einem festen Bestandteil der künstlerischen Welt von Paris, auch wenn die dadaistischen Provokationen immer häufiger ins Leere liefen. Zu jenen, die Dada begeistert in Paris aufgenommen und Tristan Tzara in seinen Bemühungen wesentlich unterstützt hatten, gehörten unter anderem auch André Breton und Louis Aragon, just jene beiden, die im Grunde zu den entscheidenden Antriebskräften der neuen avantgardistischen Bewegung des Surrealismus werden sollten.

Dabei lässt sich durchaus sagen, dass im Jahr 1924, gleichsam nach der „Zeit der Ismen" – der Begriff stammt wohl aus der 1925 von El Lissitzky und Hans Arp veröffentlichten Schrift *Les Ismes de l'Art / The Ismes of Art* –, etwas Neues in der Luft lag. Die Gleichzeitigkeit und Unübersichtlichkeit der Avantgarden war kaum noch zu übertreffen: Es ging nicht mehr – wie Wolfgang Asholt und Walter Fähnders dies formulierten – darum, ob man avantgardistisch sein wollte, sondern höchstens noch darum, was und wo etwas Avantgardistisches stattfinden sollte. Doch der quantitative Höhepunkt des ‚Manifestantismus' war bereits überschritten, auch wenn in vielen anderen europäischen wie außereuropäischen Ländern die jeweiligen nationalen Eigenentwicklungen die literarische und künstlerische Szene beherrschten. Drohte ein ‚Sich-Totlaufen' der Avantgarden?

Die Unübersichtlichkeiten dieser Jahre sind literarhistorisch schwer in den Griff zu bekommen. An Periodisierungsvorschlägen für den Surrealismus mangelt es nicht. So hat etwa Maurice Nadeau in seiner oben herangezogenen Geschichte des Surrealismus bereits 1944 von einer ersten „heroischen Periode" des Surrealismus gesprochen und diese auf die Jahre 1923 bis 1925 begrenzt. Bei dieser Periodisierung fällt ins Auge, dass Nadeau – wie ich meine völlig zu Recht – nicht etwa mit dem Jahre 1924 den Surrealismus beginnen lässt, sondern etwas weiter zurückgreift.

Gewiss: Im Herbst 1924 war jenes große ‚Doppelpack' der Surrealisten publiziert worden, mit dem die Gruppe auf sich aufmerksam machte. Zum einen erschien André Bretons *Manifeste du Surréalisme*, dem wir uns gleich zuwenden wollen und das André Breton zum Vordenker und zur Leitfigur des Surrealismus machte. Zum anderemn legte man sogleich mit der ersten Nummer der Zeitschrift *La Révolution surréaliste* nach, die nun zum Organ der neuen Bewegung wurde und an die Stelle der von Breton, Aragon und anderen gegründeten dadaistischen Zeitschrift *Littérature* trat.

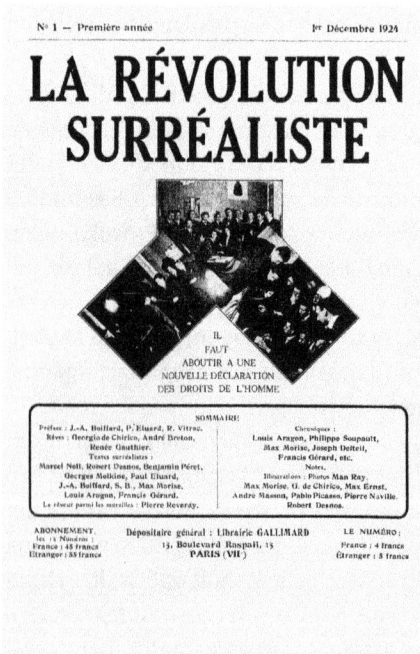

Abb. 77: Titelseite der Erstausgabe der Zeitschrift *La Révolution surréaliste*, 1924.

Die Periodisierung Nadeaus macht uns darauf aufmerksam, dass es bereits surrealistische Praktiken und Schreibverfahren gab, bevor das *Manifeste du Surréalisme* erschien, dass mit anderen Worten die Schreibtechnik der Surrealisten bei weitem ihrer surrealistischen Theorie vorausging. In dieser kulturellen Praxis bildeten bereits das Unbewusste, der Traum, der Zufall und vieles mehr die zentralen Bezugspunkte einer Auffassung von Kunst, welche letztlich auf die Totalität des Menschen abzielte und diese Totalität wiederherzustellen bemüht war. Man könnte deshalb sagen, dass aus surrealistischer Sicht mit dem Erbe der europäischen Aufklärung, mit jenem von Rationalismus und Positivismus, definitiv gebrochen und letztlich auch die Spaltung des abendländischen Menschen in Körper und Geist überwunden werden sollte. Sie sehen, es geht um grundlegende Dinge: Und dies wird – wie wir noch verstehen werden – jenen Ansätzen gar nicht so ferne sein, die sich im Zeichen des Poststrukturalismus und der Postmoderne in der zweiten Hälfte des 20. Jahrhunderts herausbilden sollten. Die Problematik abendländischer Rationalität war in jedem Falle aufgeworfen worden.

Wir sollten die Tatsache nicht übersehen, dass es sich beim Surrealismus nicht einfach um eine weitere avantgardistische Bewegung im Bereich der Literatur handelte. Zahlreich sind die abfälligen Bemerkungen der französischen Surrealisten über die Literatur und deren hochgeschätzte Vertreter. Die surrealistische Bewegung wollte weit über die Literatur hinausgreifen, wollte Politik und Gesellschaft mitgestalten und vor allem dazu beitragen, den Bereich der Kunst in jenen des Lebens zu überführen. Kunst und Leben sollten nicht länger klar voneinander getrennt sein. Der Surrealismus wollte damit jenen Autonomisierungsprozess von Kunst und Literatur zurückdrehen, der sich vor allem im letzten Drittel des 19. Jahrhunderts beschleunigt und Kunst wie Literatur eigene mit einer relativen Autonomie ausgestattete Teilfelder beschert hatte. Diese auf das Leben gerichtete und daher existentielle Dimension des Surrealismus, die in fast all seinen Manifestationen nachvollziehbar präsent ist, gilt es nie aus den Augen zu verlieren.

Der eigentliche Bruch der künftigen Surrealisten mit dem internationalen Dadaismus und Tristan Tzara erfolgte bereits im Jahr 1922. Letztlich, so folgerte Maurice Nadeau, sei dieser Bruch unabwendbar gewesen, denn Tzara hätte sich weiterhin auf die antagonistischen Positionen und Verfahren der anarchistischen (Nach-) Kriegszeit versteift. Andererseits hatten eine Reihe wissenschaftlicher Entdeckungen und Entwicklungen – ebenso in den Natur- wie in den Kulturwissenschaften – wie etwa jene von Albert Einstein oder Sigmund Freud – die dringliche Möglichkeit eröffnet, ein völlig neues Bild der Welt zu entfalten. Maurice Nadeau folgte in seiner Geschichte im Großen und Ganzen den Leitlinien André Bretons. Der Surrealismus knüpfte ohne jeden Zweifel an die Erfahrungen der vorangegangenen Avantgarden und insbesondere an jene des erfolgreichen Dadaismus an, freilich ohne im eigentlichen Sinne nur diese Erfahrungen fortzuschreiben. Es ging dem Surrealismus im Kern um innovative Erfahrung und kollektives Experiment: Er verstand sich als Methode der Erzeugung von Wissen und literarisch-künstlerischer Erkenntnis, die sich auf Bereiche ausdehnen wollte, welche zuvor nicht zuletzt von den Wissenschaften vernachlässigt worden waren.

Mit Hilfe dieser neuen Ansätze sollten die anarchistischen und vor allem destruktiven Kräfte und Verfahren von Dada überwunden werden, was im Grunde schon seit 1921 mit der Veröffentlichung von *Les Champs magnétiques*, die André Breton zusammen mit Philippe Soupault schrieb, angedacht war. Diese *Magnetischen Felder* verstanden sich weniger als ein Stück Literatur, sondern präsentierten sich eher als Versuch und Experiment. Bereits ab 1919, also noch zu Zeiten unbestrittener Vorherrschaft von Dada, wurden die ersten automatischen Texte geschrieben: Die „écriture automatique" wartete nicht auf die Veröffentlichung des *Ersten surrealistischen Manifests*. Die angestrebte Erforschung des Traums im Anschluss an, in Konkurrenz zu und in Abweichung von Sigmund Freud führten dazu, dass die künftigen Surrealisten in eine – wie sie es selbst nannten – „époque des sommeils", in eine gleichsam schläfrige Epoche eintraten. Man Ray hat später die Traumzustände von Robert Desnos, der mit offenen Augen träumte, photographisch festgehalten, wobei André Breton diese Photos dann später in seinen Band *Nadja* von 1928 aufnahm.

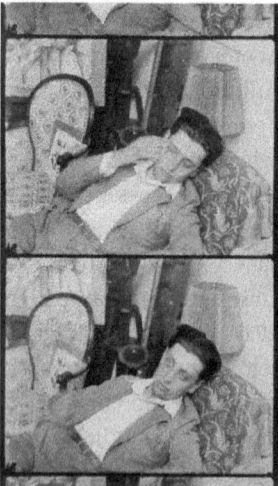

Abb. 78: Man Ray: Robert Desnos im hypnotischen Schlaf, Illustration in André Bretons *Nadja*, 1928.

Wichtig erscheint mir, dass diese Traumzustände, der Tagtraum, die Problematik des aus der Vernunft wie der Geschichte und der Geschichtsschreibung ausgegrenzten Erscheinung des Traumes, nun in die literarische und künstlerische Produktion ebenso Einzug hielten wie in die Weltsicht und Weltanschauung unter

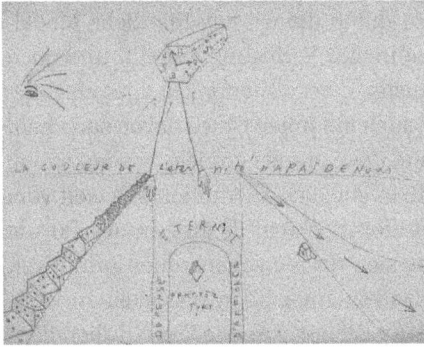

Abb. 79: Von Robert Desnos während
des hypnotischen Schlafs angefertigte
Zeichnung, 1922.

Einschluss eines grundlegend veränderten Menschenbildes. Eine Problematik, auf welche die Surrealisten selbst hinwiesen. Louis Aragon hat uns eine gelungene Beschreibung dieses neuen Aufbruchs jener Autoren gegeben, die sich in Anschluss an Breton und Soupault nun ihrerseits der Welt der Träume überließen. So heißt es in *Une vague de rêve* im Jahre 1924:

> Was sie beeindruckt, ist eine Macht, die sie an sich nicht kannten, eine unvergleichliche Leichtigkeit, eine Befreiung des Geistes, eine nie gekannte Produktion von Bildern, und der übernatürliche Ton ihrer Schriften. Sie erkennen in allem, was aus ihnen so geboren wird, und ohne zu verspüren, dass sie dafür die Verantwortlichen wären, all das Unleugbare mancher Bücher, mancher Worte, welche sie noch immer bewegen. Sie bemerken plötzlich eine große poetische Einheit, welche von den Prophezeiungen aller Völker bis zu den *Illuminations* und den *Chants de Maldoror* reicht. Zwischen den Zeilen lesen sie die unvollständigen Bekenntnisse derer, die eines Tages *das System besessen haben*: Im Lichte ihrer Entdeckung verliert die *Saison en Enfer* ihre Rätsel, die Bibel und einige andere Geständnisse des Menschen unter ihrem Bilderwirbel.[3]

In diesem Zitat von Louis Aragon wird anschaulich, wie sehr die künftigen Surrealisten noch in der Blütezeit des Dadaismus fasziniert waren von jener Welt, die sie selbst und *in sich* entdecken konnten, eine Welt, deren Reichtum sie sich nun fast obsessiv aneignen und die sie mit ihren literarischen Mitteln erforschen und darstellen wollten. Die surrealistischen Künstler und Literaten wandten sich dem Unbewussten, dem Irrationalen, dem nicht an die abendländische Vernunft Geketteten zu und ließen sich von dieser Welt jenseits der Ratio freudig und erwartungsvoll in Besitz nehmen. Es muss so etwas wie das Gefühl gewesen sein, die andere, die dunkle, die unsichtbare Seite des Mondes zu erreichen.

---

3 Aragon, Louis: Une vague de rêves. In (ders.): *L'œuvre poétique* 1921–1925. Paris: Livre club Diderot 1974, Bd. 2, S. 231 f.

Immerhin hatte dafür Sigmund Freud durch die wissenschaftliche Modellierung seiner Psychoanalyse seine Fernrohre zur Verfügung gestellt, und doch konnte auch er – so zumindest die Surrealisten – bei weitem nicht alles erschließen und zugänglich machen. Man könnte auch mit Julien Gracq davon sprechen, dass mit diesen Versuchen die andere Seite des Spiegels erreicht werden sollte: all das, was im Grunde so nahe und greifbar, zugleich aber unendlich weit vom rationalen Menschen des Abendlandes entfernt schien. Es ging in der Tat um ein anderes Menschenbild: um eines, das sich für die sogenannten primitiven Völker und Kulturen öffnete, um eines, das von einer Überdrüssigkeit an westlicher Technologie und Problembewältigung gesteuert war. Die Fesseln abendländischer Vernunft sollten gesprengt und das Unbewusste im Menschen nicht nur erforscht, sondern *gelebt* werden. Das Leben und Erleben dessen, was den künftigen Surrealisten als übernatürlich vorkam, was von weither und dem Wissen all den Kulturen der Völker der Welt zu kommen schien, war urplötzlich mit einer solchen Leichtigkeit zu haben, wie Louis Aragon dies mit großer Verwunderung anschaulich beschrieb. Die Experimente dieser Künstler und Autoren richteten sich in erster Linie auf sich selbst und entdeckten an sich eine ganze Welt des Traumes, der Traumbilder, teils unbewusster Wünsche und Begierden, die in Tagträumen oder in Rauschzuständen an die Oberfläche kamen.

Gleichzeitig macht diese Passage auch deutlich, dass die größtenteils französischen Surrealisten von Beginn an nicht nur fasziniert waren von den Gedichten eines Arthur Rimbaud und dem Vorläufertum der *Gesänge des Maldoror* eines Conte de Lautréamont, ja bis zu einem gewissen Grad selbst von der Lyrik Stéphane Mallarmés. Vielmehr zeigt sie, dass sie in ihren Versuchen, zum Ursprünglichen und Verborgenen des Menschen vorzudringen, tief beeindruckt sein mussten von den Möglichkeiten, welche ihnen die Überlieferungen, die Kunstgegenstände, die Lebensformen sogenannter ‚wilder‘ Kulturen und ‚primitiver‘ Völker bieten konnten. Daher rühren das hohe anthropologische Interesse der Surrealisten, die ethnographischen und völkerkundlichen Versuche, wie Michel Leiris sie etwa in Afrika unternahm.

Einem Michel Leiris war es im Sinne der Surrealisten darum zu tun, an die Lebensvorstellungen und Lebensgewohnheiten von nicht durch die europäische Zivilisation ‚verdorbenen‘ Menschen zu geraten; selbst ein Claude Lévi-Strauss war fasziniert davon, mit jenen Kulturen und Zivilisationen wie den Tupi-Kawahib in Brasilien Kontakt aufzunehmen, die noch niemals zuvor in Verbindung mit der westlichen Zivilisation getreten waren. Den französischen Surrealisten schwebte vor, wie Antonin Artaud oder André Breton jene indigenen Kulturen genauer zu untersuchen, die sich etwa in Mexiko künstlich in bestimmte Schlaf- und Rauschzustände versetzten, um auf diese Weise einen westlichen Zivilisationen bislang weitgehend verborgenen Bereich nun endlich sichtbar und zugänglich zu machen.

Die Erforschung von Halluzinogenen wurde Programm – und selbstverständlich knüpften sich daran nicht allein persönliche und individuelle Erlebnisformen indigener Transzendenz, sondern auch wissenschaftliche wie wirtschaftliche Interessen, welche sich bald schon dieser Mittel der indigenen Kulturen bedienten. Auch auf diesem Gebiet zeigte sich im weiteren Verlauf des 20. Jahrhunderts rasch, wie leicht diese Praktiken und deren Mittel und Medien von der abendländischen Zivilisation vereinnahmt und einverleibt werden konnten. André Breton war in Mexiko nicht nur bei Leo Trotzki, sondern vor allem auch bei Diego Rivera und Frida Kahlo: Und rasch verselbständigten sich reale wie vorgebliche Erfahrungen mit Halluzinogenen und wurden zu einem Teil der Bemächtigungsstrategien westlicher Künstler*innen und Schriftsteller*innen.

Vor diesem Hintergrund ist der von Wolfgang Asholt und Walter Fähnders zitierte Satz von Walter Benjamin sehr wichtig und zugleich auf transkulturelle Erlebenswelten auszuweiten, dass es ein vordringliches Ziel der Surrealisten gewesen sei, „die Kräfte des Rausches für die Revolution zu gewinnen". Es ging um eine Verknüpfung der politischen Revolution, für die ein Trotzki weitaus mehr stand als ein Stalin, mit den hypnotischen Kräften indigener Rauschkulturen: Die Befreiung des abendländisch geprägten Menschen aus all seinen Fesseln schien unmittelbar bevorzustehen. Das Ticket für die Schiffsreise zurück nach Europa hatte man freilich immer in der Tasche.

So erscheint es aus heutiger Perspektive als geradezu zwangsläufig, dass sich während der weiteren Entwicklung des Surrealismus einerseits die Erkundung der Traumwelt auch anthropologisch in der Erforschung scheinbar primitiver Völker und Kulturen niederschlug und derartige Forschungen den eigentlich wissenschaftlichen Bereich beflügelten. Andererseits mussten sich auch die außereuropäischen Kulturen und Literaturen hingezogen fühlen zu einer für sie zunächst einmal literarischen und kulturellen Bewegung, die ihnen dabei half, die eigene Welt in Afrika, der Karibik oder in Amerika mit anderen Augen – freilich bisweilen auch mit den Augen des Anderen – neu zu sehen und zu begreifen. Diese inter- und vor allem transkulturellen Wechselbeziehungen im Zeichen des Surrealismus erwiesen sich auf beiden Seiten des Atlantik als überaus fruchtbar, gleichviel, ob wir an Antonin Artaud in der Sierra Madre oder an Alejo Carpentier in Haiti, an André Breton in Mexiko oder in den Straßen von Paris denken.

Das Element europäisch-abendländischer Logik war von entscheidender Bedeutung für die Entwicklung surrealistischen Denkens, diente es doch als Inbegriff all jener Kräfte, Disziplinierungen und beengenden Traditionssträge, welche dem Menschen des Abendlandes den Zugang zu seinem tiefsten Inneren und zum Erleben einer Ganzheit der Welt verbaut hatten. Zugang zu und vollständiges Erleben dieser Welt standen im Mittelpunkt surrealistischer Erfahrung des Seins. Denn es ging Breton und seiner Gruppe in der Tat um einen Abschied von der Geschichte des Rationalismus und Cartesianismus, lange bevor die dramatische Geschichte dieses Rationalismus – zumindest nach den Analysen von Max Horkheimer und Theodor W. Adorno in ihrer *Dialektik der Aufklärung* – ihren sinistren Höhepunkt im Terror des Faschismus und des Nationalsozialismus finden sollten.

Zweifellos ist es unter Wissenschaftlern wie Intellektuellen bis heute umstritten, ob diese faschistoiden Entwicklungen mit all ihrer Banalität des Bösen, welche Hannah Arendt an der Geschichte des Eichmann-Prozesses in Jerusalem so wunderbar herausgearbeitet hatte, nun eigentlich die logische Folge einer Dialektik der Aufklärung und damit die Konsequenz auch des europäischen Rationalismus war. Dies behaupteten etwa Jacques Derrida oder Julia Kristeva. Oder war es gerade die Abkehr vom Rationalismus und mehr noch von den Traditionen der Aufklärung, welche all das Unheil des 20. Jahrhunderts heraufführen sollte? Müssen wir diese wichtige Frage auch offen lassen oder einem jeden freistellen, wie er sich in dieser Frage entscheiden mag: Francisco de Goya hatte schon über hundert Jahre zuvor die bis heute gültige und unübertroffen ambivalente Formel für diese Fragestellung gefunden: *El sueño de la razón produce monstruos*. Ich überlasse es ihrem Scharfsinn und ihrer Neigung, den „sueño" als „Traum" oder als „Schlaf" zu übersetzen und damit zu entscheiden, ob die Ungeheuer nun aus dem Traum der Vernunft oder aus einer abgedankten und folglich schlafenden Vernunft entstanden sein könnten.

Abb. 80: Francisco de Goya: *El sueño de la razón produce monstruos*, Radierung, 1799.

Wichtig aber für unsere Vorlesung scheint mir an dieser Stelle, aus dem von André Breton im Herbst des Epochenjahres 1924 veröffentlichten *Manifeste du Surréalisme* zu zitieren, da genau dort die Frage der zu Grunde liegenden Logik angesprochen wurde:

Wir leben noch unter der Herrschaft der Logik – und darauf wollte ich hinaus. Aber die logischen Methoden unserer Zeit wenden sich nur noch der Lösung zweitrangiger Probleme zu. Der nach wie vor führende absolute Rationalismus erlaubt lediglich die Berücksichtigung von Fakten, die eng mit unserer Erfahrung verknüpft sind. Die Ziele der Logik hingegen entgehen uns. Unnötig hinzuzufügen, dass auch der logischen Erfahrung Grenzen gezogen wurden. Sie windet sich in einem Käfig, und es wird immer schwieriger, sie entweichen zu lassen. Auch sie stützt sich auf die Tatsache, dass sie unmittelbar nutzbar gemacht werden kann, auch sie wird vom gesunden Menschenverstand bewacht. Unter dem Banner der Zivilisation, unter dem Vorwand des Fortschritts ist es gelungen, alles aus dem Geist zu verbannen, was zu Recht oder Unrecht als Aberglaube, als Hirngespinst gilt, und jede Art der Wahrheitssuche zu verurteilen, die nicht der gebräuchlichen entspricht. Scheinbar durch den größten Zufall nur ist vor kurzem ein Bericht der geistigen Welt wieder ans Licht gehoben worden – meines Erachtens der weitaus wichtigste Bereich –, um den man sich angeblich nicht mehr zu kümmern braucht. Insofern sind wir den Entdeckungen Freuds zu Dank verpflichtet. Auf Grund dieser Entdeckungen bildet sich endlich eine Strömung im Denken heraus, mit deren Hilfe der Erforscher der Menschen seine Untersuchungen weiter zu treiben vermag, da er nun nicht mehr nur summarisch Fakten in Betracht zu ziehen braucht. Die Imagination ist vielleicht im Begriff, wieder in ihre alten Rechte einzutreten. Wenn die Tiefen unseres Geistes seltsame Kräfte bergen, die imstande sind, die der Oberfläche zu mehren oder gar zu besiegen, so haben wir allen Grund, sie einzufangen, sie zuerst einzufangen und danach, wenn nötig, der Kontrolle unserer Vernunft zu unterwerfen.[4]

Lesen wir diese Passagen aus einer Perspektive der Jetztzeit, so ist es erstaunlich, wie aktuell und gegenwartsbezogen diese Überlegungen heute noch immer anmuten. Denn es fällt nicht schwer zu verstehen, dass sich die rationalismuskritische Position des französischen Surrealismus als eine Position erwies, die für den Rest des 20. Jahrhunderts Gültigkeit beanspruchte und wesentliche Standpunkte – insbesondere kulturtheoretischer und mehr noch philosophischer Art – der europäischen Neo-Avantgarden gegenüber der Frage der Moderne prägen sollte. Sie trug nicht zuletzt wesentlich dazu bei, dass sich in Frankreich eine andere Haltung gegenüber dem Nationalsozialismus und der Shoah beziehungsweise dem Holocaust entwickelte. In Deutschland ging und geht man mehrheitlich auch noch heute nicht allein im Umfeld der Philosophie von Jürgen Habermas davon aus, dass der Nationalsozialismus gleichsam ein Abrutschen in Irrationalismus, Legenden und Mythen germanischer Urzeiten und eine Verabschiedung aus dem Projekt der Moderne darstellte. Dagegen waren die Positionen in Frankreich rund um den Poststrukturalismus, allen voran die von Jacques Derrida, grundlegend anders gestrickt: Wir haben es auf der anderen Seite des Rheins mit einer geschichtsphilosophisch anders begründeten Position zu tun, die sich durchaus

---

4 Breton, André: Manifeste du Surréalisme. In (ders.): *Œuvres complètes*. Hg. von Marguerite Bonnet. Paris Gallimard (Bibliothèque de la Pléiade) 1988, Bd. 1, S. 329.

auch auf deutsche Philosophietraditionen wie die *Dialektik der Aufklärung* von Horkheimer und Adorno stützen konnte. Doch waren es gerade die gegenüber dem Rationalismus kritischen Positionen der französischen Surrealisten, welche einer so anderen Einschätzung dessen, was denn Rationalismus und rationalistische Logik sei, Vorschub leisteten.

Die französischen Philosophen und Theoretikerinnen gehen davon aus, dass der Nationalsozialismus insbesondere auch in Hinblick auf die Judenverfolgung und Judenvernichtung eine logische Folge des Rationalismus und seiner Ausgrenzungsmechanismen war, welche in dieser Frage auf eine Spitze getrieben wurden. Die Wannsee-Konferenz stellte eine rational zu bewältigende Aufgabe; und sie konnte auf Millionen von Deutschen zählen, die ihre Zielsetzungen widerstandslos umsetzen würden. Immer wieder zeigt sich an diesen Stellen ein Konzept der Moderne, das an Homogenität und Zentralität ausgerichtet ist, ein Modernekonzept, mit dem wir uns aber noch beschäftigen werden.

Hannah Arendt hat in ihrer Beschreibung des Jerusalemer Eichmann-Prozesses darauf abgehoben, dass der Massenmörder Eichmann ein perfekter Bürokrat war, der sich an Buchführung, an Statistiken, an Durchführungsbestimmungen orientierte und sich auf diese Weise nur indirekt mit den eigentlichen Ermordungen auseinandersetzen musste. Der Massenmörder war ein perfekter Buchhalter. In diesem Sinne hat sie sehr zutreffend von einer „Banalität des Bösen" gesprochen, die Sie im Übrigen auch bei den heutigen Neonazis beobachten können. Hannah Arendts Analysen halte ich nicht allein mit Blick auf ihre Untersuchung des Totalitarismus, der Vernichtungslager und der Problematik der Macht, sondern auch hinsichtlich dieser „Banalität des Bösen" für noch immer zielführend und zielgenau, beschreiben sie doch das, was an Vorstellungen des ‚Sauberen‘ und ‚Homogenen‘ hinter dem grauenhaften Massenmord an Millionen jüdischer Mitbürger steht. Es ist die moderne rationale Logik ethnischer Säuberungen, wie sie die Geschichte gerade des 20., aber wohl auch des 21. Jahrhunderts immer wieder kennzeichnet. Dass in dieser Banalität des Bösen sehr viel Rationalismus steckt, sehr viel Kontrolle, Statistik und Kalkül, wird man wohl kaum bestreiten können.

Es spricht folglich aus meiner Perspektive vieles für eine Sichtweise des Horrors der Nationalsozialisten nicht als ‚Ausrutscher‘ ins Irrationale und Mythische, sondern als Absolut-Setzung ebenso rationaler wie zerstörerischer Kräfte. Gewiss gab es mythische und mythologische Versatzstücke, die auch heute noch wie eh und je durch die Nazi-Literatur geistern. Doch die Grundlagen reichen tiefer und betreffen jene Art von Rationalismus, gegen den die französischen Surrealisten aufbegehrten. Bleiben wir also einen Augenblick noch bei den französischen Poststrukturalisten! Michel Foucault hatte an den Beispielen Sexualität und Wahnsinn – und damit in gewisser Fortführung der Surrealisten – Ausgrenzungsformen auch räumlicher Art (etwa in Form der Irrenanstalten) vorgeführt und auf diesbezügliche Normen hingewiesen, welche die Moderne in Europa hervorgebracht hatte. Am Beispiel der Shoah oder des Holocaust kann dementsprechend nicht zuletzt die Frage einer technologischen Vervollkommnung von Ausgrenzungs- und Vernichtungsmechanismen beobachtet werden. Man könnte die Hinwendung der Surrealisten zum Unbewussten und zum Traum durchaus als einen Versuch deuten, aus jener Schiene der Rationalität auszubrechen, die wenige Jahre später in die Vernichtungslager von Auschwitz und Buchenwald führen sollte.

Gewiss: Die sich verhärtenden Positionen haben beiderseits des Rheins dazu geführt, dass zumindest seit Ende der achtziger Jahre des vergangenen Jahrhunderts ein Dialog im Bereich der Philosophie zwischen Deutschland und Frankreich ins Stocken geraten ist, ja zeitweise völlig abgebrochen wurde. Nicht umsonst hat Manfred Frank aus Hintergründen, die ich an dieser Stelle nicht erläutern kann, die aber ein schillerndes Licht auf seine Schlussfolgerungen werfen, hierzu eine klar feindliche Position gegenüber den französischen Poststrukturalisten aufgebaut. Doch scheint mir die Frage noch längst nicht abschließend beantwortet, ob es sich bei der Shoah, der minuziös geplanten Vernichtung der europäischen Juden, um die Folgen eines Schlafs oder Schlafens der Vernunft handelte – einer Verabschiedung aus dem Projekt der Moderne und Rationalität also. Es könnte auch der Traum der Vernunft gewesen sein, der die Ungeheuer und grauenhaften Monster so ungeheuer groß werden ließ und zugleich mit jener berechenbaren Banalität zusammenbrachte, welche in ihrem mörderischen Kalkül von einem ganzen Volk mit seinen vielen Helfershelfern in Europa ins Werk gesetzt werden konnte.

In diesem längeren Zitat aus dem einflussreichen Manifest André Bretons, das in Hinblick auf Umfang und Duktus sehr wohl aus den übrigen Manifesten der historischen Avantgarden heraussticht, wird deutlich, dass sich der Surrealismus in der Tat nicht auf die Dimensionen einer begrenzten literarischen Bewegung reduzieren lässt. Die im *Manifest des Surrealismus* angesprochenen Fragestellungen sind philosophisch-weltanschaulicher Natur, siedeln sich also zwischen Literatur und Philosophie an und beinhalten eine sehr grundsätzliche Zivilisationskritik, wie sie zuvor in ähnlich fundamentaler Weise eigentlich nur Jean-Jacques Rousseau – auch hier mit einer Rationalismus-feindlichen Spitze – vorgetragen hatte.

Jedoch sind diese programmatischen Äußerungen Bretons insgesamt keineswegs Rationalismus-feindlich; sie stellen im Grunde weniger ein Plädoyer für den Traum oder Tagtraum als ein Plädoyer für die Untersuchung des Traumes dar – wieviel Gewicht man diesem Aspekt des Lebens auch immer geben mag. Denn letztlich, so zeigt sich deutlich, ist der wichtige Impuls, den die Forschungen Sigmund Freuds Breton vermittelten, noch bis in dessen eigenes Projekt und dessen Zielstellung hinein zu spüren. Denn auch gemäß dieser Passage könnte eines Tages nach einem „capter" auch ein „soumettre" folgen, könnten die tiefen Kräfte des Geistes, welche die Tiefenpsychologie Freuds, die ihren Namen nicht zu Unrecht trägt, wiederum durch die Vernunft, folglich von der Ratio her, beherrschbar gemacht werden.

Die Zielvorgabe der Psychoanalyse Sigmund Freuds wird mit Händen greifbar: „Wo Es war, soll Ich werden." Und doch ist bei Breton stärker als bei Freud noch – und dies will einiges heißen – die Faszination deutlich, welche von diesem Bereich des Lebens, dem Bereich der Nacht, des Dunklen und nicht unserer Vernunft Unterworfenen, auf die Surrealisten insgesamt ausging. Wir sollten hierbei nicht vergessen, dass die Surrealisten in dieser Hinsicht eine Nachkriegsgeneration darstellen, die also die „Grande Guerre" zum Teil noch intensiv genug erlebt hatte, um diese Kriegserfahrung in der unmittelbaren Nachkriegszeit in ihre Überlegungen bezüglich des Dunklen, Unheilvollen verstehend miteinzubeziehen. Eros und Thanatos sind für sie wie für Freud gerade auch in ihrem wechselseitigen Zusammenhang von größter Bedeutung. Nicht umsonst lautete die erste der berühmten „enquêtes" der Surrealisten, ob denn der Selbstmord eine Lösung darstelle.

Die Frage des Todes und dessen Beziehung zum Leben hat also mit der anderen Seite des Mondes, mit der anderen Seite des Spiegels, ganz wesentlich zu tun. Die Frage nach dem Tod ist eine Frage nach dem Leben und dessen Grenzen. Zentral bleibt bei deren Beantwortung das Ausscheren aus einer beengenden, das eigentliche Verstehen des Menschen behindernden Logik, welche den Weg zum Unmittelbaren und Tiefen verstellt. Wir finden im Surrealismus eine wichtige Brücke, die von der Rationalismus-feindlichen deutschen Romantik als Gegenbewegung zur rationalistischen französischen Aufklärungsphilosophie bis hin zur Kritik am Projekt der Moderne im Denken von Derrida, Lyotard oder Baudrillard führt und somit das 19. mit dem ausgehenden 20. Jahrhundert verbindet.

André Breton gehört dabei noch dem Projekt der Moderne an, geht aber an die (im Übrigen auch räumlichen und kulturellen) Grenzen dieses abendländischen Projekts. Diese Tatsache scheint mir bislang noch nicht in aller Deutlichkeit ausgesprochen und vor allem ausgedacht sowie in ihren Konsequenzen entwickelt worden zu sein: Eine Dimension des – wie Louis Aragon formulierte – immensen Schlafes, der sich im Jahr 1922 über der Gruppe der angehenden Surrealisten ausgebreitet hatte. Breton oder Aragon zeichneten auf und dokumentierten, Man Ray hielt vieles auf Photographien fest, Robert Desnos war gar eine Art mediatische Gestalt: Eine neue Welt schien sich hier zu öffnen. Jedoch verstand es André Breton (und neben ihm Louis Aragon), diesen neuen Erfahrungen, Fragen und Praktiken auch die wichtige institutionelle Form zu geben, die unabdingbar war, wollte die Gruppe ihren eigenen Sitz im Leben, in der kulturellen und literarischen

Szene Frankreichs erobern und verteidigen. Wie gut dies gelang, zeigten ja bereits die literarhistorisch bemerkenswerten Eingangszitate zu Erfolg und Geschichte des Surrealismus.

Abb. 81: Max Ernst: *Au rendez-vous des amis*, Öl auf Leinwand, 1922.

Bevor wir uns kurz dieser institutionellen Geschichte des Surrealismus zuwenden, möchte ich noch auf zwei Aspekte eingehen, welche Breton ebenfalls in seinem *Manifest des Surrealismus* zum Ausdruck brachte: zum einen die Rolle der Dichtkunst innerhalb dieses neuen Verständnisses von Kunst und Literatur und zum anderen die Herkunft des Begriffs „Surrealismus" selbst. Bedenken Sie gerade bei letzterer Frage, wie sehr ein Filippo Tommaso Marinetti von jeglicher literarischer Tradition abstrahiert hatte und wie sehr er sich in der Modalität des Bruchs, des Traditionsbrechers, eingerichtet hatte und darstellte. Dies ist bei André Breton – und stärker noch im französischen Surrealismus insgesamt – weitaus weniger der Fall:

> Der Mensch fügt und verfügt. Es hängt nur von ihm ab, ob er sich ganz gehören, das heißt, die jeden Tag furchterregende Zahl seiner Begierden im anarchischen Zustand halten will. Die Poesie lehrt es ihn. Sie trägt in sich den vollkommenen Ausgleich für das Elend, das wir ertragen. Sie vermag auch eine ordnende Kraft zu sein, wenn es einem, unter dem Eindruck einer weniger persönlichen Enttäuschung, einfallen sollte, sie tragisch zu nehmen. Die Zeit komme, da sie das Ende des Geldes dekretiert und allein das Brot des Himmels für die Erde bricht!
> [...]
> Zu Ehren Guillaume Apollinaires, der gerade gestorben war und der, wie uns schien, sich mehrmals einer solchen Übung unterzogen hatte – ohne dafür allerdings die üblichen literarischen Möglichkeiten aufzugeben – bezeichneten Soupault und ich diese neue Form des reinen Ausdrucks mit dem Namen SURREALISMUS und beeilten uns, was wir an Erkenntnissen gewonnen hatten, unseren Freunden zugänglich zu machen. Ich glaube, dass ich heute nicht mehr auf dieses Wort einzugehen brauche und dass die Auffassung, die wir davon haben, im großen Ganzen das Apollinaire'sche Verständnis desselben verdrängt hat. Zweifellos hätten wir mit noch größerer Berechtigung das Wort SUPERNATURALISMUS übernehmen können, das Gérard de Nerval in der Widmung zu seinen *Töchtern der Flammen* verwendet hat. Es scheint, als sei Nerval *der Geist*, auf den wir uns berufen, aufs

wundervollste zu eigen gewesen, während Apollinaire noch unvollkommen erst über *die Vokabel Surrealismus* verfügte, unfähig, eine für uns verbindliche theoretische Betrachtung daran zu knüpfen.[5]

Der Beginn des Zitats gibt sich zunächst als Verballhornung eines französischen Sprichworts zu erkennen. Es lautet eigentlich: „L'homme propose et Dieu dispose." Die Tatsache, dass hier Gott aus dem Breton'schen Sprichwort, durchsichtig für jeden Franzosen, verschwunden ist, verweist eklatant auf die Tatsache, dass jenseits jeder Transzendenz nun der Mensch selbst die Dinge in die Hand genommen hat. Angesichts der wiederum sehr männerbetonten Position Bretons könnte man sogar formulieren, dass der Mann selbst an die Stelle Gottes getreten ist. Wir verstehen jetzt vielleicht besser, warum Julien Gracq in unserem Eingangszitat vom blasphemischen Grundzug des Surrealismus sprach.

Übrigens haben die Surrealisten sehr gerne auf französische Sprichwörter zurückgegriffen, um ihnen durch leichte Veränderungen und Varianten neue Seiten abzugewinnen. So gingen auch die problematischen Beziehungen vieler Surrealisten zu ihren Müttern ein in die etwas heimtückisch vorgenommene Modifikation des Sprichworts, dass man die Butter jung schlagen müsse, indem man nun – auf Deutsch geht das ebenfalls prima – statt der Butter die Mutter schlägt: „Il faut battre sa mère pendant qu'elle est jeune." So schnell geht das! Und schon wird eine ganz andere Dimension von Wirklichkeit sichtbar. Auf die Dimension des Ludischen und vor allem des Sprachspiels bei den französischen Surrealisten komme ich noch zurück. Es besteht eine unübersehbare Verbindung, die vom Surrealismus her – nicht umsonst war Raymond Queneau einer ihrer Vertreter – zwischen dem Humor und den Sprachspielen eines Alfred Jarry und den Oulipisten, also den Vertretern des *Ouvroir de littérature potentielle*, vermittelte. Dieser Sprachwitz ist eine wichtige Dimension surrealistischer Spracharbeit, da sie im Vertrauten plötzlich das Irreale oder Alogische und Akausale aufscheinen lässt.

Die Poesie, die Dichtkunst wird im *Manifest des Surrealismus* als Möglichkeit der Erfahrung und des erlebenden Umgangs mit den Begierden und dem eigenen Begehren dargestellt und hervorgehoben. Sie ist überdies in der Lage, über das Elend der Welt hinwegzutrösten, eine deutlich kompensatorische Funktion also, die gesamtgesellschaftlich betrachtet nicht ganz ungefährlich scheint und welche die Surrealisten später klar korrigierten. Die Lyrik erscheint in erster Linie als ordnende Kraft: Nichts ist mehr von der zerstörerischen, anarchistischen Kraft des Dadaismus Tristan Tzaras oder auch der *Parole in libertà* von Marinetti zu spüren.

---

5 Breton, André: Manifeste du Surréalisme, S. 330.

Die Poesie besitzt das Vermögen, die Wirklichkeit neu, anders und aufregend zu gestalten und dank ihrer Kräfte als neue Schöpfung demiurgisch zu gestalten.

An dieser Stelle seines Manifests brachte André Breton vor allem eine gesellschafts- und zivilisationskritische Dimension in die surrealistische Weltsicht mit ein. Denn zugleich wird das Ende einer Epoche beschworen, die vom Geld regiert wurde und von vorwiegend ökonomischen Kriterien beherrscht war. In der Tat hat Breton diese Abwertung des Geldes und der Arbeit mehrfach, übrigens auch in *Nadja*, beschworen. Die Abwertung und Abkehr vom Geld, vom beherrschenden Finanzmarkt, von den der dominanten bürgerlichen Gesellschaft zu Grunde liegenden kapitalistischen Verhältnissen, freilich nicht die Abwertung der Arbeit, sollte schließlich den Weg zum Eintritt mehrerer führender Mitglieder der Surrealisten in die Kommunistische Partei Frankreichs ebnen. Eine Zeit der Zusammenarbeit zwischen Surrealismus und Kommunistischer Partei begann, die sich grob von 1927 bis 1935 erstreckte. Es war freilich ein Honey-Moon ohne nachfolgende feste Bindung.

Der zweite Teil des obigen Zitats hob darauf ab, dass André Breton gemeinsam mit Philippe Soupault die Benennung des Surrealismus gewählt hatte, dass also die Namensgebung ein quasi kollektiver Prozess war, der an eine gemeinsame, überindividuelle literarische und kulturelle Praxis zurückgebunden blieb. Gleichzeitig machte Breton auf zwei freilich von ihm sogleich relativierte Bezugspunkte aufmerksam: zum einen auf Guillaume Apollinaire, der in der Tat, was hier ein wenig verklausuliert ausgedrückt wird, den Begriff des Surrealismus bereits verwendete, aber keine dem Begriff zu Grunde liegende Theorie geschaffen habe. Zum anderen wird Gérard de Nerval erwähnt, der große romantische Dichter der Nacht, der ebenfalls einen wichtigen literarischen Bezugspunkt für die Surrealisten darstellte und von ihnen wie der Conte de Lautréamont als Vorläufer betrachtet wurde.

Überhaupt sind bereits im *Manifest des Surrealismus* die Bezüge und Traditionslinien zu anderen Autoren präsent, teilweise freilich in ironischer Brechung. So heißt es einige Seiten weiter, dass auch andere Dichter und Schriftsteller bereits Surrealisten gewesen seien. Ich möchte Ihnen dem *Manifest* folgend einige davon nennen und mit den entsprechend von den Surrealisten geschätzten Werten ausstatten: Swift war surrealistisch in der Bosheit, Sade im Sadismus, Chateaubriand im Exotismus, Constant in der Politik, Hugo wenn er nicht dumm war, Poe im Abenteuer, Baudelaire in der Moral, Rimbaud in der Lebenspraxis, Mallarmé im Geständnis, Jarry im Absinth, Vaché in mir, Reverdy bei sich zuhause, Saint-John Perse in der Distanz und Roussel in der Anekdote.

So ergeben sich schon im *Manifest des Surrealismus* zahlreiche Beziehungen vor allem zur französischen oder doch französischsprachigen Literatur: für die Surrealisten ist die Welt der Literatur ebenso eindeutig wie selbstverständlich

‚frankozentrisch'. Es handelt sich dabei um intertextuelle Beziehungen, welche die diskursiven Traditionen der Surrealisten literarisch fundieren und sichern; gleichzeitig verankern sie die Surrealisten innerhalb der eigenen nationalen Kulturtradition. Dies scheint mir gerade kein Hinweis auf eine unvermittelte Ästhetik des Bruchs, wie von Peter Bürger behauptet, und zugleich ein wichtiger Aspekt zu sein, welcher zu einem späteren Zeitpunkt der französischen Kulturbürokratie die Mittel an die Hand gab, den Surrealismus als höchst erfolgreiches Exportgut und weithin sichtbares Aushängeschild französischer Kultur zu vereinnahmen und zu vermarkten.

Bis Juni 1924 war die Zeitschrift *Littérature* das Sprachrohr jener jungen Literaten und Künstler gewesen, die sich zunächst im Umfeld von Dada gruppiert hatten und dann zunehmend eigene Wege zu gehen versuchten. Innerhalb dieser Gruppe aber setzte sich zunehmend André Breton durch, der bald schon – folgen wir Maurice Nadeau – ebenso durch seine theoretische Überlegenheit, die sich insbesondere auch in seinen ‚methodologischen' Texten dokumentieren lässt, wie durch sein persönliches Charisma die Leitung dieser Gruppe übernahm. Mit seinem weithin sichtbaren Auftreten vermochte er es, diese Künstler und Literaten zu einer in der Folge in jeder Hinsicht schlagkräftigen Truppe umzubilden.

Die Tatsache, dass nun als publizistisches Sprachrohr *La Révolution surréaliste* herausgebracht wurde, signalisierte den sehr starken und in der Folge zunehmend wachsenden Gruppendruck sowie die Präsenz des Surralismus als kompakte Bewegung unter der Führung von André Breton. Erneut entstand auf diese Weise eine avantgardistische Bewegung, die sich – wie im Falle des Futurismus um Marinetti oder des Dadaismus um Tzara – um die unbestrittene, männliche Leitfigur Breton gruppierte. Es ist sicherlich nicht übertrieben zu sagen, dass ohne André Breton der Surrealismus niemals ein so langes und nachhaltiges, vielfältige Einflüsse erzeugendes kulturelles Leben und Nachleben gehabt hätte. So aber entging er dem voraussehbaren Schicksal der meisten historischen Avantgarden, nach einem eklatanten Auftritt mit viel Lärm und Turbulenzen ein eher ephemeres künstlerisch-literarisches Dasein zu fristen.

André Breton jedoch gelang es, in den verschiedensten Machtkämpfen innerhalb des literarischen und künstlerischen Feldes sowie vor allem auch nach innen die Oberhand zu behalten und trotz vieler Schwierigkeiten die Surrealisten in ihrer Schlagkraft als Gruppe und Truppe noch zu stärken. Der Verfasser des Gründungsmanifests des Surrealismus schreckte nicht davor zurück, ihm missliebige Surrealisten, die ihm nicht in allen Punkten folgen wollten, kurzerhand vor die Tür zu setzen oder – wie man auch sagen könnte – zu exkommunizieren oder aus der ‚Surrealistischen Partei' auszuschließen. Denn die historischen Avantgarden hatten nicht umsonst eine dem Militärischen entlehnte Metaphorik verwendet.

André Breton übernahm sehr wohl Formen und vor allem Normen jener Partei, die sich als legitime Nachfolgerin jener Gruppen und Ideologien verstand, die – wie wir sahen – bereits im 19. Jahrhundert als politische Avantgarde wahrgenommen wurden. Der Schulterschluss mit der KP Frankreichs lag nahe.

Die Berührungen der Avantgarde des künstlerisch-ästhetischen Bereichs mit der politischen Avantgarde verliefen keineswegs reibungslos. Sie bildeten aber das vielleicht spannendste Experiment auf dem Gebiet der Überschneidungen von politischem und künstlerischem wie literarischem Teilfeld, ein Experiment, das trotz vieler Spannungen und auch Zurückweisungen durch die Genossen der Kommunistischen Partei Frankreichs zwischen 1927 und 1935 Bestand hatte und für einige Surrealisten wie Louis Aragon noch länger hielt. Breton selbst war freilich der Auffassung, dass sich der Surrealismus zwar – so der Titel seiner zweiten Zeitschrift, die die zweite große Phase des Surrealismus einleitete – im Dienste der Revolution sah: *Le surréalisme au service de la révolution* hieß es nicht umsonst. Doch glaubte er vor allem, dass der Ansatz der Kommunistischen Partei, die nach dem Materiellen schielte, viel zu beschränkt sei, um eine wirkliche Revolution durchzuführen. Breton sah den Primat der Kunst und insbesondere der Poesie, um eine vollständige Welt zu erschaffen, in welcher sich der Mensch frei von jeder Ausbeutung mit all seinen Dimensionen des Lebens entfalten konnte.

Dass der Surrealismus letztlich nicht zu einer fundamentalen Revolution führte, sondern vielmehr hinsichtlich seiner Rezeption zu eben dem wurde, was er eigentlich nicht sein wollte, nämlich eine ästhetische Richtung in Literatur und Kunst, stand auf einem anderen Blatt. Freilich hing dieses Schicksal mit der oben geschilderten Ausgangssituation zusammen. Ich würde mithin keineswegs von einem ‚Scheitern‘ des Surrealismus sprechen, denn es handelte sich fraglos um die langlebigste avantgardistische Bewegung mit der höchsten Breitenwirkung, welche irgendeine Avantgarde jemals erzielte. Die Revolution, die Breton anzielte, sollte alle Bereiche des Menschen erfassen, vor allem aber jene Lebensbereiche, welche bislang noch niemals systematisch in das Konzept einer Revolution miteinbezogen worden waren. Die von ihm intendierte Umwälzung aller Dinge betraf gerade die Psyche, das Seelenleben, die verborgene Seite des Menschen. Auch auf diesem Gebiet konnte der Surrealismus durchaus Neues vermelden.

Mit Sigmund Freuds Arbeiten und der Ausgestaltung der Psychoanalyse war eine neue, wissenschaftlich fundierte Methode entstanden, die es erlaubte, zumindest einen Teil dieser unbekannten Welt des Menschen zugänglich zu machen und die Tür aufzustoßen zur Lektüre des Unbewussten, das gleichsam im Zentrum des sich herauskristallisierenden Freud'schen Modells von Ich, Es und Über-Ich stand. Wie sehr Breton auch immer die Psychoanalyse in der Folge kritisieren mochte, so tief hatte ihn doch Freuds Versuch geprägt, eine wesentliche Tiefenschicht der menschlichen Psyche zu eröffnen und der Analyse zugänglich zu machen. Die wesentlichen Bände des Tiefenpsychologen waren damals bereits ins Französische übersetzt, und noch bevor Breton mit Freud in Wien persönlich zusammentraf, hatte er sich mit dessen Ansichten und Analysen beschäftigt.

Abb. 82: Sigmund Freud (Freiberg in Mähren, 1856 – London, 1939).

André Breton war fasziniert von Freuds Interpretationen der Traumberichte und mehr noch von der Bedeutung, die von Freud und seinen Kollegen dem Traum zugewiesen wurde. Diese Deutungen waren für André Breton sehr wichtige Ausgangspunkte für die eigene Schöpfung, für die eigene künstlerisch-literarische Arbeit, die aus Freuds Traumdeutung wichtige Anregungen empfing. Ich möchte Ihnen daher zumindest einen kurzen Einblick in Sigmund Freuds Psychoanalyse anhand eines Buches geben, das vor 120 Jahren – also genau mit dem Beginn des neuen Jahrhunderts – erschien und das die Traumdeutung durch die Tiefenpsychologie, aber auch durch Kunst und Literatur bis heute anhaltend revolutionieren sollte. Man darf wohl ungestraft behaupten, dass es bei der Darstellung des Traumes und der Traumsymbolik gerade in Kunst und Literatur eine Zeit vor und eine ganz andere nach Freud gab. Die Wirkung der Psychoanalyse auf Literatur und Kunst kann schlechterdings nicht überschätzt werden!

Sigmund Freuds *Die Traumdeutung* aus dem Epochenjahr 1900 ging von der Bedeutsamkeit, der Relevanz jener Erscheinungen aus, denen die moderne europäische Gesellschaft des 19. Jahrhunderts im Gegensatz zu den unterschiedlichsten Kulturen und Zivilisationen der Welt, in welchen die Traumdeutung immer eine wichtige Rolle gespielt hatte, keine große Bedeutung mehr beimaß. Für Sigmund Freud aber war der Traum im Kern eine Wunscherfüllung, stand damit in einer direkten Beziehung zur psychischen Wunschwelt und zu dem, was er als das Unbewusste bezeichnete, in welchem er der Triebwelt des Es im psychischen Apparat eine große Bedeutung zuwies.

Dabei lagen die Symbole des Traumes nicht einfach leicht lesbar vor unseren Augen oder denen des Psychoanalytikers. Denn der Traum ermöglicht uns den Zugang zu seinen Inhalten nicht auf direkte Weise, sondern kodiert, ent- und verstellt sie, zensiert die Bilder, Worte und die Erinnerung an den Traum: Es bedarf einer professionellen Entzifferung. Die Psychoanalyse präsentierte und etablierte sich als Wissenschaft und Methode, einen Zugang zu diesem verschütteten und kodierten Eingang unseres Unbewussten wiederherzustellen. Im Zentrum dieser Methode stand Freuds Auffassung der Traumarbeit, die grundlegende Begriffe und Prozesse beinhaltete, welche Sie sicherlich kennen: Verschiebung, Verdichtung, Verdrängung. Wir sind gar nicht so weit von der Arbeit von Schriftsteller*innen und Künstler*innen entfernt.

In diesen Bereich gehört auch die besondere Bedeutung, die Freud der Sprache zumaß und die später ein Jacques Lacan in seiner Version der Psychoanalyse mit den Ergebnissen der in Entstehung begriffenen strukturalistischen Sprachanalyse verband, kurz gesagt: von der These ausgehend, dass das Unbewusste sprachlich strukturiert sei. Hierher gehören Phänomene wie der Versprecher, der Lapsus, der nicht von ungefähr Freuds Namen trägt. Ein Beispiel? Vor Jahren kam im Radio die Nachricht vom Rücktritt Altbundeskanzler Kohls vom Posten des Ehrenvorsitzenden der CDU. Die Nachricht, welche Helmut Kohl verbreiten ließ, war relativ schlicht, sprachlich aber nicht uninteressant. Denn dort war mit Blick auf die sogenannte „Spendenaffäre" die Rede davon, er könne nicht „das Versprechen brechen", das er hohen Persönlichkeiten gegeben habe, ihre Namen nicht preiszugeben.

Arme Nachrichtensprecher, die derartige Formulierungen lesen müssen! Wie wohl ihre eigenen Wunschvorstellungen aussehen mögen? Jedenfalls sprach der Nachrichtensprecher, dem ich aufmerksam lauschte, nicht davon, ein „Versprechen zu brechen", sondern ein „Verbrechen zu sprechen". Das ist, finde ich, ein recht hübsches Beispiel für einen sogenannten „Freud'schen Versprecher". Es ist nun an Ihnen zu überlegen, ob diese Formulierungen und ihre Umstellungen und Verstellungen uns einen Zugang zum Unbewussten und den Wunschvorstellungen des armen Nachrichtensprechers gewähren oder zum Unbewussten des Altbundeskanzlers, der sein Geheimnis freilich mit ins Grab nahm. Seine späte Witwe dürfte jedenfalls aus seinen Tagebüchern und Mitschriften längst alle Hinweise getilgt haben, welche von den verbrecherischen Namen der Spender sprechen.

Doch nicht alles im Traum hat mit Versprechen, Versprechern und Verbrechern zu tun. Träume sind überdeterminierte Gebilde, die mit einer Wunscherfüllung in Verbindung stehen, welche uns Rückschlüsse zulässt auf den Träumenden und Sprechenden selbst. Schauen wir einmal in Freuds *Traumdeutung* unter dem Unterkapitel „Wunscherfüllung" genauer nach!

Eine besondere Bedeutung wies Freud schon früh dem sogenannten Tagesrest zu, ein Aspekt, der André Breton besonders interessierte. Das entsprechende – oder versprechende – Zitat lautet:

Wenn wir auch die Bedeutung der Tagesreste für den Traum durch die vorstehenden Bemerkungen eingeschränkt haben, so verlohnt es doch der Mühe, ihnen noch einige Aufmerksamkeit zu schenken. Sie müssen doch ein notwendiges Ingrediens der Traumbildung sein, wenn uns die Erfahrung mit der Tatsache überraschen kann, dass jeder Traum eine Anknüpfung an einen rezenten Tageseindruck, oft der gleichgültigsten Art, mit in seinem Inhalt erkennen lässt. Die Notwendigkeit für diesen Zusatz zur Traummischung vermochten wir noch nicht einzusehen. Sie ergibt sich auch nur, wenn man an der Rolle des unbewussten Wunsches festhält und dann die Neurosenpsychologie um Auskunft befragt. Aus dieser erfährt man, dass die unbewusste Vorstellung als solche überhaupt unfähig ist, ins vorbewusste einzutreten, und dass sie dort nur eine Wirkung zu äußern vermag, indem sie sich mit einer harmlosen, dem Vorbewußten bereits angehörigen Vorstellung in Verbindung setzt, auf sie ihre Intensität überträgt und sich durch sie decken lässt. Es ist dies die Tatsache der *Übertragung*, welche für so viele auffällige Vorfälle im Seelenleben der Neurotiker die Aufklärung enthält. [...]

Wir sehen so, dass die Tagesreste, denen wir die indifferenten Eindrücke jetzt zurechnen dürfen, nicht nur vom Unbewussten etwas entlehnen, wenn sie an der Traumbildung Anteil gewinnen, nämlich die Triebkraft, über die der verdrängte Wunsch verfügt, sondern dass sie auch dem Unbewußten etwas Unentbehrliches bieten, die notwendige Anheftung zur Übertragung.[6]

In diesen Überlegungen des Begründers der Psychoanalyse wird auch den unscheinbarsten Elementen, die scheinbar bedeutungslos sind, eine große Bedeutung zugewiesen. Nichts erscheint bedeutungslos, alles kann semantisch aufgeladen und zu einer Spur werden, die von der Oberfläche in die Tiefe, vom Manifesten zum Latenten führt. Alles, auch das zufälligste Detail, lässt sich, so unbedeutend es auch erst erscheinen mag, als Element begreifen, das uns Wege zu unserem Unbewussten aufzeigt, wenn wir es nämlich überdeterminieren, ihm also eine Verschiedenheit an Deutungsmöglichkeiten geben. Wenn wir dies literaturwissenschaftlich umformulieren wollten, hieße dies, jedem Element eine eigene Polysemie, eine Vieldeutigkeit einzuräumen, welche es uns erlaubt, auch das zufälligste Element in verschiedene Bedeutungshorizonte einzuordnen und auf unterschiedlichste Isotopien zu beziehen, innerhalb derer es plötzlich Sinn ergibt. Und mehr noch: Es sind gerade diese zufälligen Elemente, die uns den Weg zu den Tiefen jenseits des Vorbewussten zeigen und unser Unbewusstes zu dekodieren und zu lesen ermöglichen.

An dieser Stelle unserer Vorlesung können wir keine präzise Analyse der Rezeption der Freud'schen Psychoanalyse im Allgemeinen, der *Traumdeutung* im Besonderen liefern. Sie würde uns jedoch durchaus erklären, warum wir seit dem französischen Surrealismus in der Tat einen Sonderweg Frankreichs hinsichtlich

---

6 Freud, Sigmund: *Die Traumdeutung – Über den Traum.* Grafrath: Boer 2018, S. 536–538.

der Psychoanalyse erkennen können, deren sicherlich berühmteste Vertreter – neben vielen anderen – Jacques Lacan, Georges Bataille und Gaston Bachelard waren. Dennoch bleibt festzuhalten, dass für Breton und die Surrealisten die Psychoanalyse und ihre Symboliken von größter Bedeutung für ihre Schöpfungen waren. Da sich die Auswirkungen und Folgen des Surrealismus bis weit in die zweite Hälfte des 20. Jahrhunderts erstreckten, kann die Relevanz dieser Bewegung für die Entwicklungen gerade auch in der zweiten Hälfte des vergangenen Jahrhunderts im Spannungsfeld von Moderne und Postmoderne nur schwerlich überschätzt werden.

Für André Breton und die Mitglieder seiner Gruppe gab es in der surrealistischen Methodenlehre zwei bevorzugte Verfahren: erstens den „Traumbericht" und zweitens das „automatische Schreiben", von dem wir schon mehrfach hörten. Beide Verfahren finden sich bereits in den frühesten surrealistischen Texten, etwa in den zusammen mit Philippe Soupault von André Breton verfassten und 1920 erschienenen *Champs magnétiques*. Auch erscheinen sie selbstverständlich im *Manifeste du Surréalisme*, das wir uns gerade in seinen ludischen Aspekten etwas näher angesehen haben. Sie finden sich aber auch in einem vielleicht besonders attraktiven literarischen Kontext, einem der großen und erfolgreichen Bände des Surrealismus, Bretons im Jahr 1928 erschienenen Experimentaltext *Nadja*.

Ich will Ihnen gleich die gesamte Struktur dieses Textes näherbringen, möchte an dieser Stelle aber einen Einstig wählen, der just die von Sigmund Freud quasi ererbte Dimension explizit aufgreift und auch theoretisch vom Boden des Surrealismus her plausibel macht. Wir befinden uns gegen Ende des ersten Teiles von *Nadja*, und das Erzähler-Ich – viele sagen schlicht und reichlich irreführend André Breton – kommt auf Problematik und Bedeutung des Traumes zu sprechen:

> Da die Produktion von Traumbildern immer zumindest von diesem *doppelten Spiel der Spiegel* abhängt, so findet sich darin der Hinweis auf die sehr spezielle und zweifellos besonders aufdeckende, im Freud'schen Sinne im höchsten Maße „überdeterminierende" Rolle, welche gewisse starke Eindrücke zu spielen aufgerufen sind, die in keiner Weise von einer Moralität angesteckt werden können und im Traum wirklich als „jenseits von Gut und Böse" und in der Folge in dem, was man dem Traum sehr verkürzend als Realität entgegenstellt, empfunden werden.[7]

In dieser etwas verklausulierten Passage wird nicht allein auf die enorme Bedeutung zumindest auf den ersten Blick völlig drittrangiger Elemente hingewiesen, welche in den Traum Eingang finden, sondern vor allem darauf aufmerksam gemacht, dass die Produktion von Traumbildern von einem doppelten Spiel von

---

7 Breton, André: *Nadja*. Paris: Gallimard 2007, S. 42.

Spiegeln abhängig ist. Damit visiert Breton die Vorstellung an, dass nicht nur ein Spiegel im Sinne des Stendhal'schen Realismus über Land gefahren wird, um die krude Realität außerhalb der Kutsche auf den Straßen und in den Straßengräben abzuspiegeln, sondern dass sich die Spiegelungen gleichsam zwischen den Spiegeln perpetuieren und bis in alle Unendlichkeit wechselseitig weiterspiegeln. Dies ist für den Realitätsbegriff des Surrealismus ungeheuer wichtig; denn damit werden die Übergänge zwischen Imagination und Wirklichkeit oder, wie es hier heißt, zwischen Traum und Realität mehr als fließend. Denn auf diese Weise wird auch der Traum zu einer Realität, die im Spiel der Spiegel dieselben Ansprüche geltend machen darf wie eine Realität, welche sozusagen photographisch von der außersprachlichen Wirklichkeit erzeugt wird.

Wir sollten nicht vergessen, dass wir uns zu Beginn unserer Vorlesung bei Maurice Blanchot und seinem *Le livre à venir* mit diesem Spiel der sich spiegelnden Spiegel beschäftigt haben. Dabei haben wir verstanden, in welch hohem Maße diese Metaphorologie der sich spiegelnden Spiegel einen simplen Realitätsbegriff aufzulösen und uns die Möglichkeit an die Hand zu geben vermag, auch das als Realität zu beschreiben, was als Traum, als Fiktion unseren Sinnen präsent ist und folglich mit gleichem Recht einen Realitätsanspruch formuliert. Alle Unterschiede zwischen Urbild und Abbild, Wirklichkeit und Traum, Realität und Fiktion relativieren sich, sobald wir in die Spiegel sehen, die keine Realität mehr außerhalb des Spiegels reflektieren, sondern einen Reflex im Reflex, Literatur in der Literatur. Sind denn die Vorstellungen, die wir uns von der Welt machen, nicht ebenso sehr von Realitäten bestimmt wie von Fiktionen, die von anderen für uns mit guten wie mit bösen Absichten erstellt werden oder die wir für uns selbst herstellen? Wir werden sehen, welche Bedeutung diese Deutung der sich spiegelnden Spiegel für André Bretons Erfolgstext *Nadja* besitzt.

Bretons *Nadja* ist ein experimenteller avantgardistischer Text, der gattungstheoretisch nur sehr schwer einzuordnen ist. Der 1928 erstmals erschienene Band trägt sicherlich die Züge einer Erzählung, ist zugleich aber – wie Sie schon sahen – passagenweise eine Abhandlung, ein Traktat, ja bisweilen ein Manifest, dann wieder Reportage, Erlebnisbericht, autobiographische Skizze, dazu noch aufgrund der eingearbeiteten Photographien und anderer Dokumente eine Art Bild-Text, ein Ikonotext in einem starken Sinne. In diesem Prosaband kommt ein Ich zu Wort, das alle Züge von André Breton trägt und auch in André Bretons Namen auftritt.

In der Sekundärliteratur bis hin zur Pléiade-Ausgabe wird dieses Ich mit André Breton als textexternem Autor kurzgeschlossen und identifiziert; doch kann ich vor einer solch simplistischen Identifikation nur warnen. Man setzt nicht ungestraft textexternen Autor in eins mit den von ihm geschaffenen Figuren, auch wenn dies stellenweise Sinn machen mag: Zu hoch ist der Verlust an Komplexität und die Nicht-Wahrnehmung jener Spiegelungseffekte, über die uns der Text selbst in der oben angeführten Passage erhellt. Denn der Prosatext *Nadja* pendelt ständig zwischen den verschiedensten Gattungen, aber auch zwischen der Gestaltung von Traumberichten und Wirklichkeitsdokumenten, zwischen fiktionalen Erzähltechniken und essayistischen Argumentationsmodi. Wie soll man einen solchen Experimentaltext benennen?

Der französische Literaturtheoretiker Gérard Genette hat vor einigen Jahren[8] eine grundlegende Unterscheidung aufgemacht zwischen „diction" und „fiction", also zwischen fiktionalen und diktionalen Texten, wobei man letztere – um des lieben Friedens mit unseren angelsächsischen Freunden und der pragmatischen Vereinfachung willen – auch im englischsprachigen Sinne als nicht-fiktionale oder „non-fictional texts" bezeichnen könnte. Was aber ist mit jenen Texten, die nicht eindeutig dem einen oder dem anderen Bereich zuzuordnen sind, die – schlimmer noch – zwischen beiden Bereichen hin- und herpendeln, ständig zwischen Fiktion und Diktion oszillieren? Ich habe vor einigen Jahren den Begriff der „Friktion" dafür vorgeschlagen.[9] Und dieser Begriff trifft, so scheint mir, recht präzise die eigentliche, grundsätzliche Verfahrensweise von Bretons *Nadja*. Er pendelt ständig zwischen Reportage und literarischer Erzählung, Abhandlung und Traumbericht, dokumentarischen Photographien und künstlerisch-ikonischen Darstellungsformen, so dass übrigens ganz nebenbei auch eine grundlegende intermediale Dimension in diesen Text eingeht.

Doch nicht nur das: Der Text pendelt auch programmatisch zwischen Literatur und deren existentieller Umsetzung, folglich zwischen Kunst und Leben, und auch hier werden – wie wir gleich sehen werden – die Grenzen zwischen beiden verwischt. Der letzte Abschnitt des ersten Teils präzisiert die Ziele, die mit diesem in vielerlei Hinsicht experimentellen Text verfolgt werden, aus der Sichtweise des Ich wie folgt:

> Ich hoffe aber in jedem Falle, dass die Präsentation einer Serie von Befolgungen dieser Anordnung und jener, die ihr noch folgen wird, geeignet sein wird, bestimmte Menschen auf die Straße zu treiben, nachdem ihnen zu Bewusstsein gebracht wurde, zwar nicht das Nichts, aber zumindest das schwerwiegende Ungenügen scheinbar genauen Kalküls für sie selbst zu begreifen sowie jeglicher Handlung, welche eine stetige und wo möglich absichtsvolle Anwendung erforderlich macht.[10]

---

8 Vgl. Genette, Gérard: *Fiction et diction*. Paris: Editions du Seuil 1991.
9 Vgl. hierzu Ette, Ottmar: *Roland Barthes. Eine intellektuelle Biographie*. Dritte, unveränderte Auflage. Berlin: Edition Suhrkamp 2012, S. 308–312.
10 Breton, André: *Nadja*, S. 49.

Mit diesen Zeilen kündigt sich im Grunde bereits eine Denk- und Bewegungsfigur an, die wir später im *Zweiten Manifest des Surrealismus* aus dem Jahr 1930 wiederfinden werden. Sie besagt, dass der surrealistischste Akt jener ist, auf die Straße hinunterzugehen und ungezielt und zufällig auf die Leute zu schießen, die man gerade erwischen kann. Das „précipiter dans la rue" ist im obigen Zitat freilich nicht so gemeint. Hier ist – auch in Hinblick auf das Kommende – die Straße Ort der Begegnung, des unkalkulierbaren Zufalls, jener Thematik, die in Baudelaires Gedicht *A une passante* schon im Kontext einer Stadtlandschaft der Romantik so wunderschön entfaltet worden war.

Das Motiv der Zufallsbegegnung, das im Übrigen von Erich Köhler auch in die Dialektik von Zufall, Möglichkeit und Notwendigkeit einbezogen worden ist,[11] reicht freilich nicht aus, um den surrealistischen Anspruch an die eigene Lebensgestaltung zu erfüllen. Denn in den obigen Überlegungen geht es ganz wesentlich darum, die Grenzen strenger Logik, des Kalküls, des Rationalismus zugunsten einer Erfahrung eines Jenseits dieser Grenzen liegenden Bereichs zu sprengen. Auch in diesem Kontext erweist sich der Surrealismus als eine auf konkreter Erfahrung und direktem Erleben beruhende Experimentalanordnung, als gezielter Versuch, die Grenze zwischen Literatur und Realität, Kunst und Leben zu durchbrechen, um Lebensprozess und Kunstprozess ineinander fließen zu lassen. Das literarisch dokumentierte Ergebnis dieser Anordnung ist der friktionale Text *Nadja* selbst.

Mit Nadja, die sich ihren Namen in Anklang an das russische Wort für Hoffnung, „Nadjeschda", gegeben und damit eben dieser Erwartungshaltung des plötzlich Eintreffenden und Ersehnten schon in ihrem Namen Ausdruck gegeben hat, tritt uns die Figur der schönen Unbekannten entgegen. Dabei erscheint sie in der Variante einer letztlich an nichts zurückzubindenden, die Grenzen der Logik durchbrechenden Frauenfigur, welche damit selbstverständlich eine Reihe weiblicher Stereotypen und Topoi entfaltet. Es fällt nicht schwer, den männlichen Blick auf die Frau in seinen Grundlinien zu erkennen: Denn natürlich ist Nadja schön, spontan, sie reagiert unvorhersehbar und emotional, sie hat noch den leichten Dunst einer Frau, die ihren Körper zu nutzen weiß. Im Übrigen besitzt sie, wie leicht angedeutet wird, auch den Hang zur Prostitution, um ihren eigenen Lebensunterhalt zu sichern, um allein und unabhängig im Hotel leben zu können. Doch zugleich entspricht sie auch einem anderen Bild einer Frau, die frei durch die Straßen geht, ungezwungen mit all jenen spricht, die sie interessieren, selbst die Initiative ergreift und einen selbstbestimmten Eindruck vermittelt.

---

11 Vgl. Köhler, Erich: *Der literarische Zufall, das Mögliche und die Notwendigkeit*. München: Fink 1973.

Übrigens soll es Nadja in Bretons Leben wirklich gegeben haben: Dies beweisen beispielsweise einige Briefe von ihr an Breton, Briefe, denen der französische Schriftsteller vieles entnommen habe. Zwischen den Spiegeln, die sich wechselseitig reflektieren, spielt die Dokumentation eine wichtige Rolle, gleichviel, ob es die einer außersprachlichen Wirklichkeit oder einer gelungenen Fiktion ist. Das ganze Geschehen ist wie in einer Reportage präzise datiert und auf genaue Szenarien aufgeteilt, welche beschrieben und zusätzlich durch Photographien dokumentiert werden. Und trotz alledem: Es ist ein Spiel der Spiegel.

Nicht umsonst spricht der Erzähler von einer „entrée en scène" seiner Nadja: Es ist eine literarische Inszenierung und kein expositorischer Bericht, keine reine Reportage, die allein diktionalen und keinerlei fiktionalen Charakter besäße. An derlei Stellen lässt sich das Friktionale des Textes, das sein Spiel mit der Leserschaft umfasst, ganz unzweideutig nachzeichnen und transparent nachvollziehen.

Schauen wir uns diese Inszenierung einmal näher an! Das Ich ist gerade mit dem freien, ungezwungenen Flanieren beschäftigt, mitten in Paris. Ich gebe die literarische Szenerie leicht gekürzt wieder:

> Ohne es zu wollen beobachtete ich Gesichter, Aufmachungen, Allüren. Aber was denn, das wären noch nicht diejenigen, die man bereit dazu fände, die *Revolution* zu machen. Ich überquerte gerade die Kreuzung, deren Namen ich vergesse oder nicht weiß, da, vor einer Kirche, urplötzlich und während sie etwa noch zehn Schritte von mir entfernt ist, sehe ich in entgegengesetzter Richtung eine junge, sehr ärmlich gekleidete Frau, die mich ebenfalls sieht oder bereits gesehen hat. Sie läuft mit erhobenem Kopf, im Gegensatz zu allen anderen Passanten. So zerbrechlich wirkt sie, kaum laufend. Ein unmerkliches Lächeln irrt vielleicht über ihr Gesicht. [...] Noch nie hatte ich solche Augen gesehen. Ohne jedes Zögern richte ich das Wort an die Unbekannte, wobei ich, das gebe ich zu, das Übelste erwartete. Sie lächelte, freilich sehr mysteriös, und so, *als wüsste sie Bescheid*, auch wenn ich damals nichts davon glauben konnte.[12]

Wir schreiben den 4. Oktober 1926. Die Datierungen geben dem Text eine Art Tagebuchform und verstärken damit den Aspekt des Authentischen und mehr noch des Erlebten und Gelebten. Die Leserinnen und Leser stehen mittendrin im Geschehen, so als spräche der Erzähler direkt zu ihnen: Präsentische Ausdrucksformen versichern sich ständig des Kontakts. Denn es ist die Dimension des Erlebten und Gelebten, welche tatsächlich ausschlaggebend für die in *Nadja* entwickelte Textsorte ist. Sie unterstreicht, dass es sich hier um eine wirkliche Begegnung handelt, um eine Begegnung der zufälligen Art: Das literarische

---

12 Breton, André: *Nadja*, S. 51–53.

Motiv der Zufallsbegegnung in der Stadt mit einer schönen Unbekannten, zunächst ganz im Stile von Baudelaires *A une passante*. Doch Nadja scheint von vorneherein Bescheid zu wissen, handelt „*en connaissance de cause*" und lächelt rätselhaft wie eine Sphinx den Ich-Erzähler an. Das (literarische) Experiment kann beginnen.

Die Ausgangssituation des männlichen Ich ist die des Flaneurs, der aufmerksam alles betrachtend die Straßen hinauf- und hinuntergeht und nach Interessantem Ausschau hält. Er steht vor der Buchhandlung von L'Humanité, dem Buchladen der Kommunistischen Partei Frankreichs, der ebenfalls durch eine Photographie im Band dokumentiert ist. Denn die Photographien unterstützen und stärken die friktionale Dimension, sie befestigen das Dokumentarische, das dem Band die existentielle Verankerung vermittelt. Der Blick des Ich-Erzählers in die Gesichter der vorbeiströmenden Menschen – es ist derselbe Blick, den auch Nadja nach eigener Aussage auf die Menschen in der Metro wirft – verrät dem Ich, das die erwünschte, die erträumte Revolution noch weit entfernt ist. Frankreich scheint für die Revolution noch nicht reif zu sein. Oder ist es vielleicht dieselbe Fehleinschätzung, die im Zürich der Dadaisten Lenin unterlief, der die Revolution etwa in Deutschland, nicht aber in seinem eigenen Russland heraufziehen sah?

Abb. 83a: Die Buchhandlung von *L'Humanité*, Abbildung in Bretons *Nadja*, 1928.

Zweifellos ist in dieser Zusammenstellung des Publikationsorgans der Kommunistischen Partei Frankreichs und der Rede von der Revolution die politische Dimension unmittelbar angesprochen. Doch denke ich, dass sich gerade auch in der nachfolgenden Szenerie zeigt, inwiefern der Ich-Erzähler eine umfassende Revolution im Auge hat, welche sich nicht bloß auf die Durchsetzung der politischen Ziele des Kommunismus beschränkt. Gleichzeitig wird in der Folge deutlich, dass André Breton, der seit 1927 Parteimitglied ist, den Text in keiner Weise als Propagandamaterial verwendet oder auch nur versuchen würde, der Kommunistischen Partei oder dem marxistischen Denken eine schöne Rolle zuzuschanzen. Nichts von alledem – und eben dies machte viele Menschen nachdenklich! Mir scheint daher – ähnlich wie der Kommentatorin der Pléiade-Ausgabe von *Nadja* –, dass hier entscheidend die Unabhängigkeit Bretons und des Surrealismus gegenüber der Kommunistischen Partei, die ja nicht ausgeschlossen wird, sondern im Text präsent ist, betont und hervorgehoben werden soll.

In jedem Falle kommt es zum Treffen mit einem rätselhaft, ,sphinxartig' lächelnden, wenn auch ärmlich gekleideten Mädchen mit unergründlichen Augen. Dieses Lächeln und auch andere Elemente verleihen der Zufallsbegegnung etwas Schicksalhaftes, etwas Erwartetes, etwas geradezu Selbstverständliches und Notwendiges. Zum Vergleich könnte man auf eine Passage des ersten Teils verweisen, wo das Erzähler-Ich von einer jungen Frau berichtet, die ihn, den im Automobil Vorüberfahrenden, angeschaut hatte, er aber leider nicht ausgestiegen war, was er hätte tun sollen. Bei der Begegnung mit Nadja geht er hingegen auf die erhobenen Hauptes und nicht gesenkten Blicks flanierende, offenkundig ziellos durch Paris spazierende Frau zu und ergreift die Gelegenheit beim Schopf.

So lernt der Ich-Erzähler Nadja kennen. Ein erotischer Konnex oder gar eine sexuelle Konnotation scheinen über die Tatsache eines Treffens zwischen einem Mann und einer jungen Frau hinaus nicht gegeben. Zwar wird das Thema einer erotischen Beziehung mehrfach kurz gestreift, zumal auch Nadja am Ende des ersten Treffens darüber erstaunt ist, dass der Ich-Erzähler eine Frau hat. Doch ist für das Ich die junge Frau nicht Spielpartnerin in einer Geschlechterbeziehung der erotischen Art, sondern eine Art Medium, mit Hilfe dessen neue Erfahrungen gemacht werden können. Dass das Ich ganz nebenbei auch der Eingangsfrage nach der eigenen Identität auf die Spur kommen kann, ist mit der sich entwickelnden Beziehung ebenso verknüpft wie jene Dimension einer fundamentalen Revolution, die unmittelbar vor der plötzlichen Erscheinung Nadjas aufgeleuchtet war.

Das Entscheidende Merkmal, das ihm an ihr auffällt, sind ihre Augen: Nie zuvor habe er solche Augen gesehen. Dabei handelt es sich durchaus nicht um ein Allerwelts-Kompliment, das man einer schönen jungen Dame in den Straßen von Paris machen könnte. Denn Nadjas Augen werden später auch in einer photographischen Montage wiederholt, als übereinander geschnittenes Augenpaar, das den Betrachter anblickt. Es sind Augen, wie er sie noch niemals sah; und sie werden in einem ersten Schritt einer kurzen Beschreibung unterzogen, welche die Beziehung dieser Augen zur Schminke und von dort zu Blanche Derval herstellt, jener französischen Schauspielerin, welche die Rolle von Solange innehatte und ebenfalls wenig geschminkt gewesen zu sein scheint.

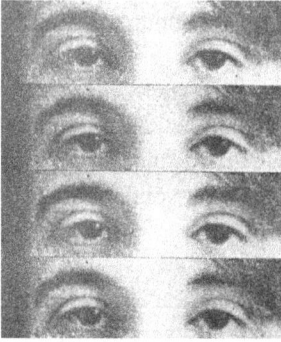

Abb. 83b: André Breton: *Ses yeux de fougère* (Nadjas Augen), photographische Montage aus *Nadja*, 1928.

Abb. 83c: Blanche Derval, Abbildung aus *Nadja*, 1928.

In der Tat ist das Element der Schminke symptomatisch: Denn nicht allein die aufgetragene Schminke, sondern auch die fast nicht vorhandene Schminke setzt ein Zeichen, dass entgegen der kosmetischen Normen des französischen Bürgertums dieses Mittel mittelmäßiger Schönheit kaum eingesetzt wurde und somit ein gleichsam direkter Zugang zur Natürlichkeit der Frau gegeben scheint. Gemäß einer alten, jahrtausendealten Topik können die Augen so wie in der mittelalterlichen oder frühneuzeitlichen Mystik zu den Fenstern der Seele werden. Die Schminke, der kunstvolle „maquillage", ist in der literarischen Tradition oftmals mit der Rhetorik, einer Art ‚kosmetisch' aufgetragener Sprache verknüpft, so dass von Beginn an eine Art Direktheit, sozusagen eine Rhetorik der Nicht-Rhetorik, signalisiert wird, welche zum im Text behaupteten faktischen Charakter und damit letztlich zur friktionalen Tendenz dieses gesamten Experimentaltextes hervorragend passt und beiträgt.

Im Übrigen kann unsere hübsche Nadja ihren inszenierten Auftritt, ihr äußeres Erscheinungsbild und ihren allgemeinen Habitus sehr stark verändern, taucht sie doch bereits am nächsten Tag beim Wiedersehen nicht mehr in ärmlicher Kleidung auf, wie dies beim Zufallstreffen geschah, sondern in einer sehr herausgeputzten Robe, so dass der Erzähler auch diese Besonderheit betont. Dergestalt kommt denn auch bei dieser zweiten Begegnung die Konversation eher stockend in Gang. Beim ersten Treffen jedoch hatte sich sehr leicht, geradezu natürlich, eine gemeinsame Gesprächsebene ergeben. Das Ich erwartete zwar die konventionalisierte Zurückweisung durch die junge Frau, aber eine solche erfolgte nicht: Die Unbekannte öffnete sich vielmehr gegenüber dem sie ansprechenden Unbekannten, womit Nadja gleich zu Beginn eine erste gesellschaftliche Konvention der bürgerlichen Gesellschaft übersprang.

Auch in der Folge werden die gesellschaftlichen Normen – wenn auch nicht im erotischen Bereich – gleich mehrfach übersprungen, was aus heutiger Sicht freilich einer bestimmten Rekonstruktionsarbeit bedarf, da vieles von dem, was der Text uns vorführt, auf der Ebene des Alltagsverhaltens und der sozialen Umgangsformen heutzutage selbstverständlich geworden ist. Man könnte sehr wohl mit guten Gründen behaupten, dass sich surrealistische Vorstellungen – oder genauer: Vorstellungen, die *auch* von Surrealisten für sich reklamiert wurden – insgesamt in der Gesellschaft durchgesetzt haben. So ist Nadja als Frau den Umgangsformen ihrer Zeit voraus.

Im gleichen Atemzug sind von Beginn an das nicht zu Fassende, das Unkonventionelle und vor allem das Mysteriöse bei Nadja sichtbar und spürbar. Es gibt eine Vielzahl von Ambivalenzen und (im Iser'schen Sinne) von Unbestimmtheitsstellen, die übrigens auf der konkreten Textebene nicht zuletzt durch die vielen „peut-être", durch das viele „vielleicht", zum Ausdruck gebracht werden. Die grundsätzliche Atmosphäre ist die einer großen Offenheit für die Zukunft: Weder das Ich noch die Leserschaft wissen, wie sich die Geschichte weiterentwickeln wird. Aufschlussreich – und durchaus literarisch unterfüttert – aber ist die Tatsache des Sich-Erkennens selbst inmitten des Getriebes und Gewimmels der Großstadt, einer Art Anagnorisis, einem Wiedererkennen, dessen Gründe oder Vorgeschichte niemals richtig erhellt werden. Erkenntnis und Selbsterkenntnis sind freilich Attribute, welche spätestens seit der Romantik topisch an die Liebesbeziehungen geknüpft sind: In der Liebe erkennen wir uns selbst im Anderen und eröffnen uns eine weitere Form von Erleben und Erkennen.[13]

Nadja ist sehr wohl in der Lage, sich wie eine „voyante" durch die Zeit zu bewegen. Sie kann zum Beispiel bei einem Besuch in einem Restaurant vorher-

---

13 Vgl. hierzu die Vorlesung über Liebe und Lektüre in Ette, Ottmar: *LiebeLesen. Potsdamer Vorlesungen über ein großes Gefühl und dessen Aneignung.* Berlin – Boston: Verlag Walter de Gruyter 2020, S. 33–59.

sagen, dass sich in einer Minute ein Zimmer erhellen wird und welche Farbe die Gardine dieses Zimmers besitzt. Sie vermag aber auch, Dinge der Vergangenheit zu erspüren, so dass sie in einem Innenhof einmal auf den Gedanken kommt, dass in jenem Polizeikommissariat der Ich-Erzähler (und vielleicht auch sie selbst?) einmal eingesperrt gewesen waren. Dies wird nicht rational erläutert oder erhellt, sondern trägt zu der etwas mysteriösen Atmosphäre bei, welche das gesamte Treffen trotz aller Versuche umgibt, den Tatsachenbericht sowie das Dokumentarische in den Vordergrund zu rücken.

Am Ende des ersten Treffens kommt es nicht etwa – wie ein ‚klassischer' Leser hätte annehmen können – zu einem Schäferstündchen oder einer Liebesnacht, welche die Zufallsbegegnung hätte krönen können, sondern zu einem bedeutungsvollen ersten Abschied. Dabei stellt der Ich-Erzähler der jungen Frau jene Frage, die er sich gleich im ersten Satz des Textes selbst gestellt hatte: die Frage nach der Identität, nach dem „Wer bin ich?", nach dem „Wer bist Du?":

> Als ich bereits weggehen will, möchte ich ihr eine Frage stellen, die alle anderen in sich trägt, eine Frage, die wohl allein ich ihr stellen kann, die aber zumindest einmal eine Antwort auf ihrer Höhe gefunden hat: „Wer sind Sie?", und sie, ohne zu zögern: „Ich bin die umherirrende Seele." Wir kamen darin überein, uns am nächsten Tag in der Bar wiederzusehen, die auf der Ecke zwischen Rue Lafayette und Faubourg Poissonnière liegt. Sie würde gerne ein oder zwei Bücher von mir lesen und legt umso größeren Wert darauf, als ich ernsthaft das Interesse in Frage stelle, das sie daran finden kann. Das Leben ist anders als das, was man schreibt. Sie hält mich noch einige Augenblicke zurück, um mir zu sagen, was an mir sie berührt. In meinem Denken, in meiner Sprache, in meiner ganzen Art zu sein ist es, und dies scheint eines der Komplimente zu sein, für welches ich in meinem Leben am empfänglichsten war, die *Einfachheit*.[14]

Abb. 83d: Léona Delcourt: *Qui est elle? (Wer ist sie?)*, 1926, Zeichnung aus *Najda*, 1928.

---

14 Breton, André: *Nadja*, S. 58 f.

In dieser Passage wird jene große Frage gestellt, die alle anderen resümiere und in sich enthalte. So scheint die Identität, vielleicht mehr noch die Suche nach der Identität, im Zentrum dieses Buches über eine Zufallsbegegnung mit einer jungen unbekannten Frau zu stehen. In der Reiseliteratur würde man angesichts dieser Konstellation vom Rebecca-Motiv sprechen, das sich so häufig in reiseliterarischen Texten männlicher Autoren findet.[15] Dieses Motiv resümiert in gewisser Weise die gesamte Reise des männlichen Subjekts, insofern es nun in der eigentlich unbekannten schönen Frau wie in einer Mise en abyme, gleichsam in einer fraktalen Verdichtung, das ganze Land aufgeschlossen findet, welches das Ich zu bereisen plant. Man könnte dieses reiseliterarische Moment durchaus an vielen Stellen von André Bretons *Nadja* wiederfinden, bildet der gesamte Experimentaltext doch eine Erzählstruktur, welche einer Reise durch ein bekanntes und zugleich unbekanntes Land überaus ähnelt.

Die Grundstruktur der Suche prägt den gesamten Prosatext, prägt die Bewegungen der Protagonisten durch die Straßen von Paris, dessen Orte und Lokalitäten sehr genau beschrieben werden. Der nächste Treffpunkt ist die Bar mit dem schönen, für einen reiseliterarischen Text höchst angemessenen Namen *La Nouvelle France*. Aber derartige Orte und Cafés sind lediglich die Schnittstellen, in denen sich die isolierten vektoriellen Linien der individuellen Bewegungen überkreuzen, einige Zeit beieinander verharren und sich danach wieder auseinander bewegen und aus den Augen verlieren. Die Frage nach der kollektiven Identität, etwa nach jener auf einer nationalen Ebene, wird in Bretons *Nadja* nicht gestellt, es sei denn, es wäre die Frage nach der Menschheit insgesamt oder dem Menschen überhaupt. Doch bildet die Suche nach der individuellen Identität eine Herausforderung, die von der anonymen und doch namhaft zu machenden Stadtlandschaft ständig dem in dieser Landschaft flanierenden oder umherirrenden Individuum entgegengebracht wird: Wer bist Du? Die schwankenden, oszillierenden Bewegungen der Protagonisten geben hierauf keine Antwort, sie zeigen eher als hermeneutische Verstehens-Bewegungen diese Unsicherheit und mehr noch die große Offenheit bei der Beantwortung dieser Frage auf. Die Bewegungsfiguren aller Handelnden und Suchenden sind von unterschiedlichen Sprüngen gekennzeichnet und lassen dergestalt eine vektorielle Figuration erkennen, welche nicht die eines klaren Erkenntnisgewinns, sondern einer unveränderlichen Suche ist. Doch auf welcher Suche befinden sich diese ruhelosen Figuren in der Stadtlandschaft von Paris?

---

15 Vgl. die Vorlesungen zur Reiseliteratur in Ette, Ottmar: *ReiseSchreiben. Potsdamer Vorlesungen zur Reiseliteratur.* Berlin – Boston: Walter de Gruyter 2020, S. 187.

Abb. 83e: Fotografie der Bar „La Nouvelle France" aus *Nadja*, 1928.

Nadja will die Bücher des Ich, das sich als Verfasser von Büchern zu erkennen gegeben hatte, lesen. Und am nächsten Tag wird ihr das Ich auch einige eigene Bücher mitbringen, darunter *Les pas perdus* und das *Manifeste du Surréalisme*. Sie sehen, wie eng Breton seine Erzählerfigur an seinen eigenen Biographemen ausgerichtet hat, um jenen friktionalen Effekt zu erzielen, der seinen gesamten Experimentaltext charakterisiert. Denn mit Hilfe dieses im Übrigen gar nicht so seltenen Verfahrens wird das textinterne Erzähler-Ich ganz direkt mit André Breton, dem textexternen Autor, kurzgeschlossen.

Wir bewegen uns übrigens noch in einer Epoche, in der die Bücher, wollte man sie lesen, Bogen für Bogen aufgeschnitten werden mussten, so dass sich der Ich-Erzähler auch kurze Zeit später Kenntnis davon verschaffen kann, wieviel und was Nadja in den Büchern, die er ihr mitbrachte, tatsächlich gelesen hat. Immerhin trägt sie bei einem weiteren zufälligen Treffen geradezu emblematisch auf der Straße *Les pas perdus* in der Hand, was sie als authentische Leserin von André Breton zu erkennen gibt. Viel hat sie freilich nicht gelesen, aber der Text hatte uns ja vor den Büchern gewarnt in einem Satz, den Breton wohl erst ganz am Ende seinem Buch *Nadja* auf die Reise in die Öffentlichkeit mitgab: „Das Leben ist anders als das, was man schreibt." Dieser Satz, der das Verhältnis von Literatur und Leben charakterisiert, ist schillernd und betrifft einen zentralen Anspruch des Surrealismus, Kunst, Literatur und Leben miteinander zusammenzuführen.

Mit Hilfe dieses kleinen, später hinzugefügten Satzes wird zum einen eine klare Grenz- und Trennlinie zwischen dem, was man sonst so schreibe, und dem Leben gezogen, und zum anderen gerade jene Trennlinie wieder aufgehoben oder kassiert, da im vorliegenden Text diese Grenze nicht respektiert wird. Denn die Bücher werden ja zu einem Teil des Lebens der Protagonisten, haben ihre Bedeutung im Lebensvollzug der handelnden Personen im Buch. Wir könnten dies anders, zugespitzter formulieren: Das Buch *Nadja* behauptet in gewisser Weise, kein Buch zu sein, nicht geschrieben worden zu sein, sondern das Leben selbst darzustellen, zu vermitteln, zu kommunizieren, zu sein.

Genau auf diesem Punkt liegt der eigentliche Impetus des Buches und eine wesentliche Dimension der friktionalen Präsentation und literarischen Charakteristika von Bretons *Nadja*. Denn es geht in diesem Text um die Erfahrung des Gelebten, Unmittelbaren, des nicht artifiziell Arrangierten, sondern des Zugestoßenen, des Leb-Haften, des unmittelbar Erlebten. Wir stoßen in diesem Buch auf ein Eindringen des Lebens in die Kunst, oder anders: Das Leben verwandelt sich in Kunst, ohne doch als Leben beendet zu sein; denn die Geschichte, die uns mit literarischen und photographischen Mitteln erzählt wird, bleibt offen. Friktional ist der Breton'sche Text auch in dieser Hinsicht, dass er zwischen Leben und Kunst, existenzieller Lebensform und Literatur keine eindeutige Trennlinie oder Mauer errichtet. Dazu passt just an dieser Stelle die erneute Bemerkung, dass sich das Ich einer großen Simplizität, einer Einfachheit erfreue, jener Einfachheit also, die für die Leserschaft sicherstellt, dass die Geschichte, die hier niedergeschrieben wurde, nicht mit der Schminke, nicht mit dem „fard" der Rhetorik ausgeschmückt und verunstaltet, verstellt worden ist. Natürlich ist das selbst wiederum nichts anderes als eine andere Form von Rhetorik, von Literarizität. Aber man könnte mit guten Gründen ein wenig barthesianisch von einem „degré zéro" literarischer Rhetorik in diesem friktionalen Text André Bretons sprechen.

Eine mit dieser Verknüpfung von Leben und Literatur zusammenhängende, aber sicherlich auch unabhängig davon zu betrachtende Dimension ist in *Nadja* jene der Intermedialität und Ikonotextualität. Denn eine Vielzahl von Photographien, aber auch von Reproduktionen von Kunstwerken, „objets trouvés" und anderer Dinge begleiten den Text und verwandeln ihn selbst in ein kleines Kunstwerk. Mit Blick auf die Photographien kann man nicht davon sprechen, dass sie den Text ‚illustrieren' oder dass der literarische Text sie umgekehrt ‚illustriert'. Sicherlich gibt es eine gewisse Illustrationsfunktion, zumal die Photographien immer genau dann in den Text eingefügt sind, wenn sie im Schrifttext angesprochen werden. Diese direkte Beziehung wird noch dadurch verstärkt, dass unter den Bildern oder Photographien jeweils die diesbezügliche Textpassage erscheint. Allerdings gibt es eine zweite Funktion, nämlich die der Dokumentation. Dies müssen wir im Auge behalten!

Eine Photographie, so Roland Barthes in seinem bereits angeführten letzten zu Lebzeiten veröffentlichten Buch,[16] sagt nicht zuletzt, dass all dies einmal gewesen ist: „ça a été." Es wird nie wieder so sein – und damit schreibt sich der Tod in die Licht-Schrift ein, in das Schreiben der Photo-Graphie. Unerbittlich vergehende Zeit und höchstens aufgeschobener Tod werden zu ihrem Bestandteil, denn das Dokumentarische konserviert, bewahrt auf, hält fest, holt aus dem kontinuierlichen Fluss der Zeit heraus; aber gerade darum macht es museal, iso-

---

16 Vgl. hierzu Barthes, Roland: *La Chambre claire. Note sur la photographie.* Paris: Seuil 1980.

liert, dekontextualisiert und tot. Die intermediale, bild-textliche Einbindung in den Text versucht in gewisser Weise, diesen Tötungsprozess zumindest zu relativieren, ihm die Schärfe zu nehmen.

Die ikonotextuelle, nicht-illustrierende Funktion der Photographien enthält aber auch eine dritte Funktion, nämlich diejenige, eine weitere eigene Geschichte in den Text einzubauen, indem sich zwischen den verschiedenen Bildern eigene Serien herstellen lassen. Nennen wir einige dieser Bilder-Serien: Da gibt es zum Beispiel die Stadtansichten von Paris, da gibt es jene Photographien von Frauen, die immer wieder in den Prosatext eingestreut sind, da gibt es Photographien von Männern wie Robert Desnos, Benjamin Péret oder André Breton selbst, die sozusagen eine surrealistische Künstlerlinie aufmachen, aber auch in einen eigenartigen Kontrast zu den Frauenbildnissen eintreten. Doch mehr noch: Da gibt es eine Serie von „objets trouvés", die im Verlauf der Handlung eine gewisse Rolle spielen, aber eben auch als Photographien und Reproduktionen anwesend sind. Es erscheint eine Serie von Kunstwerken, die auf den surrealistischen Hintergrund verweisen und uns mit Bildern verschiedener Künstler konfrontieren; und da sind nicht zuletzt die flüchtigen, zum Teil aber auch sehr elaborierten Skizzen und Bilder, die uns Nadja höchstselbst hinterlassen hat und die von der Erzählerfigur in den Text einmontiert wurden.

Abb. 83 f: Henri Manuel: André Breton um 1927, Photographie aus *Nadja*, 1928.

Abb. 83g: Frauenhandschuh aus Bronze, Abbildung aus *Nadja*, 1928.

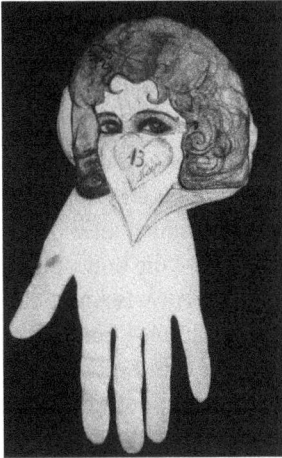

Abb. 83h: Léona Delcourt: *De manière à pouvoir varier l'inclinaison de la tête*, Collage und Zeichnung aus *Nadja*, 1928.

Die Montage ist ein Verfahren, das sowohl für den Schrifttext als auch für den Bildtext gilt und als ein beide Bereiche miteinander verbindendes künstlerisch-literarisches Vorgehen verstanden werden kann. Bild und Text, Text und Bild verweisen wechselseitig aufeinander: Auf pointierte und höchst bewusste Weise ist *Nadja* ein Ikonotext, in welchem die schrifttextliche beziehungsweise skripturale Dimension nicht von der bildtextlichen abgehoben und getrennt werden kann. Damit werden die literarischen Darstellungsmodi von Breton mit jener künstlerischen Ausdrucksform verwoben, mit der er sich zeitlebens sehr intensiv beschäftigte und der einige seiner wichtigsten Essays gelten, dem Gemälde. Allein aus Zeitgründen müssen wir an dieser Stelle darauf verzichten, die Beziehung Bretons zur Malerei näher herauszuarbeiten, eine Beziehung, die stets auch die Kunst als Teil des Lebens, als Teil der Existenz und mehr noch als Teil des Gelebten wie Erlebten verstand und in das eigene Schaffen Bretons einbezog.

Die Kunstäußerungen von Nadja sind im Lichte ihres späteren, im Buch nur wenig verfolgten Lebensweges mit einem weiteren Phänomen gekoppelt, das für die Surrealisten von größter Bedeutung war: dem Wahnsinn. Denn bevor die Geschichte Nadjas im letzten Teil des Bandes wieder völlig zurücktritt und einer anderen, autobiographisch fundierten, nicht unproblematischen und ephemeren Liebesgeschichte Platz macht, welche gleichsam die Kontinuität des Lebens andeutet, erfahren wir, dass Monate, nachdem sich der Ich-Erzähler und Nadja nichts mehr zu sagen hatten, die junge Frau in ein Irrenhaus eingewiesen wurde. Sie hatte offenkundig in ihrem Hotel einige ‚Aufführungen‘ gemacht, welche Polizei und Ärzte dazu bewogen, sie aus der Gesellschaft – wie man so schön doppeldeutig sagt – zu entfernen. Nadja ist, so hört zumindest der Erzähler, verrückt geworden und in der Psychiatrie gelandet.

Diese Information dient dem Ich-Erzähler als Sprungbrett, allerlei grundlegende (durchaus wohlbegründete) Zweifel an der zeitgenössischen Psychiatrie und, aus kulturkritischer Warte, an der bürgerlichen Gesellschaft vorzubringen, die derartige Ausschlussverfahren zulasse und die gesellschaftliche Exklusion durch Inklusion im buchstäblichen Sinne zu verantworten habe. André Breton war auf Grund seiner psychologisch-psychiatrischen Ausbildung ein durchaus interessanter Fachmann und Vertrauensmann; und so nutzte er auch diesen Teil der Geschichte wahrlich aus, um – wie man sagen könnte – über die Konzeption der Psychiatrie seiner Zeit kritisch herzuziehen. Beziehungen zur wissenschaftlich begründeten Auffassung der Psychoanalyse Freuds, der zufolge der Künstler – und natürlich auch die Künstlerin – ein Neurotiker oder eine Neurotikerin sei, kommen uns hier in den Sinn. Breton war sich der Schlagkraft dieser Überlegungen Sigmund Freuds sehr wohl bewusst.

Zweifellos weisen sie auf die hauptsächliche Zielrichtung hin, die Breton in seiner Kritik an der Psychiatrie interessiert. Am Beispiel von Jacques Vaché hatte Breton bereits die Verbindung zwischen Künstlertum und Wahnsinn wahrgenommen und diese ebenso die Gesellschaft wie die Rolle der Kunst beleuchtende Relation stets in seine eigenen Überlegungen und Kunsttheorien miteinbezogen. Ich möchte Ihnen daher den gesellschaftskritischen Teil seiner Angriffe nicht vorenthalten; denn diese werfen zugleich ein Licht auf die Vieldimensionalität der Revolution, die André Breton sich zum Ziel gesetzt hatte, wie auf mögliche Folgen, die das Interesse an Grenzbereichen, an Grenzbezirken des Lebens und der Existenz schließlich auch bei anderen Künstlern auslösen konnte. Beschäftigen wir uns zunächst mit unserem abschließenden Zitat aus Bretons *Nadja*:

> Nach meinem Dafürhalten sind alle Internierungen arbiträr. Ich sehe weiterhin nicht ein, warum man ein menschliches Wesen seiner Freiheit berauben sollte. Sie haben Sade eingesperrt; sie haben Nietzsche eingesperrt; sie haben Baudelaire eingesperrt. Die Vorgehensweise, die darin besteht, des nachts zu kommen und Sie zu überraschen, Ihnen die Zwangsjacke anzulegen oder Sie auf jede andere Art in den Griff zu bekommen, ist dem Vorgehen der Polizei gleich, das darin besteht, Ihnen einen Revolver in die Tasche zu schmuggeln. Ich weiß, dass ich für den Fall, dass ich verrückt und seit einigen Tagen interniert wäre, sofort von einem *Ausgang* profitieren würde, was mich in meinem Delirium kaltblütig einen von denen – und vorzugsweise den Mediziner – ermorden ließe, die mir in die Hände fielen. Gewonnen hätte ich damit zumindest, wie die um sich Schlagenden in einem Raum allein verwahrt zu werden. Und vielleicht würde man mich ja in Ruhe lassen.[17]

---

17 Breton, André Breton: *Nadja*, S. 117.

Diese Passage hat es für die Zeitgenossen in der damaligen bürgerlichen Gesellschaft Frankreichs in sich. Die auf provozierende Art und Weise angeschnittene und zugleich in der Art einer Abhandlung *und* eines Erzähltextes behandelte Problematik der Inklusion von Wahnsinnigen in sogenannten Irrenhäusern stellt alle Internierungen und Freiheitsberaubungen durch Mediziner und deren Handlanger radikal in Frage. Breton stellt sich so der Logik von Wegsperren und Bestrafen, die Michel Foucault genauestens inspiziert hat, durchaus proklamatorisch und provokatorisch in den Weg. Zugleich klagt er an und verweist auf die Internierung von berühmten Männern, die auf ihren Gebieten zweifellos Außerordentliches geleistet haben und die von den Surrealisten zu wichtigen literarischen, philosophischen und künstlerischen Bezugspunkten gemacht wurden.

Schauen wir uns diese Bezugspunkte für den Surrealismus kurz einmal an! Da ist zum einen Charles Baudelaire, dessen große Themen für Bretons *Nadja* wichtig wurden: vom Motiv des Flaneurs bis hin zu dem der urbanen Zufallsbegegnung, die bestimmend für den narrativen Rahmen des Experimentaltextes wurden. Mit seiner Lyrik und seinen „Artifiziellen Paradiesen" wurde er zu einem der wichtigen Vorläufer einer surrealistischen Konzeption von Kunst und Leben. Ferner finden wir Friedrich Nietzsche, der einst in Turin einem Pferd um den Hals fiel und in eine tiefe Nacht sank, aus der er nicht mehr erwachen sollte, bis zu seinem Lebensende ausgestellt von seiner eigenen Schwester; über die enorme Bedeutung seiner Philosophie für das 20. aber auch für das 21. Jahrhundert haben wir bereits gesprochen. Der wohl an Syphilis Erkrankte steht zugleich für eine Denkfigur ein, welche spätestens seit Hegel die philosophische Reflexion stets mit der Gefahr des Wahnsinnig-Werdens, des Falls in den Wahnsinn, verband. Und da ist zu guter Letzt der Marquis de Sade, der zum Inbegriff des Verbotenen, des Tabuisierten schlechthin wurde und den Schlüssel für die Darstellung jenes Bereiches in Händen zu halten schien, der eine andere Welt, die an ihre Grenzen stoßende Welt körperlicher, sexueller Erfahrung, beinhaltete. Ein Vierteljahrhundert nach dem Erscheinen von *Nadja* gelang Sade der Sprung aus dem Giftschränkchen der Bibliotheken vieler Schriftstellerinnen und Schriftsteller des 19. wie des 20. Jahrhunderts und von der einseitigen Pathologisierung in die Anerkennung als großer Schriftsteller, ja sogar bis in die Schulbücher des Unterrichts an Frankreichs Schulen. Auch bei diesem Prozess standen die Surrealisten Pate, was einmal mehr für ihre gewaltige Ausstrahlungskraft und zugleich für die Aktualität ihrer Vorstellungen spricht.

Mit diesen drei Schutzheiligen ausgestattet, also mit Sade, Baudelaire, Nietzsche – wie nicht einmal ein halbes Jahrhundert später Roland Barthes mit Sade, Fourier, Loyola – spielte das Ich in Bretons Text seinerseits die Möglichkeiten durch, selbst verrückt zu werden, wobei es hier als potentielle Lösung sehr wohl den kaltblütigen Mord miteinbezieht, den Truman Capote in seiner Reportage

In Cold Blood darstellen sollte. In dieser gesellschaftskritischen Passage werden anklagend die Ausschlussmechanismen der Gesellschaft – die Wörter, die Polizei, die Ärzte, die Internierungen – aufs Korn genommen, vor allem aber die Psychiatrie und die Psychiater, welche diesen Ausschlussmechanismen eine wissenschaftliche Legitimation verschaffen.

Gegen derlei Ausgrenzungen, gegen derlei Freiheitsberaubungen wendet sich das Ich, das Künstler-Ich, mit aller Vehemenz, insofern sie letztlich die revolutionären Dimensionen menschlicher Existenz und menschlichen Erlebens ausschließen. Ich möchte im Folgenden zu einem der großen französischen Autoren und Kulturtheoretiker vorstoßen, die sich dieser ,dunklen' Seite ganz bewusst zuwandten, die Welt des Sexus erforschten, Tabuisierungen zu reflektieren und aufzuheben versuchten und zugleich bemüht waren, das Böse als ein Thema in der Literatur ebenso dauerhaft wie bewusst zu verankern. Ich spreche von Georges Bataille, einer der großen Figuren der französischen Literatur des zurückliegenden Jahrhunderts, dessen Denken weltweit von eminenter Einflusskraft war und längst nicht mehr tabuisiert werden kann. Die von ihm einst gegründete Zeitschrift *Critique* finden Sie übrigens auch in unserer Bibliothek.

Georges Bataille oder die Enttabuisierung des Verdrängten

Es ist mit Sicherheit lohnenswert, sich zunächst mit einigen Biographemen des französischen Philosophen, Romanciers und Literaturtheoretikers Georges Bataille auseinanderzusetzen. Er wurde am 10. September 1897 in Billon im Département Puy-de-Dôme geboren und starb am 9. Juli 1962 in Paris. Sein Gesamtwerk mit zahlreichen Essays ist überaus facettenreich und erstreckt sich auf die unterschiedlichsten Gebiete und Disziplinen, von Politik, Soziologie und Ökonomie über Archäologie, Ethnologie und Religion bis hin zu Literatur, Kunstgeschichte und Philosophie. In den fünfziger Jahren bezeichnete ihn kein Geringerer als Martin Heidegger einmal als den besten denkenden Kopf Frankreichs.

In jungen Jahren stand Bataille dem Kreis der Surrealisten um André Breton und Louis Aragon recht nahe, ging gegenüber der Bewegung aber zunehmend auf Distanz, da er deren marxistische Orientierung nicht teilte. Sehr persönliche Auseinandersetzungen mit André Breton schlossen sich an. Bataille ging mehrfach in der von ihm geleiteten Zeitschrift *Documents* gegen den Surrealismus vor; Breton revanchierte sich mit Attacken im *Zweiten Surrealistischen Manifest*. Viele der von Breton ausgeschlossenen Surrealisten wie Leiris, Prévert, Queneau oder Vitrac scharen sich um Georges Bataille. Breton sah in ihm lange einen missliebigen Konkurrenten um die Macht im literarischen Feld. Erst spät kommt es zwischen beiden zu einer Versöhnung im Zeichen des überall in Europa siegreichen Faschismus, gegen den Bataille mobil machte.

Bataille entstammte einer wohlhabenden Bauernfamilie; sein Vater war an Syphilis erkrankt und bereits blind, als Georges auf die Welt kam. Seine Mutter litt unter Depressionen und war latent suizidgefährdet. Der junge Bataille half mit, den blinden Vater zu pflegen. Nach dem frühen Umzug der Familie nach Reims und der Schulzeit der Söhne kam man in die Wirren des Ersten Weltkriegs, in dessen Verlauf Reims unter schweren Beschuss geriet. Georges schloss sich mit seiner Mutter dem Flüchtlingsstrom an – sein älterer Bruder war an der Front –, doch ließ man den todkranken, nicht selten tobenden Vater in der Stadt zurück, da er den Strapazen der Flucht nicht mehr gewachsen zu sein schien und später im November 1915 verstarb. Bataille empfand die Flucht als ein Im-Stich-Lassen. Die Krankheit des Vaters und speziell dessen Blindheit traumatisierten Bataille: Die Thematik des Auges blieb für ihn lebenslang autobiographisch besetzt.

Neben seinem Romanschaffen entfaltete Georges Bataille ein umfangreiches literarisches, literaturtheoretisches und philosophisches Werk, dessen Einfluss auf den französischen Existenzialismus, den Strukturalismus und Poststrukturalismus kaum überschätzt werden kann. Georges Bataille schrieb unaufhörlich,

Abb. 84: Georges Bataille (Billom, Département Puy-de-Dôme, 1897 – Paris, 1962).

veröffentlichte Artikel um Artikel, Buch um Buch mit ungeheurer Energie. Seine gegen den Vater gerichtete Lebenseinstellung schlug sich in einer tiefen Suche nach dem Glauben nieder: Das Bekenntnis zum Katholizismus gab dieser Suche Ausdruck. Selbst nachdem sich der französische Philosoph von der Kirche wieder abgewandt hatte, blieb er doch mit zahlreichen seiner Publikationen der Religion und ihrer Geschichte verbunden. Früh wurde er von körperlichen Gebrechen geplagt: Während seiner militärischen Grundausbildung erkrankte er erstmals an Tuberkulose und kam in die Auvergne zu seinen Großeltern, litt sein Leben lang aber unter einer Immunschwäche seines im Übrigen durch starken Alkoholkonsum geschwächten Körpers.

Georges Bataille übte sich früh in Arbeit und Gebet, studierte am Priesterseminar in Saint-Flour, doch sein Wunsch, Priester zu werden, blieb unerfüllt. Er schlug nun eine Laufbahn als Bibliothekar ein, die er an der französischen Hochschule für Spanische Studien, der späteren Casa Velázquez in Madrid, als Archivar fortsetzte und brillant abschloss. Doch die spanische Hauptstadt bot ihm noch ein anderes Schauspiel: Am 22. Mai 1922 befand er sich in der Arena von Madrid und wohnte dem Tod des jungen Torero Manuel Granero bei, dessen Auge und Schädel von einem Stierhorn durchstoßen wurden. Auf die literarischen Folgen werden wir gleich zu sprechen kommen. Er arbeitete später zeitweise an der Nationalbibliothek zu Paris, in deren Dienst er gegen Ende seines Lebens schwer erkrankt zurückkehrte. Die Tuberkulose ließ ihn nicht gänzlich los; 1953 aber verschlimmerte sich sein Gesundheitszustand zunehmend: Bei ihm wurde Arteriosklerose im Hirnbereich diagnostiziert. Diese äußerte sich bei ihm bis zu seinem Tod in Form heftiger Kopfschmerzen und zunehmenden Gedächtnisverlusts, was ihn freilich nicht daran hinderte, bis zu seinem Lebensende unermüdlich Bücher zu schreiben und Zeitschriften herauszugeben.

In seinem philosophischen Denken, das am Paradox ausgerichtet war, arbeitete er dem Systemdenken Hegels entgegen und orientierte sich stark an Friedrich Nietzsche: Bereits 1922 begeisterte ihn die Lektüre von *Jenseits von Gut und Böse*. 1927 und 1928 verfasste und veröffentlichte er unter einem Pseudonym – vielleicht aus Rücksicht gegenüber seiner ersten Frau, die er 1928 heiratete – seine *Histoire de l'Œil*, mit der wir uns näher auseinandersetzen wollen. Im

September 1933 publizierte er in zwei Teilen seine Überlegungen zu *La structure psychologique du fascisme*, eine bahnbrechende Arbeit über den Faschismus, die bis heute ihre Gültigkeit nicht verloren hat. Die literarische Philosophie Nietzsches prägte viele seiner Schriften und ist fast allgegenwärtig etwa in seiner subjektphilosophischen Arbeit *L'expérience intérieure* (1943), in der er sich wie in vielen anderen Arbeiten an nietzscheanischen Vorstellungen orientierte. Lektüren Sigmund Freuds schlossen sich an. Bataille unterzog sich einer später abgebrochenen, aber für ihn sehr wichtigen Psychoanalyse, die ihm Aufschluss über sich selbst gab.

In *L'érotisme*, das 1951 entstand, ging er von einem wechselseitigen Bedingungsverhältnis von Sexualität, gesellschaftlichen Sanktionen und Todeserfahrung aus, wobei er durch die Engführung von Eros und Thanatos wichtige Einsichten gewann, welche nicht zuletzt auf die Entwicklung der französischen Psychoanalyse durch Jacques Lacan – mit dem seine erste Frau Sylvia seit 1938 zusammenlebte – großen Einfluss nahm. Unermüdlich publizierte er zu Nietzsche und beschäftigte sich zunehmend mit dem Marquis de Sade: Seine Vorworte zu Ausgaben Sades setzten Maßstäbe und wurden berühmt. Gerade seine ökonomischen Vorstellungen psychischer Verausgabung und sein Zusammenspiel von Tabu, Grenzverletzung und Verbot beziehungsweise Bestrafung wirkten grundlegend auf Psychologie, Kulturtheorie und Philosophie sowie auf Denker von Michel Foucault über Julia Kristeva bis Roland Barthes.

Kommen wir nun zu jenem Text, den ich mit Ihnen zusammen anhand einiger ausgewählter Passagen erarbeiten möchte. Es handelt sich um Georges Batailles *Histoire de l'Œil*, eine Geschichte des Auges, die wir nur ungenügend klassifizieren würden, rechneten wir sie schlicht der erotischen Literatur zu. Es geht vielmehr, wie wir gleich sehen werden, um einen Text, der nicht frei ist von autobiographischen Elementen, der aber die erotische Dimension so weit radikalisiert, dass es sich im Grunde um einen „texte-limite", um einen Grenztext handelt. Ich werde daher auch keineswegs alle verschiedenen Varianten von Grenzen im Rahmen dieser Vorlesung vorstellen können, sondern möchte es bei einigen aus meiner Sicht signifikanten Impressionen belassen, welche vor dem Hintergrund unserer Avantgarde-Diskussionen bedeutungsvoll sind.

Georges Bataille veröffentlichte diese Geschichte in eben jenem Jahr 1928, in dem auch Bretons *Nadja* erschien, einem Schlüsseljahr also der historischen Avantgarden im Allgemeinen und des Surrealismus im Besonderen. Es wäre freilich nicht ganz zutreffend, Georges Bataille dem französischen Surrealismus vollumfänglich zuzurechnen, denn die Beziehungen zu Breton waren – wie bereits betont – von Beginn an überaus gespannt. André Breton sah in Bataille einen von sexuellen Obsessionen Besessenen, und in seinem *Second Manifeste du Surréalisme* hagelte es gar persönliche Angriffe der schlimmsten Art gegen Bataille.

Letzterer hatte freilich das Seine zur wechselseitigen Zuspitzung der beiderseitig unerfreulichen Beziehung geleistet.

Georges Bataille hatte auch eine Vielzahl von Freunden, darunter etwa André Masson, die dem Breton'schen Surrealismus nahe standen und verfolgte darüber hinaus, zumindest aus heutiger Sicht, Ziele und Vorhaben, die ohne den Kontext des Surrealismus oder insgesamt der historischen Avantgarden kaum vorstellbar gewesen wären. Während sich Breton aber einerseits dem Traum und dem Unbewussten, andererseits der Politik und der literarischen Parteibildung zuwandte, entwickelten sich die Interessen Batailles sehr viel stärker in Hinblick auf die körperliche Dimension menschlichen Erlebens. Dabei war es ihm um dieses Erleben in seiner Verbindung zum Spirituellen und Transzendenten einerseits zu tun und andererseits um eine radikale Grenzüberschreitung individueller Art, ohne dass dabei eine feste Gruppenbildung und Führerschaft miteingeschlossen oder auch nur mitgedacht gewesen wären. Denn Bataille ging es weder um die Leitung irgendeiner avantgardistischen Bewegung noch um eine wie auch immer geartete Konkurrenz zu Breton als Führungsfigur des französischen Surrealismus.

Doch trotz dieses Kontexts der historischen Avantgarde, durch den das Lesepublikum – und auch die Zensur – schon an vieles gewöhnt waren, konnte Georges Bataille seine *Geschichte des Auges*, der zu den frühen seiner Feder gehört, nur unter einem Pseudonym veröffentlichen. Bataille war gerade frisch verheiratet und zählte als 1897 Geborener zu jener Altersgruppe der über Dreißigjährigen, denen man – einem alten 68er-Spruch folgend – nicht mehr trauen sollte. Bataille, der in seinem Leben eine Vielzahl höchst kreativer Pseudonyme benutzte, wählte für seine *Histoire de l'Œil* „Lord Auch", was man durchaus „Osch" aussprechen sollte, denn hinter ihm verbergen sich die „chiottes", also das Scheißhaus, das

Abb. 85: Lithografie von André Masson in Georges Batailles Buch *Histoire de l'Œil*, 1928.

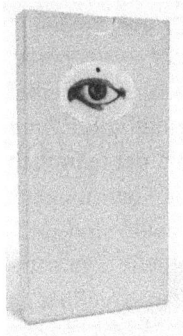

Abb. 86: Rosafarbener Umschlag des Pauvert-Verlages für Georges Batailles *Histoire de l'Œil*, Vignette von Pierre Faucheux, 1967.

(wie Bataille selbst anmerkte) mit dem englischen Namen Gottes in Verbindung gebracht wird. Sie sehen: Wie im Surrealismus Breton'scher Prägung allgemein findet sich auch bei diesem Denker und Philosophen im Besonderen ein blasphemischer Aspekt, der freilich bei Bataille aus einer ganz anders gearteten und zeitweise am Katholizismus orientierten Sinnsuche hervorgeht.

Es handelt sich bei der *Histoire de l'Œil* um einen Prosatext, der in vierzehn kleine, jeweils mit einem Titel überschriebene Kapitel eingeteilt ist, denen dann die „Réminiscences" sowie ein kurzer Plan für eine Fortsetzung der Geschichte beigegeben sind. Das Incipit des relativ kurzen Textes weist eine „entrée en matière" auf, die wir als ein Eintritt in medias res bezeichnen könnten. Denn in der Tat wird sofort die Grundkonstellation des gesamten Textes aufgezeigt. Ich gebe im Folgenden den Beginn des ersten Kapitels nur unwesentlich verkürzt wieder:

> Ich wurde alleine erzogen und war, soweit ich mich daran erinnern kann, angsterfüllt mit Blick auf die sexuellen Sachen. Ich war fast sechzehn Jahre alt, als ich ein Mädchen meines Alters traf. Simone, am Strand von X … Da es zwischen unseren Familien einen entfernten Verwandtschaftsbezug gab, wurden unsere Beziehungen dadurch beschleunigt. Drei Tage, nachdem wir uns kennengelernt hatten, waren Simone und ich allein in ihrer Villa. Sie hatte eine schwarze Schürze an und trug einen gestärkten Kragen. Ich begann zu vermuten, dass sie meine Angst teilte, die an jenem Tage umso stärker war, als sie nackt unter ihrer Schürze schien. [...]
>
> „Die Teller sind dafür gemacht, sich hineinzusetzen", sagte Simone. „Wettest Du? Ich setz' mich auf den Teller."
>
> „Ich wette, dass Du das nicht wagen wirst", antwortete ich atemlos.
>
> Es war heiß. Simone stellte den Teller auf eine kleine Bank, installierte sich vor mir, setzte sich, ohne mich aus den Augen zu lassen, und tauchte ihren Po in die Milch. Ich blieb einige Zeit unbeweglich, das Blut war mir in den Kopf gestiegen und ich zitterte, während sie zusah, wie meine Rute die Hose spannte. Ich setzte mich zu ihren Füßen.[1]

---

1 Bataille, Georges: *Histoire de l'Œil*. In (ders.): *Œuvres complètes I: Premiers écrits, 1922–1940.* Paris: Gallimard 1970, S. 571.

Wir haben es hier mit einer Schlüsselszene der gesamten Erzählung oder vielleicht besser dieser Novelle zu tun: Denn es handelt sich in der Tat um eine relativ kurze, abgeschlossene, an einem einzigen Handlungsstrang orientierte Geschichte einer unerhörten Begebenheit – und dies entspricht genau der Gattungsdefinition einer Novelle. Die beiden zentralen Protagonisten sind ein Ich-Erzähler, der männlich und vielleicht knapp sechzehn Jahre alt ist sowie eine weibliche Figur namens Simone, die sich irgendwo am Strand zufällig kennenlernten. Beide sind weitläufig miteinander verwandt und verfügen noch nicht über sexuelle Erfahrungen, aber sehr wohl über eine große „angoisse" und Ungeduld, diese endlich zu sammeln. Das also ist die Ausgangssituation unserer Novelle!

Die Aktivität in dieser Szene geht von der weiblichen Figur aus, die sehr schnell schon als obskures Objekt der Begierde des Ich-Erzählers erscheint. Sie ist es, die die Initiative ergreift und spielt mit den beiden französischen Lexemen von „assiette" und „asseoir", ein Wortspiel, das im Deutschen nicht wiederzugeben ist und überdies englischsprachige Resonanzen aufruft. In dieser Passage lässt sich leicht eine gewisse Fetischisierung des weiblichen Körpers belegen, wobei an einer Stelle, die ich oben nicht zitiert habe, noch keine Trennung zwischen weiblichem Geschlechtsteil und Anus erfolgt, werden beide doch unter den Begriff „cul" (oder engl. „ass") gepackt.

Gleichwohl ist es die bedeckte, die tabuisierte erogene Zone des weiblichen Körpers, die in dieser Szene im Mittelpunkt steht und zum Gegenstand der männlichen wie der weiblichen Erregung wird. Denn ihre Genitalien werden von Simone nicht etwa nur ausgestellt, exponiert oder verhüllt, sondern gleichsam verstellt, einem anderen Zwecke zugeführt: Sie werden auf einem Teller in Milch gebadet, was zur Erregung beider führt. Denn wir haben es ganz offenkundig mit zwei französischen Minderjährigen zu tun, die die Zeit, in der sie alleine in einer Villa sind, gemeinsam ausnutzen, um in einem unausgesprochenen Einverständnis ihre sexuellen Ängste zu überwinden.

Die sich aus dieser Konfiguration ergebende abhängige und zunächst inaktive Position des Männlichen wird gleich in dieser Eingangsszene verräumlicht dargestellt, erscheint der männliche Erzähler nun doch mit hochrotem Kopf zu Füßen des weiblichen Geschlechts sitzend, das er in dieser Inszenierung zum ersten Mal zu Gesicht bekommt. Simone lässt – und dies ist ein wichtiges und sehr aussagekräftiges Detail – den Ich-Erzähler nicht aus den Augen: Die Augen werden so nicht nur auf Ebene des Sehens und Gesehen-Werdens – und damit in einem Kontext des Voyeurismus –, sondern auch als Fixierungspunkte zu wichtigen Trägern der Handlung. Nur am Rande verweise ich an dieser Stelle darauf, dass ein neuerer spanischer Band von Juan Manuel de Prada mit dem schönen Titel *Coños*, unverkennbar ein kommerzielles Remake nach einer Überbietungsstrategie des in unserer Vorlesung behandelten Avantgardetextes *Senos* von Ramón Gómez de la Serna,[2] einen Prosatext auch Georges Bataille widmet. Sein Autor, mit allen kommerziellen Wassern der postfranquistischen spanischen „Movida" gewaschen, erwies durch eine kleine Hommage dieser Eingangsszene und deren Autor Georges Bataille eine literarische Ehrung, welche freilich ein bloßes Anzitieren einer in der Literaturgeschichte berüchtigten Szene nicht überschreitet.

Unsere Novelle beginnt also mit einer erotischen Entdeckungs- und Erkenntnisreise zweier Minderjähriger, die den Ausgangspunkt für die Erfahrungsgeschichte des Erzählers bildet. Die einzelnen Elemente und Handlungsteile der *Histoire de l'Œil*, auf welche ich gleich zurückkomme, werden in einem nachgestellten kurzen Kapitel in einen Zusammenhang mit autobiographisch dargestellten Erlebnissen des Ich in Verbindung gebracht. Trotz des verwendeten Pseudonyms und der offenkundig begründeten Angst des Verfassers vor der französischen Zensur bildet erneut das Leben und mehr noch das Erlebte das eigentliche Zentrum der Erzählung. Diese Dimension eines autobiographisch fundierten Lebenswissens verleiht dem Erzählten seine eigentliche Bedeutung jenseits rein fiktionaler Gestaltungsformen.

In den nachgestellten „Réminiscences" werden einzelne Episoden als Auslöser für die in der Novelle dargestellten Handlungen in einer Weise verwendet, die für uns sehr aufschlussreich ist und die keineswegs durchgängig zu beobachtende Ästhetik des Bruches bei Bataille mit dem Aspekt eines sexuellen Tabubruches verbindet:

> Ich bin als Sohn eines syphilitischen (schwindsüchtigen) Vaters geboren. Er wurde blind (er war dies schon bei meiner Zeugung), und als ich zwei oder drei Jahre alt war, lähmte ihn diese Krankheit auch noch. Als kleines Kind bewunderte ich diesen Vater. Lähmung und Blindheit hatten freilich Folgen, zum Beispiel: Er konnte nicht wie wir zum Pissen auf die Toilette gehen; er pisste aus seinem Sessel, er hatte dafür ein Gefäß. Er pisste vor meinen Augen, unter einer Decke, die er als Blinder falsch hinlegte. [...]
> Meine Mutter verschwand eines Tages, indem sie einen Augenblick nutzte, als ich ihr den Rücken zudrehte. Wir haben sie lange gesucht; mein Bruder fand sie rechtzeitig wieder, sie hatte sich im Speicher zu erhängen versucht. So kehrte sie immerhin ins Leben zurück. Sie verschwand ein weiteres Mal: Ich musste sie endlos lange entlang des Baches suchen, in welchem sie sich hätte ertränken können. [...] Sie war selbst wieder aus dem eisigen Wasser des Baches gestiegen (denn es war mitten im Winter), denn das Wasser war an diesem Ort nicht tief genug, um sich zu ertränken.

---

2 Vgl. hierzu ausführlicher Ette, Ottmar: Mit Haut und Haar? Körperliches und Leibhaftiges bei Ramón Gómez de la Serna, Luisa Futoransky und Juan Manuel de Prada. In: *Romanistische Zeitschrift für Literaturgeschichte / Cahiers d'Histoire des Littératures Romanes* (Heidelberg) XXV, 3–4 (2001), S. 429–465.

> An diesen Erinnerungen bleibe ich gewöhnlich nicht hängen. Nach langen Jahren haben sie die Macht verloren, mich zu erreichen: Die Zeit hat sie neutralisiert. Sie konnten das Leben nur verformt, fast unkenntlich wiederfinden und hatten im Verlauf ihrer Verformung einen obszönen Sinn angenommen.[3]

In dieser autobiographischen Rückschau des realen Autors Georges Bataille wird deutlich, wie sehr in die fiktionale Geschichte, in die Novelle, autobiographische Elemente Eingang gefunden haben. Nicht zu Unrecht könnte man darauf verweisen, dass wir in diesen autobiographischen Passagen eine Vielzahl von Textelementen finden, die Bataille einer dreifachen, von der Psychoanalyse Sigmund Freuds analysierten Arbeit unterworfen hat, nämlich jener von Verschiebung, Verdichtung und Verdrängung. In diesen Verfahren aus Freuds *Traumdeutung* erkennen wir leicht jene literarischen Verfahren, welche in diese Novelle eingeflossen sind.

In den bereits oben angeführten Passagen wird erkennbar, wie stark die Erfahrungen des jungen Bataille körperlicher Natur sind, wie sehr ihm der Körper seines blinden und fast völlig hilflosen, zu guter Letzt dem Wahnsinn verfallenen Vaters gegenwärtig ist, und wie sehr die körperlichen Funktionen notwendig in dieses literarische Schreiben Eingang fanden. Zugleich bemerken wir einen Willen, alles zu sagen, alles zum Ausdruck zu bringen, nichts zu verbergen oder zu beschönigen. Diese „volonté de tout dire" ist ohne jeden Zweifel das Charakteristikum des Schreibens von Georges Bataille. Eine Tatsache, die in keiner Weise weit entfernt ist von eben derselben, freilich zeithistorisch bedingt sich anders äußernden autobiographischen „écriture" jenes Schöpfers der modernen Autobiographie, der mit dem Buch in der Hand einstmals vor seinen Schöpfer – durchaus in der Position des Anklagenden – trat: Jean-Jacques Rousseau.[4] Bataille befindet sich in diesem Schreiben folglich in guter Gesellschaft und in einer langen literarisch-philosophischen Tradition. Die Radikalität seines autobiographischen Schreibaktes ist jedoch prononcierter.

Die durchaus vorromantische Tradition Rousseau'scher Provenienz beinhaltet bei Bataille noch zumindest zwei weitere Elemente. Zum einen ist sein Schreiben geknüpft an das Brechen gesellschaftlicher Tabus und verlangt nach einer grundlegenden Revolution, die noch weit über das hinausgehen sollte, was die Surrealisten – die Bataille stets als simple idealistische Idioten abtat – gefordert hatten. Und zum anderen war es ein Zeitgenosse Rousseaus, der Marquis

3 Bataille, Georges: Réminiscences. In (ders.): *Œuvres complètes I*, S. 607 f.
4 Vgl. das Rousseaus Autobiographie gewidmete Kapitel in Ette, Ottmar: *LiebeLesen. Potsdamer Vorlesungen über ein großes Gefühl und dessen Aneignung.* Berlin – Boston: Verlag Walter de Gruyter 2020.

de Sade, der ihn in einer interessanten Konstellation dieser beiden Männer des 18. Jahrhunderts zu einem Schreiben führte, in welchem sich das Revolutionäre mit dem Autobiographischen und das Körperliche mit dem Psychologischen (und vielleicht auch mit dem Psychiatrischen) verbindet. Gleichzeitig sehen wir, dass gerade bezüglich der letztgenannten Dimension die Distanz zwischen Breton und Bataille gar nicht so riesig und unüberwindlich war.

Ziel des Schreibens von Bataille war dabei die literarische Erfassung des Obszönen, mithin dessen, was in der Literatur eigentlich nicht mehr ‚erlaubt' ist. So wie seine Schriften sich ständig zwischen Roman, Abhandlung, Pamphlet oder Essay hin und her bewegten, so akzeptierte er auch auf anderen Gebieten keine Grenzen. Grenzen boten für ihn stets den Grund für Grenzübertretungen. Der Anspruch des Schreibens von Bataille war immer total und absolut. Er wollte eine Art Nacktheit zum literarischen Ausdruck bringen, die keineswegs musealen und voyeuristischen Charakter besitzt, sondern grundsätzlich auf das in einer bestimmten Epoche nicht mehr Darstellbare abzielt. Sein Schreiben stand stets im Zeichen der „Verausgabung", eines wichtigen Theorems der Philosophie und Literaturtheorie dieses französischen Schriftstellers.

So blieb das Obszöne kein Betriebsunfall, sondern ein gewolltes Ziel seines grenzüberschreitenden Schreibens. Vor diesem Hintergrund verstehen wir besser, warum es bei Bataille gegenüber André Breton eine grundlegende Inkompatibilität gab, warum Bataille dem ‚Chef' des französischen Surrealismus vorwerfen konnte, nicht nur ein Diktator im intellektuellen Feld zu sein, sondern zugleich auch ein Moralist, Purist und Idealist, der keineswegs eine wirklich fundamentale Revolution vorhabe. Innerhalb eines solchen Kontexts wird auch verständlich, warum Bataille mit seiner 1929 gegründeten Zeitschrift *Documents* zu einem Hort für die ausgestoßenen, die radikaleren, die dissidenten Surrealisten werden konnte und warum seine Zeitschrift zu einer wahren „machine de guerre" gegen Bretons erfolgreiche Truppe werden musste. Es wird klar, warum später der Surrealismus Bretons so sehr auch auf dem öffentlichen nationalen Parkett glänzen konnte, während Bataille stets – wie Mario Vargas Llosa gleich zu Beginn seines schönen Essays über Bataille schrieb – ein Schriftsteller für Minderheiten blieb und wohl auch immer bleiben werde.[5] Daran hat sich auch bis heute nichts geändert.

Georges Bataille, ein Marginalisierter also, gar ein Ausgestoßener? Das ist gleichzeitig richtig und verkehrt. Denn diese Minderheitenrolle von Bataille war

---

5 Vgl. Vargas Llosa, Mario: Sobre Bataille: respuesta a García Ponce. In (ders.): *Contra viento y marea II (1972–1983)*. Barcelona: Seix Barral 1983, S. 131–134 (der Artikel stammt aus dem Jahre 1979).

sehr einflussreich, insofern er mit seinem Denken in der Tat die Neo-Avantgarde der Philosophie grundlegend beeinflusste, die sich im Zeichen des Poststrukturalismus in der zweiten Hälfte des 20. Jahrhunderts aufmachte, mit den alten Grenzen einer idealistischen wie materialistischen Philosophie endgültig Schluss zu machen. So hat er herausragende Denker wie Michel Foucault, Roland Barthes oder Gilles Deleuze und Jacques Derrida sowie viele andere mehr außerhalb der Grenzen Frankreichs fundamental beeinflusst und entscheidend mitgeprägt.

Es gibt im Verlauf von *Histoire de l'Œil* eine Reihe von Szenen, die ich Ihnen im Rahmen unserer Vorlesung lieber nicht vorstellen möchte. Sie können sich ja jederzeit diesen Band, den ich Ihrer aufmerksamen Lektüre anempfehle, selbst vornehmen! Sie haben faktisch alle erotischen Stellungen menschlicher Körper literarisch vor sich: in Form der Masturbation, des Geschlechtsverkehrs, des Analverkehrs, des Beischlafs mit Tieren, der Verbindung mit einer langsamen Strangulierung, einer sadistischen wie masochistischen Zurschaustellung sexueller Erregung und Befriedigung und vieles mehr … Es handelt sich um eine Fülle an Szenen, die gerade im Rahmen einer Vorlesung nicht jedermanns und ‚jederfraus' Sache sind. Ähnlich wie beim Marquis de Sade hat man in den sechziger Jahren zunehmend versucht, diese Szenen als eine Art Sprache zu verstehen, wobei die einzelnen menschlichen Körper gleichsam eine Grammatik der Figuren aufführen, welche abstrakt, von den Körpern also abgezogen, zu Kunstwerken werden. Dies hat sicherlich dazu beigetragen, neben dem Marquis de Sade auch Georges Bataille nicht allein in seinen theoretischen Texten schulfähig und hoffähig zu machen. Mann und Frau sollten sich freilich dem schonungslosen Tabubruch Bataille'schen Schreibens unmittelbar und nicht abstrahierend aussetzen, um die ganze Tragweite einer derartigen „écriture" zu erfassen.

Ich möchte Ihnen zum Abschluss unserer Beschäftigung mit Georges Bataille nicht das einigermaßen schreckliche Ende vorführen, das Simone, der Ich-Erzähler und ein voyeuristischer englischer Lord in Sevilla erleben. Bataille ließ in diese Szenerie seine Erlebnisse in der Stierkampfarena zu Madrid einfließen, wo er den Tod des jungen Toreros mitansehen musste. In Batailles Fiktion begehen diese drei Protagonisten einen langsamen Ritual- und Sexualmord an einem Priester, der nach allen Regeln der Kunst zunächst verführt und dann martyrisiert wird. Tötete Bataille in dieser Szene den Priester in sich selbst, der er wohl immer noch war? Ich will Ihnen auch nicht davon berichten, dass die Dreierbande dann schließlich aus Spanien fliehen kann, ohne erwischt zu werden, und so auch in Zukunft ihr düsteres Treiben fortsetzen kann. Denn am Ende kauft Lord Edward eine Yacht, mit Hilfe derer man mit einer schwarzen Besatzung dann Kurs auf neue Tabubrechungen nimmt.

Nein, ich möchte mit Ihnen auch nicht jene spezifisch spanische Dimension erforschen, in welcher aus französischem Blickwinkel Spanien immer für eine unterdrückte, dann aber leicht explosive Sexualität steht, die stets unter einem seltsam fixierten Himmel, in praller Sonne und mit voller Gewalt, vonstattengeht! Aber ich gebe Ihnen doch einen gewissen Vorgeschmack hierauf in einer Szene, die natürlich ‚typisch spanisch‘ ist und sich in der Arena von Madrid zuträgt, kurz bevor die drei verbrecherischen Tabubrecher in Richtung Sevilla weiterfahren. Dabei ist die Stierkampfarena natürlich jener Ort, an dem sich Gewalt und Tod, Lust am Tod und Lust an der Liebe, Brutalität und eruptive Sexualität miteinander verbinden und vermengen.

Einen ersten Höhepunkt bildet in diesem Handlungsstrang jene Szene, die Georges Bataille nach eigenen Angaben direkt erlebt haben will, nämlich das schreckliche Ende eines jungen spanischen Torero vor den Augen einer in jeglicher Hinsicht erregten Menschenmenge. Wichtig zum Verständnis der Szenerie ist, dass sich nach dem Tod des ersten wilden Stiers Simone durch Lord Edward die Stierhoden *auf einem Teller* – und Sie verstehen die Wiederholungsmechanismen im Text sofort! – hatte bringen lassen, nicht etwa um sie aufzuessen (was man in Spanien übrigens bis heute tut), sondern um sich wie in der Eingangsszene auf sie zu setzen und damit das eigene Geschlecht zu befriedigen. Nun aber kommt es in der Folge zu einer seltsamen Koinzidenz. Denn diese runden Formen kehren wieder in den Augen jenes begehrten und anziehenden spanischen Stierkämpfers namens Granero, der vor aller Augen ein grausames Ende findet. Die literarische Szene ist übrigens datiert auf den 7. Mai 1922 und lebt ganz in surrealistischer Manier von den vielen Koinzidenzen, Déjà-vus und Überschneidungen, welche der Text mit seinen Freud'schen Überdeterminierungen und Traumsymboliken produziert und inszeniert:

> Was folgte, fand ohne Übergang statt und sogar augenscheinlich ohne jede Verbindung, nicht dass die Dinge nicht miteinander verbunden gewesen wären, sondern weil ich sie wie ein Abwesender sah. Ich sah zu meinem Grauen binnen weniger Augenblicke Simone in eine der Hodengloben beißen, Granero vorrücken, wie er dem Stier das rote Tuch zeigte; dann sah ich Simone, der das Blut in den Kopf gestiegen war, in einem Augenblick von schwerer Obszönität ihre Scheide enthüllen, wohin die andere Stierhode verschwand; dann sah ich Granero umgestoßen, unter der Balustrade an die Wand gedrückt, dann stießen auf dieser Balustrade die Stierhörner dreimal zu: Eines der Hörner stieß in das rechte Auge und den Kopf. Der entsetzte Aufschrei der Arena fiel mit dem Höhepunkt von Simone zusammen. Vom Steinpflaster erhoben, schwankte sie und fiel, die Sonne machte sie blind, sie blutete aus der Nase. Einige Männer stürzten herbei, packten Granero.
> Die Menge in der Arena war komplett aufgesprungen. Das rechte Auge des Kadavers hing herunter.[6]

---

6 Bataille, Georges: *Histoire de l'Œil*, 596 f.

Sie haben nun einen plastischen Eindruck von der Gewalt der Sprache, deren sich Georges Bataille bedient. Es ist eine Sprache, die in ihrer ungeglätteten Brutalität alles mit sich fortreißt und keinerlei Nuancierung duldet: Atemlos werden die einzelnen Ereignisse zum Teil asyndetisch hintereinander geschaltet, ohne doch logisch und kausal miteinander verbunden zu sein. In dieser Szene, in deren Mittelpunkt die augenförmigen, eiförmigen Gegenstände stehen, ist der Ich-Erzähler mit Hilfe seiner Augen – beachten Sie das Insistieren auf dieser Augenzeugenschaft von Beginn der Passage an mit ihren Rekurrenzen des Lexems „voir" – der „témoin" einer Überlagerung geradezu tagtraumartig erscheinender Bildsequenzen, die sich a-kausal überlagern.

Die blutig-erotische Dimension überschneidet sich in dieser Szenerie mit einer Gewalttätigkeit, die deutlich an den surrealistischen Film *Le chien andalou* von Buñuel und Dalí erinnert: Nicht umsonst hatte auch dort – Sie erinnern sich bestimmt! – das Auge in jener Szene seines Aufschneidens mit Hilfe eines Rasiermessers im Zentrum gestanden. Das zuerst von einer Wolke und dann, in einer bildhaften Überschneidung, von einem Rasiermesser aufgeschnittene Auge koinzidiert mit der brutalen Todesart des Torero, dessen Kopf und Augenhöhle von einem Stierhorn durchbohrt wird.

Doch dieser grässliche Tod des Toreros fällt im Text Batailles mit dem Höhepunkt Simones, mit der gleich zweifachen Einverleibung der Stierhoden, zusammen. Simones Lust, die zuvor bereits durch den Erzähler zwar brutal, aber offenkundig nicht ausreichend befriedigt worden war, wird so bis zum Äußersten gesteigert und koinzidiert mit dem Tod des Stierkämpfers, wobei sich zwischen beiden eigentlich unverbundenen Serien geradezu ein kausaler Nexus zu etablieren scheint. Dieser Nexus entsteht nicht nur durch die Koinzidenz in zeitlicher und räumlicher Hinsicht, sondern eben auch durch die Parallelität der ei- oder augenförmigen Gegenstände, die ja auch im Zentrum des Titels dieser Novelle stehen. Wenden wir uns daher kurz diesen plastisch geschilderten Formen von Auge, Stierhoden und „globes" zu.

Denn das Auge steht für den menschlichen Gesichtssinn, das Sehen, und ist zugleich ein Teil des menschlichen Gehirns, mit dem es durch die Augenhöhlen direkt verbunden ist. Das Auge ist in der Tradition der europäischen Mystik das Fenster zur Seele, steht aber zugleich auch für die Sonne ein, deren runde Form es besitzt. In einer langen literarisch-philosophischen Tradition wurde die Strahlkraft des Auges mit jener der Sonne in eins gesetzt, stellte man sich doch vor, dass der Mensch allein auf Grund der Strahlkraft seiner Augen sehen könne. Erlahmte oder erlosch diese, so wurde der Mensch – wie der Vater von Georges Bataille – blind. Seit der kleine Junge die Blindheit seines Vaters hautnah erlebte, war das Auge ein traumatisch immer wiederkehrendes Objekt in seinem Denken wie in seinem späteren Schreiben.

Gleichzeitig aber stand der Augapfel mit dem Erdapfel in Beziehung, stand also der Globus des Auges für den der Erde ein und umfasste dergestalt eine ganze Welt, einen ganzen Kosmos, der sich in allen Teilen dieses Universums, beispielsweise in den Sternen, wie am menschlichen Körper, etwa in Form der Hoden des Mannes, *figural* wiederfinden ließ. Auf diese Weise steht diese Kugel- oder Eiform als Pars pro toto für ein ganzes Universum, für den ganzen Menschen, den ganzen Körper ein, der in seiner Kraft und Stärke evoziert wird. Daher rührt auch die nach heutigem medizinischem Wissen irrige Vorstellung, der zufolge die männliche Kraft in diesem Organ lokalisiert sei.

Auf eben dieser Ebene entsprechen sich in der *Histoire de l'Œil* die Geschlechtsorgane von Mann und Frau. So wird ganz am Ende die Scheide Simones für den Ich-Erzähler jene Form eines menschlichen Auges annehmen, in dem dann plötzlich für ihn das blaue Auge der früher bei derartigen Spielen ums Leben gekommenen Marcelle sichtbar wird. Ein Auge, ein Globus, verbirgt viele Augen, viele Globen. Zweifellos: *Histoire de l'Œil* ist ein Grenztext, der die von den Surrealisten verkündete Revolution noch wesentlich grundsätzlicher und offensiver aufnimmt, ja auskostet. Und diese eklatante Differenz wird gerade anhand der fast gleichzeitig entstandenen Texte *Nadja* und *Histoire de l'Œil* im wahrsten Sinne des Wortes augenfällig. Sie bildet durchaus den Grund dafür, Georges Bataille im Kontext des Surrealismus zu behandeln, auch wenn er selbst dieser Gruppe und Truppe der historischen Avantgarde nur sehr kurzzeitig nahe gestanden und sie lange Zeit bekämpft hatte.

Vehement und offensiv nahm bekanntlich Breton nicht nur in seinem *Second Manifeste du Surréalisme* den Kampf gegen Bataille auf. Es macht im Rahmen unserer Vorlesung keinen Sinn, die gegenseitigen Anfeindungen der beiden in aller Genauigkeit zu verfolgen. Gewiss war die Gegenattacke Batailles und seiner Freunde rund um die Zeitschrift *Documents* sehr schön, mit Hilfe etwa ihres wohlgezielten Pamphlets *Un Cadavre* Schaden bei den Surrealisten anzurichten, spielte dieser Text doch schon im Titel auf Bretons und Aragons herbe Attacken gegen Anatole France zehn Jahre zuvor an. Wir können auch nicht eingehen auf die zeitweilige, aber eher kurzzeitige Zusammenarbeit rund um die Gruppe „Contre-Attaque", die recht ergebnislos unter Führung Batailles versuchte, eine Einheit der – wie es hieß – „revolutionären Intellektuellen" gegen den überall aufkeimenden Faschismus herzustellen. Wichtig ist mir vor allem, dass Sie die *strukturelle* Verwandtschaft zwischen diesen beiden großen französischen Vertretern avantgardistischer Positionen im Magnetfeld des Surrealismus verstehen! Aufschlussreich ist in diesem Zusammenhang bereits, was Breton Bataille 1930 in seinem *Second Manifeste* vorzuwerfen hatte. So möchte ich unsere Auseinandersetzung mit dem Surrealismus in Bezug auf die französischen Primärtexte mit einem Auszug aus einem avantgardistischen Manifest beenden, wie es sich für eine abschließende Auseinandersetzung mit der Epoche der historischen Avantgarden gehört. Dies bedeutet freilich nicht, dass in unserer Vorlesung André Breton – wie in so vielen anderen Geschichten der Avantgarden und des Surrealismus – das letzte Wort behalten soll:

> Herr Bataille interessiert mich ausschließlich in dem Maße, in dem er sich schmeichelt, sich gegen die harte Disziplin des Geistes aufzulehnen, der wir offenbar alles unterzuordnen suchen – und wir erblicken keinen Nachteil darin, dass dafür hauptsächlich Hegel verantwortlich gemacht wird –, eine Disziplin, der es nicht einmal gelingt, als eher feige zu erscheinen, tendiert sie doch dazu, jene des Nicht-Geistes zu sein (und genau darauf wartet im Übrigen Hegel). Herr Bataille verweist öffentlich darauf, nur das auf der Welt in Betracht ziehen zu wollen, was das Gemeinste, das Entmutigendste und das Korrumpierteste ist [...].
> Es amüsiert mich im Übrigen zu denken, das man aus dem Surrealismus nicht herauskommen kann, ohne über Herrn Bataille zu stolpern, insofern es wahr ist, dass die Abscheu vor der Strenge sich nur in eine neuerliche Unterwerfung unter die Strenge übersetzen lässt.
> Mit Herrn Bataille, daran ist nichts neu, sehen wir eine offensive Rückkehr des alten antidialektischen Materialismus kommen, der dieses Mal versucht, sich kostenlos einen Weg durch Freud zu bahnen.[7]

Die Attacken André Bretons zielen zunächst vor dem Hintergrund des eigenen Organisationsgrades gegen eine sich um Bataille scharende Gruppe, welche bei weitem nicht die strenge Organisation der „surréalistes" erreicht hatte oder besser erreichen wollte. Die Positionskämpfe der französischen Surrealisten im literarisch-künstlerischen Feld hatten bereits 1929 zu einer direkten Kampfansage an die damals rivalisierende Zeitschrift *Le Grand Jeu* geführt, wobei die Surrealisten unter der Führung Bretons eine Gruppendisziplin erreichten, welche sich auf zwei Ebenen klar abzeichnete. Zum einen auf der Status-Ebene ihrer künstlerisch-gesellschaftlichen Zusammengehörigkeit als surrealistische Künstler und Schriftsteller, zum anderen auf Ebene ihrer Zugehörigkeit zur Kommunistischen Partei Frankreichs. All dies unterschied die Surrealisten deutlich von jener außerhalb derartiger Strukturen stehenden Gruppe um die von Bataille geführte Zeitschrift *Documents*, der sich – wie Breton auch im Manifest festhielt – unter anderem die abtrünnigen Surrealisten Desnos, Leiris, Limbour, Masson oder Vitrac angeschlossen hatten. Dies waren, dessen war sich André Breton sehr wohl bewusst, herausragende Autoren und Künstler, die nicht mehr zum Establishment des Surrealismus gehörten, aber gleichwohl Karriere machten und bis heute wichtige Vertreter aus dem Umfeld des Surrealismus darstellen.

Kein Zweifel kann daran bestehen, dass Breton in Bataille und der Zeitschrift *Documents* zum damaligen Zeitpunkt die gefährlichsten Gegner seines eigenen

---

7 Breton, André: *Les manifestes du surréalisme*. Paris: Le Sagittaire 1955, S. 90 f.

‚institutionalisierten' Surrealismus sah. Daher auch der Kampf um Hegel, den sowohl die Surrealisten als auch Bataille, der Hegel mit den Augen und als Schüler von Kojève gelesen hatte, für sich gleichermaßen reklamierten. Der zweite Vorwurf Bretons zielt auf die Inhalte literarischer Darstellungen Batailles ab, und man darf sehr wohl festhalten, dass die Argumente Bretons alles andere als revolutionär waren: Sie sind im Grunde konventionell, kleinbürgerlich und bis ins Detail jenen vergleichbar, welche ein halbes Jahrhundert zuvor der psychologische Roman gegen den siegreich vordringenden Naturalismus vorgebracht hatte. Georges Bataille sollte also marginalisiert werden, weil er sich mit dem Übelriechenden der Gesellschaft einließ.

Andererseits war klar, dass in der Überkreuzung beider Argumentationsebenen gegen den Vorwurf des Idealismus, den Bataille und andere dem Surrealismus machten, nun der Vorwurf des Materialismus errichtet wurde, der alles undialektisch auf bloße Materie reduziert wissen wolle. Die ausgetauschten Argumente und die damit jeweils verbundenen Vorwürfe waren schlicht vorhersehbar und keineswegs original. In Bretons Angriffslinie sehen wir deutlich die Attacke gegen die Betonung des Materiellen im Sinne des Physisch-Körperlichen, welche als Zurschaustellung des Gemeinen, Unappetitlichen verunglimpft wird. Was damit wirklich gemeint ist, wissen wir nach unserer Lektüre von *Histoire de l'Œil* freilich besser! Dass man gerade diese Materialität aber auch entmaterialisieren und einer gegenüber der Lesart André Bretons ganz anderen Lektüre unterziehen kann, soll unser letzter Schritt in diesem Kapitel zeigen.

In seinem als Hommage an Georges Bataille in der Zeitschrift *Critique* 1963 erstmals veröffentlichten Text *La métaphore de l'œil*[8] betonte der französische Kulturkritiker und Schriftsteller Roland Barthes von Beginn an, dass Bataille in seiner *Histoire de l'Œil* nicht die Geschichte des Erzählers, Simones oder Marcelles geschrieben, sondern vielmehr dargestellt habe, wie ein Objekt, ein Gegenstand, eine eigene Geschichte haben könnte. Damit führte Barthes gleich vom Anfang seines Essays an eine gewisse Entkörperlichung und Abstraktion ein, welche Batailles Novelle sicherlich absichtsvoll entschärft. Bataille habe die Migrationen des Auges zu anderen Objekten dargestellt und habe damit nicht mehr den Gegenstand einer Imagination, sondern die Imagination selbst beschrieben.

Diese als abstrakt zu bezeichnende Sichtweise eröffnete in der Tat eine spannende Untersuchungsperspektive, die freilich zugleich die erotische Dimension zwar nicht ausklammerte, aber doch in den Hintergrund schob, so als stünde sie nicht vom Vorwort Batailles an im Mittelpunkt der Novelle. Aus zum dama-

---

8 Vgl. Barthes, Roland: La métaphore de l'œil. In (ders.): *Œuvres critiques*. Edition établie et présentée par Eric Marty. Bd. I. Paris: Editions du Seuil 1993, S. 1346–1351.

ligen Zeitpunkt strukturalistisch-linguistischer Sicht sah Barthes die Variationen eines gewissen Terms, welcher durch bestimmte Substitutionsmechanismen ersetzt werden könne: ein gewiss überraschender linguistischer Vorgang, mit dem Barthes einen neuen Lektüremodus von Bataille eröffnete. Denn alles ist in gewisser Weise „globuleux", zugleich aber auch „dissemblable".

So seien wie in einem Paradigma von Georges Bataille die Substitute des Auges konsequent durchdekliniert worden. Das zeige sich schon in der ersten Variation zwischen Auge und Ei, die im Französischen ja als „œil" und „œuf" ja auch in großer lautlicher Nähe zueinander stehen. Wir hatten die große Bedeutung derartiger Verknüpfungen für Bataille bereits am Beispiel „assiette" (welche in der späteren Szene der Stierkampfarena wiederkehrt) und „assoir" gesehen. Parallel zu dieser ersten metaphorischen Kette zwischen „œil" und „œuf" verlaufe eine zweite, jene der damit jeweils verbundenen Flüssigkeiten (also von der Milch über die Tränen bis zum Sperma), wobei die eine Kette stets die andere aufrufe. Signifikant ist hierbei auch, dass die Sonne mit ihrer physischen Gewalt – anders als in den germanischen ist in den romanischen Ländern ,die liebe Sonne' nicht weiblich, sondern hart, gewalttätig und männlich – zugleich trocken und ei- oder augenförmig ist, sich also sehr wohl in diese Kette von „objets" eingliedert, welche eine komplexe und vieldeutige Isotopie bilden.

Innerhalb dieser hochgradig vernetzten Isotopie gibt es aber kein zentrales Signifikat, auf das alles zurückgeführt werden könnte, schon gar nicht das Erotische oder Sexuelle, das – so Barthes – hier keineswegs im Zentrum stehe, so dass sich alles von ihm ableiten lasse. In gewisser Weise herrsche das Auge aber unverkennbar vor, denn es steht im Titel der Bataille'schen Novelle – und schließlich war Batailles Vater, wie es direkt in der von uns untersuchten *Reminiscence* angeführt wurde, blind. Bei ihm wurde das Weiße im Auge sichtbar, wenn er vor dem Kind urinierte. Also könne es sich – so Barthes weiter – letztlich höchstens um eine Verbindung zwischen dem Okulären und dem Genitalen handeln.

Ich möchte mich an dieser Stelle nicht auf die Abgrenzung zwischen Bataille und dem Marquis de Sade konzentrieren, die Barthes gegen Ende seines Essays sehr hellsichtig durchführte, sondern auf einen Kern seiner strukturalistischen Analyse. Lassen Sie mich hier nur ein kleines Beispielszitat einfügen:

> Diese Kunst ist keineswegs eine Spielerei, insofern sie sich, wie es scheint, mit dem Erotisierenden selbst, zumindest mit dem von Bataille, vermischt. Gewiss kann man sich für das Erotisierende andere als linguistische Definitionen vorstellen (und Bataille selbst hat dies gezeigt). Aber wenn man als *Metonymie* jene Übersetzung von Sinn bezeichnet, die sich von einer Kette auf eine andere abspielt, *auf verschiedene Ebenen der Metapher* (*das Auge, an dem wie an einer Brust gesaugt wird, mein Auge zwischen ihren Lippen trinken*), dann wird man ohne Zweifel einräumen, dass das Erotisierende bei Bataille im wesentlichen metonymischer Natur ist. Da die poetische Technik hier darin besteht, die üblichen Kontiguitäten

von Objekten abzustreifen, um dafür neue Treffen zu substituieren, welche freilich durch die Persistenz eines einzigen Themas im Inneren jeder Metapher begrenzt sind, kommt es zu einer Art allgemeiner Ansteckung von Qualitäten und Handlungen [...]. [9]

An dieser Stelle wird deutlich, wie die Neo-Avantgarden (für die Roland Barthes hier stellvertretend stehen mag) die alten, historischen Avantgarden ihrerseits dazu benutzen, um bislang unbedachte und nicht mehr zentrierte Sinnsysteme zuerst einzuführen und gleichzeitig noch weiterzudenken, dabei aber kontinuierlich in ihrer Ausrichtung und Zielstellung *bewusst zu verstellen*.[10] Denn durch diese gezielte Verstellung verschwindet die ganze Wucht dieses Textes mit seinen immens schockierenden Bildern in einem linguistisch-strukturalistischen Schema, das nur noch Modi der Kommunikation von Metapher und Metonymie, von Similarität und Kontiguität, von Austausch und Überkreuzung kennt. Dieses linguistisch inspirierte Schema aber ist an keine physische, hautnahe Körperlichkeit mehr rückgebunden: Von eben dieser körperlichen Leibhaftigkeit ist es bewusst *abgezogen*, wirkt folglich abstrakt und nicht mehr provozierend oder schockierend.

Lassen Sie mich mit diesen Reflexionen zu einer Schlussüberlegung dieser Vorlesung vorstoßen, die mit Georges Bataille sicherlich an einen Grenz-Text der Moderne und zugleich an eine Grenze gekommen ist, welche in der Folge zumindest von den historischen Avantgarden eigentlich kaum noch überboten werden konnte! Wir befinden uns an einem Punkt der Vorlesung, an welchem sich das Scharnier zwischen Moderne und Postmoderne vorzüglich zu bewegen scheint. Genau an diesem Bewegungsscharnier der Moderne aber werden wir uns nun in den folgenden Sitzungen eine ganze Weile aufhalten.

Doch bevor wir uns den diesen Teil abschließenden Überlegungen zuwenden, sei nicht vergessen, dass sich aus jener dargelegten Kombinatorik von Lust und Tod, von Eros und Thanatos, von Rituellem und Textuellem das besondere Interesse Georges Batailles auch und gerade an kulturellen Praktiken erklärt, die sich außerhalb Europas ansiedeln. Er ist darin ein getreuer Weggenosse eines anderen ,abtrünnigen' Surrealisten, Antonin Artaud, der sich (wie im Übrigen auch Breton selbst) Mexiko zuwandte und dort nach bewusstseinserweiternden, die abendländische Logik radikal durchbrechenden Kulturelementen und Stoffen suchte.

---

9 Barthes, Roland: La métaphore de l'œil, S. 1350.
10 Vgl. hierzu Ette, Ottmar: Der Schriftsteller als Sprachendieb. Versuch über Roland Barthes und die Philosophie. In: Nagl, Ludwig / Silverman, Hugh J. (Hg.): *Textualität der Philosophie: Philosophie und Literatur.* Wien – München: R. Oldenbourg Verlag 1994, S. 161–189.

In den Riten und Regeln des haitianischen Voodoo, mehr aber noch in den Opferriten der Azteken erblickte Georges Bataille durchaus jene Kombinatorik von Tod und Lust, Anstauung und Verausgabung, die ihn hemmungslos interessierte: jene Art der „dépense", die er in seinen eigenen Figurenkonstellationen mehrfach zu entwerfen, zu analysieren und vor allem theoretisch zu verarbeiten versuchte. Der Surrealismus – und gerade auch der dissidente Surrealismus – öffnete sich in sehr grundlegender Weise gegenüber Kulturen und Kulten, weniger aber den Literaturen Außereuropas, auch wenn er diese Öffnung gegenüber dem Transkulturellen – der Begriff stammt just aus dem Jahr 1940 und aus ebendiesem geographischen Raum der Karibik – noch in einer fundamental abendländischen und eurozentrischen Weise vollzog.

Mit dieser Öffnung auf das Transkulturelle aber inaugurierte und schuf er jene Möglichkeiten, die uns heute noch in Bann halten. So beginnen die historischen Avantgarden, jene Beziehung zwischen den Welten des Abendlandes und der nicht-okzidentalen Welt auf eine radikal andere Weise im Zeichen einer transkulturellen Transformation zu denken, insofern diese Relation nicht mehr als Bruch, sondern als Kontiguität imaginiert und vorgestellt werden kann. Erneut geht es bei diesem Erleben anderer kultureller Erfahrungsweisen um eine Versöhnung von Kunst und Leben, von Literatur und Leben, wie wir sie in künftigen Sitzungen unserer Vorlesung zu besprechen haben werden. Auch dies bestätigt einmal mehr unsere These, dass das Lebenswissen der historischen Avantgarden auch in der zweiten Hälfte des 20. Jahrhunderts und im Übrigen bis heute höchst präsent und aktuell ist.

Mit anderen Worten: Es ist die Suche nach einer anderen Logik, die nicht mehr die eines Bruches, sondern einer weiteren und erweiterten, viellogischen Logik ist, die sich uns öffnet als eine ebenso radikale wie fundamentale Möglichkeit, aus der eigenen Ästhetik des Bruches und der okzidentalen Zielstrebigkeit auszubrechen. Max Aubs *Jussep Torres Campalans* wird uns später wichtige Erkenntnisse und Einsichten in diese Komplexität der Beziehungen liefern. Wieviel Romantik auf der anderen historischen Seite noch immer in den historischen Avantgarden steckt, mag man zweifellos an der Idealisierung dieser außereuropäischen Welten ermessen, denen sich im Gefolge dann Anthropologen und Ethnologen wie Michel Leiris widmeten. Doch der Surrealismus versuchte zum ersten Mal radikal, dieses Denken in irgendeiner Weise auf unsere eigene Gegenwart, unsere eigene europäische Welt zu beziehen. Er öffnete damit ein Tor, das in unserer gegenwärtig wieder kleiner werdenden europäischen Welt noch längst nicht völlig aufgestoßen ist. Doch wollen wir in unserer Vorlesung auch weiterhin versuchen, für diese Öffnung eine Lanze zu brechen.

Teil 2: **Zwischen Moderne und Postmoderne**

Zu Beginn dieses zweiten Teiles unserer Vorlesung, welcher dem komplexen Zusammenspiel von Moderne und Postmoderne gewidmet ist, soll es im Kern zunächst um Möglichkeiten und Grenzen begrifflicher Definitionen (und Abgrenzungen) zwischen drei Termen, drei Begrifflichkeiten gehen: Avantgarde, Postavantgarde und Postmoderne. Ich werde diese Frage ins Zentrum dieses Auftakts stellen, zu einem späteren Zeitpunkt aber erneut auf diese Fragestellung aus veränderter Perspektive zurückkommen.

Nicht erst *nach* den historischen Avantgarden, sondern bereits im französischen Surrealismus und damit während der vielleicht einflussreichsten und wirkmächtigsten Epoche der europäischen historischen Avantgarden überhaupt, wurden – wie wir bei André Bretons *Nadja* sahen – Elemente und Dynamiken deutlich, welche eine Ästhetik des Bruches im Sinne von Peter Bürgers *Theorie der Avantgarde* vermieden. Diese Dynamiken ebneten den Weg für ein differenziertes Wechselverhältnis zwischen den historischen Avantgarden, der oder den Postavantgarde(n) und schließlich auch und gerade der Postmoderne (wie den Postmodernen) im Rahmen der sich ausbildenden Literaturen der Welt.[1] Ich werde später noch einmal, anknüpfend an die von Georges Bataille in seiner Novelle *Histoire de l'Œil* vorgetragenen Begrifflichkeiten, auf diesen Übergang rückblickend eingehen. An dieser Stelle aber soll es um das komplexe Verhältnis zwischen historischen Avantgarden, europäischen wie außereuropäischen Postavantgarden und literarischen Entwicklungen gehen, die wir unter dem etwas unscharfen Begriff der Postmoderne – die ich als eine abgeschlossene Periode der Moderne verstehen werde – fassen können.

Mit anderen Worten: Es geht in dieser Phase im Wesentlichen um eine Überwindung von Ästhetiken, die sich ausschließlich oder vorwiegend am Bruch, an der „rupture" mit einer bestimmten Tradition, orientieren. Wollte man es pointiert ausdrücken und ein klein wenig zuspitzen, so ließe sich dies auch in eine Frage kleiden: Wie kam es zu einem mehr oder minder sanften Bruch mit den Ästhetiken des Bruches? Und mit welchen Begrifflichkeiten ließe sich diese Übergangsepoche insbesondere im Bereich der Literaturen näher umschreiben?

Wie in allem, was in unserem Vorlesungszyklus noch folgen wird, geht es hier im Kern mehr um vielfältige Formen der Anknüpfung als um die unterschiedlichsten Variationen des Bruchs, mehr um eine Kommunikation als um einen Kommunikationsabbruch, mehr um die verschiedenartigsten Möglichkeiten literarischer Konvivenz (sowie um das, was Jacques Derrida als die „déconstruction" bezeichnete) als um eine zerstörerische Destruktion. Dieser komplexe Übergang ist, so

---

1 Vgl. hierzu Ette, Ottmar: *WeltFraktale. Wege durch die Literaturen der Welt.* Stuttgart: J.B. Metzler Verlag 2017.

scheint mir, für den Verlauf der zweiten Hälfte des 20. Jahrhunderts wegweisend geworden und bis heute in seinem Impuls, seiner Antriebskraft noch nicht abgearbeitet. In eben diese Richtung der literarisch-künstlerischen Entwicklungen will ich Sie aber gerne blicken lassen! Es handelt sich dabei um Entwicklungen „de longue durée" oder „de moyenne durée", weniger um kurzatmige Phasen, welche man literarhistorisch ohnehin nur schwer in einen Ablauf integrieren kann. Mir scheint übrigens, dass sich auf diesem Terrain ein reiches Feld für wissenschaftliche Forschungen – gerade auch für wissenschaftliche Qualifikationsschriften – finden und bestellen lässt. Zum Teil ist dies im zweiten Jahrzehnt des 21. Jahrhunderts im Feld der Romanischen Literaturen der Welt bereits gelungen.

Ich möchte im Kontext dieser Fragestellung von einer Überlegung ausgehen, die Roland Barthes 1973 in seinem kleinen, aber einflussreichen Band *Le Plaisir du texte*, also *Die Lust am Text*,[2] aufgeworfen hat und die letztlich eine Grundproblematik der Avantgarde darstellt. Sie besteht darin, ständig wieder von anderen überholt und überboten, aber auch von anderen vereinnahmt, verschluckt und einverleibt werden zu können. Was aber geschieht dann?

Für diesen Fall bleibt allein das Paradoxon, das auf keine Doxa, auf keinen rechten Weg, auf keine Orthodoxie mehr zurückzuführen oder zurückzubringen ist. Das Paradoxon ist eine Bewegungsfigur, die sich in ständiger ruheloser Bewegung befindet und keinen ‚rechten Weg', keinen Ausgleich kennt. Ich möchte Ihnen als für diesen Zusammenhang besonders aussagekräftiges (und hübsches) Zitat gerne diese sehr wissende Verabschiedung von einer Avantgarde präsentieren, die zum damaligen Zeitpunkt geradezu transhistorisch zu einer Neo-Avantgarde geworden war. Doch musste sich diese Neo-Avantgarde noch immer mit jenen Problemen herumschlagen, mit denen André Breton bereits gekämpft und gegenüber denen er jahrzehntelang erfolgreich ‚gemauert' hatte: Die Dialektik der Avantgarde ist ihre Überbietung und ihre Einverleibung, ihre Schockästhetik und ihre Normalisierung, ihr Vorhutcharakter, der irgendwann vom großen Heer eingeholt wird und eingeholt werden muss. Schauen wir uns dazu Figur 37 mit dem Titel „Récupération" (Vereinnahmung) aus *Le Plaisir du texte* an:

> Das Unglück besteht darin, dass eine solche Zerstörung immer unangemessen ist; entweder bleibt sie außerhalb der Kunst, womit sie fortan impertinent ist, oder sie willigt ein, innerhalb der Kunstpraxis zu bleiben, wodurch sie sich sehr schnell der Vereinnahmung andient (die Avantgarde ist jene widerspenstige Sprache, die wieder vereinnahmt werden wird). Das Mißliche an dieser Alternative rührt daher, dass die Zerstörung des Diskurses kein dialek-

---

2 Vgl. die umfangreich kommentierte deutschsprachige Übersetzung in Barthes, Roland: *Die Lust am Text*. Aus dem Französischen von Ottmar Ette. Kommentar von Ottmar Ette. Berlin: Suhrkamp Verlag 2010.

tischer Term ist, *sondern ein semantischer Term*: Er fügt sich widerstandslos in den großen semiologischen Mythos des „*versus*" ein (*weiß* versus *schwarz*); fortan ist die Zerstörung der Kunst allein zu den *paradoxen* Formen verurteilt (jenen, die buchstäblich gegen die *doxa* gehen): Die beiden Seiten des Paradigmas kleben auf eine letztlich komplizenhafte Weise zusammen: Es gibt eine strukturelle Übereinstimmung zwischen den in Frage stellenden und den in Frage gestellten Formen.

(Umgekehrt verstehe ich unter *subtiler Subversion* jene, die nicht direkt auf Zerstörung abzielt, dem Paradigma ausweicht und nach einem *anderen* Term sucht: nach einem dritten Term, der gleichwohl kein Term der Synthese ist, sondern ein exzentrischer, unerhörter Term. Ein Beispiel? Bataille vielleicht, der den idealistischen Term durch einen *unerwarteten* Materialismus ausspielt, in dem das Laster, die Devotion, das Spiel, der unmögliche Erotismus usw. Platz finden; so setzt Bataille der Scham nicht die sexuelle Freiheit entgegen, sondern ... *das Lachen*.)[3]

Roland Barthes expliziert in dieser Passage sehr deutlich, in welch misslicher Lage sich die historischen Avantgarden – und im Grunde *jede* originäre Avantgarde – befanden: stets in Gefahr zu sein, vereinnahmt zu werden, jener „récupération" anheim zu fallen, die es für Barthes um alles in der Welt zu vermeiden galt. Aus dieser Problematik der Avantgarden sah Barthes im Kern nur einen einzigen Ausweg, der freilich schon von den Avantgarden – den *abtrünnigen*, dissidenten Avantgarden – mit Erfolg versucht worden war: die Verstellung und mehr noch die Erfindung eines dritten Terms, der keinerlei Synthese, keinerlei dialektische ‚Lösung' darstellen dürfe. Als Beispiel wählt er Georges Bataille, der in seinem Schaffen die Verstellung hin zu einem dritten, undialektischen Begriff auf höchst ingeniöse Weise unternommen habe, indem er das Lachen statt der Forderung nach sexueller Freiheit als dritten Term eingeführt habe. Denn die sexuelle Freiheit, das wissen wir im Zeichen heutiger marketinggerechter Körperkampagnen mit immer neuen, wohlaufbereiteten weiblichen und männlichen Körpern, die wie im Faschismus stets als junge, gymnastische Körper erscheinen, ist ein Gut, das sehr leicht wieder vereinnahmt und per Massenkultur kommerzialisiert werden kann. Dazu jetzt ein Blickwechsel, auf den ich nochmals mit Blick auf Georges Bataille und Antonin Artaud zurückkommen will: ein Blickwechsel über den Atlantik in den Bereich der hispanoamerikanischen Literaturen.

In vielerlei Hinsicht lässt sich die Entfaltung der verschiedenen regionalen und arealen Spielarten der lateinamerikanischen Avantgarden – wie wir bereits sahen – nicht so sehr als der Versuch einer Zerstörung vorgängiger Traditionen, Problemfelder und Schreibstrategien verstehen denn als deren Zuspitzung und Radikalisierung im Zeichen einer kritischen und bisweilen experimentellen

---

3 Barthes, Roland: Le Plaisir du texte. In (ders.): *Œuvres complètes*. Edition établie et présentée par Eric Marty. 3 Bde. Paris: Seuil 1993–1995, Bd. 2, S. 1522.

Erprobung ihrer Tragfähigkeit. Die Zerstörung einer Institution Kunst und Literatur konnte in Ländern, in denen sie als solche bestenfalls seit wenigen Jahrzehnten, in prekärer Weise und mit weitaus geringerer Autonomie als in Mittel- und Westeuropa bestand, in der Tat nur wenig Sinn machen. Darum hatten die Avantgarden in Lateinamerika andere historische Erfahrungen gemacht und folglich andere historische Alternativen gewählt, welche die Problematik von Bruch und nachfolgender Vereinnahmung vermieden.

So arbeiten die hispanoamerikanischen Avantgarden konsequenterweise auch an der vom Modernismo aufgeworfenen Identitätsproblematik weiter, ja verschärfen diese insoweit, als im ausgehenden zweiten und beginnenden dritten Jahrzehnt des 20. Jahrhunderts die Folgen einer ungleichgewichtigen sozioökonomischen Modernisierung in der Lebenswirklichkeit nicht nur der Großstädte deutlicher spürbar geworden waren. Die Antworten auf die Identitätsproblematik fallen verschieden aus, je nachdem, ob eine stärkere Akzentuierung des literarischen beziehungsweise ästhetischen oder aber des politischen Avantgardismus verfochten wird. Für beide Varianten findet sich jeweils eine Vielzahl an Beispielen auf dem amerikanischen Kontinent.

Doch beziehen der Mexikaner Alfonso Reyes bei seiner kreativen Arbeit am abendländischen Mythos wie der Peruaner José Carlos Mariátegui in seiner Auseinandersetzung mit der sozialen und kulturellen Entwicklung Perus spezifisch amerikanische Elemente (etwa durch den Rückgriff auf jeweilige indigene Kulturen) mit ein, und dies im Gegensatz zu Entwicklungen in Europa gerade *ohne* den eigenen Kulturraum zu verlassen. Das Fremde ist dem Eigenen gegenwärtig, ja ist ein Teil von ihm: Dies war den Avantgardisten in Lateinamerika sehr schnell klar. Völlig zurecht hat Karin Hopfe in ihrer bereits zitierten Arbeit über den Chilenen Vicente Huidobro[4] und den Creacionismo darauf hingewiesen, dass die Betrachtung von Huidobros poetischen Entwürfen nicht nur den europäischen, sondern auch den spezifisch chilenischen und hispanoamerikanischen Kontexten Rechnung tragen müsse. Vereinfacht ausgedrückt: Die Dinge liegen in Lateinamerika komplexer – und dies merkt man den lateinamerikanischen Literaturen auch deutlich an!

Denn geschehe dies nicht, so Karin Hopfe weiter, „so wird aus dessen [dem hispanoamerikanischen Kontext] Differenz zur europäischen Literatur eine Defizienz". In Europa von verschiedenen avantgardistischen Gruppen entwickelte Verfahren und Techniken werden in Lateinamerika oftmals vergleichzeitigt, mit anderen, nicht-avantgardistischen Entwicklungen kombiniert und in neue Funktionszusammenhänge eingerückt. Dies stellt eine Vorgehensweise dar, die dem

---

4 Vgl. Hopfe, Karin: *Vicente Huidobro*, S. 22.

hispanoamerikanisch-europäischen Dialog nicht erst seit dem Modernismo, sondern spätestens seit der überaus produktiven Rezeption der europäischen Aufklärung als bewusste Strategie eigen ist. Aus europäischer Sicht kommt es nur darauf an, diese gleichsam doppelte Struktur der amerikanischen Literaturen zu erkennen und in ihrer Polylogik adäquat zu verstehen.

Anhand des literarisch höchst ausdrucksstarken Beispiels von Max Aub werden wir versuchen, dieser Polylogik auf die Schliche zu kommen und die Übergänge zwischen Moderne und Postmoderne genauer zu begreifen. Die bei diesem in Frankreich geborenen spanisch-mexikanischen Autor sich bereits abzeichnende neue Kontextualisierung und den europäischen Rahmen übersteigende Internationalisierung der Avantgarde – gleichviel, ob wir sie nun als ,europäische Avantgarde im lateinamerikanischen Kontext' betrachten oder ihr einen noch stärker eigenständigen Ort einräumen – stellt die Frage nach der Möglichkeit *einer* Theorie der Avantgarde mit neuer Schärfe und verlangt nach neuen Konzepten. Dabei bleibt Peter Bürgers *Theorie der Avantgarde* von 1974 noch ein letztes Mal wichtig für unsere Auseinandersetzung mit den Avantgarden auch in Lateinamerika. Ihr Erkenntnisinteresse war freilich von einem anderen zeitgeschichtlichen Zusammenhang und Problemhorizont her bestimmt.

Bürgers Plädoyer für eine „Kritische Wissenschaft", die in Abgrenzung von „traditioneller Wissenschaft" ebenso die „gesellschaftliche Bedeutung ihres eigenen Tuns" wie ihr Selbstverständnis als „Teil gesellschaftlicher Praxis"[5] reflektiert, ist zweifellos einem (Selbst-) Verständnis wissenschaftlicher Arbeit geschuldet, das sich als Avantgarde, als fortgeschrittenster Teil eines in Bewegung begriffenen, aber ins Stocken gekommenen gesellschaftlichen Fortschrittsprozesses begriff. Bürgers Theorie der Avantgarde weiß sich als Avantgarde der Theorie – und weist sich als solche auch aus. Vor diesem Hintergrund mag verständlich werden, warum für Bürger die „gegenwärtige Ästhetik" nicht an der Tatsache vorbeigehen dürfe, „dass die Kunst längst in eine postavantgardistische Phase eingetreten ist".[6] Und Bürger weiter:

> Diese läßt sich dadurch charakterisieren, dass die Werkkategorie restauriert worden ist und die von der Avantgarde in antikünstlerischer Absicht ersonnenen Verfahrensweisen zu künstlerischen Zwecken gebraucht werden. Das ist nicht als „Verrat" an den Zielen der Avantgardebewegungen (Aufhebung der gesellschaftlichen Institution der Kunst, Vereinigung von Kunst und Leben) zu bewerten, sondern als Resultat eines historischen Prozesses.[7]

---

5 Bürger, Peter: *Theorie der Avantgarde*, S. 8.
6 Ebda., S. 78.
7 Ebda.

Peter Bürgers Überlegungen zu dem, was er als eine „postavantgardistische Phase" umschreibt, sind höchst interessant. Denn nicht zufällig ist in dieser Passage der Begriff der Postavantgarde in ähnlicher Weise ins Zwielicht politischen, sozialen und kulturellen Rückschritts und Neokonservativismus getaucht wie dies wenige Jahre später dem Terminus „Postmoderne" in der Habermas'schen Rede vom Projekt der Moderne – auch dies letztlich eine Theorie der Moderne, die sich später in Buchform kristallisierte – widerfahren sollte. Überdies erscheint Postavantgarde hier integriert in eine geschichtliche Prozessualität, die zwar nicht im Zeichen des „Verrates", wohl aber der Restauration steht und die Kunst überwindenden Verfahren nunmehr künstlerisch (folglich innerhalb der Institution Kunst) dienstbar macht. Die negative Semantisierung des Begriffes „Postavantgarde" ist bei Bürger unübersehbar.

Eine postavantgardistische Ästhetik wäre in diesem Sinne in der Tat eine Rücknahme der Avantgarde in die traditionellen, normbildenden Grenzen der (Bürger'schen) Institution Kunst. Dies aber käme einer Rücknahme unter negativen Vorzeichen gleich, in der die Postavantgarde jenen Gerichtsprozess, den die Avantgarde der bürgerlichen Kunst und Gesellschaft zu machen versuchte, in ein bloß mehr literarisches oder künstlerisches Verfahren umdeutet – fernab aller Inhalte und Zielsetzungen der historischen Avantgarden und ihrer lebensweltlichen Ansprüche.

In seiner Potsdamer Dissertation hat Andreas Gelz dem Begriff einer postavantgardistischen Ästhetik eine andere, davon klar getrennte Wendung gegeben. Er ging dabei von der Tatsache aus, dass bei den von ihm untersuchten französischen Autorinnen und Autoren – namentlich Julia Kristeva, Philippe Sollers, Alain Robbe-Grillet und Georges Perec – der Begriff „postmodern" oder „die Postmoderne" nur sehr selten vorkommt. Auch griffen die ehemaligen Vertreter von *Tel Quel*, *Nouveau Roman* und *Oulipo* zum Teil mitunter selbst auf den Terminus „postavantgardistisch" zurück. Auf dieser Feststellung aufbauend wird die Ästhetik einer Postavantgarde der achtziger Jahre skizziert, deren Begrifflichkeit an die Stelle jener der Postmoderne gerückt wird.[8] Im Anschluss an die in Peter Bürgers *Prosa der Moderne* vorgetragene Kritik wird der Begriff der Postmoderne aus der Untersuchung ausgeklammert, benenne er doch nur ein ‚Danach', das letztlich unbegriffen geblieben sei. Obwohl wir es dabei nicht belassen wollen, scheint mir die Arbeit von Andreas Gelz gleichwohl in ihrer anderen Deutung des Begriffs der „Postavantgarde" aufschlussreich für unsere Vorlesung.

---

8 Vgl. Gelz, Andreas: *Postavantgardistische Ästhetik. Positionen der französischen und italienischen Gegenwartsliteratur.* Tübingen: Niemeyer 1996.

Noch werden wir nicht unseren Begriff der Postmoderne schärfen, ihn aber dennoch stärker konturieren und gegenüber alternativen Konzepten absetzen. Wie immer man sich zu dieser von Bürger abgeleiteten und zugleich von ihm abgesetzten Einschätzung auch stellen mag, die einem nicht unbeträchtlichen Teil der Theoriebildung zurückliegender Jahrzehnte gleichsam in toto jedwede Pertinenz abzusprechen sucht, so ist doch festzuhalten, dass hier der paradoxe Begriff der Post-Avant-Garde nicht nur ein Historisch-Werden und Selbstreflexiv-Werden der Autoren und Texte nach dem (vermeintlichen) Ende der Avantgarde meint. Das von Gelz untersuchte und sich *nach* der Avantgarde situierende und situierte Schreiben wird in dieser Verwendungsweise des Begriffs „Postavantgarde" nicht länger in das negative Licht einer rückschrittlich orientierten Kunstauffassung gerückt, in welchem es Peter Bürger platzieren wollte. Vielmehr wird der Begriff positiv als Öffnung gegenüber neuen Sinnpotentialen sowie neuen literarischen wie literaturtheoretischen Erfahrungen gedeutet. Insoweit bietet dieses Postavantgardekonzept einen anderen Rückblick auf die historischen Avantgarden, deutet diese Avantgarden sozusagen neu, indem sich ein „Post", das unverkennbar positiv bewertet wird, deutlich von ihnen abzusetzen sucht und sich in Gestalt der Theorien von Kristeva, Sollers, Robbe-Grillet oder Perec konstituiert.

Dies führt aber zu einer weiteren Frage, der wir uns in diesem kleinen theoretischen Intermezzo unserer Vorlesung stellen müssen. Sie lässt sich ganz simpel auf den Punkt bringen: Postavantgarde oder Postmoderne?

Der Begriff der Avantgarde, auf den sich eine so orientierte postavantgardistische Ästhetik bezieht, ist schon durch die Auswahl der Repräsentanten von *Oulipo*, *Nouveau Roman* und *Tel Quel* zumindest in zweierlei Hinsicht begrenzt. Zum einen – und dies betrifft selbst den versierten italienischen Romanexperimentator und Theoretiker Italo Calvino – handelt es sich um eine Begrenzung auf französische Spielarten der Avantgarde der fünfziger, sechziger und siebziger Jahre; und zum anderen bleiben wir auf den Bereich von Literatur und (ihrer) Theorie beschränkt.

Damit werden – um nur diese beiden Aspekte zu nennen – ebenso die in Bürgers *Theorie der Avantgarde* noch gegeißelten (nordamerikanisch geprägten) künstlerischen Neo-Avantgarden wie jene Avantgarden ausgeschieden, die sich jenseits der Grenzen Frankreichs an den vermeintlichen ‚Rändern' Europas oder gar außerhalb der Alten Welt ansiedelten. Damit fällt ein großer Teil der in der jüngeren Avantgardeforschung konstituierten Avantgarde-Bewegungen weltweit fort und wäre nicht länger Teil der zu analysierenden (historischen) Avantgarden. Eine derartige Konstituierung des Gegenstandsbereichs durch die von Andreas Gelz so umrissene „postavantgardistische Ästhetik" ist selbstverständlich legitim und ergibt sich aus den insbesondere in Frankreich geführten und oftmals frankozentrisch verlaufenen Diskussionen um die literarischen und theoretischen

Avantgarden nach dem Zweiten Weltkrieg. Doch ist die so eingenommene literaturtheoretische und terminologische Position ohne jeden Zweifel isoliert, solange wir sie *nicht* mit einer rein frankozentrischen Brille betrachten.

Aufschlussreich ist dabei, dass es nicht zuletzt diese oft im wesentlichen literarästhetisch fundierten und poststrukturalistisch argumentierenden Gruppen waren, welche sich selbst als Vorhut einer ‚ganz neuen‘ Theorie von Literatur und Kultur verstanden, die in der internationalen Rezeption die sich rasch erhitzenden Debatten um die Postmoderne mit Treibstoff versorgten, aber auch weiter in Richtung einer Fundamentalkritik an Subjektphilosophie und Phallogozentrismus anheizten. Überblickt man etwa die Geschichte von *Tel Quel* und ihrer so unterschiedlich ausgerichteten Mitglieder in ihrer Gesamtheit, so erkennt man rasch, dass hier ein nicht unwesentlicher Beitrag zur Entstehung jenes Reservoirs an Ideen und Konzepten geleistet wurde, das von grundlegender Bedeutung für Diskussionen um die Postmoderne wurde. Diese Entwicklung verlief unabhängig davon, ob manche ihrer noch in *Théorie d'ensemble* im Jahre 1968 ‚an Bord‘ befindlichen Mitglieder wie Jacques Derrida, Michel Foucault, aber auch Roland Barthes oder Julia Kristeva ihre eigenen Ansätze nun als „postmodern" verstanden (wissen wollten) oder nicht. Die Zurechnung zu diesem Term und die Reichweite dieses Begriffs werden wir uns später noch genauer anschauen.

Festzuhalten aber bleibt an diesem Punkt unserer Vorlesung: Die französischen Theorie-Avantgarden der sechziger und noch der siebziger Jahre wirkten als Impulsgeber einer Postmoderne-Debatte, die längst über den westeuropäisch-nordamerikanischen Diskussionshorizont hinaus internationalisiert und weltweit verbreitet war. Liest man ein in seiner Zeit so wichtiges und noch heute durchaus anregendes Buch wie Manfred Franks *Was ist Neostrukturalismus?* aus dieser Perspektive neu, so wird schon an der titelgebenden Begriffsbildung erkennbar, dass die Konzentration im Wesentlichen auf den deutsch-französischen Diskussionshorizont und die Beschränkung auf die spezifisch literarästhetischen und philosophischen Dimensionen damaliger Theoriebildung zu Ergebnissen führt, die letztendlich einer solchen Beschränkung des Gegenstandsbereiches verhaftet bleiben. Einer weltweit geführten Debatte mit ihren spezifischen transarealen Verbindungen und Wechselwirkungen aber werden derartige Resultate nicht gerecht. Denn der sich in den internationalen Debatten als nicht durchsetzungsfähig erweisende Begriff des „Neostrukturalismus" wies keineswegs bewusst gezogene, aber sich in der Folge herauspräparierende semantische Analogien zu Bürgers in seiner *Theorie der Avantgarde* skizzierten Begriff der „Neoavantgarde" auf. Es handelte sich, wie sich einige Jahre später herausstellte, um eine unverkennbare Sackgasse mit deutschsprachiger Ausschilderung, die trotz ihrer anfänglich starken Rezeption in Deutschland innerhalb der internationalen Diskussion kaum eine Rolle spielte.

Zugleich zeichneten sich auch geokulturelle Umstrukturierungen und Dominantenwechsel ab, die aus einer Perspektive mehrerer Jahrzehnte heute klar und deutlich erkennbar sind. In alledem ist auch einer der Gründe dafür zu sehen, dass die französischen Diskussionen – sehen wir von einigen wenigen herausragenden Akteuren einmal ab – spätestens seit der zweiten Hälfte der achtziger Jahre in der Tat zunehmend peripher wurden und Paris seine gleichsam ererbte und längst interiorisierte Rolle als Entstehungsort und zentrale Drehscheibe für Theorien weltweit nicht mehr zu spielen vermochte. Diese deutlich absteigende Rolle jener Hauptstadt nicht des 19. Jahrhunderts, wie Walter Benjamin noch formuliert hatte, sondern *der* Hauptstadt der Theorie im 20. Jahrhundert koinzidierte gewiss zufällig – aber durchaus nachhaltig – mit dem Tod Jean-Paul Sartres sowie Roland Barthes' im selben Jahr 1980.

Der vom französischen Literaturwissenschaftler Antoine Compagnon in *Le démon de la théorie* eingenommene Gestus einer auf die Debatten der sechziger und siebziger Jahre zurückblickenden „Theorie nach der Theorie" vermochte international dennoch nicht darüber hinwegzutäuschen, dass der Daimon der Theorie keineswegs verschwunden oder erlahmt war. Dem Lesepublikum dieser vom Beginn des Buches mit der Eingangsfrage „Que reste-t-il de nos amours?" („Was also bleibt von unseren Liebschaften?") etwas melancholisch beziehungsweise nostalgisch eingefärbten Retrovision konnte leicht entgehen, dass die Kraft dieses Dämons nach wie vor ungebrochen war, dass die Theorie aber vor allem ihre Gegenstandsbereiche erweitert und verändert hatte, und dass die Orte, an denen sie bevorzugt stattfindet und von denen sie ausstrahlt, andere geworden waren. Gewiss, es war schwierig, sich aus einer Welt wegzudenken, in welcher Paris das gleichsam natürliche Zentrum aller Theoriedebatten gewesen war. Es sollte mindestens eine ganze Generation französischer Intellektueller dauern, bis man sich auch in Frankreich dieser Veränderungen wirklich bewusst wurde und auf sie zu reagieren begann.

Denn halten wir fest: Frankreich war spätestens seit dem Jahr 1980 nicht mehr das Zentrum internationaler Theoriebildung, nicht mehr der Hort einer „exception culturelle", die sich immer auch als Supermacht der Theorie verstand. Die Situation heutzutage ist wesentlich verwirrender, komplexer, nicht mehr so leicht und einfach auf einer geographischen Karte, einer Weltkarte, einzutragen, sondern besitzt einen gewissen Grad an Unschärfe. Sicherlich waren die USA als Zentrum von Theoriebildungen, die gerade auch von Nicht-US-amerikanischen Theoretikerinnen und Theoretikern mit der Mediengewalt der Vereinigten Staaten aus vorgebracht wurden, an die erste Stelle gerückt. Doch gibt es literatur- und kulturtheoretisch außerordentlich aktive Zentren einer allgemeinen Theoriebildung, welche – wie etwa ausgehend von einer vielsprachigen Karibik – auf die Theorieentwicklungen weltweit größten Einfluss nehmen. Es herrscht hier ganz zweifellos eine neue Unübersichtlichkeit, welche aus meiner Sicht aber von großem Vorteil gegenüber einer zentrierten Positionalität der Theorie ist. Theoriebildungen aus Frankreich, aus Europa und mittlerweile selbst aus den USA erscheinen längst nicht mehr unwidersprochen mit dem selbstverständlichen Gestus des Universalismus.

Die Rede von einer „postavantgardistischen Ästhetik" ist fraglos legitim, erlaubte ihre Gegenstandskonstituierung doch eine größere (rein literaturwissenschaftlich verstandene) Operationalisierbarkeit innerhalb der gewählten Dimensionen von Raum, Zeit und Theoriebereich. Zugleich stand sie innerhalb einer Tradition des deutsch-französischen Dialogs in den Bereichen Philosophie und Literatur(theorie), der in der Lyotard-Habermas-Kontroverse nur – wie die Spitze eines Eisbergs – am sichtbarsten geworden war, dessen Energien aber (nicht allein vor dem Hintergrund eines seit längerer Zeit deutlich auf beiden Seiten erlahmenden deutsch-französischen Dialogs) gleichwohl verbraucht zu sein scheinen. Denn machen wir uns nichts vor: Die großen Theoriedebatten zwischen Frankreich und Deutschland gehören ganz offenkundig der Vergangenheit an! Frankreich ist heute sehr viel stärker mit der romanischen Welt weltweit vernetzt; und Deutschland hat sich seinerseits stärker von der angelsächsischen Welt abhängig gemacht. All diese geokulturellen Verschiebungen mögen, abgesehen von den bereits genannten Gründen, mit dazu beigetragen haben, dass der Terminus „Postavantgarde" mit Blick auf die französischen Theorie-Avantgarden in den Hintergrund gerückt ist und heute, soweit ich sehe, keine Rolle mehr spielt.

Wenden wir uns damit erstmals in dieser Vorlesung dem Begriff der Postmoderne zu. Er mag zweifellos – gerade in Bezug auf die Entwicklung der ‚Franzosen' – aufgrund seiner höheren Komplexität als weniger griffig erscheinen. Christine Pries hat ihm vor geraumer Zeit, mitten in einer scharf geführten Begriffsdebatte, in einer dem „Propheten der Postmoderne" gewidmeten Untersuchung eine klare Absage erteilt, und zwar „weil dieser Begriff entgegen der ganzen Aufregung, die er hervorgerufen hat, weder zu den zentralen Termini der Philosophie Lyotards zu zählen ist noch als ein bloßes Schlagwort auf lange Sicht inhaltlich weiterführen dürfte".[9] Wäre der Begriff ein „bloßes Schlagwort" geblieben, so müsste dieser Ansicht beigepflichtet werden.

Das Übergehen einer an vielen Orten geführten Postmoderne-Diskussion erlaubte es der Verfasserin, sich kurzerhand einer in Deutschland als ‚aufgeregt' und ‚inhaltsleer' geltenden Diskussion zu entziehen und sich auf den Bereich der

---

9 Pries, Christine: Prophet der Postmoderne? Jean-François Lyotards Philosophie des Widerstreits im Spiegel ihrer Rezeption. In: Jurt, Joseph (ed.): *Zeitgenössische französische Denker: eine Bilanz*. Freiburg: Rombach Verlag 1998, S. 211.

‚eigentlichen' Philosophie Lyotards (und einen peripher gewordenen deutsch-französischen Fragehorizont) zu konzentrieren. Dies wurde aber einer weltweit geführten Diskussion in keiner Weise gerecht. Gewiss: Über lange Jahre hatte der Begriff in Deutschland seit den siebziger Jahren – und daran haben auch die Diskussionsverläufe in den neunziger Jahren wie zu Beginn unseres neuen Jahrhunderts wenig geändert – noch immer eine zuverlässig schlechte Presse. Und doch ist dieser heutzutage längst durchgesetzte Begriff, um den es keine heißen Theoriedebatten mehr gibt, mit einer Objektkonstituierung verknüpft, die sich von jener der hier skizzierten Postavantgarde so sehr unterscheidet, dass der eine nicht an die Stelle des anderen Begriffes treten könnte. Diese These macht freilich eine Reihe so kurz als möglich gehaltener Präzisierungen notwendig, mit deren Hilfe wir versuchen werden, den Begriff „Postmoderne" stärker zu konturieren, um genauer zu wissen, wovon wir überhaupt sprechen, wenn wir ihn benutzen.

Es kann an dieser Stelle unserer Vorlesung weder darum gehen, die bereits jahrzehntelang und weltweit geführte Postmoderne-Diskussion darzustellen, noch den Versuch zu unternehmen, ihre bisweilen diffundierende Begrifflichkeit vermittels einiger Kunstgriffe einzugrenzen und zu präzisieren, um dadurch ihre vermeintlich schwache Operationalisierbarkeit zu erhöhen. Doch mag zur Beruhigung mancher ‚Aufgeregtheiten' durchaus der Hinweis beitragen, dass die Begrifflichkeit der Postmoderne epistemologisch wie anwendungsbezogen keineswegs ungesicherter ist als jene der Moderne.

Erst zu einem späteren Zeitpunkt möchte ich Ihnen eine zusammenhängendere Diskussion des Moderne-Begriffes vorstellen und mit Ihnen diskutieren. In Erwartung dieser begrifflichen und begriffshistorischen Darstellung sei aber schon so viel vorausgeschickt: Nicht nur von der Postmoderne, auch von der Moderne kann mit Recht gesagt werden, dass es in der Scientific Community wohl eine Vielzahl von Definitionen, aber keine konsensfähige Definition gibt. Dies war bereits in den siebziger Jahren der Fall, in denen ich mein Studium der Romanistik begann, und dies ist auch ein halbes Jahrhundert später in den zwanziger Jahren des neuen Jahrhunderts so, in welchen Sie mit der Moderne im Verlaufe Ihres Studiums sicherlich schon mehrfach konfrontiert wurden. Diese Sie letztlich vielleicht doch eher beunruhigende als beruhigende Tatsache des ständigen „shifting" des Moderne-Begriffs gilt übrigens ebenso für den Bereich der Avantgarde – wir hatten schon gesehen, dass der Begriff „Postavantgarde" zu sehr unterschiedlichen Avantgarden in Bezug gesetzt werden kann – wie für die terminologische Problematik der Beziehung zwischen Moderne und Avantgarde als gegensätzlichen, komplementären oder gar teilweise deckungsgleichen Termini. Dass ich Ihnen sehr wohl vorschlage, die historischen Avantgarden in toto noch dem Begriff der Moderne zuzuordnen, will ich an dieser Stelle sogleich vorausschicken.

In jedem Falle aber haben die zurückliegenden Jahrzehnte gezeigt, dass der Begriff der „Postmoderne" nicht auf den Bereich von Literatur und Philosophie (oder Theorie) eingeschränkt werden kann. In ihm sind historische Prozesse der Internationalisierung und vor allem Globalisierung untrennbar enthalten, so dass es keineswegs um deutsch-französische Dialoge, um europäische Entwicklungen oder um allein angelsächsische Perspektiven geht. Dies, so meine ich, ist schon in sich ein erheblicher Vorzug.

Überdies ist unstrittig, dass er sich jenseits des großen Schismas von hoher Kultur einerseits, Massen- beziehungsweise Populärkultur, Volkskultur und Alltagskultur andererseits ansiedelt[10] und sich – um nur noch einen weiteren Punkt zu nennen – in einem Netzwerk radikalisierter inter- und transmedialer Beziehungen im Kontext längst weltweit verbreiteter elektronischer Medien situiert. Dass diese digitalisierten Medien ihrerseits neue Zentralisierungen und Zentrierungen mit sich brachten, gehört zu den Grundstrukturen der Kommunikation in der Postmoderne dazu und bildet ein Strukturelement, das sich in vielen künstlerischen und literarischen Ausdrucksformen durchpaust. Diese neuen Asymmetrien sind gleichsam Wasserzeichen einer Postmoderne, welche die Kommunikationsintensität im Zeichen beschleunigter Globalisierung erhöhte, aber die zu Grunde liegenden und aus den Kolonialstrukturen ererbten Asymmetrien durch neue, virtuell flachere und noch weitverzweigtere, aber keineswegs verschwundene Asymmetrien ersetzte.

Schon diese kurze Skizzierung mag verdeutlichen, dass der Begriff der „Postmoderne" seine Gegenstände auf grundlegend andere Weise konzipiert und konstruiert als jener der „Postavantgarde": Eine wechselseitige Austauschbarkeit der Begriffe ist daher nicht gegeben. Entscheidend ist aus meiner Sicht nicht, ob wir am Begriff der Postmoderne festhalten oder nicht, sondern ob wir die mit ihm verbundene Überwindung überkommener Grenzziehungen ‚disziplinierter', weitgehend isoliert voneinander betriebener Wissenschafts- und Gegenstandsbereiche fruchtbar machen können ebenso für die Sichtweise der Avantgarden wie für ein Verständnis gegenwärtiger kultureller Entwicklungen in der Literatur wie in den Künsten. Die Disziplin in den Disziplinen hat sich gelockert, ist aber keineswegs vor einem aktuellen Rollback geschützt.

Die terminologische Nichtaustauschbarkeit von Postmoderne und Postavantgarde ergibt sich nicht aus einer Abfolge verschiedener Phasen, die einander

---

10 Vgl. Huyssen, Andreas: Postmoderne – eine amerikanische Internationale? In Huyssen, Andreas / Scherpe, Klaus R. (Hg.): *Postmoderne. Zeichen eines kulturellen Wandels.* Reinbek bei Hamburg: Rowohlt 1986, S. 13–44; sowie ders.: Mapping the Postmodern. In: *New German Critique* 33 (1984), S. 5–52.

abgelöst hätten, sondern aus einer sehr unterschiedlichen (und unterschiedlich weit gewählten) Abgrenzung des Gegenstandsbereichs. Wir werden später noch sehen, dass diese Abgrenzung auch für ein terminologisches Feld gilt, das sich zwischen Postmoderne und Postmodernismus bewegt und uns erlauben wird, wieder einen Diskussionshorizont zu betreten, welcher sich nicht „grosso modo" auf die angelsächsische Welt – wenn man dies denn wollte – reduzieren lässt. Die voneinander abzugrenzenden Begrifflichkeiten erscheinen als das Resultat voneinander differierender Erkenntnisinteressen und Konzeptualisierungen, nicht einer (Nach-) Zeitlichkeit im Kontext einer Aufeinanderfolge. Dies begrenzt semantisch die Verwendung eines „Post", das im Begriff der Postmoderne keinesfalls nur zeitlich zu verstehen ist.

Damit ist eine weitere und aus meiner Sicht nicht weniger grundlegende Differenz angesprochen. Denn die divergierenden Definitionen von Postavantgarde scheinen – wie sehr sich auch die Avantgarden, auf die sie sich begrifflich beziehen, voneinander unterscheiden mögen – stets eine Nach-Zeitlichkeit im Auge zu haben. Eine mehr oder minder klar strukturierte Diachronie, gemäß derer sich das „Danach" an eine Zeit ‚eigentlicher' Avantgarde in welcher Form auch immer – ob als radikaler Bruch mit dieser Avantgarde, als ironisch-spielerischer Umgang oder als Sinnentleerung und Aufgabe essentieller Positionen – anschließt.

Eben dies aber ist beim Terminus der Postmoderne nicht der Fall. Vielmehr versuchte die Begrifflichkeit der Postmoderne von Beginn an, wie Jacques Leenhardt zurecht erkannte, sich einer konsekutiven Abfolge zu entziehen, um dem „Paradigma der Revolutionen und Avantgarden" zu entkommen.[11] Moderne und Postmoderne können vielmehr einen gemeinsamen Raum bilden, der unterschiedlich strukturiert werden kann, aber nicht notwendig auf einer Dichotomie von Moderne und Postmoderne basiert.[12] Aus einer aktuellen Sicht, welche die Postmoderne wie die Moderne als einen solchen gemeinsamen Raum konzipiert, können wir gleichzeitig aber durchaus sagen, dass wir heute, im dritten Jahrzehnt des 21. Jahrhunderts, in einer Zeit *nach* der Postmoderne angekommen sind und uns folglich in einer nachpostmodernen Epoche befinden.

Die Überlegungen zum Verhältnis von Postavantgarde und Postmoderne bedeuten zugleich, dass die Nach-Avantgarde postmodern gelesen werden kann.

---

11 Leenhardt, Jacques: La querelle des modernes et des post-modernes. In: *Le texte et son dehors. Autour de la littérature et de son esthétique.* Paris: L'Harmattan 1992, S. 186: „Si le moderne dépasse l'ancien en le totalisant, c'est-à-dire s'installe dans une séquence historique et progressive, le post-moderne cherche au contraire un espace qui échapperait à cette vision consécutive, qui sortirait du paradigme des révolutions et des avant-gardes."
12 Vgl. hierzu den Schlussteil von Ette, Ottmar: *Roland Barthes – eine intellektuelle Biographie*, S. 473–495.

Erweckt die Postavantgarde – gleichviel, ob dies unter negativen oder positiven Vorzeichen geschieht – oftmals den Eindruck, aus der Not der Avantgarden (etwa ihrem eigenen Historisch-Werden) geboren zu sein, so ist die Zeitlichkeit (wie auch die inhaltliche Bestimmung) der Postmoderne eine grundsätzlich andere. Postavantgarde bleibt an die Erfahrung der Avantgarde unvermeidlich rückgebunden, Postmoderne aber vermeidet tunlichst eine wie auch immer geartete Fortschreibung des avantgardistischen Paradigmas – auch wenn diese Abgrenzung, wie Umberto Ecos *Nachschrift zum Namen der Rose* zeigen könnte, ambivalenter Natur ist. Für diese Ambivalenz gibt es gute Gründe. Denn die Postmoderne ist mit jenem Serum, mit jenem Impfstoff, jenem ‚bisschen Avantgarde' ausgestattet, das sie vor dem Rückfall ins Schema der Avantgarden schützt. Wir werden dies ein wenig später noch am Beispiel von Max Aub erläutern.

Ist der Begriff „Postavantgarde" stets auf eine ganz bestimmte Avantgarde rückbezogen, so schwankt ihre Definition in Abhängigkeit von jener Avantgarde, die sie im Grunde erst durch ihr ‚Danach' konstituiert. Insofern konstruiert die Postavantgarde eine Avantgarde, von der sie sich deutlich abzusetzen sucht. Unterscheidet sich auch die Postmoderne von der Postavantgarde durch ihre anders strukturierte Zeitlichkeit, so könnte doch auch die Postavantgarde-Diskussion Wesentliches zur Bestimmung des Avantgardebegriffs beitragen, hierin vergleichbar mit dem Beitrag, den die Postmoderne-Diskussion zur Bestimmung der Moderne beziehungsweise der unterschiedlichen Modernen geleistet hat und wohl auch noch immer leistet.

Dafür bieten sich zunächst einmal grundsätzlich zwei definitorische Möglichkeiten an. Entweder wird der Begriff der „Postavantgarde" auf eine einzige, präzise (re-) konstruierte Avantgarde bezogen, wie dies wohl am häufigsten der Fall zu sein scheint; oder aber sie taucht als Iterativ der Literatur- und Kunstgeschichte gleichsam transhistorisch an verschiedenen Stellen auf, insofern es nach avantgardistischen Phasen immer auch postavantgardistische geben müsste.

Im ersten Falle wäre es etwa möglich, den Begriff der Avantgarde im Sinne Peter Bürgers auf jenen der historischen Avantgarde einzuschränken. Postavantgarde wäre dann jene Phase, deren Charakteristika das Ende dieser abgeschlossenen, historisch gewordenen Avantgarde bezeichnen, um eine Zeit *nach* diesen historischen Avantgarden zu benennen. Beziehen wir den Begriff der Postavantgarde auf bestimmte französische Konstellationen wie Philippe Sollers' Theoriegruppe *Tel Quel* oder (problematischer noch) den französischen Nouveau Roman, so hätten wir es im Grunde mit einer Postneoavantgarde zu tun, eine Begrifflichkeit, die zwar doppelt paradox klingen mag, letztlich aber nicht weniger logisch ist als eine territoriale Bezeichnung wie, sagen wir, Ostwestfalen. Sie würde immerhin im Begriff bereits darauf verweisen, dass ihr eigentliches Widerlager nicht die historische Avantgarde ist, sondern die Neo-Avantgarden der zweiten Hälfte des 20. Jahrhunderts.

Im zweiten Falle wäre der Terminus „postavantgardistisch" frei für die Beschreibung jener Phasen, die sich jeweils an bestimmte Avantgarden – etwa den Surrealismus Breton'scher Prägung, die kubanische Avantgarde der zwanziger Jahre, die brasilianische Avantgarde der dreißiger Jahre oder die Suppendosen der Pop Art im Sinne von Bürgers Neoavantgarden – anschließen. Stets würde eine avantgardistische Bewegung in eine postavantgardistische Phase übergehen und sich gleichsam von einer bestimmten Avantgarde abwenden. In diesem Falle hätten wir es mit einem multifunktionalen Begriff zu tun, der die verschiedenen Formen der ‚Liquidierung', des ‚Auslaufens' der Avantgarden paradigmatisch erfassen könnte. Man könnte vielleicht sogar so weit gehen, Georges Bataille mit Blick auf den Surrealismus rund um André Breton als „postavantgardistisch" zu beschreiben. Es bliebe allein die nicht ganz unberechtigte Frage, was damit dann gewonnen wäre.

Andererseits ließe sich dieser Befund wiederum verknüpfen mit dem Gedanken, dass die Zeit *nach* der Avantgarde auch schon wieder als Zeit *vor* der Avantgarde gelesen und gedeutet werden könnte. Mit anderen Worten: Eine postavantgardistisch sich gerierende Position – wie etwa jene Roland Barthes' in der zweiten Hälfte der fünfziger Jahre – könnte in eine präavantgardistische – wie jene des Autors von *Critique et vérité* – umschlagen (oder selbstreflexiv umgedeutet) werden. Mit der Abwendung von *Tel Quel* und der Veröffentlichung seiner *Fragments d'un discours amoureux* wäre Barthes dann erneut in eine postavantgardistische Phase eingetreten, so dass sich dieses Spiel bei ein und demselben Autor mehrfach wiederholen könnte: Avantgarde – Postavantgarde – Neue Avantgarde – Neue Postavantgarde. Postavantgardistische Phasen böten überdies ein reiches Forschungsfeld für literatur- und feldsoziologische wie für systemtheoretische oder kulturästhetische Fragestellungen, ließen sich hierbei doch etwa feldsoziologisch relevante Umdeutungen der jeweils eigenen Position im Feld analysieren. Die Distanzierung von einer bestimmten Avantgarde sagt, so darf vermutet werden, über diese nicht weniger aus als ihre Manifeste, ist doch der Inszenierung eines Abgangs oftmals nicht weniger ‚Manifest'-Charakter eigen. Aber wären die ‚Dissidenten' des Breton'schen Surrealismus wie beispielsweise Leiris oder Vitrac dadurch schon Postavantgardisten und keine (alternativen) Surrealisten mehr?

Vergleicht man vor diesem Hintergrund die raumzeitlichen Begrifflichkeiten von Postavantgarde und Postmoderne miteinander, so erscheint die von Roland Barthes benutzte Raummetaphorik einer „arrière-garde de l'avant-garde" nicht unter postavantgardistische Vorstellungen subsumierbar, wohl aber (als ‚Nachhut' der ‚Vorhut') unter postmoderne. Gemäß der mir bislang bekannt gewordenen Begriffsbestimmungen ist Postavantgarde gerade nicht die Nachhut der Vorhut, sondern der letzteren Auflösung und Ende. Dies stünde für eine deutlich veränderte Perspektive auf dieselben Gegenstände.

Aus dem Blickwinkel der Postmoderne(n) aber ist das Ende der Avantgarden stets (und vielleicht sogar notwendig) prekär. Hierfür lassen sich zumindest drei Gründe anführen: Erstens, weil sich Postmoderne die historisch akkumulierten Verfahren, Theorien und symbolischen Güter – unter Einschluss der avantgardistischen – verfügbar gemacht hat und verfügbar hält; denn in der Postmoderne erfolgt eine Vergleichzeitigung aller zuvor erprobten literarischen oder künstlerischen Verfahren. Zweitens, weil sie den avantgardistischen Input als Serum ihrer eigenen Beweglichkeit jenseits einer Ästhetik des Bruches benötigt und zur Hand haben muss; die Postmoderne verleibt sich folglich nicht nur avantgardistische Verfahren und Haltungen ein, sondern vereinnahmt sie so, dass sie in entschärfter Dosis vor einem ‚Rückfall' in avantgardistische Positionen schützen. Und drittens, weil sie die von Peter Bürger leitmotivisch (und lange Zeit leidenschaftlich) für die Avantgarde reklamierte Zerstörung der Institution Kunst und Literatur insoweit transgrediert hat, als sie – weit davon entfernt, einfach in die präavantgardistisch etablierte Institution zurückzufallen – die institutionalisierten und gesellschaftlich sanktionierten Grenzen in einer subtilen Subversion unterspült. Sie hat eine Situation jenseits des ‚großen Schismas' von Elitekultur und Massenkultur errichtet hat. Die Postmoderne ist von der Moderne der Avantgarden also nicht dadurch getrennt, dass sie nicht deren Verfahren, Medien oder Ausdrucksformen verwendete, sondern dadurch, dass sie diese vergleichzeitigt, dass sie diese vereinnahmt und entschärft sowie dass sie die ‚institutionellen' Grenzen von Literatur und Kunst nicht zerstören, sondern bestenfalls subvertieren will.

Historisch ausgehend von der von Peter V. Zima[13] vorgeschlagenen und diskutierten „Kritischen Theorie der Literatur(wissenschaft)", die eine monologartige Ideologisierung und Unüberprüfbarkeit von Standpunkten mit Hilfe eines interdiskursiven Dialogs nicht zuletzt zwischen verschiedenen Objektkonstituierungen unterbindet, wäre das wechselseitige Verhältnis der hier erörterten Begriffe Moderne, Avantgarde, Postavantgarde und Postmoderne in vielerlei Hinsicht noch zu überprüfen. Wir haben bereits gesehen, wie sich diese Begriffe zueinander verhalten, wenn wir den geographischen und literarischen Raum öffnen und die Theorie der Avantgarde über den (kanonisierten) europäischen

---

13 Vgl. Zima, Peter V.: Dialogische Theorie. Zum Problem der wissenschaftlichen Kommunikation in den Sozialwissenschaften. In: *Ethik und Sozialwissenschaften* (Opladen) X, 4 (1999), S. 585–597; sowie ders.: *Ideologie und Theorie. Eine Diskurskritik.* Tübingen: A. Francke Verlag 1989.

Raum hinaus öffnen. Dann nämlich zeigt sich, dass sie bestenfalls eine Theorie der französischen, italienischen und deutschen Avantgarde darstellt und schon für Spanien nicht mehr gelten kann.

Was geschieht, wenn wir die Avantgarde – ein Gedanke, der im Grunde keiner eigentlichen Rechtfertigung mehr bedarf – als inter- und transmediale, Kunst, Literatur und Alltagskultur in radikale wechselseitige Beziehungen setzende ästhetische Praxis verstehen, mit unseren Termini und ihrem begrifflichen Wechselverhältnis? Wie verhalten sich die soeben skizzierten terminologischen Entwürfe, wenn wir unterschiedliche (und zum Teil gegenläufige) Objektkonstruktionen gegeneinander führen und verstehen wollen, wie sich die Verfahren der Moderne gegenüber den Verfahren der Postmoderne verhalten? Klar beantwortet haben wir bereits den alles andere als nebensächlichen Aspekt, dass wir den Verfahren der Moderne nicht einfach die Verfahren der Postmoderne gegenüberstellen können, weil wir sonst den Vergleichzeitigungs- und Vereinnahmungscharakter der Postmoderne nicht berücksichtigen würden. Der aber ist von zentraler Bedeutung!

Doch auf all diese Fragen kann an diesem Punkt unserer Vorlesung nur eine grobe, holzschnittartige Antwort gegeben werden. Interpretieren wir etwa die in den dreißiger Jahren entstandenen *Ficciones* des Argentiniers Jorge Luis Borges, mit denen wir uns bald beschäftigen werden, unter postavantgardistischen Vorzeichen, so fragen wir nach der Beziehung dieser Texte zu den avantgardistischen beziehungsweise ultraistischen Aktivitäten des 1921 aus Spanien wieder nach Buenos Aires zurückgekehrten Schriftstellers und oft so apostrophierten ‚Gründervaters' der Postmoderne. Festgehalten sei bereits jetzt: Aus der widersprüchlichen Relation der weltberühmt gewordenen Erzählungen zu den frühen avantgardistischen Gedichtbänden oder Zeitschriftenprojekten einer in einen lateinamerikanischen Kontext ‚übersetzten' und umgestalteten europäischen Avantgarde ließen sich Rückschlüsse auf den Bruch mit avantgardistischen Problemstellungen, aber auch auf die Verfügbarmachung und Kontinuität bestimmter Motive und Techniken ziehen. Und nicht zuletzt aus der problematischen Beziehung des 1899 geborenen Schriftstellers zu seinen frühen Publikationen überhaupt. Bänden wir so die literarische Produktion der dreißiger Jahre an eine außereuropäisch internationalisierte Avantgardebewegung zurück, so entstünde ein anderes, zweifellos mehr der Moderne verhaftetes Bild als jenes, das sich aus einer Fragestellung unter postmodernen Vorzeichen ergäbe. Es wird also notwendig sein, weniger die Positionalität als vielmehr die Bewegung von Jorge Luis Borges zu erfassen, wollen wir das Verhältnis von Moderne und Postmoderne in all seiner Komplexität adäquat begreifen und literaturwissenschaftlich nutzen.

Dann nämlich gerieten etwa die transarealen Beziehungen der *Ficciones* zu den französischen Theorie-Avantgarden der fünfziger und sechziger Jahre, etwa die Borges-Deutungen von Maurice Blanchot oder Michel Foucault, wesentlich stärker ins Blickfeld, so dass sich eine Entwicklungslinie hin zur Konstituierung einer postmodernen Ästhetik und deren nachfolgenden Theorie ergäbe. Darüber hinaus könnten wir auch Borges' sich im Verlauf des langen, von ihm nicht unwesentlich mitgeprägten 20. Jahrhunderts wechselnde Beziehungen zu Massenkultur und Massenkommunikation und sein Verhalten in Radio- oder Fernsehinterviews untersuchen. Es ergäben sich sehr wohl Aspekte, die geeignet wären, eine allein literaturwissenschaftliche (beziehungsweise an einem engen Literaturbegriff ausgerichtete) Herangehensweise an den Autor der *Ficciones* in Frage zu stellen. Eine solche Sichtweise wäre aber zugleich geeignet, bestimmte Techniken der historischen Avantgarden, insbesondere einer angestrebten Schockwirkung in der Tradition des „épater le bourgeois", unter den Bedingungen medialer Kommunikation in der zweiten Jahrhunderthälfte wiederzuerkennen: eine Art Travestie (und sicherlich nicht Parodie) der Avantgarde in der Postmoderne. Denn Jorge Luis Borges war über die langen Jahrzehnte seines literarischen Schaffens auch zu einem medialen Phänomen geworden, das auf der Klaviatur dieser Medien bisweilen auch mit Verfahren der historischen Avantgarden routiniert zu spielen vermochte.

Wie unterschiedlich, wenn auch teilweise komplementär, derartige Objektkonstruktionen aus dem Blickwinkel von Moderne, Avantgarde, Postavantgarde und Postmoderne sein können, wird auch am Beispiel von Boris Vian eindrucksvoll aufzuzeigen sein: Mit diesem oft unterschätzten französischen Schriftsteller werden wir uns im weiteren Fortgang unserer Vorlesung noch auseinanderzusetzen haben. Boris Vians vor allem am französischen Surrealismus orientierte Überführung von Kunst in Lebenspraxis mit den Mitteln des Skandals oder der Verwandlung von Schockeffekten in mitunter märchenhaft oder albtraumartig anmutende literarische Darstellungsformen werden aus postavantgardistischer Perspektive betrachtet nicht weniger aufschlussreiche Einsichten erbringen als jene, die aus postmoderner Blickrichtung entstehen und die ein völlig neues Licht auf diesen französischen Existenzialisten werfen. Letztere werden die inter- sowie transmedialen, insbesondere phonotextuellen (also zwischen Musik und Text bestehenden) Aspekte seines Schaffens herausarbeiten und ebenso auf eine später ausgeformte postmoderne Theorie beziehen, wie jene beim Autor von *J'irai cracher sur vos tombes* beobachtbare Aufwertung vermeintlich marginaler, mit dem Zeichen der Massenkultur gebrandmarkter Gattungen wie dem Kriminalroman. Neben Max Aub oder Jorge Luis Borges verortet sich auch Boris Vian mit seinem literarischen Werk im Spannungsfeld von Moderne und Postmoderne, das in diesem Teil unserer Vorlesung im Vordergrund oder Rampenlicht steht.

Eine postavantgardistische Ästhetik und Blickrichtung würde die Texte von Borges, Vian oder Aub retrospektiv auf ihre Beziehungen zu den historischen

Avantgarden hin durchleuchten, mithin von den im Übrigen sehr unterschiedlichen Avantgarden her eine sich *nach* diesen ansiedelnde Entwicklung rekonstruieren. Dies aber würde zu einem nur sehr eingeschränkten Verständnis der
von diesen drei Schriftstellern hervorgebrachten Texte führen, von Autoren also,
die für eine europäische Literatur, eine lateinamerikanische Literatur und eine
Literatur des Exils, weit mehr noch für eine Literatur ohne festen Wohnsitz stellvertretend stehen. Diese Nach-Avantgarde postmodern wenden hieße, sie prospektiv auf eine Literatur, Kunst und Kultur hin zu öffnen, die im Zeichen der Postmoderne und ihrer bereits genannten Charakteristika stünde. Im Spannungsfeld
zwischen Moderne und Postmoderne ließe sich durch wechselseitige Erhellung
Licht auf jene Entstehung einer postmodernen Ästhetik werfen, die nicht allein
im literarischen Bereich der Ausbildung einer postmodernen Theorie vorausging.
So würde wohl auch verständlicher, warum die Formulierung einer „Theorie
der Postmoderne" bisweilen (leicht zu konstatierende) avantgardistische Züge
annehmen konnte, vielleicht sogar musste. Denn die Formen und Verfahren
avantgardistischer Kunst und Literatur waren für die Vertreterinnen und Vertreter
der Postmoderne noch immer verfügbar.

Doch gehen wir in unseren Überlegungen noch einen Schritt weiter! Die postmoderne Literatur und Kunst wäre intern wiederum so strukturier- und unter-
gliederbar, dass das Schreiben, Malen oder Kommunizieren im Zeichen der Postmoderne in drei Phasen unterteilt werden könnte, nämlich vor, während und
nach einer Theoriebildung der Postmoderne. Würden Borges, Vian oder Aub (um
bei diesen drei repräsentativen Beispielen zu bleiben) überwiegend der Phase
vor der Theorie der Postmoderne zugeordnet werden können, so wären Vertreterinnen und Vertreter der literarischen Avantgarden der sechziger und siebziger Jahre wie etwa Kristeva, Barthes, Calvino oder Eco überwiegend der Phase
während der postmodernen Theoriebildung zuzurechnen. Aus dem Blickwinkel
der Postmoderne entstünde ganz gewiss ein anderes Bild der literarhistorischen
Entwicklung, als es aus der Perspektivik postavantgardistischer Ästhetik sichtbar
würde. Denn dann würden jener französische, jener argentinische und jener in
Frankreich geborene, in Spanien auf Spanisch schreibende und in seiner letzten
Phase in Mexiko lebende Autor in der prospektiven Kraft ihrer Werke nicht an
eine Avantgarde zurückgebunden, sondern *prospektiv* in ihrer großen *Bewegungs-
energie* hin zu neuen Ästhetiken dargestellt.

Der dritten und letzten Phase im Zeichen der Postmoderne wären dann – um
stellvertretend nur einige wenige Beispiele zu nennen – die Schreibtechniken
einer Marie Redonnet, die postmodernen Strategien eines Enrique Vila-Matas, die
Romane des Mexikaners Jorge Volpi oder auch die aktuelle Theoriebildung eines
Antoine Compagnon zuzuordnen. Auf die Nennung weiterer außereuropäischer
Autor*innen wie Diamela Eltit, Raphaël Confiant, Patrick Chamoiseau oder Juan

Villoro sei hier verzichtet, liefen wir doch sonst Gefahr, eine sattsam bekannte telefonbuchartige Literaturgeschichtsschreibung zu betreiben, wie sie – auch dies vielleicht ein Indiz für die Zeit *nach* der Theorie – in den aktuellen Tagen wieder salonfähig geworden zu sein scheint – jedenfalls an bestimmten Orten, wo sich die gegenwärtig dezentrale Theorieentfaltung weniger stark bemerkbar macht ...

In einem im Mai 1975 veröffentlichten Essay mit dem Titel *Brecht et le discours: contribution à l'étude de la discursivité (Brecht und der Diskurs: ein Beitrag zum Studium der Diskursivität)* kehrte Roland Barthes einmal mehr zu jener Figur zurück, die ihn seit den fünfziger Jahren und den Zeiten des „Théâtre populaire" sowie der Pariser Aufführung der *Mutter Courage* faszinierte. Bertolt Brecht, seine Theaterkonzeption und vor allem seine Theaterpraxis schienen ihm in den fünfziger und beginnenden sechziger Jahren einen Ausweg aus dem Dilemma der historischen Avantgarden zu verheißen, einen Ausweg aus einer Sackgasse, die er immer schärfer zu konstatieren vermochte. In diesem Beitrag, der sich streckenweise wie eine lange Reflexion über den seit jenen frühen Jahren zurückgelegten intellektuellen und künstlerischen Weg lesen lässt, schrieb Roland Barthes:

> Alles, was wir lesen und hören, bedeckt uns wie eine Tischdecke, umgibt uns und umhüllt uns wie ein Milieu: Das ist die Logosphäre. Diese Logosphäre wird uns von unserer Epoche, unserer Klasse, unserem Beruf gegeben: Sie ist ein „Gegebenes" unseres Subjekts. Nun, das uns Gegebene zu deplatzieren kann nur das Ergebnis einer Erschütterung sein; wir müssen die ausbalancierte Masse an Worten erschüttern, die Tischdecke zerreißen, die verbundene Ordnung der Sätze stören, die Strukturen der Sprache zerbrechen (jede Struktur ist ein Gebäude mit verschiedenen Ebenen). Das Werk von Brecht zielt darauf ab, die Praxis einer Erschütterung (nicht der Subversion: Die Erschütterung ist viel „realistischer" als die Subversion) auszuarbeiten; die kritische Kunst ist jene, die eine Krise eröffnet: die das von der Tischdecke Bedeckte zerreißt und aufbricht, kleine Brüche in die Kruste der Sprachen einführt, die Vergiftung der Logosphäre ausspült und ausspielt; Sie ist eine *epische* Kunst: welche die kontinuierlichen Gewebe an Worten unterbricht und die Repräsentation in die Ferne rückt, ohne sie zu annullieren.[14]

Roland Barthes entwirft in dieser Passage das Bild einer Gesellschaft und einer Kultur, die uns wie eine Tischdecke – und dies heißt im Barthes'schen Duktus: wie eine Zwangsjacke – umgibt und aus der wir ausbrechen müssen. Der französische Zeichentheoretiker weiß selbstverständlich, dass es dazu nicht genügt, einfach alles zu zerreißen und zerstören, wie es die historischen Avantgarden getan hätten, hat er doch selbst jene Mechanismen genau untersucht, mit Hilfe derer die Zerstörung und der Bruch wieder vereinnahmt worden waren. So ver-

---

14 Barthes, Roland: Brecht et le discours: contribution à l'étude de la discursivité. In (ders.): *Œuvres Complètes*, Bd. 2, S. 261.

sucht er, von den Enden, von den Ausgängen der Avantgarden her zu denken und nach Beispielen zu suchen, die ihm einen Weg aus der Zwangsjacke der Logosphäre, aus der starren Anordnung der Sätze und Wörter weisen könnten. Bei dieser Suche trifft er wieder auf seine alte, zwei Jahrzehnte zurückliegende Liebe, das Brecht'sche Theater und dessen künstlerisch-literarische Verfahren.

Bertolt Brecht weist in diesem Essay aus den siebziger Jahren nicht mehr den Weg *aus* den sondern *in* die Avantgarden – freilich aus einer Logosphäre, die wir ohne jeden Zweifel als postmodern bezeichnen dürfen. Eine kaskadenartig sich ergießende Rhetorik des Störens und Zerstörens, des Zerreißens und Befreiens, des Aufbrechens und Zerbrechens führt uns eine in der Tat geradezu episch-emanzipatorische Sprache vor, in der noch immer der Funke der Utopie und damit der Schöpfung aus der Erschöpfung und Zerstörung glimmt.

Die Avantgarde ist in der Postmoderne *aufgehoben* – und wir hatten bereits in unserem Eingangsteil zu Enrique Vila-Matas gesehen, auf welch faszinierende Weise und ohne großen Aufhebens dieses „Aufheben" (auch in einem Hegel'schen Sinne verstanden) vor sich gehen kann. Die künstlerisch marktgerechte Vereinnahmung der Avantgarden begegnet uns nicht nur dergestalt, dass uns in unserer aktuellen Logosphäre – Barthes hätte früher dafür wohl den Begriff der Intertextualität wie in *Le Plaisir du texte* gebraucht – avantgardistische Formen und Techniken tagtäglich in der Autowerbung oder den Popkonzerten von Alice Cooper oder Michael Jackson begegnen. Ein ‚Sieg' der Avantgarde ist dies nur auf den ersten Blick, wie wir längst schon wissen: Denn es ist ein ‚Sieg' auf Kosten der Essenz der Avantgarden, auf Kosten ihres unbedingten Freiheits- und Zerstörungswillens. Vergessen wir nicht, dass die Impfung in Barthes *Mythologies* bereits die erste jener von ihm herausgearbeiteten Figuren bezeichnete, mit deren Hilfe das Bürgertum seine Welt und seine Mythen in Gang zu halten vermöge. Diese Einsicht von Barthes, das werden uns auch die künftigen Beispiele zeigen, wiegt schwer. Die Avantgarde, so scheint mir, ist jenes Serum, das einer postavantgardistischen und mehr noch einer postmodernen Ästhetik immer wieder in die Venen gespritzt werden muss, um ihr weiteres Funktionieren sicherstellen zu können. Es ist daher wie ein Betriebsmittel zeitgenössischer Kunst, vielleicht bisweilen auch eine Art Schmierstoff, der alles gut geölt in Bewegung hält: nicht weniger, aber gewiss auch nicht mehr.

Vor diesem Hintergrund erweist sich die Frage des uruguayischen Kritikers Hugo Achugar[15] als überaus berechtigt, welche Funktion wir der historischen

---

15 Vgl. Achugar, Hugo: Fin de siglo. Reflexiones desde la periferia. In: Herlinghaus, Hermann / Walter, Monika (ed.): *Posmodernidad en la periferia. Enfoques latinoamericanos de la nueva teoría cultural*. Berlin: Langer Verlag 1994, S. 238.

Avantgarde aus heutiger, postmoderner Sicht denn zuzuschreiben haben: Sind die Avantgarden Teil der Moderne oder deren Aufkündigung und eben daher Beginn der Postmoderne? Auf diese Frage dürfte eine Antwort, welche die Avantgarde einer Ästhetik des Bruchs und damit schlicht der Moderne zuschlägt, heute durchaus schwieriger geworden sein, zumindest dann, wenn wir die historischen Avantgarden aus einem weltweiten Blickwinkel analysieren und nicht auf ein rein europäisches Phänomen reduzieren. Wir werden dann die letztliche Zuschreibung der historischen Avantgarden zur Moderne noch einmal verändert zu begründen haben und zugleich bewusst einräumen, wie vieles sie mit der Postmoderne verbindet. Dies ist auch der Grund dafür, warum wir – wie bislang geschehen – den Begriff der Postmoderne nicht allein in seiner Abgrenzung von der Postavantgarde zu untersuchen haben, sondern auch die Abgrenzung vom Begriff des Postmodernismus – wie im Folgenden – dringlich erörtern müssen.

Fassen wir es noch ein letztes Mal zusammen: Insbesondere während der drei zurückliegenden Jahrzehnte hat sich unsere Sichtweise der historischen Avantgarden durch die beginnende Einbeziehung außereuropäischer Avantgarden so grundlegend zu verändern begonnen, dass eine einheitliche Theorie der Avantgarde, die noch auf einer Ästhetik des Bruchs und der Zerstörung der Institution Kunst bestünde, als nicht mehr vertretbar erscheint. Die Linien der Traditionsbrüche sind als Flexuren neu lesbar geworden, die postavantgardistischen Bezugnahmen auf die Avantgarde haben diese in der Tat historisch werden lassen; zugleich sind die Kontinuitäten aus postmoderner Perspektive deutlicher ins Rampenlicht gerückt – und auch dies hatte sich schon im Eingangsteil dieser Vorlesung zu Enrique Vila-Matas angedeutet. Vergessen wir darüber nicht, dass Friedrich Nietzsche in diesem Zusammenhang zum ganz besonders wichtigen philosophischen Bezugspunkt avancierte und im Grunde seit dem Fin de siècle an der Wende zum 20. Jahrhundert bis in die Gegenwart zu einer verbindenden Figur in den literarisch-künstlerischen Wechseln der Zeit geworden ist. Der Philosoph des *Zarathustra* ist nicht nur in der Postmoderne eine inspirierende Figur für Literatur und Kunst, er war es bereits für die historischen Avantgarden. Auch diese Kontinuität, bei aller Wandlung des jeweiligen Nietzschebildes, gilt es im Blick zu haben.

Die kritische Selbst-Reflexion von Sprache und Metasprache gehört zweifellos auch zu den auffälligen Kontinuitäten, welche sich zwischen den historischen Avantgarden, den Postavantgarden sowie den unterschiedlichen postmodernen Strömungen herstellen lassen. Es ließe sich kaum ein schöneres Beispiel für diese Relation und Selbst-spiegelung finden als die avantgardistische Gattung par excellence, das Manifest. Sein Oszillieren zwischen Sprache und Metasprache und oftmals zwischen Diktion und Fiktion machen es zu einem Forschungsgegenstand, der nicht nur für die Avantgarde-, sondern auch für die Postmodernediskussion von großer Bedeutung ist. In derartigen Fragestellungen und Problemhorizonten aber könnte die aktuelle Bedeutung der Avantgarden – und keineswegs nur die Bedeutung der aktuellen Avantgarden – liegen: Sie sind nicht wirklich – und nicht einmal die „historischen Avantgarden" – historisch geworden, sondern markieren als Teil einer radikalisierten Moderne den Eintritt in einen gemeinsamen kulturellen Raum, den Moderne und Postmoderne gemeinsam bilden.

Nicht umsonst hatte bei Max Aub ein Jusep Torres Campalans die Alte Welt verlassen und sich ins Land natürlicher, nicht-künstlicher Halluzinogene aufgemacht. Die historischen Avantgardisten standen ein für die Suche nach anderen Kulturen und anderen Welten – zumindest in Form namhafter Vertreter wie André Breton, Antonin Artaud oder Michel Leiris. Doch auf diese Figur von Max Aub – eine wunderbare literarische Erfindung – werden wir erst später eingehen können, um uns textanalytisch fundiert den Kontinuitäten zwischen den historischen Avantgarden und der Postmoderne zuzuwenden. Ihr Schöpfer schaffte ebenso wie Jorge Luis Borges, wie Boris Vian und sogar wie Albert Cohen den Absprung aus den historischen Avantgarden in eine Welt der gleichzeitigen Verfügbarkeit all jener Verfahren, welche die vergangenen Jahrzehnte aufgehäuft hatten. Dies betraf auch und vor allem das, was in einer gegebenen Gesellschaft als Moderne galt und was in unterschiedlichen Postmodernismen etwa in Lateinamerika zu Tage trat. Dabei wird zwischen einer sozioökonomischen Modernisierung, einer epochalen geistesgeschichtlich-philosophischen Moderne und einem ästhetisch-literarischen Modernismus zu unterscheiden sein, ohne dass diese drei Aspekte einer modernen Weltsicht – nicht nur in der ‚Neuen Welt' – leicht voneinander zu lösen wären.

Ich möchte in der folgenden Abgrenzung des Postmoderne-Begriffs von dem des Postmodernismus nicht nur die terminologische Schärfung der Postmoderne weiter vorantreiben, sondern endlich mein Ihnen gegebenes Versprechen einlösen, nach jenen großen Dichterinnen zu fragen, die im spanischsprachigen Amerika fernab der ‚männlichen' Avantgarden wirkten und zum Teil enorme Erfolg feierten. Ganz wie ihre männliche Kollegen, die wie etwa der Chilene Vicente Huidobro oder der Peruaner César Vallejo in ihren Anfängen modernistische Dichter gewesen waren, wurzelten auch diese großen Lyrikerinnen in jenem hispanoamerikanischen Modernismo, als deren Teil sich Gabriela Mistral, Juana de Ibarbourou oder Alfonsina Storni auch dann noch verstanden, als man sie längst dem Postmodernismus, dem „Postmodernismo", zuzurechnen begann.

Im nachfolgenden Kapitel wird es also nicht nur darum gehen, die Hintergründe zu erhellen, warum diese Dichterinnen von einem damals literarisch noch weitgehend marginalisierten Lateinamerika aus insbesondere gegen Mitte des 20. Jahrhunderts so unerhörte Erfolge feierten, deren größter zweifelsohne der erstmals nach Lateinamerika vergebene Literaturnobelpreis für die Chilenin

Gabriela Mistral war. Vielmehr wird wie stets anhand von repräsentativen Beispielen ihrer Dichtkunst zu erhellen sein, inwiefern sich eine literarische Bewegung, die des Postmodernismo, entfalten konnte, die ihr „Post-" nicht als eine Nachzeitigkeit verstand, sondern sich noch immer als Teil des hispanoamerikanischen Modernismo begriff.

Gabriela Mistral, der Literaturnobelpreis und der Postmodernismus

Wir haben uns im Verlauf des zurückliegenden Teiles unserer Vorlesung auf die unterschiedlichen Aspekte und Ausprägungsformen der literarischen Avantgarden in Europa wie in Hispanoamerika konzentriert und sollten uns nun einigen Überlegungen zuwenden, welche sich aus unserer Arbeit an den Wegen aus der Avantgarde ergeben haben. Bereits der peruanische Theoretiker und Marxist José Carlos Mariátegui, mit dem wir uns im Rahmen unserer Vorlesung aus zeitgründen leider nicht auseinandersetzen konnten, hatte in seinen *Siete ensayos de interpretación de la realidad peruana* aus dem Jahre 1928 auf eine Reihe zeitgenössischer Entwicklungen rund um eine Gruppe junger Lyrikerinnen aufmerksam gemacht. Letztere lassen sich gewiss nicht unter den Begriff der historischen Avantgarden oder anderer avantgardistischer Strömungen subsumieren. Diese Dichterinnen oder „Poetisas", so der peruanische Philosoph weiter, hätten einen neuen, frischen Ton insbesondere in die Lyrik Hispanoamerikas eingebracht und die Situation der Literaturen in Peru und weit darüber hinaus stark verändert.

Es war nicht unsere Absicht, durch die Konzentration auf die historischen Avantgarden im spanischsprachigen Amerika in den Hintergrund zu drängen oder gar zu vergessen, dass es selbstverständlich auch andere Literaten und Literatinnen in der damaligen Literaturszene des Subkontinents gab. Zum Teil sind sie bis heute von großem Interesse und rückten gerade im Zusammenhang einer verstärkten Aufmerksamkeit für die Wege von Schriftstellerinnen als weiblichen „Poetas" oder „Poetisas" in den Mittelpunkt öffentlicher Debatten. Im Folgenden möchte ich daher mein Hauptaugenmerk auf jene hispanoamerikanischen Lyrikerinnen richten[1] und in diesem Zusammenhang drei höchst repräsentative Figuren herausgreifen, welche durchaus unterschiedliche Standpunkte im literarischen Feld der Literaturen Lateinamerikas markieren: Gabriela Mistral, Juana de Ibarbourou und Alfonsina Storni.

Dabei ist das spezifische Interesse, das diesen drei Dichterinnen in den Amerikas wie in Europa entgegengebracht wird, sehr unterschiedlich beschaffen. Die Wege ihrer Rezeption beiderseits des Atlantiks sind nicht leicht miteinander

---

[1] Vgl. allgemein zu den dichterinnen Hispanoamerikas die jüngeren Forschungen von Rodríguez Gutiérrez, Milena: *Entre el cacharro doméstico y „la vía láctea". Poetas cubanas e hispanoamericanas.* SEvilla: Iluminaciones Renacimiento 2012; sowie (dies., Hg.): *Casa en que nunca he sido extraña. Las poetas hispanoamericanas: identidades, femenismos, poéticas (Siglos XIX – XXI).* New York – Bern – Frankfurt am Main – Berlin: Peter Lang 2017.

vergleichbar. Während die argentinische Lyrikerin Alfonsina Storni vor allem im Kontext feministischer Theoriebildungen in den letzten beiden Jahrzehnten erfreulicherweise erheblich an Bedeutung gewonnen hat, haben die beiden ersteren eher an Terrain verloren. Dies gilt nicht allein für die 1929 zur „Juana de América" ausgerufenen Juana de Ibarbourou, sondern selbst für die mehrfach preisgekrönte Gabriela Mistral, die übrigens auch einmal den jungen Vicente Huidobro bei einem Dichterwettbewerb in Chile aus dem Rennen warf. Jede dieser drei Figuren steht für eine höchst eigenständige Tradition und darf den Anspruch erheben, zusammen mit weiteren Lyrikerinnen aus der hispanoamerikanischen Welt die ganze Fülle der Dichtkunst jenseits der Avantgarden zu vertreten. Mir scheint es daher wichtig, sie in den Kreis der in unserer Vorlesung behandelten Schriftstellerinnen und Schriftsteller aufzunehmen und dabei gleichzeitig jener Frage nach dem Postmodernismus nachzugehen, welche uns im Kontext unserer Postmoderne-Diskussion interessiert.

Die Tatsache, dass gerade die uruguayische Lyrikerin weitgehend dem Vergessen anheimfiel ist befremdlich, hatte man doch um die Mitte des 20. Jahrhunderts in ihr die große literarische Stimme Hispanoamerikas erblickt. Aber neben Juana de Ibarbourou war im Verlauf der Rezeptionsgeschichte gegen Ende des vorigen Jahrhunderts auch das Interesse an Gabriela Mistral geschwunden. Immerhin war sie es gewesen, die nicht nur die erste Frau, erste Lyrikerin und erste Chilenin sowie Lateinamerikanerin, sondern überhaupt die erste literarische Figur war, die – es war das Epochenjahr 1945 – den Nobelpreis für Literatur erhielt. Auch im deutschen Sprachraum hatte man sich schon früh mit ihr beschäftigt, so etwa unmittelbar nach Ende des Zweiten Weltkriegs der Münchner Professor für romanische Philologie Hans Rheinfelder, der es wie andere Kollegen mehr mit der katholischen Mistral als dem kommunistischen Neruda hielt. Doch die Zukunft gehörte auch in der internationalen Rezeption – zumindest für einen bestimmten Zeitraum – dem Chilenen Pablo Neruda, dessen Stern freilich aus den verschiedensten Gründen längst wieder zu sinken begonnen hat. Noch immer ist es ungewiss, ob seine Landsfrau Gabriela Mistral einmal wieder in der Gunst der Leserinnen und Leser steigen wird, wie sie es wahrlich verdient hätte. Ich möchte Ihnen im Rahmen dieser Vorlesung zumindest eine dichterische Kostprobe aus dem reichen Schaffen der Lyrikerin geben und zugleich eine Lanze für alle drei großen Figuren lateinamerikanischer Dichtkunst brechen.

Zuvor aber einige Hinweise auf das Leben der ersten lateinamerikanischen Nobelpreisträgerin für Literatur. Lucila Godoy Alcayaga hieß die Dichterin eigentlich, die ihren Vornamen zu Ehren Gabriele d'Annunzios und ihren Nachnamen zu denen Frédéric Mistrals, des großen provenzalischen Lyrikers, wählte und unter diesem „nom de plume" weltweit Berühmtheit erlangte. Sie wurde am 7. April 1889 im chilenischen Vicuña geboren, starb am 10. Januar 1957 in Hempstead im Staat New York und führte außerhalb der Literatur ein von weiten Reisen und Auslandsaufenthalten erfülltes, höchst aktives und unabhängiges Leben.

Abb. 87: Gabriela Mistral (Vicuña, Chile, 1889 – Hempstead, New York, 1957).

Schon Gabriela Mistrals Vater war Volksschullehrer gewesen. Er verließ die Familie, als seine Tochter drei Jahre alt war. Sie wurde bereits mit sechzehn Jahren in den regulären Schuldienst aufgenommen und trug so zum finanziellen Überleben der Familie in jenem kleinen andinen Örtchen im Valle de Elqui bei. Ihr beruflicher Aufstieg verlief erstaunlich rasch: Ab 1918 leitete sie nacheinander Schulen und Gymnasien in Punta Arenas, Temuco und Santiago de Chile, wo sie das renommierteste Mädchengymnasium übernahm. Früh hatte sie zu schreiben begonnen. Ihre ersten Texte wurden ab 1905 in Zeitungen der lokalen Presse wie *La Voz de Elqui* veröffentlicht. Bereits 1914 gewann sie für ihre *Sonetos de la Muerte* den chilenischen Literaturpreis, was sie erstmals in ganz Lateinamerika bekannt machte. Ihre berufliche Unabhängigkeit als Frau und ihre Arbeit als Lyrikerin gingen stets Hand in Hand.

1922 erschien ihr zweiter gefeierter Gedichtband *Desolación*, der Zeugnis einer großen dichterischen Reife ist und deutlich im Zeichen des Modernismo steht. Ab diesem Jahr lebte sie zumeist außerhalb Chiles, zunächst in Mexiko im Auftrag des mexikanischen Kultusministeriums zwecks der dortigen großen Schulreform unter José Vasconcelos, ab 1925 dann im Auftrag des Völkerbunds, womit ihre Tätigkeiten im diplomatischen Umfeld begannen. Ab 1932 arbeitete sie als chilenische Konsulin in verschiedenen Ländern Europas und Amerikas. Gastdozenturen etwa an der Columbia University in New York schlossen sich an. Sie vertrat ihr Geburtsland Chile in Brasilien, Spanien, Portugal und den Vereinigten Staaten und lebte während des Zweiten Weltkriegs in Brasilien, wo sie mit Stefan Zweig und dessen Frau im Exil bis zu deren Freitod freundschaftlich verbunden war.

Der Nobelpreis für Literatur bildete 1945 sicherlich den Höhepunkt zahlreicher Ehrungen, die der Dichterin national wie vor allem international zuteilwurden. Ihre letzten Lebensjahre standen im Zeichen ihrer Krebserkrankung, an deren Folgen sie in ihrem Haus bei New York verstarb. Doch zuvor hatte sie sich, obwohl sie nun die Öffentlichkeit eher meiden musste, 1954 noch einmal nach Chile begeben, wo sie von ihren Landsleuten begeistert empfangen wurde. Gabriela Mistral wird zwar als chilenische Dichterin gefeiert, die Dimensionen ihres Schreibens sind jedoch ebenso wie ihre Literaturbeziehungen weltweiter Natur, fühlte sie sich doch sehr dem indischen Subkontinent verbunden, dessen Literatur und Philosophie für sie stets wichtige Inspirationsquellen waren.[2]

Gabriela Mistrals Dichtkunst beeindruckt durch ihre vermeintliche Schlichtheit, mit der sie sich einen eigenen Platz jenseits der stilisierten Verskunst des Modernismo und der Experimentalpoesie der Avantgarden sicherte. Das Thema der ersehnten Mutterschaft zieht sich durch ihr Werk, eine tiefe Religiosität verbindet sie mit dem Heiligen Franziskus und der spanischen Mystik. Doch ihrer Verbindung mit dem Modernismo blieb sie immer treu, setzte allerdings spezifisch weibliche Akzente, die innerhalb der von Männern beherrschten Bewegung – die Lyrik der bereits früh verstorbenen Kubanerin Juana Borrero dürfte ihr wohl nicht bekannt gewesen sein – eigene Ausdrucksformen schuf.

Dabei bilden die Verzweiflung über den Tod eines Geliebten, die ersehnte Mutterschaft sowie das Thema der Einsamkeit Eckpunkte ihres literarischen Schaffens, in dessen Formen sie – wie vor ihr schon der modernistische Dichter José Martí – auf Elemente der Volksdichtung zurückgriff. Es ist kein Zufall, dass sie dem großen kubanischen Dichter und Revolutionär wunderbare Portraits widmete, in welchen sie ihrer Bewunderung Ausdruck verlieh. Auch sonst bleibt sie den Themenkreisen eines Modernismus Martí'scher Prägung sehr nahe und feiert immer wieder die amerikanische Natur in ihrer Großartigkeit. Selbst die Tendenz zur Askese teilt sie mit dem kubanischen Begründer des Modernismo, dessen Lyrik freilich die minoritäre Traditionslinie modernistischer Verskunst ausmacht. In ihrem letzten großen Gedichtband *Lagar* von 1954 kulminieren die großen Themen ihrer Lyrik im Schmerz über den Freitod der Zweigs sowie in einer fast mystischen Entrückung, die sich in diesen noch immer mit *Desolación* zusammenhängenden Gedichten ausspricht. Gabriela Mistrals dichterisches Gesamtwerk steht im Zeichen einer tief empfundenen Menschlichkeit.

In *Desolación* sind bereits die großen Themen ihrer Lyrik versammelt, wobei ihre Gedichte 1922 noch deutlich im Zeichen des Modernismo stehen. In der

---

2 Vgl. auch Puppo, María Lucía: Capítulo 18: La danza del perder cuanto tenía. Gabriela Mistral ante Rubén Darío. In: Rodríguez gutiérrez, Milena: *Casa en que nunca he sido extraña. Las poetas hispanoamericanas: identidades, femenismos, poéticas (Siglos XIX – XXI).* New York – Bern – Frankfurt am Main – Berlin: Peter Lang 2017, S. 210–220.

anschließenden Entwicklung ihrer Dichtkunst wird sich Gabriela Mistral immer weiter vom modernistischen Schreibmodell entfernen. Es mag paradox klingen, doch gelang ihr dies gerade dadurch, dass sie sich mit José Martí an einen der großen Modernisten anlehnte, der in einer häufig kolportierten Begegnung den ihn bewundernden und gut zehn Jahre jüngeren Rubén Darío als seinen ‚Sohn‘ bezeichnet hatte. Freilich war dieser Sohn in der Folge in die Rolle des prägenden hispanoamerikanischen Modernisten aufgestiegen, der auch nach seinem Tod im Jahre 1916 weiterhin stärksten Einfluss auf die Entwicklung der Dichtung besaß. Demgegenüber stellte die Lyrik Martís so etwas wie eine Unterströmung dichterischen Schaffens im Zeichen des Modernismo dar.

Gabriela Mistral widmete ihm bereits in den zwanziger Jahren einen grundlegenden Essay mit dem Titel *Die Sprache José Martís* (*La lengua de Martí*). Martí galt nicht allein die stetige Bewunderung der chilenischen Lyrikerin, sondern auch ein glühender zweiter Vortrag, in dem sie 1938 vor allem auf die *Versos sencillos* des kubanischen Dichters einging, Verse, die ihr eigenes Schaffen selbst sehr stark prägten. Denn gerade danach war sie stets auf der Suche: Nach einer möglichst geschliffen einfachen Form ihrer Verse, nach einer Nähe zu populären Versformen und Sprechweisen, nach möglichst einfachen Bildern, die nach Martís Vorbild eine komplexe Symbolik zu verbergen vermochten. Vielleicht hat Martí in seiner Lyrik niemals eine bessere Nachfolgerin gefunden als die chilenische Literaturnobelpreisträgerin.

José Martí war als modernistischer Dichter zweifellos das große literarische Vorbild Gabriela Mistrals. Dieses Vorbild zu erreichen und zugleich fortzusetzen gelang ihr auf eine oft verblüffende Weise, und es ist gerade dieser sehr besondere Akzent, auf den ich aufmerksam machen möchte. Oft ist behauptet worden, dass die Lyrik José Martís keine Nachfolger gefunden habe. Ich habe solche Behauptungen auch mit Blick auf die spätere kubanische Dichtkunst schon immer für falsch gehalten. Aber was, wenn diese Nachfolger Nachfolger*innen* gewesen wären? Nicht nur Gabriela Mistral, auch Juana de Ibarbourou hat dem kubanischen Lyriker und Revolutionär aus gutem Grund einen Essay gewidmet. Ihr Werk weist ebenfalls deutliche Züge einer kreativen Anverwandlung Martí'scher Schreib- und Denkformen auf.

Wir können also festhalten: Auf der Suche nach einfachen Formen, nach dem, was José Carlos Mariátegui später als die „Frische" dieser Lyrik bezeichnen sollte, wurden die hispanoamerikanischen Lyrikerinnen bei José Martí, dem Dichter des *Ismaelillo*, fündig und spielten damit gleichsam Martí gegen Darío aus, den ‚Sohn‘ oder ‚hijo‘ des großen Kubaners. Mistral wie Ibarbourou hielten sich fern von jenen berühmten, nach Darío gemodelten modernistischen Schwänen, denen in einem denkwürdigen programmatischen Gedicht bereits 1912 die Gurgel umgedreht worden war. Gewiss war José Martí nur einer ihrer Bezugspunkte, aber eben ein besonders wichtiger. Dies macht deutlich, dass die Lyrik dieser großen Dichterinnen nicht aus dem Nichts entstand, sondern durchaus naheliegende Vorläufer besaß. Und zwar solche, die modernistischen Zuschnitts waren und die Position des Postmodernismus nicht als Trennung, sondern eher als Kontinuität und Fortsetzung des Modernismus begreifen ließen.

Dass man diese Kontinuitäten vor allem mit José Martí erkannte, dürfte weniger an der Lyrik des Kubaners als an der Rezeptionsgeschichte dieser Autorinnen liegen, die um die Mitte des 20. Jahrhunderts sicherlich weitaus bekannter waren als César Vallejo, Vicente Huidobro, Virgilio Piñera oder Oliverio Girondo. Doch entwickelte sich die weitere Rezeption dieser „Poetisas" so, dass sie nach der Jahrhundertmitte – also zum Zeitpunkt der wirklichen Herausbildung einer Literaturwissenschaft außerhalb Lateinamerikas über Lateinamerika – zunehmend in der Versenkung verschwanden und einem weitgehenden Schweigen anheimfielen. Dass hierfür genderspezifische Gründe durchaus eine Rolle spielten, kann nur vermutet werden, ist aber meines Erachtens recht wahrscheinlich. Die Zeiten, in denen sich isoliert ein Hans Rheinfelder mit der Lyrik einer Literaturnobelpreisträgerin nach Ende des Krieges auseinandersetzte, waren vorbei. Auch mussten deutsche Literaturwissenschaftler nicht mehr beweisen, dass sie fest auf dem Boden des Humanismus standen. Wie auch immer wir all diese Entwicklungen bewerten wollen: Die oft geäußerte Behauptung, José Martí habe keine poetischen Nachfolger gefunden, entbehrt gerade mit Blick auf die postmodernistischen Lyrikerinnen jeglicher Grundlage.

Ganz nebenbei sei bemerkt, dass Gabriela Mistral ideologisch keineswegs so einfach von Pablo Neruda zu trennen ist. Denn beide setzten sich 1938 – aus sicherlich unterschiedlichen Horizonten – für die Aufnahme spanischer Bürgerkriegsflüchtlinge ein und überwanden den Widerstand der chilenischen Regierung als wahre und im vollen Wortsinn verstandene Intellektuelle, die sich aus humanitären Gründen für die vom spanischen Franquismus Vertriebenen verantwortungsvoll einsetzten. So kam es zur Aufnahme von wohl zweitausend meist proletarischen spanischen Republikanern, die eine große Anzahl kultureller Aktivitäten in ihrer neuen Heimat Chile entfalten sollten. Doch kehren wir zur Lyrik der Gabriela Mistral zurück!

Die angestrebte Schlichtheit des Ausdrucks erreichte die chilenische Intellektuelle in überzeugendem Maße mit dem Gedichtband *Ternura (Zärtlichkeit)*, der 1924 erschien und eine Sammlung von Kinder- und Wiegenliedern enthielt. Damit war jener Rückgriff auf volkskulturelle Formen sichergestellt, wie ihn Martí bereits in den achtziger Jahren des 19. Jahrhunderts praktiziert hatte. Ein solches Wiegenlied stellt auch das Gedicht *Meciendo* dar, von dem es übrigens eine bemerkenswert knurrige Selbstaufnahme der chilenischen Dichterin gibt. Dass weder Pablo Neruda noch Gabriela Mistral jene hörbare Meisterschaft eines José

Lezama Lima bei der akustischen Einspielung eigener Gedichte erreichten, steht an dieser Stelle freilich nicht zur Debatte:

> Das Meer wiegt seine Tausenden
> von Wellen, göttlich.
> Ich höre die liebenden Meere
> und wiege mein Kind.
>
> Der Wind wiegt des Nachts
> den Weizen, geschwind.
> Ich höre die liebenden Winde
> und wiege mein Kind.
>
> Gott Vater wiegt seine Tausenden
> von Welten, geräuschlos.
> Ich fühle seine Hand im Schatten
> und wiege mein Kind.[3]

Es sind die einfachen lyrischen Formen, welche in diesem Gedicht im Vordergrund stehen. Es wirkt wie ein spontan von einer wohl weiblichen Gestalt, vielleicht einer Mutter, beim Wiegen ihres Kindes gesungenes Lied, das einen Säugling zum Einschlafen bringen soll. Doch das Gedicht, welches die kinderlose Gabriela Mistral sehr präzise komponiert hat, bringt Wellen, Winde und Welten zusammen mit der Gestalt von Gott Vater, der über alles seine schützende Hand ausbreitet und die Sicherheit von Mutter und Kind garantiert. Schon das Meer ist in der ersten Strophe vom Göttlichen durchdrungen, so wie es auch alle anderen Attribute sind, die mit der Schöpfung verbunden werden: die Wellen, die Winde und die Welten. Ein Gedicht von großer Schlichtheit und ebenso großer Religiosität, das in Gestalt eines Wiegenliedes alle so verschiedenen Welten kosmisch in einer wiegenden Bewegung zusammenführt.

Im Übrigen ist es auch klanglich und nicht nur semantisch um das „mece", um das Wiegen herum, angeordnet und zeigt eine von Liebe durchdrungene Schöpfung. Diese schließt ebenso die Liebe der Mutter zu ihrem Kind wie die Liebe Gottes zu seiner Schöpfung ein, aber auch alle Elemente einer unermesslichen Natur: die Meeresflächen, die Weizenfelder, die verschiedenen Welten im Universum, die allesamt von der wiegenden Bewegung der Liebe durchzogen sind. Bereits in der ersten Strophe im ersten Vers, in dem sich das „mar" als Urelement des Wassers und der Fruchtbarkeit klanglich auf die „mi<u>ll</u>ares" der

---

3 Mistral, Gabriela: Meciendo. In (dies.): *Ternura* [1924]. Santiago de Chile: Editorial Universitaria 2004, S. 23.

Wellen hin öffnet, verkörpert sich ein natürliches Wiegen, das sich als göttliches Wiegen erweist, insofern es die letzte Strophe mit der Hand Gottes im „divino" vorwegnimmt. Diesem göttlich-natürlichen wird das menschliche Wiegen an die Seite gestellt, wobei das Ich mit dem Meer und damit dem Kosmos durch den Klang des Meeres, durch das Hören also, verbunden ist: „oyendo a los mares amantes." Dabei werden in den „mares" zugleich schon fast die „madres" hörbar, auch wenn wir uns davor hüten sollten, das lyrische Ich ausschließlich weiblich zu definieren.

In der zweiten Strophe tritt an die Stelle des Elements des Wassers nun das Element der Luft, das bereits den Klang des Meeres transportiert hatte: Den Wasserflächen wird der Luftozean an die Seite gestellt. Die Szenerie wird nun deutlich in der Nacht angesiedelt und zugleich mit einem Element des Lebens, einem Lebensmittel, dem Weizen in Verbindung gebracht: der Wind wiegt die Weizenfelder, welche dem Menschen Nahrung geben. Auch dieses Rauschen und diese Bewegung überlagern und übertragen sich auf das Wiegen des Kindes durch das lyrische Ich und damit auf die Kreatürlichkeit des Menschen. Alles ist in diesen Strophen mit allem harmonisch verbunden.

In der dritten Strophe nun kommt innerhalb dieser so skizzierten Schöpfung Gott Vater hinzu, der seine Tausenden von Welten wiegt, ohne ein Geräusch, ohne einen Klang zu produzieren. Diese Stille, diese Geräuschlosigkeit durchbricht die durch Wiederholung entstandene Ordnung insoweit, als kein Klang auf das lyrische Ich einwirken kann und die ruhige, wiegende Bewegung beziehungsweise den Schlaf des Kindes stört. An die Stelle dieser akustischen Übertragung tritt nun keineswegs eine visuelle, sondern eine taktile Empfindung: das Spüren der Hand Gottes im Schatten, im Verborgenen. Das lyrische Ich braucht Gott Vater nicht zu sehen, um seine Anwesenheit und seinen Schutz zu empfinden.

Dadurch aber wird zugleich die Beziehung zwischen Gott Vater und dem lyrischen Ich zentral, das sich – angespielt seit der ersten Strophe und in Ergänzung von „mar" und „padre" klanglich präsent – als Mutter, als weibliches Ich, vorstellen lässt. Denken wir diese Beziehung weiter, so wird das Kind zum Gotteskind, die Mutter gleichsam zu einer neuen Maria, die es im Schutze des Vaters wiegt. Das Kind ist die Frucht einer göttlichen Schöpfung, der sich das Ich gewiss ist und gewiss sein kann: Alles ist im Wiegen der Welt aufgehoben. Das Kind selbst ist damit – wie schon die erste Strophe andeutete, wo „divino" und „niño" in derselben Position innerhalb des Verses standen – ein göttliches Kind und damit jener Messias und Heilsbringer, der zwischen Gott und Mensch vermittelt.

Ganz so, wie die Lyrik – und die Lyrikerin – in die Rolle der Vermittlerin zwischen Mensch und Natur, Schöpfung und Schöpfer schlüpft, so sind alle Ebenen der Kreation im Universum wie im Gedicht miteinander tief verbunden. Derartige

Beziehungen waren schon José Martí keineswegs fremd, suchte er in seiner Lyrik doch immer nach jener schöpferischen Liebe, die alles mit allem zu verbinden vermag. Gleichzeitig stellen wir fest: Welch ein Unterschied zwischen dieser einfachen Sprache in der Dichtkunst Gabriela Mistrals und der stark aufgeladenen, bisweilen überladenen und anspielungsreich-modernistischen Lyrik eines Rubén Darío und mehr noch dessen Epigonen! Die Lyrik des Postmodernismo besetzte in der Tat einen unverkennbaren Platz in der zeitgenössischen Szene der Dichtung. Wir werden sehen, welche Beziehungen sich zwischen diesem Gedicht Gabriela Mistrals und einem der späten Sonette Juana de Ibarbourous herstellen lassen, dem *Soneto a Dios*, in welchem letztlich das eigene Schaffen innerhalb der Kreation Gottes verankert, damit zugleich relativiert sowie ins Übermenschliche hinaus gesteigert wird.

Es wäre zweifellos möglich, von dieser Ebene aus zu einer selbstreflexiven Metaebene der Lyrik zu gelangen, mit anderen Worten: dieses Gedicht der chilenischen Dichterin als Poetik und Poetologie ihres eigenen dichterischen Tuns zu lesen. Aus dieser Perspektive erschiene dann das göttliche Wiegen als Urmuster jener wiegenden, rhythmischen Bewegung, welche auch das lyrische Ich ausführt und das der Mutter ihre Leben erzeugende und ernährende Kraft gibt. Das Gedicht als Ergebnis dieses Prozesses, dieser göttlichen Verbindung, ist dann die „divina poesía", die „göttliche Dichtkunst", die ihrerseits Vermittlerin ist zwischen dem Menschen und dem Übermenschlichen, dem Physischen und dem Metaphysischen, dem Literarischen und dem Metaliterarischen, zwischen Urheber von Geräusch und Bewegung und dem zuhörenden, rezipierenden und wiegenden Ich. Es entsteht ein göttlicher Rhythmus, der die ganze Schöpfung, das göttliche Universum, aber auch das einfache Gedicht durchdringt und verdichtet in einem kleinen Wiegenlied zum Ausdruck bringt.

Ich möchte Ihnen gerne – wie bereits angekündigt – ein weiteres Gedicht von Gabriela Mistral vorstellen. Vorausschicken muss ich nur, dass sich in diesem Gedicht im wörtlichen Sinne alles um eine „Ceiba" dreht, ein geradezu mythischer und dennoch sehr realer amerikanischer Baum, den Sie vielleicht auch von Abbildungen kennen; ein Baum, den die indigene Bevölkerung der Amerikas stets sehr verehrte und verehrt. Nicht nur in Havanna steht sie am eigentlichen ‚Geburtsort' der Stadt und ist innerhalb der kulturellen Symbolik Amerikas bis in unsere Tage von großer Bedeutung und Symbolkraft:

In der Welt, da ist das Licht,
und im Licht, da ist die Ceiba,
und in der Ceiba ist das grüne
Lodern von Amerika!

Ea, Ceiba, ea, ea!

Ceiba-Baum bist nicht geboren
und sie scheint uns allen ewig,
Quitos-Indianer pflanzen nicht
und die Flüsse wässern nicht.

Sie dreht und wendet sich gen Himmel
wie zwanzig wahre Cobraschlangen,
und wenn der Wind erst durch sie fährt
singt sie wie einstmals Deborah.

Ea, Ceiba, ea, ea!

Es erreicht sie nicht das Vieh
und es trifft sie auch kein Pfeil,
Angst aber hat vor ihr die Axt,
Flammen werden sie nicht verbrennen.

In ihren gebrochenen Ästen
krümmt sie plötzlich sich und blutet,
danach fällt ihre heilige Milch
im Gerinnen und in Strähnen.

Ea, Ceiba, ea, ea!

In dem Schatten der Gigantin
tranzen alle jungen Mädchen,
und ihre Mütter, die längst tot sind,
steigen herab und tanzen mit.

Ea, Ceiba, ea, ea!

Wir reichen unser aller Hände
den Lebend'gen und den Toten,
und wir drehen uns, drehen uns
wir die Frauen, wir die Ceibas ...

In der Welt, da ist das Licht,
und im Licht, da ist die Ceiba,
in der Ceiba ist das grüne
Lodern von der Erde![4]

---

4 Mistral, Gabriela: Ronda de la Ceiba ecuatoriana. In (dies.): *Ternura*, S. 95 f.

Von der ersten Strophe an wird in diesem Gedicht der mythenumrankte Baum der Ceiba mit dem gesamten Kosmos wie mit der Welt Amerikas verbunden. Wie in der biblischen *Genesis* wird dabei eine Schöpfungsgeschichte mit dem Licht der göttlichen Kreation verknüpft und die Ceiba in den Mittelpunkt dieses Prozesses gestellt. Zugleich ist die Ceiba im tellurischen Element, der Erde Amerikas, verwurzelt und steht stellvertretend für den gesamten amerikanischen Kontinent zwischen Himmel und Erde. Man kommt nicht umhin, hier an Pablo Nerudas *Canto General* zu denken und an jene Schöpfungsgeschichte der amerikanischen Welt, die auch in dieser „Ronda" evoziert wird.

Die grüne Ceiba erscheint als Brücke zwischen Himmel und Erde, als Verbindung zwischen den Lebenden und den Toten, verkörpert die mythische Dimension dieser Erde, ist sie doch niemals geboren worden, sondern war immer schon da, ist der Zeit und dem Alterungsprozess enthoben und damit ewig. Die Ceiba ist auch kein Produkt des Menschen, wurde nicht von ihm gepflanzt, und auch kein Produkt der bloßen Natur. Dieser Baum im weiblichen Genus ist im Gegensatz zu anderen Bäumen gleichsam unverwundbar, weder Axt noch Feuer können ihm etwas anhaben. Die Ceiba steht für die weibliche Kraft der Hervorbringung, der Fruchtbarkeit; ihre nahrungsspendenden Eigenschaften kommen in jener Milch zum Ausdruck, welche aus ihrem Inneren fließt. Nicht umsonst wird sie mit den Frauen, die um sie tanzen, assoziiert und erhält dadurch eine generative Dimension, welche in der Beziehung der Ceiba zum Weiblichen, zur Fruchtbarkeit und zum (ewigen) Leben wurzelt.

So ist ihr weibliches Attribut die „santa leche", die heilige Milch, welche die Milch der Schöpfung und der lebendigen Kraft einer Erneuerung der Welt ist. Daher tanzen die „doncellas", die Mädchen und Jungfrauen, in einer *Ronda* um sie herum; selbst ihre verstorbenen Mütter finden sich bei der Ceiba ein und tanzen mit ihren Töchtern, so dass sich Jungfräulichkeit und Mutterschaft im Zeichen ewiger Fruchtbarkeit der Erde miteinander vermengen. Das lyrische Wir – in der ersten Person Plural – ist hier zugleich mit den Frauen identifiziert und erkennbar weiblich semantisiert. So wie der Mensch zwischen Himmel und Erde sich aufreckt, nimmt auch die Ceiba jene vertikale Dimension ein, welche Himmel und Erde im Kreis des Lebens umspannt.

Alle maßgeblichen Elemente der Schöpfung sind im Gedicht weiblich, eine Schwierigkeit, die sich jedwedem Übersetzer ins Deutsche – und auch meiner Übertragung – entgegenstellt: „la ceiba", „la madre", „la doncella", „la leche", „la sombra", „la mano", „la luz", „la tierra", „la llamarada", „la América". Selbst der Wind, „el viento" singt wie Debora, wobei das biblische Deboralied zu den ältesten Texten der hebräischen Bibel gezählt zu werden pflegt und damit in die (weiblichen) Urzeiten zurückreicht. Debora ist zweifellos eine der wichtigsten Frauengestalten des Alten Testaments und steht mit ihrem mittels prophetischer Gabe ausgeübten Richteramt noch für die matriarchalische und matrilineare Position der Frau ein, die mit der Ceiba verbunden wird. Auch wenn die Welt selbst, „el mundo", im Spanischen männlich ist, so dominiert in der *Ronda de la Ceiba ecuatoriana* unübersehbar das weibliche Element die gesamte Schöpfung. Zur Freude des Übersetzers ist „el mundo" im Deutschen aber weiblich und löst als *„die* Welt" alle semantischen Probleme. Die Ceiba ist ohne jeden Zweifel Ausfluss des Göttlichen, der weiblichen Gottheit, und nimmt im matriarchalischen, lebensspendenden Wirken der Milch vegetative Gestalt an.

Es mag sein, dass José Carlos Mariátegui an diese Gedichte Gabriela Mistrals dachte, als er von der neuen starken, frischen Kraft der lyrischen Sprache hispanoamerikanischer Dichterinnen sprach. Sie hätten die zeitgenössische Lyrik umgeformt und zu einer weiblichen Dichtkunst modelliert. Gabriela Mistral hat in ihrem Schaffen ohne Zweifel diese Dimension des Weiblichen und des Mütterlichen wie keine andere Dichterin ausgelotet, stets bestrebt, die Verbindung zwischen Kreatürlichem und Göttlichem über die Kreation, über Geburt und Schöpfung im christlichen Sinne, sichtbar zu machen. Die beiden bislang untersuchten postmodernistischen Gedichte der Chilenin sollten diese Deutung untermauern.

Gabriela Mistrals Verbindung von Göttlichem und Menschlichem (und insbesondere Weiblichem) erscheint bei ihr in aller Schlichtheit, in aller ausdrucksstarken Einfachheit, die auch nach einfachen literarischen Formen verlangt, wie sie vor ihr wohl vor allem José Martí in seinen dem (männlichen) Modernismo verpflichteten *Versos sencillos* in Hispanoamerika entwickelt hatte. Kein anderer Dichter, keine andere Dichterin hatte sich – soweit ich sehe – nach ihm auf diesen Weg begeben; doch die raffinierter modellierte, aber nicht weniger autobiographisch fundierte Lyrik Rubén Daríos wirkte stärker auf die Nachfahren und Epigonen als die Dichtkunst des Kubaners. Erst mit Gabriela Mistral findet José Martí eine Fortführung der von ihm ausgespannten literarischen Traditionslinien.

Die Chilenin darf gerade in ihrer Verbindung mit der Problematik des Amerikanischen als ideale Vermittlerin der Konzeptionen Martís gelten, auch wenn Pablo Neruda in wiederum ganz anderer Weise ebenfalls dieses poetische Erbe aufnahm und weiterentwickelte. Aus all den bislang aufgeführten Gründen erscheint es mir daher als gerechtfertigt, ja als zwingend, Gabriela Mistral auf Grund ihrer großen Nähe zu einem der führenden Modernisten und einer stets unleugbaren Entfernung zu den historischen Avantgardisten jener Entwicklungsphase des hispanoamerikanischen Modernismo zuzuordnen, die Federico de Onís als Postmodernismo und damit als letzte Phase des literarischen Modernismus bezeichnete.

Nicht umsonst hatte sich die chilenische Lyrikerin in ihren Essays wiederholt mit dem Kubaner beschäftigt, nicht umsonst hatte sie ihn als „den hombre más puro de nuestra raza" (als den „reinsten Menschen unserer Kultur") bezeichnet. Gabriela Mistral ist ohne jeden Zweifel eine Postmodernistin Martí'scher Filiation, durchaus gegenläufig zu Vertretern, die sich (übrigens weitaus in der Mehrzahl) der Tradition ‚rubendarianischer' Schreib- und Ausdrucksformen zuordnen ließen. Mit Gabriela Mistral findet die hispanoamerikanische Lyrik zu einer Ausdrucksstärke durch Schlichtheit, durch eine semantisch verdichtete „sencillez", wie sie vor der Literaturnobelpreisträgerin nicht erreicht worden war. Zugleich aber – und darauf sei nachdrücklich hingewiesen – trennt sie ein tiefer Graben von den fast gleichzeitig entstandenen und publizierten Schöpfungen eines César Vallejo oder Vicente Huidobro und selbst noch von ihrem jungen Landsmann Pablo Neruda. Eine größere Nähe ergibt sich hingegen zu Juana de Ibarbourou, die Gabriela Mistral an die Seite zu stellen ist.

Lassen Sie uns zum Abschluss noch einen zugegebenermaßen etwas kurzen Blick auf Gabriela Mistrals *Sonetos de la muerte* werfen, die sie berühmt machten und von denen ich Ihnen zumindest eines vorstellen möchte! Denn ich will nicht bei Ihnen den Eindruck erwecken oder hinterlassen, dass es sich bei der chilenischen Lyrikerin ‚bloß' um eine Dichterin einfacher Bezüge und Beziehungen zwischen Mensch und Gott, Frau und Natur oder zwischen Frau und Mann gehandelt hätte. Dabei ist die Ausgangsstellung ein wenig vergleichbar mit der Mutter-Sohn-Beziehung, welche Gabriela Mistral als reale Autorin nie erlebte oder, in ihrem Sinne, niemals auskosten durfte. Und doch bemerken wir bei ihr eine große existenzielle Distanz, die in ihrer Lyrik zum Ausdruck kommt. Ich möchte Ihnen gleich das erste dieser *Todessonette* in einer Übersetzung von Albert Theile und Hartmut Köhler vorstellen:

Aus der eiskalten Gruft, in die sie dich gelegt,
werde ich dich in die sonnenwarme, schlichte Erde senken.
Die Menschen ahnten nicht, dass ich mit dir im gleichen
Gelass träumen sollte, auf den gleichen Kissen.

In die sonnenwarme Erde werde ich dich betten,
zärtlich wie eine Mutter ihren schlafenden Sohn.
Sanft wird die Erde dich wiegen,
wenn sie deinen Leib empfängt, den wunden eines Kindes.

Rosenstaub und Erde werde ich streuen,
und in dem linden blauen Dunst des Mondes
wird deine leichte Hülle ruhen.

Besingend meine schöne Rache werd' ich forteilen.
Keines Weibes Hand wird in die Tiefe, die verborgene,
reichen, mir dein Gebein, die Handvoll, streitig machen![5]

Wir haben es in diesem ersten Todessonett der Gabriela Mistral mit – gerade auch im Verhältnis zur Avantgarde der Huidobro und Vallejo, deren hier behandelte Gedichte zum größten Teil in etwa aus dem gleichen Zeitraum stammen – recht traditionell gehaltenen, an kanonische Gedichtstrukturen rückgebundenen lyrischen Ausdrucks- und Bauformen zu tun, wie wir sie aus dem Modernismo kennen. Der Erhabenheit des Sprechens wie auch der Erhabenheit des Sujets entspricht in diesem *Soneto de la muerte* der spanische Vierzehnsilber, die Form des Alexandriners, die der existenziellen Dimension des Gedichts und dem Schweben zwischen Leben und Tod angemessen ist.

Ebenfalls den Grenzen der lyrischen Tradition ist der hier nur kurz darzustellende Aufbau des Sonetts verpflichtet, insoweit den beiden Quartetten die Exposition, den beiden Terzetten aber die Durchführung überlassen bleibt, wobei die Volte am Schluss in diesem Gedicht ihre semantisch überraschende Ladung erst in den beiden Schlussversen offenbart. Bemerkenswert ist gleichsam auf handwerklicher Ebene, dass mit Blick auf das Reimschema nicht nur die beiden Quartette, sondern auch die beiden Terzette symmetrisch aufeinander bezogen sind und auf diese Weise eine starke innere Beziehung und Zusammengehörigkeit entfalten. Die beiden Quartette greifen auf den Kreuzreim, die „rimas cruzadas", zurück (abab cdcd), während die beiden Terzette eine andere Reimfolge (ecf ecf) aufweisen und damit über den Reim des ersten Verses des zweiten Quartetts eine Verbindung zu den Terzetten herstellen: „una" – „cuna" – „luna" – „ninguna". Damit fällt umgekehrt der ersten Strophe reimtechnisch eine Sonderrolle zu.

Betrachten wir die bereits im ersten Quartett eingeführten Personen, die „dramatis personae", dann findet sich eine Spannung einerseits zwischen der zweiten Person Singular und der dritten Person Plural (also zwischen „te" oder „tú" einerseits und „los hombres" andererseits) wie auch ab dem zweiten Vers zwischen der ersten Person und der zweiten Person Singular. Dabei wird schon in der ersten Kombination „te bajaré" deutlich, dass der ersten Person (dem lyrischen Ich) die aktive, der zweiten Person die passive Rolle zugedacht ist. Deutlich wird dann in einem zweiten Schritt des ersten Quartetts, dass erste und zweite Person Singular

5 Mistral, Gabriela: Los sonetos de la muerte. Die Sonette vom Tode. Übersetzung Albert Theile und Hartmut Köhler. In: Köhler, Hartmut (Hg.): *Poesie der Welt: Lateinamerika*. Berlin: Propyläen Verlag 1986, S. 130–135.

klar abgetrennt sind von „los hombres", das hier keineswegs geschlechtlich definiert wird, sondern allgemein als „die Menschen" zu übersetzen wäre, was in
der hier für Sie ausnahmsweise benutzten deutschen Übersetzung in der Tat der
Fall ist.

Diese Abgeschlossenheit von Ich und Du wird von Beginn des zweiten Quartetts an wiederaufgenommen: „Te acostaré", wobei die verschiedensten Echowirkungen und Lexem-Rekurrenzen in diesem Gedicht schon von Beginn an
auffallen: „los hombres – los hombres", „soleada – soleada", „te bajaré – te acostaré", gleich dreimal „tierra" u.v.m. Die Beziehung zwischen erster und zweiter
Person wird im zweiten Quartett dann recht bald mit der Beziehung zwischen
Mutter und Sohn in Verbindung gebracht und damit geschlechtlich wie genetisch
determiniert. Zugleich wird das im vierten Vers angelegte gemeinsame Liegen im
Bett beziehungsweise auf demselben Kissen zurückgebunden an eine mütterlich-
kindliche Beziehung, ohne dass dabei die geschlechtlichen und erotischen Kon-
notationen verschwinden würden: Thanatos ging schon immer mit Eros gemeinsame Wege ...

Das Aufnehmen, die Aufnahme des Körpers des Sohnes, des Kindes durch
die Erde („la tierra", ebenfalls geschlechtlich determiniert), wird hier mit dem
„niño dolorido" in Verbindung gesetzt, so dass die Dimension des Todes nun
um jene des körperlichen Schmerzes, vielleicht auch einer lebensgefährlichen
Krankheit, erweitert wird. Das lyrische Ich ist weiblich bestimmt und tritt damit
in ein weibliches Paradigma ein, zu dem unter anderem „la tierra", „la madre",
„la cuna", „la luna", „la muerte" sowie weitere Lexeme gehören. Das Wiegen, das
wir bereits in Mistrals Wiegenlied kennengelernt hatten, wie auch der Tod sind
damit integriert in eine Beziehung, welche in den beiden Quartetten exponiert,
in den nachfolgenden Terzetten aber nun entfaltet und in Bewegung gesetzt wird
bis hin zum semantischen Höhepunkt, der durch die im Spanischen rahmen-
den Ausrufezeichen verstärkt wird. Dabei wird der (erotische) Besitzanspruch
des Ich auf den Leichnam des Sohnes gegenüber allen anderen Frauen untermauert.

Waren die beiden ersten Strophen von einer Bewegung nach unten, zur
Erde hin und in die Erde hinein geprägt, so tritt nun in der dritten Strophe eine
Bewegung nach oben hinzu, die himmelwärts zum Mond, zur die Nacht über-
strahlenden „luna" führt. Die tellurische Erdenschwere ist in etwas Leichteres,
Lichteres übergegangen. Auch die Erde selbst tritt alsbald in der leichteren Form
des Staubes auf, der ebenfalls gleich zweimal erscheint und sogar den Aggregats-
zustand des Rosenstaubes mitaufnimmt. Die Rosen sind das konventionelle
Symbol der Liebe, als vergängliche Blume aber auch Schmerz (die Dornen) und
Tod konnotierend. Als Pflanzen bewegen sie sich nach oben hin und stellen damit
in gewisser Weise eine Beziehung zwischen unten und oben, Himmel und Erde

als vertikale Verbindung her. Doch sind sie auch längst schon zu Staub und damit wieder zu einem horizontalen Element geworden und so dem Zyklus von Leben und Tod, Werden und Vergehen zugeordnet.

Die Bewegungen des lyrischen Ich, die in den beiden ersten Strophen aktiv mit jenen des toten Körpers verbunden und in der dritten Strophe in eine nicht zielgerichtete Bewegung übergegangen waren (das Streuen von Rosenstaub und Erde), geht nun in der vierten und letzten Strophe in eine Bewegung über, welche erste und zweite Person Singular voneinander trennt: „Me alejaré." Charakteristischerweise ist in diesem Übergang an die Stelle des „te" das „me" getreten und zugleich auch ein nach außen getragener Gefühlsausdruck, ein Singen vor dem Hintergrund der eigenen schönen Rache. Doch Rache an wem?

Eben an jenem Ende der Kette von „una", „cuna" und „luna" steht „ninguna", jene andere Frau, welche an die Stelle von „los hombres" nun im Singular und in weiblicher Form tritt und folglich den Platz des weiblichen Ich als unverhoffte Rivalin einnehmen könnte. So wird dem „dormirme" der ersten Strophe letztlich kein „disputarme" entgegengesetzt: Die Bewegung der Anderen, die ebenfalls in die Tiefe führen würde, wird nicht möglich sein, ist der Weg doch doppelt verstellt: zum einen durch das Ausstreuen von Erde und Staub, zum anderen durch den Weg zur „luna", zum Mond.

Zugleich ist hier der Weg des toten Körpers, des Leichnams, zu Ende: von der eiskalten Gruft, dem „nicho helado", in die warme, lebendige Erde, ohne dass die Spuren dieser Umbettung noch sichtbar wären. Tod, Liebe, Geschlechtlichkeit und Leben sind die Spannungspole, an denen sich dieses Gedicht abarbeitet, wobei die erotische Dimension gerade auch auf der Ebene einer Rivalität der Frauen in den beiden letzten Versen eher überraschend herausgearbeitet wird. In diesem Zusammenhang bleibt die Ambiguität zwischen mütterlicher und geschlechtlicher Liebe ebenso bestehen wie der leicht nachvollziehbare Weg von der „cuna" zur „luna", Lexeme, die letztlich ebenso eine semantische Polarität eröffnen, wie sie zwischen „una" und „ninguna" besteht. Eine ganze Reihe konventioneller Attribute und Symbole überdeterminiert freilich das Element des Todes, das im Schlafen, im Liegen, im Schweigen des Körpers jedoch allgegenwärtig ist.

Mit diesem *Todessonett* Gabriela Mistrals ist zugleich jene Einheit angesprochen, wie sie im ersten von uns behandelten Gedicht der chilenischen Dichterin zwischen Mensch und Universum, Irdischem und Transzendentem, Mutter und Natur auf erstaunlich schlichte, aber symbolbeladene Weise hergestellt wurde. Der Einklang zwischen Kosmos, Kreatur und Kreation bezieht hierbei ebenso kosmische Elemente wie den Mond, indirekt aber auch die Sonne – das zweifache Auftauchen von „soleada" ist ein starkes Indiz – mit ein. Auch in dieser wesentlich komplexeren lyrischen Struktur ist der Mensch, ist die Frau eingebunden in den Kosmos ganz so, wie das Gedicht eine polyseme logische Struktur entfaltet, in welcher der Mensch im Wiegen zwischen Leben und Tod im doppelten Sinne *aufgehoben* ist.

Gabriela Mistral wählt in ihren berühmten *Sonetos de la muerte* eine traditionelle, fast konventionell zu nennende Gedichtform, welche kleine Variationen an der tradierten Form des Sonetts zwar vornimmt, gerade dadurch diese traditionelle Sonettform aber übernimmt und betont. Es gibt in dieser postmodernistischen Lyrik kein avantgardistisches Aufbegehren gegen ein ererbtes Vorbild, gegen das gängige Modell, das sich im Modernismo ganz selbstverständlich der traditionellen Gedichtformen bediente. Dominant ist in dieser Lyrik freilich die Suche nach einfachen Bildern wie auch jene Präsenz der ersten Person Singular, die weiblich determiniert und autobiographisch deutungsleitend angelegt ist. Gegen die ‚Selbstverständlichkeit' eines männlichen Ich positioniert sich eine weibliche Formensprache, die auf alle Lexeme im Spiegelungsraum des Gedichts übergreift.

Der Unterschied zwischen postmodernistischer Weltsicht und avantgardistischer Formensprache ist eklatant. Die Differenz vor allem zur lyrischen Verarbeitung des Todes beim jungen César Vallejo ist doch sehr beeindruckend: Bei Mistral stellt sich nicht die Frage des Seins, des unergründlichen Schicksals, welche durch keine logische Antwort mehr aufgewogen, ausgefüllt, beantwortet werden kann. Vielmehr ergibt sich eine Dimension allpräsenter Liebe in ihrer zweifachen Form als mütterliche und heterosexuelle Liebe, die das Gedicht als solches überhaupt erst zustande bringt und eine Semantik entfaltet, in welcher der Frau und dem weiblichen Element in Natur und Kultur die zentrale Rolle zukommt. Eben hierin ist im Postmodernismo dann doch eine aufbegehrende Geste auszumachen: eine Revolte gegen die scheinbare Allmacht des Männlichen in der Gesellschaft.

Gabriela Mistral eröffnete 1945 mit ihrem Nobelpreis für Literatur ein halbes Jahrhundert des sichtbaren Aufstiegs lateinamerikanischer Literaturen, der in einer ganzen Serie von Literaturnobelpreisen freilich für ausschließlich männliche Schriftsteller zutage trat und in der zweiten Hälfte des 20. Jahrhunderts mit einer fast schon erdrückenden Dominanz lateinamerikanischer „écriture" in Zeiten des sogenannten „Boom" kulminierte. Dies bedeutet nicht, dass die Chilenin gleichsam literarische Mutter eines Gabriel García Márquez, Mario Vargas Llosa oder eines Carlos Fuentes wäre: weit gefehlt! Doch steht die chilenische Dichterin ein für ein gewandeltes Rezeptionsverhältnis in Europa und den USA hinsichtlich der Literaturen des Subkontinents; daher sollte sie in ihrer Funktion als Grande Dame nicht allein der chilenischen, sondern der gesamten lateinamerikanischen Literaturen nicht länger unterschätzt und in ihrer wahren Bedeutung als Meisterin der poetischen Feder verkannt werden.

Juana de Ibarbourou oder die Juana Amerikas

Wenden wir uns nun dieser heute ebenfalls ins zweite Glied gerückten Dichterin Juana de Ibarbourou zu, die 1929 zur „Juana de América" ausgerufen wurde und zumindest bis zur Mitte des 20. Jahrhunderts zu den großen, überragenden Stimmen der lateinamerikanischen Lyrik zählte. Die Dichterin aus Uruguay stieß auf eine kontinentale und noch in Europa spürbare Rezeption, wie sie neben Gabriela Mistral nach ihr – soweit ich sehe – keiner der Lyrikerinnen Lateinamerikas mehr zuteilwurde.

Es fällt schwer, von Juana de Ibarbourou zu sprechen, ohne ihren Habitus mitzudenken und in die Analyse miteinzubeziehen. Denn die Uruguayerin wirkte auch durch ihr mondänes Auftreten, mit dem sie sich ebenso von der Schlichtheit Gabriela Mistrals wie der feministischen Kampfeslust und tiefen Verzweiflung Alfonsina Stornis abhob, ja gänzlich unterschied. Eine uruguayische Essayistin und fanatische Verteidigerin ihrer Landsfrau betonte immer wieder Juanas Schönheit und Anmut. Auch schreckte sie nicht davor zurück, dem historischen Zusammentreffen von letzterer, Gabriela Mistral und Alfonsina Storni, das vielfach medial festgehalten wurde, sowohl die Züge dreier Grazien zu vermitteln, aber zugleich die Grazie der beiden anderen Frauen abzuwerten, indem sie Gabriela als zu „varonil", als allzu männlich, abwertete und Alfonsina als eine „fea dulzura", eine hässliche Süße, porträtierte. Mit der Lyrik oder ästhetischen Wirkung der Dichtungen dieser Lyrikerinnen hat das nicht das Geringste zu tun. Gerade bei den Frauen spielten der öffentliche Auftritt und die verschiedenartigen Ausdrucksformen des Habitus eine noch größere Rolle als bei den männlichen Kollegen. Wir sollten es Juana de Ibarbourou freilich nicht übel auslegen, dass sie als schöne junge Frau dem Zeitgeschmack des lesenden Bürgertums wohl besser entsprach als die beiden anderen Dichterinnen. Was für uns im Rahmen dieser Vorlesung zählt, ist die poetische Qualität der jeweiligen Dichtkunst.

Es dürfte wohl kaum eine Lyrikerin des amerikanischen Kontinents in diesem 20. Jahrhundert gegeben haben, in deren Erfolg – wenn auch nicht in die unbestrittene literarische Qualität ihrer Dichtung – sich in so penetrantem Maße der wohl erstmals massenmedial verbreitete Anblick der schönen, eleganten, attraktiven, unschuldigen Lyrikerin mischte wie bei Juana de Ibarbourou. Ich möchte diesen äußerlichen Aspekt, der heutzutage bei einer Schriftstellerin leider eine noch wesentlich größere Rolle spielt, gerne kommunikationstheoretisch verstanden wissen und damit keineswegs die literarische Qualität der hübschen Uruguayerin schmälern. Schönheit soll aber auch nicht als Handicap verstanden werden. Beschäftigen wir uns vor einem textanalytischen Durchgang noch kurz mit einigen Biographemen von Juana de Ibarbourou!

Sie wurde am 8. März 1892 im uruguayischen Melo geboren und starb am 15. Juli 1979 in Montevideo. Sie entstammte einer wohlhabenden Familie, die mütterlicherseits zur uruguayischen Oligarchie zählte, während ihr Vater aus Galicien stammte. Auch bei ihr haben wir es mit einem „nom de plume" zu tun: Ihr eigentlicher Taufname lautete schlicht Juana Fernández Morales. Sie besuchte zunächst eine Klosterschule, dann ein staatliches Gymnasium und erhielt so eine fundierte literarische Bildung. 1914 heiratete sie den Hauptmann Lucas Ibarbourou und bekam 1917 ihr einziges Kind mit Namen Julio César. Ein Jahr später ließ sie sich in Montevideo nieder, in der Hauptstadt Uruguays, die sie seither kaum noch verließ.

Abb. 88: Juana de Ibarbourou (Melo, Departamento Cerro Largo, Uruguay, 1895 – Montevideo, 1979).

Ihre beiden ersten, öffentliches Aufsehen erregenden Gedichtbände veröffentlichte sie in den Jahren 1919 und 1920. Beide Bände erreichten auf Anhieb ein nationales, rasch aber auch internationales Publikum. Für ihr lyrisches Werk, das im Verlauf ihres weiteren Lebens auf mehr als dreißig Bände anschwoll, erhielt sie 1929 im Palacio Legislativo von Montevideo, unter Vorsitz von Juan Zorrilla de San Martín und keinem Geringeren als Alfonso Reyes, den Ehrentitel „Juana de América". Mehrfach war sie als Kandidatin für den Literaturnobelpreis nominiert, von vielen lateinamerikanischen Staaten wurden ihr Ehrungen zuteil und – wie etwa 1946 von der Regierung Belgiens – höchste Auszeichnungen zugesprochen. Bereits 1941 wurde sie zur Vorsitzenden des Pen Club Uruguay und 1953 von einer Vereinigung US-amerikanischer Frauen in New York zur „Frau der Amerikas" gewählt. Die Ehrungen sind Legion. Man darf ohne Übertreibung sagen, dass sie als Lyrikerin eine brillante Karriere genoss.

Im Jahr 1909 veröffentlichte sie ihr erstes Prosastück mit dem Titel *Derechos femeninos*, mit dem sie sich für die Rechte der Frauen einsetzte und – wenn wir den Begriff des Feminismus weit auslegen – feministische Positionen bezog. Mit Begeisterung wurde ihr erster Gedichtband *Las lenguas de diamante* von 1919 aufgenommen, der manchen Kritikern bis heute als ihr bestes Werk gilt. Es ist eine Dichtkunst, die großen Wert auf Schlichtheit und Präzision legt, dabei aber deutlich vom hispanoamerikanischen Modernismo geprägt ist. Anders als bei Gabriela Mistral entfaltet sich bei Juana aber das Bild einer sinnlichen Frau, was sicherlich zu ihrem Markenzeichen wird und die öffentliche Wahrnehmung ihres Habitus prägte. Die in ihren Gedichten zum Ausdruck kommende Erotik ist anders als bei ihren argentinischen Zeitgenossinnen Delmira Agustini oder Alfonsina Storni nicht herausfordernd und offensiv, sondern unbeschwert und sinnenfroh. Die flüchtige Begegnung, die kurze Berührung, der ephemere Augenblick werden zu künstlerischen Ausdrucksformen einer Sinnlichkeit und Erotik, die zumindest in ihren jungen Jahren noch nichts vom Tod wissen will. In ihrem Spätwerk, etwa in *Perdida* von 1950 oder *Azor* von 1953, machen sich auf der Ebene ihrer Bildersprache mehr und mehr surrealistische Einflüsse bemerkbar. Die Ehrungen für ihr poetisches Werk enden erst mit dem Tod der Dichterin Ende der siebziger Jahre.

Ich habe eben bemerkt, dass sich Juana de Ibarbourou sehr früh schon für die Rechte von Frauen eingesetzt hatte. Auf Grund ihrer zahlreichen Ehrungen und ihres Auftretens machte sich aber bald Protest gegen sie breit, der bis heute nicht ganz verstummt ist. Gerade in neueren Untersuchungen wie etwa von Eyda Machín ist der wenig feministische Grundton ihrer Lyrik gerügt und sie selbst häufig gegenüber Alfonsina Storni, mit der wir uns im Anschluss ebenfalls noch intensiv beschäftigen werden, abgewertet worden.[1] Doch mir scheint es viel wichtiger, die uruguayische Lyrikerin zum einen an ihren eigenen Vorgaben und Ausdrucksformen zu messen und zum anderen jeglichen Wettbewerb zwischen diesen „Poetisas" zu vermeiden, der mit wechselnden Kriterien – Schönheit, Feminismus oder Experimentalität – immer wieder zwischen Gabriela Mistral, Juana de Ibarbourou, Alfonsina Storni oder Delmira Agustini oft auch unter nationalen Vorzeichen durchgeführt wurde.

Wenig Feministisches findet sich sicherlich in dem Gedicht *Soneto a Dios*, das 1967 in ihrem Gedichtband *La Pasajera* erschien und von Eyda Machín nur mit einer kurzen, abfälligen Floskel bedacht wurde. Wir wollen es uns etwas näher anschauen, zumal es sich um ein Gedicht aus einer völlig anderen, aber uns bereits sehr nahen Zeit handelt. Und doch ist das Gedicht der damals zweiundsiebzigjährigen Juana de Ibarbourou eher der Ästhetik ihrer frühen Jahre verpflichtet. Nähern wir uns diesem Sonett der uruguayischen Dichterin ohne Vorurteile und in einer Übersetzung an, in welcher ich versucht habe, mich Rhythmus und Reimstruktur des spanischsprachigen Originals anzunähern:

---

1 Vgl. Machin, Eyda: La mujer y la escritura: Juana de Ibarbourou y Alfonsina Storni. In: Heydenreich, Titus (Hg.): *Der Umgang mit dem Fremden*. München: Fink 1986, S. 65–90.

Weil Du mir's Wort gabst und sie
In mir sein konnte, dem Universum treu
In der geläufigen Gemme mein Vers ohne Scheu
Sich später einen leuchtenden Schild auslieh.

Als Deine Schuldnerin fühl ich mich, eile zu Dir
Bei Nacht und Tag in hell strahlendem Glanz,
Oh glückliche Stunde, der dunklen Zeit ganz
Entgegen, treue Lilie, nackte Pappel mir.

So verbeug' ich mich wie einst Hiob, geduldig,
Untertänig wartend als Büßer huldig,
In Deinem Schatten, dem Blitze geheuer,

Dein Diamant war ich, mit unschuldigem Feuer,
Und bin doch dunkle Seele, Deinem Erbarmen offeriert,
Was immer die bleiche Aurora des Maitags gebiert.[2]

In diesem Sonett aus dem Spätwerk Juana de Ibarbourous fallen zunächst die traditionellen Bezüge auf allen Ebenen ins Auge. Dies beginnt zum einen mit dem Titel, der in gewisser Weise doppelt eingelöst wird. Erstens handelt es sich in der Tat um ein Sonett an die Adresse Gottes, der bereits im ersten Vers aus einer Haltung der Demut, ja der Unterwürfigkeit heraus angesprochen wird. Das Gedicht hält also, was sein Titel verspricht, und wendet sich in der Form des klassischen Sonetts an Gott den Schöpfer, der dem lyrischen Ich alles gegeben oder besser alles geliehen habe. Zweitens löst das Gedicht seinen Titel auf einer anderen Ebene ein, nämlich auf der des Lebewohls, des Abschieds, des „Adios". Es ist zugleich auch ein Abschiedsgedicht, ein Gedicht, das die Haltung des Rückblicks einnimmt und den zurückliegenden Weg aus der Perspektive einer heiteren Erfahrung dankbar reflektiert. Die Möglichkeit, im hellen Lichte zu erstrahlen und für die Menschen sichtbar zu sein, wird ganz der Allmacht Gottes zugeschrieben. Das lyrische Ich kam aus der Dunkelheit und wird als dunkle Seele wieder in diese Dunkelheit zurückkehren, ganz dem Erbarmen Gottes preisgegeben.

Es ist ein Gedicht der Dankbarkeit gegenüber dem Schöpfer-Gott, dessen Schöpfung ebenso das lyrische Ich wie das Ich der Lyrikerin ist. Zugleich ist es ein Gedicht des Abschieds, in welchem noch einmal das bisherige lyrische Werk Juana de Ibarbourous ab *Las lenguas de diamante* auftaucht und reflektiert wird. Damit

---

2 Ibarbourou, Juana de: Soneto a Dios. In (dies.): *Obras completas*. Buenos Aires: Aguilar 1968, S. 554.

erscheint die eigene lyrische Schöpfung gleichsam als Schöpfung zweiten Grades, als sekundäre Kreation, welche letztlich einem anderen, wahren „creator" überantwortet wird. Das Sonett der Dankbarkeit ist ein in Gott ruhendes und zugleich ein in sich ruhendes Gedicht, das vor allem Reflex und Reflexion ist von einem erreichten, gewonnenen und mehr noch geschenkten, aber doch nur geliehenen Standpunkt: Stets war alles nur in Gott verankert. Zu dieser Dimension der Ruhe passt auch die materielle Struktur des Gedichts, das zweifellos nur noch wenig mit den mondänen Auftritten der Ibarbourou gemein hat, sondern uns eine im Alter tief religiöse Dichterin zeigt, welche ihre Erfolge und Auszeichnungen allein Gott verdankt.

Bereits die graphische Anordnung des Gedichts lässt deutlich erkennen, dass es sich um ein Sonett handelt, das aus insgesamt vierzehn Versen aufgeteilt in zwei Quartette und zwei Terzette besteht. Die Elfsilber sind hierbei vom Reimschema her recht einfach aufgebaut, haben wir es doch in den beiden ersten Strophen mit zweimal *abba*, also einem umschlingenden Reim, zu tun. Bei einem Sonett wird es ja immer, wie Sie wissen, in den Terzetten spannend, und zwar gleich in mehrfacher Hinsicht: zum einen ganz klassisch auf der Ebene des Inhalts, zum anderen auf jener der Form. Da beide Ebenen sich in einem Gedicht nur selten ,auseinanderklamüsern' lassen und vielmehr eng miteinander verwoben sind, können wir dies im konstruktiven Zusammenhang des Gedichts untersuchen.

Die generelle Struktur eines klassischen Sonetts legt nahe, dass in den beiden Quartetten die Exposition, in den nachfolgenden Terzetten die Durchführung und bisweilen die originelle Volte oder überraschende Wendung angelegt sind. Blicken wir auf den Aspekt des Reimschemas, dann wird selbstverständlich klar, dass die zueinander gehörenden Reimpaare innerhalb von Dreiergruppen, wie es Terzette nun einmal darstellen, nicht einfach angeordnet werden können. Sie müssen sich in einer sehr unterschiedlichen Weise auf die Terzette verteilen und bilden notwendige Verbindungen zwischen diesen beiden letzten Strophen. Dafür gibt es verschiedene Möglichkeiten, die ich in diesem Kontext nicht allesamt aufzählen kann, die aber in diesem Gedicht in einer sehr klaren Variante vorgeführt werden und kurz untersucht werden sollen. Dabei geht es nicht darum, mit Hugo Friedrich die Struktur der modernen Lyrik[3] zu untersuchen und etwa die unermüdliche Arbeit am Sonett ausgehend von Charles Baudelaire über Paul Verlaine und Arthur Rimbaud bis ins 20. Jahrhundert nachzuzeichnen, sondern jene spezielle Form herauszuarbeiten, die Juana de Ibarbourou als die für dieses Danksagungs- und Abschiedsgedicht adäquateste erschien.

---

3 Vgl. die klassische Studie von Friedrich, Hugo: *Die Struktur der modernen Lyrik. Von Baudelaire bis zur Gegenwart*. Hamburg: Rowohlt 1956.

Untersuchen wir also die letzten sechs Verse der Terzette dieses *Soneto a Dios*, so fällt auf, dass die beiden ersten Verse des ersten Terzetts in einem Paarreim miteinander verbunden sind, während die restlichen vier Verse – und damit über die Terzett- oder Strophengrenze hinausgehend – miteinander wie die Quartette zu einem Umschlingenden Reim verbunden werden. In gewisser Weise kehrt das Gedicht in die Ausgangsform der Quartette zurück, eine Tatsache, die den stark in sich ruhenden Charakter des Sonetts auf Ebene der Strophenstruktur bestätigt. Bemerkenswert ist hierbei, dass der Paarreim jeweils in Reimendstellung die beiden Lexeme „paciente" und „penitente" hat, so dass mithin die Geduld wie auch die Büßerschaft einen zentralen Aspekt dieses Gedichts bereits durch diese hervorgehobene Versendstellung zu betonen scheinen. Die zentrale Geste des lyrischen Ichs, die Verbeugung vor dem Schöpfer-Gott, wird just in diesem Vers vorgenommen und zugleich auch ein Verweis auf die biblische Figur des Hiob aufgenommen. In ihr spiegelt sich traditionsgemäß die Frage der Gottesgerechtigkeit, die Frage des Leidens des Gerechten und auch die Figur des Hiob als klassische Figur des Dulders und Erdulders im Rahmen der alles umspannenden Heilsgeschichte.

Die biblischen Reminiszenzen enden hier noch lange nicht, sondern bilden eine das gesamte Sonett durchziehende Isotopie. Sie beginnen im Grunde bereits im ersten Vers: Denn im Anfang war das Wort, „la palabra", und das Wort war bei Gott und konnte darauf beim Menschen und folglich in ihr sein, als ein dem lyrischen Ich geliehenes Wort. Der Empfang des Wortes aus Gottes Hand ermöglicht überhaupt erst die weitere abgeleitete, sekundäre schöpferische Tätigkeit des lyrischen Ich, das sich in seiner gottesfürchtigen Demut ganz auf diese Zweitrangigkeit zurückzieht und die eigenen Erfolge im Bereich der Literatur minimiert. Am Ende ihres eigenen Weges bekennt sich das lyrische Ich zu dieser Rolle als Werkzeug in den Händen Gottes: „Fui tu diamante de inocente fuego."

Die wortwörtliche Anspielung ist überdeutlich und sofort autobiographisch lesbar: Denn Juana de Ibarbourou war nichts anderes als eben jener Diamant, der in den hellen Strahlen ihres ersten Gedichtbandes *Las lenguas de diamante* am Horizont der Literaturen des Kontinents auftauchte und in vollem Glanz erstrahlte. Dieser Diamant, von unschuldigem Feuer erstrahlend, ist nun jedoch erloschen und in eine „alma oscura", eine dunkle Seele, zurückgefallen, welche sich bußfertig und willig ihrem Schöpfer übergibt und anheimstellt. Was einst am Horizont der Literaturen Lateinamerikas so hell und ausgezeichnet strahlte, war nur geliehener Glanz, war nur das, was diese dunkle Seele in der Schale eines Gedichts hatte modellieren dürfen, ganz von ihrem Schöpfer-Gott geduldet.

Es fällt nicht schwer, diese Metaphorik und Gestik in den Zusammenhang des kometenhaften Aufstiegs der Lyrikerin und einer nachfolgenden langen Zeit der Dunkelheit zu beziehen, welche ihren großen Erfolgen auf einer Weltbühne folgte, die sie seit langen Jahren bereits wieder verlassen hatte. Die Edelstein-Metaphorik oder – wie wir etwas anzüglich auch sagen könnten – die Juweliers-Metaphorik leitet so über von der „menuda gema" über den „reluciente escudo" bis hin zum ehemaligen Diamanten, der wieder in eine Seele übergegangen ist, die sich in die Dunkelheit der letzten Jahre in ihrem Haus in Montevideo zurückzieht. Eine ganze Karriere wird sichtbar und verschwindet wieder in der Wortlosigkeit, in der Anonymität – für die das vorliegende Gedicht freilich der eklatante Gegenbeweis ist.

Die Entwicklung und Entfaltung des Gedichts über die im zweiten Quartett auftauchende biologische Metaphorik hinaus lässt sich sehr schön an den Verbformen aufzeigen, die den letztlich narrativen Grundzug dieser lyrischen Lebens-Geschichte untermauern. In der ersten Strophe das „me diste", in der zweiten Strophe das „me siento", in der dritten Strophe dann die Bewegung des Ich mit dem „me inclino", danach die Vergangenheitsform des „Fuí" und schließlich die Rückgabe des Gestundeten, des Geborgten, des Geschuldeten, in der Formel des „me entrego". Stets ist das Personalpronomen des lyrischen Ich präsent und macht deutlich, dass es um die Geschichte des Lebens dieses Ichs in Form einer Rückschau auf eine ganze Karriere geht.

Die Stimmung eines Lebensendes stimuliert nur für den europäischen Leser eine überraschende Wendung im Schlusswort „mayo", ist doch in unseren Breiten der Wonnemonat Mai nun gerade nicht das Zeichen des zu Ende gehenden Lebens. Juana de Ibarbourou aber lebt als Uruguayerin auf der Südhalbkugel; und so sind die Jahreszeiten außerhalb der Tropen in der gemäßigten Zone gänzlich anders semantisch fundiert. Im Mai treffen wir gleichsam mit dem ‚November der Südhalbkugel' auf den Spätherbst des Lebens, steht doch der Winter nahe vor der Tür und zeigt das drohende Ende eines Zyklus an. Auch mit Blick auf diesen Lebenszyklus handelt es sich unstrittig um ein Abschiedsgedicht, das noch einmal die Seiten eines Dichterinnenlebens durchblättert. Soviel sei zu diesem geradezu klassischen Sonett aus dem letzten zu Lebzeiten veröffentlichten Gedichtband der Juana de Ibarbourou gesagt: Es ist ein Sonett, das etwas von der Ruhe und Heiterkeit jener Gedichte ausstrahlt, die einstmals den Ruhm der jungen Dichterin weit über die Grenzen Uruguays wie Lateinamerikas hinaus begründet hatten.

Es wäre in einem letzten Blick auf dieses Sonett überaus aufschlussreich, die Position Gottes mit jener des Vaters in Beziehung zu setzen, der nach späterem Bekunden Juanas für deren literarischen Weg durch sein ausgeprägtes Interesse an zeitgenössischer Lyrik mitverantwortlich war. Durch ihn empfing sie im Grunde das Wort, das lyrische Wort, das sie dann in ihren eigenen Schöpfungen wiedergab. Das Abschiedsgedicht an den männlichen Gott kann folglich ebenso als Abschiedsgedicht an den Vater gelesen werden, der Juana zur Literatur führte.

Bisweilen ist Juana de Ibarbourou wegen ihrer Herkunft aus gutem Hause – ich hatte bereits erwähnt, dass sie mütterlicherseits der uruguayischen Oligarchie angehörte – angefeindet worden. Doch wir sollten aus ihr keine schlechtere Lyrikerin machen, bloß weil sie aus einem reichen und gebildeten Hause stammte, eine glückliche Kindheit genoss, eine vertrauensvolle Beziehung zu ihren Eltern und speziell zu ihrem Vater besaß und nicht jenes Leiden an ihrer Rolle und gesellschaftlichen Situation verkörperte, das man später geradezu von ihr verlangte! Nein, sie problematisierte ihre gesellschaftliche Herkunft nicht und machte sie auch nicht zum Ausgangspunkt ihres literarischen Schaffens.

Bei diesen gesellschaftlichen Voraussetzungen erscheint es als geradezu folgerichtig, dass Juana bereits 1914, also im Alter von neunzehn Jahren, den Bund der Ehe schloss und zwei Jahre später ihr einziges Kind gebar, natürlich einen Sohn mit dem nicht unprätentiösen Namen Julio César, so dass sich eine Lebensgeschichte abzeichnete, die keinesfalls die einer „poète maudite" sein konnte und sein sollte. Doch wäre es ebenso unfair, Juana gegenüber Gabriela Mistral oder Alfonsina Storni abzuwerten, wie etwa einen César Vallejo auf Grund seiner einfachen Herkunft zuungunsten des reichen Vicente Huidobro aufzuwerten. Wir sollten uns stets auf die Lyrik konzentrieren, auch wenn die gesellschaftlichen Umstände den für unser Verständnis durchaus wichtigen Kontext zu diesen alles entscheidenden poetischen Texten bilden!

Hatten wir im Gedicht *Soneto a Dios* die Gottesliebe kennengelernt, so ist es nun die menschliche und die geschlechtliche Liebe, die wir bei der noch blutjungen Lyrikerin im Gedichtband *Las lenguas de diamante* von 1919 antreffen. Dabei möchte ich Ihnen gerne das Gedicht *Fusión* präsentieren, das keineswegs allein von einer Fusion der Seelen zu berichten weiß, sondern die Liebe in Bilder der Gewalt überträgt:

Meine Seele hat um Deine Seele einen Knoten gebildet,
               Dicht und dunkel.
Eine jede Umdrehung der übermenschlichen Bindung
Wird zur Wurzel, um sich tiefer zu verbinden.
Und sie ist eine unaufhörlich lange Umarmung,
Die nicht einmal der Tod zerstören wird. Fühlst Du nicht,
Wie ich mich selbst an Deinem Schatten nähre?
Meine Wurzel hat sich um Deine Wurzeln geflochten,
Und wenn Du den Knoten lösen wolltest,
Wirst Du es spüren, wie weh das tut im lebendigen Fleisch,
Und dass in meiner Verwundung Dein Blut noch strömt!

Und mit Deinen Händen wirst Du die Wunde heilen
Und fester, noch fester den Knoten ziehen![4]

---

4 Ibarbourou, Juana de: Fusión. In (dies.): *Obras completas*, S. 33.

Die Fusion zwischen dem lyrischen Ich und der zweiten Person Singular ist in diesem Gedicht zunächst auf Ebene der Seele angelegt – wie schon in der Rede von der „alma oscura" im vorangehenden Gedicht. Doch im weiteren Verlauf dieses Gedichts zieht sich die Schlinge oder – um im Bild zu bleiben – der Knoten immer fester um die beiden Liebenden. Die Fusion dieses Liebespaares wird in Form der ersten beiden Verse bereits vorgeführt, insoweit hier die traditionelle Anordnung des Elfsilbers, der auch dieses Gedicht folgt, in den ersten beiden Versen sehr bewusst und gut sichtbar durchbrochen wird, so dass beide Verse ineinander übergehen oder, wie man auch sagen könnte, sich mit- und ineinander verknoten.

Die Verbindung der beiden Wesen wird dabei vom künstlichen, artifiziellen Bereich des Knotens in den naturbezogenen, organischen und vegetativen Bereich der Wurzeln und des physischen Verbunden-Seins übertragen, eine kleine, aber sehr bewusste Verschiebung, die durch eine nachfolgende weitere zum Körperlich-Fleischlichen zugleich auch die Dimensionen von Körper-Leib und Blut in diesem Gedicht zum Ausdruck bringt. Damit erfolgt eine Entwicklung vom Leblosen zum pflanzlich Lebendigen und von diesem zu einem lebendigen Organismus, der in der „carne viva", der lebendigen Fleischlichkeit, seinen Höhepunkt erreicht.

In der Verbindung beider scheint zunächst eine Abhängigkeit des lyrischen Ich vom Anderen auf, insoweit sich die Seele des Ich um die Seele des Du herum lagert, sich windungsreich verknotet, um sich später selbst aus seinem Schatten zu ernähren. Es ist ein Vorgang, der geräuschlos abläuft, geradezu vegetativ angelegt ist, aber gegen Ende des Gedichts in den beiden Ausrufesätzen kulminiert, welche die ganze physische und seelische Gewalt dieses Prozesses, dieser Fusion im Sinne des Titels unseres Gedichts, repräsentieren.

Überaus aufschlussreich für unsere Deutung ist, dass eine ganze Reihe von Lexemen uns aus dem zuvor analysierten *Soneto a Dios* bekannt sind, darunter insbesondere „alma" und „sombra". Denn es ist im Schatten des Anderen, im Schatten des Du, wo das Ich seine eigene Lebensgrundlage unverrückbar schafft. Aber gerade in dieser Unverrückbarkeit, in dieser Unfähigkeit, herausgerissen, getrennt werden zu können, liegt wiederum die Bedrohung (und auch Drohung), die vom Ich für das ansonsten so aktive Du ausgeht. Die Fusion hat daher keineswegs nur anpassenden, anschmiegenden Charakter, sondern ist weit über jegliche Passivität hinaus verbunden mit dem Ende der Autonomie nicht nur des einen, sondern eben beider Körper. Diese hören gleichsam auf, separat noch lebensfähig zu sein. Die Fusion besitzt wie die Drohung einen übermenschlichen Charakter, insoweit der Knoten, die wechselseitige Durchdringung der beiden Wurzelstöcke, auch von Menschenhand nicht mehr aufzulösen ist. Denn der „lazo", die Bindung und Verbindung beider Körper und Seelen, ist nicht von Menschen gemacht und so von Menschen auch nicht mehr zu lösen. Die Fundierung in abermals christlichen Metaphorologien und Vorstellungen, zugleich aber auch deren bewusste Transgredierung ist offenkundig.

Lassen Sie mich zum Abschluss noch ein drittes und letztes Gedicht aus dem Schaffen von Juana de Ibarbourou anführen! Ich wähle aus Zeitgründen nicht eines jener Gedichte, in denen die Bedingungen des Lebens als Frau reflektiert und bisweilen kontrastiv zu den Bewegungsfreiheiten der Männer in Szene gesetzt werden wie in dem durchaus gelungenen Gedicht *Mujer*, das vom sanften Feminismus seiner Autorin zeugt. Ich werde auf dieses Gedicht zu Beginn unserer Beschäftigung mit Alfonsina Storni zurückkommen. Da wir uns bei der argentinischen Lyrikerin noch ausführlich mit einer feministischen Ausrichtung beschäftigen werden und diese Dimension, so unterschiedlich sie auch formuliert sein mag, sicherlich auch das Gemeinsame des Postmodernismus Gabriela Mistrals, Juana de Ibarbourous und Alfonsina Stornis bildet, möchte ich jedoch an dieser Stelle darauf verzichten. Denn „Mujer", also „Frau", setzt seinen Auftaktvers „Si yo fuera hombre" („Wenn ich ein Mann wär") nicht in eine veränderte gesellschaftliche Position oder in eine konkrete, verwirklichbare Utopie mit transformierten geschlechterspezifischen Normen und Formen um, sondern stellt vielmehr die Unmöglichkeit der genderbezogenen Grenzüberschreitung dar, aller „ansias", allem Begehren zum Trotz, welche das weibliche lyrische Ich empfindet.

Ich will Ihnen vielmehr das Titelgedicht jenes Bandes vorstellen, mit dem Juana de Ibarbourou an die Öffentlichkeit trat, um ebenso überraschend wie schlagartig berühmt zu werden. Es ist das Titelgedicht von *Las lenguas de diamante*, das noch in ihrem *Soneto a Dios* in dankbarer Erinnerung an den Beginn ihrer großen Karriere auftaucht:

Unter dem Vollmond, einer Oblate aus Kupfer gleich,
Schweiften wir schweigend in vager Ekstase,
Wie schmale Schatten, gleitend leicht über den
Sand aus Bronce am Ufer des Sees.

Schweigen auf unseren Lippen eine Rose erblüht.
Oh, wenn es meinen Geliebten zu sprechen gelüstet!,
Die Blumenkrone würd' zerzaust wie ein verletzter Vogel
Fallen und das sanfte Mysterium unterm Monde brechen.

Oh Götter, dass er nicht spräche! Mit der stärksten Binde,
Die Ihr zur Hand habt, unterdrückt ihm die Stimm'!
Und wenn nötig, so kratzt den steinernen Mantel des
Todes, um die Binde seines Mundes zu bilden, hinein!

Ich will nicht, dass er spricht. Ich will nicht, dass er spricht.
Über dies erhabene Schweigen welch' Verwundung das Wort!
Oh Zunge der Asche! Oh elende Zunge, versuch' es
Nicht, dass das Sigel meiner Lippen jetzt bricht!

Unter dem Kupfer-Mond schweigsame Liebende
Wir, mit den Augen stöhnend, mit den Augen sprechend.
Unsere Pupillen sind gleich zwei Zungen von Diamanten,
Bewegt von der Magie der höchsten Gespräche.[5]

In diesem Gedicht, das zugleich den gesamten Band *Las lenguas de diamante* und dessen ersten Teil, „La luz interior", eröffnet, ist zweifellos die Dimension der Innerlichkeit, einer spannungsvoll gesteigerten Interiorität, mit dem Themenkomplex der Liebe oder, vorsichtiger ausgedrückt, der Präsenz des geliebten Anderen verknüpft. Wieder ist es eine Zweisamkeit zwischen dem lyrischen Ich und einem wohl eher männlichen Partner, der aber geschlechtlich nicht determiniert ist. Dem Gedicht selbst, im Titel angelegt, liegt die Bewegung einer Entkörperlichung, einer Bewegung vom direkten Kontakt – etwa über die menschliche Sprache, aber auch die menschliche Zunge – hin zu einem in vielerlei Hinsicht unorganischen Kontakt, dem ‚Diamantinen' der Augen, zu Grunde. Denn die Ekstase der beiden Liebenden vollzieht sich in der geräuschlosen Bewegung als schweigsame Schatten, die unter der Kupferscheibe des Mondes am Ufer eines Sees lustwandeln. Das Organ der Zunge und damit das Sprechen, das körperliche Verlauten, müssen dem Augenkontakt, dem Gespräch zweier Augenpaare, und damit dem Fern-Sinn des menschlichen Auges weichen, das überdies noch in Diamanten verwandelt wird. Alles Körperliche ist ausgeschlossen.

Auf Ebene der Wortwahl steht dieses in Vierzehnsilbern gehaltene Gedicht unverkennbar in der Tradition des Modernismo, was auch schon die Farbwerte und das Dekor der ersten Strophe anzeigen. Insbesondere die „arenas de bronce" und die Situierung an den Ufern eines Sees weisen deutlich auf die modernistische Provenienz dieses Textes hin, der sich einer Sprache bedient, die Rubén Darío nicht allzu ferne zu stehen scheint. Was dieses Gedicht freilich stark von dessen Modell unterscheidet, ist die völlig zurückgenommene Körperlichkeit, die beim nikaraguanischen Dichter stets in starker Plastizität vorhanden ist.

Die erste Strophe ist eine Zustandsbeschreibung, die auf der Vereinigung zu einer ersten Person Plural beruht und im Zeichen einer vagen Ekstase steht. Selbst in dieser ersten Strophe ist bereits eine Entkörperlichung feststellbar, sind die Gestalten der beiden Liebenden doch inszeniert als schlanke Schatten, die sich im

---

5 Ibarbourou, Juana de: Las lenguas de diamante. In (dies.): *Obras completas*, S. 97 f.

Lichte des Vollmonds geräuschlos bewegen. Das Licht, so können wir anmerken, scheint in dieser Szenerie nicht so sehr von innen zu kommen, sondern eben von jener hellen Scheibe, in deren Zeichen das Gedicht steht und die am Ende wieder aufgenommen werden wird. Doch in diesem kalten Mondlicht zeigt sich das „Wir" nur als Schatten, fast gespensterhaft.

Der ersten von fünf aus jeweils vier Versen von Vierzehnsilbern bestehenden Strophen des Gedichts, die syntaktisch als eine Einheit, als einzelne Sätze, ausgeführt sind, steht gleich im ersten Vers der zweiten Strophe eine abgeschlossene Satzperiode gegenüber. Diese weist eine gewisse Agrammatizität auf, insoweit „en nuestros labios" sich sowohl auf das „silencio" als auch auf die nachfolgende Rose beziehen lässt und einen für das Gedicht charakteristischen fließenden Übergang vorführt. Die Rose steht selbstverständlich für die Liebe der beiden ekstatisch Entrückten, ihr Aufblühen repräsentiert den „moment d'amour". Die Lippen der Liebenden scheinen etwas geöffnet, insofern wir dort eine Rose aufblühen sehen, sind aber noch nicht – wie im weiteren Verlauf des Gedichts – aufeinander gepresst, um keinen Laut nach außen tragen zu können und zugleich, um jeglichen Zugang zu einem Innenraum zu verwehren. Noch wird ihnen die Binde nicht aufgedrückt, welche den Mund verschließen und die körperliche, fleischliche Zunge gleichsam wegschließen soll. Alles Fleischliche, das zu Asche zerfällt, wird aus dem Gedicht verbannt.

Das Schweigen, das semantisch bereits explizit in der ersten Strophe durch „taciturnos" eingeführt und in der zweiten Strophe von Beginn an aufgenommen wird, erscheint als ungebrochen, obwohl es als ein Dialog der beiden Liebenden im höchsten Maße beredt ist. Es ruht auf den Lippen der gleichsam schweigend Sprechenden, wobei freilich nicht beide freiwillig schweigen. Die topische Metapher der Lippen als Rose wird dabei insoweit variiert, als nun auf den Lippen eine Rose aufblüht, ein organischer, vegetativer Vorgang, der Zugleich eine Einheit – die Einheit einer einzigen Rose auf den Lippen der Liebenden – und die Unmöglichkeit des Sprechens zum Ausdruck bringt. Doch die Rose auf den Lippen garantiert in den Augen des lyrischen Ich noch nicht das nachhaltige ekstatische Schweigen auch des oder der Anderen. Besteht nicht die Gefahr, dass dieses Du das Schweigen bricht?

Gleichzeitig wird das für das Ich so bedrohliche Akustische in ein Visuelles umgewandelt, wird die Kommunikation durch Sprache und Sprechen durch eine optische Kommunikation ersetzt – prekär, wie sich zeigen wird. Zugleich erscheint aber auch eine Spaltung des „Wir" in der Wendung „mi amante", in welcher erste und dritte Person auseinandertreten, wobei die erste Person als Possessivum „mi" eingeführt und auf den Liebenden oder die Liebende – denn „amante" wird nicht geschlechtlich determiniert – bezogen wird. Die Nicht-Determinierung des Geschlechts hat zweifellos etwas mit der Ausschließung des Körperlich-Leibhaftigen wie des Fleischlichen zu tun, so dass die schlanken Schatten der schweigend Umherschweifenden gänzlich vom Körperlichen ‚abgezogen' werden und damit abstrakt bleiben. Es geht in keiner Weise wie im Gedicht *Fusión* um eine körperliche Fusion oder Vereinigung.

Die Versuchungen, denen der oder die „amante" ausgesetzt ist, betreffen das Sprechen, das In-den-Mund-Nehmen, ein in Worte fassen, das paradoxerweise für das in Worte gefasste Gedicht zur Bedrohung eben jener vagen Ekstase der ersten Strophe wird, welche in der zweiten Strophe als „suave misterio sublunar" in anderer Wendung erscheint. Zweifellos ist in diesen Versen die Vereinigung der Liebenden in einer mystischen irdischen Liebe („misterio" und „sublunar") gefährdet, also gleichsam in jener „unio mystica", in welcher sich in unkörperlicher Weise die Seele des Mystikers oder der Mystikerin mit Gott verbindet. Und diese Gefährdung geht aus von einem profanen Sprechen. Die Blumenkrone, die die Vermählung der Braut anzeigt, würde zu Boden fallen wie ein verwundeter Vogel, auch dies ein topischer Vergleich, der durchaus in romantischer Tradition steht, die Dimension des Mystischen aber durch die Präsenz der Braut aufrecht erhält. Es besteht kein Zweifel, dass Juana de Ibarbourou in ihrem Gedicht auf die Magie mystischer Kommunikation und damit auf eine Seelenvereinigung anspielt.

Vor diesem Hintergrund mystischer Liebe ist es nicht verwunderlich, dass sich das lyrische Ich an die Götter wendet, wenn auch der Plural gleichsam historisch über das Christentum hinausschießt. So wird jene abendländische Antike eingeblendet, welche die bevorzugte Projektionsfläche der hispanoamerikanischen Modernisten war, wie wir in vielen Gedichten, nicht zuletzt aber auch in Rubén Daríos berühmtem erotischen Liebesgedicht *Leda* sehen können. Die Anrufung der Götter ist freilich zugleich Aufruf zur Tat, zum Eingreifen: Sie sollen die Stimme des Du, die zur Artikulation drängt, unterdrücken, ersticken, sozusagen unter-binden, ein Akt der Gewalt und Grausamkeit, der schieren Unterdrückung und Repression, der bereits im vorigen Gedicht sinnlich präsent war und die Liebeslyrik der Ibarbourou offenkundig prägt. Denn diese Liebeslyrik erscheint nur auf den ersten Blick als sanft, gibt sich bei genauerer Analyse jedoch als gewalttätig zu erkennen.

Die Götter treten im Gedicht gleichsam als dritte, angerufene und herbeigerufene Partei hinzu, nicht aber – wie man vermuten könnte – als Vermittler, sondern in einer vom Subjekt gewünschten, erhofften und befohlenen unterdrückenden Rolle. Die Anleitung zu diesem göttlichen Tun bildet der zweimal wortgleich wiederholte Befehl des ersten Verses der vierten Strophe: „Yo no quiero que hable. Yo no quiero que hable." Die Wiederholung dieser Willensbekundung macht den Absolutheitsanspruch des lyrischen Ich deutlich, das Schweigen nicht durch das Wort, nicht durch den persönlichen Akzent brechen zu lassen.

Das Wort wäre eine gleichsam körperliche Beziehung zwischen den Liebenden: Es würde die Situation mystischer Ekstase, mystischer Vereinigung zerstören. Daher die Abwertung nicht nur des Wortes – gleichsam akustisches Äqui-
valent des Körperlichen, der Resonanz im Körper-Leib –, sondern vor allem auch
der „lengua de ceniza", der „lengua miserable", welche als Repräsentation des
Fleischlichen in diesen Wendungen in ihrer Vergänglichkeit und Erbärmlichkeit
aufgerufen wird. Denn die fleischliche Zunge steht ganz dem entrückten Zustand
der irdischen, sublunaren Welt der Ekstase im Wege. Zweifellos ist das Lexem „la
lengua" in seiner Doppelbedeutung ebenso die Sprache, der das Wort angehört –
also gleichsam im Saussure'schen Sinne die Unterscheidung zwischen „langue"
und „parole", zwischen dem System menschlicher Sprache und deren konkreter,
individueller Realisierung oder Sprachäußerung. Ebenso ist sie jenes Organ, das
die geschlossenen Lippen durchdringen kann und fleischlich in den anderen
Mund, in den Mund und Körper des Anderen eindringt. Eben dies aber soll mit
göttlicher Hilfe und Gewalt verhindert, unterbunden, unterdrückt werden.

Die fünfte und letzte Strophe stellt in der Wiederaufnahme und Variation
bestimmter Lexeme der ersten Strophe eine Replik oder ein Wiederanknüpfen
an den ekstatischen Zustand der ersten Strophe her, wobei das lyrische Ich an
den Anderen oder die Andere appelliert, zum Zustand der „taciturnos amantes"
zurückzukehren. Noch ist kein Wort gefallen, wurde das Schweigen nicht durchbrochen, ja gab es nicht einmal einen erkennbaren Versuch dies zu tun. Und doch
ist das lyrische Ich nicht nur alarmiert, sondern ergreift Gegenmaßnahmen gegen
ein vermeintliches Durchbrechen des Schweigens. Die Anrufung der Götter geht
einher mit einer Anrufung höherer Gewalt, welche auf die oder den „amante"
ausgeübt werden soll. Die von den Göttern erbetene und zumindest virtuell aus-
geübte Gewalt kann man getrost als brutal umschreiben.

Das Instrument der schweigsamen Kommunikation sollen künftig allein die
Augen sein, „los ojos", die gleich zweimal als Medium des Gesprächs oder Dialogs
angerufen werden. Damit ist von allen Sinnen, von allen Formen sinnlicher Wahrnehmung der unkörperlichste Sinn favorisiert, der Fernsinn des Gesichtssinnes,
der in der Tat auch in der Tradition der Mystik eine besondere Rolle einnimmt. Im
Gegensatz zur dominanten katholischen Hierarchie der Sinne, in welcher das Ohr
als das eigentliche Organ des Christenmenschen erscheint und alles auf das Ge-
Horchen des Christen ausgerichtet ist, wird wie bei den spanischen Mystikerinnen
und Mystikern der Gesichtssinn bevorzugt als Sinn der Erhebung, des spirituellen „recogimiento", der inneren Sammlung. *Las lenguas de diamante* knüpft in
diesem Bereich an eine lange ebenso literarische wie mystische Traditionslinie an.

Denn das Bild, auch das spirituelle Bild, dringt in uns ein, gerade auch das
Bild des Leidens, wie es Santa Teresa de Jesús in ihren Anleitungen zum mystischen Schauen Gottes betonte. Kein profanes gesprochenes Wort sollte dieses

454 — Juana de Ibarbourou oder die Juana Amerikas

mystische Schauen beeinträchtigen. Also kein Sprechen und Hören, kein – um bei der Zunge zu bleiben – Schmecken, auch kein Tasten mit den Händen, kein Riechen: All die anderen, körperlichen und auf körperlichem Kontakt beruhenden Sinne sind aus dieser ekstatischen Schau ausgeschlossen. Allein der am stärksten vergeistigte Sinn wird angerufen. Allein auf diese Weise verwandeln sich die Pupillen in Medien von „diálogos supremos", wird aus der Zungensprache eine diamantene Augensprache, die allein fähig ist, „sublunar" das Sublime auszudrücken, den rational nicht fassbaren Teil menschlicher Kommunikation. Das ekstatische Erleben der beiden Liebenden wird dergestalt zu einer körperfernen und doch gemeinsamen visuellen Schau, die gleichzeitig im Zeichen des Schmuckes, des Juwels, der anorganischen Diamanten steht.

Dieses Gedicht aus dem Schweigen, dieses Gedicht einer damals noch unbekannten Dichterin, mag vielleicht auch darum einen so großen und sofortigen Erfolg erzielt haben, weil es nicht allein dieses Schweigen evoziert und zugleich durchbricht, sondern dies auch in erreichbarer, literarisch durchaus nicht revolutionärer Form tut. Vielmehr entwickelte es seine eigene Sprache in Anknüpfung an modernistische Positionen, wobei es diese aber zugleich auf – zumindest von Rubén Darío her gesehen – einfachere Formeln zurückführt. Das Gedicht öffnet sich sehr weit auf eine Leserschaft hin, deren Aneignung des Gedichts sich vor dem Hintergrund eines modernistisch geprägten Lektürehorizonts vollzieht. Weder Lexik noch Chromatik stellten besondere Anforderungen an diese mit dem Modernismo vertraute Leserschaft; allein die Unkörperlichkeit, die Stimme einer Dichterin mit dem mit ihr verbundenen weiblichen Ich sowie die geschlechtliche Undeterminiertheit der Liebenden konnten zusammen mit der Gewalt, die sich in diesen Versen ausspricht, noch erstaunen.

Nichts oder nur wenig ist hier mehr von jener lasziven, erotisch aufgeladenen, etwas morbiden Atmosphäre zu spüren, wie wir sie bei vielen modernistischen Dichtern (vielleicht mit Ausnahme José Martís) beobachten können. Zugleich bewegt sich die Bildersprache durchaus noch in modernistischen Bahnen, so dass wir auch dieses Gedicht sehr wohl einer spätmodernistischen lyrischen Schreibweise zuordnen können, die sich – wie wir sahen – mit Federico de Onís als „Postmodernismo" bezeichnen ließe.

Parallel hierzu verweist die mystische Grundhaltung auch auf eine Tendenz hin zum Göttlichen, zum Transzendenten, zum Übermenschlichen: Die Problematik der spanischen Mystik war den hispanoamerikanischen Modernisten durchaus nicht fremd, sondern sehr vertraut. Denn die poetischen Werke der Mystikerinnen und Mystiker des 16. Jahrhunderts waren ein wesentlicher und selbstverständlicher Bestandteil der Lektüre von Autoren wie José Martí, Rubén Darío, Julián del Casal oder José Enrique Rodó, der in seinem *Ariel* von 1900 wiederholt auf Topoi der spanischen Mystik zurückgriff.

Und doch findet sich bei Juana de Ibarbourou, wohl am nächsten noch zu José Martí, jene Spiritualität, die sich nicht nur den ästhetischen Überschuss dienstbar macht, sondern versucht, zu den letzten Dingen in einer Art „unio mystica" vorzudringen. Dass dies eine Frau tat, musste von den Zeitgenossen nicht als revolutionär empfunden werden, sondern verstärkte gerade eine Deutung, welche die Liebe vom Körperlichen abzulösen und zu abstrahieren suchte, um in eben dieser Ablösung und Abstraktion die Vereinigung, die mystische Ekstase zu finden. Dass Juana de Ibarbourou – wie wir schon im Gedicht *Fusión* sahen – aber auch die Körpermetaphern stark zu machen und bis in Gewaltszenen hinein auszudehnen wusste, konnten wir auch in *Las lenguas de diamante* mühelos begreifen.

An dieser Stelle ließe sich ein Interpretationsansatz einfügen, auf den ich noch einmal im Zusammenhang mit Alfonsina Storni zurückkommen will. Er geht aus von der Inszenierung von Körperlichkeit im gesamten Band *Las lenguas de diamante*, aber auch in seinem Titelgedicht, wo sich eine bemerkenswerte Inszenierung von Lippen der Leserin und dem Leser förmlich aufdrängt, jener Lippen also, die besonders in der vierten Strophe eine so wichtige Rolle übernehmen. An dieser Stelle sind es die Lippen, die durch die Zunge gleichsam geöffnet werden. Erblicken wir im Liebenden ein männliches Subjekt, welches die Stille und damit auch die „unio mystica" der beiden Liebenden bedroht, dann entsteht diese Vereinigung des weiblichen Subjekts nur vor dem Hintergrund des Schweigens des männlichen „amante", der als ‚stummer' Gesprächspartners scheinbar in den Hintergrund tritt.

Die Lippen der Liebenden bleiben geschlossen, wobei sie – erinnern wir uns an den ersten Vers der zweiten Strophe – mit einer Blume, der Rose, besetzt und assoziiert werden. Diese Blume der Liebe wäre auch mit einem Ort der Liebe in Verbindung zu bringen, dessen Lippen im Sinne der Entkörperlichung ebenfalls geschlossen bleiben. Nichts vermag sie zu öffnen, nichts dringt durch sie hindurch. An dieser Stelle ließe sich wiederum ein Interpretationsansatz einbringen, der auf die Theorie der feministischen Theoretikerin Luce Irigaray zurückgreift, der zufolge weibliche Lust gerade durch die männliche Penetration der weiblichen Lippen zerstört werde. Diese Lust entstehe gerade durch das Aneinander-Reiben der Lippen, durch eine eigene Form von Geschlechtlichkeit, in welcher die Präsenz des Mannes nur zerstörend wirken kann.

Vor diesem Hintergrund wirkt der zweifach ausgesprochene Befehl „Ich will nicht, dass er spricht", wie ein Verbot, den Ort der Rose zu durchdringen und mit der „Zunge der Asche" zu berühren. Dieser auf Luce Irigaray zurückgehende Ansatz könnte auf diese Fragestellung fruchtbar angewandt werden, Licht in diese nur dunkel beleuchtete Passage bringen und sich auch noch mit der nachfolgenden Interpretation des Gedichts *Mujer* von Juana de Ibarbourou verbinden lassen. Doch wir wollen derartige Fragestellungen und Deutungsansätze besser im nachfolgenden Kapitel behandeln, das nach der großen chilenischen und der großen uruguayischen Dichterin nun der nicht minder großen argentinischen Lyrikerin dieses Dreigestirns gewidmet ist.

Alfonsina Storni oder die Entfaltung einer feministischen Lyrik

Beschäftigen wir uns vor einer Auseinandersetzung mit dem Werk und einzelnen Texten zunächst mit der Biographie der argentinischen Lyrikerin Alfonsina Storni, die in gewisser Weise zu jenen Einwanderern gehört, die dem Argentinien des 20. Jahrhunderts ein völlig neues Aussehen, eine neue Struktur und neue Hoffnungen auf ein besseres Leben gaben. Es sind Jahre intensiver sozialer Kämpfe und Auseinandersetzungen, aber auch wachsender wirtschaftlicher Macht und der Gestaltung jener sozialen, politischen und ökonomischen Strukturen, die das Land in eine dauerhafte wirtschaftliche und gesellschaftliche Krisensituation führen sollten. Doch beschäftigt man sich mit Alfonsina Storni, so rücken nicht die gesellschaftlichen Eliten in den Blickpunkt, welche die Verantwortung für den späteren Niedergang des Landes tragen, sondern anders als bei Juana de Ibarbourou die unterprivilegierten sozialen Schichten.

Alfonsina Storni wurde am 29. Mai 1892 in Sala Capriasca im schweizerischen Tessin geboren und starb am 25. Oktober 1938 durch Selbstmord im argentinischen Mar del Plata. Mit ihren Eltern lebte sie bis 1896 im Tessin, dann kehrte die Familie nach San Juan in Argentinien zurück, wo die Stornis eine kleine Fabrik besaßen. Das vernachlässigte Unternehmen machte im Jahr 1900 bankrott. Alfonsina musste einen der Trunksucht ergebenen Vater erdulden, dessen Namen sie in ihrem Vornamen trug. Bald ging der ehemals wohlhabende Bierbrauer mit seinem Café Suizo Pleite, die Mutter eröffnete eine kleine Privatschule im eigenen Haus. Nach dem Tod des Vaters 1906 begann die junge Alfonsina, in einer Hutfabrik zu arbeiten und näherte sich den damals in Argentinien sehr starken anarchistischen Kreisen an. Als eine kleine Theatertruppe durch ihre Stadt kam, schloss sich Alfonsina den Schauspielern an und tourte ein Jahr lang mit wechselnden Rollen durch Argentinien.

Abb. 89: Alfonsina Storni Martignoni (Sala Capriasca, Bezirk Lugano, Schweiz, 1892 – Mar del Plata, Argentinien, 1938).

Open Access. © 2021 Ottmar Ette, publiziert von De Gruyter. [CC BY-NC-ND] Dieses Werk ist lizensiert unter einer Creative Commons Namensnennung – Nicht-kommerziell – Keine Bearbeitung 4.0 International Lizenz. https://doi.org/10.1515/9783110703450-021

Ein Jahr später jedoch trat sie in die Fußstapfen ihrer Mutter, startete eine Aus-bildung als Lehrerin und begann 1911 in Rosario zu unterrichten. Während ihrer Ausbildung arbeitete sie als Sängerin in einem Theater, was für einen Skandal sorgte, der sie erstmals an den Rand eines Selbstmords brachte. Als sie ein unehe-liches Kind mit einem verheirateten Politiker erwartete, übersiedelte sie aus der Provinz nach Buenos Aires. Mit verschiedenen Büroarbeiten und anderen Tätig-keiten sorgte sie für ihren Lebensunterhalt und den ihres Sohnes Alejandro. In diesen Jahren erschienen erste Gedichte in lokalen Zeitungen, denen 1916 ihr erster Gedichtband *La inquietud del rosal* folgte, dessen Kosten sie finanzierte und über lange Jahre abbezahlte.

Ab 1917 verbesserten sich ihre wirtschaftlichen Verhältnisse: Sie wurde Leite-rin eines privaten Internats, unter anderem Mitarbeiterin der Periodika *Nosotros*, *Atlántida* sowie der einflussreichen Tageszeitung *La Nación*; ja sie erhielt 1922 den zweiten Premio Nacional für ihren Gedichtband *Languidez*. Der Ausbruch einer Nervenkrise zwang sie, ihre Stellung im Internat aufzugeben; sie arbeitete zeitweilig als Aufseherin in einer Schule für geistig behinderte Kinder, für die sie mit ihren Geschichten und Liedern da war. Auf einer kleinen Vortragsreise nach Uruguay lernte sie in Montevideo Juana de Ibarbourou und den uruguayischen Modernisten José Enrique Rodó kennen, fühlte sich aber nach ihrer Rückkehr nach Buenos Aires einsam und litt stark unter Depressionen. Trotz des Erfolges von *Languidez* und einer Reihe guter Besprechungen vermochte sie es kaum, sich finanziell über Wasser zu halten. Immer wieder halfen ihr Freunde aus finanziel-len Engpässen und besorgten ihr eine Stelle im Teatro Infantil Labardén, wo sie Dramen für Kinder verfasste.

Mitte der zwanziger Jahre organisierte sie in Mar del Plata die Primera Fiesta de la Poesía, wo sie mit einer Gruppe von Dichterinnen auftrat: Für viele wurde sie zusammen mit Delmira Agustini zum Vorbild schreibender Frauen. Zweimal, 1930 und 1932, reiste sie nach Europa, wobei sie auch einen Abstecher in ihren Schweizer Geburtsort unternahm. Auf diesen Reisen konnte sie insbesondere in Spanien große Vortragserfolge verbuchen. Doch 1935 erkrankte sie an Brust-krebs, eine Chemotherapie musste sie abbrechen. In den Jahren 1937 und 1938 nahmen sich zwei ihrer berühmtesten Freunde, die Schriftsteller Horacio Quiroga und Leopoldo Lugones, das Leben. Noch einmal wurde sie im Januar 1938 nach Montevideo eingeladen, wo sie gemeinsam mit Gabriela Mistral und Juana de Ibarbourou das medienwirksam akklamierte große Dreigestirn der lateinamerika-nischen Lyrik bildete. In ihren letzten Gedichten klingt indes bereits das Thema des Selbstmords an. Unheilbar krebskrank, nahm sie sich am Strand von Mar del Plata das Leben.

In ihren Gedichten zeichnete sich mehr und mehr ihr Protest gegen die alles beherrschende patriarchalische Gesellschaftsordnung ab. Ihren ersten

Gedichtband von 1916 hatten noch modernistische Versatzstücke wie Edelsteine, geschwungene Schwanenhälse und allerlei Orientalismen geziert. Doch weitaus radikaler noch als bei Gabriela Mistral machte sich eine Rebellion gegen jede Art geschlechterspezifischer Konventionen immer schärfer in ihren Gedichten bemerkbar. Alfonsina Storni nimmt ihre eigene postmodernistische Entwicklung: Die tragischen Züge vermischen sich in ihrer Lyrik mit deutlich feministischen Akzenten, gerade auch in ihrer Liebeslyrik.

Sie ist von den drei Dichterinnen sicherlich diejenige, die den männlichen Avantgardisten als feministisch denkende Frau am nächsten stand.[1] Ihre Gedichte wurden zunehmend pessimistisch mit einem Zug ins Sarkastische, blieben stets aber kämpferisch. Ihr letzter Gedichtband *Mascarilla y trébol* aus ihrem Todesjahr 1938 besteht aus zweiundfünfzig verschlüsselten Anti-Sonetten, die sich immer weiter von den modernistischen und postmodernistischen Schreibweisen entfernen. In ihrer literarischen Entwicklung wurde Alfonsina Storni gerade durch ihren Kampf gegen die vermeintlich weibliche Sanftmut und ihr ausgeprägtes Rebellentum zur Wegbereiterin für eine lateinamerikanische Literatur von Frauen, die sich gegen jegliche patriarchalische Bevormundung zur Wehr setzen. Während die zu Lebzeiten gefeierten und hochverehrten Gabriela Mistral und Juana de Ibarbourou heutzutage Schwierigkeiten haben, mit ihren Gedichten ein zeitgenössisches Publikum zu begeistern, ist Alfonsina Storni eine hochgeschätzte Inspirationsquelle für eine Vielzahl schreibender Frauen weit über ihr Heimatland hinaus. Es schien mir dennoch adäquat und geboten, allen drei Dichterinnen in unserer Vorlesung den ihnen gebührenden Platz einzuräumen.

Bei Alfonsina Storni haben wir es gewiss mit einer gänzlich anderen Biographie als derjenigen Juana de Ibarbourous zu tun. Auf der einen Seite die Uruguayerin aus alter, oligarchischer Familie, auf der anderen die Argentinierin, die im Tessin geboren wurde, als Kind nach Argentinien einwanderte und erst spät die argentinische Staatsbürgerschaft erhielt. Auf der einen Seite die Frau eines wohlhabenden Offiziers in gesicherten Familienverhältnissen, auf der anderen die – wie wir heute sagen würden – alleinerziehende Mutter, die gesellschaftlich teilweise geächtet wurde und in die Großstadt ging, um in der dortigen Anonymität ihr Leben zu leben und zu verdienen. Auf der einen Seite die finanziell Gesicherte und vom raschen Ruhm Emporgetragene, auf der anderen die sich mehr schlecht als recht durchschlagende Frau, deren Gedichte bei weitem nicht jene Breitenwirkung erzielten, wie sie Juana de Ibarbourou mit ihren Gedichtbänden

---

1 Vgl. Pleitez Vela, Tania: Capítulo 12: Juntando el sol con gran cordura. Huellas vanguardistas en la poesía de Alfonsina Storni. In: Rodríguez gutiérrez, Milena: *Casa en que nunca he sido extraña. Las poetas hispanoamericanas: identidades, femenismos, poéticas (Siglos XIX – XXI)*, S. 140–151.

gelang. Doch wollen wir an dieser Stelle unsere Gegenüberstellung beenden, die der existenziellen Situation von Menschen ohnedies nicht wirklich gerecht wird. Denn als selbstbewusste Frauen waren beide zu ihrer Zeit in einem strikt patriarchalischen System marginalisiert.

Über das Frau-Sein, über ihr Frau-Sein, haben beide Lyrikerinnen nicht nur nachgedacht, sondern ihrem Nachdenken auch mehrfach poetischen Ausdruck verliehen. Ohne dieses Gedicht ausführlicher interpretieren zu wollen, will ich Ihnen doch Juana de Ibarbourous *Mujer* vorstellen, auf das ich Sie bereits aufmerksam gemacht hatte. Es stammt aus ihrem Gedichtband *Raíz salvaje*, in welchem die uruguayische Lyrikerin erneut auf jene Wurzelmetaphorik zurückgriff, die wir schon kennengelernt hatten. Es ist eine lyrische Kreation, das ursprünglich den Titel *Si yo fuera hombre* trug:

> Wär ich ein Mann, welch Übersättigung an Mond,
> An Schatten, an Schweigen würd' ich fühlen!
> Wie würd' ich Nacht für Nacht alleine umherwandeln,
> Über die ruhigen Felder und dem Meere entlang!
>
> Wär' ich ein Mann, welch ein fremder, verrückter,
> Hartnäckiger Vagabund ich wohl sein würde!
> Ein Freund aller langen Wege, die
> Weit weg zu gehen locken, und nimmer zurück!
>
> Wenn mich solch' Gelüste nach Weite anwandeln,
> Welch tiefe Pein gibt's mir, Frau zu sein![2]

In diesem kurzen Gedicht ist die „condición femenina" dem Leben und den Lebensmöglichkeiten der Männer klar entgegengesetzt: Eine binäre Oppositionsstruktur tut sich auf, die freilich das Andere – das Männliche – nur im Irrealis zur sprachlichen Realisierung kommen lässt. Zwischen Mann und Frau, zwischen „hombre" und „mujer", gibt es keine Vermittlung, keine Graustufen: Allein diese Alternative und keinerlei Übergang eröffnet sich dem weiblichen Ich.

In den beiden ersten Strophen von *Mujer* entsteht freilich keine verkehrte Welt der Geschlechterrollen, sondern vielmehr eine schlichte Umkehrung, bei welcher das lyrische Subjekt, im Titel genannt, ex negativo zum Manne wird und in der männlich grammatikalisch determinierten Form die Geschlechteridentität und deren Rollenvorgaben an- und wahrnimmt. Bemühen wir die Unterscheidung zwischen der biologischen oder anatomischen Ebene von Sex als Geschlecht und der kulturell definierten Ebene von Gender als Geschlechteridentität, dann wird

---

2 Ibarbourou. Juana de: Mujer. In (dies.): *Obras completas*, S. 211.

deutlich, dass dieses Gedicht hier allein – so scheint mir – auf der Gender-Ebene argumentiert: Nichts Biologisches determiniert die Rollenverständnisse und damit Lebensmöglichkeiten von Frau und Mann.

Die kulturell anders definierte Konstruktion des Mannes wird in diesen Versen virtuell erprobt, letztlich aber in den Bereich unerreichbarer „ansias andariegas" verbannt, an deren Stelle nur die „pena tan honda", die tiefe Pein des Frau-Seins tritt. Gibt es keine Rebellion, noch nicht einmal ein Aufbegehren? Aufschlussreich erscheint mir hierbei, dass bezüglich der Geschlechterrollen gerade die freie Bewegung, der freie Zugang zu einer offenen Räumlichkeit, der Zugang auch zum Alleinsein und sich alleine Bewegen hervorgehoben werden. Nur Mond, Schatten und Schweigen – die wir aus dem zuvor interpretierten Gedicht gut kennen – sind nun genießbar: Es bildet sich fast eine Gegenfolie zur Zweisamkeit im Gedicht *Las lenguas de diamante*. Doch diese Situation ist schwierig zu ertragen, lastet schwer auf dem weiblichen lyrischen Ich.

Das Freisein gerät hier zum Alleinsein in ungehemmter Bewegung, in Einklang und direktem Zugang mit der und zur Natur. Zugleich wird die größere Toleranz an Abweichungen im Bereich der Geschlechteridentität oder Geschlechterkonstruktion *Mann* ausgekostet, der „extraño", „loco" und „vagabundo" sein kann, ohne doch aus der Gesellschaft ausgeschlossen zu werden. Die Metaphorik des Vagabundierens, des ziellosen Reisens, ja der Reise ohne Wiederkehr steht dabei im Zentrum eines Gegen-Bildes, das in der Tat der überwiegenden Mehrzahl der Frauen nicht zugänglich war – auch wenn es in den Jahrhunderten zuvor immer wieder auch die Lebenserfahrungen reisender Frauen beziehungsweise von Reiseschriftstellerinnen gab.

Eine Lösung aus dieser ‚Conditio feminina' wird indes nicht angeboten: Keine Erlösung erscheint und bringt alles ins Lot. Nein, es gibt noch nicht einmal ein Aufbegehren, und ist die Pein übers Frau-Sein auch noch so tief. Letztlich fällt das Ich wieder zurück in die weibliche Geschlechterrolle, in die eigene Innerlichkeit, in die Tiefe „honda") des eigenen Leides und Leidens. Es handelt sich um ein „ser", nicht etwa um ein „estar": Das Sein ist angesprochen, nicht ein vorübergehender Zustand. Nur auf dieser Ebene erscheint gleichsam implizit die unveränderbare Substanz, die Essenz des Körperlichen, die Unausweichlichkeit des Sex, der körperlichen geschlechtlichen Determination, der das Subjekt auf der Ebene von Gender nicht zu entrinnen vermag. Aus dieser Situation, so scheint es am Ausgang des Gedichts, führen keine gangbaren Wege, gibt es keine Flucht, keine Evasion, keine Reise weit weit weg. Geschlechtlichkeit ist auf den Ebenen von Sex und Gender – im Sinne des von den zeitgenössischen Feministinnen längst angegriffenen Gemeinplatzes – scheinbar unveränderliches (Frauen-) Schicksal.

Auch Alfonsina Storni musste sich wiederholt dieser Frage der Geschlechtlichkeit stellen, konkret auch bei ihrer ersten Europareise von 1930, auf der sie gefragt wurde, ob sie nicht lieber ein Mann hätte sein wollen. Ich zitiere hier ihre Antwort nach Andreolas Storni-Biographie (bei Machín Seite 73):

> Ich hätte ein Mann zu sein gewollt, jedoch nicht wegen seiner Freiheit. Denn Freiheit besitzt letztlich die Frau, die sich entschließt, frei zu sein. Nicht darum geht es. Das Erste, was an der Frau verführt, ist ihre Schönheit; beim Mann verführt vor allem anderen das Wort. Wie schön ist es doch, durch das Wort zu verführen! Ich hätte aber wegen etwas Größerem Mann sein gewollt: um träumen, sterben und hassen zu können, nicht aber, um verwirklichen, leben, lieben zu können, was mir als feige und weniger interessant erscheint.[3]

Dies ist fürwahr eine erstaunliche Antwort. Sie blendet zunächst die Frage nach dem Sex – mithin nach dem Verführungsvermögen auf der Ebene körperlicher Schönheit – aus, um die Frage ganz eindeutig in Richtung von Gender als sozialer und kultureller Konstruktion zu wenden. Erstaunlich ist dabei vor allem Alfonsina Stornis Wille und Voluntarismus, könne die Frau doch frei sein, wenn sie es nur wolle. Entscheidendes Mittel hierfür ist das Wort und damit eben jenes Schlüsselwort, das wir auch bei Juana de Ibarbourou entdeckt hatten. Sollten wir nun, mit einiger Entfernung, ihr Auftaktgedicht *Las lenguas de diamante* geschlechterspezifisch interpretieren und genau als Behauptung jener Kommunikationssituation deuten, in welcher es gerade nicht der Mann ist, der das Wort ergreift und die Worte an die Frau richtet? Ist hier das Schweigen des Mannes vielleicht jener Raum, der das Wort der Frau überhaupt erst ermöglicht, ihre Sprache zur Realisierung kommen lässt oder gar treibt? Die Äußerung Alfonsina Stornis wirft also – just in jenem Jahr, in dem die Ibarbourou zur „Juana de América" gekrönt wurde – ein völlig anderes Licht auf die Problematik des Wortes, eine Problematik, deren göttliche Verankerung wir freilich nicht vergessen dürfen. Auf die Ebene der Geschlechterpolitik heruntergebrochen, bedeutet all dies die Wichtigkeit jener Wendung, die wir auch im Deutschen dafür haben: „Das Wort ergreifen", „tomar la palabra", das ist immer ein Stück Freiheit, die gestaltet werden kann.

Wir sollten zugleich verstehen, dass die Freiheit, die sich Alfonsina Storni in einer durch und durch patriarchalischen Gesellschaft herausnahm, eben jene Freiheit war, welche die Gesellschaft in der Geschlechterkonstruktion dem Mann überantwortete, nämlich durch das Wort zu verführen und zu bestimmen. Gleichzeitig musste sie die männliche Geschlechterrolle annehmen, um dieser eben das zu entnehmen, was herkömmlicherweise in ihr angelegt ist. Denn Alfonsina wollte, wie sie es formulierte, nicht vordringlich realisieren, leben und lieben,

---

[3] Storni, Alfonsina, zitiert nach Andreola, Carlos Alberto: *Alfonsina Storni: vida, talento, soledad: primera biografía integral y documentada.* Buenos Aires: Ed. Puls Ultra,1976, S. 164.

sondern träumen, sterben und hassen können, wie sie es ihr gefiel. Wir könnten hier fast von einer gezielten Geschlechterverwirrung sprechen, vielleicht gar von einem „Gender Trouble" im Sinne Judith Butlers.[4] Denn das Träumen wird wohl traditionell eher den Frauen, das Sterben (etwa den Heldentod) mehr den Männern überantwortet. Alfonsina Storni wollte aber auch über ihren Tod volle Gewalt besitzen. Doch das Hassen? Dies lässt sich schlechterdings nicht einfach geschlechtlich zuordnen im Sinne der Konstruktion einer Geschlechteridentität. Wir könnten an dieser Stelle fast von einer Dekonstruktion von Gender-Kategorien sprechen, wüssten wir mehr über die Kontexte dieses Interviews. Trotz all dieser Deutungsmöglichkeiten scheint es mir sicherer, wenn wir uns im weiteren Fortgang unserer Vorlesung weniger mit unsicheren Epitexten und mehr mit den lyrischen Texten Alfonsina Stornis beschäftigen.

Wenige Jahre nach der (Rück-) Einwanderung nach Argentinien stand die ehedem finanziell gesicherte Familie mit leeren Händen da. Alle Investitionen in kleine Firmen oder Cafés waren gescheitert. Der Vater, der 1906 verstarb, entwickelte sich zum Alkoholiker und wurde zu einer traumatischen Gestalt für die kleine Alfonsina, die seit dem Alter von elf Jahren als Näherin in der Familie mitarbeiten und sich ihren Lebensunterhalt verdienen musste.

Immer wieder, auf eine fast obsessive Weise, hat Alfonsina Storni versucht, sich mit der Figur des verstorbenen Vaters literarisch und lyrisch auseinanderzusetzen. Neunzehn Jahre nach dessen Tod, also wohl im Jahr 1925, erschien ihr Gedicht *De mi padre se cuenta*. Es entstammt dem für die weitere Entwicklung der Lyrikerin enorm wichtigen Gedichtband *Ocre*, der einen Meilenstein in ihrer persönlichen wie literarischen Entwicklung markiert. Ein Blick auf diese Komposition genügt Ihnen, das Gedicht als Sonett zu identifizieren:

> Von meinem Vater erzählt man, dass er ging auf die Jagd,
> Frühmorgens, wenn es tagte, von seinem Windhund gefolgt,
> Und auf dem langen Wege, sich ein wenig zu zerstreuen,
> Schaute er ihm in die Augen, und es winselte der Hund.
>
> Dass er streifte durch Wälder und suchte eine Schlange,
> Die dreist, und fand er sie auf ihrem Schwanze erhoben
> Und bereit zum Angriff, schoss er mit frecher Kugel
> Lustvoll der Schlange den Kopf entzwei.

---

4 Vgl. Ette, Ottmar: Gender Trouble: José Martí and Juana Borrero. In: Font, Mauricio A. / Quiroz, Alfonso W. (Hg.): *The Cuban Republic and José Martí. Reception and Use of a National Symbol.* Lanham – Boulder – New York – Toronto – Oxford: Lexington Books 2006, S. 180–193 u. 230–233.

> Dass er ganze Tage lang vagabundierend, umherstreifend,
> Nicht wieder nach Hause gekehrt, denn wie ein Einsiedler
> Nährt' er sich von Vögeln und schlief auf dem Boden.
>
> Und alleine, wenn der Zonda große Massen an brennendem
> Sand und Insekten in den glühenden Wüsten San Juans
> Aufwirbelt, sang er und sang unter dem Himmel.[5]

Betrachten wir dieses klassische postmodernistische Sonett aus vierzehn Vierzehnsilbern näher, so fällt zunächst die klar zweigeteilte und in beiden Teilen wiederum halbierte Struktur auf. Dies wird bereits anhand der syntaktischen Strukturen deutlich, umfasst jede Strophe doch jeweils einen einzigen Satz, stimmen Strophen- und Satzgrenzen also miteinander überein. Bereits auf den ersten Blick erscheint das Sonett wie aus einem Guss gefertigt, wie es dem unveränderlichen Bild eines Vaters entspricht, aus Alfonsinas Sicht für die Ewigkeit gemacht.

Auf Ebene der Form ist das Reimschema des Sonetts *abba*, dann *cdcd*, in den Terzetten schließlich *eef* und *ggf*: eine klassische Form. Damit haben wir sowohl den umschlingenden Reim im ersten Quartett als auch den Kreuzreim im zweiten Quartett, danach einen Paarreim zu Beginn des ersten Terzetts und schließlich einen Paarreim zu Beginn des zweiten Terzetts, wobei wir die letzten vier Verse des Gedichts wiederum sehr wohl wie im ersten Quartett als umschlingenden Reim deuten dürfen. Durch dieses Reimschema bewegt sich das Gedicht mittels Variationen wieder zurück zum ursprünglichen umschlingenden Reim: Alfonsina Storni hat eine in sich ruhende Form mit ihren Variationen ohne gewagte formale Experimente gewählt.

Wir können auf formaler Ebene verschiedene Strukturen des Sonetts festhalten. Erstens beobachten wir auf der syntaktischen Ebene eine klare Vierteilung des Gedichts beziehungsweise eine doppelte Zweiteilung, indem Strophengrenzen und Satzgrenzen ausnahmslos übereinstimmen. Auf der grammatikalischen Ebene ergibt sich zweitens eine andere Struktur, in welcher die ersten drei Strophen als eine Konstruktion mit Nebensatz zusammengehören, was jeweils zu Beginn der zweiten und dritten Strophe durch das „Que" angedeutet wird. Diese Verknüpfung fehlt aber in der vierten Strophe. Drittens ragt auf der Ebene des Reimschemas vor allem das zweite Quartett hervor durch das nun zum Kreuzreim überwechselnde Reimschema. Schon so ergibt sich eine recht komplexe Struktur der Verweisungszusammenhänge formaler Art.

---

5 Storni, Alfonsina: De mi padre se cuenta. In Villarino, María de (Hg.): *Alfonsina Storni: Antología*. Prólogo y selección de María de Villarino. Buenos Aires: Ediciones Culturales Argentinas 1961, S. 59.

Im Zentrum des gesamten Gedichts steht die Figur des Vaters, die gleichsam aus der Distanz wahrgenommen wird: „se cuenta", von ihr wird erzählt. Nichts erfahren wir über den Trunkenbold, nichts über die Gewalttätigkeiten, die das noch junge Mädchen traumatisierten. Die gewählte Distanz vergrößert sich noch, da der Vater zur Jagd aufbricht, also das Haus verlässt, was in der Tat zu einer Opposition und Echowirkung führt. Diese ergibt sich zwischen erstem Quartett und erstem Terzett, nämlich zwischen „caza" und „casa", was argentinisch ausgesprochen fürwahr keine Minimaldifferenz ergibt.

Das Unbegreifliche und Unfassbare wird im ersten Quartett an der Beziehung zwischen Herr und Hund, zwischen Mensch und Tier deutlich und greifbar; kommt es zwischen beiden zu einem direkten Blickkontakt, so ist dies für den Hund eine schmerzhafte und beunruhigende Erfahrung, beginnt er doch zu winseln oder zu stöhnen. Für den Vater hingegen ist dies Zeitvertreib, ein „divertirse". Doch der Hund spürt die massive Gewalt, die von der Figur des Vaters ausgeht. Der Vater wird zusätzlich zur Erzähldistanz des lyrischen Ich, das nicht aus eigener Erfahrung berichten kann, an die Entfernung, an die langen Wege und die Situation einer problematischen Kommunikation angeschlossen, die nicht zum Sprachlichen vordringt, sondern im Vorsprachlichen verharrt. Die Sprache der Augen, das Sich-Anblicken von Herr und Hund sowie das Stöhnen des letzteren geben uns Aufschluss über ein verborgenes Inneres der Vaterfigur, welche das Sonett nicht negiert, aber auch nicht direkt zur Sprache bringt. Doch der Vater ist weit vom Haus, von seinem Zuhause, entfernt und überlässt sich ganz seinem „gozar", seiner Lust.

Das zweite Quartett ist grammatikalisch parallel zum ersten aufgebaut, wobei es elliptisch an den Eingangsvers des Sonetts anschließt und diesen fortführt. Dass hierbei keine Einheit zwischen beiden Quartetten entstehen kann, ist – wie wir sahen – schon im Reimschema angezeigt, durch das eine größere Unruhe und eine Steigerung der Spannung in das Sonett gelangen. Im Zentrum dieses zweiten Quartetts steht wiederum eine Begegnung zwischen Mensch und Tier, diesmal zwischen dem Vater und der Schlange, die nicht etwa zufällig angetroffen, sondern gesucht und endlich gefunden wird. Sie erleidet einen geradezu ritualisierten Tod, der auf der Seite des Menschen und Mannes nun nicht mehr nur Zerstreuung, sondern weit mehr noch Lust („gozaba") bedeutet. Der Vater lebt in dieser erneuten Begegnung zwischen Tier und Mensch seine ganze angestaute Gewalt, seine ganze Lust in einem Akt gesuchter und gezielter Tötung aus.

Für das Tier ist in dieser Tier-Mensch-Beziehung eine Steigerung insoweit zu erkennen, als nun nicht länger nur das Leiden, sondern der Tod hereinbricht. Auch hier ist es der Kopf, wenn auch nicht die Augen, welche hiervon betroffen oder mehr noch getroffen werden. An die Stelle des Blickes ist dessen Materialisierung in der Gewehrkugel getreten: Die Sprache der Augen ist zur Sprache des

Gewehrlaufs mutiert. Die Schlange, zum Angriff bereit, wird just in diesem Augenblick lustvoll und gezielt getötet – und es ist kein Zufall, dass „la serpiente" im Gegensatz zu „el galgo" weiblich ist.

Auch das erste Terzett schließt sich syntaktisch parallel zum zweiten an den ersten Vers des Gedichts an, so dass zwischen diesen drei Strophen eine enge Beziehung entsteht, aus welcher die letzte Strophe des zweiten Terzetts herausragen wird. In der dritten Strophe wird das räumliche Freisein, das Vagabundieren und Verlassen des Hauses auf unbestimmte Zeit, in den Mittelpunkt gerückt, eben jenes Vagabundieren, das wir im Gedicht Juana de Ibarbourous bereits als Merkmal männlichen Lebensstils kennengelernt hatten. Dem Lebensmodell des Jägers wird zugleich mittels eines Vergleichs das Lebensmodell des Eremiten an die Seite gestellt, des unabhängig von jeder Familie lebenden Einsiedlers, der sich selbst ernährt und in größter Bescheidenheit und Freiheit lebt, allein sich selbst verantwortlich.

Diese Freiheit und Unverantwortlichkeit wird dann in der letzten Strophe, im zweiten Terzett, gesteigert, eine Strophe, die zwar durch die Konjunktion „y" an das Vorangehende angeschlossen ist, nicht länger aber an die fremde Rede. Denn jetzt heißt es nicht mehr „Que" oder „Y que": Die Rede wird vielmehr vom weiblichen lyrischen Ich selbst getragen. Das „sólo" könnte in dieser Form oder auch ohne Akzent geschrieben werden, denn das Singen des Vaters alleine in der Wildnis außerhalb seines Zuhauses und unter freiem Himmel entwirft das starke Schlussbild eines Gedichts, in welchem der Vater für die Freiheiten seines Geschlechts und für jene Unabhängigkeit steht, von welcher die Frauen zuhause nur träumen könnten. Denn sie sind an das Haus („la casa") gebunden, während der Mann auf die Jagd („la caza") geht, tut, was ihm Lust verschafft, und unter freiem Himmel, nur sich selbst verantwortlich, schläft.

Im Zentrum des zweiten Terzetts steht wiederum die Kommunikation zum einen mit der Natur, mehr aber noch mit einem unbekannten Adressaten, wobei der Austausch nicht mehr in einer vorsprachlichen Form erfolgt, sondern sich in der Form des Gesangs vollzieht. Dieser einsame Gesang steht der Lyra, steht dem lyrischen Gesang sehr nahe und macht auf Parallelen mit dem weiblichen Ich aufmerksam, die gewiss zunächst nicht in den Blick gerückt wären. Es ist ein einsames Singen, das an diesem Punkt erstmals geographisch verortet wird in den „desiertos sanjuaninos", also in den weiten menschenleeren Trockengebieten um die Provinzhauptstadt San Juan, wo die Familie einst gelebt hatte. Zugleich ist es eine Szenerie der Naturgewalten, in der ein starker, von den Anden kommender Wind sowohl die belebte als auch die unbelebte Natur aufwirbelt und als Partikel durch die glühende Luft schleudert.

Dabei handelt es sich um eine Situation der Grenze, im „desierto", in welchem der Mensch an die Anökumene stößt. Diese Siedlungsgrenze am Rande der

Ökumene, der dauerhaften menschlichen Besiedlung – das macht eine intensivere Beschäftigung mit der argentinischen Literatur klar –, ist im 19. Jahrhundert nicht nur die zur Natur, sondern auch zu anderen nomadisierenden Lebensformen indianischer Kulturen, von denen hier jedoch noch nicht einmal mehr Spuren vorhanden sind. Es ist vielmehr der nomadisierende Weiße, der nun seinerseits die Wüste betritt, um eine außermenschliche Kommunikation zu suchen, zu der es kein direktes Objekt, sondern nur Zeit- und Ortsbestimmungen gibt. Lange vorbei sind die Zeiten, in denen ein Esteban Echeverría in *La Cautiva* die Welt der indigenen Stämme als den Weißen gefährliche Macht besang.

Was das Reimschema bereits andeutete, bestätigt das Gedicht auf seiner semantischen Ebene. Der Vater ist dem lyrischen Ich sicherlich nicht näher gekommen, die Distanz, die vom ersten Vers an bestand, scheint unüberbrückbar: Es ist, als lebte der Vater in einer eigenen Welt, getrennt von Familie und Zuhause. Die Figur des Vaters bleibt distanziert, erscheint als gewalttätig, todbringend, letztlich rätselhaft, unergründlich, durchaus aber nicht hassenswert. Dieser Figur kommen Attribute zu, die für die weibliche Autorin durchaus erstrebenswert waren und die sie in ihrem Leben als Frau, an entsprechende *Gender*-Normen gefesselt, vermisste.

Der Vater ist kein Ausgestoßener, verlässt er doch freiwillig das Haus, zu dem er ja gewiss wieder nach eigenem Gutdünken und Entschluss zurückkehren wird. Und doch ist er der Andere, dem nicht der geordnete Raum des Hauses, sondern die offenen Räume zugeordnet sind und offenstehen. Die Gewalttätigkeit erscheint vor allem im zweiten Quartett beim Töten der Schlange, das sich schon durch die Zischlaute der umgebenden Verse andeutete, welche hier wesentlich häufiger sind als in der vorangegangenen Strophe. Das zischelnde „s" kommt freilich wieder im letzten Vers des ersten Terzetts, in welchem ebenfalls der Tod der Vögel eine Rolle spielt, handelt es sich dabei auch um eine das eigene Leben erhaltende Jagd, in welcher das Tier zum Lebensmittel wird: „Se alimentaba de aves", „Nährt' er sich von Vögeln". In diesem Vers erfolgt das Töten, anders als im Falle der Schlange, nicht aus purer Lust.

Auf der zeitlichen Ebene ist alles distanziert, dominiert das „imperfecto", das in der Zeitenfolge den Vater quasi noch mehr entrückt und die Bewegungslosigkeit der Szenerie wie in einem Gemälde oder mehr noch einem langsam, einem quälend langsam und fast traumatisch ablaufenden Film betont. Die Gestalt des Vaters ist in diesem Gedicht Alfonsina Stornis genau das: unergründlich und traumatisch, unnahbar und unfassbar, und doch irgendwie faszinierend und frei. Kein Weg führt zu ihr, und doch führt auch kein weg von dieser Vaterfigur weg.

Dies wird deutlich, wenn wir auf der kotextuellen Ebene in Stornis Band *Ocre* nach dem innerfamiliären Pendant suchen und auf ein Gedicht stoßen, das der Figur der Mutter gewidmet ist. Erlauben Sie mithin ein zweites Gedicht aus dem für Alfonsina Stornis Entwicklung so wichtigen Gedichtband aus dem Jahr 1925. Auch hier, das wird Sie aus Gründen des Gleichgewichts nicht überraschen, handelt es sich um ein Sonett, das sich dieses Mal aber um die Mutter bemüht:

> Nicht die großen Wahrheiten frag' ich Dich, zumal
> Du sie niemals beantwortest; ich dring nur in Dich,
> Ob, als Du mich trugst, der Mond Zeuge war,
> Spazierend durch dunkle Innenhöfe in Blüte.
>
> Und ob ich, an Deinem Busen lateinischer Inbrunst
> Schlummernd hörte, wie ein raues Meer aus Klängen
> Dich einlullte in den Nächten und Du schautest im Gold
> Der Dämmerung, wie all die Seevögel versanken.
>
> Denn meine Seele ist gänzlich entrückt und reisend,
> Und es umhüllt sie eine Wolke leichten Wahns,
> Wenn der Neumond am bläulichen Himmel aufsteigt.
>
> Und wenn's Meer seine starken Räucherkammern öffnet,
> Wiegend im klingenden Singen der Seeleute,
> Schauen magst die großen Vögel im ziellosen Flug.[6]

In diesem Gedicht finden wir, kontrastiv zur Figur des Vaters, jene der Mutter, aus großer körperlicher Nähe betrachtet. Grammatikalisch zeigt sich dies bereits im ersten Vers, wo das lyrische Ich in unmittelbare Nähe zum „te" als Objekt seiner Frage kommt, also eine direkte Kommunikationssituation herstellt, zu der es mit dem Vater niemals kam. Überdies ist das lyrische Ich eine Frucht dieser Mutter, die es in sich trug, ist deren Kind und fragt nach den Kontexten vor der Geburt, ja nach der Zeugenschaft des Mondes, der zweimal im Sonett auftaucht. Es ist diese Welt der weiblichen Symbole, welche das Sonett gestalten und begleiten. Kein Mann scheint am Zeugungsprozess je beteiligt gewesen zu sein: Alles scheint sich in der Beziehung zwischen Mutter, Ich und Mond („*la* luna", dem weiblichen Mond oder der Möndin) abgespielt zu haben. Dabei ist im ersten Quartett der Raum eng begrenzt: Ein Haus mit seinem Innenhof erscheint, ein Patio, das wohl den Zutritt des Mondes, nicht aber die Öffnung zum Draußen erlaubt. Diese Intimität wird durch die Pflanzenmetaphorik der Blüte („*la* flor") in etwas Organisches gewendet.

Dieser Raum wird im zweiten Quartett noch weiter verengt auf den Körper-Leib der Mutter, an deren Busen und in deren Schoße das Kind ruht und schläft.

---

6 Storni, Alfonsina: Palabra a mi Madre. In Villarino, María de (Hg.): *Alfonsina Storni*, S. 59 f.

Dies ist eine Verbindung zwischen Körper und Körper, die gänzlich andere Beziehungen herstellt zwischen dem weiblichen Ich und der Mutter als zwischen dem Ich und dem fernen Vater im vorigen Sonett. Gerade dadurch, dass Alfonsina Storni beide Sonette aus ihrem Band *Ocre* mit einer Reihe formaler Parallelen ausstattet – so etwa die Übereinstimmung von Strophengrenzen und Satzgrenzen –, treten die Unterschiede zwischen dem Portrait des Vaters und dem Portrait der Mutter kotextuell, also im selben Band, umso deutlicher und schärfer hervor.

Hatte im ersten Quartett der Mond für die notwendige Beleuchtung gesorgt, so wiegt im zweiten Quartett – in ähnlicher Symbolik wie bei Gabriela Mistral – bei wohl nur dunklem Licht das Meer Mutter und Kind in den Schlaf. Allein aus der Perspektive der Mutter erscheint am Horizont und in weiter Entfernung eine andere Welt, die der Meeresvögel, die im Sonnenuntergang sich auf den Weg machen und im Meer versinken. Dieses Bild der Vögel, welche ohne Zielort ihren Flug unternehmen, wird am Ende, im letzten Vers des zweiten Terzetts, wiederkehren und in den engen Bereich der Häuslichkeit der Mutter jene Weite einführen, der sich ihre Tochter, „viajera" in der wichtigen Versendstellung, verpflichtet weiß. Das Meer führt nicht nur die Ebene des Wiegens und Klanges, sondern auch der Weite herbei, welche am Ende des zweiten Quartettes nun zu den Terzetten und damit zu einer anderen Welt überleitet.

Wieder werden – wie bereits erwähnt – die vier Strophen von vier Sätzen gebildet, wenn hier auch die elliptische Struktur fehlt, mit der alles an eine fremde Rede angebunden war. Im Sonett an die Mutter ist es die direkte körperliche Kommunikation zwischen Mutter und Kind, welche Handlung und Semantik vorantreibt. Die große Geborgenheit und schläfrige Ruhe mag schon daran anschaulich werden, dass wir es in beiden Quartetten mit umschlingendem Reim zu tun haben, dass wir also eine größere Statik, eine geringere Unruhe in den beiden ersten Quartetten beobachten können. Insofern erhalten auch die letzten vier Verse des Sonetts nach dem Paarreim des ersten Terzetts eine Situation mehr aufrecht, als dass sie zu ihr zurückkehrten. Das Gedicht strahlt schon auf der formalen Ebene eine große Ruhe aus, welche freilich auf der semantischen Ebene immer wieder mit Verweisen auf die Weite und auf den Gesang der männlichen Seeleute durchbrochen wird.

Freilich führt gerade der Beginn des ersten Terzetts ein starkes Moment der Unruhe ins Feld, welches auf die Tochter, auf das lyrische Ich, bezogen ist. Denn diese Tochter ist „fantástica" und „viajera", von einer „nube de locura ligera" umhüllt: Sie fahndet nach jenen Elementen wie Mond, Meer und Weite, nach dem Flug der Vögel und dem Gesang der Seeleute, welche sie bereits im Bauch der Mutter verändert und auf eine Welt fernab der Bezogenheit auf die Innenhöfe und das Haus orientiert haben könnten. Die Reisen, aber auch der Wahnsinn klopfen an die Türe der innerlichen Häuslichkeit: Eine Welt des Fantastischen, der Entrückung und der Fantasie blitzen in Alfonsina Stornis Sonett auf.

Insofern durchbrechen die Terzette in gewisser Weise die Ruhe und Abgeschlossenheit der beiden Quartette, welche die Exposition lieferten, denen nun die etwas beunruhigende Durchführung folgt. Es geht um die Seele des lyrischen Ich, welche sich den ruhigen und intimen, für Frauen in der damaligen Gesellschaft als adäquat erachteten Bereichen entzieht und buchstäblich das Weite sucht. Woher aber rührt dieser leichte Wahnsinn, diese – um es mit einem anderen Wort zu sagen – Entrückung? Woher rührt dieses unbedingte Suchen nach Bewegung, nach einer Mobilität ohne eigentliches Ziel?

In beiden Attributen können wir schon jetzt – obwohl das Gedicht kotextuell jenem an den Vater gerichteten Sonett vorausgeht – Elemente der rastlosen, am Draußen ausgerichteten und oft unter freiem Himmel lebenden Vaterfigur erkennen. Das zweite Terzett, das mit den Räucherpfannen oder -kammern des Meeres beginnt, setzt wie im Gedicht über den Vater mit der Konjunktion „y" ein, ist aber erneut ganz dem eigenen Ich gewidmet, so dass deutlich die Gewichte von der Mutter zum Ich in den Terzetten verschoben werden. In viel stärkerem Maße als im Gedicht an den Vater ist im Gedicht an die Mutter vom weiblichen Ich, von der Tochter, Die Rede. Die Identifikation mit und Abgrenzung von der Mutter sorgt für eine wesentlich stärkere Präsenz des weiblichen Ich.

Erneut taucht im Sonett an die Mutter ein Singen auf, ein Singen von Männerstimmen, welche freilich als Seeleute dem Meer verpflichtet sind; und erneut sind hier ebenfalls die Vögel präsent, die freilich nicht zum Jagdgegenstand des Vaters werden, sondern Objekte der sehnsüchtigen Blicke des lyrischen Ich sind, die in ihnen „aves que pasan sin destino", ziellose Vögel, zu erkennen glauben. So entwickelt sich das Gedicht von einer sehr eingeengten Räumlichkeit und Zeitlichkeit zu einer absoluten Offenheit, in welcher sowohl die Räume als auch die Träume, die Zeiten und insbesondere die Zukunft, das Schicksal, offen sind.

Gewiss sind es nicht zuletzt autobiographische Elemente, die etwa in den „fervores latinos" auf die europäische Herkunft der Mutter, aber auch der eigenen Geburt in der italienischen Schweiz anspielen. Das väterliche Element ist nahezu abwesend, wären hier nicht die Gesänge der Seeleute, der Männer, die an den Vater zumindest kotextuell erinnern und dessen Singen unter dem Himmel beschwören. Sicherlich war auch die Mutter im Gedicht an den Vater abwesend. Doch sind es im Sonett an die Mutter die Attribute des Vaters, des Mannes, die auf das lyrische Ich übergehen, das von jenen großen Fragen gequält wird, von jener Entgrenzung der „locura", von der es schon im allerersten Vers des Gedichts weiß, dass die Mutter darauf keine Antworten geben kann. So bleibt der unhörbare Dialog mit dem Vater, der stets ferne ist, dessen Gestalt nicht erscheint und dessen Figur – so glaubt man zumindest in der kotextuellen Lektüre zu erkennen – dennoch allgegenwärtig ist; und sei es als Frage, als Freiheit oder als Fantasie in der Wolke leichten Wahnsinns.

Ich kann nur schwer der Versuchung widerstehen, Ihnen nun auch noch ein drittes Gedicht, und zwar das Eröffnungsgedicht des Bandes *Ocre*, im Rahmen unserer Vorlesung vorzustellen. Es trägt den Titel *Humildad*, also die lateinische „humilitas", und es ist auch in einer noch genauer zu ergründenden Weise einer Vatergestalt gewidmet. Erneut handelt es sich um ein Sonett, und so will ich es beim Zitat einiger weniger Verse belassen, um Alfonsina Storni auch in anderen Gedichtformen zu präsentieren. Die ersten beiden Verse des Sonetts lauten: „Yo he sido aquella que paseó orgullosa / El oro falso de unas cuantas rimas" – „Ich bin die, die einst stolz / Durch's falsche Gold einiger Verse". Das liest sich aus heutiger Perspektive reichlich beliebig, fehlt uns heute doch der literaturgeschichtliche Hintergrund, auf den sich diese Verse beziehen. Was können wir zur Aufklärung dieses Sachverhalts beitragen?

Nun, für die damaligen Leserinnen und Leser konnte nicht der geringste Zweifel bestehen: Dieses Sonett *Humildad* thematisierte nicht nur eine ästhetische Wende im Schaffen der Alfonsina Storni. Zugleich wurde auf eine weitere ästhetische Wende im Schaffen eines großen Dichters angespielt, dessen Eingangsvers in den *Cantos de vida y esperanza* lautete: „Yo soy aquel que ayer no más decía / El verso azul y la canción profana / En cuya noche un ruiseñor había / Que era alondra de luz por la mañana."

Gerade einmal zwanzig Jahre war es her, dass diese großen Verse im Jahr 1905 eine Art Selbstabrechnung und Affirmation des eigenen lyrischen Ich im Schaffen des großen Nikaraguaners Rubén Darío signalisierten und einen der wichtigen Wendepunkte innerhalb der modernistischen Ästhetik mit sich brachten. 1925 griff Alfonsina Storni auf diese einem lateinamerikanischen Lesepublikum altbekannten Verse zurück, um wesentlich ‚humilder' auf ihre eigene Entwicklung einzugehen, Selbstüberschätzungen vorzubeugen, aber auch dem modernistischen Übervater Rubén Darío eine Absage zu erteilen und ihrer eigenen weiblichen Subjektivität gerade an dieser Stelle ein kleines literarisches Denkmal zu setzen. Auch hieran erkennen wir: Für die Generation schreibender Frauen, für die Lyrikerinnen der ersten Hälfte unseres Jahrhunderts war der hispanoamerikanische Modernismo keineswegs eine tote, zur Literaturgeschichte gewordene Bewegung, sondern noch immer Herausforderung und Stachel innerhalb dessen, was wir mit *postmodernistischer* Lyrik meinen. Denn gegenüber Darío bedeuteten diese Verse keinen avantgardistischen Bruch, sondern Selbstaffirmation als lateinamerikanische Dichterin, die in einer nachdarianischen Zeit – Rubén Darío war 1916 verstorben – neue Perspektiven für den Modernismo im Postmodernismo eröffnete.

Lassen Sie uns ein letztes Mal zum Thema des Vaters zurückkehren mit einem weiteren Gedicht aus dem gerade für die postmodernistische Dichtung so wichtigen Gedichtband *Ocre*: der *Romance de la Venganza*! Ich kann dieses Gedicht hier freilich nur in Teilen wiedergeben. Es knüpft überdeutlich an das Bild des Vaters an, wie es in *De mi padre se cuenta* entwickelt wurde und darf daher nicht ganz aus unserer Betrachtung Alfonsina Stornis verschwinden:

> Hochgewachsner und so schöner Jäger,
> Auf der Erde gibt's nicht zwei,
> Ging zur Jagd am Nachmittage,
> In den Bergen unseres Herrn.
> [...]
> Da er kehrt zurück, so sang er
> Sanft und sacht mit leisem Ton,
> Von dem Baum herab verschlungen
> Blickt' ihn eine Schlange an.
>
> All die Vögel wollt' sie rächen,
> Doch der Jäger gewaltig war,
> Mit der Kling' aus festem Stahle
> Hieb er der Schlange ab den Kopf.
>
> Doch geduldig auf ihn wartete
> Ich, ganz wenige Schritte weg ...
> Fesselt' ihn mit meiner Haarpracht
> Und beherrschte seine Wut.
> [...]
> Nicht mit Waffen ich ihn getötet,
> Sucht' ich doch 'nen schlimmern Tod:
> So küsst' ich ihn so süß und sachte,
> Dass sein Herz ich bersten ließ!
> [...][7]

Wir erkennen in diesem Gedicht ohne größere Schwierigkeiten – und Eyda Machin[8] hat dies in ihrem Aufsatz bereits getan – die übereinstimmenden Elemente, die bei den offensichtlichen Lexemrekurrenzen und symbolhaften Menschen- und Tiergestalten beginnen, zugleich aber eine andere Inszenierungsart und einen anderen Handlungsablauf aufweisen. Denn in diesem Gedicht, das im selben Gedichtband kotextuelle Bezüge zu ihrem dem Vater gewidmeten Sonett aufweist, kommt als zusätzliche Kommunikationsebene die zwischen Mensch

---

7 Storni, Alfonsina: Romance de la Venganza. In Bast Glas, Cristina / Cardona, Francesc (Hg.): *Alfonsina Storni. Antalogía poética*. Barcelona: Ediciones Brontes 2014, S. 116 f.
8 Vgl. Machin, Eyda: La mujer y la escritura: Juana de Ibarbourou y Alfonsina Storni. In: Heydenreich, Titus (Hg.): *Der Umgang mit dem Fremden*. München: Fink 1986, S. 65–90.

und Mensch, zwischen Jäger und Mädchen, zwischen Mann und Frau hinzu. Ja es geht noch weit darüber hinaus: Der schöne Jäger, der die Tiere tötet, wird selbst zum Gejagten, zum Opfer der Frau. Denn sie verwendet die Waffen einer Frau, denen er nichts entgegenzusetzen hat.

In diesem Gedicht ist die Distanz, welche die Beziehungen im Sonett noch charakterisierte, überbrückt und zugleich die Grausamkeit in das lyrische Ich übernommen: Die junge Frau mit ihren langen Haaren übt Rache, süße Rache an diesem Mann. Im Gedicht wird nicht klar, wofür sie Rache übt – die Schlange hätte Gründe gehabt, die Tiere zu rächen – aber die Frau? Die Rache erfolgt nicht aus der Position der Tochter, sondern aus jener der liebenden Frau, ja der Geliebten, die ihren Liebespartner gleichzeitig hasst und einer grausamen Tötungsart unterzieht. Dem Einfangen des Mannes folgt die Zerstörung von innen, die Zersprengung seines Herzens, gegen die er sich nicht zu wehren vermag.

Es ist ohne Zweifel leicht möglich, diese Deutungsart autobiographisch zu untermauern und psychoanalytisch zu interpretieren: Die Obsession der längst verstorbenen Vaterfigur ist in den Gedichten Alfonsina Stornis so überdeutlich, dass sich in der Tat ein „Mythe Personnel" (im Sinne des französischen Literaturtheoretikers, Psychoanalytikers und Dichters Charles Mauron[9]) im Kontext eines ganzen Netzwerks von Obsessionen und wiederkehrenden traumatischen Situationen ausmachen lässt. Ich kann Ihnen diese These leider nicht im Rahmen unserer Vorlesung belegen, müsste ich doch noch weitere Gedichte und auch die essayistische Produktion von Alfonsina Storni vorführen, wozu uns leider der Platz fehlt. Aber welche prägende Bedeutung der schöne Vater und Jäger im Werk wie im Denken der argentinischen Dichterin besitzt, haben Sie sicherlich anhand der angeführten Gedichte ermessen können.

Allerdings scheint mir die ästhetische Dimension nicht weniger wichtig zu sein, greift Alfonsina Storni in diesem Gedicht doch nicht auf die Form des Sonetts zurück, sondern auf den *Romance*, eine traditionelle Form des populären Achtsilbers, den auch die Modernisten sehr gerne in ihrer lyrischen Produktion benutzten, unter ihnen vor allem José Martí, der es hierin zu einer unbestrittenen Meisterschaft brachte. Damit greift Storni auf eine fruchtbare Traditionslinie zurück, die nicht nach Frankreich (wie bei Rubén Darío), sondern nach Spanien führt und eine ganze Filiation hispanoamerikanischer Lyrik begründete. Diese populäre Form hatte gerade im letzten Drittel des 19. Jahrhunderts die höheren ästhetischen Weihen erhalten und neue Anwendungsformen dichterischer Praxis gefunden.

---

9 Vgl. Mauron, Charles: *Des Métaphores obsédantes au Mythe Personnel.* Paris: José Corti 1995.

Mit ihrem Rückgriff auf eine aus der Volkslyrik stammende Form, die von den Modernisten in der Tradition Martís und seiner *Versos sencillos* aufgewertet wurde, bezieht sich Alfonsina Storni auf eine Filiation, welche sich dem überladenen Zwang modernistischer Schreibweisen in der Nachfolge Daríos zu entziehen suchte. Zugleich transponierte sie aber das Geschehen in eine Welt mythischer Schlichtheit, Einfachheit und Einheit, welche die mittlerweile überwundene Distanz zum Vater und die Preisgabe ihrer Liebe in einem gegenläufigen Verfahren mit gewollter Brutalität wieder in das Reich von Fabeln und Legenden verbannte. Die Spur der Arbeit an dieser obsessiven Konstellation ist überdeutlich und leicht an den auffälligen Lexem-Rekurrenzen erkennbar.

Sicherlich ließe sich dieses Gedicht auch autobiographisch auf die unglückliche Liebesbeziehung zu einem hochgestellten, um vierundzwanzig Jahre älteren Mann in Santa Fé beziehen, eine Verbindung, welche die junge Alfonsina Storni niemals öffentlich machen konnte und die sie teuer bezahlen musste. Die herrschenden Geschlechterverhältnisse trafen sie mit voller Wucht, eine befriedigende Lösung konnte nicht gefunden werden: Sie wurde ein Opfer der geschlechterspezifischen Ungleichheiten.

Doch längst war sie zu einer ausdrucksstarken Lyrikerin geworden, die viel von diesem Mann, viel aber auch von ihrer schreibenden Mutter übernommen hatte, mit der sie 1905, also im Alter von dreizehn Jahren, zum ersten Mal bei einer Lesung öffentlich aufgetreten war. Auf keinen Fall aber wollte Alfonsina die Rolle ihrer Mutter übernehmen, die nach ihrer Ansicht niemals ihre Freiheit hatte finden und durchsetzen können. Die Tochter indes besaß genügend Durchsetzungsvermögen, um ihren Weg auch alleine gehen zu können. Die frühen Gedichte der Storni geben darüber Auskunft, wie schwer es ihr fiel, sich von der traditionellen Frauenrolle loszusagen und diesen ganz eigenen Weg in den Feminismus als Schriftstellerin zu finden.

Alfonsina Storni besaß den Mut, im damaligen Argentinien eine alleinerziehende Mutter zu sein *und* sich ihrem immer stärker positionierenden Schreiben zu widmen. Sie entwickelte in der Folge eine Reihe politischer Aktivitäten, die sie als klare Feministin präsentieren. 1910 wurde sie Mitglied im „Comité Feminista de Santa Fé" und schließlich auch dessen Vizepräsidentin. In einer Veränderung der dominanten Gesetzeslage erblickte sie die Grundlage für die Gleichstellung der Frauen in Gesellschaft und Alltagsleben. Macht sich, so Eyda Machín kritisch, bisweilen auch ein gewisser Fatalismus bei ihr breit bezüglich einer Ankettung der Frauen durch ihr Geschlecht,[10] so sind doch immer wieder

---

10 Vgl. Machin, Eyda: La mujer y la escritura: Juana de Ibarbourou y Alfonsina Storni. In: Heydenreich, Titus (Hg.): *Der Umgang mit dem Fremden*. München: Fink 1986, S. 65–90.

Kampf und Engagement der Storni überzeugend und bewundernswert. Durch dieses Engagement wurde sie zu einer Frauenfigur, die noch heute für viele Modellcharakter besitzt.

Ich möchte daher mit einem Gedicht unsere Beschäftigung mit der argentinischen Lyrikerin beenden, in welchem schon früh dieser Mut und Kampfeswille zum Ausdruck kam. Es handelt sich um ein dem Gedichtband *El Dulce Daño* entnommenes Poem, das in einem gewissen Gegensatz zu den Liebesgedichten dieser Sammlung von 1918 steht – eine Sammlung, die also ein Jahr vor Juana de Ibarbourous *Las lenguas de diamante* und César Vallejos *Los heraldos negros* erschien:

Du willst mich hell,
Willst mich aus Schaum,
Willst mich aus Perlmutt.
Dass ich weiß wie die Lilie
Über alle, und keusch.
Mit feinem Duft.
Geschlossne Blumenkrone.

Kein Strahl des Mondes
Dürft' mich berühren.
Keine einzge Margerite
Sage mir Schwester.
Du willst mich Schnee,
Du willst mich weiß,
Du willst mich hell.

Du, der Du alle
Kelch' in Deiner Hand,
Von Früchten und Honig
Die Lippen blutrot,
Du, beim Bankett
Mit Weintrieben bedeckt
Die Fleischstücke lässt,
Deinen Bacchus ehrst,
Du, der Du in den schwarzen
Gärten der Täuschung
Ganz in Rot gehüllt
Zur Verwüstung ranntest.
Du, der Du das Skelett
Intakt noch bewahrest,
Noch weiß ich's nicht
Durch welche Mirakel,
Du forderst mich weiß,
(Gott mag's Dir vergeben)

Du forderst mich keusch,
(Gott mag's Dir vergeben)
Du forderst mich hell!

Flieh hin zu den Wäldern;
Verschwind' in die Berge,
Putz Dir den Mund ab;
Leb' in den Hütten;
Berühr' mit den Händen
Die durchnässte Erde;
Nähr' Deinen Körper
Mit bitteren Wurzeln;
Trink aus den Felsen;
Schlaf auf dem Frost;
Erneuer die Gewebe
Mit Schwefel und Wasser;
Sprich mit den Vögeln
Und wach' in Morgenhelle.

Und wenn Dein Fleisch
Dir sei genommen,
Und wenn Du darauf
Gesetzt die Seele,
Die in den Betten
Sich so sehr verheddert,
Dann, guter Mann,
Fordere' mich weiß,
Fordere mich Schnee,
Fordere mich keusch.[11]

Auch dieses Gedicht von Alfonsina Storni ist von einer im Vergleich mit der modernistischen Lyrik der Rubén Darío-Epigonen so überraschenden, ja schockierenden Einfachheit, dass es fast etwas schwer fällt, es einer längeren, eingehenderen Interpretation zu unterziehen. Zu deutlich sind die Partner voneinander abgegrenzt, zu klar werden die Geschlechterunterschiede benannt, zu erkennbar haben wir es mit Männer- und Frauenrollen zu tun, zu scharf wird in der Figur des Mannes die Doppelbödigkeit der zeitgenössischen Geschlechterkonstruktionen sichtbar. Sie erlauben dem Mann in der Gesellschaft alle Arten von Festen und Ausschweifungen, fesseln die Frau aber an ganz bestimmte enge Normen bezüglich Schönheit, sexueller Disponibilität und seelischer Vereinsamung.

---

11 Storni, Alfonsina: Tú me quieres blanca. In Bast Glas, Cristina / Cardona, Francesc (Hg.): *Alfonsina Storni. Antalogía poética*, S. 63 f.

Gleichzeitig wird der Stolz des weiblichen Ich fühlbar, das dem Mann und dessen Anspruchsverständnis in offener Herausforderung entschlossen entgegentritt.

Derlei Konstruktionen und Ansprüche von männlicher, patriarchalischer Seite werden in diesem Gedicht mit eindeutiger Geste zurückgewiesen in einer literarischen Form, die sich zweifellos wegen ihrer Einfachheit und Schlichtheit auch für publizistische Zwecke und für den Gesang, für die musikalische Vertonung eignet. Tatsächlich sind eine ganze Reihe von Gedichten Alfonsina Stornis in die Geschichte der lateinamerikanischen „Canción" eingegangen.

Die Frau wird zu Beginn des Gedichts durchgängig in Außensicht, als eine rein patriarchalische Konstruktion der Männergesellschaft mit ihren Ansprüchen und Forderungen gesehen, die gleichsam als Modell aus der Hand ‚ihres' Mannes präsentiert wird. Dieser aber wird zunehmend seines Diskurses entmachtet, ja schließlich einem Reinigungsprozess unterworfen, welcher – so scheint mir – seinerseits nicht unproblematisch ist. Denn die im weiteren Verlauf des Gedichts, bis kurz vor Schluss, angelegten Kriterien sind in der Tat eines Einsiedlers und Eremiten würdig: Eine Isotopie christlicher Religiosität wird in Fortsetzung der uns bereits bekannten Lexik aufgerufen, die verschiedentlich anhand symbolischer Handlungen im Gedicht benannt wird. Der Mann möge sich erst einmal selbst reinigen und zurücknehmen, bevor er die Frau mit seinen geschlechterspezifischen Ansprüchen – die wir als phallogozentrisch bezeichnen dürfen – konfrontiert. Nicht umsonst wird Gott angerufen zur Verzeihung der Prätentionen des Mannes, nicht umsonst entspringen die an die Frau herangetragenen Wertvorstellungen und Normen einer christlich-patriarchalischen Tradition, gegen die sich das lyrische Ich stemmt; und nicht umsonst behält die Stimme des weiblichen Ich klar die Oberhand, als es den Mann ins Gebirge oder in die Wüste schickt. Dass eine derartige Lyrik anders als die der Juana de Ibarbourou – die durchaus bestimmte feministische Forderungen wie die nach Rechtsgleichheit mittrug – dem männlichen Lesepublikum weniger gefiel, mag man verstehen können.

Wir finden im Gedicht *Tú me quieres blanca* jene Symbole wieder, die wir nun schon mehrfach in der Lyrik Alfonsina Stornis ausgemacht hatten. So taucht etwa der Mond auf, der hier gleichsam ausgesperrt werden soll; oder wir sehen Wälder und Berge, in die der Mann aufbrechen muss; wir erkennen die einfachen Hütten, aber auch die Einsamkeit und den feuchten Boden, Attribute, die dem Bild des Vaters als Jäger nicht fern sind, wie wir dies im ersten Gedicht über den Vater nachgezeichnet hatten. Und auch die Vögel dürfen nicht fehlen, welche nicht getötet werden, sondern mit denen eine nicht mehr nur vorsprachliche Kommunikation gleichsam in franziskanischer Manier aufgebaut werden soll. Auf diese Weise erscheint ein positives, gereinigtes Bild des Vaters, dem das männliche Pendant nachzueifern hat, um überhaupt einem Manns-Bild zu entsprechen, welches das weibliche Ich mit Ansprüchen konfrontieren dürfte. Es ist schon erstaunlich, wie präsent immer wieder die ambivalente Figur des Vaters in vielen Gedichten erscheint.

Zweifellos gehört dieses Gedicht nicht zu den ästhetisch gelungensten der argentinischen Dichterin; und zweifellos lässt sich an ihm auch nicht jene komplexe Reflexion der eigenen Rolle als Frau und Lyrikerin aufweisen, wie dies in anderen Gedichten bei voller Polysemie möglich war. Doch *Tú me quieres blanca* wirkt durch seine ungeheure Kraft und Entschlossenheit, mit der es dem patriarchalischen Diskurs offen zu Leibe rückt und die Männerrollen auf ihre Doppelbödigkeit hin analysiert. Es wird, in dieser so einfachen Form, die Problematik jener Geschlechterkonstruktionen deutlich, die keineswegs nur die Frau als Modell-Objekt des Mannes, sondern auch den Mann als ein Objekt der Frau darstellt. Denn in den Forderungen des weiblichen Ich ist ebenfalls ein Männerideal verborgen, das sehr wohl als Anspruch an den Mann ausformuliert wird. Dem Frauen-Bild des Mannes wird ein Männer-Bild der Frau gegenübergestellt.

Dabei ist klar, dass diese Umkehrung letztlich kein Umsturz und keine Verwirrung der Geschlechter, sondern lediglich eine Umkehrung und Umpolung ist, welche die Pole als solche beibehält, ja sogar zu stützen vermag. Von dieser Position aus ist es noch ein weiter Weg zu jenen Aussagen, die wir zu Beginn unserer Beschäftigung mit Alfonsina Storni festgehalten hatten. Es wäre daher verfehlt, in der argentinischen Dichterin lediglich die Feministin zu erblicken, jene Frau, die eine klare Trennlinie zwischen Mann und Frau zog und mit guten Gründen auf der politischen und juristischen Gleichstellung ihrer Geschlechtsgenossinnen beharrte.

Wieviel komplexer die lyrische Welt der Alfonsina Storni ist, haben unsere vorgängigen Gedichtinterpretationen gezeigt. Und doch ist es dieser literarische Bewusstwerdungsprozess, der bis heute das ästhetische wie soziale Vermächtnis der Storni nicht nur wachgehalten hat, sondern noch immer weiter verstärkt. Alfonsina Storni ist damit nicht jenem Vergessen anheimgefallen, das sie sich selbst prophezeite in ihrem bereits anzitierten Eingangsgedicht von *Ocre*, das mit den folgenden Versen endet: „De un cansado soplido / Me aventará al olvido" („Von einem ermüdeten Wehen / Fächelt mir Luft zu das Vergessen").

Diesem Vergessen ist Alfonsina Stornis Leben und Schaffen nicht überantwortet worden. Allerdings wäre es nötig, die Interpretation ihrer postmodernistischen Lyrik weniger eng an der autobiographischen Gängelrute zu halten. Dann könnten wir die ersten beiden Verse ihres Gedichtbandes *El Dulce Daño* einlösen, das den (wie oft bei der Storni) selbstaffirmativen Titel *Así* (*So*) trägt: „Hice el libro así: / Gimiendo, llorando, soñando, ay de mí" („So machte ich das Buch: / Stöhnend, weinend, träumend, weh mir").

Diese Suche nach Unmittelbarkeit, dieses Betonen des Eigenen, des Nicht-Übernommenen, erinnert stark an die Verse José Martís, der ebenfalls auf dem

So-Sein seiner Gedichte und Verse beharrte: „a nadie los pedí prestados" („Von niemandem wollte ich sie mir leihen"). Die weibliche Lyrik des Postmodernismo verdankt dem Schaffen des unermüdlichen Kubaners von Gabriela Mistral über Juana de Ibarbourou bis hin zu Alfonsina Storni gewiss sehr viel, entfaltete aber einen Ton, einen Klang der Authentizität und der Überzeugung, wie er innerhalb der Literaturentwicklung der lateinamerikanischen Länder unerhört und höchst eigenständig war. Es ist eine Lyrik, deren Ausstrahlung bis weit in unsere Gegenwart weist und eine literarische Tradition begründet, welche nicht allein die zeitgenössischen Lyrikerinnen in spanischer Sprache bis heute fasziniert.

Diesseits und jenseits der sanften Apokalypse

Ich möchte noch einmal auf Maurice Blanchots Buch *Le livre à venir* zurückkommen, das übrigens in der deutschen Übersetzung den Titel *Der Gesang der Sirenen* trägt. Es führt uns in Blanchots Heimatland in die Zeit nach der „Libération", in der Frankreich mit größter Energie versuchte, seine Rolle als „exception culturelle" wiederzugewinnen, kulturpolitische und vor allem literarisch-philosophische Bemühungen, die im Übrigen bis in das Jahr 1980 erfolgreich waren.

So war die Zeit nach der Befreiung von der Occupation und dem Sieg über Nazideutschland nicht nur eine Epoche ausgelassener Freude über die wiedergewonnene Freiheit, sondern auch eine Zeit des Aufbruchs und des Suchens nach neuen Wegen. Dies galt auch für einen jungen Mann namens Roland Barthes, der in der Zeit nach dem Krieg, den er, an Tuberkulose erkrankt, vor allem in verschiedensten Sanatorien verbracht hatte, mühsam versuchte, sich als Lektor und mit allerlei kurzfristigen Anstellungen über Wasser zu halten. Sein Erstlingswerk *Le degré zéro de l'écriture* war 1953, kurze Zeit also vor Blanchots Buch, erschienen und markierte eine Schreibweise des Nullpunkts, die nicht mit der damaligen bundesdeutschen „Literatur der Stunde Null" verwechselt werden darf.

Es ist für eine Analyse dieser Epoche aufschlussreich, dass sich Maurice Blanchot, der seit einigen Jahrzehnten – zumindest in bestimmten Theoriekreisen Frankreichs (und auch darüber hinaus) – wieder in Mode gekommen ist und für den man sich als großen Intellektuellen mit Gespür für die Entwicklungen seiner Zeit wieder zu interessieren scheint, in *Le livre à venir* bereits für Barthes' kleinen Band interessierte. Blanchot bezeichnete im letzten Teil seines 1959 erstmals veröffentlichten Buches unter dem Titel „Wohin geht die Literatur" Roland Barthes' *Le Degré zéro de l'écriture* als „eines jener seltenen Bücher, in denen die Zukunft der Literatur sich abzeichnet".[1]

Vor diesem Hintergrund mag es nicht verwundern, dass sich gegen Ende von Blanchots Buch eine Zukunftsperspektive abzeichnete, welche von einem gegenwärtigen Zustand der Verwirrung gekennzeichnet sei, einer Verwirrung, wie sie Roland Barthes achtzehn Jahre später literarhistorisch rückblickend in seiner *Leçon*, seiner berühmten Antrittsvorlesung am Collège de France, festhalten sollte. Schauen wir uns die Schlusspassage dieses letzten Teils von Blanchots umfangreichem Band einmal näher an! Dabei möchte ich Ihnen eine Übersetzung ins Deutsche aus dem *Gesang der Sirenen* anbieten, die Sie bitte mit dem

---

1 Blanchot, Maurice: *Der Gesang der Sirenen*. München: C. Hanser, S. 279.

Original vergleichen und als Beispiel für so viele Missverständnisse im deutsch-französischen Theoriedialog verstehen mögen:

> Zu einer derartigen Verwechslung kommt es nicht zufällig. Das außergewöhnliche Durch-einander, dem es zu danken ist, dass der Schriftsteller veröffentlicht, ehe er schreibt, dass das Publikum formt und weitergibt, was es nicht versteht, dass der Kritiker beurteilt und definiert, was er nicht liest, dass schließlich der Leser lesen muss, was noch gar nicht geschrieben ist – diese Bewegung, die jedes Mal vorwegnehmend alle die verschiedenen Bildungsphasen eines Werkes zusammenwirft, versammelt diese auch in der Suche nach einer neuen Einheit. Daher die Fülle und das Elend, der Stolz und die Demut, die äußerste Verbreitung und die extreme Einsamkeit unseres literarischen Schaffens, dem wenigs-tens das Verdienst zuzusprechen ist, dass es weder nach Kraft noch nach Herrlichkeit ver-langt.[2]

Die Einsicht von Maurice Blanchot, dass literarisches Schaffen weder an Macht noch an persönlichem Ruhm ausgerichtet sein dürfe, sollte eine ganze Reihe nicht allein französischer Denker der zweiten Hälfte des 20. Jahrhunderts prägen. Es ist, so sei hier eingefügt, für unsere Überlegungen nicht ganz nebensächlich, dass nach dem Zweiten Weltkrieg und der Libération jene Referenzbände oder diskurs-begründenden Bücher gewechselt haben, die nach Ende der deutschen Beset-zung die Diskussionen im Bereich von Ästhetik und Literatur prägten. Für lange Zeit war es Sartres berühmte Frage, Was denn Literatur sei, und mit ihr sein 1948 erstmals veröffentlichtes Buch *Qu'est-ce que la littérature*, das die Diskussionen weitgehend bestimmte und die Frage des politischen Engagements des Schrift-stellers zentral stellte. Längst entwickelten sich hierzu alternative Konzepte und Verständnisweisen von Literatur und Gesellschaft sowie der Verbindungen zwi-schen beiden; doch blieben diese in den ersten Jahrzehnten nach dem Krieg im Hintergrund der spektakulären Debatten um den „écrivain engagé" und entfalte-ten sich zunächst nur als einflussreiche Unterströmung.

Ein halbes Jahrhundert später wurde Sartres Literaturentwurf in *Qu'est-ce que la littérature?* überwiegend nur noch mit Blick auf seine Fragen nach dem aktiven Leser diskutiert, nach aktiven Formen der Rezeption und in den Kontext einer Fra-gestellung einbezogen, die bereits in Maurice Blanchots *Le livre à venir* aufgewor-fen worden war: derjenigen nach dem Tod des Autors.[3] Es mag sie überraschen, aber dies war in der Tat eine der zentralen Fragen in den Theoriedebatten der zweiten Hälfte des vergangenen Jahrhunderts. Die Wiederentdeckung Blanchots

---

2 Blanchot, Maurice: *Le livre à venir*. Paris: Gallimard 1959, S. 340.
3 Vgl. das Kapitel „Tod des letzten Schriftstellers" in Blanchots *Der Gesang der Sirenen*, S. 295–302.

und das lange ‚Vergessen' Sartres, dessen „purgatoire" oder „Fegefeuer" auch vier Jahrzehnten nach seinem Tod noch immer nicht beendet ist, bilden ebenfalls wichtige Hinweise auf grundlegende Veränderungen im literarischen und philosophischen Feld, die weit über Frankreichs Grenzen hinaus abstrahlten.

Dies alles waren wichtige Veränderungen und Umbesetzungen, welche auf der Ebene diskursiver Entwicklungen seit den sechziger Jahren und damit dem Ende der Hegemonie Sartres im literarischen und philosophischen Feld zusammen mit der neu erwachten Orientierung, dem neuen Interesse an den frühen Schriften Maurice Blanchots jene grundsätzliche Neuausrichtung einläuteten, die sich zwischen Moderne und Postmoderne situierte. Zuvor hatte Blanchot als ein Denker und Schriftsteller gegolten, der im Gegensatz zu Sartre nicht dazu in der Lage gewesen sei, Systeme zu bilden und systembildend zu wirken. Doch so schnell verändern sich die Zeiten. Derlei Qualitäten, wie sie Sartre zugesprochen worden waren, werden in Zeiten und im Zeichen der Postmoderne nicht mehr allzu sehr goutiert.

Was in der soeben angeführten Passage Blanchots dargestellt wurde, war nicht nur eine Konfusion, eine Verwirrung, sondern eine Deregulierung aller Mechanismen des Literaturbetriebs. Und zugleich – und für unsere Fragestellung vor allem – der Ausblick auf eine Literatur, die weder nach (politischer) Macht noch nach (literarischem) Ruhm strebe. Für beides hatten Philosophie wie Literatur Jean-Paul Sartres durchaus gestanden. Damit waren wesentliche Punkte einer Diskussion benannt, die sich – sicherlich nicht nur in Zeiten der Postmoderne – zum einen um die Frage der Macht drehte, also jener Verbindung von Schriftsteller beziehungsweise Intellektuellem und „pouvoir", dem Roland Barthes in seiner Antrittsvorlesung am Collège de France eine klare Absage erteilte. Denn für ihn war dieses Collège als der höchste und prestigeträchtigste Ort von Wissenschaft im damaligen Frankreich gerade jener Raum, der sich für ihn wunderbarerweise ‚außerhalb der Macht' befand.

Der zweite Bereich war jener des Ruhmes, der „gloire", also jenes hohe Prestige des „Großen Schriftstellers", des „Grand écrivain", an dessen Figur sich die Nouvelle Critique zu stören und ebenso zu reiben begann wie an der Kategorie des Werkes, des „Œuvre" und zumal des „Chef-d'œuvre", des Meisterwerks. Begriffe und Kategorien, welche ein Barthes zusammen mit der Kategorie des Autors der Vergangenheit überantwortete. Es sollte ein für alle Mal Schluss sein mit den großen Schriftstellern und ihrem buchstäblich erlesenen Prestige und unvergänglichen Nachruhm. Es ist bei unserem kurzgefassten Rückblick sehr spannend zu sehen, wie die Frage nach dem Tod des Schriftstellers bei Maurice Blanchot, gewiss mit einer Menge an zeitgenössischem Theoriehintergrund, geradezu hausbacken daherkam, aber spätestens seit den ausgehenden sechziger Jahren erheblich an Fahrt aufnahm. In der vierten Phase beschleunigter Globalisierung und folglich im Kontext neuer elektronischer Medien und eines global vernetzten und ausgeweiteten literarischen Marktes mussten derlei Fragestellungen jedoch eine Brisanz erhalten, die man ihnen zu Beginn der Diskussion keineswegs zugetraut hätte.

Die Rede vom Ende der Literatur, welche keineswegs zu verwechseln ist mit der Rede vom Ende des Romans, öffnete sich rasch zu einer Rede vom Ende ihres Subjekts, des Autors und mehr noch des Subjekts aller Subjektphilosophie, des Menschen selbst. Denn immer deutlicher wurde herausgestellt, dass der Mensch keine Essenz, sondern eine Konstruktion sei, die in einer bestimmten Kultur – und keineswegs in allen Kulturen – zu einem bestimmten Zeitpunkt erfunden wurde und daher auch ein Ende, eine Art Verfallsdatum haben müsste. Schnell also weiteten sich in der zeitgenössischen Philosophie die „enjeux" und die Kernfragen aus, befeuert aber – und darauf lege ich größten Wert – von den entscheidenden Anregungen und Ausformungen im Bereich der Fiktion, im Bereich der entstehenden Literaturen der Welt, welche ein Denken formulierten, das mit einer deutlichen zeitlichen Verzögerung in der ‚westlichen' Philosophie ankam. Auf diese Pionierstellung der Literaturen der Welt werden wir im weiteren Verlauf unserer Vorlesung immer wieder zurückkommen.

Die Frage nach dem Verschwinden des Menschen wurde in den Literaturen, aber auch in Philosophie und Kulturwissenschaften immer wieder neu gestellt. Am vielleicht lustvollsten hat dies Michel Foucault in seinem Buch *Les mots et les choses* von 1966 getan, und zwar erstaunlicherweise wiederum im letzten Abschnitt seines Bandes, der übrigens mit einem Verweis auf Jorge Luis Borges und damit auf die Literaturen der Welt begann. Ich möchte Ihnen diese Passage gerne nachfolgend präsentieren, da sie uns etwas vom Pathos jener Kernfragen vermittelt, welche in den sechziger Jahren aufgeworfen und höchst kontrovers diskutiert wurden:

> Eines ist auf jeden Fall gewiß: der Mensch ist nicht das älteste und auch nicht das konstanteste Problem, das sich dem menschlichen Wissen gestellt hat. Wenn man eine ziemlich kurze Zeitspanne und einen begrenzten geographischen Ausschnitt herausnimmt – die europäische Kultur seit dem sechzehnten Jahrhundert –, kann man sicher sein, dass der Mensch eine junge Erfindung ist. Nicht um ihn und um seine Geheimnisse herum hat das Wissen lange Zeit im Dunkeln getappt. Tatsächlich hat unter den Veränderungen, die das Wissen von den Dingen und ihrer Ordnung, das Wissen der Identitäten, der Unterschiede, der Merkmale, der Äquivalenzen, der Wörter berührt haben – kurz inmitten all der Episoden der tiefen Geschichte des *Gleichen* –, eine einzige, die vor anderthalb Jahrhunderten begonnen hat und sich vielleicht jetzt abschließt, die Gestalt des Menschen erscheinen lassen. Es ist nicht die Befreiung von einer alten Unruhe, der Übergang einer Jahrtausende alten Sorge zu einem lichtvollen Bewußtsein, das Erreichen der Objektivität durch das, was lange Zeit in Glaubensvorstellungen und in Philosophien gefangen war: es war die Wirkung einer Veränderung in den fundamentalen Dispositionen des Wissens. Der Mensch ist eine Erfindung,

deren junges Datum die Archäologie unseres Denkens ganz offen zeigt. Vielleicht auch das baldige Ende. Wenn diese Dispositionen verschwänden, so wie sie erschienen sind, wenn durch irgendein Ereignis, dessen Möglichkeit wir höchstens vorausahnen können, aber dessen Form oder Verheißung wir im Augenblick noch nicht kennen, diese Dispositionen ins Wanken gerieten, wie an der Grenze des 18. Jahrhunderts die Grundlage des klassischen Denkens es tat, dann kann man sehr wohl wetten, dass der Mensch verschwindet wie am Meeresufer ein Gesicht im Sand.[4]

Abb. 90: Michel Foucault (Poitiers, 1926 – Paris, 1984).

Nach der Lektüre dieser Passage verstehen wir vielleicht besser, warum die Barthes'sche Bezeichnung als „sanfte Apokalypse" nicht ungeeignet ist, weniger eine scharfe epistemologische Veränderung oder Bruchlinie als vielmehr eine sanfte Veränderung hinsichtlich der so oft beschworenen Sensibilitäten zu beschreiben, welche seit dem Ausgang der fünfziger Jahre immer stärker zu beobachten ist. Eine Apokalypse wäre das Verschwinden der Menschheit *in toto* sehr wohl. Sanft ist sie auch im abschließenden Bilde des Menschen im Sand am Meeresufer schon deshalb, weil hier keine großen Revolutionen, keine Brüche, keine Explosionen notwendig wären, um einer aktuellen Situation, um der Existenz des Menschen, der Existenz der Literatur, am Ende der Existenz eines Buches ein Ende zu bereiten. Es genügte ein einfaches Auswischen.

Es gibt eine zumindest vielen französischen Denkern eigene gemeinsame Sensibilität, die mit der Thematik und Metaphorik der Apokalypse verbunden ist. Daraus ergab sich eine vor allem im Bereich der Philosophie angesiedelte Debatte, die sich zwischen Frankreich und Deutschland, zwischen Paris und Frankfurt angesiedelt hat und die etwa von Manfred Frank in seine Sichtweise der Dinge grundlegend einbezogen wurde.[5] Es sind also epistemologische und diskursive Strukturen, die – so können wir Foucaults Passage entnehmen – unsere eigene Existenz und unser Selbstverständnis als Menschen bestimmen, begründen und auch wieder aufkündigen. Sie stehen in Opposition oder zumindest in Konkurrenz zu anderen epistemologischen und diskursiven Systemen, die entweder in unserem Raum vor unserer Zeit oder auch in unserer Zeit außerhalb unseres

---

4 Foucault, Michel: *Die Ordnung der Dinge.* Frankfurt a.M.: Suhrkamp 1974, S. 462 f.
5 Vgl. Frank, Manfred: *Was ist Neostrukturalismus?* Frankfurt am Main: Suhrkamp 1983.

Raumes vorhanden waren oder sind. Dies schließt eine Sichtweise mit ein, welche nicht mehr nur den Menschen, das Subjekt, die Literatur oder was auch immer aus dem Zentrum nimmt, sondern überhaupt auf zentrierte Figuren – und seien es jene des Eurozentrismus – verzichtet oder, sagen wir es vorsichtiger, verzichten zu können glaubt. Sie merken: Wir befinden uns an dieser Stelle plötzlich in einer ganz anderen geistes- und kulturgeschichtlichen Konstellation, welche im Verlauf der sechziger Jahre keineswegs nur in Europa der abendländischen Subjektphilosophie – und mit ihr natürlich auch der Philosophie Jean-Paul Sartres – erfolgreich ein anderes Modell an die Seite stellte und den führenden Rang streitig machte. Dass dies – ich denke zu Unrecht – von einigen damaligen Zeitgenossen so ausgelegt wurde, als zielte dies alles allein auf Sartre und die als progressiv erachteten Vorstellungen eines (linken) politischen Engagements, sei zumindest erwähnt, um auf die Missverständnisse in damaligen Kommentaren, in welchen Foucault als „Totengräber der kritischen Linken" bezeichnet wurde, hinzuweisen. Diskutieren möchte ich dies in unserer Vorlesung jedoch nicht mehr.

Wir werden uns an späterer Stelle noch länger mit Michel Foucault beschäftigen. Bereits jetzt sei festgehalten, dass seine Schriften ein Element in die „archäologische" Untersuchung von Denksystemen, der Beziehungen zwischen den Worten und den Dingen einführten, das – wie wir noch sehen werden – für das Denken im Zeichen der Postmoderne von zentraler Bedeutung sein sollte. Es ging um die eigene Endlichkeit, die eigene Relativität, aber auch den eigenen Untergang und vielleicht sogar die eigene Lust daran. *Apocalypse now* – der Titel dieses berühmten Vietnam-Films von Francis Ford Coppola aus dem Jahr 1979 steht für eine grundlegende Veränderung, die sich diesseits und jenseits der sanften Apokalypse und damit diesseits und jenseits des Scharniers von Moderne und Postmoderne ansiedelt.

Diese Forderung nach einer Apokalypse – und zwar bitte gleich hier und sofort – mag uns an die Gruppe *The Doors* erinnern mit ihrem 1967 veröffentlichten Song und Jim Morrisons berühmtem Schrei „We want the world and we want it now". Die Reiter der Apokalypse finden sich ebenfalls rasch in anderen Bereichen des Geisteslebens der damaligen Jahre, und davon waren glücklicherweise die Geisteswissenschaften nicht ausgeschlossen.

So hat der deutsche, in die USA ausgewanderte Romanist Hans Ulrich Gumbrecht – wir schreiben das Jahr 1985 (und daran sehen sie, dass nicht alles in den Geisteswissenschaften sich mit elektronischer Digitalgeschwindigkeit vollzieht) – in einem kurzen Essay mit dem sprechenden Titel *Posthistoire Now* den Finger in eine Wunde gelegt, die wir bei allen bereits angeführten Autoren beobachten konnten. Denn die schlichte These seiner Reflexionen betonte die Erkenntnis, dass das Zeitbewusstsein, das Geschichtsbewusstsein, längst ins Wanken geraten war und einem neuen Zeitempfinden den Gestaltungsraum überlassen hatte. In seinen an die Erkenntnisse Michel Foucaults aus den sechziger Jahren angelehnten Überlegungen ging es weniger um die Erfindung des Menschen als um die Erfindung der Geschichte. Aber auch die hatte es fürwahr in sich.

Denn diese Geschichte der Moderne beginnt im letzten Drittel des 18. Jahrhunderts mit einem zukunftsorientierten und zukunftsoffenen, nicht mehr in einem zyklischen Geschichtsverständnis verfangenen Geschichtsbegriff, in welchem zugleich der Kollektivsingular der Geschichte entsteht[6] und die Geschichte in alle Bereiche des Denkens – in Anthropologie, Biologie, Geologie oder Zoologie – eindringt.[7] Diese fundamentalen Veränderungen treten in den Forschungen Foucaults, in seiner Archäologie kulturell bedingter Gewissheiten, deutlich hervor.

Alle Phänomene und Erscheinungen der organischen wie anorganischen Welt – mithin ebenso die Säugetiere, die Reptilien oder die Quallen, aber auch die Sedimentgesteine, die Ammoniten oder die Vulkane – werden vom Zeitpfeil durchdrungen und haben fortan eine Geschichte. Die Entwicklungsgeschichte geologischer wie geomorphologischer Formen wie etwa der Vergletscherungsformen in Europa treten ebenso in das Bewusstsein des Menschen wie seine eigene Entwicklungsgeschichte als Spezies oder die epistemischen Grundlagen, auf denen sich sein Denken vorwärtstastet. Sie stehen nicht länger in einem Tableau nebeneinander, sondern formen sich zu einer Geschichte, in welche sich alles einzuordnen beginnt und alles einzuordnen hat.

Auf den unterschiedlichsten Bereichen vollzieht sich so seit der Spätaufklärung der Prozess der Moderne, der uns als ein Erbe des ausgehenden 18. Jahrhunderts anvertraut ist – wie uns unsere Vorlesungen zur Aufklärung zwischen zwei Welten zeigen – und der sich im Horizont veränderter Sensibilitäten in der zweiten Hälfte des 20. Jahrhunderts im Zeichen der Postmoderne verändert. Die Gewissheiten des Strukturalismus lösten sich im Zeichen des anstürmenden Poststrukturalismus – und die großen Protagonisten dieser Entwicklung wie Michel Foucault oder Roland Barthes gingen zunächst einmal vom Strukturalismus aus – ebenso auf wie die Gewissheiten der Moderne unter dem Ansturm postmoderner Denkfiguren, die Öffnungen und Hohlräume erkannten, in welche das Denken im Zeichen der Postmoderne einzudringen vermochte. Dies waren grundlegende Umbesetzungen, die wir im Bereich der Philosophie oder der Kulturwissenschaf-

---

6 Vgl. hierzu die wichtigen historiographischen Untersuchungen von Koselleck, Reinhart: *Vergangene Zukunft. Zur Semantik geschichtlicher Zeiten.* Frankfurt am Main: Suhrkamp 1979.
7 Vgl. neben den Arbeiten Foucaults auch Lepenies, Wolf: *Das Ende der Naturgeschichte. Wandel kultureller Selbstverständlichkeiten in den Wissenschaften des 18. und 19. Jahrhunderts.* Frankfurt am Main: Suhrkamp 1978.

ten in der zweiten Hälfte des 20. Jahrhunderts sich vollziehen sehen, die aber im Bereich der Literaturen der Welt sich bereits Jahrzehnte früher vollzogen, wie wir im Anschluss anhand einer Reihe literarischer Beispiele erkennen werden.

Doch schauen wir noch einmal in die Mitte der achtziger Jahre. Zu einem zeitlich bereits weit fortgeschrittenen Zeitpunkt ging Hans Ulrich Gumbrecht – um bei einem Vertreter unseres Fachs Romanistik zu bleiben – zunächst von der Frage eines Zusammenhangs zwischen Geschichtsschreibung und kollektiver Identität aus und fragte sich, ob Identitätsvergewisserung heute noch erfolgreich mit Hilfe von Geschichtsschreibung bewältigt und angestrebt werden könne. Die Idee der „Posthistoire", so Gumbrecht, finde sich schon früh, etwa auch bei Hegel oder Marx, erschiene nun aber in einem anderen Licht aus der Gewissheit heraus, dass die großen Versprechen der Aufklärung nicht mehr einzuhalten sein würden. Letztere erwiesen sich mittlerweile als unerreichbare Illusionen, ja im Zeichen von Max Horkheimers und Theodor W. Adornos *Dialektik der Aufklärung* als gefährliche Traumbilder (wie wir hinzufügen könnten).

Abb. 91: Hans Ulrich Gumbrecht (Würzburg, 1948).

Die Gegenwart, so Gumbrecht in Rückgriff auf Koselleck, erscheine als die Zukunft der Vergangenheit. Die Dimension der Perfektibilität verliere an Bedeutung, so könnten wir interpretieren. Es habe eine Wiedergeburt der Aufklärung gegeben, aber eben als Fehlgeburt. In direkter Auseinandersetzung mit Jürgen Habermas' Rede vom „unvollendeten Projekt der Moderne"[8] versicherte Gumbrecht rundweg, die Aufklärung halte heute keine Lösungspotentiale mehr für die Zukunft bereit. Damit aber könne der Zukunftshorizont zur Bedrohung geraten – ein Hinweis darauf, wie sich die sanfte Apokalypse unserer französischen Meister-Denker auch denken ließe – und ich betone: denken *ließe*. Ich bin jedenfalls der Ansicht, dass selbst Gumbrecht heute nicht mehr seiner eigenen Deutung vorbehaltlos zustimmen würde. Aber sein nachfolgendes Zitat macht sehr wohl deutlich, worum es ihm – und so vielen anderen – in den achtziger Jahren ging.

---

8 Vgl. Habermas, Jürgen: Die Moderne – ein unvollendetes Projekt (1980). In (ders.): *Kleine Politische Schriften (I – IV)*. Frankfurt am Main: Suhrkamp 1981, S. 444–466.

Diese Überzeugungen sind wichtig, um die Umbesetzungen zu verstehen, die sich zwischen den historischen Avantgarden und den verschiedenen Ausprägungsformen eines Schreibens im Zeichen der Postmoderne entwickelten. Dass sich unter dem Ansturm postmoderner Geschichtsauffassungen auch der Moderne-Begriff zunehmend präzisierte und ausdifferenzierte, mögen unter vielen anderen Beispielen Jürgen Habermas' Überlegungen zum philosophischen Diskurs der Moderne just aus demselben Jahr 1985 belegen.[9]

Laut Gumbrecht sei es das Ziel, die Geschichte nun anders zu denken und einen (nicht näher definierten) geschichtlichen Begriff von Geschichte zu entwickeln. Wenn wir aber Geschichte anders denken sollen, *wie* sollen wir sie dann denken? Schauen wir mal, wie zwanzig Jahre nach Michel Foucaults Veröffentlichung seiner Passage zum Verlöschen oder Tode des Menschen die Antwort darauf ausfällt, wie denn Geschichte nunmehr zu denken sei. Es überrascht freilich nicht, dass die Antwort darauf im Modus des „vielleicht" ausfällt:

> Was wären Grundelemente eines neuen Begriffs von Geschichte? Vielleicht die Ersetzung des *einen Telos* durch *viele Nahziele*? vielleicht die Substitution des Begriffes von der „*Perfektibilität*" durch einen Begriff von der *Erhaltung des Menschen*; vielleicht die Ablösung des (zur Vervollkommnung aufgerufenen) geistigen durch den (um seine Erhaltung besorgten) *physischen Menschen*.[10]

Abb. 92: Vilém Flusser (Prag, 1920 – Bor, Tschechien, 1991).

Sie sehen: Die Antworten auf diese Fragen sind immer nur vorläufig und halten sich von ihrer Programmatik her deutlich in Grenzen. In den Literaturen der Welt waren die Antworten auf derartige Fragen wesentlich früher präsent und gingen in wesentlich stärkerem Maße in konkrete fiktionale Strukturen ein. Die grund-

---

9 Vgl. Habermas, Jürgen: *Der philosophische Diskurs der Moderne. Zwölf Vorlesungen.* Frankfurt am Main: Surkamp 1985.
10 Gumbrecht, Hans Ulrich: Posthistoire Now. In (ders. / Link-Heer, Ursula. Hg.): *Epochenschwellen und Epochenstrukturen im Diskurs der Literatur- und Sprachhistorie.* Frankfurt a.M. 1985, S. 34–52, hier S. 48.

legende Geste ist nicht die einer konstruktiven Antwort auf Herausforderungen, sondern die einer Dekonstruktion bestehender Begriffe, welche die Moderne ins Spiel gebracht hat. Zu diesen von der Moderne ‚erfundenen' Begrifflichkeiten zählt etwa der aufklärerische, von Rousseau in Umlauf gesetzte Neologismus der „perfectibilité", der aus der Feder des Genfer Bürgers stammend eine so folgenreiche kulturtheoretische wie philosophische Karriere hinzulegen wusste.

Um die Umbesetzungen und das Umsteuern dieser Jahre besser zu verstehen, ist auch jener Hinweis hilfreich, den uns der aus einer jüdischen Gelehrten- und Akademikerfamilie stammende und aus Prag nach Brasilien emigrierte Philosoph, Medientheoretiker und Kommunikationsforscher Vilém Flusser in deutlicher Anspielung auf François Lyotards Thesen von den großen Meistererzählungen einerseits und auf die Posthistoire-Diskussion andererseits geben kann. Dieser Hinweis gilt selbstverständlich auch für diese Vorlesung selbst und damit für die Geschichte, die ich in ihr über mehrere lange Sitzungen hinweg erzählen will.

Denn das Geschichtenerzählen ist ein Bereich, der seit den beiden sehr unterschiedlichen Historikerstandpunkten eines Golo Mann oder eines Hayden White von der Geschichtswissenschaft immer wieder anders problematisiert wurde. In letzter Instanz trugen diese oft mit großer Vehemenz geführten Debatten höchstens dazu bei, die Lust am Narrativ, die Lust am Geschichtenerzählen und am Geschichtenhören nur noch zu steigern. Das narrative Element ist zweifellos der Treibstoff, mit dessen Hilfe unsere Diskurse in Bewegung bleiben und in der Vervielfachung des Sinnes und der Sinne funktionieren. Ich bin, so darf ich hinzufügen, zuversichtlich, dass mir in dieser Vorlesung der Treibstoff nicht ausgehen wird.

Sehen wir uns aber nun eine kurze Passage aus Flussers 1991 – der Philosoph verstarb im Übrigen im selben Jahr am 27. November – verfasstem Text *Vom Ende der Geschichte* näher an:

> Posthistoriker, Leute, die vom Ende der Geschichte erzählen, sind notwendigerweise Geschichtenerzähler. Wenn sie vom Ende der Geschichte erzählen, machen sie Geschichte. Es sieht so aus, als seien sie in ein geradezu sophistisches Paradox verstrickt, so ähnlich wie jemand, der vom Ende der Philosophie spricht und mit dieser philosophischen Aussage die Philosophie vorantreibt. Dennoch ist es nicht widersprüchlich, vom Ende der Geschichte zu sprechen.[11]

---

11 Flusser, Vilém: Vom Ende der Geschichte, In: *Nachgeschichte. Eine korrigierte Geschichtsschreibung*. Bensheim: Fischer Wissenschaft 1993, S. 282–290, hier S. 282 f.

Wir sind an dieser Stelle unserer Vorlesung bereits ein erstes Mal in eine Vielzahl an Themen, Leitmotiven und Obertönen der Diskussionen und Debatten um Moderne und Postmoderne eingetaucht und werden uns mit diesen herausfordernden Fragestellungen intensiv vom Standpunkt der Literaturen der Welt auseinandersetzen. Ich möchte diese Auseinandersetzung also nicht – wie dies in Deutschland vorrangig geschah – auf dem Feld der Philosophie führen, obwohl die Philosophie, wie Sie schon gemerkt haben, ein gewichtiges Wörtchen in dieser Debatte mitzureden hat. Mit anderen Worten: Ich möchte der Literatur nicht den Rang einer kleinen Schwester geben, die von ihrer großen Schwester namens Philosophie gegängelt oder an die Hand genommen wird und nun unter Aufsicht jene Spiele spielt, die die große Schwester erlaubt und vielleicht selbst – natürlich auf höherem Niveau – zu spielen gewillt ist. Dies entspräche nicht meiner Sichtweise von Funktion und Bedeutung der Literaturen der Welt. Denn diese Literaturen sind jene Erprobungsräume, in denen ein Denken erstmals getestet und experimentell erprobt wird, bevor disziplinierte Wissensbereiche sich dieser dann erfolgreichen Experimentalanordnungen bedienen und sie ‚disziplinieren‘.

Der Spielplatz der Literaturen der Welt ist weitaus größer und weniger festgelegt als jener der Philosophie – und insbesondere jener der akademischen abendländischen Philosophie. Ich bin daher der Ansicht, dass bisweilen eher die vermeintliche große Schwester Philosophie versucht hat, den Spielen der Literatur und anderer Künste Regeln zu entnehmen, die es auf ihr eigenes Spielfeld zu übertragen galt. Dabei könnte es sein, dass sie nicht nur bestimmte Regeln abgeleitet, sondern auch nicht wenige von ihnen übernommen hat, welche ihren Daseinsgrund veränderten (oder zumindest verändern müssten).

Denn was Roland Barthes am Übergang zu einer postmodernen Denkweise von der Literatur sagen konnte, könnte vielleicht auch für die Philosophie gelten: Sie wird heute nicht mehr (so) bewacht. Dies gilt freilich für die akademische Philosophie in Deutschland nicht, hat diese es doch erfolgreich geschafft, die interkulturelle Philosophie in ihrem Einflussbereich auf ein Minimum zu reduzieren und von deutschen Lehrstühlen weitestgehend zu verdrängen. Indes wäre auch in diesem Kontext einmal mehr Friedrich Nietzsche als Ahnherr anzuführen: ein Ahnherr freilich, der zwischen Philologie, Philosophie und Literatur steht und damit bestens dafür geeignet erscheint, die Grenzen zwischen diesen einst sorgsam abgeschirmten Bereichen zu durchbrechen.

Sie verstehen: Ich möchte, wie es auch meine Aufgabe ist, die Problematik von Moderne und Postmoderne im Kontext der Beziehungen zur Avantgarde – und damit im Kontext der literarischen Entwicklungen des 20. wie des beginnenden 21. Jahrhunderts – anhand von überprüfbaren Geschichten erzählen! Sie haben ihren Schwerpunkt im Bereich der Literatur und selbstverständlich möchte ich sie textanalytisch präsentieren, also wie stets und mit Hilfe eines Close Reading möglichst nahe an den literarischen Texten. Deshalb werde ich auch mit einem Schriftsteller und nicht mit einem Philosophen in diese neue Phase unserer Vorlesung eintreten, auch wenn wir längst durch ein philosophisch-literarisches Übergangstor in jenen Bereich vorgestoßen sind, der im Zeichen einer sanften Apokalypse und im Scharnierbereich zwischen Moderne und Postmoderne steht. Dass wir dabei zugleich mit einem Autor einsetzen, der aus Lateinamerika stammt und einen wesentlich komplexeren inter- und transkulturellen Hintergrund in sein Schreiben einbringt, ist aus Sicht des aktuellen Systems der Literaturen der Welt gewiss von großem Vorteil.[12]

Doch versuchen wir, unmittelbar vor unserer Beschäftigung mit dem Argentinier Jorge Luis Borges noch eine wichtige Verbindungslinie zu ziehen. Unser kleiner Durchgang umfasste bisher die im Zeichen der aufkommenden Postmoderne etwa von Michel Foucault vorgetragene Rede vom Ende des Menschen mitsamt der nicht weniger wichtigen und prominent von Roland Barthes vertretenen Rede vom Tode des Autors. Diese beiden Aspekte müssen wir mit jener Rede in Einklang bringen, welche soeben von Hans Ulrich Gumbrecht im Modus der Posthistoire mit dem Ziel einer Erhaltung des Menschen vorgetragen wurde. Erstaunlicherweise führt uns die Verbindung dieser drei Diskurse ein letztes Mal zum Anfang unserer gesamten Vorlesung und zu ihrem allerersten Zitat von Maurice Blanchot zurück.

Denn in *Le livre à venir* ging der französische Literaturkritiker bereits auf jenen Schriftsteller ein, der Jahrzehnte später als der geistige Vater der Postmoderne weltweit akklamiert werden sollte. Es war keineswegs ein Zufall, dass Jorge Luis Borges seine literarische Karriere im Zeichen der historischen Avantgarden begonnen hatte. Vielmehr liegt dieses Faktum ganz in der Logik unserer Vorlesung und völlig auf der Linie jener narrativen Struktur, welche sie quer durch das vergangene Jahrhundert verfolgt.

Blanchots Lektüre von Jorge Luis Borges legte einige der grundlegenden Themen des argentinischen Schriftstellers frei, die im weiteren Verlauf des Jahrhunderts – ganz im Sinne dieses *Livre à venir* – zu den zentralen Thematiken der Postmoderne avancieren wollten. Denn Blanchot begriff: „Aber wenn die Welt ein Buch ist, dann ist jedes Buch die Welt, und aus dieser unschuldigen Tautologie

---

12 Vgl. Ette, Ottmar: *WeltFraktale. Wege durch die Literaturen der Welt.* Stuttgart: J.B. Metzler Verlag 2017; sowie (ders.): Die Literaturen der Welt. Transkulturelle Bedingungen und polylogische Herausforderungen eines prospektiven Konzepts. In: Lamping, Dieter / Tihanov, Galin (Hg.): *Vergleichende Weltliteraturen / Comparative World Literatures. DFG-Symposion 2018.* Unter Mitwirkung von Mathias Bormuth. Stuttgart: J.B. Metzler – Springer 2019, S. 115–130.

ergeben sich Konsequenzen, die einem das Fürchten lehren.“[13] Ich möchte Ihnen im Folgenden ganz bestimmt nicht das Fürchten lehren, aber Sie doch einführen in die literarisch wie philosophisch so reichen und vielfältigen Folgen dieser auf den ersten Blick so harmlosen Tautologie. Denn sie impliziert auch die grundlegende Infragestellung der nur auf den ersten Blick so scharfen Trennung zwischen Urbild und Abbild, Original und Fälschung, Realität und ... Realität.

Im Mittelpunkt der Literatur, so Blanchot, stehe nicht das Individuum, nicht der Mensch, sondern die Literatur, mithin das Buch; und im Buch wiederholen sich alle Bücher, die sich wechselseitig spiegeln und abbilden, ad infinitum. Die originäre Stimme eines Autors ist hier nicht länger auszumachen. Sie bemerken, dass auf diese Weise die Bedeutung des großen Autors, des bestimmenden Schöpfer-Subjekts, ganz erheblich schrumpft und dies so lange tut, bis es keine Rolle mehr spielt und man vom Tod des Autors sprechen könnte. Zugleich aber beginnt der Mensch, beginnt das Individuum, im Kreuzungspunkt dieser Texte oder Gewebe – denn Text meint letztlich ganz konkret das Gewobene – eine neue Gestalt anzunehmen, ein neues Leben zu entfalten. Die Erhaltung des Menschen steht im Zeichen all der Texte, die dieses Individuum queren und es nähren. So überrascht es nicht, wenn Maurice Blanchot gerade von jenem Werk beeindruckt ist, dem als Grundgedanke eine „absurdité mémorable“ zugrunde liege, jenem Buch über den im Bachtin'schen Sinne Ausgangspunkt des modernen europäischen Romans. Ich spreche von Miguel de Cervantes' *Don Quijote* und von Jorge Luis Borges' *Pierre Menard, autor del Quijote*. Denn nicht umsonst stehen bereits im Titel dieser borgesianischen Erzählung der Begriff des Autors und ein individueller Name.

Lassen Sie mich aber abschließend zu Maurice Blanchots Band aus dem Jahre 1959 sagen, dass es aus meiner Sicht ein viel zu wenig beachtetes und beobachtetes Unterfangen darstellt, neue Tendenzen in der Literatur festzuhalten und mit überaus sensiblem Gespür richtungsweisende Neuentwicklungen aufzuspüren und – wo möglich – zu prognostizieren. Dieser kleine Band ist ein Schatzkästlein. Sie finden auf seinen Seiten wesentliche Grundgedanken der Ästhetiken der sich zumindest bis zum Jahrhundertende anschließenden Jahrzehnte vor: vom Schwund der Literatur (der an die „exhaustion“ von John Barth erinnert) bis hin zum „Tod des letzten Schriftstellers“. Dieser Tod weist in manchem schon voraus auf die programmatischen Essays von Roland Barthes (1967) über *La mort de l'auteur* oder von Michel Foucault (1969) zur Frage *Qu'est-ce qu'un auteur?* Sie finden in Blanchots Band die Problematisierung des textexternen Referenten ebenso wie die Infragestellung einer linearen Literaturentwicklung und ihrer

---

13 Blanchot, Maurice: *Le livre à venir*, S. 131.

Institutionen – und wie problematisch es ist, sich einer linearen Geschichte wie ihrer „Großen Erzählung" einfach hinzugeben.

Ich möchte freilich, dass Sie sich in dieser Welt von Spiegeln, die sich wechselseitig spiegeln, in dieser gleichsam erlesenen Spiegelgalerie nicht mit all ihren Lektüren verlieren, sondern auch weiterhin den Durchblick behalten. Denn wir wollen verstehen, wie genau die möglichen Wege von den historischen Avantgarden durch ein langes 20. Jahrhundert bis in die Gegenwartsliteraturen, bis hin ins „extrême contemporain" der ersten Jahrzehnte des 21. Jahrhunderts verliefen. Wir wollen begreifen, wie sich eine Literatur, die sich als modern verstand und noch nicht wissen konnte, dass sie einmal postmodern gedeutet werden könnte. Eine Literatur, die den Raum der Moderne zu gestalten versuchte und noch nicht ahnen konnte, dass ihr ein Raum zugeschrieben wurde, in dessen Flächen und Nischen andere Gottheiten stehen sollten. Wir wollen also nachvollziehen, wie eine Literatur entstand, die sich aus einer globalen weltumspannenden Sichtweise von Weltliteratur in jene der Literaturen der Welt verwandelte, welche heute die literarischen Entwicklungen in einem viellogischen, polylogischen System prägen.

Wie auch immer der Raum und die Räumlichkeiten gestaltet sein mögen, welche die Postmoderne charakterisieren; ob wir diese Räumlichkeiten der Postmoderne noch zu denen der Moderne hinzurechnen oder ihnen einen eigenen, eigenständigen oder gar unabhängigen Status zubilligen: Eine der Gottheiten, die in diesen Räumen schon früh aufgestellt wurde und lange Zeit in ihnen wachte, stammte aus Lateinamerika. Und mit dieser Figur, die in Umberto Ecos *Il nome della rosa* als der Wächter über die Bibliothek namens Jorge de Burgos mit Argusaugen auf seine Klosterbrüder sieht, wollen wir uns nun beschäftigen.

Jorge Luis Borges oder die Vergleichzeitigung aller Geschichten

Eine der Grundfragen unserer Überlegungen zu den Literaturen im Zeichen der Postmoderne lautet: Wie ist das literarische Beziehungsgeflecht zwischen Europa und Hispanoamerika zu denken? Welche sind die verschiedenen Etappen, die in der zweiten Hälfte des 20. Jahrhunderts dazu führten, dass die lateinamerikanischen Literaturen innerhalb weltumspannender literarischer Entwicklungen nicht mehr länger wegzudenken waren? Wie ist ihr Vorrücken im Bewusstseinshorizont nordamerikanischer, europäischer, aber auch anderer Lesergruppen zu erklären?

Ich möchte versuchen, im Anschluss an unsere Überlegungen zum Zeitraum der historischen Avantgarden auf beiden Seiten des Atlantiks nun bei Jorge Luis Borges unsere Erkenntnisse bezüglich der transatlantischen und vor allem transarealen Literaturbeziehungen weiter voranzutreiben.[1] Wie auch immer unsere Antworten auf die historisch seit der Kolonialzeit geschaffene Asymmetrie der Beziehungen und die sich postkolonial komplexer werdenden, aber gleichwohl die Asymmetrie fortschreibenden Relationen ausfallen werden: An einem Namen werden wir nicht vorbeikommen, dem des Argentiniers Jorge Luis Borges. Beginnen wir zunächst mit einigen Biographemen des Autors der *Ficciones*, wobei wir uns etwas kürzer halten können, insofern wir in unserer Vorlesung *LiebeLesen* den Dichter, Erzähler und Essayisten bereits vorgestellt hatten.[2]

Dabei möchte ich Sie an den großen südamerikanischen Schriftsteller medial heranführen und ihnen den Argentinier in vivo – und das heißt: im Video – vorstellen. Es handelt sich um Aufnahmen, die wenige Jahre vor Borges' Tod gemacht wurden, zu einem Zeitpunkt also, zu dem der höchst medienbewusste Autor längst zu einer Berühmtheit, ja Ikone eines weltweiten öffentlichen Interesses geworden war. Ich verfolge mit dieser medialen Eröffnung zumindest zwei Ziele. Zum einen sagt ein Bild, wie ein chinesisches Sprichwort weiß, mehr als tausend Worte; und so könnte es sein, dass dieser Auftritt von Borges – sollten Sie den Autor noch nicht visuell erlebt haben – ein sehr starkes Bild in Ihnen zurücklassen könnte. Zum anderen ist Jorge Luis Borges zumindest seit seiner interna-

---

1 Vgl. auch zur Bedeutung von Borges für die transatlantischen Literaturbeziehungen Ette, Ottmar: Asymmetrie der Beziehungen. Zehn Thesen zum Dialog der Literaturen Lateinamerikas und Europas. In: Scharlau, Birgit (Hg.): *Lateinamerika denken. Kulturtheoretische Grenzgänge zwischen Moderne und Postmoderne*. Tübingen: Gunter Narr Verlag 1994, S. 297–326.
2 Vgl. Ette, Ottmar: *LiebeLesen. Potsdamer Vorlesungen zu einem großen Gefühl und dessen Aneignung* (2020), S. 633–674.

tionalen Berühmtheit, mithin seit der Nachkriegszeit und in größerem Maße seit den sechziger Jahren, ein überaus geschickter Verwerter und Nutzer der neuen elektronischen Massenmedien. Es handelt sich um einen Autor, der eine ungeheure Vielzahl von Interviews gab und seine Interviewpartner so geschickt zu manipulieren wusste, dass er uns dadurch eine Reihe von Hinweisen gab auf das inter- und transmediale Zusammenspiel von Literatur und neuen Massenmedien im postmodernen Kontext.

In den ersten Einstellungen sehen Sie noch vor den Interviewpassagen auch, wie Borges für die Medien ,hergerichtet' wurde, wie er eine bestimmte Position einnahm, einen ganz bestimmten Kontext, den der omnipräsenten Bücher, zugeteilt bekam und sich auf diese Weise nicht nur der Massenmedien bediente, sondern sich umgekehrt die Massenmedien ihr Bildnis von Jorge Luis Borges schufen. Wir werden uns mit diesen Fragestellungen angesichts der medialen Verhaltensweisen, der „comportamientos ante el televisor", noch ausführlich auseinandersetzen. Sehen und hören wir aber zunächst einmal die den gesamten Film einführende Passage von gut fünf Minuten Dauer, die uns eine Vielzahl von Hinweisen geben wird, bis hin zu Borges' einflussreichen Überlegungen zum argentinischen Schriftsteller und seinem Verhältnis zur kulturellen und literarischen Tradition! Und genießen Sie die mediale Inszenierung, die Ihnen Borges offeriert ...[3]

Lassen Sie mich nur einige wenige biographische Hinweise zu diesem großen argentinischen Autor einfügen: Jorge Luis Borges wurde am 24. August 1899 in eine traditionsreiche und wohlhabende Familie in Buenos Aires hineingeboren. Seine Vorfahren sind teils spanischer, teils portugiesischer Herkunft, während seine Großmutter väterlicherseits einer englischen Methodistenfamilie entstammte. Ausgerechnet 1914, im Jahr des Ausbruchs des Ersten Weltkriegs, reiste die Familie nach Europa und bezog ihren Wohnsitz in Genf und Lugano. 1919 knüpfte der junge Borges auf einer Reise seiner Familie wichtige Kontakte zu den spanischen und lateinamerikanischen Avantgarden. Der junge Mann, der damals noch keinerlei Probleme mit seinem Sehvermögen hatte, war vom kreativen Potential der historischen Avantgarden und insbesondere vom entstehenden *Ultraísmo* stark beeindruckt. Seine schriftstellerischen Anfänge situierten sich folglich im Umfeld dieser avantgardistischen Zirkel.

Nach seiner Rückkehr in sein Heimatland im Jahr 1921 begründete der angehende Autor erste literarische Zeitschriften. Doch sollte er sich von den historischen Avantgarden zunehmend distanzieren und seine frühen Bände, wo ihm dies möglich war, sachte wieder aus dem Verkehr ziehen. Man sagte ihm nach,

---

3 Vgl. Roberto D'Avilas und Walter Salles' im Juli 1985 mit Jorge Luis Borges geführtes Interview.

Abb. 93: Jorge Luis Borges (Buenos Aires, 1899 – Genf, 1986).

eigenhändig Exemplare aus Bibliotheken entwendet zu haben, um seine avant-gardistisch-ultraistischen Anfänge zu verbergen. Doch kann kein Zweifel daran bestehen, dass diese avantgardistischen ‚Ausflüge' seine Orientierungen als Schriftsteller auch weiterhin, freilich unter der Oberfläche, prägten.

Die finanziell gut abgesicherte Familie bot Borges reichlich Gelegenheit, sich in den intellektuellen Zirkeln der Metropole Buenos Aires ausgiebig umzu-sehen. Es ließe sich mit guten Gründen sehr wohl behaupten, dass die Hauptstadt Argentiniens damals zu einem der Zentren internationaler Kunst und Literatur geworden war. Erst 1938, nach dem Tod seines Vaters, war Borges gezwungen, als Bibliothekar Geld zu verdienen. Doch sollte er Ende des Jahres bei einem Unfall einen Teil seines Augenlichts verlieren. Fortan wurde seine Mutter zu seiner Sekretärin und half dem familiär erblich vorbelasteten und langsam erblinden-den Sohn in vielen praktischen Belangen. Die Mutter diente Borges über lange Jahrzehnte als moralische Stütze und Begleiterin, eine Funktion, in der sie erst wenige Jahre vor Borges' Tod von seiner späteren Ehefrau María Kodama abge-löst wurde. Es gehört zu den für Borges' Leben charakteristischen Einschnitten, dass er 1946, im Jahr nach Peróns Machtergreifung, aufgrund der Unterzeichnung eines antiperonistischen Manifests seiner Anstellung als Bibliothekar enthoben und strafversetzt wurde auf einen Posten als Geflügelinspektor der städtischen Marktaufsicht. Jorge Luis Borges war zum damaligen Zeitpunkt freilich längst ein profilierter und eigenständiger Schriftsteller, der freilich auch unter der Perón-Regierung in seinem Heimatland leben wollte.

1944 hatte Borges den Großen Preis des argentinischen Schriftstellerverban-des erhalten, zwischen 1950 und 1953 war er Präsident dieses Schriftstellerverban-des geworden und längst als einer der führenden Autoren des Landes anerkannt. Seit den zwanziger Jahren war er durch Gedichtbände hervorgetreten, hatte sein erzählerisches Werk aber dann seit den dreißiger Jahren konsequent weiter-entwickelt. Es sollten vor allem diese Erzählungen sein, die ihn weltberühmt machten. Die beiden bedeutendsten Sammlungen seiner Erzählungen sind zum einen seine *Ficciones* (1944) und zum anderen *El Aleph* (1949), die seinen internationalen Ruhm in der Tat begründeten. Mit beiden Prosasammlungen werden wir uns ausführlich beschäftigen. Es waren diese schriftstellerischen Juwelen, die ihn in Frankreich nach dem Zweiten Weltkrieg zu einem Referenzautor aufsteigen ließen und ihn bei Intellektuellen wie Maurice Blanchot oder Roger Caillois bekannt machten.

Die meisten dieser Erzählungen stehen in der Traditionslinie phantastischer Literatur, wobei es Borges gelang, durch ein ausgeklügeltes Spiel mit fremden (und zum Teil erfundenen) Texten ein Verweissystem zu schaffen, mit Hilfe dessen er die Grenzen von Fiktion und Diktion verschob und im Grunde friktionale Literaturformen entfaltete, die von ungeheurer Wirkkraft waren. So lassen sich seine *Fiktionen* letztlich als Friktionen verstehen, in denen er gerade die fiktionale Dimension literarischer Texte zur zentralen Frage erhob. Doch darauf komme ich zurück. Auf die mit Adolfo Bioy Casares gemeinsam verfassten oder ausgeheckten Werke kann ich in dieser Vorlesung jedoch leider nicht näher eingehen: Auch sie schufen nicht nur neue generische Formen etwa von Kriminalparodien, sondern stellten in diesen vierhändig geschriebenen Texten die Frage nach dem Autor in spielerischer Deutlichkeit.

Nach Peróns Absetzung wurde Borges 1955 von der Militärregierung zum Direktor der Nationalbibliothek bestellt, ein Amt, das er bei zunehmender Erblindung bis 1983 bekleidete. Er wurde so nach José Mármol und Paul Groussac zum dritten großen Schriftsteller in der argentinischen Literaturgeschichte, der erblindet die Leitung dieser größten Bibliothek Argentiniens übernahm – ein weltweit wohl einzigartiger Tatbestand.

Die internationale Anerkennung wuchs beständig und weitete sich längst über die Grenzen Europas – wo Frankreich und Italien die ersten großen Ansatzpunkte seines beeindruckenden schriftstellerischen Renommees waren – auch in die USA aus, so dass er immer häufiger zu Gastdozenturen und -aufenthalten nach Europa und an die großen US-amerikanischen Universitäten eingeladen wurde. Mit dem Ruhm wuchsen auch die Feinde, gerade auch im literarischen Feld. Während des sogenannten „Boom" der lateinamerikanischen Literaturen mit Autoren wie Gabriel García Márquez, Mario Vargas Llosa oder Carlos Fuentes – um nur einige zu nennen – geriet Borges sowohl international als auch in Argentinien unter erheblichen politischen Druck, da man ihm eine ideologisch rechte Position, Kollaboration mit der Militärregierung und mangelndes politisches Gespür bescheinigte. In meiner Studentenzeit weigerten sich verschiedene argentinische Schriftsteller sogar, Borges als Argentinier anzuerkennen, sei er doch im Grunde ein europäischer Autor, der zufällig in Argentinien aufgewachsen sei.

Doch über die Jahrzehnte wurde es still um derlei Anfeindungen: Die Schriftsteller Argentiniens fügten sich in ihr Schicksal, das Jahrhundert mit Borges teilen zu müssen. In Argentinien wurde man sich zunehmend der Tatsache bewusst, wie ‚argentinisch' Borges schrieb, und vereinnahmte ihn zusehends. Spätestens mit Beatriz Sarlos Buch über Jorge Luis Borges[4] war er postum auch von der (ehemaligen) Linken nun unter kulturtheoretischen Vorzeichen als herausragender argentinischer Autor anerkannt: Nichts stand mehr im Wege, Jorge Luis Borges in die große Ikone seines Heimatlandes zu verwandeln.

1986 heiratete er – seine Mutter war 1975 neunundneunzigjährig verstorben – seine langjährige Sekretärin María Kodama, und das Paar übersiedelte nach Genf. Dort starb Borges, mit internationalen literarischen Auszeichnungen und Preisen (mit Ausnahme des Literaturnobelpreises, der ihm wohl auf Grund seiner zweideutigen Aussagen zur Nazi-Geschichte versagt blieb) überhäuft, am 14. Juni 1986. Seine bisweilen umstrittenen politischen Äußerungen kosteten ihn wohl nicht nur den Literaturnobelpreis, sondern auch die Sympathien seiner lateinamerikanischen Zeitgenossen, die am Ende freilich die überragende Qualität vieler seiner literarischen Texte anerkennen mussten. Längst aber ist sein internationales Renommee auch in Lateinamerika unbestritten; ein jahrzehntelanger Prozess, der aber nicht in einem jahrzehntelangen „Purgatoire" – wie man in Frankreich für die postume Abwertung eines ehedem dominanten Autors wie etwa Sartre sagt – enden sollte. Der „politische Dinosaurier", wie ihn Ernesto Sábato einmal nannte, hat seine Erblindung als Autor und Mensch nicht nur ertragen, sondern in eine kreative Energie verwandelt, die ihn von allen anderen Schriftstellern abhob.

Wenn wir uns mit den transatlantischen Literaturbeziehungen innerhalb der Hispanophonie beschäftigen, so sehen wir, dass sich die Rezeption lateinamerikanischer Literatur und lateinamerikanischer Autoren in Europa zwar punktuell seit dem hispanoamerikanischen Modernismo signifikant veränderte, gleichwohl aber noch während der Zwischenkriegszeit an kleine literarische und philosophische Zirkel sowie an persönliche Beziehungen zwischen einzelnen Schriftstellern und Intellektuellen gebunden blieb. Diese Situation begann sich erst mit dem Namen und Werk von Jorge Luis Borges zu verändern, folglich geraume Zeit vor dem sogenannten „Boom" der Literaturen Lateinamerikas.

Dass diese neue Phase gerade mit dem Werk des Argentiniers und in Frankreich einsetzte, scheint mir in vielerlei Hinsicht bedeutungsvoll, nicht nur aufgrund der Tatsache, dass Paris unverkennbar zur zentralen Drehscheibe für die Rezeption lateinamerikanischer Literatur geworden war. Diese herausgehobene Rolle erstaunt dabei am wenigsten: Paris war nicht nur, wie Walter Benjamin

---

4 Vgl. Sarlo, Beatriz: *Jorge Luis Borges. A Writer on the Edge.* Edited by John King. London – New York: Verso 1993.

einmal formulierte, die Hauptstadt des 19. Jahrhunderts, sie blieb es auch bis etwa in die ausgehenden siebziger Jahre des vergangenen Jahrhunderts. Auch wenn Paris heute nicht mehr die kulturelle Hauptstadt ist und sein kann, da ihr andere Städte wie insbesondere New York in einem multipolaren System der Literaturen der Welt den Rang abgelaufen haben, so war Paris doch gerade für die Latein-amerikaner eine zentrale Hauptstadt der Literatur geblieben. Die „ville lumière" war das Mekka der hispanoamerikanischen Autoren des 19. Jahrhunderts, es sollte auch das Mekka der Intellektuellen, Künstlerinnen und Literat*innen His-panoamerikas für die längste Zeit im 20. Jahrhundert bleiben. Noch heute genießt Paris bei den Schriftsteller*innen aus Lateinamerika vor Barcelona und Madrid, London, Berlin oder Rom einen ausgezeichneten Ruf.

Abb. 94: Jorge Luis Borges im Foyer des *L'Hôtel*, Paris, 1969.

Der Aufstieg des Jorge Luis Borges war durchaus singulär. Dabei war zu Beginn der wesentlich von Roger Caillois initiierten Borges-Rezeption keineswegs abseh-bar, dass die *Ficciones* oder *El Aleph* sich einmal ein breites europäisches Lesepu-blikum erschließen würden. Denn die Gedichte, vor allem aber die Erzählungen von Borges wirkten zunächst in den französischen intellektuellen Zirkeln, aus denen sich der Neo- und Poststrukturalismus entwickeln sollte. Wir haben bereits gesehen, dass Michel Foucault in *Les mots et les choses* von einem Borges-Zitat ausging, das ihn in die archäologische Ordnung der Dinge einführte. Als Motti oder Epigraphe dienten Fragmente aus Borges' Werken ungezählten Publika-tionen der sechziger und beginnenden siebziger Jahre als Prä-Texte – nun nicht mehr allein in Frankreich, sondern auch in anderen europäischen Ländern oder in Nordamerika. Ein lateinamerikanischer Schriftsteller war damit – weitaus mehr als die Nobelpreisträgerin Gabriela Mistral – zum gemeinsamen Bezugs-punkt breiter intellektueller Kreise im internationalisierten Kulturhorizont gewor-den. So sehr Gabriela Mistral mit ihrem Literaturnobelpreis auch den Bann der lateinamerikanischen Literaturen gebrochen hatte: Dies kam in der Folge weniger ihrem eigenen Werk als dem eines Argentiniers zugute, der lange vor den jungen

Intellektuellengenerationen Lateinamerikas die Aufmerksamkeit innerhalb eines damals noch zentrierten weltliterarischen Systems auf sich zog.

Jorge Luis Borges begann, in der Rezeption seiner seit Beginn der dreißiger Jahre verfassten *Ficciones* alle anderen Autoren seines Kontinents zu überstrahlen, eine Entwicklung, die durch seine zunehmend geschickter werdenden Interviews noch verstärkt wurde. Sie konnten sich selbst vergewissern, wie clever der Argentinier mit den Medien umging und wie sehr er sie für das Bild, das er von sich projizieren wollte, einzusetzen verstand.

Innerhalb kürzester Zeit verwandelte sich Jorge Luis Borges in eine Pflichtlektüre angehender Autorinnen und Autoren; und nach einigen Jahrzehnten kam er selbst bei jenen Literaturwissenschaftlern an, die sich niemals zuvor mit Lateinamerika beschäftigt hatten und sich nun wie Hans Robert Jauss über Borges zu beugen und über ihn zu schreiben genötigt sahen.[5] Dies war auch für die hispanoamerikanischen Literaten eine nicht immer leicht zu verkraftende Situation, galt Borges in Europa und den Vereinigten Staaten doch bald als Inbegriff des lateinamerikanischen Autors, an dem die jüngeren zunächst gemessen werden mussten. Man könnte daher die These wagen, dass es in Europa bezüglich der hispanoamerikanischen Literaturen zunächst zur Grundlegung eines postmodernen Lektüremusters kam, bevor andere Lektüremodi dieses Muster zeitweilig wieder überdeckten und in den Hintergrund treten ließen. Im Zeichen des Boom verblasste Borges' Prestige ein wenig, da er auch beim besten Willen nicht dieser Gruppe junger Schriftsteller zugeordnet werden konnte. So bildeten sich zwei Lektüre- und Rezeptionsmodi heraus, die über lange Jahrzehnte die Aufnahme der lateinamerikanischen Literaturen in Europa und Nordamerika beherrschten.

In der an Borges ausgerichteten Rezeption wurden jene Elemente in den Vordergrund gestellt, welche nicht direkt auf einen spezifisch lateinamerikanischen Verweisungszusammenhang hindeuten und quasi einen ‚neutralen' (und dies heißt letztlich: an Europa und den USA ausgerichteten oder von dort her leicht konsumierbaren) Hintergrund betonen. Ohne spezifische Kenntnisse über Lateinamerika schien eine solche Literatur leicht verstehbar zu sein. Die angeführten Studien von Beatriz Sarlo zeigten freilich mit aller wünschenswerten Deutlichkeit auf, wie stark ebenso der Entstehungskontext wie der notwendige Interpretationshorizont bei Borges von Lateinamerika und vor allem

---

5 Vgl. Jauss, Hans Robert: *Wege des Verstehens*. München: Wilhelm Fink Verlag 1994; vgl. hierzu das Kapitel „Eine Hermeneutik des Verstehens, Vergessens und Verzeihens" in Ette, Ottmar: *Der Fall Jauss. Wege des Verstehens in eine Zukunft der Philologie*. Berlin: Kulturverlag Kadmos 2016.

von Buenos Aires und Argentinien her geprägt waren. Borges beschäftigte sich sehr wohl in den verschiedensten literarischen Formen und Gattungen mit argentinischen Themen und Traditionen, doch standen diese Schöpfungen nicht im Zentrum der internationalen Rezeption, welche derlei Deutungskontexte gerne geflissentlich ‚übersah‘. Gerade in Europa ging es vielmehr um den Einbau von Elementen, die mit den aktuellen Fragestellungen der philosophischen und literarischen Avantgarde der späten fünfziger und vor allem sechziger Jahre zu verbinden waren und innerhalb dieses Kontexts Impulse zu geben vermochten.

Die internationale Borges-Lektüre war eine sehr spezifische, insofern sie die argentinischen und lateinamerikanischen Traditionslinien weitgehend marginalisierte oder ganz ausklammerte. So dominierten in dieser Rezeption die Metaphorologien von der Welt als unendlicher Bibliothek, vom Universum als Labyrinth, von der Fiktion als Spiegel eines Spiegels, von der Auflösung der Differenz zwischen Urbild und Kopie, Original und Fälschung, zwischen binären Gegensätzen jeglicher Art. Borges' Erzählungen gaben Themenbereiche vor, die von den Neoavantgarden in Europa begierig aufgegriffen wurden, um die fest gefügten Gegensatzpaare des Strukturalismus spielerisch zu überwinden und Bereiche zu schaffen, die sich zwischen Diachronie und Synchronie oder – um mit Barthes zu sprechen – im „Switch" zwischen stimmhaft und stimmlos (*S/Z*) bewegten. Überdies verwischte die kreative Aneignung akademischer oder literaturkritischer Diskursen *in der Fiktion* die Grenzen zwischen literarischem Diskurs und Metadiskurs, eine Grenzüberschreitung, welche in den Theorien ab den späten fünfziger Jahren dankbar aufgegriffen wurden.

Jorge Luis Borges wurde aller argentinischen Anfeindungen und ideologischen Widerstände und aller unerträglichen politischen Interviews in Zeiten der argentinischen Militärdiktatur zum Trotz rasch zum geistigen Vater einer Literatur, die sich selbst bald als „postmodern" ausrief. Der argentinische Autor hat sich zu dieser Entwicklung mehrfach ironisch geäußert. Aus der Sicht unserer Vorlesung aber situierte sich sein Schreiben in seinen avantgardistischen Anfängen deutlich noch diesseits, in seiner weiteren Entwicklung aber dann ebenso deutlich jenseits jener großen Veränderung, welche wir mit Roland Barthes als „sanfte Apokalypse" umschrieben. Sie erst brachte jenen Übergang der Moderne in die Postmoderne mit sich, welcher von grundlegender Bedeutung auch und gerade für Entwicklungen hin zu den Literaturen der Welt war. Borges' literarische Texte wie deren internationale Rezeption können in ihrer Bedeutung für Literatur und Philosophie in diesem Zusammenhang gar nicht überschätzt werden.

Zweifellos ist Jorge Luis Borges heute ein Klassiker, und ein Klassiker der Postmoderne allemal. Er selbst hat über den Umgang mit Klassikern viel geschrieben; ich habe mich jedoch bereits in der Vorlesung *LiebeLesen* damit beschäftigt und will an dieser Stelle nicht mehr darauf zurückkommen. Festzuhalten aber bleibt, dass sich Borges der deutungsprägenden Signifikanz der Rezeption höchst bewusst war und dabei auch die Diachronie, den für die Moderne so entscheidenden historischen Zeitpfeil, gerne ,verschob', zeige er doch auf, wie aktuelle Texte unser Verständnis beispielsweise antiker Autoren tagtäglich verändern. Auch Klassiker, dies wusste Borges sehr wohl, verändern sich im Verlauf einer langen und nicht vorhersehbaren Praxis des Lesens, beruhen mithin nicht auf überzeitlichen Einsichten, sondern sind fragile Gebilde, die von unserer Jetztzeit und ihren Lektüremodi stets abhängig sind. Klassiker sind in ständiger Bewegung und erweisen sich nur dann als solche, wenn Sie sich im Grunde unendlich vielen Deutungen und Interpretationsansätzen öffnen, ohne doch einem einzigen ganz anzugehören.

Zugleich entkoppelte Borges die Texte der Klassiker von ihren originären Kontexten, womit alle Texte gleichsam frei relationierbar und kombinierbar werden. In diesem freien Spiel der Texte (wie der Waren) konnten alle historisch akkumulierten Texte jenseits ihrer ursprünglichen historischen, kulturellen oder literarischen Kontexte vergleichzeitigt werden und in einen kreativen Dialog oder Polylog eintreten, der alles mit allem in einer einzigen Bibliothek, einer einzigen Intertextualität, miteinander verband. Wichtig und sogar entscheidend dabei ist, dass auch auf dieser Ebene der Zeitpfeil außer Kraft gesetzt und nichts gemäß einer gegebenen geschichtlichen Abfolge, sondern alles entlang der jeweiligen Kombinierbarkeit miteinander in Verbindung gesetzt werden konnte. Damit aber waren sowohl eine historische oder diachrone Linearität wie auch eine an einem vorgegebenen Zentrum ausgerichtete Struktur als Denkvorgaben aufgegeben und machten einer freien, historisch ,befreiten' Anschlussfähigkeit Platz. Auch dies wurde als Infragestellung von Grundpfeilern der Moderne und einer modernen Sensibilität aufgefasst: Die Türen hin zu einer neuen Sensibilität schienen offen – oder das greifbar, was Michel Foucault am Ende der von uns zitierten Passage als ein Verschwinden jener Dispositionen umschrieb, welche im 18. Jahrhundert – und damit zu Beginn der Moderne – entstanden waren.

Das Faszinierende an Jorge Luis Borges ist, dass sich sein Schaffen aus der Perspektivik unserer Vorlesung auf beiden Seiten der „sanften Apokalypse" situiert und daher einen Platz im zentralen Scharnier zwischen Moderne und Postmoderne einnimmt. Sein erster großer Gedichtband, *Fervor de Buenos Aires* von 1923, stand noch überdeutlich im avantgardistischen Zeichen des „Ultraísmo" Vicente Huidobros, was sich in keiner Weise mehr wegdiskutieren ließ. Daher entschied sich Borges, diesem Text wie auch anderen aus seiner frühen Schaffensphase ein neues und reichlich gerissenes Vorwort nachträglich mitzugeben, in welchem er sich selbst ironisch eine große Kontinuität bescheinigte.

Jorge Luis Borges, der die Grenzen zwischen Original, Kopie und Fälschung in seinen literarischen Texten immer wieder verschwimmen ließ, wurde auf diese Weise zum beglaubigten Fälscher seines eigenen Werkes, wusste er doch, wie einflussreich seine neuen Interpretationsvorgaben sein würden. Schauen wir uns dieses Vorwort im Auszug einmal an, in welchem der Borges von 1969, längst zum Vater der Postmoderne avanciert, dem jungen avantgardistischen Borges von 1923, der in der argentinischen Avantgarde des „Martinfierrismo" um die einflussreichen Zeitschrift *Martín Fierro* schrieb, einige Dinge für die spätere Entwicklung mitgab:

> Ich habe dieses Buch nicht neu geschrieben. Ich habe seine barocken Exzesse abgemildert, habe an einigen rauen Stellen gefeilt, habe Gefühlsduseleien und Vagheiten getilgt sowie im Verlaufe dieser bisweilen dankbaren und bisweilen unangenehmen Arbeit empfunden, dass jener Junge, der das 1923 schrieb schon im Wesentlichen – und was heißt schon im Wesentlichen? – jener Herr war, der jetzt resigniert oder korrigiert. Wir sind ein und derselbe; wir beide glauben nicht an das Scheitern oder an den Erfolg, glauben nicht an die literarischen Schulen und an ihre Dogmen; wir beide sind devote Anhänger von Schopenhauer, Stevenson und Whitman. Für mich nimmt *Fervor de Buenos Aires* all das vorweg, was ich später schreiben sollte. Denn es ließ schon erkennen und versprach auf eine gewisse Art bereits, was später großzügigerweise Enrique Díez-Canedo und Alfonso Reyes guthießen.[6]

Diesem Text ist leicht zu entnehmen, dass sich hier ein älter gewordener Schriftsteller bemüht, sein eigenes Gesamtwerk zu runden und die Kontinuität seines eigenen Schaffens zu behaupten. Bei diesem Unterfangen ist er zweifellos gezwungen, sich in ein ‚ausgewogenes' Verhältnis zu jenem Teil seines Werkes und seines Lebens zu setzen, das sich auf Grund seiner avantgardistischen Anfänge so einfach nicht ‚runden' ließ. Daher verfolgte er eine in seinem Vorwort deutliche Doppelstrategie: Er feilte mit der Feile, veränderte also und strich, und brachte andererseits das Ergebnis dieser Arbeit in einen direkten Bezug zu dem, was er später sein wollte – wohlgemerkt mit der Feile und Tippex, wenn Sie das noch kennen, in der Hand.

So wurde aus zweien ein einziger, ohne dass doch der erste verschwinden musste. Diese gesuchte Ambivalenz, diese gerissene Offenheit ist typisch für den medienerfahrenen Jorge Luis Borges in seinen späteren Jahren. Hierin ist er durchaus ein Schüler Schopenhauers und der Welt als Wille und Vorstellung: Denn er wollte, ja er musste den avantgardistischen Borges der jungen Jahre zu einem Vorläufer des postmodernen Borges der späten Jahre machen, um sein Gesamtwerk,

---

6 Borges, Jorge Luis: *Fervor de Buenos Aires*. Buenos Aires: Emecé 1996, Prólogo, S. 11.

das gewiss eine große Homogenität aufweist, zu arrondieren. Borges spielte in diesen Sätzen mit der philosophischen Vorstellung, um sein eigenes Früh-Werk als Wille und Vorstellung des späten Borges zu deuten und damit geflissentlich umzudeuten.

Es gibt einen aufschlussreichen Text, den Borges wohl nicht in schriftlicher Form festhielt, aber einer 1967 auf Schallplatte veröffentlichten hörenswerten Selbstaufsprache seines Gedichts *Fundación mítica de Buenos Aires* voranstellte. Ich werde Ihnen ein wenig später diese Aufnahme und den vorangehenden, vom alten Borges vorgetragenen Text vorspielen, möchte aber bereits an dieser Stelle festhalten, dass sich der alte Borges in diesem kurzen Text noch wesentlich schärfer vom jungen Borges distanzierte, der mit dem lesenden nichts mehr zu tun habe. Er sei ein anderer Borges, der nun sein eigenes Gedicht wie das Gedicht eines anderen lesen werde. Doch dazu und zu diesem Gedicht etwas später mehr ...

Wir könnten an dieser Stelle auf all jene Versuche hinweisen, in welchen ein Schriftsteller oder Dichter seine frühen Schriften zu verbergen oder umzudeuten suchte: Auf Gustave Flaubert und seine erste, gescheiterte *Education sentimentale*, den frühen Honoré de Balzac, der sich nicht mehr gerne an seine ersten Romane erinnerte, den jungen Jules Verne, der seinen unveröffentlicht gebliebenen Romanerstling nicht mehr publizierte. Im lateinamerikanischen Bereich suchte Vicente Huidobro seine frühe modernistische Lyrik möglichst rasch in jenen Creacionismo einzuordnen, den er schon – eine kleine Änderung auf dem Titelblatt genügte – noch vor seiner Reise nach Frankreich und seiner Begegnung mit Reverdy erfunden haben wollte. Fast ein halbes Jahrhundert lag zwischen dem ultraistischen Gedichtband und dem späten, ein nachträgliches Vorwort verfassenden Borges, der sich seiner Bedeutung ganz und gar bewusst war. Und doch sollten wir uns nun weniger mit der Tatsache beschäftigen, dass Vicente Huidobro zur Avantgarde hin fälschte und Jorge Luis Borges von der Avantgarde weg – was schon ein wichtiges Indiz wäre –, sondern wodurch sich die Gedichte der zwanziger Jahre in Bezug auf Zeit und Raum auszeichnen und wie wir ihre Beziehung zum Gesamtwerk näher bestimmen können.

Um dieses Ziel zu erreichen, werfen wir zuerst einen Blick auf einen etwas entfernt scheinenden Text aus dem Gedichtband *Luna de enfrente* von 1925 – das Gedicht *Montevideo*:

> Ich rutsche auf Deinem Nachmittag wie die Müdigkeit auf der Barmherzigkeit einer Steigung rutscht.
> Die neue Nacht ist wie ein Flügel über Deinen Dachterrassen.
> Du bist das Buenos Aires, das wir besaßen, das sich über die Jahre gemächlich von uns entfernte.
> Du bist unser und in Feierlaune, dem Sterne gleich, den die Wasser verdoppeln.

Als falsche Tür in der Zeit schauen Deine Straßen zur leichteren Vergangenheit.
Helle, von wo der Morgen uns kommt, auf den süßen durchmischten Wassern.
Noch bevor sie mein Gitter erhellt, beglückt Deine niedrige Sonne Deine Landhäuser.
Stadt, die sich anhört wie ein Vers.
Straßen mit dem Licht der Innenhöfe.[7]

In dieser Hommage an das benachbarte oder besser gegenüberliegende Montevideo wird, wie in *Fervor de Buenos Aires*, eine Stadtlandschaft evoziert, die
nun aber nicht die der argentinischen, sondern vielmehr der uruguayischen
Hauptstadt ist. Dabei ist das strukturierende Element der Vergleich, die ständig
wiederkehrenden „como", welche das lyrische Ich in eine Beziehung zur mit
Du angesprochenen Stadt setzen. Mit der Evokation von Abend („tarde") und
Nacht („noche") wird zugleich eine zeitliche Dimension aufgerufen, die im
dritten Vers konkretisiert wird: Die Hauptstadt Uruguays erscheint als die Vergangenheit der eigenen Hauptstadt, jener Stadt, die „wir besaßen". Damit ist
zugleich das lyrische Ich auf eine erste Person Plural hin geöffnet, die zweifellos nicht die von Montevideo ist. Die Sichtweise Montevideos ist vielmehr eine
von außerhalb des Raums, aber auch außerhalb der Zeit: Das alte Buenos Aires
wird paradoxerweise durch Montevideo erreichbar und sichtbar, nicht aber
das neue Montevideo. Auf diese Weise wird die Reise im Raum eine Reise in
der Zeit, das Andere zugleich zum Vertreter, zum Substitut des Eigenen. Eine
gewisse Großmannssucht, die man den Bewohnern von Buenos Aires ja nach-
sagt, mag in diese Perspektivierung der Hauptstadt Uruguays sehr wohl hinein-
spielen.

Zugleich ist Montevideo aber auch die „Puerta falsa en el tiempo", eine Fälschung also, in welcher die Straßen als Gebilde des Raumes sich als Phänomene
der Zeit erweisen, welche in die Vergangenheit blicken, hin zu einer Vergangenheit, die als „más leve" erscheint. Die zuvor mit Abend und Nacht assoziierte
Stadt wird nun mit dem Morgen verbunden, was der weiter östlich gelegenen geographischen Position in gewisser Weise angemessen ist. An diesem Punkt indes
wird Montevideo mit der Intimität des lyrischen Ich verknüpft, das jenes Licht in
sein Zimmer hereinlässt, welches schon das ruhige Montevideo bescheint, seine
Landhäuser, die „Quintas", aber auch die Patios, die für die Mythologie der Stadt
bei Borges eine so wichtige Rolle spielen.

Es ist jenes Montevideo, von dem Borges an anderer Stelle einmal schrieb,
dass die Stadt wie ein hübsches Viertel von Buenos Aires sei, das sich in die

---

7 Borges, Jorge Luis: Montevideo. In Frías, Carlos V. (Hg.): *Jorge Luis Borges. Obras completas
1923–1972*. Buenos Aires: Emecé 1974, S. 63.

Sommerfrische aufgemacht habe. Diese Aussage schien letztlich gar nicht so weit hergeholt, waren Montevideo und mehr noch Punta del Este doch mit die beliebtesten Aufenthaltsorte für die „Porteños", die Bewohner von Buenos Aires, während der Sommerferien. Fast wirkt dies alles wie ein Klischee aus argentinischer Perspektive: Montevideo als die kleinere Stadt auf der anderen Seite des Río de la Plata, als die kleinere Schwester, die wie ein Viertel von Buenos Aires in der Zeit zurückblieb und wo alle Straßen in die Vergangenheit führen.

Sicherlich stoßen wir in diesem Gedicht auf die Sicht eines „Porteño", der sich in der argentinischen Hauptstadt im Hauptmeridian der Kultur weiß, während Montevideo eine eher nostalgisch zu beleuchtende, zurückgebliebene Welt darstellt. Borges war in jenen Jahren die Galionsfigur der Zeitschrift *Martín Fierro*, die zwischen 1924 und 1927 eine kaum zu überschätzende Rolle innerhalb des literarischen Feldes Argentiniens spielte. In dieser nach dem gleichnamigen argentinischen Gaucho-Epos von José Hernández benannten Zeitschrift erschienen damals die Gedichte der hispanoamerikanischen Avantgarden, aber auch der jüngsten französischen Literatur oder auch Texte unter anderem von James Joyce, an deren Übertragung sich der Argentinier als erster spanischsprachiger Übersetzer wagte. Die Autoren dieser Gruppe fühlten sich absolut auf der Höhe ihrer Zeit – und dies galt insbesondere für Jorge Luis Borges, der nicht nur Spanisch und Englisch, sondern auch Französisch, Deutsch und Italienisch sprach und mit den jeweiligen literarischen Entwicklungen bestens vertraut war. Man konnte sich in jenen Jahren in Buenos Aires in der Tat im Schnittpunkt aller maßgeblichen kulturellen Bewegungen fühlen: Buenos Aires war eine Metropole, die mit dem Rücken zum Rest von Argentinien, zum Rest von Lateinamerika lebte und den Blick fest auf Europa und vor allem Paris geheftet hatte.

Zugleich war die Verbindung mit dem Moderneprojekt überdeutlich, mit Fragestellungen der Modernisierung, welche vor einem Jahrzehnt noch die Modernisten um José Enrique Rodó, aber aktuell auch die argentinischen Avantgardisten stark beschäftigten. Gerade für die Dachterrassen, die „azoteas", hatten sich Borges und der damals in Lateinamerika arbeitende Franzose Le Corbusier brennend interessiert; ein Element der Stadtlandschaft, auf dessen Bedeutung Raúl Antelo zurecht aufmerksam machte.[8] Deutlich erkennbar waren in Borges' *Montevideo* ferner ultraistische Elemente, für welche die Modernität mit der Beschleunigung der Zeit und mit den großen, sich rasch wandelnden Stadtlandschaften einhergingen. Dies waren durchaus zeittypische Charakteristika, die wir zusammen mit der Betonung, ja Verherrlichung von Technik durch die italie-

---

8 Vgl. Antelo, Raúl: Una crítica acéfala para la modernidad latinoamericana. In: *Iberoamericana* (Frankfurt am Main – Madrid) VIII, 30 (junio 2008), S. 129–136.

nischen Futuristen bereits eingehend in unserer Vorlesung analysieren konnten. Auch sie bildeten einen wichtigen Verstehenshorizont für Borges' Gedicht an Montevideo.

Abb. 95: Le Corbusier: Skizzen für städtebauliche Projekte in Montevideo und São Paulo, 1929.

Raum und Zeit spielen auch in einem weiteren Gedichtband des frühen Borges eine zentrale Rolle: im *Cuaderno San Martín* von 1929. Daraus stammt das erste berühmt gewordene Gedicht mit dem Titel *Fundación mítica de Buenos Aires*, das ich Ihnen in einer Übersetzung von Gisbert Haefs vorstellen darf. Sie können sich übrigens das ganze Gedicht in der bereits kurz erwähnten, 1967 veröffentlichten Aufsprache des damals achtundsechzigjährigen Autors anhören. Schauen wir uns also diese *Mythische Gründung von Buenos Aires*, die natürlich im Wohnviertel von Borges, in Palermo, verortet wird, einmal an:

> Also auf diesem trägen und schlammigen Fluss wären damals
> all die Boote gekommen, mir die Heimat zu gründen?
> Die bunten Schiffchen tanzten bestimmt auf den Wellen am Ufer,
> zwischen treibenden Büschen in der Brühe der Strömung.
>
> Um die Sache gut zu bedenken, lasst uns vermuten,
> dass der Fluss damals blau war, wie im Himmel entsprungen,
> samt seinem roten Sternchen für den Ort, an dem Juan Díaz
> frühstückte, und an dem ihn abends die Indios verspiesen.

Sicher ist, tausend Männer und weitere Tausende kamen,
über ein Meer herüber, das damals fünf Monde breit war,
und das noch bevölkert war von Sirenen und Drachen
und von Magnetsteinen, die die Kompassnadeln verführten.

Einige scheue Landstücke nahmen sie an die Küste,
schliefen befremdet. Angeblich war das am Riachuelo,
aber das ist ein Schwindel, erfunden im Viertel von Boca,
es war ein ganzer Block in meinem Viertel, Palermo.

Ein ganzer Block, aber mitten im Feld, und der Morgenröte
ausgesetzt und dem Regen und den südwestlichen Stürmen.
Gleich dem Block der noch immer fortbesteht in meinem Viertel:
Guatemala, Serrano, Paraguay, Gurruchaga.

Ein Schankladen leuchtet rosa wie Spielkartenrücken,
und im Hinterzimmer beredet man einen Truco;
der rosa Schankladen blühte auf zu einem Halunken,
bald schon der Boss der Ecke, bald schon hart und verschlagen.

Den Horizont überwand eine erste Drehorgel, klapprig
in der Bewegung, mit Habaneras und fremdem Geleier.
Sicherlich stimmte der Wagenstall schon für YRIGOYEN,
und irgendein Klavier spielte Tangos von Saborido.

Ein Zigarrenladen räucherte wie eine Rose
diese Öde. Der Abend war schon tief voll von gestern,
eine Illusion von Vergangenheit teilten die Menschen.
Eines nur fehlte noch: der Gehsteig von gegenüber.

Dass Buenos Aires jemals begonnen hat, kann ich kaum glauben:
mir erscheint es so ewig wie die Luft und das Wasser.[9]

In diesem Gedicht führt Jorge Luis Borges seine Leidenschaft für Buenos Aires, die bereits im Titel seines ersten Gedichtbandes zum Ausdruck kam, entschlossen fort. Sie ließe sich durchaus autobiographisch deuten, ist doch das spektakuläre Straßennetz der Großstadt für den jungen Borges in der Tat mythisch, ließ ihn doch seine Mutter nach einem Zusammenstoß des Jungen mit einer Straßenbahn, die er wegen seines schlechten Augenlichts nicht hatte kommen sehen, nicht mehr alleine auf die Straße. Borges erträumt sich fortan sein Viertel

---

9 Borges, Jorge Luis: Fundación mítica de Buenos Aires. In Haefs, Gisbert (Hg.): *Jorge Luis Borges. Gesammelte Werke*. Band 1: *Gedichte 1923 – 1965*. München: C. Hanser 1982, S. 51 f.

und seine Stadt ganz so, wie er sich später als Direktor seine Nationalbibliothek imaginierte.

So erträumte sich Borges, der die Welt aus der Sicht vergitterter Fenster in seinem Stadtviertel Palermo kennenlernte, eine eigene Stadt im Kopf, ein mythisches Buenos Aires, dem er deshalb auch eine mythische Geschichte zu Grunde legte. Wir werden gleich sehen, welch eine Stadt dies war. Es bleibt indes festzuhalten, dass Borges als einer der ersten Dichter das Buenos Aires der Straßen, der Vorstädte, der kleinen Plätze, der „suburbios", der „arrabales" und „compadritos" besang und nicht die Metropole der Staatsgründer, Bankiers und großen Leute. Er schuf auf diesem Wege jene Szenerie, die auch in seinen criollistischen Prosaschriften von größter Bedeutung ist. Der Argentinier Horacio Salas hat einmal in der argentinischen Lyrik des 20. Jahrhunderts nachgezählt, und da ist Borges nur einer der ganz frühen von insgesamt nicht weniger als vierhundert argentinischen Dichtern, die ihre geliebte Stadt wie ihre Geliebte besangen.[10] Was aber macht den mythischen Gesang, die mythische Vision von Borges aus?

Wir wollen an dieser Stelle nicht die politische Parteinahme des lyrischen Ich in diesem Gedicht für Hipólito Irigoyen untersuchen und damit für die Radikale Partei (Partido de la Unión Cívica Radical), die Partei der Mittelklasse, welche die Oligarchie von der Herrschaft verdrängte. Ihr stand Irigoyen als Caudillo vor und sie vertrat er als gewählter Präsident, bevor ihn 1930 ein Militärputsch – der erste in einer lang anhaltenden Serie – von der Macht vertreiben sollte. Die politischen Stellungnahmen von Borges sind oft von so entnervender Beschaffenheit, dass es schwerfällt, sie in eine Gedichtanalyse miteinzubeziehen, obwohl wir sie auch nicht ganz vergessen dürfen, zumal es hier um einen demokratisch gewählten Präsidenten Argentiniens geht. Berüchtigt sind seine späteren Stellungnahmen für den Faschismus und die Militärdiktatur geblieben, und nicht alles lässt sich mit dem flotten Hinweis darauf zudecken, dass Borges ja wohl selbst gesagt hatte, dass die politischen Äußerungen immer das Dümmste der Dichter seien. Jedenfalls hat Borges in *El tamaño de mi esperanza* das Hohelied von Irigoyen gesungen und ihn mit keinem Geringeren als – dem Diktator Rosas verglichen. Wir verstehen, warum Borges koste es was es wolle die Publikation dieses Bandes zu verhindern trachtete und *El tamaño de mi esperanza* auch nur postum und mit dem Einverständnis von María Kodama erscheinen konnte.

Die mythische Gründung von Buenos Aires stellt zunächst einige Fakten zur Disposition, auf die im Gedicht angespielt, die aber von Beginn an mit einem Fragezeichen versehen wurden. So wird zunächst der Ort der Gründung verlegt,

---

10 Vgl. Salas, Horacio: Buenos Aires, mito y obsesión. In: *Cuadernos Hispanoamericanos* (Madrid) 504 (junio 1992), S. 389–399.

und zwar von der sogenannten „Boca" weg (wo wir die historische Gründung ansiedeln dürfen) hin nach Palermo, wo die erste Gründung der künftigen Hauptstadt einen ganzen Häuserblock umfasst haben soll. Diese Verlegung ist leicht durchschaubar, wohnte doch Jorge Luis Borges selbst in jenem Carré, das die vier Straßennamen am Ende der Strophe angeben. Diese präzise, auch heute noch auf jedem Stadtplan zu bestimmende Situierung, welche noch durch zusätzliche ortskundige Elemente gestützt wird, macht damit den schicken großbürgerlichen Stadtteil am Rande der damaligen Metropole in den zwanziger Jahren zum eigentlichen Ursprungsort, verschiebt also den Ursprung in einer für jeden Bonaerenser durchsichtigen und nicht ganz ernstzunehmenden Weise.

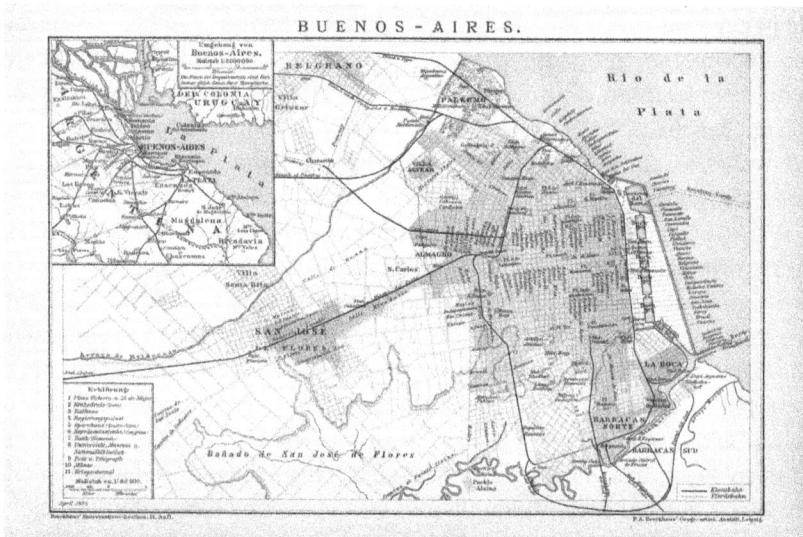

Abb. 96: Stadtplan von Buenos Aires, ca. 1892.

Die augenzwinkernde Fälschung ist durchschaubar und weist gerade daher nicht auf das Objekt der Fälschung, sondern auf dessen Subjekt, auf dessen Urheber zurück. Dieses lyrische Ich, das sich somit in den Mittelpunkt des Gedichtes stellt, lässt es bei der Dezentrierung im Raum und der fingierten Gründung eines eigenen Raums mit eigenem Ursprung, eigener Geschichte, eigenem Netzwerk von Straßen nicht bewenden, sondern führt in den beiden letzten Versen auch eine Dezentrierung in der Zeit durch. Wieder sind es die anderen, die die gängige Meinung zum Ausdruck bringen, und wieder hält das Ich dagegen, indem es den gerade erst verschobenen, differierten Ursprungsmythos als Mythos des Ursprungs gleichsam ‚entlarvt', um dadurch der von Menschen, von spanischen

Eroberern geschaffenen Stadt eine ursprungslose, gleichsam natürliche, ewige Dimension zu verleihen.

Sie entrückt Buenos Aires als Ewige Stadt der Dimension der Zeit: Die Stadt am Río de la Plata war schon immer da, ist so ewig wie der Fluss oder der Ästuar selbst. Damit ist Buenos Aires, das von außen her gegründet wurde, das also peripher liegt zum Herkunftsort jener Spanier, welche die Gründung der Stadt durchführten, selbst zum Zentrum geworden und hat sich an die Stelle der alten Zentren gesetzt. Auch Palermo erinnert an keine europäische Stadt mehr, sondern befindet sich ganz einfach im Herzen der argentinischen Metropole. Die Spanier stammen von den Goten oder vielleicht den Iberern ab, „descienden de los visigodos"; die Argentinier aber, so eine beliebte Formel, „descienden de los barcos": Sie sind ganz einfach den Schiffen entstiegen. Dieses Bild wird in diesen Versen vorgeführt und zugleich dekonstruiert, indem die Zeitachse des Gründungsmythos ins Unendliche verschoben oder verbogen wird. Gleichzeitig fällt dies mit der Schöpfung der Welt, mit den Grundelementen des Wassers und der Luft – nicht umsonst trägt die Stadt ja den Namen der Guten Winde und war das Wasser ihr Kreissaal – in Eins. Lassen Sie es mich mit der für die „Porteños" sprichwörtlichen Bescheidenheit der biblischen *Genesis* sagen: Im Anfang also war Buenos Aires.

Ich möchte an dieser Stelle unsere Interpretation des Gedichts abbrechen, hat sie uns doch schon zur Genüge gezeigt, dass Jorge Luis Borges keineswegs jener Dichter und Erzähler ist, für den er oft ausgegeben wird: ein Dichter des Universalen, des nicht in Raum und Zeit Verorteten, ein Autor, der ebenso gut Franzose, Italiener oder Japaner hätte sein können. Derlei Anschauungen dürfen wir ein einsilbiges Nein entgegenhalten. Wir sind dabei freilich nicht die einzigen, hat sich doch die argentinische Literaturkritik während des zurückliegenden Vierteljahrhunderts auf ihren Borges besonnen. Sie hat ihn, den man stets als vaterlandslosen Gesellen beschimpfte, als den am wenigsten lateinamerikanischen Schriftsteller des Jahrhunderts ächtete, aus allen progressiven Zirkeln ausschloss, die sich mit den Literaturen des Subkontinents beschäftigten, nun kurzerhand zum argentinischsten aller Argentinier und Schriftsteller ausgerufen. Ein fürwahr beispielloser Vorgang, der freilich noch immer nicht abgeschlossen ist. Halten wir also fest: Jorge Luis Borges ist ein Schriftsteller aus Palermo.

Nur leicht karikierend könnten wir ferner sagen: Nachdem die Europäer riefen, dass Borges einer der ihren sei, und die Argentinier ihnen hinüberriefen, man möge ihn gerne mitnehmen, schallt es nun aus allen Erdlöchern, Jorge Luis Borges sei wie kein anderer dem Heimatboden Argentiniens verbunden geblieben, sei der Inbegriff Argentiniens schlechthin, darin vielleicht nur noch Diego Armando Maradona gleich. So geht das mit Schriftstellern, an deren Größe man nicht vorbeikommt: Erst will man sie geistig exilieren, und geht das nicht, dann muss man sie halt vereinnahmen und assimilieren. Der ‚Re-Argentinisie-rungs'-Prozess von Borges hat in den letzten Jahrzehnten seltsame Blüten getrie-ben und wird, da fällt das Prophezeien nicht schwer, auch in den kommenden Jahren noch viel Interessantes konstruieren und zusammenbasteln. Wir sollten uns davon nicht den Blick verstellen lassen und im Auge behalten, dass wir es mit einem Schriftsteller zu tun haben, der in überzeugender Weise die spezifischen Traditionen seiner Herkunft mit weltliterarischen Filiationen auf kreative und spielerische Weise verband. Als argentinischer Autor erweiterte er die Möglich-keiten des Schreibens überhaupt in beträchtlichem Maße. Gerade deshalb also erscheint Borges unterschiedlichen Nationen in unterschiedlichem Licht, und genau deshalb ist Borges in seiner eigenen Definition ein Klassiker, lässt sein Werk doch unendliche Deutungen und Interpretationen zu. Borges ist zugleich, einen Buchtitel von ihm selbst variierend, „el otro" und „el mismo": der Selbe und der Andere.

Jorge Luis Borges selbst hat sich zu dieser Problematik mehrfach zu Wort gemeldet. Am wortgewaltigsten und einflussreichsten tat er dies wohl in seinem Essay *El escritor argentino y la tradición*. In diesem ursprünglich als Vortrag kon-zipierten Text wird in gewisser Weise der doppelte Borges sichtbar und zusam-mengedacht: zum einen der Borges zwischen 1919 und etwa 1935, mit dem wir uns gerade beschäftigt haben, und andererseits jener Borges, der sich dann ab etwa 1935 stärker von den argentinischen Inhalten abwandte. Letzterer legte den Grundstein für seinen universalen Ruhm durch die Behandlung universaler Themen. Paradoxerweise war es dieser universale Ruhm und die Weltgeltung, die ihm zuteilwurden, welche ihn dank einer sich drehenden Rezeptions-geschichte nachträglich wiederum in einen Argentinier verwandelten. Dies ist die mythische Genese des postmodernen Borges, jenes argentinischen Schrift-stellers, der – wie sein Biograph Emir Rodríguez Monegal meinte – zu so etwas wie einem Guru, wir könnten hinzufügen: zu einem postmodernen Guru, wurde, der auf seinen unzähligen Vortragsreisen durch die USA und Europa bisweilen frenetisch gefeiert wurde. Unbestritten ist, wie wir sahen, dass Borges selbst versuchte, diese vor 1935 liegende Zeit zu verdunkeln oder doch einige Spuren zu verwischen und durch neue, künstlich angelegte, mythische Spuren zu ver-decken.

In *El escritor argentino y la tradición* geht Borges auf Fragestellungen ein, die sich mit T.S. Eliot in Verbindung bringen ließen, der schon darauf hingewiesen hatte, dass etwa Homers *Odyssee* nicht mehr ohne die Erfahrung von James Joyces *Ulysses* zu lesen sei – eine Tatsache, der sich noch immer viele Altphilologen ver-schließen. Und weiter noch, dass die literarische Vergangenheit von den Ver-änderungen der Gegenwart und Zukunft her transformiert und neu gedacht, in einem veränderten Sinne konstruiert und konzipiert wird. Die literarische Vergangenheit als heute zu schaffender Raum, in welchem jeder Schriftsteller, jede Schriftstellerin sich die je eigenen Vorläuferinnen und Vorläufer schaffen und verschaffen kann: Dies ist ein zentraler Gedanke, der im literarischen Gesamtwerk von Jorge Luis Borges ein durchgängiges Leitmotiv bildet.

Borges wandte sich in diesem brillanten Essay vehement gegen alle Vertreterinnen und Vertreter des Autochthonen in der Literatur, die allein auf diesem Wege die Schaffung einer ‚eigenständigen‘ Literatur für möglich hielten. Ihnen allen hielt er entgegen, dass Mohammed keine Kamele in den Koran aufnehmen musste, um den Koran zu einem authentischen arabischen Buch zu machen – ein Satz, den wir uns merken dürfen wie vieles, was Borges an Einsichten in den langen Jahrzehnten seiner literarischen Arbeit ausgedacht hat – auch wenn im Koran, wie ich höre, mitunter durchaus Kamele auftauchen mögen.

Nun, bekanntlich sind die wirklichen Europäer nicht die Europäer, sondern die Lateinamerikaner. Wie, Sie zweifeln noch daran? Doch ein Brite, Deutscher, Franzose, Italiener oder Schwede überblickt nicht die europäische Kultur und Literatur in ihrer Gesamtheit, sondern sieht immer wieder vor allem das Nationale, bleibt rückgebunden an seine britische, deutsche, französische, italienische oder schwedische Kultur- und Literaturtradition. Wie könnte er da noch von der Literatur Europas sprechen?

Nicht so der Argentinier. Ihm steht alles zur Verfügung, er kann sich auf alles einlassen, kann – so dürfen wir hinzufügen – mit allem spielen und über alles verfügen. Dies war eine Idee, die verblüffend einfach und in ihren Konsequenzen mehr als weitreichend ist. Zugleich wurde mit ihr die Autorität des Zentrums ebenso subtil wie nachhaltig untergraben. Denn im Zentrum weiß man nicht mehr über das Zentrum, sondern höchstens über einige seiner Provinzen Bescheid: Das Ganze der europäischen Kultur, der europäischen Literatur, hat man längst aus dem Blick verloren, ja schlimmer noch: Man hat es nicht einmal bemerkt. Sind die Europäer also noch die vertrauenswürdigen Hüter ihres kulturellen und literarischen Erbes oder vielleicht doch mehr Nationalisten, die sich als Hüter Europas und seiner Literaturen aufspielen?

Mit Borges gesprochen sind erhebliche Zweifel angebracht. Nur aus der Peripherie könne man das Zentrum überblicken, könne man die Gesamtheit einer Kultur durchleuchten, sich einen adäquaten Überblick verschaffen, sind alle Teile des Gesamtbildes der Literaturen und Kulturen Europas doch äquidistant. Wir haben in die Konzeption unserer Vorlesung ja die Problematik der europäisch-lateinamerikanischen Kulturbeziehungen als Grundmuster eingearbeitet und dürfen an dieser Stelle zum einen festhalten, dass es innerhalb dieser Geschichte der hispanoamerikanischen Literaturen noch keinen so scharfsinnigen Denker gab wie Borges, gerade auch in Bezug auf dieses transatlantische und zugleich transareale Verhältnis. Das vermeintliche Zentrum gehörte laut dieser ingeniösen Denkfigur nun nicht länger dem Zentrum: Nicht die jeweiligen partikularen Einsichten aus dem Zentrum waren künftig von entscheidender Bedeutung, sondern der mit allem vertraute Blick von außen, von einer vorgeblichen Peripherie aus, welche fortan zum Brennpunkt aller Blickpunkte avancierte. Eben hier liegt die eigentliche Signifikanz jener Sätze, die Borges gleichsam autobiographisch und familiengeschichtlich im Schnittpunkt der verschiedensten Herkünfte und Traditionen zeigen. Es ist auch diese spezifische Position, die seine eigene Selbsteinordnung, aber auch seine ästhetischen Fundamente wesentlich mitbestimmte.

Gleichzeitig dürfen wir aber auch nicht vor der Tatsache die Augen verschließen, dass Borges sich vor allem an die Traditionslinien der europäischen Literaturen andockte, dass es zum Bereich der indianischen oder der schwarzen Kulturen faktisch kaum einmal Bezüge in seinem Schaffen und in seinem Denken gibt. Letztere gibt es sehr wohl aber zu volkskulturellen Traditionen, auch teilweise zu Hybridisierungserscheinungen und – vor allem beim späten Borges – insbesondere zum Pol der (westlichen) Massenkultur innerhalb internationalisierter Kulturhorizonte. Wir sollten dies nicht vergessen, wenn wir die Ausführungen von Borges am Ende seines Vortrags zur Kenntnis nehmen.

Nicht zuletzt anhand dieser Beispiele sehen wir, welch überragende Bedeutung Borges Lektüre und Leseprozessen als kreativen, gestaltenden und schöpferischen Kräften beimaß. Daher hatte auch logischerweise die Postmoderne sehr wohl das Recht, ‚ihren‘ Borges für sich zu reklamieren. Auch sie schuf ihre eigene Vergangenheit neu und fand in diesem erblindeten Schriftsteller aus Argentinien jene Entrückung vom Kontextuellen, jenes unabschließbare Spiel der Differenz und der aufschiebenden Differierung (also der „différance" im Sinne Jacques Derridas), welche die postmodernen Ästhetiken und unsere literarischen Wahrnehmungen seit den sechziger Jahren so entscheidend prägten. Der blinde Borges rückte als prophetischer Seher ins Zentrum jener Postmoderne, mit der wir uns noch ausführlich beschäftigen werden.

Es ist diese spezifische, durchaus ambivalente Position, die Borges' eigene Selbsteinordnung, aber auch seine ästhetischen Fundamente wesentlich initiierte und ihn zu Denkfiguren führte, die später für die postmodernen Ästhetiken maßgeblich wurden. Ich möchte Ihnen dies gerne anhand eines kleinen Ausschnitts aus *El escritor argentino y la tradición* vorführen:

> Daher wiederhole ich, dass wir keine Angst haben und etwa nicht denken sollten, dass
> unser kulturelles Erbe das Universum ist; wir müssen es mit allen Themen versuchen und
> können uns nicht auf das Argentinische verlegen, um Argentinier zu sein: denn entweder
> ist Argentinier zu sein eine Fatalität, und in diesem Falle sind wir es auf alle Fälle; oder das
> Argentinier-Sein ist eine bloße Affektiertheit, eine Maske.

Wenn wir uns, so glaube ich, diesem willentlichen Traum der künstlerischen Schöpfung überlassen, dann werden wir Argentinier sein und zugleich gute oder erträgliche Schriftsteller.[11]

Mir scheint, dass mit dieser Antwort eine ganze Reihe von Fragen an die Zukunft dessen, was wir heute als die Literaturen der Welt bezeichnen, eine erste und wegweisende Beantwortung finden. Festhalten dürfen wir erstens, dass mit dieser Aussage die persönlichen Positionen von Jorge Luis Borges abgesteckt und auch all die Zweifel ausgeräumt sind, ob der Verfasser der *Ficciones* nun ein Argentinier sei oder nicht. Borges verdeutlicht, dass das Argentinier-Sein, nichts mit einer Essentialität zu tun hat und kein ontologisches Faktum darstellt, sondern radikal offen in seinen immer wieder dynamisch sich verändernden Ausrichtungen ist. Damit ist zum einen die Komplexität einer Kultur jenseits der Essentialismen repräsentiert, zum anderen aber auch die Mobilität derartiger nationaler Bezeichnungen, die sich nicht an einem statischen Nationalbegriff und auch nicht an behandelten Gegenständen orientieren dürfen. Es geht also mit anderen Worten nicht um die Frage, *was* ein argentinischer Schriftsteller in Bezug auf eine bestimmte Tradition ist, sondern *wann* dieses Verhältnis in Konfigurationen gelangt, welche man als argentinisch bezeichnen darf. Und als ‚argentinisch' versteht Borges gerade den Zugriff auf alle möglichen und vorstellbaren Traditionen aus einer (vormals marginalen, peripheren) Position, welche aus der Distanz den Zutritt zu all diesen Traditionen besitzt.

Damit erteilt Borges all jenen eine Absage, die als Nationalisten oder ‚Identitäre' von festen, stabilen und homogenen Positionen träumen, die es in dieser Art aber weder gab noch jemals geben wird. Und dies gilt selbstverständlich ebenso für die Hüter einer „argentinidad" wie für die Hüter eines „Deutschtums", das in identitären Kreisen propagiert und auf mehr oder minder intelligente Weise für die Dummen in der dumpfen Garküche zubereitet wird. Wir sollten uns wie Borges nicht länger mit diesen schlechten Fiktionen von Identität beschäftigen, die in jeder Gesellschaft, in der argentinischen wie der deutschen, schon seit langer Zeit so viel Unheil angerichtet haben, immer noch anrichten und wohl auch künftig anrichten werden.

Ein argentinischer Schriftsteller ist also nicht, wer wortreich und bewundernd über die Gauchos schreibt, den argentinischen Fußball hochleben lässt oder seine Protagonisten ständig in den Vorstädten Tango tanzen lässt. Eine argentinische Schriftstellerin zeichnet sich nicht dadurch aus, dass sie sich ausschließlich auf

---

11 Borges, Jorge Luis: El escritor argentino y la tradición. In Frías, Carlos V. (Hg.): *Jorge Luis Borges. Obras completas*, S. 273 f.

argentinische Texte bezieht oder ihre Helden beliebig häufig „che" sagen, in den Anden Skifahren lässt oder in die Wüsten Patagoniens vordringt. Vorgefertigte Identitäten sind für Borges lediglich schlechte Fiktionen, denen er eine universale Ausrichtung gegenüberstellt. Was aber ist damit gemeint?

Universal heißt zunächst einmal, dass es keinerlei Themenbereiche gibt, die den argentinischen Schriftstellerinnen und Schriftstellern unzugänglich wären. Alle Themen, Problematiken, literarischen Traditionen stehen ihnen offen. Argentinische Autorinnen und Autoren können ebenso Haikus verfassen, wie sie das Denken eines Philosophen im alten China erörtern können. Oder, um bei Borges zu bleiben, eine Karte von China im Maßstab 1:1 entwerfen dürfen.

Jorge Luis Borges hat sich in diesen Passagen nicht mit der Sprache beschäftigt, in welcher sich argentinische Schriftsteller*innen zu äußern hätten oder welcher Sprachen sie sich bedienen müssten. Er selbst schrieb ganz selbstverständlich auf Spanisch, in der Sprache von Cervantes, wie er immer wieder betonte, und beschäftigte sich intensiv mit der Aufgabe des Übersetzers, ja war selbst ein Übersetzer, der einen James Joyce ins Spanische übertrug. Es wären aber durchaus argentinische Schriftsteller vorstellbar – und ja, es gibt sie! –, die nicht auf Spanisch, sondern auf Englisch, Deutsch oder auf Französisch schreiben.

Schreibt „der argentinische Schriftsteller" aber auf Spanisch, so stehen ihm alle literarischen Werke der Welt als Bezugspunkte offen und zur Verfügung; gleichzeitig aber bilden sich Bezugssysteme heraus, welche universal der gesamten Welt zugeordnet sind, sich aber innerhalb bestimmter Logiken einer Einzelsprache wie etwa des Spanischen bewegen und insofern am Spanischen ausgerichtet sind. Jorge Luis Borges wurde zweifellos noch in einem weltliterarischen System sozialisiert, aber es zeichnen sich bei ihm am Horizont Zugehörigkeiten ab, welche keine einheitliche homogene Universalität mehr darstellen, sondern sehr wohl Eigen-Logiken entfalten, wie wir sie später, in der zweiten Hälfte des 20. Jahrhunderts, als die Literaturen der Welt sich herausbilden sehen. Es gibt keinen essentialistisch verbindlichen Kanon mehr, wohl aber die Logiken literarischer Felder, die sich jenseits nationaler Grenzen innerhalb von Sprach- und Literaturgemeinschaften herausgebildet haben. Dass es darüber hinaus auch eine Vielzahl translingualer Phänomene sowie auch die „Literaturen ohne festen Wohnsitz" gibt, werden wir zu einem späteren Zeitpunkt zu besprechen haben.

Im Verlauf unserer Beschäftigung mit Jorge Luis Borges habe ich in unserer Vorlesung über *LiebeLesen*[12] den Schwerpunkt auf die *Ficciones* des Argentiniers gelegt. Ich will mich nicht wiederholen, sondern verweise Sie bei Interesse auf

---

12 Vgl. Ette, Ottmar: *LiebeLesen. Potsdamer Vorlesungen über ein großes Gefühl und dessen Aneignung.* Berlin – Boston: Verlag Walter de Gruyter 2020, S. 633–674.

das entsprechende Kapitel im angegebenen Buch. Ich möchte daher nur äußerst kurz auf diese Fragestellungen zurückkommen und Ihnen einige der wichtigsten Ergebnisse resümierend bieten, bevor wir uns dann anderen Texten aus der Feder des Argentiniers zuwenden wollen. Doch sind die *Ficciones* für ein Verständnis von Jorge Luis Borges zu wichtig, als dass man sie einfach komplett übergehen könnte.

Denn dieser Band machte Borges zurecht nicht nur seit den vierziger Jahren in Frankreich und Italien, sondern spätestens seit den sechziger Jahren weltweit berühmt, weil er ein ganz bestimmtes Schreib- und Lesemodell vorführte, das der Argentinier zu einer wahrhaftigen „escritura", besser: zu seiner „escritura" entwickelte. Da diese *Ficciones* ihre architextuelle oder generische Einordnung schon im Titel vor sich hertragen, ist bei einem so hintergründigen Schriftsteller wie Borges Vorsicht geboten. Denn die Klassifikation als Fiktion schließt die Fiktion der Klassifikation in ihr Spiel mit ein. Borges dereguliert die abendländische Logik, unterminiert subtil jegliche Klassifikation, ‚veruntreut' gleichsam die von ihm vorgeblich verfolgte Logik und öffnet dergestalt seine Texte auf viellogische, mithin polylogische Strukturierungen. Sie merken: So weit ist dies gar nicht entfernt von den Zielen der historischen Avantgarden, welche ebenfalls die Logiken der Einzelsprachen wie auch bestimmter Diskurse zerstören wollten. Nur dass es Borges nicht länger um eine Zerstörung ging als um sachte Verstellungen, kaum merkliche Deregulierungen, welche man nicht als Destruktionen, sondern als Dekonstruktionen bezeichnen muss.

Die erste und wohl auch von ihrem Entstehungskontext früheste der *Ficciones* ist *El acercamiento a Almotásim*. Es ist aufschlussreich, dass dieser Text schon 1936 in Borges' „libro de ensayos" *Historia de la eternidad* als Essay und damit als ein diktionaler, nicht-fiktionaler Text erschien.[13] Er wurde 1941 in die Sammlung *El jardín de senderos que se bifurcan* sowie zusammen mit dieser dann 1944 in die *Ficciones* aufgenommen und gab sich als Rezension des Romans „The approach to Al-Mu'tasim" eines gewissen Mir Bahadur Alí aus Bombay zu erkennen. Bemerkenswert nur, dass es diesen rezensierten Text niemals gab, der Bezugstext selbst also eine Erfindung von Borges war und damit eine Bewegung von Diktion zu Fiktion und wieder zur Diktion einsetzte, die tendenziell unendlich ist und diesen kleinen Text in einen friktionalen verwandelte.

Borges hatte damit ein Schreibmodell gefunden, das auf einer unabschließbaren Bewegung zwischen diktionalen und fiktionalen Dimensionen kurzer Texte beruht und darauf abzielt, das Lesepublikum in diese friktionale Bewegung miteinzubeziehen. Dies bedeutete zugleich, dass Rezensionen wie Fiktionen und

---

13 Rodríguez Monegal, Emir: *Borges. Una biografía literaria*, S. 295.

Erzählungen wie Rezensionen gelesen werden konnten, also ein wichtiger Teil der friktionalen Energie vom Lesepublikum aufzubringen war. Zu diesen produktiven Lesern zählte auch Michel Foucault, der bekanntlich Borges' Text *El idioma analítico de John Wilkins* zum Ausgangspunkt seiner archäologisch-epistemologischen Untersuchungen in *Les mots et les choses* machte. Die Lektüre des französischen Philosophen ging vom Verweis auf eine chinesische Enzyklopädie aus, um auf kreative Weise die logischen Kategorisierungen ad absurdum zu führen, getragen von jenem „Lachen, das bei seiner Lektüre alle Vertrautheiten unseres Denkens aufrüttelt".[14] Foucault hatte auf produktive, kreative Weise verstanden, dass Borges' fiktionaler Rückbezug auf eine altchinesische Enzyklopädie die abendländische Logik und deren epistemologische Umbrüche auf die Probe stellen und damit mit den Mitteln der Fiktion zu dekonstruieren suchte. Sein Lachen war ein produktives Lachen über jene Diktion, die mit den Mitteln der Fiktion erzielt wurde.

Zum Schreibmodell von Borges' *Ficciones* gehörte eine ins Unüberblickbare gesteigerte Intertextualität, welche in gewisser Weise jene Spiegelung von Spiegeln bewerkstelligte, von der Maurice Blanchot mit Blick auf die Zukunft der Literatur berichtete. Wenn in den sechziger Jahren die aus Bulgarien stammende Theoretikerin Julia Kristeva für diese so zentrale Dimension den Begriff „Intertextualität" erfand, so zielte auch diese Begriffsbildung gegen den Begriff der Intersubjektivität und damit auf die Konzeption eines Subjekts und seiner Identität, welche zum Kernbestand abendländischer Philosophie gehörten.[15] Intertextualität lässt sich heute begreifen als das schlagende Herz der Literaturen der Welt, gelingt es diesen doch mit Hilfe intertextueller Bezüge, einen literarischen Text auf eine Vielzahl anderer literarischer Texte hin zu öffnen und dadurch seine offene, ludische Vieldeutigkeit noch zu erhöhen.

Auf die Spitze getrieben wird dieser Prozess in der vielleicht berühmtesten Erzählung innerhalb der *Ficciones*, in *Pierre Menard, autor del Quijote*. Dieser kurze Text hat im Verlauf der Jahrzehnte seit seiner Erstveröffentlichung ganze Bibliotheken an Forschungsliteratur hervorgebracht und Borges' Ruhm als postmodernem Autor definitiv begründet. Denn in diesem wohl 1939 verfassten Text geht es um einen im Titel genannten Schriftsteller namens Pierre Menard, von dem doch jedermann weiß, dass er nicht der Autor von Cervantes' *Don Quijote* sein kann. Eine Fälschung also?

---

14 Vgl. hierzu ausführlich Ette, Ottmar: „Die Listen Alexander von Humboldts. Zur Epistemologie einer Wissenschaftspraxis" (Vortrag am Freiburger FRIAS im Juli 2019).

15 Vgl. Ette, Ottmar: Intertextualität. Ein Forschungsbericht mit literatursoziologischen Anmerkungen. In: *Romanistische Zeitschrift für Literaturgeschichte / Cahiers d'Histoire des Littératures Romanes* (Heidelberg) IX, 3–4 (1985), S. 497–522.

Der Text präsentiert sich als literaturwissenschaftlicher und damit diktionaler Text, der dem Andenken dieses Autors namens Pierre Menard entgegen aller Verstellungen und Verballhornungen gerecht werden will. Es geht folglich um die bereits im Titel angesprochene Autorschaft, aber auch um die Autorität eines Ich-Erzählers, der dem *unsichtbaren* Werk Menards Gerechtigkeit widerfahren lassen will. Der Autorbegriff steht im Mittelpunkt der Erzählung, ist es doch das große Ziel von Pierre Menard, den *Don Quijote* nicht etwa zu kopieren oder zu fälschen, sondern Satz für Satz, Komma für Komma neu und identisch niederzuschreiben – ein Vorhaben, das die (sichtbare) Autorschaft selbst zum Verschwinden bringen wird. Ohne an dieser Stelle auf die literarischen Details der borgesianischen Darstellung eingehen zu können, wird doch rasch deutlich, dass Pierre Menard zu jenen Autoren gehört, in deren Schreiben sich Literatur und Literaturtheorie, Übersetzung und Literaturwissenschaft, Fiktion und Diktion unaufhörlich miteinander verquicken. Die Grundformel des Paradoxons ist der Erzählung Borges' auf verschiedensten Textebenen mitgegeben; und zugleich führt die Erzählung die verschiedenartigsten Formen jener Intertextualität vor, welche in Gérard Genettes Grundlagenwerk der *Palimpsestes – La littérature au second degré* durchbuchstabiert werden. Wie das Werk von Pierre Menard verbindet der Text von Borges nicht nur Literatur und Literaturwissenschaft, Fiktion und Diktion miteinander, sondern auch Theorie von Literatur mit Formen von Literatur, welche wir nicht anders denn als „literarisch" bezeichnen können. Wir haben es mit den faszinierenden Spiegelungen von Spiegeln, die sich spiegeln, zu tun. Dass dabei ein ganzes Universum aus intertextuellen Bezügen, folglich aus Büchern entsteht, ist eine logische Folge.

Sie sehen: Wir befinden uns in einer gleichsam unendlichen Kette von Texten, ja in einem eigentlichen Netzwerk von Büchern, wo in dieser Erzählung nicht nur eine Vielzahl expliziter Intertexte, sondern auch weitere Bezugstexte für die Lektüre von Texten herangezogen und kreativ angeeignet werden. Letztere erläutern, wie Pierre Menard den Plan fassen konnte, einige Kapitel des *Don Quijote de la Mancha* neu und zugleich mit dem Originaltext auf Punkt und Komma identisch zu verfassen. Pierre Menard ging es keineswegs um die Abfassung eines zeitgenössischen *Don Quijote*, also um so etwas wie James Joyce *Ulysses* in Bezug auf den homerischen Ursprungstext. In einer Reihe von Zwischenschritten versuchte er, sich dem Originaltext von Cervantes so anzunähern, dass eine völlige Übereinstimmung, eine wahre Verschmelzung erfolgt. Kein Wunder, dass der Ich-Erzähler bei der Lektüre von *Don Quijote* den Eindruck hat, nicht länger einen Roman von Cervantes, sondern von Pierre Menard zu lesen.

Doch nicht umsonst sind dreihundert Jahre vergangen. Das Faszinierende ist, dass der auf den ersten Blick identische Text im 20. Jahrhundert andere Bedeutungen annimmt und aufgibt, als es der Originaltext von Cervantes in seiner

Zeit konnte. Zwar spricht sich im achtunddreißigsten Kapitel Pierre Menard für dieselbe Option zwischen den Waffen und den Wissenschaften aus, tut dies im Unterschied zu Cervantes aber in einer Zeit, in der Bertrand Russell schrieb oder Julien Benda seine *Trahison des clercs*, seinen *Verrat der Intellektuellen* veröffentlichte. Die Entstehungskontexte und damit die Verstehenshorizonte haben sich in diesen dreihundert Jahren fundamental verändert, nicht zuletzt im Bereich der Literatur durch die Veröffentlichung des *Don Quijote de la Mancha* selbst. Der identische Text ist also nicht identisch, oder anders: Die Wiederholung eines Identischen produziert eine Differenz, welche auf dem Differieren in der Zeit beruht. Damit entwarf Borges einen der Grundgedanken jenes philosophischen Werkes, das der französische Philosoph Jacques Derrida Jahrzehnte später entfaltete und mit der Bezeichnung „différance" versah: Die Wiederholung des Identischen ist nicht identisch.

Sie verstehen nun hoffentlich besser, warum für mich nicht die Philosophie die Leitschule und normative Vorgabe für die Entfaltung der Postmoderne darstellt, sondern die Literatur als wunderbarem und vieldeutigem Erprobungsraum für neue Formen des Denkens, Argumentierens und Imaginierens! Denn die Literatur ist jenes experimentelle Labor, in welchem erprobt wird, was erst später in bestimmten Disziplinen wie der Philosophie auf den Begriff gebracht und dadurch zugleich aus der kreativen Bewegung herausgenommen, fixiert und fest-gestellt wird. Es ist kein Zufall, dass die Vertreter abendländischer Disziplinen wie Michel Foucault, Jacques Derrida oder Gérard Genette allesamt in ihren Schriften Jorge Luis Borges zitierten und somit auf den experimentellen Vorlauf im Bereich der Literatur aufmerksam machten. Denn gerade in seinem *Pierre Menard, autor del Quijote* eröffnete der argentinische Schriftsteller einen Raum, in welchem sich die Archäologie Michel Foucaults, die Palimpseste Gérard Genettes oder die Hinterfragung von Identität und Subjekt bei Jacques Derrida ansiedeln konnten.

Doch verfolgen wir diese Spuren, denen ich in meiner Vorlesung über Liebe und Lesen nachgegangen bin, hier nicht weiter! Wir haben verstanden, wie produktiv Borges' Formel der Kombination fiktionaler mit diktionalen Schreibweisen war. Denn diese Kombinatorik ermöglichte dem Ich ein Spiel auf verschiedenen Ebenen: Einerseits konnte eine Geschichte erzählt werden, auf welche sich der Erzähler selbst aus distanzierter Position heraus metaliterarisch und poetologisch beziehen durfte. In einem weiteren Schritt werden diese Bezüge wiederum in einen Teil der Erzählung so verwandelt, dass es gerade die diktionalen Teile des Textes waren, denen Borges die fantastischen Aspekte seines Schreibens übertrug. Zugleich ermöglichte diese Schreibweise, das Erzähler-Ich – ganz wie bei diktionalen Texten – unvermittelt und unverblümt einzubauen, so dass auch eine autobiographische Komponente hinzutrat, die schon per se zwischen diktionalen und fiktionalen Polen hin- und herzupendeln pflegt. Auf diesen Grundbausteinen errichtete Borges eine literarische Kombinatorik, die sich durch zahlreiche intertextuelle Verweise stetig verkomplizierte, ohne doch der Leserschaft den Eindruck zu vermitteln, in einem sterilen Namedropping gefangen zu sein: Zu kunstvoll waren diese Verweise in den Spannungsbogen der Erzählung integriert, als dass sie die Haupthandlung der Erzählung in irgendeiner Weise belastet hätten. Alles wirkt ebenso logisch wie ludisch und führt die Leserschaft mit spielerischer Leichtigkeit in Regionen, die sich zwanglos zwischen Literatur, Ästhetik und Philosophie ansiedeln.

Bleiben wir noch einen Augenblick bei Borges' *Ficciones*, kehren diese Dimensionen doch in potenzierter Form in der Erzählung *Tlön, Uqbar, Orbis Tertius* wieder! In dieser fantastischen Erzählung ist es nicht die Lektüre eines Buches, sondern einer Enzyklopädie, die den Ausgangspunkt des gesamten „cuento" bildet. Im ersten, auf 1940 datierten Teil dieses Textes wird auf einen etwa fünf Jahre zurückliegenden Dialog mit dem bereits erwähnten Freund und Schriftstellerkollegen Adolfo Bioy Casares verwiesen. Er dreht sich um die Möglichkeiten, einen Ich-Roman mit einer sich in Widersprüche verwickelnden Erzählerfigur so zu schreiben, dass eine erzähltechnische Anlage geschaffen wird, die es nur „sehr wenigen Lesern" gestatten soll, „eine grässliche oder banale Realität" zu erraten.[16] Die Erinnerung an die Lektüre eines Lexikonartikels wird damit innerhalb eines zu zweit dialogisch entworfenen Schreibprojekts situiert, dessen Ziel einer Verrätselung eine oberflächliche, unaufmerksame und konsumptive Lesart möglichst weitgehend ausschließt. Denn Leserin und Leser müssen sich in Bewegung setzen: Ohne es zu Beginn einer ersten Lektüre schon wissen zu können, sind sie bereits unterwegs zum Orbis Tertius. Doch welche fantastischen Abenteuer erwarten sie dort?

Zunächst einmal setzt *Tlön, Uqbar, Orbis Tertius* mit der Erinnerung an diese zurückliegende Lektüre ein. Die „ficción" geht aus von der ersten Lektüre eines Artikels über ein Land namens „Uqbar", welcher sich in „The Anglo-American Cyclopaedia" (New York 1917), einer scheinbar wortgetreuen Raubkopie der *Encyclopaedia Britannica* von 1902, befindet. Wir sind wieder tief im diktionalen Bereich – und doch mittendrin im Fiktionalen, erwartet die Leserschaft doch ‚unterhalb' der scheinbar philologischen Oberfläche der gähnende Abgrund einer gefährlichen literarischen Erfindung. Nach einer Serie bibliographischer Nachforschungen gelangen Ich-Erzähler und Bioy Casares zu der Erkenntnis, dass es sich bei diesem Artikel um ein Unikat handelt, welches sich in keinem anderen kon-

---

16 Borges, Jorge Luis: Tlön, Uqbar, Orbis Tertius. In (ders.): *Obras Completas. 1923–1972*. Buenos Aires: Emecé Editores 1985, S. 431.

sultierten Exemplar dieser Ausgabe finden lässt. Sollte es sich um eine gefälschte Enzyklopädie handeln?

Die vier zusätzlichen, Uqbar gewidmeten Seiten des sechsundvierzigsten Bandes dieser Enzyklopädie werden im Zuge dieser detektivischen Arbeit einer neuerlichen kritischen Lektüre unterzogen. Die erneute, wiederholte Lektüre taucht in Borges' Schriften schon früh als ein Grundbestandteil seiner Ästhetik auf; in dem bereits 1927 erstmals veröffentlichten Text *La fruición literaria* etwa wird das erneute Lesen gegenüber einer ersten und alleinigen Lektüre gerade hinsichtlich seiner lustvollen Komponente herausgestellt. In Borges' Welt spielen Wiederholungen, wie wir schon sahen, eine Schlüsselrolle, eröffnen sie doch in jeglicher Hinsicht ein hintergründiges Spiel von Differenzen und Differierungen.

Das Ergebnis dieser vieräugigen Lektüre – welche der vierhändigen Schreibweise von Bioy Casares und der Erzählerfigur entspricht – ist gleichsam ein Text mit doppeltem Boden: „Beim Wiederlesen entdeckten wir unter seiner präzisen Schreibweise eine grundlegende Unbestimmtheit."[17] Unter der Oberfläche eröffnet sich eine fantastische, beunruhigende Welt, die mit mancherlei Überraschungen aufwarten kann.

Es zeigt sich nicht allein, dass der vorgegebene Artikel die Charakteristika dieser enzyklopädischen Textsorte überzeugend zu reproduzieren weiß, sondern dass er gleichsam ‚unter' dieser Oberfläche eine Reihe literarischer Verfahren ins Werk setzt, um dem von ihm beschriebenen Land Uqbar einen möglichst unauffällig-realen Platz innerhalb des Raumes geographischer, historischer und politischer Faktendarstellung zu geben. Die Grenze zwischen „Fakes" und „Facts" ist schwer zu bestimmen. In den Kategorien Gérard Genettes handelt es sich um einen (scheinbar) diktionalen Text, der nur durch einen intensiven Lektüreprozess als fiktional angelegt erkennbar wird. Der Zweifel, die Unbestimmtheit („vaguedad") bestehen fort, ja vergrößern sich. Bereits auf dieser Ebene zeigt sich, dass dem Schreibprojekt von Erzähler und Bioy Casares eine Lesepraxis entspricht, die an einem Text vorgeführt wird, der selbst wiederum dem erzähltechnischen Verrätselungs-Projekt der beiden Künstlerfiguren entspricht. Enträtselung und Verrätselung, Lesen und Schreiben zeigen sich bereits im ersten Kapitel dieser *Fiktion* untrennbar miteinander verbunden: So bildet dieser erste Teil eine Art Keimzelle oder generatives Modell von *Tlön, Uqbar, Orbis Tertius*. Wie aber entwickelt sich die Erzählung weiter?

Mit der zweiten, wiederholten Lektüre ist freilich erst das ‚eigentliche' Rätsel, nicht aber schon dessen Erklärung oder ‚Lösung' gefunden. Hierzu sind weitere (detektivische) Lektüreprozesse notwendig. Die soeben dargestellte Lektüre

---

17 Borges, Jorge Luis: Tlön, Uqbar, Orbis Tertius, S. 432.

beruhte auf einem Zufall, wie bereits der erste Satz des Textes berichtet: „Ich ver-
danke der Konjunktion eines Spiegels und einer Enzyklopädie die Entdeckung
von Uqbar."[18] Diese geradezu astrologische Konjunktion, welche die Erinnerung
von Bioy Casares an den Satz eines Häresiarchen von Uqbar („mirrors and father-
hood are abominable") aufruft und damit erst die Aufdeckung der Fiktionalität
des Lexikonartikels auslöst, verbindet auf Diktion und Fiktion miteinander ver-
schränkende Weise zwei auf den ersten Blick sehr unterschiedliche Gegenstände
miteinander. Buch und Spiegel stehen freilich in einer fruchtbaren Konfiguration
zueinander, bildet doch auch das Buch eine Art von Spiegel, während der Spiegel
das Buch vervielfacht.

Die Spiegelmetaphorik ist freilich in antiker wie biblischer Tradition an die
Vorstellung der Welt als Buch gebunden und lässt sich, wie Ernst Robert Curtius[19]
aufzeigte, in der abendländischen Tradition von Literatur und Philosophie ebenso
bei Aischylos oder Platon wie bei Shakespeare oder Montaigne nachweisen. Wie
der Spiegel die Welt abbildet und zugleich dupliziert, ist auch das Buch – und
gerade die Enzyklopädie – eine Art Verdoppelung der Welt. Die Koppelung von
Spiegel und Buch, auf die wir an vielen Stellen in Borges' Gesamtwerk stoßen,
findet sich bekanntlich an zentraler Stelle in Stendhals Auffassung vom Roman,
der als ein an einer Straße entlang geführter Spiegel die Welt in ihrem So-Sein
abspiegle.[20] Auch Balzac griff immer wieder auf die Spiegelmetaphorik zurück
und sprach bisweilen vom „konzentrischen Spiegel", vom „miroir concentrique"
seiner romanesken Schöpfung.[21] Der Poeta doctus Borges wusste selbstverständlich von dieser literarischen Filiation.

Damit wird die topische Metapher von der Welt als Buch,[22] die in den *Ficciones* eine so entscheidende Rolle spielt, von Beginn dieser Erzählung an auch
in ihren poetologischen Implikationen zumindest virtuell eingeblendet. In der
Moderne werden Spiegel und Totalität immer wieder neu aufeinander bezogen,
so dass man gewiss von einer Traditionslinie der Moderne sprechen darf, derer
sich Borges in dieser wie auch anderen Fiktionen bediente. Borges setzt diese
Vorstellung, diesen enzyklopädischen Traum erneut in Bewegung, womit sich in

---

18 Ebda., S. 431.
19 Vgl. Curtius, Ernst Robert: *Europäische Literatur und lateinisches Mittelalter*. Bern – München:
Francke [10]1984, S. 340.
20 Ich beziehe mich hier u. a. auf die vielzitierte romantheoretische Passage im 29. Kapitel seines
Le rouge et le noir.
21 Vgl. hierzu Wehle, Winfried: „Littérature des images". Balzacs Poetik der wissenschaftlichen
Imagination. In: Gumbrecht, Hans Ulrich (Hg.): *Honoré de Balzac*. München: Fink, 1980, S. 57–81,
hier S. 67.
22 Vgl. Blumenberg, Hans: *Die Lesbarkeit der Welt*. Frankfurt am Main: Suhrkamp 1981.

dieser Kombinatorik bei ihm die Weitung auf den Kosmos, auf das Universum und die Unendlichkeit der Welten bereits andeutet.

In *Tlön, Uqbar, Orbis Tertius* stehen wir am Rande einer rätselhaften Welt, die gleichwohl allen Regeln der Berechenbarkeit *und* einer figuralen Ästhetik zu unterliegen scheint.[23] Ohne der hier behandelten Fragestellung dieser topischen Metapher in ihren Verbindungen zu Borges' Labyrinthen weiter nachgehen zu können, sei festgehalten, dass die Metaphorik eines duplizierten, vervielfachten Kosmos nur über eine „conjunción", das heißt eine zufällige raumzeitliche Übereinstimmung innerhalb einer geradezu berechenbaren Naturgesetzlichkeit, Ausgangspunkt und Bedingung der Erzählung bilden.

Es verwundert daher nicht, wenn der Zufall einen weiteren Lektüreprozess in Gang setzt, der zur Lösung des im ersten Teil der Erzählung aufgefundenen, aber noch nicht aufgedeckten Rätsels führen soll. Die Literatur Uqbars, so hatte es in Bioy Casares' Ausgabe der „Anglo-American Cyclopaedia" geheißen, ist phantastischer Natur, und ihre Epen und Legenden „bezogen sich niemals auf die Realität, sondern auf die beiden imaginären Regionen Mlejnas und Tlön ...".[24] Durch einen zweiten, noch größeren Zufall, der dem Ich-Erzähler „Emotionen" beschert, wie sie selbst die Nacht der Nächte des Islam nicht vermitteln könne, findet er den elften Band von „A first Encyclopaedia of Tlön", die der 1937 verstorbene Herbert Ashe – wie wir vom Erzähler erfahren – einige Monate zuvor in der Bar eines Vorstadthotels versehentlich vergessen hatte:[25]

> Es war nun zwei Jahre her, dass ich in einem Band einer Piratenausgabe einer gewissen Enzyklopädie eine allgemeingehaltene Beschreibung eines falschen Landes entdeckt hatte; nun bescherte mir der Zufall etwas noch Kostbareres und Schwierigeres. Nun hielt ich ein langes methodisches Fragment der totalen Geschichte eines unbekannten Planeten in Händen ...[26]

Wir stehen vor einem Universum an Texten, das auf ingeniöse Weise miteinander intertextuell verflochten ist. Diese Enzyklopädie vierter Ordnung – nach *Encyclopaedia Britannica*, daraus abgeleiteter „Anglo-American Cyclopaedia" und dem veränderten Exemplar, das den Uqbar-Artikel enthielt – wird nun ihrerseits zum Gegenstand einer intensiven Lektüre dieser „totalen Geschichte". Es handelt sich

---

23 Vgl. hierzu auch Ette, Ottmar: Unterwegs zum Orbis Tertius? Balzac – Barthes – Borges oder die vollständige Fiktion einer Literatur der Moderne. In: Bremer, Thomas / Heymann, Jochen (ed.): *Sehnsuchtsorte*. Festschrift zum 60. Geburtstag von Titus Heydenreich. Tübingen: Stauffenburg Verlag 1999, S. 279–305.

24 Borges, Jorge Luis: Tlön, Uqbar, Orbis Tertius, S. 432.

25 Ebda., S. 434.

26 Ebda.

um eine Lektüre, die mit einer Vielzahl nachweisbarer wie fiktionaler bibliographischer Verweise auf Philosophen, Schriftsteller und Gelehrte gespickt ist, die umfangreiche Kenntnisse der Erzählerfigur vermuten lassen. Kein Zweifel: Der Ich-Erzähler muss ein argentinischer Gelehrter sein.

Dabei ist dieser Ich-Erzähler keineswegs der einzige Leser, wird – so erfahren wir – in einschlägigen Fachzeitschriften doch längst ein handfester Literaturstreit zwischen so illustren und realen Intellektuellen wie Ezequiel Martínez Estrada, Drieu La Rochelle und Alfonso Reyes über Existenz oder Nicht-Existenz weiterer Bände dieser kuriosen Enzyklopädie ausgefochten. Der zuletzt genannte mexikanische Essayist und Literaturtheoretiker, auf den Jorge Luis Borges sehr gerne in seinen Fiktionen wie in seinen Essays verwies, habe sogar vorgeschlagen, ein Team von Schriftstellern solle versuchen, die fehlenden Bände aus dem vorhandenen zu erschließen und niederzuschreiben. Wie wir im weiteren Fortgang unserer Vorlesung noch sehen werden, war der pfiffige mexikanische Intellektuelle und Verfasser von *Ifigenia cruel* in der Tat jederzeit offen für derartige spielerische Mystifikationen.

Die von Alfonso Reyes in Borges' *Ficción* vorgeschlagene Variante liefe auf eine Lektüre hinaus, die zu einem kollektiven Schreibprozess führen könnte: Eine einzige Generation von „Tlönisten", so die optimistische Prognose, würde genügen, um das immense Werk fertigzustellen.[27] Die gelehrten Forschungen hätten, so der Erzähler, zu der Einsicht geführt, dass es sich bei Tlön keineswegs um ein Chaos der Einbildungskraft handele. Es gehe vielmehr um „einen Kosmos und seine innersten, ihn bestimmenden Gesetze"[28] – und damit um eine vollständige (fiktionale) Welt, wie sie etwa Balzacs *Comédie humaine* bietet. Tlön ist eine vollständige Welt in vollständiger Fiktion, vollständig erfunden und daher auch vollkommen faszinierend. Damit wird die Enzyklopädie, in Fortführung der angeführten Tradition der Metaphorik von Buch und Spiegel, als ein Weltenplan aufgefasst, freilich nicht mehr bezogen auf eine ‚reale', sondern auf die imaginäre Welt Tlöns. Diese in mehrfacher Hinsicht beobachtbare *Verstellung* hat Folgen. Und es kommt im Übrigen zu einer wechselseitigen Verbindung dieser Welten, bleibt die fantastische Welt dieses Planeten doch nicht einfach innerhalb der Grenzen der Fiktion gefangen.

Die unbekannte Welt von Tlön wird vom Erzähler in ebenso gedrängter wie hintergründiger Form, die an die Schnelligkeit und Leichtigkeit der „Contes philosophiques" eines Voltaire erinnert, in klaren, einfachen Linien skizziert. Wissenschaftlicher und literarischer Diskurs treten in Wechselwirkung: Wissenschaft

---

27 Ebda.
28 Ebda., S. 435.

und Literatur gilt das Hauptaugenmerk dieser fantastischen Konstruktion, die sich als Rekonstruktion gibt. Dabei wird die grundlegende wissenschaftliche Vorgehensweise von Benennung und Klassifikation nachhaltig entmachtet: „Jeder geistige Zustand ist irreduzibel: Die bloße Tatsache, ihn zu benennen – id est, ihn zu klassifizieren –, ist gänzlich unwichtig. Daraus könnte man ableiten, es gäbe in Tlön keine Wissenschaften, ja nicht einmal Räsonnements. Die paradoxe Wahrheit ist, dass sie in fast unzählbarer Zahl existieren."[29]

Der literarische Text bietet seinem Lesepublikum hierbei immer wieder Modelle für das eigene Verstehen an. Das Paradoxon, die vielleicht in Borges' Schaffen beliebteste Denk- und Argumentationsfigur, wird im ständigen Vergleich zwischen ‚unserer' Welt und der Welt Tlöns zum wichtigsten Erklärungs- und Verständnismodell. Es entzieht der Doxa als gängiger Lehrmeinung ihre (kulturelle) Selbstverständlichkeit und Macht. Dabei dringen verdrängte Elemente der abendländischen Philosophietradition in Tlön in einer Art Wiederkehr des Verdrängten an die Oberfläche und bestimmen die Tlön'sche Variante eines Idealismus, als deren explizite Garanten nicht nur Berkeley und Schopenhauer, sondern mehr noch Johann Valentin Andreä und Hans Vaihinger fungieren. Allerdings tauchen sie, wie so oft bei der Wiederkehr des Verdrängten, an anderer Stelle und in anderer Funktion wieder auf, sind folglich absichtsvoll *verstellt*. Denn in Tlön sind die ‚irdischen' Klassifikationen außer Kraft gesetzt: „Sie beurteilen die Metaphysik als einen Zweig der phantastischen Literatur."[30] Damit wird die Gattung, innerhalb welcher sich dieser Text selbst situiert, ins Spiel der sich abwechselnd reflektierenden Spiegel miteinbezogen.

Dem Prozess der Verdrängung folgt, um in der Begrifflichkeit der von den Avantgardisten so geschätzten Freud'schen *Traumdeutung* zu bleiben, ein Prozess der Verschiebung, eine – wie man auf der Ebene der Rhetorik sagen könnte – Metonymie oder metonymische Verstellung, die es wahrlich in sich hat. Denn nicht die Philosophie als solche verändert sich, sondern ihr epistemologischer Status: Sie wird ganz einfach anders *gelesen*. Die akademische Disziplin verliert dadurch jegliche Essentialität: Sie wird vielmehr zu einem reinen Text- und Lektürephänomen, welches keinen eigenen Textstatus mehr zu beanspruchen vermag. Als fantastische Literatur aber ist sie vorrangig weder an Welterklärung noch an Erkenntniszuwachs, weder an Wahrheit noch an Wahrscheinlichkeit, sondern an der subjektiv-ästhetischen Kategorie des „Erstaunens" („asombro")[31] ausgerichtet. Sie vermittelt nach eigenem Anspruch keine höhere Erkenntnis mehr, sondern

---

29 Ebda., S. 436.
30 Ebda.
31 Ebda.

erscheint als genau das, was sie im materiellen Sinne ist: ein reines Textphänomen mit sehr spezifischen eigenen Regeln der Diskursnormierung, das höchst unterschiedlich gelesen werden kann.

Damit zeichnen sich auch auf der Ebene Tlöns Lektüreprozesse ab, die als verschiedene Lesarten ein textuelles Werk letztlich neu zu schreiben und neuen Deutungsmustern zuzuführen vermögen. Gleichzeitig werden diktionale in fiktionale Texte verwandelt. In ganz analoger Weise wird in Tlön zwischen Büchern der „ficción" und „de naturaleza filosófica" unterschieden:

> Anders sind auch die Bücher. Jene der Fiktion umfassen ein einziges Argument mit all seinen vorstellbaren Permutationen. Jene philosophischer Natur enthalten unausweichlich These und Antithese, das strenge Pro und Contra einer Doktrin.[32]

Lektüre ist Macht. Das textgenerierende Modell der Lektüre des apokryphen Artikels in „The Anglo-American Cyclopaedia" erscheint in veränderter, strukturell aber intakter Gestalt: Es ist zweifellos eine Art kleinmaßstäbliches Modell („modèle réduit") im Sinne von Lévi-Strauss, eine – in an André Gide ausgerichteter literaturtheoretischer Diktion – Mise en abyme verklammerter Schreib- und Lektüreprozesse der gesamten Erzählung. Mit anderen Worten: Es ist das Fraktal einer ganzen Welt, ein *WeltFraktal*[33] im perfekten Sinne. Damit enthält es eine verschlüsselte Leseanweisung für den eigenen Text und beansprucht vor allem, eine Totalität, ein verkleinertes Modell einer vollständigen Welt zu sein.

Die Produktivkraft dieses Schreib- und Lesemodells wird dabei auch in ihren literaturtheoretischen Implikationen vorgeführt, existiere in Tlön das Plagiat doch nicht, da der Autorbegriff selbst außerzeitlich und anonym geworden sei. Wir verstehen, dass Tlön so weit entfernt von unserer eigenen (Lese-) Welt nicht mehr ist und auch der Autorbegriff auf so hintergründige Weise ad absurdum geführt wird, wie dies in *Pierre Menard, autor del Quijote* geschah. Ein seiner Subjektivität entkleideter Autorbegriff aber wird für Konstruktionen und Schöpfungen seitens des Lesers frei verfügbar: Auch der Autorbegriff wird in Borges' Friktion zu einem reinen Lektürephänomen.

So verwundert es nicht, dass der Literaturkritik die schöpferische Aufgabe zufällt, Autoren dadurch zu konstruieren, dass unterschiedlichste Texte einem einzigen Autorkonstrukt zugerechnet werden.[34] Dies impliziert nicht nur die Verlagerung des kreativen Akts auf die Leserseite, sondern zugleich auch die freie

---

32 Ebda., S. 439.

33 Vgl. Ette, Ottmar: *WeltFraktale. Wege durch die Literaturen der Welt*. Stuttgart: J.B. Metzler Verlag 2017.

34 Borges, Jorge Luis: Tlön, Uqbar, Orbis Tertius, S. 439.

Verfügbarkeit verschiedenster Diskurs- und Literaturformationen, die in das kreative Spiel des Lesepublikums miteinbezogen und in mehrfacher Weise transgrediert werden. Alles erscheint im Spiegel der Lektüre: Der Spiegel richtet sich nicht länger wie in der realistischen Literatur eines Balzac oder Stendhal auf eine klar umrissene außersprachliche Realität, sondern auf die Phänomene der Lektüre selbst, auf ihre unterschiedlichen Lesarten. Eine die Einteilungen des Schriftguts derart transgredierende und im besten Sinne grenzüberschreitende Literatur entfaltet nun ihre Dynamik, setzt die Literatur auch von ihrem Lesepublikum aus wie ein Mobile in (eine höchstwahrscheinlich unabschließbare) Bewegung.

Zweifellos war dies eine Thematik, die auch in anderen Texten der *Ficciones*, allen voran *Pierre Menard, autor del Quijote*, literarisch entfaltet wurde und in den fünfziger beziehungsweise sechziger Jahren gerade in Frankreich – nicht nur im Umkreis von Blanchot, Foucault, Genette, Derrida oder der neo-avantgardistischen Tel-Quel-Gruppe – größte Wirkung auf Literatur, Literaturtheorie und Philosophie entfaltete. Doch soll bei unseren Überlegungen nicht nur die Infragestellung einer sinnzentrierenden Autorfunktion als Thema, vielleicht sogar Theorem borgesianischen Schreibens im Vordergrund stehen, sondern die (gleichwohl damit verbundene) Problematik von Lektüre als textgenerierendem, lustvollem Spiel, das die Räume der Literatur nicht zur Ruhe kommen lässt und den Schwerpunkt der Aufmerksamkeit von der Produktions- auf die Rezeptionsseite verlagert.

Eine kritische, im besten Sinne literaturwissenschaftliche (textinterne) Lektüre zeigte – wie wir sahen – unterhalb des scheinbar diktionalen Textes das Fiktionale, ja das Diktionale des Fiktionalen auf. Unter Mitwirkung des Zufalls als Katalysator der Ereignisse im Text – und diese Ereignisse sind letztlich stets Lektüreprozesse – entsteht bei Jorge Luis Borges ein Textmodell, das in seiner Schreibweise an diktionalen Modellen wie Rezension, Forschungsbericht oder literaturkritischer Untersuchung ausgerichtet ist und zugleich auf literarisch-fiktionale Verfahren zurückgreift, welche unterschiedlichsten Gattungen entnommen sind. Rätselstruktur und Untersuchungsprozess verweisen von Beginn an auf Detektivgeschichte und Kriminalroman; die raumzeitliche Verortung des Geschehens und die Vielzahl von Figuren, die der ‚realen' Welt entnommen sind, auf Strategien von literarischer Chronik beziehungsweise historischem Roman. Die gattungsspezifische Zuordnung der *Fiktionen* von Borges ist mehr als vielgestaltig.

Die bis zum Ende in der Schwebe gehaltene Zuordnung des Fantastischen entweder zum rational Erklärbaren oder zum Allegorisch-Wunderbaren[35] schließlich

---

35 Vgl. u. a. Todorov, Tzvetan: *Introduction à la littérature fantastique*. Paris: Seuil 1970, besonders S. 37 f. und 48 ff.

betont das zweifellos noch wichtigere Vorbild der fantastischen Literatur, deren schöpferische Möglichkeiten der Argentinier konsequent auslotete. Zugleich aber unterläuft die Legetik als Poetik textgenerierender Lektüre derartige Einordnungen produktionsästhetischer Provenienz: Borges' *Fiktionen* entziehen sich eindeutigen Definitionen und Klassifikationen. Sie sind, im Sinne des Textes, „irreduzibel"[36] auf einen bestimmten gattungsspezifischen und literarischen Ort. In dieser Beweglichkeit liegt ihre Vieldeutigkeit begründet – und damit ihre Fähigkeit, immer neuen Deutungsansätzen wichtige Entsprechungen zu liefern, so dass wir sie im Sinne von Borges als ‚klassische' Texte bezeichnen können.

Die Beziehung zwischen ‚realer' und ‚imaginärer' Welt ist in *Tlön, Uqbar, Orbis Tertius* keineswegs eine Einbahnstraße. Längst hat das Eindringen von Elementen Tlöns in die vorgeblich ‚reale' Welt, die Welt des Lesepublikums, begonnen – und dies ist die eigentlich „unerhörte Begebenheit" dieses fantastisch vielgestaltigen Textes. Die Welt von Tlön empfing die zum Teil vergessenen, zum Teil verdrängten Imaginationen der ‚realen' Welt. In immer nachdrücklicherer Weise aber gibt die imaginäre Welt ihre eigene Gegenständlichkeit an die ‚reale', ‚historische' Welt weiter und folgt damit den ebenso mysteriösen wie totalitären Plänen jenes von Philosophen des 17. Jahrhunderts begründeten Geheimbundes (einer „sociedad secreta y benévola"[37]), dessen Schöpfung Tlön beziehungsweise die Enzyklopädie von Tlön ist. Reale Welt und fantastische Welt treten im Verlauf des Textes zunehmend in verstörende Wechselbeziehungen.

Borges webt nun ein zusätzliches Spiel auf paratextueller Ebene ein. In einer auf 1947, also auf einen Zeitpunkt *nach* der Veröffentlichung des Textes datierten Nachschrift[38] – der Begriff „Posdata" wird hier in eleganter Manier wörtlich genommen – erfahren wir nicht nur, dass bereits 1914 den dreihundert Mitgliedern der verschworenen Demiurgengemeinschaft der Schlussband der ersten Enzyklopädie von Tlön überreicht werden konnte. Wir lesen auch, dass sich nun Ereignisse häufen, die vom „Eindringen der phantastischen Welt in die reale Welt"[39]

---

36 Borges, Jorge Luis: Tlön, Uqbar, Orbis Tertius, S. 436.
37 Ebda., S. 440.
38 Die Wirkung dieser Nachschrift auf die ersten Leser von *Tlön, Uqbar, Orbis Tertius* in der Mai-Nummer 1940 der Zeitschrift Sur dürfte noch größer, wenn auch weniger ambivalent gewesen sein. Der Autor deckte hier sein Verwirrspiel gleich im ersten Satz der „Posdata" auf: „Ich drucke hier den vorausgehenden Artikel so ab, wie er in der Nummer 68 von Sur, mit jadegrünem Umschlag, im Mai 1940 erschien" (zitiert nach Rodríguez Monegal, Emir: *Borges. Una biografía literaria*, S. 302). Genau diesen Band von 1940 hielt der Leser der sogenannten „Posdata" von 1947 aber in Händen. Dies genügt freilich nicht, um den Text „unmissverständlich" als „ein Beispiel für *science-fiction*" beziehungsweise einer „ciencia-ficción utópica" klassifizieren zu können (ebda.).
39 Borges, Jorge Luis: Tlön, Uqbar, Orbis Tertius, S. 441.

Zeugnis ablegen. Die Trennung zwischen den Welten, zwischen den Räumen von ‚Realität' und ‚Imagination', ‚Wirklichkeit' und ‚Fiktion', ‚mimetischer' und ‚fantastischer' Literatur ist unversehens in Bewegung geraten: Das Hereinbrechen des Fantastischen ins Reale scheint nicht mehr aufzuhalten zu sein.

Doch wie erfahren wir von alledem? Ein weiterer (und beängstigender) Zufall macht den Erzähler zum Augenzeugen dieses Eindringens von Gegenständen Tlön'scher Provenienz. Die „Dissemination von Gegenständen aus Tlön über verschiedene Länder"[40] schreitet rasch voran: „Der Kontakt und die Gewöhnung an Tlön haben diese Welt zersetzt (‚desintegrado')."[41] Schon macht sich im Gedächtnis der Menschen „eine fiktive Vergangenheit"[42] breit. Wie Andreäs Plan einer imaginären Gesellschaft der Rosenkreuzer später, nach seinem Tod, in eine reale Gemeinschaft verwandelt wurde, wird auch die Welt, so der Erzähler, durch die Imagination real verändert: „Die Welt wird Tlön sein."[43]

Mit anderen Worten: Die reale Welt wird von der phantastischen, imaginären Welt her *friktioniert*: Ihre Grenzen werden durchlässig oder weichen vor der phantastischen Flut zurück. Die Welt von Tlön überspült alles. Zugleich wird die Gefahr des Totalitären deutlich: Die geordnete Welt der vollständigen Fiktion dringt nicht nur in das Bestehende ein, sondern kann es sich auch einverleiben und damit zum Verschwinden bringen. Wenn die Welt aber Tlön geworden sein wird, was ist dann „der noch nebelhafte"[44] Orbis Tertius, eine Bezeichnung, die der Erzähler erstmals in einem Aufdruck des elften Bandes der ersten Enzyklopädie Tlöns fand?

Den Erzähler scheint dieses Problem nicht weiter zu kümmern. Er zieht sich in einer wunderbaren Volte in eine erneute textproduktive Lektüre, in eine Übersetzung zurück, die sich ihrerseits zwischen Diktion und Fiktion ansiedelt. Er hatte allerdings schon einige Seiten zuvor als Sinnverwalter abgedankt, indem er alles Übrige dem Gedächtnis („memoria") all seiner Leserinnen und Leser anvertraute.[45] So wird der Leserin und dem Leser die Aufgabe eines neuen, nachfolgenden Schöpfungsaktes überantwortet. Die Zukunft wird dem Erinnerungsvermögen des Lesepublikums anvertraut. Und der Ich-Erzähler zieht sich derweil in eine gut abgeschottete Welt der philologischen und literarischen Arbeit zurück, in der wir ihn nun in Ruhe arbeiten lassen können: Er hat aufgehört, sich mit

---

40 Ebda., S. 442.
41 Ebda., S. 443.
42 Ebda.
43 Ebda.
44 Ebda.
45 Ebda., S. 442.

der hereinbrechenden Welt dieses Orbis Tertius noch auseinanderzusetzen. Was zählt, ist alleine die Arbeit.

Mit dem Ende von *Tlön, Uqbar, Orbis Tertius* verlassen wir Borges' *Ficciones* und wenden uns abschließend einem Erzählband zu, der den Ruhm des Argentiniers als wegweisendem Autor um die Mitte des 20. Jahrhunderts noch vergrößerte. Denn einen Höhepunkt borgesianischer Schreibweise stellt zweifellos der 1949 erschienene Band *El Aleph* dar, mit dessen titelgebender Erzählung wir uns nun beschäftigen wollen.

Auch diese fiktionale Erzählung arbeitet mit einer ganzen Serie von Realitätseffekten, die wir zum Teil bereits bestens kennen. So werden zum einen die Geschehnisse außertextuell referentialisierbar verortet, indem Straßennamen oder Ortsnamen, aber auch Eigennamen historischer Persönlichkeiten verwendet werden, welche bewusst in den fiktionalen Text eingestreut werden. Hierzu zählt unter anderem der Dichter Lafinur, der dem argentinischen Lesepublikum als argentinischer Dichter und Vetter von Jorge Luis Borges bekannt sein musste.

Daneben gibt es aber auch fiktionale Gestalten wie den Dichter Carlos Argentino Daneri, auf den wir noch zurückkommen werden, oder Beatriz Viterbo, die übrigens gleichsam sekundär reale Gestalt angenommen hat, hat sich doch ein interessanter argentinischer Verlag der Gegenwart nach ihr benannt: Beatriz Viterbo ist so von der imaginären in die reale Welt eingedrungen und zu einer Art Verlagsgründerin geworden. Das steht dieser Beatrice auch durchaus gut zu Gesicht – doch auch hierzu später mehr! Zusätzlichen Realitätseffekt erzeugen gewiss auch präzise zeitliche Datierungen bestimmter Geschehnisse im Text, wobei derartige Verfahren uns schon aus *Tlön, Uqbar, Orbis Tertius* in ihrer Ambivalenz vertraut sind. Denn auch dort hatten wir es mit einem Postscriptum zu tun, das in *El Aleph* – auf den ersten März 1943 datiert – eine gleichfalls wichtige Funktion übernimmt.

Die Erzählung – oder sagen wir vorsichtiger: der literarische Text – beginnt mit zwei Motti, die Shakespeares *Hamlet* und Hobbes' *Leviathan* entnommen sind und zum einen auf die Problematik der Relativität des Raumes einerseits, der Zeit andererseits verweisen. Wieder haben wir es also mit einem literarischen Raum zu tun, der von Beginn an stark von nicht-lateinamerikanischen Referenzpunkten auf einer expliziten Ebene bestimmt wird, die Problematiken von Raum und Zeit thematisiert und, vielleicht wichtiger noch, sich erneut zwischen Literatur und Philosophie quer durch die Jahrhunderte ansiedelt. Für den argentinischen Schriftsteller Jorge Luis Borges war diese (europäische) Tradition – folgen wir seinem gleichnamigen Essay – ganz selbstverständlich die ureigenste: Er fühlte sich mit Recht frei, darüber nach Belieben zu verfügen.

Wie ist nun *El Aleph* aufgebaut? Das Grundmuster ist eine Liebesgeschichte, oder genauer: eine platonische und unerfüllt gebliebene Liebe, die den Ich-Erzähler mit eben jener Beatrice verbindet, die den Namen Beatriz Viterbo trägt. Das literarische Vorbild von Dante Alighieris Beatrice ist beim großen Dante-Liebhaber Borges evident. Von ihrer Biographie erfährt der interessierte Leser, ganz wie bei Dante, aus verschiedenen Quellen nur sehr wenig und überdies Fragmentarisches. Wir wissen, dass sie in höheren Kreisen verkehrte, dass sie heiratete und geschieden wurde, dass von ihr eine eigenartige Sinnlichkeit offenkundig nicht nur auf den Ich-Erzähler, sondern auch dessen literarischen Rivalen ausgeht, eben jenen Carlos Argentino Daneri, dem diese Beatrice – wie das Ich im „Aleph" zu erblicken glaubt – eigentümlich obszöne Briefe geschrieben zu haben scheint.

Beatriz Viterbo aber ist schon lange tot, starb sie doch bereits im Jahr 1929. Seit damals aber erscheint der Ich-Erzähler zum Geburtstag seiner angebeteten Schönen immer in ihrem Hause, um ihren Vater und ihren „primo hermano" Carlos Argentino Daneri einen zeremoniellen Besuch abzustatten. Die Liebe des Ich zu dieser längst verstorbenen Frau ist mithin hoffnungslos und scheint nicht nach Verwirklichung zu streben. Oder besteht doch noch irgendeine Hoffnung für den Ich-Erzähler?

Dieser versteht es, jedes Jahr seine Besuche ein wenig mehr auszudehnen, so dass er es ab 1933 dank eines draußen einsetzenden Regens schafft, zum Abendessen eingeladen zu werden, wodurch er einige Stunden länger im Hause seiner Beatriz verweilen kann, um in seinen Erinnerungen und ihren Fotos zu schwelgen. Längst ist es zur Gewohnheit geworden, dass der Erzähler den von ihm Heimgesuchten als Vorwand für das Abendessen auch einen „alfajor", eine Art argentinischen Hartkuchen, mitbringt. So weit, so gut! Die eigentliche Geschichte nach der Vorgeschichte beginnt mit dem Geburtstagsfest des Jahres 1941, also zwölf Jahre nach Beatriz Viterbos Tod – und die Zahlensymbolik spielt beim Argentinier wie schon bei Dante eine wichtige Rolle. An diesem Tage der Vervollkommnung eines symbolischen Zyklus stoßen wir mithin auf eine Passage, die für den weiteren Verlauf der kurzen Erzählung von höchster Bedeutung ist. Sehen wir sie uns also etwas näher an:

> Am 30. April des Jahres 1941 erlaubte ich mir, dem Alfajor eine Flasche regionalen Cognacs hinzuzufügen. Carlos Argentino kostete ihn, hielt ihn für interessant und unternahm es nach einigen Gläsern, ein Plädoyer für den modernen Menschen zu halten.
> „Ich stelle ihn mir vor", sagte er mit einer etwas unerklärlichen Lebendigkeit, „in seinem Arbeitszimmer, so als sagten wir im Turm der Kaufleute einer Stadt, versehen mit Telefonen, mit Telegraphen, mit Aufnahmegeräten, funktelefonischen Apparaten, Kinematographen, Zauberlaternen, Glossaren, Zeittafeln, Aufzeichnungen und Notizblöcken …"
> Er merkte an, dass für einen derart ausgestatteten Menschen der Akt des Reisens unnütz sei; unser 20. Jahrhundert hatte die Fabel von Mohammed und dem Berg von Grund auf verändert; jetzt strebten alle Berge dem modernen Mohammed zu.
> So tollpatschig erschienen mir diese Ideen, so pompös und weitschweifig ihre Darstellung, dass ich sie umgehend mit der Literatur assoziierte; ich fragte ihn also, warum er dies nicht

niederschreibe. Vorhersehbarerweise antwortete er, dass er dies bereits getan habe: Diese Konzepte und andere nicht weniger neuartige Begriffe standen im Eröffnungsgesang, im Vorwortgesang oder ganz einfach Vorwort-Gesang eines Gedichts, an dem er seit vielen Jahren arbeitete, ohne *réclame*, ohne marktschreierischen Tumult, stets auf jene beiden Stäbe gestützt, die Arbeit und Einsamkeit heißen. Zunächst öffnete er die Schleusen der Einbildungskraft; sodann griff er zur Feile. Das Gedicht trug den Titel *Die Erde*; es handelte sich um eine Beschreibung des Planeten, in der es weder an malerischen Abschweifungen noch an kühnen Wendungen mangelte.[46]

Ich darf Ihnen an dieser Stelle die weiteren Hinweise auf die weltumspannende Schöpfung von Carlos Argentino Daneri genannt „La Tierra" – also eine Art *Canto General* à la Pablo Neruda – ersparen. Zwölf Jahre sind also vergangen seit dem Tode von Beatriz Viterbo, und die Liebe des Ich-Erzählers ist nach Vollendung dieses ersten Zyklus der heiligen Zahl 12 eher noch größer geworden. Zugleich aber auch seine Verachtung gegenüber Carlos Argentino Daneri. Durch den erstmals mitgebrachten Alkohol – einen Pseudo-Cognac, wie sich Argentino Daneri später ausdrücken wird – löst sich dem Cousin Beatrizens, erstmals die Zunge, und er gesteht seine literarische Leidenschaft ein. Dabei ist es herrlich, mit welcher Ironie sich der Ich-Erzähler über diese literarische Arbeit lustig macht.

Im Zentrum des großen Gedichts steht offenkundig die Dimension des *modernen* Menschen. Dieser moderne Mensch ist – wenig erstaunlich – von allerlei technischen Apparaten umgeben, eben jenen Emblemen der Moderne, die bereits im hispanoamerikanischen Modernismo eine gewisse Rolle gespielt hatten, dann aber in der eher technikbegeisterten Avantgarde einen zentralen Platz einnahmen. Wir können uns also schon vorstellen, was dieses ästhetische Spiel bezwecken soll: Carlos Argentino Daneri wird zu einer Art ästhetischem Gegenbild des Ich-Erzählers aufgebaut, der ja selbst auch schreibt und veröffentlicht. In diesem Zusammenhang ist es aufschlussreich zu wissen, dass sein weltumspannender Plan durchaus Akzente trägt, die auf Modernismo und Vanguardia verweisen. Klar ist dabei, dass vom Ich-Erzähler der Aspekt der Moderne mitsamt all seiner technikhörigen Attribute verhohnepiepelt wird.

Jorge Luis Borges wäre aber nun nicht Borges, wenn diese Elemente von Beginn an nicht mit Raum und Zeit verknüpft wären. Die Modernität der Situation des 20. Jahrhunderts besteht offenkundig darin, dass die Technik es dem Menschen abnimmt, selbst noch persönlich eine Reise zu unternehmen und sich im Raume (und in der Zeit) zu bewegen. In der Sichtweise wie im poetischen Erguss von Carlos Argentino Daneri treten die technologischen Krücken an die Stelle der Reiseerfahrung und machen diese unnütz. Gleichzeitig wird dadurch ein weiteres

---

46 Borges, Jorge Luis: El Aleph. In (ders.): *Obras Completas*, S. 618 f.

wichtiges Thema eingeführt, alle Informationen über die Welt an einem einzigen Punkt zu bündeln, gleichsam zusammenlaufen zu lassen. Es ist die Kombination dieser beiden Bewegungen in Raum und Zeit, welche vom Ich-Erzähler gegen die banale Vorstellung vom modernen Menschen mit seiner Technik-Besessenheit und seinem blinden Glauben an den Fortschritt ins Feld geführt wird. Denn eine derartige Vorstellung erscheint nicht nur in der Literatur als bloßes Klischee, sondern auch im wirklichen und alltäglichen Leben. Kein Wunder, dass ein derartiger Mensch der Moderne samt all seiner Fürsprecher freundlich verabschiedet wird.

Doch noch einmal zurück zum Ort dieses „hombre moderno". Denn er sitzt in seinem Arbeitszimmer im Schnittpunkt aller Wissensströme, die von ihm in Raum und Zeit miteinander verbunden werden können. Auf diese Weise kann der moderne Mensch verschiedenste Informationen bündeln, die ansonsten über den Raum verstreut und ihm nicht zu Diensten wären. Allerdings sollten wir uns vor Augen führen, dass diese Apparate-Ästhetik weit weniger überzeugend die Problematik der Reise in der Zeit zu lösen vermag, vor allem wenn wir berücksichtigen, dass Raum und Zeit in der abendländischen Kultur stets zusammengedacht werden, auch wenn die beiden Motti der Erzählung beide Bereiche klar voneinander unterscheiden.

Sehr hübsch ist an dieser Stelle der Erzählung der Übergang zum Bereich der Literatur gestaltet. Denn der Ich-Erzähler, der sich ja selbst als wichtiger Schriftsteller versteht, verurteilt die von Carlos Argentino Daneri entfaltete Sichtweise des modernen Menschen als pompös und weitschweifig, weil er von Beginn an verstanden hat, welcher aufgeblasenen und abgeschmackten Ästhetik sich das literarische Machwerk seines Rivalen verdankt. Sein Konkurrent in der Liebe zur schönen Beatriz Viterbo wird es ebenfalls in der Literatur: Liebe und Lesen werden einmal mehr enggeführt, verbinden sich wechselseitig miteinander, so wie es in einer langen abendländischen Literaturgeschichte stets der Fall war.[47] Doch nur mit Blick auf Daneri wird das Literarische von der Ebene des Kunstvollen in jene des Künstlichen degradiert.

Ein weiterer Übergang ist in dieser Passage nicht weniger meisterhaft gestaltet: der von der direkten Rede von Carlos Argentino Daneri über dessen indirekte Rede und den Erzählerkommentar bis hin zum „style indirect libre", zum „estilo indirecto libre". Diese erlebte Rede gibt zugleich auch die ablehnende Distanziertheit des Erzählers wider, der in ihr berichtet. Wir erfahren auf diese Weise von der Poetik, zugleich aber auch der konkreten literarischen Arbeitsweise unseres

---

47 Vgl. Ette, Ottmar: *LiebeLesen. Potsdamer Vorlesungen über ein großes Gefühl und dessen Aneignung.* Berlin – Boston: Verlag Walter de Gruyter 2020.

großen Dichters – oder Dichters des Großen –, der zunächst die „Schleusen seiner Einbildungskraft" öffnet und eine möglichst umfangreiche Stoffsammlung anlegt, um daran dann die Feile anzusetzen und den Stoff zu gestalten. Die Poetik Carlos Argentino Daneris beruht auf der mimetischen Abbildung der gesamten Erde in seinem lyrischen Text – und der Name „Argentino" verweist darauf, dass Borges hier zweifellos auch einige Landsleute im Visier hatte.

Die Poetik dieses „Argentiniers" ist, wie wir später erfahren, durchaus wörtlich zu nehmen, insofern Daneri wirklich Stück für Stück die Erde (wie wir heute sagen würden) mimetisch abscannt. Eine Wegkreuzung in Australien, einige Hochhäuser in einem nordamerikanischen Bundesstaat, eine Provinzstraße hier, eine Landschaft dort: Das Gedicht von der Erde will wie die Erde sein, will ein verkleinertes Modell unseres Planeten darstellen. Fürwahr eine monumentale Aufgabe, die ein wenig mit jener anderen Idee von Borges in Verbindung zu bringen ist, eine Landkarte des Riesenreiches China im Maßstab 1:1 anzulegen. Wie aber funktioniert die Informationsvermittlung, um eine so gigantische Aufgabe zu bewältigen? Ist es einfach der moderne Mensch, der sich durch seine Apparate die Reisen zu ersparen vermag? Carlos Argentino Daneri hat da noch etwas anderes als Trumpf in der Hinterhand.

Schauen wir uns zunächst einmal das Projekt von Daneri genauer an! Wir dürfen festhalten, dass er in seiner Ästhetik eine hochpotenzierte Intertextualität verfolgt, ist doch in der ersten Strophe seines Freskos bereits die gesamte Literaturgeschichte seit der Antike eingefangen. Darüber hinaus ist auch an die Mehrsprachigkeit gedacht, die sich wiederum auf die Problematik des Reisens und der Reise bezieht. So ist letztere im Gedicht explizit eine Bewegung „autour de ma chambre", was an eine lange literarische Tradition erinnert, in der wir nicht zuletzt auch die Aufklärungsliteratur des 18. Jahrhunderts erkennen können. Verwiesen sei hier natürlich an erster Stelle auf den *Voyage autour de ma chambre* von Xavier de Maistre oder auch auf Denis Diderots *Supplément au voyage de Bougainville* mit der Feststellung eines Dialogpartners, man könne sich das Reisen im Raum durch die Lektüre ersparen: Lesend könne man „faire le tour du monde sur notre parquet". Leicht ließe sich diese Dimension von Reisebewegungen weiter ausbauen und in Bezug setzen zur Problematik von Reisen und Lesen,[48] eine Wechselbeziehung, welche gerade im ausgehenden 18. Jahrhundert mit dem Übergang von der Textwissenschaft zu einer dominant auf Erfahrung aufbauenden empirischen Wissenschaftskonzeption in Verbindung zu bringen wäre. Doch wollen wir dieses Thema hier nicht weiter verfolgen, ist die Komplexität der

---

48 Vgl. hierzu die Vorlesung von Ette, Ottmar: *ReiseSchreiben. Potsdamer Vorlesungen zur Reiseliteratur*. Berlin – Boston: Walter de Gruyter 2020, S. 396–438.

von Borges in *El Aleph* ins Spiel gebrachten Bezüge doch ohnehin so hoch, dass es keiner zusätzlichen Komplexifizierungen bedarf. Versuchen wir vielmehr, die Grundkonstellationen in Jorge Luis Borges' berühmter Erzählung noch deutlicher herauszuarbeiten!

Bezüglich der bereits mehrfach angesprochenen Intertextualität bemerken wir sehr wohl, dass nicht alles in der Ästhetik Daneris der des realen Borges fremd ist, dass also bisweilen nachhaltig die ironische Präsentation durch eine selbstironische Darstellung ergänzt wird. Denn auch Borges fing in seinen *Ficciones* unverkennbar ganze Jahrhunderte literarischer und philosophischer Tradition in wenigen Sätzen ein und bemühte sich um eine Darstellung ganzer (imaginärer) Welten – denken wir nur an die Erzählung *Tlön, Uqbar, Orbis Tertius* oder auch *La Biblioteca de Babel*, die ich – wie erwähnt – bereits andernorts interpretiert habe.

Doch müssen wir an dieser Stelle nochmals eine klare Trennung einführen: Denn wir sollten scharf und eindeutig zwischen einem textexternen realen Autor mit Namen Borges und einer textinternen Erzählerfigur unterscheiden! Letzter trägt – wie wir im Verlauf der Geschichte erfahren werden – ebenfalls den Namen „Borges". Auch dies ist natürlich ein geschicktes Stratagem, um die in diktionalen Texten übliche Identifikation von „Ich" beziehungsweise Erzählerfigur und realem Autor, also textexternem Schriftsteller, dem geneigten Lesepublikum unterzujubeln. Das Stratagem ist dabei ebenso einfach wie wirkungsvoll, auch wenn es in *El Aleph* bereits in einer ambivalenten und potenzierten Form vorkommt, ist doch der erfahrene Borges-Leser längst damit vertraut und kann dieses Selbstzitat quasi als ein literarisches Augenzwinkern interpretieren. Dennoch hat es auch in *El Aleph* seine Wirkung auf die zeitgenössische Kritik und Literaturwissenschaft nicht verfehlt.

Die Gedichte von Carlos Argentino Daneri hatten bereits die Verfügbarkeit von Geschichte hervorgehoben, sind doch von den ersten vier Zeilen seines Poems an nicht weniger als dreitausend Jahre Literaturgeschichte präsent. Diese Verfügbarmachung betrifft aber auch die Dimension des Raumes, insofern die Beschreibung der gesamten Weltkugel das explizite Ziel seiner lyrischen Ergüsse darstellt. Man kann in der Behandlung dieser Dimensionen mit ihrer deutlichen Vergleichzeitigung von Raum und Zeit die vorweggenommenen Theoreme von „Posthistoire" und „Postmoderne" erkennen, welche in diesem Prosatext von Borges vor-gedacht und vorexerziert werden. Insbesondere die Gleichzeitigkeit des Ungleichzeitigen sowie die Verfügbarkeit von Raum und Zeit im literarischen und semiotischen Spiel sind für eine solche Literaturpraxis charakteristisch. Der Erzähler in *El Aleph* macht zugleich auch auf eine wichtige Dimension beim ihm verhassten Rivalen aufmerksam, schreibe dieser doch nur deshalb Literatur, um danach über das Selbstgeschriebene nachzudenken und dieses eben wunderbar zu finden. So wird Literatur nicht um ihrer selbst, sondern um der nachfolgenden pseudokritischen Texte ihrer Verfasser selbst wegen geschrieben, ein Missverständnis oder gar ein Missbrauch, der hier freilich mit einem starken Augenzwinkern vorgetragen wird.

Wie aber geht nun die eigentliche Geschichte, also ihr „récit" oder Plot weiter? Unsere Erzählerfigur namens Borges wird in der Folge immer stärker in das literarische Großprojekt Daneris hineingezogen. Dabei ist es ironischerweise gerade ein Modernisierungsprozess, der den argentinischen Dichter in arge Verlegenheit bringt, soll doch sein Haus mit allem, was sich darin befindet, abgerissen werden und für immer verschwinden. Denn es sind Café-Betreiber im Verbund mit argentinischen Geschäftemachern, die ein von Daneri bewundertes Kaffeehaus dergestalt ausweiten wollen, dass es auf Kosten seines eigenen Hauses modernisiert werden soll. Dies jedoch stellt den Dichter vor ein gewaltiges Problem, kann er doch nur in diesem Haus finden, was für seine Dichtung unabdingbar zu sein scheint: das „Aleph". Was aber ist das?

Wir wissen, dass es sich um den ersten Buchstaben im hebräischen Alphabet handelt, und wir wissen vielleicht auch noch, dass ihm – ähnlich wie Alpha und Omega im christlichen Diskurs – eine weltumspannende Kraft und Bedeutung zugeschrieben wird, eine Repräsentation des Universums, welche insbesondere durch die Kabbala im Judentum breit entwickelt wurde. Aber wer kann denn ein Aleph sein eigen nennen oder wie Carlos Argentino Daneri ganz einfach zuhause besitzen?

Unserem Ich-Erzähler namens Borges jedenfalls bleibt nichts anderes übrig, als zu seinem Rivalen nach Hause zu gehen. Denn Daneri will ihm das Aleph zeigen, um ihn endgültig von dessen materieller Existenz zu überzeugen. Nun, unser Borges lässt sich darauf ein, trinkt ebenfalls einen guten Schluck aus der Flasche mit dem Pseudo-Cognac – eine interessante Parallele zum vorigen Zitat, die übrigens in der Forschung zunächst weitgehend unbeachtet blieb – und geht entschlossen die Stufen in den Keller hinab. Denn auf einer dieser Stufen soll das Aleph für das menschliche Auge sichtbar sein.

Dazu freilich muss es finster sein, und den Erzähler befällt die Sorge, von einem Wahnsinnigen zunächst mit Hilfe dieses Getränks vergiftet und dann im Keller mit Falltür eingeschlossen zu werden. Er fürchtet um sein Leben. Doch all seine Sorgen und Ängste erweisen sich als unbegründet. Denn nun, auf dieser Kellertreppe, schließt er die Augen und öffnet sie wieder:

> Ich schloss die Augen, ich öffnete sie. Dann sah ich das Aleph.
> Ich gelange jetzt zum unbeschreiblichen Mittelpunkt meines Berichts; hier beginnt meine Verzweiflung als Schriftsteller. Jede Sprache ist ein Alphabet von Symbolen, deren Verwendung eine Vergangenheit voraussetzt, welche die Gesprächspartner teilen; wie aber soll ich den Augen jenes unendliche Aleph übermitteln, das mein furchtsames Gedächtnis kaum umfasst? Die Mystiker greifen in einem analogen kritischen Moment freigiebig auf

Embleme zurück [...]. In diesem gigantischen Augenblick sah ich Millionen köstlicher oder grässlicher Handlungen; keine erstaunte mich so sehr wie die Tatsache, dass alle denselben Punkt einnahmen, ohne Überlagerung und ohne Transparenz. Was meine Augen sahen, war simultan: Was ich transkribieren werde hingegen sukzessiv, weil so die Sprache ist. Etwas werde ich gleichwohl sammeln. [...] Ich sah ein Landhaus in Adrogué, ein Exemplar der ersten englischen Übersetzung des Plinius, der von Philemon Holland, sah zur selben Zeit jeden Buchstaben auf jeder Seite (als kleiner Junge pflegte ich mich darüber zu wundern, dass die Buchstaben eines geschlossenen Bandes nicht durcheinanderkamen und sich nicht im Laufe der Nacht verlören), ich sah die Nacht und den Tag zeitgleich, sah einen Sonnenuntergang in Querétaro, welcher die Farbe einer Rose in Bengalen zu spiegeln schien, ich sah mein Schlafzimmer mit niemandem darin [...], ich sah die fürchterliche Reliquie dessen, was köstlich einstens Beatriz Viterbo gewesen, sah den Kreislauf meines dunklen Blutes, sah das Räderwerk der Liebe und die Modifizierung des Todes, sah von allen Punkten aus das Aleph, sah im Aleph die Erde und in der Erde erneut das Aleph und im Aleph die Erde [...]. [49]

Der Ich-Erzähler erzählt und reflektiert zugleich in dieser wunderbaren Passage, die ich für unsere Vorlesung leicht kürzen musste. Hier befindet sich der Mittelpunkt der Erzählung, vom Erzähler auch in einer metaliterarischen Reflexion als solcher bezeichnet. Anstatt nach dieser Reflexion sogleich wieder die Ebene des „récit" oder doch zumindest der „histoire" zu betreten, verbleibt der Erzähler – und dies ist typisch für die Schreibweise von Jorge Luis Borges – zunächst noch auf der Ebene des „discours" oder, wenn sie so wollen, auf metaliterarischer Ebene. Denn es geht in dieser Passage nicht bloß um eine „unerhörte Begebenheit", welche die Erzählung zu einer Novelle machen würde, sondern um das Erzählen und die literarische Gestaltung von Texten selbst. Borges überträgt an seinen Erzähler „Borges" die anspruchsvolle Aufgabe, die poetologischen Grundlagen von Literatur zu reflektieren und damit literarischen und metaliterarischen Diskurs engzuführen. Der poetologisch-metaliterarische Diskurs wird damit zu einem wesentlichen Bestandteil des literarischen Schreibens selbst und kann nicht einfach von der borgesianischen Fiktion abgetrennt werden.

Daher folgen, ausgehend vom Aleph, dem ersten Buchstaben des hebräischen Alphabets, Überlegungen und Assoziationen zum Alphabet überhaupt, das seinerseits ja per definitionem begrenzt ist und über eine endliche Zeichenzahl verfügt. Aus dieser Begrenztheit des Alphabets ergibt sich auch die Schwierigkeit des Erzählers (und seine Verzweiflung), die schiere Unendlichkeit der Vorstellungen in eine begrenzte Zahl von Worten und Buchstaben zu fassen. Zugleich wird die Problematik reflektiert, dass Autor beziehungsweise Erzähler und Lesepublikum ein gemeinsamer Lektüre- und Erfahrungshorizont zu verbinden pflegt, der

---

49 Borges, Jorge Luis: El Aleph, S. 624 ff.

in diesem Falle gerade nicht gegeben ist. Wie aber kann dann literarisch übermittelt werden, was doch kommuniziert werden soll?

Die Strategie der Mystiker aller Zeiten, die Unendlichkeit der Eindrücke und Erlebnisse in eine Proliferation festgefügter Emblemata und damit eine Abfolge von Text-Bild-Relationen umzuwandeln, ist für den Ich-Erzähler nach eigenem Bekunden nicht mehr anwendbar. Daher also die Verzweiflung von „Borges", die Simultaneität der Wahrnehmung und des Erlebens in die Sukzession, die unabänderlich lineare Abfolge der Sprache zu überführen. Dies bedeutet zugleich die Konfrontation mit der Frage, wie ein situatives Erlebenswissen und Lebenswissen in dessen spezifisch literarische Formen gegossen werden kann. Jorge Luis Borges berührt in seinem Prosatext einen literaturtheoretischen Punkt, der postmoderne Autor*innen – wie wir im weiteren Fortgang unserer Vorlesung sehen werden – noch stark beschäftigen sollte. Denn der Aleph auf der Kellertreppe in Carlos Argentino Daneris Haus ist für dessen Rivalen „Borges" ein etwa augengroßer Punkt, hell leuchtend und strahlend, in welchem sich alle Linien der Zeit und des Raumes kreuzen. In diesem Auge, diesem Globus ist alles gleichzeitig, ein „nunc stans", wie es in explizitem Verweis auf die abendländische philosophische Tradition heißt.

Dieser augengroße Aleph – und es ist evident, dass man diese Konfiguration autobiographisch in einen Zusammenhang mit der Erblindung von Jorge Luis Borges bringen kann – ermöglicht die zeitgleiche Aufnahme und Wahr-Nehmung verschiedenster Bilder aus unterschiedlichsten Räumen und Zeiten, die simultan und doch distinkt sich dem Auge des Betrachters aufdrängen. Hier ist die Quasi-Simultaneität des Bildes, der Malerei, zu einer absoluten Radikalität gleichzeitiger, sich nicht überlagernder und nicht transparenter Bilder zugespitzt, eine Erfahrung und mehr noch Erleben, denen ein hermeneutisches Paradoxon zugrunde liegt, eben jene Figur der Logik, die gerade innerhalb der Postmoderne zur vielleicht dominanten Denk-Figur, ja Denkform werden sollte. So vermittelt sich dem Erzähler-Ich alles gleichzeitig: Das Ferne wie das Nahe, das Eigene wie das Andere, das Unpersönliche wie das Persönliche durchdringen sich, stellen Verbindungen miteinander her, aber verschmelzen niemals in ein gemeinsames Bild. Der Erzähler durch-schaut nun alles, sieht auch das, was niemand sonst sah: eine Allmachtposition, die freilich nicht die des Demiurgen, sondern diejenige des passiven göttlichen Betrachters, in gewisser Weise des nicht eingreifenden „deus absconditus" ist. Wir dürfen also diese Position keineswegs mit der Autorposition verwechseln, geht es hier doch nicht um den „creator", sondern um den „contemplator". Und dies hat Folgen …

Die literarische und erzähltechnische Umsetzung der geschilderten simultansukzessiven Problematik ist genau jene additive Struktur, die ich Ihnen auszugsweise am Ende dieses Zitats vorgestellt habe. Es ist eine nicht enden wollende

Abfolge paralleler Konstruktionen, die jeweils mit dem Verbum des Sehens eingeleitet werden und unterschiedlichste Phänomene der Simultaneität in die Abfolge
einer linearen Erzählung transponieren. Dabei sind dies freilich Elemente, die
sehr wohl auf die Ebene des „récit" oder Plot durchschlagen und zugleich auch
deutlich machen, in welch starkem Maße der Erzähler-Borges stets der Getäuschte
und Hintergangene in dieser Liebesgeschichte war: Sein eigenes Schlafzimmer
blieb immer leer. Wie sehr er auch und gerade in Carlos Argentino Daneri einen
Rivalen besaß, ohne es zu wissen, ja ohne es zu ahnen, war sicherlich eine Überraschung für den rein betrachtenden, kontemplativen „Borges" unserer Erzählung. Darum also blieb das Bett des Erzählers leer, darum blieb die Liebe von
„Borges" unerhört, darum heiratete Beatriz Viterbo nach ihrer Scheidung nicht
mehr, hatte sie doch ihren Cousin als Liebhaber gefunden: Beide verband ein
gleicher Hang zur Laszivität miteinander. Die Beziehung zu diesem – wie es auf
Deutsch so schön heißt – „leiblichen Vetter" musste (oder konnte) nicht legali-
siert werden.

Damit wird deutlich, dass wir auf Ebene der Liebesgeschichte eine Dreiecksbeziehung vor uns haben, die zwischen Carlos Argentino Daneri, Beatriz Viterbo
und dem leer ausgehenden „Borges" ausgespannt ist. Der unvermutete Rivale
blieb also Sieger im Zweikampf der Liebhaber. Doch gibt es noch eine zweite Drei-
ecksgeschichte, deren Liebesobjekt nun nicht mehr die geliebte Frau, sondern die
geliebte Literatur und die Anerkennung im literarischen Feld ist. Auch auf dieser
Ebene indes bleibt der textinterne „Borges" zweiter Sieger. Denn es ist Carlos
Argentino Daneri, der mit seinem kosmologische Grenzen sprengenden Wel-
tengedicht, dessen materielle Grundlage das Aleph ist, zumindest den zweiten
Literaturpreis ergattert, während der platonische Liebhaber „Borges" einmal
mehr leer ausgeht.

Im Zentrum dieses doppelten Dreiecks aber steht das Aleph, augengroß: So
wird gleichsam die Struktur eines Dreiecks und des göttlichen Auges im Dreieck
nahegelegt. Dabei handelt es sich um ein zentrales Emblem göttlicher Allgewalt
im Christentum, das zugleich Herrschaft über Raum und Zeit symbolisiert. Im
Grunde weist Jorge Luis Borges' *El Aleph* letztlich doch eine Grundstruktur auf, die
den Mystikern zumindest christlicher Provenienz keineswegs fremd und unbekannt war. Das Aleph lässt sich in der Tat als Auge Gottes verstehen: In ihm sind
alle Dinge allgegenwärtig und kopräsent.

Das endlose Universum von Raum und Zeit ist zugleich in diesem Text aber
auch durch das endlose Universum der Texte eingefangen. Dabei gibt es einen
direkten Bezugstext, der ebenfalls kosmologische Dimensionen besitzt und
Hölle, Fegefeuer und Himmel miteinander verbindet: Dante Alighieris „Göttliche"
Commedia. Auch bei Dante werden die Koordinaten des gesamten Universums
ausgespannt: Auch hier kommt es zu einer zumindest relativen Kopräsenz ver-

schiedenster Figuren, Themen und Episoden. Auch in dieser Welten-Komödie ist das Universum ästhetisch verdoppelt durch das Universum der Texte, das in einer Unzahl von versteckten und offenen Anspielungen ebenso explizit wie implizit miteinbezogen ist.

Die intertextuellen Verweise im Text auf Dantes *Commedia* sind zahlreich und beginnen bereits mit dem Namen Carlos Argentino Daneris, wobei Dante Alighieri zu Daneri kontrahiert und gleichsam ‚argentinisiert‘ wird. Die schöne Frau, um die es geht, ist Beatriz Viterbo, eine klare Anspielung auf die schöne Beatrice, der das Ich des Dichters – wenn auch verfremdet – als Führerin nachfolgt. Selbst den Abstieg des Dichters in die Hölle können wir erkennen, steigt „Borges" doch durch eine Falltür in den Orkus des Kellers von Daneri alias Dante Alighieri hinab, um dort Tausende grässlicher, schrecklicher Dinge zu sehen, von denen er später nur schwerlich in aller Fülle wird berichten können. Auch die köstlichen, verzückenden Dinge fehlen bei Dante wie in Borges *El Aleph* nicht, ist hierfür doch die himmlische Gestalt der über alles geliebten Beatrice das beste Beispiel.

Durch diese intertextuelle Vernetzung erklärt sich ebenso die plötzliche Todesangst des Erzählers wie auch die Tatsache, dass er alle Verblichenen seines Lebens einschließlich seiner Herzensherrin wiederfinden wird. Sah „Borges" zuvor nur die verblichenen Photos der Verstorbenen (und damit eine schlechte Mimesis einer vergangenen, ‚verstorbenen‘ Realität eines „ça a été"), so erlebt er nun ihre kopräsente Gegenwart von neuem, erfolgt dies auch für ihn selbst und seine Liebe in enttäuschender Weise. So lassen sich die Beispiele für intertextuelle Bezüge zu Dante Alighieris *Commedia* häufen, und die Forschungsliteratur hat es hier nicht an Untersuchungen fehlen lassen.

Auch Jorge Luis Borges selbst nicht, der sich in berühmt gewordenen Texten und Vorträgen mehrfach mit dem Schöpfer der „Göttlichen" *Komödie* auseinandersetzte. Immer wieder sind diese Bezüge zu Dante in der historischen Weltliteratur herausgearbeitet worden, doch kaum jemand hat dies so raffiniert und ingeniös wie Borges getan. Honoré de Balzac etwa, zu dem sich in *El Aleph* erneut intertextuelle Verbindungen herstellen ließen, hat mehrfach die Totalität von Welt in seiner *Menschlichen Komödie*, seiner *Comédie humaine*, dargestellt. Dabei genügt es, beispielsweise an die Sammlung des Antiquars in einem seiner philosophischsten Romane zu denken, *La Peau de chagrin*, wo vielfältige Bezüge zu Dante verwoben sind. Auch in Balzacs Roman findet sich die Totalität des Existierenden in einem kleinen Raum wieder und erwartet gleichsam die Erlösung durch das schöpferische Ich. Dante wie Balzac erblickten in der literarischen Darstellung einer Totalität, einer gesamten Welt, die wahre Aufgabe ihres Schreibens und ihrer Erzählkunst.

Bei Jorge Luis Borges freilich wird dieser Wunsch nach Totalität nicht so sehr im pathetischen Sinne als im ironischen Modus durchgeführt, ist es Borges doch längst bewusst, dass der Totalitätsanspruch der Literatur ebenso fundamental wie absurd, ebenso überzeitlich wie überspannt ist. Die Welt als Fraktal darzustellen und dies in einer möglichst kurzen literarischen Form zu tun, war für den argentinischen Schriftsteller ebenso erzählerisches Spiel wie spielerische Herausforderung. Borges buchstabierte dies mit seinem Lesepublikum gleichsam vom ersten Buchstaben des hebräischen Alphabets an durch. Bis hin zu jener banalen Variante, dass sein Rivale Carlos Argentino Daneri nicht auf Grund seiner vielfältigen technischen Apparate eines modernen Menschen oder besser noch auf Grund des Reichtums seiner Einbildungskraft im Mittelpunkt der Welt steht. Er positioniert sich sich dort einzig, weil er sich im prekären Besitz des Aleph befindet und ihm die ganze Welt wie in einer magischen Laterne oder in einem Kinematographen zu Diensten ist. Dorther bezieht er jene Bilder, die er mehr recht als schlecht in literarische und ästhetische Gebilde umformt. Der Seher Daneri ist daher im Rimbaud'schen Sinne kein „voyant", sondern – ebenso wie der textinterne Erzähler namens Borges – bestenfalls Voyeur.

El Aleph ist in gewisser Weise die Umkehrung einer anderen Fiktion von Borges, *La biblioteca de Babel*, insoweit als hier die Ewigkeit nicht mehr in einem Raummodell additiv konkretisiert wird – in Form expandierter Sechsecke, die stets aufs Neue sich gleichförmig erweitern –, sondern diese Vorstellungen nun kondensiert und kontrahiert werden zum Punkt einer leuchtenden Kugel in der Größe eines Auges. In *El Aleph* tritt an die Stelle ständiger Expansion also die größtmögliche Kondensation. Gleichwohl steht auch das Aleph für die Ewigkeit, enthält es doch die Totalität der Welt und damit selbstverständlich auch sich selbst, eine fraktale Selbstähnlichkeit, die auch die erzählerische Rückbeziehung auf den eigenen Text ästhetisch legitimiert. Sie können dies – „toute proportion gardée" – durchaus mit der Persil-Reklame altbundesrepublikanischen Typs vergleichen, auf der immer weiter ins Unendliche von einer blendenden Hausfrau eine Packung Persil gehalten und ins Unendliche projiziert wird, was freilich mehr dem Raummodell von *La biblioteca de Babel* entspräche.

Der Erzählvorgang ist logischerweise autoreflexiv, beleuchtet sich selbst und macht diese Beleuchtung selbst wiederum zum Gegenstand seines Erzählens und des Erzählvorgangs, der seinerseits Kommentare auslöst, welche in den narrativen Vorgang Eingang finden und so weiter ad Infinitum. All dies sind konstruktive Antworten auf die Herausforderung, wie das Unendliche in einem begrenzten Text ästhetisch überzeugend zum Ausdruck gebracht werden kann. Es kann Ihnen dabei schwindlig werden wie am Ende unseres obigen Zitats, in welchem die Erde und das Aleph und das Aleph und die Erde ... Sie merken schon: Wir können unsererseits jedenfalls anmerken, dass es für den Erzähler ein gar nicht so aussichtsloses Unterfangen war, Ewigkeit abzubilden. Der Text selbst führt gerade nicht in der additiven Struktur paralleler Konstruktionen, sondern in der hier kurz skizzierten Form von Text, Metatext, Intertext, Paratext und viel mehr noch die Autoreferentialität als Unendlichkeit des Textes vor, wie sich das Unendliche als Fraktal endlich konstruieren lässt.

Auch diese Frage nach der Unendlichkeit in der Endlichkeit wie auch der Gleichzeitigkeit von Ungleichzeitigem sind Fragestellungen, die im Zusammenhang mit der Verzeitlichung von Differenz, mit der Derrida'schen „différance", zu den Leitfragen von Literatur und Philosophie im Zeichen der Postmoderne gezählt werden dürfen. Diese Frage kommt freilich nicht ex nihilo: Jorge Luis Borges hat keineswegs völliges literarisch-philosophisches Neuland betreten, sondern ‚lediglich' die bereits vorhandenen Elemente neu geordnet, um sie auf neue Fragen und Sensibilitäten hin zu öffnen. Es existiert eine Vielzahl intertextueller Verweise, welche die borgesianischen Texte explizit schmücken.

Sehr häufig aber fehlt der Verweis auf einen Autor, mit dem Jorge Luis Borges selbst eine Zeitlang in Briefkontakt gestanden hatte: auf den für das spanische Geistesleben bereits der Jahrhundertwende und bis zu seinem Tod im Jahre 1936 so wichtigen Basken Miguel de Unamuno. Wenn auch oftmals die Beziehungen zu Unamunos Gesamtwerk beiläufig erwähnt werden, das sich im Zwischenraum von Literatur, Literaturkritik, Philologie, Philosophie und damit gar nicht so weit von dem des Argentiniers entfernt ansiedelt, werden diese für sein Schreiben konstitutiven Bezüge von Borges selbst kaum einmal – auch nicht in seinen Interviews – aufgedeckt. Ich möchte Ihnen dennoch an zwei für uns wichtigen Stellen kleine Einblicke geben in die von Unamuno geleisteten Vorarbeiten, auf die sich Borges beziehen konnte.

Abb. 97: Miguel de Unamuno (Bilbao, 1864 – Salamanca, 1936).

Dabei wäre es möglich, die bisweilen sehr esoterische Bezugnahme auf nicht weniger esoterische deutsche philosophische Texte – und insbesondere den deutschen Pietismus – auf Borges' Bekanntschaft und Vertrautheit mit den Texten Unamunos zurückzuführen, der nicht umsonst schon den Zeitgenossen als ein literarischer Vielfraß, als ein „lector voraz", galt. Doch im Folgenden soll es zunächst nur um eine Idee gehen, die die Grundidee des Aleph ausmacht, sich aber bereits im auf das Jahr 1912 datierten Text *Del sentimiento trágico de la vida*, dem philosophischen Hauptwerk Miguel de Unamunos also, finden lässt:

> Nichts geht verloren, nichts geht völlig vorüber, da sich alles auf die eine oder andere Weise perpetuiert und alles, nachdem es durch die Zeit gegangen ist, in die Ewigkeit zurückkehrt. Die zeitliche Welt besitzt Wurzeln in der Ewigkeit, und dort ist das Gestern mit dem Heute und dem Morgen verbunden. Vor unseren Augen vollziehen sich die Szenen wie in einem Kinematographen, dessen Filmstreifen indes einzig und ganz bleibt jenseits der Zeit.
> Es sagen die Physiker, dass nicht ein einziges Stückchen Materie und kein einziger Kraftimpuls verloren gehen, sondern dass sich das eine wie das andere transformieren und weiterbestehend transmittieren. Und verliert man vielleicht irgendeine Form, so flüchtig sie auch wäre? Man muss glauben – glauben und hoffen! –, dass auch dies nicht der Fall ist und dass sie irgendwo archiviert bleibt und fortdauert, dass es einen Spiegel der Ewigkeit gibt, in welchem sich alle Bilder bewahren, ohne dass sich die einen in den anderen verlören, und dass sie durch die Zeit marschieren. Jeder Eindruck, der mich erreicht, bleibt in meinem Gehirn gespeichert, auch wenn er so tief oder so schwach wäre, dass er sich in den Tiefen meines Unterbewusstseins verlöre [...]. [50]

Diese Formulierungen des spanischen Philosophen und Literaten lassen aufhorchen! Wir könnten diese Passage auf bestimmte Weise als eine Art philosophischer Erklärung von Borges' *El Aleph* lesen, wenn wir die Verdichtungsstelle hier auch nicht punktförmig, sondern in der auch dem Argentinier sehr vertrauten und von ihm oft benutzten Metaphorik des Spiegels vor uns sehen. Dabei ist aufschlussreich, dass die Idee der Ewigkeit zu jenem Hebel wird, mit Hilfe dessen Miguel de Unamuno die ablaufende Jetztzeit gleichsam stillstellt oder auch überwölbt, um sie unter dieser Glocke aufzuheben und so mit allen anderen Zeitebenen zu *vergleichzeitigen*.

Hierbei ist es für unsere Zwecke im Rahmen der Diskussionen um Moderne und Postmoderne eher belanglos, dass es Unamuno im Zeichen der Unendlichkeit vor allem darum ging, das „tragische Lebensgefühl" zu denken. Dieses sah er in wesentlicher Weise an die Einsicht des Menschen geknüpft, schlicht nicht unsterblich zu sein, sondern dem Tode zu gehören beziehungsweise ein Leben zum Tode zu führen. Die Problematik der Ewigkeit ist daher für Unamuno mit der Frage der Unsterblichkeit der Seele verbunden, was uns hier – wenn auch vielleicht sehr wohl in unserem persönlichen Leben – nicht weiter interessiert.

Denn die Ewigkeit dient Unamuno in dieser Passage dazu, alle Zeiten und Zeitebenen zu vergleichzeitigen und damit zugleich eine Form des Nicht-Verschmel-

---

[50] Unamuno, Miguel de: *Del sentimiento trágico de la vida. La agonía del cristianismo*. Madrid: Akal 1983, S. 242.

zens aller Bilder der Erinnerung zu behaupten, welche auch für Borges' raum-zeitliche Konzeptionen des Aleph grundlegend ist. Dass Miguel de Unamuno sich für eine Bilderwelt – und nicht etwa für eine Klang- oder Geruchswelt, die ja auch vorstellbar gewesen wären – und zusätzlich für das technisch damals avancierteste Medium eines Kinematographen entscheidet, mag sehr wohl mit der Problematik der Modernität in Verbindung gebracht werden. Auch mag die Tatsache eine Rolle spielen, dass wir in unserem Jahrhundert zunehmend massiv dazu übergegangen sind, alles zu verbildlichen und in Bilderwelten zu verwandeln. Diese Entwicklung hin zu *Windows*, zur imperialen Dominanz des Sehsinns und deren Folgen für das Ranking unterschiedlicher Sinne und Sinneswahrnehmungen werde ich zu einem späteren Zeitpunkt thematisch wieder aufnehmen.

Ein weiteres Element, das mir in der oben angeführten Passage als wichtig erscheint, ist die Vorstellung des Speichers oder auch des Mediums des Speicherns. Dies wird in unseren elektronischen Zeiten immer wichtiger und in Bezug auf Formen der Vergleichzeitigung entscheidend. Nun sind Speicher – und dazu gehören natürlich auch Bibliotheken – stets räumliche Formen von Vergleichzeitigung. Dass Unamuno an dieser Stelle auf das menschliche Gehirn als Speicherplatz und -form hinweist, hat vielleicht weniger mit seiner prämodernen Einstellung als mit der Tatsache zu tun, dass er am Ende seiner hier zitierten Satzperiode auf das „subconsciente" verweist. Es handelt sich um den eigentlich etwas falsch abgeleiteten Freud'schen Begriff des „inconsciente" oder des Unbewussten, eine terminologische Schieflage, welche den spanischen Philosophen indes wenig zu kümmern scheint.

Klar ist jedoch, dass sich Unamuno damit auf die Freud'sche Psychoanalyse und seine Deutung des psychischen Apparats mit Es, Ich und Über-Ich bezieht, welche allesamt als Speichermedien aufgefasst werden können und von Sigmund Freud auch in der Metaphorik des „Wunderblocks" beschrieben wurden. Denn dieses Unbewusste, so Freud, funktioniert wie eine Art Wachstafel in Blockform, in die sich alles einprägt und die das einmal Eingeprägte auch dann noch in verschobener, veränderter Form konserviert, wenn neue Zeichen darüber eingeritzt oder eingeschrieben werden. Im Grunde finden Sie erneut die von Jorge Luis Borges in seinen *Ficciones* benutzte und von Gérard Genette in seinen *Palimpsestes* disziplinär umgesetzte Metapher des Palimpsests, in welcher das einmal Notierte trotz des Übereinanderschreibens nicht gänzlich verloren geht, sondern – wie verwaschen und verändert auch immer – zugänglich bleibt und uns damit als Speicher zur Verfügung steht. Es ist uns gegenwärtig, wenn auch nicht immer gewärtig. Dass die Psychoanalyse Freuds ihrerseits wiederum Lesarten offenstand, die wie jene von Jacques Lacan die Elemente der Sprache auf all ihre Ebenen und zunächst in strukturalistischer Manier ausbreitete, so dass das Unbewusste wie eine Art Sprache funktionierend gedacht werden konnte, werden wir zu einem späteren Zeitpunkt noch näher zu erläutern versuchen.

Natürlich gibt es mehr als diese Passage, die das Werk von Borges mit jenem Unamunos verbindet, mit eben jenem spanischen Intellektuellen, der fast schon vom spanischen Volksmund als jener „quijoteske" Don Miguel de Unamuno apostrophiert wurde, als welcher der baskische Eigenbrötler in die Literatur- und Philosophiegeschichte einging. Unamuno setzte sich – wie viele andere Intellektuelle seiner Generación del 98 – mit der schillernden Figur des Miguel de Cervantes auseinander und sah in ihr – so etwa in seiner *Vida de Don Quijote y Sancho*, einer kreativen Neuschrift des ursprünglichen *Don Quijote*, die Verkörperung der spanischen Seele und ihrer tiefen, ihrer ‚ewigen' Identität.[51]

Es ist im Rahmen unserer Vorlesung unmöglich, auf diese Fragestellungen näher einzugehen, auch wenn wir mit Unamuno einen Autor kennengelernt haben, der mit anderen Mitteln als Borges' Pierre Menard den *Don Quijote* neu zu schreiben suchte. Lassen Sie mich wie angekündigt aber noch auf eine zweite Passage Miguel de Unamunos aufmerksam machen! Es geht um eine Stelle in *Del sentimiento trágico de la vida*, in welcher mindestens zwei Bezüge zu *El Aleph* wie zu *Pierre Menard, autor del Quijote* hergestellt werden können – zumindest dann, wenn man diese kurze Passage etwas genauer unter die Lupe nimmt:

> Und ich stieß ein heftiges „Es sterbe Don Quijote!" aus, und aus dieser Blasphemie, welche das genaue Gegenteil des Ausgesagten sagen wollte – so ging es eben damals zu –, keimte mein *Das Leben von Don Quijote und Sancho* auf und damit mein Quijotismus-Kult als Nationalreligion.
>
> Ich schrieb jenes Buch, um den *Quijote* gegen die Cervantisten und Gelehrten neu zu denken und um das zum Leben zu erwecken, was für die meisten toter Buchstabe war und noch immer ist. Was geht es mich an, was Cervantes da hineinpacken wollte oder nicht wollte und was er dann wirklich hineinpackte? Das Lebendige ist es, was ich darin entdecke, mag es Cervantes da hineingelegt haben oder nicht; was ich dort hineinbringe und überbringe und unterbringe, und was wir alle da hineinlegen. Ich wollte darin unserer Philosophie auf die Spur kommen.[52]

Das Interessante und Aufschlussreiche an dieser Passage ist einerseits die Tatsache, dass Unamuno seine frühere Schrift gegen den *Quijote* und den quijotesken Geist Spaniens so umdeutet, dass sie in Wahrheit das Gegenteil dessen habe aus-

---

51 Vgl. zur Rezeption des *Quijote* bei Miguel de Unamuno und den hispanoamerikanischen Modernisten Ette, Ottmar: Aus ferner Nähe. Die hispanoamerikanischen Modernisten und Miguel de Cervantes' „Don Quijote". In: *Romanistische Zeitschrift für Literaturgeschichte / Cahiers d'Histoire des Littératures Romanes* (Heidelberg) XXX, 1–2 (2006), S. 177–208.
52 Unamuno, Miguel de: *Del sentimiento trágico de la vida*, S. 337.

sagen wollen, was sie wirklich gesagt habe. Das ist eine Vorgehensweise des Verfassers von *Contra esto y aquello*, die wir nun von Pierre Menard sehr gut kennen, denken wir nur an seine Invektive gegen Paul Valéry, den er im Grunde seines Herzens sehr verehrte. Zum zweiten findet sich in dieser Passage eine radikale Absage an die Autorintention, deren Untersuchung Unamuno voller Verachtung den Cervantes-Spezialisten und Bildungsbürgern gerne überlässt. Was kümmert es ihn schon, was Cervantes gewollt habe oder nicht?

Die zeitgenössische Philologie – und Unamuno war ein ausgebildeter Altphilologe – hielt den Atem an und erschauerte! In der damaligen Philologie und Editionswissenschaft stand der Autor noch völlig im unhinterfragbaren Mittelpunkt jedweder Textbetrachtung. Aber Unamuno kam es in diesem Zitat radikal auf die Leserschaft an. Gewiss ließe sich auch sagen, dass es ihm vor allem radikal auf sich selber ankam. Doch die Leserschaft war für Miguel de Unamuno das Entscheidende – und nicht irgendeine hypostasierte Autorintention. Denn er wollte vor allem seinen Don Quijote aus einem toten Buchstaben in lebendiges Leben verwandeln, ihn damit zu einem Bestandteil des zeitgenössischen und künftigen Lebens(wissens) in Spanien machen. Mit anderen Worten: Es ging ihm darum, Literatur zu leben und auch für andere lebbar zu machen. Es ist damit die verlebendigende Aktualisierung, welche hier die entscheidende Rolle spielte, verbunden mit einer Absolut-Setzung des Lesers und des von diesem produzierten *Quijote*. Dies war eine Konzeption, welche durchaus der borgesianischen sehr nahe war und die Literatur als etwas betrachtete, was mit unserem Leben und unserem Wissen vom Leben unmittelbar zu tun hat.

Kehren wir noch ein letztes Mal zu *Pierre Menard, autor del Quijote* zurück! Dort stellte der Erzähler die Frage, warum sich der Franzose Pierre Menard denn überhaupt mit dem Werk des Cervantes beschäftigt habe. Wir könnten diese Frage auch an Borges selbst stellen und dabei auf seine zum Teil widersprüchlichen Aussagen verweisen. Zum einen behauptete der argentinische Schriftsteller in einem Interview[53] von 1970, den *Quijote* zunächst auf Englisch gelesen zu haben, wobei ihm die später gelesene spanische Fassung wie eine schlechte Übersetzung vorgekommen sei. Später freilich gab er zu Protokoll, zunächst den Text auf Spanisch gelesen und daran anknüpfend schon als kleiner sechsjähriger Junge seinen ersten literarischen Text verfasst zu haben. Für Borges besaß der große Roman des spanischen Autors eine ähnlich zentrale Bedeutung wie für die Angehörigen der

---

53 Vgl. Rodríguez-Luis, Luis: El „Quijote" según Borges. In: *Nueva Revista de Filología Hispánica* (México) 36 (1988), S. 477–500; ders.: Nota adicional sobre Borges y el „Quijote". In: *Nueva Revista de Filología Hispánica* (Mexiko) 39 (1991), S. 1067–1070; sowie ders.: *The Contemporary Praxis of the Fantastic: Borges and Cortázar*. New York: Garland 1991.

Generación del 98, welche wenige Jahre zuvor die Essenz Spaniens in keinem anderen Werk so sehr widergespiegelt fanden wie im *Don Quijote*.

Es erübrigt sich, an dieser Stelle auf die einschlägigen Passagen bei Unamuno, Ganivet, Azorín und vielen anderen hinzuweisen. Borges schreibt sich im zeitgenössischen Kontext ein in eine wiederholte Lektüre des *Quijote*, wenn auch unter gänzlich anderen Voraussetzungen als die spanischen Autoren. Cervantes' *Don Quijote* ist der erste moderne Roman oder der erste Roman der abendländischen Moderne: Er steht an der Wiege jener Moderne, die Borges aus anderer Sicht auf ihre Grenzen befragte und erprobte. Mit der Bearbeitung des *Quijote* legte der argentinische Schriftsteller Hand an jene Tradition, welche im Bereich der Literatur die europäische Moderne bestimmte. Er löste mit seiner literarischen Praxis jene Versprechen ein, welche er in *El escritor argentino y la tradición* gegeben hatte.

Was Borges von Unamuno unterscheidet, ist die von einer veränderten Perspektive auf die Tradition ermöglichte entschlossene Verabschiedung einer literarästhetischen Vergangenheit, die er nur insofern in sich bewahrte, als er sie dadurch immer wieder von neuem überwinden konnte. Er bewahrte den Stachel der historischen Avantgarden in sich auf und lag damit bei der Beurteilung seiner eigenen ästhetischen Kontinuitäten gar nicht so falsch. Sein großes Verdienst liegt nicht so sehr in der Entdeckung oder Erfindung neuer Theoreme, welche zuverlässig das Künftige und Kommende anzeigten, als vielmehr in der Tatsache, dass er es verstand, die vorhandenen Elemente neu zu kombinieren und zu vergleichzeitigen. Es gibt wohl keine bessere literarische Visualisierung dieser Vergleichzeitigung aller Zeiten und Räume als Borges' *El Aleph*, das aus einer Engführung von Literatur und Philosophie, aber auch friktional von Literatur und Metaliteratur entstand. Mit Jorge Luis Borges erleben wir – um mit Friedrich Nietzsche zu sprechen – die Geburt der Postmoderne aus dem Geiste der Moderne und der historischen Avantgarden.

Max Aub, Jussep Torres Campalans oder Avantgarde, Postavantgarde und Postmoderne

Vor einigen Jahren konnte man im Schaufenster einer bekannten Buchhandlung in Frankfurt am Main ein Buch liegen sehen, das – erfreulich für jeden Autor oder Übersetzer – breiten Raum einnahm und in den Mittelpunkt der Dekoration gerückt wurde. Interessanterweise war an ihm ein Zettelchen befestigt, auf dem in großen Buchstaben und durchaus zum Ärgernis einer mit der Produktion dieses dicken Bandes beschäftigten Person zu lesen stand: „Alles erfunden!" Wir haben es also als nächstes mit einem Buch zu tun, in dem einfach alles Fiktion zu sein scheint. Und mit diesem Buch wollen wir zugleich den zweiten Teil unserer Vorlesung zu den vielfältigen Übergängen zwischen Moderne und Postmoderne beschließen.

Nun, die Tatsache, dass ein Buch ‚erfunden' ist, kann, wie Sie wissen, einen Literaturwissenschaftler nicht erschüttern, hat er oder sie es doch zumeist mit Bänden zu tun, die in englischsprachigen Buchhandlungen überwiegend in jenen Bereichen stehen, die mit „Fiction" überschrieben sind. Was also ist das Besondere an diesem Buch, warum muss es mit einem solchen Schildchen – zumindest einem wohlmeinenden Buchhändler nach – versehen werden? Und wovor müssen die interessierte Käuferin oder der interessierte Käufer gewarnt werden?

Nun, das Schildchen passt beim Verfasser dieses Buches, dem französisch-spanisch-mexikanischen Autor Max Aub, der als jüdischer Schriftsteller zweifellos als einer der großen Figuren nicht nur der spanischsprachigen, sondern auch der Literaturen des Exils im vergangenen Jahrhundert gelten darf, ganz bestimmt schlecht. Denn es war ausgerechnet Max Aub, der in manchen seiner Schriften aus der Exilzeit gerade auch über seine Erfahrungen in den Konzentrationslagern Südfrankreichs und Algeriens immer wieder (etwa schon im Titel einer seiner Erzählungen) betont hatte, es sei nichts, aber auch gar nichts erfunden.

Wir dürfen zunächst festhalten, dass – in welcher Konstellation auch immer – das Verhältnis von Text und Geschichte, Fiktion und Realität, Findung und Erfindung einen hohen Stellenwert im Schaffen dieses über lange Zeit zu Unrecht vernachlässigten, ja sogar verkannten Schriftstellers und Intellektuellen einnimmt.[1] Doch sollten wir uns mit einigen Biographemen aus Max Aubs

---

1 Vgl. zu Max Aub allgemein die Potsdamer Habilitationsschrift von Buschmann, Albrecht: *Max Aub und die spanische Literatur zwischen Avantgarde und Exil*. Berlin: Walter de Gruyter 2012; Soldevila, Ignacio: *La obra narrativa de Max Aub*. Madrid: Gredos 1973; sowie Ette, Ottmar / Figueras, Mercedes / Jurt, Joseph (Hg.): *Max Aub – André Malraux. Guerra civil, exilio y literatura. Guerre civile, exil et littérature*. Madrid – Frankfurt am Main: Iberoamericana – Vervuert 2005.

fürwahr interessantem und bewegtem Leben beschäftigen, bevor wir uns einem zugegebenermaßen kleinen Ausschnitt aus der breiten literarischen Produktion dieses ungeheuer produktiven Autors widmen.[2] Die Produktivität des in Frankreich geborenen Schriftstellers war sprichwörtlich und gab Anlass zu zahlreichen Witzen und unterhaltsamen Bemerkungen. In seinen späten Jahren in Mexiko etwa machte ein Freund sich darüber lustig, dass jeder Morgen wunderbar mit einem frischen Kaffee, der mexikanischen Tageszeitung und dem jeweils neuen Buch von Max Aub beginne. Andere meinten, er habe im Keller einige Schreibsklaven versteckt, die für ihn ununterbrochen schufteten, die er aber nie ans Tageslicht kommen lasse. Aber nichts davon stimmte natürlich: Max Aub hatte einfach Spaß am Publizieren, Spaß an der künstlerisch-lustvollen Kommunikation mit den Menschen. Und er starb so, wie es auch von Hannah Arendt berichtet wird: nach einem Leben in stetiger Verfolgung fröhlich beim Kartenspiel mit Freunden.

Geboren wurde dieser muntere, mobile und witzige Mensch am 2. Juni 1903 in Paris und starb am 22. Juli 1972 in Mexiko-Stadt. Er war Sohn eines deutschen Vaters – die Vorfahren väterlicherseits stammten aus der hübschen fränkischen Kleinstadt Aub[3] – und einer französischen Mutter namens Mohrenwitz. Er wuchs in Paris in einer bürgerlichen jüdischen Familie auf, verbrachte seine Schulzeit am Collège Rollin in einer Zeit, während der man in Frankreich weder Deutschen noch Juden wohl gesonnen war. Dies bekam auch der junge Aub bald zu spüren.[4]

Abb. 98: Max Aub, auch Max Aub Mohrenwitz (Paris, 1903 – Mexiko-Stadt, 1972).

---

2 Vgl. Ette, Ottmar: Avantgarde – Postavantgarde – Postmoderne. Die avantgardistische Impfung. In: Asholt, Wolfgang / Fähnders, Walter (Hg.): *Der Blick vom Wolkenkratzer. Avantgarde – Avantgardekritik – Avantgardeforschung*. Amsterdam – Atlanta: Rodopi 2000, S. 671–718.
3 Vgl. hierzu die Akten einer in Aub veranstalteten Tagung in Buschmann, Albrecht / Ette, Ottmar (Hg.): *Aub in Aub*. Berlin: trafo Verlag 2007.
4 Vgl. Malgat, Gérard: *Max Aub y Francia o la esperanza traicionada*. Segorbe: Fundación Max Aub 2007.

Als sein Vater zu Beginn des Ersten Weltkriegs von einer Reise nach Spanien staatlicherseits nicht mehr nach Frankreich zurückkehren durfte, sah die Familie keine andere Möglichkeit, als 1914 nach Valencia zu emigrieren. Der Junge lernte Spanisch, das er sein Leben lang stets mit einem französischen Akzent sprach, und legte sein Abitur auf Spanisch in Valencia ab. Wieder tut sich eine Parallele zu Hannah Arendt auf, die betonte, man gehöre zu dem Land, in dem man sein Abitur abgelegt habe: Max Aub wurde zum Spanier und in der Folgezeit zu einem der großen spanischen Schriftsteller, der sein gesamtes literarisches Werk in spanischer Sprache verfasste.

Nach dem „Bachillerato" arbeitete der junge Aub als Händler im Geschäft seiner Familie und wurde wie sein Vater Handelsvertreter, was ihm umfangreiche Reisen ermöglichte. Seine Geschäftsreisen erlaubten es ihm, überall in Spanien literarische Freundschaften wie etwa zu Federico García Lorca, Luis Buñuel oder Jorge Guillén zu schließen. Er versuchte inmitten seiner Tätigkeit als Handelsreisender entschlossen, sich eine Laufbahn als Schriftsteller zu erschließen. Buñuel riet ihm zu experimentellen Theaterstücken in avantgardistischer Manier, die freilich kaum einmal aufgeführt werden konnten. Zeitlebens war und blieb das Theater Aubs Passion.[5]

In seinem Schlüsselroman *La calle de Valverde* verarbeitete er später die historischen Ereignisse der Diktatur Primo de Riveras und seiner frühen Jahre wie seine Bekanntschaften mit Literaten wie Miguel de Unamuno und anderer Schriftsteller, die ihn faszinierten. Wie viele weitere iberische und iberoamerikanische Schriftsteller reiste Aub 1933 in die Sowjetunion, wurde politisch immer aktiver und leitete von 1935 bis 1936 das Teatro Universitario „El Buho". Auf Grund seiner politischen Ausrichtung unterstützte er im heraufziehenden Spanischen Bürgerkrieg aktiv die legitime Republikanische Regierung in ihrem Kampf gegen die aufständischen Faschisten unter General Franco. Als Kulturattaché der Republik in Paris sollte Aub Pablo Picasso den Auftrag zu dessen Gemälde *Guernica* erteilen und bei der Übergabe 1937 im Spanischen Pavillon der Pariser Weltausstellung dieses großartige Kunstwerk der Weltöffentlichkeit vorstellen. Immer wieder ist es beeindruckend, über welch gute Kontakte zu hochrangigen Künstlern und Literaten in Spanien wie in Frankreich Max Aub in seinen jungen Jahren verfügte: Er kannte die damalige Kunst- und Literaturszene wie nur wenige seiner Generation aus allernächster Nähe.

Doch all dies half ihm in der Folgezeit nur wenig. Als er nach der Niederlage der Spanischen Republik vor den Franco-Truppen floh und 1939 über die Pyrenäen-

---

5 Vgl. Ette, Ottmar (Hg.): Dossier „Max Aub: Inéditos y Revelaciones". In: *Revista de Occidente* (Madrid) 265 (Junio 2993), S. 5–82.

grenze ging, wurde er auf Grund einer Denunzierung als gefährlicher Kommunist und Jude im südfranzösischen Konzentrationslager von Le Verlet interniert. Max Aub, der schon zuvor mit seinem großen Romanzyklus über den Spanischen Bürgerkrieg begonnen hatte, welcher ihn in *den* Romancier dieser tragischen Periode Spaniens verwandeln sollte, verfasste mit seinem *Manuscrito Cuervo*, dem *Rabenmanuskript*, eines der wohl eindrucksvollsten und berührendsten Bücher, die je über Lager verfasst wurden.[6] Wie Hannah Arendt konnte er zwar dem Lager kurzfristig entfliehen und in Marseille Verbindungen für viele Emigranten in die USA knüpfen. Jedoch wurde er in der Folge immer wieder interniert und schließlich in das Konzentrations- und Arbeitslager Djelfa in Algerien überstellt, von wo ihm mit vielerlei Mühen die Flucht und ein zeitweiliges Leben im Untergrund gelang, bevor er sich schließlich dank eines Visums, das ihm der Schriftsteller John Dos Passos besorgte, in Casablanca auf einen Dampfer nach Übersee retten konnte. Er war so mit knapper Not Faschismus und Nationalsozialismus entkommen.

Im Oktober 1942 langte Aub dank der Hilfe des mexikanischen Konsuls in Frankreich in der ‚Neuen Welt' an und gehörte fortan zu jenem spanischen Exil, das dank der großzügigen Unterstützung durch die damalige Regierung unter Lázaro Cárdenas dem Staat Mexiko wichtige Impulse für Geistesleben und Universitäten vermitteln konnte. Aub nahm höchst aktiven Anteil am dortigen literarischen und intellektuellen Leben, wurde später mexikanischer Staatsbürger und vollendete viele seiner Werke in diesem Exil, darunter auch seinen berühmten Romanzyklus *El laberinto mágico*, der sich auf über dreitausend Seiten den tragischen Ereignissen seiner zweiten Heimat Spanien widmete. Der Herausgeber und vollumfängliche Verfasser der Zeitschrift *Sala de Espera* befand sich nun tatsächlich im ‚Wartesaal', doch eine Rückkehr nach Spanien erschien unter der gefestigten Diktatur von Generalísimo Franco als immer weniger wahrscheinlich. Es zählte wohl zu seinen bittersten Erfahrungen, das Ende der Franco-Diktatur nicht mehr erlebt zu haben.

Max Aub betätigte sich in Mexiko sowohl in den Bereichen Literatur und Theater als auch Kino und Film, führte Regie, schrieb Drehbücher, verstärkte seine Kontakte zu Luis Buñuel, saß zeitweise in der Jury der Filmfestspiele von Cannes und knüpfte Freundschaften mit mexikanischen Autoren wie Alfonso

---

6 Vgl. Ette, Ottmar: Entre „homo sacer" y „homo ludens": El „Manuscrito Cuervo" de Max Aub. In: Ette, Ottmar / Figueras, Mercedes / Jurt, Joseph (Hg.): *Max Aub – André Malraux. Guerra civil, exilio y literatura. Guerre civile, exil et littérature.* Madrid – Frankfurt am Main: Iberoamericana – Vervuert 2005, S. 177–200; zur Lagererfahrung im spanischen Exil vgl. auch die Potsdamer Dissertation von Nickel, Claudia: *Spanische Bürgerkriegsflüchtlinge in südfranzösischen Lagern: Räume, Texte, Perspektiven.* Darmstadt: wissenschaftliche Buchgesellschaft 2012.

Reyes, Octavio Paz oder Carlos Fuentes, mit denen er so manchen literarischen Streich ausheckte. Wieder beeindruckt die Leichtigkeit und Selbstverständlichkeit, mit welcher der agile und kommunikative Spanier aus Frankreich in die literarische und intellektuelle Szene Mexikos einzutauchen verstand und sich Freundschaften schuf.

Obwohl Frankreich und Spanien auf Grund der alten und noch immer wirksamen Denunzierung ihre Grenzen für Aub nicht öffneten, führten ihn zahlreiche Reisen in die USA und nach Europa sowie in den Nahen Osten, wo er an der Universität Jerusalem das Institut für lateinamerikanische Literatur gründete und eigene Kurse abhielt. Mehrere Reisen nach Kuba und endlich, im Jahr 1969, auch nach Spanien schlossen sich an, wobei er im Franco-Spanien sein zweites Heimatland nicht mehr wiedererkannte. Sein 1971 erschienenes Reisetagebuch *La Gallina Ciega* gab dieser späten, vielleicht aber auch erwartbaren Enttäuschung bei seinen Reisen quer durch Spanien literarischen Ausdruck. Ein geplantes letztes Buch über den Avantgardisten Luis Buñuel konnte Aub vor seinem Tod nicht mehr abschließen; die Vorbereitungen dazu aber wurden veröffentlicht und zeigen, wie sehr die Erfahrung der historischen Avantgarden ihn auch noch im Alter beschäftigte. Damit schloss sich der literarische Kreis, der mit seinen beiden ersten ganz im Stile der Avantgarden verfassten Erzählungen *Geografía* von 1929 und *Fábula verde* von 1933 begonnen hatte.

Ich möchte mich im Folgenden *nicht* mit seinem großen Romanzyklus über den Spanischen Bürgerkrieg beschäftigen. Letzterer ist unter dem Titel *El laberinto mágico* erschienen und besteht aus insgesamt sechs Romanen: *Campo cerrado* (1943), *Campo de sangre* (1945), *Campo abierto* (1951), *Campo del moro* (1963), *Campo francés* (1965) sowie *Campo de los almendros* (1968). Zuletzt geht es darin um die zurückweichenden Republikaner, die angesichts des Vorrückens der Franquistischen Soldaten in Alicante auf jene Schiffe warteten, die sie aus Spanien abholen sollten und die aus Angst vor den Faschisten tragischerweise niemals kamen. Der Verrat an der legitimen Spanischen Republik schwebt gleichsam über allen *Campo*-Romanen.

Der eingangs erwähnte Text *Jusep Torres Campalans* widmet sich einem avantgardistischen Künstler, den es – so viel sei schon verraten – in Wirklichkeit gar nicht gab: eben jenem gleichnamigen katalanischen Maler. Max Aub gab nicht nur vor, diesen im Mexiko der fünfziger Jahre wieder ausfindig gemacht zu haben, sondern auch ihm einen im Gewand der Künstlermonographie gekleideten dickleibigen Band und eine Ausstellung mit Gemälden und Entwürfen zu widmen, die beide Aubs eigener Feder und eigenem Pinsel entsprangen. Mag auch der Künstler-Protagonist eine Erfindung sein, so ist doch nicht „alles erfunden".

Vielmehr war jener Maler, dem Aub die eigentliche Urheberschaft des Begriffs „Kubismus" ingeniös (als Reaktion auf das Medium der Photographie) andichtete, so überzeugend in die jeweiligen politischen, gesellschaftlichen und künstlerischen Kontexte seiner Zeit gestellt, dass während langer Jahre die Existenz des früher mit Picasso befreundeten Avantgardisten als gesichert galt und erste Aufsätze zu seinem künstlerischen Oeuvre zu erscheinen begannen. Die Fachwelt glaubte Aub, der viele der Bilder des katalanischen Avantgarde-Malers eigenhändig ausgeführt hatte. Für den ‚realen‘ Urheber muss es ein riesiger Spaß gewesen sein. Hätte sich der fiktionale Charakter dieses Werkes in den neunziger Jahren nicht schon allzu sehr herumgesprochen, so wäre es vielleicht noch möglich gewesen, dem mit den damaligen Verhandlungen über ‚Beutekunst‘ in Russland betrauten deutschen Außenminister Klaus Kinkel eine Liste jener ausgesprochen avantgardistischen Schöpfungen mitzugeben, die Max Aubs Buch wie jede andere seriöse Künstlermonographie in Katalogform aufbereitet enthielt. Die Gelegenheit verstrich indes ungenutzt und die Zeit für ein solches Spektakel in bester avantgardistischer Tradition scheint in unserer Epoche vorüber zu sein. Und doch können wir aus einer Beschäftigung mit diesem kleinen Juwel Aub'schen Schreibens auch heute nur lernen!

Abb. 99a: *Montaje IV, Paris 1912*, Jusep Torres Campalans zugeschriebenes Ölgemälde, Abbildung aus *Jusep Torres Campalans*, 1958.

Der mit der literarischen und künstlerischen Szene in Spanien bis zu seiner Flucht und Internierung bestens vertraute Aub wusste, wovon er sprach, als er sich in seinem erstmals 1958 in Mexiko erschienenen Band mit einem Avantgardisten einließ, in dessen Namen er freigiebig Kunstwerke schuf, welche als Reproduktionen in seine Künstlermonographie aufgenommen wurden. *Jusep Torres Campalans* war zweifellos ein wissender Blick auf jene Avantgarden, die wir heute die „historischen" nennen, und zwar aus nach-avantgardistischer Perspektive. Aubs Text ist im besten Sinne ein ‚Rückblick‘ auf die Avantgarden.

Die Welt der Kunst wie jene der Intellektuellen war 1958 schlichtweg begeistert, als mit Torres Campalans, dem zugleich auch eine Aufsehen erregende Ausstellung in Mexiko-Stadt gewidmet war, einer der Väter des Kubismus ausgegraben wurde, der früher noch als Georges Braque, Juan Gris oder Pablo Picasso gar den Begriff erfunden haben sollte. Der ‚wiederentdeckte' katalanische Maler erschien gleichsam als Garant für eine gelebte Wirklichkeit bezüglich der Anfänge des Kubismus, insofern er nun endlich die Spuren jenes epochemachenden Gemäldes Picassos, *Les Demoiselles d'Avignon*, für die kunstinteressierte Öffentlichkeit aufdeckte. Denn, daran ließ die Künstlermonographie keinen Zweifel, jene jungen Frauen, die uns nackt und von verschiedenen Blickpunkten aus gesehen entgegentreten, waren niemand anderes als eine Gruppe junger Dirnen. Unter ihnen hätten sich die miteinander befreundeten Maler Pablo Picasso und Jusep Torres Campalans bei einem gemeinsamen Bordellbesuch in Barcelonas Calle d'Aviñó – daher auch der Titel dieses Gemäldes – die schönsten ausgesucht. So einfach war das!

Wir haben es hier mit einer klassischen „Remotivierung" eines Kunstwerks zu tun, für das ein gar nicht unplausibler, allerdings erfundener Grund und Ursprung angegeben wurde. Und eben damit spielt Aubs Buch ständig: mit dem Mythos des Ursprungs, einer Einheit, einer durchgängigen Kontinuität, mit der Vorstellung einer dem Betrachter stets zugänglichen Sinnpräsenz und der Dimension einer Konstrukthaftigkeit von Leben, wie sie gerade in avantgardistischen Künstlerkreisen vorgeherrscht habe. Torres Campalans' Leben wirkte ungemein wahrscheinlich und war gerade daher auch überzeugend, weil es repräsentativ für viele Künstlerleben die typische Karriere eines Naturtalents aus der Provinz nachzeichnete. Dieses wurde in die großen, die erste Hälfte des 20. Jahrhunderts prägenden Stürme von Politik und Kunst hineingerissen, um schließlich nach Mexiko überzusiedeln und künftig sein Leben mit den ‚Eingeborenen', den Indianern zu führen.

Jusep Torres Campalans war in seiner Karriere wie in seinem Lebenslauf konsequent; aber aus dieser Konsequenz entstand zugleich auch ein Leben, das wie ein Künstlerdenkmal aus dem Schutt der scharfen Auseinandersetzungen und Konflikte der Zeit vor dem Zweiten Weltkrieg herausragt. Vor einem solchen Hintergrund musste dieses von Max Aub geschaffene Denkmal wirken. Wir können es aus der historischen Distanz so lesen, als handelte es sich um ein Denkmal für den unbekannten Künstler der Avantgarden des 20. Jahrhunderts, dem Max Aub Konturen gab.

Die Leserinnen und Leser von *Jusep Torres Campalans* können um dieses Künstlerdenkmal herumgehen, um es ausführlich von verschiedenen Seiten aus zu betrachten. Denn es handelte sich ganz im Sinne des Kubismus um eine dreidimensionale Form, die auf die Fläche, eine zweidimensionale Ebene also, projiziert wurde. Im Grunde haben wir es sogar mit einer vierdimensionalen Form zu tun, indem wir natürlich den Faktor Zeit bei Jusep Torres Campalans mitbedenken müssen, ein Faktor, dem das Buch breiten Raum einräumt und größte Aufmerksamkeit schenkt. Jedenfalls sind Parallelen zwischen diesem künstlerisch-literarischen Projekt und Borges unübersehbar, war doch auch *Pierre Menard, autor del Quijote* ebenfalls ein überaus plausibler, wenn auch erfundener Zeitgenosse der Jahrhundertwende, dessen Gesamtwerk darzustellen der kurze Text hintergründig oder vordergründig, ganz wie Sie wollen, vorgab.

Kaum ein anderer Schriftsteller wäre so geeignet wie Aub gewesen, diese Mystifikation ins Werk zu setzen. Der von den Denkstilen der „Noventayochistas" und den ästhetischen Verfahren der Avantgarde-Kunst geprägte notorische Viel-Leser und Viel-Schreiber Aub war in der Tat dazu befähigt, die Forderungen der europäischen Avantgarden nach einer Sprengung der Institution Kunst und einer radikalen Öffnung der Literatur zur Lebenspraxis aus einem die Welt Europas weit übersteigenden Blickwinkel internationalisierter Kunstproduktion neu und kreativ zu durchdenken.

Noch in seiner intermedial, die verschiedenen Künste und Medien aufeinander beziehenden Künstlermonographie stellte er seine Vertrautheit mit avantgardistischen Verfahren und Techniken unter Beweis, ordnete sie aber nicht einer Ästhetik des Schocks oder Bruchs unter, wie dies vermutet werden könnte. Als (fast) perfekte Fälschung kann *Jusep Torres Campalans* als Bindeglied gelesen werden, das die historischen Avantgarden nicht nur Spaniens und Frankreichs mit jenen Literaturen (und Künsten) verbindet, die – so könnten wir noch vorsichtig formulieren – im Zeichen der Postmoderne stehen. Max Aub ist folglich der ideale Autor und Künstler, um dieses Kapitel der Übergänge abzuschließen. Die Frage, ob wir es bei diesem Brückenschlag zwischen zweiter und erster Hälfte des 20. Jahrhunderts mit einem nach-avantgardistischen oder gar nach-modernen Text zu tun haben, soll uns als Ausgangspunkt für unsere Überlegungen zu den sich aus heutiger Sicht ergebenden Beziehungen zwischen Avantgarde, Postavantgarde und Postmoderne dienen.

Max Aub erwies sich in der ‚Affäre' Jusep Torres Campalans als ebenso witzig wie gewitzt. Die überzeugende und mehr als einen Kunstkritiker hinters Licht führende Einbettung dieses Künstlers in gesellschaftliche und künstlerische Zusammenhänge seiner Zeit und ein Netzwerk von Beziehungen zu einer Vielzahl realer Künstlergestalten, lässt uns auf eine spezielle Ambivalenz aufmerksam werden. Zwischen Realität und Imagination, Vorgefundenem und Erfundenem oder – in den Worten Gérard Genettes – Diktion und Fiktion pendelte, ja oszillierte dieser friktionale Text in einer Weise, die jener des historischen Romans zugleich analog und invers ist, indem er alle Register mimetischer Wahrscheinlichkeitsbildung zieht. Max Aub tat dies nicht nur, um im Barthes'schen Sinne einen „effet de réel", einen Realitätseffekt und damit eine Täuschung zu erreichen, sondern zugleich durch dieses Fingieren auf einer höheren Ebene eine erst durch sie zum Ausdruck kommende Wahrheit hervorzutreiben.[7]

Der katalanische Avantgardist Torres Campalans war eine im ganzen Wortsinne zu verstehende genuine und kongeniale Schöpfung Max Aubs.

An der mit autobiographischen Anspielungen gespickten Künstlerfigur vermochte der spanische Schriftsteller, der selbst in einer avantgardistischen Ästhetik groß geworden war, im Verfahren der Friktionalität nicht nur die Problematik des eigenen Schaffens, sondern insbesondere einer Avantgardekunst aufzuzeigen. Letztere war aus Sicht der fünfziger Jahre nicht nur in den Augen des in Mexiko ein letztes Mal zugleich aufgefundenen und erfundenen Katalanen, längst historisch geworden und zugleich gesellschaftlich vereinnahmt worden war. Aubs Text untermauert die selten untersuchte Scharnierfunktion, die den fünfziger Jahren bei der Vermittlung (nicht nur avantgardistischer) Ästhetiken der ersten Jahrhunderthälfte nach der Erfahrung des Zweiten Weltkriegs und der Shoah (der Aub selbst nur mit viel Glück entging) in die zweite, im Zeichen der Moderne-Debatten stehende Jahrhunderthälfte zukam. Denn Aub wusste sich sehr wohl an einer Schnittstelle ebenso der Geschichte(n) wie der Ästhetik(en).

Doch wie ist sein Band *Jusep Torres Campalans* aufgebaut? Der katalanische Avantgardist wird mit einer Reihe datierter Kunstwerke präsentiert, in einem „Prólogo indispensable" kurz vorgestellt, im umfangreichen Teil „Anales" zeitgeschichtlich wie künstlerisch eingeordnet, in einer nachfolgenden „Biografía" dargestellt, kommt in seinem „Cuaderno verde" selbst zu Wort und wird in seinen späten Lebensjahren im Interview „Las conversaciones de San Cristóbal" befragt. Natürlich dürfen in dieser monographischen Studie auch ein Katalog der Kunstwerke und die Danksagungen des Verfassers nicht fehlen! Jusep Torres Campalans gerät unter den Augen des Lesepublikums zu einer Gestalt, in der kultureller Impuls, kreative Potenz und künstlerisches Scheitern oder Verstummen der historischen Avantgarden gemeinsam mit der Situation des Schriftstellers der fünfziger Jahre in höchster Verdichtung reflektiert werden. Repräsentativ für viele Künstlerleben wird die Karriere eines Naturtalents aus der Provinz nachgezeichnet, das – hierin konsequenter noch als Antonin Artaud, der seinem „rêve mexicain"[8] mit

---

7 Dieser Frage hat sich Mercedes Figueras in ihrem schönen Nachwort zur deutschsprachigen, in der Übersetzung von Albrecht Buschmann und Eugen Helmlé vorliegenden Ausgabe gewidmet; vgl. Figueras, Mercedes: Wie kann es Wahrheit ohne Lüge geben? Max Aubs Jusep Torres Campalans. In: Aub, Max: *Jusep Torres Campalans.* Frankfurt am Main: Gatza bei Eichborn 1997, S. 419–440.
8 Jean-Marie Gustave Le Clézio hat hierfür die Formel des „mexikanischen Traums" verwandt; cf. *Le rêve mexicain ou la pensée interrompue.* Paris: Gallimard 1988.

Rückfahrkarte nachhing – schließlich nach Mexiko übersiedelte, um wirklich mit den Indianern zusammenzuleben und die kunst- mit der kinderzeugenden Schöpferkraft zu vertauschen. Auf die Dimension des Versuchs bestimmter Teile der historischen Avantgarden, eine Verschmelzung oder zumindest Simultaneität zwischen nicht-abendländischen und westlichen Kulturen zu erreichen, darf an dieser Stelle erneut aufmerksam gemacht werden.

Torres Campalans verwandelt sich durch seinen erfundenen Lebenslauf, der nicht zufällig nur dank einer Zufallsbegegnung vor dem Vergessen und Verschüttet-Werden ‚gerettet' werden konnte, in eine Art Denkmal, das Max Aub (nicht ganz uneigennützig autobiographisch unterfütternd) für den unbekannten Künstler des 20. Jahrhunderts errichtete. Dessen bereits erwähnte ‚Dreidimensionalität' scheint mit einer gleichsam ‚kubistischen' Schreibtechnik literarisch erzeugt zu werden, indem von verschiedenen Blickpunkten aus die Figur des Künstlers immer wieder neu skizziert und beleuchtet wird. Das Faszinierende ist, dass sich dieser Avantgarde-Maler wirklich bewegt und uns als Leserinnen und Leser dabei ebenso emotional ergreift. Max Aubs *Jusep Torres Campalans* ist zweifellos eine Literatur als Kunst der Bewegung.

Doch sehen wir uns den literarischen Text in seiner Verfertigung durch den französischen Spanier und spanischen Mexikaner einmal näher an! Schon die drei dem Text vorangestellten Motti von Santiago Alvarado, Ortega y Gasset – demzufolge man jedes Kunstwerk wie das Stück eines menschlichen Lebens verstehen müsse – und Gracián stellen drei grundlegende Dimensionen der nachfolgenden Künstlermonographie heraus. Erstens die Beziehung zwischen Wahrheit und Lüge, also Realität und Fiktion in einer mimetischen Kunst; zweitens zwischen Kunst und Leben, die gewiss nicht auf die Produktionsseite reduziert bleibt, sondern auch den Rezipienten miteinschließt; und schließlich Graciáns *Criticón* entnommenes langes Motto. In diesem beschäftigt sich der große spanische Moralist mit der Repräsentation von Wirklichkeit und der notwendigen Erfassung gerade jener Seiten, welche bei einer gewählten Perspektive nicht sichtbar und damit bei Verwendung einer Zentralperspektive nicht darstellbar sind, es sei denn, man griffe auf andere Tricks wie etwa die Verwendung eines an der Wand hängenden Spiegels zurück.

Wir wollen hier nicht auf jene Interpretation von *Las Meninas* von Diego Velázquez hinaus, die Michel Foucault seinem in seiner Wirkung auf die zweite Hälfte des 20. Jahrhunderts kaum zu überschätzenden Band *Les mots et les choses* voranstellte. Mit der paratextuellen Situierung Baltasar Graciáns am Eingang zu Aubs Buch wird vielmehr von Beginn an ein Grundproblem der Mimesis und auch bereits eine Lösungsmöglichkeit angeschnitten, die zu Beginn jenes Jahrhunderts der Kubismus vorgeschlagen und künstlerisch realisiert hatte: eben die simultane Projektion eines sukzessive erfahrenen dreidimensionalen Raumes auf eine zweidimensionale Fläche. Sie beginnen zu begreifen, warum gesagt werden konnte, dass sich in diesem Werk der Reifezeit Max Aubs die Ethik und Ästhetik des spanischen Exilschriftstellers – und ich würde sagen: eines großen Teils des 20. Jahrhunderts überhaupt – in kondensierter Form literarästhetisch niederschlagen konnte. Das tragische Lebensgefühl, das weite Teile der sogenannten „Generación del 98" und nicht nur einen Miguel de Unamuno prägte, beeinflusste ebenso jenes von Torres Campalans wie auch das des späten Max Aub, der nicht nur seine Heimat, viele Manuskripte, sondern vor allem auch sein Lesepublikum in Spanien verloren hatte.

Ich hatte es schon kurz erwähnt: Eines schönen Tages war Jusep Torres Campalans der Welt Europas, des Abendlandes entflohen und nach Mexiko aufgebrochen, um dort mit Indigenen vom Stamm der Chamulos zusammenzuleben und neues Wissen über Drogen, Pilze und andere Halluzinogene zu erwerben. Dies ist genau das, was der erwähnte französische Avantgardist Antonin Artaud, aus dem Surrealismus der Machtfigur André Bretons ausgestoßen und von der Welt abendländischer Rationalität und okzidentalem Logos angeekelt, versucht hatte. Es ist zugleich, was vor einigen Jahren der französische Schriftsteller und Literaturnobelpreisträger Jean-Marie Gustave Le Clézio auf die bereits erwähnte Formel des „Rêve mexicain", des mexikanischen Traumes, brachte. Es handelt sich dabei um den Versuch, eine Einheit zwischen westlicher und nicht-abendländischer Welt zu erreichen, eine Verbindung, die einen Teil des mexikanischen Traums ausmacht, der von so vielen Europäern geträumt wurde – angefangen spätestens bei dem von Le Clézio nicht mitbedachten Alexander von Humboldt. Torres Campalans ist, freilich aus ganz anderen Gründen als Max Aub, repräsentativ für diesen ‚Traum'.

In dem Max Aubs Band vorangestellten „Prólogo indispensable" werden wir zunächst mit einer Ich-Stimme konfrontiert, die wir gemäß der Konventionen eines diktionalen Textes mit Max Aub identifizieren oder gleichsetzen müssten. Gewitzt (wie wir nun sind) durch das ständige Oszillieren zwischen diktionalen und fiktionalen Texten wollen wir genau dies aber nicht tun, sondern lieber vom Ich-Erzähler sprechen. Dieser Ich-Erzähler also ist 1955 zu einem Vortrag nach Tuxtla Gutiérrez eingeladen worden, einem Gebiet im alten Maya-Land Mexikos, das auch heute noch nicht nur durch den wagemutigen indianischen Widerstand, sondern auch seine unerhörte Vielzahl an Wunderheilern, „Curanderos", bekannt ist. Genau in diesem Gebiet also – wen wundert's? – trifft unser Ich-Erzähler auf einen Herrn, den man hier „Don Husepe" nennt und hinter dem sich kein anderer als unser katalanischer Maler verbirgt, von dem der Ich-Erzähler zum damaligen Zeitpunkt allerdings noch nichts wusste. Doch er hat Witterung aufgenommen und das Buch selbst ist Ergebnis dieser Spurensuche. Wir wollen uns die Szenerie von Torres Campalans' Einführung einmal etwas näher anschauen! Es handelt sich um das Incipit des Buches, so dass Sie auch hieran wieder meine Begeisterung für alle gelungenen Romananfänge entdecken können:

> Im Jahre 1955 wurde ich zu einem Vortrag in Tuxtla Gutiérrez, der Hauptstadt des Staates Chiapas, eingeladen. „Besser hier", sagte ich mir, „als an jedem anderen Ort in Mexiko lassen sich die dreihundertfünfzig Jahre seit Erscheinen des Ersten Teiles des *Quijote* feiern." Miguel de Cervantes wollte 1590 vom König „die Herrschaft über die Provinz von Soconusco" erhalten. Doch anders entschieden sich Ihre Gnaden und die Bürokratie, die sich gewöhnlich gut miteinander verstehen; doch sehr wohl hätte der *Quijote* aus Chiapas stammen können, und vielleicht hätte er es auch sein müssen, weil er für den Roman dessen Neue Welt darstellte.
>
> Als ich eines Abends in der Buchhandlung am Platze mit einem jungen Dichter von dort sprach, wurde ich einem hochgewachsenen, dunklen und trockenen Mann vorgestellt, den man „Don Jusepe" nannte.[9]

Der „Unverzichtbare Prolog" setzt also mit der Begegnung des Ich-Erzählers mit Torres Campalans ein, um genau über diesen Effekt einen höheren Wahrheitsgrad zu erzeugen, eine unbestreitbare Authentizität, war das Ich doch 1955 an einem ganz bestimmten Ort mit diesem katalanischen Maler zusammengetroffen. Von ihm erfahren wir später, dass er wohl 1956, also ein Jahr nach dieser denkwürdigen Begegnung, verstorben sein dürfte.

Gleichzeitig aber bemerken wir, dass die diegetische Einbettung auf ein Land am Rande des abendländischen Logos verweist, welches im Zeichen der „Curanderos" und der halluzinogenen Einbildungskraft steht. Diese Begegnung und das Land selbst stehen im Zeichen des *Don Quijote* und der Projektionen des Miguel de Cervantes, für den der Ich-Erzähler wohl ein Spezialist zu sein scheint. Einmal mehr haben wir es mit dem großen Roman über den Ritter von der traurigen Gestalt zu tun – und Sie merken schon, dass dies nicht meine, sondern die Obsession der Schriftsteller jener Zeit ist! Die Beziehung zum *Quijote* situiert sich folglich innerhalb einer Poetik, die diesen Roman in der Tat als einen Meilenstein, als eine ‚Neue Welt' innerhalb der Gattung des Romans und der Literatur insgesamt verstand. In diese Tradition schreibt sich Max Aubs Roman (wie auch Borges' Erzählung) ein. Und er tut dies auf ganz verschiedenen Ebenen.

Bekanntlich basiert – um nur einen ersten Punkt herauszugreifen – der gesamte *Don Quijote de la Mancha* auf einer Herausgeberfiktion, also der literarischen Konstruktion eines fiktiven Herausgebers, hinter dem sich der reale Autor versteckt, nebst Zuschreibung der Autorfunktion an Cide Hamete Benengeli, dem das Werk attribuiert ist. Der Autor tritt lediglich als Herausgeber des Textes eines

---

9 Aub, Max: *Jusep Torres Campalans*. México: Tezontle 1958, S. 17.

anderen auf. Nicht umsonst hatte Borges in seinem „Pierre Menard" auf eben
dieses Spiel Bezug genommen.

Auch Max Aub griff darauf zurück, indem er selbst nicht nur eine fiktive, imaginäre Figur wie Jusep Torres Campalans schafft – die laut Beschreibung als groß
und trocken gewissermaßen einer Verkörperung des Mannes aus der Mancha entspricht –, sondern zugleich dieser Gestalt einen eigenen Text zuschreibt: eben
das „Cuaderno verde", das aus der Feder des katalanischen Malers stammen
soll. Max Aub tritt in seinem Text als (falscher) Herausgeber dieses Teiles, aber
auch anderer einmontierter Kapitel und Zitate auf, obgleich dieser authentische
Text ebenso aus seiner Feder stammt, wie die im Buch reproduzierten Gemälde
von ihm selbst gemalt wurden. Sie wurden 1958 überdies in einer Ausstellung
versammelt, um sie – unter gütiger publizistischer Beihilfe von Alfonso Reyes
und Octavio Paz – als Gemälde von Torres Campalans zu präsentieren. Das Verwirrspiel zwischen diktionalen und fiktionalen Textsorten funktioniert so, dass
gerade in den diktionalen Teilen, wo das geneigte Lesepublikum am wenigsten
damit rechnet, fiktionale Angaben einmontiert sind. Ebenso sind auch die graphischen Werke von Max Aub darum bemüht, vergessen zu machen, dass der
ehemalige spanische Avantgardist kurzerhand in die Rolle und Person des von
ihm selbst erfundenen Malers schlüpfte.

Abb. 99b: *Retrato de Alfonso Reyes, Paris 1914*, Jusep Torres
Campalans zugeschriebenes Aquarell, Abbildung aus *Jusep
Torres Campalans*, 1958.

Mit den literarischen Verfahrensweisen von Jorge Luis Borges lässt sich auch
eine andere von Max Aub benutzte Erzähltechnik in Verbindung bringen: die
Mischung von imaginärem, also frei erfundenem, mit real existierendem, also historischem Personal, in einer Art Ausweitung der Konzeption und Schreibweise
des historischen Romans unter umgekehrten Vorzeichen. Denn ein nicht geringer
Teil des „effet de réel" beruht darauf, dass nicht nur allgemein bekannte und dem

Leser vertraute Gegenstände, Straßen, Städte, Bilder, Künstlernamen, Galerien und vieles mehr in Erscheinung treten, sondern zugleich auch als Informanten Personen erwähnt und inszeniert werden, die durchaus einen honorigen und seriösen Ruf in der ‚realen' textexternen Welt besitzen. Schauen wir uns dieses Verfahren in *Jusep Torres Campalans* kurz einmal an!

Der Ich-Erzähler namens Aub kommt bei seiner Spurensicherung bald mit einer Reihe aufschlussreicher Biographeme in Kontakt: Torres Campalans kam vor etwa 40 Jahren zu den Chamulos und sei früher Maler in Paris gewesen, habe Picasso gekannt sowie viele andere Maler. Es gelingt „Aub", seinen Kenntnisstand durch Gespräche mit dem alten Torres Campalans auf der Plaza in San Cristóbal de las Casas zu verbessern. Ein Jahr später ging der Ich-Erzähler, folgen wir seinem Rückblick, selbst nach Paris und traf dort Jean Cassou, einen weithin bekannten französischen Intellektuellen und damaligen Leiter des Pariser Museums für Moderne Kunst. Damit wird gleichsam die von Aub erzählte Geschichte an die aktuelle Kunstszene in Paris angedockt: Sofort wird auch Picasso miteinbezogen, der – gerade abwesend – in absentia zum Zeugen der frühen Jahre der Freundschaft mit Torres Campalans gemacht wird. Entsprechende Photographien tauchen auf, allesamt gelungene „Fakes" von Max Aub.

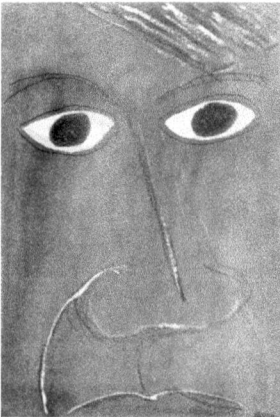

Abb. 99c: *Retrato corto de Picasso, Paris 1912*, Jussep Torres Campalans zugeschriebene Zeichnung, Abbildung aus *Jusep Torres Campalans*, 1958.

Dank dieser textuellen Elemente wird die Verbindung zur Erfahrungswelt des Lesepublikums hergestellt, denn Jean Cassou, Pablo Picasso und viele andere Künstler tragen natürlich Namen, die nicht um ihrer eigenen Subjektivität willen, wohl aber als Funktionen der Beglaubigung und des „effet de réel" in den Text eingestreut werden. Es wird nicht nur ein Katalog mit den noch existierenden Werken des katalanischen Malers herbeigeschleppt; das Überborden in die textexterne Realität wird auch dergestalt inszeniert, dass im Romantext erwähnte

Intellektuelle und Künstler, darunter auch die erwähnten Jean Cassou oder Pablo Picasso, die Fiktion Max Aubs lange Zeit mitdeckten. Ersterer gab sogar eine Werbebroschüre heraus. Octavio Paz oder Carlos Fuentes berichteten von ihren Treffen mit dem katalanischen Maler und errichteten so eine Barrikade in der Zeit, welche dem Text in der Tat eine beeindruckende Authentizität und Legitimationsbasis verschaffte.

An dieser Stelle drang gleichsam die Welt Tlöns in die reale Welt, die alltägliche Umgebung der Leserschaft ein. Sicherlich bildete diese Aufhebung der Grenze zwischen Kunst beziehungsweise Literatur einerseits und der Lebenswirklichkeit andererseits ein Desiderat der historischen Avantgarden, insbesondere auch der französischen Surrealisten, denen gerade im mexikanischen Kontext ein hohes Gewicht zukam. Doch wurde dieses Ziel in *Jusep Torres Campalans* mit Hilfe anderer Verfahren keineswegs schockartig, sondern gleichsam sachte, als sanftes Einbrechen in die eigene Lebenswirklichkeit, inszeniert.

Es sind diese Textelemente und literarischen Verfahren, die uns vor dem Hintergrund unserer bisherigen Erfahrungen mit den Literaturen an der Schnittstelle zwischen Moderne und Postmoderne besonders interessieren. Ich möchte daher eine Scharnierstelle aus dem „Unverzichtbaren Prolog" entnehmen, um daran wiederum die Ebene der impliziten Poetik sowie Selbstreflexion des eigenen Tuns aufzuzeigen. Sie wurden in den eigenen Text integriert und ihm nicht nur einfach an die Seite gestellt. Lesen wir also das Gespräch des Ich-Erzählers mit Jean Cassou:

> „Schau mal: ein Katalog aller noch existierenden Gemälde. Von Henry Richard Towen. Der starb bei einer Bombardierung von London. Wen das bestimmt umhauen wird, ist Picasso. Schade, dass er gerade nicht in Paris ist. Du musst Sabartés sehen, Camps, Roselló. Ich selbst habe viele Notizen verfasst. Im Übrigen dürfte ihn Alfonso Reyes recht gut gekannt haben. Weißt Du wirklich nicht, wer er war?"
>
> „Nein."
>
> Jetzt weiß ich es: Ich habe mich tatsächlich in sein Leben gezwängt. Dieses Buch hier ist der Beweis dafür.
>
> Was für eine Falle für einen Romancier, der zugleich noch Dramaturg wäre: eine Biographie zu verfassen. Präsentieren der Figur ohne Freiheit mit der Zeit. Damit das Werk wird, was es sein soll, muss es sich fein am Protagonisten ausrichten; ihn erklären, seine Autopsie unternehmen, eine Karteikarte anlegen, eine Diagnose erstellen. Nach Möglichkeit den persönlichen Interpretationen entfliehen, die den Roman begründen; die Einbildungskraft begrenzen, sich auf das beschränken, was war. In Geschichte verwandeln. Aber kann man so jemanden allein mit dem Verstand ausmessen? Was wissen wir denn genau von einem anderen, wenn wir ihn erst einmal in eine eigene Figur verwandeln? Wer rückt denn so alte Sachen ins Gedächtnis?[10]

---

10 Aub, Max: *Jusep Torres Campalans*, S. 20.

Die romaneske Dialogsituation geht an dieser Stelle unmittelbar in einen inneren Monolog über, eine Art Verständigungstext über die eigene zu wählende Gattung, die dem Lesepublikum längst in konkreter Form als Buch vorliegt. Dabei ist zunächst die Dialogsituation mit dem Pariser Avantgarde-Spezialisten Jean Cassou um weitere Dimensionen und Biographeme real existierender Persönlichkeiten erweitert worden. Eine Art erster Plan für eine Recherche, für ein Sammeln von Fakten, entsteht. Genau an diesem Ort geht die Dialogsituation über in den Monolog dessen, der die Forschungsarbeit alleine zu bewältigen hat, in die spezifische Diskussion des Planes einer Biographie von Jusep Torres Campalans, verbunden mit einer unverkennbaren Abgrenzung von fiktionalen Gattungen, insbesondere dem Roman: von allem, was irgendwie nach Erfindung riecht.

In diesem Zusammenhang erscheinen auch Biographeme der Ich-Erzählerfigur, die unverkennbar auf Max Aub hindeuten. Er lebt nicht nur in Mexiko und kennt die europäische Kunstszene, renommierte Künstler und Museumsdirektoren sehr gut, er ist auch Dramaturg und – gefährlicher noch – Romancier, so dass er dahingehende Verdachtsmomente der Leserschaft gleich zerstreuen muss, indem er die Gesetze der Biographie reflektiert. Und doch wird zugleich wieder die Dimension des Erfundenen markiert, wird das Modell einer ,objektiven' Geschichtsschreibung, das „historiar", sogleich wieder relativiert, indem die Möglichkeit eines derartigen Portraits allein mit Mitteln der Vernunft hinterfragt wird, könne das doch einem Mann wie Jusep Torres Campalans niemals gerecht werden.

Über einen anderen Menschen, so geht die Selbstreflexion weiter, könne man nur dann umfassend Bescheid wissen, wenn man ihn in eine eigene Figur verwandelt. Damit sind die persönliche Aneignung und zugleich die Fiktionalisierung des Biographierten schon angesprochen. Der Andere wird allein durch Einverleibung darstellbar, verwandelt sich zugleich in Eigenes. Damit aber wird die Grenze zwischen „historia" und „personaje" in eben jener Szene, in der die Legitimität und Authentizität des Berichteten, der Biographie, herausgearbeitet werden sollte, auch schon wieder überschritten. Es ist diese Argumentationsstrategie, welche das Einbrechen Tlöns in die Welt des Gegebenen, des Biographischen, der eigenen Lebenswirklichkeit, der Normalität, des Gesetzten vorbereitet. Die Grenze zwischen ,Realität' und ,Fiktion', zwischen Leben und Lesen, wird dabei nicht schockartig überwunden, sondern sachte, in einer sanften Apokalypse, unterspült und aufgehoben.

Wenig später wird die der Romandiegese angehörende Zeit und Ästhetik mitsamt ihren künstlerischen Strömungen der historischen Avantgarde, denen auch Torres Campalans angehörte, auf die Ästhetik des Textes selbst übertragen, solle der Biographierte doch – wie es explizit im Vorwort heißt – aus verschiedenen Standpunkten und Blickwinkeln heraus aufgenommen werden. So entsteht in der Tat eine Art kubistischer Text. Wir könnten im antiken Sinne von einer Angemessenheit der Formgebung gegenüber dem zu beschreibenden Gegenstand oder, etwas moderner gesprochen, von einer Angemessenheit der literarischen Verfahren in Hinblick auf den darzustellenden, der Avantgarde zugehörigen katalanischen Maler sprechen. Vor diesem Hintergrund sind auch die in den Text schon im Vorwort einmontierten Zitate zu sehen, die gleichsam den betrachteten Gegenstand aus unterschiedlichsten Blickwinkeln zu sehen erlauben: ein Text über den Kubismus in der Poetik des Kubismus.

In diesem Zusammenhang gehören ebenfalls die zahlreichen Stellungnahmen anderer sogenannter Zeitzeugen, in deren Augen der Kubismus einmal als eine für das 20. Jahrhundert grundlegende künstlerische Neuerung und ein andermal als künstlerischer Ausfluss jüdischer Machenschaften, Ausdruck einer – wie die Nationalsozialisten, welche in den Text hineingeholt werden, gesagt hätten – „verjudeten Kunst" erscheint. Max Aub wusste als Jude und avantgardistischer Künstler sehr wohl, wovon er sprach, wenn er die geistigen Herren jener Konzentrationslager erwähnte, in denen er selbst zum widerständigen Opfer wurde. Die Standpunkte beleuchten sich zum Teil in diesem kubistischen Text Max Aubs wechselseitig: So bringt ein anderer Zeitzeuge etwa das ganze Gerede von der jüdischen Kunst historisch mit den noch immer in Frankreich virulenten Nachwehen der Dreyfus-Affäre in Verbindung.

In der sich anschließenden Danksagung unterstreicht der Ich-Erzähler, er habe diese Geschichte wie einen „rompecabezas",[11] wie ein Rätselstück, konstruieren müssen, wozu er alleine aber nicht in der Lage gewesen wäre. Darin sieht er den Anlass, vielen historischen und realen Künstlergestalten aus Malerei und Literatur seinen tiefen Dank auszusprechen. Hierbei entsteht ein intertextuelles Verweissystem, welches nicht nur die Koordinaten des Textes noch ein wenig festschreibt, sondern zugleich auch zum nächsten Teil der Biographie überleitet. Wir sollten aber nicht vergessen, dass die Metapher des Rätselstücks uns zugleich auch etwas verspricht, nämlich die rationale Konstruiertheit, die Konstrukthaftigkeit des Textes, die es im Umkehrschluss erlauben dürfte, einen rationalen Zugang zu den Verfahren der Textkonstituierung zu finden.

In einem Verfahren, das in vielerlei Hinsicht wiederum Jorge Luis Borges' Konstruktion des erfundenen *Pierre Menard, autor del Quijote*, aber auch seinem *El Aleph* ähnelt, wird ein Grundproblem literarischer wie künstlerischer Mimesis angeschnitten, das bereits in den Motti des Textes paratextuell bereitgestellt und schließlich im „unverzichtbaren Vorwort" bewusst gemacht wurde. Es handelt sich dabei nicht nur um das Oszillieren zwischen diktionalen und fiktionalen Text-

---

11 Ebda., S. 27.

sorten oder dem von den historischen Avantgarden herbeigesehnten Einbruch des Imaginären in die ‚reale' Welt – wie ihn Borges etwa in *Tlön, Uqbar, Orbis Tertius* vorführte –, sondern auch um die von den frühen Avantgarden angestrebte Simultaneität der Wahrnehmung,[12] wie sie nicht zuletzt im kubistischen Kunstwerk zum Ausdruck kommt. Die metaliterarischen Reflexionen der mit Biographemen Max Aubs ausgestatteten Ich-Erzählerfigur bringen bei der Frage nach Anordnung und Gestaltung des vorhandenen Materials die Kunst des Biographierten mit der Kunst des Biographierenden in einen direkten Zusammenhang:

> Abgesehen von seinen Schriften. Abgesehen auch von seinen Deklarationen und den wenigen Artikeln, die zu seinem Werk verfasst wurden. Endlich die beiden Gespräche mit ihm in San Cristóbal, noch ohne zu wissen, wer er war.
> Das heißt: Dekomposition, Erscheinen des Biographierten aus verschiedenen Blickpunkten; vielleicht auf die Art – ohne danach zu suchen – eines kubistischen Gemäldes.[13]

Die Konstruktion des Gegenstandes aus verschiedenen Blickwinkeln wird dabei ebenso wenig wie das Hereinbrechen des Fiktionalen und Imaginären in die Lebenswirklichkeit schockartig inszeniert, sondern erfolgt – ähnlich wie bei Borges – sanft und sukzessiv, fast unmerklich. Max Aubs ‚kubistischer' Text reflektiert sein eigenes Gemacht-Sein, seine eigene Verfasstheit und gibt dies dem Lesepublikum bekannt. Ziele und Verfahren avantgardistischer Ästhetik werden in neue Kontexte implantiert und dergestalt integriert, dass die Grenzen zwischen Fiktion und Realität, zwischen Kunst und Lebenswirklichkeit nicht durchbrochen, sondern sacht unterspült werden. Dies ist eine gegenüber den historischen Avantgarden grundlegend andere Vorgehensweise. Es geht folglich um ein neues künstlerisches Verhältnis zu den Verfahren der historischen Avantgarden, um eine neue Beziehung der zweiten zur ersten Hälfte des vergangenen Jahrhunderts herzustellen.

Mit anderen Worten ließe sich diese Veränderung so zum Ausdruck bringen: Eine auf schockhafte Wahrnehmung von Seiten des Rezipienten zielende Ästhetik wird nun im Modus einer sanften Verrückung, einer kaum wahrnehmbaren, aber folgenreichen Deplatzierung vorgetragen, die sich deutlich von der Wirkungsabsicht der historischen Avantgarden unterscheidet, *ohne* sich doch ganz von ihnen abzuwenden. Die Präsenz der avantgardistischen Erfahrungswelt ist in

---

12 Zur Problematik der Simultaneität vgl. etwa Wehle, Winfried: Lyrik im Zeitalter der Avantgarde. Die Entstehung einer „ganz neuen Ästhetik" zu Jahrhundertbeginn. In: Janik, Dieter (ed.): *Die französische Lyrik*. Darmstadt: Wissenschaftliche Buchgesellschaft 1987, insbes. S. 419–422 sowie 453–459.

13 Aub, Max: *Jusep Torres Campalans*, S. 16.

dieser Fälschung des ehemaligen Avantgardisten Aub gleichwohl nicht nur auf der Inhalts-, sondern auch der Ausdrucksebene spürbar. Wie aber lässt sich diese Ästhetik nach der Avantgarde charakterisieren?

Werfen wir zur besseren Beantwortung dieser Frage gleich einen Blick auf den nachfolgenden Teil, den Max Aub als „Anales" bezeichnete! Es handelt sich bei diesem dritten Teil des Textes um den Versuch, den Biographierten in seine Zeit zu integrieren. Dabei wird der erfundene Künstler in den Kontext realer historischer Figuren und Vorkommnisse gestellt, wobei sich durch manche absichtsvolle Fehler und Verstellungen ein recht kompliziertes Bild ergibt, das wirklich einem „rompecabezas" gleicht. Erläuternd fügt der Ich-Erzähler hinzu, dass zugleich auch weitere Texte anderer Autoren in diese Darstellung als Anmerkungen miteinbezogen wurden, weil sie Aspekte beleuchteten, die er selbst nur hätte erfinden oder erschaffen können: „recrear" beziehungsweise „inventar".

Die nachfolgende, chronologisch angeordnete Übersicht über die Jahre 1886 bis 1914 hat es wahrlich in sich. Sie ist von ihrer Zeitaufteilung her unverkennbar am zentralen Jahr des neuen Jahrhunderts, am Jahr 1900 also, ausgerichtet. In gewisser Weise stellt Torres Campalans einen Übergang ins neue Jahrhundert dar, wobei wir natürlich seit Beginn des Textes bereits wissen, dass er nach Abbrechen dieser „Anales" nach Mexiko überwechselte, wo ihn erst ein gnädiger Zufall im Zeichen des *Quijote* wieder mit „Max Aub" in Verbindung und damit wieder ans Tageslicht der Weltöffentlichkeit brachte.

Die „Anales" sind typisch für eine Künstlermonographie nach Jahren geordnet und enthalten relevante Geburts- und Sterbedaten wichtiger Künstler und Literaten, Hinweise auf Daten der Literatur, also zumeist Autoren und Werke oder Verweise auf bestimmte Gruppen. Sodann schildern sie Entwicklungen im Bereich anderer künstlerischer Ausdrucksformen unter Einschluss des Theaters oder des Films, schließlich unter dem Stichwort des „Fortschritts" technisch-zivilisatorische Neuerungen sowie zu guter Letzt „Sucesos", also historische Vorkommnisse des betreffenden Jahres. Sie sind insgesamt auf den ersten Blick, wie sich das gehört, faktenbezogen.

Daneben wurden in diesen Teil Reproduktionen von Gemälden, Skizzen oder Gouachen von Max Aub alias Torres Campalans ebenso mitaufgenommen wie einige faktenbezogene Photographien, die den Vater und die Mutter von Torres Campalans, aber auch diesen selbst im Gespräch mit Picasso zeigen. Die Sekundärliteratur hatte keine größeren Schwierigkeiten festzustellen, dass es sich bei den Elternphotographien um Aufnahmen von Bauern handelte, die Max Aub selbst während seiner Mitarbeit an den Dreharbeiten von André Malraux Film *Sierra de Teruel*, basierend auf dem Roman *L'Espoir*, gemacht hatte. Bei der Photographie mit Picasso handelte es sich wohl um eine Montage, also ganz in der Technik des Aub'schen Textes selbst, wobei für Torres Campalans ein wohl schlecht erkennbarer Max Jacob gedient haben dürfte. Die Ausstattung des Bandes mit Eltern und Künstlerfreunden, die im Bild festgehalten wurden, ist also beispielhaft und wurde mit größter Liebe zum Detail ausgeführt. Welche Funktion haben aber nun die „Anales" für den Gesamttext?

Abb. 99d: *Padres de Jusep Torres Campalans: Vicenta Campalans Jofré y Genaro Torres Moll*, Abbildung aus *Jusep Torres Campalans*, 1958.

Abb. 99e: *Pablo Picasso con Jusep Torres Campalans, Barcelona 1902*, Abbildung aus *Jusep Torres Campalans*, 1958.

Nehmen wir beispielsweise das Geburtsjahr von Torres Campalans, also das Jahr 1886! Dort erscheinen neben dem katalanischen Maler unter anderem Oskar Kokoschka, Salvador de Madariaga, Alfonso XIII, Ricardo Güiraldes, Diego Rivera, Ernst Robert Curtius und Delmira Agustini in der Serie der im gleichen Jahr Geborenen, während Leopold von Ranke, Emilia (sic) Dickinson oder Franz Liszt zu den Verstorbenen zählen. Im Bereich der Literatur erscheint als erstes genanntes Werk – wie schön! – Stevensons *Dr Jekyll and Mr Hyde*, gefolgt von Verweisen auf Autoren des französischen und spanischen Naturalismus, der italienischen Literatur (De Amicis selbstverständlich), auf die französische Lyrik (Rimbaud), auf einen von Max Aubs Lieblingsautoren (nämlich Pérez Galdós), auf das Gründungsmanifest des Symbolismus mit einem Zitat zum symbolistischen Roman und dessen Ästhetik subjektiver Deformation. Die Rubrik schließt mit dem Verweis auf die an Weihnachten stattgefundene Konversion von Claudel zum Katholizismus. Es würde uns leider zu weit führen, wollten wir alle Elemente einzeln in ihren Bezügen zu *Jusep Torres Campalans* analysieren. Immerhin sei angemerkt, dass in der Rubrik „El Progreso" auch erwähnt wird, Nadar habe just in diesem Jahr die ersten Photographien aus der Luft durchgeführt. Ein Verweis, der später noch dazu verwendet werden wird, Torres Campalans die Erfindung des Begriffs „Kubismus" in den Mund zu legen, sei er doch von Luftaufnahmen stets sehr beeindruckt gewesen, da man die Häuschen aus dieser veränderten Perspektive wie kleine „cubos", wie kleine Würfel wahrnehme.[14] Sie merken: Alles ist in diesem Text mit sehr viel Liebe zum Detail durchdacht und auf die Gesamtstruktur des Textes bezogen!

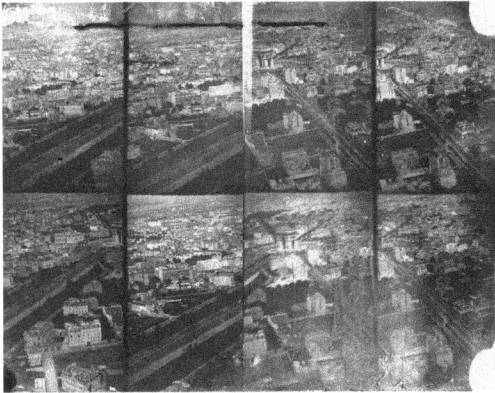

Abb. 100: Luftaufnahme des Pariser Stadtteils Étoile vom 16. Juli 1868.

Lassen wir die Tatsache beiseite, dass im Bereich der „Vorkommnisse" ein deutlicher Schwerpunkt nicht allein auf die politischen Ereignisse gelegt wird und dabei gerade den sozialistischen und mehr noch den anarchistischen Aktivitäten breitester Raum gegeben wird! Auf diese Weise tritt bisweilen der Ereignischarakter großer historischer Daten eher etwas zurücktritt (und gerade darum werden diese Daten selbst wiederum in ihrer Wichtigkeit in Frage gestellt). Andererseits lässt sich so zunächst einmal festhalten, dass der Gesamttext eine Struktur erzeugt, innerhalb derer der aktiven Leserschaft eine wichtige, vielleicht sogar entscheidende Rolle zukommt. Denn sie ist es, welche die verschiedensten Daten Torres Capalans und dessen Werk, aber auch dem vorliegenden Gesamttext selbst zuordnen kann.

Diese doppelte Zuordnungsmöglichkeit ist insoweit aufschlussreich, als hinter der objektiven, sichtbaren Oberfläche des Textes eine zweite Ebene erscheint, auf

---

14 Vgl. hierzu die Bedeutung der Luftfahrt für die Avantgarden bei Ingold, Felix Philipp: *Literatur und Aviatik*.

welcher dessen Poetik langsam erkennbar wird, nicht zuletzt in diesen so sehr an faktischen Elementen orientierten Teilen. Der Leserschaft kommt folglich die Aufgabe der Zuordnung zu, und diese textproduzierende Rolle ist bei einer derartigen Vielzahl an Bezügen nicht erschöpfend auszufüllen, zu vielfältig sind die möglichen Beziehungen zu beiden Ebenen des Textes. Wir haben es in der Tat mit einem „rompecabezas" zu tun, zugleich aber auch mit einem Universum der Texte, vor dem wir gleichwohl nicht kapitulieren müssen.

Denn dieses Universum der Texte, in das sich Max Aubs Text selbst einschreibt, ist durchaus strukturierbar. Betrachten wir vorrangig die Dimension der Literatur, so ergibt sich auf dieser Ebene die Struktur eines Archivs, einer kleinen Bibliothek, die sich aus gewiss wichtigen Titeln des Zeitraums zwischen 1886 und 1914 zusammensetzt. In jeder Bibliothek gibt es, wie Sie wissen, verstellte Bücher; und so sind auch in diesen „Anales" einige Bücher insoweit verstellt, als sie nicht unter den korrekten Veröffentlichungsdaten angeordnet sind. Hinter manchen Signaturen verbirgt sich auch gar nichts oder sie sind – wie etwa so häufig in Washingtons *Library of Congress* – „not on the shelf", gerade nicht erreichbar und ausleihbar. Tja, das kann passieren ...

Die Literaturgeschichte wird also in diesem Teil von Aubs *Jusep Torres Campalans* zum großen Archiv und Speicher. Und es ist schon an sich interessant, dass es eben nicht nur der Bereich der Kunst ist, der hier aufgelistet wird (wie dies in einer Künstlermonographie zu erwarten gewesen wäre), sondern eben auch der Bereich der Literatur, der sogar ein deutliches Übergewicht besitzt und damit auf die doppelte Beziehbarkeit unverkennbar aufmerksam macht. Es geht ganz wesentlich um eben jene Taditionen, in die sich nicht nur Torres Campalans, sondern Max Aubs Text selbst einschreibt.

Versuchen wir, die „Anales" weiter zu strukturieren, so fällt uns rasch auf, dass seit dem Geburtsjahr von Torres Campalans die Perspektive auf die damalige literarische und künstlerische Produktion sehr weit gefasst ist. Wir finden Hinweise auf Spanien und Frankreich, auf Italien und Deutschland, auf Norwegen und England, auf die USA und von Beginn an auch auf die verschiedenen Länder Lateinamerikas, wobei im Verlauf dieser Rubrik ein auffällig breiter Raum Zeugnissen wie Ereignissen nicht nur Mexikos, sondern gerade auch der spanischsprachigen Karibik (vor allem Kubas und der Dominikanischen Republik) eingeräumt wird. Analysieren wir den auf diese Weise ausgespannten Raum als expliziten literarischen beziehungsweise innerliterarischen Raum, dann wird bemerkbar, dass dieser eben nicht allein die katalanische, spanische oder französische Literatur umfasst, was durch die Diegese von *Jusep Torres Campalans* gerechtfertigt gewesen wäre. Vielmehr werden auch Hinweise auf andere europäische Literaturen, auf transatlantische Verbindungen und – vor allem im Bereich der spanischsprachigen Literaturen – die ‚Neue Welt' an zentraler Stelle eingebaut.

So ergibt sich ein unverkennbar transarealer Kulturhorizont, der sich selbstverständlich auch mit dem Lebensweg von Max Aub in Verbindung bringen ließe, insoweit ihn sein Schicksal im Exil ganz offenkundig zuvor verborgene Welten kennenlernen ließ. Vor diesem Hintergrund lässt sich der explizite literarische Raum des Aub'schen Textes als ein Plädoyer für eine literarische Welt lesen, die nicht länger von den traditionellen Asymmetrien der Weltliteratur geprägt sein soll. Insofern dokumentiert sich an dieser Stelle eine überindividuelle Ebene, die man mit jenen Entwicklungen koppeln kann, welche die Literaturen der Welt mit Blick auf die sich ankündigende vierte Phase beschleunigter Globalisierung aus literaturgeschichtlicher Sichtweise auszeichneten.

Insofern hat Max Aubs *Jusep Torres Campalans* auf geradezu selbstverständliche Weise darauf hingewiesen, dass der Bereich der Kultur, insbesondere von Literatur und Kunst, nicht mehr nur auf Europa beschränkt ist und von dort aus gedacht werden kann. Es ist notwendig und unumgänglich, die Perspektiven auszuweiten und nicht-europäische Areas (zumindest den gesamten amerikanischen Kontinent) mit in den Blick zu nehmen. Dabei ist selbstverständlich, dass dies einen wichtigen und gravierenden Perspektivenwechsel mit sich bringen musste, der für die Gestaltung dieses experimentellen Romans namens *Jusep Torres Campalans* nicht ohne Rückwirkungen bleiben konnte. In den „Anales" ergibt sich dementsprechend eine hochkomplexe Beziehung zwischen Text und Geschichte, die im Grunde noch immer paratextuell organisiert ist und auf der Ebene von Autorfunktionen, Titelfunktionen und Oberflächenverweisen beruht, zugleich aber eine spielerische Dimension enthüllt, die der Leserschaft eine aktive Rolle zuweist.

Sie haben bemerkt, dass auf diese etwas unscheinbare Art eine ganze Reihe von Bezügen hergestellt wird, welche uns aus unseren bisherigen Streifzügen durch Fragen der Postmoderne bekannt sind. *Jusep Torres Campalans* ist in vielerlei Hinsicht ein experimenteller Text, der in seiner Behandlung der historischen Avantgarden Elemente vorwegnimmt, die ein Enrique Vila-Matas Jahrzehnte später kreativ aufgreifen sollte. Wir können diese erfundene Künstlermonographie folglich im vollen Wortsinne als einen „Pioniertext" bezeichnen.

Dazu gehört aber nicht nur eine *aktiv* und *kreativ* Beziehungen herstellende Lektüre des Lesepublikums, sondern eine zunehmend auch konkret und materiell Hin- und Herspringende Lektüreweise der Leserschaft. Zu einer solchen lädt dieser Text nicht bloß ein, sondern öffnet für sie durch seine ständigen Querverweise, durch Fußnoten und Anmerkungen und Fußnoten in den Anmerkungen sowie Verweise auf den im Anhang abgedruckten Katalog immer neue Räume. Aubs experimenteller und nicht umsonst als kubistisch zu bezeichnender Text führt damit eine Leseweise ein, die uns aus diktionalen Texten besser vertraut ist, die aber zu einer Lesart wird, welche in jenen Jahren verstärkt auch in den Bereich fiktionaler Texte Einzug hielt. Wir werden die radikale Auflösung linearer Lektüreweisen sehr zeitnah und sicherlich am beeindruckendsten in Julio Cortázars Roman *Rayuela* vorfinden, auf den ich gleich noch einmal eingehe und mit dem wir uns im dritten Teil dieser Vorlesung beschäftigen wollen. Gleichwohl können wir schon jetzt feststellen, dass sich Elemente einer derartigen verzweigenden, interrelationalen Lektüreweise sehr deutlich auch in Max Aubs *Jusep Torres Campalans* abzeichnen.

Wir sollten ungeachtet aller Kalkulation der Verbindung bestimmter Geburtsdaten mit geschichtlichen Vorkommnissen oder anderen historischen und apokryphen Figuren – Max Aub lässt eigene Romanfiguren wie Luis Alvarez Petreña gleich neben Jean Cassou auf die Welt kommen – nicht vergessen, dass es sich auch um Aubs ganz persönliche Bibliothek handelt, die in diesem Teil des Buches aufgestellt wird. Sie unterstützt uns ganz nebenbei bei dem Vorhaben, das Konzept der Romanistik hochzuhalten, lassen sich doch besonders starke Relationen gerade innerhalb der Romania feststellen zwischen der spanischsprachigen Welt insgesamt und der französischen sowie teilweise auch italienischen Literatur. Dass in diesem Rahmen die deutschsprachige Literatur und Kultur unter Einschluss der Philosophie mithinzugenommen wird, kann uns gewiss nicht überraschen.

Die Geburt von Jorge Luis Borges 1899 ist übrigens nicht vergessen worden, wohl aber – vielleicht aus Pietätsgründen – die von Max Aub selbst im Jahr 1903. Die Einbeziehung neuer medialer Techniken in diesen Experimentaltext erscheint mir besonders aussagekräftig, wobei die Photographie und besonders die Luftphotographie bereits erwähnt wurden und um eine Reihe von Verweisen auf Entstehung und Entwicklung des Kinematographen und des Films zu ergänzen wären. Auch Schallplatte nebst Telegraphie werden nicht vergessen, so dass konkurrierende künstlerische Medien sehr bewusst miteinbezogen sind in die Ausgestaltung des literarischen und kulturellen Raums von *Jusep Torres Campalans*. Kunsthistorische Zitate aus spezifischen Abhandlungen zur Kunstentwicklung in Spanien ergänzen das breit angelegte panoramatische Bild einer ganzen Epoche. Selbstverständlich verleihen diese kunstgeschichtlichen Erörterungen und Einblendungen dem gesamten Band zugleich auch Plausibilität und Legitimität innerhalb der vorgegebenen Textsorte der Künstlermonographie.

Die bereits erwähnte, sich in sieben verschiedene Teile gliedernde Struktur von Aubs *Jusep Torres Campalans* weist dem Lesepublikum folglich eine aktive, textgestaltende Rolle zu. Die Vielzahl der über den katalanischen Avantgardisten, den zeitgeschichtlichen Hintergrund, den Verfasser der Monographie und die Gestaltung des Buches bereitgestellten „Informationen" erlauben in ihrer wechselseitigen Komplementarität und teilweisen Widersprüchlichkeit so ungeheure Kombinationsmöglichkeiten der jeweiligen Textelemente, Biographeme oder autoreflexiven Einsichten, dass sie von keinem Leser auch nur annähernd ausgeschöpft werden könnten. Allein die in den „Anales" präsentierten Fakten – die auf den ersten Blick recht harmlos angeordnet sind und neben zeitgeschichtlichen, technologischen, gesellschaftlichen, literarischen und künstlerischen Daten auch manche gezielte Fehlinformation (und damit den Einbruch des Imaginären auch auf dieser „faktenbezogenen" Ebene zunächst kaum wahrnehmbar) enthalten, legen ein Lektüreverfahren nahe, das sich als textproduzierende Lesart bezeichnen ließe. Es hält die Leserschaft dazu an, zwischen den verschiedenen Teilen der Monographie ständig hin- und herzuspringen. Aub hat eine Vielzahl ebenso fiktionaler wie friktionaler Pisten gelegt, ohne dass diese sofort an der Textoberfläche auffallen würden. Denn sein Spiel mit der Öffentlichkeit sollte ja gelingen und an die Existenz dieses katalanischen Avantgardisten glauben lassen.

Ist es uns auch an dieser Stelle nicht möglich, allein den von den „Anales" für jedes einzelne Jahr zwischen 1886 und 1914 aufgeführten Verweissystemen nachzugehen, so sei doch abschließend festgehalten, dass sich durch die wechselseitigen Vernetzungen eine Lektüre abzeichnet, die nicht mehr linear im Buch von vorne nach hinten fortschreitet, sondern relational angelegt ist. Wir werden bei späteren Texten noch sehen, dass dies eine der großen Herausforderungen postmoderner Literaturkonzepte war: die Überwindung der durch seine Form selbst erzwungenen Linearität des Buches. Ganz abgesehen davon, dass an die Stelle einer produktionsorientierten Poetik mehr und mehr eine leserorientierte Legetik trat.

Nicht nur das textintern gestaltete Archiv (oder imaginäre Museum) der Kunst – wie es in einer Künstlermonographie zu erwarten wäre –, sondern auch die Bibliothek der Literatur öffnet sich der Leserschaft, was auf die doppelte Beziehbarkeit auf den Biographierten wie den Biographen selbst aufmerksam macht. Die hin- und herspringende, an die Wahrnehmung eines Gemäldes erinnernde Lektüre ihrerseits wird durch die erwähnten ständigen Querverweise, Fußnoten, Anmerkungen, Fußnoten zu den Anmerkungen und Verweise auf den Katalog sowie die sich zwischen einzelnen (Bild-) Elementen herstellenden Serien gesteuert. Eine nicht-lineare Lektüreweise wird erprobt, die auf noch radikalere Art wenige Jahre später in Julio Cortázars transatlantischem Roman *Rayuela* gleich zu Beginn in einem „Tablero de dirección" die Leserschaft vor die Wahl stellt. Letztere kann diesen 1963 erschienenen Roman entweder linear bis Kapitel 56 zu lesen und auf den ‚Rest' verzichten oder aber die insgesamt einhundertfünfundfünfzig Kapitel in einer vorgegebenen sprunghaften Abfolge wie in einem Hüpfspiel lesen.[15] Elemente dieser sich verzweigenden, interrelationalen Lektüreweise

---

15 Vgl. Cortázar, Julio: *Rayuela*. Barcelona – Buenos Aires: Edhasa – Sudamericana 1977, S. 7.

finden sich – wenn auch weniger dirigistisch präsentiert – in der kubistischen Schreibweise von Max Aubs *Jusep Torres Campalans* bereits einige Jahre früher. Sie nimmt damit ein zentrales avantgardistisches Element – die (Zer-)Störung einer linearen Lektüre – spielerisch und hintersinnig auf, um damit die Wahrnehmung des selbstverständlich Gewordenen zu entautomatisieren. Sie hinterfragt jene Auffassung, dass ein Buch notwendig von Anfang bis Ende zu lesen sei und über genau einen Anfang und genau ein Ende verfügt.

Überhaupt ist die Präsenz von Elementen avantgardistischer Provenienz in diesem Text geradezu erdrückend. Es wäre sicherlich ein Leichtes, eine Vielzahl avantgardistischer Techniken wie etwa die intermediale Verschränkung von Bild und Text, die Einfügung von „papiers collés", von Montagen und Collagen in Max Aubs ‚Roman' ausfindig zu machen, welche in einen Dialog mit den auf der Inhaltsebene vorhandenen avantgardistischen Elementen treten, die durch die Künstlerbiographie eingeblendet werden. Das dadurch entstehende Beziehungsgeflecht und Spannungsverhältnis selbst aber ist keineswegs von jenem für die historischen Avantgarden so charakteristischen Willen geprägt, mit den vorherrschenden Konventionen, Traditionen und Diskursen Schluss zu machen. Vielmehr verdeutlichen die entstandenen wechselseitigen Bezüge, dass diese avantgardistischen Verfahren ihrerseits wiederum verfügbar und verwertbar geworden sind und Teil jenes Archivs von Kunst und Literatur wurden, dessen sich der aktuelle Text (wie die aktuelle Kunst) unter Verzicht auf jeglichen Traditionsbruch zu bedienen versteht.

Wir könnten an dieser Stelle auf die vielfältigen inter- und transmedialen Bezüge hinweisen, die sich bereits in diesem Teil des Bandes ergeben und die ebenfalls durch die „Anales" verstärkt werden, wird doch der Augenblick vermerkt, als Georges Braque und Pablo Picasso mit der neuen Technik beginnen, Buchstaben in ihre Werke einzuführen.[16] Auch der Verweis auf die Einführung einer Technik von „papiers collés" ließe sich auf Ebene von Montagetechniken nicht allein auf die Malerei, sondern auch die Literatur und damit auf den literarischen und zugleich transmedialen Text Max Aubs selbst beziehen. So lassen sich durchaus innerhalb der Gesamtheit des Textes Strukturen ausmachen, die die Bilder gleichsam als „images collées" vor Augen führen. Sie beziehen von der anderen Seite her Bild-Text-Beziehungen in ein polylogisches System mit ein, das nicht zuletzt auch den sechsten Teil des Buches, die „Conversaciones de San Cristóbal" und damit zugleich den Dialog zwischen dem Maler Jussep Torres Campalans und dem Schriftsteller Max Aub – beide natürlich als fiktive, imaginäre

---

16 Vgl. hierzu den schönen Band von Butor, Michel: *Les mots dans la peinture*. Genf – Paris: Skira – Flammarion 1969.

Gestalten – prägt. Wir könnten an dieser Stelle noch auf viele Relationen hinweisen, welche Bilder und Texte miteinander in Verbindung setzen, indem etwa Bilderserien geschaffen werden oder aber eine eigenartige Spannung zwischen den Bildern und ihren Erläuterungen im Katalogteil entsteht. Doch möchte ich auf diese inter- und transmedialen Dimensionen aus Zeitgründen nicht weiter eingehen, geht es uns doch darum, mit der Analyse von *Jusep Torres Campalans* diesen zweiten (Übergangs-) Teil unserer Vorlesung zu einem Abschluss zu bringen.

Kommen wir nun zum vierten Teil des Bandes, zur eigentlichen Künstlerbiographie unter dem Titel „Biografía". Auch in diesem Teil erweist sich der Text als das, was den gesamten Band charakterisiert: ein Ankämpfen gegen das Vergessen, gegen die Ungerechtigkeit der Geschichte, ein Sich-auf-die Seite-der-Vergessenen-Schlagen, auch wenn diese Vergessenen eigens dazu (wenn auch als *repräsentative* Figuren) erfunden werden mussten. Mit dieser Ausrichtung ergibt sich eine unverkennbare Parallelität zu anderen Schriften Max Aubs und vor allem zu seinen Romanen: Wir haben es im vierten Teil mit dem Kern des Buches zu tun, der gleichsam die verschiedensten paratextuellen, aber auch intratextuellen Textteile zu zentrieren versucht und (Deutungs-) Macht über sie gewinnen will.

Dies gelingt auch, werden dort doch kohärente, plausible Strukturen entwickelt, welche dem Leben von Torres Campalans Konsistenz, vor allem aber Lebendigkeit einhauchen. Und doch bleibt so etwas wie ein Restbestand an Fragen, den diese ‚Erzählung' eines Lebens nicht auffüllen kann, trotz ihrer Einbettung in Sinnstrukturen rekonstruierter Realität und eines rekonstruierten Pariser Künstlermilieus, in das Torres Campalans hineingesetzt wird. Der Realitätseffekt, der „effet de réel", stellt sich ein, aber gleichsam nur auf der Oberfläche des Textes. Wir wollen versuchen, hinter das Geheimnis dieser Erzählsituation zu kommen und dürfen dabei zunächst feststellen, dass es eben dieser Versuch ist, eine sinnzentrierende Struktur im Buch selbst bereitzustellen, welcher den Band in seinem Experimentalcharakter beschränkt und damit wieder ein Stückchen von den Zeichen der Postmoderne entfernt. Auch dies hat sicherlich mit dem Verhältnis von Wahrheit und Lüge zu tun sowie mit Max Aubs stark am Historischen orientierter Konzeption des Romans, die wir an dieser Stelle freilich nicht ausbreiten können.

Die zentrale Position der „Biografía" verdeutlicht bereits das Inhaltsverzeichnis, wo sie als vierter von insgesamt sieben Teilen genau im Mittelpunkt steht. Zweifellos ist dieser ‚Kern' insoweit leer, als es diesen katalanischen Maler ja nicht gab, eine Biographie im eigentlichen Sinne also überhaupt nicht möglich ist. Stellen wir uns aber auf den Standpunkt der Literatur und nicht der Geschichte, so wirkt die gesamte Anordnung wesentlich weniger experimentell, ja erhält fast etwas Banales, insofern nichts anderes unternommen wird als im ‚normalen', herkömmlichen Roman: die Erfindung des Lebens einer literarischen Figur, also die schöpferische Tätigkeit schlechthin. Ungewöhnlich ist höchstens die Tatsache, dass sich der Kern dieser Tätigkeit gerade im Hauptteil vollzieht und eine diktionale Textsorte gewählt wird, um das Fiktionale zu vervollkommnen. Es ging Aub offenkundig um die Glaubwürdigkeit seines Spiels und seiner Mystifikation.

Die Biographie wird ganz hausbacken eröffnet mit der Geburt von Jusep Torres Campalans, die gleich zweimal autorisiert wird und genau deshalb unbestätigt bleibt. Denn es wird auf eine präzise angegebene Seite im Kirchenbuch der katalanischen Gemeinde Mollrusa hingewiesen, wobei dieses Kirchenbuch längst verbrannt sei, das faktische Geburtsdatum aber von einem faktischen Menschen, dem renommierten Jean Cassou, an Max Aub übermittelt worden sei. Diese Beglaubigungsstrategie mit ihrer Überfülle an Details erinnert zweifellos an Borges, der Trick der textexternen Beglaubigung wiederum trägt Aubs Züge. Aus dem Jesuitenkolleg flüchtet sich der Junge ausgerechnet im Jahre 1898, durch das er wie auch andere Vertreter seiner Generation geprägt worden sei.

An anderer Stelle macht der Text darauf aufmerksam, dass der junge Torres Campalans wie auch Pablo Picasso vom Unamuno'schen *Sentimiento trágico de la vida*, vom tragischen Lebensgefühl heimgesucht gewesen sei, eine Art Verstoßen-Sein, das natürlich auch im Exil und im Leben außerhalb der angestammten Grenzen der Heimat zum Ausdruck kommt. Schauen wir uns nun eine zentrale Gelenkstelle des Textes an: den Übergang von der Beschreibung des ‚Faktischen‘ zu den künstlerischen Konzeptionen, ja zum künstlerischen Antrieb des imaginären Malers überhaupt. Wir befinden uns noch auf den ersten Seiten des vierten Teiles:

> Hochgewachsen, kräftig, mit großen dunklen Augen, enorm großen Händen und entsprechenden Füßen, gab es in ihm eine Potenz, welche die Erde nur demjenigen schenkt, der in direkter Verbindung mit ihr lebt oder gelebt hat. Ein „Buur", der Sohn von „Buuren", so sehr ihn auch schon damals „die Schriften" feinsinnig werden ließen. Was eigenartig war: Er behauptete, nicht zu verstehen, was er kopierte; die gute Handschrift, die glänzte und die er glänzen ließ, war ein ästhetisches Produkt, außerhalb des Verstehens. Nach meinem Dafürhalten entstand so seine Neigung zur Malerei und jener Weg, den er – querfeldein und verquer – einschlagen sollte. Ich glaube nicht, dass man das anzweifeln könnte. Für mich muss man an dieser Stelle nach der Wurzel seiner formalen Auffassung von Kunst suchen. Reines Zeichen. Sein Begriff des Lebens war identisch: reduziert auf Zeichen und Zahlen, unbeugsam logisch.[17]

Diese fiktionale Ausgangssituation ist ungeheuer aufschlussreich. Die Körperlichkeit von Torres Campalans ist auffällig, besitzt er doch nicht bloß große Pranken, mit deren Hilfe er später malen wird, sondern auch große Füße, als ob er gleich-

---

17 Aub, Max: *Jusep Torres Campalans*, S. 100.

sam eingewurzelt wäre in der Erde wie ein Baum. Und doch werden ihn diese Füße auch ins mexikanische Exil querfeldein nach Chiapas tragen. Er ist Bauernsohn in einer langen Genealogie ohne berühmte Namen, weist eine große Erdverbundenheit auf, welche durch eine traditionelle Kultur oder Kultivierung mit der Schrift angelegt worden war – und offenkundig sind hiermit auch die „Sagradas Escrituras" gemeint, die *Heilige Schrift* oder *Bibel*. Noch deutet nichts auf den künftigen Avantgardisten hin.

Durch die Begegnung mit der Schrift entwickelt sich zugleich sein Sinn für das Graphische, ja man könnte sagen: sein Verständnis der Buchstaben als Grapheme, die nicht auf etwas Intelligibles, einen „signifié", hinweisen, sondern reine „signifiants", reine Signifikanten sind. Der Zugang zur Malerei erfolgte bei Torres Campalans – so zumindest die Aussage des Ich-Erzählers – über die Schrift und damit über ein System, das (wie Sie aus der Linguistik wissen) über eine „double articulation" verfügt. Der junge Torres Campalans fasst diese Schrift als reines Zeichen auf, wobei wir diese Aussage offenkundig so deuten dürfen, dass hier die Schrift (oder die Kunst) ihre eigene Welt schafft und geschaffen hat.

Daher wird kein Verstehens-Prozess dazwischengeschaltet – etwa durch ein Diktieren der Schrift und der Buchstaben –, sondern ein reiner Prozess des Kopierens, also der graphischen Übertragung eines Schriftstücks auf die zweidimensionale Fläche des Papiers. Damit kommt Torres Campalans in gewisser Weise zur Malerei wie die katalanischen Mönche der mittelalterlichen Klöster Vich und Ripoll, die im Text – wenn auch weiter hinten – anlässlich der Inspiration Pablo Picassos bei seinem Besuch von Kataloniens Hinterland und insbesondere von Seo d'Urgel Erwähnung finden. Die Schrift erscheint Torres Campalans als reines Zeichen, wobei wir dies – so scheint mir – nicht unbedingt im Sinne Saussures verstehen dürfen. Es setzt sich nicht aus Signifikat und Signifikant zusammen, vielmehr scheint mir die referentielle Funktion, der Hinweis auf eine außersprachliche Wirklichkeit, gänzlich getilgt zu sein. Allein der Signifikant ist von Interesse.

Wir verstehen nun besser, warum Torres Campalans später davon träumte, ein riesiges Gemälde zu malen, das allein aus seinen Initialen bestehen sollte. Es dominiert der reine Signifikant: Die Relation ist diesen komplexen sprachlichen Zeichen zwar eingeschrieben, letztlich aber aus der Kunst getilgt. Auf dieser Grundlage werden die „escrituras" in „pintura" verwandelt, realisiert sich eine Relation zwischen Bild und Schrifttext, die gleichsam ihre medialen Unterschiede verwischt. Die Buchstaben werden nicht mehr abgeschrieben, sondern abgemalt. Dies weist bereits voraus auf die Dimension der in die Malerei der Kubisten einbezogenen Buchstaben als reinen Graphemen.

Mit dem wirklichen Stadtleben kommt Torres Campalans erst in Barcelona und durch Vermittlung Pablo Picassos in Berührung, der ihn auch in die Welt käuflicher Erotik einführt. Die Prostituierten aus der Calle d'Aviñó werden laut der bereits erwähnten Remotivierung von Picassos wichtigem gleichnamigen Gemälde *Les Demoiselles d'Avignon* gleichzeitig zum Zeichen der Entjungferung von Torres Campalans und seines Eintritts in eine Welt der Formen und Farben, in eine Welt des Vielperspektivischen und des Kubismus. So wird Torres Campalans von Picasso höchstselbst eingeführt in die Welt der Frauen und der Malerei. Eine Freundschaft entsteht, die sich für Torres Campalans ein ganzes literarisches Leben lang bis hin zum Tod erstrecken wird, fragt er doch noch 1955 immer wieder den ihn aufsuchenden „Max Aub", ob er wirklich in Paris Pablo Picasso kenne. Die Freundschaften, aber auch die Zeichen aus seinem ersten Leben sind dem katalanischen Avantgardisten ein Leben lang gewärtig.

Ich möchte an dieser Stelle nicht auf alle Biographeme eingehen, mit denen uns Max Aub in seiner proliferierenden Schreibweise förmlich überschwemmt. Man spürt es deutlich: Hier ist der Romancier in seinem Element und versteht es, die unterschiedlichsten Biographeme in eine narrative Struktur einzubinden. Und dennoch: In gewisser Weise lassen sich auch diese narrativen Teile wiederum geradezu in Bio-Grapheme zerlegen, gleichsam Standbilder eines fortlaufenden Films, der sich in einzeln festgehaltene Figuren im Sinne von Roland Barthes zerlegen ließe.

Eines schönen Tages verlässt Torres Campalans, vielleicht wegen einer unglücklichen Liebschaft, vielleicht aber auch wegen des drohenden Militärdienstes, seine katalanische Heimat und lässt sich wie Pablo Picasso in Paris nieder. In der mythischen Stadt der Künstler wird er Teil jener historischen Avantgarden, welche die dortige Kunstszene aufmischen. Niemals mehr sollte er nach Spanien zurückkehren. Es ist eine Reise ohne Wiederkehr, so wie sich auch das Leben von Torres Campalans insgesamt auf der Ebene einer Hermeneutik der Bewegung als ein eher linearer Prozess auffassen ließe, der letztlich – wie das Leben von Max Aub selbst – in Mexiko enden wird. Das Fehlen einer Kreisbewegung mit langen Phasen des Aufenthalts an einem bestimmten Ort wird durch diese lineare Bewegungsfigur aufgewogen; die große Erdverbundenheit von Torres Campalans wird gemeinsam mit seiner Weigerung zur Darstellung gebracht, in alte Spuren, Gefüge und Strukturen zurückzukehren. Torres Campalans wird von seiner enormen Energie immer weiter vorangetrieben – und auch hier ergibt sich manche Parallele zum Leben des Max Aub.

Seine langjährige Lebensgefährtin Ana María Merkel lernt Torres Campalans im Pariser Louvre kennen. Sie ist Miniaturistin – als solche taucht sie auch später in seinem „Cuaderno verde" ohne Namensnennung auf – und kopiert mithin Gemälde, befindet sich also in einem Stadium, das wir aus Torres Campalans eigener Biographie gut kennen. Im Gegensatz zum Katalanen wird sie allerdings nicht über dieses Stadium hinauskommen und bleibt damit künstlerisch ihrem

Lebenspartner unterlegen. Dieser hat klare und rigide Vorstellungen vom Zusammenhang zwischen Schöpfungskraft und Geschlechtlichkeit, die ich Ihnen nicht weiter zu erläutern brauche, stehen diese doch im Zeichen einer patriarchalischen Männlichkeit, die er in seiner letzten Lebensphase in Chiapas auslebte und in seinem Leben immer mit einer unwiderstehlichen, aber gleichwohl widerlichen Abneigung gegen alle Homosexuellen verknüpfte. Und das waren in der Kunstszene nicht wenige ...

Das Bild der Berliner Malerin Merkel wird dadurch komplettiert, dass sie nicht nur „amable", sondern auch melancholisch ist, wobei es sich bei ihr offenkundig nicht um jene Seite der Melancholie handelt, die kunsterzeugend ist, sondern die eher der Depression, gleichsam dem typisch Weiblichen im Sinne Julia Kristevas, zuzuordnen wäre.[18] Wir sehen, dass die starke Körperlichkeit von Torres Campalans nicht von ungefähr dem Text dieser Künstlermonographie eingeschrieben ist. Bliebe nur noch hinzuzufügen, dass fast alle Bilder, die wir von ihm besitzen, aus der Zeit zwischen 1908 und 1914, also der des Zusammenlebens mit Ana María Merkel, stammen. Sie ist gleichsam die Hintergrundfolie, die Leinwand, welche die Bedingungen dafür schafft, dass sich die männliche Kreativität an ihr vollzieht. Aub hat großen Wert auf diese genderspezifische Anlage des Charakters seines katalanischen Malers gelegt.

Später, als Torres Campalans sich nach Mexiko und Tuxtla Gutiérrez bei den „Chamulos" (und „Chamulas") zurückgezogen hat, wird seine Kreativität von der Malerei übergehen auf die reine Schöpfungskraft des Männlichen, indem er – wie er sich ausdrückt – möglichst viele kleine „Mestizos" schafft. Dort seien die Frauen für diese befruchtende Tätigkeit des Mannes stets bereit, wie er erfreut feststellt, und fürchteten sich nicht wie die Europäerinnen vor Schwangerschaften. So ließe sich durchaus eine den gesamten Text durchlaufende Linie des Verhältnisses zwischen Kreativität und Geschlechtlichkeit nachzeichnen, welche die Schaffenskraft von Torres Campalans als Maler in eine Beziehung setzt zu seiner Unerfülltheit im sexuellen Bereich.

In Paris wurde seine enorme Kreativität durch Ana María angestachelt, die ihm vorwirft, im Grunde nichts zu sagen zu haben, so dass von seiner Malerei auch nichts bleiben werde. Der Akt des Malens war ein ständiges Ankämpfen gegen diese Verurteilung, was erst mit Torres Campalans' Erkenntnis der Absurdität des Expositorischen ein Ende findet und er sich nichts sehnlicher wünscht, als vollständig unbekannt zu bleiben und in der Anonymität aufzugehen. Logischerweise wird er den Versuch unternehmen, alle seine Gemälde zu vernichten. Der Bedeutung des Sexus im Leben des Avantgardisten ist, so scheint mir, bis-

---

18 Vgl. Kristeva, Julia: *Soleil noir. Dépression et mélancolie.* Paris: Gallimard 1987.

lang nicht die ausreichende Aufmerksamkeit zuteil geworden. Daher spielt auch die Einbeziehung der Frage des Ruhmes in diesen Teil des Textes keine geringe Rolle.

Der fünfte Teil des Buchs, das sogenannte „Cuaderno verde", enthält die imaginären Aufschriften des katalanischen Malers, die von ihm größtenteils auf der Toilette verfasst und versteckt wurden, geschützt vor den Augen Ana María Merkels. Dieses „Cuaderno" wird nun von der Herausgeberfiktion in *Jusep Torres Campalans* ediert. Dabei wird in vielerlei Hinsicht die implizite Ästhetik des Kubismus sichtbar: Wir hatten bereits gesehen, dass der imaginäre Maler nach einer „pintura global" strebte und ein vielperspektivisches Kunstwerk zu schaffen versuchte. Die Problematik der Zeitlichkeit, die wir ja schon bei Borges besonders beleuchtet gesehen und in ihrer Wechselwirkung zwischen Bild und Text in *El Aleph* besprochen hatten, wird auch in diesem Text gleich mehrfach ins Rampenlicht gerückt. Diese ‚Sudelhefte' sind Zeugnisse künstlerischer Selbstverständigung des katalanischen Malers, aber auch des in Frankreich geborenen spanischen Schriftstellers. Insofern verbinden sich Literatur und Metaliteratur, fiktionaler Gegenstandsbereich und immanente Poetik in diesem fünften Teil des Experimentaltextes auf geradezu ideale Weise.

In der ausführlichen Thematisierung einer problematisch gewordenen Beziehung zwischen Text und Metatext können wir ein weiteres Element der Literaturen im Zeichen der Postmoderne entdecken, wenngleich diese Schreibweise und Problematik selbstverständlich über eine lange literarische Tradition verfügt. Doch stellt sich im Zeichen der Postmoderne mit vermehrter Wucht die Frage, wie diese Beziehung so zu gestalten ist, dass sie selbst zu einem integrativen Bestandteil des Kunstwerks wird, ohne mit ihm doch völlig zu verschmelzen. Die Lösung hierfür ist – so scheint mir – sehr oft die einer ständigen Oszillation zwischen den Polen, ein Oszillieren, das die Grundstruktur des Gewebes postmoderner Texte oder vorsichtiger: des Textes im Zeichen der Postmoderne ausmacht. Das friktionale Oszillieren zwischen Diktion und Fiktion war hierfür nur eines unter vielen ästhetischen Indizien gewesen.

Gerade mit Blick auf die sich anbahnende ästhetische Entwicklung der Literaturen im Zeichen der Postmoderne sind die „Conversaciones de San Cristóbal" zwischen dem Maler Jusep Torres Campalans und dem Schriftsteller „Max Aub" von großer Bedeutung. Dabei betonte der Katalane die Ablösung der von ihm vorangetriebenen Avantgarde von jeglicher Vermarktung, von jeglichem Marktkonformismus und damit von jeglicher Vereinnahmung durch eine nachfolgende Kulturindustrie. In engem Zusammenhang mit derlei Vorstellungen steht das endgültige Verstummen von Torres Campalans, mit anderen Worten: seine absolute Selbstaufgabe als Künstler. Daher auch der Rückgriff des Malers auf das Beispiel der Höhlenmalerei, belege diese doch das tiefe Bedürfnis des Menschen, Bildnisses zu schaffen und damit seiner Conditio humana künstlerischen Ausdruck zu verleihen.

Max Aub nahm nicht länger die Positionen seines imaginären Gesprächspartners ein. Denn selbstverständlich ist Aubs *Jusep Torres Campalans* eine Schöpfung jenseits jeder Ästhetik des avantgardistischen Bruchs. Der Bruch ist sehr wohl als Tradition verfügbar, gebrochen wird jedoch allein mit dem Traditionsbruch. Dabei versteht es sich von selbst, dass sich der von den historischen Avantgarden intendierte beziehungsweise vollzogene Bruch jeweils nur auf ganz bestimmte Traditionen bezog, sich seinerseits aber wieder in andere Traditionen (nicht zuletzt auch bestimmter Aspekte von Décadence und Fin de siècle) einschrieb. All dies haben wir detailliert bereits gesehen.

Wir stoßen hier zu einem zentralen Punkt unserer Auseinandersetzung im Zwischenbereich und Übergangsraum zwischen Moderne und Postmoderne vor. Denn im Bruch mit dem Traditionsbruch ließe sich ein grundlegender Widerspruch, gleichsam eine angeborene ‚Immunschwäche' der neuen, sich noch herauskristallisierenden Ästhetik erkennen. Das vom Darstellungsgegenstand avantgardistisch motivierte Aufgeben der Zentralperspektive ermöglicht eine interrelationale Netzwerkstruktur, in der Experimente wie Resultate avantgardistischen Handelns in ein Kunstwerk integriert werden, das sich selbst friktional jeder Möglichkeit eindeutiger genrespezifischer wie literarästhetischer Zuordnung entzieht. Eben dies aber verwandelt Aubs *Jusep Torres Campalans* in ein ebenso vieldeutiges wie viellogisches Schreib- und Inszenierungsmodell.

Die auf den ersten Blick zentrierte Struktur von sieben Teilen, in deren Mittelpunkt mit dem vierten Teil die „Biografía" Torres Campalans' steht, erweist sich bei genauerer Betrachtung als offene Strukturierung, deren Zentrum insofern leer bleibt, als es jenen katalanischen Künstler, aller mimetischen Verfahren unter Einschluss von Augenzeugenberichten und glaubhaft machender Photographien zum Trotz, ‚eigentlich' gar nicht gab. Das Erfundene wird – ähnlich wie in Borges' *Ficciones* oder den Erzählungen in *El Aleph* – gerade mit Hilfe diktionaler Textsorten erzeugt und re-präsentiert. In Torres Campalans' „Cuaderno verde", dem von der Ich-Erzählerfigur herausgegebenen ‚Sudelbuch' des katalanischen Künstlers, finden wir eine Vielzahl kurzer Reflexionen über Kunst und Literatur, die sich häufig ebenso auf die schrittweise Entfaltung einer avantgardistischen Kunstauffassung als auf die Ebene der Autoreflexivität und impliziten Ästhetik von Aubs eigenem Text beziehen lassen.

Einige vorgeblich auf das Jahr 1908 datierbare Äußerungen kommen auf die Problematik einer vielperspektivischen Repräsentationsweise zurück: „Wieso von einem einzigen Blickpunkt aus malen? Das könnte doch jeder. Ein Maler muss auf Grund seines simplen Maler-Seins mehr umfassen. / Ein Objekt *verbleibt* besser, wenn es simultan von verschiedenen Blickwinkeln aus porträtiert wird; das Ideal:

dass man es aus allen sähe: Wie Gott es schuf. Oder von innen. / Ein globales Gemälde."[19]

Auch diese Passage aus der Feder des vorgeblichen Jusep Torres Campalans ist zumindest auf den beiden skizzierten Ebenen lesbar, rückt dabei aber in unterschiedliche Bedeutungszusammenhänge ein. Markiert sie in Bezug auf das erste Jahrzehnt der ersten Jahrhunderthälfte die Entfaltung einer im Sinne Apollinaires ‚ganz neuen Ästhetik', die von verschiedenen Ländern Europas und von unterschiedlichen, miteinander vernetzten Gruppen aus vorangetrieben wurde, so bedeutet sie bezogen auf das erste Jahrzehnt der zweiten Jahrhunderthälfte eine Stellungnahme, die insbesondere die intermedialen Beziehungen zwischen Bild und Text beleuchtet. Man kann in diesem Zitat ein höchst geschicktes Jonglieren mit theoretischen Versatzstücken der historischen Avantgarden sowie deren Verwendung in zeitlich späteren künstlerischen Kontexten erkennen. Max Aub verfügte über den großen Vorteil, beide Zeitebenen sowohl von innen als auch aus einer gewissen Distanz erlebt zu haben und nun porträtieren zu können. Sein Schreiben begleitet ein Selbstreflexivwerden der historischen Avantgarden mit Blick auf das nach der Jahrhundertmitte neu zu Schaffende.

Sind einerseits Simultaneität, kubistische Multiperspektivität und Totalitätsanspruch Elemente der historischen Avantgarden, die während der ersten drei Jahrzehnte des 20. Jahrhunderts (und auch darüber hinaus) in immer wieder wechselnden Kombinationen in den Manifesten eingefordert und zugleich eingelöst wurden, so erhält die Auseinandersetzung mit der Simultaneität der Malerei vom Standpunkt der Literatur aus eine andere, aufregende Bedeutung. Das kubistische Ineinander-Blenden verschiedener Perspektiven betrifft auf literarästhetischer Ebene die Sichtweise von innen („desde adentro"), welche der „Cuaderno verde" gerade demonstriert, ebenso wie die Umsetzung bestimmter literarischer Techniken, welche die Linearität der Literatur in die Quasi-Simultaneität der Malerei überführen und damit jene „pintura global" schaffen könnten, deren Portrait – glauben wir Torres Campalans – von Bestand sein wird. Aber was ist schon von Bestand in einer Kunst- und Literaturszene, die unter dem Gebot ständiger Erneuerung und Veränderung steht?

Wie in Borges' *Pierre Menard, autor del Quijote* lässt sich derselbe Satz, erst einmal in einen anderen zeitlichen aber auch semantischen und diegetischen

---

19 Aub, Max: *Jusep Torres Campalans*, S. 204: „¿Por qué pintar desde un solo punto de vista? Eso, cualquiera. Un pintor, por el hecho de serlo, tiene la obligación de abarcar más. / Un objeto *quedará* siempre mejor si se le retrata simultáneamente desde varios ángulos; el ideal: que se viera desde todos: como Dios lo hizo. O desde adentro. / Una pintura global."

Kontext überführt, auf sehr unterschiedliche Weise lesen und verstehen. Bedeutet er auf der einen Ebene den mehr oder minder radikalen Bruch mit zu Jahrhundertbeginn normgebenden Darstellungsmustern und Wahrnehmungskonventionen, so entfaltet er auf der anderen gerade die Integration verschiedener Perspektiven in eine globale Produktion und Perzeption. Dies erfolgt im Kontext einer neuen Deutung der (ikonotextuellen) Beziehungen zwischen Bildlichkeit und Schriftlichkeit, wie sie anhand der Künstlerfigur Jusep Torres Campalans vorgeführt und zugleich hinterfragt werden. In einen weiteren, veränderten Kontext gestellt, wird Avantgarde ganz einfach anders lesbar und malbar. Sie wird gleichsam nachavantgardistisch verfügbar gemacht. Der Bruch mit dem Traditionsbruch ist dabei so gut getarnt, dass er als solcher gar nicht mehr wahrnehmbar ist. Die ‚ganz neue Ästhetik' ist latent und manifestiert sich erst im *Spiel* zwischen beiden Ebenen. Max Aub war klug genug, dieses Spiel in seinem *Jusep Torres Campalans* über eine lange Zeit auszuspielen und in der Schwebe zu lassen.

Neben vielen anderen Textelementen binden die Jahreszahlen die verschiedenen Teile des gesamten Textes, insbesondere die „Anales" und den „Cuaderno verde", zu einer vieldeutigen künstlerischen Einheit zusammen. Eine Lektüreweise, die ständig zwischen den jeweiligen Abschnitten und Jahreszahlen hin- und herpendelt, drängt sich förmlich auf. Betrachten wir aber die Anlage und Struktur der „Anales" als (Kunst-) Archiv und Bibliothek, so fällt sofort ins Auge, dass sich wie weiter oben erwähnt von Beginn an die unter den einzelnen Jahreszahlen und Abschnitten genannten Künstler, Literaten und deren Werke keineswegs auf den europäischen Raum beschränken. Max Aubs Vorgehensweise war in diesem Zusammenhang äußerst geschickt, war sein eigenes Leben und Schreiben doch in einem transatlantischen Bewegungsraum angesiedelt.

So wie sich das Leben Jusep Torres Campalans und jenes Max Aubs – nicht anders als das des Spaniers Ramón Gómez de la Serna, des Mexikaners Alfonso Reyes, des Chilenen Vicente Huidobro, des Peruaners César Vallejo oder des Argentiniers Jorge Luis Borges, – auf beiden Seiten des Atlantik situiert, so wird in der Textdiegese fundiert auch ein innerliterarischer Raum geschaffen. In ihm spielen zwar außereuropäische Kunst und Literatur keine dominante Rolle, werden in ihrer Existenz aber bewusst gemacht. Damit jedoch wird, zweifellos gefördert durch die plurikulturelle Herkunft Max Aubs und die schmerzliche, aber ungeheuer bereichernde Erfahrung des Exils, die Entwicklung und Entfaltung der historischen Avantgarden in einen Reflexionszusammenhang gestellt, der in verstärktem Maße erst seit Ende der achtziger Jahre des 20. Jahrhunderts diskutiert und mitbedacht wird.

Wie weiter oben erwähnt, finden wir in *Jusep Torres Campalans* Hinweise auf Spanien und Frankreich, Italien und Deutschland, England, Russland, Norwegen und andere europäische Länder, aber auch auf die USA und die verschiedenen

Nationen Lateinamerikas von Argentinien bis Mexiko. Viel Beachtung wird in den „Anales" nicht nur Zeugnissen und Ereignissen aus Mexiko, sondern gerade auch aus der spanischsprachigen Karibik gewidmet. Es wäre irreführend, diese Verweise mit der intensiven Reisetätigkeit Max Aubs in einen autobiographischen Zusammenhang zu bringen. Denn ihm war bewusst, dass sich – was vielen Europäern bis heute unbekannt blieb – in nahezu allen Ländern Lateinamerikas unterschiedliche avantgardistische Gruppen konstituiert hatten, die nicht nur mit Europa, sondern auch untereinander – und dies war innerhalb der lateinamerikanischen Kulturbeziehungen vor dem Modernismo keineswegs selbstverständlich[20] – in engem Kontakt und Austausch standen. Durch sein persönliches Schicksal von Exil, Verfolgung und Internierung in Konzentrationslagern, aber auch durch seine außerordentliche Fähigkeit, sich sehr schnell in eine gegebene literarisch-künstlerische Szene hineinzudenken und mit deren wichtigsten Protagonisten Freundschaft zu schließen, war Max Aub wie kaum ein anderer dazu befähigt, komplexe ästhetische Aussagen über europäische wie lateinamerikanische Kontexte zu treffen.

Jenseits der vom Text konstituierten Diegese wird eine Sichtweise der historischen Avantgarden erkennbar, in der die außereuropäische Welt nicht nur als mehr oder minder kurzfristiger Flucht- oder Begegnungsort avantgardistischer Künstler, sondern als komplexer Raum erscheint, innerhalb dessen sich Kunst und Literatur der Avantgarden entwickelten und entfalteten. So ergibt sich ein deutlich transareal erweiterter Kulturhorizont, der die tatsächliche Vernetzungen avantgardistischer Künstler und Gruppen lange vor dem Zweiten Weltkrieg berücksichtigt und dabei auch ein Gespür dafür zeigt, dass sich im karibisch-lateinamerikanischen Raum transkulturelle Prozesse vollzogen, welche von weltweit immer größerer Bedeutung wurden.

Nicht nur die italienischen Futuristen hoben programmatisch internationale Kommunikations- und interkontinentale Transportmöglichkeiten ins Bewusstsein und wiesen auf sie häufig aus europäischer Sicht hin. Doch darf dabei die Tatsache nicht in den Hintergrund rücken, dass diese potentielle, erstmals erreichbar scheinende Ubiquität nicht nur im Zeichen einer häufig konstatierten Technikeuphorie Konsequenzen für die künstlerischen Ausdrucksformen der *europäischen* Avantgardisten, sondern für die Entfaltung der historischen Avantgarden ebenso innerhalb wie außerhalb Europas hatte. Ein deutlich stärkeres Bewusstsein transatlantischer Beziehungen, aber auch transkultureller Veränderungen

---

20 Cf. Ette, Ottmar: Asymmetrie der Beziehungen. Zehn Thesen zum Dialog der Literaturen Lateinamerikas und Europas. In: Scharlau, Birgit (ed): *Lateinamerika denken. Kulturtheoretische Grenzgänge zwischen Moderne und Postmoderne.* Tübingen: Gunter Narr Verlag 1994, S. 297–326.

entstand – und nicht umsonst war der Neologismus „Transkulturalität" in der Karibik im Jahr 1940 bei dem kubanischen Anthropologen und Intellektuellen Fernando Ortiz erstmals aufgetaucht. Erst die volle Einsicht in diese veränderten Grundlagen kultureller Entwicklungen sollte zu einem neuen literarischen und künstlerischen Mapping führen.

Wir hatten bereits gesehen, dass bereits kurz nach Erscheinen des ersten futuristischen Manifests im Jahr 1909 in Paris Marinettis Text durch die Vermittlung des modernistischen nicaraguanischen Lyrikers Rubén Darío in Buenos Aires bekannt gemacht wurde.[21] Simultaneität und Ubiquität sind nicht nur durch einen bestimmten Stand technologischen Fortschritts induzierte programmatische Projektionen und ästhetische Kategorien europäischer Avantgarde-Kunst, sondern Grunderfahrungen und Ausgangspunkte einer international sich zunehmend vernetzenden und jenseits gewohnter kultureller Grenzziehungen etablierenden Avantgarde, die eine allein auf Europa beschränkte Perspektive nicht mehr adäquat erfassen kann.[22] Max Aub hat zwar – entgegen seiner eigenen Entwicklung, aber in unübersehbarer Anspielung auf Artaud – auch Jusep Torres Campalans' Weg nach Mexiko als einen Rückzug aus der Kunst gestaltet, um damit zugleich das Scheitern der historischen Avantgarden zumindest auf der Ebene einer Entwicklung neuer künstlerischer Ausdrucksformen exemplarisch vorzuführen. Doch konnte er dennoch in Bezug auf die zweite, autoreflexive Ebene einen literarischen Raum aufspannen, der mit europäischen Maßstäben und Kategorien allein nicht mehr auszumessen war.

Aub war sich dieser Tatsache mehr als bewusst. In diesem Sinne entstand in seinem *Jusep Torres Campalans* bereits die Skizze einer vielperspektivischen Sichtweise jener künstlerischen und ästhetischen Entwicklungen, die wir heute als die historischen Avantgarden begreifen – und zugleich die Grundlagen für

---

21 Vgl. hierzu auch Wentzlaff-Eggebert, Harald: Avantgarde in Hispanoamerika. In (*id.*, ed.): *Europäische Avantgarde in lateinamerikanischem Kontext. La Vanguardia Europea en el Contexto Latinoamericano*. Akten des internationalen Berliner Kolloquiums 1989. Frankfurt am Main: Vervuert Verlag 1991, S.

22 Überzeugend hat Winfried Wehle die lebensweltlichen Veränderungen des Jahrhundertbeginns beschrieben, Konsequenzen daraus aber allein für die spezifischen literarischen und künstlerischen Formen einer bestimmten europäischen Avantgardekunst gezogen: „Ein neues Lebensgefühl war im Entstehen. Es ließ ‚Omnipräsenz', ‚Ubiquität', ‚Kollektivität' als Wirkungszusammenhang empfinden. Wo dies begeistert oder zustimmend akzeptiert wurde, entstand ein regelrechter Kult der Moderne – mit einer entsprechend heftigen Abwertung der Vergangenheitstreue als ‚Passatismus'." Wehle, Winfried: Lyrik im Zeitalter der Avantgarde, S. 418 f. Diese zutreffende Analyse wäre freilich auch auf die Ubiquität künstlerischer Ausdrucksformen und die Bedingungen ihrer kreativen Aneignung zu beziehen.

jene Avantgardesicht, wie sie beispielsweise Enrique Vila-Matas im Vorspiel zu unserer Vorlesung entfaltete. Die „pintura global" dieser Avantgarden, ihr globales Gemälde im Rahmen eines weltweit ausgespannten Kontexts wird in diesem Text von 1958 bereits in Umrissen erkennbar. Wie aber lässt sich der Weg von den historischen Avantgarden zu den Literaturen im Zeichen der Postmoderne noch präziser beschreiben?

In seinem letzten Gespräch in Chiapas mit dem Ich-Erzähler namens „Aub" – derselbe Trick, den Borges in *El Aleph* anwandte – räumt Jusep Torres Campalans ein, sich in neuester Zeit wieder einige Gedanken über Kunst und Malerei gemacht zu haben. Ganz hat er sich also noch nicht von seinem Vorleben als europäischer Künstler der Avantgarde getrennt. Für ihn ist der Kubismus noch immer eine anarchistische Bewegung und daher auch so sehr von spanischen Künstlern geprägt.[23] Die neueren Entwicklungen aber sieht der vielfache Großvater mestizischer Enkel längst kritisch:

> „Die Leute machen sich das nicht klar, aber die Malerei, die für die Zeitschriften der Friseursalons zählt, hat aufgehört, eine Berufung zu sein, und sich in ein Spiel verwandelt, das heißt in eine Sache für Amateure. Ein wirklicher Maler kann sich den Luxus" – und er betonte das Wort Luxus – „nicht länger erlauben, in seinem ganzen Leben kein einziges Gemälde zu verkaufen. Da macht es einem Spaß, was zu machen."
> Er rieb sich die Hände, vielleicht um warm zu werden.
> „Was mir, Aub, wirklich Spaß macht, ist nichts zu machen. Und ich hab' es geschafft."[24]

In dieser Passage wird in den Worten des katalanischen Malers das Scheitern der Avantgarde als totales, Leben und Kunst verquickendes Projekt angesichts einer den Gesetzen des internationalen Kunstmarktes und der Warenästhetik gehorchenden, einer am beliebigen Spiel mit beliebigen Attributen orientierten Kunst vorgeführt. Ein Scheitern, das in der Beibehaltung des Lebensprojekts *auf Kosten der Kunst* sich noch ein letztes Mal als negative Ästhetik in Szene setzt. Denn im Leben von Jusep Torres Campalans, in seiner Verweigerung gegenüber den Marktmechanismen, ist die Avantgarde keineswegs im Lichte ihrer eigenen Ansprüche gescheitert, wohl aber in ihrer Beugung unter all jene Gesetzmäßigkeiten, welche die Avantgarde-Kunst – wie wir sahen – wieder in den Kunstmarkt integrierten und kommerziell – wie in den Zeitschriften der Friseursalons – vereinnahmten. Oder bedeutet die Durchsetzung des „no hacer nada" gegen das „hacer algo" am Ende doch einen Sieg?

---

23 Cf. Aub, Max: *Jusep Torres Campalans*, S. 287.
24 Ebda., S. 288.

Wie dem auch sei: Gegen die Kunst der Friseurzeitschriften und des Spiels ist allein der Rückzug aus der Kunst ein letzter, wenngleich paradoxer Beweis für den Totalitätsanspruch avantgardistischer Rebellion! Ein Jusep Torres Campalans lässt sich von der Kulturindustrie nicht in Beugehaft nehmen. Doch scheint eine derartige Ästhetik und Lebenspraxis, wie der wohl ein Jahr später erfolgte ‚Tod‘ des katalanischen Malers unterstreichen mag, in der zweiten Jahrhunderthälfte schon gar als Kunst nicht mehr dauerhaft realisierbar zu sein.

Just in jenem Jahr 1955, in dem Maler und Schriftsteller in San Cristóbal, der Hauptstadt von Chiapas, ihr letztes Gespräch über die Avantgarde-Kunst führten, beschäftigte sich in der französischen Hauptstadt der 1915 geborene und 1953 durch sein Buch *Le Degré zéro de l'écriture* erstmals hervorgetretene Literaturtheoretiker Roland Barthes mit der Problematik der Avantgarde. Er tat dies innerhalb eines nach dem Zweiten Weltkrieg nicht nur in Frankreich grundlegend veränderten gesellschaftlichen und kulturellen Umfelds. In einem im März 1955 in den *Lettres Nouvelles* erschienenen Artikel setzte er sich unter dem Titel *La vaccine de l'avant-garde* mit Jean-Louis Barraults Aufführung von Christopher Frys *A Sleep of Prisoners* am Théâtre Marigny auseinander. Publikum und Theater bescheinigte er scharfzüngig, angesichts der auf der Bühne entfalteten ungeheuren und ausweglosen Langeweile den Selbsterhaltungstrieb („instinct de conservation du spectateur"[25]) eindrucksvoll unter Beweis gestellt zu haben. Vor allem aber kritisierte Barthes am Beispiel von Barrault ein Verfahren, sich gleichsam mit Avantgarde zu impfen, um sich so gegenüber jedweder Kritik zu immunisieren:

> Dies hätte keine große Bedeutung, wenn diese Impfung mittlerweile nicht eine gängige Operation in der konventionellen Kunst wäre. Man inokuliert ein bisschen Fortschritt – im Übrigen ganz formaler Natur – in die Tradition und voilà, schon ist die Tradition gegen den Fortschritt immunisiert: Irgendwelche *Zeichen* von Avantgarde genügen, um die wahrhaftige Avantgarde, die tiefgreifende Revolution der Sprachen und der Mythen, zu kastrieren.[26]

Die Analyse des damals noch jungen französischen Kulturtheoretikers war raffiniert und für unsere Ziele von größter Bedeutung. Denn das von Barthes diagnostizierte Impfverfahren erschien ihm vor allem deshalb als so gefährlich, weil der Impfstoff gerade die *wahre* Avantgarde – zu welcher sich der Sprach- und Mythenkritiker sehr wohl selbst zählte – still und heimlich zu ‚kastrieren‘ drohte. Wir folgern daraus unschwer, was das Gegenteil von Avantgarde ist: *ein bisschen*

---

25 Barthes, Roland: La vaccine de l'avantgarde. In (ders.): *Œuvres complètes*. Edition établie et présentée par Eric Marty. 3 Bde. Paris: Seuil 1993–1995, Bd. 1, S. 472.
26 Ebda.

Avantgarde. Jusep Torres Campalans hätte da zweifellos zugestimmt. Die kämpferische Attitüde von Roland Barthes[27] mag belegen, wie sehr sich der Autor von *Michelet par lui-même* (1954) mit der Sache des „Théâtre populaire" und letzteres wiederum mit der Avantgarde identifizierte. Im Juli 1954 definierte er diese Theaterkonzeption als den Versuch, drei Verpflichtungen gerecht zu werden, die jede für sich nicht neu seien, zusammen aber revolutionär wirken könnten: „un public de masse, un répertoire de haute culture, une dramaturgie d'avant-garde",[28] folglich das Zusammenwirken eines Massenpublikums, eines Repertoires der Hochkultur sowie einer avantgardistischen Dramaturgie. Wir nehmen an dieser Stelle noch kommentarlos zur Kenntnis, dass der künftige französische Intellektuelle Mitte der fünfziger Jahre noch ganz selbstverständlich vom Fortdauern und damit der historischen Kontinuität der Avantgarden über die Mitte des vergangenen Jahrhunderts hinaus ausging. Auch darauf werden wir zurückkommen ...

Ohne an dieser Stelle auf Barthes' Theaterkonzeptionen und die enorme Bedeutung, die darin Brechts Theaterpraxis seit dem Gastspiel des Berliner Ensembles 1954 in Paris zukam, näher eingehen zu können,[29] sei doch festgehalten, dass er sich auch in Bezug auf das Theater in wachsendem Maße verpflichtet sah, künstlerische Aktivität und Kommerzialisierung, Avantgarde und Massenkultur kritisch aufeinander zu beziehen. Was die akademische Theaterkritik heute noch immer schockiere, so Barthes in einem 1956 wiederum im Sprachrohr der Gruppe, der Zeitschrift *Théâtre populaire*, veröffentlichten und später in seine *Essais critiques* aufgenommenen Artikel, sei einem populären, jungen Kinopublikum längst vertraut. So hoffte er vor allem, dass eine neue politische Theaterkunst aus einem Verfahren entstünde, das er als „*déconditionnement* de l'ancien théâtre d'avant-garde" bezeichnete:[30] eine „Entkonditionierung" des alten Avantgarde-Theaters. Damit zeichnete sich bereits ab, dass Barthes die ‚traditionellen' Verfahren der Avantgarde zunehmend für ungeeignet hielt, im Kontext von Massenkommunikation und Massenkultur den Anspruch einer beständigen Aufrüttelung und Entautomatisierung konventioneller Wahrnehmungsschemata einzulösen.

---

27 In seiner Entgegnung auf einen entrüsteten Leserbrief griff er Barrault wenig später in *Théâtre populaire* scharf an: „comment se fait-il que Barrault, animateur révolutionnaire dans ses débuts, en soit venu à être le fournisseur officiel de la bourgeoisie parisienne? Comment est-il passé d'un Théâtre de La Faim à un Théâtre de Luxe?" (ebda, S. 488)

28 Ebda., S. 430.

29 Vgl. hierzu auch Ette, Ottmar: *Roland Barthes – eine intellektuelle Biographie.* Frankfurt am Main: Suhrkamp 1998, S. 136–144.

30 Barthes Roland: A l'avant-garde de quel théâtre? In (ders.): *Œuvres complètes.* Edition établie et présentée par Eric Marty. 3 Bde. Paris: Seuil 1993–1995, hier Bd. 1, S. 1226.

In der Tat machten sich immer deutlicher bei ihm die Distanzierungsversuche gegenüber einer ‚alten' Avantgarde bemerkbar. Denn längst war das, was aufrütteln sollte, zum Gemeingut einer expandierenden Kulturindustrie geworden. Und diese streute in ihre Produktionen eben *ein bisschen Avantgarde* ein, um nicht in die Avantgarde zurückzufallen.

Für Roland Barthes, der 1956 den zweiten, theoretischen Teil seiner *Mythologies*, die im folgenden Jahr in Buchform erscheinen sollten, verfasste, war avantgardistische Kunst nunmehr der ständigen Gefahr ausgesetzt, von der Massenkultur erfasst und den anderen (bürgerlichen) Mythen einverleibt zu werden. Diese Sichtweise kristallisierte sich zunehmend in seinen Essays heraus, ohne dass er schon einen Schlussstrich unter die Avantgarden gezogen hätte. In einem erstmals 1958 veröffentlichten Text, der später ebenfalls in die *Essais critiques* aufgenommen wurde, betonte Barthes unter dem Titel *Il n'y a pas d'école Robbe-Grillet*, es sei ein alter Trick der Kritik, auf den Namen Avantgarde zu taufen, was sie assimilieren könne, belege sie doch so ihre eigene Weitsicht und Offenheit.[31] Zunehmend prangerte er alle Versuche und Verfahren an, die Avantgarde den Marktmechanismen einer sich herausbildenden Konsumgesellschaft anzupassen.

Vor dem Hintergrund einer konsumierbar gewordenen avantgardistisch geimpften Kunst im Kontext der Massenkultur vertraut der Autor der *Mythen des Alltags* der Avantgarde und ihren Verfahren (und deren längst zuerkanntem Prestige) nicht mehr und wendet sich spätestens seit 1956 immer dezidierter von spezifisch avantgardistischen Vorstellungen ab. So heißt es in einem in jenem Jahr unter dem Titel *A l'avant-garde de quel théâtre?* apodiktisch: „Der Name selbst der Avantgarde bezeichnet etymologisch gesehen nichts anderes als einen etwas exuberanten, als einen etwas exzentrischen Teil der bürgerlichen Armee."[32] Die Avantgarde schien für Barthes definitiv ihre gesellschafts- und kulturverändernde Kraft eingebüßt zu haben und von der bürgerlichen Armee einverleibt worden zu sein. Aus eben diesem Grunde war sie (vorerst) für sein literatur-, sprach- und zeichentheoretisches Konzept nicht länger interessant.

Doch die Dinge waren in Bewegung geraten; und nach den historischen Avantgarden bildete sich in Frankreich – aber auch anderswo – eine neue

---

31 Ebda, S. 1244: „en baptisant du nom d'avant-garde ce qu'elle peut assimiler, joignant ainsi économiquement la sécurité de la tradition au frisson de la nouveauté." Gerade der leichte Schauer des Avantgardistischen aber ist marktgängig und anziehend.
32 Ebda., S. 1224: „Le nom même d'avant-garde, dans son étymologie, ne désigne rien d'autre qu'une portion un peu exubérante, un peu excentrique de l'armée bourgeoise."

Avantgarde heraus, die noch über keinen wirklichen Namen verfügte. Zwischen-zeitlich nannte man sie analog zum Nouveau Roman auch „Nouvelle Critique", aber dies war noch nicht die stark selbstreflexive Bewegung, die man später als Neoavantgarde bezeichnen sollte. Wenige Jahre später aber markierte der Eintritt Roland Barthes' in das Gravitationsfeld der Zeitschrift *Tel Quel* eine Ver-änderung seiner Positionen insoweit, als er seine Aufmerksamkeit nun weniger massenkulturellen und wieder stärker (wenn auch nicht ausschließlich) spe-zifisch literarischen Phänomenen zuwandte. Innerhalb einer Situation zuneh-mender Polarisierung des intellektuellen Feldes im Frankreich des „avant-mai" bezog er Standpunkte, die dem avantgardistischen Selbstverständnis von *Tel Quel* entsprachen. Die Gruppe um Philippe Sollers und Julia Kristeva stand ein für Positionen, die keine Kontinuitäten mit den historischen Avantgarden betonten, aber für sich selbst sehr wohl avantgardistische Überzeugungen bean-spruchten.

Der Literatur- und Zeichentheoretiker Roland Barthes ist in vielerlei Hinsicht eine repräsentative Figur, an deren Entwicklung man die Übergänge zwischen Moderne, Postavantgarde und Postmoderne hervorragend studieren kann. Die teilweise vehement und verbissen geführten Polemiken und Auseinanderset-zungen um ihn bedingten in den sechziger Jahren vor dem Hintergrund seiner institutionell eher marginalisierten Position und angesichts der Präponderanz, mit der die traditionelle, von Barthes als „Ancienne Critique" apostrophierte Literaturkritik und -wissenschaft auftraten, eine Radikalisierung ebenso seiner (texttheoretischen) Vorstellungen wie auch seiner taktischen, sich im Umfeld der „tel-queliens" ansiedelnden Vorgehensweise. Ein bisschen Avantgarde, so wusste Barthes, konnte hier nicht ausreichen: Dieses Bisschen war das genaue Gegenteil von Avantgarde.

Daher schlug er sich, die sich im bietenden Chancen nach dem Ende der Hegemonie Jean-Paul Sartres im intellektuellen Feld Frankreichs nutzend, seit Mitte der sechziger Jahre entschieden auf die Seite einer Avantgarde. Diese packte in der Tat ihre historischen Gelegenheiten beim Schopfe und bestimmte die lite-ratur- und kulturtheoretischen Debatten nicht nur in Frankreich bis weit in die siebziger Jahre hinein. Hatte der Verfasser der *Essais critiques* auch die Achilles-verse jedweden avantgardistischen Tuns – das Totlaufen des Traditionsbruchs als Geste und die sich anschließende Vereinnahmung durch eine ‚nachrückende' Kulturindustrie – erkannt, so bezog er doch deren Positionen, solange diese ins-gesamt minoritär blieben und nicht vom Gros des Heeres an Literatur- und Kultur-theoretiker*innen vereinnahmt wurden. Und dies war eben bis gegen Mitte der siebziger Jahre der Fall.

Doch was im Sinne von Barthes einmal akratisch begann, also gegen die herrschende Macht auftrat, konnte rasch enkratisch werden, sich also in einen

Teil der dominanten Macht verwandeln.[33] Mit dem Dominant-Werden bestimmter Positionen, die von der Gruppe verfochten wurden, änderte sich Barthes' Vorgehensweise bald schon ein weiteres Mal. Zwar gab er auch in Zukunft sein Ziel, an einer Bekämpfung bürgerlicher Sichtweisen von Literatur, Kunst und Kultur teilzuhaben, nicht auf; doch wandte er sich im Übergang von den sechziger zu den siebziger Jahren behutsam, aber bestimmt von unmittelbar konfrontativen Taktiken ab. Er bevorzugte nun vielmehr Verfahren, die – um in einer geologischen Metaphorik zu bleiben – nicht Brüche, sondern Flexuren unter der Oberfläche bewirken sollten.

Barthes schwankte jedoch nicht einfach zwischen verschiedenen Positionen, zwischen denen er sich nicht hätte entscheiden können. Denn bei seiner zweiten Abkehr von sich als avantgardistisch manifestierenden Positionen scheint der Autor von *Le Plaisir du texte* freilich aus seiner ersten Abwendung von avantgardistischen Standpunkten gelernt zu haben. Nicht nur aus Gründen der Freundschaft mit Kristeva oder Sollers inszeniert er seine Abkehr nicht mehr als unübersehbaren Bruch; vielmehr scheint er nunmehr seinerseits ‚ein bisschen Avantgarde' im Verlauf der siebziger Jahre für seine eigene Immunisierung in doppelter Hinsicht zu nutzen. Schauen wir uns diese Strategie noch etwas näher an!

Zum einen konnte er ein gewisses avantgardistisches Element stets für sich in Anspruch nehmen, wenn er innerhalb des intellektuellen Feldes in Auseinandersetzungen mit etablierten Vertretern des akademischen Wissenschaftsbetriebes geriet. Zum anderen – und für unsere Fragestellung wichtiger – immunisierte ihn das ‚bisschen Avantgarde' gegenüber dem erneuten Rückfall in avantgardistische Verhaltensweisen, von denen er sich spätestens seit Beginn der siebziger Jahre heimlich, aber endgültig verabschiedet hatte. Eine neue und zugleich letzte Phase in seinem Schaffen begann. Seine sich an einem *prospektiven* Moderne-Begriff als konkreter Utopie ausrichtende Ästhetik – der moderne Text als „le texte qui n'existe pas encore"[34] – suchte auf diese Weise Verfahren der Deplatzierung und Verstellung für das eigene Schreiben fruchtbar zu machen und sich einen neuen Spielraum für dieses kreative Schreiben zu schaffen.

Roland Barthes wurde zum sprichwörtlichen Chamäleon im literarischen wie akademischen Feld: Stets sein Design wechselnd, immer aber sich selber treu. Anders als eine Zurechenbarkeit zu mehr oder minder klar umrissenen Überzeugungen sollte eine ständige Bewegung und Friktionierung von Grenzziehungen immer neue literarische und theoretische Freiräume schaffen und zugleich vor

---

33 Vgl. zu dieser Unterscheidung bei Barthes Ette, Ottmar: *Roland Barthes – eine intellektuelle Biographie*, S. 372.
34 Barthes, Roland: Le Plaisir du texte. In (ders.): *Œuvres complètes*, Bd. II, S. 901.

einer allzu leichten Vereinnahmung durch marktgängige Positionen schützen. Dass auch diese Positionen sich einer nachfolgenden Aneignung und Refunktionalisierung nicht völlig entziehen konnten, ist für unsere Fragestellung hierbei weniger wichtig als die Tatsache, dass eine bruchlose nach-avantgardistische Verabschiedung der Avantgarde genau dadurch möglich werden konnte, dass ihre Vorgehensweisen und Theoreme selbst wiederum in einen Dialog eingebunden und so in einen Bestandteil des eigenen (Kunst-) Werkes verwandelt wurden. Diskurs und Metadiskurs, Literatur und Metaliteratur, Theorie und Metatheorie vereinigten sich zu immer neuen Formen, die Barthes lustvoll wie stets erprobte: Jedes Buch hatte bei ihm eine andere Form und sprach jeweils andere Segmente des Lesepublikums an. Ob eine derartige Ästhetik besser als „postavantgardistisch" oder als „postmodern" zu bezeichnen wäre, soll uns ein wenig später beschäftigen. Einstweilen gilt es festzuhalten, dass diese neue Ästhetik gleichsam avantgardistisch geimpft war.

Das 1973 erschienene Bändchen *Le Plaisir du texte* liest sich streckenweise wie der schmerzhafte Versuch, mit der Avantgarde fertigzuwerden und doch zugleich einige ihrer Techniken für die erst noch zu schaffende Ästhetik, für den in Entstehung begriffenen ,modernen' Text aufzubereiten. Der Begriff der Moderne stand für Barthes lange für ein Ziel, das es erst noch zu erreichen galt und keineswegs für eine Epoche, die längst vergangen war. So heißt es etwa unter dem (allein im Inhaltsverzeichnis nachlesbaren) Stichwort „Récupération" zu der Barthes immer wieder aufs Neue beschäftigenden Problematik der Zerstörung:

> Das Unglück besteht darin, dass eine solche Zerstörung immer unangemessen ist; entweder bleibt sie außerhalb der Kunst, womit sie fortan impertinent ist, oder sie willigt ein, innerhalb der Kunstpraxis zu bleiben, wodurch sie sich sehr schnell der Vereinnahmung andient (die Avantgarde ist jene widerspenstige Sprache, die wieder vereinnahmt werden wird). Das Missliche an dieser Alternative rührt daher, dass die Zerstörung des Diskurses kein dialektischer Term ist, *sondern ein semantischer Term*: Er fügt sich widerstandslos in den großen semiologischen Mythos des *„versus"* ein (*weiß* versus *schwarz*); fortan ist die Zerstörung der Kunst allein zu den *paradoxen* Formen verurteilt (jenen, die buchstäblich gegen die *doxa* gehen): Die beiden Seiten des Paradigmas kleben auf eine letztlich komplizenhafte Weise zusammen: Es gibt eine strukturelle Übereinstimmung zwischen den in Frage stellenden und den in Frage gestellten Formen.
> (Umgekehrt verstehe ich unter *subtiler Subversion* jene, die nicht direkt auf Zerstörung abzielt, dem Paradigma ausweicht und nach einem *anderen* Term sucht: nach einem dritten Term, der gleichwohl kein Term der Synthese ist, sondern ein exzentrischer, unerhörter Term. [...]) [35]

---

[35] Barthes, Roland: Le Plaisir du texte. In (ders.): *Œuvres complètes*, Bd. 2, S. 1522.

Die zeitgenössischen Bezüge sind in diesem Textauszug unübersehbar und geben Aufschluss über seine spezifische Einordnung in den Übergang der sechziger zu den siebziger Jahren nicht allein in Frankreich. Unverkennbar vor dem Hintergrund der studentischen „Contestation" von Mai 1968 versucht Barthes, die Aporie der Avantgarde in einer beiderseits nutzlosen Bewegung auszumachen, die entweder auf eine Zerstörung, eine widerspenstige Sprache, die schnell wieder vereinnahmt werden kann, oder aber auf ein Verlassen des Bereichs der Kunst hinausläuft. Den erstgenannten Mechanismus hatte er – wie wir sahen – bereits in den fünfziger Jahren durchschaut, für den zweiten Fall hatte uns Max Aub mit dem aus der Kunst nach Chiapas verschwundenen Jusep Torres Campalans ein prägnantes Beispiel vor Augen geführt. Aus der zeitlichen Distanz betrachtet, weisen diese so unterschiedlichen Texte bisweilen eine eigentümliche Kohärenz auf.

Die Suche nach dem exzentrischen, aus dem Paradigma sich verabschiedenden Begriff als Abschied von der avantgardistischen Aporie ist nicht als Synthese denkbar. Im Exzentrischen, Unerhörten scheint gleichwohl noch die Kühnheit der Avantgarde auf, freilich einer ver-rückten Avantgarde, die ihres Zentrums und ihrer Zeitstruktur der Unmittelbarkeit verlustig gegangen ist. Wir befinden uns zweifellos innerhalb veränderter Sensibilitäten, innerhalb veränderter Fragehorizonte. Die Suche nach dem Anderen ist zweifellos avantgardistisch geimpft und bestrebt, sich genau dadurch vor einem Rückfall ins Paradigma (dessen Gefahren Barthes aus eigener Erfahrung kannte) und der „récupération", der Vereinnahmung, effizient zu schützen. Sie will weder den Raum der Kunst verlassen noch diese zerstören, sondern ganz einfach ex-zentrieren. An die Stelle einer Ästhetik des Bruches tritt eine Ästhetik raffinierter Verstellung, wohlgemerkt in des Wortes mehrfacher Bedeutung als Verrückung, Täuschung und Heterotopie.

Ist eine solche Kunst (und eine solche Theorie) dann noch modern, oder ist sie damit auch aus dem Paradigma der Moderne ausgeschert? In einem im Herbst 1971 in der Zeitschrift *Tel Quel* abgedruckten Interview umschrieb Barthes im Rückblick auf sein damaliges Gesamtwerk seine eigene Proposition (und Position) nunmehr so:

> Darum könnte ich sagen, dass mein eigener historischer Vorschlag (man muss sich immer dazu selbst befragen) darin besteht, in der *Nachhut der Vorhut* zu sein: In der Vorhut zu sein, das heißt zu wissen, was tot ist; in der Nachhut zu sein heißt, es noch immer zu lieben: Ich liebe das Romaneske, aber ich weiß, dass der Roman tot ist: Dies genau ist der Ort dessen, so glaube ich, was ich schreibe.[36]

---

36 Barthes, Roland: Entretien. In (ders.): *Œuvres complètes*, Bd. 2, S. 1319.

Durchaus genüsslich umschreibt der französische Kulturtheoretiker in dieser Passage seines Interviews seine eigene Position im Verhältnis zur Avantgarde. In der Rede von einer Nachhut der Vorhut wird eine Raummetaphorik vorgeschlagen, die noch immer im Paradigma des (avantgardistischen) Kampfes verharrt, sich aber von den Frontlinien der Vorhut ein Stück weit nach hinten abgesetzt hat. Zugleich wird diese Position weder vom Gros der nachrückenden Truppenteile aufgesogen, noch verkommt sie zu einer bloß passiven Nachhut, die diesen vorrückenden Truppen nachfolgt. Sie beschreibt ein „arrière" oder „post", das zugleich und noch immer einem „avant" zugehört.

Aus eben diesem Grund ist dies auch keine Position *nach* der Avantgarde. Die zweimalige Militanz in einer Vorhut – wobei sich die unterschiedlich stark marxisierenden französischen Avantgarden der fünfziger und sechziger Jahre deutlich voneinander unterschieden – hatte Barthes für deren Problematik in besonderer Weise sensibilisiert. Wie war eine Kunst nach der Zerstörung der Kunst, wie eine Theorie nach der Theorie, wie ein Roman nach dem Roman denkbar, wenn die Liebe zu ihm im Zeichen eines bereits eingetretenen Todes steht? Welche Möglichkeiten blieben offen im Kontext einer Situation des intellektuellen Feldes, in dem sich der akratische Diskurs der „tel-queliens" längst in einen einflussreichen enkratischen Diskurs einer zwar noch immer minoritären, aber überaus einflussreichen Avantgarde verwandelt hatte?

In der Raummetaphorik einer Nachhut der Vorhut aber drückt sich zugleich aus, dass Barthes die Notwendigkeit erkannte, die Avantgarde selbst vor jenem nachrückenden Heer zu schützen, das ihre neu eroberten Stellungen einnehmen und für sich beanspruchen würde. Es ist das alte Dilemma der Avantgarden, doch Barthes zieht daraus neue Konsequenzen für sein eigenes literarisches, theoretisches und künstlerisches Verhalten. Sein Motto lautete nun: Vor der Besetzung einer Stellung hilft allein deren Verstellung. Damit wird – nicht nur auf metaphorischer Ebene – eine der Avantgarde-Metaphorik zugrundeliegende Semantik des Vorwärtsschreitens und des Fortschritts auf subtile Weise unterminiert, läuft jede Bewegung doch Gefahr, sofort wieder vereinnahmt und gerade dadurch weiter- und fortgejagt zu werden. Dem Mythenkritiker Barthes aber ging es um einen möglichst großen Spielraum für sein eigenes, neues Schreiben.

Der große – und vielleicht entscheidende – Unterschied zwischen Roland Barthes und Max Aub dürfte in der Tatsache bestehen, dass die Avantgarde für den Franzosen ganz selbstverständlich eine europäische Konfiguration war. Ihre Ergebnisse durften zwar verallgemeinert und universalisiert werden, ihre Existenz und Bedeutung aber war eindeutig an einige wenige europäische Literaturen und – mehr noch – im Grunde sogar allein an die französische Szene gekoppelt, gleichviel, ob es sich hierbei um die aus heutiger Sicht ‚historischen' Avantgarden der ersten oder die unterschiedlichen künstlerischen und theoretischen (Neo-)

Avantgarden der zweiten Jahrhunderthälfte handelte. Für Max Aub hingegen, den geborenen Franzosen, war die Avantgarde nicht als rein europäisches Phänomen zu fassen, sondern war nur aus einem grundlegend erweiterten Blickwinkel zu verstehen. Der literarisch-künstlerische Raum seines friktionalen Rückblicks auf die historischen Avantgarden bezog ganz bewusst auch jene avantgardistischen Bewegungen mit ein, die sich außerhalb Europas entfaltet hatten und weiterentwickelten.

Betrachten wir die Entwicklung literar- oder kunsthistorischer wie auch kulturtheoretischer Diskussionen in den Geistes- und Kulturwissenschaften aus heutiger Sicht, so ließe sich die These einer rückwärtsschreitenden Internationalisierung kultureller Horizonte vertreten, die zeitverzögert auch zu einer Transnationalisierung der Theoriebildung führte, welche neue Kartierungen berücksichtigte. Zwar kann in der Tat auch noch im dritten Jahrzehnt des 21. Jahrhunderts die Postmoderne aus einem rein europäisch-nordamerikanischen Blickwinkel diskutiert werden – und eher traurige Beispiele hierfür ließen sich leicht finden. Doch sind aufgrund der Vielzahl gegenläufiger, um eine fundamentale Einbeziehung nicht-europäischer Standpunkte bemühter Stimmen derartig exklusivistische Positionen zunehmend auch in Europa unter Druck geraten. Ob eurozentrische Sichtweisen aber wirklich dauerhaft in eine Minderheit geraten sind, wage ich noch lange nicht zu behaupten, zu beeindruckend sind die Beharrungskräfte einmal vertretener Positionen im akademischen Feld, als dass man solcherlei Anschauungen ein für alle Mal für argumentativ besiegt oder gar aus der Welt geschafft halten dürfte. Für uns sind ‚natürliche‘ eurozentrische Vorstellungen vielmehr ein Ansporn, mit noch mehr Lust transareal und weltumspannend zu denken. Und das ist gut so!

Durch die Globalisierung der Postmoderne-Debatten (und der Plural mag anzeigen, dass sie weder gänzlich abgeschlossen sind noch sich auf eine deutsch-französische Auseinandersetzung unter nordamerikanischer Vermittlung beschränken lassen) entstand zusätzlicher Druck auf die Definition der Moderne. Letzte zeitigte ihrerseits längst schon eine Pluralbildung, in welcher ‚divergierende‘ oder ‚periphere‘ Modernen die zuvor unangefochten eurozentrische Konzeption *eines* Projekts der Moderne nachhaltig in Frage gestellt haben. Wir müssen lernen, auch die Moderne weltweit im Plural zu denken, ihre unterschiedlichen Kontexte und Ausdifferenzierungen zu sehen und sie folglich polylogisch, in verschiedenartige Logiken eingespannt, zu verstehen.

Noch in den achtziger Jahren war es möglich, die literarischen Avantgarden zwar als Pluralbildung zu behandeln, dabei aber außereuropäische Entwicklungen entweder geflissentlich zu übersehen oder ihnen keinerlei Raum zu geben.[37]

---

37 Repräsentativ hierfür ist etwa der Band von Hardt, Manfred (Hg.): *Literarische Avantgarden*. Darmstadt: Wissenschaftliche Buchgesellschaft 1989.

Doch hat sich etwa seit der Jahrtausendwende verstärkt (wenn auch nicht mehrheitlich) die Ansicht durchgesetzt, dass eine Untersuchung der historischen Avantgarden auf eine Einbeziehung außereuropäischer Gruppenbildungen und Diskussionshorizonte nicht länger verzichten kann. Sie sind ein essentieller Bestandteil der historischen Avantgarden, wie wir in unserer Vorlesung deutlich und anhand einer Vielzahl literarischer Beispiele untermauert haben. Unter dem Einfluss der spanischsprachigen Modernismo-Forschung auf beiden Seiten des Atlantik setzten sich derartige Überzeugungen eher noch etwas früher bei der Erforschung des Fin de siècle durch,[38] während beispielsweise für die Epoche des Naturalismus vergleichbare Untersuchungen erst in jüngster Zeit in Gang zu kommen scheinen. Die Entwicklung verläuft zugegebenermaßen langsam in der Romanistik; und die in den beiden letzten Jahrzehnten immer stärker zu beobachtende fehlende Programmatik tut ein Übriges, diesen Befund noch zu verstärken. Gleichwohl wäre es verfehlt, Veränderungen der Perspektive allein von außereuropäischen Forschungsinitiativen zu erwarten – zumindest dann, wenn die Romanistik in Deutschland auf der Höhe der Zeit argumentieren will.

Außerhalb Hispanoamerikas spielt die Existenz einer hispanoamerikanischen Romantik (die in Europa noch immer weithin unbekannt ist) in den Diskussionen innerhalb wie außerhalb der Akademie ebenso wenig eine Rolle wie in Bezug auf eine Literatur der Aufklärung, deren „République des Lettres" sich doch keineswegs auf Europa beschränkte. Auch zu diesen Themenkreisen habe ich Vorlesungen durchgeführt und eine komplexe Vernetzung bei fortgesetzter Asymmetrie der transatlantischen Beziehungen konstatieren können. Dies bedeutet nicht allein, dass die Literatur- und Kulturgeschichten unter dem Eindruck dieser Veränderungen umgeschrieben und Lehrveranstaltungen an Universitäten – auch im Bereich der Romanistik – neu konzipiert werden müssen: Schwerer noch wiegt die Tatsache, dass nun auch die theoretischen Grundlagen unserer literarhistorischen wie ästhetischen Konzepte aus einer solchen Perspektive schnellstens überprüft werden sollten. Denn europazentrierte Geistes- und Kulturwissenschaften, die noch immer unsere Fakultäten prägen, sind zumindest mittelfristig von einem unübersehbaren (und in seinen Konsequenzen noch unüberschaubaren) Legitimationsverlust bedroht. Es gibt aber keinerlei Grund, angesichts dieser sich fortsetzenden Situation den Mut sinken zu lassen!

Zum Mut sollten immer auch ein wenig Humor und Ironie kommen, damit der Mix stimmt. Der italienische Zeichentheoretiker Umberto Eco hat 1983 in der „Pos-

---

38 Vgl. etwa Meyer-Minnemann, Klaus: *Der spanischamerikanische Roman des Fin de siècle.* Tübingen: Niemeyer 1979.

tille" zu seinem Erfolgsroman *Il nome della rosa* nicht ohne Ironie zum Problem
des Verhältnisses von Avantgarde und Postmoderne Stellung genommen:

> Doch es kommt der Augenblick, in welchem die (moderne) Avantgarde nicht länger weiter-
> gehen kann, weil sie nunmehr eine Metasprache verfertigt hat, welche von ihren unmög-
> lichen Texten spricht (die konzeptuelle Kunst). Die postmoderne Antwort auf die Moderne
> besteht in der Anerkennung der Tatsache, dass die Vergangenheit, die bekanntlich nicht
> mehr zerstört werden kann, weil ihre Zerstörung zum Verstummen führen würde, von
> neuem besucht werden muss: mit Ironie und auf keineswegs unschuldige Weise. Ich denke
> an die postmoderne Einstellung wie an jemanden, der eine hochgebildete Frau liebt und
> weiß, dass er nicht sagen kann „Ich liebe Dich ganz verzweifelt", da er weiß, dass sie weiß
> (und dass sie weiß, dass er weiß), dass derlei Sätze schon von Liala geschrieben wurden.
> Gleichwohl bleibt eine Lösung. Denn er kann sagen: „Wie Liala sagen würde, ich liebe Dich
> ganz verzweifelt."[39]

Die scharfe Trennung zwischen der Avantgarde, die mit der Moderne in eins
gesetzt wird, und der Postmoderne wird anhand einer Bruchlinie vorgeführt, die
jene der Existenz oder gar des Überwucherns einer Metasprache ist, welche die
Unmöglichkeit ihrer eigenen Texte betont. Die Avantgarde – und zwar nicht nur die
historische – ist in dieser Darstellung Umberto Ecos an ihre Grenzen gestoßen. Die
Postmoderne sei, so Eco weiter, sich der Tatsache bewusst geworden, dass das Verfahren der Zerstörung, wie es die Avantgarde praktiziert habe, nicht länger benutz-
bar ist. Kein Zweifel, dass der italienische Zeichentheoretiker und Romancier dabei
nicht allein die historischen Avantgarden, sondern auch jene Avantgarden im Auge
hatte, welche in den sechziger Jahren zunehmend militanter geworden waren, wie
uns etwa das Beispiel *Tel Quel* zeigte. Umberto Eco wusste, wovon er sprach, denn
an dieser Neoavantgarde hatte er selbst aktiven Anteil gehabt. Allerdings fand er,
dies sei hier hinzugefügt, einen wunderbar leichtfüßigen Weg, um diese Werte und
Begrifflichkeiten der Avantgarde in ein marktkonformes und überaus erfolgreiches
Schreibmodell umzustricken. Ein wenig so, wie er seinem Liebhaber umstandslos
die Worte der italienischen Erfolgsschriftstellerin Liala in den Mund legt, um der
von ihm angebeteten Frau doch noch seine Liebe sagen zu können.

Ironischerweise aber unterläuft Ecos Explizierung gerade die in der Existenz
eines unabtrennbaren Metadiskurses festgemachte Trennung zwischen Avantgarde und Postmoderne just dadurch, dass der Liebesdiskurs in einen Metadiskurs eingebettet wird beziehungsweise umschlägt. Dieses Verfahren ist im Übrigen
analog zu jenem eines Roland Barthes, der seinen *Fragments d'un discours amou-*

---

39 Eco, Umberto: Postille a „Il nome della rosa". In (ders.): *Il nome della rosa*. Mailand: Bompiani
1990, S. 529.

reux bereits 1977 jene metadiskursive Rahmung voranstellte, durch welche alles Nachfolgende wie beim Autor von *Il nome della rosa* in ein (vorgebliches) Zitat verwandelt wird: „C'est donc un amoureux qui parle et qui dit."[40] Ein solches Verfahren, Eco weiß dies, ist ganz gewiss nicht unschuldig. Und zweifellos auch nicht mehr avantgardistisch. Wie viele andere hatte Umberto Eco seine Lehren aus den Avantgarden gezogen und einen Wandel vollzogen, der mit ironischer Leichtigkeit hier mit den Polen Moderne und Postmoderne gleichgesetzt wird.

Das (bewusste) explikative ‚Versagen' des italienischen Semiotikers im Metadiskurs seiner „Nachschrift" zum *Namen der Rose* ließe sich unter postmodernen Vorzeichen rechtfertigen, wenn wir gerade darin das Unterlaufen jener Trennung in antinomische Strukturen erkennen, gegen welche die Postmoderne anzurennen stets vorgibt. Ironie würde so zu einem raffinierteren Verfahren, das die Regeln des explikativen Metadiskurses außer Kraft setzt – und zwar, weil ich weiß, dass Du weißt, und auch Du weißt, dass ich weiß. Doch macht dieses ‚Versagen' selbst bei einer derartigen Auslegung auf die Schwachstelle (oder sogar Bruchstelle) des hier vorgeführten postmodernen Diskurses aufmerksam, der wir uns auch verschiedentlich im nachfolgenden Teil dieser Vorlesung widmen werden.

Ein nicht geringes Problem dieser Bestimmung von Avantgarde und Postmoderne besteht darin, dass Umberto Eco wie Roland Barthes ihre Begrifflichkeit aus einer Avantgarde beziehen (und gegen dieselbe richten), mit der sie jeweils persönliche Erfahrungen gemacht haben. Zusätzlich gilt es zu berücksichtigen, dass Roland Barthes' literarischer Horizont weitgehend eurozentrisch, ja frankozentrisch geprägt ist. Biswelen kokettierte er sogar mit seiner Einschränkung auf die Lektüre fast ausschließlich französischsprachiger Texte; so gab er in einem Interview von 1979 zu Protokoll: „Es bleibt, dass ich die ausländischen Literaturen schlecht kenne; ich habe eine sehr zugespitzte und selektive Beziehung zu meiner Muttersprache und liebe in Wahrheit nur, was auf Französisch geschrieben ist."[41] Ein Roland Barthes konnte sich zu seinen besten Zeiten derlei Aussagen leisten; wir sehen aber die ganze Differenz und Asymmetrie der transatlantischen Literaturbeziehungen, wenn wir derlei Aussagen mit Jorge Luis Borges' klugem Essay über *El escritor argentino y la tradición* vergleichen.

Die Beschränkung des Blicks auf ein französisches oder im besten Falle europäisch-nordamerikanisches Phänomen (in dem die Avantgarden der zweiten

---

40 Barthes, Roland: Fragments d'un discours amoureux. In (ders.): *Œuvres complètes*, Bd. III, S. 464.

41 Barthes, Roland: Roland Barthes s'explique. In (ders.): *Œuvres complètes*, Bd. III, S. 1077: „Reste que je connais mal les littératures étrangères, j'ai un rapport très aigu et très sélectif à la langue maternelle et je n'aime vraiment que ce qui est écrit en français."

noch an den Ästhetiken und Verfahren der ersten Jahrhunderthälfte partizipieren)
wird aber deutlich, wenn wir eine solche Sichtweise mit Positionen in Beziehung
setzen, die im Verlauf der letzten Jahrzehnte in Lateinamerika entwickelt wurden.
In einem ursprünglich 1992, im fünfhundertsten Jahr der ‚Entdeckung' der Neuen
Welt durch den Europäer Christoph Kolumbus veröffentlichten Essay hat etwa der
uruguayische Literaturwissenschaftler und Kulturtheoretiker Hugo Achugar eine
Reihe von Fragen formuliert, die für unsere Problemstellung durchaus relevant
und aussagekräftig sind:

> Wohin stellen wir die historische Avantgarde? Die Avantgarde ist ein Teil der Moderne oder
> ihrer Aufkündigung und eben deshalb der Beginn der Postmoderne? Ich glaube, dass die
> Antwort auf diese Fragen über eine Charakterisierung der Utopie im Diskurs der Avantgarde
> verläuft.[42]

Von welcher Avantgarde ist hier die Rede? Im Gegensatz zu vielen europäischen
Perspektivierungen der Avantgarde steht für den uruguayischen Kritiker – wie
auch für die lateinamerikanische Avantgarde-Forschung insgesamt – weniger
die Problematik von Zerstörung und Bruch als jene der Utopie und kritischen
Auseinandersetzung mit einer europäischen Moderne und Modernisierung aus
(peripherer) lateinamerikanischer Sicht im Vordergrund. Ich habe versucht, in
der Anlage dieser Vorlesung solchen Ansätzen aus der außereuropäischen Forschung entsprechend Rechnung zu tragen, da ich glaube, dass noch viel zu selten
die Perspektiven der hiesigen Forschung auf entsprechende Impulse außerhalb
der deutschen oder bestenfalls europäischen Romanistik geöffnet worden sind.
Eine solche Öffnung aber ist vital für den Fortbestand einer Forschung im internationalen Maßstab.

Eine derartige Einschätzung sowie eine damit verbundene strukturelle Anlage
der Vorlesung verschiebt die Konstruktion und Perspektivierung der historischen
wie aller späteren Avantgarden in starkem Maße – auch wenn sich die utopische
Dimension avantgardistischen Schaffens ebenso der Frage ihrer abschließenden
marktkonformen Vereinnahmung ausgesetzt sieht. Denn die Avantgarden seien,
so Hugo Achugar weiter, „ganz wesentlich utopisch, und wie viele andere Utopien
landen sie auf der Müllhalde der Geschichte, also in den Museen und akademischen Studien."[43]

---

42 Achugar, Hugo: Fin de siglo. Reflexiones desde la periferia. In: Herlinghaus, Hermann / Walter, Monika (Hg.): *Posmodernidad en la periferia. Enfoques latinoamericanos de la nueva teoría
cultural*. Berlin: Langer Verlag 1994, S. 238.
43 Ebda., S. 239: „esencialmente utópicas y como tantas otras utopías terminaron en el basurero
de la historia que son los museos y los estudios académicos."

Wenn avantgardistische Kunst in Lateinamerika aber nicht (oder zumindest nicht vorrangig) an einer Zerstörung der *Institution Kunst* (im Sinne Peter Bürgers) ausgerichtet oder interessiert ist und vielmehr dieser Institution auch im Bereich der Literatur eine größere Stabilität innerhalb der seit dem letzten Drittel des 19. Jahrhunderts einer beschleunigten wirtschaftlichen und sozialen Modernisierung ausgesetzten Gesellschaften zu geben bestrebt war; wenn die Ästhetiken der Avantgarden in Lateinamerika nicht nur vor dem Hintergrund der europäischen Avantgarden, sondern auch aus der Entfaltung spezifisch lateinamerikanischer Entwicklungen heraus begriffen werden müssen; und wenn avantgardistische Kunst wie etwa in Brasilien gerade die Einverleibungsmetaphorik des Kannibalismus (wie auch des „mestizaje" oder der „raza cósmica") stark machte, so dass sie in der Einverleibung und nicht in der Zerstörung anderer Traditionen und Konventionen ihren Schwerpunkt erblickte (wodurch die Kannibalismus-Thematik nunmehr unter postmodernen Vorzeichen auch das Thema der Biennale von São Paulo 1998 werden konnte): dann stellt sich der Funktionszusammenhang zwischen Moderne, Avantgarde und Postmoderne in anderer Weise dar. Dann wird deutlich, wie entscheidend es ist, von welchem Ort aus wir die Avantgarden lesen und wie sich der Ort unserer Lektüre(n) in die literarischen wie künstlerischen Werke selbst einschreibt.

Was aber bedeuten diese Vorstellungen für unser Verständnis der historischen Avantgarden, der Avantgarden überhaupt und damit letztlich auch für das Begreifen der entscheidenden ästhetischen Fragestellungen, welche die Literaturen im 20. und 21. Jahrhundert geprägt haben? Die aus unserer gegenwärtigen gesellschaftlichen und kulturellen Situation erklärliche Tatsache, dass wir die Bewegungen der unterschiedlichen Avantgarden der ersten Hälfte des vergangenen Jahrhunderts zunehmend als kulturelle Internationalisierungs- und mehr noch Transkulturations-Prozesse wahrnehmen, bleibt nicht folgenlos für eine neue Theorie der Avantgarden, welche wir in dieser Vorlesung auch umzusetzen versucht haben. Es wird gerade mit Blick auf die Entwicklungen nach der Mitte des 20. Jahrhunderts entscheidend darauf ankommen, diese Impulse in einem transarealen, aus der jeweiligen Logik verschiedener Areas geformten Sinne aufzunehmen, um daraus eine Sichtweise jener Verhältnisse zu entwickeln, welche den weiteren Fortgang insbesondere der Literaturen bestimmt haben.

In vielerlei Hinsicht lässt sich die Entwicklung verschiedener regionaler Spielarten der lateinamerikanischen Avantgarde nicht so sehr als der Versuch einer Zerstörung vorgängiger Traditionen, Problemfelder und Schreibstrategien verstehen, denn als deren Zuspitzung und Radikalisierung im Zeichen einer kritischen und bisweilen experimentellen Erprobung ihrer Tragfähigkeit. Auf eine besonders markante Weise konnten wir dies anhand der avantgardistischen Mythenbearbeitung in Alfonso Reyes' Theaterstück *Ifigenia cruel* erkennen, in dem es nicht um die Zerstörung eines Mythos oder von dessen Bearbeitungen, sondern um eine radikale Neudeutung des vorhandenen abendländischen Paradigmas ging.

Die gesellschaftlichen Voraussetzungen für die Avantgarden in Lateinamerika waren von denen in Europa grundlegend verschieden. Denn die Zerstörung einer Institution Kunst und Literatur konnte in Ländern, in denen sie als solche bestenfalls seit wenigen Jahrzehnten, in prekärer Weise und mit weitaus geringerer Autonomie als in Mittel- und Westeuropa bestand, in der Tat nur wenig Sinn machen. So arbeiteten die hispanoamerikanischen Avantgarden konsequenterweise auch an der vom Modernismo aufgeworfenen Identitätsproblematik weiter, ja verschärften diese insoweit, als im ausgehenden zweiten und beginnenden dritten Jahrzehnt des 20. Jahrhunderts die Folgen einer ungleichgewichtigen sozioökonomischen Modernisierung in der Lebenswirklichkeit nicht nur der Großstädte deutlicher spürbar geworden waren.

Die jeweiligen Antworten auf die unterschiedlichen Identitätsproblematiken fielen verschieden aus, je nachdem, ob eine stärkere Akzentuierung des literarischen beziehungsweise ästhetischen oder aber des politischen Avantgardismus verfochten wurde. Doch bezogen der Mexikaner Alfonso Reyes – wie wir sahen – bei seiner kreativen Arbeit am abendländischen Mythos wie auch der Peruaner José Carlos Mariátegui bei seiner Auseinandersetzung mit der sozialen und kulturellen Entwicklung Perus spezifisch amerikanische Elemente (etwa durch den Rückgriff auf jeweilige indigene Kulturen) mit ein, gerade *ohne* den eigenen Kulturraum zu verlassen. Das Fremde ist dem Eigenen nicht nur gegenwärtig und gewärtig, sondern wird als Teil von ihm verstanden. In der konkreten literarischen Praxis haben die lateinamerikanischen Avantgarden zu einem sehr frühen Zeitpunkt bereits jene Vorgaben eingelöst, welche der Argentinier Jorge Luis Borges in seinem hier behandelten Essay über den argentinischen Schriftsteller und die Tradition durchbuchstabiert hatte.

Wir konnten auf unserem Weg durch die literarische Geschichte der historischen Avantgarden sehen, dass in Europa von verschiedenen avantgardistischen Gruppen entwickelte Verfahren und Techniken in Lateinamerika oftmals vergleichzeitigt, mit anderen, nicht-avantgardistischen Entwicklungen kombiniert und in neue Funktionszusammenhänge eingerückt wurden. Eine Vorgehensweise, die dem lateinamerikanisch-europäischen Dialog nicht erst seit dem Modernismo, sondern spätestens seit der überaus produktiven Rezeption der europäischen Aufklärung als bewusste Strategie zur Verfügung stand. Es gab folglich bereits Verfahren, welche aus einer lateinamerikanischen Perspektivik zu einer künstlerisch-literarischen Vergleichzeitigung führten, wie wir sie im Zeichen der Postmoderne noch mehrfach sehen werden und wie sie uns im Symbol von Borges' „Aleph" ausführlich vor Augen stand.

Die bei Max Aub sich bereits abzeichnende neue Kontextualisierung und den europäischen Rahmen übersteigende literarische Globalisierung der Avantgarde – gleichviel, ob wir sie nun als *Europäische Avantgarde im lateinamerikanischen Kontext*[44] betrachten oder ihr einen noch stärker eigenständigen Ort einräumen – stellt die Frage nach der Möglichkeit *einer* Theorie der Avantgarde mit neuer Schärfe und verlangt nach neuen Konzepten. Ohne die historischen Avantgarden in Europa *und* Lateinamerika, so die Grundthese unserer Vorlesung, wäre die weitere Entfaltung der Literaturen beiderseits des Atlantik und mehr noch der Literaturen der Welt nicht vorstellbar. Das Erkenntnisinteresse von Peter Bürgers *Theorie der Avantgarde* wurde zweifellos von einem anderen zeitgeschichtlichen Zusammenhang und Problemhorizont her bestimmt und kann nur noch historisch von einigem Gewicht für die Deutung der Forschungslinien zu den Avantgarden sein. Peter Bürger selbst hatte im Nachwort zur zweiten Auflage seines einflussreichen Bandes auf die zeithistorisch begründete Perspektivik seiner Überlegungen aufmerksam gemacht:

> Wenn trotz der intensiven Diskussion und dem z.T. auch heftigen Widerspruch, die das Buch ausgelöst hat, es hier unverändert erscheint, so vor allem deshalb, weil es einem historischen Problemhorizont entspricht, wie er sich nach dem Ende der Mai-Ereignisse von 1968 und dem Scheitern der Studentenbewegung Anfang der 70er Jahre abzeichnete.[45]

Dass dies selbstverständlich ausschließlich europäische Blickwinkel waren, aus denen sich Bürgers Positionen bestimmten, braucht an dieser Stelle nicht mehr hinzugefügt zu werden. Ein knappes halbes Jahrhundert nach seinem erstmaligen Erscheinen darf diese *Theorie der Avantgarde* getrost zu dem gezählt werden, was wie die historischen Avantgarden selbst historisch geworden ist.

Aufschlussreich ist Bürgers Verurteilung der Postavantgarde[46] vor allem deshalb, weil sie das vorwegnimmt, was wenige Jahre später dem Terminus der „Postmoderne" in der Habermas'schen Rede vom „Projekt der Moderne" widerfuhr – auch dies letztlich eine Theorie der Moderne, die sich einflussreich in Buchform kristallisierte.[47] Die bei allen Unterschieden beobachtbare Nähe der

---

44 Vgl. Wentzlaff-Eggebert, Harald (Hg.): *Europäische Avantgarde in lateinamerikanischem Kontext*.

45 Vgl. Bürger, Peter: Nachwort zur zweiten Auflage. In (ders.): *Theorie der Avantgarde*. Frankfurt am Main: Suhrkamp 1974, S. 134.

46 Ebda., S. 78.

47 Vgl. Habermas, Jürgen: Die Moderne – ein unvollendetes Projekt (1980). In (ders.): *Kleine Politische Schriften (I – IV)*. Frankfurt am Main: Suhrkamp 1981, S. 444–464; sowie ders.: *Der philosophische Diskurs der Moderne. Zwölf Vorlesungen*. Frankfurt am Main: Suhrkamp 1985.

Begrifflichkeit und Analogie der Frontstellungen rückt zugleich die Konzepte (und Projekte) von Avantgarde und Moderne einander auffällig nahe. Überdies erscheint Postavantgarde in Bürgers Diktion integriert in eine geschichtliche Prozessualität, die zwar nicht im Zeichen des ‚Verrats' an der Avantgarde, wohl aber der Restauration steht und die Kunst überwindenden Verfahren nunmehr künstlerisch (folglich innerhalb der Institution Kunst) dienstbar macht.

Damit einher geht Bürgers Verurteilung der von ihm so bezeichneten Neoavantgarde der fünfziger und sechziger Jahre: „Die Abbildung von 100 Campbell-Dosen enthält Widerstand gegen die Warengesellschaft nur für den, der ihn darin sehen will. Die Neoavantgarde, die den avantgardistischen Bruch mit der Tradition erneut inszeniert, wird zur sinnleeren Veranstaltung, die jede mögliche Sinnsetzung zuläßt."[48] Eine postavantgardistische Ästhetik wäre in diesem Sinne – vergleichbar mit Barthes' Metapher der „vaccine de l'avant-garde" – in der Tat eine Rücknahme der Avantgarde in die traditionellen, normbildenden Grenzen der (Bürger'schen) Institution Kunst und deren Anpassung an marktkonforme Mechanismen, wie sie für Bürger in den Campbell-Dosen Andy Warhols zum Ausdruck kam. Dies aber käme einer Rücknahme unter negativen Vorzeichen gleich, in der die Postavantgarde jenes politische Verfahren, das die Avantgarde der bürgerlichen Kunst und Gesellschaft zu machen versuchte, in ein bloß mehr literarisches oder künstlerisches umgedeutet hätte. Gleichviel: Der Postavantgarde wie der Neoavantgarde hängt bei Bürger der unschöne Geruch des Bürgerlich-Konservativen an.

Wir haben uns bereits mit der Tatsache auseinandergesetzt, dass Andreas Gelz in einer Potsdamer Dissertation dem Terminus der „Postavantgarde" beziehungsweise der „postavantgardistischen Ästhetik" eine andere Wendung oder Bedeutung gab. Ich möchte an dieser Stelle freilich nicht mehr auf die oben geführte Diskussion zurückkommen. Das hier untersuchte, sich *nach* der Avantgarde situierte beziehungsweise situierende Schreiben wird in dieser Verwendungsweise des Begriffs „Postavantgarde" nicht länger in das negative Licht einer rückschrittlich orientierten Kunstauffassung gerückt, sondern positiv als Öffnung gegenüber neuen Sinnpotentialen gedeutet. Insoweit bietet dieses Postavantgardekonzept einen durchaus anderen Rückblick auf die Avantgarde, wie auch immer man sich zu ihm in der inhaltlichen Diskussion stellen mag.

Der Begriff „Avantgarde", auf den sich eine so orientierte postavantgardistische Ästhetik bezieht, ist schon durch die Auswahl der Repräsentanten von Oulipo, Nouveau Roman und Tel Quel zumindest in zweierlei Hinsicht begrenzt. Zum einen (und dies betrifft selbst den italienischen Romanexperimentator und

---

48 Bürger, Peter: *Theorie der Avantgarde*, S. 85.

Theoretiker Italo Calvino) auf die französischen Spielarten der Avantgarde der fünfziger, sechziger und siebziger Jahre und zum anderen auf den Bereich von Literatur und (ihrer) Theorie. Damit werden – um nur diese beiden Aspekte zu nennen – ebenso die historischen Avantgarden und die in Bürgers *Theorie der Avantgarde* noch gegeißelten (nordamerikanisch geprägten) künstlerischen Neoavantgarden ebenso wie jene Avantgarden ausgeschieden, die sich jenseits der Grenzen Frankreichs an den vermeintlichen ‚Rändern' Europas oder außerhalb der Alten Welt ansiedeln. Aufschlussreich ist dabei, dass es nicht zuletzt diese oft im Kern literarästhetisch ausgerichteten und poststrukturalistisch argumentierenden Gruppen waren, die sich selbst als Vorhut einer ‚ganz neuen' Theorie von Literatur und Kultur verstanden, welche in der internationalen Rezeption die sich rasch erhitzenden Debatten um die Postmoderne mit Treibstoff versorgte, aber auch weiter befeuerte.

Ein Blick auf die Geschichte von *Tel Quel* und ihrer fürwahr unterschiedlich ausgerichteten Mitglieder[49] zeigt rasch, wie wichtig diese Beiträge für das Ideenreservoir der später so benannten Postmoderne-Diskussion waren. Die französischen Theorie-Avantgarden der sechziger und noch siebziger Jahre wirkten als Impulsgeber einer Debatte, die längst über den westeuropäisch-nordamerikanischen Diskussionshorizont hinaus weltumspannend wirkte. Dass die französischen Stichwortgeber vorsichtig mit der Bezeichnung „Postmoderne" umgingen, die im Ruf des Angelsächsischen und eines absoluten Marktkonformismus stand, mag man diesen französischen Neoavantgarden nicht verdenken.

Der Begriff mag zweifellos – gerade in Bezug auf die Entwicklung der spezifisch französischen Theoriebildung – aufgrund seiner höheren Komplexität als weniger griffig und vielleicht auch auf Grund seines Präfixes als irreführend erscheinen. Innerhalb eines französischen Kontexsts mag man auch noch zu Beginn der achtziger Jahre ganz selbstverständlich davon ausgegangen sein, dass die Theoriebildung in Frankreich als „exception culturelle" noch immer weltweit führend sei und geflissentlich übersehen haben, dass spätestens seit Beginn dieser achtziger Jahre Paris sich keineswegs mehr als deren Zentrum verstehen konnte. Die Situation hatte sich weltweit grundlegend geändert.

Denn im Verlauf der achtziger Jahre kam ein Phänomen hinzu, das alle Sektoren der kulturellen Produktion weltweit und zugleich alle kulturellen Produktionen auf fundamentale Weise beeinflusste: die Globalisierung, die erstmals als solche benannt wurde. Konkret freilich handelte es sich um die vierte Phase beschleunigter Globalisierung die sich von der Mitte der achtziger Jahre

---

49 Vgl. die zwar nicht unproblematische, aber bislang wohl beste Geschichte von Forest, Philippe: *Histoire de Tel Quel 1960–1982*. Paris: Seuil 1995.

des 20. Jahrhunderts bis in die Mitte des zweiten Jahrzehnts des 21. Jahrhunderts erstreckte und die Polaritäten eines weltumspannenden kulturellen Feldes neu verteilte. Da wir heute, aus der Perspektive des dritten Jahrzehnts des 21. Jahrhunderts, bereits die Gesamtheit dieser Beschleunigungsphase zu überblicken vermögen und sie als eine langsam historisch werdende Phase erkennen können, vermögen wir weitaus besser, als dies noch vor zehn Jahren der Fall war, die Folgen dieser weltumspannenden Entwicklung einzuschätzen.

Als wichtige historische Elemente dieser Phase treten zum einen das ‚Austrudeln' und Ende des Kalten Krieges sowie der Fall der Berliner Mauer hervor, der allenthalben in Europa die Hoffnungen auf eine sich weltweit entspannende Situation schürte und die Erwartungen aufkeimen ließ, es würde sich nun, nach dem Ende der Blockpolitik eine Epoche friedlichen Zusammenlebens entfalten. Und zum anderen die Entwicklung einer unverkennbar von der einzig verbliebenen Supermacht, den Vereinigten Staaten von Amerika, angeführten Weltlage, mit der sich ebenfalls viele, geradezu utopischen Hoffnungen auf einen ‚ewigen Weltfrieden' verknüpften. Um es kurz und trocken auf den Nenner zu bringen: All diese Hoffnungen wurden enttäuscht! Bereits um die Wende zum neuen Millennium wurde zunehmend klar, dass sich neue Konfliktherde in einer neuen Unübersichtlichkeit herausbildeten und zugleich die USA die Phase ihrer unbegrenzten Dominanz dafür nutzten, stärker als jemals zuvor die Welt nach ihren Vorstellungen zu modellieren und in neue Abhängigkeiten zu bringen. Die in dieser vierten Phase beschleunigter Globalisierung sich rasant entfaltenden digitalen Medien und die sich nicht weniger rasch herausbildenden Konzerne bildeten ein weltumspannendes Netzwerk von Abhängigkeiten, welche den reichen Ländern des sogenannten ‚Westens' in starkem Maße zugutekamen, bei gleichzeitiger Ausplünderung der Ressourcen einer Vielzahl immer prekärer strukturierten Nationen und Volkswirtschaften.

Wir werden uns mit dieser Frage noch ausführlicher zu beschäftigen haben. Denn sie wirft ein Licht voraus auf jene Phase *nach* der beschleunigten Globalisierung, in der wir uns heute befinden. Sie ist selbstverständlich eine Phase, aus der die Globalisierung nicht verschwunden ist, die aber ihre alles beschleunigende Kraft verloren hat und übergegangen ist in eine Zeit zunehmender Nationalismen, Protektionismen und bilateraler Beziehungen, welche an die Stelle eines weltumspannenden Multilateralismus treten.

Dieser kurze historische Ausblick soll uns die Augen für die nun zu diskutierende Phase der zweiten Hälfte des 20. Jahrhunderts öffnen. In ihr bahnte sich an und entwickelte sich, was wir unter einer digitalisierten Beschleunigungsphase weltumspannender Kommunikation ‚in real time' verstehen, mit allen Risiken und Chancen, welche eine solche Zeit beinhaltet. Dazu gehören schließlich auch jene in jeder Phase beschleunigter Globalisierung auftretenden Seuchen, Epidemien und Pandemien, die sich von der explosionsartig verbreitenden Ausbreitung von AIDS bis hin zur aktuellen Verbreitung von COVID-19 erstrecken. Die Wucht jener Migrationen, die der Zweite Weltkrieg weltweit hervorbrachte, wurde durch die noch größere Wucht einer Globalisierung von unten komplettiert, welche Millionen und Abermillionen von Menschen zu Flucht und Migration zwang. Auch dies sind Effekte einer Entwicklung, die auf fundamentale Weise umschlagen und weitreichende Folgen für die Konstituierung jenes Systems haben sollte, mit dem wir es heute längst zu tun haben: den *Literaturen der Welt*. Diese Entwicklung weg von einer Weltliteratur im Goethe'schen Sinne hin zu den Literaturen der Welt, innerhalb derer wir uns stärker auf die Romanischen Literaturen der Welt konzentrieren, soll einer der roten Fäden im sich anschließenden dritten Teil unserer Vorlesung sein.

Teil 3: **Literaturen im Zeichen der Postmoderne**

Ich möchte unseren Einstieg in die Literaturen im Zeichen der Postmoderne gerne mit dem kleinen Text eines Autors beginnen, den wir bereits kennengelernt haben und der mit seiner Biographie beide Seiten des Atlantiks miteinander verbindet: Vilém Flusser. Es handelt sich um einen Text aus dem Jahr 1991, welcher in den Band *Nachgeschichte* – also auf gut Deutsch „Posthistoire" – aufgenommen wurde und den schönen Titel *Nach der Post-moderne?* trägt:

> Die Sache mit der Post-moderne sieht ungefähr so aus wie die Geschichte von den zwei Freunden, die im Jahre 2 vor Christus vereinbaren, sich im Jahre 2 nach Christus wieder-zusehen. Seltsam, wie voreilig es ist, dem „nach" nachzueilen. Es ist ja verständlich, dass wir ungeduldig sind: So etwas wie die Postmoderne kann tatsächlich nicht geduldet werden. Aber das ist leider kein ausreichender Grund, das Ende der Postmoderne vorweg-zunehmen. Vielleicht hat die Postmoderne gerade erst begonnen, und sie wird sich ebenso lang hinziehen wie die Moderne? Vielleicht ist sogar die ganze Postmoderne nichts anderes als der Ausdruck unserer nur allzu verständlichen Ungeduld mit der Moderne? Vielleicht reden die Leute von der Postmoderne, weil sie mitten in der Moderne stecken, die ihnen zum Hals heraushängt, und vielleicht ist das Reden vom Ende der Postmoderne nichts als die ernüchternde Entdeckung, dass wir mitten in der uns zum Hals heraushängenden Moderne stecken?[1]

Dieser kurze Textauszug ist sicherlich – wie immer bei Flusser – mit dem not-wendigen jüdischen Witz, mit intellektueller Einsatzbereitschaft und Polemik geschrieben, doch wirft er im typischen Fragegestus der Postmoderne Fragestel-lungen auf, die uns im weiteren Verlauf unserer Vorlesung begleiten werden: Fragen etwa nach einem gemeinsamen Raum von Moderne und Postmoderne und nach dem Ende von Moderne und Postmoderne.

Nach den grauenhaften Genoziden und Zerstörungen des Ersten und vor allem Zweiten Weltkriegs entstand in der Nachkriegszeit seit Mitte des 20. Jahr-hunderts ein ökonomisches Weltsystem an wirtschaftlicher Verflechtung, das ebenso Rohstoffe und Rohprodukte wie Waren und Dienstleistungen umfasste. In den sechziger Jahren wurde der Stand globaler weltwirtschaftlicher Verbin-dungen wieder erreicht, der in der dritten Phase beschleunigter Globalisierung vor Ausbruch des Ersten Weltkriegs erzielt worden war. Angesichts der weltweiten Zerstörungen und anhaltender Konflikte im Zusammenhang mit den Spannun-gen zwischen den politisch-militärischen Blöcken im Grunde eine relativ rasche Entwicklung. Dies vor allem dann, wenn man sich die Tatsache vor Augen führt, dass die sogenannte ‚Wiedervereinigung' der beiden deutschen Staaten zu einem

---

1 Flusser, Vilém: Nach der Post-moderne? In Bollmann, Stefan / Flusser, Edith (Hg.): *Nach-geschichte: eine korrigierte Geschichtsschreibung*. Frankfurt a.M.: Fischer Taschenbuch 1997, S. 303–325, hier S. 303.

Gebilde namens Deutschland, das es zuvor in der Geschichte noch nie so gegeben hatte, auch nach drei Jahrzehnten noch nicht so weit vorangetrieben werden konnte, als dass es nicht weiterhin deutliche Differenzen zwischen ostdeutschen und westdeutschen Standards gäbe.

Damit möchte ich übrigens keineswegs einem noch immer vorherrschenden und meiner Ansicht nach irreführendem medial transportierten Diskurs Vorschub leisten, der noch immer zwischen dem ‚Osten' und dem ‚Westen' scharf trennt und womöglich die Ostdeutschen als Übervorteilte oder gar als ‚Bürger zweiter Klasse' darzustellen versucht. Dies überlasse ich rechtsradikalen Parteien, welche daraus ihren antidemokratischen Profit erzielen. Nein, in eine derartige Stimmungsmache von Populisten und Rechtsradikalen kann ich nicht einstimmen: Es gilt, gegen derlei Propaganda mit ihren organisierten Schlägertrupps, ihren Einschüchterungen und politischen Morden beherzt anzugehen und die Werte einer demokratisch verfassten Gesellschaft dagegen zu halten. Diese Werte sind auf Zusammenleben, eine Konvivenz in Frieden und wechselseitiger Differenz ausgerichtet sind und zielen auf eine offene Gesellschaft ab, welche jenseits einer Stigmatisierung von ‚Fremden' und ‚Anderen' an einer Weitung und Erweiterung unseres Gemeinwesens interessiert ist.[2]

Ich will Sie vielmehr für die Tatsache sensibilisieren, dass der Wiederaufbau eines schlagkräftigen weltwirtschaftlichen Systems nach dem Zweiten Weltkrieg schneller vonstattenging als die Wiederherstellung einer einigermaßen gleichgewichtigen Wirtschaftsstruktur in Deutschland.

Wenn damit eine Entwicklung einsetzte, die seit Mitte der achtziger Jahre des vergangenen Jahrhunderts in eine neue Phase beschleunigter Globalisierung einmündete, dann müssen wir uns vor Augen halten, dass innerhalb dieses weltwirtschaftlichen Systems nicht nur Rohstoffe und Waren, sondern auch kulturelle Güter und ästhetische Artefakte globalisiert wurden, was nicht zuletzt auch die bestehenden literarischen Systeme veränderte. Auf den ersten Blick scheint es prinzipiell gleichgültig, ob sie in London, Paris, Paris-Texas oder Aracataca schreiben, einen vernünftigen Internetanschluss einmal vorausgesetzt. Wir hatten unter anderem anhand der Beispiele des Argentiniers Jorge Luis Borges oder der Chilenin Gabriela Mistral gesehen, dass sich lange Zeit vor der vierten Phase beschleunigter Globalisierung weltweite Rezeptionsweisen herausbildeten, welche sich der vergleichsweise schnellen internationalen Kommunikationsmittel der Zeit zu bedienen verstanden.

---

2 Vgl. Ette, Ottmar: Weiter denken. Viellogisches denken / viellogisches Denken und die Wege zu einer Epistemologie der Erweiterung. In: *Romanistische Zeitschrift für Literaturgeschichte / Cahiers d'Histoire des Littératures Romanes* (Heidelberg) XL, 1–4 (2016), S. 331–355.

Damit war im weltweiten Maßstab die Asymmetrie literarischer Relationen freilich noch lange nicht verschwunden. Schien es fast schon gleichgültig geworden, wo Sie schreiben, so war es keineswegs gleichgültig, über welche Zentren des Literaturbetriebs Sie gehen oder gehen müssen. Als Argentinier kann ich Buenos Aires nicht aus den Augen lassen und sollte versuchen, die Verlagswelt in Spanien, aber auch in Paris oder New York für meine Schriften zu interessieren. Das weltliterarische System transformierte sich in ein transareales System der Literaturen der Welt, welches wir in diesem Teil unserer Vorlesung sich werden entfalten sehen.[3] Zusätzlich bildeten sich Literaturen ohne festen Wohnsitz heraus, mit denen wir uns ebenfalls noch ausführlich beschäftigen werden und die dank ihrer translingualen Schreibtechniken gänzlich neue Aspekte in die nationalen wie transarealen Literaturszenen einbrachten. An die Stelle einer Philologie der Weltliteratur, welcher im Grunde Pascale Casanova wie David Damrosch noch immer anhängen, treten zunehmend Philologien der Literaturen der Welt, welche diese neue literarische Entwicklungsphase entsprechend ausleuchten.[4]

Brechen wir dies einmal kurz auf den schriftstellerischen Alltag herunter! Wenn Sie in Basel oder Luzern schreiben und einen breiteren, nicht nur innerschweizerischen Leserkreis erreichen wollen, so müssen Sie sich mit dem Gedanken anfreunden, einen der großen Verlage in Deutschland zu überzeugen, mit allen Konsequenzen, die Ihre Entscheidung etwa auch für die Lektorierung ihrer schweizerischen Texte hat. Gewiss sind heute in deutschen Verlagen nicht mehr die Jäger von Helvetismen wie zu Zeiten von Max Frisch oder Friedrich Dürrenmatt unterwegs; doch einer gewissen Standardisierung und Normierung werden Ihre Texte schon unterliegen. Wenn Sie beispielsweise in Kolumbien schreiben, sagen wir unweit von Cartagena de Indias in der Karibik, so sind zweifellos die nationalliterarischen Institutionen des Literaturbetriebs in der Hauptstadt Santa Fé de Bogotá zuerst gefordert. Doch sind diese nationalen Hürden erst einmal genommen, werden Sie niemals einen außerhalb Kolumbiens breiten Leserkreis – noch nicht einmal in Lateinamerika – erreichen, wenn es Ihnen nicht gelingt, in Barcelona oder Madrid einen Verlag zu finden und zugleich auch Punkte in London oder New York zu machen. Die Bedeutung des deutschspra-

---

3 Vgl. hierzu ausführlich Ette, Ottmar: *WeltFraktale. Wege durch die Literaturen der Welt.* Stuttgart: J.B. Metzler Verlag 2017.
4 Vgl. hierzu Ette, Ottmar: Die Literaturen der Welt. Transkulturelle Bedingungen und polylogische Herausforderungen eines prospektiven Konzepts. In: Lamping, Dieter / Tihanov, Galin (Hg.): *Vergleichende Weltliteraturen / Comparative World Literatures. DFG-Symposion 2018.* Unter Mitwirkung von Mathias Bormuth. Stuttgart: J.B. Metzler – Springer 2019, S. 115–130.

chigen Raumes ist in dieser Hinsicht historisch eher gering und hat sich bis in die Gegenwart nur unwesentlich verbessert, auch wenn die Frankfurter Buchmesse noch immer die größte der Welt und ein Mekka internationalen Buchvertriebs darstellt, das Sie sich unbedingt einmal anschauen sollten. Für die spanischsprachige Welt ist das mexikanische Guadalajara zur zweitgrößten Buchmesse der Welt aufgestiegen und weist all jene Charakteristika auf, welche für die weltweite Vermittlung der vor allem spanischsprachigen Literaturen entscheidend sind. Als angehender Schriftsteller oder angehende Schriftstellerin gehen Sie folglich ganz unterschiedliche Wege, um Ihren Gedichtband oder Roman weltweit zu verbreiten.

Es gab und gibt keinen Automatismus zwischen der nationalen, der internationalen und einer weltliterarischen Ebene der Literaturen der Welt. Salman Rushdie ist auf einer weltumspannenden transarealen Ebene eine ungeheuer bekannte und gelesene Autorenfigur, nicht aber in den spezifischen Areas der islamischen Welt; Ulrike Meinhofs Theater wurde Ausgang der siebziger Jahre in Frankreich und vielen westeuropäischen Ländern, aber kaum in der Bundesrepublik gelesen; Guillermo Cabrera Infante avancierte in der spanischsprachigen Welt zu einem der großen Vertreter lateinamerikanischer Literatur, doch seine Bücher wurden im selben Maße aus allen Bibliotheksregalen auf Kuba entfernt. Zwischen der weltumspannenden Ebene der Literaturen der Welt und der nationalen Ebene sind eine Reihe von Vermittlungsebenen, Mechanismen und Institutionen angesiedelt, die beispielsweise auch areale Dimensionen wie etwa die Literaturen Lateinamerikas oder Europas umfassen können. Auch regionale Besonderheiten können unterhalb der nationalen Ebene von Bedeutung werden, wenn sie auf eine weltweite Ebene vermittelt sind, wie dies etwa in den karibischen Literaturen, aber auch bei der dänischsprachigen Literatur der Färöer der Fall ist. Das System der Literaturen der Welt ist auf allen Ebenen ein viellogisches In- und Miteinander, insofern eine Vielzahl *unterschiedlicher Logiken gleichzeitig* und *in verschiedenen Areas* zum Zuge kommt.

Vergessen wir nicht, dass seit dem Zusammenbruch großer lateinamerikanischer Verlagsstrukturen infolge der blutigen Militärdiktaturen der siebziger Jahre des 20. Jahrhunderts es weit wichtiger für die lateinamerikanischen Autorinnen und Autoren ist, was in Barcelona oder Madrid von Verlagen beschlossen wird, als das, was man in den großen mexikanischen Verlagshäusern denkt und arrangiert. Die Romanischen Literaturen der Welt stehen in einem sehr speziellen und engen Verhältnis zueinander, sind aber in der Hispanophonie ganz anderen Logiken unterworfen als in der Lusophonie, die sich wiederum grundlegend von der Paris-zentrierten Logik der Frankophonie unterscheidet. Doch was in Rom oder Mailand gedruckt wird, hat gute Chancen, auch etwa einen Pariser Verleger zu finden und ein spanischsprachiges Lesepublikum zu erreichen. Um die Mitte des vergangenen Jahrhunderts war Paris zweifellos noch der zentrale Knotenpunkt für das, was wir heute die Romanischen Literaturen der Welt nennen. Lassen Sie mich daher in diesem dritten Teil unserer Vorlesung unsere Abfolge von Autorinnen und Autoren in Paris beginnen!

Boris Vian oder die Literatur im Jazz der Massenkultur

Wenden wir uns nun dem literarischen Werk eines der aus meiner Sicht sicherlich aus heutiger Perspektive interessantesten französischen Autoren zu, Boris Vian, dessen vielgestaltiges Schaffen eine Unzahl von Anschlussmöglichkeiten und Rekontextualisierungen erlaubt, die mit den im Kontext unserer Vorlesung beobachteten Entwicklungen in Verbindung zu bringen sind! Zwar ist die große Begeisterung um Boris Vian, die im Kontext von 1968 in Frankreich wiederauflebte, längst verklungen und auch die deutschsprachige Leserschaft ist nicht mehr ganz so euphorisch gestimmt, selbst wenn es eine wohlfeile und liebevoll gemachte Ausgabe in deutscher Sprache gibt. Doch ist Boris Vian nicht völlig in der Versenkung verschwunden, sondern nach wie vor weit mehr als ein literarischer Geheimtipp.

Sie werden mich fragen, warum ich überhaupt mit diesem französischen Schriftsteller unseren Parcours durch die Literaturen im Zeichen der Postmoderne beginne, zählte Boris Vian doch eher zu den Exponenten eines Existenzialismus in den Bars und Bauchläden der französischen Nachkriegszeit. Dem lässt sich entgegenhalten, dass etwa der US-amerikanische Literaturkritiker Leslie Fiedler, der wohl die entscheidende Stimme war, welche den Begriff der „Postmoderne" in die Literaturwissenschaft einbrachte, Boris Vian sehr wohl zu den Vertretern einer literarischen Praxis zählte, die er im Zeichen des neuen Begriffs sah. Ich glaube schon, dass Leslie Fiedler in seinem übrigens in der US-amerikanischen Ausgabe des *Playboy* veröffentlichten Aufsatz *Cross the Border – Close the Gap!*[1] den Kern der Sache trifft, wenn er darauf hinweist, dass Boris Vian für eine sehr lange Zeit ein völlig isoliertes Phänomen innerhalb der französischen Literatur darstellte.

Der *Playboy* war deshalb ein idealer Veröffentlichungsort, weil damit die Trennung zwischen Hochkultur (der die Literaturwissenschaft angehört) und Massenkultur unterlaufen wurde, was übrigens für den Aufsatz selbst gilt, wirkte er doch breit hinein in die damaligen Debatten rund um eine neue Ästhetik. Fiedler sah Boris Vian im Kontext einer literarischen Entwicklung, in der die Autoren des Nouveau Roman eine allzu seriöse, allzu ernste Literaturkonzeption betrieben hätten. Dies aber hielt der US-Amerikaner offensichtlich für allzu langweilig. Kein Wunder also, dass der französische Literat und Trompeter gerade von

---

1 Vgl. Fiedler, Leslie A.: Cross the Border – Close the Gap. In: *Playboy* 12 (1969). Später in Buchform veröffentlicht von Fiedler, Leslie A.: *Cross the Border – Close the Gap*. New York: Stein & Day 1972.

Fiedler lange nach Boris Vians Tod für die Postmoderne reklamiert wurde – und wir werden sehen, ob es gute Gründe hierfür gibt: Fiedler selbst nennt herzlich wenig Anhaltspunkte. Aber es ging ihm ja auch nur um das Aufmischen einer verkrusteten Literaturwissenschaft und Literaturkritik, welche die neuen Entwicklungen nicht habe wahrnehmen wollen.

Leslie Fiedler nannte Boris Vian in seinem berühmten *Playboy*-Aufsatz von 1968 immerhin einen Amerikaner – gemeint ist ein US-Amerikaner – im Geiste, was aber allein wohl noch nicht ausreicht, um den französischen Autor der Postmoderne zuzuschlagen, ganz abgesehen davon, dass die Postmoderne sicherlich kein ausschließlich oder überwiegend US-amerikanisches Phänomen ist. Aber so sind sie nun mal, die US-Amerikaner ... Zweifellos gibt es eine Vielzahl von Beziehungen zwischen Boris Vian und der Kultur der Vereinigten Staaten, worauf wir noch kommen werden. So tauchten auch immer wieder Bezeichnungen für Boris Vian auf wie „Le cowboy de Normandie" oder ähnliches. Ich komme darauf zurück.

Übrigens heizte Leslie Fiedler auch in der alten Bundesrepublik die Debatte um die Postmoderne an, hielt er doch noch im Sommer 1968 an der Albert Ludwigs-Universität in Freiburg im Breisgau diesmal im Rahmen eines seriösen Symposions einen vieldiskutierten Vortrag, der letztlich seine Thesen von *Cross the Border – Close the Gap!* wiederholte. Seine Ausrufung einer literarischen Postmoderne bei gleichzeitiger Toterklärung der Moderne löste viel Rauschen im Blätterwald der bundesdeutschen Feuilletons aus. Doch sind all dies aus heutiger Perspektive Anekdoten rund um die historische Durchsetzung eines Postmoderne-Begriffs, in dem es weniger um theoretische Schärfe als um größtmögliche Breitenwirkung und ein wenig Provokation ging. Beschäftigen wir uns lieber mit Boris Vian und dabei wie gewohnt zunächst mit einigen Biographemen im Leben jenes Schriftstellers, den Fiedler kurzerhand als Vertreter einer US-amerikanischen Postmoderne nominierte!

Boris Vian wurde am 10. März 1920 in Ville d'Avray im Département Seine-et-Oise geboren und starb in Paris am 23. Juni 1959. Als Sohn eines mit Goldgeschäften in den zwanziger Jahren zunächst reich und in der Weltwirtschaftskrise wieder verarmten Vaters las Boris seit seinem fünften Lebensjahr französische Klassiker, spielte Schach und beherrschte mehrere Musikinstrumente, darunter auch die Trompete, die ihn später berühmt-berüchtigt werden ließ. Seine Spielkameraden waren keine Geringeren als Yehudi Menuhin (dessen Eltern die Villa der Vians abgekauft hatten, die verarmt in das Gärtnerhäuschen des Anwesens zogen) und François Rostand. Getrübt wurde diese fröhliche Kindheit durch eine schwere Diphtherie im Alter von zwölf Jahren, welche eine Herzmuskelschwäche nach sich zog. Der junge Boris besuchte das Pariser Lycée Condorcet und damit eines der renommiertesten Pariser Gymnasien, wo er verfrüht und mit Sondergenehmigung sein Abitur ablegte.

Abb. 101: Boris Vian (Ville-d'Avray im Westen von Paris, 1920 – Paris, 1959).

Als Fünfzehnjähriger erkrankte der Jugendliche an Typhus. Sein schlechter Gesundheitszustand verlangte ihm fortan Rücksichten ab, die einzuhalten ihm stets Schwierigkeiten bereiten sollten. 1940 wich die Familie dem deutschen Blitzkrieg aus, 1941 heiratete er und legte 1942 das Ingenieursexamen ab mit der Fachrichtung Metallurgie. Im besetzten Paris arbeitete er zunächst in der Association Française de Normalisation, nach dem Ende der deutschen Besetzung ab 1946 beim Office du Papier, dem Verband der Papier- und Pappindustrie. Im Kontext der „normalisation" entsteht das Projekt einer Normierung französischer Flüche für Durchschnittsfranzosen – seine ersten literarischen Texte sind bereits erschienen.

Bereits 1942 gründete er mit Claude Abadie eine Jazzband, deren Erfolg beachtlich war. Vian, der „trompettiste", wurde als „Prinz Boris" in den entstehenden existentialistischen Zirkeln von Saint-Germain-des-Prés der vierziger Jahre gefeiert. 1943 erschien sein wohl erster Roman *Aufruhr in den Ardennen*, der jedoch nur im Freundeskreis gelesen wurde. Nach der Occupation tritt Vian unter anderem in Jazzkonzerten für die US-Armee auf; erste auch internationale Erfolge des Orchesters von Abadie stellen sich ein. Zugleich nimmt seine literarische Karriere Formen an. Vian gehörte später einige Zeit zum engeren Zirkel um Jean-Paul Sartre, der ihn freilich durch die Liebelei mit Vians Frau sowie durch sein elitäres Gehabe abstieß, so dass Vian auch seine seit Juni 1946 regelmäßige Kolumne *Chronique du menteur* in Sartres *Temps Modernes* einstellte. Doch „Prinz Boris" übersetzte aus dem Amerikanischen, schrieb Jazzkritiken und spielte nachts als unterhaltsamer, wenn auch nicht unbedingt begnadeter Jazztrompeter auf.

Boris Vians Aktivitäten waren in jenen Jahren vielfältig und erstaunen durch ihre unverklemmte Lust an allem, was ihm begegnete. Er beschäftigte sich mit Mathematik und Technik, Poesie und Philosophie im gleichen Maße, experimentierte mit allerlei technischen Geräten, erfand elektronische Reim- und Dichtungsmaschinen und pendelte unverdrossen zwischen den Berufen Ingenieur,

Dichter, Musiker, Kritiker, Schauspieler und Sänger hin und her. Erst 1947 gab er seinen Ingenieurberuf endgültig auf und hielt sich mit seinen Übersetzungen und literarisch-journalistischen Artikeln etwa für die wichtige Zeitschrift *Combat* über Wasser. Auch als Verfasser von allerlei Chansons machte er sich einen Namen. er hoffte, nach Veröffentlichung seines Romans *L'Ecume des jours* im Jahr 1946 – einige Kapitel erschienen als Vorabdruck in Sartres Zeitschrift *Les Temps Modernes* – seinen Lebensunterhalt als Schriftsteller verdienen zu können. Im selben Jahr 1946 erregte aber seine angebliche Übersetzung eines fiktiven afroamerikanischen Autors namens Vernon Sullivan mit dem Titel *J'irai cracher sur vos tombes* einen Skandalerfolg; als Verfasser dieses Sex-and-Crime-Romans wurde er vor Gericht gestellt und wegen Unmoral angeklagt, doch ein Amnestiegesetz kommt ihm zu Hilfe. Die französische Justiz setzt jedoch nach und verurteilt ihn zu einer hohen Geldstrafe sowie später noch zu zwei Wochen Gefängnis, was jedoch umgehend amnestiert wird. Mit seinen nachfolgenden „Sullivans" war er in Frankreich weniger erfolgreich, hatte sich aber einem Genre der US-amerikanischen Massenkultur angenähert, was ihm ganz nebenbei die späte Bewunderung von Leslie Fiedler eintragen sollte. Boris Vians „Sullivans" haben in den USA durchaus Erfolg, was der französische Autor befriedigt zur Kenntnis nimmt.

Anfang der fünfziger Jahre gab Vian das Schreiben von Romanen auf. Er konnte nicht ahnen, dass *Der Schaum der Tage* schon bald nach seinem Tod im Jahr 1959 zum Kultbuch einer ganzen Generation werden sollte. Aber auch seine anderen, weniger bekannten Romans wurden neu aufgelegt und wirkten später gerade durch ihre zahlreichen Anleihen aus Schreibformeln der Massenkultur wie Zeugnisse eines Schriftstellers, der verfrüht auf ein Schließen jenes „Gap" zwischen ‚Hoher Literatur' und einer davon strikt getrennten Massenkultur aus war.

Im Juni 1952 wird er auf den Spuren unseres Alfred Jarry Mitglied des Collège de Pataphysique in der Eigenschaft als „équarrisseur de première classe": Boris Vian weiß sich in der Tradition dieses großen Vorläufers der historischen Avantgarden. Und eine ähnliche Vorläuferrolle könnte man ihm in der Tat nicht absprechen. Er steigt rasch in der Pataphysik unter Raymond Queneau auf, veröffentlicht in den *Cahiers de Pataphysique* und nimmt an pataphysischen Wallfahrten teil. Seine kurzen Sketche und Texte für Rundfunk wie Theater hatten zu seinen Lebzeiten ebenfalls nur geringen Erfolg. Seine zahlreichen Gedichte erschienen in verschiedenen Sammlungen wie etwa *Je voudrais pas crever* von 1953. 1954 wurde Vian von Jacques Canetti, übrigens dem Bruder von Elias Canetti, zur Zusammenstellung von Jazzreihen und Programmfolgen der Jazzplattabteilung bei der Firma Philips engagiert. Auf diesem Gebiet wurde endlich seine Kompetenz nicht länger hinterfragt. Vian arbeitete als Übersetzer von Raymond Chandler und war für die Vermittlung der US-Kultur ebenso als Musiker wie als Musikkritiker beteiligt. Mitte der fünfziger Jahre schrieb Vian den ersten französischen Rock 'n' Roll;

für das Genre setzte er sich auch bei Schallplattenfirmen erfolgreich ein. Berühmt wurde er auch durch sein von ihm selbst gesungenes pazifistisches Chanson *Le Déserteur* in Zeiten, in welchen Frankreich im Chaos seiner Kolonialkriege zu versinken drohte und die Justiz auf ihn gehetzt wurde.

Doch Vians Gesundheitsprobleme machten sich in der zweiten Hälfte der fünfziger Jahre wieder verstärkt bemerkbar. Das Multitalent – das auch einige Gemälde hinterließ und verschiedene Opern verfasste – und Enfant terrible der französischen Literaturszene verstarb an einem Herzinfarkt während einer privaten Vorführung der Verfilmung seines Skandalerfolges *Auf Eure Gräber werde ich spucken*. Er war mit letzterer in keiner Weise einverstanden und wehrte sich gegen deren Realisierung: gleichsam ein letztes Statement gegenüber einer Gesellschaft, die sein kritisches Potenzial nicht frühzeitig genug erkannt und verstanden hatte. Boris Vian, der auch am Théâtre de l'Œuvre tätig war, darf mit Recht als einer der prominentesten Nachfolger des legendären Alfred Jarry gedeutet werden.

Wenn wir uns also mit Boris Vian beschäftigen, so haben wir es mit einem Künstler zu tun, der die verschiedensten Ausdrucksformen in Leben wie Kunst verwendete und den allein auf den Bereich der Literatur festzulegen nicht statthaft ist. Er schrieb Romane und Gedichte, verfasste Essays und übersetzte, konzipierte Drehbücher und schrieb Opern, entwarf Maschinen und schuf ein graphisches Werk, das erst spät den Weg zu seinem Publikum fand. Er beeindruckte ebenso als Musiker wie als Musikkritiker, setzte sich für die entstehende Popkultur ein und sang pazifistische Chansons, war ein Hansdampf in allen Gassen und breiten Alleen der Kultur, verband aber all diese Ausdrucksformen auf überzeugende Weise miteinander und ließ eine Trennung zwischen Hoch- und Populärkultur nicht gelten. Gerade in dieser Vielfalt von Ausdrucksmitteln und künstlerischen Äußerungsweisen liegt der Schlüssel zu Boris Vians Verständnis. Und doch wollen wir uns seinem Gesamtwerk zunächst vom Bereich der Literatur her annähern und dabei einen Einstieg benutzen, der seinen – abgesehen vom Skandalerfolg *J'irai cracher sur vos tombes* – heute sicherlich bekanntesten und meistgelesenen Roman betrifft: den wenig umfangreichen, aber sehr symbolträchtigen Erzähltext *L'Ecume des jours*.

Dieser Roman geht wohl auf ein 1945 konzipiertes Projekt zurück und dürfte wohl zwischen März und Mai 1946 niedergeschrieben worden sein. Vian arbeitete damals beim Office Central de Répartition de Produits Industriels und schrieb in seinem Büro sein Buch zu Ende – das nenne ich mal eine effiziente Büro-Graphie! Dieser Hintergrund wirft vielleicht schon ein erstes Licht auf seinen Bezug zum bürgerlichsten aller Werte, dem Wert der Arbeit, der für Boris Vian angesichts seiner enormen Arbeitsleistung im künstlerischen Bereich sicherlich große Wichtigkeit besaß. Jedenfalls ist ein Dienstzimmer – das wissen wir von vielen Schriftstellern – ein perfekter Ort, um einen Roman abzuschließen.

Ein gut zweihundertseitiges Manuskript liegt Jean-Paul Sartre und Simone de Beauvoir bald vor, und sie veröffentlichen Auszüge daraus im Oktober des Jahres 1946 in ihrer berühmten Zeitschrift *Les Temps Modernes*. Es handelt sich zum damaligen Zeitpunkt freilich um eine Manuskriptfassung, in der aus heutiger Sicht wesentliche Bestandteile fehlen. Nicht zuletzt all jene kitzeligen Anspielungen auf Sartre und Beauvoir, welche die heutige Leserschaft so sehr entzücken. In der *Nouvelle Revue Française* erscheint der Band dann im März beziehungsweise April 1947 in der definitiven Fassung, wobei Boris Vian wohl knapp am Prix de la Pléiade vorbeisegelt. Aber so ist das nun mal ...

Vians Roman erfährt eine ganze Folge an Neuauflagen, insbesondere seit er 1963 bei Pauvert in die Collection 10/18 Eingang fand und zu einem wahren Kultbuch avancierte. Es gab mindestens eine Filmfassung von Charles Belmont und daneben im Vorfeld und Umfeld von Mai 1968 zwei Theaterfassungen, welche in Paris und Brüssel 1967 beziehungsweise 1968 uraufgeführt wurden. Der Roman erzielte durchaus eine längere Wirkung, die bis heute anhält, wobei er eine der schönsten und ergreifendsten Geschichten und mehr noch Liebesgeschichten entfaltet, die in der zweiten Hälfte des vergangenen Jahrhunderts – und das will einiges besagen – geschrieben worden sind. Wer diesen kleinen Roman einmal gelesen hat, vergisst ihn gewiss nicht mehr!

Boris Vians Roman ist in achtundsechzig mehr oder minder kurze Kapitel eingeteilt, die bisweilen eine kinoähnliche Schnitttechnik aufweisen – nicht umsonst schrieb der junge Franzose auch Drehbücher. Dabei geht dem Text nach der zärtlichen Widmung „à mon bibi" ein Vorwort voraus, das zwar kurz ist, aber es in sich hat. Dort lesen wir etwa, dass es in der Tat so zu sein scheint, dass die Massen stets unrecht und die Individuen recht haben. Es gebe nur zwei Dinge im Leben, die es wert seien, wirklich gelebt zu werden: nämlich die Liebe jeglicher Art mit hübschen Mädchen sowie die Musik aus New Orleans und jene von Duke Ellington.

Ich hoffe, dass die Formulierung „mit hübschen Mädchen" nicht dazu führt, dass Sie Vian etwas vorschnell als Musterexemplar der noch nicht im Aussterben begriffenen Gattung des französischen „Chauvi" klassifizieren. Im Übrigen kann man in Sachen Liebe dem Verfasser des Vorworts durchaus glauben, dass „de toutes les façons" ernst gemeint ist. Ein Blick in Boris Vians sogenannte *Ecrits pornographiques* mag belegen, dass er sich wirklich für sehr verschiedene Arten von Liebe interessierte und vor allem nach dem darin enthaltenen Freiheitspotential Ausschau hielt. Dazu vielleicht später mehr ...

Bereits jetzt will ich aber die Tatsache erwähnen, dass auch in *L'Ecume des jours* Anspielungen auf den Marquis de Sade nicht fehlen. Denn der „Göttliche Marquis" ist in der Tat bereits seit dem 19. Jahrhundert eine der wichtigsten literarischen Unterströmungen der französischen Literatur – denken Sie nur an einen

Autor wie Flaubert. Diese Unterströmung, die sich zumeist im oberen Bereich der Bücherschränke ansiedelt, wanderte im 20. Jahrhundert langsam aus den Giftschränkchen herab und erreichte justament in den sechziger Jahren – übrigens auch im Umkreis von Roland Barthes und einigen Mitgliedern der Tel-Quel-Gruppe – ein breiteres Publikum. Diese graduelle Entwicklung lässt sich über einen langen Zeitraum verfolgen,[2] bis der Marquis de Sade schließlich nach 1968 als Schulbuchautor Eingang fand in die „Manuels scolaires", in die französischen Schulbücher, wenn auch in etwas entschärfter Fassung.

Jedenfalls ist eine Lektüre des „göttlichen Marquis" einigermaßen unerlässlich, um die französische Literatur des 19. und der ersten Hälfte des 20. Jahrhunderts zu verstehen – aber auch unseren Boris Vian und dessen Relation zum Sexus. Dabei war Vian natürlich zeitgenössisch in guter Gesellschaft, denken Sie nur einmal an die US-amerikanischen Schriftsteller, an Autoren wie Henry Miller und sein *Opus Pistorum*, aber auch an eine Schriftstellerin wie Anaïs Nin, die wir derselben Bewegung eines vertieften Umgangs mit dem Sexus und dem erotischen Körper in der Literatur zurechnen dürfen! Auch an dieser Stelle tut sich folglich eine starke Beziehung des französischen Romanciers zu zeitgleichen Entwicklungen auf, welche die Literatur- und Kulturszene in den Vereinigten Staaten prägten.

Das zweite, worauf es im Leben ankomme, sei der Jazz aus New Orleans und Duke Ellington: Alles andere sei hässlich, ein überflüssiger Rest. Zu diesem gehört, wie Sie sich unschwer vorstellen können, eine ganze Menge. Aber so wissen wir schon einmal, mit welchem Ton der Roman Boris Vians einsetzen wird: mit dem Ton des Jazz und der Phrase der Liebe. Dabei verbindet sich beides schon im Namen der Geliebten und Frau Colins miteinander, in Chloé nämlich, die nicht nur ganz selbstverständlich an die Liebesgeschichte aus der Antike zwischen *Daphnis und Chloe* erinnert, sondern im Text auch explizit auf den Song *Chloé* im Arrangement von Duke Ellington bezogen wird. Literatur ist in diesem Roman also nicht nur mit der Liebe, sondern auch und vor allem mit der Musik des Jazz verwoben.

Deshalb verwundert es nicht, wenn das Vorwort auf New Orleans (einigermaßen unzutreffend) im März 1946 (einigermaßen zutreffend) datiert ist und wiederum der Roman selbst an seinem Ende paratextuell einen fiktionalisierten Zeit-Raum angibt: Memphis, 8. März 1946 und Davenport, 10. März 1946. Memphis dürfte uns dabei vielleicht an Faulkner und Davenport in jedem Fall

---

2 Vgl. die große Bedeutung von Lely, Gilbert: *Sade. Etudes sur sa vie et sur son œuvre.* Paris: Gallimard 1967; der Autor verfasste eine Vielzahl von Vorworten für die von ihm herausgegebenen Werke.

an Jazz erinnern. Viel deutlicher kann man die eigenen Bezüge zur US-amerika-
nischen Kultur – gerade auch zu jenem Zeitpunkt unmittelbar nach Ende des
Zweiten Weltkriegs – nicht markieren. Da ist schon vieles von jener generatio-
nellen Erleichterung und aufgestauten Lebenslust zu spüren, welche die jungen
Französinnen und Franzosen nach Ende der Okkupation durch die deutschen
Nationalsozialisten prägte. Jedenfalls heißt es abschließend im Vorwort, dass die
Seiten, die folgen, ihre Stärke daraus bezögen, dass sie gänzlich wahr seien, denn
das „Ich" habe sie von einem zum anderen Ende frei und vollständig erfunden.
Der Roman erscheine wie eine Projektion auf einen welligen und schiefen Unter-
grund. So wissen wir nach der Lektüre des paratextuellen Vorworts, dass wir im
Bereich der Fiktionen und Projektionen sind; und auch in der Schlussmetapher
des Vorworts kommt erneut die Kinometaphorik, das Filmische im literarischen
Text, zum Tragen.

Colin wird schon auf der ersten Seite mit einer Filmfigur (und zwar aus *Holly-
wood Canteen*) verglichen und bereitet sich ähnlich wie eine Filmfigur im ersten
Kapitel auf ihren (beziehungsweise seinen) Auftritt vor. Er schneidet sich rasch
noch Augenbrauen und Wimpern zurecht, um seinem Blick etwas Rätselhaftes zu
geben. Damit wird zum einen das Theaterhafte, Inszenierte und die Betonung der
in den Vordergrund gerückten Oberfläche herausgearbeitet, zum anderen aber
auch erwähnt, dass die Haare schnell wieder zuwachsen und Colin diese Ope-
ration recht häufig durchführen müsse.

Dieses kleine Detail ist für den gesamten Text von Bedeutung. Denn die Körperlichkeit ist nicht nur schöne glatte Oberfläche, die sorgfältig gepflegt und
poliert wird, sondern zugleich und von Beginn an mit der Urgewalt eines Zuwach-
sens, einer Proliferation, eines Vorgangs des Wucherns verbunden, welcher im
Grunde den gesamten Roman thematisch strukturiert und durchzieht. So findet
man schon in der unscheinbaren Ouvertüre ein wichtiges Leitmotiv des gesamten
Textes vor.

Und noch ein zweites Element wird in diesem Incipit ebenfalls deutlich: Colin
besitzt das Lächeln eines Babys, eines Säuglings. Gerade an diesem ebenfalls
scheinbar harmlosen Punkt wird bereits markiert, dass die Hauptfiguren des
Romans, Colin und Chloé, um deren Liebe es hauptsächlich geht, letztlich ihrer
Kindheit nicht entwachsen sind, im Grunde stets auch Kinder bleiben, welche
unschuldig einer fremden, gefährlichen, lebensbedrohenden Welt ausgesetzt
sind. Es ist die unschuldige Welt der beiden Liebenden, welche diesem Druck von
außen auf Dauer nicht standhalten kann.

Colin ist in der glücklichen Lage, ein Vermögen zu besitzen, das es ihm
erlaubt – wie es so schön im Text heißt –, nicht für die anderen arbeiten zu
müssen. Unwillkürlich denkt man an Boris Vians eigene Jugend, die er in einer
reich ausgestatteten Vorstadtvilla zubrachte – noch war der finanzielle Ruin

seines Vaters in der Weltwirtschaftskrise nicht absehbar. Anders sieht die finanzielle Situation aus für seinen Freund Chick, mit dem er zwar eine Reihe von Ansichten, das Alter von einundzwanzig oder zweiundzwanzig Jahren und den literarischen Geschmack, nicht aber die finanzielle Ausstattung teilt: Chick muss arbeiten. Er hat, wie sich bald herausstellt, einen niederen, schlecht bezahlten und wenig angesehenen Beruf: Denn er ist – und wieder stellen sich Parallelen zum Leben Vians ein – Ingenieur.

Daher muss der Arme auch alle acht Tage zu seinem Onkel ins Ministerium, um bei diesem Geld zu pumpen. Chick kommt zum Essen zu Colin, der seinerseits einen neuen Koch engagiert hat, Nicolas, der vor seinem „tableau de bord" sitzt und exquisite, nach hochkomplizierten Rezepten kreierte Speisen herstellt. Nicolas hat also einen sehr prestigeträchtigen Beruf und ist stolz darauf. Damit merken wir schon, dass sich sachte ein weiteres Strukturelement andeutet. Es ist das des „monde à l'envers" oder wie man auch sagen würde: „le monde verlans." Nicolas ist der Stolz seiner Familie, während seine Nichte auf die schiefe Bahn kam, studierte sie doch – horribile dictu – Philosophie. Man kann sich sein Unheil auch selbst wählen …

Außerdem stammt Alise auch väterlicherseits aus ärmlichen Verhältnissen, ist ihr Vater doch „Agrégé" und Professor am Collège de France. Eine für die Familienehre eher peinliche, untergeordnete Stellung – wahrlich beklagenswert – und das im Alter von achtunddreißig Jahren! Was soll nur aus all diesen Akademikern werden! Die Welt auf dem Kopf erfasst freilich nicht alles, wohl aber die Wertigkeit der Berufe, die durchaus nicht unserem aus der Realität vertrauten Schema entsprechen. Und noch eines: Natürlich erinnert uns die hochmoderne Küche an jene Modernisierungsschübe, welche auch die Gastronomie in Frankreich nicht verschonten und denen Jacques Tati in seinem urkomischen Film *Mon oncle* einige Jahre später mit seiner vollautomatisierten Küche in seinen eigenen „modernen Zeiten" ein unsterbliches Denkmal gesetzt hat. Sie kennen doch Jacques Tati? Man könnte ihn als ebenso schlaksiges filmisches Pendant neben den jungen Literaten Boris Vian stellen.

Chick ist nicht so gebildet: Er kennt Nicolas' gastronomischen Säulenheiligen Gouffé nicht, was er aber sofort einräumt, indem er selbst erklärt, er kenne außerhalb von Jean-Sol Partre nicht viel. Der kleine Dreher im Namen ist so herrlich, dass ich vor langen Jahren bei einem Vortrag angesichts zahlreicher Bewunderer des existenzialistischen französischen Philosophenehepaares der allzu großen Versuchung nicht widerstehen konnte, statt Jean-Paul Sartre eben Jean-Sol Partre zu sagen. Wie dem auch immer sei: Der ungebildete Chick hat die hübsche Nicht von Nicolas, die leider akademische Alise, neulich bei einer Veranstaltung von Partre kennengelernt, ist doch auch sie als Philosophiestudentin der nach Tausenden zählenden Gemeinde eingeschworener Partre-Fans zuzurechnen. Die

Gelegenheit war günstig: Man kann sich bei den hoffnungslos überfüllten Veranstaltungen des begeisternden Philosophen in der Tat wunderbar persönlich kennenlernen, denn die Zuhörerinnen und Zuhörer drängen sich mitunter so eng in seinen Sälen zusammen, dass sie sich bisweilen sogar ausziehen müssen, um alle – oder doch in etwa alle – Platz finden zu können. Die Begeisterung für Jean-Paul Sartre kannte in den Nachkriegsjahren in Frankreich keine Grenzen; und es wäre für die damaligen Zeitgenossen schlicht unvorstellbar gewesen, hätte man gehört, dass der so breit akklamierte Philosoph nach seinem Tod im Jahre 1980 mittlerweile seit vier Jahrzehnten in einem nicht mehr enden wollenden ‚Fegefeuer' der französischen Intelligenzija schmort.

Die Zufallsbekanntschaft von Chick heißt also Alise, und sie haben sich bei einer derartigen Veranstaltung kennengelernt, wobei Chick es war, der nach Feststellung identischer Geschmacksrichtungen eine „expérience existentialiste" machen wollte, indem er der schönen jungen Dame völlig überraschend zuflüsterte, dass er sie liebe. Die Antwort von Alise war ein „Oh", doch ging die spontane existentialistische Erfahrung doch nicht ganz in die Hose, da Alise sich nicht in ihr Wunderland zurückzog, sondern den jungen Ingenieur zur gemeinsamen Partre-Lektüre mit auf die Bude nahm. Wenn Sie meiner Vorlesung über *LiebeLesen* gefolgt sind, dann wissen Sie, wie eine solche gemeinsame Lektüre weitergeht und wo sie seit Dantes Paolo und Francesca endet. Sie merken schon: Literatur (unter Einschluss der Philosophie) verbindet![3]

Das achtundzwanzigste Kapitel enthält die unvergessliche Darstellung eines öffentlichen Vortrags von Partre; so sollten wir nicht darauf verzichten, es gleich an dieser Stelle miteinzubauen und zu analysieren. Als unbedingter Sartre-Fan ist Chick natürlich schon seit dem Vorabend im entsprechenden Saal und muss nicht wie viele andere sein Leben aufs Spiel setzen, um durch Fallschirmabsprung, durch die Kanalisation, durch das Drucken gefälschter Einladungskarten oder viele weitere Tricks in den Vortragssaal zu gelangen. Ich erspare Ihnen die Einzelheiten, bei denen allerdings schon die brutale, grausame Dimension des Lebens in dieser letztlich in einem fiktiven Paris angesiedelten Welt zum Ausdruck kommt. Denn bereits im Vorfeld des Vortrags werden Dutzende von Menschen zu Tode kommen.

Konzentrieren wir uns auf den Auftritt und einige wenige Vorkommnisse bei Sartres oder Partres Vortrag! Vergessen wir dabei nicht, dass wir nicht in der Loge der Duchesse de Bovouard sind, sondern uns noch in der Loge des kleinen Chick sowie im zweiten Teil hinter der Bühne, auf der Partre liest, befinden:

---

3 Vgl. Ette, Ottmar: *LiebeLesen*, S. 6–9.

Aber Jean-Sol näherte sich. Auf der Straße erschallten Klänge aus Elefantenrüsseln, und Chick lehnte sich aus dem Fenster seiner Loge. In der Ferne tauchte die Silhouette von Jean-Sol in einer gepanzerten Kabine auf, unter ihm der raue und faltige Rücken des Elefanten, der im Lichte eines roten Scheinwerfers einfach unerhört aussah. An jeder Ecke der Kabine hielt sich ein mit einer Axt bewaffneter Eliteschütze bereit. Mit großen Schritten bahnte sich der Elefant einen Weg durch die Menge, und das dumpfe Getrampel seiner vier Pfeiler, die durch die zerdrückten Körper stampften, kam unerbittlich näher. Vor dem Tor kniete der Elefant nieder, und die Eliteschützen stiegen herab. Mit einem grazilen Sprung erschien Partre zwischen ihnen, und sie bewegten sich in Richtung Bühne, wobei sie links und rechts mit Axthieben den Weg freimachten. [...]
Glücklicherweise stürzte die Gesamtheit der Decke auf den Saal herunter, was es Isis ersparte, in die Details zu gehen. Ein dichter, dicker Staub stieg empor. Mitten im Gips krümmten sich weißliche Formen, schwankten und brachen zusammen, erstickt von der schweren Wolke, welche über den Trümmern lag. Partre hielt ein und lachte aus vollem Herzen, wobei er sich vor Glück auf die Schenkel schlug, bei diesem Abenteuer so viele engagierte Leute zu sehen. Er sog einen tiefen Schluck Staub ein und begann, wie ein Verrückter zu husten.[4]

Erinnern Sie sich noch an unsere avantgardistischen „Serenate" und Happenings in der ersten Hälfte des 20. Jahrhunderts in Italien, Frankreich, der Schweiz oder Deutschland? Sie können sich dank Boris Vians – der persönlich mehr für seine „Surprise Parties" bekannt war – erheiternden und hyperbolischen Darstellung vorstellen, wie so ein existenzialistisches Veranstaltungs-Abenteuer ausgesehen haben mag, in dessen Zentrum der französische Sonnen-Gott Partre stand. Letzterer wurde selbstverständlich stets beäugt von der Duchesse de Bovouard, gab es doch viele hübsche Mädchen, die sich (wie später die Groupies bei den Rock-Stars der sechziger Jahre) um den Philosophen scharen. Boris Vian wusste, wovon er sprach, wenn er an den Schwarm um Sartre dachte, der nun wirklich keine Schönheit war. Aber darauf kam es angesichts des geforderten Engagements bei dieser ‚Aventure' auch nicht an.

Kein Mensch hört freilich auf die Worte des eminenten Philosophen, alles ist direktes körperliches Erleben – wie im Falle der großen Saaldecke, die herabbricht und viele unter sich begräbt, weil sich auch dort Fanatikerinnen und Zuschauer oberhalb der Bühne gedrängelt hatten. Partre rührt das nicht. Er ist an derlei Auftritte gewöhnt, kommt er ja gleichsam als großer Mandarin[5] von Paris, von Elitesoldaten geschützt, auf einem Elefanten daher, wobei ungezählte Menschen zu Tode kommen oder zerquetscht werden, gleichsam über Leichen zu neuen phi-

---

4 Vian, Boris: *L'écume des jours*. In: *Romans, nouvelles, œuvres diverses*. Édition établie, présentée et annotée par Gilbert Pestureau. Paris: Le Livre de Poche / La Pochothèque 1991, S. 66 ff.
5 Vgl. zu diesen großen Mandarins in der französischen Szene auch das Buch der „Duchesse" Beauvoir, Simone de: *Les Mandarins de Paris*. Paris: Gallimard 1954.

losophischen Ufern gehend. Welch wunderbare Persiflage aus der Feder von Vian, dieses Hansdampfs in allen Gassen der französischen Kultur!

In einer Stadt, deren Konturen trotz aller Anspielungen auf Paris unklar bleiben und deren Geschichte, aktuelle Politik und allgemeine Situation nicht beleuchtet werden, spielt Partre eine wichtige, vielleicht sogar vom Staat geschützte Rolle. Denn Partre ist ein Staatsphilosoph. Er vermarktet dabei, wie noch zu zeigen sein wird, seine in unerhört schnellem Rhythmus veröffentlichten Werke – fünf Aufsätze pro Woche, eine zwanzigbändige Enzyklopädie in weniger als einem Jahr sowie vieles mehr – auf überaus geschickte Weise, wodurch Vian dezent auf die Bedeutung jener Verbindungen hinweist, die sich längst zwischen dem akademischen Feld der Philosophie und einem breiten Massenpublikum ergeben haben. Leider können wir an dieser Stelle nicht auf alle humorvollen Verhohnepiepelungen von Sartres Buchtiteln und Publikationen eingehen; besonders schön ist aber doch „La Lettre et le Néon", eine schöne Vermischung von *L'être et le néant* und *Les mots*, das sich als ein berühmtes philosophisches Werk über die Neon-Leuchtreklamen zu erkennen gibt. Man spürt hier etwas von der Hyperbolik und dem Lachen eines Rabelais – und wohl bereits auch ein klein wenig von jener Gewalt, die sich gegen den alle Felder so beherrschenden Sartre nach seinem Tod richtete und im Grunde bis heute anhält.

Selbstverständlich sind alle Veröffentlichungen, ja selbst der unscheinbarste Huster von Jean-Sol Partre Kult. Chick gibt sein letztes Geld für eine Sammlung von Partres Büchern, Manuskripten, Varianten, Hosen, Pfeifen und anderen Reliquien aus, so dass Alise letztlich nichts anderes übrigbleibt, als Partre in dessen Kaschemme aufzusuchen, wo er wie immer schreibend gerade mit der Fertigstellung seiner großen Enzyklopädie beschäftigt ist. Chicks Freundin bittet den großen Philosophen flehentlich um Chicks willen, der sich nun endgültig ruinieren würde, um den gnädigen Verzicht auf die Publikation oder wenigstens um deren zehnjährigen Aufschub, um etwas Zeit zu gewinnen. Doch Partre hat kein Einsehen und schreibt unermüdlich weiter. So sieht sich Alice schließlich gezwungen, Partre das „Arrache-cœur" – es gibt wenig später auch den gleichnamigen Roman *Herzausreißer* von Boris Vian – auf die Brust zu setzen und dem verdutzten Partre das Herz in Tetraeder-Form herauszuziehen. Das sind allesamt Szenen, wie sie auch von Alfred Jarry und seinen pataphysischen Gestalten stammen könnten. Doch wir verzeihen Alice diese Tötungsart des großen Partre: Der Tod des Philosophen erscheint allen Mitfühlenden als letzte Lösung, stürzen die Kosten, die seine verschiedenen Vermarktungsstrategien verursachen, doch die Hauptfiguren des Romans in Verzweiflung, Armut und endgültigen Ruin.

Wenn wir uns die oben zitierte Szene genauer anschauen, so erkennen wir, dass sie Teil einer Schreibstrategie Vians ist, die wir unumwunden mit Michael

Bachtin als Karnevalisierung bezeichnen können.[6] Die Akzente gerade der ernsten Dinge – wie etwa das Halten eines philosophischen Vortrags – werden so verschoben, dass sie vor der Lachkultur völlig in den Hintergrund treten. In der von Vian gestalteten Szene muss selbst Sartre alias Partre lachen, verschluckt sich allerdings grässlich dabei. Im ganzen Roman haben wir es immer wieder mit verschiedenen Formen der Populärkultur wie der sich bald schon entwickelnden Popkultur sowie mit der sich herausbildenden Massenkultur zu tun. Erwähnt seien hier nur das Hollywood-Kino, der Abenteuerroman, die populäre Jazzmusik, aber auch skurrile Tanzformen wie insbesondere der „Biglemoi", ein eindeutig erotischer Tanz, als dessen Ergebnis vor neunzehn Jahren Alise selbst vor dem Leser erstand. Wir könnten diesen Tanz, der gewiss etwas mit „Beagle" zu tun hat, frei übersetzen als „Haschmichtanz".

Auch das Radio hat seinen festen und wichtigen Platz in diesem Panorama kultureller Medien, wobei die Welt seriöser Sendungen oftmals urkomisch auf den Kopf gestellt wird. So erscheint die Theorie des Existenzialismus letztlich als große Mixtur, in der Reines und Überflüssiges explizit zu einem genießbaren Gebräu vermengt werden. Ausgerechnet die zentralen Begriffe des Existenzialismus – wie etwa „choix" oder „engagement" – werden in solche Zusammenhänge gerückt, dass sie ihren Wert als seriöse Philosopheme völlig verlieren, um in ein geradezu absurdes Theater überführt zu werden.

Auch in der oben gewählten Passage aus Vians *L'écume des jours* wird der für Sartres Philosophie enorm wichtige Begriff des „Engagements" unverkennbar verhohnepiepelt. Noch stärker ist dies bei dem Verweis darauf der Fall, dass Nicolas, der „Präsident des Philosophischen Hausbediensteten-Zirkels" („Président du Cercle philosophique des gens de maison de l'arrondissement") ist. Es handelt sich um eine Organisation, die über weitaus mehr Renommee als etwa das Collège de France verfügt und die Problematik erörtern lässt, welche Beziehungen es zwischen dem Engagement-Begriff Partres, dem Engagement der kolonialen Truppen und dem Engagement, also der Einstellung, von Hausbediensteten gibt. Jean-Sol Partre hat wenig Nachsicht mit dem sich an seinen Werken ruinierenden Chick, habe sich dieser doch in seinem Sammlertun auf einen „choix" festgelegt, was vollständig sein individuelles und menschliches Recht sei.

Dergestalt durchziehen den kleinen Roman Vians ständig Anspielungen auf Theoreme und Philosopheme, die explizit dem Existenzialismus zugeordnet werden und aus der Feder Partres oder aber der Duchesse de Bovouard stammen. Es muss Vian einen ungeheuren Spaß gemacht haben, die Seriosität des Philoso-

---

6 Vgl. etwa den deutschsprachigen Band von Bachtin, Michael: *Literatur und Karneval. Zur Romantheorie und Lachkultur.* Müncheen: Carl Hanser Verlag 1969.

phischen dem populären Lachen auszusetzen, das nichts mehr von der Ernsthaftigkeit des Akademischen bestehen lässt: Die Philosophie ist hier ein Diskurs wie jeder andere und kann kein höheres Recht auf Welterklärung einklagen. Es ist das Lachen Alfred Jarrys, das sich in diesen pataphysischen Betrachtungen lautstark Bahn bricht. Damit erfolgt auch auf dieser Ebene eine Karnevalisierung der Begriffe, die von Boris Vian sozusagen das Narrenkostüm übergezogen bekommen und durch die Seiten von *L'écume des jours* als unseriöse Lachfragmente promenieren. So werden die Elemente einer Hoch- und einer Massenkultur miteinander vermischt, die Grenzen zwischen beiden Ebenen überschritten, die Kluft geschlossen. Leslie Fiedler hatte seine postmoderne Freude daran.

Der erste Teil des Romans spielt in einer bezaubernden Atmosphäre des Lichts, der Leichtigkeit und des Lebens in einer Welt, die dann jedoch sukzessive verdunkelt, immer schwerer und enger wird und schließlich zum unausweichlichen Tode führt. Den Wendepunkt des Romans bildet dabei die Hochzeitsszenerie von Colin und Chloé in der Kirche, wo Chloé zum ersten Mal hustet. Ihre zunächst nur als leicht erscheinende Erkrankung erweist sich bald schon als Krankheit zum Tode, die wie bei allen romantischen Heldinnen – die hier natürlich gleich mitaufgegabelt werden – von innen kommt und zumeist konvulsiv ist, wie wir aus einer langen Literaturgeschichte kränkelnder Protagonistinnen wissen.

Doch bis es zu Hochzeit und finaler Erkrankung kommt, sind noch viele Abenteuer zu bestehen, von denen das wichtigste zweifellos das der Liebe ist. Denn Colin kommt nach der Bekanntschaft Chicks mit Alise, in die sich dessen hübscher Freund ebenfalls verguckt, unter Druck, da er möglichst schnell ebenfalls eine Freundin besitzen möchte, was natürlich rasch gelingt. Dabei fehlen auch in diesem ersten Teil keineswegs die brutalen und schrecklichen Ereignisse, die allerdings in heiterem Ton und mit der größten Selbstverständlichkeit berichtet werden. Denn noch ist die Welt lichtvoll, lächelnd und leicht.

So kommt es beim Schlittschuhlaufen zu einem großen Unfall, als Colin am anderen Ende der Eissporthalle des Molitor seine Freunde Chick und Alise erkennt, zu ihnen fährt, aber dabei nicht bedenkt, dass er die obligatorische Kreisbewegung aller anderen Schlittschuhläufer*innen behindern wird. Es kommt zu einer fürchterlichen Massenkarambolage, bei der viele, nicht aber die Freunde Colins, in Stücke gerissen werden und fatal auf dem Eis verenden. Die Aufräumarbeiten werden zügig durchgeführt, es wird höchstens noch (wie in einem anderen Falle auch) ein Kreuz aus Eis aufgestellt, das schnell wieder wegschmilzt und die Leichenteile kommen in die große Falltür, die „trappe", wie es wohl mit einer Anspielung auf Alfred Jarrys *Ubu Roi* heißt. Die intertextuellen Bezüge zu diesem Vorläufer der historischen Avantgarden und in dessen Nachfolge speziell auch zum Surrealismus sind derart zahlreich, dass man von einer offensichtlichen Einschreibung in diese literarische Traditionslinie sprechen kann. Doch sollten wir an dieser Stelle unsere Besprechung des ersten Roman-Teils weiter fortsetzen!

Seit Colin Alise gesehen hat, kann er an nichts anderes als an Nicolas' schöne Nichte oder höchstens noch an Frauen überhaupt denken. Als er zu einem Empfang aus Anlass des Geburtstages eines Hundes geht, schließt sich seine Wohnungstür hinter ihm mit dem Geräusch einer nackten Hand auf einem nackten Po, die Haustür nicht weniger unkeusch mit dem Geräusch eines Kusses auf einer nackten Schulter. Schon zuvor hatte er beim Heben seines Zeigefingers in die Luft gespürt, dass Liebe in der Luft liegt – sein Zeigefinger hatte einfach zu brennen angefangen. Dieses literarische Verfahren, idiomatische Redewendungen wörtlich zu nehmen und – „exécuter une ordonnance" – eine Ordonnanz wirklich zu exekutieren, ist direkt von den französischen Surrealisten geborgt und leistet Vian immer wieder gute Dienste. Auch auf dieser Ebene zeigt sich die Präsenz der historischen Avantgarden und ihrer Vorläufer.

Mit einem solchermaßen geschärften Bewusstsein ausgestattet, taumelt Colin hinter zwei hochhackigen Schühchen, wenig blickdichten Strumpfhosen und einem ultrakurzen Rock mehr recht als schlecht die Treppe zum Empfang hinauf, so dass es nur eine Frage weniger Minuten ist, bis Colin – aller Ungeschicklichkeiten zum Trotz – seine Chloé kennenlernt. Denn Colin ist gegen die „concupiscentia oculorum" nicht gefeit. Mit seiner hübschen Chloé wird er bald einen surrealistischen Bummel durch Paris antreten, bei dem eine kleine rosarote Wolke die beiden Verliebten einhüllt, in der es schön warm ist und nach Zucker duftet, aus der man die Menschen beobachten, aber selbst nicht gesehen werden kann. Wenn man sich da nicht unsterblich verliebt …! So werden Chloé und Colin bald schon ein glückliches Liebespaar, das gemeinsam Hochzeitspläne häkelt.

Der romaneske Text besitzt im ersten Teil eine grundlegend ambivalente und spielerische Struktur, indem zum einen Verfahren wie Versatzstücke des Surrealismus und zugleich des französischen Existenzialismus munter und bunt miteinander vermischt werden. Zum anderen handelt es sich aber auch um ein literarisches Spiel mit Märchen und populären Erzählformen, mit Beschreibungsweisen ausschließlich weiblicher Körperlichkeit und Objekthaftigkeit, mit US-amerikanischer Jazzmusik und populärkulturellen Formen, in denen sich die geneigte Leserschaft sehr leicht verfängt. Das Ludische und miteinander über alle Grenzziehungen hinweg Vermischende sind zweifellos die vorherrschenden Bestandteile eines Schreibens, das ohne Zweifel beim Publikum auf Lesegenuss abzielt.

Dann aber beginnt die Welt nach der Hochzeit Chloés und Colins sich wort-wörtlich zu verfinstern und immer enger zu werden. Auf der Hochzeitsreise kommen die sich glücklich Liebenden an den heißen Kupferminen vorbei, wo sie von Wesen abfällig angestarrt werden, welche die beiden zunächst nicht als Menschen erkennen. Dies erinnert jede*n französische*n Leser*in an jene berühmte Szene bei Jean de La Bruyère, in welcher die Bauern auf dem Felde zunächst nicht als Menschen, sondern vielmehr als Tiere erkannt werden, bevor sie ein menschliches Antlitz zeigen. Plötzlich wird in aller Brutalität deutlich, dass es Menschen gibt, die arbeiten, und zwar unter absolut unmenschlichen und ausbeuterischen Bedingungen. Diese Szene findet sich zu Beginn des zweiten Teiles von *L'écume des jours*, und sie ist mit dem Hinweis gekoppelt, dass man diesen Arbeitern gesagt habe, ihre Arbeit sei gut und wichtig, so dass sie nicht nur wie die Verrückten arbeiten, sondern auch all jene verachten, die ihrerseits nicht arbeiten wollen.

Boris Vian gelingt es auf spielerische und fast beiläufige Weise, die Komplexität eines globalwirtschaftlichen Systems aufscheinen zu lassen, in welchem die einen ihr privilegiertes Leben führen, während die anderen in ausbeuterischen Tätigkeiten fast wie Tiere gehalten werden. Dass es sich hierbei um eine Kritik am auf Ungleichheit basierenden kapitalistischen System der Weltwirtschaft handelt, steht außer Frage. Für Colin freilich ist die Sache klar: Diese Menschen haben geglaubt, was man ihnen gesagt hat, also sind sie schlicht dumm, einfältig und damit selbst schuld an ihrem Schicksal! In dieser Szene kommt vielleicht zum ersten Mal in aller Dringlichkeit ein klar geformtes Ideologem in den Text, das im zweiten Teil zusammen mit der Kritik am kapitalistischen Wirtschaftssystem immer wieder abgearbeitet wird: der Kampf gegen den und die Befreiung vom bürgerlichen Wert der Arbeit.

Vergleichbar mit dieser ideologiekritischen Passage ist eine andere Stelle aus dem zweiten Teil, wo im Kapitel 51 deutlich Boris Vians antimilitaristische Position, kaum vermittelt durch die Erzählerfigur, zum Tragen kommt. Colin muss mittlerweile selbst arbeiten, weil sein ererbtes Geld fast vollständig aufgebraucht ist. So hat er sich beim Dienst für das Vaterland gemeldet. Doch seine Aufgabe ist nicht einfach: Er soll ganz einfach dafür sorgen, dass Gewehrläufe wachsen. Schauen wir uns einmal näher die Einweisung Colins an seiner neuen Arbeitsstelle an, denn sie klingt uns surrealistisch vertraut:

> Die Erde ist steril, Sie wissen, was das bedeutet, sagte der Mann, es braucht erstklassige Materialien zur Verteidigung des Landes. Damit aber die Gewehrläufe regelgerecht und ohne jede Krümmung wachsen, braucht es – dies hat man seit langem festgestellt – menschliche Wärme. Das ist im Übrigen für alle Waffen wahr.
> „Ja", sagte Colin.
> „Sie machen ein Dutzend kleine Löcher in die Erde", sagte der Mann, „mittig auf Höhe des Herzens und der Leber, und Sie strecken sich auf der Erde aus, nachdem Sie sich ausgezogen haben. Sie bedecken sich mit sterilem Wollstoff, der dort liegt, und sorgen für eine vollkommen regelmäßige Wärme."
> Er hatte ein falsches Lachen und schlug sich auf den rechten Oberschenkel.

„An den ersten zwanzig Tagen jedes Monats machte ich vierzehn davon. Ah, damals war ich noch stark! ...“
„Ja, und dann?“, fragte Colin.
„Ja und dann bleiben Sie vierundzwanzig Stunden so, und am Ende von vierundzwanzig Stunden werden die Gewehrläufe gewachsen sein.“[7]

Es ist leicht, hinter dieser literarischen Versuchsanordnung das surrealistische Verfahren zu erkennen, eine idiomatische Wendung wortwörtlich zu nehmen: „chair de canon.“ In dieser Passage wird buchstäblich vorgeführt, wie der Krieg die Männer braucht und ständig frisches Fleisch benötigt. Ganz selbstverständlich wird deutlich, dass die Gefahr der Arbeitslosigkeit immer auch die Gefahr in sich birgt, dass Leute für den Krieg und die Kriegsindustrie gewonnen und ausgebeutet werden können, dass sie folglich ihre Kraft und Energie in einen zerstörerischen Zweck stecken, der zuallererst ihr eigenes Leben zerstört. Wir können an derlei Stellen sehr deutlich jene pazifistische Haltung erkennen, die Boris Vian im Nachkriegsfrankreich zur Zielscheibe aller Patrioten machte.

Nun, die Menschen altern schnell in diesem Geschäft, Gewehrläufe wachsen zu lassen, so wie übrigens bei Vian alle Figuren schnell altern, welche hart arbeiten müssen und eine entfremdete Arbeit leisten – wenn sie nicht gleich daran sterben. In jedem Falle können Sie an derlei Passagen schon absehen, was Vian – nach dem Skandalerfolg von *J'irai cracher sur vos tombes*, auf den ich noch kurz eingehen will – einige Jahre später einen weiteren Skandalerfolg einbrachte: seine pazifistischen Chansons wie *Le Déserteur,* in denen er klare Stellung bezog gegen Krieg, Kriegsgewinnler und Militarismus in seinen allgemeinsten Formen. Wir befinden uns in einer Zeit kurz nach der Befreiung Frankreichs durch die Armeen der Alliierten von der Pest der Nationalsozialisten. Sie sollten sich einmal zuhause Vians Chanson *Le Déserteur* oder ein anderes seiner zahlreichen Lieder anhören, in welchen er sich über die Kriegsgewinnler und Waffenverkäufer, von denen es auch in Deutschland allzu viele gibt, lustig macht und sie direkt anklagt ...

Doch kehren wir zum eigentlichen Handlungsfaden von Boris Vians Roman zurück! In die Liebesgeschichte der beiden Protagonisten Colin und Chloé sind viele Züge von Märchen und Kindergeschichten, aber selbstverständlich auch der antiken Liebesgeschichte um *Daphnis und Chloe* eingewoben, zusammen mit einigen Verweisen auf Science-Fiction-Literatur, für die sich der Verfasser wohl als einer der ersten in Frankreich stark machte. Doch die Farben des Romans wechseln: von einer rosaroten Tönung vor der Hochzeit zu einer metallisch-dunkelgrauen Tönung nach der Hochzeit, welche die Wasserscheide der gesamten

---

7 Vian, Boris: *L'écume des jours*, S. 130.

Handlung bildet. Beispielsweise ist das erste Rendezvous von Colin und Chloé in die Farbe rosarot getaucht, eben wie erwähnt eine kleine rosarote Wolke, in der es schön warm und kuschelig ist, zuckrig riecht, aus der heraus man sehen kann ohne gesehen zu werden und welche die beiden Liebenden umgibt und sicher einhüllt.

Von der Geschichte dieser beiden erfährt die Leserschaft freilich nur sehr wenig, so wie überhaupt *die* Geschichte als Historie zumeist ausgespart bleibt. Boris Vians Kunst ist – insbesondere in diesem Roman – eine Kunst der Oberfläche ohne historische Tiefe: Und ich meine das nicht als Wertung, sondern beschreibend, um Sie zugleich auf diese Dimension des Schreibens im Zeichen der Postmoderne aufmerksam zu machen. Seine Figuren, von denen nur der Arzt Mangemanche in einem anderen Roman wieder auftaucht, besitzen im Grunde keine eigentliche Geschichte oder Herkunft; wir sehen nur von ihnen, was wir aktuell erblicken, alles andere ist uns unter der Oberfläche verborgen. Dies besitzt eine wichtige epistemologische Dimension, standen doch das 19. Jahrhundert und die erste Hälfte des 20. Jahrhunderts im Zeichen der Tiefenstrukturen. So wie Karl Marx zwischen dem Überbau und einem Unterbau unterschied, wobei alles auf diesem wirtschaftlichen Unterbau beruhte, so differenzierte auch noch Sigmund Freud zwischen der manifesten Oberfläche und den Tiefen eines dem Ich unbewussten Es, das es zu erhellen galte. Doch ich komme auf diese Frage nach den Oberflächen und der Abwendung von den (historischen) Tiefenstrukturen zurück.

Diese Ausblendung historischer Tiefenschärfe steht ganz im Gegensatz zur damals weitgehend vorherrschenden Ästhetik, in der nicht nur im Umkreis der *Temps Modernes* die Geschichte zum Ort aller Legitimationen und Erklärungen, bisweilen auch zum Tribunal allen menschlichen Verhaltens und Handelns geworden war. Jean-Paul Sartres Konzepte des „engagement" und des „choix" sind ohne die Zentralstellung der Geschichte als legitimatorischer Instanz nicht vorstellbar – bei Boris Vian ist dies anders. Nicht etwa, dass bei ihm die Geschichte komplett ausgeblendet wäre: Wir haben ja gerade gesehen, dass er sie wie am Beispiel weltwirtschaftlicher Ausplünderung zum Teil sogar militant in sein gesamtes romaneskes Schaffen mitaufnahm, auch wenn er sich selbst nicht als politisch militanten Schriftsteller verstand! Doch in seinen Romanen ist alles polierte und raffiniert gestaltete Oberfläche, an der seine Figuren freilich selbst kleben bleiben: Hier dominieren die Riten und Zeremonien wie etwa die Hochzeitszeremonie oder Jean-Sol Partres Vortragszeremonien, ohne dass darunter etwa ein Glaube, eine Geschichte oder Überzeugung sichtbar würden. Chick beispielsweise ist kein Existenzialist, sondern ein existenzialistischer Devotaliensammler, der wie alle Sammler darauf aus ist, dass seine Sammlung vollständig ist.

Das junge Liebespaar unternimmt einen Spaziergang durch ein seltsam entrücktes Paris, das in seinen Umrissen zwar erkennbar, aber für das aktuelle

Lesepublikum seltsam entfremdet ist. Auch in diesem Zusammenhang dominiert eine Kunst der Oberfläche, die sich insbesondere in dem von Chloé vorgeschlagenen Schaufensterbummel dokumentiert. Gehen wir kurz mit Chloé durch dieses Pariser Passagenwerk! In einem ersten Schaufenster sieht man eine nackte Frau auf einer Matratze, die sich ihre Brüste hochbürsten lässt, wobei die Schaufensterankündigung dazu nicht recht passen mag. In einem anderen Schaufenster sehen wir eine Art Metzgertyp, der kleine Kinder öffentlich abschlachtet: Es handelt sich um eine „vitrine de propagande pour l'assistance publique", ein Schaufenster zur Propagierung öffentlicher Wohlfahrt. Eigenartig, wie sehr die aktuelle Diskussion um massenhafte Kinderpornographie und Kindesmissbrauch dazu passen mag ...

Hier also zeigt eine staatliche Wohlfahrtsorganisation, was sie so tut: Sie schlachtet kleine Kinder ab. Colin ist unangenehm berührt, insoweit er anmerkt, dass das ganze Geld (womit wohl die Steuern gemeint sind) dafür verschwendet werde, dass man immer wieder das Schaufenster vom verspritzten Blut säubern müsse. Mehr jedoch erfahren Wir nicht. Wir werden mit Schaufenstern konfrontiert, mit Vitrinen, hinter deren gläserner Oberfläche sich keine wirklich erfahrbare, erlebbare und begreifbare Geschichte öffnet. Und doch ist diese Passage auch ein Beispiel dafür, dass sich das Element der Grausamkeit, das diesem Roman im Zusammenspiel mit der Liebesgeschichte ein so eigenes Gepräge gibt, auch schon im ersten Teil des Erzähltextes präsent ist.

Auch in ihm gibt es Brutalität und Szenen der Grausamkeit: Die jungen Liebenden sind nur zu diesem Zeitpunkt noch nicht selbst davon betroffen. Auch ein drittes und letztes Schaufenster ist gleichsam dekontextualisiert und geschichtslos: Man sieht einen großen dicken Bauch, in welchem Colin den Bauch seines früheren Kochs erkennt. Dieses Element des zerstückelten Körpers, das häufig im Roman vorkommt und diesen geradezu leitmotivisch durchzieht, ist dabei unverkennbar surrealistischer Herkunft, wobei der französische Psychoanalytiker Jacques Lacan wenige Jahre später die Theorie zum „corps morcelé", dem zerstückelten Körper, nachlieferte. Zugleich haben wir damit die Herkunft zumindest eines Teils der Grausamkeit ausgemacht, die sich in *L'écume des jours* beobachten lässt, jener Grausamkeit, die wir schon bei Alfred Jarry hatten beobachten können. Mit unzähligen Fäden ist das lilterarische Werk Boris Vians mit den historischen Avantgarden, Antonin Artauds „Theater der Grausamkeit", dem „Théâtre de la cruauté", aber auch prospektiv mit dem „Absurden Theater" verknüpft. Nur ist bei Vian, dem begeisterten Mitglied des Collège de Pataphysique und Wallfahrer auf den Spuren Alfred Jarrys, die Beziehung zur Wirkkraft derartiger Bilder des Grausamen eine andere. Denn er will mit seinen Bildern nicht „épater le bourgeois", er will nicht schockieren: Seine Bilderwelt ist gleichsam in sich zurückgenommen, sie springt ihren Leser oder Betrachter nicht an, sondern präsentiert sich ihm als glatte, polierte Oberfläche in einer Selbstverständlichkeit, die eine ganz eigene Welt mit eigenen Gesetzen produziert und projiziert.

Dies ist nicht mehr die Welt der Surrealisten, die mit dem Revolver in der Hand auf die Straße hinausdrängt und Schluss machen will mit der Institution Kunst, sie in einem radikalen Bruch öffnen will auf das Leben, so wie wir dies wiederholt in den unterschiedlichsten Manifesten der *europäischen* und insbesondere westeuropäischen historischen Avantgarden immer wieder präsentiert bekamen. Vielmehr handelt es sich um eine Kunst, die gerade dadurch eine eigene, von der alltäglichen Lebenswelt abgetrennte Welt erzeugt, dass in ihr vollständig eigene Gesetze herrschen, eine ästhetische Welt, die ihre Leserschaft direkt gefangen nimmt, sie also gerade nicht auf die Straße hinausjagt, sondern im Bereich des Kunstwerkes halten will. Man könnte sagen, dass Boris Vians Kunst nicht explosiv und zentrifugal, sondern eher implosiv und zentripetal orientiert ist. Diese vollständige Welt freilich löst sich am Ende auf, genauer noch: Sie implodiert ohne Knall, ohne Bruch und Explosion. Sie wird einfach immer enger, bis sie sich auf einen einzigen Punkt zurückgezogen hat: den Schlusspunkt des gesamten Romans.

Das zweite Liebespaar, eigentlich das chronologisch gesehen erste, nämlich Alise und Chick, ist im Grunde ein „ménage à trois". Alise, deren Name natürlich auf *Alice in Wonderland* anspielt und diese Dimension intertextuell mit hineinbringt, ist ebenso wie Chick von den Büchern und der Figur Partres begeistert. Doch liebt sie Chick mehr als Partre, wie sie im fünfzehnten Kapitel sagt, und hört daher anders als ihr Liebhaber mit dem Sammeln auf. Für Chick hingegen gilt der Umkehrschluss: Er liebt Partre mehr als Alise. Daher ruiniert er nicht nur sein Leben, sondern auch das von Alise und zumindest mittelbar das Leben der anderen Romanfiguren.

Bereits im ersten Teil des Romans beginnt sich eine Pathologie des Sammlers aufzuzeigen, die im weiteren Verlauf des Textes immer groteskere Züge annimmt. Dabei spielt auch bei Chick die glänzende Oberfläche eine entscheidende Rolle. Denn ihn interessieren die Inhalte der Bücher Partres nur wenig oder gar nicht: Er ist vor allem an ihrem Äußeren und am Besitz dieser materiellen Oberflächen interessiert. Er sammelt leidenschaftlich alle ihre verschiedenen Ausgaben, in Schweinsleder oder in „Ekel-Haut" gebunden (wie es in Anspielung auf Sartres *La Nausée* heißt). Darüber hinaus hortet er Manuskripte, Schmierzettel, aber auch die angenagten Pfeifen, Hosen oder Hemden Partres, die er über seine spezialisierten Buchhändler für teures Geld erstehen kann. Bei Chick ist das Sammeln nicht dilettantisch, sondern wahrhaft pathologisch.

Schon in Kapitel 12 wird beispielsweise eine Partre-Ausgabe auf ungezahntem Klopapier erwähnt: Sie merken, wie weit textextern Imaginationskraft und Humor Boris Vians gehen und wie weit textintern Sammelleidenschaft und Pathologie des Sammlers Chick reichen. Aber selbstverständlich konstatieren wir auch eine klare Kritik an Sartre, den Erfolg seiner Schriften mit allen kommerziellen Mitteln noch zu verstärken. Von alledem bleibt am Ende nichts übrig: Chick wird wegen seiner Steuerschulden mit Hilfe eines „Egalisateur", eines Gleichmachers also, am Fuß seines liebsten und teuersten Buchregals erschossen, seine private Bibliothek kurze Zeit später ein Raub der Flammen.

Wie wir sahen, ist in all dem eine hyperbolische Kritik an Sartre untergebracht, was diesen jedoch nicht daran hinderte, zumindest nach außen hin seiner Bewunderung für das Buch Ausdruck zu verleihen. Nun gut, wenn der Partre von Boris Vians Roman geschäftstüchtig ist, dann kann es ja vielleicht auch der reale Sartre der *Temps Modernes* gewesen sein, wo einzelne Kapitel dieses Bandes zum ersten Mal erschienen. Vergessen wir aber auch nicht, dass ähnlich wie bei Jorge Luis Borges – aber gewiss nicht zum ersten Male in der Literaturgeschichte – die Präsenz der Bibliothek sowohl auf ästhetischer als auch auf Inhaltsebene breiten Raum einnimmt. Gesammelt wird nicht irgendwas, sondern vorwiegend Bücher und Manuskripte.

So wie der Roman selbst eine Vielzahl intertextueller Beziehungen zu anderen Büchern herstellt und sich in ein Universum der Texte integriert, so bildet das Sammeln von Büchern eine tendenziell unabschließbare Bibliothek heraus, als deren Krönung nicht anders als bei Jorge Luis Borges eine Enzyklopädie erscheint. Natürlich ist es nicht die *Encyclopaedia Britannica*, aber immerhin doch die „Encyclopédie de la Nausée" in nicht weniger als zwanzig Bänden, von Partre eigenhändig verfasst. Der Aufschwung der Sammelleidenschaft im Zeichen der Postmoderne und wirtschaftlich günstiger Bedingungen sei hier nur erwähnt und ohne weitere Erläuterungen mit dem verstärkten Aufblühen von Sammlungen und Museen in Verbindung gebracht, wie dies in der zweiten Hälfte des 20. Jahrhunderts weltweit sichtbar wurde. Von weitaus größerem Gewicht scheint mir das Selbstverständnis einer Literatur zu sein, die sich selbst auch als Archiv versteht, als eine Art Enzyklopädie in Aktion, die sich ständig erweitert und in immer neuen Konstellationen des Wissens auftritt. Gewiss ist auch diese Vorstellung nicht auf die Literaturen im Zeichen der Postmoderne beschränkt, erhält in diesem Kontext aber doch eine überaus große Bedeutung und Relevanz. Denn die Herausstellung von Bibliotheken und Privatarchiven beinhaltet die Vergleichzeitigung allen Wissens im interaktiven Speicher eben jenes Textes, den das Lesepublikum gerade liest.

Der in diesem Falle uneigennützige Colin, der wesentlich reicher ist als Chick, schlägt diesem vor, ihm ein Viertel seines Vermögens von insgesamt einhunderttausend Doublezons zu schenken, damit Alise und Chick heiraten können. Chick nimmt das Geschenk gerne an, verwendet es aber als pathologischer Sammler für seine Sammelleidenschaft oder, wie wir auch sagen könnten, für seinen „ménage à trois" um Partre. Es ist also nur logisch, dass Alise letzteren schließlich – wenn auch zu spät – umbringen muss.

Unterdessen wird Colins eigenes Vermögen, das zu Beginn des Romans noch unerschöpflich schien, ebenso wie seine ganze Welt immer kleiner: Alles schrumpft zusammen aufgrund der großen Ausgaben für die Hochzeitsfeier. Vor allem reduziert sich das Geld aber wegen Chloés Erkrankung, die – wie sich bald herausstellt – eine Seerose in der Lunge hat, welche nur dadurch bekämpft werden kann, dass ständig frische Blumen an ihr Krankenlager gebracht werden. Nun, das kostet! Die Unsummen von Geld ruinieren Colin, ohne dass etwas gegen die fortschreitende Krankheit hätte getan werden können.

Das Schrumpfen der Welt Colins verläuft mithin parallel zu dem seines Reichtums, und die Prozessualität des Schrumpfens erinnert uns an einen anderen wichtigen Roman der französischen Literaturgeschichte: Honoré de Balzacs *La Peau de chagrin*. Das Chagrinleder ermöglicht seinem Besitzer die Verwirklichung von Wünschen und Begierden, schrumpft aber dabei immer mehr zusammen und zeigt damit zugleich das solchermaßen beschleunigte Ende der Lebenszeit seines Besitzers an. Auf dieser Ebene findet sich ein deutlicher Parallelismus, eine klare intertextuelle Beziehung zu diesem vielleicht philosophischsten Roman aus der *Comédie humaine*. *La Peau de chagrin* darf vielleicht sogar als der am meisten goutierte Roman Balzacs in Zeiten der Postmoderne gelten.[8]

Dies liegt nicht nur daran, dass es explizite Bezüge zwischen *La Peau de chagrin* und jenem Kultroman der Postmoderne aus dem 18. Jahrhundert – nämlich Laurence Sternes *Tristram Shandy* – gibt, sondern mehr noch, dass sich das Chagrinleder just in einem Antiquariat fand, in dem Kunstwerke und Objekte der unterschiedlichsten Zeiten zugleich gegenwärtig, also vergleichzeitigt sind. Wir können all diesen intertextuellen Bezügen im thematischen Rahmen unserer Vorlesung nicht nachgehen, doch scheinen sie mir für Boris Vians Roman von großer Relevanz zu sein und darüber hinaus jenseits der direkten intertextuellen Relationen auch auf eine spezifische Sensibilität gegenüber derartigen Themenstellungen zu verweisen, die – wie wir langsam erkennen – für die Literaturen im Zeichen der Postmoderne charakteristisch ist.

Der dunkle und tragische zweite Teil ist im ersten schon angelegt, worauf schon die Tatsache hinweist, dass Colin am Tag vor seiner Hochzeit eine Unmenge Blumen für Chloé bestellt, dass Chloé direkt nach der Hochzeit zu husten beginnt

---

8 Vgl. auch Ette, Ottmar: LebensMitte(l) Literatur. Vom Lesen des Lebens als Mittel des Lebens. Überlegungen im Anschluß an Honoré de Balzacs „La Peau de chagrin". In: Ette, Ottmar / Sánchez, Yvette / Sellier, Veronika (Hg.): *LebensMittel. Essen und Trinken in den Künsten und Kulturen.* Zürich: diaphanes 2013, S. 21–46.

und viele weitere Indizien darauf hinweisen, dass es sich keineswegs um eine radikale Zweiteilung des Romans handelt. Das Böse hat die positiven, jungen und optimistischen Protagonisten nur noch nicht richtig im Griff. Doch es wird zupacken, auch wenn sie noch nichts davon ahnen. Mit umfangreichen und kostspieligen Vorbereitungen wird das große Hochzeitsfest gestaltet, wobei es in diesem Zusammenhang nicht um Inhalte wie etwa Glaube, Religiosität oder auch nur um Ethik, sondern ausschließlich um blitzblanke Oberflächen, Riten und Zeremonien geht. Der aus der „Sacristoche" kommende „Religieux", sein „Bedon" und ein „Chuiche" werden ausschließlich für ihre Performanz bezahlt, wie sie auch am Ende des Romans, dann allerdings kärglich, für die fällige Beerdigung entlohnt werden.

Damit ergibt sich ein in toto symmetrischer Aufbau des Romans: Am Ende der ersten Hälfte steht die Performanz einer Reichen-Hochzeit, während am Ende der zweiten jene einer Armen-Beerdigung steht. Nach den Vorbereitungen ziehen sich die drei Kirchenmänner ihre Fallschirme über und springen in den gewaltigen Kircheninnenraum hinunter, wo sie sanft landen. Auch hier ist der Innenraum in seiner Größe proportional zum Einsatz und Vorhandensein der Geldmittel: Erst in der zweiten Hälfte werden Geldmittel und Räume spürbar kleiner, enger, feuchter und trauriger. Noch unmittelbar vor der Hochzeit kommen Chick und Colin an einer Buchhandlung vorbei, in deren Auslage Chick ein Exemplar eines Partre-Bandes in kostbarer Aufmachung sieht. Er hat kein Geld, beginnt aber vor Begierde derart aus dem Mund zu triefen, dass sich auf dem Boden ein Rinnsal bildet. Colin hat ein Einsehen und gibt Chick genügend Geld, um dessen Begierde zu stillen.

Die Hochzeit beginnt und Colin wagt nicht, die wunderschön gekleidete Chloé zu küssen, da er befürchtet, ihre Aufmachung durcheinanderzubringen; doch hält er sich bei Alise und Isis schadlos. Wir dürfen daraus schließen, dass auch an dieser Stelle die schöne Oberfläche nicht zerstört, noch nicht einmal in Unordnung gebracht werden darf. Die Austauschbarkeit der Liebespartnerinnen erscheint in diesem Zusammenhang ebenso wie die Tatsache, dass die einmalige Festlegung auf eine Partnerin offenkundig von den Konventionen her zur Beibehaltung der einmal getroffenen Wahl verpflichtet. Dies besagen zumindest die für Männer geltenden Spielregeln.

So kommt es auch nie zu einer Verbindung von Daphnis alias Colin mit seiner Alise alias *Alice in Wonderland*. Die Geschichte kann nicht gut ausgehen. Machen wir uns kurz mit der Zeremonie vertraut, die musikalisch von der orchestralen Aufführung eines Blues, und zwar – wie Sie schon vermutet haben – mit dem Titel „Chloe", eingerahmt wird! Das Orchester wird allerdings nicht mehr von seinem Chefdirigenten geleitet. Werfen wir einen längeren Blick auf die Zeremonie:

Es gab einen plötzlichen dissonanten Akkord, da der Orchesterchef, der sich dem Rande zu sehr angenähert hatte, gerade ins Leere gefallen war, so dass der Vizechef die Leitung des Ensembles übernahm. In dem Augenblick, als der Chef auf den Steinplatten aufschlug, ließen sie einen anderen Akkord hören, um den Lärm des Falles zu übertönen, doch die Kirche erzitterte in ihren Grundfesten.

Colin und Chloé betrachteten verwundert die Parade der Geistlichen, des Dickbauchs und des Schweizarden, und zwei Unter-Schweizarden warteten hinten an der Kirchentüre auf den Augenblick, um ihre Hellebarden zu präsentieren. [...] Der Geistliche, der Dickbauch und der Schweizarde tanzten, nachdem sie ihre Instrumente weggeräumt hatten, derweil einen Kreistanz.

Auf dem Kirchenvorplatz führten Colin und seine Freunde eine komplizierte Bewegung aus und fanden sich hernach in bester Ordnung, um in die Kirche einzutreten: Colin mit Alise, Nicolas am Arm von Chloé, danach Chick und Isis und schließlich die Brüder Desmaret, aber diesmal Pegasus rechts und Coriolan links. Der Geistliche und seine Schergen hörten auf, sich im Kreise zu drehen, übernahmen die Führung der Prozession und alle stimmten einen gregorianischen Gesang an und rannten rasch zur Türe. Die Unter-Schweizarden ließen auf ihren Köpfen im Vorübergehen kleine Ballons aus dünnem Glas voll lustralen Wassers platzen und steckten ein brennendes Räucherstäbchen in ihre Haare, das für die Männer mit einer gelben und für die Frauen mit einer violetten Flamme brannte.

Die Wägelchen waren am Kircheneingang aufgestellt. Colin und Alise nahmen im ersten Platz und fuhren sofort los. Man gelangte in einen dunklen Gang, der nach Religion roch. Das Wägelchen fuhr mit Donnerklang auf den Schienen, und die Musik hallte lautstark nach. Am Anfang des Ganges stieß das Wägelchen eine Türe auf, bog in rechtem Winkel ab und der Heilige erschien, ganz in grünes Licht getaucht. Er machte grässliche Grimassen, und Alise schmiegte sich enger an Colin. Spinnennetze fegten ihnen durchs Gesicht und Bruchstücke eines Gebets kamen ihnen ins Gedächtnis. Die zweite Vision war die der Jungfrau, und bei der dritten, im Angesicht Gottes, der mit schwarzbuttrigem Auge nicht zufrieden aussah, fiel Colin wieder das ganze Gebet ein, so dass er es Alise sagen konnte.[9]

Ich habe diese Passage etwas ausführlicher zitiert, um Ihnen einen zusätzlichen Einblick in die literarischen Verfahrensweisen und den Grundton des Romans zu ermöglichen. Sie haben bemerkt, wie sich gleich zu Beginn in aller Brutalität ein Zwischenfall ereignet, der jedoch nach Möglichkeit übertüncht oder besser übertönt werden soll. Der Orchesterchef stürzt aus der großen Höhe des Kirchenschiffs ab und kommt dabei um. Schnell wischt die Schweizer Garde die Blutlache von den Steinplatten und der Geistliche wird dies später zum Anlass nehmen, dem Orchester nicht den bereits berechneten Posten für den Orchesterchef auszubezahlen, da dieser bereits vor Beginn der Aufführung verstorben sei. Auch an dieser Stelle wird jedoch versucht, geradezu mit Techniken Alfred Jarrys – nicht umsonst erscheint später der heilige in grünes Licht getaucht – die Oberfläche zu bewahren und die so schön bunte Szenerie nicht zu stören.

---

9 Vian, Boris: *L'Ecume des jours*, S. 52 f.

Neben den Ehrenjungfrauen gibt es beim Einzug der Hochzeitsgäste auch Ehrenjungs, daneben aber auch die „Pédérastes d'honneur", die „Ehren-Schwulen", die bei keiner festlichen Gelegenheit fehlen dürfen. Performanz ist alles! Das Interessante ist dabei nicht zuletzt, dass die implizite Karnevalisierung der Welt des Romans in die Normalität zurückgebogen ist, um deutlich zu machen, dass in dieser Welt sehr eigene Gesetze herrschen. Letztere sind zwar von denen der Welt des Lesepublikums nicht völlig verschieden, stellen zugleich aber eine unauflösliche Mischung zwischen Traum und Realität, Imagination und Konvention, purem Spiel und bloßem Ernst dar. Genau hierin besteht der spezifische Ton, der Vians Roman grundlegend prägt und ihm eben jene spielerische und zugleich brutale Dimension verleiht, in der die Performanz, die bunte Oberfläche, in den Vordergrund rückt und logische Zusammenhänge zunehmend an Gewicht und Wichtigkeit verlieren. Die klerikalen Traditionen sind bei der Hochzeitsfeierlichkeit nicht vergessen, werden jedoch in ein schrilles Licht gezerrt, welches die Gegensätze wie die Grenzen zwischen religiösem Ritus und volkstümlicher Geisterbahn verschwimmen lassen.

Die Karnevalisierung der Religion, wie sie hier in der Mischung aus Heiligenbildchen und Geisterbahn vorgeführt wird, leitet zur Religion der Karnevalisierung über. Die Welt steht nicht einfach auf dem Kopf, sie ist auf dem Kopf richtigherum aufgestellt. Auch Sartres existentialistische Philosophie ist nicht einfach ernst und seriös: Sie wirkt vielmehr als pure Fiktion und wird – so wie Borges jegliche Philosophie als Fiktion las – erst als fiktives Spiel verstehbar und vielleicht sogar genießbar.

Die obige Szene hat in gewisser Weise Modellcharakter, denn sie versinnbildlicht als Schein und Spiel eine ganze Welt, die im Sinne Baudrillards zum Simulacrum geworden ist. Der Glaube wird simuliert, die Religion als Ritus lebbar: Die Geisterbahn bringt das Gedächtnis einer religiösen Erziehung in Schwung, die nur oberflächlich war und nur die Oberfläche aufsagbarer Sprüche und Gebete betraf. Unter dem Schein der Angst wird ein Schein von Gebet wieder hervorgekramt, ohne jede tiefe Gläubigkeit und ohne jedes tiefe Gottvertrauen. Da können die Heiligen grässliche Grimassen schneiden so viel sie wollen: Sie wirken nur noch auf einer zweidimensionalen Projektionsfläche als Bilder und Erinnerungen einer längst vergangenen Zeit. Selbst der Geistliche hat keinen geistlichen Inhalt mehr: Ihm geht es nur noch um Kommerz und Kalkül. Es ist ihm egal, ob in seiner Kirche ein Orchesterchef in die Tiefe stürzt, denn mit der Tiefe ist es ein für alle Mal vorbei – und die Blutspuren auf der Fläche der Steinplatten sind schnell wieder weggewischt.

Es entsteht – wenn Sie so wollen – eine virtuelle Welt, in der eigentlich alles nicht so ganz wahr zu sein scheint: nicht der Tod der Anderen oder der Tod überhaupt, nicht das Altern, nicht die Religion, nicht der Glaube. Alles verflüchtigt sich in die schöne bunte Welt der Projektionen, die ein zweidimensionales Leben vorgaukeln. Alles erscheint als virtuell und wird auf diese Weise verfügbar gemacht, bis sich diese Virtualität in der zweiten Hälfte des Romans die Protagonisten verfügbar oder gefügig macht. Denn gestorben wird schon noch in Echtzeit …

Genau an dieser Stelle kippt die Welt der Virtualität und zeigt – und dies ist keineswegs postmodern –, dass unter ihrer schönen, noch nicht digital gepixelten Oberfläche doch noch eine weitere Wirklichkeit da ist, die ihre Kinder dann aus ihrem Second Life abholt und auffrisst. Ganz so, wie schon der Todessturz des Orchesterdirigenten nicht ganz übertönt werden konnte. Die Blutflecken betonen, dass an seinem Tod nicht zu zweifeln war, doch ihre Projektion auf die Steinplatten gleicht jeder Projektion auf einen Bildschirm: Schnell kann der wieder mit neuen Bildern aus einer Virtual Reality bestückt werden.

Die (sich andeutende) kybernetische Welt ist in Boris Vians Roman *L'écume des jours* noch nicht absolut geworden. Unterhalb ihrer Oberfläche scheint doch noch eine andere Welt auf, die auch den Protagonisten selbst ans *Chagrin-Leder* geht und ihrem Leben langsam, aber sicher nach einem langsamen Schrumpfungsprozess ein definitives Ende setzt. Die Protagonisten des Romans bezahlen einen hohen Preis dafür, dass sie so lange an das Simulacrum glaubten, hinter dem eine Realität der Steuereintreibungen, absoluter Herrschaft, kriegerischer Auseinandersetzung und radikaler kolonialer oder postkolonialer Ausbeutung sichtbar wird. Im Grunde sind sie alle in dieser Fiktion wie Colin: groß gewordene, aber noch immer sabbernde Babys, die ihr Glücklich-Sein mit dem Leben, die Performanz mit der Essenz verwechseln. Dies klingt also alles nicht mehr sehr postmodern, und Sie haben schon verstanden: Es geht mir ganz bestimmt nicht darum, Boris Vian als Postmodernen zu deklarieren und Ihnen als solchen zu verkaufen. Wir bleiben also nicht beim Schaum der Traumwelt in *L'Ecume des jours* stehen! Doch wir verstehen, dass sich bei Boris Vian etwas in der experimentellen Romanfiktion andeutet, was der hochtalentierte französische Künstler wohl früher als andere erkannt hat. Er weist voraus auf die baldige Allpräsenz einer virtuellen Welt, die freilich bei ihm eingehüllt ist in die reale Welt des US-amerikanischen Jazz und der bald alles überschwemmenden Massenkultur.

Es ist unmöglich, im Rahmen dieser Vorlesung auf Boris Vians *L'Ecume des jours* noch ausführlicher einzugehen, denn wir könnten uns viele Sitzungen lang mit diesem kurzen, aber ungeheuer dichten Roman des französischen Schriftstellers und Multitalents beschäftigen. Vians modernes und postmodernes Märchen endet in einer völligen Katastrophe, die sich ebenso langsam wie präzise einstellt und Schritt für Schritt vorrückt. Es ist eine Art Apokalypse, aber keine „apocalypse douce", keine sanfte Apokalypse. Es ist vielmehr eine Verdunkelung der Welt, in der die Sonne nicht mehr durch die Fensterscheiben dringt, das Geld ausgeht, das luxuriöse Leben Zug um Zug verschwindet und vor allem die beiden schönsten

Dinge der Welt, wie sie das Vorwort nennt, also der Jazz aus New Orleans und die Liebe mit hübschen Mädchen, nicht mehr wirklich möglich sind. Was hat das Leben dann noch für einen Sinn? Die Liebenden sind krank, sterben oder bringen sich um, und die Plattenspieler, die zuvor noch die Welt mitdrehten, stehen still. Da bleibt auch der Maus am Ende des Romans nur der bitterlich erflehte Selbstmord im Rachen einer vollgefressenen und etwas maulfaulen Katze. Das Märchen ist aus!

Die Welt des Boris Vian aber begann sich nun erst recht zu drehen. Seine zweifellos produktivsten Jahre sind diejenigen unmittelbar nach Ende der Occupation, in denen er eine Vielzahl von Romanen, Krimis, Liedern, Musikstücken niederschrieb oder zur Aufführung brachte, in denen er als Romancier Skandalerfolge einheimste, als künstlerischer Direktor bei Plattenfirmen arbeitete oder als Animateur in Pariser Nachtklubs seine Fans um sich scharte. Bis heute sind seine Auftritte als Jazztrompeter legendär.

Über all seinen Schriften schwebt die Musik, die er machte, die ihn mit der Kultur der Vereinigten Staaten in engste Beziehung brachte und doch zu einem Franzosen werden ließ, wie ihn nur die unmittelbare Nachkriegszeit hervorbringen konnte. Vian war, wie ich schon betonte, ein Multitalent, das freilich nicht auf allen Gebieten gleich begabt war, aber auf allen Ebenen dieselbe Lebendigkeit und Leichtigkeit ausstrahlte. Er war vor allem ein Künstler, der seine Kunst nicht auf den Bereich der Schriftstellerei begrenzt sah, sondern die unterschiedlichsten Ausdrucksformen und Gattungen ausprobierte und Kultur keineswegs nur mit elitären Großbuchstaben schrieb. Vian war offen für populäre Kulturformen ebenso in der Musik, im Theater wie im Roman. Dies zeigen nicht nur die Anleihen bei Märchen und Science-Fiction in *L'écume des jours*, sondern auch seine eigenen Kriminal- und Science-Fiction-Romane. Wir können dies alles in diesem Rahmen nicht diskutieren, doch wäre es unmöglich, über Boris Vian zu sprechen, ohne zumindest kurz seinen ersten großen Skandalerfolg zu erwähnen: *J'irai cracher sur vos tombes*.

Dieser Roman entstand innerhalb weniger Tage im Kontext einer Wette im Sommer des Jahres 1946. Das Titelblatt verkündete jedoch nicht den Namen von Boris Vian, sondern den eines gewissen Vernon Sullivan. Uns sind diese Spiele mit den Autornamen in unserer Vorlesung schon mehrfach begegnet, so dass ich darauf nicht weiter insistieren möchte. Jedenfalls habe dieser Kriminalautor auf Grund inhaltlicher Motive seinen Roman in den USA nicht publizieren können, so dass man ihn nun in französischer Übersetzung veröffentlichen müsse.

Mit dem Roman *J'irai cracher sur vos tombes* beginnt eine Reihe von Sullivan-Romanen, die nach dem Paukenschlag des ersten Erfolges von Boris Vian nachfolgend verfasst und unter seinem US-amerikanischen Pseudonym publiziert wurden. Der Roman, in welchem der typisch US-amerikanische Rassismus, brutale Gewalt und explizite Sexualität die Hauptrolle spielen, wurde bald schon von einer Pariser Keuschheitskommission unter einem gewissen Daniel Parker (der von Vian wenig später kurzerhand in eine Romanfigur verwandelt wurde) angeklagt, was sich ganz ohne Zweifel enorm absatzfördernd auswirkte. Alle Franzosen wollten diesen inkriminierten Roman nun lesen, der Verlag druckte und druckte. Vernon Sullivans Prosatext war endgültig in aller Munde, als wenig später ein Mann in Paris seine Geliebte auf eben jene Art hinstreckte, in der der Held von *J'irai cracher sur vos tombes* eines seiner Opfer meuchelt. Dabei ließ der reale Mörder pikanterweise – vielleicht handelte es sich bei ihm aber auch um einen möglicherweise arbeitslosen Philologen? – Vernon Sullivans Buch auf der richtigen Seite aufgeschlagen neben seiner von ihm ermordeten Geliebten liegen. Das Maß war voll und die Justiz (heraus)gefordert!

Sie können sich leicht vorstellen, dass in allen Boulevardblättern die Suche nach dem wahren Autor (oder Mörder) begann; und nachdem Boris Vian eine geraume Zeit später seine Autorschaft eingestand, half ihm wenig, dass er beteuerte, er sei kein Mörder, sondern ein Romancier. Fortan umschwebte ihn der Geruch des Skandalträchtigen, so wie der Geruch des Todes seinen Roman *J'irai cracher sur vos tombes* einhüllte.

Auch wenn wir uns nur kurz mit diesem Roman beschäftigen können, der alle Ingredienzien mitbringt, welche ein zeitgenössischer US-amerikanischer Kriminalautor zusammenmixte, so sehen wir doch deutlich, wie sich Boris Vian zwar an eine Textgattung der Massenkultur heranrobbte, ohne jedoch eine Reihe von in dieser Gattung gängigen Tabuthemen zu respektieren. Mir ist die Geschichte, die blutig und katastrophal endet, weniger wichtig als die Tatsache und die Kontexte ihrer Verfertigung durch den französischen Autor. Selbstverständlich ist es so, dass in einem erfolgreichen US-amerikanischen Roman keinesfalls der gegen die schwarze Bevölkerung gerichtete Rassismus eine so starke Rolle spielen könnte und mit einem so kritischen Potenzial ausgestattet wäre. Es handelt sich folglich um ein Pastiche, das kein Pastiche sein will, und um ein „Fake", das kein „Fake" sein möchte. Und doch sollten Sie einmal kurz hineingerochen haben in diesen Roman mit dem spektakulären, etwas blasphemischen Titel, der im August 1946 verfasst, im November 1946 veröffentlicht und zum Bestseller des Jahres 1947 wurde.

Ich hatte Sie ja schon einmal vorgewarnt im Rahmen dieser Vorlesung, und in der Tat lässt die Darstellung erregter männlicher Körperlichkeit kaum einen anderen Schluss zu als den, dass auch in diesem Falle ein überzeugter und passionierter Leser des Marquis de Sade ein eigenes kreatives Betätigungsfeld gefunden hatte. Andererseits werden Sie vielleicht aus der Nachkriegssituation und ihren Hexenjagden heraus verstehen, warum die Pressekampagne für den „Prinzen Boris" nicht ungefährlich war. Während man 1949 seinen ersten Sullivan verbot, verurteilte man 1950 den Autor der ersten beiden Sullivans (der zweite trug den Titel *Les morts ont tous la même peau*) wegen seiner Sittenwidrigkeit, einer „outrage aux mœurs" rechtskräftig zu einer letztlich wenig empfindlichen Strafe.

Unsere Szene stammt aus dem letzten Teil des Romans und lassen Sie mich kurz einige für uns wichtige Ereignisse zusammenfassen! Lee, der weißhäutige Held, der aber weiß, dass er schwarzes Blut in seinen Adern hat, rächt sich an den Weißen, die seinen schwarzen Bruder gelyncht hatten, weil dieser sich mit weißen Frauen einließ, gerade dadurch, dass er es ebenfalls mit weißen Frauen treibt, auf die er unwiderstehlich wirkt. Schließlich bringt er zwei rivalisierend in ihn verliebte Schwestern, die er fast gleichzeitig verführt hat, schön nacheinander um. Diese Mordszene habe ich für Sie ausgesucht. Wir sind am Ende der vorwiegend in der ersten Person Singular erzählten, ‚gerahmten' Geschichte angelangt, bevor wieder eine Erzählerfigur in der dritten Person Singular das Wort ergreift:

> Es fiel mir schwer, all das zu sagen. Die Worte kamen nicht von alleine. Sie war da, mit geschlossenen Augen, lag am Boden mit ihrem bis zum Bauch hochgezogenen Rock. Ich fühlte noch das Ding, das meinen Rücken hinunterlief, und meine Hand schloss sich um ihren Hals, ohne dass ich es verhindern konnte; es kam einfach; es war so stark, dass ich sie losließ und mich fast aufrichtete. Sie bekam bereits ein blaues Gesicht, aber sie rührte sich nicht. Sie hatte sich erdrosseln lassen, ohne etwas zu unternehmen. Sie musste eigentlich noch atmen. Ich habe den Revolver von Lou in meiner Tasche genommen und habe ihr zwei Kugeln in den Hals geschossen, fast mit aufgedrücktem Lauf; das Blut spritzte in dichtem Schwall heraus, kam langsam, in einzelnen Strömen, mit einem feuchten Geräusch. Von ihren Augen sah man gerade noch eine weiße Linie, die unter ihren Lidern lief; sie hatte eine Art Zucken, und ich glaube, dass es in diesem Augenblick war, dass sie starb. Ich habe sie umgedreht, um nicht länger ihr Gesicht zu sehen, und während sie noch warm war, habe ich mit ihr gemacht, was ich schon in ihrem Zimmer mit ihr gemacht hatte. Ich bin wohl unmittelbar danach bewusstlos geworden ...[10]

Die in der obigen Passage geschilderte Situation gehört sicherlich zu den härteren des Genres und ist in der Tat „Hard Boiled", doch weiß ich nicht recht, ob wir dem Roman – wie heute in den USA üblich – wirklich das Etikett „sexually explicit" aufkleben müssen. Recht elegant werden allzu körperliche Details ausgespart, auch wenn die Erzeugung der Bilderwelt im Leser, die Hypotypose, deshalb keineswegs geringer ausfallen dürfte. Hypotypotisch werden in uns wohl Bilder erzeugt, welche unbestreitbar eine starke Nachwirkung haben. Der Kinogänger und Drehbuchschreiber Boris Vian wusste das nur zu gut. Vielleicht ist er auch deshalb durch einen Herzinfarkt bei der Privataufführung der vehement von ihm

---

10 Vian, Boris: *J'irai cracher sur vos tombes*. Paris: France Loisirs 1979, S. 133.

abgelehnten Verfilmung eben dieses Romans gestorben – ein sprechendes Biographem, auf das ich gleich noch einmal zurückkommen werde. *J'irai cracher sur vos tombes*, das ja auch die Vorlage für einen echten Mord bildete, hat also mehrere Menschenleben auf dem Gewissen.

Man könnte sehr wohl sagen, dass wir es fast mit einer Art Ritualmord zu tun haben, bei dem sich das auserwählte Opfer gar nicht wehrt. Der nachfolgende Wechsel von der ersten zur dritten Person Singular weist darauf hin, dass der Mörder uns seine Geschichte nicht mehr zu Ende erzählen kann, mit anderen Worten: dass er von der Polizei nicht nur gejagt, sondern auch erschossen wurde. Aber ähnlich wie sein Opfer stirbt auch er sicherheitshalber gleich zweimal, ebenfalls wie bei einem Ritual. Denn der Erschossene wird am Ende von den aufgebrachten weißen Dorfbewohnern noch gehängt, wie man dies mit einem Schwarzen nun einmal machen müsse. Auch dies also ein Ritualmord, der im Übrigen ganz jenem Bild der Vereinigten Staaten entsprach, wie es sich in den Zeitungen und Zeitschriften im Frankreich der Nachkriegszeit verbreitete. Man hatte die vielen schwarzen US-Soldaten bei der Befreiung Frankreichs erlebt und gesehen, dass nach dem Krieg die alte rassistische Ordnung wiederhergestellt wurde. Vielleicht auch, um den eigenen Rassismus nicht mit aller Schärfe zu sehen, räumte man dem offenkundigen Rassismus in den USA publizistisch breitesten Raum in Frankreich ein. Wir wissen heute sehr wohl, dass sich an diesen Rassismen im Grunde wenig geändert hat.

Die Geschichte Lees ist die Geschichte eines Schwarzen, der „die Linie passiert" hat, wie der Roman es formuliert, der also für Außenstehende schlicht weiß aussieht und als Schwarzer nicht erkennbar ist. Boris Vian hatte damals gelesen, dass es mehrere Millionen derartiger „gens qui ont passé la ligne" in den USA gab, die auf den ersten Blick nicht auffielen, auf Grund ihrer Herkunft aber dennoch diskriminiert wurden. Sie werden mir es nicht glauben, wenn ich Ihnen sage, dass zu Beginn des 20. Jahrhunderts in den USA selbst die Iren als ‚nicht-weiß' galten, weil man sie für katholische Trunkenbolde hielt und nicht als ‚wirkliche Weiße' akzeptierte. Derartige Hürden gibt es auch heute noch für die ‚Latinos', die in die USA kommen wollen: Auch sie müssen sich ‚rassisch' (aber eigentlich rassistisch) gleich an der Grenze deklarieren. Ich empfehle Ihnen zum Überblick über historische wie aktuelle Rassismen und Diskriminierungen in den Vereinigten Staaten die Lektüre eines Bandes von Nell Irvin Painter über die Geschichte der Weißen, die eigentlich eine Geschichte ihrer Diskriminierungen ist.[11]

---

11 Vgl. Painter, Nell Irvin: *A History of White People*. New York – London: W.W. Norton 2009; sowie hierzu dies.: History of the White People – Introduction. In: Ette, Ottmar / Mackenbach, Werner / Müller, Gesine / Ortiz Wallner, Alexandra (Hg.): *Trans(it)Areas. Convivencias en Cen-*

Doch zurück zu unserem Roman! Auch von Boris Vian selbst ließe sich sagen, dass er jene Linie passierte, die innerhalb des Literaturbetriebs nicht nur in Frankreich geradezu unsichtbar die wahren Schriftsteller von jenen trennte und trennt, die nicht als solche zu betrachten sind. Nun, Boris Vian war ein Schriftsteller, der auf beiden Seiten der Linie zwischen der Hochkultur, der ‚Schönen Literatur' und der Massenkultur des Kriminalromans lebte.

Doch à titre d'anecdote muss ich doch noch nachholen, was damals die zahlreichen Moralisten in Frankreich besänftigt haben dürfte. Denn es hatte zu ihrer Beruhigung noch nicht ausgereicht, dass Lee am Ende für seine Schandtaten nacheinander erschossen und gehenkt wurde, so dass doch immerhin dem Prinzip der ausgleichenden Gerechtigkeit – zumindest scheinbar – Genüge getan war. Die Logik der Massenkultur galt für das Genre, dessen sich Vian in diesem Roman bedient hatte. *J'irai cracher sur vos tombes* wurde zu einem Bestseller, und so lag schon zum damaligen Zeitpunkt die Idee einer knackigen Verfilmung nahe. Boris Vian konnte sich sträuben wie er wollte, zu verlockend war für die beteiligten Verlage und Konzerne das einträgliche Geschäft mit dem Skandalroman. Wobei wir hier zwischen der Leichtindustrie der Verlage im Bereich Höhenkammliteratur und der Schwerindustrie der Filmkonsortien unterscheiden müssen, die nach ganz anderen Kriterien operierten. So einfach war das Spiel diesseits und jenseits der Linie zwischen Elite- und Massenkultur offenkundig nicht!

Einige Freunde überredeten Vian, zu einer ersten Vorabaufführung einiger Szenen zu gehen, die sich der französische Autor wohl einigermaßen angewidert anschaute, so dass er beschloss, gegen die Verfilmung vorzugehen oder zumindest seinen Namen nicht für ein solches Projekt herzugeben. Doch zu einem im Bereich des Möglichen liegenden Prozess kam es, wie wir wissen, nicht mehr: Boris Vian starb am 23. Juni 1959 noch im Kinosaal. Eine wirkliche Performanz, könnte man kaltblütig sagen, auf jeden Fall auch dies ein Skandal, der noch seinen Tod überschattete: *J'irai cracher sur vos tombes* wirft ein eigenartiges Licht auf bestimmte Todesszenen in Vians so ganz anderem Roman *L'écume des jours*.

Das Überschreiten der Linie aber war genau das, was Boris Vian aus heutiger Sicht mit Positionen der Postmoderne verbindet: *Cross the Border, Close the Gap*. Denn es wäre Vian nicht im Traum eingefallen, sich an die ungeschriebenen Regeln des traditionellen Literaturbetriebs zu halten. Doch man konnte dieses vielseitige und allzu früh verstorbene Talent weder den Existenzialisten noch den Surrealisten zuordnen, so wie wir ihn nun auch nicht post mortem in einen Postmodernen verwandeln wollen. Sein vieldeutiger Umgang mit Kultur wie seine

---

troamérica y el Caribe. Un simposio transareal. Berlin: edition tranvia – Verlag Walter Frey 2011, S. 173–175.

kulturellen Praktiken unterschieden ihn grundlegend von Positionen, die erstere als den abgegrenzten Bezirk einer Elite sahen, in deren Bereich, deren „chasse gardée" man ungeprüft nicht eindringen durfte.

Mit den Begrifflichkeiten des Feldsoziologen Pierre Bourdieu könnten wir sagen, dass Boris Vian sowohl im „champ de production restreinte" wie auch im Feld der Massenkultur arbeitete, ebenso in der „Schönen Literatur" wie im Jazz oder im französischen Chanson. Er schrieb Kriminalromane nach US-amerikanischem Muster ebenso wie Science-Fiction und war in der Schallplattenindustrie erfolgreich. Diese neue Auffassung der Kultur, dieses neuartige Verständnis von Kultur, das durchaus etwas von den Surrealisten – und zwar genau *ein wenig Avantgarde* – ererbt hat, zielte gleichwohl nicht vorrangig auf die Erfahrung des Schocks, sondern auf sanftere Formen der Vermittlung. Boris Vian hat diesen Schock der historischen Avantgarden vielmehr in eine Welt der Selbstverständlichkeit und Performanz integriert, die in ihrer Gestaltungsvielfalt vieles mit jenen Charakteristika der Postmoderne gemein hat, mit der wir uns im Folgenden wieder im transatlantischen Spiel zwischen den Amerikas und Europa beschäftigen wollen.

Julio Cortázar oder die Auflösung der Unilinearität des Buches

Wir hatten im bisherigen Verlauf unserer Vorlesung gesehen, dass die Linearität des Schreibens und die Unilinearität des Buches bereits für die historischen Avantgarden ein Ärgernis und mehr noch eine künstlerisch-literarische Herausforderung bildeten, an der sich auch die von den Avantgarden inspirierten Schriftsteller ein ums andere Mal abarbeiteten. Es kann an dieser Stelle nicht darum gehen, die historische Entwicklung all jener Lösungsversuche aufzuarbeiten, welche in langen Jahrhunderten immer wieder erarbeitet wurden und in deren Geschichte die Namen etwa eines Alexander von Humboldt oder eines Fernando Ortiz – auf den ich noch kurz zurückkommen werde – nicht fehlen dürfen. Die oszillierende Bewegung zwischen verschiedenen Kapiteln und Textteilen wie vor allem auch die Infragestellung der Linearität des Buches wurde in großer Radikalität aber von einem Autor betrieben, den ich Ihnen jetzt vorstellen möchte.

Es handelt sich dabei um einen argentinischen Schriftsteller, mit dem wir wieder auf jene Seite des Atlantiks zurückkehren, auf welcher Jorge Luis Borges von Buenos Aires aus wichtige Impulse für die Entwicklung der Literatur wie für die Ausgestaltung der Literaturen der Welt setzte. Doch wäre es ungerecht, einen Julio Cortázar in den Schatten von Jorge Luis Borges zu stellen. Denn dieser außergewöhnlich kreative Schriftsteller entfaltete mit seiner literarischen Praxis wie mit seiner theoriefreudigen Essayistik doch eine so eigenständige Position, welche zwar mit Borges in einigen Punkten übereinstimmte, in anderen aber ganz grundlegend von Überlegungen und Stellungnahmen seines Landsmannes abwich, so dass er heute als eine der ganz großen Gestalten der lateinamerikanischen Literaturen gelten darf.

Ich möchte Ihnen aus dem riesigen Gesamtwerk des Argentiniers an erster Stelle den Roman *Rayuela* vorstellen, der für uns in vielfacher Weise vorbildgebend ist und zugleich die literarische Entwicklung in einer Richtung vorantrieb, wie sie für unsere Perspektivik in der Tat entscheidend ist. Denn es handelt sich um einen Roman, der die beiden Seiten des Atlantiks miteinander zu verbinden sucht und auf diese Weise eine neue Welt der Literatur in einem Zwischenraum und mehr noch in einem Bewegungsraum schafft, der in seiner Ausgestaltung poetologisch – und ich würde auch sagen epistemologisch – modellbildend wirkte. Zugleich entfaltet er durch die Vielzahl intertextueller Relationen einen literarischen Raum, der vergleichbar ist mit den „Anales" in Max Aubs gefälschter Künstlerbiographie *Jusep Torres Campalans*.

Dort hatten die Lagererfahrung und mehr noch das Exil eine wichtige Rolle bei der Herstellung dieses komplexen und transatlantisch breit gefächerten

Raumes gespielt. Und auch bei Julio Cortázar lässt sich eine Verbindung herstellen zwischen den Grundstrukturen seines Romans und seinen existenziellen Erlebnissen und Erfahrungen, welche ihn aus Protest gegen das Perón-Regime in Argentinien zu Beginn der fünfziger Jahre das Weite – und das hieß damals noch immer Europa und vor allem Paris – suchen ließen. Es ist daher sinnvoll, an den Anfang unserer notwendig kurzen Auseinandersetzung mit diesem wichtigen argentinischen Autor eine biographische Skizze zu stellen, welche uns den Zugang zu seinem Gesamtwerk etwas erleichtern soll.

Julio Cortázar wurde am 26. August 1914 in Brüssel als Sohn des dortigen argentinischen Konsuls geboren und starb am 12. Februar 1984 in seiner Wahlheimat Paris. Wegen der Verhältnisse während des Ersten Weltkriegs wuchs er zunächst in der Schweiz, später dann in Barcelona auf, bevor die Familie 1918 nach Argentinien zurückkehrte. Es ist eigenartig, dass sich zu Beginn dieses Lebenslaufs doch einige Parallelen zu Jorge Luis Borges ergeben, der gleichwohl deutlich älter war, sich aber auch mitten in der „Grande Guerre" in Europa aufhielt, insbesondere in der Schweiz und Spanien.

Abb. 102: Julio Cortázar (Brüssel, 1914 – Paris, 1984).

Da der Vater bald schon die Familie verließ, wuchs Cortázar – umgeben von Frauen – in einer Vorstadt von Buenos Aires unter schwierigen finanziellen Bedingungen auf, da es Mutter und Großmutter kaum gelang, Julio und seine ältere Schwester über Wasser zu halten. Früh schon flüchtete sich der Junge in die Welt der Fiktionen und verschlang alles, was ihm unter die Augen kam. Nach einer kurzen Ausbildung an der Universidad de Buenos Aires wurde er 1937 Grundschullehrer in der argentinischen Provinz und später 1944 Universitätsdozent für französische Literatur im argentinischen Mendoza. Nach seiner Entlassung unter der ersten Regierung von Juan Perón verließ er aus politischen Gründen, aber mit einem Schriftstellerstipendium in der Tasche Argentinien, nachdem er sich einige Jahre als Übersetzer durchgeschlagen hatte.

Nach seiner Übersiedlung nach Paris arbeitete Cortázar lange Jahre als freier Übersetzer für die UNESCO und verschiedene internationale Organisationen und brillierte mit seinen Übersetzungen etwa des *Robinson Crusoe* oder Texten von

Edgar Allan Poe, der sein eigenes schriftstellerisches Werk stark beeinflusste. Zugleich aber entstanden erste Erzählungen, die den Schriftsteller berühmt machen sollten. Zahlreiche Reisen führten ihn von Paris aus nach Lateinamerika, darunter 1963 eine erste Reise nach Kuba, dem Cortázar zeit seines Lebens eine kritische Treue hielt. Er trat seit 1967 öffentlich für die Kubanische Revolution ein, führte eine berühmte Kontroverse mit dem peruanischen Schriftsteller Mario Vargas Llosa, trat für den Sozialismus ein, aber kritisierte zugleich die stalinistischen Schauprozesse gegen Schriftsteller in Kuba, was ihm viel Häme einbrachte.

Unbeirrt hielt er trotz aller Gegenangriffe von konservativer wie linker Seite an seinen Überzeugungen fest und verteidigte nicht nur den Sozialismus Salvador Allendes, sondern später auch die sandinistische Nikaraguanische Revolution. Er engagierte sich wiederholt politisch für Menschenrechte, war Mitglied des Russell-Tribunals und klagte die Militärregierungen in Argentinien, Uruguay und Chile öffentlichkeitswirksam an. Unmittelbar nach dem Amtsantritt François Mitterrands wurde der überwiegend in Paris lebende Schriftsteller 1981 nach langer politischer Kontroverse endlich in Frankreich eingebürgert. Nach Ende der argentinischen Militärdiktatur führte ihn 1983 eine letzte Reise nach Argentinien. Cortázar blieb sein Leben lang seinen politischen und ethischen Überzeugungen treu, auch wenn er sich damit oftmals in einem Zwischenbereich bewegte und die Kritik aller Seiten auf sich zog.

Man könnte durchaus formulieren, dass sich der streitbare, aber stets humorvolle Argentinier auch im Literarischen innerhalb eines Zwischenbereichs bewegte, den die beiden Seiten des Atlantiks bildeten. Seine intensive literarische Arbeit schlug sich in einer Vielzahl von Erzählungen und Romanen, aber auch literarischen wie literaturtheoretischen Essays nieder. Dabei avancierte er zu einem der herausragenden Vertreter der fantastischen Literatur, wobei er besonderen Wert darauf legte, in seinem Rückgriff auf die historischen Avantgarden stets nur *ein wenig* Ingredienzien des französischen Surrealismus in seine Prosa eingestreut zu haben. Bei seiner ästhetischen Ausgestaltung des Fantastischen gab es sicherlich die zahlreichsten Berührungspunkte mit dem literarischen Werk des Jorge Luis Borges, zu dem er politisch freilich in klarer Opposition stand.

In seinen meisterhaften Erzählungen dominiert ein spielerischer, aber stets humorvoller Ton, wobei sich in seinem Schreiben das Alltägliche mit dem Fantastischen, das Faktische mit dem Fiktionalen so mischt, dass die Grenzen zwischen Realität und Imagination völlig verschwimmen. Literarisch war Cortázar auf beiden Seiten des Atlantiks, besonders aber in der französischen Literatur und Literaturtheorie zu Hause. Seine poetologisch-literarästhetischen Einsichten wie etwa die Bestimmung der Erzählung als eines narrativen Pfeiles, der auf direktem Wege ins Schwarze treffen müsse, haben die Diskussionen um die Modellhaftigkeit der lateinamerikanischen Literaturen über lange Jahrzehnte befeuert.

Julio Cortázar ist sicherlich einer der spannendsten und zugleich aufschlussreichsten Autoren, um die Zerrissenheit und Gespaltenheit der lateinamerikanischen Literaturen und der Literaturen der Postmoderne überhaupt zwischen
den Erfordernissen politischer Ansprüche oder Werte einerseits und jenen ästhetischer Ausdrucksformen andererseits herauszuarbeiten. Eine Zerrissenheit, die
Julio Cortázar über ein langes Leben hin beschäftigt und teilweise in Mitleiden-
schaft gezogen, aber auch zu einer Vielzahl kreativer Antworten im diktionalen
wie fiktionalen Bereich gebracht hat. Kaum einer hat so intensiv wie er die Höhen
und die Tiefen politischen Engagements als Schriftsteller mitgemacht. Sie bemerken vielleicht, wieviel Bewunderung in meinen Worten steckt!

Cortázars Mühen waren Mühen in einem auch politischen Zwischenbereich.
Denken wir nur an seine Positionierungen bezüglich der Kubanischen Revolution, für die er in den sechziger Jahren eintrat, die er aber im Gefolge der sogenannten Padilla-Affäre in einem hochinteressanten Text mit einer „solidarischen
Kritik" (wie er sich damals ausdrückte) bedachte, die man ihm von Seiten der
kubanischen Führung und ihrer Intellektuellen über lange Jahre vorwarf. Von
einem anerkannten und geliebten Mitstreiter der Revolution, der in vielen Jurys
vertreten und auch andernorts gehört war, verwandelte er sich innerhalb kürzester Zeit in eine Persona non grata, wie sie damals häufig ins Kreuzfeuer kubanischer Intellektuellengeschosse gerieten. Plötzlich war er nun kein gerngesehener
Gast mehr in der Casa de las Américas, in deren damals noch bedeutender Zeitschrift er große und wichtige Texte veröffentlicht hatte. Es sollte bis zu seinem
Tod im Jahr 1984 dauern, bis die Zeitschrift nach erprobtem Muster den nunmehr
Schweigenden wieder in die Gemeinschaft der Kubanischen Revolution mitaufnahm und ihm, dem ‚lieben Julio', eine Sondernummer der Casa de las Américas widmete. Cortázar war nicht immer geschickt und diplomatisch in seinen
Äußerungen, aber doch stets redlich und in seinem Kampf um Menschenrechte
unbeirrbar.

All dies soll uns heute aus Zeitgründen jedoch nur mehr am Rande beschäftigen, obwohl seine Positionierung im politischen Feld lateinamerikanischer Intellektueller auch für die Entwicklung seiner ästhetischen Positionen von Bedeutung
wäre! Würden wir seinen Roman *Libro de Manuel* im Rahmen unserer Vorlesung
zu besprechen haben, so ginge ich ausführlicher auf all diese Fragen ein. Der
Kontext unserer Literaturen im Zeichen der Postmoderne führt uns aber innerhalb seines erzählerischen Gesamtwerkes zu seinem wohl bekanntesten Prosatext überhaupt, nämlich dem 1963 erstmals veröffentlichten Roman *Rayuela*, der
international Furore machte und sicherlich für die Auslösung des sogenannten
„Boom" der lateinamerikanischen Literaturen mitverantwortlich zu machen ist.
Ich möchte der allzu kurzen Analyse dieses großartigen Romans die folgenden
Seiten widmen.

Der Roman setzt mit einer Textpassage ein, welche als „Tablero de dirección" bezeichnet wird. Darin erfährt die Leserschaft, dass das Buch, das sie in ihren Händen hält, eigentlich mehrere Bücher sind, zumindest aber zweie. Das geneigte Lesepublikum wird sofort zu einer Wahl gezwungen, nämlich eines der beiden vom Autor angebotenen Bücher auszuwählen. Welche sind dies? Und wie kann ein Buch zwei oder gleich mehrere Bücher sein?

Zum einen wird dem Leser vorgeschlagen, den Band auf ganz traditionelle Weise linear zu lesen und dabei bis zum Kapitel 56 vorzudringen, an dessen Ende drei Sternchen für das Wörtchen „Fin" stehen. Hört sich zunächst einmal vernünftig an! Der Leser, und das ist dann schon etwas überraschender, könne dann getrost und ohne Gewissensbisse auf die nachfolgenden Kapitel verzichten, seien diese Kapitel doch – und wir denken natürlich auch an Max Aubs unverzichtbaren Prolog – verzichtbare Kapitel, von deren Lektüre ohne Probleme abgesehen werden könne. Nun, das Buch ist sicherlich dick genug, als dass die ersten 56 Kapitel einen vollständigen Roman bilden könnten. Aber schließlich hat man ja den ganzen Band bezahlt, und allein aus diesem Grunde würde es einen schon interessieren, auch den ‚Rest' des Buches kennenzulernen.

Die zweite Lektüreweise ist nun diese: Das Lesepublikum folgt einer genau angegebenen Wegstrecke durch die insgesamt 155 Kapitel, von denen nun nicht 99 ausgespart bleiben, sondern alle gelesen werden sollen, so dass es bei dieser zweiten Lektüreweise keine verzichtbaren Seiten im Buch gibt. Das ist schon mal eine gute Nachricht für sparsame Leserinnen und Leser! Doch die Leserschaft solle nicht einer linearen Abfolge durchnummerierter Kapitel, sondern einem Wegeplan folgen, welcher ständige Sprünge zwischen den drei den Roman bildenden Teilen vorsieht. Dieser Parcours fängt also mit Kapitel 73 an, um dann mit Kapitel 1 weiterzugehen, springt wieder weiter zu einem späteren Kapitel und so fort: Es ist wie ein Hüpfspiel, und eben das ist die Metaphorik von *Rayuela*. Zurecht wurde der Roman auch ins Deutsche übersetzt unter dem Titel *Himmel und Hölle*.

Auf diese Weise entsteht – und dies ist charakteristisch für Julio Cortázar, sein Leben und Schaffen – ein wunderbarer *Bewegungs*raum im Zwischenraum, innerhalb dessen die Protagonisten wie auch die Leserinnen und Leser in ständiger Bewegung sind. Es ergibt sich ein diskontinuierliches Hin- und Herspringen im Buch selbst, das zugleich auch ein Springen zwischen Alter und Neuer Welt ist. Die Leserschaft hüpft zwischen der Welt Oliveiras und der Maga im „Club de la Serpiente" in Paris einerseits, der Welt Oliveiras in Buenos Aires, später im Irrenhaus mit seinen Freunden Traveler und (auch hier eine Dreiecksbeziehung) Talita andererseits. Schließlich wird der dritte Teil mit seinen zum Teil sehr kurzen Kapiteln letztlich Morelli, einem Schriftsteller und Alter Ego Cortázars, zugeschrieben. Er enthält eine Vielzahl von Zitaten, die durchaus auch in Max

Aubs Roman hätten einbezogen werden können. Es bildet sich ein Wege- und ein Lektüremuster heraus, welches der Linearität von Schreiben und Lesen diametral entgegengesetzt ist.

In diesem Bewegungsspiel zwischen den beiden Seiten des Atlantiks finden wir auch ein kurzes Kapitel, Nummer 128, in dem nur ein Zitat von Antonin Artaud steht, jenes von Breton ausgebürgerten Surrealisten und Schöpfers des Théâtre de la cruauté, den wir als Zivilisationsflüchtling aus Europa, der im mexikanischen Traum Zuflucht zu finden hoffte, bereits mehrfach kennengelernt hatten. Da ich versuchen möchte, die Parallelen zu *Jusep Torres Campalans* ganz nebenbei miteinzubauen, sollten wir uns dieses kurze Zitat aus Antonin Artauds Text einmal genauer anschauen:

> „Wir sind so einige in dieser Epoche, die gegen die Dinge vorgehen und in uns Räume für das Leben schaffen wollten, Räume, die nicht existierten und die keinen Raum zu finden schienen." ARTAUD, *Le Pèse-nerfs*.[1]

Julio Cortázar beruft sich mit dem Einbau dieses Kapitels auf einen Avantgardisten, einen dissidenten französischen Surrealisten, der die Trennung zwischen Kunst und Leben mit allem, was ihm zur Verfügung stand, bekämpfte und für den die Welt Amerikas zumindest zeitweise eine Realisierung seines Lebenstraumes zu versprechen schien. Es geht in diesem Zitat um die Schaffung eines *weiteren* Raumes für das *Leben*, um Umgestaltung und neue Konzeption eines Lebens, das nicht länger der Macht der Dinge und der faktischen Ding-Welt zu folgen genötigt war. Wir können vieles von dieser Problematik des Raums auch in den Romanen Max Aubs und Julio Cortázars, aber auch in den beiden in ihnen enthaltenen Künstlerfiguren Jusep Torres Campalans und Morelli finden. Denn letztlich sind beide Romane von Aub wie Cortázar dank ihres experimentellen Charakters darauf ausgelegt, den Raum des Romans, den der Kunst und der Wahrnehmung beziehungsweise des Schreibens und Malens wesentlich zu erweitern. Mit dieser Erweiterung des Raumes der Kunst sollte zugleich eine Erweiterung des Raumes des Lebens erfolgen, eine Vorstellung, welche beide Künstler mit den historischen Avantgarden verband.

Gleichzeitig sollte mit beiden Romanen und für beide Künstler eine Veränderung des geokulturellen Raumes verbunden sein, welche die Gleichstellung des amerikanischen (Literatur-) Raumes auf Augenhöhe mit dem Raum der europäischen Literaturen beinhaltete. Wir können aus dieser Perspektive ohne jeden

---

1 Cortázar, Julio: *Rayuela*. Edición crítica coordinada por Julio Ortega y Saúl Yurkievich. São Paulo: EdUSP 1996, Kap. 128, S. 412.

Zweifel feststellen, dass eine geokulturelle Raumerweiterung bei den Literaturen im Zeichen der Postmoderne hinzutritt. Es handelt sich um eine grundlegende Raumerweiterung, die sich in den fünfziger und beginnenden sechziger Jahren bereits Bahn zu brechen begann, um dann in den siebziger Jahren vor einem stabiler gewordenen theoretischen Hintergrund einerseits und einer veränderten kulturellen und massenkulturellen Situation andererseits zu einem Topos *und* zu einer Tatsache vor allem transatlantischer Literaturbeziehungen zu werden.

Gewiss: In den fünfziger und sechziger Jahren, also zum Zeitpunkt der Veröffentlichung von *Jusep Torres Campalans* wie von *Rayuela*, war dieser geokulturelle Dominanten-Wechsel mit der damit einhergehenden Veränderung oder gar Beseitigung der Asymmetrie literarischer Beziehungen zwischen Alter und Neuer Welt noch eine ferne Utopie. Ich darf aus unserer Perspektive zu Beginn des dritten Jahrzehnts des 21. Jahrhunderts hinzufügen, dass es wichtige Schritte in Richtung Einlösung dieser Utopie gab, dass die Utopie symmetrischer literarischer Relationen bis heute jedoch nicht verwirklicht ist. Immerhin: Es zeigten sich damals in der avancierten literarischen Praxis die Zeichen einer Transformation des Systems einer zentrierten Weltliteratur hin zu einem viellogischen System der Literaturen der Welt.

Die grundlegende Problematik von Julio Cortázars *Rayuela* erfasst aber nicht nur die Poetik literarischer Schöpfung, sondern auch die Legetik und damit nicht zuletzt die Position der Lesenden. Nicht umsonst konnte ich bei Max Aub in *Jusep Torres Campalans* auf bestimmte negative Verbindungen von empfangender Weiblichkeit und männlicher Schöpferkraft beziehungsweise zwischen Männlichkeit und Produktivität im Gegensatz zu weiblicher Passivität aufmerksam machen. Bitte vergessen Sie nicht, dass wir uns zu Beginn der sechziger Jahre befinden und dass gerade auch jene Strömungen, die von den historischen Avantgarden ausgingen, von Beginn – und damit von den Futuristen – an ganz im Zeichen des Männlichen standen! Wir müssen freilich kritisch ins Feld führen, dass der argentinische Schriftsteller im Paratext zu seinem Roman *Rayuela* den männlichen Leser als den eigentlich kreativen und die weibliche Leserin als die im Grunde passive und bestenfalls an der Hand zu führende Leserin bezeichnete.

Sie können an der unglückseligen Metapher des „lector-hembra" bei Cortázar unschwer erkennen, wie viel sich durch die Diskussionen der letzten Jahrzehnte in den Geschlechterbeziehungen verändert hat. Julio Cortázar hat seine Formulierung später bedauert, aber sie stand nun einmal in seinem Roman, und dort wollen wir sie auch nicht wieder herausschwindeln. Das Umdenken in den Geschlechterbeziehungen zeigte sich im Übrigen auch daran, dass ein ebenfalls in seinem Frühwerk noch von den Avantgarden mitgeprägter Italo Calvino – der freilich auch noch in manchen romanischen Traditionen der Geschlechterverhältnisse stand – die ideale Leserfigur in seinem *Se una notte d'inverno un viaggiatore* weiblich ausstattete. Ich möchte freilich auf diesen Leseroman, der mit seiner starken Betonung der Legetik hervorragend in den Raum unserer Vorlesung gepasst hätte, hier nicht berücksichtigen, da ich mich Italo Calvino ausführlich in meinen Vorlesungen zu *LiebeLesen* gewidmet habe.[2]

Wir sollten uns davor hüten, die Worte von Romanfiguren oder Erzählerfiguren mit Aussagen der betroffenen realen Autoren gleichzusetzen, wie dies allzu oft selbst in der Forschungsliteratur erfolgt! Bei beiden Romanen spielen Geburt und Funktion des Lesers eine große und wichtige Rolle, ganz so, wie Roland Barthes dies in seinem Essay *La mort de l'auteur* von 1967 betont hatte. Steigen wir aber nun ein in einen dialogischen Monolog der Erzählerstimme in Kapitel 99 des Romans *Rayuela*:

> Die Surrealisten glaubten, dass die wahrhaftige Sprache und die wahrhaftige Realität von der rationalistischen und bürgerlichen Struktur des Abendlandes zensiert und verdrängt waren. Sie hatten Recht, wie das jedweder Dichter weiß, aber dies war nicht mehr als ein Augenblick beim komplizierten Schälen der Banane. Das Ergebnis: Mehr als einer aß sie mitsamt der Schale auf. Die Surrealisten hingen sich an den Worten auf, anstatt sich brutal von ihnen zu lösen, wie es Morelli mit dem Wort selbst tun wollte. Fanatiker des Verbs im Reinzustand [...].
>
> Doch rechnen wir Morelli nicht die Probleme von Dilthey, Husserl oder Wittgenstein zu. Das einzig Klare in all dem, was der Alte geschrieben hat, ist, dass wir, wenn wir weiterhin die Sprache mit ihrem geläufigen Schlüssel und mit ihren geläufigen Zielsetzungen benutzen, sterben werden, ohne jemals den wahren Namen des Tages erfahren zu haben. Es ist geradezu dumm zu wiederholen, dass sie uns, wie Malcolm Lowry sagte, das Leben verkaufen, und dass sie uns dieses vorgefertigt ausliefern. Auch Morelli insistiert geradezu dumm darauf, doch Etienne trifft den Nagel auf den Kopf: In der Praxis zeigt sich der Alte und zeigt uns den Ausweg. Wozu ist ein Schriftsteller denn nutze, außer um die Literatur zu zerstören? Und wir, die wir keine Leser-Weibchen sein wollen, wozu sind wir nutze außer dazu, bei dieser Zerstörung im Rahmen des Möglichen zu helfen?[3]

Die Problematik dieses Gesprächs zwischen Etienne und Oliveira über den abwesenden Morelli mündet ein in die Problematik eines Lesers, der sich aktiv an der Kunst, am Roman beteiligt und einen kreativen – wenn auch letztlich destruktiven – Part übernimmt. Wir bemerken, wie sehr dieser Text durch sprachphilosophische und allgemeinphilosophische Versatzstücke aufgeladen ist und zugleich zwei Einheiten in den Orkus zurückweist, die bislang wesentlich die kulturellen Traditionen geprägt hatten: das Bürgertum und das Abendland. Die

---

2 Vgl. hierzu Ette, Ottmar: *LiebeLesen*, S. 33–59.
3 Cortázar, Julio: *Rayuela*, S. 363.

Lösung der Surrealisten aber, die Lösung der „destrucción", wird nicht mehr als ausreichend empfunden. Sie kann nicht länger zur Lösung aller Probleme herangezogen werden. Und eben damit positioniert sich der Roman *nach* den historischen Avantgarden.

Das Thema der Zerstörung und Selbstzerstörung der Kunst hatten wir bei Antonin Artaud und bei *Jusep Torres Campalans* bereits im Kontext der historischen Avantgarden und ihrer Fluchtbewegungen aus Europa identifiziert. Jetzt erreicht es eine postsurrealistische Dimension mit der Fragestellung, wie denn diesen negativen Kategorien auf konstruktive Weise ein Ende zu bereiten sei. Die ästhetische Lösung, die Julio Cortázar immer wieder selbst auch praktizierte, war die einer *Verstellung* der Codes. Wir könnten an dieser Stelle auf den nur wenige Jahre später von Roland Barthes publizierten Text über Sade verweisen, in dem der Schriftsteller eben nicht länger als surrealistischer Zerstörer, sondern als kluger, aufmerksamer Sprachendieb dargestellt wird.[4] Einer (avantgardistischen) Zerstörung allen Sprachmaterials wird bei weitem die Verstellung der Codes des literarischen Schreibens vorgezogen. An eben diesem Punkt siedelte sich die Kritik Cortázars an den historischen Avantgarden und ihren Ästhetiken des Bruchs an; und an demselben Punkt lässt sich auch seine eigene künstlerisch-literarische Ästhetik verorten: Er hatte längst die Konsequenzen aus den Abenteuern der Avantgarden gezogen.

Volker Roloff hat vor einigen Jahren mit einigem Erfolg versucht, Cortázars *Rayuela* in die Tradition des Lektüreromans zu stellen.[5] Er verwies darauf, dass schon Novalis betont hatte, ein Leser könne aus einem Buch machen, was er wolle. Genau dies solle *Rayuela* vorführen. Parallel zu dem wesentlich späteren Lektüreroman *Se una notte d'inverno un viaggiatore* von Italo Calvino zeige Cortázars Buch, dass viele Möglichkeiten narrativer Parcours und viele Schlüsse denkbar seien. Sie steckten aber stets in der Ambivalenz der Angebote, welche der Roman seiner Leserschaft macht und seien eben dadurch aufgehoben.

Es ist zweifellos schwierig, eine Nacherzählung des Cortázar'schen Textes zu bewerkstelligen, doch sollten wir dabei die romaneske Grundstruktur im Hinterkopf behalten, dass es sich auch im erzählerischen Sinne um ein Hüpfspiel handelt. Die zentrale Doppelfigur ist das Liebespaar Oliveira und seine Partnerin

---

4 Vgl. hierzu Ette, Ottmar: Der Schriftsteller als Sprachendieb. Versuch über Roland Barthes und die Philosophie. In: Nagl, Ludwig / Silverman, Hugh J. (Hg.): *Textualität der Philosophie: Philosophie und Literatur*. Wien – München: R. Oldenbourg Verlag 1994, S. 161–189.
5 Vgl. Roloff, Volker: Julio Cortázar: „Rayuela". In (ders. / Wentzlaff-Eggebert, Harald, Hg.): *Der lateinamerikanische Roman*. Bd. II: *Von Cortázar bis zur Gegenwart*. Darmstadt: Wissenschaftliche Buchgesellschaft 1992, S. 78–90.

La Maga, die im Paris der ausgehenden fünfziger Jahre zusammenleben, bis die Uruguayerin eines Tages spurlos verschwindet. Ab diesem Zeitpunkt verwandelt sie sich in das geradezu magische, mystisch überhöhte Ziel einer transzendenten Suche, die auf der anderen Seite des Ozeans, in einem argentinischen Irrenhaus, Oliveira obsessiv solange verfolgen wird, bis er in Talita, der Freundin Travelers, beim Hüpfspiel die verlorene Maga wiederzuerkennen glaubt.

Ich möchte Ihnen in der Folge zwei Auszüge aus dem Roman vorstellen, die für eine traditionelle, dem Roman linear folgende Leserschaft gleichsam Anfang und Ende des Buchs darstellen, also den Beginn von Kapitel 1 und das Ende von Kapitel 56. Nicht umsonst war Cortázar ein Meister der kurzen narrativen Form. Zwischen den beiden Kapiteln lassen sich viele mögliche Geschichten, viele „histoires" mit ihren „récits", unterbringen:

> Würde ich die Maga wiederfinden? So viele Male hatte es mir genügt, von der Rue de Seine kommend unter dem Bogen zu erscheinen, der auf den Quai de Conti läuft, und das aschefarben-grünliche Licht, das auf dem Fluss lag, ließ mich kaum die Formen unterscheiden, und schon schrieb sich ihre schlanke Silhouette in den Pont des Arts ein, bisweilen von der einen auf die andere Seite wechselnd, bisweilen am eisernen Geländer stehen bleibend, über das Wasser gebeugt. Und es war so natürlich, die Straße zu überqueren, die Stufen zur Brücke hinaufzugehen, in deren schlanke Form einzutreten und mich der Maga zu nähern, die keineswegs überrascht lächelte, da sie wie ich davon überzeugt war, dass ein zufälliges Treffen das am wenigsten Zufällige in unseren Leben war, und dass die Leute, die sich genaue Rendezvous geben, dieselben sind, die auch ein liniertes Papier benötigen, um sich schreiben zu können, oder die von hinten eine Zahnpasta-Tube ausdrücken.[6]

Oliveiras Erinnerungen an die Maga sind unzertrennlich mit der Stadtlandschaft von Paris verknüpft, die als etwas gleichsam Natürliches erscheint und bei der Leserschaft fast selbstverständlich vorausgesetzt wird. Unverkennbar ist in dieser Passage das Motiv der Zufallsbegegnung zwischen zwei Liebenden mit der Idee des „hasard objectif" verknüpft, des „objektiven Zufalls". Damit wird die Dimension der Baudelaire'schen „modernité", wie sie sich verbunden mit dem Motiv der Zufallsbegegnung in seinem berühmten Sonett *A une passante* ausdrückte, insofern weiterentwickelt und fortgeschrieben, als es in dieser Passage eine Art kalkulierter Zufall, ja ein produzierter und von beiden in Szene gesetzter Zufall ist, welcher die Liebenden zusammenführt. Die Nähe zu André Breton und dessen Experimentaltext *Nadja*, den wir ja ebenfalls in unserer Vorlesung behandelt hatten, ist in dieser Begegnung mitten in der Pariser Stadtlandschaft ohne jede Frage gewollt. Cortázars Roman setzt so einiges bei seiner Leserschaft voraus –

---

6 Cortázar, Julio: *Rayuela*, S. 11.

und dies nicht allein mit Blick auf das ansatzlose Auftauchen wie das Verschwinden Nadjas im surrealistischen Roman.

Zugleich dominiert von Beginn an die Frage und Suche nach etwas, was sich in den Namen „La Maga" – fast eine Echowirkung des Namens „Nadja" – packen lässt und mit dem die Leserschaft zunächst eher beiläufig eine der zentralen Figuren des Romans identifiziert, deren rätselhaftes Verschwinden dem Moment der Suche dann eine neue Dimension geben wird. Damit wird ein surrealistisches Versatzstück schon zu Beginn des Romans evoziert, wie auch insgesamt die Auseinandersetzung von Cortázars Roman mit dem Surrealismus von ganz besonderer Bedeutung ist: Auch das Schreibrezept des argentinischen Autors beruht darauf, ein wenig Avantgarde in mehr oder minder homöopathischen Dosen einzustreuen.

Der europäische Surrealismus wurde nicht nur für Autoren wie den Kubaner Alejo Carpentier und den guatemaltekischen Literaturnobelpreisträger Miguel Ángel Asturias zu einem Katalysator für das Erkennen der surrealen, der magischen Elemente der vielfältigen Kulturlandschaften Amerikas, sondern diente auch dazu, einen eigenständigen Blick auf den europäischen Surrealismus selbst zu werfen. Letzterer wurde einer grundlegenden Kritik unterzogen, die besonders auf die Dimension der „ruptura", des Bruchs, abzielte. Insoweit lässt sich das Incipit von Cortázars Roman *Rayuela*, ausgerichtet am Motiv der Brücke entlang der Seine und damit aufgeladen durch die Dimension der sich im Fluss verkörpernden linearen, kontinuierlich ablaufenden Zeit und einer beide Ufer miteinander verbindenden Symbolik, verknüpfen mit der gesamten Problematik des Schreibens in einer Zeit *nach* den Avantgarden.

Denn dieses *ZwischenWeltenSchreiben*[7] Julio Cortázars situiert sich nicht allein in einem postavantgardistischen Sinne zwischen den Avantgarden und ihren Neo-Avantgarden, sondern auch zwischen den beiden Welten Amerikas und Europas. Der Weg, der diese Suche ausmacht, ist jedoch nicht mehr einfachen hermeneutischen Bewegungsfiguren wie dem hermeneutischen Zirkel oder Kreis, Linie oder auch Stern zuordenbar,[8] erweist sich doch in der Gesamtstruktur des Romans die Metaphorik des Weges durchbrochen von einem ständigen, diskontinuierlichen Hüpfspiel. Die dem Roman zu Grunde liegende Bewegungsfigur entzieht sich zumindest auf den ersten Blick zugleich jeder logischen Kausalität wie der kontinuierlichen Linearität und rückt vor allem den Konstruktionsge-

---

7 Vgl. Ette, Ottmar: *ZwischenWeltenSchreiben. Literaturen ohne festen Wohnsitz (ÜberLebenswissen II)*. Berlin: Kulturverlag Kadmos 2005.
8 Vgl. Ette, Ottmar: *ReiseSchreiben. Potsdamer Vorlesungen zur Reiseliteratur*. Berlin – Boston: Walter de Gruyter 2020, S. 194–235.

danken, die Konstruiertheit der eigenen Textualität von Beginn an ins Rampenlicht.

So haben wir es bei diesem Roman, um mit Arthur Rimbaud auf einen Präsurrealisten zurückzugreifen, durchaus mit einem „raisonné dérèglement de tous les sens" zu tun, wenn wir mit „sens" nicht nur die Sinne, sondern auch die Richtungen verstehen. Damit wird schon auf der Ebene der Bewegungen, welche stets Verstehensbewegungen der Lektüre anbahnen, die Ambivalenz, die Ambiguität, ja mehr noch die Vieldeutigkeit in den Roman eingeführt, welche sich schon im Oxymoron des kalkulierten Zufalls andeutete. Im Verhältnis dazu macht das Kapitel 56 seinerseits deutlich, dass auf Ebene der Story und nicht nur des Plot eine unauflösbare Ambiguität herrscht, die nicht in eine Eindeutigkeit überführt werden kann. Schon dies lässt erkennen, dass es – um die leicht differierende französische Begrifflichkeit zu wählen – nicht so sehr „histoire" und „récit" sind, für welche sich dieser Roman interessiert, sondern die „narration", die Erzählweise und der Erzählprozess als solcher einerseits wie die Ebene des „discours" und damit der Diskursivität andererseits.

Die Notizen des dritten Romanteils, die von den Aufschriften des Schriftstellers Morelli gebildet werden, sind also keineswegs verzichtbar, sondern essentieller Bestandteil eines Romans, der traditionellen Erzählschemata immer wieder explizit wie implizit den Kampf ansagt. *Rayuela* richtet sich also an Leserinnen und Leser, die wohl bestimmte Regeln befolgen, diese Regeln aber kreativ umzusetzen wissen. Doch hören wir uns zunächst noch das Ende jener Geschichte an, die der erste Leser, folglich der explizite Leser ersten Typs, mit Kapitel 56 abschließt:

> So war es, die Harmonie dauerte unglaublicherweise an, es gab keine Worte, um der Güte dieser beiden dort unten zu antworten, die ihn anschauten und vom Hüpfspiel aus zu ihm sprachen, denn Talita stand aufrecht und legte sich in Feld drei keine Rechenschaft davon ab, und Traveller hatte einen Fuß in Feld sechs, so dass das einzige, was er machen konnte, darin bestand, ein wenig die rechte Hand in einem schüchternen Gruß zu bewegen und weiter die Maga, Manú, anzublicken und sich dabei zu sagen, dass es schlussendlich ein Wiedersehen gab, auch wenn es nicht länger als diesen grässlich süßen Augenblick lang dauern konnte, in dem es ohne Zweifel das Beste gewesen wäre, sich ein wenig nach außen zu beugen und sich gehen zu lassen, paff und Schluss.[9]

Die zum vorigen Zitat symmetrische Anlage und damit zum Incipit des gesamten Romans ist offenkundig und bis in die zentralen Lexeme der Passage nachvollziehbar. In dem vor Oliveiras Fenster in der Irrenanstalt von den Erwachsenen

---

9 Cortázar, Julio: *Rayuela*, S. 284 f.

Traveler und Talita gespielten Kinder- und Hüpfspiel von Himmel und Hölle über-
lagern sich die narrativen Strukturen von Teil 1 („Del lado de allá") und Teil 2
(„Del lado de acá"). Dabei bleibt allerdings unklar, ob Talita wirklich die Maga ist
und Oliveira am Ziel und Ende seiner Suche sich wirklich aus dem Fenster seiner
Anstalt in Argentinien stürzt. Denn er neigt sich ganz so nach außen, wie sich die
Maga einst in seinen Augen über das Geländer des Pont des Arts zu Paris gebeugt
hatte. Ja, es war zum „encuentro", zum Treffen und Wiedersehen, gekommen:
Am Ende steht eine Antwort auf die Eingangsfrage des Romans. Und doch bleibt
alles radikal offen und vieldeutig. Umso wichtiger ist angesichts dieser unauflös-
baren Polysemie die Rolle der Leserschaft, die für sich Entscheidungen zu treffen
hat gerade in Bezug auf das Buch, mithin auf die beiden oder die vielen Bücher,
welche die Leserinnen und Leser in Gestalt aller Kapitel vor sich haben. Julio Cortázars Roman, so könnten wir sagen, wird zu einem Konstrukt seiner Leserinnen
und Leser selbst: Die Poetik des Romans ist seine Legetik.

Cortázars Schriftsteller Morelli möchte aus dem Leser einen Komplizen und
zugleich kreativen und produktiven Weggefährten machen. *Rayuela* realisiert
dieses Konzept ganz so, wie der Roman von Max Aub manche Vorstellungen von
Jusep Torres Campalans bereits umsetzte. Es ließe sich daher sagen, dass der Figur
des realen textexternen Autors jeweils die Figur eines fiktiven textinternen Künstlers spiegelsymmetrisch entspricht und so ein dialogales Verhältnis zwischen
beiden Figuren entsteht, die freilich nicht miteinander gleichgesetzt werden
dürfen. Der offene und unabschließbare Prozess der Lektüre wird in *Rayuela* sehr
weit vorangetrieben und gerinnt zu einem Konstruktionsmerkmal des Romans
selbst. Er wird zu einem schöpferischen und zu eigenen Schöpfungen aufrufen-
den Angebot an den Leser, sind doch auch andere Parcours als die beiden vom
eingangs positionierten „Tablero" vorgezeichneten möglich. Ohne das aktive und
interaktive Mitspielen der Leserschaft bliebe der Roman gänzlich abstrakt und –
wie ein niemals gespieltes Theaterstück – in seiner reinen Virtualität gefangen.
Rayuela bietet auf diese Weise ein Schreibmodell, das sich nicht nur für literarische Texte zur Nachahmung und Weiterentwicklung anbietet.

Die Leserinnen und Leser aber müssen den Text in bestimmter Weise *aufführen* – und gerade dieser Zwang zur Entscheidung ermöglicht es dem Roman,
die Leserschaft zu einer Parteinahme, einer kreativen Entscheidung zu zwingen.
Aus dieser Perspektive ist *Rayuela* Roman und zugleich Partitur für vielfältige
Aufführungen. In diesem Zusammenhang ist es auch nicht unwesentlich, dass
die Erzählerfigur in der Tat in eine Reihe von Einzelpositionen zerfallen ist und
mit ihren diversen Blickpunkten keine innere Kohärenz mehr aufweist. Auch an
dieser Stelle werden wir wieder an den Satz von Roland Barthes erinnert, dass die
Geburt des Lesers mit dem Tod des Autors (und vielleicht eben auch einer kohärenten Erzählerfigur) bezahlt werden muss. *Rayuela* liest sich in dieser Hinsicht

durchaus als kubistischer Roman im Sinne Max Aubs beziehungsweise Jusep Torres Campalans'.

Auf all seinen narrativen und diskursiven Ebenen ist Julio Cortázars Romanwerk selbstreferentiell und integriert auf fundamentale Weise die Metaliteratur in die Literatur selbst. Die Theorie des Romans wird zum Roman der Theorie – sicherlich bei Cortázar kein neuartiges Verfahren, aber doch eines, das mit großer Kreativität und Radikalität aufzuwarten versteht. Die Vielzahl an Formen und Figuren der Autoreferentialität können an dieser Stelle nicht ausgeführt werden, sollten aber eingehen in unser Bild eines Romans, der wohl wie kein anderer die Phase konstruktiver Vorbereitung eines romanhaften Schreibens im Zeichen der Postmoderne verkörpert. Die Vorbereitung des Romans, „La Préparation du roman", ist – um erneut mit Roland Barthes zu sprechen – zum Roman selbst geworden.

Wir haben mit diesem in den fünfziger Jahren angelegten und erstmals 1963 veröffentlichten umfangreichen Romanwerk des argentinischen Schriftstellers eine Phase erreicht, in der – zu Beginn der sechziger Jahre – die Romanentwicklung einen Zeitraum abschloss, welchen man noch als „en amont" der poststrukturalistischen beziehungsweise postmodernen Theoriebildungen im engeren Sinne bezeichnen könnte. Ich möchte an dieser Stelle nicht mehr versuchen, die Ergebnisse unseres Parcours noch einmal zusammenzufassen und bin überzeugt davon, dass sich bereits jetzt die Konturen eines Schreibens im Zeichen der Postmoderne herausgeschält haben. Anhand der in unserer Vorlesung behandelten Reihe von Texten, ausgehend von Jorge Luis Borges, vor allem aber dann auch mit Boris Vian, Max Aub und nicht zuletzt Julio Cortázar, haben wir bereits eine zentrale Erfahrung gemacht. Sie beinhaltet die Erkenntnis, dass sich die Schreibformen im Zeichen der Postmoderne in ganz grundlegender Weise als eine Art produktiver Auseinandersetzung mit den Schreibformen und Ästhetiken der historischen Avantgarden und insbesondere des Surrealismus entwickelt und herausgebildet haben. Dieser Befund ist für die herkömmliche Sichtweise der literarhistorischen wie literarästhetischen Entwicklungen im Verlauf des 20. Jahrhunderts durchaus bemerkenswert, ja erstaunlich.

Gerade die produktive Aneignung einer Reihe avantgardistischer Verfahren im Kontext einer nicht länger auf Schock, auf Infragestellung der Institution Kunst ausgelegten „écriture" und Ästhetik sollte deutlich gemacht haben, dass es nicht immer leicht ist, die Postmoderne selbst von den Avantgarden im Detail abzutrennen, wenn uns dies auch auf theoretischer Ebene einfacher gelingen mag. Vor allem aber möchte ich bei Ihnen die Einsicht in den Sachverhalt fördern, dass es sehr gute Gründe dafür gibt, warum entscheidende Impulse für die Entfaltung von Ästhetiken im Zeichen der Postmoderne gerade aus den Literaturen Lateinamerikas kamen. Denn letztere bildeten von Beginn an Sichtweisen eines avantgardistischen Kunstverständnisses heraus, die nichts mit Schock, Bruch und Zerstörung zu tun hatten. So darf man sehr wohl der Überzeugung Ausdruck geben, dass der entscheidende Anstoß zur Ausprägung von Ästhetiken im Zeichen der Postmoderne eben aus Lateinamerika kam. Die ‚Neue Welt' ist folglich für eine adäquate Sichtweise auch und gerade der europäischen, also altweltlichen Literaturen aus heutigem Blickwinkel unverzichtbar.

Im weiteren Verlauf unserer Vorlesung, die den sechziger, siebziger und achtziger Jahren gewidmet sein wird, soll nicht zuletzt kritisch erfasst werden, ob und inwiefern sich in den neunziger Jahren und zu Beginn des 21. Jahrhunderts eine neue Ästhetik Gehör zu verschaffen begann, welche sich deutlich *nach* der Postmoderne positionierte. Die folgenden Analysen und Überlegungen könnten uns aufzeigen, wie das Schreiben im Zeichen der Postmoderne in einem wesentlich direkteren Polylog mit den unterschiedlichen Literaturen der Welt überging. Die intertextuellen Dialoge mit Philosophie und Denkformen von Poststrukturalismus, „Déconstruction" und „Deconstruction" leiteten im Kontext einer verschärften Massenkommunikation im weltweiten Maßstab über zu neuen Verfahren und Formen, welche nur scheinbar zu einem Schreiben nach der sogenannten „terreur théorique" führten, wurden die großen Theorie-Debatten doch jetzt nicht mehr von Paris aus angezettelt. Doch ich muss aufpassen, den nachfolgenden Sitzungen nichts vorwegzunehmen: Versuchen wir also, den Faden unserer Argumentation im transatlantischen Spiel wieder auf der Seite Frankreichs aufzunehmen!

Michel Butor oder ein virtuelles Bereisen unseres Planeten

Der vor wenigen Jahren verstorbene Michel Butor darf wohl als einer der scharfsinnigsten und zugleich spielerischsten Autoren der zweiten Hälfte des 20. und der ersten Jahrzehnte des 21. Jahrhunderts gelten. Wie vielleicht nur noch bei Jean-Marie Gustave Le Clézio steht bei ihm das Reisen im Zentrum allen Schreibens, ja mehr noch: ist das Reisen selbst bereits eine Form des Schreibens. Beschäftigen wir uns kurz mit der Lebensreise dieses überaus sympathischen Schriftstellers!

Michel Marie François Butor wurde an einem 14. September des Jahres 1926 in Mons-en-Barœul in der Nähe von Lille geboren und verstarb am 24. August 2016 in Contamine-sur-Arve. Michel war das vierte Kind des Eisenbahninspektors Emile Butor und seiner Frau Anne Brajeux, die in einem Vorort der französischen Stadt Lille ihre Kinder großzogen. Als begabter Schüler besuchte er das Jesuitenkolleg Saint François-de-Sales in Evreux und das renommierte Gymnasium Louis-le-Grand in Paris. Schon während der Gymnasialzeit las er viel, darunter Werke von Paul Claudel, Marcel Proust und Franz Kafka. In diese Zeit fielen auch seine ersten dichterischen Versuche. Doch wie sein Vater zeichnete er gerne und wollte, wie er später schrieb, zunächst Maler werden, bevor er sich dann doch für die Schriftstellerei entschied. Butor hat sich Zeit seines Lebens eine große Affinität zur Malerei bewahrt, wovon sein schöner Buch-Essay *Les mots dans la peinture* (*Die Worte in der Malerei*), aber auch zahlreiche Kunstkritiken und Auseinandersetzungen mit großen Werken der Kunstgeschichte künden.

Abb. 103: Michel Butor (Mons-en-Barœul, 1926 – Contamine-sur-Arve, 2016).

Ab 1944 begann er ein Studium der Literatur, Philosophie und Philologie an der Pariser Sorbonne, an der er 1949 mit einer Arbeit über Mathematik und Ästhetik promovierte. Nach seinem Studium arbeitete er als Lehrer und danach als Französisch-, Latein- und Philosophielektor in Sens, in Ober-Ägypten, Manchester, Thessaloniki und Genf, bevor er 1956/57 Professor für Französisch, Geschichte und Geographie an der Ecole Internationale in Genf wurde, einer Stadt, mit der ihn eine besondere Beziehung verband. Ab 1960 war er Lektor in den USA, unter anderem in Middlebury, Buffalo, Evanston und Albuquerque, später auch in Main, dann in Tokio und schließlich in Kanada. Seit 1958 lektorierte Butor zudem beim französischen Verlag Gallimard und unterrichtete seit 1970 französische Literatur an der Universität Nizza. Ab 1975 Lehrstuhlinhaber in Genf für moderne französische Literatur, war er dort auch nach seiner Emeritierung im Jahr 1991 tätig.

Michel Butor verband seine Arbeit mit dem Reisen, reiste jedoch daneben auch sehr häufig aus privater Leidenschaft, wobei ihn Reisen unter anderem 1951 nach Tunis, 1958 nach Venedig, 1963 nach Bulgarien und ins damalige Jugoslawien, 1966 nach Japan, 1967 in die Sowjetunion, 1971 nach Neuseeland und Australien führten. 1964 und 1965 lebte er auf Einladung der Ford Foundation in Berlin. Man kann ohne Übertreibung sagen, dass Michel Butor ebenso passionierter Reisender wie passionierter Schriftsteller war, der beide Tätigkeiten stets miteinander und jenem lächelnden Humor verband, der für diesen Autor charakteristisch war. Er gehörte 1960 zu den Mitunterzeichnern des *Manifests der 121* gegen den französischen Algerienkrieg.

Michel Butor darf als einer der großen Vertreter des *Nouveau Roman* gelten: Seine Romane *L'Emploi du temps* (*Der Zeitplan*, 1956) und vor allem *La Modification* (*Die Modifikation*, 1957) wurden mit zahlreichen Preisen bedacht und gelten bis heute als herausragende Repräsentanten einer neuen „écriture". Für letztere stehen stellvertretend Autorinnen und Autoren wie Alain Robbe-Grillet oder Nathalie Sarraute, mit der wir uns noch beschäftigen werden. Im Verlauf der sechziger Jahre distanzierte sich Butor eher leise und dezent vom Nouveau Roman und wandte sich anderen experimentellen Schreibformen zu. Ihm gewidmete Kolloquien zementierten unterdessen die Zurechnung zum „Neuen Roman" Frankreichs, wobei Butor nun auch dank seiner Essays als einer der führenden Köpfe dieser literarischen Strömung galt. Stets erachtete er den Roman als experimentelle Form und Labor für neue Sichtweisen unserer Welt, stand aber in einer Vielzahl von Gattungen für die Literatur als Laboratorium menschlicher Kreativität ein.

Seine Frau und seine vier Töchter hielt der Schriftsteller stets aus allen Pariser Wirbeln heraus und zog seit 1987 ins französische Lucinge in der Nähe von Genf. Sein Werk wurde mit einer Vielzahl von Auszeichnungen bedacht und darf auch in literaturtheoretischer Hinsicht als eines der einflussreichsten der zweiten Hälfte des 20. Jahrhunderts gelten. Seine fundamentalen Einsichten in die Verbindungen der Narration zu Raum und Zeit entwickelten sich zweifellos vor dem Hintergrund all seiner Reisen, die für ihn stets in einem essentiellen Zusammenhang mit dem Schreiben standen. Dabei waren es ebenso reale wie virtuelle Reisen, die sich in zunehmendem Maße zu einer ganzen Welt, einem vollständigen Planeten

rundeten, mit dem wir uns zu Beginn unserer Beschäftigung mit diesem französischen Schriftsteller auseinandersetzen wollen.

In seinen ebenso hintergründigen wie humorvollen *Paysages planétaires*
entfaltete Butor in poetisch verdichteter Form Landschaften, in denen sich die
unterschiedlichsten Teile unseres Planeten miteinander verbinden und sich in
ständiger, unablässiger Bewegung befinden. So widmet sich gleich der Beginn
einer hybriden Komposition mit dem Titel *ALASKAMAZONIE,*[1] die allseits von
Leben erfüllt ist:

> *Die Wipfel der Koniferen*
> *das Reich der Raben*
> *der Große und der Kleine Bär*
> *die borealen Dämmerungen*
> *die Reste der Goldsucher*
> *die Schlitten auf der Tundra*
> *die genealogischen Masten*
> *das Kupfer und die Walrosszähne*

Das Meer, Gezeiten und Einfaltungen, mit den Schreien der Möven, weit und Ebbe und
Fluten, mit den Gesängen der Wale weit weg. Durch die Fenster des Schiffes sehen wir, wie
Fjorde und Gletscher vorbeiziehen. Plötzlich lösen sich Blöcke und treiben spritzend in den
Kanälen. Jetzt kommen die Jäger, die mit Fleisch und Pelzen heimkehren.

> *Das Reich der Kolibris*
> *die borealen Dämmerungen*
> *die zerstörerischen Zyklonen*
> *die schlitten auf der Tundra*
> *die Flöße auf den Strömen*
> *das Kupfer und die Walrosszähne*
> *die Lichtkegel der Gefieder*
> *das Reich der Raben*[2]

Flora und Fauna hoher und niedriger Breiten,[3] Tundra und Tropen, Land und
Meer, Hitze und Kälte durchdringen sich wechselseitig, ohne miteinander zu

---

1 Butor, Michel: Paysages planétaires. In (ders.): *Seize lustres. Œuvres complètes.* Bd. XII: *Poésies
3 (2003–2009).* Paris: La Différence 2010, S. 738.
2 Ebda.
3 Vgl. hierzu auch die beiden Arbeiten von Suter, Patrick: Butor et le livre-installation – montage
de textes, œuvre plurielle, transits entre univers culturels. In: Weiand, Christof (Hg.): *Les graphies
du regard. Die Graphien des Blicks – Michel Butor und die Künste.* Heidelberg: Universitätsverlag
Winter 2013, S. 43–61; sowie ders.: Butor transaréal. In: Biglari, Amir / Desoubeaux, Henri (Hg.):
Dix-huit lustres. Paris: Classiques Garnier 2016, S. 423–445.

fusionieren, in Bewegungen von weltumspannenden Ausmaßen, die hier den amerikanischen Kontinent ineinander führen, in anderen Teilen der *Paysages planétaires* aber auch die Kontinente in einen wechselseitigen Austausch treten lassen. Alles ist in diesen Bildern in Bewegung.

Meeres- und Flusslandschaften beleuchten sich wechselseitig vermittels des sie verbindenden, lebensspendenden Wassers. Wie in Butors epochalen experimentellen Text *Mobile* – mit dem wir uns sogleich auseinandersetzen werden – ist hier alles über die unterschiedlichsten Transportmittel miteinander verbunden und in einem wechselseitigen Transformationsprozess begriffen, der die Menschen, Tiere, Pflanzen, Gesteine, Winde, Wasser und Gefieder erfasst. Nichts auf diesem Planeten steht für sich allein. Michel Butor zeigt uns eine Welt, in der alles Wechselwirkung ist.

In rascher Folge durchquert seine Leserschaft – um hier nur einige Titel zu nennen – die *ETATS ZUNI*[4] oder die *VIETNAMIBIE*,[5] den *OCEAN PAPOUINDIEN*[6] oder die *CASPERTZIENNE ANTILLAISE*,[7] den Bereich des *PACIFIC SANDWICH*[8] oder die *MONGOLIE TROPICALE*.[9] Mit Butors unverwechselbarem Humor werden die unterschiedlichsten Bereiche unseres Planeten miteinander zu Neologismen gekreuzt. Keine Area kann für sich alleine bestehen. Doch wir haben es nicht mit einer planetarischen Idylle zu tun. In den *ANDES AFRONIPPONES*[10] vernehmen wir Signale jener Warnungen, welche die Erde zu erschüttern drohen:

> Von einem Horizont zum anderen erklingen im Wechselspiel die Hörner, um vor der unmittelbar bevorstehenden Gefahr zu warnen. Sollte dies der angekündigte Kataklysmus sein? Die gesamte Provinz ist bedroht, die ganze Nation, ja der Kontinent. Allein einige Inselchen der Feuchtigkeit widerstehen.[11]

Die Warnungen fallen deutlich aus! Es wäre also falsch, die von Butor geschaffenen planetarischen Landschaften als den Tummelplatz harmloser Bewegungen, als den Kreuzungspunkt eines alles miteinander verbindenden arglosen Spiels zu sehen: Die Bewegungen in Butors Welt kennen die Katastrophen, die Kataklysmen. Sie erscheinen nicht nur im Zeichen ihrer natürlichen Schönheit, sondern

---

4 Butor, Michel: Paysages planétaires, S. 740.
5 Ebda., S. 746.
6 Ebda., S. 747.
7 Ebda., S. 748.
8 Ebda., S. 750.
9 Ebda., S. 751.
10 Ebda., S. 759.
11 Ebda.

auch in dem eines drohenden Untergangs, da alles mit allem über Landschaften zusammenhängt, die planetarischen Zuschnitts sind: In denen das Lokale, Regionale oder Nationale stets das Transareale und Planetarische aufruft. So wie es falsch wäre, Butor angesichts etwa seines Engagements gegen den Algerienkrieg als unpolitischen Schriftsteller zu bezeichnen, der sich allein dem Glasperlenspiel der Literatur gewidmet hätte, so wäre es auch irrig, den französischen Autor einer Blindheit gegenüber den Klimakatastrophen unserer Tage zu bezichtigen. Er baut in seine planetarischen Landschaften die drohenden Gefahren, ja den drohenden Weltuntergang als Horrorbild ein. Denn das Reich der Raben und das Reich der Kolibris könnten eines Tages kollabieren. Die klimatischen Veränderungen sparen keinen Winkel der Erdoberfläche aus; und es sind immer wieder Erdbeben und andere Naturkatastrophen, welche die Erdoberfläche verändern, Gebirge einstürzen und Untiefen sich erheben lassen, Kanäle zwischen den Kontinenten graben und die Kontinente driften lassen, Inseln von den Kontinenten abtrennen und durch Fluten neue Becken schaffen. Die Erde ist in ständiger Bewegung und alles mit allem verbunden. Die planetarischen Landschaften Butors sind durch ihre Vielverbundenheit, ihre *Multirelationalität* zutiefst geprägt. Seine planetarischen Landschaften – und ich werde darauf zurückkommen – sind Archipel-Landschaften, welche die Welt weltumspannend in eine Abfolge miteinander vernetzter und diskontinuierlich zusammenhängender Inseln und Inselchen verwandeln.

Doch verlassen wir hier diese planetarischen Landschaften des Butor'schen Spätwerks und kehren wir von dieser Aussicht auf die Literaturen der absoluten Gegenwart in die sechziger Jahre und damit in eine noch andere Vorstellungswelt des französischen Schriftstellers zurück! Sein Experimentaltext *Mobile* aus dem Jahr 1962 ist ein Text seiner eigentlich zweiten Schaffensphase, eine Zeit, die im Grunde in die Blütezeit der französischen Theoriebildungen fällt. Nicht von ungefähr zählt Michel Butor zu den sogenannten zerebralen Autoren jener Generation, welche die Nachkriegsliteratur Frankreichs seit den fünfziger Jahren sehr stark prägte und die man auf Vorschlag eines Kritikers von *Le Monde*, Emile Herniot, seit 1957 (also dem Jahr von *La Modification*) zunehmend als Nouveau Roman bezeichnete. Butor war als promovierter Dozent ein Poeta doctus und machte nicht allein durch seine Romane, sondern auch in der Folgezeit durch eine Vielzahl hochtheoretischer, aber stets spielerischer Essays auf sich aufmerksam.

Nicht nur Roland Barthes betonte in einem wichtigen Beitrag, dass der Nouveau Roman alles andere als eine klar strukturierte, homogene und an ähnlichen Zielen ausgerichtete literarische Bewegung war. In der Tat haben sich dessen Hauptvertreter, also insbesondere Alain Robbe-Grillet, Claude Simon, Nathalie Sarraute, Robert Pinget und eben unser Michel Butor, stets und wiederholt gegen die gemeinsame Klassifizierung als „Nouveaux Romanciers" gewehrt. Es half ihnen wenig! Wenn wir nun den Blickwinkel verändern und nicht mehr von der Position des Nouveau Roman her fragen, was es mit Butors *Mobile* auf sich hat, sondern vielmehr versuchen, sein Schreiben in den Kontext einer Literatur im Zeichen der Postmoderne zu stellen, ändert sich unsere Fragestellung. Weitaus mehr noch verändert sich unsere Interpretation und Deutung sowohl des Textes als auch von Butors Werk insgesamt.

Bei *Mobile* handelt es sich um einen Text, der zum einen unverkennbar als experimenteller Text angelegt ist – und damit ein gewisses avantgardistisches Verständnis auch in der Hinsicht projiziert, dass hier ein Bruch mit der literarischen Tradition herbeigeführt werden soll. Zum anderen aber geht es auch um einen Text, den man im weitesten Sinne der Reiseliteratur und der Frage des Welterlebens zurechnen könnte. Die Frage nach dem komplexen Erleben der Welt ist eine Grundfrage, die man nicht allein der Reiseliteratur, sondern auch den Literaturen der Welt insgesamt stellen muss, handelt es sich doch um eine Thematik, welche letztlich auch die Dimension der Moderne und der vielen, je nach bestimmten Areas unterschiedlichen „Modernen" betrifft. Butors *Mobile* ist sicherlich kein Reisebericht im traditionellen Sinne, sondern ein hochkomplex und zugleich auch hochintellektuell angelegter Experimentaltext, der – das verschweige ich nicht – vielleicht in den Möglichkeiten, ihn zu denken und neu zu formieren, anregender ist als in den Möglichkeiten, ihn zu lesen. Freilich fordert er seine Leserinnen und Leser zu einer kreativen Lektüre auf – und eine solche wollen wir auch in Angriff nehmen!

Der Text ist sicherlich nicht jedermanns Sache und genau das will er auch ganz bestimmt – ungeachtet des etwas reißerischen Klappentextes – nicht sein. Diesen Klappentext sollten wir uns aber dennoch anschauen, sind es doch sehr oft gerade die Paratexte, welche uns den Schlüssel zu einem ansonsten nicht leicht zugänglichen Text liefern! Und schließlich ist das, was auf Vorder- und Rückseite eines Bandes abgedruckt ist, ja auch das einzige, was man bei geschlossenem Buch überhaupt lesen kann und was gerade für die Kaufentscheidung der Leserschaft von nicht zu unterschätzender Bedeutung ist. Es handelt sich um die Seite des Produkts, der Ware Buch und um dessen Zusammenhang mit der Konsumwelt, auch der Massenkonsumption. Und genau in diese Kerbe schlägt auch Michel Butors Klappentext zu seinem Band *Mobile*:

> Atmen Sie die Luft von 50 Staaten ein!
> Von Stadt zu Stadt, von Grenze zu Grenze, von der Küste des Atlantik zur Küste des Pazifik! Hunderte von Flüssen, Hunderte von Vögeln, Hunderte von Stimmen! Die Europäer, die Schwarzen, die Indianer!
> Erleben Sie heute mit Ihrer Familie das Lachen, das Abenteuer, das Drama der Vergangenheit, der Gegenwart und der Zukunft Amerikas!
> Reisen Sie durch einen Kontinent, durch Jahrhunderte, um den Nervenkitzel eines Spektakels zu genießen, das so groß ist wie Amerika selbst!

Aufregung! Abenteuer! Bildung!

Vom kolonialen Neuengland bis zum Westen der Pioniere, von der mexikanischen Grenze bis zu den Häfen der Großen Seen, von Cape Canaveral bis zur Nordwestpassage!

Blättern Sie durch die Werke des großen Malers und Naturforschers John James Audubon, lesen Sie die Deklarationen von Präsident Jefferson und verfolgen Sie einen wahrhaftigen Hexenprozess!

Beobachten Sie die Amerikaner, leben Sie mit den Amerikanern, fahren Sie in ihren langen Karossen, überfliegen Sie ihre Flughäfen, entziffern Sie ihre Leuchtreklamen, flanieren Sie in ihren großen Geschäften, tauchen Sie ein in ihre endlosen Kataloge, studieren Sie ihre Prospekte, folgen Sie ihren gewundenen Straßen, schlafen Sie an ihren Stränden, träumen Sie in ihren Betten!

Mobile!

Eine Orgie an Überraschungen und Nervenkitzeln![12]

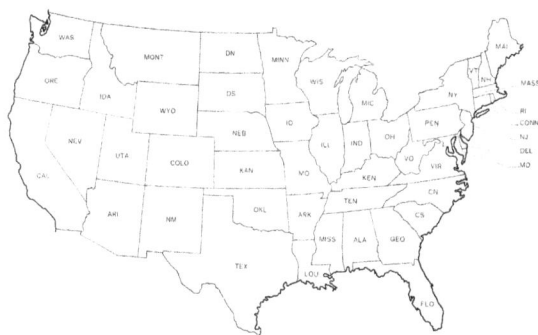

Abb. 104: Karte der USA, Abbildung aus *Mobile*, 1962.

Liest man die Biographie von Michel Butor, so weiß man, wie sehr er selbst von Reisen fasziniert gewesen sein muss. Schon kurz nach dem Krieg sieht man ihn auf Reisen in den unterschiedlichsten Ländern Europas, bald der ganzen Welt, wobei Aufenthalten nicht zuletzt auch an US-amerikanischen Universitäten gerade in den Jahren vor Veröffentlichung von *Mobile* eine große Bedeutung zukommt. Butor wusste also, wovon er sprach; und doch ist dieser Experimentaltext kein Reisebuch.

Der angeführte Textauszug zitiert durchaus das Reisefieber herbei. Er ist vergleichbar dem französischen Stil von Reisewerbung, der sich signifikant von deutschen Standardtexten dieser Art unterscheidet.[13] Insofern handelt

---

12 Butor, Michel: *Mobile: étude pour une représentation des États-Unis.* Paris, Gallimard 1962, Klappentext.

13 Vgl. hierzu u. a. das Kapitel zur Werbung in Grosse, Ernst Ulrich / Lüger, Heinz-Helmut: *Frankreich verstehen. Eine Einführung mit Vergleichen zu Deutschland.* 4., aktualisierte und erweiterte Auflage. Darmstadt: Wissenschaftliche Buchgesellschaft 1996.

es sich gattungsspezifisch tatsächlich um einen Werbetext, der im Übrigen zugleich eine ironische Distanz zu einer Funktion aufbaut, welche er gleichzeitig erfüllt, nämlich diejenige der Werbung für das Buch, als dessen Klappentext er fungiert. Es ist also ein Appetizer, der seine Wirkung durchaus entfalten kann, macht er doch zumindest auf den Band aufmerksam und löst bei seinem potenziellen Publikum zumindest Interesse für den marktschreierisch beworbenen Text aus.

Wir sehen an dieser Stelle den unter anderem von Roland Barthes angesprochenen unhintergehbaren Zusammenhang noch der subtilsten Literatur, die sich an eine breite Öffentlichkeit wendet, mit den Mechanismen, Strategien und Bedingungen der Massenkommunikation, gerade auch in einem ‚Reisebuch', das in den Zeitraum des beginnenden Massentourismus fällt. Michel Butor wählt in seinem Klappentext die Strategie hyperbolischer Übersteigerung, die eine ironische Distanzierung erlaubt und damit in sich selbst die Problematik der Verbindung zwischen hoher Literatur einerseits und Massenkonsum wie Massenkommunikation andererseits präsentiert und integriert. Der Klappentext von Butors *Mobile* reflektiert dieses Spannungsverhältnis, dem die Literaturen spätestens seit den sechziger Jahren des 20. Jahrhunderts ausgesetzt sind.

Zugleich suggeriert dieser Text natürlich, dass man durch seine Lektüre selbst eine Reise unternehmen kann. Damit ist die Reisemetaphorik eingeschrieben in die Grundstruktur des Butor'schen Textes. Nun ist es eine bekannte Tatsache, dass sich die Metaphorik der Reise von Beginn der Romangeschichte an, also der Geschichte der Gattung des Romans, häufig auffinden und in frühen Romantexten nachweisen lässt. Sie nimmt eine zentrale Stellung ebenso in der Struktur von Miguel de Cervantes' *Don Quijote* wie in Marcel Prousts *A la recherche du temps perdu*, im Pícaroroman des *Lazarillo de Tormes* und im vorgelagerten Abenteuerroman sowie im Roman de Geste ein, bis hin zu den aktuellsten Thrillern unserer Tage in der Epoche der Massenkultur. Natürlich beschränkt sich die Reisemetaphorik als narrative und diskursive Grundstruktur nicht auf die Gattung Roman, findet sich in anderen Texten – denken Sie an die *Commedia*, die *Göttliche Komödie* Dantes, die mit dem Verweis auf einen Weg einsetzt! – und Textsorten bis hin zum Selbstverständnis und zur Selbstversicherung unseres Lebens. Denn unser eigenes Leben kann – nicht nur in der christlichen Tradition – als Reise, und sei es als Pilgerreise, angesehen werden.

Sicherlich ist im übertragenen Sinne jede Textlektüre eine Reise: von den ersten Buchstaben auf dem Umschlag bis zum Ende der Schrift und des Buches, solange wir eine lineare Lektüre pflegen. Die Reisestruktur lässt sich damit als anthropologische Konstante verstehen, ist zugleich aber eingeschrieben in die Romangattung, von unterschiedlichsten Formen des Reiseberichtes einmal abgesehen. Was sich uns aber in Butors *Mobile* ankündigt, ist eine Reise der besonderen Art, eine Reise durch verschiedene Regionen eines Kontinents, durch verschiedene Zeiten und die verschiedenen Ethnien, welche diesen Kontinent bevölkern. Vor allem aber ist es eine Reise durch verschiedene Daseinsformen, die sich in jener Welt der Vereinigten Staaten von Amerika ein Stelldichein gegeben haben.

Damit stellt sich uns eine weitere Frage: Denn diese Welt der USA ist zugleich der geographische Raum eines Mythos der Moderne, wie er sich insbesondere seit der unmittelbaren Nachkriegszeit in nahezu allen Ländern Europas verbreitete. Selbstverständlich werden auch die alten Mythen aufgefahren, nicht zuletzt die stets von den Europäern gesuchte, aber niemals gefundene Nordwestpassage, auf welche bereits im Klappentext augenzwinkernd verwiesen wird. Im Vordergrund steht jedoch der allgegenwärtige neue Mythos des großen, modernen, vorbildhaften und zukunftsträchtigen Amerika alias USA. Michel Butor hat in all seinen Texten seit den fünfziger Jahren stets Mythen und bestimmte Mythologien eingearbeitet. In *Mobile* nun greift er einen modernen Mythos und mehr noch den Mythos der Moderne auf, der sich in den USA verkörpert oder den man zum damaligen Zeitpunkt von Europa aus in den Vereinigten Staaten verkörpert sah.

Einige Elemente dieses US-amerikanischen Mythos sehen Sie dabei schon in diesem kurzen Werbetext repräsentiert, etwa die Rede von einem ganzen Kontinent (der dieses Land, auch wenn wir die Vereinigten Staaten aus historischen Gründen als „Amerika" und seine Bewohner als „Amerikaner" bezeichnen) sicherlich nicht ist. Oder der Mythos der verschiedenen ‚Rassen' und Ethnien, die sich dort ein friedliches Stelldichein im Melting Pot geben (ein nicht weniger irreführender Mythos, dem sich in unseren Tagen die Bewegung „Black Lives Matter" entgegenstellt); oder der Mythos einer großen und großartigen Natur, die sich dort ausgebildet hätte (wozu bereits Alexander von Humboldt das Nötige sagte); oder der Mythos schlicht der Unendlichkeit, des großen Spektakels, das den europäischen Besuchern wohlige Schauer über den Rücken rieseln lasse. Hinter all diesen Mythen-Aufzählungen können wir fraglos die lächelnde Gestalt von Michel Butor vermuten.

Wir merken so beim zweiten Hinsehen, dass dieser Text aufgeladen ist nicht nur mit Formeln und Floskeln der Werbesprache, sondern auch einer Vielzahl von Amerika-Mythen, die im Europa der Nachkriegszeit hinsichtlich der USA im Umlauf waren. Auch die Anrufung, die Apostrophierung einzelner Bereiche wie etwa des Spektakels, der Erregung, des Abenteuers oder der Welt der Bildung werden in diesem Kontext letztlich zu Repräsentationsformen des Mythos oder, wie wir mit Roland Barthes sagen könnten, der bürgerlichen *Mythologies*, denen man im Sinne des Mythenkritikers nur mit einer Analyse von „le mythe, aujourd'hui" beikommen kann. Ganz nebenbei sei bemerkt, dass Barthes sein erstes großes Erfolgsbuch *Mythologies* 1957, wenige Jahre zuvor, vorgelegt hatte und es zum damaligen Zeitpunkt in aller Munde war.

Wir können es uns an dieser Stelle unserer Vorlesung aus Zeitgründen leider nicht erlauben, nun auf die *Mythologies* von Roland Barthes zurückzugreifen und mit deren Mechanismus die verschiedenen in Butors Text integrierten Mythen zu analysieren. Ich darf Sie hier auf meinen kleinen Band *Landschaften der Theorie* verweisen, in welchem den *Mythologies* breiter Raum gegeben wird.[14] Doch wichtiger scheint mir eine zweite Überlegung.

Es handelt sich ja, wie wir sahen, schon von Beginn des Klappentextes an um einen Reisetext besonderer Art. Auch der Titel verweist, freilich hochgradig polysem, auf den Status eines Bewegungstextes. Gewiss ist der Titel *Mobile* sehr vieldeutig zu interpretieren. Das Titellexem meint zum einen die ständige Bewegung, welche im Übrigen auch Butors früheren Texten immer eigen war, beruhten sie doch stets auf einem mobilen, vom Lesepublikum erst auszufüllenden Grundschema. Es kommt aber auch die schlichte Tatsache hinzu, dass Mobile eine Stadt in den USA ist, damit auch einen Ort innerhalb der hier dargestellten Vereinigten Staaten bezeichnet. Weiterhin schließlich – wie Sie wissen – hält Sie zum damaligen Zeitpunkt ein Erdölkonzern und eine Tankstellenkette dieses Namens gleichsam mobil und in Bewegung. Und schließlich ist *Mobile* natürlich auch die Bezeichnung für ein Mobile, ein ständig in Bewegung befindliches kunsthandwerkliches oder künstlerisches Artefakt, das sich in seinen jeweiligen Einzelteilen stets in Hinblick auf die wechselseitigen beweglichen Teile und deren Verhältnis zu den Betrachter*innen in beständiger Veränderung befindet.

Gerade den jungen Michel Butor haben schon sehr früh die Mobiles von Alexander Calder beeindruckt: Mobiles, die mit ihren beständigen Veränderungen ja bekanntlich nicht nur die großen Museen dieser Welt bereichern, sondern auch eine ungezählte Menge öffentlicher Gebäude und Schulen in Frankreich zieren, welche eine Vorliebe entwickelt zu haben schienen für diese Art der Kunst am Bau. Mobiles scheinen heute ein wenig aus der Mode gekommen zu sein, sind aber immer noch präsent und harren vielleicht einer baldigen Wiederauferstehung. Calders verrostete Mobiles könnten ein Lied davon singen ...

Der zweite Teil des Titels, mithin der Untertitel, ist ein wenig trockener: *Studie für eine Darstellung der Vereinigten Staaten*. Die Gattungsbezeichnung „Studie" lässt Schlimmes erahnen (und zum Teil trifft es ja auch zu): dass es nämlich in diesem Text um eine große Ansammlung von Informationen und Materialien geht, welche sich auf den Gegenstand „Etats-Unis" beziehen, die in dieser Formu-

---

14 Vgl. Ette, Ottmar: *Roland Barthes. Landschaften der Theorie*. Konstanz: Konstanz University Press 2013.

lierung in ihrer ganzen Pluralität daherkommen. Es bleibt festzuhalten, dass die architextuelle, das heißt gattungsmäßige Selbstzurechnung, die der Text seinen Leser*innen offeriert, ein wenig wissenschaftlich anmutet.

Bereits unmittelbar nach der Widmung finden wir auf den ersten beiden Seiten des eigentlichen Textes eine Darstellung der Vereinigten Staaten. Die Doppelseite nimmt graphisch vorweg, was später grammatextuell im weiteren Verlauf des Textes ‚ausgefaltet‘ wird, nämlich die Art der Benutzung der immerhin 539 Seiten des Bandes, der im Querformat von oben nach unten gelesen werden muss. Die erste Repräsentation der Vereinigten Staaten ist schlicht die politisch-geographische, insofern keine Gebiete außerhalb der USA – auch nicht Alaska, Puerto Rico oder Hawaii – dargestellt werden und auch innerhalb des Territoriums der USA nur die politischen Grenzen erscheinen. Jeder Staat ist dabei durch die ihm offiziell entsprechende Abkürzung in Großbuchstaben gekennzeichnet und identifiziert, so dass diese Karte zugleich für den weiteren Text als Orientierungshilfe dienen kann.

Werfen wir nun vergleichend einen Blick auf traditionelle Reiseliteratur, so beschäftigen wir uns mit einer vielfältig verzweigten Gattung, die über einen langen Zeitraum im Schatten der Literaturwissenschaft stand und trotz ihrer ungeheuren Verbreitung und jahrhundertealten Tradition kaum einmal wissenschaftliche Beachtung fand – es sei denn, um reiseliterarische Texte dokumentarisch zu lesen. Schauen wir uns dabei die Struktur dieser Texte einmal näher an, so sehen wir rasch, dass sie im Grunde einem autobiographischen Schema in aller Regel treu sind, insoweit sie eine Ich-Figur als Protagonisten kennen. Dieses Ich zerfällt dabei – um es etwas verkürzt auszudrücken – in eine Ebene der erzählten Zeit und eine der Erzählzeit, so dass wir ein erinnertes Ich und ein erinnerndes Ich oder, wenn Sie das lieber wollen, ein reisendes Ich und ein diese Reise erfassendes, darüber berichtendes, die Reise darstellendes Ich vor uns haben. Das alles können Sie in Hinblick auf Michel Butors *Mobile* aber getrost vergessen!

Im traditionellen Reisebericht können Sie eine Reihe von Grundbewegungen unterscheiden, die zugleich auch von hermeneutischer Bedeutung sind, das heißt Bewegungen darstellen, die der Leserschaft gleichsam im Raum entfaltete Verstehens-Modelle darbieten.[15] Das vielleicht gängigste Grundschema ist sicherlich die Kreisstruktur, wobei der Reisende von einem Punkt aus aufbricht und zu ihm am Ende der Reise wieder zurückkehrt. Durch diese Bewegung hat er oder sie freilich einen Erfahrungsschatz hinzugewonnen, so dass die oder der Reisende eben nicht mehr als der- oder dieselbe zu diesem Ausgangspunkt zurückkehrt.

---

15 Vgl. Ette, Ottmar: *ReiseSchreiben. Potsdamer Vorlesungen zur Reiseliteratur.* Berlin – Boston: Walter de Gruyter 2020, S. 194–235.

Bisweilen setzen die Reisenden diesen Ausgangspunkt nach Vollzug der Kreisbewegung auch auf andere Weise in Szene, um zu dokumentieren, dass er sich auf
Grund der geleisteten Verstehens-Prozesse für sie anders oder in anderem Lichte
darstellt.

Ein zweites Grundmuster ist die lineare Bewegung von einem Punkt A zu
einem Punkt B, wie wir es etwa bei der Pilgerfahrt im christlichen Bereich nach
Jerusalem, Rom oder Santiago de Compostela, im muslimischen Bereich zu den
heiligen Stätten des Islam vor uns haben. Aber natürlich ist auch eine Reise nach
Memphis vorstellbar, um zu Elvis Presley zu pilgern – was auch immer Sie bevor-
zugen! Neben der Kreis- oder der linearen Bewegung gibt es aber auch andere
Grundfiguren hermeneutischer Bewegung, so etwa eine sternförmig von einem
Zentrum ausgehende Reisebewegung, die ebenfalls in bestimmten Subgattungen
des (literarischen) Reiseberichts von großer Bedeutung ist.

Wir könnten dies noch wesentlich diversifizieren, und es wäre in der Tat
möglich, noch weitere Formen und Unterformen hermeneutischer Bewegung in
Texten der Reiseliteratur angelegt zu finden und als Verstehens-Figuren herauszuarbeiten. All dies ist gut und schön, trifft aber für den ‚Reisebericht' unseres
Michel Butor nicht zu! Denn wir finden dort nicht nur kein konsistentes Subjekt in
Form eines reisenden Protagonisten, ja nicht einmal unbedingt ein Auseinander-
fallen in zumindest zwei Erzählebenen oder zwei Erzählzeiten und auch keines
der durchgängigen hermeneutischen Bewegungsfiguren im Text vor. Ja mehr
noch: Alle kontinuierlichen Bewegungen oder Bewegungsfiguren, im Übrigen
auch einer narrativen und diskursiven Kontinuität, sind absichtsvoll gebrochen,
wenn auch nicht gänzlich verschwunden. Der Text charakterisiert sich durch ein
ständiges Hin- und Herspringen.

Wir können diese oszillierende, springende oder hüpfende Bewegungsfigur
im Grunde auf der eingangs erwähnten politisch-geographischen Landkarte der
USA in etwa nachzeichnen, auch wenn dabei dann am Schluss ein Bewegungsbild
entstünde, das wesentlich inkohärenter aussähe als die Darstellung aller inneramerikanischen Fluglinien sämtlicher inneramerikanischen Fluggesellschaften.
Es zeigt sich zwar, dass Butors Text bisweilen einer gewissen alphabetischen
Logik folgt, insofern die US-Staaten meist in alphabetischer Reihenfolge abgehandelt werden; doch ist dieses Schema gerade gut genug, um ständig hintergangen
oder mit Hilfe anderer Reisebewegungen subvertiert zu werden.

Völlig unstete und vor allem diskontinuierliche Bewegungen sind dem Text
zutiefst eingeschrieben. Das ständige Hin- und Herpendeln auf der nordamerikanischen Landkarte lässt keine politisch, ideologisch, geographisch, diskursiv, narrativ oder wie auch immer geartete Logik zu Stande kommen: Der Text
ist auf dieser Ebene vielmehr eine Abrechnung und ein Abschied von all diesen
durchgängigen Logiken. Insoweit inszeniert er zweifellos einen Bruch mit der

traditionellen Gattung des Reiseberichts und wäre daher eher avantgardistischer als postmoderner Ästhetik zuzuordnen. Doch wir können andere Textelemente aufspüren, die eher für eine sanfte Abkehr von traditionellen Schreibformen und eine „sanfte Apokalypse" sprechen.

Zu den typischen Elementen des Reiseberichts gehört zweifellos der Hinweis auf Fortbewegungsart und Verwendung unterschiedlicher Fortbewegungsmittel. In der Tat finden wir in *Mobile* eine ganze Reihe von Verkehrsmitteln, namentlich aber – was die Fortbewegungsarten im Raum angeht – Flugzeug und Automobil, von dem aus immer wieder eine Suche nach verschiedenen Tankstellen gestartet wird, egal ob Texaco, BP oder eben Mobile. Es handelt sich folglich vorherrschend um Verkehrsmittel, die wir der Moderne zuschreiben dürfen.

Denn *Mobile* besitzt auf anderen Textebenen durchaus bestimmte Formen einer recht konsequent durchgehaltenen Logik. Eine dieser Logiken betrifft die „mise en page", also die Situierung des Textes auf der Buchseite selbst. Dabei fällt, wie bereits erwähnt, von Beginn an auf, dass nicht die einzelne Seite, sondern eine Doppelseite, also das aufgeschlagene Buch, um neunzig Grad gedreht, die Grundmatrix dieses Textes bildet. Damit wird das Querformat gewählt, so dass die Leserschaft im Grunde das Buch in anderer Leserichtung oder – wenn Sie lieber wollen – Bewegungsrichtung halten muss. In jedem Fall wird eine traditionelle Lesart unmöglich gemacht, auch wenn bestimmte paratextuelle Elemente in herkömmlicher Form gedruckt sind.

Denn die veränderte Leserichtung betrifft nur den ‚eigentlichen' Text des Buches: Weder Titel noch Klappentext, weder Titelseite noch Karte oder die Hinweise auf andere Werke dieses Autors sind im Querformat gedruckt, sondern dürfen oder müssen in gewohnter Leserichtung gelesen werden. Dies bedeutet, dass sich der eigentliche Text von seinen Paratexten sehr stark absetzt und – was mir nicht unwichtig erscheint – auch grafisch von ihnen deutlich unterschieden ist.

So ließe sich durchaus sagen, dass die Struktur von *Mobile* der eines Mobile ähnlich ist, bei dem die Rahmenstruktur in gewisser Weise oft fest montiert sein muss, gerade um eine beständige Bewegung der einzelnen beweglichen Teile zu gewährleisten. Diese mobilen Teile sind auf der Seite wiederum grafisch voneinander abgesetzt: So wurden zum Beispiel alle Städtenamen und Namen von Bundesstaaten, die sie ergänzen, in Majuskel gesetzt, wobei gerade auch bei Repetitionen eine gewisse grafische Grundstruktur auf der Seite erzeugt wird. Daneben gibt es als Grundformen des grammatextuellen Aufbaus Antiqua-Schrift und Kursivierung, welche als zusätzliche strukturierende Textelemente eingesetzt werden.

Die Paginierung erfolgt jeweils über die rechte, also die ungerade Buchseite, was keineswegs beiläufig oder gar belanglos ist, da hierdurch angezeigt wird, dass es sich bei einer Doppelseite jeweils um eine Einheit handelt. Gleichwohl werden die Doppelseiten als zwei Seiten gezählt. Dabei entstehen Seiten-Bilder, die in der Tat etwas von der „mise en page" konkreter Poesie und vielleicht mehr noch des Bildgedichts avantgardistischer Herkunft transportieren. Zugleich werden die vielen Brüche und Diskontinuitäten innerhalb des Textes sichtbar gemacht, zeigt der Text doch in seiner Gänze eine grundlegende Patchwork-Struktur gramma-textuell an.

Der ‚eigentliche', fortlaufende Text von Butors *Mobile* beginnt mit der Erwähnung der Stadt Cordoue in Alabamas tiefem Süden und setzt sich – auf der nächsten Doppelseite – im Norden mit Cordue/Alaska fort. Damit wird die bereits ins Spiel gebrachte alphabetische Logik erstmals aufgerufen, zugleich aber auch die Reisebewegung in eine vom sprachlichen Material vorgegebene Anordnung gebracht. In der Tat ist es dieses Material, das für Butor stets als solches welthaltig ist: Es verleiht dem gesamten Text die Grundstruktur.

Dabei werden häufig Zitate aus den verschiedensten Bezugstexten angegeben und einbezogen, so dass *Mobile* von Anfang an signalisiert, dass es im Text nicht nur einen einzigen Autor, eine einzige Erzählerfigur gibt. Dieser experimentelle Text erweist sich bereits auf dieser Ebene als mobil, ganz abgesehen davon, dass die Identität der Städtenamen kombiniert mit der Differenz der Bundesstaaten-Bezeichnungen ein Spiel von Identität und Differenz in Gang setzt. Dieses ist ebenfalls nicht an der Realität dieser Städte und Staaten, also nicht an ihrer außersprachlichen Referentialität ausgerichtet, sondern an der sprachlichen Dimension oder – gerade was wir in Hinblick auf die Wichtigkeit von Klangeffek-ten wahrnehmen können – an der poetischen Funktion der Sprache im Sinne Roman Jakobsons. Nicht die referentielle, sondern die poetische Funktion domi-niert in diesem gattungsmäßig sehr vielfältigen, mit verschiedensten literarischen Genres vom Reisebericht bis hin zur konkreten Poesie spielenden Mobile.

Das Spiel von Identität und Differenz wird selbstverständlich noch auf anderer Ebene wichtig: derjenigen immer neuer Kontexte für die immer wieder wieder-holten Strukturen oder Textelemente. So wird das wiederholt auftauchende Selbe durch einen anderen Kontext in etwas Anderes und Weiteres verwandelt, ohne doch aufzuhören, zugleich das Selbe *und* das Andere zu sein.[16] Dies ist eine Frage der Serienbildung und „Iterabilität", die gerade für die Philosophie Jacques Der-ridas und insbesondere sein Theorem der „différance" von Bedeutung ist.

Nehmen wir uns nun aber eine erste Doppelseite von *Mobile* genauer vor:

---

16 Vgl. Descombes, Vincent: *Das Selbe und das Andere. Fünfundvierzig Jahre Philosophie in Frank-reich 1933–1978.* Aus dem Französischen von Ulrich Raulff. Frankfurt am Main: Suhrkamp 1981.

MARSHALL, sur la baie de Tomales, comté de Marin ou comté Marin,
CALIFORNIE, l'État le plus peuplé après le New York, à la
frontière de la province mexicaine de California Baja, — la réserve d'Indiens de
Manzanita.

Je rêvais de San Francisco.

Esso, — sur les montagnes l'achillée d'Occident, dont les Indiens se servaient
pour composer leurs médecines; sur les plateaux, les gaillardes dites « roues de
feu »; dans les déserts, le pavot blanchâtre épineux.

BENTON, entre la forêt nationale d'Inyo et celle de Toyabe, près du lac Noir,
dans la Sierra Nevada, dans l'immense et quasi désert comté de
Mono, État du séquoia, — la réserve d'Indiens Inajas.

*L'avion dans lequel je voyageais vers San Francisco s'est arrêté trois fois à Los Angeles :
à Long Beach, à l'aérodrome international, à Burbanks. Je voyais défiler sous mes
yeux les hectares et hectares de petites rues perpendiculaires faiblement éclairées...*

Dans les forêts du Nord, les trilliums du Pacifique, pétales blancs et feuilles
vertes trois par trois, et la fleur jumelle avec ses clochettes roses par paires.

GREENWOOD, comté d'El Dorado.

*Je suis arrivé la nuit à San Francisco. Il y avait peu de lumières sur la baie. Mais le
matin...*
Je rêve de San Francisco.

Le palmier de Washington, dont les palmes épineuses, en séchant, recouvrent le
tronc d'un manchon de rude fourrure ocre, — quand il est cinq heures du matin à

CONCORD, près de l'embouchure du fleuve Sacramento dans la baie de San
Pablo, qui donne elle-même dans la baie de San Francisco,

Mobile 25

Abb. 105a: Michel Butor: *Mobile*, 1962, S. 25.

Wir haben es an dieser Stelle mit dem Übergang zum Staat Kalifornien zu tun, zu
dem – wie häufig innerhalb dieses Textes – zunächst eine quantitative Angabe
gemacht wird, welche ihn sehr bewusst mit dem Staat New York – und vermittelt mit allen anderen Staaten des Bundesgebietes – in Verbindung setzt.
Diese relationale beziehungsweise multirelationale Struktur, die innerhalb von

Mobile eine essentielle Funktion erfüllt, wird ergänzt durch die Erwähnung von Begrenzungen, zunächst der Außengrenzen räumlicher Natur zu Mexiko, das bekanntlich über eine Provinz namens Niederkalifornien verfügt. Sobald die Leserschaft weiß, dass dieses Territorium nicht umsonst einen spanischen Namen orientalisierenden Inhalts trägt, versteht sie zugleich, dass die Bildung des Staates Kalifornien mit einer historischen Ausgrenzung zusammenhängt. Das zentrale Thema der Grenze scheint dabei mehrfach auf. Am Ende des Satzes erfolgt ein Verweis auf die Manzanita-Indianer und deren Reservat im Staat, womit eine exkludierende Grenzziehung eingespielt wird, die innerhalb Kaliforniens erfolgt und im Grunde eine Art innere Grenze und mehr noch (rassistische) Ausgrenzung versinnbildlicht. Die Erwähnung der indigenen Bevölkerung, die in Reservaten zusammengepfercht lebt, erfolgt ganz bewusst im Text, macht sie doch auf das aufmerksam, was bis heute in den Vereinigten Staaten von Amerika unterdrückt wird. In jedem Falle werden wesentliche Elemente der Geschichte Kaliforniens und der USA aufgerufen, ohne dass dies explizit gemacht würde.

Nach Erläuterungen in Antiqua-Schrift findet sich jeweils ein Satz in der ersten Person Singular. Es handelt sich um einen einfachen Aussagesatz in Kursivschrift, der vom Traum dieses Ichs von San Francisco berichtet oder zeugt. Das „Ich träumte von San Francisco" verweist auf den amerikanischen Traum, den Zug nach Westen, die Mythologie des amerikanischen Westens und zugleich die mit Gold und Reichtum besetzte Mythologie der USA insgesamt. Danach folgen die Erwähnung einer Tankstelle beziehungsweise eines Ölkonzerns und der Folgen der von diesem Treibstoff ausgelösten oder ermöglichten Bewegungen. So wird die Wahrnehmung von Landschaftselementen projiziert, in welche freilich nicht allein die Natur, sondern die Geschichte eingeschrieben ist. Die Faszinationskraft der Wüste, die nicht nur in dieser Passage hervortritt, hat uns bereits in der Vorlesung zur Reiseliteratur hinsichtlich Jean Baudrillards Darstellung der USA unter dem Titel *Amérique* beschäftigt.[17] Aber zurück zu *Mobile*!

Der folgende Abschnitt in Kursivschrift berichtet von einer Reise im Flugzeug nach San Francisco, in einem Flieger, der paradoxerweise dreimal in Los Angeles auf verschiedenen Flughäfen zwischenlandete, was gewiss die Größe dieser Riesenstadt verdeutlicht. Neben die Fortbewegungsart des mit dem Mythos USA verbundenen Automobils tritt nun jene des Flugzeugs, das die Größe und Weite des Kontinents assoziiert. Das Ich sieht unzählige Straßen unter sich hinwegziehen, eine gewisse Unendlichkeit urbaner und infrastruktureller Anlagen, die durch drei abschließende Pünktchen grafisch versinnbildlicht werden. Sie erinnern an

---

17 Vgl. Ette, Ottmar: *ReiseSchreiben*, S. 609–627.

ein avantgardistisches Gedicht, was uns darauf aufmerksam machen mag, dass Michel Butor in seinen Anfängen derartige Gedichte verfasste.

Dann erfolgen wiederum in Antiqua-Schrift Hinweise zur Vegetation Nordkaliforniens, die wie die zahlreichen ornithologischen, einem Standardwerk Audubons entnommenen Angaben oft in den fortlaufenden Text eingestreut sind. Die nachfolgenden Namen rufen geradezu mythische Bestände auf, zunächst „Greenwood", was unmittelbar an die Baumvegetation anschließt, dann die Bezeichnung „El Dorado", die auf einen herausragenden, die europäischen Eroberer faszinierenden Mythos ganz Amerikas verweist, der in die Identität nicht nur des heutigen Kolumbien als Projektionsfläche von Utopien und Phantasien tief ins kollektive Gedächtnis eingegraben ist. Der Goldrausch in Kalifornien bildet gleichsam eine Wiederholungsszene von Träumen der ersten Konquistadoren, die diesem westlichen Bundesstaat einst seinen Namen gaben, lange bevor er von den USA nach einem unrechtmäßigen Krieg in Besitz genommen wurde.

Danach wird der kursiv gesetzte Ich-Erzählerdiskurs wieder aufgenommen: Eine gewisse Fortsetzung tritt ein, insoweit nun nachts das Ich in San Francisco ankommt. Statt aber zu einer narrativen Entwicklung überzuleiten und auf diese Weise eine lineare Erzählstruktur einzuführen, welche die des Reiseberichtes wäre, enttäuscht der Text die Lesererwartung und kehrt wieder an seinen Ausgangspunkt zurück. Freilich ist nun das „Imparfait" in ein Präsens verwandelt, eine Änderung, die auf der Zeitachse eine grundsätzliche Bewegung aus der Vergangenheit in die Gegenwart nahelegt. Die nachfolgende Erläuterung zur Vegetation wird plötzlich durch einen Gedankenstrich und eine Zeitangabe unterbrochen. Diskontinuierlich wird ein Concord in Kalifornien in Bezug gesetzt zu einem absichtsvoll auf der nächsten Seite befindlichen Concord in einem anderen Bundesstaat, so dass die Ungleichzeitigkeit der Zeit in den USA durch den Verweis auf die verschiedenen Zeitzonen eingeblendet werden kann. Michel Butors *Mobile* verweigert sich beharrlich allen kontinuierlichen Erzählformen.

Anhand dieses Textauszuges sollte deutlich geworden sein, dass allein auf dieser Doppelseite eine ganze Reihe verschiedener Textelemente miteinander kombiniert wurden: die Angaben von Namen der Städte und Staaten, Hinweise zu Vegetation, zum Teil auch zu Landschaften und deren Nutzung, Texte zur Natur im Allgemeinen. Unterbrochen werden sie von Fragmenten eines Diskurses des Reisenden, der sich mit Hilfe zweier Verkehrsmittel, mit Auto und Flugzeug, fortbewegt, wobei beide Fortbewegungsweisen miteinander verbunden werden. Doch beziehen wir die unmittelbar nachfolgende Doppelseite in unsere Deutung mit ein:

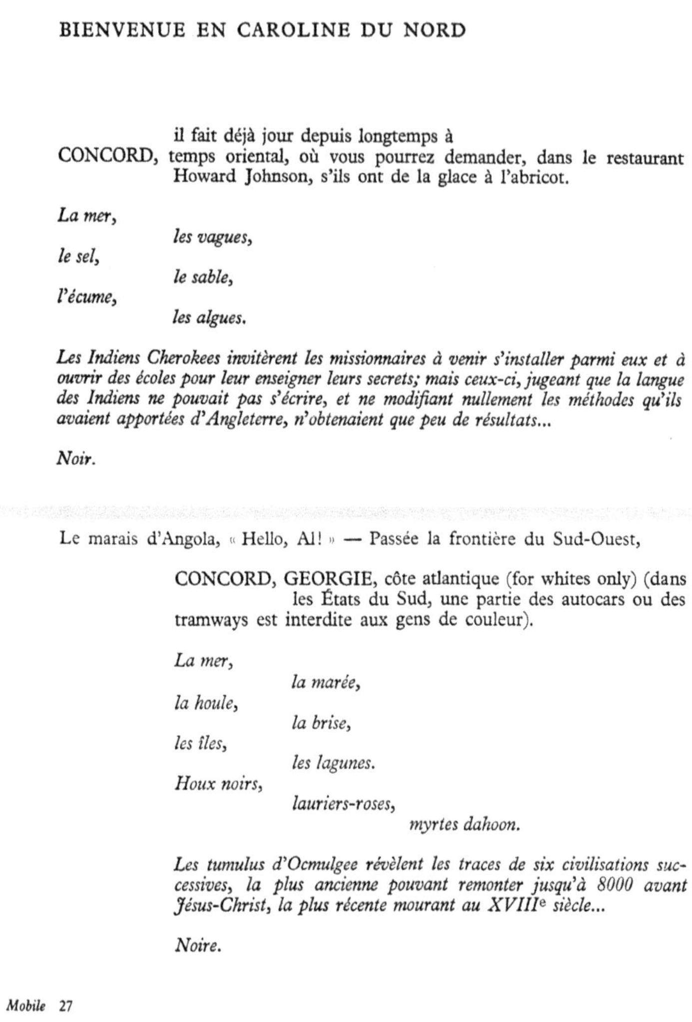

BIENVENUE EN CAROLINE DU NORD

il fait déjà jour depuis longtemps à
CONCORD, temps oriental, où vous pourrez demander, dans le restaurant
Howard Johnson, s'ils ont de la glace à l'abricot.

La mer,
　　　　　les vagues,
le sel,
　　　　　le sable,
l'écume,
　　　　　les algues.

*Les Indiens Cherokees invitèrent les missionnaires à venir s'installer parmi eux et à
ouvrir des écoles pour leur enseigner leurs secrets; mais ceux-ci, jugeant que la langue
des Indiens ne pouvait pas s'écrire, et ne modifiant nullement les méthodes qu'ils
avaient apportées d'Angleterre, n'obtenaient que peu de résultats...*

Noir.

Le marais d'Angola, « Hello, Al ! » — Passée la frontière du Sud-Ouest,

CONCORD, GEORGIE, côte atlantique (for whites only) (dans
les États du Sud, une partie des autocars ou des
tramways est interdite aux gens de couleur).

La mer,
　　　　　la marée,
la houle,
　　　　　la brise,
les îles,
　　　　　les lagunes.
Houx noirs,
　　　　　lauriers-roses,
　　　　　　　　　myrtes dahoon.

*Les tumulus d'Ocmulgee révèlent les traces de six civilisations suc-
cessives, la plus ancienne pouvant remonter jusqu'à 8000 avant
Jésus-Christ, la plus récente mourant au XVIIIᵉ siècle...*

Noire.

Mobile 27

Abb. 105b: Michel Butor: *Mobile*, 1962, S. 27.

Sie ist überschrieben mit einem Willkommensgruß in North Carolina, von
welchem der auf der vorigen Doppelseite begonnene Satz unbeeindruckt
abgeschlossen wird. Das Umblättern der Seite repräsentiert den Wechsel der
Zeitzone, allerdings nicht vorwärts in der Zeit, sondern vielmehr zurück. Zu
den ständig wiederkehrenden Textelementen zählt die Frage, ob in einem
immer wieder anderen Restaurant bestimmte Eissorten vorhanden sind. Der

sich daran anschließende Kursiv-Text besitzt einen ausgeprägt lyrischen Charakter: Er ist in seiner Anordnung dreimal zweigeteilt, wobei auf der linken Seite die Elemente des Meeres beziehungsweise Wassers stehen (Meer, Salz und Schaum), während auf der rechten Seite mit Wellen, Sand und Algen gleichsam ergänzende Elemente aufgeführt werden. In der Treppenartigen Anordnung dieses lyrischen Intermezzo wird deutlich die Bewegungsstruktur des Einschubs erkennbar.

Im unmittelbaren Anschluss folgt ein Text in Kursivschrift, der wiederum linear-diskursiv angeordnet ist und von den Cherokee-Indianern berichtet. Dabei handelt es sich um eine nicht stattgefundene Kommunikation, zu welcher die Cherokee im Grunde bereit waren, nicht aber die aus England stammenden Missionare, die ihre Methoden nicht den von ihnen zu missionierenden Indigenen anpassen wollten. Hier wird also die indigene Thematik wieder aufgegriffen. Es geht um den gescheiterten Versuch eines interkulturellen Dialogs und zugleich um die Problematik der Alterität, die in jeder Form des Reiseberichts stets von Bedeutung ist. Auf dieser Ebene macht Butors *Mobile* keine Ausnahme: Dort verkörpern gerade die Indianer diese Alterität und mehr noch Fremdheit, welche längst in sogenannte Reservate zurückgedrängt ist. Im Übrigen wird das Lesepublikum später erfahren, dass die Sprache der Cherokee von einem Indianer verschriftlicht, also ins Alphabet überführt wurde, was die englischen Missionare noch nicht einmal versucht hatten. Im Grunde berichtet *Mobile* von gänzlich asymmetrischen Machtbeziehungen, die auf den zweifellos rassistisch begründeten Ausschluss weiterer Kulturen und deren letztliche Beseitigung abzielen.

Darauf erfolgt eine erneute Grenzüberschreitung entlang des Paradigmas „Concord": diesmal ein Concord in Georgia. Erneut erfolgt der Hinweis auf eine rassistisch begründete Ausgrenzung, diesmal nicht der indigenen, sondern der schwarzen Bevölkerung hinsichtlich der Verkehrsmittel, mithin der Mittel ihrer Bewegung im Raum. Damit wird implizit der marktschreierische Klappentext mit seiner Erwähnung der unterschiedlichen Ethnien, die in den USA zusammenlebten, ad absurdum geführt beziehungsweise als beschönigender und die Machtverhältnisse ausblendender Text entlarvt. Daran schließt sich eine kursiv gesetzte Passage an, in welcher das Meer in die Vegetation übergeht, aus einem zweigleisigen Schema ausbricht und wieder in Bewegung gerät: Eine dritte Spalte wird eröffnet. Es folgen erneut in Kursivschrift Hinweise auf sechs aufeinanderfolgende Zivilisationen, erkennbar an den Tumuli der Ocmulgee-Indianer, und ein geschichtlicher Raum wird durch diese aufeinanderfolgenden indigenen Zivilisationen ausgespannt, der sich von 8000 v. Chr. bis ins 18. Jahrhundert erstreckt. Erneut wird also die Dimension der Zeit angesprochen, insoweit den indianischen Kulturen der Maßstab abendländisch-christlicher Zeit entgegengehalten oder übergestülpt wird. Dass dieser Zeitraum gerade im 18. Jahrhundert zu Ende ging, könnte auf jene große geschichtliche Bewegung zurückgehen, die sich am Ausgang des Jahrhunderts als Aufklärung und Epoche einer abendländisch bestimmten Moderne inszenierte. Diese Moderne wird in *Mobile* zweifellos hinterfragt.

Die Gedichtstruktur dieser verschiedenen Passagen, das sorgfältige Ineinander-Weben unterschiedlichster Diskursfetzen, Ortsnamen, historischer oder kultureller Verweise, Sprachspiele oder Gedichtformen lassen einen Text entstehen, in dem sich wie in einem Kaleidoskop die einzelnen Elemente in ihren wechselseitigen Beziehungen stets neu anordnen. Diese Grundelemente, die ständig durch die Hinzufügung neuer Elemente in Bewegung gesetzt werden, bilden die offene Strukturierung dieses literarischen oder textuellen Mobile unendlicher Sprünge und Brüche zwischen den verschiedenen Grenzen kultureller Diversität. *Mobile* ist ohne jede Frage ein kulturkritischer Bewegungs-Text, der nicht in der Form seines marktschreierischen Werbetextes funktioniert.

An diesem Punkt sei es erlaubt, einen kurzen Seitenblick auf einen im Jahr 1962 von Roland Barthes für die Zeitschrift *Critique* verfassten und in die *Essais critiques* aufgenommenen Text über Michel Butors *Mobile* zu werfen![18] Barthes betonte gleich zu Beginn seines Versuchs über Butor, dass dieser mit seinem Band die Idee des Buchs selbst verletzt habe. Barthes ging in seiner Aussage noch einen Schritt weiter, indem er ausführte, wie hier doch absichtsvoll die „idée même de la littérature" in Frage gestellt worden sei. Die im Buch wohltätigen Metaphern seien das Gewebe, das man webt, das Wasser, das fließt, das Mehl, das man zubereitet, der Weg, dem man folgt, der Vorhang, der enthüllt und vieles mehr. Dabei handele es sich letztlich um eine Struktur, welche die eines „Bricolage" sei, einer Bastelarbeit also, die man aus den unterschiedlichsten Materialien herstelle und verfertige.

Zugleich habe Butor die Idee verletzt, dass ein Buch gleichsam aus sich selbst entsteht, organisch sich entwickelt; vielmehr sei der Konstrukt-Gedanke entscheidend. So rücke die schriftstellerische und mehr noch textuelle Arbeit in den Vordergrund, das Gemachte: Die Arbeit werde als solche nicht verborgen. Butors Buch ergebe sich gerade nicht in die Idee des „continu", in welches alles hineinfließen müsse. Ein „livre continu", so Barthes etwas abfällig, müsse einer „critique cosmétique" zugehören. Das Verbot der Kritik laute, dass man resümieren und bewerten, niemals aber in zu kleine Bestandteile aufteilen dürfe. Deshalb werde das „livre discontinu" auch nur in ganz bestimmten Bereichen toleriert,

---

18 Vgl. Barthes, Roland: Littérature et discontinu. In (ders.): *Essais critiques*. Paris: Seuil 1964, S. 175–187.

nämlich als fragmentarisches, unvollendetes Werk, als Aphorismus, insofern dieser als Vollform inhaltlicher Art geachtet werde.

Butors Buch verstoße auch gegen den längst mythisierten Charakter der ‚Entwicklung', eines sich entwickelnden Buches. Der generelle Plan in *Mobile* sei „nul", das Detail hingegen auf die Ebene einer Struktur gehoben worden. Die Ideen würden in *Mobile* nicht entwickelt, sondern lediglich verteilt. Barthes betonte die Wichtigkeit der Taxonomie, wie sie nun überall in den Humanwissenschaften deutlich werde: Sag mir, wie du klassifizierst, und ich sage Dir, wer Du bist. Der Verfasser der *Mythologies* verteidigte in diesem Essay auch die alphabetische Anordnung in Butors *Mobile*, eine Anordnungsweise, die er selbst wenige Jahre später zu einer wichtigen Grundstruktur eigener Texte und insbesondere seiner experimentellen Autobiographie *Roland Barthes par Roland Barthes* machen sollte. Nicht umsonst nannte Barthes das Alphabet jenseits der mystischen Dimension von Alpha und Omega auch den „degré zéro de classement". Er betonte darüber hinaus, dass es in unserer Kultur immer sehr wenig Platz für das Neutrale, das Neutrum („le neutre") gegeben habe, dass man im Leeren stets nur die Negativität erblickt habe. Die Darstellung der USA bei Butor sei mithin eine Art „addition d'étoiles": Die USA seien wie etwas Enzyklopädisches erobert worden, nämlich Staat nach Staat.

Roland Barthes merkte im Übrigen an, wie bedeutungsvoll in einem Land, das unter einer permanenten Identitätskrise leide, der Mangel an Ortsbezeichnungen sei. Einem zu großen Kontinent stehe ein zu kleines Lexikon gegenüber: Ein ganzer Teil Amerikas ergebe sich aus diesem „frottement des choses et des mots", dieser Reibung zwischen Worten und Dingen – wie er in einer prospektiv Foucault'schen Wendung hinzufügte. Es handle sich bei *Mobile* nicht um eine modernistische Darstellung der Vereinigten Staaten, sondern um eine Tiefendarstellung, eine tiefreichende Anamnese, die darum auch besonders bedeutungsvoll sei, weil sie von einem Franzosen stamme.

Barthes verteidigte das Buch von Butor gegen den Vorwurf, eine „pensée en miettes", ein in Scherben zerfallenes Denken zu sein. *Mobile* mache das „continu", an das wir in unseren Lektüren gewöhnt seien, durchaus bemerkbar. Er fügte dem die ironische Frage hinzu, wer es denn wagen würde, Webern oder Mondrian vorzuwerfen, sie hätten eine Kunst in Scherben produziert. Das Diskontinuierliche sei von der Kunst im Übrigen nicht erfunden worden, denn das Diskontinuierliche sei der fundamentale Status jedweder Kommunikation. Die klassische Möglichkeit einer Antwort hierauf sei die Variation gewesen, doch gebe es auch andere Möglichkeiten wie jene der Translation. Schon Claude Lévi-Strauss hatte die Vermutung angestellt, dass jede Erzählung durch die Mobilisierung rekurrierender Strukturen in Gang gesetzt werde. Damit falle die Verantwortung der Wahl auf das Werk selbst. Butor habe bewusst betont, dass er ein konstruiertes Werk gebaut habe, und er hob die Wichtigkeit des Modells, der „maquette", hervor. Für Roland Barthes war die Frage Butors nach der „composibilité" der Welt von Bedeutung. Er sprach logischerweise auch von der „Zusammensetzbarkeit" des amerikanischen Kontinents und verwies auf die alten Vorfahren der gewaltigen Katalogstrukturen, die Butors Buch über die USA charakterisierten, wenn auch seine Vergleiche mit Homer oder Aischylos etwas ins Weite führen. Damit aber gelang es Barthes paradoxerweise am Ende seines Essays, Butor wieder in eine Traditionslinie abendländischer Kultur und Literatur zurückzuholen, eine Bewegung, die freilich die Mobilität von Barthes' eigenem Essay nicht weniger in Szene setzte als die von Butors *Mobile*.

Ich wollte Ihnen mit diesem kleinen Ausflug zu Roland Barthes aufzeigen, wie weit bereits zeitgenössisch ein tiefer gehendes Verständnis dieses französischen Experimentaltextes gediehen war und wie früh man das subversive Potenzial von *Mobile* in Frankreich bereits erkannte. Wie im Reisebericht des 18. und 19. Jahrhunderts wird in Butors *Mobile* auf Elemente der Natur wie Vegetation, Anbau von Früchten oder auf ornithologische Fakten aufmerksam gemacht, wobei witzigerweise auf Seite 77 der amerikanische „Butor" erscheint, wodurch der Autorname in den fortlaufenden Mobiltext selbst eingeschrieben wird. Durchaus in der Tradition des Reiseberichts erfolgt ein erneuter Verweis auf die amerikanischen Ureinwohner, wobei der Verweis auf die Indianerreservate die Untergangsgeschichte der indigenen Bevölkerung einblendet. Freilich bildet die indigene Bevölkerung neben den Schwarzen und den amerikanischen Europäern die dritte wesentliche Gruppe, anhand derer das ethnische Diversitätserleben literarisch repräsentiert und Zusammenleben in den Vereinigten Staaten kritisch reflektiert werden kann.

Gerade auch die ältesten Kulturen wie jene der Sandia-Indianer im Südwesten der USA – eine Zivilisation, die über eine Geschichte von 25000 Jahren verfügt – finden beständige Erwähnung in *Mobile*. Dabei erscheinen die USA in einer Tradition, die sich seit der Entdeckungsgeschichte des 16. Jahrhunderts als roter Faden ständiger Eroberung und Erweiterung durch ihre Geschichte zieht. Durchaus in Fortsetzung europäischer Traditionslinien kommt die Frage auf, inwieweit ein friedliches und gleichberechtigtes Zusammenleben in Differenz zwischen Menschen unterschiedlicher Herkünfte, aber auch zwischen dem Menschen und den verschiedensten Dimensionen der Natur möglich ist. Wir wohnen in *Mobile* zwar sehr wohl der Hervorhebung unerhörter Größe und Vielfalt des Landes bei, sehen zugleich aber deutlich, wie die Vereinigten Staaten von Amerika als Mythos der Konvivenz von Menschen unterschiedlichster Herkunft, aber auch des Menschen mit der ihn umgebenden Natur dekonstruiert werden.

Die auf den ersten Blick überraschende, ständige Erwähnung der indigenen Bevölkerung – von Beginn des ‚Reisebuchs' an – funktioniert nach demselben Schema, das dem der Ortsnamen in ihrer Verkopplung mit den jeweiligen Staaten der Union zu Grunde liegt. Es ist das Schema von Identität (die indigene Bevölkerung) und Differenz (der jeweilige Stamm oder die jeweilige Zivilisation). Darüber hinaus ergibt sich eine weitere Dimension: nämlich die der Serie. Das serielle Muster findet sich, arbeitet man sich erst einmal im Text langsam voran, im Grunde auf allen Ebenen. Immer wieder werden verschiedene Eissorten abgefragt, wobei die konkrete Eissorte jeweils wechselt; immer wieder gibt es dieselben Begrüßungsformeln mit „Hello", wobei jeweils die Namen wechseln; immer wieder lesen verschiedene ethnische Gruppen ihre Zeitung, wobei der Ort und auch die Sprache jeweils wechseln; immer wieder wird getankt, wobei die Erdölfirma jeweils wechselt; immer wieder wird geflogen, wobei die Flugorte und Zeiten jeweils wechseln; und immer wieder gibt es Indianer, wobei die Orte und Kulturen jeweils wechseln.

Das serielle Element ist paradoxerweise gerade jenes, das Mobilität in die Abfolge bringt. Die Repetition wird durch eine jeweils neue Kombinatorik, eine neue Konstellation in Bewegung gebracht und damit das Element der Differenz just aus der Identität der Serie heraus entfaltet. Wir werden noch sehen, dass dieses Spiel von Wiederholung und Differenz von Jacques Derrida in seiner Begriffsprägung der „différance" auf Ebene des philosophischen Diskurses entfaltet wurde. Dabei ist es überflüssig zu betonen, dass das serielle Element in der zeitgenössischen E-Musik der Moderne ein grundlegendes Verfahren der Produktion von Musikstücken war. Der stets synästhetische Verbindungen zwischen den Künsten suchende Michel Butor wusste dies wohl.

Immer wieder werden auch Elemente einer erotischen Geschichte eingeblendet, wie etwa der „corps morcelé" einer offensichtlich schwarzen Frau, deren Bauch zwischen einem aufgeknöpften Korsett oder den Schenkeln sichtbar wird. Im Gegensatz zu den Elementen dieser „histoire érotique" wird die eigene Familie beschrieben, die mit auf die Reise genommen wurde. Zwischen beiden Polen ergibt sich eine vom Lesepublikum zu konstruierende Spannung, insoweit auch das „Je divorce", das „Ich lasse mich scheiden", von der Ich-Erzählerfigur durchdekliniert wird. Eine völlige Klarheit ist in diese Biographeme aber nicht zu bekommen: Sie ist in *Mobile* nicht beabsichtigt. Ein in diesem Zusammenhang für das Ich bedeutungsvolles Element ist das Meer, von dem sich das Ich Veränderung, Verbesserung und nicht zuletzt auch Heilung erhofft. Ein Element der Natur, auf das immer wieder zurückgegriffen wird, insofern es in den verschiedensten Bundesstaaten erscheint.

Ich möchte Ihnen zum Abschluss zwei weitere Doppelseiten aus Michel Butors *Mobile* vorstellen, die jeweils komplementäre und unsere bisherigen Beobachtungen und Überlegungen ergänzende Aspekte beinhalten:

WASHINGTON, cf. de La Fayette, OH., État de vaches.

- Rambler,

En 1772, David Zeisberger et d'autres Frères Moraves firent bâtir des villages à des Indiens Delawares qu'ils avaient convertis. En 1782, pour éviter tout conflit avec les Européens de Pennsylvanie, les missionnaires jugèrent plus sage de leur faire quitter leurs maisons de Gnadenhütten (les Chaumières de la Grâce) et de se replier à la « Ville des Prisonniers », aujourd'hui Upper Sandusky, Ohio. Mais comme ces missionnaires leur avaient donné mission de retourner moissonner leurs anciens champs de maïs, les Indiens furent découverts par des miliciens de Pennsylvanie, sous les ordres du colonel David Williamson, qui les désarmèrent, les ligotèrent et les exterminèrent à coups de haches et de gourdins, car ils voulaient économiser leurs munitions. 35 hommes, 37 femmes et 34 enfants furent ainsi massacrés. Ils chantèrent jusqu'à leur mort les cantiques que les missionnaires leur avaient enseignés.

- Studebaker,

« Allô, je voudrais Cambridge, Ohio », — l'église de la Science chrétienne, — les rivières du Portage et de Sandusky qui se jettent dans le lac Érié, — la rivière du Serpent-à-Sonnettes qui rejoint la rivière Scioto, — ou une perle solitaire en pendentif, « savam-

ment cultivée, produite scientifiquement dans une huître vivante nourrie trois ans au moins dans les chaudes eaux du Japon. Le romanesque, le charme, la flatterie des perles de culture est éternelle — elles ne perdent jamais leur beauté ».
Un rayon de soleil oblique sur les feuilles mouillées.

WASHINGTON, où vous pourrez demander, dans le restaurant Howard Johnson, s'ils ont de la glace à la cerise.

- Thunderbird,

Traité de William Penn avec les Indiens Delawares :
« ... *Je ne cherche rien que l'honneur de Son nom, et que nous, qui sommes Son ouvrage, puissions faire ce qui lui plaît. L'homme qui vous apportera ceci est mon ami très cher, sobre, sage et aimant, vous pouvez lui faire confiance... »*

- Willys ».

Informations :
« ... *Et qu'ayant peu de personnes nobles parmi eux, les étrangers bien nés doivent être grandement respectés, et bien sûrs d'obtenir aisément les meilleurs de ces offices qui feront toute leur fortune; que les gouverne-*

Mobile 125

Abb. 105c: Butor, Michel: *Mobile*, 1962, S. 125.

Auf dieser Seite finden Sie in der grammatextuellen Anordnung, der „mise en page" also, innerhalb der Räumlichkeit einer doppelten Buchseite, die bei der Leserschaft längst durch Routine zur Selbstverständlichkeit geworden ist, in der linken Spalte eine Reihe berühmter nordamerikanischer Automarken, die von der vorherigen Doppelseite gleichsam herüberschwappt. Ganz nebenbei und beiläufig wird dadurch an die Urform des Schriftsupports, an die Papyrusrolle, erinnert.

Michel Butor beschäftigt sich auf dieser Seite erneut mit den großen amerikanischen Mythen. Gerade der US-amerikanische Studebaker ist zu einem Mythos des American Way of Life geworden. In Kontrast hierzu finden Sie in Kursivschrift unter dem Ortsnamen Washington, wie immer in Großbuchstaben, ein Zitat, das ein Ereignis der Jahre 1772 bis 1782 beleuchtet. Es beinhaltet das Schicksal eines indianischen Stammes, der von den Mährischen Brüdern (also einem deutschen Orden) missioniert wurde, sich unter dem Druck der vorrückenden Besiedelung in sicherere Bereiche zurückziehen musste, gleichwohl aber gegen Ende des 18. Jahrhunderts – Sie sehen, es handelte sich nicht um einen Zufall! – in das Räderwerk der US-amerikanischen Expansion geriet und im Zeichen der fortschreitenden Moderne bestialisch ermordet wurde.

Die Indianer waren in gewisser Weise schon vor ihrer Ermordung kulturell tot, sangen sie doch noch im Sterben jene Lieder, welche die Mährischen Brüder ihnen beigebracht hatten und nicht etwa die ihrer eigenen Kultur zugehörigen Totenlieder. Danach erfolgen im Text ein Zeitsprung und zugleich auch ein grafischer Sprung mit der Einblendung eines Telefongesprächs sowie eines Verweises auf verschiedene Flüsse dieser Region in Antiqua-Schrift. Es schließt sich eine serielle Einblendung nicht nur des Städtenamens Washington, sondern auch der Geschichte verschiedener Eissorten an. Dann kehrt der Text wieder auf die Zeitebene des 18. Jahrhunderts zurück und zitiert aus dem Abkommen von William Penn mit den Delaware-Indianern, mit Formulierungen, die in einem scharfen Kontrast zum Abschlachten der Indianer im oberen Teil der Seite stehen. Auch wenn beide Ereignisse direkt nichts miteinander zu tun haben, beleuchten sie sich doch wechselseitig: Es bleibt dem Lesepublikum überlassen, seine Schlüsse daraus zu ziehen. Schließlich folgt ein auf dieser Doppelseite nicht mehr beendetes Zitat von Benjamin Franklin, das den Einwanderern in die USA auf Kosten der Indianer eine goldene Zukunft verspricht. Die Kosten dieses Goldes stehen der Leserschaft vor Augen – *Mobile* ist folglich keineswegs ein unkritisches experimentelles Spiel mit Lexemen, das die großen Mythen der USA einfach wiedergäbe!

So werden durch die Einblendung unterschiedlichster Zitate Fragmente US-amerikanischer Geschichte zusammengestellt, wobei die semantische Dimension der Verknüpfung dieser aus verschiedensten Bereichen zusammengetragenen

Zitate fast gänzlich der Leserschaft zur Ausführung überantwortet wird. Wenige Jahre später sollte Julia Kristeva in einer Reihe bemerkenswerter Aufsätze in Anschluss an Michail Bachtin die Problematik der Intertextualität und eine neue intertextuelle Terminologie entwickeln, wobei ihr Hauptziel nicht in erster Linie das Zusammenwirken verschiedenster Textteile, sondern die Ausschaltung des in der abendländischen Philosophie dominierenden Subjektbegriffs war. Denn für Kristeva sollte an die Stelle der Intersubjektivität die Begrifflichkeit der Intertextualität treten.

Genau dies können wir in *Mobile* bereits erleben. Denn wer spricht hier eigentlich? Welche ist die Erzählerinstanz? Gibt es überhaupt eine Erzählerfigur? Nun, diese ist in der Tat auf eine minimale Schwundstufe gesunken: Sie ist zu einer leeren Figur verblasst, deren Ort noch markiert ist, die selbst aber nicht mehr als Trägerin einer sinnstiftenden Subjektivität verstanden werden kann. Julia Kristeva sollte dies theoretisch noch radikalisieren und in einem Aufsatz mit dem schönen Titel *La productivité dite texte* die Text- und Gewebemetaphorik so weit dehnen, dass das Subjekt aus diesem Gewebe verschwindet, dass es – mit anderen Worten – keines Autors und keiner Autorin mehr bedarf, um das Funktionieren des Textgewebes sicherzustellen. Der Text produziert und reproduziert sich gleichsam selbst.

Die Kehrseite der Medaille, die Ausschaltung des Autor-Subjekts, die 1967 explizit in Roland Barthes' breit rezipierten Aufsatz *La mort de l'auteur* (*Der Tod des Autors*) benannt wird, ist dabei – so der französische Zeichentheoretiker am Ende seines Aufsatzes – die Geburt des Lesers. Es wird ab sofort der Fähigkeit der Leserschaft anheimgestellt, nicht einen, sondern viele Dimensionen von Sinn in Texte zu legen: immer wieder von neuem den Versuch zu unternehmen, dass die Texte ‚Sinn machen'. Dass diese Paradoxie wiederum über kurz oder lang zur Subjektivität der Leserschaft zurückführen musste, erscheint aus heutiger Sicht geradezu zwangsläufig. Diese Tatsache ändert aber nichts daran, dass eine auf jegliches Subjekt verzichtende Textualitätsvorstellung seit den sechziger Jahren ungeheuer produktiv wurde. Michel Butors *Mobile* zwingt jedenfalls durch seine ständige Beweglichkeit und die immer wieder eingeschalteten Auszüge und Zitate anderer Werke zu einer völligen Neukonzeption dessen, was ein literarisches Werk zu sein hat. Auch in theoretischer Hinsicht hat dieser Text von 1962 ungeheuer anregend, ja in seiner Zeit sogar aufregend gewirkt.

Am Ende unserer Beschäftigung mit Michel Butors *Mobile* möchte ich wie angekündigt eine letzte Doppelseite folgen lassen, die sich wenige Seiten nach der zuvor analysierten situiert:

Vous avez soif? Buvez Coca-Cola! — Ou le costume de Casper, l'aimable fantôme
« qui ne veut point vous effrayer, mais simplement être un ami. Suaire de rayonne
blanche avec capuchon permettant de cacher son identité, garniture rouge et
noire ».

MONROE, dans le damier du comté de Turner comme

MARION, DAKOTA DU SUD.

Le reflet cramoisi sur les eaux.

La rivière Vermillon qui se jette dans le Missouri.
Un couple d'oies du Canada devant une touffe de roseaux, le jars dressé, retour-
nant sa tête en arrière, noire avec la gorge blanche, le bec noir entrouvert laissant
voir la langue rose pointue.

MOUNT VERNON.

MILFORD, État de l'œil d'épervier.

En attendant ce triomphal retour, ne fallait-il point reconstituer autour de soi une
nouvelle Europe, effacer le plus possible de son esprit ce continent qui nous accueillait
mais nous effrayait ?

		Nouvelle	
			France,
	Nouvelle		
		Angleterre,	
Nouvelle			
	Écosse,		
Nouveau			
	Brunswick,		
		Nouveau	
			York,
		Nouvelle	
			Hollande,
	Nouvelle		
		Suède,	
Nouvelle			
	Orléans,		
Nouveau			
	Hampshire,		
		Nouveau	
			Jersey,
		Nouvelle	
			Amsterdam,

Mobile 159

Abb. 105d: Butor, Michel: *Mobile*, 1962, S. 159.

Bei dieser Seite sind beide Hälften des gesamten Blattes grafisch unterschiedlich
genutzt. Die erste Hälfte der Seite beginnt mit einem Beispiel von Massenkommunikation, genauer: mit einer Passage US-amerikanischer Werbung, bei der
selbstverständlich auch die Ikone US-amerikanischer Identitätsbildung, Coca-
Cola, nicht fehlen darf. Dann folgt der schöne Ortsname Monroe, der sicher bei
jedem Leser (und damit ist diesmal vorwiegend der männliche gemeint) eben-

falls Erinnerungen an eine berühmte Ikone weckt, die schöne Marylin. Danach schließt sich in Kursivschrift eine lyrisch-literarische Sicht eines Naturphänomens an, gefolgt von in Antiqua-Schrift gesetzten Äußerungen zu Hydrologie (also vor allem zu den Flüssen) und Fauna des nordamerikanischen Raums, unter Einschluss natürlich der ornithologischen Besonderheiten.

Auf die Erwähnung von Mount Vernon, dem heute musealen ehemaligen Landsitz des ersten Präsidenten der Vereinigten Staaten, George Washington, folgt eine serielle Vermischung von Ortsnamen und – anstelle der Bezeichnung des Staates – ornithologischen Informationen. Schließlich stößt man auf der ersten Halbseite auf eine rhetorische Frage, die das Gefühl der europäischen Einwanderer zu reflektieren sucht, die der amerikanische Kontinent zwar aufnahm, denen er aber zugleich ordentlich Angst einflößte. Zur Beruhigung dieses Gefühls listet der „Nouveau romancier" Michel Butor all die mit dem Adjektiv „neu" versehenen Orts-, Landschafts- und Staatennamen auf. So entsteht eine Art serielles Bild-Gedicht, das aus einer Reihe derartiger Wortzusammensetzungen besteht. Dabei wird gerade im Kontrast zu der zuvor besprochenen Doppelseite deutlich, wie sehr dieses ‚Neue' ein ‚Altes' ausgrenzt, tötet und überdeckt. Hier handelt es sich nicht um das alte Europäische, das gleichzeitig in diesen Ortsnamen erscheint, sondern um das Indianische, das zum Schweigen verurteilt ist, ganz wie die Kulturen und Völker, die ursprünglich den amerikanischen Kontinent bewohnten, aus der Erinnerung der siegreichen Weißen geschwunden und verschwunden sind. Die verschiedenen Konfigurationen derselben Serien erzielen in jedem einzelnen Fragment wieder neue Zusammenhänge und Verbindungen, die zwar von den Lesenden geschaffen werden müssen, von *Mobile* aber als Potentialität oder Virtualität in Buchform präsent gehalten werden. Es kommt auf die Leserin und den Leser an ...

Nach unserem Durchgang herrscht kein Zweifel: *Mobile* ist ein Experimentaltext, vielleicht sogar eine „œuvre-limite", ein Grenztext! Das erzählende Ich samt seiner moralischen Kategorien ist aus dem Text verschwunden, auch wenn fraglos noch eine Schwundstufe übriggelassen wurde, um die ehemalige Position dieses Ich zu markieren. Alles wird in diesen Textfetzen auf dieselbe Stufe gestellt, gleichgültig, ob es sich um Gesprächs- oder Vertragsfetzen, um literarische oder ornithologische Fragmente, um Biographeme eines Reisenden oder Namenskataloge handelt. Der Text führt vor, wie sich alles zusätzlich und vieldeutig semantisieren lässt, wie selbst die unscheinbarsten Textfragmente weitere Bedeutungsebenen als Folge jener Mobilität der einzelnen Teile erhalten, die dadurch jeden Teil mit allen anderen in Kontakt und Kommunikation setzen. Alles ist mit allem verbunden: Alles ist Wechselwirkung.

So entsteht ein geradezu unendlicher Text, auch wenn er nach gut fünfhundert Seiten endet. Es handelt sich um ein Buch, wie Maurice Blanchot es in seinem *Le livre à venir* für die Zukunft kommen sah und wie es bestimmten Theoremen von Jorge Luis Borges entspricht, wenn es auch gänzlich andere literarische Formen annahm, als sie der Argentinier erdacht hätte. Alle Gattungen werden repräsentiert, und alle Gattungen werden letztlich von Butor (oder dem Text) experimentellen Sprachspielen unterworfen. *Mobile* ist ein in unablässige Bewegung gesetzter Text, der darauf wartet, dass jede Leserin und jeder Leser ihn ihrerseits in zusätzliche Bewegungen versetzen. So ist *Mobile* vielleicht doch ein Text der Reiseliteratur und die ständige Mobilität seine unbestreitbare Grundregel. Der Text berichtet von einer Reise, die viele Reisen ist; vor allem aber proviziert er weitere Reisen der Lesenden selbst. In seiner radikalen Offenheit handelt es sich hier um ein Stück Reiseliteratur im Zeichen einer Postmoderne, welche ihren offenen Kunstcharakter zelebriert.

Umberto Eco, das offene Kunstwerk und die Listen der Postmoderne

Zum damaligen Zeitpunkt war der Begriff „Offenheit" – lange vor Propagierung einer „offenen Gesellschaft" durch den Philosophen Karl Popper[1] – ein in Kunst und Literatur von vielen gebrauchter Ausdruck, der im Verlauf der sechziger Jahre geradezu in eine ästhetische Zentralstellung gerückt ist. Nicht ganz unschuldig daran war ein italienischer Autor, der just in jenen Jahren der ästhetischen Offenheits-Problematik ein ganzes Buch widmete. Ich spreche von Umberto Eco und seinem sehr erfolgreichen Band *Opera aperta*.[2]

Der Band erschien 1962, also im selben Jahr wie Michel Butors *Mobile*. Umberto Eco war damals ein Sprachwissenschaftler und Zeichentheoretiker, der sich als Kulturtheoretiker und Medienprofi nicht nur in Italien, sondern in den Diskussionen zumindest der westlichen Industriestaaten auskannte und gerade die französischen sehr aufmerksam verfolgte. Hätte er in jenen Jahren in Frankreich gelebt, so hätte er mit Sicherheit ein Etikett bekommen, das zu jener Zeit recht großzügig vergeben wurde: Man hätte ihn als Adepten der Nouvelle Critique bezeichnet. Und im Grunde war er dies auch, wie die in seinen Bibliographien verewigten Diskurshorizonte zeigen.

Abb. 106: Umberto Eco (Alessandria, Piemont, 1932 – Mailand, 2016).

Umberto Eco war mit Ferdinand de Saussures Ansatz, dem anthropologischen Strukturalismus von Claude Lévi-Strauss, dem Neo-Marxismus Louis Althussers und den literatursoziologischen Fragestellungen des genetischen Strukturalismus eines Lucien Goldmann ebenso vertraut wie mit dem Diskurs einer orthodoxen Linken. Er kannte Roland Barthes sehr gut, hatte aufmerksam dessen

---

1 Vgl. Karl R. Popper: *The Open Society and Its Enemies*. 2 Teile. London: Routledge 1945.
2 Vgl. Eco, Umberto: *Opera aperta. Forma e indeterminazione nelle poetiche contemporanee*. Mailand: Bompiani 1962.

Mythologies gelesen, ihn später dazu überredet, schriftliche Probeläufe seiner Seminare zunächst in italienischer Sprache und später auf Französisch unter dem Titel *Eléments de sémiologie* zu veröffentlichen. Umberto Eco arbeitete für das Radio, viele Zeitungen und Zeitschriften, aber auch für die RAI, das italienische Fernsehen und wurde ein gefragter Intellektueller. Kaum ein Zweiter kannte sich in den damaligen Diskussionen so gut aus und war gleichzeitig so beweglich er. Seine Artikel und Chroniken lehnten sich stilistisch stark an Barthes' *Mythologies* an und ließen ihn zu einem weltweit gefragten Intellektuellen werden, noch bevor ihn eine breite Leserschaft als Romancier entdeckte. Er pflegte stets eine Beweglichkeit und Behändigkeit, die er sich auch in den folgenden Jahren bewahren sollte, ist doch einer seiner Essays über den „Ewigen Faschismus" zu einem Frühwarnsystem für jenen Aufstieg von Populisten und Faschisten geworden, den wir derzeit ebenso in Italien, Großbritannien und leider auch Deutschland, den USA oder Brasilien – um nur einige Beispiele herauszugreifen – beobachten können.[3]

In einem späteren Teil unserer Vorlesung werden wir uns mit dem Romancier Umberto Eco zu beschäftigen haben und dabei erneut auf die Beziehungen zwischen Literatur und Wissenschaft zu sprechen kommen. Heute aber wollen wir uns damit bescheiden, kurz den Theoretiker und gelernten Strukturalisten Umberto Eco kennenzulernen, der mit seinem 1962 erschienen Buch *Opera aperta* erstmals weit über die Grenzen Italiens hinaus nachhaltig von sich reden machte und mit diesem Band die internationale Diskussion, welche weitgehend zu einer französischen geworden war, um eine italienische Komponente erweiterte.

Opera aperta ist aber nicht allein aus dem italienischen Kontext zu verstehen und zu erklären: Es handelt sich vielmehr um eine Publikation, die für die Existenz einer damaligen „République des Lettres" europäischen Zuschnitts im Bereich der Theorie zu stehen vermag. Worum geht es in seinem Buch, was ist die Fragestellung, die den angehenden Intellektuellen vor allem bewegte? Hören wir eine Antwort zum Problem der Ambiguität im Vorwort zur Erstausgabe von *Das offene Kunstwerk*:

> Aber die Ambiguität zu akzeptieren und beherrschen zu wollen, in der wir uns befinden und in der wir unsere Definitionen der Welt einlösen, bedeutet nicht, die Ambiguität in eine Ordnung einzusperren, welche ihr fremd und in welcher sie mit einer dialektischen Opposition verbunden wäre. Es geht vielmehr darum, Modelle von Beziehungen auszuarbeiten, in welchen die Ambiguität eine Legitimation erhalten und einen positiven Wert darstellen kann.[4]

---

3 Vgl. Eco, Umberto: *Der Ewige Faschismus*. Aus dem Italienischen von Burkhart Kroeber. München: Carl Hanser ²2020.
4 Eco, Umberto: *Opera aperta*, S. 3.

Diese Passage ist in vielerlei Hinsicht aufschlussreich: Sie gibt auf der einen Seite dem Streben der Zeit Ausdruck, von strukturalistischer Seite Modellierungen für zunehmend komplexere Bereiche nicht nur der Sprache, sondern auch des Lebens insgesamt zu entwickeln. Eine Leidenschaft, die zweifellos die Strukturalisten beflügelte, komplette Modelle für Phonologie, alle Erzähltexte literarischen wie nicht-literarischen Zuschnitts, Verwandtschaftsbeziehungen unter Menschen unterschiedlichster Kulturen sowie gastronomische und linguistische Relationen zu diskutieren und zu entwickeln. Die strukturalistische Sprachwissenschaft war in den sechziger Jahren noch die Leitwissenschaft in den damaligen Geistes- und Kulturwissenschaften.

Darüber hinaus verbirgt sich in diesen Zeilen noch gut sichtbar ein ‚marxisierender' Diskurs, nicht allein weil von Dialektik die Rede ist, sondern auch von der Ambiguität unserer Welterfahrung, eine Diskursivität, die an jene Lucien Goldmanns und seines Helden des zeitgenössischen Romans erinnert, der auf der Suche nach Werten in einer der Ambiguität anheimgefallen Welt sei.[5] Zugleich lässt sich diese Suche nach Modellen mit dem Experimentalcharakter des nichtnarrativen Modells von Michel Butors *Mobile* in Verbindung bringen, der ebenfalls der Offenheit einer Ambiguität, ja mehr noch einer Vieldeutigkeit bei seiner Studie einer Darstellung der Vereinigten Staaten den Vorzug gab. Nicht umsonst hatte dort bisweilen ein geradezu wissenschaftlicher Unterton geherrscht. Nimmt der literarische Text aber wissenschaftliche Schreib- und Experimentierformen an, so weisen die wissenschaftlichen Abhandlungen – nicht nur bei Roland Barthes – mitunter auch literarische Züge auf. So weit ist Umberto Eco in *Opera aperta* noch nicht; doch es sollte nicht mehr lange dauern, bis auch er sich literarischer Verfahren bediente und schließlich fiktionale literarische Texte wie etwa Romane verfasste. Womit aber beschäftigt sich nun dieses Buch über das *Offene Kunstwerk*? Welches sind die zentralen Thesen, an denen wir uns orientieren können?

Bei der Einführung des Begriffs „offenes Kunstwerks" geht Umberto Eco interessanterweise nicht etwa vom literarischen Artefakt aus, sondern vom musikalischen, wie er als Semiotiker im Übrigen stets darum bemüht war, die verschiedensten Bereiche der Kunst untereinander ebenso wie mit den Alltagsgewohnheiten zu vernetzen. So führt Eco ausgehend von der Musik seine grundlegende Unterscheidung zwischen „offenem" und „geschlossenem" Kunstwerk ein. Sehen wir uns diese Passage folglich etwas genauer an:

---

5 Zusammengefasst etwa in Goldmann, Lucien: *Pour une sociologie du roman*. Paris: Gallimard 1964; oder auch seine früheren Analysen der klassischen französischen Tragödie in (ders.): *Le Dieu caché*. Paris: Gallimard 1959.

In einem grundlegenden Sinne kann diese Unterscheidung so formuliert werden: Ein klassisches musikalisches Werk, eine Fuge von Bach, *Aida* oder *Le Sacre du Printemps* bestanden aus einem Ensemble von klanglichen Wirklichkeiten, welche der Autor auf eine festgelegte und geschlossene Weise organisierte, wobei er dies dem Hörer darbot oder mit Hilfe konventioneller Zeichen den Ausführenden leitend an die Hand gab, so dass diese substanziell jene Form reproduzierten, welche der Komponist imaginiert hatte; die neuen musikalischen Werke bestehen hingegen nicht aus einer geschlossenen und festgelegten Botschaft, nicht aus einer eindeutig organisierten Form, sondern in der Möglichkeit für den Interpreten, sie verschiedenartig auszuführen, und sie präsentieren sich folglich nicht als abgeschlossene Werke, die danach verlangen, in einer gegebenen strukturellen Richtung aufgeführt und verstanden zu werden, sondern als „offene" Werke, welche der Interpret im selben Augenblick konkretisiert, in welchem sie ästhetisch genossen werden.[6]

Die von Umberto Eco eingeführte Unterscheidung zwischen einem Stück klassischer Musik wie etwa einer Bach-Fuge oder einer ganzen Oper wie *Aida* einerseits und den damaligen Kompositionen der E-Musik der fünfziger Jahre andererseits ist sehr einleuchtend. Denn diese fundamentale Unterscheidung beruht darauf, dass im Falle klassischer Musik – wie weit wir diesen Begriff auch immer auslegen mögen – der Komponist gleichsam ein genau bestimmtes, abgeschlossenes und in seiner konkreten Ausführung programmiertes Stück an einen Interpreten und letztlich auch an den Zuhörer übergibt, ohne diesen größere Spielräume der Interpretation zu lassen. Die Aufführung ist bis in die Einzelheiten hinein vorprogrammiert, die künstlerisch-kreativen Spielräume sind sehr eng, das vom Komponisten erdachte Kunstwerk ist in diesem Sinne geschlossen. Der Komponist hat alles genau festgelegt, und das von ihm konzipierte musikalische Kunstwerk braucht nun nur noch zu der vor ihm vorbestimmten Aufführung gebracht und ‚umgesetzt' werden.

Natürlich wissen wir alle, dass eine Fuge von Bach sehr unterschiedlich gespielt werden kann; und doch wird sich an ihrer Substanz nichts ändern, selbst wenn wir miteinbeziehen, dass der Pianist bei einigen Tasten danebengreift. Und sogar bei einer miserablen Aufführung oder dem Vorspiel einer mäßigen Musikschulklasse würden wir noch hören, wie das Stück sich ‚eigentlich' anhören müsste. Wir würden die aktuelle Aufführung also im Sinne des Komponisten vor dem inneren Ohr ‚korrigieren' – und ich bin sicher, dass wir alle schon einmal in dieser Situation gewesen sind und gleichsam durch die konkrete schlechte Aufführung ‚hindurchgehört' haben. Die Übersetzung des Werks in Zeichen, die den Interpreten eindeutig festlegen, ist so stark konventionalisiert, dass die Auto-

---

6 Eco, Umberto: *Opera aperta*, S. 32 f.

rintention, also die Absicht des Produzenten dieses Musikstückes, letztlich alles dominiert.

Anders dagegen, so Umberto Eco, bei den „neuen musikalischen Werken", die in ihrer Aufführungsstruktur eben *nicht* unilinear und deterministisch vorgegeben und damit abgeschlossen sind, sondern sich zur Veränderung, zur verändernden Aneignung durch einen Interpreten und das Publikum öffnen. Die Zuhörerinnen und Zuhörer, aber auch die Interpretinnen und Interpreten treten an die Seite derer, welche diese Kunstwerke imaginiert und konzipiert haben. Das musikalische Werk besitzt in seinem Gemacht-Sein eine Struktur, die in verschiedener Weise von den Ausführenden – also beispielsweise den Mitgliedern eines Orchesters – unter Leitung einer Dirigentin oder eines Dirigenten gedeutet und konkretisiert werden kann, wie Roman Ingarden sagen würde.[7]

Umberto Eco spricht hier noch nicht von einer „struttura assente", wie er dies einige Jahre später in einem nicht weniger einflussreichen Buch tun sollte, welches gleichsam den Übergang vom Strukturalismus zum Poststrukturalismus markiert.[8] Dieses Buch zeigt im Übrigen auch sehr schön auf, dass der italienische Strukturalist und angehende Poststrukturalist im alternativen Mainstream europäischer Theorieentwicklung voll auf dem Laufenden war. Aber Eco spricht bereits in *Opera aperta* von einer „offenen Struktur", von offenen Gefügen, welche durch produktive Rezipienten verschiedenartig ausgefüllt und verändert werden können. Das offene Kunstwerk besitzt verschiedene Möglichkeiten, wir würden heute vielleicht sagen verschiedene „Virtualitäten", in denen es angeeignet werden könnte. Das Element des ästhetischen Genusses ist hierbei ebenso mitbedacht wie die Frage der Augenblicklichkeit, damit zugleich auch des Ereignishaften und Unwiederholbaren, das einer bestimmten Interpretation, einer bestimmten Aufführung als unwiederholbare Erlebensdimension eignet.

Natürlich könnte man nun einwenden, dass auch Giuseppe Verdis *Aida* jeden Tag in anderer Form aufgeführt wird, dass auch sie in jeder einzelnen Aufführung unwiederholbaren Ereignis- und Erlebenscharakter besitzt, mag doch die Titelrolle einmal glänzend gesungen, ein andermal auf Grund der Premierenfeier vom Vorabend in der nächsten Aufführung reichlich verunglückt aufgeführt worden sein. Aber dies sind Elemente, die eben nicht in der Struktur des Kunstwerks selbst angelegt waren, sondern zufällig hinzugetreten sind, die jedenfalls nicht vom

---

7 Vgl. Ingarden, Roman: Konkretisation und Rekonstruktion. In: Warning, Rainer (Hg.): *Rezeptionsästhetik*. München: Wilhelm Fink Verlag ²1979m S. 42–70.
8 Vgl. Eco, Umberto: *La struttura assente. La ricerca semiotica e il metodo strutturale*. Mailand: Bompiani 1968.

Komponisten oder Autor mitbedacht wurden. Anders verhält sich dies bei den im Sinne Ecos neuen Kunstwerken: Sie beinhalten verschiedene Aufführungsmöglichkeiten, berücksichtigen unterschiedliche Formen der Aneignung, ja fordern diese sogar. Sie sind in dem Sinne offene Kunstwerke, als sie sich der Aneignung durch eine Zuhörerschaft oder, im Bereich der Literatur, durch ein Lesepublikum öffnen, ja eine solche produktive und kreative Aneignung – denken Sie etwa an Julio Cortázars *Rayuela* – fordern und erzwingen.

Sie bemerken, dass es sich um vom Autor angelegte Strukturen handelt, die wir bereits in Michel Butors *Mobile* gefunden hatten, sind doch die Seiten dieses Buches sehr wohl strukturiert, geben Leserichtung, Verschiedenartigkeit der einzelnen Textelemente, Zitate und vieles mehr vor. Und doch erlaubt der Text unterschiedliche Lektüremöglichkeiten, so dass seine Leserschaft stets gezwungen ist, die unterschiedlichen, seriell erzeugten Bausteine immer wieder auf neue Kontexte zu beziehen, immer wieder nach ihrem sich verändernden Sinn zu fragen. Müsste Butors *Mobile* akustisch aufgeführt werden – und der französische Schriftsteller hat sich auch mit dieser Dimension beschäftigt sowie experimentelle Hörspiele verfasst –, dann wäre es wohl am besten, wenn die unterschiedlichen grafisch voneinander abgehobenen Textteile von verschiedenen Stimmen vorgetragen würden. Sie könnten dann entweder allen Stimmen in ihrem Zusammenspiel oder nur linear einer einzigen Stimme in ihrer Entwicklung lauschen und diese bisweilen mit anderen, bisweilen auch nur mit ihrer eigenen Fortentwicklung in Verbindung bringen. Ihrer Kreativität als Hörerin oder Hörer wäre dank der Offenheit dieses Kunstwerks und dessen Aufführung kaum Grenzen gesetzt.

Dies hat mit Bewegung, mit Mobilität zu tun: Denn Sie wären als Hörer*in oder Leser*in mobil in ihren Anwendungen, Umsetzungen und Konkretisationen einer gegebenen, aber nicht vorgegebenen Struktur. Sie wären folglich offen in der kreativen Aneignung dieses Kunstwerkes, weil es eben offen konstruiert ist, auch wenn diese Offenheit nicht unbegrenzt sein muss. Das „offene Kunstwerk" im Sinne Ecos besitzt eine offene Struktur, keine abwesende Struktur: Es gibt genügend Orientierungslinien für ein Lesepublikum, das in seinen kreativen Fähigkeiten ernst genommen wird.

Es waren in den fünfziger und sechziger Jahren oftmals dieselben Fragen und Beispiele, welche die Schriftsteller*innen und die Theoretiker*innen jener Zeit umtrieben. Leidenschaftlich diskutierte man quer zu den verschiedensten Künsten Herausforderungen sowie kreative Antwortmöglichkeiten, die sich aus diesen ergaben. Dies bedeutete zum einen eine erhebliche Einschränkung der unendlichen Zahl von Kunstwerken aus verschiedenen Kulturen, die untersucht wurden, bot andererseits aber den Vorteil einer enormen Konzentration auf vertiefende Diskussionen, wobei Antworten auf dieselben Fragen aus verschiedenen

Bereichen, aus Kunst wie aus Kunsttheorie, aus den Literaturwissenschaften wie auch aus Wissenschaft, Theorie und Literatur beigesteuert wurden. Die Musik, will sagen: die Theorie, spielte in jenen Jahren aber noch in Europa: In den europäischen Städten und allen voran in Paris wurden jene Theoriekonzepte ausgeheckt, welche in der Folge weltweit verbreitet und diskutiert wurden. Umberto Eco war damals neben Italo Calvino – der in dieses Zusammenspiel von Theorie und Literatur mit seinen Werken hervorragend passt, mit dem ich mich jedoch bereits in meiner Vorlesung über Liebe und Lesen ausführlich beschäftigt habe[9] – ein in der französischen Hauptstadt gerne gesehener Gast.

All dies machte die Diskussionen jener Jahre so ungeheuer fruchtbar: Der Austausch zwischen Theorie und „écriture" war in einem Maße flüssig geworden, wie es wohl nur in wenigen Phasen der Kultur- und Literaturgeschichte des 20. Jahrhunderts der Fall war. Noch funktionierten die Verbindungen zwischen den künstlerisch-literarischen und den kunst- und literaturtheoretischen Eliten im Grunde auf dieselbe Weise wie zu Zeiten der historischen Avantgarden innerhalb der überschaubaren europäischen Stadträume. Alles hing mit allem zusammen; und auch wenn die Welt sich grundlegend verändert hatte und die Verbindungen mittlerweile weltweit waren, so lief doch noch (fast) alles immer wieder in Europa zusammen. So fällt es auch nicht schwer, als Beispiele für offene Kunstwerke bei Umberto Eco auch die Mobiles von Alexander Calder zu finden, jene Mobiles also, die gleichsam das epistemologische Modell für Butors langen Text aus dem gleichen Jahr 1962 geliefert hatten. Der italienische Zeichentheoretiker schrieb mit Blick auf den US-Amerikaner, der sich als Mitglied der historischen Avantgarden lange in Paris aufgehalten hatte:

> Calder tut einen Schritt vorwärts: Jetzt bewegt sich die Form selbst unter unseren Augen, und das Werk wird „offen in Bewegung". Seine Bewegung setzt sich mit jener des Betrachters zusammen. Im engeren Sinne handelt es sich nicht mehr um zwei Momente, in der Zeit, in der sich die wechselseitigen Positionen des Werkes und seines Betrachters auf gleichgewichtige Weise reproduzieren. Das Feld der Wahlmöglichkeiten wird nicht mehr nahegelegt, sondern ist real, und das Werk gerät zu einem Feld von Möglichkeiten.[10]

Umberto Eco beobachtete bei den Werken Alexander Calders, der die Mobile-Strukturen seiner Kunstwerke bereits in den dreißiger Jahren immer weiter ausfeilte, eine signifikante doppelte Bewegung. Zum einen war es jene, die vom Kunstwerk selbst ausgeht, genauer: die im Kunstwerk selbst zwischen den ein-

---

9 Vgl. Ette, Ottmar: *LiebeLesen. Potsdamer Vorlesungen über ein großes Gefühl und dessen Aneignung.* Berlin – Boston: Verlag Walter de Gruyter 2020, S. 33–59 u. S. 104–134.
10 Eco, Umberto: *Opera aperta*, S. 157.

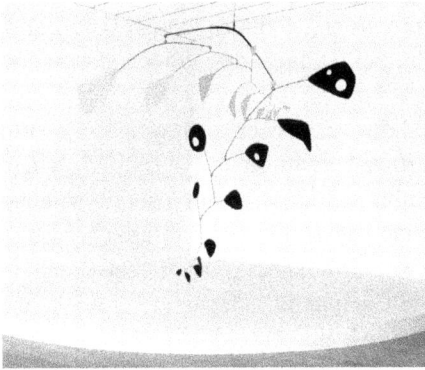

Abb. 107: Alexander Calder: *31 janvier*, Mobile, 1950.

zelnen Teilen, die es bilden, vonstattengeht. Es handelt sich bei den Mobiles also um Kunstwerke in Bewegung. Diese Bewegung, so komplex sie auch immer sein mag, ist jedoch nicht die einzige, die es zu bedenken gilt. Denn zum anderen sind es auch der Zuschauer oder die Zuschauerin, die sich bewegen. sie bewegen sich, verändern ständig ihren Blickwinkel und ihre Perspektiven auf die Kunstwerke, so dass es bei dieser wechselseitigen Durchdringung mindestens zwei Ebenen der Bewegung gibt, welche sich dadurch so sehr potenzieren, dass es unmöglich zu sein scheint, dass sich eine bestimmte, momentan und transitorisch eingenommene Konfiguration noch einmal wiederholen könnte.

Sie bemerken, so pathetisch das alles auch klingen mag: Das Unwiederholbare, Einmalige, ja das nur einmalig Erlebbare und der Genuss des Augenblicks in einer geradezu unendlichen Dichte sind Momente dieser Kunstauffassung, aber zugleich auch das Offene, Dynamische, das unabschließbar Bewegliche, das an ein Perpetuum mobile erinnert. Aufschlussreich ist dabei nicht allein, dass Umberto Eco zur Verdeutlichung auch literarischer Prozesse als kluger Semiotiker und Zeichenleser die unterschiedlichsten Künste befragt, um Auskünfte über das Funktionieren *der* Kunst einschließlich der Literatur überhaupt zu erhalten. Nicht weniger bemerkenswert ist die Tatsache, dass er sich bereits explizit den Bewegungen des Lesepublikums beziehungsweise Zuschauers zuwendet, die aus seiner Sicht gleichzeitig ausgeführt werden und in seiner Theorie des offenen Kunstwerks eine ähnlich wichtige Bedeutung erhalten wie die Bewegungen des Kunstwerks selbst.

Ich hoffe und glaube, dass mit Hilfe dieser konkreten Beispiele und theoretischen Erläuterungen klar geworden sein dürfte, inwieweit sich nicht nur in jenen Jahren die Ästhetik einzelner Werke veränderte, sondern zugleich unter dem Einfluss leidenschaftlich geführter Theoriedebatten eine Verquickung zwischen Kunst- und Kunsttheorie, Literatur- und Literaturtheorie stattfand. Sie war in den sechziger und siebziger Jahren so stark war wie sicherlich zu den besten Zeiten der literarischen und künstlerischen Avantgarden. In dieser langen Dauer und Intensität sind derartige Prozesse wohl im zurückliegenden Jahrhundert nicht mehr erreicht worden.

Vielleicht lassen sich diese ‚Goldenen Jahre‘ der Theorie, für welche die Entwicklungen eines Denkers wie Roland Barthes[11] geradezu stellvertretend stehen können, gerade aus jener Konstellation ableiten, dass es der Theorie gelang, direkten Einfluss auf die Produktion, also die Erzeugung literarischer oder anderer Kunstwerke, zu nehmen. Theorie war mithin keine abgehobene Beschäftigung, wie es beispielsweise bei Antoine Compagnon erscheint,[12] also keine Beschäftigung der Theorie mit anderer Theorie in einem ständigen Kreislauf und mehr noch Kurzschluss. Vielmehr bildete sie einen ständigen und fruchtbaren Polylog zwischen theoretischen und kunstpraktischen Positionen, zwischen theoretischen und praktischen Ideen und Vorstellungen, wobei die Grenze zwischen beiden nur auf den ersten Blick klar voneinander getrennten Bereichen zwar nicht vollständig verloren ging, aber doch zunehmend in Frage gestellt werden konnte. Man darf ohne jede Frage mit Blick auf diese längst wieder historisch gewordene Periode von einer Hoch-Zeit der Theorie sprechen, gerade weil sie auf kreativste Weise im Literatur- und Kunstbetrieb zum Ausdruck kam.

Umberto Eco hat diesen Prozess mit größter Schreibfreude als Theoretiker, aber zunehmend auch als Schriftsteller begleitet und nicht allein den Übergang vom Strukturalismus zum Poststrukturalismus, sondern auch zur Postmoderne wie nur wenige andere Autoren mitgeprägt. Als literarischem Autor werden wir ihm noch ein zweites Mal in unserer Vorlesung begegnen. Doch während dieses Prozesses, im Verlauf dieser Übergänge änderten sich grundlegende Parameter des literarischen, aber auch des literaturtheoretischen Feldes in einem weltweiten Maßstab. Denn spätestens ab Ende der siebziger Jahre wanderte der Meridian theoretischer Reflexion von der Alten Welt und Paris in die Neue Welt und nach New York.

Dies bedeutete auch, dass die Reflexion über die „Postmoderne“ und ihre Ästhetiken nicht länger in Frankreich und Europa, sondern in den USA ihren Schwerpunkt fand. Eine besondere Funktion kam dabei einem in Kairo gebürtigen Literaturwissenschaftler zu, der in den USA seit den frühen siebziger Jahren international breit wahrgenommene Veröffentlichungen zum Themenkreis vor-

---

11 Vgl. hierzu Ette, Ottmar: *Roland Barthes. Landschaften der Theorie.* Konstanz: Konstanz University Press 2013; sowie ders.: *LebensZeichen. Roland Barthes zur Einführung.* Zweite, unveränderte Auflage. Hamburg: Junius Verlag 2013.

12 Vgl. Compagnon, Antoine: *Le Démon de la théorie. Littérature et sens commun.* Paris: Seuil 1998.

legte und unter anderem auch ein Forum für die Modern Language Association of America organisierte: Ihab Hassan.

Hassan versuchte, in seinen Publikationen die neuen Ästhetiken, die er unter dem Begriff „Postmoderne" zusammenfasste, näher zu umreißen und auf einen literaturwissenschaftlichen Begriff zu bringen. Dabei entstanden in den achtziger Jahren – bereits rückblickend – wahre Merkmallisten dessen, was man als „postmodern" bezeichnen könne. Wenn wir im Folgenden derartige Listen kurz diskutieren, soll Postmoderne im Literaturbereich jedoch keinesfalls auf eine Abfolge bestimmter Charakteristika reduziert werden, die sozusagen in jedem postmodernen Text vorhanden sein müssen. Dass eine solche Vorgehensweise gegen den Geist der Postmoderne selbst verstoßen würde, haben unsere bisherigen Überlegungen wohl deutlich gezeigt. Dennoch sollen die auf eine weite internationale Rezeption hin berechneten Überlegungen Ihab Hassans an dieser Stelle auch nicht gänzlich ausgeblendet werden. Ausgangspunkt für diese Diskussionen sind nicht länger die spezifischen Bedingungen französischer Theorie Bildung, sondern die zunehmend mit massiver Marktmacht vorgetragenen Diskussionen an US-amerikanischen Universitäten, die spätestens seit Beginn der achtziger Jahre die weltweiten Debatten kontrollierten und erst ab dem zweiten Jahrzehnt unseres Jahrhunderts diese Zentralstellung Schritt für Schritt wieder verlieren.

Ich darf sie also beruhigen, denn wir verfahren nicht nach dem Motto: Ist der Befund positiv, so ist der Text postmodern, ist er negativ, so ist er kein postmoderner Text. Wir haben seit den lateinamerikanischen Anfängen postmoderner Ästhetiken gesehen, dass die Dinge doch weitaus komplexer angelegt sind und überdies zu bedenken ist, dass sich die USA im Grunde eine Diskussion aneigneten oder sie ‚übernahmen', welche ihre maßgeblichen Vorläufer und Repräsentanten sowie Theorien und Theoreme lange zuvor in den romanischen Ländern auf beiden Seiten des Atlantik entfaltet hatte.

Wir sollten auch nicht vergessen, dass wir – wie wir schon bei Julio Cortázar, Michel Butor und Umberto Eco sahen – uns keineswegs auf eine rein produktionsästhetische Vision der Literaturen im Zeichen der Postmoderne verlassen und beschränken dürfen. Denn wie wäre heute eine Definition des Literaturbetriebs und der unterschiedlichen postmodernen Ästhetiken möglich, ohne die Rolle der Rezipientinnen und Rezipienten, der Leserinnen und Leser, der Betrachterinnen und Betrachter von Kunstwerken und Texten ebenso kritisch wie kreativ miteinzubeziehen? Gleichwohl möchte ich an dieser Stelle aus vorwiegend didaktischen Gründen unseren Blick zunächst auf eine Reihe vor allem produktionsästhetisch verankerter Merkmale richten, die für unsere weitere Untersuchung und Reflexion der Literaturen im Zeichen der Postmoderne von Bedeutung sein werden.

In einem seiner damals vieldiskutierten Beiträge hat also der zu den frühen Vertretern und Wortführern der Postmoderne in der Literatur und Literaturtheorie der USA zählende Ihab Hassan[13] auf die Notwendigkeit verwiesen, den Begriff konzeptionell so abzusichern, dass er nicht zum beliebigen Klischee verkommen könne. Er hat daher, wie man sagen könnte, Merkmalslisten erstellt für das, was postmoderne Literatur ausmacht oder nicht ausmacht. Ich darf an dieser Stelle kurz die wichtigsten der von ihm für die Postmoderne in Anspruch genommenen Merkmale erwähnen, um diese Auflistungen zu einem späteren Zeitpunkt unserer Vorlesung in mehrfachem Sinne als die *Listen* der Postmoderne zu denken.

Ein erstes Merkmal bilden zweifellos die Unbestimmtheiten, die Umberto Eco übrigens im Untertitel seines Bandes bereits aufführte, die sich aber auch schon bei Maurice Blanchot in *Le livre à venir* finden lassen. Es handelt sich um Ambiguitäten – ich verweise ab sofort nicht mehr auf Eco und weitaus frühere Urheber derartiger Begriffe – und Verschiebungen innerhalb unseres Wissens, wobei sich Hassan beeilte, auf Werner Heisenbergs Unschärferelation, Kurt Gödels Unvollständigkeitssatz, die Paradigmata von Thomas S. Kuhn oder den wissenschaftlichen Dadaismus Paul Feyerabends aufmerksam zu machen. Im Bereich Literaturtheorie zählt laut Hassan dazu die Dialogizität von Michail Bachtin, der „texte scriptible" von Roland Barthes, die Unbestimmtheitsstellen von Wolfgang Iser, die Akte des Missverstehens und das „Misreading" von Harold Bloom, die allegorischen Auffassungsweisen von Paul de Man – Sie sehen, es ist nicht gerade wenig, auf das hier Anspruch erhoben wird. Wenn wir nur an die von Wolfgang Iser herausgearbeiteten Unbestimmtheitsstellen im literarischen Text denken, so müssen wir uns sogleich klarmachen, dass diese für alle literarischen Texte und keineswegs nur für die ‚postmodernen' gelten. Doch weiter mit Ihab Hassans Merkmalliste!

Ein zweites Merkmal sei die Fragmentierung, welche die Unbestimmtheit stärke und fördere. Der postmoderne Mensch vertraue nur noch Fragmenten und misstraue jeglicher Totalisierung. Die Montage, die Collage, das „objet trouvé", aber auch das Paradoxe stünden hoch im Kurs. Dass dies freilich keine ‚Erfindungen' einer postmodernen Zeit sind, haben wir in unserer Behandlung der historischen Avantgarden deutlich gesehen. Nicht die Hypotaxe – wie etwa die berühmten Schachtelsätze von Marcel Proust oder José Enrique Rodó –, sondern die Parataxe beherrsche das syntaktische Bild zeitgenössischer Literatur.

---

13 Vgl. u. a. Hassan, Ihab: *The Postmodern Turn: Essays in Postmodern Theory and Culture.* Columbus, Ohio: Ohio State University Press 1987.

Drittens beobachtet Hassan eine Auflösung des literarischen Kanons und aller damit verbundenen Autoritäten. Was die Lektüreliste an unserem Institut für Romanistik angeht, die ich vor Jahren einmal mit mehr als zweihundert Titeln erstellt habe, muss ich Hassan Recht geben. Aber ob das ‚postmodern' ist? In jedem Falle sind die Dinge unübersichtlicher geworden und Paris ist längst nicht mehr die Hauptstadt der Literatur und Theorie. Das brachte, wie erwähnt, manchen Franzosen wie etwa Antoine Compagnon in *Le Démon de la théorie* zur falschen Einschätzung, die Zeit der Theorie sei vorüber. Doch passé war nur die Epoche einer unbestrittenen Pariser Dominanz: Theorie wurde nicht weniger vehement an anderen Orten des Planeten, etwa in der Karibik, entwickelt und diskutiert. Im Zuge dieses Prozesses galten in der Tat die alten Autoritäten und kanonischen Aufstellungen nicht länger. In Jean-François Lyotard Sinne zählt zu diesem Komplex aber auch die Delegitimierung der „grands récits", der sogenannten „großen Erzählungen", die unser Weltverständnis fundieren, und ein verstärktes Interesse an den „kleinen Geschichten". Es sei, so Hassan, zu einer Dekonstruktion aller „Sprachen der Macht", aller „Sprachen der Begierde", aller „Sprachen des Betrugs" gekommen. Ich füge gerne hinzu, dass ich selbst mit den Totalitätsansprüchen dieser Aussagen nichts anfangen kann. Und Behauptungen wie die „Feminisierung der Kultur" nenne ich Ihnen auch nur der Vollständigkeit halber.

Als vierten Punkt nennt der in den USA lehrende Ägypter den Verlust von Tiefe. Bereits Nietzsche habe das Subjekt zu einer bloßen Fiktion erklärt und nun gehe es um die Beseitigung der Tiefendimensionen zugunsten der Oberflächen. Das „romantische Ich" mit seiner Tiefe werde negiert, eine philosophische Tiefen-Hermeneutik desavouiert. Über die epistemologischen Konsequenzen einer derartigen Beseitigung der Tiefe haben wir bereits gesprochen.

Als fünftes Merkmal vermerkt Hassan ein Insistieren postmoderner Kunst auf dem Nicht-Zeigbaren und Nicht-Darstellbaren. Postmoderne Kunst und Literatur würden gerne in Grenzbereiche vordringen – aber hatte das nicht schon die Romantik getan, die man wohl als Inbegriff der Moderne verstehen kann? Verbunden damit sah Ihab Hassan als sechsten Punkt die Ironie an, die mit dem Verlust einer zentralen Perspektive einhergehe und dem Spiel, dem Ludischen, verbunden sei. Die Ironie lässt sich aber wunderbar auch mit dem Spiel der Spiegelungen von Spiegeln verbinden, das wir etwa bei Jorge Luis Borges und seinen literarischen Spiegeln, den Enzyklopädien, untersucht hatten.

Als siebtes Merkmal wird die Hybridisierung benannt, wobei zusätzlich Parodie, Travestie und Pastiche, zugleich auch das Spiel mit dem Plagiat darunter gefasst werden. Sie haben längst die Vorgehensweise dieser Listen verstanden: Sie sind so riesig und umfangreich gehalten, dass immer etwas davon passen mag. Richtig freilich ist, dass unter diesem Punkt auch die Vermischung ‚hoher' mit ‚niederer' Kultur genannt wird, auf die wir freilich bereits im Kontext der historischen Avantgarden gestoßen waren. Eine Enthistorisierung des Diskurses, wie sie der Postmoderne bisweilen vorgeworfen wurde, will der Literaturwissenschaftler nicht gelten lassen.

Als achten Begriff greift Hassan auf Bachtins „Karnevalisierung" zurück, ein Konzept, das freilich bereits in den dreißiger Jahren des 20. Jahrhunderts entwickelt worden und in den sechziger Jahren durch Julia Kristeva in Frankreich bekannt geworden war. „Karnevalisierung" wird gleichsam als „Umbrella Term" verwendet, da in ihr Fragmentierung wie Hybridisierung, Verlust der Tiefe oder Betonung des Nicht-Darstellbaren einbegriffen scheinen. Sehen wir uns Bachtins Auseinandersetzung und einige seiner Hauptautoren an, so bemerken wir freilich, dass wir mit François Rabelais oder Fjodor Michailowitsch Dostojewski Schriftsteller vor uns haben, die wir schwerlich einem postmodernen Paradigma zurechnen könnten. Hassan erblickte darin kein Problem, deklarierte er doch einfach Rabelais zum Prä-Postmodernen um. Den Bachtin'schen Begriff „Karnevalisierung" stellte Hassan zentral und trug damit weltweit zu einer wahren Welle an Doktorarbeiten bei, die sich der „Karnevalisierung" in den unterschiedlichsten literarischen Texten der europäischen wie US-amerikanischen, der arabischen wie lateinamerikanischen Literaturen widmeten.

Das neunte Merkmal wäre die Performanz, die im Vordergrund vieler Werke der Postmoderne stehe und für die häufige Überschreitung traditioneller Genregrenzen verantwortlich sei. Das Theatralische werde zum dynamischen Prinzip einer parataktischen, zutiefst karnevalisierten Gesellschaft ohne feste Kanons. Damit sei als zehntes Merkmal der Konstrukt-Charakter verbunden, wobei schon Nietzsche – den wir bereits als Referenzphilosophen der historischen Avantgarden kennenlernten und nun im postmodernen Dress wiedersehen dürfen – den fiktionalen Charakter jeglicher Konstruktion betont habe.

Dass Immanenz und Intertextualität in diesen Listen der Postmoderne nicht fehlen durften, werden Sie mir sicherlich glauben. Das Schöne an ihnen war, dass sie der Postmoderne gleichsam einen US-amerikanischen Look verpassten und Literatur wie Kunst der Vereinigten Staaten weitaus stärker in den Fokus rückten. Ihab Hassan wäre allerdings kein Postmoderner, wenn er nicht einerseits behaupten würde, er wollte mit diesen Listen keine Definition vorlegen, sondern das Konzept der Postmoderne grundsätzlich offenhalten. Zum anderen ließ er aber auch durchblicken, dass dieses ganze Konstrukt „Postmoderne" längst wieder historisch geworden sein könnte. Sie sehen: Die Dinge sind nicht so einfach, wie sie scheinen und die Rückversicherungsdiskurse hatten gerade in postmodernen Zeiten Konjunktur!

Hassans Listen der Postmoderne verfehlten ihren Eindruck auf die akademischen Welten keinesfalls, die fortan für ein halbes Jahrhundert unter der Vor-

macht der USA stehen sollten.[14] Sie ermöglichen uns zu verstehen, in welche
Richtungen sich die Diskussionen rund um die Postmoderne entwickeln sollten.
Der Name Ihab Hassans selbst wurde mit seinen Listen untrennbar verbunden,
was sicherlich nicht zuletzt eine List des ägyptischen Literaturwissenschaftlers
aus den USA war. Schlagen Sie heute den ihm gewidmeten englischsprachigen
Wikipedia-Artikel auf, so stoßen Sie gleich auf eine dieser Merkmallisten, welche
noch die Besonderheit besitzt, dass sie alles feinsäuberlich in Gegensatzpaare
trennt und „Modernism" sowie „Postmodernism" einander im Sinne einer Opposition gegenüberstellt.

So treffen Sie etwa – um nur einige wenige Beispiele zu nennen – auf Roman-
ticism vs. Pataphysics, Hierarchy vs. Anarchy, Distance vs. Participation, Depth
vs. Surface, Metaphor vs. Metonymy and Contiguity, aber auch auf God the Father
vs. The Holy Ghost. Es ist wirklich lustig zu sehen, wie auf diese Weise ein lern-
bares Konvolut entsteht, das Sie als Studierende auswendig lernen und bei Bedarf
in Examen reproduzieren können. Ich denke freilich, dass wir es hiermit auch
belassen und der hochschuldidaktischen Aufbereitung nicht auf den Leim gehen
sollten, indem wir Moderne und Postmoderne als ein klar voneinander zu tren-
nendes Gegensatzpaar verstünden! In unserer Vorlesung habe ich versucht, Sie
vor derartigen Kurzschlüssen zu bewahren. Ich wollte Ihnen an dieser Stelle lediglich vermitteln, dass ein derartiges ‚Wissen' bisweilen bis heute gelehrt wird und –
ja, ich wage es zu sagen – den Postmodernen Kanon und Mainstream bildet.

Es verlangt anscheinend eine erhebliche Energie, gerade innerhalb dieser Diskussionen nicht der Schwerkraft antithetischer Strukturen nachzugeben. Dieser
Aspekt einer über Jahrzehnte geführten Diskussion mag verdeutlichen, dass es
weitaus sinnvoller und fruchtbarer ist, auf bestimmte eingängige Zuschreibungen
zu verzichten. Stattdessen könnte man jenseits aller Totalisierungen die frankophonen und hispanophonen, aber auch deutsch- und englischsprachigen, italienischen und portugiesisch-sprachigen Literaturen präzise analysieren, um daraus
ein komplexeres Bild der Übergänge zwischen Moderne und Postmoderne – oder
Modernen und Postmodernen – zu gewinnen.

Von Bedeutung scheint mir in diesem Zusammenhang jene Beobachtung
zu sein, die Andreas Huyssen in seiner Kartographie des Postmodernen als ein
wichtiges Element ansah: die Überwindung des „Great Divide", des großen

---

14 Vgl. Huyssen, Andreas: Postmoderne – eine amerikanische Internationale? In Huyssen, Andreas / Scherpe, Klaus R. (Hg.): *Postmoderne. Zeichen eines kulturellen Wandels*. Reinbek bei
Hamburg: Rowohlt 1986, S. 13–44; sowie ders.: Mapping the Postmodern. In: *New German Critique* 33 (1984), S. 5–52; sowie Jameson, Fredric: Postmodernism or the Cultural Logic of Capita-
lism. In: *New Left Review* 157 (july – august 1984), S. 53–92.

Schisma zwischen hoher Kultur, Volkskultur und Massenkultur. Zu Recht machte Huyssen darauf aufmerksam, dass die postmoderne Revolte der sechziger Jahre sich nicht gegen den Modernismus insgesamt, sondern gegen eine bestimmte Version desselben wandte. Diese Fragestellung wollen wir anhand einer Reihe soeben genannter Literaturen mit Blick auf die Verhältnisse seit den sechziger Jahren und damit seit den Zeiten intensiver Diskussionen um die fundamentalen Problematiken postmodernen Denkens präzise verfolgen.

Dabei sollen in unserer Vorlesung im Folgenden verschiedene Schriftstellerinnen zu Wort kommen, die sich auf beiden Seiten des Atlantiks mit autobiographischen Schreibformen – oder den Schreibformen des Autobiographischen – beschäftigt haben. Denn gerade in einer Zeit, in der Oberflächenphänomene im Zeichen der Performativität fundamental an Bedeutung gewannen und die Tiefenstrukturen an Gewicht verloren, scheint es mir notwendig zu sein, diesen Prozess eingehender zu verfolgen. Wir tun dies im Rahmen jenes Genre, das sich seit Jean-Jacques Rousseaus *Bekenntnissen* mit den ‚Tiefen' des Ich auseinandersetzt und mit jener Subjektivität literarästhetisch umgehen muss, die im Zeichen der Intertextualität und des „Todes des Autors" problematisch zu werden begann. Wenden wir uns also den – um auf eine Metapher von Alain Robbe-Grillet zurückzugreifen – Spiegeln aus Tinte zu, welche diese Oberflächen-Spiegelungen wohl am deutlichsten reflektieren!

Clarice Lispector, Nathalie Sarraute oder die literarische Behandlung autobiographischer Oberflächen

Während des nun ins Auge gefassten Zeitraums erhielten autobiographische und autofiktionale Schreibformen eine solche Bedeutung, dass man ohne jede Übertreibung sagen könnte, dass autobiographisches Schreiben in seinen vielfältigen Variationen zu einer der Hauptgattungen der Literaturen im Zeichen der Postmoderne geworden ist. Diese Aussage hat das Zeug, zumindest all jenen als paradox zu erscheinen, die unserer Vorlesung aufmerksam gefolgt sind. Denn dann wissen Sie, dass sich gerade in den sechziger Jahren unter dem Druck des Textualitäts-Dogmas im Umfeld der Gruppe Tel Quel die Positionen derart radikalisierten, dass immer schärfere Angriffe gegen eine im Abendland traditionell vorherrschende Subjektphilosophie und eine im literarischen Bereich immer vehementere Hinterfragung der Begriffe „Subjekt" oder „Autor" erfolgten. Dies subvertierte die Grundlagen literarischen Schreibens selbst – wie am Beispiel von Michel Butors *Mobile* gezeigt – und ließ nach neuen textuellen Ufern Ausschau halten.

Dabei ging es schon bald nicht mehr um Subjektivität, insofern das Subjekt gleichsam abgeschafft worden war, zusammen mit allem Muff und den Konventionen der Psychologie und des psychologischen Romans. Die ‚Tiefe' literarischer Figuren erschien als nicht weniger bürgerlich, rückständig und reaktionär als die herkömmliche Darstellung literarischer Subjektivität, wie sie sich kanonisch innerhalb von Erzählwerken in einer Figurenkonstellation ausdrückt. Nicht die Figuren und deren Variationen des Autors, sondern allerhöchstens die Autorfunktion und deren Textualität waren Themen, denen man sich (zumindest in den Theorie-Eliten) noch mit großem Eifer zuwandte.

Die Figur des Lesers rückte in den Mittelpunkt und die Markierung des Autors schien in den ausgehenden sechziger sowie beginnenden siebziger Jahren keine größere Aufmerksamkeit mehr zu verdienen. Und doch: Gerade jener Theoretiker und Essayist, der durchaus öffentlichkeitswirksam den Tod des Autors verkündet hatte, legte im Jahre 1975, also gerade einmal sieben Jahre nach seinem vielbeachteten Aufsatz, selbst eine Autobiographie vor, zudem in jener Reihe „Ecrivains de toujours", in der er zu Beginn seiner Karriere eine dem Historiker Michelet gewidmete Biographie veröffentlicht hatte. War Barthes damit definitiv zu einem Schriftsteller geworden?

Roland Barthes par Roland Barthes war durchaus keine gewöhnliche Autobiographie. Uns fehlt ein wenig die Zeit, uns mit diesem für die Entwicklung

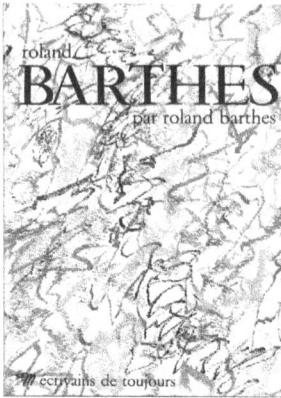

Abb. 108: Cover von *Roland Barthes par Roland Barthes*, 1975.

der Gattung nicht unwichtigen Band zu beschäftigen.[1] Doch sei an dieser Stelle zumindest festgehalten, dass bereits der Titel umschrieb, dass es sich um zwei mit diesem Namen ausgestattete Erzählinstanzen handelte, wobei der zweite Roland Barthes die erste Instanz in der dritten Person ansprach und in der für Barthes charakteristischen Kurzschreibweise konturierte. Die für eine herkömmliche Autobiographie fundamentale Spaltung zwischen erzählendem Ich und erzähltem Ich fand sich so in anderer Spiegelung wieder, auch wenn kein Zweifel daran bestehen konnte, dass sich autobiographische Schreibformen auch in der dritten Person um jene textexterne Person drehten, die zudem in Photographien im Band abgebildet war und den französischen Schriftsteller zeigte.

Zudem handelte es sich bei diesem Text nicht etwa um die kontinuierliche Entwicklung einer Person und Persönlichkeit, mit psychologischer Tiefe und in historischer Entfaltung, sondern um eine alphabetisch angeordnete Abfolge kurzer Fragmente, die sich bestimmten Themenstellungen zuwandten und mit einem gewissen Erfolg versuchten, sich gegen jegliche Anordnung zu einer kontinuierlichen Entwicklung zu sperren. All dies hielt Barthes freilich nicht davon ab, auf ironische und selbstironische Weise einen Plan seiner eigenen phasenhaften Entwicklung in den Text zu integrieren, gleichsam das Simulacrum seiner eigenen theoretischen und textuellen Praxis aufzustellen.

So kehrte in *Roland Barthes par Roland Barthes* das Subjekt nicht einfach in Gestalt des sich selbst behandelnden und darstellenden Autors zurück, sondern als Abfolge diskontinuierlicher Markierungen. Es handelt sich dabei um eine zwischen Fiktionalem und Diktionalem oszillierende Konstruktion, die hochgra-

---

1 Verwiesen sei auf die speziell den autobiographischen Schreibformen des Lebens gewidmete Monographie von Ette, Ottmar: *LebensZeichen. Roland Barthes zur Einführung.* Hamburg: Junius Verlag 2011.

dig ambivalent blieb, als bewusste Konstruktion markiert war, nur in geringem Maße eine psychologische Konsistenz besaß, gleichwohl aber jenem Verlangen des Publikums ein Stück weit entgegenkam, das Philippe Lejeune im selben Jahr mit der Metapher des „pacte autobiographique" umschrieb.[2] Denn trotz aller schreibpraktischen Verfahren und Mechanismen, trotz der Tatsache, dass hier das Subjekt nicht einfach wieder in den Text zurückkehrte, sondern sich als Subjektfiktion präsentierte, hielt das Lesepublikum am autobiographischen Pakt fest, identifizierte trotz aller Verfremdungseffekte das textuelle Gebilde „Roland Barthes" mit jener textexternen Realität, jenem realen Autor, der den Namen Roland Barthes trug.

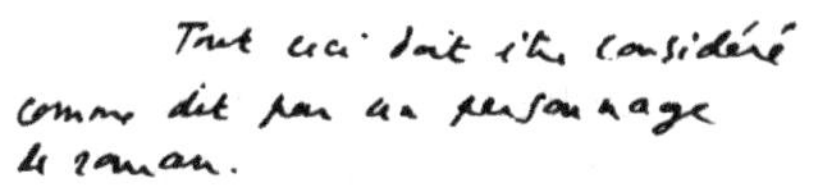

Tout ceci doit être considéré comme dit par un personnage de roman.

Abb. 109: Roland Barthes' Handschrift, aus *Roland Barthes par Roland Barthes*, 1975.

Eine weitere wichtige Dimension, die uns freilich schon mehrfach beschäftigte, ist die Dimension der Spiegelung, welche wir schon von Maurice Blanchot in *Le livre à venir* adressiert fanden. Die autobiographische Spiegelung – und wir werden noch Beispiele dafür kennenlernen – lässt sich als eine Dimension von Autoreflexivität verstehen, die den Roman im Zeichen der Postmoderne zusammen mit einer metaliterarischen Diskursivität auszeichnet. Diese Kombination oder auch Engführung von metaliterarischem Diskurs und auto- oder metabiographischem Diskurs findet sich in der Tat zunehmend seit den siebziger Jahren im Gefolge der erwähnten Theoriebildungen; und so zeigt sich, dass durch die Hintertür der Theorie gleichsam das Verlangen, autobiographische Texte zu schreiben, metaliterarisch wieder die Bühne zu betreten begann. Diese literarästhetische Erfahrung war zwar paradox, passte aber eben deshalb recht gut in ein postmodernes Denkschema.

Die Abweichungen vom traditionellen Modell der modernen Autobiographie waren dabei so eklatant, dass eine ständige Überschreitung ihrer Grenzen in jenen Jahren literarisch erprobt und durchgeführt wurde, was freilich verbunden mit dem ständigen experimentellen Impetus dem autobiographischen Schreiben einen zunehmend expandierenden und immer breiteren Raum einnehmenden Status im Spiel der praktizierten Gattungen verschaffte. Auf diese Weise wurden die variantenreichen Formen autobiographischen und autofiktionalen Schreibens, wie wir diesen Bereich etwas vorsichtiger nennen könnten, zu einer recht

---

2 Vgl. Lejeune, Philippe: *Le Pacte autobiographique*. Paris: Seuil 1975.

vorherrschenden und weithin sichtbaren literarischen Form der Literaturen im Zeichen der Postmoderne. Man schrieb wieder über sich.

Aber mit Kautelen: Was von sich behauptet, nicht einfach Ich zu sein, kann umso leichter gespiegelt werden! Im Schutze von Theorie und metaliterarischem Diskurses wurde autobiographisches Schreiben seit dem Auslaufen des Höhepunkts der Theoriedebatte in Frankreich ungeheuer produktiv, zumal es auf das erhöhte Interesse geneigter Leser und Leserinnen sowie entsprechend interessierter Verlage rechnen konnte. Denn die Autobiographie rechnete sich auch für letztere, nicht zuletzt auch bei Theoretikern und großen Experimentatoren des Romans, denken wir dabei an Roland Barthes oder Alain Robbe-Grillet, Nathalie Sarraute oder Julia Kristeva, Gayatri Chakravorty Spivak oder Umberto Eco.

Autobiographische Schreibformen waren gewiss zu Zeiten der großen Theoriedebatten in Frankreich nicht gänzlich von der Bildfläche verschwunden. Und doch hing ihnen der Geruch reaktionärer bürgerlicher Selbstbespiegelung, arroganten Festhaltens an alten, überkommenen Konventionen an. Erinnern wir uns aber daran, was Umberto Eco scherzhaft, aber zutreffend über die Postmoderne sagte, so dürfen wir uns autobiographisches Schreiben ‚nach' der Theorie im Epizentrum Frankreich als hintergründiges Spiel vorstellen. Seit die psychologische Tiefe abgeschafft wurde, die Oberflächen einer funktionalen Sichtweise von Figuren erkennbar wurden, seit auch die Figur des Ichs zu einer grammatikalischen Figur von Autoreflexivität und nicht von Offenbarung geworden war, konnten sich autobiographische und autofiktionale Schreibformen im Zeichen der Postmoderne wieder neu beleben – ohne jedes schlechte Gewissen.

Ich möchte mich im Folgenden mit zwei Texten von Autorinnen beschäftigen, die – so scheint mir – aus unterschiedlichen Gründen für unsere Fragestellung einen wichtigen Beitrag geleistet haben. Dabei handelt es sich in beiden Fällen keineswegs um Autobiographien im eigentlichen, traditionellen Sinne. Das Buch der brasilianischen Autorin Clarice Lispector wird im Untertitel als Roman bezeichnet, und es würde uns in der Tat sehr schwer fallen, diesen Roman als Autobiographie misszuverstehen. Und doch trägt dieser feinsinnige literarische Text – wie wir noch sehen werden – wichtige Elemente bei zu jenen Formen autobiographischen Schreibens, die uns vordringlich interessieren. Das Buch von Nathalie Sarraute, das den fast schon provozierenden Titel *Enfance* trägt, entwickelt nicht weniger interessante Formen autoreflexiven Schreibens, die ein Jahrzehnt später, während der achtziger Jahre, in neuen Formen möglich geworden waren. Doch wenden wir uns zunächst der Brasilianerin Lispector zu, denn ihr gleich zu besprechendes Buch führt uns zurück in den experimentellen Raum der ersten Hälfte der siebziger Jahre und zugleich zu einer Grundfrage weiblichen Schreibens: Wie ist Geschlechterdifferenz in einen Text integrierbar und wie ist sie literarisch vermittelbar?

Vergewissern wir uns zunächst einiger für uns interessanter Biographeme aus dem Leben der in Europa stets als Geheimtipp gehandelten brasilianischen Autorin! Clarice Lispector wurde am 10. Dezember 1920 im ukrainischen Tschetschelnik geboren und starb am 9. Dezember 1977 in Rio de Janeiro. Sie stammte aus einer jüdischen Familie, trug den hebräischen Namen Chaya (gleich „Leben") und kam im Alter von zwei Monaten nach Brasilien, wo sich die Familie im armen Nordosten des Landes niederließ. Bis zu ihrem neunten Lebensjahr lebte Clarice Lispector in der Regionalhauptstadt Recife. Die Namen aller Familienmitglieder – ihre Eltern sprachen nur Jiddisch – wurden nach der Übersiedelung brasilianisiert.

Abb. 110: Clarice Lispector (Tschetschelnyk, Ukrainische Sozialistische Sowjetrepublik, 1920 – Rio de Janeiro, 1977).

Nach dem Tod der Mutter zog sie 1934 mit dem Vater und ihren beiden Schwestern nach Rio de Janeiro, wo sie das Gymnasium besuchte und 1937 ein Jurastudium aufnahm. Nach diesem arbeitete sie zunächst als Lehrerin und Journalistin für verschiedene Zeitungen, wobei sie wohl die erste in der Familie war, die dem Jiddischen perfekt eine zweite Sprache hinzufügte. Früh schon wollte sie Schriftstellerin werden; und bald erschienen ihre ersten Erzählungen in Zeitungen und Zeitschriften.

Gegen familiäre Vorbehalte heiratete sie 1943 einen katholischen Studienkollegen und angehenden Diplomaten. Sie schrieb an ihrem ersten Roman, *Perto do coração selvagem* (*Nahe dem wilden Herzen*), der bei seiner Veröffentlichung 1944 mit großer Begeisterung aufgenommen und ausgezeichnet wurde. Ihrem Gatten folgte sie im diplomatischen Dienst und lebte von 1945 bis 1949 in Neapel sowie der Schweiz und von 1952 bis 1959 in Washington, wo ihre beiden Söhne auf die Welt kamen. Nach der Scheidung 1959 ließ sie sich mit ihnen in Rio de Janeiro nieder und arbeitete als Journalistin und Übersetzerin für große brasilianische Tageszeitungen und Zeitschriften. Neben ihren journalistischen Kolumnen folgten in den fünfziger Jahren in rascher Folge Romane und Erzählungen, die ihren literarischen Ruhm festigten. In den sechziger und siebziger Jahren entstanden neben weiteren Romanen und Erzählungen, die ins Englische, Französische, Deutsche, Tschechische und Spanische übersetzt wurden, zahlreiche Essays,

Kinderbücher, Chroniken, Drehbücher, Reportagen und kurze Erzählprosa. Zu ihren größten Erfolgen zählt der vom umstrittenen Star-Übersetzer Curt Meyer-Clason ins Deutsche übertragene Roman *A maçã no escuro* (*Der Apfel im Dunkeln*). Aber auch andere Erzählwerke der als schwer verständlich geltenden und oftmals depressiven Schriftstellerin stießen bei der internationalen Kritik auf sehr positive Resonanz.

Als sie in ihrer Wohnung im 13. Stock in Rio de Janeiro versehentlich einen Hausbrand auslöste und verzweifelt Manuskripte und Bücher zu retten versuchte, erlitt sie starke Verbrennungen und konnte ihre rechte Hand nur noch unter Schmerzen gebrauchen. 1968 nahm die mit zahlreichen Preisen ausgezeichnete Autorin an den Demonstrationen gegen die damalige brasilianische Militärdiktatur teil. Nach ihrem Tod an einem Krebsleiden einen Tag vor ihrem 57. Geburtstag wurde sie auf dem jüdischen Friedhof von Rio de Janeiro beigesetzt.

Bei dem 1969 erstmals publizierten Roman *Uma aprendizagem ou O livro dos prazeres* haben wir es mit einem Text der ausgehenden 60er Jahren zu tun, geschrieben von einer Autorin, die unter anderem durch ihre langjährigen Auslandsaufenthalte sehr vertraut war mit verschiedensten kulturellen Kontexten. Aufgrund ihrer jüdisch-ukrainischen Herkunft, aber auch ihres für Brasilien leicht fremdländischen Aussehens erschien sie, die in Europa überall als Europäerin durchgegangen wäre, in ihrer brasilianischen Heimat als ‚die Fremde‘, ein Bild, das ihr bis zum Lebensende anhing.

Der Titel des in der Folge zu besprechenden Bandes, *Eine Lehre oder Das Buch der Lüste* spielt auf die Tradition erotischer Literatur an, was der Text in gewisser Weise einlöst, kommt es doch gegen Ende des Romans zu einer Verschmelzung beider Protagonisten im wiederholten Liebesakt, der ein ums andere Mal zuvor aufgeschoben worden war. Doch ist diese Lehre, dieser im Titel angekündigte Lernprozess, nicht etwa dem erotischen Erleben gewidmet, sondern viel fundamentaler der Beziehung zwischen Mann und Frau. Dabei ist die Frau diejenige, aus deren Perspektive und Blickwinkel das Spiel der Geschlechterdifferenz beleuchtet wird. Eine Autobiographie ist dieser Text dabei keineswegs, wohl aber besitzt die weibliche Figur einige Biographeme, welche sich autofiktional mit der textexternen Autorin Clarice Lispector in Beziehung setzen lassen. Versuchen wir, uns mit den Grundstrukturen dieses Romans vertraut zu machen!

Dem Lesepublikum mag zunächst ins Auge fallen, dass es sich um einen fiktionalen Text handelt, der keineswegs Breite und Totalität darzustellender Welt in sich aufgenommen hat. Wohl aber enthält er ein breites Spektrum an möglichen Reaktionsweisen, welche eine Frau im Kontakt mit einem Mann auf diesen Buchseiten vorzuführen scheint. Die gesamte Handlung – wenn man denn überhaupt von Handlung im eigentlichen Sinne sprechen kann – wird von kleinen Bewegungen bestimmt, die wir mit Nathalie Sarraute als „Tropismes", als kleine, unmerkliche Bewegungen, beschreiben können. Diese bestimmen in der Folge das gesamte Entwicklungsgerüst des Erzählens.

Denn der Roman besitzt – wie schon angedeutet wurde – durchaus eine romaneske Entwicklung. Geschult an der Beobachtungsgenauigkeit einer Virginia Woolf, deren Schreiben die brasilianische Autorin stets erfreute, zeigt *Uma aprendizagem ou O livro dos prazeres* die Entwicklung der Liebesbeziehung zwischen einer wie Clarice Lispector selbst aus Pernambuco stammenden Grundschullehrerin und einem an der Universität arbeitenden Philosophieprofessor, was auf struktureller Ebene beide in eine Beziehung gleichzeitig der Analogie und der Differenz bringt. Denn beide geben ihr Wissen an zu ihren Veranstaltungen kommende jüngere Menschen weiter, doch tun sie dies auf unterschiedlichen Niveaus.

Diese strukturelle Anlage führt erwartungsgemäß eine Hierarchie zwischen beiden bezüglich der Ebene ihres Wissens und mehr noch des Diskurses ein. Denn im Gegensatz zu Lori, die eigentlich auf den Namen Loreley getauft wurde, befindet sich Ulysses, der als suchender Odysseus einen nicht weniger bedeutsamen Namen trägt, im Besitz des Wissens-Diskurses und ist daran gewohnt, nicht nur über das Wissen selbst, sondern auch über dessen vollumfängliche Verwendung zu verfügen. Der Hochschullehrer ist jederzeit in der Lage, die jeweilige Situation seiner Partnerin zu durchschauen; er gibt ihr Ratschläge, bisweilen geradezu Befehle, da er sich im Diskurs der Erkenntnis und im Vollbesitz der Erfahrung weiß. Nicht umsonst unterrichtet er Philosophie, ist also professioneller Freund der Sophia, der Wahrheit, und daran ausgerichtet, Wissen über die Welt zu einem Weltbild zu formen.

Gegen diesen männlichen (und letztlich phallogozentrischen) Diskurs brandet immer wieder die eigene Logik des weiblichen Diskurses an, der sich im Gegensatz zu ersterem nicht zu einem strukturierten und durchdachten System zu konfigurieren scheint. Es handelt sich im Grunde um ein zugleich gebrochenes, sich immer wieder um sich selbst und seine eigenen Brechungen bemühtes, bisweilen aber auch den Diskurs des Wissens ironisch unterlaufendes Sprechen, welches von einer radikalen Alterität zwischen den Geschlechtern ausgeht. Die in diesem fiktionalen Text vorgeführte Geschlechterdifferenz erscheint als statisch; und dennoch bringt sie eine Entwicklung zwischen diesen beiden Polen hervor.

Bei dieser Romananlage handelt es sich literar- und gattungsästhetisch gesprochen um eine ironische, bisweilen parodistische Verfremdung von Grundstrukturen des Entwicklungsromans und des Melodrams, des Liebes- und Bildungsromans der Herzen. Sie bildet eine wahre *Education sentimentale*, eine Bildungsgeschichte, welche beide Partner miteinander verbindet und letztlich vereint. Dabei ist sowohl die vorherige wie die spätere Entwicklung durchaus offen. Denn der Roman fängt ein wenig abrupt in Kleinschreibung an, wobei das Vorleben später immer wieder in Rückblicken und Flashbacks eingeblendet wird; und er hört ebenso abrupt auf mit einem Doppelpunkt, sagt Odysseus oder – wie es am Ende heißt – „der Mann" doch „das Folgende", was dann freilich nicht mehr abgedruckt wird. So bleibt am Ende, um mit Wolfgang Iser zu sprechen, eine Unbestimmtheitsstelle, mithin eine letzte große Leerstelle, in der sich die Lehre vielleicht in einen unendlich weiterlaufenden Prozess einer Lehre mit „h", vielleicht aber auch eine Leere mit doppeltem „e" ausgestaltet und auswächst. Aber dies sind Spiele mit dem übersetzten deutschsprachigen Titel, denen wir nicht zu sehr frönen sollten.

Dem Buch geht eine mit „C.L." signierte „Nota" voraus, die für unsere an den Band herangetragene Frage nach dem autobiographischen beziehungsweise autofiktionalen Schreiben nicht ohne Belang ist. Ich möchte Ihnen gerne einen kurzen Auszug dieser „Nota" präsentieren:

> Dieses Buch verlangte eine größere Freiheit, als ich zu geben Furcht hatte. Es steht weit über mir. Demütig habe ich es zu schreiben gesucht. Ich bin stärker als ich.[3]

Was wir in dieser kurzen Passage beobachten können, ist das Auseinandertreten zwischen dem Anspruch des Buchs und den Möglichkeiten ästhetischer Einlösung, zwischen Freiheit und Angst, der Furcht vor ihr und dem literarischen Experiment. Gleichzeitig tut sich im und über das Medium des Schreibens eine Differenz auf zwischen zwei hier explizit genannten Ichs, so dass letztlich die zunächst aufgerissene Kluft durch das Schreiben transformiert und überführt wird in eine Differenz zwischen zwei Ich-Formen, von denen das eine stärker ist als das andere. Die Anklänge an Arthur Rimbauds „Je est un autre" sind offenkundig. Vor allem aber dokumentiert sich ein Auseinandertreten zwischen zwei Ich-Figurationen, das uns im weiteren Fortgang unserer kurzen Analyse noch beschäftigen wird.

Gleich zu Beginn des Romans finden wir eine weibliche Figur vor, die im Übrigen ein Dienstmädchen beschäftigt, welche in Reflexionen darüber begriffen ist, welches Kleid sie anziehen solle, um sich besonders attraktiv zu machen. In der Folge wird der Blick in den Spiegel immer wieder die Spiegelungen des Ich begründen – ein bereits im Roman des 19. Jahrhunderts geläufiges Verfahren, punktiert dieser Blick – wie etwa in Gustave Flauberts *Madame Bovary* – doch die schrittweise Selbsterkenntnis der weiblichen Figuren.

---

3 Lispector, Clarice: *Uma aprendizagem ou O livro dos prazeres: romance.* Rio de Janeiro: Francisco Alves 1993, S. 13.

Das Ich der Frau ist in die dritte Person gewendet: Es gibt also eine Erzählerstimme, die jedoch deutlich näher zur weiblichen als zur männlichen Figur
steht. So könnten wir bereits auf dieser Ebene eine grammatikalische Verankerung der beiden zuvor auseinandergetretenen Ich-Figurationen vermuten.
Bereits auf der ersten Seite des Romans aber tritt eine männliche Figur hinzu,
jener Odysseus, der mit seinen Lehren nicht gerade hinterm Berg hält. Diese
Passagen sind einem fortgesetzten inneren Monolog in der dritten Person Singular entnommen; schon der erste Satz des Textes war ja – wie ich Ihnen sagte –
gleichsam aus dem Nichts gekommen. So entsteht ein Romananfang, ein Incipit,
ohne wirklichen Anfang:

> nun Gott sei Dank, dass sie Ferien hatte, war sie zum Kleiderschrank gegangen, um sich
> zu entscheiden, welches Kleid sie anziehen sollte, um sich extrem attraktiv für das Treffen
> mit Odysseus zu machen, der ihr bereits gesagt hatte, dass sie beim Anziehen keinen guten
> Geschmack habe, sie erinnerte sich, dass er, weil Samstag war, mehr Zeit haben würde, weil
> er an diesem Tag die Ferienstunden an der Universität nicht gab, sie dachte daran, dass er
> sich allmählich für sie verändern würde, dass er zu wünschen schien, dass sie wisse, nahm
> an, dass er sie nur lehren wolle, ohne Schmerzen zu leben, hatte er doch einmal gesagt, dass
> er wolle, dass sie, wenn man sie nach ihrem Namen frage, nicht antworte „Lóri", sondern
> dass sie antworten könne „mein Name ist ich", denn dein Name, hatte er gesagt, ist ein Ich,
> sie fragte sich, ob das schwarz-weiße Kleid ginge,
>
> dann kam, direkt aus dem Bauch, wie ein fernes Schaudern der Erde, von dem man kaum
> wusste, ob es das Signal des Erdbebens, des Uterus, des zusammengezogenen Herzens sei,
> die gigantische Erschütterung eines starken aufgeschüttelten Schmerzes, der Aufruhr des
> ganzen Körpers – und in verschleierten Verzerrungen des Gesichts und dann des Körpers
> mit der Schwierigkeit eines Petroleum, das die Erde aufreißt – kam schließlich das große
> trockene Schluchzen, ein stummes Schluchzen ohne jeden Ton, sogar für sie selbst, das
> war, was sie nicht geahnt hatte, das, was sie nie gewollt und niemals vorhergesehen hatte –
> geschüttelt wie der mächtige Baum, der heftiger erschüttert wird als der schwache Baum –
> nachdem letztlich alle Gänge und Adern geplatzt waren dann[4]

Dieser Romananfang beginnt im inneren Monolog, der etwas von der Bewunderung der Autorin für James Joyce spüren lässt, wie ein Auftakt zu einer Verführungsszene, bei der die Frau ihre Waffen auswählt, mit der sie den Mann verführen kann. Doch ist sogleich die Präsenz der Stimme und Logik von Odysseus da,
der ihr bereits seine Meinung zu ihrem Geschmack gesagt hatte, eine Meinung,
die keineswegs positiv war und sich ihr eingeprägt hatte. Wir haben es mit einem
inneren Monolog in der dritten Person zu tun, eine experimentelle Form, die jenseits der Beziehung zu James Joyces *Ulysses* die weibliche Stimme ins Zentrum

---

4 Lispector, Clarice: *Uma aprendizagem*, S. 19 f.

rückt, die innere Stimme also zu einer weiblichen macht, von der die männliche Stimme, bisweilen auch in direkter Rede, abgesetzt wird. Sofort kommt die Frage der Identität auf, lässt die Stimme von Odysseus doch vermuten, dass die weibliche Figur von einem Identitätsproblem heimgesucht wird und nicht „ich" zu sich sagen kann. Parallel zum intertextuellen Verweis auf *Ulysses* wird im Namen Loreley ironisch und humorvoll zugleich die in Odysseus präsente Schifffahrtsmetaphorik wieder aufgenommen und gespiegelt. Der antike griechische Held trifft zusammen mit seinem irischen Double auf eine Figur der deutschen Romantik, die durch ein Beben in der Erde oder ihrem Uterus erschüttert wird. Homer und James Joyce, aber auch Clemens Brentano sind als Paten zu dieser literarischen Geburt nach Brasilien eingeladen.

Ein weiteres Problem, das in dieser Eingangspassage angesprochen ist, betrifft die Frage des Schmerzes. Denn ein Leben ohne Schmerz, das sie als seine Lehre vermutet, wird konterkariert durch den Schmerz, der Lóris Leib unvermittelt trifft. Gegen den rationalen, aber zugleich patriarchalischen Diskurs des Mannes erhebt sich so, einem Beben gleich, das aus der Tiefe kommt, der des weiblichen Körper-Leibes, der nicht nur von der Stelle des Herzens aus, sondern mehr noch von jener des Uterus geführt wird, also des Weiblichen schlechthin. Der weibliche Leib ist die Bühne für jenes Erleben von Schmerz und Lust, das auf der Ebene eines „Being a Body" in diesem *Buch der Lüste* experimentell in Szene gesetzt wird.

Bereits im Incipit kommt es zu einer Erschütterung, von der nicht feststeht, ob sie ausgelöst wurde von jenem Diskurs über das Ich, von dem in der „Nota" bereits die Rede war. Doch ist diese Kontiguität, die Ihab Hassan kurzerhand zu den Indizien postmodernen Schreibens rechnete, durchaus ein Zeichen für eine möglicherweise ambivalente Beziehung zwischen beiden Ich-Konfigurationen. Was Clarice Lispector an dieser frühen Stelle ihres Experimentaltextes einführte, ist die Sprache des Körpers, mehr noch, die des weiblichen Körpers, welche in den Diskursen der sechziger und siebziger Jahre unter dem Druck neuer feministischer Theoriebildungen in der Tat von größter Bedeutung wurde. Dies erfolgte übrigens nicht allein in einer von Frauen verfassten Literatur: Auch bei Roland Barthes finden wir gerade seit Ausgang der sechziger und dann vor allem in den frühen siebziger Jahren nicht nur die Thematik von Begehren und dann Lust, die an den erotisierenden Text rückgekoppelt ist, sondern die Thematik des Körpers. Denn, so heißt es bei Barthes in *Die Lust am Text*, „mein Körper hat nicht dieselben Ideen wie ich"[5] – ein Satz, den man sehr wohl mit der „Nota" von Clarice Lispector in einen fruchtbaren Zusammenhang bringen könnte.

---

5 Barthes, Roland: *Die Lust am Text*. Frankfurt a.M.: Suhrkamp 1996, S. 26.

Im weiteren Verlauf des Romans kommt es letztlich zur Erfüllung der Verführungsszene, welche dann freilich keine Verführung mehr sein und darstellen wird. Denn Odysseus hatte seine künftige Geliebte aufgefordert, genau dann bei ihm zu erscheinen, sobald sie für ihn bereits sei: Er werde warten und in der Zwischenzeit mit keiner anderen Frau ein Verhältnis eingehen. So wird sie quasi von einer Naturgewalt, mitten in der Nacht und aus dem Bett heraus, zu ihm hingezogen, wo es dann zur Vereinigung der Körper-Leiber und mehr noch der Gegensätze kommt, ohne dass letztere aufgelöst würden. Mann und Frau behalten ihre jeweiligen geschlechterspezifischen Rollen bei, doch sie haben Lust aneinander gefunden. Und diese wird in jenem „Buch der Lüste" dann zu einem zentralen Erleben – und auch an dieser Stelle wäre es ein Leichtes, eine Beziehung zu Theoremen von Roland Barthes herzustellen.

Im Grunde geht es ausschließlich um die Lehrjahre von Lóri, die nicht nur unter der Anleitung des schlauen Odysseus, sondern auch ihrer eigenen Fähigkeit lernt, durch immer neues Erleben neue Erkenntnisse zu produzieren. Sie betrachtet sich dabei nicht nur immer wieder im Spiegel – ein Ritual, das sie sehr ernsthaft vollzieht –, sondern auch in all ihren Handlungen und Bewegungen, so als stünde sie zugleich immer außerhalb ihrer selbst, als betrachtete sie sich von außen. Sie tritt sich immer wieder als einer anderen gegenüber und löst jenes angekündigte Aufklaffen einer Ich-Identität ein, das sich durch den gesamten autofiktionalen Text zieht.

An dieser Stelle erscheint somit eine autobiographische Sichtweise – wenn wir uns auf diese Lesart beschränken – in Form der dritten Person Singular, also keineswegs gattungskonform. Ich verweise ein drittes Mal auf den Experimentaltext *Roland Barthes par Roland Barthes*, nicht um eine wie auch immer geartete ‚Beeinflussung' von Clarice Lispector durch den französischen Zeichentheoretiker und Schriftsteller zu behaupten, sondern um Parallelen aufzuzeigen, die sich zwischen den Texten eines selben Zeitraums ergaben. In diesem auf das weibliche Selbst gerichteten Schreiben erscheint der weibliche Körper-Leib in seinen verschiedensten Inszenierungen immer wieder als jene Fläche und Oberfläche, in welche die verschiedensten kulturellen und a-kulturellen Zeichen eingeschrieben werden können:

> – ob sie Klunker anlegen würde? zögerte sie, denn sie wollte ganz fragile und schlichte Ohren, etwas auf bescheidene Weise Nacktes, zögerte noch mehr: ein noch größerer Reichtum wäre es, mit den Haaren die Reh-Ohren zu verstecken und sie verschwiegen zu machen, aber sie konnte nicht widerstehen: sie deckte sie auf und steckte ihre Haare hinter die ungleichmäßigen und blassen Ohren: ägyptische Königin? nein, ganz wie die biblischen Frauen geschmückt, und es gab in ihren bemalten Augen auch etwas, was mit Melancholie sagte: entziffre mich, meine Liebe, oder ich fühle mich gezwungen, dich zu fressen, und

> jetzt bereit, angezogen, so sehr hübsch, wie zu sein es ihr gelang, kamen von neuem der
> Zweifel, ob sie zum Date mit Odysseus gehen solle oder nicht – bereit, mit hängenden
> Armen, nachdenklich, würde sie zum Date gehen oder nicht?[6]

Diese Passage ist in vielerlei Hinsicht aufschlussreich: Sie bemerken ohne weiteres, wie ständige (kulturelle) Umkodierungen immer wieder andere, weitere
Identitäten aufscheinen lassen, wobei dieses Spiel für das Ich selbst nicht
ungefährlich ist. Gegen Ende des Romans wird Odysseus selbst diese gegebene
Gefährlichkeit aufdecken und zu ihr just jene Worte sagen, die sie sich als Sphinx
selbst im Spiegel gesagt hatte: Entziffere mich, oder ich muss dich fressen. Das
Entziffern der Phänomene, die Semiotik der Liebe und des Begehrens, ablesbar
am Körperlichen, ist also in gewisser Weise eine überlebensnotwendige Technik
für beide Liebespartner. Dabei steht ohne Zweifel der Körper und weniger der Leib
im Mittelpunkt, also jener Körper, den ich als Objekt behandeln kann, bearbeiten
und bemalen, bestimmte Teile herausstellen oder lieber verstecken kann, um
bestimmten (Selbst-) Bildern zu entsprechen. Das Ich macht den Körper zu seinem
eigenen Objekt, das als Gegenstand der Liebe herausgeputzt wird. Mit Schmerzen
und Lust des eigenen Leibes hat dies noch nichts zu tun.

Uns fehlt leider die Zeit, an Clarice Lispectors überaus einfach konzipierten,
zunächst an simplen Grundmustern entwickelten, aber höchst differenziert alles
miteinander verwebenden und komplex geschriebenen Text weiterzuarbeiten.
Natürlich hat dieser romanhafte Text Ende der sechziger Jahre innerhalb der vorherrschenden Romantraditionen in Brasilien einen Skandal ausgelöst, da er mit
vorgängigen Klischees und Stereotypen insbesondere von Weiblichkeit spielt,
sie aber zugleich umspielt und hinterfragt, ohne sie doch gänzlich aufzulösen.
Es sind, wie wir gerade in dieser Passage sahen, unmerkliche Verschiebungen,
kleinste Bewegungen, welche plötzlich neue Horizonte aufscheinen lassen, eine
Situation völlig verändern können, ohne dass man doch genau sagen könnte, was
diese Veränderung wirklich ausgelöst hat.

Das unsichere, alle durchgängig rationale Logik in Frage stellende Wesen ist
die Frau selbst, das weibliche Ich, wobei man im Verlauf des Romans immer deutlicher merkt, dass es schlicht eine andere Logik ist, die sich der männlichen Zei-
chendeutung und Lehre entgegenstellt, ohne ihr doch völlig zu entgleiten. Dabei
ist es, so scheint mir, keine ‚eigene‘, ‚weibliche‘, einheitliche Logik, sondern ein
offenes Spiel, eine bewegliche Konfiguration von Logiken, welche sich einer klar
eingrenzbaren männlichen Logik zu erkennen und zu verbergen gibt. Wird nicht
auch die männliche Logik in die weibliche miteinbezogen, dechiffriert und in

---

6 Lispector, Clarice: *Uma aprendizagem*, S. 24.

Handlungsmuster umgesetzt? Auf diese Weise wird die Diskussion der Geschlechterdifferenz überaus variantenreich ausgeführt: Das Weibliche erscheint schlicht als *viellogisch*.

Doch ließen sich auch einige Kritikpunkte formulieren. Denn zugleich wird mancher männliche Leser den Eindruck nicht los, dass trotz aller Bewegung und Mobilität die Geschlechterstandorte doch letztlich essentialistisch definiert sind, dass ihnen also ein unhintergehbares ‚So-Sein' eignet. Gleichzeitig wird von der literarischen Formgebung her eine fundamentale Ambivalenz in den literarischen Text gebracht, wo diese Philosopheme immer wieder unterlaufen und auf vorangehende Klischees bezogen werden, die zuvor bereits demontiert wurden.

Auf diese kunstvolle Weise enthält der Text schon von seiner experimentellen literarischen Form her ungeheuer viele Unbestimmtheits- und Leerstellen, was viele Feministinnen der sechziger und siebziger Jahre nicht zufriedenstellen konnte, richtet dieser autofiktionale Roman doch keinerlei Kampfansage an den patriarchalischen männlichen Diskurs in einem offenen, militanten Sinne. Der männliche Diskurs zielt in Gestalt von Odysseus vermittels des männlichen Blicks ja nicht weniger als der weibliche auf den weiblichen Körper, der zentral gestellt wird. Allerdings sind die Formen der Distanzierung – also der Ironie, des Pastiche und der Parodie – so kunstvoll in diesen Text eingewoben, dass es schwerfällt, ihn in einen Thesenroman zurückzuübersetzen. Denn dafür taugt Clarices starker autofiktionaler Roman über komplexe Selbstfindungsprozesse nicht!

Die unhintergehbare Körperlichkeit und Leiblichkeit, die in das *Livro dos prazeres* offenkundig wesentlich stärker für die Frau und kaum für den Mann gilt, ist eines der zentralen Elemente dieses Textes. Die eigene weibliche Identitätskonstruktion wird damit an den Körper-Leib zurückgebunden und nicht in einem vom Körper distanzierten Diskurs gesucht. Zugleich ist dieser Körper als Objekt aber die Vielförmigkeit, die Vielgestaltigkeit par excellence. Denn er funktioniert in vielerlei Hinsicht wie die plane Oberfläche einer weißen Leinwand, bildet die Projektionsfläche für eigene Wünsche und jene des eigenen Begehrens zum Verführen. Er ist Fläche für Projektionen des männlichen Blickes, insoweit sich Odysseus, wie er später einräumt, schon beim ersten Treffen auf der Straße dachte, „dass du gut in einem Bett sein würdest". Und er ist über diese erotische Vergegenständlichung als Lustobjekt hinaus die Fläche ständiger kultureller Kodierungen, welche Lóri zu einem Ich und zugleich zur Frau machen, die für alle Frauen steht und doch wiederum nur für sich selbst.

So wird diese brasilianische Loreley, zu deren Füßen übrigens die Schiffer nicht im Rhein, sondern in einem Meer versinken, zum Zeichen eines nach Amerika verpflanzten weiblichen Mythos des Ewig-Weiblichen, aber nicht in der Form des Ausgleichenden und nach Harmonie Strebenden, sondern in Form einer Trägerin essentieller Andersheit, unhintergehbarer Alterität, die an den weiblichen Körper-Leib zurückgebunden ist. Die transatlantischen ‚Verpflanzungen‘, auf die ich an späterer Stelle in unserer Vorlesung noch eingehen werde, bleiben auf diese Weise in starkem Maße eingeschrieben und stehen der Entzifferung offen. So sagt der Text seinem Spiegel, also uns Leserinnen und Lesern: Entziffre mich oder ich fresse Dich!

Lassen Sie uns nun zu guter Letzt noch auf eine andere Autorin zurückkommen, die wie kaum eine andere dazu befähigt ist, unserer Vorlesung noch einen wichtigen Aspekt autobiographischen und autofiktionalen Schreibens hinzuzufügen! Wir haben den zweiten Teil mit Jorge Luis Borges und seinen *Fiktionen* aus den dreißiger Jahren abgeschlossen; und ebenfalls schon in den dreißiger Jahren veröffentlichte Nathalie Sarraute ihr erstes, epochemachendes, ihr gesamtes Lebenswerk bereits im Kern enthaltendes Buch mit dem schönen Titel *Tropismes*. Wie Clarice Lispector war sie letztlich eine Immigrantin, eine Fremde wie Julia Kristeva, mit der wir uns gleich beschäftigen werden, eine zurückgezogen lebende Frau, die noch im hohen Alter mit klarer Stimme ihr fünfzehntes Buch schrieb und vorlas, ein Buch, das sie unter dem Titel *Enfance* der eigenen Kindheit widmete. Auch in diesem Falle handelt es sich nicht einfach um eine Autobiographie, sondern – um die häufig auch von Nathalie Sarraute gewählte oder bestätigte Bezeichnung zu wählen – um eine „falsche Autobiographie". Beschäftigen wir uns ganz kurz mit der ‚richtigen‘ Autorin!

Nathalie Sarraute wurde am 18. Juli 1900 im russischen Iwanowo geboren und starb am 19. Oktober 1999 in Paris. Ihr jüdischer Vater hatte an der Genfer Universität in den Naturwissenschaften promoviert und leitete eine Farbstoff-Fabrik in Ivanovo, wo Natalja ihre ersten beiden Lebensjahre verbrachte. Ihre Mutter war Schriftstellerin und arbeitete für eine von Korolenko herausgegebene Zeitschrift. Bald jedoch ließen sich die Eltern scheiden und Nathalie lebte abwechselnd mit der Mutter sowie deren neuem Lebenspartner in der Schweiz oder in Paris, wodurch sie früh Französisch lernte, und mit dem Vater in Ivanovo, zeitweise aber auch in St. Petersburg. Als der Vater aus politischen Gründen das zaristische Russland verließ und nach Frankreich übersiedelte, lebte sie mit ihm in einem gutbürgerlichen, kultivierten Milieu in Paris, wo sie auch ihre von Lektüren geprägte Schulzeit am Lycée Fénelon absolvierte. Die Wiederverheiratung ihres liebevollen Vaters ließ Nathalie die Schwierigkeiten eines Lebens zwischen zwei affektiven Polen und zwei Sprachen mit ganzer Wucht erfahren.

Nach dem Abitur studierte sie an der Sorbonne Anglistik, 1920 folgte ein Studienjahr in Oxford, von 1921 bis 1922 studierte sie Soziologie in Berlin, woran sie ein Jurastudium in Paris anschloss, wo sie 1923 Raymond Sarraute begegnete, den sie zwei Jahre später, nach Abschluss ihres Studiums, heiratete und mit dem sie drei Töchter hatte. Neben gelegentlichen Anwaltstätigkeiten richtete sich ihre eigentliche Leidenschaft spätestens ab 1932 auf die Literatur: Erste Kurztexte

Abb. 111: Nathalie Sarraute (Iwanowo-Wosnessensk, Russland, 1900 – Paris, 1999).

der späteren *Tropismen* wurden verfasst. Doch erst 1939 fand sich für diese von psychologischem Feingespür geprägten Texte ein Verlag, wobei der Band im historischen Kontext des ausbrechenden Zweiten Weltkriegs zunächst unbeachtet blieb. Nach dem Einmarsch der Nazi-Truppen musste die Tochter aus jüdischem Hause aus Paris fliehen und tauchte unter wechselnden Pseudonymen in kleinen Dörfern um Paris unter, wo sie mit viel Glück überlebte.

Selbst im Untergrund schrieb sie, fand allerdings für ihre Texte auch nach dem Krieg nur schwer einen Verlag; doch blieb sie ihrem Schreiben treu und veröffentlichte 1956 unter dem Titel *L'Ere du Soupçon* einen Band mit Essays, die wie ein Manifest des entstehenden Nouveau Roman gelesen wurden. Es folgten verschiedene Romane, die wie *Planétarium* von 1959 oder *Les fruits d'or* von 1963 (erstmals mit einem literarischen Preis ausgezeichnet) ihren literarischen Ruf festigten. Nathalie Sarraute, die sich zuvor ganz der Kindererziehung gewidmet hatte und den Pariser Literaturbetrieb bewusst mied – literarische Freundschaften verbanden sie nur mit Jean-Paul Sartre und Simone de Beauvoir –, unternahm ab Mitte der fünfziger Jahre Reisen in die Sowjetunion, nach Schottland, Italien, Griechenland, Marokko, Spanien, Sizilien, Jugoslawien, Portugal oder Sardinien. Ab 1959 hielt sie Vorträge in der Schweiz, in Belgien, Italien, Schweden, Norwegen, Dänemark, Deutschland, England, in der Sowjetunion, in Kuba und den USA. Spätestens seit Beginn der siebziger Jahre galt die eher zurückgezogen lebende Schriftstellerin als eine der großen französischen Autorinnen der zweiten Hälfte des 20. Jahrhunderts.

Sarrautes *Tropismes* waren ihrer Zeit weit voraus und nahmen Elemente, Schreibformen und Theoreme des späteren Nouveau Roman zu einem sehr frühen Zeitpunkt vorweg. Wir könnten aus heutiger Sicht und mit dem Vokabular unserer Epoche diese feingliedrigen literarischen Experimente seit den ausgehenden dreißiger Jahren als den Versuch charakterisieren, traditionelle Erzählformen des Romans, herkömmliche Konstruktionsmuster literarischer Figuren und Protagonisten sowie überkommene und vorherrschende Lektüreweisen und Techniken zu dekonstruieren sowie die Autorfunktion als Subjektivität deutlich zu hinterfragen. Das Spannende dabei ist, dass dies von einer anderen theoretischen und philosophischen Warte aus erfolgte, als dies später im Zeichen von Tel Quel und des Derrida'schen Dekonstruktivismus vollzogen wurde.

In *L'Ere du soupçon* war von Nathalie Sarraute das Element des fundamentalen Zweifels, des alles subvertierenden Verdachts stark gemacht worden gegenüber allem Herkömmlichen und Überkommenen. Dabei wurden als Ergebnis gerade die unscheinbaren Bewegungen ohne Tiefe, jene kommunikativen Wortbildungs-übungen, die man gemeinhin als Konversation bezeichnet, also die plane Ober-fläche einer alltäglichen Kommunikation, in den Vordergrund gerückt und einer eingehenden Analyse und Zersetzung unterzogen. Diese Ebene hatte vor der fran-zösischen Schriftstellerin noch niemand ins Zentrum eigener literarischer Arbeit zu stellen gewagt, auch wenn gerade die Konversation – denken wir dabei nur an die literarischen Arbeiten Marcel Prousts – bereits des Öfteren einer literarischen Zersetzungskraft ausgesetzt worden war. Niemand jedoch hatte die Minimalbewe-gungen in scheinbar alltäglichen Gesprächen mit einer solchen Schärfe analysiert wie jene Autorin, die von Kindsbeinen an in den kurzen Kommunikationsfetzen ihrer Eltern die Tragödien erahnt hatte, welche sie selbst auch betreffen sollten. Die Kindheit spielte eine wichtige Rolle in der persönlichen Bildungsgeschichte der Nathalie Sarraute.

Immer radikaler verstand es die in Russland geborene französische Schrift-stellerin, den Roman samt Figuren in seine einzelnen Bestandteile zu demon-tieren und auf eine Art und Weise erneut zusammenzubauen, dass weder die Problematik von Subjektivität noch jene des Kontinuierlichen und Psychologi-schen wieder eine bedeutende Rolle einnehmen konnten. Wir werden uns mit der Problematik des Kontinuierlichen noch intensiv auseinandersetzen und fragen, welche Formen und epistemischen Metaphern an die Stelle von Kontinuitäten treten können. Allein schon die Schreibweise Nathalie Sarrautes war eine Absage an jede Art dieses Kontinuierlichen im Text.

Zweifellos reicht der von Jean-Paul Sartre mit Blick auf Sarrautes Roman *Por-trait d'un inconnu* wohlwollend geprägte Begriff des „Anti-Roman" nicht aus, um den experimentellen Charakter des Sarraute'schen Romanprojekts wiederzuge-ben. Denn der Roman war in seiner langen Geschichte im Abendland schon immer und grundsätzlich ein „Anti-Roman", und dies seit seiner Schöpfung im moder-nen Sinne durch Miguel de Cervantes, der in seinem *Don Quijote* unter anderem den mittelalterlichen Ritterroman liebevoll verspottete. Das Erstaunliche ist darin zu sehen, dass sich die Romanexperimente Nathalie Sarrautes tatsächlich seit Ausgang des 20. Jahrhunderts mit jenen Entwicklungen in Verbindung bringen lassen, welche sich seit den dreißiger Jahren und verstärkt seit den fünfziger und sechziger Jahren um eine völlige Neuschöpfung des literarischen Schreibens und der Weltsichten im Sinne einer Dezentrierung der herkömmlichen Logik(en) ver-stehen lassen.

An eben dieser Stelle berühren wir den Punkt, an dem sich Nathalie Sarraute mit Clarice Lispector trifft: Im Aufzeigen einer anderen und zugleich ‚weiteren‘ eigenen Logik, des Fremden *im* Eigenen. Dies ohne dass es bei Sarraute – anders als bei Lispector – der Ansatzpunkt eines spezifisch weiblichen Schreibens wäre, der für die Entwicklung einer experimentierfreudigen viellogischen Schreibweise von so grundlegender Bedeutung wäre wie dies bei der brasilianischen, aber ebenfalls aus einer jüdischen Familie aus Osteuropa stammenden Autorin der Fall war. Nathalie Sarrautes Schreiben ist wie das der Brasilianerin letztlich nicht nur Auflösung, sondern auch Fortsetzung des Romans mit anderen Mitteln. Insofern erfüllen beide Autorinnen die der Gattung des Romans eingeschriebene Tradition des „Anti-Romans“ im Sartre’schen Sinne, gehen in ihren Schreibweisen und in ihren Ansprüchen aber weit über diese unverbindliche Klassifizierung hinaus, indem sie an den autobiographischen Oberflächen des Schreibens experimentieren.

Es mag auf den ersten Blick erstaunlich wirken, dass sich auch Nathalie Sarraute – wie andere Autorinnen und Autoren im Zeichen der Postmoderne, zu der man sie im allgemeinen nicht hinzurechnet – ebenfalls nicht nur dem metaliterarischen Diskurs, sondern auch dem auf das eigene Selbst bezogenen in der Spielart der Autobiographie zuwandte. Doch aus der in unserer Vorlesung entwickelten Sichtweise der Literaturen im Zeichen der Postmoderne ist diese Wendung gerade unter der Maßgabe durchaus verständlich, dass wir die Postmoderne nur als transatlantisches und nicht ursprünglich von den USA, sondern ganz wesentlich durch die Literaturen Lateinamerikas geprägtes Phänomen verstehen müssen. Damit soll keineswegs eine wie auch immer geartete intertextuelle Beziehung zwischen Clarice Lispector und Nathalie Sarraute hergestellt, wohl aber eine gemeinsame literarästhetische Ausrichtung behauptet werden, welche einen wichtigen Beitrag von Seiten weiblicher Schriftstellerinnen zu experimentellen – und noch nicht massenkulturell kommerzialisierten – Entwicklungslinien weltweit beobachtbarer Schreibformen im Zeichen der Postmoderne leistete. Zur Erhärtung dieser These wollen wir uns mit Nathalie Sarrautes autobiographischem Text *Enfance* beschäftigen!

Sie können diesen wohlgesetzten Text der französischen Schriftstellerin übrigens in einer wunderschönen Aufsprache anhören, die die zum damaligen Zeitpunkt weit über Achtzigjährige mit einer unglaublich frischen Stimme selbst ‚komponierte‘: mit einem unnachahmlichen Gefühl für Klang, für das richtige Wort, für die Partitur ihres Sprechens und ihrer Diktion. Ich finde diese Selbstaufsprache einer alt gewordenen, aber jung wirkenden Autorin schlicht hinreißend, zeigt sie uns doch phonotextuell in der ganzen Fülle der Stimme auf, aus welchen Klängen und Rhythmen sich die Schreibweise der zu Unrecht als schwierig zugänglich geltenden Schriftstellerin zusammensetzt. Was in der Schreibweise von Clarice Lispector die klangliche Wirkung des Doppelpunktes in seiner Suspension von Logiken ist, das bedeutet für die Schreibweise der französischen Autorin das Spiel mit den drei Pünktchen, welche oft jene semantischen Leerstellen markieren, die den Leserinnen und Lesern gelassen werden. So entsteht ein filigran durchbrochenes autobiographisches Werk, das nicht länger den Kontinuitäten eines autobiographischen Diskurses vertraut, der seit Jean-Jacques Rousseau unter dem Gebot des „tout dire" stand und autobiographische Texte in einer ständig proliferierenden Fülle aufeinander häufte, hinzufügend und immer wieder neu hinzufügend. Hier indes ist es eine Stimme, die sich aus vielen klanglichen Blickwinkeln allein der Kindheit zuwendet, die im Titel des Bändchens der Grande Dame der französischen Literatur angekündigt wird.

Nathalie Sarrautes „falsche Autobiographie" *Enfance* erschien 1983 und bildet so etwas wie den Schlussstein ihres literarischen Gesamtwerks. Es liegt vielleicht in der Natur der Sache, dass die widerwillig dem Nouveau Roman zugerechnete Autorin mit einem autobiographischen Text ein breiteres und weniger spezialisiertes Publikum als mit ihren deutlich experimenteller angelegten Erzähltexten erreichte. Die ersten Seiten von *Enfance* sind von dieser rezeptionssoziologisch und wohl auch rezeptionsästhetisch veränderten Situation ebenso geprägt wie von der metaliterarischen Erörterung über die Autobiographie oder Formen autobiographischen Schreibens bei einer Schriftstellerin, die sich zeitlebens gegen derartige Gattungsformen gesträubt hatte.

Denn Nathalie Sarraute verwahrte sich stets dagegen, konsistente literarische Figuren zu schaffen oder diese Figuren so auszustatten, dass sie mit einer konkreten außersprachlichen Wirklichkeit, mithin der textexternen Realität, verknüpft und in Beziehung gesetzt werden konnten. Es ist daher spannend, das Incipit dieses Textes genau auf diese Fragestellungen nach konsistenten Figuren zu beziehen und Antworten auf die Beziehung, wenn nicht der Autorin, so doch ihrer Erzählfiguren, zu der von ihr nun verwendeten Literaturgattung zu suchen:

– Nun, Du willst das wirklich machen? „Deine Kindheitserinnerungen aufrufen" ... Wie diese Worte Dich stören, Du liebst sie nicht. Aber erkenne an, dass dies die einzig passenden Worte sind. Du willst „Deine Erinnerungen aufrufen" ... da gibt es nichts zu wackeln, das genau ist es.
– Ja, ich kann nichts machen, es ist eine Versuchung für mich, ich weiß nicht warum ...
– Vielleicht ist es ... ist es nicht vielleicht ... man merkt es manchmal nicht ... vielleicht liegt es daran, dass Deine Kräfte nachlassen ...
– Nein, ich glaube nicht ... zumindest fühle ich es nicht ...[7]

7 Sarraute, Nathalie: *Enfance*. Paris: Gallimard 1983, S. 7.

Es ist erstaunlich: Von Beginn an treffen wir wie bei Clarice Lispector auf eine Verdoppelung der Ich-Figuren, die in ein Gespräch, einen Dialog vertieft sind. Dieses Auseinanderklaffen hatte schon bei der brasilianischen Autorin eine wechselseitige Spiegelung des Ich ermöglicht; und auch für die französische Schriftstellerin erlaubt dieses Verfahren eine Spiegelung von Spiegelungen, die das Innere von außen und das Äußere von innen zeigen, aber dabei Zwischenpositionen einnehmen, welche nicht eindeutig einem ‚Außen' und einem ‚Innen' zuzuordnen sind.

Von Beginn an wird der Plan des weiblichen Ich, von ihren Kindheitserinnerungen zu berichten, kritisch in Frage gestellt. Hier lastet die ganze Bürde der theoretischen Erörterungen und Thesen im Umkreis des Nouveau Roman und anderer Ansätze auf einer Erzählerin, die doch dem Subjekt den Kampf angesagt hatte. Doch das eine Ich gesteht dem andern, dass es eine Versuchung sei, der Frau nicht widerstehen könne. Es sei nichts daran zu ändern, der Plan sei gefasst – und in diesem zögerlichen Bericht auf einer Metaebene entsteht bereits der literarische Diskurs einer Erinnerung der Kindheit, die aus dieser zweifachen Perspektivik gespiegelt wird. Metadiskurs und Diskurs durchdringen einander und konfigurieren das eigentliche Schreiben dessen, was die reale Autorin als „falsche Autobiographie" bezeichnet.

Bei dieser Experimentalform der Autobiographie wird zugleich die Möglichkeit erwogen, dass ein Nachgeben dieser Versuchung mit der Tatsache zu tun haben könnte, dass die Autorin nicht mehr im Vollbesitz ihrer Kräfte wäre, dass sie also nicht länger die Energie aufbringen könnte, dieser Versuchung der Subjektivität zu entsagen. Doch das andere Ich versichert, dass dies keinesfalls der Fall sei, dass sie es zumindest nicht spüren könne, über keine Widerstandskraft mehr zu verfügen. So steht der Entschluss also fest, sich an die Kindheit zu erinnern und diese Kindheitserinnerungen niederzuschreiben.

Nicht ein erzähltes und ein erzählendes Ich begegnen sich hier, wie dies noch in der ‚klassischen' Autobiographie der Moderne der Fall war, als deren Schöpfer Jean-Jacques Rousseau betrachtet werden darf. Vielmehr sind es zwei Ich-Figurationen, die sich immer wieder wechselseitig beleuchten, um daraus ein auf vielen Zeitebenen belebtes Bewegungsbild zu erstellen. Der vermeintliche Essentialismus traditionellen autobiographischen Schreibens wird auf diese Weise von Beginn an unterspült. Dass es sich dabei nicht, wie auf der U4 der französischen Ausgabe zu lesen steht, um „Nathalie Sarraute et son double" handelt, da natürlich keine der beiden Ich-Positionen mit der textexternen Autorin gleichgesetzt werden kann, versteht sich von selbst.

Kunstvoll gehen mit *Enfance* bei Nathalie Sarraute ein letztes Mal Metaliterarizität und Autoreflexivität in Form des autobiographischen weiblichen Schreibens eine fruchtbare Verbindung ein, die eine in einzelne Szenen fragmentierte Kindheit auf magische Weise dem Lesepublikum nahezubringen versucht. Gewiss sind die eigentlichen Handlungsmomente sehr gering, wird doch die Kindheit in ihrer Totalität und Fülle bewusst nicht erfasst. Aber es sind vielleicht gerade die „Tropismen", diese unmerklichen und oft doppelt gespiegelten Bewegungen, welche in Form autobiographischer Kindheitsmuster jenes Fremde im Eigenen herausarbeiten, das zum Eigenen geworden ist und gleichwohl nicht aufhört, immer noch fremd zu bleiben.

Dies ist gewiss nicht der Weg psychologischer Tiefe und Aufarbeitung psychoanalytisch ergründbarer Kausalzusammenhänge, welche in die Tiefenschichten von Es und Ich vordringen, sondern die narrative Entwicklung eines *diskontinuierlichen* Verhältnisses zum eigenen Ich, das sich in der Kontinuität des Fragmentierten seiner Eigenständigkeit bewusst zu werden versucht. Die Grunderfahrung dieses Prozesses ‚falschen' autobiographischen Schreibens ist die Erfahrung und wohl mehr noch das Erleben des Fremden im Eigenen und sogar das Fremdwerden des Eigenen, das aber immer auch das Annehmen des Fremden im Eigenen darstellt.

Das Selbst-Erleben einer kontinuierlichen Tiefenpsychologie war der Inbegriff des modernen Menschenbildes, in welchem seit Sigmund Freud stets der Oberfläche des Manifesten das eigentliche ‚Wahre' in der Tiefenschicht entspricht. Dagegen könnten wir in den Autobiographien der achtziger und neunziger Jahre ein Menschenbild sich entwickeln sehen, das nicht minder vielgestaltig ist, ohne doch das Diskontinuierliche stets an ein Kontinuierliches, das Hybride und Heterogene stets an ein Homogenes zurückbinden zu müssen.

Die ‚Rückkehr' zum autobiographischen oder autofiktionalen Schreiben ist in diesem Sinne nicht die Rückkehr zum Subjekt, zu dessen Größe und Großartigkeit, sondern dessen diskontinuierliche Fremderfahrung als diskontinuierliches Eigenes. Das Sprechen fremder Sätze macht deutlich, wie sehr sie zu einem eigenen Sprechen, zum Eigenen geworden sind, ohne doch im Spiel der Spiegelungen ihre ferne Fremdheit verloren zu haben: Wir wohnen einer Einverleibung bei, die in den eigenen (textuellen) Leib das einfügt, was als Fremdes zum Eigenen wird und als ‚richtige' Autobiographie zur falschen gerät. Einverleibt in den Klangkörper der Autorin und ihrer Stimme(n), wird nochmals in den letzten Sätzen des Textes das gespiegelt, worum es in diesem wahren Autobiographie-Experiment geht:

> Sei ganz beruhigt, ich bin fertig, ich ziehe Dich nicht mehr weiter mit hinein ...
> – Warum jetzt so plötzlich, wo Du doch keine Angst davor hattest, bis hierher zu kommen?
> – Ich weiß nicht genau ... ich habe keine Lust mehr ... ich würde gerne woandershin gehen ... Vielleicht ist es, weil es mir scheint, dass für mich hier die Kindheit aufhört ... Wenn ich mir anschaue, was sich mir jetzt bietet, dann sehe ich so etwas wie einen enormen Raum, der sehr voll ist und gut ausgeleuchtet ...

Ich könnte mich nicht zwingen, einige Momente, einige Bewegungen auftauchen zu lassen, die mir noch als intakt erscheinen, stark genug, um sich von dieser schützenden Schicht zu lösen, welche sie bewahrt, von diesen weißlichen, weichlichen, wattebauschartig Weiten, das sich auflöst, das verschwindet mit der Kindheit ...[8]

Die Kindheit ist zu Ende, und das Ich hat zum Schreiben keine Lust mehr. Die große Versuchung, Kindheitserinnerungen zu erzählen und zu präsentieren, ist vorbei. Das Ich quittiert den Dienst und will woanders hin. Ein langes Leben, ein langes Schreiben, klingt mit einem Leben-Schreiben aus, das im hohen Alter zur Kindheit zurückführt. Der Kreis des Erzählens hat sich geschlossen, ohne eine Totalität, ein gesamtes Leben in seiner Kontinuität, umschlossen zu haben.

---

8 Sarraute, Nathalie: *Enfance*, S. 277.

Julia Kristeva oder die eigene Fremde

Ich möchte Ihnen an dieser Stelle nach Clarice Lispector und Nathalie Sarraute eine dritte Frau vorstellen, die wie die beiden anderen, wenn auch zu einem wesentlich späteren Zeitpunkt, aus Osteuropa kam und die Problematik der Textualität und Intertextualität, aber auch der Alterität und Fremdheit einflussreich bearbeitete. Bereits in unserer Vorlesung über die Liebe haben wir uns mit der Intellektuellen und Psychoanalytikerin Julia Kristeva beschäftigt, zählt doch auch diese Thematik verbunden mit der Geschlechterdifferenz und der weiblichen Depression zu ihren Herzensthemen.

Kaum jemand wäre geeigneter gewesen, etwas über das Fremde, den Fremden und Ausländer wie auch über das Fremde und Ausländische zu schreiben als die 1941 in Bulgarien geborene und Mitte der sechziger Jahre nach Frankreich emigrierte Julia Kristeva, die man mit steigender Bekanntheit bald schon in Frankreich als „die Fremde" bezeichnete. Ihr widmete Roland Barthes, dessen Seminare sie gleichsam als Meisterschülerin besuchte, 1970 einen schönen Essay mit eben jenem Titel, der ihr wie ein Markenzeichen anhängen sollte: *L'Étrangère*.[1] Bevor wir uns nun mit dem Konzept der Andersheit und Fremdheit bei Julia Kristeva beschäftigen, wollen wir kurz einige Biographeme um die bulgarische Französin versammeln.

Abb. 112: Julia Kristeva (Sliwen, Bulgarien, 1941).

Die spätere Literaturtheoretikerin, Psychoanalytikerin, Essayistin und Schriftstellerin wurde am 24. Juni 1941 im bulgarischen Sliwen geboren und kam mit einem Stipendium 1965 nach Paris. Sie stieg rasch zu einer der führenden Intellektuellen auf, wurde durch ihre literaturtheoretischen Essays der ausgehenden sechziger Jahre bekannt, brillierte in den Seminaren von Jacques Lacan, Lucien Goldmann

---

1 Vgl. Barthes, Roland: L'Étrangère. In (ders.): *Œuvres complètes*. Bd. III: 1966–1973. Paris: Seuil 1994, S. 860–862.

und Roland Barthes, mit dem sie eine enge Freundschaft verband. Sie habilitierte sich mit ihrem Band *La révolution poétique du langage* und erhielt bereits 1973 einen Lehrstuhl an der Universität Paris VII. Schon 1966 trat Kristeva der Gruppe Tel Quel um Philippe Sollers (den sie 1967 heiratete) bei und prägte wenige Jahre später die Ausrichtung dieser mehrfach in unserer Vorlesung erwähnten neoavantgardistischen Theorie-Gruppe. Seit 1979 ließ sie sich gleichzeitig in Paris als Psychoanalytikerin nieder.

Bereits in den sechziger Jahren erregten ihre Artikel und Essays zur Textualität und der Infragestellung von Subjekt sowie Subjektphilosophie Aufsehen und ließen sie zu einer wichtigen Figur am damals noch dominanten französischen Theoriehimmel werden. Sie führte Michail Bachtin in die französischen Theoriedebatten ein und schuf den Terminus der Intertextualität, mit dem sie den Begriff der Intersubjektivität ersetzen wollte. Schon in ihrer Habilitationsschrift entwickelte sie für die Ausprägung des französischen Feminismus wichtige Konzepte und wandte der Ausbildung individueller wie gesellschaftlicher Weiblichkeit große Aufmerksamkeit zu. Sexuelle Differenz werde zunächst als sprachliche konstituiert, ein laut Kristeva niemals abgeschlossener Prozess, den sie mit Hilfe psychoanalytischer Konzepte untersuchte. Ihre psychoanalytischen, auf Jacques Lacan und Sigmund Freud zurückgreifenden Schriften sorgten gerade im feministischen Theoriebereich für ausgeprägte Debatten, da sie sich Kritikerinnen zufolge nicht ausreichend vom Phallogozentrismus Freuds distanzierte. Gerade ihre Arbeiten zur innerhalb einer patriarchalisch bestimmten Gesellschaft grundlegend instabilen weiblichen Identität im Zeichen einer nicht abschließbaren „significance" waren ebenso einflussreich wie umstritten.

Mit Roland Barthes oder Umberto Eco stimmte sie hinsichtlich der Konzeption eines avantgardistischen Kanons überein, bei dem sie der poetischen Sprache Stéphane Mallarmés oder den dissidenten Avantgardisten Antonin Artaud und Ferdinand Céline große Aufmerksamkeit schenkte. In den achtziger Jahren legte sie mit *Histoires d'amour* (1983) und *Soleil noir* (1987) vielbeachtete Studien zu Liebe und (weiblicher) Melancholie vor, die ihre psychoanalytisch geschulten und literarästhetisch reflektierten Lektüremuster eindrucksvoll entfalteten. In einer Linie mit diesen Bänden publizierte sie 1988 ihr Buch *Étrangers à nous-mêmes*, für das sie im Folgejahr den Prix Henri Hertz erhielt. Mit diesem Werk wollen wir uns in weiterer Fortgang unserer Vorlesung beschäftigen.

Julia Kristeva ist zweifellos eine immer wieder herausfordernde Denkerin, die über mehrere Jahrzehnte die internationalen Diskussionen entscheidend mitgeprägt hat, wobei sie in den sechziger Jahren mit avantgardistischem Gestus die Textualitätsthese vertrat und ähnlich wie Jean Ricardou mit einem die traditionelle Literaturwissenschaft bewusst provozierenden Auftreten reüssierte – man gehörte eben zur tonangebenden Elite französischer Theorie ... Seit den achtziger

Jahren aber veränderten sich die Dinge und Paris war wie erwähnt nicht länger ‚Nabel der Theorie-Welt'. Mit durchaus eigenwilliger Geste gab sie den von ihr eingeführten Intertextualitätsbegriff wieder auf, als der von anderen anders – und zwar unter Beibehaltung des Subjektbegriffs – verwendet wurde:[2] Er schien ihr fürderhin nutzlos zu sein, da er nicht mehr ihrer damals subjektzerstörenden Stoßrichtung entsprach.

Kristeva wandte sich in den achtziger Jahren, wie wir sahen, sehr stark der Geschlechterforschung, aber auch weiteren Themen zu, die ähnlich wie die Genderfrage ein breites Publikum und nicht mehr nur die Theorie-Elite interessierten. Daneben verfasste sie Romane, die sich wie *Les Samouraïs* – natürlich eine Replik auf Simone de Beauvoirs *Les Mandarins de Paris* – auch mit der Pariser Intellektuellen-Szene beschäftigten und so manche Polemik um ihre zwischen Faktizität und Fiktionalität spielenden Friktionen auslösten. Wenn wir uns Julia Kristeva nähern, dann könnten wir an ihrem Beispiel Veränderungen innerhalb der Pariser Theoriebildungen ebenso untersuchen wie die starken Einflüsse, welche von der Psychoanalyse auf ein romaneskes Werk ausgingen, in dem die gebürtige Bulgarin – wie bei der Affäre um ihre Tätigkeit für den bulgarischen Geheimdienst – immer für eine Überraschung gut ist. An dieser Stelle interessiert uns aber vor allem ihre Behandlung der Alteritäts- und Fremderfahrung, da diese auf grundlegende Weise mit der Frage nach Subjekt und Identitätskonstruktion verknüpft ist.

Étrangers à nous-mêmes war zweifellos ein gelungener Beitrag, um die Stadt Paris als Standort großer Theoriebildungen nicht gänzlich verwaisen zu lassen und den Anspruch auf eine führende Rolle internationaler Theorieproduktion zu untermauern. Julia Kristeva griff in diesem Band ein Thema auf, mit dem sie offenkundig autobiographisch eng verflochten war und ist – und diese autobiographische Dimension kann man von der ersten Seite an leicht konstatieren. Das erstmals 1988 erschienene Buch stellt eine lange, nicht immer kohärente, aber stets anregende Reflexion über die Problematik der Alterität und die im französischen Wort „étranger" enthaltene doppelte Deutbarkeit des Begriffs als „Fremder" und „Ausländer" dar. Schon zu Beginn ihres Textes stellt Julia Kristeva eine der Leitlinien ihres Buchs heraus, die für unsere Vorlesung von größtem Interesse ist. Sehen wir uns dieses Incipit einmal genauer an:

---

2 Vgl. Ette, Ottmar: Intertextualität. Ein Forschungsbericht mit literatursoziologischen Anmerkungen. In: *Romanistische Zeitschrift für Literaturgeschichte / Cahiers d'Histoire des Littératures Romanes* (Heidelberg) IX, 3–4 (1985), S. 497–522.

Fremder: erstickte Wut am Grunde meiner Kehle, schwarzer Engel, der die Transparenz stört, dunkle, unergründliche Spur. Figur des Hasses und des Anderen: Der Fremde ist weder das romantische Opfer unserer familiären Faulheit noch der Eindringling, der für alle Übel der Stadt verantwortlich zeichnet. Weder die Enthüllung auf ihrem Weg noch der unmittelbare Widersacher, den es zu eliminieren gilt, um die Gruppe zu befrieden. Befremdlich, wie uns der Fremde bewohnt: Er ist das verborgene Antlitz unserer Identität, der Raum, der unsere Wohnstätte ruiniert, die Zeit, in der sich Einverständnis und Sympathie abnutzen. Erkennen wir ihn in uns, so ersparen wir uns, ihn in sich selbst zu verabscheuen. Als Symptom genau dafür, dass unser „uns" problematisch, womöglich unmöglich geworden ist, beginnt der oder das Fremde, sobald das Bewusstsein meiner Differenz entsteht, und endet, sobald wir uns alle als Fremde erkennen, die Bindungen wie Gemeinschaften rebellisch gegenüber stehen.[3]

In den fast lyrischen Worten und Überlegungen dieses bemerkenswerten Auftakts wird das Seltsame der Auseinandersetzung mit dem Fremden und Anderen, dem Ausländer und Sonderbaren, aufgezeigt. Schnell schält sich heraus, dass die Hauptthese des Bandes lautet, dass der Fremde, dass das Fremde in uns wohnt und wir uns von ihm nicht abtrennen, nicht scheiden und unterscheiden können. Gleich zu Beginn gibt es einen autobiographischen Verweis, der klarmacht, dass es sich bei diesem Thema um eines handelt, das Julia Kristeva in einer sehr persönlichen Betroffenheit äußert: Eine Wut, halb erstickt in ihrer Kehle, zeigt sich, eine nur halb beherrschte Wut, die sich auch körperlich manifestiert – „L'étranger, c'est l'étrangère, elle aussi."

Der Fremde und Ausländer erscheint als Figur des Anderen und des Hasses: Er wird im Kontext jener Klischees präsentiert, für welche die Xenophobie unserer Tage, die Fremdenfeindlichkeit aller Epochen, alte und neue Ausdrucksformen der Heterostereotypie gefunden hat. Der Fremde erscheint in dieser Passage aber nicht im Lichte dieser Klischees, sondern gleichsam im Schatten der Identität des Ichs und einer Wir-Gruppe, die es zu pazifizieren, ruhig zu halten gilt. Eine Frage der Toleranz, des erzwungenen Aushaltens des Anderen? Aber der Fremde, der Ausländer, ist die verborgene Seite nicht des Mondes, sondern von uns selbst, unserer eigenen Identitätskonstruktion, die in ihrer Transparenz zu bewahren und zu beschützen ist.

In diesen Sätzen wird zugleich die Möglichkeit problematisiert, überhaupt in und zu einer Gruppe, jedweder Gruppe, „wir" zu sagen. Der Fremde ist in uns, wohnt in uns, gehört zu uns: Der Andere ist Teil unserer selbst und nicht einfach ein Abziehbild, das sich uns entgegenstellt. Der Andere, das bin ich – oder ‚das' ist zumindest eben das Ich. Denn es ist zu bequem, den Anderen dazu zu miss-

---

3 Kristeva, Julia: *Étrangers à nous-mêmes*. Paris: Fayard 1988, S. 9.

brauchen, an ihm und gegen ihn die eigene Identität zu errichten. Damit stoßen wir wieder auf jene grundsätzliche Frage, die Frage des Selben und des Anderen, welche nicht nur die französische Philosophie zum damaligen Zeitpunkt durchlief und prägte.[4] Die Grundlagen dieser abendländischen Philosophie, die als Subjektphilosophie und zugleich als Identitätsphilosophie erscheint, sollen in diesem Buch allerdings durchkreuzt und subvertiert werden. Man merkt dem gesamten Band diese Suche der Julia Kristeva nach einem philosophischen oder literarischen Konzept an, das geeignet wäre, diese Diskussion rund um den Terminus der Alterität zu durchbrechen.[5]

Kein Zweifel: Eine Erinnerung an Arthur Rimbauds berühmten, poetologisch untermauerten Satz wird wach: „Je est un autre." Das Andere ist folglich in mir selbst, das Ich ist ein Anderer, eine Andere. Der Projektion des Ichs in den Anderen entspricht in gewisser Weise die Projektion des Anderen in das Ich: Die bequeme Lösung, das Ich einfach vom Anderen, vom Fremden abzugrenzen, besteht nicht mehr. Damit aber wird von Beginn an die Unterscheidung zwischen dem Ich und dem Anderen unterlaufen, die klare Unterscheidung zwischen zwei verschiedenen Polen, welche grundlegend für die Ausbildung von Identitäten auf der individuellen wie auf der kollektiven Ebene sind.

Zugleich gibt es für Julia Kristeva nicht ‚einfach' eine Philosophie von Ich und Du wie diejenige von Martin Buber, welche beide Pole in einen auch für beide fruchtbaren Dialog einbindet. Das Verwischen, das Problematisieren schon dieser ersten, nach den Gesetzen des ‚gesunden Menschenverstandes' eigentlich selbstverständlichen Grenze weist den Weg, den dieses Buch – in den achtziger Jahren geschrieben mit den Erfahrungen im Zeichen der Postmoderne und ihrem Bemühen um Minderheiten – einschlagen sollte. Denn wie auf so vielen Ebenen führte auch hier der ‚gesunde Menschenverstand' in die Irre: Es ist eben nicht so einfach, zwischen dem Eigenen und dem Fremden zu trennen, wie es uns im politischen Kontext die Populisten verschiedenster Couleur weismachen wollen. Als Psychoanalytikerin war sich die französische Intellektuelle sehr wohl der Tatsache bewusst, dass in uns nicht allein ein Ich wohnt, sondern wir gemäß der Analysen Freuds auch ein Es beherbergen, dass unsere Triebe und unser Unbewusstes also genauso zu uns gehören wie unsere bewussten ethischen und moralischen Vorstellungen, auf die wir so stolz sind.

---

4 Vgl. Descombes, Vincent: *Das Selbe und das Andere. Fünfundvierzig Jahre Philosophie in Frankreich 1933–1978*. Aus dem Französischen von Ulrich Raulff. Frankfurt am Main: Suhrkamp 1981.
5 Vgl. Ette, Ottmar: Weiter denken. Viellogisches denken / viellogisches Denken und die Wege zu einer Epistemologie der Erweiterung. In: *Romanistische Zeitschrift für Literaturgeschichte / Cahiers d'Histoire des Littératures Romanes* (Heidelberg) XL, 1–4 (2016), S. 331–355.

Von Beginn von *Étrangers à nous-mêmes* an wird deutlich, dass Julia Kristeva diese Frage rund um die Alterität für den entscheidenden Punkt für unsere Moral und unsere ethischen Vorstellungen im 21. Jahrhundert hält: Sag, wie hältst Du's mit dem Fremden? Für diese neue Moral aber, so die These Kristevas, finden wir nur dann eine neue Basis, wenn wir uns selbst als uns selbst Fremde begreifen. Wenn wir also nicht, dem ‚gesunden Menschenverstand' folgend, das Fremde und den Fremden immer wieder auszugrenzen suchen, um unser Ich, unsere Gruppe, unsere Gemeinschaft und Gesellschaft vor Eindringlingen zu schützen, die immer von außen kommen und für uns immer gefährlich sind.

Der Kristeva'sche Text selbst wirkt von Beginn an sehr stark fragmentiert, verfolgt zwar deutlich eine bestimmte Argumentationslinie, weist aber unverkennbar die Spuren des Diskontinuierlichen auf, die uns bereits in Zusammenhang mit Michel Butor, aber auch bei Clarice Lispector oder Nathalie Sarraute beschäftigt hatten. Durchgängige Systeme und Glaubensauffassungen, so Kristeva unter Rückgriff auf ein wichtiges Theorem postmodernen Denkens jenseits der „grands récits", gebe es schon längst nicht mehr; und die Gewalt, mit der sich die Frage der Alterität heute stelle, habe gewiss mit diesen kulturellen Krisenerscheinungen zu tun. Aus psychoanalytischer Sicht zeigt Julia Kristeva auf, dass der Fremde stets in einer besonderen Beziehung zu seiner Mutter stehe; Albert Camus habe dies durchaus gesehen: So zeige sich der *Étranger* erst mit dem Tod seiner Mutter. Zugleich gebe es oft auch eine Bewunderung des Fremden gegenüber jenen, die ihn aufgenommen haben. Als Schutzpanzer aber dient ihm die Maske der Gleichgültigkeit, der schützenden Indifferenz. Der Raum des Fremden, so Kristeva, sei ein in Bewegung befindlicher Zug, ein Flugzeug im Fluge, eine ständige Transition ohne ein Anhalten.[6] Damit wird deutlich, dass an dieser Stelle die Problematik der Alterität sehr eng mit jener des Reisens zusammengedacht wird. Der literarische Reisebericht lässt sich in der Tat – wie wir in einer vorgängigen Vorlesung sahen – als komplexe Projektion und Hinterfragung von Alteritätsvorstellungen lesen.[7]

Der Fremde, so Kristeva, sei immer woanders, immer an einem Ort, der zugleich „nulle part" ist. Der Fremde verfüge nicht über sich selbst als Einheit, er unterliege der Gefahr einer Zerstückelung durch Kontakt mit einer ihm selbst fremden Umwelt. Erstaunlich sei freilich, dass niemand gegenüber dem Fremden behutsam und vorsichtig vorgehe; vielmehr schlage ihm rasch Hass entgegen: Wenn ihm etwas nicht passe, dann könne er ja nach Hause gehen. Die Sprache des Fremden wird von den Anderen als fremd empfunden, für ihn selbst kann

---

6 Vgl. Kristeva, Julia: *Etrangers à nous-mêmes*, S. 18.
7 Vgl. Ette, Ottmar: *ReiseSchreiben*, S. 236–340 u. S. 571–581.

sie wie eine Wiederauferstehung empfunden werden. Vor dem Hintergrund der französischen „travailleurs immigrés" spricht Kristeva von dem Fremden als einem Arbeiter, während die Bewohner des Landes Frankreich selbst eine eher aristokratische Haltung zur Arbeit an den Tag legten. Die eminent gesellschafts-politische Dimension der Kristeva'schen Fragestellung ist evident, auch lange vor den sogenannten ‚Flüchtlingswellen', die über das Mittelmeer nach Europa kamen und kommen.

Für die Fremden, so Kristeva, stelle die Arbeit noch einen Wert an sich dar. Aufschlussreich ist, dass sie gerade gegenüber Frankreich behauptet, dass sich ein Fremder kaum fremder als in Frankreich fühlen könne, baue doch die franzö-sische Gesellschaft durch ihre Hochschätzung der eigenen Zivilisation und Kultur eine so hohe Schutzmauer um sich auf, dass nicht wie etwa bei den Deutschen noch die Neugier gegenüber dem Fremden obsiegen könne.[8] Hierbei erfolge rundweg eine Abweisung jener Fremden, welche die eigene Sprache, also das Französische, nicht auf vollkommene Weise sprächen. Gerade in Frankreich würden Sitten und Gebräuche des Fremden gegenüber dem „goût universel", also dem französischen Geschmack, stets als defizitär gewertet und nicht in ihrer Alte-rität gesehen. Zugleich aber sei man auch nirgendwo anders besser ein Fremder als in Frankreich, sei man als Fremder doch auch Objekt der Faszination, das man hasse und zugleich bewundere.[9] Sie sehen: Es geht viel von Julia Kriste-vas eigenen Erfahrungen als *L'étrangère* in dieses Buch über die Fremdheit des Eigenen ein.

Die französische Kulturphilosophin untersuchte in der Folge die Problematik der Fremdheit in der abendländischen Antike. Wir können im Rahmen unserer Vorlesung nicht den gesamten Horizont der von Kristeva evozierten Problematik der Alterität darstellen. Schon in der griechischen Antike lasse sich die Ausgren-zung des Fremden anhand des Begriffs des „Barbaren" finden, mithin die Aus-grenzung über die undifferenzierte, unartikulierte Sprachäußerung. Der Begriff „Barbar" beziehe sich noch im 5. Jahrhundert auf Griechen wie Nicht-Griechen, die keine wohlartikulierte Sprache sprächen. Bei den großen Tragöden freilich meine der Begriff des Barbaren dann bereits das Unverständliche, das Nicht-Grie-chische und Exzentrische, ja Minderwertige. Bereits bei Euripides werde daraus eine Inferiorität abgeleitet.

In der Folge wählt Kristeva dann das auserwählte Volk par excellence, die Juden, um hieran ihren Begriff der „étrangeté", der Fremdheit, zu entwickeln. Interessanterweise zeigt sie auf, dass hier durchaus der Gedanke des Einschlusses

---

8 Vgl. Kristeva, Julia: *Etrangers à nous-mêmes*, S. 57.
9 Ebda., S. 59.

des Fremden in die Gemeinschaft bereits gedacht werde, sei die Thora doch letztlich ohne Ausnahme für die ganze Menschheit bestimmt. Doch die Integrationsfähigkeit des Judentums sei ähnlich wie die des Stoizismus oder des Christentums beschränkt gewesen: Alle träten sie zwar mit dem Anspruch des Universalismus auf, akzeptierten aber nur jene Universalität, welche die ihre sei.[10]

Im frühen Christentum nun findet Kristeva die Figur des Fremden mit der Bewegung des Reisens verbunden, werde der Fremde doch zum Pilger und finde in der „civitas peregrina" eine Gemeinschaft jenseits jeder nationalen Kollektivität, die ihn aufnehme und auffange. Allerdings werde diese Gastfreundschaft allein jenen zuteil, die einen christlichen Pass vorlegen könnten, so dass wiederum Ausschlussmechanismen in Gang kämen, welche die Fremden träfen. Dies beinhalte schon den Ausschluss des anderen Glaubens und damit jenen „ostracisme", jenes Scherbengericht, das letztendlich zur Heiligen Inquisition führen werde. Womit der oder das Fremde, wie wir sagen könnten, im Feuer und Rauch der Scheiterhaufen aufgehen und verschwinden werde.

Julia Kristeva arbeitet heraus und betont, dass es für den Fremden innerhalb ihrer Geschichte stets nur negative Definitionen gebe. Eine gewisse Territorialisierung des Begriffs, so Kristeva, komme dann aber in der Moderne auf. Die Definition des Fremden, so Kristeva, habe sich stets an zwei Typen oder Varianten orientiert, dem „ius soli", also dem Recht des Bodens, so dass jene zur selben Gruppe gezählt werden, die auf demselben Boden geboren sind, wie dies heute noch in den USA gilt, oder dem „ius sanguinis", das jene zur selben Gruppe rechnet, die demselben Blute entstammen.[11] Demgegenüber definiere die moderne Auffassung des Begriffs den Fremden als jenen, der nicht demselben Staat angehöre, der nicht derselben Nationalität zugerechnet werde.[12]

Das Gleichgewicht zwischen Menschen- und Bürgerrechten, so Kristeva, bleibe in einer derartigen Situation dabei prekär. Die Bürgerrechte, so darf ich an dieser Stelle einfügen, wurden in unseren Gesellschaftssystemen von der Politik gerne übersehen. Kristeva bemerkt hierzu, dass der Fremde durch den Ausschluss vom bürgerlichen Wahlrecht auf den Status eines passiven Objekts reduziert werde, das nicht einmal über seinen eigenen Status bestimmen dürfe.[13] All dem entspreche bei den Fremden wiederum eine Tendenz, die Rechtsprechung des Landes, in dem sie sich aufhalten, nicht anzuerkennen, da auch sie selbst nicht von dieser Rechtsprechung anerkannt werden. Sie bemerken,

---

10 Ebda., S. 101.
11 Ebda., S. 140.
12 Ebda.
13 Ebda., S. 148.

wie hautnah derlei Beobachtungen auch auf unsere aktuellen Situationen in Deutschland passen.

Immer wieder weist Julia Kristeva – und dies ist der eigentlich ethische Impuls und Antrieb ihres Buches – darauf hin, welche Bedeutung und Konsequenzen diese Problematik innerhalb veränderter historischer Kontexte habe oder haben könne:

> Gegenüber dem Problem des Fremden bilden die Diskurse, die Schwierigkeiten, ja sogar die Sackgassen unserer Vorgänger nicht allein eine Geschichte; sie konstituieren eine kulturelle Distanz, welche zu hüten und zu entwickeln ist, eine Distanz, von der ausgehend die primären Haltungen der Ablehnung oder der Indifferenz gemäßigt und modifiziert werden könnten, ganz so wie die arbiträren oder nützlichen Entscheidungen, welche heute die Beziehungen zwischen den Fremden regeln. Dies umso mehr, als wir alle im Begriff stehen, unsererseits in einem mehr als jemals zuvor erweiterten Universum, in einem mehr als je zuvor unter ihrer scheinbaren wissenschaftlichen und medialen Einheit heterokliten Universum selbst zu Fremden zu werden.[14]

In dieser Passage von *Étrangers à nous-mêmes* wird deutlich, dass Kristeva in der Bewegung einer zunehmenden „mondialisation", einer Universalisierung aller Werte und Globalisierung der Informationsnetze jenseits des homogenisierenden Impacts eine Welt heraufziehen sieht, in der alle zu Fremden werden. In ihr sind traditionelle Grenzziehungen und Ausgrenzungen, wie sie die Moderne durchaus noch kannte, zu Gunsten anderer Strukturen aufgegeben worden, ohne dass dies für alle Gesellschaften ein bewusster Prozess wäre. Der historische Ort, der sich an dieser Stelle deutlich abzeichnet, ist die im Verlauf der achtziger Jahre spürbare vierte Phase beschleunigter Globalisierung, welche mit aller Wucht auch die europäischen Gesellschaften erfasste. Sie führte zu einem beginnenden Umdenken gerade auch in Gesellschaften, die zwar wie Frankreich für universelle Werte einstanden, aber die Universalität ihrer Werte bislang nicht im ausreichenden Maße hinterfragten.

Die beste Vorbereitung auf eine solche Entwicklung, die im Rahmen der mittlerweile zu Ende gegangenen Phase beschleunigter Globalisierung für keine Ent-*fremd*ung steht, sondern die man besser als Fremd-Machung, keinesfalls aber als Überfremdung bezeichnen könnte, wäre die Schaffung eines Bewusstseins für das Fremde *in* uns, das uns in seiner Präsenz konstituiert. Gerade dieses Andere in uns lässt uns als menschliche Wesen so vielgestaltig werden. Denn dadurch, so könnten wir unsererseits formulieren, dass wir das Fremde in uns bewegen, werden wir zu Menschen, die *weiter* denken und weiter verstehen können, die in

---

14 Ebda., S. 152.

mehr als einer Logik zugleich zu reflektieren vermögen. An anderer Stelle ihres Essay-Bandes fügte Julia Kristeva hinzu: „Seien wir also von nirgendwo, ohne zu vergessen, dass wir irgendwo sind!"[15]

An der Schwelle zur Moderne – und hier spricht Kristeva offenkundig von der Moderne im deutschen Sinne als Neuzeit, als frz. „les temps modernes" – befindet sich Dante Alighieri. Wir könnten hinzufügen, dass neben Dante ein ‚Reisender' steht, Cristóforo Colombo alias Kolumbus, der die erste Phase beschleunigter Globalisierung gegen Ende des 15. Jahrhunderts verkörpert. Dante aber verkörpert das Exil im binnenitalienischen Maßstab, hatte er doch den gesamten Text seiner *Commedia* als Exilierter geschrieben.[16] Schon bei Montaigne zeige sich deutlich, so Kristeva in ihrem kurzen historischen Rückblick, dass sich das Ich selbst als Anderes weiß.[17] Denn mein Ich jetzt und ein wenig später, das sind für Michel de Montaigne auf jeden Fall schon zwei Ichs. Mit ihm setzt ein dialogisches Nachdenken über die Fremdheit des eigenen Ich in Frankreich ein.

Einen besonderen Schwerpunkt des Buches bilden Überlegungen zur Aufklärung und zur Bedeutung der Auseinandersetzung mit dem Fremden im 18. Jahrhundert, insbesondere während der Französischen Revolution. Als ihre Gewährsleute und Bezugstexte nimmt Kristeva die Philosophie Montesquieus, aber auch den *Neveu de Rameau* von Denis Diderot, der das Fremde ins Herz des Menschen selbst eingeführt habe. So könne man sich fragen, ob der moderne Mensch sich nicht selber ein Fremder sei.[18] Auch dies bildet eine Thematik, die gerade für die abendländische Moderne mit ihren unterschiedlichen Expansions- und Globalisierungsphasen einen aufschlussreichen Aspekt liefern könnte, waren diese Phasen beschleunigter Globalisierung doch von Beginn an solche einer verschärften Auseinandersetzung mit dem Anderen und Fremden. Es handelt sich dabei sowohl um eine vertiefte Beschäftigung mit dem So-Sein des abendländischen Menschen als auch seines Umgangs mit dem Anderen.[19] Auch auf diesen Punkt werden wir im weiteren Fortgang nochmals zurückkommen.

Kristeva zieht vor allem Diderots Text heran: Der Neffe Rameaus sei sich seines Bewusstseins eigener Fremdheit bewusst, er wolle nicht aufhören, sich zu bewegen, zu überraschen und zu schockieren. Das Bewusstsein der eigenen Fremdheit ließe sich im Sinne Kristevas als Bewusstsein der (abendländischen)

---

15 Ebda., S. 170.
16 Ebda., S. 153.
17 Ebda., S. 174.
18 Ebda., S. 197.
19 Vgl. hierzu Todorov, Tzvetan: *La Conquête de l'Amérique. La question de l'autre*. Paris: Seuil 1982.

Moderne charakterisieren. Bis heute aber bildet den obligatorischen Bezugspunkt die 1789 in der Französischen Revolution erfolgte Erklärung der Menschenrechte. Der „homme libre et égal" wird freilich de facto innerhalb der Nation verankert und sei damit letztlich der Bürger, wobei Kristeva auf die sich daraus ergebende Problematik ausführlich eingeht.

Dabei greift die französische Intellektuelle auf Hannah Arendt zurück, die betonte, dass allein jener Teil der Menschheit, der sich als Nation konstituiert habe, Rechte darauf habe, überhaupt Rechte zu haben.[20] Somit werde in der modernen Welt das Herausfallen aus der Gemeinschaft auf andere Art und Weise möglich. Denn schon kurze Zeit später setzte im Frankreich der Revolution eine Jagd auf Ausländer ein, eine Verfolgung aller Fremden, die die „étrangère" Kristeva stets wie auch in anderen Fällen Frankreich durchaus nicht zur Last legen wollte. Ausländer jedenfalls erschienen damals im Mutterland der „droits de l'homme" schlicht als gefährliche Konspirateure. Bald schon mussten alle Mitglieder der französischen „Convention", die im Ausland geboren waren, ihre Position aufgeben, zahlreiche Ausländer wurden guillotiniert.

Das vorletzte Kapitel von *Étrangers à nous-mêmes* fragt, ob die Universalität letztlich nichts anderes wäre als unsere eigene Fremdheit.[21] Mit Sigmund Freud, so die Psychoanalytikerin Kristeva, habe sich die Fremdheit in der Ruhe der Vernunft selbst eingenistet. Seit Freud wüssten wir, dass wir in uns selbst Fremde sind. Das Fremde sei seit Freud nicht mehr nur auf Ebene von Rasse und Nation angesiedelt, es sei nunmehr auch *in uns selbst* präsent. So würden wir zu unseren eigenen Fremden, unseren eigenen ‚Ausländern', da die bewusste Regentschaft des Ich nicht alles sei. Die Psychoanalyse werde zu einer Reise in die Fremdheit des Anderen und jener von uns selbst. Wie könnte man einen Fremden tolerieren, wenn man sich selbst nicht fremd weiß?[22]

Es sei erstaunlich, so Kristeva, wie lange es gedauert habe, bis diese kleine Wahrheit uns heute erleuchte. Die französische Psychoanalytikerin bulgarischer Herkunft verweist auf Freuds berühmten Aufsatz *Über das Unheimliche* von 1919, mithin auf das uns Heimlich-Heimelig-Unheimliche, aber auch darauf, dass in der Geschlechterordnung die Frauen für die Männer zum Fremden schlechthin geworden seien. Heute, so Julia Kristeva im letzten Kapitel ihres Buchs, nehme Frankreich Fremde auf, die nicht auf ihre Fremdheit verzichten wollten, was eine andere Situation als jene längst historisch gewordene in den USA darstelle.

---

20 Kristeva, Julia: *Étrangers à nous-mêmes*, S. 225.
21 Ebda., S. 249.
22 Ebda., S. 269.

Am Ende des Buches zieht die französische Kulturtheoretikerin die politischen Schlussfolgerungen aus der historischen Entfaltung des Begriffs der Fremdheit und gelangt zu fruchtbaren Einsichten, mit denen ich Sie abschließend konfrontieren möchte:

> Angesichts der Abwesenheit einer neuen gemeinschaftlichen Verbindung – einer heilbringenden Religion, welche die Masse der Umherirrenden und voneinander Verschiedenen in einen neuen Konsens integrieren könnte, der anders wäre als „Mehr Geld und Güter für jedermann" – sind wir erstmals im Verlaufe unserer Geschichte dazu aufgefordert, mit von uns Verschiedenen auf der Grundlage unserer persönlichen moralischen Codizes zusammenzuleben, ohne dass irgendeine Gemeinsamkeit unsere Besonderheiten zu transzendieren vermöchte. Eine paradoxe Gemeinschaft ist im Begriff zu entstehen, die aus Fremden besteht, welche sich in dem Maße akzeptieren, in dem sie sich selbst als Fremde anerkennen. Die multinationale Gesellschaft wäre so das Ergebnis eines extremen Individualismus, wäre sich zugleich aber ihrer Mängel und Grenzen bewusst und würde allein die unhinterfragbaren Mittel sofortiger wechselseitiger Hilfe in ihrer Schwäche anerkennen, einer Schwäche, deren anderer Name unsere radikale Fremdheit ist.[23]

Auf äußerst bestimmte Weise macht diese Passage noch einmal deutlich, wie sehr ein Bewusstsein dafür entstanden ist, dass eine neue Phase – die hier keineswegs mit dem Begriff „Postmoderne" belegt wird, den Kristeva im Übrigen sehr sparsam verwendete – in der Geschichte der Menschheit begonnen hat. Diese neue Phase ist durch eine Radikalisierung gekennzeichnet: Zum einen sind unsere Gesellschaften auf wesentlich grundlegendere Weise mit den Phänomenen der Migration konfrontiert und folglich gezwungen, sich mit den Dimensionen von Fremdheit auseinanderzusetzen. Zum anderen lässt sich ebenso eine Radikalisierung unseres Individualismus wie auch unserer Fremdheit selbst beobachten, die gleichsam das nunmehr bewusste Produkt einer derartigen individuellen Lebenshaltung ist. Aus heutiger Sicht könnte man dem hinzufügen, dass die Herausarbeitung kultureller Differenzen und die stärkere Beachtung von Minderheiten seit den achtziger Jahren nicht unwesentlich dazu beigetragen hat, dass der Anpassungsdruck an eine gesamtgesellschaftlich relevante Normvorstellung gemeinschaftlicher Lebenshaltung deutlich nachgelassen hat.

Man kann daher durchaus Julia Kristeva beipflichten und von einer veränderten gesamtgesellschaftlichen Situation sprechen, die sich in den achtziger Jahren, zum Zeitpunkt der Abfassung dieses Bandes also, bereits deutlich abzeichnete. Kein gemeinsames Dach, keine gemeinsamen Glaubensüberzeugungen, mit François Lyotard gesprochen eben keine gemeinsamen und geteilten „grands récits" können zwischen den verschiedenen Gruppen noch eine Einheit oder homogene

---

23 Ebda., S. 289.

Gemeinschaft herstellen. Es ist wohl nicht die Fremdheit selbst, sondern das Bewusstsein der eigenen Fremdheit, also die bewusste Akzeptanz des Fremden in uns, was diese neue Phase der Menschheitsgeschichte eingeleitet hat. Dabei scheint es mir sehr wichtig zu sein, dass Kristeva in der obigen Passage von einer *Akzeptanz* und nicht nur von einer Toleranz dieser eigenen Fremdheit sprach.[24]

Die Amerika- und Reise-Erfahrung von Michel Butor, aber auch die Fremd-Erfahrungen von Clarice Lispector, Nathalie Sarraute und nicht zuletzt Julia Kristeva selbst haben Zeugnis davon abgelegt, dass die Fremdheit durchaus als etwas begriffen werden kann, das aufgrund von Reisen und ständigen Bewegungen in uns selbst am Leben gehalten und bewusst gemacht werden kann. Während die Moderne gleichsam die Grenzen zwischen den verschiedenen Gruppen errichtete und eine relative Homogenität erzwang, führte die Ausweitung bestimmter kultureller und wirtschaftlicher Basisfaktoren paradoxerweise dazu, dass diese Grenzen zunehmend geschleift werden konnten. Dies geschah insofern, als die einzelnen Individuen sich bewusst selbst in sich und in Beziehung zu den Anderen als Fremde zu erleben begannen und diese Fremdheit auch nicht länger an eine dominante Mehrheitsgesellschaft anzupassen suchten.

All dies stellt sicherlich die Frage nach den Konstruktionen von Identität neu, gleichviel, ob wir sie als „multiple" oder „divergierende" Identität deuten wollen oder lieber – was meine eigene Position umschreibt – auf den Identitätsbegriff völlig verzichten. Letzterem haftet stets etwas Statisches, Definitorisches, Ausgrenzendes an: keine Identität ohne Gegen-Identität, keine Definition des vermeintlich ‚Eigenen' ohne eine Bestimmung des vermeintlich ‚Anderen' nebst dessen möglicher Ausgrenzung und Unterdrückung.[25] Die eigene Fremdheit, die Fremdheit des Eigenen und mehr noch die Fremdheit im Eigenen sorgen dafür, dass Alterität kein Gut ist, das aus der Sicht des Anthropologen bestaunt, gemessen, untersucht, referiert werden kann, sondern zu unserem eigenen kulturellen Bewusstsein wird. Dass wir hiervon noch meilenweit entfernt sind, zeigt die gerade auch – aber nicht nur – in Europa anwachsende Xenophobie. Die unterschiedlichen Varianten der Fremdenfeindlichkeit beruhen immer auf der Unterdrückung eigener Fremdheit und der Zurschaustellung einer scheinbaren massiven Homogenität, welche alles beherrscht und zumindest marginalisiert,

---

24 Vgl. zum Ungenügen des Toleranz-Begriffes sowie zur Differenz zwischen Toleranz und Akzeptanz in Fragen kultureller Differenz das Schlusskapitel „Differenz Macht Toleranz: Acht Thesen und der Versuch eines Dialogs zwischen Wissenschaft und Politik" in Ette, Ottmar: *Über-Lebenswissen. Die Aufgabe der Philologie*. Berlin: Kulturverlag Kadmos 2004, S. 253–277.
25 Vgl. hierzu den Abschnitt „Die Logik des Weder-Noch und die Zeit der ‚Täter'" im elften Kapitel von Ette, Ottmar: *Literatur in Bewegung. Raum und Dynamik grenzüberschreitenden Schreibens in Europa und Amerika*. Weilerswist: Velbrück Wissenschaft 2001, S. 467–475.

was diese vorgeblich fissurenlose Einheit gefährden könnte. In welchem Maße sich dies mit fundamentalistisch ausgeprägten Identitäten zu einem mörderischen Gemisch auszubilden vermag, hat Amin Maalouf in einem auch heute noch lesenswerten Buch aufgezeigt,[26] wobei die auf Blut und Nation beruhende Fremdenfeindlichkeit europäischer Prägung in der Moderne zwei Jahrhunderte an Ausgrenzung, Ermordung und Genozid aufzuweisen hat.

Julia Kristevas Buch führt noch eine weitere Entwicklung an, der wir uns abschließend kurz zuwenden sollten: die Transformation des Problems der Alterität und einer Veränderung ihres Ortes. Denn viele Texte der Reiseliteratur beschäftigen sich jeweils mit kultureller Alterität an fremden Orten, verweisen diese Alterität mithin in einen anderen Raum, der zum Raum des Anderen wird. Bei Michel Butor wird dieser Raum des Anderen in Bewegung gesetzt beziehungsweise gehalten und ständig mit dem Eigenen konfrontiert, so dass eine unendliche Abfolge von Zeichenbeziehungen zwischen dem nach wie vor europäischen Subjekt und dem jeweils Anderen entsteht. Dagegen bildet sich im traditionellen Reisebericht der Moderne eine binäre Oppositionsstruktur heraus, indem der Welt der Europäer eine (oftmals zerstörte oder in Auflösung befindliche) Welt des Anderen gegenübergestellt wird. So kommt es nicht darauf an, diese beiden Kulturen in ein dynamisches Wechselverhältnis zu setzen; Beide haben vielmehr ihre jeweils angestammten Räume, ihre eigenen Orte für sich allein. Das Andere, das Fremde wird eben woanders gesucht und präzise lokalisiert.

Dies ist ein Umgang mit Alterität, wie er sich seit der Expansion Europas in der Neuzeit und der ersten Phase beschleunigter Globalisierung immer wieder im abendländischen Diskurs und Verhalten nachweisen lässt, ein Umgang, wie er von Tzvetan Todorov in einem den europäischen Alteritätsdiskurs hinterfragenden Band[27] insgesamt überzeugend herausgearbeitet wurde. Noch zu Beginn des 20. Jahrhunderts lässt sich zu Zeiten der historischen Avantgarden dieser Diskurs gerade auch in den Versuchen der Avantgardisten belegen, zum jeweils ‚Anderen' auch räumlich vorzustoßen und das Fremde der anderen Kulturen in die eigene Kunst zu integrieren. Wir haben bei André Breton oder Antonin Artaud, aber auch in der ‚falschen' Künstlerbiographie Max Aubs diese Suche nach dem Anderen *am anderen Ort* gesehen. Noch immer haben die Kulturen ihren jeweils eigenen Raum, ihren geographischen Ort, von dem aus sie sprechen oder zum Sprechen gebracht werden können.

Bei Julia Kristeva – und dies scheint mir für die aktuelle Situation von eminenter Bedeutung zu sein – ist dies nicht mehr der Fall, kommen doch die

---

26 Vgl. Maalouf, Amin: *Les Identités meurtrières*. Paris: Grasset & Fasquelle 1998.
27 Vgl. Todorov, Tzvetan: *La Conquête de l'Amérique. La question de l'autre*. Paris: Seuil 1982.

verschiedenen Kulturen, das Fremde wie das Eigene, Vernunft wie Irrationalismus, abendländischer Logos und nicht-abendländische Kultur, im Subjekt des Diskurses selbst zum Sprechen. Das Fremde wie das Eigene werden sozusagen als die beiden Seiten ein und derselben Medaille verstanden, wobei die eine im Allgemeinen bekannt ist und im Rampenlicht steht, während die andere – wie Kristeva gleich zu Anfang ihres Buches schrieb – die verborgene Seite unserer Identitätskonstruktion darstellt. Diese verborgene Seite wird nun beleuchtet, sie ist gleichsam die verdrängte Seite, doch befindet sie sich nicht außerhalb unserer Kultur, sondern ist unverkennbar *innerhalb* unseres Selbst angesiedelt. Genau hierin – und dies ist auch der Grund für unsere ausführliche Beschäftigung mit *Étrangers à nous-mêmes* – liegt das Innovative dieses Ansatzes.

Julia Kristevas Buch situiert sich in dieser Hinsicht deutlich jenseits von Alteritätsdebatten der sechziger und siebziger und zum Teil auch noch der achtziger Jahre, indem die französische Intellektuelle und Psychoanalytikerin nun integriert, was zuvor dem europäischen Subjekt als das Andere, das Fremde gegenübergestanden hatte. Die Alterität war ein Gegen-Stand, ein Ob-jekt gewesen, dem sich das abendländische Subjekt in unterschiedlicher Weise zuwenden konnte oder auch nicht. Bei Kristeva nun findet sich dieses Subjekt mit der Tatsache konfrontiert, dass es diesen Gegen-Stand, diesen Widerstand, in sich selbst aufsuchen muss: Das Objekt ist in das Subjekt selbst verlagert und ist zu einem Teil dieses Subjekts geworden. Das ist ein grundlegender Unterschied, der freilich nicht nur auf den Bereich kultureller Alterität, auf kulturelles Fremdsein, beschränkt bleibt, sondern breiter gedacht und im Kontext einer radikalen „mondialisation" verankert wird.

Es ist keine Frage, dass Julia Kristevas Sensibilität gegenüber grundlegenden Veränderungen weltgesellschaftlichen Zuschnitts in den achtziger Jahren mit der Tatsache zu tun hat, dass sich im Verlauf jenes Jahrzehnts eine Beschleunigungsphase der Globalisierung anbahnte, welche wir als die vierte Phase dieser Art bezeichnen dürfen. Alle von uns besprochenen Transformationen einschließlich eines Überwechselns des Meridians zentraler Theoriebildungen von Frankreich in die USA haben mit dieser Beschleunigungsphase zu tun, an deren Ende und Ausgang wir uns heute befinden. Es ist nun an der Zeit, in einem letzten literarhistorischen Rückgriff in die erste Hälfte des 20. Jahrhunderts jene Entwicklungen in den Fokus zu nehmen, welche die Transformationen unserer Zeit kulturell und mehr noch transkulturell zu denken erlaubt haben. Ich darf Sie daher im Folgenden ein vorletztes Mal zurück in die vierziger und fünfziger Jahre des zurückliegenden Jahrhunderts führen.

Fernando Ortiz, José Lezama Lima oder die transkulturelle Archipelisierung von Insel-Welten

Vielleicht haben Sie schon einmal vom Begriff „Transkulturalität" und von „transkulturellen Prozessen" gehört; und vielleicht haben Sie selbst schon dieses Konzept angewandt. Aber wissen Sie auch, woher es stammt?

Verfolgt man hierzulande die diesbezügliche Diskussion und konsultiert etwa einschlägige Reader von Wolfgang Welsch und anderen, so könnte man den Eindruck gewinnen, dass dieses Konzept – wie so oft – aus den USA kommt. Aber – wie so oft – stellt man bei genauerem Hinsehen fest, dass es dort unter Weglassung des Namens seines eigentlichen Urhebers nur verbreitet wurde, ohne die tatsächliche Komplexität tatsächlich berücksichtigt zu haben, die es seit seiner Geburt besaß. Zudem sollten wir nicht den leichtsinnigen Fehler begehen, „transkulturell" mit „interkulturell" zu verwechseln und das Präfix „inter-" einfach durch das schickere „trans-" zu ersetzen, ohne die Hintergründe für diese Begriffsbildung zu kennen. Deshalb machen wir jetzt einen kleinen historischen Ausflug in eine Region, die spätestens seit den dreißiger Jahren zu einer der wichtigsten Areas weltweiter Theoriebildung avancierte und bis heute nichts von ihrer Faszinationskraft verloren hat.

Wir schreiben das Jahr 1940. In diesem Jahr legte der kubanische Anthropologe, Historiker und Kulturtheoretiker Fernando Ortiz sein nicht nur theoretisch, sondern auch literarisch ausgefeiltes Meisterwerk *Contrapunteo cubano del tabaco y el azúcar*[1] vor, das eine neue Deutung kubanischer Geschichte aus der Bewegung, der Vektorisierung aller Lebensbezüge vorschlug. Diese Akzentverlagerung weg von einer eher statischen Raum-, hin zu einer überaus mobilen und weltweit konzipierten Bewegungsgeschichte deutete sich in vielen Passagen dieses literarisch-theoretischen Grundlagenwerks an und war nicht nur für die ‚Erfindung' des Begriffs „Transkulturalität", sondern auch für einen veränderten Blickwinkel in Hinsicht auf Fragen des Territorialen bahnbrechend geworden. So heißt es bei Ortiz in seinem *Kubanischen Kontrapunkt*:

> Es gab für die Kubanität keine transzendenteren menschlichen Faktoren als diese kontinuierlichen, radikalen und kontrastierenden geographischen, wirtschaftlichen und sozialen Transmigrationen der Kolonisten, als diese beständige Vergänglichkeit an Vorhaben und als dieses Leben immer aus der Entwurzelung von der bewohnten Erde, in einem ständigen Auseinanderklaffen gegenüber der aufrecht erhaltenen Gesellschaft. Menschen, Ökono-

---

1 Vgl. Ortiz, Fernando: *Contrapunteo cubano del tabaco y el azúcar.* Prólogo y Cronología Julio Le Riverend. Caracas: Biblioteca Ayacucho 1978.

mien, Kulturen und Sehnsüchte, alles fühlte sich hier fremd, provisorisch, veränderlich an, wie „Zugvögel" über dem Land, an seiner Küste, stets seinem Willen und Wollen entgegen. Mit den Weißen kamen die Schwarzen, zuerst aus Spanien, dann in einer Ausbreitung von Guinea- und Kongosklaven, schließlich aus ganz Nigritien. Mit ihnen kamen ihre verschiedenartigen Kulturen, einige so wild wie die der Siboneyes, andere von fortgeschrittener Barbarei wie die der Tainos, einige aus größerer wirtschaftlicher und sozialer Komplexität wie etwa die Mandingas, die Woloffs, Haussas, Dahomeys und Yorubas, andere wieder mit Ackerbau, Sklaven, Geld, Märkten, Außenhandel sowie zentralisierten und effizienten Regierungsmächten über Territorien und Ansiedlungen, die so groß wie Kuba waren; Kulturen, die in der Mitte zwischen denen der Tainos und der Azteken lagen; schon mit Metallen, aber noch ohne Schrift.[2]

Abb. 113: Fernando Ortiz (Havanna, Kuba, 1881 – ebda., 1969).

Der Versuch des Anthropologen, das zu bestimmen und abzugrenzen, was in der zeitgenössischen kubanischen Diskussion als „cubanidad" bezeichnet wurde, zielt – anders als bei alternativen Entwürfen – nicht auf Herstellung einer festgefügten und festgestellten nationalen und territorialen Identität des Inselstaates. Ortiz erkannte sehr deutlich die ungeheure kulturelle Diversität all jener Menschen, die auf der Antilleninsel zusammenlebten und an unterschiedlichen Orten in verschiedenartige Sklaverei-Systeme und Wirtschaftsweisen eingebunden und eingezwängt waren. Daher wird in seinem Entwurf die „Kubanität" gerade aus den Bewegungen und Querungen sehr unterschiedlicher Kulturen *vektoriell* bestimmt, wobei die ursprüngliche Herkunft des Kulturhistorikers aus der mit der italienischen Philologie in enger Beziehung stehenden Kriminologie Cesare Lombrosos bei seiner Evaluierung der unterschiedlichen Kulturen ebenso durchscheint wie eine rassistische Unterströmung, die gerade Ortiz' frühe Arbeiten noch gekennzeichnet hatte. Fernando Ortiz brauchte Jahrzehnte, um sich von dieser Kriminologie und ihren Grundlagen und Einflüssen Stück für Stück zu emanzipieren und in seinen wissenschaftlichen Schriften eigenständige Konzeptionen zu entwickeln, welche dann aber nicht statisch, sondern dynamisch und in ständiger Bewegung waren.

---

2 Ebda., S. 95.

Entscheidend für unsere Fragestellung aber ist weniger Ortiz' punktuelle Rückbeziehung auf eurozentrisches Rassedenken, als vielmehr eine neue Horizontlinie, die dieser komplexe, zwischen Literatur und Wissenschaft oszillierende Text des Jahres 1940 freizulegen vermochte. Denn das scheinbar Statische erweist sich aus dieser Perspektivik als hochgradig mobil, ständigen Veränderungen und Verwerfungen, Transfers und Transformationen unterworfen. „Transkulturalität" erscheint hier als Bewegungskonzept und damit als Teil einer Bewegungsgeschichte der Kulturen, die es immer noch zu schreiben gilt. Aber ist ein Territorium nicht ein Territorium, ein Raum nicht ein Raum?

Nun, das Territorium konstituiert sich nicht aus einer ein für alle Mal gegebenen Geo- und Topographie, sondern entsteht durch all jene Querungen und Migrationen, die diesen Raum durchlaufen und ihn dabei herausbilden. Nationale Identität wird nicht als etwas Essentielles, Intrinsisches in Szene gesetzt, sondern erweist sich als grundlegend prekäres Zusammenleben unterschiedlichster Kulturen, die auf den verschiedensten ‚Stufen' stehend in einen wahren Wirbel der Transkulturalität miteinbezogen werden. Nichts ist wesenhaft, nichts wird essentialisiert gedacht. Die Frage der Konvivenz wird im Spannungsfeld kolonialer wie postkolonialer Bewegungen, Migrationen und Deportationen von entscheidender Bedeutung für das (Über-)Leben des jungen Staatsgebildes Kuba sein, das damals von einer Krise in die nächste taumelte. Kuba hatte eine lange Phase seiner Herausbildung als Kulturnation hinter sich, aber erst wenige Jahrzehnte formeller politischer Unabhängigkeit erfahren, stets in direkter postkolonialer Abhängigkeit von den übermächtigen USA.

Verstehen wir den kubanischen Anthropologen präzise und korrekt: Die Beziehung zu Territorium und Nation verschwindet bei Fernando Ortiz keineswegs, wird aber fundamental anders strukturiert und perspektiviert! Im Vordergrund stehen in seiner gesellschaftlichen Vision und anthropologischen Analyse die Zugvögel, Einwanderer, Migranten, die aus Afrika verschleppten Sklaven und ihre Nachfahren – all jene Dislokationen, die auch und gerade das Zusammenleben prägen. Kein Bild eines auf Vereinigung angelegten „mestizaje" – wie es noch die Konzeptionen José Martís im letzten Drittel des 19. Jahrhunderts gekennzeichnet hatten – charakterisiert das Gemeinwesen, kein Bild einer Fusion oder eines „melting pot", wie es selbst noch in der zweiten Hälfte des 20. Jahrhunderts im Zeichen anzustrebender nationaler Homogenität propagiert wurde. Vielmehr werden Territorium, Nation und Identität gleichsam zu Bewegungsbegriffen umdefiniert und damit in komplexe Bewegungsbilder integriert, die sich weder auf eine homogene Logik noch auf eine Logik des Homogenen reduzieren lassen. Fernando Ortiz setzte Kubas komplexe Geschichte von Migrationen und Transmigrationen einfach in Bewegung.

Dabei beschränkte sich sein Blickfeld durchaus nicht auf die größte der Antilleninseln oder den zirkumkaribischen Raum. Innerhalb des von Fernando Ortiz aufgespannten, transatlantisches Spannungsfeldes zwischen Europa, Afrika und Amerika werden alle Räume zu Bewegungs-Räumen, die durch das Queren der Zugvögel geschaffen werden: jener „aves de paso", die letztlich für ein Leben ohne Verwurzelung stehen, für eine „vida siempre en desarraigo de la tierra habitada". Sie repräsentieren ein Leben ohne festen Wohnsitz, das in jeden begrenzten Raum die Koordinaten der Welt einträgt und damit zugleich ein LebensWissen und Über-LebensWissen einbringt, das nicht von einem einzigen Ort aus gedacht werden kann. Wer die Geschichte Kubas verstehen will, so der Verfasser des *Contrapunteo cubano del tabaco y el azúcar*, der muss sich nicht nur in der Geschichte Kubas, Spaniens und Europas auskennen, sondern muss die komplexe Geschichte des afrikanischen Kontinents und seiner Kulturen hinzunehmen, um sie im Rahmen einer Weltgeschichte zu denken, die sich in Kuba faszinierend verkörpert und dort lebendig ist.

Diese neue Deutung der Geschichte Kubas – aber auch Amerikas insgesamt – wird von Fernando Ortiz sehr bewusst mit dem Schicksal des von ihm geschaffenen Neologismus der „Transkulturation" verknüpft. Er soll jene neue Sichtweise des Transits, der Transmigration und des Transitorischen eröffnen, die nach Ansicht des kubanischen Kulturtheoretikers alle Erscheinungsformen kubanischen Lebens beherrschen – von der Arbeit über das Essen bis hin zum Wohnen. Alle Ausdrucksformen kubanischen Alltagslebens, aber auch von Kunst und Literatur sind ohne den Hintergrund dieser umfassenden und fortbestehenden Transkulturation nicht adäquat zu denken. So heißt es am Ende des der „transculturación" gewidmeten Kapitels seines *Contrapunteo cubano*:

> Diese Fragen der soziologischen Nomenklatur sind für ein besseres Begreifen der sozialen Phänomene nicht trivial, und dies noch weniger in Kuba, wo wie in jedwedem Volke in Amerika die Geschichte eine überaus intensive, komplexe und unaufhörliche *Transkulturation* verschiedener Menschenmassen ist, welche allesamt im Übergang begriffen sind. Das Konzept der *Transkulturation* ist kardinal und auf elementare Weise unverzichtbar, um die Geschichte Kubas und, aus analogen Gründen, die Geschichte generell von ganz Amerika zu begreifen.[3]

Wo Fernando Ortiz auf die Geschichte seiner Heimatinsel und auf diejenige Amerikas blickt, da ist letztlich weltumspannende Geschichte gemeint. Denn diese innovative Interpretation der Geschichte Amerikas führt die Notwendigkeit vor Augen, auch die Historie anderer Weltteile mit verändertem Blick aus der Per-

---

3 Ebda., S. 97.

spektive einer Bewegungsgeschichte zu betrachten. Zeigt nicht der Mythos von Europa selbst die ganze Spannung auf zwischen Verführung und Entführung, Verpflanzung und Fortpflanzung, Verbringung und Vergewaltigung, zwischen kontinentaler Herkunft und insularer Zukunft: eingebettet in die Unmöglichkeit, Europa außerhalb seiner zirkum-mediterranen wie globalen, außereuropäischen Kontexte zu verstehen?

Das Beispiel Kubas, aber gerade auch Europas und jeder einzelnen seiner in ständiger Bewegung befindlichen Nationen zeigt mit aller Deutlichkeit die Dringlichkeit auf, die simple Gegenüberstellung von Nation und Welt, National-kultur und Weltkultur, Nationalliteratur und Weltliteratur aufzugeben zugunsten einer Sichtweise, in der Transfer-Bewegungen und damit einhergehender Trans-formation, Versetzung und damit einhergehender Übersetzung entscheidende Bedeutung zukommt. Es geht um die Entfaltung einer fundamentalen Poetik der Bewegung, welche sich aus dem halb wissenschaftlichen, halb literarischen *Contrapunteo cubano* ableiten lässt. Denn das Literarische in diesem Band ist nicht weniger als das Wissenschaftliche eine fundamentale Untersuchung – und Fernando Ortiz wusste sich an diesem Punkte ganz mit dem von ihm bewunderten und studierten Alexander von Humboldt im Einklang, der im Vorwort zu seinen *Ansichten der Natur* aus gutem Grund die Verbindung zwischen „einem literari-schen und einem rein szientifischen Zweck" betont hatte. Doch hier ist nicht der Ort, auf die strukturellen Parallelen der Werke des kubanischen und des preußi-schen Kulturforschers einzugehen!

Vielmehr möchte ich im weiteren Fortgang eine vielfältige intertextuelle Ver-bindung verfolgen, die sich zunächst innerhalb der kubanischen Welt zwischen zwei kubanischen Zeitgenossen entwickelte, deren Werke jeweils für wichtige Aspekte eines Schreiben im Zeichen der Postmoderne verantwortlich zeich-nen. Für den Bereich der Literatur, aber auch der Kultur im allgemeinen hat wohl kein anderer früher als der kubanische Dichter und Romancier José Lezama Lima aus dem literarisch-wissenschaftlichen Schreiben des Fernando Ortiz wichtige und wegweisende Konsequenzen gezogen. Der als großer Poet hochgeschätzte, aber als Kulturtheoretiker bis heute unterschätzte Autor hat in seinem faszinierenden literarischen Essay *La expresión americana* die archipe-lische Strukturierung von fünf Vorträgen zusammengefasst, die er am 16., 18., 22., 23. und 26. Januar 1957 in Havanna im Centro de Altos Estudios des Instituto Nacional de Cultura gehalten hatte. Sehen wir uns diese *Amerikanische Aus-druckswelt* einmal näher an!

Auch José Lezama Limas Ansatz ist von einer Betrachtung Kubas im Weltmaß-stab geprägt, eine Tradition, die ihn und Fernando Ortiz mit dem kubanischen Modernisten José Martí verbindet. Man könnte in dem Versuch des mit der euro-päischen, insbesondere der spanischen und deutschen Philologie bestens vertrauten kubanischen Schriftstellers, die kulturelle Ausdruckswelt der Amerikas aus ihren weltweiten Wechselbezügen zu erhellen, zugleich einen wohldurchdachten Beitrag dazu erblicken, die Literaturen Amerikas jenseits des Nationalen und diesseits des Weltliterarischen neu zu begreifen. *La expresión americana* stellt aus dieser Perspektive eine mit den Mitteln der Literatur durchgeführte Untersuchung und Erkundungsreise dar, welche die Räume zwischen Nationalem und Globalem auf neue Weise als Bewegungsräume zu verstehen gibt. Nicht umsonst bilden Ausdrucksformen des sich Entziehenden, Entschwindenden, des sich Transformierenden und durch Metamorphose Umbildenden die entscheidenden Konfigurationen, welche die Lyrik des eigentlichen Kopfes der legendären Zeitschrift *Orígenes* auszeichnen. Auch an dieser Stelle ergibt sich somit eine deutliche Parallele zu Fernando Ortiz' Werk.

Gleich zu Beginn des ersten Vortrags erscheint unter dem Titel „Mitos y cansancio clásico" die für Lezama Limas Denken so charakteristische „forma en devenir",[4] jene nicht nur ihre *Herkünfte*, sondern auch ihre *Zukünfte* enthaltende „Form im Werden", die gleichsam die Bewegungsbahnen ihrer vektoriellen Zeichenhaftigkeit in sich versammelt und vereinigt. Die vektorielle Verfasstheit dieser Form-in-ständigem-Werden umfasst daher nicht nur retrospektive, sondern zugleich – und vor allem – auch prospektive Dimensionen einer kulturellen Landschaft, die sich bei Lezama Lima leicht mit der offenen Strukturierung des kubanischen wie des karibischen Archipels verbindet.[5] Von Beginn an kommt dabei transarealen Konfigurationen eine überragende Bedeutung zu: Nichts wird aus einem statischen Raum, nichts aus einer fixierten Territorialität heraus perspektiviert, sondern vielmehr in vektorielle Bahnungen integriert, die wenig mit einer Raumgeschichte, viel aber mit einer Bewegungsgeschichte zu tun haben. Fernando Ortiz' Denken ist folglich auch auf Ebene der Gesamtkonstruktion deutlich spürbar.

In seinem abschließenden, am 26. Januar 1957 gehaltenen und unter dem Titel „Sumas críticas del americano" als letztes Kapitel in *La expresión americana* einmontierten Vortrag macht sich der kubanische Essayist über alle Versuche lustig, unterschiedlichste Formen der Kunst zu territorialisieren und damit auf einen einzigen Herkunftsort zu reduzieren. Es ist dabei aufschlussreich, wie er Kunst und Künstler der historischen Avantgarden miteinbezieht:

---

4 Lezama Lima, José: *La expresión americana*. Madrid: Alianza Editorial 1969, S. 9.
5 Vgl. hierzu Ette, Ottmar: Weltsichten Amerikas. Hemisphärische Konstruktionen in José Lezama Limas „La expresión americana". In: *Romanistische Zeitschrift für Literaturgeschichte / Cahiers d'Histoire des Littératures Romanes* (Heidelberg) XXXVI, 1–2 (2012), S. 175–208.

Picasso wollte man bezüglich seiner ersten Äußerungsformen herausnehmen aus der französischen Tradition in dieser Säkularisierung, aus der Ära des Experimentierens und der Mutationen, um ihn nach seinem eigenen Geschmack als zeitgenössischer Luchs an die spanische Tradition zu kleben, die weniger risikofreudig mit geringerem Tempo vorrückt und eben darum widerständiger ist gegenüber den Anforderungen jeglichen Unwetters. (Man vergaß jene maliziöse Tradition, der zufolge ebenso El Greco wie Goya sich der historischen Synthese und nicht den Erzeugnissen des Indigenismus verdankten).[6]

Dies ist eine deutliche Absage an jeglichen Versuch, bestimmte Künstler in ein nationales Schema zu pressen. Die Rückführung ebenso des Künstlers wie seiner Kunst auf eine wie auch immer geartete nationale Tradition und Bestimmung wird in den „Sumas críticas del americano" von Lezama Lima ad absurdum geführt, eben weil für den kubanischen Essayisten Kunst aus der Perspektive einer amerikanischen Ausdruckswelt nicht auf ein Nationales reduzierbar ist. Zugleich aber wird auch deutlich, dass in *La expresión americana* die weltweite Vielverbundenheit jeglicher kulturellen Hervorbringungen Kubas, der Karibik oder der Amerikas gerade nicht dazu führen darf, alles im Globalen, gleichsam in der Weltkultur oder der Weltliteratur, aufgehen zu lassen und auflösen zu wollen. Denn dies wäre die falsche Folgerung aus einer Sichtweise jenseits nationaler (und nationalistischer) Grenzziehungen.

Was in den TransArea Studies[7] aus einer Episteme der Bewegungsgeschichte heraus als Transit und Translation, Transfer und Transformation zwischen verschiedenen Areas neu perspektiviert wird, um die Abgeschlossenheit und Exklusionslogik der Area Studies kritisch zu überwinden, ist in *La expresión americana* bereits deutlich angelegt. Und dies gerade aus den stets wechselnden Blickpunkten eines amerikanischen Schriftstellers, der wie Jorge Luis Borges in *El escritor argentino y la tradición* nicht nach der territorialen Verwurzelung einer Kultur fragt, sondern den Traditionsbegriff selbst ent-essentialisiert und von ‚seinem' Territorium abtrennt. Wie bei Fernando Ortiz befindet sich alles in Bewegung, ist nichts in territoriale Grenzen eingezwängt. Tradition und Territorialität werden aber nicht einfach ausgeblendet, sondern in einen bewegungsgeschichtlichen Zusammenhang gebracht: Gerade das scheinbar Statische verwandelt sich so unter den Augen der Leserschaft in einen Bewegungsbegriff, in welchem jegliche festgefügte, unbewegliche Identität zum Absterben verurteilt ist.

So verweist José Lezama Lima auch darauf, dass es die synthetisierende Kraft der Goethezeit von zeitgenössischen Formen künstlerischer beziehungsweise lite-

---

6 Lezama Lima, José: *La expresión americana*, S. 159.
7 Vgl. hierzu Ette, Ottmar: *TransArea. Une histoire littéraire de la mondialisation*. Traduction de Chloé Chaudet. Préface de Jean-Marc Moura. Paris: Classiques Garnier 2019.

rarischer Synthese abzugrenzen gelte. Vergessen wir dabei nicht, dass die künstlerische Erfahrung der historischen Avantgarden zu diesem Zeitpunkt noch sehr frisch ist:

> Die großen Figuren der zeitgenössischen Kunst haben Regionen entdeckt, die überspült zu sein schienen, Formen des Ausdrucks oder der Erkenntnis, die man nicht länger gepflegt hatte, die aber schöpferisch blieben. Joyces Kenntnis des Neuthomismus, mag sie auch dilettantisch sein, war kein spätes Echo auf die Scholastik, sondern eine mittelalterliche Welt, welche – wieder in Kontakt mit ihm gekommen – seltsam schöpferisch wurde. Die Berührung von Strawinsky mit Pergolesi war keine neuklassische Schlauheit, sondern die Notwendigkeit, einen Faden in jener Tradition zu finden, welche dem Geheimnis der Mystik, dem Kanon der Schöpfung, der Festheit in den Mutationen, dem Rhythmus der Rückkehr so nahe gekommen war. Die große Ausnahme eines Leonardo oder eines Goethe verwandelte sich in unserer Epoche in die signierte Ausnahme, welche eine intuitive und schnelle Kenntnis der vorangegangenen Stile erforderte, Antlitze dessen, was auch weiterhin, nach so vielen Schiffbrüchen und einer passenden Situation innerhalb der zeitgenössischen Polemik, schöpferisch geblieben ist, am Kreuzungspunkt dessen, was sich in den Schatten zurückzieht, und des Wasserstrahls, der aus den Wassern springt.
> Wenn Picasso vom Dorischen zum Eritreischen, von Chardin zum Provenzalischen sprang, so erschien uns dies als ein optimales Zeichen der Zeiten, aber wenn ein Amerikaner Picasso studierte und assimilierte: *horror referens*.[8]

In diesem Zitat wird eine Landschaft der Theorie aufgespannt, die mit ihren Wasserflächen, ihren versunkenen Stellen und ihren Schiffbrüchen unverkennbar archipelisch strukturiert und entworfen ist. Dem „sumergido", dem Überspülten und Überfluteten, kommt eine große Bedeutung zu, denn es ist noch immer erreichbar und künstlerisch abrufbar, nur nicht mehr sichtbar an der Wasseroberfläche. Der Sprung und nicht die kontinuierliche (kontinentale) Bewegung, das Hinabtauchen zum Überfluteten, Untergegangenen, avancieren zu jenen Bewegungsformen, aus denen die Künste im 20. Jahrhundert – Literatur, Malerei, Musik – neue Normen ihres Verstehens formen: im Bewusstsein der unmittelbaren Verfügungsgewalt über das historisch Gewordene. Das Moderne an dieser Auffassung ist die Dimension der Tiefe, also all dessen, was unter der Wasseroberfläche schlummert und an die Oberfläche des aktuellen Kunstwerkes geholt werden kann.[9] Dies ist im Begriff des Archipels selbst schon mitgedacht, spricht dieses doch metaphorisch nicht die Inseln, sondern die Wasserflächen zwischen ihnen an. Das Postmoderne an diesen Auffassungen besteht wiederum in der freien Ver-

---

8 Lezama Lima, José: *La expresión americana*, S. 162 f.
9 Vgl. zu dieser Dimension der Tiefe Ette, Ottmar / Müller, Gesine (Hg.): *Paisajes sumergidos, Paisajes invisibles. Formas y normas de convivencia en las literaturas y culturas del Caribe*. Berlin: Verlag Walter Frey – edition tranvía 2015.

fügbarkeit, im zwanglosen Rückgriff auf Elemente einer Tradition, die fruchtbar gemacht werden können und die aus ihrer jeweiligen Tradition herausgerissen werden, weil sie noch immer schöpferisch wirken. *La expresión americana* situiert sich am Kreuzungspunkt moderner und postmoderner Auffassungen.

Diskontinuität und Relationalität erscheinen in der angeführten Passage, aber auch im gesamten Essayband Lezama Limas aus einer gleichsam aquatischen Perspektive, welche die Formen oberhalb, aber auch unterhalb der Wasseroberfläche im Blick hat, wodurch das Sichtbare und das gemeinhin Unsichtbare miteinander in Verbindung gebracht werden. Das Gegenargument, dass bereits Leonardo und Goethe „diesen Typus von Kultur gebildet aus großen lebendigen Synthesen"[10] bewerkstelligt hätten, lässt Lezama Lima nicht gelten. Denn dem Goethe'schen Modell von Kontinuitäten – und wohl auch seinem Modell von Weltliteratur – setzt er eine Akzentuierung der Diskontinuitäten, der gleichsam unterseeischen Verbindungen entgegen, die bisweilen dort auftauchen, wo man sie – wie im Fall Joyce – am wenigsten erwartet. In einem Archipel zählen bekanntlich nicht allein die Inseln und Felsen oberhalb der Wasseroberfläche, sondern all das, was diese Inseln unterhalb der Wasseroberfläche aus dem Meer hebt. Es ist Diskontinuierlich-Relationale, das eine andere Bildung und Formung von Traditionen erlaubt.

Nicht die lebendige und gelebte Synthese des Mannigfaltigen steht in diesen Überlegungen im Vordergrund, sondern die (nicht weniger gelebte) Feier des Verschiedenen, der verschiedenartigen Logiken, die in keine Kontinuität und Kontinentalität mehr überführt zu werden brauchen. Die Künste sind nicht länger auf eine Form, *eine* Norm, zu reduzieren: Es gilt, die Welt und auch die Welt der Künste wie die der Literaturen von den Inseln und nicht länger vom Kontinent aus zu betrachten und zu denken. Die „Sumas críticas del americano" zielen nicht auf Addition kultureller Elemente, sondern auf eine offene und kritische Gesamtheit relationaler Logiken. Und sie sind sich aus einer Perspektive der fünfziger Jahre fortdauernder Hierarchien im transatlantischen Spannungsfeld mehr als bewusst.

Die in obiger Passage aus *La expresión americana* umschriebene Suche von Kunst und Literatur in untergetauchten Räumen und versunkenen Zeiten legt nicht die kontinuierlichen Spuren alter Traditionen frei, sondern bringt auf überraschende Weise das miteinander in Verbindung, was auf den ersten Blick nicht zusammenzugehören scheint und damit keiner durchgängigen Logik unterzuordnen ist. Diese neue Strukturierung geht zunächst einmal von einer allgemeinen Verfügbarkeit für den gegenwärtigen Künstler, die aktuelle Literatin, von histo-

---

10 Lezama Lima, José: *La expresión americana*, S. 162: „ese tipo de cultura, hecho de grandes síntesis vivientes."

risch akkumulierten Kunstwerken und Stilen aus, die angeeignet werden können. Längst konnten die Amerikaner – und damit sind weder bei Lezama Lima noch in dieser Vorlesung die US-Amerikaner, sondern alle Bewohner des Kontinents gemeint – mit guten Gründen Anspruch darauf erheben, das Wissen anderer Breitengrade und des kulturellen Meridians eines damals europäischen Zentrums nicht nur zu delokalisieren, mithin an einen anderen (peripheren) Ort zu verbringen. Sie waren auch in der Lage, es in der Tat so zu translokalisieren, dass es von verschiedenen Logiken aus neu denkbar, schreibbar und lebbar werden konnte. Im europäisch-amerikanischen Bewegungsraum impliziert jeder Transfer seine Transformation, jeder Transit schließt auch seine Translatio in sich ein: Das *Über*setzen bedingt das Über*setzen* – zwischen Kontinenten und Inseln, Sprachen und Stilen, zwischen den Künsten und Literaturen der Welt.

Am Ende von *La expresión americana* wird unmissverständlich auf die Absurdität einer Vorstellung aufmerksam gemacht, die davon ausgeht, dass Ideen, Entwürfe und Innovationen nur von einem einzigen Ort aus gedacht und verbreitet werden könnten, während sich die Orte abseits des zentrierenden Meridians immer nur nachahmend bemühen müssten, den ästhetischen Abstand, den „écart", möglichst zu verringern und gering zu halten. Wie könnte sich eine Welt mit und in ihren Differenzen, aus unterschiedlichen Blickwinkeln friedlich entfalten, wenn ein derartiges Zwangsregime der *einen* Logik, der *einen* Literatur vorherrschte?

Daher die Widerständigkeit von Lezama Limas ästhetischer Praxis gegenüber jeglichem Versuch, den Weg eines einzigen Geschichtsverlaufes, einer einzigen Moderne zu zelebrieren. Schon die Vorstellung einer einzigen Moderne wäre dem Kubaner als gänzlich abstrus erschienen. Daher auch das abgründige und souveräne Lachen, mit dem der kubanische Intellektuelle Georg Friedrich Wilhelm Hegel und dessen sich verselbständigenden europäischen Konzeptionen – mit dem eingestandenen „Vorhaben ihn zu verspotten", dem „propósito de burlarlo"[11] – den amerikanischen Spiegel entgegenhält, jenen Spiegel des nicht allein mit europäischen Traditionen vertrauten Amerikaners. Und dies nicht allein mit Blick auf die Amerikas. Hegel habe in seiner *Philosophie der Weltgeschichte* allein den weißen Kreolen noch geachtet,[12] den „continente negro", den „schwarzen Kontinent", aber vollständig verachtet, da er ihn jeglichen Fortschritts und jeglicher Bildung für unfähig gehalten habe.[13] Und mit Hegel greift Lezama Lima keinen Geringeren als den eigentlichen Gewährsmann für den philosophischen Diskurs

---

11 Ebda., S. 177.
12 Ebda., S. 178.
13 Ebda., S. 179.

der Moderne[14] an – der *einen* Moderne, folglich einer Moderne im Sinne, Dienste und Interesse Europas.

Derart vereinheitlichende Vorstellungen und Ansprüche wischte der Kubaner in seiner kritischen Bilanz mit Verweis auf die offenen Landschaften der amerikanischen Ausdrucksweise hinweg. In *La expresión americana* stoßen wir immer wieder auf den Stolz des Kubaners und Amerikaners auf die eigenen transarealen Traditionen, die sich weit jenseits europäischer Hegemonialfiktionen hegelianischer wie nachhegelianischer Provenienz in ihrem Eigen-Leben entwickelt haben und eine glänzende Zukunft versprachen. Eine Weltliteratur, die sich nach *einem* einzigen Meridian, *einem* Zentrum richtet und sich nach *einer* vorgegebenen Zeit der Moderne zu entwickeln habe, wäre für ihn eine absurde Vorstellung geblieben: Das Wissen der Literatur und ihr – wie es im abschließenden Satz des Bandes heißt – „gnostischer Raum", ihr „espacio gnóstico"[15] waren keiner singulären Logik zu unterwerfen, gleich welchen Breitengrades.

Lezama Lima gelang in *La expresión americana* der prospektive Entwurf einer künftigen Welt, einer – wie er es nannte – „era imaginaria", die sich in seiner Landschaft der Theorie bereits präfiguriert: einer Welt als Archipel. Diese generiert aus Vielfalt und Eigen-Sinn ihrer Inseln jene neuen und sich stets verändernden Kombinatoriken, die von einem einzigen Ort aus weder erdacht noch beherrscht werden können. Eine weltweite Relationalität der Literaturen der Amerikas reduziert ihre lebendigen Formen nicht auf Normen einer Weltliteratur, deren Spielregeln einer einzigen (kulturellen) Logik gehorchen. Gerade weil ihr diese Logik bestens bekannt ist, wird sie nicht von dieser Logik gebannt.

Doch noch sind wir nicht so weit, uns mit der Problematik des Gegensatzes zwischen *einer* Konzeption von Weltliteratur und dem Konzept der Literaturen der Welt auseinanderzusetzen! Denn zunächst sollten wir uns noch mit anderen Schriften José Lezama Limas, danach mit dem brasilianischen Autor João Guimarães Rosa und der Frage einer Archipelisierung – nicht allein der Karibik, sondern auch eines Kontinents – auseinandersetzen, bevor wir den Faden des ‚Weltliterarischen' wieder aufnehmen. Beschäftigen wir uns zuvor mit einigen Biographemen José Lezama Limas, die ich Ihnen bislang vorenthalten hatte, nun aber nachholen möchte!

José Lezama Lima wurde am 19. Dezember 1910 In La Habana als Sohn eines Offiziers im Militärlager von Columbia in der Nähe der kubanischen Hauptstadt geboren und starb am 9. August 1976 in jener Stadt, die er zeit seines Lebens nur

14 Vgl. hierzu Habermas, Jürgen: *Der philosophische Diskurs der Moderne. Zwölf Vorlesungen.* Frankfurt am Main: Suhrkamp 1985.
15 Lezama Lima, José: *La expresión americana*, S. 189.

selten verließ. Nach dem frühen Tod seines Vaters 1919 und dem Ende einer glücklichen Kindheit, die er in seinem Roman *Paradiso* beschrieb, studierte er Jura, verfolgte daneben eine Ausbildung zum Lehrer und promovierte 1938 zum Doktor der Rechte. Bereits 1930 beteiligte er sich am studentischen Aufstand gegen den damaligen kubanischen Diktator Machado. Nach Abschluss seines Studiums arbeitete er zunächst als Rechtsanwalt, ab 1945 dann als leitender Beamter in der Kulturabteilung des kubanischen Erziehungsministeriums unter wechselnden Regierungen und Diktaturen.

Abb. 114: José Lezama Lima (Havanna, Kuba, 1910 – ebda., 1976).

Nicht zuletzt unter dem Einfluss eines Kuba-Besuchs des spanischen Dichters Juan Ramón Jiménez wandte er sich der Lyrik zu und wurde zu einer der großen Dichterfiguren des 20. Jahrhunderts. 1937 erschien sein erster Gedichtband *Muerte de Narciso*, mit dem Lezama Lima den dichten Reigen seiner bilderreichen und bewusst schwierigen, verschlüsselten Sprache eröffnete, in welche er zahlreiche Elemente des spanischen Barock aus einer kubanischen und lateinamerikanischen Perspektive mit Elementen von Vicente Huidobros Creacionismo sowie Fragmenten des französischen Surrealismus verband. Jene Ästhetik, die Lezama in *La expresión americana* – wie Sie sahen – in einer ebenfalls bilderreichen Sprache beschrieb, hatte er also längst als Lyriker selbst angewandt und in literarische Schöpfung verwandelt.

Durch Herausgabe wichtiger Literaturzeitschriften wie *Verbum* (1937), *Espuela de Plata* (1939–41) und *Nadie parecía* (1942–44), deren Gipfelpunkt zweifellos die Zeitschrift *Orígenes* (1944 – 1956) mit der um sie versammelten gleichnamigen Dichtergruppe war, wurde er zum einflussreichsten Impulsgeber der kubanischen Literatur von der Mitte des 20. Jahrhunderts bis in unsere Gegenwart. Die kubanische Literatur des vergangenen Jahrhunderts, ebenso jene der Insel wie des vielgestaltigen Exils, lässt sich ohne Lezama Lima nicht denken. Seine Reisen 1949 nach Jamaika und 1950 nach Mexiko prägten entscheidend seine Vorstellungen einer neobarocken Kunst und der künftigen Entwicklung im literarischen Bereich. Ansonsten aber genügten ihm die eigenen, durchaus engen vier Wände seines Hauses in der Altstadt von Havanna, die als mythischer Dichterort zu einem wahren Pilgerziel für alle an Literatur Interessierten wurde. Noch heute besitzt der Name Lezama Lima auf den verschiedenen Inseln Kubas einen geradezu mythischen Klang.

Nach dem Sieg der Kubanischen Revolution am 1. Januar 1959, mit der er anfangs sympathisierte, wurde er Publikationsdirektor im Nationalen Kulturrat und ab 1962 Vizepräsident des kubanischen Schriftsteller- und Künstlerverbandes. Doch in der zweiten Hälfte der sechziger Jahre ging Lezama angesichts einer zunehmend autoritären Orientierung der sozialistischen Revolution auf kritische Distanz zum Regime und zog sich, bedingt durch sein schweres Asthma-Leiden, langsam aus der kubanischen Öffentlichkeit zurück. Als sein großer Roman *Paradiso*, der 1971 in Frankreich mit dem Prix Médicis für das beste fremdsprachige Buch ausgezeichnet wurde, 1966 erschien, gab es zunehmend Anfeindungen von offiziellen kubanischen Stellen, die den neobarocken Schreibstil des homosexuellen Dichters und Romanciers attackierten. Doch der politische Hagel feindlicher Geschosse traf ihn nicht: Für ihn sprachen sein überragendes literarisches Werk und seine über jeden Zweifel erhabene Unbestechlichkeit.

Für viele nicht nur kubanische Künstler und Schriftsteller blieben die fast sakrale Hingabe Lezamas an die Literatur und seine universale Bildung zusammen mit dem von ihm geprägten stilistischen Ausdrucksvermögen exemplarisch und vorbildhaft. Der mit Dantes drittem Teil der *Commedia* spielende Band *Paradiso* zählt zu den weltweit herausragenden Romanen und sorgte für die internationale Berühmtheit des kubanischen Dichters, der ebenso autobiographische wie autofiktionale Elemente sowie dichtungstheoretische Figuren in seine romaneske Fiktion aufnahm. Der Fragment gebliebene und postum erschienene Roman *Oppiano Licario* führt die Prosa Lezama Limas an eine dichterische Grenze und erweitert zusätzlich die Romanwelt von *Paradiso* in der lyrischen Imagination des in La Habana verwurzelten Schriftstellers, dessen Haus in der Calle Trocadero er mit seiner an Süßspeisen und anderen Leckereien gemästeten Leibesfülle wie seinem homerischen Lachen erfüllte.

Für das gesamte dichterische, essayistische und romaneske Schaffen José Lezama Limas können jene Eingangssätze aus *La expresión americana* wie ein allem vorangestelltes Motto gelten, kommt in ihnen doch das Schwierige, aber auch in ständiger Bewegung Befindliche in hoher ästhetischer Verdichtung bilderreich zum Ausdruck. Es sind Sätze, welche all diejenigen, die sich mit Lateinamerika beschäftigen, zumindest einmal in ihrem Leben gelesen haben sollten:

> Allein das Schwierige stimuliert; allein die uns herausfordernde Widerständigkeit ist in der Lage, unsere Potenz der Erkenntnis heraufzuführen, zu erwecken und aufrechtzuerhalten, aber in Wirklichkeit: Was ist das Schwierige? Allein das Überspülte, in den mütterlichen Wassern des Dunklen? Das Originäre ohne Kausalität, Antithese oder Logos? Es ist die Form im Werden, in der eine Landschaft einem Sinn entgegen geht, eine Interpretation oder eine einfache Hermeneutik, um danach ihrer Rekonstruktion zuzustreben, welche definitiv ihre Effizienz oder ihren Nichtgebrauch, ihre zuchtmeisterliche Kraft oder ihr verklungenes Echo markiert, das ihre historische Vision ist.[16]

Das Schwierige wird so in den Mittelpunkt eines Werks gestellt, das auf eine Widerständigkeit der Erkenntnis setzt, welche es zu erringen gilt, um dauerhaft und schöpferisch zugleich wirken zu können. Die Schwierigkeit von Ver- und Entschlüsselung bedeutet Herausforderung des Intellekts, erhält aber auch seine beständige Kraft, eine im steten Wandel befindliche Landschaft, eine Form im Werden, zu erkennen, zu deuten und zu verstehen. Es handelt sich dabei nicht nur um einen Intellekt, der sich mit dem Einfachen und Eingänglichen nicht zufrieden gibt, sondern Kenntnis und Erkenntnis dessen anstrebt, was allein durch intensive Beschäftigung mit einem Gegenstand erreicht werden kann. Allein das Schwierige also stimuliert!

Wir haben gesehen, dass José Lezama Lima das Amerikanische umschreibt, indem er sich gerade nicht auf das Amerikanische beschränkt. Ebenso die abendländische wie die amerikanische Antike, ebenso die griechische wie die fernöstliche Philosophie, ebenso die europäischen Avantgarden wie ihre amerikanischen Mit- und Gegenspieler sind in den asiatischen wie den inkaischen Vorstellungswelten vereinigt. Es ist gerade diese weltumspannende Dimension, welche das Amerikanische im Sinne Lezama Limas ausmacht. Das inkaische „Pachakuti" wie die konfuzianische Menschlichkeit, die im Hinduismus wurzelnde Erotik wie die nietzscheanische Leibhaftigkeit gerinnen zu einer kulturellen Konfiguration, in der Buddha und Quetzalcóatl miteinander kommunizieren. Das Amerikanische im Sinne des Kubaners versteht nur, wer die Verknüpfungen des Amerikanischen mit dem Europäischen, dem Afrikanischen und Asiatischen erhellt. Das Amerikanische? Das ist jene Echokammer, in welcher Klänge und Worte unterschiedlichster Kulturen miteinander verbunden sind, ohne miteinander zu verschmelzen, das ist jener borgesianische „Aleph", in welchem Bilder aller Zeiten kopräsent und gegenwärtig sind, ohne doch zusammenzufallen und eine einzige Einheit zu bilden. Es ist genau diese Seite von José Lezama Limas Ästhetik, die den großen kubanischen Dichter mit den Ästhetiken der Postmoderne verbindet – jedenfalls dann, wenn man sie weltumspannend ernst nimmt. Julia Kristevas Rede vom

---

16 Ebda., S. 9.

Fremden im Eigenen: Hier bei Lezama ist dieses Fremde, sind diese Fremden Teile des Eigenen geworden und bilden eine bewegliche Vielgestaltigkeit aus, welche sich keiner Norm und Identitätsvorgabe beugt.

Es geht José Lezama Lima nicht um historische Fakten, die er bewusst als gewusst voraussetzt. Vielmehr geht es ihm um „eras imaginarias", Bilder des Seins, eines gnostischen Wissens, das sich in Spiegelungen von Spiegelungen weiß und sich in deren Reflexen erkennt. Die Poetik des Bildes, die Ästhetik der Brechung, des Widerstandes und der gebrochenen Linie findet sich in diesen, wie auch in vielen anderen Formulierungen, ohne dass dadurch das Historische als solches ausgeblendet würde. Es erscheint nur in einer anderen Spiegelung, die der Geschichte den evolutiven, kausalen, der Kausalität und dem Logos verpflichteten Charakter nimmt und sie in ein neues Licht poetischer Imagination taucht, die alles überstrahlt. Wenn wir diese Bewegung verstanden haben, dann können wir gerade auch das Historische wie das Autobiographische in Lezama Limas *Paradiso* besser verstehen.

Vergessen wir jedoch nicht, dass Lezamas Poetik des Exzesses, wie sie sich vielfach in *Paradiso* zeigt, bereits in *La expresión americana* stets darauf abzielte, die Ursprünge und Herkünfte zu verwischen. Zugleich entwickelt sie aus einem grundlegenden Synkretismus, welcher die verschiedensten kulturellen Einflusssphären miteinander zu verknüpfen sucht, jene Eigenheiten, die für das Schreiben in Amerika, nicht zuletzt aber auch für das eigene Schreiben in Lyrik wie Prosa prägend sind. Die Verhüllung des Ursprungs ist nur die andere Seite eines Schreibens, das ständig seine eigenen Anknüpfungspunkte verschiebt und verändert, pastichiert und parodiert: also deformiert, in eine neue Form im stetigen Werden bringt. Vor diesem Hintergrund sollte José Lezama Limas furioser Paradies-Roman gesehen werden.

Dabei ist *Paradiso* bereits von seinem Titel her ein aufsehenerregender Text, gehört dieser Titel doch nicht der spanischen, sondern der italienischen Sprache an und verweist letztlich auf das Paradies in Dantes monumentaler *Divina Commedia*. Vielleicht hat Bernhard Teuber recht, dass bereits im Titel auf die Lesbarkeit dieses Textes als Allegorie hingewiesen wird und weniger auf die strukturelle Parallele zu Dante Alighieris Werk.[17] Man könnte folglich davon ausgehen, dass der kubanische Autor vor allem auf eine Parallelität des poetischen Verfahrens aufmerksam machen wollte.

---

17 Vgl. Teuber, Bernhard: José Lezama Lima: „Paradiso". In: Roloff, Volker / Wentzlaff-Eggebert, Harald (Hg.): *Der lateinamerikanische Roman*. Bd. II: *Von Cortazar bis zur Gegenwart*. Darmstadt: Wissenschaftliche Buchgesellschaft 1992, S. 104–119.

Sicherlich ist in *Paradiso* ein Verfahren der Verschiebung und vielleicht – wie bei Roland Barthes – auch Verstellung zu beobachten, das sich im Insistieren auf einem Wechselverhältnis zwischen Natur und ‚Widernatur‘ und damit der ‚Perversion‘ ausdrücke. Ich würde freilich nicht von ‚Perversion‘ sprechen! So lasse sich die homosexuelle ‚Widernatur‘ einbetten in größere Zusammenhänge, die Teuber von Areopagitus ableitet. Mir scheint jedoch vor allem, dass das Verstellen, Verrücken, Umkehren, das Invertieren ein grundlegendes dichterisches Verfahren in *Paradiso* darstellt, das vielleicht weniger von einem bestimmten intertextuell eingespielten theologischen Modell ableitbar ist als vielmehr von einem Verhältnis zur Welt, wie es in *La expresión americana* als grundlegende Disposition zum amerikanischen Ausdruck aufgezeigt wurde. Dass es dabei zahlreiche vom Text Lezamas überflutete Tiefseebeziehungen im Plural gibt, steht außer Frage!

Selbstverständlich zeigt sich bei alledem die Präsenz des Fremden im Eigenen, des von der Außenwelt als ‚pervers‘ Angesehenen in dem, was von einer Mehrzahl als ‚normal‘ erachtet wird. Lezama Lima lebte in einer Welt, in der die Kubanische Revolution ab Mitte der sechziger Jahre die Lager der UMAP, der Unidades Militares de Ayuda a la Producción, für die gewaltsame Umerziehung Homosexueller einrichtete – die freilich könnte man sehr wohl als pervers bezeichnen!

Körper und Leib werden damit zu Figurationen der Sprache, zu rhetorischen Figuren der Rede. Transgression und Exzess verwandeln sich in Charakteristika, die sich nicht nur auf Ebene des Inhalts, sondern mehr noch jener konkreter Schreibverfahren leicht herausarbeiten lassen. In vielem ließe sich Lezama Limas Roman mit dem kleinen Bändchen in Beziehung setzen, das Roland Barthes im Jahre 1973 unter dem Titel *Le Plaisir du texte* veröffentlichte. Ein Barthes, der durch seine Freundschaft mit dem in Paris lebenden Kubaner Severo Sarduy sehr wohl über literarische Entwicklungen wie Veränderungen im massiven, aber noch immer angefeindeten Milieu der Homosexuellen auf der Insel informiert war. *Paradiso* ist im Sinne von *Le Plaisir du texte* ein Text der Lust, ja ein Text der Wollust.

Genau an dieser Stelle siedelt sich gleichsam eine zusätzliche Verbindung zu Dantes Paradies an: auf Ebene einer Dichtungslehre, einer Poetologie, die sich ohne jeden Zweifel hinter der Geschichte des José Cemí verbirgt. So ist *Paradiso* nicht nur, wie oft gesagt wurde, eine Art Bildungsroman des Protagonisten,[18] sondern zugleich eine in Gang gesetzte, narrativierte Dichtungslehre, in der sich die grundlegenden Verfahren dessen, was man eine barocke – beziehungsweise *neo*barocke – Schreibweise genannt hat, in höchster Dichte manifestieren.

---

18 Vgl. auch die Aufsätze und Materialien in Strausfeld, Mechthild (Hg.): *Aspekte von José Lezama Limas „Paradiso“*. Frankfurt am Main: suhrkamp 1979.

Dass die zum Zeitpunkt ihrer Veröffentlichung als „Jahrhundertübersetzung" gepriesene Übertragung von Curt Meyer-Clason,[19] die heute wesentlich kritischer gesehen wird, in diese Kerbe des deutschen Bildungsromans schlug, ist angesichts neuer Übertragungen mittlerweile wieder in Vergessenheit geraten.[20]

Es fällt nicht leicht zu resümieren, was sich in den vierzehn Kapiteln dieses 1966 in Havanna erstmals erschienenen Romans abspielt, der nach langer Vorbereitungszeit zwei Jahre nach dem Tode von Lezama Limas Mutter endlich erscheinen konnte, in einer Ausgabe, die – wie viele Texte zu Lebzeiten Lezamas – eine unendliche Vielzahl an Fehlern enthielt. Die Kapitel ordnen sich nicht zu einem bruchlosen Ganzen an, keine organisch gewachsene Struktur fügt alles zusammen, bleibt doch ein deutlich archipelischer Grundzug in diesem großen und großartigen Roman unverkennbar. Leicht zugänglich ist dieser Text fürwahr nicht, erzählte doch beispielsweise Daniel Balderston, der vor einigen Jahren in Potsdam zu den Fußnoten in Manuel Puigs *El beso de la mujer araña* vortrug, dass er seinen Studierenden normalerweise die Lektüre eines Romans über eine Woche aufgabe, bei Lezama Limas Roman *Paradiso* aber immerhin zwei Wochen für die Lektüre vorsehe. Bereits Lezama Lima hatte seine Essays wie seine Lyrik als unverzichtbare Voraussetzungen für ein adäquates Verständnis seines Romans bezeichnet und damit die Messlatte sehr hoch gelegt.

Im Mittelpunkt des Romans steht der ebenso wie Lezama selbst in La Habana lebende José Cemí, Sohn seiner geliebten Mutter Rialta und seines Vaters José Eugenio. Eine recht verwirrende Technik von Retrospektiven und Prospektiven zeichnet die Lebensjahre José Cemís nach, die wohl wie bei Lezama im Jahr 1910 beginnen und mindestens bis in die Studentenproteste gegen die Machado-Diktatur Anfang der dreißiger Jahre reichen. Zahlreiche Rückblicke auf die Geschichte von Eltern und Großeltern öffnen die Romandiegese jedoch bis auf die Zeit der kubanischen Emigration gegen Ende des 19. Jahrhunderts nach Florida, speziell Jacksonville, und verweisen damit zurück in die Zeit der „Guerra de Martí", die große Zeit des Unabhängigkeitskampfes unter der Feder José Martís.

Die intradiegetischen Rückblenden zeigen, dass der aus dem spanischen Baskenland eingewanderte Großvater Cemí in der kubanischen Stadt Sancti Spíritus eine Rohrzuckermühle zusammen mit seiner aus einer englischen Familie

---

19 Vgl. Meyer-Clason, Curt: Zur Übersetzung von „Paradiso". In: Strausfeld, Mechthild (Hg.): *Aspekte von José Lezama Limas „Paradiso"*, S. 173–180.

20 Vgl. die Übertragung von Lezama Lima, José: *Inferno. Oppiano Licario*. Aus dem kubanischen Spanisch übersetzt, herausgegeben und mit einem Nachwort versehen von Klaus Laabs. Zürich: Ammann Verlag 2004; sowie Laabs, Klaus (Hg.): *Beiheft: Tod des Narziß. Leben und Werk José Lezama Limas*. Zürich: Ammann Verlag 2004.

stammenden Frau betrieb und dass sein Sohn José Eugenio sich mit der Nach-
barstochter Rialta Olaya vermählte. Das Paar schenkte zwei Kindern das Leben,
der Schwester Violanta und dem wie Lezama asthmakranken José, der bereits in
der ersten Szene des Romans gezeichnet durch seine schwere Erkrankung gezeigt
wird. Das Körperliche steht damit im Zeichen der Krankheit und situiert sich von
Beginn an im Vordergrund der Romanhandlung. Doch Josés Vater stirbt unerwartet bei einer militärischen Übung in Florida, wonach Rialta mit ihren beiden
Kindern nach Havanna zurückkehrt, in den barocken Palast ihrer Mutter in der
Altstadt unweit des Paseo. Die Landschaft der Kindheit wird durch die urbane
Landschaft Havannas ersetzt.

Die einzelnen Erzählsequenzen fügen sich nur widerwillig aneinander und
bauen eher eine von Vielverbundenheit und einer tiefgreifenden Multirelationalität charakterisierte, archipelische Struktur auf. Doch macht bereits der frühe
Tod des Vaters auf ein Grundmotiv aufmerksam, das uns bereits aus *La expresión
americana* bekannt ist: das Thema der Abwesenheit, „ausencia", die bei José
Lezama Lima stets auch unmögliche Präsenz, „presencia imposible", ist. Oftmals
ist unklar, welchem Bewusstsein das jeweils Erzählte zugeordnet werden kann:
Viele Handlungselemente sind mit einer fundamentalen Unschärfe versehen.
Traumartige Sequenzen, die nicht leicht bestimmten Erzählinstanzen zugeordnet
werden können, geben die Grundstruktur eines Textes vor, in dem freilich bisweilen eine Ich-Erzählerfigur erscheint, die von den Kritikern oftmals als Lapsus
gedeutet wurde, ein Lapsus natürlich, der gerade auch die bereits erwähnte autobiographische Dimension in den Text einblendet.

Kein Zweifel kann auch dahingehend bestehen, dass die Grundkonfiguration
des Liebesverlangens und Liebesverhältnisses eine ödipale Dreieckssituation
darstellt, in welcher sich immer wieder psychoanalytisch leicht deutbare Beziehungen feststellen lassen. Doch wollen wir nicht zu dieser psychoanalytischen
Dimension des Lezama'schen Schreibens vordringen, sondern zu jener anderen,
die mit dessen Bedeutung für die Literaturen im Zeichen der Postmoderne in Verbindung zu bringen ist. Denn wo es hierzu Ansatzpunkte in der Ästhetik Lezama
Limas gibt, haben wir schon in unserem Durchgang von *La expresión americana*
gesehen.

Aufschlussreich ist, dass die Lyrik für Lezama Lima in enger Verbindung steht
mit der Respiration, eine Konstellation, wie sie sich mit Blick auf eine verdichtete
Prosa bei dem ebenfalls asthmakranken Marcel Proust manifestiert – keineswegs
die einzige Relation, welche sich zwischen den beiden großen Schriftstellern
nachweisen lässt. Die Beziehung zwischen Klang, Rhythmus und Text wird deutlich, wenn wir uns Texte des Asthmatikers Lezama anhören, die er selbst auf-
sprach. Ich muss Ihnen gestehen, dass ich kaum schönere und bedeutungsvollere
Selbstaufsprachen kenne als jene José Lezama Limas! Die Phonotextualität, also

die Verbindung zwischen Klang und Text,[21] wird unverkennbar zu einer wichtigen Grundlage des Schreibens dieses kubanischen Poeten und Poetologen.

Ich empfehle Ihnen daher herzlich, sich einmal eine von Lezama Lima selbst ausgewählte und eingeleitete Passage aus dem Roman *Paradiso* anzuhören! Es handelt sich dabei leider nicht um einen Auszug aus dem berühmten achten Kapitel, auf das ich noch zu sprechen kommen werde, sondern um mehrere kurze Exzerpte aus dem siebten Kapitel vor dem Tod von Alberto Olaya, jener Romanfigur, die zu einem wichtigen Bezugspunkt des jungen José Cemí wurde. Es handelt sich dabei zugleich um eine Reihe „décimas", die nicht nur auf eingestreute poetischen Elemente, sondern auch auf die stark rhythmisierte Sprache im Roman hinweisen und auf das, was José Lezama Lima in seinem Kommentar als das Tanzbare charakterisiert, das „bailable". Diese choreographische Dimension des Romans können Sie sich aus den Bewegungen der Stimme Lezama Limas erschließen. Ich habe versucht, in deutschsprachigen Reimen diese Bewegungen nachzuzeichnen:

Ich sag' es ihr im Morgengrauen,
sie möge Schritt für Schritt vorbeischauen,
mit ihrem Satinkleid so schön,
das fertig grad vom frischen Nähn.
Die Spottdrossel kommt schon wieder
und wäscht sich ihr Gefieder
im Fluss, der murmelnd fließt,
sich fröhlich in Freiheit ergießt.
Im Weiler dort ihr Haus,
oben singt Rauch heraus.

Morgen ist's, im Tau so glatt
fragt bei der Berührung das Blatt,
ob eigenes Fleisch oder kalter Kristall,
was es spürt und verspürt ist überall.
Es rollt das Blatt sich zum Fluss,
lässt los, weil's getäuscht sein muss,
die Münze ist's, die im Glanz
den Lauf des Fließens tönt ganz.
Die Brise ist's, eine Wissenschaft
vom Ewigen sich zu scheiden schafft.

---

21 Vgl. hierzu Ette, Ottmar: Dimensiones de la obra: iconotextualidad, fonotextualidad, intermedialidad. In: Spiller, Roland (Hg.): *Culturas del Río de la Plata (1973–1995). Transgresión e intercambio.* Frankfurt am Main: Vervuert Verlag 1995, S. 13–35.

Das Morgenlicht ganz klamm
gürtet Zurbaráns Weiße stramm,
mit dem Pomp einer Nachtigalle.
Es werden die Ringe sein alle
mit zu Gurke und Rübe getan
von den Horden des wilden Satan.
jedes Ende wird Truthahn sein,
berührt am Kopfe so fein,
doch schon von neuem jetzt beginnt
zu reifen vom Schwanz er geschwind.

Eine Perlenkette trägt's Schwein,
ganz kahl wird der Fasan sein,
mit den Mühlen des Weines trinken,
die Titanen werden versinken.
Mit Messern die runde Tonsur,
ist die Null im Schwarzen der Schwur
in der Reliefierung der See.
Spielkarten im Sande ich seh,
starr wird die ganze Nacht brauchen
die Ewigkeit ... und jetzt rauchen.[22]

Falls Sie sich Lezama Limas Aufsprachen besorgt haben sollten, dann sind diese Passagen von *Paradiso* sicherlich wegen der Aussprache des Autors, seinem Rhythmus und Atmen – dem Atmen eines Asthmakranken – sehr eindrücklich. Zugleich zeigt uns dieses Gedicht auch, dass sich im Roman des kubanischen Romanciers verschiedene Ebenen, Diskurse, Gattungen, imaginäre sowie dichterische Welten miteinander verzahnen und der Roman stets Spielfläche des Dichters ist. Dafür eignet er sich als Hybridgattung und Gattungshybrid ganz besonders, ist er als narrative Form doch in der Lage, wenn nötig alle anderen Gattungen zu ,beherbergen' und mit ihnen zusammenzuleben. Sehen wir uns diese Konvivenz der Gattungen in *Paradiso* einmal näher an!

Zum einen sind es – wie wir gerade sahen – Gedichte, die in die Prosa eingeschoben werden und schon durch ihre grafische Anordnung auf der Seite, ihr Schrift-Bild, sofort ins Auge springen. Diese Gedichte sind in die narrative Abfolge miteinbezogen, markieren also bestimmte Punkte des erzählerischen Übergangs – hier jenen des Alberto Olaya vom Leben zum Tode. Das ist – lassen Sie es mich Ihnen versichern! – keineswegs eine Besonderheit, da der abendländische Roman stets eine große Zahl an Gattungen in sich aufnam und eine Vielfalt an Sprachen oder einen „Kosmos der Redevielfalt" bildete wie Michail Bachtin sagte.

---

22 Lezama Lima, José: *Paradiso*. México D.F.: Ediciones Era 1968, S. 207 ff.

Schon im ersten von einem Hispanoamerikaner in Hispanoamerika verfassten Roman, José Joaquín Fernández de Lizardis *El Periquillo Sarniento*, sind Gedichte eben dort eingeschoben, wo sie wichtige Szenen des Übergangs markieren, insbesondere dort, wo der Protagonist schließlich den Übergang vom moralisch verwerflichen Leben eines pikaresken Helden zum moralisch gutzuheißenden Lebenswandel eines ‚braven' Bürgers findet. Wie in diesem mexikanischen Beispiel haben wir es auch in *Paradiso* mit recht einfachen, volkstümlichen Gedichtformen zu tun, die also deutlich der „poesía popular", der Volksdichtung, entstammen. Es handelt sich in Lezama Limas Text um Achtsilber in einer Anordnung von jeweils 10 Versen pro Strophe. Dies ist die erwähnte, berühmte „décima", wie sie von kubanischen Volkssängern und Bauern bis heute auf dem Land und bisweilen auch für Touristen in den Städten spontan improvisiert wird.

Es ist eine tiefe Beziehung zur Volkskultur, die für José Lezama Lima offenkundig den Geschmack, den „sabor" dieser von ihm ausgewählten Passagen ausmacht, welche für ihn – und dies ist ein wichtiges Element in seinem Text – stellvertretend für das Kreolische, das „criollo", der kubanischen Kultur stehen. Nicht von ungefähr hieß es an einer anderen Stelle des Romans bereits, dass es bis 1868 so ausgesehen habe, als sei die kubanische eine spanische Küche. Seit Beginn des Unabhängigkeitskrieges von 1868 aber zeigte sich, dass die kubanische Küche eine kreolische war, eine Gastronomie oder gastronomische Weltsicht also, die unverkennbar verschiedenste Einflüsse in sich aufgenommen hatte, ohne doch beliebig zu werden. Das war für den passionierten Feinschmecker Lezama Lima ungeheuer wichtig.

In gewisser Weise war es wohl das, was Roland Barthes unter der „cuisine du sens", unter der „Küche des Sinnes", verstanden hatte. Man kann schlechterdings nicht überschätzen, wie wichtig diese transkulturelle Dimension des Gastronomisch-Sinnlichen und insbesondere das Süße für die „escritura", das Schreiben Lezama Limas, war. Und man konnte es dem kubanischen Dichter buchstäblich ansehen: Die für Kubas Zucker so charakteristische Süße war ihm auf den Leib geschrieben …

Volkskulturelle Lyrik meint keineswegs leicht verständliche Dichtkunst, also einfache literarische Kost. Es sei daher darauf verwiesen, dass die volkskulturell verankerte Form der sogenannten „décima" zugleich Inhalte transportiert, deren Sinn ein wenig dunkel bleibt. Die „décimas" bilden den Ab- und gleichzeitig Totengesang für Alberto Olaya, der von dieser in eine andere Welt übergeht. Man könnte die Choreographien dieser Gedichte dabei durchaus tanzen, sie sind – wie erwähnt – „bailables". Ihr genauer Sinn bleibt bisweilen ebenso rätselhaft wie das Leben Albertos selbst, der zusammen mit Oppiano Licario wohl eine der enigmatischsten und zugleich faszinierendsten Gestalten des Romans darstellt.

In letzterem verschränken sich mithin volks- mit hochkulturellen Traditionen und Schreibweisen, verbinden folglich beide Seiten des „Great Divide" miteinander, dessen Überwindung ja für die Literaturen im Zeichen der Postmoderne gefordert worden war. Zugleich werden auch abendländisch-westliche mit nichtabendländisch-östlichen Kulturelementen verwoben, wie wir es bereits in *La expresión americana* hatten beobachten können. Die – sagen wir – ‚Amerikanizität' des Romans liegt daher nicht vordringlich in der Behandlung eines kubanischen Themas oder dem Rückgriff auf vermeintlich ‚typisch' kubanische oder amerikanische Schreibformen, sondern gerade in der offenen Verwendung dieser Formen und Inhalte, die auf unterschiedlichste Weise gefüllt und geradezu gastronomisch angerichtet werden.

Lezama Limas *Paradiso* repräsentiert auf pionierhafte Weise die transkulturelle Form des weltumspannend Verdichteten. Dem Roman liegt – vergleichbar mit den historischen Avantgarden des brasilianischen Modernismo, der als Avantgarde-Bewegung die Feinschmeckerkunst der Anthropophagie zelebrierte – ein gewisses ‚kannibalistisches' Muster zu Grunde. Dies insofern als unterschiedlichste kulturellen Traditionen des ‚Fremden' einverleibt werden und Eingang in das ‚Eigene' gefunden haben, das nicht als essentielle, wesenhafte Form gedacht wird, die sich niemals ändert, sondern als transkulturelle, unterschiedlichste Kulturen querende Bewegung, in welcher das ‚Eigene' als mobile Aneignungsform entworfen wird. Man könnte dies auch als eine Zwitterform von ‚Eigenem' und ‚Fremdem' bezeichnen, in letzteres nie ganz fremd und ersteres nie ganz eigen gedacht wird. Daher verwundert es auch nicht, dass das Zwitterhafte, Androgyne, eine ganz wesentliche Rolle innerhalb dieses Romans spielt. Ich komme hierauf in der Folge zu sprechen ...

Zuvor sei noch der Gedanke abgeschlossen, dass die Hybridform Roman unterschiedlichste Gattungen aufzunehmen vermag, ob wir dies nun als ‚kannibalistisch' bezeichnen wollen oder nicht. Zu diesen Gattungen gehören neben der Lyrik die verdichtete Kurzprosa, essayistische Formen und Abhandlungen, in welche Lezama Limas eigene poetologische Vorstellungen Eingang fanden, aber zugleich auch volkskulturelle Gebete und Riten, Zeichnungen oder Philosopheme verschiedenster Provenienz. Es ist, als ob der kubanische Dichter und Romancier es darauf angelegt hätte, die ganze Welt der Kulturen und unterschiedlichsten Literaturen vor seiner Leserschaft auszubreiten, unabhängig von allen Scheidungen zwischen Hoch- und Volkskultur, wobei die Form des Romans und die hohen Ansprüche an die Leserinnen und Leser doch immer noch zeigen, dass sich die Hochkultur alles andere einverleibt hat.

Das Schwanken zwischen Leben und Tod war von Beginn des ersten Kapitels an im Roman präsent gewesen. Der Blick auf den fünfjährigen, asthmakranken und mit dem Tode ringenden José Cemí hatte *Paradiso* eröffnet, auch wenn ich immer noch nicht davon überzeugt bin, dass dieser Romanbeginn sonderlich gelungen ist. Aber nicht alles an einem herausragenden Roman muss ja überzeugen und vielschichtig ist dieser Romananfang sehr wohl! Denn das Ringen mit dem Tode findet zu einem Zeitpunkt statt, als José Cemís Eltern die Oper besuchen und das Haus- oder Kindermädchen Baldovina für den kleinen Jungen verantwortlich ist. Sie sieht den Todeskampf des kleinen José und ruft zwei weitere Figuren herbei, denen es mit Hilfe rätselhafter Praktiken gelingt, den Fünfjährigen zu retten. Wir befinden uns inmitten eines transkulturellen Geschehens, wie Sie es in Kuba jederzeit leicht erleben können.

Als die Eltern abends nach Hause kommen, halten sie diese Rettung für einen wunderbaren Eingriff des Himmels, interpretieren sie also voller Dankbarkeit in einem orthodox-katholischen Sinne. Die Leserschaft des Romans aber weiß, dass hier andere, magische volkskulturelle Praktiken sowie afrokubanische Riten mit im Spiel waren, so dass dem Roman diese mehrfache, im Sinne der offiziellen wie der Populärkultur zu deutende Struktur von Beginn an zu eigen ist. Um es vereinfacht zu sagen: José Cemí verdankt sein Leben nicht der (westlichen) Schulmedizin, sondern wohl afrokubanischen Heilern. Die Kinder – dies wird zugleich deutlich – haben es selbst in Havanna nicht nur mit ‚offiziellen‘ Erziehungsinstitutionen und ihren Eltern zu tun, sondern durch den ständigen Kontakt mit schwarzen Hausangestellten auch mit Praktiken und Vorstellungen, die außerhalb der Hoch- beziehungsweise offiziellen Kultur liegen. *Paradiso* öffnet sich ganz entschieden gegenüber diesen Praktiken, die eine wesentliche Dimension amerikanischer Realität und der Kreativität des kubanischen Romans ausmachen.

Doch es gibt eine weitere Dimension der Schöpferkraft in *Paradiso*, die überaus explizit mit dem Sexuellen, dem Körperlichen, Leibhaftigen und zugleich Erotischen gekoppelt ist. Es handelt sich um eine Ebene, die von Beginn des Erscheinens dieses Textes an alle Leserinnen und Leser in den Bann schlug und sie fragen ließ, was es mit diesen schon bald danach oft kolportierten Auszügen eigentlich auf sich habe. Es handelt sich um Passagen von bei Lezama unüblicher, ungeheurer Deutlichkeit und Direktheit. Sie fallen unter das, was man in den USA als „sexually explicit" deklarieren müsste, und sie sind im gleichen historischen Zeitraum möglicherweise sogar noch direkter als Arthur Millers *Opus Pistorum* oder das *Delta der Venus* von Anaïs Nin. Zum Zeitpunkt seiner Veröffentlichung war dieses berühmte achte Kapitel in einem Roman, der erst nach dem Tod von Lezamas Mutter erschien, im von katholischer Sexualmoral geprägten Lateinamerika weit mehr als nur ein Signal.

Ich möchte Ihnen zumindest einen kleinen Einblick gewähren, damit zugleich deutlich wird, dass in *Paradiso* nicht allein marginalisierte Kulturen in den Erzählraum des Romans geholt werden, sondern auch zum damaligen Zeitpunkt aus der offiziellen Kultur herausgedrängte, unterdrückten und verfolgten Minderheiten zugeschriebene Sexualpraktiken, welche im Handlungsablauf jedoch eine wichtige Rolle spielen. So heißt es gleich zu Beginn des Kapitels, in dem es zu einer Vielzahl hetero-, homo- und transsexueller Begegnungen kommt, als Farraluque, eine Kreuzung zwischen halbtitanischem Basken und schmachtender Habanera, spektakulär auf der Bühne erscheint, nur um gleich wieder des Feldes verwiesen zu werden:

> Nachdem Farraluque in ein momentanes Exil von seiner burlesken Macht verbracht wurde, hatte José Cemí die Gelegenheit, ein anderes phallisches Ritual zu betrachten. Das Sexualorgan von Farraluque reproduzierte im Kleinen seine körperliche Leptosomie. Seine Eichel glich geradezu seinem Gesicht. Das Ausmaß seines Bändchens ähnelte seiner Nase, die sperrige Verlängerung der Kuppel seiner Quitte glich seiner gewölbten Stirne. Über den Abiturklassen herrschte die phallische Potenz des Bauern Leregas gleich dem Stabe des Aaron. Seine demonstrative Gladiole war die Klasse der Geographie. Er versteckte sich links vom Lehrer in einigen gelblichen Bänken, wo etwa zwölf Schüler hinpassten. Während die Klasse mit den Köpfen nickte, als sie die Erklärung des Gulf Stream hörte, holte Leregas seinen Schwanz – mit derselben majestätischen Indifferenz des Gemäldes von Velázquez, wo auf einem Kissen der Schlüssel übergeben wird – heraus, am Anfang kurz wie ein Fingerhut, aber danach wie von einem titanischen Wind angefacht die Länge des Unterarmes eines körperlich Schuftenden erreichend. Das Sexualorgan von Leregas reproduzierte nicht wie das von Farraluque sein Gesicht, sondern seinen gesamten Körper. Bei seinen sexuellen Abenteuern schien sein Phallus den anderen Körper nicht zu penetrieren, sondern zu umarmen.[23]

Nach der Lektüre dieser Passage und mehr noch des gesamten achten Kapitels können Sie vielleicht besser verstehen, warum José Lezama Lima mit der Veröffentlichung des Romans wartete, bis seine Mutter verstorben war – deren Bild sich immer wieder den Protagonisten dieses Kapitels obsessiv präsentiert. Natürlich gäbe es viel zu sagen zu dieser phallischen Passage, die ihre eigene Logik in diesem Kapitel bis hinein in die Beischlafszenerien entrollt. Man könnte sicherlich von einer phallischen und vielleicht auch einer phallogozentrischen Logik sprechen. Im Grunde führt der kubanische Romancier zunächst nur die Vorstellung aus, dass sich im Geschlechtsteil der gesamte Körper eines Menschen – hier eines Mannes – spiegelt oder in seiner Gänze repräsentiert ist. Das ist an sich noch nicht besonders aufregend, handelt es sich doch um Repräsentationsmuster, die etwa mit Blick auf das Gesicht, in dem sich alle Teile des Körpers spiegeln, in mittelalterlichen wie frühneuzeitlichen Vorstellungen des Kosmos präsent waren.

---

23 Ebda., S. 213.

Wichtig scheint mir in diesem Zusammenhang die Tatsache, dass die Dimension des zerstückelten Körpers, in der hier das männliche Glied erscheint, zurückgeholt ist in eine Beziehung zwischen Mikro- und Makrokosmos, wobei es sozusagen als Fraktal des menschlichen Körpers wie – in seiner alles umarmenden Bewegung – der Welt fungiert. Denn Farraluques Phallus reproduziert im Kleinen die einzelnen Elemente seines Gesichts, wobei natürlich psychoanalytisch keineswegs überraschend der Nase – wie schon in der surrealistischen Prosa eines Georges Bataille – eine besondere Bedeutung zukommt.

Das Gesicht stellt genau jene Fläche dar, die bereits nach den Lehren mittelalterlicher Mystik in einer Beziehung der Abbildhaftigkeit zum Makrokosmos stand, bildeten die einzelnen Teile des Gesichts doch die Beziehungen im gesamten Kosmos wieder ab. Man könnte vom menschlichen Antlitz in der Terminologie des Poststrukturalismus mit Deleuze und Guattari von einer ,Vergesichtungsmaschine' des Kosmos sprechen. Bei Farraluque beschränkt sich diese Beziehung zunächst auf jene zwischen Phallus und Gesicht, eine Tatsache, die übrigens in der erotischen Literatur aller Zeiten – und wohl nicht nur dort – stets eine wichtige Rolle spielte. Denn die Lektüre des menschlichen Gesichtes soll doch stets auch Aufschluss über das Geschlecht eines Menschen geben und in logischer Fortführung des Gedankens auch über die entsprechenden Geschlechtsteile, gleichviel, um welche Art von Geschlechtlichkeit es sich auch immer handeln mag: Wir lesen alles im Gesicht eines Menschen! Und wir arbeiten alle von Kindesbeinen an unermüdlich an der Gestaltung unseres Gesichts, zupfen Haare weg, wo wir sie nicht wollen, oder lassen Haare wachsen, wo es uns gefällt, bringen *Kosmetik* dorthin, wo sich Ordnung und Schönheit des *Kosmos* spiegeln sollen.

Diese Beziehungen prägen unseren Alltag und sind uns zu einer zweiten Natur geworden. Jene zwischen Gesicht, Geschlecht und Geschlechtsteilen sind uns weniger bewusst, doch finden Sie sie geradezu topisch in allen möglichen Texten erotischer Literatur vor. Bei Leregas freilich, Schüler in José Cemís Klasse, der Sohn eines Bauern ist und sozusagen das Urwüchsige schon in seiner Abstammung mitbringt, steht das Sexualorgan in des Wortes doppelter Bedeutung für den gesamten Körper. Sein Phallus fungiert geradezu als Mise en abyme im Sinne André Gides, als reduziertes Modell – wie Lévi-Strauss sagen würde – des gesamten Körpers. Der männliche Phallus wird zum Fraktal: Er präsentiert und repräsentiert.

Nicht uninteressant ist freilich die Tatsache, dass Leregas' Exhibitionismus, der sich in der Geographiestunde manifestiert, mit einer solchen Selbstverständlichkeit vorgetragen wird, dass es uns vielleicht erstaunen mag, die aber Ausdruck einer phallogozentrisch angelegten Gesellschaft ist. Zugleich erstaunt, wie selbstverständlich dieser exhibitionistische Akt in direkte Beziehung zu Diego

Velázquez' berühmtem Gemälde gesetzt wird, in dem die Übergabe der Stadt Breda dargestellt ist und damit die Kapitulation vor jenen kriegerisch aufgerichteten Lanzen, die dem Gemälde des spanischen Meisters auch den inoffiziellen Titel *Las lanzas* eintrugen.

Mit dieser metonymischen Kontiguität wird das Ausleben wahrlich ungezügelter männlichen Sexualität bezogen auf die kriegerische Handlung des Eindringens, Eroberns, Besiegen und Zerstörens, zum anderen aber auch auf eine künstlerische Ausdrucksform, die einen wesentlichen Bestandteil abendländischer Kulturentwicklung repräsentiert. Dies ist ein künstlerisches Verfahren, das Lezama Lima in seinem Roman – und nicht nur dort – beständig anwendet, indem er einigermaßen profane Dinge des Alltags artistisch und ästhetisch überhöht, sie in Beziehung setzt mit Emblemen abendländischer Hochkultur, so dass auch auf dieser Ebene ein ständiger Austausch zwischen Alltagskultur und elitärer Hochkultur zustande kommt. Die Grenzziehungen des „Great Divide" werden einmal mehr verwischt.

Das literarische Verfahren Lezamas lässt sich als Vergleich beschreiben, der häufig mit dem Wörtchen „como" eingeführt wird, also eine gewisse Nähe zur Metapher besitzt, die ja bekanntlich wie ein abgekürzter Vergleich funktioniert, gleichzeitig aber die Funktionsweise der Metonymie aufweist, insoweit nebeneinanderliegende Dinge in eine unmittelbare syntagmatische Beziehung gebracht werden. Dieses Nebeneinander von fiktional ‚realem' Glied und fiktional ‚künstlerischer' Repräsentation aufgerichteter Lanzen evoziert hypotypotisch bei Leserinnen und Lesern einen Vergleich, der freilich vernehmbar in seinen Scharnieren knirscht und bewusst auch knirschen soll. Der kubanische Bauernsohn und Diego Velázquez haben da etwas gemein …

Und noch ein letztes: Denn es scheint mir gar nicht so zufällig zu sein, dass wir es bei Lezama Lima in *Paradiso* mit einer der ersten Darstellungen homosexueller Handlungen – die ich auf Ebene unserer Zitate ausgespart habe – in den lateinamerikanischen Literaturen zu tun haben, wobei es auch andernorts nicht anders aussah. Denn es sind just die sechziger Jahre, in denen die Giftschränkchen der Literaten sich langsam zu öffnen beginnen und die Lektüre des Marquis de Sade – um hier nur ihn zu nennen – den Weg bis hin in die Schulbücher antritt. Es findet in jenen Jahren eine jener Liebesrevolutionen statt, welche ich in meiner Vorlesung *LiebeLesen* besprochen habe.[24] Das Sexuelle und Erotische beginnt, freier – wenn auch nicht frei – thematisiert zu werden, wird zunehmend entta-

---

24 Vgl. Ette, Ottmar: *LiebeLesen. Potsdamer Vorlesungen über ein großes Gefühl und dessen Aneignung.* Berlin – Boston: Verlag Walter de Gruyter 2020, S. 677–726.

buisiert, wobei der Literatur keine nur nebensächliche, sondern eine Protagonistenrolle zukommt. Sie führt zwar keine Kinobilder, Aktphotographien oder andere materielle Bilder vor Augen, verfügt aber über das Mittel der Hypotypose und damit über jene Kraft, Bilder in unserem Kopf zu erzeugen. Diese sind gewiss nicht weniger einprägsam und bestimmend als jene des traditionellen Kinofilms, wo als Teil einer kulturellen Schwerindustrie stets Produzenten und Geldgeber von einer Sache überzeugt werden müssen, die nach Publikumserfolg und gesetzlichen Vorgaben schielen.

Die zuvor marginalisierten, aus dem Text in expliziter Form gedrängten und zugleich doch latent vorhandenen erotischen Bilder werden nun explizit miteingebracht, wobei nun nicht mehr nur heterosexuelle Praktiken zugelassen sind, sondern auch Sexualpraktiken inszeniert werden dürfen, die zuvor noch strenger als alles andere aus den Texten der Literatur gestrichen worden waren. In José Lezama Limas Diktion zählten sie freilich zu dem, was der Kubaner als „sumergido" betrachtete, als das, was überspült und überflutet, aber doch am Grunde da war und zum Ausdruck drängte. Auch auf dieser Ebene sind gerade die sechziger Jahre eine wichtige Wegmarkierung. Die heutzutage längst kommerzialisierte literarische Darstellung erotischer Körper gerade und nicht zuletzt auch in den lateinamerikanischen Literaturen, welche durch pralles Beschreiben sich liebender Körper massiv nach Leserinnen und Lesern fischen, hat bisweilen etwas Erbarmungswürdiges, sind derlei Darstellungen doch längst zu einer Forderung des Literaturmarkts und damit zu einer normgebenden Konvention geworden. Dieser haftet schon lange keinerlei emanzipatorischer Impuls, kein befreiendes Potenzial mehr an.

Jahrzehnte zuvor hatte die Boom-Literatur aus Lateinamerika diese sexuelle Explosion in Szene gesetzt und letztlich über spanische und französische Verlage auch sehr gut vermarktet. José Lezama Limas *Paradiso*, mit seiner paradieshaft unschuldigen, zugleich höllisch bedrohlichen Sexualität aller Schattierungen hat jenseits der groben Linien des Boom für die Darstellung zuvor unterdrückter homosexueller Erotik einen wichtigen Weg gewiesen. Dass auch dies im damaligen Kuba der Lager zur Umerziehung Homosexueller in der Kultusbürokratie nicht auf offene Ohren stoßen konnte, kann nicht verwundern.

Ganz am Ende des Romans steht der Abschied von jener zweiten, für José Cemí so wichtigen Figur des Oppiano Licario, welcher auch – wie bereits erwähnt – der letzte, postum veröffentlichte Roman José Lezama Limas gewidmet ist. Letzterer bildet keine Fortsetzung, sondern vielmehr eine Proliferation, ein archipelartiges Auseinandertreten verschiedenster Erzählfragmente aus *Paradiso*. Lezamas *Oppiano Licario* entfaltet eine vollständige fiktionale Romanwelt, deren einzelne Erzähl-Inseln man ebenso wie die transkulturelle Anlage verschiedenster Geschichten mit großer Eigenständigkeit besuchen muss. Vielleicht am deutlichsten wird die radikale Offenheit der literarischen Konstruktionen des kubanischen Schriftstellers in diesem archipelischen Text.

In *Paradiso* wird der Abschied von einer für unseren José Cemí wichtigen Gestalt erneut im Medium eines Gedichts vorgeführt, in diesem Falle einer hochkulturellen Form, dem lyrischen Sonett, das jedoch einige Besonderheiten aufweist. In dieser Vorlesung haben wir der Lyrik oft nur die zweite Aufmerksamkeit gewidmet. Zugleich stellt die Dichtung jene literarische Gattung dar, die seit Michail Bachtin ebenso im Schatten der Postmoderne wie auch postmoderner Theoriebildungen steht. Daher möchte ich an dieser Stelle gerne die Gelegenheit nutzen, noch einmal eine Romanpassage einzublenden, in welcher ein in den Prosatext integriertes letztes Gedicht eine wichtige Phase des Übergangs von einem Seins-Zustand in einen anderen markiert. Wir befinden uns wenige Zeilen vor Ende des Romans:

> Die Schwester von Licario ließ in die Hand von Cemí ein gefaltetes Papier gleiten, gleichzeitig sagte sie ihm: Ich glaube, dass es das letzte war, was er schrieb. Cemí drückte das Papier zusammen so, wie man einen Schwamm drückt, der von sich leicht erkennbare Geräusche absondert. Zwischen den Familienangehörigen und den Freunden, welche den Leichnam umstanden, konnte er einen Ort finden, um sich niederzusetzen. All diese Personen hatten die Inbrandsetzung der Natur gespürt, um diese Figur zu erreichen, dieses Hereinbrechen einer rätselhaften Äquivalenz, welche Oppiano Licario stets erweckt hatte. Was in der kleinen Kapelle schwebte war genau dies, die Abwesenheit einer Antwort. Cemí strich das Papier glatt und konnte lesen:
>
> JOSE CEMI
> *Ich ruf' ihn nicht, weil er kommt,*
> *wie zwei kreuzende Gestirne*
> *thronend in der Gesetze Hirne*
> *er der Ellipse Bahnen frommt.*
>
> *Ich war einst, aber er wird sein,*
> *wenn ich rein Erkenntnis bin*
> *Stein vom Winde her im Sinn,*
> *hüllt mich Ägyptens Leinkleid ein.*
>
> *Vernunft und Gedächtnis kontingent*
> *sehn, wie die Taube vehement*
> *den Glauben erringt an Übernatur.*
>
> *Spinne und Bild, des Körpers Not,*
> *es kann nicht sein, ich bin nicht tot.*
>
> *Ich sah deines Vaters Tod; schwanke, Cemí, nur.*

> Mit weit geöffneten Augen überflog Cemí die unermessliche Wüste der Schläfrigkeit. Er sah noch eine Weile das Flämmchen der Seelen, das sich in den halb überfluteten Körpern der Gereinigten erhob. Fließende Flämmchen der Seelen in Not.[25]

Dieser letzte Übergang ist ebenso kunstvoll wie rätselhaft gestaltet. Noch ein letztes Mal, bei der Totenwache für den gerade verstorbenen Freund Oppiano Licario, wird José Cemí von einer mystischen Erfahrung erfasst. Das Bild der im Fegefeuer leidenden Seelen und ihrer ikonischen Darstellung als kleine Flammen erscheint vor seinem inneren Auge, vor dem sich inmitten der Trauergemeinde alles abspielt. Das Gedicht, laut Oppianos Schwester wohl das Letzte, das ihr Bruder geschrieben hat, kommt gleichsam aus dem Jenseits zu ihm. Wir haben es in dieser vom gläubigen Katholiken Lezama Lima gestalteten Szene mit einer transzendenten Seins-Erfahrung zu tun, in welcher die Grenze zwischen Leben und Tod unwirklich geworden ist. Es handelt sich um ein WeiterLebensWissen, das von Oppiano Licario im Modus des Gedichts aus dem Jenseits gestaltet und weitergegeben wurde.

Wieder ist es die Erfahrung des Todes, ein sich abzeichnendes Weiterleben nach, aber auch der Kampf mit dem Tod, der schon den Roman eröffnet hatte und diese Thematik an seinem Ende wieder aufnimmt. Und wieder ist es die vielleicht noch durchgängigere Erfahrung der „ausencia", der Präsenz der Abwesenheit, die ein letztes Mal mit der Grunderfahrung der Abwesenheit des früh verstorbenen Vaters gekoppelt wird. Dass es sich hierbei um Autobiographeme aus Lezamas eigenem Leben handelt, ist offenkundig. Diese Abwesenheit schafft jene Leere, jenen Leer-Raum, in welchen die Kreativität eindringt und eindringen muss.

Abwesenheit ist daher stets immanente Präsenz, die Leere im Zentrum des Präsenten, das immer wieder von neuem aus dieser Leere heraus neu betrachtet und perspektiviert wird. Wir werden im Schlussteil unserer Vorlesung noch verschiedentlich auf das Theorem des „centre ville centre vide", wie es in Barthes' *L'Empire des signes* heißt, und damit auf das leere Zentrum als Anordnungsfigur stoßen. Bei Lezama Lima ist dieses Theorem mit dem des Archipels gekoppelt, besitzt doch auch ein Archipel kein eigentliches Zentrum, da sich seine Inseln um die vermeintlich leere Wasserfläche herum gruppieren. Auch schon bei Roland Barthes ging diese Vorstellung auf seine eigene frühe Erfahrung des Archipels par excellence zurück, des Archipels der griechischen Inselwelt.[26] Nicht umsonst

---

25 Lezama Lima, José: *Paradiso*, S. 489.
26 Vgl. zu diesem Ausgangspunkt und seinen Konsequenzen für ein archipelisches Schreiben im Zeichen der Postmoderne Ette, Ottmar: Zeichenreiche. Insel-Texte und Text-Inseln bei Roland Barthes und Yoko Tawada. In: Ivanovic, Christine (Hg.): *Yoko Tawada. Poetik der Trans-*

‚taucht' auch in dieser Passage von *Paradiso* buchstäblich das „sumergido", das Überspülte und Überflutete, das wir nun schon kennen, wieder auf.

Wird damit ein Paradies jenseits des Fegefeuers sichtbar? Fast mag es so scheinen, sind doch die letzten Worte des Romans „podemos empezar", „wir können beginnen". Und auch Oppiano Licario scheint sich verwandelt zu haben, ist er doch – wie es das Gedicht verheißt – in den Zustand des „puro conocimiento", der reinen Erkenntnis, hinübergewandelt und nach eigener Aussage ein Nicht-Toter. Doch ist das Gedicht ja selbst Erfahrung der Grenze, trifft es auf den expliziten Adressaten zu einem Zeitpunkt, als der Autor dieses Sonetts bereits verstorben scheint. Und zugleich kommt es im Gegensatz zur rezeptionsästhetischen Position post mortem produktionsästhetisch aus der Zeit unmittelbar vor dem Übergang in den Tod, ist also letztes Zeichen des Lebens – und zugleich ein Lebenszeichen aus dem Tod.

Die semantische wie formale Offenheit des Textes ist auch in dieser Hinsicht radikal: Die Frage, wie es weitergehen wird, wie es nun im eigentlichen Sinne anfängt, bleibt zutiefst unbeantwortet, fällt in eine Abwesenheit, die ohne transzendente Aufhebung zu bleiben scheint. Doch hält das „semisumergido", das halb oder zur Hälfte Überflutete, alles in der Schwebe, eben auf einer Grenze, die nicht Ausschluss, sondern Übergang ist, so wie etymologisch das Wasser im Archipel nicht das Beigefügte, sondern das Zentrale darstellt.

Aufschlussreich ist in *Paradiso* überhaupt die Behandlung des Themas Grenze. Die Aufhebung der Grenzen zwischen verschiedenen Gattungen, verschiedenen kulturellen Niveaus, unterschiedlichen Kulturen, die sich wechselseitig transkulturell queren, ja zwischen Leben und Tod, bildet eine Grundstruktur dieses Romans, der zugleich volkskulturelle und alltagskulturelle Elemente mit hochkulturellen Versatzstücken kombiniert und Grenzen nicht einfach ausblendet, sondern bewusst missachtet. Sicherlich ist dies kein Roman der Oberfläche, bleiben doch die Figuren immer wieder auch an bestimmte geschichtliche und familiäre Bedingungen und Genealogien rückgekoppelt und wird an die Tiefe des Archipels, an das also appelliert, was nur überflutet ist, aber jederzeit wieder auftauchen könnte. Und doch sind diese Figuren eben nur das: Figuren, die in Bewegung gesetzt werden, um Konfigurationen eines Mobile zu erzeugen, die sich unablässig bewegen und ihre Leserinnen und Leser in das unentwegte Spiel der Veränderungen miteinbinden. Weitaus radikaler noch als europäische oder US-amerikanische Texte stellt Lezama Limas Roman ein transkulturelles Mobile im Weltmaßstab zusammen, in dem sich unterschiedlichste Kulturen Afrikas oder

formation. Beiträge zum Gesamtwerk. Mit dem Stück *Sancho Pansa* von Yoko Tawada. Tübingen: Stauffenburg Verlag 2010, S. 207–230.

Europas, Amerikas oder Asiens wiedererkennen lassen. In diesem Sinne ist dieses romaneske Paradies ein WeltFraktal, das – weit umfassender noch als Dante Alighieris *Commedia* es zum damaligen Zeitpunkt historischer Entwicklung vermochte – die Kulturen der Welt ins fiktionale Spiel miteinbezieht. Der Roman löst ein, was die Ästhetik von *La expresión americana* verkündete.

Insofern werden immer wieder ästhetische Vorstellungen und Theoreme Lezama Limas in den Roman als Handlungs- und Gestaltungsmuster transponiert. Die über alle Maßen ausgeprägte Intertextualität des Romans ist zugleich schwindelerregend und beängstigend, nimmt sie doch fürwahr universelle Dimensionen an, wobei die Technik der Verfremdung und vielleicht mehr noch Ver-Stellung und Deplatzierung unterschiedlichster Text- und Kulturelemente dominiert. Daneben bilden Karnevalisierung und besonders Hybridisierung ebenfalls Grundstrukturen eines Schreibens aus, das sich vor allem durch seine ungehemmte, niemals gezügelte Proliferation charakterisieren lässt: durch seinen ständigen und ununterdrückbaren Hang dazu, ständig neue Kreise um das bereits Gesagte aufzubauen, ständig den Kreis des Gesagten nochmals zu erweitern.

Der verbindliche literarische Kanon wird in diesem neobarock ungezügelten Spiel erheblich beschädigt, werden doch nicht nur große Werke abendländischer Kultur evoziert und zitiert, wie dies von Beginn an schon im Titel *Paradiso* ähnlich wie in James Joyces *Ulysses* getan wurde. Im Gegensatz zu letzterem werden bei Lezama Lima jedoch eine ungeheure Zahl außereuropäischer Elemente mithinzugenommen, die den Text zu einem fürwahr ökumenischen, in der Ökumene liegenden und vom Menschen aller Breitengrade bewohnten und bewohnbaren macht. Werfen wir dazu noch einen letzten Blick auf jenes letzte Gedicht, das diesen Furiosen Roman beschließt.

Im ersten Terzett des Sonetts von Oppiano Licario werden Vernunft und Gedächtnis mit kontingentem Zufall gepaart. Die Taube, die schon im Christentum Überbringerin göttlicher Botschaft war, seit sie den Zweig auf die Arche Noahs brachte, dient als Emblem dreifaltiger Göttlichkeit, in welchem der gläubige Katholik Lezama Lima durchaus die transzendente Dimension jedweder Schöpferkraft aufleuchten sah. Sie erreicht jenen Glauben an die Übernatur, die „surréalité" – wie die französischen Avantgardisten sagten. Das Sonett ist von einer opak-hermetischen Schlüssigkeit die erstaunt, führt sie doch in verdichteter literarischer Form zusammen, was auf die unterschiedlichsten romanesken Text-Inseln verteilt war. Wird hier nicht letztlich doch noch das Paradies sichtbar, so könnten wir uns noch einmal in fast gläubiger Unruhe fragen?

Wer weiß: Vielleicht ist im ägyptischen Leinen, in das Oppiano Licario als Zeichen des Todes gehüllt wird, gleichzeitig auch eine zweite Dimension mithineingewoben! Die jenes Schreibens, das möglicherweise einer noch immer gängigen Lesart zufolge in Prousts *A la recherche du temps perdu* am Ende des allerletzten Teiles das Schreiben zu Beginn des Buchs begründet. Insofern kann am Ende von *Paradiso* der Anfang stehen.

Denn es ist ein Schreiben, das ständig der Stimme, dem nahenden Tod, der Krankheit, die den Atem nahm, Zeile für Zeile abgerungen werden musste. José Lezama Limas Roman *Paradiso* lässt sich mit der Bezeichnung ‚postmodern' nicht einfangen; und so soll dieser Roman auch nicht auf die Postmoderne reduziert werden. Er entwickelt und re-präsentiert Theoreme der Postmoderne und geht doch weit darüber hinaus. Seine Grundstrukturen – die von der hohen Kunst der Kombinatorik zeugen, die sich freilich aus anderen Quellen als jenen der „Nouveaux Romanciers" wie Michel Butor nährt – sind gleichwohl jenen Entwicklungen verpflichtet, die von diesem Roman und diesem Romanende her einen Anfang nehmen. Denn für die zweite Hälfte des vergangenen Jahrhunderts wird José Lezama Lima, weitaus kryptischer und vielleicht unzugänglicher noch als der Argentinier Jorge Luis Borges, ein zweiter Bezugspunkt für Autorinnen und Autoren bleiben. Es handelt sich dabei um Literat*innen, welche den abendländischen Logos, die Vernunft mit Gedächtnis und Zufall versetzen, um daraus den Flug der Taube zu erzielen, der in der Tat die Grenzen abendländischer Kultur weit und ökumenisch übersteigt. Spielerisch macht *Paradiso* Ernst mit den Kulturen und Literaturen der Welt.

João Guimarães Rosa oder Brasilien als Archipel der Literaturen der Welt

Wenn der karibische Schriftsteller José Lezama Lima die Kulturen der Welt wie auch die Literaturen der Welt von seiner Heimatinsel Kuba aus als weltumspannendes Archipel verstand, das in Vielverbundenheit glänzte, so überrascht es doch, dass zu einem ähnlichen Zeitpunkt der Brasilianer João Guimarães Rosa vom südamerikanischen Kontinent aus Konzeptionen entwarf, die gleichfalls insel- und archipelartige Strukturen präsentierten. Mir scheint, dass beide lateinamerikanischen Schriftsteller zu einem weltweit sehr frühen Zeitpunkt Entwicklungen anstießen, die erst Jahrzehnte später deutlicher sichtbar wurden und gerade auch die Übergänge vom System einer Weltliteratur zu jenem der Literaturen der Welt kontrastreich beleuchten könnten. Nähern wir uns also Guimarães Rosa aus dieser Perspektive einer brasilianischen sowie gesamtlateinamerikanischen Vorzeitigkeit – oder zumindest Frühzeitigkeit – an und versuchen, zunächst einige für das Schreiben des brasilianischen Autors wichtige Biographeme zu bestimmen!

Er wurde am 27. Juni 1908 in Cordisburgo im brasilianischen Bundesstaat Minas Gerais geboren und starb am 19. November 1967 in Rio de Janeiro. Wie auch José Lezama Lima eignete sich der Erstgeborene von sechs Kindern vieles im Selbststudium an und gab später zu Protokoll, Portugiesisch, Deutsch, Französisch, Englisch, Spanisch, Italienisch, Esperanto und etwas Russisch zu beherrschen und ein weiteres Dutzend Sprachen mit Hilfe von Wörterbüchern lesen zu können, darunter Arabisch, Sanskrit, Japanisch, Hebräisch, aber auch das Tupí seines Heimatlandes. Diese sprachliche Vielfalt und Kombinatorik gilt es im Auge zu behalten, wenn man sich auf die literarischen Texte dieses polyglotten Autors einlässt.

Abb. 115: João Guimarães Rosa (Cordisburgo, Minas Gerais, 1908 – Rio de Janeiro, 1967).

Nach einer überwiegend in Belo Horizonte verbrachten Schulzeit bewarb sich Rosa im Alter von sechzehn Jahren an der Medizinischen Fakultät der Universität seines Bundesstaates und arbeitete nach Abschluss des Studiums als Arzt in einer Kleinstadt, die ihn mit jenen Menschen des brasilianischen Sertão zusammenführte, welche später die Seiten seiner Romane und Erzählungen bevölkern sollten. Es verschlug ihn während dieser Tätigkeit als Arzt und Militärarzt an verschiedene Orte Brasiliens. Doch den größten Teil seines Lebens verbrachte er anschließend als diplomatischer Vertreter seines Landes in Europa und Lateinamerika. Dazu zählen für ihn entscheidende Jahre als Vizekonsul im nationalsozialistischen Hamburg, wo er zwischen 1938 und 1942 lebte und seine zweite Frau Aracy de Carvalho kennenlernte, die für die Rettung zahlreicher Juden später als „Gerechte unter den Völkern" ausgezeichnet wurde. Sein literarisches Zeugnis der Jahre unter dem Nationalsozialismus ist in letzter Zeit zurecht verstärkt in den Fokus der Forschung gerückt.[1] Dabei erkannte man, dass der brasilianische Autor gerade für Deutschland von großer Bedeutung ist.

Mit seinem monumentalen Roman *Grande Sertão: Veredas*, aber auch seinen Erzählungen schuf Guimarães Rosa ein ebenso schwer zugängliches Werk wie das Lezama Limas. Es trug dem Brasilianer schon früh die Bewunderung seiner Zeitgenossen ein. Und ähnlich wie später *Paradiso* wurde *Grande Sertão: Veredas* als Jahrhundertroman apostrophiert, mit James Joyces *Ulysses* oder Marcel Prousts *A la recherche du temps perdu* verglichen. 1963 wurde Guimarães Rosa in die Academia Brasileira de Letras gewählt, konnte seinen Sitz aber erst 1967 einnehmen – drei Tage bevor er überraschend an einem Herzinfarkt starb. In Deutschland war Guimarães Rosa früh schon eine Berühmtheit, da er nicht allein durch seine Interviews mit Günter W. Lorenz bekannt wurde, sondern im damals weithin bewunderten Curt Meyer-Clason,[2] der auch Lezama Limas *Paradiso* übertragen hat, einen kongenialen Übersetzer fand, dessen Briefwechsel mit dem Autor wichtige Aspekte seines Schaffens beleuchtete.

Eine weitere Parallele zum Autor von *Paradiso* ergibt sich, wenn wir das Insistieren Guimarães Rosas auf einem Weiterlebenswissen unter die Lupe nehmen; war es doch auffällig, wie häufig der brasilianische Erzähler auf eine derartige Dimension in seinem Leben aufmerksam machte. So heißt es beispielsweise in einem Gespräch mit Lorenz:

> Ich lebe in der Unendlichkeit, der Augenblick zählt nicht. Ich verrate Ihnen ein Geheimnis: Ich glaube, ich habe schon einmal gelebt. Damals war ich auch Brasilianer und hieß João Guimarães Rosa. Wenn ich schreibe, wiederhole ich, was ich früher erlebt habe. Und für diese beiden Leben reicht mir der eine Wortschatz nicht aus. Oder anders gesagt: Ich möchte ein Krokodil im São Francisco sein. Ein Krokodil kommt als Magister der Metaphysik auf die Welt, denn für es ist jeder Fluss der Ozean, ein Meer der Weisheit, auch dann noch, wenn

---

1 Vgl. hierzu Beiträge im brasilianisch-deutschen Gemeinschaftsprojekt von Ette, Ottmar / Soethe, Paulo Astor (Hg.): *Guimarães Rosa und Meyer-Clason. Literatur, Demokratie, Zusammenlebenswissen.* Berlin – Boston: Walter de Gruyter 2020.
2 Vgl. Meyer-Clason, Curt: Der Sertão des João Guimarães Rosa. Mit Bio-Bibliografie. In Strausfeld, Mechthild (Hg.): *Brasilianische Literatur.* Frankfurt am Main: Suhrkamp 1984, S. 249–272.

es hundert Jahre alt wird. Ich wäre gerne ein Krokodil, denn ich liebe die großen Flüsse, denn sie sind tief wie die Seele des Menschen; an der Oberfläche sind sie sehr lebendig und hell; unten sind sie still und dunkel wie das menschliche Lied. Und noch etwas liebe ich an unseren großen Flüssen: ihre Ewigkeit. Ja, Fluss ist ein magisches Wort für Ewigkeit.[3]

Der Ton dieses Interviews ist erstaunlich persönlich, fast intim. Innerhalb jenes im deutschsprachigen Raum schon früh einflussreichen Bandes, in dem Günter W. Lorenz 1970 zahlreiche Interviews mit lateinamerikanischen Autoren wie Ernesto Sábato, Mario Vargas Llosa, Rosario Castellanos, Ciro Alegría, Miguel Angel Asturias oder Jorge Amado versammelte, nimmt das ausführliche Gespräch mit dem sicherlich wichtigsten brasilianischen Erzähler des 20. Jahrhunderts eine Sonderstellung ein. Und dies nicht allein aufgrund der Länge des im Januar 1965 in Genua geführten Gespräches oder der Seltenheit derartiger Interviews mit dem brasilianischen Romancier, sondern auch mit Blick auf die bisweilen literarische Dichte des darin versammelten Materials.

Denn Guimarães Rosas zahlreiche poetologische Aussagen werden in oft poetisch verdichteter, mit einer Vielzahl an Bildern ausgeschmückter Diktion vorgetragen, die es erlaubt, weit jenseits des Biographischen und Autobiographischen die Beziehung zwischen Leben und Schreiben bei diesem brasilianischen Autor gleichsam mit Hilfe verschiedener Lichtquellen simultan zu beleuchten. Die Gabe der Selbstinszenierung verbindet sich in diesem langen Gespräch mit der Gabe vielstimmiger Selbstdeutung, die seinem Schreiben eine überzeitliche Dimension zu vermitteln sucht. All dies ist sicherlich bis heute in das Bild des Autors eingeflossen.

Die Dichte seiner Einlassungen hatte zweifellos auch mit seinem Gesprächspartner zu tun. Denn es gelang diesem frühen Pionier einer außeruniversitären Erforschung lateinamerikanischer Literatur in Deutschland, der sich wiederholt mit Guimarães Rosas Schaffen beschäftigte und sein Werk als „Höhepunkt der brasilianischen, Markstein der lateinamerikanischen Literatur"[4] bezeichnete, den Autor zu diesem dichten Sprechen zu verlocken. Dabei vermied es João Guimarães Rosa geschickt, sich bei Fragen zu seiner Biographie in einzelnen Biographemen zu verheddern und einen mehr oder minder kohärenten Lebenslauf ‚aufzudecken' oder zu konstruieren. Wir haben bereits bei der Zusammenstellung unserer Biographeme bemerkt, dass es gar nicht so einfach ist, anhand klarer

---

3 Rosa, João Guimarães: Interview mit Lorenz, Günter W.: *Dialog mit Lateinamerika. Panorama einer Literatur der Zukunft*. Mit 12 Bildtafeln. Tübingen – Basel: Horst Erdmann Verlag 1970, S. 500.
4 Vgl. etwa das João Guimarães Rosa gewidmete Schlusskapitel von Lorenz, Günter W.: *Die zeitgenössische Literatur Lateinamerikas. Chronik einer Wirklichkeit. Motive und Strukturen*. Mit 55 Abbildungen. Tübingen – Basel: Horst Erdmann Verlag 1971, S. 251–260, hier S. 260.

Fakten diesen biographischen Weg abzustecken. Vielmehr bleibt vieles aus seiner Vita bewusst im Dunkeln: Gerade das eigene Leben des Schriftstellers erscheint als das, was über die Zeit hinausgeht, als etwas das eigene Leben Transzendierendes, das transgenerationell auch im Zeichen unterschiedlichster Reinkarnationen steht. Leben ist mehr als die Zeitspanne zwischen Geburt und Tod. Und der intensive Appell an ein Weiterlebenswissen berührt eigenartig angesichts des überraschenden Herzinfarkts, der dem Leben dieses Autors ein abruptes Ende setzen sollte.

Jenseits biographischer Reduktionismen portraitiert sich der Autor im obigen Zitat als „Krokodil mit den bisher zwei Leben"[5] – und damit im Verbund mit jenem Tier, das uns im Lichte des *Ägyptischen Totenbuchs* an die Begrenztheit und Unendlichkeit des Lebens zugleich gemahnt und ganz nebenbei äußerste Ruhe mit extremer Schnelligkeit verbindet. Mit Blick auf jenen altägyptischen Text überrascht uns dies erneut als Parallele zu Lezama Lima. Gut fünfzig Jahre nach dem Tod des großen brasilianischen Erzählers verknüpft sich damit zweifellos auch die Frage nach dem Weiterleben seines Werks. Was lässt sich heute über dieses ‚Krokodil der Literatur', das stets zuschnappte und die einmal erfassten Dinge auch am Grund tiefer Flüsse nicht mehr losließ, inmitten einer veränderten weltliterarischen Situation am Ausgang der aktuellen, vierten Phase beschleunigter Globalisierung sagen?

Zunächst bleiben wir noch etwas bei jenem im Januar 1965 geführten Gespräch! Wenn es darin um das Leben geht, wird João Guimarães Rosa stets erstaunlich apodiktisch: „Das Leben muß dem Werk, das Werk muß dem Leben gerecht werden."[6] Und etwas weiter betont er, er wolle mit seinem Schreiben dem Menschen „das Leben in seiner ursprünglichen, unverfälschten Form zurückgeben."[7] Daher gelte: „Literatur muß Leben sein. Es gibt nichts Schrecklicheres als eine Literatur aus Papier, denn ich glaube fest daran, dass Literatur nur aus Leben entstehen kann, dass sie die Stimme dessen sein muß, was ich das ‚Engagement des Herzens' nennen möchte. Literatur muß Leben sein! Der Schriftsteller muß sein, was er schreibt."[8] Wir stoßen an diesem Punkt auf eine ‚uralte' Forderung der historischen Avantgarden in Europa wie in Lateinamerika.

Die durchaus kontroverse und widersprüchliche Beziehung zu Jean-Paul Sartres die Diskussionen der Nachkriegszeit nicht nur in Europa prägendem Essay

---

5 João Guimarães Rosa in Lorenz, Günter W.: *Dialog mit Lateinamerika*, S. 501.
6 Ebda., S. 502.
7 Ebda., S. 517.
8 Ebda.

Qu'est-ce que la littérature?[9] mit seiner Forderung nach (politischem) Engagement des Schriftstellers wird in der Formel „Engagement des Herzens" beim brasilianischen Erzähler zweifellos deutlich und produktiv, reduziert sich aber keineswegs auf eine biographische oder autobiographische Dimension: Gemeint ist das Leben in seiner ganzen vitalen Komplexität. Wie uns das Krokodil im geschichtsträchtigen Rio São Francisco lehrt, meint der Begriff „Leben" weder nur *ein* Leben oder nur das *menschliche* Leben; vielmehr geht es dem Autor von *Grande Sertão: Veredas* um Leben in allen seinen Ausdrucksformen – und nicht zuletzt um ein Unterlaufen der Grenze von Leben und Tod sowie die Schleifung des Gegensatzes zwischen Mensch und Tier.

Einer ‚papierenen' Literatur wird nicht eine autobiographisch fundierte gegenübergestellt, sondern vielmehr der Versuch unternommen, Literatur als im weiten Wortsinn lebendige Praxis und mehr noch als Wissen zu begreifen, das voller Leben ist und es in seiner irreduziblen Formenvielfalt zu präsentieren und repräsentieren vermag. Denn Literatur ist ein Wissen vom Leben im Leben und für das Leben.[10] Sie stellt die einzige diskursive Wissensform dar, welche die Jahrtausende, Weltregionen, Kulturen sowie Sprachen quert und sie in ihrer Fragilität über alle Zeiten und Räume hinweg miteinander verbindet. Die Literaturen der Welt bilden so – wenn die paradoxe Formulierung erlaubt ist – ein Stückchen Unendlichkeit und Ewigkeit ab, das in João Guimarães Rosas und José Lezama Limas Schriften immer wieder thematisiert und in den Mittelpunkt gerückt wird.

Alles im Werk des brasilianischen Erzählers ist belebt. In seinem literarischen Schaffen schließt sein Begriff vom Leben ebenso jenes des Menschen mit ein wie dessen Vor- und Weiterleben, ebenso das Leben der Tiere wie das der Pflanzen, ja der Steine, Flüsse und Landschaften. Alles ist in ständiger Bewegung und Verwandlung begriffen. Wasser und Gesteine, Sichtbares wie Unsichtbares, die Lüfte und das Zusammenspiel der Elemente: Alles ist belebt, prall gefüllt mit Leben und spricht unablässig zum Menschen. Selbst die lehmige Flut, die in der ersten Erzählung von *Sagarana* die Männer erfasst und mit sich in die Strudel reißt, bewegt sich „wie ein Lebewesen".[11] Rosas narratives Universum ist nicht nur ein lebendiger, sondern sprechender Kosmos, in dem alles mit allem kommuniziert und interagiert. Dabei ist – gerade auch aus Sicht des literarischen Krokodils – alles im Fluss, alles fließt: „panta rhei."

---

9 Vgl. Sartre, Jean-Paul: *Qu'est-ce que la littérature? (Situations II)*. Paris: Gallimard 1948.
10 Vgl. Ette, Ottmar: *ÜberLebensWissen I–III*. Drei Bände im Schuber. Berlin: Kulturverlag Kadmos 2004–2010.
11 Guimaraes Rosa, Joao: *Sagarana. Erzählzyklus*. Deutsch von Curt Meyer-Clason. Berlin: Aufbau-Verlag 1984, S. 36.

Dies bedeutet zugleich, dass die quicklebendige Komplexität allen Lebens und alles Lebendigen nicht reduzierbar ist auf eine bestimmte Logik – und wäre es die der Life Sciences, der sogenannten ‚Lebenswissenschaften‘, oder gar auf die erträumte Weltformel der vermeintlich ‚exakten Wissenschaften‘. Eine der im zitierten Interview am häufigsten verwendeten Wendungen ist die Rede von der „Logik“. Immer wieder stellt der Erzähler, der in einer langen Traditionslinie schreibender Ärzte und Mediziner,[12] aber auch Diplomaten steht, die Reichweite der Mathematik in Frage.[13] Immer wieder greift er die Logik der Philosophie an, die er als „Fluch der Sprache“ bezeichnet.[14] Immer wieder attackiert er die „Tyrannei der Grammatik und der Wörterbücher“,[15] um sich die Freiheit seiner Sprache erhalten zu können. Die Dominanz einer einzigen Logik ist ihm ebenso ein Graus wie die Vorherrschaft des Englischen, die sich nach dem Ende des Zweiten Weltkriegs immer deutlicher abzuzeichnen begann. Der gute Schriftsteller müsse ein Entdecker sein; und ein „Columbus muß immer unlogisch ein, sonst entdeckt er Amerika nicht“.[16] Daher müsse der Erzähler der „sogenannten Logik“ widersprechen,[17] gerade auch als brasilianischer Autor, denn:

> Wir Brasilianer zum Beispiel sind fest davon, sind im Grunde unseres Herzens davon überzeugt, dass wir den eines Tages fälligen Weltuntergang überleben werden. Dann werden wir ein Reich der Gerechtigkeit gründen, denn wir sind das einzige Volk der Erde, das täglich die Logik des Unlogischen praktiziert, wie unsere Politik beweist.[18]

Diese ironisch vorgetragene ‚Brasilianisierung‘ des Mythos vom auserwählten Volk rekurriert nicht auf den jahrhundertealten Topos eines grundsätzlichen Anders-Seins der Neuen Welt oder Brasiliens, sondern verweist auf die Konvivenz verschiedener Logiken, die gleichzeitig existieren und ihre Geltungsansprüche äußern. „Unlogisch“ meint nicht – wie noch zu zeigen sein wird – den Ausschluss von Logik, sondern den Einschluss verschiedener Logiken. Es geht um die Zulassung des Viellogischen, des Polylogischen.

---

12 Vgl. hierzu neuerdings Lüsebrink, Hans Jürgen / Madry, Henning / Pröll, Julia (Hg.): *Médecins-écrivains français et francophones: Imaginaires – poétiques – perspectives interculturelles et transdisciplinaires.* Würzburg: Königshausen & Neumann 2017.
13 João Guimarães Rosa in Lorenz, Günter W.: *Dialog mit Lateinamerika*, S. 501.S. 494.
14 Ebda.
15 Ebda., S. 498.
16 Ebda., S. 506.
17 Ebda.
18 Ebda., S. 528.

Vor allem aber gelte es zu lernen, „dass Weisheit etwas anderes ist als Logik".[19] Damit stoßen wir nach dem Eingangszitat erneut auf den Begriff „Weisheit", der in schillerndem Verhältnis zu jenem des „Wissens" steht. Es geht dem brasilianischen Autor offenkundig um eine Spiel-Art des Wissens, die nicht wie eine wissenschaftliche Disziplin disziplinierbar, folglich weder auf eine einzige Sprache noch auf eine einzige Logik reduzierbar ist. Inwiefern sich eine derartige Wissensform auf Weisheit hin zu öffnen vermag und welche Voraussetzungen hierfür bestehen müssen, wird noch zu ergründen sein. In jedem Falle gelte: „Liebe ist immer unlogisch, aber jedes Verbrechen wird nach den Gesetzen der Logik vollbracht."[20] Das Unlogische aber, so lässt sich bereits bei dieser Rekurrenz des Begriffs anmerken, ist auch hier kaum das, was jeglicher Logik entbehrt, sondern von verschiedenen Logiken gleichzeitig gequert wird und damit nicht im Sinne einer einzigen Logik disziplinierbar ist. João Guimarães Rosas Schreiben strebt nach Weisheit, Unendlichkeit und Ewigkeit – nicht gerade bescheiden gesteckte Ziele!

Wie im Fall des Fernando Ortiz macht es nicht nur mit Blick auf José Lezama Lima, sondern auch João Guimarães Rosa Sinn, ein letztes Mal einige Jahrzehnte zurückzugehen. *Sagarana* ist nicht das erste literarische Werk des Schriftstellers aus Minas Gerais. 1936 prämierte die Academia Brasileira de Letras den Gedichtzyklus *Magma* eines jungen Autors, den niemand kannte. Die literarische Qualität der eingereichten Gedichte aber machte buchstäblich Furore.[21] Und so steht am Anfang einer großen literarischen Karriere ein Preis, aber kein Buch. Denn der preisgekrönte Autor selbst war von der Qualität seiner eigenen Texte nicht überzeugt und verzichtete spektakulär auf eine Veröffentlichung, ja untersagte sogar jedwede postume Publikation.[22] In dieser Geste, die an den Vollkommenheitsdrang eines Franz Kafka erinnert, der keinen einzigen seiner Romane zu Lebzeiten veröffentlicht sehen wollte und vor seinem Tod dem Freund und Nachlassverwalter Max Brod den Auftrag gab, alles zu zerstören,[23] manifestiert sich

---

19 Ebda., S. 529.
20 Ebda., S. 530.
21 Vgl. hierzu Meyer-Clason, Curt: Vorwort. In: Guimarãs Rosa, João: *Sagarana. Erzählungszyklus.* Deutsch von Curt Meyer-Clason. Köln: Kiepenheuere & Witsch 1982, S. 9–23, hier S. 11; sowie Engler, Erhard: Nachwort. In: Guimarães Rosa, João: *Sagarana*, S. 377. Zum Nachwort Englers zu *Sagarana* und anderen Aspekten der Rezeption dieses Erzählbandes im deutschsprachigen Raum vgl. Vejmelka, Marcel: *Kreuzwege: Querungen. João Guimarães Rosa, Grande Sertão: veredas und Thomas Manns Doktor Faustus im interkulturellen Vergleich.* Berlin: edition tranvía 2005, S. 72–79.
22 Engler, Erhard: Nachwort, S. 379 f.
23 Vgl. neuerdings Lamping, Dieter: *Kafka und die Folgen.* Stuttgart: J.B. Metzler Verlag 2017, u. a. S. 70 f.

der ungeheure Anspruch des brasilianischen Autors zum ersten, aber keineswegs letzten Mal.

Auch sein erster Erzählzyklus wurde sogleich mit einem nicht minder wichtigen Literaturpreis ausgezeichnet, wobei man zunächst nach dem Autor öffentlich fahnden musste, hatte dieser doch ‚vergessen‘, dem von ihm eingereichten Manuskript seinen Namen beizulegen. Auch dies ist eine für Rosa charakteristische Anekdote. Aber anders als bei seinen Gedichten entschloss er sich – nach nicht weniger als acht Jahren[24] des Umarbeitens der gesamten Anlage seines Bandes wie jeder einzelnen seiner Erzählungen – dazu, sein Werk unter dem klangvollen, aber durchaus rätselhaften Titel *Sagarana* doch noch zu veröffentlichen. Damit begann ein publiziertes literarisches Werk, das den Autor zu Weltruhm führte und in einen gefeierten Schriftsteller der ‚Weltliteratur‘ verwandelte.

Längst ist bekannt und jeder Interpretation des Textes zu entnehmen, dass sich der Titel aus zwei Lexemen zusammensetzt: aus dem altisländischen „Saga“ (Sage, Erzählung) und dem Tupi-Wort „rana“ (ähnlich, gleichartig) – auf den polyglotten Grundzug dieses Autors hatten wir schon hingewiesen. Die Wortschöpfung wirkt paradox, führt sie doch in translingualer Verdichtung zusammen, was auf den ersten Blick nicht zusammengehört: zwei Worte aus gänzlich unterschiedlichen Sprachen, Regionen und Kulturkreisen, wobei das Tupi-Wort sozusagen die brasilianische ‚Verortung‘ deutlicher signalisiert als der Begriff „Sage“, der gleichwohl auf eine Gattungszugehörigkeit verweist, die durch das „rana“ sogleich wieder relativiert wird. Wir haben es nicht mit wirklichen Sagen, sondern mit sagenähnlichen, ja vielleicht sogar sagenhaften Erzählungen zu tun. Und doch liegt – auch im insularen Sinne – ein Hauch von Island über allem.

Der Titel führt das Konstruktionsprinzip des gesamten Erzählzyklus vor, insofern hier ein Hybridbegriff als Neologismus erschaffen wird, in welchem beide sprachlich-kulturellen ‚Herkünfte‘ gleich mächtig sind. Ihre im Titel deutliche Äquipollenz[25] besagt, dass die beiden Lexeme nicht nur gleichartig oder gleich gültig sind, sondern ihnen dieselbe Macht und Kraft zugeschrieben wird. Nicht allein zwei Sprachen und zwei Herkünfte werden hier miteinander gleichsam auf Augenhöhe verbunden, sondern zwei Logiken und Weltsichten.

Dieser Tatsache war sich der Autor bewusst, erklärte er doch wiederholt, die unterschiedlichsten Sprachen in sein Schreiben, in *sein* portugiesisches Idiom

---

24 Diese Zahl nennt Engler, Erhard: Nachwort, S. 378.
25 Zum Begriff der für die Philosophie des ersten schwarzen Philosophen in Deutschland so wichtigen Äquipollenz vgl. Ette, Ottmar: *Anton Wilhelm Amo: Philosophieren ohne festen Wohnsitz. Eine Philosophie der Aufklärung zwischen Europa und Afrika*. Berlin: Kulturverlag Kadmos 2014, S. 106–109.

einbinden zu wollen.[26] So schrieb er in einem Brief an die Linguistin Mary L. Daniel vom 3. November 1964: „Ich will alles: die Sprache, die man in Minas Gerais spricht, das Brasilianische, das Portugiesische, das Lateinische – vielleicht sogar die Sprache der Eskimos und die der Tartaren. Ich möchte die vor Babel gesprochene Sprache."[27]

Der Ausbruch aus einer (Sprach- und Literatur-) Welt, die sich unüberwindlich in einem „After Babel"[28] ansiedelt, verbindet sich zweifellos mit einem bei Guimarães Rosa bemerkbaren Begehren, aus einer Literatur und einem Leben *nach* dem Paradies[29] herauszufinden. Wieder ist wie bei Lezama Lima die Paradiesvorstellung höchst präsent. Zugleich ist der Anspruch, *alles* an Sprachen ins eigene Schreiben einbeziehen zu wollen, ein totaler (wenn auch gerade nicht totalitärer). Er liegt der Sprachgewalt wie der Gewalt an und mit der Sprache João Guimarães Rosas zu Grunde. Es ist der Anspruch auf die Sprachen der Welt, ihre vielperspektivische Anlage, ihre unterschiedlichsten Blickwinkel und Sinnbildungsprozesse. Guimarães Rosa war davon überzeugt: Wer die Totalität der Welt erfassen will, kann dies nicht aus der Perspektive einer einzigen Sprache tun. Das Translinguale geht hier mit dem Viellogischen einher: Das Queren unterschiedlichster Sprachen und verschiedenster Logiken beruht auf demselben Drang nach Erfassen einer Totalität von Welt, einer Totalität der Welt. *Sagarana* erhebt den Anspruch, dies auch in den Sprachen der Welt zu tun.

Von seiner offenen „concepção-do-mundo",[30] seiner offenen Weltsicht, sprach Guimarães Rosa auch in jenem Brief an João Condé, aus dem der Entstehungsprozess seines Bandes ebenso hervorgeht wie die Tatsache, dass *Sagarana* noch vor der Übersiedelung des Autors als Vizekonsul Brasiliens ins nationalsozialistische Hamburg niedergeschrieben wurde.[31] Dieser merkte an:

---

26 Vgl. hierzu auch Bolle, Willi: Die luziferische Funktion der Sprache: über Vilém Flusser und João Guimarães Rosa. In: Klengel, Susanne / Siever, Holger (Hg.): *Das Dritte Ufer. Vilém Flusser und Brasilien. Kontexte – Migration – Übersetzungen.* Würzburg: Königshausen & Neumann 2009, S. 74 f.
27 Zitiert nach Daniel, Mary L.: *João Guimarães Rosa. Travessia literária.* Rio de Janeiro: José Olympio 1968, S. 26: „Eu quero tudo: o mineiro, o brasileiro, o português, o latino – talvez até o esquimó e o tártaro. Queria a língua que se falava antes de Babel."
28 Vgl. Steiner, George: *After Babel. Aspects of Language and Translation.* London – Oxford – New York: Oxford University Press 1975.
29 Vgl. hierzu Ette, Ottmar: *Konvivenz. Literatur und Leben nach dem Paradies.* Berlin: Kulturverlag Kadmos 2012.
30 Vgl. den Brief von João Guimarães Rosa an João Condé, abgedruckt in *Letras e Artes* (Suplemento literário do jornal *A Manhã*) (Rio de Janeiro, 21.7.1947), S. 8. Ich danke Paulo Astor Soethe für den Hinweis auf diesen Text wie für dessen Zurverfügungstellung.
31 Ebda., S. 8 f.

> Das Buch wurde – fast gänzlich im Bett, mit Bleistift in Heften von hundert Blättern – in sieben Monaten geschrieben; sieben Monate der Exaltierung, der Blendung. (Danach ruhte es sieben Jahre; und 1945 wurde es in fünf Monaten „umgearbeitet", fünf Monate des Nachdenkens und der Klarheit.) Dann, im November, schloss ich mit einer Sekretärin einen Vertrag über die Reinschrift. Und am 31. Dezember 1945 reichte ich das Original um halb sechs Uhr nachmittags in der Buchhandlung José Olympo ein.[32]

Sagarana, der erste veröffentlichte Band des brasilianischen Schriftstellers, ist somit das Ergebnis rascher Niederschrift und zugleich einer äußerst langwierigen Umarbeitungsgeschichte, die auch ihr Hamburger Kapitel besitzen dürfte, hier aber nicht in allen Einzelheiten rekapituliert werden muss. Guimarães Rosa selber ging später eher großzügig mit diesen Details der Werk-Genese um, betonte in seinem Interview mit Günter W. Lorenz aber nachdrücklich die Beziehung seines Bandes zum Leben. Dabei evozierte er den Weg von *Magma* zu *Sagarana* und letztlich von dort aus weiter zum Romanwerk seines *Grande Sertão: Veredas* in wenigen Worten:

> Vor allem aber fand ich heraus, dass die professionelle Poesie, wie man sie in Gedichten anwenden muß, der Tod der wirklichen Poesie sein kann. Deshalb besann ich mich wieder auf die Sage, das Märchen, die einfache Geschichte, denn das sind die Sachen, die das Leben schreibt, nicht die Gesetzlichkeit sogenannter poetischer Regeln. Da setze ich mich also hin und fange „Sagarana" an zu schreiben, genauer gesagt: das, was später „Sagarana" wurde. Wie gesagt, das hat zehn Jahre gedauert, und seither interessiert mich meine Geschichte überhaupt nicht mehr, und die anderer nur noch selten.[33]

Was aber hat es mit diesen „Sagen", „Märchen" und „einfachen Geschichten" auf sich, die der Autor nach langen Jahren der Überarbeitung abdruckte und wieder vergaß? Und wie lassen sich die Grundstrukturen dieses Erzählbandes beschreiben, in dem alle „Sagen" und „Märchen" aufs Engste miteinander verbunden sind?

Der erstmals 1946 erschienene Band gliedert sich in neun verschiedene Erzählungen, die sich allesamt im und um den Sertão, den von extremen Klimabedingungen geprägten riesigen Nordosten Brasiliens, gruppieren. Nicht nur durch Diegese und Erzählweise, sondern auch eine Vielzahl die Erzählungen querender Elemente sind die neun Teile des Bandes in ein enges wechselseitiges Beziehungsgeflecht eingebunden, so dass nicht nur die historischen und räumlichen *Kon*texte, sondern auch starke *ko*textuelle Verbindungen die Einheit des

---

32 Ebda., S. 8.
33 João Guimarães Rosa in Lorenz, Günter W.: *Dialog mit Lateinamerika*, S. 497.

gesamten Zyklus hervorbringen. Es handelt sich um eine multirelationale Strukturierung, die wir ähnlich wie *La expresión americana* vorsichtig als archipelisch beschreiben könnten. Worin besteht diese kotextuelle Vielverbundenheit?

Die einzelnen Erzählungen sind nicht allein durch bestimmte Figurenkonstellationen zwischen Großgrundbesitzern, Viehtreibern, armen Bauern oder den räuberischen Banden der „Jagunços" miteinander verwoben, sondern auch durch die symbolischen Figuren und Gestalten von Eseln oder Papageien, Kröten oder Fröschen, aber auch bestimmten nicht minder häufig im Text immer wieder auftauchenden Bäumen und Vegetationsformen. Innerhalb der einzelnen narrativen Texte selbst siedeln sich stets andere erzählerische Kleinformen an, so dass sich hier unterschiedlichste literarische und mündliche Erzählformen begegnen. In allen ‚sagenhaften' Erzählungen wird der „Sertão" kreuz und quer durchstreift; fast immer treibt der Kampf um mehr oder minder schöne, stets aber faszinierende Frauen die Handlung voran; ausnahmslos geht es um ein Scheitern des Zusammenlebens, um gefährdete oder schon aufgekündigte Konvivenz, welche die Gefahr heraufbeschwört, ganze Ketten von Morden auszulösen. Wir begegnen Menschen und Tieren von epischer, überzeitlicher Größe, deren Charaktere und Leidenschaften mit voller Wucht aufeinanderprallen. Es handelt sich um eine eigene Welt, die immer wieder durch Wiederholungen, durch die Parallelität von Strukturen, Gegenüberstellung erwartbarer, aber dann doch wieder überraschender Logiken charakterisiert wird. Und stets geht es um das Unvermögen, dem drohenden Scheitern eines erhofften Zusammenlebens etwas entgegenzusetzen.

Das Scheitern der Konvivenz, das fatale Hineintreiben in eine kaum noch aufzuhaltende Kettenreaktion, welche in der Regel zur Katastrophe führt, erscheint bereits paradigmatisch in der ersten Erzählung von *Sagarana*. Denn unter den Viehtreibern in „Der kleine steingraue Esel" bricht ein Streit aus, hatte Badú doch Silvino die Braut ausgespannt, was letzterer als Kränkung seiner Mannesehre und tiefe Verletzung empfindet, die ihn mehrfach Mordanschläge auf seinen Rivalen planen und ausführen lässt. Diese scheitern zwar allesamt, gefährden aber doch das Überleben der gesamten Gruppe und tragen wesentlich dazu bei, dass wohl die meisten in den sintflutartigen Überschwemmungen untergehen, wie sie für den Sertão so charakteristisch sind. Diejenigen, die überleben, haben dies dem kleinen Eselchen Karo-Sieben zu verdanken.

Derartige Konstellationen rivalisierender Männer, die um eine verehrte oder verfluchte, hintergangene oder hintergehende Frau buhlen, welche ihre Verehrer zumeist mit den Augen in ihren Bann zieht oder als Femme fatale in den Abgrund reißt, bildet so etwas wie den narrativen und zugleich diskursiven Motor des jeweiligen Geschehens. Ob in der zweiten Erzählung Lalino Salãthiel zunächst seine Frau verlässt und verkauft, um sie Monate später wieder aufwendig von seinem Rivalen zurückzuerobern; ob in „Das Duell" der Ehebruch einer Frau mit einem militärisch strammen Nachbarn zu einer Kette an Morden führt, die alle Träume friedlichen Zusammenlebens verhindern; ob in „Kugelsicher" die Ansprüche eines schießwütigen Mordbuben verfolgt werden, noch vor der Hochzeit seines Nachbarn an dessen junger Frau das feudalistische „ius primae noctis" auszuüben; oder ob in der letzten Erzählung Augusto Matraga seine Frau und seine Tochter buchstäblich in die Verzweiflung stürzt, bevor er an einen Rivalen nicht nur Hab und Gut, sondern auch seine Frau und fast sein Leben verliert: Stets sind diese Antriebsmomente zwar handlungsleitend, doch rücken sie auf eigenartige Weise immer wieder in den Hintergrund. In jedem Falle werden Versatzstücke von Gefühlslandschaften erkennbar, welche die einzelnen Erzählungen sehr eng miteinander verzahnen, gleichzeitig die Handlungsstränge aber auch geradezu automatisiert ablaufen lassen. Es sind also keine wirklichen Sagen, in deren Inhalten wir aufgehen würden. Jenseits der Stories und ihrer durchaus unterschiedlichen Formen des „Plotting" fasziniert etwas ganz anderes: Im Vordergrund allen Erzählens stehen der Sertão und seine Naturgewalten, seine gewalttätige Natur. In das ebenso gewaltige wie Gewalt verströmende Wirken der Natur ist ganz selbstverständlich der Mensch miteinbezogen: Er ist Teil der Natur und *als solcher* Teil der Gewalt und des Lebens. Es gibt keine klare Grenze zwischen Natur und Kultur, so wie es auch keine eindeutige Grenzziehung zwischen Mensch und Tier, menschlichem und tierischem Leben gibt. Alles ist mit allem verwoben: Alles ist Wechselwirkung.

Als Günter W. Lorenz 1965 das Gespräch – wohl mit Blick auf den gleichnamigen großen Roman des Brasilianers – auf den Sertão lenkte, der die Größe Deutschlands um ein Vielfaches übertrifft, bemerkte der Romancier von *Grande Sertão: Veredas* dazu recht eindrücklich:

> Natürlich, für Europa ist das eine sehr große Welt, für uns natürlich nur eine kleine Welt, gemessen an unseren geographischen Begriffen, weil diese kleine Welt des Sertão, diese vielfältige und ursprüngliche Welt für mich das Symbol, vielleicht sogar das Modell meines Universums ist. So ist das germanische Cordisburgo, das von Deutschen gegründet wurde, das Herz meines suebisch-lateinischen Imperiums.[34]

---

34 João Guimarães Rosa in Lorenz, Günter W.: *Dialog mit Lateinamerika*, S. 497. Zu der ursprünglich für 2017 geplanten Neuübersetzung des Hauptwerkes von Guimarães Rosa und den Schwächen der Übersetzung von Curt Meyer-Clason in der Kritik des Literaturübersetzers Berthold Zilly vgl. Wiebrecht, Ulrike: Ein Monument, experimentell und voller Rätsel. In: <www.welt.de/sonderthemen/brasilien/article146661881>.

Die Größe spielt in diesen Überlegungen insofern eine Rolle, als ein Modell, gerade auch eines des Universums, stets auf Miniaturisierung beruhen muss, will es nicht – wie in Jorge Luis Borges' erstmals 1946 erschienener Erzählung *Del rigor en la ciencia* – im Maßstab 1:1 jeden Rahmen sprengen. Eine solche Miniaturisierung[35] stellt aber keineswegs etwas Harmloses, Verniedlichendes dar, sondern übt – wie Claude Lévi-Strauss in seinen Überlegungen zur „bricolage" sehr deutlich gezeigt hat[36] – eine enorme Kraft, ja Gewalt auf die Dinge aus, welche sie gleichsam in den Griff bekommt und in ihren Besitz nimmt. So ist auch auf dieser Ebene Gewalt mit im Spiel. Das „modèle réduit", von dem der französische Anthropologe und Verfasser der *Tristes Tropiques*[37] sprach, erlaubt es, wie eine im Sinne André Gides verstandene Mise en abyme, die strukturelle Gesamtheit des jeweils Dargestellten zu re-präsentieren und damit Macht auszuüben, insofern die Reduktion jeder Modellierung zugleich auch die Reduktion seiner Sinnpotentiale enthält. In der Miniaturisierung schwingt also die Gewalt einer reduzierten Modellbildung, einer reduktiven Vorstellung mit.

Die verlebendigende Modellierung des Sertão als Modell des eigenen Imperiums und damit zugleich des gesamten Universums verwandelt das „modèle réduit" Sertão in ein WeltFraktal,[38] das gleichsam die Totalität der Welt zu erfassen und doch in überblickbarer Form dem Lesepublikum vor Augen zu führen vermag. Leben wird diesem Modell durch die Allgegenwart des Viellogischen eingehaucht. Der Sertão, für brasilianische Verhältnisse eine *kleine* Welt, bietet fernab jeglicher Reduktion auf eine einzige Logik die Möglichkeit, mit dem Mittel der Verkleinerung eine *ganze* Welt in ihrer Gesamtheit zur Darstellung zu bringen. Wie aber ist diese Welt des Sertão in *Sagarana* und nicht erst in *Grande Sertão: Veredas* konzipiert und aufgebaut?

Die Antwort auf diese Frage greift auf das epistemische Modell der Insel zurück. Bereits die erste Erzählung, „Der kleine steingraue Esel", bietet uns reichlich Anschauungsmaterial, um zu verstehen, nicht wie der Sertão *an sich*, sondern der Sertão des João Guimarães Rosa konstruiert ist. Wie Island (das ja seit der Titelfindung präsent ist) stellt der Sertão eine Insel dar, die für eine

---

35 Vgl. hierzu Sánchez, Yvette: Nanophilologie – fraktale Miniaturisierung. In: Ette, Ottmar (Hg.): *Nanophilologie. Literarische Kurz- und Kürzestformen in der Romania*. Tübingen: Max Niemeyer Verlag 2008, S. 9–19.

36 Lévi-Strauss, Claude: *La pensée sauvage*. Paris: Plon 1962; hierzu auch Lévi-Strauss, Claude: Die Bricolage. In: Wirth, Uwe (Hg.): *Kulturwissenschaft. Eine Auswahl grundlegender Texte*. Frankfurt am Main: Suhrkamp 2008, S. 215.

37 Vgl. Lévi-Strauss, Claude: *Tristes Tropiques*. Paris: Plon 1955.

38 Zum Begriff des WeltFraktals vgl. Ette, Ottmar: *WeltFraktale. Wege durch die Literaturen der Welt*. Stuttgart: J.B. Metzler Verlag 2017.

ganze Welt steht, eine Insel voller Sagen, Geschichten großer Leidenschaften und großen Leidens. Aber ist hier nur in einem übertragenen, metaphorischen Sinne von einer Insel die Rede?

Bei genauerer Analyse wird sehr rasch auf struktureller Ebene deutlich, mit Hilfe welcher Verfahren und Darstellungsmuster der Sertão in *Sagarana* als sagenumwobene Insel in Szene gesetzt wird. Diese Insel birgt in sich eine Vielfalt, eine klein gekammerte und sich je nach Ort und Bewegung ständig wandelnde Welt, aber doch eine, die vom Rest Brasiliens, vom Rest des amerikanischen Kontinents deutlich abgetrennt ist. Eine Insel charakterisiert sich in grundlegender Weise dadurch, dass es auf Ebene der Verkehrs- und Transportmittel eine infrastrukturelle Diskontinuität gibt. Wie ist diese auf der Insel des Sertão implementiert?

Die infrastrukturelle Diskontinuität, also der notwendige Wechsel des Transportmittels, zeigt sich in aller Deutlichkeit daran, dass sich an den Rändern des Sertão ‚Häfen‘ in Form von Eisenbahnendstationen befinden. In vielen der in *Sagarana* versammelten Erzählungen werden die Ankünfte und Abfahrten an diesen Bahnhöfen sehr stark ins Rampenlicht gerückt: Über die Bahnhöfe wird die Insel erreicht oder wieder verlassen. Immer wieder sehen wir, wie die Protagonisten mit dem Zug im Sertão ankommen, wo sie dann auf Pferde, Maultiere oder Esel umsteigen müssen, um sich weiter ins Innere fortbewegen zu können. Dabei sind es bisweilen auch Flüsse, die als Leitlinien, als „veredas“, der Verkehrswege ein Eindringen ins Innere der Insel ermöglichen. Entscheidend ist stets, dass die Eisenbahnlinien von São Paulo oder Rio de Janeiro her das Kontinuierliche des Kontinents in den Reisebewegungen der sich zum Sertão Hinbewegenden betonen, dann aber diese Kontinuität unterbrochen wird, insofern alle auf Tiere als Transportmittel umsteigen müssen. Daher auch die enorme Bedeutung der Tier-Welt auf dieser großen Insel. Mit der Eisenbahn setzt man zur Insel über, mit ihr kann man sie auch wieder verlassen. Der Sertão ist eine eigene Welt mit eigenen Gesetzen.

Das Verlassen der Insel steht in *Sagarana* oft unter keinem guten Stern: Man verlässt sie, so scheint es, nicht ungestraft. In der zweiten Erzählung empfindet der „Sertanejo“ Lalino Saláthiel schon nach wenigen Monaten des Verprassens all seiner Geldmittel in Rio de Janeiro eine ungeheure Sehnsucht nach dem Sertão – und nach seiner dort von ihm zurückgelassenen Frau. Als der Überlebende des Duells in der vierten Erzählung mit dem Zug wieder in den Sertão zurückkehrt und auf das Pferd umsattelt, wird er schon bald von jenem armen Bauern im Sertão erschossen, der im Auftrag seines Feindes nur auf diese Rückkehr gewartet hatte.

Aber schon in der ersten Erzählung werden die riesigen, wohlgenährten Viehherden zum Verladebahnhof getrieben und von den Männern der Fazenda des Majors in Viehwaggons gepfercht. Ihr Abtransport per Eisenbahn macht manche der Männer traurig, ist dies doch für die Tiere nichts anderes als eine Reise in den

Tod, zu den Schlachthäusern der großen Städte weit jenseits der Insel Sertão. Schienen sind Wege in den Tod oder doch zumindest – wie in den Erzählungen „Die Strohspinner" und „Meine Verwandten" – in ein Verschwinden von Frauen und Töchtern: ein Verschwinden ohne Nachricht, ohne Wiederkehr, an der Seite dubioser Händler, die zumeist nicht aus diesem Teil des Landes stammen.

Das eigentliche Movens innerhalb der gesamten Landschaft des Sertão aber sind die Viehherden: Alles dreht sich um sie, um ihre Aufzucht, ihren Fortbestand, ihr Leben, ihren Verkauf und ihre Verwertung. Sie erscheinen in *Sagarana* von Beginn an in all ihrer Schönheit, Größe, unbändigen Kraft wie auch in ihrem Eigen-Leben. Kaum ist der eigentliche Protagonist der ersten Erzählung, der kleine steingraue Esel Karo-Sieben, im Incipit vorgestellt und eingeführt, erscheint auch schon die urwüchsige Kraft der großen Viehherden des Sertão:

> Hoch über der Kordillere gekrümmter Rücken schwankte der Mastenwald der Hörner. Und gegeneinander drängten die Flanken der Kreuzungen aller urwüchsiger Mischrassen der Campos Gerais, des Urucúia-Flusses, der Niederungen des Grünen Flusses, der Reservate Bahias, der Wiesengründe von Goiás, der Steppen des Jequitinhonha, der ausgreifenden Weiden des endlosen Sertão. Einmalig und eigenartig im Fell, mit sehr gelungenen und ganz unmöglichen Farben: Schwarz, Dunkelgrau, Pechschwarz, Katzengelb, Rotbraun, Rot, Rosa, Lehmbraun, Orangefarben; ins Rötliche gehendes Kastanienbraun, schwarzgestreiftes Weiß; gefleckt, gesträhnt, vielfarbig; Holsteiner mit absonderlicher Fleckfärbung; Schildkrötenschattierungen aller Art; schwarzgelbgetupfte Felle mit konzentrischen Streifen – Kurven und schmutzigbraune Zebrastreifen auf grünlichem Grund, wie zwiebelartige Achatschnitte, große Knoten aus geschnitztem Holz oder in rohen Granit gehauene Gesichter.[39]

Abb. 116: João Guimarães Rosa während einer Reise durch den Sertão Mineiro, 1952.

---

[39] Guimarães Rosa, João: *Sagarana. Erzählzyklus.* Deutsch von Curt Meyer-Clason. Berlin: Aufbau-Verlag 1984, S. 9.

Nicht der Sertão an sich, sondern die Viehherde im Sertão ist das eigentlich bestimmende Element in Guimarães Rosas Landschaft der Theorie[40] in *Sagarana*. Im Zusammenspiel zwischen Endlosigkeit und Begrenztheit dieser ‚kleinen Welt', zwischen der Ausdifferenzierung jeder einzelnen Fellfärbung und der Masse aneinander gedrängter Tierleiber wird von Beginn dieser Passage an die dynamische Kompaktheit der Tiere mit der geologisch starren Struktur einer Kordillere und der mobilen Strukturierung eines Masten-Waldes in eins gesetzt. Die Metaphorik dieses Waldes blendet das Bild unzähliger Schiffe ein, die in einem Hafen vor Anker liegen, zugleich aber stets dazu bereit sind, die Leinen loszumachen, wieder in See zu stechen und alles, was soeben noch ruhig schien, in Bewegung zu setzen.

Auf die wie in einem literarischen Katalog aufgelisteten Felle dieses kollektiven, jederzeit in Bewegung zu setzenden Körpers sind ebenso geologische wie tierische und pflanzliche, aber auch menschliche Attribute gezeichnet, so wie auch der Masten-Wald die Zusammenführung natürlicher wie kultureller Bedeutungsebenen deutlich vor Augen führt. Die klare Scheidung zwischen Natur und Kultur wird bereits in dieser Passage ebenso unterlaufen wie die Setzung einer Trennung zwischen Menschen- und Tierwelt: Alles steht in unabschließbarer Wechselwirkung. Alles ist hier mit allem verbunden und weist eine zutiefst relationale Strukturierung auf, welche dieser Landschaft der Theorie ihre eigentliche epistemische Grundlage gibt.

Im weiteren Verlauf der ersten Erzählung, die in begrenzter Form, aber doch in epischer Breite vom Zusammentreiben der Herden, deren Überführung zur Verladestation und dem prekären Zusammenleben der Viehtreiber in einer stark hierarchisierten, von einem Großgrundbesitzer beherrschten Gesellschaftsstruktur berichtet, werden die Bewegungen der Herde durch die unterschiedlichen Landschaften des Sertão immer wieder anhand einer hochgradig mobilen Vektorizität der Tierkörper illustriert. Unterschiedlichste Bewegungsformen und -figuren tauchen auf. Beim Zusammentreiben der Tiere ergießt sich die Herde wie ein „Strahl"[41] von Wasser durch ein geöffnetes Wehr. Es ist ein unablässiges Fließen und Strömen: Die Herde wird ständig in dieser Fließbewegung des Wassers gehalten. Die Herden bewegen sich so, als bildeten sie Meeresströmungen. Diese Bewegungen der kompakten Masse werden in ihrer Dynamik und Vektorizität sehr präzise erfasst und analysiert, wenn Wellen und Wirbel an der Oberfläche erscheinen:

---

40 Vgl. zu diesem Begriff Ette, Ottmar: *Roland Barthes. Landschaften der Theorie*. Konstanz: Konstanz University Press 2013.
41 Guimarães Rosa, João: *Sagarana*, S. 26.

[...] grundlos breitet sie sich aus und zieht sich zusammen, und selbst im Innern der mah-
lenden Masse entstehen seltsame Wirbel, nicht die üblichen Platzverschiebungen des Viehs
auf dem Marsch – wo einige sich um einen Platz in der Vorhut streiten, andere die Mitte
suchen und viele sich treiben lassen, gestoßen, fast schwimmend, während die schwächeren sich seitwärts rollen lassen und die Schweren im Hufschlag der Prozession ins Hinter-
treffen geraten.[42]

Ständig bilden sich neue Bewegungsfiguren: Welle, Strahl, Wirbel, Spirale oder
Kreisel – alles bildet sich und vergeht, formt sich wieder neu. Es entstehen Meeresströmungen, die sich scheinbar grundlos fortpflanzen, Teile der Viehherde
erfassen, Gegenströmungen auslösen, Linien gegensätzlicher Bewegungen, die
dann doch wieder ineinander fallen und weitergetrieben werden. Einer der Viehtreiber erzählt, wie bisweilen nachts die Tiere in Bewegung geraten:

Ich kam auf eine tiefliegende Weide und versank fast in Kühen. [...] Die Kühe waren unruhig,
drängten sich zusammen, türmten sich zu einem Kuchen, stießen die Kälber in ihre Mitte,
gaben Fersengeld, so dass zusammengepresst das Ganze aussah wie ein großes Rad, das
sich drehte und immer kleiner wurde, unablässig kreisend ...[43]

Die unterschiedlichsten Bewegungsfiguren der großen Herden prägen den Sertão,
überziehen mit ihrer Vektorizität eine Landschaft, die in ihrer Eigengesetzlichkeit
inselhaft für sich alleine steht, zugleich aber mit den unterschiedlichsten Welten
verbunden ist. Bisweilen tritt bei Betrachtung der Landschaft eine Art Archipelisierung des gesamten Sertão ein, wie wir sie etwa beim Erzähler in „Meine Verwandten" finden können. Gerade erst mit dem Zug aus der Stadt angekommen,
wirft der junge Mann, von seinem Begleiter zum Schachspiel gezwungen, immer
wieder Blicke in die von ihm hoch zu Ross durchquerte Landschaft werfend:
„Auf dem malachitgrünen Bergzug Archipele von schneeweißem Hornvieh zwischen roten Inseln aus Ziegenbartgras."[44] Die Landschaft löst sich im Blick ihres
Betrachters in voneinander getrennte Inseln, in einzelne „Flecken"[45] („manchas")
auf und verliert ihre Kontinuität, ihre Kontinentalität.

Die unterschiedlichsten Rinder-Rassen machen – wie Flora und Fauna, aber
auch die Herkünfte der Menschen in *Sagarana* überhaupt – darauf aufmerksam,
dass der Sertão sehr wohl in seinem Eigen-Leben eine Insel, aber keineswegs

---

42 Ebda., S. 28.
43 Ebda., S. 32.
44 Ebda., S. 184: „Na serra, verde-malaquita, arquipélagos de reses, muito alvas, pastando, entre
outras ilhas, vermelhas, do capim barba-de-bode."
45 Ebda.

isoliert ist. Alles ist das Ergebnis von Migrationen, Kreuzungen, Begegnungen und Querungen. Selbst ein oberflächlicher Blick auf die Vielgestaltigkeit aller Herkünfte zeigt, dass der Raum des Sertão das Ergebnis weltweiter Vektorizität ist, dass dieser Raum folglich transareal aus Bewegungen gemacht ist, welche die Migrationen von Tieren und Pflanzen ebenso miteinschließen wie die Eroberungszüge, Deportationen oder Versklavungen der Menschen. Die Inszenierung von Vektorizitäten unterschiedlichster Art versinnbildlicht, dass der Sertão keinen statischen Bereich oder Rückzugsraum darstellt, sondern in seiner Inselhaftigkeit eine ganze Welt in ihrer Totalität modelliert und abbildet – eben das, was Guimarães Rosa im angeführten Interview ankündigte. Der Sertão in *Sagarana* ist eine *totale* Welt: ein Universum, ein ganzer Kosmos für sich und an sich – und das Imperium des brasilianischen Erzählers.

Der Mensch ist in diesem Kosmos Teil der Natur und, auch wenn er sie zu beherrschen sucht, zugleich den Naturgewalten ausgesetzt. Er wird Opfer sintflutartiger Regenfälle, erliegt der Malaria, geht in Hungersnöten zugrunde. So gelingt es ihm zwar, die Viehherden zu den Bahnhöfen zu treiben, wo sie sich wie durch Kanäle bewegt in Umzäunungen wie Wasser ergießen und später in Viehwaggons einpferchen lassen. Doch ungezählt sind die vom Menschen nicht oder kaum beeinflussbaren Bewegungen: ebenso die überfallartigen Angriffe mächtiger Bullen, die kreiselnden Bewegungen stampfender und sich immer enger zusammendrehender Rinderherden oder gar die „Stampedes", die von wenigen Tieren ausgehend die gesamte Herde erfassen können und alles mit sich fortreißen, nicht selten auch die Menschen. Zahlreich sind Verweise auf zu Tode getrampelte Viehtreiber, Reisende oder des nachts Kampierende, die sich nicht rechtzeitig vor den Hufen einer Herde in Sicherheit zu bringen vermochten. In der Erzählung „Rindergespräch" raunen sich die Rinder gerne einmal Geschichten von der Ohnmacht des Menschen zu, von der sie sehr wohl wissen.

Auch wenn ihn keine Meere oder Meeresarme umgeben: Der Sertão ist in *Sagarana* eine Insel, die zwar komplex und in unterschiedliche Zonen aufgeteilt ist, von langen Flussläufen durchzogen und dazwischenliegenden Hochflächen geprägt wird, aber doch in sich eine Einheit bildet, welche sich vom Rest des Nationalstaates deutlich abhebt. In seinem Nachwort hat Erhard Engler zu Recht darauf aufmerksam gemacht, dass Guimarães Rosa kaum einmal von Veränderungen im Sertão Notiz zu nehmen gewillt war.[46] In der zweiten Erzählung, „Biographische Skizze Lalino Saláthiels oder Die Rückkehr des verlorenen Ehemanns", dringt zwar bisweilen einmal – und sehr gegen den erklärten Willen des Großgrundbesitzers – ein Automobil mit wichtigen Politikern in den Sertão ein,

---

46 Vgl. Engler, Erhard: Nachwort, S. 381.

so dass man den Eindruck erhält, die Insel könnte doch eines Tages ‚angeschlossen' werden und verlanden. Aber dies sind Ausnahmen: João Guimarães Rosa konnte kein Interesse daran haben, seine Landschaft der Theorie zu zerstören. Nur als eine deutlich abgesetzte Insel konnte sie das Modell seines „Imperiums" und zugleich WeltFraktal sein. Eine Landschaft der Theorie, die der brasilianische Autor „verwortete"[47] – und zugleich als seine Kreation verantwortete.

Als eine solche Insel schreibt sich der Sertão wiederum ein in eine lange Geschichte der Insularität und Insularisierung Brasiliens.[48] Sie beginnt auf mittelalterlichen Karten irgendwo in Irland und ist bis heute nicht zu einem Ende gelangt. Hatte nicht schon Christoph Kolumbus seine Männer schwören lassen, dass es sich bei Kuba um einen Kontinent handle? Und hatte er nicht umgekehrt den Südteil des amerikanischen Doppelkontinents für eine Insel gehalten und ihr den Namen „Isla de Gracia" gegeben?

Die Insularität des Sertão zielt in *Sagarana* aber nicht als Pars pro toto auf die Gesamtheit Brasiliens, sondern auf jene der Welt. Der Sertão ist als Landschaft der Theorie als WeltFraktal konzipiert. Die spätestens seit Euclides da Cunhas[49] großartigem Hybridtext *Os Sertões* grundlegende literarische Modellhaftigkeit dieser Region im Nordosten wurde von João Guimarães Rosa bewusst in eine neue Dimension überführt. Denn anders als in Euclides da Cunhas Grundlagentext und der Deutung des Sertão als „Unserer Vendée"[50] geht es nicht mehr um einen allzu lange vergessenen Teil des Nationalstaats, sondern die Modellierung einer ganzen Welt, eines ganzen Kosmos. *Sagarana* ist der entscheidende literarische Schritt hierzu.

Wie im *Gilgamesch*-Epos steht im Zentrum das Zusammenleben zwischen Menschen und Tieren, Menschen und Pflanzen, dem Menschen und allen seine

---

47 Von einer ‚Verwortung des Sertão' spricht Bolle, Willi: Die luziferische Funktion der Sprache: über Vilém Flusser und João Guimarães Rosa, S. 70.

48 Vgl. hierzu die Potsdamer Dissertation von Muranyi, Heike: *Brasilien als insularer Raum. Literarische Bewegungsfiguren im 19. und 20. Jahrhundert.* Berlin: Verlag Walter Frey – edition tranvía 2013.

49 Vgl. zu Euclides da Cunha die durch den Tod des Biographen ‚unterbrochene' Biographie von Ventura, Roberto: *Retratointerrompida da vida de Euclides da Cunha.* Organização Mario Cesar Carvalho e José Carlos Barrento de Santana. São Paulo: Companhia das Letras 2003. Zu den Beziehungen zwischen *Os Sertões* und *Grande Sertão: Veredas* vgl. auch das Interview mit Bolle, Willi: Guimarães Rosa – Retrato da alma do Brasil. In: <revistapesquisa.fapesp.br/2001/10/01/guimaraes-rosa-2>.

50 Ventura, Roberto: „Unsere Vendée". Der Mythos von der Französischen Revolution und die Konstitution nationalkultureller Identität in Brasilien (1897–1902). In: Gumbrecht, Hans-Ulrich / Link-Heer, Ulla (Hg.): *Epochenschwellen und Epochenstrukturen im Diskurs der Literatur- und Sprachhistorie.* Frankfurt am Main: Suhrkamp 1985, S. 441–466.

Welt prägenden Elementen, wobei auch dem Göttlichen, Magischen und Luziferi-schen[51] stets große Aufmerksamkeit zukommt. Den Menschen verbindet dabei mit allem anderen, was lebt oder doch als lebendig aufgefasst wird, die Dimension des Lebens selbst: eines Lebens in den Zusammenhängen der Natur, eines Lebens im kreatürlichen Sinne. Der Mensch teilt dies mit allem, was in der Natur, die ihn einschließt, Leben besitzt. Sein Erlebenswissen reicht hierbei von der Unmittel-barkeit des Kreatürlichen bis hin zum sich selbst reflektierenden Lebens-, Zusam-menlebens- und Weiterlebenswissen. Wer all dies auf eine einzige Logik reduzie-ren wollte: Wie armselig müsste der sein!

Es gilt freilich zu berücksichtigen, dass in *Sagarana* Tiere oft die besseren Menschen sind. Dies beginnt bereits mit dem kleinen steingrauen Eselchen Karo-Sieben, das im Grunde als einziges Lebewesen die Geschehnisse in der ersten Erzählung jeweils adäquat zu beurteilen vermag. So ist es auch in der Lage, sich selbst und den ihm jeweils anvertrauten Menschen wiederholt das Leben zu retten. Die Figur des Esels als die eines heiligen Tieres durchläuft keineswegs zufällig verschiedene Erzählungen von *Sagarana* und taucht nicht umsonst auch im letzten Text, *Die Stunde und Umkehr des Augusto Matraga*, auf höchst prominente Weise wieder auf. Erneut ist es nicht der Mensch, der das Tier lenkt, sondern das Eselchen, das an allen Wegkreuzungen die Entscheidung trifft und wie von höherer Hand geleitet wird. Es unterliegt nicht der vorgeformten, absichtsvollen Logik seines Herrn, sondern handelt nach verschiedenen Logiken zugleich und ändert oft scheinbar zufällig die Richtung. Aber gerade darin ist es ein Modell.

Fast hätte Matraga darauf verzichtet, sich von einer Eselin tragen zu lassen. Doch die ihm gut gesonnene Schwarze Quitéria macht ihn darauf aufmerksam, „dass die Eselin ein halb heiliges Tierchen sei und tief verbunden mit Begebenhei-ten im Leben Jesu".[52] Kein Wunder also, dass ihn das Tier zur ersehnten Erfüllung seines Schicksals führt und ihm so als Medium dient, das ihn mit dem Heiligen verbindet, mit der Transzendenz. Seine rationale Logik hätte ihn wohl eher von diesem Weg ferngehalten ...

Auch wenn die Viehherden als dynamisierte Massen erscheinen, so werden doch viele Rinder und Kühe in ihrer Eigenheit und Individualität vom Schriftstel-ler portraitiert. Wie uns die erste Erzählung ein wahres Psychogramm eines Esels bietet, so zeigt uns die zweitletzte Erzählung „Rindergespräche", wie hochindivi-

---

51 Vgl. hierzu Bolle, Willi: Die luziferische Funktion der Sprache: über Vilém Flusser und João Guimarães Rosa, S. 63–79.
52 Rosa, João Guimarães: *Sagarana*, S. 364: „ser o jumento um animalzinho assim meio sagrado, muito misturado às passagems da vida de Jesus."

duell die einzelnen Tiere im Joch eines Ochsenkarren sind, der quietschend den *Sertão* durchquert. Sie tragen nicht nur vom Menschen gegebene Eigennamen, sondern haben sehr individuelle Charaktere, Verhaltensweisen und sprachliche Ausdrucksformen entwickelt, die es uns erlauben, an ihrem Denken teilzuhaben. Sie sind also nicht weniger individuell gezeichnet als die menschlichen Figuren in *Sagarana*.

Die Rinder haben sich andere Formen des Denkens bewahrt, auch wenn bisweilen die Gefahr besteht, dass sich einzelne von ihnen zu sehr den gefährlichen Denkmustern des Menschen angepasst haben oder doch anpassen könnten. Natürlich vergessen die Rinder bisweilen ihr Denken und sie vergessen oft, was sie soeben noch beschäftigte. Tun das die Menschen nicht auch? Doch verfügen die Rinder zweifellos über eine sehr eigenständige Weltsicht: Sie haben spezifische Formen des Zusammenlebens entwickelt, haben sich an die Herrschaft des Menschen gewöhnt, sind aber auch – wie die Ereignisse zeigen – in der Lage, einen Menschen, der sie ständig mit tief verletzenden Peitschenhieben quält, vom Leben in den Tod zu befördern. In João Guimarães Rosas Welt denkt nicht nur der Mensch: Auch und gerade die Tiere denken und denken mit. Vieles lässt erahnen, dass alles in der Natur nicht nur von Leben, sondern auch von einem Denken durchdrungen ist, das kein Privileg des Menschen ist: *L'Animal que donc je suis.*[53]

Dabei wird dieses Denken von anderen Logiken bestimmt, als dies bei jenem des Menschen der Fall ist. João Guimarães Rosa macht aus dem Tier kein „Animal autobiographique"[54] im engsten Sinne, sondern versucht, nicht andere, sondern *weitere* Logiken zu entfalten. Der Rationalität und Irrationalität des Menschen setzen die Tiere eine geradezu körperliche Form des Denkens entgegen, die ihnen bisweilen erlaubt, ihr Eigen-Leben gegenüber der Allmacht des Menschen zu affirmieren und diese weitere Logik dem Menschen auch anschaulich vor Augen zu führen. Denn die Menschen-Logik ist den Tier-Logiken nicht immer überlegen.

Ein weiteres Beispiel findet sich in der bereits mehrfach angeführten Erzählung „Das Duell", die zweifellos zu den herausragenden des brasilianischen Schriftstellers zählt. Dort fragt der mit der Eisenbahn in den Sertão zurückgekehrte Turíbio Todo einen armseligen Buschbauern, zu dem er sich hingezogen fühlt, der ihm aber den Tod bringen wird, warum dieser denn nicht die Armut des Sertão verlassen wolle, gebe es woanders doch weitaus mehr Geld zu verdienen. Die Antwort auf diese Frage gibt nicht nur der eher wortkarge Buschbauer allein:

---

53 Vgl. Derrida, Jacques: *L'Animal que donc je suis*. Paris: Galilée 2006.
54 Mallet, Marie-Louise (Hg.): *L'Animal autobiographique*. Paris: Galilée 1999.

„Wieso denn! Man ist hier geboren, man bleibt auch hier ..."
Und durcheinandergebracht wie jemand, der das Thema wechseln möchte, deutete der Buschbauer auf etwas.
„Schauen Sie doch!"
Auf den höchsten Ästen des Landi-Baumes gestikulierte kreischend und hopsend ein zerzauster und fratzenschneidender Krallenaffe. Die Reiter blieben stehen. Turíbio Todo zog den Revolver und zielte. Aber das Äffchen versteckte sich hinter dem Stamm, steckte dann und wann nur spähend das Gesichtchen hervor. Und Turíbio wurde es weich ums Herz, und er steckte die Waffe wieder in den Gürtel.
Währenddessen turnte das Seidenäffchen in Spiralen stammabwärts und sprang auf den Vinhático-Baum herüber und vom Vinhático-Baum zur Myrte, von der Myrte zum Sapucaia-Nußbaum, kletterte am Strang der Kreuzliane herunter, kletterte an der Sonnenblütenzündschnur der Katzenkralle hinauf, schwang sich zu den Höhen eines Engelwurzbaums hoch, verschwand im Gipfel und lachte sie von dort oben aus.
„Laß den Armen! Warum die kleinen Urwaldgeschöpfe quälen? Auch sie wollen leben ..."[55]

Diese Anekdote ist keineswegs beiläufig: Die behände Choreographie des Äffchens gibt die vielleicht überzeugendste Antwort auf die Frage, warum man im Sertão leben kann und soll. Das Tier denkt sich nicht nur in die rational-irrationale Logik des Tötens von Seiten des Menschen ein, der ihn völlig grundlos und aus purer Lust am Morden umgebracht hätte, sondern erteilt ihm eine wahre Lektion. Denn die von ihm vollzogenen Bewegungen führen es von Baum zu Baum, von Liane zu Liane, von Lebewesen zu Lebewesen: Sie führen vor, wie alles mit allem verbunden ist und zusammenhängt. Jede Pflanze in dieser Passage erscheint mit ihrem Namen, schreibt sich gleichsam ein in die Vielzahl an Katalogen, die in *Sagarana* von Tieren, Pflanzen, Gesteinen und vielem anderen literarisch erstellt werden. Alles steht miteinander Rhizom-artig in Wechselwirkung. Das komplex-polyzentrische Verwoben-Sein von Flora und Fauna umfasst ebenso den Menschen, auch wenn sich dieser der Tier- und Pflanzenwelt weit überlegen fühlt, verfügt er doch über überlegene Mittel des Tötens. Aber das Äffchen besitzt ein Wissen, das dem Menschen nur noch schwerlich zugänglich zu sein scheint. Es ist ein Wissen, das weder disziplinierbar ist noch auf den Begriff gebracht werden kann: ein Wissen vom Leben im Leben.

Der Buschbauer, der gerade noch Turíbio Todo daran gehindert hatte, den Affen hoch oben auf dem Baum als Zielscheibe zu benutzen, wird wenig später nicht zögern, diesen Mann zu erschießen, nur weil er dessen Feind auf dem Totenbett versprechen musste, an seiner Stelle das Duell der beiden zu Ende zu bringen. Die Logik von Ehebruch, verletzter Ehre, Mord und Blutrache kommt erst dann zum Stillstand, wenn alle Männer rund um die begehrte Frau den Tod gefunden

---

55 Rosa, João Guimarães: *Sagarana*, S. 176.

haben: Das ist die Logik des Menschen! Wie es João Guimarães Rosa ausdrückte: Das Verbrechen beruht, anders als die Liebe, auf einer einzigen Logik.[56]

So führt Das Duell nicht nur weite Teile des Sertão vor, welche die beiden sich verfolgenden und einander nachstellenden Männer durchstreichen, sondern zeigt auch auf, wie unentrinnbar tödlich die Logik sogenannter ‚männlicher Ehre‘ ist, die an das Auslöschen des jeweils Anderen gebunden zu sein scheint. Dieser Katastrophe menschlicher Konvivenz, wie sie alle Erzählungen von *Sagarana* prägt und zumeist auch beherrscht, wird eine andere, weitere und umfassende Form der Konvivenz entgegengehalten, in welcher das eine Lebewesen nicht zwanghaft zum Feind eines anderen Lebewesens wird. Es geht folglich um die Frage adäquater Entfaltung eines Zusammenlebenswissens.[57]

Mithin breitet *Sagarana* vor unseren Augen nicht nur eine sagen-hafte, sagenumwobene Welt aus, die im Spannungsfeld von Konvivenz und Katastrophe steht. Vielmehr zeigt sich in diesem WeltFraktal die fatale, von Mord zu Mord überspringende Kraft einer Logik, die das Denken des Menschen, weit weniger aber – wie die Erzählung „Rindergespräche" vorführt – das Denken anderer Lebewesen prägt. Die Tiere jagen sich, wenn sie Hunger haben; sie fressen einander auf, um überleben zu können. Aber sie töten sich nicht aus Gründen vermeintlich verletzter Ehre, Motiven der Habsucht oder des Neides, aus unmäßiger Herrschsucht, die keine Grenzen mehr kennt, oder auch nur aus purer Lust. Das Tier – und nicht allein das Krokodil – hat bei Rosa zumindest das Zeug zum besseren Menschen!

Es ist daher kein Zufall, dass der höchst erfolgreich agierende und von seinen Männern anerkannte Großgrundbesitzer Major Saulo im Gespräch darauf verweist, dass er niemals zur Schule gegangen und niemals „im Sitzen [...] von diesem Leben gelernt" habe.[58] So schreibe er sich auch nicht auf, was er einnehme und was er ausgebe: Er stelle sich keiner Rechenaufgabe. Man könne „in den Spuren auf der Erde" vieles viel deutlicher lesen und erkennen. Und er fügt ohne jede Scham hinzu: „Schau, was ich von den Leuten verstehe, habe ich im Umgang mit den Rindern gelernt ...."[59]

Somit führt bereits die erste Erzählung aus *Sagarana* vor, dass es neben der abendländischen Rationalität mit ihren Kulturtechniken Lesen und Schreiben,

---

56 Vgl. João Guimarães Rosa in Lorenz, Günter W.: *Dialog mit Lateinamerika*, S. 530.

57 Vgl. hierzu Ette, Ottmar: *ZusammenLebensWissen. List, Last und Lust literarischer Konvivenz im globalen Maßstab (ÜberLebenswissen III)*. Berlin: Kulturverlag Kadmos 2010.

58 Rosa, João Guimarães: *Sagarana*, S. 39: „sentado não aprendi nada desta vida."

59 Ebda., S. 40: „rastro da terra" – „Olha, o que eu entendo das pessoas, foi com o traquejo dos bois que eu aprendi ...."

Kalkulieren und Berechnen auch andere Logiken gibt, die in ihrer Gültigkeit im Sertão überprüfbar sind. Hierdurch stellt Major Saulo keineswegs die Gültigkeit der westlichen Logik in Frage, wohl aber deren Anspruch auf alleinige und ausschließliche Gültigkeit. Das Leben im Sertão erfordert viellogisches Denken und beruht auf Äquipollenz unterschiedlichster Logiken, die der Leserschaft vor Augen geführt werden. Wenn der Major also von Tieren, von den Rindern mehr über die Menschen gelernt hat als von diesen selbst, dann weist dies auf die Komplexität eines Lebenswissens, Überlebenswissens und Zusammenlebenswissens hin, das sich gerade nicht nach einer einzigen Logik richtet, sondern das Leben ebenso wie das Wissen vom Leben in seiner ganzen Breite und Vielfalt zu erkennen vermag. Denn vom Leben kann gesagt werden, was für die Liebe gilt:[60] Es ist nicht die Beute einer Disziplin, nicht einmal der Life Sciences.

Die Äquipollenz der unterschiedlichsten Wissensmodelle wird auch immer wieder in Form von Sprichwörtern in die Erzählungen eingeblendet oder den Erzähltexten vorangestellt. Gleichviel, ob João Guimarães Rosa hier den Bewohnern des Sertão ‚aufs Maul geschaut' oder seinen Teil hinzuerfunden hat: Die Sprichwörter blenden oft in Form des Paradoxen, das sich keiner Doxa, keiner eindeutigen Lehre und Logik unterwirft, die Komplexität eines Lebenswissens ein, das sich als Lebensweisheit in Szene setzt oder zu erkennen gibt. Die sagenhaften WeltFraktale von *Sagarana* machen auf diese Weise mit ihrer von Beginn an polylogischen Struktur auch auf die Notwendigkeit aufmerksam, für das eigene Überleben in verschiedenen Logiken zugleich denken zu *müssen* – und zwar nicht nur im brasilianischen Hinterland des Sertão. Denn vergessen wir nicht, dass dieses Hinterland für den brasilianischen Schriftsteller keinen vergessenen Winkel unseres Planeten, sondern das Modell, die Miniatur und das Fraktal einer ganzen Welt darstellt!

Mit José Lezama Limas *Paradiso* und João Guimarães Rosas *Sagarana* gelangten wir zur Pforte eines Raums, der sich im Verlauf der zweiten Hälfte des 20. Jahrhunderts zu öffnen begann. Er gab den Blick frei auf eine Beziehung zwischen Literatur und globalem Leben, die nicht länger im Zeichen dessen stand, was Johann Wolfgang von Goethe einst als Antwort auf die zweite Phase beschleunigter Globalisierung mit der Bezeichnung „Weltliteratur" versehen hatte. Seit diesem Zeitpunkt waren – bezogen auf das Erscheinen des kubanischen *Paradiso* – hundertvierzig Jahre vergangen, im Verlaufe derer sich neue Entwicklungen angebahnt hatten und nach der Mitte des 20. Jahrhunderts Stück für Stück zum Tragen kommen sollten. Das System „Weltliteratur" hatte sich verändert und begann, historisch zu werden. Denn nicht umsonst hatten sich in *Paradiso* wie in *Sagarana* –

---

60 Vgl. Ette, Ottmar: *LiebeLesen*, S. 24–30.

und später auch in *Grande Sertão: Veredas* – sowie in weiteren Werken großartige Literatur-Kosmen entfaltet, die in spanischer wie portugiesischer Sprache, in der hispano- wie lusophonen Welt, neue Dimensionen eines den gesamten Planeten umfassenden Schreibens eröffneten. Der Anspruch beider Werke bestand darin, die Totalität einer Welt mit ihren Literaturen und Kulturen aus der Perspektive einer jeweils eigenen (Literatur-) Sprache abzubilden und dabei transkulturelle Beziehungen zu entfalten, welche die gesamte Welt umspannen sollten. Dafür aber konnten Kategorien aus dem beschaulichen Weimar der Goethe-Zeit nicht länger genügen.

Aber ist es nicht so, dass die „Weltliteratur" und ihre Terminologie noch immer Bestand haben? In seinem erstmals im Jahre 2003 erschienenen und breit rezipierten Band *What Is World Literature?* hat der in Harvard angesiedelte David Damrosch im Kontext seiner Erörterungen von Gedichtübertragungen Nabokovs festgehalten:

> Some literary works, indeed, may be so closely dependent on detailed, culture-specific knowledge that they can only be meaningful to members of the originating culture or to specialists in that culture; these are works that remain within the sphere of a national literature and never achieve an effective life in world literature. Yet many works, like our present quatrain, already begin to work their magic before all their references are understood and all their cultural assumptions are elucidated.[61]

Abb. 117: David Damrosch: *What Is World Literature* (Cover, 2003).

In diesen Überlegungen wird eher beiläufig der Begriff „Leben" verwendet und zugleich in eine Beziehung mit dem Begriff „Wissen" gestellt. Der erste Teil des Zitats behauptet, was der zweite Teil der angeführten Passage wieder deutlich relativiert, ja sogar zurücknimmt: dass nämlich ein Leben der Literatur nur dort entstehen könne, wo ein Wissen entweder im Rahmen derselben Gemeinschaft („members") geteilt oder zumindest durch spezifische Forschungen („specia-

---

61 Damrosch, David: *What Is World Literature?* Princeton: Princeton UP 2003, S. 158 f.

lists") erarbeitet werden könne. Wann aber ist Leben in der Literatur und was bedeutet das Leben (in) der Literatur? Und in welcher Beziehung stehen Leben und Literatur in einem ‚weltliterarischen‘ Sinne?

David Damrosch verknüpfte mit den Oppositionen „Leben" versus „Nicht-Leben" und „Wissen" versus „Nicht-Wissen" in einem zweiten Schritt die Opposition „Nationalliteratur" versus „Weltliteratur". Dies wäre ein erstaunlicher Vorgang, wüssten wir nicht, dass die Konzeption der Weltliteratur von ihrem traditionsbildenden Ausgang bei Goethe an stets den Begriff der Nationalliteratur als ihr Anderes etwa so mit sich führt, wie die Schnecke von ihrem Haus nicht zu trennen ist. Stets ruft der eine Begriff den anderen auf den Plan: Aus dem Leben (in) der Weltliteratur wird ausgeschlossen, was nur von einer nationalen Gemeinschaft (oder deren Erforschern) gewusst werden kann. Wird das Gelesene aber nur dann zu einem Gelebten, wenn es auch ein (zuvor) Gewusstes ist? Oder anders: Ist das *LebensWissen* der Literatur nur dann ein lebbares LebensWissen, wenn es mit dem *selben* LebensWissen der Leserinnen und Leser unmittelbar verbunden werden kann?

Der Begriff „Leben" fällt eher selten in David Damroschs *What iIs World Literature?* Aber erstaunlicherweise taucht ein ihm sehr nahestehender Begriff auf: das „Wohnen" oder „Bewohnen". Dies unmittelbar nach der geradezu obligatorischen Referenz und Reverenz gegenüber dem Goethe'schen Gründungsakt in den Gesprächen des Siebenundsiebzigjährigen mit dem jungen Eckermann: „The term crystallized both a literary perspective and a new cultural awareness, a sense of an arising global modernity, whose epoch, as Goethe predicted, we now inhabit."[62] Aber wohnen wir, leben wir wirklich in jener globalen Epoche, die Goethe heraufziehen sah? Oder war sich der Schöpfer des *Wilhelm Meister* nicht vielmehr bewusst, selbst eine Epoche globaler Beschleunigung erlebt zu haben, also die *seiner* Zeit und nicht jene, in der wir heute leben?

Denn just in jenen Jahren zwischen 1825 und 1827 – und damit noch vor seiner Prägung oder Umprägung des Begriffs „Weltliteratur" – benutzte Goethe den Begriff des „Velociferischen", um eine Entwicklung anzudeuten, die aus seiner Sicht mit großer Geschwindigkeit, ja eigentlich teuflisch schnell, vonstattenging.[63] Diese Entwicklung war eben jene zweite Phase beschleunigter Globalisierung, in der die Mehrzahl der im Deutschen so häufigen Welt-Komposita

---

62 Ebda., S. 1.
63 Vgl. hierzu Bohnenkamp, Anne: „Den Wechseltausch zu befördern." Goethes Entwurf einer Weltliteratur. In: Goethe, Johann Wolfgang: *Ästhetische Schriften 1824–1832. Über Kunst und Altertum V–VI.* Hg. v. Anne Bohnenkamp. Frankfurt am Main: Deutscher Klassiker Verlag 1999, S. 937–964.

entstand – vom Welt-Verkehr und Welt-Handel über die Welt-Geschichte bis zum Welt-Bewusstsein.

Wenn wir also eine geschichtliche Epoche bewohnen und in ihr leben, dann ist es gewiss nicht jene, auf die Goethes Begriff „Weltliteratur" – in den Formulierungen Eckermanns mit dem Ausdruck „Beschleunigung" verknüpft – in polemischer Auseinandersetzung mit der immer stärker aufkommenden Rede von der „Nationalliteratur" eine überaus kreative Antwort gab. Die erst vor kurzem zu Ende gegangene vierte Phase beschleunigter Globalisierung teilt zwar eine Reihe struktureller Merkmale mit jener Epoche, welche die Begriffswelt Johann Wolfgang Goethes oder Alexander von Humboldts prägte, aber sie ist selbstverständlich nicht auf diese reduzierbar. Wir haben längst nicht mehr mit dem zu tun, was für Goethe „an der Zeit"[64] war.

Bevor wir uns der Frage stellen, was an die Stelle der „Weltliteratur" treten könnte und wie die Goethe'sche Begrifflichkeit in die aktuelle Phase zu übersetzen wäre – jüngere Begriffsbildungen wie die Rede von der „Neuen Weltliteratur"[65] weisen seit einiger Zeit auf die Notwendigkeit einer derartigen Übersetzung hin –, sollten wir nochmals auf die Frage des Lebens zurückkommen. Es geht dabei um das Leben (in) der „Weltliteratur". Wie wird dieser letztgenannte Term definiert? Damrosch gab dem Begriff eine neue Wendung:

> The idea of world literature can usefully continue to mean a subset of the plenum of literature. I take world literature to encompass all literary works that circulate beyond their culture of origin, either in translation or in their original language (Virgil was long read in Latin in Europe). In its most expansive sense, world literature could include any work that has ever reached beyond its home base, but Guillén's cautionary focus on actual readers makes good sense: a work only has an *effective* life as world literature whenever, and wherever, it is actively present within a literary system beyond that of its original culture.[66]

Das Leben eines Werkes als Teil der Weltliteratur wird in dieser Passage mit der tatsächlichen Zirkulation außerhalb seines *originären* Kontexts verknüpft und damit eine Territorialisierung vorgenommen, die ein Werk stets an einen Ort, eine Sprache oder eine Gemeinschaft des Ursprungs zurückbindet. Dies ist ein durchaus wichtiger Gedanke: Die Neuausrichtung des Terms im Zeichen von Zirkulation und Verbreitung bildet zweifellos einen innovativen Aspekt inner-

---

64 Eckermann, Johann Peter: *Gespräche mit Goethe in den letzten Jahren seines Lebens*, Bd. I, S. 211.

65 Vgl. beispielsweise Sturm-Trigonakis, Elke: *Global playing in der Literatur. Ein Versuch über die Neue Weltliteratur*. Würzburg: Königshausen & Neumann 2007.

66 Damrosch, David: *What Is World Literature?* S. 4.

halb der Diskussionen um Weltliteratur. Sie setzt jedoch eine (oftmals, wenn auch keineswegs immer national definierte) Herkunft des Werks (oder vielmehr seines Urhebers oder seiner Urheberin) voraus, die nicht immer sehr einfach zu bestimmen ist. Wäre es denn wirklich sinnvoll, die Frage nach der Zugehörigkeit des *Shijing*, der *Bibel*, von Leo Africanus, Vladimir Nabokov oder Melinda Nadj Abonji zur Weltliteratur mit der Frage nach der jeweiligen „Original Culture" zu verbinden? Wäre es nicht wesentlich überzeugender, nicht nach einer wie auch immer konstruierten „Ursprungskultur", sondern nach kulturellen Bewegungs-räumen, Spannungsfeldern oder Bahnungen zu fragen?

Die Beschäftigung mit den kubanischen Autoren Fernando Ortiz und José Lezama Lima sollte uns gezeigt haben, wie schwierig und widersprüchlich eine nur auf den ersten Blick überzeugende fixe Verortung und Zuordnung angesichts transkultureller Bewegungsräume ist. Die Schöpfung einer die gesamte Erde anhand des WeltFraktals Sertão gestaltende Erzählwelt durch João Guimarães Rosa sollte uns vergegenwärtigen, wie sehr aus einer scheinbar doppelt margi-nalisierten Teilregion Brasiliens ein Modell für die Kulturen unseres gesamten Planeten geschaffen werden konnte. Der bereits erwähnte Nabokov selbst wäre als Vertreter der „Literaturen ohne festen Wohnsitz" – sehen wir einmal davon ab, dass alle Heimatlosen laut Pascale Casanova und ihrer Deutung des Begriffs „Weltliteratur" in Paris ihre eigentliche Heimat erblicken (sollten)[67] – ein gutes Beispiel für die Notwendigkeit, statisch angelegte Begriffe durch mobile, vekto-rielle Begrifflichkeiten zu ersetzen. Doch auf die Literaturen ohne festen Wohn-sitz[68] werden wir später noch gesondert eingehen.

Leichter bestimmbar als die „Original Culture" eines Autors oder die Ursprünge eines Werkes sind im Grunde oftmals die Orte, von denen aus ein Text gelesen, kommentiert, interpretiert wird – also die Orte seiner Zirkulation. Und in der Tat geht es David Damrosch ja vorrangig um Weltliteratur in ihrer Zirkula-tion und um „the ways in which works of world literature can best be read".[69] Diese (wenn man so will) ,rezeptionsästhetische' Ausrichtung erzeugt durch ihren bewussten Perspektivenwechsel weg von der Liste eines etablierten Kanons und hin zu den – wie wir es nennen könnten – Formen und Normen kultureller, bis-weilen vielleicht auch transkultureller Aneignung eine neuartige Spannung mit Blick auf das weltweite Lesen von „Weltliteratur". Hier liegt ganz zweifellos die Stärke von Damroschs Ansatz.

---

67 Vgl. Casanova, Pascale: *La République mondiale des Lettres*. Paris: Seuil 1999, S. 48–50.
68 Vgl. Ette, Ottmar: *ZwischenWeltenSchreiben. Literaturen ohne festen Wohnsitz (ÜberLebens-wissen II)*. Berlin: Kulturverlag Kadmos 2005.
69 Damrosch, David: *What Is World Literature?* S. 5.

Zugleich aber wird auch deutlich, von welchem Ort aus Damrosch diese Lektüren seinerseits liest. Denn das gelesene Lesen ist seinerseits lesbar und sagt etwas aus über das hier analysierte, aber auch inszenierte sowie arrangierte „Leben" der „Weltliteratur". Es erstaunt durchaus, mit welcher Selbstverständlichkeit die *MLA International Bibliography* als unparteiischer Gradmesser angeführt wird: für die weltweite Präsenz eines afrikanischen Romans (drei Einträge in 25 Jahren[70] zeugten von einer vernachlässigbaren Verbreitung); für die Bedeutung von Goethes *Egmont* mit Blick auf die Weltliteratur[71] (der Text werde im Übrigen in keiner einzigen US-amerikanischen Anthologie von Weltliteratur angeführt); oder für das schwindende Interesse an Thomas Mann und das stetig steigende Interesse an Franz Kafka. Die statistischen Grundlagen hierfür sind allesamt dieser zweifellos wichtigen US-amerikanischen Bibliographie entnommen. In den sechziger Jahren finden sich beispielsweise 142 Einträge für Thomas Mann bei lediglich 111 Einträgen für Kafka, wobei Kafka in den siebziger Jahren dann gleichzog (476 zu 478), bevor er sich den ‚entscheidenden Vorsprung' in den Achtzigern (289 zu 530) verschaffte, den er dann in den Neunzigern auch nicht wieder abgab (277 zu 411). Es ist also keine Frage, dass Damrosch die USA nicht nur als Zentrum der Weltliteratur betrachtet, sondern auch als Mittelpunkt literaturwissenschaftlicher Theoriebildung versteht. Denn zum Zeitpunkt der Veröffentlichung seines Bandes verlief fast schon ein Vierteljahrhundert lang – und damit für eine komplette wissenschaftliche Generation – der bestimmende Nullmeridian durch New York und die USA. Fragte man nicht nur „What is World Literature?", sondern auch „Where is World Literature?", so wäre die Antwort darauf unzweideutig ausgefallen.

Was sagt dies über das ‚Leben' der „Weltliteratur" aus? Es bedeutet vor allem, dass auch bei David Damrosch wie schon bei Pascale Casanova wieder gemessen wird. Allerdings verläuft der Nullmeridian diesmal nicht länger durch Greenwich oder die großen Verlagshäuser an der Seine, wie dies bis in die späten siebziger Jahre noch der Fall war, sondern durch den größten Verband in den Geisteswissenschaften weltweit: die Modern Language Association of America. Wenn Damrosch mit Blick auf Casanova genüsslich von „La République parisienne des Lettres" sprach, so könnte diese umgekehrt nicht ohne Belege Damroschs Titel ebenfalls leicht abändern: „What is American World Literature?" Kein Zweifel: Damrosch macht sich über die bis Anfang der achtziger Jahre bestehende Vorherrschaft der Pariser Literaturszene lustig, vergisst dabei aber, dass er sich mit Blick auf New York bei seinem Konzept von „Weltliteratur" einer vergleichbaren (und vergleichbar ephemeren) Zentralstellung bedient.

---

70 Ebda., S. 116.
71 Ebda., S. 134.

Ziehen wir eine kurze Zwischenbilanz! Bei aller Verschiedenartigkeit der Ansätze und bei allen Unterschieden im Ertrag, welche die beiden Bände von Pascale Casanova und David Damrosch voneinander trennen: Sie teilen ebenso aus produktionsästhetischer wie rezeptionsästhetischer Sicht die Neigung, „Weltliteratur" als Einheit zu begreifen und in einer durchgängigen, ungebrochenen Kartographie zu erfassen, für die sie jeweils klare Bezugsmeridiane angeben zu können glauben. Sie erscheint als Phänomen im Singular, das abbildbar wird in einer Kartographie, die zwar von klaren Hierarchien, deutlichen Asymmetrien und unverkennbaren Machtstrukturen durchzogen wird, zugleich aber noch immer einen einzigen kontinuierlichen Raum (ab)bildet, der nicht ohne Vermessenheit von den Zentren aus vermessen und angemessen ausgemessen werden kann.

Auch wenn sich innerhalb dieses „espace littéraire mondial"[72] unterschiedliche Perspektiven aufzeigen lassen, so ist doch alles von einer einzigen Logik, einem einzigen Blickwinkel her erfassbar und erklärbar. David Damroschs kritisches Bewusstsein hinsichtlich mancher Aspekte des Begriffs „Weltliteratur" lässt sich sicherlich nicht bezweifeln, fragte er doch bereits auf der ersten Seite seines Bandes: „Which literature, whose world?"[73] Doch scheint die diskursive Pragmatik, die sich mit der „World Literature" verbindet, von so ungeheurer Stärke zu sein, dass sich ein Zurückfallen in ein „Mental Mapping", das von einem bestimmten Ort aus seine Netze über die Welt auswirft, nur sehr schwer vermeiden lässt. Da zeugt es von einem unerschütterlichen Humor, dass der US-amerikanische Komparatist seinem Band als Umschlaggestaltung eine historische, dem *Voyage dans la Basse et la Haute Egypte* von 1802 entnommene Darstellung französischer Wissenschaftler mitgab, die damit beschäftigt sind, im Rahmen des Napoleonischen Ägyptenfeldzuges ägyptische Altertümer und insbesondere die Sphinx nach allen Regeln europäischer Kunst zu vermessen. Natürlich waren es wieder die US-Amerikaner, die humorvoll den Franzosen die Ausmessung der Welt zur Last legten: Geokulturelle Dominantenwechsel gehen wohl unweigerlich mit derlei Vergnügungen und Späßen einher ...

Doch Spaß beiseite! Wenn die wirklich entscheidenden Kanonisierungsprozesse einzelner Werke der Weltliteratur – wie implizit behauptet – fast ausschließlich in den USA stattfinden,[74] dann verrät dies weniger über die Logiken dessen, was man hier als „World Literature" bezeichnet, als über die Logik, mit der eine weltweite Kartographie von den USA aus entworfen wird. Dies geschieht

---

72 Casanova, Pascale: *La République mondiale des Lettres*, S. 14.
73 Vgl. Damrosch, David: *What Is World Literature?*, S. 1.
74 Vgl. hierzu ebda., S. 232.

nie ohne eigene Interessen, sagt die Reflexion derartiger Kanonisierungen doch viel über den vorherrschenden Glauben an die Existenz eines einzigen weltweiten Literatursystems sowie über dessen angenommene Verfasstheit aus. Zugleich aber beantwortet all dies die gestellte Frage, was denn „Weltliteratur" beziehungsweise „World Literature" sei, auf eine Weise, die der angegebenen Intention des Autors doch in weitem Maße widerspricht. Gerade am Beispiel von Rigoberta Menchús auf höchst komplexe Weise entstandenen testimonialen Text werden sehr schön die „vicissitudes that can attend a work's life in the world"[75] erkennbar. Zugleich wird aber auch deutlich, wie spezifisch die Sichtweise auf die Autorin, auf Guatemala, den Katholizismus oder die Mayas ist, welche hier stellvertretend für *die* Perspektive *der* Welt von den Vereinigten Staaten aus entwickelt wird. Wie aber ließe sich das Leben (innerhalb) eines weltliterarischen Systems präziser beschreiben, das nicht an die Vorherrschaft einer einzigen Logik rückgebunden wäre? Gibt es die Möglichkeit, keine eindeutige Kartographie mit ihren Verzerrungen, sondern ein vielperspektivisches und vor allem viellogisches System zu denken, welches nicht einfach eine Ansammlung nationalliterarischer Sichtweisen wäre?

Will man den Orbit einer immer wieder neu zentrierenden, an immer wieder anderen Nullmeridianen ausgerichteten Sichtweise der einen Weltliteratur verlassen – denn selbstverständlich findet man in der vorhandenen Literatur zum Thema nicht nur Paris oder New York als Bezugsmeridiane weltliterarischer Entwicklungen, sondern (je nach Herkunft der Verfasser) beispielsweise auch London, Barcelona oder Frankfurt am Main –, so gilt es zunächst eine fundamentale Opposition zu überwinden. Letztere vermittelte von jenem Januartag des Jahres 1827 an jedweder Rede von „Weltliteratur" ihre Grundstruktur und überließ sie ihr zur weiteren Verwendung. Es handelt sich dabei um jene Bipolarität von „Nationalliteratur" und „Weltliteratur", die man im historischen Kontext von Goethes Diskursbegründung sehr wohl nachvollziehen kann, kaum aber auf die deutlich komplexeren Verhältnisse der vierten Phase beschleunigter Globalisierung übertragen darf. Denn in der zweiten Hälfte des 20. Jahrhunderts entwickelten sich neue weltliterarische Koordinatensysteme, die sehr wohl unterschiedliche Logiken ins Spiel brachten.

Die Untersuchung des historischen Geworden-Seins der auf fundamentale Weise diskursbegründenden Opposition zwischen National- und Weltliteratur sollte, dies gilt es festzuhalten, nicht davon abhalten, das Historisch-Geworden-Sein dieses Gegensatzes zu erkennen und daraus terminologische wie epistemologische Konsequenzen zu ziehen. Mit anderen Worten: Das, was sich auf unserer

---

75 Ebda., S. 259.

Erde an Literaturen entwickelt hat und weiter entwickeln wird, lässt sich nicht mehr länger anhand des Gegensatzes von „Weltliteratur" und „Nationalliteratur" adäquat erfassen, beschreiben und denken. Es wird folglich in Zukunft erstens darum gehen, die keineswegs nur unversöhnliche, sondern oft komplizenhafte Frontstellung beider Begriffe nachhaltig zu öffnen, um innerhalb des sich daraus ergebenden Denkraumes zu untersuchen, was sich gleichsam ‚zwischen' National- und Weltliteratur bewegt.

Wollen wir diese ebenso wirksame wie simple Opposition in der Tat dauerhaft hinter uns lassen, so sollten wir zweitens den Versuch unternehmen, alles was auf unserer Erde an Erzeugnissen der Literatur verfasst wird, nicht länger auf Grundlage raumgeschichtlicher, sondern *bewegungs*geschichtlicher Parameter zu erkennen und zu begreifen. Es kann nicht länger wie noch in der ersten und zweiten Phase beschleunigter Globalisierung um eine statische Kartierung mit der Festlegung dafür notwendiger Bezugsmeridiane gehen! Vielmehr muss es uns darum zu tun sein, eine Vektorisierung aller Bezüge so zu erreichen. Dies könnte in Hinblick auf das Ziel geschehen, die mobilen Relationalitäten in ihren Bahnungen und Bewegungsbahnen sowohl mit Blick auf die Vergangenheit und Gegenwart als auch auf die Zukunft deutlich herauszuarbeiten. Genau dies will ich in der Folge in unserer Vorlesung tun.

Diese nicht mehr allein retrospektive und präsentische, sondern zugleich prospektive Sichtweise bedarf einer Poetik der Bewegung und einer Fundierung durch die TransArea Studies,[76] in der jeder (sich wandelnde) Raum durch die ihn querenden und mit anderen Bewegungs-Räumen verbindenden Bewegungen entsteht und in eine mobile Relationalität eingebunden wird, welche vektoriell offen ist. Diese Vektorizität aller Raumbezüge beinhaltet zugleich, dass alle Bewegungen Räume erzeugen, die aus der mobilen Perspektivik unterschiedlicher Bewegungs-Räume auch entsprechend unterschiedlich wahr-genommen werden. Oder anders: Das jeweilige Weltbewusstsein ist vektoriell geprägt, hängt von bisherigen Bewegungsbahnen ab und erzeugt eine Situierung der eigenen Positionierung in Vergangenheit, Gegenwart und Zukunft, welche sich grundlegend von jener in anderen Bewegungs-Räumen unterscheidet. Entscheidend ist hierbei, ebenso die *interne* Relationalität dieser Bewegungsräume zu überprüfen wie deren *externe* Relationalität, die Beziehungen also, die raum-

---

76 Vgl. Ette, Ottmar: *TransArea. Eine literarische Globalisierungsgeschichte.* Berlin – Boston: Walter de Gruyter 2012; ders.: *TransArea. A Literary History of Globalization.* Translated by Mark W. Person. Berlin – Boston: Walter de Gruyter 2016; sowie ders.: *TransArea. Une histoire littéraire de la mondialisation.* Traduction de Chloé Chaudet. Préface de Jean-Marc Moura. Paris: Classiques Garnier 2019.

intern und raumextern eine zu analysierende Positionalität vektoriell bestimmen.

Dies wiederum bedeutet drittens, dass es zum einen darauf ankommt, aus der Sichtweise einer Poetik der Bewegung die viellogische Strukturierung des gesamten zwischen „Nationalliteratur" und „Weltliteratur" eröffneten Zwischenraumes einschließlich seiner bipolaren Rahmenbegriffe „Nation" und „Welt" zu erfassen, um vor diesem Hintergrund zum anderen auch Methodologien zu entwickeln, die es bei aller notwendigen Komplexitätsreduktion verdienen, als viellogisch bezeichnet zu werden. Die transareal in ihrer globalen Vektorisierung zu erfassenden Bewegungen sind in ihrer mobilen Relationalität folglich nur dann adäquat denkbar und analysierbar, wenn ihre viellogische offene Strukturierung auch von einer polylogischen Philologie, einer polylogischen Wissenschaft aus beleuchtet werden kann.

Wir können literarische Werke als viellogische ästhetische Strukturierungen auffassen, die ihre Leser oder Zuhörer seit dem *Gilgamesch*-Epos oder dem *Shijing* dazu auffordern, das Zusammenspiel, ja die Konvivenz unterschiedlicher Logiken im selben Text zu erleben beziehungsweise nachzuerleben. Das hieraus resultierende ErlebensWissen, das in den unterschiedlichsten Literaturen unterschiedlich gespeichert und abrufbar ist, bildet eine grundlegende Voraussetzung dafür, viellogische Denkformen wie viellogische Lebensformen zu entwerfen. Denn das LebensWissen, das durch ein Erleben der verschiedenartigsten Logiken – etwa der unterschiedlichen Figuren eines Romans, der divergierenden Gattungskonventionen eines Gedichts oder der ambivalenten Inszenierungsformen eines Theaterspiels – entsteht, lässt den Umgang mit Literaturen zu einem ‚Erprobungsraum' des Viellogischen werden. In ihm nehmen wir einen Gegenstand, eine Handlung oder einen Habitus gleichzeitig aus unterschiedlichen Perspektiven *wahr* und lernen, diese Wahrheiten miteinander zu konfrontieren, ohne in ein ‚Entweder-Oder' oder ein ‚Weder-Noch' zu verfallen.

Es ist folglich an der Zeit, zur Kenntnis zu nehmen, dass der Begriff „Weltliteratur" eine historische Position begreiflich machte, die längst historisch geworden ist. „Weltliteratur" will jetzt nicht viel mehr sagen, als dass damit eine spezifische Epoche bezeichnet werden kann, die einen prominenten Platz innerhalb einer literarischen Globalisierungsgeschichte einnimmt, aber nicht länger fortdauert. Ohne die Einbeziehung der Literaturen der Welt könnten wir die Phänomene des jahrhundertelangen und in verschiedenen Schüben vor sich gehenden Globalisierungsprozesses nicht mit der ausreichend polyperspektivischen Komplexität in großer Lebensnähe verstehen. Denn kein anderes diskursives Wissen wäre vergleichbar mit der Literatur in der Lage, aus unterschiedlichsten Zeiten, unterschiedlichsten (Bewegungs-) Räumen, unterschiedlichsten Kulturen, unterschiedlichsten Sprachen und unterschiedlichsten Gesellschaften *zugleich* und vielperspektivisch zu uns heute zu sprechen. Die Literaturen der Welt bilden einen in weiten Bereichen noch nicht gehobenen Schatz an Erkenntnissen, Anregungen und Einsichten. Es gilt daher, den historisch gewordenen Begriff „Weltliteratur" durch den der „Literaturen der Welt" zu ersetzen, deren System sich in der zweiten Hälfte des 20. Jahrhunderts und besonders unter den Bedingungen der vierten Phase beschleunigter Globalisierung seit Mitte der achtziger Jahre herausgebildet hat.

Innerhalb einer historischen Entfaltung der Literaturen der Welt steht die Epoche der Weltliteratur für die spezifische Herausbildung eines bestimmten literarischen Korpus und genauer noch eines Kanons, dem das Attribut „Weltliteratur" verliehen wurde. Solange es diesen Diskurs der „Weltliteratur" gibt, wird die diskursive Existenz, das Fortleben dieses immer wieder veränderten Korpus beziehungsweise Kanons, auch unbestreitbar sein. Entscheidend für unsere Fragestellung aber ist, dass die (jeweils dominante) Logik dieser „Weltliteratur" nur eine Logik unter vielen verschiedenen Logiken innerhalb der Literaturen der Welt darstellen kann – dies ebenso auf Ebene der Analysekategorien wie der pragmatischen Dimension von Literatur (einschließlich ihrer weltweiten Vermarktung). *Die* „Weltliteratur" stellt somit eine diskursive Setzung dar, die auf Ebene der Vermarktung von Literatur sicherlich noch immer von Relevanz ist. Doch wiederholen wir es nochmals: „Weltliteratur" als Epochenbegriff längst historisch geworden! Als Analysekategorie wird er der polylogischen Komplexität der Literaturen der Welt in keiner Weise mehr gerecht.

Der Begriff „Literaturen der Welt" hingegen ist in der Lage, die Frontstellung zwischen „Nationalliteratur" und „Weltliteratur" zu unterlaufen, eine transareale Bewegungsgeschichte literarischer Entwicklungen zu erfassen und den Vorstellungen einer viellogischen Philologie gerecht zu werden. Dies insofern, als letztere den Versuch unternimmt, sich auf wissenschaftlich fundierte Weise im Spannungsfeld vieler unterschiedlicher Logiken zugleich einem höchst diversifizierten und radikal offenen System zu nähern, das nicht auf das Funktionieren einer einzigen Logik – sei es eine politische oder ästhetische, ökonomische oder literarische, technologische oder mediale – reduziert werden darf.

Wie aber lässt sich ein solcher Bewegungsraum beschreiben, der sich zwischen dem Konzept der „Nationalliteratur" und jenem der „Weltliteratur" öffnet? An erster Stelle, so scheint mir, ist hier die enorme Vielfalt an unterschiedlichen Sprachen zu unterscheiden, in denen literarische Texte auf unserem Planeten verfasst werden. Dabei sollte man sich vor Augen führen, dass in der ersten Phase beschleunigter Globalisierung drei europäische Sprachen, das Portugiesische, Spanische und Lateinische, durch die iberische Expansionsbewegung nach Amerika, aber auch in den afrikanischen und asiatischen Raum hinein globalisiert wurden. In der zweiten Phase beschleunigter Globalisierung kommen die

Sprachen der Führungsmächte dieses zweiten Expansionsschubs hinzu, folglich das Französische und Englische. Damit waren in der Sattelzeit der Moderne im letzten Drittel des 18. Jahrhunderts bereits jene Sprachen global präsent, die – vom Niedergang des Lateinischen abgesehen – für zumindest zwei weitere Jahrhunderte die künftige Entwicklung vorprogrammieren sollten. Dass den Sprachen der Romania dabei eine Sonderstellung zukommt, muss an dieser Stelle nicht eigens betont werden: Die Entfaltung der Romanischen Literaturen der Welt deutete sich bereits an.

In der dritten Phase beschleunigter Globalisierung, die mit der Expansion der USA in den karibischen und pazifischen Raum erstmals einen nicht-europäischen (wenn auch europäisch geprägten) Global Player aufweist, kam keine weitere europäische Sprache (auch nicht das Deutsche durch die kurzfristige Expansion des neugegründeten Deutschen Reiches) hinzu. Doch lassen sich nach der aktuellen vierten Phase Ansätze erkennen, dass in sehr absehbarer Zeit erstmals mit dem Chinesischen beziehungsweise dem Mandarin eine nicht-europäische Sprache globalisiert werden dürfte. Sicherlich hängt diese Prognose noch von vielen – insbesondere politischen und wirtschaftlichen – Unwägbarkeiten ab, schält sich aber in der Logik bisheriger Expansionsphasen unverkennbar heraus.

Vor diesem Hintergrund lassen sich die Literaturen der Lusophonie (insbesondere in Europa, Amerika und Afrika), der Hispanophonie (hauptsächlich in Europa und den Amerikas), der Frankophonie (vor allem in Europa, Afrika und Amerika) sowie der Anglophonie (die auf allen Kontinenten vertreten ist) unterscheiden. Dabei haben wir es hier jeweils mit sehr unterschiedlichen Logiken zu tun, die ungeachtet ihres strukturell miteinander verbundenen Entstehungszusammenhangs nicht miteinander gleichzusetzen sind. Aufstieg, Verbreitung und Abstieg des Lateinischen als Weltsprache und Gelehrtensprache bilden ihrerseits ein eigenes Forschungsfeld, welches im Rahmen dieser Vorlesung unbeachtet bleiben kann.

Die unterschiedlichen Logiken der einzelnen globalisierten Literatursprachen können an dieser Stelle nur kurz beleuchtet werden. So weist beispielsweise die Frankophonie[77] im Bereich der Literaturen eine stark an Frankreich und speziell an der Pariser Verlagswelt ausgerichtete Struktur auf, die in der dominanten Verwendung des Begriffs „frankophone Literatur" für die nicht-französischen Literaturen als im Verlauf der zurückliegenden Jahre vielfach kritisierter Exklusi-

---

[77] Zur Verwendung dieses Begriffs vgl. Erfurt, Jürgen: *Frankophonie. Sprache – Diskurs – Politik.* Tübingen – Basel: Francke Verlag – UTB 2005.

onsmechanismus zutage tritt:[78] Die französische Literatur grenzt sich gewöhnlich rundweg von der frankophonen ab. Die Anglophonie wiederum weist ein multipolares, folglich an verschiedenen Polen zentriertes (wenngleich ebenfalls asymmetrisches) Strukturgeflecht auf, während in der Lusophonie eine immer stärker an Brasilien (also der einstmaligen Kolonie) ausgerichtete, wenn auch Lissabon nicht ausklammernde Relation deutlich wird. Immer wieder starken (und vor allem politisch bedingten) Veränderungen unterlag der Bewegungsraum der spanischsprachigen Literaturen, wobei im Verlauf des 20. Jahrhunderts mit den iberischen Verlagszentren Barcelona und Madrid immer wieder amerikanische Bezugspunkte wie Buenos Aires oder Mexiko-Stadt rivalisierten. Die lateinamerikanischen Militärdiktaturen setzten dieser hoffnungsträchtigen Entwicklung freilich ein Ende. Und so war der sogenannte ‚Boom' der lateinamerikanischen Literaturen ein vorwiegend von den Verlagen in Barcelona gesteuertes Phänomen. Diese hier nur holzschnittartig präsentierten Unterschiede üben einen grundlegenden Einfluss darauf aus, was in diesen transarealen Literaturräumen an Literatur geschrieben, gedruckt, vertrieben, verbreitet und gelesen wird.

Ohne ausführlicher auf diese sehr unterschiedlichen (Feld-) Logiken eingehen zu können, die von größter Bedeutung für die sehr differenzierten Bewegungsmuster von Schriftsteller*innen und Verlagen, für sehr verschiedenartige produktions- und rezeptionsästhetische Bedingungen sowie für sehr ungleiche Distributions- und Zirkulationsverhältnisse sind, soll an dieser Stelle doch eines deutlich gemacht werden. Denn es ist fraglos so, dass die Zugehörigkeit zu einem bestimmten sprachlich determinierten Literatursystem – so heterogen es auch immer sein mag – eine wesentliche Voraussetzung für bestimmte Schreib- und Lesevorgänge und damit sehr differenziert zu betrachtende produktions-, rezeptions- und distributionsästhetische Entwicklungen sowie entsprechende Schreib- und Publikationsstrategien ist. Dass innerhalb der Lusophonie, Hispanophonie, Frankophonie und Anglophonie die Logiken verschiedenartig ausgestatteter nationalliterarischer Systeme, aber auch minoritärer Regionalliteraturen greifen, liegt überdies auf der Hand. Selbstverständlich sind insbesondere nationalliterarisch ausgerichtete Konsekrationsinstanzen und Literaturpreisvergaben – um nur dieses Beispiel herauszugreifen – noch immer von hoher Relevanz für das Verständnis der Literaturen der Welt.

Ein Wort noch zur Romania: Die besonderen Beziehungen, die innerhalb der Romania zwischen den franko-, hispano- und lusophonen Literaturen bestehen, haben sich stets in einer höheren wechselseitigen Aufmerksamkeit sowie in

---

78 Vgl. hierzu das von zahlreichen herausragenden Intellektuellen unterzeichnete „Manifeste pour une *littérature-monde* en français." In: *Le Monde* (Paris) (16.3.2007).

Sonderkonjunkturen geäußert. In ihnen gewannen die Austauschprozesse etwa zwischen dem Spanischen und Französischen, aber auch dem Französischen und Italienischen, dem Italienischen und Galicischen, dem Galicischen und Portugiesischen oder dem Portugiesischen und Katalanischen sprunghaft oder längerfristig an Bedeutung. Alles ist innerhalb der Romania mit allem wechselseitig verbunden, wenn auch nicht immer alles gleichzeitig und mit gleicher Intensität. Eine sich über Jahrhunderte erstreckende „special relationship" ist aber unbestreitbar und bildet sich in der Moderne definitiv heraus. An dieser Stelle setzt die weitere Ausdifferenzierung zwischen den unterschiedlichen Logiken der Romanischen Literaturen der Welt in jener Phase an, die wir zeitlich mit der Postmoderne identifizieren dürfen.

Selbstverständlich sind transareale Beziehungsgeflechte nicht auf die globalisierten europäischen Sprachen beschränkt; doch sind sie in nicht-europäischen Sprachen angesiedelt, bewegen sie sich freilich nicht innerhalb wirklich weltumspannender Zirkulationssysteme. Weder die chinesische noch die arabische Sprache verfügen über Strukturen (und Infrastrukturen), welche einen globalen Zuschnitt haben und etwa weltweit agierende Verlagshäuser in Marsch setzen könnten. Die auf Arabisch verfasste Literatur in Argentinien oder die in indischen Sprachen verfassten Literaturen in Surinam oder auf Mauritius bilden wie die auf Deutsch geschriebene Literatur in Brasilien eigene und höchst komplexe Logiken aus. Denn gerade Bewegungs-Räume wie Surinam oder Mauritius bilden als hochverdichtete Kreuzungspunkte unterschiedlicher Globalisierungsschübe vielsprachige Literatursysteme aus, die vom Begriff „Nationalliteratur" ebenso weit entfernt sind wie von dem der „Weltliteratur". Sehr wohl aber lassen sie sich in ihren lokalen, regionalen, nationalen, arealen, transarealen oder weltweiten Beziehungsgeflechten aus der viellogischen Perspektivik der Literaturen der Welt erfassen, die sie nicht auf die jeweils *eine* Logik *einer* Weltliteratur reduziert und sie auch nicht ganz nebenbei aus der Betrachtung exkludiert. Darüber wird, nebenbei bemerkt, weder in Barcelona noch in Paris, weder in London noch in New York und schon gar nicht auf den beiden derzeit weltgrößten Buchmessen von Frankfurt am Main oder Guadalajara entschieden.

Quer zu den soeben angesprochenen Phänomenen und den globalisierten hispano-, luso-, anglo- und frankophonen Entwicklungen lassen sich freilich jene Literaturen ohne festen Wohnsitz beschreiben, die insbesondere durch ihre *translinguale* – also unterschiedliche Sprachen querende – wie ihre sehr spezifische transkulturelle und trans*areale* Dimension hervortreten.[79] Alle Prozesse welt-

---

[79] Zu den kulturtheoretischen und textanalytischen Herausforderungen dieser Literaturen vgl. Ette, Ottmar: *ZwischenWeltenSchreiben. Literaturen ohne festen Wohnsitz.* Berlin: Kulturverlag Kadmos 2005.

weiter Migration verstärken die Entfaltungen dieser translingualen Literaturen ohne festen Wohnsitz, fördern das transkulturelle ZwischenWeltenSchreiben.[80] Wir können auf diese andernorts von mir beschriebenen und stetig an Bedeutung gewinnenden Phänomene an dieser Stellt nicht näher eingehen. Für sie mögen innerhalb der deutschsprachigen Literatur etwa Autorinnen wie Emine Sevgi Özdamar (im Spannungsfeld zwischen der Türkei und Deutschland) oder Yoko Tawada (im Geflecht zwischen Japan und Deutschland) stehen. Doch gilt es hier dennoch anzumerken, dass translinguale Sprachenquerung und das Schreiben jenseits der eigenen Muttersprache zu weltweit verbreiteten Charakteristika geworden sind. Sie lassen die Unterscheidung zwischen nationalliterarischer „Herkunft" und weltliterarischer „Zukunft", „Herkunftssprache" und „Übersetzungssprache", ja zwischen „Original" und „Übersetzung" überhaupt mehr als nur brüchig werden. Dass für all diese Entwicklungen die Ausprägungen der in verschiedensten Sprachen vorliegenden jüdischen Literaturen von Bedeutung waren und zum Teil noch immer modellhaft sind, muss an dieser Stelle nicht eigens betont werden.

So bilden die Literaturen ohne festen Wohnsitz, die im 20. Jahrhundert, dem Jahrhundert der Migrationen,[81] zunächst im Zeichen von Deportation und Shoah, Vertreibung und Exil standen, nach 1945 aber zunehmend durch Migrationsschübe aus dem globalen Süden in den Norden sowie aus dem Osten in den Westen abgelöst wurden, einen fundamentalen Bestandteil der Literaturen der Welt. Für letztere stellen sie aus vektorieller, bewegungsgeschichtlicher Sicht nicht länger Randphänomene dar, sondern sind Lebensformen der Literatur, die für das 21. Jahrhundert prägend, vielleicht sogar bestimmend werden dürften. Sie sind zu fundamentalen Formen wechselseitigen Austauschs im Leben der Literaturen der Welt geworden. Diesen Entwicklungen soll im letzten Teil unserer Vorlesung im Übergang vom 20. zum 21. Jahrhundert zumindest perspektivisch Rechnung getragen werden.

---

80 Vgl. Ette, Ottmar: *Writing-Between-Worlds. TransArea Studies and the Literatures-without-a-fixed-Abode.* Translated by Vera M. Kutzinski. Berlin – Boston: Walter de Gruyter 2016.
81 Vgl. hierzu Bade, Klaus J.: *Europa in Bewegung. Migration vom späten 18. Jahrhundert bis zur Gegenwart.* München: Beck 2000, S. 11–16.

Reinaldo Arenas oder eine wahnwitzige Welt

Betrachtet man die Entwicklungen des lateinamerikanischen Romans, so ist es erstaunlich, welch breiten Raum dort seit José Lezama Limas *Paradiso* die Darstellung von Homosexualität eingenommen hat. Der aus einer Bauernfamilie in der kubanischen Provinz stammende Reinaldo Arenas war in dieser Hinsicht sicherlich unbedingter Schüler des großen Dichters und Romanciers, mochte ihn seine einfache Herkunft auch zunächst nicht mit dem hochgebildeten Mann aus der Trocadero-Straße zusammenführen. Doch Lezama Lima gab dem jungen Mann aus der Provinz Oriente Anstöße in vielfacher Hinsicht. Die Dimension des Homosexuellen war bei kaum einem Autor der lateinamerikanischen Literaturen stärker ausgeprägt und akzentuiert als bei eben diesem Reinaldo Arenas, mit dem wir uns im Folgenden kurz beschäftigen wollen.

Es gibt dabei vielleicht keine schönere, zugleich unprätentiösere und mehr einer charakteristischen Momentaufnahme gleichende Beschreibung Lezama Limas als jene von Reinaldo Arenas in seiner Autobiographie *Antes que anochezca*[1] in einem Lezama gewidmeten Abschnitt:

> Die erste Leidenschaft von Lezama war die Lektüre. Er besaß im Übrigen diese kreolische Gabe des Lachens und des Witzes; das Lachen von Lezama war etwas Unvergessliches, etwas Ansteckendes, das einen niemals mit einem gänzlich unglücklichen Gefühl zurückließ. Von den esoterischsten Gesprächen gelangte er zum alltäglichsten Witz; er konnte seinen Diskurs über die griechische Kultur plötzlich unterbrechen, um zu fragen, ob es denn wahr sei, dass José Triana die Sodomie aufgegeben hatte. Er konnte selbst den einfachsten Dingen Würde verleihen, indem er ihnen etwas Grandioses gab.[2]

In diesem Zitat erscheint ein Lezama Lima, der auf individueller wie kollektiver Ebene einige ‚Tugenden der Postmoderne' besitzt, wenn Sie mich das einmal leicht ironisch so sagen lassen. Da ist zum einen das Lachen, das sich stets über die Realität und deren Begrenztheit hinwegsetzt. Auch wenn Lezama gerade in den letzten Jahren seines Lebens auf Grund der politischen Entwicklung und seiner immer stärkeren Marginalisierung durch die Vertreter der Kubanischen Revolution nicht mehr viel zu lachen hatte. Reinaldo Arenas bringt es mit dem spezifisch kubanischen Lachen, dem „chisme" oder – was vielleicht noch treffender gewesen wäre – dem „choteo" in Verbindung: eine Art Lachen und Unernst-

---

1 Ein weltweiter Erstabdruck eines kleinen Teiles von *Antes que anochezca* erschien in dem Sammelband von Ette, Ottmar (Hg.): *La escritura de la memoria. Reinaldo Arenas: Textos, estudios y documentación.* Frankfurt am Main: Vervuert Verlag 1992 (zweite Auflage 1996).
2 Arenas, Reinaldo: *Antes que anochezca.* Barcelona: Tusquets 2010, S. 110.

Werden selbst in den schlimmsten Lebenssituationen, das die Kubaner und im Übrigen viele der ehemaligen Sklavenhaltergesellschaften auszeichnet. Das Lachen Lezamas besitzt Qualitäten, wie sie sich ein Michail Bachtin nur hätte wünschen und vielleicht in seiner eigenen Lebenssituation in der UdSSR auch hätte brauchen können. Lezamas Lachen war für Arenas durchaus wichtig, zeichnete der Humor ihn doch – wie ich selbst erfahren durfte – noch in den schlimmsten Lebenslagen aus. Und Arenas hatte ein mehr als schwieriges Leben ...

Eine weitere Qualität Lezamas ist das Herausfallen aus dem Diskurs und die Mischung der Dinge, die eigentlich nicht zusammengehören. Natürlich erscheint hier wieder das Thema Homosexualität, diesmal in der für Lezama typischen Wortwahl als „Sodomie" und bezogen auf einen im Exil lebenden bekannten kubanischen Dramaturgen namens José Triana. Der wird in dieser Passage nicht ganz zufällig mit jenem Bereich griechischer Kultur in Verbindung gebracht, in dem Homosexualität wie auch Theater durchaus (und auch für Lezama Lima selbst) eine wichtige Rolle spielten. Reinaldo Arenas erwies sich in dieser Art der Mischung unterschiedlicher Ebenen literarischen Diskurses als guter Schüler des kubanischen Dichter-Kollegen.

Und schließlich wäre noch die Beobachtung zu nennen, dass die einfachsten Dinge bei Lezama etwas Grandioses werden konnten, also die Möglichkeit des Dichters, das Grandiose in das Einfache, Alltägliche und das Alltägliche in etwas Grandioses zu überführen. So behandelt diese Passage vor allem eine Mischung der Stile, Gattungen und Gegenstände, die nicht innerhalb bestimmter Grenzen diskursiver und referentieller Art behandelt, sondern ständig in Form von Grenzverletzungen verschiedenartig *beleuchtet* werden.

Vielleicht sollten wir uns vor der Beschäftigung mit einigen Biographemen des Reinaldo Arenas an die Verbindung zwischen Homosexualität und Schreiben mit Hilfe eines seiner Gedichte heranwagen, das nicht für die literarische Produktion, wohl aber für seinen ununterdrückbaren Humor charakteristisch ist. Es ist auf Havanna im Jahr 1971 datiert, eine besonders schlimme Zeit für Arenas, war er doch zu diesem Zeitpunkt im Grunde ein Ausgestoßener und Verfemter. Und dieser Marginalisierte schrieb nun ein Sonett:

> So hatt' Cervantes also nur 'nen Arm;
> war Beethoven taub; Villon uncool;
> auf Stelzen ging ein Góngora, da warm.
> Und Proust? Na klar, der war doch schwul.
>
> Don Nicolás Tanco war ein Sklavenhändler,
> und Virginie, die stürzt' sich vonnem Stuhl,
> Lautréamont starb auf 'nem Seelenpendler.
> Selbst Shakespeare, ach ich Ärmster, war doch schwul.

Auch Leonardo, Federico, grade die,
Whitman, Petronius, ja Michelangelo,
Visconti, Gide, Genet, die dollen Miezen.

Das ist, meine Herrn, die kurze Biographie
(Oh Gott, vergaß ich doch den Heiligen Antonio!)
der Männer, die der Künste Requisizen.[3]

In diesem Sonett aus dem Gedichtband *Voluntad de vivir manifestándose* wird Arenas' Fähigkeit deutlich, seine Homosexualität, die zum Skandalon auf Kuba wurde, einzuspannen in eine Beziehung zum Schreiben und zu den Künsten, welche fundamental war und ist für die abendländische Literatur- und Kunstgeschichte. Und doch kam er im revolutionären Kuba in ein Umerziehungslager für Homosexuelle, in eines der berüchtigten Arbeitslager der UMAP. Selbst in den bittersten Stunden verließ ihn dabei nicht sein sprichwörtlicher Humor, und er bekannte sich offen zu seiner sexuellen Orientierung. Er wusste nur zu gut, dass er sich als Schriftsteller seit der Antike und Petrons Zeiten in eine lange Liste Homosexueller eintragen konnte, welche die Kunst im Abendland vorangebracht haben. Nun aber einiges zu seiner Biographie, für die er uns selbst das Stichwort gab!

Reinaldo Arenas Fuentes wurde am 16. Juli 1943 in einem kleinen Ort zwischen Holguin und Gibara im Osten der Insel Kuba geboren. Da sein Vater kurz nach seiner Geburt die Familie verließ, wuchs der Junge unter der Obhut der Mutter im Haus der Großeltern auf und verbrachte seine Kindheit auf dem Land. Nach dem Schulbesuch in Holguin schloss er sich „aus Langeweile und Ermüdung" 1958 der revolutionären Bewegung Fidel Castros an. Der Sieg der Revolution ermöglichte ihm eine Ausbildung zum landwirtschaftlichen Buchhalter. 1962 kam er nach La Habana, wo er zunächst Wirtschafts- und später Literaturwissenschaften studierte. Ohne sein Studium abzuschließen arbeitete er als Bibliothekar an der Nationalbibliothek von Havanna, widmete sich intensiver Lektüre und nahm sein schon in früher Jugend begonnenes Schreiben wieder auf, nun in Kontakt mit Mitgliedern der Orígenes-Gruppe rund um José Lezama Lima.

---

3 Arenas, Reinaldo: *Voluntad de vivir manifestándose*. Buenos Aires: Adriana Hidalgo Editora 2001, S. 53.

Abb. 118: Reinaldo Arenas Fuentes (Holguín, Kuba, 1943 – New York, 1990).

Arenas bekommt Anschluss an die Literaten- und Intellektuellenszene der kubanischen Hauptstadt. Zusätzlich zu seiner zeitweiligen Tätigkeit am Instituto del Libro arbeitet er an den kubanischen Zeitschriften *La Gaceta de Cuba*, *Unión*, *El Caimán Barbudo* und *Casa de las Américas* mit. Ab 1970 wird er jedoch de facto mit Veröffentlichungsverbot belegt. Im Januar 1974 wird Arenas verhaftet und im Morro eingekerkert, Havannas geschichtsträchtigem Gefängnis. Wegen „Immoralität", „konterrevolutionären Verhaltens" und der nicht genehmigten, da nicht beantragten Veröffentlichung dreier Bücher im Ausland wird er zu einer einjährigen Gefängnisstrafe verurteilt. Nach Verbüßen dieser Haftzeit wird er in ein Rehabilitierungslager eingewiesen.

Während der folgenden Jahre lebt Reinaldo Arenas in schwierigen Verhältnissen unter wechselnden Adressen in Havanna, bis er im Mai 1980 – mit der Welle des kubanischen Massenexodus – über die Kleinstadt Mariel die Insel in einem Boot verlässt, nachdem man noch bis zuletzt nach ihm gefahndet hatte. Das Boot wird einige Tage später von der US-amerikanischen Küstenwacht aus Seenot gerettet und der Dichter zu einer zentralen Figur des kubanischen Exils. Er lässt sich zunächst in Miami, später in New Yorks Hell's Kitchen nieder und schreibt jene Manuskripte von neuem, die man ihm auf Kuba entwendet hatte. Gelegentliche kurze Lehrtätigkeiten führen ihn an die Universidad Internacional de la Florida, an das Center for Inter-American Relations und die Cornell University sowie an andere Universitäten des Landes. Er gibt die wichtige Exilzeitschrift *Mariel* heraus und unternimmt mehrere Reisen nach Europa, insbesondere nach Spanien und Frankreich. Im Wettlauf mit dem Tod gelang es dem HIV-Infizierten – unterbrochen von Krankenhausaufenthalten – den Zyklus seiner Romane sowie seine Autobiographie zu vollenden, die er zunächst auf Band diktierte. Reinaldo Arenas setzte seinem Leben am 7. Dezember 1990 in New York ein Ende.

Aus gutem Grund könnte man die These wagen, dass alle literarischen Texte des Reinaldo Arenas ein einziges Buch bilden, an dem der kubanische Autor unaufhörlich schrieb. Dies mag ihm anfangs selbst nicht ganz bewusst gewesen sein; doch erkannte er diesen Zug später als Gestaltungsprinzip und Bauform bei dem von ihm so sehr bewunderten José Lezama Lima wieder:

Stück für Stück, in dem Maße, in dem man sich in sein Werk hineinwühlt, versteht man, dass Lezama wie jeder große Dichter (ich denke an Whitman, ich denke an Proust, ich denke an Pound) nichts anderes tat als ein großes Buch zu konstruieren, was wie das Fließen einer wunderbaren Strömung ist.[4]

Schaute man Reinaldo Arenas beim Schreiben in seinem Arbeitszimmer über die Schulter, beziehungsweise konsultierte man seine Manuskripte in der Firestone Library an der Universität von Princeton, der er zu Lebzeiten seine Manuskripte verkauft hatte, um finanziell überleben zu können, dann bemerkte man, dass Arenas immer an verschiedenen Bänden gleichzeitig schrieb. Er war also immer mit unterschiedlichen Facetten seines Werks beschäftigt, das sich eben darum zu einem einzigen Buch rundete. Insofern ist auch seine Autobiographie im Grunde ein fundamental autofiktionaler Text, der viele Autobiographeme des kubanischen Autors präsentiert, sie zugleich aber fiktional verändert oder rabelaishaft-hyperbolisch aufbläht – wie etwa die Zahl seiner Liebespartner. Diese zutiefst friktionale Dimension seines gesamten Schreibens gilt es bei unserer Beschäftigung mit diesem herausragenden Schriftsteller zu beachten. Zugleich sollten wir die Tatsache berücksichtigen, dass Arenas seine Geschlechteridentität klar definierte, offen auslebte und daher auch offen ausschrieb – dies innerhalb einer Gesellschaft, die bis zu seiner Exilierung aus Kuba offen homophob war und Fragen einer Öffnung von Geschlechteridentitäten, wie sie in den Zeiten der Postmoderne möglich wurde, brüsk vom Tisch wischte.

Wenn sich denn alle Arenas-Texte zu einem einzigen Text zusammenfügen, wenn sie, zwar zu unterschiedlichen Zeiten an unterschiedlichen Orten veröffentlicht, aber häufig parallel entstanden, immer wieder dem erzählerischen Kreis eine neue Dimension hinzufügen, dann kann man sich sehr wohl fragen, nach welchem linearen Schema seine literarischen Arbeiten denn überhaupt anzuordnen und zu besprechen wären. Für seine ersten literarischen Veröffentlichungen wie *Celestino antes del alba* wurde Arenas in Kuba zunächst zwar noch nicht mit großen literarischen Preisen, aber mit „Menciones" und Auszeichnungen versehen, die auf eine Karriere innerhalb der damals international ungeheuer erfolgreichen kubanischen Literatur hoffen ließen.

Aber schon bei jenem Roman, der den Namen des Kubaners außerhalb Kubas erstmals berühmt machen sollte, *El mundo alucinante*, auf Deutsch *Wahnwitzige Welt*, war absehbar, dass Arenas mit den Institutionen und Vertretern des sich verhärtenden kubanischen Regimes in Konflikt geraten würde. Erschienen doch

---

4 Arenas, Reinaldo: El reino de la imagen. In: *Mariel. Revista de Literatura y Arte* (Miami) 1 (1983), S. 21.

Ausgaben dieses Romans ohne Erlaubnis kubanischer Stellen nicht nur auf Spanisch in Mexiko, sondern auch auf Französisch in Frankreich.[5] Dort wurde das Buch notabene gemeinsam mit Gabriel García Márquez' Roman *Cien años de soledad* von *Le Monde* zum besten fremdsprachigen Roman des Jahres gewählt. In Kuba blieb der 1966 in einer ersten Fassung niedergeschriebene Roman *El mundo alucinante* unveröffentlicht, erschien 1969 aber wohl dank der Mithilfe von Severo Sarduy in Paris, dem damaligen Mekka der Literatur. Es handelt sich um einen Text, der auf thematische Anregungen José Lezama Limas zurückgeht, hatte der Schöpfer von *Paradiso* doch in *La expresión americana* auf jenen neuspanischen Dominikanermönch aufmerksam gemacht, den Reinaldo Arenas in den Mittelpunkt seines Romangeschehens rückte: Fray Servando Teresa de Mier y Guerra.

Reinaldo Arenas wurde dadurch in Frankreich zu einem Zeitpunkt bekannt, als er in Kuba zunehmend in Vergessenheit geriet und – schlimmer noch – zunehmend zum Schweigen verurteilt war. Dadurch war er im Ausland von Anfang an der Gefahr ausgesetzt, weniger nach seinen literarischen Qualitäten als vielmehr wegen seiner politischen Aussagen und seines Widerstands gegen das System des revolutionären Kuba rezipiert und beurteilt zu werden, welches bei den europäischen Intellektuellen auf Grund wachsender Repressalien in Verruf zu geraten begann. Schnell wurde Arenas als „dissidenter Schriftsteller" vermarktet, war für die einen ein rotes Tuch und für die anderen Fürsprecher westlicher Werte. Anders als in Lezama Limas Fall, dessen literarische Laufbahn lange vor der Revolution begonnen hatte, sind in Kuba Arenas' Schriften bis heute verboten.

Um dessen gesamtem literarischen Werk gerecht zu werden, müsste man in erster Linie den Zyklus jener Romane besprechen, die er nach Jahrzehnten des Schreibens und Wieder-Schreibens in seiner *Pentagonie* vereinigte, ein Erzählzyklus, der schon 1965 mit *Celestino antes del alba* begonnen hatte. Auch der Zyklus seiner Erzählungen wäre es zweifellos wert, eingehender besprochen zu werden.[6] Doch im Rahmen unserer Vorlesung ist sicherlich der Roman über Fray Servando vorrangig, zeigt *El mundo alucinante* doch auf faszinierende Weise eine Reihe jener Charakteristika auf, welche für ein Schreiben im Zeichen der Postmoderne als repräsentativ gelten dürfen.

---

5 Genauere bibliographische Angaben finden sich in dem von mir herausgegebenen Band *La escritura de la memoria*, der zusätzlich zur Bibliographie über eine Dokumentation verfügt.
6 Vgl. hierzu Ette, Ottmar: Gedächtnis und Schrift. Über das Zyklische im Erzählwerk Reinaldo Arenas'. In: Heydenreich, Titus (Hg.): *Kuba. Geschichte – Wirtschaft – Kultur*. Referate des 8. interdisziplinären Kolloquiums der Sektion Lateinamerika des Zentralinstituts 06. [= Lateinamerika-Studien, Bd. 23] München: Wilhelm Fink Verlag 1987, S. 279–324.

Die Tatsache, dass der Roman sein Sujet aus Lezama Limas *La expresión americana* bezieht, ist für das Situieren dieser ebenfalls mit Autobiographismen versehenen Prosa sehr wichtig. *Wahnwitzige Welt* beschreibt den Kampf gegen institutionelle Gewalt am kolonialen Beispiel der Geschichte des neuspanischen Dominikanermönchs Fray Servando, auf dessen *Memoiren* und autobiographische Schriften sich der junge kubanische Autor intertextuell bezieht. Der Dominikaner war durch eine 1794 zu Ehren der Jungfrau von Guadalupe gehaltene Predigt bei spanischem Klerus und der Obrigkeit in Ungnade gefallen, hatte er doch in dieser Predigt durch die Verknüpfung der kanonisierten christlichen Legende mit aztekischen Mythen der spanischen Eroberung jede heilsgeschichtliche Legitimation entzogen. Damit begann nun das abenteuerliche Leben – Arenas' Roman trägt in der ursprünglichen Fassung die ironische Gattungsbezeichnung „Abenteuerromans" – jenes Fray Servando, der als belesener Mönch zwischen Mittelalter und europäischer Aufklärung sowie als Kreole zwischen europäischer Bildung und selbstbewusster Identifikation mit „unserem Amerika" stand, wie er fast ein Jahrhundert vor Jose Martí sagte. Und was war das für ein Leben!

Denn Fray Servandos *Memoiren* erzählen vom nie abreißenden Kreislauf zwischen dem „historischen amerikanischen Verlies" (so Lezama in *La expresión americana*) und den phantastischen Ausbruchsversuchen des Mönchs, der niemals seinen Nonkonformismus und Widerstand aufgab, ob in der kolonialspanischen Heimat, in Spanien, Frankreich, England, den noch jungen Vereinigten Staaten oder in seinem gerade unabhängig gewordenen Mexiko. Reinaldo Arenas' Roman entstand aus dem Verständnis, dass der Dominikaner und er – wie er in einem fiktiven Brief an Servando zu Beginn des Romans schreibt – „dieselbe Person" seien.[7]

Diese Identifikation führte in den Roman gleichzeitig zwei Zeitebenen – die Wende vom 18. zum 19. und die Mitte des 20. Jahrhunderts – und zwei Bedeutungsebenen – die der Memoiren des illustren Vorgängers und des Lebens des jungen Kubaners selbst – ein. Deutlich wird dies bereits im ersten Kapitel, das die Kindheit des Mönches in Monterrey lückenlos an andere Texte von Arenas über die eigene Kindheit ankoppelt, deutlich aber auch an vielen eingestreuten Details, die auf beide Zeitebenen und Diegesen verweisen. Der subversive Grundzug dieses Kunstgriffs erweist sich etwa an jener Bemerkung Borundas, des eigentlichen Urhebers der ketzerischen These Servandos, dass seine Schriften in *La Gaceta* nicht veröffentlicht würden: Gemeint ist eine historische mexikanische Zeitschrift, gemeint aber auch jene *Gaceta de Cuba*, in der Arenas in der zweiten

---

7 Arenas, Reinaldo: *El mundo alucinante. Una novela de aventuras.* Barcelona: Montesinos Editor 1981, S. 9.

Hälfte der sechziger Jahre noch einige letzte Texte veröffentlichen konnte. Das Schicksal des Romans in Kuba war damit in gewisser Weise vorgezeichnet.

Auch sonst nimmt die Geschichte Fray Servandos auf verwirrende Art und Weise Aspekte von Reinaldo Arenas' späterem Leben vorweg. So verbrachte der Kubaner einige Zeit in eben jenem Morro, in dem die spanischen Behörden schon den neuspanischen Dominikanermönch hatten schmachten lassen. Dies veranlasste den noch jungen kubanischen Autor zu der Bemerkung, dass er dazu verurteilt sei, entweder über das zu schreiben, was er gelebt, oder das zu leben, was er geschrieben habe. Mithin müsse er in Zukunft vorsichtig sein mit dem, was er in seinen Büchern noch schreiben werde.

Freilich handelte es sich bei Arenas' ‚Abenteuerroman' nicht um eine historisch getreue Nacherzählung der *Memorias* des Fray Servando, sondern vielmehr um eine hochkomplizierte literarische Neuschöpfung, eine „réécriture" im weitesten und besten Sinne. Diese legte zugleich eines der Grundmuster von Arenas' Schreiben offen: das beständige und von den Umständen erzwungene Wieder-schreiben und Neu-Schreiben all jener Texte, die man ihm in den siebziger Jahren durch die kubanische Staatssicherheit entwendet hatte. In diesem Text der sechziger Jahre freilich bediente sich Arenas eines Schreibens im Modus der Intertextualität, deren Begriff in denselben Jahren im Frankreich Julia Kristevas entstanden war und deren literarische (Auto-)Reflexivität eine der wohl charakteristischsten Züge des Schreibens im Zeichen der Postmoderne ausmacht. Denn der weitgespannte intertextuelle Raum von *El mundo alucinante* beschränkte sich keineswegs auf Fray Servando oder José Lezama Lima, sondern spielte mit Elementen all jener Texte, die Reinaldo Arenas in der Nationalbibliothek von La Habana begierig gelesen hatte.

Wahnwitzige Welt baut dabei, typographisch häufig abgesetzt, Fragmente aus Fray Servandos Schriften ein, die – wie paratextuell ausgeführt wird – nicht als „Zitate aus einem fremden Text, sondern als dessen fundamentaler Bestandteil" zu verstehen seien. Bilden die *Memoiren* auch das Grundgerüst für die Abenteuerfolge und geben sie Anlass zu vielfachen Wortspielen oder auch nur zu einem Wörtlich-Nehmen des Ursprungstextes (was schon ein beliebtes Verfahren der historischen Avantgardisten war), so ist Arenas in seinen rabelaishaft-hyperbolischen Ausgestaltungen dieses selbst bereits phantastischen Textes von diesem doch in keinerlei Weise determiniert. Von drei unterschiedlichen Erzählerpositionen aus, die am Anfang noch klar voneinander getrennt und später immer dichter miteinander verwoben werden, zeigen sich dieselben Ereignisse gleichsam kubistisch aus jeweils anderer Perspektive. Dieses Wiederaufarbeiten desselben mit jeweils anderen Ergebnissen, diese Rekonstruktionen, die kraft gegensätzlicher Versionen niemals eindeutig sind, sondern ihre grundsätzliche Offenheit der Leserschaft zur weiteren Aufarbeitung überlassen, verbinden sich mit der Verwendung unterschiedlicher Textsorten. Autobiographie und Reisebericht, Autofiktion und Chronik, Tagebuch und Roman, lyrische Prosa und prosaische Lyrik verbinden sich zu einem komplexen literarischen Spiel, in welches weitere intertextuelle Bezüge eingearbeitet werden. Es handelt sich um ein literarisches Spiel ganz nach dem Geschmack der Postmoderne.

Denn neben Biographien und der Sekundärliteratur entnommenen Zitaten (mit Quellenangaben!) werden weitere literarische Texte (und Gestalten des beginnenden 19. Jahrhunderts wie etwa der kubanische Exildichter Heredia) in den Roman hineingezogen. So ist nicht von ungefähr „Orlando, seltsame Frau" die Beschützerin Servandos in England; und Virginia Woolfs gleichnamiger Roman *Orlando* wird in einige Textpassagen artistisch eingearbeitet. Die dabei entstehenden vielfältigen intertextuellen Bezüge zwischen den Texten auf inhaltlicher wie struktureller Ebene lassen keinen Zweifel daran, dass dies ein intertextuelles Spiel mit doppeltem und dreifachem Boden ist. Dies ist selbst bei der Beziehung zwischen Arenas' Roman und einem Text innerhalb von Woolfs *Orlando* der Fall, jenem geheimnisvollen Gedicht „The Oak Tree", an welchem Orlando, wie später Arenas an seinem einzigen Lebens-Text, ein wahrlich langes Leben lang arbeitete. Am Ende dieses Erzählzyklus, in dem sich atemlos Abenteuer an Abenteuer reiht, in dem man Servando von Dantes *Inferno* bis ins Paradies der Azteken folgt, die Französische Revolution ebenso wie die lateinamerikanische Unabhängigkeitsbewegung esperpentoartig verzerrt ‚sieht', steht allerdings die Einsicht, dass nichts sich wirklich verändert hat. Es herrscht der Eindruck vor, dass allem ein fundamentaler Betrug, eine „estafa", zugrunde liegt: Noch immer defilieren die Gläubigen zu Ehren der Jungfrau von Guadalupe, noch immer herrscht die gleiche Verfolgung, noch immer gibt es keinerlei Ausweg aus der Geschichte – die wahre Revolution hat noch nicht stattgefunden, nur in der Rebellion entsteht ihr utopisches Bild. Der Roman ist keiner Fortschrittsideologie verpflichtet, kein „grand récit" bläht die Segel dieses Erzählschiffchens, keine fortschreitende Linearität weist auf ein erreichbares geschichtliches Ziel, dem sich der oder die Erzähler verpflichtet wüssten. Die Geschichte des historischen Fortschritts hat in den Zeiten der Postmoderne abgedankt. Wie schon in *Celestino antes del alba* lässt sich auch in *El mundo alucinante* keinerlei revolutionär-didaktische Zielrichtung entdecken.[8]

---

8 Vgl. allgemein Bovi-Guerra, Pedro: El mundo alucinante: Ecos de Orlando y otros ecos. In: *Románica* (New York) 15 (1978/79), S. 97–107; Jara, René: Aspectos de la intertextualidad en „El mundo alucinante". In: *Texto crítico* 13 (abril-junio 1979), S. 219–235; Volek, Emil: La carnavalización y alegoría en „El mundo alucinante" de Reinaldo Arenas. In: *Revista Iberoamericana* (Pittsburgh) 130–131 (enero-junio 1985), S. 125–148.

Wie in seinem Erstlingsroman spielte Reinaldo Arenas auch in seiner *Wahn-witzigen Welt* mit der Figur des Doppelgängers, eines – mit Enrique Vila-Matas gesprochen – „Autre", der es erlaubt, gerade die Position des Schreibenden, des Künstlers, in immer neuen Spiegelungen, in immer neuen Brechungen zu reflektieren. Auch im *Pentagonie*-Zyklus wird der kubanische Autor stets nach derlei autofiktionalen Spiegelungen Ausschau halten, um in einem Verwirrspiel mit der Leserschaft stets die eigenen Spuren zu enthüllen und gleichzeitig wieder zu verbergen, zu camouflieren. Auch dieses Spiel der Spiegel steht ganz im Sinne Maurice Blanchots im Zeichen der Postmoderne, verbirgt es doch den Autor in einem dauernden Zeigen und Spiegeln, welches die Grenzen zwischen Dichtung und Wahrheit, Höhenkamm und profanem Alltag, zwischen den verschiedenen Orten und Zeitebenen, ja zwischen Leben und Tod verwischt.

Die verdoppelten Diegesen des Romans beziehen sich auf die mexikanische bezeihungsweise lateinamerikanische Unabhängigkeitsbewegung einerseits und auf die Kubanische Revolution andererseits. Viele über den Text verstreute Vorgänge und Details können mit beiden historischen Kontexten in Verbindung gebracht werden, was der Leserschaft ein dichtes Feld an möglichen Anspielungen verschafft. Diese ‚Doppelstruktur' führt zweifellos ein stark subversives Element in den Text ein und lässt sich auch nicht einfach kontrollieren.

Gleichzeitig erlaubt es die Beziehung zwischen den Schriften Fray Servandos und der autobiographischen beziehungsweise autofiktionalen Dimension von Arenas, eine Verbindung zwischen *El mundo alucinante* und den fünf Romanen der *Pentagonía* herzustellen, die gewiss einen autobiographischen Hintergrund besitzen, wenn sie selbstverständlich auch nicht auf diesen reduzierbar sind.[9] Eine solche intratextuelle Lektüre vermag thematische Parallelen (etwa die Kindheit auf dem Lande), gemeinsame Symbole (wie jener „Brunnen ohne Fluchtweg, der die Literatur ist",[10] der auch das zentrale Symbol in *Cantando en el pozo* darstellt), semantisch analoge Strukturen („Venimos del corojal" und „Yo vengo del corojal"[11]) oder Anspielungen auf das zeitgenössische Kuba und dessen Literaturszene mühelos herausarbeiten. Die intratextuellen Verbindungen und Verzahnungen zwischen *El mundo alucinante* und der autofiktionalen *Pentagonie*, aber auch mit dem Zyklus der Erzählungen oder den Gedichtbänden

---

9 Auf den Arenas bereits 1967 bezüglich seines Romans *Celestino antes del alba* hinwies, der 1982 unter dem Titel *Cantando en el pozo*. Barcelona: Argos Vergara 1982 wiederveröffentlicht wurde; vgl. hierzu Alomá, Orlando: Arenas antes del alba (Entrevista). In: *Cuba* (La Habana) 65 (sept. 1967) S. 37.

10 Arenas, Reinaldo: *El mundo alucinante*, S. 32.

11 Ebda., S. 11.

belegen, wie sehr Reinaldo Arenas sich bemühte, an ein und demselben Buch zu schreiben.

El mundo alucinante schließt mit einer Art *Reise zum Ursprung* (*Viaje a la semilla*, wie Alejo Carpentier sagen würde): Am bereits verstorbenen Fray Servando ziehen in umgekehrter Reihenfolge nochmals alle Orte der Verfolgungen vorüber, bis er wieder in Monterrey ankommt, wo er einst geboren wurde und seine frühe Kindheit verbrachte. Denn Fray Servando durchlebt in Arenas' *Wahnwitziger Welt* zum Teil eben jene Kindheit, die dem kubanischen Autor Mitte des 20. Jahrhunderts zuteilwurde. Diesen bereits geschlossenen Kreis öffnet dann noch einmal der letzte Abschnitt, der von den „letzten Nachrichten" zu berichten weiß, den postumen ‚Reisen' des Fray Servando. Doch schauen wir uns diese Reise zurück zum Ursprung einmal genauer an:

> Und der Mönch verstarb. Aber zuvor sah er sich vom ganzen Volke bis zur Kapelle des Heiligen Grabmals des Heiligen Domenikus begleitet. Und zuvor hörte er das gleichmäßige Läuten der Glocken, welche sein Hinscheiden verkündigten. Und er sah alle geladenen Gäste erscheinen, kurz bevor er verstarb. Und Du sahst Dich erneut im Kerker von San Juan de Ulúa, mit der Kerze kämpfend, die nicht von Dir abließ und Funken ins Gesicht sprühte. Und wie in einem Traum erschien Dir der wilde León, und die Verfolgung begann. Und Du sahst, wie Du über Mauern sprangst und durch die Lüfte schwebtest, an unsicheren Schirmen hängend. So fielst Du hinab in die Pfarrei von Tepeyac; Und Du predigtest lange, im Angesicht des Erzbischofs, des Vizekönigs und des Meeres an Indios, über das Thema, das für Dich eine Obsession war, über die *wahrhaftige Erscheinung der Jungfrau von Guadalupe* ... Und später kehrtest Du nach Monterrey zurück, denn Du warst wieder ein kleiner Junge. Und Du kehrtest wieder zum Haus zurück, vom Korral aus.[12]

Kurz vor dem Tod spult sich für Fray Servando Teresa de Mier das eigene Leben im Schnelldurchlauf ab. In diesem Zeitraffer im Rückwärtslauf werden nochmals die wichtigsten Lebensstationen, aber auch einige der grundlegenden literarischen Verfahren des Textes deutlich. Dazu zählt insbesondere der Wechsel grammatikalischer Personen und der dadurch erzeugte Perspektivenwechsel, der ein direktes Ansprechen des Fray Servando ermöglicht wie auch den Dialog zwischen Erzähler und dem soeben Verstorbenen. Die Bilder setzen sich multiperspektivisch aus verschiedenen Blickwinkeln zusammen und erzeugen, aller Blickwechsel zum Trotz, ein zwar diskontinuierliches, aber doch von stetigen Bewegungen durchzogenes ‚kubistisches' Gesamtbild.

Noch etwas anderes fällt auf: Denn zugleich gibt es in dieser Reise zum Ursprung, zurück zum Ei, auch die Außerkraftsetzung der raumzeitlichen Kausalität. Gerade diese Unterbindung jeglicher Kausalität, jeglichen logischen Zusam-

---

12 Ebda., S. 248 f.

menhangs, charakterisiert den Text und verweist auf fundamentale Beziehungen zu einem Schreiben, das jenseits einer Logik und eines Diskurses der Moderne im Zeichen der Postmoderne steht. Es ist aufschlussreich, kontrastiv zu diesem vorletzten Abschnitt des Romans den nach der Eröffnung ersten Abschnitt des ersten Kapitels „México I" zu zitieren und zu analysieren:

> Wir kamen vom Korral. Wir kamen nicht vom Korral. Ich und die beiden Josephas, wir kamen vom Korral. Ich komme allein vom Korral und es ist schon fast Nacht. Hier wird es Nacht, noch bevor der Morgen graut. In ganz Monterrey ist das so: Man steht auf und wenn man recht schaut, wird es schon dunkel. Daher ist es das Beste, erst gar nicht aufzustehen.
>
> Aber jetzt komme ich vom Korral und es ist Tag. Und die ganze Sonne reißt die Steine auf. Und dann: Ich nehme sie, von Rissen durchzogen, auf und werfe sie meinen Gleichen Schwestern an den Kopf. Meinen Schwestern. Meinen Schwestern. Meinen Schwes.[13]

An dieser Passage wird ebenso das Außerkraftsetzen raumzeitlicher Gesetzlichkeiten ablesbar wie eine ständige Ambiguität, eine fundamentale Unentscheidbarkeit aller Dinge, von denen aus unterschiedlichen Blickwinkeln berichtet wird. Völlig gegensätzliche Behauptungen stoßen aufeinander: Das Lesepublikum muss sich sein eigenes Bild machen oder verschaffen. In vielen Fällen bleibt jedoch die Widersprüchlichkeit bestehen. Die Gegensätze werden nicht ausgeräumt, sondern ganz bewusst dem Text selbst anvertraut.

Arenas' Schreibweise hat System: Sein Ich-Erzähler widerspricht sich ständig selbst und immer wieder kommt es zu Verdoppelungen, zu Aussagen, die wieder zurückgenommen und dann erneut modifiziert werden, zu einer Abfolge von Varianten eines sehr begrenzten Spektrums an Ausdrücken und alternativen Möglichkeiten. Dies ist sicherlich eines der Grundmuster dieses Schreibens, das mit einigen wenigen Materialien und Techniken auskommt. Zur Fülle des Schreibens eines José Lezama Lima, das in immer neuen Spannungsbögen innerhalb eines einzigen Satzes die Perspektiven in neobarocker Schreibweise wechselt, kommt es in Arenas' „escritura" nicht. Doch aus dieser fast schon als skelettartig zu bezeichnenden Unentscheidbarkeit macht der junge kubanische Autor eine ganze Menge und entwirft eine *Wahnwitzige Welt*.

Im Grunde ist die wilde Hetzjagd des Mönchs durch amerikanische und europäische Länder und Gefängnisse nichts anderes als eine stetige Wiederholung derselben Grundsituationen. Es handelt sich um Situationen, wie sie alle Protagonisten bei Arenas kennen: Stets gibt es viele Versuche, die Flucht anzutreten. Doch eine wirkliche, definitive Flucht in die Freiheit gelingt nicht: „no hay

---

13 Ebda., S. 11.

escapatoria", es gibt kein Entrinnen! Die Vorwärtsbewegungen in Raum und Zeit scheinen sich letztlich als täuschender Kreislauf zu erweisen, zu dessen Opfer Fray Servando sein gesamtes Leben lang geworden ist. Arenas strebt in seinem Roman, so darf man schließen, nicht eine Rekonstruktion, sondern vielmehr eine Dekonstruktion der Geschichte des Dominikaners an. Es gibt keine ,Wahrheit der Geschichte', sondern nur die Wahrheiten der Geschichten: keine Konstruktion oder Rekonstruktion, sondern nur permanente Dekonstruktion, welche alle Varianten immer wieder mit der Kraft ihrer „différance" differiert.

Reinaldo Arenas' *Wahnwitzige Welt* steht stellvertretend für das Schreiben im Zeichen der Postmoderne. Gerade die Unentscheidbarkeit aller Handlungen ist hierfür ein starkes Zeichen. Man sollte allerdings vorsichtig mit der Behauptung umgehen, die lineare, chronologische Geschichte sei zerstört, ausradiert worden: Denn der kubanische Autor hat rein gar nichts zerstört. Gewiss weist der Text eine reiterative, zyklische Struktur auf; gewiss wird ein zeitliches Fortschreiten durch Wiederholungen aufgefangen, welche auf weitere Wiederholungen mit ihren Varianten hinauslaufen. Doch gleichzeitig integriert der Text die chronologische Zeit, die bereits in dem erwähnten Vorwort in Briefform auftaucht als „brutale und unerträgliche Zeit, die Dich in diesen Tagen zweihundert Jahre alt werden lässt".[14]

Lineare Geschichte scheint auch am Einbau historischer Zeitgenossen Fray Servandos auf, die ihm wie etwa Simón Bolívar oder Alexander von Humboldt (letzterer eine Art ,Gegenmodell' des Weltreisenden auf der Suche nach dem ,Anderen'[15]) in den Pariser Salons begegnen. Sie ist auch im Spiel mit den *Memorias* und anderen Texten des Mönchs gegenwärtig, indem historische Datierungen trotz des phantastischen Grundzuges eine wichtige Rolle einnehmen. Nicht zufällig spielt das Geschehen zu einem Zeitpunkt, gegen Ende des 18. Jahrhunderts, als der Begriff „Geschichte" als Kollektivsingular überhaupt erst in Europa entsteht und man von einer „Sattelzeit der Moderne" im letzten Drittel des Jahrhunderts der Aufklärung sprechen kann. Die Vorstellung einer zielgerichtet unilinear verlaufenden Geschichte entsteht, über den Geschichten erhebt sich *die* Geschichte als dominantes Subjekt, „das mit den göttlichen Epitheta der Allmacht, der Allgerechtigkeit oder der Heiligkeit versehen wird".[16] Reinaldo Arenas wählte sich

---

14 Ebda., S. 10: „brutal e insoportable tiempo que en estos días te hará cumplir doscientos años."
15 Vgl. Ette, Ottmar: Der Blick auf das Andere. Eine kontrastive Lektüre der Reisen Alexander von Humboldts und Fray Servando Teresa de Miers. In: Schlieben-Lange, Brigitte et al. (Hg.): *Europäische Sprachwissenschaft um 1800. Bd. 2: Methodologische und historiographische Beiträge zum Umkreis der „idéologie".* Münster: Nodus Publikationen 1991, S. 137–171.
16 Vgl. Koselleck, Reinhart: *Vergangene Zukunft. Zur Semantik geschichtlicher Zeiten.* Frankfurt am Main: Suhrkamp ²1984, S. 50 f.

nicht allein eine für José Lezama Limas Geschichtskonzeption in *La expresión americana* zentrale Schlüsselzeit, sondern zugleich eine für die Moderne auch im künftigen Lateinamerika entscheidende Phase, mit der sich ein postmodern inspiriertes Denken in der Neuen Welt auseinanderzusetzen hatte. In dieser Hinsicht war der politisch höchst einflussreiche Mönch im Übergangszeitraum der „Independencia" ein doppeltes geschichtliches Geschenk.

Es geht bei Reinaldo Arenas keinesfalls um simple Negation eines modernen, linearen Geschichtsbegriffes, sondern um dessen Öffnung für andere, beispielsweise zyklische Geschichtsvorstellungen. *El mundo alucinante* ist kein ‚totalitärer' Text, der eine bestimmte Vision von Geschichte zu propagieren sucht und sich zugleich seiner Intertexte bemächtigt. Der Roman zieht diese vielmehr mit sich in ein ‚karnevalistisches' Treiben, in ein Spiel, das von Polysemie und Ambivalenz geprägt ist. Diese Art von Karneval, um mit Michail Bachtin[17] zu sprechen, situiert sich an der Grenze zwischen Kunst und Leben, Fiktion und Realität als „Le monde à l'envers": Dieser Karneval ist im gleichen Maße Negation und Affirmation – unmöglich, diese auf eine simple Opposition zu reduzieren. *El mundo alucinante* besitzt mit seinem Humor und seinem Lachen im Angesicht der Verzweiflung ein literarisches Schillern, das zu keinem Zeitpunkt fest-gestellt werden kann.

Dabei ist die Konstruktionsweise des Romans durch die Vervielfachung seiner Verweisstrukturen durchaus komplex. Vermittels vielfältiger intertextueller und intratextueller Bezüge, seiner strukturellen Offenheit – es war gar von einer „Flucht der Textualität"[18] die Rede – vermag es der Roman, diese Ambivalenz zu erreichen und schreibt sich in die Tradition des polyphonen Romans im Sinne Bachtins ein.[19] Lineare Geschichte wird nicht einfach getilgt und an ihrer Stelle die zyklische Zeit errichtet; beide Zeitvorstellungen werden vielmehr gleichzeitig verwendet und in ein polylogisches Denken integriert. Mit anderen Worten: Der Roman löscht nicht die mit der europäischen Aufklärung entstandene Geschichtsauffassung der Moderne aus, zerstört eine lineare Fortschrittskonzeption nicht etwa, sondern stellt – und eben dies verbindet ihn zentral mit einem Schreiben

---

17 Vgl. auch Bakhtine, Mikhail: *L'œuvre de François Rabelais et la culture populaire au Moyen Age et sous la Renaissance*. Paris: Gallimard 1970, S. 15 und 30.

18 Vgl. Jara, René: Aspectos de la intertextualidad en „El mundo alucinante", S. 227 f.: „que el texto literario empieza a desaparecer difuminándose en la extratextualidad."

19 Vgl. Bachtin, Michail M.: Das Wort im Roman (Slovo v romane). In (ders.): *Die Ästhetik des Wortes*. Herausgegeben von Rainer Grübel. Frankfurt am Main: Suhrkamp 1979, S. 154–300; zu den theoretischen Überlegungen Bachtins und zum Begriff der Intertextualität, siehe auch Ette, Ottmar: Intertextualität. Ein Forschungsbericht mit literatursoziologischen Anmerkungen. In: *Romanistische Zeitschrift für Literaturgeschichte* (Heidelberg) 9 (1985), S. 497–522.

im Zeichen der Postmoderne – deren Allmacht in Frage und bietet dem Lesepublikum andere und vor allem weitere Logiken. Man kann sich an dieser Stelle fragen, was aus dem jungen kubanischen Autor, der deutlich an Lezama Lima anknüpfte, aber über eine ganz andere Leichtigkeit und Ludizität verfügte, geworden wäre, hätte man diesen Schriftsteller auf der Insel gefördert und ihn nicht als Homosexuellen oder ideologischen Störenfried behandelt und damit zu massiven, auch literarischen Reaktionsweisen gezwungen.

Wir können an dieser Stelle noch einmal einige simple Rahmenbedingungen des literarischen Schreibens festhalten, wie sie sich aus der Materialität von Literatur ableiten lassen. Jeder literarische Text ist selbstverständlich zweidimensional; seine Grenzen – ein Anfang und ein Ende – begründen als Rahmen seine Ausgrenzung aus dem ,Nicht-Textlichen' und damit seinen Ausweis als Kunstwerk. Die ebenfalls simple Frage dazu wäre: Wie aber ist dann aus dieser Endlichkeit Unendlichkeit erzeugbar? Versuchen wir, diese Frage mit wenigen Ausführungen zu beantworten, um uns einiger Grundbedingungen von Literatur zu versichern!

Die Zweidimensionalität der Fläche des Schreibens und die Linearität des Schreibvorgangs selbst erlauben es, durch Verweise auf andere Texte, durch Einschübe, Rückverweise, Einblendungen oder Prospektives, durch zusätzliche Ausführungen die Linearität zu brechen, mehr noch: aufzubrechen in einem Sinne, in welchem zusätzliche textuelle Dimensionen diese Zweidimensionalität der Schrift unendlich weit hinter sich lassen. Innerhalb dieses Rahmens, der das Unendliche im Endlichen darzustellen erlaubt,[20] entsteht zunächst eine ,dritte Dimension' vermittels einer potentiellen Unendlichkeit von Bezügen, die während und durch den Akt der Lektüre hergestellt werden. Dieser Prozess kann durch die intentionale Schaffung von Relationen zu anderen Werken durch die Autorin oder den Autor gelenkt werden, wobei es zunächst keine Rolle spielt, ob es sich dabei um Texte der Autor*in oder um andere Werke handelt. Auf der produktiven wie rezeptiven Ebene wird die Linearität der Lektüre durch die Intertextualisierung im Verein mit weiteren literarischen Verfahren gebrochen.

Auf diese Weise entstehen gleichsam Anschlüsse, welche den Text durchlöchern, ihn mit Blick auf andere Relationen multidimensional öffnen und gleichsam ein Archipel von Texten im vieldimensionalen Raum erschaffen. Dies ist in wenigen Worten zusammengefasst ein Verfahren, das die Postmoderne nicht erfunden hat, sondern das – Sie haben es sich schon gedacht – so alt ist wie

---

20 Vgl. Lotman, Jurij M.: *Die Struktur literarischer Texte*. München: Wilhelm Fink Verlag ²1981; sowie das Modell unterschiedlicher Textdimensionen im Einleitungsteil meiner Vorlesung zum *ReiseSchreiben*, S. 19–100.

die Literatur selbst. Doch in der Postmoderne wurde dieses Verfahren, das den begrenzten Text auf eine Unendlichkeit an Texten öffnet, wesentlich häufiger angewendet und nicht nur in der Theorie, sondern gerade auch in der literarischen Praxis von Autoren wie Jorge Luis Borges ausgelotet. Nur ein einziges Mal noch möchte ich Ihnen ganz kurz dieses Verfahren aufzeigen:

> Der Sommer. Die Vögel, geschmolzen mitten im Flug, fallen wie kochend Blei über die Köpfe der gefährdeten Spaziergänger, welche augenblicklich tot umfallen.
> Der Sommer. Die Insel funkelt wie ein länglicher Fisch aus Metall und verstreut magmatische Funken und Dämpfe, welche wetterleuchten.[21]

Diese Stelle ist von einer für Reinaldo Arenas typischen einfachen Konstruktion: mit harten, kantigen, gewalttätigen und leuchtenden Bildern, die sich einprägen. Doch da gibt es noch etwas anderes – und nur auf dies möchte ich hier noch aufmerksam machen: Es handelt sich im ersten Abschnitt schlicht um die Umkehrung einer Passage aus Virginia Woolfs *Orlando*, nur dass an die Stelle der Kälte und des Kältetodes der Tod infolge allzu großer Hitze tritt. Arenas schreibt seine Lektüre von *Orlando* in Form einer Inversion, ohne an dieser Stelle auf seinen Bezugstext explizit aufmerksam zu machen. Es sind einfache Verfahren mit ungeheuer starker Wirkung, in denen eine zentrifugale Intertextualität immer wieder dem Text zusätzliche, nichtlineare Strukturen verleiht. In *El mundo alucinante* nutzt Reinaldo Arenas seine im Grunde simple Technik eindrucksvoll so, dass ein schillerndes literarisches Verweisspiel entsteht, welches die Leserschaft immer wieder weit weg vom gerade gelesenen Roman zu anderen Lektüren führt.

Wir können am Ende dieser Auseinandersetzung mit Reinaldo Arenas diesen hier nur kurz beschriebenen Prozess leider nicht durch Analyse weiterer literarischer Texte nachverfolgen. Der kubanische Autor verfügte durchaus auch über andere literarische Möglichkeiten, das Spannungsverhältnis zwischen Linearität und Zirkularität – um nur dieses herauszugreifen – in Szene zu setzen.

Ich möchte unseren Blick auf einen ohne jede Übertreibung als tragisch zu bezeichnenden Vertreter einer auf der Insel Kuba ins Leere laufenden Schriftstellergeneration aber nicht beenden, ohne doch noch einmal eine Passage aus seiner Autobiographie zu zitieren, in welcher er sich unter dem Titel „Mi generación" genau mit jener Gruppe von Schriftstellerinnen und Schriftstellern beschäftigte, die von der Kubanischen Revolution im tropischen Regen stehen gelassen wurde:

---

21 Arenas, Reinaldo: *El mundo alucinante*, S. 203.

Parallel zu meiner Freundschaft mit Lezama und Virgilio besaß ich auch Beziehungen zu vielen Schriftstellern meiner Generation, und wir feierten mehr oder minder heimliche Tertulias [Literaturabende], bei denen wir die neuesten Texte lasen, die wir gerade geschrieben hatten. Wir schrieben unaufhörlich und lasen an jedwedem Ort [...]. Der größte Teil unserer Jugend ging bei der Zuckerrohrernte, beim unnützen Wachestehen, beim Besuch unendlicher Reden, wo immer dasselbe Lied zu hören war, oder bei dem Versuch verloren, die repressiven Gesetze zu unterlaufen; beim unaufhörlichen Kampf, eine schicke Hose oder ein Paar Schuhe zu ergattern, bei dem Wunsch, ein Haus am Strand mieten zu können, um Gedichte zu lesen und um unsere erotischen Abenteuer zu erleben, bei dem Kampf, der ewigen Verfolgung durch die Polizei mit ihren Verhaftungen zu entgehen.[22]

Wir stoßen in dieser Passage auf eine für Arenas' Verhältnisse eher nüchterne und sachliche, in jedem Falle aber tragische und ausweglose Bilanz all der Jahre, die der kubanische Schriftsteller bis zu seiner Exilierung im Jahr 1980 – wie viele andere Autorinnen und Autoren auch – auf der Insel verbracht hatte. Die Freundschaften mit José Lezama Lima oder Virgilio Piñera, die ebenfalls von der Kubanischen Revolution marginalisiert und ausgegrenzt wurden, wie mit vielen anderen Dichtern und Romanciers, die Arenas später zum größten Teil im Exil wieder treffen sollte, bilden die einzigen Lichtblicke für eine Generation, welche vor allem die zweite Hälfte der sechziger und die triste Zeit der siebziger Jahre auf der Insel verbracht hatte. Man sprach von dieser Generation nachträglich als der des Exils, der „Generación de Mariel", der Reinaldo Arenas als Führungsfigur mit seiner gleichnamigen Zeitschrift *Mariel* in den USA Sitz und Stimme zu geben versuchte.

Wäre das Gesamtwerk von Reinaldo Arenas bei günstigeren politischen Voraussetzungen das Werk eines Schriftstellers der Postmoderne geworden? Wer vermag dies heute zu sagen? Politik und eine ideologische Dimension brachten die Vieldeutigkeit und spielerische Freude eines Schreibens zum Schweigen, das ansonsten, ohne dieses Aufbegehren, ohne diese Revolte, zum Schweigen verurteilt gewesen wäre. Was ist die Postmoderne unter den Bedingungen einer Diktatur, gleichviel, ob wir sie objektiv dafür halten, solange sie subjektiv von Schriftstellern dafür gehalten wird? Was bedeuten Polysemie, Ambivalenz und Unentscheidbarkeit sowie das Außerkraftsetzen aller Gesetze, wenn diese Gesetze, die als arbiträr und repressiv empfunden werden, nicht außer Kraft gesetzt werden können? Wo ist das Ende des Spiels, wenn aus dem Spiel tödlicher Ernst geworden ist und jegliche ‚Ludizität' im Angesicht einer als autoritär und diktatorisch empfundenen Wirklichkeit zum Erliegen gekom-

---

22 Arenas, Reinaldo: *Antes que anochezca*, S. 114.

men ist? Wir stoßen hier an die Grenzen der Postmoderne und zugleich an die Bedingungen postmodernen Schreibens. Diese Rahmenbedingungen sind nicht zuletzt politischer, sozialer und wirtschaftlicher Natur und keineswegs universal gültig.

Es wäre an dieser Stelle durchaus möglich, von der Autobiographie des Reinaldo Arenas eine Beziehung herzustellen zur spezifischen Behandlung der Gattung Autobiographie in Zeiten der Postmoderne. Wir hatten auf dieser Ebene ja bereits rund um den Band *Enfance* von Nathalie Sarraute oder anlässlich der erzählenden Prosa von Clarice Lispector Einsichten in ein autofiktionales Schreiben gesammelt. Doch möchte ich zunächst die vielfältigen Literaturbeziehungen von Lateinamerika aus zu anderen literarisch-kulturellen Areas untersuchen, um einen Überblick über all jene Entfaltung transarealer Relationen zu gewinnen, wie sie die Zeiten im Zeichen der Postmoderne und der vierten Phase beschleunigter Globalisierung charakterisieren. Dabei wird es speziell um die Verbindungen zwischen der lateinamerikanischen Erzählprosa und den arabischen Literaturen gehen, die wir uns in der Folge sowohl außerhalb wie innerhalb der Romania unbedingt näher anschauen müssen.

Erst danach sollten wir uns einer Dimension des Literaturbetriebs sowie einer speziellen Metadiskursivität widmen, die für die Literaturen im Zeichen der Postmoderne von größter Wichtigkeit geworden ist. Diese Relevanz hat sich in den vergangenen Jahren noch weiter gesteigert, so dass wir uns auch diesen Aspekten zuwenden müssen. Ich meine damit insbesondere jene Beziehungen, die sich zwischen Literatur im traditionellen Sinne und der Massenkommunikation beziehungsweise Massenproduktion symbolischer Güter etablierte.

Doch zunächst wollen wir uns einem Schriftsteller zuwenden, der in diesem Panorama des Schreibens im Zeichen der Postmoderne nicht fehlen darf: dem Kolumbianer Gabriel García Márquez. Sie werden nun sicherlich erwarten, dass ich Ihnen *Cien años de soledad* präsentiere, zumal dieser Roman ja – wie bereits betont – gemeinsam mit Reinaldo Arenas' *El mundo alucinante* im selben Jahr von *Le Monde* die Auszeichnung für das beste fremdsprachige Buch erhielt. Gewiss wäre *Hundert Jahre Einsamkeit* eine gute Gelegenheit, die großen Romane lateinamerikanischer WeltFraktale fortzusetzen, auch wenn sich diese Welt in jenem weltberühmten Roman zwar über einen Zeitraum von der geschichtlichen Epoche der sogenannten ‚Entdeckung' bis in das 20. Jahrhundert erstreckt, sich aber allein auf die zirkumkaribische Area beschränkt. Aber diesen Bereich, zu dem wir sicherlich auch Carlos Fuentes' Roman *Terra Nostra* rechnen dürfen, haben wir bereits mit José Lezama Limas *Paradiso* oder João Guimarães Rosas *Sagarana* abgedeckt. Ich möchte Ihnen daher etwas anderes vorstellen als jenes 1967 veröffentlichte Meisterwerk des kolumbianischen Literaturnobelpreisträgers, das von der Familiengeschichte der Buendía geprägt, zugleich aber auch hintergründig von vielen Anspielungen auf die arabische Einwanderung im Bereich der kolumbianischen Karibikküste durchzogen ist.[23] Denn vor allem diese arabische Einwanderung ist nun unser Thema.

---

[23] Vgl. hierzu García Usta, Jorge: Arabes en Macondo. In: *Deslinde* (Bogotá) 21 (julio – septiembre 1997), S. 122–139.

Gabriel García Márquez, Elias Khoury oder eine transareale Intertextualität

Wenn wir uns mit der kolumbianischen Karibikküste beschäftigen, so dürfen die arabischen Einwanderer in diesem lateinamerikanischen Mikrokosmos nicht fehlen, haben sie doch entscheidend zur Entwicklung jenes Landesteiles wie auch der zirkumkaribischen Region allgemein beigetragen und deren wirtschaftliche, soziale, demographische und kulturelle Entfaltung vielfach entscheidend mitgeprägt. So drängt sich uns der Roman eines großen karibischen Autors geradezu auf, dessen Protagonist einer arabischen Einwandererfamilie entstammt, die sich auf den ersten Blick ganz wunderbar ‚integrierte': *Crónica de una muerte anunciada*,[1] die *Chronik eines angekündigten Todes*. Bei vielen Studierenden, aber selbst bei kolumbianischen Leser*innen habe ich schon oft festgestellt, dass die kulturelle Integration arabischer Migranten so perfekt vonstattenging, dass sie die vielen kleineren und kleinsten Zeichen übersahen, mit denen der Autor des Romans – „Gabo", wie ihn seine Landsleute und Bewunderer liebevoll bis ehrfürchtig nennen – seinen Text gespickt hat. Wir wollen diese arabische Bedeutungsebene oder Isotopie nicht übergehen oder übersehen!

Der Roman des hochgeschätzten Literaturnobelpreisträgers Gabriel García Márquez wurde 1981 zugleich in einer ganzen Vielzahl von Ländern zeitgleich auf Spanisch und in verschiedenen Übersetzungen vorgelegt. Er enthält nicht nur eine kleine intratextuelle Anspielungen auf *Cien años de soledad* – ein weiterer Roman, der gleichsam mit in die Diegese der *Chronik eines angekündigten Todes* integriert wird –, sondern avancierte durch seine weltweite Verbreitung, mehrere Verfilmungen und eine sorgsam medial ausgetüftelte Strategie längst zu einem Klassiker der lateinamerikanischen Literatur. Ich möchte die arabische Isotopie dieses Romans dazu nutzen, Ihnen einmal ‚hautnah' die Transarealität eines Schreibens vor Augen zu führen, das es verdiente, in die arabisch-lateinamerikanischen Literaturbeziehungen und mehr noch in eine *arabamerikanische* Bibliothek[2] aufgenommen zu werden, die uns vieles von der Wirkkraft lateinamerikanischer Erzähler im arabischen Raum berichten könnte.

Sie werden vielleicht nun fragen, was denn ein kolumbianischer, also hispanisch geprägter Lateinamerikaner mit den arabischen Kulturen zu tun haben

---

1 Vgl. García Márquez, Gabriel: *Crónica de una muerte anunciada*. Barcelona: Editorial Bruguera 1981.

2 Vgl. hierzu auch Ette, Ottmar / Pannewick, Friederike (Hg.): *ArabAmericas. Literary Entanglements of the American Hemisphere and the Arab World*. Frankfurt am Main – Madrid: Vervuert Verlag – Iberoamericana 2006.

könne? Doch eine derartige Frage würde der – wie wir mit dem ebenfalls der Karibik zuzurechnenden Kulturtheoretiker Fernando Ortiz sagen dürfen – *transkulturellen* Ausrichtung, Genese und Bildung lateinamerikanischer und insbesondere karibischer Gesellschaften in keiner Weise gerecht. Die enge Vertrautheit Gabriel García Márquez' mit Lebensformen und Lebenswissen der Nachfahren arabischer Einwanderer an der Karibikküste steht außer Frage.

Denn schon in seiner Kindheit und Jugend verkehrte der künftige Journalist und Romancier in vielen Familien arabischer Herkunft und pflegte diese Kontakte später in seinem beruflichen wie privaten Leben sehr. Dass es also „Araber in Macondo" gibt, ist angesichts der historischen Entwicklung Kolumbiens wie auch des persönlichen Lebensweges dieses Schriftstellers keineswegs überraschend, zumal García Márquez mit Mercedes Barcha die Tochter eines ägyptischen Ingenieurs geheiratet hat, der von General Rafael Reyes zur Durchführung bestimmter Projekte ins Land geholt worden war.[3]

Abb. 119: Gabriel García Márquez (Aracataca, Kolumbien, 1927 – Mexiko-Stadt, 2014).

García Márquez beschäftigte sich daher immer wieder mit den Charakteristika vornehmlich aus dem Nahen und Mittleren Osten, Syrien, Palästina und dem Libanon stammender Einwanderer, die auch in andere Regionen der Karibik und Zentralamerikas wie Kuba, Haiti, die Dominikanische Republik oder Trinidad, aber auch Costa Rica und Honduras gingen. In Kolumbien siedelten sie sich speziell entlang des Río Magdalena und der Karibikküste an – den Hauptschauplätzen der Romane García Márquez'. Arabische Einwanderergruppen bilden folglich einen bedeutsamen Bestandteil ebenso der heute dort lebenden Bevölkerung wie derjenigen der Erzähltexte von Gabriel García Márquez. Und sie verweisen zugleich auf eine erfolgreiche Einwanderungsgeschichte, die erst in den vergan-

---

3 Vgl. García Usta, Jorge: Arabes en Macondo, S. 137. Dort findet sich auch der Hinweis auf Beziehungen des Schriftstellers etwa zu den arabischstämmigen Familien Mattar, Janne, Kusse und Cassij während seiner Zeit in Sucre.

genen Jahrzehnten wieder stärker ins Bewusstsein gerückt ist und mittlerweile wissenschaftlich breit analysiert wird. Sie können auch hieran erkennen, dass Literatur oftmals ein Seismograph für künftige Entwicklungen ist, welcher durch die Erforschung von Vergangenheiten wichtige Wegmarken künftiger Entwicklungen zu geben vermag. Wie die Kulturwissenschaften sind auch die Literaturen der Welt konkrete und praktische Erforschungsweisen unserer Lebensumstände und Lebensbedingungen auf diesem Planeten. Sie basieren auf und sind Recherche, stellen dabei aber – anders als es die Wissenschaften zumeist tun – das Leben und Erleben in all seinen Aspekten in ihren Mittelpunkt.

Die historische, ökonomische und soziale Situation, welche die aus dem Nahen und Mittleren Osten stammenden Menschen im zirkumkaribischen Raum in den achtziger Jahren des 19. Jahrhunderts vorfanden, war die eines ökonomisch wie sozial rückständigen, peripheren Landesteils, der ihnen harte Lebensbedingungen aufzwang, aber auch bei hohem Engagement und Fleiß soziale Aufstiegsmöglichkeiten bot. Das wirtschaftliche Standbein der Einwanderergruppen, die in mehreren Schüben noch bis in die Mitte des 20. Jahrhunderts ins Land kamen, war zweifellos der Handel, wie er sich etwa in García Márquez' Macondo in der „Calle de los Turcos" konzentrierte, der „Türkenstraße". Die eingewanderten arabischen Migranten besaßen bei ihrer Ankunft ottomanische Pässe, so dass sie paradoxerweise in Lateinamerika zumeist als „Türken" bezeichnet wurden und auch noch werden. Diese „turcos" machten sich dabei ihre transatlantischen Beziehungen zunutze, wie dies Einwanderer immer zu tun pflegen: sie handelten mit Tuchen und Textilien, mit Agrarprodukten und bald auch Kleidern, stellten das notwendige Geld für Investitionen zur Verfügung, so dass sie bald die Gründung von Banken vorantrieben. Viele der Nachfahren arabischer Einwanderer sind noch heute in diesen Berufsfeldern tätig.

All diese Tatsachen und historischen Prozesse dürften García Márquez wohl bekannt gewesen sein. In *Crónica de una muerte anunciada* verschob er die Ankunft erster arabischer Migranten zwar – wohl vorwiegend aus romandiegetischen Gründen – in die ersten Jahre des 20. Jahrhunderts; doch ist seine Gestaltung der sozioökonomischen und kulturellen Einbettung der Bevölkerungsgruppen arabischer Herkunft eng an den historischen Realitäten Kolumbiens ausgerichtet. Dort versiegte im Übrigen der aus arabischen Ländern stammende Einwandererstrom bald nach Mitte des letzten Jahrhunderts, während er in Richtung Vereinigte Staaten und Kanada weiterhin zunahm. Die arabamerikanischen Beziehungen sind seit den ersten ‚Entdeckungs'-Fahrten des Kolumbus bis zum heutigen Tag eine sich stetig fortsetzende und entwickelnde Geschichte.

Die Begleitumstände des Erscheinens von *Chronik eines angekündigten Todes* sind vielfach dargestellt worden. Mit dem aus fünf Teilen bestehenden Kurzroman brach Gabriel García Márquez 1981 effektvoll sein jahrelanges schriftstellerisches

Schweigen, ein Zeichen gegen das von den USA unterstützte Andauern der Diktatur des an einem anderen 11. September, dem des Jahres 1973, blutig in Chile an die Macht geputschten Augusto Pinochet. Schreiben und Veröffentlichen waren folglich politische Stellungnahmen; aber die Art der Veröffentlichung besaß durchaus Züge einer Werbekampagne, wie sie für einen Roman im Zeichen postmoderner, weltumspannender Relationen zwar singulär, aber doch keineswegs untypisch waren. Auf die medialen und verkaufstechnischen Dimensionen postmodernen Schreibens komme ich zurück.

Die wohlvorbereitete internationale Marketingstrategie, die durch eine Zusammenarbeit vier verschiedener Verlage eine weltweite Startauflage von insgesamt bis zu anderthalb Millionen Exemplaren ermöglichte, rückte eine spezifische ‚Lateinamerikanität' im Zeichen des „realismo mágico" ins Zentrum. Sie sorgte dafür, dass sich die Rezeption des Romans über einen langen Zeitraum auf bestimmte Aspekte konzentrierte: den zentralen Handlungsstrang des Mordes wegen verletzter Familienehre,[4] die Bluthochzeit einer neutestamentarisch semantisierten lateinamerikanischen beziehungsweise kolumbianischen Familientragödie,[5] die genrespezifische Bedeutung von Elementen des Kriminal- und Detektivromans[6] oder die komplexe narrative Strukturanlage dieses überaus spannend zu lesenden Textes.[7] Demgegenüber blieben Bedeutungsebenen dieser *Chronik*, die mit der im Folgenden herauszuarbeitenden arabamerikanischen Dimension zusammenhängen, weitgehend im Hintergrund. Es war aber durchaus beeindruckend mitanzusehen, wie die kluge Werbestrategie einen wahren Sturm des Interesses auslöste und viele Menschen, die noch nie einen Roman aus Lateinamerika gelesen hatten, förmlich in die Bauchläden zwang. Ich erinnere mich noch gerne daran, wie ich selbst bei meiner Arbeit in der stillen Freiburger Seminarbibliothek von einem späteren Kollegen mit der aufgeregten Frage überrascht wurde: „Haben Sie schon gelesen?"

---

4 In neuerer Zeit nahm dieses Thema wieder auf Zimic, Stanislav: Pundonor calderoniano en Hispanoamérica (con ilustración en „Crónica de una muerte anunciada" de García Márquez). In: *Acta Neophilologica* (Ljubljana) XXXIV, 1–2 (2001), S. 87–103.

5 Vgl. u. a. Pelayo, Rubén: Chronicle of a Death Foretold (1981). In (ders.): *Gabriel García Márquez. A Critical Companion*. Westport, Connecticut – London: Greenwood Press 2001, S. 111–133.

6 Vgl. u. a. Pöppel, Hubert: Elementos del género policíaco en la obra de Gabriel García Márquez. In: *Estudios de Literatura Colombiana* (Medellín) 4 (enero – junio 1999), S. 23–46.

7 Verwiesen sei hier lediglich auf die detaillierte und aufschlussreiche narratologische und intermediale Analyse des Romans und seiner Verfilmung bei Schlickers, Sabine: *Verfilmtes Erzählen. Narratologisch-komparative Untersuchung zu „El beso de la mujer araña" (Manuel Puig / Héctor Babenco) und „Crónica de una muerte anunciada" (Gabriel García Márquez / Francesco Rosi)*. Frankfurt am Main: Vervuert Verlag 1997, S. 280–373.

Worum geht es in diesem Roman? Der zentrale Handlungsstrang, den García Márquez erzähltechnisch in medias res angeht und durch eine kunstvolle Abfolge von Prolepsen und Analepsen Stück für Stück entfaltet, kreist um die Tatsache, dass der zugereiste und ungewöhnlich reiche Bayardo San Román die junge Angela Vicario zu seiner Braut machen will. Er zwingt sie zur Heirat und feiert mit ihr ein rauschendes Hochzeitsfest, zu dem der ganze Ort eingeladen ist. Die Braut aber gibt er noch in der Hochzeitsnacht an ihre Familie zurück, da sie keine Jungfrau mehr sei. Diese im ganzen Ort augenblicklich bekannt gewordene Familienschande wird am Morgen der ‚Rückgabe' der hübschen jungen Frau rasch von ihren so apostolisch „Pedro" und „Pablo" genannten Brüdern mit dem Blut jenes Mannes abgewaschen, den Angela Vicario als den vermeintlich Schuldigen benennt: Santiago Nasar.

Dass die beiden Brüder nach den beiden Jüngern Peter und Paul heißen, ist eines der vielen von Gabriel García Márquez geschickt eingestreuten Details, denen man zu Beginn keinerlei Funktion und Rolle beimisst. Dass in diesem Roman, der dank Bündelung seiner Handlungsstränge eine Tendenz zu novellenhafter Darstellung einer „unerhörten Begebenheit" nicht verbergen kann, dem arabamerikanischen Element eine wichtige, den gesamten Text querende und wesentlich bestimmende Funktion zukommt, blieb in der bisherigen Forschung ein bestenfalls randständig und eher beiläufig erwähntes Faktum. Allenfalls eingeflochtene knappe Verweise auf eine arabische Herkunft mancher Romanfiguren wurden als völlig ausreichend erachtet, schien die Rätselstruktur dieser *Chronik eines angekündigten Todes* doch vorrangig mit den bereits erwähnten – und sicherlich auch wichtigen – Themenfeldern in Verbindung zu stehen.

Und doch enthält bereits das mittlerweile längst zu einem der sicherlich berühmtesten Anfangssätze nicht nur der lateinamerikanischen Literaturen gewordene Incipit mehrere Hinweise auf die arabamerikanische Bedeutungsebene, die vom kolumbianischen Literaturnobelpreisträger klug von Anfang an in Story und Plot seiner Erzählprosa eingearbeitet wurde: „An jenem Tage, an dem sie ihn töten sollten, stand Santiago Nasar morgens um 5 Uhr 30 auf, um auf das Schiff zu warten, mit dem der Bischof kommen sollte" – „El día en que lo iban a matar, Santiago Nasar se levantó a las 5.30 de la mañana para esperar el buque en que llegaba el obispo."[8]

Das Warten auf den katholischen Bischof lenkt die Aufmerksamkeit der Leserinnen und Leser auf eine religiöse Isotopie. Dabei verweist bereits der Name des Protagonisten, dessen Ermordung im Mittelpunkt der gesamten Handlungs- und Zeitstruktur des Romans steht, auf eine arabamerikanische Isotopie insofern, als

---

8 García Márquez, Gabriel: *Crónica de una muerte anunciada*, S. 9.

die beiden Namenskomponenten spanischer beziehungsweise christlich-abend-
ländischer *und* arabischer Provenienz sind. Die Schreibweise des Nachnamens
freilich macht darauf aufmerksam, dass der arabische Name hispanisiert und den
Schreibgewohnheiten spanischsprachiger Länder angeglichen worden war. Der
Vorname Santiago blendet die christliche Zugehörigkeit des Namensträgers ein,
ist die Pilgerschaft nach Santiago de Compostela doch in der christlichen Hierarchie die dritte hinter Jerusalem und Rom. Viele der arabischen Einwanderer
waren Christen oder bekannten sich nach ihrer Ankunft in Lateinamerika zum
Christentum.

Ganz in diesem Sinne verweist das Warten auf die erhoffte Ankunft des
Bischofs, der in Begleitung seiner ‚Spanier' den Hafen und die Stadt zwar vom
Flussdampfer aus segnen, aber entgegen der Hoffnungen ihrer Bewohner nicht
betreten wird, auf die betont katholische Religionszugehörigkeit des wohl aus
einer christlich-arabischen Familie stammenden Protagonisten. Dies entspricht
im Übrigen dem hohen Anteil speziell *christlicher* Migranten aus dem Nahen und
Mittleren Osten, deutet zugleich aber auf den Anpassungsdruck von Seiten der
ortsansässigen Bevölkerung, welcher am ostentativen Bekenntnis zum katholischen Glauben sicherlich nicht unbeteiligt ist. Die unbedingte Zugehörigkeit
zum christlichen Glauben spielte für die Integration der arabischstämmigen
Bevölkerung in Kolumbien wie in ganz Lateinamerika eine nicht zu unterschät-
zende Rolle. Das religiöse Misstrauen gegenüber Neuankömmlingen arabischer
beziehungsweise ‚ottomanischer' Herkunft zwang diese zu einer ostentativ katholischen Glaubenspraxis – und der Vorname Santiago ist ein deutlicher Hinweis
darauf.

In die einzelnen Handlungsstränge eingestreut finden sich permanent Elemente, welche die Einwanderungsgeschichte nicht nur der Familie, sondern arabischer Migrantengruppen überhaupt in die nur auf den ersten Blick vermeintlich
einfach strukturierte Romandiegese einblenden. Dabei reißt der öffentlich angekündigte Mord, den die Vicario-Brüder an Santiago Nasar verüben werden, weil
ihre Schwester Angela Vicario ihn für ihre abhanden gekommene Jungfernschaft
verantwortlich macht, ethnokulturelle Konfliktlinien wieder auf, die eigentlich
längst geschlossen schienen. Sie sind im dargestellten Alltagsleben der Romanfiguren oft nur bei präziser, ‚detektivischer' Lektüre auszumachen. Zur Einführung
von Identitätspolitiken jedoch erweisen sich die vor Generationen zugeschütteten
Gräben noch als aktivierbar – eine Tatsache, die sich bei jedem Versuch einer
Integration durch kulturelle Assimilation beobachten lässt.

Einen wichtigen Hinweis auf diese versteckten, wenn auch keineswegs
unsichtbaren Konfliktzonen und Gruppenzugehörigkeiten bieten die spontanen
Reaktionen auf die angekündigte und auch ausgeführte Bluttat. So hatten Pedro
und Pablo Vicario zwar noch nach Ende der Hochzeitsfeier nicht nur mit dem

Erzähler, sondern auch Santiago Nasar unbeschwert und brüderlich weitergefeiert; doch nach ihrem Mord an letzterem müssen sie sich, von einer „Gruppe entflammter Araber"[9] verfolgt, eiligst in den Schutz der Kirche flüchten. Plötzlich sind also aus Kolumbianern wieder „Araber" geworden, welche als durchaus wehrhafte Meute auftreten.

Pedro und Pablo werden eingesperrt. Doch noch im für sie fast liebevoll hergerichteten Gefängnis ihres Wohnortes, in dem sie sich zunächst „vor den Arabern sicher"[10] fühlen, fürchtet Pablo Vicario, sein ständig urinierender Bruder Pedro könnte durch die üblen „Machenschaften der Türken"[11] vergiftet worden sein. Coronel Aponte, der Bürgermeister des Ortes, bringt die Brüder daraufhin aus Angst vor Anschlägen vorübergehend in seinem eigenen Haus unter, bevor sie vom Untersuchungsrichter ins Gefängnis des benachbarten Riohacha überstellt werden.[12] Die verbreitete Furcht vor gewalttätigen Reaktionen der „Türken" verweist unübersehbar auf vorhandene multikulturelle Bruchlinien und Frakturen, die im Schatten der Bluttat wieder aktiv geworden sind.

Der mit lokalem Lebenswissen ausgestattete homodiegetische Erzähler weiß wie der Bürgermeister des Ortes sehr wohl, dass die Furcht („terror") der Zwillingsbrüder vor Anschlägen ganz dem Empfinden der Straße, also der allgemeinen Bevölkerung entspricht, die weiterhin „eine Repressalie seitens der Araber"[13] befürchtet. Dabei denkt man im Ort weniger an Gift als an die Möglichkeit, dass Kerker und Gefangene nachts von den Arabern mit Benzin übergossen und angezündet werden könnten.[14] Welche Anzeichen gab es hierfür? Woher rühren die Ängste und Vorstellungen der ortsansässigen Bevölkerung? Zeichnen sich hier gar die Konturen eines „Kampfes der Kulturen" ab? Der Erzähler versucht zu beschwichtigen und seine Leserschaft zu beruhigen:

> Die Araber bildeten eine Gemeinschaft friedliebender Einwanderer, die sich zu Beginn des Jahrhunderts in den Dörfern der Karibik – selbst in den entlegensten und ärmsten – niederließen, und hier blieben sie und verkauften bunte Tücher und Jahrmarktsplunder. Sie waren einig, arbeitsam und katholisch. Sie heirateten untereinander, importierten ihr Getreide, zogen in den Innenhöfen Lämmer groß, bauten Oregano und Auberginen an, und ihre einzige stürmische Leidenschaft galt dem Kartenspiel. Die Älteren sprachen weiter das ländliche Arabisch, das sie aus ihrem Land mitgebracht hatten und das sie bis in die zweite Generation in der Familie intakt bewahrten; doch die der dritten Generation, sieht man von

---

9 Ebda., S. 79.
10 Ebda., S. 127.
11 Ebda., S. 129.
12 Ebda.
13 Ebda., S. 130.
14 Ebda.

Santiago Nasar einmal ab, hörten dem Arabischen ihrer Eltern zu und antworteten ihnen auf Spanisch. Es war folglich nicht vorstellbar, dass sie urplötzlich ihren Schäfergeist verändern sollten, um einen Tod zu rächen, an dem wir doch alle schuld sein konnten.[15]

Oft sind diese kurzen, aber informativen Erzählereinschübe überlesen worden, weil sie scheinbar marginale Informationen beisteuern. Doch sind sie in Wirklichkeit für die Handlungsstränge des Romans von ungeheurer Bedeutung. Die hier auf wenigen Zeilen entworfene Geschichte arabischer Einwanderung in den karibischen Raum projiziert das Bild einer durch sprachliche, onomastische, kulturelle, ökonomische und matrimoniale Bindungen eng liierten Minderheit. Deren kulturelle Ausrichtung und sozioökonomische Integration lässt es in den Augen des Erzählers als nicht wahrscheinlich erscheinen, dass sie als Gruppe Rache für einen Mord an einem der Ihren nehmen könnte, für den – wie der Erzähler hier einräumt – in gewisser Weise nicht nur die Brüder Vicario, sondern letztlich alle Bewohner des Ortes verantwortlich oder zumindest mitverantwortlich seien.

Selbst die misstrauischen Befürchtungen des kampferprobten Coronel Aponte, in seinem Städtchen könnte ein blutiger ‚Kulturkrieg' vor dem Ausbruch stehen, lösen sich endgültig auf, als er eine nach der anderen die arabischen Familien seines Ortes besucht und feststellen kann, dass diese zwar Trauer tragen, aber keinerlei Rachepläne schmieden.[16] Ja mehr noch: Jene, die inmitten einer dem Mord tatenlos beiwohnenden Bevölkerung als einzige unmittelbar nach der Bluttat die Mörder verfolgt hatten, bestreiten nachträglich, es jemals auf deren Leben abgesehen zu haben; und die hundertjährige Suseme Abdala schickt den Vicario-Brüdern einen speziellen Heil-Tee, der Pedro Vicario in seinem Leiden tatsächlich hilft. So bewahrheiten sich die Befürchtungen der beiden Brüder nicht; vielmehr steuert die arabischstämmige Bevölkerung mit ihrem Wissen über heilende Kräuter noch Wichtiges zur Beruhigung der Situation wie auch der Körper bei. Die arabische beziehungsweise arabamerikanische Gemeinschaft ist darum bemüht, Zeichen der Versöhnung auszusenden und zu einem friedlichen Zusammenleben zurückzukehren, als hätte nie etwas diesen Frieden gestört.

An erster Stelle steht somit die Aufrechterhaltung friedlicher transkultureller Beziehungen. Damit aber ist in García Márquez' karibischem Mikrokosmos die Gefahr eines von den Ortsansässigen nicht-arabischer Herkunft befürchteten „Clash of Civilizations" gebannt – zumindest von Seiten der „turcos". In den Ereignissen um die Ermordung Santiago Nasars werden ‚die Araber' oder ‚die

---

15 Ebda., 130 f.
16 Ebda., S. 131.

Türken' zwar als potentiell gefährliche Gruppe ausgemacht und von der Staatsgewalt überwacht, doch geht von ihnen offenkundig keine Gefahr für das friedliche Zusammenleben aus. Ein auf Frieden und Konvivenz bedachtes ZusammenLebensWissen hat die Oberhand behalten.

Natürlich stellen arabische Einwanderer nur einen Teil der heterogenen Bevölkerung dar: *Crónica de una muerte anunciada* enthält geradezu selbstverständlich auch Hinweise auf Spanier, Katalanen, Freibeuter, andere europäische Einwanderergruppen und vor allem ehemalige Sklaven, die aus Afrika herbeigeschafft worden waren. Vom Haus der Frischvermählten aus zeigt Santiago Nasar noch wenige Stunden vor seinem Tod dem Erzähler wie auch den Vicario-Brüdern jenes unstet blinkende Licht, das unweit von Cartagena de Indias jene Stelle in der Karibischen See bezeichnen soll, wo sich die unerlösten Seelen jener Sklaven aus dem Senegal einfinden, die einst der Untergang ihres Sklavenschiffs in den Tod gerissen hat.[17] Gerade auch die Sklaven sind in dieser ehedem auf Sklaverei beruhenden Ökonomie des karibischen und zirkumkaribischen Raumes gegenwärtig. Die Karibik als jahrhundertelange migratorische Drehscheibe ist omnipräsent – mit all ihren Schrecken und all ihrem transkulturellen Reichtum.

Der Erzähler entwirft immer wieder in Einschüben ein realistisches Bild der karibischen Gesellschaften. Die ethnokulturelle Heterogenität der Bevölkerung an der Karibikküste nicht nur Kolumbiens ist Bestandteil des karibischen Universums, wie es sich in dieser *Chronik eines angekündigten Todes* präsentiert. Gleichzeitig ist in diesem hintergründigen Roman des kolumbianischen Schriftstellers aber auch deutlich markiert, dass die arabischen Einwandererfamilien auch noch in der dritten Generation als eigenständige Gruppe erkennbar sind und als solche ‚von außen' auch wahrgenommen werden. Es lohnt sich daher, der literarischen Repräsentation dieser Kolumbianer arabischer Herkunft im Roman genauer nachzuspüren. Sollte die Zugehörigkeit Santiago Nasars zu dieser Gruppe – wie dies in der Forschung bislang weitgehend unterstellt wird – tatsächlich von bestenfalls marginaler Bedeutung sein?

Innerhalb einer heterogenen Einwanderungsgesellschaft, wie sie das Kolumbien der zweiten Hälfte des 19. und der ersten Hälfte des 20. Jahrhunderts zweifellos darstellte, bilden die arabischen Einwanderer sicherlich nur eine, wenn auch in der Karibik relativ deutlich hervortretende Migrantengruppe. Insbesondere ihre Heiratspolitik stellt ein unverkennbar *multi*kulturelles, als Merkmal einer Parallelgesellschaft deutbares Verhaltensmuster dar, insofern es ein ‚Nebeneinander' der Kulturen beziehungsweise ethnokulturellen Gruppen bekräftigt und die eigene Zukunft in einer arabamerikanischen Genealogie verankert. Gerade

---

17 Ebda., S. 108.

das Heiratsverhalten ist stets ein wichtiger Indikator gelungener oder nicht gelingender soziokultureller Integration.

Santiago Nasar hält sich an die innerhalb dieser Gruppe weitgehend, wenn auch nicht durchgängig beachteten Spielregeln. Er hält zwar stets – ganz so, wie es sein Vater mit sozial ‚unterlegenen' Mädchen wie etwa Victoria Guzmán tat – nach sexuellen Abenteuern mit anderen Frauen Ausschau, nachdem er in jungen Jahren von der verführerischen Bordellbesitzerin in die Künste der Liebe eingeweiht worden war. Doch für seine eigene Hochzeit kommt nur eine Frau von arabischer Herkunft in Frage: Man heiratet also innerhalb der Gruppe und nicht transkulturell! Daher respektiert er widerspruchslos die Vereinbarung, die seine Eltern mit den Eltern seiner künftigen – und von ihm keineswegs geliebten – Ehefrau Flora Miguel lange Jahre zuvor getroffen hatten.[18]

Gerade Geschlechterbeziehungen sind peinlich genau geregelt. Die innerhalb der arabamerikanischen Gemeinschaft unangefochten vorherrschenden patriarchalischen Züge sind unübersehbar und regeln nicht zuletzt auch das Verhalten der Männer untereinander. Seitensprünge männlicher Mitglieder der Gemeinschaft werden selbstverständlich toleriert. Nahir Miguel, der als Vater der Braut unumstritten in seinem Haus regiert, begreift als erster die Gefahr, die seinem angehenden Schwiegersohn droht, und bietet ihm auf Arabisch an, ihn entweder in seinem Haus zu verstecken oder mit seinem Gewehr auszurüsten, um den Vicario-Brüdern nicht schutzlos ausgeliefert zu sein. Ganz anders als seine Tochter stellt der herrisch wirkende Mann, der sich in seinem Hause, aber nie auf der Straße, in seine „Beduinenkleider" hüllt,[19] zu keinem Zeitpunkt die vereinbarte Verheiratung der beiden arabischstämmigen Brautleute in Frage. Die patriarchalische Dominanz stellt einen weitgehend stabilen, ungefährdeten und abgeschotteten Bereich dar, der die Heiratsregeln bestimmt, denen sich die Frauen zu unterwerfen haben – auch wenn Flora Miguel nach der Ermordung Santiago Nasars sich aus Verzweiflung an die Brust eines „teniente de fronteras" wirft, der sie später als Prostituierte für sich anschaffen lässt.[20] Die sexuelle wie ökonomische Ausbeutung der Frauen ist im Roman offensichtlich.

Auch Santiagos Vater Ibrahim Nasar verkörpert innerhalb seiner Familie den Typus „Patriarch". Er war – wie der Erzähler zu berichten weiß – mit den letzten Arabern am Ende der Bürgerkriege in den Ort gekommen[21] und hatte das Speicherhaus am Hauptplatz umgebaut, das nutzlos geworden war, weil die

---

18 Ebda., S. 178.
19 Ebda., S. 181.
20 Ebda., S. 156.
21 Ebda., S. 21.

großen Schiffe den im Binnenland liegenden und versandenden Flusshafen nicht mehr anlaufen konnten. Er war mit dem notwendigen wirtschaftlichen Riecher ausgestattet und vermochte es, wie nicht wenige aus der arabischen Einwanderergemeinschaft sozial und wirtschaftlich rasch zu reüssieren. Gabriel García Márquez erzählt mit Blick auf seine Gestalt mithin eine durchaus repräsentative Geschichte.

Diese sich in der Geschichte des Speicherhauses andeutenden grundlegenden wirtschaftlichen Veränderungen vermochte Santiago Nasars Vater für sich zu nutzen, um eine Vieh-Hazienda aufzubauen und zur Führungsschicht des Ortes aufzusteigen. Binnen weniger Jahre scheint die gesellschaftliche Integration gelungen: Die Nasars sind innerhalb der arabamerikanischen Gemeinschaft wie auch innerhalb der gesamten Dorfstruktur geachtet und verfügen über Macht und Einfluss. Santiago selbst gilt – neben dem wenige Monate vor seiner Hochzeit mit Angela Vicario aus unbekannten Gründen zugereisten Bayardo San Román – unbestritten als beste Partie der Stadt. Haben wir es hier folglich nicht mit einer Geschichte perfekter Integration zu tun?

Mit seinem Sohn, mit dem ihn eine enge Beziehung verbindet, unterhält sich Ibrahim Nasar auf Arabisch; ist Santiagos Mutter anwesend, wechselt man ins Spanische, um sie nicht auszuschließen.[22] Santiago fühlt sich zu beiden Elternteilen hingezogen, ist in seinem Phänotyp aber deutlich väterlicherseits, arabisch ‚markiert': Denn der schlanke, bleiche, gerade einundzwanzig Jahre alt gewordene Mann besitzt „die arabischen Augenlider und die gelockten Haare seines Vaters".[23] Zahlreiche Orientalismen, die patrilinear stets auf den Vater verweisen, sind in den Text gleichsam als Identitätsmarkierungen eingestreut. Denn sein Vater brachte ihm nicht nur den Umgang mit Schusswaffen, sondern auch die Jagd mit Falken, die Liebe zu Pferden sowie Tapferkeit und Vorsicht bei. Im Roman heißt es: „Von seinem Vater erlernte er schon sehr früh die Beherrschung der Feuerwaffen, die Liebe zu Pferden und die Abrichtung von Greifvögeln; doch von ihm lernte er auch die guten Künste der Tapferkeit wie der Vorsicht."[24] In diesem Sinne ist Santiago ganz das Bild seines Vaters.

Angesichts dieses Vorbildcharakters verwundert es nicht, dass Victoria Guzmán ihrer Tochter Divina Flor jenes Schicksal ersparen will, das ihr einst Ibrahim Nasar angetan hatte: als Sexualobjekt benutzt, dann aber zum Dienstmädchen degradiert zu werden, während eine andere zur offiziellen (wenn auch ungeliebten) Ehefrau avancierte. Als Santiago Nasar am Morgen seines Todes

---

22 Ebda., S. 16.
23 Ebda., S. 15.
24 Ebda., S. 16.

wie immer geradezu gewohnheitsmäßig nach ihrer schönen Tochter greift, droht Victoria, die längst weiß, dass die Brüder Angela Vicarios mit ihren Messern auf Santiago warten, dem „Weißen" („blanco")[25] mit dem scharfen Küchenmesser. Victorias Tochter weiß, dass sie schon bald – wenn auch nur vorübergehend – für Santiago Nasars Bett bestimmt ist.[26]

Mit demselben Messer schlitzt ihre Mutter kurze Zeit später einen Hasen auf, dessen Eingeweide sie den Hunden zum Fraß vorwirft. Wenige Stunden später wird Santiago Nasar in eben dieser Küche mit aufgeschlitztem Bauch und herausquellenden Eingeweiden zusammenbrechen: Die Parallelität der Ereignisse ist bewusst konstruiert. Diese Mise en abyme der gesamten Romanhandlung macht deutlich: Es gibt eine direkte Verbindung zwischen Santiago Nasars gewaltsamem Tod und der Präsenz seines verstorbenen arabischen Vaters ebenso in seiner äußeren Erscheinung wie in den von ihm praktizierten Geschlechterbeziehungen, kurz: in seiner Rolle als Frauenheld, der sich ‚seine' Frauen auch mit Gewalt holt. Bilden die Geschlechterbeziehungen in dieser Tragödie, deren scheinbar unabwendbarer Ablauf von den hierarchischen Beziehungen zwischen Mann und Frau ausgelöst wird, damit jene Vermittlungsebene, an der die kulturellen Konfliktlinien aufbrechen und ein friedliches Zusammenleben gefährden? Sind es folglich die Geschlechterbeziehungen, welche folglich die Konvivenz zwischen den verschiedenen ethnokulturellen Gruppen gefährden?

Zunächst gilt es festzuhalten, dass wir uns auf Ebene der Geschlechterbeziehungen nicht in einem multikulturellen Nebeneinander bewegen. Spätestens die Bezeichnung Santiago Nasars als „blanco" macht uns darauf aufmerksam, dass wir es hier jenseits eines für die arabamerikanische Gemeinschaft charakteristischen Heiratsverhaltens mit geschlechterspezifischen Verhaltensmustern und Lebensformen zu tun haben, die Santiago Nasar im Zeichen des „machismo" mit der überwiegenden Mehrzahl der männlichen Bevölkerung seines Geburtslandes Kolumbien teilt. In der Bezeichnung als „Weißer" schwingt überdies unverkennbar die soziale Differenz mit, also die Zugehörigkeit zu einer weißen Herrenschicht und Führungskaste. Denn „weiß" ist keine ethnische, sondern eine soziale Kategorie, die freilich auf dem amerikanischen Kontinent sehr unterschiedlich verwendet wird.[27]

Mag Santiago Nasars kultureller Hintergrund auch vielschichtiger sein als der anderer Bewohner der Ortschaft, so ist er doch verstrickt in jene patriarchalische

---

25 Ebda., S. 19.

26 Ebda.

27 Vgl. zur Verwendung der Kategorie „weiß" in den Vereinigten Staaten von Amerika die spannende Studie von Painter, Nell Irvin: *A History of White People* (2009).

Wertewelt, die er mit Bayardo San Román, mit den Vicario-Brüdern oder dem Erzähler ganz selbstverständlich teilt. Die arabamerikanische Prägung durch den patriarchalischen Vater quert gleichsam die machistischen Verhaltensmuster, die von der gesamten Bevölkerung dieses kleinen Städtchens an der kolumbianischen Karibikküste akzeptiert werden. Nein, es sind nicht die Geschlechterbeziehungen und Geschlechterverhältnisse, die Santiago von den anderen Machos vor Ort trennen!

Diese Bevölkerung deckt freilich in ihrer überwiegenden Mehrheit die ungezählte Male angekündigte und ungezählte Male nicht verhinderte Ermordung Santiago Nasars, die sich – gleichsam in Form einer Umkehrung oder Parodie des „Locked-Room-Rätsels"[28] – vor aller Augen und bei Tageslicht einer Hinrichtung gleich auf dem Hauptplatz vollzieht.[29] Santiago Nasar war bereits vom ersten Satz des Romans an ein dem Tode Geweihter, ein Lebendig-Toter, hingerichtet im Lichte breitester Öffentlichkeit.

Täter- und Opferrollen scheinen auf den ersten Blick klar voneinander getrennt zu sein. Doch so einfach macht es Gabriel García Márquez seinen Leserinnen und Lesern nicht! Denn auf Ebene der Geschlechterbeziehungen partizipiert Santiago Nasar in der Querung verschiedener (Geschlechter-) Kulturen gleichsam transkulturell an jenen Verhältnissen, die Bayardo San Román, Santiago Nasar und die Zwillingsbrüder Vicario in Protagonisten einer Tragödie verwandeln, in der sie Täter und Opfer zugleich sind. Santiago Nasar, der Sohn eines arabischen Migrantensohns und einer spanischsprachigen Mutter, repräsentiert keine abtrennbare Alterität, sondern ein Anderes *im* Eigenen, das weder dem Eigenen noch dem Anderen noch einem Zwischenraum allein zugeordnet werden kann. Hier erweisen sich Julia Kristevas Überlegungen aus *Etrangers à nous-mêmes* als hilfreich, insoweit sich in jenem Band – wie wir sahen – eine erste Abkehr vom Alteritätsgedanken andeutete. Mag es Santiago auch selbst bis in

---

28 Vgl. die Anwendung dieses Begriffes auf Leonardo Sciascias Roman *Il giorno della civetta*, wo sich der Mord nicht etwa an einem versteckten Ort, sondern wie in *Crónica de una muerte anunciada* gleich zu Beginn des Textes auf dem Hauptplatz und im Morgenlicht vollzieht, bei Buschmann, Albrecht: *Die Macht und ihr Preis. Detektorisches Erzählen bei Leonardo Sciascia und Manuel Vázquez Montalbán*. Würzburg: Königshausen & Neumann 2005, S. 57. Trotz aller diegetischen und handlungsspezifischen Unterschiede sind die Parallelen zwischen den Romanen von Sciascia und García Márquez offensichtlich.

29 Die Verlobte eines der beiden Mörder gibt später zu Protokoll, sie hätte Pablo Vicario niemals geheiratet, wenn dieser nicht so gehandelt und die Familienehre gerettet hätte. So aber wartete sie drei Jahre lang geduldig auf die Entlassung des Mörders Santiago Nasars, um wohlgemut mit ihm den Bund fürs Leben zu schließen (García Márquez, Gabriel: *Crónica de una muerte anunciada*, S. 102).

den Moment seines Todes hinein nicht bewusst gewesen sein: Er verkörpert eine räumlich nicht lokalisierbare Zwischenwelt, die durch feststellbare, aber nicht fixierbare Bewegungen zwischen verschiedenen Polen konstituiert wird. Santiago Nasar verkörpert das Fremde, den Fremden, der längst zu einem Teil des „Wir" aller Bewohner des Ortes geworden ist.

In diesem Sinne wäre der Begriff „Fremdsein" in der Aussage eines jener Erzähler zu korrigieren, in welcher sich der libanesische Schriftsteller Elias Khoury mit dem Tod Santiago Nasars beschäftige: „Das Fremdsein erfuhr er im Augenblick des Todes, in jener Einsamkeit, die ihn in Sphären führte, deren Existenz er nicht für möglich gehalten hätte."[30] Im Spiel von Identität und Differenz, von lateinamerikanischen und arabischen Welten steht Santiago Nasar für die komplexen Verschränkungen und Vernetzungen des Arabamerikanischen ein, in dessen Zwischenwelt Fremdheit und Vertrautheit in eins gesetzt sind. Das Fremde *ist* das Eigene, das Eigene *erweist sich* als das Fremde.

Komplettieren wir vor diesem Hintergrund unsere Untersuchung der Geschlechterbeziehungen! Die geschlechterspezifischen Verstrickungen der Männer gelten spiegelsymmetrisch in umgekehrter Hierarchie auch für die Frauen, die ihre kulturell bedingte Rolle innerhalb des in *Chronik eines ange-kündigten Todes* deutlich sich abzeichnenden Kampfes der Geschlechter spielen. Angela Vicario ist die jüngste Tochter einer in bescheidenen Verhältnissen leben-den Familie, die für diesen Befund geradezu stellvertretend ist. Insofern wäre die Familie Vicario ganz im Sinne ihres Namens – nomen est omen – in diesem umfassenden soziokulturellen und genderspezifischen Sinne eine Familie von Vikaren, von puren „Stellvertretern".

Angelas Vater Poncio Vicario hat bei seiner Arbeit als „Goldschmied für Arme"[31] das Augenlicht verloren; und so ist es die wirtschaftlich prekäre Fami-liensituation, die es Bayardo San Román erlaubt, sich die eines Tages zufällig erblickte und sogleich lustvoll begehrte Braut mit seinem Geld regelrecht zu kaufen. Die von der Mutter Purísima del Carmen verantwortete Erziehung war stets geschlechtsspezifisch geteilt und beinhaltete zur Wahrung der Familienehre eine strikte sexuelle Überwachung der Töchter, denn: „Die Brüder wurden auf-gezogen, um Männer zu werden. Die Töchter wurden erzogen, um zu heiraten."[32] Man darf sagen, dass diese Geschlechtererziehung ihre Früchte trug und ihren Teil zur Tragödie beisteuerte.

---

30 Khoury, Elias: *Der geheimnisvolle Brief*. Roman. Aus dem Arabischen von Leila Chammaa. München: C.H. Beck 2000, S. 45.
31 García Márquez, Gabriel: *Crónica de una muerte anunciada*, S. 50.
32 Ebda., S. 51.

Kein Wunder also, wenn die Mutter des Erzählers davon überzeugt ist, dass diese Frauen ihre Männer glücklich machen würden, seien sie doch von Anfang an zum Leiden erzogen.[33] Die Eheschließung Angelas mit Bayardo beruht folglich auf einer doppelten, ebenso die Geschlechterverhältnisse wie die sozioökonomische Situation berücksichtigenden Hierarchie, die sich auf allen Ebenen durchpaust. Der Wille der wie eine Ware begehrten Braut spielt dabei keine Rolle, denn: „Auch die Liebe kann man lernen."[34] Dies ist ein Satz, der geradezu unserer Vorlesung über *LiebeLesen* entnommen sein könnte, lernen wir alle doch Liebe gemäß unserer kulturellen, sozialen und geschlechterspezifischen Erziehung und den Lernvorgaben, die wir fleißig erfüllen – oder bisweilen, eher seltener, auch durchkreuzen und dann bewusst missachten.

Nichts im Roman lässt vermuten, dass Santiago Nasar tatsächlich für Angelas verlorene Jungfernschaft verantwortlich sein könnte: Die mütterliche Überwachung des Mädchens außerhalb des Hauses war perfekt, und auch in Santiagos Leben konnte der mit dem Fall beschäftigte Untersuchungsrichter keinerlei Indizien dafür finden, dass es gewisse außereheliche Unregelmäßigkeiten gegeben haben könnte. Der Erzähler selbst führt nicht nur an, Santiago sei viel zu hochnäsig gewesen, um sich mit dem Mädchen abzugeben; er macht vor allem hintergründig darauf aufmerksam, sie hätten „zwei divergierenden Welten" („dos mundos divergentes") angehört.[35] Dieser Hinweis ist wichtig, provoziert er doch gleichsam die Frage, von welchen divergierenden Welten in dieser Wendung die Rede ist.

Nicht nur die Bewohner des Ortes im Roman, sondern auch die Vertreter*innen der Forschung wurden nicht müde, unterschiedlichste Hypothesen zum Verlust der Jungfernschaft der schönen Angela zu entwickeln. Könnte vielleicht nicht sogar der Erzähler selbst dafür verantwortlich sein,[36] so dass die Entfaltung seiner Detektivgeschichte letztlich nichts anderes wäre als eine perfekte Täuschung, um jeden Verdacht von sich auf andere zu lenken? Warum sollte er aber dann – so ließe sich dieser These entgegenhalten – gerade auf die „Divergenz" der Welten Angelas und Santiagos verweisen? Denn wäre er der Schuldige, dann müsste ihm daran gelegen sein, sich selbst zu entlasten und Santiago in ein

---

33 Ebda., S. 52.
34 Ebda., S. 56.
35 Ebda., S. 144.
36 Diese These scheint auf eine Überlegung Angel Ramas zurückzugehen; vgl. hierzu Silva, Armando: Encuadre y punto de vista: saber y goce en „Crónica de una muerte anunciada". In: Universidad Nacional de Colombia / Instituto Caro y Cuervo (Hg.): *XX Congreso nacional de Literatura, Lingüística y Semiótica. Memorias. „Cien años de Soledad", treinta años después.* Bogotá: Universidad Nacional de Colombia 1998, S. 23.

schiefes Licht zu rücken. Manches wiederum spräche im Kontext der evidenten patriarchalischen Geschlechterherrschaft auch dafür, dass Angela das Opfer einer innerhalb der Familie selbst stattgefundenen sexuellen Nötigung oder Vergewaltigung geworden sein könnte, zumal die Blindheit ihres Vaters Poncio mit Blick auf Ödipus zumindest mythen- und literaturgeschichtlich eine Nähe zur Verletzung des Inzesttabus suggeriert. Dafür spräche auch der Kommentar Angelas zum Tod ihres Vaters Poncio kurze Zeit nach der Ermordung Santiago Nasars: „Ihn hat der moralische Schmerz hinweggerafft."[37]

Doch auch Angela Vicario ist Opfer und Täterin zugleich. Kaum hat sie Santiago Nasar als den Schuldigen benannt, greifen ihre Brüder – die sich beruflich als Schweineschlächter betätigen – zu ihren Messern, um den vermeintlichen ‚Entjungferer' abzuschlachten. Warum gibt Angela den Namen des Sohnes von Ibrahim Nasar an? Weil sie, wie im Roman spekuliert wird, nicht damit rechnen konnte, dass sich ihre Brüder an einem Reichen vergreifen würden, der über weitläufige Besitztümer und großen Einfluss vor Ort verfügt? Gehören Angela und Santiago in diesem ökonomischen Sinne zwei divergierenden Welten an? Oder sind die „mundos divergentes" nicht auch kulturell markiert?

Als die von ihrer wütenden Mutter Misshandelte von ihrem Bruder Pedro am Ende des zweiten von fünf Kapiteln oder Akten dieser Tragödie befragt wird, kommt ihre Antwort verblüffend schnell:

> Sie brauchte dafür kaum die Zeit, die man benötigt, um den Namen auszusprechen. Sie suchte ihn in der Finsternis, sie fand ihn auf den ersten Blick unter den so zahlreichen, verwechselbaren Namen dieser und der anderen Welt, und sie spießte ihn an der Wand zielsicher mit ihrem Pfeil auf, als wäre er ein willenloser Schmetterling, dessen Urteil von allem Anfang an geschrieben stand.
> Santiago Nasar, sagte sie.[38]

Die Szene ist bezeichnend und legt binnen einer Millisekunde das spätere Geschehen quasi fest. Das Todesurteil für Santiago Nasar kommt so prompt wie unerwartet, und doch war es bereits geschrieben, stand schon immer fest. Sind es die Listen des Unbewussten oder jene des „Fatum" – wie der Untersuchungsrichter

---

37 Ebda., S. 133; vgl. zu dieser These insbesondere Rahona, Elena / Sieburth, Stephanie: Keeping Crime Unsolved: Characters' and Critics' Responses to Incest in García Márquez' „Crónica de una muerte anunciada". In: *Revista de Estudios Hispánicos* (St. Louis) 30 (1996), S. 433–459; sowie Pöppel, Hubert: Elementos del género policíaco en la obra de Gabriel García Márquez, S. 36 f, und Silva, Armando: Encuadre y punto de vista: saber y goce en „Crónica de una muerte anunciada", S. 21 f.
38 García Márquez, Gabriel: *Crónica de una muerte anunciada*, S. 78.

meint[39] – beziehungsweise des vom Menschen nicht bestimmbaren, sondern nur im Sinne eines göttlichen Willens deutbaren „Kismet"? Angelas Antwort stellt sich jedenfalls mit derselben Unvermitteltheit und Unmittelbarkeit ein wie die Befürchtungen ihrer Brüder, von den Arabern vergiftet zu werden, oder die Ängste der Bewohner, die Araber könnten die Vicario-Brüder bei lebendigem Leibe verbrennen. Nicht umsonst hatte der Untersuchungsrichter mit roter Tinte notiert: *„Die Fatalität macht uns unsichtbar."*[40] Namen und Personen tauchen wie aus dem Nichts auf und werden plötzlich wieder unsichtbar, als gehorchten sie einem vorbestimmten Schicksal, das sie erfüllen und das sich erfüllt.

Nicht weniger ansatzlos jagt der arabische Ladenbesitzer Yamil Shaium, mit dem Santiago Nasar wenige Minuten vor seinem Tod noch über ein arabisches Wortspiel lachte, mit seiner Tigermörderflinte und unterstützt von anderen, freilich unbewaffneten Arabern den beiden Mördern hinterher, die sich in den sicheren Schutzraum der Kirche flüchten.[41] Pedro und Pablo Vicario folgen damit jener Diagonale des Todes, die eine Revolverkugel in die Geometrie des Ortes einschrieb, als sich Jahre zuvor versehentlich aus Ibrahim Nasars Pistole ein Schuss löste, der den Hauptplatz, auf dem sein Sohn später erstochen werden sollte, querte und auf dem Hochaltar der gegenüberliegenden katholischen Kirche eine lebensgroße Heiligenfigur in Staub verwandelte.[42] Alles scheint im Voraus durch das Fatum bestimmt gewesen zu sein, alles gehorcht einer Choreographie des Todes, die bis zum bitteren Ende getanzt werden muss.

Noch Sekunden vor dem mörderischen Angriff der beiden Brüder ruft ein unbeteiligter Zuschauer dem unbewaffneten Santiago Nasar zu, der „Türke" solle einen anderen Weg einschlagen.[43] Auch dieser letzte Zuruf ändert nichts mehr an der Fatalität, wohl aber an der Semantik, legt Gabriel García Márquez doch noch einmal ein Zeichen aus, welches die arabamerikanische Isotopie in Erinnerung ruft. So wird der Sohn arabischer Einwanderer unmittelbar vor seinem Tod wieder vom „blanco" zum „turco", vom weißen Großgrundbesitzer zum orientalischen Migranten, zum „Türken" mit ottomanischem Pass. Als wäre es seine Antwort auf all dies, erscheint Santiago Nasar im Angesicht des Todes schöner denn je, mit seinem „Antlitz eines Sarazenen mit dem Durcheinander seiner Locken".[44] Die öffentliche Hinrichtung und der Tod vor aller Augen verwandeln

---

39 Vgl. hierzu ebda., S. 180.
40 Ebda.
41 Ebda., S. 190.
42 Ebda. S. 13; diese Lektion, so fügt der Erzähler hinzu, sollte Santiago Nasar sein ganzes Leben lang nicht mehr vergessen, trennte er doch fortan die Waffen von der Munition.
43 Ebda., S. 184.
44 Ebda., S. 192.

den oft für seine geradezu magischen Verwandlungskünste[45] bewunderten Santiago in einen Orientalen, einen Araber: Der Körper des Mannes gibt ein letztes Mal, kurz vor seiner Ermordung, die zu Grunde liegende und zugleich projizierte ‚Identität' preis.

In Sekundenbruchteilen, so scheint es, werden soziokulturelle Grenzziehungen und mit ihnen zusammenhängende Exklusions- und Inklusionsmechanismen aktiviert, an denen alle Versuche arabischer Einwanderer, sich der ortsansässigen Bevölkerung anzupassen, noch in der dritten Generation nichts Entscheidendes geändert haben. Einmal „turco", immer „turco": Der Nachname bleibt gegenwärtig! Wie ostentativ auch immer Ibrahim Nasar seiner Vieh-Hazienda den Namen „Göttliches Antlitz" („Divino Rostro") geben, wieviel auch immer Santiago Nasar zugunsten des Bischofs – dessen Ring er küssen wollte – spenden mochte: Sie blieben in den Augen der nicht aus dem Nahen und Mittleren Osten stammenden Mitbürger doch der Gruppe der „Araber", der „Türken" zugehörig. Letzteren waren schon ihre aus dem Nahen Osten eingewanderten Vorfahren zugeschlagen worden. Trotz anderslautender Versicherungen des nicht immer glaubwürdigen, vielleicht auch manchmal unzuverlässigen Erzählers könnte der Name der Hazienda aber auch ein Hinweis darauf sein, dass Divina Flor, die Tochter Victoria Guzmáns, auch die Tochter Ibrahim Nasars ist. Dann freilich wäre eine Verbindung Santiagos mit ihr ein unbewusster Bruch des Inzesttabus. Sie sehen, die Geschichte dieser *Chronik eines angekündigten Todes* beinhaltet viele Erzählfäden und -stränge, die offen gelassen worden waren und von keinem Erzähler aufgenommen wurden.

Auch wenn diese „Araber" – die noch immer in der Gemeinschaft des Ortes als solche identifizierbar sind – nicht daran denken, jene Gräueltaten zu begehen, deren man sie für fähig hält, so verbergen sich unterhalb des scheinbar problemlosen Zusammenlebens doch Konflikt- und Bruchlinien, die zwischen denen, die nur des Spanischen mächtig sind, und jenen, die Spanisch *und* Arabisch sprechen, jederzeit aufbrechen können. War der Apostel Santiago, der „wahre Jakob" aller Pilgerlegenden, auf einer noch arabisch geprägten Iberischen Halbinsel nicht der Schutzpatron der Spanier im Kampf der Reconquista gegen die Sarazenen? Rief man ihn nicht um Hilfe an im Kampf gegen die Macht der Mauren?

Ab Mitte des Romans lässt sich eine eigentümliche Disseminierung von Orientalismen – also Textelementen, die einer spezifisch ‚arabischen' Isotopie zugeordnet werden können – an Stellen auffinden, wo man sie nicht vermuten würde. Alles erfolgt fast geräuschlos. Zwei Beispiele hierfür mögen genügen: So entdeckt

---

45 Ebda., S. 106.

der Untersuchungsrichter, dass eines der beiden Mordwerkzeuge der Schweine-schlächter eine Art Miniatur-Krummsäbel, ein „alfanje en miniatura" ist.[46] Der Erzähler fügt als Erklärung hinzu, dass zum damaligen Zeitpunkt wegen des Krieges keine deutschen Messer importiert werden konnten.[47] Doch warum dann ein arabisches Messer?

Als der Erzähler nach der Beerdigung Santiago Nasars bei der Bordellchefin María Alejandrina Cervantes das Grauen zu vergessen sucht, findet er die Edel-prostituierte bei der Verrichtung ihrer Trauerarbeit vor: Sie stopft, wie immer bei großer Trauer, unerhörte Mengen an Essen in sich hinein und sitzt vor ihrem „babylonischen Tablett" vollständig entkleidet *a la turca* auf ihrem Königinnen-bett.[48] Es ist, als wäre die Frau mit der großen erotischen Ausstrahlungskraft, die den jugendlichen Santiago Nasar so sehr in ihren Bann geschlagen hatte, dass sein Vater ihn für längere Zeit auf die Hacienda verbannen musste, zur mitleidenden Orientalin mutiert. Sie ist in diesem Sinne so sehr orientalisiert, dass sie ihre Versuche, als professionelle „Liebesbestie"[49] den liebeshungrigen Erzähler ins Land raffinierten Geschlechtstriebs zu entführen, abbrechen muss, riecht sie an ihrem Liebespartner doch noch immer den grässlichen Gestank des so grausam aufgeschlitzten und rasch verwesenden Körpers Santiago Nasars. Die Präsenz des Körpers über dessen Tod hinaus ist fühlbar. Tot ist ein Mensch erst dann, wenn ihn niemand mehr ‚erriechen', erspüren, erinnern und erträu-men kann.

Vergessen wir nicht, dass die Perspektivik des Erzählers, an dem noch immer der Verwesungsgeruch des toten Freundes haftet, keine ‚objektive' Position dar-stellt, ja dass der Erzähler selbst nicht in allen Fällen vertrauenswürdiger Gewährs-mann für seine Leserinnen und Leser ist. Zwar ist seine Mutter, Luisa Santiaga, die Taufpatin Santiago Nasars und Namensgeberin seines Vornamens, doch zählt er selbst offenkundig nicht zu den „turcos". Freilich heiratet er selbst zwischen den Ebenen der erzählten Zeit und Erzählzeit in eine arabamerikanische Familie ein, berichtet er uns doch ohne Umschweife davon, dass er inmitten von Bayardos und Angelas turbulenter Hochzeitsfeier der minderjährigen Mercedes Barcha, die gerade erst die Grundschule abgeschlossen hatte, einen Heiratsantrag machte. Dass diese ihn vierzehn Jahre später bei ihrer Hochzeit an diesen Antrag erinnert, ist eine raffinierte autobiographische Einblendung, die zugleich die Position des textinternen Erzählers mit jener des textexternen, realen Autors namens Gabriel

---

46 Ebda., S. 96.
47 Ebda., S. 95.
48 Ebda., S. 124.
49 Ebda., S. 125.

García Márquez „friktioniert". Es ist dasselbe Verfahren, das Jorge Luis Borges in *El Aleph* anwandte, als er seine Erzählerfigur mit „Borges" ansprechen ließ. Doch sollten wir uns davor hüten, die literarische Konstruktion der Erzählerfigur mit Gabriel García Márquez gleichzusetzen!

Doch selbstverständlich handelt es sich um ein gezieltes Autobiographem, welches Gabriel García Márquez ebenso kunstvoll wie ironisch mitsamt des Vor- und Nachnamens seiner Frau in den Romantext einwob. Denn die Einblendung der Ehefrau des realen Autors markiert als nur scheinbar nebensächliches Biographem die Position eines Kolumbianers nicht-arabischer Herkunft, der eine Kolumbianerin aus arabischer Einwandererfamilie ehelichte – und dies ist eben jene des kolumbianischen Literaturnobelpreisträgers. Die Frage ist spannend, mag aber auf den ersten Blick als müßig erscheinen: Wie wäre diese *Chronik eines angekündigten Todes* wohl ausgefallen, würde sie uns von einem ‚arabischen' Erzähler präsentiert?

Auf diese nur scheinbar nebensächliche Frage gibt der 1948 in Beirut geborene und aus einer Familie griechisch-orthodoxen Glaubens stammende libanesische Schriftsteller Elias Khoury gleich eine ganze Reihe möglicher Antworten. Denn sein 1994 erschienener Roman *Der geheimnisvolle Brief* (arab. *Magma' al-asrar*), dessen Titel wörtlich übersetzt „Eine Ansammlung von Geheimnissen" bedeutet,[50] bezieht sich mehrfach explizit auf García Márquez' *Crónica de una muerte anunciada* und macht dabei raffiniert auf die veränderte Beobachterposition gegenüber den Figuren des kolumbianischen Bezugsromans aufmerksam. Die aus mehreren in sich eigentlich abgeschlossenen Kurzgeschichten bestehende, von unterschiedlichen Erzählern vorgetragene und kunstvoll zu einem Gesamttext verwobene Narration präsentiert in der Tat verschiedene literarische beziehungsweise erzähltechnische Antwortmöglichkeiten aus arabischer Sicht. Wir haben es bei diesem libanesischen Roman mit expliziter Intertextualität zu tun, die zugleich auf transkulturelle Weise im Zeichen einer Transarealität steht, welche wir in der Folge näher erkunden wollen.

---

50 Vgl. hierzu die schöne Überblicksstudie von Pannewick, Friederike: Elias Khoury. In: Arnold, Heinz Ludwig (Hg.): *Kritisches Lexikon zur fremdsprachigen Gegenwartsliteratur.* 54. Nachlieferung. München: edition text+kritik 2001, S. 17. Vgl. auch das ausführliche Interview mit Elias Khoury in Mejcher, Sonja: *Geschichten über Geschichten. Erinnerung im Romanwerk von Ilyas Huri.* Wiesbaden: Reichert Verlag 2001, S. 125–153; sowie Meyer, Stefan G.: The Patchwork Novel: Elias Khoury. In (ders.): *The Experimental Arabic Novel. Postcolonial Literary Modernism in the Levant.* New York 2001, S. 129–140.

Abb. 120: Elias Khoury (Beirut, 1948).

Der transareale, den lateinamerikanischen Kulturraum verlassende Perspektiv-wechsel des Textes wird mehrfach markiert und kommentiert. So wird etwa die in *Crónica de una muerte anunciada* vorgelegte Beschreibung Santiago Nasars als schlanker und blasser junger Mann mit „arabischen Augenbrauen" und dem „Kraushaar seines Vaters" präzise zitiert und in Verbindung mit dem Aussehen eines Ibrahim Nasar in Beirut gebracht, den dessen Geliebte Norma für ihre Schulfreundinnen beschreibt. Elias Khoury lässt seinen Erzähler folglich manche der arabischen Erzählfäden aufnehmen, welche der kolumbianische Erzähler bei García Márquez bewusst liegen ließ. Doch Norma, so erfahren wir, „sprach nicht von ‚arabischen Augenbrauen', weil sie selbst Araberin war".[51] Damit wird nicht nur die arabische Binnenperspektive der unglücklichen Geliebten, sondern des gesamten Romans mit seinen unterschiedlichen Erzählerpositionen deut-lich bezeichnet. *Der geheimnisvolle Brief* enthält daher eine Botschaft an García Márquez und dessen Lesepublikum, eine literarische Flaschenpost, die sich im transatlantischen und folglich transarealen Raum auf den Weg zu neuen Lese-rinnen und Lesern macht. Es handelt sich um eine Transarealität, die zweifellos nicht zuletzt im Zeichen einer sich anheizenden vierten Phase beschleunigter Globalisierung steht.[52]

Worin aber besteht die Beziehung zwischen *Der geheimnisvolle Brief* und *Chronik eines angekündigten Todes*? Auch Elias Khourys Roman setzt mit einem Rätsel ein: In einem Beiruter Stadtviertel wird der Gemüsehändler Ibrahim Nasar tot in seinem Bett aufgefunden, während seine Geliebte, die man halbnackt in seinem Schrank vorfindet, schreiend und weinend allen erklärt, sie sei verloren.

---

51 Khoury, Elias: *Der geheimnisvolle Brief*. Übersetzung von Laila Chammaa. München: C.H.Beck 2000, S. 37. Der Wechsel von den Augenlidern zu den Augenbrauen hat offenkundig mit der von Elias Khoury benutzten Übersetzung von *Crónica de una muerte anunciada* zu tun, denn er las seinen Bezugstext nicht im spanischsprachigen Original.
52 Zu den verschiedenen Phasen beschleunigter Globalisierung vgl. Ette, Ottmar: *TransArea. Eine literarische Globalisierungsgeschichte*.

Denn der Mann, der ihr die Ehe versprochen und sie entjungfert habe, könne sie nun nicht mehr ehelichen und vor dem Elend retten. Es ist eine Szenerie, die zunächst einmal nichts mit der im karibischen Raum Kolumbiens zu tun zu haben scheint.

Doch sehen wir uns die Dinge genauer an! Der Text, der wie in García Márquez' *Chronik* mit Elementen des Detektivromans spielt, weist neben den gemeinsamen Familiennamen, auf die noch zurückzukommen sein wird, von Beginn an eine Reihe von Überschneidungen auf. Diese betreffen bereits auf den ersten Blick den Zusammenhang zwischen Mord und Liebe, verlorener Jungfernschaft und patriarchalisch geprägter Geschlechterverhältnissen sowie eine grundlegende Rätselstruktur aller Erzählstränge. Die intertextuellen Bande zwischen beiden ähnlich kurzen Romanen sind von Elias Khoury – wie wir noch sehen werden – eng und kunstvoll geknüpft. Ihr Reiz besteht zweifellos darin, dass sie zwei bei García Márquez durch Migration miteinander verbundene Räume nun transareal zusammenführen und gleichsam einen festen ebenso transatlantischen wie transkulturellen Zusammenhang begründen.

So verwundert es nicht, dass sich *Der geheimnisvolle Brief* rasch in direktem intertextuellem Bezug den zentralen Fragen von *Crónica de una muerte anunciada* stellt. Die Intertextualität ist dabei nicht allein explizit, sondern geradezu ostentativ:

> Alle wußten, dass Santiago an diesem Morgen abgestochen werden sollte. Weshalb hat ihn niemand gewarnt? Vielleicht, weil sie es nicht glaubten, wie sie behaupteten. Oder ließen sie ihn in den sicheren Tod laufen, weil er Araber war? Weshalb ließ man den eingewanderten Libanesen, der Arabisch sprach, obwohl seine Mutter diese Sprache nicht beherrschte, auf diese brutale Art und Weise sterben? [...] Weil er ein Fremder war? Bedeutet Fremdsein den Tod?[53]

Deutlich ist anhand der Formulierung dieser Fragen der bereits angedeutete Perspektivwechsel zu bemerken. Dieser fragt zum einen nach einer möglichen Beziehung zwischen dem Mord und der arabischen beziehungsweise libanesischen Herkunft des Ermordeten und rückt zugleich das Fremdsein – die sicherlich zentrale Problematik in Elias Khourys Gesamtwerk – in den Mittelpunkt des Geschehens. Als aufmerksamer Leser von García Márquez' *Crónica de una muerte anunciada* hat der libanesische Schriftsteller die arabische beziehungsweise arabamerikanische Isotopie im Roman des kolumbianischen Autors nicht überlesen. Dabei konzentrierte sich Khoury auch auf eher beiläufige Details, die jedoch – wie wir sahen – eine herausragende Rolle im kolumbianischen Romangeschehen

---

53 Khoury, Elias: *Der geheimnisvolle Brief*, S. 37.

spielen. Denn als „Fremder in einem fernen Land" habe sich Santiago Nasar nicht für die Hahnenkammsuppe der Einheimischen begeistert, sondern wie sein Vater am liebsten gekochten Joghurt gegessen und lieber Arak als Tequila getrunken.[54]

Eine Schreibstrategie zeichnet sich ab: Elias Khourys Roman nimmt die arabischen Inhaltselemente seines lateinamerikanischen Bezugstextes auf, verstärkt sie und entwickelt sie in einem transarealen Problemhorizont weiter. Was eher versteckt und nur indirekt handlungsleitend war, wird nun in den Mittelpunkt gestellt und erzählerisch durchbuchstabiert. Lesen und Schreiben, Lektüre des fremden und Niederschrift des eigenen Romans gehen hier Hand in Hand: Schon früh hatte der libanesische Autor nach eigener Aussage für sich entdeckt, dass Lesen eine Art Schreiben und Schreiben eine Art Lesen ist: „I discovered at that time that reading was a way of writing. Now I can say that writing is a way of reading."[55]

Mit feinem schriftstellerischem Gespür versuchte Elias Khoury dabei, an einige der zuvor von uns aufgezeigten arabischen beziehungsweise orientalischen Elemente anzuknüpfen und diese in ein dichtes intertextuelles Beziehungsnetz einzuweben, das beide Romane miteinander verbindet. Jede der unterschiedlichen Teilgeschichten, die ab der ersten Zeile des Romans von der Eröffnungsformel „Die Geschichte begann so"[56] eingeleitet werden, wirft ein anderes Licht auf die Rätselstruktur des ‚eigenen', nicht selten aber auch des ‚fremden' Romans: Auf diese Weise entsteht in der Tat – wie der arabische Titel es ankündigt – eine Ansammlung von Geheimnissen. Die Rätsel beleuchten sich wechselseitig und verknüpfen zugleich die beiden Romandiegesen unentwirrbar miteinander. Das an Santiago Nasar in *Crónica de una muerte anunciada* verübte Gemetzel erinnert nicht zufällig einen der Erzähler an die Berichte von Santiagos Vater Ibrahim Nasar, der „über die Gewalt und die Blutbäder in dem fernen Dorf mit unaussprechlichem Namen" gesprochen hatte.[57] Die Migration der libanesischen Familie nach Kolumbien wird mit einer langen Geschichte von Morden und Grausamkeiten verbunden, welche die Migration weg aus dem Nahen Osten, dem schönen Libanon überhaupt erst auslöste. Elias Khourys Roman setzt die Bluttat und den Mord an Santiago Nasar in direkte Beziehung zu den blutigen Gemetzeln in der libanesischen Heimat der vor diesen Geschehnissen geflohenen Familien – und erzählt mit diesem Perspektivenwechsel eine andere Migrationsgeschichte.

---

54 Ebda., S. 38.
55 Elias Khoury in Mejcher, Sonja: *Geschichten über Geschichten*, S. 131.
56 Khoury, Elias: *Der geheimnisvolle Brief*, S. 5.
57 Ebda., S. 37 f.

Diese so zu Beginn des Romans hergestellte Verbindung wird gegen Ende des Textes in einer anderen der komplex miteinander verwobenen Teilgeschichten weiter entfaltet. Ein Brief hatte vor langen Jahren, als Ibrahim Nasar gerade erst zehn Jahre alt war, vom Tod des weit entfernten Verwandten in Kolumbien berichtet und damit alle Auswanderungspläne der im Libanon zurückgebliebenen Verwandten – einschließlich Ibrahim – mit einem Schlag zunichte gemacht. Wozu noch auswandern, wenn eine derartige Migration nur von neuem in eine blutige Geschichte von Mordtaten führt? Denn offenkundig flößte dieser Brief, den Ibrahim nie zu Gesicht bekommen sollte, allen die Furcht ein, sie könnten in Kolumbien als Araber verfolgt und ebenso wie Santiago Nasar grausam abgeschlachtet werden. Jahre später hofft der vom Leben enttäuschte Ibrahim, bei seiner Spurensuche in der eigenen Familiengeschichte nicht nur den immer wieder beschworenen Goldschatz, sondern auch den nicht weniger sagenumwobenen Brief aus dem fernen Kolumbien zu finden:

> Außerdem glaubte er, auf jenen rätselhaften Brief mit der Nachricht von Santiago Nasars Tod zu stoßen, über den der kolumbianische Autor Gabriel García Márquez später so schreiben sollte, als schildere er die Ermordung Abd al-Djalils auf dem Platz in Ain Kisrin während des entsetzlichen Blutbades von 1860. Als schildere er, wie Abd al-Djalil Nasar unter den Hieben der kurzen Krummsäbel eine ganze Stunde lang taumelte, wie er seine Eingeweide, die sich auf den Boden ergossen, aufzuheben versuchte, über ihnen zusammenbrach und starb.[58]

Damit zeichnen sich weitere Beziehungen zwischen beiden Romanen und ihren Diegesen ab. Denn mit dem rätselhaften Brief, der die Todesnachricht in den Libanon übermittelte, korrespondiert ein gewiss nicht weniger rätselhaftes Schreiben in der *Chronik eines angekündigten Todes*, hatte dort doch ein Unbekannter, dessen Identität niemals aufgedeckt werden konnte, seine in einen Umschlag eingesteckte schriftliche Warnung unter der Tür von Santiago Nasars Haus durchgeschoben. Darin wurde sehr detailliert über den bevorstehenden Mord, die von den Tätern angeführten Gründe, die Mörder selbst und den geplanten Ort des Verbrechens informiert.[59] Doch Santiago hatte wie alle anderen Hausbewohner den auf dem Boden liegenden Umschlag, der erst nach seiner Ermordung aufgefunden wurde, schlicht übersehen und nicht zur Kenntnis genommen. Wusste er sich als Teil einer blutigen Geschichte von genozidartigen Säuberungen, ritualmordähnlichen Gemetzeln und Morden, welche seine

---

58 Khoury, Elias: *Der geheimnisvolle Brief*, S. 195.
59 García Márquez, Gabriel: *Crónica de una muerte anunciada*, S. 26.

Geschichte auf immer mit der Migrationsgeschichte seiner Familie verbinden sollte? Konnte er ahnen, was ihm selbst als Spross jener Familie erwarten würde, oder nahm er die Botschaft, die sein eigenes Ende betraf, ganz absichtsvoll nicht zur Kenntnis, da er mit dieser alten Leidensgeschichte ein für alle Mal gebrochen zu haben glaubte?

Die beiden so rätselhaften Briefe, die in beiden Romanen den Tod Santiago Nasars ankündigen, führen zugleich zu einem Ineinander-Blenden der beiden zeitlich wie räumlich eigentlich getrennten Blutbäder, so dass die Beschreibung des einen Gemetzels sehr gut zur Darstellung des anderen dienen kann. Es ist, als hätte der kolumbianische Autor gewusst, was ein Jahrhundert früher im Libanon geschehen war und welche blutigen Erfahrungen die Familie Nasar generationenübergreifend gemacht hatte. Die kolumbianische *Chronik eines angekündigten Todes* öffnet sich auf eine lange libanesische ‚Chronik zahllos angekündigter Tode', die massiv im 19. Jahrhundert begann und bis heute, selbst nach Ende der „Grande Guerre du Liban", noch immer nicht ihren Abschluss gefunden hat. Denn nach wie vor herrscht die Gewalt in einem Land, in dem immer wieder, immer von neuem die Mechanismen einer friedvollen Konvivenz eklatant versagen.

Auf diese kunstvoll-intertextuelle Weise werden die Mitte des 19. und die des 20. Jahrhunderts und zugleich ein kleines Dorf im Libanon mit einer kleinen Ortschaft an der kolumbianischen Karibikküste trans*temporal* und trans*lokal* miteinander in Verbindung und mehr noch in Deckung gebracht. Dabei hat es der libanesische Autor nicht versäumt, die vom kolumbianischen Schriftsteller – wie wir sahen – ins Spiel gebrachte ‚arabische' Tatwaffe in Form jener Krummsäbel, mit deren Hilfe die Mörder im Libanon ihre grausamen Massaker verrichteten, zeitlich ‚vorwegzunehmen'. Kulissenartig wird hinter einem Gemetzel ein anderes Gemetzel erkennbar, dessen Blutspur sich durch die Geschichte und die Geschichten zieht. Dieses „téléscopage" gibt den Blick frei auf eine sich über Jahrhunderte erstreckende Migrationsgeschichte, in der die Hoffnung auf einen festen, definitiven Wohnsitz immer wieder in einem Blutbad erstickt wird. Denn die Transarealität literarischer und kultureller Bezüge meint gerade nicht, dass mit der Migration eine andere, gänzlich verschiedene Geschichte beginnt, dass also alles auf null gestellt würde; vielmehr ‚kleben' an den Einwanderern noch immer alte Geschichten.

Die von Elias Khoury hergestellte produktive Intertextualität, welche letztlich Gabriel García Márquez' Bezugstext verändert und die arabische Isotopie beleuchtet, lässt sich folglich in einem ersten Schritt auf räumlicher Ebene als transareale Beziehung im transkontinentalen Maßstab charakterisieren. Sie trägt mit Blick auf die beiden Ortschaften – denen sich im weiteren Verlauf des Romans noch weitere Orte der Migration auflagern – zugleich einen translokalen ruralen

Grundzug.[60] Mit anderen Worten: Der libanesische Autor hakt seinen Text in den höchst erfolgreichen Roman eines kolumbianischen Schriftstellers ein, wodurch die kolumbianische Diegese sich mit einem Schlag translokal und transareal erweitert – was Rückwirkungen auch auf das Verständnis des Bezugstextes hat. Auch dies ist ein von Jorge Luis Borges vorgedachter ,postmoderner' Gedanke: Ein Text kann seine Vorläufertexte grundlegend verändern und umschreiben.

Bei diesem intertextuellen Verfahren geht es um mehr als nur Fort- und Rückschreibung einer Familiengeschichte. Elias Khoury nimmt vielmehr Elemente einer Migrationsgeschichte so raffiniert auf, dass im Translokalen gleichsam ein transtemporales und transareales, verschiedene Zeiten und Räume querendes Beziehungsnetz entsteht, das Kolumbien und den Libanon nicht nur als weit voneinander entfernte Länder erscheinen lässt, sondern in einem vektoriellen Sinne die vielfältigen und komplexen Bewegungen zwischen beiden Ländern ins Zentrum rückt. Dies öffnet neue Perspektiven und Blickwinkel ebenso auf den Libanon wie auf Kolumbien. Denn beide sind nicht einfach die klar voneinander getrennten Herkunfts- und Zielländer einer typischen Auswanderergeschichte, sondern stehen auf Grund einer Vielzahl mittel- und unmittelbar vernetzter Kommunikationen in enger Austauschbeziehung: Was in einem Land vor sich geht, hat Rückwirkungen auf das andere. Das ,Eigene' und das ,Fremde' sind nicht säuberlich voneinander trennbar, auch wenn dies die Mörderbanden mit ihren ,ethnischen Säuberungen' gerne so hätten.

Die auf diese Weise beleuchteten strukturellen Homologien betreffen die Omnipräsenz von Gewalt, Gemetzeln und Blutbädern, von Kriegen und Bürgerkriegen, Flucht und Auswanderung, von sozialer, ökonomischer und geschlechtlicher Dependenz. Gewalt wird dadurch verursacht, dass sie das ,Fremde' aus dem ,Eigenen' auszumerzen sucht. Doch diese Spirale an Gewalttaten kommt nie an ein Ende, findet immer noch andere ,Fremde', die es auszumerzen gilt.

Der Libanon und Kolumbien sind im Kontext ihrer *Areas* überdies durch ihre Kolonialgeschichte mit europäischen Hegemonialmächten beziehungsweise dem Osmanischen Reich und sich nach dessen Zerfall etablierenden Regionalmächten verbunden und von diesen asymmetrischen Beziehungen geprägt. Denn die Asymmetrie kolonialer Hierarchien perpetuiert sich stets auf bisweilen überraschende Weise. Die beiden Romanen gemeinsame Thematik verlorener Jungfernschaft verweist trotz aller kulturellen Unterschiede auf Geschlechterverhältnisse patriar-

---

60 Eine translokale urbane Beziehung etwa stellt Elias Khoury zwischen dem städtebaulichen Wiederaufbauprogramm in Beirut und der intensiven Bautätigkeit in Berlin her; vgl. die Aussagen des libanesischen Schriftstellers in Borgmann, Monika: Städte sind wie Geschichten. In: *Die Zeit* (Hamburg) 45 (1.11.1996), S. 80.

chalischen Zuschnitts, die in beiden Texten keineswegs zufällig eine handlungs-
entscheidende Rolle spielen. Dabei betont die transkontinentale und transareale
Relation zwischen dem Nahen Osten und der Karibik wesentliche Äquivalenzen
von Formen struktureller Konfliktpotentiale, die gerade auch die geschlechterspezifische und kulturell-religiöse Dimension miteinschließen. Innerhalb eines
strikt patriarchalischen Systems ist die Frau Kolonie des Mannes, wird in dessen
Ökonomie gezwungen. Mit guten Gründen darf man folglich von einem arabamerikanischen Beziehungsgeflecht sprechen, das die Beschränkung auf eine rein
nationale Untersuchungsperspektive als ungenügend erscheinen lässt.

Die zentrale Frage aber, das beide Romane durchziehende Rätsel, bleibt: Wie
hatte es zum Blutbad kommen können? Einer der von Elias Khoury in Stellung
gebrachten Erzähler hält fest, dass das Dorf Ain Kisrin zunächst von den Massakern, die im Libanongebirge um sich gegriffen hatten, nicht betroffen gewesen
sei.[61] Man tat im Dorf so, als gehe der Alltag weiter, als gebe es diese seit 1858
ausgebrochenen Auseinandersetzungen mit ihren grausamen Ausschreitungen
nicht. Doch das Wegducken half nichts. Am 12. Februar 1860 wurde am Dorf-
rand ein Massaker an der Familie Abu Amer verübt. Und sofort „teilte sich das
Dorf in zwei Familien",[62] die Abu Amers und die Nasars, die zuvor als Drusen
und Katholiken gut und friedlich zusammengelebt hatten. Lange dauert es, bis
ein ZusammenLebensWissen aufgebaut ist und sehr rasch ist es möglich, dieses
wieder zu zerstören.

Es handelt sich somit um eine Ökonomie der Konvivenz. Eigentlich hatte es
für Feindseligkeiten „keinen Anlaß"[63] gegeben; doch das lange Zeit – trotz der
in der Umgebung blutig ausgefochtenen Kämpfe zwischen maronitischer Kirche
und drusischer Feudalherrschaft – stabile ZusammenLebensWissen implodierte
binnen kürzester Zeit. Unbewiesene Behauptungen, ein Priester aus der Nasar-
Familie sei für das Massaker verantwortlich, genügten, um die Männer einander
mit Messern abschlachten und das Dorf in Flammen aufgehen zu lassen. Stets sind
Menschen bereit, alles einem irrlichternden Gedanken, einem bloßen Verdacht,
durch irgendeinen Verführer absichtsvoll gestreut, aufzuopfern. Die Dummheit
des Menschen, quer durch die Kulturen, ist unendlich.

So hat die Geschichte des Libanon mit der Geschichte, die sich in Kolumbien ereignet, intensiv zu tun. Orte, Zeiten und kulturelle Kontexte werden
wechseln; unbewiesene Anschuldigungen aber werden auch weiterhin ihre
verheerende Wirkung entfalten. Die Geschichte eines Mannes aus der Nasar-

---

61 Khoury, Elias: *Der geheimnisvolle Brief*, S. 159.
62 Ebda., S. 160.
63 Ebda.

Familie, der mit einem Messer im Rücken noch kilometerweit lief, bevor er tot am Stadtrand von Beirut zusammengebrochen sei, weist voraus auf den letzten Weg des aufgeschlitzten und brutal zusammengestochenen Santiago Nasar in seinem kolumbianischen Dorf. Die Geschichten, Orte, Zeiten und Bewegungen überlagern sich in diesem hochgradig vektorisierten Text: Ein Blutbad weist immer schon auf das nächste voraus. Gibt es in dieser Geschichte der Gewalt denn kein Ende? Erinnerungen „tauchen auf, als sickerten sie aus einer alten, nicht vernarbten Wunde".[64] Und so denkt nicht nur die Familie Nasar an Flucht und Auswanderung: „Die Großmutter habe auswandern wollen, alle hätten vom Auswandern geträumt, und die nach Marseille auslaufenden Schiffe seien überfüllt gewesen mit Menschen aus dem westlichen Bekaatal, aus Zahle und aus den Bergen."[65] Doch die Flucht aus der Geschichte schafft noch keinen Nullpunkt der Gewalt.

So zeichnet sich der Weg der Nasars über Marseille nach Lateinamerika und in die Karibik ab, wo sie als „turcos" in Empfang genommen werden und sich zunächst mühsam eine Existenz aufbauen müssen. Doch nicht nur die Dummheit, auch die Leidensfähigkeit des Menschen scheint unendlich zu sein. Diesen Weg in ein amerikanisches Exil, gesellschaftlich ganz von unten beginnend, hatten seit dem verheerenden Bürgerkrieg von 1858/1860 – über den der junge Elias Khoury an der Ecole Pratique des Hautes Etudes einst unter der Leitung Alain Touraines in Paris eine Studie verfasst hat[66] – viele Libanesen einschlagen müssen. Die kolonialen beziehungsweise historischen Konstellationen wechselten, doch die Serie der Bürgerkriege im Libanon schien nicht mehr abreißen zu wollen: bis hin zu jenem selbstzerstörerischen Bürgerkrieg, der 1975 begann und das Land über Jahrzehnte ausbluten ließ. Auch nach der „Grande Guerre du Liban" ist kein Ende absehbar …

Hier setzt die persönliche Leidensgeschichte des libanesischen Autors ein. Denn Elias Khoury selbst hatte als militanter Kämpfer an diesem sogenannten „Großen Krieg des Libanon" teilgenommen und die schrecklichen Erlebnisse in seinem erstmals 1977 erschienenen Roman *Der kleine Berg* festgehalten.[67] Kein Zweifel: Genau an diesem Punkt besteht eine strukturelle Verbindung zwischen der Erfahrung kolumbianischer „violencia" bei Gabriel García Márquez und den

---

64 Ebda., S. 161.
65 Ebda., S. 162.
66 Vgl. hierzu das Interview mit Elias Khoury in Mejcher, Sonja: *Geschichten über Geschichten. Erinnerung im Romanwerk von Ilyas Huri*, S. 131.
67 Vgl. zur Bedeutung dieses Romans im Kontext der arabischen Gegenwartsliteratur das Vorwort zur englischsprachigen Ausgabe von Said, Edward W.: Foreword. In: Khoury, Elias: *Little Mountain*. Manchester: Carcanet Press Limited 1989, S. ix-xxi.

Kämpfen im libanesischen Bürgerkrieg bei Elias Khoury. Beide Romane sind Chroniken angekündigter Gewalt, welche die brennende Frage nach dem Rätsel ihrer jeweiligen Entstehung und Duldung stellen. Beide Texte forschen nach den Ursprüngen einer Gewalt, die jeweils eine lange Zeit der Konvivenz, des friedlichen Zusammenlebens, brutal abbrechen lässt.

Dass die Schrecken der bereits 1858 einsetzenden Massaker von den Nachfahren im „Buch des Vergessens"[68] abgelegt worden waren, hatte schon der Soziologie-Student Khoury in Paris zur Kenntnis nehmen müssen. Eben hieraus erklärt sich sein Bemühen, die Not der Geschichtswissenschaft in die Tugend des Romans zu verwandeln und mit den Mitteln der Literatur jene Geschichte und Geschichten freizulegen, die über so lange Zeit dem Vergessen anheimgefallen waren. Denn Literatur ist Forschung, sie ist Erforschung dessen, was oft der Wissenschaft noch nicht verfügbar ist.

Auch in Khourys Roman verstecken sich viele Autobiographeme. Der junge Mann, der nach der arabischen Niederlage von 1967 gegen Israel[69] auf Seiten palästinensischer Widerstandskämpfer den bewaffneten Kampf aufnahm, hat im Verlauf seiner eigenen Lebensgeschichte die Lehren aus den blutigen Konflikten gezogen und ist zu einem militanten, kompromisslosen Vertreter und Anwalt der Literatur und ihrer Bedeutung für die (nicht nur arabischen) Gesellschaften geworden. Denn Literatur transportiert ein Lebenswissen, das stets auch ZusammenLebensWissen ist. Militant für die Literatur einzutreten, bedeutet gerade nicht, die Literatur als Vehikel für ihr fremde militante Zwecke und Botschaften zu nutzen. Khourys Einsatz für die Literatur beruht auf der Einsicht, dass Literatur und Leben nicht voneinander getrennt werden können und Ideologie in der Literatur nichts zu suchen habe.[70] Daraus ergibt sich sein Schreibprojekt, das die Lektion der Geschichte gelernt hat und militant für ein Lebenswissen eintritt, das sich der Offenheit der Literatur bedient, um Geschichte – und die eigenen Geschichten – radikal offen zu halten und zu gestalten. Es handelt sich um die Modellierung eines Wissens, das in diskursiver Form allein die Literatur oder besser: allein die Literaturen der Welt quer

---

68 Khoury, Elias: *Der geheimnisvolle Brief*, S. 159.

69 Vgl. hierzu Elias Khoury im Interview mit Mejcher, Sonja: *Geschichten über Geschichten. Erinnerung im Romanwerk von Ilyas Huri*, S. 129: „When I entered university, the June war of 1967 broke out. It changed my life." In ganz ähnlichen Begriffen brachte der palästinensische Literatur- und Kulturtheoretiker Edward W. Said diese Generationenerfahrung auf den Punkt, sprach doch auch er von der Niederlage der arabischen Truppen gegen Israel als einem Wendepunkt in seinem Leben; vgl. Said, Edward W.: No Reconciliation Allowed. In: Aciman, André (Hg.): *Letters of Transit. Reflections on Exile, Identity, Language, and Loss*. NYC: The New Press 2000, S. 101 f.

70 Elias Khoury in Mejcher, Sonja: *Geschichten über Geschichten*, S. 134.

durch die Jahrhunderte, die Regionen und quer zu den Kulturen immer weiter-
zuentwickeln vermögen.

Die von der Literatur entfaltete(n) Geschichte(n) schaffen und enthalten
ihre eigenen Listen. Gut möglich also, dass es ausgerechnet der katholische
Priester Abdallah Nasar war, dem manche die Schuld am Massaker in Ain Kisrin
gaben, der zum Stammvater der kolumbianischen Nasars wurde. Er war – so
hieß es – nach Beirut, von dort nach Marseille und schließlich weiter nach
Kolumbien geflohen, wo er dann „den ausgewanderten Zweig der Familie"
begründet haben soll.[71] Ein religiöser Eiferer und Provokateur als Stammvater?
Wurden seine Verstrickungen je aufgedeckt, oder gingen sie ein ins Buch des
Vergessens? Wie aber könnten im Zeichen des Vergessens und der Verdrängung
der Zyklus der Gewalt und die blutige Wiederkehr des Verdrängten aufgehalten
werden?

Schon ein Jahrhundert später – glaubt man den Erzählerfiguren Elias
Khourys – wird der geheimnisvolle Brief mit seiner Nachricht der Abschlachtung
Santiago Nasars in Kolumbien die schon fast vergessene, verdrängte libanesische
(Vor-) Geschichte wieder in Erinnerung rufen und alle Reisepläne der Familie des
späteren Gemüsehändlers Ibrahim Nasar zunichtemachen. Schließlich zeigt sich,
dass das Familienoberhaupt Jakob Nasar das Blutbad von Ain Kisrin nicht gänzlich vergessen und eine Erklärung für die brutalen Ereignisse parat hat: Der Fluch
des – wie wir sahen – unter den Hieben der Krummsäbel zusammenbrechenden
Abd al-Djalil verfolge die Familie noch immer.[72] Denn eine Geschichte ist nie wirklich zu Ende: Sie schreibt und webt sich fort auch dann, wenn wir sie längst vergessen haben, wenn längst keine Erinnerung mehr besteht. Denn sie erinnert sich
und bringt sich in Erinnerung.

Doch auch in die Vergangenheit führen weitere Spuren, öffnen die Geschichte
auf eine Vor-Geschichte, die sich im Roman umstandslos in Erinnerung ruft. Die
Geschichte der Familie – und damit die der Gräueltaten – geht noch weiter zurück.
Ibrahim Nasar, dessen Ermordung Elias Khourys Band eröffnet, kannte sie nur
vage vom Hörensagen. Bekannt aber ist, dass die Familie ursprünglich Atwi hieß
und den Beinamen Nasar erst in Ain Kisrin erhielt. Die ursprünglich wohl aus Izra'
im Hauran stammende Familie war – so wollen es die Erzählungen – einst über
einen Zeitraum von zweihundert Jahren etappenweise nach Kana im Südlibanon
ausgewandert. Als letzte kamen die Angehörigen jenes Zweiges, der den Namen
Nasar erhalten sollte, gegen Ende des 18. Jahrhunderts, und der Grund hierfür

---

71 Khoury, Elias: *Der geheimnisvolle Brief*, S. 159.
72 Ebda., S. 163.

war – wie sollte es anders sein – ein Mord, wobei diesmal „der Auswanderer nicht Täter, sondern Opfer" war.[73]

Denn Beduinen aus dem Golan hatten die Familie angegriffen und drei Brüder getötet, ein Vorgehen, das im weit entfernten Kana bereits dazu geführt hatte, dass die seit Ende des 16. Jahrhunderts ausgewanderten Atwis gezwungenermaßen zum Islam konvertierten, um nicht weiteren Angriffen ausgesetzt zu sein. Religion ist im Spiel der Gewalt nichts anderes als eine Spielmarke, die beliebig verschoben werden kann, um ein vorgeblich ‚Fremdes von einem vorgeblich ‚Eigenen' zu trennen. Ohne der im Roman bruchstückhaft dargebotenen Geschichte hier in allen Einzelheiten nachspüren zu können, zeigt sich doch, dass die Migration aus dem Libanon nach Kolumbien nur neue Etappe einer jahrhundertelangen Abfolge immer neuer Morde und Auswanderungen ist, die stets weitere Massaker und Fluchtwellen nach sich zogen und ziehen. So wird die jüngere Generation in Elias Khourys Roman zwar nicht mehr nach Kolumbien, Venezuela oder Mexiko, wohl aber nach Kanada auszuwandern versuchen, werden nach dem jüngsten libanesischen Bürgerkrieg doch von kanadischen Behörden Einreisevisa für libanesische Christen ausgestellt.[74] Wer könnte diese Abfolge von Morden, Gemetzeln und Migrationen, von Anpassungen, Zusammenleben und neuen Morden mit neuen Migrationen jemals beenden?

Diese veränderte Zielrichtung der Auswanderung – nicht länger in den Süden, sondern in den Norden des amerikanischen Kontinents – zeigt nur die abgewandelten (und historisch nachvollziehbaren) Pull-Faktoren bei letztlich gleichgebliebenen Push-Faktoren arabamerikanischer Fluchtbewegungen an. Bewegungen über Bewegungen, Migrationen über Migrationen – und stets die Gefahr, das mühsam errichtete Zusammenleben in einem Blutbad untergehen zu sehen, das seinerseits neue Migrationen auslöst – oder andernorts verhindert. Gewiss könnte man all diese Geschichten als ‚weltweit' oder ‚weltumspannend' bezeichnen; präziser jedoch sind es transareale Geschichten, welche die unterschiedlichsten Bereiche unseres Planeten – aber bei weitem keineswegs alle – miteinander in Verbindung bringen und in dieselbe Geschichte der Gewalt einweben.

Elias Khoury verbindet hier eine unendliche Abfolge immer neuer Migrationen mit dem alle seine Texte durchziehenden Leitmotiv der Fremdheit und des Fremdseins, sei doch unschwer zu erkennen, „dass es keiner Auswanderung oder Vertreibung aus dem Paradies bedarf, um fremd zu sein".[75] Denn der Mensch

---

73 Ebda., S. 25.
74 Vgl. hierzu ebda., S. 15, 209 und 214.
75 Ebda., S. 54.

könne sehr wohl auch „im eigenen Haus und im Kreise seiner Nachbarn ein Fremder sein".[76] Das Fremde, so dürfen wir folgern, ist eine *weitere* Form des Eigenen.[77]

Bereits ein Jahr vor der Publikation von *Der geheimnisvolle Brief* hatte Elias Khoury 1993 sein Leitmotiv der Fremdheit und des Fremdseins in ebenso poetischer wie facettenreicher Form in seinem Roman *Königreich der Fremdlinge* entfaltet. So klingt es wie eine Mixtur aus intra- und intertextuellen Verweisen, wenn Khoury das Thema „Fremdsein" von Gabriel García Márquez' Figur Santiago Nasar in Kolumbien über Albert Camus' Figur des Fremden (Meursault in *L'étranger*) in Algerien über seine eigenen Romanfiguren im Libanon bis zurück zum Urvater Adam verfolgt. Letzterer sei „der erste Fremde", aber auch „der erste arabische Dichter" und „der erste Mensch" – gleichsam Albert Camus' *Le premier homme*[78] – gewesen.[79] Er sprach die erste Sprache, „die Sprache des Paradieses und der Hölle".[80] Doch ihr folgte „der Fluch, der im Turm zu Babel die Sprache zerriß",[81] so wie sich das 1860 im libanesischen Bürgerkrieg versinkende Land „in den Turm zu Babel"[82] verwandelte. Die Menschen stehen sich fortan als Fremdlinge gegenüber, sprechen nicht mehr dieselbe Sprache und finden keinen Weg mehr aus ihrer babylonischen Sprachenverwirrung zurück zu den Sprachen des Paradieses.[83]

Der kunstvolle Rückgriff nicht nur auf häufig in den Text eingestreute Bezugspunkte aus den Literaturen des 20. Jahrhunderts, altarabischer Dichtung oder Erzählungen aus *Tausendundeiner Nacht*, sondern auch aus der Tradition des Weltbuchs führt die Bibel ebenso wie den Koran ein. In deren Erzählungen und Gestalten spiegeln sich Elias Khourys Figuren ein ums andre Mal, des Schrift-

---

76 Ebda.

77 Vgl. zur Kategorie des Weiteren Ette, Ottmar: Weiter denken. Viellogisches denken / viellogisches Denken und die Wege zu einer Epistemologie der Erweiterung. In: *Romanistische Zeitschrift für Literaturgeschichte / Cahiers d'Histoire des Littératures Romanes* (Heidelberg) XL, 1–4 (2016), S. 331–355.

78 Dieser nachgelassene Text von Albert Camus erschien im Erscheinungsjahr von *Der geheimnisvolle Brief* in Paris bei Gallimard. Er bietet für unsere Vorlesung ungeheuer viele Anknüpfungspunkte.

79 Khoury, Elias: *Der geheimnisvolle Brief*, S. 42.

80 Ebda.

81 Ebda.

82 Ebda., S. 160.

83 Vgl. hierzu Olender, Maurice: *Die Sprachen des Paradieses. Religion, Rassentheorie und Textkultur*. Revidierte Neuausgabe. Herausgegeben und mit einem Vorwort von Markus Messling und mit einem Vorwort zur Erstausgabe von Jean-Pierre Vernant. Mit einem Essay von Jean Starobinski. Aus dem Französischen von Peter D. Krumme. Berlin: Kulturverlag Kadmos 2013.

stellers zwischen den Kulturen, den Sprachen des Arabischen und Englischen. So folgt in seinem Roman *Königreich der Fremdlinge* auf die Frage „Was schreibe ich?" nicht nur eine bange, die Unsicherheit des Erzählers wie des Erzählens einblendende Antwort („Ich weiß es nicht. Ich spüre, wie die Worte zerfallen und sich auflösen."[84]) Es folgt vielmehr eine Vision Christi am Toten Meer:

> Doch sehe ich ihn heute, 1991, am Ende eines barbarischen Jahrhunderts, das mit einem Massaker begann und einem Verbrechen endete. Ich sehe ihn, einsam, tot, gekreuzigt. Er geht auf dem Wasser.
> Als einziger ein Fremder.
> Ein Fremder im Reich der Fremdlinge, das er, so glaubte die weiße Tscherkessin, gründen wollte.[85]

Diese Sätze sind erneut Ausfluss einer Leidensgeschichte, die sich immer weiter fortsetzt. Widad, die „Tscherkessin", erblickt in Jesus Christus jenen Inbegriff eines Fremdlings, in dem sich ihr eigenes Bild, ihr eigenes Schicksal spiegelt. Dass die weiße Tscherkessin anders, als dies ihre libanesische Umwelt und sie selbst glauben, gar keine Tscherkessin, sondern eine als junges Mädchen aus ihrem Heimatdorf in Aserbaidschan entführte, versklavte und über Alexandria schließlich in den Libanon verkaufte Frau ist,[86] mag erklären, warum Widad beim Gottesdienst mit solcher Inbrunst das Lied „Der Fremdling" anstimmt.[87]

Denn im Königreich der Fremdlinge sind sich alle – Opfer wie Täter – Fremde: in zahllosen Migrationen ohne wirkliche Herkunft und Zukunft Durcheinandergewirbelte, die mühsam und immer von neuem versuchen müssen, ein Lebenswissen aufzubauen, das als ZusammenLebensWissen zumindest eine Zeit lang für eine friedliche Koexistenz taugt. Letztere ist die Zielvorstellung, stets im Bewusstsein ihrer prekären Dauerhaftigkeit und ihrer leichten, raschen Zerstörbarkeit: ihrer fatalen Ökonomie. Eine Alternative zu ihr gibt es nicht und wir haben keine andere Wahl als die der Konvivenz. Doch oft genügt ein unvorhersehbarer Zufall, um jene Kettenreaktion in Gang zu setzen, wie sie das 20. Jahrhundert in so barbarischer Weise charakterisierte und auch das 21. Jahrhundert bereits zu bestimmen scheint. Die Lernfähigkeit der Menschheit scheint in höchstem Maße begrenzt ...

Die aus ihrem Heimatdorf geraubte Widad wird sich ein Leben lang in einer Fremdsprache verständigen, bis sie am Ende ihres Lebens mit ihrem Gedächtnis

---

84 Khoury, Elias: *Königreich der Fremdlinge*. Roman. Aus dem Arabischen von Leila Chammaa. Berlin: Das Arabische Buch 1998, S. 39.
85 Ebda., S. 39 f.
86 Ebda., S. 43.
87 Ebda., S. 40.

auch die Beherrschung dieser ihr fremden Sprache verliert: eine babylonische Sprachenverwirrung in nuce. Längst hat sich diese hingebungsvolle und nie zu ergründende Figur – eine der schönsten, am liebevollsten gestalteten Frauenfiguren im Romanwerk des libanesischen Autors – in „eine Geschichte des Schweigens" verwandelt.[88] Doch was hat letztere mit der Geschichte des Schreibens zu tun?

Als der Ich-Erzähler 1988 in London keinem Geringeren als Salman Rushdie Widads Geschichte erzählt, rät ihm dieser, daraus einen Roman zu machen. Doch der Erzähler gesteht seine Angst, die Angst davor, „von der Geschichte an den Rand gedrängt oder verschlungen zu werden", ja „Teil der Geschichte zu werden, ohne zu wissen, wie sie verlaufen und ausgehen wird".[89] Rushdie selbst dient dem Erzähler als bestes Beispiel für die Berechtigung einer solchen Angst, habe dieser doch damals, noch vor der Veröffentlichung seiner *Satanischen Verse*, nicht geahnt, dass ihm das Schreiben „zum Verhängnis" werden sollte.[90] Und was erst würde aus einem Autor werden, der mit sechzehn Jahren nach London emigrieren, seine Romane nicht in seiner Muttersprache Urdu, sondern auf Englisch verfassen und schließlich wie Widad im Alter die erlernte Fremdsprache wieder vergessen würde, so dass er zuletzt nicht einmal mehr seine eigenen Bücher lesen könnte?[91]

Diese Geschichte geht dem Erzähler – den wir nicht einfach mit Elias Khoury gleichsetzen dürfen – ganz offenkundig unter die Haut. Vielleicht ist es *die* Geschichte, die sich über den Trümmern des Schreibens im Zeichen der Postmoderne erheben wird – nicht die Geschichte eines konkreten Menschen namens Salman Rushdie, sondern die Geschichte einer Migration, die eine Kette anderer Migrationen beinhaltet, welche trans*lingual* – quer zu den unterschiedlichsten Sprachen – und trans*areal* zugleich verläuft. Diese Geschichte ist zu schrecklich, als dass sie nicht wahr werden könnte.

Der Einbau Salman Rushdies ins *Königreich der Fremdlinge* führt eine friktionale, zwischen textinterner Fiktion und textexterner Wirklichkeit oszillierende Dimension ein, die zugleich einen metafiktionalen, über die Romanfiktion reflektierenden Status besitzt. Doch nicht nur über Fiktion, sondern auch über diese Friktion wird in jenen Passagen ausführlich nachgedacht, so dass man zugleich von einer *metafriktionalen* Dimension sprechen könnte. Salman Rushdie verkörpert hier den Schriftsteller, der buchstäblich sein Vaterland *und* seine Mutter-

---

88 Ebda., S. 98.
89 Ebda.
90 Ebda., S. 99.
91 Ebda.

sprache verlassen hat und für jenes Schreiben ohne festen Wohnsitz steht, das dem Ich-Erzähler Angst einflößt. Doch sind die Literaturen ohne festen Wohnsitz, sind die unterschiedlichsten Formen eines ZwischenWeltenSchreibens,[92] nicht die Zukunft der Literaturen der Welt?

Dass Geschichten ihre Erzähler*innen verschlingen und damit an ihren eigenen Urheber*innen literarischen Kannibalismus verüben können, wird an dem in der Fremdsprache schreibenden Literaten ohne festen Wohnsitz überdeutlich vorgeführt:

> Ich erinnere mich, Rushdie gesagt zu haben, dass seine Wahl ihn eines Tages zum möglichen Helden einer seiner Romane machen würde. Ich ahnte nicht, dass ihm ein Leidensweg bevorstand, so schrecklich wie ihn kein Held jemals durchlebte.[93]

Die Warnung an den Schriftsteller ist überdeutlich: Bedenke, was Du schreibst, Du könntest es durchleben! Wir waren auf diese Formel schon bei Reinaldo Arenas gestoßen, der seinen Protagonisten in *El mundo alucinante* in das Gefängnis des Morro von Havanna begleitete, in das er einige Jahre später selbst eingekerkert wurde. Literatur und Leben lassen sich nicht fein säuberlich voneinander trennen, sind aufs Engste so aufeinander bezogen, dass sie Ängste auslösen, die Literatur könnte – wie in Jorge Luis Borges' *Tlön, Uqbar, Orbis Tertius* – unmittelbar ins Leben eindringen und dieses verändern. Wir haben bei unserer Beschäftigung mit dem Argentinier gesehen, wie sehr er diese Vorstellung gleichsam für die Sensibilitäten der Postmoderne öffnete und zugänglich machte.

Doch hat unsere Vorlesung gezeigt, in welch fundamentalem Maße diese Vereinigung von Leben und Literatur, von Leben und Kunst eine Zielstellung der historischen Avantgarden war. Eine recht konkrete und unangenehme Erfahrung mit dem ‚Eindringen' einer von anderen geschriebenen Geschichte ins eigene Leben machte Elias Khoury im Oktober 2001, also wenige Wochen nach dem 11. September in Frankreich.[94] Doch lassen wir die Ängste der Autor*innen nun beiseite und beschäftigen uns mit jenen Entwicklungen und Dimensionen, welche für ein Schreiben im Zeichen der Postmoderne von allgemeiner Bedeutung sind!

Die meta- und metafriktionalen Passagen in Khourys *Königreich der Fremdlinge* schließen auch Reflexionen über die „Gegenwartsliteratur der Dritten

---

92 Vgl. Ette, Ottmar: *Writing-Between-Worlds. TransArea Studies and the Literatures-without-a-fixed-Abode.* Translated by Vera M. Kutzinski. Berlin – Boston: Walter de Gruyter 2016.

93 Khoury, Elias: *Königreich der Fremdlinge*, S. 105.

94 Vgl. hierzu Khoury, Elias: Wie der Westen Araber produziert. Erfahrungen eines libanesischen Schriftstellers mit der französischen Polizei – und drei Gründe, nicht zu reisen. In: *Die Zeit* (Hamburg) 47 (15.11.2001), S. 46.

Welt" – die allzu leicht westlichen Augen als „unglaubwürdig" erscheine[95] – mit ein. Doch auf welche Weise, so fragte sich der Ich-Erzähler mit Blick auf seine Erzählzeit und Erzählsituation im Libanon eindringlich, können wir die verstreuten Geschichten „zusammenfügen und miteinander verbinden in einem Land, in dem alle Zusammenhänge vernichtet worden sind?"[96] Nicht umsonst hatte Edward W. Said betont, dass in so zerrissenen Gesellschaften wie denen Palästinas oder des Libanon das Schreiben von Romanen etwas sehr riskantes und hochproblematisches sei.[97] In der Tat führt uns gerade die libanesische Literatur eindrucksvoll vor Augen, auf welche Weise Kategorien wie Nationalliteratur und Weltliteratur als Beschreibungselemente nicht mehr greifen und an Relevanz verlieren.[98] Diese ‚Auflösung' grundlegender Kategorien erfolgt dabei sowohl von der Seite der „Nationalliteratur" als auch von jener der „Weltliteratur" her.

Die Vielsprachigkeit und weltweite Verstreutheit einer derartigen Literatur ohne festen Wohnsitz – die man hinsichtlich der libanesischen Literatur in der Neuen Welt in mancherlei Hinsicht wohl am besten mit der kubanischen Literatur vergleichen könnte – bedeutet jedoch gerade nicht, dass sie an Aussagekraft, an Glaubwürdigkeit oder ‚Authentizität' verlöre. Gleichwohl stellt sich aus dem Blickwinkel einer solchen transkulturellen und transarealen libanesischen Literatur gerade die Frage nach Wahrheit mit noch größerer Schärfe, will sie die eigene schmerzhafte Geschichte doch weder dem „Buch des Vergessens"[99] noch den Interessen bestimmter Ideologien oder Religionsdeutungen überantworten und ausliefern. Wie aber – so fragen sich Khourys Erzählerfiguren ein ums andere Mal in oft quälender Hartnäckigkeit – ließe sich der Gefahr der Unglaubwürdigkeit entgegenwirken, wie ließe sich die Wahrheit finden und literarisch überzeugend darstellen?

Im heutigen „Zeitalter der Dokumentation"[100] kann bloßes Dokumentieren nicht die Antwort auf eine solche Frage sein. Lateinamerikanische Autoren, so weiß der Erzähler, schöpften ihre „Legenden der Gegenwart aus der mündlichen Überlieferung",[101] ein Verfahren, dessen sich so manche Geschichte des Elias Khoury bereits bediente. Doch auf die Frage seiner Liebespartnerin Maria, was

---

95 Khoury, Elias: *Königreich der Fremdlinge*, S. 104.
96 Ebda., S. 105 f.
97 Said, Edward W.: Foreword, S. xiv.
98 Vgl. hierzu Pflitsch, Andreas: Literatur, grenzenlos. Aspekte transnationalen Schreibens. In: Szyska, Christian / Pannewick, Friederike (Hg.): *Crossings and Passages in Genre and Culture.* Wiesbaden: Reichert Verlag 2003, S. 87–120.
99 Khoury, Elias: *Der geheimnisvolle Brief*, S. 159.
100 Khoury, Elias: *Königreich der Fremdlinge*, S. 122.
101 Ebda.

denn Wahrheit sei, fand der Ich-Erzähler bereits im ersten Teil des Romans eine für Khourys hintergründigen Humor charakteristische und nur auf den ersten Blick verblüffende Antwort: „Das Zusammentreffen zweier Lügen."[102]

Schreiben, so wissen nicht nur Khourys Schriftstellerfiguren, „bedeutet lügen".[103] Wir werden bei Mario Vargas Llosa eine andere Variante dieser Einsicht vorfinden, die sehr wohl ebenfalls etwas mit dem Schreiben im Zeichen der Postmoderne zu tun hat.[104] Dann aber, so ließe sich formulieren, stellt das Aufeinandertreffen zweier geschriebenen Geschichten wie *Chronik eines angekündigten Todes* und *Der geheimnisvolle Brief* die literarische Begegnung zweier Lügen, zweier Fiktionen dar. Diese aber, so wissen wir jetzt, treibt die Wahrheit hervor.

Um welche Wahrheit aber geht es? Gabriel García Márquez' Romanfigur Santiago Nasar kann dank Elias Khourys Geschichte nunmehr auf eine nicht nur hundertjährige Einsamkeit, sondern auf eine vierhundert Jahre lang zurückreichende Geschichte der Wohnsitzlosigkeit, der Auswanderung und der Gewalt zurückblicken. So verlagert sich im Grunde die Ankündigung seines Todes um Jahrhunderte zurück und lässt bereits zwischen den Zeilen jene mündliche Überlieferungen finden, welche eine Familiengeschichte als Migrationsgeschichte im Gedächtnis der Menschen zu halten versuchten.

Die Geschichte des kolumbianischen Santiago Nasar basiert bekanntlich auf einer wahren Geschichte, die García Márquez drei Jahrzehnte später in *seine* Geschichte verwandelte. Elias Khoury hat die von Gabriel García Márquez erzählte Geschichte seinerseits in eine Geschichte umgewandelt, die vom Fremdsein des Menschen in einer ausweg- und endlos scheinenden Abfolge von Mord und Migration erzählt. Der Mensch erscheint als Gefangener seiner eigenen Fremdheit, als Fremdling unter Fremdlingen, die jederzeit übereinander herfallen, sich abschlachten und verschlingen können. Aber gibt es denn wirklich keinen Ausweg aus der Spirale von Vertreibung und Auswanderung, Gewalt und Gegengewalt? Und welche ‚Lösungen' bieten die Forschungen jener Literaturen der Welt an, auf deren Entstehung wir in jenen Zeiten im Zeichen der Postmoderne ein ums andere Mal stoßen? Denn dass im Zeichen transareal ineinander gefügter Geschichten eine Begrifflichkeit der *einen* Weltliteratur keinen Sinn mehr birgt, dürfte spätestens an dieser Stelle unserer Vorlesung klar geworden sein.

Bereits zu einem früheren Zeitpunkt haben wir von den sich tendenziell immer stärker ausdifferenzierenden Logiken der Luso-, Hispano-, Franko- und Anglophonie gesprochen und die Eigen-Logiken dieser jeweiligen literarischen

---

102 Ebda., S. 37.
103 Ebda., S. 66.
104 Vgl. Vargas Llosa, Mario: *La verdad de las mentiras*. Barcelona: Seix Barral 1990.

Räume betont. Hinzu kommt nun die in einer Vielzahl von Sprachräumen beobachtbare Ausweitung all jener literarischen Phänomene, welche wir im Zeichen translingualer, transkultureller und transarealer Schreibformen als „Literaturen ohne festen Wohnsitz" bezeichnen können.[105] All dies hat in wesentlicher Weise dazu beigetragen, dass alle produktions-, distributions- und rezeptionsästhetischen Dimensionen und Aspekte, aber auch die nationalliterarisch fundierten Konsekrations- und Legitimationsinstanzen der jeweiligen literarischen Felder – die veränderten, stärker international geöffneten Preisvergabepolitiken wären hierfür ein gutes Beispiel – weitaus radikaler als je zuvor ‚aus den (national-philologischen) Fugen' geraten. An rein nationalliterarische Bezugsräume allein sind sie folglich nicht länger rückzubinden. Die virulente Problematik spezifisch nationalliterarischer Kategorien wird heute selbstverständlich gerade aus der Sichtweise genuiner Nationalphilologien als durchaus bedrohlich empfunden.[106]

Der bisherige Verlauf unserer Vorlesung sollte gezeigt haben: Allein bewegungsgeschichtlich beziehungsweise an Mobilität und Vektorizität ausgerichtete Kultur- und Literaturtheorien scheinen heute in der Lage zu sein, der verwirrenden Vielfalt an Veränderungen durch die Betrachtung vektorieller Bahnungen gerecht zu werden. Dies insofern, als dass sie das Zusammenspiel, Zusammenkommen und Zusammentreffen verschiedener Logiken aus einer gleichsam kubistischen, vielperspektivischen Sichtweise zu erfassen vermögen, ohne die strukturellen Asymmetrien der Machtstrukturen auszublenden. Allein in dieser Konstellation, diesem *mobilen* Zusammenspiel unterschiedlicher Perspektiven liegt die Zukunft der Wissenschaften von den Literaturen der Welt verborgen. Wie diese Zukunft gestaltet werden könnte und wie sie sich den neuen Herausforderungen an eine polylogische Philologie als würdig erweisen kann,[107] sollen die folgenden Abschnitte unserer Vorlesung zeigen.

Objekte einer viellogischen Forschung, einer viellogischen Philologie, können leicht zu Subjekten der Forschung avancieren. Die Literaturen der Welt als das sicherlich komplexeste und zugleich die unterschiedlichsten Zeiten, Räume, Sprachen und Kulturen erschließende Speicher- und Transformationsmedium

---

105 Vgl. hierzu auch Mathis-Moser, Ursula / Mertz-Baumgartner, Birgit (Hg.): *La Littérature „française" contemporaine. Contact de cultures et créativité*. Tübingen: Gunter Narr Verlag 2007; sowie Mathis-Moser, Ursula / Pröll, Julia (Hg.): *Fremde(s) schreiben*. Innsbruck: Innsbruck University Press 2008.

106 Vgl. hierzu neuerdings Lützeler, Paul Michael: Zur Zukunft der Nationalphilologien: Europäische Kontexte und weltliterarische Aspekte. In: *Internationales Archiv für Sozialwissenschaften* XL, 1 (2020), S. 69–83.

107 Vgl. Ette, Ottmar: *Viellogische Philologie. Die Literaturen der Welt und das Beispiel einer transarealen peruanischen Literatur*. Berlin: Verlag Walter Frey – edition tranvía 2013.

von Wissen bieten uns hier eine Vielzahl literarisch entfalteter Lebensformen und Lebensnormen des Mobilen an. Sie erlauben uns auf effiziente Art mit Hilfe der ästhetischen Erkenntnis, unsere Welt polyperspektivisch und polylogisch neu zu lesen, zu durchdenken und vor allem (im Dilthey'schen Sinne) „durchzuerleben".[108] So bilden die Literaturen der Welt einen Wissens- und Erlebensschatz, der nach meiner Ansicht nicht einmal ansatzweise genutzt worden ist.

Die Polylogik einer transarealen, an den Literaturen der Welt ausgerichteten Wissenschaft unterläuft letztlich jeglichen Versuch, die Welt von *einem* Punkt, von einem einzigen Ort des Schreibens oder Lesens aus allumfassend zu kartographieren und zu systematisieren. Denn diesen einen Punkt, diesen einen Meridian, von dem aus *die* Welt und *die* Weltliteratur in ihrer jeweiligen Gesamtheit zu überblicken wäre, gibt es nicht. Er existiert allein in Vorstellungswelten der Moderne in abendländisch-universalistischer Tradition, welche spätestens zu Zeiten der Postmoderne jedoch kommentiert, kritisiert und korrigiert worden ist.

Anders als der von Goethe geprägte Begriff „Weltliteratur" erweisen sich die Literaturen der Welt nicht als von Europa her zentriert und statisch, sondern bilden ein hochdynamisches Kräftefeld, das von ständigen Wechseln zwischen kulturellen Logiken, Sprachen, literarischen und akademischen Feldern gekennzeichnet ist. Es kann nicht mehr allein von Europa oder den USA, von Weimar, Paris, Barcelona oder New York aus gedacht, ‚bewertet' und hierarchisiert werden. Diese Blickwinkel sind auch weiterhin von Bedeutung, fügen sich aber ein in ein kubistisches Bewegungsbild von Literaturen, die nicht länger unter *einen* Nenner zu bekommen und aus *einer* Perspektive zu verstehen sind. Niemand entscheidet mehr in New York oder Paris darüber, was „Weltliteratur" ist und was nicht.

Dabei bilden translinguale Phänomene der Literaturen ohne festen Wohnsitz zweifellos neue Herausforderungen für eine Theorie des Translationalen, die zurecht von David Damrosch in seinen Entwurf eines vorrangig rezeptionsästhetisch ausgerichteten Konzepts von „Weltliteratur" integriert wurde und zugleich zunehmend aus dem alleinigen Anspruch linguistisch konzipierter Übersetzungswissenschaft herausgetreten ist.[109] Die sich in gewisser Weise an eine lange Traditionslinie jüdischer Literaturen anschließenden Literaturen ohne festen Wohnsitz führen gleichzeitig eindrucksvoll vor Augen, dass in der einen (literarischen)

---

108 Vgl. hierzu Dilthey, Wilhelm: Goethe und die dichterische Phantasie. In (ders.): *Das Erlebnis und die Dichtung. Lessing – Goethe – Novalis – Hölderlin.* Göttingen: Vandenhoeck & Ruprecht 161985, S. 139.
109 Vgl. hierzu Bachmann-Medick, Doris: Introduction: The Translational Turn. In: *Translational Studies* (London) II, 1 (2009), S. 2–16.

Sprache immer schon[110] (oder immer noch) sprachliche Strukturen und literarische Horizonte anderer Sprachen und Literaturen gegenwärtig und präsent sind. Denn Sprachen können andere Sprachen mitsprechen, durch andere Sprachen hindurchschreiben.

Wenn wir uns die Lebens- und Denkwege von Philologen wie Erich Auerbach kritisch vergegenwärtigen, können wir verstehen und begreifen, dass sich – gleichsam parallel zu den Literaturen ohne festen Wohnsitz – im 20. Jahrhundert ebenfalls eine „Literaturwissenschaft ohne festen Wohnsitz" zu entwickeln begann, die sich aus den gekappten, durchschnittenen Wurzeln des Exils speist und das Fremde im Eigenen zu entfalten weiß. Eine derartige Literaturwissenschaft ohne festen Wohnsitz vermag, auch in (wie im Falle Auerbachs) existenziell bedrohlichen Situationen eine Vervielfachung der Perspektiven auf den Weg zu bringen, wie sie innerhalb eines nationalliterarisch geprägten Literatursystems oder eines national strukturierten akademischen Feldes schlechterdings kaum möglich wäre. Längst haben sich während der vierten Phase beschleunigter Globalisierung Beispiele für derartige Kultur- und Literaturwissenschaftler*innen gehäuft, auch wenn das nationale Paradigma immer noch bei weitem vorherrschend ist.

Doch es eröffnen sich Zukunftsperspektiven, die im Grunde relativ einfach in die Realität umzusetzen wären. Denn die TransArea Studies zielen auf eine institutionell abgesicherte Polyperspektivik ab, insofern innerhalb einer transareal konzipierten Literaturwissenschaft ohne festen Wohnsitz indische Wissenschaftler in Mexiko über Deutschland, deutsche Wissenschaftlerinnen in Kanada über China, chinesische Wissenschaftler in Brasilien über Afrika und afrikanische Wissenschaftlerinnen in Deutschland über die Karibik arbeiten können sollten. Die Entscheidung Erich Auerbachs – vor ihm auch Leo Spitzers – nicht nach Deutschland zurückzukehren, hat für den Bereich der Romanistik die Entwicklung hin zum polyperspektivischem Schreiben philologischer Texte fachgeschichtlich angebahnt und vorbereitet. Während der aktuellen vierten Phase beschleunigter Globalisierung mit ihren fundamental verbesserten infrastrukturellen Möglichkeiten war es möglich, systematisch epistemologische und institutionelle Konsequenzen aus den veränderten Rahmenbedingungen der Literatur und Literaturwissenschaft, aber auch anderer künstlerischer Aktivitäten und wissenschaftlicher Disziplinen zu ziehen.

Doch akademische Strukturen, glauben Sie mir, reagieren mit der Geschwindigkeit und Feinsteuerung unendlich großer Tanker! Es gibt ermutigende Zeichen

---

110 Vgl. hierzu Sakai, Naoki: *Translation and Subjectivity. On „Japan" and Cultural Nationalism.* Minneapolis – London: University of Minnesota Press 2009, S. 3 f.

wie etwa chinesisch-mexikanische Zentren oder andere Versuche, Afrika oder Asien in den kultur- und literaturwissenschaftlichen Diskurs miteinzubeziehen. Zentren für „Area Studies" alleine können dies nicht bewerkstelligen, sie dienen nur als Orte regionaler ‚Besonderheiten'. Während der zu Ende gegangenen vierten Phase beschleunigter Globalisierung wurden nicht alle Möglichkeiten ausgeschöpft: Vieles bleibt noch zu tun und Ihrer Generation überlassen …!

Wir bleiben jedoch insgesamt zuversichtlich und hoffen darauf, dass sich auch in unseren Disziplinen transdisziplinäre und transareale Ansätze verstärken werden. Ich selbst zweifle in keiner Weise daran, sehe nur die geringe Geschwindigkeit derartiger Prozesse bei der Umsetzung wirklicher Zukunftsprojekte als Hemmnis. Neue Lebens- und Wissensformen werden auch und gerade im Bereich der Künste und Wissenschaften ‚programmiert', wobei die Künste den Wissenschaften wohl wieder den Rang ablaufen werden. Es ist wahrscheinlich das Schicksal der Wissenschaften, keine Avantgarden darzustellen, da ihre Strukturen zu träge dazu sind. Doch die Hoffnung bleibt, dass die Produktion eines durch diese transarealen Umstrukturierungen ausgelösten neuartigen Wissens das Leben der Literaturen der Welt wie der Wissenschaften ohne festen Wohnsitz weiter beschleunigen wird. „Eppur si muove" – und die akademische Welt bewegt sich doch!

Johann Wolfgang Goethes Rede von der „Weltliteratur" stand in ihrer Polemik gegen Beschränkungen und Beschränktheiten des Nationalen und der Nationalliteratur im Zeichen einer Fülle, die selbst dort, wo sie noch nicht weltliterarisch erreicht worden war, doch sicherlich sehr bald erreicht werden sollte. Diesen Prozess, so Goethe in Eckermanns ‚Übersetzung' seiner *Gespräche*, galt es mit vereinigten Kräften zu beschleunigen. Der Diskurs der Weltliteratur beruhte in seinen diskursbegründenden Goethe'schen Setzungen auf jener Fülle, die all jenen versprochen wurde – seien es Spezialisten oder schlichte Leserinnen und Leser –, die bereit dazu waren, sich auf die „Weltliteratur" einzulassen. Die Rede von ihr inszenierte auf den unterschiedlichsten Ebenen einen Diskurs der Fülle gegenüber einem Diskurs des Fehlens, entfaltete ein ‚Über-die-Grenzen-Hinausgehen' als additives Movens, insofern Zeugnisse etwa der serbischen, indischen oder chinesischen Literatur von Goethe in die Reflexionen über Literatur „tout court" miteinbezogen wurden.

Von diesen diskursbegründenden Setzungen des Weimarer Klassikers aus entwirft noch der heute gepflegte „Weltliteratur"-Diskurs das Tableau einer Fülle, die sich freilich als Falle insofern erweist, als sie das gegenüber dem Nationalen Hinzugewonnene in dieselbe, letztlich vom Nationalen niemals zu trennende Rhetorik und mehr noch Logik einspeist und ihr unterordnet. Die Fülle vermag es folglich nicht, das festgefügte Tableau, das einmal gewählte „mapping" grundsätzlich zu verändern und in Bewegung zu setzen. So wird „Weltliteratur" einmal nach Weimarer Vorbild, ein andermal nach dem Modell von Paris, ein drittes Mal im Universalisierungsmodus der USA gedacht. Wir müssen begreifen, dass die Zeit dieser ‚Fülle' eine längst historisch gewordene Epoche meint und jeder Versuch, sie in die Zukunft zu verlängern, an der viellogischen Strukturierung der Literaturen der Welt Schiffbruch erleidet.

Die Begrifflichkeit der „Literaturen der Welt" setzt hingegen eine derartige ‚Fülle' nicht voraus. In ihrem viellogischen Denken ist stets präsent, dass eine Vielzahl anderer Logiken noch immer nicht einbezogen ist, ja dass die Präsenz dieser noch unerforschten, unbekannten Logiken dem eigenen Diskurs und der je eigenen Konzeption von den Literaturen der Welt in grundlegender Weise fehlt. So steht der Diskurs von den Literaturen der Welt nicht im Zeichen der Falle einer ‚Fülle', sondern im Zeichen eines Fehlens, eines Mangels, einer Entbehrung, welche durch keinerlei quantitative Anhäufung überspielt werden kann. Denn in den unabschließbaren und räumlich nicht begrenzbaren Literaturen der Welt eröffnen sich kontinuierlich diskontinuierliche Brüche und Lücken, die auf die Existenz weiterer Logiken, weiterer gebrochener Strukturierungen aufmerksam machen, welche in die viellogische Strukturierung noch nicht einbezogen wurden. Auf diese Weise bilden die Literaturen der Welt ein offenes System.

Das Bewusstsein, ja ich möchte sagen Weltbewusstsein[111] für alle denkbaren, erahnbaren Lücken, für alles Diskontinuierliche schafft zugleich ein Gegengewicht gegen jeglichen Versuch einer Totalisierung, ja gegen jeglichen Hang zur diskursiven Schaffung von Totalität. Dabei darf dieses Bewusstsein für das Fehlen, für das (noch) nicht Sichtbare zugleich mit jenem Brüchen, jenen untergegangenen Teilen einer Landschaft, jenem Begriff des „sumergido" in Verbindung gebracht werden, dem bei José Lezama Lima – wie wir sahen – eine so große Bedeutung zukam. Das offene System der Literaturen der Welt als Archipel von Literaturen zu denken, in welchem die einzelnen Inseln und Archipele auf transareale Weise archipelisch und transarchipelisch miteinander in Verbindung stehen, in welchem sich bisweilen die einzelnen Inseln und Archipele aber auch ihre Umrisse ändern, liegt daher nahe.

Der Diskurs des Fehlens eröffnet mit derselben Geste und im selben Maße einen weiten Raum der Selbstbefragung und Selbstkritik, einer paradoxen, da nie abschließbaren Komplettierung im Sinne einer Komplexifizierung, welche die Perspektiven der Betrachtung unablässig verändert und verstellt. Ein derartiges Denken von Literatur im weltweiten Maßstab ist niemals abgeschlossen

---

111 Vgl. zur historischen Herausbildung dieses Begriffs Ette, Ottmar: *Weltbewusstsein. Alexander von Humboldt und das unvollendete Projekt einer anderen Moderne.* Mit einem Vorwort zur zweiten Auflage. Weilerswist: Velbrück Wissenschaft 2020.

und vollständig, sondern stets auf radikale Weise offen. Nichts kann in diesem Bewegungsbild zur Ruhe kommen. So ist das strukturelle ‚Fehlen' paradoxerweise ein *Mehr* im Zeichen einer Unabschließbarkeit, einer fundamentalen Offenheit gegenüber immer neuen Transformationen, immer neuen Transkulturationen, die immer andere Lebensformen prospektiv ermöglichen. Im Zeichen des Fehlens, des Mangels, der Entbehrung öffnen sich die Literaturen der Welt auf das Künftige, das erst noch Kommende, das sie selbst wiederum weiter verändern wird.

Dabei ist Literatur nicht dargestellte Wirklichkeit – wie Erich Auerbach einst formulierte –, sondern Darstellung gelebter, erlebter oder erlebbarer Wirklichkei*ten*. Sie führt sinnlich vor Augen, wie wir einstmals hätten leben können, wie wir derzeit leben könnten oder wie wir unser Leben künftig verändern sollten und leben werden. Das Gelebte oder Erlebte wird mit den Mitteln literarischer Ästhetik, mit Hilfe der ästhetischen Kraft der Literatur, in ein Lebbares und Nacherlebbares übersetzt, wobei für die direkte, unvermittelte Übertragung in eine Lebenswirklichkeit von jeher Warnschilder in der Literatur selbst aufgestellt wurden. In Cervantes' *Don Quijote de la Mancha* oder in Flauberts *Madame Bovary* wird der Leserschaft eindrücklich demonstriert, wie enden kann, was Jahre zuvor mit ungezügelten Lektüren sehnsuchtsvoll begann. Doch die Literaturen der Welt bilden einen reichen Schatz an unterschiedlichsten Wissensformen, die uns verschiedenartigste Kulturen mit ihren jeweiligen Lebensnormen erleben und nacherleben lassen.

Die Literaturen der Welt bieten folglich vielen verschiedenen Logiken zugleich verpflichtete Lebensformen an, die es dem Lesepublikum (das in seinen jeweils spezifischen Lebensnormen zu leben gelernt hat) ermöglichen, gänzlich andere Formen und Normen des Lebens zu erproben und durchzuerleben, von denen es ansonsten kaum berührt und herausgefordert würde. Dabei kommt dem ZusammenLebensWissen insofern eine besondere Rolle und Funktion zu, als die Vereinbarkeit verschiedener Normen, die Verknüpfbarkeit gegenläufiger Logiken, als die Lebbarkeit gegensätzlicher Lebensformen im Lesen selbst getestet und mit dem eigenen Lebenswissen in Übereinstimmung oder Dissonanz gebracht werden kann. Die Literaturen der Welt sind daher anders als die Weltliteratur keiner durchgängigen Logik zu unterwerfen: Sie fordern vielmehr vehement dazu heraus, das eigene (individuelle oder kollektive, gemeinschaftliche oder gesellschaftliche) Leben aus der Konvivenz verschiedenster Logiken heraus zu gestalten. Eben darum ist es so ungeheuer spannend, wenn literarische Herausforderungen aus einer bestimmten Area wie etwa García Márquez' *Crónica de una muerte anunciada* aus der Perspektive anderer Areas aufgegriffen, weitergedacht oder auch verworfen werden.

Vom Leben in den Literaturen der Welt wird folglich wenig erfahren, wer sich bemüht, sie auf eine einzige politische, mediale, kartographische, geokulturelle

oder ästhetische Logik zu reduzieren. Wir müssen uns einlassen auf die transarealen und damit viellogischen Herausforderungen der Literaturen der Welt! Wer
sich dem viellogischen Leben der Literaturen der Welt aber so annähert, dass sich
das LebensWissen in ein ErlebensWissen transformiert und aus dem ÜberLebens-
Wissen ein ZusammenLebensWissen entsteht, der hat die Chancen gut genutzt.
Jene Möglichkeiten, welche die Literaturen der Welt all jenen bieten, die sich nicht
der Falle einer Zufriedenheit im Zeichen vorgeblicher Fülle, sondern der unabschließbaren Suche im Zeichen eines Fehlens, eines Mangels, eines Entbehrens
anvertrauen. Ist dies noch ein postmodernes Denken?

Wenn vom Leben der Literaturen der Welt sowie vom Leben in den Literaturen
der Welt die Rede ist, dann sollte es nicht vorrangig darum gehen, den unterschiedlichsten Phänomenen *einen* Sinn zuschreiben zu wollen, sondern Polysemie und Polyphonie der verschiedenartigen Texte und Kontexte, Räume und
Träume, Fiktionen und Friktionen in aller Intensität durchzuspielen und durchzuerleben. Denn in einer Poetik der Bewegung, wie sie die TransArea Studies entwerfen, werden Orte unter den Orten, Worte unter den Worten, ,Vernünfte' unter
der Vernunft und die vielen Wahrheiten unter der einen Wahrheit so zum Vorschein gebracht und in Bewegung gesetzt, dass sie nicht mehr an einem einzigen
weltliterarischen Meridian gemessen werden können.

Denn so, wie die Welt nicht aus dem Blickwinkel einer einzigen Sprache
adäquat verstanden werden kann, sind die Literaturen der Welt auch nicht auf
eine einzige „Weltliteratur" mehr zurückzuschrauben. Literatur im Singular gibt
es eigentlich nicht mehr; denn sie ist radikal unabgeschlossen, enthält ein stets als
schmerzlich empfundenes Fehlen, einen Mangel, der sich aus der Konfrontation
und Konvivenz verschiedenster Logiken ergibt. Kehren wir daher abschließend
noch einmal kurz zu Gabriel García Márquez sowie Elias Khoury und damit zu
den vom Kolumbianer geschickt eingeflochtenen und vom Libanesen konsequent
weiterentwickelten spezifisch arabamerikanischen Beziehungsnetzen zurück,
um die ganze Bedeutung dieses transarealen Literaturexperiments zu verstehen!

Dabei gehen wir zunächst von der Feststellung aus, dass gleichsam an der
Nahtstelle zwischen *Chronik eines angekündigten Todes* und *Der geheimnisvolle
Brief* die Nachricht von der Ermordung des jungen Santiago Nasar keinerlei Migrationen der arabischen Bevölkerung, der „Turcos", auslöst. Zwar wird der Familie
der Täter nahegelegt, den Ort des Mordes zu verlassen; doch die im Städtchen
niedergelassene Bevölkerung arabischer Herkunft versucht, das Zusammenleben
mit den nicht-arabischstämmigen kolumbianischen Bewohnern nicht durch
Racheaktionen zu gefährden. Die Vertreter der von tiefer Trauer erfüllten arabischen Gemeinde betonen vielmehr ihren Gewaltverzicht und suchen mit einer
Geste des guten Willens das künftige Zusammenleben durch die Übersendung
heilender Kräuter an die Mörder Santiagos zu sichern. Sie tun alles, um einen

Kulturzusammenprall zu vermeiden und die gemeinschaftliche Konvivenz vor Ort zu erhalten.

In Elias Khourys Roman wiederum führt die Nachricht vom Tod des Enkels libanesischer Einwanderer zum Verzicht auf alle Auswanderungspläne, deuten die Mitglieder des im Libanon verbliebenen Teils der Familie den gemeinschaftlich begangenen Mord doch offenkundig als Zeichen eines Zusammenstoßes, der sich im Sinne eines „Clash of Civilizations" verstehen ließe. Sie interpretieren dasselbe Ereignis folglich aus gänzlich anderer Perspektive. Während die in Kolumbien ansässig gewordenen arabischen Migrantenfamilien die Lehren aus ihrer Geschichte wie ihren eigenen Familiengeschichten – die sich als Abfolge von Massakern und Migrationen lesen lassen – gezogen haben, sind sich die Nasars im Libanon derselben Familiengeschichte bewusst und glauben nicht mehr daran, einer derartigen Geschichte durch Auswanderung noch entgehen zu können.

Damit aber bleiben sie Gefangene einer Geschichte, die sich immer zu wiederholen droht und aus der es keine Flucht, auch nicht durch Auswanderung, zu geben scheint. Denn durchaus absichtsvoll endet der im Roman zentral gestellte Zeitraum, der mit mehrfachen Verweisen auf die Staatsgründung des Libanon im Jahr 1943 einsetzt – und folglich mit dem Versprechen auf ein neues Kapitel einer postkolonialen Geschichte –, mit dem Jahre 1976 und damit inmitten eines neuen Zyklus von Gewalt und Gegengewalt, Bluttat und Rache, Massaker und Gegenterror. Wir sind mitten in der „Grande Guerre du Liban". Der Tod – oder die Ermordung – des Gemüsehändlers Ibrahim Nasar im Jahr 1976 erspart diesem, wie der Erzähler uns berichtet, das neuerliche Blutbad noch miterleben zu müssen, das sich 1983 in Ain Kisrin und den umliegenden Dörfern einmal mehr ereignen sollte.[112]

Für den 1976 – zum Zeitpunkt des Todes seines späteren Romanhelden Ibrahim Nasar – an seinem Roman *Der kleine Berg* arbeitenden und zugleich noch im Bürgerkrieg kämpfenden Elias Khoury begann der Ausstieg aus der Spirale der Gewalt mit dem von palästinensischen Freiheitskämpfern am 20. Januar 1976 an den christlichen Bewohnern einer Kleinstadt südlich von Beirut verübten Massaker. Letzteres stellte unverkennbar einen Racheakt für die von christlichen Milizen wenige Tage zuvor verübten Gräueltaten an der Bevölkerung palästinensischer Flüchtlingslager dar. Bestimmt hatte es auch für diese Bluttat einen Anlass oder Auslöser gegeben – und so weiter bis in alle Ewigkeit, sowohl in Richtung der Vergangenheit als auch der Zukunft! Elias Khoury aber sah später in dieser schrecklichen Erfahrung den eigentlichen Auslöser für seinen ‚Ausstieg' aus der ideologisch begründeten ‚Logik' des Bürgerkriegs:

---

112 Khoury, Elias: *Der geheimnisvolle Brief*, S. 169.

> Es war der entscheidende Augenblick, als ich entdeckte, dass uns unsere Ideologie nicht davor bewahren würde, auf eine wilde, faschistische Art und Weise vorzugehen. Was aber bedeutet unser ganzer Diskurs und unsere ganze Ideologie, wenn wir Kinder, Frauen und Männer töten, bloß weil sie Christen oder Muslime oder was auch immer sind?[113]

Der in einem überwiegend christlich bevölkerten Stadtteil Beiruts aufgewachsene Schriftsteller, der einer griechisch-orthodoxen Familie entstammte, hatte sich früh mit der arabischen Sache identifiziert, war in Jordanien dem palästinensischen Widerstandskampf beigetreten und in einem Trainingslager der PLO in Syrien militärisch ausgebildet worden. Doch ihm erschien das Szenario einer wechselseitigen Ermordung auf Grund unterschiedlicher religiöser Zugehörigkeiten nicht länger mit dem Verweis auf eine ,gerechte' Sache, einen ,gerechten', ja „Heiligen Krieg" begründbar. Nicht nur in seinem Leben, sondern auch in seinem literarischen Oeuvre entfaltete der libanesische Autor fortan die Ausweglosigkeit eines derartigen mörderischen und selbstmörderischen Kreislaufs. Und das eigene Schreiben, die poetische Kraft der Literatur bot die Möglichkeit, Lehren aus dieser blutigen Geschichte zu ziehen und den Kreislauf produktiv und kreativ zu durchbrechen.

Insofern entwirft Elias Khourys Roman *Der geheimnisvolle Brief* nicht nur das Bild einer jahrhundertelangen Verstrickung der Familie Nasar als Täter und Opfer in einer Geschichte von Mord und Migration, sondern zeigt auch das durch diese Geschichte hervorgebrachte Lebenswissen und Überlebenswissen der in die Neue Welt ausgewanderten Familienmitglieder auf. Der transareale Blickwechsel hilft uns, bislang unbeachtete Seiten der *Chronik eines angekündigten Todes* zu entdecken. Khourys Roman lässt sich literaturtheoretisch als eine allographe, also von einem ,fremden' Autor vorgenommene Fortschreibung von *Crónica de una muerte anunciada* verstehen, die mit ihrer raum-zeitlichen Ausweitung der Diegese zurück ins 19. Jahrhundert und in den Nahen Osten eine transareal fundierte Resemantisierung des Bezugstextes bewirkt. Santiago Nasar erscheint dadurch nicht mehr nur im Licht eines lateinamerikanischen Autors aus kolumbianischer Perspektive, sondern zugleich im Schreiben eines arabischen Schriftstellers unter libanesischen Vorzeichen. Beide Romane beginnen sich folglich zu einer gemeinsamen Geschichte zusammenzufügen, wobei die Initiative zu dieser Doppelung vom libanesischen Schriftsteller ausging.

In diesem Zusammentreffen beider Fiktionen beziehungsweise Lügen liegt die *wahre* Bedeutung dieses arabamerikanischen Experiments. Denn die Literatur wird zu jenem Bewegungsraum, in dem das allographe Fortschreiben eines

---

113 Elias Khoury in Mejcher, Sonja: *Geschichten über Geschichten*, S. 133.

Bezugstextes zu einem Ineinander-Schreiben verschiedener Kulturen und ihrer Geschichte(n) gerät. Jene des Santiago Nasar ist damit ein für alle Mal verändert – und dies in einem Sinne, den Jorge Luis Borges nicht erwarten konnte und nicht erwartet hatte. Doch auch in diesem Falle veränderte ein später verfasster Text seinen Bezugstext auf nachdrückliche Weise.

Dieses transkulturelle Ineinander-Schreiben öffnet sich seinerseits auf ein ZwischenWeltenSchreiben, das sich weder aus nationalliterarischem noch aus weltliterarischem Blickwinkel adäquat verstehen lässt. Denn es geht nicht um statische literarische Territorien und damit um eine Raum-Geschichte, sondern bewegungsgeschichtlich um vektorielle Schreibweisen und Schreibstrategien vor dem Horizont transarealer Bewegungsmuster. Daher könnte man das Zusammen-treffen der beiden Romane so beschreiben, wie die teils auf Japanisch, teils auf Deutsch schreibende Yoko Tawada am Beispiel Paul Celans die Begegnung eines Originals mit seiner Übersetzung: Im Falle einer optimalen Übersetzbarkeit sei diese Begegnung im ‚Original‘, im chronologisch ersten Text, schon immer ange-legt und entstehe keineswegs erst bei einer späteren Übersetzung.[114] Vielleicht bedurfte es einer typischen Vertreterin der Literaturen ohne festen Wohnsitz, um zu einer derartigen Einsicht vorzudringen, welche freilich unverkennbar im Zeichen postmodernen Denkens steht. Denn auf eben diese Weise enthält García Márquez' *Crónica de una muerte anunciada* schon immer seine arabamerika-nische Fortschreibung. Die Wahrheit beider Romane liegt darin, die Zwischen-welt des jeweils anderen, ‚fremden‘ Textes schon immer im ‚eigenen‘ Textkörper enthalten zu haben: Das Fremde ist Teil des Eigenen, das Eigene Teil des Fremden.

Die von Elias Khoury anvisierte transareale Intertextualität rückt so ein ZwischenWeltenSchreiben ins Bewusstsein, das – auch wenn der libanesische Autor seit Jahren regelmäßig zwischen dem Nahen Osten, Europa und den USA pendelt – nicht notwendigerweise die Zurechenbarkeit zu einem Schreiben ohne festen Wohnsitz voraussetzt. Sehr wohl aber erfordert dies eine hohe Ver-trautheit mit unterschiedlichen kulturellen und religiösen Kontexten, die nicht ‚zusammengeschrieben‘, sondern ineinander-geschrieben werden müssen, bis gleichsam ein einziger Text entsteht. Die transkulturelle Querung östlicher wie westlicher, christlicher wie islamischer, arabischer wie amerikanischer Kultur-horizonte beleuchtet damit neue Sinnkonfigurationen in der von García Márquez komplex strukturierten Figurenwelt um Santiago Nasar. Dessen Gestalt sehen wir nun zugleich als Teil einer anderen, einer weiteren Geschichte.

---

114 Tawada, Yoko: Das Tor des Übersetzers oder Celan liest Japanisch. In (dies.): *Talisman.* Tü-bingen: Konkursbuchverlag Claudia Gehrke 1996, S. 129.

Im Zusammenspiel von *Chronik eines angekündigten Todes* und *Der geheimnisvolle Brief* wird deutlich, in welcher Weise eine transareale, nicht an festen Räumen und Territorien, sondern an Bewegungen und mobilen Verschränkungen interessierte Wissenschaft eine neue Relationalität entfalten kann, die sich weder auf eine lokale oder nationale Perspektivik beschränkt noch ihren Gegenstand in allgemeinen globalen Zusammenhängen ‚auflöst'. Hier zeigen sich die Literaturen der Welt in ihrer viellogischen und zugleich archipelischen Vielverbundenheit: weit jenseits von jeder „Nationalliteratur" und jeder „Weltliteratur", von denen keine ihnen gerecht würde.

Das intertextuell erzeugte Oszillieren zwischen verschiedenen Logiken zeigt hinter der Figur Santiago Nasars und den Angehörigen seiner arabischen – oder besser: arabamerikanischen – Gemeinschaft eine Geschichte vielfacher Migrationen auf, die sich zu einem spezifischen, durch die Geschichte des Nahen Ostens geprägten Lebenswissen formiert. Dieses Lebenswissen und ÜberLebensWissen unterscheidet sich durchaus von dem der ortsansässigen kolumbianischen Bevölkerung. Die Migration der Familie nach Kolumbien delokalisierte es in grundlegender Weise, verschaffte diesem delokalisierten Wissen aber zugleich nicht nur multikulturelle, sondern auch inter- und transkulturelle Anwendungsbereiche und Spielräume, die von beiden Romanen sorgfältig erforscht werden.

Die Umwandlung *de*lokalisierten Wissens in *trans*lokalisiertes Wissen, das ständig die Erfahrungen zwischen Herkunfts- und Zielland ineinander übersetzt und fraktale, im Sinne einer Mise en abyme selbstähnliche Muster transkultureller Praxis erzeugt, schließt dabei keineswegs aus, dass durch bestimmte Ereignisse im Einwanderungsland eine konfrontative Logik des Kulturzusammenstoßes[115] beziehungsweise eines „Clash of Civilizations" wieder die Oberhand gewinnen könnte. In diskreter, aber keineswegs verborgener Weise führt *Crónica de una muerte anunciada* vor, wie ein den patriarchalischen Geschlechterordnungen hispanischer wie arabischer Tradition gleichermaßen zugehöriges Element – die Problematik ‚verlorener' Jungfernschaft – scheinbar verborgene kulturelle Konfrontationslinien wieder in Erinnerung rufen kann und virulent werden lässt. Stets liegt die Versuchung nahe, anstelle einer einvernehmlichen, aber schwierigen und möglicherweise langwierigen Verhandlung eine simple, auf Konflikt setzende ‚Lösung' zu finden, die keine ist, da sie lediglich zerstört und alle Energien hierauf richtet.

---

115 Vgl. zu diesem Begriff und seinen historischen Erscheinungsformen Bitterli, Urs: *Die „Wilden" und die „Zivilisierten". Grundzüge einer Geistes- und Kulturgeschichte der europäisch-überseeischen Begegnung.* München: Deutscher Taschenbuch Verlag 1982, S. 130–160.

Dass sich Santiago Nasar dieser keineswegs unsichtbaren Bruchlinien in ihrer explosiven und exkludierenden Gefährlichkeit, die letztlich sein eigenes Leben auslöschen sollte, nicht bewusst zu werden vermochte, darf sicherlich schon bei García Márquez als ein Warnzeichen gelesen werden. Eine gesellschaftliche Integration von Migranten selbst in der dritten Generation sollte niemals als abgeschlossen betrachtet werden und kulturelle Heterogenität nicht ausschließlich als kultureller Reichtum, sondern auch als abrufbares Konfliktpotential begriffen werden. Der Roman zeigt, wie es kleinste, feinste Bewegungen, geradezu „Tropismen" im Sinne Nathalie Sarrautes sind, welche in derart komplexen Handlungssituationen den Ausschlag für oder gegen ein friedfertiges Zusammenleben geben. Die Literatur zeigt durch ihre Forschungen auf, welch Fingerspitzengefühl notwendig ist, um eine einmal erreichte Konvivenz auch abzusichern. So wird sie zur Trägerin eines ZusammenLebensWissens.

Zugleich aber wird deutlich, welches Erkenntnispotential in einer Literatur liegt, die man im vollen Wortsinne als transareal und arabamerikanisch bezeichnen darf. Denn hatte uns der kolumbianische Autor in nur scheinbar unbeteiligte Zuschauer einer angekündigten Hinrichtung verwandelt, deren Gründe auch jenseits der kolumbianischen Karibikküste keiner Überprüfung standhalten würden, so legte uns der libanesische Schriftsteller eine nicht enden wollende Abfolge von Gewalttaten vor, in welcher die nicht nur im Libanon beobachtbaren Mechanismen der Selbstzerstörung einer Gesellschaft herauspräpariert werden. In ihnen fällt die arabamerikanische Gemeinschaft in Kolumbien aber nicht mehr zurück.

Elias Khoury, dem Edward W. Said aus heutiger Sicht wohl allzu vereinfachend eine „zutiefst postmoderne literarische Karriere"[116] bescheinigt hatte, war innerhalb seiner vielfältigen publizistischen Aktivitäten während eines Jahrzehnts als Herausgeber eines führenden Beiruter Verlages verantwortlich für die Übersetzung einer Vielzahl von „großen postmodernen Klassikern der Dritten Welt"[117] ins Arabische. Zu diesen postmodernen Drittweltklassikern zählten nicht zuletzt die lateinamerikanischen Autoren Miguel Angel Asturias, Carlos Fuentes und selbstverständlich auch Gabriel García Márquez. Dies war keine Überraschung: Autoren des lateinamerikanischen „Boom" erfreuen sich in arabischen Ländern schon seit längerem anhaltender Beliebtheit; und der „realismo mágico" ist im Nahen Osten zu einem Gütesiegel geworden, dem viele Autor*innen nacheifern. Mit Blick auf die 2005 verabschiedete „Erklärung von Brasilia",[118] welche auf vertiefte interkul-

---

116 Said, Edward W.: Foreword, S. xvii.
117 Ebda., „major postmodern Third World classics."
118 Es handelt sich dabei um die erfolgreichen Bemühungen des damals noch nicht populistischen und demokratiefeindlichen brasilianischen Staatspräsidenten, die im Mai 2005 zur Ein-

turelle Beziehungen und den Aufbau einer arabamerikanischen Bibliothek setzte, könnten wir sagen, dass sich Khoury damit avant la lettre für den Aufbau einer „Lateinamerikanisch-Arabischen Bibliothek" im Sinne einer Übersetzung und Verbreitung insbesondere spanischsprachiger Texte im arabischen Sprachraum engagierte.

Ein derartiges, zweifellos als interkulturell einzustufendes Projekt hat Khoury mit *Der geheimnisvolle Brief* in seinem eigenen Schaffen auf eine „Arabisch-Lateinamerikanische Bibliothek" hin geöffnet, die unverkennbar *trans*kulturelle Züge trägt und dem gerecht wird, was der kubanische Anthropologe Fernando Ortiz – wie wir sahen – als „transculturación" bezeichnete. Eine in diesem Sinne verstandene „Arabamerikanische Bibliothek", der die hier untersuchten Texte von Elias Khoury ebenso zuzurechnen wären wie Gabriel García Márquez' *Chronik eines angekündigten Todes*, eröffnet eine neue Dimension arabamerikanischen ZwischenWeltenSchreibens. Diese reicht in ihrer Bedeutung nicht nur für die Freilegung einer vergessen geglaubten Geschichte, sondern auch hinsichtlich ihres Zukunftspotentials weit über die politischen Visionen des angesprochenen Gipfeltreffens von Brasilia hinaus.

Das in diesen transarealen und archipelisch miteinander vernetzten Literaturen gespeicherte und verfügbar gehaltene Lebenswissen ist auf Grund seiner evidenten Lebensgebundenheit gerade in einer Atmosphäre, die nicht nur bei Populisten von der These eines „Kampfs der Kulturen" geprägt wird, überlebenswichtiger denn je. Denn wir sollten uns zum einen bewusst machen, „dass nur durch das Erzählen der Geschichten Vergangenheit gegenwärtig wird";[119] und zum anderen dürfen wir jene unumgängliche Wahrheit nicht vergessen, an die wir ebenfalls im *Königreich der Fremdlinge* erinnert werden:[120] Um eine Geschichte erzählen zu können, muss man sie überleben. In diesem ebenso physischen wie narratologischen Sinne ist Literatur folglich immer schon ÜberLebenswissen. Die Etablierung eines viellogischen Systems der Literaturen der Welt in der zweiten Hälfte des 20. Jahrhunderts und speziell seit den achtziger Jahren eröffnet einer internationalen Leserschaft ein Lebens- und Erlebenswissen, das die Möglichkeiten friedvollen Zusammenlebens in Differenz jenseits aller simplifizierenden Scheidungen und Unterscheidungen von ‚Fremdem' und ‚Eigenem' anbietet und zur Verfügung stellt.

---

berufung eines Gipfels zwischen Ländern Lateinamerikas und Staaten der Arabischen Liga in Brasilia führten.

119 Khoury, Elias: *Königreich der Fremdlinge*, S. 10.

120 Ebda., S. 36: „Eine weitere Geschichte erzählte Faisal nicht, denn die nächste überlebte er nicht."

Amin Maalouf oder ein Schreiben zwischen Orient und Okzident

Während Elias Khoury aus der Perspektive der arabischen Literaturen auf den spanischsprachigen Roman des Kolumbianers Gabriel García Márquez in englischer Sprache ,antwortete‘, entfaltete ein anderer Schriftsteller des vielsprachigen Libanon sein zwischen Orient und Okzident oszillierendes Schreiben in französischer Sprache. Ich spreche von Amin Maalouf – sicherlich einer der großen Autoren in französischer Sprache – und seinem Romanerstling *Lèon l'Africain*, der seit seinem Erscheinen aufhorchen ließ und ein romaneskes Oeuvre eröffnete, das in einer Vielzahl von Erzähltexten zwischen dem Nahen Osten und Europa, bisweilen – wie in seinem Roman *Origines*[1] – aber auch zwischen dem Nahen Osten, Frankreich und den Amerikas pendelt. Doch beschäftigen wir uns zunächst wie gewohnt mit einigen wenigen Biographemen, die uns einen Zugang zu diesem Vertreter der Literaturen des Libanon verschaffen sollen!

Amin Maalouf wurde am 25. Februar 1949 in der Nähe von Beirut geboren und lebt heute überwiegend in Paris sowie auf der kleinen französischen Atlantikinsel Ile d'Yeu, wo er in aller Ruhe schreiben kann. Bereits seine Herkunft verdeutlicht die komplizierten Verhältnisse im Libanon, gehören zu seinen Vorfahren doch ein presbyterianischer Prediger sowie ein katholischer Priester, und ist er selbst doch Sohn einer maronitischen Mutter und eines Vaters aus einer melkitischen Familie, die Verbindungen zum arabischen Stamm der Maalouf besitzt. Neben seiner arabischen Muttersprache erlernte er im Familienkreis auch die französische und englische Sprache. Als Melkit gehörte Maalouf zur christlichen Minderheit des Libanon. Sehr früh schon begriff er seine Rolle als Vermittler zwischen den Kulturen.

Abb. 121: Amin Maalouf (Nahe Beirut, 1949).

---

1 Vgl. hierzu Ette, Ottmar: Von Paris über Beirut nach Havanna. Transareale Reisebewegungen im literarischen Schaffen Amin Maaloufs. In: Klein, Wolfgang / Fähnders, Walter / Grewe, Andrea (Hg.): *Dazwischen. Reisen _ Metropolen _ Avantgarden. Festschrift für Wolfgang Asholt*. Bielefeld: Aisthesis Verlag 2009, S. 107–1

Er besuchte die französischsprachige Jesuitenschule Notre-Dame de Jamhour, wo er eine profunde Ausbildung erhielt und 1966 das französische sowie das libanesische Abitur ablegte. Ein Studium der Soziologie absolvierte er an der der Universität von Lyon angegliederten Ecole Supérieure des Lettres in Beirut. 1971 begann er nach dem Vorbild seines Vaters eine journalistische Laufbahn im Ressort für internationale Politik der arabischsprachigen libanesischen Tageszeitung *An-Nahar* (Der Tag) in Beirut. Doch dann kam die „Grande Guerre du Liban" mit ihren Massakern und Morden, die auch für Maalouf einen biographischen Einschnitt bedeutete.

Wegen des Bürgerkriegs verließ Maalouf im Juni 1976 Beirut und ging über Zypern nach Paris. Von 1976 bis 1979 setzte er seine journalistische Laufbahn bei der Zeitschrift *Jeune Afrique* fort. Nach einem zweijährigen Intermezzo in den Jahren 1979 bis 1981 als Leiter der Pariser Redaktion von *An-Nahar International* kehrte er für die Zeit von 1981 bis 1985 zu *Jeune Afrique* als Chefredakteur zurück und veröffentlichte 1983 den viel beachteten historischen Essay *Der Heilige Krieg der Barbaren. Die Kreuzzüge aus Sicht der Araber*, in welchem er durch die Darstellung einer arabischen Sichtweise der christlichen Kreuzzüge zwischen Orient und Okzident zu vermitteln suchte. Damit war die Entscheidung für die Literatur und das schreiben in französischer Sprache gefallen: Bald schon erschien sein Debütroman *Léon l'Africain*, der 1986 zum Bestseller wurde.

In rascher Folge erschienen nun seine Romane, die sich stets mit dem Aufeinandertreffen verschiedener Religionen und Kulturen beschäftigten. Für seinen Roman *Le Rocher de Tanios* wurde er 1993 mit dem hochangesehenen Prix Goncourt ausgezeichnet. Im Februar 2000 ehrte das Weltwirtschaftsforum von Davos den Schriftsteller mit dem Crystal-Award, mit dem Maaloufs Engagement für Völkerverständigung und den Dialog der Kulturen gewürdigt wurde. In Buchessays wie *Les Identités meurtrières* setzte er sich mit grundlegenden Fragen des Zusammenlebens auseinander und prangerte einflussreich jegliche fundamentalistische Ausblendung kultureller Diversität als mörderisch und selbstmörderisch an. Amin Maalouf ist Mitglied der von Elie Wiesel gegründeten Académie Universelle des Cultures und setzte sich für eine Mehrsprachigkeits-Politik innerhalb der Europäischen Union ein. Maaloufs Werk wurde mit zahlreichen Preisen bedacht, er selbst mit der Ehrendoktorwürde der Universität Leuven ausgezeichnet.

Gerne will ich unseren kurzen Parcours durch einige Aspekte von Amin Maaloufs literarischem Werk mit seinem ersten Essay beginnen, *Les croisades vues par les arabes*, das die Perspektive auf die christlichen Kreuzzüge umkehrt, sich an der historiographischen Einteilung der arabischen Geschichtswissenschaft orientiert und damit einen Blickwechsel vornimmt, wie er für Maaloufs späteres romaneskes Schreiben charakteristisch ist. Es ist dieser Blickwechsel, der von einer monozentrischen Moderne des Okzidents abweicht und neue Perspektiven eröffnet, die literarisch ausgelotet werden können – ein Element, das man zweifellos einem Schreiben im Zeichen der Postmoderne zurechnen kann.

Mir ist es wichtig, dass Sie sich selbst einen kurzen Einblick in diese Sichtweise jahrhundertelangen Konflikts zwischen ‚Abendland' und ‚Morgenland' verschaffen können, um die Aktualität dieses historischen Essays besser zu verstehen. Gerade auch aus einer gegenwärtigen Perspektive auf das Verhältnis zwischen Okzident und Orient, zwischen christlicher und islamischer Welt, ist es von grundlegender Bedeutung, immer wieder die Blickpunkte zu wechseln, um begreifen zu können, wie sehr sich im Zusammenspiel der Religionen Sichtweisen entfalteten, die das Andere als das Fremde als Erkenntnishorizont eigenen Verstehens ausschlossen.

Vergessen wir dabei nicht, dass sich lange nach Erstveröffentlichung dieses Bandes jener gefährliche Ausspruch des damaligen US-Präsidenten George W. Bush vom ‚Kreuzzug' ansiedelt, den es gegen den Islam und die arabische Welt zu führen gelte, der ungeheuer viel an Bestürzung und zerstörerischem Potenzial auslöste. Ein Ausspruch freilich, der an Dummheit immer wieder vom aktuellen Präsidenten der Vereinigten Staaten von Amerika übertroffen worden ist. Die versöhnenden Gesten eines anderen Präsidenten, Barack Obama, konnten gegenüber derartigen Ausfällen kaum etwas bewirken – zu sehr war und ist im arabischen und islamischen Bewusstsein die Epoche der Kreuzzüge präsent und prägt das Bild, das man sich vom Okzident im Orient macht.

Die Gründe für eine derartige Haltung gegenüber dem ‚Abendland' verstehen sie nach der Lektüre des Bandes von Amin Maalouf wesentlich besser. Ich möchte mit einer Passage aus dem Epilog von *Les croisades vues par les arabes* beginnen, wo Maalouf eine Art Bilanz kriegerischer Auseinandersetzungen und des scheinbaren Sieges der arabischen Welt über die Kreuzzügler vorlegt:

> Dem Anschein nach erzielte die arabische Welt einen blendenden Sieg. Wenn das Abendland durch seine aufeinander folgenden Invasionen das Vordringen des Islam aufzuhalten suchte, dann war das Endergebnis das genaue Gegenteil. Denn nicht nur wurden die Kreuzzugsstaaten des Orients nach zwei Jahrhunderten der Kolonisierung mit der Wurzel ausgerissen, sondern die Muslime hatten sich so gut erholt, dass sie nun unter der Fahne der ottomanischen Türken wieder anstürmten und die Eroberung Europas selbst in Angriff nahmen. 1453 fällt Konstantinopel in ihre Hände. 1529 kampierten ihre Ritter unter den Mauern von Wien.
> Aber dies war, wie wir sagten, nur der Anschein. Denn im Gefolge des historischen Rückzuges drängt sich eine Feststellung auf: In der Epoche der Kreuzzüge ist die arabische Welt, von Spanien bis hinüber zum Irak, auf der intellektuellen wie auf der materiellen Ebene noch die Hüterin der am weitesten fortgeschrittenen Zivilisation unseres Planeten. Danach aber wandert das Zentrum der Welt entschieden gen Westen. Besteht hier eine Verbindung zwischen Ursache und Wirkung? Darf man so weit gehen zu behaupten, dass die Kreuzzüge

das Signal für den Aufstieg des westlichen Europa gaben – das Zug um Zug die ganze Welt beherrschen sollte – so wie sie das Totenglöcklein für die arabische Zivilisation läuteten?[2]

Die Amin Maaloufs Schlussfolgerungen sind ebenso überraschend wie überzeugend. Denn nur an der Oberfläche habe der Orient durch die gescheiterten Invasionen der Kreuzzüge gewonnen und in der Folge das Oströmische Reich erobert, Konstantinopel oder Istanbul sowie die heute wieder zum Zankapfel zwischen Ost und West gewordene Hagia Sophia eingenommen, ja selbst die Hauptstädte Mitteleuropas bedroht. Ob man globalgeschichtlich die arabische Zivilisation als die damals fortgeschrittenste des ganzen Planeten bezeichnen darf, mag angesichts der chinesischen Zivilisation und den Zeichen des Glanzes von Tianxia umstritten sein. Tatsache ist aber, dass seit diesem Zeitpunkt der Aufstieg des westlichen Europa begann und es bald zur ersten Phase beschleunigter Globalisierung unter Führung Spaniens und Portugals kam – die beide zuvor die arabischen Reiche zurückgedrängt hatten. Der Abstieg der arabischen Welt hatte begonnen ...

Gewiss war Amin Maalouf bestrebt, eine derart schematische und vereinfachende Sichtweise der Weltgeschichte zu nuancieren. Doch erblickte er in der Zeit nach Ende der letzten Kreuzzüge einen historisch-intellektuellen Wendepunkt, dessen Fernwirkungen bis heute spürbar seien und der letztlich eine Asymmetrie der Macht zwischen Orient und Okzident befördert hätte. Dieses Ungleichgewicht hält bis heute an und werde sich – so die lange vor den Ereignissen des 11. September 2001 formulierte Hypothese – in Zukunft möglicherweise noch deutlich verstärken.

Folglich ist gerade der Schlussabschnitt dieses Epilogs zu den Kreuzzügen aus arabischer Sicht in vielerlei Hinsicht bemerkenswert und aufschlussreich. Nicht nur, weil das dort erwähnte Attentat auf den Führer der Christenheit durch den Tod Papst Johannes Pauls des Zweiten in den westlichen Medien wieder präsent war, sondern weil es zusammen mit einer ganz anderen, individuellen Dimension, mit der Gegengeste vordergründiger Versöhnung seitens des Papstes kommentiert und zirkuliert wurde. Kein Zweifel kann daran bestehen, dass die alten Bilder des Kampfs der Kreuzritter gegen die übermächtigen ‚Sarazenen‘ und die Bilder westlicher Invasoren, welche sich über Jahrhunderte der heiligen Stätten des Islam zu bemächtigen versuchten, gegenwärtiger und wirksamer sind, als wir uns alle dies eingestehen wollen. Nicht allein der Aufruf zum Kreuzzug durch einen US-amerikanischen Präsidenten, dem seine Berater und die Presse einflüstern mussten, dass er sich dieser Bilder bitte nicht noch einmal bedienen solle, sondern auch anti-westliche Rhetoriken islamischer Fundamentalisten

---

2 Maalouf, Amin: *Les croisades vues par les Arabes*. Paris: Jean-Claude Lattès 1983, S. 299.

unterschiedlicher Färbung verraten auch heute noch viel von der Präsenz einer längst vergangenen Epoche.

Amin Maaloufs historiographischer Essay verrichtet ein gut Teil seiner Vermittlungsarbeit dadurch, dass er einen fundamentalen Blickwechsel inszeniert, durch welchen der Westen in die verschwiegenen Geschichtsversionen des Orients Einblicke erhält und letztlich auch umgekehrt Einsichten in die eigene Geschichte historischer Marginalisierung ermöglicht werden:

> In einer ständigen Angriffen ausgesetzten muslimischen Welt ist die Herausbildung eines Gefühls der Verfolgung nicht zu verhindern, das bei gewissen Fanatikern die Form einer gefährlichen Obsession annimmt: Hat man am 13. Mai 1981 den Türken Mehmed Ali Agca nicht auf den Papst schießen sehen, nachdem er zuvor in einem Brief erklärt hatte: *Ich habe mich entschlossen, Papst Johannes Paul II, den Obersten Heerführer der Kreuzzügler, zu töten.* Jenseits dieses individuellen Aktes ist klar, dass der arabische Orient noch immer im Okzident einen natürlichen Feind erblickt. Gegen diesen ist jeder feindliche Akt, sei er politisch, militärisch oder auf dem Gebiet der Erdölförderung, nichts anderes als eine legitime Revanche. Und man kann nicht daran zweifeln, dass der völlige Bruch zwischen diesen beiden Welten von den Kreuzzügen her datiert, welche von den Arabern noch heute als eine Vergewaltigung empfunden werden.[3]

Ohne an dieser Stelle ausführlich auf diesen im Jahr 1983 erstmals veröffentlichten Essay eingehen zu können, führt uns *Les croisades vues par les arabes* doch in eine Weltsicht ein, die dafür plädiert, aus den einseitigen und vereinseitigenden Wahrnehmungsmustern herauszutreten, von denen wir im Verlauf der letzten Jahrzehnte auf beiden Seiten nicht wenige hervorgebracht haben. Die „self-fulfilling prophecy" dieser antagonistischen Weltsichten ist in gewisser Weise der „Clash of Civilization", der von Samuel P. Huntington ausgerufene „Kampf der Kulturen". Im Gewand der Wissenschaft entstammt dieser Begriff und der dazugehörige Text der Feder eines Politologen, der zu den wichtigsten Beratern mehrerer Präsidenten der USA zählt, und gehört doch in keiner Weise – folgen wir den Überlegungen Peter V. Zimas[4] – dem Bereich der Theorie und ihren Denkvoraussetzungen an, sondern ist ganz eindeutig dem Bereich der Ideologie zuzuschlagen. Aus diesen mehr oder minder stark fanatisierten Ideologien aber versucht die ruhige historiographische Arbeit Amin Maaloufs, in einem sachlichen und transparenten Stil abgefasst, herauszutreten und damit eine wichtige Vermittlungsarbeit zwischen Orient und Okzident zu leisten.

---

3 Maalouf, Amin: *Les croisades vues par les Arabes*, S. 304.
4 Vgl. Zima, Peter V.: *Ideologie und Theorie. Eine Diskurskritik.* Tübingen: A. Francke Verlag 1989.

Drei Jahre nach dem Erfolg seines historischen Blickwechsels und seiner Entscheidung, dem Journalismus als Hauptberuf den Rücken zu kehren und sich nun ganz der Schriftstellerei zuzuwenden, erschien Maaloufs Erstlingsroman *Lèon l'Africain*, der seinen internationalen Ruf als Autor begründete. Titelfigur des als fiktive Autobiographie angelegten historischen Romans ist Johannes Leo Africanus alias Giovan Leone l'Africano alias Léon l'Africain. Es handelt sich bei ihm um den Verfasser einer um 1525 niedergeschriebenen und 1550 in Venedig von keinem Geringeren als Ramusio unter dem Titel *Descrizione dell'Affrica e delle cose notabili che quivi sono* publizierten Schrift über Afrika, welche diesen Reisenden bis in Mungo Parks Zeiten in eine der wichtigsten Quellen hinsichtlich der afrikanischen Welt verwandelte. Da ich dieser spannenden historischen Figur ein Kapitel meiner Vorlesung *ReiseSchreiben* gewidmet habe, möchte ich Sie auf diesen Band der Reihe „Aula" verweisen[5] und mich in unserer jetzigen Vorlesung dem Roman des libanesischen Schriftstellers zuwenden.

Beginn und Struktur des Romans erinnern an die Gattungscharakteristika einer „Novela picaresca", eines Schelmenromans also, denn der gut vierzigjährige Ich-Erzähler schildert in einer Art testamentarischem Brief an seinen Sohn, der ihm nachfolgen werde, einen überaus erstaunlichen Lebensweg, der zwischen Orient und Okzident oszillierte. Dabei spielten welthistorische Ereignisse eine wesentliche Rolle in seinem Leben, wurde der Werdegang des kleinen in Granada geborenen Jungen doch bereits durch die Eroberung der Stadt durch die „Reyes Católicos" im Jahr 1492 wesentlich beeinflusst, da die Familie letztlich ins Exil nach Nordafrika getrieben wurde. Die sich anschließenden Ereignisse sind ebenfalls dem Leben des Johannes Leo Africanus nachempfunden, wobei es anzumerken gilt, dass Amin Maalouf durch seine literarische Rekonstruktion dieses Lebens eine längst vergessene Gestalt wieder aus dem Schatten holte und auch wissenschaftliche Forschungen und Veröffentlichungen zu dieser Figur seit Publikation des Romans deutlich zunahmen. Die diplomatischen Missionen und Handelsreisen, während derer der Protagonist mit dem noch arabischen Namen al-Hassan al-Wazzan teilweise in die Rolle eines Forschungsreisenden schlüpft und nicht selten auch in die des Vermittlers zwischen den Kulturen, führen ihn quer durch die Sahara zum glanzvollen Timbuktu sowie in mehrere subsaharische Königreiche und schließlich bis nach Konstantinopel. Nach zahlreichen, zum Teil abenteuerlichen Erlebnissen erfährt sein Leben bei der Rückkehr von einer Pilgerfahrt nach Mekka jedoch eine entscheidende Wendung.

---

5 Vgl. Ette, Ottmar: *ReiseSchreiben. Potsdamer Vorlesungen zur Reiseliteratur.* Berlin – Boston: Walter de Gruyter 2020, S. 319–340.

Denn der gebildete, sprachgewandte und weltoffene Muslim wird von spanischen Korsaren unter Pedro de Bobadilla entführt und dem Medici-Papst Leo X. als Sklave geschenkt. Dieser weiß die intellektuellen Qualitäten Hassans zu schätzen und macht ihn zu seinem Lieblingsdiener, dem er weitreichende Freiheiten gibt und mit dem Auftrag ausstattet, sein Wissen in Buchform und in einer der von ihm erst kürzlich erlernten europäischen Sprachen niederzuschreiben. Doch zuvor wird der junge Granadiner als Symbol des Sieges der Christenheit über den Islam vor versammeltem diplomatischem Corps im Vatikan vom Papst höchstselbst auf den Namen Johannes Leo getauft.

Nach seinem wohl erzwungenen Übertritt zum christlichen Glauben unterrichtet man den jungen Mann, von dem wir möglicherweise ein Portrait besitzen, in der lateinischen, hebräischen, italienischen und türkischen Sprache. Unter christlichem Taufnamen entsteht sein großes Buch über Afrika, das für Jahrhunderte die bevorzugte Quelle europäischen Wissens über den gesamten Kontinent darstellen sollte. Der Angriff der Soldateska Karls V. auf die päpstliche Stadt, welcher unter der Bezeichnung „Sacco di Roma" in die Geschichtsbücher einging, setzt schließlich seinem Aufenthalt am Tiber ein Ende. Er weicht in den Norden Italiens aus, schließt sein großes Afrika-Werk ab und tauscht ein weiteres Mal die Nordseite des Mittelmeeres mit dessen Südseite, indem er Richtung Tunis aufbricht. Nach der Überfahrt Richtung Tunesien verlieren sich ebenso die Spuren von Johannes Leo Africanus wie die der literarischen Gestalt in Amin Maaloufs beeindruckendem historischem Roman.

Abb. 122: Sebastiano del Piombo: *Porträt eines Humanisten*, angeblich Porträt des Johannes Leo Africanus, Öl auf Leinwand, 1529.

Vor allem beeindruckt, mit welch spielerischer Leichtigkeit der libanesische Autor mit seinem Protagonisten umgeht, ihm fiktive Gestalten an die Seite stellt und ihn zu einer Art alter Ego modelliert. Amin Maalouf orientiert sich an historischen Fakten, lässt seiner Fantasie aber immer wieder freien Lauf und erreicht auf diese Weise eine Erzähldichte, in welcher wir dem jungen al-Hassan al-Wazzan wie dem älter gewordenen Johannes Leo Africanus gerne durch seine Abenteuer folgen. Wir fühlen uns in unserer Vorlesung erinnert an jene Arbeit des kubanischen Autors Reinaldo Arenas an seiner historischen Figur Fray Servando Teresa de Mier, welche ebenfalls von einer starken Orientierung an den intertextuellen Bezügen bestimmt war. Dabei schien freilich eine große Gestaltungsfreiheit auf und eine Vielzahl literarischer Verfremdungseffekte wurde eingeführt, die in Amin Maaloufs um historische Glaubwürdigkeit bemühten Roman größtenteils fehlen. *Léon l'Africain* wagt auf der formalen Ebene seines Erzählens weit weniger und erzielt mit Hilfe einer gediegenen Erzählmaschinerie, die sich noch an seinem wenige Jahre zuvor veröffentlichten historischen Essay ausrichtet, einen riesigen Verkaufserfolg, welcher selbst noch die Rezeption seiner nachfolgenden Romane wesentlich bestimmen sollte. Nicht umsonst ist Amin Maalouf in etwa dreißig verschiedene Sprachen weltweit übersetzt.

Al-Hassan al-Wazzan ist von Beginn des Romans an ein Wanderer zwischen den Welten, der mit größter kultureller Offenheit allem Fremden vorurteilslos begegnet und es wenn nötig auch in sein eigenes Leben inkorporiert. Maalouf gelingt es ausgezeichnet, diese Mobilität und mehr noch Vektorizität in sein Romangeschehen zu integrieren.[6] Seine Position ist nicht nur die eines interkulturellen Übersetzens zwischen den Kulturen, sondern einer transkulturellen Querung unterschiedlichster kultureller Prägungen, was ihn als literarischen Helden zur Zentralfigur eines Schreibens im Zeichen der Postmoderne macht. Gerade in der Auseinandersetzung mit einem um Zentralisierung, Homogenität und Herrschaft bemühten Christentum erweist sich die vom realen Autor Amin Maalouf in die Gestalt eingeführte Flexibilität und Mobilität als Modell eines transkulturellen Verhaltens, das in einer sich verstärkt globalisierenden Welt vonnöten ist.

Selbstverständlich spielt Amin Maalouf hier mit bestimmten Anachronismen, die er aber immer wieder sanft ins Gedächtnis ruft und damit seiner Leserschaft verdeutlicht, dass es nicht allein um historische Positionen, sondern auch um

---

6 Vgl. zu dieser Vektorizität Ette, Ottmar: „Ma patrie est caravane". Amin Maalouf, die Frage des Exils und das ZusammenLebensWissen der Literaturen ohne festen Wohnsitz. In: *Romanistische Zeitschrift für Literaturgeschichte / Cahiers d'Histoire des Littératures Romanes* (Heidelberg) XXXII, 3–4 (2009), S. 413–445.

ein transkulturelles Vermittlungsverhalten zwischen Orient und Okzident in der Gegenwart geht. Denn die Vorstellung eines Wanderers zwischen den Kulturen bezieht sich nicht allein auf den jungen Granadiner, sondern auch auf den damals noch jungen libanesischen Schriftsteller selbst. Zugleich tritt Maalouf gerade in seinem historischen Rückblick gegen jegliche rückwärtsgewandte Sichtweise des Eigenen oder der eigenen Religion ein und lässt anhand der Figur seines zwischen den Kulturen sich frei bewegenden Protagonisten erkennen, wie sehr er auf die künftige, schon bald bevorstehende Macht einer kulturellen Verständigung zwischen Abendland und Morgenland vertraut. Dies ist ein Optimismus, den man auch noch seinem wunderbaren Essayband *Les Identités meurtrières* anmerkt, eine kulturhistorische Zuversicht, die in seinen späteren Schriften aber immer mehr einer skeptischeren Sichtweise Platz macht. Amin Maalouf musste den Begleiterscheinungen der vierten Phase beschleunigter Globalisierung wie dem ausgerufenen *Kampf der Kulturen*, den Fundamentalismen jeglicher Couleur und dem deutlichen Rechtsruck vieler Gesellschaften weltweit in seinem damals noch optimistischen Glauben an den kulturellen Fortschritt leider erheblichen Tribut zollen. Doch bleiben wir bei *Léon l'Africain*, einem zirkum-mediterranen Roman, der das Mittelmeer als Begegnungsraum unterschiedlichster Kulturen in den Mittelpunkt rückt.

In seinem zurecht mit Preisen überhäuften Roman findet sich eine charakteristische Vielsprachigkeit, indem in den französischen Text Elemente anderer Sprachen und insbesondere des Arabischen eingearbeitet wurden. Diese polyglotte und zugleich transkulturelle Dimension ist bereits im berühmten Incipit präsent, in dem sich – wie in jedem herausragenden literarischen Text – jene zentralen Isotopien auffinden lassen, die den gesamten Erzähltext durchqueren und strukturieren:

> Ich, Hassan, Sohn von Mohammed, dem Wagner, ich, Johann Leo von Medici, beschnitten von der Hand eines Barbiers und getauft von der Hand eines Papstes, werde heute der Afrikaner genannt, doch komme ich nicht aus Afrika, noch aus Europa oder Arabien. Man nennt mich auch den Granadiner, den Fassi, den Zayyati, doch bin ich aus keinem Land, aus keiner Stadt, von keinem Stamme. Ich bin ein Sohn der Straße, meine Heimat heißt Karawane, und mein Leben ist die unerwartetste aller Durchquerungen.
>
> Meine Hände haben Stück für Stück die Liebkosungen der Seide und die Beleidigungen der Wolle, das Gold der Fürsten und die Ketten der Sklaven kennen gelernt. Meine Finger haben tausend Schleier gelüftet, meine Lippen tausend Jungfrauen erröten lassen, meine Augen haben Städte sterben und Reiche untergehen sehen.
>
> Aus meinem Munde kannst Du Arabisch, Türkisch, Kastilisch, das Berberische und Hebräische, das Lateinische und die italienische Volkssprache vernehmen, denn alle Sprachen, alle Gebete gehören zu mir. Ich dagegen bin von nichts und niemandem. Ich gehöre nur Gott und der Erde, und zu beiden werde ich eines nicht mehr fernen Tages zurückkehren.

Und nach mir wirst Du bleiben, mein Sohn. Und Du wirst mein Andenken bewahren. Und Du wirst meine Bücher lesen. Und dann wird Dir wieder jene Szene vor Augen treten: Dein Vater in neapolitanischer Kleidung auf einer Galeere, die ihn zurück zur afrikanischen Küste bringt, eifrig vor sich hin kritzelnd, einem Händler gleich, der am Ende einer langen Reise Bilanz zieht.

Aber ist dies nicht, was ich auch gerade tue: Was habe ich gewonnen, was verloren, was werde ich dem höchsten Gläubiger sagen? Vierzig Jahre hat er mir gewährt, die ich zugebracht habe, wohin die Reise mich führte: Meine Weisheit hat in Rom gelebt, meine Leidenschaft in Kairo, meine Angst in Fez, und in Granada lebt noch immer meine Unschuld.[7]

Sie haben damit die gesamte erste Seite des Romans vor sich, die dem Ablauf der nachfolgenden vier Bücher – welche hier im letzten Abschnitt des Zitats eingespielt werden – vorangestellt ist. Es ist in nuce der gesamte Roman. Wir können bereits an dieser Stelle sagen, dass im Zentrum des Romans die Reisebewegungen, ja alle möglichen Arten von Bewegungen und Bewegungsmustern stehen. Denn es sind Bewegungen im Raum, welche den Raum für Begegnungen schaffen.

Dabei wäre es ein Leichtes aufzuzeigen, dass dieser Darstellung eine gleichsam transtemporale Grundstruktur als Ausgangspunkt dient: Die historische Figur al-Hassan al-Wazzan vom Ende des 15. und Anfang des 16. Jahrhunderts wird im Alter von etwa vierzig Jahren und als Granadiner in sein Exilland nach Nordafrika zurückkehrend porträtiert. Aber zugleich werden transtemporal Elemente der Figur – und ich meine das durchaus als Bewegungsfigur – eines Intellektuellen erkennbar, der ebenfalls ein „fils de la route", ein Sohn der Straße ist, keinem einzelnen Land zugeordnet oder zugeschlagen werden kann und dessen „patrie" eben die „caravane" ist, eine immerwährende Bewegung. Man könnte mit Blick auf den Titel eines der aussagekräftigsten Werke der deutschsprachigen Literaturen ohne festen Wohnsitz sagen, dass für den Protagonisten von Amin Maalouf der Roman *Das Leben ist eine Karawanserei* von Emine Sevgi Özdamar wie die Faust aufs Auge passt. Und in der Tat ist es ein translinguales Schreiben jenseits der eigenen Muttersprache, das nicht allein dasjenige der in der Türkei geborenen deutschsprachigen Autorin, sondern auch jenes des im Libanon geborenen französischsprachigen Schriftstellers charakterisiert. Wir haben es folglich mit einem Beispiel für die Literaturen ohne festen Wohnsitz zu tun, die – wie wir sahen – einen wichtigen und stets wachsenden Anteil an den Literaturen der Welt einnehmen.

In subtiler, aber durchaus kenntlich gemachter Weise wird hier mit Blick auf Amin Maalouf, den realen Autor selbst, eine Dimension sichtbar, die man als Schreiben ohne festen Wohnsitz in französischer Sprache bezeichnen kann,

---

7 Maalouf, Amin: *Léon l'Africain*. Paris: Jean-Claude Lattès 1986, S. 9.

einem Schreiben, das von Beginn an die Spuren verschiedenster Sprachen trägt. Nicht einem bestimmten Ort, einer bestimmten Area, nicht einer bestimmten Nationalliteratur ist dieses Schreiben, dieses Gekritzel zuzuordnen, sondern einer Tätigkeit des fortgesetzten Reisens, der immerwährenden Ortsveränderung, der nie enden wollenden Mobilität, die alle Seiten dieses Erzähltextes mit ihren ständigen Blickwechseln prägt. Nicht umsonst entsteht das „griffonner", das Kritzeln auf den Seiten, die sich explizit an den eigenen Sohn und damit die Nachkommenschaft insgesamt wenden, an Bord eines Schiffes: auf hoher See zwischen den beiden Welten, die das Leben des Ich bestimmt haben: zwischen Orient und Okzident.

Zugleich wird auch deutlich, dass dieses Ich die verschiedensten Sprachen quert und spricht, sich folglich in einer translingualen Situation befindet, welche in der Tat ebenfalls auf beiden Zeitebenen – der des 16. wie der des ausgehenden 20. Jahrhunderts – eine prägende Rolle spielt. Dieses Queren verschiedener Sprachen hat ohne jeden Zweifel mit der Tatsache zu tun, dass Amin Maalouf selbst sich ja in einer Sprache als Literatursprache ausdrückt, die er zwar früh schon lernte und in seiner Ausbildung anwandte, die aber nicht seine eigene Muttersprache ist. Das Pendeln zwischen den Sprachen erst baut jenes vielgestaltige Territorium des Mittelmeeres auf, dessen transmediterrane Dimension[8] ebenso sprachlich wie kulturell allgegenwärtig ist. Das Spannungsfeld dieses Bewegungsraums wird in Maaloufs Roman von den Städten Granada, Fes, Rom, Kairo und Konstantinopel alias Istanbul gebildet. Wenn wir eine autobiographische Lesart akzeptieren, ohne sie freilich zur einzigen oder auch nur zur dominanten machen zu wollen, so dürfen wir feststellen, dass sich hier Bewegungsmuster und vektorielle Speicherungen situieren, die mit Blick auf Amin Maaloufs Gesamtwerk von höchster Bedeutung sind. Und dies ebenso wie sie auch für unser Verständnis der Romanischen Literaturen der Welt in jener historischen Tiefenschärfe, die unsere Arbeit und unsere transarealen Konzeptionen leitet, eminente Relevanz besitzen.

Amin Maalouf hat mit Bedacht diese Epoche gewählt und bewusst transareal ausgestaltet. Denn es handelt sich just um eine Zeit, die wir als die „Erste Phase beschleunigter Globalisierung" bezeichnen dürfen, in der grundlegende Umgestaltungen von weltumspannender Bedeutung stattfanden. Denn im „annus mirabilis" 1492, das kurz nach der Geburt des kleinen al-Hassan al-Wazzan lag,

---

8 Vgl. hierzu Hofmann, Franck / Messling, Markus: Die Krise Europas. Von Gide bis Godard: Denken der Méditerrannée und der europäischen Kultur. In: *Lendemains* (Tübingen) XXXVIII, 150 (2013), S. 141–152; dies. (Hg.): *Leeres Zentrum. Das Mittelmeer und die literarische Moderne. Eine Anthologie*. Berlin: Kulturverlag Kadmos 2015; sowie dies. (Hg.): *Point de fuite. La Méditerrannée et la Crise Européenne*. Berlin: Kadmos 2019.

liefen die verschiedensten globalgeschichtlichen Linien zusammen und von hier aus gingen die unterschiedlichsten geschichtlichen Prozesse aus, die zum Teil noch heute nicht zu ihrem Abschluss gekommen sind. Zum einen fiel 1492 die Stadt Granada, was die Beseitigung der letzten arabischen Herrschaft auf iberischem Boden bedeutete, womit eine sieben Jahrhunderte andauernde Dominanz arabischer Macht und großer kultureller Blüte in Iberien zu Ende ging. Ein historischer Zyklus war damit abgeschlossen, der im Jahr 711 mit dem Übersetzen der Truppen des Tāriq in der Nähe des heute nach ihm benannten Felsen von Gibraltar begonnen hatte.

Zweitens signalisiert das Jahr 1492 – wie Sie wissen – die sogenannte ‚Entdeckung' der Neuen Welt. Dabei ereignete sich in der Stadt Granada, die gerade von den Katholischen Königen eingenommen worden war, beziehungsweise im nahe gelegenen Santa Fe jene Begegnung zwischen Cristoforo Colombo alias Cristóbal Colón – ebenfalls einem wahren „transméditerranéen" – und Königin Isabella von Kastilien, welche die Grundlagen für das Ausgreifen der iberischen Mächte nach Amerika legte. Die Ergebnisse dieser Begegnung prägten eine Vielzahl sich anschließender Ereignisse, welche über ein Gutteil der kommenden Menschheitsgeschichte bestimmte.

Drittens markiert das Jahr 1492 mit der Ausweisung der Juden aus dem gesamten Königreich der Katholischen Könige einen – wenn Sie mir den Ausdruck gestatten – ‚christlichen Fundamentalismus', insofern der Alleinvertretungsanspruch des Katholizismus, der bereits in diesem Begriff selbst präsent ist, mit Feuer und Schwert durchgeführt werden sollte. Die Einführung einer zentralisierten Macht und eines kulturell wie ethnisch homogenisierten Raumes schufen Grundlagen dessen, was wir als „Europäische Moderne" bezeichnen dürfen: Nicht umsonst beginnt Ende des 15. Jahrhunderts jene Epoche, die in verschiedenen europäischen Sprachen als „Modern Times", als „Les temps modernes", als „Los tiempos modernos" oder auch als „Neuzeit" bezeichnet wird. Die Wahl, vor welche die Juden, aber auch andere Minderheiten im spanischen Königreich gestellt wurden, war einfach: entweder Konvertierung zum christlichen Glauben (unter weiterer Beobachtung durch die Heilige Inquisition) oder sofortige Vertreibung aus Spanien beziehungsweise Tod.

Schließlich ist das Jahr 1492 auch mit der Entstehung der ersten modernen Grammatik durch Nebrija und mit einer sprachlich-linguistischen Dimension der Expansion verbunden. Ganz im Sinne Nebrijas beinhaltete letztere die geistige Engführung von Sprache und Herrschaft, folglich eine direkte Verbindung zwischen dem Kastilischen oder Spanischen und dessen Verbreitung unter den eroberten Völkern, zwischen Expansion des Reiches und Expansion der Sprache als geordneter Herrschaftssprache innerhalb eines entstehenden Imperiums, das als zentralisierter, homogener Machtraum gedacht wurde. Damit begann jener kontrollierte Prozess und Siegeszug, der das Spanische in eine Weltsprache verwandeln sollte. Auf vielen verschiedenen Ebenen markiert das Jahr 1492 damit einen Prozess, in dem sich mit ungeheurer Geschwindigkeit und Wucht die erste Phase beschleunigter Globalisierung entwickeln sollte.

Amin Maalouf waren all diese globalgeschichtlich bedeutsamen Ereignisse bestens vertraut. So konnte er der Versuchung nicht widerstehen, diese entscheidende geschichtliche Wende mit dem Fall Granadas, der Vertreibung der Juden und der Öffnung auf eine Neue Welt, letztlich einen Expansionsprozess des westlichen Europa, auf den er bereits in seinem Epilog zu *Les croisades vues par les arabes* hingewiesen hatte, in seine Romandiegese einzubauen. Ich möchte Ihnen diese romantechnisch geschickt eingefädelte Passage nicht vorenthalten, in der eine Verbindung zwischen den „caravanes" und den „caravelles" hergestellt wird:

> In der Tat ging das Leben im besetzten Granada unmittelbar weiter, so als ob Ferdinand vermeiden wollte, dass die Muslime in Massen ins Exil strömten. Die Geiseln kehrten gleich am Tag nach dem Einzug des Königs und der Königin in die Stadt zu ihren Familien zurück, und mein Vater erzählte uns, dass er mit größeren Aufmerksamkeiten als ein Gast im Prinzenrang behandelt worden sei. In Santa Fé waren seine Gefährten und er keineswegs in ein Gefängnis eingesperrt; sie konnten vielmehr den Markt besuchen und bisweilen in kleinen Gruppen durch die Straßen spazieren, freilich begleitet von Wachen, welche die Aufgabe hatten, sie gleichzeitig zu überwachen und vor den Wutausbrüchen manches betrunkenen oder erregten Soldaten zu schützen. Im Verlaufe eines dieser Rundgänge zeigte man meinem Vater einen Seefahrer aus Genua, der in der Tür einer Taverne stand und von dem ganz Santa Fé sprach und ihn belächelte. Man nannte ihn „Cristóbal Colón". Er wollte, so sagte er, Karavellen ausrüsten, um Indien über den Westen zu erreichen, denn die Erde sei rund, und er verbarg nicht seine Hoffnung, für diese Expedition einen Teil des Schatzes der Alhambra zu erhalten. Er befand sich schon seit Wochen vor Ort und bestand darauf, den König oder die Königin zu treffen, welche ihn freilich mieden, obwohl er ihnen von hohen Persönlichkeiten empfohlen worden war. Beim Warten auf eine Audienz schrieb er ihnen pausenlos Botschaften und Bittschriften, was beide in diesen Kriegszeiten überaus störte. Mohammed sah diesen Genuesen niemals wieder, aber ich selbst hatte noch oft die Gelegenheit, von ihm sprechen zu hören.[9]

An die Stelle der Karawanen treten hier die Karavellen, an die der „Reconquista" iberischer Erde erscheint am Horizont die „Conquista" einer Neuen Welt. In dieser Passage wird auf wenigen Zeilen die zeitgenössische Situation der Expansion Spaniens auf dem Gebiet der Iberischen Halbinsel mit der historischen Expansionsbewegung der iberischen Mächte so miteinander verbunden, dass das Ich von Maaloufs Roman sich gleichsam innerhalb dieses raum-zeitlichen Horizonts oder Spielraums bewegt. Wir befinden uns an einer zentralen Wegkreuzung der

---

9 Maalouf, Amin: *Léon l'Africain*, S. 66.

Weltgeschichte, insofern sich die Aufmerksamkeit Spaniens fortan stärker nach Westen wendet und für Europa ein neues Zeitalter heraufzieht. Léon l'Africain wird ein wichtiger Zeuge dieses neuen Zeitalters sein und sein Bericht über Afrika gemeinsam mit den ersten Berichten über die Neue Welt in jene Kollektionen und Sammlungen eingehen, die das europäische Wissen und die europäische Herrschaft über weite Teile des Planeten begründeten.

Damit wird zugleich eine geschichtliche, politische, wirtschaftliche und kulturelle Konstellation skizziert, innerhalb derer sich die Reisen von al-Hassan al-Wazzan durch den afrikanischen Kontinent in einer Beziehung zur Expansion der christlichen Länder stehen, die für die von Maalouf behandelte Epoche charakteristisch ist. Es ist historisch mehr als zutreffend, dass die „Reconquista" auch auf afrikanischem Territorium bald in eine „Conquista" übergehen sollte, in eine Eroberungspolitik nicht nur jenseits der Säulen des Herkules, sondern auch entlang der afrikanischen Küste. Diese Phase der Eroberungen findet noch heute in Städten wie Ceuta oder Melilla ihren Ausdruck und erinnert uns daran, dass diese Phase keineswegs vergessen ist. Die Wunden scheinbar längst vergangener Kriege und Konflikte liegen in unseren Landkarten offen zutage. Kein Zweifel: Das Romangeschehen situiert sich innerhalb der ersten Phase beschleunigter Globalisierung, welche sich in wesentlicher Weise auf militärischem, aber auch auf technologischem und kulturellem Gebiet in einer Vielfalt an Phänomenen und Ausdrucksformen zeigte, die Maaloufs Roman gekonnt in seine verdichtete Fiktion einzubinden verstand. Sein Roman macht uns darauf aufmerksam, dass nicht allein der Westen Europas, sondern die gesamte Alte Welt in einen historischen Beschleunigungsprozess eingebunden wurde, der die politischen wie kulturellen Beziehungen zwischen allen Weltteilen von Grund auf veränderte.

Der Blick auf die geschichtliche Situation Ende des fünfzehnten und Anfang des sechzehnten Jahrhunderts zeigt uns eine Welt im Wandel. Das letzte Nasriden-Reich auf der iberischen Halbinsel ist zusammengebrochen, doch gleichzeitig rücken mit fast unwiderstehlicher Kraft die Türken im Osten des Mittelmeerraumes auf dem Balkan vor und werden kurze Zeit später vor den Toren Wiens stehen. Während sich Europa nach Westen, nach Amerika hin ausdehnt, werden noch immer die türkischen Muslime selbst die Kernbereiche Mitteleuropas bedrohen. Es ist aufschlussreich, wie sich die Präsenz ebenso Amerikas wie auch der islamischen Welt und ihrer Übergangsformen gerade auch an den Höfen der christlichen Herrscher Europas zeigte.

Es bleibt sicherlich festzuhalten, dass man – ähnlich, wie dies die Spanier in der Neuen Welt, etwa in Neuspanien oder Mexiko, taten – sehr gerne die Söhne herausragender Männer aus dem gegnerischen Lager zu gewinnen, zu taufen und umzuerziehen versuchte, um sie als mögliche künftige Führungselite in den von Christen eroberten Regionen als politische Marionettenfiguren in der Hinterhand zu halten. Die Unterschrift eines Fürsten von Fez am 30. April 1508 im Gefolge Kaiser Maximilians, aber auch viele andere Zeugnisse künden von der Wichtigkeit und der Präsenz dieser Mauren an christlichen Höfen und in christlichen Reichsvorstellungen. Es handelt sich um denselben Maximilian, der zusammen mit einem tanzenden Mauren auf dem *Goldenen Dachl* zu Innsbruck dargestellt wurde, vor dem ich einst als kleiner Junge staunend stand. Es sind Jahrzehnte einer intensiven Konfrontation zwischen Orient und Okzident, Islam und Christentum, in welche sich selbstverständlich auch die Taufe al-Hassan al-Wazzans durch keinen Geringeren als den Medici-Papst am Jahrestag des Einzugs der Katholischen Könige in die eroberte Stadt Granada einfügt. Amin Maalouf baut diese geschichtlichen Hintergründe immer wieder geschickt in seinen historischen, aber an Fiktionen reichen Roman ein.

Gestatten Sie mir noch bitte einen kurzen Seitenblick auf das eben erwähnte *Goldene Dachl*, das mich immer schon faszinierte und das ein besonderes Licht auf jenen Zeitraum wirft, mit dem wir es jetzt zu tun haben. Es handelt sich dabei um den Bau oder Umbau eines Prunkerkers in der Stadt Innsbruck, der zwischen den Jahren 1494 und 1496 vorgenommen wurde. Kaiser Maximilian ließ anlässlich seiner (zweiten) Heirat mit Bianca Maria Sforza von Mailand nicht nur alle Insignien der Macht an diesem Goldenen ‚Dach' anbringen, sondern auch Fresken und Reliefs mit sogenannten Moriskentänzern ausführen, die seine zentral gestellte Gestalt – und die seiner beiden Frauen – der aktuellen wie der verstorbenen – gleichsam rahmen.

Abb. 123a und b: Reliefdarstellung zweier Moriskentänzer am *Goldenen Dachl* in Innsbruck, 1497–1500.

Diese Darstellung von Nicht-Christen sollte die beherrschende Stellung der Christenheit und christlicher Reiche zu einem Zeitpunkt unterstreichen, als die Alhambra und das Nasriden-Reich von Granada gefallen waren und zugleich der Sprung nach Afrika angegangen werden sollte. Nicht umsonst rief der Medici-Papst Leo X. aber schon wenige Jahre später angesichts der Bedrohung durch das Osmanische Reich – wenn auch erfolglos – zu einem neuerlichen Kreuzzug auf. Es handelt sich um just jenen Papst, der durch eine Erneuerung des Ablass-handels zur Finanzierung des Weiterbaus der Peterskirche in Rom den Anstoß zur Reformation gab: Wir sind also in historisch wie religiös äußerst bewegten Zeiten. Zu einem erneuten Kreuzzug kam es jedoch nicht mehr. Jedenfalls war die Sympathie Kaiser Maximilians für den Moriskentanz zu einer Zeit intensi-ver Kriege und Kämpfe weithin bekannt. Als er im Jahr 1492 als König die Stadt Konstanz besuchte, war der damalige Magistrat über diese Vorliebe des Kaisers wohlinformiert. Zu seiner Freude nämlich wurde von den schwarz bemalten Gesellen der Fischerzunft 1492 ein sogenannter „Mohrentanz" aufgeführt, mit den man den Herrscher in den Konstanzer Stadtmauern begrüßte. Soviel als kleiner, aber hoffentlich anschaulicher Seitenblick auf eine historische Figur, welche in diesen von Maalouf geschilderten Zeitraum rund um Johannes Leo Africanus passt.

Amin Maalouf hat seinem Roman eine Widmung vorangestellt, die ein Zitat des irischen Dichters Butler Yeats enthält: Man solle nicht daran zweifeln, dass dieser Leo Africanus letztlich er selbst – „ich selbst" – sei. Die damit eingeführte autobiographische Dimension, die zugleich eine friktionale Dimension mit Blick auf sehr unterschiedliche Diegesen enthält, bezieht sich bei Maalouf auf das Schwanken, das Oszillieren, die Bewegung zwischen Orient und Okzident. Immer wieder war Maalouf für die französische Regierung auf Vermittlungsmission im Nahen Osten tätig.

Wir haben die erste Seite des Romans ausführlicher analysiert und auf ihre Qualität als ZwischenWeltenSchreiben hin untersucht. Nun möchte ich Ihnen gerne zum Abschluss unserer Beschäftigung mit *Léon l'Africain* die letzte Seite von Maaloufs historischem Roman vorstellen, denn sie entwickelt etwas, das bis heute im Dunkeln blieb. Wir haben in der Tat keinerlei Zeugnisse mehr von al-Hassan al-Wazzan nach seiner ‚Rückkehr' in den nordafrikanischen Raum nach Tunis: Hier brechen alle glaubwürdigen Berichte über den Granadiner ab. Amin Maalouf imaginiert eine letzte Seite, die von der *Seite* Tunesiens her – und damit nicht von der Granadas – das bisherige und zu Ende gehende „périple", die Wege und Reisen des Johannes Leo Africanus, bilanziert. Schauen wir uns diesen Schlusspunkt des Texts genauer an:

Ein letztes Wort auf die letzte Seite geschrieben, schon an der afrikanischen Küste.

Weiße Minarette von Gammarth, ehrwürdige Ruinen von Karthago, in ihrem Schatten bedroht mich das Vergessen, hin zu ihnen entgleitet nach so vielen Schiffbrüchen mein Leben. Die Plünderung Roms nach der Geißelung Kairos, das Feuer von Timbuktu nach dem Fall von Granada: Ist es das Unglück, das mich ruft, oder bin ich es wohl, der das Unglück ruft?

Einmal mehr, mein Sohn, werde ich von diesem Meer getragen, als Zeuge all meiner Irrungen, es ruft Dich gegenwärtig in Dein erstes Exil. In Rom warst Du „der Sohn des Afrikaners"; in Afrika wirst Du „der Sohn des Römers" sein. Wo auch immer Du sein magst, werden Menschen Deine Haut und Deine Gebete durchsuchen. Hüte Dich, ihren Instinkten zu schmeicheln, mein Sohn, hüte Dich, unter der Menge nachzugeben! Muslim, Jude oder Christ, sie sollen Dich so, wie Du bist, nehmen oder verlieren. Wenn der Geist der Menschen Dir eng erscheint, dann sage Dir, dass das Land Gottes weit ist und weit seine Hände, weit sein Herz. Zögere niemals, jenseits aller Meere, jenseits aller Grenzen, aller Vaterländer, aller Glaubenslehren das Weite zu suchen.

Was mich angeht, so habe ich das Ende meiner Reise erreicht. Vier Jahrzehnte Abenteuer haben meinen Schritt und mein Schnaufen schwerer gemacht. Ich habe kein anderes Begehren mehr als inmitten der Meinen lange friedvolle Tage zu leben. Und unter all jenen, die ich liebe, der Erste zu sein, der geht. Zu diesem Letzten Orte, wo nichts fremd ist im Angesichte des Schöpfers.[10]

Literatur ist Aufschub, ist immer zeitliche Distanz und zugleich ein Herausschieben des Endes, ein immer letztes Wort, das noch vom Überlebenswillen und Überlebenswissen kündet. So auch hier, gleich zu Beginn dieser letzten Seite, nachdem der Roman ‚eigentlich' schon mit dem Sacco di Roma zu Ende gegangen war. Aber schreiben, noch einmal schreiben: Die Seite ist letzte Lebensbilanz, letztes Aufschreien vor dem Vergessen-Werden und ein letzter Verweis, dass der gesamte Text letztlich einem antiken Schema zu entsprechen vermag: einer Abfolge von Schiffbrüchen mit Zuschauer.[11] Nichts könnte an diesem beweglichen Ort, an dem die Karawanen in die Karavellen übergegangen sind, das Leben von Léon l'Africain vor dem Hintergrund all der Städte, die er brennen und untergehen gesehen hat, besser zusammenfassen.

Zugleich wird in dieser Passage der eigene Sohn als Hauptzuschauer der Schiffbrüche hin befragt, auf ein Leben, das zwischen Muslimen, Juden und Christen immer wieder neuem Anpassungsdruck ausgesetzt sein wird, immer neuen Inquisitionen und Glaubenskongregationen, die alles durchwühlen und keinen Stein auf dem anderen lassen. Das Ende der Reise ist hier das des Buchs und zugleich ein Neuanfang im Leben eines anderen, der in der einen Diegese der

---

10 Maalouf, Amin: *Lèon l'Africain*, S. 349.
11 Vgl. Blumenberg, Hans: *Schiffbruch mit Zuschauer. Paradigma einer Daseinsmetapher.* Frankfurt am Main: Suhrkamp 1979.

Sohn, in der anderen aber der Leser ist, dem sozusagen noch in letzter Sekunde einiges Weiteres an Lebenswissen – an *LebensMitteln*[12] für die weitere Lebensreise – kommuniziert und mitgegeben werden soll.

Noch einmal wird das ständige Umherirren literarisch in Szene gesetzt, erscheint die Bilanz des Reisenden vor dem Antlitz Gottes in Form eines Lebensbuches, das dem Schöpfer am Ausgang überreicht wird. In dieser Schlusspassage, welche die Überfahrtsfiktion des Anfangs wieder aufnimmt, erscheint der „Créateur" gleichsam selbst am Ende des Texts: Sein Name beschließt den Roman. Und eröffnet zugleich eine Art Traum, die Vision eines Paradieses, in dem es keine Fremden gibt, wo keiner wegen einer wie auch immer gearteten Differenz verfolgt oder auch nur befragt und unter Druck gesetzt wird.

Dieses angerufene Reich wird das Reich dieses „Schöpfers" sein, aber in einem doppelten Sinne: des Schöpfers im monotheistischen Sinne, dem der Muslime, Juden und Christen, aber auch des Schöpfers im literarischen Sinne, wurde doch der Begriff „Créateur" im Verlauf des 19. Jahrhunderts einem Prozess der Entsakralisierung ausgesetzt, der diese Bezeichnung für den Dichter und den Schriftsteller erreichbar machte. Der „Créateur" ist folglich Gott, aber auch der Schriftsteller-Gott inmitten seiner Schöpfung. Dies also ist nicht nur das Paradies der Religion, sondern vielleicht weit mehr noch das der Literatur: Sie schafft jenen Raum, in dem niemand sich als „étranger", als Fremder, vorkommen und fühlen muss. Dass wir uns bei dieser Schlusspassage in einer doppelten Diegese befinden, in welcher das Schlusswort eine doppelte Bedeutung besitzt, ist eine wundervolle Gabe des Erzählers und vor allem des Autors Amin Maalouf an seine Leserschaft!

In einem im Jahr 1997 geführten Interview mit dem *Magazine littéraire* hat Amin Maalouf einiges zu seiner Beziehung zum Libanon und zur wichtigen Rolle des Krieges in seinem literarischen Schaffen gesagt – auch zu jenem Krieg, der am 13. April 1975 praktisch unter dem Fenster seiner Wohnung begann. All dies ist für uns von größter Wichtigkeit, um die Schlussprojektion von *Léon l'Africain* in einem doppelten Licht noch besser verstehen zu können. Hier also ein kurzer Auszug aus dem Interview:

> Ich bin dem Libanon als Land, aber vor allem als Symbol sehr verbunden, weil ich denke, dass es ein Land ist, welches den Versuch unternommen hat, verschiedene Gemeinschaften zusammenleben zu lassen, und dies ist für mich etwas sehr Wichtiges. [...] Der Libanon war auf alle Fälle das fortgeschrittenste Land der Region, und heute ist es weit von dieser einstigen Situation entfernt. Es war das Land der Toleranz. [...]

---

12 Vgl. Ette, Ottmar / Sánchez, Yvette / Sellier, Veronika (Hg.): *LebensMittel. Essen und Trinken in den Künsten und Kulturen.* Zürich: diaphanes 2013.

Ich gehöre einer Minderheit an. In der Minderheit zu sein, ermutigt einen, eine universellere Vision zu haben, vor allem heute, wo wir in einer Welt leben, in welcher alle Kulturen in gewisser Weise in der Minderheit sind. Mit Hilfe eines Essays oder eines Romans über die Minderheitenposition in einer Gesellschaft und globaler noch über die Gesellschaften nachzudenken, in denen Minderheiten leben, legt ein Nachdenken darüber nahe über das, was Demokratie ist, über das, was die Welt von heute ist, und über das, was die Welt von morgen sein wird. [...]

Ich schrieb bereits, aber die Tatsache, wegen eines Krieges brutal alles stehen und liegen lassen zu müssen und mich in einem anderen Land wiederzufinden, dem einen wie dem anderen anzugehören, aber keinem von beiden ganz, wurde für mich wahrscheinlich zu einem entscheidenden Element. Und mich in diese höchste Marginalität zu werfen, welche das Schreiben von Fiktion ist, war ein Rettungsbalken. Stück für Stück habe ich den ganzen Rest abgelegt, habe quasi das Leben eines Eremiten gewählt und werde damit weitermachen, weil ich denke, dass meine Heimat das Schreiben ist.[13]

Wir finden in dieser langen Interviewpassage eine Vielzahl an Elementen wieder vor, die uns bereits aus *Léon l'Africain* bekannt sind, insofern sie als Autobiographeme oder essayartige Stücke in die Fiktion des Romans eingearbeitet wurden. Da sind zum einen Wunsch und Begehren, das Zusammenleben, das „vivre ensemble", zu leben und zu erleben, und aus der Frustration dieses Begehrens der Wunsch, zumindest in der Literatur, in der Fiktion ein ZusammenLebens-Wissen zu entfalten, wie es in der Tat im Zentrum der Romane Amin Maaloufs steht. Immer wieder geht es bei diesem libanesisch-französischen Schriftsteller um Formen, Normen und Fragen des Zusammenlebens in Differenz – und warum dieses Zusammenleben an Grenzen stößt oder gar unmöglich wird. So erst konnte die Fiktion bei diesem ZwischenWeltenSchreiben zur eigentlichen, zur wahren Heimat dieses im Libanon geborenen und den Libanon vermissenden Literaten werden.

Innerhalb dieses komplexen ZwischenWeltenSchreibens ist als ein wesentlicher zweiter Punkt die Sprache anzusehen, die Amin Maalouf benutzt, also jenseits seiner arabischen Muttersprache das Französische. Es handelt sich dabei um eine Sprache, die Maalouf in seinem Französischen Exil spricht, die er aber schon – nach eigenem Geständnis – früh, vor allem abends bei der Niederschrift persönlicherer Dinge und zu einem Zeitpunkt benutzte, als er noch im Libanon auf Arabisch für eine große Beiruter Tageszeitung schrieb. Dieses translinguale, sich jenseits der eigenen Muttersprache ansiedelnde Schreiben beinhaltet ständige Reflexion, die aus dem Bereich ununterbrochenen Erlebens eines Lebens (und dann Schreibens) zwischen den Welten, zwischen Orient und Okzident stammt.

---

13 Maalouf, Amin, Interview mit François Bénichou: Amin Maalouf: ‚Ma patrie, c'est l'écriture (interview)'. In: *Magazine littéraire* 359 (novembre 1997), S. 114 f.

Léon l'Africain ist ein wunderschönes literarisches Beispiel für das Schreiben in einem Bewegungs-Raum zwischen den Welten, welches sowohl den Protagonisten dieses Romans als auch seinen Verfasser prägt.

Es ist eine bemerkenswerte Formulierung Maaloufs, dass sein Schreiben seine eigentliche Heimat, seine „Patrie" darstelle, ein Schreiben, das nicht in der Muttersprache – gleichsam in der „Matrie" – verfasst ist, dabei aber die Sehnsucht nach einer Konvivenz erkennen lässt, in welcher entweder alle oder niemand ein Fremder oder eine Fremde ist. Dies zeigt uns einen Autor, der die Frage transarealer und transkultureller Beziehungen aus einer Perspektive untersucht und repräsentiert, die zutiefst von einer translingualen Position geprägt ist. Amin Maalouf bezog damit eine Stellung, welche vom beständigen Wechsel zwischen den Sprachen und dem Rückgriff auf eine später erlernte Literatursprache geformt ist, eine Position, in welcher die Bewegung quer zu den Sprachen, zu den Kulturen, stets auch in anderen diegetischen Zusammenhängen die Positionen seiner Protagonistinnen und Protagonisten bestimmt. Der libanesisch-französische Schriftsteller entfaltete damit seit den achtziger Jahren ein ZwischenWelten-Schreiben, welches in der aktuellen Literaturszene heute natürlich bei weitem nicht mehr derart ‚minoritär' ist, wie es in den achtziger Jahren, zu Beginn der vierten Phase beschleunigter Globalisierung, noch erschien.

Anna Moï oder an den Grenzen der Frankophonie

Die Sprache der Literatur, in der Amin Maalouf sein literarisches Werk schuf, war und ist das Französische. Mit dem Prix Goncourt erfuhr der Schriftsteller eine der höchsten literarischen Ehrungen, die Frankreich zu vergeben hat. Doch ob er dies nun wollte oder nicht: Amin Maalouf war und ist gleichsam qua seiner Geburt in der Nähe Beiruts Teil der „Frankophonie". Letztere[1] aber begreift sich auf Grund eines semantischen „glissement", von dem der libanesische Autor in einem programmatischen Artikel vom 10. März 2006 spricht, nicht mehr als Gesamtheit der Französisch-Sprecher, sondern unterliegt spezifischen Ausschlussmechanismen, die eine unbedarfte Leserschaft zunächst überraschen könnten. Denn der Terminus „Frankophonie" funktioniert keineswegs wie die vergleichbaren Begrifflichkeiten „Anglophonie", „Lusophonie" oder „Hispanophonie". Er funktioniert auch nicht auf die Art, wie sie etwa die deutsche Bezeichnung „französischsprachig" nahelegen würde, eine Problematik, auf die ich in dieser Vorlesung bereits hingewiesen habe. Hier nun ein Auszug aus Maaloufs kurzem, aber prägnantem Essay:

> Denn alles in allem, was ist ein frankophoner Autor? Eine Person, die auf Französisch schreibt. Das ist doch evident ..., zumindest in der Theorie. Denn augenblicklich wurde die Bedeutung pervertiert. Mehr noch, sie hat sich schlicht in ihr Gegenteil verwandelt. „Frankophon" hätte in Frankreich „wir" bedeuten müssen; aber es bedeutet letzten Endes „sie", „die Anderen", „die Fremden", „die aus den ehemaligen Kolonien" [...]. Wenn der Begriff „frankophone Literatur" pervertiert, von seiner zusammenführenden Rolle weggeführt wurde, um ein Werkzeug der Diskriminierung zu werden [...], dann weil die französische Gesellschaft von heute im Begriff steht, eine Maschine des Ausschlusses zu werden, eine Maschine zur Herstellung von Fremden in ihrem ureigensten Bereich.
>
> Der Treibstoff dafür ist die Angst. Plötzlich gibt es eine Angst vor Europa; – noch ein „Wir", das sich heimtückisch in ein „Sie" verwandelt hat! Angst vor den Angelsachsen. Angst vor dem Islam. Angst vor einem Asien auf dem Sprung. Angst vor einem Afrika, das auf der Stelle tritt. Angst vor der Jugend. Angst vor den Vorstädten. Angst vor der Gewalt, vor dem Rinderwahnsinn, vor der Vogelgrippe. [...] Ein verkühltes und orientierungsloses Frankreich, das sich vor den phantasmagorischen „polnischen Klempnern", die angeblich Arbeitsplätze klauen, schützen will und sich koste es, was es wolle, von jenen fremdländischen Dichtern absetzen möchte, die von so weit herkommen, um Frankreich das Französische zu stehlen.[2]

---

1 Zu den verschiedenen politischen, linguistischen und kulturellen Definitionen dieses Terminus vgl. Erfurt, Jürgen: *Frankophonie. Sprache – Kultur. Politik.* Tübingen – Basel: A. Francke Verlag – UTB 2005.

2 Maalouf, Amin: „Contre la littérature francophone". In: *Le Monde* (10.3.2006), S. 2.

In dieser Passage wird unaufgeregt, aber entschlossen der Finger in die Wunde gelegt: Das Konzept „Frankophonie" ist zu einem Ausschließungsmechanismus geworden, ein Mechanismus, der gerade nicht Sprach*gemeinschaft* herstellt, eine Gemeinschaft der Sprecherinnen und Sprecher des Französischen, die miteinander dieses wunderbare Kommunikationsmedium teilen. Offenkundig dient dieser Begriff in Frankreich gerade dazu, eine Kluft zwischen den Franzosen und den französischsprachigen Nicht-Franzosen herzustellen, folglich eine Unterscheidung zu fabrizieren, die in eine offene Scheidung zwischen ihren Sprecherinnen und Sprechern führt. „Frankophon" wird dann zu einem Gegensatzbegriff zu „französisch".

Und doch beruht „Frankophonie" auf der gemeinsamen Verwendung einer Sprache, auf die Frankreich doch offiziell, in der ‚großen Politik' und der Diplomatie, aber kaum auf Ebene konkreter kultureller und literarischer Arbeit so viel Wert zu legen scheint. Daher plädiert Amin Maalouf dafür, den Begriff nur noch auf diplomatischer oder geopolitischer Ebene zu verwenden, für die Literatur aber schlicht von „écrivains de langue française" zu sprechen, also von „Schriftstellerinnen und Schriftstellern französischer Sprache".

Maaloufs Analyse des zum damaligen – noch gar nicht lange zurückliegenden – Zeitpunkt aktuellen Zustands des Landes ist schonungslos. Das Frankreich, das er wie so viele andere so sehr auf Grund seiner Geschichte verehrt, ist buchstäblich auf den Hund gekommen, hat es doch Angst vor diesem und jenem, am meisten aber vor seiner eigenen Zukunft und sich selbst. Sie können sich an dieser Stelle auch einige der politischen Vorgänge in Frankreich vor Augen halten, insbesondere den starken Anstieg der politisch Rechten und Rechtsextremen unter Marine Le Pen, den Zulauf, den identitäre Bewegungen und Fremdenhasser verzeichnen können. Dieses Frankreich schließt immer mehr Menschen aus, führt immer weitere Unterschiede ein, seien sie nationaler, ethnischer, sozialer, altersmäßiger oder vor allem kultureller, sprachlicher und intellektueller Art. Wir fühlen uns einmal mehr an Julia Kristevas Analyse in *Etrangers à nous-mêmes* erinnert, der wir in unserer Vorlesung breiten Raum eingeräumt hatten.

Denn die „Frankophonie" führt einen Unterschied ein, welcher einen Teil des Eigenen zum Fremden erklärt. Die Frankophonie sei, so erläutert uns Amin Maalouf weiter, das ganze Gegenteil zur Situation ebenso in der spanisch- wie in der englischsprachigen Welt. Dort gebe es die Segregation zwischen den Spaniern und den hispanophonen Autoren ebenso wenig wie in der englischsprachigen Gemeinschaft, die viele exkludierende Unterscheidungen und Differenzen kennt, aber nicht die zwischen englischen und anglophonen Schriftstellern etwa aus dem Commonwealth. Das bedeute weder, dass die dortigen Probleme übersehen würden noch dass damit kulturelle Differenzen getilgt seien. Doch in Frankreich seien die alten Reflexe wieder zum Vorschein gekommen, müsse das ‚Französische' doch vor dem ‚Frankophonen' geschützt werden.

Mir scheint diese kulturell-literarische Analyse des libanesisch-französischen Schriftstellers ohne festen Wohnsitz von großer Treffsicherheit zu sein. Denn in der Tat verbarrikadiert sich Frankreich derzeit – im Übrigen auch auf kulturtheoretischer Ebene – gegen all das, von dem es annimmt, es könnte seine Integrität bedrohen, seine „francité", wie Roland Barthes spöttisch gesagt hätte. Neue *Mythologies*, neue *Mythen des Alltags* sind längst aufgetaucht, um diese Vorstellungswelt der aktuellen Situation anzupassen und entsprechend zu kritisieren. In Amin Maaloufs ruhig und besonnen vorgetragener Kritik wird ein Frankreich dargestellt, das so gar nicht dem Frankreich der „exception culturelle" entspricht, einem idealisierten und in die Jahre gekommenen Frankreich, als das sich das ‚offizielle' Land und seine Kulturpolitik am liebsten sehen würden: „La France éternelle".

All dies bestätigt deutlich, dass sich auf Ebene der Literaturen der Welt in jedem der aufgezeigten Bereiche eine eigene Logik herausgebildet hat, welche dieses Teilsystem bestimmt – in diesem Falle innerhalb der Romanischen Literaturen der Welt. Wir müssen daher diesen sehr verschiedenartigen Logiken innerhalb des viellogischen Systems der Literaturen der Welt aufmerksam nachgehen. Denn man könnte innerhalb des „frankophonen" Teilbereichs der Literaturen der Welt eine weitere scharfe Grenzziehung ausmachen. Denn man könnte und müsste unterscheiden zwischen allem, was auf Französisch in französischen Verlagen publiziert wird, und all dem anderen, was auf Französisch in anderen Verlagen erscheint: sei es in der Schweiz oder Belgien, in Québec oder auf Haiti, im Senegal, auf Mauritius oder La Réunion.

Wie erreicht diese Literatur ihre Leserinnen und Leser? Welche Distributionsmechanismen gibt es, um sie zugänglich zu machen, wenn nicht für ein breites, so doch für ein breiteres Publikum? Auch auf diesem Gebiet nimmt Paris wiederum eine zentrale, eine zentralisierte Rolle ein, wird im Grunde zur einzigen Plattform, zur einzigen Drehscheibe, die einer interessierten Leserschaft erlaubt, sich einen gewissen Überblick zu verschaffen. Nicht in Frankreich publizierte französischsprachige Literatur gibt es sozusagen nur in einer einzigen Buchhandlung in Paris – und ich übertreibe keineswegs! Selbst dort fällt es schwer, irgendeinen sicheren Zugang zu diesen frankophonen, aber nicht in Frankreich verlegten Literaturen zu erhalten. So ist die Frankophonie – und diese Beobachtung könnte ein weiteres Mal unsere Analyse von den Eigen-Logiken der Literaturen der Welt stützen – ein hochgradig hierarchisiertes und durch scharfe Grenzziehungen gekennzeichnetes Gebilde. Letzteres wird gleichwohl auch weiterhin und seiner mangelhaften Transparenz zum Trotz unsere Aufmerksamkeit für sich beanspruchen. Denn wir wollen uns in der Folge gleichsam an die „Grenzen der Frankophonie" begeben und einen kurzen Ausflug in eine Literatur wagen, welche in all ihrer Komplexität hierzulande nur wenig und sehr wenigen bekannt ist.

Bleiben wir daher noch für einen Augenblick im zeitlichen Bereich des „extrême contemporain" und dem der „Frankophonie". Denn im Jahr 2006 hat die vietnamesische Schriftstellerin Anna Moï unter dem Titel *Espéranto, désespéranto* einen klugen Essay bei Gallimard veröffentlicht – und wurde deshalb auch national wie international weithin wahrgenommen. Dieser Essay trägt den schönen und provozierenden Untertitel *La francophonie sans les Français*.

Aber wer ist Anna Moï? Und für welche Region der französischsprachigen Welt steht sie? Nun, es handelt sich bei ihr um eine Schriftstellerin, die ständig zwischen Saigon und Paris pendelt und die – wie es im Klappentext heißt – sich dafür entschieden hat, „dans la langue des indigènes français", also „in der Sprache der französischen Eingeborenen", zu schreiben. Das hat sie mit großem Erfolg getan, und so sind von ihr noch vor *Espéranto, désespéranto* bereits zwei Erzählbände, nämlich 2001 *L'écho des rizières* und 2003 *Parfum de Pagode* sowie zwei Romane erschienen: *Riz noir* im Jahr 2004 sowie *Rapaces* 2005. Seither publizierte sie in rascher Folge weitere Bände – eine wahrhaft dichte Produktion binnen weniger Jahre. Doch werfen wir zunächst einen kurzen Blick auf einige Biographeme, die für ihre literarische Produktion relevant sind!

Anna Moï heißt eigentlich Trân Thiên Nga oder Thiên Nga Trân und wurde am 1. August 1955 in Saigon, dem späteren Ho-Chi-Minh-Stadt, als Tochter eines Offiziers und Journalisten sowie einer Reformpädagogin geboren. Sie ging auf eine französischsprachige Schule, lernte mehrere Sprachen und Machte ihren Abschluss am Lycée Marie Curie. An der Universität von Nanterre studierte sie Geschichte mit der Absicht, Journalistin zu werden, eine Ausrichtung, die sie wie Amin Maalouf dem Beruf des Vaters annäherte. Doch sie änderte ihre Pläne und arbeitete als Modedesignerin in Paris, Bangkok und Tokio. Sie besitzt seit 1972 die französische Staatsbürgerschaft, ist folglich ebenfalls wie Maalouf formal ein „écrivain français". 1992 kehrte sie in ihre Geburtsstadt zurück und pendelt häufig zwischen Ho-Chi-Minh-Stadt und Paris, aber auch zwischen dem Schreiben von Literatur und dem Entwerfen von Mode.

Abb. 124: Anna Moï (Ho-Chi-Minh-Stadt, 1955).

Wie Amin Maalouf ist sie sehr stark von den Erfahrungen und Ängsten des Krieges geprägt, ist doch auch ihre Heimat zum Schauplatz mörderischer kolonialer wie postkolonialer Konflikte geworden. Zum Teil greift sie in ihren Romandiegesen auch auf die französische Kolonialzeit zurück, arbeitet aber häufiger mit Techniken der Überblendung, welche fernöstlich-vietnamesische und abendländisch-französische Szenerien der Gegenwart miteinander in Beziehung setzen und vermischen. Dieser Gegenwart ist auch der Text verpflichtet, mit dem wir uns in der Folge beschäftigen.

Ich möchte mit Ihnen zunächst einen Blick auf das Incipit von *Espéranto, désespéranto* werfen, das unter der avantgardistisch anmutenden Überschrift „Manifeste" steht, in der Tat Manifest-Charakter besitzt und eine kleine Manifestation darstellt. Der Auftakt dieser polyglotten Autorin legt den Akzent auf die Sprachen:

> Ich kenne sechs Sprachen: Dieser Koffer voll sprachlicher Schätze macht aus mir freilich noch keine Schriftstellerin. Das Erlernen der vier ersten Sprachen (des Vietnamesischen, Französischen, Englischen, Deutschen) beruhte nicht auf meiner freien Wahl, sondern auf der meiner Eltern. Ich lernte sie nicht, um zu kommunizieren, sondern aus Fügsamkeit. [...]
> Beim Übergang zum Akt des Schreibens wurde ich nicht vom Babelismus oder der Erfindung einer Sprache in Versuchung geführt, welche all jene, die ich kenne, mit jener vermischt, die ich konzipieren würde – eine Haltung der Introvertiertheit, die man poetisch nennen mag. Eine babelische Sprache ist in der Tat auf eine Wasserdichtigkeit gegründet: Allein der Autor beherrscht den Zugangscode und sein Ziel besteht nicht darin, zu kommunizieren, sondern eine kleine Zahl von Eingeweihten im Herzen einer Gewölbekammer zuzulassen, wo sich eine geheime Zeremonie abspielt.[3]

In diesem Zitat wird von Beginn an die Vielsprachigkeit eines weiblichen schreibenden Subjekts in autobiographischer Haltung sowie die Fähigkeit diskutiert, einen Reichtum an Sprachen – hinzu kamen später noch das Thai oder Thailändische und das Japanische – für das literarische Schreiben zu nutzen. Freilich nicht im Sinne eines „Babelismus", also der völligen Verwirrung verschiedenster Sprachen, sondern auf eine Art und Weise, welche die in der angeführten Passage zweimal hervorgehobene „Nicht-Kommunikation" überwinden könnte.

Die Gestaltung einer babelisierten Sprache käme sicherlich einer translingualen Situation gleich, insofern alle möglichen Sprachen durchquert würden und die Früchte dieser beständigen Reise in einer Art Babel-Literatur oder „Babelisierung der Literatur" dem geneigten Lesepublikum immer wieder vorgelegt würden. Das

---

3 Moï, Anna: *Espéranto, désespéranto: la francophonie sans les Français.* Paris: Gallimard 2006, S. 13 f.

Problem bei einer derartigen Literatur bestünde jedoch darin, dass die Leserschaft niemals der Schriftstellerin das Wasser reichen könnte; denn im Grunde wäre ein solches Schreiben nichts anderes als eine Form sprachlicher Introspektion der Autorin. Dies aber wäre keine Lösung im Sinne authentischer Kommunikation – die Leserschaft würde der Schriftstellerin immer nur hinterherhecheln.

Wir sehen an dieser Stelle sehr deutlich die Grenzen des Translingualen aufgezeigt: nicht auf Ebene des Schreibens und der Produktion einer Sprache und translingualer Literatur, sehr wohl aber auf Ebene der Rezeption, also hinsichtlich der Kommunikation und Kommunizierbarkeit einer absolut translingualen Literatursprache. Auch dies, so scheint mir, ist wichtig, wollen wir die Literaturen ohne festen Wohnsitz und die Romanischen Literaturen der Welt in ihrem Zusammenspiel verstehen. Denn es kann nicht darum gehen, das Translinguale, das Schreiben jenseits der eigenen Muttersprache, zu einem Fetisch zu machen, das ZwischenWeltenSchreiben folglich in eine ,Travestie der Sprachen' zu verwandeln:

> Keine Sprache ist perfekt; das Wesentliche besteht darin, in der gewählten Sprache die dem Schweigen und dem Nicht-Gesagten dieser Sprachen am besten entsprechenden Faltungen zu kreieren. Danach gilt es, jene zu modellieren, die sich am besten dafür eignen, sowie nach Kriterien, welche persönlich und subjektiv sind, einen Idiolekt zu erfinden.
> Ich habe mich nicht eines Tages gefragt: „Welcher Nationalität wird mein Ehemann sein?" und auch nicht „In welcher Sprache werde ich schreiben?", sondern vielmehr: „Wie kann ich all diese klingenden Echos aufzeichnen – Lachen, Weinen, Stottern und Brüllen?"
> Die vervielfachten Sprachen entvielfachen das Imaginäre. Geht man zum Akt des Schreibens über, so entledigt man sich des Übervollen, indem man eine Bibliothek von Geschichten, Fragestellungen und Bildrätseln wiederherstellt. Schließlich überzeugt man sich davon, dem Beispiel von Scheherazade zu folgen, die in jeder Nacht durch ihre Erzählungen das Leben verlängert.[4]

Die zitierte Passage ist recht hübsch, denn sie zeigt uns zunächst einmal an, dass alles Erzählen mit Leben und Überleben zu tun hat. Die schöne Scheherazade vermochte, alle ihr drohenden Gefahren in *1001 Nacht* nur dadurch zu überleben, dass sie in jeder Nacht eine neue, eine weitere Geschichte erfand und so vermittels ihrer Erzählungen einen weiteren Tag leben konnte. Eben dies ist die Aufschiebung durch Literatur, jenes Hinauszögern und Verlängern und damit letztlich jenes Wissen der Literatur, genau das immer weiter hinauszuschieben, was doch letztlich unaufschiebbar ist: den Tod. Sie bevölkert genau diesen Zwischenraum, diese Zwischenwelt mit den eigenen Vorstellungen, Bildern und Figuren, den eigenen, persönlichen „imaginaires", die hier von Anna Moï angesprochen

---

4 Moï, Anna: *Espéranto, désespéranto*, S. 16.

werden. Erzähle gut, dann wirst Du weiter leben! Und du wirst das Tor aufstoßen zu einem Zusammenleben und ZusammenLebensWissen, wie es uns die Erzählungen von *1001 Nacht* seit langer Zeit lehren.[5] Denn Erzählen bedeutet Aufschub, kostbaren Aufschub, und bereitet einer Einsicht den Weg, welche sich nackter Gewalt und blindem Töten in jeder Nacht mit narrativen Mitteln entgegenstellt.

Zugleich wird deutlich: Multiplikation der Sprachen beinhaltet nicht Multiplikation dieser „imaginaires", sozusagen der sprachlichen Vorratskammern der Einbildungskraft. Das Schreiben jenseits der eigenen Muttersprache führt keineswegs automatisch dazu, dass zur Vorstellungswelt der eigenen Sprache nun die Vorstellungswelt einer oder mehrerer anderer Sprachen hinzutritt und ein kumulativer Effekt erzielt wird. Nein, denn dies wäre eine allzu einfache Lösung, würde einfach Effekte auf Effekte häufen, ohne doch die Lücken, das Schweigen, das Nicht-Gesagte, wie Anna Moï sich ausdrückt, zur Sprache zu bringen. Literatur ist aber ein Zur-Sprache-Bringen und ein Zur-Sprache-Kommen als Ausdruck dessen, was noch nicht ausgedrückt worden war. Sie ist eine Arbeit im Netzwerk der Sprache, in der Intertextualität der Literaturen, aber sucht zugleich nach jenen Lücken, die sich zwischen den Knoten und Relationen im Netzwerk auftun.

Es geht beim ZwischenWeltenSchreiben in einer gewählten Sprache, in einer gewählten Literatur vielmehr darum, die eigene Vorratskammer oder Bibliothek an Fragen und Rätseln aufzubauen, stets im Bewusstsein, dass die jeweils gewählte Sprache ihre eigenen Lücken, ihre eigenen Einfaltungen besitzt, die Möglichkeiten einer Konvivenz von Eigenem und Fremdem bieten. Oder besser: Es geht um das Kreieren von Möglichkeiten, durch die das Fremde im Eigenen intensiver entfaltet werden kann und so im Eigenen das Fremde als Eigenes gegenwärtig wird. Das ist ein geradezu Benjamin'scher Gedanke, hatte Walter Benjamin doch davon gesprochen, dass keine der Sprachen die Ganzheit aller Sprachen wiederherstellt, jenes wunderbare Gefäß also wieder zusammenfügen kann, das einstmals bestanden haben mag. Es sind in Walter Benjamins Essay „Die Aufgabe des Übersetzers" die verschiedenen Arbeiten der Übersetzung, welche uns wechselseitig die jeweiligen Lücken der je eigenen Sprache vor Augen und vor Ohren führen. Ein translinguales ZwischenWeltenSchreiben kann in diesem Punkt noch einen Schritt weiter gehen, quert es doch diese Sprachen und spürt so mit der einen die Lücken der anderen Sprachen auf, so dass das kostbare, aber zerbrochene Gefäß der ursprünglichen Sprache, der ursprünglichen Sprachen

---

5 Vgl. zur Wichtigkeit von Scheherazade für eine Konvivenz Ette, Ottmar: *ZusammenLebensWissen. List, Last und Lust literarischer Konvivenz im globalen Maßstab (ÜberLebenswissen III).* Berlin: Kulturverlag Kadmos 2010.

des Paradieses,[6] wieder in weiteren Bruchstücken von Neuem *wieder*hergestellt werden kann.

Anna Moïs bemerkenswerter, aussagekräftiger Essay *Espéranto, désespéranto* gliedert sich in drei Teile: erstens „Ecriture et langues", zweitens „Ecriture et confucianisme", und drittens „Ecriture et francophonie". Im dritten und abschließenden Kapitel fragt die in Vietnam geborene und sich des Französischen als Literatursprache bedienende Schriftstellerin gleich zu Beginn, ob die „Frankophonie" heutzutage eine Realität oder vielmehr ein Mythos sei. Anna Moï betont hierbei in Beantwortung ihrer selbstgestellten Frage zunächst, dass die Möglichkeit, die große französische Sprache, die Sprache großer Autoren wie eminenter Philosophen, mit anderen Sprechern zu teilen, für die sie ebenfalls nicht die Muttersprache sei, eine wahre „jubilation" darstelle, eine riesige Freude.

Im Anschluss aber fällt ihre Beantwortung der Frage, ob die „Frankophonie" nun ein Mythos sei, zugleich sehr hübsch und hübsch clever aus. Ihr Beantwortungsversuch ist in gewisser Weise eine Antwort auf Amin Maalouf und dessen Angriff auf eine Frankophonie und frankophone Literatur als Mechanismus, der dazu gemacht sei, „die Anderen" effizient auszuschließen. Denn bei Anna Moï, die mit Amin Maalouf nicht nur die Initialen teilt, wird eine Frankophonie erkennbar, die ohne die Franzosen auskommt. Schauen wir uns diese Passage einmal näher an:

> Frankophonie: Mythos oder Realität? Die Frage ist komplex und die Antwort unvollkommen. Ich schlage die folgende vor: Im Ausland ist die Frankophonie ohne Franzosen kein Mythos, sondern eine jubilierende, großzügige, lebendige Realität. [...]
> Frankreich ist heute noch stärker verwandelt mit all den keineswegs spontanen Enklaven, welche Bastardversionen der kleinen „Flecken" des Hexagons sind, eingefügt inmitten der traditionellen Lehen, welche sich dadurch schützen, dass sie mehr oder minder virtuelle Mauern mit ihren dazugehörigen Zugbrücken bauen. Es sind Dörfer ohne Kirchen, ohne Dorfplatz, ohne Bäume, ohne Café, ohne Zinkdächer, ohne Schieferplatten oder Dachziegel, ohne ein Denkmal, sei es historisch oder nicht, jenseits der grauen Gräben des *Périphérique*, der Stadtautobahn, und mit dem generischen Namen einer *Cité*. [...]
> Es sind Dörfer ohne Knappen und ohne Schlösser, die *Cités* haben ihre eigenen Kriegsherren und Drogenfürsten sowie ihren eigenen Code der Extraterritorialität hervorgebracht. Sie schreiben ihn in einem babelischen Sabir nieder, das sich hauptsächlich aus Französisch, Arabisch, Englisch, Roma, Argot, Umgekehrtsprech und *Veul* zusammensetzt. Ein Mann ist ein *Mec* ist ein *Keum*; ein Araber ist ein *Beur* ist ein *Rebeu*. Das ist *Fun*, einfach *Nuf*. Dieser

---

6 Vgl. Olender, Maurice: *Die Sprachen des Paradieses. Religion, Rassentheorie und Textkultur.* Revidierte Neuausgabe. Herausgegeben und mit einem Vorwort von Markus Messling und mit einem Vorwort zur Erstausgabe von Jean-Pierre Vernant. Mit einem Essay von Jean Starobinski. Aus dem Französischen von Peter D. Krumme. Berlin: Kulturverlag Kadmos 2013.

Code der Revolte, gesprochen von den Banlieue-Bewohnern jeglicher Herkunft, diese universelle Sprache also ist das Desesperanto.
Eine kryptische Sprache – oder vielmehr Nicht-Sprache – und nicht für eine interethnische Kommunikation gemacht, begrenzt von dem Willen, die anderen, die nicht zur *Cité* gehören, am Verstehen zu hindern.[7]

Diese Formulierungen von Anna Moï haben es fürwahr in sich. Auf den ersten Blick könnte man meinen, mit diesen Worten werde die Frankophonie außerhalb Frankreichs in eine eigene Welt verwandelt, die im Übrigen sehr gut ohne die Franzosen auskommt. Die jubilierende Freude der Verfasserin, in der großen Tradition des Französischen ein Französisch zu schreiben, das keines Franzosen mehr bedarf, macht etwas von jener Scheidung und diskriminierenden Unterscheidung deutlich, welche laut Amin Maalouf zwischen den Französisch-Sprechern innerhalb Frankreichs und jenen außerhalb des Hexagons gezogen wurde. Die Frankophonen haben das Französische gewählt, nicht die Franzosen – und nun kommen sie auch ganz gut ohne letztere aus.

Zugleich hat die Tatsache, dass man innerhalb der Frankophonie ohne die Franzosen auskommt und sich bisweilen auch noch darüber freut, etwas sehr wohl Beängstigendes – zumindest für die Franzosen selbst. Zugleich aber zeigt sich in einem zweiten Schritt, dass sich die Welt der Franzosen *zuhause* längst schon verändert hat und dass das Französische schon lange nicht mehr überall gesprochen wird. Denn innerhalb Frankreichs haben sich massive Ausgrenzungsphänomene herausgebildet, die mit der sozialen Stigmatisierung der „banlieue" und ihrer Bewohnerinnen und Bewohner bei weitem nicht ausreichend erfasst sind, zeitigen sie doch sprachliche Konsequenzen, die auf eine zusätzliche Abschottung der Vorstädte schließen lassen. Es haben sich sprachliche Phänomene entwickelt, welche auf die Ausgrenzung der „banlieue" antworten und im Gegenzug all jene aus der Kommunikation verbannen, die nicht zu den „Cités" gehören. Auf die internationale Kommunikationssprache Esperanto antwortet das „Desesperanto", die Sprache derer, die aus der bürgerlichen ‚Normalität' ausgegrenzt wurden und nun ihrerseits die ‚normalen Bürgerlichen' ausgrenzen. Es ist eine Sprache, die dem Esperanto entgegenwirkt, seiner kommunikativen Kraft etwas entgegensetzt, gleichzeitig aber auch die Sprache der Verzweiflung, die scharf zwischen Drinnen und Draußen unterscheidet.

Dass diese andere Welt sich längst innerhalb Frankreichs etabliert hat und innerhalb Frankreichs den bekannten Ausgrenzungsmechanismen unterliegt, ist eine offene, für jeden sicht- und hörbare Tatsache. Mit eben dieser Problematik

---

7 Moï, Anna: *Espéranto, désespéranto*, S. 63–66.

wechselseitiger Ausgrenzung und Nicht-Kommunikation will sich Anna Moï kritisch auseinandersetzen. Denn die „Cité", die „banlieue", widersetzt sich den Ausgrenzungsmechanismen mit eigenen Ausgrenzungsmechanismen auf eben jene Weise, wie die Frankophonen von den Franzosen ausgegrenzt wurden und sich ihrerseits zunehmend vom Französischen Frankreichs abgrenzen, was nicht zuletzt Phänomene hervorbringt, die wiederum sprachlicher Art sind. Und es ist zweifellos so, dass gerade eine Angehörige der Frankophonie, welche zwar juristisch eine französische Staatsbürgerin ist, aber literarisch nicht zu den Franzosen gezählt wird, für ein tiefgründiges Verstehen dieser Situation eine besondere Sensibilität und offene Ohren für die Sprache einer Nicht-Sprache mitbringt.

Denn in den „Cités" befindet sich das Französische in einem intensiven Kontakt mit dem Arabischen oder dem Englischen, mit der Sprache der Sinti und Roma, die im Übrigen eine eigene Literatur entwickelt haben,[8] sowie der Sprache der Afrikaner. Es ist aber auch im Austausch mit der Sprache der Jungen und mit Sprachformen, die im Umkehrsprech des „Verlan" ein für Außenstehende nur schwer verständliches Idiom geschaffen haben. Auch dies ist eine translinguale Situation, mit der wir es heute mehr denn je zu tun haben: Sie ist gleichsam das Pendant zu einer Babel-Sprache, die zu Beginn von *Espéranto, désespéranto* skizziert wurde. All dies gehört zur Bibliothek von Babel, einer Bibliothek freilich, wie sie sich der Argentinier Jorge Luis Borges nicht erdacht hatte.

Welche Konsequenzen hat all dies für die Frankophonie und das Französische außerhalb wie innerhalb Frankreichs? Zweifellos gehört die Sprache der „Cités" – daran würde eine romanistische Linguistik zumindest keinen Zweifel lassen – noch immer dem Französischen und damit auch dem Französischsprachigen, gewiss auch der Frankophonie an. Sie befindet sich freilich nicht außerhalb des Hexagons, sondern innerhalb Frankreichs, in den Vorstädten, den unendlich vielen „Cités" ohne Namen, ohne Dorfplatz und ohne Schieferdächer. Dieses Idiom der Vorstädte ist eine Sprache, die zugleich einschließt und ausschließt, eine Sprache, die das Französische gleichsam quert, vor allem aber *verstellt* – und ich meine dies im sprachlichen wie im sozialen, im kulturellen wie im politischen Sinne.

Auch an diesem Punkt erreichen wir die Grenzen einer translingualen Situation, die eben nicht mehr transareal, transnational oder transkontinental, sondern auf demselben Gebiet, auf demselben Territorium angesiedelt ist wie das Französische des Hexagons selbst, das Anna Moï wenige Zeilen zuvor auf ihren Reisen wie eine Idylle erlebte. Ja, sicherlich, es existiert noch, das Französische

---

8 Vgl. hierzu Blandfort, Julia: *Die Literatur der Roma Frankreichs*. Berlin – Boston: Walter de Gruyter 2015.

der großen Schriftsteller, das Französische der renommierten Intellektuellen, das Französische des gebildeten „Tout-Paris"! Doch aus dem innerfranzösischen Kontrast heraus bildet sich ein neues Verständnis einer Frankophonie, die eine Frankophonie ohne Franzosen ist, ja mehr noch, einer Frankophonie, die ohne Franzosen auskommt und ihrer nicht länger bedarf.

Anna Moï bedient sich dieses Französischen, schreibt in der französischen Sprache, für die sich die in Saigon geborene Schriftstellerin bewusst entschieden hat, greift dabei aber auf ein Französisch zurück, das in einem Akt des literarischen wie existenziellen, gleichsam existentialistischen „choix" gewählt wurde. Anna Moï – so könnten wir sagen – ist in eine Sprache eingewandert, wie andere in ein Land eingewandert sind. Sie hat bei ihren Bewegungen in den Literaturen ohne festen Wohnsitz die Grenzen dieses Territoriums des Französischsprachigen erkundet und dessen Grenzen innerhalb wie außerhalb des Hexagons aufgezeichnet. In *Espéranto, désespéranto* entsteht ein Binnen-Bild von der Eigen-Logik der frankophonen Literaturen der Welt, wie es eindrücklicher und widerspruchsvoller kaum skizziert werden konnte.

Mario Vargas Llosa oder die mediale Kompetenz

Wir kommen nun wie versprochen in unserer Vorlesung zu einem Thema, das für die Postmoderne in einer sich während der zurückliegenden Jahrzehnte rasant verändernden Medienlandschaft von enormer Bedeutung war. Bereits bei Jorge Luis Borges waren wir auf die Frage medialer Kompetenz im Verhalten des argentinischen Autors vor Fernsehkameras und bei Rundfunkinterviews gestoßen und hatten gesehen, welch große Wirkung Borges als Vermarkter von Borges zukam. Auch auf diesem Gebiet war der Argentinier sicherlich ein Vorläufer.

Doch wir benötigen von der Textualität der Literatur her zumindest noch einen Anstoß, um zu verstehen, wie wichtig die Beherrschung der Medien-Klaviatur für Schriftsteller*innen zumindest seit der zweiten Hälfte des 20. Jahrhunderts national wie international geworden ist. Zu diesem Zweck müssen wir noch einmal einige Jahrzehnte zurückspringen, um diese Entwicklung lange vor der nun vorherrschenden Massivität elektronischer Medien einzufangen. Denn wir wollen anhand eines literarischen Beispiels bereits zu einem frühen Zeitpunkt verstehen, welch unerhörte Bedeutung gerade medialer Kompetenz bei Autor*innen der Literaturen im Zeichen der Postmoderne zukommt.

Bevor wir uns in der Folge mit dem wohl meist- und höchstausgezeichneten Literaten Lateinamerikas und vielleicht sogar der Literaturen der Welt beschäftigen, sollten wir uns – wie stets – in aller gebotenen Kürze einen Überblick über einige Biographeme dieses außerordentlich erfolgreichen sowie extrem fleißigen und talentierten peruanischen Schriftstellers vor Augen halten. Ich selbst hatte einmal das Vergnügen, auf ihn die Eloge für eine Ehrendoktorwürde an der Humboldt-Universität zu Berlin zu halten, bei der ich damals bereits feststellte, dass es für ihn die sechsunddreißigste Ehrendoktorwürde auf diesem Planeten war …

Jorge Mario Pedro Vargas Llosa wurde am 28. März 1936 als einziger Sohn einer wohlhabenden Familie in Arequipa geboren, der zweitgrößten Stadt seines Heimatlandes Peru. Seit 1993 besitzt er die spanische Staatsbürgerschaft und ist 2011 – also ein Jahr nach dem Erhalt des Literaturnobelpreises für sein literarisches Werk – zum „Marqués de Vargas Llosa" ernannt worden. Sie sehen, Sie haben es wirklich mit einer ganz besonderen Schriftstellerkarriere und -persönlichkeit zu tun!

Nichts aber scheint zu Beginn seines Lebens eine solche anzudeuten. Infolge der Trennung seiner Eltern unmittelbar vor seiner Geburt verbrachte der junge Vargas Llosa seine Kindheit im Haus der Großeltern mütterlicherseits im bolivianischen Cochabamba, wo er am katholischen Colegio La Salle die Grundschule absolvierte. In den Jahren 1945 und 1946 lebte er mit seiner Mutter und den Großeltern in Piura, inmitten einer Sandwüste am Rande der Anden im nördlichen Peru. Später versöhnten sich seine Eltern wieder und zogen mit ihrem Sohn nach

Abb. 125: Mario Vargas Llosa (Arequipa, Peru, 1936).

Lima, wo Mario Vargas Llosa auf Betreiben seines harten und von ihm ungeliebten Vaters, der seine Mutter schlug, ab 1950 an der Kadettenanstalt Leoncio Prado
eine zweijährige Schulzeit absolvierte, die er später in Piura abschloss. Wie schon
in Lima, arbeitete er auch hier bei einer Lokalzeitung und brachte sein erstes
Theaterstück zur Aufführung. Der Vater hatte ihm mit Hilfe der Kadettenanstalt
die Schriftstellerei austreiben wollen; doch er erreichte das Gegenteil, denn nach
eigenem Geständnis wurde sein Sohn gerade dort endgültig zum Schriftsteller.
Und die Kadettenanstalt zur literarischen Zielscheibe.

Ab 1953 studierte er an der Universität San Marcos in Lima Jura sowie Literatur
und übte unterschiedliche Nebentätigkeiten zur Finanzierung seines doppelten
Studiums aus. Er widmete sich immer mehr dem Schreiben und schloss sein Lite-
raturstudium ab. 1954 heiratete er Julia Urquidi, seine zwölf Jahre ältere Tante, was
in der Familie einen Skandal auslöste. Wir werden uns gleich mit einem Roman
beschäftigen, in welchem der Schriftsteller seine Beziehung fiktionalisierte, was
zu weiteren Skandalen und einem endgültigen Streit mit seinem Vater führte, der
ihm vorwarf, im Roman negativ dargestellt worden zu sein. Gleich also zu *La tía
Julia y el escribidor*, zu *Tante Julia und der Kunstschreiber*, wobei wir auch einen
kleinen Seitenblick auf dessen autobiographische Facetten werfen!

Dank eines Stipendiums konnte Vargas Llosa ab 1959 an der Universidad
Complutense promovieren und veröffentlichte erste literarische Texte. Das
literaturwissenschaftliche Studium, das ihn letztlich in einen Poeta doctus verwandelte, blieb auch später ein treuer Begleiter des Schriftstellers, verfasste er
doch immer wieder ausgedehnte kritische Buchpublikationen zu Gabriel García
Márquez, Gustave Flaubert, Victor Hugo oder andere Autoren wie Arguedas oder
Onetti. Ebenfalls 1959 erhielt er von der französischen Zeitschrift *Revue Française*
als Preis für eine Erzählung aus seiner Kurzgeschichtensammlung *Die Anführer*
(*Los jefes*) eine Einladung nach Paris. Vargas Llosa verlagerte seinen Lebensmit-
telpunkt nach Europa und lebte seit dieser Zeit überwiegend in Paris, Barcelona,
Madrid und London. Mit seinem Debütroman *La ciudad y los perros* (*Die Stadt
und die Hunde*) erlangte er internationales Renommee; das Buch, dessen Hand-

lung Geschehnisse in einer Kadettenanstalt anprangert, wurde in Lima öffentlich verbrannt und sorgte auch sonst für Aufsehen. Es ist auffällig, welch schlechte Presse der peruanische Autor immer wieder in seinem Heimatland hatte. Die militärischen Hüter der Kadettenanstalt freilich wussten, warum sie – was sicherlich unentschuldbar ist – den Roman öffentlich verbrannten.

Nach der Scheidung von Julia Urquidi blieb Vargas Llosa in der Familie und heiratete 1965 seine Cousine Patricia Llosa, die er an der Pariser Sorbonne kennengelernt hatte und mit der er drei Kinder hat. Patricia regelte in den folgenden Jahrzehnten alles für ihn, wurde seine Managerin und hielt ihm den Rücken frei, so dass sich „der schöne Mario", wie ihn manche nennen, ganz der Schriftstellerei widmen konnte. Als Journalist arbeitete er für France Télévision und die Nachrichtenagentur AFP, so dass er an seine journalistischen Erfahrungen anknüpfen und seine medialen Kompetenzen vergrößern konnte. Später zog die Familie nach London und Barcelona.

Sein im Jahr 1966 erschienener Roman *La casa verde* erhielt den angesehenen Rómulo-Gallego-Preis, anlässlich dessen der junge Autor in seiner Dankesrede ein glühendes Bekenntnis für den Sozialismus ablegte. Doch sollte ihm dies später noch bitter aufstoßen. Denn in der Folge kam es bezüglich seiner politischen Haltung gegenüber der Kubanischen Revolution zu Differenzen mit ehemaligen Weggefährten wie Gabriel García Márquez, über dessen Werk Vargas Llosa 1971 in Madrid mit *Historia de un deicidio* promovierte, und ab Ende der sechziger Jahre zur politischen ‚Wasserscheide' im Kontext der sogenannten Padilla-Affäre. Die meisten lateinamerikanischen „Boom"-Autoren bekannten sich zur Kubanischen Revolution, Vargas Llosa aber entschied sich dagegen und prangerte in einem offenen Brief, der von zahlreichen Intellektuellen unterzeichnet wurde, die Verfolgungen und Inhaftierungen von Schriftstellern auf Kuba an. Er orientierte sich politisch zunehmend an einem liberal-konservativen Modell und geriet in Konflikt mit den meist linksliberalen lateinamerikanischen Autor*innen.

Für den Schriftsteller Vargas Llosa bedeutete *La casa verde* – ein komplex verwobener Roman mit geschickt kombinierten Schauplätzen in verschiedenen Landesteilen Perus – den endgültigen Durchbruch. Mit großer Regelmäßigkeit erschienen Romane und folgten Auszeichnungen, welche hier nicht aufzuzählen sind. Von 1976 bis 1979 war Vargas Llosa Vorsitzender des internationalen Pen-Clubs. 1977 wurde er Mitglied der Peruanischen Akademie für Sprache, später auch Mitglied der Real Academia Española de la Lengua.

In den achtziger Jahren hielt er sich häufiger in Peru auf und nahm regen Anteil am politischen Leben des Landes; so etwa 1983 als Mitglied einer Regierungskommission zur Aufklärung von Morden an Journalisten. 1988 gründete er als Vorsitzender des liberalen „Movimiento Libertad" zusammen mit konservativen Politikern den „Frente Democrático". Als gemeinsamer Präsidentschaftskandidat der liberalen politischen Rechten unterlag er bei den Wahlen von 1990 dem Überraschungssieger Alberto Fujimori, dessen Regierungszeit freilich im Zeichen von Korruption und Autoritarismus stand. Vargas Llosas Wandlung vom Sozialisten und kritischen Linken, der er in den sechziger Jahren gewesen war, zum Neoliberalen und Konservativen vermochte letztlich angesichts mangelnder Volksnähe und der geplanten, von Privatisierungen gekennzeichneten Wirtschaftspolitik nicht zu überzeugen, zumal seine Gegner ihm die Sache mit der Kadettenanstalt und manche erotischen Schriften zur Last legten.

Mario Vargas Llosa kehrte Peru wieder den Rücken, nahm die spanische Staatsbürgerschaft an und betätigte sich verstärkt als Schriftsteller. Er vergaß neben der Fiktion jedoch nie, literaturwissenschaftliche Bücher zu veröffentlichen, politische Kolumnen zu verfassen, die literarischen Feuilletons verschiedenster Zeitschriften zu bedienen und auch Fernsehsendungen zu moderieren. War sein erstes literarisches Zeugnis ein Theaterstück gewesen, so wandte er sich nun wieder stärker dem Theater zu und brillierte schließlich auch als Schauspieler in eigenen Stücken. Doch das Rückgrat seiner literarischen Arbeit bildeten seine Romane, die auch weiterhin sehr regelmäßig erschienen. Die Liste seiner literarischen Auszeichnungen ist beeindruckend und schließt den Príncipe de Asturias-Preis (1986), den Premio Planeta (1993), den Premio Cervantes (1994), den Jerusalem-Preis (1995) sowie 1996 den Friedenspreis des Deutschen Buchhandels mit ein, bevor ihm nach vielen weiteren Auszeichnungen 2010 als Höhepunkt seiner Karriere der Literaturnobelpreis zuteilwurde. Im Jahr 2015 ließ er sich von seiner jahrzehntelangen Weggefährten, Managerin und Ehefrau Patricia scheiden und heiratete das philippinisch-spanische Ex-Model Isabel Preysler, 1951 geboren, spanienweit bekannt als Journalistin der Zeitschrift ¡Hola! und vor allem als Ehefrau von Julio Iglesias. Dieses Faktum an sich war bemerkenswert: Bei Vargas Llosas dritter handelte es sich um die erste Heirat außerhalb seiner Familie. Schlagzeilen machte freilich auch sie!

Betrachten wir sein gesamtes literarisches Oeuvre, so ist es faszinierend zu sehen, wie konsequent Mario Vargas Llosa die Romandiegesen seiner Erzählprosa ausweitete. Spielten die ersten Erzählungen und Romane vorwiegend in einem Viertel von Lima, in Miraflores, so umfasste er mit *La casa verde* 1966 das gesamte Territorium Perus und verlagerte mit *La guerra del fin del mundo* 1981 seinen Romanschauplatz – für einen spanischsprachigen Lateinamerikaner überraschend – nach Brasilien. Danach verlegte er seine Romanhandlungen mit *La fiesta del chivo* über den dominikanischen Diktator Trujillo im Jahr 2000 in die Karibik, mit *El paraíso en la otra esquina* 2003 nach Paris und in den Südpazifik, mit den *Travesuras de la niña mala* 2006 weltweit auch auf den asiatischen Kontinent und mit *El sueño del celta* 2010 unter anderem nach Afrika, in den damals belgischen Kongo.

Ich verbrachte zum damaligen Zeitpunkt auf Einladung seines spanischen Verlages eine knappe Woche mit diesem Schriftsteller. Er kam gerade erschöpft, aber bestens gelaunt von seinen Recherchen im Kongo zurück, um jeden Morgen, wie es seit langen Jahrzehnten seine Gewohnheit ist, früh aufzustehen, vor dem Frühstück zu schreiben und danach neugierig wie ein Kind – wir waren damals in einem spanischen Kloster – alle über alles zu befragen. Ich war beeindruckt, mit welcher Disziplin dieser Autor seinen Tagesablauf kontrollierte und einteilte. Tun Sie dies ein Leben lang, dann kommt ein gewaltiges Oeuvre zusammen! Wie für Gustave Flaubert ist das schreiben für Mario Vargas Llosa eine ungeheure Arbeit und Anstrengung, vor allem aber eine „ewige Orgie", eine „orgía perpetua", wie der promovierte Literaturwissenschaftler immer wieder betonte. Schreiben – so meinte er damals – werde er bis an sein Lebensende.

Wenden wir uns nun aber zunächst den siebziger Jahren und *La tía Julia y el escribidor* zu und damit einem Erzähltext, der 1977 zu einem Zeitpunkt erschien, als Mario Vargas Llosa längst zu den international bekanntesten Vertretern des neuen lateinamerikanischen Romans zählte und als Hauptvertreter des Boom der lateinamerikanischen Literaturen galt.[1] Wie alle Romane, die vor diesem Text erschienen, ist auch letzterer in Peru angesiedelt. Und wie viele andere ist auch dieser Roman autobiographisch eingefärbt, man könnte sogar sagen, dass es sich bei ihm um eine letztlich autobiographisch strukturierte Erzählprosa handelt, also eine Art friktionalen Text, der ‚Dichtung' und ‚Wahrheit' miteinander verbindet.

Denn immerhin haben von den drei herausragenden Protagonisten des Romans nach dessen Publikation zweie gegen sein Erscheinen protestiert. Zum einen ein Bolivianer, den Vargas Llosa einst in Lima bei Radio Panamericana kennengelernt hatte, und der sich ebenso ungerecht behandelt fühlte wie Julia Urquidi, die erste Frau und vormals Tante Vargas Llosas, die später ihre Sicht der Dinge in einem Buch mit dem schönen Titel *Lo que no dijo Varguitas* veröffentlichte. Den Dritten im Bunde, Vargas Llosas Vater, hatte ich schon erwähnt. Ein vierter Protagonist des Romans nun war just jener „Varguitas", von dem hier die Rede ist, und geklagt hat er gegen die Veröffentlichung des Romans deshalb nicht, weil er wohl einiges – wenn auch nicht alles – gemein hat mit jenem Mann, der auf dem Titelblatt als realer Autor erscheint: Mario Vargas Llosa. Sie sehen, die Dinge sind nicht ganz einfach, und genau darum auch spannend!

---

1 Vgl. Müller, Gesine: *Die Boom-Autoren heute: García Márquez, Fuentes, Vargas Llosa, Donoso und ihr Abschied von den großen identitätsstiftenden Entwürfen.* Frankfurt am Main: Vervuert 2004.

Der in zwanzig Kapitel eingeteilte Roman beschäftigt sich auf zentrale Weise mit den Bedingungen und Gesetzlichkeiten des Schreibens selbst, ist also in hohem Maße selbstreflexiv. Damit haben wir schon gleich zu Beginn neben der autobiographischen Dimension eine zweite Ebene der Selbstreflexivität und vielleicht mehr noch Metatextualität ausgemacht, die diesem Roman die besondere Würze gibt. So konnte zurecht gesagt werden, dass die Handlung des Romans hinter den metafiktionalen Gehalt des Textes zurücktritt, wobei sich das Werk dennoch auf mimetischer Ebene lesen lasse. In den Kapiteln gerader Zahl werden – abgesehen vom letzten – voneinander unabhängige, in sich geschlossene Sex-and-Crime-Geschichten erzählt, eine Schreibweise, mit deren Verwoben-Sein der peruanische Autor erstmals in *La casa verde* erfolgreich experimentiert hatte.

Breiten Raum nimmt dabei die literarische Ausgestaltung des lateinamerikanischen „Radioteatro" ein, das innerhalb populärer Distributionen kultureller Artefakte in den Ländern Lateinamerikas eine Spitzenstellung einnimmt. Sie können dies noch heute bei einem Besuch in Lateinamerika leicht konstatieren: Es behauptet seine starke Stellung auch gegenüber den US-dominierten elektronischen Medien, für die man elektronische Bildschirme und ein mehr oder minder ständiges Hinschauen braucht. Das ist bei einem Radiogerät – sozusagen einem Kofferradio, wie man das früher nannte – nicht notwendig. Es handelt sich dabei durchaus um ein lateinamerikanisches Spezifikum, denn wenn beispielsweise auf dem Campus am Neuen Palais sauber gemacht wird, laufen auch Radiogeräte, aber diese bringen keine Radioteatros, sondern dudeln die übliche Musik. Noch ist es in Lateinamerika den großen und zunehmend ausländisch dominierten digitalen Medien also nicht gelungen, diesen medialen Rivalen auszuschalten.

Vielleicht sollten wir aber eher von „Radionovela" als von „Radioteatro" sprechen, denn wir haben es ja mit der literarisch-narrativen Behandlung einer populären Erzählform zu tun. Es handelt sich um Zeugnisse einer Massenkultur, welche sich im lateinamerikanischen Roman erstmals während der dritten Phase beschleunigter Globalisierung bemerkbar machte, als José Martí etwa über Vorformen dessen berichtete, was man viel später als US-amerikanische Western bezeichnete. Damals galoppierten freilich nicht berittene Cowboys über eine Leinwand, sondern Männer mit Pferd und Schießeisen in einer eigens dafür erstellten Arena – und sie zogen die Massen an.

Bei diesen Radionovelas, die uns Mario Vargas Llosa in *La tía Julia y el escribidor* kredenzt, mag es sich um verworrene, bisweilen sogar ‚hirnverbrannte' Narrative handeln – wie oftmals gesagt wurde –, die ihre eigentliche Kraft aus der Verbindung mit den Handlungssträngen des Romans bezögen. Ich finde freilich, dass dieses Schreiben im Modus dessen, was man auf Spanisch als „cursi" bezeichnet, sehr wohl einen eigenen literarischen Reiz besitzt und nicht einfach als ‚unlitera-risch' ausgegrenzt werden kann. Denn es ging dem peruanischen Schriftsteller darum, diese massenkulturellen Phänomene in ihrer Genese und Verfertigung in den Ablauf seines Romans einzubauen. Und jene Geschichten sind mit einer kräftigen Dosis Humor und Selbstironie à la Vargas Llosa gewürzt – denn nicht umsonst mag ihm präsent gewesen sein, dass seine ersten Theaterstücke (wie *Die Flucht des Inka*) und literarischen Versuche stark von derartigen Formen geprägt waren.

Ich möchte mich an dieser Stelle ein wenig aus dem Fenster lehnen: Die ein-zelnen Texte haben sehr wohl eine nicht nur romaninterne Funktion, sondern besitzen auch ihre eigene literarische Qualität, die sich nicht in einer Hilfs-Funk-tion erschöpft. Das Element von Konstruktion und Konstruiertheit, also der stark ‚gezimmerte' Charakter des Textes, erinnert uns – wenn wir an den vergangenen Vorlesungszyklus zum Thema *LiebeLesen* denken[2] – an einen so konstruktivis-tischen Roman wie Calvinos *Se una notte d'inverno un viaggiatore*. Die Kapitel ungerader Zahl jedenfalls treiben gleichsam die Handlung des Romans an sich voran.

Im zwanzigsten und letzten Kapitel scheint sich das erzählende Ich als der gereifte und gefestigte Autor Mario Vargas Llosa zu erkennen zu geben, doch sollten wir uns vor derlei uns mittlerweile altbekannten literarischen Verfahren hüten. Denn natürlich handelt es sich auch hier nicht um den realen Autor von Fleisch und Blut, sondern wiederum um eine weitere, autobiographisch ein-gefärbte Romanfigur, welche das Element des autobiographischen Erzählens erzähltechnisch vollendet mit dem Auseinandertreten zwischen erzählendem Ich und erzähltem Ich. Dabei lässt sich eine erzähltechnische Bewegung stetiger Annäherung beider Ebenen feststellen.

Jedenfalls wird sich das erlebende Ich als achtzehnjähriger Marito oder Varguitas seiner Berufung zum Schriftsteller bewusst. Die autobiographische Fiktion setzt sich fort, indem die Heirat mit seiner um vierzehn Jahre älteren und mittlerweile glücklich geschiedenen Tante Julia in den narrativen Fokus rückt. Interessant ist dabei, dass die eigentliche Geschichte strikt linear erzählt wird, erzähltechnisch also keine größeren experimentellen Risiken eingegangen werden. Dabei ist Pedro Camacho im Grunde die zentrale poetologische Figur, welche die verschiedenen Ebenen des Romans miteinanderverknüpft. Denn er hat sich mit seiner Arbeit als Künstler und Schauspieler – das heißt konkret als Verfasser von Radionovelas und gleichzeitig als deren Interpret – ganz der Arbeit an der Kunst verschrieben und wird damit zur großen künstlerischen Heraus-

---

2 Vgl. Ette, Ottmar: *LiebeLesen* (2020), S. 33–59.

forderung für den noch jungen, ungelenken und überdies in Liebesdingen gänzlich unerfahrenen Varguitas. Dass ersterer die große komische Figur des Romans sei, wie oft zu hören ist, darf mit guten Gründen bestritten werden, portraitierte sich Mario Vargas Llosa doch in Teilen dieser Figur mit allzu großer Ernsthaftigkeit.

Die unerschöpflich kreative Energie des Vielschreibers Camacho wird in jedem Falle zum Vorbild für den Möchtegern-Schriftsteller Varguitas, der ähnlich wie Mario Vargas Llosas großes Vorbild Gustave Flaubert am Tag kaum etwas zu Papier bringt und gleichsam um jede Zeile kämpfen muss. Schreiben bedeutet für ihn eine große Anstrengung, welcher er nur – wie einst Flaubert – dank eiserner Disziplin Herr werden kann. Wir sehen, auf welch geschickte Weise in diese Konstellationen autobiographische Befindlichkeiten des Schreibenden selbstreflexiv in den Roman eingearbeitet sind.

Im Gegensatz hierzu findet Pedro Camacho nicht einmal mehr die Zeit, seine eigenen Blätter zumindest kurz zu überfliegen, geschweige denn zu korrigieren. Er ist gleichsam der Balzac unter diesen Autoren, immer im Zugzwang und immer vorangetrieben von Zwängen der Abgabe, aber zugleich immer fruchtbar in seiner Imagination wie seiner Gabe geschickten Schreibens. Ihm fällt alles leicht, doch dieses Schreiben ist ein Schreiben gegen die Uhr. Mit dem Voranschreiten der Arbeitswut Pedro Camachos, mehr aber noch mit seinem schrittweisen Zusammenbruch, erschließt sich im Roman immer deutlicher eine metafiktionale Ebene, die freilich erst am Ende des Romans abschließend und eindrucksvoll entfaltet wird.

Denn erst aus der Perspektive des erfolgreichen, aus dem Ausland vorübergehend nach Peru zurückgekehrten Schriftstellers wird im Nachklapp deutlich, dass die unterschiedlichen Protagonisten der Romandiegese zumeist Schiffbruch erlitten haben. Vor allem Pedro Camacho ist buchstäblich ‚auf den Hund gekommen‘. Dabei zeigt sich, dass seine Geschichten auf der eigenen Biographie beruhen, so dass sich bereits auf dieser Ebene eine deutliche metafiktionale Beziehung zum Roman *La tía Julia y el escribidor* ergibt. Scheitert Pedro Camacho wirklich an der Produktion von schlichtem *Kitsch*, in dem, was auf Spanisch als „cursi" oder „cursilería" bezeichnet wird? Ist ein Schreiben also zum Scheitern verurteilt, weil es sich gleichsam ohne Distanz zum eigenen Leben vollzieht? Dies scheint mir doch eine offene Frage zu sein.

Denn immerhin tritt dieses Scheitern erst dann ein, als die Flut sich gleichzeitig abspielender Radionovelas so sehr ansteigt, dass er sich nicht mehr vor Auftragsarbeiten retten kann und auch in seinem schreibbaren Erinnerungsvermögen hoffnungslos überspült wird. Dagegen sei Mario Vargas Llosa durch seine ironische Distanz zu sich selbst und seinem Stoff eine Geschichte auf hohem literarischem Niveau gelungen, so behauptet man häufig. Ich denke aber, dass die unterschiedlichen Schriftstellerfiguren und ihre verschiedenartigen Reaktionsweisen sehr viel stärker miteinander verwoben sind und sich nicht so einfach auftrennen lassen, wie dies in einer solchen Deutung geschieht. Wir erfahren in diesem Roman metafiktional viel von den Bedingungen eines Schreibens, welches der reale Autor nicht von außen amüsiert betrachtet, sondern in welches er selbst sehr stark verstrickt ist, weiß doch der promovierte Literaturwissenschaftler sehr wohl, welche literarischen Traditionen und damit verbundenen Schriftstellerfiguren in ihm gleichzeitig präsent sind. Denn Mario Vargas Llosa ist auch das: ein unglaublich disziplinierter Polygraph, bei dem die Vielschreiberei freilich zu immer wieder anderen und faszinierenden Büchern und Texten führte.

Übrigens ist der Roman selbst sehr leicht rezipierbar, was ihn nicht zuletzt zu seinem großen Erfolg verholfen oder zumindest dazu beigetragen hat. Ob es bei ihm wiederum zu einer Art Rückverwandlung in eine Radionovela kam, entzieht sich meiner Kenntnis, wäre aber sehr wohl denkbar, ja wünschenswert: Viele Romane des peruanischen Schriftstellers sind Vorlagen für Drehbücher zahlreicher Verfilmungen, von Radiohörspielen, Theaterstücken und vielen anderen kreativen Weiterverarbeitungen geworden. Jedenfalls scheint mir, dass in diesem unterhaltsamen Roman die Grenzlinie zwischen Trivialliteratur und hoher Literatur zwar gezogen, zugleich aber hinterfragt und sehr hintergründig unterlaufen wird. Im Kontext des „Great Divide" ist *La tía Julia y el escribidor* ein Roman, der die traditionellen Mappings hinterfragt und das „Gap" zwischen den unterschiedlichen, traditionell voneinander scharf getrennten Kunstbereichen zu überbrücken, in jedem Fall zu überspannen sucht. Die weltweite Auflagenhöhe von Vargas Llosas Romanen spricht dafür, dass dies nicht nur in der Theorie, sondern auch in der Praxis erfolgte. Für Deutschland lässt sich mit Blick auf sein angestammtes Verlagshaus Suhrkamp sagen, dass die hohen Erlöse seiner Romane wesentlich zur Finanzierung einer Vielzahl von Übersetzungen lateinamerikanischer Texte beitrugen, die wohl ohne diese Einnahmequelle niemals übersetzt worden wären.

Die autobiographische Dimension des Romans wird übrigens vom Autor schon paratextuell gestützt. Denn in dessen Titel taucht der Name Julia ebenso auf wie in der dortigen Widmung an eben Julia Urquidi, der – wie es heißt – „ich und dieser Roman so viel verdanken". Damit wird letztlich ein autobiographischer Pakt mit dem Lesepublikum geschlossen, ein Pakt, der im Gewühl verzwickter Ereignisse der Radionovelas zwar bisweilen untergeht, aber im Verlauf der einzelnen Kapitel bis hin zum letzten immer wieder erneuert wird. Die Selbst- und Metareflexivität der zweiten Ebene – also die des literarischen Diskurses – wird anhand des Mottos deutlich gemacht, das Salvador Elizondo und seinem Text *El Grafógrafo* entnommen ist. Es zitiert eine hübsche Passage, in welcher sich der Schreibende schreibend sieht, wie er schreibt, dass er sieht wie er schreibt und so weiter: Es sind Spiegelungen von Spiegelungen, ganz in dem Sinne, den Maurice Blanchot so früh im 20. Jahrhundert prospektiv für die kommende Literatur angesprochen und angekündigt hatte. Diese autobiographische Dimension tritt dann auf der fiktionalen Ebene im Text selbst bereits im Incipit hervor. Schauen wir uns daher den Beginn dieses ersten Kapitels an:

> In dieser lang schon zurückliegenden Zeit war ich noch sehr jung und lebte mit meinen Großeltern in einem Landhaus mit weißen Wänden in der Ocharán-Straße im Stadtteil Miraflores. Ich studierte an der San Marcos-Universität Jura, glaube ich, und hatte mich mit dem Gedanken abgefunden, mir mein Leben später mit einem bürgerlichen Beruf zu verdienen, obwohl es mir im Grunde weitaus mehr entgegengekommen wäre, Schriftsteller zu sein. Ich hatte eine Arbeit mit einem pompösen Titel, bescheidenem Honorar, illegalen Aneignungen und einer elastischen Arbeitszeit: Informationsdirektor von Radio Panamericana.[3]

Wie Sie sehen, wird in diesem Zitat gleich von Beginn an die zeitliche Distanz zwischen einem erzählenden und einem erzählten Ich eingeführt, so wie dies in der Gattung Autobiographie traditionellerweise üblich ist. Die Geschichte wird gleichsam aus dem Rückblick auf eine Zeit erzählt, die als längst vergangen charakterisiert wird. Ganz im Sinne der Autobiographie und ihrer herkömmlichen Ausgestaltung befinden wir uns dann im letzten Kapitel auf jener Zeitstufe, von der aus die Zeit so distanziert schien, haben also jene Distanz durchschritten, an deren Ende wir dem Ich-Erzähler gleichsam beim Schreiben über die Schulter schauen können.

Wesentliche Handlungselemente des Romans werden hier bereits eingeführt, etwa das kleine schmucke Anwesen in einem recht schicken Viertel von Lima, wozu auch gleich die Möglichkeit eines Studiums tritt, dessen Ziel ein üblicher Beruf lateinamerikanischer Bürgersöhne ist: nämlich als Jurist oder Anwalt seine Brötchen zu verdienen. Alles ist eigentlich schon fertig, bevor das Leben richtig begonnen hat. Die fehlenden Eltern, von denen angesichts der Großeltern nicht die Rede ist, verweisen zugleich auf eine Problematik, die erst viel später im Roman thematisiert werden wird. Denn erst dann wird jener ungeliebte und hartherzige Vater auftreten, der mit seiner harschen Reaktion auf die Veröffentlichung des Buches noch ein allerletztes Mal ins Leben des Autors treten wird. Im Roman selbst freilich sehen wir eine Art Machtkampf zwischen Vater und Sohn, bei dem sich letzterer durchsetzt.

Zu guter Letzt wird im Zitat auch die sich andeutende Berufung zum Schriftsteller angeführt, welche jedoch erst vor dem Horizont eines nicht weiter beachteten Jurastudiums an der San Marcos-Universität in Lima erscheint. Am Ende des

---

3 Vargas Llosa, Mario: *La tía Julia y el escribidor*. Barcelona: Seix Barral 1977, S. 11.

Zitats sehen wir den Arbeitsplatz des Ich-Erzählers bei Radio Panamericana, wo sich die gesamte künstlerische Dimension des nachfolgenden Textes mit seiner spielerischen Einbettung lateinamerikanischer Massenkultur situieren wird.

Damit tritt eine Dimension hinzu, die – so scheint mir – oftmals zu wenig beachtet wird, der wir uns aber unbedingt zuwenden sollten. Dabei geht es um die Beziehung und oftmals Konkurrenz zwischen verschiedenen künstlerisch-massenkulturellen Medien, genauer zwischen dem Reich der Literatur, dem erträumten Schriftsteller-Sein einerseits und andererseits dem Bereich der Massenkommunikation beziehungsweise Massenkultur in Form eines populären Radiosenders, mit dessen Hilfe – und dies wird im Roman immer wieder betont – binnen kürzester Frist größte Menschenmassen erreicht werden können. Genau auf diesem Aspekt leichter Erreichbarkeit eines größeren Publikums liegt der Schwerpunkt des Romans: also nicht so sehr in der Konkurrenz zwischen Roman und Trivialroman, zwischen hoher und niederer Literatur, als vielmehr zwischen dem Medium Literatur einerseits mit seinen spezifischen Schreibbedingungen und dem Medium Rundfunk andererseits, das ebenfalls eine klare medienspezifische Vorgabe besitzt.

Aufschlussreich ist diese mediale und sinnliche Beziehung allemal, insofern ebenso im Bereich der Literatur, wo mit den Augen gelesen wird und Bilder beim Lesepublikum per Hypotypose erzeugt werden, als auch im Bereich des Hörfunks, wo die Augen im Sinne einer Erfassung von Bildern zugunsten der Ohren als dominantem Wahrnehmungssinn weitgehend ausgeschlossen sind, spezifische mediale Rezeptionsbedingungen erzeugt werden. Man könnte allerdings die Literatur sehr wohl auch dem Bereich des Hörens zuordnen, insofern ein Schriftbild diskursiv umgesetzt wird und die Rede dieses Diskurses gleichsam akustisch vernehmbar erscheint. Dies hat mit den verschiedenen Revolutionen des Lesens zu tun, auf die wir im Rahmen einer anderen Vorlesung zu sprechen kamen,[4] und zeigt sich als Schwundstufe des lauten Lesens noch darin, dass wir etwa in der S-Bahn unsere Gegenüber des Öfteren beim Lesen der Zeitung die Lippen bewegen sehen.

Doch geht es bei dieser Konstellation nicht um die intermediale Transposition zwischen Bild und Text, wie sie in unserer Zeit so dominant geworden ist, sondern von Schrifttext zu Hörtext. Die Schauspieler der Radionovelas oder „Radioteatros" werden nicht von ihren Zuschauern gesehen und besitzen oftmals Stimmen, die letztlich auf eine ganz andere Körperlichkeit verweisen als jene, die ihnen in Wirklichkeit zugeordnet ist. Sie kennen diesen Effekt aus dem bekannten Song *Video Killed the Radio Star* von The Buggles über die medialen Schwellen zwi-

---

4 Vgl. in der Reihe „Aula" Ette, Ottmar: *LiebeLesen* (2020), S. 93–103.

schen Stumm- und Hörfilm beziehungsweise Radio und Video. All dies hat mit Visualisierung und mehr noch Visibilisierung von Körpern zu tun.[5]

Wir erreichen damit einen Aspekt unserer Diskussion des Schreibens in der Postmoderne, der bislang weitgehend ausgeblendet blieb und oftmals zu wenig reflektiert wird: den der inter- und transmedialen Transposition im Medium der Literatur. Bei diesen Beziehungen geht es nicht allein um Visualisierung, um die Relationen zwischen Text und Bild – ein Forschungsgebiet, das überaus populär ist und seit langen Jahrzehnten vielfältige Forschungsarbeiten auf sich gezogen hat, so dass man mitunter den Eindruck einer ‚Überforschung' dieses Gebiets gewinnen kann. Bei der Beziehung, auf die ich abziele, scheint es sich auf den ersten Blick vielmehr um eine Art Verfremdung von Literatur zu handeln. Doch gehen diese inter- und transmedialen Relationen im Grunde zu den Anfängen unserer Literaturen zurück und weisen zugleich über diese hinaus: Ich spreche von den Beziehungen zwischen Literatur und Hören, zwischen Text und Ohr. Mit anderen Worten: „Attention au phonotexte"![6]

Bereits die Arbeit des Ich-Erzählers bei Radio Panamericana besteht just in dieser Transposition: Er muss Nachrichten aus den gedruckten Zeitungen händisch mit der Schere ausschneiden, um sie dann radiotechnisch ‚umzuschminken', damit sie im Radio mediengerecht eingesetzt werden können. Dies betrifft genau die Arbeit der Transposition zwischen verschiedenen Medien – und damit beschäftigt sich letztlich auch *La tía Julia y el escribidor* in ganz zentraler Weise. Die so mühsam mit Schere und Klebstoff erarbeiteten „Boletines" werden dann stündlich ausgestrahlt, also direkt vermarktet, wobei es sich sozusagen um Informationen aus zweiter oder – denken wir an die Nachrichtenagenturen – aus dritter oder vierter Hand handelt. Wohl bekomms!

Radio Panamericana belegte das zweite Stockwerk und die Dachterrasse eines brandneuen Gebäudes und besaß bezüglich seines Personals, seiner Ambitionen und Programme ein gewisses ausländisches und snobistisches Flair mit einem Schuss Modernität, Jugendlichkeit und Aristokratie. Obwohl seine Radiosprecher keine Argentinier waren, so hätten sie es (hätte Pedro Camacho gesagt) verdient, welche zu sein. Man spielte viel Musik, massenhaft Jazz und Rock mit einem Spitzchen Klassik, der Sender strahlte als erster in Lima die neuesten Hits aus New York und Europa aus, doch verachtete man keineswegs lateinamerikanische Musik, solange sie ein Minimum an Komplexität besaß [...]. *Radio Central* hingegen

---

5 Vgl. zu dieser Differenz Ette, Ottmar / Müller, Gesine (Hg.): *Visualisierung, Visibilisierung und Verschriftlichung. Schrift-Bilder und Bild-Schriften im Frankreich des 19. Jahrhunderts.* Berlin: Verlag Walter Frey – edition tranvía 2015.
6 Vgl. zur Phonotextualität Ette, Ottmar: Dimensiones de la obra: iconotextualidad, fonotextualidad, intermedialidad. In: Spiller, Roland (Hg.): *Culturas del Río de la Plata (1973–1995). Transgresión e intercambio.* Frankfurt am Main: Vervuert Verlag 1995, S. 13–35.

drängelte sich in einem alten Haus voller Innenhöfe, Irrungen und Wirrungen zusammen, und es genügte, seine sorglosen und den lokalen Slang übertreibenden Radiosprecher zu hören, um augenblicklich deren Ausrichtung an einer breiten, plebejischen und höchst kreolischen Masse zu erfassen. Hier verbreitete man nur wenige Nachrichten, und hier war auch die peruanische Musik einschließlich der andinen die unangefochtene Herrscherin; und es war keineswegs selten, dass sich indianische Sänger aus Provinzbühnen an den für das Publikum offenen Sendungen beteiligten, welche bereits Stunden vorher an den Türen der Veranstaltungen ganze Massen von Leuten zusammenführten. Auch erbebten die Radiowellen dieses Senders häufig unter tropischer Musik, etwa aus Mexiko oder Buenos Aires, und die jeweiligen Programme waren einfach, einfallslos, effizient: Telefonwünsche, Geburtstagsständchen, der neueste Klatsch aus dem Showbusiness, Kitsch und Kino. Das Hauptgericht aber, das man stets von neuem und überreich auftischte, war das, was allen Umfragen zufolge die Einschaltquoten sicherte: die *Radioteatros*.[7]

Wir erkennen in dieser Passage auf wenigen Zeilen ein genau am Markt ausgerichtetes alternatives Programm für zwei Radiostationen, welches genau auf bestimmte Bedürfnisse der Hörerinnen und Hörer ausgerichtet ist. Man könnte hinter dieser Alternative marktwirtschaftliches Konkurrenzkalkül vermuten, was es im Grunde ja auch ist; doch beide Radiostationen gehören, was bei konkurrierenden Firmen nicht selten der Fall ist, demselben Besitzer. Es ist zweifellos so, dass Radio Central die nationalere Programmgestaltung besitzt, die ein Massenpublikum anzieht. Im Roman selbst heißt es dazu eher lakonisch, dass sich die beiden Radiostationen wie zwei tragische Schwestern ähnelten, von denen die eine voller Grazie, die andere aber von Geburt an voller Fehler und Mängel sei.[8] In ihren Ausrichtungen stimmten beide in keiner Weise miteinander überein.

Nomen est omen: Während Radio Panamericana etwas „extranjerizante" und snobistisch mit einem Hang zu internationaler Moderne funktioniert, wobei immer zuerst die großen Musikerfolge aus New York und Europa reproduziert werden, ist – im Gegensatz zu diesen internationalen und intellektuellen Ambitionen – Radio Central unverkennbar auf die breite Masse hin berechnet. Es zielt auf ein nationales Massenpublikum und betont das spezifisch regionale, kreolische Element. Hier zählt allein peruanische Musik unter Einschluss heimischer Klänge der andinen „Sierra". Mit anspruchslosen Programmen und einfachen Informationen ausgestattet, präsentiert sich der Sender sehr wirkungsvoll und erfolgreich.

Für die hohen Einschaltquoten waren bei Radio Central, dies zeigten die Umfragen, die Radioteatros verantwortlich, von denen pro Tag mindestens ein

---

7 Vargas Llosa, Mario: *La tía Julia y el escribidor,* S. 12.
8 Ebda., S. 11 f.

halbes Dutzend ausgestrahlt wird.[9] Gleich zu Beginn wird auf den Unterschied zwischen den jugendlichen, kristallinen Stimmen der Sprecher dieser Radioteatros und ihren alten Gesichtern aufmerksam gemacht. Dies ist ein für uns wichtiger Aspekt, erscheint die Stimme doch als ostentativer, manifester Beleg einer letztlich vom Leib abgetrennten Körperlichkeit (insofern der Körper mit seiner Stimme zu einem Objekt der Sprecherinnen und Sprecher wird, welche ihre Stimme wie einen separaten Gegenstand bearbeiten). Sobald sich das Fernsehen und damit die Visualisierung durchsetzt, so der Erzählerkommentar, wird diesen Menschen nichts anderes als der Selbstmord übrigbleiben: *Video Killed the Radio Star.*

Das Fernsehen wird sehr rasch zum Feind des Radios – doch wissen wir aus unserer historischen Erfahrung sehr präzise, dass sich nur die jeweiligen Zuständigkeitsbereiche wandeln, dass das Fernsehen aber keineswegs dem Radio den Todesstoß versetzen konnte. Damit wird gleich zu Beginn des Romans eine Konkurrenzsituation unterschiedlicher Medien eingeführt. Wieder ist der Erzählerkommentar im Roman sehr deutlich: Die Hausfrauen, die „amas de casa", wären sicherlich sehr enttäuscht, wenn sie die Körper der Sprecherinnen und Sprecher sähen – womit zugleich ein Publikumsegment genannt wird, auf welches diese Radioteatros abzielen. Doch noch sollte es lange dauern, bis das Fernsehen nach Peru kam.

Radioteatros, – so berichtet uns der Erzähler – wurden im Übrigen in Serie hergestellt, und zwar trotz ihres kreolisch-peruanischen Beigeschmacks nicht etwa in Peru, sondern in Havanna, wo eine Art „imperio radiotelevisivo"[10] herrschte. Kubas Hauptstadt war in jenen Jahren in der Tat eine Art Drehscheibe marktgerechter Produktionen für einen gesamtlateinamerikanischen Hörer- und Zuschauerkreis. Wir haben es also mit authentischer Massenproduktion zu tun, die rasch kommerzialisiert und umgesetzt wird, eine Produktion, in welcher auch das scheinbar ‚Authentische' nichts anderes als pures Marktkalkül darstellt. ‚Peruanisch' ist folglich keine territoriale Produktion, sondern eine transnationale und in diesem Falle transareale Strategie großer Unterhaltungskonzerne, die von der Karibik aus auch für einen andinen Raum produzieren.

In den Augen des Chefs erscheint der junge Varguitas als eine Art Intellektueller seit ersterer eine von dessen Erzählungen in der Sonntagsbeilage seiner Tageszeitung gesehen hatte. Man sieht und erkennt deutlich: Schreiben ist nicht gleich Schreiben, Medium ist nicht gleich Medium. Und es bewahrheitet sich die alte Erkenntnis von Marshall McLuhan: „the medium is the message", das Medium ist

---

9 Ebda., S. 13.
10 Ebda., S. 14.

die eigentliche Botschaft.[11] Denn eine Erzählung, die im Feuilleton einer Tageszeitung oder in Buchform erscheint, bleibt nicht dieselbe Erzählung, wenn sie über Radio läuft.

Übrigens werden die Radioteatros nicht nach Seiten, sondern nach Gewicht verkauft. Deutlicher hätte eine Stellungnahme zum Unterschied zwischen hoher Literatur einerseits und mediatisierten Schreibformen andererseits auf Ebene faktischer Bedingungen nicht ausfallen können. Unmittelbar vor der Ausstrahlung werden zahlreiche ‚Kubanismen' freilich immer noch rechtzeitig in ‚Peruanismen' umgebaut. Das nennt man *intralinguale* Übersetzung, eine Art „Rewording" oder Transposition innerhalb derselben Sprache, aber für ein jeweils anderes Zielpublikum in Lateinamerika. Dass bisweilen – wie es im Roman heißt – ganze Kapitel auf dem Seeweg verloren gingen oder im Archiv ein Fraß der Ratten wurden, konnte dabei nicht weiter stören: Die paar fehlenden Gramm waren leicht zu schreiben.

Doch nun taucht eine neue Romanfigur auf. Der Ich-Erzähler fühlt sich als „hombre completo" von achtzehn Jahren und kommt mittlerweile für einen Teil seiner Lebenshaltungskosten alleine auf. Er wird von der gerade frisch geschiedenen und aus Bolivien eingereisten Tante Julia, die sich schon wieder auf Bräutigams-Schau befindet, zunächst wie ein kleiner Junge behandelt und mit Wangenkuss artig begrüßt, womit zugleich eine gewisse innerfamiliäre – und damit latent inzestuöse – Dimension in die sich nur sehr langsam anbahnende Liebesbeziehung eingeblendet wird. Mich interessiert dabei weniger die natürlich autobiographisch fundierte Liebesbeziehung als solche, in welcher im übrigen Tante Julia über die weitaus größere Erfahrung und Liebespraxis verfügt, sondern die Tatsache, dass sich diese Liebesbeziehung zunächst *nicht* in der gemeinsamen Lektüre eines Buches anbändelt wie noch bei Dante in der berühmten Episode von Paolo und Francesca. Nein, die Zeiten und die Medien haben gewechselt!

Vielmehr entflammt die Liebe beim gemeinsamen Kinobesuch, also beim gemeinsamen Konsum eines anderen Mediums, welches sich mit Hilfe bewegter Bilder ausdrückt. Auch in dieser Beziehung findet sich gleichsam eine mediale Konkurrenz- und Komplementärsituation, die nicht uninteressant ist, wenn wir etwa an Manuel Puigs Roman *El beso de la mujer araña* denken. Das Kino liefert genügend Stoff für eine beiderseitige „concupiscentia oculorum": Die Liebe geht hier nicht durch den Magen, sondern durch die Augen. Man tut eben, was man sieht, und man sieht zu, dass man es schnell tut …

---

11 So der vielzitierte Kernsatz des kanadischen Medienwissenschaftlers McLuhan, Marshall: *Understanding Media: The Extensions of Man.* New York: Mentor 1964.

Jedenfalls geht diese umcodierte Paolo-und-Francesca-Episode auf die in allen Liebesdingen erfahrene Tante Julia zurück, die gleich beim ersten Treffen schon anregt, einmal gemeinsam ins Kino zu gehen. Mit Literatur und Intellektuellen hat sie nicht viel am Hut, wohl aber mit den bewegten und bewegenden Bildern, die zum Herzen sprechen. Und sie hat ein großes Herz. Ihre Lebens- und Liebesformen sind medial anders vorstrukturiert, und sie lassen den jungen Mann nicht kalt. Der erste Film, den sich Julia und Marito anschauen, stammt aus der damals sehr erfolgreichen mexikanischen Filmproduktion und heißt sinnigerweise *Madre y amante*, wodurch das seit dem Roman des 19. Jahrhunderts omnipräsente inzestuöse Element betont wird. Sie sehen schon, wie wunderbar komplex Mario Vargas Llosa seine Erinnerungen fiktional durchstrukturiert hat

Letztlich wird es dem männlichen Ich-Erzähler nichts helfen, gegenüber Tante Julia zu behaupten, dass es die Liebe eigentlich nicht gebe, da sie die Erfindung eines Italieners namens Petrarca und einiger Troubadoure sei. Da ist aus Sicht des Literarhistorikers einiges dran, wenn wir mit Denis de Rougemont die Geschichte der Liebe im Abendland durchforsten.[12] In den Zeiten medialer Massendistribution sind derlei Vorstellungen allerdings von gestern. Das heißt, sie wirken fort, bedienen sich zum Teil aber anderer Medien. Maritos „erotisch-biologische Theorie" kann die schöne Tante Julia nicht überzeugen; und es wird nicht mehr lange dauern, bis aus Marito ein „marido", Julias Ehemann, geworden ist.

Eine weitere Hauptfigur des Romans lässt nicht lange auf sich warten und kommt ebenfalls aus Bolivien an: eben der bereits erwähnte Pedro Camacho. Camacho wird im Handumdrehen angeheuert und arbeitet fortan exklusiv für Radio Central, eine feste Anstellungssituation, die bereits darauf verweist, dass wir es hier mit gänzlich anderen ökonomischen und arbeitstechnischen Strukturen zu tun haben als im Bereich der Literatur. Übrigens wird als konkurrierender Bereich auch die Universität nicht ausgespart, ist doch Maritos bester Freund ein junger Mann, der früher *der* Star des Literaturdepartments der Katholischen Universität zu Lima gewesen war. Aus ihm wurde aber kein brillanter Doktorand und auch kein brillanter Lehrstuhlinhaber, der noch Gedichte und Kritiken beisteuern könnte; nein, er wechselte plötzlich und unerklärlich das Fach, ließ die Literaturwissenschaften Literaturwissenschaften sein und schrieb sich für Wirtschaftswissenschaften ein. Er ist kein gutes Beispiel für Sie!

Dieser junge Mann hatte schlicht damit begonnen, die Literatur und alles, was mit ihr zusammenhing, zu hassen. Er hatte zuvor ganz peruanisch über Ricardo Palma promovieren wollen, arbeitete nun aber am Banco Central. Man sieht mit

---

12 Vgl. hierzu das Rougemont-Kapitel in Ette, Ottmar: *LiebeLesen*, S. 135–161.

Verdruss: Die Attraktivität unserer Studiengänge ist nicht überall gewährleistet. Wie dem auch sei, Am Ende des ersten Kapitels taucht eben das kleine Männchen namens Pedro Camacho auf und bemächtigt sich der Schreibmaschine des Ich-Erzählers. Fortan lesen wir, ohne dass dies dem Lesepublikum angekündigt würde, jene Geschichten, die Camacho in unglaublicher Geschwindigkeit in die Maschine tippt und wenige Stunden später bereits aufführt. Schauen wir uns diese wundersame Figur einmal näher an:

> Mit einer raschen, automatischen Bewegung streckte das Männchen augenblicklich eines seiner Ärmchen aus, machte einige Schritte in meine Richtung, bot mir eine Kinderhand an und stellte sich, begleitet von einem erneuten höfischen Knicks, mit seiner kostbaren Tenorstimme vor:
> – Ihr Freund Pedro Camacho, Bolivianer und Künstler.
> Er vollführte Geste, Bewegung und Formel noch einmal mit Pascual, der augenscheinlich einen Moment höchster Konfusion erlebte und zu entscheiden unfähig war, ob sich das Männchen über uns lustig machte oder sich immer so verhielt. Nachdem er uns zeremoniell die Hände gedrückt hatte, drehte sich Pedro Camacho zum Informationsdienst um [...]. Er nahm sich einige Sekunden Zeit, bevor er uns mit musikalischen Worten bedachte, begleitet von der Gestik eines sich verabschiedenden Zauberers:
> – Ich verüble es Ihnen nicht, ich bin an das Unverständnis der Leute gewöhnt. Leben Sie wohl, meine Herren![13]

Diese schöne Vorstellungsszene, nach welcher die Literatur des Pedro Camacho die Leserschaft ‚überflutet‘, ist recht hübsch konstruiert und verdient es, ein wenig genauer betrachtet zu werden. Zur Erläuterung: Pedro Camacho ist gekommen, um sich sein Arbeitsgerät – eine Schreibmaschine der Marke Remington – unter den Nagel zu reißen, selbstverständlich mit Unterstützung der Geschäftsleitung, welche dieses Arbeitsgerät wesentlich effektiver in den Händen des bolivianischen Kunstschreibers eingesetzt sieht. Der Auftritt von Pedro Camacho erzeugt einen komischen Effekt, ist für den kleinen Bolivianer selbst aber in keiner Weise komisch. Ganz im Gegenteil, Er nimmt sich und seine Kunst überaus ernst. Mehr noch, er beklagt sich als Künstler über das Unverständnis der Welt gegenüber seinem Tun und der von ihm repräsentierten Kunst, der er als überzeugter „artista" huldigt.

Zugleich ist er eine Art Zwitterwesen, insoweit man nicht weiß, ob er sich in der Realität oder der Fiktion bewegt. Nicht umsonst wirkt er wie ein Zauberer, und zwar als „presti*digi*tador" wie einer, der mit den Fingern zaubert, was angesichts der Schreibmaschine ja keineswegs überraschend ist. So ist Pedro Camachos Stimmorgan auch eine überaus melodiöses, womit auch hier in der Realität

---

13 Vargas Llosa, Mario: *La tía Julia y el escribidor*, S. 26.

schon das spezifische Medium seiner Hör-Kunst in akustischer Inszenierung vernehmbar wird. Vom reinen Augenschein her ist nicht zu entscheiden, ob sich der Bolivianer nun über seine Gesprächspartner lustig macht oder nicht: Er ist ein Wesen, das sonderbar zwischen den Stühlen, den Konventionen, zwischen Schein und Sein oszilliert.

Denn Pedro Camacho ist Künstler und kein Künstler, Zauberer und kein Zauberer, ist ironisch und ist es doch nicht, ist ein Arbeiter und kein Arbeiter. Er ist als reale literarische Figur selbst bereits so ambivalent wie jene Unzahl an Geschichten, deren Ende im Roman stets offenbleibt, weil man immer noch eine weitere Folge hören muss, um das vermeintliche ‚Ende‘ der Geschichte erfahren zu können. So ist Pedro Camacho die Verkörperung seiner literarisch-massenkulturellen Gattung, seines Lebens und Schreibens selbst. Die unendlichen Geschichten, die er unermüdlich in die Maschine hämmert, sind ebenso Kunst und Kunsthandwerk wie er selbst: Alles ist für ein möglichst breites Publikum gemacht.

Ich kann in der Folge leider die Vielzahl von Geschichten nicht darstellen, die im Roman ständig weiter proliferieren. Wie schon gesagt: Es besteht eine gewisse strukturelle Ähnlichkeit mit Italo Calvinos schönem Roman *Wenn ein Reisender in einer Winternacht*. Die zahlreichen einmontierten Geschichten sind durchaus einer Analyse wert und betreffen eine Vielzahl ästhetischer Fragestellungen, die für unsere aktuelle Vorlesung von Bedeutung sind. Im Grunde zeigen sie wie in einem Kaleidoskop unterschiedliche Facetten und Fragmente der peruanischen und lateinamerikanischen Gesellschaften auf, wobei – sehen wir von der großen Katastrophe am Ende einmal ab – alle Geschichten rund um das Thema „Sex and Crime" radikal offen bleiben.

Zweifellos ließe sich sagen, dass diese auf den ersten Blick so trivialen Geschichten eine „opera aperta" im Sinne Umberto Ecos bilden und Bestandteile eines Mobile sind, als dessen Einzelteile sie sich bewegen und in ständig neuen Konfigurationen erscheinen. Bemerkenswert und aufschlussreich ist besonders, dass jeweils bestimmte Unterhaltungsmedien von Bedeutung sind, so etwa schon in der ersten Geschichte das Medium Buch in Form der Bestseller, welche ein angesehener Arzt neben seiner Körperertüchtigung nie zu kaufen vergisst.

Bereits die erste eingeblendete Liebesgeschichte ist inzestuös, da sie sich zwischen zwei Geschwistern anbahnt. Dies ist seit dem 19. Jahrhundert nicht allein im französischen, sondern auch im lateinamerikanischen Roman Standard und ein Lieblingsthema des Feuilletonromans – glauben Sie bloß nicht, es sei neu! Es taucht hier freilich in einer burlesken und verzweifelten Variante zugleich auf. Denn es geht um die erzwungene Hochzeit der schönen Eleanita mit einem weniger hübschen Absolventen einer US-amerikanischen Universität, der fest an die Liebe glaubt. Doch die Heirat soll nur dazu dienen, Eleanitas

Schwangerschaft durch ihren eigenen Bruder bestmöglich zu kaschieren. Wie am Ende aller Geschichten Pedro Camachos, die sämtlich „cursi" sind, folgt eine Serie an Fragen, wie es wohl mit den Protagonisten und der Geschichte weitergehen werde. Dabei ist es durchaus möglich, einzelne Teile der Geschichte unter anderen Geschichten weiterzuverfolgen.

Die kleine, aber hyperaktive Gestalt Pedro Camachos ist für den jungen Marito, der selbst seinen Träumen, ein Schriftsteller zu sein, sehnsuchtsvoll nachhängt, eine ständige Faszination und Herausforderung. Denn Pedro Camachos Produktivität ist atemberaubend, da er schon in den frühen Morgenstunden zu schreiben beginnt, bis weit über die Mittagszeit hinaus weiterschreibt und – wenn er dann endlich geistig etwas müder geworden ist – schließlich nachmittags als Schauspieler seine eigenen Texte interpretiert. Wir spüren bei dieser Beschreibung etwas von der eisernen Disziplin, mit der Mario Vargas Llosa selbst zu schreiben pflegt und seinen Arbeitsalltag gestaltet.

Da bleibt zum Schlafen, geschweige denn für andere Aktivitäten, nur wenig Zeit: Gezielte Schlafreduktion ist das Motto. Auf die Frage, wie es ihm in Lima ergehe, antwortet Camacho, dass es ihm wie überall gut gehe, sei doch das Vaterland des Künstlers die Welt. Diese Figur besitzt viele Aspekte, in denen wir durchaus Positionen erkennen können, die sich mit jenen von Mario Vargas Llosa in Verbindung bringen ließen. Es ist also keineswegs so, dass Pedro Camacho als Kontrast- und Negativfolie für jene Positionen herhalten muss, die sich dann positiv in Varguitas kristallisieren. Vielmehr ist es gerade das Faszinosum des Schreibens, des Erfindens sowie sich selbst Erfindens durch das Schreiben, das in der Figur Pedro Camacho zum Ausdruck kommt. Dieses Schreib-Männchen hat es fürwahr in sich!

Selbst Tía Julia kann sich seiner Anziehungskraft nicht entziehen, trotz oder gerade wegen der Radikalität dieser Figur. Dagegen sind Maritos Schreibversuche intellektuelle Fingerübungen, die braven Etüden gleichen. Dazu zählen etwa die Versuche – und man sieht hier deutlich die Spuren, welche dieser argentinische Schriftsteller in der Postmoderne hinterlassen hat –, einen „cuento" im Stil von Jorge Luis Borges zu schreiben, eines Autors, den Marito gerade erst kennengelernt hatte. Doch in dieser fleißigen Schreibübung misslingt zumindest das zunächst, was deren etwas pompöser Titel verspricht: nämlich den qualitativen Sprung zu machen, „El salto cualitativo". Im Gegensatz zu Pedro Camacho schreibt Marito mittags sowie nachts; und schon nach der Niederschrift des ersten Satzes findet der angehende Schriftsteller diesen bereits furchtbar. Aller Anfang ist schwer! Ganz im Flaubert'schen Sinne braucht es viel Zeit, bis sich die ewige Orgie, die „orgía perpetua", endlich einstellen will.

Pedro Camacho gelingt es, anhand eines simplen Plans der Stadt Lima – und ohne die peruanische Hauptstadt wirklich zu kennen, schreibt er doch die ganze

Zeit – die wesentlichen Hauptspielorte festzulegen und eine Art künstlerischer Kartographie zu entwerfen, die dem französischen Soziologen Pierre Bourdieu Freude bereitet hätte. Es lässt sich wirklich nicht behaupten, dass Pedro Camachos Kunst schlicht mimetisch wäre. Sie ist vielmehr arrogant, indem sie sich das Recht nimmt, die Dinge neu zu benennen, sie an sich zu reißen und mit ihrem eigenen Bedeutungssystem aufzuladen, das freilich immer an Extremen, an arm und reich, Tag und Nacht, schön und hässlich – und was es an Gegensätzen noch mehr gibt – orientiert ist. Pedro Camacho bleibt gleichsam ein Strukturalist in Aktion, der seinen Diskurs unverdrossen um Oppositionspaare aufbaut.

So interessieren ihn Madonnen oder Prostituierte, nicht aber die „mesocracia", die mittleren Figuren, für die sich auch sein Publikum nicht interessieren könne. Alles, so Pedro Camacho, komme aus ihm selbst, ganz Argentinien etwa sei mit seinem Denken angefüllt, und viele hätten ihn dort kopiert, er selbst aber habe noch von niemandem abgeschrieben. Auch auf Ebene einer bewussten und expliziten Intertextualität unterscheidet sich Pedro also grundlegend von Marito, dem Schriftstellerlehrling. Pedro Camachos Bibel ist allerdings ein Buch, das Zitate der einhundert besten Schriftsteller der Welt enthält. Auf diese Wunderwaffe, die keine Kanone, wohl aber den *Kanon* anbietet, greift er zurück, eignet sich diese Zitate an, ohne auf ihren jeweiligen Kontext zu achten oder gar zu antworten. Es geht ihm lediglich um altbewährte Lösungen für seine beliebig zahlreichen Geschichten.

Mario alias Marito ist von dieser Art des Schreibens fasziniert und vergisst darüber sogar sein ‚Date' mit Tante Julia im Kino, was letztere gar nicht goutiert, sondern wütend macht. Auch auf dieser Ebene ist eine Rivalität der Medien Grundlage für die spezifischen Formen des Schreibens und der Handlungsmuster des Romans. Übrigens ließe sich diese Dimension des Mediums als Konkurrenz noch weiter verfolgen in der Figur jenes „escribano", der spiritistische Sitzungen abhält, als Medium gilt und ständig irgendwelche Geschichten über das Jenseits erflunkert. Auch dies ist eine Art konkurrierender Textproduktion, welche in *La tía Julia y el escribidor* erscheint. Gut möglich ohnehin, dass Vargas Llosa sich an Roland Barthes' Überlegungen zu verschiedenen Formen des Schreibenden und Schriftsteller-Seins orientierte, in denen der französische Literaturtheoretiker etwa vom „écrivain" und vom „écrivant", aber auch vom „scripteur" schrieb. Denn Schreiben ist nicht gleich Schreiben. Und es besteht kein Zweifel, dass sich Pedro Camacho nicht allein am Ideal des „scriptible", sondern auch am „lisible", folglich nicht nur am leicht Schreibbaren, sondern auch am leicht Lesbaren orientiert.

Eine gewisse Monotonie dieser liebesgetränkten, aber nicht liebestrunkenen Geschichten lässt sich freilich nicht verbergen: Denn alle Verstorbenen sitzen im Fegefeuer und lassen Grüße ausrichten. Tante Julia kennt übrigens außer dem

Kino noch andere Register der Massenkultur: So beginnt sie den jungen Mann, der langsam bemerkt, dass es sich bei seiner Tante um eine sehr schöne Frau handelt, „Popeye" zu nennen. Bald schon kommt es bei einem Tänzchen zum ersten zaghaften Kuss. Im Übrigen tauchen auch in den seriellen Geschichten Camachos, die stets auf die „flor de la edad", die Jahre um die fünfzig und damit Camachos eigenes Alter, aufmerksam machen, weitere Medien der Massenkultur auf. Unvermeidbar ist dabei im Bereich Comic auch der „Pato Donald", der bereits im vierten Kapitel auftaucht: Entenhausen lässt herzlich grüßen! Ein weiterer Vertreter der Massenkultur begegnet uns dann im fünften Kapitel, ein Schlagersänger, der bei Radio Panamericana vorbeikommt und von seinen fanatischen Verehrerinnen, die ihm stets an die Wäsche gehen, nichts Gutes erwarten darf. So kann das Bad in der Menge, die Begeisterung der Massen, auch für deren Objekte und Symbole Risiken bergen. Zu diesem Zeitpunkt konnte Vargas Llosa wohl noch nicht ahnen, dass er einige Jahre später selbst zum Superstar werden würde. Ich erinnere mich sehr gut daran, wie er bei einer Veranstaltung des Instituto Cervantes in Frankfurt am Main durch ein Spalier von kreischenden Verehrerinnen gehen musste und ihn seine Patricia auf dem Weg zur Podiumsdiskussion – ich ging direkt hinter dem Paar – besonders fürsorglich und streng an die Hand nahm.

Tante Julia und Marito sind sich mittlerweile nähergekommen, auch wenn sich die Tante standhaft weigert, sich dem Vorwurf von Seiten der Familie auszusetzen, eine „corruptora de minores" zu sein, eine Verführerin Minderjähriger. Aber alles geht seinen vorbestimmten Weg. Varguitas jedenfalls erzählt ihr Geschichten: diesmal nicht die aus seiner eigenen Vergangenheit, sondern aus seiner Zukunft. Es sind Bilder eines Lebensprojekts, eines Klischees vielleicht, nämlich als Schriftsteller in Paris, der „ville lumière", zu leben – Klischee und ein Lebenstraum, den sich Mario Vargas Llosa zu diesem Zeitpunkt längst erfüllt hatte. Ebenso Marito Varguitas wie Mario Vargas Llosa sollten dieses Lebensprojekt folglich mit gelebtem Leben füllen.

Damit wird zugleich deutlich: Die Massenkommunikation und ihre Klischees schreiben stets die Texte und die Lebenserfahrungen mit, es gibt kein Entrinnen aus ihren Vorstellungen. Wir alle stehen unter dem Einfluss bunter Träume und Lebensentwürfe, welche über die Massenmedien portiert und transportiert werden. Nicht umsonst erzählt Marito seiner Tante, dass er Schriftsteller habe werden wollen, seit er zum ersten Mal Alexandre Dumas gelesen habe. Sollte dieses friktionale Element authentisch sein, so sei Alexandre Dumas, der über ganze Schreibateliers befehligte, gebührlich belobigt: Er trug dazu bei, einen Literaturnobelpreisträger zum Schreiben zu bewegen.

In Gestalt des französischen Autors haben wir den frühen Vorläufer industrieller Romanproduktion und letztlich auch Pedro Camachos Ahnherrn vor uns, der freilich weit jenseits der Feuilletons ein effektiveres und ein noch breiteres

Massenpublikum erreichendes Medium bedient. Nach all dem diagnostiziert die zweiunddreißigjährige geliebte Tante kühl, dass ihr noch achtzehnjähriger Lover wohl an Hunger sterben wolle: Schriftsteller zu werden sei kein Beruf, von dem man wirklich leben könne. Das Lebensprojekt eines Schriftstellers ist eben nicht für alle attraktiv. Tía Julia ist eben „terriblemente aliteraria": Mit Literatur hat sie nichts im Sinn und weiß zugleich um die Inzesthaftigkeit der aufkeimenden Beziehung, in der sie fast die Mutter des Heranwachsenden sein könnte. Und Mütter sind mit den Träumen und Lebensprojekten ihrer hoffnungsvollen Sprösslinge nicht immer einverstanden.

Doch noch sind Tía Julia und der „escribidor" kein wirkliches Paar, noch kommt es nicht zum körperlichen Vollzug der Liebe. Der abgedunkelte Kinoraum ist Bühne für ausgetauschte Küsse und Zärtlichkeiten, die irgendwie amorph und medial vermittelt bleiben. Es bleibt einstweilen bei dem, was man im Deutschen „Schmusen" nennt, vielleicht ein heute etwas aus der Mode gekommenes Tätigkeitswort. Auch diese Verhaltensmaßregeln sind gesellschaftlich und kulturell bestimmt und entsprechen der Vorstellungswelt von Miraflores, dem gut situierten Viertel, in welchem die Familie lebt. Auch hier scheint es aus den vorgestanzten, vorfabrizierten Lebensprojekten kein Entrinnen zu geben.

Im Übrigen zählt Tante Julia mittlerweile auch zu den Hörerinnen von Pedro Camachos Radioteatros, denen sie bisweilen tränenreich folgt. Sie ist im Grunde eine ideale Hörerin und ganz mit ihrem Herzen dabei. Eine Vielzahl unterschiedlicher Rezeptionssituationen erscheint in der Folge im Roman, wobei es eben die Radioteatros sind, und nicht etwa (belletristische) Literatur, die es laut Großeltern erlauben, unmögliche Dinge im realen Leben zu erleben. Ja, da haben die Großeltern Recht, denn wir erleben Fiktionen nicht grundsätzlich anders, als wir dies mit Teilen dessen tun, was wir für Realität halten. Unsere Realität ist im Übrigen aus vielen Fiktionen gemacht, gleichviel, ob wir Börsennachrichten hören oder mit einem Freund über dessen Aufstiegspläne sprechen. Literatur bietet uns nicht nur ein breites Lebenswissen an, sondern ein *Er*lebenswissen, mit dessen Hilfe wir Dinge erleben können, die wir in unserem Leben sonst niemals erlebt hätten.

Kein Wunder also, wenn die Zuhörerzahlen von Radio Central bald unaufhörlich in die Höhe schnellen und nun auch die Zeitungen über den Künstler Pedro Camacho berichten: Massenkommunikation zieht Massenkommunikation nach sich. Auch aus unseren Talkshows wissen wir, dass Journalisten am liebsten Journalisten einladen, da in diesem Fall die Verständigung viel einfacher funktioniert. Doch Pedro Camacho gehört nicht zu dieser Sorte: Er schottet sich ab und will keine Fans und Journalisten empfangen, seine Zeit als Künstler ist ihm dafür zu kostbar. Wir hatten ja bereits gesehen, wie sehr der kleine Bolivianer sich selbst als Künstler einschätzt und schätzt.

Seiner Kunst ordnet er in der Tat alles unter. Es ist eine Kunst nicht nur der Schreibmaschine, der Abfassung von Texten in Gewichtsportionen, sondern auch der Stimme, der klangvollen Stimmen. Dabei hat Camacho bei der Gestaltung dieser Stimme eine Reihe von Tricks auf Lager: So empfiehlt er seinen Sprechern, vor Liebesszenen zu masturbieren, um so die Stimme zu schwächen und ihr eine besondere Qualität zu verleihen. Auch dies ist eine Art ‚Körpersprache' in der Stimme, der Stimmkultur, und es wäre interessant, diese Dimension im Roman weiter zu verfolgen. Pedro Camachos derart körperliche ‚radioteatrale' Arbeit am Körper-Haben, am Objekt Körper, die etwas Absolutes und Fanatisches hat, fasziniert nicht nur den Erzähler, sondern auch die Mitwirkenden und hinterlässt Spuren beim Publikum. In den Augen der Schauspieler des Radios, der Sprecherinnen und Sprecher der Radioteatros, erscheint Pedro Camacho als Hohepriester der Kunst.

Ich möchte Ihnen zumindest einen kleinen Auszug aus dem Kunstschaffen Pedro Camachos nicht vorenthalten. Wir sind mitten in einer Geschichte, befinden uns im sechsten Kapitel und es geht um die Aufklärung eines Vergewaltigungsvorwurfs, wobei die einzelnen Zeugen befragt werden. Bald wird deutlich, dass das Mädchen, das von seinen Eltern oder Großeltern als Opfer benannt wird, in Wirklichkeit eine Lolita ist, die unter die Haube gebracht werden soll: Mit Hilfe des Vorwurfs einer Vergewaltigung sucht man, den Nachbarn zur Heirat zu zwingen. Die Inszenierung ist nicht von schlechten Eltern, insbesondere dann, wenn das Mädchen vorführen soll, was ihr widerfahren ist. Auch hier lässt die Massenkultur mit ihren Sexualklischees grüßen:

> Aber als Sarita Huanca Salaverría die Andeutung des Richters hörte, entflammte sie wie ein Kampfhahn, der Blut roch, drehte voll auf und steckte alles in einen aufreizenden Monolog und eine mimisch nachahmende Darstellung, welche den Atem von Dr. Don Barreda y Zaldívar stocken ließ und Dr. Zelaya in eine offen gesagt ungehörige körperliche Unruhe stürzte (vielleicht masturbierte er gar?). Der Mechaniker hatte die Türe sooo berührt, und als sie sie öffnete, hatte er sie sooo angeschaut, und dann hatte er sooo gesprochen, und danach hatte er sich sooo hingekniet, wobei er sich sooo an sein Herz gefasst hatte, und er hatte sich ihr sooo erklärt, wobei er ihr schwor, dass er sie sooo liebe. Betäubt und hypnotisiert sahen Richter und Sekretär diese Kinds-Frau an, die wie ein Vogel mit den Flügeln schlug, sahen, wie sie wie eine Tänzerin steil nach oben ging, sahen, wie sie sich bog und hob, wie sie lächelte und sich erregte, wie sie ihre Stimme veränderte und verdoppelte, wie sie sich selbst und dann Gumercindo Tello nachahmte, und wie sie schließlich in den Fenchel fiel und (sich, ihm) ihre Liebe erklärte [...]; und das geschwätzige Opfer erklärte weiter, dass der Mechaniker sie mit einem Messer sooo bedrohte, und sich sooo auf sie gestürzt habe, so dass sie sooo umfiel, und er sich sooo auf sie legte, und dass er sooo an ihren Rock gefasst habe, und in diesem Augenblick richtete sich [...] der Richter in seinem Sessel auf und brüllte: „Genug!"[14]

---

14 Vargas Llosa, Mario: *La tía Julia y el escribidor*, S. 140.

Alle Bereiche des Lebens erscheinen aus der Perspektive unterschiedlicher Medien als Inszenierungen. Sie verweisen weniger auf eine ‚harte' Realität als auf deren Anverwandlung mit Mitteln der Massenkultur. Das Leben erscheint dann nicht nur als Film, es *ist* ein Film, eine Radionovela, eine mehr oder minder geschickte Inszenierung, die wir alle schon kennen. Diese sollten wir nicht mit Realität und Mimesis verwechseln, sondern mit der Fähigkeit der Massenkultur in Verbindung bringen, alles zu resemantisieren, so dass es aus diesen künstlerisch deformierten und angeeigneten Klischees keine Ausgänge, keine Fluchtmöglichkeiten mehr zu geben scheint.

Es sei denn, wir würden sie unsererseits wiederum mit Hilfe des Mediums Kunst bannen. Denn die Kunst könnte die falschen Wände medialer Begrenzung, könnte die Klischees und Stereotypen, die vorgefertigten Vorstellungen und Lebensmuster durchstoßen und verändern. Genau an dieser Stelle, so scheint mir, kommen wir zum entscheidenden Punkt des Romans. Denn er widmet sich gerade dieser Fragestellung zwar mit Ironie, aber durchaus absichtsvoll und nicht ohne Hoffnung.

Denn die Kunst hat noch nicht aufgegeben, auch wenn sie selbst im Bild eigener künftiger Schriftstellerexistenz vergangenen Bildern und Orten nachhängt und nachfolgt. Dies gilt auch für die eben gelesene Passage aus einer der Geschichten Pedro Camachos. Die kleine Sara ist eine Lolita, die doppelt und dreifach gelesen wird: die als kleines verführerisches Mädchen, als Kinds-Frau, als peruanische Anverwandlung von Vladimir Nabokovs *Lolita* und als literarische Darstellung all dieser Ebenen auf einer höheren Ebene gelesen werden kann. Zugleich macht diese Passage auf eine Beschränkung des Mediums Radioteatro aufmerksam, denn das ständig wiederholte „así" oder „sooo" weist letztlich auf das Fehlen des Bildes im Radio hin, welches der Zuhörer und die Zuhörerin selbst ergänzen muss. Und zwar genau wie das Lesepublikum, nämlich mit Mitteln der Hypotypose, dem Erzeugen von Bildern im Kopf, die bei jedem von uns anders ausfallen. Wir alle haben eine andere Sarita vor dem inneren Auge, die einen jeweils anderen Rock trägt und sich anderer Gesten bedient, je nachdem, ob wir schon einmal in unserem Leben in Peru gewesen sind und vergleichbare Mädchen kennen gelernt haben.

Ich kann an dieser Stelle nicht auf die verschiedenen eingeschalteten Histörchen eingehen und möchte mich auch nicht um die an Peripetien reiche Geschichte der Liebe zwischen Marito und Julia kümmern. Entscheidend für unsere Fragestellung scheint mir aber zu sein, dass Vargas Llosas Roman in Form mehrfacher Selbstbezüglichkeit, seiner Konstrukthaftigkeit und nicht zuletzt seiner Metadiskursivität eine Art postmoderne Anverwandlung einer medialen Problematik leistet, welche zur nun notwendig gewordenen Beziehung zwischen Literatur und Massenkultur essentiell hinzutritt. Dies mag mit Vargas Llosas

Erfahrungen selbst zusammenhängen, der ja schon seit Ende der siebziger Jahre zu einem internationalen Star, einer „superestrella" geworden war.[15] Er sollte bald schon sein eigenes Fernsehprogramm bekommen und musste letztlich sein eigenes Schreiben tagtäglich mit den verschiedensten Massenkommunikationsmedien in Einklang oder zumindest doch in Beziehung bringen, also stets darum bemüht sein, den Anforderungen von Fernsehen, Film und Radio, Boulevardzeitschriften und Intellektuellenpresse sowie vielen anderen medialen Erzeugnissen mehr zu entsprechen. Der peruanische Autor wusste, wovon er sprach, wenn er seinem Bolivianer Pedro Camacho keine Minute Ruhe gönnte und ihn pausenlos schreiben ließ.

Nicht umsonst ist Mario Vargas Llosa als einer seiner maßgeblichen Schriftsteller mit dem Boom identifiziert worden, mithin als Vertreter jener Periode lateinamerikanischer Literaturentwicklung, in welcher sich die Vermarktung literarischer Werte und Bilder in einem zuvor nie gekannten Ausmaße realisiert und vollzogen hat. Spätestens seit dem Boom der lateinamerikanischen Literaturen mussten sich die zumeist männlichen Schriftsteller gegenüber den sie umgebenden und durchdringenden Medien der Massenkommunikation positionieren und zugleich in Szene setzen. Dies war für die Generation Gabriel García Márquez, Mario Vargas Llosa, Carlos Fuentes oder José Donoso Segen und Fluch zugleich.

Das dieser Sachverhalt keineswegs nur die Dimension der Visualisierung und damit Kino, Film oder Fernsehen betraf, liegt auf der Hand. Diesen Fragestellungen, aber auch künstlerischen Herausforderungen geht der peruanische Starschriftsteller in *La tía Julia y el escribidor* geradezu detektivisch nach. Die Nachfrage des Publikums reguliert den Markt: Dies bemerkt auch der „Balzac criollo", der mit vier zeitgleichen Radioteatros begann, längst zehn simultan ablaufende Stücke permanent fortspinnt. Das macht täglich nicht weniger als dreiundzwanzig Minuten plus sieben Minuten Werbung, wobei letztere eben auch zunehmend ins Bewusstsein der Literatur und ihrer sozialen Reflexion tritt. Wenn wir das mit zehn multiplizieren, wissen wir, dass Pedro Camacho nicht weniger als fünf Stunden seiner kreativen Zeit im Studio verbringen muss: Die Niederschrift der einzelnen Kapitel darf fortan nicht mehr als das Doppelte an Zeit in Anspruch nehmen. Doch auch dies bedeutet zusätzlich etwa zehn Stunden täglich an seiner schönen Remington-Schreibmaschine.

Pedro Camacho ist folglich ein literarischer Schwerstarbeiter – und Zwangsarbeiter. Selbst ein Balzac hätte Schwierigkeiten gehabt, mit diesem Tempo

---

15 Vgl. hierzu Franco, Jean: Narrador, autor, superestrella. La narrativa latinoamericana en la época de la cultura de masas. In: *Revista iberoamericana* (Pittsburg) 114–115 (enero – junio 1981), S. 129–148.

mitzuhalten. Das Motto „Nulla dies sine linea" erscheint gegenüber derartigen Arbeitsbedingungen als nostalgische Reminiszenz an längst verflossene Tage. Da bleibt keine Zeit, um Bücher oder Zeitschriften und Zeitungen zu lesen. Die Texte müssen in der Tat, wie es im Roman so schön heißt, wie Würstchen produziert werden. Pedro Camacho ist Sklave seines großen Erfolgs.

Aber wie geht die ganze Geschichte aus? Welches Ende steht dem Zusammenspiel der Medien, welches Ende der Liebesbeziehung zwischen Tante Julia und dem jungen Marito bevor? Lassen Sie uns ans Ende von *La tía Julia y el escribidor* springen und sehen, wie sich die Dinge weiterentwickelt haben und bleiben wir uns dabei aber einer Tatsache bewusst: Die einzelnen eingebauten Geschichten sind keineswegs nur billiges Beiwerk, sondern Ansatzpunkte für metadiskursive Behandlungen! Auch in diesem Zusammenhang können wir eine Verschränkung von literarischem und theoretischem Diskurs beobachten, welche seit den sechziger Jahren und dem Nouveau Roman zunehmend die Schreibstrategien beherrscht – ohne freilich in Frage stellen zu wollen, dass Theorie schon immer eine Dimension von Literatur war. Wir können dies ebenso anhand der Geburtsurkunde des Romans, Miguel de Cervantes' *Don Quijote de la Mancha*, wie in dessen narrativen ‚Schwangerschaftstests', der Novela picaresca mit ihren „pícaros" und „pícaras" sehr deutlich beobachten. Aber in den Literaturen im Zeichen der Postmoderne spitzt sich dieses Verhältnis wesentlich zu.

Denn die spezifischen Formen des Aufeinander-bezogen-Seins von Textualität und Metatextualität sind seit den 60er Jahren verändert; und Vargas Llosa hat mit seinem so beeindruckenden Gespür für unterschiedlichste Entwicklungen all die kleinen „Tropismen" künstlerischer Gestaltungsformen sehr frühzeitig erkannt. Nicht umsonst ist er ein Meister im Aufdecken jeweils sehr aufregender Fragestellungen und vielleicht mehr noch im Erkennen der jeweils gerade angesagten literarischen Gattungen, denen er – wie etwa dem lateinamerikanischen Diktatorenroman mit *La fiesta del chivo* – eine eigene Richtung gibt. In dieser Fähigkeit, diesem Sensorium für früh zu erkennende Literaturentwicklungen übertrifft ihn wohl im 20. und 21. Jahrhundert kein anderer lateinamerikanischer Schriftsteller.

Wie enden nun aber die ganzen Geschichten Pedro Camachos? Wir haben schon darauf hingewiesen, dass der Bolivianer zunehmend seine Geschichten durcheinanderbringt, worin man zunächst den Einfluss surrealistischer Schreibweise zu erkennen versuchte. Doch Pedro Camacho hat mit dem Surrealismus und den historischen Avantgarden nichts mehr gemein. Behelfsweise verwies man auch darauf, dass schon Honoré de Balzac in seinen Romanen der *Comédie humaine* immer wieder längst verstorbene Romanfiguren auferstehen ließ und auf diese Weise interessante Effekte entstanden. Doch die Dinge liegen auf dem Gebiet der bolivianisch-peruanischen Radioteatros anders: Pedro Camacho bekommt in der Tat die Figuren all seiner gleichzeitig verfassten Fortsetzungskapitel nicht mehr auf die Reihe und versinkt förmlich in den Fluten all jener Gestalten, die er sich ausgedacht hat.

Daher greift er zu einem Mittel, das offensichtlich bereits ein englischer Autor der Gothic Novel verwendete: Er lässt seine ganzen Protagonisten einfach in einer riesigen Hekatombe verschwinden. Alle (oder zumindest fast alle) kommen in einem Fußballstadion bei einer Massenhysterie um, so dass sich ihre Schicksale wie ihre Leiber vermengen und zu einer einzigen „sopa humana" werden, wie es im Romantext vielsagend heißt. Wir können uns an dieser Stelle sicherlich die Details ersparen, auch wenn sie keineswegs uninteressant sind. Natürlich kommen zudem unsere Liebenden auf ihren bald erklommenen physischen Höhepunkt; aber auch diese Szenen, welche zum Teil sehr zärtlich geschildert werden, können wir uns hier buchstäblich schenken. Mario Vargas Llosa gab hier sein erstes Eheleben mit einer liebreizenden Tante zum Besten.

Pedro Camacho bekommt jedenfalls massive zerebrale Probleme. Er erleidet einen mentalen Kollaps, der im Zusammenbruch all seiner Radioteatro-Figuren literarisch transfiguriert wird. Wir erleben den Übergang in eine Zeit, in der Pedro Camacho einfachste Hilfsarbeiten in einer billigen Vorstadtzeitschrift ausführen muss. So endet seine Geschichte einigermaßen tragisch, während die von Marito alias Varguitas ihren unwiderstehlichen und unaufhaltsamen Aufstieg nimmt. Den „Radioteatros" und ihren Zuhörerinnen und Zuhörern tut dies keinen wirklichen Abbruch: Denn an die Stelle des ausgefallenen Bolivianers werden in Radio Central jetzt wieder die kubanischen Massenproduktionen eingeführt. Alles geht so weiter wie gehabt, auch wenn der von Pedro Camacho ausgelöste Boom der Hörerzahlen nicht mehr wiederholt werden kann.

Das letzte Kapitel von *La tía Julia y el escribidor* enthält erneut eine Vielzahl autobiographischer Anspielungen, nicht zuletzt auf Vargas Llosas Beschäftigung mit einer gänzlich langweiligen wissenschaftlichen Materie. Denn Mario Vargas Llosa legte auf dem Gebiet der – wie wir in Deutschland sagen würden – Romanistik eine schöne Doktorarbeit über seinen damaligen schriftstellerischen Kollegen und zeitweiligen Weggefährten Gabriel García Márquez vor. Neben seiner in Madrid eingereichten Promotion verfasste er darüber hinaus eine Untersuchung, die später unter dem Titel *La orgía perpetua* von seiner großen Bewunderung, ja Liebe zu Flaubert Zeugnis ablegte. Vargas Llosa hat stets diese wissenschaftliche Arbeit – natürlich in einem zugänglichen Stil verfasst – neben seinen romanesken Arbeiten gepflegt. Vielleicht hat ihm dies als Poeta doctus immer wieder ein sicheres Näschen für die grundlegenden Veränderungen der Literaturszene seiner Zeit garantiert.

Nach acht Jahren Ehe trennte sich Vargas Llosa aber nicht nur von der romanistischen Beschäftigung mit einem alten literarischen Weggefährten, sondern auch von der flotten Tante Julia, um ein Jahr später eine nicht weniger flotte Kusine zu heiraten, wobei sich diesmal der innerfamiliäre Skandal in Grenzen hielt. Längst lebt der Ich-Erzähler in Europa, hält aber durch jährliche Reisen nach Peru den Kontakt zu seiner Heimat aufrecht. Nicht zuletzt bestehe das Problem seines Schreibens darin, dass alles einen Bezug zu Peru hatte, dass alle von ihm entworfenen Romandiegesen peruanisch situiert waren. Man kann anhand dieser Bemerkung schon absehen, dass sich Vargas Llosa nach neuen literarischen Landschaften umschaute. Und er sollte, wie bereits bemerkt, die Veränderungen seiner Romandiegesen mit unglaublicher Konsequenz vorantreiben.

Das zweite Problem seines Schreibens erblickt der Erzähler darin, dass er unter dem leide, was er ironisch seine „manía realista" nannte. Schon erscheint der „Alto Marañón" und damit das obere Amazonasgebiet als Schauplatz eines nächsten Romans, vorbereitet durch mehrere dokumentarische Reisen, die auch den realen Autor Vargas Llosa, darin ganz seinem Vorbild Gustave Flaubert treu, stets zu den Orten seiner Romane führten. Die schriftstellerische Akribie bei der präzisen Dokumentation seiner Romanschauplätze ist bei diesem Autor wahrlich beeindruckend!

Während einer seiner Reisen kehrt der Erzähler eines Tages nach Lima zurück und beobachtet, wie die Stadt zunehmend von Händlern und kleinen Verkäufern aus der „Sierra", den Anden, in Besitz genommen wird. Im Zuge dieser soziologisch bedeutsamen Entwicklung ist auf den Straßen von Lima wieder vermehrt das Quechua zu hören. Die zeitliche Distanz, die das zwanzigste Kapitel auszeichnet, entspricht ganz jener Technik des „blanc", die Vargas Llosa so sehr bei Flaubert – wie schon vor ihm Marcel Proust – bewundert hatte. Die Begegnung aus räumlicher und zeitlicher Distanz führt auch zu einem letzten Wiedersehen mit Pedro Camacho, welches ich bereits erwähnt habe. Wir erfahren, dass der kleine Bolivianer Camacho nun mit einer alten Frau zusammenlebt, die er schon früher hatte, die aber nie in Erscheinung getreten war und die Prostitution mehr schlecht als recht betreibt. In diesem unterhaltsamen und bisweilen lustigen, zugleich aber auch sehr ernsten Roman tragen alle Protagonisten – und ich schließe dabei keinen aus – ihre Haut zu Markte.

Die Tatsache der Prostitution, so scheint mir, wird metonymisch übertragen auf Camachos Kunst – aber eben nicht nur auf sie. Pedro Camacho jedenfalls nennt sie bewusst und bewundernd eine „artista", und sie war es auch gewesen, die ihn aus dem Irrenhaus geholt hatte, in welchem er zeitweise gelandet war. Eine rein schematische Zuweisung positiver und negativer Elemente scheint mir hier nicht möglich: Die Figur des bolivianischen Schreibers und Schriftstellers bleibt bewusst in der Ambivalenz. Das Faszinosum Pedro Camacho ist für Marito freilich verbraucht und buchstäblich verglüht.

Doch die Wiedersehensfreude aller Beteiligten ist groß: Es wird ausführlich gefeiert. Und so kommt es, dass unser noch junger peruanischer Romancier von seiner dokumentarischen Erkundungsreise durch Lima etwas spät und sehr angeheitert nach Hause kommt. Dort erwartet ihn nicht mehr Tante Julia, sondern seine Kusine Patricia, die durchaus ihre gefährlichen Seiten hat. Dies besitzt vor dem Hintergrund seiner späteren dritten Ehe – von der Mario Vargas Llosa natürlich noch nichts ahnen konnte – einen deutlich prospektiven Zug. Schauen wir uns also – die Erkundung dieses Romans abschließend – den Beginn des letzten Abschnitts von *La tía Julia y el escribidor* an:

> Als ich zum Haus von Tante Olga und Onkel Lucho kam (die als Schwägerin und Schwager zu meinen Schwiegereltern geworden waren), tat mir der Kopf weh, ich fühlte mich abgespannt und es wurde schon Nacht. Meine Kusine Patricia nahm mich mit einem wenig an Freundschaften interessierten Gesichtsausdruck in Empfang. Sie eröffnete mir, dass es schon möglich sei, dass ich mit meinem Geschichtchen, mich für meine Romane zu dokumentieren, Tante Julia den Mund hätte verschließen und den Barrabas spielen können, da die es nicht gewagt habe, mir etwas zu sagen aus Furcht davor, man könnte denken, sie wolle das Verbrechen einer Kulturbeleidigung begehen [...]; sie aber würde mich zerkratzen oder die Teller auf meinem Kopf zerschlagen. Tante Patricia ist ein Mädchen mit viel Charakter und sehr wohl in der Lage, das zu tun, was sie mir versprach.[16]

Wir bemerken mit einer gewissen Verwunderung: Auch das Finale dieses Romans ist nicht mehr und nicht weniger als ein Klischee, das Stereotyp vom zu spät nach Hause kommenden Gatten, der von seiner Frau zur Rede gestellt und beschimpft, ja bedroht wird. Alles ist wie in einem Radioteatro oder wie in der Realität. Zugleich bleibt alles in der Familie, denn von der Tante zur Kusine ist es kein weiter Weg; auch die verschiedenen Verwandten im Umfeld verändern nur ihre Bezeichnungen, bleiben aber die alten. Doch sollten wir besser nicht glauben, dass dies allein eine autobiographische Skizze aus dem Familienleben zu Hause bei Vargas Llosa sei. Die Klischees der Massenkultur bilden eben auch einen wesentlichen Aspekt dieses Romanschlusses, der letztlich eine Geschichte erzählt, die ebenso eine Radionovela hätte werden können. Und dann hat sie ihm sooo das Gesicht zerkratzt und danach gleich drei Teller sooo auf seinem Kopf zertrümmert, bis er bewusstlos sooo zu Boden sank. Die Konsequenz von alledem kennen Sie schon: Das Leben ist eine Radionovela – und die besten davon verkauft Mario Vargas Llosa.

Lassen Sie mich abschließend ein weiteres Moment anfügen! Es ist aufschlussreich, dass Vargas Llosa, der bis in die späten sechziger Jahre als klarer Vertreter der Linken und des Sozialismus agierte und sich spätestens seit den achtziger Jahren politisch rechtskonservativen und neoliberalen Positionen

---

16 Vargas Llosa, Mario: *La tía Julia y el escribidor*, S. 447.

zuwandte, in der bisherigen Rezeption nur selten in postmoderner Beliebigkeit, pardon: als Autor im Zeichen der Postmoderne gelesen wurde. Diese Tatsache hat zweifellos mit dieser expliziten Politisierung zu tun, welche ein Ergebnis von Vargas Llosas eigener politischer Praxis ist, seinem Verständnis der Beziehung zwischen Literatur und Gesellschaft und damit letztlich seiner Überzeugung hinsichtlich der gesellschaftlichen Rolle des Intellektuellen und Schriftstellers, oder besser: des Intellektuellen als Schriftsteller. Er ist damit ein ganz typischer Vertreter des lateinamerikanischen Boom.

Lange Zeit wurden die Repräsentanten des Boom als gesellschaftskritische Autoren verstanden, die vom Glauben beseelt schienen, mit ihren literarischen Werken die Gesellschaften – zumindest in Lateinamerika – verändern zu können. Angesichts ihrer politisch-ideologischen Kritik stellten die Vertreter des Boom kein Phänomen dar, welches unter die Literaturen im Zeichen der Postmoderne subsumierbar schien. Ohne Zweifel steht Mario Vargas Llosa in der Tradition der Figur eines Intellektuellen in Lateinamerika, der mit seinem Schreiben gesellschaftliche Missstände anklagt, unabhängig davon, ob er sich nun zum Sozialismus kubanischer Prägung bekennt oder neoliberale Reformen ins Wirtschaftssystem Perus einzuführen gedenkt. Vielleicht könnte man ihn sogar der Traditionslinie des Intellektuellen Sartre'scher Prägung oder mehr noch des existenzialistisch-dissidenten Typus von Albert Camus zuordnen. Denn Camus' fundamentale Ideologie-Kritik hat Vargas Llosa zumindest zeitweise stark vertreten – nicht zuletzt daher rührt seine Kritik an sämtlichen ideologisch fundierten Systemen in Lateinamerika und teilweise auch weltweit, seien diese nun politisch rechter oder linker Natur. Dass eine solche Position selbst wiederum ideologisch ist, brauche ich Ihnen an dieser Stelle nicht zu sagen.

Von jeher nahm der peruanische Schriftsteller vom Bereich der Literatur aus Stellung zu politischen Fragen und Themen. Dies, so scheint mir, hat bislang eine vorwiegend postmoderne Rezeption seiner Texte verhindert. Wir können daraus den Schluss ziehen, dass die Postmoderne nicht zuletzt auch ein Phänomen der Rezeption ist, wobei bezüglich letzterer in zentraler Weise die jeweiligen Bilder oder Stereotypen eines bestimmten Schriftstellers oder einer bestimmten Schriftstellerin die Hauptrolle spielen. Selbst die Hinwendung zu Spiel und Mehrdeutigkeit wurde bei Vargas Llosa immer als deutlich politische Positionierung gelesen und im Sinne einer neoliberalen Ideologie verstanden.

So dürfen wir also festhalten: Stehen Vargas Llosas literarische Texte seit Mitte der siebziger Jahre auch in vielerlei Hinsicht im Zeichen der Postmoderne, so tut dies deren Rezeption gerade nicht. Dies ist ein erklärbares, aber letztlich doch recht kurioses Phänomen, wenn man an die Vertrautheit des peruanischen Autors mit den Massenkommunikationsmedien und an die enorme mediale Kompetenz denkt, welche seine Arbeiten in den Bereichen Literatur, Zeitungen und Zeitschriften, Film und Fernsehen auszeichnen. Um eine dem Autor liebe Metaphorik zu bemühen: Mario Vargas Llosa bewegt sich in den verschiedensten Medien wie ein Fisch im Wasser.

Gleichwohl zeigt sich gerade auch hier, dass Vargas Llosa die unterschiedlichsten Medien als mediengerechter Superstar keineswegs nur als postmoderne Klaviatur benutzt, sondern sehr wohl Formen der Selbstdarstellung und Einflussnahme präsentiert, die sich an einem eher als klassisch oder traditionell zu nennenden Bild des Intellektuellen orientieren. Damit wird auch anhand der Figur des peruanischen Schriftstellers deutlich, dass die Grenzen des Spiels und die Grenzen der Postmoderne nicht zuletzt von der jeweiligen gesellschaftlichen Situation des Landes oder der „Area" abhängen, von der aus oder für die er als Autor schreibt. Daran hat auch die spanische Staatsangehörigkeit nichts Grundlegendes geändert. Nach dem Argentinier Jorge Luis Borges und dem Mexikaner Octavio Paz, die zu bevorzugten Zielscheiben linker Kritik wurden, zählte Mario Vargas Llosa über lange Jahrzehnte ebenfalls zu diesem Club. Doch seit dem Jahrzehnt nach seiner erfolglosen Präsidentschaftskandidatur ist es diesbezüglich um den Peruaner ruhiger geworden. Vielleicht nimmt man auch die politischen Einlassungen nicht mehr ganz so ernst, die er immer noch tätigt; seine Stärken jedenfalls, davon bin ich fest überzeugt, liegen eindeutig *nicht* auf dem Gebiet der Politik und noch nicht einmal auf dem Gebiet intellektuellen Engagements, sondern auf jenem seiner genuinen Leidenschaft – der Literatur.

Wir haben gesehen, dass Vargas Llosa die Diegesen seiner Romane zunächst von Lima und später Peru auf ganz Lateinamerika ausweitete und in einem weiteren Schritt weltumspannende Diegesen entwarf, denen seine Protagonisten zu folgen hatten. Ein gutes Beispiel dafür ist sein 2006 erschienener Roman *Travesuras de la niña mala*. Ich möchte Ihnen nun gerne noch den Autor als Literaturnobelpreisträger vorstellen und dafür einen Roman heranziehen, der vielleicht wie kaum ein anderer nicht nur die Kritik überzeugte – was wohl auch mitentscheidend für die Vergabe des Nobelpreises war –, sondern sich in eine aus meiner Sicht wichtige literarhistorische Entwicklung einschrieb, welche die Literaturen *nach* der Postmoderne auszeichnet. Dies bedeutet nicht, dass wir es auf inhaltlicher Ebene mit einem Thema oder auf struktureller Ebene mit einer Anlage zu tun hätten, welche sich erst in den vergangenen Jahren herausgebildet hätten. Doch die Grundstrukturen einer Archipelisierung, welche bis in die kartographisch-literarischen Isolarien des ausgehenden Mittelalters und der beginnenden Neuzeit zurückgehen und auf die wir in dieser Vorlesung bereits mehrfach, etwa bei José Lezama Lima oder João Guimarães Rosa, gestoßen waren, zeigen eine fundamentale Entwicklung an, die mit den Begrifflichkeiten der Postmoderne in keiner Weise mehr zu fassen ist.

In der erwähnten sukzessiven Ausweitung der Diegesen von Vargas Llosas Romanen und Erzähltexten kommt zweifellos seinem 2010 – im Jahr seiner Stockholmer Auszeichnung – veröffentlichten Roman *El sueño del celta*[17] eine besondere Bedeutung zu. Denn in ihm werden in einer sehr bewusst transareal angelegten Romandiegese Europa, Afrika und Amerika so miteinander verbunden, dass die drei Kontinente nicht voneinander getrennt gedacht werden können: Sie sind Bestandteile eines interdependenten Systems, dessen Herrschaftswissen freilich sehr ungleich verteilt ist. Was aber haben diese drei *Areas* im Fin de siècle des 19. Jahrhunderts vor Ausbruch des Ersten Weltkriegs miteinander zu tun?

Bereits in der gelungenen, von Pep Carrió entworfenen Umschlaggestaltung des Romans wird in den Umrissen des Kopfes von Roger Casement – dem Protagonisten dieser Geschichte – eine Weltkarte sichtbar, auf der die Orte dieses in der dritten Phase beschleunigter Globalisierung angesiedelten Geschehens wie Inseln erscheinen, welche durch Blutstropfen miteinander verbunden sind. Ob der peruanische Autor bei dieser Umschlaggestaltung mitwirkte, kann ich leider nicht sagen; zweifellos aber liefert diese visuelle Umsetzung einen wichtigen, wohl entscheidenden Schlüssel für das Verständnis des gesamten Romans. Die historische Figur des 1864 in der Nähe von Dublin geborenen und 1916 in London wegen Hochverrats hingerichteten Roger Casement verbindet dabei seine beiden so asymmetrischen ‚Herkunftsinseln' Irland und England mit den Schauplätzen jener extremen kolonialen und neokolonialen Ausbeutung, der zum damaligen Zeitpunkt der Kongo und das Gebiet des Putumayo im peruanischen Amazonastiefland ausgeliefert war. Wieder also ist letzteres einer der Hauptschauplätze innerhalb des die Alte mit der Neuen Welt verbindenden diegetischen Konstrukts, in welchem koloniale und postkoloniale Abhängigkeiten schonungslos aufgedeckt und mit ihren Profiteuren verbunden werden – den ‚sauberen', bisweilen feinsinnigen Ausbeutern in Großbritannien.

Aber wieso spreche ich eigentlich von Archipelen? Wieso sollten wir den afrikanischen Kongo und das peruanische Amazonastiefland als Inseln betrachten? Die riesigen Ströme des Kongo und des Amazonas verweisen zwar durchaus auf die Tatsache, dass es sich hier keineswegs um Inseln im geographischen Sinne, sondern um Teile riesiger Kontinente handelt. Doch wird im Verlauf des von Vargas Llosa klug – wenn auch mit mancherlei Wiederholungen – orchestrierten Geschehens deutlich, dass wir es mit Inseln in einem globalen, weltwirtschaftlichen Sinne zu tun haben. Diese kontinentalen Inseln aber befinden sich – ganz so wie die geographische Insel Irland gegenüber England – in einer Situation

---

17 Vargas Llosa, Mario: *El sueño del celta*. México: Santillana – Alfaguara 2010.

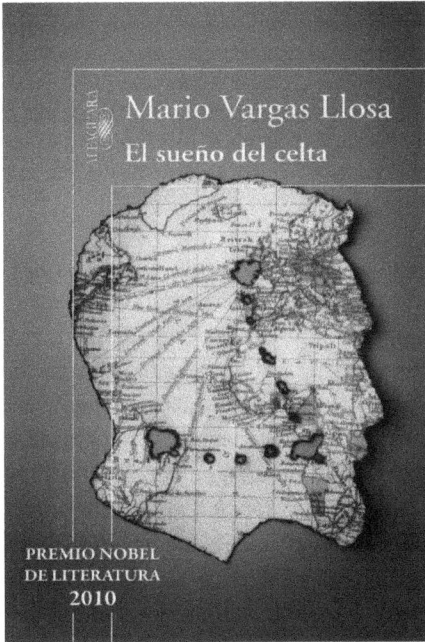

Abb. 126: Cover von Mario Vargas Llosas *El sueño del celta*, 2010.

extremer Unfreiheit und Abhängigkeit von jenen Zentren des Welthandels und der Weltpolitik, welche den Globalisierungsschub im letzten Drittel des 19. Jahrhunderts rücksichtslos vorantreiben. Dass Vargas Llosa seine Archipelgeschichte gerade während dieses Zeitraums, während dieses wichtigen Schubs einer noch ein letztes Mal unter europäischer Vorherrschaft stehenden Globalisierung angesiedelt hat, dürfte an sich schon als eine Meisterleistung des peruanischen Schriftstellers angesehen werden. Denn in seiner Romandiegese ist die transareale Archipel-Situation mit den Verzahnungen und Übergängen kolonialer und postkolonialer Abhängigkeit eindrucksvoll verknüpft.

Auch die zentrale Gestalt von *El sueño del celta* ist mit großem Gespür für historische Schlüsselmomente gewählt. In der Figur des hochdekorierten und in den Adelsstand erhobenen britischen Diplomaten und später gegen England rebellierenden irischen Nationalhelden Roger Casement selbst kulminieren immer wieder gleichsam transarchipelisch verschiedene Landschaften, Asymmetrien und Formen der Ausbeutung, die den Kongo, das Gebiet am oberen Putumayo und schließlich auch die britische Kolonie Irland über all ihre Differenzen hinweg miteinander verbinden. Denn stehen letztlich hinter allen politischen und wirtschaftlichen Aktionen nicht dieselben Interessen, dieselben Kräfte, dieselben Mächte? Und ist – wie es im Roman wiederholt heißt – der Kongo nicht überall?

Roger fühlte sich in Raum und Zeit an den Kongo transportiert. Dieselben Menschen, dieselbe Verachtung der Wahrheit. Der einzige Unterschied bestand darin, dass Zumaeta auf Spanisch sprach und die belgischen Beamten auf Französisch. Sie verleugneten das Augenscheinliche mit derselben Leichtigkeit, weil sie jeweils daran glaubten, dass Kautschuk zu sammeln und Geld zu verdienen ein Ideal der Christen war, das die schlimmsten Missetaten gegen diese Heiden rechtfertigte, welche selbstverständlich immer Menschenfresser und Mörder ihrer eigenen Kinder waren.[18]

Die christlichen Ausbeuter und Mörder leugnen im Namen ihrer ‚Werte‘ das Evidente. Der kolonialistisch-europäische Diskurs, der die schlimmsten Gräueltaten rechtfertigt, hat längst alles überwuchert und ist zur Selbstverständlichkeit, zur zweiten Natur der christlich ‚Zivilisierten‘ geworden. Erst aus einem tieferen, im Sinne Wilhelm Diltheys ‚durcherlebten‘[19] Verständnis der kolonialen und neokolonialen Situationen in Afrika und Amerika erwächst dem leidenschaftlich für seine Ideale der Menschlichkeit kämpfenden britischen Diplomaten nicht nur eine Einsicht in die menschenverachtende Rücksichtslosigkeit der sich als so ‚zivilisiert‘ in Szene setzenden ‚Mutterländer‘. Er erkennt auch die Tatsache, dass seine eigene irische Heimat denselben Prinzipien britischer Machtpolitik unterworfen ist. Irlands Situation wird für Roger Casement erst im Lichte der Rohkautschukgewinnung am Putumayo und am Kongo neu lesbar, schreibbar, erlebbar – und damit transformierbar. Das weltumspannende System des angelsächsischen Kolonialismus, das Weltwirtschaftssystem des British Empire gilt auch vor der eigenen Haustür auf der grünen Insel mit derselben Brutalität und Selbstverständlichkeit.

Mit Blick auf Roger Casement ist *El sueño del celta* ein Bildungsroman. Denn nur aus einer weltweiten Perspektive wird sich der Romanheld Stück für Stück darüber bewusst, dass Irland letztlich nichts anderes als eine Kolonie im Dienst britischen Kapitals ist – nicht anders als die gut getarnten Mechanismen der Peruvian Amazon Company. Letztere machen die Reichen reicher und die Armen ärmer, bis Casement – wie schon in seinem Bericht über die belgische Ausplünderung des Kongo – Öffentlichkeit herstellt und die ganze Unmenschlichkeit aufdeckt, auf welcher die Aktiengewinne dieses untadeligen Unternehmens an der Londoner Börse wirklich beruhen. Hatte er nicht „grausame Verbrechen gegen primitive Völker und indigene Gemeinschaften auf zwei Kontinenten"[20] erforscht

---

18 Vargas Llosa, Mario: *El sueño del celta,* S. 174.

19 Vgl. hierzu Dilthey, Wilhelm: Goethe und die dichterische Phantasie. In (ders.): *Das Erlebnis und die Dichtung. Lessing – Goethe – Novalis – Hölderlin*. Göttingen: Vandenhoeck & Ruprecht [16]1985, S. 139.

20 Ebda., S. 194: „crímenes atroces contra pueblos primitivos y comunidades indígenas de dos continentes."

und auf diese Weise die Spielregeln in jener Phase beschleunigter Globalisierung erkannt, die bis zum Ausbruch des Ersten Weltkriegs galten, jenes schmutzigen interessegeleiteten Krieges, unter dessen günstigen Bedingungen er selbst das Schicksal Irlands in einer Allianz mit Berlin gegen London zu beeinflussen suchte? Hatte er nicht begriffen, dass sich hinter den feinen Manieren und zuvorkommenden Höflichkeiten menschenverachtendes Kalkül und eine Ausbeutermentalität verbargen, welche nichts, was sie einmal in Händen hielten, je wieder aus ihren Klauen lassen wollten?

Der gesamte Aufbau des Romans gliedert sich in die Kapitel „El Congo", „La Amazonía", „Irlanda" und einen nachfolgenden Epilog. Er lässt von Beginn an keinen Zweifel daran, dass sich die Tropengebiete Afrikas und Amerikas trotz ihrer sehr unterschiedlichen politischen Situation – auf der einen Seite eine belgische Kolonie, auf der anderen der wirtschaftlich abhängige und korrupte peruanische Nationalstaat – in einer strukturellen Analogie befanden. Denn sie unterlagen ja den Rahmenbedingungen einer im Wettlauf der Mächte um die letzten zu verteilenden Kolonien gezielt beschleunigten Globalisierung, wobei sie – ganz wie das England so nahe Irland abhängigen Inseln gleich – mit ihren Machtzentren in Europa verbunden und deren Interessen gnadenlos unterworfen sind. Irland, Putumayo und Amazonas, der afrikanische Kongo: Galt für alle nicht dasselbe Weltwirtschaftssystem, das auf Ausbeutung beruhte und auch vor schrecklichsten Verbrechen nicht zurückschreckte?

Entscheidend in diesem globalen Wettlauf um Profite und Macht sind jeweils möglichst billig einsetzbare Arbeitskräfte, ohne deren Verfügbarkeit die angestrebte Gewinnmaximierung der die wirtschaftliche Globalisierung vorantreibenden Konzerne niemals möglich wäre. Ob die Ausbeutung dieser Arbeitskräfte noch auf Sklaverei, den billigen Händen der „Coolies" oder neueren, noch raffinierteren Formen einer „Second Slavery" beruhte,[21] war im Grunde gleichbedeutend. Unter dem Vorwand einer Missionierung und Zivilisierung werden – zeitgleich zu den Deportationen von Arbeitssklaven im pazifischen Raum – ganze Völker in die als Lohnarbeit getarnte Versklavung oder den Tod getrieben, ein Prozess höchster Brutalität, den *El sueño del celta* in allen Details menschlicher Grausamkeit nachzuzeichnen und mehr noch sinnlich nachvollziehbar zu gestalten sucht. Auspeitschung, Verstümmelung, Folter und Mord – wie schon im dominikanischen Diktatorenroman *La fiesta del chivo* aus dem Jahr 2000 ist das Arsenal an Grausamkeiten und Gewalttaten schier unerschöpflich.,

---

21 Vgl. hierzu Zeuske, Michael: *Handbuch Geschichte der Sklaverei. Eine Globalgeschichte von den Anfängen bis zur Gegenwart.* Zweite, überarbeitete und erweiterte Auflage. 2 Bände. Berlin – Boston: Walter de Gruyter 2019.

das der peruanische Autor vor den Augen seines Helden (und seiner Leserschaft) entfaltet.

Die Handlung ist eingebettet in eine global expandierende britische Wirtschaft, welche im harten Konkurrenzkampf mit anderen europäischen Ökonomien steht. Dabei ist es kein Zufall, dass dieser Roman, der wie stets bei Vargas Llosa auf Feldforschungen des Schriftstellers vor Ort beruht, die über ein Jahrhundert zurückliegende Globalisierungsphase aus einer Perspektive betrachtet, die ohne das Erleben der im Jahr 2010 noch fortgesetzten Phase beschleunigter Globalisierung undenkbar wäre. Mag der in seiner Präsidentschaftskandidatur in Peru knapp an dem späteren Diktator Fujimori gescheiterte Autor in seinen politischen Überzeugungen auch noch so sehr ein dem Neoliberalismus huldigender Schriftsteller sein: Sein Roman präsentiert einer nach dem Literaturnobelpreis mehr denn je weltweiten Leserschaft die ganze Wucht und Zerstörungskraft einer wirtschaftlichen, politischen, religiösen und kulturellen Expansion. Sie schuf einen Grad an internationaler Verflechtung und Abhängigkeit, wie er erst in den sechziger Jahren des 20. Jahrhunderts wieder erreicht werden sollte. *El sueño del celta* impliziert – jenseits von Vargas Llosas nicht immer glücklichen politischen Statements, die sich nie auf der Höhe seines literarischen Schaffens befinden – auch eine Stellungnahme gegenüber all jenen Kräften, welche aktuelle ökonomische Globalisierungstendenzen vorantreiben, koste es, was es wolle. Denn diese Kosten sind höchst ungleich verteilt.

Eine Globalisierungsphase baut dabei auf einer anderen, früheren auf – und die Strukturen und Asymmetrien, welche die erste Phase beschleunigter Globalisierung prägten, pausen sich noch in veränderter Form in der zurückliegenden vierten Phase durch. Es ist daher nicht von anekdotischer, sondern von struktureller Bedeutung, dass sich auch im Roman selbst verschiedene Phasen beschleunigter Globalisierung wechselseitig beleuchten und in ihren Kontinuitäten hinterfragen. Dies erfolgt schon an einer frühen Stelle des Romanverlaufs, als der Protagonist noch an die zivilisatorische Mission der Europäer glaubt und für die Sanford Exploring Expedition just an einem Ort arbeitet, zu dem „vier Jahrhunderte zuvor die Karavelle des Diego Cao"[22] vorgestoßen war. Der Rückblick auf die erste Phase beschleunigter Globalisierung ist in dieser Passage evident.

Doch ausgerechnet dort, wo der portugiesische Seefahrer einst auf einem Felsen seinen Namen – der damals noch lesbar war – verewigt hatte, beginnt nun eine deutsche Ingenieursfirma mit dem Aufbau einer Stadt für europäische Kolonialbeamte, deren Häuser aus europäischem Holz hier zum ausschließlichen Nutzen europäischer Konzerne errichtet werden. Man fühlt sich an das imperiale

---

22 Vargas Llosa, Mario: *El sueño del celta,* S. 54.

Gebaren der gerade erst beendeten Phase beschleunigter Globalisierung erinnert, mit welchem die Sendboten US-amerikanischer oder europäischer Konzerne in Afrika oder Südostasien auftreten. Im Roman des peruanischen Autors wird mit Blick auf die dritte Phase deutlich, dass das neu gegründete Deutsche Reich verzweifelt Anschluss an die großen Kolonialmächte zu finden suchte. Bismarcks Schatten ist nicht nur in Europa, sondern auch in Afrika, Amerika und Ozeanien allgegenwärtig, auch wenn das Kaiserreich – anders als die USA – nicht vor 1914 in die erste Reihe expandierender Mächte vorzudringen vermochte und seine imperiale Phase glücklicherweise schon bald wieder zu Ende war. Freilich steht kaum zu erwarten, dass sich das ehemalige British Empire jemals für die anderen Völkern angetanen Gräueltaten auch nur entschuldigen wird. Doch zurück zu unserem Roman aus der Feder Vargas Llosas!

Die wiederholte Einbeziehung der ersten, der iberischen – und in Afrika vor allem portugiesischen – Phase beschleunigter Globalisierung[23] lässt keinen Zweifel daran aufkommen, dass *El sueño del celta* die Prozesse der Globalisierung als Phänomen „de longue durée," als sich über mehrere Jahrhunderte erstreckende Entwicklung, zu begreifen und anschaulich zu machen bemüht ist. Die Bezeichnung Roger Casements als „el Bartolomé de las Casas británico",[24] als großer Freund indigener Völkerschaften seines Jahrhunderts – ein Satz, der dem Schriftsteller Joseph Conrad zugeschrieben wird –, stellt nicht nur mit einem Augenzwinkern aus der Blickrichtung der vierten Phase beschleunigter Globalisierung eine direkte Beziehung zwischen der ersten und der dritten Phase her. Er macht nämlich zugleich deutlich, dass über die Verbindungen zwischen Afrika und Amerika hinaus längst die gesamte Tropenwelt zum Bewegungsraum europäischer Interessen geworden ist.[25] Auf der Hauptinsel des Empire liefen im Norden Europas alle Fäden zusammen, mit deren Hilfe die kolonialen Inseln im globalen Süden – von Indien bis Ozeanien, von der Karibik bis Südafrika – kontrolliert und nach Belieben manövriert werden konnten. Diese Archipelstruktur war insulär geprägt und imperiale Ausdrucksform beherrschender ökonomischer und militärischer Macht im globalen Maßstab.

Aber was – so darf man sich bei all diesen nicht allein transarealen, sondern auch transhistorischen Verknüpfungen verschiedener Räumen und Zeiten der

---

23 Ein weiterer Verweis findet sich u. a. auf S. 73; weitere Hinweise *passim*.
24 Ebda., S. 74.
25 Zum kolonialen Bewegungsraum der Tropen vgl. Ette, Ottmar: Diskurse der Tropen – Tropen der Diskurse: Transarealer Raum und literarische Bewegungen zwischen den Wendekreisen. In: Hallet, Wolfgang / Neumann, Birgit (Hg.): *Raum und Bewegung in der Literatur. Die Literaturwissenschaften und der Spatial Turn*. Bielefeld: transcript Verlag 2009, S. 139–165.

Globalisierung fragen – hat eigentlich die (europäische) Menschheit aus all diesen Katastrophen gelernt, aus Genozid und Zerstörung, die nicht zuletzt aus Glaubenseifer oder Profitgier über die (gesamte) Erdbevölkerung gebracht wurden? Gibt es ein Umdenken bezüglich der Abhängigkeitsverhältnisse globalen Maßstabs bei denen, die über die Macht dazu verfügen?

Mario Vargas Llosas sehr bewusst transareal angelegter Roman gibt auf diese von ihm nahegelegten Fragen keine einfachen Antworten. Er führt in erster Linie einen Lernprozess vor Augen, welcher über die Figur Roger Casement ebenso seine Leserschaft erfasst. Denn auch der britische Staatsbürger sieht sich im Kongo immer wieder bohrenden Fragen ausgesetzt, auf die er in den ersten Jahren keine schlüssigen Antworten zu geben vermag: „Waren denn die Interessen des Imperiums nicht wichtiger als die lauten Klagen einiger halbnackter Wilder, die Katzen und Schlangen anbeteten und andere Menschen verspeisten?"[26]

Von Beginn an war in der ‚Begegnung' zwischen den ‚Wilden' und den ‚Zivilisierten' die ideologische Rechtfertigung einer Unterwerfung und Ausbeutung jener kaum menschenähnlichen ‚Wilden' ungeheuer effizient gewesen.[27] Schließlich galt es, die hehren Ziele des jeweiligen ‚zivilisierten' Imperiums und des von ihm jeweils vertretenen Glaubens zu verteidigen. Wie Fray Bartolomé de las Casas' Beispiel zeigt, war es ungeheuer schwer, sich diesen Ideologien und Verstrickungen zu entziehen und nicht die einen Indigenen gegen die anderen auszuspielen, also etwa die indianische Bevölkerung durch die Einführung schwarzer Sklaven zu ‚schützen'. Durfte man denn – so Roger Casement einige Jahrhunderte fortgesetzter Ausbeutung später – nicht als Europäer hoffen, dass der zivilisatorische Fortschritt aller verwerflichen Übergriffe zum Trotz nicht letztlich allen Menschen, auch den auf ihrem eigenen Kontinent wie Lasttiere misshandelten Afrikanern, nutzen würde?

Gleichwohl ist dem Iren klar geworden, dass sich seit der Eroberung Amerikas durch iberische Konquistadoren kaum etwas verändert hatte und dass die meisten Weißen – oder solche, die sich dafür hielten[28] – die Indianer aus der Kategorie „Mensch" noch immer exkludierten:

---

26 Vargas Llosa, Mario: *El sueño del celta*, S. 108: „¿No eran los intereses del Imperio más importantes que las quejas plañideras de unos salvajes semidesnudos que adoraban felinos y serpientes y eran antropófagos?"

27 Vgl. Bitterli, Urs: *Die „Wilden" und die „Zivilisierten". Die europäisch-überseeische Begegnung.* München: Deutscher Taschenbuch Verlag 1982.

28 So wurden die Iren in den USA bis zu Beginn des 20. Jahrhunderts kategorial nicht als Weiße betrachtet; vgl. zur Problematik dieser historisch höchst wandelbaren Kategorie Painter, Nell Irvin: *The History of White People.* New York – London: W. W. Norton 2010.

Für sie waren die Amazonas-Indianer im eigentlichen Sinne keine Menschen, sondern eine inferiore und verachtenswerte Form der Existenz, welche jener der Tiere näher stand als jener der Zivilisierten. Es war daher legitim, sie auszubeuten, sie auszupeitschen, sie zu entführen, sie an die Kautschukstätten zu verbringen oder sie, wenn sie Widerstand leisteten, wie einen Hund umzubringen, der die Tollwut verbreitet.[29]

Alles war gleich geblieben: Noch immer lastete die brutalste Form der Ausbeutung auf den ‚Wilden‘, die man ungefragt und unbestraft in Sklaven verwandelte und deren Arbeitskraft man nach Belieben zum höheren Ruhm irgendeines Imperiums nutzte. Waren es überhaupt Menschen, die man da umbrachte? Und doch hatte sich zugleich etwas verändert. Denn es war möglich geworden, durch die Macht des Wortes, durch die Kraft offizieller Berichte eine Öffentlichkeit wachzurütteln, die – erst einmal in ihrem durchaus gewinnbringenden Schlaf gestört – zu reagieren und zu agieren in der Lage war. Diese schlafende Macht war gewaltig, wurde sie erst einmal geweckt und über die wahren Ziele ihrer Firmen, „Empresas", Trusts und Konzerne aufgeklärt. Soll nicht im Jahre 2020 ein Gesetz den Bundestag passieren, das Kinderarbeit und Ausbeutung verbietet und halbwegs menschliche Mindeststandards in den Fabriken einführt, die für deutsche Konzerne produzieren? Doch die deutsche Wirtschaft wehrt sich, verweist auf Konzerne anderer Länder, beschönigt und verdeckt. Und es könnte sein, dass die deutsche Öffentlichkeit erneut mit dem Gedanken einschläft, dass es schon nicht so schlimm sein werde und dass westliche Konzerne freiwillig auf Kinderarbeit und Ausbeutung verzichten würden, dass schon alles gut werde …

Roger Casement jedoch wusste ein gutes Jahrhundert zuvor, dass es galt, diese Öffentlichkeit im britischen Empire wachzurütteln und wachzuhalten, weil anders gegen die seit Jahrhunderten fortgesetzte und seit Jahrhunderten ökonomisch verschärfte Ausbeutung nicht anzukommen war. Immerhin war es nun eine weltweite Öffentlichkeit, die erreicht werden konnte, eine Öffentlichkeit, die bei allen scharfen Asymmetrien an der Wende vom 19. zum 20. Jahrhundert innerhalb gewisser Grenzen als eine entstehende Weltöffentlichkeit bezeichnet werden darf. Eine Informationsgesellschaft[30] im zeitgenössischen Sinne der vierten Phase beschleunigter Globalisierung funktionierte gewiss noch nicht, und selbstverständlich gab es zwar transatlantische Kabelverbindungen, aber noch lange kein Internet, das im digitalen Maßstab gewaltige Informationsmengen weltweit „in real time" öffentlich und zugänglich machen konnte.

---

29 Vargas Llosa, Mario: *El sueño del celta*, S. 209.
30 Castells, Manuel: *Das Informationszeitalter*. Opladen: Leske & Budrich 2001; sowie ders.: *Communication power*. Oxford – New York: Oxford University Press 2008.

Und doch gab es zu Roger Casements Zeiten Möglichkeiten, das Räderwerk der Ausbeutung gleichsam vor Ort vorzuführen, an jenem noblen Firmensitz der Peruvian Amazon Company im Herzen des Welthandelszentrums London. Es sind Möglichkeiten, wie sie der Roman selbst auf wenigen Zeilen verdichtet aufzeigt:

> Roger war in den Büros der Peruvian Amazon Company in Salisbury House, E.C., im Finanzzentrum von London gewesen. Ein spektakulärer Ort war das, mit einer Landschaftsmalerei von Gainsborough an der Wand, mit Sekretärinnen in Uniform, mit Büros voller Teppichen, Ledersofas für die Besucher und einem Schwarm von *Clerks* mit ihren gestreiften Hosen, ihren schwarzen Westchen und weißen Hochkragenhemden nebst Krinolinekrawatten, die Berechnungen durchführten, Telegramme verschickten und erhielten, Lieferungen von duftendem Weichkautschuk in alle Industriestädte Europas verkauften und abkassierten. Und am anderen Ende der Welt, am Putumayo, die Huitotos, Ocaimas, Huinanes, Nonuyas, Andoques, Rezígaros und Boras, die Zug um Zug ausstarben, ohne dass jemand auch nur einen Finger gerührt hätte, um diesen Zustand zu verändern.[31]

Wir haben es in dieser Passage mit der Konfiguration eines literarischen WeltFraktals zu tun, insofern sich in diesem Gebäude der Peruvian Amazon Company wie in einem Brennspiegel eine ganze Welt verkörpert. Sie enthält ebenso einen Schwarm rechtschaffener Büroangestellter und Sekretärinnen wie ganze Völkerschaften von Amazonasindianern, die auf den ersten Blick nichts miteinander zu tun haben, auf den zweiten aber in eine mörderische Asymmetrie verstrickt sind. Beide Seiten sind letztlich nur Anhängsel einer weltumspannenden kapitalistischen Struktur, die zum Wohle einiger weniger ganze Völkerschaften ausrottet. Auf wenigen Zeilen wird hier eine weltweite Interdependenz bei gleichzeitiger radikaler Asymmetrie der Machtverteilung innerhalb einer Situation vorgeführt, in der die modernen transatlantischen Kommunikationsmedien den Austausch von Informationen sicherstellen. Doch sie gehorchen einseitigen Interessenlagen, die weit über die Interessen jener Sekretärinnen und Büroangestellten hinausreichen, die als sichtbare „Uniformierte" letztlich auf das verweisen, was zunächst unsichtbar bleibt. Gerade im unsichtbar Bleibenden werden jedoch auf diesen wenigen Zeilen die Machtstrukturen ästhetisch wirkungsvoll sichtbar gemacht. In dieser Passage zeigt sich die ganze Kraft der Literatur, uns nicht nur Menschen und Strukturen zu präsentieren, sondern uns deren lebenserfüllte Implikationen sinnlich nacherleben zu lassen.

Das Landschaftsgemälde des englischen Malers Thomas Gainsborough ist trefflich gewählt und vom peruanischen Autor vieldeutig eingesetzt. In ihm zeigt sich genau das, was nicht gezeigt wird, verbirgt sich das, was uns vor Augen geführt

---

31 Vargas Llosa, Mario: *El sueño del celta*, S. 220.

wird. In dieser mit dem zeitgenössischen Dekor und der damaligen Mode wohlvertrauten Passage des historischen Romans kommt auch der Kunst eine bestimmte Funktion zu: jene einer ornamentalen, das symbolische Kapital ihrer Besitzer zugleich dokumentierenden und erhöhenden Rolle, die in ihrem Entwurf einer Landschaft zugleich all jene Landschaften verbirgt, für deren Wert und Würde sich niemand verbürgt. Gegen eine solche Kunst, für die hier Thomas Gainsboroughs Gemälde stellvertretend steht, rebellieren sowohl der Protagonist als auch der Roman selbst, versuchen sie doch, für ein Bewusstsein einzutreten, das man mit Alexander von Humboldt als komplexes *Weltbewusstsein*[32] bezeichnen könnte. Dabei geht es nicht um eine kontinuierliche, ununterbrochene Fläche, die über die Welt ausgespannt wird, sondern um die Verbindung zwischen einzelnen *Areas*, welche miteinander und gegeneinander in eine asymmetrische Beziehung gebracht werden. Es geht um eine archipelische Situation.

Abb. 127: Thomas Gainsborough: *Der Erntewagen*, Öl auf Leinwand, 1767.

Ohne an dieser Stelle auf die im gesamten Roman feststellbare hohe Frequenz des Lexems „Leben" („vida", „vivir", „viviente" usw.) eingehen zu können, sei doch betont, wie sehr in Vargas Llosas Roman eine immanente Poetik eingewoben ist, die der Kunst die Aufgabe zuweist, Komplexität und Widersprüchlichkeit des menschlichen Lebens im Experimentierraum ästhetisch nacherlebbar zu gestalten. Immer wieder hat der peruanische Autor mit seiner medialen Kompetenz gerade auch die Beziehungen zwischen Text und Bild, zwischen Literatur und

---

32 Vgl. Ette, Ottmar: *Weltbewusstsein. Alexander von Humboldt und das unvollendete Projekt einer anderen Moderne.* Mit einem Vorwort zur zweiten Auflage. Weilerswist: Velbrück Wissenschaft 2020.

Malerei ins Zentrum seiner Romane gestellt – wie in seinem Flora Tristan und Paul Gauguin gewidmeten *El paraíso en la otra esquina*[33] von 2003.

Die Einsicht Roger Casements, der zufolge „das Leben, das weitaus komplexer als alle Berechnungen ist",[34] sich jeglicher wissenschaftlichen Berechenbarkeit entzieht, wird zur Grundlage einer Handlungs- und Figurengestaltung, in der die literarische Gestalt Roger Casement selbst zum „lebendigen Beispiel dieser Zweideutigkeiten"[35] gerät. In Casements politischen und biopolitischen, humanistischen und nationalistischen, erotischen und ökonomischen Positionen wird eindrucksvoll zur Anschauung gebracht, mit welcher Offenheit, Widersprüchlichkeit und Widerspenstigkeit sich das Leben im Dreieck von Finden, Erfinden und Erleben literarisch repräsentieren lässt. Denn wir finden unser Leben nicht einfach vor, wir erfinden es ständig auf andere Weise und verändern es dadurch, dass wir es leben, erleben und durcherleben. Zwischen diesen drei Polen bestimmt sich jegliche Kunst.

Aufgabe der Literatur ist es nicht, diese Ambiguitäten und Vieldeutigkeiten aufzulösen und in Berechenbarkeit zu überführen. Es geht vielmehr darum, Denk- und Interpretationsmuster zu erproben und bereitzustellen, welche die Nacherlebbarkeit von Lebensprozessen anstreben, indem diese anhand literarischer (wenngleich bisweilen historischer) Figuren durchgespielt werden. Kunst und Literatur entfalten vor unseren Sinnen das Viellogische von Lebensvorgängen, die Polylogik und Polysemie von Lebensprozessen in all ihrer ästhetisch reflektierten Komplexität. Kaum eine andere literarische Figur könnte uns so wirkungsvoll wie Vargas Llosas Roger Casement dazu dienen, aus unserer gegenwärtigen Perspektive die Problematiken des Globalisierungsschubs an der Wende vom 19. zum 20. Jahrhundert so plastisch in ihren Widersprüchen aufzuzeigen und damit in ihrer transarealen Dynamik buchstäblich zu vergegenwärtigen. In seiner schillernden Gestalt, in deren Homosexualität sich die quer zu allen Normen verlaufenden Formen menschlicher Beziehungen verkörpern, bündeln sich erlebbar und nacherlebbar verschiedenste Isotopien, welche für diese dritte Phase beschleunigter Globalisierung maßgeblich sind.

Wollte man es paradox formulieren, so könnte man behaupten, dass Roger Casement gerade deshalb, weil er sich selbst „nunca de ninguna parte"[36] fühlte, also nirgendwo zuhause war, sein Leben im Kampf für den Traum eines freien,

---

33 Vgl. hierzu das unter anderem diesem Roman gewidmete Kapitel in Ette, Ottmar: *WeltFraktale. Wege durch die Literaturen der Welt*. Stuttgart: J.B. Metzler Verlag 2017.

34 Vargas Llosa, Mario: *el sueño del celta*, S. 355: „la vida, más compleja que todos los cálculos."

35 Ebda., „ejemplo viviente de esas ambigüedades."

36 Ebda., S. 374 f.

unabhängigen Irlands verlieren musste. Das Irland dieses Traumes, dieses „sueño", steht als ‚seine' Heimatinsel für all jene Inseln, die er in seinem Leben ohne festen Wohnsitz zu den seinen gemacht und für die er sein Leben riskiert hatte. Seine letzte Insel wird die Heterotopie seines Gefängnisses sein, in welchem er auf seinen Tod wartet, zu dem ihn ein Empire verurteilte, das damals nicht mit sich spaßen ließ. Als Wanderer zwischen den Welten – zwischen Irland und England, aber auch zwischen Europa, Afrika und Amerika – musste er ein sehr feines Gespür für das Schicksal all jener Völker besitzen, die am Ende der oben zitierten Passage nach der Schilderung des luxuriösen Firmensitzes der Peruvian Amazon Company in London kurz auftauchen. Sie erscheinen dort allein deshalb, um als deportierte, versklavte Lohnarbeiter und der Ausrottung preisgegebene Arbeitssklaven endgültig von der Geschichte verschlungen zu werden.

All dieser Menschen, die gefälschten Dokumenten entsprechend als Lohnarbeiter geführt und offiziell für ihre Arbeit bezahlt werden, scheint sich niemand in Europa oder anderswo annehmen zu wollen. Doch mag die offizielle Geschichte sie auch ausgeschlossen haben: *El sueño del celta* versucht, dieser historischen Exklusion in der zum Zeitpunkt der Abfassung des Romans aktuellen Globalisierungsphase eine Inklusion entgegenzusetzen, die sie zwar nicht in Subjekte ihrer eigenen Geschichte verwandelt, zumindest aber als von der Geschichte Misshandelte wieder in Erscheinung treten lässt. Mario Vargas Llosa gelingt es in diesem historischen Roman, Grundstrukturen einer längst vergangenen Globalisierungsphase sinnlich erlebbar zu machen und jene Archipel-Situation ästhetisch zu evozieren, die sich in ihren Diskontinuitäten deutlich von Ästhetiken im Zeichen der Postmoderne unterscheidet. Um diese neuesten Entwicklungen von Ästhetiken, welche durchaus noch in literarischen Beziehungen zur Postmoderne stehen, aber deutlich *nach* der Postmoderne angesiedelt sind, wird es in den abschließenden Sitzungen unserer Vorlesung gehen.

Khal Torabully, Yanick Lahens oder die Konvivenz auf den Archipelen von Natur und Kultur

Wie Vargas Llosa aus dem Standpunkt der vierten Phase beschleunigter Globalisierung zunächst auf die dritte Phase und deren Exklusionen blickte, entfaltet der 1956 in Port-Louis auf Mauritius als Sohn eines Seemans aus Trinidad und einer aus Indien stammenden Mutter geborene Dichter, Filmemacher und Kulturtheoretiker Khal Torabully[1] seit den achtziger Jahren sein Projekt der „Coolitude". Mit ihm versucht er, eine weltumspannende Poetik auf Grundlage der Inklusion all jener von der Geschichte Ausgeschlossenen zu entwickeln, die sich zumeist unter elenden Umständen als Lohn- und Kontraktarbeiter weltweit verdingen mussten. Dies ist ein in vielerlei Hinsicht noch im Zeichen der Postmoderne stehendes Vorhaben, in welchem die Stimmen der bislang Verschwiegenen, Untergetauchten, all jener also, die im Sinne Lezama Limas innerhalb des „sumergido" anzusiedeln sind, zu Gehör gebracht werden sollen.

Zugleich werden in diesem literarischen Vorhaben aber auch Teile dessen sichtbar, was sich fraglos nach den Literaturen im Zeichen der Postmoderne ansiedelt. Gewiss ist es aus heutiger Perspektive schwer auszuloten, wie diese nachpostmodernen Ästhetiken beschaffen sein werden. Aussagen hierüber sind genuin risikobehaftet. Doch möchte ich in unserer Vorlesung gerne dieses Risiko eingehen, da uns die Arbeit an derlei Fragen tief in die prospektiven Dimensionen literarischen Schaffens führt. Denn die vierte Phase beschleunigter Globalisierung ist nach dem Zeugnis der Literaturen der Welt, aber selbstverständlich auch nach vielen politischen, sozialen und ökonomischen Indikatoren im vergangenen zweiten Jahrzehnt des 21. Jahrhunderts zu Ende gegangen. Und ebenso hat auch die Phase jener Literaturen im Zeichen der Postmoderne ihren Abschluss gefunden, mit deren Ausbildung und Entwicklung wir uns ausführlich in unserer Vorlesung beschäftigt und auseinandergesetzt haben.

Noch lassen sich aus einer wie auch immer gearteten historischen Distanz jene Prozesse nicht überblicken, in denen wir derzeit buchstäblich ‚stecken'. In jedem Fall aber sind die literarhistorischen und literarästhetischen Übergänge zwischen postmodernen und nachpostmodernen Orientierungen, denen wir uns jetzt zuwenden wollen, in keiner Weise bruchartig, sondern fließend. Die fließenden, schleifenden Schnitte zwischen postmodernen und nachpostmodernen

---

[1] Zum Werk von Khal Torabully vgl. Bragard, Véronique: *Transoceanic Dialogues: Coolitude in Caribbean and Indian Ocean Literatures.* Frankfurt am Main – Berlin – New York: Peter Lang 2008.

Ästhetiken ließen sich ohne jeden Zweifel vergleichen mit den Übergängen vom hispanoamerikanischen Modernismus zum Postmodernismus oder auch zwischen den Ästhetiken der Moderne und jenen der Postmoderne. Denn an dieser Stelle schließt sich der Kreis unserer Vorlesung, hatten wir doch mit Enrique Vila-Matas Sichtweisen der historischen Avantgarden aus einer Sensibilität heraus eingesetzt vorgefunden, welche bereits unverkennbar postmodern geprägt war. Nun wollen wir abschließend vorsichtig die Konturen dessen ertasten, was sich *nach* der Ludizität und Luzidität eines Enrique Vila-Matas anschließen und eröffnen könnte.

Khal Torabullys Projekt gibt jenen „Coolies" eine Stimme, deren Verbreitung über große Teile unseres Planeten im Kontext der dritten Phase beschleunigter Globalisierung vonstattengegangen war, innerhalb desselben kapitalistischen und vorwiegend angelsächsisch geprägten Weltwirtschaftssystems also, das in Mario Vargas Llosas Roman so konzentriert wie dicht dargestellt und nacherlebbar gemacht worden ist. Und doch war von diesen so zahlreichen Coolies, die vielerorts die Nachfolge der Sklaven innerhalb eines an der Oberfläche modernisierten, aber nicht grundlegend transformierten Wirtschaftssystems angetreten hatten, bestenfalls marginal die Rede gewesen. Es geht bei Torabully also weder um die schwarzen Sklaven, deren Versklavung zumindest legal im Verlauf eines langen 19. Jahrhunderts abgeschafft wurde, noch um die unter Sklaverei-ähnlichen Bedingungen ausgebeuteten Kautschukarbeiter, die größtenteils den indigenen Gruppen am Kongo oder Putumayo zur Zwangsarbeit ‚entnommen' und zwangsrekrutiert wurden. Es geht vielmehr um eine Gruppe, für die sich während der dritten Phase beschleunigter Globalisierung vielleicht kein anderer mit literarischen wie photographischen Mitteln so sehr eingesetzt hat wie der transarchipelisch schreibende und lebende Lafcadio Hearn.[2]

Allerdings tauchen auch in Vargas Llosas Roman am Rande kleinere Gruppen aus entfernteren Regionen herangeführter Lohnarbeiter auf, denen die bei der Anwerbung versprochene kostenlose Rückfahrt etwa nach Barbados oder Trinidad nicht gewährt wird. Ein derartiges Schicksal, eine derartige Lebenserfahrung wird zum historischen Ausgangspunkt des Konzepts der Coolitude, bilden doch erste Migrationen – etwa von Indien auf die Antillen – nicht selten den Beginn weiterer, sich anschließender Migrationen innerhalb des weiten Gürtels der von den Kolonialmächten beherrschten Tropen. Es ist aus heutiger Sicht eigenartig zu sehen, wie wenig zeitgenössische Autorinnen und Autoren diese riesige Gruppe von Migrantinnen und Transmigranten zum literarischen Thema machten.

---

2 Zum Schreiben dieses Autors vgl. Ette, Ottmar: *TransArea. Eine literarische Globalisierungsgeschichte*, S. 204–218.

Der 1956 geborene Khal Torabully ist in seiner Biographie ein sich zwischen Wissenschaft und Literatur, aber auch anderen künstlerischen Medien hin und her bewegender Autor, der aus diesen ständigen Perspektivwechseln viel für seine literarische Arbeit an ästhetischem Mehrwert erschloss. Der mit einer Arbeit über die Semiologie des Poetischen in Lyon promovierte Schriftsteller wurde auf der Insel Mauritius geboren und wuchs entsprechend vielsprachig zwischen europäischen und asiatischen Sprachen auf. Er war Gründungsmitglied einer französischen Forschergruppe über Globalisierung (Groupe d'Etudes et de Recherches sur les Globalisations, GERM) und beschäftigte sich daher auch wissenschaftlich mit Phänomenen der „Mondialisation".

Abb. 128: Khal Torabully (Port Louis, Mauritius, 1956).

Geradezu selbstverständlich ist das literarische Oeuvre dieses Schriftstellers vor dem Hintergrund seiner Herkunft translingual angelegt und bewegt sich hauptsächlich zwischen den Literatursprachen des Englischen und des Französischen, wobei in sein Schreiben immer wieder Bruchstücke anderer Sprachen hineinragen. In seinen poetischen wie poetologischen Texten hat Khal Torabully den vorwiegend aus Indien, aber auch aus China und anderen Ländern stammenden Coolies nicht nur ein literarisches Denkmal, gleichsam einen Gedächtnisort, setzen wollen, sondern auch eine Poetik globaler Migration entfaltet, wie sie bereits in seinem 1992 erschienenen Band *Cale d'Etoiles – Coolitude* zum Ausdruck kommt:

> Coolitude, um den ersten Stein meines Gedächtnisses allen Gedächtnisses zu legen, meine Sprache aller Sprachen, meinen Teil des Unbekannten, den zahlreiche Körper und zahlreiche Geschichten immer wieder in meinen Genen und in meinen Inseln hinterlegt haben. Dies ist der Gesang meiner Liebe zum Meer und zur Reise, die Odyssee, welche meine zur See fahrenden Völker noch nicht geschrieben haben ... und meine Mannschaft wird im Namen derer auftreten, welche die Grenzen auslöschen, um das *Land des Menschen* zu vergrößern.[3]

---

3 Torabully, Khal: *Cale d'Etoiles – Coolitude*. Saint-Denis de La Réunion: Azalées éditions 1992, S. 7.

Es ist der Gesang eines Dichters, der in diesen Passagen ertönt und das Projekt einer Welt entfaltet, in welcher die Coolies ihre eigene Gegenwart und Präsenz, ihre eigene Würde und ihre eigenen transkulturellen Bindungen haben und entwickeln. So zeigt sich von Beginn dieses Textes an eine stark prospektive Dimension, welche die zukünftigen kulturellen Landschaften der Welt zu verändern sucht. Denn es geht dem aus einer einst aus Indien nach Mauritius gekommenen Familie stammenden Poeta doctus nicht um eine abgeschlossene Vergangenheit, die mit homerischen Anklängen evoziert würde. Ausgehend von jenen kollektiven wie individuellen Erfahrungen, welche die weitgehend entrechteten Lohn- und Kontraktarbeiter insbesondere in der dritten Phase beschleunigter Globalisierung erdulden mussten, wird eine auf Zukunft gestellte und die vierte Beschleunigungsphase der Globalisierung mit ihren Migrationen neu beleuchtende Poetik entwickelt, die sich schon früh in ihrer globalen Relationalität gerade im Bereich der Tropen äußert. Denn das lyrische Ich wendet sich an alle „aus Goa, aus Pondicheri, aus Chandernagor, aus / Cocame, aus Delhi, aus Surat, aus London, aus Shanghai, / aus Lorient, aus Saint-Malo"[4] und entfaltet damit eine weltumspannende Kartographie nicht der Flächen und Kontinente, sondern der Häfen, der Inseln und der Archipele, welche miteinander diskontinuierlich verbunden sind.

Indien, China und Ozeanien werden mit den Häfen Europas verbunden und über diese transatlantisch mit den Inseln der Neuen Welt so verknüpft, wie die Coolies innerhalb der britischen und französischen Kolonialreiche auf die Plantagen im Pazifik wie im Atlantik, insbesondere in die englische und französische Karibik, verfrachtet wurden. Torabullys Text führt vor Augen, dass in jedem Transfer stets eine Transformation enthalten ist, die das Ich zu einem anderen macht und dabei immer neue Spielräume und Blickwinkel eröffnet, so als wollte man eine Landschaft kubistisch, aus verschiedenen Perspektiven zugleich, betrachten. Der Ozean wird zum verbindenden und zugleich trennenden Element, das auch die Städte dieses Netzwerks kolonialer Ausbeutung in Inseln verwandelt, die ihren eigenen „angle", ihre eigene Perspektive entfalten. Eine *bewegungsgeschichtliche* Sichtweise unseres Planeten gewinnt Form und Raum: Es ist nicht länger die der Imperien, der Reiche und der Weltherrschaft, sondern eine Geschichte der Wege, der Migrationen und Transmigrationen, welche unseren Planeten nicht länger in Blöcke massiv zentralisierter Herrschaft, sondern in Archipele migratorischer Relationen verwandelt. An die Stelle imperialer Raumgeschichte tritt eine Bewegungsgeschichte, die all jenen Bewegungen Gehör verschafft, die unterhalb der großen kontinentalen Einflusssphären verschwanden

---

4 Vgl Torabully, Khal: *Cale d'étoiles – Coolitude*, S. 89.

und überspült waren – ganz in jenem Sinne, den schon José Lezama Lima in *La expresión americana* dem Amerikanischen verlieh. Denn dieses verstand er nicht als homogene Fläche im Sinne einer Geschichte dieses Raumes, sondern als weltumspannende Bewegung, welche ihre diskontinuierlichen Relationen, aber gerade auch das längst Überspülte, „lo sumergido", wieder hervorspült und zum Vorschein bringt.

In seinem 1999 vorgelegten Gedichtband *Chair Corail, Fragments Coolies* (*Korallenfleisch, Coolie Fragmente*)[5] hat der mauritianische Dichter, der im Übrigen auch als Filmemacher hervorgetreten ist und beim Internationalen Filmfestival von Cairo für *La Mémoire maritime des Arabes* 2010 mit dem Golden Award ausgezeichnet wurde, eine nicht wie bei Deleuze und Guattari am Rhizom,[6] sondern an der Koralle ausgerichtete Metaphorologie eingeführt. Sie folgt diesem symbiotischen Lebewesen des Meeres: „In meinem Gedächtnis sind auch Zungen / Meine Coolitude ist nicht ein Stein / Sie ist Koralle."[7] Coolitude ist kein toter Gedenk-Stein, sondern lebendig züngelnde, sprechende Koralle – allein: Wird hier die Sprache nicht zu obskur, zu ‚schwierig'?

Khal Torabully wusste sich hinsichtlich dieser Frage jedoch in bester literarischer, insbesondere karibischer Tradition. Hatte nicht José Lezama Lima im berühmten, von uns ausführlich kommentierten Auftaktsatz zu *La expresión americana* betont, dass allein das Schwierige stimuliert? Und hatte nicht Edouard Glissant aus der Karibik ebenfalls eine Ästhetik des Obskuren herausgearbeitet, in welcher nur das schwer Zugängliche die Komplexität poetischer Verdichtung wiederzugeben vermag? Torabully wusste sich dieser karibischen Tradition verpflichtet, war doch sein Gesprächspartner kein Geringerer als der martinikanische Dichter und Politiker Aimé Césaire gewesen, der als Poet der „Négritude" auch fraglos einer der Stichwortgeber für das Konzept der „Coolitude" gewesen war.

Nehmen wir diesen Stimulus also auf und denken ihn mit dem Dichter aus Mauritius weiter! Die für Torabullys eigenes Schreiben so wichtige Sprachenvielfalt und das *Über*setzen wie das Über*setzen* an andere Ufer stellen unablässige Transferprozesse dar, die immer wieder zu Transformationsvorgängen werden: „nicht mehr der Hindu-Mensch aus Kalkutta / sondern Korallenfleisch von den Antillen."[8] Hier verbindet sich die trans*archipelische* Dimension des Denkens

---

5 Torabully, Khal: *Chair Corail, Fragments Coolies*. Guadeloupe: Ibis Rouge Editions 1999.

6 Vgl. hierzu Deleuze, Gilles / Guattari, Félix: *Rhizom*. Aus dem Französischen übersetzt von Dagmar Berger u. a. Berlin: Merve Verlag 1977.

7 Torabully, Khal: *Chair Corail, Fragments Coolies*, S. 82: „Dans ma mémoire sont des langues aussi / Ma coolitude n'est pas une pierre non plus, / elle est corail."

8 Ebda., S. 108: „non plus l'homme hindou de Calcutta / mais chair corail des Antilles."

mit einer Trans*arealität*, welche Grundlage für die Weiterentwicklung der Tora-bully'schen Ästhetik sein wird.

Aus diesen Mutationen, diesen Metamorphosen ergeben sich eine Schreib-praxis und zugleich eine Kulturtheorie, die beide unverkennbar transarchipelisch und transareal aufgebaut sind. So heißt es in Torabullys Beitrag für eine von der Universität Potsdam im Sommer 2011 veranstaltete Tagung programmatisch:

> Das die Coolitude begründende korallene Imaginäre stellt einen Vorschlag dar, um diese Verschiedenartigkeiten zu archipelisieren, die für die Menschheiten so notwendig sind (*une proposition d'archipéliser ces diversités si nécessaires aux humanités*). Es stellt ganz konkret unser Imaginäres aus den polylogischen, archipelischen Indien in die zeitgenössische Rea-lität, wo Ökonomie, Kulturen und Ökologie nicht voneinander getrennt werden können, so wie dies die gegenwärtige Globalisierung mit ihren wiederholten Pannen voller Gewalttätig-keiten belegt.[9]

In diesen programmatischen Aussagen verbindet der Dichter aus Mauritius seine archipelische und transarchipelische Struktur einer weltweiten Relationalität mit einer zusätzlichen Dimension: er füllt sie schlicht mit Leben. Denn die inselhafte, geologische Struktur des Archipels wird durch eine lebendige Strukturierung ver-doppelt, die in den Korallen eine Metaphorologie entfaltet, welche die gesamte Natur der Tropenwelt zusammenführt. Damit erweitert der Poet und Essayist der Coolitude seine Metaphorik um eine offene Struktur voller Leben und zugleich um die gesamte Fülle einer Natur, welche in all ihren tropischen und nicht-tropischen Dimensionen aufgezeigt wird. Denn Natur und Kultur bilden bei Torabully eine nicht auflösbare, nicht voneinander trennbare Einheit.

Abb. 129: Hirnkorallen-Struktur im Roten Meer bei Hurghada.

---

9 Torabully, Khal: Quand les Indes rencontrent les imaginaires du monde. In: Ette, Ottmar / Müller, Gesine (Hg.): *Worldwide. Archipels de la mondialisation. Archipiélagos de la globalización.* Madrid – Frankfurt am Main: Iberoamericana – Vervuert 2012, S. 63–72, hier S. 71.

Er integriert damit eine grundlegend ökologische Vorstellungswelt, betont die wechselseitigen Verbindungen zwischen Natur und Kultur und ergänzt sein Schreiben dadurch um eine ökokritische Dimension zu einem Zeitpunkt, an dem das ökologische Überleben der Korallenwelt auf unserem Planeten in Gefahr ist. Und vor allem hinterfragt er eine Trennung zwischen Natur und Kultur, die schon im Bereich unserer Wissenschaftsorganisation mit der Aufspaltung zwischen den Naturwissenschaften und den Kulturwissenschaften, aber auch in unserem alltäglichen Denken und Handeln an der Tagesordnung ist.

Der französische Kulturanthropologe Philippe Descola hat sich intensiv mit dieser Problematik auseinandergesetzt und bereits im Jahr 2005 in seinem Buch *Par-delà nature et culture* grundlegende Einsichten in die Brüchigkeit und die Problematiken dieser auf den ersten Blick so natürlichen Trennung von Natur und Kultur untersucht und herausgearbeitet. Im Jahre 2011 erschien dann sein Band *L'écologie des autres: l'anthropologie et la question de la nature* in französischer Sprache, der 2014 ins Deutsche übersetzt wurde unter dem Titel *Die Ökologie der Anderen: Die Anthropologie und die Frage der Natur*. Hier versuchte Descola, im Kapitel „Schlussfolgerung" einige seiner Leitideen zum Verhältnis von Natur und Kultur zusammenzufassen:

> Man braucht kein Experte zu sein, um vorauszusagen, dass die Frage des Verhältnisses der Menschen zur Natur höchstwahrscheinlich die entscheidendste dieses Jahrhunderts sein wird. Man braucht sich nur umzusehen, um sich davon zu überzeugen: Die klimatischen Umwälzungen, der Rückgang der Artenvielfalt, die Vermehrung gentechnisch veränderter Organismen, das Versiegen der fossilen Energieträger, die Verschmutzung der empfindlichen Naturräume und der Megastädte, das sich beschleunigende Verschwinden der Tropenwälder, dies alles ist auf dem ganzen Planeten ein Thema öffentlicher Debatten geworden und schürt täglich die Ängste seiner Bewohner. Gleichzeitig ist es schwierig geworden, weiterhin zu glauben, dass die Natur ein vom sozialen Leben völlig getrennter Bereich ist, je nach den Umständen hypostasiert als Nährmutter, als nachtragende Rabenmutter oder als zu entschleiernde geheimnisvolle Schöne, ein Bereich, den die Menschen zu verstehen und zu kontrollieren suchten und dessen Launen sie zuweilen ausgesetzt seien, der jedoch ein Feld autonomer Regelmäßigkeiten bildet, in dem Werte, Konventionen und Ideologien keinen Platz hätten.[10]

Damit stellt der französische Anthropologe die Frage, die er für die Kernfrage des 21. Jahrhunderts hält: „Sag', wie sieht das Verhältnis des Menschen zur Natur künftig aus?" Die Antworten, die Descola auf diese Frage gibt, lassen es als unvermeidlich erscheinen, die Trennung zwischen Natur und Kultur in grundlegender

---

10 Descola, Philippe: *Die Ökologie der Anderen: Die Anthropologie und die Frage der Natur.* Berlin: Matthes & Seitz 2014, S. 87.

Abb. 130: Philippe Descola (Paris, 1949).

Weise in Frage zu stellen. Denn all das, was im Zeichen der Klimaveränderungen und aller anderen scheinbar auf die Natur zurückgehenden Transformationen uns als Menschen beängstigt und bedroht, sind Phänomene, bei denen der Mensch eine grundlegende Rolle gespielt hat, spielt und spielen wird. Mit anderen Worten: Der Mensch bedroht zum einen die Natur, indem er zur Verarmung des Planeten an geoökologischer Diversität beiträgt, ganze Spezies ausrottet und ein natürliches Gleichgewicht der Kräfte unterläuft. Zum anderen bedroht er die Kulturen des Planeten, insofern er die Konflikte zwischen verschiedenen Kulturen nicht beilegen kann und will, die Formen friedlicher Konvivenz in Differenz nicht entwickelt hat und zusätzlich durch seine Nukleartechnik das Überleben aller lebendigen Bewohner des Planeten insgesamt in Frage stellt.

Die Anthropologie ist dabei im Sinne Philippe Descolas jener Bereich, in dem sich Natur und Kultur auf grundlegende Weise überlappen und überschneiden: Sie bildet ein transdisziplinäres Feld, wo eine Trennung zwischen beiden Bereichen schlicht keinen Sinn mehr macht. Dies sind selbstverständlich Themen und Fragen, welche die Literaturen der Welt seit langer Zeit in grundlegender Weise stellen. Und es ist die Literatur, die sich auf sehr fundamentale Weise ökologisch verhält, indem sie in einen direkten Zusammenhang mit der Nachhaltigkeit gebracht werden kann. Denn nicht nur auf Grund ihrer intertextuellen Verfasstheit bildet die Literatur ein nachhaltiges und offenes System.

Doch wieder zurück zu Khal Torabully und einem Schreiben, welches sich dieser Entwicklungen höchst bewusst ist! Die Verbindung zwischen seiner engagierten Fürsprache für die Coolies, die sich ebenso über den Pazifik wie über die atlantische Welt verstreuten, und für die Korallen, die ersteren gleichsam das Überspülte, Überflutete repräsentieren, versuchte er in seinem Potsdamer Vortrag von 2011 wie folgt zusammenzufassen:

> Die Koralle ist in ihrem lebendigen Habitat beobachtbar, ganz im Gegensatz zum Rhizom, das sich unter der Erde befindet. Darüber hinaus erlaubt sie mir, ein agglutinierendes Verbunden-Sein, das sich ähnlich wie ein Palimpsest aus Schichtung, aus Verdichtung, aus Sedimentierung aufbaut, und nicht nur ein erratisches Verbunden-Sein zu entwickeln,

wobei sie den egalitären Aspekt der Verbindung beibehält, steht sie doch allen Strömungen gegenüber offen. Die Koralle ist ihrem Wesen selbst nach hybrid, denn sie ist aus der Symbiose eines Phytoplanktons und eines Zooplanktons geboren. In Sachen Metaphorik der Diversität könnte es schlicht nicht besser sein. Sie ist Wurzel, Polyp und Abplattung, ist von sich verändernder Form, schmiegsam und hart und dazu noch verschiedenfarbig. Obgleich sie verwurzelt ist, setzt sie doch die größte Migration auf der Erde frei, die des Plankton, die man vom Mond aus ebenso sehen kann wie das Great Barrier Reef, das von der UNESCO als Welterbe der Menschheit eingestuft wurde. Dieser korallene Archipel ist ganz einfach die auf der Erde sich am weitesten ausbreitende lebendige Skulptur, und auch sie kann man vom Mond aus sehen.[11]

Die Rekurrenz des Lexems „vivant" beziehungsweise „lebendig" am Anfang wie am Ende dieser Passage unterstreicht, in welch starkem Maße auch im Theorem der Koralle für Torabully Lebensprozesse von entscheidender Bedeutung sind. Es geht dem Schriftsteller aus Mauritius um eine fraktal verdichtete Form, in welcher alle Elemente und Daseinsformen der Natur mit Leben erfüllt sind und das Meer als Teil des Lebensraumes in eine poetische Gesamtsicht integriert ist. Die Koralle wird damit nicht nur zu einem Lebens-Theorem, sondern *verkörpert* in ihrer Lebendigkeit zugleich ein Wissen vom Überleben und Zusammenleben, das diese Gemeinschaft von Lebewesen in ihrer *sym-bio*-tischen Daseinsform zu Kunstwerken von gewaltigen Ausmaßen anwachsen lässt. Der Begriff der Symbiose steht dabei im Bereich der Natur für ein Zusammenleben, welches im politischen und kulturellen Bereich als Konvivenz zu deuten wäre.

Dass sich die Koralle als Konkurrenzbegriff zur poststrukturalistischen Theorie des Rhizoms versteht, ist offenkundig; zugleich aber wird deutlich, dass Koralle und Rhizom durchaus in einer vergleichbaren Weise für das Nicht-Zentrierte, für das Sich-Vernetzende und für das Nicht-Hierarchische einstehen. Dabei führt die Koralle in ihrem Oszillieren zwischen dem Fleisch – der „Chair Corail" – und ihrer bildhauerischen Dimension als Gedenk-Stein eine dynamische Verbindung zwischen Geologie und Biologie, Tod und Leben, Gesellschaft und Gemeinschaft vor Augen, deren poetische Valenz in Torabullys Lyrik ausgespielt werden kann. Die symbiotische Welt der Koralle verbindet sich mit einer Konvivenz, die aus Perspektive der Tropen eine Lebens-Welt entstehen lässt, die sich unterhalb wie oberhalb der Meeresoberfläche ansiedelt. Als poetische Trope verkörpert die Koralle die Bewegungswelt der Tropen und versteht sich zugleich als Metapher für eine Welt, in welcher das Überflutete, das „sumergido", nicht länger von der Erdoberfläche verschwunden ist, sondern seine Gegenwart

---

11 Torabully, Khal: Quand les Indes rencontrent les imaginaires du monde, S. 70 f.

mit allen Sinnen manifestiert. Die Coolitude versteht sich so als integrative Kraft in einer Welt, in welcher alle Stimmen zählen und keine ungehört verhallen darf.

Es ist faszinierend zu sehen, wie mobil und bewegungsgeschichtlich der mauritianische Autor seinen Entwurf der Koralle anlegt, die man in einem allgemeinen Sinne gerade mit Blick auf die Grande Barrière eher mit Starrheit und Widerständigkeit assoziieren würde. Diese Beweglichkeit schließt ökologisch auch die Verwundbarkeit mit ein. Doch Khal Torabully hört auf das korallene Rauschen ihrer Geschichte, ihres Geschichtet-Seins, ihrer lebendigen Sedimentation. Erst aus dieser lebendigen Geschichte kleinster Lebewesen erwächst jene Widerständigkeit des riesigen Korallenriffs. Aber zugleich auch seine Zerstörbarkeit, wie sie durch die anthropogen verursachten Klimaveränderungen augenfällig wird.

Die von Torabully wiederholt betonte Verbindung zwischen Koralle und Migration ist innerhalb der Bild-Welten dieses Dichters und Theoretikers mit einer Coolitude verknüpft, die sich ebenso in das Ozeanische wie das Migratorische einschreibt. So heißt es in einem Vortrag des Kulturtheoretikers vor der UNESCO: „Es ist unmöglich, die Essenz der Coolitude ohne die Reise der Coolies über die Meere zu verstehen. Diese entscheidende Erfahrung, diese Odyssee der Coolies, hinterließ eine unauslöschliche Markierung in der imaginären Landschaft der Coolitude."[12]

Die hier implizit angesprochene Landschaft der Theorie bereichert zweifellos eine transareal über vier Phasen beschleunigter Globalisierung entfaltete Relationalität von in sich abgeschlossener Insel-Welt und archipelischer wie transarchipelischer Inselwelt insofern, als Coolie und Koralle nicht allein auf der Ebene einer sich verdichtenden Metaphorologie eine lebendige und weiter verlebendigende Dynamik in diese Insel-Landschaften der Theorie einbringen. Seine Begriffswelt ist zutiefst transareal geprägt und entfaltet eine Relationalität, die alle Bereiche unseres Planeten miteinander in Beziehung setzt und diese Beziehungen mit Leben füllt.

Es handelt sich um eine transareal konzipierte Landschaft der Theorie, die ohne die politischen, sozialen und kulturellen Kontexte der 1968 politisch unabhängig gewordenen Insel Mauritius sicherlich nicht hätte entworfen werden können. Schon die gleichsam zusammen mit der mauritianischen Geschichte

---

12 Torabully, Khal: The Coolies' Odyssey. In: *The Unesco Courier* (Paris) (October 1996), S. 13: „It is impossible to understand the essence of coolitude without charting the coolies' voyage across the seas. That decisive experience, that coolie odyssey, left an indelible stamp on the imaginary landscape of coolitude."

und Gegenwart ‚eingesogene' Vielsprachigkeit des Theoretikers und Dichters verschaffte diesem eine Ausgangsbasis, in welcher sich das Translinguale mit dem Transarchipelischen verbinden konnte. Denn die vor ihrer Kolonisierung unbewohnte Insel im Indischen Ozean, die unter der kolonialen Herrschaft Portugals (1505 – 1598), der Niederlande (1598 – 1710), Frankreichs (1715 – 1810) und Englands (1810 – 1968) stand, bündelt wie in einem Brennspiegel viele jener historischen Entwicklungen, die charakteristisch sind für eine ebenso transarchipelische und transareale wie translinguale und transkulturelle Vielverbundenheit. Dass sich Khal Torabully angesichts dieser *Multirelationalität* dann auch dem Konzept des *Polylogischen* öffnete, haben wir bereits gesehen.

Ganz so, wie sich auf religiöser Ebene Hinduismus, Katholizismus, Protestantismus und Islam auf engstem Raum begegnen, so lassen sich auf sprachliche Ebene neben dem „Morisyen" (einer auf dem Französischen basierenden Kreolsprache, die nahezu von der gesamten Bevölkerung verwendet wird) auch verschiedene nordindische Varianten des Hindi, südindische Sprachen wie das Tamil sowie verschiedene südchinesische Dialekte unterscheiden. Dabei ist das Englische Amtssprache und das Französische wird nicht nur von einer Oberschicht als Muttersprache gesprochen, sondern herrscht in den Massenmedien vor. Ein sprachlicher, religiöser, kultureller Mikrokosmos, den Khal Torabully auf den Makrokosmos hin zu öffnen suchte.

Auch wenn der vielsprachige Autor in seinen Schriften wie in seinem Schreiben gewiss nicht alle sprachlichen wie translingualen Dimensionen auszuleuchten vermag, so kann doch kein Zweifel daran bestehen, wie sehr seine theoretische Prosa und seine lyrische Praxis von ständigen sprachenquerenden Prozessen geprägt sind. Dies bedeutet freilich nicht, dass sich der Kulturtheoretiker nicht immer wieder sehr pragmatisch der Erforschung und Präsentation kultureller Querverbindungen gewidmet hätte. So organisierte er beispielsweise auf der französischen Karibikinsel Guadeloupe im Mai 2018 das Festival International de la Coolitude, das die zuvor über lange Jahrzehnte kulturell marginalisierte indische Community in der Fülle ihrer transatlantischen wie transpazifischen Beziehungen leuchten ließ und einen Gegenpol zur französischen Kulturpolitik auf der Insel darstellte. Immer wieder erweist sich der mauritianische Dichter somit als eine Figur, welche weltumspannende transkulturelle Beziehungen gerade zwischen den Inseln mit Leben erfüllt.

Für Khal Torabully selbst, der nicht nur in Frankreich oder auf Mauritius, in der Karibik oder in Andalusien anzutreffen ist, steht die menschliche Existenz im Zeichen eines Exils, wie es eindrücklich auch am Ende von Erich Auerbachs Aufsatz *Philologie der Weltliteratur* für seine Konzeption der Romanistik steht. Letztere begreift sich bei dem nach seinem Istanbuler Exil nicht mehr dauerhaft nach Deutschland zurückgekehrten Literaturwissenschaftler als eine Philologie ohne festen Wohnsitz.[13] Dementsprechend entfaltet der mauritianische Dichter in einem Gedicht aus dem im Jahr 2012 erschienenen und als Roman bezeichneten Band *L'arabesque andalouse ou L'œuf et la colombe* rund um die Sierra Nevada und die arabische Welt Granadas eine Landschaft der Theorie, welche deutlich im Zeichen von Schmerz und Exil steht:

> Jetzt, im rosafarbenen Schnee des Morgens in der Sierra Nevada, drehe ich mich noch einmal mit weniger schwerem Herzen um in der Hoffnung, dass dieser Ring in der Hand eines anderen Weisen sein könnte, und dass der neue Tag niemanden vor der Türe ließe, ohne ihm zumindest ein Fragment seines Aufscheinens zu schenken.
>
> Der Schnee erstrahlt in Tönungen einer rötlichen Sonne. Rosafarben strahlend.
> Und in diesem einzigartigen Lichte Andalusiens, in welchem jeder Blinde sehen kann, indem er die Zukunft der Welt imaginiert, empfand ich den grässlichsten Schmerz meines Lebens.
>
> Es ist das verletzte Licht, das auf die Dinge blutet, die wir so sehr geliebt.
> Ist dies die schreckliche Luzidität der Exilierten?[14]

Im Schnee der Höhen der Sierra Nevada, die im Süden Spaniens schon so manchen schneeblind werden ließen, erscheint eine Welt, in welcher im Zeichen der Alhambra Christentum und Islam, Spanier und Araber niemals lange friedlich zusammenzuleben verstanden. Sie haben sich vielmehr dem Kampfe und dem Konflikt geweiht, unfähig, auf einem Planeten der verschiedensten Kulturen, Ethnien und Religionen eine Konvivenz zu finden, die doch so notwendig für die Menschheit wäre. So wie die Ökologie der Koralle stets vom Menschen bedroht ist, so zeigt sich auch eine Welt, die im gleißenden Licht der Gipfel erstrahlt, doch immer einer Gefahr ausgesetzt, welche alles Leben bedroht. Der Mensch kann dies vielleicht nur aus der grundlegenden Sicht seines eigenen Exils heraus verstehen – oder aus dem Blickwinkel eines ZwischenWelten-Schreibens, dem wir den nach eigenem Geständnis auf Kreolisch denkenden, aber auf Englisch und Französisch schreibenden Khal Torabully zweifellos zuordnen können.

Doch das Schreiben des Schriftstellers aus Mauritius begehrt nicht gegen die Luzidität, wohl aber die Exilierung des Menschen auf. An die Stelle einer Kette ständiger Kämpfe und wechselseitiger Exklusionen – „Der Weiße weist den

---

13 Vgl. hierzu Ette, Ottmar: Toward a Polylogical Philology of the Literatures of the World. In: *Modern Language Quarterly* (Seattle) LXXVII, 2 (June 2016), S. 143–173.
14 Torabully, Khal: *L'arabesque andalouse ou L'œuf ou la colombe.* Port-Louis: Editions K'A 2012, S. 73.

Schwarzen zurück und dieser den Coolie"[15] – setzt der Autor von *Chair Corail, Fragments Coolies* ein Schreiben, das sich im Verbund mit Schreibformen weiß, die (in einer oftmals diasporischen Situation) vielsprachige „imaginaires polylogiques et archipéliques", die Kräfte und Chancen des Viellogischen entfesseln. Sie öffnen sich auf eine „Kontaminierung von Diskursen, Gattungen, Orten und sogar Sprachen",[16] die keinerlei raumgeschichtlicher, territorialisierender Rückbindung mehr unterliegt. Indien wird auf diese Weise neu pluralisiert, erfährt als „les Indes", „las Indias" oder „the Indies" nun eine selbstgesteuerte *Orient*ierung, in der Ost-Indien und West-Indien, Asien und Australien, Europa, Amerika und Ozeanien auf literarischer wie kulturtheoretischer Ebene in eine wechselseitige Vielgestaltigkeit von Relationen einbezogen werden. Darauf ruht die Hoffnung eines literarischen Œuvres, das sich der Gefahren und Risiken bewusst ist, mit welchen der Mensch ebenso die Natur wie die Kultur unseres Planeten bedroht. Das Überleben der Korallen ist mit dem der Menschheit auf viele Weisen verknüpft. Die vielsprachigen Literaturen der Welt versuchen, sich all diesen Gefahren mit bisweilen schmerzhafter Luzidität, ästhetischer Differenziertheit und polylogischer Komplexität entgegenzustellen.

Vor diesem Hintergrund möchte ich mich in der Folge mit einem Roman beschäftigen, der für den Kontext unserer Vorlesung in mehrfacher Hinsicht interessant ist. Es handelt sich um einen relativ kurzen, wenig umfangreichen, im Jahr 2000 erschienenen Romanerstling aus der Feder der haitianischen Autorin Yanick Lahens mit dem Titel *Dans la maison du père*, der auch in deutscher Übersetzung erschienen ist. Dieser erste Roman der in Port-au-Prince lebenden Literaturkritikerin, Literaturwissenschaftlerin und Erzählerin wurde 2002 mit einem Förderpreis der Leipziger Buchmesse ausgezeichnet; aber hierin liegt nicht das für uns Aufschlussreiche hinsichtlich der fließenden Übergänge zwischen postmodernem und nachpostmodernem Schreiben.

Bei der Analyse dieses Romans kommt Bewegungen unterschiedlichster Art eine entscheidende Bedeutung zu. Dazu zählen zunächst und vor allem die Bewegungen des Körpers, die den Text von Beginn an beherrschen. Denn die Protagonistin dieses Romans, der in vielfacher Hinsicht ein Rückblick auf das 20. Jahrhundert aus der Perspektive eines Lebens ist, wird in ihrer schwierigen persönlichen Bildungsgeschichte zu einer Tänzerin. Diese Entwicklung zeichnet sich bereits in frühester Jugend ab, als wir sie im Hause ihres Vaters – daher auch der Titel des Romans – zum ersten Mal tanzen und ihren Körper in Bewegung

---

15 Torabully, Khal: Quand les Indes rencontrent les imaginaires du monde, S. 69: „le blanc rejetant le noir qui rejette le coolie."
16 Ebda., S. 70: „contamination de discours, genres, lieux et même de langues."

sehen. Das Verhältnis von Leib-Sein und Körper-Haben,[17] von Subjektivität und Objekthaftigkeit des weiblichen Körper-Leibes, ist von Beginn an eines der zentralen Themen eines Bandes, in welchem der Genderfrage eine große Bedeutung zukommt.

Zum zweiten betreffen diese Bewegungen aber auch das Exil und die verschiedenen Fluchtbewegungen, die fast das gesamte Personal des Romans erfassen und in den abschließenden Kapiteln geradezu lakonisch erzählt werden. Es sind Lebensgeschichten von Haitianern und Haitianerinnen, die es in die USA oder nach Europa, ins Zentrum Manhattans oder ins eisige Finnland, nach Kuba oder Frankreich verschlägt. Haiti erscheint als Insel im Archipel der Welt, deren Bewegungen zentrifugal aufgebaut sind und die mit den Geschichten ihrer Fluchtbewegungen vorrangig ihre eigene Geschichte schreibt. All diese Lebensgeschichten und Schicksale der von der Teil-Insel Aufgebrochenen eint die Erfahrung, dass Haiti wohl noch keine einzige Phase der Geschichte erfahren hat, die man als glücklich bezeichnen könnte. Und alle Figuren verbindet die Einsicht, dass Haiti kein Land zu sein scheint, in dem man ganz einfach leben könnte. Diese Erkenntnis, dieses Lebenswissen wird – wie wir noch sehen werden – gegen Ende des Romans mehrfach thematisiert und behandelt. Das Eigene bietet keinen Platz zum Leben: Die Fremde muss zum Eigenen werden.

Die 1953 in Port-au-Prince geborene Autorin Yanick Lahens freilich ist auf Haiti aufgewachsen, studierte an der Sorbonne in Paris, aber kehrte wieder nach Haiti zurück; sie ist dort, all ihrer Reisen zum Trotz, geblieben, wo sie mit viel Glück das Erdbeben von 2010 überlebte – eine Erfahrung, die sie in einem Buch verarbeitete.[18] Sie ist in Haiti an der Ecole Normale supérieure der Universität von Port-au-Prince tätig, so dass sie gleichzeitig als Literatin und als Literaturwissenschaftlerin angesprochen werden kann, die 1990 erstmals mit ihrem auch ins Englische übersetzten Essay *L'exil entre l'ancrage et la fuite* erstmals auf sich aufmerksam gemacht hat.

Doch die Poeta docta ist in ihrer Heimat vor allem auch als Moderatorin von Radio- und Fernsehprogrammen bekannt, wobei sie ihre mediale Kompetenz immer wieder in den Dienst gesellschaftlich engagierter Projekte stellte. Ich

---

17 Vgl. hierzu Ette, Ottmar: Hand-Schrift und Körper-Leib. Alteritätserfahrung, autobiographisches Schreiben und Leibhaftigkeit in einem frühen Gedicht Hannah Arendts. In: Leinen, Frank (Hg.): *Literarische Begegnungen. Romanische Studien zur kulturellen Identität, Differenz und Alterität.* Festschrift für Karl Hölz zum 60. Geburtstag. Berlin: Erich Schmidt Verlag 2002, S. 153–187.
18 Lahens, Yanick: *Failles. Und plötzlich tut sich der Boden auf. Ein Journal.* Zürich: Rotpunktverlag 2011.

Abb. 131: Yanick Lahens (Port-au-Prince, Haiti, 1953).

konnte mit der haitianischen Autorin im Jahr 2002 ein Interview führen,[19] in dem sich die Autorin als geborene „in-between", als einen Menschen beschreibt, der sozusagen dazwischensteht oder – anders gesagt – die Zwischenräume bewohnt und sie für seine Kreativität nutzt und benutzt. Wir können die sich auf Kreolisch und Französisch ausdrückende Yanick Lahens in diesem Sinne als eine Schriftstellerin des ZwischenWeltenSchreibens bezeichnen, auch wenn sie ihr „pays natal" niemals dauerhaft verlassen und ein Exil sie bislang noch nicht von ihrer Heimatinsel vertrieben hat.

Immer wieder beschäftigte sich die studierte Komparatistin mit der spezifischen Situation der haitianischen Literatur, für deren nationale wie internationale Förderung sie sich einsetzt. Als Gründungsmitglied der haitianischen Schriftstellervereinigung zählt sie heute zu den profiliertesten Intellektuellen ihres Landes. Nach dem Ende der Duvalier-Diktatur sieht sie die offene Wunde Haitis gerade auch in jener verlorenen Generation, die durch Unterdrückung, Flucht und Exil in einem dauerhaften Prekariat lebte und sich nur mit größten Schwierigkeiten auszudrücken verstand. Immer wieder betonte die Literaturwissenschaftlerin dabei, dass ihr Haiti wie ein immenses Labor vorkomme, in welchem weltumspannende Situationen der Zukunft – insbesondere Migration und Transmigration, Exil und das Schreiben jenseits der Muttersprache – schon einmal erprobt und ausgetestet würden.

Die bis heute fortdauernde Situation der Republik Haiti bringt es mit sich, dass sich viele Autorinnen und Autoren außerhalb ihres Landes befinden und vor allem in Kanada und Frankreich Zuflucht gesucht haben. Ohne an dieser Stelle auf die überaus spannende und kontroverse Geschichte der haitianischen Literatur eingehen zu können, erscheint bei allen grundlegenden Unterschieden diese Literatur doch als vergleichbar mit anderen Literaturen im karibischen Raum. Denn wie die kubanische ist auch die haitianische Literatur seit dem 19. Jahr-

---

19 Vgl. Ette, Ottmar: „Faire éclater la problématique d'une littérature nationale". Entretien avec la romancière haïtienne Yanick Lahens à Berlin, le 24 mars 2002. In: *Lendemains* (Tübingen) XXVII, 105–106 (2002), S. 221–235.

hundert von der Erfahrung des Exils gezeichnet und lässt sich als Literatur ohne festen Wohnsitz verstehen.[20] Innerhalb der Literaturen der Welt nimmt letztere im Bereich der Frankophonie auf Grund ihrer Stärke und Widerständigkeit, ihrer ästhetischen Kraft und Dynamik zweifellos eine Sonderstellung ein.

Doch beschäftigen wir uns nun mit dem Debütroman der Haitianerin, der sich – wie bereits erwähnt – als Rückschau auf das 20. Jahrhundert aus der Perspektive des Jahres 2000 begreifen lässt! Der zentrale Handlungsstrang dreht sich um die Geschichte einer Familie aus einer Position, welche sich sehr wohl als „intimiste" bezeichnen ließe. Denn es geht um eine Entdeckungsreise durch den Bereich des Körperlichen und Sinnlichen, die über weite Strecken des Romans, die historisch in den vierziger Jahren angesiedelt sind, erprobt wird. Im Kern haben wir es mit der Entdeckung des eigenen weiblichen Körpers zu tun und zugleich mit der Entdeckung einer Kultur, die aus dem Hause des eigenen Vaters ausgesperrt ist. Doch im Hinterhof dieses Hauses hält das Dienstmädchen Man Bo diese verleugnete, ausgegrenzte, marginalisierte Kultur lebendig und gegenwärtig.

Der Roman ist mit einer homo- und zugleich intradiegetischen weiblichen Erzählerfigur ausgestattet, die ihre eigene Geschichte in der ersten Person Singular erzählt und dabei vor allem von ihren Erlebnissen und Erfahrungen als Kind und Jugendliche im Haus des Vaters bis zu ihrem Entschluss berichtet, Tänzerin zu werden und das Land in Richtung USA zu verlassen. Spät erst wird sie wieder nach Haiti zurückkehren und nach dem Tod ihrer Eltern schließlich jenes Haus des Vaters bewohnen, dessen geöffnete Türen und Fenster den Romananfang prägen.

Vielfältige intertextuelle Beziehungen zu anderen Autor*innen und Texten, insbesondere zu Dany Laferrière, dem Verfasser des Debütromans *Comment faire l'amour avec un nègre sans se fatiguer*, ließen sich herstellen. Sein im selben Jahr 2000 erschienener Roman *Le Cri des oiseaux fous* wäre ebenfalls ein ausgezeichnetes Beispiel für diese Literaturen ohne festen Wohnsitz, die einen wesentlichen Bestandteil der aktuellen Literaturszene weltweit darstellen. Als abschließender Roman seiner sogenannten „amerikanischen Autobiographie" berichtet er von den letzten vierundzwanzig Stunden eines Mannes vor dessen Ausreise aus Haiti, der von seiner drohenden Ermordung durch die Duvalier'sche Schlägertruppe der „Tontons Macoutes" erfahren hat. Der Text besitzt einen ebenso familiengeschichtlichen wie autobiographischen Hintergrund. Doch bleiben wir bei dem Roman von Yanick Lahens!

---

20 Vgl. hierzu Ette, Ottmar: Eine Literatur ohne festen Wohnsitz. Fiktionen und Friktionen der kubanischen Literatur im 20. Jahrhundert. In: *Romanistische Zeitschrift für Literaturgeschichte / Cahiers d'Histoire des Littératures Romanes* (Heidelberg) XXVIII, 3–4 (2004), S. 457–481.

Bewegungen stehen im Zentrum von *Dans la maison du père*. Das Tanzen wird für die Protagonistin zur einzigen Chance, ihre lebensgeschichtliche Entwicklung gleichsam zur Freiheit zu führen. Es ist das Wissen und Können, ihren Körper zu bewegen, welche letztlich als Ausdrucksformen weiblichen Lebenswissens auch die Möglichkeiten eröffnen, sich über die Grenzen des Landes hinaus zu bewegen und sich einen Raum der Freiheit zu schaffen, der im Haiti der vierziger Jahre undenkbar ist. So wird unsere Protagonistin Alice Bienaimé in ihrem eigenen Land keineswegs wohlgelitten, und – um der ironischen literarischen Anspielung zu folgen – dort auch nicht zu *Alice in Wonderland*.

Ihr Weg zur Selbstbestimmung als Frau in einer durch und durch patriarchalischen Gesellschaft, welche sich schon im Titel des Romans ankündigt, erweist sich als überaus steinig und schwierig. Er führt weniger über die Mutter, deren Schatten sie – wie es in einer Passage des Romans heißt – noch immer liebe, weil es der Schatten jener Frau sei, die ihre Mutter *nicht* hatte sein können, sondern erstaunlicherweise eher über den Vater. Es ist durchaus bemerkenswert, dass damit weniger die Dimension der Muttersprache als jene des Vaterlandes thematisiert wird, denn das Mädchen will ja nicht Schriftstellerin, sondern Tänzerin werden. Es geht folglich weniger um die „langue maternelle" in einem Roman, in dem sich alles um Körperkünste, um Tanzen und damit nonverbale Ausdrucksformen dreht, als um die Frage der „patrie", des Territoriums und – wie dies bereits im Titel erscheint – um das Haus ihres Vaters.

Wir sehen der Protagonistin in ihrem Bildungsroman dabei zu, wie sie dank der Komplizenschaft ihres Onkels Héraclès – ein weiterer, wahrhaft sprechender Name, der nicht weniger ironisch verwendet wird – die Sprache ihres Körpers zu verstehen und zu sprechen lernt, bis sie in Manhattan eine berühmte Tänzerin wird. Erst in fortgeschrittenem Alter, als sie ihre Glieder nicht mehr so gut wie früher bewegt, kehrt sie nach Haiti zurück und verbringt ihr Lebensende im Haus ihres Vaters, das natürlich von jenen Erinnerungen bewohnt wird, welche in die vierziger Jahre zurückreichen. Alice Bienaimé ist es gelungen, diese kleinbürgerliche Welt des Vaters zu verlassen, der ihr in einem späten Brief noch bescheinigte, dass sie das einzig Richtige getan habe. Die späte Einsicht der Vaterfigur mag belegen, dass die Flucht aus der Familie nicht als völliger Bruch, sondern als Form der – gewiss räumlich getrennten – Konvivenz gewählt wird.

So wird es auch niemals zu einem Bruch mit dem Vater im eigentlichen Sinne kommen, obwohl dieser die Ich-Erzählerin am Anfang des Romans ohrfeigt. Die eigenständige Tochter aber wird sich nicht im Zorn von ihm trennen: Sie wird die Beziehungen zur Familie trotz der räumlichen Distanz nicht aufkündigen, eine Tatsache, die wir bei der Deutung unseres Romans auf Ebene der Allegorese durchaus mitberücksichtigen müssen. Dergestalt können wir die Nabelschnur, von der in Aimé Césaires dem Roman vorangestellten Motto die Rede ist, als jenes verbindende Element begreifen, das auch im Exil immer noch eine Herkunft auszeichnet, von der sich die Ich-Erzählerin ebenso wenig distanziert wie die reale Autorin Yanick Lahens von Haiti.

Als Arzt hätte der Vater seiner Tochter gute Startbedingungen ins eigene Leben verschaffen können. Doch die Tochter lehnt dies ab. In den Rückblick der alt gewordenen Tänzerin auf ihr eigenes Leben, in diese Fiktion einer Autobiographie, mischen sich vielfältige historische Daten und Reminiszenzen, die von den US-amerikanischen Interventionen und dem Massaker von 1937 an haitianischen Bauern in der Dominikanischen Republik bis hin zur sogenannten „Campagne anti-superstitieuse", der Revolution von Januar 1946 oder den großen künstlerischen Entwicklungen der vierziger Jahre reichen. Auch Elemente einer karibischen Literaturgeschichte und einer Auseinandersetzung mit Vorstellungen avantgardistischer Autoren werden eingeblendet, insofern etwa die Besuche der beiden kubanischen Schriftsteller Nicolás Guillén und Alejo Carpentier auf Haiti Erwähnung finden. Das Land war zum damaligen Zeitpunkt eine wichtige Drehscheibe für Ziele und Projektionen der historischen Avantgarden ebenso in der Karibik und in Lateinamerika wie in Frankreich und anderen Teilen Europas.[21] Beide kubanischen Autoren werden zu einem wichtigen Bestandteil des innerliterarischen Raumes, zu dem nicht zuletzt auch Aimé Césaire oder Jacques Roumain, folglich karibische Hauptvertreter der Négritude, als wesentliche intertextuelle Bezugspunkte gehören.

Stets ist die Vaterfigur in dieser Geschichte – wie auch in der Geschichte Haitis – von zentraler Bedeutung: Denn er ist es, der die Berührung mit schwarzen Kultur-Traditionen zu unterbinden versucht, der den Kontakt mit dem Voodoo verbietet, der wesentlich stärker als seine Frau, die schon mit dreißig Jahren resigniert hat, das Leben aller anderen Figuren zu bestimmen sucht. Allerdings verfällt mit der Zeit sein Bild, das in den Augen der Tochter ursprünglich das eines wunderbaren Helden war, zusehends und macht dem Portrait eines weitaus weniger positiv gezeichneten patriarchalischen Mannes Platz, der aus seinem eigenen Arrangement mit einer Welt, die von Unterdrückung, Elend und Abhängigkeit, aber auch von vielfältigsten Verboten geprägt ist, nicht mehr auszubrechen vermag.

Die Eingangsszene des Romans, die explizit den Schlüssel eines ganzen Lebens enthält, siedelt sich im Jahr 1943 an; zu einem Zeitpunkt, an dem die jugendliche

---

21 Vgl. hierzu Birkenmaier, Anke: Alejo Carpentier y el „Bureau d'Ethnologie Haïtienne". Los cantos en „El reino de este mundo". In: Collard, Patrick / De Maeseneer, Rita (Hg.): *El Centenario de Carpentier (1904–2004)*. Madrid: Foro Hispánico 2004, S. 17–35; sowie dies.: *Alejo Carpentier y la cultura del surrealismo en América Latina*. Madrid – Frankfurt am Main: Iberoamericana – Vervuert 2006.

Protagonistin gerade dreizehn Jahre alt geworden ist. Da sie – so ließe sich die Chronologie rekonstruieren – in den Monaten vor August 1929 geboren sein muss und bisweilen mit Blick auf die vierziger Jahre von einem Zeitraum von fünfzig Jahren spricht, dürfen wir annehmen, dass sich die letzten Szenen ihrer Rückkehr nach Haiti in den neunziger Jahren abspielen. Es handelt sich dabei um eine Epoche, in welcher Alice Bienaimé über sechzig Jahre alt ist und auf ihr ganzes Leben zurückblicken kann. Den größten Teil dieses Lebens hat sie nicht auf Haiti, sondern im Exil verbracht, fernab ihrer heimatlichen Insel. Dies ist die Differenz zwischen Erzählzeit und erzählter Zeit, die den Roman in seiner Anlage auf der Zeitachse, aber auch in seinen narrativen Bewegungen, grundlegend strukturiert.

In der Folge möchte ich Ihnen zunächst das erste der insgesamt dreiunddreißig durchnummerierten Kapitel von *Dans la maison du père* vorstellen und einmal mehr mit dem Incipit beginnen, das uns – in leicht gekürzter Form – einen ersten Zugang zur Welt dieses Romans erlauben soll:

> Das Haus liegt am Ende einer Hibiskus-Allee, alle Türen und alle Fenster stehen offen. Ragtime-Musik, die seit einiger Zeit in Mode ist, kommt aus dem Trichter eines Grammophons, das auf einem Säulentischchen in der Ecke des Salons steht. Schon ab den ersten Noten drehe ich mich in meinem blauen Kleid. Ich bewege lachend meine Beine. Klatsche in die Hände. Ich watschle von links nach rechts. Eine Frau steht aus ihrem Sessel auf, entrollt ihren Seidenschal, legt ihr leichtes Strickwestchen ab und kommt zu mir, inmitten der Möbel des Salons. Die Frau macht dieselben Bewegungen wie ich. Freilich etwas diskreter. Seit sie bei mir ist, lache ich noch lauter. Noch ein wenig mehr und meine Lungen werden platzen, mein Herz sich lösen und zu meinen Füßen fallen.
> [...]
> Einige Minuten später verlasse ich mit kleinen Sprüngen das Haus und wende mich dem Garten zu. In dem Maße, in dem sich die Grammophonmusik entfernt, pfeife ich leise die Ragtime-Melodie. Die Musik verfolgt mich noch eine Zeitlang. Ich laufe im Gras, drehe mich wieder um mich selbst, bewege meine Arme von hinten nach vorne, bis mich ein leichter Schwindel erfasst ... Und plötzlich ergreift mich so etwas wie eine dunkle und freudige Kraft und verändert meine Rhythmen. Ich ziehe meine Schuhe, meine weißen Söckchen aus und suche nach dem Takt einer anderen Musik, nach anderen Gesten, die von einer Trommel vorwärtsgetrieben werden, Klängen, die ich einige Wochen zuvor in einer entfernten Lichtung in Rivière Froide hörte, dort hinten in einer Vorstadt. Ich gehe in die Knie, mache meine Schultern rund, wiege meinen Rücken und schreite in kaum rhythmisierten kleinen Schritten vorwärts. Ich kauere mich nieder, bis ich den Boden berühre, und bewege mich weiter, ohne aufzuhören. Nach einem Augenblick bin nicht mehr ich es, die tanzt, der Tanz durchläuft mich und lässt mein Blut schlagen.
> Der Mann im weißen Alpaka-Anzug lässt mich nicht aus den Augen. [...] Nur einige Meter von mir entfernt, rennt er plötzlich los, ergreift mich und fällt auf mich wie eine Fackel in ein Zuckerrohr-Feld. Er hält mich brutal an den Schultern fest, schreit mich an, ich solle sofort mit diesem ... vermaledeiten Tanz aufhören und verpasst mir eine Ohrfeige.[22]

---

22 Lahens, Yanick: *Dans la maison du père*. Paris: Le Serpent à plumes 2000, S. 11f.

In dieser sorgsam aufgebauten Eingangspassage von *Dans la maison du père* lernen wir zunächst das Haus des Vaters kennen, das wohlsituiert am Ende einer kleinen Allee auf den ersten Blick gegenüber den Außenräumen offen zu sein scheint. Die Ich-Erzählerin tanzt zu den Rhythmen eines Ragtime, der damals Mode war, womit zugleich auf den Zeitraum, die vierziger Jahre, verwiesen wird. Die zweite Frau tanzt diskreter und lacht nicht so sehr wie die Ich-Figur, die lustvoll bis an die Grenzen ihrer körperlichen Belastbarkeit geht. Wir werden später erfahren, dass diese zweite Frau die damals etwa dreißigjährige Mutter der Protagonistin war, die freilich niemals ihr eigenes Leben führen konnte, niemals aus dem Schatten ihrer eigenen Gestalt in der patriarchalischen Gesellschaft Haitis heraustreten konnte.

Die räumliche Situierung wird sehr präzise vorgenommen: Wir sind in Haiti, auf der Insel Hispaniola, in den karibischen Tropen, in einem gut bürgerlich eingerichteten Haus mit Grammophon, einem Salon und schönen Möbeln. Auch die gute Kleidung der Romanfiguren – wie etwa der Anzug, der Seidenschal oder das blaue Kleid der Erzählerin – verweist darauf, dass wir uns in einem gesellschaftlich wohlsituierten Ambiente bewegen, war doch allein schon die Anschaffung eines Grammophons in den vierziger Jahren nur einer Minderheit der haitianischen Bevölkerung möglich. Das Haus befindet sich in einem Viertel, das weit entfernt liegt von den Vorstädten der Hauptstadt Port-au-Prince. Die Szene könnte sich so oder so ähnlich in der Kindheit der haitianischen Autorin abgespielt haben, stammt sie doch aus einer gutbürgerlichen, in der Hauptstadt ansässigen Familie. Und es gibt ein Element, das auffällig ist. Denn Worte werden nicht gewechselt: Die Körper bewegen sich im Rhythmus einer Musik, die sozusagen importiert, aus der westlich-abendländischen Kulturzone ebenso eingeführt wird wie das Grammophon, mit Hilfe dessen sie erklingt. Das mediale Setting des ersten Teils der Eingangsszene ist daher überaus spannend.

Als Gegenraum zu diesem Innenraum wird in einem zweiten Schritt im Incipit der Garten des Hauses aufgebaut. Erst später im Roman werden wir erfahren, dass in diesem Bereich – wie insbesondere auch im Hinterhof des Hauses – das Dienstmädchen Man Bo die eigentliche Herrscherin ist und das Sagen hat. Der Außenraum des Gartens bildet einen Raum, in dem die Musik des Innenraums, des Salons, langsam, wie in einem Schwellenbereich, verklingt. Doch die Ich-Erzählerin und Tänzerin hat eine unsichtbare Schwelle bereits überschritten, von der sie in diesen Augenblicken noch nichts ahnt. Sie hat den kultivierten Bereich der mit ihr tanzenden Mutter schon verlassen und steht nunmehr unter Beobachtung des gut gekleideten Vaters.

Gegen die importierte westliche Ragtime-Musik, die noch körperlich auf den Lippen der Ich-Erzählerin eine Weile fortklingt, wird zunehmend eine andere Musik in Szene gesetzt, die gleichsam aus der Erinnerung an eine kurz zuvor erlebte Szenerie in den Randbereichen der Stadt Port-au-Prince entsteht. Sie besitzt eine obskure Kraft, denn sie wird nirgendwo abgespielt, sondern geht aus einer Erinnerungsleistung der Erzählerin hervor. Es sind ganz andere, der Protagonistin noch fremde Rhythmen: eine Trommelmusik, Gesten und Bewegungen, die in krassem Gegensatz zu den kontrollierten Rhythmen und Bewegungen des Ragtime stehen. Um diese Bewegungen ausführen zu können, muss sich die Erzählerin ihre Schuhe und ihre weißen Strümpfchen ausziehen: Sie tanzt nun nicht mehr im Innenraum auf einem schönen Fußboden, sondern im Außenraum des Gartens auf einem Boden, den sie mit ihren bloßen Füßen berührt. Hier nun entwickelt sie eine andere Körpersprache, die recht bald ekstatische Züge erhält, bemächtigt sich der Tanz doch unverkennbar der Protagonistin, die gleichsam nicht mehr tanzt, sondern von diesen ihr noch fremden Rhythmen getanzt wird und sich auf gänzlich andere Weise bewegt. In den Körper-Leib schreibt sich ein Fremdes ein, das doch ein Eigenes ist: der Vorderseite westlicher Musik stellt sich eine Rückseite gegenüber, die von Rhythmen erfüllt ist, welche von Afrika her transportiert und auf der Karibikinsel transformiert wurden. Ihr Körper wird von ihr weniger als Objekt bewegt, sondern vielmehr als Leib von Schwingungen und Rhythmen erfasst.

In diese präzise konstruierte Szenerie nun bricht die männliche Figur herein, die gemeinsam mit anderen die Szenerie von Beginn an beobachtet hat und gleichsam das erste Publikum jener künftigen Tänzerin bildet, zu der auch wir als Leserschaft gehören. Wir wohnen einer Geburtsszene bei: Eine haitianische Tänzerin wird geboren. Unterschiedliche Rhythmen queren ihren Körper-Leib, verwandeln ihn in eine Ausdrucksform transkultureller Bewegungen. Doch der Mann im weißen Alpaka-Anzug unterbricht nicht nur diesen zweiten Tanz, sondern wirft sich gewaltsam auf die Tanzende, unterdrückt sie, zwingt sie dazu, diesen vermaledeiten Tanz zu beenden, um sie dann schließlich zu ohrfeigen. Es ist eine Szene vollkommener Überraschung, einer Gewalt, die aus dem Nichts zu kommen scheint, und doch präzisen Frontlinien folgt. Denn die Ich-Erzählerin hat unbewusst eine unsichtbare Schwelle überschritten. Und dies wird mit Gewalt beantwortet, wird gewaltvoll unterdrückt.

Die zunächst aus der Distanz gezeichnete männliche Figur ist – wie wir wenige Absätze später erfahren – der Vater, der kraft seiner väterlichen Gewalt die andere Kultur, das Fremde, das ihm aber wohlbekannt ist, mit Macht zu unterdrücken sucht. Es ist eine Gewalt *am* Körper, welche das Fremde *aus* dem Körper der Tochter freilich nicht mehr herausbefördern kann. Denn die anderen Rhythmen haben das Leib-Sein der Tochter längst erfasst, sind zu einem Teil der Tochter geworden: unsinnig, sie noch herausprügeln zu wollen. Ihre transkulturelle Tanz-karriere hat begonnen ...

Diese nicht aus Europa, dem vermeintlichen kulturellen Zentrum, stammende Gegenkultur ist die Kultur des Außenraums. Diese ist völlig marginalisiert, an den Rand gedrückt, aber gerade deshalb außerhalb des Hauses des Vaters nur schwer kontrollierbar. Sie enthält andere Versprechen, beruht auf einer Kultur, die nicht aus dem für die höheren Klassen Vorbild gebenden Westen importiert wird, sondern sich in Haiti entfaltet hat, auch wenn sie auf kulturelle Entwicklungen zurückgeht, welche die afrikanische Herkunft modellieren. So stehen sich hier unvermittelt zwei kulturelle Traditionen – eine abendländische und eine afrikanischen Ursprungs – in Haiti gegenüber, wobei der wohlhabende Vater, an der ersteren orientiert, die schwarze Kultur aus seinem Bereich verdrängen, verjagen möchte.

Von Beginn an sind wir mit Mechanismen der Unterdrückung und des Ausschlusses konfrontiert. Allerdings werden wir bald erfahren, dass ebenso Man Bo wie auch der jüngere Bruder des Vaters, Onkel Héraclès, gleichsam als Brücken den Kontakt der jungen Protagonistin mit dieser anderen, aus dem Bürgertum ausgeschlossenen Welt Haitis herstellen. Sie eröffnen ihr damit eine Möglichkeit der Selbstbestimmung und Selbst(er)findung, die nicht über die Worte, sondern über die Sprache des Körper-Leibs zu sich kommt. Es sind Bereiche einer eigenen Kultur, die auf Haiti wie im benachbarten Kuba erst in der ersten Hälfte des 20. Jahrhunderts – und damit in der Epoche der historischen Avantgarden – von Anthropologen wie Fernando Ortiz wissenschaftlich erforscht und zunehmend zu einem wichtigen Bestandteil eigener Kultur gemacht wurden.

Die Zentralstellung des Eingangsbildes wird bereits im zweiten Kapitel reflektiert und hervorgehoben. Es geht um die Frage, wie das einem kleinen, aber führenden Teil der haitianischen Gesellschaft Fremde in das Eigene miteinbezogen und in ein Eigenes verwandelt werden kann. Durch die große Distanz zwischen erzählter Zeit (die vierziger Jahre) und Erzählzeit (die neunziger Jahre) ergibt sich ein Abstand, der metadiskursive Reflexionen notwendig hervorbringt. Daher wird die Zentralstellung des Incipit zum einen sicherlich präzise als „In medias res-Technik" beschrieben, insoweit wir in der Tat nicht mit dem Anfang oder dem Ende, sondern mit einer mittigen, entscheidenden Szene beginnen. Zum anderen bedeutet die gesamte Anlage aber auch, dass alle Erzählfäden von hier ausgehen und zugleich auch dorthin zurückkehren müssen.

Konstruktiv wird dies in den Schlussworten des Romans in die Tat umgesetzt. Ich möchte Ihnen diese Kreisstruktur gerne anhand dieses letzten Absatzes von *Dans la maison du père* vor Augen führen:

Die ersten Trommelwirbel steigen aus dem Bauch der Erde auf. Jetzt bin ich alleine inmitten von Schatten und Düften. Mir gegenüber gibt es eine solide gepflanzte Akazie, welche der Mond liebevoll betastet. Zu meinen Füßen schimmern gelbliche Lichter unter den eng aneinander gepressten Blechdächern. Und etwas weiter liegt der Garten, wo ich, in meinem blauen Kleid ins Gras gebettet, zu existieren anfing.[23]

In diesem dreiunddreißigsten Kapitel werden im Schlussabschnitt bis in die Wortwahl hinein noch einmal Formulierungen aufgenommen, die wir am Eingang des Romans kennengelernt hatten. Die für den Roman insgesamt zentrale Metaphorik des Bauches, die unter anderem auf Afrika als heißen und turbulenten Bauch der Menschheit, auf das Meer mit seinem Bauch voller Tiere und andere Beispiele übertragen worden war, wird in dieser Schlusspassage auf die Erde bezogen und mit dem Rhythmus der Trommeln verbunden. Offenkundig gibt es nicht nur eine territorialisierende, das heißt eine de- und reterritorialisierende Bewegung im Roman, sondern auch eine tellurische Dimension, die unzweifelhaft das gesamte Romangeschehen, aber auch die Metaphern-Welt des Romans quert. Zugleich zeigt sich, dass wir es hier mit den letzten Reflexen eines Sonnenuntergangs zu tun haben, der auf ein Leben fällt, das wieder zu seinem Ausgangspunkt in das Haus des Vaters zurückgekehrt ist.

Dabei lassen die vieldeutigen Formulierungen des Schlusssatzes eine Beziehung sowohl zum gesamten Romangeschehen als auch zur materiellen Existenz des Romans zu, so dass wir es hier ebenfalls mit einer verdoppelten metadiskursiven Passage zu tun haben. Denn in ihr reflektiert die Existenz der Protagonistin natürlich auch den Beginn ihrer Existenz im Roman und antizipiert zugleich ihr Ende – und das Ende des Romans. Die Dimension der Liebe wird freilich von der menschlichen auf eine ‚natürlich-astrale‘ Ebene projiziert, wird doch das männliche Element der in der Erde steckenden Akazie von der Möndin („*la* lune") befingert und durchwühlt („fouiller"). Dafür aber ist für die Protagonistin selbst kein Platz mehr: Ihr Leben sind ihre Worte, Gedanken und Erinnerungen, die sie mittlerweile allein, in der Einsamkeit ihrer von Schatten und Düften umgebenen Existenz entwickelt.

Die starke Bindung der Tochter an den Vater, diesem „héros magnifique et lointain", der er später nicht mehr sein sollte, zeichnet sich am Rande eines Gesprächs zwischen beiden ab, das am Vorabend des Abzugs der US-amerikanischen Truppen im August 1934 aus Haiti angesiedelt ist. Der Vater vertraut der kleinen Tochter an, sie sei auf dem besten Wege, zu seiner Königin zu werden, seiner „reine". Am Rande taucht bereits eine hübsche Frau mit Schirmchen auf, die später im Roman noch mehrfach erscheinen wird und sicherlich darauf verweist, dass die Beziehung des Vaters zur Mutter nicht mehr intakt und stabil ist. Denn der Vater ist ausgerechnet am dreißigsten Geburtstag seiner Frau, an

---

23 Lahens, Yanick: *Dans la maison du père*, S. 155.

der diese – um mit Balzac zu sprechen – zur „femme de trente ans" wird, zum weiblichen Geschlecht in jüngeren Jahren hingezogen. Die Tochter aber benötigt noch diese Hand des Vaters, die sie doch später – wie wir dies in der Eingangs-szene sahen – ohrfeigen sollte. In diesen beiden Situationen um die Hand der Tochter wird im Grunde bereits die ganze Ambivalenz nicht allein dieser Situa-tion, sondern der gesamten Vater-Tochter-Beziehung deutlich erkennbar.

Das Verhältnis zur Mutter ist in der frühen Kindheit liebevoll und ungetrübt; doch bald schon haben sich die beiden nichts mehr zu sagen. Die Mutter bleibt gleichsam zurück und verschwindet hinter dem Horizont. In die abgeschlossene kleinbürgerliche Welt des Hauses von Anthénor Bienaimé dringt gleichwohl die Außenwelt ein. Dies erfolgt nicht nur in Gestalt Man Bos, die gleichsam die schwarzen Kulturen und das Voodoo Haitis einblendet, sondern auch mit Man Lolo, einer kaum sprachfähigen Bettlerin, der Man Bo die Essensreste gibt und gegen deren Gestank die Ich-Erzählerin ankämpft, ohne doch der Faszination durch eine Figur zu entgehen, die wie aus einer anderen Welt stammt.

Denn mit Man Lolo kommt die absolute Armut, das unvorstellbare Elend und Dahinvegetieren einer ganzen Gruppe der haitianischen Gesellschaft in das Haus des Vaters und damit in die Literatur. Auf diese Weise wird in das Haus selbst auch eine soziale Pyramide eingeblendet, welche die Position der bürgerlichen und letztlich gutsituierten Familie in einen größeren sozialen Zusammenhang einord-net. Das Bild der verarmten und verelendeten Alten verfolgt Alice Bienaimé noch lange bis in ihre Träume. Und der Auftritt Man Lolos ermöglicht den Übergang zur Beschreibung des Hinterhofes, der das eigentliche Herrschaftsgebiet Man Bos darstellt.[24]

Gleichzeitig wird anhand dieser Passagen deutlich, dass zwar die Welt des Vaters mit jener seines jüngeren Bruders Héraclès oder jener Man Bos nur ver-meintlich wenige Berührungspunkte aufweist, dass aber bei genauerer Betrach-tung die Familie doch wesentlich stärker mit durchaus heterogenen kulturellen Formen verzahnt ist, als es der Vater zunächst wahrhaben will. Oft bemerken wir, wie das Verdrängte, Marginalisierte und Ausgeschiedene wiederkehrt. Und wie jede Wiederkehr des Verdrängten erfolgt diese Rückkehr mit Macht und an Stellen, an denen man es nicht vermutet hätte. Dies mag die schroffe, alles unter-drückende Reaktion des Vaters in der Eingangsszene auf das Eindringen margina-lisierter afrohaitianischer Kulte in den Körper der Protagonistin erklären.

Denn als seine eigene Tochter die Grenze zur anderen, scheinbar fremden, nicht-abendländischen Kultur überspringt, indem sie zugleich die Grenze vom Innen- zum Außenraum, zum Garten und Hinterhof quert, reagiert der erboste

---

24 Lahens, Yanick: *Dans la maison du père*, S. 31.

Vater mit Unterdrückung und Ausschlussmechanismen. Er tut dies auf dieselbe Weise, wie in den vierziger Jahren eine „Campagne anti-superstitieuse" auf Haiti mit polizeilicher Gewalt und einer Vielzahl von Unterdrückungsmaßnahmen zur ‚Modernisierung' der haitianischen Gesellschaft durchgeführt wurde. Selbst Onkel Héraclès, aus gutem Hause stammend, wird einmal von zwei Gendarmen aufgesucht, die ihn auf Grund seiner fortgesetzten Kontakte zu einer Voodoo-Priesterin und zu Gemeinschaften afrohaitianischer Kulte und Riten mit Gefängnis bedrohen. Davor schützt ihn allerdings seine Zugehörigkeit zur sozial besser gestellten, freilich kleinbürgerlichen Familie des Vaters der Protagonistin. Die Unterdrückungsmechanismen sind bereits vor Beginn der Duvalier-Diktatur ubiquitär. Und die Familienstruktur lässt sich sehr wohl als verkleinertes Strukturmodell, als „modèle réduit" – wie Claude Lévi-Strauss sagen würde – einer patriarchalen Gesellschaft verstehen, aus der die Ich-Erzählerin auszubrechen versucht.

Diese ist zugleich eine von außen abhängige und doch mit dem Außen kommunizierende Gemeinschaft, die – wie alle karibischen Gesellschaften – grundlegend durch vier Jahrhunderte der Sklaverei und nahezu fünf Jahrhunderte des Kolonialismus geprägt wurde. Daraus erklärt sich ein sehr wohl ambivalentes Verhältnis zum Meer, wie es sich in vielen Texten aus der Karibik – selbst noch in Reinaldo Arenas' Roman *Otra vez el mar* – ausdrückt. Ich möchte Ihnen gerne eine Passage vor Augen führen, die mir diese Ambivalenz sehr charakteristisch zum Ausdruck zu bringen scheint:

> Auf dieser Insel haben wir das Meer niemals sonderlich geliebt, waren wir doch davon überzeugt, dass es uns alles Unglück gebracht habe. So bin ich in jenem Sommer nur ein- oder zweimal zum Baden ans Meer gegangen, doch habe ich lange Zeit sein Rauschen am Tag und sein verstörtes Klagen an den Abenden imaginiert, wie es in den dichten Nächten heranrollt. Ich liebte es, entlang der Spitzen der Algen im Sand zu laufen und zu fühlen, wie das Meer mir die Füße leckte. Ich liebte das Meer wie den Tanz, ich liebte das körperliche Risiko und die Lust. Ich liebte seine Mysterien aus Schaum, aus Salz und aus Wasser. Mit großen Augen träumte ich von seiner wunderlichen und in der Ferne gewalttätigen Unordnung. Von seiner so bitteren Poesie. Von seinem Bauch voller Wasser, mit allen Arten lebendiger und toter Tiere gefüllt, von alten abgedrifteten Karkassen, von feinem Treibsand, von Algen in allen Farben, von seltsamen Korallen. Die Vorstellung vom Leben und vom Tode in diesem Wasserbauch der Welt wurde mir zu einer wohltuenden Träumerei, die mich verzauberte. [...] Weit vom Meer entfernt, vertraute ich oft dem Flusse Artibonite die Geheimnisse an, die ich ihm bestimmte, sicher wie ich war, dass er sie in den großen blauen Abgrund tragen würde.[25]

---

25 Lahens, Yanick: *Dans la maison du père*, S. 73.

Die fundamentale Ambivalenz bei der Deutung des Meeres tritt in den Worten der Ich-Erzählerin deutlich hervor. Denn in dieser Passage sind die unterschiedlichsten Eigenschaften und Elemente des Meeres zusammengepackt. Da ist zum einen die instinktive Angst, die aus der geschichtlichen Erfahrung herrührt, der zufolge stets die Eroberer und Herrscher über das Meer auf die Insel kamen oder aber die Sklaven mit Sklavenschiffen aus weit entfernten Gebieten in Afrika auf diese karibische Insel Hispaniola verschleppt wurden. Wie wäre all dies zu vergessen, einfach ungeschehen zu machen? Da ist zum anderen die Dimension des Lebens, die in der Bauchmetaphorik einmal mehr eine Körpermetaphorik auf einen Teil des Planeten projiziert, der zugleich auch für die Fruchtbarkeit steht. Leben und Tod sind im Bauch des Meeres, sind im Schoße des Meeres in gleichem Maße präsent und spiegeln sich in der klanglichen Gegenwart der See bei Tag und in der Nacht.

Zugleich bildet die blaue Fläche und Tiefe des Meeres den Ort eines Abgrunds, stellvertretend für den Tod, der in seinen Zyklen jedoch immer mit dem Leben verbunden ist. Ebbe und Flut, Tag und Nacht, Leben und Tod: Die ewigen Zyklen des Meeres verkörpern sich in diesem Bauch, der für das immer wieder durchbrechende Lebensprinzip steht, das ohne den Tod nicht denkbar ist. Die Wellen des Meeres rollen mit ihren Mysterien heran, künden von den Botschaften, die für die Menschen nicht immer leicht zu verstehen sind. Denn das Wasser birgt auch Rätsel und Geheimnisse, welche die Protagonistin dem ins Meer mündenden Fluss anvertraut – Geheimnisse tief im Bauch des Meeres geborgen, aufbewahrt für ein späteres Erinnern ...

Denn nicht zuletzt ist das Meer – wie so oft in den Literaturen der Welt – der Ort der Erinnerung, jenes Element, das all diese Erinnerungen in sich aufnimmt und speichert, vielleicht auch nie mehr aus seinem Inneren, aus seinem Bauch, entlässt, aber doch mit seiner Präsenz den Rhythmus dieser Bewegungen des Lebens und des Todes vorführt. Das Meer ist ein Speicher von Vergangenheiten, aber auch von *Zukünften*: Es führt zurück in der Zeit, aber auch vorwärts. Dies ist eine literarisch sehr schön gestaltete Passage, die organisch in die Entwicklung des Lebens des jungen Mädchens Alice Bienaimé eingebaut wird, wobei sich die ständige Bewegung des Meeres und des Meereskörpers mit seinen Rhythmen hier mit dem Rhythmus des Tanzes und des Tanzens verbinden. So wird der Tanz gleichsam aus der Bewegung am Meer zur Verkörperung elementarer Kräfte und Elemente unseres Lebens, unseres Todes, unserer Wiedergeburt und unseres ganzen Planeten. In diesen Bewegungen scheint das ökologische Zusammenleben, scheint die fundamentale Konvivenz auf, welche die Menschen mit den Tieren, den Pflanzen, dem Sand und den Elementen unserer Erde verbindet. Dies ist eine grundlegende Dimension, die von Anfang an in den Literaturen der Welt, im *Gilgamesch*-Epos wie im *Shi Jing*, im poetischen Gesang der Erde allgegenwärtig war.[26]

Wie aber äußert sich dies auf Ebene des menschlichen Körper-Leibes, der menschlichen Bewegungen und Choreographien? Mir scheint an dieser Stelle entscheidend, dass es nicht der „Tanz der Engel" – wie es im Roman heißt –, also die erste Liebesnacht ist, die den Körper der jungen Frau endgültig befreit und sie auch räumlich freisetzt, sondern ein Tanz in der Tanzgruppe von Madame Boural, die sich eine Choreographie für einen heiligen Brauttanz ausgedacht hatte. Am Anfang dieses Tanzes steht erneut der Bezug zum Boden, der über die nackten Füße hergestellt wird, ganz wie im Garten der Eingangsszene des Romans, wo sich die Ich-Erzählerin instinktiv Schühchen und Söckchen auszog. Auch hier sollten wir uns eine längere Passage vornehmen:

> Alles begann, als meine nackten Füße das Glatte des Fußbodens berührten. Als ich meine Angst durchmaß wie ein Jongleur einen Feuerkreis. In einer totalen Entäußerung. So habe ich erst einmal alles verloren, ohne Verbindung, ohne Grund, ohne Hoffnung, ohne irgendjemanden, ohne irgendetwas hinter mir. Und je mehr ich auf diesen unbekannten Ort zugehe, umso mehr verliere ich die Sinne und die Zeichen. Ich befinde mich in einer Panik nicht mehr des Verlustes, sondern dieser neuen Dinge und dieser plötzlichen Metamorphosen meines sich ausbreitenden Lebens, meiner sich so weit erstreckenden Territorien ... Ich lächele, ich beweine dieses Leben, das ich nicht kenne. Widerstandslos lasse ich es vorübergehen, trete ein in sein Funkeln. Und plötzlich, ohne Vorsicht zu schreien, öffnet sich mein Körper und das Unbekannte geht ein in einen Abgrund wie ein Nordwind, der anhebt, wie ein Augustgewitter, das die alte Kalebasse des Himmels sprengt. Jetzt steigt mir der Körper wie Rum in den Kopf und fängt an allen Enden Feuer. Das Unbekannte kommt aus der Tiefe der Zeitalter, aus der Tiefe der Jahrhunderte, aus dem Geruch nach Feuer und Blut, das die Wut in großen Mengen verteilt, vom Lachen der Vögel, von den Kindern, von gegen den Mord aufgestachelten Horden, von den Wimpern, die unter den Sternen klimpern, von der schrecklichen Freiheit der Sterbenden, vom Reiseschlaf der Frauen, von Worten, die von Männern ohne jede Vorsicht ausgesprochen werden. Der Körper der jungen Vermählten sagte all dies und mehr noch. Dieser Körper war eine ehrwürdige, vergessene Weisheit, die älter war als Man Bo, älter als die Vorfahren in den Plantagen, älter als alle Frauen in der Genesis, als Rachel, Rebecca, älter als die Göttin Hottento, älter als Ayizan, die Mutter aller Iwa. Ich war sehr weit gegangen, so weit, dass mir allein der Tod als ein Ende einen solchen Höhepunkt hätte anbieten können, ohne jeden Fall. Jeder Augenblick, der diesem hier folgte, wäre fortan hohler und leerer.[27]

---

26 Vgl. hierzu Ette, Ottmar: La lírica como movimiento condensado: miniaturización y archipelización en la poesía. In: Ette, Ottmar / Prieto, Julio (Hg.): *Poéticas del presente. Perspectivas críticas sobre poesía hispanoamericana contemporánea.* Madrid – Frankfurt am Main: Iberoamericana – Vervuert 2016, S. 33–69.

27 Lahens, Yanick: *Dans la maison du père*, S. 139 f.

Wir wohnen einer zweiten Geburt bei. Der Körper der Tanzenden erscheint in dieser komplexen Passage als etwas, das wie die Literaturen der Welt aus den Tiefen der Zeit kommt und die Jahrhunderte durchquert, als ein Medium, in welchem sich – wie in Jorge Luis Borges' „Aleph" – alle Zeiten ein Stelldichein geben, ohne sich doch miteinander zu vermischen. In ihm ist eine Weisheit gegenwärtig, die nicht nur alle Zeiten, sondern auch alle Kulturen durchquert und aus der Tiefe des Mensch-Seins kommt. In diesem langen Zitat klingt am Ende wieder das Eingangsthema des haitianischen Tanzes an, indem auf physische Weise alle Zeiten, alle Erfahrungen in einem einzigen Augenblick der Erleuchtung präsent sind, in der Allgegenwart aller Geschichten und aller Weisheit bis ans Ende der Zeit, aufgehoben im tanzenden Körper-Leib.

Das Medium für alles Erleben, alles Erfahren, ist also der Körper: der Körper einer Frau, die die Rolle einer jungen Vermählten spielt. Doch sie bringt zugleich alle anderen Frauenrollen, die der Dienerin Man Bo, der Frauen aus der Genesis, der afrikanischen Gottheiten und der Göttinnen-Mutter Ayizin, quer durch die christlichen, afrikanischen, haitianischen Voodoo-Kulte und Religionen, alle transkulturellen und transhistorischen Körper also, in *ihrem* Körper zum Sprechen, zum Klingen, zum Schwingen. Damit wird zugleich eine Körper-Logik entfaltet, in der der Körper in den Kopf hochsteigt und alle Sinne umfasst, vor allem aber seine eigene Logik zum Tragen bringt. Die körperlichen Bewegungen werden zu einer eigenen Sprache, die letztlich auch zur Trennung der Tänzerin von ihrem geliebten Edgard führt und zum Verlassen Haitis im letzten der dreiunddreißig Kapitel des Romans, das sich unmittelbar an dieses zweiunddreißigste Kapitel anschließt.

Die Körper-Logik wird zugleich zu einer Filiation innerhalb verschiedener Stimmen von Frauen aller Zeiten: Der Kontakt mit dem Boden führt zur Erdung, indem auch die Erdgottheiten wieder mit dem eigenen Leben und allen anderen Leben verbunden werden. Auch diesbezüglich ist der Körper der erleuchteten Tänzerin vergleichbar mit den Literaturen der Welt: Er enthält ein Lebenswissen, das nicht nur aus dem einen kleinen Individuum kommt, sondern sich das Wissen, das Lebenswissen aller Stimmen erschließt und zugänglich macht. So kommt in einem Körper das Leben der vielen zum Vorschein und zu einem Ausdruck, der jenseits der Sprache liegt, und doch von der Sprache der Literatur als Lebenswissen dargestellt und vorgeführt werden kann. Wir haben es in dieser Passage mit einer beeindruckenden literarischen Szene zu tun, die sich wie ein kleines „poème en prose" lesen lässt, vor allem aber eine Apologie des tanzenden weiblichen Körpers und der ästhetischen Darstellungskraft der Literatur selbst ist.

Der Tanz der haitianischen Ich-Erzählerin, die sehr wohl des literarischen Wortes mächtig ist, rückt somit Ausdrucksfähigkeiten und Logiken in den Vordergrund, die zunächst nicht-verbaler Natur sind. Zugleich aber wird deutlich, dass diese Ausdrucksfähigkeiten transhistorisch existieren und sich hauptsächlich aus drei kulturellen Strängen speisen: zunächst der abendländischen, jüdisch-christlichen Tradition, für die die Genesis und der Verweis auf die biblischen Stammmütter steht; zweitens die afrikanischen Traditionen, für die hier ebenfalls zahlreiche Quellen genannt werden. Und drittens schließlich die spezifisch haitianische Tradition, die auf synkretistische Weise die abendländische mit der afrikanischen Tradition auf amerikanischem Boden verbindet. Die Territorien der tanzenden Ich-Erzählerin werden weit, sehr weit: Sie umfassen transareal weite Kontinente und Insel-Welten auf unserem Planeten.

Diese Traditionen sind in den Bewegungen des Körpers gespeichert, eines Körper-Leibes in seinem Leib-Sein und Körper-Haben, von dem der Tanz als uralte Ausdrucksmöglichkeit des Menschen vollständig Besitz ergriffen hat. So bekommt die Geschichte der Menschheit eine künstlerische Ausdrucksform, die den Körper als Objekt bei weitem übersteigt und das Körper-Haben in ein grundlegendes Leib-Sein verwandelt, in dem die Tänzerin zu sich selbst findet, gerade weil sie nicht auf sich selbst beschränkt bleibt. Denn ihr Wesen ist es, viele zu sein, so wie die Literatur stets auf intertextuelle Weise viele unterschiedliche Texte zum Klingen bringt.

Diese Geschichte ist sozusagen in die Lebensgeschichte der Protagonistin ,eingewoben‘, die ganz wesentlich zu einer Geschichte des Tanzens, der Entäußerung und Befreiung des weiblichen Körper-Leibes wird. Denn es geschieht durch den Tanz, dass die Protagonistin ihr eigenes Leben in die Hände – und die Füße – nehmen kann. Ich möchte Ihnen gerne aus dem letzten, dem dreiunddreißigsten Kapitel einige Passagen zeigen, die belegen, wie sehr der Roman an seinem Ende von allerlei Formen der Flucht, des Exils und der Diaspora geprägt ist. Es zeigt sich, dass das Virus der Zivilisation die Ich-Figur nicht bei den Lehrerinnen befällt, denen sie als Kind ausgeliefert war und die ihr die französische Zivilisation unter Abwertung der haitianischen – für die sie selber standen – einpauken wollten, sondern dass diese Ansteckung viel später auf einer anderen Insel erfolgte, welche fraktal für eine ganze Welt steht – die Insel Manhattan:

> Ich bin in New York am 2. September 1948 angekommen. Sehr schnell wurde ich in dieser gigantischen, bösartigen und funkelnden Stadt mir selbst überlassen, frei, mein Leben zu tanzen, frei, nach Belieben etwas zu lieben oder abzulehnen, mein Herz von all seinen Verknotungen befreit. Und es war in dieser Stadt und nicht bei den Fräuleins Védin, dass ich mir mein Virus einer Zivilisierten einfing, dieses eine Viertelsekunde lang empfundene Gefühl der Leere, der Lebensunfähigkeit, das bisweilen bis zur Erstickung ging. [...]
> Edgard hat die Insel 1962 verlassen. Mit der Zeit schützte mich der Tanz vor der Stärke dieser brennenden und schweigsamen Beziehung. In seinen letzten Briefen sprach er von der langsam in ihm hochsteigenden Angst, von den ersten Wachtposten und ihrem Geknister,

das die Nacht zerriss, von *Bohemia*, der Zeitschrift der jungen kubanischen Revolutionäre. Er vergaß nie, den bleiernen Estrich zu betonen, der auf die Insel niedergegangen war, auf die Miliz, in blauer Uniform mit schwarzer Brille, auf den Straßen marschierend oder im DKW fahrend. Sein Freund Benoît, sein Bruder, war festgenommen worden, und er sah ihn niemals wieder. Edgard lebt heute irgendwo zwischen Europa und Amerika inmitten seiner Gemälde mit Tonnen von Alkohol in den Venen und Frauenkörpern in den Knochen. [...] Onkel Héraclès hat eine junge zerbrechliche Frau geheiratet, die in ihren Händen sein zerbrochenes Leben birgt. Er lebt heute in Finnland in einem Land des Schnees, fernab der Armen, fernab der Schwarzen und ihrer ganzen Last an Problemen. Von den Schwarzen spricht er, indem er die Bücher befragt. Für die Armen spendet er Geld, sobald die UNICEF oder *Save the Children* rufen. Er wollte Haiti vergessen, dieses Land, wo es – wie er mir eines Tages schrieb – keinen Platz mehr für Leute gibt, die ganz einfach leben wollen. Stets steht man Schatten gegenüber.[28]

Die zurückblickenden Reflexionen der Ich-Erzählerin bringen alle Reflexe zerbrochener haitianischer Leben zusammen. Die Protagonisten des Romans sind entweder tot oder in alle Winde zerstreut. Sie leben fern von Haiti, das in eine der schlimmsten Unterdrückungsmechanismen verfallen ist und zwischen 1957 und 1986 in der Hand der Duvaliers eine der schlimmsten Diktaturen erleidet. Die gefürchteten Tontons Macoutes der Duvaliers haben auch auf den Seiten dieses Bildungsromans ihre blutigen Spuren hinterlassen.

Bis heute halten die Folgen der einander ablösenden Diktaturen auf Haiti an, noch heute sind es gerade die Haitianer, welche die unmenschlichsten Lebensbedingungen auf ihrer Teilinsel erleiden müssen. Doch die Erinnerungen Haitis reichen weiter zurück, denn seit den Reparationszahlungen an Frankreich im Zuge der Haitianischen Revolution stürzte das Land von einer Krise in die andere und vermochte es nicht, sich wirtschaftlich und sozial dauerhaft zu erholen. Zudem ist die frankophone Welt der Karibik in höchstem Maße in zwei Welten gespalten: die neokolonial-departementalisierte Welt von Guadeloupe und Martinique, wo in den französischen Überseedepartements mittlerweile längst der Euro rollt, und jene andere Welt der ehemals reichsten Kolonie des gesamten Planeten, Saint-Domingue, wo gänzlich andere Maßstäbe herrschen. Jede Krise, auch die aktuelle Corona-Krise, trifft die Einwohner dort am schlimmsten, denn es gibt keinerlei soziales oder medizinisches Netz, das die Folgen zumindest abfedern könnte. In der westlichen Welt ist Haiti aus den Nachrichten verbannt, nur von den schlimmsten Katastrophen gibt es noch Kurzberichte. Seit der Haitianischen Revolution, seit dem erfolgreichen Aufstand schwarzer Sklavinnen und Sklaven gegen ihre weißen Herren, wurde Haiti Stück für Stück aus allen Netzwerken verbannt und ist heute weitestgehend seinem Schicksal überlassen und vergessen.

---

28 Lahens, Yanick: *Dans la maison du père*, S. 149 f.

Die Literatur bietet den heute wohl besten Zugang zu Geschichte und Leben dieses Landes, das zwar im geographischen Herzen, aber im Schatten der westlichen Hemisphäre liegt. Yanick Lahens konnte ihren Roman in einem Pariser Verlag, Le Serpent à Plumes, veröffentlichen. Da diese Ausgabe mit 85 Francs oder knapp 13 Euros aber viel zu teuer für die wenigen Leser*innen auf Haiti ist, hat sie vom Verlag – wie in solchen Fällen üblich – die Möglichkeit ausgehandelt, ihr Buch bei einem haitianischen Verlag parallel zu publizieren. Dort liegt der Band dann in einer einfachen und für Haitianer erschwinglichen, aber nochmals durchgesehenen und leicht veränderten Fassung vor.

Ein Wort noch zur Literatur oder den Literaturen Haitis, dieses Landes mit einer großen und bisweilen großartigen Geschichte: Die haitianische Literatur ist allen Stürmen, Krisen und Bewegungen ausgesetzt, die der gesamten Karibik im Zuge ihrer Abhängigkeit stets ihr wechselndes und zugleich doch immer gleiches Antlitz gaben. Nur dass sich diese Bewegungen in der haitianischen Literatur noch stärker niederschlugen als in den Literaturen der gesamten karibischen Area. Diese Literatur verkörpert – vergleichbar mit der Literatur Kubas – geradezu paradigmatisch eine transterritoriale und mehr noch radikal *transareale* Literatur, die sich jenseits des Territorialen ihre eigenen Landschaften, ihre eigenen Beziehungen, ihre eigenen Themen erstritten hat – unabhängig davon, ob ihre Autorinnen und Autoren auf der Insel oder fernab in Kanada, Finnland, Deutschland oder den USA schreiben. Bisweilen führen große Tagungen all diese Autor*innen zumindest kurz wieder zusammen.

So gibt es eine bisweilen verblüffende Einheit und zugleich fundamentale Vielheit innerhalb der haitianischen Literatur, in welcher einzelne Schriftsteller*innen längst damit begonnen haben – ähnlich wie im kubanischen Fall –, in den Sprachen ihrer Gast- und Aufenthaltsländer zu schreiben. Kuba und Haiti gehören aus unterschiedlichen Gründen heute zweifellos zu jenen Ländern, deren Literaturen im vollen Wortsinn zu Literaturen ohne festen Wohnsitz geworden sind. Denn auch eine Nationalliteratur kann zu einer Literatur ohne festen Wohnsitz werden – ganz so, wie wir es derzeit etwa in Syrien oder im Libanon (für dessen Literaturen wir ja zwei Beispiele in diese Vorlesung aufnehmen durften) beobachten können.

Eine solche Einschätzung der haitianischen Literatur hat auf meine Rückfrage Yanick Lahens im März 2002 anlässlich des in Berlin geführten Interviews bestätigt. Auf die Frage, ob im Rahmen der hier geschilderten Situation die haitianische Literatur – ähnlich wie die kubanische – einen Startvorteil besitze und auf die kommenden Entwicklungen vielleicht besser und früher vorbereitet sei, antwortete sie wie folgt:

Ich sage gewöhnlich, dass wir eine Länge Vorsprung haben. Warum? Weil in der Tat das, was mit dieser Literatur geschehen wird, die man aus Bequemlichkeit die Literatur von draußen, aus der Diaspora oder dem Exil nennt, eine Reihe sich differenziert stellender Probleme betrifft: Erstens die identitäre Problematik, die sich angesichts der haitianischen Geschichte sehr stark stellt. Ich glaube, dass man die Problematik der Identität ein wenig aus ihrer Abgeschlossenheit herausholen wird. Die Identität wird viel offener sein: Wenn jemand wie Emile Olivier sagt „Ich bin Kanadier am Tag, Haitianer bei Nacht", dann kann einem schon klar werden, dass die Identität nichts Unbewegliches und Stabiles ist. Sie ist etwas, das sich bewegen kann. Sie bewegt sich in der Zeit, sie bewegt sich auch im Raum. Also schon hier gibt es eine Erneuerung der Problematik, die von Interesse ist. Zweitens glaube ich auch, dass dies – aber das ist meine persönliche Theorie – die Bewertung der Gattung vorantreiben wird. Man wird sehen, dass viele von denen, die aufgebrochen sind, Dichter waren, doch kommen sie in einem Kontext an, der die Entfaltung des Romans als Gattung der Moderne begünstigt. Und der größte Teil der haitianischen Romane zwischen 1970 und 1980 – heute ist es ein wenig anders – wurde im Ausland geschrieben. Bestimmte grundlegende Dinge haben sich also aus diesem Blickwinkel verändert. Ohne die Tatsache zu berücksichtigen, dass der Status des Schriftstellers in den kulturellen Räumen der großen Metropolen nicht derselbe ist, dass hier die Möglichkeiten aus vielerlei Gründen größer sind. Halten wir auch fest, dass die zweite Generation an Schriftstellern das Exil mit geringerem Schmerz durchleben wird und sie sich als moderne Nomaden betrachten werden. Das Exil verwandelt sich in ein Umherirren. Sie deplatzieren sich überallhin, mitsamt ihrer Wurzeln. Und wir befinden uns näher an den Theorien von Glissant über die rhizomatische Identität. Die dritte Generation wird sogar in einer Fremdsprache schreiben. Was uns auch dazu zwingt, den Begriff der Nationalliteratur und des nationalen Erbes neu zu denken. Die erste Exilgeneration und die Migranten der anderen Generationen werden die Problematik einer Nationalliteratur explodieren lassen. Heute kann man sich die Frage stellen: Was ist, wenn wir die haitianische Literatur heranziehen, eine National-literatur?[29]

Die Frage nach der Nationalliteratur ist damit in fundamentaler Weise gestellt. Und in der Tat: Aus dem Blickwinkel der Literaturen Europas stellt sie sich mit einer wesentlich geringeren Dynamik und Virulenz.[30] Wie sinnvoll ist es in Zusammenhang mit dem viellogischen System der Literaturen der Welt noch, von Nationalliteraturen zu sprechen, solange man sich auf das Studium dieser einen Nationalliteratur beschränkt? Hatte nicht der deutsche Romanist Erich Auerbach verlauten lassen, dass ein Provenzalist, der sich ausschließlich mit provenza-lischer Literatur beschäftigt, auch kein Provenzalist mehr sei? Bitte bekommen

---

29 Lahens, Yanick, im Interview mit Ottmar Ette: „Faire éclater la problématique d'une littéra-ture nationale", S. 226 f.
30 Vgl. hierzu Lützeler, Paul Michael: Zur Zukunft der Nationalphilologien: Europäische Kon-texte und weltliterarische Aspekte. In: *Internationales Archiv für Sozialwissenschaften* XL, 1 (2020), S. 69–83.

Sie jetzt keine Angst, wenn Sie etwa Germanistik studieren: Ich möchte Ihnen als Romanist und Komparatist Ihren Seins-Grund und schon gar nicht Ihr Interesse an deutschsprachiger Literatur nehmen! Aber wie sinnvoll ist es noch, eine Germanistik zu betreiben, die sich ausschließlich mit der deutschen Literatur beschäftigt? Bis jetzt besteht das System der Nationalliteraturen und der Nationalphilologien noch fort. Aber es wird in diesem Bereich in nicht allzu ferner Zukunft gewaltige Veränderungen geben. In diesem Sinne, so ließe sich in der Tat mit Yanick Lahens sagen, ist uns Haiti voraus.

Sicherlich: Letzteres befindet – ähnlich wie Kuba – in einer extremen Situation, hält sich doch ein Gutteil seiner Künstler*innen und Autor*innen außerhalb der Insel auf oder war zumindest zeitweise im Exil oder der Diaspora. Aber bei genauerem Hinsehen trifft dies für eine nicht geringe Zahl an Ländern und Nationen zu. So zeichnen sich fraglos Entwicklungen ab, die wir auch in anderen Breitengraden sehr gut nachvollziehen können. Ich möchte Ihnen daher in der Folge eine Autorin präsentieren, welche die Problematiken der am Beispiel der haitianischen Literatur ausgeführten Überlegungen auf einen uns sehr nahen Bereich überträgt: eben auf die deutschsprachigen Literaturen. Und damit kommen wir gegen Ende unserer Vorlesung wieder nach Europa zurück.

Emine Sevgi Özdamar, Cécile Wajsbrot oder Berlistan, Parlin und die Bedrohungen des Lebens

Auf die Frage, ob man ihre Flucht vor der Militärdiktatur in der Türkei nach Deutschland zugleich auch als eine Flucht in die deutsche Sprache verstehen könne, antwortete Emine Sevgi Özdamar im November 2004 mit einem klaren Statement:

> Ja. Man erzählt immer, dass man in der Fremde die Muttersprache verliert. Ich denke, man kann auch die Sprache im eigenen Land verlieren. In schlimmen Zeiten macht die Sprache eine schreckliche Erfahrung. Ich hatte das Gefühl, dass die türkischen Wörter während der Militärputschzeit krank wurden. Ich hatte das Gefühl, dass ich in meiner Sprache sehr, sehr müde geworden war.[1]

Diese Passage stammt aus einem Interview, das aus Anlass der Verleihung des Kleist-Preises mit der am 10. August 1946 im türkischen Malatya geborenen, in Istanbul und Bursa aufgewachsenen Autorin Emine Sevgi Özdamar geführt wurde. Aber nicht nur dieses Statement, sondern auch ihr heute als Trilogie vorliegendes Romanwerk verdeutlicht die schmerzhaften Erfahrungen mit der eigenen Muttersprache, die für sie im Zeichen der türkischen Militärdiktatur stand und unter dem Druck eines ‚alten‘ Autoritarismus abgewirtschaftet hatte. So fragt die in ihrer türkischen Muttersprache unglücklich gewordene Ich-Erzählerin aus *Seltsame Sterne starren zur Erde*: „Wie lange braucht ein Wort, um wieder gesund zu werden? Man sagt, in fremden Ländern verliert man die Muttersprache. Kann man nicht auch in seinem eigenen Land die Muttersprache verlieren?"[2] Diese Sätze machen zugleich darauf aufmerksam, dass Muttersprache und Vaterland im Schreiben dieser vielfach ausgezeichneten Schriftstellerin, die bereits im Alter von zwölf Jahren erstmals auf der Bühne stand und eine internationale Schauspielausbildung vorweisen kann, nicht voneinander getrennt werden können.

Die Sprache ihrer Literatur bildet ein System kommunizierender Röhren in einem zugleich trans*lingualen* und trans*kulturellen* Sinne. Denn der Schock einer durch den Militärputsch von 1971 ausgelösten Erkrankung und Störung aller Lebens- und Kommunikationsbereiche beförderte bei Sevgi Özdamar eine heilsame und literarisch wirkungsvolle Querung verschiedener Sprachen und Kulturen. Auch wenn sie die Schauspielschule in Istanbul abbrechen musste und

---

1 Özdamar, Emine Sevgi: „Wir wohnen in einer weiten Hölle" (Interview mit Nils Minkmar). In: *Frankfurter Allgemeine Sonntagszeitung* (Frankfurt am Main) 47 (21.11.2004), S. 23.
2 Özdamar, Emine Sevgi: *Seltsame Sterne starren zur Erde. Wedding – Pankow 1976/77.* Köln: Kiepenheuer & Witsch 2003, S. 23.

Abb. 132: Emine Sevgi Özdamar (Malatya, 1946).

nach Deutschland flüchtete, wo sie 1965 in West-Berlin zunächst in einer Elektrofabrik arbeitete, ermöglichte ihr diese internationale Dimension ihres schauspielerischen Tuns, das sie bald in Frankreich und Ost-Berlin komplettierte, doch einen Lebensweg, der im Zeichen hoher Kreativität stand und steht. Denn wie keine andere Schriftstellerin verkörperte Özdamar schon früh den Typus jener Literaturen ohne festen Wohnsitz, die zwar fast so alt sind wie die Literatur selbst, gerade aber während der vierten Phase beschleunigter Globalisierung und in unserer nach dieser Globalisierungsphase liegenden Zeit immer wichtiger werden. Es bleibt dabei: Innerhalb der Literaturen der Welt kommt den Literaturen ohne festen Wohnsitz eine stetig wachsende Bedeutung zu.

Die doppelten Türen im Titel von Özdamars 1992 erschienenem Romanerstling – *Das Leben ist eine Karawanserei hat zwei Türen aus einer kam ich rein aus der anderen ging ich raus*[3] – machen unverkennbar auf eine zentrale Tatsache im Schaffen der unter anderem unter der Regie von Benno Besson, Claus Peymann oder Hark Bohm arbeitenden Akteurin aufmerksam. Räume und Bewegungen – einschließlich aller Lebenszeiträume – werden dort stets als Transiträume, als Durchgangsorte gedacht, die über mehr als einen Ausgang, mehr als ein Bezugs- und Kommunikationssystem verfügen. Nicht anders ist die mobile Architektur ihrer (literarischen) Landschaften und insbesondere Städte zu verstehen. Emine Sevgi Özdamar entschied sich 1986 für Berlin und ein Leben als freie Schriftstellerin, ohne ihre Theaterleidenschaft völlig aufzugeben. So aber traten neben das prägende Istanbul die beiden Seiten einer geteilten Stadt, die freilich ihre Teilung – aller Unkenrufe zum Trotz – größtenteils hinter sich gelassen hat.

---

3 Özdamar, Emine Sevgi: *Das Leben ist eine Karawanserei hat zwei Türen aus einer kam ich rein aus der anderen ging ich raus*. Köln: Kiepenheuer & Witsch ⁴1999; vgl. zu den nachfolgenden Überlegungen auch ausführlich meinen Beitrag: Über die Brücke Unter den Linden. Emine Sevgi Özdamar, Yoko Tawada und die translinguale Fortschreibung deutschsprachiger Literatur. In: Arndt, Susan / Naguschewski, Dirk / Stockhammer, Robert (Hg.): *Exophonie. Anders-Sprachigkeit (in) der Literatur*. Berlin: Kulturverlag Kadmos 2007, S. 165–194.

Als Begegnungsorte unterschiedlichster Kulturen spielen Städte und Groß-städte im literarischen Oeuvre der einst ohne jede Kenntnis der deutschen Sprache aus der Türkei nach Deutschland gekommenen Schriftstellerin eine überragende Rolle. Vor einer genaueren Analyse von Özdamars Stadtentwürfen sollten wir nicht vergessen, dass der gesamte Text von *Das Leben ist eine Karawanserei* von ständi-gen Ortswechseln und Migrationen, aber auch von ständigen diatopischen und diastratischen Sprachwechseln in unterschiedlichen türkischen Städten geprägt ist. Zwischen dem Soldatenzug, mit dem gleich zu Beginn die mit der Ich-Erzähle-rin schwangere Mutter tief hinein nach Anatolien fährt, und dem „Hurenzug",[4] mit dem sich das mittlerweile etwa achtzehnjährige Mädchen auf den Weg nach West-Berlin macht, punktieren intralinguale[5] Übersetzungsprozesse die Ortswechsel der Familie innerhalb der Türkei. Im Kontext dieser Migrationen werden gerade dia-lektale Besonderheiten der türkischen Sprache immer wieder diskutiert. So sind in die translokalen und transregionalen Migrationen innerhalb der Türkei bereits die transnationalen Bewegungen der Erzählerin auf eben jene Weise eingeschrie-ben, wie die *intra*lingualen Übersetzungsprozesse stets schon auf die späteren *trans*lingualen Entwicklungen vorausweisen. Bewegungen zwischen Orten und Ländern, zwischen den Kulturen, Bewegungen zwischen den Sprachen prägen Leben, Denken und Schreiben dieser großen deutschsprachigen Schriftstellerin.

Versuchen wir, verschiedene Fäden unserer Argumentation in den bisherigen Sitzungen unserer Vorlesung zusammenzuführen: Dislokation und Heterotopie als ständiges Springen zwischen den Orten lassen eine Literatur ohne festen Wohnsitz entstehen, die – als querliegendes Konzept – weder in Kategorien wie „Nationalliteratur" oder „Migrationsliteratur" noch in solchen der „Weltliteratur" aufgeht. Eine Fortschreibung der deutschsprachigen Literatur in diesem Sinne ständiger Dislokation wäre vielleicht am besten als „F:ortschreibung" zu bezeich-nen,[6] insofern sie die Orte der Literatur im mehrfachen Sinne weiterschreibt, ver-vielfacht und verrückt. In jedem Falle macht Özdamars Entfaltung ihrer Literatur ohne festen Wohnsitz parallel zur vierten Phase beschleunigter Globalisierung auf das Ungenügen einer Philologie aufmerksam, welche ihren Gegenstand in Nationalliteratur und Weltliteratur aufteilt. Es besteht keinerlei Zweifel: Unser Modell einer viellogischen Auffassung verschiedener Literaturen der Welt ermög-

---

4 Özdamar, Emine Sevgi: *Das Leben ist eine Karawanserei*, S. 379.
5 Zur Kulturtechnik intralingualer Übersetzung vgl. Jakobson, Roman: On linguistic aspects of translation. In (ders.): *Selected Writings. II. Word and Language*. Den Haag – Paris: Mouton 1971, S. 260.
6 Ich greife mit dieser Schreibweise ein poetisches Verfahren auf, das ich der Lyrik José F. A. Oli-vers entnehme. Zur Funktion des Doppelpunktes bei Oliver vgl. Ette, Ottmar: *ÜberLebenswissen*. *Die Aufgabe der Philologie*. Berlin: Kulturverlag Kadmos 2004, S. 247.

licht uns ein Analysieren, Deuten und Interpretieren literarischer Texte weltweit, welches sich aus den Zwängen alter, überkommener und irreführender Kategorien befreit hat.

Betrachten wir die unterschiedlichen Choreographien auf Ebene der Handlungsstrukturen, so sind Pendelbewegungen ein charakteristischer Bestandteil der Bewegungsmuster in den Romanen Emine Sevgi Özdamars. So heißt es etwa im 1998 unter dem Titel *Die Brücke vom Goldenen Horn* erschienenen zweiten Teil ihrer Romantrilogie mit Blick auf Istanbul, jene zwei Kontinente miteinander verbindende Stadt am Bosporus: „Zwischen Asien und Europa gab es damals, 1967, noch keine Brücke. Das Meer trennte die beiden Seiten, und wenn ich das Wasser zwischen meinen Eltern und mir hatte, fühlte ich mich frei."[7] Und wenig später heißt es: „Die asiatische und die europäische Seite in Istanbul waren zwei verschiedene Länder."[8] Zwischen diesen beiden Ländern, zwischen diesen beiden Seiten der Stadt aber siedeln sich alltägliche Pendelbewegungen der Protagonistin an.

Das ständige Oszillieren zwischen diesen beiden ‚Welten' wird zur alltäglichen, rasch selbstverständlich gewordenen Übung, die es der Ich-Erzählerin erlaubt, ihren professionellen, intellektuellen und sexuellen Bildungsroman oder – mit Blick auf *Die Brücke vom Goldenen Horn* – ‚Entwicklungsroman'[9] wo nötig fernab jeder Kontrollmöglichkeit durch die Eltern fortzuschreiben. Es ist eine Dialektik von Nähe und Ferne, welche die Entwicklung der Ich-Figur sicherstellt und gleichsam in der Grundstruktur der Stadt verankert.

Die Trennung zwischen Asien und Europa erscheint auf den ersten Blick fundamental; doch die Überwindung dieser geographischen und vor allem geopolitischen Aufspaltung gehört zugleich zu einer Alltagserfahrung, welche die Protagonistin mit Tausenden von Pendlern auf den Schiffen teilt. Wie Weberschiffchen halten die Dampfer die beiden Seiten Istanbuls im Leben der jungen, gerade erst zwanzigjährigen Frau zusammen und bilden das Gewebe, den Text eines ständigen Über-Setzens und Übersetzens, das sich nicht im „Dazwischen" fest etabliert, sondern den Zwischenraum zu einem Bewegungsraum macht, der vom unablässigen raumzeitlichen Hin und Her erfüllt wird. In den Strukturen und Strukturierungen der Stadt ist ein Schreiben angelegt, das sich in dieser Welt zwischen beiden Welten situieren wird.

---

7 Özdamar, Emine Sevgi: *Die Brücke vom Goldenen Horn*. Köln: Kiepenheuer & Witsch 1998, S. 222.
8 Ebda.
9 Vgl. hierzu Ackermann, Irmgard: Emine Sevgi Özdamar. In: *Kritisches Lexikon zur deutschsprachigen Gegenwartsliteratur*. 62. Nachlieferung. München: Edition text-kritik 1999, S. 5.

Doch damit nicht genug! Es ist verblüffend, wie präzise und hintergründig zugleich dieses in *Die Brücke vom Goldenen Horn* vor Augen geführte Modell der Stadt Istanbul wenige Jahre später auf das Berlin Mitte der siebziger Jahre mit seiner scharfen Trennung durch die Berliner Mauer in ein Ost- und ein West-Berlin übertragen wird. Die geteilte, noch immer in unterschiedliche Sektoren zerfallende Stadt ist im dritten, 2003 veröffentlichten Roman *Seltsame Sterne starren zur Erde* gleichfalls in zwei Teile gespalten, die sich wie Asien und Europa als Ostblock und Westblock, als zwei unterschiedliche, auf den ersten Blick unversöhnlich durch feindliche Systeme und Schussanlagen voneinander getrennte Städte und ,Länder' gegenüberstehen. An die Stelle der Meerenge des Bosporus ist die Berliner Mauer getreten, an jene der Schiffe die Berliner S-Bahn, welche die junge Türkin mit Touristenvisum und ohne festen Wohnsitz in ebenfalls zwanzigminütiger Fahrt von der einen, mit unzähligen Graffiti beschrifteten Seite der Mauer auf die andere bringt. Denn die Mauer ist für die jugendliche Migrantin mit türkischem Pass kein unüberwindliches Hindernis: Ihre Überwindung und Querung ist eine fast alltägliche Erfahrung, die bald zur Routine, also zum „kleinen Weg", wird.

Denn die Lebensbedingungen des Alter Ego von Emine Sevgi Özdamar sind spektakulär und alltäglich zugleich. Bis zur Erteilung eines dreimonatigen Visums durch die Behörden der Hauptstadt der DDR lebt die aus der Untersuchungshaft in der Türkei freigekommene Schauspielerin, die ihren Beruf in ihrem Heimatland nicht mehr ausüben darf, in einer West-Berliner Wohngemeinschaft, die ihr – wie bei den Eltern in Istanbul – kostenlos Unterkunft und ,Familienanschluss' bietet. Trotz aller wichtigen Erfahrungen, die ihr in der liebe- und humorvoll (und nicht ohne eine Prise Spott) gezeichneten Wohngemeinschaft im Wedding zuteilwerden, findet sie ihre eigentliche Erfüllung auf der Ost-Berliner Seite. Dort kann sie in ,ihre' Welt des stark von Brecht geprägten Theaters eintauchen und findet nach Erteilung ihres Visums Unterkunft bei einer jungen Frau in einem nicht weniger detailgetreu nachempfundenen Setting. Die Schauspielerei steht im Mittelpunkt ihres Lebens; und der Schauspielerin erscheinen alle Elemente auf der Bühne dieses Lebens wie inszeniert, wie für sie in Szene gesetzt.

Wieder sind auf den ersten Blick die beiden unterschiedlichen ,Ländern' und ,Blöcken' zugehörigen Teile der Stadt klar voneinander geschieden und durch einen Todesstreifen voneinander getrennt. Doch bleiben sie wie in Istanbul nicht nur durch Telefonanrufe und gelegentlichen Blickkontakt – zwischen östlicher und westlicher wie zuvor zwischen asiatischer und europäischer Seite – miteinander in Verbindung, sondern werden durch tagtägliche S-Bahnfahrten miteinander eng verwoben. Bald kennt unsere Protagonistin die Berliner Mauer von der westlichen wie von der östlichen Seite, die Grenzabfertigungen sind für sie Routine. Ihr Berlin ist für sie keine geteilte, sondern eine eng verwobene Metropole, in der das Theatralische im Mittelpunkt steht.

Diese Ich-Erzählerin, welche sich nach zwischenzeitlicher Heirat in Istanbul von ihrem Mann getrennt hat, pendelt zwischen verschiedenen Wohnungen und gelegentlich auftauchenden und wieder verschwindenden Liebhabern, bleibt aber ohne festen Wohnsitz und – ganz wie im Leitmotiv des titelgebenden Gedichts von Else Lasker-Schüler – *„Mit brennenden Armen die Liebe suchend"*.[10] In diesem Vers bündeln sich ein weiteres Mal die Sehnsucht nach Liebe und die Suche nach dem eigenen Ich. Dass der direkt in den Titel gespiegelte Intertext einer jüdisch-deutschen Autorin entstammt, die vor den Nationalsozialisten ins Ausland fliehen musste und gleichsam ohne ihr Zutun an jener jüdischen Literatur weiterschrieb, die eine Literatur ohne festen Wohnsitz bildet, erscheint keineswegs als Zufall. Ein Schreiben zwischen den Welten ist all diesen Texten und Traditionen eingeschrieben.

Berlin ist in vielfachem Sinne die Stadt ihrer Sehnsucht – und ist doch immer noch *auch* Istanbul. Istanbul ist in Berlin präsent, so wie Berlin in Istanbul gegenwärtig wird. Es bildet sich etwas heraus, das wir „Berlistan" nennen können, eine doppelt geteilte Stadt, die auf doppelte Weise eng miteinander verwoben wird. So entsteht eine verdoppelte Stadtlandschaft, die genügend Raum für ein Zwischen-WeltenSchreiben und ein ZwischenWeltenLeben lässt.

Innerhalb des Berliner Stadtraums erscheint im Roman ebenso ein nahezu kontaktloses *multikulturelles* Nebeneinander wie ein breites Spektrum *interkultureller* Beziehungen, also wechselseitiger Kontakte zwischen verschiedenen sprachlichen, kulturellen oder auch soziopolitischen Gruppen und Individuen. Auch im weiteren Fortgang ihres Lebensweges spielen Übersetzungen im privaten wie beruflichen, im mündlichen wie schriftlichen Bereich der Protagonistin eine wichtige Rolle, übersetzt sie doch für die Firma Siemens[11] zwischen Deutschen und Türken sowie für ihre in der Türkei einsitzenden Schauspielerfreunde die Notizen des Brecht-Schülers Benno Besson. Die vormalige ‚Botin' zwischen zwei Gruppen, zwischen zwei voneinander getrennten sprachlichen (und zugleich sozialen, kulturellen und politischen) Gemeinschaften findet zunehmend zu ihrer eigenen, von ständigen Kreuzungen geprägten Sprache. Diese Literatursprache ist ebenso transareal wie transkulturell geprägt und vermag sich nicht mehr nur an *einer* Sprache, *einer* Kultur, *einer* Stadt zu orientieren. In der einen Sprache ist die andere Sprache stets präsent ...

Untersucht man die Raum- und Bewegungsstrukturen genauer, die in den Schriften Emine Sevgi Özdamars entfaltet werden, so zeigt sich, dass wie auf Ebene der Worte, unter denen andere Worte sichtbar und hörbar werden, auch

---

10 Özdamar, Emine Sevgi: *Seltsame Sterne starren zur Erde*, S. 9.
11 Vgl. hierzu ebda., u.a. S. 112f.

auf jener der Orte andere Orte auszumachen sind. So erscheint Istanbul ständig in Berlin – und zwar gerade nicht als „Klein-Istanbul": Unter den Bewegungen in der Stadt werden vielmehr die früheren Bewegungen in einer anderen Stadt mit ihrer eigenen Choreographie, ihrer eigenen Logik sichtbar. Berlistan beginnt zu leben. Entscheidend dabei ist: Alle Prozesse und Entwicklungen des Verstehens werden in Özdamars Schreiben nicht nur verräumlicht, sondern zugleich vektorisiert. Denn in jeder aktuellen Bewegung sind die vorausgegangenen Bewegungen immer schon akkumuliert beziehungsweise gespeichert und weisen auf künftige Bewegungen voraus: Nichts ist statisch.

In diesem Sinne erfüllt sich zumindest zum Teil die poetische Prophezeiung ihres Mannes, den die Ich-Erzählerin in seinem Waldhaus auf der asiatischen Seite in Istanbul zurückließ. Er hatte seiner die Stadt am Bosporus scheinbar hinter sich lassenden Frau diese Worte mitgegeben:

> *„Du wirst keine neuen Länder entdecken, keine anderen Meere.*
> *Die Stadt wird dir folgen. Du wirst durch dieselben Straßen*
> *Streifen, in denselben Vierteln alt werden."*[12]

Folglich verwundert es nicht, dass auch das Waldhaus, das man von der europäischen Seite aus sehen konnte,[13] in Berlin sein Gegenstück findet: So wird die Protagonistin – kurz nachdem sie von ihrem Istanbuler Waldhaus träumte (in dem sie mit ihrem Mann so glückliche Monate verbrachte) – vom Ost-Berliner Kollegen eines Kamerateams und dessen Frau in deren „einsames Waldhaus"[14] eingeladen. Berlin und Istanbul bilden dieselbe Stadt: Das Fremde erscheint im Eigenen, das Eigene im Fremden, beide sind ein und dasselbe Berlistan und bilden ein gemeinsames mentales Mapping, welches die urbanen Landschaften nicht länger getrennt voneinander erfasst.

Dies bedeutet nicht, dass die beiden Städte identisch wären, also aufgehört hätten, voneinander getrennt zu sein. Berlistan bildet eine Stadt, die zwei Städte ist; beide Städte bilden jedoch zugleich für die Protagonistin dieselbe Stadt. Denn in Berlin sucht sie sich krampfhaft damit zu beruhigen, dass sie nun „in einem anderen Wald",[15] in einem anderen Waldhaus sei. Filmtechnisch gesprochen haben wir es hier mit einer der unzähligen Überblendungen zu tun, die Istanbul in Berlin auf allen Ebenen und mit allen Sinnen zum Vorschein bringen. Nicht

---

12 Özdamar, Emine Sevgi: *Seltsame Sterne starren zur Erde*, S. 56 (Es handelt sich hier um einen von der Autorin vermerkten Auszug aus einem Gedicht von Konstantinos Kavafis).
13 Ebda., S. 28.
14 Ebda., S. 113.
15 Ebda.

nur, dass selbst ein Wasserrohrbruch Unter den Linden die Erzählerin an einen Lindenbaum neben ihrem Istanbuler Waldhaus erinnert, wobei diese Erinnerung in einer für die Ich-Figur charakteristischen Assoziationskette zugleich mit Literatur – einem türkischen Dichterfreund – und Liebe verknüpft wird.[16] Alles beginnt ganz alltäglich und fast nebensächlich, legt aber die tiefen Beziehungen innerhalb Berlistans frei:

> Heute Abend soll Unter den Linden ein Rohr geplatzt sein. Die Straße war überschwemmt. Überall standen Feuerwehrautos und Polizeiautos unter den Linden. Auch am Waldhaus in Istanbul gab es einen Lindenbaum. Darunter saß oft ein Dichterfreund, seine Haare waren voller Blüten. In der Türkei sagt man, dass der Geruch der Lindenblüten junge Mädchen verrückt macht.[17]

Zwar fällt es der Protagonistin immer wieder auch einmal schwer, die beiden Teile Berlins zusammenzudenken, doch erscheint ihr die Grenze zwischen West- und Ost-Berlin schon bald wie in Istanbul als „ein großes Meer"[18] – und dieses lädt zum Über-Setzen, zum queren und kreuzen ein. Nicht nur die „Morgenstimmung", sondern auch der „Geruch" auf den Straßen von Ost-Berlin erinnert sie unmittelbar an die türkische Metropole:[19] „ein Geruch von Kohle und Autoabgasen wie in Istanbul",[20] so dass sich ein gemeinsamer transarealer „Smellscape" herausbildet, eine alles verbindende typische Geruchslandschaft. Und selbst das Sehen eines US-amerikanischen Films mit Rod Taylor erinnert sie daran, dass dies einer ihrer „Kindheitsfilme aus Istanbul"[21] war: Immer wieder stellen sich die Bilder, Geräusche und Gerüche aus der Stadt am Bosporus ein, verwandeln Berlin in Istanbul und projizieren Berlin an die Grenzen Europas.

Durch jeden Gegenstand, durch jeden Sinneseindruck kann der Überblendungsmechanismus zwischen Istanbul und Berlin ausgelöst und somit – nicht nur mit Blick auf die Überlagerungen zwischen *Die Brücke vom Goldenen Horn* und *Seltsame Sterne starren zur Erde* – eine „Brücke Unter den Linden" geschaffen werden. In der einen Stadt ist die andere stets gegenwärtig: Sie ist mit ihrer Verbindung von Liebe und Literatur der Migrantin gefolgt, ist nicht vertikal beziehungsweise archäologisch mit älteren Schichten Berlins, sondern horizontal mit anderen Räumen und Richtungen verbunden. Noch einmal: Beide Städte sind

---

16 Ebda., S. 95 f.
17 Ebda.
18 Ebda., S. 18.
19 Ebda., S. 81.
20 Ebda.
21 Ebda., S. 123.

nicht miteinander identisch, verschmelzen nicht miteinander, doch zugleich sind sie untrennbar in einem einzigen Berlistan gegenwärtig.

Dieses In-Ein-Ander-Schreiben beider Städte und ihrer jeweiligen Zweiteilung, die durch die Reisebewegungen der Protagonistin immer wieder neu miteinander verflochten werden, lässt sich auch in der Überlagerung von Wohnstrukturen beobachten. In Berlins türkischem Frauenwohnheim, das während des ersten Berlinaufenthalts ganz bewusst als „Frauenwonaym"[22] fremdgeschrieben wurde, finden sich bereits die Strukturen des Wohnheims, das die Ich-Erzählerin während ihres zweiten Aufenthalts in der Stadt an der Spree kennenlernen wird. Die Lebensverhältnisse in diesen Wohnheimen mit ihren klaren Unterteilungen und sexuellen wie geschlechterspezifischen Grenzlinien finden ihr parodistisches und zugleich paradoxes Gegenstück in der Weddinger Wohngemeinschaft, wo die Neuangekommene gleich zu Beginn nicht nur – wie schon im Frauenwohnheim – das Geschirr spülen darf, sondern nachdrücklich auf das Verbot jeglicher Pärchen-Beziehungen aufmerksam gemacht wird. Die kollektiven Wohnformen, die im Verlauf der Romane immer wieder auftauchen, bilden eine eigene Welt, gleichsam einen urbanen Transitraum, der für einen begrenzten Zeitraum zu einem „Phalanstère" werden kann. Nicht allein die Lebensformen, sondern auch die Lebensnormen, an die sie sich zu halten hat, werden ihr drastisch vor Augen geführt.

So bemerkt die Erzählerin erst beim Versuch einer Freundin, das Frauenwohnheim zu verlassen, dass es Berlin „für uns bis jetzt nicht gegeben hatte":[23] „Wir hatten unser Wonaym, und dieses Wonaym war nicht Berlin. Berlin begann erst, wenn man aus dem Wonaym herausging."[24] Die jeweiligen Lebensnormen unterscheiden sich in radikaler Weise voneinander: Und diese Unterschiede zeigen sich nicht nur innerhalb Istanbuls oder zwischen Istanbul und Berlin, sondern auch in Berlin selbst. Also doch eine Stadt der Parallelgesellschaften?

Worte unter Worten, Orte unter Orten, Bewegungen unter Bewegungen, Wohnformen unter Wohnformen, Ereignisse unter Ereignissen, Städte unter Städten. Die Romane *Das Leben ist eine Karawanserei*, *Die Brücke vom Goldenen Horn* und *Seltsame Sterne starren zur Erde* erzählen zwar weitgehend chronologisch eine Lebensgeschichte und lassen auch die dazu gehörigen geschichtlichen Kontexte von der widersprüchlichen Modernisierung der Türkei durch Atatürk über die Erfahrungen der 68er-Generation bis hin zu den Spätformen des Kalten

---

22 Diese Schreibweise findet sich bereits im Titel des ersten Kapitels des ersten Teils von Özdamar, Emine Sevgi: *Die Brücke vom Goldenen Horn*, S. 11.
23 Ebda., S. 63.
24 Ebda.

Krieges und – zumindest perspektivisch – bis zum „Deutschen Herbst" und zum Fall der Berliner Mauer aufscheinen. Doch zeigt es sich, dass es neben diesen syntagmatischen Elementen vor allem sich ständig überlagernde paradigmatische Strukturierungen sind, welche entscheidend die Verstehens-Prozesse im Roman bestimmen. Die Überblendungstechnik des Ineinander-Schreibens führt vor Augen, dass die europäische, auf beiden Seiten der Brücke vom Goldenen Horn liegende Seite Istanbuls nicht ohne die asiatische, West-Berlin nicht ohne Ost-Berlin, Berlin nicht ohne Istanbul und Deutschland nicht ohne die Türkei gedacht werden können. Berlistan ist eine mentale Projektion, die längst zur Realität geworden ist, die sich wie alle Realität aus friktionalen Quellen speist.

Dabei geht es nicht um interkulturelle Vermittlung, sondern um *trans*kulturelle Verschränkung und Durchquerung, eine verschiedene Kulturen querende Choreographie von Bewegungen, die keineswegs euphorisch nur als lustvoll, sondern nicht selten als höchst spannungsvoll und schmerzhaft porträtiert werden. Nein, Berlistan ist keineswegs nur lustvolle Vereinigung! Aber wie alle liebevolle Lust vermittelt sie allen Beteiligten tiefe Erkenntnis.

Zweifellos lassen sich hierbei fraktale, vielfach gebrochene und zugleich insuläre Muster und Strukturen feststellen, wie sie in den, aber auch für die Literaturen ohne festen Wohnsitz von grundlegender Bedeutung sind. Dies bedeutet zugleich, dass sich die bereits mehrfach benannte Vektorisierung aller Bezüge nicht in einem kontinuierlichen, sondern in einem diskontinuierlichen, vielfach gebrochenen post-euklidischen Raum vollzieht,[25] in den sich die Strukturen und Strukturierungen der Stadt – oder besser: der Städte – eintragen. Es handelt sich um einen diskontinuierlichen archipelischen Bewegungs-Raum, der nicht den statischen Zusammenhalt, sondern die mobile Vielverbundenheit vor Augen führt. Denn Berlistan ist eben letzteres: offene, relationale Vielverbundenheit!

Mit Bedacht stellte die Autorin nicht zwei nationale, sondern vor allem zwei urbane Räume in den Mittelpunkt ihres Romanzyklus, die an den Nahtstellen west-östlicher Geschichte liegen und diese Lage zwischen zwei Kontinenten und zwei Machtblöcken bis in ihre Topographie und Infrastruktur hinein reflektieren. Das Raummodell, das in diesem Romanzyklus entfaltet wird, hat nichts mit der Kontinuität statischer nationaler Räume zu tun, sondern eröffnet *Bewegungs*räume, die nur bewegungsgeschichtlich und damit vektoriell zu erfassen sind. Bilden diese urbanen Räume nicht Inseln, ja mehr noch Archipele aus, die in ihrer Relationalität neue vektorisierte Verstehensbewegungen ebendieser Räume

---

25 Vgl. hierzu Ette, Ottmar: Von Inseln, Grenzen und Vektoren. In: Braig, Marianne / Ette, Ottmar / Ingenschay, Dieter / Maihold, Günther (Hg.): *Grenzen der Macht, Macht der Grenzen*. Frankfurt am Main: Vervuert 2005, S. 135–180.

vorführen? Wir wollen derartige Vorstellungen am Beispiel eines anderen Romanzyklus vor Augen führen, der sich in seiner Entfaltung ebenfalls über die Grenzen zwischen postmodernem und nachpostmodernem Schreiben hinwegbewegt und neue Horizonte literarischer Entwicklung aufzeigt.

Mit ihrem im August 2008 erschienenen Roman *L'Île aux musées* hat die französische Schriftstellerin Cécile Wajsbrot,[26] eine seit vielen Jahren zwischen der französischen und der deutschen Hauptstadt pendelnde Autorin, einen faszinierenden Erzähltext vorgelegt, welcher sich innerhalb eines Romanzyklus verortet, für den wir zum Abschluss unserer Vorlesung noch ein zweites Beispiel kennenlernen werden. Nicht von ungefähr steht im Herzen dieses Romans, der zu den schönsten der französischen Schriftstellerin zählt, eine Insel, die im Grunde viele Inseln ist.

Die 1954 in Paris geborene Autorin stammt aus einer jüdischen Familie, die sich aus Polen nach Frankreich geflüchtet hatte und später, nach dem Einmarsch deutscher Truppen, von den Nationalsozialisten in Frankreich verfolgt wurde. Diese tragische Familiengeschichte – der Großvater der Schriftstellerin wurde in Auschwitz ermordet – bildet eines der verschiedenen autobiographischen Grundmuster, in deren Webrahmen die Vielzahl beeindruckender Romane entstand, die aus der Feder der Literatin und Übersetzerin stammen, die an der Pariser Sorbonne Komparatistik studierte. Cécile Wajsbrots gesamtes literarisches Oeuvre gehört heute zu den herausragenden und maßgeblichen Schöpfungen einer französischen Literatur, die nach Jean-Paul Sartre und Simone de Beauvoir, nach dem Nouveau Roman, nach den großen Vertreter*innen der französischen Literatur- und Kulturtheorie mit dem Eintritt in die vierte Phase beschleunigter Globalisierung – wie besprochen – ihre herausragende Stellung verlor. Nicht ohne Verkrampfung und Verzweiflung suchte diese Literatur innerhalb der Welt französischsprachiger Literaturen nach neuen Wegen und Ausdrucksmöglichkeiten.

Abb. 133: Cécile Wajsbrot (Paris, 1954).

---

26 Vgl. den Sammelband von Böhm, Roswitha / Zimmermann, Margarete (Hg.): *Du silence à la voix. Studien zum Werk von Cécile Wajsbrot*. Göttingen: F&R unipress 2010.

Seit Mitte des ersten Jahrzehnts des neuen Jahrtausends, seit ihrem 2007 erschienenen Roman *Conversations avec le maître*, arbeitete Cécile Wajsbrot an einem Zyklus, der erst zwölf Jahre später – im Jahr 2019 – mit dem Band *Destruction* vollendet werden sollte. Der weit gespannte Zyklus *Haute Mer* umfasst neben dem Auftaktroman *Conversations avec le maître* (2007)[27] die Romane *L'Ile aux musées* (2008)[28] *Sentinelles* (2013),[29] *Totale éclipse* (2014)[30] sowie ihren 2019 erschienenen Abschlussroman *Destruction*[31] und erstreckt sich über eine Schaffensperiode von deutlich mehr als einem Jahrzehnt. In jedem der einzelnen Romane dieses Zyklus einer Autorin, die zum Mitglied der Deutschen Akademie für Sprache und Dichtung sowie der Berliner Akademie der Künste gewählt wurde, steht eine andere künstlerische Ausdrucksform im Vordergrund. Ein literarisches Gestaltungsprinzip, das nicht allein große schöpferische Kraft besitzt, sondern es auch erlaubt, die spezifische Stellung der Literatur im Gefüge künstlerischer Medien gleichsam „en passant" vor Augen zu führen und sinnlich nachvollziehbar zu machen. In *L'Ile aux musées* steht die Bildhauerkunst im Vordergrund, wobei uns das Leben der unterschiedlichsten Statuen nicht nur von außen, sondern gleichsam von innen gezeigt wird. Und dies erfolgt nicht in irgendeinem beliebigen räumlichen Setting, sondern an jenem Ort im Zentrum Berlins, an dem keine Menschen wohnen: der Museumsinsel.

Dabei ist die Berliner Museumsinsel nicht allein, sondern wird von der Pariser Stadtinsel ergänzt. Inmitten der die Romandiegese prägenden und so unterschiedlichen, ja gegensätzlichen (und eben dadurch komplementären, sich wechselseitig ergänzenden) Stadtlandschaften von Berlin und Paris, in deren Herzen sich mit der Ile de la Cité und der Museumsinsel jeweils eine Insel befindet, bilden die Blicke der Berliner Statuen Geflechte, die den achtlos unter oder neben ihnen vorbeieilenden Menschen verborgen und unbekannt bleiben. Denn wann schon blicken wir all jenen Statuen bewusst ins Gesicht, denen wir Tag für Tag unter die Augen kommen?

---

27 Wajsbrot, Cécile: *Conversations avec le maître*. Paris: Editions Denoël 2007.
28 Wajsbrot, Cécile: *L'île aux musées*. Paris: Editions Denoël 2008. Vgl. hierzu Ette, Ottmar: Cécile Wajsbrot: „L'Ile aux musées" oder die verborgenen Choreographien der Anwesenheit. In: Böhm, Roswitha / Bung, Stephanie / Grewe, Andrea (Hg.): *Observatoire de l'extrême contemporain. Studien zur französischsprachigen Gegenwartsliteratur*. Tübingen: Gunter Narr Verlag 2009, S. 257–270.
29 Wajsbrot, Cécile: *Sentinelles*. Paris: Christian Bourgois 2013.
30 Wajsbrot, Cécile: *Totale éclipse*. Paris: Christian Bourgois 2014.
31 Wajsbrot, Cécile: *Destruction*. Roman. Paris: Le Bruit du Temps 2019.

Eben hier tritt der Roman, der zweite des Zyklus, in sein Recht. Hat nicht die Literatur die Aufgabe, das durch seine Allgegenwart unsichtbar Gewordene wieder sichtbar zu machen? So heißt es schon im ersten Kapitel des Romans:

> Wir halten Wache, selbst wenn niemand auf uns achtet – vielleicht ist es sogar einfacher aufzupassen, wenn einem niemand zuschaut. Unser Schicksal ist seltsam. Bevor wir auf die Welt kommen, sind wir der Gegenstand von Verhandlungen, von Entscheidungen, von Umdeutungen, von Kompromissen, Sie schlagen sich um das Recht, uns Existenz zu geben, aber wenn wir erst einmal da sind, setzt sich unsere Präsenz durch und die Ihre verschwindet, die Rollen kehren sich um – Sie geraten dann zu Vorwänden und der Raum gehört uns.
> Der Raum gehört uns und wir halten Wache. Wir sind aus Stein, aus Bronze, wir sind aus Granit oder Marmor, wir stehen auf Brücken, hoch oben auf Gebäuden oder vor Museen, wir stehen in den Gärten, als Vorzeichen, befinden uns in Nischen – freilich unbeweglich, mit festem Blick.[32]

Die Allgegenwart der so verschiedenartigen Statuen wird hier ebenso deutlich wie ihr immer wieder hervorgehobener Zeichencharakter. Ihre Beherrschung des Raumes bleibt den Menschen, die sie doch geschaffen haben, ebenso weitgehend verborgen wie ihre Beherrschung eines Zeit-Raums, der die Grenzen individuellen menschlichen Erlebens sprengt: Für lange Jahrhunderte sind wir da – „Nous sommes là pour des siècles".[33] Wie in vielen Romanen Cécile Wajsbrots – und es wäre ein Leichtes, die vielen intratextuellen Verweise und Anspielungen in *L'Île aux musées* aufzuzeigen – wird in der Präsenz des Anderen, in den Tieren wie den Künsten, in der Schneeeule von *Mémorial*[34] wie der Malerei der Romantik von *Caspar-Friedrich-Strasse*,[35] eine Ander-Logik (der Kunst wie der Natur) greifbar und begreifbar. Sie übersteigt das Menschliche und die Koordinaten menschlichen Lebens bei weitem. Jenseits der Blicke der Menschen bilden die Blickgewebe der Statuen Beziehungen, die Räume und Zeiten queren und durchqueren.

Die Statuen haben ein langes Gedächtnis, ihr Erleben ist transhistorisch. Sie wissen von Schlössern und Palästen der Menschen, wissen auch von jenen repräsentativen Prachtbauten, die erbaut und später zerstört wurden, erzählen von der

---

32 Wajsbrot, Cécile: *L'Île aux musées*. Roman. Paris: Editions Denoël 2008, S. 10; vgl. eine ausführlichere Analyse dieses Romans in Ette, Ottmar: Cécile Wajsbrot: „L'Ile aux musées" oder die verborgenen Choreographien der Anwesenheit. In: Böhm, Roswitha / Bung, Stephanie / Grewe, Andrea (Hg.): *Observatoire de l'extrême contemporain. Studien zur französischsprachigen Gegenwartsliteratur*. Tübingen: Gunter Narr Verlag 2009, S. 257–270.
33 Wajsbrot, Cécile: *L'Île aux musées*, S. 11.
34 Vgl. Wajsbrot, Cécile: *Mémorial*. Paris: Zulma 2005.
35 Vgl. Wajsbrot, Cécile: *Caspar-Friedrich-Strasse*. Paris: Zulma 2002.

Geschichte der Kunstsammlungen im Louvre und dem Alten Museum,[36] kennen die Geschichte und viele Geschichten, ohne selbst auch nur im Geringsten ins Historische abgeschoben und damit historisch geworden zu sein. Sie sind weder auf die bloße Gegenwart ihrer Gegenständlichkeit noch auf die Gegenständlichkeit ihrer Gegenwart reduzierbar: „Ihr seid im Präsens. Wir sind in der Präsenz. – Vous êtes dans le présent. Nous sommes dans la présence."[37]

Angesichts dieser Präsenz jenseits des Präsentischen erscheint die Gegenwart, das Präsens der Menschen als prekär und flüchtig. Vor dem Hintergrund einer Geschichte von Kriegen und Katastrophen wird eine Zukunft des Planeten vorstellbar, aus der die Menschen verschwunden sind, so wie eine Vergangenheit erscheint, in der die Menschen noch nicht gegenwärtig waren: „Avant, il y avait une île, avant encore, des marais, la terre cernée par les eaux."[38] Ja, es gab eine Geschichte unseres Planeten vor dem Menschen! Und es könnte sein, dass es wieder eine Geschichte geben wird, welche ohne den Menschen, ohne Präsens und Präsenz der Menschheit auskommen wird. Für die Statuen jedenfalls ist der Mensch verzichtbar, ‚wegdenkbar' geworden. Auch in diesem literarischen Text des 21. Jahrhunderts kommt eine Konvivenz auf dem Planeten Erde ohne den Menschen aus – sei es auf Grund einer ökologischen oder einer atomaren Katastrophe.

Wie entstand der Kosmos, wie entstand ein Universum von Ordnung und Schönheit? Am Anfang der Genesis, dieser Genesis, war das Wasser und war das Land. Und der Tag zeichnet sich schon ab, an dem die Schiffe der Menschen dieses Wasser nicht mehr befahren, die Flugzeuge der Menschen den Himmel über dieser Erde nicht mehr durchqueren werden.[39] Allein die Statuen werden bleiben als „die letzten Zeugen Ihrer Sehnsüchte".[40] Sie verwandeln sich in die eigentlichen Bewohner der Stadt, die eigentlichen Subjekte im urbanen Zeichenreich der Menschen, das von einem Leben jenseits des Menschen jederzeit wieder in Besitz genommen werden kann. Wohl aus diesem Grund sind alle menschlichen Figuren im Roman nur schemenhaft und flüchtig gezeichnet, Namenlose auf der Suche nach ein wenig Liebe und Zusammenleben. So filigran sie skizziert sind, so schemenhaft können sie auch wieder verschwinden, wie Zeichen im Sand, wie ein Gesicht am Strand, um Michel Foucaults berühmtes und in unserer Vorlesung zitiertes Ende von *Les mots et les choses* anzuführen. Von Dauer ist ihre Welt nicht:

---

36 Vgl. Wajsbrot, Cécile: *L'Île aux musées*, u. a. S. 12.
37 Ebda., S. 11.
38 Ebda.
39 Ebda., S. 229.
40 Ebda.: „les derniers témoins de vos aspirations."

Ihre flüchtigen Konturen sind in den Augen der Statuen nur Spuren, nur Schatten einer Choreographie der Anwesenheit im nur Präsentischen.

Cécile Wajsbrots Roman *L'Ile aux musées* gibt seinem Lesepublikum Elemente einer Geschichte der Berliner Museumsinsel an die Hand, die gleichsam transhistorisch perspektiviert werden. Im historiographischen Diskurs klingt diese Entstehungsgeschichte – ungeachtet aller west-ost-ideologischen Orientierungen – etwa so:

> Die im Zentrum Berlins gelegene Insel, östlich begrenzt von der Spree und westlich von einem ihrer Nebenarme, dem Kupfergraben, war zu Beginn des 15. Jahrhunderts jener geographisch günstig gelegene Ort zwischen den beiden märkischen Handelsstädten Berlin und Cölln, auf dem sich die 1417 in den Besitz der Mark Brandenburg gelangten Burggrafen von Nürnberg aus dem Geschlecht der Hohenzollern ihren neuen Stammsitz errichteten.[41]

Zwischen Sumpf und Sand eine Insel, entstanden im Dazwischen kleiner märkischer Handelsplätze. Anfangs ohne jede Bedeutung, und bedeutungslos auch die Menschen, welche diesen Flecken bewohnten. Da gab es keine Gründung durch das Römische Imperium, ganz zu schweigen von einem Gotte, der einst befohlen hätte, dass hier fortan eine Stadt sei. In *L'Ile aux musées* wird diese Geschichte wie im Zeitraffer in wenigen Zeilen in den Roman eingeblendet: Stück für Stück habe man die Berliner Insel als Gemüsegarten des Königs, dann als Botanischen Garten genutzt und schließlich – auf königlichen Befehl von 1797 – mit Brücken verbunden und in der Folge als Museumsinsel verwendet.[42] Ein ehemaliger Gemüsegarten also, wenig heroisch – aber immerhin eine Insel inmitten von Fließgewässern und Sümpfen.

Wenn wir eine Insel als einen allseits von Wasser umgebenen Raum begreifen, der sich durch eine fundamentale infrastrukturelle Diskontinuität – also die Notwendigkeit, beim Erreichen oder Verlassen der Insel das Transportmittel zu wechseln – kennzeichnet, dann stellt sich die Frage, ob wir es im strengen Sinne bei der Berliner Museumsinsel überhaupt mit einer Insel zu tun haben. Die Antwort hierauf fällt aus dieser Perspektivik deutlich aus. Denn noch bevor im 19. Jahrhundert das erste, heute so genannte „Alte Museum", zwischen 1825 und 1830 auf der Berliner Stadt-Insel errichtet worden war, hatte die künftige

---

41 Schade, Günter: Die historische Entwicklung der Berliner Museumsinsel. In: *Die Museumsinsel zu Berlin*. Mit Beiträgen von Peter Betthausen, Anne Effenberger, Volkmar Enderlein, Heinz Fengler, Edith Fründt, Irene Geismeier, Burkhardt Göres, Liane Jakob-Rost, Erika Karasek, Max Kunze, Wolfgang Müller, Siegmar Nahser, Günter Schade, Werner Schade und Eva Zengel. Mit Farbaufnahmen von Dietmar und Marga Riemann. Berlin: Henschelverlag 1987, S. 7.
42 Wajsbrot, Cécile: *L'Ile aux musées*, S. 12.

Museumsinsel in dem Maße, wie sie von der Peripherie ins Zentrum rückte und über Brücken mit dem Festland verbunden wurde, bereits aufgehört, eine Insel zu sein.

Eine der namenlos bleibenden Protagonistinnen merkt daher zurecht an: „Und ich habe mich auf diese Museumsinsel gestürzt, weil ich Lust hatte, auf einer Insel zu sein, aber es handelt sich um eine urbane Insel, die nichts Insulares besitzt, ist sie doch mit Brücken verbunden, auf denen Autos fahren."[43] Eine Stadt-Insel ist es, die über eine Vielzahl von Brücken und (wie im Falle des Bode- oder des Pergamon-Museums[44]) Brückenteilen erreichbar ist – und damit eine paradoxe Stadt-Insel. Doch die Stimmen der Statuen beharren trotzig auf der Insularität dieser „île urbaine", von der aus weltweite Bezüge zu anderen Inseln hergestellt werden:

> Sie sind auf einer Insel, Sie scheinen dies zu vergessen – wir wissen, dass es weit entfernte, von Erde bedeckte Inseln gibt, Inseln ohne Brücken inmitten des Meeres, und es braucht Schiffe und Schiffstage, um sie zu erreichen, wir wissen, dass manche niemals dorthin gelangen, dass Schiffbrüche passieren. Wir wissen, dass auf bestimmten Inseln kolossale Statuen wohnen, von denen niemand den Ursprung kennt.[45]

Die Statuen auf der Berliner Museumsinsel sind wohlinformiert und wissen Bescheid. Sie wissen von ‚echten' Inseln, zu denen keine Brücken führen, sie wissen sogar von Inseln, die von Statuen bewohnt werden, von denen niemand weiß, ob Menschen sie einst erschufen oder ob diese Statuen schon immer da lebten. Sie wissen, dass die Erde nicht nur aus Kontinenten gebildet ist, dass kleine Fetzen Land über riesige Teile der Erde verstreut sind und dass immer wieder Schiffbrüche passieren, welche alle Verbindungen unterbrechen. Doch sie wissen von diesen Verbindungen, die sich zwischen Inseln herstellen, wissen von Archipelen, die miteinander in Verbindung stehen, auch wenn sie auf der anderen Seite der Erde liegen.

Die Vieldimensionalität der Insel als Teil einer weltweit vernetzten Inselwelt, die zugleich als Insel-Welt eine Welt für sich bildet, stellt sich freilich nicht allein auf globaler, sondern auch auf lokaler Ebene. Dabei muss die historische Frage mitbedacht werden, ob es sich bei der Stadtlandschaft Berlins um eine oder um

---

43 Ebda., S. 38: „et je me suis précipitée dans cette île aux musées parce que j'avais envie d'être sur une île mais c'est une île urbaine qui n'a rien d'insulaire, reliée par des ponts où circulent des voitures."

44 Vgl. hierzu Schade, Günter: Die historische Entwicklung der Berliner Museumsinsel, S. 22 u. 33.

45 Wajsbrot, Cécile: *L'Île aux musées*, S. 83.

viele Inseln handelt, und wo sich – wenn der letztgenannte Fall zutrifft – das ‚eigentliche' Zentrum befinden könnte:

> Unsere Insel wurde den Sümpfen abgewonnen wie die ganze Stadt, die Ablaufgräben wurden trockengelegt, das Terrain eingeebnet, dann wurden Brücken gebaut, um die verschiedenen Teile der Stadt miteinander zu verbinden, was heute als das Zentrum erscheint, war damals weit draußen, und was heute fernab des Zentrums scheint, war die Stadt selbst. Auf unserer Insel haben Sie andere Inseln gebaut, denn die Museen sind eine Art Klöster, in welchen Sie die Geschichte der Zeit einsperren.[46]

Die einst von Wilhelm von Humboldt, Karl Friedrich Schinkel und Aloys Hirt, aber auch von den Bildhauern Gottfried Schadow und Christian Daniel Rauch ersonnene[47] und über ein Jahrhundert lang ständig erweiterte und umgestaltete Insel entfaltet auf engstem Raum eine Kette von Museums-Inseln, die wie eine Inselkette der Kulturen den kulturellen Brückenschlag von Berlin aus zu den Weltkulturen herstellt. Die Berliner Museumsinsel zeigt sich uns so als eine „Insel-Insel", auf der weitere Inseln beherbergt sind, welche mit Inseln der ganzen Welt in Verbindung stehen. Denn die „Ile aux musées" ist durch archipelische und transarchipelische Bezüge mit der gesamten 'Erde verknüpft.

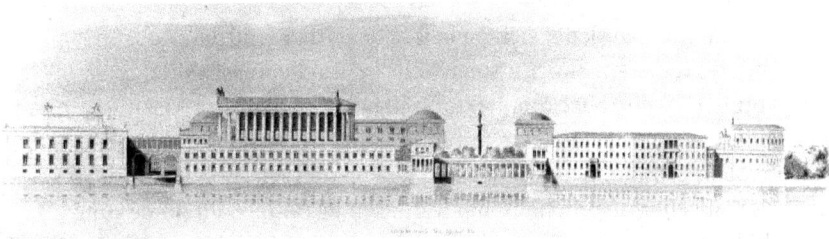

Abb. 134: Gesamtplan der Museumsinsel, Aufrisszeichnung von Friedrich August Stüler, 1841.

Auf Grundlage der inter- und transkulturellen Relationalität der Statuen, die den unterschiedlichsten Zeiten und Räumen, Gesellschaften und Kulturen entstammen, generiert sich dieser Brückenschlag in Cécile Wajsbrots Roman auf eine Weise, welche die nicht nur museale Zukunft in der Mitte Berlins geradezu vorauszusehen und vorwegzunehmen sucht. Denn schon in naher Zukunft soll sich das gegenüber der (zum Weltkulturerbe der Menschheit zählenden) Museumsinsel liegende und mit einem neuen Intendanten wieder flott gemachte Hum-

---

46 Ebda., S. 84.
47 Vgl. Schade, Günter: Die historische Entwicklung der Berliner Museumsinsel, S. 12 f.

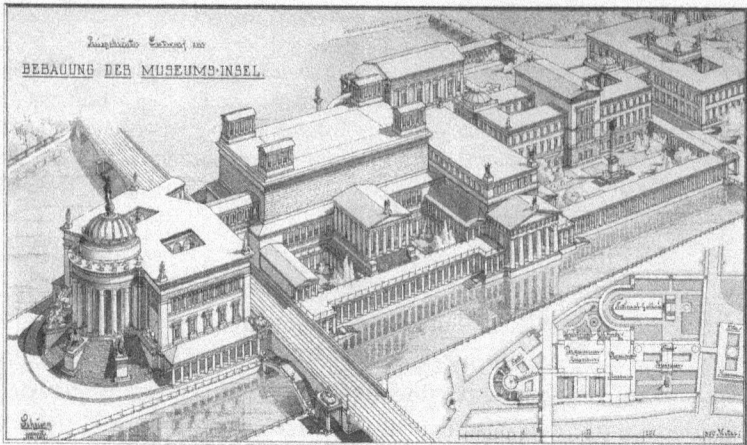

Abb. 135: Gesamtanlage für die Erweiterung der Museumsinsel, perspektivische Ansicht von Bernhard Sehring, 1882.

Ort aus intensiviert wird, der sich nicht länger als das Zentrum, wohl aber als eine in besonderer Weise konzipierte Spielfläche kultureller Inselwelten versteht? Endgültig vorüber – wenn auch architektonisch noch gegenwärtig – ist die Zeit, in der sich große Ausgrabungsprojekte mit imperialen Herrschaftsansprüchen verbanden, um nach Gründung des Deutschen Reiches dessen Größe, aber auch dessen expansionistische Ansprüche in der Mitte seiner Hauptstadt zu dokumentieren und gebührend in Szene zu setzen. Wir leben heute glücklicherweise in anderen Zeiten; und es wird ganz wesentlich darum gehen, die Museumsinsel nicht in ein Zentrum, sondern einen Knotenpunkt inter- und transkultureller Beziehungen und eines viellogischen, archipelischen und transarchipelischen Verständnisses der Kulturen der Welt zu verwandeln.

Cécile Wajsbrots zweiter Roman innerhalb ihres romanesken Zyklus eröffnet den Raum, in dem sich die Gestalten der Friese des Pergamon-Altars mit Skulpturen austauschen, welche die Erfahrungen des Zweiten Weltkriegs reflektieren und so eine transhistorische Welt der Statuen konfigurieren, in welcher *Der Rufer*, „Celui qui appelle", dessen unhörbares Schreien den Romanauftakt bildet, viele Hörerinnen und Hörer, zuvor unvermutete Gesprächspartner gefunden hat. Denn scheint es nicht dieser Rufer gewesen zu sein, der – im Frühjahr 1989 aufgestellt – wenige Monate später die graue Berliner Mauer gleichsam zum Einsturz brachte? So heißt es am Ende des kurzen Auftaktkapitels: „Sechs Monate nach der Installierung des ewig unbeweglichen Mannes mit dem ewig geöffneten Mund fiel die Berliner Mauer."⁴⁸

Als Inselbrücke der Kulturen, die aus unterschiedlichsten Inseln hervorgegangen ist, mit den verschiedenartigsten Inseln weltweit in Verbindung steht und auf ihrem Boden höchst differente Museums-Inseln mit ihrer Eigen-Zeitlichkeit beherbergt, bildet Cécile Wajsbrots *L'Ile aux musées* ein geradezu perfektes literarisches und kulturelles Fraktal. In dessen Selbstähnlichkeit verbergen und enthüllen sich zugleich unter der einen Insel stets andere Inseln, unter der einen Geschichte stets andere Geschichten, unter der einen Stadt stets andere Städte. Die Berliner Museumsinsel verwandelt sich unter der Feder der französischen Autorin in ein vollendetes WeltFraktal.

Es verwundert daher nicht, dass in einer Anspielung auf „ces mathématiciens qui disent que la côte du Finistère est infinie"⁴⁹ – also auf Mathematiker, welche die Unendlichkeit der nördlichen Küsten Frankreichs berechnen – im zentralen Teil des Romans der (freilich namentlich nicht genannte) Erfinder einer fraktalen Geometrie der Natur eingeblendet wird.⁵⁰ Die offene, viellogische Strukturierung, die sich in *L'Ile aux musées* auf ästhetisch wie ethisch beeindruckende Weise verdichtet, bündelt in Form einer fraktalen Insel der Inseln Geschichte(n) schlechthin. Dies bedeutet in der Tat, dass die Insel zum Modell für eine fraktale Konzeption weltweiter kultureller Relationen geworden ist, welche sich wohl in Form des Archipels am besten konfigurieren lassen.

Keine Geschichte, kein Ort, nichts, so scheint uns der Roman zu suggerieren, geht auf dieser Insel aller Inseln jemals verloren. Das Abwesende, da Zerstörte, ist in und dank seiner Absenz präsent. In Cécile Wajsbrots Ästhetik der Abwesenheit,⁵¹ in der das Vergangene – wie David im Titel ihres Romans *Caspar-Friedrich-Strasse* – gerade durch die Lücke, die Verrückung, die Vernichtung präsent wird, sind die nicht sichtbaren Inseln unter den Inseln, die verborgenen Städte unter den Städten immer ins Bewusstsein, ins Weltbewusstsein gehoben. Von den Kriegen Alexanders des Großen bis zum Kalten Krieg, von der (gleich zu Beginn

---

48 Wajsbrot, Cécile: *L'Ile aux musées*, S. 9: „Six mois après l'installation de l'homme éternellement immobile à la bouche éternellement ouverte, le mur de Berlin tombait."
49 Ebda., S. 106.
50 Vgl. Mandelbrot, Benoît B.: *Die fraktale Geometrie der Natur*. Aus dem Englischen übersetzt von Dr. Reinhilt Zähle und Dr. Ulrich Zähle. Basel – Boston – Berlin: Birkhäuser Verlag 1991.
51 Vgl. hierzu Ette, Ottmar: „Caspar-*David*-Friedrich-Strasse". Cécile Wajsbrot oder die Ästhetik der Abwesenheit. In: Böhm, Roswitha / Zimmermann, Margarete (Hg.): *Du silence à la voix – Studien zum Werk von Cécile Wajsbrot*. Göttingen: V&R unipress 2010, S. 223–239; vgl. auch das Cécile Wajsbrots Romanschaffen gewidmeten achte Kapitel in (ders.): *ZwischenWeltenSchreiben. Literaturen ohne festen Wohnsitz*, S. 239–263 sowie S. 54–59.

des Romans eingespielten) Eroberung Trojas bis zum Ausbruch des Irak- wie des Afghanistan-Krieges ist in ihnen – wie in der Literatur – alles in den jeweiligen Bewegungsfiguren vektoriell gespeicherte Präsenz, weit jenseits des alltäglichen Präsens der Menschen. Die Insel wird zur Chiffre der Komplexität aller Lebensverhältnisse und der Beziehungen zwischen den Kulturen, welche auf ihr gelebt und erlebt werden können.

So entfaltet Cécile Wajsbrots Roman nicht nur eine Archäologie, die in gleichsam vertikaler Richtung Schicht um Schicht der Geschichte freilegt, sondern auch eine dynamische Kartographie der Bewegungen, die in horizontaler Richtung die Deportationen und Migrationen verzeichnet, die an einem Ort immer den anderen Ort präsentieren, ja jegliche Repräsentation eines Ortes stets mit dessen Ander-Orten vernetzen. Keine Raumgeschichte, sondern nur eine Bewegungsgeschichte kann diese sich weiter beschleunigende Fülle an De- und Reterritorialisierungen noch erfassen. Wir müssen uns auf den Roman, auf sein dichtes Geflecht an nur auf den ersten Blick versteinerten Blicken einlassen, um all dies bewegungsgeschichtlich zu erleben und durchzuerleben.

Nicht nur mit Bezug auf die so andere und zugleich doch vielverbundene Pariser Stadt-Insel der Ile de la Cité lässt sich von der Museumsinsel in Berlin sagen: „Une île peut en cacher une autre.“ Wie in Emine Sevgi Özdamars Romantrilogie erscheint bei Cécile Wajsbrot unter der Oberfläche Berlins nicht Istanbul, aber Paris, tauchen im Herzen von Paris die Strukturen der Stadt an der Spree auf. Paris und Berlin werden nicht miteinander identisch, sie verschmelzen miteinander nicht, sind jedoch voneinander nicht mehr trennbar, sondern überlagern sich entlang immer neuer Blickachsen: Die französische und die deutsche Hauptstadt verwachsen bei der zwischen Paris und Berlin pendelnden französischen Schriftstellerin zu „Parlin“.

Eine Stadt ist nicht nur ihre Geschichte vor Ort, ihre Tiefe, sondern auch ihre Vektorizität, ihre mobile, dynamische Vielverbundenheit in der Fläche, im transarealen Maßstab. Die viellogischen Strukturen dieser Stadt unter der Stadt machen auf Ebene ihrer unterschiedlichen Museen und Kunstwerke die offene Strukturierung eines weltumspannenden Archipels aus, in dessen lebendigen Kartographien die *Choreo*graphien samt all ihrer Zerstörungen, all ihrer Abwesenheiten eingetragen sind. Ist das Museum nicht jener Bewegungs-Raum, an dem das Sammeln an vielen Orten in die Sammlung an *einem* Ort übergeht? Könnten wir den Raum eines Museums jemals verstehen, würden wir in ihm allein seine statische, architektonische Spatialität und nicht die Generierung dieses Raumes durch die ihn kreuzenden Bewegungen berücksichtigen? Ist das Museum nicht der Ort, an dem wir durch das Geflecht von Blicken zwischen den Objekten, zwischen den Betrachter*innen und den Objekten sowie zwischen den Besucher*innen untereinander jene notwendig bewegungsgeschichtliche

Dimension erfahren können, wie sie uns in der Kunst etwa ein *Mobile* vor Augen führt?

Es scheint nur folgerichtig, wenn sich die nicht in eine simple Gegenwart, sondern in die gegenüber allen Vergangenheiten wie Zukünften geöffnete Präsenz geholten Statuen, deren steinernes Gedächtnis alles aufbewahrt, ihrerseits als Inseln begreifen: „Nous sommes des îles aussi – pour accéder à nous, il faut nous aborder."[52] Auch die Statuen selbst sind folglich Inseln. Besitzt jede einzelne dieser Skulpturen nicht ihre eigene Logik, ihre eigene Geschichte, ihre eigenen Bewegungsfiguren, die sie weniger aus ihrer Territorialität, ihrer Herkunft, als aus ihrer Vektorizität, ihrer Bewegungsgeschichte heraus begreifbar macht? Der Burg-Berg von Pergamon und die Museumsinsel in Berlin sind transareal unauflöslich miteinander verwoben. Das Alte Museum ist ohne den älteren Louvre nicht vorstellbar. Ein Ort ist viele Orte, und viele Orte verdichten sich an einem Ort zu einem Ort.

Als Großstadtroman macht *L'Île aux musées* deutlich: Um eine Stadt wie Berlin zu begreifen und literarisch zu inszenieren, genügt es nicht, ihre Archäologie, ihr Gewachsen-Sein an Ort und Stelle, mit den Mitteln von Geschichte und Literatur darzustellen. Entscheidend kommt es vielmehr darauf an, ihre Vektorizität, ihre historisch akkumulierten und dadurch spezifisch in Gegenwart und Zukunft projizierten Bewegungsmuster zu entfalten, um die Stadt selbst als ein komplexes, sich ständig veränderndes Bewegungsbild zu verstehen. Eine Stadt besitzt keine Wurzeln („roots"), sondern entsteht aus Wegen („routes"). Sie ist wie das menschliche Leben aus Bewegungen, aus Migrationen gemacht: Allein in ihrer akademischen Abstraktion entsteht ihr statisches Bild, das wir in Leben verwandeln müssen.

Dabei geht es nicht nur um Relationalität und die mit ihr verbundenen Bewegungen, sondern um unaufhörliche Überlappungen und Überblendungen im eigentlichen Sinne: In und unter der einen Stadt wird immer eine andere sichtbar, lebbar und erlebbar, so wie ohne die Einbeziehung der je anderen Stadt die eigene letztlich unbegreifbar und unverstanden bleiben muss. Eine Stadt schafft sich ihr eigenes Bild, indem sie als Fraktal möglichst viele Städte in sich in Bewegung setzt: Berlin beinhaltet Istanbul wie Paris; und in Paris und Istanbul stoßen wir auf Berlin.

Es dürfte wohl nicht nur die autobiographische Erfahrung der zwischen Paris und Berlin pendelnden Autorin gewesen sein, die in Cécile Wajsbrots Roman im Zeichen der deutsch-französischen Beziehungen eine besonders verdichtete Relationalität zwischen den urbanen Räumen der französischen und deutschen

---

52 Wajsbrot, Cécile: *L'Île aux musées*, S. 85.

Hauptstadt geschaffen hat. In *L'Ile aux musées* wird der titelgebende Ort genau dadurch konfiguriert, dass ihm in ständigen Überlappungen und Überblendungen die Insel im Herzen von Paris, die Ile de la Cité, gemeinsam mit dem Louvre an die Seite gestellt wird. Sie ist ganz anders strukturiert als die Berliner Museumsinsel. Daher lässt die Tatsache, dass es sich um eine von Menschen sehr dicht bewohnte und keineswegs in eine Kette von Museen aufgespaltene, aber doch wiederum in eine museale Stadtlandschaft eingebundene und von den Blicken der Statuen mit dem Festland verwobene Insel handelt, eine vielfache Spiegelung insulärer Strukturen zu, welche die deutsch-französischen Gegenmodelle in eine wechselseitige Komplementarität einbinden. Hier wird die Fähigkeit geschult – und ist dies nicht die eigentliche Aufgabe der Literatur? –, in unterschiedlichen Logiken *zugleich* zu denken und ein viellogisches Weltbewusstsein zu entfalten.

Die so bestimmte Komplementarität dient nicht nur den stets aufeinander verweisenden Städten Paris und Berlin als immer wieder anders gespiegeltes Raum- und Denkmodell. Denn es erfüllt diese Funktion ebenso für die Statuen, die zwischen Berlin und Paris miteinander in einen dichten Dialog eintreten, wie für die beiden namenlosen Liebespaare, die sich wie Fragmente eines Diskurses der Liebe flüchtig konfigurieren und zwischen beiden Städten finden und wieder verlieren. In den Zwischenräumen der mobilen Kartographien, die sich zwischen den sich überlagernden Städten und Stadtinseln von Paris und Berlin herausbilden, entstehen zögernd vorgebrachte Fragmente einer Sprache der Liebe, die sich im Zeichen der Kunst, im mehrfachen Sinne *unter* dem Blick der Statuen aus Marmor, Granit oder Bronze, eher flüchtig (also ephemer und wie auf der Flucht) entfalten.

Das all diesen menschlichen und *allzu*menschlichen Beziehungen aufgeprägte Signum ist das „Panta Rhei", das am Ende, im Excipit des Romans, ein letztes Mal mit Blick auf eine der anonymen Liebesfiguren eingespielt wird, die sich schon bald in der verdoppelten Stadtlandschaft von Parlin verliert:

> Sie hat die zentrale Allee wieder erreicht und wird Teil des Fließens der Spaziergänger, die zum Tore laufen, als ob sie dem Verlaufe eines Flusses folgten. Eines der Tore ist geschlossen, das andere steht noch offen. Ein Wächter wartet, bis der Garten sich leert, um ihn dann wirklich abzuschließen. Aus der Ferne unterscheiden wir sie kaum noch von den anderen, aus der Ferne sind es nur Silhouetten. Sie ist gegangen, alle sind gegangen. Das Tor schließt sich wieder. Und wir sind da. Wir bleiben.[53]

---

53 Wajsbrot, Cécile: *L'Ile aux musées*, S. 229 f.

Was sich im Verlauf des Romans, im Verlauf zufälliger Begegnungen und geplanter Museums- und Ausstellungsbesuche „en filigrane" als Gewebe der Gefühle entfaltet, speist sich am Ende, wenn der Garten als Spielfläche für all diese Gefühle erzählerisch präzise geschlossen wird, wieder ein in den Fluss, in das „Alles fließt" aller von Menschen ersonnenen, empfundenen und erlebten Dinge. Dies geschieht allein, um wie das Wasser am Horizont einer langlebigen Kunst zu entschwinden. Die Menschen entfernen sich, werden zu Silhouetten, verschwinden am Horizont. Die Statuen aber bleiben, das Werk der Künstler und der Kunst bleibt und überdauert die Menschen.

Was aber bleibt, wenn sich das Abwesende durch seine Abwesenheit als Anwesendes zeigt? Das Gewebe der Blicke und Gefühle geht im Gewebe des von der Kunst erzeugten Erlebens auf, wird im doppelten Sinne *aufgehoben* in einer Kunst der Literatur, die den Verheerungen menschlicher Geschichte(n) nie gänzlich entzogen und doch niemals auf sie zurückgeworfen, reduzierbar ist. Das Leben der Menschen ist prekär, ist ephemer: Es fließt und fließt vorbei. *L'Île aux musées* legt – wie die künftige Berliner Museumsinsel mit ihrem Schlossareal des Humboldt-Forums – von diesem Wissen, von diesem Lebens- und Zusammenlebenswissen, ein ebenso faszinierendes wie dauerhaftes Zeugnis ab: in Zeit und Raum verankert, doch in den kunstvoll geschaffenen erlebbaren Wirklichkeiten weit über die Zeit und die Menschen und ihr Präsens hinausragend.

So entfalten die mobilen Kartographien urbaner Räume im ZwischenWelten-Schreiben von „Berlistan" und „Parlin" ein Reich der Zeichen, das aus der langen Tradition der Beziehungen zwischen Urbanität und Literatur zu schöpfen vermag, um vom urbanen Bewegungs-Raum aus ein Bewusstsein von der Welt zu entfalten. Letzteres versteht es, aus dem Mikrokosmos der Stadt, dem Mikrokosmos der Literatur alle Zeiten und alle Räume an *einem* Ort – wie in einem borgesianischen „Aleph" – zu verdichten. Diese Dimensionen urbaner Stadtlandschaften sind auch in Cécile Wajsbrots Roman *Destruction* gegenwärtig, der im Jahre 2019 ihren Zyklus *Haute Mer* krönte.

Denn in diesem Abschlussroman fließen die insistierenden Bilder des gesamten Zyklus auf großartig verdichtete Weise zusammen und überlagern sich eindringlich in ihren Isotopien des Suchens und Sich-Verfehlens, der ständigen Bewegungen zwischen den Städten Paris und Berlin oder der Metaphorik von Sonnenfinsternis und *Soleil noir*.[54] *Destruction* vereinigt diese Bilder und Bedeutungsebenen in einem literarischen Entwurf von Störung, Zerstörung und Selbstzerstörung, in welchem der zunächst unmerkliche Übergang einer Demokratie zur Diktatur zentral gestellt ist. Das Thema der Katastrophe und des Verschwindens

---

54 Vgl. hierzu auch Kristeva, Julia: *Soleil noir : Dépression et mélancolie*. Paris: Gallimard 1987.

der Menschheit, das in verschiedenen Romanen des Zyklus durchgeführt wird, taucht so in einer Form wieder auf, welche den beunruhigenden Aufstieg der Populisten und Rechtsradikalen sowie den Wiederaufstieg von Autoritarismen jeglicher Couleur bis hin zur Selbstzerstörung der Menschheit reflektiert. Denn was zunächst als Störung begann, endet in der Zerstörung und Selbstzerstörung eines demokratisch verfassten Gemeinwesens, mit dem eine ganze Epoche zu Ende zu gehen scheint.

Abb. 136: Cécile Wajsbrot: *Destruction* (Cover, 2019).

Zu Beginn des Romans noch gilt ein Rückfall in die politischen, militärischen und menschlichen Katastrophen des 20. Jahrhunderts als ausgeschlossen. Es ist eine andere, optimistisch nach vorn blickende Zeit, die zu Beginn eines neuen Jahrtausends im Bewusstsein einer weiter vorantreibenden Beschleunigung der Globalisierung die aufziehenden und für die Menschheit gravierenden Probleme nicht kommen sieht. Die Ich-Erzählerin wusste sich lange Zeit mit ihrer Generation vereint in dem Glauben, keinen Rücksturz mehr in das Jahrhundert der Kriege, Katastrophen und massiven Migrationen erleben zu müssen, da man nunmehr im Zeichen von Wissenschaft und Fortschritt diese Vergangenheit mörderischer Diktaturen ein für alle Mal hinter sich gelassen habe. Es ist der Rückblick auf eine Epoche, von der selbst schwergewichtige deutsche Politiker sagen, sie hätten an die Entstehung einer neuen, gerechteren Weltordnung und nach Ende des Kalten Krieges an das Heraufziehen eines ewigen Weltfriedens geglaubt:

> Ich erinnere mich, dass wir an die Zahlen glaubten, die der Mathematik, die der Ökonomie. Wir glaubten, dass sie die Welt regierten, dass es genügen würde, sie zu kennen – oder wage ich zu sagen, sie zu dechiffrieren, sie zu erzählen? Wir betrachteten sie als eine Art Gottheit – ein wenig wie die Mayas, die jede Zahl mit einem Gott verbanden –, vergaßen dabei

aber, das wir selbst sie geschaffen hatten. Wir dachten, dass wir mit ihrer Hilfe die Welt regulieren könnten, Regeln und Gesetze, ja Zyklen erkennen würden, die Länder regieren könnten. Dank der Zahlen lebten einige besser als andere, und ich gehörte dazu. Wir glaubten, dass die Zukunft und die Zahlen miteinander verbunden seien. Das einundzwanzigste Jahrhundert würde, so dachten wir, das des Fortschritts, der Wissenschaft, der Eroberung des Weltraumes sein, die das zwanzigste begonnen und gleichzeitig gestoppt hatte. Wir dachten, die Seite der Katastrophen des vorigen Jahrhunderts umgeblättert zu haben. Trotz einiger Zeichen – Flugzeuge, die unerklärlicherweise abstürzten, Stürme von ungekannter Stärke, neue Epidemien – dachten wir, das Schlimmste überwunden zu haben.[55]

Hier also die Retrospektive einer Epoche, welche alle grundlegenden Probleme der Menschheit überwiegend gelöst zu haben glaubte. Die Berechenbarkeit der Zyklen der Natur, aber auch jener der Ökonomie schien gewiss, die Kalkulierbarkeit aller Phänomene des Lebens gesichert, ja die Vorhersehbarkeit einer Zukunft hochwahrscheinlich, welche selbstverständlich keinerlei Rückfall in ein Jahrhundert der Katastrophen, Verfolgungen und Unterdrückungen kennen würde. Man fühlte sich sicher und aufgehoben, auch wenn es bisweilen verstörende Zeichen gab wie um sich greifende Epidemien oder in ihrer Gewalt immer stärker ansteigende Wirbelstürme. Auch dies schien letztlich eine Frage von Kalkulierbarkeit und effizienten Gegenmaßnahmen zu sein, welche rechtzeitig eingeleitet werden müssten. Dann würde schon alles gut gehen …

Doch recht rasch begreift man im weiteren Fortgang der Lektüre, dass der abstrakte Gedanke an die ein für alle Mal abgeschlossene Vergangenheit der Diktaturen mittlerweile der Erfahrung konkreter Möglichkeiten ihrer Wiederkehr Platz gemacht hat. Längst hat – im Umfeld von Wahlen in Frankreich, die nicht präzise zeitlich eingeordnet werden – der Übergang in eine autoritäre Herrschaft eingesetzt, der alle vorherigen Gewissheiten der Ich-Erzählerin und ihrer Generation zerstört. Die Katastrophen der Kultur, der Regierung und Regierbarkeit treten in den Vordergrund der Romanhandlung. In diesem Zusammenhang wird deutlich, dass Vergangenheit und Gegenwart nicht fein säuberlich voneinander getrennte oder überhaupt trennbare Einheiten darstellen, sondern dass beide Zeitebenen auf intime Weise miteinander verbunden sind: „Wie ziehen Sie eine dichte Grenze zwischen Gegenwart und Vergangenheit? Ich spreche in der Gegenwart zu Ihnen, gewiss, doch es gibt Bilder, die mich verfolgen, die mich heimsuchen, Bilder vom Leben zuvor.“[56] Das vergangene Leben ist im gegenwärtigen noch immer gegen-

---

55 Wajsbrot, Cécile: *Destruction*, S. 32.
56 Ebda., S. 51: „Comment tracez-vous une frontière étanche entre le présent et le passé? Je vous parle maintenant, bien sûr, mais des images me hantent, viennent me visiter, celles de la vie d'avant.“

wärtig als eine Vergangenheit, die nicht enden kann und nicht enden will. So wie sich im Raum die Räume überlagern, so wie in der einen Stadt die andere präsent ist, so überlagern sich auch die Zeitebenen, durchdringen einander, werden nicht identisch, verschmelzen nicht miteinander, aber sind doch untrennbar liiert und miteinander verbunden.

Wie auf der individuellen Ebene die Bilder der Vergangenheit ständig in der Gegenwart präsent und präsentisch sind, gilt eine derartige Vergegenwärtigung auch auf kollektiver Ebene, jener einer „mémoire collective récente",[57] einer aktuellen kollektiven Erinnerung, in welcher die Bilder früherer Katastrophen sehr wohl in einem kollektiven Erinnerungsraum gespeichert bleiben. Dabei verweist der hier verwendete Begriff der „mémoire collective" auf seinen Schöpfer Maurice Halbwachs[58] und damit über dessen Tod im Konzentrationslager Buchenwald hinaus auf die Katastrophe der Nazi-Barbarei und der Shoah selbst.

Das Thema der Judenverfolgung, der Judenvernichtung, ist in allen Werken Cécile Wajsbrots präsent: Es bildet eine Vergangenheit, deren Bilder die Autorin immer wieder heimsuchen. Gerade die Grenzen zwischen Vergangenheit und Gegenwart, aber auch zwischen beiden und der Zukunft sind weder statisch noch undurchlässig, sondern beruhen – entgegen der Überzeugung, im Zahlen- und Fortschrittsoptimismus die Zukunft genau berechnen zu können – auf ständigen Wechselwirkungen und Projektionen. Wir haben es hier nicht mit eindeutigen Grenzlinien, sondern mit widerspruchsvollen Spannungsfeldern zu tun. Die Bilder der Vergangenheit sind in der Gegenwart präsent, *sind* Gegenwart und hören auch nie auf, Gegen-Stand der Gegen-Wart zu sein.

Von den allerersten Zeilen des literarischen Schlusssteins des Romanzyklus *Haute Mer* an, ist das sicherlich zentral gestellte Bild der Sonnenfinsternis allgegenwärtig, mit dem sich die französische Autorin bereits im vierten, also unmittelbar vorangehenden Roman *Totale éclipse* intensiv auseinandergesetzt hatte. In *Destruction* wird dabei nicht nur auf die exakte zahlenmäßige Berechenbarkeit von Sonnen- oder Mondfinsternissen hingewiesen, sondern auch auf die Tatsache aufmerksam gemacht, dass diese Konstellationen in unserem Planetensystem symbolische Bedeutungsebenen transportieren, welche durch ihre astronomische Kalkulierbarkeit keineswegs rational auszublenden sind. Wie Vergangenheit und Gegenwart sind auch Realität und Fiktion nicht voneinander zu trennen. Fiktionen *sind* Teile unserer Wirklichkeit. Und Sonnenfinsternisse verheißen in allen Menschheitskulturen nichts Gutes.

---

57 Ebda., S. 157.
58 Vgl. die neuere Ausgabe von Halbwachs, Maurice: *La mémoire collective*. Paris: Albin Michel 1997.

Eine besondere Bedeutungsebene wird in den Roman aber durch den Hinweis darauf eingeblendet, wie unmerklich diese Vorgänge stets einsetzen und wie schwer wahrnehmbar der Beginn einer Sonnenfinsternis ist, selbst wenn wir den Eintritt der Scheibe des Mondes auf die noch sichtbare Sonnenoberfläche genau vorherbestimmen können. Der Aspekt des Unmerklichen wird in den Vordergrund gerückt:

> Vor etwa zwanzig Jahren waren wir an den höchsten Punkten von Paris Hunderte, die den Himmel absuchten in Erwartung des Augenblicks, an welchem der Schatten endlich erscheinen würde, unmerklich erst, dann größer werdend. Es war mitten in der Stadt – und der Blick über Paris ging über die einzelnen Flächen der Dächer, auf einem urbanen Hintergrund mit wohlbekannten Formen, die sich voneinander abhoben, die Farben von Beaubourg, die regelmäßigen Türme einiger Kirchen, die Wölbung der Bahnhöfe, das Bild einer konstruierten und friedlichen Hauptstadt, die das Wesentliche ihrer Arbeit verrichtet hatte und die sich jetzt ausruhen und von ihren Renten leben konnte. Wir drehten den Rücken der Kirche, der Basilika zu, die zum Zeichen der Reue nach dem Bürgerkrieg, der den Namen der *Commune* trägt, in Paris errichtet wurde als Symbol einer Buße, welche das Denken von anderen Regimen zu anderen Zeiten und bis heute vielleicht nährte, jetzt aber in eine Touristenattraktion verwandelt ist. Ich wusste damals nicht, dass der Basilika eine Abtei vorausging, die den Bedrängten und Verfolgten als Zufluchtsort gedient hatte, während Sacré Coeur – denn so lautete ihr Name – nur für jene schlug, die ihre Sichtweise der Dinge teilten ... Den Rücken diesem Gebäude zugewandt, schauten wir gen Himmel in der Erwartung des feierlichen Augenblicks. Es war das letzte Jahr des Jahrhunderts, bald sollten wir in die jetzige Ära eintreten – selbst wenn die Welt, in welcher wir seitdem leben, nicht mehr allzu viel gemein hat mit der vorherigen Welt. Doch es war nicht – noch nicht – der Wechsel des Jahrhunderts, auf den wir an jenem Tage warteten, es war am Himmel, wo sich alles abspielen sollte, denn der Lauf der Planeten sollte mit dem des Mondes zusammenfallen und exakt seinen Schatten auf die Oberfläche der Sonne werfen.
> Es war eine recht zahlreiche Gruppe, die mehrfach den falschen Alarm oder Wolken kommentierte, welche die Sonne zu verhüllen drohten, die beim Erscheinen pfiffen, als wären sie bei einem Fußballspiel. Ich frage mich, ob nicht sie es schon waren, die die Zerstörung brachten.[59]

Die „Totale éclipse" dieser in Teilen West- und Mitteleuropas fleißig beobachteten Sonnenfinsternis vom 11. August 1999 weist buchstäblich mit ihren Kernschatten voraus auf ein neues Jahrhundert und vielleicht sogar Jahrtausend. Die Erzählerin lässt keinen Zweifel daran aufkommen, dass dies eine neue Ära ist, für welche die Zeichen dieser allgemeinen Verfinsterung symbolhaft stehen. Die große Gruppe von Parisern und Touristen, welche des epochalen Augenblicks in keiner Weise gewahr sind, ahnt nichts von der symbolischen Wende und dreht ganz bewusst – die Erzählerin betont es zweifach – der Vergangenheit den Rücken zu, einer

---

59 Wajsbrot, Cécile: *Destruction*, S. 65 f.

blutigen Vergangenheit, die in den Morden an den Communards gipfelte und sich dazu der Hilfe eines Kirchenbaues bediente. Doch all dies scheint für immer beendet und abgeschlossen zu sein: „on a tourné la page."

Das Vorrücken des Dunklen auf der Oberfläche des Lichts wiederholt sich auf vielen Ebenen des Romans, der wie ein Schlussstein den Bogen eines Rückblicks auf das 20. Jahrhundert krönt. *Destruction* gibt am Ende des Romanzyklus zugleich den Blick auf eine Zukunft frei, die entgegen aller anfänglichen Hoffnungen wohl nicht unbedingt mehr Licht in das Dunkel einer Menschheitsgeschichte zu bringen verspricht, welche noch immer im Schatten des vergangenen Jahrhunderts steht. Denn die Katastrophen dieses vergangenen Jahrhunderts sind nur scheinbar vergangen: In Wirklichkeit sind sie inmitten der Gegenwart präsent und werfen für die Zukunft düster ihre Schatten voraus.

Alle Zeichen werden zu möglichen Vor-Zeichen des Künftigen: So wie Walter Benjamins Engel der Geschichte in seinem Vorwärtsgetrieben-Sein durch den Sturm vom Paradies her auf die Überreste all jener Katastrophen blickt, die sich auf seinem Weg angehäuft haben. Denn im Rückgriff auf ein „Bild von Klee, das Angelus Novus heißt",[60] hielt Walter Benjamin eindrücklich fest:

> Der Engel der Geschichte muß so aussehen. Er hat das Antlitz der Vergangenheit zugewendet. Wo eine Kette von Begebenheiten vor *uns* erscheint, da sieht *er* eine einzige Katastrophe, die unablässig Trümmer auf Trümmer häuft und sie ihm vor die Füße schleudert. Er möchte wohl verweilen, die Toten wecken und das Zerschlagene zusammenfügen. Aber ein Sturm weht vom Paradiese her, der sich in seinen Flügeln verfangen hat und so stark ist, dass der Engel sie nicht mehr schließen kann. Dieser Sturm treibt ihn unaufhaltsam in die Zukunft, der er den Rücken kehrt, während der Trümmerhaufen vor ihm zum Himmel wächst. Das was wir den Fortschritt nennen, ist *dieser* Sturm.[61]

So wie die Kriege, Konflikte und Katastrophen des 19. und 20. Jahrhunderts ganz im Sinne Benjamins in Cécile Wajsbrots Romanzyklus allgegenwärtig sind, so zeigen sich in *Destruction* auch immer wieder Bilderfolgen, in denen sich unmerklich die kommenden Katastrophen andeuten und abzeichnen. Immer größere, vom Menschen verursachte Naturkatastrophen ereignen sich, unbekannte Epidemien überqueren die Kontinente, das Irrationale mit all seinen Begleiterscheinungen hält Einzug. Dunkle Vögel belagern die Stadt und nehmen sie ein: „Die Raben besetzen die Stadt. Sie sind Zug um Zug mit den Jahren gekommen. Unmerk-

---

60 Benjamin, Walter: Über den Begriff der Geschichte. In (ders.): *Gesammelte Schriften*. Band I, 2. Herausgegeben von Rolf Tiedemann und Hermann Schweppenhäuser. Frankfurt am Main: Suhrkamp 1980, S. 695.
61 Ebda., S. 697 f.

lich."[62] Erneut liegt hier der Schwerpunkt auf dem Unmerklichen, der menschlichen Wahrnehmung nicht Zugänglichen. Wer vermag zu erkennen, wann alles begonnen hat, wann die Katastrophe begann? Wann fing alles an, in Zerstörung und Selbstzerstörung überzugehen?

Schritt für Schritt dringen Überwachungs- und Unterdrückungsstrukturen – den Raben ähnlich – in Cécile Wajsbrots Roman in die Strukturen des lange Zeit demokratischen Gemeinwesens ein und verändern es grundlegend. An verschiedenartigsten Grenzen zwischen Demokratie und Diktatur bemerken wir, wie Übersetzungsprozesse aus dem einen ins andere Regime, aus dem einen ins andere Jahrhundert, vorgenommen werden und die vorhandenen, noch demokratischen Strukturen zerstören. Zunächst versucht man, die Vergangenheit zu kontrollieren, indem man ihre Zeugnisse ebenso vernichtet wie materielle Träger des Vergangenen auf individueller, familiärer oder kollektiver Ebene. Mit Waffengewalt werden die Bücher aus den öffentlichen wie privaten Bibliotheken entfernt; Familienalben werden konfisziert und zerstört. Es handelt sich um Vorgänge, die wir im Verlauf der Geschichte an verschiedensten Ecken unseres Kontinents und Planeten beobachten konnten, ebenso bei jener von den Nazis monströs und detailliert geplanten Vernichtung der Juden in Europa wie beim Genozid an indigenen Völkern auf dem amerikanischen Kontinent.

Aber auch Bildungsinstitutionen unterschiedlichster Art, von Schulen über Bibliotheken bis hin zu Museen oder Opern, werden umstrukturiert und ihrer Inhalte, ihres Sinns beraubt. Dabei bedient man sich bisweilen populistischer Verfahren und lässt darüber abstimmen,[63] dass die Kenntnis der Geschichte weniger wichtig sei als die der Geographie, da man schließlich vor allem wissen müsse, wo man lebe. Ebenso wird per Votum festgestellt, dass die Beschäftigung mit der Kunst ein Luxus sei, insofern Operationen für das Volk wichtiger seien als derlei künstlerische Beschäftigungen; oder dass die Restaurierung historischer Gebäude weniger wichtig sei als das Vorantreiben eines sozialen Wohnungsbauprogramms, für welches identische Wohnblöcke in schlechtester Qualität aus dem Boden gestampft werden.

Wir kennen derartige Abstimmungen aus der Geschichte unserer Gegenwart, selbst in Europa, selbst in der Europäischen Union, wo das Volk in Ungarn oder Polen mehrfach erfolgreich gebeten wurde, an verschiedenen Ecken und Enden das Rechtsstaats-Gebäude per Volksabstimmung einzureißen. Die im Grunde unkörperlichen, ubiquitären Stimmen des neuen Regimes versuchen, eine Mauer

---

62 Wajsbrot, Cécile: *Destruction*, S. 163: „Les corbeaux envahissent la ville. Ils sont arrivés petit á petit, à mesure des années. Imperceptiblement."
63 Ebda., S. 177.

zwischen Vergangenheit und Gegenwart zu errichten, um die Zukunft zu kontrollieren. Cécile Wajsbrots dystopische Analyse demonstriert, wie die Vergangenheit Teil der Gegenwart ist, wie Fiktion sich mit Wirklichkeit verbunden hat und wie alle Rechtstaatlichkeit Stück für Stück aufgelöst wird.

Zahlreiche Grenzen werden auf dem Weg in die Diktatur sowie im Schlagschatten autoritärer Kontrollmechanismen überschritten. Im Fokus der um sich greifenden Zerstörung, die durch wohlorganisierte Massendemonstrationen untermauert wird, steht immer wieder die Sprache. Auf sie versucht man einzuwirken, um sie herum errichtet man Grenzen. Wozu noch Fremdsprachen lernen, so fragen die allgegenwärtigen Stimmen, wenn doch die eigene Sprache das wichtigste ist? Die Gegenwart hat uns gelehrt, mit der in einer Fiktion entfalteten Dummheit vorsichtig umzugehen, könnte sie doch in der Wirklichkeit noch deutlich größer sein.

Doch es geht auch um den Zustand der eigenen Sprache. Denn bezüglich der Muttersprache ist keine komplexes und vieldeutiges Idiom erwünscht, sondern eines, wie es für Ziele und Zwecke der Propaganda nützlich ist: Es geht um Sprache als Propagandavehikel, um die Beendigung jeglicher Polysemie durch Vereindeutigung und Sinnreduktion: „un véhicule utilitaire transportant leur propagande, un ensemble de mots á sens unique."[64] Hypotaktische Strukturen werden ausgemerzt, parataktische Strukturen auf die immer selbe Satzgliederung reduziert, komplexe Sinnbildungsprozesse wo möglich unterbrochen, andere Sprachen weitestgehend ausgeblendet, ältere Texte beseitigt: Es erfolgt eine linguistische Homogenisierung auf unterstem Niveau. Jede Möglichkeit, Komplexität zu denken, soll schon im Kern unterbunden werden. Da ist das Medium der Literatur, um welches es in *Destruction* geht, von einer Brisanz, gegen die sich jegliche Diktatur, jegliches autoritäre Regime zu verschwören sucht.

Neben der Kontrolle von Vergangenheit und Zukunft sowie von Sprache und damit Denken werden Gemeinschaftssinn und Disziplin, Loyalität und Treue gefördert und zugleich im Kampf gegen jegliche Dissidenz allen möglichen Formen autoritärer Überwachung einer Zensur, einer Zerstörung unterworfen, die ubiquitär zu sein scheint. Zensur ist überall: in den Medien, in den Köpfen. Überall wird „Platz geschaffen", wird „ausgekehrt" und „sauber gemacht": Überall werden Säuberungen durchgeführt und alles, was auf andere Möglichkeiten des Denkens und Handelns verweisen würde, ausgelöscht und zerstört. Denn das Schlüsselwort all dieser Entwicklungen ist *Destruction*, Zerstörung, die keine Spiel-Räume für Kreativität mehr lässt.

---

64 Ebda., S. 211.

Das erste, was unwiederbringlich zerstört wird, ist – wie wir sahen – der unerschütterliche Glaube einer ganzen Generation, dass nach der Barbarei des Ersten und des Zweiten Weltkriegs, nach den unvorstellbaren und monströsen Taten der Shoah, nach den Diktaturen der Nationalsozialisten, aber auch vieler anderer faschistischer Bewegungen in Europa ein weiteres Abgleiten in eine autoritäre Herrschaft niemals mehr möglich sein würde. Nun, dieser Glaube ist geschwunden, ja mehr noch: Er ist zerstört. Nach einer am 13. Februar 2018 veröffentlichten Umfrage der Universität Bielefeld halten es knapp fünfzig Prozent der Deutschen wieder für möglich, dass sich ein Holocaust – also die Vernichtung der europäischen Juden – wiederholen könnte.[65] Ist die Möglichkeit einer Insel nicht schon der wichtigste Schritt hin zur Existenz dieser Insel? Wie konnte es sein, dass das sicher Geglaubte sich binnen kürzester Frist aufgelöst hat?

In jedem Fall bleibt von den Glaubenssätzen der Generation der Ich-Erzählerin nichts mehr übrig, lehrt doch die lange nicht zu Bewusstsein kommende oder unterdrückte Einsicht in Veränderungen, welche eine neue Diktatur heraufgeführt haben, dass die Diktaturen aus der eigenen Geschichte definitiv nicht verschwunden sind. Dabei handelt es sich ganz offenkundig keineswegs um eine von außen kommende oder von fremden Mächten aufoktroyierte Gewaltherrschaft. Es ist vielmehr eine solche, die von innen kommt, die von vielen jener Menschen getragen wird, welche gestern noch die Sonnenfinsternis gemeinsam bejubelt haben.

Die Diktatur, deren Schergen meist zu dritt und bewaffnet ohne Vorankündigung in Privatwohnungen eindringen und nach Belieben Dokumente und Erinnerungen zerstören, die in Zivil in öffentlichen Transportmitteln patrouillieren und jedes Gespräch der zum Schweigen verurteilten Staatsbürger unterbinden, die alle Kulturveranstaltungen gegen nur anfänglichen Widerstand gleichgeschaltet haben und fortan effizient kontrollieren, ist zweifellos eine Gewaltherrschaft, die aus dem Volke kommt. Sie ist – parallel zur erwähnten Toynbee'schen These – aus der eigenen Gesellschaft entstanden und speist sich aus der wachsenden Absage an die vorherige, vermeintlich so stabile Gesellschaftsordnung. Es handelt sich, wie alle Stimmen im Roman zum Ausdruck bringen, folglich um eine selbstgewählte Diktatur, die sich offenkundig nach der Sonnenfinsternis der Jahrtausendwende ausgebreitet und alle Hoffnung darauf zerstört hat, dass sich die schrecklichen Erfahrungen des 20. Jahrhunderts niemals mehr wiederholen

---

65 Vgl. http://www.stiftung-evz.de/fileadmin/user_upload/EVZ_Uploads/Pressemitteilungen/ MEMO_PKfinal_13.2.pdf (S. 14). Stimme eher zu = 26 %; stimme stark zu = 22 %. Dr. Jonas Rees, Prof. Dr. Andreas Zick: *Trügerische Erinnerungen. Wie sich Deutschland an die Zeit des Nationalsozialismus erinnert.* Uni Bielefeld 2018.

würden. Nun ist die Türe weit offen für einen neuen Zyklus von Gewalt, Krieg und rasender Zerstörung.

Wie ist all dies zu erklären? Und wie könnte eine derartige Entwicklung noch gestoppt werden? Welche Überzeugungen können noch an die Stelle der zerstörten Hoffnungen treten? Müssen es nun nicht Vorstellungen von zyklisch wiederkehrenden Heimsuchungen sein, von Entwicklungen, die – vergleichbar mit den im Text des Öfteren auftauchenden Naturkatastrophen,[66] die freilich menschengemacht sind – die Menschen unausweichlich, wenn auch nicht unvermittelt treffen? Nichts war überraschend gekommen, nichts hatte sich wie eine plötzliche Plage über die Menschen hergemacht: Alles war vielmehr schon längst präsent gewesen. Es handelt sich um eine Präsenz der Vergangenheit im Präsens der eigenen Wahrnehmung:

> Es war nicht von einem Tag auf den anderen gekommen, alles war schon da und wir hatten es nicht gesehen. Oder eher noch, wir hatten es gesehen, aber ohne daran glauben zu wollen. Und die Leere der Straßen an jenem Abend war das ureigene Bild unseres Desertierens in der letzten Zeit. Diese absoluten Regime, die weit entfernten Ländern bestimmt zu sein schienen, wohin wir niemals gehen würden oder die definitiv unserer Vergangenheit angehörten, werden wir sie nun unsererseits kennenlernen? Gab es in der Geschichte so etwas wie eine bestimmte Masse an Diktatur, welche immer dieselbe wäre und verteilt würde auf die Epochen und die Orte, einmal auf diesen Kontinent oder auf jene Hauptstadt? Aus war es mit der Kontemplation des Unglücks der anderen, seufzend zwar, aber gemischt mit ein wenig Erleichterung – es ist weit weg, es sind nicht wir –, bevor man zu etwas anderem überging und vergaß. Fortan wären es die anderen, die uns einen Moment lang beklagen würden, und wir, die wir nur ein wenig Mitleid abbekämen, ohne dass uns wirklich geholfen würde.[67]

Die Katastrophe, die immer schon da war, unter uns, und ohne dass wir ihr größere Aufmerksamkeit gewidmet hätten: Sind wir nur ganz einfach sorglos gewesen und gleichgültig, was das Los der anderen angeht? Die Wiederkehr der Diktatur, von der wir uns doch im Raum oder in der Zeit sicher getrennt glaubten, lässt Bilder einer regelmäßigen Wiederkehr autoritärer Regime entstehen, die sich gleichmäßig über die Geschichte und Kontinente verteilen. Gibt es eine Gesetzmäßigkeit in der Geschichte, der wir ganz einfach unterliegen?

---

66 Zur Semantik von Naturkatastrophen vgl. Ette, Ottmar: Carnival and other Catastrophes. New Orleans: A Global Archipelago. In: Ette, Ottmar / Müller, Gesine (Hg.): *New Orleans and the Global South. Caribbean, Creolization, Carnival*. Hildesheim – Zürich – New York: Georg Olms Verlag 2017, S. 15–67.

67 Wajsbrot, Cécile: *Destruction*, S. 74.

Gewiss: Die Diktatur, die nun in Frankreich ausgebrochen ist, besitzt keinen eigentlichen Diktator, keinen „chef unique", ist eine Diktatur ohne Diktator.[68] Aber ihre radikale Umgestaltung der vorherigen Gesellschaft, ihre fundamentale Zerstörungswut, die sich gegen alles Vergangen-Präsente wendet, macht deutlich, dass man längst unter den Bedingungen einer allgegenwärtigen Diktatur lebt, die vor allem und an erster Stelle die von ihr gesetzten Grenzen zu sichern und zu überwachen sucht. Ob es nun einen klassischen Diktator gibt oder nicht …

Die Literatur, die in einer solchen Zeit entsteht, gerät nicht zu einem simplen „Handbuch des Überlebens im diktatorischen Milieu";[69] aber Züge eines derartigen Handbuchs des Überlebenswissens in diktatorischen Zeiten sind in Cécile Wajsbrots *Destruction* durchaus wahrnehmbar. Denn es geht in diesem Roman schlicht um die Aufgabe der Literatur, um ihre Rolle und Funktion gerade auch als prospektive Warnerin vor Entwicklungen, die noch unmerklich klein, aber bereits gegenwärtig sind: die unter uns sind, aber von den meisten nicht bemerkt werden wollen. Es geht um die Frage, welche Rolle der Literatur, den Literaturen der Welt in medial veränderten Gesellschaften zukommt, in welchen andere künstlerische Ausdrucksformen nicht über die prospektive, voraussehende Kraft des literarischen Wortes verfügen. Nicht umsonst hatte Cécile Wajsbrot weiteren künstlerischen Medien wie der Videokunst und Photographie, der Malerei oder der Bildhauerei die einzelnen Romane ihres Zyklus gewidmet.

Denn es geht in *Destruction*, seinem Schlussstein, um eine möglichst präzise Beobachtung der Veränderungen auf den Ebenen von Sprache und Verhalten, von politischem Diskurs und Schreibweise, von Symboliken und Ritualen, die sprachlich vermittelt sind. Das literarische Schreiben vermerkt seismographisch genau die kleinsten Veränderungen, die – um es mit einem noch vor Beginn des Zweiten Weltkrieges von Nathalie Sarraute geprägten und in unserer Vorlesung wiederholt behandelten Begriff zu sagen – kaum wahrnehmbaren „Tropismen",[70] die sich in alle Ausdrucks- und Handlungsebenen der Menschen einschleichen. Oft sind es feine und fast unmerkliche Bewegungen, welche Individuen wie Gemeinschaften über Grenzen bewegen: auch über die Tausenden von Grenzen zwischen Demokratie und Diktatur.

Weit mehr als ein Handbuch des Überlebenswissens in Zeiten beginnender Diktatur, bildet die Literatur dagegen ein künstlerisch hochdifferenziertes Frühwarnsystem, das die Zeichen der Zeit, die Vergangenheit in der Gegenwart, aber auch Vergangenheit und Gegenwart in der Zukunft befragt und analysiert. Es gibt

---

68 Ebda., S. 153.
69 Ebda., S. 145: „manuel de survie en milieu dictatorial."
70 Vgl. Sarraute, Nathalie: *Tropismes*. Paris: Denoël 1939.

kein anderes diskursives künstlerisches Medium, das wie die Literatur quer zu den Jahrtausenden und Jahrhunderten, quer zu den verschiedenartigsten Kulturen, quer zu den unterschiedlichsten Gesellschaftsschichten diese seismographische Aufgabe so erfüllen könnte. Daher ist sie für ein Überleben der Menschheit so wichtig, so überlebenswichtig. Dies wird in der im Roman bearbeiteten Diegese, mithin in unserem Raum, in unserer Zeit, nach Ende der vierten Phase beschleunigter Globalisierung und nach Ende der Postmoderne so deutlich wie nur selten zuvor.

Denn die Literaturen der Welt wenden sich seit ihren vielkulturellen Anfängen im *Gilgamesch*-Epos, seit ihren verdichteten lyrischen Formen im chinesischen *Shi-Jing*, nicht allein der Vergangenheit und ihrer Erinnerung zu, sondern entwerfen weit über die Memoria-Funktion hinaus mögliche Zukünfte von Gesellschaften, deren Veränderungen sie möglichst präzise registrieren und die sie in ästhetisch verdichteter Form sinnlich erfahrbar machen. Die Literaturen der Welt bieten uns ein LebensWissen und ÜberlebensWissen, das uns als ein Erlebenswissen nacherlebbar offeriert wird und uns in die Lage versetzen kann und soll, ein ZusammenLebensWissen auszuprägen und experimentell zu erproben.

Die Literaturen der Welt sind darum gerade heute für uns überlebenswichtig, weil sie uns sinnlich ins Bewusstsein rufen, wie prekär zu jedem Zeitpunkt die Gewissheiten sind, denen wir uns für die Dauer bestimmter Zeiträume anzuvertrauen pflegen. Sie zeigen uns nicht nur retrospektiv, sondern vor allem prospektiv auf, in welchem Maße es aufmerksam zu sein gilt, wenn wir uns im Grenzbereich und mehr noch im Spannungsfeld von Demokratie und Diktatur bewegen – so, wie wir dies in unserer Epoche auf gefährliche Weise auch in Europa tun.

Denn es wäre grundverkehrt, auf die *eine* Grenze zwischen Diktatur und Demokratie, zwischen Demokratie und Diktatur zu setzen. Keine Grenze, schon gar keine Mauer, nichts schützt uns vor dem unmerklich beginnenden Hereinbrechen einer Vergangenheit, die nicht mehr ist und doch nicht aufhören kann zu sein – wie es das „Paradigma Jauss"[71] in unserer Zeit mit aller wünschenswerten Deutlichkeit bis heute zeigt. Die Vergangenheit ist gegenwärtig: auch in unserem Fach, der Romanistik.

Die Vervielfachung der Grenzen zwischen Demokratie und Diktatur führt uns zugleich vor Augen, dass wir ständig vervielfachte Grenzziehungen in diesem Spannungsfeld überqueren können, ohne uns stets dieser Tatsache bewusst sein zu müssen. Der Fall Jauss zeigte nicht nur den Fall des Hans Robert Jauss, sondern anhand anhaltender Auseinandersetzungen auch die

---

71 Vgl. Ette, Ottmar: *Der Fall Jauss. Wege des Verstehens in eine Zukunft der Philologie.* Berlin: Kulturverlag Kadmos 2016.

paradigmatische Bedeutung dieses Falles, an dem sich höchst unterschiedliche Wertesysteme und Gesellschaftsentwürfe dokumentieren. Zugleich verweist er auf die Geschwindigkeit und Leichtigkeit, mit der sich Menschen zwischen der schlimmsten Barbarei und einer Nachkriegsdemokratie bewegen können, in der sie die Präsenz der Vergangenheit gegenwärtig halten. Denn das Schweigen und Verschweigen der Vergangenheit hält diese Vergangenheit in der Gegenwart präsent und bereitet diese Präsenz vor auf das Kommende, das Künftige, auf unsere Zukunft, die bedroht ist.

Der argentinische Schriftsteller Julio Cortázar hat in seiner Erzählung *Casa Tomada* vor dem Hintergrund der Militärdiktaturen seines Landes und seines Kontinents die vielen kleinen Grenzverletzungen und das fatale Überlassen von Räumen gezeigt, die letztlich dazu führen, dass eine Familie in ihrem Haus Raum um Raum aufgibt, bevor sie von ihrem Wohnsitz gänzlich vertrieben ist. In einer graphischen Umsetzung dieser Erzählung[72] wird am Ende vorgeführt, wie die Worte des Erzählers zu Vertriebenen an ihrem eigenen Ort geworden sind, ohne doch zu wissen, wann alles begonnen hat. Ist erst einmal die Vertreibung aus dem Haus vollzogen, verwandeln sich die vielen Grenzen in eine stabile Grenzziehung des Ausgeschlossen-Seins. Dann erst schließen sich die Grenzen und lassen zur Katastrophe werden, was mit einem fast unmerklichen Eindringen begonnen hat. In einer Zeit, in der dieses Eindringen bereits massiver geworden ist und die alte Barbarei neuen Zulauf erhält, wächst die Aufgabe von Literatur *und* Literaturwissenschaft, Frühwarnsysteme im Angesicht kommender Bedrohung zu installieren und ein Lebenswissen zu entfalten, das seit allen Anfängen der Literatur, seit den Erzählungen von *1001 Nacht*, immer auch ein Zusammen-LebensWissen ist.

Denn die prospektive Macht der Literaturen der Welt zeigt uns immer wieder in aller Deutlichkeit auf, wie nahe uns das vermeintlich in Raum und Zeit so Distante ist, wie wachsam es zu sein gilt, um das Verdrängte, das nur scheinbar verschwunden ist, an der Wiederkehr durch kritische Auseinandersetzung zu hindern. Denn was nicht mehr ist, war doch einmal vergangene Zukunft und trägt diese Potentialität noch immer gerade in dem, was wohl niemals aufhören kann zu sein. Die Literaturen der Welt zeigen eindrucksvoll, dass das Vergangene niemals vergangen, sondern stets gegenwärtig ist und nicht aufhören kann zu sein. Literatur selbst ist durch ihr intertextuelles Verwoben-Sein stets an Vergangenheiten gebunden, welche in Gegenwart und Zukunft projiziert werden und die Vernetzung aller Zeitebenen sinnlich und lebensnah vor Augen führen.

---

72 Cortázar, Julio: *Casa Tomada*. Diseño gráfico por Juan Fresán. Buenos Aires: Ediciones Minotauro 1969.

Im lebendigen, interaktiven Archiv und Archipel der Literaturen der Welt verfügen wir quer zu den Räumen, den Zeiten und auch den Regierungsformen über ein Wissen, das mit unserem ,realen' Leben nicht gleichzusetzen und doch von diesem nicht zu trennen ist. Dieses Wissen für Gegenwart und Zukunft des Menschen zu erschließen, ist die Aufgabe der Literaturwissenschaft, die Aufgabe der Philologie.

Anders als die Literaturwissenschaft nimmt die Literatur längst ihre genuinen Aufgaben wahr. Spätestens seit dem Wechsel des Jahrtausends – wenn auch nicht unbedingt seit der von Cécile Wajsbrot ins Feld geführten Sonnenfinsternis von 1999 – zeigen uns die Literaturen der Welt jene Bedrohungsszenarien auf, gegen die anzugehen noch Zeit ist, eine Zeit, die freilich schwindet. Mit dem Ende der vierten Phase beschleunigter Globalisierung um die Mitte des zweiten Jahrzehnts unseres Jahrhunderts haben sich diese Stimmen in den Literaturen auf eine Weise verstärkt, welche endgültig die Zeiten im Zeichen der Postmoderne historisch werden ließ. Vor uns liegen die Archipele der Zukunft, die freilich jederzeit zu in sich abgeschlossenen Insel-Welten mutieren können. Doch ist die Offenheit dieser archipelischen und transarchipelischen (und damit relationalen) Inselwelten ein Versprechen auf eine viellogische Zukunft, in der uns die Literaturen der Welt mit ihrer polylogischen Mobilität, quer durch Räume und Zeiten, Sprachen und Kulturen, als Erprobungsräume des Künftigen begleiten werden. An der Schwelle zu den historischen Avantgarden warnte Alfred Jarrys *Ubu Roi* vor den Kriegen und Massakern des künftigen Jahrhunderts. Auch in unserem Jahrhundert, nach einer weiteren Phase beschleunigter Globalisierung, nach den Zeiten der Postmoderne und inmitten der Zeichen künftiger Konvivenz und künftiger Katastrophen ist Ubus Stimme, sind die Stimmen dieser Geschichte der Literaturen der Welt keineswegs verklungen. Vielperspektivisch weisen sie auf die Orte und mehr noch auf die Bewegungen der Menschen im Universum.

Anhang: Die Zitate in der Originalsprache

Die Zitate sind in alphabetischer Reihenfolge nach den Nachnamen der Autor*innen angeordnet. Bei mehreren Zitaten derselben Autorin oder desselben Autors aus verschiedenen Werken oder Werkausgaben erfolgte die Anordnung in chronologischer Reihenfolge nach den Publikationsjahren der verwendeten Ausgaben, wobei mit den älteren Publikationen begonnen wurde. Bei mehreren Zitaten innerhalb einer Ausgabe richtet sich deren Abfolge nach den Seitenzahlen.

Achugar, Hugo: Fin de siglo. Reflexiones desde la periferia. In: Herlinghaus, Hermann / Walter, Monika (Hg.): *Posmodernidad en la periferia. Enfoques latinoamericanos de la nueva teoría cultural*. Berlin: Langer Verlag 1994, S. 238: ¿Dónde ponemos la vanguardia histórica? ¿La vanguardia es parte de la modernidad o su cancelación y por lo mismo el comienzo de la posmodernidad? Creo que la respuesta a estas preguntas pasa por una caracterización de la utopía en el discurso de la vanguardia

Aragon, Louis: Manifeste du mouvement Dada. In : *Littérature* (Paris) 2e année, No 13 (Mai 1920): Vingt-trois manifestes du mouvement Dada, S. 1: Plus de peintures, plus de littérateurs, plus de musiciens, plus de sculpteurs, plus de religions, plus de républicains, plus de royalistes, plus d'impérialistes, plus d'anarchistes, plus de socialistes, plus de bolcheviques, plus de politiques, plus de prolétaires, plus de démocrates, plus d'armées, plus de police, plus de patries, enfin assez de toutes ces imbécillités, plus rien, plus rien, rien, RIEN, RIEN, RIEN.
De cette façon nous espérons que la nouveauté qui sera la même chose que ce que nous ne voulons plus s'imposera moins pourrie, moins immédiatement GROTESQUE.

Aragon, Louis: Une vague de rêves. In ders. : *L'œuvre poétique* 1921–1925. Paris: Livre club Diderot 1974, Bd. 2, S. 231f.: Ce qui les frappe, c'est un pouvoir qu'ils ne se connaissaient pas, une aisance incomparable, une libération de l'esprit, une production d'images sans précédent, et le ton surnaturel de leurs écrits. Ils reconnaissent dans tout ce qui naît d'eux ainsi, sans éprouver qu'ils en soient des responsables, tout l'inégable des quelques livres, des quelques mots qui les émeuvent encore. Ils aperçoivent soudain une grande unité poétique qui va des prophéties de tous les peuples aux *Illuminations* et aux *Chants de Maldoror*. Entre les lignes, ils lisent les confessions incomplètes de ceux qui ont un jour *tenu le système* : à la lueur de leur découverte, la *Saison* *en Enfer* perd ses énigmes, la Bible et quelques autres aveux de l'homme, sous leurs loups d'images.

Arenas, Reinaldo: *El mundo alucinante. Una novela de aventuras.* **Barcelona: Montesinos Editor 1981, S. 11:** Venimos del corojal. No venimos del corojal. Yo y las dos Josefas venimos del corojal. Vengo solo del corojal y ya casi se está haciendo de noche. Aquí se hace de noche antes de que amanezca. En todo Monterrey pasa así: se levanta uno y cuando viene a ver ya está oscureciendo. Por eso lo mejor es no levantarse.

Pero ahora yo vengo del corojal y ya es de día. Y todo el sol raja las piedras. Y entonces: ya bien rajaditas yo las cojo y se las tiro en la cabeza a mis Hermanas Iguales. A mis hermanas. A mis hermanas. A mis her.

S. 203: El verano. Los pájaros, derretidos en pleno vuelo, caen, como plomo hirviente, sobre las cabezas de los arriesgados transeúntes, matándolos al momento.

El verano. La Isla, como un pez de metal alargado, centellea y lanza destellos y vapores ígneos que fulminan.

S. 248 f.: Y el fraile murió. Pero antes se vio conducido por todo el pueblo hasta la capilla de Los Santos Sepulcros de Santo Domingo. Y oyó el continuo tañer de las campanas que anunciaban su defunción. Y vio aparecerse a todos los invitados, momentos antes de su muerte. Y te viste otra vez en la bartolina de San Juan de Ulúa, peleando con la vela, que no cesaba de acosarte, lanzándote chisporretazos a la cara. Y, como en un sueño, se te apareció el feroz León, y empezó la persecución. Y te viste saltando murallas y flotando por los aires, asido a inseguros paraguas. Así caíste sobre la parroquia de Tepeyac; y predicaste, largo rato, frente al arzobispo, el virrey y la mar de indios, sobre el obsesionante tema de la *verdadera aparición de la Virgen de Guadalupe* ... Y luego volviste a Monterrey, pues ya eras un muchacho. Y emprendiste el regreso a la casa, desde el corojal.

Arenas, Reinaldo: El reino de la imagen. In: *Mariel. Revista de literatura y Arte* **(Miami) 1 (1983), S. 21:** Poco a poco, a medida que uno va adentrándose en su obra, se comprende que como todo gran poeta (pienso en Whitman, pienso en Proust, pienso en Pound) Lezama no ha hecho más que construir un gran libro, que es como el caudal de una corriente maravillosa.

Arenas, Reinaldo: *Voluntad de vivir manifestándose.* **Buenos Aires: Adriana Hidalgo Editora 2001, S. 53:**
De modo que Cervantes era manco;
sordo, Beethoven; Villon, ladrón;

Góngora de tan loco andaba en zanco.
¿Y Proust? Desde luego, maricón.

Negrero, sí, fue Don Nicolás Tanco,
y Virginia se suprimió de un zambullón,
Lautrémont [sic!] murió aterrido en algún banco.
Ay de mí, también Shakespeare era maricón.

También Leonardo y Federico García,
Whitman, Miguel Angel y Petronio,
Gide, Genet y Visconti, las fatales.

Esta es, señores, la breve biografía
(¡vaya, olvidé mencionar a San Antonio!)
de quienes son del arte sólidos puntales.

Arenas, Reinaldo: *Antes que anochezca.* **Barcelona: Tusquets 2010, S. 110:** La
pasión primera de Lezama era la lectura. Tenía además ese don criollo de la risa,
del chisme; la risa de Lezama era algo inolvidable, contagioso, que no le dejaba a
uno sentirse totalmente desdichado. Pasaba de las conversaciones más esotéricas
al chisme de circunstancias; podía interrumpir su discurso sobre la cultura griega
para preguntar si era verdad que José Triana había abandonado la sodomía. Podía
también dignificar las cosas más simples convitiéndolas en algo grandioso.
    S. 114: Paralelamente con mi amistad con Lezama y Virgilio, yo tenía también
relación con muchos escritores de mi generación y celebrábamos tertulias más o
menos clandestinas en los cuales leíamos los últimos textos que acabábamos de
escribir. Escribíamos incesantemente y leíamos en cualquier sitio [...]. La mayor
parte de nuestra juventud se perdió en cortes de caña, en guardias inútiles, en
asistencia a discrusos infinitos, donde siempre se repetía la misma cantaleta, en
tratar de burlar las leyes represivas; en la lucha incesante por conseguir un panta-
lón pitusa o un par de zapatos, en el deseo de poder alquilar una casa en la playa
para leer poesía y tener nuestras aventuras eróticas, en una lucha por escapar a
la eterna persecución de la policía y sus arrestos.

Aub, Max: *Jusep Torres Campalans.* **México: Tezontle 1958, S. 16:** Aparte, sus
escritos. Aparte, también, sus declaraciones y los pocos artículos que se escri-
bieron acerca de su obra. Al final, las dos conversaciones que tuve con él, en San
Cristóbal, sin saber quién era.
    Es decir, descomposición, apariencia del biografiado desde distintos puntos
de vista; tal vez, sin buscarlo, a la manera de un cuadro cubista.

S. 17: En 1955, fui invitado a dar una conferencia en Tuxtla Gutiérrez, capital del estado de Chiapas. "Mejor aquí" – dije – "que en parte alguna de México, está bien celebrar los trescientos cincuenta años de la primera parte del Quijote." Miguel de Cervantes, en 1590, solicitó del Rey "la gobernación de la provincia del Soconusco". Otra cosa dispusieron las mercedes y la burocracia, que suelen conllevarse bien; pero, sin duda, el *Quijote* pudo ser chiapaneco y, tal vez debió serlo porque fue para la novela su Nuevo Mundo.

Una noche en la librería de la Plaza, hablando con un joven poeta de la localidad, fui presentado a un hombre, alto de color, seco, al que llaman « don Jusepe ».

S. 20: – Mira: un catálogo de los cuadros todavía existentes. De Henry Richard Town. Murió en un bombardeo en Londres. El que se va a caer de culo es Picasso. Lástima que no esté en París. Tienes que ver a Sabartés, a Camps, a Roselló. Yo mismo tengo muchas notas. Además, Alfonso Reyes debió conocerle bastante bien. ¿De verdad no sabes quién fue?

– No.

Ahora lo sé: me metí de hocico en su vida. Este libro es prueba.

Trampa, para un novelista doblado de dramaturgo, el escribir una biografía. Dan, hecho, el personaje, sin libertad con el tiempo. Para que la obra sea lo que debe, tiene que atenerse, ligada, al protagonista; explicarlo, hacer su autopsia, establecer una ficha, diagnosticar. Huir, en lo posible, de interpretaciones personales, fuente de la novela; esposar la imaginación, ceñirse a lo que fue. Historiar. Pero, ¿se puede medir un semejante con la sola razón? ¿Qué sabemos con precisión de otro, a menos de convertirle en personaje propio? ¿Quién pone en memoria, sin equivocaciones, cosas antiguas?

S. 100: Alto, fuerte, de grandes ojos oscuros, enormes manos, pies en consonancia, había en él la potencia que sólo da la tierra a quien vive o ha vivido en relación directa con ella. Un « payés », hijo de « payeses », por mucho que, ya en ese tiempo, « las escrituras » le hubieran afinado. Lo curioso: decía no entender lo que copiaba; la buena letra que lucía y hacía lucir era producto estético; que daba fuera del entendimiento. De ahí nace –a mi juicio– su afición a la pintura, y el camino que emprendió a través través –a campo traviesa-travieso– de ella. No creo que se pueda poner en duda. Para mí ahí ha de buscarse la raíz de su idea formal del arte. Puro signo. Su concepto de la vida fue idéntico: reducido a signo y números, inflexiblemente lógica.

S. 288: – La gente no se da cuenta, pero la pintura, la que cuenta en las revistas de las peluquerías, he [sic!] dejado de ser un oficio para convertirse en un juego, es decir, en cosa de aficionados. Un pintor de verdad no puede darse el lujo – recalcó lo de lujo – de no vender un cuadro a lo largo de su vida. Son ganas de hacer algo que le gusta a uno.

Se frotó las manos, tal vez para entrar en calor.
– Lo que me gusta, de veras, Aub, es no hacer nada. Y lo conseguí.

Barthes, Roland: La métaphore de l'œil. In ders.: *Œuvres critiques*. Edition établie et présentée par Eric Marty. Bd. 1. Paris: Editions du Seuil 1993, S. 1350: Cet art n'est nullement gratuit, puisqu'il se confond, semble-t-il, avec l'érotisme même, du moins celui de Bataille. On peut certes imaginer à l'érotisme d'autres définitions que linguistiques (et Bataille lui-même l'a montré). Mais si l'on appelle *métonymie* cette translation de sens opérée d'une chaîne à l'autre, *à des échelons différents de la métaphore (œil sucé comme un sein, boire mon œil entre ses lèvres),* on reconnaîtra sans doute que l'érotisme de Bataille est essentiellement métonymique. Puisque la technique poétique consiste ici à défaire les contiguïtés usuelles d'objets pour y substituer des rencontres nouvelles, limitées cependant par la persistance d'un seul thème à l'intérieur de chaque métaphore, il se produit une sorte de contagion générale des qualités et des actes [...].

Barthes, Roland: La vaccine de l'avantgarde. In (ders.): *Œuvres complètes*. Edition établie et présentée par Eric Marty. 3 Bde. Paris: Seuil 1993–1995, Bd. 1, S. 472: Ceci n'aurait pas beaucoup d'importance si cette vaccine n'était maintenant une opération courante dans l'art conventionnel. On inocule un peu de progrès – tout formel, d'ailleurs – à la tradition, et voilà la tradition immunisée contre le progrès : quelques *signes* d'avant-garde suffisent à châtrer la véritable avant-garde, la révolution profonde des langages et des mythes.

Barthes, Roland: Brecht et le discours: contribution à l'étude de la discursivité. In ders.: *Œuvres Complètes*. Bd. 2, S. 261: Tout ce que nous lisons et entendons, nous recouvre comme une nappe, nous entoure et nous enveloppe comme un milieu : c'est la logosphère. Cette logosphère nous est donnée par notre époque, notre classe, notre métier : c'est une « donnée » de notre sujet. Or, déplacer ce qui est donné ne peut être que le fait d'une secousse ; il nous faut ébranler la masse équilibrée des paroles, déchirer la nappe, déranger l'ordre lié des phrases, briser les structures du langage (toute structure est un édifice de niveaux). L'œuvre de Brecht vise à élaborer la pratique d'une secousse (non de la subversion : la secousse est beaucoup plus « réaliste » que la subversion) ; l'art critique est celui qui ouvre une crise : qui déchire, qui craquelle le nappé, fissure la croûte des langages, délie et dilue l'empoissonnement de la logosphère ; c'est un art *épique* : qui discontinue les tissus de paroles, éloigne la représentation sans l'annuler.

Barthes, Roland: Sade, Fourier, Loyola. In (ders.): *Œuvres complètes*, **Bd. 2, S. 1045:** Si j'étais écrivain, et mort, comme j'aimerais que ma vie se réduisît, par les soins d'un biographe amical et désinvolte, à quelques détails, à quelques goûts, à quelques inflexions, disons: des « biographèmes », dont la distinction et la mobilité pourraient voyager hors de tout destin et venir toucher, à la façon des atomes épicuriens, quelque corps futur, promis à la même dispersion; une vie trouée, en somme, comme Proust a su écrire la sienne dans son œuvre [...].

Barthes, Roland: Entretien. In (ders.): *Œuvres complètes*, **Bd. 2, S. 1319:** C'est pourquoi je pourrais dire que ma propre proposition historique (il faut toujours s'interroger là-dessus) est d'être *à l'arrière-garde de l'avant-garde* : être d'avant-garde, c'est savoir ce qui est mort ; être d'arrière-garde, c'est l'aimer encore : j'aime le romanesque mais je sais que le roman est mort : voilà, je crois, le lieu exact de ce que j'écris.

Barthes, Roland: Le Plaisir du texte. In (ders.): *Œuvres complètes*, **Bd. 2, S. 1522:** Le malheur est que cette destruction est toujours inadéquate ; ou bien elle se fait extérieure à l'art, mais devient dès lors impertinente, ou bien elle consent à rester dans la pratique de l'art, mais s'offre très vite à la récupération (l'avant-garde, c'est ce langage rétif qui va être récupéré). L'inconfort de cette alternative vient de ce que la destruction du discours n'est pas un terme dialectique, *mais un terme sémantique*: elle se range docilement sous le grand mythe sémiologique du « *versus* » (*blanc* versus *noir*); dès lors la destruction de l'art est condamnée aux seules formes *paradoxales* (celles qui vont, littéralement, contre la *doxa*): les deux côtés du paradigme sont collés l'un à l'autre d'une façon finalement complice: il y a accord structural entre les formes contestantes et les formes contestées.

(J'entends à l'inverse par *subversion subtile* celle qui ne s'intéresse pas directement à la destruction, esquive le paradigme et cherche un *autre* terme : un troisième terme, qui ne soit pas, cependant, un terme de synthèse, mais un terme excentrique, inouï. Un exemple ? Bataille, peut-être, qui déjoue le terme idéaliste par un matérialisme *inattendu*, où prennent place le vice, la dévotion, le jeu, l'érotisme impossible, etc. ; ainsi, Bataille n'oppose pas à la pudeur la liberté sexuelle, mais ... *le rire*.)

Bataille, Georges: *Histoire de l'Œil.* **In ders.:** *Œuvres complètes I: Premiers écrits, 1922–1940.* **Paris: Gallimard 1970, S. 571:** J'ai été élevé seul et, aussi loin que je me le rappelle, j'étais anxieux des choses sexuelles. J'avais près de seize ans quand je rencontrai une jeune fille de mon âge, Simone, sur la plage de X ... Nos familles se trouvant une parenté lointaine, nos relations en furent précipitées. Trois jours après avoir fait connaissance, Simone et moi étions seuls dans sa villa.

Elle était vêtue d'un tablier noir et portait un col empesé. Je commençais à deviner qu'elle partageait mon angoisse, d'autant plus forte ce jour-là qu'elle paraissait nue sous son tablier. [...]

– Les assiettes, c'est fait pour s'asseoir, dit Simone. Paries-tu ? Je m'assois dans l'assiette.

– Je parie que tu n'oses pas, répondis-je, sans souffle.

Il faisait chaud. Simone mit l'assiette sur un petit banc, s'installa devant moi et, sans quitter mes yeux, s'assit et trempa son derrière dans le lait. Je restai quelque temps immobile, le sang à la tête et tremblant, tandis qu'elle regardait ma verge tendre ma culotte. Je me couchai à ses pieds.

S. 596 f.: Ce qui suivit eut lieu sans transition, et même apparemment sans lien, non que les choses ne fussent liées, mais je les vis comme un absent. Je vis en peu d'instants Simone, à mon effroi, mordre l'un des globes, Granero s'avancer, présenter au taureau le drap rouge ; puis Simone, le sang à la tête, en un moment de lourde obscénité, dénuder sa vulve où entra l'autre couille ; Granero renversé, acculé sous la balustrade, sur cette balustrade les cornes à la volée frappèrent trois coups : l'une des cornes enfonça l'œil droit et la tête. La clameur atterrée des arènes coïncida avec le spasme de Simone. Soulevé de la dalle de pierre, elle chancela et tomba, le soleil l'aveuglait, elle saignait du nez. Quelques hommes se précipitèrent, s'emparèrent de Granero.

La foule dans les arènes était tout entière debout. L'œil droit du cadavre pendait.

Bataille, Georges: Réminiscences. In ders.: *Œuvres complètes I*, S. 607 f.: Je suis né d'un père syphilitique (tabétique). Il devint aveugle (il l'était quand il me conçut) et, quand j'eus deux ou trois ans, la même maladie le paralysa. Jeune enfant j'adorais ce père. Or la paralysie et la cécité avaient ces conséquences entre autres : il ne pouvait comme nous aller pisser aux lieux d'aisance ; il pissait de son fauteuil, il avait un récipient pour le faire. Il pissait devant moi, sous une couverture qu'aveugle il disposait mal. [...]

Ma mère disparut un jour profitant d'un instant où j'avais le dos tourné. Nous l'avons cherchée longtemps ; mon frère, à temps, la retrouva pendue au grenier. Il est vrai qu'elle revint à la vie toutefois.

Elle disparut une autre fois : je dus la chercher sans fin le long du ruisseau où elle aurait pu se noyer. [...] Elle était d'elle-même sortie de l'eau glacée du ruisseau (c'était en plein hiver), trop peu profond à cet endroit pour la noyer.

Ces souvenirs, d'habitude, ne m'attardent pas. Ils ont, après de longues années, perdu le pouvoir de m'atteindre : le temps les a neutralisés. Ils ne purent retrouver la vie que déformés, méconnaissables, ayant, au cours de la déformation, revêtu un sens obscène.

Blanchot, Maurice: *Le livre à venir.* **Paris: Gallimard 1959, S. 131 f.:** Mais si le monde est un livre, tout livre est le monde, et de cette innocente tautologie, il résulte des conséquences redoutables.

Ceci d'abord, qu'il n'y a plus de borne de référence. Le monde et le livre se renvoient éternellement et infiniment leurs images reflétées. Ce pouvoir indéfini de miroitement, cette multiplication scintillante et illimitée – qui est le labyrinthe de la lumière et qui du reste n'est pas rien – sera alors tout ce que nous trouverons, vertigineusement, au fond de notre désir de comprendre.

Ceci encore, que si le livre est la possibilité du monde, nous devons en conclure qu'est aussi à l'œuvre dans le monde non seulement le pouvoir de faire, mais ce grand pouvoir de feindre, de truquer et de tromper dont tout ouvrage de fiction est le produit d'autant plus évident que ce pouvoir y sera mieux dissimulé.

S. 265: Il arrive qu'on s'entende poser d'étranges questions, celle-ci par exemple : « Quelles sont les tendances de la littérature actuelle? » ou encore : « Où va la littérature? » Oui, question étonnante, mais le plus étonnant, c'est que s'il y a une réponse, elle est facile : la littérature va vers elle-même, vers son essence qui est la disparition.

S. 340: Une telle confusion n'est pas fortuite. l'extraordinaire pêle-mêle qui fait que l'écrivain publie avant d'écrire, que le public forme et transmet ce qu'il n'entend pas, que le critique juge et définit ce qu'il ne lit pas, que le lecteur, enfin, doit lire ce qui n'est pas encore écrit, ce mouvement qui confond, en les anticipant chaque fois, tous les divers moments de formation de l'œuvre, les rassemble aussi dans la recherche d'une unité nouvelle. D'où la richesse et la misère, l'orgueil et l'humilité, l'extrême divulgation et l'extrême solitude de notre travail littéraire, qui a du moins ce mérite de ne désirer ni la puissance, ni la gloire.

Borges, Jorge Luis: Montevideo. In Frías, Carlos V. (Hg.): *Jorge Luis Borges.* *Obras completes 1923–1972.* **Buenos Aires: Emecé 1974, S. 63:**
Resbalo por tu tarde como el cansancio por la piedad de un declive.
La noche nueva es como un ala sobre tus azoteas.
Eres el Buenos Aires que tuvimos, el que en los años se alejó quietamente.
Eres nuestra y fiestera, como la estrella que duplican las aguas.
Puerta falsa en el tiempo, tus calles miran al pasado más leve.
Claror de donde la mañana nos llega, sobre las dulces aguas turbias.
Antes de iluminar mi celosía tu bajo sol bienaventura tus quintas.
Ciudad que se oye como un verso.
Calles con luz de patio.

Borges, Jorge Luis: Fundación mítica de Buenos Aires. In (ders.): *Obras completas*, p. 81.
¿Y fue por este río de sueñera y de barro
que las proas vinieron a fundarme la patria?
Irían a los tumbos los barquitos pintados
entre los camalotes de la corriente zaina.

Pensando bien la cosa, supondremos que el río
era azulejo entonces como oriundo del cielo
con su estrellita roja para marcar el sitio
en que ayunó Juan Díaz y los indios comieron.

Lo cierto es que mil hombres y otros mil arribaron
por un mar que tenía cinco lunas de anchura
y aun estaba poblado de sirenas y endriagos
y de piedras imanes que enloquecen la brújula.

Prendieron unos ranchos trémulos en la costa,
durmieron extrañados. Dicen que en el Riachuelo,
pero son embelecos fraguados en la Boca.
Fue una manzana entera y en mi barrio: en Palermo.

Una manzana entera pero en mitá del campo
expuesta a las auroras y lluvias y suestadas.
La manzana pareja que persiste en mi barrio:
Guatemala, Serrano, Paraguay, Gurruchaga.

Un almacén rosado como revés de naipe
brilló y en la tratienda conversaron un truco;
el almacén rosado floreció en un compadre
ya patrón de la esquina, ya resentido y duro.

El pimer organita salvaba el horizonte
con achacoso porte, su habanera y su gringo.
El corralón seguro ya opinaba: YRIGOYEN
algún piano mandaba tangos de Saborido.

Una cigarrería sahumó como una rosa
el desierto. La tarde se había ahondado en ayeres,
los hombres compartieron un pasado ilusorio.
Sólo faltó una cosa: la vereda de enfrente.

A mí se hace cuento que empezó Buenos Aires:
La juzgo tan eterna como el agua y el aire.

Borges, Jorge Luis: El escritor argentino y la tradición. In ders.: *Obras completes,* **S. 273 f.**: Por eso repito que no debemos temer y que debemos pensar que nuestro patrimonio es el universo; ensayar todos los temas, y no podemos concretarnos a lo argentino para ser argentinos: porque o ser argentino es una fatalidad, y en ese caso lo seremos de cualquier modo, o ser argentino es una mera afectación, una máscara.

Creo que si nos abandonamos a ese sueño voluntario que se llama la creación artística, seremos argentinos y seremos, también, buenos o tolerables escritores.

Borges, Jorge Luis: Tlön, Uqbar, Orbis Tertius. In ders.: *Obras Completas,* **S. 434:** Hacía dos años que yo había descubierto en un tomo de cierta enciclopedía pirática una somera descripción de un falso país; ahora me deparaba el azar algo más precioso y más arduo. Ahora tenía en las manos un vasto fragmento metódico de la historia total de un planeta desconocido ...

S. 439: También son distintos los libros. Los de ficción abarcan un solo argumento, con todas las permutaciones imaginables. Los de naturaleza filosófica invariablemente contienen la tesis y la antítesis, el riguroso pro y el contra de una doctrina.

Borges, Jorge Luis: El Aleph. In ders.: *Obras Completas,* **S. 618 f.:** El treinta de abril de 1941 me permití agregar al alfajor una botella de coñac del país. Carlos Argentino lo probó, lo juzgó interesante y emprendió, al cabo de unas copas, una vindicación del hombre moderno.

– Lo evoco – dijo con una animación algo inexplicable – en su gabinete de estudio, como si dijéramos en la torre albarrana de una ciudad, provisto de teléfonos, de telégrafos, de fonógrafos, de aparatos de radiotelefonía, de cinematógrafos, de linternas mágicas, de glosarios, de horarios, de prontuarios, de boletines ...

Observó que para un hombre así facultado el acto de viajar era inútil; nuestro siglo XX había transformado la fábula de Mahoma y de la montaña; las montañas, ahora, convergían sobre el moderno Mahoma.

Tan ineptas me parecieron esas ideas, tan pomposa y tan vasta su exposición, que las relacioné inmediatamente con la literatura; le dije que por qué no las escribía. Previsiblemente respondió que ya lo había hecho: esos conceptos y otros no menos novedosos figuraban en el Canto Augural, Canto Prologal o simplemente Canto-Prólogo de un poema en el que trabajaba hacía muchos años, sin *réclame*, sin bullanga ensordecedora, siempre apoyado en esos dos báculos que se llaman el trabajo y la soledad. Primero, abría las compuertas a la imaginación; luego, hacía uso de la lima. El poema se titulaba *La Tierra*; tratábase de una descripción del planeta, en la que no faltaban, por cierto, la pintoresca digresión y el gallardo apóstrofe.

S. 624 ff.: Cerré los ojos, los abrí. Entonces vi el Aleph.

Arribo, ahora, al inefable centro de mi relato; empieza, aquí, mi desesperación de escritor. Todo lenguaje es un alfabeto de símbolos cuyo ejercicio presupone un pasado que los interlocutores comparten; ¿cómo transmitir a los ojos el infinito Aleph, que mi temerosa memoria apenas abarca? Los místicos, en análogo trance, prodigan los emblemas [...]. En ese instante gigantesco, he visto millones de actos deleitables o atroces; ninguna me asombró como el hecho de que todos ocuparan el mismo punto, sin superposición y sin transparencia. Lo que vieron mis ojos fue simultáneo: lo que transcribiré, sucesivo, porque el lenguaje lo es. Algo, sin embargo, recogeré. [...] vi una quinta de Adrogué, un ejemplar de la primera versión inglesa de Plinio, la de Philemon Holland, vi a un tiempo cada letra de cada página (de chico, yo solía maravillarme de que las letras de un volumen cerrado no se mezclaran y perdieran en el decurso de la noche), vi la noche y el día contemporáneo, vi un poniente en Querétaro que parecía reflejar el color de una rosa en Bengala, vi mi dormitorio sin nadie [...], vi la reliquia atroz de lo que deliciosamente había sido Beatriz Viterbo, vi la circulación de mi oscura sangre, vi el engranaje del amor y la modificación de la muerte, vi el Aleph, desde todos los puntos, vi en el Aleph la tierra, y en la tierra otra vez el Aleph y en el Aleph la tierra [...].

Borges, Jorge Luis: *Fervor de Buenos Aires*. **Buenos Aires: Emecé 1996, Prólogo, S. 11:** No he reescrito el libro. He mitigado sus excesos barrocos, he limado asperezas, he tachado sensiblerías y vaguedades y, en el decurso de esta labor a veces grata y a veces incómoda, he sentido que aquel muchacho que en 1923 lo escribió ya era esencialmente –¿qué significa esencialmente?– el señor que ahora se resigna o corrige. Somos el mismo; los dos descreemos del fracaso y del éxito, de las escuelas literarias y de sus dogmas; los dos somos devotos de Schopenhauer, de Stevenson y de Whitman. Para mí, *Fervor de Buenos Aires* prefigura todo lo que haría después. Por lo que dejaba entrever, por lo que prometía de algún modo, lo aprobaron generosamente Enrique Díez-Canedo y Alfonso Reyes.

Breton, André: *Nadja*. **Paris: Editions Gallimard 1964, S. 59**: La production des images de rêve dépendant toujours au moins de ce *double jeu de glaces*, il y a là l'indication du rôle très spécial, sans doute éminemment révélateur, au plus haut degré « surdéterminant » au sens freudien, que sont appelées à jouer certaines impressions très fortes, nullement contaminables de moralité, vraiment ressenties « par-delà le bien et le mal » dans le rêve et, par suite, dans ce qu'on lui oppose très sommairement sous le nom de réalité.

Breton, André: *Les manifestes du surréalisme*. **Paris: Le Sagittaire 1955, S. 90 f.:** M. Bataille m'intéresse uniquement dans la mesure où il se flatte d'opposer à la dure discipline de l'esprit à quoi nous entendons bel et bien tout soumettre – et nous ne voyons pas d'inconvénient à ce que Hegel en soit rendu principalement responsable – une discipline qui ne parvient pas même à paraître plus lâche, car elle tend à être celle du non-esprit (et c'est d'ailleurs là que Hegel l'attend). M. Bataille fait profession de ne vouloir considérer au monde que ce qu'il y a de plus vil, de plus décourageant et de plus corrompu [...]. Je m'amuse d'ailleurs à penser qu'on ne peut sortir du surréalisme sans tomber sur M. Bataille, tant il est vrai que le dégoût de la rigueur ne sait se traduire que par une soumission nouvelle à la rigueur.

Avec M. Bataille, rien que de très connu, nous assistons à un retour offensif du vieux matérialisme antidialectique qui tente, cette fois, de se frayer gratuitement un chemin à travers Freud.

Breton, André: Manifeste du Surréalisme. In ders.: *Œuvres complètes*. **Hg. von Marguerite Bonnet. Paris Gallimard (Bibliothèque de la Pléiade) 1988, Bd. 1, S. 329:** Nous vivons encore sous le règne de la logique, voilà, bien entendu, à quoi je voulais en venir. Mais les procédés logiques, de nos jours, ne s'appliquent plus qu'à la résolution de problèmes d'intérêt secondaire. Le rationalisme absolu qui reste de mode ne permet de considérer que des faits relevant étroitement de notre expérience. Les fins logiques, par contre, nous échappent. Inutile d'ajouter que l'expérience même s'est vue assigner des limites. Elle tourne dans une cage d'où il est de plus en plus difficile de la faire sortir. Elle s'appuie, elle aussi, sur l'utilité immédiate, et elle est gardée par le bon sens. Sous couleur de civilisation, sous prétexte de progrès, on est parvenu à bannir de l'esprit tout ce qui se peut taxer à tort ou à raison de superstition, de chimère, à proscrire tout mode de recherche de la vérité qui n'est pas conforme à l'usage. C'est par le plus grand hasard, en apparence, qu'a été récemment rendue à la lumière une partie du monde intellectuel, et à mon sens de beaucoup la plus importante, dont on affectait de ne plus se soucier. Il faut en rendre grâce aux découvertes de Freud. Sur la foi de ces découvertes, un courant d'opinion se dessine enfin, à la faveur duquel l'explorateur humain pourra pousser plus loin ses investigations, autorisé qu'il sera à ne plus seulement tenir compte des réalités sommaires. L'imagination est peut-être sur le point de reprendre ses droits. Si les profondeurs de notre esprit recèlent d'étranges forces capables d'augmenter celles de la surface, ou de lutter victorieusement contre elles, il y a tout intérêt à les capter, à les capter d'abord, pour les soumettre ensuite, s'il y a lieu, au contrôle de notre raison.

S. 330: L'homme propose et dispose. Il ne tient qu'à lui de s'appartenir tout entier, c'est-à-dire de maintenir à l'état anarchique la bande chaque jour plus redoutable de ses désirs. La poésie le lui enseigne. Elle porte en elle la compensation parfaite des misères que nous endurons. Elle peut être une ordonnatrice, aussi, pour peu que sous le coup d'une déception moins intime on s'avise de la prendre au tragique. Le temps vienne où elle décrète la fin de l'argent et rompe seule le pain du ciel pour la terre !

[...]

En hommage à Guillaume Apollinaire, qui venait de mourir et qui, à plusieurs reprises, nous paraissait avoir obéi à un entraînement de ce genre, sans toutefois y avoir sacrifié de médiocres moyens littéraires, Soupault et moi nous désignâmes sous le nom de *surréalisme* le nouveau mode d'expression pure que nous tenions à notre disposition et dont il nous tardait de faire bénéficier nos amis. Je crois qu'il n'y a plus aujourd'hui à revenir sur ce mot et que l'acception dans laquelle nous l'avons pris a prévalu généralement sur son acception apollinarienne. A plus juste titre encore, sans doute aurions-nous pu nous emparer du mot *supernaturalisme* employé par Gérard de Nerval dans la dédicace des *Filles du feu*. Il semble, en effet, que Nerval posséda à merveille *l'esprit* dont nous nous réclamons, Apollinaire n'ayant possédé, par contre, que *la lettre*, encore imparfaite, du *surréalisme* et s'étant montré impuissant à en donner un aperçu théorique qui nous retienne.

Breton, André: *Nadja*. Paris: Gallimard 2007, S. 42: La production des images de rêve dépendant toujours au moins de ce *double jeu de glaces*, il y a là l'indication du rôle très spécial, sans doute éminemment révélateur, au plus haut degré « surdéterminant » au sens freudien, que sont appelées à jouer certaines impressions très fortes, nullement contaminables de moralité, vraiment ressenties « par-delà le bien et le mal » dans le rêve et, par suite, dans ce qu'on lui oppose très sommairement sous le nom de réalité.

S. 49: J'espère, en tout cas, que la présentation d'une série d'observations de cet ordre et de celle qui va suivre sera de nature à précipiter quelques hommes dans la rue, après leur avoir fait prendre conscience, sinon du néant, du moins de la grave insuffisance de tout calcul soi-disant rigoureux sur eux-mêmes, de toute action qui exige une application suivie, et qui a pu être préméditée.

S. 51–53: J'observais sans le vouloir des visages, des accoutrements, des allures. Allons, ce n'étaient pas encore ceux-là qu'on trouverait prêts à faire la Révolution. Je venais de traverser ce carrefour dont j'oublie ou ignore le nom, là, devant une église, tout à coup, alors qu'elle est peut-être encore à dix pas de moi, venant en sens inverse, je vois une jeune femme, très pauvrement vêtue, qui, elle aussi, me voit ou m'a vu. Elle va la tête haute, contrairement à tous les autres passants. Si frêle qu'elle se pose à peine en marchant. Un sourire imperceptible erre peut-être sur son visage. [...] Je n'avais jamais vu de tels yeux. Sans hésitation j'adresse la parole à l'inconnue, tout en m'attendant, j'en conviens du reste, au pire. Elle sourit, mais très mystérieusement, et, dirai-je, comme *en connaissance de cause*, bien qu'alors je n'en puisse rien croire.

S. 58 f.: Sur le point de m'en aller, je veux lui poser une question qui résume toutes les autres, une question qu'il n'y a que moi pour poser, sans doute, mais qui, au moins une fois, a trouvé une réponse à sa hauteur : « Qui êtes-vous? » et elle, sans hésiter : « Je suis l'âme errante. » Nous convenons de nous revoir le lendemain au bar qui fait l'angle de la rue Lafayette et du faubourg Poissonnière. Elle aimerait lire un ou deux livres de moi et y tiendra d'autant plus que sincèrement je mets en doute l'intérêt qu'elle peut y prendre. La vie est autre que ce qu'on écrit. Quelques instants encore elle me retient pour me dire ce qui la touche en moi. C'est, dans ma pensée, dans mon langage, dans toute ma manière d'être, paraît-il, et c'est là un des compliments auxquels j'ai été de ma vie le plus sensible, la *simplicité*.

S. 117: Mais selon moi, tous les internements sont arbitraires. Je continue à ne pas voir pourquoi on priverait un être humain de liberté. Ils ont enfermé Sade ; ils ont enfermé Nietzsche ; ils ont enfermé Baudelaire. Le procédé qui consiste à venir vous surprendre la nuit, à vous passer la camisole de force ou de toute autre manière à vous maîtriser, vaut celui de la police, qui consiste à vous glisser un revolver dans la poche. Je sais que si j'étais fou et depuis quelques jours interné, je profiterais d'une *rémission* que me laisserait mon délire pour assassiner avec froideur un de ceux, le médecin de préférence, qui me tomberaient sous la main. J'y gagnerais au moins de prendre place, comme les agités, dans un compartiment seul. On me ficherait peut-être la paix.

Butor, Michel: *Mobile : étude pour une représentation des États-Unis.* **Paris, Gallimard 1962, Klappentext:** Respirez l'air des 50 états !

De ville en ville, de frontière en frontière, de la côte Atlantique à la côte Pacifique !

Des centaines de fleuves, des centaines d'oiseaux, des centaines de voix ! Les Européens, les Noirs, les Indiens !

Vivez aujourd'hui avec votre famille la rigolade, l'aventure, le drame du passé, du présent et du futur de l'Amérique !

Voyagez à travers un continent, à travers des siècles, pour jouir des frissons d'un spectacle grand comme l'Amérique elle-même !

Excitation ! Aventure ! Education !

Depuis la Nouvelle Angleterre coloniale jusqu'à l'Ouest des pionniers, de la frontière Mexicaine aux ports des Grands Lacs, du Cap Canaveral au passage du Nord-Ouest !

Feuilletez les ouvrages du grand peintre et naturaliste John James Audubon, lisez les déclarations du président Jefferson, et suivez un véritable procès de sorcière !

Regardez les américains, vivez avec les américains, roulez dans leurs longues voitures, survolez leurs aérodromes, déchiffrez leurs enseignes lumineuses, flânez dans leurs grands magasins, plongez-vous dans leurs immenses catalogues, étudiez leurs prospectus, arpentez leurs rues, dormez sur leurs plages, rêvez dans leurs lits !

Mobile !

Une orgie de surprises et de frissons !

Butor, Michel: Paysages planétaires. In (ders.): *Seize lustres. Œuvres* **complètes. Bd. XII:** *Poésies 3 (2003 – 2009).* **Paris: La Différence 2010, S. 738:**

Les cimes des conifères
le royaume des corbeaux
la petite et la grande Ourse
les aurores boréales
les restes des chercheurs d'or
les traîneaux sur la toundra
les mâts généalogiques
le cuivre et les dents de morse

La mer, houles et replis, avec les cris des mouettes, grand large et marées, avec les chants des baleines au loin. Par les fenêtres du navire, nous voyons défiler fjords et glaciers. Soudain des blocs se détachent et tendent dans les chenaux en éclaboussant. Voici des chasseurs qui rentrent avec viandes et fourrures.

L'empire des colibris
les aurores boréales
cyclones dévasteurs
les traîneaux sur la toundra
les radeaux sur les grands fleuves
le cuivre et les dents de morse

les auréoles de plumes
le royaume des corbeaux

S. 759: D'un horizon à l'autre les trompes se répondent pour avertir de l'imminence du danger. Serait-ce le cataclysme annoncé ? Toute la province est menacée, toute la nation, le continent même. Ne résistent que quelques îlots d'humidité

Carrà, Carlo Dalmazzo: La pittura dei suoni, rumori, odori. In: Tedeschi, Francesco: *Il futurismo nelle arti figurative (dalle origini divisioniste al 1916).* **Milano: I.S.U. Università Cattolica 1995, S. 166:** Noi pittori futuristi affermiamo che i suoni, i rumori e gli odori si incorporano nell'espressione delle linee, dei volumi e dei colori, come le linee, i volumi e i colori s'incorporano nell'architettura di un'opera musicale. Le nostre tele esprimeranno quindi anche le equivalenze plastiche dei suoni, dei rumori e degli odori del Teatro, del Music-Hall, del cinematografo, del postribolo, delle stazioni ferroviarie, dei porti, dei garages, delle coniche, delle officine, ecc. ecc.

Cohen, Albert: Projections ou Après-minuit à Genève. In: *Nouvelle Revue Française* **109 (1ᵉʳ octobre 1922), S. 414–446, hier S. 414:** Les phares violent de froides colères la salle hurlant immensément contre la porte que je pousse.

L'orchestre souffle sur les danseurs qui houlent, liés par mille serpentins.

*

La fille de mon jardinier est devenue putain, et sur sa vieille face de vingt ans s'achève la noblesse de la vie noceuse.

Pauline à la raie de côté discute, montrant avec fierté les agiles rubis de sa langue. Elle secoue le cendre et rit au nez moisi du cocaïnomane. Elle lance la fumée vers la bouche qui s'étire en charme mécanique.

L'eau jaune que boit Pauline me dit la fin puante de ses amours.

*

Une paupière trop large et trop molle se relève avec effort. Des yeux de vase où glisse une limace fixent effrayamment la porte d'entrée. La poche flétrie et translucide comme un raisin pressé retombe sur les pommettes où deux larmes vont, séchées par le fard.

Ce pauvre vieux torture sa canne entre des dents trop régulières.

Enfin ses yeux s'apaisent. Voici qu'avance en pardessus cintré son secrétaire athlétique d'une pâleur admirable, souriant de sa bouche grenadine.

*

Transpirant et langourant avec conscience, le premier violon me cligne un sourire complice.

Mais mon préféré c'est Prospero, celui qui fait les bruits.

Il porte le costume de cow-boy que je lui ai payé.

Il tape sept coups nets sur une planchette. Je pense aux noisettes que je mangeais avec Pauline. Elle avait douze ans, deux tresses de miel, du soleil dans le grand chapeau de paille et des cerises à ses oreilles.

S. 420 f.: Une Carmen camarade tend l'assiette où la serviette recèle. « Soyez généreux, Monsieur le banquier ! »

Cette volupté aux pommettes hongroises me sourit largement. Cette langue qui pointe, ces yeux qui se brident me font peur.

*

Le Japonais ferme les yeux. Il vérifie gravement, avec une politesse qui présage des pratiques raffinées et odieuses, la croupe de Thézou qui sourit avec toujours beaucoup de poésie. Tout en dansant, il tâte la poche intérieure de son veston.

*

Une Argentine de treize ans suit sa maman, cuirassé digne fendant la masse de sa proue présomptueuse. La fillette, penchant la tête, continue la musique de sa voix d'airelle. Ses jambes poétisées de soie esquissent le foxtrott.

La mère parle avec le vieux maquillé :

« C'est un bijou : dactylographe de premier cartel. Elle a de la virtuosité dans les doigts, comme dit son professeur, un monsieur très sérieux. J'accepterais pour elle une place convenable et sérieuse de petite secrétaire. »

*

Derrière moi deux Allemands contemplent, mornes, leurs escarpins torpédos. Ils parlent à voix basse, avec ce défaut des riches qui appliquent la langue contre les incisives d'en haut.

Leurs mains se tordent au blanc lustré de la douce chemise.

Leurs jeunes mains se possèdent tragiquement, cherchant en vain l'union complète. Silencieux et pleurants, ils se baisent, joue violette contre joue glissante.

Ce sont des adieux, je suppose.

Le plus grand porte le ruban des vertus militaires.

Héroïque et pure Europe.

Cortázar, Julio: *Rayuela*. **Edición crítica coordinada por Julio Ortega y Saúl Yurkievich. São Paulo: EdUSP 1996, S. 11:** ¿Encontraría a la Maga? Tantas veces me había bastado asomarme, viniendo por la rue de Seine, al arco que da al Quai de Conti, y apenas la luz de ceniza y olivo que flota sobre el río me dejaba distinguir las formas, ya su silueta delgada se inscribía en el Pont des Arts, a veces andando de un lado a otro, a veces detenida en el pretil de hierro, inclinada sobre el agua. Y era tan natural cruzar la calle, subir los peldaños del puente, entrar en su delgada cintura y acercarme a la Maga que sonreía sin sorpresa, convencida como yo de que un encuentro casual era lo menos casual en nuestras vidas, y que la gente que se da citas precisas es la misma que necesita papel rayado para escribirse o que aprieta desde abajo el tubo de dentífrico.

S. 284 f.: Era así, la armonía duraba increíblemente, no había palabras para contestar a la bondad de esos dos ahí abajo, mirándolo y hablándole desde la rayuela, porque Talita estaba parada sin darse cuenta en la casilla tres, y Traveler tenía un pie metido en la seis, de manera que lo único que él podía hacer era mover un poco la mano derecha en un saludo tímido y quedarse mirando a la Maga, a Manú, diciéndose que al fin y al cabo algún encuentro había, aunque no pudiera durar más que ese instante terriblemente dulce en el que lo mejor sin lugar a dudas hubiera sido inclinarse apenas hacia afuera y dejarse ir, paf se acabó.

S. 363: Los surrealistas creyeron que el verdadero lenguaje y la verdadera realidad estaban censurados y relegados por la estructura racionalista y burguesa del occidente. Tenían razón, como lo sabe cualquier poeta, pero eso no era más que un momento en la complicada peladura de la banana. Resultado, más de uno se la comió con la cáscara. Los surrealistas se colgaron de las palabras en vez de despegarse brutalmente de ellas, como quisiera hacer Morelli desde la palabra misma. Fanáticos del verbo en estado puro [...].

No le atribuyamos a Morelli los problemas de Dilthey, de Husserl o de Wittgenstein. Lo único claro en todo lo que ha escrito el viejo es que si seguimos utilizando el lenguaje en su clave corriente, con sus finalidades corrientes, nos moriremos sin haber sabido el verdadero nombre del día. Es casi tonto repetir que nos venden la vida, como decía Malcolm Lowry, que nos la dan prefabricada. También Morelli es casi tonto al insistir en eso, pero Etienne acierta en el clavo: por la práctica el viejo se muestra y nos muestra la salida. ¿Para qué sirve un escritor si no para destruir la literatura? Y nosotros, que no queremos ser lectores-hembra, ¿para qué servimos si no para ayudar en lo posible a esa destrucción?

Kap. 128, S. 412: »Nous sommes quelques-uns à cette époque à avoir voulu attenter aux choses, créer en nous des espaces à la vie, des espaces qui n'étaient pas et ne semblaient pas devoir trouver place dans l'espace.« ARTAUD, *Le Pèse-nerfs.*

Eco, Umberto: *Opera aperta. Forma e indeterminazione nelle poetiche contemporanee.* **Milano: Bompiani 1962, S. 3:** Ma accettare e cercare di dominare l'ambiguità in cui siamo e in cui risolviamo le nostre definizioni del mondo, non significa imprigionare l'ambiguità in un ordine che le sia estraneo e a cui è legata proprio quale opposizione dialettica. Si tratta di elaborare modelli di rapporti in cui l'ambiguità trovi una giustificazione e acquisti un valore positivo.

S. 32 f.: In termini elementari questa differenza può essere così formulata: un'opera musicale classica, una fuga di Bach, l'*Aida* o il *Sacre du Printemps*, consistevano in un insieme di realtà sonore che l'autore organizzava in modo definito e conchiuso offrendolo all'ascoltatore, oppure traduceva in segni convenzionali atti a guidare l'esecutore così che questi riproducesse sostanzialmente la forma immaginata dal compositore; queste nuove opere musicali consistono invece non in un messaggio conchiuso e definito, non in una forma organizzata univocamente, ma in una possibilità di varie organizzazioni affidate all'iniziativa dell'interprete, e si presentano quindi non come opere finite che chiedono di essere rivissute e comprese in una direzione strutturale data, ma come opere « aperte » che vengono portare a termine dell'interprete nello stesso momento in cui le fruisce esteticamente.

S. 157: Calder fa un passo avanti: ora la forma si muove essa stessa sotto i nostri occhi, e l'opera diventa « opera in movimento ». Il suo movimento si compone con quello dello spettatore. A rigore non dovrebbero esservi mai due momenti, nel tempo, in cui la posizione reciproca dell'opera e dello spettatore possano riprodursi in modo uguale. Il campo delle scelte non è più suggerito, è reale e l'opera è un campo di possibilità.

Eco, Umberto: Postille a « Il nome della rosa ». In (ders.): *Il nome della rosa*. Mailand: Bompiani 1990, S. 529: Ma arriva il momento che l'avanguardia (il moderno) non può più andare oltre, perché ha ormai prodotto un metalinguaggio che parla dei suoi impossibili testi (l'arte concettuale). La risposta post-moderna al moderno consiste nel riconoscere che il passato, visto che non può essere distrutto, perché la sua distruzione porta al silenzio, deve essere rivisitato: con ironia, in modo non innocente. Penso all'atteggiamento post-moderno come a quello di chi ami una donna, molto colta, e che sappia che non può dirle « ti amo disperatamente », perché lui sa che lei sa (e che lei sa che lui sa) che queste frasi le ha già scritte Liala. Tuttavia c'è una soluzione. Potrà dire: « Come direbbe Liala, ti amo disperatamente ».

Focault, Michel: *Les mots et les choses*. Paris: Gallimard 1966, S. 398: Une chose en tout cas est certaine : c'est que l'homme n'est pas le plus vieux problème ni le plus constant qui se soit posé au savoir humain. En prenant une chronologie relativement courte et un découpage géographique restreint – la culture européenne depuis le XVIe siècle – on peut être sûr que l'homme y est une invention récente. Ce n'est pas autour de lui et de ses secrets que, longtemps, obscurément, le savoir a rôdé. En fait, parmi toutes les mutations qui ont affecté le savoir des choses et de leur ordre, le savoir des identités, des différences, des caractères, des équivalences, des mots, – bref au milieu de tous les épisodes de cette profonde histoire du *Même* – un seul, celui qui a commencé il y a un siècle et demi et qui peut-être est en train de se clore, a laissé apparaître la figure de l'homme. Et ce n'était point la libération d'une vieille inquiétude, passage à la conscience lumineuse d'un souci millénaire, accès à l'objectivité de ce qui longtemps était resté pris dans des croyances ou dans des philosophies : c'était l'effet d'un changement dans les dispositions fondamentales du savoir. L'homme est une invention dont l'archéologie de notre pensée montre aisément la date récente. Et peut-être la fin prochaine.

Si ces dispositions venaient à disparaître comme elles sont apparues, si par quelque événement dont nous pouvons tout au plus pressentir la possibilité, mais dont nous ne connaissons pour l'instant encore ni la forme ni la promesse, elles basculaient, comme le fit au tournant du XVIIIe siècle le sol de la pensée classique, – alors on peut bien parier que l'homme s'effacerait, comme à la limite de la mer un visage de sable

García Márquez, Gabriel: *Crónica de una muerte anunciada*. Barcelona: Editorial Bruguera 1981, S. 78: Ella se demoró apenas el tiempo necesario para decir el nombre. Lo buscó en las tinieblas, lo encontró a primera vista entre los tantos y tantos nombres confundibles de este mundo y del otro, y lo dejó clavado en la pared con su dardo certero, como a una mariposa sin albedrío cuya sentencia estaba escrita desde siempre.

–Santiago Nasar –dijo.

S. 130 f.: Los árabes constituían una comunidad de inmigrantes pacíficos que se establecieron a principios del siglo en los pueblos del Caribe, aun en los más remotos y pobres, y allí se quedaron vendiendo trapos de colores y baratijas de feria. Eran unidos, laboriosos y católicos. Se casaban entre ellos, importaban su trigo, criaban corderos en los patios y cultivaban el orégano y la berenjena, y su única pasión tormentosa erean los juegos de barajas. Los mayores siguieron hablando el árabe rural que trajeron de su tierra, y lo conservaron intacto en familia hasta la segunda generación, pero los de la tercera, con la excepción de Santiago Nasar, les oían a sus padres en árabe y lles contestaban en castellano. De modo que no era concebible que fueran a alterar de pronto su espíritu pastoral para vengar una muerte cuyos culpables podíamos ser todos.

Gómez de la Serna, Ramón.: *Senos* [1917]. Segovia: El Adelantado 1923, S. 8.: Este libro no es un libro pornográfico. No hay procacidad en él, sino serenidad, serenidad sensible y una tranquila y sonriente consideración frente al espectáculo de los numerosos senos que se ven en los huertos de la vida. Hay en él las más puras depravaciones, las depravaciones distinguidas en que está curada la depravación, habiendo servido sólo de camino al esclarecimiento. Hasta se expía al final de él el pecado de la delectación excesiva y se quedará el espíritu depurado, dramático y problemático.

Los senos son lo más plástico en el secreto del hombre, y es eso lo que divulgo y expreso con todo encarnizamiento. Los hombres quizá se han movido siempre fuera del momento de sintetizarse en unos senos, esperando esos senos, y aun cuando hayan estado olivdados de ellos se han portado como sonámbulos en el asueto de los senos. En los dos hemisferios de esfera que son los senos, está la vana esfera terrestre. Maldita sea la madre de los que abominan hipócritamente del desnudo, la madre que se desnudó ante el padre de esos hombres, y cuya desnudez fue el incentivo para que naciesen.

S. 13: Por fin miró hacia donde yo estaba, sin clavar en donde se me suponía una de sus largas miradas de siempre, sino una mirada breve y despectiva como si no me quisiera, y abriendo su blusa y bajando al mismo tiempo su camisa, me enseñó sus senos, como la mujer que en la tragedia dice, abriéndose así el pecho: « ¡Mátame, clávame ahí el puñal que me amenaza! »

Esperó a que yo la hiciese la fotografía prohibida. Calculó el tiempo de la exposición, pero apagó demasiado pronto. ¿Demasiado pronto? No. ¡Pobrecilla! Siempre hubiera sido demasiado pronto. Para asomarse a unos senos, para reconocerlos, para recordarlos, hay que pasar muchas noches sobre ellos, como el bacteriólogo sobre el microscopio.

No vi nada, y vi, sin embargo, un seno colgandero, ni grande ni pequeño, digno para representar los senos en unos amores de toda la vida.

A la mañana siguiente salió llorando al balcón, y se vio que había llorado toda la noche. Llegó hasta el momento, valiente, serena, temeraria; pero al entrar en la oscuridad se sintió robada, vejada, inutilizada ya. ¿Cómo no oí toda la noche la lluvia de su llanto sobre mis cristales? ...

S. 29 f.: La que ofrecía los senos desabrochó su traje como el ama de cría que va a mostrar la clase de su leche al doctor.

El coleccionista en senos, avezado a aquellas demostraciones, tocó como un joyero los senos que se le ofrecían y sonrió encantado.

–¡Hermosos senos para mi colección! Me atrae usted unos senos magníficos e inolvidables ... Ya sabe usted ... Los tendré que ver cuando se me antoje, cuando los recuerde ... No podré meterlos en un álbum, pero sí la podré avisar cuando necesite esos dos bellos ejemplares de mi colección ...

–¿No me engaña usted? –dijo ella con coquetería.

–No ... son de los mejores de mi colección ... Les voy a dar el número diez en un certificado que podrá usted enseñar en todos lados ... Cuídelos, cuídelos mucho ... Los mejores de mi colección han desaparecido y se han estropeado de la noche a la mañana.

–Los cuidaré sólo para ofrecérselos de nuevo ... [...]

El coleccionista escribió en un libro: « Soledad R ..., calle de las Palmas, 84. Senos opulentos a la vez que delicados ... [...] De tan puros y bellos como resultan, no se siente la necesidad de tocarlos. »

Gómez de la Serna, Ramón: Greguerías 1911/1912. In ders.: *Greguerías*. Hg. von Rodolfo Cardona. Madrid: Cátedra 1979, S. 219 f.:

*

¡Que hermosa lagartija espera mi silencio en mi ombligo para tomar el sol!

*

Un ojo de ave, un ojo de ave, un ojo de ave sobre la ciudad lo desimpresiona todo y muestra la candidez de los ojos del Espíritu Santo, llenos de idéntica teoría a la del ojo de ave.

*

¿Por qué los relojes suenan como de acuerdo su tic-tac con otros relojes que dan su hora antes o después?

*

Pensemos con los pulmones, que tienen una transigencia y una intuición más capaz que nada.

*

Mirando a los faroles se explica todo el artificio grotesco de la ciudad.

*

Las mujeres que tienen las piernas largas, desnudas quedan más llenas de melancolía y más *reas* de humanidad.

Greguerías 1920/1927, S. 227 ff.

*

El aparato más sabio del mundo es el de la cascada de agua para el retrete, con cuya cadena en la mano todos somos Moisés milagrosos.

*

Un obrero con gafas es lamentable. Por sus gafas descubre más las injusticias de su suerte, la ve mejor, la ve como un caballero, como un hombre de ciencia, como un intelectual. Esos obreros de blusa azul que gastan gafas entristecen más la esclavitud de sus compañeros y parece que merecen otro trato, que entienden de otra cosa y se han tenido que dedicar al duro trabajo por fatalidad. Apiadan sus gafas, no les hacen compañeros y se teme su mirada.

*

Hay una nube temprana de la mañana que es como el bizcocho o ensaimada con que se desayuna el cielo. Desaparece en un abrir y cerrar de ojos, sin saber cómo, devorada por el azul hambriento.

Hay unas nubes que son como vedijas escapadas al colchón del cielo, descosido por algún lado.

⋆

El ruido del tranvía raya el cristal de la noche.

⋆

Al verano de Castilla sólo le hacen falta unos leones en libertad.

⋆

Gómez de la Serna, Ramón: Discurso (1919). In ders.: *Pombo. La sagrada cripta del Pombo*. Madrid – Triest: Ed. De Andrés Trapiello 1986, S. 232: Queridos camaradas en Pombo: Poco a poco parece que representamos un grupo literario con su estética determinada, la estética Pombiana, y no es verdad, no se nos puede meter mano por ahí. ¡Qué más quisieran que tuviésemos una estética visible y con una cabeza que cortar! [...]

Nuestra estética puede ser a lo más, puede partir a lo más, de la base de concebir este local, ¡lo cual no es poco! [...]

Lo barroco es algo alarmante aunque sea una clasificación más simpática que las otras. Lo barroco recoge bastante lo desmelenado, lo deshecho, lo confuso, lo blasfemo, lo intenso.

Nuestra estética es « Pombiana ». Nosotros somos los « pombianos ». Nada más.

Gracq, Julien: Le surréalisme et la littérature contemporaine. In ders.: *Œuvres complètes*. Édition de Bernhild Boie. Paris: Gallimard, « Bibliothèque de la Pléiade », 1989, Bd. I, S. 1015: Ce mouvement qui frappait les rédacteurs des *Nouvelles littéraires* et de l'*Action française* par son aspect blasphématoire et voyou, ce mouvement qui s'est voulu une gifle perpétuelle à tout ce qui fait carrière et profession de sérieux dans la littérature, a obtenu finalement une espèce de consécration; il est devenu un bien national et presque officiel, mieux encore: un article d'exportation appréciable dont l'Amérique en particulier se montre friande, et que les services culturels français diffusent maintenant avec gravité. Breton lui-même, qui a cru faire plus qu'un autre pour démériter à tout jamais de la littérature, est aujourd'hui un poète célèbre, et même davantage : quelque chose comme le patriarche de la poésie française. Cette espèce de canonisation, que le tournant de la dernière guerre a soulignée d'une façon ironique, le surréalisme ne l'a pas cherchée, mais elle était inscrite dans les choses: elle signifie seulement que la masse du public, ou tout au moins une large fraction, a rattrapé à la fin son retard sur un mouvement précurseur, et qu'elle admet maintenant comme allant de soi des points de vue qui la faisaient sourire il y a vingt-cinq ans.

Guimarães Rosa, João an João Condé, abgedruckt in *Letras e Artes* (Suplemento literário do jornal *A Manhã*) (Rio de Janeiro, 21.7.1947), S. 8.: O livro foi escrito – quase todo na cama, a lápis, em cadernos de 100 folhos – em sete meses; sete meses de exaltação, do deslumbramento. (Depois, repousou durante sete anos; e, em 1945, foi « retraballado », em cinco meses, cinco meses de reflexão e de lucidez). Là, por novembro, contratei com uma dactilógrafa a passagem alimpo. E, a 31 de dezembro de 1945, emtregueu o original, às 5 e meia da tarde, na livraria José Olympio.

Guimarães Rosa, João: *Sagarana*. Rio de Janeiro: José Olympio 1976, S. 5: Alta, sobre a cordilheira de cacundas sinuosas, oscilava a mastreação de chifres. E comprimiam-se os flancos dos mestiços de todas as meias-raças plebéias dos campos-gerais, do Urucuia, dos tombadores de Rio Verde, das reservas baianas, das pradarias de Goiás, das estepes do Jequitinhonha, dos pastos soltos do sertão sem fim. Sós e seus de pelagem, com as cores mais achadas e impossíveis: pretos, fuscos, retintos, gateados, baios, vermelhos, rosilhos, barrosos, alaranjados; castanhos tirando a rubros, pitangas com longes pretos; betados, listados, versicolores; turinos, marchetados com com polinésias bizarras, tartarugas variegados; araçás estranhos, com estrias, concêntricas no pelame – curvas e zebruras pardo-sujas em fundo verdacento, como cortes de ágata acebolada, grandes nós de madeira lavrada, ou faces talhadas em granito impuro

S. 23: [...] alargam-se e recomprimem-se, sem motivo, e mesmo dentro da massa movediça há estranhos giros, que não são os deslocam,entos normais do gado em marcha – quando sempre alguns disputam a colocação na vanguarda, outros procuram o centro, e muitos se deixam levar, empurrados, quase sobrenadando, com os mais fracos rolando para os lados e os mais pesados tardando para trás, no coice da procissão.

S. 27: Dei mesmo numa baixada de pasto, e afundei quase no meio das vacas. [...] as vacas, desinquietas, estavam se ajuntando, se amontoando num bolo, empurrando os bezerros para o meio, apertando, todas encalcando, de modo que aquilo tudo, espremido, parecia uma rodeira grande, rodando e ficando cada vez mais pequena, sem parar de rodar.

S. 168: –Qual! ... A gente nasceu aqui, vai ficando por aqui mesmo ...

E, atrapalhado, como quem quisesse mudar de assunto, o capiau mostrou:

– Vigia só!

Nos galhos mais altos do landi, um saguim, mal penteado e careteiro, fazia gatimanhas, chiando e dando pinotes. Os cavaleiros estacaram. Turíbio Todo tirou o revólver e apontou. Mas o macaquinho se escondia por detrás do pau, avançando, de vez em quando, só a caminha para espiar. E Turíbio se enterreceu, e tomou a pôr a arma na cintura.

Enquanto isso, o mico espiralava tronco abaixo e pulava para o vinhático, e do vinhático, para o sete-casacas, e do sete-casacas para o jequitibá; desceu na corda quinada do cipó-cruz, subiu pelo rastilho de flores solares do unha-de-gato, galgou as alturas de um angelim; sumiu-se nas grimpas; e, dali, vaiou.

– Deixa o coitado! Para que judiar dessas criaçãozinhas do mato? ...
Eles também precisam de viver.

Ibarbourou, Juana de: Fusión. In dies.: *Obras completas*. Buenos Aires: Aguilar 1968, S. 33:
Mi alma en torno a tu alma se ha hecho un nudo
　Apretado y sombrío.
Cada vuelta del lazo sobrehumano
Se hace raíz, para afianzarse hondo.
Y es un abrazo inacabable y largo
Que ni la muerte romperá. ¿No sientes
Cómo me nutro de tu misma sombra?
Mi raíz se ha trenzado a tus raíces
Y cuando quieras desatar el nudo,
¡Sentirás que te duele en carne viva
Y que en mi herida brota sangre tuya!

¡Y con tus manos curarás la llaga
Y ceñirás más apretado el nudo!

Ibarbourou, Juana de: Las lenguas de diamante. In dies.: *Obras completas*, S. 97 f.:
Bajo la luna llena, que es una oblea de cobre,
Vagamos taciturnos en un éxtasis vago,
Como sombras delgadas que se deslizan sobre
Las arenas de bronce de la orilla del lago.

Silencio en nuestros labios una rosa ha florido.
¡Oh, si a mi amante vencen tentaciones de hablar!,
La corola, deshecha, como un pájaro herido,
Cayerá rompiendo el suave misterio sublunar.

¡Oh dioses, que no hable! ¡Con la venda más fuerte
Que tengáis en las manos, su acento sofocad!
¡Y si es preciso, el manto de piedra de la muerte
Para formar la venda de su boca, rasgad!

Yo no quiero que hable. Yo no quiero que hable.
Sobre el silencio éste, ¡qué ofensa la palabra!
¡Oh lengua de ceniza! ¡Oh lengua miserable,
No intentes que ahora el sello de mis labios te abra!

Bajo la luna-cobre, taciturnos amantes,
Con los ojos gimamos, con los ojos hablemos.
Serán nuestras pupilas dos lenguas de diamantes
Movidas por la magia de diálogos supremos.

Ibarbourou. Juana de: Mujer. In dies.: *Obras completas*, S. 211.
Si yo fuera hombre, ¡qué hartazgo de luna,
De sombra y silencio me había de dar!
¡Cómo, noche a noche, solo ambularía
Por los campos quietos y por frente al mar!

Si yo fuera hombre, ¡qué extraño, qué loco
Tenaz vagabundo que había de ser!
¡Amigo de todos los largos caminos
Que invitan a ir lejos para no volver!

Cuando así me acosan ansias andariegas,
¡Qué pena tan honda me da ser mujer!

Ibarbourou, Juana de: Soneto a Dios. In dies.: *Obras completas*, S. 554:
Porque me diste la palabra y pudo
Ser ella en mí, oficio de universo
En la menuda gema de mi verso
Que advino luego en reluciente escudo.

Me siento tu deudora y a ti acudo
En noche y día de esplendor diverso,
Hora feliz, oscuro lustro adverso,
Fiel azucena o álamo desnudo.

Así me inclino como Job, paciente,
En la sumisa espera penitente
Ante tu sombra que aniquila el rayo.

Fui tu diamante de inocente fuego,
Y ya alma oscura, a tu piedad me entrego
En esta aurora pálida de mayo.

Jarry, Alfred: *Ubu Roi.* **Notes et dossier de Laurent Tiesset. Paris: Editions Chemins de tr@verse 2011, S. 10: Autre présentation d'« Ubu Roi »:** Après qu'a préludé une musique de trop de cuivres pour être moins qu'une fanfare, et qui est exactement ce que les Allemands appellent une « bande militaire », le rideau dévoile un décor qui voudrait représenter Nulle Part, avec des arbres au pied des lits, de la neige blanche dans un ciel bien bleu, de même que l'action se passe en Pologne, pays assez légendaire et démembré pour être ce Nulle Part, ou tout au moins, selon une vraisemblable étymologie franco-grecque, bien loin un quelque part interrogatif. [...] Nulle Part est partout, et le pays où l'on se trouve, d'abord. C'est pour cette raison qu'Ubu parle français. Mais ses défauts divers ne sont point vices français, exclusivement, auxquels favorisent le capitaine Bordure, qui parle anglais, la reine Rosemonde, qui charabie du Cantal et la foule polonaise, qui nasille des trognes et est vêtue de gris. Si diverses satires se laissent voir, le lieu de la scène en fait les interprètes irresponsables.

Monsieur Ubu est un être ignoble, c'est pourquoi il nous ressemble (par en bas) à tous.

S. 18 ff.:
PERE UBU: Merdre.
MERE UBU: Oh! voilà du joli, Père Ubu, vous êtes un fort grand voyou.
PERE UBU: Que ne vous assomm'je, Mère Ubu.
MERE UBU: Ce n'est pas moi, Père Ubu, c'est un autre qu'il faudrait assassiner.
PERE UBU: De par ma chandelle verte, je ne comprends pas.
MERE UBU: Comment, Père Ubu, vous êtes content de votre sort?
PERE UBU: De par ma chandelle verte, merdre, madame, certes oui, je suis content. On le serait à moins : capitaine de dragons, officier de confiance du roi Venceslas, décoré de l'ordre de l'Aigle Rouge de Pologne et ancien roi d'Aragon, que voulez-vous de mieux ? [...]
MERE UBU: Qui t'empêche de massacrer toute la famille et de te mettre à leur place? [...]
PERE UBU: Et vraiment! et puis après ? n'ai-je pas un cul comme les autres ?
MERE UBU: A ta place, ce cul, je voudrais l'installer sur un trône. Tu pourrais augmenter indéfiniment tes richesses, manger fort souvent de l'andouille et rouler carrosse par les rues. [...]
PERE UBU: Ah! je cède à la tentation. Bougre de merdre, merdre de bougre, si jamais je le rencontre au coin d'un bois, il passera un mauvais quart d'heure.

S. 83 ff.:
PERE UBU: Oh! mais tout de même, arrive ici, charogne! Mets-toi à genoux devant ton maître (*il l'empoigne et la jette à genoux*), tu vas subir le dernier supplice.
MERE UBU: Ho, ho, monsieur Ubu!
PERE UBU: Oh! oh! oh! après, as-tu fini? Moi je commence: torsion du nez, arrachement des cheveux, pénétration du petit bout de bois dans les oneilles, extraction de la cervelle par les talons, lacération du postérieur, suppression partielle ou même totale de la moelle épinière (si au moins ça pouvait lui ôter les épines du caractère), sans oublier l'ouverture de la vessie natatoire et finalement la grande décollation renouvelée de saint Jean-Baptiste, le tout tiré des très saintes Ecritures, tant de l'Ancien que du Nouveau Testament, mis en ordre, corrigé et perfectionné par l'ici présent Maître des Finances! ça te va-t-il, andouille?
(*Il la déchire.*)
MERE UBU: Grâce, monsieur Ubu!
(*Grand bruit à l'entrée de la caverne.*)
(*Bougrelas, se ruant dans la caverne avec ses soldats.*)
BOUGRELAS: En avant, mes amis! Vive la Pologne!
PERE UBU: Oh! oh! attends un peu, monsieur le Polognard. Attends que j'en aie fini avec madame ma moitié!
BOUGRELAS (*le frappant*): Tiens, lâche, gueux, sacripant, mécréant, musulman!
PERE UBU (*ripostant*): Tiens! Polognard, soûlard, bâtard, hussard, tartare, calard, cafard, mouchard, savoyard, communard!
MERE UBU (*le battant aussi*): Tiens, capon, cochon, félon, histrion, fripon, souillon, polochon!

Kristeva, Julia: *Étrangers à nous-mêmes*. Paris: Fayard 1988, S. 9: Étranger : rage étranglée au fond de ma gorge, ange noir troublant la transparence, trace opaque, insondable. Figure de la haine et de l'autre, l'étranger n'est ni la victime romantique de notre paresse familiale, ni l'intrus responsable de tous les maux de la cité. Ni la révélation en marche, ni l'adversaire immédiat à éliminer pour pacifier le groupe. Etrangement, l'étranger nous habite : il est la face cachée de notre identité, l'espace qui ruine notre demeure, le temps où s'abîment l'entente et la sympathie. De le reconnaître en nous, nous nous épargnons de le détester en lui-même. Symptôme qui rend précisément le « nous » problématique, peut-être impossible, l'étranger commence lorsque surgit la conscience de ma différence et s'achève lorsque nous nous reconnaissons tous étrangers, rebelles aux liens et aux communautés.
    S. 152: Face au problème de l'étranger, les discours, les difficultés, voire les impasses de nos prédécesseurs ne forment pas seulement une histoire; ils constituent une distance culturelle qui est à préserver et à développer, distance

à partir de laquelle pourraient être tempérées et modifiées les attitudes primaires de rejet ou d'indifférence, aussi bien que les décisions arbitraires ou utilitaires réglant aujourd'hui les rapports entre étrangers. D'autant que nous sommes tous en train de devenir étrangers dans un univers plus que jamais élargi, plus que jamais hétéroclite sous son apparente unité scientifique et médiatique.

S. 289: En l'absence d'un nouveau lien communautaire – religion salvatrice qui intégrerait la masse des errants et des différents dans un nouveau consensus, autre que celui du « plus d'argent et de biens pour tout le monde » –, nous sommes amenés, pour la première fois dans l'histoire, à vivre avec des différents en misant sur nos codes moraux personnels, sans qu'aucun ensemble embrassant nos particularités ne puisse les transcender. Une communauté paradoxale est en train de surgir, faite d'étrangers qui s'acceptent dans la mesure où ils se reconnaissent étrangers eux-mêmes. La société multinationale serait ainsi le résultat d'un individualisme extrême, mais conscient de ses malaises et de ses limites, ne connaissant que d'irréductibles prêts-à-s' aider dans leur faiblesse, une faiblesse dont l'autre nom est notre étrangeté radicale.

Lahens, Yanick: *Dans la maison du père.* **Paris : Le Serpent à plumes 2000, S. 11 f.:** La maison est au bout d'une allée d'hibiscus, toutes portes et toutes fenêtres ouvertes. Un air de ragtime à la mode depuis quelque temps sort du cornet d'un gramophone posé sur un guéridon à un angle du salon. Dès les premières notes, je tourne dans ma robe bleue. Je bouge les pieds en riant. Tape des mains. Me dandine de droite à gauche. Une femme quitte son fauteuil, déroule son écharpe de soie, se défait de son tricot léger et me rejoint au milieu des meubles du salon. La femme exécute les mêmes mouvements que moi. Mais plus discrètement. Depuis qu'elle m'a rejointe, je ris de plus belle. Encore un peu et mes poumons vont éclater, mon cœur se détacher et tomber à mes pieds.

[...]

Quelques minutes plus tard, je quitte la maison en sautillant et me dirige vers le jardin. A mesure que s'éloigne la musique du gramophone, je fredonne tout bas l'air de ragtime. La musique me poursuit pendant un moment. Je cours dans l'herbe, tourne à nouveau sur moi-même, bougeant les bras d'avant en arrière jusqu'à être prise d'un léger vertige ... Et soudain, quelque chose comme une force obscure et gaie me prend à revers et change mes rythmes. J'ôte mes chaussures, mes chaussettes blanches et j'essaie de retrouver les mesures d'une autre musique, celles d'autres gestes scandés par un tambour et entrevues quelques semaines auparavant dans une clairière retirée, à Rivière Froide, là-bas dans un faubourg de la ville. Genoux pliés, j'arrondis les épaules, j'ondule le dos et avance à petits pas à peine saccadés. Je m'accroupis jusqu'à toucher le sol et bouge sans jamais m'arrêter. Au bout d'un moment je ne danse plus, c'est la danse qui me traverse et fait battre mon sang.

L'homme au costume d'alpaga blanc me suit des yeux. [...] A quelques mètres de moi, il court à toutes jambes, me rattrape et s'abat sur moi comme une torche dans un champ de canne. Il me tient brutalement par les épaules, me crie d'arrêter tout de suite cette danse ... maudite et me gifle.

S. 73: Dans cette île, nous n'avons jamais beaucoup aimé la mer, persuadés qu'elle nous a amenés tous nos malheurs. Je ne suis donc allé qu'une ou deux fois m'y baigner cet été-là, mais j'ai longtemps imaginé ses grognements durant le jour et les soirs sa plainte hagarde roulant dans l'épaisseur de la nuit. J'aimais marcher le long de la dentelle des algues sur le sable et sentir la mer me lécher les pieds. J'aimais la mer comme la danse, j'aimais le risque physique et le plaisir. J'aimais ses mystères d'écume, de sel et d'eau. Les yeux grands ouverts je rêvais de son désordre fantasque et violent tout au loin. De sa poésie si amère. De son ventre d'eau plein de toutes sortes d'animaux vivants et morts, de vieilles carcasses à la dérive, de sables mouvants et fins, d'algues de toutes les couleurs, de coraux étranges. L'idée de la vie et de la mort dans ce ventre d'eau du monde devenait un songe bienfaisant qui m'enchantait. [...] Loin d'elle, je confiais souvent au fleuve Artibonite les secrets que je lui destinais, certaine qu'il les déverserait dans le grand gouffre bleu.

S. 139 f.: Tout a commencé quand mes pieds nus ont touché le lisse du plancher. Quand j'ai traversé ma peur comme un jongleur un cercle de feu. Dans une dépossession totale. Une fois que j'ai tout perdu, sans lien, sans raison, sans espoir, sans personne, sans rien derrière moi. Et plus j'avance vers ce lieu inconnu et plus je perds les sens et les signes. Je suis dans l'affolement non plus de la perte, mais de ces nouveautés et de ces métamorphoses soudaines de ma vie qui s'étale, de mes territoires qui s'étendent ... Je souris, je pleurs cette vie que je ne connais pas. Je la laisse passer sans résistance, j'entre dans son scintillement. Et soudain, sans crier gare, le corps s'ouvre et l'inconnu s'engouffre comme un nordé qui se lève, comme un orage d'août qui fend la vieille calebasse du ciel. Alors le corps me monte à la tête comme un rhum et prend feu à tous ses bouts. L'inconnu c'est celui du fond des âges, du fond des siècles, de l'odeur de feu et de sang que la colère répand à grands flots, des rires d'oiseaux, des enfants, des hordes lancées contre le meurtre, des cils clignant sous les étoiles, de la terrible liberté des mourants, des sommeils voyageurs des femmes, des paroles sans prudence échappées des hommes. Le corps de la jeune mariée disait tout cela et plus encore. Ce corps était une sagesse ancienne, oubliée, plus vieille que Man Bo, plus vieille que les ancêtres dans les plantations, plus vieille que toutes les femmes dans la Genèse, Rachel, Rebecca, plus vieille que la déesse Hottento, plus vieille qu'Ayizan mère de tous les lwas. J'étais allée très loin, si loin que seule la mort comme une fin eût pu m'offrir une telle apogée sans la chute. Tout instant qui succéderait à celui-là serait désormais plus creux et plus vide.

S. 149 f.: Je suis arrivée à New York le 2 septembre 1948. Très vite je fus livrée à moi-même dans cette ville gigantesque, maléfique et étincelante. Libre de danser ma vie, d'aimer et de refuser à loisir, le cœur délié de tous ses nœuds. Et c'est dans cette ville et non chez les demoiselles Védin que j'attrapai mon virus de civilisée, ce sentiment éprouvé un quart de seconde, jusqu'à l'asphyxie parfois, du vide, de l'incapacité de vivre. [...]

Edgard a laissé l'île en 1962. Avec le temps, la danse me prémunit contre la force de cette relation brûlante et silencieuse. Dans ses dernières lettres il évoqua la lente montée de la peur, les premiers postes à galène et leurs grésillements qui déchiraient la nuit, *Bohemia*, la revue des jeunes révolutionnaires cubains. Il ne manquait jamais d'insister sur la chape de plomb qui s'était abattue sur l'île, sur la milice, en uniforme bleu et lunettes noires, lâchée dans les rues ou roulant en DKW. Benoît, son ami, son frère, avait été arrêté, et il ne l'a jamais revu. Edgard vit quelque part aujourd'hui entre l'Europe et l'Amérique au milieu de ses toiles avec de tonnes d'alcool dans les veines et des corps de femmes dans les os. [...]

Oncle Héraclès a épousé une jeune femme fragile qui abrite dans ses mains sa vie brisée. Il vit aujourd'hui en Finlande dans un pays de neige, loin des pauvres, loin des nègres et de tout leur lot de problèmes. Les nègres, il en parle en consultant les livres. Pour les pauvres, il donne l'argent à l'appel de l'UNICEF ou de *Save the Children*. Il a voulu oublier Haïti, ce pays où, m'a-t-il écrit un jour, il n'y a plus de place pour les gens qui veulent simplement vivre. On est toujours face à des ombres.

S. 155: Les premiers roulements de tambour montent du ventre de la terre. Me voilà seule au milieu d'ombres et d'odeurs. En face de moi il y a un acacia solidement planté que la lune fouille amoureusement. A mes pieds, quelques lueurs jaunâtres sous les toits de tôle, serrés les uns contre les autres. Et plus loin le jardin où, couchée sur l'herbe dans ma robe bleue, j'ai commencé à exister.

Lahens, Yanick, im Interview mit Ottmar Ette: « Faire éclater la problématique d'une littérature nationale ». Entretien avec la romancière haïtienne Yanick Lahens à Berlin, le 24 mars 2002. In: *Lendemains* (Tübingen) XXVII, 105 – 106 (2002), S. 221–235, hier S. 226 f.: J'ai l'habitude de dire qu'on a une longueur d'avance. Pourquoi ? Parce qu' effectivement ce qui va se passer avec cette littérature que l'on appelle par commodité, la littérature du dehors, de la diaspora ou de l'exil, c'est qu'un certain nombre de problèmes vont se poser différemment : premièrement la problématique identitaire qui était très forte, compte tenu de l'histoire haïtienne. Je crois qu'on va un petit peu faire sortir la problématique de l'identité de quelque chose de clos. L'identité va être beaucoup plus ouverte :

quand quelqu'un comme Emile Olivier dit « Je suis canadien de jour, haïtien de nuit » déjà on peut se rendre compte que l'identité n'est pas quelque chose d'immuable, de stable. C'est quelque chose qui peut bouger. Cela bouge avec le temps, cela bouge avec l'espace aussi. Donc déjà là, il y a un renouvellement de la problématique qui est intéressante. Deuxièmement, je crois aussi que cela va faire évoluer – mais cela est ma théorie personnelle – le genre. On va voir que beaucoup de ceux qui sont partis étaient des poètes mais ils arrivent dans un contexte qui permet l'éclosion du roman en tant que genre de la modernité. Et la plupart des romans haïtiens entre 1970 et 1980 – aujourd'hui, c'est un peu différent – ont été écrit à l'extérieur. Donc il y a des choses qui changent. Ensuite on a la deuxième génération maintenant qui ne va plus vivre l'exil comme exil mais comme des nomades modernes. Et puis ce ne sera plus l'exil, ce sera l'errance, ce sera « Je me déplace avec mes racines ». Donc ce ne sera pas la nostalgie comme on l'avait. Et maintenant ce qui arrive avec la troisième génération, on a des écrivains qui écrivent dans une autre langue, comme E. Denticat, comme Micheline Dussèque, en espagnol. La première génération d'exil et les migrants des autres générations vont faire éclater la problématique d'une littérature nationale. Aujourd'hui on peut se poser la question : Qu'est-ce que c'est qu'une littérature nationale, à partir même de la littérature haïtienne ?

Laverdant, Gabriel Désiré: *De la mission de l'art et du rôle des artistes*, **in : La Phalange (Paris) I (1845), S. 253–272, hier S. 254:** L'Art, expression de la Société, exprime dans son essor le plus élevé, les tendances sociales les plus avancées ; il est précurseur et révélateur. Or, pour savoir si l'art remplit dignement son rôle d'initiateur, si l'artiste est bien à l'avant-garde, il est nécessaire de savoir où va l'Humanité, quelle est la destinée de l'Espèce.

Lezama Lima, José: *Paradiso*. **México D.F.: Ediciones Era 1968, S. 207 ff.:**
Le digo al amanecer
que venga pasito a paso,
con su vestido de raso
acabado de coser.
El sinsonte vuelve ya
a lavarse en el cantío
que va murmurando el río
con alegre libertad.
Su casa, en el caserío,
humea azul el cantar.

Es el alba, en su rocío
la hoja pregunta al tacto
si es su carne o cristal frío
lo que siente en su contacto.
Rueda la hoja al río
y en su engaño se desliza,
es la moneda que irisa
el curso de la fluencia.
Es la brisa, una ciencia
de lo eterno se divisa.

Ceñido el amanecer,
los blancos de Zurbarán,
pompas del rosicler.
Los anillos estarán
con el pepino y el nabo
de las huestes de satán.
Cualquier fin es el pavo,
tocado por la cabeza,
pero ya de nuevo empieza
a madurar por el rabo.

Un collar tiene el cochino,
calvo se queda el faisán,
con los molinos del vino
los titanes se hundirán.
Navaja de la tonsura,
es el cero en la negrura
del relieve de la mar.
Naipes en la arenera,
fija la noche entera
la eternidad ... y a fumar.

S. 213: Después que Farraluque fue confinado a un destierro momentáneo de su burlesco poderío, José Cemí tuvo oportunidad de contemplar otro ritual fálico. El órgano sexual de Farraluque reproducía en pequeño su leptosomía corporal. Su glande incluso se parecía a su rostro. La extensión del frenillo se asemejaba a su nariz, la prolongación abultada de la cúpula de la membranilla a su frente abombada. En las clases de bachillerato, la potencia fálica del guajiro Leregas, reinaba como la vara de Aarón. Su gladio demostrativo era la clase de geografía. Se escondía a la izquierda del profesor, en unos bancos amarillentos donde cabían como doce estudiantes. Mientras la clase cabeceaba, oyendo la explicación sobre el Gulf Stream, Leregas extraía su verga –con la misma indiferencia majestuosa del cuadro velazqueño donde se entrega la llave sobre un cojín–, breve como un dedal al principio, pero después como impulsada por un viento titánico, cobraba la longura de un antebrazo de trabajador manual. El órgano sexual de Leregas, no reproducía como el de Farraluque su rostro sino su cuerpo entero. En sus aventuras sexuales, su falo no parecía penetrar sino abrazar el otro cuerpo.

S. 489: La hermana de Licario deslizó en la mano de Cemí un papel doblado, al mismo tiempo que le decía: Creo que fue lo último que escribió. Apretó Cemí el papel como quien aprieta una esponja que va a chorrear sonidos reconocibles. Entre los familiares y amigos que rodeaban el féretro, pudo encontrar un lugar donde sentarse. Todas aquellas personas habían sentido esa inflamación de la naturaleza para alcanzar la figura, esa irrupción de una misteriosa equivalencia que siempre había despertado Oppiano Licario. Lo que gravitaba en la pequeña capilla era eso precisamente, la ausencia de respuesta. Cemí extendió el papel y pudo leer:

JOSE CEMI
No lo llamo, porque él viene,
como dos astros cruzados
en sus leyes encaramados
la órbita elíptica tiene.

Yo estuve, pero él estará,
cuando yo sea el puro conocimiento,
la piedra traída en el viento,
en el egipcio paño de lino me envolverá.

La razón y la memoria al azar
verán a la paloma alcanzar
la fe en la sobrenaturaleza.

La araña y la imagen por el cuerpo,
no puede ser, no estoy muerto.

Vi morir a tu padre; ahora, Cemí, tropieza.

Cemí con los ojos muy abiertos atravesaba el inmenso desierto de la somnolencia. Veía a la llamita de las ánimas que se alzaba en los cuerpos semisumergidos de los purgados durante una temporada. Llamitas fluctuantes de las ánimas en pena.

Lezama Lima, José: *La expresión americana.* **Madrid: Alianza Editorial 1969, S. 9:** Sólo lo difícil es estimulante; sólo la resistencia que nos reta es capaz de enarcar, suscitar y mantener nuestra potencia de conocimiento, pero en realidad ¿Qué es lo difícil? ¿lo sumergido, tan sólo, en las maternales aguas de lo oscuro? ¿lo originario sin causalidad, antítesis o logos? Es la forma en devenir en que un paisaje va hacia un sentido, una interpretación o una sencilla hermenéutica, para ir después hacia su reconstrucción, que es en definitiva lo que marca su eficacia o desuso, su fuerza ordenancista o su apagado eco, que es su visión histórica.

S. 159: A Picasso se le quería extraer de la tradición francesa en sus primeras manifestaciones en esta secularidad, de la era de la experimentación y de las mutaciones, para apegarlo, según su propio gusto de lince contemporáneo, a la tradición española, menos riesgosa, que avanza con más lentitud y por lo mismo de un hueso más resistente para las exigencias de lo temporal. (Se olvidaba esta maliciosa tradición, que tanto el Greco, como Goya, se debían a síntesis histórica y no a productos del indigenismo).

S. 162 f.: Las grandes figuras del arte contemporáneo, han descubierto regiones que parecían sumergidas, formas de expresión o conocimiento que se habían descuidado, permaneciendo creadoras. El conocimiento de Joyce del neotomismo, siquiera sea como diletanti, no era un eco tardío de la escolástica, sino un mundo medieval, que al ponerse en contacto con él se volvía extrañamente creador. La llegada de Stravinsky a Pergolesi, no era una astucia neoclásica, sino la necesidad de encontrar un hilo en la tradición, que había estado tan cerca de alcanzar el secreto de la mística, el canon de la creación, la fijeza en las mutaciones, el ritmo del retorno. La gran excepción de un Leonardo o de un Goethe, se convertía en nuestra época en la expresión signaria, que exigía un intuitivo y rápido conocimiento de los estilos anteriores, rostros de lo que ha seguido siendo creador después de tantos naufragios y una adecuada situación en la polémica contemporánea, en el fiel de lo que se retira hacia las sombras y el chorro que salta de las aguas.

Si Picasso saltaba de lo dórico a lo eritrero, de Chardin a lo provenzal, nos parecía una óptima señal de los tiempos, pero si un americano estudiaba y asimilaba a Picasso, *horror referens.*

Lispector, Clarice: *Uma aprendizagem ou O livro dos prazeres: romance.* **Rio de Janeiro: Francisco Alves 1993, S. 13:** Este livro se pediu uma liberdade maior que tive medo de dar. Ele está muito acima de mim. Humildemente tentei escrevê-lo. Eu sou mais forte do que eu.

S. 19 f.: graças a Deus que estava em férias, fora ao guarda-roupa escolher que vestido usaria para se tornar extremamente atraente para o encontro com Ulisses que já lhe dissera que ela não tinha bom-gosto para se vestir, lembrou-se de que sendo sábado ele teria mais tempo porque não dava nesse dia as aulas de férias na Universidade, pensou no que ele estava se transformando para ela, no que ele parecia querer que ela soubesse, supôs que ele queria ensinar-lhe a viver sem dor apenas, ele dissera uma vez que queria que ela, ao lhe perguntarem seu nome, não respondesse « Lóri » mas que pudesse responder « meu nome é eu », pois teu nome, dissera ele, é um eu, perguntou-se se o vestido branco e preto serviria,

então do ventre mesmo, como um estremecer longínquo de terra que mal se soubesse ser sinal do terremoto, do útero, do coração contraído veio o tremor gigantesco duma forte dor abalada, do corpo todo o abalo – e em sutis caretas de rosto e de corpo afinal com a dificuldade de um petróleo rasgando a terra – veio afinal o grande choro seco, choro mudo sem som algum até para ela mesma, aquele que ela não havia adivinhado, aquele que não quisera jamais e não previra – sacudida como a árvore forte que é mais profundamente abalada que a árvore frágil – afinal rebentados canos e veias, então

S. 24: – usaria brincos? hesitou, pois queria orelhas apenas delicadas e simples, alguma coisa modestamente nua, hesitou mais: riqueza ainda maior seria a de esconder com os cabelos as orelhas de corça e torná-las secretas, mas não resistiu: descobriu-as, esticando os cabelos para trás das orelhas incongruentes e pálidas: rainha egípcia? não, toda ornada como as mulheres bíblicas, e havia também algo em seus olhos pintados que dizia com melancolia: decifra-me, meu amor, ou serei obrigada a devorar, e

agora pronta, vestida, o mais bonita quanto poderia chegar a sê-lo, vinha novamente a dúvida de ir ou não ao encontro com Ulisses – pronta, de braços pendentes, pensativa, iria ou não ao encontro?

Maalouf, Amin: *Les croisades vues par les Arabes.* **Paris: Jean-Claude Lattès 1983, S. 299:** En apparence, le monde arabe venait de remporter une victoire éclatante. Si l'Occident cherchait, par ses invasions successives, à contenir la poussée de l'islam, le résultat fut exactement inverse. Non seulement les Etats francs de l'Orient se retrouvaient déracinés après deux siècles de colonisation, mais les musulmans s'étaient si bien repris qu'ils allaient repartir, sous le drapeau des Turcs ottomans, à la conquête de l'Europe même. En 1453, Constantinople tombait entre leurs mains. En 1529, leurs cavaliers campaient sous les murs de Vienne.

Ce n'est, disions-nous, que l'apparence. Car, avec le recul historique, une constatation s'impose : à l'époque des croisades, le monde arabe, de l'Espagne à l'Irak, est encore intellectuellement et matériellement le dépositaire de la civilisation la plus avancée de la planète. Après, le centre du monde se déplace résolument vers l'ouest. Y a-t-il là relation de cause à effet ? Peut-on aller jusqu'à affirmer que les croisades ont donné le signal de l'essor de l'Europe occidentale – qui allait progressivement dominer le monde – et sonné le glas de la civilisation arabe?

S. 304: Dans un monde musulman perpétuellement agressé, on ne peut empêcher l'émergence d'un sentiment de persécution, qui prend, chez certains fanatiques, la forme d'une dangereuse obsession : n'a-t-on pas vu, le 13 mai 1981, le Turc Mehmet Ali Agca tirer sur le pape après avoir expliqué dans une lettre : *J'ai décidé de tuer le pape Jean Paul II, commandant suprême des croisés.* Au-delà de cet acte individuel, il est clair que l'Orient arabe voit toujours dans l'Occident un ennemi naturel. Contre lui, tout acte hostile, qu'il soit politique, militaire ou pétrolier, n'est que revanche légitime. Et l'on ne peut douter que la cassure entre ces deux mondes date des croisades, ressenties par les Arabes, aujourd'hui encore, comme un viol.

Maalouf, Amin: *Léon l'Africain.* **Paris: Jean-Claude Lattès 1986, S. 9:** Moi, Hassan fils de Mohamed le peseur, moi, Jean-Léon de Médicis, circoncis de la main d'un barbier et baptisé de la main d'un pape, on me nomme aujourd'hui l'Africain, mais d'Afrique ne suis, ni d'Europe, ni d'Arabie. On m'appelle aussi le Grenadin, le Fassi, le Zayyati, mais je ne viens d'aucun pays, d'aucune cité, d'aucune tribu. Je suis fils de la route, ma patrie est caravane, et ma vie la plus inattendue des traversées.

Mes poignets ont connu tour à tour les caresses de la soie et les injures de la laine, l'or des princes et les chaînes des esclaves. Mes doigts ont écarté mille voiles, mes lèvres ont fait rougir mille vierges, mes yeux ont vu agoniser des villes et mourir des empires.

De ma bouche, tu entendras l'arabe, le turc, le castillan, le berbère, l'hébreu, le latin et l'italien vulgaire, car toutes les langues, toutes les prières m'appartiennent. Mais je n'appartiens à aucune. Je ne suis qu'à Dieu et à la terre, et c'est à eux qu'un jour prochain je reviendrai.

Et tu resteras après moi, mon fils. Et tu porteras mon souvenir. Et tu liras mes livres. Et tu reverras alors cette scène : ton père, habillé en Napolitain, sur cette galée qui le ramène vers la côte africaine, en train de griffonner, comme un marchand qui dresse son bilan au bout d'un long périple.

Mais n'est-ce pas un peu ce que je fais : qu'ai-je gagné, qu'ai-je perdu, que dire au Créancier suprême ? Il m'a prêté quarante années, que j'ai dispersées au gré des voyages : ma sagesse a vécu à Rome, ma passion au Caire, mon angoisse à Fès, et à Grenade vit encore mon innocence.

S. 66: De fait, la vie reprit tout de suite dans Grenade occupée, comme si Ferdinand voulait éviter que les musulmans ne partent en masse vers l'exil. Les otages revinrent à leurs familles le lendemain même de l'entrée du roi et de la reine dans la ville, et mon père nous racontait qu'il avait été traité avec plus d'égards que s'il avait été un hôte princier. A Santa Fe, ses compagnons et lui n'étaient pas confinés à une prison; ils pouvaient aller au marché et se promener parfois en petits groupes de par les rues, accompagnés cependant de gardes chargés tout à la fois de les surveiller et de les protéger contre les fureurs de quelque soldat ivre ou excité. C'est au cours d'une de ces balades qu'on montra à mon père, à la porte d'une taverne, un marin génois dont tout Santa Fe parlait et se distrayait. On l'appelait « Cristobal Colón ». Il voulait, disait-il, armer des caravelles pour rejoindre les Indes par l'ouest, la terre étant ronde, et il ne cachait pas son espoir d'obtenir pour cette expédition une partie du trésor de l'Alhambra. Il se trouvait là depuis des semaines, insistant pour rencontrer le roi ou la reine qui l'évitaient, bien qu'il leur fût recommandé par de hauts personnages. En attendant d'être reçu, il leur adressait sans arrêt messages et suppliques, ce qui, en ces temps de guerre, ne manquait pas de les importuner. Mohamed ne revit plus jamais ce Génois, mais moi-même j'eus souvent l'occasion d'en entendre parler.

S. 349: Un dernier mot tracé sur la dernière page, et déjà la côte africaine.

Blancs minarets de Gammarth, nobles débris de Carthage, c'est à leur ombre que me guette l'oubli, c'est vers eux que dérive ma vie après tant de naufrages. Le sac de Rome après le châtiment du Caire, le feu de Tombouctou après la chute de Grenade : est-ce le malheur qui m'appelle, ou bien est-ce moi qui appelle le malheur ?

Une fois de plus, mon fils, je suis porté par cette mer, témoin de tous mes errements et qui à présent te convoie vers ton premier exil. A Rome, tu étais « le fils de l'Africain » ; en Afrique, tu seras « le fils du Roumi ». Où que tu sois, certains voudront fouiller ta peau et tes prières. Garde-toi de flatter leurs instincts, mon fils, garde-toi de ployer sous la multitude ! Musulman, juif ou chrétien, ils devront te prendre comme tu es, ou te perdre. Lorsque l'esprit des hommes te paraîtra étroit, dis-toi que la terre de Dieu est vaste, et vastes Ses mains et Son cœur. N'hésite jamais à t'éloigner, au-delà de toutes les mers, au-delà de toutes les frontières, de toutes les patries, de toutes les croyances.

Quant à moi, j'ai atteint le bout de mon périple. Quarante ans d'aventures ont alourdi mon pas et mon souffle. Je n'ai plus d'autre désir que de vivre, au milieu des miens, de longues journées paisibles. Et d'être, de tous ceux que j'aime, le premier à partir. Vers ce Lieu ultime où nul n'est étranger à la face du Créateur.

Maalouf, Amin, Interview mit François Bénichou: « Amin Maalouf: "Ma patrie, c'est l'écriture (interview)" ». In: *Magazine littéraire* **359 (novembre 1997), S. 114 f.:** Je suis très attaché au Liban en tant que pays mais surtout en tant que symbole, parce que je pense que c'est un pays qui a essayé de faire vivre ensemble des communautés différentes, et pour moi, c'est une chose importante. [...] C'était en tout cas le pays le plus avancé de la région et il est loin d'être dans cette situation actuellement. C'était le pays de la tolérance [...].

Je suis un minoritaire. Etre minoritaire encourage à avoir une vision plus universelle, surtout aujourd'hui, parce que nous vivons dans un monde où toutes les cultures sont en quelque sorte minoritaires. Réfléchir, à travers un essai ou à travers un roman, à la position d'un minoritaire au sein d'une société, et plus globalement sur les sociétés dans lesquelles vivent des minorités, incite à avoir une réflexion sur ce qu'est la démocratie, sur ce qu'est le monde d'aujourd'hui et sur ce que sera celui de demain. [...]

J'écrivais déjà mais le fait d'avoir dû brutalement partir à cause d'une guerre, de m'être retrouvé dans un autre pays, d'appartenir à l'un et l'autre mais de n'appartenir totalement à aucun des deux, a probablement été un élément déterminant pour moi. Et me lancer dans cette marginalité suprême qu'est l'écriture de fiction était une planche de salut. Peu à peu, j'ai même écarté tout le reste, j'ai choisi une vie quasiment d'ermite et je continuerai parce que je pense que ma patrie, c'est l'écriture.

Maalouf, Amin: « Contre la littérature francophone ». In: *Le Monde* **(10.3.2006), S. 2:** Car, après tout, qu'est-ce qu'un auteur francophone ? Une personne qui écrit en français. L'évidence ... du moins en théorie. Car le sens s'est aussitôt perverti. Il s'est même carrément inversé. « Francophone », en France, aurait dû signifier « nous » ; il a fini par signifier « eux », « les autres », « les étrangers », « ceux des anciennes colonies » [...]. Si la notion de « littérature francophone » a été pervertie, détourné de son rôle rassembleur pour devenir un outil de discrimination [...], c'est parce que la société française d'aujourd'hui est en train de devenir une machine à exclure, une machine à fabriquer des étrangers en son propre sein.

Son carburant, la peur. Peur de l'Europe, soudain ; – encore un « nous » qui s'est transformé insidieusement en « eux » ! Peur des Anglo-saxons. Peur de l'islam. Peur de l'Asie qui s'élance. Peur de l'Afrique qui piétine. Peur des jeunes.

Peur des banlieues. Peur de la violence, de la vache folle, de la grippe aviaire. [...] Une France frileuse et déboussolée qui veut se protéger des fantomatiques « plombiers polonais » voleurs d'emplois, et se démarquer à tout prix de ces poètes étrangers qui viennent de si loin pour lui voler sa langue.

Marinetti, Filippo Tommaso: *Mafarka le fututriste. Roman africain*. Paris: E. Sansot 1909, S. 305 f.: Tout à coup, comme son vol changeait d'allure, une mélodie suave et étrange charma ses oreilles. Il comprit aussitôt qu'elle se dégageait de ses ailes, plus vives et sonores que deux harpes, et, ivre d'enthousiasme, il s'amusa à moduler ces cadences harmonieuses, alanguissant tour à tour les vibrations et poussant toujours plus haut leurs retours exaltés.

C'est ainsi que le grand espoir du monde, le grand rêve de la musique totale, se réalisait enfin dans la vol de Gazourmah ... L'essor de tous les chants de la Terre s'achevait dans ses grands battements d'ailes inspirées ! ... Sublime espoir de la *Poésie* ! Désir de fluidité ! Nobles conseils des fumées et des flammes! ...

Marinetti, Filippo Tommaso: Manifesto tecnico della letteratura futurista. 11 Maggio 1912. In: *I Manifesti del futurismo*, S. 88–94: In aeroplano, seduto sul cilindro della benzina, scaldato il ventre dalla testa dell'aviatore, io sentii l'inanità ridicola della vecchia sintassi ereditata da Omero. Bisogno furioso di liberare le parole, traendole fuori dalla prigione del periodo latino! Questo ha naturalmente, come ogni imbecille, una testa previdente, un ventre, due gambe e due piedi piatti, ma non avrà mai due ali. Appena è necessario per camminare, per correre un momento e fermarsi quasi subito sbuffando!

Ecco che cosa mi disse l'elica turbinante, mentre filavo a duecento metri sopra i posenti fumaioli di Milano. E l'elica soggiunse:

1. — BISOGNA DISTRUGGERE LA SINTASSI DISPONENDO I SOSTANTIVI A CASO, COME NASCONO.

2. — SI DEVE USARE IL VERBO ALL'INFINITO, perchè si adatti elasticamente al sostantivo e non lo sottoponga all'*io* dello scrittore che osserva o immagina. Il verbo all'infinito può, solo, dare il senso della continuità della vita e l'elasticità dell'intuizione che la percepisce.

3. — SI DEVE ABOLIRE L'AGGETTIVO perchè il sostantivo nudo conservi il suo colore essenziale.
L'aggettivo avendo in sè un carattere di sfumatura, è inconcepibile con la nostra visione dinamica, poiché suppone una sosta, una meditazione.

4. — SI DEVE ABOLIRE L'AVVERBIO, vecchia fibbia che tiene unite l'una all'altra le parole. L'avverbio conserva alla frase una fastidiosa unità di tono.

5. — OGNI SOSTANTIVO DEVE AVERE IL SUO DOPPIO, cioè il sostantivo deve essere seguito, senza congiunzione, dal sostantivo a cui è legato per analo-

gia. Esempio: uomo-torpediniera, donna-golfo, folla-risacca, piazza-imbuto, porta-rubinetto.

Siccome la velocità aerea ha moltiplicato la nostra conoscenza del mondo, la percezione per analogia diventa sempre più naturale per l'uomo. Bisogna dunque sopprimere il *come*, il *quale*, il *così*, il *simile a*. Meglio ancora, bisogna fondere direttamente l'oggetto coll'immagine che esso evoca, dando l'immagine in iscorcio mediante una sola parola essenziale.

6. — ABOLIRE ANCHE LA PUNTEGGIATURA. Essendo soppressi gli aggettivi, gli avverbi e le congiunzioni, la punteggiatura è naturalmente annullata, nella continuità varia di uno stile *vivo* che si crea da sè, senza le soste assurde delle virgole e dei punti. Per accentuare certi movimenti e indicare le loro direzioni, s'impiegheranno segni della matematica: $+ - X: = > <$, e i segni musicali.

7. — Gli scrittori si sono abbandonati finora all'analogia immediata. Hanno paragonato per esempio l'animale all'uomo o ad un altro animale, il che equivale ancora, press'a poco, a una specie di fotografia. (Hanno paragonato per esempio un fox-terrier a un piccolissimo puro-sangue. Altri, più avanzati, potrebbero paragonare quello stesso fox-terrier trepidante, a una piccola macchina Morse. Io lo paragono invece, a un'acqua ribollente. V'è in ciò una GRADAZIONE DI ANALOGIE SEMPRE PIÙ VASTE, vi sono dei rapporti sempre più profondi e solidi, quantunque lontanissimi.

L'analogia non è altro che l'amore profondo che collega le cose distanti, apparentemente diverse ed ostili. Solo per mezzo di analogie vastissime uno stile orchestrale, ad un tempo policrono, polifonico, e polimorfo, può abbracciare la vita della materia. Quando nella mia Battaglia di Tripoli, ho paragonato una trincea irta di baionette a un'orchestra, una mitragliatrice ad una donna fatale, ho introdotto intuitivamente una gran parte dell'universo in un breve episodio di battaglia africana.

Le immagini non sono fiori da scegliere e da cogliere con parsimonia, come diceva Voltaire. Esse costituiscono il sangue stesso della poesia. La poesia deve essere un seguito ininterrotto d'immagini nuove senza di che non è altro che anemia e clorosi. [...]

8. — NON VI SONO CATEGORIE D'IMMAGINI, nobili o grossolane o volgari, eccentriche o naturali. [...]

9. — Per dare i movimenti successivi d'un oggetto bisogna dare la *catena delle analogie* che esso evoca, ognuna condensata, raccolta in una parola essenziale. [...]

10. — Siccome ogni specie di ordine è fatalmente un prodotto dell'intelligenza cauta e guardinga bisogna orchestrare le immagini disponendole secondo un MAXIMUM DI DISORDINE.

11. — DISTRUGGERE NELLA LETTERATURA L'« IO », cioè tutta la psicologia. [...]

Bisogna introdurre nella letteratura tre elementi che furono finora trascurati:
1. Il rumore (manifestazione del dinamismo degli oggetti;)
2. Il peso (facoltà di volo degli oggetti);
3. L'odore (facoltà di sparpagliamento degli oggetti. [...]
Noi inventeremo insieme ciò che io chiamo L'IMMAGINAZIONE SENZA FILI.

Marinetti, Filippo Tommaso: Fondazione e Manifesto del futurismo. Pubblicato dal "Figaro" di Parigi il 20 Febbraio 1909. In Autori vari: *I Manifesti del futurismo*. Florenz: Lacerba, 1914, S. 3: Avevamo vegliato tutta la notte – i miei amici ed io – sotto lampade di moschea dalle cupole di ottone traforato, stellate come le nostre anime, perché come queste irradiate dal chiuso fulgore di un cuore elettrico. Avevamo lungamente calpestata su opulenti tappeti orientali la nostra atavica accidia, discutendo davanti ai confini estremi della logica ed annerendo molta carta di frenetiche scritture.

Un immenso orgoglio gonfiava i nostri petti, poiché ci sentivamo soli, in quell'ora, ad esser desti e ritti, come fari superbi o come sentinelle avanzate, di fronte all'esercito delle stelle nemiche, occhieggianti dai loro celesti accampamenti. Soli coi fuochisti che s'agitano davanti ai forni infernali delle grandi navi, soli coi neri fantasmi che frugano nelle pance arroventate delle locomotive lanciate a pazza corsa, soli cogli ubriachi annaspanti, con un incerto batter d'ali, lungo i muri della città.

S. 6 f.: Allora, col volto coperto della buona melma delle officine — impasto di scorie metalliche, di sudori inutili, di fuliggini celesti — noi, contusi e fasciate le braccia ma impavidi, dettammo le nostre prime volontà a tutti gli uomini *vivi* della terra:

Manifesto dei futurismo.
1. Noi vogliamo cantare l'amor del pericolo, l'abitudine all'energia e alla temerità.
2. Il coraggio, l'audacia, la ribellione, saranno elementi essenziali della nostra poesia.
3. La letteratura esaltò fino ad oggi l'immobilità pensosa, l'estasi e il sonno. Noi vogliamo esaltare il movimento aggressivo, l'insonnia febbrile, il passo di corsa, il salto mortale, lo schiaffo ed il pugno.
4. Noi affermiamo che la magnificenza del mondo si è arricchita di una bellezza nuova: la bellezza della velocità. Un automobile da corsa col suo cofano adorno di grossi tubi simili a serpenti dall'alito esplosivo ... un automobile ruggente, che sembra correre sulla mitraglia, è più bello della *Vittoria di Samotracia*.
5. Noi vogliamo inneggiare all'uomo che tiene il volante, la cui asta ideale attraversa la Terra, lanciata a corsa, essa pure, sul circuito della sua orbita. [...]

9. Noi vogliamo glorificare la guerra — sola igiene del mondo — il militarismo, il patriottismo, il gesto distruttore dei libertarî, le belle idee per cui si muore e il disprezzo della donna.

10. Noi vogliamo distruggere i musei, le biblioteche, le accademie d'ogni specie, e combattere contro il moralismo, il femminismo e contro ogni viltà opportunistica o utilitaria.

11. Noi canteremo le grandi folle agitate dal lavoro, dal piacere o dalla sommossa: canteremo le maree multicolori e polifoniche delle rivoluzioni nelle capitali moderne; [...]

Marinetti, Filippo Tommaso: Poesia simultanea di una finta battaglia. In Ders.: *Il poema non umano dei tecnicismi.* **Mailand: Mondadori 1940, S. 117 f.:**
Gloria alla poesia dei nuovi tecnicismi di guerra

Per quanto esperto di battaglie vere o finte ho goduto e godo ancora numerosi stupori rallegranti nella giornata di fuoco offerta elegantemente dal Duce a Hitler alla Furbara e a Santa Marinella

Dall'alba tutto e tutti agli ordini della Grande Nuova Italia che vinse anche tecnicamente la guerra veloce imperiale ed ora prepara tenace alchimista favorevoli sproporzioni future

Siamo in un immenso laboratorio chimico di alte volanti equazioni in un blu fresco solare aeroplanico [...]

Intanto intanto i trimotori da bombardamento con gioia feroce svegliare scavare e riscavare l'ampio sonoro petto della terra a furia di tante tonnellate esplodenti tante tante [...]

Gloria alle loro astute bottiglie piene di esplodente ideale italiano

Marinetti, Filippo Tommaso: Simultaneità. In Schnapp, Jeffrey T. (Hg.): *Teatro.* **Bd. 2. Mailand: Mondadori 2004, S. 543:** Sala. — La parete di destra è interamente occupata da una grande libreria. — Un po' a sinistra una grande tavola. — Lungo la parete di sinistra, mobili modesti, da piccoli borghesi, e una porta. — Nella parete di fondo, una finestra da cui si vede che fuori nevica, e un'altra porta, che s'apre sulla scala.

Intorno alla tavola, sotto una lampada con paralume, dalla luce tenue e verdognola, sta seduta una famiglia borghese: La Madre cuce, Il Padre legge il giornale, Il Figlio sedicenne fa i compiti di scuola, Il Figlio di 10 anni fa anch'esso i compiti di scuola, La Figlia quindicenne cuce.

Davanti alla libreria, a breve distanza da questa, una toilette ricchissima, illuminatissima, con specchio e candelabri, carica di tutte le boccette, di tutti i vasetti e di tutti gli arnesi di cui si serve una donna elegantissima. Una proiezione intensissima di luce elettrica avvolge questa toilette, alla quale sta seduta una giovane cocotte, molto bella, bionda, dal lussuoso peignoir scollato. Ella ha finito di acconciarsi i capelli, ed è intenta a darsi gli ultimi tocchi al viso, alle braccia, alle mani, attentamente aiutata da una cameriera irreprensibile che le sta ritta accanto.

La famiglia non vede questa scena.

La Madre (al Padre). Vuoi verificare i conti?

Il Padre. Li guarderò dopo.

(Si rimette a leggere)

(Silenzio. — Tutti, con naturalezza, attendono alle loro occupazioni. — La Cocotte, a parte, continua ad abbigliarsi, invisibile alla famiglia.

La cameriera, come se avesse udito squillare il campanello, va alla porta del fondo, apre, introduce un fattorino, che si avvicina alla Cocotte e le presenta un mazzo di fiori e un biglietto. — La Cocotte fiuta i fiori, li depone sulla toilette, legge il biglietto. — Il fattorino esce salutando rispettosamente.

Il ragazzo sedicenne si alza poco dopo, va alla libreria, passando vicinissimo alla toilette, come se questa non ci fosse, prende un libro, riattraversa la sala, torna a sedersi alla tavola e si rimette a scrivere).

Il sedicenne (interrompendo il suo lavoro e guardando la finestra). Nevica ancora ... Che silenzio!

Il padre. — Questa casa è veramente troppo isolata. L'anno prossimo cambieremo ...

(La cameriera della Cocotte va ancora alla porta del fondo, come se avesse udito ancora il campanello, e introduce una giovane modista, che avvicinatasi alla Cocotte trae dal suo scatolone un magnifico cappello. La Cocotte se lo prova, allo specchio, si stizzisce perchè non le piace e lo mette da parte. Poi dà una mancia alla ragazza e la licenzia con un cenno. La ragazza esce salutando.

Ad un tratto la Madre, dopo aver cercato sulla tavola, si alza ed esce dalla porta di sinistra, [23]come per andare a prendere un oggetto che le manca.

Il Padre si alza, va alla finestra e rimane ritto a guardare dai vetri.

A poco a poco, i tre ragazzi si addormentano sulla tavola.

La Cocotte lascia la toilette, si avvicina lentamente, a passi cauti, alla tavola, prende conti, i compiti, i lavori donneschi, e getta ogni cosa sotto la tavola con noncuranza).

La Cocotte. — Dormite!

(E ritorna lentamente alla toilette, riprendendo a pulirsi le unghie).

Mistral, Gabriela: Soneto de la muerte I. In Nómez, Naín (Hg.): *Poesía chilena contemporánea: breve antología crítica.* **Santiago de Chile: Fondo de cultura économica / Editorial Andrés Bello 1992, S. 32.**
Del nicho helado en el que los hombres te pusieron,

te bajaré a la tierra humilde y soleada.
Que he de dormirme en ella los hombres no supieron,
y que hemos de soñar sobre la misma almohada.

Te acostaré en la tierra soleada con una
dulcedumbre de madre para el hijo dormido,
y la tierra ha de hacerse suavidades de cuna
al recibir tu cuerpo de niño dolorido.

Luego iré espolvoreando tierra y polvo de rosas,
y en la azulada y leve polvareda de luna,
los despojos livianos irán quedando presos.

Me alejaré cantando mis venganzas hermosas,
¡porque a ese hondor recóndito la mano de ninguna
bajará a disputarme tu puñado de huesos!

Mistral, Gabriela: Meciendo. In (dies.): *Ternura* [1924]. Santiago de Chile: Editorial Universitaria 2004, S. 23:
El mar sus millares de olas
    mece, divino.
Oyendo a los mares amantes,
    mezo a mi niño.

El viento errabundo en la noche
    mece los trigos.
Oyendo a los vientos amantes,
    mezo a mi niño.

Dios padre sus miles de mundos
    mece sin ruido.
Sintiendo su mano en la sombra
    mezo a mi niño.

Mistral, Gabriela: Ronda de la Ceiba ecuatoriana. In dies.: *Ternura*, S. 95 f.:
¡En el mundo está la luz,
y en la luz está la ceiba,
y en la ceiba está la verde
llamarada de la América!

¡Ea, ceiba, ea, ea!

Arbol-ceiba no ha nacido
y la damos por eterna,
indios quitos no la plantan
y los ríos no la riegan.

Tuerce y tuerce contra el cielo
veinte cobras verdaderas,
y al pasar por ella el viento
canta todo como Débora.

¡Ea, ceiba, ea, ea!

No la alcanzan los ganados
ni le llega la saeta.
Miedo de ella tiene el hacha
y las llamas no la queman.

En sus gajos, de repente,
se arrebata y se ensangrienta
y después su santa leche
cae en guajos y guedejas.

¡Ea, ceiba, ea, ea!

A su sombra de giganta
bailan todas las doncellas,
y sus madres que están muertas
bajan a bailar con ellas.

¡Ea, ceiba, ea, ea!

Damos una y otra mano
a las vivas y a las muertas,
y giramos y giramos
las mujeres y las ceibas ...

¡En el mundo está la luz
y en la luz está la ceiba,
y en la ceiba está la verde
llamarada de la Tierra!

Moï, Anna: *Espéranto, désespéranto: la francophonie sans les Français.* **Paris: Gallimard 2006, S. 13 f.:** Je connais six langues : cette malle de trésors linguistiques ne fait pas sitôt de moi une écrivaine. L'apprentissage des quatre premières langues (vietnamien, français, anglais, allemand) fut non pas mon choix mais celui de mes parents. Je les appris non pas pour communiquer mais par docilité.

[...]

Au passage à l'acte d'écriture, je ne fus pas tentée par le babélisme ou l'invention d'une langue qui mélangerait celles que je connais à celle que je concevrais – une posture d'introversion, poétique si on veut. Un langage babélien est en effet fondé sur l'étanchéité : l'auteur en maîtrise seul le code d'admission et son but est non pas de communiquer mais d'admettre un petit nombre d'initiés au sein d'une chambre forte où se déroule une cérémonie secrète.

S. 16: Aucune langue n'est parfaite ; l'essentiel est de créer, dans celle choisi, les pliures les plus adaptées aux silences et aux non-dits. Il reste ensuite à façonner celle qui se prête le mieux, selon des critères personnels et subjectifs, à l'invention d'un idiolecte.

Je ne me suis pas demandé un jour : « De quelle nationalité sera mon époux? » ni « Dans quelle langue vais-je écrire? » mais : « Comment enregistrer tous ces échos qui résonnent – rires, pleurs, balbutiements, rugissements? »

Les langues multipliées démultiplient les imaginaires. En passant à l'acte d'écriture, on en déstocke le trop-plein en restituant une bibliothèque d'histoires, d'énigmes et de rébus. On en vient à se persuader de suivre l'exemple de Shéhérazade, qui par un conte, chaque nuit, prolonge la vie.

S. 63–66: Francophonie : mythe ou réalité ? La question est complexe et la réponse imparfaite. Je propose celle-ci : à l'étranger, la francophonie sans les Français est non pas un mythe, mais une réalité jubilatoire, généreuse, vivante. [...]

Variée, la France l'est plus aujourd'hui encore avec des enclaves non spontanées, versions abâtardies des petits « pays » de l'Hexagone, insérées au milieu des fiefs traditionnels qui se protègent en érigeant des murailles plus ou moins virtuelles et en aménageant des pont-levis. Ce sont des villages sans église, sans place, sans arbres, sans café, sans toits de zinc, des lauzes ou de tuiles, sans monument, historique ou pas, situés au-delà des douves grises du périphérique et portant le nom générique de Cité. [...]

Villages sans hobereaux et sans châteaux, les Cités ont généré leurs propres seigneurs de la guerre et de la drogue et leur code d'extraterritorialité. Ils l'écrivent dans un sabir babélien composé principalement du français, de l'arabe, de l'anglais, du gitan, de l'argot, du verlan, du *veul*. Un homme est un *mec* est un *keum* ; un Arabe est un *Beur* est un *Rebeu*. C'est *fun*, c'est *nuf*. Ce code de la révolte, parlé par des banlieusards de toutes les couleurs, cette langue universelle est le désespéranto.

Langue – ou plutôt non-langue – cryptique, sans but de communication interethnique est limitée par la volonté d'empêcher les autres, extérieurs à la Cité, de la comprendre.

Montaigne: *Essais*. Bd. I. Paris: Garnier-Flammarion 1969, S. 259: Nous les pouvons donc bien appeler barbares, eu égard aux règles de la raison, mais non pas eu égard à nous, qui les surpassons en toute sorte de barbarie. Leur guerre est toute noble et généreuse, et a autant d'excuse et de beauté que cette maladie humaine peut en recevoir ; elle n'a autre fondement parmi eux que la seule jalousie de la vertu.

Naudeau, Maurice: *Histoire du surréalisme* (1945). Paris: Seuil 1964, S. 4:Une histoire du surréalisme ! Le surréalisme est donc mort ! Telle n'est pas notre pensée. L'état d'esprit surréaliste, il vaudrait mieux dire : le comportement surréaliste, est éternel. Entendu comme une certaine disposition, non pas à transcender le réel, mais à l'approfondir, à « prendre une conscience toujours plus nette en même temps que toujours plus passionnée du monde sensible » (André Breton), but de toutes les philosophies qui n'ont pas seulement pour objet la conservation du monde tel qu'il est, soif éternellement inapaisée au cœur de l'homme.

Ortiz, Fernando: *Contrapunteo cubano del tabaco y el azúcar*. Prólogo y Cronología Julio Le Riverend. Caracas: Biblioteca Ayacucho 1978, S. 95: No hubo factores humanos más trascendentes para la cubanidad que esas continuas, radicales y contrastantes transmigraciones geográficas, económicas y sociales de los pobladores, que esa perenne transitoriedad de los propósitos y que esa vida siempre en desarraigo de la tierra habitada, siempre en desajuste con la sociedad sustentadora. Hombres, economías, culturas y anhelos, todo aquí se sintió foráneo, provisional, cambiadizo, « aves de paso » sobre el país, a su costa, a su contra y a su malgrado.

Con los blancos llegaron los negros, primero de España, entonces cundida de esclavos guineos y congos, y luego de toda la Nigricia. Con ellos trajeron sus diversas culturas, unas selváticas como la de los ciboneyes, otras de avanzada barbarie como la de los taínos, y algunos de más complejidad económica y social, como los mandingas, yolofes, hausas, dahomeyanos y yorubas, ya con agricultura, esclavos, moneda, mercados, comercio forastero y gobiernos centralizados y efectivos sobre territorios y poblaciones tan grandes como Cuba; culturas intermedias entre las taínas y las aztecas; ya con metales, pero aún sin escritura.

S. 97: Estas cuestiones de nomenclatura sociológica no son baladíes para la mejor inteligencia de los fenómenos sociales, y menos en Cuba donde, como en pueblo alguno de América, su historia es una intensísima, complejísima e incesante *transculturación* de varias masas humanas, todas ellas en pasos de transición. El concepto de la *transculturación* es cardinal y elementalmente indispensable para comprender la historia de Cuba y, por análogas razones, la de toda América en general.

Proust, Marcel: Sur la lecture. In: Ruskin, John / Proust, Marcel: *Sésame et les lys. Précédé de « Sur la lecture ».* Introduction d'Antoine Compagnon. Paris: Editions Complexe 1987, S. 39: Il n'y a peut-être pas de jours de notre enfance que nous ayons si pleinement vécus que ceux que nous avons cru laisser sans les vivre, ceux que nous avons passés avec un livre préféré. Tout ce qui, semblait-il, les remplissait pour les autres, et que nous écartions comme un obstacle vulgaire à un plaisir divin: le jeu pour lequel un ami venait nous chercher au passage le plus intéressant, l'abeille ou le rayon de soleil gênant qui nous forçaient à lever les yeux de sur la page ou à changer de place, les provisions de goûter qu'on nous avait fait emporter et que nous laissions à côté de nous sur le banc, sans y toucher, tandis que, au-dessus de notre tête, le soleil diminuait de force dans le ciel bleu, le dîner pour lequel il avait fallu rentrer et où nous ne pensions qu'à monter finir, tout de suite après, le chapitre interrompu, tout cela, dont la lecture aurait dû nous empêcher de percevoir autre chose que l'importunité, elle en gravait au contraire en nous un souvenir tellement doux (tellement plus précieux à notre jugement actuel, que ce que nous lisions alors avec tant d'amour) que, s'il nous arrive encore aujourd'hui de feuilleter ces livres d'autrefois, ce n'est plus que comme les seuls calendriers que nous ayons gardés des jours enfuis, et avec l'espoir de voir reflétés sur leurs pages les demeures et les étangs qui n'existent plus.

Reyes, Alfonso: *Obras Completas.* México: Fondo de Cultura Económica 1959, Bd. IV, S. 572: Asi como América no descubrirá plenamente el sentido de su vida en tanto queno rehaga, pieza a pieza, su « conciencia española », asi España no tiene mejor empresa en el mundo que reasumir su papel de hermana mayor de las Américas.

Reyes, Alfonso: *Breve noticia a Ifigenia cruel.* **In ders.:** *Obras Completas,* **Bd. X, S. 313 f.:** A diferencia de cuantos trataron el tema desde Grecia hasta nuestros días, supongo aquí que Ifigenia, arrebatada en Aulide por la diosa Artemisa a las manos del sacrificador, ha olvidado ya su vida primera e ignora cómo ha venido a ser, en Táuride, sacerdotisa del culto bárbaro y cruel de su divinidad protectora. El conflicto trágico, que ninguno de los poetas anteriores interpretó así, consiste para mí precisamente, en que Ifigenia reclama su herencia de recuerdos humanos y tiene miedo de sentirse huérfana de pasado y distinta de las demás criaturas; pero cuando, más tarde, vuelve a ella la memoria y se percata de que pertenece a una raza ensangrentada y perseguida por la maldición de los dioses, entonces siente asco de sí misma. Y, finalmente, ante la alternativa de reincorporarse en la tradición de su casa, en la *vendetta* de Micenas, o de seguir viviendo entre bárbaros una vida de carnicera y destazadora de víctimas sagradas, prefiere este último extremo, por abominable y duro que parezca, único medio cierto y práctico de eludir y romper las cadenas que la sujetan a la fatalidad de su raza.

El primer tiempo del poema, el que yo prefiero y me parece relativamente mejor logrado, expone el estado de ánimo de Ifigenia, olvidada de su pasado, aterrorizada y sorprendida por sentirse diferente de las mujeres de Táuride, y a quien éstas consideran con cierto pavor religioso y en vano desearían amar. El tema genético de la tragedia griega –el coro que, en danza circular, engendra o hace aparecer al dios o al héroe a fuerza de invocaciones– cobra de pronto un nuevo sentido; Ifigenia pide al coro de mujeres que, entre todas ellas, y con el ardor de sus almas juntas y de sus recuerdos, creen para ella un pasado humano, la sustancia natural que le falta. El prodigio sólo se opera a través de agente vicario: su hermano Orestes, que viene a dar a la costa de Táuride.

S. 315 f.: Por una parte, lucha de Ifigenia entre la ternura fraternal y la dulzura de las memorias juveniles, afectos e inquietudes familiares de otros días –lo que comunica a mi personaje altivo y cruel una suavidad momentánea–; y, por otra parte, el espanto de sentirse brote de la rama maldita. Nótese que, si a los comienzos, es Orestes quien cuenta, después será ella quien complete su narración.

Adviértase que mi anagnórisis o agnición (el reconocimiento entre los dos héroes) cobra así un sentido profundo. En las versiones de la tragedia ateniense, Orestes e Ifigenia saben bien quiénes son, y simplemente se reconocen el uno al otro. En mi interpretación, Ifigenia se ignora, y sólo se identifica a sí misma al tiempo de reconocer a Orestes. La anagnórisis cala hasta otro plano interior, como cuando, en Sófocles, Edipo descubre que él es el matador de su padre y el esposo de su propia madre, condiciones que antes ignoraba.

Cuando Ifigenia opta por su libertad, y, digámoslo así, se resuelve a rehacer su vida humildemente, oponiendo un « hasta aquí » a las persecuciones y rencores políticos de su tierra, opera en cierto modo la redención de su raza, mediante procedimientos dudosamente helénicos desde el punto de vista filológico –aunque también hay en la lírica griega instantes en que el yo íntimo se subleva contra los símbolos étnicos-religiosos y aun hace mofa de ellos en nombre de la libertad personal–, pero procedimientos que, en forma sencilla, directa, y en un acto breve y preciso de la voluntad, bien podrían, creo yo, servir de alivio a muchos supersticiosos de nuestros días.

Reyes, Alfonso: *Ifigenia cruel.* **In ders.:** *Obras Completas,* **Bd. X, S. 330:**
–Helenos:
¿De dónde traéis carga de destinos,
para dar en playas donde mueren los hombres?
¿Qué irritados espíritus tenéis sedientos
de sal y aceite que apaciguan hambres del cielo?

Helenos: la fortuna está en no buscarla,
y habéis tentado todos los pasos del mar.
No os basta la ciudad medida a las plantas humanas
y, rompiendo los límites del cielo,
¿os sorprende ahora caer en la estrella sin perdón?

Helenos: forzadores de la virgen del alma:
los pueblos estaban sentados, antes de que echarais a andar.
Allí comenzó la Historia y el rememorar de los males,
donde se olvidó el conjugar
un solo horizonte con un solo valle.

S. 348:
ORESTES: ¿Y qué harás, insensata,
para quebrar las sílabas del nombre que padeces?

IFIGENIA: ¡Virtud escasa, voluntad escasa!
¡Pajarillo cazado entre palabras!
Si la imaginación, henchida de fantasmas,
no sabrá ya volver del barco en que tú partas,
la lealtad del cuerpo me retendrá plantada
a los pies de Artemisa, donde renazco esclava.

Robarás una voz, rescatarás un eco;
un arrepentimiento, no un deseo.
Llévate entre las manos, cogidas con tu ingenio,
estas dos conchas huecas de palabras: *¡No quiero!*

Bd. XI, S. 60: Hoy por hoy, el Continente se deja abarcar en una esperanza, y se ofrece a Europa como una reserva de humanidad. O éste es el sentido de la historia, o en la historia no hay sentido alguno. Si esto no es, esto debe ser y todos los americanos lo sabemos. América es una Utopia.

    S. 130: Las literaturas hispanas, de Europa y de América, no representan una mera curiosidad, sino que son parte esencial en el acervo de la cultura humana. El que las ignora, ignora por lo menos lo suficiente para no entender en su plenitud las posibilidades del espiritu-, lo suficiente para que su imagen del mundo sea una horrible mutilación.

Bd. XXII, S. 649: Todo contribuye a situar al escritor en el primer plano. Nobleza obliga. No puede haber torre de marfil. El literato se desborda o compromete, más o menos, en los afanes del servicio público que lo atraen y lo solicitan.

Reyes, Alfonso: Visión de Anáhuac. In (ders.): *Ensayos.* **La Habana: Casa de las Américas 1972, S. 3:**
Viajero: has llegado a la región más transparente del aire.
En la era de los descubrimientos, aparecen libros llenos de noticias extraordinarias y amenas narraciones geográficas. La historia, obligada a descubrir nuevos mundos, se desborda del cauce clásico, y entonces el hecho político cede el puesto a los discursos etnográficos y a la pintura de civilizaciones. Los historiadores del siglo XVI fijan el carácter de las tierras recién halladas, tal como éste aparecía a los ojos de Europa: acentuado por la sorpresa, exagerado a veces. El diligente Giovanni Battista Ramusio publica su peregrina recopilación *Delle Navigationi et Viaggi* en Venecia y el año de 1550. Consta la obra de tres volúmenes in-folio, que luego fueron reimpresos aisladamente, y está ilustrada con profusión y encanto.

Rodrigues, Olinde: *L'artiste, le savant et l'industriel* **(1825). Dialogue. In:** *Œuvres de Saint-Simon et d'Enfantin.* **Réimpression photomécanique de l'édition 1865–1878, Bd. 39, Aalen: Otto Zeller 1964, S. 201–258, hier: S. 201f.:**
C'est nous, artistes, qui vous servirons d'avant-garde ; la puissance des arts est en effet la plus immédiate et la plus rapide. Nous avons des armes de tout espèce : quand nous voulons répandre des idées neuves parmi les hommes, nous les inscrivons sur le marbre et sur la toile ; nous les popularisons par la poésie et le

chant ; nous employons tour-à-tour la lyre ou le galoubet, l'ode ou la chanson, l'histoire ou le roman ; la scène dramatique nous est ouverte, et c'est là surtout que nous exerçons une influence électrique et victorieuse. Nous nous adressons à l'imagination et aux sentiments de l'homme : nous devrons donc exercer toujours l'action la plus vive et la plus décisive ; et si aujourd'hui notre rôle paraît nul ou au moins très secondaire, c'est qu'il manquait aux arts ce qui est essentiel à leur énergie et à leur succès, une impulsion commune et une idée générale.

Saint-Point, Valentine de: *Manifeste de la Femme Futuriste*, 25. März 1912. Paris: Séguier 1996, S. 14 f.:
Il est absurde de diviser l'humanité en femmes et en hommes. Elle n'est composée que de **féminité** et de **masculinité**. Tout surhomme, tout héros, si épique soit-il, tout génie, si puissant soit-il, n'est l'expression prodigieuse d'une race et d'une époque que parce qu'il est composé à la fois d'éléments féminins et d'éléments masculins, de féminité et de masculinité :

C'est-à-dire qu'il est un être complet. [...]

Les périodes qui n'eurent que des guerres peu fécondes en héros représentatifs parce que le souffle épique les nivela, furent des périodes exclusivement viriles ; celles qui renièrent l'instinct héroïque et qui, tournées vers le passé, s'anéantirent dans des rêves de paix, furent des périodes où domina la féminité.

Nous vivons à la fin d'une de ces périodes. *Ce qui manque le plus aux femmes, aussi bien qu'aux hommes, c'est la virilité.*

S. 20 f.: La luxure est une force, parce qu'elle détruit les faibles, excite les forts à la dépense des énergies, donc à leur renouvellement. Tout peuple héroïque est sensuel. La femme est, pour lui, le plus exaltant des trophées.

La femme doit être mère ou amante. Les vraies mères seront toujours des amantes médiocres et les amantes des mères insuffisantes, par excès. Egales devant la vie, ces deux femmes se complètent. La mère qui reçoit l'enfant, avec du passé fait de l'avenir ; l'amante dispense le désir qui entraine vers le futur.

CONCLUONS :

La Femme, qui, par ses larmes et sa sentimentalité, retient l'homme à ses pieds, est inférieure à la fille qui pousse son homme, par vantardise, à conserver, le revolver au poing, sa crânante domination sur les bas-fonds des villes : celle-ci cultive du moins une énergie qui pourrait servir de meilleures causes.

Femmes, trop longtemps dévoyées dans les morales et les préjugés, retournez à votre sublime instinct, à la violence à la cruauté.

Pour la dîme fatale du sang, tandis que les hommes mènent les guerres et les luttes, faites des enfants, et parmi eux, en sacrifice à l'héroïsme, faites la part du Destin. Ne les élevez pas pour vous, c'est-à-dire pour leur amoindrissement, mais dans une large liberté, pour une complète éclosion.

Au lieu de réduire l'homme à la servitude des exécrables besoins sentimentaux, poussez vos fils et vos hommes à se surpasser.

C'est vous qui les faites. Vous pouvez tout sur eux.

A l'humanité vous devez des héros. Donnez-les-lui.

Saint-Point, Valentine de: Manifeste de la Luxure (1913). In: Lista, Giovanni: *Futuristie*. *Manifestes, Documents, Proclamations*. Lausanne: L'Age d'Homme 1973, S. 332–334: La luxure, c'est l'expression d'un être projeté au – delà de lui-même ; c'est la joie douloureuse d'une chair accomplie, la douleur joyeuse d'une éclosion ; c'est l'union charnelle, quels que soient les secrets qui unifient les êtres ; c'est la synthèse sensorielle et sensuelle d'un être pour la plus grande libération de son esprit ; c'est la communion d'une parcelle de l'humanité avec toute la sensualité de la terre ; c'est le frisson panique d'une parcelle de la terre.

La Luxure, c'est la recherche charnelle de l'inconnu, comme la Cérébralité en est la recherche spirituelle. La Luxure, c'est le geste de créer et c'est la création. [...]

L'Art et la Guerre sont les grandes *manifestations de la sensualité* ; *la Luxure est leur fleur*. [...] *Il faut être conscient devant la luxure*. Il faut faire de la luxure ce qu'un être intelligent et raffiné fait de lui-même et de sa vie ; *il faut faire de la luxure une œuvre d'art*.

Sarraute, Nathalie: *Enfance*. Paris: Gallimard 1983, S. 7:

– Alors, tu vas vraiment faire ça ? « Evoquer tes souvenirs d'enfance » ... Comme ces mots te gênent, tu ne les aimes pas. Mais reconnais que ce sont les seuls mots qui conviennent. Tu veux « évoquer tes souvenirs » ... il n'y a pas à tortiller, c'est bien ça.

– Oui, je n'y peux rien, ça me tente, je ne sais pas pourquoi ...

– C'est peut-être ... est-ce que ce ne serait pas ... on ne s'en rend parfois pas compte ... c'est peut-être que tes forces déclinent ...

– Non, je ne crois pas ... du moins je ne le sens pas ...

S. 277:

Rassure-toi, je ne t'entraînerai pas plus loin ...

– Pourquoi maintenant tout à coup, quand tu n'as pas craint de venir jusqu'ici ?

– Je ne sais pas très bien ... je n'en ai plus envie ... je voudrais aller ailleurs ...

C'est peut-être qu'il me semble que là s'arrête pour moi l'enfance ... Quand je regarde ce qui s'offre à moi maintenant, je vois comment un énorme espace très encombré, bien éclairé ...

– Je ne pourrais plus m'efforcer de faire surgir quelques moments, quelques mouvements qui me semblent encore intacts, assez forts pour se dégager de cette couche protectrice qui les conserve, de ces épaisseurs blanchâtres, molles, ouatées qui se défont, qui disparaissent avec l'enfance.

Storni, Alfonsina: De mi padre se cuenta. In Villarino, María de (Hg.): *Alfonsina Storni: Antología.* **Prólogo y selección de María de Villarino. Buenos Aires: Ediciones Culturales Argentinas 1961, S. 59:**
De mi padre se cuenta que de caza partía,
Cuando rayaba el alba, seguido de su galgo,
Y en el largo camino, por divertirse en algo,
Lo miraba a los ojos, y su perro gemía.

Que andaba por las selvas buscando una serpiente
Procaz, y al encontrarla, sobre la cola erguida,
Al asalto dispuesta, de un balazo insolente
Se gozaba en dejarle la cabeza partida.

Que por días enteros, vagabundo y huraño,
No volvía a la casa y, como un ermitaño,
Se alimentaba de aves, dormía sobre el suelo.

Y sólo cuando el Zonda, grandes masas ardientes
De arenas y de insectos, levanta en los calientes
Desiertos sanjuaninos cantaba bajo el cielo.

Storni, Alfonsina: Palabra a mi Madre. In Villarino, María de (Hg.): *Alfonsina Storni,* **S. 59 f.:**
No las grandes verdades yo te pregunto, que
No las contestarías; solamente investigo
Si, cuando me gestaste, fue la luna testigo,
Por los oscuros patios en flor, paseándose.

Y si, cuando, en tu seno de fervores latinos,
Yo escuchando dormía, un ronco mar sonoro
Te adormeció las noches, y miraste, en el oro
Del crepúsculo, hundirse los pájaros marinos.

Porque mi alma es toda fantástica, viajera,
Y la envuelve una nube de locura ligera
Cuando la luna nueva sube al cielo azulino.

Y gusta, si el mar abre sus fuertes pebeteros,
Arrullada en un claro cantar de marineros
Mirar las grandes aves que pasan sin destino.

Storni, Alfonsina, zitiert nach Andreola, Carlos Alberto: *Alfonsina Storni: vida, talento, soledad : primera biografía integral y documentada.* **Buenos Aires: Ed. Puls Ultra, 1976, S. 164:** Yo hubiera querido ser hombre pero no es por su libertad. Libertad, en suma, la tiene la mujer que se decide a ser libre. No es eso. En la mujer lo primero que seduce es su belleza; en el hombre seduce, antes que nada, la palabra. ¡Qué hermoso seducir por la palabra! Quisiera haber sido hombre, sin embargo, para algo más grande: para saber soñar, morir y odiar, no para saber realizar, vivir, amar, que me parece más cobarde y de menos interés.

Storni, Alfonsina: Tú me quieres blanca. In Bast Glas, Cristina / Cardona, Francesc (Hg.): *Alfonsina Storni. Antalogía poética.* **Barcelona: Ediciones Brontes 2014, S. 63 f.:**
Tú me quieres alba,
Me quieres de espumas,
Me quieres de nácar.
Que sea azucena
Sobre todas, casta.
De perfume tenue.
Corola cerrada.

Ni un rayo de luna
Filtrado me haya.
Ni una margarita
Se diga mi hermana.
Tú me quieres nívea,
Tú me quieres blanca,
Tú me quieres alba.

Tú que hubiste todas
Las copas a mano,
De frutos y mieles
Los labios morados.
Tú que en el banquete
Cubierto de pámpanos
Dejaste las carnes
Festejando a Baco.

Tú que en los jardines
Negros del Engaño
Vestido de rojo
Corriste al Estrago.
Tú que el esqueleto
Conservas intacto
No sé todavía
Por cuáles milagros,
Me pretendes blanca,
(Dios te lo perdone)
Me pretendes casta
(Dios te lo perdone)
¡Me pretendes alba!

Huye hacia los bosques;
Vete a la montaña;
Límpiate la boca;
Vive en las cabañas;
Toca con las manos
La tierra mojada;
Alimenta el cuerpo
Con raíz amarga;
Bebe de las rocas;
Duerme sobre escarcha;
Renueva tejidos
Con salitre y agua;
Habla con los pájaros
Y lévate al alba.

Y cuando las carnes
Te sean tornadas,
Y cuando hayas puesto
En ellas el alma
Que por las alcobas
Se quedó enredada,
Entonces, buen hombre,
Preténdeme blanca,
Preténdeme nívea,
Preténdeme casta.

Storni, Alfonsina: Romance de la Venganza. In Bast Glas, Cristina / Cardona, Francesc (Hg.): *Alfonsina Storni. Antalogía poética,* **S. 116 f.:**
Cazador alto y tan bello
Como en la tierra no hay dos
Se fue de caza una tarde
Por los montes del Señor.
(...)
Cuando volvía cantando
Suavemente, a media voz,
Desde un árbol, enroscada,
Una serpiente lo vio.

Iba a vengar a las aves
Mas, tremendo, el cazador
Con hoja de firme acero
La cabeza le cortó.

Pero aguardándolo estaba
A muy pocos pasos yo ...
Lo até con mi cabellera
Y dominé su furor.
(...)
Mas no lo maté con armas,
Busqué una muerte peor:
Lo besé tan dulcemente
¡Que le partí el corazón!
(...)

Torabully, Khal: *Cale d'Etoiles – Coolitude.* **Saint-Denis de La Réunion: Azalées éditions 1992, S. 7:** Coolitude pour poser la première pierre de ma mémoire de toute mémoire, ma langue de toutes les langues, ma part d'inconnu que de nombreux corps et de nombreuses histoires ont souvent déposée dans mes gênes et mes îles.

Voici mon chant d'amour à la mer et au voyage, l'odyssée que mes peuples marins n'ont pas encore écrite ... mon équipage sera au nombre de ceux qui effacent les frontières pour agrandir le *Pays de l'Homme.*

Torabully, Khal: Quand les Indes rencontrent les imaginaires du monde. In: Ette, Ottmar / Müller, Gesine (Hg.): *Worldwide. Archipels de la mondialisation. Archipiélagos de la globalización.* **Madrid – Frankfurt am Main:**

Iberoamericana – Vervuert 2012, S. 63–72, hier 70: Le corail est observable dans son habitat vivant, à la différence du rhizome, qui est souterrain. En plus, il me permet de développer une connectivité agglutinante, bâtissant par couches, par concrétion, par sédimentation, un peu comme un palimpseste, et non pas seulement une connectivité errante, tout en conservant l'aspect égalitaire de la connexion, étant ouvert à tous les courants. Le corail est hybride dans son être même, car il est né de la symbiose d'un phytoplancton et d'un zooplancton. On ne fait pas mieux en termes de métaphore de la diversité. Il est racine, polype et plature, protéiforme, souple et dur, et de différentes couleurs. Tout en étant enraciné, il libère la plus grande migration sur terre, celle du plancton, visible de la lune, tout comme le Grand Barrier Reef, classé au patrimoine mondial de l'humanité par l'Unesco. Cet archipel corallien est tout simplement la sculpture vivante la plus étendue sur terre.

S. 71: L'imaginaire corallien qui fonde la coolitude est une proposition d'archipéliser ces diversités si nécessaires aux humanités. Il pose concrètement notre imaginaire des Indes, polylogiques, archipéliques dans la réalité contemporaine où économie, cultures et écologie ne peuvent être séparées, comme le prouve la mondialisation actuelle et ses pannes récurrentes assorties de violences.

Torabully, Khal: *L'arabesque andalouse ou L'œuf ou la colombe*. Port-Louis: Editions K'A 2012, S. 73: Maintenant, dans la neige rose du matin, sur la Sierra Nevada, je me retournai encore, le cœur moins lourd, espérant que cette bague pourrait être dans la main d'un autre sage, et que le jour nouveau ne laisserait personne à sa porte sans lui donner ne serait-ce qu'un fragment de son éclat.

La neige s'auréole des teintes du soleil rougeoyant. Rosissant.
Et c'est dans cette lumière unique de l'Andalousie, que tout aveugle peut voir en imaginant l'avenir du monde, que je ressentis la plus affreuse douleur de ma vie.

C'est la lumière blessée qui saigne sur les choses que nous avons tant aimées.
Est-ce cela la terrible lucidité des exilés ?

Tzara, Tristan: Pour faire un poème dadaïste (1918). In Béhar, Henri (Hg.): Tristan Tzara. *Œuvres complètes*. 6 Bde. Paris : Flammarion 1975, Bd. I, S. 382:
Prenez un journal.
Prenez des ciseaux.
Choisissez dans ce journal un article ayant la longueur que vous
comptez donner à votre poème.
Découpez l'article.

Découpez ensuite avec soin chacun des mots qui forment cet article
et mettez-les dans un sac.
Agitez doucement.
Sortez ensuite chaque coupure l'une après l'autre.
Copiez consciencieusement
dans l'ordre où elles ont quitté le sac.
Le poème vous ressemblera.
Et vous voilà un écrivain infiniment original et d'une sensibilité
charmante, encore qu'incomprise du vulgaire.

Unamuno, Miguel de: *Del sentimiento trágico de la vida. La agonía del cristianismo.* **Madrid: Akal 1983, S. 242:** Nada se pierde, nada pasa del todo, pues que todo se perpetúa de una manera o de otra, y todo, luego de pasar por el tiempo, vuelve a la eternidad. Tiene el mundo temporal raíces en la eternidad, y allí está junto el ayer con el hoy y el mañana. Ante nosotros pasan las escenas como en un cinematógrafo, pero la cinta permanece una y entera más allá del tiempo.

Dicen los físicos que no se pierde un solo pedacito de materia ni un solo golpecito de fuerza, sino que uno y otro se transforman y transmiten persistiendo. ¿Y es que se pierde acaso forma alguna, por huidera que sea? Hay que creer – ¡creerlo y esperarlo! – que tampoco, que en alguna parte quede archivada y perpetuada, que hay un espejo de eternidad en que se suman, sin perderse unas en otras, las imágenes todas que desfilan por el tiempo. Toda impresión que me llegue queda en mi cerebro almacenada, aunque sea tan hondo o con tan poca fuerza que se hunda en lo profundo de mi subconciencia [...].

S. 337: Y yo di un ¡muera Don Quijote!, y de esta blasfemia, que quería decir todo lo contrario que decía – así estábamos entonces –, brotó mi *Vida de Don Quijote y Sancho* y mi culto al quijotismo como religión nacional.

Escribí aquel libro para repensar el *Quijote* contra cervantistas y eruditos, para hacer obra de vida de lo que era y sigue siendo para los más letra muerta. ¿Qué me importa lo que Cervantes quiso o no quiso poner allí y lo que realmente puso? Lo vivo es lo que yo allí descubro, pusiéralo o no Cervantes; lo que yo allí pongo y sobrepongo y sotopongo, y lo que ponemos allí todos. Quise allí rastrear nuestra filosofía.

Vaché, Jacques: *Lettres de Guerre.* **Zit. nach Nadeau, Maurice:** *Histoire du surréalisme* **(1945). Paris: Seuil 1964, S. 24:** Nous n'aimons ni l'art ni les artistes (à bas Apollinaire) ..., nous ignorons Mallarmé, sans haine, mais il est mort. Nous ne connaissons plus Apollinaire – CAR – nous le soupçonnons de faire de l'art trop sciemment, de rafistoler du romantisme avec du fil téléphonique, et de ne pas savoir les dynamos. LES ASTRES encore décrochés!– c'est ennuyeux – et puis

parfois ne parlent-ils pas sérieusement! Un homme qui croit est curieux. MAIS
PUISQUE QUELQUES-UNS SONT NES CABOTINS ...

Vallejo, César: *Los heraldos negros*. Buenos Aires: Editorial Losada 1966, S. 8 f.:
Hay golpes en la vida, tan fuertes ... Yo no sé!
Golpes como del odio de Dios; como si ante ellos,
la resaca de todo lo sufrido
se empozara en el alma ... Yo no sé!

Son pocos; pero son ... Abren zanjas oscuras
en el rostro más fiero y en el lomo más fuerte.
Serán tal vez los potros de bárbarros atilas;
o los heraldos negros que nos manda la Muerte.

Son las caídas hondas de los Cristos del alma,
de alguna fe adorable que el Destino blasfema.
Esos golpes sangrientos son las crepitaciones
de algún pan que en la puerta del horno se nos quema.

Y el hombre ... Pobre ... pobre! Vuelve los ojos, como
cuando por sobre el hombro nos llama una palmada;
vuelve los ojos locos, y todo lo vivido
se empoza, como charco de culpa, en la mirada.

Hay golpes en la vida, tan fuertes ... Yo no sé!

Vallejo, César: Masa (aus España, aparta de mí este cáliz). In ders.: *Obra poética completa*. Introducción de Américo Ferrari. Madrid: Alianza Editorial 1983, S. 300:
Al fin de la batalla,
y muerto el combatiente, vino hacia él un hombre
y le dijo: « No mueras, te amo tanto! »
Pero el cadáver ¡ay! siguió muriendo.

Se le acercaron dos y repitiéronle:
« No nos dejes! ¡Valor! ¡Vuelve a la vida! »
Pero el cadáver ¡ay! siguió muriendo.

Acudieron a él veinte, cien, mil, quinientos mil
clamando: « Tanto amor y no poder nada contra la muerte! »
Pero el cadáver ¡ay! siguió muriendo.

Le rodearon millones de individuos,
con un ruego común: « Quédate hermano! »
Pero el cadáver ¡ay! siguió muriendo.

Entonces, todos los hombres de la tierra
le rodearon; les vio el cadáver triste, emocionado;
incorporóse lentamente,
abrazó al primer hombre; echóse a andar ...

Vallejo, César: *Trilce.* **Lima: Ediciones Laberintos / Centro Peruano de Estudios Culturales 2008, S. 19.:**
Escapo de una finta, peluza a peluza.
Un proyectil que no sé dónde irá a caer.
Incertidumbre. Tramonto. Cervical coyuntura.

Chasquido de moscón que muere
a mitad de su vuelo y cae a tierra.
¿Qué dice ahora Newton?
Pero, naturalmente, vosotros sois hijos.

Incertidumbre. Talones que no giran.
Carilla en nudo, fabrida
cinco espinas por un lado
y cinco por el otro: Chit! Ya sale.

S. 20:
Pienso en tu sexo.
Simplificado el corazón, pienso en tu sexo,
ante el hijar maduro del día.
Palpo el botón de dicha, está en sazón.
Y muere un sentimiento antiguo
degenerado en seso.

Pienso en tu sexo, surco más prolífico
y armonioso que el vientre de la Sombra,
aunque la Muerte concibe y pare

de Dios mismo.
Oh Conciencia,
pienso, sí, en el bruto libre
que goza donde quiere, donde puede.

Oh, escándalo de miel de los crepúsculos.
Oh estruendo mudo.

¡Ohdumodneurtse!

Vargas Llosa, Mario: *La tía Julia y el escribidor.* **Barcelona: Seix Barral 1977,**
S. 11: En ese tiempo remoto, yo era muy joven y vivía con mis abuelos en una
quinta de paredes blancas en la calle Ocharán, en Miraflores. Estudiaba en San
Marcos, Derecho, creo, resignado a ganarme más tarde la vida con una profesión
liberal, aunque, en el fondo, me hubiera gustado más llegar a ser un escritor.
Tenía un trabajo de título pomposo, sueldo modesto, apropiaciones ilícitas y
horario elástico: director de informaciones de Radio Panamericana.
   S. 12: *Radio Panamericana* ocupaba el segundo piso y la azotea de un edificio
flamante, y tenía, en su personal, ambiciones y programación, cierto aire extranjerizante y snob, ínfulas de modernidad, de juventud, y aristocracia. Aunque sus
locutores no eran argentinos (habría dicho Pedro Camacho) merecían serlo. Se
pasaba mucha música, abundante jazz y rock y una pizca de clásica, sus ondas
eran las que primero difundían en Lima los últimos éxitos de Nueva York y de
Europa, pero tampoco desdeñaban la música latinoamericana siempre que
tuviera un mínimo de sofisticación [...]. *Radio Central*, en cambio, se apretaba en
una vieja casa llena de patios y de vericuetos, y bastaba oir a sus locutores des-
enfadados y abusadores de la jerga, para reconocer su vocación multitudinaria,
plebeya, criollísima. Allí se propalaban pocas noticias y allí era reina y señora la
música peruana, incluyendo a la andina, y no era infrecuente que los cantantes
indios de los coliseos participaran en esas emisiones abiertas al público que con-
gregaban muchedumbres, desde horas antes, a las puertas del local. También
estremecían sus ondas, con prodigalidad, la música tropical, la mexicana, la
porteña, y sus programas eran simples, inimaginativos, eficaces: Pedidos Tele-
fónicos, Serenatas de Cumpleaños, Chismografía del Mundo de la Farándula, el
Acetato y el Cine. Pero su plato fuerte, repetido y caudaloso, lo que, según todas
las encuestas, le aseguraba su enorme sintonía, eran los *radioteatros*.
   S. 26: Al instante, con un movimiento veloz y automático, el hombrecillo
estiró uno de sus bracitos, dio unos pasos hacia mí, me ofreció una manita de
niño, y con su preciosa voz de tenor, haciendo una nueva genuflexión cortesana,
se presentó:

–Un amigo: Pedro Camacho, boliviano y artista.

Repitió el gesto, la venia y la frase con Pascual, quien, visiblemente, vivía un instante de supina confusión y era incapaz de decidir si el hombrecillo se burlaba de nosotros o era siempre así. Pedro Camacho, después de estrecharnos ceremoniosamente las manos, se volvió hacia el Servicio de Informaciones [...]. Se tomó unos segundos, antes de gratificarnos con estas palabras musicales, acompañadas de un ademán de prestidigitador que se despide:

–No les guardo rencor, estoy acostumbrado a la incomprensión de la gente. ¡Hasta siempre, señores!

S. 140: Pero Sarita Huanca Salaverría, al oir la sugestión del juez, como un gallito de pelea al olisquear la sangre, se enardeció, excedió, vertió íntegra en un soliloquio salaz y en una representación mímico-seminal que cortó la respiración del Dr. Dn. Barreda y Zaldívar y sumió al Dr. Zelaya en un desasosiego corporal francamente indecoroso (¿y tal vez masturbatorio?). El mecánico había tocado la puerta así, y, al ella abrir, la había mirado así, y hablado así, y luego se había arrodillado así, tocándose el corazón así, y se le había declarado así, jurándole que la amaba así. Aturdidos, hipnotizados, el juez y el secretario veían a la niña-mujer aletear como un ave, empinarse como una danzarina, agacharse y alzarse, sonreír y enojarse, modificar la voz y duplicarla, imitarse a sí misma y a Gumercindo Tello, y, por fin, caer de hinojos y declarar (se, le) su amor [...]; ya la víctima locuaz iba explicando que el mecánico la había amenazado con un cuchillo así, y se le había abalanzado así, haciéndola resbalar así y tirándose sobre ella así, y cogiéndole la falda así, y en ese momento el juez [...] se incorporó en el asiento y rugió: « ¡Basta! »

S. 447: Cuando llegué a la casa de la tía Olga y el tío Lucho (que de mis cuñados habían pasado a ser mis suegros) me dolía la cabeza, me sentía deprimido y ya anochecía. La prima Patricia me recibió con cara de pocos amigos. Me dijo que era posible que con el cuento de documentarme para mis novelas, yo, a la tía Julia le hubiera metido el dedo a la boca y le hubiera hecho las de Barrabás, pues ella no se atrevía a decirme nada para que no pensaran que cometía un crimen de lesa cultura. [...]; ella me rasguñaría o me rompería un plato en la cabeza. La tía Patricia es una muchacha de mucho carácter, muy capaz de hacer lo que me prometía.

Vargas Llosa, Mario: *El sueño del celta*. México: Santillana – Alfaguara 2010, S. 174: Roger se sentía transportado en el espacio y en el tiempo al Congo. Los mismos horrores, el mismo desprecio de la verdad. La diferencia, que Zumaeta hablaba en español y los funcionarios belgas en francés. Negaban lo evidente con la misma desenvoltura porque ambos creían que recolectar caucho y ganar dinero era un ideal de los cristianos que justificaba las peores fechorías contra esos paganos que, por supuesto, eran siempre antropófagos y asesinos de sus propios hijos.

S. 209: Para ellos los indígenas amazónicos no eran, propiamente hablando, seres humanos, sino una forma inferior y depreciable de la existencia, más cerca de los animales que de los civilizados. Por eso era legítimo explotarlos, azotarlos, secuestrarlos, llevárselos a las caucherías, o, si se resistían, matarlos como a un perro que contrae la rabia.

S. 220: Roger había estado en las oficinas de la Peruvian Amazon Company en Salisbury House, E.C., en el centro financiero de Londres. Un local espectacular, con un paisaje de Gainsborough en las paredes, secretarias de uniforme, oficinas alfombradas, sofás de cuero para las visitas y un enjambre de *clerks*, con sus pantalones a rayas, sus levitas negras y sus camisas de cuello duro albo y corbatitas de miriñaque, llevando cuentas, enviando y recibiendo telegramas, vendiendo y cobrando las remesas de caucho talqueado y oloroso en todas las ciudades industriales de Europa. Y, al otro extremo del mundo, en el Putumayo, huitotos, ocaimas, muinanes, nonuyas, andoques, rezígaros y boras extinguiéndose poco a poco sin que nadie moviera un dedo para cambiar ese estado de cosas.

Vian, Boris: *J'irai cracher sur vos tombes.* **Paris: France Loisirs 1979, S. 133:** J'ai eu du mal à dire tout ça. Les mots ne venaient pas tout seuls. Elle était là, les yeux fermés, allongée par terre avec sa jupe relevée jusqu'au ventre. J'ai senti encore la chose qui venait le long de mon dos et ma main s'est refermée sur sa gorge sans que je puisse m'en empêcher ; c'est venu ; c'était si fort que je l'ai lâchée et que je me suis presque mis debout. Elle avait déjà la figure bleue, mais elle ne bougeait pas. Elle s'était laissée étrangler sans rien faire. Elle devait respirer encore. J'ai pris le revolver de Lou dans ma poche et je lui ai tiré deux balles dans le cou, presque à bout portant ; le sang s'est mis à gicler à gros bouillons, lentement, par saccades, avec un bruit humide. De ses yeux, on voyait juste une ligne blanche à travers ses paupières ; elle a eu une espèce de contraction et je crois qu'elle est morte à ce moment-là. Je l'ai retournée pour ne plus voir sa figure, et, pendant qu'elle était encore chaude, je lui ai fait ce que je lui avais fait déjà dans sa chambre.

Je me suis probablement évanoui aussitôt après ...

Vian, Boris: *L'écume des jours.* **In:** *Romans, nouvelles, œuvres diverses.* **Édition établie, présentée et annotée par Gilbert Pestureau. Paris: Le Livre de Poche / La Pochothèque 1991, S. 52 f.:** Il y eut un brusque accord dissonant, car le chef d'orchestre, qui s'était trop rapproché du bord, venait de tomber dans le vide, et le vice-chef prit la direction de l'ensemble. Au moment où le chef d'orchestre s'écrasa sur les dalles, ils firent un autre accord pour couvrir le bruit de la chute, mais l'église trembla sur sa base.

Colin et Chloé regardaient, émerveillés, la parade du Religieux, du Bedon et du Chuiche, et deux sous-Chuiches attendaient, par-derrière, à la porte de l'église, le moment de présenter la hallebarde. [...] Le Religieux, le Bedon et le Chuiche, après avoir rangé leurs instruments, dansaient une ronde en attendant.

Sur le perron, Colin et ses amis exécutèrent un mouvement compliqué, et se trouvèrent de la façon adéquate pour entrer dans l'église : Colin avec Alise, Nicolas au bras de Chloé, puis Chick et Isis, et enfin les frères Desmaret, mais, cette fois, Pégase à droite et Coriolan à gauche. Le Religieux et ses séides s'arrêtèrent de tourner, prirent la tête du cortège, et tous, chantant un vieux chœur grégorien, se ruèrent vers la porte. Les sous-Chuiches leur cassaient sur la tête, au passage, un petit ballon de cristal mince, rempli d'eau lustrale, et leur plantaient, dans les cheveux, un bâtonnet d'encens allumé qui brûlait avec une flamme jaune pour les hommes et violette pour les femmes.

Les wagonnets étaient rangés à l'entrée de l'église. Colin et Alise s'installèrent dans le premier et partirent tout de suite. On tombait dans un couloir obscur qui sentait la religion. Le wagonnet filait sur les rails avec un bruit de tonnerre, et la musique retentissait avec une grande force. Au début du couloir, le wagonnet enfonça une porte, tourna à angle droit et le Saint apparut dans une lumière verte. Il grimaçait horriblement et Alise se serra contre Colin. Des toiles d'araignées leur balayaient la figure et des fragments de prières leur revenaient à la mémoire. La seconde vision fut celle de la Vierge, et à la troisième, face à Dieu qui avait un œil au beurre noir et l'air pas content, Colin se rappelait toute la prière et put la dire à Alise.

S. 66 ff.: Mais, Jean-Sol approchait. Des sons de trompe d'éléphant se firent entendre dans la rue et Chick se pencha par la fenêtre de sa loge. Au loin, la silhouette de Jean-Sol émergeait d'un houdah blindé, sous lequel le dos de l'éléphant, rugueux et ridé, prenait un aspect insolite à la lueur d'un phare rouge. A chaque angle du houdah, un tireur d'élite, armé d'une hache, se tenait prêt. A grandes enjambées, l'éléphant se frayait un chemin dans la foule et le piétinement sourd des quatre piliers s'agitant dans les corps écrasés se rapprochait inexorablement. Devant la porte, l'éléphant s'agenouilla et les tireurs d'élite descendirent. D'un bond gracieux, Partre sauta au milieu d'eux et, ouvrant la route à coups de hache, ils progressèrent vers l'estrade. [...]

Heureusement, la totalité du plafond s'abattit dans la salle, évitant à Isis de donner des détails. Une épaisse poussière s'éleva. Dans les plâtras, des formes blanchâtres s'agitaient, titubaient et s'effondraient, asphyxiées par le nuage lourd qui planait au-dessus des débris. Partre s'était arrêté et riait de bon cœur en se tapant sur les cuisses, heureux de voir tant de gens engagés dans cette aventure. Il avala une grande goulée de poussière et se mit à tousser comme un fou.

S. 130: La terre est stérile, vous savez ce que c'est, dit l'homme, il faut des matières de premier choix pour la défense du pays. Mais, pour que les canons de fusil poussent régulièrement, et sans distorsion, on a constaté, depuis longtemps qu'il faut de la chaleur humaine. Pour toutes les armes, c'est vrai d'ailleurs.

–Oui, dit Colin.

–Vous pratiquez douze petits trous dans la terre, dit l'homme, répartis au milieu du cœur et du foie, et vous vous étendez sur la terre après vous être déshabillé. Vous vous recouvrez avec de l'étoffe de laine stérile qui est là, et vous vous arrangez pour dégager une chaleur parfaitement régulière.

Il eut un rire cassé et se tapa la cuisse droite.

–J'en faisais quatorze les vingt premiers jours de chaque mois. Ah! ... j'étais fort! ...

–Alors ? demanda Colin.

–Alors vous restez comme ça vingt-quatre heures, et, au bout de vingt-quatre heures, les canons de fusil ont poussé.

Vila-Matas, Enrique: *Historia abreviada de la literatura portátil*. **Barcelona: Editorial Anagrama 1985, S. 9 f.:** A finales del invierno de 1924, sobre el peñasco en que Nietzsche había tenido la intuición del eterno retorno, el escritor ruso Andrei Biely sufrió una crisis nerviosa al experimentar el ascenso irremediable de las lavas del superconsciente. Aquel mismo día y a la misma hora, a no mucha distancia de allí, el músico Edgar Varese caía repentinamente del caballo cuando, parodiando a Apollinaire, simulaba que se preparaba para ir a la guerra.

A mí me parece que esas dos escenas fueron los pilares sobre los que se edificó la historia de la literatura portátil: una historia europea en sus orígenes y tan ligera como la maleta-escritorio con la que Paul Morand recorría en trenes de lujo la iluminada Europa nocturna: escritorio móvil que inspiró a Marcel Duchamp su *boîte-en-valise*, sin duda el intento más genial de exaltar lo portátil en arte. La caja-maleta de Duchamp, que contenía reproducciones en miniatura de todas sus obras, no tardó en convertirse en el anagrama de la literatura portátil y en el símbolo en el que se reconocieron los primeros shandys.

S. 67: Nada menos que una antología apócrifa, pues el proyecto de Cendrars contemplaba la idea de elaborar un libro en el que, simulando que procedía de una recopilación de historias populares africanas, esas leyendas fueran, en realidad, una interpretación muy personal de las historias que los shandys le contaran en el momento del reencuentro en Praga.

Vila-Matas, Enrique: *Kassel no invita a la lógica.* **Barcelona: Seix Barral 2014, S. 121:** Mientras esperaba no sabía muy bien qué, me entretuve escribiendo una nota autobiográfica del pobre Autre, cediéndole prestados algunos datos de mi propia vida, para que así Autre no resultara un tipo demasiado radicalmente alejado de mí. La nota la centré en sus primeras relaciones con el arte y venía a demostrar que en él había estado siempre el cine mucho antes que la literatura: [...].

S. 121 f.: Desde la ventana del salón principal de la casa en que nací, se veía el Metropol y yo seguía desde allí los cambios de programación, la colocación de grandes murales con imágenes de Bogart, por ejemplo. A los cinco años veía a Bogart cien veces al día. Mi primera película la vi en verano, en Llavaneres, al norte de Barcelona, a un kilómetro de la playa. En este pueblo se había instalado la familia de mi madre hacía cuatro siglos. Mi primera película fue *Magnolia*, con Ava Gardner. Tenía sólo tres años y recuerdo que, al salir del cine, empecé a imitar a William Warfield, cantante negro que al final de la película entonaba, con voz muy profunda (la que yo aspiraba a tener supongo: voz de hombre), *Old Man River*. El hecho fue muy celebrado en familia. Es más, parece que pensaron por un tiempo que de mayor querría ser cantante negro

S. 164: Iba sentado ahí delante cuando decidí cambiarme a la parte trasera en la convicción de que las ventanas eran más espaciosas y vería mejor el paisaje.

Quien pasó entonces a mirar la carretera lluviosa fue Autre.

Y Autre, ni corto ni perezoso, ideó un personaje que se parecía a mí y que era supuestamente de vanguardia, y por eso iba delante en el bus.

S. 211: –¿No puedes vivir sin el arte? –dijo–. Pues yo he quedado hasta el gorro de mi marido alemán, de mi marido artista. Son un rollo los alemanes. Y los artistas. Y el arte también, mira lo que te digo, el arte es un completo tedio y una gran patata.

Por suerte, seguía teniendo alto mi ánimo, lo que me permitía saber que sobreviviría a todo aquello.

Luego le dije que en general la obra de arte –como ocurría en el cuarto oscuro de Sehgal– pasaba como la vida y la vida pasaba como el arte.

Fue muy raro, por poco me abofetea.

S. 221: Sabía que el mundo se había ido al carajo, pero también que el arte creaba vida y ese camino, en contra de lo que decían las voces agoreras, no estaba agotado. Así que decidí cambiarme de nombre y llamarme Piniowsky. Y que Autre dejara su apellido provisional y pasara también a ser Piniowsky. No tendría ninguna opinión sobre el mundo (que tanto me había decepcionado), pero sí sobre el arte.

Wajsbrot, Cécile: *L'Île aux musées.* **Roman. Paris: Editions Denoël 2008, S. 10:**
Nous montons la garde, même si personne ne nous prête attention – et peut-être
est-il plus facile de veiller quand personne ne regarde. Notre destin est étrange.
Avant notre venue au monde, nous sommes l'objet de tractations, de décisions,
de revirements, de compromissions, vous vous battez pour avoir le droit de nous
donner existence mais une fois que nous sommes là, notre présence s'impose et
la vôtre s'efface, les rôles s'inversent – vous êtes les prétextes et l'espace nous
appartient.

L'Espace nous appartient et nous montons la garde. Nous sommes en pierre,
en bronze, nous sommes en granit ou en marbre, nous sommes sur les ponts, en
haut des édifices ou devant les musées, nous sommes dans les jardins, en signes
avant-coureurs, nous sommes dans des niches – mais immobiles, le regard fixe.

S. 83: Vous êtes sur une île, vous semblez l'oublier – nous savons qu'il y a des
îles lointaines coupées de toute terre, des îles sans pont au milieu de la mer et
qu'il faut des bateaux et des heures de bateau pour les atteindre, nous savons que
certains n'y arrivent jamais, qu'il y a des naufrages. Nous savons que sur certaines
habitent d'immenses statues dont nul ne connaît l'origine

S. 84: Notre île fut gagnée sur les marais, comme toute la ville, les fosses
d'écoulement furent asséchées, le terrain aplani, puis des ponts furent construits
pour relier les différentes parties de la ville, ce qui en paraît aujourd'hui le centre
était alors à l'extérieur et ce qui semble aujourd'hui excentré était la ville même.

Sur notre île vous avez construit d'autres îles car les musées sont des sortes de
cloîtres dans lesquels vous enfermez l'histoire du temps.

S. 229 f.: Elle a regagné l'allée centrale et fait partie du flux des promeneurs
qui remontent vers la grille comme en suivant le cours d'un fleuve. L'une des
grilles est fermée, l'autre, encore entrouverte. Un gardien attend que le jardin soit
vide pour le fermer vraiment. De loin, nous la distinguons à peine des autres, de
loin, il n'y a que des silhouettes. Elle est partie, tout le monde est parti. La grille
se referme. Et nous sommes là. Nous restons.

Wajsbrot, Cécile: *Destruction.* **Roman. Paris: Le Bruit du Temps 2019, S. 32:**
Je me souviens que nous croyions aux chiffres, ceux des mathématiques, ceux
de l'économie. Nous pensions qu'ils régnaient sur le monde, qu'il suffisait de les
connaître – oserai-je dire de les déchiffrer ? Nous les considérions comme des
sortes de divinités – un peu comme les Mayas qui associaient chaque nombre à
un dieu – oubliant que nous les avions créés. Nous pensions qu'avec eux, nous
pourrions réguler le monde, repérer des règles et des lois, des cycles, gouverner
les pays. Certains, grâce aux chiffres, vivaient mieux que d'autres, et j'en faisais
partie. Nous croyions que l'avenir et les chiffres étaient liés. Le vingt-et-unième
siècle, pensions-nous, serait celui du progrès, de la science, de la conquête de

l'espace que le vingtième avait à la fois initiée et stoppée. Nous pensions avoir tourné la page des catastrophes du siècle précédent. Malgré quelques signes – des avions qui s'écrasaient sans explication, des tempêtes d'une force inconnue, des épidémies nouvelles – nous pensions avoir surmonté le plus grave.

S. 65 f.: Il y a une vingtaine d'années, aux points les plus élevés de Paris, nous étions des centaines à scruter le ciel en attendant le moment où l'ombre apparaîtrait enfin, imperceptible puis grandissante. C'était en pleine ville – et la vue sur Paris s'étendait sur l'étagement des toits, toile de fond urbaine, des formes connues se détachaient, les couleurs de Beaubourg, les tours régulières de quelques églises, la voûte des gares, l'image d'une capitale construite et apaisée qui avait fait l'essentiel de son travail et qui pouvait se reposer, maintenant, et vivre de ses rentes. Nous tournions le dos à l'église, basilique, érigée en signe de repentance après la guerre civile de Paris qui portait le nom de Commune, symbole d'une pénitence qui alimenta la pensée d'autres régimes en d'autres temps et jusqu'à maintenant, peut-être, devenue attraction touristique. J'ignorais à l'époque qu'une abbaye ayant servi de refuge aux poursuivis et aux persécutés l'avait précédé tandis que le Sacré Cœur – puisque tel était son nom – ne battait que pour ceux qui partageaient sa vision ... Dos tourné à l'édifice, nous regardions vers le ciel, dans l'attente du moment solennel. C'était l'ultime année du siècle, bientôt nous allions entrer dans l'ère actuelle – même si le monde où nous sommes désormais n'a plus grand-chose en commun avec le monde précédant. Mais ce n'était pas le changement de siècle que nous attendions – pas encore – ce jour-là, c'était dans le ciel que tout devait se passer, le trajet des planètes allait coïncider et la lune, projeter son ombre, exactement, sur la surface du soleil.

Il y avait tout un groupe, assez nombreux, qui commentait les fausses alertes, des nuages qui menaçaient de voiler le soleil, sifflant à leur apparition, comme s'ils assistaient à un match de football. Je me demande si ce n'était pas eux, déjà, les porteurs de la destruction

S. 74: Ce n'était pas du jour au lendemain, tout était là et nous ne l'avions pas vu. Ou plutôt, nous l'avons vu mais sans vouloir y croire. Et le vide des rues, ce soir-là, était l'image de notre désertion des derniers temps. Ces régimes absolus qui semblaient destinés à des pays lointains où nous n'irions jamais ou qui semblaient appartenir définitivement à notre passé, allions-nous les connaître à notre tour ? Y avait-il, dans l'histoire, une masse de dictature, toujours la même, à répartir entre les époques et les lieux, tour à tour sur tel continent ou dans telle capitale ? Terminée la contemplation du malheur des autres en soupirant avec un peu de soulagement – c'est loin, ce n'est pas nous – avant de passer à autre chose et d'oublier. Désormais, ce seraient les autres qui nous plaindraient quelques instants et nous qui ne pourrions recueillir qu'un peu de compassion mais sans secours véritable.

Abbildungsverzeichnis

Coverbild: Véritable portrait de Monsieur Ubu. Holzschnitt nach einer Zeichnung von Alfred Jarry. Abgedruckt in Alfred Jarry: Ubu roi. Drame en cinq actes en prose, restitué en son intégrité tel qu'il a été représenté par les marionnettes du Théâtre des Phynances en 1888. Paris: Édition du Mercure de France 1896. Bibliothèque nationale de France – Paris.

Abb. 1: Maurice Blanchot (Devrouze im Burgund, 1907 – Le Mesnil-Saint-Denis bei Paris, 2003) in den dreißiger Jahren.

Abb. 2: Roland Barthes (Cherbourg, 1915 – Paris, 1980) am Schreibtisch in Paris, 1972. Fotograf/in: Daniel Boudinet (1945–1990). Bibliothèque Nationale de France, Fonds Roland Barthes – Paris. © Bibliothèque Nationale de France.

Abb. 3: Enrique Vila-Matas (Barcelona, 1948) im Jahr 2007. Quelle: Wikimedia Commons, CC BY-SA 3.0.
<https://commons.wikimedia.org/wiki/File:Enrique_Vila-Matas.jpg>

Abb. 4: Marcel Duchamp (Blainville-Crevon, 1887 – Neuilly-sur-Seine, 1968): *La Boîte-en-valise*. Dreiteilige Faltschachtel mit Miniaturrepliken von Werken, enthält 69 Gegenstände, darunter Fotografien und Dokumente, Faksimiles usw., 1936–1941, Serie C, 1958 von Iliazd zusammengebaut. Centre Pompidou / Musée national d'art moderne / Centre de création industrielle – Paris. © Centre Pompidou, MNAM-CCI, Dist. RMN-Grand Palais / Georges Meguerditchian.

Abb. 5: Man Ray (Philadelphia, Pennsylvania, 1890 – Paris, 1976): Die Gruppe der französischen Surrealisten im Jahr 1924. Von links nach rechts: Charles Baron, Raymond Queneau, Pierre Naville, André Breton, Jacques-André Boiffard, Giorgio De Chirico, Roger Vitrac, Paul Éluard, Philippe Soupault, Robert Desnos, Louis Aragon. Im Vordergrund: Simone Breton, Max Morise, Madame Soupault. Vgl.: *La Révolution surréaliste* Nr. 1, 1. Dezember 1924, Cover. © Man Ray Trust / ADAGP, Paris, 2005

Abb. 6a und b: *Writers residency* im Restaurant Dschingis Khan. Installation auf der *documenta 13*, 2012. © Enrique Vila-Matas

Abb. 7: Maurits Cornelis Escher (Leeuwarden, Provinz Friesland, 1898 – Hilversum, Provinz Nordholland 1972): *Tekende Handen* (*Zeichnende Hände*). Lithografie, 1948. Vgl. Escher, Maurits Cornelis: *Graphik und Zeichnungen*. Berlin: Verlag Benedikt Taschen 1991.

Abb. 8: Filippo Tommaso Marinetti: Manifest des Futurismus. In: Hippolyte de Villemessant, Benoît Jouvin (Hg.): *Le Figaro* Nr. 51, 20. Februar 1909. Bibliothèque nationale de France – Paris.

Abb. 9: Gabriele D'Annunzio (Pescara, Italien, 1863 – Gardone Riviera, Italien, 1938) in der Uniform der Luftwaffe in Fiume, 1917. Archivi Fratelli Alinari – Florenz. © ARCHIVIO GBB / Archivi Alinari.

Abb. 10: Egon Friedell, Geburtsname Egon Friedmann (Wien, 1878 – ebda., 1938) als „Aladdin mit der Wunderlampe", 1918. Fotograf/in: Franz Xaver Setzer (1886–1939). Österreichische Nationalbibliothek, Bildarchiv und Grafiksammlung (POR) – Wien.

Abb. 11: Olinde Rodrigues (Bordeaux, 1795 – Paris, 1851). Quelle: Wikimedia Commons, gemeinfrei.
<https://commons.wikimedia.org/wiki/File:Olinde_Rodrigues.jpg>

Abb. 12: Peter Bürger (Hamburg, 1936 – Berlin, 2017). Fotograf/in: Rainer Schossig. In: *Flash Art* Nr. 144, Januar/Februar 1989.

Abb. 13: Luis Buñuel (Calanda, Spanien, 1900 – Mexiko-Stadt, 1983) am Filmset von *Le Fantôme de la Liberté*, 1974.

Abb. 14: Salvador Dalí (Figueres, Katalonien, 1904 – ebda., 1989) im Jahr 1965 mit seinem zahmen Ozelot. Fotograf/in: Roger Higgins. New York World-Telegram and the Sun Newspaper Photograph Collection. Library of Congress Prints and Photographs Division – Washington D.C.

Abb. 15a und b: Szenen aus *Un chien andalou* (*Ein andalusischer Hund*). Film von Luis Buñuel nach einem Drehbuch von Salvador Dalí und Luis Buñuel, 1929. Dauer ca. 16 min.

Abb. 16: Friedrich Nietzsche (Röcken, 1844 – Weimar, 1900) im September 1882. Fotograf/in: Gustav Adolf Schultze (1825–1897). Vgl. Walter Kaufmann: *Nietzsche. Philosopher, Psychologist, Antichrist*. 4. Ausgabe, Princeton: Princeton University Press 1974.

Abb. 17: Filippo Tommaso Marinetti (Alexandria, Ägypten, 1876 – Bellagio, Italien, 1944) in Budapest in den 1930er Jahren. Fotograf/in: Aladár Székely. Petőfi Irodalmi Múzeum – Budapest.

Abb. 18: Filippo Tommaso Marinetti (Hg.): *8 anime in una bomba. Romanzo esplosivo*. Mailand: Edizioni futuriste di „Poesia" 1919, Cover. Biblioteca Nazionale Centrale di Roma.

Abb. 19: Die futurische Künstlergruppe um Tommaso Marinetti, vor dem Gebäude der Zeitschrift *Le Figaro*, Paris, Februar 1912. Von links nach rechts: Luigi Russolo, Carlo Carrà, Filippo Tommaso Marinetti, Umberto Boccioni und Gino Severini.

Abb. 20: Umberto Boccioni (Reggio Calabria, 1882 – Verona, 1916): *Dinamismo di un ciclista* (*Dynamik eines Radfahrers*). Öl auf Leinwand, 1913. Gianni Mattioli Collection, Peggy Guggenheim Collection – Venedig.

Abb. 21: Valentine de Saint-Point, eigentlich Anna Jeanne Valentine Marianne Desglans de Cessiat-Vercell (Lyon, 1875 – Kairo, 1953) im Jahr 1914. Fotograf/in: Agence de presse Meurisse. Bibliothèque nationale de France – Paris.

Abb. 22: *Victoire de Samothrace* (*Nike von Samothrake*). Marmor. Griechenland um 220–185 v. Chr. Musée du Louvre – Paris. Quelle: Wikimedia Commons, gemeinfrei.

<https://commons.wikimedia.org/wiki/File:Victoire_de_Samothrace_-_Musee_du_Louvre_-
_20190812.jpg>

Abb. 23: Umberto Boccioni (Reggio Calabria, 1882 – Verona, 1916): *Forme uniche della continuità nello spazio* (*Einzigartige Formen der Kontinuität im Raum*). Plastik aus dem Jahr 1913. Museo del Novecento – Mailand.

Abb. 24: Gabriele D'Annunzio (links) und Kapitän Natalio Palli während ihres Fluges über Wien am 9. August 1918. Archivio Fondazione Il Vittoriale degli Italiani – Gardone Riviera, Italien. Vgl. Felix Philipp Ingold: *Literatur und Aviatik*. Basel / Stuttgart: Birkhäuser Verlag 1978, Abb. 28, S. 438: Gabriele D'Annunzio (links) im Pilotensitz.

Abb. 25: *Der Flug über Wien*, ein von Gabriele D'Annunzio am 9. August 1918 angeführter Propagandaflug, bei dem mehrere tausend Flugblätter über Wien abgeworfen wurden. La Fondazione Cineteca Italiana di Milano – Mailand. Vgl. Felix Philipp Ingold: *Literatur und Aviatik*. Basel / Stuttgart: Birkhäuser Verlag 1978, Abb. 27, S. 437: Fliegerei im Weltkrieg 1914–1918: Flug über Wien: am 9. August 1918 unternahm der Dichter Gabriele D'Annunzio mit der italienischen Flugstaffel *Serenissima* eine Expedition nach Wien, um über der feindlichen Hauptstadt antiösterreichische Manifeste abzuwerfen (Flugaufnahme aus ca. 7000 m Höhe).

Abb. 26: Aviatorische Weltschau. Geometrisierung und Dynamisierung der Optik. Vgl. Felix Philipp Ingold: *Literatur und Aviatik*, Basel / Stuttgart: Birkhäuser Verlag 1978, Abb. 73, S. 476.

Abb. 27a und b: Zwei Flugplakate, 1909–1912: *Grande Semaine d'Aviation de la Champagne, Reims du 22 au 29 Août 1909*, Plakat für ein internationales Luftfahrttreffen im August 1909 von Ernest Montaut (1878–1909). Vgl. Felix Philipp Ingold: *Literatur und Aviatik*. Basel / Stuttgart: Birkhäuser Verlag 1978, Abb. 4, S. 417: Fliegerei in der Werbung: Meetings, Wettbewerbe, Ausstellungen: Flugplakate 1909–1912.

Abb. 28: Théodore Géricault (Rouen, 1791 – Paris, 1824): *Course de chevaux, dit Le Derby de 1821 à Epsom* (*Das Derby in Epsom*). Öl auf Leinwand, 1821. Fotograf/in: Philippe Fuzeau. © RMN-Grand Palais (Musée du Louvre – Paris).

Abb. 29: Eadweard Muybridge (Kingston upon Thames, 1830 – ebda., 1904): *Horse and Rider Galloping*. Chronofotografie zwischen 1883–1887. Abgedruckt in: Eadweard Muybridge: *Animal Locomotion. An Electro-Photographic Investigation of Consecutive Phases of Animal Movements*. Philadelphia / New-York: University of Pennsylvania, The Photo-Gravure Company, 1872–1887, Tafel 631. Metropolitan Museum of Art – New-York.

Abb. 30: Étienne-Jules Marey (Beaune, Département Côte-d'Or, 1830 – Paris, 1904): *Le Fusil photographique*. In: *La Nature. Revue des sciences et de leurs applications aux arts et à l'industrie* Nr. 464 (22. April 1882). Paris: G. Masson éditeur, S. 328. Conservatoire numérique des Arts et Métiers – Paris. Vgl. Kittler, Friedrich: *Grammophon Film Typewriter*. Berlin: Brinkmann & Bose 1986, S. 189.

Abb. 31: Rasmus Malling Hansen (Hunseby, 1835 – Kopenhagen, 1890): *Skrivekugle* (*Schreibkugel*) aus dem Besitz Friedrich Nietzsches, nach 1878. Fotograf/in: Dieter Eberwein, bei den Restaurationsarbeiten im Jahr 2003 aufgenommen. Kunstgewerbesammlung der Museen der Klassik Stiftung Weimar – Weimar. Vgl. Friedrich Kittler: *Grammophon Film Typewriter*. Berlin: Brinkmann & Bose 1986, S. 288–289: Schreibkugel, 1867, Malling Hansen, Modell der Maschine Nietzsches.

Abb. 32: Joseph Beuys (Krefeld, 1921 – Düsseldorf, 1986): *Unschlitt / Tallow*. Installation, 1977. Hamburger Bahnhof – Berlin. Fotograf/in: Jan Windszus. © VG Bild-Kunst, Bonn 2018 / Staatliche Museen zu Berlin, Nationalgalerie, 1995

Abb. 33: Filippo Tommaso Marinetti, Umberto Boccioni, Carlo Carrà, Luigi Russolo, Ugo Piatti: *Sintesi futurista della guerra*. Mailand: Direzione del Movimento Futurista 1914 [Faksimile]. Biblioteca dell'Archiginnasi – Mailand. Vgl. Wolfgang Asholt, Walter Fähnders (Hg.): *Manifeste und Proklamationen der europäischen Avantgarde (1909–1938)*. Stuttgart: Metzler 1995, S. 89.

Abb. 34: Carlo Carrà (Quargnento, Provinz Alessandria, 1881 – Mailand, 1966) in Paris, 1912.

Abb. 35: Kurt Schwitters (Hannover, 1887 – Kendal, Cumbria, England, 1948), fotografiert von Genja Jonas, 1926. Kurt Schwitters Archiv, Sprengel Museum – Hannover. Vgl. Kurt Schwitters: Kurt Schwitters Katalog. In: *Merz* Nr. 20 (1927), S. 104.

Abb. 36: Plakat *An Anna Blume*, um 1920. Kurt Schwitters (Autor), Paul Steegemann Verlag (Hg.). Fotograf/in: Michael Herling, Aline Gwose. Sprengel Museum – Hannover.

Abb. 37: Kurt Schwitters (Hannover, 1887 – Kendal, Cumbria, England, 1948): *Anna Blume. Dichtungen*. Hannover: Paul Steegemann Verlag, Reihe: Die Silbergäule 39/40, 1919. Cover der Erstausgabe. The International Dada Archive, University of Iowa Libraries – Iowa City.

Abb. 38: Alfred Jarry (Laval, Département Mayenne, 1873 – Paris, 1907) im Jahr 1896. Die Fotografie wird dem „Atelier Nadar" zugeschrieben. Vgl. Collège de pataphysique: *Peintures, gravures et dessins de Alfred Jarry*, 1968.

Abb. 39: *Véritable portrait de Monsieur Ubu*. Holzschnitt nach einer Zeichnung von Alfred Jarry. Abgedruckt in Alfred Jarry: *Ubu roi. Drame en cinq actes en prose, restitué en son intégrité tel qu'il a été représenté par les marionnettes du Théâtre des Phynances en 1888*. Paris: Édition du Mercure de France 1896. Bibliothèque nationale de France – Paris.

Abb. 40: Plakat der Uraufführung von *Ubu Roi* am 10. Dezember 1896 im Théâtre de l'Œuvre. Musik von Claude Terrasse nach einem Text von Alfred Jarry für ein von M. Jacotot inszeniertes Marionettentheaterstück (1896–98), Kostüme von Pierre Bonnard.
Quelle: *Beraldi Album of Theatre Programs*. Minneapolis Institute of Art 1896.

Abb. 41: Alfred Jarry auf seinem Fahrrad „Clément Luxe" vor der Villa „Le Phalanstère" am Seine-Ufer in Corbeil, 1898. Bildunterschrift: Arrivée au Phalanstère du jeune Indien. (Alfred Jarry dit Ubu).

Abb. 42: Deux aspects de la marionnette originale d'Ubu Roi. Fotografie der Marionetten für die Uraufführung von Jarrys Theaterstück *Ubu Roi* am 10. Dezember 1896 im Théâtre de l'Œuvre. In: *Les Soirées de Paris* Nr. 24 (15. Mai 1914), Paris: Librairie Eugène Rey, S. 292: Lettres d'Alfred Jarry avec la reproduction de la marionnette originale d'Ubu Roi. Bibliothèque nationale de France – Paris.

Abb. 43: Album-Cover *La Chanson du décervelage*. Eine Zeichnung von Alfred Jarry aus dem *Répertoire des pantins*. Paris: Édition du Mercure de France 1898.

Abb. 44: Louis Aragon, eigentlich Louis-Marie Andrieux (Paris, 1897 – ebda., 1982) in den 1950er Jahren. Fotograf/in: Robert Doisneau (1912–1994).

Abb. 45: Jacques Vaché (Lorient, 1895 – Nantes, 1919) in Uniform, 1915. Fotograf/in: Bill's Photo Co. Bibliothèque Nationale de Nantes – Nantes.

Abb. 46: Hugo Ball (Pirmasens, 1886 – Sant'Abbondio in der Schweiz, 1927) in seinem von Marcel Janco entworfenen kubistischen Kostüm während einer Vorstellung von *Verse ohne Worte* im Zürcher Cabaret Voltaire, 1916. Dada-Sammlung, Kunsthaus Zürich.

Abb. 47: Tristan Tzara, eigentlich Samuel Rosenstock (Moineşti, Rumänien, 1896 – Paris, 1963), gemalt von Robert Delaunay (1885–1941), Öl auf Karton, 1923. Museo Nacional Centro de Arte Reina Sofía – Madrid.

Abb. 48: Tristan Tzara (Hg.): *DADA 3. Administration: Mouvement Dada* (Dezember 1918). Umschlag der dritten Ausgabe der Zeitschrift. Holzschnitt von Marcel Janco (1895–1984). Zürich: Imp. Wilhelm Julius Heuberger. Dada-Sammlung, Kunsthaus Zürich.

Abb. 49: Richard Huelsenbeck, eigentlich Carl Wilhelm Richard Hülsenbeck (Frankenau, 1892 – Muralto in der Schweiz, 1974) im Alter von 28 Jahren. Abgedruckt in Richard Huelsenbeck: *Phantastische Gebete*. Berlin: Malik-Verlag, Abteilung Dada, 2. Ausgabe von 1920. The International Dada Archive, University of Iowa Libraries – Iowa City.

Abb. 50: Tristan Tzara, Franz Jung, George Grosz u. a. (Unterzeichner/innen): *Dadaistisches Manifest*, 1918. Vorgetragen von Richard Huelsenbeck am 12. April 1918 in Berlin. Abgedruckt in Richard Huelsenbeck (Hg.): *Dada Almanach*. Berlin 1920. Berlinische Galerie – Berlin.

Abb. 51: *L'amiral cherche une maison à louer*. Dreistimmiges Simultangedicht von Marcel Janco, Richard Huelsenbeck und Tristan Tzara, 1916. Aufgeführt am 31. März 1916 im Cabaret Voltaire, Zürich. Abgedruckt in Hugo Ball (Hg.): *Cabaret Voltaire. Recueil littéraire et artistique*. Zürich: Meierei 1916, S. 6–7. Dada-Sammlung, Kunsthaus Zürich.

Abb. 52: Alfonso Reyes (Monterrey, 1889 – Mexiko-Stadt, 1959) in der „Capilla Alfonsina", 1957. Capilla Alfonsina Biblioteca Universitaria – San Nicolás de Los Garza, Nuevo León, Mexiko.

Abb. 53: Erstausgabe der Zeitschrift *Savia Moderna*. Titelzeichnung von Antonio Fabrés (1854–1936), 1906. In Alfonso Cravioto, Luis Castillo Ledón (Hg.): *Savia Moderna. Revista mensual de arte* Band I, Nr. 1 (März 1906).

Abb. 54a und b: Alfonso Reyes (Monterrey, 1889 – Mexiko-Stadt, 1959): *Ifigenia Cruel. Poema dramático*. Illustrationen von Juan Soriano (1920–2006). Mexiko-Stadt: Galería Juan Martín (Alcion) 1961.

Abb. 55: Gruppe des *Ateneo de la Juventud Mexicana* im Jahre 1923. Erste Reihe: Ricardo Gómez Robelo, Roberto Montenegro, Antonio Caso, Alfredo L. Palacios, Gabriela Mistral, Carlos Pellicer, Julio Torri. Hintere Reihe: Alfonso Reyes, Francisco del Río, Alberto Vázquez del Mercado, Palma Guillén, José Vasconcelos, Manuel Gómez Morín. Fotograf/in: Gabriel Figueroa zugeschrieben.
Quelle: Humberto Domínguez Chávez: *La producción literaria de 1900 a 1920*. Portal Académico del Colegio de Ciencias y Humanidades, Universidad Nacional Autónoma de México, Mai 2013.

Abb. 56: Vicente Huidobro (Santiago de Chile, 1893 – Cartagena, Region Valparaíso, 1948) im Jahr 1920. Biblioteca Nacional de Chile – Santiago de Chile.

Abb. 57: Vicente Huidobro(Santiago de Chile, 1893 – Cartagena, Region Valparaíso, 1948): *Moulin*. Poème peint (Bildgedicht) nach einem Entwurf von Robert Delaunay, 1921–1922. Präsentiert im Pariser Theater *Edouard VII* anlässlich der Ausstellung *Salle XIV* der Kunstgalerie G. L. Manuel Frères von Mai bis Juni 1922. Abgedruckt in Vicente Huidobro, Maurice Raynal (Vorwort), u. a.: *Ausstellungskatalog*. Paris: Imprenta Union 1922. Das Kalligramm *Moulin* erscheint als loses Blatt, datiert auf 1921. Biblioteca Nacional de Chile – Santiago de Chile.

Abb. 58: Vicente Huidobro (Santiago de Chile, 1893 – Cartagena, Region Valparaíso, 1948): *Nipona*. In (ders.): *Canciones en la noche*. Santiago de Chile: Impr. y Encuadernación Chile 1913, S. 58–59.

Abb. 59: Vicente Huidobro (Santiago de Chile, 1893 – Cartagena, Region Valparaíso, 1948): *La Capilla Aldeana*. In (ders.): *Canciones en la noche*. Santiago de Chile: Impr. y Encuadernación Chile 1913, S. 60–61.

Abb. 60: Guillaume Apollinaire, eigentlich Wilhelm Albert Włodzimierz Apolinary de Wąż-Kostrowicki (Rom, 1880 – Paris, 1918) mit Kopfverletzung aus dem Ersten Weltkrieg (Guillaume Apollinaire à la tête bandée). Holzschnitt von René Jaudon (1889–1966) nach einer Zeichnung von Pablo Picasso (1881–1973), 1916. Abgedruckt in Guillaume Apollinaire: *Calligrammes. Poèmes de la paix et de la guerre 1913–1916*. Paris: Mercure de France 1918.

Abb. 61: Guillaume Apollinaire (Rom, 1880 – Paris, 1918): *Il pleut*. Kalligramm. In: *Revue SIC* Nr. 12 (Dezember 1916). Vgl. Guillaume Apollinaire: *Calligrammes. Poèmes de la paix et de la guerre 1913–1916*. Paris: Mercure de France 1918.

Abb. 62: Vicente Huidobro (Santiago de Chile, 1893 – Cartagena, Region Valparaíso, 1948): *Manifestes, Manifeste, Manifest, Manifes, Manife, Manif, Mani, Man, Ma, M.* Paris: Editions de la Revue Mondiale 1925. Cover der Erstausgabe. Biblioteca Nacional de Chile – Santiago de Chile.

Abb. 63: César Vallejo (Santiago de Chuco, Peru, 1892 – Paris, 1938) mit seiner Partnerin im Winter 1929. Fotograf/in: Juan Domingo Córdoba.

Abb. 64: César Vallejo (Santiago de Chuco, Peru, 1892 – Paris, 1938): *Trilce*. Lima: Talleres Tipográficos de la Penitenciaría 1922. Cover der Erstausgabe. Biblioteca Nacional del Perú – Lima.

Abb. 65: Titelseite der Zeitung *L'Aurore* vom 13. Januar 1898 mit Emile Zolas Manifest „J'accuse …!", offener Brief an Staatspräsident Faure zur Dreyfus-Affäre. Vgl. Emile Zola: J'accuse …! Lettre au président de la République. In Ernest Vaughan, Georges Clemenceau (Hg.): *L'Aurore. Littéraire, Artistique, Sociale* Nr. 87 (13. Januar 1898). Bibliothèque nationale de France – Paris.

Abb. 66: Ramón Gómez de la Serna (Madrid, 1888 – Buenos Aires, 1963), circa 1928. Fotograf/in: Agence de presse Meurisse. Bibliothèque nationale de France – Paris.

Abb. 67: Ramón Gómez de la Serna (Madrid, 1888 – Buenos Aires, 1963) in seinem Atelier in der Calle de Villanueva, Madrid, Anfang der 1930er Jahre. Fotograf/in: Alfonso Sánchez Portela. Biblioteca Nacional de España – Madrid.

Abb. 68: Die Tertulia des Café Pombo im Jahr 1932. Fotograf/in: Alfonso Sánchez Portela (1902–1990). Museo Nacional Centro de Arte Reina Sofía – Madrid.

Abb. 69: *Pombianische Sizzen*: „Palabras de adorno presentadas por los pombianos al concurso celebrado en la Sagrada Cripta". Vgl. Mechthild Albert: Para una estética pombiana: la tertulia, laboratorio de la vanguardia española. In Evelyne Martín-Hernández (Hg.): *Ramón Gómez de la Serna*. Clermont-Ferrand: CLRMC 1999, S. 119.

Abb. 70: Ramón Gómez de la Serna: *Greguerías*. Zeichnungen. Colección Artística de ABC – Madrid.
Abb. 70a: Greguerías, 5ª. Abgedruckt in: *Blanco y Negro* Nr. 2.153 (18. September 1932).
Abb. 70b: Greguerías, 4ª. Abgedruckt in: *Blanco y Negro* Nr. 2.166 (18. Dezember 1932).
Abb. 70c: Greguerías, 4ª. Abgedruckt in: *Blanco y Negro* Nr. 2.222 (14. Januar 1934).
Abb. 70d: Greguerías, 4ª. Abgedrückt in: *Blanco y Negro* Nr. 2.295 (14. Juli 1935).

Abb. 71: Hieronymus Bosch ('s-Hertogenbosch, um 1450 – ebda., 1516): *Der Garten der Lüste*. Triptychon, Öl auf Eichenholz, zwischen 1490 und 1505. Museo del Prado – Madrid.

Abb. 72: Die Fotografie und der Tod, Abbildung aus Roland Barthes' *La Chambre Claire*. Portrait von Lewis Payne, fotografiert von Alexander Gardner, 1865: „Il est mort et il va mourir." In Roland Barthes: *La Chambre claire. Note sur la photographie*. Paris: Le Seuil 1980, S. 149.

Abb. 73: Albert Cohen (Korfu, 1895 – Genf, 1981) im Jahr 1968. Fotograf/in: Studio Harcourt. © Ministère de la Culture – Médiathèque du Patrimoine, Dist. RMN-Grand Palais / Studio Harcourt.

Abb. 74: Ansichtskarte des Genfer *Grand Hôtel Beau Rivage*, zwischen 1890 und 1920. Fotograf/in: Jullien frères, Photographes éditeurs.

Abb. 75: Julien Gracq, eigentlich Louis Poirier (Saint-Florent-le-Vieil bei Angers, 1910 – Angers, 2007), circa 1950. Fotograf/in: Studios Harcourt. Sammlung L'Atelier d'André Breton.

Abb. 76: André Breton (Tinchebray, in der Normandie, 1896 – Paris, 1966): „André Breton aux lunettes". Foto aus einem ‚Photomaton', 1928–1929. Centre Pompidou, Musée national d'art moderne, Centre de création industrielle – Paris. © Centre Pompidou, MNAM-CCI, Dist. RMN-Grand Palais / Philippe Migeat.

Abb. 77: Die Zeitschrift *La Révolution surréaliste*. Titelseite der Erstausgabe. Vgl. André Breton: *La Révolution surréaliste* Nr. 1 (1. Dezember 1924). Paris: Librairie J. Corti. Bibliothèque Nationale de France – Paris.

Abb. 78: Robert Desnos in hypnotischem Schlaf. Fotograf/in: Man Ray (1890–1976). Bibliothèque littéraire Jacques Doucet – Paris. Vgl. André Breton: *Nadja*. Paris: Édition de la Nouvelle Revue française 1928: „Je revois maintenant Robert Desnos ..." („Ich sehe jetzt wieder Robert Desnos vor mir ...").

Abb. 79: Zeichnung von Robert Desnos während eines hypnotischen Schlafs am 30. Oktober 1922 entstanden (Sommeil dessiné par Robert Desnos le 30 octobre 1922). Sammlung L'Atelier d'André Breton.

Abb. 80: Francisco José de Goya y Lucientes (Fuendetodos, Aragón, 1746 – Bordeaux, 1828): *El sueño de la razón produce monstruos* (*Der Schlaf der Vernunft gebiert Ungeheuer*), Aquatinta-Radierung von Bild Nr. 43 der Sammlung *Los Caprichos*, Madrid 1799. Museo del Prado – Madrid.

Abb. 81: Max Ernst (Brühl, Rheinland, 1891 – Paris, 1976): *Au rendez-vous des amis* (*Das Rendezvous der Freunde*): René Crevel, Philippe Soupault, Hans Arp, Max Ernst, Max Morise, Dostoïewsky, Rafaele Sanzio, Théodore Fraenkel, Paul Eluard, Jean Paulhan, Benjamin Péret, Louis Aragon, André Breton, Johannes Theodor Baargeld, Giorgio de Chirico, Gala Eluard, Robert Desnos. Öl auf Leinwand, 1922. Museum Ludwig – Köln. Vgl. Maurice Nadeau: *Histoire du surréalisme, suivie de documents surréalistes*, Paris: Edition du Seuil 1964, S. 224. © VG Bild-Kunst, Bonn 2020 © Rheinisches Bildarchiv Köln, Walz, Sabrina.

Abb. 82: Sigmund Freud (Freiberg in Mähren, 1856 – London, 1939), circa 1921. Fotograf/in: Max Halberstadt (1882–1940).

Abb. 83: Abbildungen aus André Breton (Tinchebray, in der Normandie, 1896 – Paris, 1966): *Nadja*. Paris: Édition de la Nouvelle Revue française 1928.
Abb. 83a: Die Buchhandlung von *L'Humanité*. Fotograf/in: Jacques-André Boiffard.
Abb. 83b: „Ses yeux de fougère." Nadjas Augen in einer photographischen Montage von André Breton.
Abb. 83c: Porträt der Blanche Derval. Fotograf/in: Henri Manuel.
Abb. 83d: „Qui est-elle ?" („Wer ist sie?"). Nadjas Selbstporträt. Zeichnung von Léona Delcourt aus dem Jahr 1926.
Abb. 83e: Fotografie der Bar *La Nouvelle France*.
Abb. 83 f: André Breton, fotografiert von Henri Manuel (1874–1947), um 1927.

Abb. 83g: Frauenhandschuh aus Bronze. Fotografie eines Bronzegusses, Geschenk von Lise Deharme (1898–1980) an André Breton, circa 1900.
Abb. 83h: „De manière à pouvoir varier l'inclinaison de la tête." Collage und Zeichnung von Nadja. Zeichnung von Léona Delcourt.

Abb. 84: Georges Bataille (Billom, Département Puy-de-Dôme, 1897 – Paris, 1962) im Haus des Gallimard-Verlages, 1961. Fotograf/in: André Bonin. © Gallimard.

Abb. 85: Lord Auch alias Georges Bataille (Billom, Département Puy-de-Dôme, 1897 – Paris, 1962): *Histoire de l'œil.* Cover. Paris: Ohne Verlag [René Bonnel, Pascal Pia] 1928. Umschlagabbildung: Lithografie von André Masson (1896–1987).

Abb. 86: Georges Bataille (Billom, Département Puy-de-Dôme, 1897 – Paris, 1962): *Histoire de l'œil.* Paris: Jean-Jacques Pauvert 1967. Rosafarbener Einband mit einer von Pierre Faucheux (1924–1999) entworfenen Vignette.

Abb. 87: Gabriela Mistral, eigentlich Lucila Godoy Alcayaga (Vicuña, Chile, 1889 – Hempstead, New York, 1957) in Schweden 1946. Beschriftung: Firm „Rik Kin", auf der Rückseite: „Gabriela corrects a manuscript while in Sweden – 1946". Biblioteca Nacional de Chile – Santiago de Chile.

Abb. 88: Juana de Ibarbourou, eigentlich Juanita Fernández Morales (Melo, Departamento Cerro Largo, Uruguay, 1895 – Montevideo, 1979). Abgedruckt in Juana de Ibarbourou: *Estampas de la Biblia.* Montevideo: Sociedad de amigos del libro rioplatense 1934.

Abb. 89: Alfonsina Storni Martignoni (Sala Capriasca, Bezirk Lugano, Schweiz, 1892 – Mar del Plata, Argentinien, 1938) auf der Rambla in Mar del Plata 1936. Quelle: Wikimedia Commons, gemeinfrei.
<https://commons.wikimedia.org/wiki/File:AlfosinaStorni.jpg>

Abb. 90: Michel Foucault (Poitiers, 1926 – Paris, 1984). Fotograf/in: Marc Garanger. © Éditions Gallimard.

Abb. 91: Hans Ulrich Gumbrecht (Würzburg, 1948). Fotograf/in: Reto Klar.

Abb. 92: Vilém Flusser (Prag, 1920 – Bor, Tschechien, 1991), circa 1988/1989. Fotograf/in: Ed Sommer.

Abb. 93: Jorge Luis Borges (Buenos Aires, 1899 – Genf, 1986) in der Nationalbibliothek der Republik Argentinien in Buenos Aires, 1971. Fotograf/in: Eduardo Comesaña. Museo Nacional de Bellas Artes – Buenos Aires.

Abb. 94: Jorge Luis Borges im Foyer des Pariser Hotels „L'Hôtel", 1969. Fotograf/in: José María „Pepe" Fernández (1929–2006). © Gallimard.

Abb. 95: Le Corbusier, eigentlich Charles-Édouard Jeanneret, (La Chaux-de-Fonds, Schweiz, 1887 – Roquebrune-Cap-Martin, Frankreich, 1965): Skizzen für städtebauliche Projekte in

Montevideo, Uruguay und São Paulo, Brasilien, 1929. Museum of Modern Art – New-York. © 2020 Artists Rights Society (ARS), New York / ADAGP, Paris / FLC.

Abb. 96: Stadtplan Buenos Aires, ca. 1892. Abgedruckt in: *Brockhaus Konversations-Lexikon.* 14. Auflage. Leipzig, 1891–1898. Lithographie von 1898.

Abb. 97: Miguel de Unamuno (Bilbao, 1864 – Salamanca, 1936) im Jahr 1925. Fotograf/in: Agence de presse Meurisse. Bibliothèque nationale de France – Paris.

Abb. 98: Max Aub, auch Max Aub Mohrenwitz (Paris, 1903 – Mexiko-Stadt, 1972) in seinem Büro an der Nationalen Autonomen Universität von Mexiko, 1962. Fotograf/in: Ricardo Salazar (1922–2006). Fundación Max Aub – Segorbe, in der Provinz Castellón, Spanien.

Abb. 99: Abbildungen aus Max Aub (Paris, 1903 – Mexiko-Stadt, 1972): *Josep Torres Campalans.* México: Tezontle 1958.
Abb. 99a: *Montaje IV, Paris 1912.* Jusep Torres Campalans zugeschriebenes Ölgemälde. Beschreibung im Werkverzeichnis: „Grita el color —azul, verde, ocre— en esta composición decorativa realizada a la vuelta de un paseo por una feria popular. Ejemplar único de una serie desaparecida. Propiedad de J.D.C."
Abb. 99b: *Retrato de Alfonso Reyes, Paris 1914.* Jusep Torres Campalans zugeschriebenes Aquarell. Beschreibung im Werkverzeichnis: „Acuarela y barnices. Propiedad de Madeleine Regard."
Abb. 99c: *Retrato corto de Picasso, Paris 1912.* Jusep Torres Campalans zugeschriebene Zeichnung. Beschreibung im Werkverzeichnis: „Tinta china, lápices de color. Propiedad de Pablo Picasso."
Abb. 99d: *Padres de Jusep Torres Campalans: Vicenta Campalans Jofré y Genaro Torres Moll.*
Abb. 99e: *Pablo Picasso con Jusep Torres Campalans, Barcelona 1902.* Beschreibung im Werkverzeichnis: „Foto[montaje] de José Renau."

Abb. 100: Luftaufnahme des Pariser Stadtteils Etoile vom16. Juli 1868. Fotograf/in: Nadar (1820–1910).

Abb. 101: Boris Vian (Ville-d'Avray im Westen von Paris, 1920 – Paris, 1959) im Jahr 1948. Fotograf/in: Studio Harcourt. © Ministère de la Culture – Médiathèque du Patrimoine, Dist. RMN-Grand Palais / Studio Harcourt.

Abb. 102: Julio Cortázar (Brüssel, 1914 – Paris, 1984) in Paris, 1967. Quelle: Alicia D'Amico, Sara Facio, Julio Cortázar: *Buenos Aires, Buenos Aires.* Buenos Aires: Editorial Sudamericana 1968.

Abb. 103: Michel Butor (Mons-en-Barœul, 1926 – Contamine-sur-Arve 2016). Fotograf/in: Jacques Sassier. © Jacques Sassier / Gallimard.

Abb. 104: Karte der USA. Aus Michel Butor: *Mobile. Etude pour une représentation des Etats-Unis.* Paris: Gallimard 1962.

Abb. 105: Seiten aus Michel Butor: *Mobile. Etude pour une représentation des Etats-Unis*. Paris: Gallimard 1962.
Abb. 105a: Seite 25.
Abb. 105b: Seite 27.
Abb. 105c: Seite 125.
Abb. 105d: Seite 159.

Abb. 106: Umberto Eco (Alessandria, Piemont, 1932 – Mailand, 2016) im Mai 1984. Fotograf/in: Rob Bogaerts / Anefo. Nationaal Archief, Hauptarchiv der Niederlande – Den Haag.

Abb. 107: Alexander Calder (Lawnton, Pennsylvania, 1898 –New York, 1976): *31 janvier*. Mobile, 1950. Auf der Biennale von Lyon, 2017. Fotograf/in: Blaise Adilon. Centre Pompidou / Musée national d'art moderne / Centre de création industrielle – Paris. © Calder Foundation New York / ADAGP, Paris.

Abb. 108: Zeichnung von Roland Barthes als Titel-Illustration: Souvenir de Juan-les-Pins, Sommer 1974. In Roland Barthes: *Roland Barthes par Roland Barthes*. Paris: Le Seuil 1975, Cover.

Abb. 109: Roland Barthes' Handschrift als einleitendes Motto. In Roland Barthes: *Roland Barthes par Roland Barthes*. Paris: Le Seuil 1975.

Abb. 110: Clarice Lispector (Tschetschelnyk, Ukrainische Sozialistische Sowjetrepublik, 1920 – Rio de Janeiro, 1977) im August 1969. Fotograf/in: Maureen Bisilliat. Sammlung Instituto Moreira Salles – Rio de Janeiro.

Abb. 111: Nathalie Sarraute (Iwanowo-Wosnessensk, Russland, 1900 – Paris, 1999) im Jahr 1986 auf dem Festival von Avignon. Fotograf/in: Fernand Michaud. Bibliothèque nationale de France.

Abb. 112: Julia Kristeva (Sliwen, Bulgarien, 1941) in Paris, 2008. Quelle: Wikimedia Commons, gemeinfrei.
<https://commons.wikimedia.org/wiki/File:Julia_Kristeva_%C3%A0_Paris_en_2008.jpg>

Abb. 113: Fernando Ortiz (Havanna, Kuba, 1881 – ebda., 1969). Absgedruckt in Fernando Ortiz: *Hampa afro-cubana: Los Negros Esclavos. Estudio Sociológico y de Derecho Público*. Havanna: Revista Bimestre Cubana 1916. Fundación Fernando Ortiz – Havanna, Kuba.

Abb. 114: José Lezama Lima (Havanna, Kuba, 1910 – ebda., 1976) in seiner Bibliothek, 1969. Fotograf/in: Iván Cañas. Teil der Ausstellung *Lezama Inédito*, Miami Book Fair International, 14–21 November 2010.

Abb. 115: João Guimarães Rosa (Cordisburgo, Minas Gerais 1908 – Rio de Janeiro, 1967) am Schreibtisch, 1964. Fotograf/in: Cecília Bastos/USP Imagens. Fundo João Guimarães Rosa, Instituto de Estudos Brasileiros – USP.

Abb. 116: João Guimarães Rosa während einer Reise durch den Sertão Mineiro, 1952. Fotograf/ in: Eugênio Silva für die Zeitschrift *O Cruzeiro*. Fundo João Guimarães Rosa, Instituto de Estudos Brasileiros – USP. Sammlung der Zeitschrift *O Cruzeiro*.

Abb. 117: David Damrosch: *What Is World Literature?* Princeton: Princeton University Press 2003, Cover. Umschlagabbildung: *Le sphinx à Gizéh*. Aus Dominique Vivant Denon: *Voyage dans la basse et la haute Égypte, pendant les campagnes du général Bonaparte*. Band III, Tafel VII, London: Peltier 1802, 1812.

Abb. 118: Reinaldo Arenas Fuentes (Holguín, Kuba, 1943 – New York, 1990). Fotograf/in: Louis Monier. © Louis Monier/GAMMA.

Abb. 119: Gabriel García Márquez (Aracataca, Kolumbien, 1927 – Mexiko-Stadt, 2014) im Jahr 1982. Fotograf/in: José Lara. Quelle: Wikimedia Commons, CC BY-SA 2.0. <https://commons.wikimedia.org/wiki/File:Gabriel_Garcia_Marquez.jpg>

Abb. 120: Elias Khoury (Beirut, 1948) während der Göteborger Buchmesse im Jahr 2008. Quelle: Wikimedia Commons, CC BY-SA 3.0. <https://commons.wikimedia.org/wiki/File:Elias_Khoury2.jpg>

Abb. 121: Amin Maalouf (in der Nähe von Beirut, 1949) im November 2013. Fotograf/in: Claude Truong-Ngoc. Quelle: Wikimedia Commons, CC BY-SA 3.0. <https://commons.wikimedia.org/wiki/File:Amin_Maalouf_par_Claude_Truong-Ngoc_ novembre_2013.jpg>

Abb. 122: Sebastiano del Piombo (Venedig, um 1485 – Rom, 1547). *Retrato de un humanista* (*Porträt eines Humanisten*). Möglicherweise Porträt des Johannes Leo Africanus alias al-Ḥasan b. Muḥammed al-Wazzān al-Fāsī (Granada, ca. 1490 – Tunis, 1550). Öl auf Leinwand, 1529. National Gallery of Art – Washington D.C.

Abb. 123a und b: Niklas Türing der Ältere (?-1517) und Gregor Türing (um 1475–1543): Relief- darstellung zweier Moriskentänzer am Goldenen Dachl in Innsbruck, um 1500, im Auftrag Kaiser Maximilians I. (1459–1519). Fotograf/in: Werner Kräutler.

Abb. 124: Anna Moï (Ho-Chi-Minh-Stadt, 1955) im September 2008. Quelle: Wikimedia Commons, CC BY-SA 3.0. <https://commons.wikimedia.org/wiki/File:Anna_Moi01.jpg>

Abb. 125: Mario Vargas Llosa (Arequipa, Peru, 1936) während der Göteborger Buchmesse im Jahr 2011. Fotograf/in: Arild Vågen. Quelle: Wikimedia Commons, CC BY-SA 3.0. <https://commons.wikimedia.org/wiki/File:Vargas_Losa_G%C3%B6teborg_Book_Fair_2011b. jpg>

Abb. 126: Mario Vargas Llosa: *El sueño del celta*. Madrid: Alfaguara 2010. Cover. Umschlag- gestaltung: Pep Carrió.

Abb. 127: Thomas Gainsborough (Sudbury, Suffolk, 1727 – London, 1788): *The Harvest Wagon* (*Der Erntewagen*). Öl auf Leinwand, 1767. Barber Institute of Fine Arts – Birmingham.

Abb. 128: Khal Torabully (Port Louis, Mauritius, 1956). Fotograf/in: Schrijvers. © Schrijvers.

Abb. 129: Hirnkorallen-Struktur im Roten Meer bei Hurghada. Fotograf/in: Uwe Ohse. © Uwe Ohse.

Abb. 130: Philippe Descola (Paris, 1949) im Oktober 2014. Fotograf/in: Claude Truong-Ngoc. Quelle: Wikimedia Commons, CC BY-SA 3.0. <https://commons.wikimedia.org/wiki/File:Philippe_Descola_par_Claude_Truong-Ngoc_octobre_2014.jpg>

Abb. 131: Yanick Lahens (Port-au-Prince, Haiti, 1953). Fotograf/in: Patrick Imber © Patrick Imber / Collège de France.

Abb. 132: Emine Sevgi Özdamar (Malatya, 1946) während einer Lesung im deutschen Literaturarchiv Marbach im Juni 2007. Fotograf/in: Chris Korner. © Chris Korner / Deutsches Literaturarchiv Marbach.

Abb. 133: Cécile Wajsbrot (Paris, 1954) in Berlin, 2010er Jahre. Fotograf/in: Jean Carabalona.

Abb. 134: Plan der Berliner Museumsinsel, Idealkonzept von Friedrich August Stüler nach einer Idee von Kronprinz Wilhelm IV. von Preußen, Aufrisszeichnung, 1841. Abgedruckt in Friedrich August Stüler: *Das Neue Museum in Berlin*. Berlin: Verlag von Ernst & Korn 1862.

Abb. 135: Gesamtanlage für die Erweiterung der Museumsinsel in Berlin anlässlich des Schinkelwettbewerbs, perspektivische Ansicht von Bernhard Sehring (1855–1941), 1882. Architekturmuseum der Technischen Universität Berlin.

Abb. 136: Cécile Wajsbrot (Paris, 1954): *Destruction*. Paris: Le Bruit du Temps 2019. Cover. Umschlagabbildung: Éclipse du soleil derrière la Tour Eiffel. Fotograf/in: Thomas Coex / AFP.

Personenregister

www.ingramcontent.com/pod-product-compliance
Lightning Source LLC
Chambersburg PA
CBHW070929150426
42812CB00049B/1673